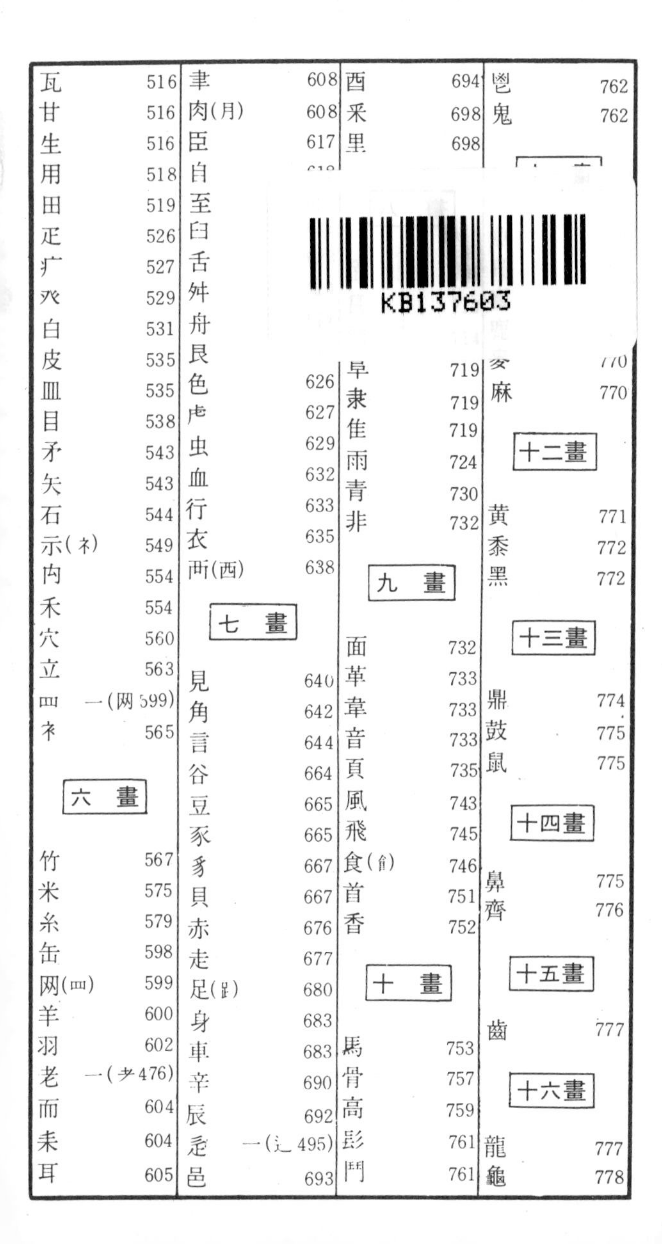

六 畫

七 畫

九 畫

十 畫

十二畫

十三畫

十四畫

十五畫

十六畫

標準
新教育漢字辭典

敎學社 辭書部 編

敎學社

머 리 말

20 만 어휘가 넘는 우리말은 순수한 우리말과 한자(漢字) 말로 되어 있다. 앞의 것을 고유어(固有語)라 하고, 뒤의 것을 한자어(漢字語)라 한다.

이와 같이 고유어와 한자어로 된 우리말은 고유어보다도 한자어의 수가 훨씬 많아, 한자어는 고유어의 갑절이 넘는다.

이 한자어는 중국 말을 외래어(外來語)로 받아들인 것도 있으나, 대부분이 우리가 만들어 낸 말이다. 중국의 한자가 우리 나라에 들어온 뒤에, 이왕에 쓰던 고유어에 들어맞는 한자를 붙여서 된 것과, 그때 그때 마땅한 우리말이 없어서 한자로 지어낸 것이 더 많다.

예를 들면, 우리는 물건(物件)이라 하는데, 중국에서는 동서(東西)로 적는 따위이다. 이러한 형편이므로 우리가 한자를 쓰고 배우는 것은 비록 그것이 중국의 글자이기는 하지마는, 결코 중국 글자나 중국 말을 배우는 것이 아니요, 곧 우리말을 배우는 것이다.

이에 한글 전용(專用)을 추진해 오던 교육부는 국내의 여론을 참작하여, 1972 년 8 월 16 일 교육용 기초 한자 1,800 자를 선정 공포하고, 이를 중고등 학교에서 각각 900 자씩 배우도록 하였다.

이 사전은 교육용 기초 한자 1,800 자에 800 여자를 보태어 2,600 여자를 가지고 엮었다. 보탠 800 여자는 〈中學漢文〉과 〈高等漢文〉 인문계·실업계용 교과서를 분석, 교육용 기초 한자 이외의 자를 색출(索出)한 것으로, 이 사전만으로 교과서를 완전히 학습할 수 있게 하였다.

글자마다 부수(部首) 이름과 획수·훈(새김)·음을 밝히고, 자의(字意)를 보이는 한편, 그 표제자(表題字)의 중국음과, 영어, 일본어의 음과 훈을 보이고, 표제자와 어울려 된 숙어(熟語)를 풍부히 들었으며, 그 단어의 용례(用例)를 보이고, 뜻 풀이 끝에는 표제어의 일본음을 달아 학습과 생활에 도움이 되게 하였다.

이 사전으로 한자를 쉽게 익힐 수 있으리라 자부하고, 미비한 점이 있다면 더욱 보태고 고쳐 나갈 방침이다.

교학사 사서부

일 러 두 기

이 사전(辭典)은 중고등 학교 학생의 한자(漢字) 및 한문(漢文) 공부를 돕기 위하여 엮었다. 교육부 제정 교육용 기초 한자를 중심으로, 한문 교과서에 나온 한자, 그리고 일상 생활에 필요한 한자와 그 숙어(熟語)를 알기 쉽고 자세하게 풀이하였다.

이 사전의 구성

본문과 부록 및 색인(索引)의 세 부분으로 되어 있다.

1. 표제자(表題字)와 숙어
   ① 표제자의 수……중고등 학교의 한자·한문 공부와 일상 생활에 필요한 한자를 엄선하였다.
   - ·교육용 기초 한자 1,800 자
   - ·부수자(部首字) 214 자
   - ·한문 교과서에 나온 자 405 자
   - ·그밖에 필요한 자 217 자

   이상과 같이 2,636 자를 수록하였고, 이밖에 일상 생활에 흔히 쓰이는 약자(略字)·속자(俗字)·통자(通字)·동자(同字)·고자(古字)·역자(譯字)·대용자(代用字)·국자(國字) 들도 모두 거두어 학습에는 물론, 일상 생활에 부족함이 없게 하였다.

   ② 숙어의 수……한문 교과서에 나오는 일반 한자 말과 고사(故事)·성어(成語)를 비롯하여, 한문 공부에 필요한 중국과 우리나라의 인명(人名)·지명(地名)·책명(册名)·관직명·동물명·식물명 등 약 3 만 5 천어를 실었다.
2. 부록
   ① 한국 성씨(姓氏) 일람표
   ② 부수(部首) 명칭 일람표
   ③ 약자·속자·통자·동자·고자·역자·대용자·국자 일람표
3. 색인
   ① 총획(總畫) 색인
   ② 자음(字音) 색인
   ③ 부수 색인(앞뒤 면지에)

표제자 찾기

1. 음을 아는 표제자를 찾을 때
   자음 색인을 찾아 그 글자가 실린 면수를 알아 낸다.
2. 음을 모르는 표제자를 찾을 때
   그 글자의 총 획수를 세어 총획 색인의 해당 획수에서 그 글자를 찾아 그 글자가 실린 면수를 알아 낸다.
   사전 찾기에 익숙해지면 그 글자가 속하는 부수의 해당 면수를 알아 낸 다음, 부수자를 뺀 획수로 본문 머리의 난외 표제자를 들추어 가며 찾을 수도 있다.
3. 표제자의 배열
   ① 한문 교과서에 실린 부수의 갈래와 그 순서에 따랐다.
   ② 부수순·획순·음순으로 배열하였다.
4. 표제자의 해설
   ① 표제자는 큰 활자(4호)로 싣되 네 가지 괄호로 묶었다.

② 중고등용 교육 기초 한자와 그밖의 자의 구별

〖 〗 중학교용

【 】 고등학교용

[ ] 한문 교과서에 나온 자

「 」 일상 생활에 필요한 자

③ 자음(字音)……부수·획수·훈(訓) 다음에 음을 표시하되, 장음(長音)은 :표를 하였다. 한 글자가 장단음(長短音) 두 가지로 쓰이는 것은 그 하나를 묶음표 안에 보였다.

㉠ 한 글자에 음이 두 개 이상 있을 때에는 흔히 쓰이는 음을 앞세워 나란히 보였다.

㉡ 우리나라에서만 쓰이는 한자 및 우리나라 특유의 음을 가진 한자에는 참고에 국자(國字)임을 표시하였다.

㉢ 훈(訓)……음(音) 앞에 가장 주요한 훈 하나만 표시하고, 나머지는 뜻으로 돌렸다.

㉣ 외국음(外國音)·영어·일본음과 훈

자음(字音) 다음에 중국음(中國音)·영어·일본 음과 훈의 순서로 표시하였다.

중국음은 로마자로 표기하고 사성(四聲)은 1, 2, 3, 4의 어깨 번호로 표시하였다.

1 상평성(上平聲)

2 하평성(下平聲)

3 상성(上聲)

4 거성(去聲)

㉤ 뜻……훈에 주요한 것 하나만 보였으므로, 그밖의 훈을 모조리 보이고 뜻을 밝혔다.

㉥ 필순(筆順)……절대적인 것은 없으나 기본이 되는 것을 표제자마다 보였다.

㉦ 해서체(楷書體)……펜이나 연필로 쓸 때에는 반드시 활자체(活字體)처럼 쓰는 것이 아니므로 그 본보기로 보였다.

㉧ 참고……약자·속자·통자·동자·고자·역자·대용자·국자·본음(本音) 등을 표시하였다.

㉨ 검색용(檢索用) 표제자

표제자 가운데, 부수를 가려내기 모호한 것, 또는 획수를 그릇 세기 쉬운 자는 찾기에 편하도록, 그 표제자의 바른 자리 이외의 다른 자리에도 싣고, 옳은 자리와 획수를 지시하였다.

숙어와 풀이

1. 숙어의 배열

① 획수의 많고 적음에 관계없이 음의 가나다 순에 따라 배열하였다.

② 음이 같을 경우에는 둘째 글자의 획수의 적고 많은 순서에 따라 배열하였다.

2. 숙어의 음(音)

① 숙어 다음에 한글 맞춤법 통일안 표기법에 따라 음을 〔 〕 안에 표시하였다.

② 불교(佛敎) 용어에는 그 본음에 구애하지 않고 실지로 쓰이는 음을 표시하였다.

3. 숙어의 일본음

숙어가 일본 말로 쓰이는 것에는 물론, 우리만 쓰는 숙어라도 그 것을 일본 말로 설명할 수 있도록 되도록 풀이 끝에 달았다.

4. 참고 숙어

표제자가 제 2 음절(音節) 이하에 오는 숙어들은 풀이를 끝낸 다음에 ▷표를 하고 음순(音順)으로 배열하였다.

기 호

표제자의 괄호

〖 〗중학교용 900 자	【 】고등학교용 900 자
[ ] 한문 교과서에 나온 자	
「 」일상 생활에 필요한 자	
부 부수명	획 획수
훈 훈(訓)	음 음(音)
: 장음(長音)	㊥ 중국음
㊧ 영어	㊐ 일본음과 운
뜻 훈과 뜻	참고 참고 사항
㊣ 약자(略字)·약어(略語)	㊀ 속자(俗字)
㊦ 통자(通字)	㊐ 동자(同字)·동의어(同義語)
㊉ 고자(古字)	㊌ 역자(譯字)
㊎ 대용자	필순 그 글자를 쓰는 순서
↔ 상대어(相對語)	㊍ 예문(例文)

이 사전의 특징

1. 부수는 종래의 한자 자전(字典)과는 달리, 실지의 자형(字形)에 따라 찾게 하였다.
2. 이 사전의 이용 방법은 아래와 같다.
   ① 표제자의 음을 알고 있을 때에는 음별(音別) 색인에 의하여,
   ② 표제자의 부수를 알고 있을 때에는 부수별 색인에 의하여,
   ③ 음도 부수도 모를 때에는 획수별(畫數別) 색인에 의하여 찾을 수 있게 하였다.
   ④ 이 사전은 특히 〈中學漢文〉과 〈高等漢文〉 교과서에 직결시키고, 펜습자 교본을 겸하게 하였다.

(1) 一 部

〖一〗 부 一(한일) 획 1—0 훈 한 음 일 中 i¹ 英 one 日 イチ. イツ. ひとつ
뜻 ①한. 하나(壹과 통용). ②하나로 할. ③첫째. ④온통. ⑤낱낱. ⑥한 번. ⑦만일. ⑧오로지. ⑨모두. ⑩어느.
一家〔일가〕 ①한 채의 집. ②한 가정. ③동족의 일컬음. いっか
一家見〔일가견〕 동⇨일가언(一家言). いっかけん
一家言〔일가언〕 ①한 파(派)의 언론(言論). ↔공론(公論). ②하나의 견식(見識)있는 언론·견해. 동일가견(一家見).
一刻〔일각〕 ①1 주야의 100분의 1. ②짧은 시간(時間). いっこく
一角〔일각〕 ①한 모퉁이. ②한 개의 뿔. ③중국 화폐의 단위. 대원(大元)의 10분의 1. いっかく
一擧〔일거〕 ①한 번 일을 일으킴. ②단번. 단숨. いっきょ
一擧一動〔일거일동〕 하나의 동작. いっきょいちどう
一去無消息〔일거무소식〕 한 번 간 뒤로는 아무런 소식이 없음.
一擧兩得〔일거양득〕 한 가지로 두 가지 이익을 봄. 동일석이조(一石二鳥). いっきょりょうとく
一件〔일건〕 하나의 사건. いっけん
一擊〔일격〕 한 번 침. いちげき
一見〔일견〕 한 번 봄. 언뜻 봄. いっけん
一頃〔일경〕 면적의 단위. 동백무(百畝).
一考〔일고〕 한 번 생각하여 봄. いっこう
一曲〔일곡〕 ①한 굽이. ②음악의 한 곡조. ③한 모퉁이에 치우쳐 전체에 통하지 않음. いっきょく
一貫〔일관〕 ①하나로 꿰뚫음. ②끝까지 변함이 없음. いっかん
一括〔일괄〕 한데 묶음. いっかつ
一口〔일구〕 ①한 입. 소리를 같이 함. ②칼 한 자루. ③한 사람.
一金〔일금〕 금액 위에 붙여 쓰는 말. いっきん
一期〔일기〕 ①일생(一生). ②어떠한 시기를 몇에 나눈 그 하나 또는 그 첫째. いっき
一騎當千〔일기당천〕 한 사람이 천 사람을 당해냄. 아주 셈의 비유. いっきとうせん
一年之計〔일년지계〕 1년간에 할 일의 계획. いちねんのけい
一念〔일념〕 ①한결 같은 마음. ②깊이 생각에 잠김. ③불교에서는 아주 짧은 시간을 이름. いちねん
一怒〔일노〕 한 번 성냄.
一旦〔일단〕 ①어느 날 아침. 어느 날. ②한 번. いったん
一當百〔일당백〕 하나가 백을 당함.
一大〔일대〕 어떤 명사 위에 붙여 굉장한 뜻을 나타냄. いちだい
一同〔일동〕 어느 단체나 모임의 전체의 사람들. いちどう
一覽〔일람〕 ①한 번 봄. ②한 번 보아서 상황을 알 수 있게 한 것. 예—表(표). いちらん
一例〔일례〕 ①한 가지의 비유. ②한결 같음. ③한 낱. 동전례(前例). いちれい
一路〔일로〕 ①곧장 가는 길. ②똑바로 어디까지나. いちろ
一理〔일리〕 ①한 가지의 이치(理致). ②같은 이치. いちり
一利一害〔일리일해〕 이로움이 있는 반면에 해로움도 있음. いちりいちがい
一脈〔일맥〕 한 줄기. いちみゃく
一泊〔일박〕 하룻밤을 묵음. いっぱく
一般〔일반〕 ①같은 모양. ②보통. いっぱん
一方〔일방〕 한편. 한쪽. いっぽう
一別〔일별〕 한 번 이별함. 이별함. いちべつ
一夫一妻〔일부일처〕 한 남편에 한 아내. いちふいちさい
一絲不亂〔일사불란〕 차례가 바로 잡혀 조금도 어지러움이 없음. いっしふらん
一死一生〔일사일생〕 죽는 일과 사는 일. いっしいっしょう

一夕〔일석〕 하루 저녁. いっせき

一石二鳥〔일석이조〕 동⇨일거양득(一擧兩得). いっせきにちょう

一掃〔일소〕 깨끗하게 쓸어 버림. いっそう

一勝一負〔일승일부〕 한 번 이기고 한 번 짐. 이기고 짐. いっしょういちぶ

一心〔일심〕 ①한결같은 마음. ②여러 사람의 마음을 합함. ③마음. いっしん

一魚濁水〔일어탁수〕 한 마리의 고기가 물을 흐리게 함. 한 사람의 잘못으로 여러 사람이 그 해를 입게 됨의 비유. 「いちご

一語〔일어〕 한 말. 동일언(一言).

一言半句〔일언반구〕 단 한 마디의 말. いちげんはんく

一言以蔽之〔일언이폐지〕 한 마디의 말로 전체의 뜻을 말함.

一葉片舟〔일엽편주〕 조그마한 조각배. いちようへんしゅう

一葦〔일위〕 ①한 묶음의 갈대. 작은 배의 비유. ②갈대 한 잎.

一人〔일인〕 ①한 사람. ②어떤 사람. ③임금. いちにん. ひとり

一人一技〔일인일기〕 한 사람에 한 가지 재주. いちにんいちぎ

一日三秋〔일일삼추〕 하루가 3년 같음. 몹시 애태우며 기다림. いちにちさんしゅう

一日之狗〔일일지구〕 난 지 하루인 개. 하룻강아지. 철없는 사람의 비유. いちにちのこう

一字無識〔일자무식〕 아주 무식함.

一場春夢〔일장춘몽〕 한 바탕의 봄 꿈처럼 헛된 영화. 인생의 허무함의 비유. いちじょうのしゅんむ

一定〔일정〕 ①하나로 정해짐. ②정해져 있음. いってい

一朝一夕〔일조일석〕 하루 아침이나 하루 저녁과 같은 짧은 시각(時刻). いっちょういっせき

一卒〔일졸〕 한 병졸. 한 군사.

一座〔일좌〕 ①한 좌석에 있는 사람 모두. ②산(山)·묘(廟)·불상(佛像) 따위의 하나. いちざ

一周〔일주〕 한 바퀴. 한 바퀴 돎. 예世界(세계)一. いっしゅう

一株〔일주〕 한 그루. ひとかぶ

一指〔일지〕 한 손가락. いっし

一體〔일체〕 ①한 몸. ②전체. いったい

一切〔일체·일절〕 ①모두. 전부. ②동시(同時). ③잠시. 일시(一時). ④아주. 도무지의 뜻으로 사물을 부인(否認) 또는 금지할 때 쓰는 말. いっさい

一觸卽發〔일촉즉발〕 한 번 닿으면 곧 터짐. 위기가 절박(絶迫)한 모양. いっしょくそくはつ

一寸〔일촌〕 ①길이의 단위. 1척(尺)의 10분의 1. ②얼마 안 되는 것. いっすん 「ひときれ

一片〔일편〕 ①한 조작. ②반 조각.

一平生〔일평생〕 살아 있는 동안. 한 평생. 한뉘.

一品〔일품〕 ①하나의 물건. ②훌륭한 물건. ②제일 높은 벼슬.

一筆〔일필〕 ①한 번 씀. ②짧은 한 문장(文章). いっぴつ

一行〔일행〕 ①한 동아리. ②여행 따위의 동반자(同伴者) 전원(全員). いっこう

一虛一實〔일허일실〕 숨었다 나타났다 변화하여 본체(本體)를 잡을 수 없음. いっきょいちじつ

一毫〔일호〕 ①한 털끝. ②아주 적은 것. 동일호반점. いちごう

一毫半點〔일호반점〕 동일호(一毫). いちごうはんてん

一攫千金〔일확천금〕 손쉽게 많은 돈을 얻음. いっかくせんきん

一喜一憂〔일희일우〕 기뻐하다가 걱정하다 함. いっきいちゆう

▷歸一(귀일). 均一(균일). 單一(단일). 同一(동일). 萬一(만일). 不一(불일). 唯一(유일). 統一(통일). 畫一(획일).

〔丁〕 부 一(한일) 획 1—1 훈 장정 음 정 ㊥ ting^{1} ㊧ adult ㊐ テイ. チョウ. ひのと 뜻 ①장정. ②네째 천간. ③성. 필순 一丁

丁口〔정구〕 인구(人口).

丁男〔정남〕 한창 때의 남자.

丁女〔정녀〕①한창 때의 여자. ②불(火). ていじょ

丁夫〔정부〕스무 살 안팎의 남자. 「ていふ

丁若鏞〔정 약용〕이조 정조(正祖) 때의 대실학자(1762-1836). 자(字)는 미용(美鏞) 또는 송보(頌甫). 호(號)는 다산(茶山) 또는 사암(俟菴). 〈강역고(疆域考)〉·〈흠흠신서(欽欽新書)〉·〈목민심서(牧民心書)〉·〈여유당전집(與猶堂全集)〉·〈아언각비(雅言覺非)〉 등을 지었음.

丁酉再亂〔정유재란〕이조 선조(宣祖) 30년 정월에 왜군이 재차 침입한 난리.

丁字定規〔정자정규〕한 끝에 직각을 한 나무조각을 붙여서 丁자 모양으로 만든 자. 제도용으로 쓰임. 정자(丁字)자. 티이(T)자. ていじじょうぎ

丁壯〔정장〕장정(壯丁). ていそう

丁丁〔정정〕①도끼로 나무를 찍는 소리. ②바둑을 두는 소리.

丁香〔정향〕향나무의 한 가지. 꽃봉오리는 약재에 쓰고, 정향유(丁香油)를 짬. ていこう

丁香結〔정향결〕정향의 봉오리. 맺혀서 풀어지지 않음의 비유.

▷白丁(백정). 兵丁(병정). 園丁(원정). 壯丁(장정).

〖七〗 부 一(한일) 획 1—1 훈 일곱 음 칠 中 ch'i¹ 英 seven 日 シチ. ななつ

뜻 ①일곱. ②문장 체재의 한 가지.

필순 一七

七去〔칠거〕아내를 내쫓는 이유(理由)의 일곱 가지. 곧 불순부모거(不順父母去)·무자거(無子去)·음거(淫去)·투거(妬去)·유악질거(有惡疾去)·다언거(多言去)·절도거(竊盜去). 예—之惡(지악). しちきょ

七經〔칠경〕시경(詩經)·서경(書經)·예기(禮記)·악기(樂記)·역경(易經)·논어(論語)·춘추(春秋)의 일곱 가지 경서(經書)를 이름. しちきょう

七面鳥〔칠면조〕①꿩과의 새. ②변덕스러운 사람의 비유. しちめんちょう

七寶〔칠보〕일곱 가지 보배. 곧 금(金)·은(銀)·유리(瑠璃)·차거(硨磲)·산호(珊瑚)·마노(瑪瑙)·파리(玻璃). 예—丹粧(단장). しちほう

七夕〔칠석〕음력 7월 7일 밤. 곧 견우성(牽牛星)과 직녀성(織女星)이 만난다는 전설(傳說)의 밤. しちせき

七旬〔칠순〕①일흔 날. ②일흔 살.

七言絶句〔칠언절귀〕일곱 자로 된 시귀(詩句) 넷, 곧 28자로 된 한시체(漢詩體)의 하나. 약 칠절(七絶). しちごんぜっく

七曜〔칠요〕일요일·월요일·화요일·수요일·목요일·금요일·토요일의 총칭. しちよう

七顚八起〔칠전팔기〕몇 번 실패해도 꺾이지 않고 일어남. しちてんはっき

七七日〔칠칠일〕사람이 죽은 지 49일 되는 날. しちしちにち

七花八裂〔칠화팔렬〕조각조각으로 찢어짐. しちかはちれつ

〖三〗 부 一(한일) 획 1—2 훈 석 음 삼 中 san¹, sa¹ 英 three 日 サン. みつ. みっつ

뜻 ①셋(參과 통용). ②세 번. ③자주.

필순 一二三

三街里〔삼가리〕세 갈래로 난 길. 삼거리.

三角〔삼각〕①세 모. ②삼각형. ③삼각변(三角邊). 예—定規(정규). さんかく

三角巾〔삼각건〕부상했을 때 응급으로 쓰는 세모난 헝겊. さんかくきん

三角洲〔삼각주〕강물이 날라 온 흙·모래 따위가 강 어귀에 쌓여서 된 땅. さんかくしゅう

三綱〔삼강〕유교(儒教)의 도덕의 기본되는 세 가지 강(綱). 군위신강(君爲臣綱)·부위자강(父爲子綱)·부위부강(夫爲婦綱)의 세

도리. さんこう
三綱行實圖〔삼강행실도〕 이조 세종(世宗) 때에 삼강(三綱)의 모범이 되는 충신(忠臣)·효자(孝子)·열녀(烈女)를 각각 35명씩 뽑아 그 행적(行蹟)을 기록한 책.
三個〔삼개〕 세 개. 셋. さんこ
三更〔삼경〕 하룻밤을 오경(五更)으로 나눈 세째 시각. 오후 11시부터 다음 날 오전 1시 사이. さんこう
三徑〔삼경〕 은거자(隱居者)의 집. 한(漢)의 장허(蔣詡)가 뜰에 작은 길 세 개를 내고 송(松)·죽(竹)·국(菊)을 심었다는 고사(故事)에서 옴. さんけい
三經〔삼경〕 ①시경(詩經)·서경(書經)·역경(易經)·②역경(易經)·시경(詩經)·춘추(春秋). ③서경(書經)·주례(周禮)·시경(詩經).
三顧草廬〔삼고초려〕 중국 촉한(蜀漢)의 임금 유비(劉備)가 제갈양(諸葛亮)의 초옥을 세 번 방문하여 군사(軍師)로 맞아들인 일.
三國〔삼국〕 ①우리 나라의 고구려·백제·신라. ② 중국이 위(魏)·촉(蜀)·오(吳)나라의 셋으로 나뉘었던 시대. さんごく
三國史記〔삼국사기〕 고려의 김 부식(金富軾)이 쓴 정사(正史). 삼국 시대부터 통일신라 시대까지의 사기(史記). さんこくしき
三國遺事〔삼국유사〕 고려의 중 일연(一然)이 지은 사서(史書). 단군(檀君)·위만 조선(衞滿朝鮮) 및 한사군(漢四郡)을 위시하여 삼국의 역사를 수록체(隨錄體)로 서술함. さんこくいじ
三國志〔삼국지〕 진(晋)의 진수(陳壽)가 지은 삼국의 역사 책. さんこくし
三權〔삼권〕 ①세 가지 권력. ②위정자(爲政者)에게 필요한 세 가지 힘. 곧 높은 지위·부(富)·군주의 신임. ③입법권(立法權)·사법권(司法權)·행정권(行政權). ㉩一分立(분립). さんけん
三南〔삼남〕 충청·전라·경상도의 총칭. ㉩一地方(지방).
三段論法〔삼단논법〕 대전제(大前提)·소전제(小前提)·결론(結論)의 삼단으로 논하는 방식. さんだんろんぽう
三代目〔삼대목〕 신라 진성 여왕 때에 위홍(魏弘)·대구(大矩) 등이 지은 향가집(鄕歌集). さんだいもく
三冬〔삼동〕 초동(初冬)·중동(仲冬)·계동(季冬). 곧 음력 10월·11월·12월을 이름. さんとう
三樂〔삼락〕 ①군자(君子)의 세 가지 즐거움. 곧 집안이 편안함·양심에 부끄러움이 없음·영재(英才)를 교육함. ②사람으로 태어남과 남자가 됨과 장수(長壽)함. さんらく
三昧〔삼매〕 마음을 한 가지 일에 집중시켜서 움직이지 않는 경지. 사물(事物)에 열중함을 이름. ㉩一境(경). さんまい
三伏〔삼복〕 ① 하지(夏至) 후의 초복(初伏)·중복(中伏)·말복(末伏)의 한창 더운 때. ②세 군데의 복병(伏兵). さんぷく
三分五裂〔삼분오열〕 여러 갈래로 갈리어 흩어짐. さんぷんごれつ
三三五五〔삼삼오오〕 서너너덧씩 떼를 지은 모양. さんさんごご
三省〔삼성〕 ①매일 세 번씩 자신이 한 일을 반성함. 혹은 자주 반성함. ②중서성(中書省)·상서성(尙書省)·문하성(門下省)의 세 관청. さんせい. さんしょう
三歲之習〔삼세지습〕 세 살 적의 버릇. 「ょう
三讓〔삼양〕 세 번 넘겨줌. さんじ
三員〔삼원〕 세 사람. さんいん
三人行必有我師〔삼인행필유아사〕 세 사람이 같이 일을 하면 좋은 것은 본받고, 나쁜 것은 경계하여 선악간(善惡間)에 다 스승이 됨. さんにんおこなえばかならずしあり
三一運動〔삼일운동〕 기미년 독립운동(己未年 獨立運動). さんいちうんどう

三者〔삼자〕 당사자 이외의 사람. ㊐제삼자(第三者). さんしゃ
三族〔삼족〕 ①부모(父母)·형제(兄弟)·처자(妻子). ②부모(父母)·형제(兄弟)·자손(子孫). さんぞ
三重〔삼중〕 세 겹. さんじゅう ｢く
三知〔삼지〕 도(道)를 알게 되는 세 단계. 나면서 아는 생지(生知)·배워서 아는 학지(學知)·애써서 아는 곤지(困知). さんち
三尺童子〔삼척동자〕 어린아이. さんじゃくのどうじ
三千里〔삼천리〕 ①우리 나라의 별칭(別稱). ② 3천리의 거리(距離). ㊉—江山(강산).
三千丈〔삼천장〕 3천길. 한 길은 보통 어른의 키. さんせんじょう
三寒四溫〔삼한사온〕 겨울철에 한국·중국 등지에서, 사흘쯤은 추운 날씨가 계속하였다가 다음 나흘쯤은 따뜻한 날씨가 계속하는 주기적(週期的)인 기후 현상. さんかんしおん
三絃〔삼현〕 거문고·가야금·당비파의 세 악기. さんげん
三絃六角〔삼현육각〕 거문고·가야금·당비파와 북·장구·해금·피리·대평소의 총칭. さんげんろっかく
三惑〔삼혹〕 도를 닦는 데 장애되는 세 가지 번뇌. 곧 견사혹(見思惑)·진사혹(塵沙惑)·무명혹(無明惑). さんわく
三和〔삼화〕 근(根)·경(境)·식(識)의 세 가지의 화합(和合).

〖上〗 부 一(한일) 획 1—2 훈 위 음 상 ㊥ shang 3·4 ㊧ above
㊐ ジョウ. うえ. かみ. あげる. のぼる
뜻 ①위. ②오를. 올릴. ③높을. ④임금.
필순 丨 ⺊ 上

上京〔상경〕 ①서울. ②서울로 올라감. ↔하향(下鄕). じょうきょう
上古〔상고〕 옛날. ㊐태고(太古). ㊉—時代(시대). じょうこ
上告〔상고〕 ①대법원에 내는 상소(上訴). ②웃사람에게 고함. じょうこく ｢じょうかん
上官〔상관〕 웃자리의 관리·관원.
上卷〔상권〕 두 권이나 세 권으로 가른 책 중의 첫째 권. ↔하권(下卷). じょうかん
上級〔상급〕 ①윗등급. 웃계급. ②웃학년. ↔하급(下級). ㊉—生(생). じょうきゅう
上等〔상등〕 높은 등급. ↔하등(下等). じょうとう
上樑〔상량〕 ①마룻대를 올림. ②집을 지을 때 기둥에 대들보를 올리는 것.
上流〔상류〕 ①강물이 근원에 가까운 곳. ②사회에 있어서, 지위·생활 정도·교양 등이 높은 층. ㊉—階級(계급). —社會(사회). じょうりゅう
上陸〔상륙〕 배에서 내려 뭍에 오름. ㊉—作戰(작전). じょうりく
上半身〔상반신〕 몸뚱이의 위쪽 반. 가슴의 윗부분. ↔하반신(下半身). じょうはんしん
上白是〔상백시〕 어른께 올리는 편지의 머리 또는 끝에 사뢰어 올린다는 뜻으로 쓰는 문투.
上奉下率〔상봉하솔〕 부모를 봉양(奉養)하고 처자를 거느림.
上司〔상사〕 ①상급 관청. ②상급 관리. じょうし
上書〔상서〕 글을 올림. ㊐상표(上表). ↔하서(下書). じょうしょ
上訴〔상소〕 ①위에 하소연함. ②불복신청(不服申請)의 한 가지. じょうそ
上手〔상수〕 ①위 쪽. ②한결 높은 솜씨. 또는 그 사람. ↔하수(下手). かみて. じょうず
上水〔상수〕 배가 흐름을 거슬러 올라감. じょうすい
上水道〔상수도〕 도시(都市)의 음료수를 계통적으로 급수(給水)하는 설비. ↔하수도(下水道). じょうすいどう
上旬〔상순〕 초하루부터 초열흘까지. ↔중순(中旬)·하순(下旬). じょうじゅん ｢じょうい
上衣〔상의〕 저고리. ↔하의(下衣).

上狀〔상장〕 경의(敬意) 또는 조의(弔意)를 표하는 편지.
上典〔상전〕 종에 대한 그 주인.
上之上〔상지상〕 ①시문(詩文)을 끊는 12 등급 중의 첫째 급. ②가장 우수한 것. ↔상지중(上之中)·상지하(上之下).
上層〔상층〕 ①웃층. ②웃계급. ↔하층(下層). じょうそう
上濁下不淨〔상탁하부정〕 웃물이 흐리면 아랫물도 맑지 않음. 웃사람이 옳지 않으면 아랫사람도 본받아서 행실이 옳지 못함의 비유.
上篇〔상편〕 두 편이나 세 편으로 된 책의 그 첫째 편. ↔중편(中篇)·하편(下篇). じょうへん
上表〔상표〕 동⇨ 상서(上書).
上品〔상품〕 ①가계(家系)가 좋음. ②품위가 고상함. ③좋은 물건. ④최상의 극락. じょうひん
上下〔상하〕 ① 위와 아래. ② 높은 것과 낮은 것. ③귀한 것과 천한 것. ④웃사람과 아랫사람. ⑤오름과 내림. ⑥왕복(往復). 예一學(학). じょうげ
▷無上(무상). 以上(이상). 頂上(정상). 최상(最上). 向上(향상).

【丈】 부 一(한일) 획 1—2 훈 어른 음 장 ㊥ chang⁴ 英 elder ㊐ ジョウ. たけ
뜻 ①어른. ②길.
필순 一ナ丈
丈家〔장가〕 남자가 아내를 맞는 것.
丈母〔장모〕 ①아내의 친어머니. ②의형제(義兄弟)의 어머니.
丈夫〔장부〕 ①장성한 남자. ②재능이 뛰어난 훌륭한 사람. ③남자의 미칭(美稱). じょうふ
丈人〔장인〕 ①노인. ②어른에 대한 경칭. ③아내의 친아버지. ④조부(祖父). じょうじん
丈丈〔장장〕 웃어른. 동존장(尊長).
丈祖〔장조〕 처조부(妻祖父).
丈祖母〔장조모〕 처조모(妻祖母).
丈尺〔장척〕 장대로 10자 길이로 만든 자. じょうしゃく

【下】 부 一(한일) 획 1—2 훈 아래 음 하: ㊥ hsia⁴ 英 below ㊐ カ. ゲ. した. しも. くだる. さがる. おりる. もと
뜻 ①아래. ②낮을. ③내릴. ④항복할. ⑤떨어질. ⑥천할.
필순 一丅下
下降〔하강〕 아래로 내림. ↔상승(上昇). かこう
下棺〔하관〕 관을 구덩이 안에 내림.
下卷〔하권〕 한 질이 둘 또는 셋으로 된 책의 끝권. ↔상권(上卷)·중권(中卷). げかん
下級〔하급〕 ①등급이 낮음. ②아랫등급. ↔상급(上級). 예一生(생). 一品(품). かきゅう
下記〔하기〕 ①돈을 쓰거나 치러준 것을 기록한 장부. ②꼬집어서 알기 위해 본문(本文) 뒤에다 곁붙여 적은 글. ③아래에 적음. かき
下念〔하념〕 웃사람이 아랫사람을 염려함. 예一之德(지덕).
下達〔하달〕 웃사람의 뜻이 아랫사람에게 이름. ↔상통(上通). かたつ
下等〔하등〕 ①등급이 낮음. ②질(質)이 낮음. ↔고등(高等). かとう
下落〔하락〕 ①등급의 떨어짐. ②낙착(落着)함. ③물가가 떨어짐. ↔상등(上騰). からく
下流〔하류〕 ①강이나 내의 흘러 내리는 아랫편. ②낮은 지위·낮은 사회. ↔상류(上流)·중류(中流). かりゅう
下馬〔하마〕 ①말에서 내림. ②좋지 못한 말. 예一碑(비). 一石(석). 一評(평). げば
下命〔하명〕 ①명령을 내림. ②위에서 내리는 명령. かめい
下不下〔하불하〕 적어도. 동소불하(少不下).
下賜〔하사〕 고귀한 사람이 물건을 내림. ↔상납(上納)·진상(進上). 예一金(금).
下山〔하산〕 산에서 내려옴. げさん
下書〔하서〕 웃어른이 주신 편지. ↔상서(上書). げしょ
下手人〔하수인〕 사람을 살해할 목적으로 직접 손을 댄 사람.
下宿〔하숙〕 비교적 오랜 기간을 정

하고 남의 집에 숙박함. 또 그
집. 예一生(생). 「남. げや
下野〔하야〕 관계(官界)에서 물러
下午〔하오〕 정오(正午) 이후. 동오
후(午後). ↔오전(午前)·상오(上
午). かご 「位). かい
下位〔하위〕 낮은 지위. ↔상위(上
下之上〔하지상〕 하등(下等) 가운데
서의 윗길. ↔하지중(下之中)·
하지하(下之下).
下直〔하직〕 먼 길을 떠날 때에 웃
어른께 작별을 고함. 또 그 일.
下車〔하차〕 기차·자동차·전차 따
위에서 내림. 예途中(도중)一.
げしゃ
下篇〔하편〕 두 편 이상으로 된 책
의 맨나중 편. ↔상편(上篇)·중
편(中篇).
下筆〔하필〕 붓을 댐. 글을 쓰기 시
작함. 「를 마침. ↔상학(上學).
下學〔하학〕 학교에서 그 날의 공부
▷閣下(각하). 貴下(귀하). 門下
(문하). 月下(월하). 殿下(전하).
地下(지하). 天下(천하).

〖不〗 부 一(한일) 획 1—3 훈 아닐 음 불·부 中 pu⁴ 英 not 日 フ. ブ. せず. いなや
뜻 ①아니할. ②말. ③ 없을. ④ 아닌가.
필순 一ア不不

不暇〔불가〕 틈이 없음. ふか
不可〔불가〕 옳지 않음. ふか
不可改〔불가개〕 고칠 수 없음. ふ
かかい
不可缺〔불가결〕 없어서는 안 됨.
ふかけつ 「음. ふかけい
不可輕〔불가경〕 가볍게 여길 수 없
不可能〔불가능〕 능히 할 수 없음.
ふかのう 「음. ふかとう
不可當〔불가당〕 맞서 당해낼 수 없
不可得〔불가득〕 얻을 수 없음. ふ
かとく 「かぼう
不可忘〔불가망〕 잊을 수 없음. ふ
不可無〔불가무〕 없어서는 안 됨.
不可分〔불가분〕 도저히 나눌 수 없
음. ふかぶん
不可不〔불가불〕 않을 도리가 없어
서. 마땅히. 동부득불(不得不).
不堪〔불감〕 견디지 못함. ふかん
不可思議〔불가사의〕 헤아려 알 수
없음. ふかしぎ 「かしん
不可信〔불가신〕 믿을 수 없음. ふ
不可知〔불가지〕 도저히 알 수가 없
음. 예一論(론). ふかち
不可侵〔불가침〕 침범할 수 없음.
예一條約(조약). ふかしん
不可避〔불가피〕 피할 수가 없음.
ふかひ
不可抗力〔불가항력〕 사람의 힘으로
는 막을 수 없는 큰 힘. 천재지
변(天災地變) 따위. ふかこうり
ょく 「없음. ふかかい
不可解〔불가해〕 이해(理解)할 수
不却死〔불각사〕 물러가지 못하고
不敢〔불감〕 감히 하지 못함. └죽음.
不敢生心〔불감생심〕 힘이 부쳐 감
히 엄두도 내지 못함.
不虔〔불건〕 경건(敬虔)하지 않음.
不見是圖〔불견시도〕 보지 않고도
알 수 있음.
不潔〔불결〕 깨끗하지 않음. ふけつ
不敬〔불경〕 마땅히 높여야 할 사람
에게 예(禮)를 잃음. ふけい
不景氣〔불경기〕 ①세월이 없음. ②
산업이 떨치지 않는 상태. ↔호
경기(好景氣). ふけいき
不經濟〔불경제〕 ①경제적이 아니고
헤픔. ②비용이 많이 남. ふけい
ざい
不計〔불계〕 ①옳고 그름이나 이해
관계를 따지지 않음. ②바둑에서
집 수효의 차이가 뚜렷할 때, 셈
할 필요가 없음. ②사정을 가리
不告〔불고〕 알리지 않음. └지 않음.
不顧〔불고〕 돌아보거나 돌보지 않
음. 「않음. ふこれんち
不顧廉恥〔불고염치〕 염치를 돌보지
不高〔불고〕 높지 않음.
不工不商〔불공불상〕 공인(工人)도
상인(商人)도 아님.
不過〔불과〕 그 정도에 지나지 않음.
不敎〔불교〕 가르치지 않음. └ふか
不苟〔불구〕 구차하지 않음.
不具〔불구〕 ③갖추지 못함. ①몸의
한 부분이 완전하지 못함. ②편
지 끝에 쓰는 말. 동불비(不備).

㉮一者(자). ふぐ
不拘〔불구〕 거리끼지 않음.
不拘束〔불구속〕 피의자(被疑者)를 구속하지 않음. ふこうそく
不歸客〔불귀객〕 돌아오지 않는 나그네. 죽은 사람. 「きそく
不規則〔불규칙〕 규칙에 벗어남. ふ
不及〔불급〕 미치지 못함.
不急〔불급〕 급하지 않음. ふきゅう
不肯〔불긍〕 용납(容納)하지 아니함. 듣지 않음. ふこう
不起〔불기〕 병으로 누워 영영 일어나지 못함. 죽음. ふき
不吉〔불길〕 재수나 운수가 좋지 않음. ふきつ
不能〔불능〕 ①능히 할 수 없음. ②능하지 못함. ㉲불가능(不可能). ㉮無所(무소)—. ふのう
不良〔불량〕 ①좋지 못함. ②착하지 못함. ㉮—輩(배). ふりょう
不諒〔불량〕 ①믿지 않음. ②사정을 살피지 않음. ふりょう
不老不死〔불로불사〕 늙지도 죽지도 않음. ふろうふし
不倫〔불륜〕 ①인륜(人倫)에서 벗어남. ②같은 무리가 아님. ふりん
不利〔불리〕 이롭지 못함. ふり
不滿〔불만〕 만족하지 않음. ㉲불만족(不滿足). ふまん
不忘〔불망〕 잊지 않음. ふぼう
不眠不休〔불면불휴〕 조금도 쉬지 않고 힘써 일함. ふみんふきゅう
不滅〔불멸〕 망하지 않음. 없어지지 않음. ㉮靈魂(영혼)—. ふめつ
不明〔불명〕 ①밝지 못함. ㉲무명(無名). ② 어리석음. ふめい
不毛〔불모〕 ① 오곡(五穀)이 나지 않음. 또 그 땅. ②오곡(五穀)을 심지 않음. ③ 털이 순색(純色)이 아님. ㉮—之地(지지). ふもう
不謀而同〔불모이동〕 미리 짠 일이 없는 데도 의견이 같음.
不聞〔불문〕 듣지 않음. ㉮—藥(약).
不問可知〔불문가지〕 묻지 않아도 가히 알 수 있음.
不問曲直〔불문곡직〕 옳고 그름을 묻지 않고 함부로 함.
不美之說〔불미지설〕 자기에게 이롭지 못한 말. 「지지 않음. ふへん
不變〔불변〕 ①변하지 않음. ②고쳐
不服〔불복〕 ①복종하지 아니함. ②불만을 품음. ふふく
不分東西〔불분동서〕 어리석어서 동서(東西)도 가리지 못함.
不備〔불비〕 ①제대로 갖추지 못함. ②편지 끝에 쓰는 말. ㉲불구(不具). 불실(不悉). 「않음.
不仕〔불사〕 벼슬을 시켜도 나서지
不殺生〔불살생〕 불교 계율(戒律)의 하나. 생물을 죽이지 않음을 이름. ふせっしょう
不相流通〔불상류통〕 서로 통하여 쓰이지 못함.
不生煙〔불생연〕 연기가 나지 않음.
不惜〔불석〕 아끼지 않음. ㉮—身命(신명). 「못함. ふぜん
不善〔불선〕 ①좋지 못함. ②잘하지
不先不後〔불선불후〕 공교롭게 마침 좋지 못한 때를 당함.
不成〔불성〕 다 이루어지지 못함. ㉮—器(기). ふせい
不遜〔불손〕 공손하지 않음. 교만함. ㉲불손(不孫). ふそん
不時〔불시〕 ① 알맞은 때가 아님. ② 뜻밖. ㉮—着(착). ふじ
不是異事〔불시이사〕 이상할 것이 없는 일. 「(지공).
不息〔불식〕 쉬지 않음. ㉮—之工
不食〔불식〕 먹지 않음. ㉮—之報(지보). ふしょく
不信〔불신〕 믿지 않음. ふしん
不信任〔불신임〕 믿고 일을 맡길 수 없음. ㉮—案(안). ふしんにん
不悉〔불실〕 편지 끝에 쓰는 말. 말을 못다함의 뜻. ㉲불비(不備).
不實〔불실〕 ①익지 아니함. ②성실하지 아니함. ㉮—企業(기업). ふじつ
不安〔불안〕 ① 두려움이나 위험의 감정과 더불어 생기는 정신 및 신체의 불쾌한 상태. ②사회의 질서(秩序)가 바로잡히지 않아 뒤숭숭함. ふあん
不夜城〔불야성〕 ①한대(漢代)에 밤에도 해가 돋았다고 하는 동래군(東萊郡)에 있던 성(城) 이름.

②등불이나 달·눈 따위로 밤이 낮같이 밝음. ふやじょう

不語〔불어〕 말을 않음. ふご

不如〔불여〕 같지 않음. ふじょ

不如歸〔불여귀〕 두견새의 별칭(別稱). ふじょき 「않음.

不如意〔불여의〕 일이 뜻대로 되지

不與存〔불여존〕 같이 있지 아니함.

不易〔불역·불이〕 ①변하지 아니함. 바뀌지 아니함. ②쉽지 아니함. ③다스리지 아니함. ふえき

不然〔불연〕 그렇지 않음. ふぜん

不慍〔불온〕 성내지 않음. 노엽게 여기지 않음. ふおん

不穩〔불온〕 온당하지 않음. 예―思想(사상). ふおん

不扤〔불올〕 움직이지 아니함.

不用〔불용〕 ①쓰지 않음. ② 소용없음. ふよう

不遇〔불우〕 때를 만나지 못하여 출세(出世)를 못함. ふぐう

不運〔불운〕 운수가 언짢음. ふうん

不遠〔불원〕 ①멀지 않음. ② 오래지 않음. 예―間(간). ―千里(천리). ふえん

不願〔불원〕 원하지 아니함.

不怨天不尤人〔불원천 불우인〕 제 뜻이 시대와 사회에 맞지 않더라도 하늘이나 남을 원망 않고, 늘 반성해 발전과 향상(向上)을 꾀함을 이름. 「지 않음. ふい

不爲〔불위〕 하지 않음. 하려고 하

不意〔불의〕 뜻하지 못함. 뜻밖. 예―之變(지변). ふい「않음. ふぎ

不義〔불의〕 의리에 어긋남. 옳지

不貳〔불이〕 ①거듭하지 아니함. ② 이심(二心)이 없음. ③배반하지 아니함. ふじ

不人〔불인〕 사람 같지 않은 사람.

不仁〔불인〕 ① 어진 마음이 없음. ②마비됨. ふにん 「ん

不忍〔불인〕 차마 하지 못함. ふに

不一〔불일〕 ① 같지 않음. ② 편지 끝에 쓰는 말. 일일이 다 말 못함을 이름. ふいつ

不日〔불일〕 며칠 안 됨. 머지 않아. ふじつ 「넉하지 못함.

不壹而足〔불일이족〕 하나로써는 넉

不字〔불자〕 ①쓸데없는 물건. ② 기준에 미치지 못하여 못 쓰게 된 물건. 또 그 표지(標識).

不察〔불찰〕 똑똑히 살펴보지 못한 까닭에 생긴 잘못. ふさつ

不參〔불참〕 어떠한 자리에 참석하지 아니함. ふさん

不斬〔불참〕 목을 베지 않음. 죽이지 않음. ふさん 「지도 않음.

不淸不濁〔불청불탁〕 맑지도 흐리

不肖〔불초〕 ①못난 아들. 아버지나 하늘이나 현인(賢人)을 닮지 못함. ② 자기의 겸칭(謙稱). 예―子(자). ―孫(손). ふしょう

不肖孤〔불초고〕 상제(喪制)가 자기를 가리키는 말.

不肖子弟〔불초자제〕 할아버지나 아버지의 덕망과 사업을 대받지 못한 자손(子孫). ふしょうしてい

不出〔불출〕 못남. 어리석고 못난 사람. ふしゅつ

不忠不孝〔불충불효〕 나라에 충성하지 못함과 부모에게 효도하지 못함. ふちゅうふこう

不測〔불측〕 ①미리 헤아릴 수 없음. ②마음씨가 흉악함. ふそく

不治〔불치〕 ①병이 낫지 않음. 고칠 수 없음. ②정치(政治)가 잘못되어 어지러움. ふじ

不快〔불쾌〕 ①마음이 유쾌하지 않음. ②기분이 나쁨. ふかい

不琢〔불탁〕 갈지 않음. 닦지 않음.

不通〔불통〕 ①통하지 아니함. ②글자나 말을 모름. ③인연(因緣)을 끊음. ふつう

不便〔불편〕 ①편리하지 못함. ②편하지 못함. 거북스러움. ふべん

不偏不黨〔불편부당〕 어느 편에도 치우치지 않음. ふへんふとう

不平〔불평〕 ① 공평(公平)하지 않음. ②불만(不滿)이 있어 마땅하지 않게 여김. ③병으로 몸이 편하지 못함. ふへい

不蔽風雨〔불폐풍우〕 집이 헐어서 바람과 비를 가리지 못함.

不必多言〔불필다언〕 여러 말이 필요 없음.

不下〔불하〕 ①못하지 않음. ②어떤

수효에 내리지 않음. ③항복(降服)하지 않음.
不學〔불학〕①배우지 않음. ②학문(學問)이 없음. ふがく
不汗黨〔불한당〕떼를 지어 다니며 재물을 강탈하는 도둑의 무리.
不合〔불합〕①뜻에 맞지 않음. ②서로 맞지 않음. ふごう
不解〔불해〕풀지 못함. ふかい
不幸中多幸〔불행중다행〕언짢은 일 중에 그래도 잘된 일.
不許〔불허〕허락(許諾)하거나 허가(許可)하지 않음. ふきょ
不賢〔불현〕어질지 못함. ふけん
不獲〔불획〕얻지 못함. ふかく
不好〔불호〕좋아하지 않음. ふこう
不和〔불화〕서로 사이가 좋지 못함. ふわ
不況〔불황〕경기(景氣)가 좋지 못함. 돈벌이가 아니됨. ふきょう
不朽〔불후〕썩지 않음. 영원히 전하여짐. ふきゅう
不興〔불흥〕일지 않음. ふきょう
不斷〔부단〕끊어지지 않음. 끊임없음. ふだん「之說(지설). ふとう
不當〔부당〕이치에 어그러짐. ㉠—
不大不小〔부대불소〕크지도 작지도 않고 알맞음. ふたいふしょう
不待〔부대〕기다리지 않음. ふたい
不待接〔부대접〕푸대접.
不德〔부덕〕①덕망(德望)이 없음. ②덕을 나타내지 않음. ふとく
不圖〔부도〕생각하지 못함. ふと
不道〔부도〕도리(道理)에 벗어남. 도리가 아님. ㊐무도(無道)·비도(非道). ふどう
不渡手票〔부도 수표〕지불되어야 할 날짜에 지불을 거절당한 수표(手票). ふわたりてがた
不同〔부동〕같지 않음. ㉠表裏(표리). ふどう
不動〔부동〕①물건이나 몸이 움직이지 않음. ②한 번 먹은 마음이 흔들리지 않음. ㉠—心(심). —產(산). —姿勢(자세). ふどう
不凍〔부동〕얼지 않음. ㉠—港(항). ふとう 「가불(不可不).
不得不〔부득불〕안할 수 없어. ㊐불
不得已〔부득이〕마지 못하여. 하는 수 없이.
不等〔부등〕①한결같지 않음. ②고르지 못함. ③일정하지 않음. ㉠—速運動(속운동). ふとう
不自然〔부자연〕자연스럽지 못함. ふしぜん
不自由〔부자유〕구속이 되어 자유스럽지 못함. ふじゆう
不在〔부재〕있지 않음. ㉠—者投票(자투표). ふざい
不戰〔부전〕싸움을 아니함. ㉠—勝(승). ふせん
不絕〔부절〕끊이지 않음. ふぜつ
不正〔부정〕① 바르지 아니함. ②세금(稅金)을 받지 아니함. ㉠—蓄財(축재). ふせい
不貞〔부정〕여자가 정조(貞操)를 지키지 못함. ふてい
不定〔부정〕일정하지 못함. ㉠—期(기). ふてい
不弟〔부제〕장형(長兄)에게 공손하지 못함. ㊐부제(不悌). ふてい
不第〔부제〕시험에 낙제함. ふだい
不調〔부조〕①날씨나 건강이 고르지 못함. ②조화(調和)가 아니됨. ふちょう
不條理〔부조리〕①조리에 맞지 않음. ②실존주의 철학의 용어.
不足〔부족〕모자람. ふそく
不注意〔부주의〕주의를 아니함. ふちゅうい
不知〔부지〕알지 못함. ふち
不知不識間〔부지불식간〕알지 못하는 사이.
不知何歲月〔부지하세월〕언제 될지 그 기한을 알지 못함.
不知何許人〔부지하허인〕알지 못할 어떤 사람.
不進〔부진〕앞으로 나아가지 못함.
不盡〔부진〕다하지 않음. 끊어져 없어지지 않음. ふじん 「ふしん
不振〔부진〕세력이 떨치지 못함.

〖丑〗 부 一(한일) 획 1—3 훈 소 음 축(축) ㊥ ch'ou³ ㊍ cattle ㊐ チュウ. うし
뜻 ① 소. ② 둘째 지지.
필순 ㄱ丌丑丑

丑年〔축년〕 태세의 지지(地支)가 축(丑)으로 된 해. 을축(乙丑)·정축(丁丑) 따위. 소해.
丑時〔축시〕 ①하루를 12시로 나눈 둘째. 곧 상오 1시부터 3시까지의 동안. ②하루를 24시로 나눈 세째. 곧 상오 1시부터 2시 반까지의 동안.
丑月〔축월〕 월건(月建)이 축(丑)으로 된 음력 섣달. 「인 날.
丑日〔축일〕 일진(日辰)이 축(丑)
丑正〔축정〕 ①하루를 12시로 나눈 둘째 시각의 한 가운데. 곧 상오 2시. 사경(四更). ②하루를 24시로 나눈 세째 시각의 한가운데. 곧 상오 2시. 사경(四更).
▷乙丑(을축). 丁丑(정축).

【丘】 부 一(한일) 획 1—4 훈 언덕 음 구 ㊥ ch'iu[1] 英 hill 日 キュウ. おか
뜻 ①언덕. ②높을. ③클. ④공자 이름.
필순 ㇀𠂆𠂇丘
丘陵〔구릉〕 언덕. 나직한 산(山). きゅうりょう
丘里之言〔구리지언〕 ①민간에서 하는 말. 속담(俗談). ②근거가 없는 헛말. きゅうりのげん
丘木〔구목〕 무덤에 난 나무. きゅうぼく 「きゅうぼ
丘墓〔구묘〕 무덤. 예—之鄕(지향).
丘民〔구민〕 시골에 사는 평민(平民). きゅうみん 「ふ
丘阜〔구부〕 언덕. 작은 산. きゅう
丘史〔구사〕 공(功)이 있는 신하에게 임금이 내려 주던 관노비(官奴婢). きゅうし
丘山〔구산〕 ①언덕과 산. ②속세(俗世)를 떠난 자연. ③물건이 많음. きゅうざん
丘首〔구수〕 근본(根本)을 잊지 않음. きゅうしゅ
丘嫂〔구수〕 맏형수. 「(田園).
丘園〔구원〕 언덕과 동산. 동전원
▷比丘(비구). 青丘(청구).

〖丙〗 부 一(한일) 획 1—4 훈 남녘 음 병: ㊥ ping[3] 英 south 日 ヘイ. ひのえ
뜻 ①남녘. ②세째 천간. ③불. 밝을.
필순 一丆冂丙丙
丙科〔병과〕 과거(科擧)의 성적에 따라 나눈 등급의 하나.
丙午〔병오〕 육십갑자(六十甲子)의 43째. へいご. ひのえうま
丙子字〔병자자〕 이조 중종(中宗) 때 만든 동활자(銅活字)의 이름.
丙丁〔병정〕 불. 병(丙)·정(丁)은 오행(五行)의 화(火)에 해당함. へいてい 「へいしゅ
丙種〔병종〕 등급으로 세째가는 것.
丙辰字〔병진자〕 이조 세종(世宗) 때 만든 연활자(鉛活字)의 이름.
丙枕〔병침〕 하룻밤을 오야(五夜)로 나눈 세째 시각으로, 임금이 잠자리에 들던 밤 11시부터 오전 1시까지의 시각.

〖世〗 부 一(한일) 획 1—4 훈 인간 음 세: ㊥ shih[4] 英 world 日 セイ·セ. よ
뜻 ①세상. ②세대. ③맏. 세자. ④대. ⑤시대. ⑥한평생.
필순 一十卄廿世
世間〔세간〕 동⇨세상(世上).
世居〔세거〕 ①한 고장에서 대대로 살고 있음. 예—之地(지지).
世系〔세계〕 대대의 혈통(血統). せいけい
世界〔세계〕 ①우주. ②온 인류 사회. ③같은 무리끼리 이루고 있는 하나의 사회. せかい
世交〔세교〕 대대로 사귀는 사이.
世紀〔세기〕 ① 연대(年代). 시대. ②서력에서 100년을 1기(期)로 세는 시대의 단위. せいき
世帶〔세대〕 가구(家口). 각 살림살이의 단위. せたい
世代〔세대〕 ①여러 대(代). ②한 대(代). 약 30년. ③한 시대. 예—交替(교체). せだい
世道人心〔세도인심〕 세상의 도의(道義)와 사람들의 마음씨. せどうじんしん
世事難測〔세사난측〕 세상 일은 자주 달라지므로 미리 헤아리기에

어려움. 「(世態). せそう
世相〔세상〕 세상의 형편. ㊌세태
世上〔세상〕 ①사람이 살고 있는 지구 위. ㊌천하(天下)·사회. ②절·감옥·수도원 따위의 사회 안에서 일컫는 바깥 사회. ㊌세간(世間). 속세(俗世). ③ 사람의 목숨이 살아 있는 동안. ④나라를 다스리는 동안. ⑤한 계통이 이어 가는 동안. ⑥마음대로 활동할 수 있는 무대. ⑦세상 인심(世上人心). せじょう
世世〔세세〕 ㊌ 대대(代代).
世俗〔세속〕 세상의 풍속. せぞく
世業〔세업〕 대대로 물려 온 직업. せいぎょう
世子〔세자〕 ① 왕위를 이을 아들. 왕세자(王世子). ②진대(陳代)에 지어진 책 이름. せいし
世傳〔세전〕 대대로 전함.
世態〔세태〕 세상 형편. ㊌세상(世相). せたい
世波〔세파〕 ①세상의 풍파. ②사회의 움직이는 형편. ③괴로움이 많은 쓰라린 사회. 「ひょう
世評〔세평〕 세상의 평판(評判). せ
▷隔世(격세). 救世(구세). 近世(근세). 浮世(부세). 前世(전세). 絶世(절세). 處世(처세). 出世(출세). 後世(후세).

〖且〗 부 一 (한일) 획 1—4 훈 또 음 차: 中 ch'ieh³ 英 moreover 日 ソ. ショ. かつ
뜻 ①또한. ②오히려. ③아직. 우선. ④장차. ⑤만일. ⑥이. ⑦구차스러울. ⑧많을. ⑨갈(저). ⑩어조사(저).
필순 丨 冂 冃 月 且
且驚且喜〔차경차희〕 한편으로는 놀라면서 한편으로는 기뻐함.
且問且答〔차문차답〕 한편으로는 물으면서 한편으로는 대답함.
且信且疑〔차신차의〕 한편으로는 믿기도 하고, 또 한편으로는 의심하기도 함.
且月〔차월〕 음력 6월의 딴이름.
且戰且走〔차전차주〕 한편으로는 싸우고, 한편으로는 달아남.
且置勿論〔차치물론〕 내버려 두고 논의 대상으로 삼지 않음.

(1) 丨 部

〖中〗 부 丨 (뚫을곤변) 획 1—3 훈 가운데 음 중 中 chung⁴ 英 middle 日 チュウ. なか
뜻 ① 가운데. ② 바를. ③마음. ④안. ⑤절반. ⑥찰. ⑦맞힐. ⑧맞을.
필순 丨 ㄇ 口 中
中間〔중간〕 ①두 사물의 사이. 서로 상대되는 거리. 또 간격. ②사물의 아직 끝이 나지 않은 장소. 또는 시간. ちゅうかん
中堅〔중견〕 ①단체나 사회의 중심이 되는 사람. ②주장(主將)에 직속한 중군(中軍). ③졸오(卒伍)의 이름. ちゅうけん
中京〔중경〕 고려의 옛서울인 개성(開城)의 별명(別名).
中繼〔중계〕 ①중간에서 받아 이어줌. ②약중계 방송. ちゅうけい
中古〔중고〕 ①역사상 시대 구분의 하나. 예—史(사). ②아주 낡지는 않으나 꽤 오래 쓴 물건. 예—품(品). ちゅうこ
中軍〔중군〕 ①옛날 삼군(三軍) 중의 가장 정예로서 중심이 되는 군. ②청대(淸代)의 부장(副將)격 벼슬 이름. ちゅうぐん
中宮〔중궁〕 ①황후(皇后). ②북극. 별 이름. 「이. ちゅうねん
中年〔중년〕 청년과 노년의 중간 나
中斷〔중단〕 ①중도에서 끊거나 끊어짐. ②복판에서 자름. ちゅうだん
中途〔중도〕 ① 길의 중간. ㊌중도(中道). ②일이 되어 가는 중간. 예—改路(개로). ちゆうと
中道〔중도〕 ①중용지도(中庸之道). ②㊌중도(中途). ちゅうどう
中毒〔중독〕 어떤 물질을 체내에 섭

취함으로써 몸의 한 부분 또는 여러 곳에 탈이 생기는 일. ちゅうどく
中略〔중략〕 문장을 인용할 때 중간 부분을 줄임. ちゅうりゃく
中立〔중립〕 ①어느 쪽에도 치우치지 않고 공정(公正)함. ②어느 쪽에도 편들지 않음. ちゅうりつ
中分爲二〔중분위이〕 하나를 똑같이 둘로 나눔. 하나를 똑같이 나누어서 둘로 만듦.
中傷〔중상〕 사실 무근의 말을 만들어 남의 명예를 손상시킴. ちゅうしょう
中性〔중성〕 ①남성(男性)도 여성(女性)도 아닌 성(性). ②상대되는 두 다른 성질의 중간되는 성질. ③산성도 알칼리성도 아닌 성질. ④문법상에서 말하는 중간성. ちゅうせい
中小〔중소〕 중치 이하의 것. ちゅうしょう 「킨 선조(先祖).
中始祖〔중시조〕 집안을 다시 일으
中心〔중심〕 ①한가운데. ②동류(同類) 중에서 중요한 지위에 있는 것. ③마음. ちゅうしん
中央〔중앙〕 ①사방에서 한가운데가 되는 곳. ②서울을 일컫는 말. ㊞—廳(청). ちゅうおう
中庸〔중용〕 ①어느 쪽으로나 치우치지 않고 중정(中正)함. 재능이 보통임. ③사서(四書) 중의 한 편. ちゅうよう
中庸之道〔중용지도〕 마땅하고 떳떳한 중용의 도리. ちゅうようのみち
中人〔중인〕 ① 현우(賢愚)·빈부(貧富)·강약(强弱)이 중간쯤 되는 사람. ②환관(宦官) 또는 궁녀(宮女). ③양반과 상인(常人)과의 중간 계급의 사람. ちゅうじん 「うせつ
中節〔중절〕 적당함. 꼭 맞음. ちゅ
中和〔중화〕 ①한 쪽으로 치우치지 않음. ②알맞은 물건이 서로 조화함. ③알칼리성의 물질과 산성(酸性)의 물질이 작용하여 중성이 됨. ④양·음의 두 전기가 동시에 합성하여 전기 현상이 나타나지 않음. ちゅうわ
中興〔중흥〕 쇠하였던 것이 다시 일어남. ちゅうこう
▷空中(공중). 宮中(궁중). 貴中(귀중). 喪中(상중). 途中(도중). 命中(명중). 門中(문중). 市中(시중). 心中(심중). 座中(좌중). 醉中(취중).

(1) 丶 部

【丸】 부 丶(점) 획 1—2 훈 둥글 음 환 中 wan² 英 pellet 日 ガン. たま. まるい
뜻 ①둥글. ②알. 탄알.
필순 丿九丸
丸鋼〔환강〕 강철(鋼鐵)로 된 둥근 막대기.
丸泥〔환니〕 한 덩이의 흙. 적은 군대로 요소를 굳게 지킴의 비유.
丸藥〔환약〕 둥글게 만든 약. がんやく
丸丸〔환환〕 순하고 고름.
▷飛丸(비환). 銃丸(총환). 彈丸(탄환). 砲丸(포환).

〖丹〗 부 丶(점) 획 1—3 훈 붉을 음 단 中 tan¹ 英 red 日 タン. あか
뜻 ①붉을. ②속마음. ③ 채색할.
필순 丿冂月丹
丹骨〔단골〕 ①단골 무당. ②늘 정해 놓고 거래(去來)하는 자리나 손님. 단골의 취음(取音).
丹丘〔단구〕 신선(神仙)이 산다는 가상적인 곳. たんきゅう
丹毒〔단독〕 피부 상처로 균이 침입하여 온 몸에 고열이 나는 전염병의 한 가지. たんどく 「궐.
丹鳳〔단봉〕 ①임금의 말씀. ②궁
丹書〔단서〕 ①붉은 글씨로 공신에게 써 주던 표. ②죄를 주서(朱書)한 형서(刑書). ③ 주작(朱雀)이 물고 왔다는 글. ④금석(金石)에 새긴 글. ⑤임금의 조서(詔書). たんしょ

丹誠〔단성〕 진정으로 우러나는 정성. たんせい

丹脣〔단순〕 ①붉고 고운 입술. ②소년의 입술.

丹心〔단심〕 정성스러운 마음. たんしん

丹粧〔단장〕 화장(化粧). ㉠—箱子(상자).

丹田〔단전〕 배꼽에서 한 치쯤 아래 부분. たんでん

丹頂鶴〔단정학〕 두루미.

丹靑〔단청〕 ①붉은 빛과 푸른 빛. ②건물에 여러 가지 빛깔로 무늬를 그림. たんせい

丹忠〔단충〕 참된 충성(忠誠).

丹楓〔단풍〕 ①단풍나무. ②늦가을에 붉게 물든 나뭇잎. たんぷう

丹黃〔단황〕 붉은 빛과 누른 빛.

▷金丹(금단). 煉丹(연단).

〖主〗 부 丶(점) 획 1—4 훈 임금 음 주 ㊥ chu[2.3] ㊎ lord; master ㊐ シュ. ス. あるじ. ぬし

뜻 ①임금. ②주인. ③어른. ④주로. ⑤주장. ⑥위패(位牌). ⑦지킬.

필순 丶 亠 十 丰 主

主幹〔주간〕 어떤 일을 주장하여 처리함. 또 그 사람. しゅかん

主客〔주객〕 ①옛날 야만족의 조공(朝貢)과 접대를 맡던 벼슬. ②주체(主體)와 객체(客體). ③주관(主觀)과 객관(客觀). ④중요한 것과 중요하지 않은 것. ⑤주인과 손님. ㉠—間(간). —顚倒(전도). しゅかく

主格〔주격〕 문법상으로 문장이나 마디의 명사·대명사·수사 등이 술어의 주제(主題)가 되어 있을 때의 격. しゅかく

主見〔주견〕 주장이 되는 의견. しゅけん

主觀的〔주관적〕 자기 중심으로 관찰(觀察)하는 것. ↔객관적(客觀的). ㉠—批評(비평). しゅかんてき

主君〔주군〕 임금. しゅくん

主權〔주권〕 ①가장 중요한 권리. ②국가 구성의 요소. 최고·독립·절대적인 권력. しゅけん

主權在民〔주권재민〕 주권은 국민에게 있음. しゅけんざいみん

主導〔주도〕 주가 되어 이끎. ㉠—者(자). しゅどう

主動〔주동〕 어떠한 일에 주장이 되어 행동함. しゅどう

主力〔주력〕 중심 세력. 주가 되는 힘. しゅりょく

主禮〔주례〕 예식을 주장하는 일. 또 그 사람.

主謀〔주모〕 주장이 되어 일을 꾸밈. ㉠—者(자). しゅぼう

主務〔주무〕 업무를 주장하여 맡음. 또 그 사람. ㉠—자(者). しゅむ

主婦〔주부〕 ①한 집안의 주인의 아내. ② 안주인. しゅふ

主產物〔주산물〕 한 고장에서 나는 물건 가운데서 가장 많이 생산되는 산물. ↔부산물(副產物). しゅさんぶつ

主上〔주상〕 임금. しゅじょう

主席〔주석〕 ①주장되는 자리. 웃자리. ②주인의 자리. しゅせき

主成分〔주성분〕 한 물질을 형성하고 있는 중요한 성분. しゅせいぶん

主僧〔주승〕 한 절을 대표하는 중.

主食〔주식〕 일상 식생활에서 주가 되는 양식(糧食). ↔부식(副食). しゅしょく

主審〔주심〕 ①동주심판(主審判). ②심사원의 우두머리. しゅしん

主眼〔주안〕 중요한 골자. ㉠—點(점). しゅがん

主語〔주어〕 문장 가운데서 주체(主體)가 되는 말. しゅご

主役〔주역〕 ①한 일에서 중요한 구실을 하는 사람. ②주연(主演)을 하는 배우. しゅやく

主演〔주연〕 연극·영화 따위에서 주인공으로 분장하여 연기(演技)함. 또 그 배우. ↔조연(助演). ㉠—者(자). —俳優(배우). しゅえん

主要〔주요〕 아주 중요하고 요긴(要緊)함. しゅよう

主義〔주의〕 ①굳게 지키어 변하지 않는 방침(方針)이나 주장(主張). ② 설(說). 이론(理論). しゅぎ

主人公〔주인공〕 ①주인(主人)에 대한 존칭. ②주장이 되어 일하는 사람. ③소설이나 각본 따위의

중심 인물. しゅじんこう
主一〔주일〕 정신을 한 곳으로 모음. 예一無適(무적).
主任〔주임〕 ①한 임무를 담당한 사람 가운데서 으뜸이 되는 사람. ② 한 일을 주로 맡음. しゅにん
主將〔주장〕 ①군대의 총대장. ②운동 경기 따위의 한 팀의 주가 되는 사람. しゅしょう
主張〔주장〕 ①자기 뜻대로 굳게 내세움. ②자기의 의견을 고집함. しゅちょう 「봄. 또 그 사람.
主掌〔주장〕 한 일을 오로지 맡아
主掌僧〔주장승〕 한 절을 주관하는 중. 동주지(住持).
主宰〔주재〕 주장하여 처리함. 또 그 사람. しゅさい 「함. しゅさい
主裁〔주재〕 주가 되어 일을 처리
主戰論〔주전론〕 싸움 하기를 주장하는 언론. ↔주화론(主和論). しゅせんろん
主情主義〔주정주의〕 인간의 감정을 이성이나 의지보다 위에 두고 강조하는 예술상의 주장.
主題〔주제〕 ①주장이 되는 제목. ②영화・악곡・문예 따위의 근본적인 문제나 중심적인 사상. thema 예一小說(소설). しゅだい
主酒客飯〔주주객반〕 주인은 손님에게 술을 권하고 손님은 주인에게 밥을 권함.
主旨〔주지〕 문장이나 담화의 중심이 되는 생각. しゅし
主知詩〔주지시〕 정신적 노력이나 냉정한 태도에 의한 예술 의식에 의하여 형성되는 시. しゅちし
主體性〔주체성〕 자기의 판단에서 행동하는 처지. しゅたいせい
主催〔주최〕 한 행사나 회합을 주장하여 엶. 예一者(자). 一側(측). しゅさい 「를 지킴.
主忠信〔주충신〕 충성과 신의(信義)
主和論〔주화론〕 화해(和解)를 주장하는 언론. ↔주전론(主戰論) しゅわろん
▷公主(공주). 施主(시주). 神主(신주). 兩主(양주). 株主(주주). 地主(지주). 天主(천주).

(1) ノ 部

〖乃〗 부 ノ(삐침) 획 1—1 훈 이에 음 내 中 nai³ 英 namely 日 ダイ. ナイ. すなわち
뜻 ①이에. ②너. ③전자. ④어조사. ⑤뱃노래(애).
필순 ㇋乃
乃公〔내공〕 ①임금이 신하에게 대하여 교만하게 일컫는 자칭(自稱). ②아버지가 아들에게 대하여 일컫는 자칭. 동내부(乃父).
乃父〔내부〕 동⇨내공(乃公). だいふ
乃者〔내자〕 이전에. 전에. 「ふ
乃祖〔내조〕 조상. ないそ. だいそ
乃至〔내지〕 순서나 정도를 나타내는 데 있어, 그 사이를 줄일 적에 쓰는 말. ないし
乃兄〔내형〕 그이의 형.
〖久〗 부 ノ(삐침) 획 1—2 훈 오랠 음 구 : 中 chiu³ 英 long time 日 キユウ. ひさしい
뜻 ①오랠. ②묵을.
필순 ノク久
久交〔구교〕 오랜 사귐. きゅうこう
久闕〔구궐〕 오래 빠짐. 「老).
久視〔구시〕 늙지 않음. 동불로(不
久仰〔구앙〕 오랫동안 우러러 존경하였다는 뜻으로, 초면 인사에 높여서 하던 말. 예一之師(지사).
久要〔구요〕 오래된 약속.
久遠〔구원〕 몹시 오래됨. 예一奴婢(노비). きゅうえん
久違〔구위〕 오래 헤어졌다가 만났을 때 하던 인사말.
久而敬之〔구이경지〕 길이 공경함.
久逸〔구일〕 오랫동안 편안히 즐김. きゅういつ
久任責成〔구임책성〕 임기를 길게 하여 직책을 다하게 함.
久阻〔구조〕 소식이 오래 막힘.
久存〔구존〕 ①오랫동안 보존(保存)됨. ②오래 생존(生存)함.

久旱逢甘雨〔구한 봉감우〕 오랜 가뭄에 단비를 만남. 오랜 어려움을 겪다가 즐거운 일을 함의 비유. きゅうかんかんうにあう

久懷〔구회〕 오래된 회포(懷抱). きゅうかい

▷耐久(내구). 未久(미구). 永久(영구). 悠久(유구). 長久(장구). 持久(지구). 天長地久(천장지구). 恒久(항구).

〔之〕 부 ノ(삐침) 획 1—3 훈 갈 음 지 中 chih¹ 英 go; reach 日 シ. この. これ. の. ゆく

뜻 ①갈. ②이를. ③이것. ④어조사.

필순 亠ラ之

之東之西〔지동지서〕 어떤 일에 주견(主見)이 없이 갈팡질팡함.

之於字〔지어자〕 지자(之字)·어자(於字)와 같은 한문의 조사.

之字路〔지자로〕 지자(之字) 모양으로 꼬불꼬불한 치받잇길.

▷愛之重之(애지중지). 一人之下萬人之上(일인지하 만인지상).

〔乏〕 부 ノ(삐침) 획 1—4 훈 모자랄 음 핍 中 fa² 英 scanty 日 ボウ. とぼしい

뜻 ①모자랄. ②다할. ③없을. ④떨어질.

필순 一ㄷ乏乏

乏少〔핍소〕 적음. 모자람. ぼうしょう

乏人〔핍인〕 인재가 모자람. 동핍재(乏材).

乏月〔핍월〕 음력 2월의 별명(別名). ぼうげつ

乏材〔핍재〕 동⇨핍인(乏人).

乏錢〔핍전〕 돈이 떨어짐.

乏絶〔핍절〕 모자라고 다함. 동절핍(絶乏). ぼうぜつ

乏盡〔핍진〕 죄다 없어짐.

▷缺乏(결핍). 窮乏(궁핍). 耐乏(내핍). 貧乏(빈핍).

〔乎〕 부 ノ(삐침) 획 1—4 훈 어조사 음 호 中 hu¹ 日 コ. か. や

뜻 어조사.

필순 一ㄱㅍ乎

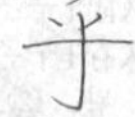

〔乏〕 부 ノ(삐침) 획 1—6 훈 쉬엄쉬엄 갈 음 착

뜻 ①쉬엄쉬엄 갈. ②머뭇거릴. ③뛸. ④부수 이름.

필순 ⺕彳彳乏乏

〔乘〕 부 ノ(삐침) 획 1—9 훈 탈 음 승 中 ch'êng² shêng⁴ 英 ride 日 ジョウ. のる

뜻 ①탈. ②오를. ③인할. ④이길. ⑤계산할. ⑥곱셈. ⑦쫓을. ⑧수레. ⑨불교의 원칙. ⑩넷.

필순 ㇒千千乖乘乘

乘間〔승간〕 틈을 탐. じょうかん

乘客〔승객〕 배·차·비행기 따위에 타는 손님. じょうきゃく

乘計〔승계〕 셈하는 일.

乘橋〔승교〕 다리에 오름.

乘具〔승구〕 말 타는 도구.

乘驅〔승구〕 마차(馬車)에 탐.

乘國〔승국〕 나라를 다스림. 「けん

乘權〔승권〕 권세에 편승함. じょう

乘隙〔승극〕 틈을 탐. じょうげき

乘機〔승기〕 좋은 기회를 탐.

乘馬〔승마〕 ①말을 탐. 사람이 타는 말. ②네 마리의 말. 예—術(술). じょうば

乘務員〔승무원〕 차 안에서 승객에 관한 직무를 맡아 보는 사람. じょうむいん

乘船〔승선〕 배를 탐. じょうせん

乘勢〔승세〕 세력을 믿고 덤빔.

乘數〔승수〕 어떤 수에 곱하는 수. ↔제수(除數). じょうすう

乘勝長驅〔승승장구〕 승리의 기세를 몰고 거리낌없이 이겨 나아감. じょうしょうちょうく

乘時〔승시〕 때를 탐. 기회를 얻음.

乘矢〔승시〕 네 개의 화살.

乘夜〔승야〕 밤을 이용함.

乘夜越墻〔승야월장〕 밤을 이용하여 담을 넘음.

乘輿〔승여〕 ①임금의 수레. ②거둥 때의 임금을 이름.

乘用車〔승용차〕 사람이 타는 차.

乘雲〔승운〕 높은 자리에 오름.

乘運〔승운〕 좋은 운수를 타는 일.

乘傳〔승전〕 역마(驛馬)를 탐. 또

역마. じょうでん
乘舟〔승주〕 배를 탐. じょうしゅう
乘志〔승지〕 역사(歷史).
乘車〔승차〕 차를 탐. 예一券(권). じょうしゃ
乘醉〔승취〕 ①술 취함을 이용함. ②취흥을 띰. 「비유.
乘風破浪〔승풍파랑〕 뜻이 위대함의
乘昏〔승혼〕 황혼(黃昏)을 이용함.
▷騎乘(기승). 大乘(대승). 小乘(소승).

(1) 乙 部

〖乙〗 부 乙(새을변) 획 1—0 훈 새 음 을 中 i³ 英 bird 日 オツ. きのと
뜻 ① 새. ②둘째 천간.
乙骨〔을골〕 범의 가슴의 을자(乙字) 모양의 뼈.
乙科〔을과〕 ①이조 때 과거(科擧)의 성적에 따라 나눈 둘째 등급. ②한(漢)·당(唐) 때의 과거의 한 분과(分科). ③명(明)·청(淸) 시대의 과거 시험. いつか
乙未〔을미〕 60갑자(甲子)의 32째.
乙巳保護條約〔을사보호조약〕 1905년에 일본이 한국의 외교권(外交權)을 빼앗으려고 강제로 체결한 조약.
乙夜〔을야〕 하룻밤을 다섯으로 나눈 그 둘째. 이경(二更). いつや. おつや
乙酉字〔을유자〕 이조 세종(世宗) 10년에 만든 동활자(銅活字)의 이름.
乙乙〔을을〕 좋은 생각이 떠오르지 아니하여 안타까와하는 모양. いついつ 「장(名將).
乙支文德〔을지문덕〕 고구려의 명
乙亥字〔을해자〕 이조 세종 원년(元年)에 만든 동활자의 이름.

〖九〗 부 乙(새을변) 획 1—1 훈 아홉 음 구 中 chiu³ 英 nine 日 キュウ. ク. ここのつ
뜻 ①아홉. ②많을. ③모을(규).
필순 ノ九
九經〔구경〕 ①주례(周禮)·의례(儀禮)·예기(禮記)·좌씨전(左氏傳)·공양전(公羊傳)·곡량전(穀梁傳)·역경(易經)·서경(書經)·시경(詩經). ②중용(中庸)에 있는 수신존현(修身尊賢)이 천하(天下)를 다스리는 데에 필요한 아홉 가지 대도(大道). きゅうけい
九穀〔구곡〕 수수·피·조·쌀·삼(麻)·콩·팥·겉보리의 아홉 가지 곡물. きゅうこく
九曲肝腸〔구곡 간장〕 굽이굽이 사무친 마음속.
九德〔구덕〕 ①구공(九功). 곧 수(水)·화(火)·금(金)·목(木)·토(土)·곡(穀)·정덕(正德)·이용(利用)·후생(厚生)의 덕. ②충(忠)·신(信)·경(敬)·강(剛)·유(柔)·화(和)·고(固)·정(貞)·순(順)의 아홉 가지 덕. きゅうとく
九死一生〔구사일생〕 꼭 죽을 경우를 당하였다가 겨우 살아남. きゅうしいっしょう
九牛一毛〔구우일모〕 다수 중의 극소수임의 비유. きゅうぎゅうのいちもう
九雲夢〔구운몽〕 이조 숙종 때 김만중(金萬重)이 지은 국문소설(國文小說).
九折羊腸〔구절양장〕 꼬불꼬불한 험한 산길. 「중의 지팡이.
九節竹杖〔구절죽장〕 마디가 아홉인
九節草〔구절초〕 엉거시과에 속하는 다년초. 잎은 약용하며 관상용으로도 재배함.
九鼎大呂〔구정대려〕 구정(九鼎)은 하(夏)·은(殷)·주(周) 3대에 전하여 내려온 보물이고, 대려(大呂)는 주(周)의 태묘(太廟)의 대종(大鐘)으로, 다같이 중국의 귀중한 보물로 침. きゅうてい·たいりょ
九族〔구족〕 고조(高祖)부터 현손(玄孫)까지의 직계 친족.
九重宮闕〔구중궁궐〕 문이 겹겹이 달린 깊은 대궐.

九重天〔구중천〕 ①궁정(宮廷). ②높은 하늘. きゅうちょうのてん
九地〔구지〕 ①땅이 가장 낮은 곳. ②손자병법(孫子兵法)의 9가지 땅. 산지(散地)·경지(輕地)·쟁지(爭地)·교지(交地)·구지(衢地)·중지(重地)·비지(圮地)·위지(圍地)·사지(死地). ③적에게 발견되기 어려운 곳.
九秩〔구질〕 90살을 이름.
九尺長身〔구척장신〕 아주 큰 키.
九天〔구천〕 ①하늘을 아홉 방위로 나눈 일컬음. 곧 중앙을 균천(鈞天), 동방을 창천(蒼天), 동북방을 변천(變天), 북방을 현천(玄天), 서북방을 유천(幽天), 서방을 호천(昊天), 서남방을 주천(朱天), 남방을 염천(炎天), 동남방을 양천(陽天)이라 함. ②구중천(九重天). ③하늘의 가장 높은 곳. ④궁중(宮中). ⑤지구를 중심으로 회전한다고 가정한 아홉 개의 별. きゅうてん
九泉〔구천〕 ① 깊은 땅 속. ②묘지. [동]황천(黃泉). きゅうせん
九秋〔구추〕 ①가을 90일 동안. きゅうしゅう 「ごう
九合〔구합〕 모음. 규합함. きゅう

〔乞〕 [부] 乙(새을변) [획] 1—2 [훈] 빌 [음] 걸 [中] ch'i³ [英] beg [日] キツ. コツ. こう
[뜻] ①빌. ②줄(기).
[필순] ノ 𠂉 乞

乞暇〔걸가〕 ①휴가원을 제출함. 휴가를 얻음. ②물건을 빌어 씀. いとまごい 「얻어 먹는 사람.
乞客〔걸객〕 의관을 갖추고 다니며
乞求〔걸구〕 남에게 구걸(求乞)함.
乞糧〔걸량〕 파서 내놓은 버력에서 광석을 고르는 일. [예]—꾼. —金店(금점).
乞粒〔걸립〕 ①절의 특별 경비를 마련하기 위해 중들이 꽹과리를 치며 염불하고 곡식과 금전을 구걸하는 일. 또 그 중들. ②동네의 특별 경비를 마련하기 위해 풍악을 치고 곡식과 금전을 얻는 일. 또 그 일행. ③무당이 굿할 때 위하는 낮은 신(神). 「し
乞士〔걸사〕 중의 이칭(異稱). きっ
乞食〔걸식〕 ①빌어먹음. ②물건을 구걸함. ③중의 수행(修行)의 하나. きっしょく. こじき
乞兒得錦〔걸아득금〕 거지 아이가 비단을 얻었음. 분수 밖에 생긴 일을 지나치게 자랑함의 비유.
乞人〔걸인〕 거지.
乞人憐天〔걸인연천〕 거지가 하늘을 불쌍히 여김. 부당한 걱정을 한다는 뜻. 불행한 처지에 있는 사람이 행복한 사람을 동정함의 ▷求乞(구걸). 「비유.

〔也〕 [부] 乙(새을변) [획] 1—2 [훈] 어조사 [음] 야: [中] yeh³ [日] ヤ. なり
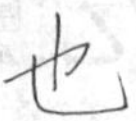
[뜻] 어조사.
[필순] ㄱ 乜 也

也帶〔야대〕 문무과(文武科)의 방(榜)이 났을 때 급제한 사람이 띠던 띠.
也無妨〔야무방〕 해로울 것 없음.

〔乳〕 [부] 乙(새을변) [획] 1—7 [훈] 젖 [음] 유 [中] ju³ [英] milk [日] ニュウ. ちち
[뜻] ①젖. ②젖먹일. ③낳을. ④기를.
[필순] ⺈ ⺈ ⺤ ⺤ 孚 孚 乳

乳膠〔유교〕 교질(膠質)의 물질의 용액(溶液). にゅうこう
乳狗〔유구〕 젖을 먹는 어린 강아지.
乳氣〔유기〕 어린애다운 기분. にゅうき 「泌腺). にゅうどう
乳道〔유도〕 젖이 나오는 분비선(分
乳頭〔유두〕 젖꼭지. にゅうとう
乳酪〔유락〕 버터(butter).
乳名〔유명〕 어릴 때의 이름. にゅうめい
乳母〔유모〕 젖어머니. 생모(生母)를 대신하여 젖을 먹여 기르는 부인. にゅうぼ. うば
乳母車〔유모차〕 동차(童車). 어린 아이를 태워 밀고 다니는 수레. うばぐるま 「릇. にゅうばち
乳鉢〔유발〕 약을 가는 자그마한 그
乳房〔유방〕 젖통이. 유즙(乳汁)을 분비하는 기관. にゅうぼう. ち

ぶさ　「のみご
乳兒〔유아〕 젖먹이. にゅうじ. ち
乳牛〔유우〕 젖소. [예]一牧場(목장). にゅうぎゅう
乳汁〔유즙〕 젖. にゅうじゅう
乳臭〔유취〕 젖냄새. 아직 나이가 어리고 경험이 부족함의 비유. にゅうしゅう
乳兄弟〔유형제〕 젖을 얻어 먹는 아이와 그 유모의 자식과의 관계. ちきょうだい
乳虎〔유호〕 새끼를 가진 범. 무서움의 비유. にゅうこ　「(우유).
▷母乳(모유). 粉乳(분유). 牛乳

【乾】 [부] 乙(새을변) [획] 1—10 [훈] 하늘 [음] 건 [中] KAN¹ [英] heaven [日] ケン. カン. いぬい. **かわく**
[뜻] ①하늘. ②마를. ③괘 이름. ④굳셀.
[필순] 一 十 古 直 卓 乾

乾價〔건가〕 술을 먹지 못하는 일꾼에게 대신 주는 돈.
乾綱〔건강〕 ①하늘의 법칙. ②임금의 시정(施政)의 대강(大綱). ③임금의 대권(大權). けんこう
乾乾〔건건〕 놀지 않고 부지런한 모양. けんけん
乾坤〔건곤〕 ①역(易)의 두 괘(☰·☷). ②하늘과 땅. ③음(陰)과 양(陽). ④북서(北西)와 남서(南西). ⑤남자(男子)와 여자(女子). ⑥일(日)·월(月). けんこん
乾達〔건달〕 ①일정한 직업도 없이 싱겁게 돌아다니는 사람. ②돈도 없이 난봉을 부리는 사람.
乾畓〔건답〕 물이 마르기 쉬운 논.
乾大口〔건대구〕 말린 대구.
乾德〔건덕〕 ①끊임없는 하늘의 큰 덕. ②임금의 덕. けんとく
乾明太〔건명태〕 북어(北魚).
乾木〔건목〕 마른 나무.
乾木水生〔건목수생〕 마른 나무에서 물이 난다. 아무 것도 없는 사람에게 무엇을 무리하게 내라고 요구함의 비유.
乾杯〔건배〕 술 좌석에서, 서로 잔을 높이 들어 경사나 상대방의 건강 또는 행운을 빌고 마시는 술. かんぱい
乾石魚〔건석어〕 ①굴비. ②가조기.
乾水〔건수〕 장마 때만 땅 속에서 솟아 나오는 물. かんすい
乾柿〔건시〕 곶감.
乾魚〔건어〕 말린 물고기. かんぎょ
乾材〔건재〕 한약의 약재. かんざい
乾電池〔건전지〕 라디오·회중 전등 따위에 쓰이는 전지. かんでんち
乾燥〔건조〕 ①물기가 없음. ②말림. ③재미가 없음. [예]無味(무미)—. かんそう
乾酒酊〔건주정〕 취하지도 않았으면서 취한 체하는 주정.
乾草〔건초〕 말린 풀. かんそう
乾葡萄〔건포도〕 포도 열매를 말려 단맛과 향기가 있게 만든 것. ほしぶどう

【亂】 [부] 乙(새을변) [획] 1—12 [훈] 어지러울 [음] 란: [中] lan⁴ luan⁴ [英] be in disorder [日] ラン. **みだれる**
[뜻] ①어지러울. ②난리. ③다스릴. ④풍류의 끝가락.
[참고] [약] 乱
[필순] 〃 〃 爫 爫 爫 爫 爫 爫 亂 亂

亂供〔난공〕 죄인 신문을 받을 때 거짓말로 꾸며 댐.
亂國〔난국〕 어지러워 어수선한 나라. らんごく
亂局〔난국〕 어지러운 판국(版局). らんきょく　「잘게 다짐.
亂刀〔난도〕 함부로 쓰는 칼. 칼로
亂動〔난동〕 함부로 행동함.
亂吏〔난리〕 난폭(亂暴)한 관리. 정도(正道)를 벗어난 관리.
亂離〔난리〕 ① 전쟁이나 분쟁(紛爭). ②전쟁이나 분쟁으로 세상이 문란하고 사람들이 흩어져 나감. らんり
亂立〔난립〕 ①어지럽게 나섬. ②어떤 후보자로서 한꺼번에 여럿이 나섬. らんりつ
亂麻〔난마〕 뒤얽힌 삼 가닥. 사건이나 세태가 어지럽게 뒤얽힘의 비유. [예]快刀(쾌도)—. らんま
亂脈〔난맥〕 질서가 어지러움. ら

んみゃく
亂舞〔난무〕 순서도 없이 어지럽게 춤추거나 날뜀. らんぶ
亂髮〔난발〕 흩어져 헝클어진 머리털. らんぱつ 「らんぱつ
亂發〔난발〕 함부로 총이나 활을 쏨.
亂射〔난사〕 화살이나 탄알을 일정한 목표 없이 마구 쏨. らんしゃ
亂俗〔난속〕 풍속(風俗)을 어지럽힘. らんぞく
亂視〔난시〕 ①눈의 굴절의 이상으로, 광선이 망막 위의 한 점에 모이지 않음. ②㉮난시안. らん
亂用〔난용〕 마구 씀. らんよう⌊し
亂入〔난입〕 어지럽게 마구 들어옴. らんにゅう
亂刺〔난자〕 마구 찌름. らんし
亂雜〔난잡〕 어수선하여 혼잡(混雜)함. らんざつ 「기).
亂中〔난중〕 난리 중. ㊀—日記(일
亂打〔난타〕 마구 침. らんだ
亂鬪〔난투〕 사정 없이 마구 붙어 싸움. ㊀—劇(극). らんとう.
亂暴〔난폭〕 몹시 포악함. らんぼう
亂筆〔난필〕 되는 대로 어지럽게 쓴 글. 자기의 글월의 겸칭(謙稱).
▷內亂(내란). 動亂(동란). 反亂(반란). 散亂(산란). 戰亂(전란).

(1) 亅 部

【了】 부 亅(갈구리궐변) 획 1—1 훈 마칠 음 료: 中 liao³·lê·la 英 complete; finish 日 リョウ. おわる. さとる
뜻 ①마칠. ②깨달을. ③어조사. 과거.
필순 ㇇了
了得〔요득〕 깨달음. りょうとく
了了〔요료〕 ①어진 모양. ②명확(明確)한 모양. 동요연(了然). りょうりょう
了承〔요승〕 알아차림. りょうしょ
了役〔요역〕 일을 마침. ⌊う
了然〔요연〕 동⇨요료(了了). りょ
了定〔요정〕 일이 다 끝남.⌊うぜん
了知〔요지〕 깨달아 앎. りょうち
了債〔요채〕 ①빚을 모두 갚음. ②자기 의무를 다함.
▷校了(교료). 滿了(만료). 修了(수료). 完了(완료). 終了(종료). 責了(책료)

【予】 부 亅(갈구리궐변) 획 1—3 훈 나 음 여 中 yü³·² 英 I;give 日 ヨ. われ. あたう
뜻 ①나(余와 통용). ②줄. ③허락할.
필순 ㇇㇇予
予告〔여고〕 한대(漢代)의 휴가 제도. よこく
予小子〔여소자〕 ①임금이 선왕(先王)에 대하여 자기를 일컫던 말. ② 임금이 상중(喪中)에 자기를 일컫던 말.
予一人〔여일인〕 임금이 자기 자신을 일컫던 겸칭. よいちにん
予取予求〔여취여구〕 남이 나에게서 얻고, 나에게서 구함. 곧 남이 나에 대해서 멋대로 함의 비유.

【事】 부 亅(갈구리궐변) 획 1—7 훈 일 음 사: 中 shih⁴ 英 affair 日 ジ. こと. つかえる
뜻 ①일. ②일삼을. ③섬길. ④경영할. ⑤다스릴.
필순 一丅丆写写写写事
事件〔사건〕 벌어진 일이나 일거리. じけん 「こ
事故〔사고〕 뜻밖에 일어난 탈. じ
事君以忠〔사군이충〕 충성으로써 임금을 섬김. じくんいちゅう
事大思想〔사대사상〕 뚜렷한 주견없이 그저 세력이 큰 것에 좇아 일시적인 안전을 꾀하려는 생각. じだいしそう 「例). じれい
事例〔사례〕 전례(前例)와 실례(實
事理〔사리〕 일의 이치. じり
事務〔사무〕 주로 문서를 맡아 다루는 일. ㊀—家(가). じむ
事無閑身〔사무한신〕 하는 일이 없어 한가한 사람.
事物〔사물〕 일과 물건. じぶつ
事半功倍〔사반공배〕 사소한 일로 많은 효과를 거둠. ことなかば

にしてこうばいす
事變〔사변〕①보통이 아닌 사건. 외국에 대하여 선전 포고 없이 무력을 쓰는 일. じへん
事不如意〔사불여의〕일이 원한 대로 되지 않음. 「일마다.
事事件件〔사사건건〕①모든 일. ②
事事物物〔사사물물〕①모든 사물. ②사물마다. じじぶつぶつ
事象〔사상〕어떠한 사정 아래에서 생기는 일. じしょう
事勢〔사세〕일의 되어 가는 형편.
事勢不得已〔사세부득이〕하는 수 없이.
事實〔사실〕①실지로 있는 일. ② 자연계에 나타난 객관적인 현상. ③법률상의 효과를 나타내는 현상. ㊞―問題(문제). じじつ
事業〔사업〕①일. ②어떠한 목적을 가지고 계획적으로 운영되는 경제적 활동. じぎょう
事由〔사유〕일의 까닭. じゆう
事有終始〔사유종시〕모든 일은 시작과 마침이 있음.
事已至此〔사이지차〕이미 일이 이렇게 되어 버림.
事績〔사적〕이루어 놓은 일. ㊍공적(功績).
事典〔사전〕여러 가지 사항을 모아 그 하나하나에 설명을 붙인 책. じてん
事前〔사전〕일이 있기 전. じぜん
事情〔사정〕①일의 형편. ②딱한 처지를 하소연하여 도움을 비는 일. じじょう 「근심함.
事至而憂〔사지이우〕일에 임하여
事親〔사친〕어버이를 섬김.
事親以孝〔사친이효〕어버이를 효도로써 섬김. 「(形便). じたい
事態〔사태〕일이 되어 가는 형편
事必歸正〔사필귀정〕무슨 일이든 결국은 올바른 이치대로 되고 맒. 올바르지 못한 것이 오래 가지 못함.
事項〔사항〕일의 조목. じこう
▷國事(국사). 師事(사사). 私事(사사). 俗事(속사). 執事(집사). 刑事(형사). 人事(인사).

(2) 二 部

〘二〙 部 二(두 이변) 劃 2—0 訓 두 音 이: ㊥ êrh⁴ ㊧ two ㊐ ニ. ジ. ふたつ
뜻 ① 두. 둘(貳와 통용). ② 의심할. ③ 버금.
필순 一二
二刻〔이각〕한 시간을 넷으로 나눈 둘째의 시각. 곧 30분. にこく
二更〔이경〕밤을 오경(五更)으로 나눈 둘째번 시각. 오후 10시. 또는 그 전후 2시간. ㊍을야(乙夜). にこう 「되는 밭.
二頃田〔이경전〕이랑이 200 두둑
二樂〔이락〕하늘과 사람에게 부끄러움이 없는 군자의 둘째 기쁨. にらく
二毛作〔이모작〕같은 논이나 밭에 1년에 두 번 농사를 지음. にもうさく
二毛之年〔이모지년〕센 털이 나기 시작한 나이. 32세. にもうのと 「し
二夫〔이부〕두 남편. にふ
二寺狗〔이사구〕두 절의 개. 한 사람이 양쪽에 이름을 걸어 놓고 다니면, 한 가지 일도 제대로 이루지 못함의 비유.
二聖〔이성〕①두 사람의 성인. ② 신라 시조(始祖) 박혁거세와 왕후(王后) 알영부인을 가리킴. にせい
二世〔이세〕①현재의 세상과 미래의 세상. ②제왕의 이대(二代)째. ③다음 세대. ④어린이. にせい
二心〔이심〕①두 가지 마음. ②배반하는 마음. ③의심하는 마음. ㊍이지(二志). にしん
二十四金〔이십사금〕순금(純金). にじゅうしきん
二律背反〔이율 배반〕서로 반대되고 모순되는 두 개의 명제(命題)

가 같은 권리로써 주장됨. にりつはいはん

二人同心其利斷金〔이인동심 기리단금〕 두 사람이 마음을 합하면, 그 날카로움이 금(金)이라도 끊을 수 있다는 뜻. 친구 사이에 서로 합심하면 무슨 일이든지 안 될 것이 없음의 비유. ににんこころをおなじくすればそのりきんをたつ

二者擇一〔이자택일〕 둘 가운데에서 하나를 택함. にしゃたくいつ

二重過歲〔이중과세〕 양력과 음력의 두 설을 쇠는 일.

二重國籍〔이중국적〕 한 사람이 두 나라의 국적을 가지는 일. にじゅうこくせき

二重人格〔이중인격〕 앞뒤가 모순되는 행동을 하는 병적(病的) 인격. にじゅうじんかく

二重奏〔이중주〕 두 개의 악기로 합주하는 일. にじゅうそう

二重窓〔이중창〕 두 겹의 창. ⑧갑창(甲窓). にじゅうまど

二重唱〔이중창〕 음성부(音聲部)가 다른 두 사람의 합창. にじゅうしょう

二志〔이지〕 ⑧⇨이심(二心). にし

二至〔이지〕 동지(冬至)와 하지(夏至). ⑩一會(회). にし

二次〔이차〕 ①두 번째. ②수차(數次)의 두 번째. ⑧부차(副次). にじ

二千里外故人心〔이천리외 고인심〕 달을 쳐다보면서 멀리 있는 벗을 생각함. にせんりがいこじんのこころ

二八青春〔이팔청춘〕 16 세 전후의 젊은이. にはちせいしゅん

二合絲〔이합사〕 두겹실. にごうし

▷不二(불이). 唯一無二(유일무이).

〖于〗 부 二(두이변) 획 2—1 훈 어조사 음 우 ㊥ yü² ㊐ ウ. を. に. ああ. ここに

뜻 ①어조사(말의 처음·중간·끝에 씀. 乎와 통용). ②전치사(에서). ③갈. ④같을. ⑤넓을. 클.

필순 一二于

于今〔우금〕 지금.

于歸〔우귀〕 시집옴. 「의 비유.

于飛〔우비〕 부부가 화합(和合)함

于思〔우사〕 수염이 많이 난 모양.

于山〔우산〕 ①독도(獨島)의 옛 이름. ②㉮우산국(于山國).

于先〔우선〕 먼저.

于役〔우역〕 임금의 명을 받고 외국에 사자(使者)로 감. うえき

于于〔우우〕 ①만족스러운 모양. ②풋잠자는 모양. ③다난(多難)한 모양. ④가는 모양. うう

〖五〗 부 二(두이변) 획 2—2 훈 다섯 음 오: ㊥ wu³ ㊍ five ㊐ ゴ. いつつ

뜻 ①다섯.

필순 一丆五五

五加皮〔오가피〕 오갈피. 요통(腰痛) 치료의 특효 한약재. 땅두릅나무. ⑩一酒(주). ごかひ

五感〔오감〕 귀·눈·입·코·살갗의 감각. ごかん

五車書〔오거서〕 다섯 대의 수레에 실을 만한 책. 곧 많은 장서(藏書). ごしゃのしょ

五經〔오경〕 ①역경(易經)·서경(書經)·시경(詩經)·예기(禮記)·춘추(春秋)의 경서(經書). ②길(吉)·흉(凶)·군(軍)·빈(賓)·가(嘉)의 오례(五禮). ⑩一大全(대전). ごきょう

五古〔오고〕 일귀 오자(一句五字)의 고시(古詩). ごこ

五穀〔오곡〕 쌀·보리·조·콩·기장. ②중요한 곡식의 총칭. ⑩一飯(반). ごこく

五廣大假面劇〔오광대 가면극〕 대개 음력 정월 보름에 탈을 쓰고 노는 민속극.

五軍〔오군〕 고려 때 전(前)·후(後)·좌(左)·우(右)·중(中)의 다섯 군영(軍營). ごぐん

五宮桃花〔오궁도화〕 바둑 둘 때에 상대편이 급소를 찌르면 살지 못하는 집.

五金〔오금〕 금(金)·은(銀)·동(銅)·철(鐵)·석(錫)의 다섯 가지 금

속. ごきん

五六月炎天〔오뉴월염천〕 5월·6월의 더위가 심한 때. ごろくがつえんてん

五大夫〔오대부〕 소나무의 이칭(異稱). ごたいふ

五等爵〔오등작〕 고려 때 공(公)·후(侯)·백(伯)·자(子)·남(男)의 다섯 작위(爵位)의 일컬음. ごとうしゃく

五樑〔오량〕 보를 다섯 줄로 놓아 짓는 집.

五禮〔오례〕 길례(吉禮)·흉례(凶禮)·빈례(賓禮)·군례(軍禮)·가례(嘉禮)의 다섯 가지 의식. ② 공(公)·후(侯)·백(伯)·자(子)·남(男)의 다섯 가지 제후(諸侯)의 예(禮). ③임금·제후(諸侯)·경대부(卿大夫)·사(士)·서인(庶人)의 예(禮). ごれい

五柳先生〔오류선생〕 진(晉)의 도연명(陶淵明)이 자기 집 문앞에 다섯 그루의 버드나무를 심고 스스로 오류선생(五柳先生)이라 일컫고, 오류선생전(五柳先生傳)을 썼음. ごりゅうせんせい

五倫〔오륜〕 부자유친(父子有親)·군신유의(君臣有義)·부부유별(夫婦有別)·장유유서(長幼有序)·붕우유신(朋友有信)의 다섯 가지 도리. ㊐오전(五典). ごりん

五里霧中〔오리무중〕 ①짙은 안개가 끼어 방향을 알 수 없음. ② 무슨 일에 대하여 알길이 없음. 후한의 장해(張楷)가 도술을 써서 오리(五里)에 이르는 안개를 일게 하였다 함. ごりむちゅう

五常〔오상〕 ①사람이 지켜야 할 다섯 가지 도리. 곧 인(仁)·의(義)·예(禮)·지(知)·신(信)의 오행(五行). ②부의(父義)·모자(母慈)·형우(兄友)·제공(弟恭)·자효(子孝)와 오륜(五倫)의 오전(五典). ③훌륭한 형제 5인. 촉(蜀)나라의 마량(馬良)의 형제 5인은 모두 평판이 좋았고, 자(字)는 모두 상자(常字)를 썼기 때문에 마씨(馬氏) 오상(五常)이라 이름.

五聲〔오성〕 궁(宮)·상(商)·각(角)·치(徵)·우(羽)의 다섯 음률(音律). ㊐오음(五音). ごせい

五十步百步〔오십보 백보〕 조금은 차이가 있으나 그 본질(本質)에 있어서는 같음. 큰 차이 없음. ㊐대동소이(大同小異). ごじっぽひゃっぽ

五十笑百〔오십소백〕 ㊐⇨오십보백보(五十步百步). ごじゅうひゃくをわらう

五言〔오언〕 ①인(仁)·의(義)·예(禮)·지(知)·신(信)의 오덕(五德). ②다섯 자(字)로 한 귀를 이룬 한시(漢詩). 네 귀 20자로 된 시를 오언절귀(五言絶句). ㊐오절(五絶). 8귀 40 자로 된 시를 오언율시(五言律詩). 오율(五律). 귀수(句數)에 제한을 두지 않는 시를 오언 고시(五言古詩)·오고(五古)라 함. ごげん

五典〔오전〕 ①사람이 지켜야 할 다섯 가지 인륜(人倫). 곧 부의(父義)·모자(母慈)·형우(兄友)·제공(弟恭)·자효(子孝). ㊐오륜(五倫). ②오제(五帝) 때의 고서(古書) 이름. ③ 오경(五經). 곧 역경(易經)·서경(書經)·시경(詩經)·예기(禮記)·춘추(春秋)의 별칭. ごてん

五車書〔오차서〕 ㊐⇨오거서.

五彩〔오채〕 다섯 가지 색채. ㊐오색(五色). ごさい

五行〔오행〕 ① 우주간에 운행하는 금(金)·목(木)·수(水)·화(火)·토(土)의 5 원소. ②인(仁)·의(義)·예(禮)·지(知)·신(信). ③글귀의 다섯 줄. ④보시(布施)·지계(持戒)·인욕(忍辱)·정진(精進)·지관(止觀)의 불도 오수행(佛道五修行). ごぎょう

五刑〔오형〕 ① 주대(周代)의 다섯 가지 형벌. 곧 자묵하는 묵(墨)·코를 자르는 의(劓)·발꿈치를 자르는 월(刖)·생식 능력을 잃게 하는 궁(宮)·사형하는 대벽(大辟). ②다섯 가지 범죄. 곧 농사를 게을리 하는 죄인 야형(野刑)·군령을 어기는 죄인 군

형(軍刑)·불효 또는 그밖의 일을 잘못하는 죄인 향형(鄕刑)·관직을 게을리하는 죄인 관형(官刑)·질서를 문란하게 하는 죄인 국형(國刑). ごけい

五黃〔오황〕 토성(土星). ごこう

〖云〗 [부] 二(두이변) [획] 2—2 [훈] 이를 [음] 운 [中] yün² [英] say [日] ウン. いう

[뜻] ①이를. ②움직일. ③이러하다할. ④돌아갈. ⑤어조사(말머리·중간·끝에 씀).

[필순] 丆亍云

云云〔운운〕 ①글이나 말을 인용(引用), 또는 생략할 때에 이러이러함의 뜻으로 씀. ②여러 가지의 말. ③말이 많은 모양. ④ 왕성한 모양. ⑤구름이 뭉게뭉게 이는 모양. うんうん·うんぬん

云爲〔운위〕 ①언동(言動). 동작(動作). ②세상 물정(物情). うんい

云謂〔운위〕 일러 말함. うんい

云何〔운하〕 [동]여하(如何). いかん

〖井〗 [부] 二(두이변) [획] 2—2 [훈] 우물 [음] 정: [中] ching³ [英] well [日] セイ. いど

[뜻] ①우물. ② 간 반듯할. ③별이름.

[필순] 二⼗井

井間〔정간〕 바둑판과 같이 가로세로 여러 줄을 그어 정자(井字) 모양으로 된 간살. [예]—紙(지). せいかん 「위쪽. せいじょう

井上〔정상〕 ①우물 위. ② 우물의

井水〔정수〕 우물의 물. せいすい

井宿〔정수〕 28수의 22째 별. せいしゅく

井然〔정연〕 일이나 행동에 절도(節度)가 있는 모양. [동]정정(井井). せいぜん

井邑詞〔정읍사〕 무고(舞鼓)에 맞추어 부르던 삼국시대(三國時代) 속악(俗樂)의 창사(唱詞). 현존(現存)하는 유일한 백제 가요(百濟歌謠).

井底蛙〔정저와〕 우물 안의 개구리. 세상 물정을 모름. 소견이 좁음을 이름. せいていのあ

井井〔정정〕 [동]⇨정연(井然). せいせい 「いさい

井祭〔정제〕 우물을 위한 제사. せ

井中觀天〔정중관천〕 우물속에서 하늘을 봄. 견문(見聞)이 좁음을 이름. [동]좌정관천(坐井觀天). せいちゅうかんてん

井華水〔정화수〕 이른 새벽에 길어온 우물 물. 정성을 들이는 일이나 약을 달이는 물로 씀. せいかすい 「(유정).

△市井(시정). 溫井(온정). 油井

【互】 [부] 二(두이변) [획] 2—2 [훈] 서로 [음]호: [中] hu⁴ [英] each-other [日] ゴ. たがい

[뜻] ①서로. ② 비교할. ③시렁.

[필순] 一丆互互

互交〔호교〕 서로 교제함. ごこう

互流〔호류〕 서로 엇바꿈. ごりゅう

互文〔호문〕 두 개 이상의 문장이나 글귀에 있어서, 한 쪽에 설명하는 것과 딴 쪽에 설명하는 것이 서로 상통하여 뜻이 완전하게 통하도록 하는 서법(書法). ごぶん

互相〔호상〕 서로. [동]상호(相互). [예]—往來(왕래). ごそう

互生〔호생〕 식물의 잎이 서로 어긋나게 남. ごせい

互先〔호선〕 맞바둑. ごせん

互選〔호선〕 선거권을 가진 사람들이 그들끼리 서로 뽑는 방법. ごせん 「ごし

互市〔호시〕 교역(交易). 무역(貿易).

互讓〔호양〕 서로 양보함. 서로 사양함. ごじょう 「う

互用〔호용〕 공동으로 사용함. ごよ

互有長短〔호유장단〕 서로 장처와 단처가 있음. ごゆうちょうたん

互助〔호조〕 서로 도움. ごじょ

互稱〔호칭〕 서로 일컫는 이름. ごしょう

互惠〔호혜〕 서로 도와 편익(便益)이나 특전(特典)을 받음. [예]—關稅(관세). ごけい

▷交互(교호). 相互(상호).

「些」 [부] 二(두이변) [획] 2—5 [훈] 적을 [음] 사 [中] hsieh¹ [英]

a little 日 シャ. サ. いささか
뜻 ①적을. ②어조사.
필순 丨 ト 止 此 些
些略〔사략〕 적고 간략함. さりゃく
些些〔사사〕 적고 적음. 동사소(些少). ささ
些事〔사사〕 자그마한 일. さじ
些細〔사세〕 조금. 분량이 많지 않음. さい 「ょう
些少〔사소〕 동⇨사사(些些). さし

【亞】 부 二(두이변) 획 2—6 훈 버금 음 아: 中 ya[3.4] 英 secondary 日 ア. つぐ 「추할.
뜻 ①버금. ②적을. ③작을. ④
참고 약 亜
필순 一 亓 亞 亞
亞官〔아관〕 향청(鄕廳)의 우두머리. 동좌수(座首). あかん
亞堂〔아당〕 참판(參判)의 별칭.
亞旅〔아려〕 사대부(士大夫)의 이칭(異稱). ありょ
亞流〔아류〕 ①어떤 유파(流派)를 계승한 사람. ②같은 또래. ③모방하는 사람. 동제이류(第二流). ありゅう
亞麻〔아마〕 껍질은 실을 만들어 베를 짜고, 씨는 기름을 짜서 인쇄 잉크나 인주(印朱)를 만듦. 예—油(유). あま
亞歲〔아세〕 동지(冬至). あさい
亞細亞〔아세아〕 오대주(五代洲)의 하나. 아시아. アジア
亞鉛〔아연〕 청백색의 광택이 있는 무른 금속. 예—鑛(광). —版(판). あえん
亞熱帶〔아열대〕 열대와 온대의 중간 지대. 남·북위가 각각 23. 5°~36° 사이의 지대. 예—林(림). —性(성). あねったい
亞洲〔아주〕 아세아주(亞細亞洲)의 약칭. アしゅう
亞寒帶〔아한대〕 한대(寒帶)와 온대(溫帶)의 중간 지대.
亞獻〔아헌〕 제사(祭祀) 때 초헌(初獻)에 이어 잔을 올리는 일. 예—官(관).
▷南亞(남아). 東北亞(동북아). 東亞(동아). 北亞(북아).

(2) 亠 部

〖亡〗 부 亠(돼지해머리) 획 2—1 훈 망할 음 망 中 wang[2] 英 ruin 日 ボウ. ほろびる
뜻 ①망할. ② 도망할. ③잃을. ④죽을. ⑤잊을. ⑥ 없어질.
필순 亠 亡
亡家〔망가〕 ①망한 집. ②집안을 결딴냄. ぼうか
亡國〔망국〕 ①망한 나라. ②나라를 망침. ぼうこく
亡靈〔망령〕 죽은 이의 영혼. ぼうれい 「여 옮김. ぼうめい
亡命〔망명〕 남의 나라로 몸을 피하
亡母〔망모〕 돌아가신 어머니. なきはは 「ちち
亡父〔망부〕 돌아가신 아버지. なき
亡夫〔망부〕 죽은 남편. ぼうふ
亡身〔망신〕 잘못하여 자기의 지위나 명예를 망침. 「うしつ
亡失〔망실〕 없어짐. 잃어버림. ぼ
亡羊補牢〔망양보뢰〕 소 잃고 외양
亡魚〔망어〕 삼치. └간고친다는 말.
亡友〔망우〕 죽은 벗. ぼうゆう
亡人〔망인〕 ①죽은 사람. ②외국에 유랑하는 사람. ぼうじん
亡兆〔망조〕 망할 조짐.
亡終〔망종〕 사람의 죽는 때.
亡徵敗兆〔망징패조〕 망할 조짐.
亡魂〔망혼〕 죽은 사람의 혼. ぼうこん
▷逃亡(도망). 滅亡(멸망). 衰亡(쇠망). 存亡(존망). 興亡(흥망).

〖交〗 부 亠(돼지해머리) 획 2—4 훈 사귈 음 교 中 chiao[1] 英 associate 日 コウ. まじわる
뜻 ①사귈. ②서로. ③벗. ④섞일. ⑤교섭할. ⑥ 합할.
필순 ' 亠 六 六 交 交
交感〔교감〕 ①서로 접촉하여 느낌. ②최면술에 걸림. 예—神經(신경). こうかん

交結〔교결〕 서로 사귐. こうけつ
交驩〔교관〕 서로 사귀어 즐김.
交交〔교교〕 새가 이리저리 날아다니는 모양. こうこう
交代〔교대〕 서로 번갈아 들어서 대신함. ⓢ교체(交替). こうたい
交刀〔교도〕 가위.
交流〔교류〕 ①서로 뒤섞이어 흐름. ②서로 주고 받음. ③일정한 시간에 서로 역방향으로 흐르는 전류. ↔직류(直流). こうりゅう
交尾〔교미〕 동물의 암수 양성(兩性)의 교접(交接). こうび
交配〔교배〕 서로 다른 종류의 자웅을 배합시킴. ⓔ一種(종). こうはい
交拜〔교배〕 ①서로 번갈아 절함. ②혼인 때 신랑 신부가 서로 번갈아 절을 하는 예(禮).
交付〔교부〕 ①내어 줌. ② 물건의 인도(引渡). ⓔ一金(금). こうふ
交分〔교분〕 친구 사이의 정의(情誼). 또는 정분(情分). こうぶん
交涉〔교섭〕 ①일을 이루기 위하여 서로 의논함. ②관계함.
交易〔교역〕 ①서로 물건과 물건을 바꿈. ②서로 물건을 사고 팖. こうえき 「もにくむ
交惡〔교오〕 서로 미워함. こもご
交友〔교우〕 친구와 사귐. こうゆう
交友以信〔교우이신〕 믿음으로써 벗을 사귐. こうゆうしんをもってす
交遊不雜〔교유부잡〕 사귐이 바름. 함부로 사귀지 않음. こうゆうふざつ 「음식상.
交子床〔교자상〕 장방형으로 된 큰
交戰〔교전〕 맞붙어 싸움. こうせん
交接〔교접〕 ①서로 마주 닿아 접촉함. ②교제. ③성교(性交). 교미(交尾). こうせつ
交際〔교제〕 서로 사귐. 사귀어 가까이 지냄. こうさい
交叉〔교차〕 서로 엇갈림. ⓔ一路(로). こうさ 「たい
交替〔교체〕 ⓢ⇨교대(交代). こう
交通〔교통〕 ①오가는 일. ②사람의 왕복. 화물의 운반. ③의사(意思)의 전달. こうつう
交好〔교호〕 사이 좋게 사귐. こうこう 「아. こうご
交互〔교호〕 피차. 서로서로. 번갈
交火〔교화〕 교전(交戰).
交換〔교환〕 서로 바꿈. ⓔ一手(수). こうかん
▷國交(국교). 斷交(단교). 世交(세교). 外交(외교). 絶交(절교).

〔亦〕 부 亠(돼지해머리) 획 2—4 훈 또 음 역 ⊕ i⁴ 英 also; too 日 エキ. また
뜻 ①또. ②클. ③모두. ④어조사.
필순 ' 亠亣亦亦亦
亦是〔역시〕 또한.
亦如是〔역여시〕 이것도 또한.
亦然〔역연〕 이 또한 그러함.
亦參其中〔역참기중〕 남의 일에 참여함.

〔亥〕 부 亠(돼지해머리) 획 2—4 훈 돼지 음 해: ⊕ hai⁴ 英 pig 日 ガイ. い
뜻 ①돼지. ②열두째 지지.
필순 ' 亠亡亥亥亥
亥年〔해년〕 태세가 해(亥)로 된 해. がいねん. いのとし
亥生〔해생〕 12지 가운데 해년(亥年)에 난 사람. がいせい
亥月〔해월〕 음력 10월의 별칭. がいげつ 「해(亥)인 날. がいにち
亥日〔해일〕 일진(日辰)의 지지가
▷乙亥(을해). 丁亥(정해).

【亨】 부 亠(돼지해머리) 획 2—5 훈 형통할 음 형 ⊕ hêng¹·² hsiang³ 英 be successful 日 キョウ. コウ. とおる
뜻 ①형통할. ②삶을(팽). (烹과 통용).
필순 ' 亠亡亡古亨亨
亨人〔팽인〕 주대(周代)의 솥에 지지는 일을 맡은 벼슬 이름.
亨通〔형통〕 ①모든 일이 뜻과 같이 잘 됨. ②운(運)이 좋아서 출세함. きょうつう

〔京〕 부 亠(돼지해머리) 획 2—6 훈 서울 음 경 ⊕ ching¹

㊮ capital ㊐ ケイ·キョウ. みやこ
뜻 ①서울. ②클. ③조(兆)의 10배.
필순 亠亠亡亡京京
京郊〔경교〕 서울의 교외(郊外).
京畿〔경기〕 서울을 중심으로 한 가까운 지역.
京洛〔경락〕 ㊍⇨경사(京師).
京師〔경사〕 경(京)은 대(大)·사(師)는 중(衆). 곧 대중이 사는 곳. 임금의 궁성(宮城)이 있는 곳. ㊍경락(京洛)·경성(京城).
京城〔경성〕 ①궁성(宮城). 대궐. ㊍경사(京師). ② 우리 나라의 수도(首都) 서울의 옛이름.
京外〔경외〕 서울의 외방.
京兆尹〔경조윤〕 경사(京師)의 태수(太守). 수도(首都)의 장관. けいちょういん 「ょう
京鄕〔경향〕 서울과 시골. けいき
京華〔경화〕 서울. 수도(首都).
▷歸京(귀경). 上京(상경). 離京(이경). 入京(입경). 出京(출경).

【享】 부 亠(돼지해머리) 획 2—6 훈 누릴 음 향: ㊥ hsiang³ ㊮ enjoy ㊐ キョウ. うける
뜻 ①누릴. ②드릴. ③받을.
필순 亠亠亨享享
享年〔향년〕 ① 이 세상에 생존한 햇수. ② 한 평생에 누린 나이. ㊍행년(行年). きょうねん 「らく
享樂〔향락〕 즐거움을 누림. きょう
享福〔향복〕 복을 누림. きょうふく
享祀〔향사〕 제사(祭祀). 향제(享祭). きょうし
享受〔향수〕 받아 누림. きょうじゅ
享壽〔향수〕 오래 사는 복을 누림. 장수(長壽)함. きょうじゅ
享有〔향유〕 누리어 가짐. 몸에 받아 지님. きょうゆう
享春客〔향춘객〕 봄을 즐기는 사람.
▷來享(내향). 大享(대향). 配享(배향).

【亮】 부 亠(돼지해머리) 획 2—7 훈 밝을 음 량: ㊥ liang⁴ ㊮ bright ㊐ リョウ. あきらか. まこと. すけ
뜻 ①밝을. ②도울. ③믿을. 미쁠.
필순 亠亠亡亡声亮亮
亮明〔양명〕 밝음. りょうめい
亮達〔양달〕 총명(聰明)하여 사리(事理)에 통달(通達)함. ㊍명달(明達). りょうだつ 「ょうせつ
亮節〔양절〕 깨끗한 절개(節介). り
亮察〔양찰〕 남의 사정을 잘 살펴 줌. 동정함. ㊍명감(明鑒). りょうさつ
▷高亮(고량). 明亮(명량). 直亮(직량). 淸亮(청량). 忠亮(충량).

【亭】 부 亠(돼지해머리) 획 2—7 훈 정자 음 정 ㊥ t'ing² ㊮ arbour ㊐ テイ. チン. あずまや
뜻 ①정자. ②고를. ③평평할. ④주막.
필순 亠亠声亭
亭閣〔정각〕 ㊍⇨정자(亭子).
亭然〔정연〕 우뚝 솟은 모양. ていぜん
亭子〔정자〕 산수(山水)가 좋은 곳에 놀기 위하여 지은 집. ㊍정각(亭閣). ていし
亭亭〔정정〕 ①나무가 곧게 서 있는 모양. ②멀리 까마득한 모양. ③늙은 몸이 굳세고 건강한 모양. ④ 아름다운 모양. ていてい
▷客亭(객정). 官亭(관정). 旗亭(기정). 旅亭(여정).

(2) 人 部

【人】 부 人(사람인변) 획 2—0 훈 사람 음 인 ㊥ jen² ㊮ man ㊐ ジン. ニン. ひと
뜻 ①사람. ②남. ③인격.
필순 ノ人
人家〔인가〕 사람이 사는 집. ㊍인호(人戶). じんか
人間〔인간〕 ①사람. ②세상(世上). 속세(俗世). にんげん. じんかん
人間行路難〔인간행로난〕 사람의 세상살이가 어려움을 이름.

人傑〔인걸〕 걸출(傑出)한 인재(人材). じんけつ
人格〔인격〕 ①사람의 품격(品格). ⓓ인품(人品). ②도덕적 행위의 주체(主體)로서의 개인. じんかく
人絹〔인견〕 인조견(人造絹). じんけん
人工〔인공〕 사람이 하는 일. 사람이 자연에 가공(加工)하는 일. ⓓ인위(人爲). じんこう
人口〔인구〕 ①어떠한 지역(地域) 안에 사는 사람의 수효. ②여러 사람의 입. ⓓ세평(世評). じんこう
人君〔인군〕 임금. ⓓ인주(人主).
人權〔인권〕 사람이 사람으로서 당연히 지니는 기본적인 권리. 곧 사람의 자유와 평등의 권리. じんけん
人乃天〔인내천〕 천도교(天道敎)의 사람이 '한울'을 믿어 종내(終乃)는 하나가 되는 지경(地境)에 이른다는 교리(敎理).
人德〔인덕〕 남의 도움을 많이 받는 복. じんとく. にんとく
人道〔인도〕 ①사람이 행하여야 할 도덕. ⓓ인륜(人倫). ②세상 사람의 인정(人情). ⓓ세정(世情). ③인류 생존의 길. ④부부간의 성교(性交). ⑤ 사람이 다니는 길. じんどう
人力車〔인력거〕 사람을 태우고 사람이 끄는 두 바퀴 달린 수레. じんりきしゃ
人類〔인류〕 ①사람을 다른 생물과 구별하여 일컫는 말. じんるい
人倫〔인륜〕 ①사람과 사람과의 관계에 있어서의 도의적인 일정한 질서. ②사람. 인류(人類). ③인물(人物)을 비평하는 일. 인물평. じんりん
人萬物之靈〔인만물지령〕 사람은 만물의 영장(靈長)임. ひとはばんぶつのれい
人望〔인망〕 세상 사람이 존경하고 따르는 덕망(德望). じんぼう
人面獸心〔인면수심〕 얼굴은 사람이나 마음은 짐승과 다름이 없음. 곧 남의 은혜를 모르는 사람 또는 행동이 흉악한 사람을 욕하는 말. じんめんじゅうしん
人命在天〔인명재천〕 사람의 목숨은 하늘에 달려 있음.
人文〔인문〕 ①인류 사회(人類社會)의 문화. ②인물과 문물(文物). じんぶん
人物〔인물〕 ①사람. ②사람의 됨됨이. ⓓ인품(人品). ③뛰어난 사람. ⓓ인재(人材). ④사람과 물건. ⑤사람의 허울·모습. じんぶつ
人民〔인민〕 백성. ⓓ창생(蒼生). じんみん
人福〔인복〕 남의 도움을 받는 복.
人糞〔인분〕 사람의 똥. じんぷん
人非木石〔인비목석〕 사람은 목석(木石)과 달라서 인정이 있음.
人士〔인사〕 교양(敎養) 또는 지위가 있는 사람. 신분이 좋은 사람. じんし
人事〔인사〕 ①사람의 하는 일. ②세상 일. ⓓ세태(世態). ③남에게 보내는 예물(禮物). ④개인의 신분(身分)과 능력(能力)에 관계되는 일. ⑤알지 못하던 사람끼리 서로 성명을 통함. ⑥안부를 묻고 동작으로 예를 표함. ⑦사람 사이에 지켜야 할 언행(言行). じんじ
人事不省〔인사불성〕 ①중병(重病)이나 중상(重傷) 등에 의하여 의식(意識)을 잃고 인사(人事)를 모름. ② 사람으로서 지킬 예절(禮節)을 차릴 줄 모름. じんじふせい
人山人海〔인산인해〕 사람으로 이룬 산과 바다란 뜻으로, 사람이 몹시 많이 모여 있음을 이름.
人相〔인상〕 사람의 얼굴 모양. ⓓ용모(容貌). にんそう
人生〔인생〕 ①사람. ② 사람의 목숨. 사람의 생존. ③사람이 세상에서 사는 동안. じんせい
人生觀〔인생관〕 인생의 목적(目的)·가치(價値) 등에 관하여 가지는 견해(見解). じんせいかん
人生如朝露〔인생여조로〕 인생의 무

상(無常)함은 아침 이슬이 사라지는 것 같음. じんせいはちょうろのごとし

人生七十古來稀[인생칠십고래희] 인생은 짧은 것으로 70까지 사는 자는 옛날부터 드물다는 말. 당나라 시인 두보(杜甫)의 곡강시(曲江詩)의 한 귀. じんせいしちじゅうこらいまれなり

人選[인선] 사람을 가리어 뽑음. じんせん

人性[인성] 사람의 성품. じんせい

人身[인신] ①사람의 몸. ②개인의 신분(身分). じんしん

人心[인심] ①사람의 마음. ②백성의 마음. ③사람의 물욕(物欲)에서 나오는 마음. ⓢ사심(私心). じんしん 「헤아리기 어려움.

人心難測[인심난측] 사람의 마음은

人煙[인연] 인가(人家). じんえん

人影[인영] 사람의 그림자. じんえ

人欲[인욕] 사람의 욕심. 　 ∟い

人員[인원] ①사람의 수효. ②단체를 이룬 여러 사람. じんいん

人爲[인위] 사람의 힘으로 되는 일. ⓢ인공(人工). ↔자연(自然). じんい

人子[인자] 사람의 아들. じんし

人才[인재] 재능(才能)이 있는 사람. ⓢ인재(人材). じんさい

人材[인재] ⓢ⇨인재(人才). じんざい 「왕래. じんせき

人跡[인적] 사람의 발자취. 사람의

人迹不到處[인적부도처] 인적이 이르지 아니한 곳.

人定[인정] 옛날에 밤의 통행을 금하기 위하여 종을 치던 일.

人情[인정] ①사람의 정욕(情慾). ②세상 사람의 마음. ⓢ민심(民心). ③선물(膳物). ④남을 동정하는 따뜻한 마음. 「じんぞう

人造[인조] 사람의 힘으로 만듦.

人造絹[인조견] 인조 섬유소(纖維素)로 비단처럼 짠 피륙. じんぞうけん 「의 종별(種別).

人種[인종] ①사람의 씨. ②인류

人主[인주] 임금. ⓢ인군(人君).

人中[인중] 코와 윗입술 사이에 우묵하게 들어간 곳. じんちゅう

人智[인지] 사람의 슬기. 사람의 지능(智能). じんち

人之常情[인지상정] 사람의 보편적(普遍的)인 인정(人情).

人體[인체] 사람의 신체. 몸. じん

人總[인총] 인구(人口). 　 ∟たい

人畜[인축] 사람과 가축. じんちく

人波[인파] 많이 모인 사람의 동작이 물결처럼 보이는 상태. ひとなみ

人品[인품] ①사람의 품격(品格). ⓢ인격(人格). ②용모(容貌). 외모(外貌). じんぴん

人海[인해] 사람이 많이 모임을 이름. ⓢ人山(인산)—.

人形[인형] ①사람의 형상(形像). ②사람의 형상과 같이 만든 물건. にんぎょう

人和[인화] 인심이 화합(和合)함. 마음이 서로 맞음. じんわ

▷佳人(가인). 歌人(가인). 個人(개인). 巨人(거인). 故人(고인). 寡人(과인). 奇人(기인). 達人(달인). 大人(대인). 同人(동인). 萬人(만인). 亡人(망인). 盲人(맹인). 文人(문인). 未亡人(미망인). 美人(미인). 傍若無人(방약무인). 凡人(범인). 犯人(범인). 本人(본인). 夫人(부인). 婦人(부인). 殺人(살인). 商人(상인). 仙人(선인). 善人(선인). 成人(성인). 聖人(성인). 小人(소인). 詩人(시인). 惡人(악인). 愛人(애인). 野人(야인). 女人(여인). 旅人(여인). 外人(외인). 要人(요인). 友人(우인). 偉人(위인). 義人(의인). 丈人(장인). 罪人(죄인). 主人(주인). 衆人(중인). 證人(증인). 知人(지인). 他人(타인). 好人(호인).

【介】 부 人(사람인변) 획 2—2 훈 낄 음 개: 中 chieh⁴ 英 medium get between 日 カイ. ケ. すけ. なこうど. **はさ**まる
뜻 ①낌. ②소개할. ③낱. ④딱지. ④갑옷.
필순 ㅅ介介

介殼〔개각〕 연체 동물의 굳은 껍데기. [동]패각(貝殼). 갑각(甲殼). かいかく
介甲〔개갑〕 ①갑옷. ②게나 거북의 딱딱한 껍데기. かいこう
介潔〔개결〕 성질이 단단하고 깨끗함. かいけつ 「りん
介鱗〔개린〕 조개와 물고기. かい
介立〔개립〕 ①홀로 섬. [동]독립(獨立). ②굳게 절개를 지킴. かいりつ
介詞〔개사〕 중국어 문법에서 명사·대명사 또는 명사구를 매개하여 동사·형용사 앞에 두고 그들의 관계를 나타내는 말.
介意〔개의〕 마음에 둠. 걱정이 됨. かいい 「う
介入〔개입〕 끼어 들어감. かいにゅ
介之推〔개지추〕 춘추시대(春秋時代)의 사람. 개자추(介子推)라고도 함. 진문공(晋文公)을 따라 19년 동안 망명함.
介在〔개재〕 끼어 있음. かいざい
▷媒介(매개). 紹介(소개). 節介(절개). 魚介(어개). 仲介(중개).

〖今〗 [부] 人(사람인변) [획] 2—2 [훈] 이제 [음] 금 [中] chin^{1} [英] now [日] コン. キン. いま
[뜻] ①이제. ②곧. ③이것.
[필순] ノ 𠆢 今

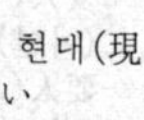

今古〔금고〕 지금과 예. [동]금석(今昔). こんこ. きんこ
今年〔금년〕 올해. [동]금세(今歲). [예]一生(생). こんねん
今代〔금대〕 지금의 시대. 현대(現代). きんだい. こんだい
今冬〔금동〕 올 겨울.
今明間〔금명간〕 오늘 내일 사이.
今般〔금반〕 이번. こんぱん
今方〔금방〕 이제 곧. 바로 이제.
今上〔금상〕 현재의 천자(天子). きんじょう
今昔之感〔금석지감〕 이제와 예가 너무도 틀림을 보고 받는 깊은 느낌. こんじゃくのかん
今夕何夕〔금석하석〕 오늘 밤은 얼마나 좋은 밤인가. こんせきはなんのゆうべぞ
今世〔금소〕 이승. ↔내세(來世).
今歲〔금세〕 [동]⇨금년(今年).
今時〔금시〕 지금. 「(夕.
今宵〔금소〕 오늘 저녁. [동]금석(今
今時發福〔금시발복〕 당장에 부귀(富貴)를 누리게 됨.「으로 들음.
今時初聞〔금시초문〕 이제야 처음
今也〔금야〕 지금. 오늘.
今夜〔금야〕 오늘 밤. [동]금석(今夕). こんや 「こんげつ
今月〔금월〕 이 달. [동]당월(當月).
今人〔금인〕 지금 세상의 사람.
今日〔금일〕 ①오늘. ②지금. こんにち. きょう「(近者). きんしゃ
今者〔금자〕 지금. 요즈음. [동]근자
今朝〔금조〕 오늘 아침. こんちょう
今週〔금주〕 이 주일(週日). こんしゅう
今秋〔금추〕 올 가을. こんしゅう
今春〔금춘〕 올 봄. こんしゅん
今夏〔금하〕 올 여름. こんか
今回〔금회〕 이 번. こんかい
今後〔금후〕 이 뒤. こんご
▷古今(고금). 方今(방금). 自今(자금). 昨今(작금). 現今(현금).

「仝」 [부] 人(사람인변) [획] 2—3 [훈] 한가지 [음] 동.
[뜻] 한 가지(同과 통용).

〖令〗 [부] 人(사람인변) [획] 2—3 [훈] 명령할 [음] 령: [中] ling^{4,2} [英] order; law [日] レイ. のり
[뜻] ①명령할. ②법. ③하여금. 시킬. ④부릴. ⑤벼슬아치. ⑥높임말.
[필순] 𠆢 今 令

令監〔영감〕 ①정삼품(正三品)·종이품(從二品) 관원의 대칭대명사(對稱代名辭). ②나이가 많은 남편이나 늙은이를 이름.
令嬌〔영교〕 당신의 딸.
令閨〔영규〕 [동]⇨영부인(令夫人). れいけい 「재(人材)의 비유.
令器〔영기〕 좋은 그릇. 훌륭한 인
令郞〔영랑〕 남의 아들의 존칭. [동]영윤(令胤)·영식(令息)·영자(令子). れいろう 「れいまい
令妹〔영매〕 남의 누이동생의 존칭.

令名〔영명〕 좋은 명예(名譽). 좋은 명성(名聲). れいめい

令聞〔영문〕 영광스러운 소문. 좋은 평판. れいぶん

令夫人〔영부인〕 남의 아내의 존칭. [동]영규(令閨). れいふじん

令色〔영색〕 ①얼굴을 곱게 꾸며 사람의 비위를 맞춤. ②상냥하고 아름다운 안색(顔色). れいしょく

令壻〔영서〕 남의 사위의 존칭. れいせい 「いそん

令孫〔영손〕 남의 손자의 존칭. れ

令息〔영식〕 남의 아들의 존칭. [동]영랑(令郞). 영자(令子). れいそく

令愛〔영애〕 남의 딸의 존칭. [동]영양(令孃). 영원(令媛). 영랑(令娘). れいあい 「람. れいじん

令人〔영인〕 훌륭한 사람. 좋은 사

令日〔영일〕 좋은 날. 경사스러운 날. [동]길일(吉日). 가신(佳辰). れいじつ

令子〔영자〕 ①훌륭한 아들. ②남의 아들의 경칭. [동]영식(令息). 영랑(令郞). れいし 「칭. れいし

令姉〔영자〕 남의 손위 누이의 경

令狀〔영장〕 법원(法院)이나 관청(官廳)에서 내보내는 명령서. れいじょう

令弟〔영제〕 훌륭한 아우. 본디는 자기 아우의 경칭이었으나, 후세에 남의 아우의 경칭으로 되었음. れいてい

令旨〔영지〕 ①황태후(皇太后)의 명령. ②왕세자의 명령서. れいし

令姪〔영질〕 남의 조카의 존칭. れいてつ

▷假令(가령). 教令(교령). 口令(구령). 軍令(군령). 命令(명령). 法令(법령). 辭令(사령). 設令(설령). 嚴令(엄령). 勅令(칙령).

〔以〕 [부] 人(사람인변) [획] 2—3 [훈] 써 [음] 이: ㊥ i³ (英) by; with ㊐ イ. もって

[뜻] ①써. ②쓸. ③까닭. ④말미암을.

[필순] 丨 ㇄ ㇄丶 以 以

以降〔이강〕 이후(以後). いこう

以空補空〔이공보공〕 제 살로 제 때우기. 곧 세상에는 공것이 없다는 뜻. 「남쪽. いなん

以南〔이남〕 여기서 남쪽. 거기서

以內〔이내〕 일정한 범위 안. いない

以東〔이동〕 여기서 동쪽. 거기서 동쪽. いとう

以卵投石〔이란투석〕 극히 무른 물건을 극히 단단한 것에 던진다는 뜻으로 곧 부서짐을 이름.

以來〔이래〕 어느 일정한 때부터 그 후. いらい

以貌取人〔이모취인〕 용모로써 사람을 채용하고 재덕(才德)은 묻지 아니함. 「북쪽. いほく

以北〔이북〕 여기서 북쪽. 거기서

以上〔이상〕 어느 일정한 한도의 위. いじょう 「서쪽. いせい

以西〔이서〕 여기서 서쪽. 거기서

以石投水〔이석투수〕 ① 하기 쉬운 일의 비유. ② 간하는 말을 잘 받아들임을 이름.

以食爲天〔이식위천〕 사람이 살아가는 데 있어 먹는 것이 가장 중요함. 「룀.

以實直告〔이실직고〕 사실대로 아

以心傳心〔이심전심〕 마음에서 마음으로 전함. いしんでんしん

以熱治熱〔이열치열〕 열로써 열을 다스림. 「후(向後). いおう

以往〔이왕〕 이제부터 이후. [동]향

以外〔이외〕 일정한 범위 밖. いがい 「おもえらく. おもうには

以爲〔이위〕 생각컨대. 생각하기를.

以人爲鑑〔이인위감〕 남의 선악(善惡)을 보고 스스로 본보기로 삼아 경계함.

以長補短〔이장보단〕 남의 장점을 거울삼아 나의 단점을 보충함.

以前〔이전〕 ①어느 일정한 때부터 그 전. ②그 전. [동]왕시(往時). いぜん 「いか

以下〔이하〕 일정한 한도의 아래.

以血洗血〔이혈세혈〕 피로써 피를 씻음. 곧 악(惡)을 악으로써 갚거나, 나쁜 일을 거듭함.

以後〔이후〕 어느 일정한 때부터 그 후. 이제부터 후. いご

▷所以(소이). 是以(시이). 何以

(하이).

【企】 부 人(사람인변) 획 2—4 훈 꾀할 음 기: 中 ch'i⁴ 英 attempt 日 キ. くわだてる

뜻 ①꾀할. ②바랄. ③설. 발돋움할.

필순 𠆢个仒仚企

企及〔기급〕 꾀하여 미침. 해서 이루었음. 「바라고 기다림. きたい

企待〔기대〕 발돋움하여 기다림. 또

企圖〔기도〕 일을 꾸며 내려고 꾀함. きと

企望〔기망〕 발돋움하고 바라봄. 또 계획하여 되기를 바람. きぼう

企仰〔기앙〕 동⇨기망(企望).

企業〔기업〕 ① 사업을 계획함. ② 영리를 목적으로 하여 생산 요소(生産要素)를 종합하여 계속적으로 경영하는 경제적 사업. きぎょう

企畫〔기획〕 일을 계획함. きかく

〖余〗 부 人(사람인변) 획 2—5 훈 나 음 여 中 yü² 英 I 日 ヨ. われ

뜻 나.

필순 𠆢亼亼亼佘余

余年〔여년〕 내 나이.

余等〔여등〕 우리들.

余輩〔여배〕 우리네. よはい 「げつ

余月〔여월〕 음력 4월의 별칭. よ

〖來〗 부 人(사람인변) 획 2—6 훈 올 음 래 中 lai²·⁴ 英 come 日 ライ. くる

뜻 ①올. ②부를. ③어조사.

필순 一双夾來來

來客〔내객〕 찾아 오는 손. 손님. らいきゃく 「往).

來去〔내거〕 오고 감. 동내왕(來

來貢〔내공〕 내조(來朝)하여 공물(貢物)을 바침. 동내빙(來聘).

來觀〔내관〕 와서 봄. 보러 옴. らいかん 「이야기. らいだん

來談〔내담〕 와서 이야기함. 또 그

來到〔내도〕 와서 닿음. 「らいどう

來同〔내동〕 와 모임. 내회(來會).

來歷〔내력〕 ①겪어 온 자취. 그 사람의 지금까지의 학업·직업 등. 동경력(經歷). 열력(閱歷). ②겪어 온 경로(經路). 동유래(由來). らいれき

來臨〔내림〕 찾아 오심. らいりん

來明年〔내명년〕 다음다음해. 동후년(後年). 내내년(來來年).

來訪〔내방〕 찾아 옴. らいほう

來賓〔내빈〕 회장이나 식장 같은 곳에 공식으로 찾아온 손님. らい

來聘〔내빙〕 동⇨내공(來貢). 「ひん

來書〔내서〕 남에게서 온 편지. 동내신(來信). らいしょ

來世〔내세〕 ①후세(後世). ②내생(來生). らいせい

來歲〔내세〕 내년(來年). らいさい

來孫〔내손〕 현손(玄孫)의 아들. 곧 오대손. 「しゅう

來襲〔내습〕 뜻밖에 와서 침. らい

來信〔내신〕 동⇨내서(來書).

來往〔내왕〕 오고 감. 동왕래(往來). 내거(來去). らいおう

來遊〔내유〕 와서 놂. 놀러 옴. ら

來意〔내의〕 온 뜻. らいい 「いゆう

來日〔내일〕 ①오늘의 다음 날. 동후일(明日). ②뒤에 오는 날. 동명일(後日). らいじつ

來電〔내전〕 전보가 옴. 또 온 전보(電報). らいでん

來朝〔내조〕 ①제후(諸侯) 또는 속국(屬國)의 임금이나 사신(使臣)이 조정에 와서 천자를 뵘. ②외국 사신이 찾아옴. らいちょう

來着〔내착〕 와서 닿음. 동도착(到着). らいちゃく

來秋〔내추〕 내년 가을. らいしゅう

來春〔내춘〕 내년 봄. らいしゅん

來侵〔내침〕 침범해 옴. らいしん

來賀〔내하〕 와서 하례함. らいが

來後年〔내후년〕 내년의 다음 해. 후년(後年)의 다음 해.

▷去來(거래). 到來(도래). 渡來(도래). 未來(미래). 舶來(박래). 本來(본래). 飛來(비래). 夜來(야래). 如來(여래). 往來(왕래). 外來(외래). 元來(원래). 由來(유래). 以來(이래). 將來(장래). 傳來(전래). 從來(종래). 招來(초래).

［侖］[부] 人(사람인변) [획] 2—6 [훈] 뭉치 [음] 륜 [中] luen² [英] fall into [日] リン. ロン. しずむ
[뜻] ①뭉치(崙과 통용). ②빠질(淪과 통용).
[필순] 𠆢亼侖侖
侖胥〔윤서〕 깊이 빠짐.

【倉】[부] 人(사람인변) [획] 2—8 [훈] 곳집 [음] 창 [中] ts'ang¹ [英] warehouse [日] ソウ. くら
[뜻] ①곳집. 창고. ②옥사. ③다급할.
[필순] 𠆢亼今倉倉倉倉
倉庫〔창고〕 곳집. そうこ
倉吏〔창리〕 곡창(穀倉)의 일을 맡아보는 관리. 「黄). そうそつ
倉卒〔창졸〕 급작스러움. [동]창황(倉
倉卒間〔창졸간〕 급작스러운 동안.
倉皇〔창황〕 매우 급한 모양. [동]창졸(倉卒). そうこう
倉黄〔창황〕 [동]⇨창황(倉皇). 창졸(倉卒). そうこう
倉頡〔창힐〕 황제(黃帝)의 사신(史臣)으로서 한자(漢字)를 처음으로 만들었다는 사람.
▷穀倉(곡창). 官倉(관창). 禁倉(금창). 社倉(사창). 常平倉(상평창). 義倉(의창). 太倉(태창).

「傘」[부] 人(사람인변) [획] 2—10 [훈] 우산(일산) [음] 산: [中] san³ [英] umbrella [日] サン. かさ
[뜻] ①우산. ②그늘.
[필순] 𠆢仌仌仌傘
傘下〔산하〕 우산의 밑이라는 뜻으로, 보호를 받는 그 세력의 밑. [예]--團體(단체). さんか
▷落下傘(낙하산). 陽傘(양산). 雨傘(우산). 日傘(일산).

［僉］[부] 人(사람인변) [획] 2—11 [훈] 다 [음] 첨 [中] ch'ien¹ [英] all [日] セン. みな
[뜻] 다. 모두.
[필순] 𠆢亼合命僉僉
僉君子〔첨군자〕 여러 점잖은 사람.
僉員〔첨원〕 여러분. せんいん
僉位〔첨위〕 여러분. せんい
僉意〔첨의〕 여러 사람의 의견.
僉尊〔첨존〕 여러분의 존칭.
僉座〔첨좌〕 여러분의 앞. せんさい

(2) 亻 部

〖仁〗[부] 亻(사람인변) [획] 2—2 [훈] 어질 [음] 인 [中] jen² [英] humanity [日] ジン. ニン. ニ. なさけ. ひと
[뜻] ①어질. ②친할. ③사람. ④사랑할. ⑤씨.

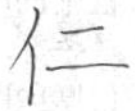

[필순] 亻仁
仁德〔인덕〕 어진 덕. 인자하여 동정심이 많은 덕. じんとく. にん
仁善〔인선〕 어질고 착함.　　　「とく
仁聖〔인성〕 재덕(才德)이 아주 뛰어난 사람. じんせい
仁壽〔인수〕 인덕이 있고 수명이 긺.
仁順〔인순〕 어질고 순함.
仁術〔인술〕 ①인덕을 베푸는 방법. ②의술(醫術). じんじゅつ
仁愛〔인애〕 자애(慈愛). じんあい
仁勇〔인용〕 인자하고 용감함. じん
仁育〔인육〕 사랑하여 기름. 「ゆう
仁義〔인의〕 인(仁)과 의(義). 박애(博愛)와 정의(正義). じんぎ
仁義禮智信〔인의예지신〕 사람의 마음에 선천적으로 갖춘 인(仁)과 의(義)와 예(禮)와 지(智)와 신(信)의 오상(五常). じんぎれいちしん
仁者〔인자〕 ①어진 사람. ②사람으로서의 도(道)를 완전히 갖춘 사람. [동]인인(仁人). じんしゃ
仁慈〔인자〕 인후(仁厚)하고 자애로움. じんじ
仁者無敵〔인자무적〕 어진 사람은 모든 사람이 그를 따르므로 천하에 적(敵)이 없음. じんしゃはてきなし
仁者不憂〔인자불우〕 어진 사람은 안빈낙도(安貧樂道)하므로 마음에 걱정이 없음. じんしゃはうれえず
仁者樂山〔인자요산〕 어진 사람은 모든 일을 도의(道義)에 따라서 하며, 행동이 신중하기가 태산(泰山) 같으므로 산을 좋아함.
仁政〔인정〕 어진 정치. じんせい
仁智〔인지〕 인자스럽고 슬기가 있음. 또 인자한 마음과 슬기.
仁至義盡〔인지의진〕 인의(仁義)의 도(道)를 잘 실천함.
仁賢〔인현〕 ① 인자하고 현명함. ②인자(仁者)와 현자(賢者).
仁兄〔인형〕 친구를 부를 때 쓰는 존칭. じんけい 「じんこう
仁厚〔인후〕 마음이 어질고 무던함.
仁恤〔인휼〕 불쌍히 여겨 인정을 베풂. 「(불인). 至仁(지인).
▷寬仁(관인). 大仁(대인). 不仁

〖代〗 부 亻(사람인변) 획 2—3 훈 대신할 음 대: 中 tai^{4} 英 interchange 日 ダイ. かわる. よ. しろ
뜻 ①대신할. ② 바꿀. ③번갈아들. ④대. ⑤세대. 후계자. ⑥값.
필순 亻 仁 代代

代價〔대가〕 값. 대금. だいか
代講〔대강〕 대신 강의함. 또 그 강의(講義). だいこう 「く
代哭〔대곡〕 대신하여 곡함. だいこ
代金〔대금〕 물건 값. だいきん
代納〔대납〕 ①남을 대신하여 세금을 냄. ②다른 물건으로 대신 바침. だいのう
代代〔대대〕 거듭된 세대. 여러 대. 또 여러 대를 계속하여. だいだい
代代孫孫〔대대손손〕 대를 이은 자손들. 자손들이 대를 이어 감. だいだいそんそん
代讀〔대독〕 축사(祝辭)·식사(式辭) 같은 것을 대신 읽음. だいどく 「리함. 또 그 사람. だいり
代理〔대리〕 남을 대신하여 일을 처
代名詞〔대명사〕 명사(名詞)를 대신하여 쓰는 말. だいめいし
代謝〔대사〕 새 것이 와서 묵은 것을 대신함. 변천함. だいしゃ
代償〔대상〕 ①다른 물건으로 대신 물어 줌. ②남을 대신하여 갚아 줌. だいしょう
代書〔대서〕 남을 대신하여 글씨를 씀. 또 그 글씨. 동대필(代筆). だいしょ
代案〔대안〕 어떤 안에 대신할 안. だいあん 「그것. だいよう
代用〔대용〕 대신(代身)으로 씀. 또
代人〔대인〕 남을 대신함. だいにん 「찍음. だいいん
代印〔대인〕 남을 대신하여 도장을
代作〔대작〕 남을 대신하여 만듦. 또 그 작품. だいさく
代錢〔대전〕 ①물건 대신으로 주는 돈. ②대금(代金).
代替〔대체〕 다른 것으로 바꿈.
代充〔대충〕 딴 것을 대신 채움.
代播〔대파〕 모를 내지 못한 논에 대신 다른 곡식의 씨를 뿌림.
代表〔대표〕 여러 사람을 대신하여 어떠한 사실(事實)에 책임을 지고 나서는 일. 또 그 사람. 예—者(자). だいひょう
代行〔대행〕 대신하여 행함. 동섭행(攝行). だいこう
▷古代(고대). 交代(교대). 近代(근대). 當代(당대). 萬代(만대). 三代(삼대). 上代(상대). 先代(선대). 世代(세대). 時代(시대). 歷代(역대). 年代(연대). 前代(전대). 初代(초대). 後代(후대).

【付】 부 亻(사람인변) 획 2—3 훈 부칠 음 부: 中 fu^{4} 英 give 日 フ. つける. あたえる
뜻 ①부칠. ②줄. ③부탁할.
필순 亻 仁 付付

付送〔부송〕 물건을 부쳐서 보냄.
付與〔부여〕 줌. ふよ 「함. ふたく
付託〔부탁〕 의뢰(依賴)함. 당부
▷交付(교부). 受付(수부). 送付(송부). 下付(하부). 還付(환부).

〖仕〗 부 亻(사람인 변) 획 2—3 훈 벼슬할 음 사: 中 shih^{4} 英 serve 日 シ. つかえる
뜻 ①벼슬할. ② 일할. ③살필. ④배울.
필순 亻 仁 什仕

仕官〔사관〕 관리로 종사함. しかん
仕進〔사진〕 벼슬아치가 규정된 시간에 출근함. ↔사퇴(仕退).
仕退〔사퇴〕 벼슬아치가 정한 시간

에 퇴근함. ↔사진(仕進).
▷給仕(급사). 奉仕(봉사). 出仕(출사).

〖仙〗 부 亻(사람인변) 획 2—3 훈 신선 음 선 中 hsien[1] 英 fairy 日 セン. やまびと
뜻 ①신선. ②훌륭함.
필순 亻 仚 仙 仙 仙

仙家〔선가〕 ①선교(仙教)를 체득(體得)한 사람. ②신선(神仙)이 사는 집. せんか
仙客〔선객〕 ① 신선(神仙). ② 학(鶴)의 이칭(異稱). 동선금(仙禽). ③두견(杜鵑)의 이칭. せんかく
仙境〔선경〕 ① 신선이 사는 곳. ② 속계(俗界)를 떠난 경치가 좋은 곳. せんきょう
仙教〔선교〕 선도(仙道)를 닦는 종교(宗教).
仙女〔선녀〕 여자 신선. 선경(仙境)에 있는 여자(女子). せんにょ
仙女思凡(선녀사범) 선녀가 속계(俗界)를 그리워함.
仙桃〔선도〕 선경에 있는 복숭아.
仙道〔선도〕 신선(神仙)을 배우고자 닦는 도. 「教).
仙佛〔선불〕 선교(仙教)와 불교(佛
仙藥(선약) 항상 복용하면 신선이 된다는 영약(靈藥). 불로불사(不老不死)의 약. せんやく
仙人〔선인〕 인간계(人間界)를 떠나 산중(山中)에 살며 장생불사(長生不死)·신변자재(神變自在)의 술법(術法)을 얻었다고 하는 사람. 동신선(神仙).
仙人掌〔선인장〕 선인장과에 속하는 다년초(多年草). 사보텐. せんにんしょう
仙姿玉質〔선자옥질〕 신선 같은 모습과 옥 같은 바탕이라는 뜻으로, 고상한 미인을 형용하는 말.
仙風道骨〔선풍도골〕 신선의 풍채(風采)와 도인(道人)의 골격(骨格)이라는 뜻으로, 고상한 풍채를 형용하는 말. せんぷうどうこつ 「文)의 비유. せんぴつ
仙筆〔선필〕 청일(清逸)한 시문(詩
仙鶴〔선학〕 학(鶴). 두루미.
仙化〔선화〕 노인(老人)이 병없이 죽음을 이름. せんか
▷大仙(대선). 登仙(등선). 飛仙(비선). 水仙(수선). 昇仙(승선). 詩仙(시선). 酒仙(주선).

「仗」 부 亻(사람인변) 획 2—3 훈 의지할 음 장: 中 chang[4] 英 support 日 ジョウ. よる. つく
뜻 ①의지함. 짚을. ②의장.
필순 亻 仁 仗 仗

仗隊〔장대〕 의장(儀仗)의 대렬(隊列). じょうたい
仗馬〔장마〕 ①의장에 참여한 말. ② 무서워서 감히 말을 못함을 이름. じょうば
仗勢〔장세〕 세력을 믿고 잘난 체함. じょうせい
仗衞〔장위〕 ①신분(身分)을 보호하는 부대. ②의식에 쓰는 무기나 물건을 호위(護衞)하는 일. じょうえい
▷兵仗(병장). 儀仗(의장).

〖他〗 부 亻(사람인변) 획 2—3 훈 다를 음 타 中 t'ou[1], t'a[1] 英 other 日 タ. ほか
뜻 ①다를. ②남. ③딴 생각.
필순 亻 仁 仲 他

他家〔타가〕 남의 집. たけ
他界〔타계〕 ①다른 세계. ②인간계(人間界)를 떠나 다른 세계로 감. 곧 서거(逝去)함. 주로 귀인(貴人)의 죽음을 이름. たかい
他國〔타국〕 다른 나라. たこく
他念〔타념〕 다른 생각. たねん
他道〔타도〕 다른 도(道). たどう
他力〔타력〕 남의 힘. 남의 도움. ↔자력(自力). たりき 「たほう
他方〔타방〕 다른 방면. 다른 쪽.
他事〔타사〕 다른 일. たじ
他山之石〔타산지석〕 다른 산에서 나는 나쁜 돌도 자기의 아름다운 옥(玉)을 가는 데 소용이 된다는 뜻으로, 다른 사람의 하찮은 언행(言行)일지라도 자기의 지덕(智德)을 연마하는 데 도움이 됨. たざんのいし
他殺〔타살〕 남이 죽임. ↔자살(自

殺). たさつ
他說〔타설〕 딴 설(說). (동)이설(異說). たせつ 「(異姓).
他姓〔타성〕 다른 성(姓). (동)이성
他言〔타언〕 다른 말. たげん
他意〔타의〕 ①다른 생각. 딴 마음. ②남의 뜻. ↔자의(自意). たい
他人〔타인〕 다른 사람. たにん
他人之宴〔타인지연〕 남의 잔치.
他日〔타일〕 다른 날. (동)후일(後日). たじつ
他處〔타처〕 다른 곳. 딴 곳.
他出〔타출〕 밖에 나감. (동)외출(外出). たしゅつ 「たきょう
他鄕〔타향〕 고향(故鄕)이 아닌 곳.
▷其他(기타). 排他(배타). 愛他(애타). 利他(이타). 自他(자타).

【件】 [부] 亻(사람인변) [획] 2—4 [훈] 가지 [음] 건 (中) chien[4] (英) article (日) ケン. くだん. くだり
[뜻] ①가지. ②나눌.
[필순] 亻亻'亻⺧亻⺧件
件件〔건건〕 이 일 저 일. 모든 일. (예)事事(사사)—. けんけん
件名〔건명〕 ①일이나 물건의 이름. ②서류의 제목. (예)—簿(부). けんめい 「けんすう
件數〔건수〕 사물(事物)의 가짓수.
▷物件(물건). 事件(사건). 要件(요건). 用件(용건). 人件(인건). 立件(입건). 條件(조건).

【伐】 [부] 亻(사람인변) [획] 2—4 [훈] 칠 [음] 벌 (中) fa[1·2] (英) attack (日) バツ. うつ. きる
[뜻] ①칠. ②벨. ③파헤칠. ④법도 있을(패).
[필순] 亻代伐伐
伐木〔벌목〕 나무를 벰. ばつぼく
伐氷〔벌빙〕 얼음장을 떠냄. ばっぴょう
伐齊爲名〔벌제위명〕 어떤 일을 하는 체하고 속으로는 딴 짓을 함.
伐罪〔벌죄〕 죄를 추궁함. 처벌함.
伐採〔벌채〕 나무를 베어냄. ばっさい
伐草〔벌초〕 산소(山所)의 잡초(雜草)를 베어서 깨끗이 함.
▷攻伐(공벌). 克伐(극벌). 濫伐(남벌). 盜伐(도벌). 殺伐(살벌). 征伐(정벌). 採伐(채벌). 討伐(토벌).

【伏】 [부] 亻(사람인변) [획] 2—4 [훈] 엎드릴 [음] 복 (中) fu[2] (英) lie on one's belly (日) フク. ふせる
[뜻] ①엎드릴. ②숨을. ③굴복할. ④없앨. ⑤새 알 안을(부).
[필순] 亻亻亻⺧伏伏
伏乞〔복걸〕 엎드려 빎.
伏龍〔복룡〕 숨어 있는 재사(才士)나 호걸(豪傑). ふくりゅう
伏流〔복류〕 땅 속으로 스미어 흐르는 물. ふくりゅう
伏魔殿〔복마전〕 ①악마가 숨어 있는 곳. 악마의 소굴(巢窟). ②나쁜 일을 꾸미는 자들이 모여 있는 곳. 화(禍)의 근원지. ふくまでん 「처분을 바람.
伏望〔복망〕 엎드려 바람. 웃어른의
伏慕〔복모〕 어른을 공손히 사모함.
伏拜〔복배〕 엎드려 절함. ふくはい
伏白〔복백〕 엎드려 사룀. 공손히 사룀.
伏兵〔복병〕 적병을 불시에 치기 위하여 요지(要地)에 군사를 숨기어 둠. 또 그 군사. ふくへい
伏暑〔복서〕 삼복(三伏) 더위.
伏線〔복선〕 ①뒷일에 대비하여 미리 남모르게 베푸는 준비. ②소설에서 뒤에 일어날 일을 미리 넌지시 암시하여 두는 기교. ふくせん
伏身〔복신〕 몸을 숨김. ふくしん
伏炎〔복염〕 삼복(三伏) 동안의 더위. (동)경염(庚炎).
伏願〔복원〕 엎드려 바람. 웃어른에게 공손히 바람. 「옵건대.
伏惟〔복유〕 공손히 엎드려 생각하
伏奏〔복주〕 천자(天子)의 앞에서 엎드려 아룀. ふくそう
伏中〔복중〕 초복(初伏)에서 말복(末伏)까지의 사이.
▷屈伏(굴복). 起伏(기복). 埋伏(매복). 拜伏(배복). 三伏(삼복).

潛伏(잠복). 降伏(항복).

[仰] 部 亻(사람인변) 획 2—4 훈 우러를 음 앙: 中 yang³ 英 adore 日 ギョウ. ゴウ. あおぐ

뜻 ①우러를. ②경모할. ③명령할. ④힘입을.

필순 亻 化 仏 仰仰

仰見〔앙견〕 우러러봄. 쳐다봄. 동 앙망(仰望). 앙시(仰視).
仰告〔앙고〕 우러러보고 여쭘.
仰騰〔앙등〕 물건 값이 뛰어 오름. 동등귀(騰貴). ぎょうとう
仰望〔앙망〕 ①우러러 바람. ②우러러봄. 동앙견(仰見). ぎょうぼう
仰望不及〔앙망불급〕 우러러 바라보아도 미치지 못함.
仰慕〔앙모〕 우러러보고 사모(思慕)함. 존경하고 따름. ぎょうぼ
仰不愧於天〔앙불괴어천〕 자신에 잘못이 없다면 하늘에 대하여 조금도 부끄러울 것이 없음. あおいでてんにはじず
仰飛〔앙비〕 위를 향하여 낢.
仰視〔앙시〕 동⇨仰見(앙견).
仰願〔앙원〕 우러러 원함.
仰止〔앙지〕 우러러봄. ぎょうし
仰天〔앙천〕 하늘을 우러름. 위로 향함. ぎょうてん
仰天大笑〔앙천대소〕 하늘을 쳐다보고 크게 웃음.
仰請〔앙청〕 우러러 청함.
仰歎〔앙탄〕 하늘을 우러러 탄식함. ぎょうたん
▷崇仰(숭앙). 信仰(신앙). 推仰(추앙).

[伍] 部 亻(사람인변) 획 2—4 훈 대오 음 오: 中 wu³ 英 rank 日 ゴ

뜻 ①대오. ②다섯. ③섞일. 섞을. ④다섯집.

필순 亻 亻 仁 伍伍伍

伍伴〔오반〕 같은 또래. 친구. ごはん
伍伯〔오백〕 ①다섯 사람의 우두머리. ②선도자(先導者). ③형(刑)을 집행하는 사람. ごはく
伍符〔오부〕 병졸(兵卒) 다섯의 한 패의 부호(符號). ごふ
伍長〔오장〕 ① 주대(周代)의 군졸 다섯의 우두머리. ②송대(宋代)의 다섯 집의 우두머리. ③구일본군(舊日本軍)의 하사관(下士官)의 한 계급. ごちょう
▷軍伍(군오). 落伍(낙오). 隊伍(대오). 行伍(행오).

[伊] 部 亻(사람인변) 획 2—4 훈 저 음 이 中 i¹ 英 this 日 イ. これ. かれ. ただ

뜻 ①저. ②이. ③오직. ④어조사.

필순 亻 仃 伊伊伊

伊時〔이시〕 그 때. 동기시(其時).
伊吾〔이오〕 글 읽는 소리. 또는 시 따위를 읊는 소리. いご
伊尹〔이윤〕 중국 은(殷)나라의 현상(賢相). いいんい
伊伊〔이이〕 벌레 우는 소리. い
伊人〔이인〕 저 사람. いじん

[任] 部 亻(사람인변) 획 2—4 훈 맡길 음 임: 中 jen²·⁴ 英 charge 日 ニン. まかせる

뜻 ①맡길. ②마음대로할. ③짐.

필순 亻 仁 仟 任任

任官〔임관〕 관직(官職)에 임명함. にんかん
任期〔임기〕 임무(任務)를 맡아 보고 있는 일정한 기한. にんき
任免〔임면〕 임관(任官)과 면관(免官). にんめん
任命〔임명〕 관직에 명함. 직무(職務)를 맡김. にんめい
任務〔임무〕 맡은 일. 맡은 사무 또는 업무. 동직무(職務). にんむ
任用〔임용〕 ①직무를 맡겨 씀. ②관리로 등용함. にんよう
任員〔임원〕 단체의 일을 맡아 처리하는 사람. にんいん
任意〔임의〕 마음대로 함. にんい
任重道遠〔임중도원〕 임무가 무겁고 또 이를 수행(遂行)하는 노정(路程)도 멂. にんおもくしてみちとおし
任地〔임지〕 관원(官員)으로서 임무를 행하는 곳. 봉직(奉職)하는 곳. にんち
▷兼任(겸임). 擔任(담임). 放任(방임). 辭任(사임). 選任(선임). 所任(소임). 信任(신임). 委任

(위임). 留任(유임). 離任(이임). 一任(일임). 適任(적임). 專任(전임). 轉任(전임). 重任(중임). 責任(책임). 就任(취임). 退任(퇴임). 解任(해임).

【仲】 부 亻(사람인변) 획 2—4 훈 버금 음 중: 中 chung[4] 英 intermediary 日 チュウ. なか

뜻 ①버금. ②가운데. ②중개할.

필순 亻 仆 仂 仲 仲

仲介〔중개〕 제삼자(第三者)로서 두 당사자(當事者) 사이에서 어떤 일을 주선(周旋)하는 일. 예一業(업). ちゅうかい

仲尼之徒〔중니지도〕 공자(孔子)의 학문을 숭봉(崇奉)하는 사람들. 중니(仲尼)는 공자의 자(字)임. ちゅうじのと

仲冬〔중동〕 음력 11월. ちゅうとう

仲買〔중매〕 되넘기 장사. 동중상(中商). なかがい

仲媒〔중매〕 양가(兩家) 사이에 들어 혼인을 이루게 하는 일.

仲父〔중부〕 아버지의 아우. 동숙부(叔父). ちゅうふ 「름.

仲朔〔중삭〕 음력 2·5·8·11월을 이

仲商〔중상〕 동⇨중추(仲秋).

仲氏〔중씨〕 형제 중의 둘째 사람.

仲子〔중자〕 둘째 아들. 동차남(次男). ちゅうし

仲裁〔중재〕 다툼질의 사이에 들어 화해(和解)시킴. ちゅうさい

仲秋〔중추〕 음력 8월 동중상(仲商). ちゅうしゅう

仲秋節〔중추절〕 추석(秋夕)을 명절로서 일컫는 말. 「ん

仲春〔중춘〕 음력 2월. ちゅうしゅ

仲夏〔중하〕 음력 오월. ちゅうか

仲兄〔중형〕 둘째 형. ちゅうけい

▷伯仲(백중).

〖休〗 부 亻 (사람인변) 획 2—4 훈 쉴 음 휴 中 hsiu[1] 英 rest 日 キユウ. やすむ

뜻 ①쉴. ②그만둘. ③ 좋을.

필순 亻 亻 什 休 休

休暇〔휴가〕 학업(學業) 또는 근무를 일정한 기간 쉬는 일. 또 그 겨를. きゅうか

休刊〔휴간〕 신문·잡지 등의 정기 간행물의 발행을 한때 쉬는 일. きゅうかん 「うこう

休講〔휴강〕 강의(講義)를 쉼. きゅ

休憩〔휴게〕 잠깐 쉼. 동휴식(休息). 예一室(실). きゅうけい

休校〔휴교〕 학교의 공부를 한동안 쉼. きゅうこう

休息〔휴식〕 쉼. 또 쉬게 함. 동휴게(休憩). きゅうそく

休養〔휴양〕 ①심신(心身)을 쉬며 몸을 보양(保養)함. ②조세(租稅)를 경감(輕減)하여 백성의 재력을 넉넉하게 함. きゅうよう

休業〔휴업〕 업(業)을 한동안 쉼. きゅうぎょう

休戰〔휴전〕 전쟁을 중지함. きゅうせん 「うてい

休廷〔휴정〕 재판 도중에 쉼. きゅ

休靜〔휴정〕 서산대사(西山大師).

休止〔휴지〕 ①쉼. 쉬게 함. ② 끝남. 끝나게 함. きゅうし

休紙〔휴지〕 ①못 쓰게 된 종이. ② 허드렛 종이.

休職〔휴직〕 일정한 기간 동안 현직(現職)의 복무(服務)를 쉼. きゅうしょく

休診〔휴진〕 병원에서 한동안 진찰을 하지 아니함. きゅうしん

休風〔휴풍〕 훌륭한 풍습(風習). きゅうふう 「쉼. きゅうがく

休學〔휴학〕 학업(學業)을 한동안

休會〔휴회〕 ①회의 도중에 쉼. 회의체(會議體)가 자의(自意)로 일정 기간 그 활동을 쉼. ↔개회(開會). きゅうかい

▷公休(공휴). 歸休(귀휴). 年中無休(연중무휴).

〖但〗 부 亻 (사람인변) 획 2—5 훈 다만 음 단: 中 tan[4] 英 only 日 タン. ただし

뜻 ①다만. ②부질없을.

필순 亻 亻 们 但 但 但

但書〔단서〕 본문 밖에 단(但)자를 붙여 어떤 조건이나 예외의 뜻을 나타내는 글. ただしがき

但只〔단지〕 다만. 오직.
▷非但(비단).

【伴】 부 亻(사람인변) 획 2—5 훈 짝 음 반: ㊥ pan⁴ ㊕ companion ㊐ ハン. バン. ともなう
뜻 ①짝. ②모실. ③의지할.
필순 亻 仁 伫 伴

伴侶〔반려〕 짝이 되는 동무. はんりょ
伴送〔반송〕 다른 물건에 붙여서 함께 보냄.
伴奏〔반주〕 기악(器樂)이나 성악의 주주부(主奏部)에 맞추어 다른 악기로 보조적으로 연주하는 일. ばんそう
▷同伴(동반). 相伴(상반). 隨伴(수반). 酒伴(주반).

【伯】 부 亻(사람인변) 획 2—5 훈 맏 음 백 ㊥ po², pai³ ㊕ elder; head ㊐ ハク. あに. かしら
뜻 ①맏. ②어른. ③벼슬.
필순 亻 亻′ 亻' 伯 伯 伯

伯樂〔백락〕 ①별 이름. 말을 주관한다 함. ②말을 감별하는 사람.
伯母〔백모〕 ① 부모의 누이. 고모 또는 이모. ②백부의 아내. 큰어머니. はくぼ
伯父〔백부〕 ①큰아버지. ②천자(天子)가 동성(同姓)의 제후(諸侯)를 부르는 존칭. はくふ
伯叔〔백숙〕 ①형과 아우. 형제. ②백부와 숙부. はくしゅく
伯氏〔백씨〕 맏형.
伯爵〔백작〕 오등작(五等爵)의 하나. 후작(侯爵)의 다음, 자작(子爵)의 위. はくしゃく
伯仲〔백중〕 ①맏형과 그 다음. ②서로 비슷하여 우열(優劣)이 없음. はくちゅう
伯仲之間〔백중지간〕 서로 어금지금하여 낫고 못함이 없음. はくちゅうのあいだ
伯仲之勢〔백중지세〕 서로 힘이 팽팽히 맞섬.
伯兄〔백형〕 맏형.
▷道伯(도백). 方伯(방백). 詞伯(사백). 水伯(수백). 詩伯(시백). 州伯(주백). 風伯(풍백). 河伯(하백). 畫伯(화백).

【佛】 부 亻(사람인변) 획 2—5 훈 부처 음 불 ㊥ fo², fu² ㊕ Buddha ㊐ ブツ. フツ. ほとけ
뜻 ①부처. ②도울(필)(弼과 통용). ③ 성할(발)(勃과 통용).
필순 亻 伃 佛 佛

佛家〔불가〕 ①중. 승려. ②절. ぶっか. ぶっけ
佛閣〔불각〕 동⇨불찰(佛刹).
佛經〔불경〕 ①불교의 경전(經典). 동불서(佛書). ②불상과 경전. ぶっきょう
佛供〔불공〕 부처 앞에 올리는 공양(供養). 향화(香花)·등명(燈明)·음식 따위. ぶっく
佛教〔불교〕 서력 기원전 5세기경 인도의 석가모니(釋迦牟尼)가 세운 종교. 동불도(佛道). 불법(佛法). 석교(釋教).
佛具〔불구〕 부처 공양에 쓰는 모든 기구.
佛國〔불국〕 부처의 나라. 동극락정토(極樂淨土). ぶっこく
佛國寺〔불국사〕 경주시(慶州市) 남쪽 토함산(吐含山) 밑에 있는 절. 신라 신문왕(神文王) 11년에 대상(大相) 김 대성(金大城)이 세웠음.
佛壇〔불단〕 부처·위패(位牌) 등을 모신 단. ぶつだん
佛堂〔불당〕 부처를 모신 대청. 동불전(佛殿). ぶつどう
佛徒〔불도〕 불교를 믿는 신도(信徒). ぶっと
佛道〔불도〕 불교.
佛力〔불력〕 부처의 힘. ぶつりょく
佛魔〔불마〕 불타(佛陀)와 악마(惡魔). ぶつま
佛母〔불모〕 석가 여래의 어머니.
佛門〔불문〕 부처의 길. 동석문(釋門). ぶつもん
佛法〔불법〕 ①불교. ②부처의 교법(教法). ぶっぽう
佛舍利〔불사리〕 석가모니의 유골.
佛像〔불상〕 부처의 상. ぶつぞう
佛書〔불서〕 불경(佛經). ぶっしょ
佛說〔불설〕 부처의 가르침.
佛式〔불식〕 ①불교의 의식(儀式). ②불교의 방식(方式). ぶっしき

佛身〔불신〕 부처의 몸. 불교의 이상(理想)을 나타낸 부처의 화신(化身). ぶっしん
佛心〔불심〕 부처의 자비한 마음.
佛眼〔불안〕 불교를 깨달은 사람의 안식(眼識). ぶつがん
佛典〔불전〕 불경(佛經). ぶってん
佛鐘〔불종〕 절에 있는 종. ぶっしょう 「っさつ
佛刹〔불찰〕 절. [동]불각(佛閣). ぶ
佛陀〔불타〕 범어(梵語)의 Buddha의 음역(音譯)으로, 각자(覺者)라 번역함. 부처. [동]석가(釋迦). 부도(浮屠). ぶつだ
佛塔〔불탑〕 ①절의 탑. ②불당(佛堂). ぶっとう 「토. ぶつど
佛土〔불토〕 부처가 머물러 있는 국
佛學〔불학〕 불교에 관한 학문. ぶつがく 「그림. ぶつが
佛畫〔불화〕 불교에 관한 것을 그린
▷金佛(금불). 南無阿彌陀佛(나무아미타불). 大佛(대불). 銅佛(동불). 木佛(목불). 生佛(생불). 石佛(석불). 成佛(성불). 念佛(염불).

【似】 [부] 亻 (사람인변) [획] 2—5 [훈] 같을 [음] 사: [中] shih⁴, ssu⁴ [英] resemble [日] ジ. にる
[뜻] ①같을. 닮을. ②비슷할. ③그럴 듯할. ④이을.
[필순] 亻 亻𠃊 亻𠄌 似似
似續〔사속〕 ①이음. ②대(代)를 이음. 「럴 듯하나 사실은 틀림.
似是而非〔사시이비〕 보기에는 그
似而非〔사이비〕 겉으로 같아 보이나 실제로는 다름. にてひなり
▷近似(근사). 相似(상사). 類似(유사).

【伸】 [부] 亻 (사람인변) [획] 2—5 [훈] 펼 [음] 신 [中] shen¹ [英] extend;spread [日] シン. のびる
[뜻] ①펼. ②기지개켤.
[필순] 亻 亻 仴 伸伸
伸長〔신장〕 길게 번어남. ↔축소(縮小). しんちょう
伸縮〔신축〕 펴짐과 오그라짐. 늘어남과 줄어듦. 또 늘임과 줄임. [예]—性(성). しんしゅく
▷屈伸(굴신).

【位】 [부] 亻 (사람인변) [획] 2—5 [훈] 자리 [음] 위 [中] wei⁴ [英] position [日] イ. くらい
[뜻] ①자리. ②벼슬. ③높이는 말.
[필순] 亻 亻亠 位位
位階〔위계〕 벼슬의 등급(等級). [예]—秩序(질서). いかい
位極人臣〔위극인신〕 신하(臣下)로서 최고의 지위에 오름. くらいじんしんをきわむ
位記〔위기〕 서위(叙位)하는 취지를 쓴 기록. いき
位序〔위서〕 지위(地位). いじょ
位次〔위차〕 자리의 차례. いじ
位置〔위치〕 놓여 있는 자리. いち
位牌〔위패〕 죽은 사람의 계명(戒名)·속명(俗名)을 써서 불단(佛壇)에 안치한 나무패. いはい
▷各位(각위). 高位(고위). 等位(등위). 寶位(보위). 本位(본위). 上位(상위). 神位(신위). 兩位(양위). 爵位(작위). 在位(재위). 諸位(제위). 地位(지위). 職位(직위). 體位(체위). 退位(퇴위). 品位(품위). 下位(하위).

【作】 [부] 亻 (사람인변) [획] 2—5 [훈] 지을 [음] 작 [中] tsuo¹·²·⁴ [英] make [日] サク. サ. つくる
[뜻] ①지을. ②일할. ③일어날. ④만들(주). ⑤ 주저할(저).
[필순] 亻 亻𠂉 亻𠂉 作作
作家〔작가〕 문예 작품(文藝作品)의 저작자. 사장(詞章)을 짓는 사람. さっか
作故〔작고〕 죽음. 「っきょく
作曲〔작곡〕 노래 곡조를 지음. さ
作農〔작농〕 농사를 지음. さくのう
作黨〔작당〕 떼를 지음. さくとう
作圖〔작도〕 ①그림을 그림. 설계도 등을 그림. ②기하학(幾何學)에서 일정한 기구와 방법으로써 어떤 조건에 알맞은 평면 도형을 그림. さくず
作名〔작명〕 이름을 지음. さくめい
作文〔작문〕 글을 지음. 또 지은 글.

さくぶん
作法〔작법〕①글 같은 것을 짓는 법. ②법칙을 만듦. さくほう
作別〔작별〕서로 헤어짐.
作病〔작병〕꾀병. さくびょう
作詞〔작사〕가사를 지음. さくし
作舍道傍〔작사도방〕길가에 집을 짓는다는 뜻으로 의견이 많아서 결정을 짓지 못함을 이름.
作成〔작성〕만듦. 지음. さくせい
作詩〔작시〕시를 지음. さくし
作心〔작심〕마음을 단단히 먹음.
作心三日〔작심삼일〕한 번 결심한 것이 오래 가지 못함.
作業〔작업〕일. さぎょう
作用〔작용〕①동작하는 힘. ②어떠한 물건이 다른 물건에 미치는 영향. 예精神(정신)—. さよう
作爲〔작위〕만듦. 의식적인 의사에 의한 적극적인 행위. さくい
作意〔작의〕①글 같은 것을 지은 뜻. ②무엇을 꾸미려는 마음. さくい
作者〔작자〕①사장(詞章)을 짓는 사람. 저술을 하는 사람. ②공예품을 만드는 사람. ③제도(制度)를 처음으로 제정하는 사람. さくしゃ
作戰〔작전〕싸움을 하는 방법과 계략(計略)을 세움. さくせん
作定〔작정〕일을 결정함.
作破〔작파〕어떤 계획이나 하던 일을 그만 치워버림. 「를 끼침.
作弊〔작폐〕폐단을 만듦. 또는 폐
作品〔작품〕①제작한 물품. ②시·소설·회화·조각 등의 창작품(創作品). さくひん
作況〔작황〕농사짓는 일이 잘 되었는지 못 되었는지의 상황.
▷佳作(가작). 傑作(걸작). 耕作(경작). 工作(공작). 勞作(노작). 農作(농작). 動作(동작). 名作(명작). 新作(신작). 力作(역작). 自作(자작). 著作(저작). 制作(제작). 製作(제작). 造作(조작). 拙作(졸작). 振作(진작). 創作(창작). 處女作(처녀작). 豊作(풍작). 合作(합작). 凶作(흉작).

〔低〕 부 亻(사람인변) 획 2—5 훈 낮을 음 저: 中 ti[1] 英 low 日 テイ. ひくい
뜻 ①낮을. ②숙일.
필순 亻 仾 仾 低 低
低空〔저공〕땅 위에서 가까운 하늘. 예—飛行(비행). ていくう
低級〔저급〕낮은 등급. ていきゅう
低能〔저능〕지능(知能)이 보통 사람보다 낮음. ていのう
低頭〔저두〕①머리를 숙임. ②머리를 숙여 절함. ていとう
低落〔저락〕값이 떨어짐. ていらく
低廉〔저렴〕값이 쌈. ていれん
低利〔저리〕싼 이자(利子). ていり
低迷〔저미〕안개 따위가 낮게 떠돎.
低俗〔저속〕품격이 낮고 속됨. ていぞく 「ねつ
低熱〔저열〕온도가 낮은 열. てい
低溫〔저온〕낮은 온도. ↔고온(高溫). ていおん
低率〔저율〕낮은 비율. ていりつ
低音〔저음〕낮게 내는 소리. てい
▷高低(고저). 最低(최저). 「おん

【佐】 부 亻(사람인변) 획 2—5 훈 도울 음 좌: 中 tsuo[3] 英 assist 日 サ. たすける. すけ
뜻 ①도울. ②버금(자).
필순 亻 仁 仕 佐 佐 佐
佐飯〔자반〕생선을 소금에 절인 반찬. 굴비·갈치·어란(魚卵) 따위의 절인 생선. さはん
佐車〔좌거〕보좌(補佐)하는 수레. 보좌관이 타는 수레. さしゃ
佐理〔좌리〕정치(政治)를 도와 나라를 다스림. さり
佐輔〔좌보〕도와줌. 또 그 사람.
▷補佐(보좌). 賢佐(현좌).

〔住〕 부 亻(사람인변) 획 2—5 훈 머무를 음 주: 中 chu[4] 英 dwell 日 ジュウ. すむ
뜻 ①머무를. ②살.
필순 亻 亻 亻 什 住 住
住居〔주거〕동⇨주택(住宅). じゅうきょ 「ゅうみん
住民〔주민〕그 땅에 사는 백성. じ
住所〔주소〕살고 있는 곳. じゅう

しょ 「じゅうじ
住持〔주지〕 한 절을 주관하는 중.
住宅〔주택〕 사람이 들어 사는 집. 통주거(住居). じゅうたく
▷居住(거주). 常住(상주). 安住(안주). 永住(영주). 移住(이주). 定住(정주).

〔何〕 부 亻(사람인변) 획 2—5 훈 어찌 음 하 中 hê² 英 what 日 カ. なに
뜻 ①어찌. ②무슨. ③무엇. ④누구. ⑤어느.
필순 亻 仃何何何
何故〔하고〕 무슨 까닭.
何關〔하관〕 무슨 상관.
何等〔하등〕 ②얼마만큼. ②아무. 아무런. なんら
何事〔하사〕 어찌된 일. 어떠한 일.
何時〔하시〕 어느때. 언제. いつ
何也〔하야〕 ①무엇 때문이냐. 왜 그러냐. ②무엇 때문이냐 하면. 왜 그러냐 하면. なんぞや 「ん
何若〔하약〕 통⇨하여(何如). いか
何如〔하여〕 ①어떻게. 어찌. ②어떠하냐. 어떤고. 통하약(何若). いかん
何爲〔하위〕 어찌하여. なんすれぞ
何以〔하이〕 ①무엇으로써. ②어찌하여. 왜. なにをもって
何人〔하인〕 어느 사람. なんぴと
何者〔하자〕 어떤 사람. 어떤 것.
何處〔하처〕 어느 곳. いづこ
何必〔하필〕 어찌 반드시. 무슨 필요가 있어서.
▷幾何(기하). 奈何(내하). 誰何(수하). 若何(약하). 如何(여하). 云何(운하).

〔佳〕 부 亻(사람인변) 획 2—6 훈 아름다울 음 가:(가) 中 chia¹ 英 beautiful; good 日 カ. よい
뜻 ①아름다울. ②좋을. ③기릴.
필순 亻 仁 仕 佳佳
佳景〔가경〕 아름다운 경치. かけい
佳境〔가경〕 ①재미있는 곳. 흥미있는 부분. ②맛이 있는 부분. ③경치가 좋은 곳. かきょう
佳句〔가구〕 아름다운 글귀. 훌륭한 글귀. かく
佳妓〔가기〕 아름다운 기생.
佳期〔가기〕 좋은 시절. かき
佳郞〔가랑〕 ①얌전한 신랑. ②얌전한 소년. かろう
佳木〔가목〕 통⇨가수(佳樹). 「배.
佳寶〔가보〕 특별히 가치 있는 보
佳賓〔가빈〕 반가운 손님. かひん
佳樹〔가수〕 좋은 나무. 통가목(佳木).
佳辰〔가신〕 통⇨가일(佳日). かしん 「夜). かや
佳夜〔가야〕 좋은 달밤. 통양야(良
佳約〔가약〕 ① 가인(佳人)과 만날 언약. ② 좋은 언약. ③혼약(婚約). 예百年(백년)—.
佳人〔가인〕 ①미인. 미녀(美女). ②미남(美男). ③사모하는 사람. ④시부(詩賦) 등에서, 신하가 군주를 가리켜서 이름. かじん
佳人薄命〔가인박명〕 미인(美人)은 팔자(八字)가 대개 기박(奇薄)함. かじんはくめい
佳日〔가일〕 좋은 날. 통길일(吉日)·가신(佳辰). かじつ
佳作〔가작〕 잘된 작품. かさく
佳節〔가절〕 좋은 명절(名節). 좋은 때. かせつ 「(佳釀).
佳酒〔가주〕 맛 좋은 술. 통가양
佳篇〔가편〕 훌륭한 시문(詩文). か
佳花〔가화〕 아름다운 꽃. 「へん
佳話〔가화〕 재미있는 이야기. 좋은
佳肴〔가효〕 좋은 안주. 「이야기.
▷絶佳(절가).

【供】 부 亻(사람인변) 획 2—6 훈 받들 음 공: 中 kung¹·⁴ 英 offer 日 キョウ. ク. そなえる. とも 「④갖출.
뜻 ①받들. ②바칠. ③이바지할.
필순 亻 亻 仕 供供供
供給〔공급〕 ①물건을 바쳐 쓰도록 함. ②수요(需要)에 응하여 물품을 제공(提供)함. きょうきゅう
供養〔공양〕 ①부모를 봉양함. ②웃어른에게 음식물을 드림. ③ 부처 또는 죽은 이의 영전(靈前)에 음식을 올림. きょうよう. くよう

供出〔공출〕 국가의 수요(需要)에 의하여 국민이 곡식이나 기물(器物)을 공정 가격(公定價格)에 의하여 의무적으로 정부에 내어 놓는 일. きょうしゅつ
▷口供(구공). 佛供(불공). 提供(제공). 淸供(청공).

〖例〗 부 亻 (사람인변) 획 2—6 훈 법식 음 례: ㊥ li⁴ ㊮ example ㊐ レイ. **たと**えば. ためし
뜻 ①법식. ② 본보기. ③견줄.
필순 亻 仍 伤 伢 例例
例規〔예규〕 ①관례와 규칙. ②관례로 되어 있는 규칙. れいき
例年〔예년〕 ①보통과 다름없는 지나간 해. ②해마다. れいねん
例文〔예문〕 보기(예)로 든 글. ㊌ 문례(文例). れいぶん
例事〔예사〕 보통으로 있는 일.
例示〔예시〕 예를 들어서 보임. れいじ
例外〔예외〕 일반 규칙에 벗어난 일. 「れいがい
例題〔예제〕 ①정례(定例)로 내리는 제사(題辭). ②연습을 위하여 보기로 내는 문제. れいだい
例解〔예해〕 예를 들어 풀이함. れいかい
例話〔예화〕 예를 들어 하는 이야기. れいわ
▷慣例(관례). 舊例(구례). 凡例(범례). 法例(법례). 比例(비례). 事例(사례). 常例(상례). 先例(선례). 實例(실례). 惡例(악례). 用例(용례). 類例(유례). 異例(이례). 一例(일례). 前例(전례). 定例(정례). 條例(조례). 準例(준례). 通例(통례). 特例(특례). 判例(판례).

「併」 부 亻 (사람인변) 획 2—6 훈 아우를 음 병: ㊥ ping³·⁴ pin⁴ ㊮ even ㊐ ヘイ. **なら**ぶ. **あわ**せる
뜻 ①아우를. ②나란할. ③겸할.
필순 亻 亻' 亻'' 併 併 併
併發〔병발〕 동시에 일어남. 겹쳐 발생함. へいはつ
併用〔병용〕 같이 씀. 함께 씀. へいよう
併進〔병진〕 같이 나아감. 나란히 나아감. へいしん
併置〔병치〕 함께 둠. へいち
併合〔병합〕 둘 이상을 합하여 하나로 만듦. 합병(合併)함. へいごう
併行〔병행〕 두 가지 일을 한꺼번에 치름. へいこう
▷兼併(겸병). 合併(합병).

〖使〗 부 亻 (사람인변) 획 2—6 훈 부릴 음 사: ㊥ shih³ ㊮ employ ㊐ シ. **つか**う
뜻 ①부릴. ② 하여금. ③사신. ④심부름꾼. ⑤가령.
필순 亻 仁 佢 使 使
使徒〔사도〕 ①예수가 그 제자 중에서 복음(福音)을 전하게 하였던 열 두 사람. 십 이 제자(十二弟子). ②신성한 사업을 위하여 헌신적으로 힘쓰는 사람. しと
使令〔사령〕 각 관아(官衙)에서 심부름하는 사람. しれい
使命〔사명〕 ① 사자(使者)가 받는 명령. ②자기에게 부하(負荷)된 임무. しめい
使臣〔사신〕 임금의 명령을 받들어 외국 또는 외지(外地)로 가는 신하(臣下). ししん
使役〔사역〕 부리어 일을 시킴. 또 남이 시키는 일을 함. しえき
使用〔사용〕 ①물건(物件)을 씀. ②사람을 부림. しよう
使者〔사자〕 ①사명을 띤 사람. ②심부름을 하는 사람. ししゃ
使節〔사절〕 ①사자(使者)가 가지고 다니는 부신(符信). ②임금 또는 정부의 대표가 되어 외국에 가 있는 사람. しせつ
使丁〔사정〕 심부름하는 남자. 사환. してい
使之聞之〔사지문지〕 자기의 의사(意思)를 사람을 거쳐 간접적으로 남에게 전함.
使喚〔사환〕 잔심부름을 시키기 위하여 관청이나 사인(私人)의 집에서 고용하여 부리는 사람.
▷假使(가사). 公使(공사). 觀察使(관찰사). 驅使(구사). 國使(국

사). 軍使(군사). 急使(급사). 大使(대사). 密使(밀사). 副使(부사). 小使(소사). 巡使(순사). 巡察使(순찰사). 雁使(안사). 節度使(절도사). 正使(정사). 天使(천사). 勅使(칙사). 特使(특사).

【侍】 부 亻 (사람인변) 획 2—6 훈 모실 음 시: ㊥ shih⁴ ㊧ serve ㊐ ジ. はべる. さむらい
뜻 ①모실. ② 봉양할. ③받들.
필순 亻 亻 仕 佳 侍 侍

侍女〔시녀〕 궁녀(宮女). 동⇨시비(侍婢). じじょ
侍郞〔시랑〕 ①진(秦)·한(漢) 때 궁중(宮中)의 수호를 맡은 벼슬. ②당대(唐代)의 중서(中書)·문하(門下)의 두 성(省)의 장관(長官). ③후대(後代)의 육부(六部)의 차관. じろう
侍立〔시립〕 좌우에 모시고 섬. じりつ
侍婢〔시비〕 옆에서 시중드는 계집종. 동시녀(侍女). じひ
侍史〔시사〕 ① 좌우(左右)에 시좌(侍坐)하는 서기(書記). ②좌우에 모시는 속료(屬僚). 비서관(秘書官). ③편지 겉봉에 공경하는 뜻으로 받는 이의 이름 아래에 쓰는 말. じし
侍生〔시생〕 웃어른에게 대한 자기의 겸칭. じせい
侍臣〔시신〕 임금을 가까이 모시는 신하. じしん
侍御〔시어〕 천자(天子)를 모심. 또 그 사람. 동시종(侍從). じぎょ
侍衛〔시위〕 임금을 모시어 호위(護衛)함. 또 그 무관. じえい
侍醫〔시의〕 궁중에서 섬기는 의원(醫員). じい
侍長〔시장〕 주신(主人). じちょう
侍從〔시종〕 임금을 가까이 모심. 또 그 벼슬아치. じじゅう
侍坐〔시좌〕 웃어른을 모시고 앉음.
侍中〔시중〕 ①진(秦)나라 때 궁중의 주사(奏事)를 맡은 벼슬. 위(魏)·진(晋) 이후의 문하성(門下省)의 장관.
侍下〔시하〕 부모 또는 조부모가 생존하여 모시고 있는 사람.
▷近侍(근시). 內侍(내시).

〖依〗 부 亻 (사람인변) 획 2—6 훈 의지할 음 의 ㊥ i¹ ㊧ depend ㊐ イ. エ. よる
뜻 ①의지할. ② 좇을. ③보존할.
필순 亻 亻 仁 佇 佗 依

依據〔의거〕 ①증거(證據)대로 함. 근거로 삼음. ②산이나 물에 의지하여 크게 막아 지킴. いきょ
依舊〔의구〕 옛날과 다름이 없음. いきゅう
依例〔의례〕 전례(前例)에 의함.
依賴〔의뢰〕 남에게 의지(依支)함. 남에게 부탁함. いらい
依法〔의법〕 법(法)에 따름. 예—處斷(처단). いほう
依世〔의세〕 세속(世俗)을 따름.
依勢〔의세〕 세력에 의존(依存)함.
依然〔의연〕 전과 다름이 없는 모양. いぜん
依願〔의원〕 원하는 바에 의함. いがん
依存〔의존〕 의지하고 있음. いぞん
依支〔의지〕 ①남을 의뢰(依賴)함. ②몸을 기댐.
依託〔의탁〕 남에게 의뢰(依賴)함. 의존(依存)함. いたく
▷歸依(귀의). 輔車相依(보거상의). 屬依(속의).

「侈」 부 亻(사람인변) 획 2—6 훈 사치할 음 치: ㊥ chih³ ㊧ luxury ㊐ シ. おごる
뜻 ①사치할. ②오만할. 거만할. ③클. ④많을. ⑤벌릴.
필순 亻 亻 亻 侈 侈 侈

侈傲〔치오〕 태도가 거만함. 또 그 태도. しごう
▷奢侈(사치).

【係】 부 亻 (사람인변) 획 2—7 훈 맬 음 계: ㊥ hsi⁴ ㊧ tie ㊐ ケイ. かかる. かかり
뜻 ①맬. ②이을. ③책임 부서.
필순 亻 亻 亻 亻 俘 係 係 係

係累〔계루〕 ①얽어 맴. 결박(結縛)함. 또 얽매임. ②처자권속(妻子眷屬). けいるい
係員〔계원〕 한 계(係)에 속하는 인원. かかりいん
係長〔계장〕 관청이나 회사의 한 계

(係)의 책임자. かかりちょう
係爭〔계쟁〕 어떤 목적물(目的物)의 권리를 얻기 위한 당사자 사이의 싸움. けいそう
係爭物〔계쟁물〕 당사자(當事者)간의 계쟁(係爭)의 목적물.
▷關係(관계).

「侶」 부 亻(사람인변) 획 2—7 훈 짝 음 려: ㊥ lü³ ㊍ friend ㊐ リョ. とも
뜻 ①짝. ②벗. 벗할. ③동반할.
필순 亻 仲伊伊侶侶
▷同侶(동려). 伴侶(반려). 僧侶(승려).

「侮」 부 亻(사람인변) 획 2—7 훈 업신여길 음 모: ㊥ wu³ ㊍ insult ㊐ ブ. **あなど**る
뜻 ① 업신여길. ②비웃을.
필순 亻 仁仁伍侮侮
侮慢〔모만〕 남을 얕보고 저만 잘난 체함. ぶまん
侮蔑〔모멸〕 업신여기고 얕봄. ぶべつ
侮笑〔모소〕 비웃음. ぶしょう
侮辱〔모욕〕 깔보고 욕되게 함. ぶじょく
▷輕侮(경모). 凌侮(능모). 受侮(수모).

〖保〗 부 亻(사람인변) 획 2—7 훈 보호할 음 보: ㊥ pao³ ㊍ keep ㊐ ホ. **たも**つ
뜻 ①지킬. ② 보호할. ③보증할. ④보전할.
필순 亻 仆仰保保保保
保姦〔보간〕 죄인(罪人)을 숨겨줌. ほかん
保健〔보건〕 건강을 보전(保全)함. ㊎—社會部(사회부). ほけん
保管〔보관〕 물건을 보호하고 관리함. ほかん
保菌〔보균〕 병균을 몸에 지니고 있음. ㊎—者(자). ほきん
保留〔보류〕 일이나 안건(案件)의 결정을 뒤로 미루어서 머물러 둠. ほりゅう
保隣〔보린〕 이웃끼리 서로 도움.
保守〔보수〕 ①보전하여 지킴. ②구습(舊習)을 지킴. ほしゅ
保身〔보신〕 몸을 보전함. ほしん
保身之策〔보신지책〕 몸을 보전하는 계책(計策).
保安〔보안〕 사회의 안녕 질서(安寧秩序)를 보전함. ほあん
保眼〔보안〕 눈을 보호(保護)함.
保養〔보양〕 몸을 건강하게 보전하여 기름. ㊍양생(養生). ほよう
保佑〔보우〕 보호하고 도움. ほゆう
保衞〔보위〕 보호하여 지킴. ほえい
保有〔보유〕 보전(保全)하여 가짐. 지니고 있음. ほゆう
保育〔보육〕 어린아이를 보호하여 기름. ほいく
保人〔보인〕 ①보증하는 사람. ②사람을 보증함.
保障〔보장〕 ①보호하여 위해(危害)가 없도록 함. ②세금을 경감하여 백성을 보호하는 정치. ほしょう
保全〔보전〕 보호하여 안전하게 함. ほぜん
保存〔보존〕 잘 지니어 보전(保全)함. ㊎국보(國寶)—. ほぞん
保重〔보중〕 몸을 아끼어 잘 보전(保全)함. ほちょう
保證〔보증〕 틀림이 없음을 책임짐. ㊎—書(서). ほしょう
保持〔보지〕 보전(保全)하여 유지(維持)함. ほじ
保合〔보합〕 시세(市勢)에 변동(變動)이 없음. もちあい
保護〔보호〕 돌보아 지킴. ほご
▷擔保(담보). 留保(유보). 酒保(주보). 確保(확보).

「俘」 부 亻(사람인변) 획 2—7 훈 사로잡을 음 부 ㊥ fu² ㊍ catch alive ㊐ フ. とりこ
뜻 ①사로잡을. ②포로.
필순 亻 仁仨俘俘俘
俘虜〔부로〕 전쟁에서 적에게 사로잡힌 사람. ㊍부수(俘囚). 포로(捕虜). ふりょ
俘囚〔부수〕 ㊍⇨부로(俘虜)·포로. ふしゅう
俘獲〔부획〕 ㊍⇨부로(俘虜). ふかく

〖俗〗 부 亻(사람인변) 획 2—7 훈 풍속 음 속 ㊥ su² ㊍ ways ㊐ ゾク. **なら**わし
뜻 ①풍속. ②습관. ③속될.
필순 亻 仆仦俗俗俗俗

俗家〔속가〕 ①속인(俗人)의 집. 불교(佛敎)를 믿지 아니하는 사람의 집. ②중이 중 되기 전에 태어난 집. ぞっか
俗見〔속견〕 세속(世俗)의 생각. 속인(俗人)의 식견(識見).
俗界〔속계〕 속인(俗人)의 세계. ↔종교계(宗敎界). ②풍류(風流) 없는 장소. ぞっかい
俗談〔속담〕 ①세속(世俗) 이야기. ②옛적부터 내려오는 민간의 격언(格言). ぞくだん
俗例〔속례〕 세속의 관례(慣例). ぞくれい
俗禮〔속례〕 풍속에서 일어난 예절.
俗流〔속류〕 세속의 속된 무리. 동 속배(俗輩).
俗名〔속명〕 ①중이 되기 전의 이름. ↔법명(法名). ②본명(本名)이나 학명(學名) 외에 통속적으로 부르는 이름. 동속칭(俗稱). ぞくみょう
俗輩〔속배〕 동속류(俗流). ぞくはい
俗說〔속설〕 세간(世間)에 전해 내려오는 설. ぞくせつ
俗世〔속세〕 일반 사회. 속인(俗人)의 세상. ぞくせ
俗習〔속습〕 ①속세의 풍습. ②저급(低級)한 풍습. ぞくしゅう
俗樂〔속악〕 속된 음악. 일반에서 널리 부르는 노래. ぞくがく
俗語〔속어〕 ① 품격(品格)이 낮은 말. 천한 말. ②일상(日常) 쓰이는 말. ↔아어(雅語). ぞくご
俗謠〔속요〕 유행가. 동민요(民謠). ぞくよう
俗音〔속음〕 세상에서 통속적으로 잘못 쓰는 한자(漢字)의 음. ぞくおん
俗人〔속인〕 ①풍류를 이해하지 못하는 속된 사람. ②일반 사람. ③중이 중 아닌 사람을 가리키는 말. ぞくじん
俗字〔속자〕 세상에서 통속적으로 쓰이는 자획(字劃)이 바르지 않은 한자. ↔정자(正字). ぞくじ
俗塵〔속진〕 세상 일의 시끄러움.
俗稱〔속칭〕 세속(世俗)에서 흔히 부르는 이름. 동속명(俗名).
俗化〔속화〕 속되게 변함. ぞっか
俗話〔속화〕 세속(世俗)의 이야기. ぞくわ
▷舊俗(구속). 國俗(국속). 同聲異俗(동성이속). 美俗(미속). 民俗(민속). 凡俗(범속). 卑俗(비속). 世俗(세속). 習俗(습속). 異俗(이속). 土俗(토속). 通俗(통속). 風俗(풍속).

〖信〗 부 亻 (사람인변) 획 2—7 훈 믿을 음 신: 中 hsin⁴ 英 truth; faith 日 シン. まこと
뜻 ①믿을. ② 진실할. ③소식. ④ 도장.
필순 亻 信信信信

信交〔신교〕 신의(信義) 있는 교제.
信男〔신남〕 불교를 믿는 남자.
信女〔신녀〕 불교를 믿는 여자. しんにょ
信念〔신념〕 ①굳게 믿는 마음. ②신앙(信仰)의 마음. しんねん
信徒〔신도〕 종교를 믿는 사람의 무리. しんと
信賴〔신뢰〕 믿고 의뢰함. しんらい
信賴感〔신뢰감〕 믿고 의지하는 마음. しんらいかん
信望〔신망〕 믿고 바람. 믿음과 덕망(德望). しんぼう
信命者亡壽夭〔신명자망수요〕 천명(天命)을 믿는 자는 장수(長壽)하거나 요사(夭死)하거나 조금도 거리끼지 아니함.
信服〔신복〕 믿고 복종함. しんぷく
信奉〔신봉〕 옳은 줄로 믿고 받듦. しんぽう
信憑〔신빙〕 믿어서 증거(證據)나 근거(根據)로 삼음. しんぴょう
信賞必罰〔신상필벌〕 공(功)있는 사람은 반드시 상 주고, 죄 있는 사람은 반드시 벌줌. 곧 상벌(賞罰)을 엄정하게 함. しんしょうひつばつ
信書〔신서〕 편지. しんしょ
信仰〔신앙〕 종교상의 교의(敎義)를 신봉(信奉)하고 귀의(歸依)하는 일. しんこう
信愛〔신애〕 믿고 사랑함. しんあい
信用〔신용〕 ①믿고 씀. 믿고 의심

하지 아니함. 장래(將來)의 일에 대하여 약속을 지킬 것을 믿음. ③인망(人望)이 있음. しんよう 「んぎ
信義〔신의〕 믿음과 의리(義理). し
信認〔신인〕 믿어 의심하지 않음.
信任〔신임〕 ①믿고 일을 맡김. ②벗에게 신의를 지킴. しんにん
信任狀〔신임장〕 국가의 원수(元首)가 특정인을 외교사절로 임명 파견하는 취지를 통고하는 공문서. しんにんじょう 「んじゃ
信者〔신자〕 종교를 믿는 사람. し
信條〔신조〕 ① 신앙(信仰)의 조목(條目). ②꼭 믿는 일. ㉠생활(生活)—. しんじょう
信之無疑〔신지무의〕 꼭 믿고 의심(疑心)하지 아니함.
信託〔신탁〕 신용하여 의탁함. ㉠金錢(금전)—. しんたく
信標〔신표〕 뒷날에 보고 서로 표가 되게 하려고 주고 받는 물건.
信風〔신풍〕 동북풍(東北風).
信號〔신호〕 일정한 부호(符號)나 손짓으로 서로 떨어진 사람끼리 의사를 통하는 일. 또 그 부호.
信厚〔신후〕 신의(信義)가 있고 인품(人品)이 너그러움. しんこう
▷家信(가신). 篤信(독신). 迷信(미신). 發信(발신). 背信(배신). 書信(서신). 受信(수신). 自信(자신). 電信(전신). 忠信(충신). 通信(통신). 確信(확신).

【俄】 부 亻(사람인변) 획 2—7 훈 갑자기 음 아 ㊥ ê²˙⁴
㊋ suddenly ㊐ ガ. にわか
뜻 ①갑자기. ②잠시. 아까. ③아라사. 나라이름.
필순 亻 仁 仟 仟 俄 俄 俄
俄頃〔아경〕 잠깐 동안. 동경각(頃刻). がけい 「관(公使館).
俄館〔아관〕 아라사(俄羅斯)의 공사
俄國〔아국〕 동⇨아라사(俄羅斯).
俄羅斯〔아라사〕 러시아(Russia). 동아국(俄國).
俄然〔아연〕 갑자기. 급히. がぜん

【俊】 부 亻(사람인변) 획 2—7 훈 준걸 음 준: ㊥ chün⁴
㊋ eminent ㊐ シュン. すぐれる. とし
①준걸. ②뛰어날. ③높을. 클.
필순 亻 亻' 亻ᐟ 俨 俨 俊 俊
俊傑〔준걸〕 재주와 슬기가 뛰어난 사람. しゅんけつ
俊骨〔준골〕 뭇사람보다 뛰어나게 생긴 골격(骨格). しゅんこつ
俊邁〔준매〕 동⇨준수(俊秀).
俊童〔준동〕 뛰어나게 슬기로운 소년. しゅんどう
俊秀〔준수〕 재주와 슬기가 뛰어남. 또 그 사람. 동준매(俊邁). しゅんしゅう
俊彦〔준언〕 재주와 슬기가 뛰어난 사람. 언(彦)은 남자의 미칭(美稱). しゅんげん
俊逸〔준일〕 뛰어나게 훌륭함. 또 그러한 사람. しゅんいつ
俊才〔준재〕 뛰어난 재주. 또 그 사람. 동준재(俊材). 영재(英才). しゅんさい
俊材〔준재〕 뛰어난 재주를 가진 사람. 동준재(俊才). しゅんざい
俊哲〔준철〕 준수하고 어짊. 또 그 사람. しゅんてつ 「사람.
俊賢〔준현〕 뛰어나고 어짊. 또 그
▷英俊(영준). 才俊(재준).

【促】 부 亻(사람인변) 획 2—7 훈 재촉할 음 촉 ㊥ ts'u⁴
㊋ urge ㊐ ソク. うながす. せまる
뜻 ①재촉할. ②촉박할. 급할.
필순 亻 亻' 们 伊 伻 伻 促 促
促急〔촉급〕 ①가깝게 닥쳐 몹시 급함. 동촉박(促迫). ②재촉함. 독촉함. そっきゅう 「はく
促迫〔촉박〕 동⇨촉급(促急). そく
促成〔촉성〕 재촉하여 빨리 이루어지게 함. ㉠—栽培(재배). そくせい
促進〔촉진〕 재촉하여 빨리 나아가게 함. そくしん 「(최촉).
▷急促(급촉). 督促(독촉). 催促

【侵】 부 亻(사람인변) 획 2—7 훈 침노할 음 침 ㊥ ch'in¹˙³
㊋ invade ㊐ シン. おかす
뜻 ①침노할. ② 범할. ③차츰.

필순 亻 亻 亻 亻 亻 侵 侵

侵攻〔침공〕침입하여 공격함. 쳐서 빼앗음. しんこう

侵略〔침략〕침범하여 약탈함. 동침략(侵掠). 예—者(자). しんりゃく

侵掠〔침략〕동⇨침략(侵略). しんりゃく

侵陵〔침릉〕남을 침해하여 욕보임.

侵犯〔침범〕남의 국토나 신체·재산·명예 등에 해를 끼침. しんぱん

侵蝕〔침식〕남의 땅을 점점 침범하여 들어감.

侵入〔침입〕침범하여 들어감. 예—軍(군). しんにゅう

侵奪〔침탈〕침범하여 빼앗음. 예—物(물). しんだつ

侵害〔침해〕침범(侵犯)하여 손해를 끼침. しんがい

▷來侵(내침). 大侵(대침). 不可侵(불가침).

〔便〕 부 亻(사람인변) 획 2—7 훈 편할 음 편 中 pien⁴, p'ien²·¹ 英 convenient 日 ベン. ビン. たより

뜻 ①편할. ②소식. ③익힐. ④쪽. ⑤오줌똥(변). ⑥문득(변).

필순 亻 亻 亻 何 何 便 便

便覽〔편람〕잠깐 보아서 얼른 알도록 만든 책. べんらん

便利〔편리〕편하고 쉬움. ↔불편(不便). べんり

便法〔편법〕간편한 방법. べんぽう

便船〔편선〕경편(輕便)한 배. びんせん

便乘〔편승〕①남을 따라 한자리에 탐. ②세태나 남의 세력을 이용하여 자신의 이익(利益)을 거둠. びんじょう

便安〔편안〕①무사(無事)하여 심신(心身)이 편함. ②거북하지 않고 좋음. べんあん

便宜〔편의〕편리하고 마땅함. 형편(形便)이 좋음. べんぎ

便易〔편이〕편하고 쉬움. べんい

便益〔편익〕편리하고 유익(有益)함. べんえき

便紙〔편지〕소식을 알리거나, 용건을 전하는 글. 동서간(書簡).

便器〔변기〕대소변을 받아 내는 그릇. べんき

便祕〔변비〕동⇨변비증(便秘症).

便祕症〔변비증〕대변이 잘 누어지지 않는 병. 동변비(便秘). べんぴしょう

便所〔변소〕뒷간. べんじょ

▷簡便(간편). 輕便(경편). 大便(대변). 方便(방편). 不便(불편). 船便(선편). 小便(소변). 用便(용변). 郵便(우편). 利便(이편). 人便(인편). 車便(차편). 形便(형편).

〔俠〕 부 亻(사람인변) 획 2—7 훈 호협할 음 협 中 hsia² 英 chivalry 日 キョウ. おとこだて

뜻 ①호협할. 의협심 많을. ②낄.

참고 동 挾

필순 亻 亻 亻 亻 佮 俠 俠

俠客〔협객〕의협심(義俠心)이 있는 남자. 동협자(俠者). きょうかく

俠骨〔협골〕호협(豪俠)한 기상(氣像). 동협기(俠氣). きょうこつ

俠氣〔협기〕호협(豪俠)한 기상(氣像). 동의협심(義俠心)·협골(俠骨). きょうき

俠士〔협사〕호협한 기상이 있는 사람.

俠刺〔협자〕좌우에서 찔러 죽임. きょうし

俠者〔협자〕동협객(俠客). きょうしゃ

俠豪〔협호〕의협심이 있는 호걸(豪傑). きょうごう

▷大俠(대협). 勇俠(용협). 義俠(의협). 豪俠(호협).

〔侯〕 부 亻(사람인변) 획 2—7 훈 임금 음 후 中 hou² 英 feudal lord 日 コウ. きみ

뜻 ①임금. 제후. ②벼슬 이름. ③ 어조사.

필순 亻 亻 亻 亻 侯 侯 侯

侯公〔후공〕동제후(諸侯).

侯門〔후문〕귀인(貴人)의 집. こうもん

侯王〔후왕〕한 나라의 임금. こうおう

侯爵〔후작〕오등작(五等爵)의 둘째. 공작(公爵)의 다음이고 백작(伯爵)의 위. こうしゃく

▷君侯(군후). 封侯(봉후). 王侯

(왕후). 諸侯(제후).

【個】 부 亻 (사람인변) 획 2—8 훈 낱 음 개: 中 kê⁴ 英 piece 日 コ. カ. ひとつ
뜻 ①낱. ②어조사.
필순 亻 们俩個個

個個〔개개〕 낱낱. 하나 하나. ここ
個別〔개별〕 하나 하나. 낱낱이 나눔. こべつ
個性〔개성〕 개인(個人)이나 개체(個體)의 타고난 특징. こせい
個人〔개인〕 국가나 사회를 구성하는 낱낱의 사람. 예—主義(주의). こじん 「たい
個體〔개체〕 낱낱의 물체(物體). こ
▷各個(각개). 每個(매개). 別個(별개). 一個(일개).

【俱】 부 亻 (사람인변) 획 2—8 훈 함께 음 구 中 chü¹·⁴ 英 together 日 ク. グ. ともに
뜻 ①함께. ②다.
필순 亻 仴俱俱俱俱

俱樂部〔구락부〕 연구·친목 등 공통(共通)된 목적으로 결합된 사람들의 단체. 또 그 집합소(集合所). クラブ
俱沒〔구몰〕 부모가 모두 별세함.
俱備〔구비〕 골고루 갖춤.
俱全〔구전〕 모두 갖추어 온전함.
俱存〔구존〕 어버이가 모두 살아 계심. 예父母(부모)—. ぐぞん
俱現〔구현〕 내용이 죄다 드러남.

【倦】 부 亻 (사람인변) 획 2—8 훈 지칠 음 권: 中 chüan⁴ 英 lazy 日 ケン. うむ. つかれる
뜻 ①지칠. ②게으를. ③싫증날.
필순 亻 亻' 仢 倈 倦倦

倦怠〔권태〕 싫증이 나서 게을러짐. けんたい 「세. けんたいしょう
倦怠症〔권태증〕 권태를 느끼는 증

【倒】 부 亻 (사람인변) 획 2—8 훈 넘어질 음 도: 中 tao³ 英 knock down 日 トウ. たおれる. さかさま 「스릴.
뜻 ①넘어질. ②거꾸로될. ③거
필순 亻 仠 侄 倒 倒

倒見〔도견〕 거꾸로 보임. とうけん
倒壞〔도괴〕 무너짐. 또 무너뜨림. とうかい 「(逆流). とうりゅう
倒流〔도류〕 거꾸로 흐름. 동역류
倒立〔도립〕 거꾸로 섬.
倒產〔도산〕 ①가산을 탕진하여 모두 내버림. 파산(破產)함. ②해산(解產)할 때에 아이의 발이 먼저 나오는 일. とうさん
倒壓〔도압〕 마마에 탈이 나서 잘 곪지 않는 병증.
倒影〔도영〕 거꾸로 비친 그림자. とうえい 「뒤섞임. とうさく
倒錯〔도착〕 아래 위가 거꾸로 되어
倒置〔도치〕 ①거꾸로 둠. ② 본말(本末)을 뒤바꿈. とうち
倒置文〔도치문〕 글의 순서를 뒤바꾸어 씀. 또 그런 글.
倒置法〔도치법〕 글의 순서를 뒤바꿈으로써 효과를 노리는 문장상의 한 법식. とうちほう
倒婚〔도혼〕 형제 자매(兄弟姉妹) 중에서 나이 적은 자가 먼저 혼인(婚姻)을 함. 동역혼(逆婚).
▷傾倒(경도). 壓倒(압도). 顚倒(전도). 絕倒(절도). 卒倒(졸도). 七轉八倒(칠전팔도). 打倒(타도).

【倫】 부 亻 (사람인변) 획 2—8 훈 인륜 음 륜 中 luen² 英 morals 日 リン. すじみち
뜻 ①인륜. ②윤리. ③도리. ④무리.
필순 亻 仒 伶 倫 倫

倫紀〔윤기〕 윤리(倫理)와 기강(紀綱). りんき
倫理〔윤리〕 인간 사회에서 지켜야 할 도리. 도덕(道德)의 모범이 되는 원리. 동인륜(人倫). りんり
倫序〔윤서〕 차례. 순서. りんじょ
倫次〔윤차〕 신분(身分)의 차례. りんじ
▷大倫(대륜). 不倫(불륜). 五倫(오륜). 人倫(인륜). 天倫(천륜).

【倣】 부 亻 (사람인변) 획 2—8 훈 본뜰 음 방: 中 fang³ 英 imitate 日 ホウ. ならう. より
뜻 ①본뜰. ②의지할.
필순 亻 仁 仿 仿 仿 倣 倣

倣刻〔방각〕 모방하여 새김.
倣古〔방고〕 옛적을 모방함. ほうこ

倣似〔방사〕 비슷함. ほうじ
倣此〔방차〕 이것에 본뜸.
▷模倣(모방).

【倍】 부 亻 (사람인변) 획 2—8 훈 갑절 음 배: 中 pei⁴ 英 double; increase 日 バイ. ます. そむぐ 「어길(패).
뜻 ①갑절. ②곱할. ③더할. ④
필순 亻 仁 仚 倍 倍 倍 倍
倍加〔배가〕 갑절을 더함. ばいか
倍舊〔배구〕 그전보다 갑절이나 더함. ばいきゅう
倍達〔배달〕 상고 시대(上古時代)의 우리 나라의 이름. 「리 민족.
倍達族〔배달족〕 배달 민족. 곧 우
倍騰〔배등〕 물건 값이 갑절이나 오름. ばいとう
倍償〔배상〕 남에게 끼친 손해를 배로 하여 물어줌. ばいしょう
倍數〔배수〕 갑절이 되는 수. ばい
倍增〔배증〕 갑절로 늚. 𠃊すう
▷加一倍(가일배). 萬倍(만배). 百倍(백배). 事半功倍(사반공배). 數倍(수배). 十倍(십배).

「俳」 부 亻 (사람인변) 획 2—8 훈 광대 음 배 中 p'ai² 英 actor; player 日 ハイ. わざおぎ
뜻 ①광대. ②어슷거릴.
필순 亻 仂 仂 伯 俳 俳
俳優〔배우〕 연극(演劇)을 하는 사람. 광대. はいゆう
俳徊〔배회〕 목적 없이 이리저리 거닒. 동배회(徘徊). はいかい

「俸」 부 亻 (사람인변) 획 2—8 훈 녹 음 봉: 中 fêng⁴ 英 salary 日 ホウ. ふち
뜻 녹. 봉급.
필순 亻 仁 伕 侠 俸 俸
俸給〔봉급〕 직무(職務)에 대한 보수(報酬)로서 주는 급료(給料). ほうきゅう
俸祿〔봉록〕 벼슬아치에 주던 봉급. 동봉질(俸秩). ほうろく 「ちつ
俸秩〔봉질〕 동⇨봉록(俸祿). ほう
▷加俸(가봉). 減俸(감봉). 祿俸(녹봉). 薄俸(박봉).

[俯] 부 亻 (사람인변) 획 2—8 훈 구부릴 음 부 中 fu³ 英 curved 日 フ. ふす. うつむく
뜻 ①구부릴. ②머리숙일.
필순 亻 广 广 佇 佇 俯 俯
俯瞰〔부감〕 고개를 숙이고 봄. 내려다봄. 「ふふく
俯伏〔부복〕 고개를 숙이고 엎드림.
俯不怍於人〔부부작어인〕 굽어 남에게 부끄럽지 않음. 곧 양심(良心)에 거리낌이 없음을 이름. 본어(本語)는 부부작어지(俯不怍於地)임.
俯仰不愧天地〔부앙불괴천지〕 굽어보고 우러러보아 천지(天地)에 부끄럽지 않음. 곧 양심(良心)에 거리낌이 없음을 이름. ふぎょうてんちにはじず
俯察仰觀〔부찰앙관〕 아랫사람의 형편을 두루 굽어 살피고, 웃사람을 존경하는 마음으로 우러러봄.

〖修〗 부 亻 (사람인변) 획 2—8 훈 닦을 음 수 中 hsiu¹ 英 cultivate 日 シュウ. シュ. おさめる
뜻 ①닦을. ② 다스릴. ③고칠. ④꾸밀.
필순 亻 亻 亻 亻 𠆢 攸 修 修
修交〔수교〕 나라와 나라 사이에 교제(交際)를 맺음. しゅうこう
修女〔수녀〕 천주교(天主敎)에서 독신(獨身)으로 수도(修道)하는 여자. しゅうじょ
修道〔수도〕 도(道)를 닦음. 예—僧(승). しゅうどう
修羅場〔수라장〕 ①아수라(阿修羅)와 제석(帝釋)이 싸우는 전장(戰場). ②여러 사람이 모여 떠드는 곳. 뒤범벅이 되어 야단이 난 곳. しゅらじょう
修練〔수련〕 학문이나 정신(精神)을 닦아서 단련(鍛鍊)함. 예—修女(수녀). しゅうれん
修了〔수료〕 규정(規程)의 과업을 다 배움. しゅうりょう
修理〔수리〕 허름한 데를 고침. 동수복(修復). しゅうり
修武〔수무〕 무덕(武德)을 닦음. しゅうぶ 「うふく
修復〔수복〕 동⇨수리(修理). しゅ

修士〔수사〕①조행(操行)이 순결한 사람. ②천주교(天主教)에서 독신(獨身)으로 수도(修道)하는 남자. ↔수녀(修女).
修辭〔수사〕말을 다듬어서 뜻을 똑똑하고 아름답고 힘있게 함. しゅうじ
修繕〔수선〕낡거나 허름한 것을 고침. しゅうぜん
修習〔수습〕학업이나 일을 닦고 익힘. [예]—記者(기자). しゅうしゅう
修飾〔수식〕치레를 함. 정돈하여 꾸밈. 장식함. しゅうしょく
修飾語〔수식어〕주어(主語)나 서술어(敍述語) 위에서, 주어나 서술어를 꾸미는 말. しゅうしょくご
修身〔수신〕자신의 심신(心身)을 닦아 수양하는 일. しゅうしん
修身齊家〔수신제가〕몸을 닦고 집안을 바로잡음.
修養〔수양〕품성(品性)과 지덕(智德)을 닦음. しゅうよう
修業〔수업〕학업 또는 예술을 닦음. しゅうぎょう
修人事〔수인수〕①일상(日常)의 예절. ②인사(人事)를 닦음.
修典〔수전〕의식(儀式)을 행함.
修正〔수정〕①수양하여 바르게 함. 수양이 되어 바름. ②바르게 고침. しゅうせい
修築〔수축〕방축 같은 것을 고쳐 쌓음. しゅうちく
修波〔수파〕큰 파도(波濤).
修學〔수학〕학업(學業)을 닦음. 또 그 학업. しゅうがく
修好〔수호〕나라와 나라 사이에 우의(友誼)를 돈독히 함. [예]—條約(조약). しゅうこう
▷監修(감수). 改修(개수). 補修(보수). 編修(편수).

倭 [부] 亻(사람인변) [획] 2—8 [훈] 나라 [음] 왜 [中] wo¹ [英] japan [日] ワ. イ. やまと
[뜻] ①나라. 왜. ②유순할(위).
[필순] 亻仁仟仟仸倭倭倭

倭館〔왜관〕이조(李朝) 때 일본 사람이 우리 나라에 건너와서 통상(通商)하던 곳. 지금의 부산(釜山)에 두었음.
倭寇〔왜구〕옛날에 중국과 우리 나라에 항행(航行)하며 무역(貿易)을 핑계하고 약탈을 행하던 일본 사람들. わこう
倭國〔왜국〕일본을 낮게 일컫는 말.
倭女〔왜녀〕일본 여자.
倭敵〔왜적〕적국(敵國)인 일본.
倭政〔왜정〕일본이 우리 나라를 침략(侵略)하여 다스리던 총독(總督) 정치. 서기 1910년 경술(庚戌) 8월 29일부터 1945년 을유(乙酉) 8월 29일까지의 36년 동안을 이름.
▷北虜南倭(북로남왜).

倚 [부] 亻(사람인변) [획] 2—8 [훈] 의지할 [음] 의: [中] i³ [英] dependence [日] イ. キ. よる
[뜻] ①의지할. ②치우칠. ③기이할(기).
[필순] 亻仁仕件侍侍倚倚

倚老賣老〔의로매로〕손위임을 믿고 남을 얕봄. 젊은이를 억누름.
倚馬才〔의마재〕말에 기대 서서 기다리는 짧은 시간에 만언(萬言)의 문장(文章)을 지을 수 있는 재주. 문장의 천재. いばのさい
倚門而望〔의문이망〕부모가 그 자녀의 돌아오기를 몹시 기다림.
倚子〔의자〕앉을 때에 몸을 편안히 뒤로 기대는 물건. いす
倚草附木〔의초부목〕남만 의지함.

借 [부] 亻(사람인변) [획] 2—8 [훈] 빌 [음] 차: [中] chieh⁴ [英] borrow [日] シャク. シャ. かりる
[뜻] ①빌. ②꿀. ③도울. ④가령.
[필순] 亻仁什件借借借借

借家〔차가〕셋집. しゃっか
借居〔차거〕집을 빌어서 삶.
借金〔차금〕돈을 빎. 꾼돈. 빚. しゃっきん
借問〔차문〕①시험 삼아 물음. ②찾아 물음. しゃくもん
借送〔차송〕빌어서 보냄. 꾸어 보냄.
借用〔차용〕물건이나 돈을 빌거나 꾸어 씀. しゃくよう
借入〔차입〕돈이나 물건을 꾸어 들임. かりいれ

借字〔차자〕 이두(吏讀) 따위와 같은 빌어 쓴 글자. かりじ

借作〔차작〕 ①글을 대신 지음. 또는 그 글. ②남의 손을 빌어 물건을 만듦. 또는 그 물건.

借主〔차주〕 돈이나 물건을 빌어 쓴 사람. かりぬし

借地〔차지〕 토지를 빎. 빈 토지. しゃくち

借筆〔차필〕 글씨를 남에게 대신 쓰게 함. 또 그 글씨.

▷假借(가차). 貸借(대차). 前借(전차).

【值】[부] 亻(사람인변) [획] 2—8 [훈] 값 [음] 치: [中] chih$^{2 \cdot 4}$ [英] value [日] チ. ね. あたい

[뜻] ①값. ②만날. ③해당할. ④기다릴.

[필순] 亻 仁 什 佶 佶 值 值

值遇〔치우〕 우연히 만남. ちぐう

▷價值(가치). 近似值(근사치). 數值(수치). 絶對值(절대치).

【候】[부] 亻(사람인변) [획] 2—8 [훈] 기후 [음] 후: [中] hou^{4} [英] weather [日] コウ. そうろう

[뜻] ①기후. ② 기다릴. ③망볼. ④점칠. ⑤접대할.

[필순] 亻 亻 仁 仁 佇 侯 候

候官〔후관〕 ①[동]⇨후인(候人). ②점을 치는 관인(官人).

候騎〔후기〕 적을 염탐하는 기병(騎兵). [동]척후병(斥候兵). こうき

候兵〔후병〕 적의 형편을 살펴 보는 병사. [동]척후병: こうへい

候補〔후보〕 어떠한 벼슬·직무(職務)·지위(地位)·운동 선수 등에 결원(缺員)이 있을 때에 그 자리에 나아갈 만한 자격(資格)이 있는 사람. こうほ

候人〔후인〕 빈객(賓客)의 송영(送迎)을 맡은 벼슬아치. [동]후관(候官). こうじん

候鳥〔후조〕 계절에 따라서 오고가는 새. 제비·기러기 따위. 철새. こうちょう

▷氣候(기후). 病候(병후). 時候(시후). 節候(절후). 兆候(조후). 存候(존후). 徵候(징후). 天候(천후). 測候(측후).

〖假〗[부] 亻(사람인변) [획] 2—9 [훈] 거짓 [음] 가: [中] chia$^{3 \cdot 4}$ [英] unreal; temporary [日] カ. ケ. かり

[뜻] ①거짓. ②빌. ③가령. ④멀(하). ⑤이를(격).

[필순] 亻 𠂇 𠂈 𠂉 作 作 假 假

假建物〔가건물〕 임시로 지은 건물.

假橋〔가교〕 임시로 놓은 다리.

假量〔가량〕 ①어림. 짐작. ②쯤.

假令〔가령〕 그렇다 치더라도. [동]설사(設使). 설령(設令). 가설(假設). たとい

假面〔가면〕 나무·흙·종이 따위로 만든 얼굴 형상. 탈. かめん

假名〔가명〕 ①남의 이름을 모칭(冒稱)함. 이름을 꾸며댐. 또 꾸며댄 이름. ②실체(實體)가 없는 것에 붙인 명칭. かめい

假縫〔가봉〕 시침바느질. かりぬい

假想〔가상〕 가정적(假定的)으로 생각함. かそう

假想文〔가상문〕 어떤 가정적(假定的)인 생각을 쓴 글. かそうぶん

假設〔가설〕 ① 실제(實際)에 없는 것을 있는 것으로 침. ②[동]⇨가령(假令). かせつ

假說〔가설〕 실험(實驗)에 의하여 확정된 사실(事實)을 설명하기 위하여 설정한 가정적(假定的)인 학설. かせつ

假息〔가식〕 잠시 쉼. かそく

假飾〔가식〕 ①언어·행동을 거짓 꾸밈. ②임시로 장식함. かしょく

假裝〔가장〕 거짓으로 꾸밈. 변장(變裝)함. かそう

假定〔가정〕 사실(事實)이 아니거나 또는 사실인지 사실이 아닌지 분명하지 아니한 것을 사실인 것처럼 임시적으로 인정함. かてい

假借〔가차〕 ①남의 물건이나 힘 같은 것을 임시로 빎. ②용서함. 사정을 보아줌. ③육서(六書)의 하나. 어떤 뜻을 지닌 음을 적는데 적당한 글자가 없을 때 뜻은 다르나 음이 같은 글자를 빌어 쓰는 법. 예컨대 영(令)은 호령

의 뜻인데 빌어서 현령(縣令)의 영(令)으로 쓰는 따위. かしゃ. かしゃく
假稱〔가칭〕 ①가정(假定)으로 일컬음. 또 그 칭호. ②거짓으로 일컬음. 또 그 칭호. かしょう
▷乞假(걸가). 古假(고가). 賜假(사가). 請假(청가).

【健】 부 亻 (사람인변) 획 2—9 훈 굳셀 음 건: 中 chien[4] 英 strong; healthy 日 ケン. **すこやか. つよし. とし**
뜻 ①굳셀. ② 튼튼할. ③잘할.
필순 亻 仁 伊 倢 倢 健 健
健脚〔건각〕 튼튼한 다리. 잘 걷는 다리. けんきゃく
健康〔건강〕 몸에 병이 없고 튼튼함. けんこう
健忘〔건망〕 사물(事物)을 잘 잊어버림. 기억력이 약함. 동선망(善忘). 예—症(증). けんぼう
健飯〔건반〕 음식을 많이 잘 먹음.
健步〔건보〕 잘 걸음. 「しょう
健勝〔건승〕 좋은 건강 상태. けん
健食〔건식〕 음식을 많이 잘 먹음. けんしょく 「じつ
健實〔건실〕 건전하고 착실함. けん
健兒〔건아〕 혈기(血氣)가 왕성한 청년. 건장(健壯)한 사나이. けんじ 「크고 셈. けんそう
健壯〔건장〕 씩씩함. 굳셈. 또 몸이
健在〔건재〕 아무 탈이 없이 잘 있음. けんざい
健全〔건전〕 ①몸이 튼튼하고 병이 없음. ②사람이 건실하고 완전함. けんぜん 「움. けんとう
健鬪〔건투〕 잘 싸움. 씩씩하게 싸
健筆〔건필〕 ①글씨를 잘 씀. ②시문(詩文)을 잘 지음. けんぴつ
▷剛健(강건). 康健(강건). 强健(강건). 保健(보건). 穩健(온건). 壯健(장건).

【偶】 부 亻 (사람인변) 획 2—9 훈 짝 음 우: 中 ou[3] 英 pair 日 グウ. たまたま. **つれあい**
뜻 ①짝. ②우연. ③허수아비.
필순 亻 仴 俁 偶 偶 偶 偶
偶發〔우발〕 우연히 발생함. 또 우연히 발작함. ぐうはつ
偶像〔우상〕 목석(木石)이나 금속(金屬) 등으로 만든 신불(神佛). 또는 사람의 형상(形像). 또 숭배(崇拜)의 대상이 되는 인물(人物). ぐうぞう
偶成〔우성〕 우연히 이루어짐.
偶數〔우수〕 둘로 나누어지는 수(數). 짝수. ぐうすう
偶然〔우연〕 ①뜻밖에 그러함. ②기약(期約)하지 않고 뜻밖에. ぐうぜん 「ぐうじん
偶人〔우인〕 인형(人形). 허수아비.
偶日〔우일〕 짝수의 날. ↔기일(奇日).
偶合〔우합〕 우연히 맞음.
▷奇偶(기우). 對偶(대우). 木偶(목우). 配偶(배우). 不偶(불우). 土偶(토우). 匹偶(필우).

〖偉〗 부 亻 (사람인변) 획 2—9 훈 위대할 음 위(위:) 中 wei[3] 英 great 日 イ. **えらい**
뜻 ①위대할. ②훌륭할. ③뛰어날.
필순 亻 伫 伟 偉 偉 偉 偉
偉擧〔위거〕 ①뛰어난 계획. ②위대한 사업(事業). いきょ
偉功〔위공〕 위대한 공로(功勞). いこう 「광경. いかん
偉觀〔위관〕 훌륭한 경치. 위대한
偉男兒〔위남아〕 동 ⇨위장부(偉丈夫). 「いだい
偉大〔위대〕 국량(局量)이 매우 큼.
偉德〔위덕〕 뛰어나게 훌륭한 덕. 훌륭한 인격(人格). いとく
偉略〔위략〕 훌륭한 꾀. いりゃく
偉名〔위명〕 위대한 이름. いめい
偉業〔위업〕 위대한 사업. 동대업(大業). いぎょう
偉人〔위인〕 위대한 사람. 위대한 일을 한 사람. いじん
偉丈夫〔위장부〕 ①대장부. 큰 인물. ②신체가 장대(壯大)하고 훌륭한 사람. 동위남아(偉男兒). いじょうふ
偉才〔위재〕 뛰어난 재능(才能)이 있는 사람. いさい 「くん
偉勳〔위훈〕 위대한 공훈(功勳). い
▷秀偉(수위). 英偉(영위). 雄偉(웅위). 卓偉(탁위).

[停] 부 亻 (사람인변) 획 2—9 훈 머무를 음 정 ㊥ t'ing² ㊢ stay ㊐ テイ. とどまる
뜻 ①머무를. ②멈출.
필순 亻 仁 佇 佇 停 停 停
停刊〔정간〕 신문(新聞)·잡지 등의 정기(定期) 간행물(刊行物)의 발행을 한때 정지함. ていかん
停車〔정거〕 수레가 머무름. 수레를 머무르게 함. ていしゃ
停車場〔정거장〕 열차(列車)가 한때 머물렀다가 떠나는 곳. ていしゃじょう
停年〔정년〕 연령 제한(年齡制限)에 따라 공직(公職)에서 당연히 물러나게 되는 나이. ていねん
停留〔정류〕 가다가 머무름. 또 머무르게 함. ていりゅう
停留場〔정류장〕 자동차·전차 따위가 정류(停留)하는 일정한 곳. ていりゅうじょう
停泊〔정박〕 ①머무름. 묵음. 숙박함. 배가 항구에서 머무름. ていはく
停電〔정전〕 송전(送電)이 중지됨. ていでん
停戰〔정전〕 전투 행위를 중지함. ㉨—會談(회담). ていせん
停止〔정지〕 ①하던 일을 중도(中途)에서 그침. ②한때 금하여 막음. ていし
停職〔정직〕 관원(官員)에게 무슨 사고가 있을 때 일정한 기간 중 직무를 중지시킴. ていしょく
停滯〔정체〕 머물러 있어 통하지 않음. ㊀지체(遲滯). ていたい
停學〔정학〕 학교에서 학생에게 등교(登校)함을 정지시킴. 또 그 벌. ていがく
▷調停(조정).

[偵] 부 亻 (사람인변) 획 2—9 훈 염탐할 음 정 ㊥ chen¹ ㊢ spy ㊐ テイ. うかがう
뜻 정탐할.
필순 亻 亻 亻 亻 佔 偵 偵 偵
偵察〔정찰〕 적정(敵情)을 몰래 살핌. ていさつ
偵察隊〔정찰대〕 정찰하기 위하여 파견되는 부대(部隊). ていさつたい
偵探〔정탐〕 몰래 형편을 알아봄. ていたん
▷密偵(밀정). 探偵(탐정).

[做] 부 亻(사람인변) 획 2—9 훈 지을 음 주(주ː) ㊥ tsuo⁴ ㊢ make ㊐ サ. なす
뜻 지을.
필순 亻 仁 仿 估 估 做 做
做工〔주공〕 공부나 일을 힘써 함.
做事〔주사〕 일을 함.
做作〔주작〕 없는 사실을 꾸며 만듦.
▷看做(간주).

[側] 부 亻 (사람인변) 획 2—9 훈 곁 음 측 ㊥ chai¹, ts'ê⁴ ㊢ side ㊐ ソク. かわ. かたわら
뜻 ①곁. 옆. ②가까이할. ③기울. 기울일.
필순 亻 亻 亻 但 俱 俱 側 側
側近〔측근〕 곁의 가까운 곳. ㉨—者(자). そっきん
側面〔측면〕 전면(前面)에 대한 좌우(左右)의 면(面). そくめん
側目〔측목〕 ①흘겨봄. ②옆에서 봄. ③똑바로 보지 못함. そくもく
側聞〔측문〕 어렴풋이 들음. 풍문으로 들음. そくぶん
側柏〔측백〕 편백과(扁柏科)에 속하는 상록 침엽 교목(常綠針葉喬木). 측백나무.
側視〔측시〕 모로 봄. 옆으로 봄.
側室〔측실〕 ①곁에 있는 방. 건넌방. ②서자(庶子). ③첩(妾). そくしつ
側言〔측언〕 치우친 말. 편벽된 말.
側臥〔측와〕 모로 누움. そくが
側側〔측측〕 ①슬퍼하는 모양. ②깊이 느끼는 모양.
▷傾側(경측). 反側(반측). 兩側(양측). 扁側(편측).

[偏] 부 亻 (사람인변) 획 2—9 훈 치우칠 음 편 ㊥ p'ien¹ ㊢ lean ㊐ ヘン. かたよる
뜻 ①치우칠. ②가.
필순 亻 亻 仁 仁 作 俏 偏 偏
偏見〔편견〕 한 쪽으로 치우친 생각. へんけん
偏黨〔편당〕 치우침. 한 쪽에 쏠림. へんとう
偏頭痛〔편두통〕 한 쪽 머리가 아

픈 병. ㊐변두병(邊頭痛). へんとうつう 「로 있는 어머니.
偏母〔편모〕 아버지는 돌아가고 홀
偏僻〔편벽〕 한쪽으로 지나치게 기울어짐. へんぺき
偏食〔편식〕 어떠한 음식만을 편벽되게 먹음. へんしょく
偏愛〔편애〕 편벽(偏僻)된 사랑. 치우친 사랑. へんあい
偏言〔편언〕 치우친 말. 또 한 쪽만의 말. 「있음. へんざい
偏在〔편재〕 어느 한 곳에만 치우쳐
偏重〔편중〕 ①한 쪽으로 치우쳐 무거움. ②치우치게 소중(所重)히 여김. へんちょう
偏頗〔편파〕 한 쪽으로 치우쳐서 공정하지 못함. へんぱ
偏狹〔편협〕 마음이 치우치고 좁음.
▷不偏不黨(불편부당).

【傑】 부 亻(사람인변) 획 2—10 훈 뛰어날 음 걸 ㊥ chieh² ㊕ heroic ㊐ ケツ. **すぐれる. たかし**
뜻 뛰어날.
필순 亻 亻' 亻'' 亻''' 亻'''' 傑傑傑
傑氣〔걸기〕 뛰어난 기상(氣像).
傑立〔걸립〕 뛰어나게 우뚝 솟음. けつりつ
傑物〔걸물〕 ①걸출한 인물. ②뛰어난 물건. 훌륭한 물건. ㊐영물(英物). けつぶつ
傑人〔걸인〕 뛰어난 인물. けつじん
傑作〔걸작〕 ①썩 잘 지은 글이나 작품(作品). ②썩 잘된 제작. けっさく
傑出〔걸출〕 썩 뛰어남. けっしゅつ
▷高傑(고걸). 名傑(명걸). 三傑(삼걸). 女傑(여걸). 雄傑(웅걸). 人傑(인걸). 快傑(쾌걸). 豪傑(호걸).

「傀」 부 亻(사람인변) 획 2—10 훈 꼭두각시 음 괴: ㊥ kuei³ ㊕ puppet ㊐ カイ. キ. くぐつ
뜻 ①꼭두각시. ②도깨비. ③괴상할. ④클.
필순 亻 亻' 伊 伊 侣 傀傀
傀奇〔괴기〕 크고 기이(奇異)함.
傀儡〔괴뢰〕 ①허수아비. 꼭두각시. ②마음에 일정(一定)한 주견(主見)이 없이 남의 앞잡이가 되어 이용당하는 사람. かいらい
傀儡師〔괴뢰사〕 꼭두각시를 놀리는 사람. かいらいし 「いぜん
傀然〔괴연〕 거대(巨大)한 모양. か

【傍】 부 亻(사람인변) 획 2—10 훈 곁 음 방: ㊥ p'ang² ㊕ side ㊐ ボウ. かたわら. かた
뜻 ①곁. ② 가까이할. ③붙따를.
필순 亻 亻'' 亻''' 倅 倅 傍傍
傍系〔방계〕 직계(直系)에서 갈려서 나온 계통(系統). ㊐지계(支系). ぼうけい
傍觀〔방관〕 ①곁에서 봄. 옆에서 구경함. ②관계하지 아니함. 내버려둠. ぼうかん 「잘 봄.
傍觀者審〔방관자심〕 제삼자가 더
傍若無人〔방약무인〕 옆에 사람이 없는 것같다는 뜻으로, 언행(言行)이 기탄(忌憚) 없음을 이름. ぼうじゃくぶじん
傍證〔방증〕 간접적인 증거. ぼうしょう
傍點〔방점〕 ①주의를 요하는 글자 곁이나 위에 찍는 점. ②사성점(四聲點). ぼうてん 「ょう
傍聽〔방청〕 옆에서 들음. 곧 회의(會議)·연설(演說)·재판(裁判) 등을 들음. 예—客(객). —席(석). ぼうちょう
▷近傍(근방). 路傍(노방). 道傍(도방). 無傍(무방). 四傍(사방). 兩傍(양방). 作舍道傍(작사도방).

〖備〗 부 亻(사람인변) 획 2—10 훈 갖출 음 비: ㊥ pei⁴ ㊕ prepare ㊐ ビ. **そなえる**
備
뜻 ①갖출. ②준비할.
필순 亻 亻' 亻'' 亻''' 俈 備備備
備考〔비고〕 부기(附記)하여 본문의 설명을 보충(補充)하고 참고로 하게 하는 일. 또 그 기사(記事). びこう
備忘錄〔비망록〕 잊어버리지 않게 적어 두는 책자. びぼうろく
備蓄米〔비축미〕 어려운 고비에 대주기 위하여 미리 마련하여 쌓아 둔 쌀. びちくまい

備置〔비치〕 갖추어서 둠. びち
備品〔비품〕 비치하여 두는 물품.
びひん 「難) 등에 대한 준비.
備荒〔비황〕 흉년(凶年)·재난(災
▷兼備(겸비). 警備(경비). 具備(구비). 軍備(군비). 準備(준비).

【傾】 부 亻(사람인변) 획 2—11
훈 기울어질 음 경 中 ch'ing[1·2] 英 incline 日 ケイ. かたむく
뜻 ①기울. ②위태로울. ③빌.
필순 亻 亻 化 𠈃 佰 傾 傾
傾家〔경가〕 ①가산(家產)을 온통 기울임. ②집안 사람을 모두 모음. けいか
傾國〔경국〕 나라의 형세(形勢)를 기울이어 위태(危殆)롭게 함. 예 一之色(지색). けいこく「いど
傾度〔경도〕 경사(傾斜)의 돗수. け
傾倒〔경도〕①기울어져 넘어짐. 또 기울이어 넘어뜨림. ②안의 물건을 모두 꺼냄. ③마음을 기울이어 그리워함. 감복함. ④술을 많이 마심. けいとう 「けいぼ
傾慕〔경모〕 마음을 기울여 사모함.
傾斜〔경사〕 ①기울어짐. ②지층면(地層面)과 수평면과의 각도. けいしゃ 「ん
傾心〔경심〕 마음을 기울임. けいし
傾危〔경위〕 ①기울이어 위태롭게 함. 또 기울어져 위태로움. ②바르지 못하여 안심할 수 없음.
傾耳〔경이〕 귀를 기울임. 주의하여 들음. 동경청(傾聽). けいじ
傾注〔경주〕 ①기울여 부음. ②강물이 쏜살같이 바다로 흘러 들어감. ③비가 억수같이 옴. ④마음을 한 곳으로 기울임. けいちゅう
傾聽〔경청〕 귀를 기울여 주의하여 들음. 동경이(傾耳). けいちょう
傾向〔경향〕 마음 또는 형세(形勢)가 한쪽으로 쏠림. 동추세(趨勢). けいこう
▷右傾(우경). 左傾(좌경).

【僅】 부 亻(사람인변) 획 2—11
훈 겨우 음 근: 中 chin[3] 英 barely; scarcely 日 キン. わずか
뜻 ①겨우. ②적을.
필순 亻 亻 𠆢 𠈌 僅 僅 僅
僅僅〔근근〕 겨우. きんきん 「감.
僅僅得生〔근근득생〕 간신히 살아
僅少〔근소〕 아주 적음. きんしょう

【傷】 부 亻(사람인변) 획 2—11
훈 다칠 음 상 中 shang[1] 英 injure 日 ショウ. きず
뜻 ①다칠. 상할. ②해칠. ③근심할.
필순 亻 𠆢 作 傷 傷 傷 傷
傷心〔상심〕 마음이 상함. 애태움. しょうしん 「처. しょうい
傷痍〔상이〕 상처를 입음. 또 그 상
傷創〔상창〕 칼날 따위에 다친 상처. 동부상(負傷). 창이(創痍). しょうそう
傷處〔상처〕 다친 곳. 부상한 곳.
傷害〔상해〕 남을 다쳐서 해롭게 함. しょうがい 「ん
傷魂〔상혼〕 마음을 상함. しょうこ
▷感傷(감상). 輕傷(경상). 落傷(낙상). 凍傷(동상). 負傷(부상). 損傷(손상). 中傷(중상). 重傷(중상). 擦傷(찰상). 慘傷(참상). 創傷(창상). 銃傷(총상) 致命傷(치명상). 火傷(화상).

【傲】 부 亻(사람인변) 획 2—11
훈 거만할 음 오:· 中 ao[4] 英 proud; haughty 日 ゴウ. おごる 「솔할.
뜻 ①거만할. ②업신여길. ③경
필순 亻 亻 𠂇 仹 佬 傲 傲 傲
傲骨〔오골〕 교만한 기골(氣骨).
傲慢〔오만〕 거드럭거림. 교만함. ごうまん 「않음의 비유. ごそう
傲霜〔오상〕 모진 서리에도 굽히지
▷驕傲(교오). 放傲(방오). 奢傲(사오).

「傭」 부 亻(사람인변) 획 2—11
훈 품팔이할 음 용 中 yung[1] 英 hire 日 ヨウ. やとう
뜻 품팔이할.
필순 亻 亻 广 庐 傭 傭 傭 傭
傭客〔용객〕 동⇨용인(傭人).
傭工〔용공〕 고용(雇傭)된 일군. ようこう
傭女〔용녀〕 고용살이하는 계집.

傭兵〔용병〕 고용한 군사(軍士). ようへい

傭役〔용역〕 고용하여 부림. 또 고용되어 일을 함. ようえき

傭人〔용인〕 삯을 받고 남의 일을 하는 사람. ㉲고용인(雇傭人). ㉣용객(傭客). ようにん

▷雇傭(고용).

〖傳〗 부 亻(사람인변) 획 2—11 훈 전할 음 전: ㊥ ch'uan^{2} ㊧ hand over ㊐ テン. デン. つたえる

뜻 ①전할. ②옮길. ③역마. ④책.

필순 亻 佰伸俥俥傳傳

傳家之寶〔전가지보〕 조상(祖上) 적부터 대대로 전해 내려오는 보물(寶物). でんかのたから

傳喝〔전갈〕 사람을 시켜서 말을 묻거나 전하는 일.

傳敎〔전교〕 ①가르쳐 전함. ②교법(敎法)을 가르쳐 전함. ③임금의 명령. でんきょう

傳記〔전기〕 ①경서(經書)의 주해(註解)에 관한 기록. ②개인의 일생의 사적(事績)을 적은 기록(記錄). でんき

傳單〔전단〕 선전(宣傳) 광고의 취지를 기재(記載)한 종이쪽. 삐라. でんたん

傳達〔전달〕 전하여 이르게 함. でんたつ

傳道〔전도〕 ①도(道)를 전하여 가르침. 옛날 성현(聖賢)의 교훈(敎訓)을 설명(說明)하여 세상(世上)에 전함. ②옛날부터 전하여 내려오는 도(道). ③종교 특히 기독교를 널리 퍼뜨림. ㉥一師(사). でんどう

傳導〔전도〕 열(熱) 또는 전기(電氣)가 물체의 한 부분으로부터 점차 다른 부분으로 옮아가는 현상. でんどう

傳來〔전래〕 전하여 내려옴. ㉥一童話(동화). でんらい

傳來之物〔전래지물〕 예전부터 전하여 내려오는 물건. でんらいのもの

傳令〔전령〕 ①명령(命令)을 전함. 또 그 명령. ②부대와 부대 사이에 명령을 전하는 일. 또 그 병사(兵士). でんれい

傳聞〔전문〕 전하는 말을 들음. 또 전하는 소문. でんぶん

傳聞不如親見〔전문불여친견〕 전해 들은 것은 실제로 본 것만 같지 못함. でんぶんはしんけんにしかず

傳說〔전설〕 옛날부터 전하여 내려오는 이야기. でんせつ

傳貰〔전세〕 집 주인(主人)에게 일정한 금액(金額)을 맡기고 그 집을 빌었다가 내놓고 나갈 때에 그 돈을 이자(利子) 없이 도로 찾는 가옥(家屋) 대차(貸借)의 계약契約).

傳送〔전송〕 전(傳)하여 보냄. でんそう

傳受〔전수〕 전(傳)하여 받음.

傳授〔전수〕 전하여 줌. でんじゅ

傳習〔전습〕 전수(傳受)하여 익힘. でんしゅう

傳承〔전승〕 계통을 이어 받음. でんしょう

傳言〔전언〕 ④말을 전함. 또 그 말. ②호령을 전함. でんごん

傳染〔전염〕 ①물들임. 또 물듦. ②병독(病毒)같은 것이 남에게 옮음. でんせん

傳注〔전주〕 책의 주석(註釋).

傳旨〔전지〕 상벌(賞罰)에 관한 왕지(王旨)를 받아 전달하는 일.

傳統〔전통〕 ①계통(系統)을 이어받아 전함. 또 전하여 내려오는 계통. ②후세(後世) 사람들이 답습(踏襲)하여 존중하는 과거(過去)의 풍속·습관·도덕·양식(樣式) 등. でんとう

傳播〔전파〕 전하여 널리 퍼뜨림. 또 전하여 널리 퍼짐. ㉣유포(流布). でんぱ. でんぱん

傳票〔전표〕 은행·회사 등에서 금전의 출입(出入)을 적는 작은 쪽지. でんぴょう

▷家傳(가전). 記傳(기전). 史傳(사전). 書傳(서전). 宣傳(선전). 驛傳(역전). 列傳(열전).

〖債〗 부 亻(사람인변) 획 2—11 훈 빚 음 채: ㊥ chai^{4} ㊧ debt ㊐ サイ. かり. かし

뜻 빚.

필순 亻 仁 佳 倩 債 債

債券〔채권〕 국가(國家)·공공 단체(公共團體) 또는 은행(銀行)·회사 등이 자기의 채무(債務)를 증명하여 발행하는 유가 증권(有價證券). さいけん

債權〔채권〕 빚을 준 자가 빚을 얻은 자에 대하여 가지는 권리. 채무의 청산(淸算)을 요구하는 권리. さいけん

債鬼〔채귀〕 너무 졸라대는 빚장이.

債務〔채무〕 남에게 빚을 얻어 쓴 사람의 의무. 곧 빚을 갚아야 할 의무. さいむ 「사람.

債主〔채주〕 남에게 돈을 빌려 준

▷公債(공채). 國債(국채). 負債(부채). 私債(사채). 社債(사채).

【催】 부 亻(사람인변) 획 2—11 훈 재촉할 음 최: 中 ts'uei¹ 英 urge 日 サイ. もよおす

뜻 재촉할.

필순 亻 亻' 亻" 他 併 催

催告〔최고〕 재촉하는 뜻의 통지. さいこく

催淚彈〔최루탄〕 최루제(催淚劑)를 넣어 만든 탄환. さいるいだん

催眠〔최면〕 잠이 오게 함. 예 一術(술). さいみん 「そく

催促〔최촉〕 재촉하고 서두름. さい

▷開催(개최). 主催(주최).

「僑」 부 亻(사람인변) 획 2—12 훈 붙어살 음 교 中 ch'iao² 英 sojourn 日 キョウ. たびずまい 「라에서 살.

뜻 ① 붙어살. 우거할. ②다른나

필순 亻 仁 伕 侨 僑 僑

僑胞〔교포〕 외국에 거주하고 있는 동포(同胞). きょうほう

▷韓僑(한교). 華僑(화교).

「僚」 부 亻(사람인변) 획 2—12 훈 동료 음 료 中 liao² 英 comrade 日 リョウ. ともがら

뜻 동료.

필순 亻 仁 仗 仺 俢 僚 僚

僚黨〔요당〕 같은 일자리에 있는 사람. 동 동료(同僚). りょうとう

僚屬〔요속〕 계급적으로 보아 아래에 딸린 사람들. 동 속관(屬官). りょうぞく 「ゆう

僚友〔요우〕 동 요당(僚黨). りょう

▷官僚(관료). 同僚(동료). 幕僚(막료). 庶僚(서료). 屬僚(속료). 吏僚(이료).

「僕」 부 亻(사람인변) 획 2—12 훈 종 음 복 中 p'u² 英 servant 日 ボク. しもべ

뜻 ①종. ②나. 저. ③마부. ④벼슬이름. ⑤붙을.

필순 亻 亻' 亻" 亻" 僕 僕 僕

僕區〔복구〕 망명자(亡命者)를 감춰줌. ぼくく 「くど

僕奴〔복노〕 종. 동 노복(奴僕). ぼ

僕隸〔복례〕 심부름을 하는 사람. ぼくれい 「부름꾼. ぼくりょ

僕虜〔복로〕 붙잡아다가 부리는 심

僕祿〔복록〕 떼지어 달라붙는 모양.

僕累〔복루〕 떼어버리기 어려운 얽매임. ぼくるい 「모양.

僕僕〔복복〕 번거로운 모양. 귀찮은

僕夫〔복부〕 종. 심부름꾼. ぼくふ

僕婢〔복비〕 사내종과 여자종. 동 노비(奴婢). ぼくひ 「僕). ぼくし

僕使〔복사〕 하인. 종. 동 노복(奴

僕射〔복야〕 벼슬 이름. 중국 진(秦)나라 때는 활 쏘는 것을 맡은 벼슬이며, 당(唐)나라 이후에는 상서성(尙書省)의 장관(長官)임. ぼくや

僕御〔복어〕 말을 다루는 사람. 종. 하인(下人). ぼくぎょ

僕役〔복역〕 노복(奴僕)의 맡은 일. ぼくえき

僕從〔복종〕 종. 심부름꾼. ぼくじゅう 「しょう

僕妾〔복첩〕 동 ⇨ 복비(僕婢). ぼく

▷家僕(가복). 公僕(공복). 奴僕(노복). 老僕(노복). 婢僕(비복). 臣僕(신복).

【像】 부 亻(사람인변) 획 2—12 훈 형상 음 상: 中 hsiang⁴ 英 figure 日 ゾウ. かたち

뜻 형상.

필순 亻 仐 伯 俜 俜 僔 像 像

像本〔상본〕 천주(天主). 천신(天神). 또는 성인(聖人)의 모형.

ぞうほん
像形〔상형〕 어떤 물건의 모양을 본따서 비슷하게 만듦. 또 비슷한 모양. しょうけい
▷銅像(동상). 木像(목상). 想像(상상). 石像(석상). 聖像(성상). 偶像(우상). 彫像(조상).

【僧】 부 亻(사람인변) 획 2—12 훈 중 음 승 ㊥ sāng[1] 英 monk 日 ソウ. ぼうず
뜻 중.
필순 亻 俨 俨 伻 倫 僧 僧 僧
僧伽〔승가〕 중.
僧官〔승관〕 중이 하는 벼슬. そうかん
僧館〔승관〕 사찰(寺刹).
僧軍〔승군〕 중으로 조직한 군사.
僧尼〔승니〕 중과 여승. 비구(比丘)와 비구니(比丘尼). そうに
僧堂〔승당〕 중이 거처하는 집.
僧徒〔승도〕 중. 중의 무리. 동승려(僧侶). そうと 「そうりょ
僧侶〔승려〕 중들. 동승도(僧徒).
僧舞〔승무〕 춤의 한 가지. 고깔 쓰고 장삼을 입고 풍류(風流)에 맞추어 추면서 때때로 법고(法鼓)를 침. 중춤.
僧門〔승문〕 불도(佛道)를 닦는 사람의 사회. 동불문(佛門). そうもん 「ぼう
僧房〔승방〕 절. 사찰(寺刹). そう
僧服〔승복〕 승려의 옷. そうふく
僧籍〔승적〕 중의 호적. 승려의 신분(身分). そうせき
▷高僧(고승). 道僧(도승). 名僧(명승). 凡僧(범승). 佛法僧(불법승). 禪僧(선승). 小僧(소승). 雲水僧(운수승). 破戒僧(파계승). 行脚僧(행각승).

【僞】 부 亻(사람인변) 획 2—12 훈 거짓 음 위: ㊥ wei[4] 英 false 日 ギ. いつわる. にせ
뜻 ①거짓. ②속일. ③가짜.
필순 亻 亻 伫 伫 俜 僞 僞
僞計〔위계〕 속임수의 계략. 동궤계(詭計). ぎけい
僞君子〔위군자〕 군자인 체하는 자. 동위선자(僞善者). ぎくんし
僞名〔위명〕 거짓으로 일컫는 이름 ぎめい 「동위서(僞書). ぎほん
僞本〔위본〕 위조(僞造)한 책(册).
僞史〔위사〕 거짓된 역사. 위조(僞造)의 역사. 정통(正統)이 아닌 역사. ぎし
僞書〔위서〕 ①거짓 편지. ②위조한 문서. 동위본(僞本). ぎしょ
僞善〔위선〕 겉으로만 착한 체함. ぎぜん 「子). ぎぜんしゃ
僞善者〔위선자〕 동⇨위군자(僞君
僞飾〔위식〕 거짓 꾸밈.
僞造〔위조〕 진짜처럼 만들어서 속임. 거짓으로 만듦. ぎぞう
僞證〔위증〕 ①거짓의 증거(證據). ②증인으로서 선서(宣誓)한 뒤에 허위의 진술을 하는 일. ぎしょう 「칭호. ぎしょう
僞稱〔위칭〕 거짓 일컬음. 또 거짓
僞筆〔위필〕 위조한 필적(筆跡). ぎひつ 「(허위).
▷姦僞(간위). 詐僞(사위). 虛僞

【價】 부 亻(사람인변) 획 2—13 훈 값 음 가: ㊥ chia[4] 英 value 日 カ. あたい
뜻 값.
참고 약 価
필순 亻 亻 俨 佂 佂 價 價
價格〔가격〕 값. 동가액(價額). かかく 「がく
價額〔가액〕 값. 동가격(價格). か
價折〔가절〕 값으로 작정함. 값을 깎음. かせつ
價値〔가치〕 ①값. 가격. ②자격(資格). 품위(品位). ③욕망(欲望)에 대한 재화(財貨)의 효용(效用) 정도. かち
▷減價(감가). 高價(고가). 洛陽紙價(낙양지가). 代價(대가). 買價(매가). 物價(물가). 聲價(성가). 市價(시가). 時價(시가). 實價(실가). 廉價(염가). 原價(원가). 定價(정가). 地價(지가). 特價(특가). 評價(평가). 呼價(호가).

【儉】 부 亻(사람인변) 획 2—13 훈 검소할 음 검: ㊥ chien[3] 英 frugal 日 ケン. つずまやか

뜻 검소할.
필순 亻 亼 佮 佮 佮 倫 倫 儉 儉
儉德〔검덕〕 검소한 덕. けんとく
儉朴〔검박〕 검소(儉素)하고 질박(質朴)함. けんぼく
儉素〔검소〕 검약(儉約)하고 질박(質朴)함. 수수함. けんそ
儉約〔검약〕 절약(節約)하여 낭비하지 아니함. けんやく
▷敬儉(경검). 恭儉(공검). 勤儉(근검). 朴儉(박검). 貧儉(빈검). 素儉(소검). 約儉(약검). 力儉(역검).

「僻」 부 亻(사람인변) 획 2—13
훈 궁벽할 음 벽 中 p'i⁴ 英 secluded 日 ヘキ. かたよる
뜻 ①궁벽할. 후미질. ②깊숙할. ③피할(피)(避와 통용). ④성가퀴(피).
필순 亻 伫 伫 伫 佀 僻 僻 僻
僻論〔벽론〕 치우쳐 도리에 맞지 않는 언론(言論). へきろん
僻書〔벽서〕 흔하지 아니한 기이(奇異)한 책. へきしょ 「つ
僻說〔벽설〕 괴벽한 설(說). へきせ
僻姓〔벽성〕 썩 드문 성(姓). 흔하지 않은 성. 「へきゆう
僻邑〔벽읍〕 궁벽(窮僻)한 읍(邑).
僻字〔벽자〕 항용 쓰이지 않는 괴이한 글자. 「한 땅. へきち
僻地〔벽지〕 ①치우쳐 있음. ②궁벽
僻處〔벽처〕 매우 후미지어 으슥한
僻村〔벽촌〕 궁벽한 마을. 　　└곳.

〖億〗 부 亻(사람인변) 획 2—13
훈 억 음 억 中 i⁴ 英 hundred million 日 オク
뜻 ①억. ②많은 수.
필순 亻 亻 亻 伫 偣 偣 億
億萬〔억만〕 아주 많은 수. 예一年(년). おくまん
億兆〔억조〕 ①아주 많은 수(數). ②많은 인민. 백성. おくちょう
億兆蒼生〔억조창생〕 수많은 백성.
▷巨億(거억). 幾億(기억). 累億(누억). 萬億(만억). 兆億(조억). 千億(천억).

【儀】 부 亻(사람인변) 획 2—13
훈 거동 음 의 中 i² 英 manners; rule 日 ギ. のり
뜻 ①거동. ②법. 본보기. ③형상.
필순 亻 伫 佯 佯 佯 儀 儀 儀 儀
儀範〔의범〕 예의 범절의 본보기. ぎはん 「ぎしき
儀式〔의식〕 예식의 법식(法式).
儀容〔의용〕 몸을 가지는 태도. 동 의표(儀表). 용자(容姿). ぎよう
儀仗〔의장〕 의식(儀式)에 쓰는 무기(武器). 또는 의식에 참가하는 호위(護衞). ぎじょう
儀仗兵〔의장병〕 병기(兵器)를 가지고 의식(儀式)에 참렬(參列)하는 군대. ぎじょうへい 「ん
儀典〔의전〕 동⇨의식(儀式). ぎて
儀則〔의칙〕 사람이 지켜야 할 법칙.
儀表〔의표〕 동⇨의용(儀容).
儀訓〔의훈〕 바른 가르침. 좋은 교훈(敎訓). ぎくん
▷公儀(공의). 國儀(국의). 軍儀(군의). 禮儀(예의). 容儀(용의). 葬儀(장의). 典儀(전의). 朝儀(조의). 地球儀(지구의). 祝儀(축의).

【儒】 부 亻(사람인변) 획 2—14
훈 선비 음 유 中 ju² 英 scholar 日 ジュ
뜻 선비.
필순 亻 亻 伫 伫 伫 儒 儒 儒
儒家〔유가〕 유학(儒學)을 닦는 사람. 또 그 학파. じゅか
儒敎〔유교〕 공자(孔子)가 주창한 유학(儒學)을 받드는 교(敎). 사서오경(四書五經)을 경전(經典)으로 함. じゅきょう 「じゅどう
儒道〔유도〕 유교(儒敎)의 도(道).
儒林〔유림〕 유도(儒道)를 닦는 학자들. 동사림(士林). じゅりん
儒生〔유생〕 유도(儒道)를 닦는 사람. 선비. じゅせい
儒書〔유서〕 유가(儒家)에서 쓰는 책. じゅしょ
儒學〔유학〕 유교(儒敎)를 연구하는 학문. 공자의 교(敎)를 닦는 학문. じゅがく
儒賢〔유현〕 유교(儒敎)에 정통하고 행적(行跡)이 바른 사람.
▷犬儒(견유). 老儒(노유). 大儒

(대유). 名儒(명유). 腐儒(부유). 碩儒(석유).

【償】 부 亻(사람인변) 획 2—15 훈 갚을 음 상 中 ch'ang² 英 reward 日 ショウ. つぐなう
뜻 갚을.
필순 亻亻'亻''亻'''亻''''償償償償

償金〔상금〕 ①갚는 돈. ②남의 손해나 빚을 갚아 주는 돈. ③약배상금(賠償金). しょうきん

償債〔상채〕 빚을 갚음. しょうさい

償還〔상환〕 갚아줌. 물어줌. しょうかん

▷代償(대상). 辨償(변상). 報償(보상).

【優】 부 亻(사람인변) 획 2—17 훈 넉넉할 음 우 中 yu¹ 英 excellent; superiority 日 ユウ. まさる
뜻 ①넉넉할. ②나을. 뛰어날. ③부드러울. ④광대.
필순 亻亻'亻''亻'''亻''''優優優優

優待〔우대〕 특별히 잘 대우함. ゆうたい

優等〔우등〕 ①높은 등급(等級). ②성적(成績)이 우수함. ゆうとう

優良〔우량〕 가장 좋음. ゆうりょう

優美〔우미〕 우아하고 아름다움. ゆうび

優先權〔우선권〕 남보다 먼저 행사(行使)할 수 있는 권리.

優勢〔우세〕 남보다 나은 형세(形勢). ゆうせい

優秀〔우수〕 여럿 가운데 가장 빼어남. ゆうしゅう

優勝旗〔우승기〕 우승한 사람이나 단체에게 주는 영예(榮譽)스러운 기(旗). ゆうしょうき

優勝劣敗〔우승열패〕 나은 자는 이기고 못난 자는 짐. 생존 경쟁·자연 도태(自然淘汰)의 현상을 이름. ゆうしょうれっぱい

優雅〔우아〕 점잖고 아담함. ゆうが

優渥〔우악〕 은혜(恩惠)가 넓고 두터움. ゆうあく

優劣〔우열〕 낫고 못함. 우수함과 저열(低劣)함. ゆうれつ

優越〔우월〕 뛰어남. ゆうえつ

優柔〔우유〕 마음이 매우 부드러움. ゆうじゅう

優柔不斷〔우유부단〕 어물어물하고 속히 결단(決斷)하지 아니함. ゆうじゅうふだん

▷男優(남우). 俳優(배우). 聲優(성우). 女優(여우).

(2) 儿 部

〖元〗 부 儿(어진사람인받침) 획 2—2 훈 으뜸 음 원 中 yüan³ 英 first; head 日 ゲン. ガン. もと
뜻 ①으뜸. ②근본. ③우두머리. ④임금. ⑤나라이름. ⑥성.
필순 一二テ元

元金〔원금〕 밑천. 동본전(本錢). ↔이자(利子). がんきん

元氣〔원기〕 ①천상(天上)의 운기(雲氣). ②심신(心身)의 정력(精力). 예—旺盛(왕성). ③만물의 정기(精氣). げんき

元年〔원년〕 ①천자가 즉위(卽位)한 첫 해. ②연호(年號)를 개정(改正)한 첫 해. がんねん

元旦〔원단〕 정월 초하루의 아침. 설날. 동원삭(元朔). 원일(元日). 원조(元朝). がんたん

元來〔원래〕 전부터 본디. がんらい

元老〔원로〕 관위(官位)·덕망(德望)·공로(功勞)가 가장 높은 늙은 신하. げんろう

元利〔원리〕 본전(本錢)과 이자(利子). がんり

元本〔원본〕 ①사물의 근본. ②본전(本錢). 밑천. げんぽん

元朔〔원삭〕 동⇨원단(元旦). 원일(元日). げんさく

元素〔원소〕 두 가지 이상으로 분석할 수 없는 물질. 곧 산소·수소·탄소·규소 따위. げんそ

元帥〔원수〕 전군(全軍)의 총대장(總大將). げんすい

元首〔원수〕 ①천자(天子). ②한 나라의 주권자(主權者). ③첫. 시초(始初). げんしゅ

元數〔원수〕 ① 근본(根本)이 되는 수. ②본디의 수. げんすう

元元〔원원〕 ①근본(根本). ②인민.

백성. 창생(蒼生). げんげん
元月〔원월〕정월의 별칭(別稱). がんげつ
元日〔원일〕정월 초하룻날. (동)원단(元旦). 원삭(元朔). がんじつ
元子〔원자〕천자(天子)의 적자(嫡子). げんし
元祖〔원조〕①시조(始祖). ②어떠한 사물을 처음으로 시작한 사람. げんそ
元朝〔원조〕정월 초하룻날 아침. (동)원단(元旦). がんちょう
元體〔원체〕근본의 형체(形體).
元初〔원초〕처음. げんしょ
元亨利貞〔원형이정〕천도(天道)의 네 가지 덕(德). 원(元)은 봄이니 만물의 시초로 인(仁)이 되고, 형(亨)은 여름이니 만물이 자라 예(禮)가 되고, 이(利)는 가을이니 만물이 이루어 의(義)가 되고, 정(貞)은 겨울이니 만물을 거두어 지(智)가 됨.
元曉〔원효〕신라(新羅) 문무왕(文武王) 때의 명승(名僧). 설총(薛聰)의 아버지. 해동종(海東宗)의 개조(開祖).
元兇〔원흉〕못된 사람의 두목(頭目). 흉한(兇漢)의 우두머리. げんきょう
▷根元(근원). 紀元(기원). 二元(이원). 一元(일원). 壯元(장원). 中元(중원). 次元(차원).

〔允〕[부]儿 (어진사람인받침) [획]2—2 [훈]믿을 [음]윤: [中]yün³ [英]reliable [日]イン. まこと. ゆるす 「④허락할.
[뜻] ①믿을. ②진실로. ③마땅할.
[필순] ㄥ 厶 厽 允
允可〔윤가〕임금의 재가(裁可). (동)윤허(允許). いんか
允玉〔윤옥〕남의 아들의 높임말.
允下〔윤하〕윤가(允可)를 내림.
允許〔윤허〕임금이 허가함. (동)윤가(允可). いんきょ

〔兄〕[부]儿(어진사람인받침) [획]2—3 [훈]맏 [음]형 [中]hsiung¹ [英]elder brother [日]ケイ. キョウ. あに
[뜻] ①맏. ②언니. ③동배의 경칭.
[필순] 丨 口 口 兄
兄亡弟及〔형망제급〕형이 아들이 없이 죽었을 때 아우가 혈통(血統)을 잇는 일.
兄嫂〔형수〕①형과 형의 아내. ②형의 아내. けいそう. あによめ
兄氏〔형씨〕형. 형님.
兄友弟恭〔형우제공〕형은 아우를 사랑하고, 아우는 형을 공경함.
兄子〔형자〕형의 아들. けいし
兄長〔형장〕연장자(年長者). 선배.
兄弟爲手足〔형제위수족〕형제는 수족과 같아서 한번 잃으면 두번 얻을 수 없다는 말.
兄弟姉妹〔형제자매〕①형제와 자매. ②모든 동포(同胞). きょうだいしまい
▷家兄(가형). 貴兄(귀형). 老兄(노형). 大兄(대형). 伯兄(백형). 舍兄(사형). 雅兄(아형). 仁兄(인형). 長兄(장형). 尊兄(존형). 從兄(종형). 學兄(학형).

〔充〕[부]儿(어진사람인받침) [획]2—4 [훈]찰 [음]충 [中]ch'ung¹ [英]be full [日]ジュウ. みちる
[뜻] ①찰. 채울. ②가득할. ③막을. 막힐.
[필순] 一 亠 𠫓 充
充當〔충당〕모자라는 것을 채움. じゅうとう 「채움. じゅうまん
充滿〔충만〕가득하게 참. 또 가득
充腹〔충복〕고픈 배를 채움.
充分〔충분〕모자람이 없음. 넉넉함. じゅうぶん
充實〔충실〕①몸이 굳세어서 튼튼함. ②원만(圓滿)하고 성실함. じゅうじつ
充額〔충액〕정한 액수를 채움.
充慾〔충욕〕욕심(慾心)을 채움. じゅうよく 「う
充用〔충용〕충당하여 씀. じゅうよ
充溢〔충일〕가득 차서 넘침.
充積〔충적〕가득하게 쌓음. 또 가득 쌓임. じゅうせき 「우는 일.
充塡〔충전〕집어 넣어서 막음. 채
充足〔충족〕넉넉하여 모자람이 없

음. じゅうそく
充血〔충혈〕 피가 몸의 어느 한 부분에 몰리어 과도히 많아지는 상태. じゅうけつ
▷補充(보충). 擴充(확충).

〔光〕 부 儿(어진사람인받침) 획 2—4 훈 빛 음 광 中 kuang¹ 英 light 日 コウ. ひかり
뜻 ①빛. ②빛날. ③영화. ④경치.
필순 丨 丬 㐅 业 光 光

光景〔광경〕 ①형편과 모양. ②경치(景致). こうけい
光年〔광년〕 1초 동안에 30만 킬로미터를 가는 빛이 1년 동안 걸리어 가는 거리. こうねん
光度〔광도〕 발광체(發光體)에서 발사하는 빛의 세기. こうど
光力〔광력〕 빛의 강도(强度).
光臨〔광림〕 남의 내방(來訪)의 경칭. こうりん 「명예. こうめい
光名〔광명〕 빛나는 이름. 굉장한
光明〔광명〕 ①빛. ②밝고 환함. 또 밝힘. 환하게 함. こうめい. こうみょう
光明正大〔광명정대〕 언행(言行)이 떳떳하고 정당함. こうめいせいだい 「빛. 동후광(後光).
光背〔광배〕 불상(佛像) 뒤의 둥근
光復〔광복〕 ①구업(舊業)을 회복함. ②잃었던 국권(國權)을 다시 찾음. こうふく
光復節〔광복절〕 우리 나라 국경일의 하나. 서기 1945년 8월 15일에 왜정(倭政)으로부터 해방된 것을 기념하는 날임. 「うせん
光線〔광선〕 빛이 내쏘는 줄기. こ
光榮〔광영〕 영광(榮光). 영예(榮譽). こうえい 「間). こういん
光陰〔광음〕 세월(歲月). 시간(時
光陰如矢〔광음여시〕 세월의 빠르기가 쏜 화살과 같음. 세월의 빠름을 이름. こういんやのごとし
光彩〔광채〕 찬란한 빛. こうさい
光體〔광체〕 빛을 내는 물체(物體). こうたい 「紙(지). こうたく
光澤〔광택〕 번들번들한 빛. 예一
光風霽月〔광풍제월〕 화창한 바람과 비 갠 뒤의 달. ②마음이 상쾌하고 깨끗함의 형용.
光學〔광학〕 빛에 관하여 연구하는 학문. こうがく 「か
光華〔광화〕 동⇨광휘(光輝). こう
光輝〔광휘〕 아름답게 빛나는 빛. 동광화(光華). こうき
▷脚光(각광). 觀光(관광). 國光(국광). 發光(발광). 瑞光(서광). 夜光(야광). 陽光(양광). 餘光(여광). 榮光(영광). 圓光(원광). 月光(월광). 日光(일광). 電光(전광). 朝光(조광). 彩光(채광). 燭光(촉광). 春光(춘광). 螢光(형광). 火光(화광). 後光(후광).

〔先〕 부 儿(어진사람인받침) 획 2—4 훈 먼저 음 선 中 hsien¹·⁴ 英 before;first 日 セン. さき 「아갈.
뜻 ①먼저. ②앞. ③나
필순 ノ ⺧ 𠂇 牛 先 先

先覺〔선각〕 남보다 먼저 깨달음. 또 그 사람. 약선각자(先覺者). せんかく
先見之明〔선견지명〕 앞을 내다보는 밝은 지혜. せんけんのめい
先決〔선결〕 먼저 결정함. 먼저 해결함. せんけつ
先考〔선고〕 돌아간 자기의 아버지. 동선공(先公). 선친(先親). せんこう 「고(先考). 선친(先親).
先公〔선공〕 돌아간 아버지. 동선
先公後私〔선공후사〕 공사(公事)를 먼저 하고 사사(私事)를 뒤에 함.
先驅〔선구〕 행렬의 제일 앞에 섬. 앞에 서서 인도함. 동전구(前驅). せんく
先驅者〔선구자〕 ①행렬의 맨앞에 나가는 사람. ②사상이나 일이 그 시대의 다른 사람보다 앞선 사람. せんくしゃ
先金〔선금〕 값이나 삯에서 전부 또는 한 부분을 먼저 치르는 돈.
先給〔선급〕 값이나 삯을 미리 치러 줌. せんきゅう 「바침. せんのう
先納〔선납〕 기한이 되기 전에 돈을
先農〔선농〕 처음으로 농사(農事)를 가르친 제왕. 신농씨(神農氏).

先達〔선달〕①선배(先輩). ②고승(高僧). ③ 문무과(文武科)에 급제(及第)하고 아직 벼슬하지 아니한 자의 칭호(稱號). せんたつ
先代〔선대〕①이전의 시대. ②조상(祖上). 선조(先祖). ③ 돌아간 아버지. せんだい「함. せんどう
先導〔선도〕앞에 서서 인도(引導)
先頭〔선두〕첫머리. 맨 먼저. ↔후미(後尾). せんとう
先例〔선례〕앞서부터 있는 일. 동 전례(前例). せんれい
先務〔선무〕제일 먼저 하여야 할 일. 예急(급)—. せんむ
先發〔선발〕먼저 출발함. せんぱつ
先輩〔선배〕학덕(學德)이나 관직(官職)이 자기보다 높은 사람. 또는 나이가 자기보다 많은 사람. ↔후배(後輩). せんぱい
先鋒〔선봉〕맨 앞에 서는 군대. せんぽう「칭. せんぷくん
先府君〔선부군〕선고(先考)의 존
先父兄〔선부형〕돌아가신 부형.
先墳〔선분〕조상(祖上)의 무덤.
先山〔선산〕조상의 무덤이 있는 곳. 동선영(先塋).
先生〔선생〕① 스승. ② 자기보다 학식이 많은 사람. ③연장자(年長者). ④존대하는 호칭(呼稱). せんせい「(名聲).
先聲〔선성〕전부터 알리어진 명성
先聲後實〔선성후실〕먼저 말로써 놀라게 하고,실력(實力)은 뒤에 가서 보여 줌. 곧 성세(聲勢)를 떨쳐 적(敵)을 놀라게 하고 나중에 교전(交戰)함을 이름.
先手〔선수〕①남보다 먼저 행함. ②기선(機先)을 제(制)함. せんしゅ「せんやく
先約〔선약〕먼저 맺은 약속(約束).
先烈〔선열〕①절개를 굳게 지켜 국가를 위하여 싸우다가 돌아간 열사(烈士). ②선대(先代)부터 내려온 공훈(功勳). 선대의 여광(餘光). せんれつ「えい
先塋〔선영〕동⇨선산(先山). せん
先王〔선왕〕①선대(先代)의 임금. ②예전의 성군(聖君). せんおう. せんのう
先憂後樂〔선우후락〕다른 사람보다 먼저 걱정하고 다른 사람보다 나중 즐거워함. 훌륭한 이들의 나라를 사랑하는 마음을 이름.
先人〔선인〕①조상. 동선조(先祖). ②돌아간 아버지. 동선고(先考). せんじん
先任〔선임〕먼저 그 임무(任務)를 맡음. 또 그 사람. せんにん
先入觀念〔선입관념〕먼저부터 마음 속에 품고 있던 관념(觀念). せんにゅうかんねん
先帝〔선제〕선대(先代)의 황제(皇帝). せんてい「せんぞ
先祖〔선조〕①시조(始祖). ②조상.
先陣〔선진〕앞서서 나가는 군대(軍隊). 동선봉(先鋒). せんじん
先進〔선진〕①앞서 나아감. ②선배(先輩). ③선각자(先覺者). せんしん「せんちゃく
先着〔선착〕남보다 먼저 도착함.
先唱〔선창〕남에 앞서서 외침. 남보다 먼저 말함. 동수창(首唱). せんしょう
先天〔선천〕①사람이 세상에 나기 전. ②세상에 나올 때부터 이미 갖춤. ↔후천(後天). せんてん
先哲〔선철〕옛날의 현철(賢哲). 동 선현(先賢). せんてつ「んしゅ
先取〔선취〕남보다 먼저 가짐. せ
先親〔선친〕돌아간 아버지. 동선고(先考). 선부(先父).「う
先行〔선행〕앞서 감. 앞섬. せんこ
先賢〔선현〕동⇨선철(先哲). せんけん「(우선).
▷機先(기선). 率先(솔선). 于先

〖兆〗 부 儿(어진사람인받침) 획 2—4 훈 조(억조) 음 조 中 chao4 英 omen; trillion 日 チョウ. きざし
뜻 ①조. 억조. ②많을. ③빌미. 조짐.
필순 ノ丿丬兆兆兆
兆民〔조민〕많은 백성. ちょうみん
兆朕〔조짐〕길흉(吉凶)이 생길 동기가 미리 드러나 보이는 변화 현상. 동전조(前兆). 징후(徵

候). 조후(兆候). 「こう
兆候〔조후〕 ⇨조짐(兆朕). ちょう
▷京兆(경조). 吉兆(길조). 夢兆(몽조). 祥兆(상조). 億兆(억조). 前兆(전조). 徵兆(징조). 凶兆(흉조).

【克】 부 儿(어진사람인받침) 획 2—5 훈 이길 음 극 中 k'o⁴ 英 overcome 日 コク. かつ. よく
뜻 이길.
필순 一十古古古克

克己〔극기〕 자기의 사욕(私慾)을 이성(理性)으로 눌러 이김. 자제(自制)함. こっき
克己復禮〔극기복례〕 제 욕심을 누르고 예의범절을 좇음. 「くふく
克服〔극복〕 이기어 굴복시킴. こ
克復〔극복〕 원상(原狀)으로 복귀(復歸)함. 또 원상대로 복귀시
▷超克(초극). 「킴. こくふく

【免】 부 儿(어진사람인받침) 획 2—5 훈 면할 음 면: 中 mien³ 英 avoid 日 メン. まぬかれる
뜻 ①면할. ② 벗을. 벗어날. ③허락할. ④ 내칠.
필순 ク𠂊𠂊𠂊免免

免減〔면감〕 아주 면하거나 가볍게 해 줌. 「免)함. めんかん
免官〔면관〕 관직(官職)을 해면(解
免無識〔면무식〕 겨우 무식이나 면할 정도의 학식이 있음.
免死〔면사〕 죽음을 면함. めんし
免稅〔면세〕 조세(租稅)를 면제함. めんぜい
免試〔면시〕 시험(試驗)을 면제함.
免役〔면역〕 병역 또는 부역의 의무를 면제함. めんえき
免疫〔면역〕 체내(體內)에 병원균(病原菌)에 대한 저항력(抵抗力)을 배양(培養)하여 전염병에 걸리지 않게 함. めんえき 「함.
免辱〔면욕〕 치욕(恥辱)을 면(免)
免除〔면제〕 책임이나 의무를 면함. めんじょ
免罪〔면죄〕 죄를 면함. めんざい
免職〔면직〕 일자리를 면하거나 물러나게 함. めんしょく
免責〔면책〕 책임(責任)을 면(免)함. めんせき
免脫〔면탈〕 죄를 벗어남. 또 탈세(脫稅)함. めんだつ
免許〔면허〕 특정한 일을 행하는 것을 관청 또는 공인(公人)이 허가하는 일. めんきょ
免禍〔면화〕 나쁜 운수를 면함.
免凶〔면흉〕 흉년(凶年)을 면함.
▷寬免(관면). 放免(방면). 任免(임면). 責免(책면). 罷免(파면). 解免(해면).

【兎】 부 儿(어진사람인받침) 획 2—5 훈 토끼 음 토 中 t'u⁴ 英 rabbit 日 ト. うさぎ
뜻 ①토끼. ② 달의 별칭.
필순 ⺈⺈户户户兎兎

兎糞〔토분〕 토끼의 똥.
兎脣〔토순〕 언청이. としん
兎影〔토영〕 달빛. 동월영(月影). とえい 「兎). とう
兎烏〔토오〕 달과 해. 동오토(烏
兎月〔토월〕 달(月)의 별칭.
兎毫〔토호〕 ①토끼의 잔털. ②붓의 이칭(異稱). 토끼털로 만들므로 일컬음. 「(탈토).
▷玉兎(옥토). 月兎(월토). 脫兎

【兒】 부 儿(어진사람인받침) 획 2—6 훈 아이 음 아 中 êrh²·¹ 英 child 日 ジ. ニ. こ
뜻 ①아이. 아기. ②아들. ③어릴.
참고 약 児
필순 ⺁⺁F日臼臼兒

兒女子〔아녀자〕 ①어린이와 여자. ②여자의 인격을 낮추어 이름.
兒童〔아동〕 아이. 어린이. じどう
兒童走卒〔아동주졸〕 철없는 아이들과 어리석은 사람. 「명(冠名).
兒名〔아명〕 아이 적의 이름. ↔관
兒孫〔아손〕 자식과 손자. 동자손(子孫). じそん 「時).
兒時〔아시〕 어릴 때. 동유시(幼
兒齒〔아치〕 늙은이의 이가 빠지고 다시 난 이. 장수(長壽)의 징조(徵兆)라 함. じし
兒孩〔아해〕 아이. 어린아이.
兒患〔아환〕 ①어린 아이의 병. ②

자기 자식의 병.
兒戲〔아희〕 아이들의 장난. じぎ
▷家兒(가아). 健兒(건아). 孤兒(고아). 麒麟兒(기린아). 男兒(남아). 豚兒(돈아). 小兒(소아). 女兒(여아). 幼兒(유아). 乳兒(유아). 寵兒(총아). 風雲兒(풍운아). 幸運兒(행운아).

(2) 入 部

〖入〗 부 入(들입) 획 2—0 훈 들 음 입 ㊥ ju⁴ ㊈ enter ㊐ ニュウ. ジュ. ニツ. いり. いれる. はいる
뜻 ①들. ②들어갈.
필순 ノ入
入閣〔입각〕 내각(內閣)의 일원(一員)이 됨. にゅうかく
入格〔입격〕 시험(試驗)에 뽑힘.
入庫〔입고〕 물건을 곳집에 넣음. ↔출고(出庫). にゅうこ
入棺〔입관〕 시체(屍體)를 관(棺) 속에 넣음. にゅうかん 「う
入校〔입교〕 입학(入學). にゅうこ
入闕〔입궐〕 대궐(大闕)로 들어감.
入金〔입금〕 ①총액(總額) 중의 일부분을 납부함. ②은행(銀行) 등에 예금(預金) 또는 부채(負債)를 반상하기 위하여 돈을 들여놓음. にゅうきん
入納〔입납〕 편지를 드린다는 뜻으로 봉투에 쓰는 말.「にゅうとう
入唐〔입당〕 당(唐)나라에 들어감.
入黨〔입당〕 정당(政黨)에 가입하여 당원(黨員)이 됨. にゅうとう
入滅〔입멸〕 동⇨입적(入寂).
入墨〔입묵〕 살 속에 먹물을 넣어서 글자나 그림을 새김. いれずみ
入門〔입문〕 ①스승의 집에 들어간다는 뜻으로, 문하생(門下生)이 됨을 이름. ②초학자(初學者)가 공부하기 편한 책. 약입문서(入門書). にゅうもん
入仕〔입사〕 벼슬을 한 뒤에 처음으로 그 벼슬 자리에 나감.
入社〔입사〕 사원(社員)이 됨. ↔퇴사(退社). にゅうしゃ
入山〔입산〕 출가(出家)하여 중이 됨. にゅうざん
入賞〔입상〕 상을 타게 됨. 예—者(자). にゅうしょう 「せん
入選〔입선〕 당선(當選)함. にゅう
入城〔입성〕 성중(城中)으로 들어감. にゅうじょう
入手〔입수〕 수중에 들어옴. 또 넣음. にゅうしゅ 「들어감.
入神〔입신〕 영묘(靈妙)한 지경에
入御〔입어〕 천자(天子)가 궁중에 들어감. にゅうぎょ
入營〔입영〕 군인(軍人)이 되어 영문(營門)에 들어감. にゅうえい
入獄〔입옥〕 ①옥에 갇힘. ②옥에 가둠. ↔출옥(出獄). 「うよく
入浴〔입욕〕 목욕(沐浴)을 함. にゅ
入院〔입원〕 병을 고치기 위하여 병원에 들어가 있으면서 치료를 받음. にゅういん
入寂〔입적〕 중이 죽음. 동입멸(入滅). にゅうじゃく
入籍〔입적〕 ①귀화(歸化)하여 그 국적(國籍)에 편입됨. ② 출생. 또는 가취(嫁娶) 등으로 호적에 올림. にゅうせき
入札〔입찰〕 청부(請負)나 경매(競賣) 따위의 경우에 여러 희망자로 하여금 각자의 예정 가격(豫定價格)을 기록하여 내게 하는 일. にゅうさつ 「いれば
入齒〔입치〕 틀니. 동의치(義齒).
入港〔입항〕 배가 항구에 들어옴. ↔출항(出港). にゅうこう
入會〔입회〕 어떠한 회에 들어가 회원(會員)이 됨. にゅうかい
▷記入(기입). 亂入(난입). 單刀直入(단도직입). 突入(돌입). 沒入(몰입). 四捨五入(사사오입). 挿入(삽입). 歲入(세입). 收入(수입). 轉入(전입). 出入(출입). 侵入(침입). 編入(편입).

〖內〗 부 入(들입) 획 2—2 훈 안 음 내: ㊥ nei⁴ ㊈ inside ㊐ ナイ. ダイ. うち
뜻 ①안. (내·나). ②마음. ③

대궐. ④받을. ⑤몰래. 드러나지 않을.

필순 | 冂內內

內人〔내인·나인〕 궁궐 안에서 대전(大殿)·내전(內殿)을 가까이 모시는 궁인(宮人)을 이름. 동 궁녀(宮女).

內閣〔내각〕 ①정부의 각 장관(長官)으로써 조직된 합의체(合議體)의 관칭. ②옛 규장각(奎章閣)의 별칭. ないかく

內間〔내간〕 부녀자가 거처하는 곳. 아낙. 「ないかん

內艱〔내간〕 어머니의 상사(喪事).

內簡〔내간〕 부녀(婦女)의 편지.

內剛〔내강〕 속마음은 곧고 단단함. 예外柔(외유)—. ないこう

內客〔내객〕 안 손님. ないきゃく

內庫〔내고〕 궁중에 있는 천자(天子)가 쓰는 물품 창고.

內顧〔내고〕 ①뒤돌아봄. ②처자(妻子)를 돌봄. ③생계(生計)를 돌봄. ないこ

內攻〔내공〕 ①병(病)이 체내(體內)에 잠복함. ②정신상의 결함이나 타격이 표면에 나타나지 아니하고 속으로만 퍼짐. ③적(敵)을 내부에서 흩어져 무너지게 함. ないこう

內科〔내과〕 내장(內臟)의 기관에 생기는 병을 다스리는 의술(醫術). ないか

內科醫〔내과의〕 내과에 관한 치료(治療)를 전문으로 하는 의사(醫師). ないかい

內官〔내관〕 ①궁중에서 임금을 가까이 모시는 임무를 맡아 보던 관원. 동내시(內侍). 환관(宦官). ②여관(女官). ないかん

內寇〔내구〕 내부의 도둑. 국내(國內)의 폭동(暴動).

內國〔내국〕 ①나라 안. 국내. ②아국(我國). 본국(本國). ないこく

內規(내규) 한 기관 안에서만 시행(施行)하는 규칙(規則). ないき

內勤〔내근〕 관청·회사·상점 등의 안에서만 일을 봄. ないきん

內難〔내난〕 국내의 난사(難事).

內德〔내덕〕 ①심중(心中)의 덕(德). ②황후(皇后)의 덕. 동곤덕(坤德). ないとく 「諾). ないだく

內諾〔내락〕 내밀히 하는 승낙(承

內亂〔내란〕 나라 안에서 생긴 난리. ないらん

內陸〔내륙〕 바다에서 멀리 떨어져 있는 육지. ないりく

內幕〔내막〕 겉으로 드러나지 아니한 사실. 일의 속내. ないまく

內面〔내면〕 안 쪽. 속 바닥. ないめん 「예—部(부). ないむ

內務〔내무〕 나라 안의 정무(政務).

內密〔내밀〕 감추고 숨긴 속비밀. 동기밀(機密). ないみつ

內變〔내변〕 나라 안에 일어난 변고(變故). ないへん

內病〔내병〕 속병. 동내질(內疾).

內報〔내보〕 내밀히 알리는 보고. ないほう

內服〔내복〕 약을 먹음. ないふく

內紛〔내분〕 집안이나 나라 안의 다툼. 동내홍(內訌). ないふん

內賓〔내빈〕 안 손님.

內査〔내사〕 비밀히 조사함. ないさ

內相〔내상〕 ①한림학사(翰林學士)의 미칭(美稱). ②아내가 살림을 잘함. 또 그 아내. ③약내무 대신(內務大臣). ないしょう

內喪〔내상〕 부녀자의 초상.

內傷〔내상〕 몸이 쇠약하여 몸안에 생긴 병. ないしょう

內疎外親〔내소외친〕 마음 속으로는 멀리 하나, 겉으로는 친한 체함.

內侍〔내시〕 ①궁중(宮中)에서 섬기는 환관(宦官). 동내관(內官). ②궁중에서 섬기는 여관(女官). ないし

內申〔내신〕 내밀히 상신(上申)함.

內室〔내실〕 ①안방. ②처. 아내. 또 남의 아내의 경칭(敬稱). ないしつ

內實〔내실〕 ①안에 참. 또 그것. 속. ②처자와 재물. ③내막의 사실. ないじつ 「約). ないやく

內約〔내약〕 내밀히 하는 언약(言

內外〔내외〕 ①안팎. ②내국(內國)

과 외국(外國). 국내와 국외. ないがい 「안의 분쟁. ないゆう
內憂〔내우〕 나라 안의 근심. 나라
內憂外患〔내우외환〕 나라 안의 근심과 나라 밖의 근심. 내란과 외구(外寇). ないゆうがいかん
內柔外剛〔내유외강〕 내심은 유약(柔弱)하나, 외모는 강강(剛强)하게 보임. ないじゅうがいこう
內應〔내응〕 몰래 도와 줌. ないおう
內意〔내의〕 ①속 뜻. 마음 속의 의사. ②비밀의 의향. ないい
內子〔내자〕 ①경대부(卿大夫)의 아내. ②남에게 대하여 자기의 아내를 이름. ないし
內資〔내자〕 ①국내(國內)의 자본금. ②나라에서 마련한 자본금. ↔외자(外資). ないし
內藏〔내장〕 ① 심중(心中)에 감춰 둠. ②내고(內庫). ③내장(內臟). ないぞう
內臟〔내장〕 고등 척추동물(脊椎動物)의 가슴 속과 뱃속에 있는 기관(器官). 호흡기·소화기·비뇨 생식기(泌尿生殖器) 따위. ないぞう
內在〔내재〕 어떤 사물이나 성질이 다른 것 속에 포함되어 있음. ないざい
內殿〔내전〕 ①왕비의 존칭. ②대궐 안 깊숙히 있는 궁전. ないでん
內廷〔내정〕 궁정(宮廷)의 내부. ないてい 「ないせい
內政〔내정〕 국내 정치(國內政治).
內庭〔내정〕 안뜰. ないてい
內情〔내정〕 속의 형편. ないじょう
內助〔내조〕 아내가 남편을 도움. ないじょ
內疾〔내질〕 동⇨내병(內病).
內淸外濁〔내청외탁〕 속은 맑고 겉은 흐림. 난세(亂世)에 명철보신(明哲保身)하는 방법의 하나.
內治〔내치〕 나라 안의 정치(政治). ないち
內親〔내친〕 ① 아내의 친척. 동처족(妻族). ②심중(心中)에 친하게 여김. ないしん 「ないたん
內探〔내탐〕 내밀히 더듬어 알아봄.
內包〔내포〕 ①식용하는 짐승의 내장. ②논리학에서 개념이 포함하고 있는 성질. ないほう
內海〔내해〕 사방이 육지(陸地)로 둘러싸이고 한 쪽만 좁은 해협(海峽)에 따라 외양(外洋)으로 통하는 바다. ないかい
內虛〔내허〕 속이 빔.
內訌〔내홍〕 동 ⇨내분(內紛). ないこう 「②아내의 병.
內患〔내환〕 ①국내의 환란(患亂).
內凶〔내흉〕 마음이 검고 흉(凶)함.
▷家內(가내). 境內(경내). 管內(관내). 校內(교내). 區內(구내). 構內(구내). 國內(국내). 圈內(권내). 期限內(기한내). 對內(대내). 宅內(댁내). 道內(도내). 洞內(동내). 部內(부내). 社內(사내). 장내(場內).

〖全〗 부 入(들입) 획 2—4 훈 온전 음 전 中 ch'üan² 英 perfect 日 ゼン. まったく
뜻 ①온전. 온전할. ②모두. 온통. ③갖출. 다할. ④성.
필순 ㅅ수수全

全家〔전가〕 온 집안. 한 집안의 전체. ぜんか
全景〔전경〕 전체의 경치. ぜんけい
全國〔전국〕 한 나라의 전체. 예一體典(체전). ぜんこく 「ぐん
全軍〔전군〕 한 군대의 전체. ぜん
全卷〔전권〕 ①한 권 책의 모두. ②여러 권으로 된 책의 모두. ぜんかん
全權〔전권〕 ①모든 권리. ②전권위원(全權委員). ぜんけん
全權大使〔전권대사〕 국가를 대표하여 외국에 주재하는 대사. ぜんけんたいし
全權委員〔전권위원〕 전권(全權)을 가진 위원. ぜんけんいいん
全能〔전능〕 결점 없는 재능. 모든 일을 해낼 수 있는 능력(能力). ぜんのう 「ぜんたん
全擔〔전담〕 전부를 담당(擔當)함.
全隊〔전대〕 한 대(隊)의 전체.
全島〔전도〕 섬 전체. 온 섬. ぜん

とう 「んどう
全道〔전도〕 한 도(道)의 전체. ぜ
全圖〔전도〕 전체를 그린 그림이나 지도(地圖). 「う
全量〔전량〕 전체의 분량. ぜんりょ
全力〔전력〕 모든 힘. ぜんりょく
全面〔전면〕 모든 면(面). 전체의 면. ぜんめん
全滅〔전멸〕 죄다 없어짐. 죄다 망하여 버림. ぜんめつ「ぜんぼう
全貌〔전모〕 전체의 모양. 온 모습.
全無〔전무〕 아주 없음. ぜんむ
全文〔전문〕 글의 전체. 기록의 전부. ぜんぶん
全般〔전반〕 여러 가지 것의 전부. 통틀어 모두. ぜんぱん
全書〔전서〕 ①완전 무결한 책. ②어떤 사람의 저작(著作)이나 또는 어떤 일에 관한 학설(學說)을 망라(網羅)한 책. ㉰百科(백과)一. ぜんしょ
全盛〔전성〕 한창 왕성함. ぜんせい
全世界〔전세계〕 세계의 전체. 온 세계. ぜんせかい 「う
全燒〔전소〕 죄다 타버림. ぜんしょ
全數〔전수〕 온통의 수효. 전체의 수량. ぜんすう
全勝〔전승〕 한 번도 지지 아니하고 모조리 이김. ぜんしょう
全身〔전신〕 온 몸. 몸 전체. ㉰一運動(운동). ぜんしん 「んかく
全額〔전액〕 전부의 액수(額數). ぜ
全域〔전역〕 전체의 지역(地域).
全譯〔전역〕 원문(原文)을 전부 번역함. ぜんやく
全然〔전연〕 도무지. 아주. 전혀. ぜんぜん 「んいん
全院〔전원〕 한 원(院)의 전체. ぜ
全人〔전인〕 ①지덕(智德)이 원만하여 결점이 없는 사람. ②신체가 완전한 사람. ↔불구(不具). ぜんじん 「う
全長〔전장〕 전체의 길이. ぜんちょ
全張〔전장〕 온 장.
全載〔전재〕 소설·논문 등의 전부를 한꺼번에 다 실음. ぜんさい
全紙〔전지〕 온 장의 종이. ぜんし
全智全能〔전지전능〕 완전무결한 지혜(知慧)와 능력. 곧 모두 알고 모두 행할 수 있는 신불(神佛)의 지능. ぜんちぜんのう 「질.
全帙〔전질〕 빠짐이 없는 책의 온
全集〔전집〕 한 사람의 저작(著作)의 모두. 또는 같은 종류, 혹은 같은 시대의 저작을 모아서 출판한 책. ㉰文學(문학)一. ぜんしゅう
全體〔전체〕 ①온 몸. ②모두. ㊐총체(總體). ㉰一主義(주의). ぜんたい 「치(完治). ぜんち
全治〔전치〕 병을 완전히 고침. 완
全快〔전쾌〕 병이 완전히 나음. ぜんかい「모조리 패함. ぜんぱい
全敗〔전패〕 한 번도 이기지 못하고
全篇〔전편〕 ①시문(詩文)의 전부. ②책의 전체. ぜんぺん
全廢〔전폐〕 아주 없애 버림. ぜんぱい 「②전부. ぜんぷく
全幅〔전폭〕 ①한 폭(幅)의 전부.
▷萬全(만전). 保全(보전). 純全(순전). 十全(십전). 安全(안전). 完全(완전).

〖兩〗 부 入(들입) 획 2—6 훈 두 음 량(량:) ㊥ liang³ ㊎ two; pair ㊐ リョウ. ふたつ 뜻 ①두. 둘. ②짝. ③냥. 무게·돈의 단위.
필순 一 冂 币 币 兩 兩
兩脚〔양각〕 두 다리. りょうぎゃく
兩肩〔양견〕 두 어깨. ㊐쌍견(雙肩). りょうけん
兩極〔양극〕 ①남극(南極)과 북극(北極). ②음극(陰極)과 양극(陽極). りょうきょく
兩難〔양난〕 이것도 저것도 하기 어려움. ㉰進退(진퇴)一.
兩端〔양단〕 ①두 끝. 서로 상반하는 두 극단. ②처음과 끝. ㊐본말(本末). 수미(首尾). ③두 가지 마음. 이심(異心). ③두 가지 일. りょうたん
兩斷〔양단〕 하나를 둘로 자름. 둘로 끊음. りょうだん 「칭.
兩堂〔양당〕 남의 부모(父母)의 존
兩頭〔양두〕 두 머리. ㉰一政治(정치). りょうとう

兩頭蛇〔양두사〕 머리가 둘 달린 뱀. りょうとうだ
兩得〔양득〕 한 가지 일을 하여 두 가지 이득을 봄. ㊁일거양득(一擧兩得). りょうとく
兩論〔양론〕 두 가지가 서로 대립되는 논설(論說). りょうろん
兩立〔양립〕 둘이 함께 섬. 쌍방이 같이 존재함. りょうりつ
兩面〔양면〕 ①앞면과 뒷면. ②두 면. ③두 가지 방법. りょうめん
兩眉間〔양미간〕 두 눈썹 사이. りょうびかん
兩班〔양반〕 동반(東班)과 서반(西班). 상류(上流) 또는 문벌(門閥)이 높은 사람. 또 그 계급.
兩方〔양방〕 양쪽. ㊁양편(兩便). りょうほう
兩傍〔양방〕 두 곁. 좌(左)와 우(右).
兩分〔양분〕 둘로 나눔. りょうぶん
兩舌〔양설〕 거짓말. ㊁식언(食言). りょうぜつ
兩性〔양성〕 ①남성(男性)과 여성(女性). ②양성(陽性)과 음성(陰性). りょうせい
兩性花〔양성화〕 한 꽃 속에 자웅(雌雄)의 꽃술을 갖춘 꽃. 매화(梅花)·도화(桃花) 따위. ㊁양전화(兩全花). りょうせいか
兩手〔양수〕 두 손. ㊁쌍수(雙手). りょうて
兩心〔양심〕 ①두 가지 마음. 이심(異心). ②순수하지 않은 마음. りょうしん
兩用〔양용〕 둘을 다 씀. 두 가지로 씀. りょうよう
兩院〔양원〕 상원(上院)과 하원(下院).
兩位〔양위〕 죽은 사람의 부부(夫婦). りょうい
兩翼〔양익〕 ①양쪽의 날개. ②중군(中軍)의 좌우 양쪽에 있는 군대. りょうよく
兩人〔양인〕 두 사람. りょうにん
兩者〔양자〕 ①두 가지 물건이나 사실. ②두 사람.
兩陣〔양진〕 서로 대하고 있는 두 편의 진(陣). りょうじん
兩次〔양차〕 두 번. りょうじ
兩處〔양처〕 두 곳. りょうしょ
兩便〔양편〕 양쪽이 다 편함.

〔兪〕 부 入(들입) 획 2—7 훈 그러할 음 유 ㊥ yü² ㊧ such ㊐ ユ
뜻 ①그러할. ②더욱(愈와 통용). ③성.
필순 𠆢亼仌俞俞兪

兪兪〔유유〕 ①너그럽고 화열(和悅)한 모양. ②용모가 온화하고 공손한 모양. ゆゆ
兪允〔유윤〕 승락함. 허락함.
兪應孚〔유응부〕 이조 세조(世祖) 때의 장군(將軍). 사육신(死六臣)의 한 사람.

⑵ 八 部

〔八〕 부 八(여덟팔) 획 2—0 훈 여덟 음 팔 ㊥ pao¹ ㊧ eight ㊐ ハチ. ヨウ. ハツ. やつ. やっつ
뜻 여덟.
필순 ノ 八

八角〔팔각〕 여덟 모. はっかく
八景〔팔경〕 어느 지역에 있어서의 경치가 좋은 여덟 곳. 예關東(관동)—. はっけい
八穀〔팔곡〕 여덟 가지 곡식. 곧 벼·수수·보리·콩·조·피·기장·깨. 또는 벼·보리·콩·조·밀·팥·기장·깨.
八難〔팔난〕 여덟 가지의 재난(災難). 곧 기(飢)·갈(渴)·한(寒)·서(暑)·수(水)·화(火)·도(刀)·병(兵). はちなん
八達〔팔달〕 ①팔방(八方)에 통함. ②교통(交通)이 편리함. 예四通(사통)—. はったつ
八德〔팔덕〕 여덟 가지의 덕(德). 곧 인(仁)·의(義)·예(禮)·지(智)·충(忠)·신(信)·효(孝)·제(悌).
八道〔팔도〕 구한국 시대의 여덟 도. 곧 경기도(京畿道)·충청도(忠清道)·경상도(慶尙道)·전라도(全羅道)·강원도(江原道)·황해도(黃海道)·평안도(平安道)·함경도(咸鏡道)를 이름.

八道江山〔팔도강산〕 우리 나라의 전국토(全國土).

八萬大藏經〔팔만대장경〕대장경(大藏經)을 8만 4천의 법문(法門)이 있으므로 일컫는 말.

八方〔팔방〕 사방(四方)과 사우(四隅). 곧 동·서·남·북·동북·동남·서북·서남. 여러 방위(方位). はっぽう

八方美人〔팔방미인〕 ①어느 모로 보아도 아름다운 미인. ② 누구에게나 두루 곱게 보이게 처세(處世)하는 사람. ③여러 방면의 일에 능통한 사람. ④아무일에나 조금씩 손대는 사람. はっぽうびじん

八分〔팔분〕 ①여덟으로 나눔. ②10분의 8. ③예서(隸書)의 한 가지. はちぶん

八朔童〔팔삭동〕 ①여덟 달 만에 낳은 아이. ②사물(事物)의 이해력이 부족한 사람. 곧 똑똑하지 못한 사람. 여덟 달 반.

八儒〔팔유〕 공자(孔子)가 죽은 후 갈라진 여덟 학파(學派). 곧 자장씨(子張氏)·자사씨(子思氏)·안씨(顏氏)·맹씨(孟氏)·칠조씨(漆雕氏)·중량씨(仲良氏)·손씨(孫氏)·악정씨(樂正氏).

八音〔팔음〕 아악(雅樂)에 쓰는 여덟 가지의 악기(樂器). はちいん

八字〔팔자〕 ①성명가(星命家)에서 사람이 난 연(年)·월(月)·일(日)·시(時)의 네 간지(干支)를 이름. [동]사주(四柱). ② 한평생의 운수. 「눈.

八字青山〔팔자청산〕 미인의 고운

八節〔팔절〕 일년 중 기후가 변하는 여덟 절기(節氣). 곧 춘분(春分)·추분(秋分)·하지(夏至)·동지(多至)·입춘(立春)·입하(立夏)·입추(立秋)·입동(立多)을 이름. はっせつ

八尺長身〔팔척장신〕8척의 큰 키.

▷亡八(망팔). 望八(망팔). 三八(삼팔). 二八青春(이팔청춘).

〖公〗 [부] 八(여덟팔) [획] 2—2 [훈] 공변될 [음] 공 [中] kung¹ [英] public [日] コウ. おおやけ

[뜻] ①공변될. 공평할. ②벼슬. 귀인. ③여러. ④관소. 마을.

[필순] 八公公

公家〔공가〕 ①조정(朝廷). 왕실(王室). 황족(皇族). ②중이 절(寺)을 일컫는 말.

公暇〔공가〕 공식으로 인정된 휴가.

公開〔공개〕 방청(傍聽)·관람(觀覽) 또는 집회 등을 일반에게 허용함. こうかい

公開狀〔공개장〕 본인(本人)에게 직접 통지하지 아니하고 신문·잡지 등을 이용하여 일반 공중에게 알게 하는 글. こうかいじょう

公卿〔공경〕 ①삼공(三公)과 구경(九卿). ②높은 벼슬의 총칭. こうけい 「사람들.

公卿大夫〔공경대부〕 벼슬이 높은

公告〔공고〕 세상 사람에게 널리 알림. こうこく

公共〔공공〕 ①사회의 여러 사람과 공동 이익을 위하여 힘을 같이 함. ②공중(公衆). 일반 사회. こうきょう

公共團體〔공공단체〕공법상의 의무를 담당하는 법인(法人) 단체. こうきょうだんたい

公共物〔공공물〕 여러 사람이 다 같이 사용할 수 있는물건. こうきょうぶつ

公共事業〔공공사업〕 여러 사람을 위하여 하는 사업(事業). こうきょうじぎょう

公館〔공관〕 ①공공용으로 쓰는 건물. ②정부 고관의 공적 저택(邸宅). こうかん

公金〔공금〕 정부(政府) 또는 공공단체(公共團體)의 소유(所有)로 있는 돈. こうきん

公器〔공기〕 ①공중(公衆)의 물건. ②공공(公共)의 기관. こうき

公納〔공납〕 국고(國庫)로 수입되는 조세(租稅). こうのう

公德〔공덕〕 ① 사(私)가 없는 덕(德). ②공중(公衆)에 대한 도덕. こうとく

公路〔공로〕 여러 사람이 통행(通

行)하는 길. こうろ
公論〔공론〕①만인(萬人)이 정당하다고 하는 의견. ②공평(公平)한 언론. こうろん
公賣〔공매〕 입찰(入札)·경매(競賣)하여 팖. こうばい
公明正大〔공명정대〕 공평하고 올발라 사사로움이 없음. こうめいせいだい 「集)함. こうぼ
公募〔공모〕 널리 공개하여 모집(募
公無渡河歌〔공무도하가〕 신라 향가(鄕歌)의 하나. '임하, 냇물을 건너지 마오'의 노래.
公文〔공문〕①관청(官廳)에서 내는 문서. ②공사(公事)에 관한 서류. こうぶん
公民〔공민〕 공민권(公民權)이 있는 주민(住民). こうみん
公民權〔공민권〕 공민이 가진 권리. 국회 또는 지방 의회의 선거권이 있어 정치에 참여하는 지위 혹은 자격. こうみんけん
公報〔공보〕 ①일반에게 알리는 관청(官廳)의 보고. ②관청에서 만 관청에 내는 통신 보고. こうほう
公僕〔공복〕 일반 국민에 대한 봉사자라는 뜻으로, 공무원을 일컫는 말. こうぼく
公事〔공사〕 국가 또는 공공 단체의 사무. ㊐공무(公務). こうじ
公使〔공사〕 본국 정부를 대표하여 조약(條約)을 맺은 나라에 주재(駐在)하는 상임(常任) 외교 사절의 하나. 대사에 준하는 외교 특권을 가짐. こうし
公使館〔공사관〕 공사(公使)가 주재국(駐在國)에서 사무를 보는 곳. こうしかん
公署〔공서〕 공공단체의 사무소. 관서(官署). 관아(官衙). こうしょ
公選〔공선〕 ①공평히 뽑음. 널리 뽑음. ② 여러 사람이 뽑음. こうせん 「서 설립함. こうせつ
公設〔공설〕 국가 또는 공공 단체에
公示〔공시〕 널리 일반에게 보임. ㊎—事項(사항). こうじ
公安〔공안〕 공중(公衆)의 안녕 질서(安寧秩序)가 편안히 유지되는 상태. こうあん
公約〔공약〕 ①공법상(公法上)의 계약. ②공중에 대하여 약속(約束)하는 일. こうやく
公言〔공언〕 ① 공개(公開)하여 말함. 숨김 없이 말함. ㊐명언(明言). ②일반에게 통용되는 말. ③공식적인 발언(發言). こうげん 「기지 않는 모양. こうぜん
公然〔공연〕 드러내 놓는 모양. 숨
公演〔공연〕 음악·극(劇)·무용(舞踊) 따위를 공개하여 연출(演出)함. こうえん
公用〔공용〕 ①관용(官用). 공무(公務). ②국가 또는 공공 단체의 비용. ③국가 또는 공공 단체·공중의 사용. こうよう
公議〔공의〕 ①공평한 의론(議論). ㊐여론(輿論). こうぎ
公益〔공익〕 사회와 공중의 이익. こうえき 「슬아치. こうじん
公人〔공인〕 공직(公職)의 사람. 벼
公印〔공인〕 공공 단체의 도장.
公認〔공인〕 국가 또는 공공 단체(公共團體)·정당 등에서 인허(認許)함. こうにん
公爵〔공작〕 오등작(五等爵) 곧 공(公)·후(侯)·백(伯)·자(子)·남(男)의 첫째. こうしゃく
公錢〔공전〕 공금(公金). こうせん
公轉〔공전〕 유성(遊星)이 태양(太陽)을 중심으로 하여 도는 운동. こうてん
公正〔공정〕 ①공평하고 바름. ②공인(公認)을 받아 바름. こうせい
公主〔공주〕 ①천자(天子)의 딸. ②왕후(王后)가 낳은 딸. こうしゅ
公證〔공증〕 ①공적인 증거(證據). ② 관공리(官公吏)가 직무상(職務上) 어떠한 사실을 증명하는 일. 또 그 증거. こうしょう
公知〔공지〕 널리 알려짐. ㊐주지(周知). こうち
公職〔공직〕 관청이나 공공 단체의 직무(職務). こうしょく
公債〔공채〕 국가(國家)나 공공 단체가 지고 있는 빚. こうさい
公薦〔공천〕 ①공정한 천거(薦擧).

②정당에서 선거에 출마할 당원을 공식적으로 추천함. こうせん
公判〔공판〕 공중(公衆)의 앞에서 죄(罪)의 유무(有無)·경중(輕重)을 따져 가리는 재판. こうはん
公評〔공평〕 공정한 비평(批評). こうひょう
公平無私〔공평무사〕 공평하고 사사로움이 없음. こうへいむし
公布〔공포〕 ①일반에게 널리 알림. 법률(法律)·칙령(勅令)·명령(命令)·조약(條約)·예산(豫算) 등을 관보(官報)에 게재하여 온 국민에게 알림. こうふ
公表〔공표〕 세상에 널리 발표(發表)함. こうひょう
公翰〔공한〕 공적(公的)인 편지.
公海〔공해〕 어느 나라의 주권(主權)에도 속하지 않고 각국이 평등하게 자유로이 사용할 수 있는 바다. こうかい
公會堂〔공회당〕 공중(公衆)이 모이는 집. こうかいどう
公侯伯子男〔공후백자남〕 하(夏)·은(殷)·주(周) 시대의 제후(諸侯)의 다섯 계급의 이름.
▷貴公(귀공). 乃公(내공). 奉公(봉공). 先公(선공). 牛公(우공). 尊公(존공). 主人公(주인공). 至公(지공). 太公(태공).

〖六〗 부 八(여덟팔) 획 2—2 훈 여섯 음 륙 中 liu⁴, lu⁴ 英 six 日 ロク. リク. むつ. むっつ
뜻 여섯.
필순 亠六六

六甲〔육갑〕 동⇨육십갑자(六十甲子).
六經〔육경〕 여섯 가지 경서. 곧 역경(易經)·서경(書經)·시경(詩經)·춘추(春秋)·예기(禮記)·악기(樂記). 악기는 진화(秦火)에 없어지고 지금은 오경(五經)만 남아 있음. りっけい
六穀〔육곡〕 여섯 가지의 곡식. 곧 찰기장·메기장·벼·조·보리·고미(菰米). りっこく
六德〔육덕〕 사람이 지켜야 할 여섯 가지의 덕. 곧 지(知)·인(仁)·성(聖)·의(義)·충(忠)·화(和). 또는 예(禮)·인(仁)·신(信)·의(義)·용(勇)·지(智)를 이름. りくとく
六禮〔육례〕 ①인생(人生)의 여섯 가지의 중요(重要)한 예의(禮儀). 곧 관례(冠禮)·혼례(婚禮)·상례(喪禮)·제례(祭禮)·향음주례(鄕飮酒禮)·상견례(相見禮). ②혼인(婚姻)의 여섯 가지 의식(儀式). 곧 납채(納采)·문명(問名)·납길(納吉)·납징(納徵)·청기(請期)·친영(親迎). りくれい
六味〔육미〕 오미(五味)에 싱거운 맛을 보탠 여섯 가지 맛. 곧 고(苦)·산(酸)·감(甘)·신(辛)·함(鹹)·담(淡)을 이름.
六法〔육법〕 헌법(憲法)·형법(刑法)·민법(民法)·상법(商法)·형사소송법(刑事訴訟法)·민사소송법(民事訴訟法). りくほう
六書〔육서〕 ① 한자(漢字)의 구성 및 활용에 관한 여섯 종류. 곧 상형(象形)·지사(指事)·회의(會意)·형성(形聲)·해성(諧聲)·전주(轉注)·가차(假借). ②한자의 여섯 가지 서체(書體). 곧 고문(古文)·기자(奇字)·전서(篆書)·예서(隷書)·무전(繆篆)·충서(蟲書). 또는 대전(大篆)·소전(小篆)·예서(隷書)·팔분(八分)·초서(草書)·행서(行書). りくしょ
六旬〔육순〕 ①60 일. ②60 세.
六十甲子〔육십갑자〕 천간(天干)의 갑(甲)·을(乙)·병(丙)·정(丁)·무(戊)·기(己)·경(庚)·신(辛)·임(壬)·계(癸)와 지지(地支)의 자(子)·축(丑)·인(寅)·묘(卯)·진(辰)·사(巳)·오(午)·미(未)·신(申)·유(酉)·술(戌)·해(亥)를 차례로 배합하여 60가지로 늘어놓은 것. 동육갑(六甲).
六典〔육전〕 ①주대(周代)에 나라를 다스리기 위하여 제정한 여섯 가지 법전(法典). 곧 치전(治典)·교전(敎典)·예전(禮典)·정전(政

典)·형전(刑典). 사전(事典). ② 육조(六曹)의 집무 규정. 곧 이전(吏典)·호전(戶典)·예전(禮典)·병전(兵典)·형전(刑典)·공전(工典)의 총칭. りくてん

六情〔육정〕 희(喜)·노(怒)·애(哀)·낙(樂)·애(愛)·오(惡)의 여섯 가지의 감정(感情).

六曹〔육조〕 ① 육부(六部)의 이칭(異稱). ②이조(吏曹)·호조(戶曹)·예조(禮曹)·병조(兵曹)·형조(刑曹)·공조(工曹). りくそう

六花〔육화〕 눈(雪)의 별칭. 여섯 모의 결정체이므로 이름. りっか

▷雙六(쌍륙). 丈六(장륙).

【兮】 부 八(여덟팔) 획 2—2 훈 어조사 음 혜 ㊥ hsi[1] ㊧ particle ㊐ ケイ

뜻 ①어조사. ②말멈출. ③후렴.

필순 八𠆢兮

【共】 부 八(여덟팔) 획 2—4 훈 한가지 음 공: ㊥ kung[4] ㊧ together ㊐ キョウ. とも. ともに

뜻 ①한가지. ② 함께. ③모을. ④무리.

필순 一十廾共共

共感〔공감〕 ①남의 의견에 대하여 같이 느낌. ②같은 감정을 가짐.

共同〔공동〕 여럿이 같이 함. 예—作業(작업). きょうどう

共同生活〔공동 생활〕 여럿이 같이 삶. きょうどうせいかつ

共立〔공립〕 ①같이 서 있음. ②공동하여 설립함. きょうりつ

共鳴〔공명〕 ①같은 음(音)을 내는 두 개의 물체 중 하나를 울리면 딴 것도 따라 울림. ②남의 의견이나 주장에 찬성함. きょうめい

共謀〔공모〕 두 사람 이상이 같이 어떠한 일을 꾀함. 동통모(通謀). きょうぼう

共伐〔공벌〕 함께 침. きょうばつ

共犯〔공범〕 여럿이 공모하여 죄를 범(犯)함. 또 그 사람. 약공범자. きょうはん

共生〔공생〕 ①공동의 운명 아래 같이 삶. ②동물이나 식물이 상호간에 영양을 보충하는 생활 현상. きょうせい

共榮〔공영〕 서로 함께 번영(繁榮)함. きょうえい 「うえい

共營〔공영〕 공동으로 경영함. きょ

共用〔공용〕 공동으로 사용함. きょうよう 「함. きょうゆう

共有〔공유〕 공동으로 소유(所有)

共著〔공저〕 한 책을 두 사람 이상이 같이 지음. きょうちょ

共存〔공존〕 함께 살아 나감. きょうぞん

共存共榮〔공존공영〕 함께 존재(存在)하고 함께 번영(繁榮)함. 다 같이 잘 살아 나아감. きょうぞんきょうえい

共通〔공통〕 쌍방 또는 여럿 사이에 같은 관계가 있음. きょうつう

共學〔공학〕 이성(異性) 혹은 이민족(異民族)끼리 한 학교에서 배움. 예男女(남녀)—. きょうがく

共和國〔공화국〕 공화 정치(共和政治)를 행하는 나라. きょうわこく 「(방공). 勝共(승공).

△公共(공공). 反共(반공). 防共

【兵】 부 八(여덟팔) 획 2—5 훈 군사 음 병 ㊥ ping[1] ㊧ soldier ㊐ ヘイ. ヒョウ. つわもの

뜻 ①군사. ②병기. ③ 전쟁. ④칠.

필순 ㇀𠂆斤丘兵

兵家〔병가〕 병학(兵學)을 닦는 사람. へいか

兵庫〔병고〕 병기(兵器)를 두는 창고. 동무기고(武器庫).

兵戈〔병과〕 ①칼과 창. ②무기. ③ 전쟁. へいか 「전란(戰亂).

兵寇〔병구〕 군대의 침입(侵入). 또

兵權〔병권〕 병마(兵馬)를 장악한 권력(權力). へいけん 「いき

兵器(병기) 전쟁에 쓰는 무기. へ

兵亂〔병란〕 전쟁으로 인한 세상의 어지러움. 동전란(戰亂). へいらん 「동군량(軍糧). ひょうろう

兵糧〔병량〕 군대의 양식(糧食).

兵力〔병력〕 군대의 힘. 병사·병기로서 이루어지는 전투력(戰鬪

力). へいりょく
兵馬〔병마〕①무기와 군마(軍馬). ②군비(軍備). ③전쟁. へいば
兵法〔병법〕전쟁하는 방법. 전술(戰術). へいほう
兵舍〔병사〕병정이 들어 있는 집. ㊐병영(兵營). へいしゃ
兵事〔병사〕병역(兵役)·군대·전쟁 등에 관한 모든 일. ㊐군사(軍事). へいじ
兵書〔병서〕병법(兵法)에 관한 책.
兵役〔병역〕①전쟁에 징집당하는 부역(賦役). ②국민의 의무로서 군적(軍籍)에 편입되어 군무에 종사하는 일. へいえき
兵營〔병영〕병정이 들어 있는 집. ㊐병사(兵舍). へいえい
兵刃〔병인〕칼·창 따위의 날이 있는 병기(兵器). へいじん
兵籍〔병적〕군인의 적(籍). 군인의 신분. へいせき
兵卒〔병졸〕군사(軍士). へいそつ
兵塵〔병진〕전장(戰場)의 티끌.
兵徵〔병징〕전란(戰亂)의 징조.
兵站〔병참〕전지(戰地)의 후방에서 군수품을 수송, 또는 수용하는 곳. ㊟—基地(기지). へいたん
兵學〔병학〕병법(兵法)에 관한 학문. へいがく
兵革〔병혁〕무기와 갑주(甲冑). ㊐전쟁. 병갑(兵甲). へいかく
兵火〔병화〕전쟁으로 인하여 일어나는 화재(火災). へいか
兵釁〔병흔〕싸움의 틈. 또는 싸움의 징조.
▷强兵(강병). 觀兵(관병). 騎兵(기병). 老兵(노병). 補充兵(보충병). 伏兵(복병). 士兵(사병). 養兵(양병). 練兵(연병). 閱兵(열병). 用兵(용병). 義兵(의병). 將兵(장병). 精兵(정병). 卒兵(졸병). 志願兵(지원병). 徵兵(징병). 斥候兵(척후병). 出兵(출병). 派兵(파병). 敗殘兵(패잔병). 護衞兵(호위병).

【具】 부 八(여덟팔) 획 2—6 훈 갖출 음 구: ㊥ chü⁴ ㊍ prepare ㊐ グ. そなえる. そなわる
뜻 ①갖출. ②성.
필순 丨 ㄇ 月 且 具
具備〔구비〕빠짐 없이 모두 갖춤. 또 빠짐없이 모두 갖추어 있음. ぐび
具象〔구상〕㊐⇨구체(具體). ↔추상(推象). ぐしょう
具色〔구색〕여러 가지 물건을 골고루 갖춤.
具書〔구서〕글자의 획을 빼지 않고 갖추어서 씀. ぐしょ
具申〔구신〕정상(情狀)을 일일이 아뢰어 바침. ぐしん
具陳〔구진〕자세히 진술(陳述)함. ぐちん
具體〔구체〕①전체를 갖춤. 전부를 가짐. ②형상(形象)을 갖추어 감관(感官)에 지각(知覺)된 것. ㊐구상(具象). ぐたい
具體的〔구체적〕① 형상을 갖추고 있는 것. ②아주 잘 갖춘 것. ぐたいてき
具現〔구현〕구체적으로 나타냄. ぐげん
▷家具(가구). 工具(공구). 器具(기구). 機具(기구). 農具(농구). 道具(도구). 馬具(마구). 文具(문구). 文房具(문방구). 不具(불구). 漁具(어구). 禮具(예구). 玩具(완구). 用具(용구). 雨具(우구). 運動具(운동구). 裝具(장구). 裝身具(장신구). 諸具(제구). 寢具(침구).

〖其〗 부 八(여덟팔) 획 2—6 훈 그 음 기 ㊥ chi¹ ㊍ that ㊐ キ. その
뜻 ①그. ②어조사.
필순 一 卄 廾 甘 其 其
其勢〔기세〕그 세력이나 형세.
其時〔기시〕그 때. そのとき
其餘〔기여〕그 나머지. そのあまり
其亦〔기역〕그것도 또. それまた
其外〔기외〕그 밖. そのほか
其人〔기인〕①신라 때부터 지방 자치 세력의 유력자로 중앙에 뽑혀와서 볼모로 있으면서, 그 고을 행정의 고문을 맡아보던 사람. ②그 사람. そのひと
其前〔기전〕그 전(前). そのまえ
其中〔기중〕그 속. 그 가운데. そ

のうち 「또 다른 것. そのた
其他〔기타〕 그 밖. 그것 외(外)에
其後〔기후〕 그 뒤. そのご

〖典〗 부 八(여덟팔) 획 2—6 훈 법 음 전: 中 tien³ 英 law 日 テン. のり. ふみ
뜻 ①법. ②책. ③의식. 예. ④ 맡아볼. ⑤전당잡힐.
필순 冂曲典典典
典據〔전거〕 고사(故事)의 증거(證據). 동전증(典證). でんきょ
典當〔전당〕 토지·가옥(家屋)·물품 등을 담보로 하여 돈을 꾸어 쓰고 꾸어 주는 일. 동저당(抵當). てんとう 「んれい
典禮〔전례〕 일정한 의식(儀式). て
典賣〔전매〕 전당 잡힌 물건을 팔아 버림. でんばい
典物〔전물〕 전당잡히는 물건. 동저당물(抵當物). てんぶつ
典範〔전범〕 본보기. 규범(規範). 동전헌(典憲). てんぱん 「う
典法〔전법〕 →전칙(典則). てんぽ
典式〔전식〕 법식(法式). てんしき
典雅〔전아〕 바르고 고상함. てんが
典儀〔전의〕 법식(法式). 의식(儀式). てんぎ
典籍〔전적〕 책. 서적. てんせき
典證〔전증〕 고사(故事)의 증거. 동전거(典據). てんしょう
典質〔전질〕 물건을 전당잡힘.
典則〔전칙〕 법. 법칙(法則). 규범(規範). てんそく 「ん
典憲〔전헌〕 동⇨전범(典範). てんけ
典型〔전형〕 ①어떤 부류의 모범이나 본보기가 될 만한 것. ②조상이나 스승을 본받은 틀. 예—的(적). てんけい
▷經典(경전). 古典(고전). 大典(대전). 法典(법전). 佛典(불전). 事典(사전). 辭典(사전). 上典(상전). 書典(서전). 式典(식전). 樂典(악전). 原典(원전). 六典(육전). 恩典(은전). 儀典(의전). 字典(자전). 祭典(제전).

【兼】 부 八(여덟팔) 획 2—8 훈 겸할 음 겸 中 chien¹ 英 connect; unite 日 ケン. かねる
뜻 겸할.
필순 八兮争兼兼兼
兼官〔겸관〕 두 가지 관직(官職)을 겸함. けんかん
兼務〔겸무〕 두 가지 이상의 일을 겸함. 또 그 사무. けんむ
兼併〔겸병〕 한데 합쳐 가짐. 하나로 함. けんぺい
兼備〔겸비〕 아울러 갖춤. けんび
兼愛〔겸애〕 친근(親近)·소원(疏遠)의 차별 없이 평등히 사랑함. 예—主義(주의). けんあい
兼用〔겸용〕 둘 이상의 사물을 함께 씀. 또 하나로 여러 가지를 겸하여 씀. けんよう
兼有〔겸유〕 겸하여 가짐. けんゆう
兼任〔겸임〕 한 사람이 두 사람 이상의 임무를 겸함. 동겸장(兼掌). けんにん
兼掌〔겸장〕 본무(本務) 이외에 다른 일을 겸하여 맡아봄. 동겸임(兼任). けんしょう
兼全〔겸전〕 여러 가지를 다 갖추어 완전함. けんぜん
兼職〔겸직〕 한 사람이 두 가지 이상의 직무를 겸함. けんしょく
兼行〔겸행〕 ①두 가지 이상의 일을 함께 행함. ②쉴 시간에나 일하지 아니할 시간에도 일함. 예晝夜(주야)—. けんこう

〖冀〗 부 八(여덟팔) 획 2—14 훈 바랄 음 기: 中 chi⁴ 英 expect 日 キ. こいねがう
뜻 ①바랄. 하고자 할. ②성. ③고을이름.
필순 ᅮ ㅓ ㅓ┘ 北 帯 冀 冀 冀
冀圖〔기도〕 원하는 바를 생각하고 계획함. きと 「う
冀望〔기망〕 동⇨희망(希望). きぼ

(2) 冂 部

〖册〗 부 冂(멀경몸) 획 2—3 훈 책 음 책 中 ts'ê⁴, ch'ai³ 英 book 日 サツ. サク. ふみ

뜻 ①책. ②세울. 봉할.
참고 약 卌
필순 丿 刖冊

冊價〔책가〕 책값.
冊庫〔책고〕 책을 쌓아 두는 곳집.
冊卷〔책권〕 서책(書冊)의 권질(卷帙). 「예식.
冊禮〔책례〕 황후(皇后)를 책립하는
冊籠〔책롱〕 책을 넣어 두는 농.
冊立〔책립〕 조칙(詔勅)을 내려 황태자 등을 정함. さくりつ
冊名〔책명〕 책의 이름. 「(秘書).
冊房〔책방〕 ①서점. ②원의 비서
冊封〔책봉〕 ① 칙명(勅命)을 내려 식록(食祿)·작위(爵位)를 수여함. ② 왕세자(王世子)·세손(世孫)·비(妃)·빈(嬪)을 봉(封)함. さくほう
冊書〔책서〕 ①문서·기록. ②천자(天子)가 내린 사령서(辭令書). 동책서(策書). さくしょ「そうし
冊子〔책자〕 서책(書冊). さっし.
▷簡冊(간책). 丹冊(단책). 別冊(별책). 分冊(분책). 書冊(서책).

〘再〙 부 冂(멀경몸) 획 2—4 훈 두 음 재: 中 tsai⁴ 英 again
日 サイ. サ. ふたたび
뜻 ①두. 두번. ②다시. 거듭.
필순 一丅冂再再

再家〔재가〕 과부(寡婦) 또는 이혼한 여자가 다시 다른 곳으로 시집감. さいか
再改〔재개〕 다시 고침. さいかい
再開〔재개〕 다시 엶. さいかい
再擧〔재거〕 다시 일을 일으킴. 다시 함. さいきょ
再建〔재건〕 무너진 것을 다시 일으켜 세움. 고쳐 지음. さいけん
再考〔재고〕 다시 생각함. さいこう
再校〔재교〕 두 번째의 교정(校正). さいこう
再起〔재기〕 다시 일어남. さいき
再讀〔재독〕 두 번째 읽음. 다시 읽음. さいどく
再來〔재래〕 ①두 번째 옴. ②다시 이 세상에 남. さいらい「いろく
再錄〔재록〕 다시 수록(收錄)함. さ
再發〔재발〕 ①두 번째 생겨남. 다시 발생함. ②글발을 다시 또 보냄. さいはつ
再拜〔재배〕 ①두 번 절함. 거듭 절함. ②편지 끝에 써서 경의를 표하는 말. さいはい
再犯〔재범〕 ①두 번 죄를 저지름. 또 그 사람. さいはん 「いさん
再三〔재삼〕 두세 번. 여러 번. さ
再三再四〔재삼재사〕 서너너덧 번. 여러 번. さいさんさいし
再生〔재생〕 ①다시 살아남. ②버리게 된 것을 다시 쓰게 만듦. 예 —品(품). さいせい
再選〔재선〕 ①두 번 선거함. 약재선거. ②두 번째 뽑힘. 약재당선. ③다시 뽑음. さいせん
再訴〔재소〕 두 번째 송사(訟事)를 일으킴. さいそ
再審〔재심〕 한 번 심리(審理)한 사건을 다시 심리함. さいしん
再演〔재연〕 다시 상연함. さいえん
再燃〔재연〕 ①꺼졌던 불이 다시 탐. ②그치려 하던 일이 다시 떠들고 일어남. さいねん
再任〔재임〕 같은 임무에 두 번째 나감. さいにん 「ねん
再昨年〔재작년〕 그러께. さいさく
再昨日〔재작일〕 그저께. さいさく
再次〔재차〕 두 번째. さいじ 」じつ
再請〔재청〕 ①두 번째 청함. ②남의 동의(動議)에 대하여 찬성하는 뜻으로 거듭 청함. さいせい
再湯〔재탕〕 약(藥)을 두 번 달임.
再版〔재판〕 두 번째의 출판(出版). さいはん 「나타남. さいげん
再現〔재현〕 두 번째 나타남. 다시
再婚〔재혼〕 두 번 혼인(婚姻)함. さいこん 「남. さいかい
再會〔재회〕 두 번째 모임. 다시 만
再興〔재흥〕 다시 일으킴. さいこう

「冒」 부 冂(멀경몸) 획 2—7 훈 무릅쓸 음 모:·中 mao⁴ 英 risk 日 ボウ. おかす
뜻 ①무릅쓸. ②가릴. 덮어가릴. ③쓰개. ④시기할. ⑤거짓쓸. ⑥탐할. ⑦범할. ⑧쓸. ⑨옥홀.
참고 속 冐

필순 丨 冂 冃 冃 冐 冒 冒

冒瀆〔모독〕 업신여겨 욕(辱)되게 함. ぼうどく

冒頭〔모두〕 말이나 문장(文章)의 처음에 내놓는 말. ぼうとう

冒死〔모사〕 죽음을 무릅씀. 생명을 걺. 동매사(昧死). ぼうし

冒色〔모색〕 여색(女色)에 빠짐. ぼうしょく

冒雪〔모설〕 눈을 무릅씀. ぼうせつ

冒雨〔모우〕 비를 무릅씀. ぼうう

冒寒〔모한〕 추위를 무릅씀. ぼうかん

「일을 감행함. ぼうけん

冒險〔모험〕 위험을 무릅씀. 위험한

▷感冒(감모). 欺冒(기모). 僞冒(위모).

「胄」 부 冂(멀경몸) 획 2—7 훈 투구 음 주: 中 chou⁴ 英 helmet 日 チュウ. かぶと

뜻 투구.

필순 丨 冂 冃 冃 由 胄 胄 胄

▷甲胄(갑주).

(2) 冖 部

【冠】 부 冖(민갓머리) 획 2—7 훈 갓 음 관 中 kuan¹·⁴ 英 crown 日 カン. かんむり

뜻 ①갓. 갓쓸. ②으뜸.

필순 ′ 冖 冖 冖 冠 冠 冠 冠

冠童〔관동〕 어른과 아이.

冠禮〔관례〕 사내아이가 스무 살이 되었을 때, 처음으로 갓을 쓰고 어른이 되는 옛 예식. かんれい

冠玉〔관옥〕 ①관(冠) 앞을 꾸미는 옥(玉). 외모는 아름다우나 재덕(才德)이 없음의 비유.

冠者〔관자〕 관례(冠禮)를 행하여 갓을 쓴 젊은이. かんじゃ

冠絶〔관절〕 가장 뛰어나서 견줄 만한 사람이 없음. かんぜつ

冠族〔관족〕 지체가 훌륭한 집안.

冠婚喪祭〔관혼상제〕 관례(冠禮)·혼례(婚禮)·상례(喪禮)·제례(祭禮)의 네 가지 큰 예(禮). かんこんそうさい

▷加冠(가관). 鷄冠(계관). 掛冠(괘관). 金冠(금관). 戴冠(대관). 冕旒冠(면류관). 弱冠(약관). 榮冠(영관). 王冠(왕관). 月桂冠(월계관). 衣冠(의관).

【冥】 부 冖(민갓머리) 획 2—8 훈 어두울 음 명 中 ming² 英 dark 日 メイ. ミョウ. くらい

뜻 ①어두울. ②그윽할. ③아득할. ④귀신의 세계.

필순 ′ 冖 冖 冖 冐 冐 冥 冥 冥

冥界〔명계〕 저승. 동명부(冥府). 황천(黃泉). めいかい

冥昧〔명매〕 어두움. 사리에 어두움. 동명혼(冥昏). めいまい

冥冥之志〔명명지지〕 조용하고 정성(精誠)스러운 뜻. めいめいのこころざし

冥福〔명복〕 죽은 뒤에 저승에서 받는 행복. 내세(來世)의 행복. 동추선(追善). めいふく

「ふ

冥府〔명부〕 동⇨명계(冥界). めい

冥想〔명상〕 고요한 가운데 눈을 감고 깊이 사물을 생각함. 침사 묵고(沈思默考)함. めいそう

冥昏〔명혼〕 동⇨명매(冥昧).

▷南冥(남명). 北冥(북명). 頑冥(완명). 幽冥(유명).

(2) 冫 部

〖冬〗 부 冫(이수변) 획 2—3 훈 겨울 음 동 中 tung¹ 英 winter 日 トウ. ふゆ

뜻 겨울.

필순 ノ 夕 夂 冬 冬

冬季〔동계〕 동⇨동기(冬期).

冬期〔동기〕 겨울 철. 동동계(冬季). とうき

「れい

冬嶺〔동령〕 겨울의 산마루. とう

冬眠〔동면〕 파충류(爬蟲類)·양서류(兩棲類) 등의 냉혈 동물의 겨울잠. とうみん

「うふく

冬服〔동복〕 겨울 옷. 겨우살이. と

冬三朔〔동삼삭〕 겨울의 석 달. 곧 음력 시월·동짓달·섣달.

冬扇夏爐〔동선하로〕 겨울의 부채와 여름의 화로란 뜻으로, 무용(無用)·무익(無益)한 사물의 비유. とうせんかろ
冬月〔동월〕 ①동절(冬節). ②겨울 밤의 달. とうげつ
冬藏〔동장〕 가을의 수확을 겨울에 저장함. 또 그 물건. とうぞう
冬節〔동절〕 겨울 절기(節期). 겨울철. とうせつ
▷孟冬(맹동). 三冬(삼동). 盛冬(성동). 嚴冬(엄동). 越冬(월동). 忍冬(인동). 立冬(입동). 仲冬(중동). 秋冬(추동).

〖冷〗 부 冫(이수변) 획 2—5 훈 찰 음 랭: 中 lêng³ 英 cold; chill 日 レイ. つめたい. ひえる. ひやす
뜻 ①찰. ②쌀쌀할. ③궁벽할.
필순 冫 冫 冷冷

冷却〔냉각〕 차게 함. 또 차짐. れいきゃく
冷氣〔냉기〕 찬 기운. 또 찬 기후. 「れいき
冷淡〔냉담〕 ①짙지 아니함. 담담(淡淡)함. ②마음이 참. 동정심이 없음. ③일에 대하여 열성이 없음. れいたん
冷待〔냉대〕 푸대접. れいたい
冷凍〔냉동〕 차게 하여 얼림. 예—機(기). れいとう
冷冷〔냉랭〕 쌀쌀하게 찬 모양. ↔훈훈(薰薰). れいれい
冷房〔냉방〕 찬 방. 동냉돌(冷突). 예—裝置(장치). れいぼう
冷病〔냉병〕 하체(下體)를 차게 하여 생기는 병의 총칭.
冷水〔냉수〕 찬 물. れいすい
冷水浴〔냉수욕〕 찬 물에 목욕함. れいすいよく
冷濕〔냉습〕 차고 누짐. れいしつ
冷藏〔냉장〕 썩거나 상하지 않게 온도가 낮은 곳에 넣어 둠. 예—庫(고). れいぞう
冷靜〔냉정〕 감정을 누르고 침착(沈着)한 모양. れいせい
冷泉〔냉천〕 광물질(鑛物質)을 다량으로 함유(含有)한 찬 샘. 동광천(鑛泉). れいせん
冷徹〔냉철〕 침착하고 사리(事理)가 밝음. れいてつ
冷汗〔냉한〕 부끄럽거나 놀랐을 때 나는 땀. 진땀. れいかん
冷害〔냉해〕 한기(寒氣)로 인한 농작물의 피해. れいがい 「(한랭).
▷去冷(거냉). 嚴冷(엄랭). 寒冷

「冶」 부 冫(이수변) 획 2—5 훈 풀무 음 야: 中 yeh³ 英 bellows 日 ヤ
뜻 ①풀무. ②녹일. ③쇠붙릴. ④대장장이. ⑤예쁠.
필순 丶 冫 冫 冶冶冶

冶家無食刀〔야가 무식도〕 대장장이 집에 식칼이 없다는 뜻. 곧 마땅히 있어야 할 곳에 도리어 그 물건이 없음의 비유.
冶監〔야감〕 옛적에 대장장이를 관장(管掌)하던 관리.
冶金〔야금〕 광석에서 쇠붙이를 공업적으로 골라내거나 합금(合金)을 만드는 일. やきん
冶金術〔야금술〕 야금(冶金)하는 기술. やきんじゅつ
冶金業〔야금업〕 야금에 관계되는 사업. やきんぎょう
冶金學〔야금학〕 야금의 학리(學理) 및 기술을 연구하는 학문. やきんがく 「やぐ
冶具〔야구〕 야금에 소용되는 연장.
冶郎〔야랑〕 연약한 남자. 또는 바람난 남자. やろう
冶爐〔야로〕 풀무. やろ
冶坊〔야방〕 대장간. やぼう 「ほ
冶步〔야보〕 우아(優雅)한 걸음. や
冶氏〔야씨〕 대장장이. 동야장(冶匠). やし
冶艶〔야염〕 예쁘고 아름다움. やえ
冶容〔야용〕 예쁜 얼굴. やよう 「ん
冶容之誨〔야용지회〕 야하게 단장함은 음탕한 것을 가르친다는 말. やようのおしえ
冶遊〔야유〕 주색(酒食)에 빠져 방탕하게 놂. やゆう
冶匠〔야장〕 동⇨야씨(冶氏). やしょう 「ま
冶匠間〔야장간〕 대장간. やしょう

▷鍛冶(단야). 陶冶(도야). 姸冶(연야). 艶冶(염야).

【凍】 부 冫(이수변) 획 2—8 훈 얼 음 동: 中 tung⁴ 英 freeze 日 トウ. こおる
뜻 ①얼. ②찰.
필순 ` 冫 冫 沪 沪 渖 凍 凍
凍結〔동결〕 얼어붙음. とうけつ
凍明太〔동명태〕 얼린 명태. 약동태(凍太). 「氷). とうひょう
凍氷〔동빙〕 물이 얼음. 동결빙(結
凍死〔동사〕 얼어서 죽음. とうし
凍傷〔동상〕 추위에 얼어서 피부(皮膚)가 상함. とうしょう
凍屍〔동시〕 얼어 죽은 시체(屍體).
凍餓〔동아〕 가난하여 춥고 배고픔.
凍野〔동야〕 거의 일년 내 얼음이 풀리지 않는 북극(北極) 지방의 평원(平原). 동동원(凍原). 툰드라. とうや
▷冷凍(냉동). 解凍(해동).

【凌】 부 冫(이수변) 획 2—8 훈 능가할 음 릉 中 ling² 英 exceed 日 リョウ. しのぐ
뜻 ① 능가할. ② 업신여길. ③ 범할. ④혹독할.
필순 冫 冫 冫 冲 浃 浃 凌 凌
凌駕〔능가〕 남을 뛰어 넘어서 그 위에 나감. りょうが
凌厲〔능려〕 뛰어나게 훌륭함. りょうれい 「うべつ
凌蔑〔능멸〕 업신여겨 깔봄. りょ
凌辱〔능욕〕 호되게 부끄러움을 줌. りょうじょく
凌雲之志〔능운지지〕 속계(俗界)를 떠나 높은 별천지(別天地)에 살고자 하는 마음. りょううんのこころざし
凌遲〔능지〕 ①때려 죽임. ②사지(四肢)를 자른 뒤 목을 자르던 옛 극형(極刑). 동능지처참(凌遲處斬). りょうち

【准】 부 冫(이수변) 획 2—8 훈 견줄 음 준: 中 chun³ 英 grant 日 ジュン. なぞらえる
뜻 ①견줄. ②승인할. ③준거할.
필순 冫 冫 冫 准 准
准教師〔준교사〕 문교부 장관이 발급하는 준교사 자격증을 가진 교사. じゅんきょうし
准士官〔준사관〕 하사관의 위, 사관(士官)의 아래인 군(軍)의 직위. じゅんしかん
准將〔준장〕 소장(少將)의 아래, 대령(大領)의 위인 군(軍)의 계급. じゅんしょう
▷批准(비준). 認准(인준).

【凝】 부 冫(이수변) 획 2—14 훈 엉길 음 응 中 ning² 英 congeal 日 ギョウ. こる
뜻 ①엉길. ②얼. ③이룰. ④결정할.
필순 ` 冫 冫 冫 冫 凝 凝 凝
凝結〔응결〕 ①엉김. ②기체(氣體)가 액체(液體)로 변하는 현상. ぎょうけつ 「こ
凝固〔응고〕 엉기어 굳어짐. ぎょう
凝視〔응시〕 뚫어지게 자세히 봄. ぎょうし
凝集力〔응집력〕 액체(液體) 및 고체(固體)의 분자 사이에 존재하는 인력(引力)으로 액체 및 고체에 형체를 부여하는 힘. ぎょうしゅうりょく
凝縮〔응축〕 엉기어 줄어듦. ぎょうしゅく 「ょうけつ
凝血〔응혈〕 엉기어 뭉쳐진 피. ぎ

(2) 几 部

【凡】 부 几(안석궤) 획 2—1 훈 무릇 음 범 中 fan² 英 common; general 日 ボン. ハン. およそ
뜻 ①무릇. ②대강. ③범상할. ④천할.
필순 丿 几 凡
凡器〔범기〕 범상(凡常)한 기국(器局). 평범한 국량(局量). 동범재(凡才). ぼんき
凡例〔범례〕 그 책의 요지(要旨)와 편찬의 체재 또는 주의 사항을 책 머리에 따서 적은글. 일러두기. はんれい

凡百〔범백〕 여러 가지. ⓢ제반(諸般). ぼんびゃく
凡夫〔범부〕 ①범인(凡人). ②번뇌(煩惱)에 얽매이어 생사(生死)를 벗어나지 못하는 사람. ぼんぷ
凡事〔범사〕 ①모든 일. ② 평범한 일. ぼんじ
凡常〔범상〕 평범하여 이상할 것이 없음. ぼんじょう 「く
凡俗〔범속〕 평범하고 속됨. ぼんぞ
凡庸〔범용〕 평범하고 용렬(庸劣)함. ⓢ범상(凡常). ぼんよう
凡人〔범인〕 평범한 사람. ⓢ범부(凡夫). ぼんじん
凡才〔범재〕 ⓢ⇨범기(凡器).「材).
凡材〔범재〕 평범(平凡)한 인재(人
凡節〔범절〕 ①모든 일. ②모든 절차(節次).
▷大凡(대범). 不凡(불범). 非凡(비범). 超凡(초범). 平凡(평범).

「凰」 부 几(안석궤) 획 2—9 훈 봉새 음 황 ㊥ huang² ㊖ female phoenix ㊐ オウ. おおとり
뜻 봉새. 봉황새.
필순 丿 几凡凤凰凰凰
▷鳳凰(봉황).

「凱」 부 几(안석궤) 획 2—10 훈 이길 음 개: ㊥ k'ai³ ㊖ triumph ㊐ ガイ. かちどき
뜻 ①이길. ②화할. ③마파람.
필순 ' 山 岂 岂 豈 豈 凱
凱歌〔개가〕 싸움에 이기고 부르는 노래. ⓢ개가(愷歌). がいか
凱旋〔개선〕 싸움을 이기고 돌아옴. ㊎—門(문). がいせん
凱風〔개풍〕 온화한 바람. がいふう

(2) 凵　部

〖凶〗 부 凵(위튼입구) 획 2—2 훈 흉할 음 흉 ㊥ hsiung¹ ㊖ wicked ㊐ キョウ. わるい
뜻 ①흉할. ②재앙. ③ 흉년.
필순 ノ メ 凶 凶
凶家〔흉가〕 그 집에 사는 사람마다 흉한 일을 당하는 불길(不吉)한 집. きょうか
凶計〔흉계〕 흉악(凶惡)한 꾀.
凶器〔흉기〕 ①사람을 살해하는 기구(器具). ②장사(葬事) 때 쓰는 기구. きょうき
凶年〔흉년〕 농작물(農作物)이 잘 되지 아니하는 해. ⓢ흉세(凶歲). きょうねん
凶夢〔흉몽〕 불길(不吉)한 꿈. ↔길몽(吉夢). きょうむ
凶報〔흉보〕 ①불길(不吉)한 기별. 사람이 죽었다는 통지. ⓢ흉음(凶音). きょうほう
凶相〔흉상〕 ①보기 흉한 외모(外貌). ②흉악한 사람의 상(相).
凶歲〔흉세〕 ⓢ⇨흉년(凶年).
凶惡〔흉악〕 ①성질이 험상궂고 모짊. ②대단히 악함. ③재앙(災殃). 재화(災禍).
凶音〔흉음〕 ⓢ⇨흉보(凶報).
凶作〔흉작〕 농작물이 잘 되지 못함. きょうさく
凶兆〔흉조〕 불길(不吉)한 조짐. ↔길조(吉兆). きょうちょう
凶豊〔흉풍〕 흉년과 풍년.
凶漢〔흉한〕 흉악한 놈. きょうかん
▷吉凶(길흉). 大凶(대흉). 陰凶(음흉). 豊凶(풍흉).

〖出〗 부 凵(위튼입구) 획 2—3 훈 날 음 출 ㊥ ch'u¹ ㊖ come out ㊐ シュツ. スイ. でる. だす. いずる
뜻 ①날. 낼. ②뛰어날. ③보일.
필순 丨 ㄩ 屮 出
出家〔출가〕 속가(俗家)를 떠나서 중이 됨. 또 그 사람. しゅっけ
出稼〔출가〕 시집을 감.
出稼外人〔출가외인〕 시집 간 딸은 친정(親庭) 사람이 아니고 남이나 마찬가지임. 「ん
出刊〔출간〕 출판(出版). しゅっか
出庫〔출고〕 곳집에서 물건을 꺼냄.
出口〔출구〕 나가는 곳. ↔입구(入口). でくち
出軍〔출군〕 전쟁(戰爭)하러 나감. 군대(軍隊)를 전지(戰地)에 내보

냄. しゅっぐん
出群〔출군〕 ㊐⇨출중(出衆).
出勤〔출근〕 근무하는 곳에 나감. しゅっきん 「ん
出金〔출금〕 돈을 내놓음. しゅっき
出納〔출납〕 금전(金錢) 또는 사물(事物)을 내어 줌과 받아 들임. すいとう 「どう
出動〔출동〕 나가서 행동함. しゅっ
出頭〔출두〕 어떠한 곳에 직접 나감. しゅっとう
出藍〔출람〕 청색이 본디 남빛에서 나와서 도리어 남빛보다 푸르다는 뜻으로, 제자(弟子)가 스승보다 낫거나 자식이 부모보다 나음을 이름. しゅっかん
出來〔출래〕 사건이 일어남. 발생함. しゅつらい
出馬〔출마〕 ①말을 타고 감. ②선거(選擧)에 입후보(立候補)함. しゅつば 「しゅつぼつ
出沒〔출몰〕 나타났다 숨었다 함.
出發〔출발〕 ①길을 떠나감. 경주(競走)할 때에 출발점을 떠나감. しゅっぱつ
出兵〔출병〕 군사(軍士)를 내보냄. ㊐출사(出師). しゅっぺい
出仕〔출사〕 벼슬을 하여 처음으로 출근함. しゅっし 「し
出師〔출사〕 ㊐⇨출병(出兵). すい
出師表〔출사표〕 촉한(蜀漢)의 제갈양(諸葛亮)이 위(魏)나라를 치려고 출병(出兵)할 때 후주(後主) 유선(劉禪)에게 올린 글. すいしのひょう
出產〔출산〕 ①세상에 태어남. ㊐출생(出生). ②물건이 남. 또 지방에서 나는 산물(產物). しゅっさん
出喪〔출상〕 상가(喪家)에서 상여(喪輿)가 떠남. しゅっそう
出生〔출생〕 ①세상에 태어남. ②아이를 낳음. ㊐출산(出產). しゅっせい
出席〔출석〕 모임 또는 자리에 나아감. 참석(參席)함. しゅっせき
出世〔출세〕 ①입신(立身)함. 성공함. ②세상에 나타남. しゅっせ
出身〔출신〕 ①벼슬을 함. 관직(官職)에 등용(登用)됨. ②그 토지 또는 그 지위에서 출세(出世)함. ③그 학교를 졸업한 신분(身分). ④몸을 내어던져 나라를 위해서 힘을 씀. しゅっしん
出御〔출어〕 임금이 대궐(大闕) 밖으로 납심. しゅつぎょ
出漁〔출어〕 물고기를 잡으러 나감. しゅつぎょ
出演〔출연〕 연설·강연·음악·연극 등을 나가서 함. しゅつえん
出迎〔출영〕 나가서 맞음.
出獄〔출옥〕 옥(獄)에 갇히어 있던 사람이 옥에서 나옴. しゅつごく
出願〔출원〕 원서(願書)를 내놓음. しゅつがん
出入〔출입〕 ①나감과 들어옴. 드나듦. ②내놓음과 들여놓음. ③왕래(往來)함. ④출납(出納). しゅつにゅう. でいり
出資〔출자〕 밑천을 냄. 자본금(資本金)을 냄. しゅっし
出張〔출장〕 직무(職務)를 띠고 나감. しゅっちょう
出場〔출장〕 ①그 자리에 나감. ②운동 경기회에 참가함. しゅっじょう
出將入相〔출장입상〕 나가서는 장수(將帥)가 되고, 들어와서는 재상(宰相)이 됨. 곧 문무(文武)를 겸비하여 문무 양도(文武兩道)의 벼슬을 지냄. しゅっしょうにゅうしょう
出典〔출전〕 고사(故事)·성어(成語)들의 출처(出處)가 되는 서적(書籍). しゅってん
出戰〔출전〕 싸우러 나감. 나가 싸움. しゅっせん
出征〔출정〕 정벌(征伐)하러 나감. 전지(戰地)로 향함. しゅっせい
出題〔출제〕 문제(問題)를 냄. 시가(詩歌) 또는 시험(試驗)의 제(題)를 냄. しゅつだい
出衆〔출중〕 여러 사람 속에서 뛰어남. ㊐출군(出群).
出陣〔출진〕 전지(戰地)에 나가서 진(陣)을 침. しゅつじん

出處〔출처〕사물(事物)이 어디로부터 나온 곳. しゅっしょ
出超〔출초〕수출 초과(輸出超過).
出他〔출타〕집에서 밖으로 나감.
出土〔출토〕땅 속에 묻혔던 것을 파내거나 저절로 나옴. しゅつど
出版〔출판〕서적(書籍) 등을 발행함. しゅっぱん
出品〔출품〕전람회・전시회・경진회 등에 물품을 내놓음. しゅっぴん「부모에게 가는 곳을 아뢺.
出必告〔출필고〕밖에 나갈 때마다
出荷〔출하〕하물(荷物)을 내어 보냄. しゅっか
出港〔출항〕배가 항구를 떠나감. ↔입항(入港). しゅっこう 「い
出海〔출해〕바다로 나감. しゅっか
出現〔출현〕나타남. しゅつげん
出血〔출혈〕피가 혈관(血管) 밖으로 나옴. 또 그 피. しゅっけつ
▷醵出(갹출). 傑出(걸출). 屆出(계출). 突出(돌출). 搬出(반출). 排出(배출). 射出(사출). 產出(산출). 選出(선출). 歲出(세출). 輸出(수출). 演出(연출). 外出(외출). 月出(월출). 流出(유출). 日出(일출). 提出(제출). 支出(지출). 進出(진출). 逐出(축출). 脫出(탈출). 特出(특출). 派出(파출). 呼出(호출).

〖函〗 부 凵(위튼입구) 획 2—6 훈 함 음 함: 中 han² 英 box; case 日 カン. はこ
뜻 ①함. ②휩싈. ③편지. 글월.
필순 ㇖了了丂丞函函函
函蓋相應〔함개상응〕상자와 뚜껑이 잘 맞음. 곧 피차가 잘 맞아서 동일체(同一體)가 됨의 비유.
函封〔함봉〕물건을 상자에 넣어서 봉(封)함.
函丈〔함장〕선생(先生)이나 장자(長者)에게 올리는 편지의 성명 밑에 붙여 써서 존경의 뜻을 나타냄. かんじょう
函招〔함초〕편지로써 초대함.
▷空函(공함). 募金函(모금함). 石函(석함). 玉函(옥함). 郵便函(우편함). 投票函(투표함).

(2) 刀 部

〖刀〗 부 刀(칼도방) 획 2—0 훈 칼 음 도 中 tao¹ 英 knife 日 トウ. かたな
뜻 ①칼. ②병장기.
필순 ㇆刀
刀劍〔도검〕칼. とうけん
刀工〔도공〕칼을 만드는 장색(匠色). とうこう
刀圭界〔도규계〕의사(醫師)의 사회(社會). とうけいかい
刀身〔도신〕칼의 몸. とうしん
刀刃〔도인〕칼날. とうじん
刀折矢盡〔도절시진〕칼은 부러지고 화살은 다 써서 없어짐. 곧 싸울 대로 싸워 다시 더 싸울 도리가 없음. とうおれやつく「う
刀創〔도창〕칼에 다친 흉. とうそ
刀槍〔도창〕칼과 창. とうそう
刀泉〔도천〕금전(金錢). とうせん
刀筆〔도필〕①대쪽에 글씨를 쓰는 붓과 잘못 쓴 글씨를 깎아내는 칼. ②낮은 관리의 일. 서기의 사무. とうひつ
▷軍刀(군도). 短刀(단도). 名刀(명도). 木刀(목도). 試刀(시도).

【刃】 부 刀(칼도방) 획 2—1 훈 칼날 음 인: 中 jen⁴ 英 edge 日 ジン. ニン. は. やいば
뜻 ①칼날. ②칼질할.
참고 속 刄
필순 ㇆刀刃
刃傷〔인상〕동⇨인창(刃創). じんじょう 「상(刃傷). じんそう
刃創〔인창〕칼날에 다친 흉. 동인
▷刀刃(도인). 百刃(백인). 兵刃(병인). 鋒刃(봉인). 氷刃(빙인). 霜刃(상인). 寸刃(촌인). 血刃(혈인).

〖分〗 부 刀(칼도방) 획 2—2 훈 나눌 음 분 中 fen¹ 英 divide 日 ブン. フン. ブ. わける. わかれる
뜻 ①나눌. ②분수. ③

직분. 지위. ④푼분.
필순 八分分
分科〔분과〕 학과(學科) 또는 업무를 나눔. 또 나누인 학과 또는 업무. ぶんか
分校〔분교〕 한 학교의 일부 학생을 수용하기 위하여 따로 세운 학교. ぶんこう
分局〔분국〕 본국(本局)에서 갈라 따로 세운 국(局).
分權〔분권〕 권력을 나눔. ぶんけん
分給〔분급〕 나누어서 줌.
分岐〔분기〕 나뉘어져 갈래가 짐. 또 그 갈래. ぶんき
分團〔분단〕 한 단체를 작게 나눈 그 부분. ぶんだん 「ぶんたん
分擔〔분담〕 일을 나누어서 맡음.
分量〔분량〕 부피·수효·무게 등의 많고 적음과 크고 작은 정도. ぶんりょう
分流〔분류〕 본류(本流)에서 갈라져 흐름. 또 그 물줄기. ぶんりゅう 「んるい
分類〔분류〕 종류를 따라 나눔. ぶ
分離〔분리〕 나누어 떨어지게 함. 또 나누이어 떨어짐. ぶんり
分立〔분립〕 나뉘어서 따로 섬. ぶんりつ 「めい. ぶんみょう
分明〔분명〕 똑똑함. 명료함. ぶん
分配〔분배〕 몫몫이 고르게 나눔. 동배분(配分). ぶんぱい
分別〔분별〕 ①가름. 또 가름을 당함. ②나눔. 또 나누임. ③구별. ④사리(事理)를 생각하여 변별(辨別)함. ぶんべつ
分福〔분복〕 타고난 복(福).「내림.
分付〔분부〕 아랫사람에게 명령을
分崩〔분붕〕 사물이 헤어져 흩어짐. 동와해(瓦解).
分泌〔분비〕 ①액즙(液汁)이 스며 나옴. ②선세포(腺細胞)의 작용에 의하여 특수한 액즙을 만들어 배출(排出)하는 기능. ぶんぴつ
分散〔분산〕 따로따로 나뉘어서 흩어짐. 동이산(離散). ぶんさん
分析〔분석〕 ①쪽쪽이 나누어 가름. 또 쪽쪽이 나뉘어 갈라짐. ②물질을 구성한 모든 원소(元素)로 분해함. ③개념(概念)을 그 속성(屬性)으로 분해함. ぶんせき
分數〔분수〕 ①나머지 수(數). ②어떠한 수효나 분량을 몇 등분(等分)하여 가를 때에 두 수의 관계를 표시하는 수. ぶんすう
分水嶺〔분수령〕 분수계(分水界)가 되어 있는 산 또는 산맥. ぶんすいれい
分身〔분신〕 ①원 물체에서 나누인 몸. ②부처가 중생(衆生)을 제도(濟度)하기 위하여 여러 가지로 나타내는 몸. ぶんしん
分室〔분실〕 한 사무실에서 갈라져 나가 따로 사무를 보는 곳. ぶんしつ
分野〔분야〕 ①전국 시대(戰國時代)에 천문가(天文家)가 중국 전토를 하늘의 이십팔수(二十八宿)에 배당(配當)하여 나눈 이름. ②어디에 속한 범위나 세력(勢力). ぶんや
分讓〔분양〕 큰 덩어리를 갈라서 여럿에 별러 넘겨 줌. ぶんじょう
分業〔분업〕 일을 나누어서 함. ぶんぎょう
分與〔분여〕 나누어서 줌. ぶんよ
分裂〔분열〕 찢어서 나눔. 또 찢어져 나누임. 갈라져 찢김. 예세포(細胞)—. ぶんれつ
分外〔분외〕 분수(分數)의 밖. 동과분(過分). ぶんがい
分率〔분율〕 알맞게 나눔. ぶんりつ
分子〔분자〕 ① 지파(支派)의 자손(子孫)·지손(支孫). ②한 개 이상의 원자(原子)가 모여 고유한 성질을 유지하고 있는 화학적 물질(化學的物質)의 최소 입자(最小粒子). ぶんし 「んしょう
分掌〔분장〕 일을 나누어 맡음. ぶ
分册〔분책〕 한 책을 여러 권으로 나누어서 만듦. 또 그 책(册). ぶんさつ
分秒〔분초〕 ①각도의 분과 초. ②1분과 1초. 곧 매우 짧은 시간(時間). ぶんびょう
分針〔분침〕 시계의 분(分)을 가리키는 바늘. ぶんしん

分派〔분파〕 나누인 갈래. ぶんぱ
分布〔분포〕 나누이어 퍼짐. 또 나누어 퍼지게 함. ぶんぷ
分割〔분할〕 쪼개어 나눔. 또 쪼개져 나누임. ぶんかつ
分解〔분해〕 ①분별하여 풂. ②한 가지의 물질이 분리(分離)하여 두 가지 이상의 물질로 됨. ③한 개념(概念)을 분석(分析)하여 그 속성(屬性)을 설명함. ↔합성(合成). ぶんかい
分化〔분화〕 생물(生物)의 조직체 안에서 각 기관이 분업화하는 진화작용(進化作用). ぶんか
▷過分(과분). 區分(구분). 氣分(기분). 等分(등분). 名分(명분). 本分(본분). 成分(성분). 性分(성분). 身分(신분). 十分(십분). 餘分(여분). 情分(정분). 職分(직분). 處分(처분). 秋分(추분). 春分(춘분).

【切】 部 刀(칼도방) 획 2—2 훈 끊을·온통 음 절·체 中 ch'ieh[1,4] 英 cut; entirely 日 セツ. サイ. きる. すべて
뜻 ①끊을. 벨. ② 정성스러울. ③절박할. ④온통(체).
필순 一 七 切切
切感〔절감〕 절실하게 느낌.
切開〔절개〕 째어서 가름. せっかい
切斷〔절단〕 끊어 냄. せつだん
切望〔절망〕 간절히 바람. 동간망(懇望). せつぼう
切迫〔절박〕 기한(期限)이 썩 급하여짐. 기한이 닥침. せっぱく
切實〔절실〕 ①실지(實地)에 꼭 맞음. 아주 적절(適切)함. ②아주 긴요함. せつじつ 「우 중요함.
切要〔절요〕 적절하고 중요함. 매
切切〔절절〕 ①매우 간절(懇切)한 모양. 매우 정성스러운 모양. ② 깊이 생각하는 모양. ③계속하여 작게 들리는 소리. ④근심하는 모양. 슬퍼하는 모양. ⑤생각이 간절(懇切)한 모양. せつせつ
切除〔절제〕 베어 냄. 베어 없앰. せつじょ
切磋琢磨〔절차탁마〕 골각(骨角) 또는 옥석(玉石)을 자르고 갈고 쪼고 닦는다는 뜻으로 학문과 덕행(德行)을 힘써 닦음의 비유. せっさたくま 「노함. せっし
切齒〔절치〕 분하여 이를 갊. 몹시
切齒腐心〔절치부심〕 원통하고 분하여서 이를 갈고 속을 썩임. せっしふしん
切親〔절친〕 사이가 아주 친근함.
切痛(절통) 매우 한스럽고 분함.
切品〔절품〕 물건이 다 팔려 없어짐.
▷懇切(간절). 迫切(박절). 反切(반절). 一切(일절·일체). 適切(적절). 親切(친절).

〖初〗 部 刀(칼도방) 획 2—5 훈 처음 음 초 中 ch'u[1] 英 beginning 日 ショ. はじめ
뜻 ①처음. ②비로소. ③근본.
필순 ' ㇇ 礻 衤 初初
初更〔초경〕 하룻밤을 오경(五更)으로 나눈 맨 첫째의 부분. 곧 오후 7시부터 9시까지. しょこう
初校〔초교〕 첫번의 교정(校正). しょこう
初級〔초급〕 맨 처음의 등급(等級). 동초등(初等). しょきゅう
初期〔초기〕 맨 처음의 시기. ↔말기(末期). しょき
初年〔초년〕 ①전생애(全生涯)의 초기. ②처음 시기. しょねん
初段〔초단〕 ①첫 단(段). ②태권도(跆拳道)·유도(柔道)·바둑 등의 맨 처음의 제일 낮은 단(段). しょだん
初代〔초대〕 한 계통(系統)을 맨 처음으로 세운 사람. 또 그 사람의 시대. しょだい
初度〔초도〕 처음. 첫번. しょど
初冬〔초동〕 ①초겨울. 동맹동(孟冬). ②음력 시월의 이칭(異稱). しょとう
初等〔초등〕 맨 처음의 등급. 동초급(初級). しょとう 「ょろう
初老〔초로〕 40세(歲)를 이름. し
初面〔초면〕 처음으로 만남.
初聞〔초문〕 처음으로 듣는 말.
初步〔초보〕 첫걸음. 학문 기술 등

의 첫걸음. 가장 낮은 정도. ㉠ 一者(자). しょほ
初伏〔초복〕 삼복(三伏)의 하나. 소서(小暑)가 지난 뒤의 첫 경일(庚日). しょふく 「しょさん
初產〔초산〕 처음으로 아이를 낳음.
初喪〔초상〕 사람이 죽어서 장사(葬事) 지낼 때까지의 동안.
初雪〔초설〕 그 해에 처음으로 내린 눈. 첫눈. はつゆき
初聲〔초성〕 한 음절에서 처음으로 나는 소리. 첫소리. はつこえ
初旬〔초순〕 그 달 초하룻날부터 열흘날까지의 열흘 동안. ㊐상순(上旬). しょじゅん
初心〔초심〕 처음의 마음. 본시 먹은 마음. しょしん
初審〔초심〕 소송 사건(訴訟事件)에 있어서 첫번의 심리(審理). しょしん
初葉〔초엽〕 맨 처음의 시대. ↔말엽(末葉). 「にん
初任〔초임〕 처음으로 임명됨. しょ
初入〔초입〕 처음으로 들어감.
初志〔초지〕 처음의 뜻. 처음에 먹었던 뜻. 맨 처음의 희망. ㊐소지(素志). しょし
初版(초판) 서적(書籍)의 제일판(第一版). 처음 판. しょはん
初學〔초학〕 ①학문을 처음으로 배움. 또 그 사람. 초학자(初學者). ②익숙하지 못한 학문. しょがく
初行〔초행〕 첫 번으로 감. 또 그 길.
初婚〔초혼〕 첫 혼인(婚姻). ↔재혼(再婚). しょこん
▷國初(국초). 當初(당초). 歲初(세초). 始初(시초). 年初(연초). 週初(주초). 最初(최초). 太初(태초).

【券】 部 刀(칼도방) 劃 2—6 訓 문서 音 권: 中 ch'üan⁴ 英 bond; bill 日 ケン. てがた
뜻 ①문서. ②엄쪽.
필순 ' ㅅ 丷 半 失 券 券
券契〔권계〕 약속어음.
券面〔권면〕 증권(證券)의 겉면. けんめん 「액. けんめんがく
券面額〔권면액〕 권면에 기록한 금
券書〔권서〕 약속한 증서. けんしょ
▷馬券(마권). 食券(식권). 旅行券(여행권). 優待券(우대권). 銀行券(은행권). 入場券(입장권). 招待券(초대권). 割引券(할인권). 株券(주권). 證券(증권). 地券(지권). 債券(채권).

(2) 刂 部

【刊】 部 刂(칼도방) 劃 2—3 訓 책펴낼 音 간 中 k'an¹ 英 print 日 カン. けずる. きざむ
뜻 ①책 펴냄. ②새김. 깎음.
필순 一 二 干 刊
刊本〔간본〕 발간한 책. ㊀간행본(刊行本). かんぽん 「んいん
刊印〔간인〕 인쇄물을 인쇄함. か
刊布〔간포〕 간행하여 널리 폄.
刊行〔간행〕 서적 기타 출판물을 판각하거나 인쇄하여 발행함. ㉠一物(물). かんこう
▷改刊(개간). 旣刊(기간). 發刊(발간). 續刊(속간). 新刊(신간). 月刊(월간). 日刊(일간). 停刊(정간). 週刊(주간). 創刊(창간). 廢刊(폐간). 休刊(휴간).

【列】 部 刂(칼도방) 劃 2—4 訓 벌일 音 렬 中 leh⁴ 英 arrange in order 日 レツ. ならぶ. つらねる
뜻 ①벌일. ②줄. ③반열. ④항렬.
필순 ㄱ 万 歹 列
列强〔열강〕 여러 강한 나라들. ㉠歐美(구미)—. れっきょう
列擧〔열거〕 여러 가지를 들어 말함. れっきょ 「國). れっこく
列國〔열국〕 여러 나라. ㊐각국(各
列女〔열녀〕 정조(貞操)가 곧은 여자. 죽음을 무릅쓰고 절개(節概)를 지킨 여자. ㊐열녀(烈女). れつじょ
列女傳〔열녀전〕 책 이름. 한(漢)나라 유향(劉向)의 찬(撰). 총 7권(卷). 여러 열녀의 전기(傳

記)를 모의(母儀)·현명(賢明)·인지(仁智)·정순(貞順)·절의(節義)·변통(辨通)·폐얼(嬖孼)의 7항목에 나누어 수록하였음. れつじょでん
列島〔열도〕 열(列)을 지은 모양으로 된 섬. れっとう「람. れっし
列士〔열사〕 지조(志操)가 굳은 사
列聖朝〔열성조〕 역대 임금의 조정.
列傳〔열전〕 개인별로 쓴 전기(傳記)를 차례로 수록(收錄)한 것. れつでん
列朝〔열조〕 ㊙⇨열성조(列聖朝).
列座〔열좌〕 여러 사람이 늘어 앉음. れっざ
▷羅列(나열). 隊列(대열). 同列(동렬). 班列(반열). 排列(배열). 竝列(병렬). 分列(분열). 序列(서열). 順列(순열). 前列(전열). 戰列(전열). 整列(정렬). 直列(직렬). 陳列(진열). 行列(행렬).

〖**刑**〗 뷰 刂(칼도방) 획 2—4 훈 형벌 음 형 ㊥ hsing² ㊟ punishment ㊐ ケイ. ギョウ. しおき. のり
뜻 ①형벌. ②법.
필순 ㄷ开刑刑
刑官〔형관〕 형법(刑法)을 맡아 죄를 다스리는 벼슬아치. 사법관(司法官). 추관(秋官). けいかん
刑具〔형구〕 형벌(刑罰)이나 고문을 하는 데 쓰는 기구(器具). けいぐ
刑罰〔형벌〕 죄를 저지른 사람에게 주어지는 제재(制裁). けいばつ
刑法〔형법〕 죄인을 제재하는 규정(規定). 범죄를 처벌하는 법률. けいほう「けいし
刑死〔형사〕 처형(處刑)되어 죽음.
刑事〔형사〕 형벌(刑罰)의 적용(適用)을 받는 사건. ㊞—裁判(재판). けいじ「いしょう
刑賞〔형상〕 벌(罰)과 상(賞). け
刑餘〔형여〕 ①형을 받았으나 목숨을 보존한 사람이란 뜻으로, 전과자(前科者)를 이름. ②거세(去勢)된 사람. ㊐환관(宦官). ③중. ㊐승려(僧侶). けいよ
刑獄〔형옥〕 ①형벌(刑罰). ②옥(獄). 감옥. ㊐뇌옥(牢獄).
刑杖〔형장〕 죄인(罪人)을 신문(訊問)할 때에 쓰는 막대기.
刑場〔형장〕 사형을 집행하는 장소. けいじょう
▷減刑(감형). 輕刑(경형). 極刑(극형). 無期刑(무기형). 罰金刑(벌금형). 死刑(사형). 私刑(사형). 嚴刑(엄형). 流刑(유형). 杖刑(장형). 重刑(중형). 處刑(처형). 體刑(체형).

〖**利**〗 부 刂(칼도방) 획 2—5 훈 이로울 음 리: ㊥ li⁴ ㊟ benefit ㊐ リ. きく. とし
뜻 ①이로울. ②날카로울. 날랠. ③편리할.
필순 ㄷ千禾禾利利
利劍〔이검〕 날카로운 칼. 잘 드는 칼. りけん「리. りけん
利權〔이권〕 ①권력. ②이익과 권
利己〔이기〕 자기 한 몸의 이익과 쾌락(快樂)만을 꾀함. りこ
利器〔이기〕 ①예리(銳利)한 무기. ②편리한 기계(器械). ③쓸모 있는 재능. ④자유로 처치할 수 있는 권력. りき
利己心〔이기심〕 자기의 이익과 쾌락만을 생각하는 마음. りこしん
利刀〔이도〕 날카로운 칼. 잘 드는 칼. りとう
利鈍〔이둔〕 ①날카로움과 무딤. ②날램과 굼뜸. ③영리한 일과 어리석은 일. りどん
利得〔이득〕 이익을 얻음. 또 그 이익. ↔손실(損失). りとく
利文〔이문〕 ㊐⇨이전(利錢).
利兵〔이병〕 예리한 무기(武器). りへい「이자(利子). りそく
利息〔이식〕 변리(邊利). 길미. ㊐
利於病〔이어병〕 병에 이로움.
利欲〔이욕〕 이익을 탐(貪)내는 욕심. りよく
利用〔이용〕 사용을 유리하게 함. 또 유리하게 사용함. りよう
利用厚生〔이용후생〕 기물의 사용을 편리하게 하고 재물을 풍부히 하여 백성의 생활을 윤택하게 함.

利源〔이원〕 이익이 생기는 근원. りげん
利潤〔이윤〕 ①장사하여 남은 돈. [동]이익(利益). ②기업가(企業家)의 순이익(純利益). りじゅん
利率〔이율〕 본전(本錢)에 대한 변리(邊利)의 비율. りりつ
利益〔이익〕 ①이득. [동]이윤(利潤). ②유익함. ③부처의 은혜. 부처의 도움. りえき. りやく
利子〔이자〕 변리(邊利). 길미. [동]이식(利息). りし 「(利文).
利錢〔이전〕 이가 남는 돈. [동]이문
利害〔이해〕 이익과 손해. りがい
利害得失〔이해득실〕 이익과 손해와 얻음과 잃음. りがいとくしつ
利害相半〔이해상반〕 이익과 손해가 반씩임.
▷功利(공리). 國利(국리). 權利(권리). 名利(명리). 謀利(모리). 薄利(박리). 邊利(변리). 福利(복리). 不利(불리). 私利(사리). 舍利(사리). 勝利(승리).

〔別〕 [부] 刂(칼도방) [획] 2—5 [훈] 다를 [음] 별 [中] pieh^{2} [英] other [日]ベツ. わかれる
[뜻] ①다를. ②따로. ③이별. ④분별.
[필순] 口 另 別 別

別居〔별거〕 따로 떨어져 삶. ↔동거(同居). べっきょ 「고.
別故〔별고〕 다른 연고. 뜻밖의 사
別曲〔별곡〕 우리 나라의 독특한 시가(詩歌)의 일컬음. [예]關東(관동)—. 「설치한 집. べっかん
別館〔별관〕 본관(本館) 밖에 따로
別納〔별납〕 따로 바침. べつのう
別堂〔별당〕 ①몸채의 옆 또는 뒤에 따로 떨어져 있는 집. ②주지(住持)나 강사(講師) 같은 이가 거처하는 곳.
別途〔별도〕 ①길을 달리함. 또 다른 길. ②딴 용도(用途). べっと
別淚〔별루〕 이별의 눈물. べつるい
別離〔별리〕 이별(別離). べつり
別名〔별명〕 본명(本名) 이외에 지어 부르는 이름. べつめい
別味〔별미〕 특별히 맛있는 음식. 또 그 맛. べつみ
別房〔별방〕 ①딴 방. 다른 방. 또 딴 채. ②소실(小室). 첩(妾). [동]별실(別室).
別備〔별비〕 특별한 준비.
別事〔별사〕 ①다른 일. 딴 일. 색다른 일. べつじ
別世〔별세〕 세상을 떠남. 곧 죽음.
別世界〔별세계〕 ①지구(地球) 밖의 세계(世界). ②딴 세상. 속세(俗世)와는 다른 세상. [동]별천지(別天地). べっせかい
別食〔별식〕 늘 먹는 것이 아닌 특별한 음식. べっしょく
別室〔별실〕 ①딴 방. ②소실(小室). 첩(妾). [동]별방(別房). べっしつ
別人〔별인〕 딴 사람. 타인(他人). べつじん
別字〔별자〕 ①딴 글자. ②잘못되어 딴 글자로 된 것. [동]위자(僞字). ③글자의 형체(形體)를 분석(分析)함. [동]석자(析字). ④별명(別名). べつじ
別莊〔별장〕 본집 밖에 경치 좋은 곳에 따로 장만하여 둔 집. [동]별저(別邸). べっそう 「てい
別邸〔별저〕 [동]⇨별장(別莊). べっ
別製〔별제〕 별다르게 만듦. 또 그 제품. [동]특제(特製). べっせい
別種〔별종〕 ①특별한 종류. ②특별히 선사하는 물건. べっしゅ
別紙〔별지〕 ①딴 종이. ②따로 적어 덧붙인 종이쪽. べっし「さつ
別冊〔별책〕 다른 책. 딴 책. べっ
別策〔별책〕 다른 계책. 다른 책략.
別天地〔별천지〕 속계(俗界)를 떠난 딴 세계. 사람이 사는 이 세상과 전연 다른 세계. [동]별세계(別世界). べってんち
別體〔별체〕 특별한 문체(文體)나 자체(字體). べったい
別派〔별파〕 딴 파. [동]타파(他派). べっぱ 「ょう
別表〔별표〕 따로 붙인 표. べっぴ
別項〔별항〕 다른 조항(條項)이나 사항(事項). べっこう
別行〔별행〕 딴 줄. べつぎょう
別號〔별호〕 ①호(號). ②딴 이름.

㊐당호(堂號). 아호(雅號). 일명(一名). べつごう 「べつご

別後〔별후〕 떠난 이후. 떠난 이래.

▷告別(고별). 區別(구별). 分別(분별). 死別(사별). 性別(성별). 送別(송별). 識別(식별). 有別(유별). 離別(이별). 作別(작별). 種別(종별). 差別(차별). 特別(특별). 派別(파별). 判別(판별).

〖判〗 부 刂(칼도방) 획 2—5 훈 판단할 음 판 ㊥ p'an⁴ 英 judgement 日 ハン. バン. わける

뜻 ①판단할. ②가를.

필순 ハ 亽 半 判 判

判決〔판결〕 ①시비(是非)·선악(善惡)을 판단하여 결정함. ②법원(法院)이 법률을 적용하여 소송사건(訴訟事件)을 판단하여 결정함. はんけつ

判斷〔판단〕 사물의 가부(可否)·진위(眞僞)·시비(是非)·곡직(曲直) 등을 분별하여 정함. 예一力(력). はんだん 「はんどく

判讀〔판독〕 뜻을 판단하면서 읽음.

判例〔판례〕 소송사건(訴訟事件)을 판결한 선례(先例). はんれい

判明〔판명〕 사실이 똑똑하게 드러남. 분명히 알려짐. はんめい

判無〔판무〕 아주 없음. 확실히 없음. 「함. はんべつ

判別〔판별〕 가름. 판단하여 구별

判事〔판사〕 대법관 이외의 법관. 대법원·고등 법원·지방 법원에 각각 속하여 심리 재판(審理裁判)을 맡아 봄. はんじ

判書〔판서〕 ①두 사람이 각각 한 쪽씩 가지고 있는 계약서. ②육조(六曹)의 장관(長官).

判然〔판연〕 아주 환하게 판명(判明)된 모양. 명확함. はんぜん

判尹〔판윤〕 이조 때 한성부(漢城府)의 으뜸 벼슬. はんいん

判異〔판이〕 아주 다름. はんい

判定〔판정〕 판별(判別)하여 결정함. はんてい

▷公判(공판). 菊判(국판). 談判(담판). 批判(비판). 審判(심판). 誤判(오판). 自判(자판). 裁判(재판).

【刻】 부 刂(칼도방) 획 2—6 훈 새길 음 각 ㊥ K'ê¹·⁴ 英 carve 日 コク. きざむ

뜻 ①새길. ②각박할. 야박할. ③시각.

필순 亠 亥 亥 亥 刻 刻

刻苦〔각고〕 대단히 애를 씀. 비상히 노력함. こっく 「짐. かっこつ

刻骨〔각골〕 마음 속에 깊이 새겨

刻骨難忘〔각골난망〕 남에게 입은 은혜가 마음 속 깊이 새기어져 잊혀지지 아니함.

刻骨銘心〔각골명심〕 남에게 입은 은혜가 뼈에 사무치고 마음 속 깊이 새겨짐. 「手).

刻工〔각공〕 각수장이. ㊐각수(刻

刻刀〔각도〕 새김칼.

刻勵〔각려〕 부지런히 힘씀. 비상히 노력함. 약각고 면려(刻苦勉勵). こくれい

刻廉〔각렴〕 엄격하고 청렴함.

刻銘〔각명〕 금석(金石)에 새긴 명(銘). こくめい

刻木〔각목〕 나무를 깎거나 새김.

刻薄〔각박〕 잔인하고 인정없음. こくはく

刻本〔각본〕 인본(印本). こくほん

刻石〔각석〕 돌에 새김.

刻手〔각수〕 나무에 글 그림 따위를 새기는 기술자. ㊐각공(刻工).

刻印〔각인〕 도장을 새김. こくいん

刻字〔각자〕 글자를 새김. こくじ

刻章琢句〔각장탁구〕 고심하여 조탁(彫琢)한 장구(章句).

刻舟求劍〔각주구검〕 옛날에 초(楚)나라 사람이 배를 타고 나루를 건너다가 잘못하여 칼이 물 속에 빠지자 그 뱃전에 표를 하였다가 배가 나루에 닿은 뒤에 표를 해 놓은 뱃전 밑의 물 속에 다시 들어가서 칼을 찾더라는 고사(故事). 미련해서 옛 사물에 구애되어 시세(時勢)에 어둡고 변통성이 없음의 비유.

刻板〔각판〕 ①판각하는 데 쓰는 글씨·그림을 새기는 널 조각. ②

서화(書畫)를 널 조각에 새김.
刻限〔각한〕 시각. ⓓ정각(定刻). こくげん
▷頃刻(경각). 漏刻(누각). 銘刻(명각). 飜刻(번각). 石刻(석각). 時刻(시각). 深刻(심각). 印刻(인각). 彫刻(조각). 板刻(판각).

【到】 부 刂(칼도방) 획 2—6 훈 이를 음 도: ⓒ tao⁴ 英 reach 日 トウ. いたる
뜻 ①이를. ②주밀할.
필순 一 㐅 至 至 到 到
到達〔도달〕 목적한 곳에 이름. 다다름. とうたつ
到來〔도래〕 이름. 옴. とうらい
到底〔도저〕 ①마침내. 필경. 결국. ②끝까지. 아주. ⓓ철저(徹底). とうてい 「とうちゃく
到着〔도착〕 목적한 곳에 다다름.
到處〔도처〕 가는 곳. 이르는 곳. とうしょ 「(일도). 精到(정도).
▷來到(내도). 迫到(박도). 一到

【刷】 부 刂(칼도방) 획 2—6 훈 인쇄할 음 쇄: ⓒ shua¹ 英 print 日 サツ. する
뜻 ①인쇄할. 박을. ②솔질할.
참고 본음(本音)은 살.
필순 ㄱ ㅋ 尸 吊 吊 刷 刷
刷新〔쇄신〕 묵은 것의 좋지 않은 데를 버리고 면목을 새롭게 함. さっしん 「さっし
刷子〔쇄자〕 모자나 옷을 터는 솔.
刷恥〔쇄치〕 부끄러움을 덜어 버림. さっち
刷還〔쇄환〕 외국에서 유랑(流浪)하는 동포를 본국으로 데리고 옴.
▷印刷(인쇄). 縮刷(축쇄).

【刺】 부 刂(칼도방) 획 2—6 훈 찌를 음 자 ⓒ tz'û⁴ 英 pierce 日 シ. さす. とげ
뜻 ①찌를. ②벨. ③정탐할. ④찌를(척).
필순 一 冂 市 朿 朿 朿 刺
刺客〔자객〕 사람을 몰래 칼로 찔러 죽이는 사람. しかく
刺戟〔자극〕 흥분시키는 일. しげき
刺刀〔자도〕 찔러 죽이는 칼. しとう
刺字〔자자〕 옛날 중국에서 얼굴이나 팔뚝에 흠을 내어 죄명(罪名)을 먹칠하여 넣던 일. ⓓ입묵(入墨)·문신(文身). 「しさつ
刺殺〔척살〕 찔러 죽임. せきさつ.
▷縫刺(봉자). 水刺(수자). 手刺(수자). 諷刺(풍자).

【制】 부 刂(칼도방) 획 2—6 훈 억제할 음 제: ⓒ chih⁴ 英 control 日 セイ. たちきる. おきて
뜻 ①억제할. ②절제할. ③마를. ④법도. ⑤지을(製와 통용).
필순 ′ 𠂉 㐄 𠂉 制 制
制度〔제도〕 국가의 법칙(法則). 법제(法制). せいど
制毒〔제독〕 미리 해독을 없앰.
制令〔제령〕 법. 법도. せいれい
制禮〔제례〕 예법을 제정함.
制帽〔제모〕 제정된 모자. せいぼう
制服〔제복〕 제정된 복장. せいふく
制勝〔제승〕 승리함. せいしょう
制壓〔제압〕 위력이나 위엄으로 남을 꽉 눌러서 통제함. せいあつ
制約〔제약〕 사물의 성립에 필요한 조건이나 규정. せいやく
制御〔제어〕 자기 마음대로 부림. 지배함. 어거함. せいぎょ
制作〔제작〕 ①생각하여 만듦. ②꾸밈새. 형식(形式). せいさく
制裁〔제재〕 잘못한 일에 대하여 징계(懲戒)함. せいさい
制定〔제정〕 제도 등을 만들어 정함. せいてい 「せいぞう
制造〔제조〕 만듦. ⓓ제조(製造).
制止〔제지〕 금함. 못하게 함. ⓓ금제(禁制). せいし
制覇〔제패〕 패권(覇權)을 잡음. 예 世界(세계)—. せいは
制限〔제한〕 ①일정한 한도. ②어느 한도를 넘지 못하게 함. せいげん 「せいけん
制憲〔제헌〕 헌법(憲法)을 제정함.
▷牽制(견제). 官制(관제). 舊制(구제). 軍制(군제). 規制(규제). 法制(법제). 服制(복제). 壓制(압제). 抑制(억제). 禮制(예제). 專制(전제). 節制(절제). 體制(체제). 統制(통제). 學制(학제).

「刹」 부 刂(칼도방) 획 2—6 훈 절 음 찰 中 ch'a⁴ 英 temple 日 サツ. セツ. てら. くに
뜻 ①절. ②짧은 시간.
필순 ノ ˣ 手 矛 矛 刹 刹
刹那〔찰나〕 지극히 짧은 시간을 이름. せつな
刹利〔찰리〕 인도 사성(四姓)의 둘째 계급. 왕후와 무인 계급. 약 찰제리(刹帝利). せつり
刹土〔찰토〕 불교에서 국토를 이르는 말. せつど
刹海〔찰해〕 육지와 바다.
▷古刹(고찰). 羅刹(나찰). 名刹(명찰). 寶刹(보찰). 佛刹(불찰). 寺刹(사찰). 僧刹(승찰). 淨刹(정찰).

【削】 부 刂(칼도방) 획 2—7 훈 깎을 음 삭 中 hsiao¹ hsüeh⁴ 英 cut 日 サク. けずる
뜻 ①깎을. ②없앨.
필순 ˈ 小 个 个 肖 肖 削
削減〔삭감〕 깎아서 줄임. 떼어 내어 줄임. 또 깎이어 줆. さくげん
削刀〔삭도〕 중의 머리를 깎는 데 쓰는 칼.
削髮〔삭발〕 ①머리털을 깎음. ①중이 됨. 출가(出家)함. さくはつ
削髮爲僧〔삭발위승〕 머리를 깎고 중이 됨. 「さくじょ
削除〔삭제〕 깎아버림. 지워버림.
削職〔삭직〕 관직(官職)을 빼앗음. さくしょく
削奪官職〔삭탈관직〕 동⇨삭직(削職). さくだつかんしょく
▷刻削(각삭). 減削(감삭). 添削(첨삭).

〖前〗 부 刂(칼도방) 획 2—7 훈 앞 음 전 中 ch'ien² 英 front 日 ゼン. セン. まえ
뜻 ①앞. ②앞설. ③먼저.
필순 ˈ 丷 䒑 广 前 前 前
前鑑〔전감〕 거울로 삼을 만한 이전 일. ぜんかん
前古未曾有〔전고미증유〕 자고 이래로 있어 본 일이 없음. 옛부터 일찌기 한 번도 없었던 최초의 일. ぜんこみぞう
前功〔전공〕 이전의 공로. ぜんこう
前功可惜〔전공가석〕 그 전에 들인 공이 아까움.
前科〔전과〕 이전에 치른 형벌. 예 —者(자). ぜんか 「んかん
前官〔전관〕 전임의 벼슬아치. ぜ
前驅〔전구〕 말을 타고 행렬의 앞에서 인도함. 또 그 사람. 동선구(先驅). ぜんく 「き
前記〔전기〕 앞에 적은 기록. ぜん
前期〔전기〕 ①먼저의 기간. 앞의 기간. ②기한보다 앞섬. ぜんき
前年〔전년〕 지난 해. 작년. 예—度(도). ぜんねん 「んだい
前代〔전대〕 지나간 시대. 예전. ぜ
前代未聞〔전대미문〕 지금까지 들은 적이 없음. ぜんだいみもん
前途〔전도〕 ①앞으로 갈 길. ②장래. 동전정(前程). ぜんと
前道〔전도〕 앞길.
前導〔전도〕 앞길을 인도함. 동선도(先導). ぜんどう
前略〔전략〕 ①문장의 처음 부분을 생략(省略)함. ②편지에서 인사를 생략할 때 서두에 쓰는 말. ぜんりゃく 「例). ぜんれい
前例〔전례〕 이전부터 있던 사례(事
前面〔전면〕 앞쪽. ぜんめん
前無後無〔전무후무〕 전에도 없었고 나중에도 없음.
前文〔전문〕 앞에 쓴 글. ぜんぶん
前半〔전반〕 앞의 절반. ぜんはん
前杯〔전배〕 동⇨전작(前酌).
前夫〔전부〕 먼젓번의 남편. ぜんぷ
前非〔전비〕 이전의 잘못. ぜんぴ
前生緣分〔전생연분〕 이 세상에 나오기 전에 맺은 연분. 동전연(前緣). 「つ
前述〔전술〕 앞에서 말함. ぜんじゅ
前習〔전습〕 이전의 습관(習慣). ぜんしゅう
前室〔전실〕 이전의 아내. 동전취(前娶). 전처(前妻).
前夜〔전야〕 ①어젯밤. ②전날 밤. ぜんや 「ぜんやく
前約〔전약〕 전에 맺은 언약(言約).
前言〔전언〕 ①고인(古人)의 말. ②이왕에 한 말. ぜんげん

前緣〔전연〕 ⑤⇨전생 연분(前生緣分). ぜんえん
前列〔전열〕 ①앞줄. ②군대에서 앞선 대오(隊伍). ぜんれつ「げつ
前月〔전월〕 지나간 달. 전달. ぜん
前衞〔전위〕 앞에서 먼저 나가는 호위(護衛). ↔후위(後衛). ⑩一隊(대). ぜんえい 「ぜんじつ
前日〔전일〕 지난날. ⑤선일(先日).
前任〔전임〕 전에 맡았던 일. 또 그 사람. 「후자(後者). ぜんしゃ
前者〔전자〕 지난 번. 앞의 것. ↔
前作〔전작〕 전의 작품. ぜんさく
前酌〔전작〕 술자리에 참여하기 전에 이미 마신 술. ⑤전배(前杯).
前庭〔전정〕 앞뜰. ぜんてい
前情〔전정〕 옛 정(情). 구정(舊情). 「ぜんてい
前程〔전정〕 앞길. ⑤전도(前途).
前程萬里〔전정만리〕 전도가 매우 유망함을 이름. ⑤전도만리(前途萬里).
前提〔전제〕 ①어떠한 사물을 먼저 내세움. ②추리(推理)에서 단안(斷案)의 기초가 되는 명제(命題). ぜんてい
前兆〔전조〕 미리 나타나 보이는 조짐(兆朕). ぜんちょう
前罪〔전죄〕 이전에 저지른 죄. ぜんざい「전의 직업. ぜんしょく
前職〔전직〕 이전의 벼슬 자리. 이
前進〔전진〕 앞으로 나감. ぜんしん
前妻〔전처〕 이전의 아내. ⑤전실(前室). ぜんさい
前轍〔전철〕 앞에 지나간 수레바퀴의 자국이라는 뜻으로, 이전 사람이 그르친 일의 자취를 이름. ぜんてつ「는 군사. ぜんしょう
前哨〔전초〕 전방(前方)에 둔 망보
前篇〔전편〕 두 편으로 나누인 책의 앞 편. ↔후편(後篇). ぜんぺん
前項〔전항〕 앞에 적히어 있는 사항. 앞의 항목. ぜんこう「かい
前回〔전회〕 지난번. 먼젓번. ぜん
前後〔전후〕 ①앞뒤. ②먼저와 나중. ③처음과 끝. ぜんご
▷空前(공전). 紀元前(기원전). 目前(목전). 門前(문전). 産前(산전). 生前(생전). 食前(식전). 眼前(안전). 御前(어전). 午前(오전). 以前(이전). 直前(직전). 最前(최전). 風前(풍전).

〖則〗 부 刂(칼도방) 획 2—7 훈 법 음 칙 ㊥ tsê[2] 英 rule 日 ソク. すなわち. のり
뜻 ①법. ②곧(즉). ③ 소리(측).
필순 丨 冂 月 目 貝 則 則
則則〔측측〕 탄식하는 소리.
則度〔칙도〕 법(法). 법도(法度). 표준. そくど 「っこう
則効〔칙효〕 모범을 삼아 배움. そ
▷校則(교칙). 敎則(교칙). 規則(규칙). 罰則(벌칙). 法則(법칙). 變則(변칙). 四則(사칙). 社則(사칙). 鐵則(철칙).

【剛】 부 刂(칼도방) 획 2—8 훈 굳셀 음 강 ㊥ kang[1] 英 firm 日 ゴウ. たけし. つよい
뜻 ①굳셀. ②꼬장꼬장할.
필순 丨 冂 門 鬥 鬥 岡 岡 剛 剛
剛健〔강건〕 ①셈. 굳셈. ②격조(格調)가 웅장(雄壯)하고 어세(語勢)가 강함. 기품(氣品)이 장대(壯大)하고 필력(筆力)이 강함. ごうけん
剛氣〔강기〕 굳센 기상. ごうき
剛斷〔강단〕 과단성 있게 결단함.
剛猛〔강맹〕 매우 굳세고 사나움. ごうもう 「ごうせい
剛性〔강성〕 물질의 단단한 성질.
剛柔〔강유〕 ①억셈과 연함. ②굳셈과 부드러움. ごうじゅう
剛柔兼全〔강유겸전〕 강함과 유함을 아울러 갖춤. 성품이 부드러우면서도 단단함. 「ごうき
剛毅〔강의〕 강직하여 꺾이지 않음.
剛忍〔강인〕 억세어 인정이 없음.
剛腸〔강장〕 강직(剛直)한 마음의 비유. 「ごうちょく
剛直〔강직〕 마음이 굳세고 곧음.
▷金剛(금강). 內剛(내강). 內柔外剛(내유외강). 柔能制剛(유능제강). 至大至剛(지대지강).

「剝」 부 刂(칼도방) 획 2—8 훈 벗길 음 박 ㊥ po[1]. pao[1]

㊎ strip ㊐ ハク. はぐ. さく
뜻 ①벗길. ② 떨어질. ③찢을. ④두드릴. ⑤깎을.
필순 剝 剝
剝落〔박락〕벗겨져 떨어짐. はくらく 「롭게 함.
剝民〔박민〕부역 따위로 백성을 괴
剝剝〔박박〕①사람이 찾아오는 소리. ②문을 두드리는 소리.
剝削〔박삭〕벗기고 깎음. 또 벗기어 빼앗음. ②옛날 세무 관리(稅務官吏)가 중간에서 세금을 횡령(橫領)함. はくさく
剝製〔박제〕새·짐승의 가죽을 벗기고 속에 솜을 메워 표본을 만드는 일. 또 그 물건. はくせい
剝脫〔박탈〕벗겨짐. 또는 벗겨 떨어뜨림. はくだつ 「だつ
剝奪〔박탈〕빼앗음. 탈취함. はく
剝皮〔박피〕껍질을 벗김. はくひ
▷刻剝(각박).

「剖」 부 刂(칼도방) 획 2—8 훈 쪼갤 음 부: ㊥ p'ou[3·1] ㊎ cut in two ㊐ ホウ. ボウ. さく
뜻 쪼갤.
필순 剖 剖
剖決〔부결〕옳고 그름을 갈라 결정함. 판단함.
剖棺斬屍〔부관참시〕죽은 후에 큰 죄가 드러났을 때, 관을 쪼개고 목을 베어 극형(極刑)을 하던 일.
剖符〔부부〕부표(剖票)를 나눔. ほうふ 「ほうせき
剖析〔부석〕나누어 쪼갬. 해결함.
剖折〔부절〕쪼개어 나눔.
剖判〔부판〕쪼개져 열림. 사물이 나누어짐. 동개벽(開闢). ほうは
▷評剖(평부). 解剖(해부). 　ㄴん

【副】 부 刂(칼도방) 획 2—9 훈 버금 음 부: ㊥ fu[4] ㊎ second ㊐ フク. そえる
뜻 ①버금. ②도울. ③베낄.
필순 副 副
副官〔부관〕군대에서 부대장 및 지휘관의 명을 받아 행정 임무를 관장하는 비서 구실의 참모. ふっかん 「ふくば
副馬〔부마〕예비로 두는 여벌의 말.
副本〔부본〕원본(原本)의 버금으로 비치하여 두는 원본과 꼭 같은 서류. ふくほん
副使〔부사〕정사(正使)를 보좌하는 버금 사신(使臣). ふくし
副詞〔부사〕주로 동사·형용사의 위에 놓이고, 더러는 다른 부사 앞에서 그것이 어떠하게 어떻다거나 또는 어찌 움직인다는 뜻을 한정하는 품사. 더욱·아주·썩 따위의 어찌씨. ふくし
副産物〔부산물〕주산물을 만드는데 따라서 생기는 물건. ふくさんぶつ
副賞〔부상〕상장(賞狀) 이외에 덧붙여 주는 상품. ふくしょう
副署〔부서〕법령 또는 조약 따위를 새로 제정한 때에 국가 원수가 서명한 다음 각 국무위원이 따라 서명하는 일. ふくしょ
副成分〔부성분〕주성분 이외의 성분. ふくせいぶん
副食物〔부식물〕주되는 음식에 껴먹는 음식. 밥에 대한 반찬 따위. ふくしょくぶつ
副業〔부업〕본업 밖에 갖는 직업. 동여업(餘業). ふくぎょう
副元帥〔부원수〕원수(元帥)의 버금으로 원수를 보좌하는 직책.
副作用〔부작용〕약이 목적으로 하는 본래의 작용 이외에 따라서 일어나는 작용. ふくさよう
副將〔부장〕주장(主將)을 보좌하는 버금 장수. 동비장(裨將). ふ
▷正副(정부). 　ㄴくしょう

「剩」 부 刂(칼도방) 획 2—10 훈 남을 음 잉: ㊥ shêng[4] ㊎ surplus ㊐ ジョウ. あまる
뜻 ①남을. ②더할. ③말쑥한. ④뿐아니라.
필순 一 二 千 千 乖 乘 乘 剩 剩
剩讀〔잉독〕반복해서 몇 번이고 읽음. 「額).
剩數〔잉수〕남는 수. 동잉액(剩
剩哀〔잉애〕일이 끝난 뒤까지도 남는 슬픔. じょうあい 「數).
剩額〔잉액〕남는 액수. 동잉수(剩
剩餘〔잉여〕나머지. 동잔여(殘餘).

剩員〔잉원〕 남는 인원. じょういん
▷過剩(과잉). 餘剩(여잉). 足剩(족잉).

【創】 부 刂(칼도방) 획 2—10 훈 비롯할 음 창: 中 ch'uang⁴ 英 begin; wound 日 ソウ. はじめる. きず
뜻 ①비롯할. ②상할.
필순 𠆢 今 今 倉 倉 倉 創 創

創刊〔창간〕 신문·잡지·교지(校誌) 등의 정기 간행물을 처음으로 간행함. 예—號(호). そうかん
創建〔창건〕 동⇨창립(創立). そうけん
創見〔창견〕 ①독창적인 의견. ②처음으로 한 발견. そうけん
創立〔창립〕 처음으로 세움. 처음으로 이룩함. 동창건(創建). 창설(創設). そうりつ 「うしょう
創傷〔창상〕 연장에 다친 상처. そ
創設〔창설〕 처음으로 베풂. 동창립(創立). 신설(新設).
創世〔창세〕 처음으로 세계(世界)를 만듦. そうせい
創世記〔창세기〕 구약성서(舊約聖書)의 첫권. 천지 개벽(天地開闢)과 만물을 창조한 전설의 기록. そうせいき
創始〔창시〕 일을 비롯함. そうし
創案〔창안〕 지금까지 없던 것을 처음으로 생각해 냄. そうあん
創業〔창업〕 나라를 처음으로 세움. 사업을 일으킴. そうぎょう
創意〔창의〕 새로 생각해 낸 의견. 새로운 착상(着想). そうい
創作〔창작〕 처음으로 생각해 내어 만듦. 자기의 창의(創意)에 의하여 지은 문예 작품. そうさく
創制〔창제〕 ①처음으로 세워 다스림. ②제도(制度)를 새로 만듦. そうせい
創製〔창제〕 동⇨창조(創造).
創造〔창조〕 처음으로 만듦. 동창제(創製). 「(중창). 草創(초창).
▷傷創(상창). 刃創(인창). 重創

【割】 부 刂(칼도방) 획 2—10 훈 가를 음 할: 中 kê¹ 英 divide 日 カツ. さく. わる
뜻 ①가를. 벨. ②나눌.
필순 宀 宝 宔 害 害 害 割 割

割據〔할거〕 한 지방을 점령하여 크게 막아 지킴. かっきょ
割當〔할당〕 분배(分配)함. わりあて
割禮〔할례〕 유태교(猶太教)에서 남자가 난 지 여드레 만에 자지 끝의 피부를 조금 베어 버리는 예식. かつれい
割腹〔할복〕 배를 가름. かっぷく
割符〔할부〕 부신(符信)을 갈라 증거로 삼음. わりふ 「함.
割賦〔할부〕 분할(分割)하여 배당
割授〔할수〕 나누어 줌. かつじゅ
割愛〔할애〕 아깝게 생각하는 것을 선뜻 내어줌. 아쉬운 생각을 끊고 고루 나누어 줌. かつあい
割讓〔할양〕 나누어 줌. かつじょう
▷分割(분할).

【劃】 부 刂(칼도방) 획 2—12 훈 그을 음 획 中 hua²·⁴ 英 rive 日 カク. くぎる. かぎる
뜻 ①그을. ②나눌. ③가를.
필순 ⺕ 聿 聿 書 書 書 畫 劃 劃

劃期的〔획기적〕 새로운 시대를 긋는 상태. 새로운 기원(紀元)을 여는 모양. かっきてき
劃然〔획연〕 명확(明確)하게 구별된 모양. かくぜん
劃一〔획일〕 모두 한결같이 함. 동일률(一律). かくいつ
劃花〔획화〕 도자기의 몸에 칼로 파서 새겨낸 그림.
▷區劃(구획). 企劃(기획).

【劍】 부 刂(칼도방) 획 2—13 훈 칼 음 검: 中 chien⁴ 英 sword 日 ケン. つるぎ
뜻 ①칼. ②찔러 죽일.
참고 동 劒
필순 𠆢 今 合 命 命 僉 劍 劍

劍客〔검객〕 동⇨검사(劍士). けんかく 「춤. けんぶ
劍舞〔검무〕 칼을 들고 추는 춤. 칼
劍法〔검법〕 동⇨검술(劍術). けんぽう 「光). けんぽう
劍鋒〔검봉〕 칼의 끝. 동검광(劍
劍士〔검사〕 검술(劍術)에 능통한 사람. 칼을 잘 쓰는 사람. 동검

객(劍客). けんし 「つ
劍術〔검술〕 칼 쓰는 법. けんじゅ
劍俠〔검협〕 칼을 잘 쓰는 의협심이 있는 사람.
劍花〔검화〕 칼이 서로 부딪칠 때 나는 불꽃. けんか
▷短劍(단검). 刀劍(도검). 木劍(목검). 寶劍(보검). 三尺之劍(삼척지검). 利劍(이검). 長劍(장검).

【劇】 [부] 刂(칼도방) [획] 2—13 [훈] 심할 [음] 극 [中] chi², chu⁴ [英] extreme; drama [日] ゲキ. はげしい
[뜻] ①심할. 대단할. ②연극.
[필순] ˊ ˊˊ 广 广 卢 虍 豦 豦 劇
劇界〔극계〕 연극인들의 사회. [동]극단(劇壇). げきかい 「だん
劇團〔극단〕 연극하는 단체. げき
劇壇〔극단〕 ①연극의 무대(舞臺). ②연극인의 사회. [동]극계(劇界). げきだん 「れつ
劇烈〔극렬〕 과격하고 맹렬함. げき
劇論〔극론〕 격렬한 의론. げきろん
劇務〔극무〕 극심하게 분주한 사무. [동]격무(激務). げきむ
劇文學〔극문학〕 연극 예술을 위한 문학. げきぶんがく
劇變〔극변〕 몹시 변함. 또 급격한 변화. [동]격변(激變). げきへん
劇詩〔극시〕 연극 각본(脚本)으로 꾸며진 장편의 시. げきし
劇甚〔극심〕 극도로 심함. 아주 심함. げきじん
劇藥〔극약〕 성질이 극렬한 약. 표준 용량(用量)을 지나쳐 복용하면 중독을 일으켜 위험한 약. 산토닌·수면제 같은 것. げきやく
劇熱〔극열〕 몹시 심한 열.
劇作〔극작〕 희곡(戲曲)이나 각본을 창작하는 일. げきさく
劇作家〔극작가〕 희곡(戲曲)이나 각본을 창작하는 사람. げきさっか
劇場〔극장〕 연극을 연출하거나 영화를 상영하는 곳. げきじょう
劇的〔극적〕 영화나 연극을 보듯이 감격적인 것. 「추위. げきかん
劇寒〔극한〕 대단한 추위. 극심한
劇戲〔극희〕 광대가 하는 연극.
▷歌劇(가극). 繁劇(번극). 悲劇(비극). 演劇(연극). 雜劇(잡극). 慘劇(참극). 活劇(활극). 喜劇(희극).

【劉】 [부] 刂(칼도방) [획] 2—13 [훈] 성 [음] 류 [中] liu² [英] overcome [日] リュウ. かつ
[뜻] ①성. 묘금도. ②이길. ③베풀.
[필순] 𠂎 丣 丣 劉 㔷 鎦 劉
劉邦〔유방〕 전한(前漢)의 고조(高祖). 자(字)는 계(季). 항우(項羽)와 다투기 무릇 5년, 마침내 국내를 통일하고 한조(漢朝)를 세워 장안(長安)에 도읍하였음. りゅうほう
劉備〔유비〕 삼국시대(三國時代)의 촉한(蜀漢)의 임금. 자(字)는 현덕(玄德). 제갈양(諸葛亮)을 남양(南陽)에서 만나 그의 천하(天下)를 삼분(三分)하는 계책을 써서 파촉(巴蜀)을 평정한 후 성도(成都)에서 제위(帝位)에 오르고 국호를 한(漢)이라 하였음. [동]、유선주(劉先主). りゅうび
劉宋〔유송〕 남조(南朝)의 송(宋)의 별호. 조송(趙宋)과 구별하기 위하여 일컬음. りゅうそう
劉秀〔유수〕 후한(後漢)의 제1세 광무황제(光武皇帝). 자(字)는 문숙(文叔). 왕망(王莽)을 곤양(昆陽)에서 격파하고 제위(帝位)에 올라 후한(後漢)의 기초를 열었음. りゅうしゅう
劉向〔유향〕 전한(前漢)의 종실(宗室). 자(字)는 자정(子政). 뛰어난 학자로서 저서에 열녀전(列女傳)·신서(新序)·홍범오행전(洪範五行傳)·설원(說苑) 등이 있음. りゅうこう

「劑」 [부] 刂(칼도방) [획] 2—14 [훈] 약지을 [음] 제: [中] chi⁴ [英] mixture [日] ザイ. くすり
[뜻] ①약지을. ②약제. 약재료.
[참고] [약] 剤
[필순] 亠 文 产 齐 齐 齐 齐 齊 劑
▷强心劑(강심제). 藥劑(약제). 錠

劑(정제). 調劑(조제). 清凉劑(청량제). 催眠劑(최면제).

(2) 力 部

〖力〗 부 力(힘력변) 획 2—0 훈 힘 음 력 中 li⁴ 英 strength
日 リキ. リョク. ちから
뜻 ①힘. ②힘쓸.
필순 フカ

力諫〔역간〕 힘써 간함. 동고간(苦諫). 극간(極諫). りょっかん
力求〔역구〕 힘써 구함.
力道〔역도〕 역기(力器)를 들어 올리는 운동. りきどう「きりょう
力量〔역량〕 능력(能力)의 정도. り
力拔山氣蓋世〔역발산기개세〕 산을 뽑고 세상을 덮을 만한 웅대한 기력의 형용. 초(楚)나라 항우가 한(漢)나라 고조(高祖)와 결전하여 해하(垓下)에서 패하였을 때의 노래의 1절(節).
力不及〔역불급〕 힘이 미치지 못함.
力士〔역사〕 힘이 센 사람. りきし
力說〔역설〕 힘써 말함. 힘써 설명함. りきせつ 「품. りきさく
力作〔역작〕 힘들여 지음. 또 그 작
力著〔역저〕 힘을 들여서 지은 저서. 훌륭한 저서. りきちょ
力戰〔역전〕 힘을 다하여 싸움. りょくせん
力點〔역점〕 지레로 물체를 움직일 때 힘이 모이는 점. りょくてん. りきてん
力盡〔역진〕 힘이 다함. 힘이 지침.
力薦〔역천〕 힘써 천거함.
力學〔역학〕 ①학문에 힘씀. ②물체의 동정(動靜)·운동의 지속(遲速) 및 힘의 작용 등에 관한 학문. りきがく
▷强力(강력). 國力(국력). 權力(권력). 氣力(기력). 努力(노력). 勞力(노력). 能力(능력). 馬力(마력). 武力(무력). 勢力(세력). 速力(속력). 水力(수력). 心力(심력). 威力(위력). 有力(유력). 人力(인력). 自力(자력). 自制力(자제력). 財力(재력). 全力(전력). 戰力(전력). 精力(정력). 助力(조력). 主力(주력). 重力(중력). 盡力(진력). 體力(체력). 他力(타력). 彈力(탄력). 學力(학력). 協力(협력).

〖加〗 부 力(힘력변) 획 2—3 훈 더할 음 가 中 chia¹ 英 add
日 くわえる. くわわる
뜻 ①더할. ②덮칠.
필순 フカ加加加

加減〔가감〕 ①더함과 덜함. ②조절함. ③덧셈과 뺄셈. かげん
加減乘除〔가감승제〕 더하기·빼기·곱하기·나누기의 네 가지 셈법.
加減不得〔가감부득〕 더할 수도 없고 덜할 수도 없음.
加工〔가공〕 자연물이나 미완성품에 인공을 가함. かこう
加冠〔가관〕 관례(冠禮)를 행하고 관을 씀. かかん「도움. かたん
加擔〔가담〕 같은 편이 되어 힘을
加盟〔가맹〕 동맹(同盟)이나 연맹(聯盟)에 가입함. かめい
加味〔가미〕 ①음식에 다른 식료품을 조금 넣어 맛이 더 나게 함. ②원 약방문에 다른 약재를 더 넣음. かみ
加法〔가법〕 몇 개의 수나 식을 합하는 법. 덧셈. かほう
加俸〔가봉〕 ①봉급(俸給)을 올림. ②정한 봉급 외에 따로 더 주는 봉급. かほう 「덧셈. かさん
加算〔가산〕 ① 없어서 계산함. ②
加勢〔가세〕 조력함. 원조함. 거들어줌. かせい「운을 줌. かねつ
加熱〔가열〕 어떤 물질에 더운 기
加恩〔가은〕 은혜를 베풂. 우대함.
加一層〔가일층〕 더 한층. ⌊かおん
加除〔가제〕 더함과 뺌. かじょ
加重〔가중〕 ① 더 무거워짐. ②더 무겁게 함. かじゅう
加之〔가지〕 그 위에 더욱. 뿐만 아니라. しかのみならず. これにくわう
加鞭〔가편〕 채찍질하여 걸음을 재촉함. 예주마(走馬). かべん

加筆〔가필〕 시문(詩文)에 붓을 대어 고침. ⑤첨삭(添削). かひつ
加害〔가해〕 ①남에게 해를 줌. ②남을 다치게 하거나 죽임. 例—者(자). かがい
加護〔가호〕 ①보호하여 줌. ② 신불(神佛)의 두호(斗護). ⑤명조(冥助). かご
▷累加(누가). 倍加(배가). 附加(부가). 增加(증가). 參加(참가). 添加(첨가). 追加(추가).

〖功〗 部 力(힘력변) 획 2—3 훈 공 음 공 中 kung¹ 英 merits 日 コウ. いさお
뜻 ①공. ② 이바지할. ③공치사할. ④보람.
필순 工 玎功

功過〔공과〕 공로와 죄과(罪過). ⑤공죄(功罪). こうか
功德〔공덕〕 공적과 은덕. こうとく
功力〔공력〕 ①공 들이고 애쓰는 힘. ②불법(佛法)을 닦아 얻은 공덕(功德)의 힘. こうりょく
功勞〔공로〕 애를 써 이룬 공적. ⑤공훈(功勳). こうろう
功利〔공리〕 ①공명(功名)과 이욕(利慾). ②공적과 그 공적이 세상에 미치는 이익. こうり
功名〔공명〕 공적과 명예. こうめい. こうみょう
功名心〔공명심〕 공명(功名)을 구하는 마음. こうみょうしん
功夫〔공부〕 ①궁리함. 연구함. ⑤공부(工夫). ②방법. 수단. こうふ
功臣〔공신〕 나라에 공로가 있는 신하(臣下). こうしん
功役〔공역〕 토목공사의 부역(負役).
功績〔공적〕 공로의 실적(實績). 애쓴 보람. こうせき
功罪〔공죄〕 공로와 죄과(罪過). ⑤공과(功過). こうざい
功致辭〔공치사〕 자기의 공로를 스스로 칭찬하고 자랑함.
功效〔공효〕 효험(效驗). 공을 들인 효과. 보람. こうこう
功勳〔공훈〕 공. ⑤공로(功勞). 훈공(勳功). こうくん
▷論功(논공). 武功(무공). 成功(성공). 勳功(훈공).

【劣】 部 力(힘력변) 획 2—4 훈 용렬할 음 렬 中 lieh⁴ 英 inferior 日 レツ. おとる
뜻 ①용렬할. ②떨어질.
필순 ' 小少劣劣

劣等〔열등〕 낮은 등급. 例—感(감). —意識(의식). れっとう
劣勢〔열세〕 세력이 열등함. 또 그 세력. れっせい
劣惡〔열악〕 품질이 나쁨. れつあく
劣情〔열정〕 비열한 생각. 비열한 감정. れつじょう
劣品〔열품〕 질이나 모양이 나쁜 물건. れっぴん
劣敗〔열패〕 열등한 자가 패함. ↔우승(優勝). れっぱい
▷卑劣(비열). 庸劣(용렬). 優劣(우열). 拙劣(졸렬).

「劫」 部 力(힘력변) 획 2—5 훈 겁탈할 음 겁 中 chieh² 英 plunder 日 コウ. おびやかす
뜻 ①겁탈할. ② 으를. ③강도. ④ 대궐 층계. ⑤ 패. 바둑의 패. ⑥ 겁. 가장긴 시간. ⑦ 부지런할.
참고 俗刦·刼
필순 一 + 去 去劫

劫姦〔겁간〕 폭력을 써서 간음(姦淫)함. 강간(强姦)함. きょうかん
劫掠〔겁략〕 협박하여 남의 물건을 빼앗음.
劫迫〔겁박〕 위세(威勢)를 보이며 협박(脅迫)함. 강박(强迫)함. きょうはく
劫囚〔겁수〕 수인(囚人)을 탈취함. きょうしゅう
劫奪〔겁탈〕 폭력으로써 빼앗음. ⑤협탈(脅奪). 겁략(劫略). きょうだつ
▷萬劫(만겁). 掠劫(약겁). 億劫(억겁). 永劫(영겁).

〔努〕 部 力(힘력변) 획 2—5 훈 힘쓸 음 노: 中 nu³ 英 endeavor 日 ド. つとめる
뜻 힘쓸.
필순 ㄑ 女 奴 奴 努努

努力〔노력〕 애씀. 힘을 들임. どりょく
努目〔노목〕 성을 내어 눈을 부라림.
努肉〔노육〕 궂은 살.

〖助〗 부 力(힘력변) 획 2—5 훈 도울 음 조: 中 chu⁴ 英 help 日 ジョ. たすける.
뜻 도울.
필순 丨ㄇ月且助

助教〔조교〕 대학에서 교수의 지시를 받아 학술 연구 및 사무를 돕는 직위. 또 그 사람.
助動詞〔조동사〕 동사의 뜻을 돕는 품사. じょどうし
助力〔조력〕 남의 일을 도와 줌. じょりょく
助命〔조명〕 생명을 구해 줌. じょめい
助詞〔조사〕 체언(體言)이나 부사(副詞) 밑에 붙어 다른 말과의 관계나 그 말의 뜻을 돕는 품사. 토. じょし
助辭〔조사〕 조자(助字). じょじ
助産〔조산〕 아이를 낳을 때 산모를 돕고 아이를 받는 일. 예—員(원). じょさん
助成〔조성〕 도와서 이루게 함. じょせい
助手〔조수〕 주장되는 사람의 일을 도와 주는 사람. じょしゅ
助言〔조언〕 옆에서 말참견하여 도와 줌. 또 그 말. じょげん
助字〔조자〕 한문(漢文)에서 문장의 의미를 돕기 위하여 첨가하는 글자. 우(于)·어(於)·호(乎)·의(矣)·언(焉)·재(哉)·야(也) 등. 동조사(助辭). じょじ
助長〔조장〕 ①도와서 빨리 자라게 함. ②속성하기를 바라 서두르다가 도리어 일을 해침. じょちょう
▷救助(구조). 內助(내조). 補助(보조). 扶助(부조). 神助(신조). 援助(원조). 自助(자조). 天助(천조).

〖劾〗 부 力(힘력변) 획 2—6 훈 캐물을 음 핵 中 hê² 英 verification 日 ガイ. きわめる
뜻 ①캐물을. ②힘써할.
필순 亠亥亥劾劾

劾論〔핵론〕 허물을 들어 논박(論駁)함. がいろん
劾狀〔핵장〕 죄상을 들어 그의 처단을 요구하는 문서. がいじょう
劾情〔핵정〕 죄상을 조사하여 따짐.
▷奏劾(주핵). 彈劾(탄핵).

〖勉〗 부 力(힘력변) 획 2—7 훈 힘쓸 음 면: 中 mien³ 英 make efforts 日 ベン. つとめる
뜻 ①힘쓸. ②부지런할. ③ 권면할.
필순 ⺈⺈⺈角免免免勉

勉厲〔면려〕 동⇨면려(勉勵).
勉勵〔면려〕 힘써 하도록 격려함. べんれい
勉勉〔면면〕 부지런히 힘쓰는 모양. べんべん
勉務〔면무〕 힘써 함.
勉學〔면학〕 공부를 힘써 함. べんがく
▷勸勉(권면). 勤勉(근면). 力勉(역면).

〖勃〗 부 力(힘력변) 획 2—7 훈 우쩍일어날 음 발 中 po² 英 spirited 日 ボツ. にわか. おこる. もとる
뜻 ①우쩍일어날. ②발끈할. ③ 갑자기. ④성할.
필순 十 卉 孛 孛 勃勃

勃起〔발기〕 별안간 불끈 일어남. ぼっき
勃勃〔발발〕 ①사물이 한창 일어나는 모양. ②몸이 가뿐하고 민첩한 모양. ぼつぼつ
勃發〔발발〕 일이 갑자기 터져 일어남. ぼっぱつ
勃然大怒〔발연대로〕 갑자기 와락 성을 냄.
勃興〔발흥〕 갑자기 일어남.

〖勇〗 부 力(힘력변) 획 2—7 훈 날랠 음 용: 中 yung³ 英 brave 日 ユウ. いさましい
뜻 ①날랠. ② 용감할. ③용맹.
필순 ⺈ 乛 甬 甬 甬 勇勇

勇敢〔용감〕 씩씩하고 과단성이 있음. ゆうかん
勇氣〔용기〕 ①씩씩한 기운. ②힘찬 기운. 동용맹(勇猛). ゆうき
勇斷〔용단〕 용감하고 결단성이 있음. 또 용감하게 결단(決斷)함. ゆうだん
勇猛〔용맹〕 날래고 사나움. 동용기(勇氣). ゆうもう
勇名〔용명〕 용맹(勇猛)한 이름. ゆうめい

勇武〔용무〕 날래고 굳셈. ゆうぶ
勇兵〔용병〕 용감(勇敢)한 군사. ㊐ 용사(勇士). 용졸(勇卒).
勇夫〔용부〕 용감한 남자. ゆうぶ
勇士〔용사〕 ①용감한 사람. ②㊐용병(勇兵). ゆうし
勇躍〔용약〕 용감하게 뜀. 용기(勇氣)가 나서 뜀. ゆうやく
勇壯〔용장〕 날쌔고 굳셈.
勇將〔용장〕 용감한 장수(將帥). ゆうしょう 「ん
勇戰〔용전〕 용감하게 싸움. ゆうせ
勇卒〔용졸〕 ㊐⇨용병(勇兵).
勇進〔용진〕 용기있게 나아감. ゆうしん 「러나감. ゆうたい
勇退〔용퇴〕 용기있게 쾌(快)히 물
▷蠻勇(만용). 武勇(무용). 義勇(의용). 忠勇(충용). 匹夫之勇(필부지용).

〔勅〕 部 力(힘력변) 획 2—7 훈 칙서 음 칙 ㊥ ch'ih⁴ ㊏ imperial command ㊐ チョウ. みことのり. いましめる
뜻 ①칙서. 조서. ②신칙할.
필순 一 ㄱ 申 束 束 勅勅
勅命〔칙명〕 임금의 명령. ㊐칙지(勅旨). ちょくめい
勅使〔칙사〕 칙명(勅命)을 받은 사신(使臣). ちょくし
勅書〔칙서〕 칙지(勅旨)를 기록한 문서. ㊐조서(詔書). 조칙(詔勅). ちょくしょ 「ちょくゆ
勅諭〔칙유〕 임금이 타이르는 말씀.
勅任〔칙임〕 칙명(勅命)으로 관직(官職)을 임명함. 또 그 관직. ちょくにん 「くし
勅旨〔칙지〕 ㊐⇨칙명(勅命). ちょ
▷密勅(밀칙). 嚴勅(엄칙). 詔勅(조칙).

〔動〕 部 力(힘력변) 획 2—9 훈 움직일 음 동: ㊥ tung⁴ ㊏ move ㊐ ドウ. うごく
뜻 ①움직일. ②문득. 걸핏하면.
필순 一 音 育 重 重 動動
動機〔동기〕 ① 일의 발동(發動)의 계기(契機). 행동의 직접 원인. ②행위의 직접 원인이 되는 마음의 상태. どうき
動亂〔동란〕 ①난리가 나서 세상이 소란(騷亂)해지는 일. ②전쟁(戰爭). どうらん
動力〔동력〕 ①물체를 움직이는 힘. ②기계를 운전(運轉)하는 힘. どうりょく
動脈〔동맥〕 심장의 피를 온 몸에 보내는 맥관(脈管). どうみゃく
動脈硬化〔동맥경화〕 동맥의 벽이 변성(變性)하여 탄력성을 잃은 상태. どうみゃくこうか
動物〔동물〕 자유로 움직일 수 있으며 생명을 가진 생물. どうぶつ
動詞〔동사〕 사물의 동작·작용을 나타내는 품사. どうし
動產〔동산〕 가구(家具)·금전(金錢) 등과 같이 이동할 수 있는 재산. ↔부동산(不動產). どうさん
動搖〔동요〕 ①흔들리어 움직임. 또 흔들어 움직이게 함. ②마음이 불안하여 흔들림. どうよう
動員〔동원〕 ①군대를 평시 편제(平時編制)로부터 전시 편제(戰時編制)로 옮기는 일. ②전시(戰時)에 인적·물적 자원(資源)을 정부의 통일적인 관리하에 집중시키는 일. どういん
動議〔동의〕 토의(討議)하기 위하여 의제(議題)를 제출함. 또 그 의제. どうぎ 「짓. どうさ
動作〔동작〕 몸과 손발을 움직이는
動靜〔동정〕 ①움직임과 정지(靜止)함. ②기거 동작(起居動作). ③인심(人心)·사태(事態)·병세(病勢) 등의 변천하는 상태. ④사람의 안부(安否)·소식(消息). どうせい
動體〔동체〕 ①움직이는 물체. ②기체(氣體)와 액체(液體)의 총칭. どうたい 「どうたい
動態〔동태〕 움직이는 상태(狀態).
動向〔동향〕 ①움직이는 방향. ②움직임. どうこう
▷稼動(가동). 感動(감동). 擧動(거동). 激動(격동). 亂動(난동). 反動(반동). 發動(발동). 變動(변동). 不動(부동). 騷動(소동).

言動(언동). 搖動(요동). 運動(운동). 移動(이동). 一擧一動(일거일동). 自動(자동). 暴動(폭동). 行動(행동). 活動(활동).

〔務〕 부 力(힘력변) 획 2—9 훈 힘쓸 음 무: 中 wu^4 英 endeavour 日 ム. **つとめ. つとめる**

뜻 ①힘쓸. ②임무.

필순 ˇ 予 矛 矜務務

務望〔무망〕 힘써 바람.

務本〔무본〕 힘씀을 근본으로 함.

務實力行〔무실역행〕 참되고 실속 있도록 힘써 실행함.

▷家務(가무). 公務(공무). 軍務(군무). 勤務(근무). 急務(급무). 內務(내무). 本務(본무). 事務(사무). 庶務(서무). 業務(업무). 外務(외무). 用務(용무). 義務(의무). 任務(임무). 專務(전무). 主務(주무). 職務(직무). 執務(집무). 債務(채무). 學務(학무).

〔勞〕 부 力(힘력변) 획 2—10 훈 수고로울 음 로 中 lao^{2,4} 英 toil 日 ロウ. **つかれる. いたわる**

뜻 ①수고로울. ②노곤할. ③위로할.

참고 약 労

필순 〃 ⺈ 炏 𤇾 𤇾勞

勞苦〔노고〕 ①고되게 일함. ②애쓰고 고생함. ろうく

勞困〔노곤〕 고단함. 아주 피곤함. ろうこん 「う

勞農〔노농〕 노동자와 농부. ろうの

勞動〔노동〕 정신이나 몸의 힘을 써서 일함. ろうどう

勞力〔노력〕 ①힘을 들여 일함. ②힘을 씀. ろうりょく

勞使間〔노사간〕 노동자(勞動者)와 사용자(使用者) 사이. ろうしかん 「しん

勞心〔노심〕 근심함. 걱정함. ろう

勞心焦思〔노심초사〕 마음으로 애를 쓰며 속을 태움.

勞役〔노역〕 노무(勞務)에 복역(服役)함. ろうえき 「うちん

勞賃〔노임〕 품삯. 노동 임금. ろ

勞資〔노자〕 노동과 자본. 노동자와 자본가. ろうし

▷功勞(공로). 勤勞(근로). 煩勞(번로). 心勞(심로). 過勞(과로). 慰勞(위로). 疲勞(피로).

〔勝〕 부 力(힘력변) 획 2—10 훈 이길 음 승 中 shêng^{1,4} 英 overcome 日 ショウ. **かつ. まさる**

뜻 ①이길. ②나을.

필순 月 𦙶 䏜 勝勝

勝景〔승경〕 좋은 경치. しょうけい

勝機〔승기〕 이길 기회. しょうき

勝報〔승보〕 승리의 소식. 승전(勝戰)하였다는 보고. 통첩보(捷報). しょうほう「敗」. しょうぶ

勝負〔승부〕 이김과 짐. 통승패(勝

勝負兵家常勢〔승부병가상세〕 이기고 지는 것은 전쟁하는 자가 항상 면(免)할 수 없는 일이므로, 이겨도 교만부리지 말고 져도 기를 꺾이지 말라는 뜻. しょうぶはへいかのじょうせいなり

勝算〔승산〕 이길 만한 좋은 꾀. 또 이길 가능성. しょうさん

勝訴〔승소〕 소송(訴訟)에 이김. しょうそ 「ょういん

勝因〔승인〕 승리(勝利)의 원인. し

勝者〔승자〕 이긴 사람. 승리를 거둔 사람. しょうしゃ

勝戰鼓〔승전고〕 싸움에 이기고 치는 북. 「ょうそう

勝聰〔승총〕 아주 총명(聰明)함. し

勝敗〔승패〕 이김과 짐. しょうはい

▷健勝(건승). 決勝(결승). 大勝(대승). 名勝(명승). 百戰百勝(백전백승). 連勝(연승). 優勝(우승). 全勝(전승). 快勝(쾌승). 必勝(필승).

〔勤〕 부 力(힘력변) 획 2—11 훈 부지런할 음 근 中 ch'in^2 英 diligent 日 キン. ゴン. **つとめる. いそしむ**

뜻 ①부지런할. ②힘쓸.

필순 廿 芇 革 堇 勤勤

勤儉〔근검〕 부지런하고 알뜰함. きんけん 「きんく

勤苦〔근고〕 근로(勤勞)와 고생.

勤農〔근농〕부지런히 농사를 지음.
勤勞〔근로〕일에 부지런함. ㉠一精神(정신). きんろう 「べん
勤勉〔근면〕부지런히 힘씀. きん
勤務〔근무〕일에 종사(從事)함. 또 종사하는 일. きんむ
勤怠〔근태〕부지런함과 게으름. きんたい 「히 공부함. きんがく
勤學〔근학〕학문에 힘씀. 부지런
勤行〔근행〕불전(佛前)에서 독경(讀經)·회향(回向)하는 일. きんこう. ごんぎょう
▷皆勤(개근). 缺勤(결근). 內勤(내근). 夜勤(야근). 外勤(외근). 在勤(재근). 精勤(정근). 出勤(출근). 通勤(통근). 退勤(퇴근). 特勤(특근).

【募】 부 力(힘력변) 획 2—11 훈 뽑을 음 모 中 mu⁴ 英 enlist; invite 日 ボ. つのる
뜻 ①뽑을. ②모을. 구할. 부를.
필순 ⺾莫莫募募
募軍〔모군〕동⇨모병(募兵).
募金〔모금〕기부금 따위를 모음. ぼきん 「동모군(募軍). ぼへい
募兵〔모병〕병정(兵丁)을 모집함.
募集〔모집〕널리 뽑아 모음. ㉠學生(학생)—. ぼしゅう
募債〔모채〕널리 공채(公債) 또는 사채(私債) 등을 조건을 붙여 모음. ぼさい 「(응모). 增募(증모).
▷公募(공모). 急募(급모). 應募

〖勢〗 부 力(힘력변) 획 2—11 훈 권세 음 세: 中 shih⁴ 英 authority 日 セイ. いきおい
뜻 ①권세. 세력. ②형세. ③불알.
필순 ⺅坴埶埶勢勢
勢家〔세가〕권력이 있는 집안. 동 세문(勢門). 세족(勢族). せいか
勢交〔세교〕권세(權勢)나 이익(利益)을 목적으로 하는 교제. せいこう 「빠지어 힘이 다 없어짐.
勢窮力盡〔세궁역진〕궁경(窮境)에
勢道〔세도〕정치상(政治上)의 권세.
勢力〔세력〕①권세의 힘. ②일을 하는 데 필요한 힘. せいりょく
勢利〔세리〕권력과 이익. せいり
勢門〔세문〕동⇨세가(勢家). せいもん
勢不兩立〔세불양립〕세력있는 두 가지의 것은 동시에 존재할 수 없음. いきおいりょうりつせず
勢族〔세족〕동⇨세가(勢家). せいぞく
▷去勢(거세). 攻勢(공세). 國勢(국세). 軍勢(군세). 權勢(권세). 大勢(대세). 水勢(수세). 守勢(수세). 勝勢(승세). 時勢(시세). 劣勢(열세). 優勢(우세). 威勢(위세). 姿勢(자세). 情勢(정세). 地勢(지세). 趨勢(추세). 破竹之勢(파죽지세). 虛勢(허세). 形勢(형세). 豪勢(호세).

「勳」 부 力(힘력변) 획 2—14 훈 공 음 훈 中 hsün¹ 英 merit 日 クン. いさお
뜻 공.
참고 고 勛
필순 ⺈⾃⾃⾃重重勳勳
勳功〔훈공〕나라에 정성을 다하여 이룩한 공로(功勞). くんこう
勳記〔훈기〕훈장과 함께 내리는 표창의 글발. くんき 「んとう
勳等〔훈등〕훈공(勳功)의 등급. く
勳封〔훈봉〕작(爵)을 봉하거나 관직을 내림. 「くんしょう
勳賞〔훈상〕세운 공로에 대한 상.
勳臣〔훈신〕공훈이 있는 신하(臣下). くんしん 「階). くんい
勳位〔훈위〕공훈(功勳)과 위계(位
勳爵〔훈작〕공훈이 있는 사람에게 주는 작위(爵位). くんしゃく
勳章〔훈장〕나라에 대한 훈공(勳功)이나 공로를 표창하기 위하여 내리는 휘장(徽章).
▷功勳(공훈). 大勳(대훈). 武勳(무훈). 賞勳(상훈). 殊勳(수훈). 樹勳(수훈). 元勳(원훈). 忠勳(충훈).

【勵】 부 力(힘력변) 획 2—15 훈 힘쓸 음 려: 中 li⁴ 英 encourage; urge 日 レイ. はげます
뜻 ①힘쓸. ②권할.
참고 속 励
필순 厂厂严贋厲厲勵勵
勵節〔여절〕절조(節操)를 장려함.

れいせつ
勵精〔여정〕 정신을 가다듬고 정성을 다하여 힘씀. れいせい
勵行〔여행〕 힘써 행함. れいこう
▷激勵(격려). 督勵(독려). 勉勵(면려). 奮勵(분려). 獎勵(장려).

〖勸〗 부 力(힘력변) 획 2—18 훈 권할 음 권: 中 ch'üan⁴ 英 advice 日 カン. ケン. ｣すすめる
뜻 권할.
참고 속 勧
필순 艹 卝 萨 萨 雚 勸勸
勸告〔권고〕 타일러 말함. 충고(忠告)함. かんこく
勸農〔권농〕 농사를 권장(勸奬)함. 예—日(일). かんのう 「んべん
勸勉〔권면〕 권하여 힘쓰게 함. か
勸善〔권선〕 착한 일을 하도록 권함. 선심(善心) 있는 사람에게 중이 시주(施主)하기를 청함. かんぜん
勸善懲惡〔권선징악〕 ①착한 일을 권장(勸獎)하고 악한 일을 징계함. かんぜんちょうあく
勸業〔권업〕 산업(產業)을 권장함. かんぎょう 「んゆう
勸誘〔권유〕 권하여 하도록 함. か
勸獎〔권장〕 권하여 힘쓰게 함. 장려(獎勵)함. かんしょう
勸酒〔권주〕 술을 권함. かんしゅ
勸學〔권학〕 학문을 권면함. 동장학(獎學). かんがく
▷强勸(강권). 督勸(독권). 勉勸(면권). 獎勸(장권).

(2) 勹 部

〖勿〗 부 勹(쌀포몸) 획 2—2 훈 말 음 물 中 wu⁴ 英 not; don't 日 モツ. モチ. ブツ. なかれ 「(몰).
뜻 ①말. ②없을. ③털
필순 ノ 勹 勺 勿
勿驚〔물경〕 놀라지 말 것. おどろくなかれ 「もち
勿論〔물론〕 말할 것도 없음. ろん
勿問〔물문〕 묻지 말라. とうなかれ
勿勿〔물물〕 ①창황(蒼黃)한 모양. ②어떤 일에 골몰(汨沒)하는 모양. ぶつぶつ
勿施〔물시〕 ①실시(實施)하려던 일을 그만둠. ②해 온 일을 무효로 함. ほどこすなかれ
勿失好機〔물실호기〕 좋은 기회를 놓치지 말 것.
勿藥自効〔물약자효〕 약을 쓰지 않아도 저절로 나음. 「るなかれ
勿入〔물입〕 들어오지 말 것. はい
勿視〔물시〕 보지 말라. みるなかれ

〖包〗 획 勹(쌀포몸) 획 2—3 훈 쌀 음 포(포:) 中 pao¹ 英 pack 日 ホウ. つつむ. つつみ
뜻 ①쌀. ②감출.
필순 勹 句 包
包括〔포괄〕 싸서 묶음. 총괄함. ほうかつ 「줌. ほうせつ
包攝〔포섭〕 ① 받아들임. ② 감싸
包容〔포용〕 ①넣어 쌈. 싸 넣음. ② 도량(度量)이 넓어서 남의 잘못을 허용(許容)하고 이해(理解)하여 감싸줌. ほうよう
包圍〔포위〕 둘러쌈. ほうい
包裝〔포장〕 물건을 쌈. ほうそう
包藏〔포장〕 싸 둠. 포장(包裝)하여 저장함. 곧 마음 속에 깊이 간직함. ほうぞう 「ん
包含〔포함〕 싸 넣음. 휩쌈. ほうが
▷내포(內包). 小包(소포).

(2) 匕 部

〖化〗 부 匕(비수비변) 획 2—2 훈 될 음 화: 中 hua⁴ 英 change 日 カ. ケ. ばける
뜻 ①될. ②화할. ③변화할.
필순 ノ 亻 亻 化
化工〔화공〕 ①조화(造化)의 교묘함. 동천공(天工). ②약화학 공업(化學工業). かこう
化石〔화석〕 전세기(前世紀)의 지층(地層) 속에 보존된 동식물(動植

物)의 유골(遺骨). かせき
化成〔화성〕①길러서 자라게 함. ② 다른 물질(物質)이나 원소(元素)가 화합(化合)하여 새 물체(物體)를 형성함. かせい
化身〔화신〕①불보살(佛菩薩)이 형체를 바꾸어 인간으로 세상에 나와 중생을 제도(濟度)하는 일. ②어떤 추상적인 특질을 구체화하는 것. けしん
化人〔화인〕①선인(仙人). ②죽은 사람. ③부처나 보살이 사람의 형체로 변신(變身)함. かじん
化粧〔화장〕①분·연지 따위로 얼굴을 곱게 꾸밈. ②머리·옷의 매무새를 매만져 맵시를 냄. けしょう
化學〔화학〕물질(物質)의 성질 및 변화의 법칙을 연구하는 학문(學問). かがく
化合〔화합〕각기 다른 둘 이상의 원소(元素)가 서로 결합(結合)하여 새로운 물질을 생성(生成)하는 화학 변화. かごう
▷感化(감화). 開化(개화). 歸化(귀화). 文化(문화). 變化(변화). 醇化(순화). 惡化(악화). 轉化(전화). 造化(조화). 進化(진화). 千變萬化(천변만화). 退化(퇴화). 風化(풍화).

〔北〕 부 匕(비수비변) 획 2—3 훈 북녘 음 북 中 pei³ po⁴ 英 north 日 ホク. きた
뜻 ①북녘. ②패할(배).
필순 ⺊ ⺊ ㅓ ㅓ北 北
北京〔북경〕중국 화북(華北)에 있는 도시. 요(遼)·금(金)·원(元)·명(明)·청(淸) 나라의 옛 도읍(都邑). 동북평(北平)·연경(燕京). ペキン
北極〔북극〕①북방(北方)의 끝. ②지축(地軸)의 북쪽 끝. ③지남철이 북쪽을 가리키는 끝. ④북극성(北極星). ほっきょく
北端〔북단〕북쪽 끝. ほくたん
北斗〔북두〕북두칠성(北斗七星). ほくと
北半球〔북반구〕지구(地球)의 적도(赤道) 이북(以北)의 부분. きたはんきゅう
北方〔북방〕①북쪽. ②북쪽 지방. ほっぽう
北伐〔북벌〕북쪽 나라를 침. ほくばつ
北邊〔북변〕북쪽 가. 북쪽 변방(邊方). ほくへん
北氷洋〔북빙양〕북극(北極)의 주위에 있어 얼음으로 덮인 바다. ほくひょうよう
北上〔북상〕북쪽으로 올라감. ほくじょう
北緯〔북위〕적도(赤道) 북쪽에 있는 위도(緯度). ほくい
北狄〔북적〕북쪽 오랑캐. ほくてき
北進〔북진〕북쪽으로 나아감. ほくしん
北窓〔북창〕북쪽으로 낸 창. 또 향한 창. ほくそう
北村〔북촌〕북쪽에 있는 마을. ほくそん
北平〔북평〕동⇨북경(北京). ペーピン
北風〔북풍〕①추운 바람. ②북쪽에서 불어 오는 바람. 동삭풍(朔風). ほくふう. きたかぜ
北行〔북행〕북쪽으로 향하여 감.
北向〔북향〕북쪽을 향함. きたむき
北胡〔북호〕북쪽에 있는 오랑캐.
▷江北(강북). 極北(극북). 南北(남북). 東北(동북).

(2) 匚 部

〔匠〕 부 匚(터진입구몸) 획 2—4 훈 장인 음 장: 中chiang⁴ 英 artisian 日 ショウ. たくみ
뜻 장인. 장색. 바치.
필순 一 ㄱ 丆 戸 斤 匠
匠伯〔장백〕①대목의 우두머리. 동장석(匠石). しょうはく
匠師〔장사〕주대(周代)에 백공(百工)의 일을 감독(監督)하던 벼슬 이름. しょうし
匠色〔장색〕동⇨장인(匠人).
匠石〔장석〕고대(古代)의 명공(名工)으로 자(字)는 백(伯).
匠心〔장심〕동⇨장의(匠意). しょうしん
匠意〔장의〕고안(考案). 창작욕(創作慾). しょうい

匠人〔장인〕①주로 궁실(宮室)·성곽(城郭) 등을 짓는 대목. ②하관(下棺)하는 사람. ③주대(周代)에 백공(百工)의 일을 맡아보던 벼슬 이름. しょうじん

匠戶〔장호〕①장인(匠人)의 집. ②나라의 부역(賦役)에 응하는 각종(各種) 직인(職人)의 호적(戶籍). しょうこ

▷巨匠(거장). 工匠(공장). 名匠(명장). 師匠(사장). 意匠(의장). 宗匠(종장). 火匠(화장).

「匪」 부 匚(터진입구몸) 획 2—8 훈 도둑 음 비: 中 fei³ 英 bandit 日 ヒ. あらず. わるもの

뜻 ②도둑. 비적. ②아닐(非와 통용). ③나눌(분).

필순 一丁ヺ韭非匪

匪徒〔비도〕도둑의 무리. ひと

匪匪〔비비〕거마(車馬)가 아름답고 정연하게 가는 모양. ひひ

匪人〔비인〕①친할 만한 사람이 못됨. ②행위가 바르지 못한 사람. ひじん

匪賊〔비적〕도둑의 떼. ひぞく

▷共匪(공비).

(2) 匸 部

〖匹〗 부 匸(터진에운담) 획 2—2 훈 짝 음 필 中 p'i¹·³ 英 pair; mate 日 ヒツ. ヒキ. たぐい. たぐう

뜻 ①짝. ②짝지을. ③홀. ④마리.

필순 一ㄏ兀匹

匹馬〔필마〕한 마리의 말. ひつば

匹馬單騎〔필마단기〕혼자 한 마리의 말을 탐. ひつばたんき

匹夫〔필부〕①한 사람의 남자. ②신분이 낮은 사람. ひっぷ

匹夫之勇〔필부지용〕깊은 생각 없이 혈기(血氣)만 믿고 냅다 지르는 용기(勇氣). ひっぷのゆう

匹敵〔필적〕어슷비슷함. 맞섬. ひってき

▷馬匹(마필).

【區】 부 匸(터진에운담) 획 2—9 훈 구역 음 구 中 ch'ü¹ 英 partition 日 ク. しきり. くぎり

뜻 ①구역. ②구구할. 조그마할. ③나눌.

참고 속 区

필순 一冖丅卪品區

區間〔구간〕일정한 지구(地區)의 사이. くかん

區區不一〔구구불일〕각각 다름.

區別〔구별〕①분류함. ②유별(類別)함. くべつ

區分〔구분〕구별하여 나눔. くぶん

區域〔구역〕갈라 놓은 지역(地域). くいき

區處〔구처〕①구분하여 처리(處理)함. ②변통(變通)함.

區劃〔구획〕경계를 갈라 정함. 구분하여 획정(劃定)함. くかく

▷管區(관구). 選擧區(선거구). 地區(지구). 學區(학구).

「匿」 부 匸(터진에운담) 획 2—9 훈 숨길 음 닉 中 ni⁴ 英 hide 日 トク. かくれる. かくす

뜻 숨길.

필순 一丅卝丰若若匿

匿年〔익년〕나이를 속임. とくねん

匿名〔익명〕본 이름을 숨김. とくめい

▷祕匿(비닉). 隱匿(은닉). 潛匿(잠닉). 藏匿(장닉).

(2) 十 部

〖十〗 부 十(열십) 획 2—0 훈 열 음 십 中 shih² 英 ten 日 ジュウ. ジッ. とお

뜻 ①열. ②넉넉할.

필순 一十

十干〔십간〕육갑(六甲) 중의 천간(天干). 곧 갑(甲)·을(乙)·병(丙)·정(丁)·무(戊)·기(己)·경(庚)·신(辛)·임(壬)·계(癸)의 총칭. じっかん

十戒〔십계〕불가(佛家)에서 지켜야 할 열 가지의 계율(戒律). 곧 살생(殺生)·도둑질·간음·음주(飮酒)·식육(食肉)·거짓된 말·훼방·허물하기·속임수·바르지 않은 생각의 열 가지를 이름. 동십선계(十善戒).

十年減壽[십년감수] 10년의 수명이 준다는 뜻으로, 대단한 고통·위험을 당하였을 때에 쓰는 말.

十年之計[십년지계] 앞으로 10년을 목표로 한 원대(遠大)한 계획.

十讀不如一寫[십독불여일사] 열 번 읽는 것보다도 한 번 쓰는 편이 더 기억(記憶)이 잘 되고 정밀(精密)히 알 수 있음. じゅうどくはいっしゃにしかず

十目[십목] ①열 사람의 눈. ②여러 사람의 눈. 많은 사람의 관찰(觀察). じゅうもく

十分[십분] ①한 시간의 6분의 1. ②넉넉히. 아무 부족함이 없이. じゅうぶん

十雨[십우] 열흘 만에 한 번 오는 비라는 뜻으로, 때를 맞춘 좋은 비. じゅうう

十二支[십이지] 육갑(六甲) 중의 열두 가지 지지(地支). 곧, 자(子)·축(丑)·인(寅)·묘(卯)·진(辰)·사(巳)·오(午)·미(未)·신(申)·유(酉)·술(戌)·해(亥)의 총칭. じゅうにし

十日一水五日一石[십일일수오일일석] 열흘 동안에 내 하나를 그리고 닷새 동안에 돌 하나를 그린다는 뜻으로 화가(畫家)가 고심(苦心)하여 그림을 이름.

十字[십자] 열십자(字). 또 '十'자의 모양. じゅうじ

十字架[십자가] ①서양의 고대 형구(刑具)의 하나. 죄인을 못박아 죽이는 십자형의 기둥. ②기독교도가 위하는 十자형의 표. 예수가 못박히어 죽은 기념이며, 존경·명예. 희생·속죄(贖罪)·고난(苦難)의 표상(表象)으로 쓰임. じゅうじか

十字街[십자가] 네거리. じゅうじがい

十長生[십장생] 장생 불사(長生不死)한다는 열 가지의 물건. 곧 해·산(山)·물·돌·구름·소나무·불로초·거북·학(鶴)·사슴.

十全[십전] 조금도 결점이 없음. 완전 무결함. じゅうぜん

十顚九倒[십전구도] 여러 가지 고생을 겪음. 동칠전 팔기(七顚八起).

十戰九勝[십전구승] 열 번 싸워 아홉 번 이김.

十中八九[십중팔구] 열 가운데의 여덟이나 아홉이 됨. 곧 거의 틀림 없이 됨.

十指不動[십지부동] 열 손가락을 꼼짝 아니한다는 뜻으로, 게을러서 아무 일도 하지 않음.

十許個[십허개] 열 개 가량.

▷聞一知十(문일지십). 一當十(일당십).

〖千〗 부 十(열십) 획 2—1 훈 일천 음 천 中 ch'ien¹ 英 thousand 日 セン. ち
뜻 ①일천. 즈믄. ②많은. 여럿. ③성.
필순 ′ 二 千

千古[천고] ①먼 옛날. 동태고(太古). ②영원(永遠). 영구(永久)한 세월. せんこ

千苦萬難[천고만난] 갖은 고난.

千軍萬馬[천군만마] 많은 군사와 군마(軍馬). せんぐんばんば

千金[천금] ①엽전 천 냥. ②많은 돈. せんきん

千代[천대] 많은 대(代). 곧, 영원(永遠). せんだい

千慮一得[천려일득] 어리석은 사람의 생각이라도 많은 생각 가운데는 간혹 좋은 생각이 있음. ↔천려일실(千慮一失). せんりょのいっとく

千慮一失[천려일실] 슬기로운 사람이라도 많은 생각 가운데는 잘못 생각하는 것이 있을 수 있음. ↔천려일득(千慮一得). せんりょのいっしつ

千里同風[천리동풍] 먼 곳까지 같은 바람이 분다는 뜻으로, 태평(太平)한 세상을 이름. せんりどうふう

千里馬[천리마] ① 하루에 천리를 달릴 만한 썩 좋은 말. ②재지(才智)가 뛰어난 사람의 비유. せんりのうま

千里比隣〔천리비린〕 천리나 되는 먼 길도 이웃과 같다는 뜻으로서, 교통이 매우 편리함을 이름. せんりひりん
千里行始於足下〔천리행시어족하〕 천리의 여행도 발밑에서부터 시작한다는 뜻으로, 작은 것을 쌓아서 큰 것을 이룸의 비유. せんりのこうそっかよりはじまる
千萬〔천만〕 ①썩 많은 수효. ②수없이 여러번. 아주. 매우. ③황송스럽게도. せんまん. せんばん
千萬古〔천만고〕 천만년(千萬年)이나 되는 옛적.
千萬年〔천만년〕 천만 해나 되는 오랜 세월. 곧, 대단히 오랜 세월. ㊐영구(永久). 영원(永遠). 천만세(千萬歲). せんまんねん
千萬多幸〔천만다행〕 매우 다행함.
千萬不當〔천만부당〕 조금도 이치에 맞지 아니함. 얼토당토 아니함. ぜんばんふとう　「年).
千萬歲〔천만세〕 ㊐⇨천만년(千萬
千萬層〔천만층〕 ㊐⇨천층만층(千層萬層).　「ぺん
千變〔천변〕 퍽 여러 번 변함. せん
千變萬化〔천변만화〕 천만 가지로 변함. 곧 변화(變化)가 한이 없음. せんぺんばんか
千兵萬馬〔천병만마〕 무수한 군사와 군마(軍馬). せんぺいばんば
千不當萬不當〔천부당만부당〕 도무지 이치에 맞지 않음.
千思萬考〔천사만고〕 여러 가지로 생각함. 곰곰 생각함. せんしばんこう　「가지 모습 또는 모양.
千狀萬態〔천상만태〕 천 가지나 만
千歲曆〔천세력〕 앞으로 백 년 동안의 일월(日月)·성신(星辰)·절기(節氣)를 미루어서 엮은 책력(冊曆). せんざいれき
千愁〔천수〕 온갖 수심. 갖은 근심. 아주 많은 근심. せんしゅう
千辛萬苦〔천신만고〕 온갖 신고(辛苦). 또 그것을 겪음. せんしんばんく　「말. せんげんばんご
千言萬語〔천언만어〕 수 없이 많은
千紫萬紅〔천자만홍〕 울긋불긋한 여러 가지 꽃의 빛깔. 또 그 꽃. せんしばんこう
千載一遇〔천재일우〕 천년 동안에 겨우 한 번 만난다는 뜻으로, 좀처럼 만나기 어려운 좋은 기회를 이름. せんざいいちぐう
千差萬別〔천차만별〕 여러 가지 물건이 각각 차이(差異)와 구별이 있음. せんさばんべつ
千疊〔천첩〕 천 겹. せんじょう
千秋〔천추〕 천년(千年). 긴 세월. せんしゅう
千秋萬古〔천추만고〕 아주 긴 세월. ㊐영원(永遠). せんしゅうばんこ
千秋遺恨〔천추유한〕 천 년이 지나도 없어지지 않는 깊은 원한(怨恨). せんしゅうのいこん
千層萬層〔천층만층〕 수없이 많은 사물의 층등(層等). ㊐천만층.
千態萬狀〔천태만상〕 천차만별의 상태. せんたいばんじょう
千篇一律〔천편일률〕 시문(詩文)의 글귀가 어느 것이든지 단조로와서 변화가 적음. 사물(事物)이 어느 것이나 한결같아서 변화가 없음. 모두 단조무미(單調無味)함. せんぺんいちりつ
▷萬千(만천). 一騎當千(일기당천).

【升】 부 十(열십) 획 2-2 훈 되 음 승 ㊥ shēng¹ ㊍ measure ㊐ ショウ. ます. のぼる 뜻 ①되. ② 오를(昇과 통용). 필순 丿 一 千 升

升降〔승강〕 ①오름과 내림. ㊐승강(昇降). ②성(盛)함과 쇠(衰)함. ③자기 주장을 서로 고집하여 결정짓지 못함. しょうこう
升啓〔승계〕 편지 겉봉에 받는 사람의 이름 아래 쓰는 높임말.
升斗之利〔승두지리〕 대수롭지 않은 이익을 이름. しょうとのり
升授〔승수〕 되로 줌. 되어서 줌. しょうじゅ　「ん
升轉〔승전〕 영전(榮轉). しょうて
升進〔승진〕 직위(職位)가 오름. ㊐승진(昇進). しょうしん
升遐〔승하〕 임금이 세상을 떠남. ㊐승하(昇遐). しょうか

〖午〗 部 十(열십) 획 2—2 훈 낮 음 오: ㊥ wu³ ㊧ noon ㊐ ゴ. うま. ひる

뜻 ①낮. ②말. ③일곱째 지지(地支).

필순 ノ 𠂉 午

午刻〔오각〕 ㊐⇨오시(午時). ごこく

午睡〔오수〕 낮잠. ㊐오침(午寢). 「ごすい

午時〔오시〕 ①오전 11시부터 오후 1시까지의 동안. ㊐오각(午刻). ②낮. ごじ

午前〔오전〕 ①밤 12시부터 낮 12시까지의 동안. ㊐상오(上午). ↔오후(午後). ごぜん 「午).

午正〔오정〕 낮 12시. ㊐정오(正

午餐〔오찬〕 잘 차리어 먹는 점심. ㊐주식(晝食). ごさん

午寢〔오침〕 낮잠. ㊐오수(午睡). ごしん. ひるね

午後〔오후〕 정오부터 밤 12시까지의 동안. ㊐하오(下午). ↔오전(午前). ごご

▷甲午(갑오). 端午(단오). 上午(상오). 正午(정오). 下午(하오).

〖半〗 部 十(열십) 획 2—3 훈 반 음 반: ㊥ pan⁴ ㊧ half ㊐ ハン. なかば

뜻 ①반. 절반. ②가운데. ③덜될. ④조각.

필순 丶 丷 㐅 半

半價〔반가〕 반 값. はんか

半減〔반감〕 절반을 덞. 또 절반이 줆. はんげん

半開〔반개〕 ①반쯤 엶. ②꽃이 반쯤 핌. ③문화가 약간 열림. 개화가 다 되지 못함. はんかい

半官半民〔반관반민〕 정부와 민간이 반반씩으로 조직·경영하는 일. はんかんはんみん

半句〔반구〕 일구(一句)의 반. 곧 적은 말. 짧은 말. ㊐일언반구(一言半句). はんく 「はんねん

半年〔반년〕 1년의 절반. 6개월.

半島〔반도〕 한 면(面)만 육지에 닿고, 그 나머지 세 면은 바다로 싸인 땅. ㊞韓(한)—. はんとう

半萬年〔반만년〕 5000년. はんばんねん 「반. ②반씩. はんはん

半半〔반반〕 ①똑같이 가른 반과

半白〔반백〕 ①반이 흼. ②머리털이 흰 것과 검은 것이 반씩 섞임. ㊐반백(斑白). はんぱく

半分〔반분〕 ①반. 2분의 1. 절반. ②절반으로 나눔. はんぶん

半死半生〔반사반생〕 ① 반은 죽고 반은 삶. ②거의 죽게 되어서 죽을지 살지 알 수 없는 지경에 이름. はんしはんしょう

半生〔반생〕 ①일생의 절반. ②거의 죽게 됨. はんせい. はんしょう

半生半熟〔반생반숙〕 반은 설고 반은 익음. 곧 미숙(未熟)함. はんせいはんじゅく

半數〔반수〕 모두의 절반. はんすう

半身〔반신〕 온 몸의 절반. ㊞上(상)—. はんしん

半信半疑〔반신반의〕 반쯤은 믿고 반쯤은 의심함. はんしんはんぎ

半身不隨〔반신불수〕 반신의 신경이 마비되어 기능을 잃는 병증세. はんしんふずい

半失〔반실〕 절반 가량 잃거나 손해 봄. はんしつ

半額〔반액〕 ①전액(全額)의 반. ②원값의 절반. はんがく

半夜〔반야〕 한밤중. はんや

半月〔반월〕 ①반원형의 달. ②한 달의 반. ㊐반달. はんげつ

半切〔반절〕 ①반으로 자름. ②전지(全紙)를 세로 반으로 자른 것. はんせつ

半折〔반절〕 똑같이 반으로 꺾음. はんせつ 「すい

半醉〔반취〕 술이 반쯤 취함. はん

半解〔반해〕 반쯤 이해함. はんかい

▷過半(과반). 大半(대반). 夜半(야반). 一半(일반). 상반(上半). 前半(전반). 折半(절반). 太半(태반). 下半(하반).

【卑】 部 十(열십) 획 2—6 훈 낮을 음 비: ㊥ pei¹ ㊧ mean ㊐ ヒ. いやしい

뜻 ①낮을. ②천할.

필순 ′ 白 白 甶 申 卑

卑見〔비견〕 자기의 의견을 겸손하

게 이르는 말. ⑧비견(鄙見). ひけん 「가 없음. ひくつ
卑屈〔비굴〕 비루하고 기개(氣槪)
卑陋〔비루〕 ①마음이 고상(高尙)하지 못하고 더러움. ②신분(身分)이 낮음. ひろう
卑俗〔비속〕 낮고 속됨. 또는 비천한 풍속. ひぞく
卑屬〔비속〕 친속(親屬) 관계에 있어서 자기보다 손아래가 되는 자손. 또 그와 같은 항렬에 있는 친족. ↔존속(尊屬). ひぞく
卑語〔비어〕 천한 말. 하등사회(下等社會)의 상스러운 말. ひご
卑劣〔비열〕 성품과 행실이 천하고 용렬함. ひれつ
卑人〔비인〕 신분(身分)이나 마음이 천한 사람. ひじん
卑賤〔비천〕 지위(地位)나 신분(身分)이 낮음. 천함. ひせん
卑下〔비하〕 ①자기를 낮춤. 겸손함. ②남을 천대(賤待)함. ひげ
▷謙卑(겸비). 男尊女卑(남존여비). 鮮卑(선비). 野卑(야비). 尊卑(존비).

〖卒〗 부 十(열십) 획 2—6 훈 군사 음 졸 中 ts'u[1] 英 soldier; finish 日 ソツ. シュツ. おわる. おえる
뜻 ①군사. ②무리. 하인. ③마칠. ④죽을. ⑤갑자기.
참고 속 卆
필순 亠广卞卒卒卒
卒年〔졸년〕 죽은 해. そつねん
卒倒〔졸도〕 갑자기 정신을 잃고 쓰러짐. そっとう 「냄. そっさい
卒歲〔졸세〕 해를 마침. 그 해를 지
卒業〔졸업〕 ①규정된 과정(課程)을 마침. ②어떤 부문의 기술이나 학문에 환히 통함. 예一式(식). そつぎょう 「つぜん
卒然〔졸연〕 갑자기. 느닷없이. そ
卒章〔졸장〕 끝 장구(章句).
卒中風〔졸중풍〕 뇌일혈 등으로 별안간 의식을 잃고 쓰러지는 병. そっちゅうふう
▷兵卒(병졸). 驛卒(역졸). 獄卒(옥졸). 從卒(종졸).

〔卓〕 부 十(열십) 획 2—6 훈 높을 음 탁 中 chuo[1·2] 英 desk 日 タク. つくえ 「④성.
뜻 ①높을. ② 뛰어날. ③책상.
필순 丨 卜 卢 卢 卓 卓 卓
卓見〔탁견〕 뛰어난 식견(識見). たっけん
卓立〔탁립〕 우뚝하게 서 있음. 여럿 가운데 높이 뛰어남. 동정립(挺立). たくりつ
卓上〔탁상〕 책상 또는 식탁(食卓)의 위. たくじょう
卓說〔탁설〕 탁월(卓越)한 이론이나 주장. たくせつ
卓然〔탁연〕 높이 뛰어난 모양. 탁월한 모양. たくぜん
卓越〔탁월〕 월등하게 뛰어남. 아주 걸출(傑出)하여 이채로움. たくえつ 「름. たくい
卓異〔탁이〕 예사보다 뛰어나게 다
卓子〔탁자〕 물건을 올려놓는 가구. 책상·식탁(食卓) 따위. たくし
卓絶〔탁절〕 남보다 훨씬 뛰어남. たくぜつ 「くこう
卓效〔탁효〕 뛰어난 효험(效驗). た
▷奇卓(기탁). 食卓(식탁). 圓卓(원탁). 超卓(초탁).

〖協〗 부 十(열십) 획 2—6 훈 화할 음 협 中 hsieh[2] 英 united in 日 キョウ. かなう
뜻 ①화할. ②도울. ③합할.
필순 十 忄 怡 怡 協
協同〔협동〕 마음을 같이하고 힘을 합함. きょうどう
協力〔협력〕 힘을 모아서 같이 함. 협동(協同)하여 일함. 동육력(戮力). きょうりょく 「うしょう
協商〔협상〕 동⇨협의(協議). きょ
協約〔협약〕 이해 관계가 있는 쌍방이 협의하여 약정(約定)함. 또 그 약정. きょうやく
協議〔협의〕 여러 사람이 모이어 서로 의논(議論)함. 동협상(協商). きょうぎ 「うてい
協定〔협정〕 협의하여 결정함. きょ
協會〔협회〕 회원이 협동하여 설립(設立)하는 회. きょうかい

▷妥協(타협). 和協(화협).

【南】 부 十(열십) 획 2—7 훈 남녘 음 남 中 nan² 英 south 日 ナン. みなみ

뜻 ①남녘. ②앞. ③성.

필순 𠂉𠂊冂冇冇冇南南

南柯夢〔남가몽〕 당(唐)나라 때 순우분(淳于棼)이 자기(自己) 집의 남쪽에 있는 늙은 회화나무 밑에서 술에 취하여 자고 있었는데, 꿈에 대괴안국(大槐安國) 남가군(南柯郡)을 다스리어 20년간이나 부귀(富貴)를 누리다가 깨었다는 고사(故事). 꿈의 뜻으로 쓰이기도 하고 또 한때의 헛된 부귀(富貴)의 비유. 동남가일몽(南柯一夢). なんかのゆめ

南溪〔남계〕 남쪽 골짜기.

南瓜〔남과〕 호박. なんか

南極老人〔남극노인〕 남극성(南極星)의 화신(化身). なんきょくろうじん

南極星〔남극성〕 남극 부근의 하늘에 있는 별. なんきょくせい

南大門入納〔남대문입납〕 주소 불명의 편지나, 이름도 모르고 집을 찾는 것을 조롱하는 말.

南蠻〔남만〕 남쪽 오랑캐. なんばん

南北對話〔남북대화〕 남쪽 사람과 북쪽 사람이 마주보고 이야기함. なんぼくたいわ

南窓〔남창〕 남쪽으로 난 창.

南草〔남초〕 담배. なんそう

南風〔남풍〕 남쪽에서 불어오는 바람. 마파람. なんぷう

南海〔남해〕 ①남쪽에 있는 바다. ②전라남도에 있는 고을 이름. なんかい

南行北走〔남행북주〕 남으로 가고 북으로 달린다는 뜻으로, 바삐 돌아다님을 이름. 동동분서주(東奔西走). なんこうほくそう

南向〔남향〕 남쪽으로 향함.

▷江南(강남). 極南(극남). 圖南(도남). 河南(하남).

【博】 부 十(열십) 획 2—10 훈 넓을 음 박 中 po² 英 extensive 日 ハク. バク. ひろい

뜻 ①넓을. 너를. ②많을. ③노름.

필순 十 忄 忄 忄 忄 忄 博 博 博

博覽〔박람〕 ①사물을 널리 봄. ②많은 책을 읽음. はくらん

博覽强記〔박람강기〕 두루 읽고 잘 기억함. はくらんきょうき

博物〔박물〕 ①온갖 사물에 대하여 견문(見聞)이 썩 넓음. ②동물(物動)・식물(植物)・광물(鑛物)의 총칭. ③온갖 사물(事物)과 그에 관한 참고(參考)가 될 만한 물건. はくぶつ

博物君子〔박물군자〕 모든 사물에 능통한 사람. はくぶつくんし

博士〔박사〕 ① 교학(敎學)을 맡은 벼슬. 진(秦)나라 때 비로소 두었음. ②이조(李朝)시대의 성균관(成均館)과 홍문관(弘文館)의 정칠품(正七品) 벼슬. ③일정한 학술(學術)을 전공하여 그 지식이 많고 깊은 사람에게 주는 석사(碩士)보다 높은 학위(學位). 전공 부문에 따라 공학(工學)・문학(文學)・농학(農學)・법학(法學) 등의 여러 박사가 있음. はくし. はかせ

博識〔박식〕 보고 들은 것이 많아서 많이 앎. 또 그러한 사람. ↔천식(淺識). はくしき

博愛〔박애〕 모든 사람을 평등(平等)하게 사랑함. はくあい

博學多聞〔박학다문〕 학식과 견문이 썩 넓음. はくがくたぶん

▷文博(문박). 深博(심박). 精博(정박). 該博(해박).

(2) 卜 部

【卜】 부 卜(점복) 획 2—0 훈 점 음 복 中 pu³ 英 divine 日 ボク. うらなう

뜻 ①점. ②점칠. ③짐바리. ④성.

필순 丨 卜

卜居〔복거〕 ①살 만한 곳을 점침. ②살 만한 곳을 가려서 정함.

卜吉〔복길〕 길일(吉日)을 점침. 좋은 날을 가려 받음.
卜師〔복사〕 점치는 사람. 점장이. ⓢ복인(卜人). ぼくし
卜術〔복술〕 점을 치는 술법(術法).
卜人〔복인〕 ⓢ⇨복사(卜師).
卜定〔복정〕 점쳐서 일의 선악(善惡)을 판단함. ぼくてい「는 돈.
卜債〔복채〕 점을 쳐 준 값으로 주
▷龜卜(귀복). 問卜(문복). 占卜(점복).

〔卞〕 부 卜(점복) 획 2—2 훈 조급할 음 변 ㊥ pien⁴ ㊲ hasty temper ㊐ ベン. きばや. 뜻 ①조급할. ②법. ③성. ∟のり
필순 ' 亠 十 卞
卞急〔변급〕 마음이 참을성 없이 급함. べんきゅう
卞正〔변정〕 변명(辨明)하여 바로잡음. ⓢ 辨正(변정).

〔占〕 부 卜(점복) 획 2—3 훈 점칠 음 점 ㊥ chan¹·⁴ ㊲ divine ㊐ セン. しめる. うらなう
뜻 ①점칠. ②차지할.
필순 丨 ト 卜 占 占 「せんきょ
占據〔점거〕 차지하여 자리를 잡음.
占領〔점령〕 ①일정한 땅을 차지하여 제 것으로 함. ②적(敵)의 토지(土地)·진영(陣營) 등을 무력(武力)으로 빼앗음. せんりょう
占卜〔점복〕 점을 쳐서 길흉을 예견하는 일. せんぼく
占術〔점술〕 점을 치는 술법(術法). せんじゅつ
占有〔점유〕 차지함. 자기의 소유(所有)로 함. せんゆう
▷强占(강점). 科占(과점). 獨占(독점). 卜占(복점). 星占(성점).

(2) 卩(㔾) 部

〔卯〕 부 卩(병부절변) 획 2—3 훈 토끼 음 묘: ㊥ mao³ ㊲ rabbit ㊐ ボウ. う
뜻 ①토끼. ②네째 지지.
필순 ˊ ㇄ 卯 卯 卯
卯君〔묘군〕 묘(卯)의 해에 태어난 사람. ぼうくん
卯金刀〔묘금도〕 劉(유)자(字)를 풀어 이르는 말. ぼうきんとう
卯飯〔묘반〕 아침밥. ぼうはん
卯睡〔묘수〕 새벽잠. ぼうすい「술.
卯飮〔묘음〕 아침 술을 마심. 해장
卯正〔묘정〕 오전 6시.

〔危〕 부 卩·㔾(병부질변) 획 2—4 훈 위태할 음 위 ㊥ wei² ㊲ danger ㊐ キ. あやうい
뜻 ①위태할. ②두려울. ③높을. ④병더칠.
필순 ノ ク 乌 斤 斤 危
危懼〔위구〕 두려움. 두려워함. きく
危急〔위급〕 위태하고 다급함. 위태로운 재난(災難)이 가까이 닥침. ききゅう 「急)한 시기. きき
危機〔위기〕 위험한 순간. 위급(危
危機一髮〔위기일발〕 까딱하면 위험에 빠질 아슬아슬한 순간(瞬間). 극히 위급한 경우. ききいっぱつ
危篤〔위독〕 병세(病勢)가 매우 중함. きとく
危如累卵〔위여누란〕 달걀을 달걀 위에 쌓아 올린 것처럼 위태위태함. ⓢ누란지위(累卵之危). あやうきことるいらんのごとし
危重〔위중〕 병세(病勢)가 대단함.
危淺〔위천〕 위태하고 허무함.
危殆〔위태〕 위험함. 또 형세가 매우 어려움. きたい
危險〔위험〕 ①위태롭고 험함. ②안전하지 못함. ③요해처(要害處). きけん
▷累卵之危(누란지위). 安危(안위).

〔印〕 부 卩(병부질변) 획 2—4 훈 도장 음 인: ㊥ yin⁴ ㊲ seal ㊐ イン. はん. しるし
뜻 ①도장. ②찍을. ③성.
필순 ˊ 厂 F F 臼 印
印鑑〔인감〕 관청에 대조용(對照用)으로 제출한 실지로 쓰는 도장의 인발. 도장의 진위(眞僞)를 감정하기 위하여 씀. いんかん
印本〔인본〕 인쇄(印刷)한 책. ⓢ판본(板本). いんぽん

印象[인상] ①깊이 느껴 잊혀지지 않는 감명. ②자극을 받아 감각을 일으키어 마음에 새겨지는 작용. いんしょう

印稅[인세] ①서적(書籍)의 발행자가 그것을 펴낸 수와 정가에 따라서 저작자(著作者)에게 치러 주는 저작권의 사용료. ②작곡가(作曲家)나 가수(歌手) 등이 취입 레코오드의 발매수에 따라 받는돈. いんぜい

印刷[인쇄] 글이나 그림 따위를 찍어 냄. いんさつ 「しょう

印章[인장] ①도장. ②인발. いん

印材[인재] 도장을 만드는 재료. 나무·수정·뿔·상아·금속 등이 있음. いんざい

印朱[인주] 도장을 찍는 데 쓰는 붉은빛의 재료. いんしゅ

印紙[인지] ①인장(印章)을 찍은 종이. ②세금 또는 수수료를 내는 증거로 서류(書類)·장부(帳簿) 등에 붙이는 정부(政府)에서 발행하는 증표(證票). いんし

印行[인행] 출판물을 발행함. 간행함. いんこう

印畫[인화] 사진의 음화에서 양화가 나오게 함. いんが

▷刻印(각인). 檢印(검인). 官印(관인). 捺印(날인). 銅印(동인). 木印(목인). 封印(봉인). 私印(사인). 信印(신인). 實印(실인). 鐵印(철인).

【却】 부 卩(병부질변) 획 2—5 훈 물리칠 음 각 中 ch'üeh[4] 英 repulse 日 キャク. かえつて. しりぞく 「④쳐다볼.

뜻 ①물리칠. ②물러갈. ③막을.

필순 一 + 土 去 去 却却

却對[각대] 마주 쳐다봄.

却說[각설] 화제(話題)를 돌리어 딴 말을 꺼낼 때에 쓰는 말. きゃくせつ

却下[각하] 소송(訴訟)·원서(願書) 등을 받지 아니하고 물리침. 동 기각(棄却). きゃっか

▷棄却(기각). 忘却(망각). 賣却(매각). 消却(소각).

【卵】 부 卩(병부질변) 획 2—5 훈 알 음 란: 中 luan[3], lan[3] 英 egg 日 ラン. たまご

뜻 ①알. ②기를.

필순 ´ 𠂆 𠂆 卯 卯卵卵

卵白[난백] 달걀의 흰자위. ↔난황(卵黃). らんぱく

卵巢[난소] 난자(卵子)를 만들어 내는 여자의 생식 기관. ↔정소(精巢). らんそう

卵子[난자] 난소(卵巢) 안에서 정자(精子)와 합하여 생식작용(生殖作用)을 하는 개체(個體). ↔정자(精子). らんし

卵黃[난황] 노른자위. ↔난백(卵白). らんおう 「(산란).

▷鷄卵(계란). 累卵(누란). 產卵

【卷】 부 卩·㔾(병부질변) 획 2—6 훈 책 음 권: 中 ch'üan[4] 英 book; volume 日 カン. ケン. まき. まく

뜻 ①책. ② 말. 감을. ③굽을. ④권.

필순 ⺈ 丷 䒑 兰 失 㫐 卷

卷卷[권권] ①친절한 모양. 정중한 모양. ②영락한 모양. けんけん

卷頭[권두] 책 또는 두루마리 같은 것의 첫머리. 동권수(卷首). ↔권미(卷尾). かんとう

卷尾[권미] 책 또는 두루마리 같은 것의 맨 뒤. ↔권두(卷頭). かんび

卷舌[권설] ① 혀를 맒. 놀라거나 하도 어이가 없어서 말이 나오지 아니함을 이름. ②별의 이름. けんぜつ 「しゅ. かんしゅ

卷首[권수] 동⇨권두(卷頭). けん

卷煙[권연] 궐련. 만 담배.

卷然[권연] 예쁘고 간드러짐. 미인의 모양. けんぜん

卷中[권중] ①책 속. ②여러 책 가운데. かんちゅう

▷經卷(경권). 萬卷(만권). 別卷(별권). 席卷(석권). 壓卷(압권). 全卷(전권).

【卽】 부 卩(병부질변) 획 2—7 훈 곧 음 즉 中 chi[2] 英 namely 日 ソク. すなわち

뜻 ①곧. ②가까울. ③ 나아갈.
필순 ㇀ 𠂆 白 自 皀 卽

卽刻〔즉각〕 동⇨즉시(卽時). そっこく 「나 결정함. そっけつ
卽決〔즉결〕 즉시 의결(議決)하거
卽斷〔즉단〕 그 자리에서 곧 단정함. そくだん 「함. そくとう
卽答〔즉답〕 그 자리에서 곧 대답
卽賣〔즉매〕 상품이 놓인 그 자리에서 곧 팖. そくばい 「くし
卽死〔즉사〕 그 자리서 곧 죽음. そ
卽席〔즉석〕 ①그 자리. ②그 자리에서 곧 만듦. そくせき
卽時〔즉시〕 곧. 바로 그 때. 동즉각(卽刻). そくじ
卽位〔즉위〕 ①제왕(帝王)의 자리에 나아감. 제왕이 됨. ②자리에 앉음. そくい 「日). そくじつ
卽日〔즉일〕 바로 그 날. 동당일(當
卽錢〔즉전〕 맞돈. 「름. そっこう
卽行〔즉행〕 ①곧 감. ②일을 곧치
卽效〔즉효〕 약(藥) 같은 것이 당장에 효력이 나타남. そっこう
卽興〔즉흥〕 ① 즉석에서 일어나는 흥치(興致). ②즉석에서 하는 음영(吟詠). そっきょう

【卿】 부 卩(병부절변) 획 2—10 훈 벼슬 음 경 中 ch'ing[1] 英 sir 日 キョウ. ケイ. きみ
뜻 ①벼슬. ②귀할. ③자네. 선생.
필순 ㇀ 𠄌 乡 㔾 卯 卵 卿 卿

卿大夫〔경대부〕 경(卿)과 대부(大夫). 곧 집정자(執政者). けいたいふ
卿相〔경상〕 ①육경(六卿)과 삼상(三相). ②재상(宰相). 동경재(卿宰). けいしょう
卿尹〔경윤〕 재상(宰相). けいいん
卿宰〔경재〕 동⇨경상(卿相).
▷公卿(공경). 樞機卿(추기경).

(2) 厂 部

【厄】 부 厂(민음호밑) 획 2—2 훈 재앙 음 액 中 ê[4] 英 misfortune 日 ヤク. わざわい
뜻 재앙.
필순 一 厂 厅 厄

厄年〔액년〕 운수(運數)가 사나운 해. やくどし
厄運〔액운〕 액(厄)을 당할 운수. 동불운(不運). やくうん
厄禍〔액화〕 액으로 말미암아 입는 재앙(災殃). やっか

「厘」 부 厂(민음호밑) 획 2—7 훈 이 음 리 中 li[2] 英 1/1,000 won 日 リン
뜻 ①이. ②티끌. ③단위. ④가게(전)(廛의 속자).
필순 一 厂 厂 厅 盾 厙 厘

厘毛〔이모〕 ①이(厘)와 모(毛). 극히 근소(僅少)한 금액. ②조금. りんもう

〔厚〕 부 厂(민음호밑) 획 2—7 훈 두터울 음 후: 中 hou[4] 英 thick 日 コウ. あつい
뜻 ①두터울. ②두꺼울. ③두께. ④짙을. 많을.
필순 一 厂 厂 戶 厚 厚 厚

厚待〔후대〕 후한 대우. 동후우(厚遇). こうたい
厚德〔후덕〕 두터운 덕행. 또 두터운 은덕(恩德). こうとく
厚德君子〔후덕군자〕 덕행(德行)이 두텁고 점잖은 사람. こうとくくんし 「うろく
厚祿〔후록〕 후한 봉록(俸祿). こ
厚料〔후료〕 후한 급료(給料). こうりょう
厚朴〔후박〕 ①인정이 두텁고 거짓이 없음. ② 녹나무과에 속하는 상록 교목(常綠喬木). 후박나무.
厚薄〔후박〕 ①후(厚)함과 박(薄)함. ②진함과 묽음. ③두꺼움과 얇음. ④친절함과 냉담함. こうはく 「내려 줌. 또 그 물건.
厚賜〔후사〕 물건 같은 것을 후하게
厚謝〔후사〕 후하게 사례(謝禮)함. こうしゃ 「うしょう
厚賞〔후상〕 후한 상급(賞給). こ
厚生〔후생〕 ①백성의 살림을 넉넉하게 함. ②몸을 소중히 함. こうせい

厚顔〔후안〕 두꺼운 낯가죽. 뻔뻔스러운 얼굴. ㊐철면피(鐵面皮). こうがん

厚顔無恥〔후안무치〕 낯가죽이 두꺼워 부끄러운 줄을 모름. こうがんむち

厚遇〔후우〕 두터운 대우. ㊐후대(厚待). こうぐう

厚恩〔후은〕 두터운 은혜(恩惠). こうおん

厚意〔후의〕 두텁고 정성스러운 마음. 친절한 마음. こうい

厚誼〔후의〕 두터운 정의(情誼). 친밀한 정의. こうぎ

▷寬厚(관후). 濃厚(농후). 敦厚(돈후). 深厚(심후). 溫厚(온후). 仁厚(인후). 重厚(중후).

〔原〕 부 厂(민음호밑) 획 2—8 훈 근원 음 원 ㊥ yüan² ㊕ origin; plain ㊐ ゲン. はら. もと 뜻 ①근원. ②근본. ③들. 둔덕.

필순 一厂厂厂原原原

原價〔원가〕 ①본값. ②생산가(生產價). げんか

原稿〔원고〕 ①초고(草稿). ②인쇄(印刷)하기 위하여 쓴 글. げんこう

原告〔원고〕 소송을 일으킨 사람. ↔피고(被告). げんこく

原動力〔원동력〕 운동을 일으키는 근원이 되는 힘. 열(熱)·수력(水力)·동력(動力) 등. げんどうりょく

原頭〔원두〕 들가. げんとう

原料〔원료〕 물건을 만드는 재료. げんりょう

原理〔원리〕 사물(事物)의 근본이 되는 이치. げんり

原名〔원명〕 본디의 이름. げんめい

原文〔원문〕 ①본문(本文). ②고친 것의 본 글. ③번역한 것의 본 글. ↔역문(譯文). げんぶん

原本〔원본〕 ①근본. 근원. ②등본(謄本)·초본(抄本) 등의 근본(根本)이 되는 문서. げんぽん

原簿〔원부〕 본디의 장부. げんぼ

原產〔원산〕 본디 생산됨. 또 그 물건. げんさん

原狀〔원상〕 본디의 형편. 본디의 상태. げんじょう

原色〔원색〕 모든 빛의 근본이 되는 빛깔. 곧, 적(赤)·황(黃)·청(靑)의 세 빛깔. 삼원색(三原色). げんしょく

原書〔원서〕 번역(飜譯)한 책에 대하여 원본(原本)이 되는 책. げんしょ

原說〔원설〕 본래의 설(說). げんせつ

原始〔원시〕 ①시작되는 처음. ②문화(文化)가 피어나지 않고 자연 그대로임. げんし

原始林〔원시림〕 저절로 자라 무성한 삼림(森林). ㊐처녀림(處女林). げんしりん

原案〔원안〕 본디의 의안(議案). げんあん

原語〔원어〕 ①고친 말에 대하여 그 본디의 말. ②번역한 말에 대하여 그 본디의 말. ↔역어(譯語). げんご

原油〔원유〕 아직 정제(精製)하지 아니한 석유(石油). げんゆ

原音〔원음〕 글자의 본디의 음(音). げんおん

原意〔원의〕 ①본디의 의사(意思). ②㊐원의(原義). げんい

原義〔원의〕 본디의 뜻. 근본의 의의(意義). ㊐원의(原意). げんぎ

原因〔원인〕 사실(事實)의 근본이 되는 까닭. げんいん

原子〔원자〕 어떠한 화학적 방법으로도 더 나눌 수 없다고 생각되는 물질(物質)을 구성하는 궁극(窮極)의 요소(要素). げんし

原作〔원작〕 본디의 제작. 또는 저작(著作). げんさく

原著〔원저〕 본디의 저작. 번역 또는 개작(改作)한 것에 대하여 이름. げんちょ

原籍〔원적〕 본적(本籍). げんせき

原點〔원점〕 운동이 시작되는 점. ㊐기점(起點). げんてん

原註〔원주〕 본래의 주석(註釋)이나 주해(註解). げんちゅう

原紙〔원지〕 등사판의 원판(原版)으로 쓰이는 종이. げんし

原則〔원칙〕 ① 많은 현상(現象)에 공통되는 근본의 법칙(法則). ②일반(一般)의 경우에 적용되는 법칙. げんそく

原版〔원판〕 근본이 되는 인쇄판. げんばん
原爆〔원폭〕 원자 폭탄의 준말. げんばく
原形〔원형〕 ①본디의 형상(形狀). ②진화(進化) 없는 본디의 상태. げんけい
原型〔원형〕 제작물(製作物)의 근본이 되는 거푸집. 또는 본보기. げんけい
▷高原(고원). 拔本塞原(발본색원). 語原(어원). 평원(平原).

【厥】 부 厂(민음호밑) 획 2—10 훈 그 음 궐 中 chüeh² 英 the; it; he, she 日 ケツ. その. それ
뜻 ①그. ②짧을. ③어조사. ④오랑캐 이름. ⑤절할. 숙일.
필순 一厂厂厂厥厥厥
厥角〔궐각〕 머리를 숙이고 절을 함.
厥女〔궐녀〕 그 여자. 그녀.
厥明〔궐명〕 ①다음날 날이 밝을 무렵. ②그 이튿날. けつめい
厥者〔궐자〕 그 사람의 낮춤말.
厥初〔궐초〕 시작. 최초. そのはじめ
厥後〔궐후〕 그 후.

「厭」 부 厂(민음호밑) 획 2—12 훈 싫을 음 염: 中 yen¹·⁴ 英 unwilling 日 エン. オウ. あきる. いとう
뜻 ①싫을. 싫어할. ②빠질(암).
필순 一厂厂厂厂厂厂厭厭厭
厭倦〔염권〕 물리어 싫증이 남. えんけん
厭忌〔염기〕 싫어하고 꺼림.
厭世〔염세〕 세상을 싫어함. 세상이 괴롭고 귀찮아서 비관함. 예 —主義(주의). えんせい
厭惡〔염오〕 싫어서 미워함. 동 혐오(嫌惡). えんお
厭症〔염증〕 싫증.

「厲」 부 厂(민음호밑) 획 2—13 훈 갈 음 려 中 li⁴ 英 whet stone 日 レイ. ライ. とぐ
뜻 ①갈. ②병들. ③사나움.
필순 厂严严厲厲厲
厲民〔여민〕 백성을 몹시 가혹하게 다스림. れいみん
厲色〔여색〕 노기(怒氣)를 띰. れいしょく
厲聲〔여성〕 ①성난 목소리. ②성이 나서 목소리를 높임. れいせい

(2) 厶 部

〖去〗 부 厶(마늘모) 획 2—3 훈 갈 음 거: 中 chü⁴ 英 leave 日 キョ. コ. さる
뜻 ①갈. ②버릴. ③덜.
필순 一十土去去
去去益甚〔거거익심〕 갈수록 점점 더 심함.
去根〔거근〕 ①뿌리를 없애버림. ②근심의 근원(根源)을 없애버림. 병(病)의 근원을 없애버림.
去年〔거년〕 지난 해. 동 작년(昨年). きょねん
去頭截尾〔거두절미〕 ① 머리와 꼬리를 잘라 버림. ②일의 원인(原因)과 결과(結果)를 빼고 요점(要點)만 말함.
去來〔거래〕 ①상인과 상인 또는 상인과 고객 사이에 서로 금전을 대차(貸借)하거나 물건을 매매하는 일. ②영리를 목적으로 하는 경제 행위. きょらい
去冷〔거랭〕 조금 데워서 찬 기운을 없앰.
去事〔거사〕 지나간 일. 동 과거지사(過去之事). きょじ
去聲〔거성〕 사성(四聲)의 하나. 발음의 처음이 높고 끝은 낮아지는 음(音). 송(送)·송(宋)·강(絳)·치(寘)·미(未)·어(御)·우(遇)·제(霽)·태(泰)·괘(卦)·대(隊)·진(震)·문(問)·원(願)·한(翰)·간(諫)·선(霰)·소(嘯)·효(效)·호(號)·개(箇)·마(禡)·양(漾)·경(敬)·경(徑)·유(宥)·심(沁)·감(勘)·염(豔)·함(陷)의 30운(韻)으로 나누임. 이에 속하는 글자는 모두 측자(仄字)임. 현대의 중국 어학에서는 제사성(第四聲)이라고도 함. きょせい
去勢〔거세〕 ①세력을 제거함. ②불알을 까서 버림. きょせい
去者日疏〔거자일소〕 ① 죽은 사람을 애석히 여기는 마음은 날이

감에 따라 차차 사라짐. ②서로 멀어지면 차차 멀어져 마침내 완전히 잊어버림. さるものはひびにうとし

去處〔거처〕 갈 곳. きょしょ

去就〔거취〕 일신(一身)의 진퇴(進退). きょしゅう

去弊〔거폐〕 폐단을 없앰. 「ょひ

去皮〔거피〕 껍질을 벗겨 버림. き

▷過去(과거). 死去(사거). 三不去(삼불거). 除去(제거). 撤去(철거). 七去(칠거). 退去(퇴거).

【參】 [부] 厶(마늘모) [획] 2—9 [훈] 참여할 [음] 참 [中] ts'ên¹ [英] three [日] サン. シン. まいる

[뜻] ①참여할. ②낄. ③ 「뵐.

[참고] [속] 叅

[필순] 厶厽厽参參

參加〔참가〕 어떠한 모임이나 단체에 참여함. さんか

參見〔참견〕 남의 일에 간섭함.

參考〔참고〕 대조(對照)하여 생각함. さんこう 「봄. さんかん

參觀〔참관〕 어떤 곳에 나아가서

參謀〔참모〕 ① 모의(謀議)에 참여함. 또 그 사람. ②군의(軍議)에 참여하는 고급 지휘관(指揮官)의 막료(幕僚)로서 작전·용병(用兵) 기타 일체의 계획과 지도를 맡은 장교. さんぼう

參拜〔참배〕 신불(神佛)에게 가서 배례(拜禮)함. さんぱい

參事〔참사〕 어떠한 일에 참여함. 또 그 사람. さんじ

參席〔참석〕 자리에 참여(參與)함.

參禪〔참선〕 좌선(坐禪)을 함. 또 선도(禪道)에 들어가 선법(禪法)을 연구함. さんぜん

參與〔참여〕 참가(參加)하여 관계함. [예] 現實(현실)一. さんよ

參酌〔참작〕 참고하여 알맞게 짐작하여 헤아림. さんしゃく

參戰〔참전〕 전쟁(戰爭)에 참가함. さんせん

參政〔참정〕 정치(政治)에 참여(參與)함. [예]一權(권). さんせい

參照〔참조〕 참고로 마주 대어 봄. さんしょう

參集〔참집〕 와 모임. さんしゅう

參判〔참판〕 이조 육조(六曹)에 속했던 종이품(從二品) 벼슬. 「く

參畫〔참획〕 계획에 참여함. さんか

參候〔참후〕 가서 안부를 알아봄. さんこう 「(신참).

▷古參(고참). 不參(불참). 新參

(2) 又　部

【又】 [부] 又(또우) [획] 2—0 [훈] 또 [음] 우: [中] yu⁴ [英] and [日] コウ. また

[뜻] ①또. ②다시. 역시.

[필순] フ又

又重之〔우중지〕 더우기.

又況〔우황〕 하물며.

「叉」 [부] 又(또우) [획] 2—1 [훈] 양갈래 [음] 차 [中] ch'a¹ [英] fold [日] サ. サイ. シャ. また

[뜻] ①양갈래. ②깍지낄. ③가장 「귀. ④귀신 이름.

[필순] フ又叉

叉路〔차로〕 두 갈래로 갈라진 길.

叉手〔차수〕 깍지를 낌. 곧, 아무것도 하지 않음. [동]공수(拱手). さしゅ 「셈.

叉乘〔차승〕 산가지를 써서 하는 곱

叉牙〔차아〕 ① 가운데가 우묵하여 갈라진 이. ②갈라져 나옴. ③가닥지어 나옴. [동]기출(岐出). さが 「(지차). 畫叉(화차).

▷夜叉(야차). 音叉(음차). 支叉

【及】 [부] 又(또우) [획] 2—2 [훈] 미칠 [음] 급 [中] chi² [英] reach [日] キュウ. および. およぶ 「불.

[뜻] ①미칠. ②및. ③더

[필순] ノ乃及

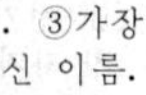

及其時〔급기시〕 그 때에 다달아.

及其也〔급기야〕 필경(畢竟)에는.

及落〔급락〕 급제(及弟)와 낙제. きゅうらく 「きゅうだい

及第〔급제〕 시험에 합격(合格)됨.

▷過不及(과불급). 過猶不及(과유불급). 論及(논급). 普及(보급). 言及(언급). 波及(파급).

〔反〕 뷔 又(또우) 획 2—2 훈 돌이킬 음 반: ㊥ fan³ ㊵ rebel
㊐ ハン. ホン. タン. **かえる. そむく**
뜻 ①돌이킬. ②돌아올. ③뒤집을. ④거스를. ⑤뒹굴. ⑥배반할. ⑦도리어. ⑧뒤칠(번).
필순 一厂反

反間〔반간〕 ①거짓 적국(敵國) 사람이 되어 적정을 탐지하여 본국에 알림. 또 그 사람. ②적국의 간첩을 역이용하여 적이 탐지한 책략(策略)의 반대의 책략을 씀. ③이간질. 이간책(離間策). はんかん
反感〔반감〕 거역하고자 하는 마음. 「はんかん
反擊〔반격〕 쳐들어오는 적군(敵軍)을 도리어 침. はんげき
反攻〔반공〕 수세(守勢)를 취하다가 반대로 공세(攻勢)를 취함. はんこう
反旗〔반기〕 ①반란(反亂)을 일으킨 자가 드는 기(旗). 동반기(叛旗). ②반대 의사(意思)를 나타내는 행동이나 표시. はんき
反黨〔반당〕 ①반역을 꾀하는 무리. ②당원이면서 당의 결정을 어기고 독자적으로 행동함. 예—行爲(행위). はんとう
反對〔반대〕 ① 사물(事物)이 아주 상반(相反)됨. ②남의 의견에 찬성하지 않고 뒤집어 거스름. はんたい
反動〔반동〕 어떠한 동작(動作)에 대하여 그 반대로 일어나는 동작. はんどう
反面〔반면〕 반대의 방면. 어떠한 다른 방면. はんめん
反目〔반목〕 서로 눈을 흘김. 곧 서로 미워함. 사이가 좋지 못함. はんもく
反問〔반문〕 물음에 대하여 대답하지 않고 도리어 되받아 물음. はんもん
反駁〔반박〕 남의 의견을 반대하여 논박함. はんぱく 「んぷく
反復〔반복〕 한 일을 되풀이함. は
反覆〔반복〕 ①엎어짐. 또 뒤집어 엎음. ②언행을 이랬다 저랬다 함. はんぷく
反覆無常〔반복무상〕 언행을 이랬다 저랬다 하여 일정한 주장(主張)이 없음. はんぷくむじょう
反比例〔반비례〕 어떤 양(量)이 다른 양의 역수(逆數)에 정비례(正比例)되는 관계. はんぴれい
反射〔반사〕 이 편에 비친 광선이 저 편에 되비침. はんしゃ
反省〔반성〕 자기가 한 일을 스스로 돌이켜 살핌. はんせい 「받음.
反受其殃〔반수기앙〕 도리어 재앙을
反語〔반어〕 ①표면의 뜻과는 반대(反對)되는 뜻으로 쓰이는 말. ②비꼬아 하고자 하는 말의 반대의 뜻의 말을 쓰는 어법(語法). 예—文(문). はんご
反逆〔반역〕 동⇨반역(叛逆). はんぎゃく 「はんえい
反映〔반영〕 반사(反射)하여 비침.
反應〔반응〕 ①이 편을 배반(背反)하고 저편에 응(應)함. ②물질 사이에 일어나는 화학적(化學的) 변화. はんのう
反掌〔반장〕 손바닥을 뒤집음. 일이 매우 쉬움의 비유. はんしょう
反轉〔반전〕 ①반대로 돎. ②일의 형세가 뒤바뀜. はんてん
反切〔반절〕 한문(漢文) 글자의 두 자의 음(音)을 반씩 취하여 한 음을 만들어 읽는 법. はんせつ
反正〔반정〕 정도(正道)로 되돌아가게 함. 난세(亂世)를 바로잡아 본디의 태평(太平)한 세상(世上)이 되게 함. はんせい
反證〔반증〕 반대의 증거(證據). はんしょう
反側〔반측〕 ①누운 자리가 편안하지 못하여 몸을 뒤척거림. 예전전(輾轉)—. ②이심(異心)을 품음. 모반함. 배반함. はんそく
反則〔반칙〕 법칙이나 규칙에 어그러짐. はんそく 「함. はんこう
反抗〔반항〕 반대하여 저항(抵抗)
▷謀反(모반). 背反(배반). 相反(상반). 違反(위반).

〚友〛 부 又(또우) 획 2—2 훈 벗 음 우: 中 yu³ 英 friend 日 ユウ. とも
뜻 ①벗. ②친할. 벗할. ③우애 있을.
필순 一ナ方友
友軍〔우군〕①우리 군대. 동 아군(我軍). ②우방(友邦)의 군대. ゆうぐん
友道〔우도〕친구와 사귀는 도리(道理). ゆうどう
友邦〔우방〕서로 친밀히 사귀는 나라. ゆうほう
友愛〔우애〕①형제·자매 사이의 정애(情愛). ②벗 사이의 정분(情分). ゆうあい
友誼〔우의〕벗 사이의 정의(情誼). 동 우정(友情). ゆうぎ
友人〔우인〕벗. 친구. 붕우(朋友). ゆうじん
友情〔우정〕동 ⇨ 우의(友誼). ゆうじょう
友好〔우호〕개인끼리나 나라끼리 서로 사이가 좋음. 예 一條約(조약). ゆうこう
▷故友(고우). 交友(교우). 校友(교우). 敎友(교우). 舊友(구우). 級友(급우). 同門友(동문우). 同友(동우). 盟友(맹우). 朋友(붕우). 師友(사우). 社友(사우). 詩友(시우). 益友(익우). 戰友(전우). 親友(친우). 學友(학우). 鄕友(향우). 賢友(현우).

〚受〛 부 又(또우) 획 2—6 훈 받을 음 수(수:) 中 shou⁴ 英 receive 日 ジュ. うける
뜻 ①받을. ②얻을. ③수락할. ④어조사.
필순 爫爫爫爫受
受講〔수강〕강습·강의를 받음. 예 一生(생). じゅこう
受檢〔수검〕검사나 검열(檢閱) 등을 받음. じゅけん
受難〔수난〕재난(災難)을 당함. じゅなん
受納〔수납〕받아들임. 들어줌. じゅのう
受動〔수동〕남에게 작용(作用)을 받음. 동 피동(被動). じゅどう
受動文〔수동문〕남의 작용을 받는 뜻을 지닌 문장(文章). じゅどうぶん
受諾〔수락〕들어 줌. 승낙(承諾)함. じゅだく
受領〔수령〕받아들임. じゅりょう
受賂〔수뢰〕뇌물(賂物)을 받음.
受理〔수리〕받아서 처리(處理)함. じゅり
受侮〔수모〕남에게 모욕(侮辱)을 당함. じゅぶ
受賞〔수상〕상(賞)을 받음. 예 一作(작). じゅしょう
受授〔수수〕받음과 줌. 동 수수(授受). じゅじゅ
受信〔수신〕통신(通信)을 받음. じゅしん
受恩〔수은〕은혜(恩惠)를 입음. 동 수혜(受惠). じゅおん
受益〔수익〕이익을 얻음. じゅえき
受取〔수취〕받아 가짐. 받음. うけとり
受託〔수탁〕부탁(付託)을 받음. じゅたく
受胎〔수태〕아이를 뱀. 동 회임(懷妊). じゅたい
受驗〔수험〕시험을 치름. 예 一者(자). じゅけん
受刑〔수형〕형벌을 받음. じゅけい
受惠〔수혜〕은혜를 입음. 동 수은(受恩). じゅけい
受話機〔수화기〕전화를 듣는 기계. ↔송화기(送話機). じゅわき
▷甘受(감수). 感受(감수). 拜受(배수). 授受(수수). 引受(인수). 傳受(전수). 接受(접수).

〚叔〛 부 又(또우) 획 2—6 훈 아재비 음 숙 中 shu² 英 uncle 日 シュク. おじ
뜻 ①아재비. ②작은아버지.
필순 丨卜上丰未叔叔
叔母〔숙모〕작은아버지의 아내. しゅくぼ. おば
叔父〔숙부〕아버지의 남동생.
叔姪〔숙질〕아저씨와 조카.
▷外叔(외숙). 堂叔(당숙).

〚取〛 부 又(또우) 획 2—6 훈 가질 음 취: 中 ch'ü³ 英 take 日 シュ. とる
뜻 ①가질. ②취할. ③잡을.
필순 一丆FE耳取取
取得〔취득〕손에 넣음. 자기의 소유로 만듦. しゅとく

取利〔취리〕 돈놀이.
取捨〔취사〕 씀과 버림. 씀과 쓰지 아니함. ⑤용사(用捨). しゅしゃ
取捨選擇〔취사선택〕 쓸 것과 버릴 것을 가림. しゅしゃせんたく
取音〔취음〕 말의 뜻을 생각하지 않고, 음만 비슷한 글자로 씀.
取材〔취재〕 기사(記事)나 회화(繪畫) 등의 재료를 얻음. 또 그것. しゅざい
取擇〔취택〕 가려서 뽑음. 선택함.
▷攝取(섭취). 受取(수취). 採取(채취). 奪取(탈취).

【叛】 부 又(또우) 획 2—7 훈 배반할 음 반: 中 p'an⁴ 英 betrayal 日 ハン. ホン. そむく
뜻 배반할.
필순 ′ ″ ″ ′ 乡 半 叛 叛 叛
叛旗〔반기〕 반란을 일으킨 표시로 드는 깃발. はんき 「はんと
叛徒〔반도〕 반란을 일으킨 무리.
叛亂〔반란〕 배반하여 일으키는 난리. ⑤모반(謀叛). はんらん
叛逆〔반역〕 배반하여 모역(謀逆)함. ⑤반역(反逆). はんぎゃく
叛賊〔반적〕 반란을 일으킨 사람. 반역(叛逆)한 사람. ⑤역적(逆賊). はんぞく
▷謀叛(모반). 背叛(배반). 逆叛(역반). 離叛(이반).

「叢」 부 又(또우) 획 2—16 훈 떨기 음 총 中 ts'ung¹·² 英 cluster 日 ソウ. くさむら.
뜻 ①떨기. ②모을. ⌊むらがる
필순 ′ ″ ⺿ 丵 丵 丵 丵 丵 叢 叢
叢論〔총론〕 문장·논의(論議)를 모아 놓은 글. そうろん
叢林〔총림〕 ①잡목(雜木)이 우거진 숲. ②중이 모여 있는 곳. そうりん
叢生〔총생〕 풀이나 나무가 무더기로 더부룩하게 남. そうせい
叢書〔총서〕 ①여러 종류의 서적(書籍)을 모아서 한 질(帙)로 만든 것. ②일정한 형식으로 계속 간행되는 출판물. そうしょ
叢說〔총설〕 모아 놓은 많은 학설(學說). そうせつ
叢竹〔총죽〕 무더기로 난 대. 대숲.
叢中〔총중〕 뭇사람이 떼를 지은 속.
叢至〔총지〕 ①떼지어 옴. ②자주 옴. そうし
叢集〔총집〕 떼를 지어 모임. そうしゅう 「(연총). 林叢(임총).
▷論叢(논총). 談叢(담총). 淵叢

(2) 口 部

〖口〗 부 口(입구변) 획 3—0 훈 입 음 구: 中 k'ou³ 英 mouth 日 コウ. ク. くち
뜻 ①입. ②어귀. ③말할.
필순 ㅣ 冂 口
口角〔구각〕 입아귀. こうかく
口渴〔구갈〕 목이 마름. 조갈이 남.
口腔〔구강〕 입 속. こうこう
口蓋〔구개〕 입천장. 「徑). こうけい
口徑〔구경〕 둥그런 구멍의 직경(直
口頭〔구두〕 직접 입으로 하는 말. こうとう 「는 빈 말.
口頭禪〔구두선〕 실행이 따르지 않
口頭試驗〔구두시험〕 묻는 말에 구두로 대답하는 시험. ↔필답시험(筆答試驗). こうとうしけん
口令〔구령〕 단체 행동에 동작을 지휘하여 부르는 호령.
口文〔구문〕 흥정을 붙여 주고 받는 돈. ⑤구전(口錢).
口味〔구미〕 입맛. こうみ
口蜜腹劍〔구밀복검〕 말로는 친절하나 마음 속으로는 해칠 생각을 가지고 있음.
口辯〔구변〕 말 솜씨. ⑤언변(言辯). こうべん 「는 말. こうひ
口碑〔구비〕 대대로 전하여 내려오
口尙乳臭〔구상유취〕 입에서 아직 젖내가 난다는 뜻으로, 나이가 어리고 경험이 없어 언행(言行)이 유치함을 비웃어 하는 말. くちなおにゅうしゅうあり
口舌〔구설〕 남의 입에 오르내리는 말. こうぜつ
口數〔구수〕 인구 수. こうすう

口述〔구술〕 구두(口頭)로 진술(陳述)함. 말로써 아룀. ⓢ구연(口演). こうじゅつ
口是禍之門〔구시화지문〕 화(禍)는 입으로부터 생기므로 말을 삼가야 한다는 말.
口實〔구실〕 핑계 삼을 밑천. 변명(辯明)할 재료. こうじつ
口約〔구약〕 구두(口頭)로 하는 약속. こうやく
口語〔구어〕 ①말. 언어. ②보통 회화(會話)에 쓰는 말. こうご
口演〔구연〕 ⓢ⇨구술(口述).
口傳〔구전〕 입으로 전함. 말로 전함. くでん 「せん
구전〔口錢〕 ⓢ⇨구문(口文). こう
口傳心授〔구전심수〕 입으로 전하고 마음으로 가르침.
口臭〔구취〕 입에서 나는 나쁜 냄새. こうしゅう
口呼〔구호〕 ①외침. ②말로 부름. ③연설 끝이나 시위행진 때 외치는 간결한 문귀(文句).
口號〔구호〕 ①읊조림. 읊음. ⓢ구음(口吟). ②군대(軍隊)에서 쓰는 호령.
△開口(개구). 良藥苦口(양약고구). 有口(유구). 利口(이구). 異口(이구). 人口(인구). 一口(일구). 入口(입구). 衆口(중구). 出口(출구). 浦口(포구). 河口(하구). 緘口(함구). 港口(항구). 戶口(호구). 火口(화구).

〖可〗 부 口(입구변) 획 3—2 훈 옳을 음 가: ⓒ k'ê³ ⓔ right ⓙ カ. よい. べし
뜻 ①옳을. ②가히. ③허락할. ④ 오랑캐임금(극).
필순 一丁T可可

可決〔가결〕 의안(議案)을 시인(是認)하여 결정함. かけつ
可恐〔가공〕 두려워할 만함.
可觀〔가관〕 볼 만함. かかん
可能〔가능〕 될 수 있음. 할 수 있음. かのう 「있음.
可當〔가당〕 ① 합당함. ② 당할 수
可東可西〔가동가서〕 이렇게 할 만도 하고 저렇게 할 만도 함.
可憐〔가련〕 ①모양이 예쁘고 아름다움. 귀여움. ②불쌍함. かれん
可望〔가망〕 가능성이 있는 희망.
可否〔가부〕 ①옳은가 그른가의 여부(與否). ② 허가하느냐 안 하느냐의 여부. ③회의(會議)에 있어서 표결(表決)할 때에 좋은가 나쁜가의 여부. かひ
可不可〔가불가〕 가(可)함과 불가(不可)함. かふか
可笑〔가소〕 대수롭지 아니하여 우스움. かしょう. おかしい
可謂〔가위〕 이르자면. かい
可以東可以西〔가이동가이서〕 이렇게 할 만도 저렇게 할 만도 함.
可駐〔가주〕 머무를 수 있음.
可憎〔가증〕 얄미움. かぞう「문)―.
可知〔가지〕 알 만함. 예 不問(불
可票〔가표〕 찬성을 나타내는 표.
▷無可奈何(무가날하). 無不可(무불가). 不可(불가). 認可(인가). 裁可(재가). 許可(허가).

〖古〗 부 口(입구변) 획 3—2 훈 예 음 고: ⓒ ku³ ⓔ old ⓙ コ. ふるい. いにしえ
뜻 ① 예. ② 낡을.
필순 一十古古

古家〔고가〕 지은 지가 오래된 집. ⓢ고옥(古屋).
古歌〔고가〕 옛날 노래. こか
古宮〔고궁〕 옛 궁궐. こきゅう
古今〔고금〕 옛과 지금. ここん
古今獨步〔고금독보〕 고금(古今)을 통하여 그와 견줄 만한 사람이 없음. ここんとっぽ
古今不同〔고금부동〕 사물(事物)이 변하여 예와 지금이 같지 아니함. ここんふどう
古器〔고기〕 옛날 그릇. こき
古談〔고담〕 옛날 이야기.
古代〔고대〕 옛날 옛적. こだい
古都〔고도〕 옛날의 서울. こと
古來〔고래〕 옛날부터 지금에 이르기까지. ⓢ자고이래(自古以來). こらい
古老〔고로〕 ①늙은이. 노인. ②옛일을 잘 아는 노인. 고실(故實)

에 밝은 노인. ③부모(父母)를 이름. ころう 「로 전하여 옴.
古老相傳〔고로상전〕 늙은이들의 말
古名〔고명〕 옛날 이름. こめい
古木〔고목〕 오래 묵은 나무. 「덤.
古墓〔고묘〕 오래된 무덤. 옛날 무
古文〔고문〕 ①옛 글. ②중국의 옛 문자나 문장·책. こぶん
古文眞寶〔고문진보〕 시문집(詩文集). 송(宋)나라 황견(黃堅)의 편집이라고 함. こぶんしんぽう
古物〔고물〕 ①옛날 물건. ②낡은 물건. こぶつ
古米〔고미〕 해를 묵힌 쌀. 묵은쌀.
古法〔고법〕 옛날의 법. こほう
古本〔고본〕 ①헌 책. ②㊐고서(古書). こほん. ふるほん
古墳〔고분〕 고대의 무덤. こふん
古碑〔고비〕 옛날 비석(碑石). 오래된 비석. こひ 「し
古史〔고사〕 옛날의 역사(歷史). こ
古寺〔고사〕 오래된 절. ㊐고찰(古刹). こじ
古事〔고사〕 옛 일. こじ
古色〔고색〕 ①낡은 빛. ② 옛날의 풍치(風致). こしょく
古書〔고서〕 옛날 책. ㊐고본(古本). こしょ
古石〔고석〕 ①이끼가 덮인 오래된 돌멩이. ②괴석(怪石). こせき
古昔〔고석〕 옛날. こせき
古說〔고설〕 ①옛날 이야기. ② 옛적의 학설(學說). こせつ
古城〔고성〕 옛 성. こじょう
古俗〔고속〕 옛날의 풍속. こぞく
古松〔고송〕 ①오래된 소나무. ②노송(老松).
古時〔고시〕 옛날.
古詩〔고시〕 ① 옛날 사람이 지은 시. 고대의 시. ②고체(古體)의 시. 구수(句數)·자수(字數)에 제한이 없고 압운(押韻)에도 일정한 법칙이 없음. こし
古式〔고식〕 옛날의 식(式). こしき
古雅〔고아〕 고색(古色)을 띠어 아담(雅淡)함. こが
古樂〔고악〕 옛날 음악. こがく
古語〔고어〕 ㊐⇨고언(古言). こご
古言〔고언〕 ①옛사람의 말. 2 옛날 말. ㊐고어(古語). こげん
古諺〔고언〕 옛날부터 전해오는 속담(俗談). こげん
古屋〔고옥〕 지은 지 퍽 오래된 집. 낡은 집. ㊐고가(古家). こおく
古瓦〔고와〕 옛 기와. こが
古往今來〔고왕금래〕 옛날부터 지금까지. こおうこんらい
古人〔고인〕 옛 사람. こじん
古字〔고자〕 옛 체(體)의 글자.
古跡〔고적〕 ①남아 있는 옛 물건. ②옛날 물건이 있던 자리. 고적(古蹟). こせき 「き
古蹟〔고적〕 ㊐⇨고적(古跡). こせ
古典〔고전〕 ①옛날의 기록, 또는 서적. ②옛날의 법식(法式), 또는 제도. こてん
古錢〔고전〕 옛날 돈. こせん
古典美〔고전미〕 고전적인 미(美). こてんび 「せんじょう
古戰場〔고전장〕 옛날의 싸움터. こ
古鐘〔고종〕 옛날의 종. 「こさつ
古刹〔고찰〕 옛 절. ㊐고사(古寺).
古鐵〔고철〕 헌 쇠. こてつ
古塔〔고탑〕 오래된 탑. ことう
古風〔고풍〕 ①옛 사람의 풍도(風度). 또 옛날의 모습. ②고시(古詩). こふう 「こき
古稀〔고희〕 나이 일흔 살을 이름.
▷考古(고고). 近古(근고). 萬古(만고). 復古(복고). 上古(상고). 往古(왕고). 中古(중고). 千古(천고). 太古(태고). 懷古(회고).

〖句〗 부 口(입구변) 획 3—2 훈 글귀 음 구(귀) ㊥ chü⁴ 英 paragraph ㊐ ク. くぎり
뜻 ①글귀. ②귀절(귀).
필순 ノ 勹 勺 句 句

句當〔구당〕 ①취급함. 담당함. 2 담당. 계(係).
句讀〔구두〕 글을 읽기 편하게 하기 위하여 귀절(句節)이 떨어진 곳에 점이나 딴 부호로 표하는 일. くとう
句讀點〔구두점〕 구두법(句讀法)을 따라 찍는 점. くとうてん
句配〔구배〕 기운 정도. 경사면(傾斜面)의 경도(傾度). 물매. こうばい

句法〔구법〕 시문(詩文)의 구(句)를 짓는 법. くほう 「나 글.
句節〔구절·귀절〕 한 토막의 말이
句點〔구점〕 구절 밑에 찍는 점.
句踐〔구천〕 춘추 시대의 월(越)나라의 제2대 왕. 와신상담(臥薪嘗膽)끝에 부차(夫差)에게 당한 치욕을 씻었음. こうせん
▷結句(결귀). 警句(경귀). 起句(기귀). 名句(명귀). 發句(발귀). 語句(어귀). 麗句(여구). 聯句(연구). 一言半句(일언반구). 字句(자구). 章句(장구). 長短句(장단구). 絶句(절귀).

【叫】 부 口(입구변) 획 3—2 훈 부르짖을 음 규 中 chiao[4] 英 shout 日 キョウ. さけぶ
뜻 부르짖을.
필순 ㅣ ㄇ ㅁ ㅁㅣ 叫

叫苦〔규고〕 비명(悲鳴)을 지름.
叫叫〔규규〕 멀리 들리는 소리. きょうきょう 「람. きょうもん
叫門〔규문〕 문을 두드려 인도를 바
叫聲〔규성〕 외치는 소리.
叫喚〔규환〕 큰 소리로 부르짖음. 예阿鼻(아비)—. きょうかん
▷大叫(대규). 絶叫(절규).

【司】 부 口(입구변) 획 3—2 훈 맡을 음 사 中 ssu[1] 英 manage 日 シ. つかさどる. つかさ
뜻 ①맡을. ②벼슬.
필순 ㄱ ㄱ 司 司 司

司諫〔사간〕 ①주(周)나라 때 만민(萬民)의 비행(非行)을 규정(糾正)하는 벼슬. ②송(宋)나라 때 정치를 잘못하는 것을 간하는 벼슬. ③사간원의 종3품 벼슬.
司諫院〔사간원〕 이조 때의 삼사(三司)의 하나. 왕에 대한 간쟁(諫爭)을 맡아 봄. 장관은 대사간(大司諫).
司令〔사령〕 군대 또는 함대(艦隊)의 지휘와 통솔을 맡음. 또 그 직책. しれい
司馬遷〔사마천〕 전한(前漢)의 역사가. 자(字)는 자장(子長). 130편이나 되는 거작(巨作) 사기(史記)를 지었음. しばせん
司法〔사법〕 삼권(三權)의 하나. 법에 의한 재판 및 그에 관련되는 국가 작용. しほう
司直〔사직〕 ①공명 정직(公明正直)을 맡았다는 뜻으로서, 재판을 이름. ②이조 때 군직의 하나. しちょく
司會〔사회〕 집회(集會)의 진행을 맡아 봄. 또 그 사람. しかい
▷公司(공사). 島司(도사). 上司(상사).

【史】 부 口(입구변) 획 3—2 훈 역사 음 사: 中 shih[3] 英 history 日 シ. ふみ. ふびと
뜻 ①역사. ②사기. ③성.
필순 ㅣ ㄇ ㅁ 史 史

史家〔사가〕 역사를 연구하는 사람. 역사가(歷史家). しか
史觀〔사관〕 역사를 보는 관점(觀點). 역사적 현상을 해석하는 관점. しかん
史官〔사관〕 사초(史草)를 쓰거나, 역사를 편찬하는 관원. しかん
史劇〔사극〕 역사상의 사실로 꾸민 연극. しげき
史記〔사기〕 ①역사적 사실을 기록한 책. ②책명(册名). 130권. 한(漢)나라 사마천(司馬遷)이 지음. しき 「しだん
史談〔사담〕 역사에 관한 이야기.
史料〔사료〕 역사의 연구나 편찬에 필요한 재료. しりょう
史書〔사서〕 역사책. ししょ
史實〔사실〕 역사에 실제로 있는 일. しじつ
史有三長〔사유삼장〕 역사를 쓰는 데는 재(才)와 학(學)과 식(識)의 세 가지 장점을 갖추어야 함을 이름. しにさんちょうあり
史二體〔사이체〕 편년체(編年體)와 기전체(紀傳體). しのにたい
史蹟〔사적〕 역사상의 유적(遺蹟). 동고적(古蹟). しせき 「しせき
史籍〔사적〕 역사책. 동사기(史記).
史傳〔사전〕 역사와 전기. しでん
史草〔사초〕 사서(史書)의 초고(草稿). しそう

史筆〔사필〕 역사를 쓰는 필법(筆法). しひつ 「しがく
史學〔사학〕 역사를 연구하는 학문.
史話〔사화〕 역사에 관한 이야기.
史禍〔사화〕 사필(史筆)로 말미암아 입은 화(禍). しか
▷古史(고사). 國史(국사). 野史(야사). 歷史(역사). 正史(정사). 青史(청사).

〖右〗 부 口(입구변) 획 3—2 훈 오른쪽 음 우: 中 yu⁴ 英 rightside 日 ユウ. ウ. みぎ
뜻 ①오른쪽. ②오른 ③도울(佑와 통용).
필순 一ナオ右右

右傾〔우경〕 보수적(保守的)인 경향(傾向). うけい
右契〔우계〕 어음 또는 부신(符信)을 두 쪽으로 나눈 것 중의 오른쪽 것. 약속을 받은 사람이 가짐. ゆうけい
右軍〔우군〕 ①우익(右翼)의 군대. ②진(晋)나라 왕희지(王羲之)의 일컬음. 그가 우군장군(右軍將軍)을 지냈으므로 이름.
右道〔우도〕 이조 때, 경기·충청·전라·경상·황해도를 둘로 나눈서쪽. ↔좌도(左道).
右文〔우문〕 글을 숭상함. 학문을 존중함. ゆうぶん
右文左武〔우문좌무〕 문무 두 가지 도(道)로써 천하를 다스림. ゆうぶんさぶ 「이름. ゆうしょう
右相〔우상〕 우의정(右議政)의 딴
右旋〔우선〕 오른편으로 돎.
右手〔우수〕 오른손. めて
右往左往〔우왕좌왕〕 이리저리 왔다 갔다함. うおうさおう
右議政〔우의정〕 의정부(議政府)의 정일품 벼슬. 좌의정의 아래.
右翼〔우익〕 ① 오른편 날개. ②오른편에 있는 군대. ③축구·야구 따위에서 오른쪽에 있는 선수. ④횡대(橫隊)의 우단(右端). ⑤보수파(保守派). うよく「(좌우).
▷極右(극우). 左右(좌우). 座右

【召】 부 口(입구변). 획 3—2 훈 부를 음 소 中 chao⁴, shao⁴ 英 call 日 ショウ. めす
뜻 ①부를. ②고할. ③높을.
필순 フヲ刀召召

召命〔소명〕 신하를 부르는 왕의 명령. しょうめい
召集〔소집〕 불러서 모음. しょうしゅう 「うち
召致〔소치〕 불러서 오게 함. しょ
召喚〔소환〕 관청에서 사인(私人)에게 일정한 곳으로 오라고 명령함. しょうかん
召還〔소환〕 돌아오라고 부름. 불러 돌아오게 함. しょうかん
▷應召(응소). 徵召(징소).

〖只〗 부 口(입구변) 획 3—2 훈 다만 음 지: 中 chih³ 英 only 日 シ. ただ
뜻 ①다만. ②말그칠.
필순 丨口口只

只今〔지금〕 시방. 이제. ただいま
只學〔지학〕 배움. 「기울.
只花里〔지화리〕 밀·귀리 따위의
▷單只(단지).

「叱」 부 口(입구변) 획 3—2 훈 꾸짖을 음 질(즐) 中 chih⁴ 英 scold 日 シツ. しかる
뜻 꾸짖을.
필순 丨ㅁㅁㅁ叱

叱辱〔질욕〕 꾸짖어 욕함. 「っせい
叱正〔질정〕 꾸짖어 바르게 함. し
叱叱〔질질〕 ①꾸짖는 소리. ②소나 말을 모는 소리. しつしつ
叱嗟〔질차〕 격노(激怒)하여 꾸짖는 소리. しっさ 「っせき
叱責〔질책〕 꾸짖어서 나무람. し

「台」 부 口(입구변) 획 3—2 훈 별 음 태 中 t'ai² 英 myself 日 ダイ. タイ. うてな 「(이).
뜻 ①별. ②나(이). ③기뻐할
참고 본 臺
필순 ㄥ厶台台台

台德〔이덕〕 나의 덕. 임금의 덕.
台覽〔태람〕 보심. 봄의 존칭. たいらん 「席). たいりん
台臨〔태림〕 고귀한 이의 임석(臨
▷三台(삼태). 天台(천태).

〖各〗 부 口(입구변) 획 3—3 훈 각각 음 각 中 kê²·³·⁴ 英

each 日 カク. おのおの
뜻 ①각각. ②따로따로.
필순 ノクタ各各
各個〔각개〕 낱낱. 하나하나. かっこ
　「관리. かくかん
各官〔각관〕 각 관리(官吏). 여러
各其所長〔각기소장〕 각 사람 저마다의 장기(長技). 저마다 잘하는 재주.
　「도. かくどう
各道〔각도〕 각각의 도(道). 여러
各房〔각방〕 각각의 방(房). 「つ
各別〔각별〕 각각 따로따로. かくべ
各部〔각부〕 여러 부(部)로 나눈 각각의 부(部). かくぶ
各色〔각색〕 ①여러 가지 빛깔. ②여러 가지. 예各様(각양)—.
各設〔각설〕 따로따로 베풂.
各心所爲〔각심소위〕 각 사람이 각각 다른 마음으로 한 일. 「よう
各樣〔각양〕 여러 가지 모양. かく
各樣各色〔각양각색〕 동⇨각인각색(各人各色). かくようかくしょく
各位〔각위〕 여러 분. かくい
各人〔각인〕 각각의 사람. かくじん
各人各色〔각인각색〕 ①각 사람의 여러 모양. ②사람에 따라 각각 다름. 동각양각색(各樣各色).
各自圖生〔각자도생〕 제각기 살아갈 길을 도모함. 「くじょう
各條〔각조〕 각각의 조목(條目). か
各種〔각종〕 여러 가지. 각가지.
各層〔각층〕 여러 층. 각각의 층.
各派〔각파〕 ①각각의 파벌. ②한 조상에서 나와서 파가 갈린 친족(親族). かくは
各項〔각항〕 ①각 항목(項目). ②각가지. かくこう

〖吉〗 부 口(입구변) 획 3—3 훈 길할 음 길 中 chi² 英 lucky 日 キツ. キチ. よい
뜻 ①길할. ②좋을.
필순 一十士吉吉吉
吉年〔길년〕 혼인을 하는 데 그 당사자(當事者)의 나이에 대하여 좋은 연운(年運).
吉禮〔길례〕 ①제사 ②관례나 혼례 등의 경사스러운 예식.
吉夢〔길몽〕 상서로운 꿈. きつむ
吉報〔길보〕 좋은 기별. きっぽう
吉日〔길일〕 길한 날. 좋은 날. きつじつ
吉再〔길재〕 여말(麗末)·선초(鮮初) 때의 학자(學者). 호는 야은(冶隱). 정몽주(鄭夢周) 등에게 주자학을 배웠으며, 벼슬이 성균관(成均館) 박사에 이름.
吉兆〔길조〕 상서로운 일이 있을 조짐. きっちょう
吉凶〔길흉〕 ①길함과 흉함. 선과 악. 행복과 불행. ②혼례(婚禮)와 장례(葬禮). きっきょう
▷納吉(납길). 大吉(대길). 不吉(불길).

〖同〗 부 口(입구변) 획 3—3 훈 한가지 음 동 中 t'ung² 英 same; like 日 ドウ. おなじ
뜻 ①한가지. ②같이할. ③모일. ④무리.
필순 丨冂冂同同
同價紅裳〔동가홍상〕 같은 값인 경우에는 품질이 좋은 것을 고름.
同感〔동감〕 남과 같이 느낌. どうかん
同甲〔동갑〕 나이가 같음. 같은 나이. 갑자(甲子)를 같이 한다는 뜻. どうこう 「うきょ
同居〔동거〕 한 집에서 같이 삶. ど
同格〔동격〕 자격이 같음. どうかく
同慶〔동경〕 같이 경사스러워하여 즐거워함. どうけい
同苦同樂〔동고동락〕 괴로움과 즐거움을 같이함.
同工異曲〔동공이곡〕 서로 재주는 같으나 취미(趣味)가 다름. どうこういきょく
同功一體〔동공일체〕 같은 공으로 같은 지위(地位)에 있음. どうこういったい
同級〔동급〕 ①학급이 같음. ②급수(級數)가 같음. どうきゅう
同氣〔동기〕 ①형제·자매의 총칭. どうき
同期〔동기〕 ①같은 시기(時期). ②동기 동창(同期同窓). どうき
同年〔동년〕 ①같은 나이. ② 같은 해. ③동년생. どうねん

同等〔동등〕 같은 등급. どうとう
同樂〔동락〕 여러 사람이 한가지로 즐김. どうらく
同僚〔동료〕 같은 직장에서 지위가 비슷한 사람. どうりょう
同類〔동류〕 ①같은 무리. ②같은 종류. ⓓ동종(同種). どうるい
同盟〔동맹〕 개인·단체 또는 국가가 같은 목적이나 이익을 위하여, 같이 행동하기로 약속하는 일. 또 그 사람·단체 또는 나라. ⓔ一國(국). どうめい
同名〔동명〕 같은 이름. どうめい
同文〔동문〕 사용(使用)하는 글자가 같음. どうぶん
同門〔동문〕 같은 선생의 문인(門人). 같은 학교의 출신자. ⓓ동창(同窓). どうもん
同文同種〔동문동종〕 두 나라의 사용하는 문자와 민족이 모두 같음. どうぶんどうしゅ
同門受學〔동문수학〕 같은 스승에게 글을 배움. ⓓ동문수학(同門修學). どうもんじゅがく
同門修學〔동문수학〕 한 스승에게서 학문을 닦음. ⓓ동문수학(同門受學). どうもんしゅうがく
同伴〔동반〕 길을 같이 감. 데리고 함께 다님. どうはん 「うぼう
同房〔동방〕 한 방에서 동거함. ど
同輩〔동배〕 나이·신분(身分)이 서로 비슷한 사람. どうはい
同病相憐〔동병상련〕 ① 같은 병을 가진 사람끼리 서로 동정함. ② 처지가 같은 사람끼리 서로 동정함. どうびょうあいあわれむ
同腹〔동복〕 한 어머니에게서 남. ↔이복(異腹). どうふく
同封〔동봉〕 두 가지 이상을 한데 싸서 봉함. どうふう
同夫人〔동부인〕 아내와 함께 동행(同行)함. どうふじん
同色〔동색〕 ①같은 빛깔. ②같은 당파. どうしょく
同棲〔동서〕 부부가 되어 한집에서 같이 삶. どうせい 「せき
同席〔동석〕 자리를 같이함. どう
同性〔동성〕 남녀·자웅(雌雄)의 성(性)이 같음. どうせい
同姓同本〔동성동본〕 성(姓)과 관향(貫鄕)이 같음. 「うしゅく
同宿〔동숙〕 한 방에서 같이 잠. ど
同乘〔동승〕 같이 탐. どうじょう
同時〔동시〕 같은 때. どうじ
同心〔동심〕 마음이 같음. どうしん
同心合力〔동심합력〕 마음과 힘을 한가지로 하여 합침. 「うがく
同額〔동액〕 같은 액수(額數). ど
同樣〔동양〕 같은 모양. どうよう
同業〔동업〕 같은 직업. 같은 영업. どうぎょう 「どうゆう
同友〔동우〕 뜻과 취미가 같은 벗.
同音異義語〔동음이의어〕 서로 음은 같으나 뜻이 다른 낱말.
同意〔동의〕 ①같은 의견. 같은 의사. ②같은 뜻. 같은 의미. ⓓ동의(同義). ③응낙함. 승인함. 찬성함. どうい
同義〔동의〕 같은 뜻. 같은 의의(意義). ⓓ동의(同意). どうぎ
同人〔동인〕 ①뜻이 같은 사람. ②같은 사람. 동일인(同一人). ③동문수학(同門受學)한 사람. どうじん. どうにん
同一〔동일〕 같음. どういつ
同日〔동일〕 같은 날. どうじつ
同情〔동정〕 ①남의 불행(不幸)을 가엾게 여기어 따뜻한 마음을 씀. ②남을 이해하여 같이 느낌. どうじょう
同鼎食〔동정식〕 한 솥의 밥을 먹음. 곧 한 곳에서 같이 삶.
同族〔동족〕 같은 민족. どうぞく
同種〔동종〕 같은 종류. ⓓ동류(同類). どうしゅ 「사람. どうし
同志〔동지〕 뜻이 서로 같음. 또 그
同窓〔동창〕 ⓓ⇨동문(同門). ⓔ一會(회). どうそう
同寢〔동침〕 잠자리를 같이함.
同胞〔동포〕 ①동복(同腹) 형제. ②같은 나라 또는 같은 민족의 사람. どうほう
同學〔동학〕 스승이 같거나 배우는 학교가 같은 벗. どうがく
同行〔동행〕 길을 같이 감. 또 그 사람. どうこう

同鄕〔동향〕 같은 고향. どうきょう
同好〔동호〕 같은 취미. どうこう
同化〔동화〕 ①최초 다르던 것이 차차 다른 한 쪽에 닮아 가는 일. ②생물이 외계로부터 양분으로서 섭취한 물질을 자체 구성에 필요한 물질로 바꾸는 일. どうか
▷來同(내동). 雷同(뇌동). 大同(대동). 符同(부동). 異同(이동). 贊同(찬동). 協同(협동). 混同(혼동). 會同(회동).

【吏】 부 口(입구변) 획 3—3 훈 아전 음 리: 中 li⁴ 英 officer 日 リ. つかさ. おさめる
뜻 아전. 벼슬아치.
필순 一ㄱ口日吏吏

吏道〔이도〕 ①관리의 사무. ②관리로서 행할 도리(道理). りどう
吏讀〔이두〕 삼국(三國) 시대부터 한자(漢字)의 음과 뜻을 빌어서 우리나라 말을 표기하는 데 쓰이던 문자. りと
吏書〔이서〕 동⇨이두(吏讀). りしょ
吏屬〔이속〕 아전(衙前)들.
吏役〔이역〕 관리(官吏)의 임무.
吏員〔이원〕 관리(官吏). 관리의 수. りいん
▷官吏(관리). 老吏(노리). 良吏(양리). 汚吏(오리). 獄吏(옥리). 執達吏(집달리).

〖名〗 부 口(입구변) 획 3—3 훈 이름 음 명 中 ming² 英 name 日 メイ. ミョウ. な
뜻 ①이름. ②이름날. ③사람.
필순 ノクタタ名名

名劍〔명검〕 이름난 칼. 동명도(名刀). めいけん
名工〔명공〕 이름난 장색(匠色). めいこう
名官〔명관〕 명성이 높은 벼슬아치.
名句〔명구〕 뛰어나게 잘 된 글귀. めいく
名君〔명군〕 지덕(智德)이 뛰어난 군주. 동명군(明君). めいくん
名弓〔명궁〕 ①이름난 활. ②활을 잘 쏘는 사람.
名妓〔명기〕 이름난 기생(妓生).
名堂〔명당〕 ①임금이 신하의 조현(朝見)을 받는 정전(正殿). ②무덤 아래에 있는 평지(平地). ③썩 좋은 뫼자리.
名刀〔명도〕 동⇨명검(名劍). めいとう
名論卓說〔명론탁설〕 우수한 논문과 탁월한 학설.
名利〔명리〕 명예(名譽)와 이익(利益). めいり
名馬〔명마〕 이름난 말. 훌륭한 말. めいば
名望〔명망〕 명성(名聲)과 인망(人望). 명성이 높고 인망이 있음. めいぼう
名目〔명목〕 사물의 이름. めいもく
名文〔명문〕 이름난 글. 잘 지은 글. めいぶん
名門〔명문〕 유명한 가문(家門). めいもん
名門巨族〔명문거족〕 이름난 집안과 크게 번창한 겨레. めいもんきょぞく
名物〔명물〕 ①한 지방의 특유한 산물. ②특징이 있어 인기 있는 사람. 또 좋은 물건. めいぶつ
名簿〔명부〕 성명을 적은 장부(帳簿). めいぼ
名分〔명분〕 명의(名義)가 정해진 데 따라 반드시 지켜야 할 직분(職分). めいぶん
名士〔명사〕 명성(名聲)이 높은 사람. めいし
名詞〔명사〕 사물의 이름을 나타내는 품사. めいし
名産〔명산〕 유명한 산물(産物). めいさん
名山大川〔명산대천〕 이름난 산과 큰 강. めいざんたいせん
名相〔명상〕 이름난 재상(宰相). めいしょう
名聲〔명성〕 세상에 널리 떨친 이름. 동명예(名譽). めいせい
名所〔명소〕 경치 좋기로 이름난 곳. めいしょ
名手〔명수〕 뛰어난 솜씨. 또 그 솜씨를 가진 사람. めいしゅ
名數〔명수〕 ①호적(戶籍). ②사람의 수효. ③단위의 이름을 붙인 수. めいすう
名勝〔명승〕 ①명사(名士). ②경치 또는 고적으로 유명한 곳. めいしょう
名僧〔명승〕 지식과 덕행(德行)이

높은 이름난 중. めいそう
名臣〔명신〕 이름난 신하. めいしん
名實〔명실〕 겉에 나타난 이름과 속에 있는 실상. ②명예와 실익(實益). めいじつ
名實相符〔명실상부〕 이름과 실상(實狀)이 서로 틀리지 아니함. めいじつあいかなう
名案〔명안〕 뛰어난 고안(考案). 좋은 생각. めいあん
名藥〔명약〕 효험(效驗)이 있기로 이름난 약. めいやく
名言〔명언〕 좋은 말. 또 이치에 맞게 썩 잘한 말. めいげん
名譽〔명예〕 ① 세상에 들리는 좋은 이름. 자랑스러운 평판. 동명성(名聲). ②봉급(俸給)을 받지 아니하는 면목상(面目上)의 지위. めいよ
名譽毁損〔명예훼손〕 남의 이름을 더럽히고 떨어뜨림. めいよきそん 「름난 선비. めいじゅ
名儒〔명유〕 학덕(學德)이 높아 이
名義〔명의〕 명칭과 그 명칭에 따르는 도리(道理). 예컨대 아들이라는 명칭과 아들이라는 명칭에 따르는 아버지에 대한 의무. めいぎ「의원 또는 의사. めいい
名醫〔명의〕 의술이 용하여 이름난
名人〔명인〕 ① 기예(技藝)에 뛰어난 사람. ②이름난 사람. 명성이 높은 사람. めいじん
名字〔명자〕 ①이름 자(字). ②작위(爵位)와 칭호. 특히 천자의 칭호. めいじ
名作〔명작〕 뛰어난 작품. めいさく
名將〔명장〕 이름난 장수. 이름이 높은 장군. めいしょう
名節〔명절〕 ① 명예와 절개. ②명일(名日). めいせつ
名唱〔명창〕 썩 잘 부르는 노래. 또 노래를 썩 잘 부르는 사람.
名筆〔명필〕 썩 잘 쓰는 글씨. 또 글씨를 썩 잘 쓰는 사람. めいひつ 「めいけん
名賢〔명현〕 이름난 현인(賢人).
名畫〔명화〕 유명한 그림. めいが
▷家名(가명). 假名(가명). 高名(고명). 功名(공명). 記名(기명). 賣名(매명). 命名(명명). 美名(미명). 本名(본명). 署名(서명). 姓名(성명). 惡名(악명). 揚名(양명). 連名(연명). 英名(영명). 汚名(오명). 有名(유명). 匿名(익명). 著名(저명). 除名(제명). 知名(지명). 指名(지명).

【吐】 부 口(입구변) 획 3—3 훈 토할 음 토: 中 t'u[4·3] 英 vomit 日 ト. はく. すてる
뜻 ①토할. ②나올.
필순 ㅁ ㅁ- ㅁ+ 吐
吐露〔토로〕 마음에 있는 것을 다 드러내어 말함. とろ
吐瀉〔토사〕 위로는 토하고 아래로는 설사함. としゃ「말함. とせつ
吐說〔토설〕 일의 내용을 사실대로
吐劑〔토제〕 먹은 음식을 토하게 하는 약제(藥劑). とざい
吐破〔토파〕 마음 속에 품고 있던 생각을 숨김없이 털어내어 말함.
吐血〔토혈〕 피를 토함. とけつ
▷嘔吐(구토). 呑吐(탄토).

〖合〗 부 口(입구변) 획 3—3 훈 합할 음 합 中 hê[2] 英 join; gather 日 ゴウ. あう. あわせる
뜻 ①합할. ②모일. 모을. ③만날. ④맞을. ⑤홉(홉).
필순 ノ 𠆢 亼 仝 合 合
合格〔합격〕 시험에 급제(及第)함. ごうかく
合計〔합계〕 합하여 계산함. 또 그 수. 동합산(合算). ごうけい
合金〔합금〕 두 가지 이상의 다른 금속이 용해(溶解) 혼합하여 된 금속. ごうきん
合同〔합동〕 둘 이상을 하나로 함. 둘 이상이 하나가 됨. ごうどう
合力〔합력〕 힘을 합침. ごうりょく
合流〔합류〕 ①물이 합하여 흐름. ②단결(團結)을 위하여 한데로 모임. ごうりゅう
合理〔합리〕 이치에 합당함. ごうり
合邦〔합방〕 나라를 합침.
合法〔합법〕 법령 또는 법식(法式)

에 맞음. ごうほう
合併〔합병〕 둘 이상이 하나로 합침. がっぺい. ごうへい 「그 실.
合絲〔합사〕 실을 합하여 드림. 또
合朔〔합삭〕 해와 지구가 달을 중간에 두고 일직선으로 되었을 때에, 달이 앞에 있게 되어 달이 전연 안 보일 때. 「さん
合算〔합산〕 ㊐⇨합계(合計). がっ
合席〔합석〕 한자리에 같이 앉음.
合成〔합성〕 합하여 이룸. ごうせい
合勢〔합세〕 세력을 한데로 합함.
合宿〔합숙〕 여러 사람이 한 곳에서 같이 숙박함. がっしゅく
合意〔합의〕 서로 의사가 일치함. 또 서로 의사를 합쳐 하나로 함. ごうい 「의논함. ごうぎ
合議〔합의〕 두 사람 이상이 모여
合資〔합자〕 두 사람 이상이 자본(資本)을 합함. ごうし
合作〔합작〕 ①힘을 합하여 만듦. ②두 사람 이상이 공동으로 저술하거나 제작함. 또 그 저술 또는 제작한 것. がっさく
合掌〔합장〕 ①절하려고 두 손바닥을 합함. ②부처에게 배례(拜禮)할 때 두 손바닥을 합침. がっしょう
合葬〔합장〕 두 사람이상, 특히 부부(夫婦)의 시체를 한 무덤 속에 장사지냄. がっそう
合奏〔합주〕 두 가지 이상의 악기로 함께 연주함. がっそう 「임.
合竹〔합죽〕 얇은 댓조각을 맞붙
合唱〔합창〕 ①두 사람 이상이 소리를 맞추어 노래함. ②많은 사람의 소리가 함께 화성(和聲)을 이루면서 다른 선율(旋律)로 노래함. がっしょう 「っち
合致〔합치〕 둘이 서로 일치함. が
合歡酒〔합환주〕 혼인(婚姻) 때 신랑과 신부가 서로 잔을 바꾸어 마시는 술. ごうかんしゅ
▷交合(교합). 糾合(규합). 配合(배합). 野合(야합). 烏合(오합). 六合(육합). 融合(융합). 調合(조합). 集合(집합). 混合(혼합). 和合(화합). 會合(회합).

〖向〗 부 口(입구변) 획 3—3 훈 향할 음 향: 中 hsiang[4] 日 コウ. キョウ. むく. むかう
뜻 ①향함. ②방향. ③옛. ④기울어질. ⑤성.
필순 ′ 丨′ 冂 向向向
向南〔향남〕 남쪽으로 향함. きょ
向年〔향년〕 지나간 해. 乚うなん
向念〔향념〕 쏠리는 마음. ㊐향의(向意). こうねん
向東〔향동〕 동쪽으로 향함.
向方〔향방〕 향하는 곳. きょうほう
向背〔향배〕 좇음과 등짐. 복종(服從)과 배반(背叛). こうはい
向北〔향북〕 북쪽으로 향함. 「ょう
向上〔향상〕 차차 낫게 함. こうじ
向陽〔향양〕 볕을 마주 받음. 남쪽을 향함. 「을 둠. ㊐향념(向念).
向意〔향의〕 마음을 기울임. 생각
向日〔향일〕 지난 날. ㊋—성(性). きょうじつ
向者〔향자〕 접때. 지난 번에.
向學〔향학〕 학문에 뜻을 두고 그 길로 나아감. こうがく
向後〔향후〕 이 다음. ㊐이후(以後). こうご
▷傾向(경향). 意向(의향). 趣向(취향). 偏向(편향). 下向(하향).

「后」 부 口(입구변) 획 3—3 훈 왕후 음 후: 中 hou[4] 英 empress 日 コウ. きさき. のち. きみ
뜻 ①왕후. ②뒤(後와 통용).
필순 ⺁厂𠂆斤后后
后宮〔후궁〕 후궁(後宮). こうきゅう
后妃〔후비〕 ①황후(皇后). ②황후(皇后)와 비(妃). こうひ
后王〔후왕〕 임금. 천자(天子). 군주(君主). こうおう
▷母后(모후). 女后(여후). 王后(왕후). 元后(원후). 太后(태후). 皇太后(황태후). 皇后(황후).

〖告〗 부 口(입구변) 획 3—4 훈 알릴 음 고: 中 kao[4] 英 tell 日 コク. つげる
뜻 ①알릴. ②고함. ③보일. ④말미.
필순 ノ 𠂉 牛 牛 牛 告 告

告急〔고급〕 급함을 알림. こきゅう
告發〔고발〕 남의 범죄(犯罪) 사실을 제 삼자가 관(官)에 아룀. こくはつ 「はく
告白〔고백〕 사실대로 말함. こく
告別〔고별〕 작별(作別)을 고(告)함. こくべつ
告訃〔고부〕 사람의 죽음을 통지함.
告祀〔고사〕 한 몸이나 집안이 무고하고 잘 되기를 비는 제사.
告辭〔고사〕 고시(告示)하는 문사(文辭). こくじ
告訴〔고소〕 ①하소연함. ②범죄의 피해자(被害者)가 관청에 범죄 사실을 신고하여 소추(訴追)를 구함. こくそ
告示〔고시〕 ①고하여 알림. ②관청에서 모든 인민에게 알리는 게시(揭示). こくじ
告知〔고지〕 알림. 통지함. こくち
告天文〔고천문〕 예식 때에 하느님께 아뢰는 글. こくてんぶん
▷警告(경고). 戒告(계고). 密告(밀고). 報告(보고). 訃告(부고). 上告(상고). 宣告(선고). 申告(신고). 豫告(예고). 忠告(충고). 布告(포고). 抗告(항고).

〔君〕 부 口(입구변) 획 3—4 훈 임금 음 군 ㊥ chün¹ 英 king; you ㊐ クン. きみ
뜻 ①임금 ②그대. 자네. ③부모·조상·남편·아내·스승·귀신의 존칭으로 씀.
필순 ㄱㅋ尹尹君君

君國〔군국〕 ①임금과 나라. ②군주가 다스리는 나라. くんこく
君臨〔군림〕 ①임금이 되어 나라를 다스림. ②가장 높은 자리에 섬. くんりん
君父〔군부〕 임금과 아버지. くんぷ
君師父一體〔군사부일체〕임금·스승·아버지의 은혜는 같다는 말.
君臣〔군신〕 임금과 신하. くんしん
君臣有義〔군신유의〕 임금과 신하 사이에 의리(義理)가 있어야 함. くんしんぎあり
君王〔군왕〕 임금. 군주(君主). くんおう
君爲臣綱〔군위신강〕 임금은 신하의 벼리가 되어야 함.
君恩〔군은〕 임금의 은덕. くんおん
君子〔군자〕 심성(心性)이 어질고 덕행이 높은 사람. 남의 사표(師表)가 될 만한 사람. ↔소인(小人). くんし
君子交絶不出惡聲〔군자교절불출악성〕 군자는 사람과 절교(絶交)를 한 뒤에 그 사람의 악평(惡評)을 하지 아니함.
君子國〔군자국〕 ①풍속이 선량하고 예의가 바른 나라. ②우리나라, 특히 신라(新羅)의 별칭. くんしこく
君子三樂〔군자삼락〕 군자의 세 가지 낙. 첫째, 부모가 구존(俱存)하고 형제가 무고한 것, 둘째 하늘과 사람에게 부끄러워할 것이 없는 것, 세째 천하의 영재(英才)를 얻어서 교육하는 것. くんしのさんらく
君子之交淡若水〔군자지교담약수〕 군자의 교제(交際)는 그 담박(淡泊)한 것이 물과 같아 영구히 변치 아니함. くんしのまじわりはあわきことみずのごとし
君長〔군장〕 ①군주(君主). ②두목(頭目). ③손윗사람. ④추장(酋長). くんちょう
君主〔군주〕 국가의 주권(主權)을 총람(總攬)하는 사람. 임금. くんしゅ 「한 이름.
君號〔군호〕 왕이 군(君)을 봉(封)
▷家君(가군). 郞君(낭군). 名君(명군). 父君(부군). 夫君(부군). 聖君(성군). 小君(소군). 暗君(암군). 良君(양군). 幼君(유군). 諸君(제군). 主君(주군).

「呂」 부 口(입구변) 획 3—4 훈 풍류 음 려: ㊥ lü³ 英 tune ㊐ リョ. ロ
뜻 ①풍류. 음률. ②법. ③성.
필순 ' ㅁ ㅁ 㕣 呂

呂宋〔여송〕 필리핀 군도(群島) 안의 루손(Luzon) 섬의 한음어(漢音語). ルソン

呂宋煙〔여송연〕필리핀의 루손 섬에서 나는 엽궐련(葉卷煙).
呂氏春秋〔여씨춘추〕책 이름. 26권. 일명(一名) '여람(呂覽)'. 진(秦)나라 여불위(呂不韋)의 찬(撰)이라 하나 실상은 그의 빈객이 수집한 것임.
呂后〔여후〕한(漢)나라 고조(高祖)의 황후(皇后). 고조를 도와서 천하를 평정하였음.

〖否〗 부 口(입구변) 획 3—4 훈 아니 음 부: 中 fou³ 英 no; deny 日 ヒ. いな
뜻 ①아니. 아닐. ②막힐(비).
필순 一ア不不不否否
否決〔부결〕의안(議案)의 불성립을 의결함. ひけつ
否認〔부인〕인정하지 아니함. ひにん
否定〔부정〕그렇지 않다고 인정함. 아니라고 함. ひてい
否定文〔부정문〕부정의 뜻을 지닌 문장. ひていぶん
否塞〔비색〕운수가 좋지 못하여 막힘. 불운(不運)함. ひそく
否運〔비운〕비색(否塞)한 운수. 동 불운(不運). ひうん
▷可否(가부). 成否(성부). 安否(안부). 存否(존부).

〖吾〗 부 口(입구변) 획 3—4 훈 나 음 오 中 wu² 英 I; we 日 ゴ. われ
뜻 ①나. ② 우리.
필순 一丁五五吾吾吾
吾等〔오등〕우리들. われら
吾門〔오문〕우리 문중(門中).
吾不關焉〔오불관언〕자기는 그 일에 상관하지 않음.
吾鼻三尺〔오비삼척〕자기의 곤궁에 허덕여 남의 사정을 돌아볼 사이가 없음의 비유. 「없음.
吾亦不知〔오역부지〕나 또한 알 수
吾吾〔오오〕친해지지 않는 모양.
吾伊〔오이〕글 읽는 소리. ごい
吾人〔오인〕나. 우리 인류. ごじん
吾日三省吾身〔오일삼성오신〕나는 매일 세 가지 일을 반성함.
吾兄〔오형〕①나의 형. ② 친구를 존대하는 일컬음. ごけい

〖吳〗 부 口(입구변) 획 3—4 훈 오나라 음 오 中 wu² 英 family name 日 ゴ. くれ
뜻 ①오나라. ②성.
필순 口口旦呉吳
吳越同舟〔오월동주〕원수끼리 같은 처지에 모인 경우를 이르는 말. ごえつどうしゅう
吳下阿蒙〔오하아몽〕몇 해가 되어도 학문(學問)의 진보가 없는 사람. ごかのあもう
吳回〔오회〕불의 신(神). ごかい

〖吟〗 부 口(입구변) 획 3—4 훈 읊을 음 음: 中 yin² 英 recite 日 ギン. うたう. うめく
뜻 ①읊을. ②끙끙거릴. ③울.
필순 口 叭 吟吟吟
吟味〔음미〕시나 노래를 읊어 그 뜻을 살핌. ぎんみ
吟誦〔음송〕시가(詩歌)를 높이 외어 읊음. ぎんしょう
吟詩〔음시〕시를 읊음. ぎんし
吟咏〔음영〕시가를 읊음. 또 그 시가. 동음영(吟詠). ぎんえい
吟風弄月〔음풍농월〕① 바람을 읊조리고, 달을 보고 시가를 지음. ② 속세(俗世)를 벗어난 태도.
▷朗吟(낭음). 微吟(미음). 呻吟(신음).

「呈」 부 口(입구변) 획 3—4 훈 드릴 음 정 中 ch'êng² 英 show 日 テイ. あらわす
뜻 ①드릴. ②드러낼.
필순 口旦旦呈呈
呈納〔정납〕물건을 보내어서 드림. 동정송(呈送). ていのう
呈單〔정단〕서면(書面)을 관청에 제출함. 「노정(露呈). ていろ
呈露〔정로〕드러내어 나타냄. 동
呈上〔정상〕올려 바침. ていじょう
呈送〔정송〕동⇨정납(呈納).
▷露呈(노정). 拜呈(배정). 贈呈(증정). 進呈(진정).

〖吹〗 부 口(입구변) 획 3—4 훈 불 음 취: 中 ch'uei¹·⁴ 英 blow 日スイ. ふく

뜻 불.
필순 ㅁ ㅁ' 吖 吖 吹
吹浪〔취랑〕 물고기가 물 위에 입을 내놓고 숨쉬는 것. 「すいもう
吹毛〔취모〕 극히 쉬운 것의 비유.
吹拂〔취불〕 불어 버림. すいふつ
吹雪〔취설〕 눈보라. すいせつ
吹奏〔취주〕 관악기(管樂器)를 입으로 불어 연주함. すいそう
▷鼓吹(고취).

【含】 부 口(입구변) 획 3—4 훈 머금을 음 함 中 han¹·² 英 include 日 ガン. ふくむ
뜻 머금을.
필순 ㅅ 스 今 今 含 含
含量〔함량〕 들어 있는 분량(分量). がんりょう 「을 품음.
含憤蓄怨〔함분축원〕 분노와 원한
含笑〔함소〕 ①웃음을 머금음. 웃는 빛을 띰. ② 꽃이 피기 시작함. がんしょう
含怨〔함원〕 원한을 품음. がんえん
含有〔함유〕 물질이 어떤 성분을 포함하고 있음. がんゆう
含蓄〔함축〕 깊은 뜻을 품음. 예—
▷包含(포함). ㄴ성(性). がんちく

【吸】 부 口(입구변) 획 3—4 훈 숨들이쉴 음 흡 中 hsi¹ 英 breathe 日 キュウ. すう
뜻 ①숨들이쉴. ②마실.
필순 ㅁ ㅁ 吸 吸
吸氣〔흡기〕 ①빨아들이는 기운. ②들이마시는 숨. きゅうき
吸收〔흡수〕 ①빨아들임. ②액체·고체가 기체를 빨아들여 용해(溶解)하는 현상. きゅうしゅう
吸煙〔흡연〕 담배를 피움.
吸引〔흡인〕 빨아서 이끎. 앞으로 빨아들임. きゅういん
吸引力〔흡인력〕 빨아들이는 힘. きゅういんりょく 「う
吸入〔흡입〕 빨아들임. きゅうにゅ
吸出〔흡출〕 빨아냄. すいだし
吸血鬼〔흡혈귀〕 ① 밤중에 무덤에서 나와 사람의 피를 빨아먹는다는 귀신(鬼神). ②사람의 고혈(膏血)을 착취(搾取)하는 인간.
▷呼吸(호흡). ㄴきゅうけつき

〖命〗 부 口(입구변) 획 3—5 훈 목숨 음 명: 中 ming⁴ 英 life 日 メイ. ミョウ. いのち
뜻 ①목숨. ②운수. ③명령. ④부릴. 시킬. ⑤이름지을.
필순 ㅅ 스 合 合 命
命輕於鴻毛〔명경어홍모〕 목숨이 기러기 털보다도 가볍다는 뜻으로, 임금이나 나라를 위하여는 목숨을 아낌없이 버림을 이름.
命令〔명령〕 웃사람이 아랫사람에게 내리는 분부. めいれい
命脈〔명맥〕 ①목숨과 맥. ②목숨을 이어나가는 근본. めいみゃく
命名〔명명〕 이름을 지음. めいめい
命門〔명문〕 가슴의 한가운데의 오목하게 들어간 곳. めいもん
命數〔명수〕 ①운명. ②수명. 동명운(命運). めいすう 「うん
命運〔명운〕 동⇨명수(命數). めい
命在頃刻〔명재경각〕 거의 죽게 되어 목숨이 넘어갈 지경에 있음.
命在天〔명재천〕 수명·운명은 하늘이 이미 정해 놓은 바로서, 인력(人力)으로는 어찌할 도리가 없음. めいはてんにあり
命題〔명제〕 판단(判斷)의 결과를 표시한 언사(言辭). めいだい
命中〔명중〕 겨냥한 것을 바로 쏘아 맞힘. めいちゅう
▷見危授命(견위수명). 告命(고명). 顧命(고명). 考終命(고종명). 官命(관명). 國命(국명). 短命(단명). 亡命(망명). 拜命(배명). 復命(복명). 非命(비명). 使命(사명). 壽命(수명). 宿命(숙명). 身命(신명). 遺命(유명). 人命(인명). 長命(장명). 知命(지명). 天命(천명). 致命(치명). 勅命(칙명). 特命(특명). 革命(혁명).

〖味〗 부 口(입구변) 획 3—5 훈 맛 음 미 中 wei⁴ 英 taste 日 ミ. あじ. あじわう
뜻 ①맛. ②맛볼.
필순 ㅁ 吀 吽 味 味
味覺〔미각〕 혀의 미신경(味神經)이 달고, 시고, 짜고, 맵고, 쓴

맛을 느껴 아는 감각. [동]미감(味感). みかく

味感〔미감〕 맛을 느끼는 감각. [동]미각(味覺). みかん

▷甘味(감미). 苦味(고미). 氣味(기미). 妙味(묘미). 無味(무미). 美味(미미). 酸味(산미). 辛味(신미). 五味(오미). 意味(의미). 一味(일미). 絶味(절미). 珍味(진미). 眞味(진미). 淸味(청미). 趣味(취미). 風味(풍미). 香味(향미). 興味(흥미).

「呻」 [부] 口(입구변) [획] 3—5 [훈] 앓을 [음] 신 [中] shen¹ [英] moan [日] シン. うめく

[뜻] ①앓을. 끙끙거릴. ②읊조릴. 웅얼거릴.

[필순] ㅁ 叩叩呻

呻吟〔신음〕 ①괴로와 끙끙거리는 소리를 함. 탄성(歎聲)을 냄. ②괴로와하면서 시(詩) 따위를 읊조림. しんぎん

呻吟聲〔신음성〕 괴로와서 끙끙거리는 소리. しんぎんせい

「呪」 [부] 口(입구변) [획] 3—5 [훈] 저주할 [음] 주: [中] chou⁴ [英] curse [日] ジュ. のろう. まじなう

[뜻] ①저주할. 방자할. ②빌.

[필순] ㅁ ㅁ 叩叩呪呪

呪文〔주문〕 ①저주하는 글. ②술가(術家)가 술법을 행할 때 외는 글. じゅもん

呪術〔주술〕 신(神)의 힘, 또는 신비력(神秘力)을 빌어 길흉을 점치고 재액(災厄)을 물리치거나 내려 달라고 비는 술법(術法). じゅじゅつ 「(저주).

▷誦呪(송주). 神呪(신주). 咀呪

【周】 [부] 口(입구변) [획] 3—5 [훈] 두루 [음] 주 [中] chou¹ [英] border [日] シュウ. まわり. めぐる. あまねし

[뜻] ①두루 ②주밀할

[필순] 丿 冂円円周周

周忌〔주기〕 사후(死後) 만 1년의 기일(忌日). [동]소기(小忌). しゅうき

周年〔주년〕 돐이 돌아온 한 해. [동]일주년(一週年). しゅうねん

周到〔주도〕 주의가 두루 미치어 빈틈이 없음. 찬찬함. しゅうとう

周覽〔주람〕 두루 돌아다니며 봄. しゅうらん

周密〔주밀〕 ①무슨 일에나 빈 구석이 없고 자세함. ②생각이 찬찬함. しゅうみつ

周邊〔주변〕 ① 주위(周圍)의 가장자리. ②부근. 근처. しゅうへん

周旋〔주선〕 일이 잘 되도록 이리저리 힘을 써서 변통해 주는 일. しゅうせん

周世鵬〔주세붕〕 이조 중종(中宗) 때의 학자. 풍기 군수(豊基郡守)로 있을 때 최초의 서원인 백운동 서원(白雲洞書院)을 세움.

周易〔주역〕 오경(五經)의 하나. 주대(周代)에 문왕(文王)·주공(周公)·공자(孔子)에 의하여 대성한 역학(易學). 또 그책. [동]역경(易經). しゅうえき

周圍〔주위〕 둘레. しゅうい

周遊〔주유〕 두루 돌아다니며 놂. [동]주유(周遊). しゅうゆう

周衣〔주의〕 두루마기.

周知〔주지〕 여러 사람이 두루 앎. 또 여러 사람이 두루 알게 함.

周紙〔주지〕 두루마리. 「しゅうち

周波數〔주파수〕 교류(交流)의 진동수(振動數). 교류가 1초 동안에 방향의 바꾸는 횟수의 반. 사이클. しゅうはすう

▷外周(외주). 圓周(원주).

〖呼〗 [부] 口(입구변) [획] 3—5 [훈] 부를 [음] 호 [中] hu⁴ [英] call [日] コ. よぶ 「탄식할.

[뜻] ①부를. ②숨내쉴. ③

[필순] ㅁ ㅁ' 叮呼呼

呼價〔호가〕 값을 부름. よびな

呼名〔호명〕 이름을 부름.

呼訴〔호소〕 사정(事情)을 관청 또는 남에게 하소연함.

呼應〔호응〕 ①부르면 대답함. 기맥(氣脈)을 통함. ②문맥(文脈)의 전후가 상통함. こおう

呼出〔호출〕 불러 냄. よびだし

呼兄〔호형〕 형이라고 부름.

呼吸〔호흡〕 숨을 쉼. 또 숨. こきゅう 「(지호).
▷嗚呼(오호). 點呼(점호). 指呼

〖和〗 부 口(입구변) 획 3—5 훈 화할 음 화 ㊥ huo[1·4] ho[2·4] ㊀ peaceful ㊐ ワ. やわらぐ
뜻 ①화할. ②온화할. ③화목할. ④고를. ⑤따뜻할. ⑥응할. 대답할. ⑦섞을. 탈.
필순 ˊ 二 千 禾 禾 和 和 和

和光同塵〔화광동진〕 빛을 감추고 속진(俗塵)에 섞임. 곧, 자기의 뛰어난 재덕(才德)을 나타내지 않고 세속(世俗)을 따른다는 뜻. わこうどうじん
和氣〔화기〕 ①화창한 일기. ②온화한 기색. 화락한 마음. わき
和同〔화동〕 동화합(和合). わどう
和樂〔화락〕 함께 모여 사이좋게 즐김. わらく 「움. わぼく
和睦〔화목〕 서로 뜻이 맞고 정다
和白〔화백〕 신라(新羅) 초기 육촌(六村) 사람들이 모여서 나라의 일을 의논하던 회의.
和尙〔화상〕 ①수행(修行)을 많이 한 중. 도(道)를 가르치는 중. ②중의 존칭(尊稱). おしょう
和色〔화색〕 온화(溫和)한 안색(顔色). わしょく
和聲〔화성〕 ①소리에 맞춤. 또 맞추는 소리. ②가락. わせい
和順〔화순〕 ① 고분고분하여 시키는 대로 잘 좇음. 온순함. ②기후(氣候)가 온화함. わじゅん
和約〔화약〕 ①화목하자는 약속. ②평화 조약. わやく
和議〔화의〕 화해(和解)하는 의논. 전쟁을 그만두자는 의논. わぎ
和而不同〔화이부동〕 남과 화목하게 지내기는 하지마는 의(義)를 굽혀서 좇지는 아니함. わしてどうぜず
和暢〔화창〕 ①일기가 따뜻하고 맑음. ②마음이 온화하고 상쾌(爽快)함. わちょう
和親〔화친〕 ① 서로 의좋게 지냄. ②화해(和解). わしん
和平〔화평〕 평화함. わへい
和合〔화합〕 화목하게 합함. 또 화목하여 합하게 함. 동화동(和同). わごう
和解〔화해〕 다툼질을 그치고 불화(不和)를 풂. わかい
▷講和(강화). 共和(공화). 同和(동화). 附和(부화). 不和(불화). 淳和(순화). 溫和(온화). 柔和(유화). 人和(인화). 調和(조화). 中和(중화). 太和(태화). 平和(평화). 協和(협화).

〖哀〗 부 口(입구변) 획 3—6 훈 슬플 음 애: ㊥ ai[1] ㊀ pitiful; grievous ㊐ アイ. あわれ. かなしい 「③불쌍할.
뜻 ①슬플. ② 서러울.
필순 亠 亠 卢 卢 亨 哀 哀 哀

哀歌〔애가〕 슬픈 노래. あいか
哀乞〔애걸〕 슬프게 하소연하여 빎.
哀乞伏乞〔애걸복걸〕 연방 굽실거리며 애걸함. 절을 하며 애걸함.
哀苦〔애고〕 슬픔과 괴로움. あいく
哀哭〔애곡〕 슬프게 욺. あいこく
哀矜〔애긍〕 불쌍하게 여김.
哀悼〔애도〕 사람의 죽음을 서러워함. あいとう
哀樂〔애락〕 슬픔과 즐거움. 예—喜怒(희노)—. あいらく 「あいせき
哀惜〔애석〕 슬퍼하고 아깝게 여김.
哀訴〔애소〕 슬프게 호소(呼訴)함. 탄식하며 하소연함. あいそ
哀愁〔애수〕 가슴에 스며드는 슬픈 시름. あいしゅう 「함. あいがん
哀願〔애원〕 슬픈 소리로 간절히 원
哀子〔애자〕 ① 부모의 상중(喪中)에 있는 아들. ②어머니는 죽고 아버지만 있는 아들. あいし
哀調〔애조〕 슬픈 곡조. あいちょう
哀痛〔애통〕 몹시 슬퍼함. あいつう
哀話〔애화〕 슬픈 이야기. あいわ
▷悲哀(비애).

〖咨〗 부 口(입구변) 획 3—6 훈 물을 음 자 ㊥ tzû[1] ㊀ plan; resent ㊐ シ. はかる. なげく
뜻 ①물을. ②꾀할. ③탄식할.
필순 ˊ ˊ 冫 次 次 次 咨 咨

咨文〔자문〕 중국과 왕복하던 문서.
咨文紙〔자문지〕 중국과 왕복(往復)하던 문서(文書)를 쓰던 종이.
咨咨〔자자〕 탄식하는 모양. しし
咨呈〔자정〕 옛 공문서의 하나.

〔哉〕 부 口(입구변) 획 3—6 훈 어조사 음 재 中 tsai¹ 日 サイ. かな. はじめ
뜻 ①어조사. (단정·감탄·의문·반어 등). ②비롯할.
필순 ⺊土吉哉哉
哉生明〔재생명〕 처음으로 빛을 내는 것. 곧 음력 초사흗 달.
哉生魄〔재생백〕 달에 처음으로 둘레에 빛이 없는 곳이 생김. 곧 음력 16일. さいせいはく
▷也哉(야재). 也乎哉(야호재). 快哉(쾌재). 乎哉(호재).

〔品〕 부 口(입구변) 획 3—6 훈 품수 음 품: 中 p'in³ 英 article 日 ヒン. ホン. しな
뜻 ①품수. ②물건. ③가지. ④벼슬 차례.
필순 ㅣ ㄇ ㅁ 묘 品
品格〔품격〕 사람된 바탕과 타고난 성질. 품성(品性)과 인격(人格). 동품위(品位). ひんかく
品目〔품목〕 물품(物品)의 명목(名目). ひんもく
品詞〔품사〕 단어를 그 성질·직능에 따라 종류를 나눈 말. ひんし
品性〔품성〕 개인이 가지고 있는 품격(品格)과 성질. ひんせい
品位〔품위〕 ①동품격(品格). ②직품(職品)과 지위. ひんい
品種〔품종〕 물품의 종류. ひんしゅ
品質〔품질〕 물품의 성질. ひんしつ
品評〔품평〕 물품의 등급을 평정(評定)함. ひんぴょう 「ひんこう
品行〔품행〕 몸가짐. 동행실(行實).
▷氣品(기품). 物品(물품). 上品(상품). 小品(소품). 神品(신품). 藥品(약품). 良品(양품). 人品(인품). 一品(일품). 逸品(일품). 中品(중품). 下品(하품).

【咸】 부 口(입구변) 획 3—6 훈 다 음 함 中 hsien² 英 all
뜻 ①다. ②성. 日 カン. みな
필순 一厂厂后咸咸咸
咸告〔함고〕 빼지 않고 모두 고함.
咸氏〔함씨〕 남의 조카의 존칭.
咸有一德〔함유일덕〕 ① 임금과 신하(臣下)가 다 순일(純一)의 덕이 있음. ②〈서경(書經)〉의 편명(篇名). かんゆういっとく
咸興差使〔함흥차사〕 심부름을 가서 소식이 아주 없거나 회답(回答)이 더디 옴을 이름.

〔哈〕 부 口(입구변) 획 3—6 훈 한모금마실 음 합 中 ha¹·³ 英 mumble 日 ゴウ
뜻 한모금마실.
필순 ㅁ 叭 吟 哈 哈
哈烈〔합렬〕 Herat의 한음어(漢音語). 명대(明代)의 나라 이름.
哈密瓜〔합밀과〕 중국의 합밀에서 나는 오이. はみか
哈爾濱〔합이빈·하이빈〕 만주(滿洲)의 하얼삔(Harbin). ハルビン

【哭】 부 口(입구변) 획 3—7 훈 울 음 곡 中 k'u¹ 英 wail 日 コク. なく
뜻 ①울. ②곡할.
필순 ㅁ 吅 㗊 哭 哭
哭臨〔곡림〕 ①뭇사람이 슬퍼서 욺. ②임금이 친히 죽은 신하(臣下)를 조문(弔問)함. こくりん
哭聲〔곡성〕 슬피 우는 소리. こくせい 「っきゅう
哭泣〔곡읍〕 소리 내어 슬피 욺. こ
▷哀哭(애곡). 痛哭(통곡).

【唐】 부 口(입구변) 획 3—7 훈 당나라 음 당 中 t'ang² 英 humbug 日 トウ. から
뜻 ①당나라. ②황당할.
필순 亠广户庐庚唐唐
唐突〔당돌〕 올차고 도랑도랑하여 조금도 꺼리는 마음이 없음. とうとつ
唐木〔당목〕 되게 드린 무명실로 짠 바닥이 고운 피륙의 하나.
唐絲〔당사〕 중국에서 나는 명주실.
唐三絶〔당삼절〕 당(唐)나라 때에 예능(藝能)에 뛰어난 세 사람. 곧 시부(詩賦)에 이백(李白), 검무(劍舞)에 배민(裵旻), 초서(草書)에 장욱(張旭).

唐宋八大家〔당송팔대가〕 당(唐)·송(宋) 2대의 팔인(八人)의 대문장가(大文章家). 곧 당나라의 한유(韓愈)·유종원(柳宗元) 두 사람과 송나라의 구양수(歐陽修)·소순(蘇洵)·소식(蘇軾)·소철(蘇轍)·증공(曾鞏)·왕안석(王安石)의 여섯 사람. とうそうはちだいか

唐詩〔당시〕 중국 당(唐)나라 시대의 시(詩). とうし

唐賢〔당현〕 당대(唐代)의 현인(賢人).

唐紅〔당홍〕 중국에서 생산된 약간 자주빛을 띤 붉은 물감. とうべに

唐畫〔당화〕 ①당대(唐代)의 그림. ②중국 사람이 그린 그림. 또 중국풍(風)의 그림. とうが

唐慌〔당황〕 놀라서 어찌할 줄 모름. とうこう 「(황당).

▷陶唐(도당). 虞唐(우당). 荒唐

「唆」 부 口(입구변) 획 3—7 훈 부추길 음 사 中 suo¹ 英 entice 日 サ. そそのかす

뜻 부추길.

필순 丨 П 口 吣 吵 唆 唆

唆囑〔사촉〕 남을 부추겨 나쁜 일을 시킴.

▷敎唆(교사). 示唆(시사).

【員】 부 口(입구변) 획 3—7 훈 인원 음 원 中 yüan² 英 official 日 イン. かず 「통용).

뜻 ①관원 ②인원 ③둥글(圓과

필순 ' 口 口 目 員 員

員石〔원석〕 둥근 돌. 동원석(圓石).

員數〔원수〕 사람의 수. いんずう

員外〔원외〕 정원(定員) 밖의 수효. いんがい

員員〔원원〕 ①급한 모양. ② 많고 예의가 있는 모양. うんうん

▷缺員(결원). 官員(관원). 敎員(교원). 滿員(만원). 議員(의원). 人員(인원). 任員(임원). 定員(정원). 職員(직원).

【哲】 부 口(입구변) 획 3—7 훈 밝을 음 철 中 chê² 英 sagacious 日 テツ. あきらか

뜻 ①밝을. ②슬기로울.

필순 扌 扌 扩 扩 扩 折 哲 哲

哲理〔철리〕 ①현묘(玄妙)한 이치. ②철학상의 이치. てつり 「めい

哲命〔철명〕 훌륭한 가르침. てつ

哲言〔철언〕 훌륭한 말. てつげん

哲人〔철인〕 어질고 이치(理致)에 밝은 사람. てつじん

哲學〔철학〕 자연(自然)과 인생, 현실 및 이상에 관한 근본 원리(根本原理)를 연구하는 학문. てつがく

哲學的〔철학적〕 근본적 원리를 추구하는 모양. てつがくてき

▷明哲(명철). 先哲(선철). 聖哲(성철). 英哲(영철). 賢哲(현철).

「哨」 부 口(입구변) 획 3—7 훈 보초설 음 초 中 shao⁴ 英 guard 日 ショウ. みはり

뜻 ①보초설. 망볼. ②잔말할.

필순 口 叩 吖 吖 哨 哨

哨戒〔초계〕 적의 기습(奇襲)에 대비하여 전비(戰備)를 갖추고 감시를 게을리 하지 않는 일. しょうかい 「ょうへい

哨兵〔초병〕 망보는 병정(兵丁). し

哨船〔초선〕 망보는 배. しょうせん

哨哨〔초초〕 말이 많은 모양.

▷動哨(동초). 步哨(보초). 巡哨(순초). 立哨(입초).

【啓】 부 口(입구변) 획 3—8 훈 열 음 계: 中 ch'i³ 英 enlighten 日 ケイ. ひらく

뜻 ①열. ②인도할(가르칠). ③여쭐.

필순 ⺈ ⺈ 戶 戶 所 所 啓 啓

啓告〔계고〕 말씀드림. 고함.

啓明星〔계명성〕 유성(遊星)의 하나. 샛별. 동금성(金星). 태백성(太白星). けいめいせい

啓蒙〔계몽〕 어린 아이나 몽매(蒙昧)한 사람을 깨우침. 예—主義(주의). けいもう

啓聞〔계문〕 옛날 감찰사나 어사가 임금에게 올리던 글. 「けいはつ

啓發〔계발〕 식견(識見)을 열어줌.

啓示〔계시〕 ①가르치어 보임. 열어 보임. ②신(神)의 가르침. 동묵시(默示). けいじ

啓稟〔계품〕 임금에게 아룀.
啓稟使〔계품사〕 계품을 맡은 벼슬.
▷謹啓(근계). 拜啓(배계). 復啓(복계). 上啓(상계). 狀啓(장계). 陳啓(진계). 行啓(행계).

〖問〗 부 口(입구변) 획 3—8 훈 물을 음 문: 中 wen⁴ 英 ask 日 モン. とう. とい
뜻 ①물을. ②찾을. ③알릴.
필순 丨 ｢ ｢ 門 門門問
問答〔문답〕 물음과 대답. 또 한쪽에서 묻고 다른 한쪽에서 대답함. もんどう「위문함. もんへい
問病〔문병〕 앓는 사람을 찾아보고
問喪〔문상〕 사람의 죽음에 대하여 위로함. 동조상(弔喪).
問安〔문안〕 웃어른에게 안부(安否)를 여쭘. もんあん
問議〔문의〕 물어보고 의논함.
問題〔문제〕 ①대답을 얻기 위하여 내는 제목(題目). ② 의논의 목적물이 되는 일. もんだい
問罪〔문죄〕 죄를 캐내어 물음. 또 죄지은 자를 성토(聲討)하고 징벌함. もんざい
問招〔문초〕 죄지은 사람을 신문함.
問候〔문후〕 웃어른의 안부(安否)를 물음. もんこう
▷顧問(고문). 難問(난문). 名問(명문). 訪問(방문). 不問(불문). 査問(사문). 審問(심문). 尋問(심문). 慰問(위문). 疑問(의문). 一問(일문). 弔問(조문). 質問(질문). 下問(하문). 學問(학문).

〖商〗 부 口(입구변) 획 3—8 훈 장사 음 상 中 shang¹ 英 trade 日 ショウ. あきなう
뜻 ①장사. ②장사할. ③장수. ④헤아릴. ⑤쇳소리. ⑥상나라. ⑦별이름. ⑧나눗셈에서 얻은 수.
필순 亠产內內商
商家〔상가〕 장사하는 집. しょうか
商工〔상공〕 ①장사와 공장(工匠). ②상업(商業)과 공업(工業). しょうこう 「しょうけん
商權〔상권〕 상업상의 권리(權利).
商略〔상략〕 ①꾀. 동계략(計略). ②장사하는 꾀. しょうりゃく
商量〔상량〕 헤아리어 생각함. しょうりょう 「ょうぼ
商暮〔상모〕 가을날의 저녁때. し
商法〔상법〕 ①상업에 관한 규칙. ② 상업상의 사권(私權) 관계를 규정하는 법률. しょうほう
商社〔상사〕 ① 상업상의 결사(結社). ②상사 회사(商事會社)의 준말. しょうしゃ 「うじ
商事〔상사〕 상업에 관한 일. しょ
商船〔상선〕 상업상의 목적에 쓰이는 배. しょうせん
商業〔상업〕 장사. 상행위(商行爲)의 영업. しょうぎょう
商用〔상용〕 ① 상업상의 용무. ② 장사하는 데 씀. しょうよう
商人〔상인〕 장수. しょうにん
商敵〔상적〕 자기가 경영하는 상업에 있어서의 경쟁자. しょうてき
商店〔상점〕 가게. 동상회(商會).
商定〔상정〕 헤아려 정함.
商標〔상표〕 상공업자가 자기의 상품인 것을 표시하기 위하여 쓰는 일정한 표(標). しょうひょう
商品〔상품〕 팔고 사는 물건. しょうひん
商港〔상항〕 상선(商船)이 드나들고, 화물이 집산(集散)하는 항구(港口). しょうこう
商號〔상호〕 장사하는 사람이 영업상 자기(自己)를 표시하는 이름. しょうごう
商況〔상황〕 상업상(事業上)의 형편(形便). しょうきょう
商會〔상회〕 ①상점에 쓰이는 칭호. 동상점(商店). ②상업상의 조합(組合). しょうかい
▷隊商(대상). 士農工商(사농공상). 仲商(중상). 通商(통상). 海商(해상). 行商(행상). 豪商(호상).

「啞」 부 口(입구변) 획 3—8 훈 벙어리 음 아 中 ya³ ê⁴ 英 dumb 日 ア. おし
뜻 벙어리.
필순 口 叮叮叮啞啞啞啞
啞鈴〔아령〕 운동 기구의 한 가지.

Dumbbell 의 한역어(漢譯語). あれい

啞啞〔아아·액액〕 ①까마귀 따위가 우는 소리. ②어린이의 더듬거리는 말. ③웃음 소리. 웃으며 이야기하는 소리. ああ

啞然〔아연·액연〕 ①어이 없이 입을 딱 벌리고 있는 모양. ②맥없이 웃는 모양. あぜん

啞者〔아자〕 벙어리. あしゃ

▷聾啞(농아). 盲啞(맹아).

〔唯〕 부 口(입구변) 획 3—8 훈 오직 음 유 中 wei[2·3] 英 only 日 ユイ. ただ

뜻 ①오직. ②대답할.

필순 ㅁ ㅁ' ㅁ' 唯唯唯

唯諾〔유낙〕 약⇨유유낙낙(唯唯諾諾). いだく

唯物論〔유물론〕 물질적 실재(實在)를 만유(萬有)의 근본 원리(原理)로 하는 학설. 곧, 우주의 모든 현상(現象)의 본질(本質)은 물질이고, 정신적 현상도 물질적 작용(作用)에 의한 것이라고 하는 학설. ゆいぶつろん

唯心論〔유심론〕 정신적(精神的) 실재(實在)를 만유(萬有)의 근본 원리(原理)로 하는 학설(學說). 곧, 우주(宇宙)의 모든 현상(現象)의 본질(本質)은 정신이라 하는 학설. ゆいしんろん

唯我獨尊〔유아독존〕 이 세상에서 나보다 더 높은 것이 없음. ゆいがどくそん

唯唯諾諾〔유유낙낙〕 남에게 순종(順從)하는 모양. 약유낙(唯諾). いいだくだく

唯一〔유일〕 오직 하나. ゆいいつ

唯一無二〔유일무이〕 오직 하나만 있고 둘은 없음. ゆいいつむに

唯酒無量〔유주무량〕 주량이 많아서 술을 얼마든지 마심.

〔唱〕 부 口(입구변) 획 3—8 훈 부를 음 창: 中 ch'ang[4] 英 call; sing 日 ショウ. となえる

뜻 ①부를. ②노래부를.

필순 ㅁ ㅁ ㅁ口 ㅁ日 ㅁ日 唱

唱歌〔창가〕 곡조(曲調)를 맞추어 노래를 부름. 또 그 노래. しょうか

唱劇〔창극〕 광대 노래의 연극(演劇). しょうげき

唱道〔창도〕 제일 먼저 제창(提唱)함. 수창(首唱)함. しょうどう

唱義〔창의〕 앞장서서 정의(正義)를 부르짖음. 국난(國難)을 당하여 의병(義兵)을 일으킴.

▷歌唱(가창). 高唱(고창). 名唱(명창). 先唱(선창). 首唱(수창). 吟唱(음창). 絶唱(절창). 主唱(주창). 呼唱(호창).

「唾」 부 口(입구변) 획 3—8 훈 침 음 타: 中 t'uo[4] t'u[4] 英 saliva 日 ダ. つば

뜻 ①침. ②침뱉을.

필순 ㅁ ㅁ' ㅁ厂 唾 唾 唾

唾具〔타구〕 가래나 침을 뱉는 그릇. 동타호(唾壺).

唾棄〔타기〕 아주 다랍게 여겨 침을 뱉듯이 내버려 돌아보지 아니함. だき

唾罵〔타매〕 침을 뱉고 욕(辱)을 함. 「だば

唾腺〔타선〕 입속의 침을 분비(分泌)하는 침샘. だせん

唾液〔타액〕 침. だえき

唾壺〔타호〕 동타구(唾具). だこ

「喝」 부 口(입구변) 획 3—9 훈 꾸짖을 음 갈 中 kê[1·4] 英 rebuke 日 カツ. しかる

뜻 ①꾸짖을. ②부를.

필순 ㅁ ㅁ日 ㅁ旦 喝 喝 喝

喝報〔갈보〕 큰 소리로 알림. かっ

喝酒〔갈주〕 술을 마심. 「ぽう

喝采〔갈채〕 기쁜 소리로 크게 소리지르며 칭찬함. かっさい

喝破〔갈파〕 ① 큰 소리로 꾸짖음. ②큰 소리로 남의 언론을 깨뜨림. かっぱ 「(일갈). 呼喝(호갈).

▷恐喝(공갈). 大喝(대갈). 一喝

「喫」 부 口(입구변) 획 3—9 훈 먹을 음 끽·긱 中 ch'ih[1] 英 eat; drink 日 キツ. のむ. すう

뜻 ①먹을. ②마실. ③담배피울.

필순 ㅁ ㅁ' ㅁ± 喫 喫 喫 喫

喫緊〔긱긴·끽긴〕 매우 긴요(緊要)

함. きっきん
喫茶〔긱다·끽다〕 차를 마심. きっさ. きっちゃ
喫煙〔긱연·끽연〕 담배를 피움. きつえん
▷滿喫(만긱·만끽).

〖單〗 부 口(입구변) 획 3—9 훈 홑 음 단 中 tan[1] ch'an[2] shan[4] 英 single 日 タン. ひとえ
뜻 ①홑. ②다만. ③오랑캐임금(선).
필순 ˊ ˊˊ 罒 罒 罤 罥 單

單價〔단가〕 단위(單位)의 가격(價格). たんか
單間〔단간〕 단지 한 간(間).
單鉤〔단구〕 집필법(執筆法)의 하나. 가운뎃손가락을 집게손가락과 가지런히 하여 손가락 끝으로 붓대를 쥐고 글씨를 쓰는 일. ↔쌍구(雙鉤). たんこう
單卷〔단권〕 한 권으로 완결된 책.
單記〔단기〕 낱낱이 따로따로 적음. たんき 「그 사람. たんき
單騎〔단기〕 혼자 말을 타고 감. 또
單刀直入〔단도직입〕 한칼로 바로 적진(敵陣)에 쳐들어 간다는 뜻으로, 문장·언론 등에서 바로 본론(本論)으로 들어감을 이름. たんとうちょくにゅう
單獨〔단독〕 ①독신자(獨身者). ②단지 한 사람. 혼자. 또 단지 하나. たんどく
單利〔단리〕 원금(元金)에 대하여만 치는 이자(利子). ↔복리(複利). たんり
單方藥〔단방약〕 단 한 가지만 가지고 병(病)을 다스리는 약.
單番〔단번〕 단 한 번. 한 차례.
單絲不成線〔단사불성선〕 외가닥 실은 아무 쓸모가 없다는 뜻. たんしせんをなさず
單色〔단색〕 ①한 가지 빛. ②단일한 빛깔. 곧 빛깔의 일곱 가지 원색(原色). たんしょく
單線〔단선〕 외줄. ↔복선(複線). たんせん
單純〔단순〕 ①어수선하지 않고 홑짐. 복잡하지 않고 순일(純一)함. ② 조건(條件)이나 제한(制限)이 없음. たんじゅん
單式〔단식〕 단순한 방식. ↔복식(複式). たんしき
單身〔단신〕 홀몸. 홑몸. たんしん
單語〔단어〕 낱말. たんご
單元〔단원〕 ① 단일(單一)한 근원(根元). ②동단자(單子). たんげん
單位〔단위〕 ① 수량(數量)을 헤아리는 데 그 기초가 되는 분량의 표준(標準). ②사물을 비교·계산하는 기본. たんい
單音〔단음〕 ①홑소리. ②음악에서 단일한 선율(旋律)만을 내는 소리. たんおん
單衣〔단의〕 홑옷. たんい
單一〔단일〕 단지 하나. たんいつ
單子〔단자〕 ①모든 물체 조성(組成)의 근본이라고 생각되는 개체(個體)로서, 절대로 나눌 수 없는 독립 자유의 존재. 동단원(單元). ②남에게 보내는 물목(物目)을 적은 종이. たんし
單調〔단조〕 ①음향(音響) 등의 가락이 단일함. ②사물이 변화가 없이 싱거움. たんちょう
單行本〔단행본〕 그것만을 단독으로 출판(出版)한 책. ↔전집(全集)·총서(叢書)·잡지(雜誌). たんこうほん
▷簡單(간단). 名單(명단). 食單(식단). 傳單(전단).

〖喪〗 부 口(입구변) 획 3—9 훈 복입을 음 상 中 sang[1·4] 英 lose 日 ソウ. も. うしなう
뜻 ①복입을. ② 상사. ③망할. 죽을. ④잃을.
필순 十 亠 市 市 声 喪 喪 喪

喪家〔상가〕 ①초상(初喪)난 집. ②상제(喪制)의 집. そうか
喪家之狗〔상가지구〕 초상(初喪)집 개. 초상집은 슬픈 나머지 개에게 먹을 것을 줄 경황이 없어서 개가 파리해지므로, 기운이 없어 축 늘어진 사람이나 수척하고 쇠약한 사람의 비유. そうかのいぬ
喪配〔상배〕 아내가 죽음. 홀아비가 됨. 동상처(喪妻).

喪服〔상복〕 상중(喪中)에 입는 옷. そうふく. もふく
喪費〔상비〕 초상에 드는 비용. そ
喪事〔상사〕 사람이 죽는 일. ㄴうひ
喪失〔상실〕 잃어버림. そうしつ
喪心〔상심〕 ①본심(本心)을 잃음. 마음이 흐려서 무엇에 홀림. ②미침. そうしん
喪輿〔상여〕 시체(屍體)를 묘지까지 나르는 기구. そうよ
喪杖〔상장〕 상제가 짚는 지팡이. 부상(父喪)에는 대(竹), 모상(母喪)에는 오동(梧桐).
喪章〔상장〕 조의(弔意)를 표시하는 휘장(徽章). もしょう
喪主〔상주〕 주장이 되는 상제(喪制). そうしゅ
喪中〔상중〕 ①초상이 난 동안. ②상제로 있는 동안. もちゅう
喪妻〔상처〕 아내가 죽음. 홀아비가 됨. [동]상배(喪配).
▷國喪(국상). 大喪(대상). 問喪(문상). 弔喪(조상). 脫喪(탈상). 好喪(호상). 護喪(호상).

〔善〕 [부] 口(입구변) [획] 3—9 [훈] 착할 [음] 선: [中] shan^4 [英] good [日] ゼン. よい

[뜻] ①착할. ②좋을. 길할. ③잘할.
[필순] ˇ 䒑 羊 羊 羊 善 善 善
善男善女〔선남선녀〕 ①착한 남자와 착한 여자. ②불문(佛門)에 귀의(歸依)한 남녀. ぜんなんぜんにょ 「行). ↔악덕(惡德).
善德〔선덕〕 바르고 착한 덕행(德
善道〔선도〕 바르고 착한 도리. ぜんどう 「(引導)함. ぜんどう
善導〔선도〕 올바른 길로 잘 인도
善良〔선량〕 착하고 어짊. ↔불량(不良). ぜんりょう 「ぜんりん
善隣〔선린〕 이웃과 의좋게 지냄.
善隣政策〔선린정책〕 이웃 나라와 친선(親善)하기 위한 정책. ぜんりんせいさく 「ぶん
善文〔선문〕 문장을 잘 지음. ぜん
善美(선미) 착하고 아름다움. ぜん
善防〔선방〕 잘 막아냄. ㄴび
善不善〔선불선〕 선과 불선. 착함과 착하지 아니함. ぜんふぜん
善辭令〔선사령〕 말을 잘함. 말솜씨가 능함. ぜんじれい 「ょ
善書〔선서〕 글씨를 잘 씀. ぜんし
善書不擇紙筆〔선서불택지필〕 글씨를 잘 쓰는 사람은 종이나 붓의 질(質)을 가리지 아니함.
善心〔선심〕 착한 마음. 선량(善良)한 마음. ぜんしん 「あく
善惡〔선악〕 착함과 악(惡)함. ぜん
善惡邪正〔선악사정〕 착함과 악함과 간사(奸邪)함과 올바름. ぜんあくじゃせい 「よう
善用〔선용〕 적절하게 잘 씀. ぜん
善游者溺〔선유자익〕 헤엄을 잘 치는 자가 익사함. 곧 자기의 능한 바를 믿다가 도리어 위험이나 재난을 초래함을 이름.
善意〔선의〕 좋은 뜻. 선량한 의사(意思). ↔악의(惡意). ぜんい
善政〔선정〕 착한 정치. 잘 다스리는 정치. ↔악정(惡政). ぜんせい
善竹橋〔선죽교〕 고려말(高麗末)에 정 몽주(鄭夢周)가 입절(立節)한 개성(開城)의 돌다리.
善知識〔선지식〕 덕(德)이 높은 중. [동]고승(高僧). ぜんちしき
善策〔선책〕 좋은 책략(策略).
善處〔선처〕 잘 처리함. ぜんしょ
善治〔선치〕 잘 다스림. ぜんち
善行〔선행〕 착한 행실(行實). 훌륭한 행위. ぜんこう
善後〔선후〕 뒷수습을 잘함. ぜんご
善後策〔선후책〕 뒷갈망을 잘 하려는 계책. ぜんごさく 「くん
善訓〔선훈〕 훌륭한 가르침. ぜん
▷多多益善(다다익선). 獨善(독선). 聖善(성선). 僞善(위선). 仁善(인선). 慈善(자선). 積善(적선). 至善(지선). 最善(최선). 忠善(충선). 親善(친선).

〔喩〕 [부] 口(입구변) [획] 3—9 [훈] 깨우칠 [음] 유: [中] yü^4 [英] enlighten [日] ユ. さとす. たとえる 「비유할.
[뜻] ①깨우칠. ②이를. 고할. ③
[필순] 口 口 吟 吟 哈 喻 喻 喩
喩林〔유림〕 명(明)나라 서원태(徐

元太)가 유언(喩言)을 모아 그 출처(出處)를 밝힌 책. ゆりん
喩言〔유언〕비유(比喩)의 말. ゆげん 「(은유). 直喩(직유).
▷敎喩(교유). 比喩(비유). 隱喩

〔喆〕 부 口(입구변) 획 3—9 훈 쌍길 음 철 中 chê² 英 bright 日 テツ. あきらか
뜻 ①쌍길. ②밝을. ③착할.
참고 동 哲
필순 十 士 吉 吉 吉吉 喆

「喚」 부 口(입구변) 획 3—9 훈 부를 음 환: 中 huan⁴ 英 call 日 カン. よぶ
뜻 부를.
필순 口 ㅁ' 㕵 㖥 㖥 㖥 喚 喚
喚客〔환객〕손님을 부름. かんかく
喚叫〔환규〕①큰소리로 부름. ②울부짖음. 동규환(叫喚). かんきょう
喚起〔환기〕불러 일으킴. かんき
喚問〔환문〕소환(召喚)하여 물어 봄. かんもん
喚想〔환상〕생각을 불러 일으킴.
喚醒〔환성〕잠자는 사람이나 어리석은 사람을 깨우침. かんせい
喚集〔환집〕불러 모음. かんしゅう
喚呼〔환호〕소리를 높이어 부름. かんこ 「(초환). 呼喚(호환).
▷叫喚(규환). 召喚(소환). 招喚

【喉】 부 口(입구변) 획 3—9 훈 목구멍 음 후 中 hou² 英 throat 日 コウ. のど
뜻 목구멍.
필순 口 ㅁ 㕧 㕧 㖃 㖃 喉 喉
喉頭〔후두〕기관(氣管)과 설골(舌骨) 사이에 있는 호흡기의 일부. こうとう
喉頭炎〔후두염〕입과 목과의 접경에 생기는 염증. こうとうえん
喉舌〔후설〕목구멍과 혀. こうぜつ
喉音〔후음〕내쉬는 숨으로 목청을 마찰하여 내는 소리. ㅇ·ㅎ 같 「은 것. こうおん
▷咽喉(인후).

〔喜〕 부 口(입구변) 획 3—9 훈 기쁠 음 희: 中 hsi³ 英 glad 日 キ. よろこぶ. よろこび
뜻 ①기쁠. ②기뻐할. 좋아할. ③기쁨. ④즐거울.
필순 士 吉 吉 吉 喜 喜
喜慶〔희경〕기뻐하여 축하함. きけい 「↔비극(悲劇). きげき
喜劇〔희극〕사람을 웃기는 연극.
喜樂〔희락〕기뻐하고 즐김. きらく
喜怒〔희로〕기쁨과 노여움. きど
喜怒不形色〔희로불형색〕희로애락(喜怒哀樂)의 감정을 얼굴에 나타내지 아니함.
喜怒哀樂〔희로애락〕기쁨과 노여움과 슬픔과 즐거움. 사람의 온갖 감정. きどあいらく
喜報〔희보〕기쁜 기별. 기쁜 소식.
喜悲〔희비〕기쁨과 슬픔. きひ
喜捨〔희사〕기꺼이 재물을 버림. 곧 남에게 재물(財物)을 베풀어 주거나 신불(神佛)의 일로 재물을 기부하는 일. きしゃ
喜色〔희색〕기뻐하는 얼굴 빛. きしょく
喜色滿面〔희색만면〕기쁜 빛이 얼굴에 가득함. きしょくまんめん
喜消息〔희소식〕기쁜 소식.
喜壽〔희수〕77세(歲). きじゅ
喜悅〔희열〕기뻐함. 또 기쁨. きえつ 「고 즐거워함.
喜喜樂樂〔희희낙락〕매우 기뻐하
▷嘉喜(가희). 慶喜(경희). 大喜(대희). 賀喜(하희).

「嗣」 부 口(입구변) 획 3—10 훈 이을 음 사: 中 ssu⁴ 英 inherit 日 シ. つぐ
뜻 ①이을. ②익힐. ③대(代)이 「을.
필순 ㅁ 品 品 畐 畐 嗣 嗣 嗣
嗣產〔사산〕남의 집의 대(代)를 이어 주고 받는 재산. しさん
嗣歲〔사세〕내년(來年). しさい. しせい 「대를 이음. しぞく
嗣續〔사속〕아버지의 뒤를 이음.
嗣王〔사왕〕임금 자리를 이은 임금. しおう
嗣音〔사음〕①소식을 끊지 않음. ②음악(音樂)을 배워 익힘. ③훌륭한 덕이나 세업(世業)을 이어받음. しおん
嗣子〔사자〕맏아들. しし
▷家嗣(가사). 係嗣(계사). 繼嗣(계사). 國嗣(국사). 遺嗣(유사). 嫡嗣(적사). 血嗣(혈사). 後嗣

(후사).

【嗚】 부 口(입구변) 획 3—10 훈 탄식할 음 오: 中 wu[1] 英 alas! 日 オ. ああ
뜻 탄식할.
필순 口 叩 叩 咱 嗚 嗚
嗚咽〔오열〕 목이 메어 욺. おえつ
嗚嗚〔오오〕 슬픈 소리의 형용. おお 「내는 소리. ああ
嗚呼〔오호〕 슬플 때나 탄식할 때

[嗟] 부 口(입구변) 획 3—10 훈 탄식할 음 차 中 chüeh[1], chie[2] 英 sigh 日 サ. ああ. なげく 「④잠깐.
뜻 ①탄식할. ②슬플. ③가엾을.
필순 口 口' 口' 咩 咩 咩 嗟
嗟惜〔차석〕 아까와서 탄식(歎息)함. させき 「함. さしょう
嗟稱〔차칭〕 마음에 감동하여 칭찬
嗟歎〔차탄〕 ①탄식(歎息). ②감동하여 칭찬함. さたん
▷怨嗟(원차). 咨嗟(자차).

「嗅」 부 口(입구변) 획 3—10 훈 냄새맡을 음 후: 中 hsiu[4] 英 smell 日 キュウ. かぐ
뜻 냄새맡을.
필순 口 口 口' 咱 咱 咱 嗅 嗅
嗅覺〔후각〕 냄새를 맡는 감각(感覺). 동후감(嗅感). きゅうかく
嗅感〔후감〕 동⇨후각(嗅覺). きゅうかん
嗅神經〔후신경〕 콧구멍 속의 점막(粘膜)에 분포(分布)되어 후각(嗅覺)을 맡은 신경(神經). きゅうしんけい

[嘉] 부 口(입구변) 획 3—11 훈 아름다울 음 가 中 chia[1] 英 lovely 日 カ. よい. よみする
뜻 ①아름다울. ②착할. ③칭찬할. ④즐거워할. ⑤경사.
필순 + 吉 吉 吉 吉 喜 嘉 嘉
嘉客〔가객〕 반가운 손. かかく
嘉穀〔가곡〕 ①좋은 곡식(穀食). ②벼. かこく
嘉納〔가납〕 ① 간(諫)하거나 권하는 말을 옳게 여기어 들음. ②물건 바치는 것을 고맙게 여기어 받아들임. かのう
嘉禮〔가례〕 ① 오례(五禮)의 하나로 혼례(婚禮)를 이름. ② 임금의 성혼·즉위 또는 왕세자·왕세손의 성혼·책봉(册封) 같은 때의 예식. かれい 「(佳木). かぼく
嘉木〔가목〕 훌륭한 나무. 동가목
嘉俳〔가배〕 신라 유리왕(儒理王) 때 궁정에서 베풀던 놀이.
嘉尙〔가상〕 귀엽게 여기어 칭찬(稱讚)함. かしょう 「ょう
嘉賞〔가상〕 칭찬하여 기림. かし
嘉辰〔가신〕 경사스러운 날. 또 좋은 때. 동길일(吉日). かしん
嘉譽〔가예〕 훌륭한 명예(名譽). 훌륭한 평판(評判). かよ
嘉節〔가절〕 ① 좋은 때. 또 좋은 날. 동가신(嘉辰). ②음력 9월 9일의 별칭(別稱). かせつ
嘉好〔가호〕 정의(情誼). 또 정의를 두텁게 하기 위한 회합(會合). かこう 「가화(佳話). かわ
嘉話〔가화〕 아름다운 이야기. 동
嘉會〔가회〕 ①경사스러운 모임. ②풍류(風流)스러운 모임. かかい

「嘔」 부 口(입구변) 획 3—11 훈 토할 음 구 中 ou[1·3·4] 英 vomit 日 オウ. はく
뜻 ①토할. 게울. ②노래할(謳와 통용). ③기뻐할(우).
참고 약 呕
필순 口 口 口 叩 呾 嘔 嘔
嘔氣〔구기〕 게울 듯한 기운. おうき. はけき
嘔逆〔구역〕 욕지기. 메스꺼워 토할 듯함. おうぎゃく 「物). おうと
嘔吐〔구토〕 게움. 또 그 오물(汚

【嘗】 부 口(입구변) 획 3—11 훈 맛볼 음 상 中 ch'ang[2] 英 taste 日 ショウ. ジョウ. なめる. かって
뜻 맛볼.
필순 ⺌ 尚 尚 嘗 嘗 嘗 嘗 嘗
嘗膽〔상담〕 쓸개를 맛본다는 뜻으로, 복수하려고 모든 간고(艱苦)를 참음. 월왕(越王) 구천(句踐)이 오왕(吳王) 부차(夫差)에게 복수할 생각으로 몸을 괴롭게 하고 노심초사(勞心焦思)하여 쓴 쓸개를 맛본 옛일에서 나온 말. しょうたん

嘗味〔상미〕 맛을 봄. しょうみ
嘗新〔상신〕 임금이 그 해의 신곡(新穀)을 처음으로 맛봄. しょうしん 「(향상).
▷奉嘗(봉상). 新嘗(신상). 享嘗

「嗾」 부 口(입구변) 획 3—11 훈 부추길 음 주 ㊥ sou[3·4] ㊟ instigate ㊐ ソウ. ソク. けしかける
뜻 부추길(주·수·족)
필순 口 口' 吖 吖 吖 吖 嗾 嗾
嗾囑〔주촉〕 남을 꾀어 부추겨서 시킴. そうしょく
▷使嗾(사주).

「噴」 부 口(입구변) 획 3—12 훈 뿜을 음 분 ㊥ p'en[1·4] fen[4] ㊟ spout ㊐ フン. ふく. はく
뜻 뿜을.
참고 본 噴
필순 口 吐 吐 唓 唓 噴 噴 噴
噴霧器〔분무기〕 액체를 뿜어 뿌리는 제구. ふんむき
噴門〔분문〕 위(胃)와 식도(食道)가 결합된 국부(局部).
噴水〔분수〕 물을 뿜어 냄. 또 그 물. ふんすい
噴火〔분화〕 ①불을 내뿜음. ② 화산(火山)이 터지어 불을 내뿜는 현상. 예—口(구). ふんか

【器】 부 口(입구변) 획 3—13 훈 그릇 음 기(기:) ㊥ ch'i[4] ㊟ vessel ㊐ キ. うつわ
뜻 ①그릇. ②재능.
필순 口 口口 哭 哭 器 器
器官〔기관〕 생물체(生物體)의 생활 작용을 하는 부분. きかん
器具〔기구〕 그릇. 세간. きぐ
器局〔기국〕 재능과 도량(度量). 동 기량(器量). ききょく 「よう
器量〔기량〕 동⇨기국(器局). きり
器皿〔기명〕 살림에 쓰는 그릇붙이. 동기물(器物). 「つ
器物〔기물〕 동⇨기명(器皿). きぶ
器質〔기질〕 타고난 재능(才能)이 있는 바탕. きしつ
▷陶器(도기). 便器(변기). 兵器(병기). 石器(석기). 食器(식기). 神器(신기). 樂器(악기). 浴器(욕기). 容器(용기). 利器(이기). 祭器(제기). 酒器(주기). 珍器(진기). 土器(토기). 火器(화기). 凶器(흉기).

【噫】 부 口(입구변) 획 3—13 훈 탄식할 음 희. 애 ㊥ i[1] ㊟ belch ㊐ イ. アイ. ああ. おくび
뜻 ①탄식할. 슬퍼할. ②트림할.
필순 口 吖 咅 噫 噫 噫 噫 噫
噫嗚〔희오〕 탄식하는 모양. いお
噫乎〔희호〕 찬미(讚美)하거나 탄식 또는 애통하는 소리. ああ

〔嚴〕 부 口(입구변) 획 3—17 훈 엄할 음 엄 ㊥ yen[2] ㊟ solemn ㊐ ゲン. ゴン. おごそか
뜻 ①엄할. ② 혹독할. ③ 굳셀. ④ 높을. ⑤ 삼갈. 경계할.
필순 口 吅 严 严 严 嚴 嚴 嚴
嚴家〔엄가〕 가풍(家風)이 엄격한 집. げんか
嚴格〔엄격〕 언행(言行)이 엄숙(嚴肅)하고 정당함. げんかく
嚴禁〔엄금〕 엄중(嚴重)하게 금함. 또 엄중한 금령(禁令). げんきん
嚴冬〔엄동〕 몹시 추운 겨울. げんとう 「시 추운 겨울.
嚴冬雪寒〔엄동설한〕 눈이 오고 몹
嚴命〔엄명〕 엄한 명령. げんめい
嚴密〔엄밀〕 엄중하고 정밀(精密)함. げんみつ
嚴罰〔엄벌〕 엄중한 형벌. げんばつ
嚴父〔엄부〕 엄격(嚴格)한 아버지. ↔자모(慈母). げんぷ 「ん
嚴選〔엄선〕 엄중히 가려냄. げんせ
嚴守〔엄수〕 엄(嚴)하게 지킴. げんしゅ 「함. げんしゅく
嚴肅〔엄숙〕 장엄(莊嚴)하고 정숙
嚴侍下〔엄시하〕 어머니는 돌아가고 아버지만 생존(生存)한 상태.
嚴然〔엄연〕 엄숙(嚴肅)하여 범할 수 없는 모양. げんぜん
嚴正〔엄정〕 엄중(嚴重)하고 정직(正直)함. げんせい
嚴重〔엄중〕 ①엄격(嚴格)하고 무게가 있음. ②몹시 엄함. げんちょう. げんじゅう 「くん
嚴訓〔엄훈〕 엄한 훈계(訓戒). げん
▷戒嚴(계엄). 謹嚴(근엄). 威嚴(위엄). 尊嚴(존엄). 峻嚴(준엄).

[囊] 부 口(입구변) 획 3—19 훈 주머니 음 낭 中 nang² 英 sack 日 ノウ. ふくろ「떠들썩할.
뜻 ①주머니. 자루. ②큰구멍. ③
필순

囊刀〔낭도〕 주머니칼. 「ゆう
囊中〔낭중〕 주머니의 안. のうち
囊中取物〔낭중취물〕 아주 쉽게 얻어 가질 수 있음의 비유. 「うど
囊土〔낭토〕 흙을 자루에 넣음. の
囊乏〔낭핍〕 주머니가 빔.
囊乏一錢〔낭핍일전〕 주머니가 비어 한 푼도 없음.
囊螢〔낭형〕 ① 반딧불을 주머니에 넣음. 주머니에 넣은 반딧불. ② 고생(苦生)하여 학문을 닦음. のうけい 「(부낭).
▷背囊(배낭). 水囊(수낭). 浮囊

「囑」 부 口(입구변) 획 3—21 훈 부탁할 음 촉 中 chu³ 英 request 日 ショク. たのむ
뜻 부탁할.
참고 속 嘱
필순

囑望〔촉망〕 잘 되기를 바라고 기대함. しょくぼう
囑言〔촉언〕 ①남을 통하여 전하는 말. 전언(傳言). ②뒷일을 부탁함. 또 그 말. 「しょくたく
囑託〔촉탁〕 일을 부탁하여 맡김.
△懇囑(간촉). 委囑(위촉).

(2) 囗 部

〖四〗 부 囗(큰입구몸·에운담몸) 획 3—2 훈 넉 음 사: 中 ssu⁴ 英 four 日 シ. よ. よつ
뜻 ①넉. 넷. ②네 번.
필순 丨冂四四

四角〔사각〕 네모. しかく
四更〔사경〕 하룻밤을 오경(五更)으로 나눈 네째 시각으로 오전(午前) 2시경. しこう
四季〔사계〕 ①음력(陰曆)에서 사시(四時)의 마지막 달인 3월·6월·9월·12월, 곧 계춘(季春)·계하(季夏)·계추(季秋)·계동(季多). ②봄·여름·가을·겨울의 총칭. しき
四苦〔사고〕 사람의 네 가지 괴로움. 곧 생(生)·노(老)·병(病)·사(死). しく 「봄. しこ
四顧〔사고〕 사면(四面)으로 돌아
四顧無親〔사고무친〕 의지(依支)할 데가 아주 없음.
四君子〔사군자〕 기개(氣槪)가 있는 군자(君子)에 비(比)한 네 가지 식물(植物). 곧, 매화(梅花)·난초(蘭草)·국화(菊花)·대나무(竹). しくんし
四大門〔사대문〕 서울에 있는 네 큰 문(門). 곧, 동쪽의 흥인문(興仁門), 서쪽의 돈의문(敦義門), 남쪽의 숭례문(崇禮門), 북쪽의 숙정문(肅靖門).
四禮〔사례〕 ① 네 가지 큰 예(禮). 곧, 관(冠)·혼(婚)·상(喪)·제(祭). ②군신(君臣)·부자(父子)·형제(兄弟)·붕우(朋友)간의 예(禮). しれい
四六文〔사륙문〕 육조 시대(六朝時代)에 발달한 문체(文體)로 네 글자와 여섯 글자의 구(句)로 된 문장(文章). 동변려문(騈儷文). しろくぶん
四立〔사립〕 입춘(立春)·입하(立夏)·입추(立秋)·입동(立多)의 총칭. しりつ
四面楚歌〔사면초가〕 사방(四方)이 모두 적(敵)에게 둘러싸였거나 또는 도와 주는 이가 없는 경우. しめんそか
四面八方〔사면팔방〕 ①사면(四面)과 팔방(八方). ②모든 곳. しめんはっぽう
四名山〔사명산〕 우리 나라 백두산(白頭山)에서 내려온 네 명산(名山). 곧 동쪽의 금강산(金剛山), 서쪽의 구월산(九月山), 남쪽의 지리산(智異山), 북쪽의 묘향산(妙香山).
四勿〔사물〕 공자(孔子)가 안회(顏回)에게 하면 아니 된다고 가르친 네 가지 경계(警戒). 곧 비례

물시(非禮勿視)·비례물청(非禮勿聽)·비례물언(非禮勿言)·비례물동(非禮勿動). しぶつ

四方〔사방〕 동·서·남·북. 곧 일체의 방면(方面). しほう

四分五裂〔사분오열〕 여러 갈래로 분열됨. しぶんごれつ

四象〔사상〕 ①노양(老陽)·소양(少陽)과 노음(老陰)·소음(少陰). ②한방(漢方)의 태양(太陽)·소양(少陽)·태음(太陰)·소음(少陰). ③일(日)·월(月)·성(星)·신(辰). ししょう

四書〔사서〕 중국의 고전인 대학(大學)·중용(中庸)·논어(論語)·맹자(孟子). ししょ

四聖〔사성〕 석가(釋迦)·공자(孔子)·기독(基督)·소크라테스의 네 성인(聖人). しせい

四聲〔사성〕 한자(漢字)의 네 가지 음(音). 곧 평성(平聲)·상성(上聲)·거성(去聲)·입성(入聲). しせい

四時〔사시〕 춘(春)·하(夏)·추(秋)·동(冬). 또 아침(朝)·낮(晝)·저녁(夕)·밤(夜). しじ

四時佳節〔사시가절〕 사시(四時)의 명절(名節). しじかせつ

四時長青〔사시장청〕 소나무·대나무 등과 같이 사철 푸름.

四時長春〔사시장춘〕 ①늘 봄과 같음. ②늘 잘 지냄.

四友〔사우〕 ①눈 속에서 피는 네 가지 꽃. 곧 옥매(玉梅)·납매(臘梅)·수선(水仙)·산다화(山茶花). ②네 가지의 문방구(文房具). 곧 필(筆)·묵(墨)·지(紙)·연(硯). [예]문방(文房)—. しゆう

四子〔사자〕 공자(孔子)·증자(曾子)·자사(子思)·맹자(孟子)를 이름. しし

四柱〔사주〕 사람이 출생(出生)한 연(年)·월(月)·일(日)·시(時)의 네 간지(干支). しちゅう

四柱八字〔사주팔자〕 사주(四柱)의 간지(干支)의 여덟 글자.

四重奏〔사중주〕 각각 독립한 네 개의 악기(樂器)로 하는 합주(合奏). しじゅうそう 「しし

四肢〔사지〕 팔과 다리. 수족(手足).

四通五達〔사통오달〕 길이 사방(四方)으로 통(通)함. [동]四通八達(사통팔달). しつうごたつ

四海〔사해〕 ①사방의 바다. ②천하(天下). 세계(世界). [동]만국(萬國). しかい

【囚】 [부]口(에운담몸) [획] 3—2 [훈] 가둘 [음] 수 [中] ch'iu^{2} [英] imprison [日] シュウ. **とらえる** [뜻] 가둘.

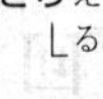

[필순] 丨 冂 冈 囚

囚徒〔수도〕 갇힌 사람. しゅうと

囚虜〔수로〕 갇힌 포로. しゅうりょ

囚首喪面〔수수상면〕 얼굴을 꾸미지 않는 일. しゅしゅそうめん

囚役〔수역〕 죄수(罪囚)에게 시키는 일. しゅうえき 「ごく

囚獄〔수옥〕 옥(獄). 감옥. しゅう

囚人〔수인〕 옥(獄)에 갇힌 사람. しゅうじん

▷禁囚(금수). 男囚(남수). 死刑囚(사형수). 獄囚(옥수). 罪囚(죄수). 脫獄囚(탈옥수).

【因】 [부]口(큰입구몸) [획] 3—3 [훈] 인할 [음] 인 [中] yin^{1} [英] be due to [日] イン. **よる. ちなむ** [뜻] ①인할. ②말미암을. ③까닭. ④인연.

[필순] 丨 冂 冃 冈 因 因

因果〔인과〕 ① 원인(原因)과 결과(結果). ② 인연(因緣)과 과보(果報). いんが

因果律〔인과율〕 원인과 결과의 관계에 대한 자연(自然)의 법칙. いんがりつ

因果應報〔인과응보〕 좋은 인연에는 좋은 과보(果報)가 오고, 악(惡)한 인연에는 악한 과보가 옴. いんがおうほう

因山〔인산〕 ①황실(皇室) 및 왕실(王室)의 장례(葬禮). ② 공이 큰 사람이 죽은 때에 나라에서 지내어 주는 장례. [동]국장(國葬). こんざん

因循〔인순〕 ①무기력하여 내키지 않음. ②구습(舊習)에 따라 행

함. いんじゅん
因習〔인습〕 이전부터 전하여 몸에 젖은 풍습. いんしゅう
因襲〔인습〕 예전대로 행(行)하고 고치지 아니함. いんしゅう
因人成事〔인인성사〕 남의 힘으로 일을 이룸.
▷近因(근인). 基因(기인). 病因(병인). 勝因(승인). 惡因(악인). 原因(원인). 遠因(원인). 敗因(패인).

〖回〗 부 口(큰입구몸) 획 3—3 훈 돌 음 회 中 hui² 英 turn round 日 カイ. エ. めぐる. まわる. まわす
뜻 ①돌. 돌릴. ②돌아볼. ③돌아올. ④횟수.
참고 속 囬
필순 冂回回
回甲〔회갑〕 61세의 일컬음. 동환갑(還甲). かいこう
回顧〔회고〕 ① 돌아다봄. ② 지난 일을 생각하여 봄. 동회상(回想). かいこ 「かいきょう
回敎〔회교〕 동⇨회회교(回回教).
回軍〔회군〕 군사(軍士)를 돌이켜 돌아옴. 동환군(還軍).
回歸線〔회귀선〕 적도(赤道)에서 남북(南北)으로 각각 약 23도 28분을 통과하는 작은 권(圈). かいきせん
回頭〔회두〕 머리를 돌이킴. 동회수(回首). かいとう 「かいらん
回覽〔회람〕 차례로 돌려 가며 봄.
回廊〔회랑〕 ① 원형(圓形)의 복도(複道). ②정당(正堂)의 양옆에 있는 길다란 집채. かいろう
回文〔회문〕 한시체(漢詩體)의 한 가지. 순역종횡(順逆縱橫) 어느 쪽으로 읽어도 체(體)를 이루고 의미(意味)가 통하는 시(詩). 회문시(回文詩). 동회장(回章). かいぶん
回報〔회보〕 ①대답으로 하는 보고(報告). ② 돌아와서 여쭘. かいほう 「됨. かいふく
回復〔회복〕 이전의 상태와 같이
回附〔회부〕 돌리어 보냄. かいふ
回想〔회상〕 지나간 일을 돌이켜 생각함. かいそう 「かいせい
回生〔회생〕 다시 살아남. 소생함.
回書〔회서〕 대답하여 보내는 편지(便紙). 동답장(答狀). かいしょ
回船〔회선〕 ①돌아가는 배. 또 그 배 편. ②배를 돌림. かいせん
回旋〔회선〕 빙빙 돎. 동旋回(선회). かいせん 「いそう
回送〔회송〕 도로 돌리어 보냄. か
回收〔회수〕 도로 거두어 들임. かいしゅう 「しゅ
回首〔회수〕 동⇨회두(回頭). かい
回信〔회신〕 편지 또는 전신(電信)의 회답. かいしん
回心〔회심〕 마음을 돌려 먹음. 마음을 고침. かいしん
回章〔회장〕 동⇨회문(回文).
回電〔회전〕 회답(回答)의 전보(電報). かいでん
回轉〔회전〕 빙빙 돎. かいてん
回轉速度〔회전속도〕 영사기·녹음기·촬영기 따위에서 필름을 돌리는 속도. かいてんそくど
回天〔회천〕 ①임금의 마음을 돌리게 함. ②국세(國勢)를 만회(挽回)함. 쇠운(衰運)을 회복시킴. かいてん
回春〔회춘〕 ① 봄이 다시 돌아옴. ②중병(重病)을 돌리어 건강(健康)을 회복(回復)함. ③젊어짐. かいしゅん
回避不得〔회피부득〕 피하려 하여도 피할 수 없음. かいひふとく
回航〔회항〕 ① 여러 항구(港口)에 기항하는 항해. ②배를 타고 돌아옴. かいこう 「되는 해.
回婚〔회혼〕 혼인(婚姻)한 지 61년
回回敎〔회회교〕 마호멧을 교조(敎祖)로 하는 종교(宗教). 동회교(回教). かいかいきょう. フイフイきょう
▷今回(금회). 每回(매회). 旋回(선회). 前回(전회). 次回(차회). 初回(초회).

〖困〗 부 口(큰입구몸) 획 3—4 훈 곤할 음 곤 中 k'uen⁴ 英 difficult 日 コン. こまる

뜻 ①곤할. ② 괴로울. ③가난할.
필순 冂冂冃冃困困困
困脚〔곤각〕 아주 고생함. こんきゃく
困窮〔곤궁〕 빈곤(貧困)함. こんきゅう
困貧〔곤빈〕 가난하여 살기가 어려움. 통빈곤(貧困). こんひん
困辱〔곤욕〕 심한 모욕(侮辱). こんじょく
困知勉行〔곤지면행〕 도(道)를 힘써 배워 알고, 힘써 닦아 행함.
困學〔곤학〕 ①머리가 나빠서 애를 쓰며 공부함. ② 고학(苦學)함.
▷窮困(궁곤). 勞困(노곤). 病困(병곤). 貧困(빈곤). 春困(춘곤). 弊困(폐곤). 疲困(피곤).

〖固〗 부 口(큰입구몸) 획 3—5 훈 굳을 음 고: 中 ku⁴ 英 firm 日 コ. かたい. かためる
뜻 ①굳을. ②굳힐. ③ 우길. 고집할. ④ 굳이. ⑤진실로.
필순 冂冂冃冃固固
固辭〔고사〕 굳이 사양(辭讓)함. 한사코 사퇴함. こじ
固所願〔고소원〕 본래 바라던 바임.
固有〔고유〕 ① 본디부터 있음. 본디부터 자연히 갖추어져 있음. ②그 물건에만 있음. こゆう
固定〔고정〕 일정한 곳에 있어 움직이지 아니함. こてい
固疾〔고질〕 오래 낫지 않는 병. こしつ
固執〔고집〕 굳게 지님. 굳게 지킴. 자기의 의견(意見)을 굳게 내세움. こしつ
固着〔고착〕 단단히 붙음. こちゃく
固體〔고체〕 일정한 체형(體形)과 체질(體質)을 가진 물체. 곧, 나무·쇠붙이 따위. ↔液體(액체). 氣體(기체). こたい
▷强固(강고). 堅固(견고). 凝固(응고). 確固(확고).

「囹」 부 口(에운담몸) 획 3—5 훈 감옥 음 령 中 ling²
뜻 감옥. 英 prison 日 レイ. おり
필순 冂冂冈冈囹囹
囹圄〔영어〕 감옥. れいご

「圄」 부 口(에운담몸) 획 3—7 훈 감옥 음 어: 中 yu³ 英 prison 日 ゴ. ギョ. おり
뜻 감옥.
필순 冂冂冋冋圄圄
▷囹圄(영어).

〖國〗 부 口(큰입구몸) 획 3—8 훈 나라 음 국 中 kuo² 英 nation 日 コク. くに
뜻 ①나라. ②나라세울.
참고 약 国
필순 冂冂冋冋國國國
國家〔국가〕 ①나라. ②나라와 집. ③왕실(王室)과 국토. こっか
國家保衛〔국가보위〕 나라를 보호하고 지킴. こっかほえい
國家元首〔국가원수〕 나라를 대표하는 임금·대통령의 일컬음. こっかげんすい
國境〔국경〕 나라의 경계(境界). こっきょう
國庫〔국고〕 국가 소유의 현금을 관리하는 기관(機關). こっこ
國交〔국교〕 나라와 나라의 사귐. こっこう
國權〔국권〕 나라의 권력(權力). 곧, 주권(主權)과 통치권(統治權). こっけん
國基〔국기〕 나라를 유지하는 기초. 통국초(國礎). こっき
國難〔국난〕 나라의 위난(危難). こくなん
國內城〔국내성〕 고구려(高句麗) 전기(前期)의 수도(首都). 지금의 만주(滿洲) 집안(輯安).
國都〔국도〕 한 나라의 서울. こくと
國亂〔국란〕 나라 안의 변란(變亂). こくらん
國力伸張〔국력신장〕 국력을 펴서 늘림. こくりょくしんちょう
國祿〔국록〕 나라에서 주는 녹봉.
國利民福〔국리민복〕 국가의 이익과 국민의 행복. こくりみんぷく
國務〔국무〕 나라의 정무(政務). 예 —長官(장관). こくむ
國文〔국문〕 ① 그 나라의 고유(固有)한 글. 한 나라의 국어(國語)로 된 문장(文章). ② 우리 나라의 글. こくぶん
國文學〔국문학〕 우리 나라의 말로

써 이룩된 고유의 문학. こくぶ
んがく
國民敎育憲章〔국민 교육 헌장〕국
민 정신을 길러 참다운 국민을
만드는 한 법전(法典). こくみ
んきょういくけんしょう
國民投票〔국민 투표〕나라의 중대
한 일에 대하여 국민 전체가 하
는 투표. こくみんとうひょう
國防〔국방〕외적(外敵)이 침범(侵
犯)하지 못하도록 준비하는 방
비. こくぼう 「くほう
國法〔국법〕나라의 법률(法律). こ
國寶〔국보〕①나라의 보배. ② 역
사상 또는 예술상 귀중한 것으
로서 국가에서 보호하는 건축·
기물(器物)·서화(書畫)·전적(典
籍) 등. こくほう 「くひ
國費〔국비〕나라의 비용(費用). こ
國賓〔국빈〕나라의 손님으로 국가
적인 대우를 받는 외국(外國) 사
람. こくひん
國史〔국사〕①국내의 일을 기록하
는 사관(史官). ② 자기 나라의
역사(歷史). ③한 왕조(王朝)의
역사. こくし 「じ
國事〔국사〕[동]⇨국정(國政). こく
國師〔국사〕① 국가의 사표(師表)
가 될 만한 사람. ②나라에서 내
리는 중의 가장 높은 칭호(稱
號). こくし 「產). こくさん
國產〔국산〕자기 나라의 물산(物
國喪〔국상〕국민 전체가 복(服)을
입는 상사(喪事). こくそう
國色〔국색〕나라 안의 첫째가는
미인(美人). こくしょく
國書〔국서〕나라의 이름으로 타국
(他國)에 보내는 서류(書類). こ
くしょ
國稅〔국세〕나라에서 경비(經費)
를 쓰기 위하여 받는 세금(稅
金). こくぜい 「くせい
國勢〔국세〕나라의 형세(形勢). こ
國手〔국수〕①명의(名醫). ②재예
(才藝)가 나라 안에서 첫째가는
사람. こくしゅ
國是〔국시〕한 나라에 있어서 중론
(衆論)이 옳다고 인정하는 바.
또 국정(國政)의 방침(方針). こ
くぜ 「의 음악. こくがく
國樂〔국악〕자기 나라 고유(固有)
國語〔국어〕①온 국민이 사용하는
그 나라 고유(固有)의 말. ②우
리 나라 말. 한국어(韓國語). こ
くご 「함. こくえい
國營〔국영〕나라에서 경영(經營)
國運〔국운〕나라의 운수(運數). こ
くうん 「くい
國威〔국위〕나라의 위력(威力). こ
國恩〔국은〕나라의 은혜(恩惠). こ
くおん 「문자(文字). こくじ
國字〔국자〕한 나라에서 통용하는
國子監〔국자감〕①고려 때 귀족의
자제 및 나라 안의 준재(俊才)를
교육하기 위하여 서울 안에 세웠
던 학교. ②성균관의 딴 이름.
國葬〔국장〕나라에서 비용을 부담
하여 지내는 장사. こくそう
國籍〔국적〕국민된 신분(身分). 개
인이 국가에 부속하는 명적(名
籍). こくせき 「てい
國定〔국정〕나라에서 정함. こく
國政〔국정〕나라의 정사(政事). [동]
國事(국사). こくせい
國情〔국정〕나라의 정상(情狀)·정
세. こくじょう
國際〔국제〕나라와 나라 사이의 교
제(交際) 또는 관계. こくさい
國際貿易〔국제무역〕다수(多數)의
국가나 국민 사이에 행하여지는
무역. こくさいぼうえき「소리.
國之語音〔국지어음〕나라의 말의
國債〔국채〕나라의 빚. こくさい
國策〔국책〕① 나라의 정책. [동]국
시(國是). ②책 이름. [약]전국책
(戰國策). こくさく 「くしょ
國初〔국초〕건국(建國)의 처음. こ
國礎〔국초〕[동]⇨국기(國基). こく
そ 「가의 수치(羞恥). こくち
國恥〔국치〕나라의 부끄러움. 국
國泰民安〔국태민안〕나라가 태평
(泰平)하고 인민(人民)이 평안
(平安)함. 「土). こくど
國土〔국토〕나라의 영토. 강토(疆
國破山河在〔국파산하재〕나라는 이
미 망하여 없어졌으나, 산과 강

은 예전과 다름없이 존재하여 있음. 두보(杜甫)가 망국(亡國)의 유적(遺蹟)을 보고 읊은 시(詩)의 한 귀. くにやぶれてさんかあり 「くへい
國弊〔국폐〕 나라의 폐해(弊害). こ
國風〔국풍〕 ①나라의 풍속(風俗). ②그 나라 풍속이 나타나 있는 시가(詩歌)·속요(俗謠). こくふう 「規). こっけん
國憲〔국헌〕 나라의 근본 법규(法
國號〔국호〕 나라의 이름. こくごう
國花〔국화〕 한 나라의 상징(象徵)으로서 국민이 가장 중(重)하게 여기는 꽃. こっか
國會〔국회〕 국민(國民)이 선출한 의원(議員)이 모여서 하는 회의(會議). こっかい
▷强國(강국). 開國(개국). 擧國(거국). 建國(건국). 經國(경국). 傾國(경국). 故國(고국). 軍國(군국). 歸國(귀국). 亂國(난국). 大國(대국). 萬國(만국). 亡國(망국). 母國(모국). 報國(보국). 本國(본국). 富國(부국). 殉國(순국). 愛國(애국). 列國(열국). 王國(왕국). 外國(외국). 憂國(우국). 異國(이국). 敵國(적국). 全國(전국). 戰國(전국). 祖國(조국). 盡忠報國(진충보국). 治國(치국). 他國(타국).

〔圈〕 부 口(에운담몸) 획 3—8
훈 우리 음 권 中 ch'üan[1]
英 cage 日 ケン. おりかこい
뜻 ①우리. ②둘레.
필순 丨 冂冂冂冃冈圂圈圈
圈內〔권내〕 테 안. 범위(範圍) 안. けんない
圈外〔권외〕 테의 밖. けんがい
▷南極圈(남극권). 當選圈(당선권). 大圈(대권). 大氣圈(대기권). 北極圈(북극권). 成層圈(성층권). 勢力圈(세력권).

【圍】 부 口(에운담몸) 획 3—9
훈 둘레 음 위 中 wei[2]
英 surround 日 イ. かこむ
뜻 ①둘레. ②둘러쌀. ③지킬.
필순 丨 冂冂冃冃 圍圍圍
圍棋〔위기〕 바둑. 또 바둑을 둠.
圍籬安置〔위리안치〕 귀양살이하는 죄인이 도망하지 못하도록 가시 울타리를 만들어 가두어 둠.
圍立〔위립〕 삥 둘러싸고 섬. 「いご
圍木〔위목〕 두 팔을 벌려 안을 정도의 큰 나무. いぼく
▷攻圍(공위). 範圍(범위). 四圍(사위). 周圍(주위). 重圍(중위). 包圍(포위).

〔圓〕 부 口(큰입구몸) 획 3—10
훈 둥글 음 원 中 yüan[2]
英 round 日 エン. まるい
뜻 ①둥글. ②온전할. ③둘레. ④화폐 단위 (錢의 100배).
참고 약 円 속 圎
필순 丨 冂冂冃冃冃冃圓圓
圓覺〔원각〕 석가여래의 각성(覺性). 부처의 원만한 깨달음. えんかく
圓鏡〔원경〕 둥근 거울. えんきょう
圓光〔원광〕 ① 부처의 몸 뒤로부터 내비치는 광명. 동후광(後光). ②신라(新羅) 진평왕(眞平王) 때의 중. 화랑(花郞)의 세속 오계(世俗五戒)를 지음. えんこう
圓滿〔원만〕 ①두루 미쳐 꽉 참. ② 충족하여 결점이 없음. ③ 모난 데가 없이 둥글둥글하고 복스러움. ④티격나지 않고 서로 좋게 지냄. えんまん
圓熟〔원숙〕 ①아주 익숙함. ②인격·지식 따위가 오묘한 경지에 이름. えんじゅく 「えんしん
圓心〔원심〕 원(圓)의 중심(中心).
圓轉〔원전〕 ①빙빙 돎. 구름. ② 거침이 없음. 또 자유자재(自由自在)함. えんてん
圓頂〔원정〕 ①둥근 머리. ②중. 승려(僧侶). えんちょう
圓周〔원주〕 원의 둘레. えんしゅう
圓柱〔원주〕 둥근 기둥. えんちゅう
圓陣〔원진〕 둥근 진형(陣形). えんじん
圓卓會議〔원탁회의〕 여러 사람이 둥근 테이블을 중심(中心)하여 죽 둘러앉아서 하는 회의(會議).

えんたくかいぎ
圓通〔원통〕 두루 통달함. 보살(菩薩)의 묘오(妙悟)를 이름.
圓滑〔원활〕 ①둥글고 매끈매끈함. ②잘 진행(進行)되어 거침이 없음. えんかつ
▷方圓(방원). 一圓(일원). 周圓(주원). 橢圓(타원).

〖園〗 부 口(큰입구몸) 획 3—10 훈 동산 음 원 中 yüan² 英 garden 日 エン. オン. その
뜻 ①동산. ②밭. ③능. ④절.
필순 丨 冂冂冂冂冂冂園
園頭〔원두〕 밭에 심은 참외·수박·호박 따위의 총칭.
園頭幕〔원두막〕 참외·수박 따위를 심은 밭을 지키기 위해 아무렇게나 지은 집.
園林〔원림〕 집터에 딸린 수풀. えんりん
園兒〔원아〕 유치원(幼稚園)에 다니는 아이. えんじ
園藝〔원예〕 채소(菜蔬)·과목(果木)·화초(花草) 등을 심어 기르는 기술. えんげい
園藝家〔원예가〕 원예를 연구하거나 업으로 삼는 사람.
園丁〔원정〕 정원(庭園)을 맡아 다스리는 사람. えんてい
園亭〔원정〕 뜰 안에 있는 정자. えんてい
▷公園(공원). 樂園(낙원). 動物園(동물원). 植物園(식물원). 幼稚園(유치원). 莊園(장원). 田園(전원). 學園(학원).

【團】 부 口(에운담몸) 획 3—11 훈 둥글 음 단 中 t'uan² 英 mass; party 日 ダン. ドン. あつまり
뜻 ①둥글. ②모을. 모일. ③덩어리.
필순 丨 冂冂冂冂冂團團團
團結〔단결〕 여러 사람이 서로 결합(結合)함. 또 여러 사람을 단체로 결합시킴. 동단합(團合). だんけつ
團團〔단단〕 ①둥근 모양. ②이슬방울의 모양. だんだん
團欒〔단란〕 친밀하게 한곳에서 즐김. 또 그 모임. 동단원(團圓). だんらん
團束〔단속〕 잡도리를 단단히 함.
團圓〔단원〕 ①둥긂. 둥근 모양. ②끝. 주로 소설·사건 등의 완결(完結)을 이름. ③동⇨단란(團欒). だんえん
團合〔단합〕 동⇨단결(團結).
▷軍團(군단). 兵團(병단). 師團(사단). 旅團(여단). 一團(일단). 海兵團(해병단).

〖圖〗 부 口(큰입구몸) 획 3—11 훈 그림 음 도 中 t'u² 英 picture 日 ズ. ト. はかる
뜻 ①그림. ②그릴. ③꾀할. ④헤아릴.
참고 약図 속圗
필순 丨 冂冂冂冂冂冂圖圖
圖錄〔도록〕 설명하기 위한 그림이나 사진을 모은 책. とろく
圖面〔도면〕 토목·건축·임야(林野) 등을 제도기(製圖器)로써 그린 그림. ずめん
圖謀〔도모〕 일을 이루려고 꾀함. 동도지(圖之). とぼう
圖生〔도생〕 살기를 꾀함.
圖書〔도서〕 ①그림과 책. 또 지도(地圖)와 책. ②책. 서적(書籍). ③하도낙서(河圖洛書). ずしょ. としょ
圖說〔도설〕 그림을 넣어 설명함. 또 그 책. ずせつ
圖示〔도시〕 그림으로 그려 보임. ずし
圖式〔도식〕 ①그림으로 그린 양식. ②그림의 형식(形式). ずしき
圖案〔도안〕 미술·공예 작품 따위를 만들기 위하여 그림으로 나타낸 디자인. ずあん
圖之〔도지〕 일을 이루려고 꾀함. 동도모(圖謀).
圖解〔도해〕 ①그림의 내용의 설명(說明). ② 그림으로 풀어 놓은 설명. 문자(文字)의 설명 속에 그림을 끼워 그 부족한 것을 보충한 풀이. ずかい
圖形〔도형〕 그린 형상(形狀). 또 형상을 그림. ずけい
圖畫〔도화〕 그림. 또 그림을 그림. ずが
圖畫〔도획〕 계획. 또 계획을 함.
▷構圖(구도). 企圖(기도). 設計

圖(설계도). 略圖(약도). 意圖(의도). 地圖(지도). 地形圖(지형도). 天氣圖(천기도). 版圖(판도). 海圖(해도).

「圜」 [부] 口(에운담몸) [획] 3—13 [훈] 두를 [음] 환 [中] huan², yuan² [英] encircle [日] エン. カン. まるい. めぐる
[뜻] ①두를. ②둥글(圓과 통용). ③옛 화폐 단위.
[필순] 丨 冂冂冂冋罒罒睘睘圜圜
圜冠〔환관〕 둥근 갓. えんかん
圜土〔환토〕 감옥(監獄). えんど

(2) 土 部

〖土〗 [부] 土(흙토변) [획] 3—0 [훈] 흙 [음] 토(토:) [中] t'u³ [英] earth [日] ト. ド. つち
[뜻] ①흙. ②땅. ③뿌리(두). ④오행의 하나.
[필순] 一十土
土工〔토공〕 ①도공(陶工). 옹기장(甕器匠). ②토지(土地)의 공사(工事). どこう
土管〔토관〕 흙으로 구워 만든 관. 배수로(排水路)에나 굴뚝에 흔히 씀. どかん
土塊〔토괴〕 흙덩이. どかい
土器〔토기〕 질그릇. どき
土農〔토농〕 그 곳에서 붙박이로 살며 농사(農事)를 짓는 사람. 토착(土着)의 농민(農民).
土壇〔토단〕 흙으로 쌓아서 만든 단. どだん
土臺〔토대〕 ①흙으로 쌓아 올린 대(臺). ②집의 가장 아랫도리가 되는 밑바탕. どだい
土理〔토리〕 ①땅의 성질. [동]토질(土質). ②흙의 성질. [동]지질.
土幕〔토막〕 움집.
土木〔토목〕 ①흙과 나무. 곧 자연 그대로 두고 수식(修飾)하지 아니함. 꾸미지 아니함. ②가옥(家屋)·교량(橋梁)·제방(堤防) 등의 공사. 토목 공사. どぼく
土班〔토반〕 여러 대(代)를 한 지방에 붙박이로 사는 벼슬하지 못한 양반(兩班). [동]향족(鄕族).
土壁〔토벽〕 흙 벽. どへき
土崩〔토붕〕 흙이 무너지듯이 일이 잘 안 되어 도저히 손댈 여지가 없음. どほう
土沙〔토사〕 흙과 모래. どしゃ
土山〔토산〕 돌이 없고 흙으로만 된 작은 산. どざん
土產〔토산〕 그 토지의 산물. 곧 선물. どさん. みやげ 「しょく
土色〔토색〕 파랗게 질린 안색. ど
土城〔토성〕 ① 흙으로 쌓아 올린 성. ②개자리 뒤에 흙을 쌓아 화살을 막는 곳. 무겁. どじょう
土俗〔토속〕 그 지방(地方)의 특유(特有)한 풍속(風俗). どぞく
土壓〔토압〕 쌓아 모은 흙의 압력.
土壤〔토양〕 ①흙. 토지(土地). ②국토(國土). どじょう
土屋〔토옥〕 토담집. どおく
土浴〔토욕〕 ① 닭이 흙을 파서 헤치고 들어 앉아서 버르적거림. ②말이 땅에 뒹굴어 몸을 비빔.
土雨〔토우〕 바람에 날려 떨어지는 가벼운 모래흙. 흙비. 「ぐう
土偶〔토우〕 흙으로 만든 인형. ど
土人〔토인〕 ①그 지방 사람. ②대대(代代)로 그 땅에서 붙박이로 사는 사람. ③흙으로 만든 인형(人形). どじん
土葬〔토장〕 죽은 사람을 땅속에 묻어 장사지냄. どそう
土族〔토족〕 토반(土班)의 족속.
土種〔토종〕 그 땅에서 나는 씨.
土地〔토지〕 땅. 지면(地面). とち
土疾〔토질〕 그 곳의 수토(水土)가 좋지 않아서 생기는 병. ⌉しつ
土質〔토질〕 토지의 성질(性質). ど
土着〔토착〕 대대로 그 땅에서 살고 있음. どちゃく
土着化〔토착화〕 대대로 그 땅에서 살게 됨. どちゃっか
土炭〔토탄〕 석탄의 한 종류. 연대(年代)가 오래지 않아 탄화 작용(炭化作用)이 완전히 못된 것.
土豪〔토호〕 지방(地方)의 호족(豪

族). どごう

▷故土(고토). 國土(국토). 樂土(낙토). 本土(본토). 沃土(옥토). 赤土(적토). 田土(전토). 淨土(정토). 尺土(척토). 草土(초토). 초토(焦土). 風土(풍토). 鄕土(향토). 黃土(황토).

[圮] 부 土(흙토변) 획 3—3 훈 무너질 음 비 中 p'i³ 英 collapse 日 ヒ.やぶる

뜻 ①무너질. ②엎을.

필순 - + 圵 圮

圮絶[비절] 허물어지고 끊어짐. ひぜつ 「비(頹圮). ひき

圮毁[비훼] 허물어져 떨어짐. 동퇴

[在] 부 土(흙토변) 획 3—3 훈 있을 음 재: 中 tsai⁴ 英 consist in 日 ザイ. ある

뜻 ①있을. ②살. ③곳.

필순 一ナ㐲在在

在家[재가] ①집에 있음. ②집에서 중처럼 도(道)를 닦음. 또 그 사람. ↔출가(出家). ざいか

在監[재감] 감옥에 갇혀 있음. ざ

在京[재경] 서울에 있음. ∟いかん

在庫品[재고품] 곳간에 쌓여 있는 물품. ざいこひん

在來種[재래종] 전부터 있어 내려온 종자. ↔개량종(改良種). ざいらいしゅ 「음. ざいりゅう

在留[재류] 딴 곳에 가 머물러 있

在昔[재석] 옛날 옛적. ざいせき

在世[재세] 세상에 살아 있음. 또 그 동안. ざいせい. ざいせ

在俗[재속] 재가(在家)한 사람. ざいぞく

在野[재야] 벼슬을 하지 않고 민간(民間)에 있음. ↔재조(在朝). ざいや 「ざいがい

在外[재외] 외국(外國)에 가 있음.

在位[재위] 임금의 자리에 있음. 또 그 동안. ざいい

在籍[재적] 호적(戶籍) 또는 학적(學籍)에 적혀 있음. ざいせき

在住[재주] 그 곳에 머물러 삶. ざいじゅう 「ちゅう

在中[재중] 속에 들어 있음. ざい

在職[재직] 어느 직장에 직업을 두고 있음. ざいしょく

在下者[재하자] 웃어른을 섬기는 사람. 「예—生(생). ざいがく

在學[재학] 학교에 있어서 공부함.

在鄕[재향] 고향에 있음. ざいきょう. ざいごう

▷介在(개재). 健在(건재). 不在(부재). 散在(산재). 所在(소재). 實在(실재). 自由自在(자유자재). 存在(존재). 滯在(체재). 偏在(편재). 現在(현재).

[地] 부 土(흙토변) 획 3—3 훈 땅(따) 음 지(지:) 中 ti⁴ 英 earth 日 チ. ジ. つち

뜻 ①땅. ②곳. 고장. ③지위. ④바탕.

필순 - + ± 圠 地 地

地價[지가] 땅 값. ちか 「きょう

地境[지경] 땅의 경계(境界). ち

地久[지구] 땅이 영원(永遠)히 변하지 아니함. 예天長(천장)—. ちきゅう

地金[지금] 제품(製品)을 하지 아니한 황금. じがね

地代[지대] 땅을 이용(利用)한 값으로 지주(地主)에게 내는 돈. 또는 현물(現物). じだい

地帶[지대] 자연이나 인위(人爲)로 한정(限定)된 땅의 구역의 안. ちたい 「그린 그림. ちず

地圖[지도] 지구(地球)의 상태를

地動[지동] ①지진(地震). ②지구(地球)의 운동(運動). 곧 공전(公轉)과 자전(自轉)의 총칭(總稱). ちどう 「力). ちりょく

地力[지력] 토지의 생산력(生産

地雷[지뢰] 적을 살상하거나 건물을 파괴할 목적으로 땅 속에 묻는 폭약. ちらい

地利[지리] ①요해처(要害處)로 된 지세(地勢). ② 토지의 생산(生産)으로 얻는 이익(利益). ちり

地理[지리] ①땅의 고저(高低). 광협(廣狹)의 상태. ②지구상(地球上)의 산천과 해륙(海陸)의 위치 및 형상·기후(氣候)·생물(生物)·인구·물산(物産) 등에 관한 사항. ちり

地利不如人和〔지리불여인화〕 지형상(地形上) 유리한 산천(山川)의 요해(要害)도 인심(人心)이 일치한 것만 같지 못함. 「みゃく

地脈〔지맥〕 땅의 맥락(脈絡). ち

地目〔지목〕 땅을 구별하는 명목(名目). 곧 논·밭·집터 따위. ちもく

地物〔지물〕 입목(立木), 암석 등. 병사(兵士)의 방패(防牌)가 되는 물건. ちぶつ

地盤〔지반〕 ①지각(地殼). ②근거(根據)가 되는 땅바닥. 근거지. 또는 사물의 근거를 삼는 자리. (동)토대(土臺). ちばん

地方色〔지방색〕 그 지방(地方)에 있는 특별(特別)한 정취(情趣). ちほうしょく

地變〔지변〕 지상(地上)에서 일어나는 괴변(怪變). (동)지이(地異). ちへん 「세(租稅). ちぜい

地稅〔지세〕 토지(土地)에 대한 조

地勢〔지세〕 ① 토지(土地)의 산물(產物)을 산출(產出)하는 힘. ② 땅의 생긴 형세(形勢). ちせい

地神〔지신〕 땅을 맡은 신령(神靈). じがみ 「는 내부. ちしん

地心〔지심〕 지구(地球)의 중심. 또

地域〔지역〕 ①땅의 경계. ② 일정(一定)한 구역(區域) 안의 토지(土地). ちいき

地熱〔지열〕 땅덩이가 가지고 있는 열(熱). じねつ·ちねつ

地獄〔지옥〕 생전의 죄에 의하여 죽은 뒤에 가책(苛責)을 받는 곳. じごく

地位〔지위〕 ①있는 곳. ②거처(居處). ③신분(身分). ④ 입장(立場). ちい 「積). ちせき

地積〔지적〕 토지(土地)의 면적(面

地籍〔지적〕 토지에 대한 온갖 사항을 적은 기록. ちせき

地點〔지점〕 어디라고 지정(指定)한 땅의 한 곳. ちてん

地主〔지주〕 토지의 소유자. じぬし

地中〔지중〕 ①땅 속. ②광중(壙中). ちちゅう

地支〔지지〕 육십갑자(六十甲子)의 아랫 단위를 이루는 요소. 곧 자(子)·축(丑)·인(寅)·묘(卯)·진(辰)·사(巳)·오(午)·미(未)·신(申)·유(酉)·술(戌)·해(亥).

地誌〔지지〕 지리(地理)의 기록(記錄). ちし

地震〔지진〕 지각(地殼)의 겉이 움직이어 흔들리는 현상(現象). じしん

地質〔지질〕 토지의 성질. 곧 지층(地層)의 상태·토리(土理)의 좋고 나쁨 등. ちしつ

地層〔지층〕 지면(地面)에서 물·빙설(氷雪)·바람 등의 작용으로 운반·침적(沈積)된 암석·토사(土沙) 등의 켜. ちそう

地平線〔지평선〕 지평면(地平面)과 천공(天空)이 서로 맞닿은 것같이 보이는 선(線). ちへいせん

地下〔지하〕 ①지면(地面)의 아래. 땅밑. ②구천(九泉). 저승. ちか

地下鐵道〔지하철도〕 땅 밑을 파고 궤도(軌道)를 만든 철도(鐵道). ちかてつどう 「ちかすい

地下水〔지하수〕 땅 속에 괴는 물.

地下修文〔지하수문〕 문인(文人)의 죽음을 일컫는 말.

地下資源〔지하자원〕 일찍 파내지 않은 땅 속의 중요한 광물 따위의 일컬음. ちかしげん

地峽〔지협〕 두 대륙(大陸)을 연결하는 좁은 육지. ちきょう

地形〔지형〕 땅의 생긴 형상(形狀). 토지의 형세. ちけい

▷居留地(거류지). 驚天動地(경천동지). 空地(공지). 官有地(관유지). 國有地(국유지). 窮地(궁지). 根據地(근거지). 基地(기지). 綠地(녹지). 大地(대지). 墓地(묘지). 無人地(무인지). 僻地(벽지). 別天地(별천지). 盆地(분지). 不毛地(불모지). 私有地(사유지). 死地(사지). 所有地(소유지). 實地(실지). 餘地(여지). 外地(외지). 要地(요지). 陸地(육지). 立地(입지). 敵地(적지). 戰地(전지). 租借地(조차지). 震源地(진원지). 天

地(천지). 宅地(택지). 土地(토지). 平地(평지).

「坑」 부 土(흙토변) 획 3—4 훈 구덩이 음 갱 中 k'êng[1] 英 pit 日 コウ. あな
뜻 구덩이.
필순 一十土圹坑

坑口〔갱구〕 갱도(坑道)의 입구. こうこう
坑內〔갱내〕 광산(鑛山)의 구덩이의 안. こうない
坑道〔갱도〕 광산의 갱내(坑內)에 통한 길. こうどう
坑木〔갱목〕 갱내(坑內)에 버티어 대는 데 쓰는 나무. こうぼく
坑夫〔갱부〕 광산에서 채굴 작업에 종사하는 사람. こうふ
坑井〔갱정〕 큰 굴속과 바깥이 공기가 통하도록 파 놓은 작은 구덩이. こうかん
坑陷〔갱함〕 지면이 옴폭 꺼져서 생긴 구덩이.
▷鋼坑(강갱). 鑛坑(광갱). 金坑(금갱). 銅坑(동갱). 焚坑(분갱). 溫坑(온갱). 銀坑(은갱). 炭坑(탄갱).

〖均〗 부 土(흙토변) 획 3—4 훈 고를 음 균 中 chün[1] 英 even 日 キン. ひとしい
뜻 ①고를. ②고르게 할. ③평평할.
필순 十土圴圴均均

均等〔균등〕 고르고 가지런하여 차별이 없음. きんとう
均分〔균분〕 고르게 나눔. 똑 같게 나눔. きんぶん
均一〔균일〕 한결같이 고름. きんいつ
均霑〔균점〕 모든 사람이 이익을 고르게 얻거나 은혜(恩惠)를 고르게 받음. きんてん
均齊〔균제〕 고르고 가지런함. きんせい
均衡〔균형〕 어느 편에 치우쳐서 기울어지지 않고 고름. きんこう
▷齊均(제균). 平均(평균).

〖坐〗 부 土(흙토변) 획 3—4 훈 앉을 음 좌: 中 tsuo[4] 英 sit 日 ザ. すわる
뜻 ①앉을. ②죄입을. ③자리(座와 통용).
필순 ノ 人 从从丛坐坐

坐不安席〔좌불안석〕 불안·근심으로 또는 초조하여 한 군데에 오래 앉아 있지를 못함. 「ざぞう
坐像〔좌상〕 앉아 있는 형상(形像).
坐席〔좌석〕 ①앉은 자리. ②깔고 앉는 물건의 총칭. ざせき
坐禪〔좌선〕 고요히 앉아서 참선(參禪)함. ざぜん
坐視〔좌시〕 참견(參見)하지 않고 앉아서 보기만 함. 수수방관(袖手傍觀)함. ざし
坐食〔좌식〕 일을 하지 않고 놀고 먹음. 동도식(徒食)·와식(臥食). ざしょく
坐臥〔좌와〕 앉음과 누움. ざが
坐右〔좌우〕 ①좌석의 오른쪽. ②그 사람을 직접 가리키는 것을 꺼리어 일컫는 높임말. ざう
坐位〔좌위〕 좌석(坐席)의 순서. 앉는 자리. 동석차(席次).
坐而待死〔좌이대사〕 궁박(窮迫)함이 막다른 골목에 이르러 하는 수 없이 운명(運命)에 맡김. ざしてもってしをまつ
坐作〔좌작〕 거동. 행동. ざさ
坐定〔좌정〕 앉음. ざてい
坐井觀天〔좌정관천〕 우물 속에서 하늘을 봄. 사람의 소견(所見)이 매우 좁음의 비유. 동정중지와(井中之蛙).

〖坤〗 부 土(흙토변) 획 3—5 훈 땅(따) 음 곤 中 k'uen[1] 英 earth 日 コン. つち
뜻 ①땅. ②곤괘. ③왕비.
필순 十土扌扣扣坦坤

坤德〔곤덕〕 ①대지(大地)의 덕. ②부인(婦人)의 덕. 동부덕(婦德). ③황후(皇后)의 덕. こんとく
坤元〔곤원〕 대지(大地) 곧 땅의 덕(德). こんげん
坤位〔곤위〕 죽은 여자의 무덤이나 「신주(神主).
坤殿〔곤전〕 왕비(王妃).
坤后〔곤후〕 땅의 신(神).
▷乾坤(건곤). 握乾統坤(악건통곤).

「垈」 부 土(흙토변) 획 3—5 훈 터 음 대 英 site
뜻 ①터. ②자리.

참고 국자(國字).
필순 亻亻代代岱垈垈
垈田〔대전〕①텃밭. ②터와 밭.
垈地〔대지〕집터.
▷苗垈(묘대). 墓垈(묘대).

「垂」 부 土(흙토변) 획 3—5 훈 드리울 음 수 中 ch'uei² 英 hang down 日 スイ. たれる
뜻 ①드리울. ②거의. ③끼칠.
필순 一二垂垂垂垂垂
垂老〔수로〕①거의 노인이 됨. ②70에 가까운 노인. すいろう
垂露〔수로〕①똑똑 떨어지는 이슬. ②서법(書法)에서 세로 내리긋는 획의 끝을 삐치지 않고 붓을 눌러 멈추는 법. すいろ
垂柳〔수류〕동⇨수양(垂楊). すいりゅう
垂範〔수범〕모든 사람의 모범이 되게 함. すいはん
垂氷〔수빙〕고드름. すいひょう
垂絲柳〔수사류〕능수버들.
垂線〔수선〕어느 직선 또는 평면에 수직(垂直)으로 마주치는 선. すいせん
垂楊〔수양〕버드나무의 일종. 가지가 아래로 길게 늘어짐. 수양버들. 동수류(垂柳). すいよう
垂涎〔수연〕①음식을 먹고 싶어 침을 흘림. ②매우 가지고 싶어 함.
垂典〔수전〕전법(典法)을 후세(後世)에 남김. すいてん
垂直〔수직〕직선과 직선이 닿아 직각을 이룬 상태. すいちょく
垂訓〔수훈〕후세(後世)에 전(傳)하는 교훈(教訓). すいくん
▷下垂(하수). 懸垂(현수).

「坪」 부 土(흙토변) 획 3—5 훈 평 음 평 中 p'ing² 英 plain 日 ヘイ. ヒョウ. つぼ
뜻 ①평. 넓이의 단위. ②벌판.
필순 十士圹坪坪坪
坪當〔평당〕평에 대한 비율.
▷建坪(건평).

「垣」 부 土(흙토변) 획 3—6 훈 낮은 담 음 원 中 yüan² 英 wall 日 エン. かき
뜻 ①낮은 담. ②호위 할. ③별 이름.
필순 十圹圻垣垣垣
垣衣〔원의〕원장(垣墻)에 나는 이끼.
垣墻〔원장〕낮은 담.
▷石垣(석원). 土垣(토원).

「型」 부 土(흙토변) 획 3—6 훈 모양 음 형 中 hsing² 英 type 日 ケイ. かた
뜻 ①모양. ②골. 거푸집. ③본보기.
필순 二开刑刑型型
型紙〔형지〕어느 본보기로 오려 만든 종이. かたがみ
▷模型(모형). 木型(목형). 原型(원형). 類型(유형). 儀型(의형). 典型(전형). 鑄型(주형). 紙型(지형).

【埋】 부 土(흙토변) 획 3—7 훈 묻을 음 매 中 mai² man² 英 bury 日 マイ. うめる
뜻 ①묻을. ②감출.
필순 十ｷ圠圼坦埋埋
埋骨〔매골〕뼈를 묻음. まいこつ
埋頭沒身〔매두몰신〕일에 얽매여 헤어나지 못함.
埋立〔매립〕땅을 메워 올림. 묻어 쌓음. うめたて
埋沒〔매몰〕파묻음. 또 파묻힘. まいぼつ
埋伏〔매복〕①몰래 숨음. 또 몰래 숨김. ②복병(伏兵)을 둠. まいふく
埋葬〔매장〕①시체를 땅 속에 묻어 장사(葬事)를 지냄. ②못된 사람을 사회(社會)에 용납(容納)하지 못하게 함. まいそう
埋藏〔매장〕묻어 감춤. 땅 속에 묻어 둠.
埋藏量〔매장량〕파묻혀 있는 분량. まいぞうりょう
埋築〔매축〕물 있는 데를 메워서 땅을 만드는 일.
▷暗埋(암매).

「城」 부 土(흙토변) 획 3—7 훈 재 음 성 中 ch'êng² 英 castle 日 ジョウ. しろ. き
뜻 ①재. ②성쌓을. ③도읍.
필순 ｷ圹圻城城城
城郭〔성곽〕성(城). 성(城)은 내성(內城)이요, 곽(郭)은 외성(外城). じょうかく
城内〔성내〕성(城)의 안. 동성중(城中). じょうない

城樓〔성루〕 성(城) 위의 누각(樓閣). じょうろう
城門〔성문〕 성(城)의 문(門). じょうもん
城壁〔성벽〕 성(城)의 담벼락. じょうへき
城上〔성상〕 성(城) 위. じょうじょう
城守〔성수〕 성 안에 들어박혀 지킴. じょうしゅ
城外〔성외〕 성문(城門)의 밖. じょうがい
城邑〔성읍〕 성으로 둘러싸인 읍(邑). じょうゆう
城主〔성주〕 성을 지키는 주장(主將). じょうしゅ
城中〔성중〕 성(城)의 안. 통성내(城內). じょうちゅう
城址〔성지〕 성이 있던 빈 터. 성터. じょうし
城砦〔성채〕 성과 진터. じょうさい
城下〔성하〕 ①성(城) 아래. ②성 근처의 땅. じょうか
城下之盟〔성하지맹〕 적군이 성 밑까지 쳐들어와서 항복하고 체결하는 굴욕적인 강화(講和). じょうかのちかい
城隍〔성황〕 서낭신(神)이 붙어 있다는 나무.
▷干城(간성). 傾城(경성). 古城(고성). 宮城(궁성). 落城(낙성). 籠城(농성). 都城(도성). 萬里長城(만리장성). 不夜城(불야성). 牙城(아성). 王城(왕성). 外城(외성). 築城(축성). 皇城(황성).

〔埃〕 부 土(흙토변) 획 3—7 훈 티끌 음 애 中 ai[1] 英 dust 日 アイ. ほこりごみ
뜻 ①티끌. 먼지. ②나라 이름.
필순 ⺊ ⺏ 圹 圹 垿 埃埃
埃及〔애급〕 이집트(Egypt)의 음역(音譯). エジプト
埃墨〔애묵〕 검은 티끌. 통흑진(黑塵).
▷塵埃(진애).

〔堅〕 부 土(흙토변) 획 3—8 훈 굳을 음 견 中 chien[1] 英 solid 日 ケン. かたい
뜻 ①굳을. ②굳어질. ③굳셀.
필순 ⺊ 丐 臣 臤 臤堅堅
堅固〔견고〕 굳음. 튼튼함. けんご
堅城〔견성〕 튼튼한 성. 방위가 엄하여 쉽사리 떨어지지 않는 성. けんじょう
堅實〔견실〕 튼튼하고 충실(充實)함. けんじつ
堅忍〔견인〕 굳게 참고 견딤. けんにん
堅忍持久〔견인지구〕 굳게 참아 오래 버팀. けんにんじきゅう
堅持〔견지〕 굳게 지님. けんじ
▷剛堅(강견). 强堅(강견). 中堅(중견).

〔基〕 부 土(흙토변) 획 3—8 훈 터 음 기 中 chi[1] 英 base 日 キ. もとい. もとづく
뜻 ①터. ②바탕. ③근본. ④자리잡을.
필순 ⺊ ⺊ 廾 甘 其 其基基
基幹〔기간〕 근본이 되는 줄거리. 본바탕이 되는 줄기. きかん
基金〔기금〕 기본(基本)이 되는 자금(資金). ききん
基督〔기독〕 그리스도. キリスト
基盤〔기반〕 기초가 되는 지반(地盤). きばん
基本〔기본〕 사물(事物)의 근본. きほん
基本的人權〔기본적 인권〕 자유·평등 등의 인간이 본디 타고난 권리. きほんてきじんけん
基礎工事〔기초공사〕 사물(事物)의 기초를 이루는 공사. きそこうじ
基部〔기부〕 기초가 되는 부분.
基數〔기수〕 하나에서 열까지의 수. きすう
基源〔기원〕 근원(根源). きげん
基因〔기인〕 기초가 되는 원인(原因). きげん
基點〔기점〕 기본(基本)이 되는 점. きてん
基準〔기준〕 기본이 되는 표준. きじゅん
基地〔기지〕 터전. きち
基趾〔기지〕 통⇨기초(基礎).
基礎〔기초〕 ①주춧돌. ②사물(事物)의 근본. きそ
▷國基(국기). 根基(근기). 元基(원기). 創基(창기).

〔堂〕 부 土(흙토변) 획 3—8 훈 집 음 당 中 t'ang[2] 英 hall 日 ドウ. おもてざしき
뜻 ①집. 당우. ②전각. ③당당할. ④친척. ⑤별호.

필순 ⺌⺌⺌⺌尙尙堂堂堂
堂內〔당내〕 동성(同姓) 동본(同本)의 유복친(有服親).
堂堂〔당당〕 ① 행세가 성대(盛大)한 모양. 정돈이 잘된 모양. ② 의용(儀容)이 훌륭한 모양. ③ 씩씩한 모양. ④ 뛰어난 모양. ⑤숨김 없는 모양. 공명 정대한 모양. どうどう 「(從兄弟).
堂伯叔〔당백숙〕 아버지의 종형제
堂上〔당상〕 ① 당(堂)의 위. ②묘당(廟堂)에 올라갈 수 있는 지위. 우리 나라에서는 당상정삼품(堂上正三品) 이상의 지위. 곧 장관(長官). ↔당하(堂下). ③부모(父母). どうじょう
堂上官〔당상관〕 당상정삼품(堂上正三品) 이상의 벼슬. 또 그 벼슬아치. どうじょうかん
堂室〔당실〕 바깥채와 안채. 곧 집안. どうしつ 「(堂). どうう
堂宇〔당우〕 당(堂)의 처마. 또 당
堂姪〔당질〕 종형제(從兄弟)의 아
堂姪女〔당질녀〕 종형제의 딸. ⌊들.
堂下〔당하〕 ①당의 아래. ②정삼품(正三品) 이하의 벼슬아치. ↔당상(堂上). 「별호(別號).
堂號〔당호〕 ①당우(堂宇)의 호. ②
▷講堂(강당), 公會堂(공회당). 滿堂(만당). 明堂(명당). 廟堂(묘당). 法堂(법당). 佛堂(불당). 書堂(서당). 食堂(식당). 天堂(천당). 學堂(학당).

【培】 부 土(흙토변) 획 3—8 훈 북돋울 음 배 中 p'ei² 英 nourish 日 バイ. つちかう
뜻 ①북돋울. ②작은 언덕.
필순 ⼟⼟圹圹培培培培
培根〔배근〕 뿌리를 북돋아 줌.
培植〔배식〕 ①초목을 북돋우어 심음. ②인재(人材)를 양성함. ばいしょく
培養〔배양〕 ①초목을 북돋우어 기름. ②사물을 발달시킴. ばいよう 「한 흙. ばいようど
培養土〔배양토〕 거름을 섞어 걸게
培栽〔배재〕 재배(栽培). ばいさい
▷栽培(재배).

「埠」 부 土(흙토변) 획 3—8 훈 부두선창 음 부(부:) 中 pu⁴, fu⁴ 英 wharf 日 つか. はとば
뜻 부두·선창. ⌊とば
필순 ⼟⼟⼟圹垆埠埠埠
埠頭〔부두〕 배를 대기 위하여 육지에서 바다로 돌을 쌓아 만든 방죽. 예仁川(인천)—. ふとう

【域】 부 土(흙토변) 획 3—8 훈 지경 음 역 中 yü⁴ 英 boundary 日 イキ. さかい
뜻 지경.
필순 ⼟⼟圹垣垣域域域
域內〔역내〕 구역 안.
域外〔역외〕 ① 구역(區域) 밖. ② 범위(範圍) 밖. ③ 외국(外國). いきがい 「내(宇內). いきちゅう
域中〔역중〕 구역의 안. 세계. 동우
▷境域(경역). 區域(구역). 聖域(성역). 領域(영역). 流域(유역). 異域(이역). 地域(지역).

〖執〗 부 土(흙토변) 획 3—8 훈 잡을 음 집 中 chih² 英 catch 日 シツ、シュウ. とる
뜻 ① 잡을. ②집행할.
필순 ⼟⼟圭圭幸執執執
執權〔집권〕 정사(政事)를 행하는 실권(實權)을 잡음. しっけん
執念〔집념〕 ① 달라붙어 뗄 수 없는 생각. ②한 사물에만 정신을 쏟음. しゅうねん
執刀〔집도〕 칼을 쥠. しっとう
執務〔집무〕 사무(事務)를 봄. 예—室(실). しつむ
執喪〔집상〕 부모(父母)의 상사(喪事)에 있어서 예절을 지킴.
執牛耳〔집우이〕 동맹(同盟)의 주도권(主導權)을 잡음. 또는 단체(團體) 따위에서 지배적 위치에 있음. 춘추전국시대(春秋戰國時代)에 제후(諸侯)들이 맹약(盟約)을 맺을 때, 맹주(盟主)가 소의 귀를 쥐고 베어 그 피를 마시고 서약한 고사(故事)에 의함.
執政〔집정〕 나라의 정권(政權)을 잡음. 또 그 사람. しっせい
執着〔집착〕 마음이 한 곳에 달라

붙어 떨어지지 아니함. 마음이 늘 그리로 쏠리어 잊혀지지 아니함. しゅうちゃく

執銃訓練〔집총훈련〕 총을 쥐고 행하는 군사 훈련.

執筆〔집필〕 붓을 쥐고 글 또는 글씨를 씀. しっぴつ

執行〔집행〕 ① 실제(實際)로 일을 잡아서 행(行)함. 실행함. ②[약] 강제 집행(强制執行). しっこう

▷固執(고집). 拘執(구집). 禁執(금집). 確執(확집).

〔堆〕 [부] 土(흙토변) [획] 3—8 [훈] 쌓을 [음] 퇴 [中] tuei¹ tsuei¹ [英] heap;pile [日] タイ. ツイ. **うずたかい**

[뜻] ①쌓을. ②흙무더기.

[필순] 圵 圻 坿 埄 堆 堆

堆金積玉〔퇴금적옥〕 금과 옥을 높이 쌓음. 부유(富有)한 일. たいきんせききぎょく 「름. たいひ

堆肥〔퇴비〕 북더기를 쌓아 썩힌 거

堆積〔퇴적〕 많이 쌓임. たいせき

堆積岩〔퇴적암〕 수성암(水成岩). たいせきがん

堆丸〔퇴환〕 말똥구리.

〔堪〕 [부] 土(흙토변) [획] 3—9 [훈] 견딜 [음] 감 [中] k'an¹ [英] endure [日] カン. **たえる**

[뜻] ①견딜. 이길. ②하늘.

[필순] 圵 坩 坩 堪 堪 堪 堪

堪耐〔감내〕 참고 견딤. [동]감인(堪忍). 「능력. 그 일에 능숙함.

堪能〔감능〕 ①일을 감당할 수 있는

堪當〔감당〕 ① 산의 형세(形勢)가 기발(奇拔)한 모양. ② 법에 의해서 죄를 줌. ③일을 능히 해냄. かんとう

堪勝〔감승〕 잘 견디어 냄.

堪忍〔감인〕 ①참고 견딤. 꾹 참음. [동] 감내(堪耐). ②남의 허물을 용서하는 일. かんにん「(불감).

▷克堪(극감). 難堪(난감). 不堪

〔堡〕 [부] 土(흙토변) [획] 3—9 [훈] 둑 [음] 보: [中] pao⁴, p'u⁴ [英] fort [日] ホ. ホウ. とりで

[뜻] ①둑. 방축. ②작은 성.

[필순] 亻 亻ㄇ 保 保 堡 堡

堡壘〔보루〕 적군을 막기 위해 토석(土石)으로 쌓은 작은 성. [동] 보채(堡砦). ほうるい

堡坐〔보좌〕 둑에 앉음.

堡砦〔보채〕 [동]⇨보루(堡壘).

▷橋頭堡(교두보). 望堡(망보). 城堡(성보). 營堡(영보). 哨堡(초보).

〔報〕 [부] 土(흙토변) [획] 3—9 [훈] 갚을 [음] 보: [中] pao⁴ [英] requite [日] ホウ. **むくいる**

[뜻] ①갚을. 돌릴. ②대답할. ③알릴. 여쭐·아뢸.

[필순] 土 寺 壴 幸 幸 靪 靭 報

報告〔보고〕 알리어 바침. ほうこく

報國〔보국〕 나라의 은혜를 갚음. 나라를 위해서 충성을 다함. [예] 盡忠(진충)—. ほうこく 「う

報道〔보도〕 알려줌. 알림. ほうど

報李〔보리〕 남의 선물(膳物)에 대한 반례(返禮).

報復〔보복〕 ①원수를 갚음. ②대답함. ③되돌아옴. ほうふく

報賜以力〔보사이력〕 은혜는 힘으로써 갚음.

報償〔보상〕 ①앙갚음을 함. ② 남에게 빚진 것을 갚아줌. ほうしょう 「은혜는 죽음으로써 갚음.

報生以死〔보생이사〕 생명에 대한

報酬〔보수〕 ①보답(報答)함. 갚음. ②근로(勤勞)에 대한 소득(所得). ほうしゅう

報怨以德〔보원이덕〕 원한 있는 자에게 은덕(恩德)으로써 갚음. ほうしゅう 「うおん

報恩〔보은〕 은혜(恩惠)를 갚음. ほ

報應〔보응〕 선악(善惡)이 그 인과(因果)에 따라 틀림없이 대갚음됨. [약] 인과응보(因果應報). ほうおう

▷警報(경보). 果報(과보). 官報(관보). 速報(속보). 誤報(오보). 月報(월보). 應報(응보). 諜報(첩보). 通報(통보). 凶報(흉보).

〔場〕 [부] 土(흙토변) [획] 3—9 [훈] 마당 [음] 장 [中] ch'ang²·³ [英] place [日] ジョウ. ば

뜻 ①마당. ②곳. ③밭.
필순 一 十 圹 圻 坦 埸 場 場
場内〔장내〕 장소의 안.
회장(會場)의 내부. じょうない
場面〔장면〕 어떤 장소의 겉으로 드러난 면이나 광경. ばめん
場所〔장소〕 ①처소(處所). ②자리. ばしょ
場外〔장외〕 ①어떤 장소의 바깥. ②과거장(科擧場)의 밖. 포장 밖. じょうがい 「じょうちゅう
場中〔장중〕 과거(科擧) 마당 안.
場打鈴〔장타령〕 속된 잡가(雜歌)의 하나. 동냥하러 돌아다니는 사람의 노래.
▷競技場(경기장). 工場(공장). 廣場(광장). 劇場(극장). 道場(도장·도량). 登場(등장). 滿場(만장). 牧場(목장). 沙場(사장). 寫場(사장). 市場(시장). 入場(입장). 立場(입장). 戰場(전장). 退場(퇴장). 罷場(파장). 現場(현장). 會場(회장).

【堤】 부 土(흙토변) 획 3—9 훈 둑 음 제 中 t'i², ti¹ 英 bank 日 テイ. つつみ
뜻 ①둑. 방죽. ②막을.
필순 土 圯 坦 垾 埕 堤 堤
堤防〔제방〕 홍수(洪水)를 막기 위하여 흙과 돌을 쌓은 것. 둑. ていぼう 「概).
堤封〔제봉〕 대범(大凡). 대개(大
▷防波堤(방파제).

【塊】 부 土(흙토변) 획 3—10 훈 흙덩이 음 괴: 中 k'ai⁴ 英 lump 日 カイ. かたまり
뜻 ①흙덩이. ②덩어리.
필순 土 圠 圹 坤 坤 塊 塊 塊
塊金〔괴금〕 흙 속에서 저절로 나는 금덩이. かいきん 「いじょう
塊狀〔괴상〕 덩어리로 된 모양. か
塊石〔괴석〕 돌멩이. 「ぜん
塊然〔괴연〕 홀로 있는 모양. かい
塊鐵〔괴철〕 쇳덩이.
塊炭〔괴탄〕 덩이진 석탄. かいたん
塊土〔괴토〕 흙덩이. かいど
▷金塊(금괴). 肉塊(육괴). 銀塊(은괴). 土塊(토괴). 血塊(혈괴).

「塗」 부 土(흙토변) 획 3—10 훈 바를 음 도 中 t'u² 英 paint 日 ト. ぬる
뜻 ①바를. 칠할. ②진흙. ③길(途와 통용).
필순 氵 氵 汵 涂 涂 涂 塗
塗工〔도공〕 미장이. とこう
塗料〔도료〕 물건의 거죽에 바르는 재료. とりょう 「림. とまつ
塗抹〔도말〕 칠함. 칠하여 없애 버
塗墨〔도묵〕 먹을 칠함.
塗粉〔도분〕 분을 바름.
塗說〔도설〕 경솔하게 듣고 경솔하게 말함. とせつ
塗乙〔도을〕 ①도자(塗字)와 을자(乙字). ②문장 속에서 글자를 지우거나 탈자(脫字)를 넣는 일.
塗裝〔도장〕 칠 따위를 발라서 치장함. とそう
塗炭〔도탄〕 진흙과 숯불. 곧 몹시 곤란(困難)한 경우. とたん
▷糊塗(호도).

【塞】 부 土(흙토변) 획 3—10 훈 변방 음 새(색:) 中 sai¹·⁴ sei¹ 英 lock 日 ソク. サイ. ふさぐ. とりで
뜻 ①막을. ②막힐(색).
필순 宀 宀 宀 审 寒 寒 塞 塞
塞翁之馬〔새옹지마〕 인생의 길흉화복(吉凶禍福)은 변화가 많음의 비유. さいおうがうま
塞翁禍福〔새옹화복〕 동⇨새옹지마(塞翁之馬).
塞淵〔색연〕 생각하는 바가 깊고 착실한 모양.
塞責〔색책〕 책망을 면함. 책임을 완수함. そくせき
▷硬塞(경색). 窮塞(궁색). 要塞(요새). 閉塞(폐색).

「塑」 부 土(흙토변) 획 3—10 훈 흙으로만든 물형 음 소: 中 su⁴ 英 model in clay 日 ソ. でく 「아비.
뜻 ①흙으로 만든 물형. ②허수
필순 ⺷ 屰 屰 朔 朔 塑 塑 塑
塑工〔소공〕 흙을 이겨서 물건을 만드는 사람. 「ぞう
塑像〔소상〕 흙으로 만든 조각. そ

【塡】 部 土(흙토변) 획 3—10 훈 메울 음 전 中 t'ien² 英 fill up 日 テン. ふさぐ. しずめる 「북소리. ③오랠(진).
뜻 ①메울. 채울·박아넣을. ②
필순 扌 圹 圹 埴 埴 塡 塡 塡 塡
塡補〔전보〕 메워 기움. 부족한 것을 메워 채움. てんぽ
塡然〔전연〕 북소리가 대단히 나는 모양. てんぜん「를 메움. てんじ
塡字〔전자〕 비어 있는 곳에 글자
塡塡〔전전〕 ①만족한 모양. ②규율이 바르고 훌륭한 모양. ③차마(車馬)의 수가 많은 모양. ④우뢰가 울리는 모양. てんてん
塡充〔전충〕 빈 곳을 채워 메움. てん
▷補塡(보전). 充塡(충전). 〔じゅう

【塔】 부 土(흙토변) 획 3—10 훈 탑 음 탑 中 t'a⁴ 英 to-
뜻 탑. 〔wer; pagoda 日 トウ
필순 扌 坩 坎 坎 塔 塔
塔頭〔탑두〕 ①탑의 꼭대기 끝. ②선조(先祖)나 고승(高僧)의 사후(死後), 덕을 추모하여 그 탑 곁에 세운 암자. とうとう
塔碑〔탑비〕 탑과 비(碑). 「塔婆).
塔婆〔탑파〕 ①탑. ② 약졸탑파(卒
▷寶塔(보탑). 佛塔(불탑). 寺塔(사탑). 石塔(석탑).

【境】 부 土(흙토변) 획 3—11 훈 지경 음 경(경:) 中 ching⁴ 英 boundary 日 キョウ. ケイ.
뜻 지경. 〔さかい
필순 扌 圹 圹 培 培 培 境 境
境界〔경계〕 ① 사물(事物)의 구별되는 데가 맞닿은 자리. ②땅이 서로 이어진 곳. 예一線(선). きょうかい 「い
境內〔경내〕 지경(地境) 안. けいだ
境域〔경역〕 ①지경. 경계. ②지경 안의 땅. 「きょうぐう
境遇〔경우〕 부닥친 형편이나 사정.
境外〔경외〕 어떠한 경계(境界)의 밖. きょうがい
▷佳境(가경). 老境(노경). 心境(심경). 環境(환경).

【墓】 부 土(흙토변) 획 3—11 훈 무덤 음 묘: 中 mu⁴ 英
뜻 무덤. 〔grave 日 ボ. はか
필순 艹 苎 苜 莫 莫 墓 墓
墓碑〔묘비〕 ①죽은 사람의 사적을 새겨 무덤 앞에 세우는 돌의 총칭. ②신도비(神道碑). ぼひ
墓所〔묘소〕 무덤이 있는 곳. 동묘지(墓地). ぼしよ
墓田〔묘전〕 그 땅의 소출(所出)을 묘제(墓祭)의 비용으로 쓰는 논밭. ぼでん 「ぼさい
墓祭〔묘제〕 산소에 지내는 제사.
墓地〔묘지〕 무덤이 있는 땅. 또는 그 구역. 동묘소(墓所). ぼち
墓誌〔묘지〕 죽은이의 사적(事蹟), 덕행(德行), 자손(子孫)의 이름, 묘지(墓地)의 지명(地名), 생사(生死) 연월일(年月日), 매장(埋葬) 연월일 등을 기록한 글. 도판(陶板) 또는 석판(石板)에 새기어 무덤에 묻음. 「けつ
墓穴〔묘혈〕 시체를 묻는 구멍. ぼ
▷陵墓(능묘). 封墓(봉묘). 墳墓(분묘). 省墓(성묘).

【塵】 부 土(흙토변) 획 3—11 훈 티끌 음 진 中 ch'en² 英 dust 日 ジン. ちり
뜻 ①티끌. 먼지. ②더럽힐.
필순 广 声 声 声 鹿 塵 塵
塵世〔진세〕 티끌이 있는 세상. 이 세상. 동속계(俗界). じんせい
塵埃〔진애〕 티끌과 먼지. じんあい
塵積爲山〔진적위산〕 티끌과 먼지가 쌓여서 산이 됨. 작은 것이 모여서 크게 이루어짐의 비유. 동 진합태산(塵合泰山)·적소성대(積小成大). ちりつもってやまをなす
塵塵〔진진〕 ①대대(代代). 세세(世世). ②화(和)한 모양.
塵土〔진토〕 먼지와 흙. じんど
塵合泰山〔진합태산〕 작은 물건도 많이 모이면 나중에 크게 이루어짐의 비유. 동 진적위산.
▷落塵(낙진). 蒙塵(몽진). 微塵(미진). 粉塵(분진). 俗塵(속진). 風塵(풍진).

【墨】 부 土(흙토변) 획 3—12 훈 먹 음 묵 中 mo⁴ 英 ink 日

ボク. すみ
뜻 ①먹. ②검을. 어두울.
필순 口回㕚里黑墨墨
墨家〔묵가〕 묵자(墨子)의 학설을 신봉(信奉)하는 학파. ぼっか
墨客〔묵객〕 글씨 또는 그림에 능한 사람. 서가(書家). 화가(畫家). ぼっかく
墨子〔묵자〕 책명(冊名). 송(宋)나라 묵적(墨翟)의 저(著). ぼくし
墨紙〔묵지〕 복사(複寫)에 쓰는 탄산지(炭酸紙). ぼくし
墨帖〔묵첩〕 명필(名筆)을 탑본(搨本)한 습자첩. 동법첩(法帖). ぼくちょう ⌊すみえ
墨畫〔묵화〕 먹으로만 그린 그림.
▷濃墨(농묵). 淡墨(담묵). 水墨(수묵). 筆墨(필묵).

【墳】 부 土(흙토변) 획 3—12 훈 봉분 음 분 中 fen[2] 英 tomb; grave 日 フン. はか
뜻 봉분.
필순 土 圹 坮 坮 墳墳墳墳墳
墳墓〔분묘〕 무덤. 동구묘(丘墓). ふんぼ
墳壤〔분양〕 기름진 땅. ふんじょう
墳燭〔분촉〕 큰 촛불. ふんしょく
▷古墳(고분). 孤墳(고분). 舊墳(구분). 封墳(봉분). 荒墳(황분).

〖增〗 부 土(흙토변) 획 3—12 훈 더할 음 증 中 tsêng[1] 英 be more 日 ゾウ. ます
뜻 ①더할. ②많을. ③불. 늘.
필순 土 圹 圻 坳 堦 堷 增 增
增減〔증감〕 늚과 줆. 동가감(加減). ぞうげん
增强〔증강〕 더 늘려 세게 함. 예生產(생산)—. ぞうきょう
增大〔증대〕 더하여 늚. 또는 늘림. 예所得(소득)—. ぞうだい
增募〔증모〕 사람을 더 모집함. 예學生(학생)—. ぞうぼ
增發〔증발〕 정한 수효보다 더 내보냄. ぞうはつ
增兵〔증병〕 군대를 더 늘임.
增補〔증보〕 모자람을 기워 더 채움. 예—版(판). ぞうほ 「ん
增產〔증산〕 생산량을 늘림. ぞうさ
增稅〔증세〕 세금의 액수(額數)를 늘림. ぞうぜい
增收〔증수〕 수입이나 수확이 늚. 또 늘임. ぞうしゅう
增額〔증액〕 액수를 늘림. ぞうがく
增援〔증원〕 ①인원을 늘려서 도움. ② 원조액을 늘림. ぞうえん
增資〔증자〕 자본을 늘림. ぞうし
增進〔증진〕 더하여 나아감. ぞうしん 「ぞうちく
增築〔증축〕 집을 더 늘리어 지음.
▷加增(가증). 激增(격증). 急增(급증). 倍增(배증). 漸增(점증).

「墜」 부 土(흙토변) 획 3—12 훈 떨어질 음 추(추:) 中 chuei[4] 英 fall down 日 ツイ. おちる
뜻 떨어질.
필순 阝 阝 阾 隊 隊 隊 墜
墜落〔추락〕 떨어짐. 낙하(落下)함. 예—死(사). ついらく
墜緖〔추서〕 쇠하여 전보다 못한 사업. ついしょ
墜體〔추체〕 공중에서 지상(地上)으로 떨어지는 물체. ついたい
▷擊墜(격추). 失墜(실추). 顚墜(전추). 墮墜(타추). 荒墜(황추).

【墮】 부 土(흙토변) 획 3—12 훈 떨어질 음 타 中 tuo[4] 英 fall
뜻 떨어질. ⌊日 ダ. おちる
필순 阝 阝 阽 陏 隋 隋 墮
墮其術中〔타기술중〕 남의 간악(奸惡)한 술책에 빠짐.
墮落〔타락〕 ①실패함. ②시들어 떨어짐. ③도심(道心)을 잃고 악도(惡道)에 떨어짐. ④품행이 좋지 못해 못된 구렁에 빠짐. だらく
墮淚〔타루〕 눈물을 떨어뜨림. 동낙루(落淚). だるい ⌊음.
墮河而死〔타하이사〕 물에 빠져 죽
▷怠墮(태타). 頹墮(퇴타).

「墟」 부 土(흙토변) 획 3—12 훈 빈터 음 허 中 hsü[1] 英 old site 日 キョ. おか. あと
뜻 빈터.
필순 土 圹 圹 坮 坮 墟 墟 墟
墟落〔허락〕 거칠어진 마을. 동허리(墟里). きょらく 「り
墟里〔허리〕 동⇨허락(墟落). きょ

墟巷〔허항〕 쇠하여 전보다 못한 거리. きょこう「허). 荒墜(황허).
▷郊墟(교허). 舊墟(구허). 廢墟(폐

「墾」 부 土(흙토변) 획 3—13 훈 개간할 음 간: ㊥ k'en³ ㊞ clear ㊐コン. ひらく. たがやす
뜻 개간할.
필순 ⺈ 豸 豸 豸⺊ 貇 貇 貇 墾
墾耕〔간경〕 개간(開墾)하여 경작(耕作)함. こんこう 「よく
墾殖〔간식〕 갈아서 심음. かんし
墾田〔간전〕 버려둔 땅을 일궈 밭을 만듦. 동개간. こんでん
墾荒〔간황〕 거친 땅을 갈아서 논밭을 이룸. こんこう
▷開墾(개간). 耕墾(경간). 勤墾(근간). 新墾(신간).

【壇】 부 土(흙토변) 획 3—13 훈 단 음 단 ㊥ t'an² ㊞ altar. ㊐ダン 「모인 사회.
뜻 ①단. ②제터. ③전문가가
필순 土 圹 圹 垆 壇 壇 壇 壇
壇上〔단상〕 단의 위쪽. ↔단하(壇下). だんじょう 「しょ
壇所〔단소〕 제단이 있는 곳. だん
壇下〔단하〕 단의 아래쪽. ↔단상(壇上). だんか
壇享〔단향〕 단에서 지내는 제사.
▷講壇(강단). 教壇(교단). 論壇(논단). 文壇(문단). 演壇(연단). 祭壇(제단). 花壇(화단).

【壁】 부 土(흙토변) 획 3—13 훈 벽 음 벽 ㊥ pi³·⁴ ㊞ wall ㊐へき. かべ
뜻 ①벽 ②낭떠러지.
필순 ⺈ 尸 吕 吕⺊ 辟 辟 辟 壁 壁
壁報〔벽보〕 벽에 쓰거나 붙여 여러 사람에게 알리는 것. 「へきしょ
壁書〔벽서〕 벽에 붙이거나 쓰는 글.
壁訴訟〔벽소송〕 벽을 향하여 호소함. 혼자 괴로와하며 중얼거림. かべそしょう
壁岸〔벽안〕 낭떠러지.
壁有耳〔벽유이〕 벽에 귀가 있다는 뜻으로, 비밀이 새기 쉬움을 경계하는 말. かべにみみあり
壁紙〔벽지〕 벽을 바르는 종이.
壁土〔벽토〕 벽에 바른 흙.
壁畫〔벽화〕 벽에 그린 그림. 예古代(고대)—. へきが
▷面壁(면벽). 四壁(사벽). 石壁(석벽). 城壁(성벽). 絶壁(절벽). 土壁(토벽). 破壁(파벽).

【墻】 부 土(흙토변) 획 3—13 훈 담 음 장 ㊥ ch'ing² ㊞ wall
참고 동 牆 └㊐ショウ. かき
뜻 담.
필순 土 圹 圹 坳 坳 墻 墻 墻
墻內〔장내〕 담 안.
墻面〔장면〕 무식하여 도리에 어두움의 비유. しょうめん
墻壁〔장벽〕 담과 벽. 또 담의 편편한 쪽. しょうへき 「없음.
墻壁無依〔장벽무의〕 의지할 곳이
墻屋〔장옥〕 동⇨장원(墻垣). しょうおく 「ょうえん
墻垣〔장원〕 담. 동장옥(墻屋). し

【壓】 부 土(흙토변) 획 3—14 훈 누를 음 압 ㊥ ya¹·⁴ ㊞ press
참고 약 圧 ㊐アツ. おさえる
뜻 누를.
필순 厂 厂 厂 厂 厂 厂 厂 厭 壓
壓卷〔압권〕 그 책 가운데에서 가장 잘 지은 부분. 또는 여러 책 가운데에서 가장 가치 있는 책. 옛날 과거(科擧) 때 장원(壯元)한 사람의 답안지(答案紙)를 모든 답안지 위에 놓았던 데서 생긴 말. あっかん 「복시킴. あっとう
壓倒〔압도〕 눌러서 거꾸러뜨림. 굴
壓力〔압력〕 어떠한 물체가 다른 물체를 누르는 힘. 예—團體(단체). あつりょく 「다가옴. あっぱく
壓迫〔압박〕 ①내리 누름. ②바싹
壓伏〔압복〕 억압(抑壓)함. 세력으로 눌러서 무리하게 복종(服從)시킴. 동 압복(壓服). あっぷく
壓死〔압사〕 물건에 눌려서 죽음. 예—者(자). あっし
▷高壓(고압). 氣壓(기압). 抑壓(억압). 威壓(위압). 低氣壓(저기압). 鎭壓(진압). 彈壓(탄압).

「壕」 부 土(흙토변) 획 3—14 훈 해자 음 호: ㊥ hao³ ㊞ moat ㊐ゴウ. ほり
뜻 해자. 성 둘레에 판 도랑.

필순 扌 圹 墶 壕 壕 壕 壕
▷防空壕(방공호). 塹壕(참호).

「壘」 부 土(흙토변) 획 3—15 훈 진 음 루: ㊥ lei³ ㊧ fort; base ㊐ ルイ. とりで
뜻 ①진. ②쌓을. 포갤. ③야구
참고 ㊸ 塁 ㄴ의 베이스.
필순 ⺊ 吕 畕 畾 畾 畾 壘 壘
壘塊〔누괴〕 심중(心中)의 불평(不平). るいかい
壘壘〔누루〕 무덤 같은 것이 잇달아 있는 모양. るいるい 「もん
壘門〔누문〕 진영(陣營)의 문. るい
壘審〔누심〕 야구에서 베이스(base) 안의 심판을 맡아보는 심판원(審判員). るいしん 「るいえん
壘垣〔누원〕 겹겹이 되어 있는 담.
壘尉〔누위〕 진지(陣地)를 다스리는 벼슬 이름. るいい
▷孤壘(고루). 軍壘(군루). 摩壘(마루). 邊壘(변루). 堡壘(보루). 城壘(성루). 營壘(영루). 敵壘(적루). 本壘(본루).

【壞】 부 土(흙토변) 획 3—16 훈 무너질 음 괴: ㊥ huai⁴ ㊧ ruin ㊐ カイ. こわす
뜻 무너질. 무너뜨릴(회).
필순 扌 圹 圹 垆 垆 埂 塆 壊 壊 壞
壞決〔괴결〕 무너짐. かいけつ
壞亂〔괴란〕 무너뜨려 어지럽게 함. かいらん
壞滅〔괴멸〕 ①무너뜨려 멸함. ②무너져 멸망함. かいめつ
壞損〔괴손〕 체면을 헐어 더럽힘.
壞裂〔괴열〕 ①깨뜨려 쪼갬. ②일이 중도에 깨뜨려짐. かいれつ 「い
壞敗〔괴패〕 무너지고 상함. かいは
壞血病〔괴혈병〕 비타민 C가 부족하여 잇몸에 염증이 생기는 병. かいけつびょう 「로 죽는 일.
壞死〔회사〕 몸의 조직이 국부적으
▷倒壞(도괴). 崩壞(붕괴). 金剛不壞(금강불괴). 破壞(파괴).

【壤】 부 土(흙토변) 획 3—17 훈 양토 음 양: ㊥ jang³ ㊧ mould ㊐ ジョウ. つち
뜻 ①양토. 고운흙. ②땅. ③만억. 억의 만배.
필순 扌 圹 圹 垆 垆 墉 壤 壤
壤壤〔양양〕 어지럽게 뒤섞인 모양. じょうじょう
壤子〔양자〕 ①사랑스러운 아들. ②토지를 여러 아들에게 나누어 줌.
壤奠〔양전〕 토산(土産)의 물건을 제사(祭祀)에 바침.
壤地〔양지〕 토지(土地). 동국토(國土). じょうち
壤土〔양토〕 ①흙. ②농작물(農作物)에 알맞은 거름흙. ③거처하는 곳. じょうど 「양).
▷擊壤(격양). 天壤(천양). 土壤(토

(3) 士 部

〖士〗 부 士(선비사변) 획 3—0 훈 선비 음 사: ㊥ shih⁴ ㊧ scholar ㊐ シ. さむらい
뜻 ①선비. ②벼슬.
필순 一 十 士
士官〔사관〕 ①재판관. 법관(法官). ②병정을 지휘하는 무관(武官). 위관(尉官)과 영관(領官)의 통칭. 예—學校(학교). しかん
士君子〔사군자〕 교양(教養)과 인격이 높은 사람. しくんし
士氣〔사기〕 ①선비의 기개(氣概). ②군사(軍士)가 용기를 내는 기운. しき
士農工商〔사농공상〕 국민의 네 가지 계급. 곧 선비·농부·장색(匠色)·장수. しのうこうしょう
士大夫〔사대부〕 ①천자(天子) 또는 제후를 섬기는 벼슬아치. 사(士)와 대부(大夫). ②문무(文武) 양반의 일반적인 총칭. しだいふ
士類〔사류〕 동⇨사림(士林). しるい 「예사류(士類). しりん
士林〔사림〕 유교를 닦는 선비들.
士族〔사족〕 문벌이 높은 집안 또는 그 자손. しぞく 「そつ
士卒〔사졸〕 하사(下士)와 병졸. し
士禍〔사화〕 사림(士林)의 참화. 옳은 말을 하는 선비들이 간악한 무리에게 받는 참혹한 괴로움.

[예]己卯(기묘)—
▷居士(거사). 計理士(계리사). 騎士(기사). 道士(도사). 名士(명사). 武士(무사). 文士(문사). 辯士(변사). 辯護士(변호사). 碩士(석사). 紳士(신사). 力士(역사). 烈士(열사). 勇士(용사). 隱士(은사). 義士(의사). 壯士(장사). 處士(처사). 學士(학사).

〖壬〗 [부] 士(선비사변) [획] 3—1 [훈] 북방 [음] 임: [中] $jen^{2,4}$ [英] north [日] ジン. みずのえ
[뜻] ①아홉째 천간. ②북방.
[필순] 一二千壬
壬年〔임년〕 태세(太歲)의 천간(天干)이 임(壬)으로 된 임진(壬辰)·임술(壬戌) 따위의 해.
壬戌〔임술〕 60갑자(甲子)의 49째.
壬午〔임오〕 60갑자(甲子)의 19째.
壬午軍亂〔임오군란〕 임오년에 일어난 군인의 난리.
壬辰〔임진〕 60갑자(甲子)의 29째.
壬辰倭亂〔임진왜란〕 임진년에 왜군이 우리 나라를 침략해 온 난리.

〖壯〗 [부] 士(선비사변) [획] 3—4 [훈] 씩씩할 [음] 장: [中] $chuang^{4}$ [英] brave [日] ソウ. さかん
[뜻] ①씩씩할. ②장할. ③군셀.
[필순] 丨丬丬丬壯壯壯
壯擧〔장거〕 장한 거사(擧事). そうきょ
壯健〔장건〕 씩씩하고 건강(健康)함. そうけん
壯骨〔장골〕 기운 좋고 크게 생긴 골격. 또는 그러한 사람.
壯觀〔장관〕 굉장하고 볼 만한 광경. そうかん
壯年〔장년〕 씩씩하고 한창인 삼사십 세 안팎인 때. 또 그 사람.
壯談〔장담〕 확신(確信)을 가지고 자신 있게 하는 말. 「うだい
壯大〔장대〕 장건(壯健)하고 큼. そ
壯途〔장도〕 장쾌하거나 비장한 계획을 가지고 떠나는 길. そうと
壯圖〔장도〕 웅장(雄壯)한 꾀. 장한 계획. そうと 「うれつ
壯烈〔장렬〕 씩씩하고도 열렬함. そ
壯士〔장사〕 ①기개(氣槪)가 있고 용감한 사람. ②역사(力士). そ
壯心〔장심〕 [동]⇨장지(壯志). 「うし
壯元〔장원〕 ①과거에서 갑과(甲科)에 첫째로 급제함. 또 그 사람. ②성적이 첫째임. 또 그 사람.
壯丁〔장정〕 ①혈기(血氣)가 왕성한 성년(成年)에 달한 남자. ②징병 적령자(徵兵適齡者)인 남자. そうてい
壯志〔장지〕 웅대한 뜻. 장한 뜻. [동]장심(壯心)·대지(大志)·웅심(雄心). そうし
▷强壯(강장). 健壯(건장). 老益壯(노익장)·悲壯(비장)·勇壯(용장). 雄壯(웅장).

「壻」 [부] 士(선비사변) [획] 3—9 [훈] 사위 [음] 서: [中] $hsü^{4}$ [英] son in law [日] セイ. むこ
[뜻] 사위.
[참고] [동] 婿
[필순] 士 扩 圹 垆 埍 壻
壻郞〔서랑〕 남의 사위의 존칭.
壻養子〔서양자〕 사위를 아들로 삼은 양자. むこようし
▷佳壻(가서). 國壻(국서). 夫壻(부서). 賢壻(현서).

〖壹〗 [부] 士(선비사변) [획] 3—9 [훈] 한 [음] 일 i^{1} [英] one [日] イチ. イツ. ひとつ
[뜻] ①한. 하나(一과 통용). ②전일 할. ③오로지.
[필순] 士 吉 吉 壱 壹 壹 壹
壹是〔일시〕 죄다. 한결같이. いっし 「로지함. いちい
壹意〔일의〕 한 가지 일에 뜻을 오

「壺」 [부] 士(선비사변) [획] 3—9 [훈] 병 [음] 호: [中] hu^{2} [英] bottle [日] コ. つぼ
[뜻] ①병. ②투호.
[필순] 士 吉 吉 壱 壶 壷 壺 壺
壺狀〔호상〕 병이나 단지나 항아리처럼 생긴 모양. こじょう
壺中天〔호중천〕 ①별천지(別天地). 딴 세상. ②아주 좁은 것의 비유. こちゅうてん 「(투호).
▷漏壺(누호). 氷壺(빙호). 投壺

〖壽〗 부 士(선비사변) 획 3—11 훈 목숨 음 수(수:) 中 chou⁴ 英 longevity 日 ジュ. ことぶき. いちの

뜻 ①목숨. ②나이. ③오래살. 수할.

참고 약 寿

필순 壽壽壽壽壽壽壽

壽命〔수명〕 타고난 목숨. 동생명(生命). 약수. じゅみょう

壽福〔수복〕 수(壽)와 복(福). 오래 삶과 행복. じゅふく

壽福康寧〔수복강녕〕 장수(長壽)하고 복을 누리며, 몸이 튼튼하고 편안함. 「는 잔치. じゅえん

壽宴〔수연〕 장수(長壽)를 축하하

壽夭〔수요〕 장수(長壽)와 단명(短命). じゅよう

壽衣〔수의〕 염습할 때 시체에 입히는 옷. じゅい

壽昌〔수창〕 장수(長壽)하며 창성(昌盛)함. じゅしょう

壽冢〔수총〕 생전에 만들어 놓은 무덤. じゅちょう

壽限〔수한〕 타고난 수명의 한정.

▷康壽(강수). 無量壽(무량수). 福壽(복수). 仁壽(인수). 長壽(장수). 天壽(천수). 賀壽(하수).

(3) 夊 部

〖夏〗 부 夊(천천히 걸을 쇠받침) 획 3—7 훈 여름 음 하: 中 hsia⁴ 英 summer 日 カ. ゲ. なつ 「라이름

뜻 ①여름. ②클. ③나

필순 夏夏夏夏夏夏夏夏

夏季〔하계〕 여름의 계절. 여름철. 동하기(夏期). ↔동계(多季). かき 「(夏季). かき

夏期〔하기〕 여름의 시기. 동하계

夏期放學〔하기방학〕 교육법에 따라 한여름 동안 학교 수업(授業)을 쉬는 일.

夏爐多扇〔하로동선〕 여름의 화로(火爐)와 겨울의 부채. 곧 쓸데없는 사물(事物)의 비유. かろとうせん

夏服〔하복〕 여름에 입는 옷. 여름살이. ↔동복(多服). なつふく

夏雲〔하운〕 여름의 구름. かうん

夏日〔하일〕 여름날. かじつ

夏節〔하절〕 여름 절기. 여름철. ↔동절(多節). かせつ

夏至〔하지〕 24절기(節氣)의 열째. 망종(芒種)과 소서(小暑) 사이에 있는 일년 중 낮이 가장 긴 날. 양력 6월 21·22일경. げし

▷季夏(계하). 晩夏(만하). 麥夏(맥하). 孟夏(맹하). 盛夏(성하). 銷夏(소하). 炎夏(염하). 立夏(입하). 殘夏(잔하). 仲夏(중하). 初夏(초하). 春夏(춘하).

(3) 夕 部

〖夕〗 부 夕(저녁석변) 획 3—0 훈 저녁 음 석 中 hsi⁴ 英 evening 日 セキ. ゆう. ゆうべ

뜻 ①저녁. ②밤.

필순 ノクタ

夕刊〔석간〕 저녁에 발행하는 신문. ↔조간(朝刊). ゆうかん

夕暮〔석모〕 해질 무렵. せきぼ

夕飯〔석반〕 저녁 밥. ↔조반(朝飯). ゆうめし

夕陽〔석양〕 ①저녁나절의 해. 동사양(斜陽). ②산의 서쪽. ③노년(老年)의 비유. せきよう

夕照〔석조〕 저녁때에 비치는 햇빛. せきしょう 「餐).

夕餐〔석찬〕 저녁 밥. 동만찬(晩

▷旦夕(단석). 一朝一夕(일조일석). 秋夕(추석). 七夕(칠석). 花朝月夕(화조월석). 曉夕(효석).

〖外〗 부 夕(저녁석변) 획 3—2 훈 밖 음 외: 中 wai⁴ 英 out side 日 ガイ. ゲ. そと. ほか·はずす 「할.

뜻 ①밖. 바깥. ②멀리

필순 ノクタ外外

外家〔외가〕 어머니의 친정(親庭).
外剛〔외강〕 겉은 굳세어 보이나 속은 무름. 예(內柔)내유. がいこう
外見〔외견〕 동⇨외관(外觀). がいかん
外界〔외계〕 한 사물(事物)을 둘러싸고 있는 바깥 세계. がいかい
外科〔외과〕 병이나 상처를 주로 수술로써 고치는 의학. げか
外廓〔외곽〕 성 밖으로 다시 둘러 쌓은 성. がいかく
外觀〔외관〕 겉으로의 볼품. 동외견(外見). がいかん
外交〔외교〕 외국(外國)과의 교제(交際), 또는 교섭(交涉). 예一使節(사절). がいこう
外勤〔외근〕 경찰·은행·회사 등에서 그 외부에서 하는 근무. ↔내근(內勤). がいきん
外來〔외래〕 ① 다른 나라에서 옴. ②다른 곳에서 옴. ③밖에서 옴. がいらい
外來思想〔외래사상〕 외국에서 전해 들어온 사상. がいらいしそう
外來語〔외래어〕 외국말 중 우리 말과 함께 쓰이는 말. がいらいご
外面〔외면〕 ①대면하기를 꺼려 얼굴을 돌림. ②거죽. 동외양(外樣). ↔내면(內面). がいめん
外貌〔외모〕 겉 모습. がいぼう
外務〔외무〕 ①속세(俗世)의 번거로운 일. ②외교(外交)에 관한 사무. ↔내무(內務). がいむ
外聞〔외문〕 바깥 소문. がいぶん
外泊〔외박〕 밖에서 머무름. 밖에서 숙박함. がいはく 「ほう
外方〔외방〕 동⇨외부(外部). がい
外部〔외부〕 바깥 쪽. 동외방(外方). 「손님. がいひん
外賓〔외빈〕 외국(外國)에서 오는
外事〔외사〕 ①집안 밖의 일. ②외국(外國)에 관한 일. ③또 부외(部外)의 일. ④만 일. 동타사(他事). がいじ 「いしょう
外傷〔외상〕 겉으로 받은 상처. が
外城〔외성〕 성 밖에 겹으로 쌓은 성. がいじょう
外勢〔외세〕 외국의 세력. がいせい
外孫〔외손〕 딸이 낳은 자식. がいそん 「いしゅく
外叔〔외숙〕 어머니의 친오라비. が
外信〔외신〕 외국으로부터의 소식. 외국으로부터의 보도. がいしん
外心〔외심〕 ①딴 마음. 두 마음. 동이심(異心). ②삼각형의 외접원(外接圓)의 중심(中心). がいしん 「바다. 동외해(外海).
外洋〔외양〕 육지에서 멀리 떨어진
外樣〔외양〕 겉모양. 겉치레. 동외면(外面).
外憂〔외우〕 ① 친할아버지나 아버지의 상사(喪事). ②외적(外敵)이 침입하는 근심. 동외환(外患).
外遊〔외유〕 외국에 가서 돌아다니며 구경함. がいゆう
外柔內剛〔외유내강〕 성질이 겉으로는 부드럽고 속으로는 꿋꿋함. がいじゅうないこう
外人〔외인〕 ①한 집안·한 단체 또는 한 나라 밖의 사람. ②어떠한 일에 관계 없는 테밖의 사람. 예一部隊(부대). がいじん
外敵〔외적〕 외국에서 쳐들어오는 적(敵). がいてき
外地〔외지〕 ①남의 나라의 땅. ②식민지(植民地). ↔내지(內地). がいち
外戚〔외척〕 본종(本宗) 이외의 친척. 모계(母系)의 겨레붙이. がいせき 「しゅつ
外出〔외출〕 집 밖으로 나감. がい
外親內疎〔외친내소〕 겉으로는 가까운 체하고 속으로는 멀리함.
外託〔외탁〕 용모(容貌)·성질이 외가(外家) 쪽을 닮음.
外風〔외풍〕 ①밖에서 들어오는 바람. ②외국의 풍속.
外港〔외항〕 선박(船舶)이 내항(內港)에 들어오기 전에 일시 정박(碇泊)하는 항구. がいこう
外海〔외해〕 동⇨외양(外洋). がいかい
外虛〔외허〕 ①겉이 허술함. ↔내실(內實). ②태양의 흑점(黑點) 주위의 좀 밝은 곳. がいきょ
外貨〔외화〕 ①외국의 물화(物貨).

②외국의 화폐(貨幣). がいか
外患〔외환〕 외적(外敵)이 침입하는 근심. 동외우(外憂). 예內憂(내우)—. がいかん
▷郊外(교외). 內外(내외). 院外(원외). 海外(해외). 號外(호외).

〔多〕 부 夕(저녁석변) 획·3—3 훈 많을 음 다 中 tuo[1,2] 英 many 日 タ. おおい
뜻 ①많을. ②많게 할.
필순 ノクタタ多多
多角〔다각〕 많은 모. 여러 방면. 예—度(도). たかく
多感〔다감〕 잘 감동됨. たかん
多寡〔다과〕 수효의 많음과 적음. 동다소(多少). たか
多年〔다년〕 여러 해. 오랜 세월. たねん
多難〔다난〕 어려운 일이 많음. 예多事(다사)—. たなん
多能〔다능〕 재능이 많음. 예多才(다재)—. たのう
多多益善〔다다익선〕 많을 수록 더욱 좋음. たたますますよし
多端〔다단〕 ①할 일이 많음. 바쁨. 다방면에 걸침. ②일에 가닥이 많음. 예複雜(복잡)—. たたん
多讀〔다독〕 많이 읽음. たどく
多忙〔다망〕 몹시 바쁨. たぼう
多聞〔다문〕 사물(事物)을 많이 들어 앎. 문견(聞見)이 넓음. 동박문(博聞). たぶん
多辯〔다변〕 말이 많음. 잘 떠듦. 예—家(가). たべん 「たびょう
多病〔다병〕 병이 많음. 자주 앓음.
多寶塔〔다보탑〕 신라 때 건립된 경주 불국사에 있는 석탑(石塔).
多福〔다복〕 복이 많음. たふく
多事〔다사〕 일이 많음. 바쁨. 또 일을 많이 벌임. たじ
多事多端〔다사다단〕 일이 많은데다가 까닭도 많음.
多少〔다소〕 ①분량이나 정도의 많음과 적음. 동다과(多寡). ②약간. 얼마쯤. 동다소간(多少間). たしょう
多少間〔다소간〕 동⇨다소(多少).
多數可決〔다수가결〕 많은 사람의 의견에 좇아 결정함. たすうかけつ 「액(少額). たがく
多額〔다액〕 많은 액수(額數). ↔소
多樣〔다양〕 모양이 여러 가지임. 예 多色(다색)—. たよう
多慾〔다욕〕 욕심이 많음. たよく
多作〔다작〕 많이 만듦. たさく
多才多藝〔다재다예〕 재주가 많음. たさいたげい
多情多感〔다정다감〕 생각과 느낌이 많음. たじょうたかん
多情佛心〔다정불심〕 다정다감(多情多感)하고 착한 마음. たじょうぶっしん
多智〔다지〕 슬기가 많음.
多幸〔다행〕 ①다복(多福). ②운수가 좋음. 일이 뜻밖에 잘됨. たこう 「다). 許多(허다).
▷過多(과다). 繁多(번다). 數多(수

〔夜〕 부 夕(저녁석변) 획 3—5 훈 밤 음 야: 中 yeh[4] 英 night 日 ヤ. よ. よる
뜻 ①밤. ②성
필순 亠广疒夜夜夜
夜間〔야간〕 밤 사이. 밤 동안. ↔주간(晝間). やかん 「けい
夜警〔야경〕 야간의 경계(警戒). や
夜光珠〔야광주〕 밤에 빛이 나는 구슬. やこうのたま
夜勤〔야근〕 밤에 근무함. やきん
夜來〔야래〕 지난밤부터. 간밤부터.
夜半〔야반〕 밤중. やはん 「やらい
夜襲〔야습〕 밤중에 습격(襲擊)함. やしゅう
夜市〔야시〕 밤에 벌이는 저자. やしょいち 「しょく
夜食〔야식〕 밤에 음식을 먹음. や
夜深〔야심〕 밤이 깊음. やしん 「ん
夜陰〔야음〕 밤의 어두운 때. やい
夜戰〔야전〕 야간(夜間) 전투. や
夜中〔야중〕 밤중. よなか 「せん
夜學〔야학〕 밤에 글을 배움. やがく 「こう
夜行〔야행〕 밤길. 밤길을 감. や
▷月夜(월야). 除夜(제야). 晝夜(주야). 初夜(초야). 秋夜(추야).

〔夢〕 부 夕(저녁석변) 획 3—11 훈 꿈 음 몽 中 mêng[4] 英

dream 日 ム. ゆめ
뜻 ①꿈. ②꿈꿀. ③어두울. 흐리멍덩할.
필순 一艹芇芇茜茜夢夢
夢想家〔몽상가〕 되지 않을 일을 생각하는 사람. むそうか
夢遊病〔몽유병〕 잠을 자다가 꿈에 유도되어 갑자기 일어나서, 깨었을 적과 같은 행동을 하다가, 다시 자는 정신병(精神病)의 하나. むゆうびょう
夢中〔몽중〕 꿈 속. むちゅう
夢中夢〔몽중몽〕 이 세상의 덧없음의 비유. むちゅうのゆめ
▷古夢(고몽). 吉夢(길몽). 瑞夢(서몽). 惡夢(악몽). 異夢(이몽). 一場春夢(일장춘몽). 凶夢(흉몽).

(3) 大 部

〖大〗 부 大(큰대) 획 3—0 훈 큰 음 대: 中 ta⁴, tai⁴ ta'i⁴ 英 big; great 日 タイ. ダイ. おおきい
뜻 ①클. ②크게할. ③대강. ④높이는 말. ⑤(클)태 (太와 통용).
필순 一ナ大
大監〔대감〕 옛 제도의 정이품(正二品) 이상의 관원(官員)에 대한 존칭.
大綱〔대강〕 일의 중요(重要)한 것만 따낸 부분(部分). 약대강령(大綱領). たいこう
大綱領〔대강령〕 동⇨대강(大綱).
大槪〔대개〕 ①대체의 경개(梗槪). ②세밀(細密)하지 아니한 정도로. たいがい
大擧〔대거〕 ①많은 사람을 움직여 거사(擧事)함. ②크게 서둘러 일을 함. たいきょ
大驚失色〔대경실색〕 몹시 놀라서 얼굴 빛이 질림.
大計〔대계〕 ①총계(總計). ②전체를 계교(計較)함. ③큰 계획. 예百年(백년)-. たいけい
大功〔대공〕 ①나라에 대한 큰 공로(功勞). ②오복(五服)의 하나. 굵은 베로 지어 아홉 달 입는 복. たいこう
大公至平〔대공지평〕 아주 공평함. 지극히 공평함. たいこうしへい
大過〔대과〕 큰 과실(過失). たいか
大官〔대관〕 높은 벼슬. たいかん
大觀〔대관〕 널리 보여 알리는 것. 사물의 전체를 관찰함. たいかん
大巧若拙〔대교약졸〕 아주 교묘(巧妙)한 재주를 가진 사람은 그 재주를 자랑하지 아니하므로 언뜻 보기에는 서투른 것 같음. たいこうはせつなるがごとし
大矩和尙〔대구화상〕 신라(新羅) 진성여왕(眞聖女王) 때의 중. 위홍(魏弘)과 함께 향가(鄕歌)를 모아 〈삼대목(三代目)〉을 편찬(編纂)하였음.
大局〔대국〕 일의 대체의 형세. 천하(天下)의 대세. たいきょく
大君〔대군〕 ①군주(君主)의 존칭. ②임금의 정궁(正宮)의 아들. たいくん
大權〔대권〕 제왕 또는 국가의 원수(元首)가 국토·국민을 통치하는 권력. たいけん 「(宮闕).
大闕〔대궐〕 임금이 있는 곳. 궁궐
大規模〔대규모〕 매우 큰 규모.
大金〔대금〕 큰 돈. 많은 돈. たいきん 「인재(人才). たいき
大器〔대기〕 ①큰 그릇. ②뛰어난
大器晩成〔대기만성〕 큰 그릇은 늦게 이루어짐. 곧 크게 될 인물은 오랜 공적을 쌓아 늦게 이루어진다는 뜻. たいきばんせい
大吉〔대길〕 매우 길함. 예立春(입춘)—. ↔대흉(大凶). だいきち
大團圓〔대단원〕 ① 맨 끝. ② 연극 같은 데서 사건의 엉킨 실마리를 풀어 결말(結末)을 짓는 결정적인 고비. たいだんえん
大大的〔대대적〕 규모가 썩 큼직한 것. だいだいてき
大道〔대도〕 ①큰 길. ②사람이 지켜야 할 큰 도리(道理). 예 人倫(인륜)—. だいどう

大同團結〔대동단결〕 따로이던 무리가 같은 목적을 이루기 위해서 작은 차이점을 고집하지 않고 한 덩이로 됨. だいどうだんけつ
大同小異〔대동소이〕 거진 같고 조금 다름. たいどうしょうい
大豆〔대두〕 콩.
大略〔대략〕 ①대강. 대충. ②대강으로. だいりゃく
大路〔대로〕 폭이 넓은 큰 길. たいろ
大怒〔대로〕 크게 화냄.
大麻〔대마〕 삼. たいま
大麥〔대맥〕 보리. おおむぎ
大別〔대별〕 큰게 구분함. たいべつ
大寶〔대보〕 ① 아주 귀중한 보배. 동지보(至寶). ②천자의 지위. ③자기의 몸. ④임금의 도장. 동옥새(玉璽). たいほう
大本〔대본〕 크고 중요로운 근본. 제일의 기본(基本). たいほん
大夫〔대부〕 ①벼슬 이름. 벼슬에 있는 사람. 예崇祿(숭록)—. ②의사(醫師)의 이칭. ③소나무의 이칭. たいふ
大部分〔대부분〕 반(半)이 훨씬 지나는 수효. 또 그 분량. たいぶぶん
大夫人〔대부인〕 남의 어머니의 존칭. たいふじん
大師〔대사〕 ①다수(多數)의 군대. ②뛰어난 학자. ③불(佛)·보살(菩薩)의 경칭. ④나라에서 높은 선사(禪師)에게 내리는 칭호. 예 西山(서산)—. たいし
大赦〔대사〕 나라에서 큰 경사(慶事)가 있을 때 죄수(罪囚)를 놓아 주거나 감형(減刑)하는 은전(恩典). たいしゃ
大祥〔대상〕 사람이 죽은 지 두 돌만에 지내는 제사. たいしょう
大書特筆〔대서특필〕 특히 큰 글자로 뚜렷이 드러나게 씀.
大成〔대성〕 크게 이룸. 큰 성공. たいせい
大聖〔대성〕 ① 가장 재덕(才德)이 높은 성인(聖人). 고금(古今)에 견줄 이 없는 성인. ②공자(孔子)의 존칭. ③여래(如來)의 이칭(異稱). たいせい
大聲〔대성〕 큰 목소리. たいせい
大聲痛哭〔대성통곡〕 큰 소리로 슬프게 욺. たいせいとうごく
大勢〔대세〕 ① 대국적(大局的) 형세. ②큰 권력. ③많은 사람. たいせい
大小〔대소〕 사물(事物)의 큼과 작음. だいしょう
大笑〔대소〕 큰 목소리로 웃음. 예拍掌(박장)—. たいしょう
大小事〔대소사〕 큰 일과 작은 일. だいしょうじ
大小祥〔대소상〕 대상과 소상.
大勝〔대승〕 크게 이김. 동대첩(大捷). だいしょう
大洋〔대양〕 대륙(大陸)을 싸고 있는 큰 바다. たいよう
大言〔대언〕 ⑤훌륭한 말. ②큰 소리. 동장담(壯談). 예—壯語(장어). たいげん
大逆〔대역〕 가장 인도(人道)에 거스르는 행위. 군부(君父)를 죽이는 일 따위. 동대역 무도(大逆無道). たいぎゃく
大逆無道〔대역무도〕 ①한(漢)나라 때 법률 용어로서 모반(謀反)을 이름. 동대역(大逆). たいぎゃくむどう
大悟〔대오〕 ①크게 깨달음. ②번뇌를 벗어나 진리를 깨달음. 예—覺醒(각성). だいご
大王〔대왕〕 ①선왕(先王)의 존칭. ②왕(王)의 존칭. たいおう
大要〔대요〕 대강. 대략. たいよう
大元帥〔대원수〕 ①전군(全軍)을 통솔하는 대장. ②총대장(總大將). ②육·해·공군을 거느리어 다스리는 원수(元首). だいげんすい
大恩〔대은〕 큰 은혜. だいおん
大意〔대의〕 ①대강의 뜻. ②큰 뜻. たいい
大義〔대의〕 ① 인륜(人倫)의 중대한 의리. ②대강의 뜻. たいぎ
大義滅親〔대의멸친〕 중대(重大)한 의리를 위하여는 골육(骨肉)의 사정(私情)을 끊음. たいぎしんをほろぼす
大義名分〔대의명분〕 사람이 지켜야 할 절의(節義)와 분수(分數).

たいぎめいぶん
大人〔대인〕①아버지의 경칭. ②어머니의 경칭. ③큰 덕이 있는 사람. ④벼슬이 높은 사람. 또 관직(官職)에 있는 사람. ↔소인(小人). たいじん
大任〔대임〕중대한 임무. たいにん
大慈大悲〔대자대비〕넓고 커서 끝이 없는 자비(慈悲). 특히 관세음보살(觀世音菩薩)의 덕을 칭송하는 말. だいじだいひ
大腸〔대장〕소장(小腸)의 주위(周圍)를 돌아서 항문(肛門)에 이르는 창자. だいちょう
大藏經〔대장경〕불교(佛敎)의 모든 경전(經典)의 총칭. だいぞうきょう
大將軍〔대장군〕옛날 정토(征討)에 파견되는 군의 총대장(總大將). たいしょうぐん
大丈夫〔대장부〕사내답고 씩씩한 남자. 지조(志操)가 굳어 불의(不義)에 굽히지 않는 남자. ㊐위장부(偉丈夫). だいじょうぶ
大災〔대재〕큰 재앙. たいさい
大抵〔대저〕무릇. 대개. ㊐대체(大體). たいてい
大著〔대저〕①큰 저술(著述). 뛰어난 저술. ②남의 저작의 존칭. たいちょ
大敵〔대적〕많은 적. 또 강적(强敵). たいてき
大典〔대전〕①귀중한 서적(書籍). ②나라의 큰 의식(儀式). たいてん
大殿〔대전〕임금의 존칭. たいでん
大帝〔대제〕①하늘. ②성덕(盛德) 있는 천자의 미칭. たいてい
大提學〔대제학〕홍문관(弘文館)·예문관(藝文館)의 정이품(正二品)의 으뜸 벼슬.
大族〔대족〕자손(子孫)이 많고 세력이 있는 겨레. たいぞく
大宗〔대종〕①큰 근본. ②시조(始祖)의 적장자(嫡長子). ③㊐⇨대족(大族). たいそう
大鐘〔대종〕쇠로 만든 큰 종.
大宗家〔대종가〕제일 큰 종가.
大衆〔대중〕①다수(多數)의 사람. ②수효가 많은 일반 사람. たいしゅう
大志〔대지〕큰 뜻. 원대(遠大)한 뜻. たいし
大捷〔대첩〕큰 승리. ㊐대승(大勝). ㉺鳴梁(명량)—. たいしょう
大廳〔대청〕관아(官衙) 또는 사가(私家)의 주장되는 집채 가운데에 있는 마루.
大體〔대체〕① 대략(大略). 대개. ②마음. 이목(耳目)을 소체(小體)라고 함. ③대저(大抵). だいたい
大醉〔대취〕술이 몹시 취함. たいすい
大通〔대통〕①인정(人情)에 정통(精通)함. 사물에 구애하지 않음. 또 그 사람. ②막히지 않고 크게 트임. ㉺運數(운수)—. だいつう
大統〔대통〕임금의 계통. ㊐황통(皇統). たいとう
大破〔대파〕①크게 깨짐. ②적을 크게 쳐부숨. たいは
大敗〔대패〕① 큰 실패. ② 싸움에 크게 짐. たいはい
大豐〔대풍〕곡식이 썩 잘됨. たいほう
大夏〔대하〕①한여름. ② 서역(西域)의 한 나라. ③오호십육국(五胡十六國)의 하나. たいか
大學〔대학〕① 중국 상대(上代)에 고등교육을 실시하던 학교. ②최고급의 학교. 단과대학과 종합대학이 있는데, 종합대학은 특히 대학교라 함. ③사서(四書)의 하나. だいがく
大學士〔대학사〕학사(學士)의 최상급. たいがくし
大寒〔대한〕①24절기(節氣)의 마지막 절후. 양력 1월 21일경. ② 대단한 추위. たいかん
大韓帝國〔대한제국〕우리 나라의 옛 국호(國號). 조선 고종(高宗) 34년(서기 1897년)에 임금의 위호(位號)를 황제(皇帝)로 하고, 대한 제국이라 개칭하였음. たいかんていこく
大害〔대해〕큰 손해. たいがい
大兄〔대형〕①맏형. 장형(長兄). ②형의 경칭. ③벗 사이의 경칭. たいけい
大火〔대화〕①큰 불. ②화성(火星).

③여름의 더위. たいか

大化〔대화〕 넓고 큰 덕화(德化). 큰 교화(教化). たいか

大孝〔대효〕 지극한 효성. [동]지효(至孝). たいこう

▷强大(강대). 巨大(거대). 寬大(관대). 盛大(성대). 遠大(원대). 雄大(웅대). 最大(최대).

〖夫〗 [부] 大(큰대) [획] 3—1 [훈] 지아비 [음] 부 [中] $fu^{1.2}$ [英] man; husband [日] フ. フウ. おっと. それ

[뜻] ①지아비. ②사내. ③남편. ④어조사.

[필순] 二夫夫

夫君〔부군〕 남편의 존칭. ふくん

夫婦〔부부〕 [동]⇨부처(夫妻).

夫婦有別〔부부유별〕 오륜(五倫)의 하나. 부부 사이에는 인륜상(人倫上) 각기 일정한 직분(職分)이 있어서 서로 침범하지 못할 구별이 있음. ふうふべつあり

夫役〔부역〕 공사(公事)를 위하여 백성에게 과하는 노역(勞役). [동]부역(賦役). ぶやく

夫瓦〔부와〕 수키와. ↔여와(女瓦).

夫容〔부용〕 [동]⇨부용(芙容).

夫爲婦綱〔부위부강〕 남편은 아내의 벼리가 되어야 함.

夫人〔부인〕 ①남의 어머니의 일컬음. ②자기 어머니의 일컬음. ③천자(天子)의 첩(妾). ④제후(諸侯) 또는 귀인(貴人)의 아내. ⑤부인(婦人)의 봉호(封號). ⑥남의 아내의 존칭. ふじん

夫子〔부자〕 ①공자(孔子)의 존칭. ②장자(長者)·현인(賢人)의 존칭. ③스승의 존칭. [예]一之道(지도). ふうし

夫妻〔부처〕 [동]⇨부부(夫婦). ふさい

▷工夫(공부). 農夫(농부). 大夫(대부). 大丈夫(대장부). 凡夫(범부). 士大夫(사대부). 女丈夫(여장부). 驛夫(역부). 人夫(인부). 丈夫(장부). 壯夫(장부). 情夫(정부). 匹夫(필부). 火夫(화부).

〖夭〗 [부] 大(큰대) [획] 3—1 [훈] 일찍죽을 [음] 요 [中] $yao^{1.3}$ [英] die young [日] ヨウ. わかじに

[뜻] ①일찍 죽을. 젊어서 죽을. ②아름다울. ③새끼(오). ④바르지못할(야).

[필순] 一二チ夭

夭桃〔요도〕 싱싱한 복숭아. 곧 젊은부녀(婦女)의 얼굴빛. ようとう

夭厲〔요려〕 유행병.

夭死〔요사〕 나이가 젊어서 죽음. [동]요촉(夭促). 요함(夭陷). ようし

夭傷〔요상〕 [동]⇨요절(夭折). ようしょう

夭逝〔요서〕 [동]⇨요절(夭折). ようせい

夭夭〔요요〕 ①젊고 용모가 아름다움. ようよう

夭折〔요절〕 젊어서 죽음. [동]요상(夭傷). 요서(夭逝). ようせつ

夭促〔요촉〕 [동]⇨요사(夭死).

夭陷〔요함〕 [동]⇨요사(夭死).

夭昏〔요혼〕 나서 이름도 짓기 전에 죽음.

▷壽夭(수요).

〖天〗 [부] 大(큰대) [획] 3—1 [훈] 하늘 [음] 천 [中] $t'ien^{1}$ [英] heaven [日] テン. あめ. あま

[뜻] ①하늘. ②해. ③임금.

[필순] 二チ天

天干〔천간〕 갑(甲)·을(乙)·병(丙)·정(丁)·무(戊)·기(己)·경(庚)·신(辛)·임(壬)·계(癸)의 10간(干).

天啓〔천계〕 하느님의 계시(啓示). てんけい

天高馬肥〔천고마비〕 하늘이 높고 말이 살찜. 곧 가을의 계절(季節)을 이름.

天國〔천국〕 하늘의 나라. [동]천당(天堂). ↔지옥(地獄). てんごく

天氣〔천기〕 하늘의 기상(氣象). 날씨. てんき

天機〔천기〕 ①천지조화(天地造化)의 심오(深奧)한 비밀(秘密). 조화(造化)의 작용. ②본래의 진성(眞性). 천성(天性). ③천하(天下)의 정무(政務). 국가의 기무(機務). てんき

天氣圖〔천기도〕 천기(天氣)의 상태를 그린 그림. てんきず

天女〔천녀〕 ①직녀성(織女星)의 별칭. ②제비의 별칭. ③하늘에 산

다는 여자. 곧 미인(美人). ④여신(女神). てんじょ. てんにょ
天堂〔천당〕 하늘 위에 있는 화려한 전당(殿堂). ⑤극락정토(極樂淨土). てんどう
天道〔천도〕 ①천체(天體)의 운행. 천지(天地) 자연의 도리. ⑤천리(天理). てんどう
天道教〔천도교〕 이조 말엽의 최제우(崔濟愚)를 교조(教祖)로 하는 동학(東學) 계통의 종교. てんどうきょう
天動說〔천동설〕 지구는 우주(宇宙)의 중앙에 있고 모든 천체가 그 주위를 돌아다닌다고 하는 학설. てんどうせつ
天倫〔천륜〕 부자(父子) 형제 사이의 변하지 않는 떳떳한 도리(道理). てんりん
天理〔천리〕 천지자연(天地自然)의 이치. ⑤천도(天道). てんり
天命〔천명〕 ①하느님의 명령. ②하느님에게서 받은 운명. 자연의 운수. ③하늘에서 타고난 목숨. ⑤천수(天壽). てんめい
天無二日〔천무이일〕 하늘에 해가 둘이 없다는 뜻으로, 나라에는 오직 한 임금이 있음의 비유. てんににじつなし
天文〔천문〕 ①천체(天體)의 온갖 현상. ②천문학. てんもん
天文臺〔천문대〕 천문을 관측하는 곳. てんもんだい
天方地軸〔천방지축〕 ①너무 급하여 두서(頭緖)를 잡지 못하고 허둥지둥함. ②어리석은 사람이 종작없이 덤벙거림. 「ばつ
天罰〔천벌〕 하늘이 주는 벌. てん
天變地異〔천변지이〕 하늘과 땅의 변동(變動)과 괴변(怪變). てんぺんちい
天賦〔천부〕 ⑤천성(天性). てんぷ
天分〔천분〕 ①천성(天性). ②분수. 분한(分限). ③정신. 영혼. てんぶん 「지고 땅이 꺼짐.
天崩地壞〔천붕지괴〕 하늘이 무너
天使〔천사〕 ①하느님의 사명(使命)을 받들고 인계(人界)에 내려온 신(神). ②천자(天子)의 사신(使臣). ⑤칙사(勅使). ③해와 달. 일월(日月). ④무지개. てんし
天上〔천상〕 ①하늘의 위. 하늘. ②하늘 위에 신(神)이 있는 곳. てんじょう
天上天下唯我獨尊〔천상천하유아독존〕 천지 사이에 나보다 높은 것이 없다는 석가(釋迦)의 말. てんじょうてんげゆいがとくそん
天生〔천생〕 ①하늘로부터 타고남. 또 타고난 성질. ②자연히 이루어짐. 저절로 남. てんせい
天生配匹〔천생배필〕 하늘이 맺어준 배우자(配偶者).
天生緣分〔천생연분〕 하늘이 배우자를 맺어 준 연분. ⑤천정연분.
天成〔천성〕 자연히 이루어짐. てんせい
天性〔천성〕 타고난 성품(性品). ⑤천부(天賦). 천품(天稟). てん
天水〔천수〕 빗물. てんすい 「せい
天壽〔천수〕 ①천자의 수(壽). ②②타고난 목숨. ⑤천명(天命). てんじゅ
天數〔천수〕 ①⑤⇨천명(天命). ②⑤⇨천운(天運). てんすう
天神〔천신〕 하늘의 신. てんじん
天心〔천심〕 ①하느님의 마음. ⑤천의(天意). ②하늘의 한가운데. てんしん 「んがん
天顏〔천안〕 천자(天子)의 얼굴. て
天涯〔천애〕 ①하늘의 끝. ②썩 먼 곳. てんがい
天涯地角〔천애지각〕 하늘의 끝과 땅의 모퉁이. 곧 썩 먼 곳. てんがいちかく「地). てんじょう
天壤〔천양〕 하늘과 땅. ⑤천지(天
天壤之差〔천양지차〕 하늘과 땅의 차. 곧 대단히 심한 차이. てんじょうのさ
天與〔천여〕 하늘이 줌. 하늘이 준 바. てんよ 「てんねん
天然〔천연〕 자연 그대로의 상태.
天然美〔천연미〕 자연미(自然美). てんねんび
天然色〔천연색〕 인공(人工)을 가하지 아니한 그대로의 빛깔. て

んねんしょく
天佑神助〔천우신조〕 하느님과 신령의 도움. てんゆうしんじょ
天運〔천운〕 ①하늘이 정한 운수. ②천체(天體)의 운행(運行). ㊐천수(天數). てんうん
天圓地方〔천원지방〕 하늘은 둥글고 땅은 네모짐.
天恩〔천은〕 ①하느님의 은혜. ②천자의 은혜. てんおん
天意〔천의〕 ①하느님의 뜻. ②천자의 뜻. ㊐천심(天心). てんい
天衣無縫〔천의무봉〕 하늘에 있다는 직녀(織女)가 짜 입은 옷은 솔기가 없다는 뜻으로, 시문(詩文) 등이 너무 자연스러워 조금도 꾸민 티가 없음을 이름.
天人共怒〔천인공노〕 하늘과 사람이 함께 성냄. 도저히 너그러이 받아들일 수 없음.
天人之道〔천인지도〕 하느님과 인간(人間)에게 상통(相通)하는 우주간(宇宙間)의 근본 원리.
天子〔천자〕 ①하느님의 아들. ②천하(天下)를 다스리는 사람. 곧 황제. てんし
天資〔천자〕 타고난 자질(資質). 타고난 바탕. ㊐천품(天稟). てんし
天障〔천장〕 보꾹. ㊐천정(天井).
天長地久〔천장지구〕 하늘과 땅은 영구(永久)히 변하지 아니함. てんちょうちきゅう
天才〔천재〕 타고난 재능(才能). 날 때부터 갖춘 뛰어난 재주. 또 그 사람. てんさい
天災〔천재〕 바람·비 등의 자연의 재앙(災殃). ㊀一地變(지변). てんさい
天井〔천정〕 방·마루 등의 위 되는 곳. 곧 지붕의 안쪽. ㊐천장(天障). てんじょう
天井不知〔천정부지〕 물건 값이 자꾸 오르기만 함을 이름. てんじょうしらず 「(天生緣分).
天定緣分〔천정연분〕 ㊐⇨천생연분
天尊地卑〔천존지비〕 ①하늘을 높이고 땅을 낮추어 봄. ②남자를 높이고 여자를 낮추어 봄. てんそんちひ
天主〔천주〕 ①하늘의 신(神). ②천주교에서 우주·만물의 창조자. 곧 하느님. てんしゅ
天中佳節〔천중가절〕 단오(端午).
天池〔천지〕 백두산(白頭山) 꼭대기에 있는 큰 못.
天地〔천지〕 ①하늘과 땅. ②우주(宇宙). ③세상(世上). ④위와 아래. ⑤차이가 매우 큼의 비유. てんち
天地間〔천지간〕 하늘과 땅 사이.
天地神明〔천지신명〕 우주를 맡은 신령. てんちしんめい
天職〔천직〕 ①하느님이 맡긴 직무. ② 하느님의 직무. 하느님이 맡은 바. ③천자(天子)의 직무. ④천도(天道)를 좋아하는 일.
天眞爛漫〔천진난만〕 거짓과 꾸밈이 없이 마음이 언행에 그대로 나타남. てんしんらんまん
天窓〔천창〕 방을 밝게 하기 위하여 천장에 낸 창. てんまど
天聽〔천청〕 하느님 또는 천자(天子)께서 들음. てんちょう
天體〔천체〕 ①하늘의 형체(形體). ② 일월성신(日月星辰)의 총칭. てんたい
天痴〔천치〕 날 때부터 정신작용이 완전하지 못한 사람. てんち
天則〔천칙〕 우주 대자연(大自然)의 법칙. てんそく
天秤〔천칭〕 저울의 한 가지. ㊕천평칭(天平秤). てんびん
天平秤〔천평칭〕 ㊐⇨천칭(天秤).
天稟〔천품〕 타고난 기품(氣稟). ㊐천자(天資). 천성(天性). てんぴん「라.
天下〔천하〕 ①하늘 아래. ②온 나 ㊀統一(통일)一. てんか
天下奇才〔천하기재〕 천하에서 견줄 수 없을 만한 재주. 또 그 사람. てんかきさい
天下大勢〔천하대세〕 세상(世上)이 돌아가는 추세(趨勢). てんかたいせい「것이 없음. てんかむそう
天下無雙〔천하무쌍〕 천하에 비길
天下壯士〔천하장사〕 세상에서 보기 드문 장사. てんかそうし

天下太平〔천하태평〕 온 천하가 극히 잘 다스려져 있음. てんかた
天漢〔천한〕 은하(銀河). ⌊いへい
天幸〔천행〕 뜻밖의 우연한 행복. 하늘이 주는 행복. てんこう
天刑病〔천형병〕 문둥병을 이름. てんけいびょう
天惠〔천혜〕 하늘의 은혜. てんけい
天禍〔천화〕 하느님이 내리는 불행. てんか 「帝). てんのう
天皇〔천황〕 천자(天子). 황제(皇
天候〔천후〕 기후(氣候). てんこう
▷九天(구천). 樂天(낙천). 露天(노천). 東天(동천). 命在天(명재천). 碧天(벽천). 富貴在天(부귀재천). 不俱戴天(불구대천). 昇天(승천). 仰天(앙천). 雨天(우천). 中天(중천). 至誠感天(지성감천). 蒼天(창천). 衝天(충천). 寒天(한천). 荒天(황천).

〖太〗 部 大(큰대) 劃 3—1 訓 클 音 태 中 t'ai[4] 英 big 日 タ. タイ. **ふと**い
뜻 ①클. ②심할. ③콩. ④성.
필순 一ナ大太 「こ
太古〔태고〕 아주 오랜 옛날. たい
太極〔태극〕 천지(天地)가 아직 열리지 않고 혼돈(混沌)한 상태(狀態)로 있던 때. 곧 천지와 음양(陰陽)이 나누어지기 이전. たいきょく 「たいきょくき
太極旗〔태극기〕 우리 나라의 국기.
太極扇〔태극선〕 태극 모양을 그린 둥근 부채.
太嶺〔태령〕 험하고 높은 고개.
太半〔태반〕 절반이 지남. 반수 이상. 동태반(殆半). たいはん
太白〔태백〕 ①당나라 시인 이백(李白)의 자(字). ②태백성(太白星). たいはく
太不足〔태부족〕 많이 모자람.
太上王〔태상왕〕 왕의 아버지에게 바치는 존호(尊號). 「いさい
太歲〔태세〕 그 해의 간지(干支). た
太守〔태수〕 한대(漢代)의 군(郡)의 지방 장관. 동군수(郡守). たいしゅ
太子〔태자〕 천자(天子)를 계승할 아들. 동동궁(東宮). 황태자(皇太子). たいし
太初〔태초〕 천지(天地)가 개벽(開闢)하여 만물이 생기는 첫째 근본. 곧 음양이 아직 나누어지지 않은 혼돈한 상태. たいしょ
太平〔태평〕 나라가 잘 다스려져 평안(平安)함. たいへい
太平歌〔태평가〕 나라가 태평한 것을 구가(謳歌)하는 노래.
太平廣記〔태평광기〕 책 이름. 송(宋)나라 이방(李昉) 등이 칙명(勅命)을 받들어 한(漢)나라에서 오대(五代)에 이르기까지의 전설·기문(奇聞)을 수록한 책. たいへいこうき
太平聖代〔태평성대〕 어진 임금이 태평하게 다스리는 세상.
太平天國〔태평천국〕 청(清)나라의 도광(道光) 연간에 장발적(長髮賊) 홍수전(洪秀全)이 쓴 국호. たいへいてんごく
太學〔태학〕 ①중국 고대로부터 송대(宋代)까지 국도(國都)에 있던 최고학부. ②우리 나라 성균관(成均館)의 별칭. たいがく
太學士〔태학사〕 홍문관(弘文館) 대제학(大提學)의 별칭.
太后〔태후〕 황태후(皇太后). たい
▷明太(명태). ⌊ごう

〖失〗 部 大(큰대) 劃 3—2 訓 잃을 音 실 中 shih[1] 英 lose 日 シツ. **うしな**う
뜻 잃을.
필순 ノ ⺈ 生 失
失脚〔실각〕 ①발을 헛디딤. ②실패(失敗)함. 그 자리에서 물러남. しっきゃく
失格〔실격〕 ①자격을 잃음. ②격식에 맞지 않음. しっかく
失口〔실구〕 동⇨실언(失言).
失權〔실권〕 권세(權勢)를 잃음. 권리를 잃음. しっけん 「しっき
失期〔실기〕 일정한 시기를 놓침.
失機〔실기〕 기회를 잃음. しっき
失禮〔실례〕 예의(禮儀)에 벗어남. しつれい

失望〔실망〕 바라는 바대로 되지 않아 낙심함. しつぼう
失名〔실명〕 ①이름을 잃어버림. ②이름이 전하지 아니하여 알려지지 아니함. 이름을 알지 못함. しつめい
失命〔실명〕 목숨을 잃어버림. 죽음. しつめい「님이 됨. しつめい
失明〔실명〕 시력(視力)을 잃음. 장
失名氏〔실명씨〕 이름을 알지 못하는 사람. 「잃어버린 물건.
失物〔실물〕 물건을 잃어버림. 또
失辭〔실사〕 ㊐⇨실언(失言).
失色〔실색〕 놀라서 얼굴 빛이 변함. ㊎大驚(대경)—. しっしょく
失笑〔실소〕 참으려 하여도 참을 수 없이 웃음이 툭 터져 나옴. し
失手〔실수〕 잘못. しっしょう
失神〔실신〕 본 정신을 잃음. しっしん 「っしん
失心〔실심〕 본심(本心)을 잃음. し
失言〔실언〕 잘못한 말. 또 말을 잘못함. ㊐실구(失口). 실사(失辭). しつげん 「(자). しつぎょう
失業〔실업〕 직업을 잃음. ㊎—者
失意〔실의〕 ①기분이 좋지 아니함. ②뜻을 잃음. 뜻을 펴지 못함. しつい 「못함. しっせつ
失節〔실절〕 절개(節槪)를 지키지
失政〔실정〕 잘못된 정치. 또 정치를 잘못함. ㊐비정(秕政). 악정(惡政). しっせい 「(사).
失足〔실족〕 발을 헛디딤. ㊎—死
失踪〔실종〕 달아나 자취를 감춤. 간 곳을 모름. しっそう
失地〔실지〕 잃은 영토. ㊎—回復(회복). しっち
失職〔실직〕 ①직업을 잃음. ②관직에서 떨어짐. しっしょく
失策〔실책〕 잘못된 계책(計策). 또 계책을 잘못 씀. しっさく
失體〔실체〕 ㊐⇨실태(失態).
失墜〔실추〕 ①떨어뜨려 잃음. ②㊐⇨실패(失敗). しっつい
失態〔실태〕 체면을 손상함. 면목을 잃음. ㊐실체(失體). しったい
失敗〔실패〕 일이 목적과는 반대로 헛일이 됨. ㊐실추(失墜). しっぱい 「—犯(범). しっか
失火〔실화〕 잘못하여 불을 냄. ㊎
▷過失(과실). 得失(득실). 亡失(망실). 消失(소실). 損失(손실). 遺失(유실). 千慮一失(천려일실).

【央】 ㊊ 大(큰대) ㊋ 3—2 ㊌ 가운데 ㊍ 앙 ㊥ yang¹ ㊧ center ㊐ オウ. なかば
㊏ 가운데.
필순 ㇑ 口 央 央
央瀆〔앙독〕 부엌에서 물을 흘려 보내는 도랑. おうとく
央央〔앙앙·영영〕 ①넓은 모양. おうおう ②선명한 모양. 소리가 화(和)한 모양. 영영. えいえい
▷未央(미앙). 中央(중앙).

【夷】 ㊊ 大(큰대) ㊋ 3—3 ㊌ 오랑캐 ㊍ 이 ㊥ i² ㊧ savage ㊐ イ. えびす
㊏ ①동쪽 오랑캐. ②무리. ③평평할. ④죽일. 멸할. ⑤상할(痍와 통용).
필순 一 ㇐ 㠯 弖 夷 夷
夷考〔이고〕 공평(公平)하게 생각함. いこう 「ぼう
夷矛〔이모〕 긴 창의 한 가지. い
夷羊〔이양〕 현자(賢者)를 이름. いよう 「의 이칭. いゆう
夷由〔이유〕 ①주저함. ②날다람쥐
夷猶〔이유〕 주저함. いゆう 「이).
▷東夷(동이). 征夷(정이). 荒夷(황

【奇】 ㊊ 大(큰대) ㊋ 3—5 ㊌ 기이할 ㊍ 기 ㊥ ch'i² ㊧ strange ㊐ キ. あやしい
㊏ ①기이할. ②홀수.
필순 一 ナ 大 夲 奆 奇 奇
奇傑〔기걸〕 기이(奇異)한 호걸(豪傑). ぎけつ 「けい
奇計〔기계〕 기묘(奇妙)한 꾀. き
奇觀〔기관〕 기이한 광경. きかん
奇怪罔測〔기괴망측〕 기이하고 괴상하여 헤아릴 수 없음.
奇大升〔기대승〕 이조 선조(宣祖) 때의 성리학자(性理學者).
奇奇妙妙〔기기묘묘〕 매우 기묘함. ききみょうみょう
奇謀祕計〔기모비계〕 기묘한 꾀와 비밀한 계교. きぼうひけい

奇妙〔기묘〕 기이하고 묘함. きみょう 「きぶん

奇聞〔기문〕 진기(珍奇)한 이야기.

奇拔〔기발〕 특별히 뛰어남. きばつ

奇想天外〔기상천외〕 상식을 벗어난 아주 엉뚱한 생각. きそうてんがい 「서적. きしょ

奇書〔기서〕 기이(奇異)한 내용의

奇聲〔기성〕 기묘한 소리. 익숙하지 못한 이상한 소리. きせい

奇數〔기수〕 ①기묘한 술법. [동]기술(奇術). ②홀수. 둘로 나누어지지 않는 수. きすう 「ゅつ

奇術〔기술〕 [동]⇨기수(奇數). きじ

奇巖怪石〔기암괴석〕 기이(奇異)한 바위와 괴이(怪異)한 돌. きがんかいせき

奇緣〔기연〕 기이한 인연. きえん

奇偶〔기우〕 기수(奇數)와 우수(偶數). きぐう 「상봉(相逢). きぐう

奇遇〔기우〕 이상하게 만남. 뜻밖의

奇異〔기이〕 이상(異常)함. きい

奇人〔기인〕 기이한 사람. 언행(言行)이 정상(正常)을 벗어난 사람. きじん 「그 사람. きさい

奇才〔기재〕 세상에 드문 재주. 또

奇蹟〔기적〕 사람의 생각과 힘으로는 할 수 없는 기이한 일. きせき

奇特〔기특〕 특이(特異)함. きとく

奇行〔기행〕 기이한 행동. きこう

奇貨〔기화〕 ①진귀한 보배. ②더없이 좋은 기회. きか

▷怪怪奇奇(괴괴기기). 複雜怪奇(복잡괴기). 數奇(수기). 神奇(신기). 珍奇(진기).

【奈】 [부] 大(큰대) [획] 3—5 [훈] 어찌 [음] 내 [中] nai^{4} [英] how [日] ナ. ダイ. いかん

[뜻] ①어찌. ②떨어질(나).

[필순] 一ナ大大夲夲奈

奈勿王〔내물왕〕 신라 17대 왕(王). 이 때에 처음으로 우리 나라에서 한자(漢字)를 썼음. 「いかん

奈何〔내하〕 ①어떤가. ②어찌하여.

奈落〔나락〕 지옥(地獄). 범어(梵語) naraka의 음역. ならく

〖奉〗 [부] 大(큰대) [획] 3—5 [훈] 받들 [음] 봉: [中] fêng^{4} [英] offer serve [日] ホウ. ブ. たてまつる

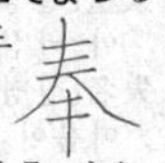

[뜻] ①받들. ②바칠. 드릴. ③높일.

[필순] 一三丰夫夫奉奉

奉檄〔봉격〕 ①조서(詔書)를 받음. ②벼슬자리에 나아감. ほうげき

奉公〔봉공〕 국가나 사회를 위하여 심력(心力)을 다함. [예]滅私(멸사)—. ほうこう

奉敎〔봉교〕 가르침을 받자옴.

奉命〔봉명〕 웃사람의 명령을 받듦.

奉仕〔봉사〕 ①웃사람을 섬김. ②남을 위하여 일함. ほうし

奉養〔봉양〕 부모·조부모를 받들어 모심. ほうよう 「ほうげい

奉迎〔봉영〕 귀인(貴人)을 영접함.

奉職〔봉직〕 공문(公務)에 종사함. ほうしょく 「봉). 進奉(진봉).

▷貢奉(공봉). 順奉(순봉). 遵奉(준

〔奄〕 [부] 大(큰대) [획] 3—5 [훈] 덮을 [음] 엄: [中] yen$^{3\cdot1}$ [英] suddenly; cover [日] エン. おおう. たちまち 「③환관. 내시.

[뜻] ①덮을(掩과 통용). ②문득.

[필순] 一ナ大夻奆奄

奄留〔엄류〕 머무름. 오래 묵음.

奄成老人〔엄성노인〕 속히 노쇠함.

奄息〔엄식〕 쉼.

奄奄〔엄엄〕 ①숨이 곧 끊어지려고 하는 모양. ②어두운 모양. えんえん 「지함. えんゆう

奄有〔엄유〕 토지(土地)를 전부 차

奄人〔엄인〕 내시(內侍).

奄忽〔엄홀〕 갑자기. えんこつ

【契】 [부] 大(큰대) [획] 3—6 [훈] 맺을 [음] 계: [中] ch'ieh^{4} [英] bond [日] ケイ. キツ. ちぎる

[뜻] ①맺을. 계약할. ②계. ③나라이름(글).

[필순] 三丰刧刧刼契契

契機〔계기〕 어떠한 일을 일으키는 기회(機會)나 근거. けいき

契父〔계부〕 양부(養父). 또는 의부(義父). けいふ

契約〔계약〕 ①약속. ②사법(私法)상의 효과를 목적으로 하여 두 사람 이상의 사이에 성립되는 의사 표시의 합치. けいやく

契員〔계원〕 계에 든 사람.
契丹兵〔글안병〕 글안의 군사. きったんへい 「默契(묵계).
▷交契(교계). 金石之契(금석지계).

［奎］ 부 大(큰대) 획 3—6 훈 별 음 규 ㊥ k'uei² ㊋ name 뜻 별. ⌊of star ㊐ ケイ. また
필순 一ナ大夲夲奎奎奎

奎文〔규문〕 문장. 문학. 문물(文物). けいぶん 「けいせい
奎星〔규성〕 28수(宿) 중 15째 별.
奎宿〔규수〕 28수(宿) 중 서방(西方) 16째의 별. けいしゅく
奎運〔규운〕 문운(文運). 문예(文藝)의 발달. けいうん
奎章〔규장〕 임금의 글이나 글씨. ㊍ 규화(奎畫). けいしょう
奎章閣〔규장각〕 역대 임금의 저술(著述)·필적(筆蹟)·유교(遺教)·선보(璿譜)·보감(寶鑑) 등과 정조(正祖)의 어진(御眞)을 보관한 관청. 「文) 또는 조칙(詔勅).
奎翰〔규한〕 천자(天子)의 시문(詩
奎畫〔규화〕 천자(天子)의 어필(御筆). ㊍ 규장(奎章). けいかく

【奔】 부 大(큰대) 획 3—6 훈 달아날 음 분 ㊥ pen¹·⁴ ㊋ run away ㊐ ホン. はしる
뜻 달아날.
필순 一ナ大众夲杢奔

奔競〔분경〕 경주함. ほんきょう
奔告〔분고〕 빨리 가서 알림. まんこく 「하는 여자. ほんじょ
奔女〔분녀〕 음탕(淫蕩)한 행위를
奔騰〔분등〕 물건 값이 갑자기 올라감. ふんとう
奔流〔분류〕 매우 빨리 흐름. ㊍급류(急流). ほんりゅう
奔馬〔분마〕 ①도망치는 말. ㊍일마(逸馬). ②빨리 내닫는 말. ほんば
奔忙〔분망〕 매우 바쁨. ほんぼう
奔放〔분방〕 ①힘차게 달림. ②정상적인 규율을 벗어나서 제멋대로 나아감. ③시문(詩文)의 기세가 좋음. ㊎自由(자유)—.
奔北〔분배〕 전쟁에서 지고 도망하여 달아남. ほんぼく
奔蜂〔분봉〕 작은 벌. ほんぼう
奔奔〔분분〕 ①서로 싸워서 추하게 된 모양. ②서로 화(和)해서 질서가 있는 모양. ほんほん
奔走〔분주〕 ①몹시 바쁨. ②힘씀. 진력(盡力)함. ほんそう 「많음.
奔走多事〔분주다사〕 부산하여 일이
奔敗〔분패〕 싸움에서 지고 달아남.
奔避〔분피〕 빨리 피함. ほんひ
▷出奔(출분).

「奏」 부 大(큰대) 획 3—6 훈 아뢸 음 주: ㊥ tsou⁴ ㊋ unform ㊐ ソウ. もうす. かなでる
뜻 ①아뢸. ②풍류칠.
필순 一三夫夫奏奏奏

奏功〔주공〕 ①일의 성공을 임금에게 아뢺. ②일이 성취(成就)됨. ③효험(効驗)이 나타남. ㊍주효(奏效). そうこう
奏達〔주달〕 ①말이나 편지를 받아서 올림. ②관하(管下)의 상신(上申) 서류 등을 상급 관청(官廳)으로 올려보냄. ㊍주품(奏稟). そうたつ
奏聞〔주문〕 임금에게 아룀. そうもん 「(文書). そうしょ
奏書〔주서〕 임금에게 올리는 문서
奏樂〔주악〕 풍류(風流)를 아룀. 음악을 연주함. そうがく 「ひん
奏稟〔주품〕 ㊍⇨주달(奏達). そう
奏效〔주효〕 효력을 나타냄. ㊍주공(奏功). そうこう
▷獨奏(독주). 伴奏(반주). 上奏(상주). 序奏(서주). 演奏(연주). 前奏(전주). 吹奏(취주). 合奏(합주). 協奏(협주).

「套」 부 大(큰대) 획 3—7 훈 클 음 투 ㊥ t'ao⁴ ㊋ case ㊐ トウ. ふるくさい 「덮개. ⑤우리.
뜻 ①클. ②겹칠. ③모퉁이. ④
필순 一ナ大厺夲套套套

套語〔투어〕 낡은 말. 진부(陳腐)한 말. ㊎상(常)—. とうご
▷舊套(구투). 封套(봉투). 常套(상투). 外套(외투).

【奚】 부 大(큰대) 획 3—7 훈 어찌 음 해(해:) ㊥ hai¹ ㊋ 뜻 어찌. ⌊why ㊐ ケイ. なんぞ
필순 一⺤⺤㚇奚奚奚

奚琴〔해금〕 속 빈 둥근 나무에 짐승 가죽을 메우고 긴 나무를 꽂아 줄을 활 모양으로 건 악기. 깡깡이. けいきん
奚奴〔해노〕 종. けいど
奚若〔해약〕 여하(如何).

「奢」 부 大(큰대) 획 3—9 훈 사치할 음 사 中 shê[1] 英 fuxury 日 シャ. おごる
뜻 사치할.
필순 一ナ大本本杢李奢
奢傲〔사오〕 사치(奢侈)하고 거만함. しゃごう 「し
奢侈〔사치〕 지나치게 치레함. しゃ
奢侈品〔사치품〕 생활 필수품의 한도를 넘는 물건. しゃしひん
奢泰〔사태〕 사치스러움. しゃたい
奢華〔사화〕 사치하고 호화(豪華)스러움. しゃか
▷嬌奢(교사). 豪奢(호사).

「奠」 부 大(큰대) 획 3—9 훈 정할 음 전: 中 tien[4] 英 settle 日 テン. デン. さだめる. まつる
뜻 ①정할. ② 제지낼. ③바칠. ④베풀.
필순 ハ产酋酋酋酋奠奠
奠居〔전거〕 있을 곳을 정함.「んと
奠都〔전도〕 도읍(都邑)을 정함. て
奠物〔전물〕 제물. 동제수(祭需).
奠雁〔전안〕 혼인 때 신랑이 기러기를 가지고 신부 집에 가서 상 위에 놓고 절하는 예(禮).
▷釋奠(석전). 疏奠(소전). 祭奠(제전). 進奠(진전).

「奧」 부 大(큰대) 획 3—10 훈 속 음 오: 中 ao[4] 英 interior 日 オク. オウ
뜻 ①속. ②깊을. ③아랫목. ④다스릴(욱). ⑤물구비.
필순 丨冂冂内卤卤奥奧
奧境〔오경〕 동⇨오지(奧旨). おうきょう 「おうく
奧區〔오구〕 나라의 중심이 되는 곳.
奧李〔오리〕 산이스랏. おうり
奧妙〔오묘〕 심오(深奧)하고 미묘(微妙)함. おうみょう
奧密稠密〔오밀조밀〕 ①의장(意匠)의 기술이 세밀함. ②마음이 자상스러움.
奧義〔오의〕 동오지(奧旨). おうぎ. おくぎ 「おうしゅ
奧主〔오주〕 깊이 생각하는 임금.
奧旨〔오지〕 매우 깊은 뜻. 동오경(奧境). 오의(奧義). おうし
奧地利〔오지리〕 유럽 중부에 있는 오스트리아 공화국(共和國).
▷深奧(심오).

【獎】 부 大(큰대) 획 3—11 훈 권면할 음 장: 中 chiang[3] 英 exbort 日 ショウ. すすめる
뜻 권면할.
필순 丨丬爿爿夕爿夕爿夕将將將將獎獎
獎勵〔장려〕 권하여 힘쓰게 함. 예 一賞(상). しょうれい
獎進〔장진〕 권장(勸獎)하여 끌어올림. しょうしん 「しょうがく
獎學〔장학〕 학문을 장려(獎勵)함.
獎學金〔장학금〕 ① 학문의 연구를 돕기 위한 장려금. ②가난한 학생을 위한 학비(學費). 보조금(補助金). しょうがくきん
▷勸獎(권장). 推獎(추장).

【奪】 부 大(큰대) 획 3—11 훈 빼앗을 음 탈 中 tuo[2] 英 deprive 日 ダツ. うばう
뜻 빼앗을.
필순 ゛大衣衣衣衣奪奪
奪去〔탈거〕 빼앗아 감. だっきょ
奪掠〔탈략〕 빼앗음. 약약탈(掠奪). 탈략(奪略). だつりゃく
奪倫〔탈륜〕 올바른 가르침을 어기고 딴 짓을 함. 질서(秩序)를 문란(紊亂)하게 함. だつりん
奪志〔탈지〕 강박(强迫)하여 사람의 뜻을 굽히게 하는 일. 지조(志操)를 꺾음. だっし
奪取〔탈취〕 빼앗아 가짐. だっしゅ
奪魂〔탈혼〕 실신(失神)함. だっこん
奪還〔탈환〕 도로 빼앗음. だっかん
▷强奪(강탈). 掠奪(약탈). 爭奪(쟁탈). 侵奪(침탈).

「奭」 부 大(큰대) 획 3—12 훈 클 음 석 中 hsih[4] 英 abundant 日 セキ 「양.
뜻 ①클. ② 성할. ③성내는 모
필순 一ナ大大夾夾奭奭

【奮】 부 大(큰대) 획 3—13 훈 떨칠 음 분: 中 fen⁴ 英 rouse 日 フン. ふるう
뜻 떨침.
필순 一大不不奄奄奄奄奄奮奮奮奮
奮激〔분격〕 분발시켜 일으킴. 또 분발하여 일어남. ふんげき「き
奮起〔분기〕 분발하여 일어남. ふん
奮怒〔분노〕 성냄. ふんど. ふんぬ
奮勵〔분려〕 기운을 내어 힘씀. ふんれい 「으킴. ふんぱつ
奮發〔분발〕 마음과 힘을 돋우어 일
奮然〔분연〕 분발하여 일어나는 모양. ふんぜん 「분투(奮鬪).
奮戰〔분전〕 힘을 다하여 싸움. 동
奮鬪〔분투〕 ①힘을 다함. ②동⇨분전(奮戰). 예—努力(노력). ふんとう 「(의분).
▷感奮(감분). 激奮(격분). 義奮 興奮(흥분).

(3) 女 部

〖女〗 부 女(계집녀변) 획 3—0 훈 계집 음 녀(녀:) 中 nü³·⁴ 英 femate 日 ジョ. ニョ. おんな. め
뜻 ①계집. 여자. ②딸. ③시집보낼. ④너(汝와 통용).
필순 ㄑ女女
女傑〔여걸〕 여자 호걸(豪傑). じょけつ
女功〔여공〕 동⇨여공(女工).
女工〔여공〕 ①여자들이 하는 길쌈질. 동여공(女功). ②여자 직공(職工). ↔남공(男工). じょこう
女功〔여공〕 동⇨여공(女工).
女權〔여권〕 여자의 사회상·정치상·법률상의 권리. じょけん
女跳板戲〔여도판희〕 여자의 널뛰기 놀이.
女流〔여류〕 여성(女性). 여자의 동류(同流). 예—作家(작가). じょりゅう
女範〔여범〕 여자의 좋은 본보기. 여성(女性)의 모범. じょはん
女史〔여사〕 ① 후궁(後宮)에 출사(出仕)하여 기록·문서 등을 맡은 여관(女官). ②학문이 있는 부녀(婦女)의 이름 밑에 붙여서 높이는 말. じょし
女相〔여상〕 여자의 상(相). 여자 같이 생긴 얼굴. じょそう
女壻〔여서〕 사위. じょせい
女性〔여성〕 ①여자. ②여자의 성질. 동여류(女流). じょせい
女僧〔여승〕 여자 중. 동비구니(比丘尼). じょそう 「ん
女神〔여신〕 여성의 신(神). じょし
女王〔여왕〕 ①여자 임금. ②벌·개미의 암컷. じょおう
女人像〔여인상〕 여자의 모습.
女裝〔여장〕 여자의 차림. じょそう
女丈夫〔여장부〕 사내같이 헌걸찬 여자. じょじょうぶ
女尊男卑〔여존남비〕 여자를 귀(貴)히 여기고 남자를 천(賤)히 여김. ↔남존여비(男尊女卑).
女主〔여주〕 ①여자 군주(君主). ②황후(皇后). 「높은 부녀(婦女).
女中君子〔여중군자〕 덕과 행실이
女必從夫〔여필종부〕 아내는 남편을 반드시 따라야 함. 「(學問).
女學〔여학〕 여자가 배워야할 학문
▷宮女(궁녀). 婦女(부녀). 善男善女(선남선녀). 仙女(선녀). 淑女(숙녀). 惡女(악녀).

【奴】 부 女(계집녀변) 획 3—2 훈 종 음 노 中 nu² 英 slave 日 ド. ヌ. やつ. やっこ
뜻 ①종. ②놈.
필순 ㄑ 女 女 奴奴
奴婢〔노비〕 남자 종과 여자 종. ど
奴隸〔노예〕 종. どれい 「ひ. ぬひ
奴主〔노주〕 종과 주인. どしゅ 「별.
奴主分〔노주분〕 종과 주인과의 분
▷農奴(농노). 賣國奴(매국노). 守錢奴(수전노). 匈奴(흉노).

「奸」 부 女(계집녀변) 획 3—3 훈 간사할 음 간 中 chien¹ 英 wicked 日 カン. よこしま
뜻 ①간사할. ②범할. ③요구할(干과 통용).
필순 ㄑ 女 女 奸奸
奸計〔간계〕 간사한 꾀. かんけい
奸巧〔간교〕 간사하고 교묘하게 속

임. かんきょう

奸邪〔간사〕 마음이 간교(奸巧)하고 행실이 바르지 못함. かんじゃ

奸商輩〔간상배〕 옳지 못한 이익(利益)을 노리는 장사꾼의 무리. かんしょうはい

奸臣〔간신〕 간사(奸邪)한 신하. (동) 간신(姦臣). かんしん 「あく

奸惡〔간악〕 간사하고 악독함. かん

奸雄〔간웅〕 간사한 지혜가 있는 영웅(英雄). かんゆう 「ん

奸漢〔간한〕 간사한 사내. かんか

【妄】 [부] 女(계집녀변) [획] 3—3 [훈] 망령될 [음] 망: (中) wang^4 (英) absurd (日) モウ. ボウ. みだり

[뜻] 망령될.

[필순] 亠亡妄妄

妄擧〔망거〕 분별(分別)이 없는 행동. 망령스러운 짓. (동)망동(妄動). ぼうきょ 「うけい

妄計〔망계〕 그릇된 계책(計策). も

妄動〔망동〕 분수 없이 함부로 하는 행동. (동)망거(妄擧). (예)輕擧(경거)—. ぼうどう

妄靈〔망령〕 노망(老妄)하여 언행(言行)이 정상(正常)을 벗어남.

妄發〔망발〕 망령(妄靈)된 말을 함. もうはつ 「공상. ぼうそう

妄想〔망상〕 망령된 생각. 허황한

妄說〔망설〕 허무맹랑한 말. (동)무근지설(無根之說). ぼうせつ

妄身〔망신〕 자기의 지위나 명예를 망침. 「한 말. ぼうげん

妄言〔망언〕 망령된 말. 망발(妄發)

妄妖〔망요〕 망령되고 요사스러움.

妄評〔망평〕 함부로 하는 비평.

▷老妄(노망). 迷妄(미망). 妖妄(요망). 虛妄(허망).

【妃】 [부] 女(계집녀변) [획] 3—3 [훈] 왕비 [음] 비 (中) fei^1 (英) queen (日) ヒ. ハイ. きさき

[뜻] ①왕비. ②짝.

[필순] 𠃋 女 女 妃 妃 妃

妃色〔비색〕 ①담홍색(淡紅色). ②여색(女色). ひしょく 「이름.

妃氏〔비씨〕 왕비로 뽑힌 아가씨를

▷大妃(대비). 王妃(왕비). 皇妃(황비). 后妃(후비).

〖如〗 [부] 女(계집녀변) [획] 3—3 [훈] 같을 [음] 여 (中) ju^2 (英) like (日) ジョ. ニョ. ごとし. しく

[뜻] ①같을. ②같이할. ③어조사.

[필순] 𠃋 女 女 如 如 如

如來〔여래〕 부처의 존칭. にょらい

如反掌〔여반장〕 손바닥을 뒤집는 것같이 아주 쉬움.

如拔痛齒〔여발통치〕 앓던 이가 빠진 것같이 시원하게 괴로움을 벗어남을 이름.

如上〔여상〕 위와 같음. じょじょう

如是〔여시〕 (동)⇨여차(如此).

如實〔여실〕 사실(事實)과 똑 같음. にょじつ 「よい

如意〔여의〕 일이 뜻과 같이 됨. に

如意珠〔여의주〕 용(龍)의 턱 아래에 있다는 구슬. 이것을 얻으면 갖은 조화(造化)를 마음대로 부릴 수 있다고 함. にょいじゅ

如一〔여일〕 처음부터 끝까지 한결같음. 「음. じょさ

如左〔여좌〕 왼쪽에 기록한 바와 같

如此〔여차〕 이러함. (동)여시(如是).

如何〔여하〕 ①어찌할꼬. 어찌하여. 어떠한가. ②나무 이름. いか

▷不如(불여). 一如(일여).

〖好〗 [부] 女(계집녀변) [획] 3—3 [훈] 좋을 [음] 호: (中) hao^{3,4} (英) good (日) コウ. このむ. すく

[뜻] ①좋을. ②좋아할. ③아름다울.

[필순] 𠃋 女 好 好

好感〔호감〕 좋은 감정. (동)호의(好意). こうかん

好期〔호기〕 좋은 시기. こうき

好機〔호기〕 좋은 기회. こうき

好奇心〔호기심〕 새롭고 이상한 것을 좋아하는 마음. こうきしん

好讀書〔호독서〕 책읽기를 즐겨함. どくしょをこのむ

好否〔호부〕 (동)⇨호불호(好不好).

好不好〔호불호〕 좋음과 좋지 않음. (동) 호부(好否).

好事〔호사〕 ①좋은 일. ②일을 벌여 놓기를 좋아함. こうじ

好事多魔〔호사다마〕 좋은 일에는

마가 들기 쉬움. こうじまおうし
好喪〔호상〕 나이가 많고 복이 많은 사람의 상사(喪事).
好時節〔호시절〕 좋은 시절.
好食〔호식〕 ①좋은 음식 또는 좋은 음식을 먹음. ②음식을 좋아함. 또는 잘 먹음. ↔악식(惡食). 「감(好感). こうい
好意〔호의〕 ①친절한 마음. ②호
好人〔호인〕 좋은 사람. こうじん
好敵手〔호적수〕 좋은 상대. 부족하지 않은 상대. こうてきしゅ
好戰〔호전〕 ①싸움을 즐김. ②잘 싸움. こうせん
好轉〔호전〕 ①무슨 일이 잘 되어 감. ②병 증세가 차차 나아가기 시작함. こうてん 「ひょう
好評〔호평〕 좋은 평판(評判). こう
▷同好(동호). 良好(양호). 友好(우호). 絶好(절호).

「妓」 부 女(계집녀변) 획 3—4 훈 기생 음 기: 中 chi⁴ 英 prostitute 日 ギ.キ. あそびめ
뜻 기생.
필순 ㄑ 女 女 女一 女十 妓 妓
妓家〔기가〕 기생(妓生)의 집.
妓女〔기녀〕 기생(妓生).
妓生〔기생〕 노래와 춤으로 주석(酒席)의 흥을 돋는 것으로 직업을 삼는 여자. 「릇을 하던 여자.
妓生退物〔기생퇴물〕 전에 기생 노
妓樂〔기악〕 ①기생과 음악. ②기생의 풍류(風流). きがく
▷童妓(동기). 名妓(명기). 義妓(의기). 娼妓(창기). 賤妓(천기). 村妓(촌기).

〖妙〗 부 女(계집녀변) 획 3—4 훈 묘할 음 묘: 中 miao⁴ 英 mysterious 日 ミョウ. たえ
뜻 ①묘할. ②예쁠.
필순 ㄑ 女 女 女丿 妙 妙
妙計〔묘계〕 교묘(巧妙)한 계책. みょうけい 「한 기술. みょうぎ
妙技〔묘기〕 교묘한 손 재주. 교묘
妙理〔묘리〕 썩 미묘(微妙)한 이치. みょうり 「취미. みょうみ
妙味〔묘미〕 묘한 맛. 극치(極致)의
妙方〔묘방〕 교묘한 방법. みょうほう 「ょうあん
妙案〔묘안〕 묘한 고안(考案). み
妙藥〔묘약〕 신효(神效)한 약. みょうやく 「ょうさく
妙策〔묘책〕 교묘한 계책(計策). み
妙諦〔묘체〕 뛰어난 진리(眞理).
妙趣〔묘취〕 기묘(奇妙)한 취미.
▷巧妙(교묘). 奇妙(기묘). 微妙(미묘). 神妙(신묘). 玄妙(현묘).

【妨】 부 女(계집녀변) 획 3—4 훈 방해할 음 방 中 fang² 英 hinder 日 ボウ. さまたげる
뜻 ①방해할.헤살놓을.②거리낄.
필순 ㄑ 女 女 女丶 女方 妨
妨工害事〔방공해사〕 헤살을 놓아 해롭게 함.
妨害〔방해〕 남의 일에 헤살을 놓아서 해롭게 함. ぼうがい

「妖」 부 女(계집녀변) 획 3—4 훈 요망할 음 요 中 yao¹ 英 wicked 日 ヨウ. なまめかしい
뜻 ①요망할. ②아리따울.
필순 ㄑ 女 女 女ノ 女夭 妖
妖怪〔요괴〕 도깨비. 요사(妖邪)스러운 귀신. ようかい
妖鬼〔요귀〕 요사한 귀신. ようき
妖氣〔요기〕 상서(祥瑞)롭지 못한 기운. 요사스러운 기운. ようき
妖女〔요녀〕 ①요염(妖艶)한 여자. ②요사스러운 계집. ようじょ
妖魔〔요마〕 요사(妖邪)스러운 마귀. ようま
妖妄〔요망〕 언행(言行)이 기괴(奇怪)하고 망령됨. ようぼう
妖物〔요물〕 ①요사스러운 물건. ②요사스러운 사람. ようぶつ
妖邪〔요사〕 요망(妖妄)스럽고 간사(奸邪)함. ようじゃ
妖術〔요술〕 사람의 눈을 어리게 하는 괴상(怪常)한 방법과 기술. ようじゅつ 「리따움.
妖艶〔요염〕 요망(妖妄)스럽도록 아

【妊】 부 女(계집녀변) 획 3—4 훈 아이밸 음 임: 中 jen² 英 pregnancy 日 ニン. はらむ
뜻 아이밸.
필순 ㄑ 女 女ノ 奸 妊
妊婦〔임부〕 아이밴 부녀. にんぷ

妊產〔임산〕 아이를 배거나 낳음. ㊎一婦(부). にんさん

妊娠〔임신〕 아이를 뱀. ㊐회임(懷妊). にんしん 「임).

▷不妊(불임). 避妊(피임). 懷妊(회

【妥】 부 女(계집녀변) 획 3—4
훈 온당할 음 타: ㊥ t'uo³
㊧ proper ㊐ ダ. おだやか
뜻 ①온당할. 타당할. ②타협할.
필순 ㇀爫冫妥妥

妥結〔타결〕 두 편의 뜻을 서로 절충하여 서로가 좋도록 이야기를 마무름. だけつ

妥當〔타당〕 사리(事理)에 마땅함. ㊎普遍(보편)—. だとう

妥當性〔타당성〕 ①가장 온당하고도 알맞는 성질. ②어떤 판단이 인식(認識)의 가치를 가지고 있음. だとうせい

妥安〔타안〕 평안함. 온당함. だあん

妥協〔타협〕 두 편이 서로 좋도록 협의(協議)하여 조처(措處)함. だきょう

【姑】 부 女(계집녀변) 획 3—5
훈 시어미 음 고 ㊥ ku¹ ㊧ mother in law ㊐ コ. しゅうとめ
뜻 ①시어미. ②고모. ③시누이. ④아직.
필순 ㇛ 女 女 奷 姑 姑姑

姑母〔고모〕 아버지의 누이.

姑婦〔고부〕 시어머니와 며느리.

姑射山〔고사산〕 신선(神仙)이 산다고 하는 산. こやさん

姑息〔고식〕 구차하게 우선 당장 평안한 것만을 취함. こそく

姑從〔고종〕 고모(姑母)의 자녀. ㊐고종사촌(姑從四寸).

姑且〔고차〕 ①잠깐. ②소홀(疎忽)함. こしょ 「고).

▷先姑(선고). 小姑(소고). 外姑(외

〖妹〗 부 女(계집녀변) 획 3—5
훈 누이 음 매(매:) ㊥ mei⁴
㊧ younger sister ㊐ マイ. いもうと
필순 ㇛ 女 女 奸 妹 妹 妹

妹家〔매가〕 시집간 누이의 집.

妹妹〔매매〕 ①부인(婦人). ②아내.

妹夫〔매부〕 누이의 남편.

妹氏〔매씨〕 남의 누이의 존칭.

妹弟〔매제〕 손아래 누이의 남편. まいてい 「자형(姉兄). まいけい

妹兄〔매형〕 손위 누이의 남편. ㊐

▷歸妹(귀매). 令妹(영매). 義妹(의매). 姉妹(자매). 從妹(종매).

〖姓〗 부 女(계집녀변) 획 3—5
훈 성 음 성: ㊥ hsing⁴ ㊧ surname ㊐ セイ. ショウ. かばね. うじ 「레.
뜻 ①성. ②백성. ③겨
필순 ㇛ 女 女 姓 姓 姓

姓名〔성명〕 성과 이름. せいめい

姓氏〔성씨〕 성(姓)의 존칭. せいし

姓字〔성자〕 성(姓)을 나타내는 글자. せいじ

姓銜〔성함〕 성명(姓名)의 존칭.

姓鄕〔성향〕 시조(始祖)의 고향. ㊐관향(貫鄕). 본관(本貫).

▷同姓(동성). 百姓(백성). 本姓(본성). 異姓(이성). 稀姓(희성).

〖始〗 부 女(계집녀변) 획 3—5
훈 비로소 음 시: ㊥ shih³
㊧ begin ㊐ シ. はじめる
뜻 ① 비로소. ② 비롯할. ③처음.
필순 ㇛ 女 女 始 始 始

始末〔시말〕 ①처음과 끝. ②처음부터 끝까지. 줄곧. ③시작과 끝. ④시작부터 끝까지의 사정. 일의 내력(來歷). しまつ

始發〔시발〕 처음 떠남. しはつ

始作〔시작〕 처음으로 함.

始祖〔시조〕 한 족속(族屬)의 맨 처음 되는 조상. しそ

始終〔시종〕 ①처음과 끝. ②처음부터 끝까지. 줄곧. ㊐항상(恒常). ③처음부터 끝까지 일관(一貫)함. しじゅう

始終如一〔시종여일〕 처음과 끝이 변함이 없이 꼭 같음.

始終一貫〔시종일관〕 처음부터 끝까지 한결같음. しじゅういっかん 「시원(始原). ししょ

始初〔시초〕 처음. ㊐시원(始元).

始皇〔시황〕 중국 진(秦)나라의 시황제(始皇帝). しこう

▷開始(개시). 本始(본시). 年始(연

시). 原始(원시).

【委】 부 女(계집녀변) 획 3—5
훈 맡길 음 위(위:) 中 wei[1.3]
英 entrust 日 イ. ゆだねる. まかせる
뜻 맡길.
필순 一二千禾禾委委

委曲〔위곡〕 ①자세함. 상세(詳細)함. いきょく
委付〔위부〕 맡김. 위임함. いふ
委席〔위석〕 자리잡고 누워서 일어나지 못함. いせき
委員〔위원〕 어떠한 일에 대하여 그 처리(處理)를 위임받은 사람. 예 審査(심사)—. いいん
委員會〔위원회〕 위원으로 조직된 합의체(合議體). いいんかい
委任〔위임〕 맡김. 일임(一任)함. 예—統治(통치). いにん 「よく
委囑〔위촉〕 동⇨위탁(委託). いしょく
委託〔위탁〕 부탁하여 맡김. 동위촉(委囑). いたく

【姊】 부 女(계집녀변) 획 3—5
훈 누이 음 자(자:) 中 chieh[3]
英 elder sister 日 シ. あね
뜻 손위누이.
참고 속 姉
필순 ㄴ女 女'女'妒姊姊

姊妹〔자매〕 손위의 누이와 손아래 누이. しまい 「잡지. しまいし
姊妹紙〔자매지〕 같은 계통에 속하는 둘 이상의 신문(新聞). 동 자매 신문. しまいし
姊夫〔자부〕 손위 누이의 남편. しふ
姊姊〔자자〕 ①유모(乳母). ②어머니. ③손위 누이. しし
姊兄〔자형〕 손위 누이의 남편. 동 매형(妹兄). しけい
▷母姊(모자).

【妻】 부 女(계집녀변) 획 3—5
훈 아내 음 처 中 ch'i[1] 英 wife 日 サイ. つま
뜻 ①아내. ②시집보낼.
필순 一ㅋ亖吏妻妻妻

妻家〔처가〕 아내의 본가(本家). さいか 「덕행(德行). さいとく
妻德〔처덕〕 ①아내의 덕. ②아내의
妻侍下〔처시하〕 아내에게 눌려 지내는 사람을 조롱하는 말.
妻子〔처자〕 아내와 자식. さいし
妻弟〔처제〕 아내의 여동생. さいて
妻族〔처족〕 아내의 겨레붙이. 「い
妻妾〔처접〕 본 아내와 첩. さいしょう
妻兄〔처형〕 아내의 언니. 「ょう
▷恐妻(공처). 夫妻(부처). 惡妻(악처). 良妻(양처). 糟糠之妻(조강지처). 賢妻(현처).

【妾】 부 女(계집녀변) 획 3—5
훈 첩 음 첩 中 ch'ieh[4] 英 concubine 日 ショウ. めかけ
뜻 ①첩. ②여자의 자기 비칭.
필순 亠立产妾妾

妾室〔첩실〕 남의 첩이 되는 여자.
妾子〔첩자〕 첩에게서 난 아들. 동 서자(庶子).
妾出〔첩출〕 첩이 난 아들. 첩소생. しょうしゅつ 「림을 차림.
妾置家〔첩치가〕 첩을 얻어 딴 살
▷愛妾(애첩). 妻妾(처첩). 寵妾(총첩). 蓄妾(축첩).

【妬】 부 女(계집녀변) 획 3—5
훈 투기할 음 투 中 tu[4] 英 envy 日 ト. ねたむ
뜻 ①투기할. ②여자 자식 없을.
필순 ㄴ女 女'女'妒妬妬

妬忌〔투기〕 강새암. 동질투(嫉妬). とき 「とふ
妬婦〔투부〕 강새암이 많은 여자.
妬殺〔투살〕 질투함. 시기함. 살(殺)은 조자(助字).
妬心〔투심〕 시새우는 마음.
妬妻〔투처〕 시새움이 많은 아내.
▷嫉妬(질투).

【姦】 부 女(계집녀변) 획 3—6
훈 간사할 음 간 中 chien[1]
英 adultery 日 カン. みだら「할.
뜻 ①간사할(奸과 통용). ②간음
필순 ㄥ女女妾姦

姦計〔간계〕 간사한 꾀. 좋지 못한 계략(計略). かんけい
姦吏〔간리〕 간사한 관리. かんり
姦伏〔간복〕 숨어서 나쁜 짓을 함.
姦婦〔간부〕 간통한 여자. かんぷ
姦非〔간비〕 간사하고 나쁨.
姦邪〔간사〕 성품이 간교(奸巧)하고 올바르지 못함. かんじゃ
姦雄〔간웅〕 간사한 영웅. かんゆう

姦淫〔간음〕 부부가 아닌 남녀가 성적 관계를 맺음. かんいん
姦通〔간통〕 배우자(配偶者)가 있는 이성(異性)의 합의에 의한 성적(性的) 관계. かんつう
▷强姦(강간). 輪姦(윤간). 通姦(통간). 和姦(화간).

[姜] 부 女(계집녀변) 획 3—6
훈 성 음 강 中 chiang[1] 英 family name 日 キョウ
뜻 성.
필순 丷䒑羊羊姜姜

姜邯贊〔강감찬〕 고려의 공신(功臣). 현종(顯宗) 때 글안(契丹)이 쳐들어오자, 흥화진(興化鎭)에서 적군을 대패(大敗)시켰음.
姜希顔〔강희안〕 이조(李朝) 세종(世宗) 때의 명신(名臣). 시서화(詩書畫)에 뛰어남.

[姸] 부 女(계집녀변) 획 3—6
훈 고울 음 연 中 yen[2] 英 pretty 日 ケン. うつくしい
뜻 ①고울. ②아름다울.
참고 속 姸
필순 女女女女姸姸

姸心〔연심〕 고운 마음씨.

[威] 부 女(계집녀변) 획 3—6
훈 위엄 음 위 中 wei[1] 英 dignity 日 イ. たけし. おどす
뜻 ①위엄. ②으를.
필순 丿厂尸威威戌威

威光〔위광〕 감히 범할 수 없는 권위. 빛나는 위세(威勢).
威權〔위권〕 위엄과 권세. いこう
威力〔위력〕 위엄이 있어 남을 복종시키는 힘. いりょく
威令〔위령〕 ①위엄(威嚴)이 있는 명령(命令). ②위광(威光)과 명령. いれい
威服〔위복〕 위력(威力)으로 남을 복종시킴. いふく
威勢〔위세〕 위엄(威嚴)이 있는 기세. いせい
威信〔위신〕 ①위엄(威嚴)이 있고 신실(信實)함. ②위력과 신용(信用). いしん
威壓〔위압〕 위력으로 억누름. 위엄으로 을러댐. いあつ
威嚴〔위엄〕 점잖고 엄숙(嚴肅)하여 위광(威光)이 있음. 의젓하고 드레짐. いげん
威容〔위용〕 위엄 있는 모습. いよう
威儀〔위의〕 ①예의(禮儀)에 맞아 위엄 있는 거동(擧動). ②예(禮)의 세칙(細則). ③의식(儀式). いぎ
威風〔위풍〕 위엄이 있는 풍채(風采). 예一堂堂(당당). いふう
威脅〔위협〕 으름. 협박(脅迫)함. いきょう
▷國威(국위). 權威(권위). 武威(무위). 脅威(협위).

【姻】 부 女(계집녀변) 획 3—6
훈 혼인 음 인 中 yin[1] 英 marriage 日 イン. みうち. えんぐみ
뜻 혼인.
필순 女女妍姻姻姻

姻故〔인고〕 인척(姻戚)과 오래 사귀어 오는 친구. 동친고(親故).
姻屬〔인속〕 동⇨인척(姻戚).
姻弟〔인제〕 처남(妻男) 매부 사이에 편지할 때 자기를 낮추어 쓰는 말. いんてい
姻戚〔인척〕 외가와 처가의 일족(一族). 동인속(姻屬). いんせき
姻親〔인친〕 사돈. いんしん
姻通〔인통〕 혼인해서 인척(姻戚)이 됨.
姻兄〔인형〕 처남 매부간의 서로 높여 부르는 편지말.
▷婚姻(혼인).

【姿】 부 女(계집녀변) 획 3—6
훈 맵시 음 자 中 tzû[1] 英 figure 日 シ. すがた
뜻 ①맵시. ②성품.
필순 冫冫次次次姿姿

姿媚〔자미〕 애교를 부림.
姿色〔자색〕 여자의 용모와 안색(顔色). ししょく
姿勢〔자세〕 몸을 가지는 상태. しせい
姿容〔자용〕 얼굴 모양. 동용자(容姿). しよう
姿宇〔자우〕 품격(品格).
姿態〔자태〕 모양과 태도(態度). 맵시. したい
▷容姿(용자). 勇姿(용자). 雄姿(웅자). 風姿(풍자).

【姪】 부 女(계집녀변) 획 3—6
훈 조카 음 질 中 chih[2] 英 nephew 日 テツ. めい. おい

뜻 조카.
필순 女女女ˊ女ˊ女ˊ姪姪姪
姪女〔질녀〕 조카딸. てっじょ
姪壻〔질서〕 조카사위.
姪孫〔질손〕 조카의 아들. 형제의 손자. 동종손(從孫). てっそん
姪子〔질자〕 조카. てっし
姪行〔질항〕 조카 뻘. てっこう
▷堂姪(당질). 甥姪(생질). 叔姪(숙질). 姨姪(이질).

【姬】 부 女(계집녀변) 획 3—6 훈 계집 음 희 中 chi¹ 英 pretty girl 日 キ. ひめ
뜻 ①계집. ②아씨. 아가씨. ③성.
참고 속 姫
필순 女女女女女姬姬姬姬
姬姜〔희강〕 ①큰 나라의 귀부인(貴夫人). ②궁녀(宮女). ききょう
姬人〔희인〕 동⇨희첩(姬妾). ひじん 「(姬人). きしょう
姬妾〔희첩〕 첩의 일컬음. 동 희인
▷歌姬(가희). 舞姬(무희). 美姬(미희). 寵姬(총희).

【娘】 부 女(계집녀변) 획 3—7 훈 딸 음 낭 中 niang² 英 girl; virgin 日 ジョウ. むすめ
뜻 ①딸. ②어머니. ③각시.
필순 女女女女女娘娘娘
娘娘〔낭낭〕 ①어머니. ②황후(皇后). じょうじょう
娘子〔낭자〕 ①소녀(少女). ②어머니. ③ 아내. ④궁녀. じょうし
娘子軍〔낭자군〕 ①여자로 조직한 군대(軍隊). ②부인(婦人) 또는 소녀의 단체. じょうしぐん

【娩】 부 女(계집녀변) 획 3—7 훈 해산할 음 만 中 wan³ mien³ 英 give birth to a child 日 ベン. うむ 「②고을. ③순할.
뜻 ①해산할. 아기 낳을(만·면).
필순 女女女女女娩娩娩
娩澤〔면택〕 얼굴이 아름답고 얼굴빛이 윤택함.
▷分娩(분만). 婉娩(완만).

【娠】 부 女(계집녀변) 획 3—7 훈 아이밸 음 신: 中 shen³ 英 pregnant 日 シン. はらむ
뜻 아이밸.
필순 女女女女娠娠娠
▷妊娠(임신).

【娛】 부 女(계집녀변) 획 3—7 훈 즐길 음 오 中 yü² 英 amuse 日 ゴ. たのしむ
뜻 즐길.
필순 女女女娛
娛樂〔오락〕 재미있게 놀아서 기분을 즐겁게 함. 예一室(실). 一場(장). ごらく 「ごご
娛娛〔오오〕 유쾌하게 즐기는 모양.
娛遊〔오유〕 즐기어 놂. ごゆう

【婦】 부 女(계집녀변) 획 3—8 훈 지어미 음 부(부:) 中 fu⁴ 英 daughter in law 日 フ. よめ 「③아내. ④여자.
뜻 ①지어미. ②며느리.
필순 女女女女女婦婦
婦公〔부공〕 사위에 대한 장인(丈人)의 자칭. ふこう
婦功〔부공〕 여자의 일. 아내로서 해야 할 여러 가지 일. ふこう
婦女〔부녀〕 부인. 아낙네. ふじょ
婦德〔부덕〕 사덕(四德)의 하나. 부녀(婦女)가 닦아야 할 덕행(德行). ふとく 「리. ふどう
婦道〔부도〕 부녀의 지켜야 할 도
婦人〔부인〕 ①여자. 여인. ②선비의 아내. ③ 며느리. ふじん
▷家政婦(가정부). 寡婦(과부). 夫婦(부부). 產婦(산부). 新婦(신부). 一夫一婦(일부일부). 妊婦(임부). 子婦(자부). 接待婦(접대부). 貞婦(정부). 主婦(주부). 娼婦(창부). 賢婦(현부).

【婢】 부 女(계집녀변) 획 3—8 훈 계집종 음 비(비:) 中 pei⁴ pi⁴ 英 maid servant 日 ヒ. はしため
뜻 계집종.
필순 女女女女女婢婢婢
婢女〔비녀〕 계집 종. 동비자(婢子). ひじょ
婢子〔비자〕 ①계집 종. 동비녀(婢女). ②계집 종이 낳은 아들. ③첩(妾). ひじ
婢妾〔비첩〕 종으로 첩이 된 계집. 동시비(侍婢). ひしょう
▷官婢(관비). 奴婢(노비). 侍婢(시

비). 賤婢(천비).

「娼」 부 女(계집녀변) 획 3—8 훈 창녀 음 창: 中 ch'ang[1] 英 prostitute 日 ショウ. あそびめ

뜻 창녀.

필순 女女如娼娼娼

娼家〔창가〕 창기(娼妓)의 집.

娼妓〔창기〕 몸을 파는 천한 기생. 동창부(娼婦). しょうぎ

娼女〔창녀〕 몸을 파는 것을 업으로 삼는 여자. しょうじょ

娼婦〔창부〕 동⇨창기(娼妓). しょうふ

▷歌娼(가창). 男娼(남창). 俳娼(배창).

「娶」 부 女(계집녀변) 획 3—8 훈 장가들 음 취: 中 ch'ü[4.3] 英 marry 日 シュ. めとる

뜻 장가들.

필순 ⁻ㅠ耳耳取娶娶

娶嫁〔취가〕 장가들고 시집가는 일.

娶妻〔취처〕 장가듦. しゅかⅼ

▷嫁娶(가취).

「婆」 부 女(계집녀변) 획 3—8 훈 할미 음 파 中 p'o[2] 英 old woman 日 バ. ばば

뜻 할미. 늙은 여자.

필순 氵氵沪沪波波婆

婆羅門〔바라문〕 범어(梵語) Brah--mana의 음역(音譯). ①인도(印度) 사성(四姓) 가운데에서 가장 높은 지위의 승족(僧族). ②바라문교(婆羅門敎). 또 그 승려. ばらもん

婆娑〔파사〕 ①춤출 때 소매가 날리는 모양. ②몸이 가냘픈 모양. ③초목의 잎이 떨어지고 가지가 성긴 모양. ばさ

▷老婆(노파). 媒婆(매파). 產婆(산파). 塔婆(탑파).

〔婚〕 부 女(계집녀변) 획 3—8 훈 혼인할 음 혼 中 huen[1] 英 marriage 日 コン. とつぐ.

뜻 ①혼인할. ②장가들. みうちⅼ

필순 女女女女妒婚婚婚婚

婚嫁〔혼가〕 동⇨혼인(婚姻).

婚具〔혼구〕 혼인 때에 쓰는 제구.

婚期〔혼기〕 혼인을 하기에 적당한 나이. こんき

婚談〔혼담〕 혼처(婚處)를 정하려고 서로 오고 가는 말.

婚禮〔혼례〕 혼인(婚姻)의 예절(禮節). 또 혼인의 예식. 동결혼식. こんれい

婚書〔혼서〕 혼인 때에 신랑 집에서 신부 집으로 보내는 편지.

婚事〔혼사〕 혼인에 관한 모든 일.

婚需〔혼수〕 혼인에 드는 물건이나 비용(費用). こんやく

婚約〔혼약〕 혼인을 맺는 약속(約束).

婚姻〔혼인〕 장가들고 시집감. 동결혼. こんいん

婚處〔혼처〕 혼인할 만한 상대방. 「혼인할 자리.

▷結婚(결혼). 新婚(신혼). 約婚(약혼). 離婚(이혼). 再婚(재혼). 定婚(정혼). 初婚(초혼).

【媒】 부 女(계집녀변) 획 3—9 훈 중매할 음 매 中 mei[2] 英 match-making 日 バイ. なかだち

뜻 중매.

필순 女女女妒妒媒媒媒媒

媒介〔매개〕 중간에서 관계(關係)를 맺어줌. ばいかい

媒介體〔매개체〕 중간에서 관계를 맺어 주는 것. 동매개물(媒介物). ばいかいたい

媒媒〔매매〕 아는 것이 없어 일에 어두운. ばいばい

媒煙〔매연〕 ①그을음이 섞인 연기. ② 석탄 그을음. ばいえん

媒子〔매자〕 중매.

媒合〔매합〕 혼인을 중매함. ばいごう

媒合容止〔매합용지〕 남자와 여자를 중매하여 자기 집에 같이 머무르게 함. ばいごうようし

▷仲媒(중매). 觸媒(촉매).

「媤」 부 女(계집녀변) 획 3—9 훈 시집 음 시 中— 英one's husbands family 日 シ

뜻 ① 시집. ② 여자의 별호(別號).

참고 국자(國字).

필순 女女如如如媤媤媤

媤家〔시가〕 시집.

媤宅〔시댁〕 시가(媤家)의 존칭.

媤母〔시모〕 시어머니.

媤父〔시부〕 시아버지.

媤叔〔시숙〕 남편의 형제.

「媛」 뷔 女(계집녀변) 획 3—9 훈 아리따울 음 원 中 yüan2.4 英 beautiful woman 日 エン. ひめ. 「이 이끌리는 모양. 뜻 ①아리따울. ②미녀. ③마음
필순 ㄑ 女 女 女' 妒 妒 娐 媛 媛
媛女〔원녀〕 미녀(美女). えんじょ
▷淑媛(숙원). 良媛(양원). 才媛(재원). 貞媛(정원).

「嫁」 뷔 女(계집녀변) 획 3—10 훈 시집갈 음 가(가:) 中 chia4 英 marry 日 カ. とつぐ 뜻 ①시집갈. ②시집보낼. ③떠넘길. ④갈.
필순 女 女' 女宀 女宀 女家 嫁 嫁 嫁
嫁期〔가기〕 시집가게 된 시기(時期). 시집갈 나이. かき
嫁母〔가모〕 개가(改嫁)한 어머니. かぼ 「은 19세 이하의 죽음.
嫁殤〔가상〕 미혼자의 죽음. 상(殤)
嫁資〔가자〕 여자가 혼인할 때 쓰는 비용. かし 「움. かざい
嫁罪〔가죄〕 죄를 남에게 덮어 씌
嫁娶〔가취〕 혼인함. 시집가고 장가듦. かしゅ 「씌움. かか
嫁禍〔가화〕 화(禍)를 남에게 덮어
▷降嫁(강가). 改嫁(개가). 更嫁(갱가). 再嫁(재가). 傳嫁(전가).

「嫂」 뷔 女(계집녀변) 획 3—10 훈 형수 음 수 中 sao3 英 elder brother'swife 日 ソウ. あ 뜻 형수. 「によめ
필순 ㄑ 女 女 女' 女' 女ꟹ 女ꟹ 娷 嫂
嫂叔〔수숙〕 형제의 아내와 남편의
嫂氏〔수씨〕 형제의 아내. 「형제.
▷季嫂(계수). 弟嫂(제수). 兄嫂(형수).

「媼」 뷔 女(계집녀변) 획 3—10 훈 할미 음 오 中 ao2 英 old wo- man 日 オウ. おうな 뜻 ①노파. ②어머니. ③할머니. ④땅귀신.
필순 女 女 女ᄆ 女ᄆ 媼 媼 媼 媼
▷老媼(노오). 村媼(촌오).

「嫌」 뷔 女(계집녀변) 획 3—10 훈 싫어할 음 혐 中 hsien2 英 dislike 日 ケン. ゲン. きら 뜻 ①싫어할. ②의심할. 「う
필순 女 女 女' 女'' 女'' 嫌 嫌 嫌
嫌忌〔혐기〕 싫어하여 꺼림. けんき
嫌猜〔혐시〕 싫어하고 꺼리는 일과 시기하고 새암하는 일.
嫌厭〔혐염〕 미워서 싫어함. けんえん 「感(감). けんお
嫌惡〔혐오〕 싫어하고 미워함. 예—
嫌疑〔혐의〕 ①의심스러움. 미심쩍음. ②의심함. 또 의심. ③꺼리어 싫어함. 예—者(자). けんぎ

「嫡」 뷔 女(계집녀변) 획 3—11 훈 정실 음 적 中 ti2 英 eldest son 日 テキ. チャク. よつぎ 「들.
뜻 ① 정실. 본마누라. ②맏아
필순 ㄑ 女 女' 女'' 女'' 女'' 嫡 嫡 嫡 嫡 嫡
嫡庶〔적서〕 본처의 아들과 첩의 아들. 적자(嫡子)와 서자(庶子). ちゃくしょ
嫡孫〔적손〕 적자(嫡子)의 적자. 대를 잇거나 지위를 물려받을 손자. ちゃくそん
嫡子〔적자〕 ①본처(本妻)의 몸에서 난 맏아들. 동적장자(嫡長子). ②본처의 몸에서 난 모든 아들. ちゃくし
嫡長子〔적장자〕 동⇨적자(嫡子).
嫡嫡相承〔적적상승〕 대대로 적파(嫡派)의 맏아들이 대를 이어옴.
嫡妻〔적처〕 정식(正式)으로 예를 갖추어 맞은 아내. 동 본처(本妻). ちゃくさい
嫡出〔적출〕 정실(正室)의 몸의 소생. ちゃくしゅつ. てきしゅつ
嫡統〔적통〕 적파(嫡派)의 계통.
嫡派〔적파〕 적장자(嫡長子)의 계통. てきは. ちゃくは
嫡皇孫〔적황손〕 왕위(王位)를 계승할 정통(正統)의 황손(皇孫). てきこうそん. ちゃくこうそん

「嬌」 뷔 女(계집녀변) 획 3—12 훈 아리따울 음 교 中 chiao1 英 coquetry 日 キョウ. なまめ 뜻 아리따울. 「かしい
필순 女 女 女' 女' 女' 女' 嬌 嬌
嬌奢〔교사〕 요염(妖艶)하게 치장함. きょうしゃ 「うせい
嬌聲〔교성〕 아양 떠는 소리. きょ

嬌態[교태] 아리따운 모습. 아양부리는 자태. きょうたい 「교).
▷愛嬌(애교). 春嬌(춘교). 含嬌(함

嬰 [부] 女(계집녀변) [획] 3—14 [훈] 어릴 [음] 영 [中] ying¹
[英] baby [日] エイ. かかる. ふれる
[뜻] ①어릴. ② 병걸릴. ③더할. ④죄지을.
[필순] 丨 冂 貝 貝 貝貝 嬰嬰嬰 「かる
嬰病[영병] 병에 걸림. やまいにか
嬰城[영성] 성문(城門)을 굳게 닫고 성을 지키듯이 어떤 목적을 달성(達成)하기 위하여 한 곳에 틀어박힘. えいじょう
嬰兒[영아] 젖먹이. [동]영유(嬰孺) えいじ 「えいじゅ
嬰孺[영유] 젖먹이. [동]영아(嬰兒).
嬰罪[영죄] 죄를 지음. つみにふる
嬰孩[영해] 젖먹이. 어린아이. [동]영아(嬰兒). えいがい「(해영).
▷嬌嬰(교영). 退嬰(퇴영). 孩嬰

孃 [부] 女(계집녀변) [획] 3—17 [훈] 아씨 [음] 양 [中] niang²
[英] virgin [日] ジョウ. むすめ
[뜻] ①아씨. ②어머니.
[필순] 女 女 女 女 女 女 女 孃 孃 孃 孃
▷貴孃(귀양). 老孃(노양). 令孃(영양).

(3) 子 部

子 [부] 子(아들자변) [획] 3—0 [훈] 아들 [음] 자(자:) [中] tzu³
[英] son [日] シ. ス. こ. ね
[뜻] ①아들. 남자. ②새끼. 알. 씨·열매. ③임. 당신. ④벼슬. ⑤첫째 지지. ⑥어조사.
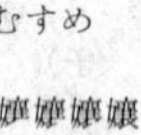
[필순] ㄱ了子
子規[자규] 두견(杜鵑)의 별칭. し
子女[자녀] 아들과 딸. しじょ「しき
子母音[자모음] 자음과 모음.
子母字[자모자] 자음자(子音字)와 모음자(母音字). しぼじ
子民[자민] 임금이 백성(百姓)을 자식처럼 사랑하며 통치함. しみん 「느리. しふ
子婦[자부] ①며느리. ②아들과 며
子思[자사] 춘추 시대 노(魯)나라의 유가(儒家). 공자(孔子)의 손자(孫子). 〈중용(中庸)〉을 지었음. しし 「손(後孫). しそん
子孫[자손] ①아들과 손자. ②후
子午線[자오선] 지구의 남북 양극을 통하는 큰 원(圓). しごせん
子音[자음] 닿소리. ↔모음(母音). じおん 「대(代). ししそんそん
子子孫孫[자자손손] 자손의 여러
子爵[자작] 오등작(五等爵)의 제 4위. 백작(伯爵)의 아래 남작(男爵)의 위임. ししゃく
子弟[자제] ①아들과 아우. ↔부형(父兄). ②젊은이. してい

孔 [부] 子(아들자변) [획] 3—1 [훈] 구멍 [음] 공: [中] k'ung³
[英] hole [日] コウ. あな
[뜻] ①구멍. ②성. ③빌. ④매우.
[필순] ㄱ了孑孔
孔敎[공교] 공자(孔子)의 교(敎). [동]유교(儒敎). こうきょう
孔孟[공맹] 공자와 맹자. こうもう
孔明[공명] ①대단히 밝음. ②제갈양(諸葛亮)의 자(字). こうめい
孔門[공문] 공자(孔子)의 문하(門下). こうもん
孔門十哲[공문십철] 공자의 제자 중에서 학문 또는 덕행 등이 뛰어난 열 사람. 곧 덕행에는 안연(顔淵)·민자건(閔子騫)·염백우(冉伯牛)·중궁(仲弓), 언어에는 재아(宰我)·자공(子貢), 정사(政事)에는 염유(冉有)·계로(季路), 문학에는 자유(子游)·자하(子夏). こうもんじってつ
孔夫子[공부자] 공자(孔子)를 이름. [동]이보(尼甫). こうふし
孔聖[공성] ①공자(孔子)의 존칭. ②덕이 가장 높은 성인. ③대성(大聖). こうせい
孔子[공자] 유가(儒家)의 교조(敎祖)로서 춘추시대(春秋時代)의 노(魯)나라 사람. 이름은 구(丘). 자(字)는 중니(仲尼). 시(詩)·서(書)·예(禮)·악(樂)·역(易)·춘

추(春秋) 등 육경(六經)을 풀이 하였음. こうし
孔子家語〔공자가어〕 공자(孔子)의 언행(言行)·일사(逸事) 및 그의 문인(門人)과의 문답(問答)한 말을 수록한 책. こうしけご
孔雀〔공작〕 꿩과에 속하는 새. 열대(熱帶) 지방의 원산(原產)임. くじゃく 「공).
▷毛孔(모공). 鼻孔(비공). 眼孔(안

〖孕〗 [부] 子(아들자변) [획] 3—2 [훈] 아이밸 [음] 잉: [中] yün⁴ [英] pregnant [日] ヨウ. はらむ
[뜻] 아이밸.
[필순] ㇆乃孕孕
孕母〔잉모〕 [동]⇨잉부(孕婦).
孕婦〔잉부〕 아이를 밴 여자. [동]잉모(孕母). ようふ
孕重〔잉중〕 [동]⇨잉태(孕胎). 「重).
孕胎〔잉태〕 아이를 뱀. [동]잉중(孕

〖字〗 [부] 子(아들자변) [획] 3—3 [훈] 글자 [음] 자: [中] tzû⁴ [英] letter [日] ジ. あざな
[뜻] ①글자. ②결이름.
[필순] ' 宀字字
字句〔자구〕 문자(文字)와 어구(語句). じく
字幕〔자막〕 영화(映畫)에서 표제·배역·설명 따위를 글자로 나타낸 것. じまく
字母〔자모〕 ① 발음(發音)의 근본(根本)이 되는 글자. 음(音)을 표시하는 글자. ②활자(活字)를 만드는 데 쓰는 근본이 되는 자형(字型). じぼ 「근원.
字源〔자원〕 문자의 구성(構成)된
字義〔자의〕 글자의 뜻. じぎ
字字句句〔자자구구〕 문자(文字)마다 어구(語句)마다. じじくく
字字珠玉〔자자주옥〕 필법(筆法)이 묘하게 잘 되었음을 이름.
字典〔자전〕 한문(漢文) 글자를 수집(蒐集) 배열(排列)하여 낱낱이 그 뜻을 해석한 책. じてん
字體〔자체〕 ①글자의 모양. ②글자의 체. じたい
字學〔자학〕 글자의 근원·구성·원리·체(體)·음(音)·의(義) 등을 연구하는 학문. 「해석. じかい
字解〔자해〕 글자의 풀이. 문자의
字畫〔자획〕 문자를 구성하는 점획(點畫). じかく
▷古字(고자). 文字(문자). 姓字(성자). 俗字(속자). 略字(약자). 誤字(오자). 正字(정자). 題字(제자). 草字(초자). 脫字(탈자).

〖存〗 [부] 子(아들자변) [획] 3—3 [훈] 있을 [음] 존 [中] ts'un² [英] exist [日] ソン. ゾン. ある
[뜻] ①있을. ②보존할.
[필순] 一ナ存存
存立〔존립〕 ①생존함. 존재함. ②도와서 생존시킴. そんりつ
存亡〔존망〕 존속(存續)과 멸망. 삶과 죽음. 또 안태(安泰)함과 위태로움. [동]흥폐(興廢). そんぼう
存否〔존부〕 건재(健在)한지 어떤지의 생사(生死) 여부(與否). そんぴ
存續〔존속〕 존재(存在)를 계속함. そんぞく 「そんざい
存在〔존재〕 있음. 현존(現存)함.
存廢〔존폐〕 보존과 폐지. そんぱい
▷俱存(구존). 保存(보존). 생존(生存). 異存(이존). 適者生存(적자생존).

〖孝〗 [부] 子(아들자변) [획] 3—4 [훈] 효도 [음] 효: [中] hsiao⁴ [英] filial piety [日] コウ. キョウ. たかし
[뜻] ①효도. ②효자.
[필순] 土耂孝孝
孝經〔효경〕 경서(經書)의 하나. 공자(孔子)가 증자(曾子)를 위해서 효도(孝道)에 관하여 한 말을 기록한 책. こうきょう
孝女〔효녀〕 효행(孝行)이 있는 딸. [예]一沈清(심청). こうじょ
孝道〔효도〕 부모를 잘 섬기는 도리(道理). こうどう
孝婦〔효부〕 ① 효행(孝行)이 있는 며느리. ②효도가 지극한 부인.
孝誠〔효성〕 부모를 섬기는 정성.
孝心〔효심〕 효성(孝誠)의 마음. こうしん

孝養〔효양〕부모를 효도(孝道)로써 봉양(奉養)함. こうよう
孝子〔효자〕①부모를 잘 섬기는 아들. ②부모 제사 때에 자기를 일컫는 말. ③부모의 상중(喪中)에 있는 사람. こうし
孝者德之本〔효자덕지본〕효도(孝道)는 도덕(道德)의 근본임.
孝子門〔효자문〕효자를 표창(表彰)하여 세운 정문(旌門).
孝弟〔효제〕[동]⇨효제(孝悌).
孝悌〔효제〕부모와 형을 잘 섬김. [동]효제(孝弟). こうてい
孝鳥〔효조〕까마귀. こうちょう
孝行〔효행〕부모를 정성(精誠)으로 섬기는 행실(行實). こうこう
▷不孝(불효). 仁孝(인효). 至孝(지효). 忠孝(충효).

【季】[부] 子(아들자변) [획] 3—5 [훈] 끝 [음] 계: [中] chi^4 [英] last [日] キ. すえ
[뜻] ①끝. ②막내. ③철.
[필순] 一千禾季季

季刊〔계간〕일년에 네 철마다 잡지를 간행함. 또 그 잡지. 「칭.
季氏〔계씨〕남의 남자 아우의 존
季月〔계월〕①음력 12월. ②사계(四季)의 마지막달. 계춘(季春) 3월·계하(季夏) 6월·계추(季秋) 9월·계동(季冬) 12월의 일컬음. きげつ 「きし
季子〔계자〕끝의 아들. 막내 아들.
季節〔계절〕철. きせつ 「う
季節風〔계절풍〕철바람. きせつふ
季弟〔계제〕끝의 아우. [동]말제(末弟). きてい
▷冬季(동계). 四季(사계). 秋季(추계). 春季(춘계). 夏季(하계).

【孤】[부] 子(아들자변) [획] 3—5 [훈] 외로울 [음] 고 [中] ku^1 [英] lonely [日] コ. ひとり. みなしご
[뜻] 외로울.
[필순] 了子孑孤孤
孤高〔고고〕혼자만 유달리 고상함. ここう 「로운 군대. こぐん
孤軍〔고군〕후원(後援)이 없는 외
孤軍奮鬪〔고군분투〕①고립된 군력(軍力)으로 분발하여 싸움. ②혼자서 애씀. こぐんふんとう
孤島〔고도〕외딴 섬. ことう
孤獨〔고독〕①어려서 부모를 잃은 아이와 늙어서 자손이 없는 사람. ②외로움. 고립 무원(孤立無援)함. ③홀몸이어서 의지가지 없는 사람. こどく
孤立〔고립〕남의 도움이 없이 외톨이 됨. こりつ
孤立無依〔고립무의〕외로와 의탁할 만한 사람이 없음. こりつむい
孤城落日〔고성낙일〕도움이 없이 고립된 정상(情狀).
孤松〔고송〕홀로 외따로 떨어져 있는 소나무. こしょう 「하. こしん
孤臣〔고신〕임금의 버림을 받은 신
孤兒〔고아〕부모가 없는 어린애. [동]고자(孤子). こじ
孤子〔고자〕①아버지가 없는 사람. ② 아버지는 돌아가고 어머니만 생존하였을 때에 상중(喪中)에 있는 사람의 자칭. ③[동]⇨고아(孤兒). こし
孤掌難鳴〔고장난명〕외손뼉은 울리지 못함. 곧 고립(孤立)해서는 일을 하지 못함의 비유. こしょうなんめい
孤寂〔고적〕외롭고 쓸쓸함.

【孥】[부] 子(아들자변) [획] 3—5 [훈] 처자 [음] 노 [中] nu^2 [英] wife and children [日] ド. つま
[뜻] ①처자. ②등잔. 「こ
[필순] ㄑ女女奴奴孥孥
孥戮〔노륙〕남편이나 아버지의 죄로 말미암아 처자(妻子)까지 모조리 죽임을 당함. どりく

【孟】[부] 子(아들자변) [획] 3—5 [훈] 맏 [음] 맹: [中] mêng^4 [英] first [日] モウ
[뜻] ①맏. 첫. ②맹랑할. ③ 성.
[필순] 了子舌孟孟
孟冬〔맹동〕첫 겨울. 겨울의 첫째 달. 음력 시월의 이칭. もうとう
孟母斷機〔맹모단기〕맹자(孟子)의 어머니가 베틀에 맨 날을 끊어 맹자가 학업을 중도에 그만두려는 것을 경계한 고사(故事). もうぼだんき

孟母三遷〔맹모삼천〕 맹자(孟子)의 어머니가 세 번 이사를 하여 맹자를 교육시킨 고사(故事). 처음에 공동묘지 근방에 살았는데, 맹자가 장사지내는 흉내를 내므로 장거리에 옮겼더니, 이번에는 물건 파는 흉내를 내어 또다시 글방 있는 근처로 옮겼다고 함. もうぼさんせん

孟朔〔맹삭〕 동⇨맹월(孟月).

孟月〔맹월〕 음력 1·4·7·10월을 이름. 동맹삭(孟朔). もうげつ

孟子〔맹자〕 ①전국시대(戰國時代)의 철인(哲人). 이름은 가(軻). 자(字)는 자여(子輿). 노(魯)나라 사람. 〈맹자(孟子)〉 칠편(七篇)을 저술하여 왕도(王道)와 인의(仁義)를 존중하였으며 성선설(性善說)을 주창(主唱)하였음. 후세에 공자(孔子) 다음간다 하여 아성(亞聖)이라 일컬음. ②책명(册名). 맹자의 제자들이 맹자의 언행(言行)을 모아 기록한 것. もうし

▷孔孟(공맹). 論孟(논맹). 四孟(사맹).

【孩】 부 子(아들자변) 획 3—6 훈 아이 음 해 中 hai² 英 child 日 ガイ. みどりご

뜻 아이.

필순 了 孑 孑 孩 孩

孩兒〔해아〕 두서너 살 된 어린아이. 동해자(孩子). がいじ

孩子〔해자〕 동⇨해아(孩兒). がいし

孩提〔해제〕 동⇨해자(孩子). がいてい

孩提之童〔해제지동〕 어린이.

孩蟲〔해충〕 나온 지 얼마 안 되는 어린 벌레. がいちゅう

【孫】 부 子(아들자변) 획 3—7 훈 손자 음 손 中 suen¹ 英 grandson 뜻 ソン. まご

뜻 ①손자. ②자손. ③겸손할(遜과 통용). ④성.

필순 了 孑 孖 孫 孫

孫康映雪〔손강영설〕 진(晋)나라 손강(孫康)이 집이 구차하여 겨울밤에 눈빛으로 책을 읽었음의 고사(故事). そんこうえいせつ

孫文〔손문〕 근대 중국 혁명의 중심 인물. 자(字)는 일선(逸仙). 뒤에 중산(中山)이라 고침. そんぶん

孫婦〔손부〕 손자(孫子)의 아내. 아들의 며느리.

孫壻〔손서〕 손녀(孫女)의 남편. 아들의 사위.

孫悟空〔손오공〕 괴기소설(怪奇小說) 〈서유기(西遊記)〉 가운데에서 가장 주요한 구실을 하는 원숭이. そんごくう

孫子〔손자〕 ①아들의 아들. ②책명(册名). 주(周)나라 손무(孫武)가 지은 병서(兵書). そんし

▷王孫(왕손). 外孫(외손). 子孫(자손). 曾孫(증손). 後孫(후손).

【孰】 부 子(아들자변) 획 3—8 훈 누구 음 숙 中 shou² shu² 英 who; what 日 ジュク だれ. いずれ

뜻 ①누구. ②어느. 무엇. ③살필.

필순 亠 亡 亨 享 孰 孰 孰

孰是孰非〔숙시숙비〕 옳고 그름을 살핌. 또 시비를 가려냄.

孰若〔숙약〕 양쪽을 비교해서 의문을 풀어 볼 때 쓰는 말. 동숙여(孰與). いずれ

孰與〔숙여〕 동⇨숙약(孰若). いずれ

【學】 부 子(아들자변) 획 3—13 훈 배울 음 학 中 hsiao² hsüeh² 英 learn 日 ガク. まなぶ

뜻 ①배울. ② 학자·학문·학교. 글방.

참고 약 斈·学

필순 「 ｆ 𦥑 𦥯 𦥯 𦥯 與 學 學

學界〔학계〕 학문의 사회. がっかい

學科〔학과〕 학문의 과목. がっか

學課〔학과〕 학문의 과정(課程). がっか

學館〔학관〕 사설(私設) 교육 기관. 동사숙(私塾). 학사(學舍). がっかん 「②글방의 선생.

學究〔학구〕 ①학문을 깊이 연구함.

學級〔학급〕 한 교실 안에서 같이 수업을 받는 학생의 일단(一團). がっきゅう

學期〔학기〕 학교에서 한 학년의 수업 기간을 구분한 시기(時期)

がっき 「을 닦는 사람. がくと
學徒〔학도〕①학생. 생도. ②학문
學力〔학력〕①학문의 역량(力量). ②학문을 쌓은 정도. がくりょく
學歷〔학력〕수학(修學)한 이력(履歷). がくれき
學齡〔학령〕법률상 국민 교육을 받을 의무가 발생하는 나이. がくれい 「나 이론(理論). がくり
學理〔학리〕학문상의 원리(原理)
學問〔학문〕①학예를 배워 익힘. ② 배워 닦은 학예. ③체계(體系)가 선 지식. がくもん
學閥〔학벌〕①한 학교를 나온 사람들이 단결하여 서로 의지하고 서로 도와 세력을 형성하는 파벌. ②출신 학교의 지체. がくばつ
學費〔학비〕학업을 닦는데 드는 비용. 동학자(學資).
學士〔학사〕①학식 있는 사람. 학자. ②국가의 전례(典禮)·편찬·찬술(撰述) 등을 맡은 벼슬이름. ③고관(高官)을 우대하여 수여하는 칭호. ④4년제 대학의 학부 과정을 수료한 자에게 수여하는 학위. がくし
學生〔학생〕①학문을 배우는 사람. 동서생(書生). ②생전에 벼슬하지 아니한 사람에 대한 존칭. がくせい 「상의 의견. がくせつ
學說〔학설〕학문상의 논설. 학술
學術〔학술〕①학문과 예술 또는 기술. ②학문. がくじゅつ
學習〔학습〕①배워 익힘. ②정신 및 후천적(後天的) 발달을 이룸과, 체험으로 새로운 지식이나 기술을 습득하는 일. がくしゅう
學識〔학식〕①학문과 식견(識見). ②학문상의 식견. ↔상식(常識). がくしき
學業〔학업〕①공부하여 학문을 닦는 일. ②습득(習得)한 학문. がくぎょう
學藝〔학예〕학문(學問)·문장(文章)·기예(技藝)의 총칭. がくげい
學友〔학우〕같이 공부하는 벗. 글동무. がくゆう
學院〔학원〕①학교(學校). ②일정한 자격을 갖추지 못한 학교. がくいん 「えん
學園〔학원〕학문을 닦는 곳. がく
學位〔학위〕어떤 부문(部門)의 학술에 능통한 사람에게 주는 칭호. 박사·석사·학사 등. がくい
學而〔학이〕논어(論語)의 첫째 편명(篇名).
學者〔학자〕①학문에 통달(通達)한 사람. ②학문을 연구하는 사람. がくしゃ
學資〔학자〕동⇨학비(學費). がくし
學籍〔학적〕재학생(在學生)의 성명·생년월일·주소 등을 기록한 명부. 또 그 명부에 등록된 신분. がくせき
學制〔학제〕학교 및 교육에 관한 제도. 예—改編(개편). がくせい
學窓〔학창〕학문을 닦는 곳. 학교·사숙(私塾) 등. がくそう
學則〔학칙〕①학교의 규칙. 동교칙(校則). ②학문의 준칙(準則). がくそく
學風〔학풍〕①학문상의 경향. ②학교의 기풍(氣風). 동교풍(校風). がくふう 「がっけい
學兄〔학형〕학우(學友)의 높임말.
學會〔학회〕학술의 연구·장려를 목적으로 조직된 단체. がっかい
▷苦學(고학). 工學(공학). 科學(과학). 大提學(대제학). 大學(대학). 篤學(독학). 獨學(독학). 晩學(만학). 勉學(면학). 博學(박학). 小學(소학). 實學(실학). 力學(역학). 留學(유학). 中學(중학). 進學(진학). 淺學(천학).

(3) 宀 部

〖守〗 부 宀(갓머리) 획 3—3 훈 지킬 음 수: 中 shou³ 英 keep 日 シュ. ス. まもる. もり. かみ
뜻 ①지킬. ②벼슬아치. ③돌(狩와 통용).
필순 ' 宀 宀 宁 守

守舊〔수구〕 구습(舊習)을 지킴. 전례(前例)를 따름. 예—派(파). しゅきゅう

守令〔수령〕 ①태수(太守)와 읍령(邑令). ②원. 부윤(府尹)·목사(牧使)·부사(府使)·군수(郡守)·현감(縣監)·현령(縣令) 등. しゅれい

守門將〔수문장〕 성궐(城闕)의 문을 지키던 벼슬.

守備〔수비〕 지키어 방비함. 또 그 시설. ↔공격(攻擊). しゅび

守衛〔수위〕 지킴. 또 지키는 사람. 예—室(실). しゅえい

守錢奴〔수전노〕 돈을 모을 줄만 알고 쓸 줄 모르는 놈. しゅせんど

守節〔수절〕 절개(節槪)를 지킴. しゅせつ

守株待兎〔수주대토〕 구습에만 젖어 시대의 변천(變遷)을 모름. 또는 변통성(變通性) 없이 어리석게 고집하여 지키기만 함의 비유.

守護〔수호〕 지키어 보호함. 예—神(신). しゅご

▷看守(간수). 固守(고수). 攻守(공수). 郡守(군수). 太守(태수).

〖安〗 부 宀(갓머리) 획 3—3 훈 편안할 음 안 中 an¹ 英 peaceful 日 アン. やすらか. やすい

뜻 ①편안할. ②값쌀. ③어조사. 어디에·어찌·이에. ④성.

필순 宀宊安安

安康〔안강〕 편안함. 아무 탈이 없음. 또 편안하게 함. あんこう

安居〔안거〕 평안히 있음. 또 편안한 거처(居處). あんきょ

安堅〔안견〕 이조(李朝) 초기의 화가. 호는 현동자(玄洞子). 산수화(山水畵)에 능함.

安寧秩序〔안녕질서〕 생명과 재산(財產)이 안전하고 사회의 질서가 문란(紊亂)하지 아니함. あんねいちつじょ

安祿山〔안녹산〕 당(唐)나라의 절도사(節度使)·반신(叛臣). 755년에 난(亂)을 일으켜 대연 황제(大燕皇帝)라 칭하였으나 둘째 아들에게 살해(殺害)되었음. あんろくざん

安樂〔안락〕 ①마음과 기운이 편안하고 즐거움. ②극락정토(極樂淨土)의 이칭. あんらく

安眠〔안면〕 편안하게 잘 잠. ↔불면(不眠). あんみん

安否〔안부〕 편안하고 편안하지 아니함. 곧 기거(起居)의 상황(狀況). あんぴ

安貧樂道〔안빈낙도〕 궁하면서도 편안한 마음으로 도를 즐김.

安產〔안산〕 아무 탈 없이 순조(順調)롭게 아이를 낳음. 동순산(順產). あんざん

安市城〔안시성〕 중국(中國) 해성(海城) 동남 영성자(英城子) 부근에 있던 성(城). 고구려 보장왕(寶藏王) 때 당태종(唐太宗)의 공격을 맞아 성주(城主) 양만춘(楊萬春)이 적군을 격파한 곳.

安心〔안심〕 ①마음이 편안함. 또 마음을 편안하게 함. ②신앙에 의하여 마음을 안정함. あんしん

安穩〔안온〕 무사(無事)하고 편안함. あんのん

安危〔안위〕 편안함과 위태(危殆)함. あんき

安逸〔안일〕 몸이 편하고 한가(閑暇)함. あんいつ

安全保障〔안전보장〕 조약국(條約國)이 서로 상대국(相對國)의 영토적 안전을 보장(保障)하는 일. あんぜんほしょう

安定〔안정〕 편안하게 자리잡음. 편안히 자리잡게 함. あんてい

安靜〔안정〕 마음과 정신이 편안하고 고요함. あんせい

安存〔안존〕 성질이 안온(安穩)하고 얌전함.

安住〔안주〕 자리잡고 편안히 삶. あんじゅう

安重根〔안중근〕 일제(日帝) 침략의 원흉(元凶) 이토오히로부미(伊藤博文)를 살해한 의사(義士).

安着〔안착〕 무사히 도착(到着)함. あんちゃく

安置〔안치〕 일정한 장소에 안정하게 놓음. あんち

安宅〔안택〕 편히 살 만한 곳. 안전하고 걱정이 없는 곳. あんたく

安平大君〔안평대군〕이조(李朝) 세종(世宗)의 세째 아들. 이름은 용(瑢). 시문(詩文), 서화(書畫)를 잘하였음.

▷公安(공안). 苟安(구안). 大安(대안). 問安(문안). 未安(미안). 保安(보안). 不安(불안). 慰安(위안). 長安(장안). 治安(치안). 便安(편안). 平安(평안).

〖宇〗[부] 宀(갓머리) [획] 3—3 [훈] 집 [음] 우: [中] yü³ [英] house [日] ウ. いえ

[뜻] ①집. ②하늘. ③세계. ④지붕.

[필순] 宀宁宇宇

宇宙〔우주〕①천지사방(天地四方)과 고왕금래(古往今來). 시간과 공간. ②천지(天地). 세계. う

宇下〔우하〕처마 밑. うか └ちゅう

▷氣宇(기우). 堂宇(당우). 御宇(어우). 屋宇(옥우). 天宇(천우).

〖宅〗[부] 宀(갓머리) [획] 3—3 [훈] 집 [음] 택·댁 [中] chê⁴, chai² [英] house [日] タク. すまい. いえ

[뜻] ①집. ②살. ③자리잡을.

[필순] 宀宀宅宅

宅内〔댁내·택내〕남의 집안의 존칭. たくない

宅居〔택거〕집에 거처(居處)함.

宅心〔택심〕마음에 두고 잊지 않음. [동]존심(存心).

宅兆〔택조〕①무덤의 광중과 벽 안의 총칭. ②묘지(墓誌). たくちょう 「宅). たくち

宅地〔택지〕집. 집터. [동]가택(家

▷家宅(가택). 居宅(거택). 故宅(고택). 舊宅(구택·구댁). 貴宅(귀댁·귀택). 歸宅(귀택). 別宅(별택). 私宅(사택). 社宅(사택). 舍宅(사택). 媤宅(시댁). 新宅(신택·신댁). 自宅(자택). 邸宅(저택). 住宅(주택).

「宏」[부] 宀(갓머리) [획] 3—4 [훈] 클 [음] 굉 [中] hung² [英] great

[뜻] 클. 넓을. [日] コウ. ひろい

[필순] 宀宁宏宏宏

宏傑〔굉걸〕굉장하고 큼. こうけつ

宏達〔굉달〕마음이 넓고 사리(事理)에 환함. こうたつ 「うだい

宏大〔굉대〕굉장(宏壯)하게 큼. こ

宏謀〔굉모〕큰 계획. こうぼう

宏壯〔굉장〕크고 훌륭함. こうそう

宏闊〔굉활〕큼직하고 시원스럽게 넓음. こうかつ

[宋] [부] 宀(갓머리) [획] 3—4 [훈] 송나라 [음] 송: [中] sung⁴ [英]

[뜻] ①송나라. ②성. [日] ソウ

[필순] 宀宀宁宋宋

宋本〔송본〕송(宋) 시대에 간행(刊行)한 서적들. そうほん

宋時烈〔송시열〕이조(李朝) 숙종(肅宗) 때의 정치가·학자. 호는 우암(尤庵). 서인(西人)·노론(老論)의 거두로 활약함.

宋學〔송학〕송대(宋代)의 유학(儒學). 곧 성리학(性理學). そうがく

〖完〗[부] 宀(갓머리) [획] 3—4 [훈] 완전할 [음] 완 [中] wan³ [英] complete [日] カン. まったし. まっとうする

[뜻] ①완전할. ②끝날.

[필순] 宀宀宀宇完

完決〔완결〕완전(完全)하게 끝을 맺음. [동]완결(完結). かんけつ

完結〔완결〕[동]⇨완결(完決). 「ょう

完了〔완료〕끝이 남. 마침. かんり

完本〔완본〕전질(全帙) 중에 빠진 것이 없는 완전한 책. かんぽん

完備〔완비〕빠짐 없이 다 갖춤. 부족이 없음. かんび

完成〔완성〕완전하게 성취(成就)함. 죄다 이룸. かんせい

完銳〔완예〕견고(堅固)하고 예리(銳利)함. かんえい

完全〔완전〕①조금도 섞인 것이 없음. 순수함. ②부족이 없음. 흠이 없음. かんぜん

完全無缺〔완전무결〕부족(不足)이 없고 조금도 결점이 없음. かんぜんむけつ

完治〔완치〕병을 완전히 치료함.

完快〔완쾌〕병이 완전히 나음.

▷大完(대완). 未完(미완). 補完(보완).

〖官〗 [부] 宀(갓머리) [획] 3—5 [훈] 벼슬 [음] 관 ㊥ kuan[1] ㊧ official ㊐ カン. つかさ
[뜻] ①벼슬. ②벼슬할. ③마을. 관가. ④공변될.
[필순] 宀宀宀官官官

官家〔관가〕 ①천자(天子). 또 황실(皇室). ②정부. ③나라 일을 맡은 마을. 지방의 한 고을의 행정 사무를 처리하는 마을. かんか

官權〔관권〕 ①정부의 권력. ②관청의 권력. かんけん

官紀〔관기〕 관부(官府)의 규율(規律). 관리의 기율(紀律). かんき

官等〔관등〕 벼슬의 등급. かんとう

官力〔관력〕 관청의 힘.

官祿〔관록〕 ①관위(官位)와 봉록(俸祿). ②관리(官吏)의 봉록(俸祿). かんろく「슬아치. かんり

官吏〔관리〕 벼슬 다니는 사람. 벼

官名〔관명〕 벼슬의 이름. かんめい

官民〔관민〕 관리와 백성. かんみん

官報〔관보〕 ①정부에서 발행하는 일간(日刊) 공보(公報). ②관공서(官公署)에서 발송하는 공용(公用) 전보. かんぽう

官費〔관비〕 관아(官衙)에서 지출하는 비용. かんぴ

官舍〔관사〕 관부(官府)에서 지은 관리(官吏)의 주택(住宅). ㊀관저(官邸). かんしゃ

官署〔관서〕 관청(官廳). ㊀관아(官衙). かんしょ

官選〔관선〕 관청에서 뽑음. ↔민선(民選). かんせん

官屬〔관속〕 정관(正官)의 속리(屬吏). 벼슬아치. かんぞく

官衙〔관아〕 관원(官員)이 사무를 처리하는 곳 또는 마을. ㊀관청. かんが「청의 사용. ㊎—車(차).

官用〔관용〕 ①관청의 소용. ②관

官印〔관인〕 관용(官用)으로 쓰는 도장. かんいん 「てい

官邸〔관저〕 ㊀⇨관사(官舍). かん

官制〔관제〕 관청의 조직·권한(權限) 및 관리(官吏)의 직무 등을 규정한 법칙. かんせい

官製〔관제〕 정부 또는 관청 기업체에서 만듦. 또 그것. ↔사제(私製). かんせい

官職〔관직〕 관리의 직제(職制). 또는 직책(職責). かんしょく

官廳〔관청〕 ㊀⇨관아(官衙).

▷高官(고관). 教官(교관). 大官(대관). 文官(문관). 法官(법관). 士官(사관). 上官(상관). 屬官(속관). 任官(임관). 長官(장관). 判官(판관). 宦官(환관).

【宜】 [부] 宀(갓머리) [획] 3—5 [훈] 마땅 [음] 의 ㊥ i[2] ㊧ suitable
[뜻] 마땅. ㊐ ギ. よろしい
[필순] 宀宀宁宜宜宜

宜家〔의가〕 한 가정을 화목케 함.

宜男〔의남〕 남아(男兒)를 많이 낳은 부인. ぎだん 「당(宜當當)

宜當〔의당〕 마땅히. 으레. ㊀의당

宜當當〔의당당〕 ⇨의당(宜當).

宜土〔의토〕 식물(植物)을 심고 가꾸기에 알맞은 땅. 「가 좋음.

宜兄宜弟〔의형의제〕 형제간에 의

宜乎〔의호〕 당연한 모양.

▷機宜(기의). 時宜(시의). 適宜(적의). 便宜(편의).

〖定〗 [부] 宀(갓머리) [획] 3—5 [훈] 정할 [음] 정: ㊥ ting[4] ㊧ settle ㊐ テイ. ジョウ. さだめる
[뜻] ①정할. ②꼭.
[필순] 宀宀宀宁宇定

定價〔정가〕 ①값을 매김. ②매겨 놓은 값. ていか 「ていこく

定刻〔정각〕 작정한 바로 그 시각.

定期〔정기〕 일정한 기한 또는 시기. ㊎—運航(운항). ていき「う

定量〔정량〕 일정한 분량. ていりょ

定例〔정례〕 일정한 규례(規例). ていれい. じょうれい

定論〔정론〕 정확(正確)하여 움직일 수 없는 이론. ㊀정설(定說). ていろん

定立〔정립〕 판단력으로써 어떤 것을 타당한 또는 존재하는 객관(客觀)이라고 규정함. ていりつ

定石〔정석〕 ①바둑에 있어 공격과 수비에 최선을 다한 수법(手法)

의 정형(定形)을 이룬 것. ②일정한 방식. じょうせき 「せつ
定說[정설] 동⇨정론(定論). てい
定數[정수] ①일정한 수(數). ②정하여진 운수(運數). ていすう
定時[정시] 일정한 시각(時刻) 또는 시기. ていじ 「いしき
定式[정식] 일정한 방식(方式). て
定額[정액] 일정한 액수(額數). ていがく
定員[정원] 정하여진 사람의 수. 일정한 인원(人員). 예—超過(초과). ていいん
定義[정의] 한 사물(事物)에 관하여 의미를 밝혀 개념(槪念)을 명확하게 한정(限定)하는 일. 또 그 설명. ていぎ
定處[정처] 일정한 처소(處所)에 있음. 또 일정한 처소에 있게 함. ていしょ
定則[정칙] 일정할 규칙. ていそく
定評[정평] 모든 사람이 다 같이 옳다고 하는 비평 또는 평판(評判). ていひょう
定形[정형] 일정한 형체. ていけい
定婚[정혼] 혼인(婚姻)을 정함.
▷假定(가정). 鑑定(감정). 改定(개정). 更定(갱정·경정). 檢定(검정). 決定(결정). 固定(고정). 規定(규정). 肯定(긍정). 旣定(기정). 未定(미정). 安定(안정). 確定(확정).

〖宗〗 部 宀(갓머리) 획 3—5 훈 마루 음 종 中 tsung¹ 英 ancestral 日 ソウ. シュウ. むね
뜻 ①마루. ②밑. ③일가. ④갈래.
필순 宀宀宀宁宗宗
宗家[종가] 맏파(派)의 집안. 큰집. そうか
宗敎[종교] 무한(無限)·절대(絶對)의 초인간적(超人間的)인 신불(神佛)을 숭배하고 신앙(信仰)하여, 이로 말미암아 선악(善惡)을 권계(勸戒)하고 위안·안심입명(安心立命)·행복을 얻고자 하는 길. しゅうきょう
宗畓[종답] 종중(宗中) 소유의 논.
宗徒[종도] 종교·종파(宗派)의 신앙자. 동신도(信徒). しゅうと
宗廟[종묘] 역대(歷代)의 신주(神主)를 모신 제왕가(帝王家)의 사당(祠堂). 옛적에는 사서인(士庶人)의 사당도 종묘라고 하다가 후세에 이르러 대부(大夫) 이하의 사당은 가묘(家廟)라 부르게 되었음. ②국가(國家). 천하(天下). そうびょう
宗門[종문] ①동⇨종족(宗族). ②종교의 갈래. 종파. そうもん
宗社[종사] 종묘(宗廟)와 사직(社稷). 곧 왕실(王室)과 국토(國土). そうしゃ
宗山[종산] 한 겨레의 조상의 무덤이 있는 산. 곧 종중(宗中)의 산.
宗孫[종손] 맏파(派)집의 맏자손.
宗臣[종신] ①중직(重職)에 있는 관원(官員). 중신(重臣). ②종친(宗親)인 신하. 임금과 동족의 신하. そうしん
宗室[종실] ①선조(先祖)의 사당(祠堂). ②일족(一族)의 총본가(總本家). ③겨레. 집안. ④제왕(帝王)의 일가. 동종친(宗親). そうしつ
宗氏[종씨] 동성 동본(同本)으로서 촌수를 따지지 아니하는 겨레에 대한 칭호.
宗族[종족] 동성 동본의 일가. 동종문(宗門). そうぞく
宗中[종중] 한 겨레의 문중(門中).
宗親[종친] ①한 어머니의 형제. ②동족(同族)의 사람. ③제왕(帝王)의 일가. 동종실(宗室). そうしん
宗派[종파] ①종족(宗族)의 파. ②종교의 갈래. ③학술의 유파(流派). ④지파(支派)에 대하여 종가(宗家)의 계통. しゅうは
宗會[종회] 종중(宗中)의 회의.
▷改宗(개종). 敎宗(교종). 大宗(대종). 同宗(동종). 文宗(문종). 祖宗(조종). 正宗(정종).

〖宙〗 部 宀(갓머리) 획 3—5 훈 집 음 주: 中 chou⁴ 英 universe 日 チュウ. そら

뜻 ①집. ②하늘.
필순 宀宀宀宙宙
宙水〔주수〕 웅덩이에 괸 지하수(地下水). ちゅうすい
宙合〔주합〕 제(齊)나라의 관자(管子)란 책의 한 편명(篇名).
宙合樓〔주합루〕 창덕궁(昌德宮) 안의 한 누각.
▷宇宙(우주).

【客】 부 宀(갓머리) 획 3—6 훈 손 음 객 中 k'ê⁴ 英 guest 日 キャク. カク. まろうど
뜻 ①손. ②나그네. ③사람.
필순 宀宀宀安客客客
客苦〔객고〕 객지(客地)의 고생.
客觀〔객관〕 의식(意識)의 대상(對象)이 되는 일체의 현상. ↔주관(主觀). かっかん. きゃっかん
客氣〔객기〕 한때의 용기·혈기(血氣). かくき
客年〔객년〕 지나간 해. かくねん. きゃくねん
客談〔객담〕 객적은 말. 군말. 군소리. きゃくだん
客舍〔객사〕 여관. 동여사(旅舍). かくしゃ
客席〔객석〕 손님의 자리. きゃくせき
客船〔객선〕 손님을 태우는 배. きゃくせん
客愁〔객수〕 여행 중에 일어나는 수심. かくしゅう. きゃくしゅう
客宿〔객숙〕 동 ⇨ 여인숙(旅人宿). かくしゅく
客室〔객실〕 손님을 접대하는 방. きゃくしつ
客心〔객심〕 동⇨객회(客懷).
客月〔객월〕 지난 달. 전달. かくげつ. きゃくげつ
客人〔객인〕 ①손님. ②객적은 사람. きゃくじん
客主〔객주〕 장수의 물화(物貨)를 위탁받아 팔거나 매매를 소개(紹介)하고 또 그 장수를 숙박(宿泊)시키는 영업. かくしゅ
客中〔객중〕 여행 중. かくちゅう
客地〔객지〕 ①타향. 동객토(客土). ②전쟁 때 쳐들어간 적의 땅.
客車〔객차〕 ① 손이 타는 수레. ② 여객을 운송(運送)하는 열차. きゃくしゃ
客窓〔객창〕 나그네가 거처하는 방. 동여창(旅窓).
客土〔객토〕 ①딴 데서 가져온 흙. ②타향(他鄉). 동객지(客地). かくど. きゃくど
客鄕〔객향〕 나그네살이하는 타향.
客懷〔객회〕 객중(客中)의 정회(情懷). 나그네의 회포. 동객심(客心). 객혼(客魂).
▷顧客(고객). 過客(과객). 賓客(빈객). 術客(술객). 弔客(조객). 主客(주객). 醉客(취객). 賀客(하객).

【宣】 부 宀(갓머리) 획 3—6 훈 베풀 음 선 中 hsüan¹ 英 proclaim 日 セン. のべる
뜻 ①베풀. ②펼. ③밝힐. ④임금의 말. 조칙.
필순 宀宀宀宣宣宣宣
宣告〔선고〕 ①널리 말하여 이름. 공포(公布)함. ②재판의 언도(言渡). せんこく
宣教〔선교〕 종교를 선전함. 예—師(사). せんきょう
宣明〔선명〕 뚜렷이 선언(宣言)함. せんめい
宣誓〔선서〕 서약(誓約)의 선언. 예就任(취임)—. せんせい
宣揚〔선양〕 널리 떨치게 함. 예國威(국위)—. せんよう
宣言〔선언〕 세상에 언명(言明)함. 정식으로 표명함. 또 그 말. 예獨立(독립)—. せんげん
宣傳〔선전〕 ①백성에게 명령을 전하는 것. ②어떤 사물이나 사상(思想)·주의(主義) 등을 많은 사람에게 퍼뜨려, 이해와 공명(共鳴)을 구함. せんでん
宣戰〔선전〕 전쟁을 개시하는 이유의 선언(宣言). 예—布告(포고). せんせん
宣布〔선포〕 널리 펴 알림. せんぷ
▷明宣(명선). 不宣(불선). 承宣(승선).

【室】 부 宀(갓머리) 획 3—6 훈 집 음 실 中 shih¹ 英 room 日 シツ. むろ
뜻 ①집. ②방. ③아내. ④집안.
필순 宀宀宀宀室室室
室家〔실가〕 ①집. 가옥(家屋). ②가족. ③아내. 처(妻). しっか
室家之樂〔실가지락〕 부부간의 화

락(和樂).
室內〔실내〕 방 안. しつない
室人〔실인〕 ①집안 사람. ②아내. しつじん
▷居室(거실). 教室(교실). 內室(내실). 茶室(다실). 事務室(사무실). 寢室(침실). 皇室(황실).

「宥」 부 宀(갓머리) 획 3—6 훈 죄사할 음 유: 中 yu⁴ 英 —日 ユウ. **ゆる**す. **なだ**める
뜻 ①죄 사할. 용서할. ②도울. ③너그러울.
필순 宀宀宀宥宥宥
宥減〔유감〕 특정(特定)한 사람의 범죄 행위(犯罪行爲)를 널리 용서하여 그 형(刑)을 감(減)함. ゆうげん
宥貸〔유대〕 동⇨유서(宥恕). ゆうたい
宥免〔유면〕 죄를 용서함. ゆうめん
宥密〔유밀〕 ①깊고 고요함. 넓고 평안함. ②너그럽고 편안함. ゆうみつ
宥恕〔유서〕 죄를 용서함. 동유대(宥貸). ゆうじょ
宥坐之器〔유좌지기〕 곁에 두고 스스로 반성(反省)을 삼는 기구(器具). ゆうざのき
宥罪〔유죄〕 죄를 너그럽게 용서함. ゆうざい
宥旨〔유지〕 임금이 죄인을 특별히 용서하여 주던 명령. ゆうし
宥和〔유화〕 너그러운 태도로 사이 좋게 지냄. ゆうわ
宥還〔유환〕 용서함을 받아 귀양살이에서 돌아옴. ゆうかん

〖家〗 부 宀(갓머리) 획 3—7 훈 집 음 가 中 chia¹ 英 house
日 カ. ケ. いえ. や. うち
뜻 ①집. ②용한이. 어떤 일에 통한 이. ③아내.
필순 宀宀宀宀家家家
家家〔가가〕 집집마다.
家家戶戶〔가가호호〕 집집마다.
家系〔가계〕 ①한 집안의 계통. ②한 집안의 계도(系圖). かけい
家計〔가계〕 한 집안의 생계(生計). 살림살이. 살림살이의 형편. 예 —簿(부). かけい
家口〔가구〕 집안 식구(食口). 동 가족(家族). 처자(妻子). かこう
家具〔가구〕 집안 살림에 쓰는 기구(器具). 동집물(什物). かぐ
家禽〔가금〕 집에서 기르는 날짐승. かきん
家內〔가내〕 ①집의 안. ② 동 가족(家族). かない
家道〔가도〕 ①집안의 생계(生計). ②집안의 규율. かどう
家豚〔가돈〕 자기 아들의 겸칭.
家名〔가명〕 ①한 집안의 명예(名譽). 동 가성(家聲). ②집의 명칭. かめい
家門〔가문〕 ①자기 집의 문. ②집. ③대부(大夫)의 집. ④집안. 가족(家族). 또 일족(一族). ⑤지체. かもん
家譜〔가보〕 한 집안의 계보(系譜).
家寶〔가보〕 한 집안에 대대로 전하여 내려오는 보물. かほう
家貧〔가빈〕 살림이 가난함. かひん
家史〔가사〕 동⇨가전(家傳). かし
家產〔가산〕 한 집안의 재산(財產). かさん
家相〔가상〕 ①한 집안의 사무를 관리하는 사람의 우두머리. 가신(家臣)의 우두머리. ②집의 구조·방향·장소 등을 보아 길흉을 판단하는 일. かそう
家聲〔가성〕 동⇨가명(家名).
家勢〔가세〕 ①집안의 형세(形勢). ②살림살이의 형편(形便). 지내는 정도. 터수. かせい
家乘〔가승〕 한 집안의 기록. 족보(族譜)·문집(文集) 따위.
家臣〔가신〕 높은 벼슬아치의 집에서 섬기는 사람. かしん
家業〔가업〕 ①한 집안의 대대로 물려서 내려오는 직업. 동세업(世業). ②한 집안의 재산. かぎょう
家用〔가용〕 ①집에서 쓰는 비용(費用). ②집안에서 씀.
家運〔가운〕 집안의 운수. かうん
家長〔가장〕 한 집안의 어른. 동호주(戶主). かちょう
家財〔가재〕 ①한 집안의 재산(財產). ②가구(家具). かざい
家傳〔가전〕 ①대대로 전하여 내려옴. 또 그 전하여 내려온 것. 동

세전(世傳). ②동가사(家史).
家政〔가정〕 집안의 살림살이. 한집안의 경제(經濟). 동가도(家道).
家庭〔가정〕 한 가족으로서의 집안 예一教訓(교훈). かてい
家族〔가족〕 ①한 집안 사람. ②동가내(家內). かぞく
家畜〔가축〕 집에서 기르는 소·말·돼지·닭·개 따위 집짐승. かちく
家親〔가친〕 남에게 대하여 자기의 아버지를 일컫는 말.
家宅〔가택〕 살림하는 집. 동주택(住宅). かたく 「う
家風〔가풍〕 한 집안의 풍습. かふ
家和萬事成〔가화만사성〕 집안이 화목하면 모든 일이 이루어짐.
家訓〔가훈〕 가정 교훈(家庭教訓). かくん
▷古家(고가). 國家(국가). 貴家(귀가). 歸家(귀가). 農家(농가). 大家(대가). 文筆家(문필가). 民家(민가). 兵家(병가). 本家(본가). 分家(분가). 商家(상가). 勢家(세가). 良家(양가). 王家(왕가). 外家(외가). 一家(일가). 作家(작가). 諸子百家(제자백가). 宗家(종가). 畫家(화가).

【宮】 부 宀(갓머리) 획 3—7 훈 집 음 궁 中 kung¹ 英 palace 日 キユウ. グウ. ク. みや
뜻 ①집. ②궁전. 대궐. ③소리 이름.
필순 宀宀宀宀宀宮宮
宮家〔궁가〕 대군(大君)·왕자군(王子君)·공주(公主)·옹주(翁主)의 궁전. みやけ
宮闕〔궁궐〕 ①대궐(大闕)의 문. ②대궐. 동궁전(宮殿).
宮女〔궁녀〕 궁중의 여관(女官). 나인(內人). 궁인(宮人). きゅうじょ
宮苑〔궁원〕 궁중의 정원(庭園). きゅうえん 「うじん. みやびと
宮人〔궁인〕 동⇨궁녀(宮女). きゅ
宮殿〔궁전〕 궁궐(宮闕). きゅうでん
宮廷〔궁정〕 대궐. きゅうてい
宮中〔궁중〕 대궐(大闕) 안. 궁궐 안. きゅうちゅう
宮體〔궁체〕 ①육조(六朝)의 말기 및 양(梁)·당나라 초기에 유행한 시체(詩體). ②이조 때 궁녀들이 쓰던 한글의 글씨체.
▷東宮(동궁). 迷宮(미궁). 王宮(왕궁). 龍宮(용궁). 月宮(월궁).

【宴】 부 宀(갓머리) 획 3—7 훈 잔치 음 연: 中 yen⁴ 英 banquet 日 エン. うたげ
뜻 잔치.
필순 宀宀宀宀宴宴宴
宴樂〔연락〕 ①잔치를 베풀고 즐김. ②주색(酒色)의 즐거움. 「き
宴席〔연석〕 잔치하는 자리. えんせ
宴息〔연식〕 편안히 쉼. えんそく
宴安〔연안〕 편안히 지냄. えんあん
宴宴〔연연〕 즐기는 모양. えんえん
宴會〔연회〕 잔치. えんかい
▷送別宴(송별연). 壽宴(수연). 祝宴(축연). 披露宴(피로연).

〖容〗 부 宀(갓머리) 획 3—7 훈 얼굴 음 용 中 jung² 英 accept 日 ヨウ. かたち. いれる
뜻 ①얼굴. ②받아들일. ③담을. ④안존할.
필순 宀宀宀宀容容
容納〔용납〕 받아들임. ようのう
容量〔용량〕 물건이 담기는 분량. ようりょう 「ようぼう
容貌〔용모〕 사람의 얼굴의 모양.
容恕〔용서〕 관대(寬大)히 보아 주어 꾸짖거나 처벌(處罰)하지 아니함. ようじょ
容疑者〔용의자〕 범죄의 혐의를 받고 있는 사람. ようぎしゃ
容易〔용이〕 쉬움. ようい
容認〔용인〕 용납(容納)하여 인정(認定)함. ようにん
容積〔용적〕 ①속에 물건을 담을 수 있는 부피. ②입방체(立方體)의 체적(體積). ようせき
容態〔용태〕 ①용모(容貌)와 자태. 모습. ②병의 형편. 동병상(病狀). ようたい
▷寬容(관용). 內容(내용). 美容(미용). 婦容(부용). 威容(위용). 從容(종용). 包容(포용). 許容(허용). 形容(형용).

「宰」 부 宀(갓머리) 획 3—7 훈 재상 음 재: 中 tsai³ 英

minister ㊐サイ. つかさ
뜻 ①재상. ②우두머리. ③주장할. 다스릴.
필순 宀宀宀宀宀宰宰宰
宰官〔재관〕관리(官吏). さいかん
宰木〔재목〕무덤 가에 심은 나무.
宰輔〔재보〕㊍⇨재상(宰相). さいほ「체를 통할(統轄)함. さいし
宰司〔재사〕①㊍재상(宰相). ②일
宰相〔재상〕제왕(帝王)을 도와 정무(政務)를 총리(總理)하는 대신. ㊍승상(丞相)·재보(宰輔). さいしょう「재). 衡宰(형재).
▷主宰(주재). 總宰(총재). 太宰(태

〖害〗 부 宀(갓머리) 획 3—7 훈 해할 음 해: ㊥ hai⁴ 英 harm ㊐ガイ. そこなう.
뜻 ①해할. ②시기할. 해롭게 할. ④요해. ⑤어찌할.
필순 宀宀宀宀宀宀害害
害毒〔해독〕해와 독. がいどく
害惡〔해악〕남을 해치는 악한 일. がいあく
害蟲〔해충〕인류에게 해가 되는 벌레. ↔익충(益蟲). がいちゅう
害蟲驅除〔해충구제〕농작물(農作物)이나 나무를 가꾸는 데에 해를 끼치는 벌레를 몰아 죽여 없앰. がいちゅうくじょ
▷妨害(방해). 殺害(살해). 損害(손해). 弑害(시해). 自害(자해). 災害(재해). 風害(풍해).

〖寇〗 부 宀(갓머리) 획 3—8 훈 도둑 음 구: ㊥ k'ou⁴ 英 thif ㊐コウ. あだ
뜻 ①도둑. ②노략질할.
필순 宀宀宀宀宀宀宀寇
寇警〔구경〕적침(敵侵)의 경보.
寇亂〔구란〕외구(外寇)와 내란(內亂). こうらん
寇掠〔구략〕타국(他國)에 쳐들어가 재물(財物) 등을 빼앗아 감. こうりゃく「도둑. こうぞく
寇賊〔구적〕국경(國境)을 침범하는
寇敵〔구적〕① 외적(外敵). ② 원수. こうてき
▷內寇(내구). 倭寇(왜구). 外寇(외구). 侵寇(침구).

〖寄〗 부 宀(갓머리) 획 3—8 훈 부칠 음 기: ㊥ chi⁴ 英 lodge ㊐キ. よる. よせる
뜻 ①부칠. ②붙어살.
필순 宀宀宀宀宀宀寄寄寄
寄稿〔기고〕원고를 신문사·잡지사 등에 보냄. ㊍기서(寄書).
寄留〔기류〕남의 집 또는 타향에서 일시 몸을 붙여 삶. きりゅう
寄別〔기별〕알림. 통지함.
寄生〔기생〕①남에게 의지하여 삶. ②독립하여 생존(生存)할 수 없는 동식물이 다른 동식물의 몸 또는 거죽에 붙어서 영양을 얻어 살아 감. 예—蟲(충). きせい
寄書〔기서〕①편지를 부침. ②㊍기고(寄稿). きしょ「きそう
寄送〔기송〕물건을 인편에 보냄.
寄宿〔기숙〕남의 집에 몸을 붙여 숙식(宿食)함. 예—舍(사). きしゅく
寄食〔기식〕남의 집에 붙여서 먹음. 식객(食客) 노릇을 함. きしょく
寄與〔기여〕①부치어 줌. 보내어 줌. ②이바지함. ㊍공헌(貢獻).
寄傲〔기오〕오만을 부림. 「きよ
寄贈〔기증〕물건을 보내어 줌. ㊍증정(贈呈). きぞう
寄港〔기항〕항해 중의 배가 항구에 들림. きこう
▷投寄(투기).

〖密〗 부 宀(갓머리) 획 3—8 훈 빽빽할 음 밀 ㊥ mi⁴ 英 secret ㊐ミツ. ひそか
뜻 ①빽빽할. ②은밀할. ③은근할. ④친밀할.
필순 宀宀宀宀宀宀宓密
密計〔밀계〕비밀한 꾀. ㊍밀책(密策). みっけい「っこく
密告〔밀고〕남몰래 고(告)함. み
密談〔밀담〕다른 사람이 듣지 못하게 가만히 이야기함. みつだん
密度〔밀도〕①조밀(稠密)한 정도. ②물체의 단위용적(單位容積) 중에 포함된 질량(質量). みつど
密林〔밀림〕빽빽한 숲. みつりん
密賣〔밀매〕몰래 팖. みつばい

密封[밀봉] 단단히 봉함. 꼭 봉함. みっぷう
密使[밀사] 몰래 보내는 사자(使者). ㉿海牙(해아)—. みっし
密生[밀생] 빈틈 없이 빽빽하게 남. ㉿총생(叢生). みっせい
密輸[밀수] 금제(禁制)를 범하여 몰래 물품을 수입 또는 수출함. ㉿—犯(범). みつゆ
密室[밀실] 꼭 닫아 두고 함부로 출입(出入)을 못하게 하는 방. みっしつ 「(默契). みつやく
密約[밀약] 비밀한 약속. ㉿묵계
密接[밀접] ①꼭 달라 붙음. ②서로 떨어지기 어려운 깊은 관계가 있음. みっせつ
密偵[밀정] 비밀히 정탐(偵探)하는 사람. 간첩·스파이. みってい
密酒[밀주] 허가 없이 몰래 담근 술. ㉿—業(업). みっしゅ
密着[밀착] ①빈틈없이 단단히 붙음. ②여러 개가 다닥다닥 붙음. みっちゃく 「さく
密策[밀책] ㉿⇨밀계(密計). みっ
密探[밀탐] 몰래 정탐(偵探)함.
密通[밀통] 남녀가 몰래 정을 통함. みっつう
密閉[밀폐] 꼭 닫음. みっぺい
密航[밀항] 금제(禁制)를 범하여 몰래 하는 도항(渡航). ㉿—者(자). みっこう 「っかい
密會[밀회] 비밀(秘密)히 만남. み
▷機密(기밀). 內密(내밀). 綿密(면밀). 秘密(비밀). 細密(세밀). 嚴密(엄밀). 精密(정밀). 親密(친밀).

〖宿〗 部 宀(갓머리) 획 3—8 훈 잘 음 숙 中 su⁴, hsiu³ 英 lodge 日 シュク. スク. やど. やどる 「막. ④별(수).
뜻 ①잘. ②묵을. ③주
필순 ' ⺈ 宀 宀 宿宿

宿德[숙덕] ①덕행(德行)이 있는 노인. ②오래도록 쌓은 덕망(德望). しゅくとく
宿望[숙망] ①오래 전부터 지닌 명망(名望). ②오래 전부터 가진 소망. しゅくぼう
宿泊[숙박] 주막(酒幕)에서 묵음. 여관에 듦. しゅくはく 「く
宿食[숙식] 자고 먹음. しゅくしょ
宿緣[숙연] ①오래 된 인연. ②숙세(宿世)의 인연. しゅくえん
宿怨[숙원] 오래 된 원한(怨恨). 또 원한을 풀지 않고 마음 속에 품음. しゅくえん
宿願[숙원] 오래 된 소원. 늘 바라던 소망(所望). しゅくがん
宿敵[숙적] 오래 전부터의 원수. しゅくてき
宿題[숙제] ①미리 내주는 문제. ②두고 생각할 문제. しゅくだい
宿直[숙직] 관청이나 회사(會社) 등에서 자고 밤을 지키는 일. しゅくちょく
宿敗[숙패] 처음부터 질 것이 뻔한 싸움. しゅくはい
宿患[숙환] 긴 병. 오래된 병. しゅくがん
▷寄宿(기숙). 耆宿(기숙). 露宿(노숙). 星宿(성수). 旅人宿(여인숙). 二十八宿(이십팔수). 投宿(투숙). 下宿(하숙).

〖寅〗 部 宀(갓머리) 획 3—8 훈 범 음 인 中 yin² 英 tiger 日 イン. とら 「지지.
뜻 ①범. 범띠. ②세째
필순 ' ⺈ 宀 宀 寅寅寅

寅年[인년] 태세(太歲)의 지지(地支)가 인(寅)으로 된 해.
寅念[인념] 삼가 생각함. いんねん
寅方[인방] 24방(方) 중 동북동.
寅月[인월] 음력 정월의 이칭.
寅淸[인청] 몸을 삼가고 깨끗이 「함.
▷丙寅(병인). 壬寅(임인).

【寂】 部 宀(갓머리) 획 3—8 훈 고요할 음 적 中 chi² 英 desolate 日 セキ. ジャク. さび 「しい
뜻 고요할.
필순 ' ⺈ 宀 宀 宇宋寂寂

寂漠[적막] 적적함. 고요함. じゃくまく. せきばく
寂滅[적멸] ①자연히 없어져 버림. せきめつ ②번뇌(煩惱)의 경지를 벗어나 생사(生死)의 환루(患累)를 끊음. 곧 죽음. じゃくめ

つ 「じゃくねん. せきぜん
寂然〔적연〕 쓸쓸하고 고요한 모양.
寂然無聞〔적연무문〕 조용하고 적적하며 아주 소식이 없음.
寂寂〔적적〕 외롭고 쓸쓸함. じゃくじゃく. せきせき
寂靜〔적정〕 쓸쓸하고 고요함.
▷空寂(공적). 幽寂(유적). 靜寂(정적). 閑寂(한적).

〖富〗 부 宀(갓머리) 획 3—9 훈 가멸 음 부: 中 fu⁴ 英 rich
日 フウ. フ. とむ
뜻 ①가멸. 넉넉할. ②부자.
필순 ' '' 宀宁宫宫富富富
富家〔부가〕 부잣집.
富强〔부강〕 나라가 부유(富裕)하고 강함. 재물이 많고 군사가 강함. ふきょう
富國强兵〔부국강병〕 나라를 부요(富饒)하게 하고 군사를 강하게 함. 곧 국세(國勢)를 증대(增大)시킴. ふこくきょうへい
富貴〔부귀〕 재산이 많고 지위가 높음. 예一多男(다남). ふうき
富貴功名〔부귀공명〕 부귀와 공명. ふうきこうめい
富貴在天〔부귀재천〕 부귀는 하늘이 이미 정해 놓은 것이어서 사람이 바란다고 마음대로 되는 것이 아님. ふうきざいてん
富饒〔부요〕 동⇨부유(富裕).
富裕〔부유〕 재산이 넉넉함. 동부요(富饒). ふゆう
富益富〔부익부〕 부자가 더욱 부자가 됨. ↔빈익빈(貧益貧).
富春秋〔부춘추〕 나이 어림. 나이가 아직 젊음. 전정(前程)이 요원(遼遠)함.
富豪〔부호〕 큰 부자. ふごう
▷甲富(갑부). 巨富(거부). 國富(국부). 首富(수부). 壽富(수부). 猝富(졸부). 豐富(풍부).

〖寓〗 부 宀(갓머리) 획 3—9 훈 붙일 음 우: 中 yü³ 英 dwell
日 グウ. よる. よせる
뜻 ①붙일. ②살. ③부탁할.
필순 ' 宀宀寓寓寓寓
寓居〔우거〕 ①남의 집에 붙이어 삶. ②타향(他鄕)에 임시(臨時)로 삶. ぐうきょ
寓公〔우공〕 나라를 잃고 타국(他國)에 몸을 붙이어 사는 군주(君主)나 제후(諸侯). ぐうこう
寓木〔우목〕 ①겨우살이. ②나무 위에서 임시로 삶. ぐうぼく 「く
寓目〔우목〕 주의하여서 봄. ぐうも
寓舍〔우사〕 우거(寓居)하고 있는 집. ぐうしゃ 「うせい
寓生〔우생〕 남에게 붙어서 삶. ぐ
寓書〔우서〕 편지를 써 보냄. ぐうしょ 「곳. ぐうしょ
寓所〔우소〕 우거(寓居)하고 있는
寓宿〔우숙〕 남에게 붙이어 묵음. ぐうしゅく 「먹음. ぐうしょく
寓食〔우식〕 남의 집에 밥을 붙여
寓心〔우심〕 마음을 가짐. ぐうしん
寓言〔우언〕 자기의 생각을 다른 사물에 비교(比較)하여 은근히 나타내는 말. ぐうげん
寓意〔우의〕 자기의 생각을 다른 사물에 비교해서 나타냄. ぐうい
寓意小說〔우의소설〕 내용에 풍자적 혹은 교훈적인 뜻을 포함한 소설. ぐういしょうせつ 「ぜん
寓錢〔우전〕 종이로 만든 돈. ぐう
寓接〔우접〕 동⇨우거(寓居). ぐうせつ 「비유의 이야기. ぐうわ
寓話〔우화〕 교훈의 뜻을 품고 있는
寓懷〔우회〕 생각을 무엇에 기울임. 또는 생각을 무엇에 의탁(依託)함. ぐうかい
▷寄寓(기우). 旅寓(여우). 託寓(탁우). 漂寓(표우).

〖寒〗 부 宀(갓머리) 획 3—9 훈 찰 음 한 中 han² 英 cold
日 カン. さむい
뜻 ①찰. ②떨릴. ③가난할. ④천할.
필순 ' 宀宀审寉寒寒寒
寒家〔한가〕 가난한 집. 빈한한 집안. 또 미천(微賤)한 집. かんか
寒苦〔한고〕 추위의 고통. かんく
寒氣〔한기〕 추운 기운. 추위. 동냉기(冷氣). かんき
寒燈〔한등〕 추운 밤의 등불. 또 쓸

쓸하게 보이는 등불. かんとう
寒暖〔한란〕 추움과 따뜻함. ㉠—計(계). かんだん
寒冷〔한랭〕 추움. 참. かんれい
寒露〔한로〕 ①찬 이슬. ②24 절기(節氣)의 하나. 양력 10월 8일경. かんろ
寒微〔한미〕 빈한하고 미천(微賤)함. 가난하고 지체가 변변하지 못함. かんび
寒士〔한사〕 가난한 선비. 한미(寒微)한 선비. かんし 「かんざん
寒山〔한산〕 쓸쓸한 가을철의 산.
寒山拾得〔한산습득〕 당(唐)나라 정관시대(貞觀時代)의 두 사람의 중 이름. 모두 천태산(天台山) 국청사(國淸寺)의 풍간선사(豐干禪師)의 제자로서 대단히 사이가 좋았음. かんざんしゅうとく
寒色〔한색〕 찬 느낌을 주는 빛깔. 푸른 빛 또는 그에 가까운 빛. ㊐냉색(冷色). ↔난색(暖色)·온색(溫色). かんしょく
寒暑〔한서〕 ①추위와 더위. ②겨울과 여름. かんしょ
寒食〔한식〕 동지(冬至) 뒤 105일 되는 날. 이날 나라에서는 종묘(宗廟)에 제향(祭享)을 지내고 민간에서도 성묘(省墓)를 하였음. かんしょく
寒心〔한심〕 ①마음이 선뜩함. ②마음에 언짢아 기막히는 일. かんしん 「는 비. かんう
寒雨〔한우〕 ①찬 비. ②겨울에 오
寒月〔한월〕 겨울의 달. 겨울 하늘에 뜬 달. かんげつ
寒節〔한절〕 추운 절기. 추운 철. かんせつ 「늘. かんてん
寒天〔한천〕 추운 하늘. 겨울의 하
寒村〔한촌〕 ①가난한 마을. ②쓸쓸한 마을. かんそん
寒波〔한파〕 심한 추위가 오는 현상. ㉠—來襲(내습). かんぱ
寒風〔한풍〕 찬 바람. かんぷう
寒害〔한해〕 심한 추위로 농작물 따위가 입는 해. かんがい
▷極寒(극한). 猛寒(맹한). 貧寒(빈한). 雪寒(설한). 惡寒(오한). 暴寒(폭한). 酷寒(혹한).

【寡】 部 宀(갓머리) 劃 3—11 訓 적을 音 과: ㊥ kua[3] ㊎ little ㊐ カ. すくない 「나.
뜻 ①적을. ②홀어미. 과부. ③
필순 宀宀宀寡寡寡寡

寡頭〔과두〕 적은 인원(人員). ㉠—政治(정치). かとう
寡默〔과묵〕 침착하고 말이 적음. かもく 「는 것이 적음. かぶん
寡聞〔과문〕 견문(見聞)이 적음. 아
寡婦〔과부〕 홀어미. ㊐과수(寡守). 미망인(未亡人). かふ
寡不敵衆〔과부적중〕 적은 것으로 많은 것을 대적(對敵)할 수 없음. ㊐중과부적(衆寡不敵).
寡少〔과소〕 아주 적음. かしょう
寡守〔과수〕 홀어미로 지냄. 또는 그런 부인. ㊐과부(寡婦).
寡言〔과언〕 말이 적음. かげん
寡慾〔과욕〕 욕심(慾心)이 적음. かよく 「(充實)함.
寡而實〔과이실〕 적을지라도 충실
寡人〔과인〕 덕(德)이 적은 사람이란 뜻으로, 왕후(王侯)의 자칭 대명사. ㊐짐(朕). かじん 「과).
▷孤寡(고과). 多寡(다과). 衆寡(중

【寧】 部 宀(갓머리) 劃 3—11 訓 편안할 音 녕 ㊥ ning[2] ㊎ peaceful ㊐ ネイ. やすい. むしろ 「리. ④어찌.
뜻 ①편안할. ②문안할. ③차라
필순 宀寧寧寧寧

寧國〔영국〕 ①나라를 편안하게 함. ②송(宋)나라의 한 부명(府名). ねいこく 「(平安). ねいたい
寧耐〔영내〕 ①인내(忍耐). ②평안
寧歲〔영세〕 일이 없고 평화로운 해.
寧一〔영일〕 안정되어 어지럽지 않음. ねいいち
寧日〔영일〕 일이 없고 평안한 날. 평화로운 세월. ねいじつ
寧靜〔영정〕 ①평안하고 고요함. ②중국의 산 이름. ねいせい
▷康寧(강녕). 無寧(무녕). 安寧(안녕). 叮寧(정녕).

【實】 部 宀(갓머리) 劃 3—11 訓 열매 音 실 ㊥ shih[2] ㊎ fruit

㊐ ジツ. み. みのる
뜻 ①열매. ②찰. ③넉넉할. ④성실할.
참고 ㉮ 実
필순 宀宀宀宀宀宀宀宀實實實

實功〔실공〕 실제(實際)의 공을 들인 보람. じっこう
實果〔실과〕 과실(果實). 과일. じっか 「っけん
實權〔실권〕 실제의 권력(權力). じ
實記〔실기〕 실제(實際)의 사실(事實)을 적은 기록. じっき
實錄〔실록〕 ①사실을 그대로 적은 기록. ②사체(史體)의 하나. 한 임금의 재위 연간(在位年間)의 정령(政令) 및 그밖의 사실을 적은 기록. ㉮李朝(이조). じつろく 「의 효용(効用). じつり
實利〔실리〕 ①실제의 이익. ②실제
實務〔실무〕 실제(實際)의 사무. 실제로 다루는 업무(業務). じつむ
實事求是〔실사구시〕 사실에 따라 진리를 탐구함. じつじきゅうぜ
實辭〔실사〕 실질적(實質的)인 뜻을 가진 품사(品詞). ㉬실자(實字). ↔허사(虛辭). 조사(助辭). じっし
實相〔실상〕 ①진상(眞相). ②생멸무상(生滅無常)을 떠난 만유(萬有)의 진상(眞相). じっそう
實收〔실수〕 실제의 수입과 수확(收穫). じっしゅう 「っしゅう
實習〔실습〕 실제로 익혀 배움. じ
實施〔실시〕 실지로 행함. じっし
實演〔실연〕 실제로 연출(演出)함. じつえん 「つえき
實益〔실익〕 실제의 이익(利益). じ
實字〔실자〕 의미·내용을 지닌 글자. ㉬실사(實辭). ↔조사(助辭). 허사(虛辭). じつじ
實在〔실재〕 ①실지로 존재함. ②객관적 대상(對象)의 존재. ㉬실존(實存). じつざい
實績〔실적〕 실제의 업적 또는 공적(功績). じっせき 「っせん
實戰〔실전〕 실제의 전쟁(戰爭). じ
實際〔실제〕 ① 실지(實地)의 경우 또는 그 형편. ②우주(宇宙)의 본체(本體)로서 변하지 않는 진실(眞實). じっさい 「ぞん
實存〔실존〕 ㉬⇨실재(實在). じつ
實證〔실증〕 확실한 증거(證據). ㉮一主義(주의). じっしょう
實質〔실질〕 실제의 성질. 본바탕. ↔형식(形式). じっしつ
實質的〔실질적〕 ①실질스러운. ②실상(實相)의 그것. ③꾸밈이나 헛됨이 없는 사실 그것. ↔형식적(形式的). じっしつてき
實踐躬行〔실천궁행〕 자기 몸으로 실제로 이행(履行)함. じっせんきゅうこう 「と
實吐〔실토〕 바른 대로 말함. じっ
實學〔실학〕 ①이론보다 사물을 중요시하고, 실지에 소용되는 학문. ②이조 중엽에, 당시 지배계급의 학문이던 생활과 유리된 성리학(性理學)에 반대하여 일어난 학문. じつがく
實況〔실황〕 실제의 상황(狀況). ㉮一中繼(중계). じっきょう
實驗〔실험〕 ①실제로 시험함. ②실제의 경험. ③어떠한 물건이나 현상(現象)에 변화를 일으켜 관찰함. じっけん
實効〔실효〕 확실(確實)한 효험(効驗). 거짓없는 효력. じっこう
▷堅實(견실). 結實(결실). 果實(과실). 口實(구실). 內實(내실). 篤實(독실). 名實(명실). 無實(무실). 充實(충실).

〔察〕 부 宀(갓머리) 획 3—11 훈 살필 음 찰 ㊥ ch'a² 英 watch ㊐ サツ. みる
뜻 ①살필. ②상고할.
필순 宀宀宀宀宀宀宀察察察

察納〔찰납〕 잘 조사(調査)한 후 들어 줌. さつのう 「かく
察覺〔찰람〕 환히 들여다봄. さっ
察知〔찰지〕 ①명백(明白)히 앎. ②미루어 알아냄. さっち
察察〔찰찰〕 ①밝고 썩 자세한 모양. ②결백(潔白)하고 깨끗한 모양. さっさつ
▷監察(감찰). 檢察(검찰). 警察(경찰). 考察(고찰). 觀察(관찰).

省察(성찰). 巡察(순찰). 視察(시찰). 洞察(통찰).

【寢】 부 宀(갓머리) 획 3—11 훈 잘 음 침: 中 ch'in³ 英 sleep 日 シン. ねる
뜻 잘.
필순 宀宀宀宀宀宀寢寢
寢具〔침구〕 이부자리와 베개. 동 금침(衾枕). しんぐ
寢房〔침방〕 동⇨침실(寢室). しんぼう
寢不安席〔침불안석〕 걱정이 많아서 평안히 자지 못함.
寢床〔침상〕 사람이 누워 자는 상. 동와상(臥床). ねどこ
寢想〔침상〕 꿈속에서 생각함. しんそう
寢席〔침석〕 침실에 까는 돗자리. しんせき
寢食〔침식〕 잠과 식사. 곧 일상생활. しんしょく
寢室〔침실〕 자는 방. 동침방(寢房). しんしつ
寢殿〔침전〕 임금이 자는 집. しんでん
▷假寢(가침). 客寢(객침). 孤寢(고침). 就寢(취침).

【寬】 부 宀(갓머리) 획 3—12 훈 너그러울 음 관 中 k'uan¹ 英 generous 日 カン. ひろい
뜻 너그러울.
필순 宀宀宀宀宀寬寬寬
寬大〔관대〕 마음이 너그럽고 큼. かんだい
寬容〔관용〕 ①마음이 넓어 남의 말을 잘 들음. ②너그럽게 덮어 줌. 너그럽게 용서함. かんよう
寬仁〔관인〕 마음이 너그럽고 어짊. 예—大度(대도). かんじん
寬厚〔관후〕 ①너그럽고 후(厚)함. ②넓고 큼. かんこう

【寫】 부 宀(갓머리) 획 3—12 훈 베낄 음 사 中 hsieh³ 英 sketch 日 シャ. うつす
뜻 ①베낄. ②그릴. ③본뜰.
참고 약 写
필순 宀宀宀宀宀寫寫寫
寫經〔사경〕 경문(經文)을 베낌. 또 그 경문. しゃきょう
寫本〔사본〕 문서나 책을 베껴 부본(副本)을 만듦. 또 그 문서나 책. ↔정본(正本). しゃほん
寫生〔사생〕 ①실물(實物)·실경(實景)을 그대로 그림. ②동사자생(寫字生). しゃせい
寫手〔사수〕 글씨를 베껴 쓰는 사람. しゃしゅ
寫植〔사식〕 약사진 식자(寫眞植字).
寫實〔사실〕 실제로 있는 그대로를 그려냄. 예—主義(주의). 동사생(寫生). しゃじつ
寫字〔사자〕 글씨를 씀. しゃじ
寫字生〔사자생〕 글씨나 그림을 베끼는 일에 종사하는 사람. しゃじせい
寫眞植字〔사진식자〕 사진 타자기에 의하여 글자를 한 자씩 찍어 내는 일. 약사식(寫植).
▷謄寫(등사). 模寫(모사). 描寫(묘사). 複寫(복사).

【審】 부 宀(갓머리) 획 3—12 훈 살필 음 심: 中 sheu³ 英 notice 日 シン. つまびらか
뜻 ①살필. ②자세히 밝힐. 심문할.
필순 宀宀宀宀宀宀審審
審理〔심리〕 상세히 조사함. 조사하여 처리함. しんり
審問〔심문〕 자세히 물어 조사함. しんもん
審美〔심미〕 미(美)와 추(醜)를 가려 나눔. 미(美)의 본질을 밝혀 냄. 예—眼(안). しんび
審査〔심사〕 자세히 조사함. しんさ
審議〔심의〕 상세(詳細)히 의논함. 충분히 상의(相議)함. しんぎ
審正〔심정〕 자세하고 바름. 철저하고 바름. しんせい
審判〔심판〕 ①일의 시비곡직(是非曲直)을 심리(審理) 판단함. ②경기(競技) 등의 우열(優劣)을 판단함. 또 그 사람. しんぱん
▷結審(결심). 不審(불심). 豫審(예심). 初審(초심).

【寵】 부 宀(갓머리) 획 3—16 훈 사랑할 음 총 中 ch'ung³ 英 favour 日 チョウ. めぐむ
뜻 사랑할.
필순 宀宀宀宀宀寵寵寵
寵嘉〔총가〕 사랑하고 찬양함. ちょうか
寵命〔총명〕 임금이 남달리 사랑하여 내리는 명령. ちょうめい

寵臣〔총신〕 총애(寵愛)를 받는 신하. ちょうしん
寵兒〔총아〕 ①특별한 귀여움을 받는 아들. ②여기저기서 귀여움을 사는 사람. 또 그런 물건. [동] 행운아(幸運兒). ちょうじ
寵愛〔총애〕 ①특별히 귀엽게 여겨 사랑함. ②천주(天主)의 사랑. ちょうあい 「ょうひ
寵姬〔총희〕 귀염을 받는 계집. ち
▷愛寵(애총). 榮寵(영총). 恩寵(은총). 天寵(천총).

【寶】 [부] 宀(갓머리) [획] 3—17 [훈] 보배 [음] 보: [中] pao³ [英] treasure [日] ホウ. たから
[뜻] ①보배. ②귀할. 보배로울. ③옥새. 어보.
[참고] [약] 宝
[필순] 宀宀宀宀宀宀寶寶寶
寶鑑〔보감〕 ①귀한 거울. 보물의 거울. ②모범이 될 만한 사물(事物). ほうかん 「칼. ほうけん
寶劍〔보검〕 보배로운 칼. 귀중한
寶庫〔보고〕 ①귀중한 제물(財物)을 쌓아 두는 곳집. ②물자가 많이 산출(產出)되는 땅. ほうこ
寶刀〔보도〕 ①보배로운 칼. ②귀중한 칼. ほうとう
寶物〔보물〕 보배로운 물건. [동] 보화(寶貨). たからもの 「うさん
寶算〔보산〕 천자(天子)의 나이. ほ
寶石〔보석〕 귀중한 옥돌. ほうせき
寶典〔보전〕 보배로 삼을 만한 귀중한 책. ほうでん
寶貨〔보화〕 귀중한 재화(財貨). [동] 보물(寶物). ほうか
▷家寶(가보). 國寶(국보). 財寶(재보). 七寶(칠보).

(3) 寸 部

〖寸〗 [부] 寸(마디촌) [획] 3—0 [훈] 마디 [음] 촌 [中] ts'uen⁴ [英] korean inch [日] スン
[뜻] ①마디. ②치. 길이. ③짧을. ④작을. 적을. ⑤촌수.

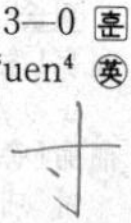

[필순] 一十寸
寸暇〔촌가〕 얼마 안 되는 겨를. [동] 촌음(寸陰). すんか
寸步〔촌보〕 몇 발자국 안 되는 걸음. 또 조금 걸음. すんぽ
寸心〔촌심〕 조그마한 뜻. [동] 촌지(寸志). 「가(寸暇). すんいん
寸陰〔촌음〕 썩 짧은 시간(時間). 촌
寸志〔촌지〕 ①촌심(寸心). ②약소한 뜻이란 말로, 자기가 주는 물건이나 돈을 겸손되게 일컬음. すんし
寸進尺退〔촌진척퇴〕 진보(進步)는 적고 퇴보(退步)는 많음.
寸土〔촌토〕 얼마 안 되는 땅. [동] 척토(尺土). すんど
▷徑寸(경촌). 方寸(방촌). 分寸(분촌). 尺寸(척촌).

〖寺〗 [부] 寸(마디촌) [획] 3—3 [훈] 절 [음] 사: [中] ssu⁴ [英] temple [日] ジ. てら
[뜻] ①절. ②내시(시).

[필순] 一十土土寺寺
寺院〔사원〕 절. [동] 사찰(寺刹). じいん
寺人〔시인〕 ①임금 곁에서 섬기는 소신(小臣). ②주(周)나라 때 나인(內人)과 여관(女官)의 계령(戒令)을 맡은 벼슬. じじん
寺田〔사전〕 절에 딸린 밭. じてん
寺址〔사지〕 절 터. じし 「さつ
寺刹〔사찰〕 절. [동] 사원(寺院). じ
寺塔〔사탑〕 절의 탑(塔). じとう
▷古寺(고사). 本寺(본사). 山寺(산사). 廢寺(폐사).

【封】 [부] 寸(마디촌) [획] 3—6 [훈] 봉할 [음] 봉 [中] fêng¹ [英] seal [日] フウ. ホウ. とじる
[뜻] 봉할.
[필순] 一十土圭封封
封建〔봉건〕 제후(諸侯)를 봉하여 나라를 세우게 하고 천자(天子)의 명령·감독 밑에서 그 영내(領內)를 다스리게 함. ほうけん
封建制度〔봉건제도〕 ①천자 밑에서 제후(諸侯)가 땅을 갈라 맡아 영내(領內)의 통치권(統治權)

을 가지는 국가 조직. ②봉건 사회의 통치 형태(形態). ほうけんせいど

封庫罷職〔봉고파직〕 어사(御史) 또는 감사(監司)가 악정(惡政)을 하는 수령(守令)을 면직(免職)시키고 그 관고(官庫)를 봉쇄(封鎖)하는 일.

封君〔봉군〕 봉토(封土)가 있는 사람. 곧 제후(諸侯). ほうくん

封祿〔봉록〕 봉(封)하여 주는 녹(祿). ほうろく

封墳〔봉분〕 무덤 위에 흙을 쌓아 높게 만듦. 또 그 흙더미. ほうふん

封鎖〔봉쇄〕 ①봉하여 꼭 잠금. ②비행장이나 항구를 드나들지 못하도록 막아버리는 일. ②병력(兵力)으로써 적을 포위하고 외부와의 교통을 끊음. ふうさ

封地〔봉지〕 [동]⇨봉토(封土).

封土〔봉토〕 봉사(封祀)를 지내기 위하여 산에 흙을 높이 쌓은 것. 또 봉분의 흙. [동]⇨봉지(封地). ほうど

封緘〔봉함〕 봉함. 붙임. 또 그 자리. ふうかん

▷開封(개봉). 同封(동봉). 密封(밀봉). 爵封(작봉).

射 [부] 寸(마디촌) [획] 3—7 [훈] 쏠 [음] 사: [中] shih² shê⁴ i³ [英] shoot [日] シャ. セキ. ヤ. エキ. いる. さす

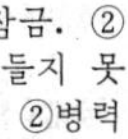

[뜻] ①쏠. ②맞힐(석). ③싫을(역). ④벼슬이름(야).

[필순] 丿 冂 身 身 身 射射

射擊〔사격〕 활·총 따위로 화살·총알 따위를 쏨. しゃげき

射利〔사리〕 요행으로 이끗을 얻으려고 노림. せきり

射殺〔사살〕 쏘아 죽임. しゃさつ

射御〔사어〕 활쏘기와 말타기. しゃぎょ

射人先射馬〔사인선사마〕 말탄 사람을 쏘려면 먼저 그 말을 쏜다는 뜻으로, 적(敵)을 격파하려면 먼저 그 근거지(根據地)를 빼앗음의 비유.

射場〔사장〕 활쏘기를 연습하는 곳. 활터. しゃじょう

射賊〔사적〕 적을 쏨. しゃぞく

射亭〔사정〕 활터에 세운 정자(亭子). しゃてい

射程〔사정〕 활·총포(銃砲)의 화살·탄환(彈丸)이 가 닿는 거리(距離). しゃてい

射出〔사출〕 ①쏘아 내보냄. 발사함. ②한 점에서 방사상(放射狀)으로 나감. しゃしゅつ

▷亂射(난사). 發射(발사). 噴射(분사). 掃射(소사).

尉 [부] 寸(마디촌) [획] 3—8 [훈] 벼슬이름 [음] 위: [中] wei⁴ [英] military official [日] イ. うつ

[뜻] ①벼슬이름. ②편안하게 할. 위로할(慰와 통용). ③다리미(울). (熨과 통용).

[필순] ㄱ 尸 尸 尽 尉尉尉

尉官〔위관〕 군대의 대위(大尉)·중위(中尉)·소위(少尉)·준위(准尉)의 총칭. いかん

尉繚子〔위요자〕 전국시대(戰國時代)의 병법가(兵法家). 또 그가 지었다고 전하는 병서(兵書). うつりょうし

尉藉〔위자〕 위로하고 도와줌.

▷校尉(교위). 大尉(대위). 都尉(도위). 少尉(소위). 衛尉(위위). 廷尉(정위). 准尉(준위). 中尉(중위).

將 [부] 寸(마디촌) [획] 3—8 [훈] 장수 [음] 장: [中] chiang¹·⁴ [英] general [日] ショウ. ひきいる. まさに. はた

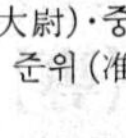

[뜻] ①장수. ②장차. 또. 문득. 청컨대. 써. 이. ③나아갈. 기를. 도울. 보낼. 받들. 가질. 행할. 갈. 따를. 거느릴. ④클.

[참고] [약] 将

[필순] 丨 丩 丬 爿 將將將將

將官〔장관〕 준장·소장·중장·대장·원수의 총칭. [동]장군(將軍). 장성(將星).

將軍〔장군〕 ①장관(將官) 자리의 사람. [동]장성(將星). ②옛날 군의 지휘자. 총대장. ③여지(荔枝)의 한 가지. しょうぐん

將臺〔장대〕 지휘(指揮)하는 사람이

올라서서 명령(命令)하던 대(臺).
將門必有將〔장문필유장〕 장군(將軍)의 집안에는 자손 중에 반드시 장군이 될 인물이 나옴.
將兵〔장병〕 ①㊐⇨장졸(將卒). ②군사를 거느리어 통솔함.
將相之器〔장상지기〕 장수(將帥) 또는 재상(宰相)이 될 만한 그릇.
將星〔장성〕 ①북두칠성(北斗七星)의 둘째 별. 하괴성(河魁星). ②장군(將軍)의 별칭(別稱). ㊐장관(將官). しょうせい
將帥〔장수〕 전군(全軍)을 거느리는 사람. 군대의 우두머리. しょうすい 「卒). しょうそつ
將卒〔장졸〕 장수(將帥)와 병졸(兵
將還〔장환〕 다시 돌아옴. 되돌아옴. 「장). 武將(무장).
▷老將(노장). 猛將(맹장). 名將(명

【專】 부 寸(마디촌) 획 3—8 훈 오로지 음 전 ㊥ chuan[1] ㊊ only ㊐ セン. もっぱら
뜻 ①오로지. ②마음대로할.
필순 一厂日吏車車專專
專決〔전결〕 단독(單獨)으로 결정함. せんけつ
專攻〔전공〕 한 가지를 전문적으로 연구함. ㊐전수(專修)·전념(專念). せんこう
專念〔전념〕 오로지 그 일에만 마음을 씀. ㊐몰두(沒頭)·전공(專攻). せんねん
專擔〔전담〕 혼자 담당(擔當)함. 전문적으로 담당함. せんだん
專力〔전력〕 오로지 그 일에만 힘을 씀. せんりょく
專屬〔전속〕 오직 한 곳에만 속함. ㊕—歌手(가수). せんぞく
專修〔전수〕 오로지 그 일만을 닦음. ㊐전공(專攻). 전문(專門). せんしゅう「에만 씀. せんしん
專心〔전심〕 마음을 오로지 한 곳
專心用工〔전심용공〕 오로지 마음을 공부에 씀. せんしんようこう
專用〔전용〕 ①혼자 씀. ②오로지 그것만을 씀. せんよう
專任〔전임〕 어떠한 일을 오로지 담당(擔當)함. せんにん
專制〔전제〕 ①남의 의사는 돌아보지 않고 자기의 생각대로만 처리함. ㊐전행(專行). ②군주(君主) 등 특정의 주권자(主權者)가 자기 마음대로 정치를 행함. ㊕—主義(주의). せんせい
專行〔전행〕 마음대로 행함. ㊐전제(專制). せんこう
專橫〔전횡〕 제멋대로 함. せんおう

【尋】 부 寸(마디촌) 획 3—9 훈 찾을 음 심 ㊥ hsin[2], hsün[2] ㊊ look for ㊐ ジン. たずねる
뜻 ①찾을. ②발. 길이. ③보통. 심상할.
필순 ⺕⺕⺕⺕尋尋
尋訪〔심방〕 찾음. 방문(訪問)함. じんぽう
尋常〔심상〕 ①여덟 자와 열 여섯 자. 곧 약간의 길이 또는 넓이. 약간의 땅. ②평범함. 예사. 보통. じんじょう 「사람.
尋人〔심인〕 사람을 찾음. 또 찾을
尋行數墨〔심행수묵〕 ①글자 수나 줄 수에 얽매어 글짓는 데 고심(苦心)함. ②글자 수에 얽매어 사리(事理)가 분명하지 못함.
▷千尋(천심). 追尋(추심). 推尋(추심). 探尋(탐심).

【尊】 부 寸(마디촌) 획 3—9 훈 높을 음 존 ㊥ tsun ㊊ respect ㊐ ソン. たっとい
뜻 ①높을. ②어른. ③공경할. ④술통(준) (樽과 통용).
필순 ⺍⺅⺅酋酋尊尊
尊敬〔존경〕 받들어 공경(恭敬)함. そんけい 「んけい
尊庚〔존경〕 남의 나이의 높임. そ
尊貴〔존귀〕 높고 귀함. 또 그 사람. そんき 「함. そんたい
尊待〔존대〕 존경하여 대접(待接)
尊大人〔존대인〕 남의 아버지의 존칭(尊稱). そんだいじん
尊名〔존명〕 ①높은 칭호(稱號). ②남의 이름의 경칭(敬稱). そんめい
尊卑貴賤〔존비귀천〕 지위·신분의 높고 낮음과 귀(貴)하고 천(賤)함. そんぴきせん

尊屬〔존속〕 부모와 같은 항렬(行列) 이상의 혈족(血族). ↔비속(卑屬). そんぞく

尊崇〔존숭〕 존경(尊敬)하고 숭배(崇拜)함. そんすう　「んがん

尊顏〔존안〕 남의 얼굴의 존칭. そ

尊嚴〔존엄〕 ①존귀(尊貴)하고 엄숙함. ②풍채(風采)가 늠름하여 위엄이 있음. そんげん

尊長〔존장〕 ①웃어른. 나이가 많은 어른. ②부모(父母). そんちょう

尊體〔존체〕 ①남의 몸의 존칭. ②초상(肖像)·불상(佛像) 등의 존칭. そんたい

▷本尊(본존). 釋尊(석존). 世尊(세존). 自尊(자존).

〚對〛 [부] 寸(마디촌) [획] 3—11 [훈] 대할 [음] 대: [中] tuei⁴ [英] reply [日] タイ. ツイ. **こた**える

[뜻] ①대할. 마주볼. ②대답할. ③짝. 적수.

[참고] [약] 对

[필순] 〃丷业业业丵對對

對句〔대구〕 대(對)를 맞춘 글귀. 글자 수가 같고 뜻이 상응(相應)하며 구조(構造)가 같은 두 글귀. ついく

對談〔대담〕 서로 마주보고 말함. [동]대화(對話). たいだん

對面〔대면〕 서로 얼굴을 마주 봄. 서로 만나봄. たいめん

對比〔대비〕 맞대어 비교함. [동]대조(對照). たいひ

對譯〔대역〕 원문(原文)과 번역문(飜譯文)을 맞대어 볼 수 있게 한 것. たいやく

對應〔대응〕 ①마주 대함. ②걸맞음. 상당(相當)함. ③상대방에 응(應)하여 일을 함. たいおう

對酌〔대작〕 서로 마주 대하여 술을 마심. たいしゃく

對敵〔대적〕 ①적병(敵兵)을 대(對)하여 서로 겨룸. ②세력(勢力)이 맞서서 서로 겨룸. 적수(敵手)를 삼음. 또 적을 상대(相對)함. たいてき　「いせん

對戰〔대전〕 서로 맞서서 싸움. た

對照〔대조〕 둘을 서로 마주 대어 봄. [동]대비(對比). たいしょう

對座〔대좌〕 서로 마주보고 앉음. 마주 앉음. たいざ

對陣〔대진〕 맞선 군대가 서로 대하여 진을 침. たいじん

對質〔대질〕 쌍방과 증인들을 맞대어 진술케 하고 신문함. 맞대어 말을 시킴. 무릎맞춤. たいしつ

對策〔대책〕 ①과거(科擧)에서 정치 또는 경의(經義)에 관한 문제를 내어 답안을 쓰게 하는 일. 또 그 답안. ②어떠한 일에 맞세우는 방책(方策). たいさく

對處〔대처〕 어떠한 일에 대응(對應)하는 처치(處置). たいしょ

對抗〔대항〕 서로 맞서서 겨룸. たいこう　「이야기. たいわ

對話〔대화〕 서로 마주 대하여 하는

▷反對(반대). 相對(상대). 應對(응대). 敵對(적대).

【導】 [부] 寸(마디촌) [획] 3—13 [훈] 이끌 [음] 도: [中] tao³·⁴ [英] guide [日] ドウ. **みちび**く

[뜻] ①이끌. 인도할. ②가르칠. ③통할.

[필순] 一首首道道導導

導線〔도선〕 전기를 당기는 철선(鐵線). どうせん　「どうえい

導迎〔도영〕 잘 인도하여 맞이함.

導入〔도입〕 끌어 들임. [예]外資(외자)—. どうにゅう

導體〔도체〕 열이나 전기 따위를 전하는 물체. どうたい

導火線〔도화선〕 ①화약(火藥)이 터지도록 불을 붙이는 심지. ②사건이 일어나는 직접 원인(原因). どうかせん

▷敎導(교도). 先導(선도). 引導(인도). 指導(지도). 訓導(훈도).

(3) 小　部

〚小〛 [부] 小(작을소) [획] 3—0 [훈] 작을 [음] 소: [中] hsiao³ [英] small [日] ショウ. **ちい**さ. いこ. お

뜻 작을.
필순 丨 小 小

小曲〔소곡〕 짤막한 노래 곡조(曲調). しょうきょく
小科〔소과〕 생원(生員)과 진사(進士)를 뽑던 하급 과거(科擧). 동소시(小試). しょうか
小君〔소군〕 ①제후(諸侯)의 아내. 동소군(少君). ②아내의 통칭(通稱). ③고려 때 천첩(賤妾)의 몸에서 나서 중이 된 왕자(王子)를 이름.
小朞〔소기〕 ⇨소상(小祥).
小膽〔소심〕 동⇨소심(小心).
小豆〔소두〕 팥. あずき
小大祥〔소대상〕 소상(小祥)과 대상(大祥).
小量〔소량〕 작은 도량(度量). 너그럽지 못한 마음. しょうりょう
小滿〔소만〕 24절기(節氣)의 하나. 입하(立夏)와 망종(芒種) 사이에 있는 절기(節氣). 양력 5월20일경. しょうまん
小麥〔소맥〕 밀. こむぎ
小名〔소명〕 어릴 때의 이름. 동아명(兒名). しょうめい
小門〔소문〕 ①작은 문. ②여자의 생식기. しょうもん
小史〔소사〕 간단히 기록한 역사(歷史). しょうし
小祥〔소상〕 사람이 죽은 지 돐 만에 지내는 제사(祭祀). 동소기(小朞). しょうしょう
小生〔소생〕 ①자기(自己)를 낮추어 일컫는 말. ③남을 천히 여겨 부르는 말. ④조금 덜 익음. しょうせい
小暑〔소서〕 24절기(節氣)의 하나. 하지(夏至)와 대서(大暑) 사이에 있는 절기. 양력 7월 7일경. しょうしょ
小雪〔소설〕 24절기(節氣)의 하나. 입동(立多)과 대설(大雪) 사이에 있는 절기(節氣). 양력 11월 22일경. しょうせつ
小說〔소설〕 산문의 형식으로 쓴 문학. 얽어 짠 인물과 글 줄거리로서 인생·사회에 대한 작자(作者)의 의견을 읽는 이에게 호소함. しょうせつ
小僧〔소승〕 ①젊은 중. 어린 중. ②중이 자기를 일컫는 비칭(卑稱). こぞう
小試〔소시〕 동⇨소과(小科).
小室〔소실〕 첩(妾). しょうしつ
小心〔소심〕 조심함. 삼감. 동소담(小膽). しょうしん
小我〔소아〕 ①남과 구별한 나. 곧 차별계(差別界)의 자아(自我). 작은 자아(自我). ②육체의 나. ↔대아(大我). しょうが
小人〔소인〕 ①간사(奸邪)하고 도량(度量)이 좁은 사람. 덕(德)이 없는 사람. ↔대인(大人). ②천(賤)한 사람. 신분이 낮은 사람. 동평민(平民). ③자기를 낮추어 이르는 말. 저. 소자(小子). ④키가 작은 사람. しょうじん
小子〔소자〕 ①아이. ②자신을 낮추는 말. ③높은 자가 낮은 자를 부르는 말. ④스승이 제자를 부르는 말. ⑤수양이 부족한 사람. ⑥주대(周代) 벼슬 이름. 하관(夏官)에 속하며, 제사의 음식과 의복을 맡음. しょうし
小作〔소작〕 남의 땅을 빌어서 농사를 지음. こさく
小志〔소지〕 조그마한 뜻. ↔대지(大志). しょうし
小妾〔소첩〕 여자(女子)가 자기를 낮추어 일컫는 말.
小春〔소춘〕 음력 시월(十月)경. しょうしゅん
小貪大失〔소탐대실〕 작은 이익(利益)을 탐내다가 큰 이익을 잃음.
小品〔소품〕 ①짤막한 글. ②조그마한 제작품. ③변변치 못한 물건. しょうひん
小學〔소학〕 ①중국 삼대(三代) 때 아이들에게 가르친 예의(禮儀)·문자(文字) 등의 학문. 또 그 학교. ②문자의 구성(構成)에 관한 학문. 동자학(字學). ③유서(儒書)의 하나. 육편(六編). ④약소학교(小學校). しょうがく
小寒〔소한〕 24절기(節氣)의 하나. 동지(多至)와 대한(大寒) 사이에 있는 절기(節氣). 양력(陽曆) 1월 5일경. しょうかん

▷短小(단소). 大小(대소). 弱小(약소). 矮小(왜소). 縮小(축소).

〖少〗 부 小(작을소) 획 3—1 훈 적을 음 소 中 shao³·⁴ 英 a few 日 ショウ. すくない. すこし
뜻 ①적을. ②젊을. ③잠시.
필순 丨 小 小 少

少卿〔소경〕①경(卿) 중의 연소자. ②부(部)의 차관(次官)에 해당하는 관명(官名). しょうけい
少憩〔소게〕잠시 동안의 휴식. 동 소계(小憩). しょうけい
少君〔소군〕①제후(諸侯)의 부인(夫人). 소군(小君). ②신선(神仙). ③남의 아들. しょうくん
少年易老學難成〔소년이로학난성〕세월(歲月)은 빠르고 배우기는 어렵다는 뜻으로 늙기 전에 배우기를 힘쓰라는 말. しょうねんおいやすくがくなりがたし
少婦〔소부〕①나이가 젊은 부녀(婦女). ②젊은 아내. しょうふ
少僧〔소승〕젊은 중.
少焉〔소언〕한참 만에. しばらく
少壯〔소장〕①젊고 혈기가 왕성함. ②젊은이. しょうそう
▷減少(감소). 過少(과소). 僅少(근소). 老少(노소). 多少(다소). 些少(사소). 年少(연소). 最少(최소). 稀少(희소).

【尖】 부 小(작을소) 획 3—3 훈 뾰족할 음 첨 中 chien¹ 英 sharp 日 セン. とがる
뜻 ①뾰족할. 빨. ②날카로울. ③끝.
필순 丨 小 小 尖 尖 尖

尖端〔첨단〕①뾰족한 물건의 맨 끝. ②시대 사조(思潮)에 앞장서는 일. せんたん
尖利〔첨리〕뾰족하고 날카로움. 동 첨예(尖銳). せんりえい
尖銳〔첨예〕동⇨첨리(尖利). せんえい
尖叉〔첨차〕시(詩)를 짓는 데에 까다로운 운자(韻字)의 이름.
尖形〔첨형〕끝이 뾰족하고 모난 형상. せんけい

〖尙〗 부 小(작을소) 획 3—5 훈 오히려 음 상: 中 shang⁴ 英 still 日 ショウ. なお. たっとぶ
뜻 ①오히려. ②숭상할. ③높일.
필순 丨 ⺌ 屮 尙 尙

尙宮〔상궁〕이조(李朝) 때 여관(女官)의 정오품(正五品) 이상의 벼슬.
尙武〔상무〕무용(武勇)을 숭상함. ↔상문(尙文). しょうぶ
尙文〔상문〕문필(文筆)을 숭상함. ↔상무(尙武). しょうぶん
尙書〔상서〕①서경(書經)의 별칭. ②상서성(尙書省)의 장관. 진(秦)나라 때에 천자(天子)와 조신(朝臣)간의 문서(文書)의 주고 받음을 맡았음. ③당(唐)나라 때 육부(六部) 장관(長官)의 명칭. しょうしょ
尙書郞〔상서랑〕한(漢)나라 때 상서성(尙書省)의 낭관(郞官).
▷高尙(고상). 貴尙(귀상). 崇尙(숭상). 和尙(화상).

(3) 尢(兀) 部

〖尤〗 부 尢(절름발이왕방) 획 3—1 훈 더욱 음 우 中 yu² 英 more 日 コウ. もっとも
뜻 ①더욱. ②허물. ③탓할.
필순 一 ナ 尢 尤

尤極〔우극〕더욱. こうきょく
尤妙〔우묘〕더욱 묘함. こうみょう
尤物〔우물〕①가장 뛰어난 사람. 또 물건. ②미인(美人). こうぶつ
尤甚〔우심〕더욱 심(甚)함. こうしん
尤最〔우최〕더 없이 가장 뛰어남. こうさい
尤悔〔우회〕잘못과 뉘우침. こうかい

「尨」 부 尢(절름발이왕방) 획 3—4 훈 삽살개 음 방 中 mang² pang² 英 shaggy dog 日 ボウ. むくいぬ
뜻 ①삽살개(망·방). ②얼룩질. ③클.
필순 一 ナ 尢 尨 尨

尨犬〔방견〕매우 큰 개. ぼうけん

尨大[방대] 형상이나 부피가 매우 큼. ぼうだい 「의복.
尨服[방복] 여러 가지의 색이 섞인
尨然[방연] 굉장히 큰 모양. ぼうぜん 「는 모양. ぼうざつ
尨雜[방잡] 털이 복잡하게 섞여 있

〖就〗 [부] 尢(절름발이왕방) [획] 3—9 [훈] 이룰 [음] 취: [中] chiu^4 [英] enter [日] シュウ. ジュ. つく
[뜻] ①이룰. ②나아갈.
[필순] 亠亩亨京京就就

就業[취업] ①업무를 봄. 업에 종사함. ②[동]⇨취직(就職). しゅうぎょう 「사함. しゅうえき
就役[취역] 공적(公的)인 일에 종
就任[취임] 임무에 나아감. ↔이임(離任). しゅうにん 「かんずく
就中[취중] 그 중에서 특별히. な
就職[취직] ①직업을 얻음. ②[동]⇨취업(就業). しゅうしょく
就寢[취침] 잠을 잠. ↔기침(起寢). しゅうしん
就學[취학] 학교(學校)에 들어가서 공부를 함. 스승에게 나아가서 학문(學問)을 배움. しゅうがく
就航[취항] 항해(航海)하기 위하여 배가 떠남. しゅうこう
就荒[취황] 거칠고 쇠약(衰弱)하여짐. しゅうこう
▷去就(거취). 晩就(만취). 成就(성취). 日就(일취). 從就(종취).

(3) 尸 部

[尹] [부] 尸(주검시밑) [획] 3—1 [훈] 만 [음] 윤: [中] yin^3 [英] govern [日] イン. おさ
[뜻] ①맏. ②다스릴. ③성.
[필순] ㄱㅋㅋ尹

尹瓘[윤관] 고려(高麗) 때의 학자(學者)·장군(將軍). 예종(睿宗) 때 여진(女眞)을 정복(征服)하여 구성(九城)을 쌓았음.
尹奉吉[윤 봉길] 상해(上海) 홍구공원(虹口公園)에서 시라가와(白川義一) 일본군 대장을 폭살(爆殺)한 순국 의사(殉國義士).
▷府尹(부윤). 判尹(판윤).

〖尺〗 [부] 尸(주검시밑) [획] 3—1 [훈] 자 [음] 척 [中] ch'ih^3 [英] ruler [日] シャク. セキ. ものさし
[뜻] ①자. ②길이. ③편지.
[필순] ㄱ尸尺

尺簡[척간] 편지. [동]척한(尺翰). せきかん
尺貫法[척관법] 길이의 단위를 척(尺), 양(量)의 단위를 관(貫)으로 하는 도량형법(度量衡法). しゃっかんほう
尺口[척구] 어린이. [동]유아(幼兒).
尺度[척도] ①물건을 재는 자. ②계량(計量)의 표준. しゃくど
尺牘[척독] 편지.
尺山寸水[척산촌수] 높은 데 올라 멀리 산수(山水)를 바라볼 때에 작게 보임의 형용(形容). せきざんすんずい
尺土[척토] 얼마 안되는 땅. [동]촌토(寸土). せきど
尺八[척팔] 피리 종류의 악기(樂器)의 하나. しゃくはち
尺翰[척한] 편지. [동]척간(尺簡).
▷曲尺(곡척). 卷尺(권척). 刀尺(도척). 針尺(침척).

「尼」 [부] 尸(주검시밑) [획] 3—2 [훈] 여승 [음] 니 [中] ni^2 [英] nun
[뜻] 여승. [日] ジ. ニ. あま
[필순] ㄱ尸尸尼

尼姑[이고] 여자 중. [동]비구니(比丘尼). 「ぼう
尼房[이방] 여승(女僧)들의 방. じ
尼父[이부] 공자(孔子)의 존칭.
尼寺[이사] 비구니(比丘尼)들이 있는 절. じじ 「의 일컬음.
尼寺金[이사금] 신라 초기의 임금
尼僧[이승] 여승(女僧).
▷僧尼(승니). 比丘尼(비구니).

【局】 [부] 尸(주검시밑) [획] 3—4 [훈] 판 [음] 국 [中] chü^2 [英] bureau [日] キョク. つまね
[뜻] ①판. ②마을. ③방. ④도량.
[필순] ㄱㅋ尸月局局

局局〔국국〕크게 웃는 모양. きょくきょく

局量〔국량〕①자로 재거나 되로 되는 일. ②너그러운 마음과 생각. きょくりょう

局面〔국면〕①승패(勝敗)를 다투는 바둑·장기·고누 등의 판의 형세. ②사건이 변천(變遷)하여 가는 형편. きょくめん

局部〔국부〕①전체 중의 일부분. ②남녀의 생식기. きょくぶ

局外〔국외〕①바둑에서 대국자(對局者)가 아닌 방관자(傍觀者). ②그 사건에 관계 없는 지위. 예 一者(자). きょくがい

局地〔국지〕한정(限定)된 일정한 지역. きょくち

局地戰〔국지전〕제한된 구역 안에서만 일어나 세계 전쟁으로 퍼지지 않는 전쟁. きょくちせん

局限〔국한〕어떠한 국부(局部)에만 한정(限定)함. きょくげん

▷結局(결국). 當局(당국). 大局(대국). 對局(대국). 本局(본국). 分局(분국). 戰局(전국). 政局(정국). 終局(종국). 破局(파국). 판국(版局). 形局(형국).

「尿」 부 尸(주검시밑) 획 3—4 훈 오줌 음 뇨: 中 niao⁴, suei¹ 英 urine 日 ニョウ. ゆばり

뜻 오줌.

필순 ⺕尸尸尿尿尿

尿鋼〔요강〕오줌을 누는 그릇.

尿道〔요도〕오줌이 나오는 길. 오줌이 방광(膀胱)에서 몸밖으로 나오게 된 속이 빈 심줄. 예 一炎(염). にょうどう

尿素〔요소〕주정(酒精)에 잘 녹는 빛깔 없는 기둥꼴로 된 결정(結晶). にょうそ

尿精〔요정〕남자의 정수(精水)가 오줌에 섞여 나오는 병증(病症). にょうせい

▷排尿(배뇨). 糞尿(분뇨). 泌尿(비뇨). 數尿(삭뇨). 夜尿(야뇨).

〖尾〗 부 尸(주검시밑) 획 3—4 훈 꼬리 음 미: 中 wei³, i³ 英 tail 日 ビ. お

뜻 ①꼬리. ②끝. ③마리.

필순 ⺕尸尸尸尾尾

尾局〔미국〕군진(軍陣) 행렬 부대의 뒤끄트머리. びきょく

尾大〔미대〕①꼬리가 큼. ②일의 끝이 크게 벌어짐. びたい

尾蔘〔미삼〕인삼의 가는 뿌리. 예 一茶(차). びじん 「こう

尾行〔미행〕몰래 뒤를 따라감. び

▷交尾(교미). 大尾(대미). 船尾(선미). 首尾(수미). 燕尾(연미). 龍頭蛇尾(용두사미). 徹頭徹尾(철두철미). 後尾(후미).

〖居〗 부 尸(주검시밑) 획 3—5 훈 살 음 거: 中 chü¹ 英 dwell 日 キョ. コ. いる. おる

뜻 ①살. ②있을. ③곳. 집. ④어조사.

필순 ⺕尸尸居居

居家〔거가〕집에 있음. きょか

居間〔거간〕①쌍방(雙方)의 중간(中間)에 서서 알선함. ②흥정을 붙임. 또 그 사람. 동 중개(仲介). きょかん

居居〔거거〕나쁜 마음을 품고 서로 친하지 않음. きょきょ

居其中〔거기중〕어상반함.

居留地〔거류지〕조약(條約)에 의하여 외국인에게 거주(居住)와 영업을 허락하는 일정한 구역의 토지. きょりゅうち

居無求安〔거무구안〕①편안한 곳을 찾지 않음. ②삶의 편안함을 찾지 않음. きょむきゅうあん

居士〔거사〕①재덕(才德)이 있는 처사(處士). 덕(德)이 높고 재예(才藝)가 있으나 벼슬하지 아니하는 인사(人士). ②당호(堂號) 밑에 붙이는 칭호. こじ

居喪〔거상〕①부모상(父母喪)을 당하고 있음. ②부모상을 당하고 있을 때에 입는 상복(喪服). きょそう 「거처(居處). きょしょ

居所〔거소〕①그 곳에 있음. ②동

居住〔거주〕머물러 삶. 또 그 집. きょじゅう 「じゅうち

居住地〔거주지〕거주하는 곳. きょ

居中調停〔거중조정〕다툼질하는 사이에 서서 말리거나 화해를 붙임. きょちゅうちょうてい
居之半〔거지반〕거의.
居處〔거처〕있는 곳. 同거소(居所). きょしょ
居村〔거촌〕사는 마을. きょそん
居鄕〔거향〕시골에서 삶. きょきょう
▷起居(기거). 同居(동거). 別居(별거). 寓居(우거). 隱居(은거). 移居(이거). 雜居(잡거). 住居(주거). 蟄居(칩거).

「屆」 부 尸(주검시밑) 획 3—5 훈 이를 음 계: 中 chieh⁴ 英 reach 日 カイ. とどく. とどける
뜻 ①이를. ②신고할.
필순 ㇇尸屆屆屆

屆期〔계기〕때가 됨. 정한 시간에 이름. かいき
屆出〔계출〕어떤 일을 관청(官廳)에 신고(申告)함. とどけいで
▷缺席屆(결석계).

【屈】 부 尸(주검시밑) 획 3—5 훈 굽을 음 굴 中 chü¹ 英 bend
필순 クツ. かがむ
뜻 ①굽을. 굽힐. ②다할. ③굳셀.
필순 尸屈屈屈屈

屈竭〔굴갈〕있는 힘을 다함.
屈巾〔굴건〕상제(喪制)가 쓰는 건(巾). くっきん
屈巾制服〔굴건제복〕굴건과 상복. くっきんせいふく
屈曲〔굴곡〕이리저리 굽어 꺾임. くっきょく
屈伏〔굴복〕항복하거나 힘에 겨워 꿇어 엎드림. くっぷく
屈服〔굴복〕굽히어 복종(服從)함. 힘이 미치지 못하여 복종함. 예 ―運動(운동). くっぷく
屈伸〔굴신〕몸의 굽힘이나 폄. くっしん
屈身〔굴신〕몸을 굽힘. くっしん
屈辱〔굴욕〕자기 의사(意思)를 굽히어 남에게 복종하는 치욕(恥辱). くつじょく
屈折〔굴절〕①빛이나 소리가 밀도(密度)가 다른 물체에 쏘아들 때 방향을 바꿈. ②휘어 꺾임. くっせつ
屈指〔굴지〕①손가락을 꼽아 셈. ②손을 꼽아 셀 만하게 뛰어남. 곧 첫째나 둘째가 될 만큼 뛰어남. くっし
▷不屈(불굴). 卑屈(비굴). 鬱屈(울굴).

「屍」 부 尸(주검시밑) 획 3—6 훈 주검 음 시: 中 shih¹ 英 corpse 日 シ. しかばね
뜻 주검.
필순 ㇇尸屍屍屍屍

屍山血海〔시산혈해〕주검으로 산을 이루고 피가 바다같이 흐른다는 뜻. 곧 처참(悽慘)함의 형용. しざんけっかい
屍身〔시신〕송장. 주검. ししん
屍體〔시체〕죽은 신체. したい
屍親〔시친〕①주검의 친척. ②살해당한 사람의 친척(親戚).
▷檢屍(검시). 凍屍(동시).

〖屋〗 부 尸(주검시밑) 획 3—6 훈 집 음 옥 中 wu¹ 英 house 日 オク. や
뜻 ①집. ②지붕.
필순 ㇇尸屋屋屋屋

屋內〔옥내〕집 안. ↔옥외(屋外). おくない
屋上〔옥상〕지붕 위. おくじょう
屋上架屋〔옥상가옥〕지붕 위에 지붕을 더한다는 뜻. 겹치는 것은 무익(無益)함의 비유. おくじょうかおく
屋外〔옥외〕집 밖. 한데. ↔옥내(屋內). おくがい
屋宇〔옥우〕집. おくう
屋下私談〔옥하사담〕쓸데 없는 개인(個人)의 이야기.
▷家屋(가옥). 古屋(고옥). 舊屋(구옥). 陋屋(누옥). 漏屋(누옥). 社屋(사옥). 祠屋(사옥). 양옥(洋屋). 瓦屋(와옥). 草屋(초옥).

「屑」 부 尸(주검시밑) 획 3—7 훈 가루 음 설 中 hsieh⁴ 日 セツ. くず. いさぎよい
뜻 ①가루. ②조촐할. ③가벼이 볼. ④수고로울.
필순 ㇇尸尸屑屑屑

屑屑〔설설〕①번거롭고 침착(沈着)하지 못한 모양. ②부지런한 모양. せつせつ

屑鐵〔설철〕헌 쇠. くずてつ
屑糖〔설탕〕가루사탕.

【展】 부 尸(주검시밑) 획 3—7 훈 펼 음 전: ㊥ chan³ ㊀ open; unroll ㊐ テン. ひろげる
뜻 ①펼. ②늘일.
필순 ㄱ尸尸屏屏屏展展
展開〔전개〕①펴져 벌어짐. 또 펴서 벌림. 예—圖(도). ②밀집부대(密集部隊)가 헤어져 산병(散兵)이 됨. てんかい
展覽〔전람〕①펴서 봄. ②벌이어 놓고 봄. 예—會(회). てんらん
展望〔전망〕멀리 바라봄. 멀리 내다봄. 예—臺(대). てんぼう
展眉〔전미〕찡그렸던 눈썹을 폄. てんぴ「숙이고 절함. てんぱい
展拜〔전배〕꿇어 앉아 머리를 땅에
展示〔전시〕책·편지 등을 펴서 보임. 예—場(장). てんし
展轉〔전전〕되돌아감. 되풀이함.
展親〔전친〕친교(親交)를 두텁게 함. てんしん
▷開展(개전). 發展(발전). 申展(신전). 親展(친전).

【屛】 부 尸(주검시밑) 획 3—8 훈 병풍 음 병 ㊥ p'ing² ping³ ㊀ screen ㊐ ヘイ. ビョウ. ひょうぶ 「물러날.
뜻 ①병풍. ②가릴. ③물리칠.
참고 ㊉ 屏
필순 ㄱ尸尸尸屏屏屏屛
屛去〔병거〕물러남. へいきょ
屛居〔병거〕세상을 물러난다는 뜻으로 은거(隱居)함을 이름. へいきょ 「히 정리함. へいとう
屛當〔병당〕물건을 모아서 가지런
屛語〔병어〕사람을 피해서 몰래 이야기함. へいご 「いたい
屛退〔병퇴〕조심해서 물러남. へ
屛風〔병풍〕바람을 막기 위하여 방안에 치는 물건. びょうぶ
屛風次〔병풍차〕병풍을 꾸밀 그림이나 글씨. びょうぶじ 「병).
▷曲屛(곡병). 硯屛(연병). 畫屛(화

【屠】 부 尸(주검시밑) 획 3—9 훈 잡을 음 도 ㊥ t'u² ㊀ butcher ㊐ ト. ほふる
뜻 ①잡을. ②무찌를. ③죽일. ④백장. 도수장.
필순 ㄱ尸尸尸尸屠屠屠
屠家〔도가〕백장. とか
屠戮〔도륙〕무찔러 죽임. とりく
屠殺〔도살〕①도륙(屠戮). ②짐승
屠漢〔도한〕백장.⌊을 죽임. とさつ
屠獸場〔도수장〕소·돼지·양 등의 짐승을 잡는 곳. とじゅうば
屠蘇酒〔도소주〕설날에 먹으면 사기(邪氣)를 물리친다는 길경(桔梗)·방풍(防風)·산초(山椒)·육계(肉桂) 따위의 약초를 넣어 빚은 술. とそしゅ

【屢】 부 尸(주검시밑) 획 3—11 훈 여러 음 루 ㊥ lü³ ㊀ frequently ㊐ ル. しばしば
뜻 ①여러. ②자주. ③번거로울.
필순 ㄱ尸尸尸尸屢屢屢
屢空〔누공〕어지러운 처지.
屢屢〔누누〕여러 번. しばしば
屢代〔누대〕여러 대(代). るだい
屢朔〔누삭〕여러 달.
屢世〔누세〕여러 대(代). るせい
屢月〔누월〕여러 달. るげつ 「つ
屢日〔누일〕여러 날. るにち. るじ
屢次〔누차〕여러 차례. 여러 번. 가끔. 때때로. るじ
屢回〔누회〕여러 번. るかい

【履】 부 尸(주검시밑) 획 3—12 훈 신 음 리: ㊥ li³ ㊀ wear; shoes ㊐ リ. はく. ふむ
뜻 ①신. 신을. ②밟을. 행할.
필순 ㄱ尸尸尸尸屛履履
履歷〔이력〕지금까지의 학업·직업 따위의 경력. りれき「りれきしょ
履歷書〔이력서〕이력을 적은 서면.
履氷〔이빙〕얇은 얼음을 밟는다는 뜻으로, 극히 위험함의 비유. りひょう 「부를 마침. りしゅう
履修〔이수〕차례를 따라 학과 공
履尙〔이상〕품행이 고상함.
履霜曲〔이상곡〕고려의 속곡(俗曲). りそうきょく
履行〔이행〕①실제(實際)로 행함. 실행함. ②품행(品行). りこう
▷木履(목리) 絲履(사리). 草履(초

리). 革層(혁리).

【層】 부 尸(주검시밑) 획 3—12 훈 층 음 층 中 ts'êng² 英 sto rey 日 ソウ. **かさなる**
뜻 ①층. 켜. ②겹.
필순 尸尸屆屆層層層層

層閣〔층각〕 높게 여러 층으로 지은 다락. 동층루(層樓). そうかく
層階〔층계〕 여러 층으로 된 계단(階段). そうかい 「くう
層空〔층공〕 극히 높은 하늘. そう
層臺〔층대〕 층층대. そうだい
層濤〔층도〕 겹쳐 밀려오는 파도(波濤). そうとう 「ろう
層樓〔층루〕 동⇨층각(層閣). そう
層巖絶壁〔층암절벽〕 여러 층의 험한 바위로 된 낭떠러지. そうごんぜっぺき
層層〔층층〕 여러 층. そうそう
▷高層(고층). 斷層(단층). 重層(중층). 地層(지층).

【屬】 부 尸(주검시밑) 획 3—18 훈 붙을 음 속 中 chu⁴ 英 belong 日 ゾク. ショク. **つく**
뜻 ①붙을. 따를. ②이을. ③무리. 붙이. ④부탁할(촉). (囑
참고 약 属 ㄴ과 통용).
필순 尸尸屌屌屬屬

屬國〔속국〕 독립(獨立)할 능력이 없어서 다른 나라에 붙어 있는 나라. ぞっこく
屬領〔속령〕 딸린 영토. ぞくりょう
屬吏〔속리〕 하급 관리. ぞくり
屬邑〔속읍〕 큰 고을에 소속된 작은 고을. ぞくゆう
屬地〔속지〕 부속(附屬)되어 있는 땅. 통치권(統治權)을 행사(行使)할 수 있는 토지. ぞくち
屬酒〔촉주〕 술잔을 남에게 권함. しょくしゅ
屬屬〔촉촉〕 ① 공경(恭敬)하는 모양. ②오로지 한결같이 하는 모양. ③상냥하고 순한 모양. ぞくぞく
屬託〔촉탁〕 ①일을 부탁하여 맡김. ②부탁을 맡은 사람. ③정부 기관(政府機關)이나 공공 단체에서 임시로 부탁을 맡아 어떤 일을 맡아 보는 직원(職員). 동촉탁(囑託). しょくたく
▷軍屬(군속). 附屬(부속). 所屬(소속). 隷屬(예속).

(3) 屮 部

「屯」 부 屮(왼손좌) 획 3—1 훈 진칠 음 둔: 中 t'uen² 英 camp 日 トン. チュン. たむろ
뜻 ①진칠. ②모일. 모을. ③어
필순 一匚口屯 ㄴ려울(준).

屯防〔둔방〕 진을 치고 막아 지킴. とんぼう 「丁). とんぺい
屯兵〔둔병〕 주둔(駐屯)한 병정(兵
屯所〔둔소〕 군대가 머물러 지키고 있는 곳. 주둔한 곳. とんしょ
屯守〔둔수〕 군대가 머물러 있어 지킴. とんしゅ
屯田〔둔전〕 군인이 일선(一線)을 지키면서 농사(農事)를 짓던 밭. とんでん 「う
屯集〔둔집〕 모여 머묾. とんしゅ
屯困〔준곤〕 고민함. ちゅんこん
屯如〔준여〕 행하기 어려운 모양.
屯險〔준험〕 세상이 험악하여 처세하기가 어려움. ちゅんけん
▷軍屯(군둔). 邊屯(변둔). 兵屯(병둔). 駐屯(주둔).

(3) 山 部

〖山〗 부 山(메산변) 획 3—0 훈 메 음 산 中 shan¹ 英 mountain 日 サン. やま 「절.
뜻 ①메. ②능무덤. ③
필순 丨 山 山

山間〔산간〕 산골. さんかん
山高〔산고〕 산이 높음. さんこう
山谷〔산곡〕 산골짜기. さんこく
山麓〔산록〕 산기슭. さんろく
山林〔산림〕 ①산과 숲. ②산에 있는 숲. ③벼슬을 하지 않은 학식(學識)과 도덕(道德)이 높은

숨은 선비. さんりん 「までら
山寺〔산사〕 산 속에 있는 절. や
山蔘〔산삼〕 깊은 산에 저절로 나는 인삼(人蔘)의 뿌리.
山城〔산성〕 산 위에 쌓은 성(城). さんじょう. やましろ
山勢〔산세〕 산의 기복(起伏)·굴절(屈折)한 형세(形勢). さんせい
山所〔산소〕 무덤이 있는 곳. 또 무덤. さんしょ
山水〔산수〕 ①산과 물. 산과 내. 동산천(山川). ②산에서 흐르는 물. ③산과 물이 있는 경치를 그린 그림. 곧 산수도(山水圖). さんすい 「さんぞう
山僧〔산승〕 산중(山中)에 사는 중.
山神〔산신〕 산(山)을 맡은 신령(神靈). 약산신령(山神靈). さんしん
山深〔산심〕 산이 깊음. さんしん
山岳〔산악〕 크고 작은 모든 산. 예一地方(지방). さんがく
山野〔산야〕 ① 산(山)과 들. ②시골. ③민간(民間). さんや 「う
山雨〔산우〕 산에 내리는 비. さん
山紫水明〔산자수명〕 산은 자주빛이고 물은 맑음. 곧 산수(山水)의 경치가 맑고 아름다움을 이름. さんしすいめい 「んそう
山莊〔산장〕 산중의 별장(別莊). さ
山賊〔산적〕 산에서 나타났다 숨었다 하는 도둑. さんぞうく
山積〔산적〕 ①물건이 산더미처럼 많이 쌓임. ②산더미처럼 많이 쌓음. さんせき
山戰水戰〔산전수전〕 온갖 어려움을 겪음의 비유. さんせんすいせん
山中詩〔산중시〕 ①산 속을 주제(主題)로 한 시. ②산중에서 쓴 시. さんちゅうし
山菜〔산채〕 산나물. さんさい
山川〔산천〕 ①산과 내. ②땅. 동자연(自然). さんせん
山川草木〔산천초목〕 산천(山川)과 초목(草木). 곧 자연(自然). さんせんそうもく
山靑〔산청〕 산이 푸름. さんせい
山海珍味〔산해진미〕 산과 바다에서 나는 진귀(珍貴)한 음식(飮食). さんかいのちんみ
▷高山(고산). 鑛山(광산). 金剛山(금강산). 南山(남산). 名山(명산). 深山(심산). 靑山(청산). 泰山(태산). 火山(화산).

「岐」 부 山(메산변) 획 3—4 훈 갈림길 음 기 ㊥ ch'i[2] ㊧ forked 日 キ. わかれる
뜻 ①갈림길. ②높을. ③ 가닥날. ④산이름.
필순 丨山山 岐岐 「양
岐岐〔기기〕 지혜가 있고 어진 모
岐路〔기로〕 갈림길. きろ
▷多岐(다기). 分岐(분기).

「岫」 부 山(멧산변) 획 3—5 훈 산굴 음 수 ㊥ hsiu[4] ㊧ orifice 日 シュウ. くき
뜻 ①산굴. ②바위구멍.
필순 丨山山山 岫岫岫岫

「岬」 부 山(메산변) 획 3—5 훈 곶 음 갑 ㊥ chia[3] ㊧ cape 日 コウ. みさき
뜻 ①산허구리. ②갑. ③산사이.
필순 山山 岬岬岬岬
岬角〔갑각〕 육지가 바다에 뾰족하게 내민 부분. 곶. 약갑(岬).
岬寺〔갑사〕 충청남도 계룡산(鷄龍山)에 있는 절. 백제(百濟) 때 아도화상(阿道和尙)이 세웠음.
岬岫〔갑수〕 산허리. 산의 암굴(岩窟). こうしゅう
▷山岬(산갑).

「岡」 부 山(메산변) 획 3—5 훈 산등성이 음 강 ㊥ kang[13] ㊧ ridge of a hill 日 コウ. おか
뜻 ①산등성이. ②언덕.
필순 丨 冂罒岡
岡陵〔강릉〕 언덕이나 작은 산. 동구릉(丘陵). こうりょう 「こうふ
岡阜〔강부〕 언덕. 동 구부(丘阜).

【岳】 부 山(메산변) 획 3—5 훈 멧부리 음 악 ㊥ yüeh[4] ㊧ mountain 日 ガク. たけ
뜻 멧부리.
참고 동 嶽
필순 ㄏ斤丘岳
岳父〔악부〕 아내의 아버지. 동악장(岳丈). 장인(丈人). がくふ

岳丈〔악장〕 동⇨악부(岳父).
▷四岳(사악). 山岳(산악). 心如山岳(심여산악). 楓岳(풍악).

【岸】 부 山(메산변) 획 3—5 훈 언덕 음 안: 中 an⁴ 英 shore 日 ガン. きし
뜻 ①언덕. ②낭떠러지.
필순 '''屵岸岸
岸傑〔안걸〕 체구가 크고 씩씩하고 쾌활함. がんけつ
岸壁〔안벽〕 벽과 같이 깎아지른 듯한 물가의 언덕. 또는 낭떠러지. がんぺき 「수. がんしょう
岸商〔안상〕 행상(行商)하는 소금장
岸獄〔안옥〕 죄인(罪人)을 가두는 감옥. がんごく 「がんこつ
岸忽〔안홀〕 까불고 사람을 깔봄.
▷對岸(대안). 沿岸(연안). 彼岸(피안). 海岸(해안). 湖岸(호안).

〖島〗 부 山(메산변) 획 3—7 훈 섬 음 도: 中 tao³ 英 island 日 トウ. しま
뜻 섬.
필순 ' 卢 阜 鳥 島 島 島
島監〔도감〕 울릉도를 다스리던 벼슬. 동도장(島長).
島國〔도국〕 섬나라. しまぐに
島流〔도류〕 죄인이 섬으로 유배(流配)됨. 동도배(島配). しまながし
島民〔도민〕 섬에서 사는 사람. とうみん
島配〔도배〕 동⇨도류(島流).
島司〔도사〕 도청(島廳)의 행정(行政) 책임자. とうし
島嶼〔도서〕 ①크고 작은 여러 섬들. 큰 것을 도(島), 작은 것을 서(嶼)라 함. ②여러 섬. とうしょ
島長〔도장〕 동⇨도감(島監).
島中〔도중〕 섬의 안. とうちゅう
島廳〔도청〕 섬을 관할하는 관청.
▷孤島(고도). 群島(군도). 落島(낙도). 無人島(무인도). 諸島(제도). 半島(반도). 列島(열도). 絶遠島(절원도). 海島(해도). 火山島(화산도).

【峯】 부 山(메산변) 획 3—7 훈 봉우리 음 봉 中 fêng¹ 英 peak 日 ホウ. みね
뜻 봉우리.
참고 동 峰
필순 ' 山 山 岁 岑 峯 峯
峯頭〔봉두〕 산봉우리. 동산봉(山峯). ほうとう
▷高峯(고봉). 孤峯(고봉). 群峯(군봉). 奇峯(기봉). 起峯(기봉). 上峯(상봉). 連峯(연봉). 靈峯(영봉). 主峯(주봉). 峻峯(준봉).

［峻］ 부 山(메산변) 획 3—7 훈 높을 음 준: 中 chün⁴ 英 lofty 日 シュン. たかい. けわしい
뜻 ①높을. ②클. ③가파를. ④엄할. 혹독할.
필순 ' ㅣ 山 山' 山^ 峻 峻
峻刻〔준각〕 엄한 시각(時刻). しゅんこく 「うきょ
峻拒〔준거〕 엄하게 거절함. しゅ
峻德〔준덕〕 뛰어난 덕(德). しゅんとく 「んれい
峻嶺〔준령〕 높은 산봉우리. しゅ
峻路〔준로〕 험한 길. しゅんろ
峻峯〔준봉〕 험하고 높은 산봉우리. しゅんぽう 「んざん
峻山〔준산〕 험하고 높은 산. しゅ
峻嚴〔준엄〕 ①엄숙함. ②험하고 높음. しゅんげん 「ゅんせき
峻責〔준책〕 엄숙하게 꾸짖음. し
峻嶮〔준험〕 산이 높고 험악(險惡)함. しゅんけん

［峴］ 부 山(메산변) 획 3—7 훈 재(고개) 음 현: 中 hsien³ 英 ridge 日 ケン. さか. おか
뜻 재. 고개.
필순 ' ㅣ 山 山 峒 峒 峴
峴山〔현산〕 ①중국의 산 이름. ②언덕과 산. 낮은 산. けんざん
▷東峴(동현). 葛峴(갈현). 阿峴(아현). 雲峴(운현). 長峴(장현).

「峽」 부 山(메산변) 획 3—7 훈 골짜기 음 협 中 hsia² 英 valley 日 キョウ. はざま
뜻 골짜기.
필순 ' ㅣ 山 山 山 峽 峽
峽谷〔협곡〕 골. 동계곡(谿谷).
峽中〔협중〕 양쪽 산의 사이. きょうちゅう 「메마을. きょうそん
峽村〔협촌〕 두메에 있는 마을. 두

峽谷〔협곡〕험(險)하고 좁은 산골짜기. きょうこく　「협).
▷山峽(산협). 地峽(지협). 海峽(해

[崑] 부 山(메산변) 획 3—8 훈 산이름 음 곤 ㊥ k'uen[1] 英 name of a mountain ㊐ コン
뜻 산이름.
필순 ' 山 屮 岂 岂 崑 崑

崑崙〔곤륜〕①중국의 산 이름. ②서장(西藏)과 신강(新疆)에 걸쳐진 산맥. ③예전 종족(種族)의 이름. ④뇌(腦)의 별칭(別稱). こんろん
崑崙片玉〔곤륜편옥〕①곤륜산에서 나는 이름난 옥(玉). ②잘난 인물을 얻기 어려움을 이름. こんろんへんぎょく

【崩】 부 山(메산면) 획 3—8 훈 무너질 음 붕 ㊥ pêng[1] 英 collapse ㊐ ホウ. **くず**れる
뜻 ①무너질. ②임금죽을.
필순 ' 山 屮 岸 肙 崩

崩壞〔붕괴〕무너짐. 허물어짐. ほうかい　「うぎょ
崩御〔붕어〕천자(天子)가 죽음. ほ
崩墜〔붕추〕무너짐. 허물어짐. ほ
▷土崩(토붕).　└うつい

〖崇〗 부 山(메산변) 획 3—8 훈 높을 음 숭: ㊥ ch'ung[2] 英 venerate ㊐ スウ. **あが**める
뜻 ①높을. ②공경할.
필순 ' 山 屮 岜 崇

崇敬〔숭경〕공경(恭敬)하여 높임. すうけい
崇古〔숭고〕옛적 문물(文物)을 숭상함. すうこ　「함. すうこう
崇高〔숭고〕존귀(尊貴)하고 고상
崇德〔숭덕〕①높은 덕. ②중국의 현명(縣名). すうとく
崇嶺〔숭령〕높은 산봉우리.
崇禮門〔숭례문〕서울의 남대문(南大門)의 본명(本名).　「이름.
崇山〔숭산〕①높은 산. ②중국의 산
崇尙〔숭상〕높여 소중히 여김. すうしょう　「こう
崇仰〔숭앙〕높여 우러러봄. すう
▷謙崇(겸숭). 信崇(신숭). 欽崇(흠숭).

[崔] 부 山(메산변) 획 3—8 훈 높을 음 최(최:) ㊥ tsuei[2] 英 precipitous ㊐ サイ. スイ
뜻 ①높을. ②성.
필순 ' 山 屮 岸 崔 崔 崔

崔巍〔최위〕산이 높고 험함. さいかい　「고 큰 모양. すいすい
崔崔〔최최〕산이 우뚝하게 섬. 높
崔致遠〔최 치원〕신라 말기의 우리 나라 최초의 한학자(漢學者). 당(唐)의 과거(科擧)에 급제함.
崔判官〔최 판관〕죽은 사람의 생전(生前)의 선악(善惡)을 판단하는 저승의 벼슬.「모양. さいこ
崔乎〔최호〕움직이는 모양. 빠른

【嶺】 부 山(메산변) 획 3—14 훈 재 음 령: ㊥ ling[3] 英 ridge ㊐ レイ. リョウ. みね
뜻 재. 고개.
필순 ' 山 屮 岺 嶺 嶺 嶺

嶺曲〔영곡〕영남 지방에서 나는 곡삼(曲蔘).　「なん
嶺南〔영남〕경상도(慶尙道). れい
嶺東〔영동〕강원도(江原道) 대관령(大關嶺) 동쪽의 땅. れいとう
嶺西〔영서〕강원도(江原道) 대관령(大關嶺) 서쪽의 땅. れいざい
嶺底〔영저〕높은 고개의 아래 부분.　「(진령). 疊嶺(섭령).
▷山嶺(산령). 雪嶺(설령). 秦嶺

〖巖〗 부 山(메산변) 획 3—20 훈 바위 음 암 ㊥ yen[2] 英 rock ㊐ ガン. いわお
뜻 ①바위. ②가파를.
참고 ㊉岩
필순 ' 山 屮 岸 崖 巖 巖

巖角〔암각〕모가 난 바위. がんかく
巖居〔암거〕산에 삶. がんきょ└く
巖洞〔암동〕바위의 굴. がんどう
巖盤〔암반〕①바위로 이루어진 땅바닥. ②몹시 굳은 바닥.
巖石〔암석〕바위. がんせき
巖巖〔암암〕돌이 높게 겹쳐 위험한 모양. がんがん
巖鹽〔암염〕돌소금. がんえん
巖墻〔암장〕높고 위험한 담벽. がんしょう　「んせん
巖泉〔암천〕바위에서 나는 샘. が

巖穴〔암혈〕 ①바위의 굴. ② 속세(俗世)를 떠나 산중(山中)에서 사는 선비. がんけつ
巖穴之士〔암혈지사〕 속세를 떠나 깊은 산 속에서 숨어 사는 선비.
巖紅葉〔암홍엽〕 돌단풍.
▷奇巖(기암). 層巖(층암).

(3) 巛(川) 部

〔川〕 부 巛(개미허리) 획 3—0 훈 내 음 천 中 ch'uan¹ 英 stream 日 セン. かわ
뜻 내.
필순 丿 川 川
川谷〔천곡〕 내와 골짜기.
川流〔천류〕 ①냇물의 흐름. ②물의 흐름이 끊어지지 않음. ③맥락이 통하여 분명함. せんりゅう
川邊〔천변〕 냇가. かわべ
川魚〔천어〕 냇물에 사는 물고기. 민물고기.
川資〔천자〕 여비(旅費).
川川〔천천〕 큰 수레가 무겁게 천천히 가는 모양. せんせん
川澤〔천택〕 내와 못. せんたく
▷大川(대천). 山川(산천). 仁川(인천). 河川(하천).

〔州〕 부 巛(개미허리) 획 3—3 훈 고을 음 주 中 chou¹ 英 country 日 シュウ. ス. むら. しま
뜻 ①고을. ②섬. 모래톱(洲와 통용).
필순 丶 州 州
州谷〔주곡〕 촌락(村落). 시골.
州里〔주리〕 마을. しゅうり
州牧〔주목〕 지금의 도지사(道知事).
州胡國〔주호국〕 제주도의 옛이름.

〔巡〕 부 巛(개미허리) 획 3—4 훈 돌 음 순 中 hsün² 英 patrol 日 ジュン. めぐる
뜻 돌.
필순 く 巛 巛 巛 巡
巡警〔순경〕 ①순회하여 경계함. 또 그 사람. ② 경찰관의 최하급. じゅんけい
巡邏〔순라〕 순찰(巡察)하여 경계(警戒)함.
巡覽〔순람〕 각처로 돌아다니며 관람(觀覽)함. じゅんらん
巡禮〔순례〕 신앙(信仰)으로 인하여 여러 성지(聖地)를 차례로 돌아다님. じゅんれい
巡撫〔순무〕 순회(巡廻)하며 백성을 위무(慰撫)함. じゅんぶ
巡視〔순시〕 돌아다니며 시찰함. じゅんし
巡遊〔순유〕 각처로 돌아다니며 놂. じゅんゆう
巡察〔순찰〕 돌아다니며 살핌. じゅんさつ
巡航〔순항〕 배를 타고 두루 다님. じゅんこう
巡行〔순행〕 두루 돌아다님. じゅんこう
巡幸〔순행〕 임금이 나라 안을 순행(巡行)함. じゅんこう
巡廻〔순회〕 여러 곳으로 돌아다님. じゅんかい

〔巢〕 부 巛(개미허리) 획 3—8 훈 보금자리 음 소 中 ch'ao² 英 nest 日 ソウ. す
뜻 ①보금자리. 새집. ②깃들일.
필순 巛 巛 巛 巢 巢 巢 巢
巢窟〔소굴〕 도둑·비도(匪徒)·악한 등의 근거지. そうくつ
巢蜜〔소밀〕 개꿀.
▷故巢(고소). 蜂巢(봉소). 燕巢(연소). 危巢(위소).

(3) 工 部

〔工〕 부 工(장인공) 획 3—0 훈 장인 음 공 中 kung¹ 英 artisan 日 コウ. ク. たくみ
뜻 ①장인. ②교묘함.
필순 丅 工
工課〔공과〕 공부하는 과정(課程). こうか
工女〔공녀〕 길쌈을 하는 여자. 또 여직공(女職工).
工力〔공력〕 ① 사려(思慮)와 역량(力量). ②공작(工作)하는 데 드는 힘. こうりょく
工率〔공률〕 기계(機械)가 단위(單位) 시간마다 하는 일. こうりつ
工夫〔공부〕 ①학문(學問)·기술(技

術)을 배움. ②배운 것을 연습함. くふう
工部〔공부〕 고려 때의 육부(六部)의 하나. 영선(營繕)·공사(工事) 등의 일을 맡음. 「うひ
工費〔공비〕 공사(工事)의 비용. こ
工事〔공사〕 ①토목 공사. ⓢ공역(工役). ②건축·제작 등에 관한 일. こうじ
工業〔공업〕 자연물 또는 조제품(粗製品)에 인공을 가하여 쓸 만한 물건을 제조하는 생산업(生產業). こうぎょう 「こうえき
工役〔공역〕 토목 공사(土木工事).
工藝〔공예〕 물건을 만드는 재주. 제작(製作)의 기술(技術). こうげい 「(木工). こうじん
工人〔공인〕 직공(職工). 또 목공
工作〔공작〕 ① 토목(土木)의 공사(工事). ② 목수 일. ③ 계획(計劃)하여 경영(經營)함. こうさく
工錢〔공전〕 장색(匠色)의 품삯.
工程〔공정〕 ① 작업의 과정. 일의 분량. ②공률(工率). こうてい
工拙〔공졸〕 기교(技巧)가 능란함과 서투름. こうせつ
▷加工(가공). 技工(기공). 刀工(도공). 陶工(도공). 名工(명공). 木工(목공). 石工(석공). 人工(인공). 拙工(졸공). 職工(직공).

〖巨〗 ⓑ 工(장인공) ⓗ 3—2 ⓗ 클 ⓢ 거: ⓒ chü⁴ ⓔ great ⓙ キョ. コ. おおきい
뜻 ①클. ②많은.
필순 ㄏㄏ巨巨
巨家大族〔거가대족〕 대대(代代)로 번영(繁榮)하는 집안. 「きん
巨金〔거금〕 큰 돈. 많은 돈. きょ
巨利〔거리〕 거액(巨額)의 이익(利益). きょり
巨物〔거물〕 ①학문(學問)이나 세력 같은 것이 뛰어난 인물. ②거창한 물건. きょぶつ
巨富〔거부〕 엄청난 재산. 큰 부자(富者). きょふ 「きょがく
巨額〔거액〕 많은 액수(額數)의 돈.
巨儒〔거유〕 큰 학자. ⓢ대유(大儒). きょじゅ
巨人〔거인〕 ①몸이 큰 사람. ②위인(偉人). きょじん 「きょさつ
巨刹〔거찰〕 큰 절. ⓢ대찰(大刹).

【巧】 ⓑ 工(장인공) ⓗ 3—2 ⓗ 공교로울 ⓢ 교 ⓒ ch'iao³ ⓔ skillful ⓙ コウ. たくみ
뜻 똑똑할. 약을.
필순 ㄒェ𢀖巧
巧妙〔교묘〕 썩 잘됨. こうみょう
巧婦鳥〔교부조〕 뱁새.
巧詐〔교사〕 교묘(巧妙)한 수단으로 남을 속임. こうさ
巧舌〔교설〕 교묘한 말. こうぜつ
巧笑〔교소〕 사랑스러운 웃음. こうしょう 「こうげん
巧言〔교언〕 교묘하게 꾸며대는 말.
巧言令色〔교언영색〕 남의 환심(歡心)을 사기 위하여 아첨하는 교묘한 말과 보기좋게 꾸미는 얼굴빛. こうげんれいしょく
巧月〔교월〕 음력 7월. こうげつ
巧拙〔교졸〕 교묘(巧妙)함과 졸렬(拙劣)함. こうせつ
▷計巧(계교). 工巧(공교). 技巧(기교). 奇巧(기교). 精巧(정교).

〖左〗 ⓑ 工(장인공) ⓗ 3—2 ⓗ 왼 ⓢ 좌: ⓒ tsuo³ ⓔ left ⓙ サ. ひだり
뜻 ①왼. ②그를. ③증거. ④도울(佐와 통용).
필순 一ナ左左
左傾〔좌경〕 좌익(左翼)으로 기울어짐. さけい
左顧〔좌고〕 ①왼쪽을 돌아봄. ②어른이 손아랫 사람을 사랑함. さこ
左顧右眄〔좌고우면〕 이쪽 저쪽으로 돌아보며 정신을 씀. さこうべん
左文右武〔좌문우무〕 문무를 병용(倂用)함. さぶんゆうぶ
左司〔좌사〕 벼슬 이름. 수(隋)에서 둠. 상서(尙書)의 이부(吏部)·호부(戶部)·예부(禮部)의 총칭.
左侍直〔좌시직〕 이조 세자 익위사(翊衛司)의 정팔품(正八品) 무관 벼슬.
左右〔좌우〕 ①왼편과 오른편. ②

곁. 옆. ③측근자(側近者). ⑤근신(近臣). さゆう
左右請囑〔좌우청촉〕 수단을 다하여 여러 곳에 청함. さゆうせいしょく
左議政〔좌의정〕 이조 때 의정부(議政府)의 정일품(正一品) 벼슬.
左翼〔좌익〕 ①왼편 날개. ②중군(中軍)의 왼편에 있는 군대. ③급진파(急進派). 혁신파(革新派). ↔우익(右翼). さよく
左傳〔좌전〕 춘추(春秋)를 해석한 책. ⑤춘추좌씨전(春秋左氏傳). さでん
左之右之〔좌지우지〕 ①마음대로 처리함. ②남에게 대하여 이리 해라 저리해라 함. 「림. させん
左遷〔좌천〕 관등(官等)을 떨어뜨
左衝右突〔좌충우돌〕 이리저리 마구 치고 받고 함. さしょうゆう
左側〔좌측〕 왼쪽 옆. さそく 」とつ
▷如左(여좌). 證左(증좌).

【差】 부 工(장인공) 획 3—7 훈 틀릴 음 차 中 ch'a[1·4] 英 differ;send 日 サ. シャ. さし. たがう. つかわす
뜻 ① 틀릴. 어기어질. ②부릴. 사신보낼. ③ 나머지. ④ 병나을. ⑤들쑥날쑥할. 어긋날.
필순 ⺷⺷⺷差差差
差減〔차감〕 비교하여 덜어냄.
差遣〔차견〕 사람을 보냄. さけん
差度〔차도〕 ①병(病)이 조금씩 나아가는 일. ②선택함. さたく
差等〔차등〕 차이나는 등급·등차. さとう 「누어 가름. さべつ
差別〔차별〕 층등(層等)이 지게 나
差使〔차사〕 ①중요한 임무를 위하여 파견하는 임시직. ②고을원이 죄인을 잡으려고 보내는 하인.
差額〔차액〕 어떤 액수를 감한 나머지의 액수. さがく
差異〔차이〕 서로 다름. 「しだし
差出〔차출〕 벼슬아치를 임명함. さ
▷落差(낙차). 大差(대차). 等差(등차). 天壤之差(천양지차). 誤差(오차). 參差(참차).

(3) 己 部

【己】 부 己(몸기) 획 3—0 훈 몸 음 기(기:) 中 chi[3] 英 self 日 キ. コ. おのれ. つちのと
뜻 ①몸. ②6째 천간.
필순 ᄀᄀ己
己未年〔기미년〕 60갑자(甲子)의 56째의 태세(太歲)의 해.
己未運動〔기미운동〕 기미년(1919)에 일어난 독립 운동. 3·1운동.
己身〔기신〕 자신(自身). きしん
己有〔기유〕 자기의 소유(所有).
己出〔기출〕 자기가 낳은 자식.
己卯士禍〔기묘사화〕 중종(中宗) 14년 기묘년(己卯年)에 일어났던 조 광조(趙光祖) 등의 급진적 개혁 정치에 반대하는 심 정(沈貞)·남 곤(南袞) 등 훈구파(勳舊派)의 모략에 의한 사림(士林)들의 참화 사건.
己所不欲勿施於人〔기소불욕물시어인〕 자기가 싫어하는 것은 다른 사람도 역시 싫어하는 것이니 이것을 남에게 시키면 안 됨.
▷克己(극기). 利己(이기). 自己(자기). 知己(지기).

【巳】 부 己(몸기) 획 3—0 훈 뱀 음 사: 中 ssu[4] 英 snake 日 シ. み. へび
뜻 ①뱀. ② 6째 지지.
필순 ᄀᄀ巳
巳年〔사년〕 태세(太歲)의 지지(地支)가 사(巳)자로 된 해.
巳時〔사시〕 ①12시의 6째 시각. 상오 10시부터 11시까지의 사이. ②24시의 11째 시각. しじ
巳月〔사월〕 음력 4월. しげつ
巳日〔사일〕 일진(日辰)의 지지(地支)가 을사(乙巳)·기사(己巳) 따위인 날.

【已】 부 己(몸기) 획 3—0 훈 이미 음 이: 中 i[3] 英 already 日 イ. すでに. やむ. のみ

뜻 ①이미. ②그칠. 말. ③따름.
필순 ㄱㅋ已
已決〔이결〕이미 결정됨.
已過〔이과〕이미 지나감.
已過之事〔이과지사〕이미 지나간 일. 동이왕지사(已往之事).
已成〔이성〕이미 이루어짐.
已往〔이왕〕이전(以前). 과거(過去). いおう
已往之事〔이왕지사〕동⇨이과지사(已過之事).
已已〔이이〕그침. いい
已而〔이이〕그만두자. 그치자.
已日〔이일〕①후일(後日). ②고쳐야 할 때. いじつ
已定之分〔이정지분〕이미 정해진 것.
已下〔이하〕동이하(以下). いか
▷不得已(부득이). 死而後已(사이후이).

【巴】부 己(몸기) 획 3—1 훈 땅이름 음 파 中 pa[1] 英 tail 日 ハ. ともえ
뜻 땅이름.
필순 ㄱㄱㅋ巴
巴結〔파결〕①아첨함. ② 노력함. ③열망함. ④부족함.
巴鼻〔파비〕그릇의 손잡이. じゃ
巴蛇〔파사〕대사(大蛇)의 일종. は
巴人〔파인〕① 파(巴) 지방 사람. ②시골 사람. 비속(卑俗)한 사람. はじん
巴且〔파차〕파초(芭蕉). はしょ
巴巴〔파파〕①매우 심히. ②노인. ③여물게 붙어 굳어진 모양. ④초조(焦燥)한 모양. ⑤종족(種族)의 이름. はは
▷三巴(삼파).

【巷】부 己(몸기) 획 3—6 훈 거리 음 항: 中 hsiang[4] 英 street 日 コウ. ちまた
뜻 거리.
필순 一卄共共巷巷
巷歌〔항가〕거리에서 노래함. 또는 그 노래. こうか
巷間〔항간〕서민(庶民)들 사이. こうかん
巷談〔항담〕거리에 떠도는 소문(所聞). 세상(世上)의 풍설(風說). こうだん
巷說〔항설〕동⇨항담(巷談). こうせつ
▷街巷(가항). 窮巷(궁항). 陋巷(누항).

(3) 巾 部

【巾】부 巾(수건건변) 획 3—0 훈 수건 음 건 中 chin[1] 英 towel 日 キン. てぬぐい
뜻 ①수건. ②두건.
필순 丨冂巾
巾車〔건거〕베나 비단으로 막을 쳐서 꾸민 수레. きんしゃ
巾帶〔건대〕상복(喪服)에 쓰는 건과 띠. きんたい
巾箱本〔건상본〕작은 책. 동축인본(縮印本).
巾布〔건포〕두건(頭巾)을 만드는 베. 「(포건).
▷頭巾(두건). 手巾(수건). 布巾(포건). 黃巾(황건).

【市】부 巾(수건건변) 획 3—2 훈 저자 음 시: 中 shih[4] 英 market 日 シ. いち
뜻 ①저자. 시장. ②살. 팔·장사할.
필순 亠亠亢市
市街〔시가〕집이 많고 번화한 곳. 동시정(市井). しがい
市價〔시가〕장의 시세(時勢). しか
市有〔시유〕시의 소유(所有). しゆう
市長〔시장〕시의 장(長). 동시정(市正). しちょう
市場〔시장〕장수들이 모이어 물건을 팔고 사고 하는 곳. いちば
市井〔시정〕①저자. 장. 곧 인가(人家)가 많은 곳. 동시가(市街). ②민가(民家). ③세간(世間). 속류(俗流). しせい
市井輩〔시정배〕시정(市井)아치. 시정에서 장사에 종사하는 천한 무리. しせいはい
▷關市(관시). 交市(교시). 都市(도시). 門前成市(문전성시). 夜市(야시). 魚市(어시).

【布】부 巾(수건건변) 획 3—2 훈 베.음 포(포:) 中 pu[4] 英 line 日 フ. ホ. ぬの
뜻 ①베. 무명. ②베풀. 펼.
필순 ナ𠂇右布

布告〔포고〕 일반에게 널리 알림.
布教〔포교〕 ①종교(宗教)를 널리 폄. 교육을 보급시킴. ふきょう
布木(포목) 베와 무명. 또 직물.
布石〔포석〕 ①바둑 둘 때 처음에 돌을 벌여 놓음. ②일의 장래를 위하여 손을 씀. ふせき
布施〔포시〕 ①가난한 사람에게 물건을 베풀어 줌. ②탐욕이 없는 깨끗한 마음으로 중에게 금품을 베풀어 줌. 또 그 금품. [동]보시(布施). ふし
布衣〔포의〕 ①베옷. 벼슬하지 않은 사람이 입는 옷. ②벼슬하지 않은 사람. 무위무관(無位無官)의 사람. [동]백의(白衣). ふい
布衣之交〔포의지교〕 ①벼슬을 하지 않던 빈천할 때부터의 사귐. ②귀천(貴賤)을 떠난 사귐. ふいのまじわり 「선비. ふいのし
布衣之士〔포의지사〕 벼슬이 없는
布衣寒士〔포의한사〕 벼슬이 없는 가난한 선비. ふいかんし
布陣〔포진〕 진(陣)을 침. ふじん
▷公布(공포). 麻布(마포). 綿布(면포). 毛布(모포). 分布(분포). 宣布(선포). 流布(유포).

「帆」 [부] 巾(수건건변) [획] 3—3 [훈] 돛 [음] 범 [中] fan^{1} [英] ⌊sail [日] ハン. ほ
[뜻] 돛.
[필순] 丨 冂 巾 帆 帆帆
帆船〔범선〕 돛단배. はんせん
帆布〔범포〕 돛을 만드는 피륙.
▷孤帆(고범). 歸帆(귀범). 白帆(백범). 出帆(출범).

〖希〗 [부] 巾(수건건변) [획] 3—4 [훈] 바랄 [음] 희 [中] hsi^{1} [英] hope [日] キ. ケ. **こいねが**う
[뜻] ①바랄. ②드물(성길 稀와 통용).
[필순] ノ ㄨ 乄 𠂈 希希
希求〔희구〕 바라고 구(求)함. ききゅう 「きこう
希覯〔희구〕 보기 드묾. 또 그것.
希冀〔희기〕 [동]⇨희망(希望). きき
希望〔희망〕 바람. 소원(所願). [동]희기(希冀). きぼう 「ん
希願〔희원〕 [동]⇨희망(希望). きが

「帛」 [부] 巾(수건건변) [획] 3—5 [훈] 비단 [음] 백 [中] po^{4} [英] silk [日] ハク. きぬ. ぬさ
[뜻] ①비단. 명주. ②폐백.
[필순] ′ ľ 白 白 帛帛
帛巾〔백건〕 비단 헝겊. はくきん
帛絲〔백사〕 흰 명주실. はくし
帛書〔백서〕 비단에 쓴 글자. 또는 그 글자. はくしょ
▷練帛(연백). 竹帛(죽백). 幣帛(폐백). 布帛(포백).

「帖」 [부] 巾(수건건변) [획] 3—5 [훈] 문서 [음] 첩 [中] t'ien$^{1·3·4}$ [英] card [日] チョウ. ジョウ
[뜻] ①문서. ②체지(체).
[필순] 丨 冂 巾 巾丨 巾卜 帖 帖帖
帖耳〔첩이〕 아첨해 가며 동정(同情)을 바람. ちょうじ
帖子〔첩자〕 ①수첩. 장부. 접은 책. ②명함·안내장·소집장 따위. ちょうし 「게 함.
帖着〔첩착〕 딱 붙어서 떨어지지 않
帖帖〔첩첩〕 ①유연(悠然)히 침착한 모양. ②아래로 드리워진 모양. ③붙어서 떨어지지 않는 모양. ④마음 속으로 정성을 다하여 복종함. ちょうちょう
帖紙〔체지〕 ①관청에서 내리는 사령장(辭令狀). 「(화첩).
▷法帖(법첩). 手帖(수첩). 畫帖

【帥】 [부] 巾(수건건변) [획] 3—6 [훈] 장수 [음] 수(수:) [中] shuai^{4}, shuo^{4} [英] general [日] スイ. ソツ. **ひき**いる 「(솔).
[뜻] ①장수. ②거느릴. 통수할
[필순] ′ 𠂆 户 𠂤 自 𠂤 帥
帥先〔솔선〕 [동]솔선(率先). 「使).
帥臣〔수신〕 병사(兵使)와 수사(水
帥長〔수장〕 군대의 우두머리. [동]대장(大將). すいちょう
△元帥(원수). 將帥(장수). 主帥(주수). 統帥(통수).

〖帝〗 [부] 巾(수건건변) [획] 3—6 [훈] 임금 [음] 제: [中] ti^{4} [英] emperor [日] テイ. タイ. みかど
[뜻] ①임금. ②하느님.
[필순] 亠 产 产 产 帝 帝

帝國〔제국〕 황제(皇帝)가 통치하는 나라. ていこく
帝都〔제도〕 황제(皇帝)가 거처하는 서울. ていと
帝力〔제력〕 제왕(帝王)의 힘. 또는 은덕(恩德)과 위광(威光). ていりょく
帝釋天〔제석천〕 천축(天竺)의 신. 자비스러운 형상을 하고 몸에 영락(瓔珞)을 둘렀는데 수미산(須彌山) 꼭대기 도리천(忉利天)의 중앙 희견성(喜見城)에 있어 삼십 삼천(三十三天)의 주(主)임. ㊐제석(帝釋). ていしゃくてん
帝室〔제실〕 황제(皇帝)의 집안. ㊐황실(皇室). ていしつ
帝業〔제업〕 제왕(帝王)의 사업. 천자(天子)가 천하를 다스리는 일. ていぎょう 「子). ていおう
帝王〔제왕〕 황제(皇帝). 천자(天
帝王韻記〔제왕운기〕 고려(高麗) 충렬왕(忠烈王) 때 이 승휴(李承休)가 지은 역사 책.
帝位〔제위〕 제왕(帝王)의 자리. ていい 「治). ていせい
帝政〔제정〕 황제(皇帝)의 정치(政
▷上帝(상제). 先帝(선제). 女帝(여제). 天帝(천제).

〖師〗 부 巾(수건건변) 획 3—7 훈 스승 음 사 ㊥ shih[1] ㊀ teacher ㊐ シ. もろ. いくさ
뜻 ①스승. ②어른. ③군사. ④장한 이. ⑤본받을. 스승삼을.
필순 ｜丿卢自自'訁師師

師團〔사단〕 군대(軍隊) 편성의 한 단위. 군단(軍團)의 아래. 여단(旅團)의 위. しだん「理). しどう
師道〔사도〕 스승으로서의 도리(道
師母〔사모〕 스승의 부인.
師範〔사범〕 ①법(法). 모범(模範). ②모범이 될 만한 사람. ③학문·기예(技藝) 등을 가르치는 사람. しはん 「승과 아버지. しふ
師父〔사부〕 스승의 존칭(尊稱). 스
師恩〔사은〕 스승의 은혜. しおん
師恩會〔사은회〕 스승의 은혜에 감사하는 뜻으로 배푸는 모임. 또는 그 자리. しおんかい
師弟〔사제〕 스승과 제자.
師表〔사표〕 남의 모범(模範)이 될 만큼 학덕(學德)이 높은 일. 또 그 사람. ㊐사범(師範). しひょう
▷教師(교사). 軍師(군사). 大師(대사). 牧師(목사). 法師(법사). 禪師(선사). 水師(수사). 出師(출사).

〖席〗 부 巾(수건건변) 획 3—7 훈 자리 음 석 ㊥ hsi[2] ㊀ seat ㊐ セキ. むしろ
뜻 ①자리. ②깔. ③베풀.
필순 广广产产产庐席席

席藁待罪〔석고대죄〕 거적을 깔고 엎디어 벌을 기다림.
席卷〔석권〕 자리를 마는 것과 같이 쉽게 토지나 일 등을 공략(攻略)함. せきけん
席門〔석문〕 가난한 집. せきもん
席上〔석상〕 ①좌상(座上). ②어떤 모임의 자리. せきじょう
席順〔석순〕 ①자리의 차례. ②성적의 순서. せきじゅん
席子〔석자〕 돗자리.
席次〔석차〕 ㊐석순(席順). せきじ
席薦〔석천〕 멍석. せきせん
▷宴席(연석). 缺席(결석). 末席(말석). 首席(수석). 連席(연석). 出席(출석). 花紋席(화문석). 會席(회석).

【帶】 부 巾(수건건변) 획 3—8 훈 띠 음 대: ㊥ tai[4] ㊀ belt ㊐ タイ. おび. **おびる**
뜻 ①띠. ②띨. 두를.
필순 一卄卅卅卅帶帶帶 「いけん
帶劍〔대검〕 칼을 참. 또 그 칼. た
帶同〔대동〕 함께 데리고 감.
帶分數〔대분수〕 정수(整數)와 진분수(眞分數)로 된 분수(分數). たいぶんすう
帶小數〔대소수〕 정수(整數)와 소수(小數)가 합쳐 된 수. たいしょうすう
帶率下人〔대솔하인〕 ① 하인을 거느림. ② 고귀한 사람이 거느리고 다니는 하인.

帶水〔대수〕 물기를 띰. たいすい
帶紙〔대지〕 물건을 싸고 그 위를 두르는 종이 오라기.
帶妻〔대처〕 아내를 둠. たいさい
帶妻食肉〔대처식육〕 중이 아내를 두고 고기를 먹음.
帶黑色〔대흑색〕 까무스름한 빛깔. たいこくしょく
▷冠帶(관대). 連帶(연대). 熱帶(열대). 玉帶(옥대). 溫帶(온대). 紐帶(유대). 地帶(지대). 寒帶(한대). 携帶(휴대).

〖常〗 [부] 巾(수건건변) [획] 3—8 [훈] 떳떳할 [음] 상 [中] ch'ang² [英] usually [日] ジョウ. つね
[뜻] ①떳떳할. ②항상. ③보통. 범상.
[필순] ⺌⺌⺌⺌常常
常關〔상관〕 늘 닫혀 있음.
常規〔상규〕 ①보통의 일반적인 규정 또는 규칙. ②늘 변하지 않는 규칙. [동]상전(常典). じょうき
常例〔상례〕 보통의 사례(事例). [동]항례(恒例) じょうれい
常綠樹〔상록수〕 잎이 사시(四時)를 두고 늘 푸른 나무. 소나무·대나무 따위. じょうりょくじゅ
常務〔상무〕 일상(日常)의 업무(業務). じょうむ
常民〔상민〕 보통 백성(百姓). 상사람. ↔양반(兩班). じょうみん
常富〔상부〕 늘 부유함.
常備〔상비〕 늘 준비(準備)하여 둠.
常貧〔상빈〕 늘 구차함. ㄴじょうび
常事〔상사〕 ①보통의 일. 일상의 일. ②정하여진 일. 「しゅう
常習〔상습〕 늘 하는 버릇. じょう
常勝〔상승〕 언제나 이김. 늘 승리함. じょうしょう
常識〔상식〕 보통 사람이 가지고 있는 이해력과 지식. じょうしき
常用〔상용〕 늘 씀. じょうよう
常人〔상인〕 ①보통(普通) 사람. ②상사람. じょうじん
常情〔상정〕 ①항상 품고 있는 심정. ②사람에게 공통(共通)되는 인정(人情). じょうじょう
常住〔상주〕 ① 생멸(生滅) 없고 변천(變遷) 없이 늘 존재함. 영구불변임. ②늘 삶. 항상 거주함. じょうじゅう 「とう
常套〔상투〕 항상 하는 투. じょう
常平通寶〔상평통보〕 이조 인조(仁祖)와 숙종(肅宗) 때에 쓰던 엽전(葉錢).
常平倉〔상평창〕 고려와 이조 때에 미가(米價)의 조절을 위하여 정부에서 설치(設置)한 창고. じょうへいそう

【帳】 [부] 巾(수건건변) [획] 3—8 [훈] 휘장 [음] 장: [中] chang⁴ [英] curtain [日] チョウ. とばり
[뜻] ①휘장. ②치부책.
[필순] ㅣ冂巾巿帐帐帳帳
帳記〔장기〕 물건이나 논밭의 매매에 관한 물목(物目)을 적은 문서(文書). ちょうき
帳幕〔장막〕 한데에 베풀어서 별 또는 비를 가리고 사람이 들어 있게 친 물건.
帳面〔장면〕 ①일을 치부하는 책. ②나날의 거래(去來)를 적어 두는 책. ちょうめん
帳簿〔장부〕 금품(金品)의 수입·지출 또는 기타의 사항을 기록하는 책. ちょうぼ 「ょうちゅう
帳中〔장중〕 장막(帳幕)의 안. ち
▷開帳(개장). 錦帳(금장). 記帳(기장). 通帳(통장).

「帽」 [부] 巾(수건건변). [획] 3—9 [훈] 모자 [음] 모(모:) [中] mao⁴
[뜻] 모자. ㄴ[英] hat;cap [日] ボウ
[필순] ㅣ冂巾巾巾⺆帽帽
帽帶〔모대〕 사모(紗帽)와 각띠.
帽名〔모명〕 거짓 꾸며대는 이름.
帽憑〔모빙〕 충분히 생각해 봄.
帽子〔모자〕 머리에 쓰는 물건의 총칭. ぼうし
帽花〔모화〕 옛날 문무과(文武科)에 급제한 사람에게 임금이 내리는 가화(假花).
▷軍帽(군모). 登山帽(등산모). 禮帽(예모). 制帽(제모). 着帽(착모). 脫帽(탈모). 學帽(학모).

【幅】 [부] 巾(수건건변) [획] 3—9 [훈] 폭 [음] 폭 [中] fu² [英]

width [日] フク. はば
[뜻] ①폭. ②넓이. ③행전(핍).
[필순] 丨 冂 巾 帄 帄 帞 幅 幅
幅巾〔폭건〕 두건(頭巾)의 하나. 은사(隱士)가 쓰는 건(巾). ふくきん
幅廣〔폭광〕 한 폭이 될 만한 너비.
幅利〔폭리〕 이익을 제한(制限)함.
幅員〔폭원〕 지면(地面)의 넓이와 둘레. ふくいん
▷廣幅(광폭). 大幅(대폭). 滿幅(만폭). 半幅(반폭). 前幅(전폭). 全幅(전폭).

【幕】 [부] 巾(수건건변) [획] 3—11 [훈] 휘장 [음] 막 [中] mu⁴ [英] curtain [日] マク. バク
[뜻] 휘장.
[필순] 艹 艹 苜 草 莫 莫 幕 幕
幕間〔막간〕 연극(演劇) 중의 막과 막 사이. まくま
幕僚〔막료〕 ①장군(將軍)을 보좌하는 참모(參謀). ②고문. ばくりょう
幕幕〔막막〕 ①어두운 모양. ②성(盛)한 모양. ばくばく
幕舍〔막사〕 임시로 되는 대로 허름하게 지은 집.
幕後〔막후〕 ①막의 뒤. ②어떤 일의 조정을 하는 곳.
▷開幕(개막). 暗幕(암막). 映寫幕(영사막). 銀幕(은막). 字幕(자막). 帳幕(장막). 終幕(종막). 酒幕(주막). 天幕(천막). 土幕(토막). 閉幕(폐막). 黑幕(흑막).

［幔］ [부] 巾(수건건변) [획] 3—11 [훈] 휘장 [음] 만 [中] man⁴ [英] curtain [日] マン. ひきまく
[뜻] ①휘장. ②장막.
[필순] 丨 冂 巾 帄 帰 幔 幔 幔

「幟」 [부] 巾(수건건변) [획] 3—12 [훈] 기 [음] 치: [中] chih⁴ [英] flag; pennon [日] シ. のぼり
[뜻] 기. 깃발.
[필순] 巾 巾 巾 巾 幟 幟 幟
▷旗幟(기치). 標幟(표치). 徽幟(휘치).

【幣】 [부] 巾(수건건변) [획] 3—12 [훈] 폐백 [음] 폐: [中] pi⁴ [英] silk; gift [日] ヘイ. ぬさ
[뜻] ①폐백. ②돈. 화폐.
[필순] 丨 丷 广 府 㡀 㡀 敝 幣 幣
幣貢〔폐공〕 조정(朝廷)에 바치던 베·비단·옥·말·가죽 따위 공물(貢物). へいこう
幣物〔폐물〕 ①예물(禮物). ②공물(貢物). へいぶつ. へいもつ
幣帛〔폐백〕 선물(膳物)하는 물품. 예물(禮物).
幣制〔폐제〕 국가에서 제정한 화폐 제도(貨幣制度). へいせい
△錢幣(전폐). 造幣(조폐). 紙幣(지폐). 貨幣(화폐).

(3) 干　部

〖干〗 [부] 干(방패간변) [획] 3—0 [훈] 방패 [음] 간 [中] kan¹ [英] shield [日] カン. たて. ひる. ほす
[뜻] ①방패. ②간섭할. 간여할. ③ 말릴(乾과 통용).
[필순] 二 干
干戈〔간과〕 ① 방패와 창. 전쟁에 쓰는 병장기(兵仗器)의 총칭. ② 전쟁(戰爭). かんか
干滿〔간만〕 썰물과 밀물. かんまん
干涉〔간섭〕 남의 일에 나서서 참견(參見)함. かんしょう
干城〔간성〕 방패(防牌)와 성(城). 곧 국가를 위하여 방패가 되고 성이 되어 외적(外敵)을 막는 군인. かんじょう
干潮〔간조〕 썰물. かんちょう
干支〔간지〕 10간(干)과 12지(支)의 총칭. かんし
干拓〔간척〕 바다 따위를 막고 물을 빼어 육지(陸地)로 만드는 일. かんたく
▷滿干(만간). 十干(십간). 若干(약간). 如干(여간). 天干(천간).

〖平〗 [부] 干(방패간변) [획] 3—2 [훈] 평평할 [음] 평 [中] p'ing² [英] even [日] ヘイ. ビョウ. ヒョウ. たいら. ひらたい
[뜻] ①평평할. ②고를. ③편안할. ④화친할.
[필순] 丆 丕 平

平均[평균] ①고름. 또 고르게 함. ⑤평등(平等). ②과불급(過不及)이 없는 정도. ③동종(同種)의 일정량의 중간치(中間値)를 갖는 수(數). へいきん
平年[평년] ①추수(秋收)가 보통으로 되는 해. ②윤년(閏年)이 아닌 해. へいねん
平等[평등] 차별이 없음. 「いめん
平面[평면] 편편한 표면(表面). へ
平民[평민] 양반 아닌 보통 사람. ⑤서민(庶民). へいみん
平凡[평범] 특색(特色)이 없이 보통임. へいぼん　「いふく
平服[평복] 평상시에 입는 옷. へ
平牀[평상] 나무로 만든 침상(寢床)의 한 가지.
平常[평상] ①항상. 늘. ⑤평소(平素). ②보통. へいじょう
平常時[평상시] 보통 때.
平生[평생] 일생(一生). へいせい
平敍文[평서문] 의문(疑問)·반어(反語)의 품사(品詞)가 들지 않고 주술(主述)·목적어(目的語)·보조어(補助語)가 순서대로 나열되어 있는 문장(文章).
平素[평소] ①평상시(平常時). ②과거(過去). 이전(以前). へいそ
平時[평시] ①평화스러운 때. ②평상시(平常時). へいじ
平身低頭[평신저두] 코가 땅에 닿도록 몸을 굽히고 머리를 숙임. へいしんていとう
平安[평안] 무사(無事)하여 마음에 걱정이 없음. へいあん
平野[평야] 평평한 들. へいや
平溫[평온] 평상시의 온도(溫度). へいおん　「함. へいおん
平穩[평온] 고요하고 안온(安穩)
平原[평원] 평평한 들. へいげん
平易[평이] 까다롭지 않고 쉬움. へいい
平定[평정] 난리를 진압하여 평온하게 함. 또 난리가 진압되어 평온해짐. へいてい　「いじょう
平靜[평정] 평온하고 고요함. へ
平準[평준] ①평균(平均). ②물가(物價)의 균일(均一) 공평을 보존 하는 법. 또 그 벼슬. 한(漢)나라 무제(武帝) 때부터 시작하였음. ③수준기(水準器)를 써서 수평으로 하는 일. へいじゅん
平地風波[평지풍파] 평온(平穩)한 곳에 억지로 풍파를 일으킴을 이름. へいちのふうは
平天下[평천하] ①나라를 다스림. ②나라를 평정함. へいてんか
平行[평행] 두 직선(直線)이 같은 평면 위에 있어서 서로 만나지 않음. へいこう
平衡[평형] 절하는 법(法)의 한 가지. 몸을 굽히어 머리와 허리가 저울대처럼 바르게 함. ⑤균형(均衡). へいこう
平和[평화] ①성정(性情)이 평온함. ②전쟁이 없이 세상이 잘 다스려짐. へいわ　「へいかつ
平滑[평활] ①평평하고 미끄러움.
▷公平(공평). 不平(불평). 泰平(태평). 和平(화평).

〖年〗 부 干(방패간변) 획 3—3 훈 해 음 년 中 nien² 英 year 日 ネン. とし
뜻 ①해. ②나이.
필순 𠂉𠂉𠂉年

年鑑[연감] 어떠한 사항에 관하여 한 해 동안의 경과·통계 등을 수록하여 한 해에 한 번씩 발간(發刊)하는 책. ねんかん
年功[연공] ①여러 해 동안 쌓은 공로. ②여러 해 동안 쌓은 숙련. ねんこう　「세월. ねんき
年紀[연기] ①나이. 연령. ②해.
年年[연년] 해마다. ねんねん
年年歲歲[연년세세] 매년(每年). 해마다. ねんねんさいさい
年代[연대] ①경과한 햇수. ②연수(年數)와 시대(時代). 또 시대. ねんだい「(年始). ねんとう
年頭[연두] 한 해의 처음. ⑤연시
年來[연래] 여러 해 이래(以來). ねんらい「전례(前例). ねんれい
年例[연례] 연래(年來)로 내려오는
年老[연로] 나이가 많아서 늙음. ねんろう　「ねんりん
年輪[연륜] 나이 바퀴. 나이테.

年滿〔연만〕 나이가 많음. 늙바탕에 듦. ねんまん 「ねんぱい
年輩〔연배〕 나이. ⑤연령(年齡).
年報〔연보〕 해마다 한 번씩 내는 보고. ねんぽう
年譜〔연보〕 개인의 한 평생의 지낸 일을 연대순으로 적은 기록(記錄). ねんぷ
年少〔연소〕 ①나이가 젊음. ↔연장(年長). ねんしょう
年少者〔연소자〕 ①나이가 어린 사람. ②젊은 사람. ねんしょうしゃ
年月〔연월〕 세월. ねんげつ
年長〔연장〕 자기보다 나이가 많음. 또 그 사람. ↔연소(年少). ねんちょう 「작한 지 몇 해 안됨.
年淺〔연천〕 ①나이가 적음. ②시
年初〔연초〕 새해 초승. ねんしょ
年齒〔연치〕 나이. ねんし
年表〔연표〕 역사의 사실을 연대순으로 기록한 것. ⑤연대표(年代表). ねんぴょう
年賀〔연하〕 ①신년(新年)의 축하. ②노인의 장수(長壽)의 축하(祝賀). ねんが
年限〔연한〕 작정된 햇수. ねんげん
年號〔연호〕 군주 시대에 있어서 임금이 자리에 오르는 해에 대하여 짓는 칭호. ねんごう
▷去年(거년). 今年(금년). 來年(내년). 晩年(만년). 明年(명년). 明後年(명후년). 生年(생년). 昨年(작년). 中年(중년). 豊年(풍년). 享年(향년).

〖幸〗 부 干(방패간변) 획 3—5 훈 다행 음 행: 中 hsing⁴ 英 fortunate 日 コウ. さいわい
뜻 ①다행. 행복. ②요행. ③거동할.
필순 一十幸幸幸
幸冀〔행기〕 다행하기를 바람.
幸莫幸矣〔행막행의〕 이상 더 좋은 다행이 없음.
幸望〔행망〕 다행하기를 바람.
幸民〔행민〕 요행만 바라는 백성.
幸福〔행복〕 ①좋은 운수. ②심신(心身)이 만족감을 느끼는 상태. こうふく
幸不幸〔행불행〕 행복함과 불행함.
幸臣〔행신〕 총애를 받는 신하. こうしん 「運). こううん
幸運〔행운〕 좋은 운수. ↔불운(不
幸運兒〔행운아〕 운수가 좋은 사람. こううんじ 「리. こうい
幸位〔행위〕 요행으로 얻은 벼슬자
▷多幸(다행). 萬幸(만행). 不幸(불행). 巡幸(순행). 僥幸(요행). 天幸(천행). 行幸(행행).

【幹】 부 干(방패간변) 획 3—10 훈 줄기 음 간(간ː) 中 kan⁴ 英 trunk 日 カン. みき
뜻 ①줄기. ②근본. ③재능. 능할. ④천간(干과 통용).
필순 一ナ卉直卓幹幹幹
幹局〔간국〕 일을 잘 처리해 나아가는 재간(才幹). ⑤간재(幹才).
幹練〔간련〕 일에 익숙함. かんれん 「능력. かんのう
幹能〔간능〕 일을 처리할 수 있는
幹了〔간료〕 ①일을 깨끗이 처리함. ②기력이 왕성하고 이해력이 있는 것. ⑨강간혜료(强幹慧了).
幹部〔간부〕 단체의 수뇌부(首腦部). 또 그 임원(任員). かんぶ
幹事〔간사〕 일을 맡아서 처리함. 또 그 사람. かんじ 「かんさい
幹才〔간재〕 재간. ⑤간국(幹局).
幹止〔간지〕 생업(生業)과 거처(居處)에 만족하고 있는 것.
▷骨幹(골간). 根幹(근간). 才幹(재간). 主幹(주간).

(3) 幺 部

「幻」 부 幺(작을요변) 획 3—1 훈 허깨비 음 환ː 中 huan⁴ 英 illusion 日 ゲン. まぼろし
뜻 ①곡두. 허깨비. ②변할. ③미혹할. ④요술.
필순 ㄑ幺幻
幻覺〔환각〕 실제는 없는 데도 마치 그 사물이 있는 것처럼 느끼는 감각. げんかく
幻滅〔환멸〕 허깨비와 같이 덧없이

사라짐. 환상(幻想)에서 깨어나 현실(現實)에 부딪치어 느끼는 슬픔. げんめつ
幻想〔환상〕 ① 실물(實物)이 없는 데도 있는 것같이 보이는 허망한 생각. ② 종잡을 수 없이 일어나는 생각. げんそう 「ぞう
幻像〔환상〕 동⇨환영(幻影). げん
幻生〔환생〕 형상을 바꾸어 다시 태어남. げんせい 「술. げんじゅつ
幻術〔환술〕 남의 눈을 속이는 요
幻影〔환영〕 ① 허깨비와 그림자. 덧없는 물건의 비유. ②환각(幻覺)에 비치는 현상(現象). 동환상(幻像). げんえい 「(요환).
▷夢幻(몽환). 變幻(변환). 妖幻

〔幼〕 부 幺(작을요변) 획 3—2 훈 어릴 음 유(유:) 中 yu⁴ 英 very young 日 ヨウ. おさない
뜻 ①어릴. ②사랑할.
필순 ㄑ 幺 幻 幼
幼君〔유군〕 나이가 어린 임금. ようくん 「어릴 때. ようねん
幼年〔유년〕 나이가 어림. 어린이.
幼少〔유소〕 나이가 어림. 또 어린 아이. 아이. ようしょう
幼少時〔유소시〕 나이 어릴 때.
幼兒〔유아〕 어린 아이. ようじ
幼弱〔유약〕 나이가 어림. 어리고 잔약함. 또 어린 아이. ようじゃく 「ようじ
幼子〔유자〕 어린 아들. 어린 자식.
幼稚〔유치〕 ①나이가 어림. ②지능·학술·기예(技藝) 등이 미숙(未熟)함. ようち
幼稚園〔유치원〕 학령(學齡)이 되지 않은 어린이에게 심신(心身)의 보육(保育) 발달을 꾀하는 쉬운 공부로 교육을 하는 시설. ようちえん
▷老幼(노유). 長幼(장유).

【幽】 부 幺(작을요변) 획 3—6 훈 그윽할 음 유 中 yu¹ 英 gloomy 日 ユウ. かすか
뜻 ①그윽할. ②깊숙할. ③어두울. ④숨을. ⑤조용할. ⑥가둘. ⑦저승. 귀신.
필순 丨 幺 幺幺 幽 幽
幽居〔유거〕 세상을 피하여 그윽하고 외딴 곳에 삶. 또 그런 집. ゆうきょ 「ゆうきょう
幽境〔유경〕 깊숙하고 조용한 곳.
幽谷〔유곡〕 그윽하고 깊은 산골. 예深山(심산)—. ゆうこく
幽靈〔유령〕 ①죽은 사람의 혼령. ②이름뿐이고 실제는 없는 것.
幽明〔유명〕 ① 내세(來世)와 현세(現世). 저승과 이승. ②어두운 것과 밝은 것. 어두움과 밝음. ③암우(暗愚)와 현명(賢明). ④무형(無形)과 유형(有形). ⑤음(陰)과 양(陽). ⑥암컷과 수컷. ⑦숨음과 나타남. ゆうめい
幽囚〔유수〕 잡아 가둠. 동구금(拘禁). ゆうしゅう
幽人〔유인〕 세상을 피하여 숨어 있는 사람. ゆうじん 「ゆうへい
幽閉〔유폐〕 가둠. 감금(監禁)함.
幽花〔유화〕 그윽하고 쓸쓸한 꽃.
幽懷〔유회〕 마음 속 깊이 품은 생각. ゆうかい

〔幾〕 부 幺(작을요변) 획 3—9 훈 몇 음 기: 中 chi¹ 英 some-what 日 キ. いく
뜻 ①몇. 얼마. ②거의. ③고동·빌미(機와 통용). ④어찌(豈와 통용).
필순 ㄠ 幺幺 幾 幾 幾
幾度〔기도〕 몇 번. いくたび
幾微〔기미〕 일의 야릇한 기틀. 낌새. 동기미(機微). きび
幾至死境〔기지사경〕 거의 죽게 됨.
幾何〔기하〕 ①얼마. 동기허(幾許). ②약기하학(幾何學). いくばく. きか 「한 수학(數學). きかがく
幾何學〔기하학〕 공간(空間)에 관
▷萬幾(만기). 無幾(무기). 未幾(미기). 庶幾(서기).

(3) 广 部

【床】 부 广(음호밑) 획 3—4 훈 평상 음 상 中 ch'uang²

㊥ board ㊐ ショウ．とこ
뜻 ①평상. ②마루. ③자리.
참고 본牀
필순 广庐庐床床
床第〔상제〕 평상과 삿자리.
▷病床(병상). 臥床(와상). 寢床(침상).

〖序〗 부 广(음호밑) 획 3—4 훈 차례 음 서: ㊥ hsü⁴ ㊥ order ㊐ ジョ．ついで
뜻 ①차례. ②실마리. ③학교.
필순 广庐庐序
序曲〔서곡〕 ①연극(演劇)의 막(幕)을 열기 전에 연주(演奏)하는 기악곡(器樂曲). ②관현악(管絃樂)의 처음 부분. じょきょく
序論〔서론〕 본론(本論)의 머리말이 되는 논설(論說). 동서론(緒論). じょろん
序幕〔서막〕 ①연극 따위의 처음 여는 막. ②일의 시작. ↔종막(終幕). じょまく 「ょげん
序文〔서문〕 책(冊)의 머리말. じ
序說〔서설〕 본론의 머리말이 되는 논설. 동서론(序論). じょせつ
序詩〔서시〕 ①서문 대신으로 쓰는 시. ②긴 시의 머리말 구실을 하는 부분. じょし
序言〔서언〕 머리말. 동서문(序文). じょげん 「음. じょれつ
序列〔서열〕 차례를 정하여 늘어놓
▷順序(순서). 長幼有序(장유유서). 秩序(질서).

〖庚〗 부 广(음호밑) 획 3—5 훈 개 음 경 ㊥ kêng¹ 英 — ㊐ コウ．かのえ 「③나이.
뜻 ①개. ②7째 천간.
필순 广广声声庚庚
庚庚〔경경〕 ②옆으로 눕는 모양. ②곡식 열매 따위가 익는 모양. こうこう 「こうふく
庚伏〔경복〕 여름에 가장 더울 때.
庚熱〔경열〕 불꽃과 같은 삼복(三伏) 더위. 동경염(庚炎).
庚炎〔경염〕 동⇨경열(庚熱).
庚午字〔경오자〕 이조 세종(世宗)때 1450년에 지은 동활자(銅活字).
庚子字〔경자자〕 이조 세종(世宗)때 1420년에 지은 동활자(銅活字).
庚辰字〔경진자〕 이조 선조(宣祖)때 1580년의 동활자(銅活字).
庚帖〔경첩〕 혼인을 약속하고 남녀 양가(兩家)의 성명·연령·적관(籍貫)·삼대(三代)의 경력을 써서 서로 교환하는 문서.

【府】 부 广(음호밑) 획 3—5 훈 마을 음 부(부:) ㊥ fu³ 英 government;office ㊐ フ．くらやくしょ 「을.
뜻 ①마을. 관청. ②곳집. ③고
필순 广广庐府府
府庫〔부고〕 궁정(宮廷)의 문서(文書)·재보(財寶)를 넣어 두는 곳집. ふこ
府史〔부사〕 관청의 서기(書記).
府院君〔부원군〕 왕비(王妃)의 친아버지나 정일품(正一品) 공신(功臣)의 작호(爵號).
府尹〔부윤〕 부(府)의 장관(長官). 한(漢)나라의 경조윤(京兆尹)에서 시작하였음. ふいん
府尊〔부존〕 주민(住民)이 부(府)의 장관(長官)을 높여 부르던 말. ふそん
▷公府(공부). 官府(관부). 軍府(군부). 都護府(도호부). 冥府(명부). 怨府(원부). 政府(정부).

【底】 부 广(음호밑) 획 3—5 훈 밑 음 저(저:) ㊥ ti³ 英 bottom ㊐ テイ．そこ
뜻 ①밑. 바닥. ②이를. 이룰. ③그칠. ④어찌.
필순 广广广庐底底
底稿〔저고〕 동⇨초고(草稿).
底力〔저력〕 속에 간직한 끈기 있는 힘. そこぢから
底流〔저류〕 바다와 강의 바닥의 흐름. ていりゅう
底面〔저면〕 밑의 면(面). ていめん
底邊〔저변〕 밑의 변(邊). ていへん
底意〔저의〕 속마음. ていい
底下〔저하〕 ①아래. 낮음. ② 천(賤)함. ③후일(後日). ていか
底下人〔저하인〕 종. 하등인(下等人). ていかじん

〖店〗 部 广(음호밑) 획 3—5 훈 가게 음 점(점:) 中 tien⁴ 英 shop 日 テン. みせ
뜻 가게.
필순 丶亠广广庐店店店

店頭〔점두〕 가게 앞. てんとう
店房〔점방〕 가겟방.
店員〔점원〕 남의 상점에서 일을 보아 주고 보수(報酬)를 받는 사람. てんいん
店主〔점주〕 상점 주인. てんしゅ
店鋪〔점포〕 ①집. 방(房). ②가게. 상점(商店). てんぽ
▷開店(개점). 露店(노점). 當店(당점). 賣店(매점). 本店(본점). 分店(분점). 商店(상점). 書店(서점). 飲食店(음식점). 支店(지점). 閉店(폐점).

〖度〗 部 广(음호밑) 획 3—6 훈 법도 음 도: 中 tu⁴ 英 rule 日 ド. ト. タク. たび. のり はかる
뜻 ①법도. ②자. ③정도. ④헤아릴(탁).
필순 丶亠广广庐庐度度

度紀〔도기〕 수명(壽命)을 연장(延長)함. たくき 「くない
度內〔도내〕 가슴 속. 마음 속. た
度量〔도량〕 ①길이를 재는 기구(器具)와 용적(容積)을 재는 기구. ②자와 되. 길이와 용적. ③사물을 너그럽게 용납(容納)하여 처리하는 품성(品性). どりょう
度量衡〔도량형〕 ①도(度)는 길이를 재고, 양(量)은 분량(分量)을 되고, 형(衡)은 무게를 다는 일. ②자·되·저울의 총칭(總稱). どりょうこう
度外〔도외〕 ①법도(法度) 밖. ②생각 밖. 문제 밖. どがい
度日〔도일〕 세월을 보냄. どじつ
度尺〔도척〕 옛날 길이의 단위의 하나. どしゃく
度計〔탁계〕 물건을 잼. たくけい
度地〔탁지〕 토지를 측량(測量)함.
度支部〔탁지부〕 ①청(淸)나라 말년에 호부(戶部)를 개칭(改稱)한 것. ②구한국 때 정부의 재무(財務)를 총할(總轄)하던 관아.
▷角度(각도). 經度(경도). 速度(속도). 年度(연도). 溫度(온도). 程度(정도). 制度(제도). 尺度(척도). 限度(한도).

【庫】 部 广(음호밑) 획 3—7 훈 곳집 음 고(고:) 中 t'u⁴ 英 storehouse 日 コ. ク. くら
뜻 곳집.
필순 亠广广庐庐肓肓庫

庫間〔고간〕 곳집. 「こぼう
庫房〔고방〕 세간을 넣어 두는 방.
庫舍〔고사〕 곳집. 「ん
庫錢〔고전〕 국고(國庫)의 돈. こせ
庫直〔고직〕 관청(官廳)의 창고(倉庫)를 지키는 사람.
▷金庫(금고). 冷藏庫(냉장고). 文庫(문고). 寶庫(보고). 四庫(사고). 史庫(사고). 書庫(서고). 入庫(입고). 在庫(재고). 車庫(차고). 倉庫(창고). 出庫(출고).

〖庭〗 部 广(음호밑) 획 3—7 훈 뜰 음 정 中 t'ing²·⁴ 英 yard; garden 日 テイ. にわ
뜻 ①뜰. ②곧을. ③동안 뜰.
필순 丶广广户庐庭庭庭

庭球〔정구〕 테니스(tennis). ていきゅう 「동정오(正午). ていご
庭午〔정오〕 해·달의 정남(正南).
庭園〔정원〕 뜰. 집안의 동산. 예 一樹(수). ていえん
庭園師〔정원사〕 정원의 화단, 수목(樹木) 따위를 가꾸는 일을 하는 사람. 동원정. ていえんし
庭丁〔정정〕 재판소(裁判所)의 사환(使喚). 「いくん
庭訓〔정훈〕 가정에서의 가르침. て
▷家庭(가정). 校庭(교정). 宮庭(궁정). 前庭(전정). 後庭(후정).

【座】 部 广(음호밑) 획 3—7 훈 자리 음 좌: 中 tsuo⁴ 英 seat
뜻 자리. 〔日 ザ. すわる. せき
필순 亠广广应座座座

座談〔좌담〕 자리잡고 앉아서 하는 이야기. 예 一會(회). ざだん
座席〔좌석〕 앉는 자리. ざせき
座右銘〔좌우명〕 늘 자리 옆에 적어

놓고 자기를 경계하는 말. ざゆうのめい
座前〔좌전〕 편지를 받을 사람의 성명 아래에 쓰는 존칭. 同좌하(座下). ざぜん
座中〔좌중〕 ①여러 사람이 모인 자리. ②자리의 가운데. ざちゅう
座下〔좌하〕 同⇨좌전(座前). ざか
▷講座(강좌). 寶座(보좌). 上座(상좌). 星座(성좌).

【康】 부 广(음호밑) 획 3—8 훈 편안할 음 강 中 kang[1] 英 healthy 日 コウ. やすらか
뜻 편안할.
필순 亠广广户庐庚康康
康强〔강강〕 기력(氣力)이 강함. 同강건(康健). こうきょう
康健〔강건〕 同⇨강강(康强).
康衢煙月〔강구연월〕 태평(太平)한 시대의 번화(繁華)한 거리의 평화스러운 모습.
康年〔강년〕 풍년(豐年). こうねん
康寧〔강녕〕 건강(健康)하고 편안(便安)함. こうねい
康樂〔강락〕 편안히 즐김. 「合格).
康了〔강료〕 낙제(落第). 불합격(不
康熙字典〔강희자전〕 청(淸)나라 성조(聖祖) 때에 된 한자(漢字)의 자서(字書). こうきじてん
▷健康(건강). 小康(소강). 安康(안강). 平康(평강).

【庶】 부 广(음호밑) 획 3—8 훈 뭇 음 서: 中 shu[4] 英 multitude 日 ショ. もろもろ. こいねがう
뜻 ① 뭇. 여러. ② 백성. ③첩의 자식. ④거의. ⑤바랄.
필순 丶广广庐庐庐庶庶庶
庶務〔서무〕 여러 가지 사무(事務). 일반의 사무. しょむ 「ょみん
庶民〔서민〕 평민(平民). 백성. し
庶人〔서인〕 평민(平民). 同서민(庶民). しょじん
庶子〔서자〕 첩(妾)의 몸에서 난 아들. しょし 「ょせい
庶政〔서정〕 모든 정치(政治). し
庶出〔서출〕 첩(妾)의 소생(所生).
庶乎〔서호〕 거의 가까움. ちかちか. ちかからんか
▷民庶(민서). 臣庶(신서). 億庶(억서). 衆庶(중서).

「庵」 부 广(음호밑) 획 3—8 훈 암자 음 암 中 an[1] 英 hermitage 日 アン. いおり
뜻 암자.
필순 亠广广庐庐庐庵庵
庵廬〔암려〕 同암자(庵子).
庵室〔암실〕 중이나 은자(隱者)가 거처하는 암자. あんしつ
庵子〔암자〕 ①큰 절에 딸린 작은 절. ②중이 임시로 거처하며 도를 닦는 집. 同암려(庵廬).
庵主〔암주〕 ①암실(庵室)의 주인. ②이승(尼僧). あんしゅ
▷結庵(결암). 茅庵(모암). 禪庵(선암). 草庵(초암).

【庸】 부 广(음호밑) 획 3—8 훈 떳떳할 음 용 中 yung[1·2] 英 common 日 ヨウ. つね. もちいる
뜻 ①떳떳할. ②쓸. 고용할. ③어리석을. 용렬할. ④공. ⑤수고로울.
필순 亠广广户庐肩肩庸
庸君〔용군〕 평범(平凡)한 임금.
庸德〔용덕〕 평상(平常)의 덕행(德行). ようとく 「못함. ようれつ
庸劣〔용렬〕 어리석고 재주가 남만
庸夫〔용부〕 평범한 남자. ようふ
庸常〔용상〕 대수롭지 아니함.
庸弱〔용약〕 재주가 없고 의지가 약함. ようじゃく
庸言〔용언〕 ① 중용(中庸)을 얻은 말. ②평소의 말. ようげん
庸庸〔용용〕 ①평범(平凡). ②힘씀. ③아주 작은 모양. ようよう
庸人〔용인〕 평범한 사람. ようじん
庸作〔용작〕 고용(雇傭)되어 일을 함. ようさく 「람. ようさい
庸才〔용재〕 보통 재주. 평범한 사
庸拙〔용졸〕 용렬하고 초라함.
▷凡庸(범용). 中庸(중용).

[庾] 부 广(음호밑) 획 3—9 훈 곳집 음 유 中 yu[2] 英 stack 日 ユ. くら
뜻 ①곳집. ②노적가리. ③성.

필순 亠广庐庐庚庾

庾信〔유신〕 남북조(南北朝) 때(513년～581년) 북주(北周)의 시인(詩人). ゆしん

庾積〔유적〕 한데에 쌓아 둔 곡식.「노적가리.

【廊】 부 广(음호밑) 획 3—10 훈 행랑 음 랑 中 lang² 英 corridor 日 ロウ. ほそどの

뜻 ①행랑. ②결채. ③묘당.

필순 亠广广庐庐庐庐廊廊廊

廊廟〔낭묘〕 정사(政事)를 보는 곳. 동조정(朝廷). ろうびょう

廊廟之器〔낭묘지기〕 재상(宰相)·대신(大臣)이 되어 정사(政事)를 맡아볼 만한 재능. ろうびょうのうつわ

廊下〔낭하〕 ①행랑. ②골마루. ③「복도. ろうか

廊漢〔낭한〕 행랑살이 하는 사람의「비칭.

▷畫廊(화랑). 回廊(회랑).

【廉】 부 广(음호밑) 획 3—10 훈 청렴할 음 렴 中 lien² 英 integrity 日 レン. いさぎよい

뜻 ①청렴할. ②값쌀. ③성.

필순 亠广广庐庐庐庐廉廉廉

廉價〔염가〕 싼 값. 동염치(廉値). れんか

廉儉〔염검〕 청렴하고 검소(儉素)「함. れんけん

廉潔〔염결〕 마음이 깨끗하고 인품이 조촐하며 탐욕이 없음.

廉直〔염직〕 청렴하고 정직함. れんちょく

廉恥〔염치〕 청렴하고 부끄러움을「앎. れんち

廉探〔염탐〕 몰래 사정을 조사함.

廉平〔염평〕 마음이 결백(潔白)하고 공평함. れんぺい

▷潔廉(결렴). 謙廉(겸렴). 精廉(정렴). 淸廉(청렴).

「廓」 부 广(음호밑) 획 3—11 훈 클 음 확 中 k'uo⁴ 英 extensive 日 カク. くるわ

뜻 ①클. 넓을. ②넓힐. ③빌. 휑할. ④바로잡을. ⑤성곽(곽).

필순 亠广广庐庐庐庐廓廓廓

廓大〔확대〕 늘여서 크게 함. かくだい

廓落〔확락〕 ①관대(廣大)한 모양. ②실망(失望)한 모양. ③텅 빈 모양. かくらく

廓如〔확여〕 텅 빈 모양. かくじょ

廓然〔확연〕 넓고 빈 모양.

廓正〔확정〕 바로잡음. かくせい

廓淸〔확청〕 해로운 물건을 없애고 깨끗이 함. かくせい

廓廓〔확확〕 허무한 모양. かくかく

廓揮乾斷〔확휘건단〕 과단성(果斷性) 있는 정치를 함.

「廣」 부 广(음호밑) 획 3—12 훈 넓을 음 광: 中 kuang³ 英 broad 日 コウ. ひろい

뜻 ①넓을. ②넓힐. ③빌(曠과 통용).

필순 亠广广庐庐庐庐庐廣廣廣

廣開土王〔광개토왕〕 고구려(高句麗)의 19대 왕. こうかいどおう

廣告〔광고〕 세상(世上)에 널리 알「림. こうこく

廣求〔광구〕 널리 구함. こうきゅう

廣大〔광대〕 넓고 큼. こうだい

廣漠〔광막〕 아득하게 넓음. こう「ばく

廣野〔광야〕 넓은 들. こうや

廣義〔광의〕 넓은 의미(意味). ↔협의(狹義). こうぎ

廣益〔광익〕 널리 일반(一般)에게 이익을 끼침. こうえき

廣場〔광장〕 넓은 마당. ひろば

廣闊〔광활〕 훤하게 넓음. こうかつ

▷深廣(심광). 增廣(증광). 幅廣(폭광). 弘廣(홍광).

【廟】 부 广(음호밑) 획 3—12 훈 사당 음 묘: 中 miao⁴ 英 shrine 日 ビョウ. たまや

뜻 ①사당. 종묘. ②묘당.

필순 亠广广庐庐庐庐廟廟廟

廟堂〔묘당〕 ①조종(祖宗)의 영(靈)을 모신 곳. ②의정부(議政府)의 별칭(別稱). びょうどう

廟社〔묘사〕 종묘(宗廟)와 사직(社稷). びょうしゃ

廟議〔묘의〕 조정(朝廷)의 회의. び「ょうぎ

廟庭配享〔묘정배향〕 공신(功臣)이 죽은 뒤에 종사(宗祠)의 제사에 부제(祔祭)하는 일.

▷家廟(가묘). 文廟(문묘). 祠廟(사묘). 靈廟(영묘). 宗廟(종묘).

「廚」 부 广(음호밑) 획 3—12 훈 부엌 음 주 中 ch'u² 英 kitchen 日 チュウ. くりや

[뜻] ①부엌. ②함. 상자.
[참고] [속]厨
[필순] 广庐庐庐庐庐廚廚

廚房〔주방〕 부엌. 취사장(炊事場).
▷庖廚(포주).

「廠」 [부] 广(음호밑) [획] 3—12 [훈] 공장 [음] 창 [中] ch'ang³ [英] factory [日] ショウ
[뜻] ①공장. 공작소. ②헛간. ③마구.
[필순] 广庐庐庐庐廠

廠獄〔창옥〕 명(明)나라 때 칙명(勅命)에 의해 체포된 죄수를 수용하던 감옥. しょうごく
▷工作廠(공작창). 兵廠(병창). 被服廠(피복창).

【廢】 [부] 广(음호밑) [획] 3—12 [훈] 폐할 [음] 폐: [中] fei⁴ [英] baolish [日] ハイ. すたれる
[뜻] ①폐할. ②못쓸. 못쓰게 될.
[참고] [약] 廃
[필순] 广广户户户户廢

廢家〔폐가〕 호주(戶主)가 죽고 상속인(相續人)이 없이 손(孫)이 끊어짐. 또 그 집. はいか
廢刊〔폐간〕 신문·잡지 등의 간행을 폐지함. はいかん
廢鑛〔폐광〕 광산 발굴(發掘)을 폐지(廢止)함. 또 그 광산.
廢棄〔폐기〕 버림. はいき
廢立〔폐립〕 임금을 폐(廢)하고 새로 다른 임금을 세움. はいりつ
廢物〔폐물〕 못 쓰게 된 물건.
廢妃〔폐비〕 왕비(王妃)의 자리를 빼앗아 내쫓음. 또 그 왕비. はいひ
廢屋〔폐옥〕 무너지고 떨어진 가옥(家屋). はいおく
廢遠〔폐원〕 멀리 떠나감. はいえん
廢位〔폐위〕 임금의 자리를 폐(廢)함. はいい
廢帝〔폐제〕 폐위(廢位)된 황제(皇帝). はいてい
廢止〔폐지〕 버림. 행하지 않고 그만둠. はいし
廢疾〔폐질〕 고칠 수 없어 병신이 되는 병. 또 병신. [동]불구(不具). はいしつ
廢學〔폐학〕 학업을 중도에서 그만둠. [동]퇴학(退學). はいがく
廢合〔폐합〕 어느 것을 없애거나 또는 딴 것에 합함. はいごう
廢墟〔폐허〕 건물·성곽(城廓) 등이 파괴를 당하여 황폐해진 터. はいきょ
廢后〔폐후〕 왕후(王后) 자리를 폐함. 또 그 왕후.
▷改廢(개폐). 全廢(전폐). 存廢(존폐). 荒廢(황폐).

【廬】 [부] 广(음호밑) [획] 3—16 [훈] 오두막집 [음] 려 [中] lu² [英] thatched hut [日] リョ. ロ. いおり
[뜻] 오두막집.
[필순] 广广庐庐庐庐廬廬

廬落〔여락〕 마을. ろらく
廬舍〔여사〕 ①집. [동]초막(草幕). ②밭 가운데 세운 주막(酒幕). ③무덤 옆에 세운 상제의 초막. ④길가의 주막. ⑤군대의 임시 막사(幕舍). ろしゃ
廬兒〔여아〕 사환(使喚). 하인(下人). ろじ
▷草廬(초려).

【廳】 [부] 广(음호밑) [획] 3—22 [훈] 마을 [음] 청 [中] t'ing¹ [英] office [日] チョウ. やくしょ
[뜻] ①마을. 관청. ②마루·대청.
[참고] [약] 庁
[필순] 广厂厂厂厂厂廳廳

廳堂〔청당〕 관청. ちょうどう
廳夫〔청부〕 관청의 인부(人夫). ちょうふ
廳舍〔청사〕 ① 정사(政事)를 맡아보는 곳. ②사저(私邸)의 뜰. ④마루. ちょうしゃ
▷檢察廳(검찰청). 市廳(시청). 區廳(구청). 道廳(도청). 郡廳(군청). 登廳(등청). 退廳(퇴청).

(3) 廴 部

【延】 [부] 廴(민책받침) [획] 3—4 [훈] 끌 [음] 연 [中] yen² [英] extend [日] エン. のべ. のべる. のびる
[뜻] ①끌. ②늘일. ③끌어늘일.
[필순] 一亻千正延延

延期〔연기〕 기한(期限)을 물림. [예] 入營(입영)—. えんき

延命[연명] ① 수명을 늘임. ③ 오래 삶. 장수(長壽)함. えんめい. えんみょう

延燒[연소] 불길이 이웃으로 번져 탐. えんしょう 「ちょう

延長[연장] 늘이어 길게 함. えん

延着[연착] 일정한 시각(時刻)보다 늦게 도착함. えんちゃく

▷蔓延(만연). 順延(순연). 遲延(지연). 遷延(천연).

【廷】 부 廴(민책받침) 획 3—4
훈 조정 음 정 中 t'ing²
英 court 日 テイ. やくしょ
뜻 ①조정. ②법정.
필순 ㇀二千壬壬廷廷

廷論[정론] ①조정(朝廷)의 의견. ②조정에서 의논함. 또 그 의논. ていろん 「하는 신하. ていしん

廷臣[정신] 조정(朝廷)에서 벼슬

廷議[정의] 동⇨정론(廷論).

廷爭[정쟁] 임금 앞에서 잘못을 간(諫)하고 다툼. ていそう

廷折[정절] 조정(朝廷)의 여러 사람 앞에서 꾸짖어 욕되게 함. ていせつ

廷丁[정정] 법원(法院)의 잡무(雜務)·송달(送達) 등의 일을 맡은 고원(雇員).

▷宮廷(궁정). 法廷(법정). 入廷(입정). 朝廷(조정). 出廷(출정). 退廷(퇴정). 閉廷(폐정).

【建】 부 廴(민책받침) 획 3—6
훈 세울 음 건: 中 chien⁴
英 build 日 ケン. コン. たてる
뜻 세울.
필순 ㇕⺕⺕聿聿建建

建功[건공] 공훈(功勳)을 세움. けんこう

建國[건국] 나라를 세움. けんこく

建軍[건군] 군대를 처음으로 이룩함. けんぐん

建立[건립] 탑(塔)·동상(銅像) 따위를 세움. けんりつ

建物[건물] 땅 위에 세워 지은 집 따위의 물건. たてもの

建白[건백] 웃사람에게 의견을 드림. 동건언(建言). 건의(建議). けんぱく 「せつ

建設[건설] 새로 세워 만듦. けん

建言[건언] 동⇨건백(建白). けんげん

建業[건업] 사업의 기초를 세움. 또 사업을 함. けんぎょう

建元[건원] 창업(創業)한 천자(天子)가 연호(年號)를 정함. けんげん

建議[건의] ①동⇨건백(建白). ②국가 또는 단체에 대하여 자기의 의견을 진술(陳述)함. けんぎ

建造[건조] 건축물(建築物)을 세움. けんぞう

建築[건축] 탑(塔)·다리·집 따위를 세우는 일. けんちく

建坪[건평] 건축물(建築物)이 차지한 자리의 평수(坪數). たてつぼ

▷封建(봉건). 再建(재건). 創建(창건). 土建(토건).

【廻】 부 廴(민책받침) 획 3—6
훈 돌 음 회 中 hui² 英 turn; round 日 カイ. エ. まわ
뜻 돌. 　　　　　　　 しる. めぐる
필순 冂冋回回廻廻

廻顧[회고] 동회고(回顧). かいこ

廻曲[회곡] 돌아 구부러짐.

廻廊[회랑] 정당(正堂)의 양쪽 옆으로 있는 기다란 복도. 동행각(行閣). かいろう 「사를 함.

廻禮[회례] 차례로 돌아다니며 인

廻旋[회선] 빙빙 돎. かいせん

廻首[회수] 머리를 돌이킴. 동회수(回首). かいしゅ 「(하회).

▷上廻(상회). 巡廻(순회). 下廻

(3) 廾 部

【廿】 부 廾(밑스물십) 획 3—1
훈 스물 음 입: 中 nien³
英 twenty 日 ジュウ. にじゅう
뜻 스물.
참고 二十의 대용.
필순 一卄廿

【弄】 부 廾(밑스물십) 획 3—4
훈 희롱할 음 롱 中 nung⁴

lung²·⁴, nou⁴, nêng⁴ ㊐ mock
㊐ ロウ. もてあそぶ 「신여길.
뜻 ①희롱할. ②놀. 즐길. ③업
필순 ⼀⼆⺩王王弄弄
弄假成眞〔농가성진〕 장난삼아 한 것이 참으로 한 것같이 됨.
弄奸〔농간〕 속이려는 간사한 짓.
弄巧成拙〔농교성졸〕 지나치게 솜씨를 부리다가 도리어 서툴게 됨. 「말이 많음. ろうこう
弄口〔농구〕 ①조리도 없는 말. ②
弄談〔농담〕 실없는 말. 농지거리.
弄瓦之慶〔농와지경〕 딸을 낳은 경사. 동농와지희(弄瓦之喜). ↔농장지경(弄璋之慶). ろうがのけい
弄瓦之喜〔농와지희〕 동⇨농와지경(弄瓦之慶). ろうがのよろこび
弄月〔농월〕 달을 보며 즐김.
弄璋之慶〔농장지경〕 아들을 낳은 경사(慶事). 동농장지희(弄璋之喜). ↔농와지경(弄瓦之慶). ろうしょうのけい
弄花〔농화〕 ①꽃을 보고 즐김. ②화초를 가꾸는 일. ろうか
▷侮弄(모롱). 翻弄(번롱). 愚弄(우롱). 才弄(재롱). 嘲弄(조롱). 戲弄(희롱).

【弊】 부 廾(밑스물십) 획 3—12 훈 폐단 음 폐: ㊥ pi⁴ ㊐ corruption ㊐ ヘイ. やぶれる
뜻 ①폐단. ②해질.
필순 ⺌ 㡀 㡀 㡀 㡀 敝 弊
弊家〔폐가〕 자기 집의 겸칭(謙稱).
弊客〔폐객〕 남에게 괴롬을 끼치는 사람.
弊居〔폐거〕 자기 집의 겸칭.
弊端〔폐단〕 괴롭고 번거로운 일. 또 좋지 못하고 해로운 일. へいたん 「いり
弊履〔폐리〕 해진 신. 헌 신짝. へ
弊習〔폐습〕 폐해(弊害)가 많은 풍습. 나쁜 풍습. 동폐풍(弊風). へいしゅう 「政). へいせい
弊政〔폐정〕 못된 정치. 동악정(惡
弊風〔폐풍〕 동⇨폐습(弊習).
弊害〔폐해〕 폐단(弊端)과 손해(損害). へいがい
▷宿弊(숙폐). 遺弊(유폐). 作弊(작폐). 積弊(적폐). 疲弊(피폐).

(3) 弋 部

〖式〗 부 弋(주살익) 획 3—3 훈 법 음 식 ㊥ shih⁴ ㊐ system ㊐ シキ. ショク. のり
뜻 ①법. ②의식. ③본뜰.
필순 ⼀⼆⼯式式
式年〔식년〕 자년(子年)·묘년(卯年)·오년(午年)·유년(酉年). 곧 과거 보이는 시기를 정한 해.
式例〔식례〕 일정한 전례(前例).
式辭〔식사〕 의식(儀式)에서 인사로 하는 말. しきじ 「ゅん
式順〔식순〕 의식의 차례. しきじ
式日〔식일〕 ①의식이 있는 날. ②정하여진 집무(執務)하는 날. しきにち. しきじつ
式場〔식장〕 예식(禮式)을 행하는 곳. しきじょう
式典〔식전〕 ①구법(舊法)을 모범삼아 배움. ②의식. しきてん
▷開業式(개업식). 格式(격식). 結婚式(결혼식). 古式(고식). 公式(공식). 舊式(구식). 圖式(도식). 法式(법식). 本式(본식). 授與式(수여식). 新式(신식). 略式(약식). 禮式(예식). 儀式(의식). 入學式(입학식). 自動式(자동식). 正式(정식). 卒業式(졸업식). 現代式(현대식). 形式(형식).

(3) 弓 部

〖弓〗 부 弓(활궁변) 획 3—0 훈 활 음 궁 ㊥ kung¹ ㊐ bow ㊐ キュウ. ゆみ
뜻 ①활. ②굽을.
필순 ⼀⼆弓
弓刀〔궁도〕 활과 칼.
弓馬〔궁마〕 활과 말. 또 궁술과 마술. 곧 무예(武藝). きゅうば
弓手〔궁수〕 활을 쏘는 사람. 궁술

(弓術)을 익히는 사람. きゅうしゅ 「きゅうじゅつ
弓術〔궁술〕 활을 쏘는 기술(技術).
弓矢〔궁시〕 활과 화살. 곧 무기(武器) 또는 전쟁(戰爭). ゆみや
弓折矢盡〔궁절시진〕 활은 부러지고 화살은 다 없어짐. 곧 세궁역진(勢窮力盡)하여 어찌할 도리가 없음. ゆみおれやつきる
弓形〔궁형〕 활의 모양. 반달형. 활꼴. きゅうけい
▷强弓(강궁). 大弓(대궁). 石弓(석궁). 雙弓(쌍궁).

【引】 부 弓(활궁변) 획 3—1 훈 끌 음 인: 中 yin³ 英 pull 日 イン. ひく
뜻 ①끌. 당길. ②이끌. 인도할. ③늘일. ④물러날.
필순 ㄱㄱ弓引
引據〔인거〕 인용하여 증거 또는 전거(典據)로 삼음. いんきょ
引見〔인견〕 불러 들이어 봄. いんけん 「んけい
引繼〔인계〕 하던 일을 넘겨 줌. い
引過自責〔인과자책〕 자기의 허물을 인정하고 스스로 꾸짖음.
引渡〔인도〕 넘겨 줌. ひきわたし
引例〔인례〕 끌어 대는 예(例). 또 예를 듦. 동인유(引喩). いんれ
引路〔인로〕 길을 인도함. 「い
引上〔인상〕 ①끌어 올림. ②물가·요금(料金)·봉급(俸給) 등을 끌어 올림. ひきあげ
引率〔인솔〕 거느림. いんそつ
引水〔인수〕 물을 끌어댐. いんすい
引受〔인수〕 물건이나 권리를 넘기어 받음. ひきうけ 「んしん
引伸〔인신〕 잡아 당기어 늘임. い
引用〔인용〕 끌어 씀. いんよう
引喩〔인유〕 끌어 대는 비유. 또 비유를 듦. 동인례(引例). いんゆ
引證〔인증〕 인용(引用)하여 증거(證據)로 함. いんしょう
引致〔인치〕 ①끌어 들임. ②끌어 올림. ③강제로 관청에 연행(連行)함. いんち
引退〔인퇴〕 ①벼슬 자리에서 물러남. ②숨어 삶. いんたい
引下〔인하〕 ①끌어 내림. ②가격·요금 등을 떨어뜨림. ひきさげ
▷牽引(견인). 延引(연인). 誘引(유인). 遷引(천인).

【弔】 부 弓(활궁변) 획 3—1 훈 조상할 음 조: 中 tiao⁴ 英 condole 日 チョウ. とむらう
뜻 ①조상할. ②불쌍히 여길. ③매달. ④이를(적).
참고 동 吊
필순 ㄱ弓弔
弔歌〔조가〕 조의(弔意)를 표하는 노래. 동만가(輓歌). ちょうか
弔旗〔조기〕 ①조의를 표하는 뜻을 나타내기 위하여 다는 기. ②반기(半旗). ちょうき
弔問〔조문〕 상가(喪家)에 가서 위문(慰問)함. 조상하러 감. 예—客(객). ちょうもん
弔辭〔조사〕 조상(弔喪)하는 글. 동조사(弔詞). ちょうじ
弔喪〔조상〕 남의 상사(喪事)에 조의(弔意)를 표함. ちょうそう
弔意〔조의〕 죽은이를 슬퍼하는 마음. ちょうい
弔電〔조전〕 조상(弔喪)의 뜻을 표하여 보내는 전보. ちょうでん
弔鐘〔조종〕 죽은 사람에 대하여 슬퍼하는 뜻으로 치는 종.
▷敬弔(경조). 哀弔(애조). 惠弔(혜조). 會弔(회조).

【弗】 부 弓(활궁변) 획 3—2 훈 아닐 음 불 中 u² 英 not; dollar 日 フツ. あらず. ドル
뜻 ①아닐. ②어길. ③달러(미국 화폐 단위).
필순 ㄱㄱ弓弔弗
弗弗〔불불〕 ①바람이 세게 부는 모양. ②긍정(肯定)하지 않음. ふつふつ
弗素〔불소〕 보통 온도에서 연한 연두색을 띤 야릇한 냄새의 기체 원소(氣體元素). ふっそ
弗乎〔불호〕 ①부정(否定)하는 말. ②불우(不遇)를 탄식하는 말.
弗貨〔불화〕 달러(dollar)를 단위로 하는 화폐. ふっか

[弘] 부 弓(활궁변) 획 3—2 훈 넓을. 클 음 홍 中 hung² 英 vast; great 日 コウ. グ. ひろい
뜻 넓을.
필순 ㄱ ㄱ 弓 弘 弘 弘

弘基〔홍기〕 큰 사업(事業)의 기초(基礎). こうき
弘大〔홍대〕 넓고 큼. こうだい
弘文〔홍문〕 ①문학을 넓힘. 학문을 넓힘. ②약홍문관. こうぶん
弘文館〔홍문관〕 이조(李朝) 때 경적(經籍)에 관한 일을 맡은 관청. こうぶんかん
弘法〔홍법〕 불도(佛道)를 널리 폄. ぐほう
弘遠〔홍원〕 넓고 멂. こうえん
弘益人間〔홍익인간〕 널리 인간 세상(人間世上)을 이(利)롭게 함. 단군(檀君)의 건국 이념(建國理念). こうえきにんげん
弘濟〔홍제〕 널리 사람을 구제함. こうさい. こうせい
弘化〔홍화〕 널리 덕화(德化)를 폄.

「弛」 부 弓(활궁변) 획 3—3 훈 늦출 음 이·시: 中 ch'ih² 英 loosen 日 シ. チ. ゆるむ
뜻 ①늦출(이·시:). ② 해이할(이). ③풀어질(이).
필순 ㄱ ㄱ 弓 引 引 弛

弛禁〔이금〕 엄한 금지령(禁止令)을 늦춤. しきん
弛力〔이력〕 ① 주대(周代)의 벼슬 이름. ②조세(租稅)를 가볍게 하고, 요역(徭役)을 면제함. ③백성들이 휴양(休養)을 꾀함. しりょく
弛紊〔이문〕 해이(解弛)하여 어지러워짐. しぶん
弛然〔이연〕 ①늦추는 모양. ②급하지 않고 느릿느릿한 모양. しぜん
「리고 힘이 없어짐. しかん
弛緩〔이완〕 ①늦추어짐. ②맥이 풀
弛張〔이장〕 느즈러짐과 죄침. しちょう
「함. しざい
弛罪〔이죄〕 지은 죄를 용서(容恕)
弛柝〔이탁〕 경비를 늦춤. したく
▷一張一弛(일장일이). 解弛(해이).

〖弟〗 부 弓(활궁변) 획 3—4 훈 아우 음 제: 中 t'i⁴ 英 yonnger brother 日 テイ. ダイ. おとうと
뜻 ①아우. ②제자. ③공경할(悌와 통용). ④다만.
필순 丷 丷 当 当 弟 弟

弟昆〔제곤〕 아우와 형. 형제.
弟婦〔제부〕 아우의 아내. 동계수(季嫂).
弟嫂〔제수〕 ⇨제부(弟婦).
弟氏〔제씨〕 남의 아우의 존칭(尊稱). 동계씨(季氏).
弟子〔제자〕 ①가르침을 받는 사람. 동문인(門人). ②나이 어린 사람. 연소자(年少者). ていし. でし
弟兄〔제형〕 아우와 형. 형제(兄弟). ていけい
▷高弟(고제). 門弟(문제). 舍弟(사제). 師弟(사제). 小弟(소제). 義兄弟(의형제). 子弟(자제). 再從兄弟(재종형제). 賢弟(현제).

[弦] 부 弓(활궁변) 획 3—5 훈 활시위 음 현 中 hsien² 英 bow string 日 ゲン. つる
뜻 ①활시위. ②악기줄. ③반달.
필순 ㄱ ㄱ 弓 弓' 弓' 弦 弦

弦管〔현관〕 거문고와 저. 현악기와 관악기. げんかん
弦琴〔현금〕 ①여러 줄로 만든 악기(樂器)의 총칭. ②현악기를 탐. げんきん
弦影〔현영〕 반달의 모양. 또는 그 빛. げんえい
弦月〔현월〕 활 모양의 달. 음력 7~9일경을 상현(上弦), 22~24일경을 하현(下弦)이라 이름. 반달. 동半月(반월). げんげつ
弦刃〔현인〕 ①활과 칼. ②무기. げんじん
▷空弦(공현). 弓弦(궁현). 上弦(상현). 下弦(하현).

〖弱〗 부 弓(활궁변) 획 3—7 훈 약할 음 약 中 juo⁴ 英 weak 日 ジャク. ニャク. よわい
뜻 ①약할. ②어릴. 젊을. ③조금 모자라는 근사치.
필순 ㄱ ㄱ 弓 弱 弱 弱 弱

弱骨〔약골〕 ①몸이 약한 사람. 동약질(弱質). ②약한 골격. 동병골(病骨). じゃくこつ
弱冠〔약관〕 ①남자가 스무 살에 관

례(冠禮)를 행하는 일. 곧 남자 스무 살의 일컬음. ②어린 나이. 젊은 나이. (동)약년(弱年). じゃっかん 「ねん

弱年[약년] (동)⇨약관(弱冠). じゃく

弱能制强[약능제강] 약한 사람이 도리어 강한 사람을 이김. じゃくのうせいきょう

弱小[약소] 약(弱)하고 작음. ↔강대(强大). じゃくしょう

弱肉强食[약육강식] 약(弱)한 것이 강한 것에게 먹힘. (동)우승열패(優勝劣敗). じゃくにくきょうしょく

弱者[약자] 약한 사람. 무력(無力)한 사람. ↔강자(强者). よわもの 「②결점(缺點). じゃくてん

弱點[약점] ①남에게 켕기는 점.

弱卒[약졸] 약한 군사. (동)약병(弱兵). じゃくそつ 「やくし

弱志[약지] 약한 의지(意志). じ

弱質[약질] 약한 체질. 또 그러한 사람. (동)약골(弱骨). じゃくしつ

弱行[약행] ①실행력이 약함. ②절뚝발이. じゃくこう

▷老弱(노약). 文弱(문약). 薄弱(박약). 貧弱(빈약). 衰弱(쇠약). 抑强扶弱(억강부약). 軟弱(연약).

【强】 [부] 弓(활궁변) [획] 3—8 [훈] 굳셀 [음] 강: ㊥ ching^2, chiang^4 (英) strong ㊐ キョウ. ゴウ. **つよい**. **しいる**

[뜻] ①굳셀. ②힘씀. ③억지로. ④약간 많은 근사치.

[필순] ㄱ ㄱ 弓 … 强

强姦[강간] 강제로 간통(姦通)함. きょうかん

强健[강건] 체질(體質)이 튼튼하고 건전(健全)함. きょうけん

强硬[강경] 강하게 버티어 굽히지 않음. 또 그 사람. きょうこう

强國[강국] ①강한 나라. ②나라를 강하게 함. きょうこく

强軍[강군] ①강한 군대(軍隊). ②강한 경기 단체(競技團體). きょ

强勸[강권] 억지로 권함. 「うぐん

强大[강대] 세고 큼. きょうだい

强度[강도] 강한 정도(程度).

强盜[강도] 폭력·협박(脅迫) 등의 수단을 써서 남의 재물을 빼앗는 도둑. きょうとう

强迫[강박] 으름. (동)위협(威脅). 협박(脅迫). きょうはく

强兵[강병] ①강한 군사(軍士). ②군사를 강하게 함. きょうへい

强壓[강압] 세게 억누름. きょうあつ 「과 약한 것. きょうじゃく

强弱[강약] 강함과 약함. 강한 것

强要[강요] 강제로 요구함. きょうよう 「(弱者). きょうしゃ

强者[강자] 힘이 센 사람. ↔약자

强壯[강장] ① 강건하고 힘이 셈. 기력(氣力)이 강하고 씩씩함. ②나이가 젊어 혈기(血氣)가 왕성함. きょうそう

强將下無弱兵[강장하무약병] 강한 대장(大將)의 부하(部下)에는 약한 군사(軍士)가 없음.

强敵[강적] ①강(强)한 적수. ②만만하지 않은 적. (동)경적(勁敵). きょうてき

强制[강제] 위력(威力)으로 남의 자유 의사를 억누름. きょうせい

强調[강조] ① 힘차게 고조(高調)함. ②역설(力說)함. 강력히 주장함. きょうちょう

强直[강직] 마음이 굳세고 곧음. (동)강직(剛直). きょうちょく

强請[강청] 무리(無理)하게 청함. きょうせい 「きょうか

强化[강화] 강하게 함. 또 강해짐.

▷補强(보강). 富强(부강). 列强(열강). 頑强(완강). 豪强(호강).

【張】 [부] 弓(활궁변) [획] 3—8 [훈] 베풀 [음] 장 ㊥ chang^{1,4} (英) extend ㊐ チョウ. **はる**. **はり**

[뜻] ①베풀. ②당길. 활시위얹을. ③자랑할. ④성.

[필순] ㄱ ㄱ 弓 … 張

張燈[장등] 등불을 켜 둠.

張目[장목] ①눈을 크게 뜸. ②어떤 것을 보기 위해 눈을 돌림.

張本人[장본인] ①악인(惡人)의 우두머리. ②일의 근본이 되는 사람. ちょうほんにん

張三李四〔장삼이사〕 ①장씨의 삼남(三男)과 이씨의 사남(四男)이라는 뜻으로 성명(姓名)이나 신분(身分)이 분명하지 못한 사람들. ②사람에게 성리(性理)가 있음은 아나, 그 모양이나 이름을 지어 말할 수 없음의 비유.

張數〔장수〕 종이 따위의 수효.

▷開張(개장). 誇張(과장). 緊張(긴장). 伸張(신장). 主張(주장). 出張(출장). 擴張(확장).

「弼」 부 弓(활궁변) 획 3—9 훈 도울 음 필 中 pi⁴ 英 aid 日 ツ. たすける

뜻 ①도울. ②어그러질. ③활 바「로잡을.

필순 ㄱ 弓 弓" 弓丁 弜 弜 弼 弼

弼成〔필성〕 도와서 이루게 함. ひっせい

▷保弼(보필). 輔弼(보필). 元弼「(원필).

【彈】 부 弓(활궁변) 획 3—12 훈 탄알 음 탄: 中 tan²·⁴ 英 bullet 日 ダン. たま. はじく

뜻 ①탄알. ②퉁길. ③튼을. ③탄「핵할.

필순 ㄱ 弓" 弓" 弓㗊 弓單 彈

彈冠〔탄관〕 ①갓의 먼지를 떨어버림. ②갓의 먼지를 떨고 임금의 부름을 기다림. ③세상 티끌을 떨어버림의 비유. だんかん

彈琴〔탄금〕 거문고를 탐. だんきん

彈力〔탄력〕 ①퉁기는 힘. ②탄알의 나가는 힘. だんりょく

彈壓〔탄압〕 남을 억지로 억누름. だんあつ

彈雨〔탄우〕 빗발과 같이 쏟아지는 총알. 예砲煙(포연)—. だんう

彈奏〔탄주〕 동⇨탄핵(彈劾). だんそう

彈劾〔탄핵〕 관리의 죄과를 조사하여 임금에게 아룀. 동탄주(彈奏). ②공무원의 위법을 조사하고 일정한 소추(訴追) 방식에 의하여 파면시키는 절차. だんがい

彈丸〔탄환〕 ①고대 중국에서 새를 잡을 때 쓰던 작고 둥근 쇠알. ②아주 좁은 땅. ③총탄·포탄 따위의 총칭. 탄알. だんがん

彈丸雨注〔탄환우주〕 탄알이 빗발치듯이 날아옴. 동탄환우비(彈丸雨飛). たんがんうちゅう

▷糾彈(규탄). 流彈(유탄). 銃彈(총탄). 砲彈(포탄). 爆彈(폭탄).

「彌」 부 弓(활궁변) 획 3—14 훈 활부릴 음 미 中 mi² 英 pervasion 日 ビ. ミ. あまねし

뜻 ①활부릴. ②퍼질. ③더욱. ④걸릴. ⑤마칠. 지낼. ⑥기「울. ⑦그칠.

참고 약弥

필순 ㄱ 弓' 弓" 弓丙 弓爾 彌 彌 彌

彌勒菩薩〔미륵보살〕 석가모니(釋迦牟尼)의 입멸(入滅) 후 오십 육억 칠천 만년을 지나서 이 세상에 나타나 중생(衆生)을 인도한다는 보살(菩薩). みろくぼさつ

彌勒寺〔미륵사〕 백제(百濟) 때의 당시(當時) 동양(東洋)에서 가장 큰 절. 전라북도(全羅北道) 익산(益山)에 그 터가 남았음. 한국(韓國)에서 가장 오래 된 석탑(石塔)이 남아 있음. みろくじ

彌漫〔미만〕 널리 퍼지어 그들먹함. びまん

彌滿〔미만〕 가득 참. びまん

彌縫〔미봉〕 ①기움. ②임시 변통으로 꾸려 나감. びほう

彌盛〔미성〕 더욱 더 성함. びせい

彌陀〔미타〕 약아미타여래(阿彌陀如來). みだ

(3) 彐 部

「彙」 부 彐(터진가로왈) 획 3—10 훈 무리 음 휘 中 huei⁴ 英 class 日 イ. あつめる

뜻 ①무리. ②모을.

필순 ㇖ 彑 肀 彖 彙 彙

彙類〔휘류〕 같은 종류를 모음.

彙報〔휘보〕 분류(分類)하여 한데 모은 보고(報告). いほう

彙集〔휘집〕 같은 종류의 물건을 갈래에 따라 모음. いしゅう

彙纂〔휘찬〕 여러 가지의 사실을 모아, 그 종류에 따라 갈라서 편집(編輯)함. いさん

▷部彙(부휘). 語彙(어휘). 字彙

(자휘). 品彙(품휘).

(3) 彡 部

〖形〗 부 彡(터럭삼·삐친석삼) 획 3—4 훈 형상 음 형 中 hsiang² 英 form 日 ケイ. ギョウ. かたち. かた

뜻 ①형상. 얼굴. ②나타날. ③형세.

필순 一 二 于 开 开' 形 形

形局〔형국〕 얼굴·집터·묏자리 등의 생김새. けいきょく

形狀〔형상〕 물체(物體)의 생긴 모양. 겉으로 나타나는 모양. 모습. けいじょう 「しょう

形象〔형상〕 동⇨형상(形狀). けい

形象化〔형상화〕 형상(形狀)을 만듦. 형태를 꾸밈. けいしょうか

形色〔형색〕 모양과 빛깔. 형상(形狀)과 색깔. けいしょく

形成〔형성〕 어떠한 형상(形象)을 이룸. けいせい

形聲〔형성〕 육서(六書)의 하나로 해성(諧聲)이라고도 함. 두 글자가 결합된 한자(漢字)에서 반은 뜻을, 반은 음(音)을 나타내는 것. 곧 珥(이)·漁(어)·娶(취) 같은 자. けいせい

形勢〔형세〕 ①지세(地勢). ②정세(情勢). 형편(形便). けいせい

形式〔형식〕 ①일정한 방식. ②꼴. 모형(模型). ③겉모습. 외관(外觀). けいしき

形言〔형언〕 형용(形容)하여 말함.

形影相弔〔형영상조〕 자기의 몸과 그림자가 서로 불쌍히 여긴다는 뜻으로 매우 외로와 의지(依支)할 곳이 없음을 이름. けいえいあいとむらう

形容〔형용〕 ①모양. 형태. 상태. ②모습. 용모. ③사물(事物)의 어떠함을 설명함. けいよう

形容詞〔형용사〕 사물의 어떠함을 설명하는 품사. けいようし

形而上〔형이상〕 무형(無形)의 것, 추상적(抽象的)인 것. 곧 도(道)를 이름. ↔형이하(形而下). けいじじょう

形而下〔형이하〕 유형(有形)의 것. 지각(知覺)할 수 있는 것. 기물(器物)을 이름. ↔형이상(形而上). けいじか

形迹〔형적〕 뒤에 남은 흔적 또는 모습. 동흔적(痕跡). けいせき

形質〔형질〕 형체와 성질(性質). 생긴 모양과 그 바탕. 또 몸의 모양. けいしつ

形體〔형체〕 물건의 형상(形狀)과 그 바탕이 되는 몸. けいたい

形態〔형태〕 ①상태(狀態). ②형상(形狀). けいたい

形骸〔형해〕 ①몸. 육체(肉體). ②외형(外形). けいがい 「러가지.

形形色色〔형형색색〕 가지각색. 여

▷奇形(기형). 圖形(도형). 無形(무형). 方形(방형). 三角形(삼각형). 外形(외형). 有形(유형). 人形(인형). 地形(지형).

〖彥〗 부 彡(터럭삼·삐친석삼) 획 3—6 훈 선비 음 언: 中 yen⁴ 英 scholar 日 ゲン. ひこ

뜻 선비.

필순 ᅩ 产 彦 彦 彦

彥士〔언사〕 재덕(才德)이 뛰어난 남자. 훌륭한 인물. げんし

彥聖〔언성〕 뛰어나고 어질고 사리에 밝은 인물. げんせい

▷英彥(영언). 才彥(재언). 俊彥(준언). 賢彥(현언).

〖彬〗 부 彡(터럭삼·삐친석삼) 획 3—8 훈 빛날 음 빈 中 pin¹ 英 beilliant 日 ヒン. ハン

뜻 ①빛날. ②성.

필순 木 林 林' 彬 彬

彬彬〔빈빈〕 글의 수식(修飾)과 내용이 서로 알맞게 갖추어져 있는 모양. ひんぴん

〖彫〗 부 彡(터럭삼·삐친석삼) 획 3—8 훈 새길 음 조 中 tiao¹ 英 carve 日 チョウ. ほる

뜻 ①새길. ②시들. ③꾸밀.

필순 冂 冂 周 周' 彫 彫

彫刻〔조각〕 ①파서 새김. ②글씨·

그림 또는 물건의 형상 등을 돌·나무 따위에 새김. 또 그 예술(藝術). ちょうこく　「琢).
彫刻琢磨〔조각탁마〕 동 ⇨조탁(彫
彫刻家〔조각가〕 조각을 전문으로 하는 사람. ちょうこくか
彫像〔조상〕 조각한 물상(物像). 또 물상을 조각함. ちょうぞう
彫塑〔조소〕 조각(彫刻)과 소상(塑像). 금·돌·나무에 상(像)을 아로새기는 일과 보드라운 진흙 따위로 상(像)을 만드는 일. ちょうそ　「빠짐. ちょうじん
彫盡〔조진〕 ①다 새김. ②힘이 다
彫蟲小技〔조충소기〕 용렬·졸망하고 좀살궂어서 그저 옛사람의 글귀나 본떠 지을 뿐인 보잘 것 없는 재주.
彫琢〔조탁〕 새기고 쫌. 새기고 갊. 동조각탁마(彫刻琢磨). ちょうたく
彫花〔조화〕 도자기에 꽃무늬를 새김. ちょうか　「(부조).
▷木彫(목조). 石彫(석조). 浮彫

【彩】 부 彡(터럭삼·삐친석삼) 획 3—8 훈 채색 음 채: 中 ts'ai³ 英 colours 日 サイ. いろどる　「③무늬. 문채.
뜻 ①채색. 색채. ②광채. 빛날.
필순 ⺈ ⺤ 平 采 采 彩 彩
彩管〔채관〕 동⇨채필(彩筆). さいかん　「さいき
彩旗〔채기〕 아름다운 빛깔의 기.
彩器〔채기〕 그림 물감을 풀어서 담는 그릇. さいき
彩料〔채료〕 그림 물감. さいりょう
彩文〔채문〕 무늬. 문채. さいぶん
彩服〔채복〕 빛깔이 고운 의복.
彩色〔채색〕 고운 빛깔. 또 고운 빛깔을 칠함. 예—畫(화). さいしき　「さいうん
彩雲〔채운〕 아롱진 채색의 구름.
彩衣〔채의〕 무늬가 있고 색깔이 울긋불긋한 옷. さいい
彩筆〔채필〕 그림을 그리는 붓. 동 채관(彩管). さいひつ
彩畫〔채화〕 채색을 써서 그린 그림. 약 채색화(彩色畫). さいが
▷光彩(광채). 奇彩(기채). 文彩(문채). 色彩(색채).

［彭］ 부 彡(터럭삼·삐친석삼) 획 3—9 훈 나라이름 음 팽 中 p'eng² pang¹ 英 name of nation 日 ホウ. ふくれる「④많을(방).
뜻 ①나라이름. ②성. ③부풀.
필순 士 吉 吉 壴 壴 彭 彭
彭彭〔방방〕 ①많은 모양. 성(盛)한 모양. ②많이 가는 모양. ほうほう
彭湃〔팽배〕 물이 넘치는 모양. 파도(波濤)가 넘실거리는 모양. ほうはい
彭排隊副〔팽배대부〕 무관(武官)의 종구품(從九品) 직위(職位).
彭排隊長〔팽배대장〕 무관(武官)의 정구품(正九品)의 직위(職位).

「彰」 부 彡(터럭삼·삐친석삼) 획 3—11 훈 밝을 음 창: 中 canng¹ 英 bright 日 ショウ. あ
뜻 ①밝을. ②나타날.　⌊きらか
필순 ⺋ 产 音 章 章 彰 彰
彰功〔창공〕 남의 공훈을 세상에 밝힘. しょうこう
彰德〔창덕〕 사람의 선행(善行)이나 미덕(美德) 따위를 세상에 밝힘. しょうとく　「めい
彰明〔창명〕 밝게 드러냄. しょう
彰善〔창선〕 남의 선행(善行)을 드러냄. しょうせん
彰示〔창시〕 밝게 드러냄. しょうじ
彰著〔창저〕 ①밝게 나타냄. ②눈에 잘 보임. しょうちょ
彰顯〔창현〕 남이 알도록 밝게 나타냄. しょうけん
彰乎〔창호〕 밝은 모양. しょうこ
▷表彰(표창). 顯彰(현창).

［影］ 부 彡(터럭삼·삐친석삼) 획 3—12 훈 그림자 음 영: 中 ying³ 英 shadow 日 エイ. かげ
뜻 그림자.
필순 日 旦 昌 景 景 影 影
影堂〔영당〕 초상(肖像)을 안치(安置)하는 곳. 영정(影幀)을 모셔 두는 사당(祀堂). えいどう
影祀〔영사〕 영당(影堂)에 지내는 제사. えいし

影射〔영사〕①몸을 숨김. ②속임.
影寫〔영사〕그림이나 글씨를 밑에 받쳐 놓고 그것을 본떠서 덧 그림. えいしゃ
影印本〔영인본〕원본(原本)을 사진이나 그밖의 과학적 방법으로 복제(複製)한 책. えいいんほん
影幀〔영정〕화상을 그린 족자.
影靑〔영청〕백자기에 푸른 빛깔의 잿물을 올린 것. えいせい
影響〔영향〕한 가지 사물(事物)로 인하여 다른 사물에 미치는 결과. えいきょう
▷孤影(고영). 燈影(등영). 斜影(사영). 月影(월영). 人影(인영). 印影(인영). 日影(일영). 眞影(진영). 撮影(촬영). 投影(투영). 幻影(환영).

(3) 彳 部

〖彷〗 부 彳(두인변·중인변) 획 3—4 훈 방황할 음 방 中 p'ang² fang³ 英 wander 日 ホウ. さまよう
뜻 ①방황할. ②비슷할.
필순 ′ ⺈ 彳 彳' 彷彷
彷佛〔방불〕①근사함. 비슷함. ②흐릿하여 분별이 어려운 모양. ほうふつ
彷徨〔방황〕①일정한 방향이나 목적이 없이 이리저리 돌아다님. ②모양은 뱀같고 머리는 둘이며 오색(五色)의 무늬가 있는 벌레. ほうこう

〖役〗 부 彳(두인변·중인변) 획 3—4 훈 역사 음 역 中 i⁴ 英 work 日 エキ. ヤク. つかう
뜻 ①역사. ②부릴.
필순 彳 彳' 彸 役役
役軍〔역군〕①공사 터에서 삯일을 하는 사람. ②일꾼.
役夫〔역부〕①일꾼. 인부(人夫). ②남을 천히 여겨 부르는 말.
役使〔역사〕불러서 일을 시킴.
役事〔역사〕토목(土木)이나 건축 따위 공사. 일. えきじ
役僧〔역승〕일하는 중.
役役〔역역〕①심력(心力)을 기울이는 모양. ②경박(輕薄)하고 간사한 모양. えきえき
役用動物〔역용동물〕농사나 수레 따위 일에 부리는 가축(家畜)의 총칭. えきようどうぶつ
役員〔역원〕어떤 단체(團體)의 일을 맡아 보는 사람. 동임원(任員). やくいん
役終身〔역종신〕무기징역(無期懲役).
役割〔역할〕구실. 동소임(所任). やくわり
▷監査役(감사역). 苦役(고역). 勞役(노역). 大役(대역). 代役(대역). 免役(면역). 兵役(병역). 服役(복역). 使役(사역). 雜役(잡역). 戰役(전역). 主役(주역). 懲役(징역). 現役(현역).

〖往〗 부 彳(두인변·중인변) 획 3—4 훈 갈 음 왕: 中 wang³ 英 go 日 オウ. ゆく
뜻 ①갈. ②예. ③이따금.
필순 彳 彳' 彳' 彳 往往
往見〔왕견〕가서 봄. おうけん
往古〔왕고〕매우 먼 옛날. おうこ
往古今來〔왕고금래〕옛부터 지금까지. おうここんらい
往年〔왕년〕①지나간 해. ②옛날. おうねん
往來〔왕래〕오고 감. おうらい
往路〔왕로〕가는 길. おうろ
往反〔왕반〕갔다가 돌아옴. おうはん
往返〔왕반〕동⇨왕복(往復). おうへん
往訪〔왕방〕가서 찾아 봄. おうほう
往復〔왕복〕①갔다가 돌아옴. 동왕환(往還). ②문서(文書)나 편지의 왕래(往來). おうふく
往復葉書〔왕복엽서〕회답을 요구할 때에 쓰는 반신용(返信用)과 수신용(受信用)의 두 장으로 된 특수 엽서. おうふくはがき
往事〔왕사〕지나간 일. おうじ
往生〔왕생〕극락정토(極樂淨土)에서 태어남. 약왕생극락(往生極樂). おうじょう
往昔〔왕석〕옛적. おうせき

往聖[왕성] 옛 성인(聖人). おう
せい
往往[왕왕] 가끔. 때때로. おうお
う「日). 거일(去日). おうじつ
往日[왕일] 지나간 날. [동]석일(昔
往者[왕자] ①지나간 일. ②앞서.
지난번. ③떠나는 사람. おうしゃ
往者不可諫[왕자 불가간] 지나간
일은 돌이킬 수 없음. おうしゃ
いさむべからず
往診[왕진] 의사가 환자 집에 가
서 진찰함. おうしん 「うさん
往參[왕참] 직접 가서 참여함. お
往行[왕행] 과거의 행위. おうこう
往還[왕환] [동]⇨왕복(往復). おう
かん 「(내왕). 來往(내왕).
▷古往(고왕). 旣往(기왕). 乃往

【征】 [부] 彳(두인변·중인변) [획] 3
—5 [훈] 칠 [음] 정 [中] chêng^1
[英] attack [日] セイ. ゆく. うつ
[뜻] ①칠. ②갈.
[필순] 彳 彳 彳 彳 征 征
征客[정객] ①여행하는 사람. ②출
정(出征)하는 사람. せいきゃく
征途[정도] ①전쟁에 나가는 길.
②여행하는 길. ② 체육 경기에
나가려고 떠나는 길. せいと
征利[정리] 이익을 취함. せいり
征伐[정벌] 군대를 파견(派遣)하
여 침. [동]정토(征討). せいばつ
征服[정복] ①정벌하여 복종시킴.
②어려운 일을 이겨냄. せいふく
征役[정역] 조세(租稅)와 부역(賦
役). せいえき「한 모양. せいえい
征營[정영] 매우 겁을 내고 불안
征討[정토] [동]⇨정벌(征伐).
▷遠征(원정). 長征(장정). 出征
(출정). 親征(친정).

〖彼〗 [부] 彳(두인변·중인변) [획]
3—5 [훈] 저 [음] 피: [中] pi^3
[英] that;he [日] ヒ. かの.
[뜻] ①저. ②그. ㄴかれ

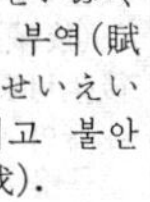

[필순] 彳 彳 彳 彳 彼彼彼彼
彼等[피등] ①저 사람들. 그들. ②
남을 얕보고 하는 말. [동]피배(彼
輩). かれら 「かのはい
彼輩[피배] 그들. [동]피등(彼等).
彼我[피아] 그와 나. 남과 자기.
저 편과 우리 편. ひが
彼我間[피아간] 저 사람과 나와의
사이. 쌍방(雙方)의 나이. [동]피
차간(彼此間). ひがかん
彼岸[피안] ①저 쪽 물가 언덕. ②
극락의 세계에 도달함. 또 그 경
지. ③[약]피안회(彼岸會). ひがん
彼人予人[피인여인] 그나 나나 마
찬가지 사람이라는 뜻으로, 나
도 그와 같이 되지 않을 리 없
다고 분발(奮發)하는 일.
彼一時此一時[피일시 차일시] 각
각 때에 따라서 행한 일이므로,
조금도 모순이 없음을 뜻하는
말. かれもいちじこれもいちじ
彼丈夫我丈夫[피장부 아장부] 사
람이 가지는 지능은 비슷하여,
노력 여하에 따라서 훌륭하게 될
가능성이 있음을 이름.
彼哉彼哉[피재피재] 사람을 대수
롭지 않게 보고 낮추어 하는 말.
かれをやかれをや
彼此間[피차간] 쌍방(雙方)의 사
이. [동]피아간(彼我間). 「같음.
彼此一般[피차일반] 쌍방이 서로
彼處[피처] 저기. かしこ

〖待〗 [부] 彳(두인변·중인변) [획]
3—6 [훈] 기다릴 [음] 대: [中]
tai^{1,4} [英] wait [日] タイ.
まつ

[뜻] ①기다릴. ②대접할.
[필순] 彳 彳 彳 彳 待待待
待期[대기] 기회가 오기를 기다림.
たいき 「를 기다림. たいねん
待年[대년] 약혼 후에 결혼할 해
待令[대령] 명령(命令)을 기다림.
たいれい 「ぼう
待望[대망] 기다림과 바람. たい
待時[대시] ①병세가 몹시 위중하
여 살아날 소망이 없이 됨. ②
시기(時期)를 기다림.
待遇[대우] 신분(身分)에 맞게 대
접함. 예의를 갖추어 대함. [동]대
접(待接). たいぐう
待接[대접] [동]⇨대우(待遇).
待避[대피] 난을 피하여 때를 기
다림. たいひ
待合室[대합실] 정거장 따위에서

차를 기다릴 때 쉬는 곳. まちあいしつ
▷苦待(고대). 期待(기대). 薄待(박대). 優待(우대). 接待(접대). 招待(초대). 虐待(학대). 歡待(환대). 厚待(후대).

〔律〕 부 彳(두인변·중인변) 획 3—6 훈 법 음 률 中 lü⁴ 英 laws; penal 日 リツ. リチ. のり「③본뜰.
뜻 ①법. ②가락. 음률.
필순 彳 彳 彳 彳 往 律 律 律
律客[율객] ①음률(音律)에 밝은 사람. ②가객(歌客). りつきゃく
律呂[율려] ①육률(六律)과 육려(六呂). ②음악(音樂). ③음조(音調). りつりょ
律令[율령] 율(律)과 영(令). 대강(大綱)을 율(律), 조분(條分)된 것을 영(令)이라 함. 동법령(法令). りつれい
律法[율법] 규칙(規則). りっぽう
律書[율서] 법률에 관한 서적. りっしょ 「(體). りっし
律詩[율시] 한시(漢詩)의 한 체
律學[율학] 형법(刑法)에 관한 학문(學問). りっがく
▷戒律(계율). 軍律(군율). 規律(규율). 法律(법률). 音律(음률). 千篇一律(천편일률).

〔徊〕 부 彳(두인변·중인변) 획 3—6 훈 어정거릴 음 회 中 huì² 英 wander 日 カイ. さまよう
뜻 어정거릴.
필순 彳 彳 彳 徊 徊 徊 徊
▷徘徊(배회).

〔後〕 부 彳(두인변·중인변) 획 3—6 훈 뒤 음 후: 中 hou⁴ 英 after 日 コウ. ゴ. うしろ. のち. あと 「중.
뜻 ①뒤. ②뒤질. ③나
필순 彳 彳 彳 彳 彳 後 後
後見[후견] 미성년자 또는 금치산자(禁治產者)의 감독·교육·행위를 대리하여 재산 관리 등을 함. 예一人(인).
後繼[후계] 뒤를 이음. こうけい
後光[후광] 부처의 몸 뒤에서 비치는 광명(光明). 이것을 상징하여 불상(佛像)의 머리 뒤에 붙인 금빛의 둥근 바퀴. 동원광(圓光). ごこう
後宮[후궁] ①주되는 궁전의 뒤쪽에 있는 궁전. 후비(后妃)가 거처함. 동 후비(后妃). 후정(後庭). こうきゅう
後代[후대] 뒤의 세대(世代). 장래의 세상. 동후세(後世). 후엽(後葉). こうだい
後來[후래] ①장래(將來). ②늦게 옴. ③나중에 옴. こうらい
後涼[후량] 진대(晉代) 십륙국(十六國)의 하나. こうりょう
後梁[후량] 남조(南朝) 양(梁)나라 때 소살(蕭詧)이 세운 나라. 동북량(北梁). こうりょう
後慮[후려] 뒷날의 근심. こうりょ
後聯[후련] 율시(律詩)의 제오(第五)와 제육(第六)의 구(句). 삼사(三四)의 구는 전련(前聯)이라 함. こうれん
後尾[후미] 끝. 꽁무니. こうび
後輩[후배] 자기보다 나중에 나온 사람. 또 그 무리. 동후생(後生). 후진(後進). 후학(後學). ↔선배(先輩). こうはい 「ふ
後婦[후부] 동⇨후처(後妻). こう
後產[후산] 해산(解產)한 뒤에 태(胎)를 낳음. 또 그 일.
後生[후생] 뒤에 난 사람. 동후배(後輩)·후세(後世)·후진(後進).
後生可畏[후생가외] 후배(後輩)는 나이 젊어 기력이 왕성하므로 학문을 쌓으면 후에 어떠한 큰 역량을 발휘할는지 모르기 때문에, 선배(先輩)는 외경(畏敬)을 품고 후배를 대하여야 한다는 뜻. こうせいおそるべし
後世[후세] ①뒤의 세상. 동후대(後代). ②뒤의 자손. 동후생(後生). ③죽은 뒤의 세상. こうせい
後身[후신] 윤회(輪回)에 따라 다시 태어난 몸. ↔전신(前身). こうしん 「六國)의 하나.
後燕[후연] 진대(晉代) 십륙국(十
後葉[후엽] 동 후대(後代). 말엽

(末葉). ↔전엽(前葉). こうよう
後援〔후원〕①뒤에 있는 원병(援兵). ②뒤에서 도와 줌. こうえん
「산. こうえん
後園〔후원〕집 뒤에 있는 작은 동
後庭〔후정〕①뒤껕. 뒤뜰. ②궁중(宮中)의 후비(后妃)가 거처하는 곳. ㊐후궁(後宮). こうてい
後進〔후진〕자기보다 나중에 나옴. 또 그 사람. ㊐후배(後輩)·후생(後生). こうしん
後妻〔후처〕본처(本妻)가 없게 되어 두 번째 맞은 아내. ㊐후부(後婦), 후취(後娶).
後天〔후천〕①하늘에 뒤진다는 뜻으로, 천지 자연(天地自然)의 기운(機運)이 나타난 뒤에 비로소 그것에 응하여 일을 함. ②세상에 나온 뒤에 경험이나 지식에 의하여 가지는 성질 또는 체질(體質). こうてん
後哲〔후철〕후세(後世)의 현인(賢人). ↔선철(先哲). こうてつ
後娶〔후취〕후처(後妻)를 맞아들이는 장가. 또 그 아내. ↔전취(前娶). こうしゅ
後退〔후퇴〕뒤로 물러감. こうたい
後學〔후학〕①후진(後進)의 학생. ㊐후배(後輩). ②학자(學者)의 겸칭. こうがく
後患〔후환〕뒷날의 근심. こうかん
後悔莫及〔후회막급〕일이 잘못된 뒤에 뉘우쳐도 미치지 못함.
▷空前絶後(공전절후). 今後(금후). 落後(낙후). 背後(배후). 死後(사후). 產後(산후). 先後(선후). 午後(오후). 前後(전후). 最後(최후). 向後(향후).

【徑】 부 彳(두인변·중인변) 획 3—7 훈 지름길 음 경: 中 ching⁴ 英 by way 日 ケイ. こみち
뜻 ①지름길. 길. ②지름.
필순 彳彳彳徑徑徑徑
徑路〔경로〕①지름길. ②소로(小路). けいろ
徑庭〔경정〕경(徑)은 작은 길이라 좁고, 정(庭)은 뜰이라 넓다는 뜻으로 현격한 차이를 이름. けいてい
徑寸〔경촌〕한 치의 지름. けいすん
徑出〔경출〕숙직(宿直) 때 번갈아 들 사람이 오기 전에 물러나감. けいしゅつ
徑行〔경행〕조금도 사양함이 없이 생각한 그대로 행함. けいこう
▷半徑(반경). 直徑(직경). 捷徑(첩경). 險徑(험경).

【徒】 부 彳(두인면·중인변) 획 3—7 훈 무리 음 도 中 t'u² 英 crowd 日 ト. ズ. かち. いたずら
뜻 ①무리. 종. 일꾼. ②걸어다님. ③맨손. ④징역. ⑤다만.
죄수. ⑤다만.
필순 彳彳彳彳徒徒徒
徒黨〔도당〕떼를 지은 무리. ㊐동류(同類). ととう
徒勞無功〔도로무공〕한갖 애만 쓰고 공을 들인 보람이 없음. とろうむこう
「論). とろん
徒論〔도론〕무익(無益)한 의론(議
徒配〔도배〕도형(徒刑)에 처한 뒤에 귀양을 보냄. とろん
徒輩〔도배〕함께 어울려 같은 짓을 하는 패. 동아리. とはい
「とほ
徒步〔도보〕걸어감. ㊐보행(步行).
徒死〔도사〕개죽음. 무익한 죽음.
徒手〔도수〕맨손. としゅ
「とし
徒手體操〔도수체조〕맨손 체조. としゅたいそう
徒食〔도식〕아무 일도 하지 않고 삶. 예無爲(무위)—. としょく
徒囚〔도수〕죄수(罪囚). としゅう
徒弟〔도제〕①제자. ②기술을 배우려는 어린 직공. とてい
徒刑〔도형〕오형(五刑)의 하나. 지금의 징역(懲役). とけい
▷博徒(박도). 白徒(백도). 匪徒(비도). 生徒(생도). 信徒(신도).

【徐】 부 彳(두인변·중인변) 획 3—7 훈 천천할 음 서 中 hsü² 英 slow 日 ジョ. おもむろ
뜻 ①천천할. ②성.
필순 彳彳徐徐徐徐
徐看〔서간〕조용히 바라봄. じょかん

徐敬德〔서 경덕〕 이조(李朝) 초기(初期)의 학자. 호(號)는 화담(花潭). 벼슬에 뜻을 두지 않고 도학(道學)에만 전념(專念)하였음.
徐羅伐〔서라벌〕 신라(新羅)의 처음 이름.
徐步〔서보〕 천천히 걸음.
徐徐〔서서〕 거동이 찬찬한 모양. じょじょ
徐緩〔서완〕 천천히. 진행(進行)이 느림. じょかん
徐行〔서행〕 천천히 감. じょこう

〖得〗 부 彳(두인변·중인변) 획 3—8 훈 얻을 음 득 中 tê², tei³, tai³ 英 gain 日 トク. える. うる
뜻 ①얻을. ②만족할.
필순 彳 彳' 彳 彳 彳 得 得 得

得暇〔득가〕 틈을 얻음. 말미를 받음.
得達〔득달〕 목적을 이룸. とくたつ
得道〔득도〕 ①바른 도(道)를 얻음. ②불도(佛道)를 깨달음. ③깊은 뜻을 체득(體得)함. とくどう
得生〔득생〕 ①살게 됨. ② 생명을 얻음. とくせい
得勢〔득세〕 ①세력(勢力)을 얻음. ②형편이 유리하게 됨. とくせい
得所〔득소〕 ①뜻대로 됨. ②알맞은 자리를 얻음. とくしょ
得勝〔득승〕 싸움에 이김. とくしょう
得時〔득시〕 때를 얻음. 좋은 시기를 만남. とくじ
得失〔득실〕 ①얻음과 잃음. 이익과 손해. ②성공과 실패. ③마땅함과 마땅하지 아니함. ④장점과 단점. とくしつ
得油〔득유〕 기름을 얻음. 기름을 구함.
得意〔득의〕 ① 바라던 일이 성취됨. 뜻대로 되어 만족함. ②마음에 듦. 뜻에 맞음. ③뜻에 얻은 바가 있음. とくい
得人心〔득인심〕 인심을 얻음. 여러 사람의 마음을 얻음.
得點〔득점〕 시험이나 경기 같은 데서 점수를 얻음. とくてん
得罪〔득죄〕 ①죄를 범함. ②무례(無禮)한 일을 하여 남을 성나게 함. とくざい
得寵〔득총〕 총애(寵愛)를 받음.
得脫〔득탈〕 ①벗어남. 빠져 나감. ②불법(佛法)의 참된 이치를 환하게 깨달아 번뇌에서 (煩惱)벗어남. とくだつ
得効〔득효〕 효력을 봄.
▷購得(구득). 納得(납득). 無所得(무소득). 所得(소득). 拾得(습득). 利得(이득). 一擧兩得(일거양득). 攫得(확득). 獲得(획득).

〔徘〕 부 彳(두인변·중인변) 획 3—8 훈 어정거릴 음 배 中 p'ai² 英 wander 日 ハイ. さまよう
뜻 어정거릴.
필순 彳 彳 彳 彳 徘 徘 徘

徘徊〔배회〕 노닒. 천천히 이리 저리 왔다갔다 함. 동배회(俳佪).

〔徙〕 부 彳(두인변·중인변) 획 3—8 훈 옮길 음 사: 中 hsi³ 英 renave 日 シ. うつる
뜻 옮길.
필순 彳 彳 彳 彳 徙 徙 徙 徙

徙居〔사거〕 ①거처를 옮김. ②이사함. しきょ
徙貫〔사관〕 호적(戶籍)을 다른 곳으로 옮김. しかん
徙月〔사월〕 달을 넘김. しげつ
▷移徙(이사).

【御】 부 彳(두인변·중인변) 획 3—8 훈 모실 음 어: 中 yü⁴ 英 attend upon 日 ギョ. ゴ. おん. お. み
뜻 ①모실. ②어거할. ③임금에 관한 것의 존칭. ④막을(禦와 통용).
필순 彳 彳 彳 彳 彳 御 御 御 御

御駕〔어가〕 임금이 타는 수레.
御覽〔어람〕 임금이 봄. ぎょらん
御名〔어명〕 임금의 이름. 동어휘(御諱). ぎょめい
御命〔어명〕 임금의 명령(命令).
御府〔어부〕 임금이 쓰는 물품을 넣어 두는 곳집. ぎょふ
御史〔어사〕 지방관(地方官)의 치적(治績) 또는 백성(百姓)의 질고(疾苦)를 살피기 위하여 특파(特派)하는 비밀의 사신(使臣). ぎょし
御使〔어사〕 존귀(尊貴)한 사람의 심부름꾼. ぎょし

御史大夫[어사대부] ①진·한(秦漢) 이후 백관을 규찰하던 어사대(御史臺)의 장관. ②고려 어사대의 장관. ぎょしたいふ
御史出頭[어사출두] 암행어사(暗行御史)가 중요한 사건을 처리(處理)하기 위해 지방 관아(地方官衙)에 가서 사무 보는 일.
御賜花[어사화] 임금이 문무과(文武科)에 급제(及第)한 이에게 내리던 종이로 만든 꽃.
御璽[어새] 임금의 도장. [동]옥새(玉璽). ぎょじ
御所[어소] 임금이 있는 곳. [동]궁중(宮中). ぎょしょ
御營大將[어영대장] 어영청(御營廳)의 우두머리 장수(將帥).
御醫[어의] 임금의 시의(侍醫).
御前[어전] ①임금의 앞. ②존귀한 사람을 옆에서 모심. ぎょぜん
御製[어제] ①임금이 지은 시문(詩文). ぎょせい
御題[어제] ①임금이 친히 쓴 제자(題字). ② 임금이 친히 보이는 과거의 글 제목. ぎょだい
御座[어좌] ①임금이 있는 자리. [동]옥좌(玉座). ②북극성(北極星). ぎょざ
御風[어풍] 바람을 탐. ぎょふう
御筆[어필] 임금의 글씨나 그림. [동]신필(宸筆). ぎょひつ
御諱[어휘] [동]⇨어명(御名).
▷供御(공어). 貢御(공어). 登御(등어). 侍御(시어). 臣御(신어). 女御(여어). 臨御(임어). 制御(제어). 進御(진어). 出御(출어). 統御(통어). 還御(환어).

[從] [부] 彳(두인변·중인변) [획] 3—8 [훈] 좇을 [음] 종 [中] ts'ung$^{1\cdot2}$ tsung^{4} [英] follow [日] シュウ. ショウ. ジュ. したがう
[뜻] ①좇을. 따를. ②부터. 나아갈. ③일할.

[필순] 彳 彳 彸 祉 祉 徔 從
從諫如流[종간여류] 남의 간언(諫言)에 좇음이 마치 물이 흐르는 것과 같다는 뜻에서 재빨리 순종함을 이름.
從軍[종군] 출진(出陣)함. 군대(軍隊)를 따라 진지(陣地)에 나감. [예]—記者(기자). じゅうぐん
從來[종래] ①유래(由來). ②이전부터 지금까지. じゅうらい
從犯[종범] 주범(主犯)을 도운 범죄. 또 그 사람. じゅうはん
從事[종사] ①어떠한 일에 마음과 힘을 다함. 어떠한 일을 일삼아서 함. ②모시고 섬김. じゅうじ
從屬[종속] 딸려 붙음. 또 그 사람. じゅうぞく
從手成[종수성] 손이 움직이는 대로 곧 됨.
從時俗[종시속] 시속(時俗)을 좇음. 세상의 통속대로 따라감.
從心[종심] 일흔 살의 별칭(別稱). じゅうしん
從心所欲[종심소욕] 마음에 하고 싶은 대로 함.
從業[종업] 업무(業務)에 종사함. [예]—員(원). じゅうぎょう
從人[종인] [동]⇨종자(從者).
從子[종자] 조카. 자매(姊妹)의 아들. [동]질(姪). 생질(甥姪). じゅうし
從者[종자] 데리고 다니는 사람. 수종(隨從)하는 사람. [동]종인(從人). じゅうしゃ
從姊妹[종자매] 아버지의 형제(兄弟)의 딸. 사촌자매(四寸姊妹). じゅうしまい
從自以後[종자이후] 이제부터 뒤.
從前[종전] 이전. ↔장래(將來). じゅうぜん
從弟[종제] 사촌(四寸) 아우. じゅうてい
從衆[종중] 여러 사람의 언행을 따름. じゅうしゅう
從兄弟[종형제] 아버지의 형제(兄弟)의 아들. 사촌(四寸) 형제. じゅうきょうだい. いとこ
▷苟從(구종). 屈從(굴종). 盲從(맹종). 服從(복종). 附從(부종). 隨從(수종). 順從(순종). 侍從(시종). 正從(정종). 主從(주종). 聽從(청종).

[復] [부] 彳(두인변·중인변) [획] 3—9 [훈] 거듭할 [음] 복 [中] fu^{4} [英] repeat [日] フク. フツ. かえる

뜻 ①거듭할. 되풀이할. ②돌아 올. ③갚을. ④다시(부).

필순 彳 ⋯ 復復

復古〔복고〕 옛날로 돌아감. 또 옛날로 돌아가게 함. 예—主義(주의). ふっこ

復校〔복교〕 정학(停學) 또는 휴학(休學)한 학생이 다시 학교에 다니게 됨. ふっこう

復舊〔복구〕 그전 모양으로 되돌아감. ふっきゅう

復歸〔복귀〕 먼저 있던 곳으로 되돌아감. 다시 전 지위(地位)로 돌아감. ふっき

復禮〔복례〕 예의(禮儀)를 지킴. 예에 따라 행함. ふくれい

復命〔복명〕 사명(使命)을 띤 사람이 그 일을 마치고 돌아와서 아룀. ふくめい

復返〔복반〕 다시 돌아옴. ふくはん

復位〔복위〕 폐위(廢位)되었던 제왕(帝王)·후비(后妃)가 다시 그 지위(地位)를 회복함. ふくい

復籍〔복적〕 혼인(婚姻) 또는 양자(養子)로 제적(除籍)되었던 사람이 제 집의 호적(戶籍)으로 다시 돌아감. ふくせき

復職〔복직〕 원 관직(官職) 또는 원 직무(職務)로 돌아감. ふくしょく「어남. 예一節(절). ふっかつ

復活〔부활〕 ①되살아남. ②다시 일

復興〔부흥〕 다시 일으킴. 또 다시 일어남. 예文藝(문예)—. ふっこう

▷反復(반복). 報復(보복). 雪復(설복). 收復(수복). 往復(왕복). 回復(회복).

【循】 부 彳(두인변·중인변) 획 3—9 훈 돌 음 순 中 hsün² 英 circulate 日 ジュン. めぐる

뜻 ①돌. ②좇을.

필순 彳 ⋯ 循循

循例〔순례〕 전례(前例)를 좇음. じゅんれい

循私〔순사〕 사사(私事) 정분을 좇아 공도(公道)를 돌아보지 아니

循俗〔순속〕 풍속을 좇음. ㄴ함.

循守〔순수〕 규칙이나 명령을 그대로 좇아 지킴. じゅんしゅ

循循〔순순〕 질서 바른 모양. じゅんじゅん

循次〔순차〕 차례를 좇음. じゅんじ

循行〔순행〕 여러 곳으로 돌아다님. 동순행(巡行). じゅんこう

循環〔순환〕 ①구르는 고리라는 뜻으로 사물(事物)의 인과 왕래(因果往來)가 끝이 없음의 비유. ②쉬지 않고 자꾸 돎. じゅんかん

▷因循(인순).

【微】 부 彳(두인변·중인변) 획 3—10 훈 작을 음 미: 中 wei¹ 英 small 日 ビ. かすか

뜻 ①작을. ②정묘할. ③천할. ④희미할. ⑤숨길. ⑥아닐.

필순 彳 ⋯ 微微

微官〔미관〕 낮은 관직(官職). 예—末職(말직). びかん

微軀〔미구〕 ①미미(微微)하고 약한 몸. 미천한 몸. ②자기의 겸칭(謙稱). びく

微力〔미력〕 작은 힘. 하찮은 수고. 곧 자기의 힘의 겸칭. びりょく

微妙〔미묘〕 자세(仔細)하고 묘함. びみょう

微微〔미미〕 ①보잘것 없이 아주 미약한 모양. ②그윽하고 고요한 모양. ③작은 모양. びび

微細〔미세〕 ①동⇨미소(微小). ②동⇨미천(微賤). ③꼼꼼함. 빈틈이 없음. びさい

微小〔미소〕 아주 작음. 동미세(微細). びしょう 「びしょう

微笑〔미소〕 소리없이 빙긋이 웃음.

微弱〔미약〕 아무 힘도 없이 아주 약함. 매우 무력함. びじゃく

微塵〔미진〕 ①작은 티끌. ②썩 작음. 또 썩 작은 물건. びじん

微賤〔미천〕 신분이나 지위가 낮음. 동미세(微細). びせん

▷輕微(경미). 極微(극미). 機微(기미). 衰微(쇠미). 精微(정미). 至微(지미). 賤微(천미). 寒微(한미).

〖德〗 부 彳(두인변·중인변) 획 3—12 훈 큰 음 덕 中 tê² 英 virtue 日 トク. めぐみ

[뜻] ①덕. ②복. ③은혜.
[참고] [고] 悳
[필순] 彳 行 彳 徳 徳 徳 德 德

德氣[덕기] ①덕스러운 기색(氣色). ②어질고 두터움. とくき
德談[덕담] 잘 되기를 비는 말.↔악담(惡談).
德大[덕대] 광주(鑛主)와 계약을 맺고 그 광산의 일부를 떼어 맡아 광부(鑛夫)를 데리고 채광(採鑛)하는 사람.
德望[덕망] 덕행이 있는 명망(名望). [예]—家(가). とくぼう
德分[덕분] 남에게 어질고 고마운 일을 함. とくぶん
德性[덕성] 몸에 덕을 갖춘 바른 성질. 사람의 도덕적 의식. [동] 도덕심(道德心). とくせい
德容[덕용] 덕행(德行)이 높은 모습. とくよう 「많음. とくよう
德用[덕용] 쓰기에 편하고 이득이
德用品[덕용품] 다른 것보다 쓰기 편하고, 이득이 많은 물품. とくようひん 「육. とくいく
德育[덕육] 도덕면(道德面)의 교
德義[덕의] ①사람이 행하여야 할 바른 도리. ②도덕상의 의무. ③덕행(德行)과 의리(義理). 덕행을 닦고 의리를 실행함. とくぎ
德人[덕인] 덕행이 있는 사람.
德政[덕정] 어진 정치(政治). [동] 인정(仁政). とくせい
德風[덕풍] 인덕(仁德)으로 사람을 감화(感化)함을 이름. とくふう 「實). とっこう
德行[덕행] 어질고 두터운 행실(行
德化[덕화] 덕행(德行)으로써 교화(敎化)시킴. とっか
▷謙德(겸덕). 功德(공덕). 大德(대덕). 道德(도덕). 明德(명덕). 美德(미덕). 薄德(박덕). 報德(보덕). 不德(부덕). 婦德(부덕). 聖德(성덕). 頌德(송덕). 惡德(악덕). 有德(유덕). 遺德(유덕). 恩德(은덕). 厚德(후덕).

【徵】 [부] 彳(두인변·중인변) [획] 3—12 [훈] 부를 [음] 징 [中] chin³, chêng¹ [英] levy; collect [日] チョウ. しるし. めす
[뜻] ①부를. ②거둘. ③징험. ④조짐. ⑤풍류가락(치).
[필순] 彳 彳 彳 徨 徨 徨 徨 徨 徵 徵

徵發[징발] ① 조정(朝廷)에서 부름. ②전쟁(戰爭) 또는 사변(事變)이 있을 때 사람이나 말을 뽑아 모으거나 군수품(軍需品)을 거둠. ちょうはつ
徵兵[징병] 국가(國家)에서 하는 의무적인 강제 모병(募兵). [예]—檢査(검사). ちょうへい
徵聘[징빙] 학덕(學德)이 있는 인사(人士)를 조정(朝廷)에서 초빙하는 일. ちょうへい 「ょうぜい
徵稅[징세] 조세(租稅)의 징수. ち
徵役[징역] 자유형의 한 가지. 죄인을 형무소 안에 가두고 일정한 일을 시킴. ちょうえき
徵用[징용] 비상한 때에 나라에서 국민을 강제로 모아 일정한 일을 시킴. ちょうよう
徵兆[징조] 미리 보이는 조짐(兆朕). [동]징표(徵表). 전조(前兆).
徵集[징집] ①국가나 공공 단체가 세금, 수수료 따위를, 단체가 회비를 법규나 규약에 따라 거두는 일. ②병역법에 의거하여 장정을 뽑아 병역(兵役)에 보충함. ちょうしゅう
徵表[징표] [동]⇨징조(徵兆). ちょうひょう 「(效驗). ちょうこう
徵候[징후] ①징조. 조짐. ②효험
▷明徵(명징). 夢徵(몽징). 美徵(미징). 象徵(상징). 特徵(특징).

【徹】 [부] 彳(두인변·중인변) [획] 3—12 [훈] 통할 [음] 철 [中] ch'ê⁴ [英] penetrate [日] テツ. とおる
[뜻] ①통할. 사무칠. ②뚫을.
[필순] 彳 彳 彳 彳 徉 徉 徉 徹 徹

徹頭徹尾[철두철미] 처음부터 끝까지 철저히. てっとうてつび
徹兵[철병] 주둔(駐屯)하였던 군대(軍隊)를 철수함. [동]철병(撤兵). てっぺい
徹底[철저] ①물이 맑아 깊은 속까지 환히 비침. ②일을 깨끗이 하는 일. てってい

▷貫徹(관철). 洞徹(통철). 通徹(통철). 透徹(투철).

(3) 忄 部

〔忙〕 부 忄(심방변) 획 3—3 훈 바쁠 음 망 中 mang^{2} 英 busy 日 ボウ. いそがし
뜻 ①바쁠. ②빠를. 「しい
필순 丨 忄 忄 忄' 忙 忙
忙劇〔망극〕 아주 바쁨. ぼうげき
忙忙〔망망〕 바쁜 모양. ぼうぼう
忙迫〔망박〕 일에 몰려 몹시 바쁨.
忙事〔망사〕 바쁜 일. ぼうじ
忙殺〔망살·망쇄〕 매우 바쁨. ぼうさつ 「바쁜 달.
忙月〔망월〕 1년 중 농사에 가장
忙中有閑〔망중유한〕 바쁜 중에도 또 한가한 틈이 있음.
忙中閑〔망중한〕 동⇨망중 유한.
▷多忙(다망). 煩忙(번망). 繁忙(번망). 奔忙(분망).

〔快〕 부 忄(심방변) 획 3—4 훈 쾌할 음 쾌(쾌:) 中 k'uai^{4} 英 cheerful 日 カイ. こころよ
뜻 ①쾌할. ②빠를.
필순 丨 忄 忄 忄 忄 快 快
快感〔쾌감〕 시원하고 즐거운 느낌. 동쾌미(快味). かいかん
快擧〔쾌거〕 시원스럽게 하는 행위. 통쾌한 거사(擧事). かいきょ
快男兒〔쾌남아〕 시원스럽고 쾌활한 사내. 동쾌남자(快男子). 쾌한(快漢). かいだんじ 「兒).
快男子〔쾌남자〕 동⇨쾌남아(快男
快刀〔쾌도〕 아주 잘 드는 칼. かいとう 「いだく
快諾〔쾌락〕 쾌히 승낙(承諾)함. か
快樂〔쾌락〕 ①기분이 좋고 즐거움. ②욕망의 충족(充足)에서 오는 유쾌한 감정. かいらく
快聞〔쾌문〕 시원스러운 소문. 「み
快味〔쾌미〕 동⇨쾌감(快感). かい
快報〔쾌보〕 ①시원한 기별. 상쾌한 소식. ②급보(急報). かいほう
快哉〔쾌재〕 상쾌하구나. かいさい
快適〔쾌적〕 상쾌하고 즐거움. かいてき 「走). かいそう
快走〔쾌주〕 빨리 달림. 동질주(疾
快差〔쾌차〕 병이 아주 나음.
快晴〔쾌청〕 하늘이 상쾌하게 갬. かいせい 「かいかん
快漢〔쾌한〕 동⇨쾌남아(快男兒).
快活〔쾌활〕 시원스럽고 활발(活潑)함. かいかつ
▷輕快(경쾌). 慶快(경쾌). 明快(명쾌). 不快(불쾌). 爽快(상쾌). 愉快(유쾌). 全快(전쾌). 痛快(통쾌).

〔怯〕 부 忄(심방변) 획 3—5 훈 겁낼 음 겁 中 ch'ieh^{4} ch'üeh^{4} 英 fear 日 キョウ. おそれる 「이. ④비겁할.
뜻 ①겁낼. ②겁 많을. ③겁장
필순 忄 忄 忄 怯 怯 怯
怯懼〔겁구〕 겁을 냄. 두려워함. きょうく 「きょうふ
怯夫〔겁부〕 비겁(卑怯)한 사나이.
怯弱〔겁약〕 겁이 많아 마음이 약
▷卑怯(비겁). 「함. きょうじゃく

〔怪〕 부 忄(심방변) 획 3—5 훈 괴이할 음 괴: 中 kuai^{4} 英 strange 日 カイ. ケ. あやしい
뜻 괴이할.
참고 속 恠
필순 丨 忄 忄 忆 怪 怪 怪 怪
怪傑〔괴걸〕 괴상한 재주나 힘이 있는 호걸(豪傑). かいけつ
怪奇〔괴기〕 괴상(怪常)하고 기이함. 동기괴(奇怪). かいき 「ん
怪談〔괴담〕 괴상한 이야기. かいだ
怪力〔괴력〕 초인적(超人的)인 큰 힘. かいりょく. かいりき
怪物〔괴물〕 괴이(怪異)한 물건. 도깨비. 동요괴(妖怪). かいぶつ
怪癖〔괴벽〕 괴이한 버릇.
怪變〔괴변〕 괴상한 변고(變故).
怪病〔괴병〕 괴상한 병.
怪狀〔괴상〕 기괴(奇怪)한 모양.
怪常〔괴상〕 이상야릇함. 「う
怪獸〔괴수〕 괴이한 짐승. かいじゅ
怪異〔괴이〕 이상야릇함. かいい
怪漢〔괴한〕 행동이 수상한 사나이.

かいかん
▷奇怪(기괴). 變怪(변괴). 妖怪(요괴). 珍怪(진괴). 駭怪(해괴).

〖性〗 부 忄(심방변) 획 3—5 훈 성품 음 성: 中 hsing⁴ 英 nature 日 セイ. ショウ. さが
뜻 ①성품. ②목숨. ③성별. ④마음.
필순 忄 忄 忄 怍 性 性

性格〔성격〕 각 사람이 가진 특유한 성질. 동품성(品性). せいかく
性根〔성근〕 ①성질(性質). ②근성(根性). せいこん
性理學〔성리학〕 성명(性命)과 이기(理氣)의 관계를 설명한 유교 철학(儒教哲學). せいりがく
性命〔성명〕 ①천부(天賦)의 성질. ②목숨. 생명. せいめい
性味〔성미〕 성질과 취미(趣味).
性癖〔성벽〕 선천적(先天的)으로 가진 버릇. 나면서부터 지닌 편벽된 성질. せいへき
性別〔성별〕 ①남성·여성의 구별. ②암·수의 구별. せいべつ
性善說〔성선설〕 사람의 본성(本性)은 선천적(先天的)으로 착하나 물욕에 가려서 악하게 된다고 하는 학설. 맹자(孟子)가 주창함. せいぜんせつ
性惡說〔성악설〕 사람에게 이기적(利己的) 정욕(情慾)이 있는 것을 기초로 하여 사람의 본성은 악한 것이라고 하는 학설. 순자(荀子)가 주창함. せいあくせつ
性慾〔성욕〕 남녀간에 성교(性交)를 하고자 하는 욕망. 동색욕(色慾). せいよく 「せいてき
性的〔성적〕 성(性)에 관계되는 것.
性質〔성질〕 생물이나 무생물이 본디부터 가지고 있는 바탕. せいしつ 「동성품(性稟). せいひん
性品〔성품〕 성질과 품격(品格).
性稟〔성품〕 동⇨성품(性品).
性行〔성행〕 성질과 행실. せいこう
▷根性(근성). 慢性(만성). 本性(본성). 酸性(산성). 屬性(속성). 習性(습성). 惡性(악성). 陽性(양성). 理性(이성). 知性(지성). 天性(천성). 惰性(타성).

〖怍〗 부 忄(심방변) 획 3—5 훈 부끄러울 음 작 中 tsuo⁴ 英 shame 日 サク. はじる
뜻 ①부끄러울. ②무안할.
필순 忄 忄 怍 怍

怍色〔작색〕 부끄러워하는 모양.

〖怖〗 부 忄(심방변) 획 3—5 훈 두려울 음 포: 中 pu⁴ 英 afraid 日 フ. おそれる
뜻 ①두려울. ②두려워할.
필순 忄 忄 怖 怖

怖苦發心〔포고발심〕 세상 고통이 두려워서 참을 찾을 마음을 일으킴.
怖懼〔포구〕 두려워함. ふく
怖伏〔포복〕 두려워서 땅에 엎드림. ふふく 「ふい
怖畏〔포외〕 겁을 먹고 두려워함.
怖駭〔포해〕 두려워하고 놀람. ふがい 「(외포). 危怖(위포).
▷驚怖(경포). 恐怖(공포). 畏怖

〖恪〗 부 忄(심방변) 획 3—6 훈 삼갈 음 각 中 k'ê⁴, ch'üeh⁴ 英 reverence 日 カク. つつしむ
뜻 ①삼갈. ②공경할. ③정성.
필순 忄 忄 忄 恪 恪 恪 「けん
恪虔〔각건〕 삼가고 조심함. かっ
恪固〔각고〕 삼가 굳게 지킴. かっ
恪謹〔각근〕 삼감. かっきん 「こ
恪勤〔각근〕 충실(忠實)하게 일함. かっきん 「べつ
恪別〔각별〕 유다름. 특별함. かく
恪守〔각수〕 삼가 지킴. かくしゅ
恪愼〔각신〕 공경(恭敬)하고 조심함. 삼감. かくしん
恪遵〔각준〕 삼가 좇음. かくじゅん

〖恃〗 부 忄(심방변) 획 3—6 훈 믿을 음 시: 中 shih⁴ 英 believe 日 ジ. たのむ
뜻 믿을.
필순 忄 忄 忄 恃 恃 恃

恃賴〔시뢰〕 믿고 의지함. じらい
恃惡〔시악〕 자기의 악성(惡性)을 믿음. じあく
恃而不恐〔시이불공〕 믿는 곳이 있어서 두려워하지 아니함.
恃險〔시험〕 험한 지형(地形)을 의지함. じけん

〖恨〗 部 忄(심방변) 획 3—6 훈 원한 음 한: 中 hen⁴ 英 regret 日 コン. うらむ
뜻 ①원한. ②한할. ③ 뉘우칠.
필순 忄 忄 忄 忄 怛 怛 恨
恨別〔한별〕①원한을 품고 이별함. ②한많은 이별. 「함. こんぶん
恨憤〔한분〕한탄(恨嘆)하고 분개
恨不早圖〔한불조도〕시기(時期)를 잃은 것을 후회(後悔)함.
恨死〔한사〕①원한을 품고 죽음. ②한많은 죽음. こんし
恨歎〔한탄〕원통하거나 뉘우치어 탄식함. こんたん 「양. こんこん
恨恨〔한한〕한탄하여 마지 않는 모
▷餘恨(여한). 怨恨(원한). 遺恨(유한). 悔恨(회한).

〖恒〗 部 忄(심방변) 획 3—6 훈 항상 음 항 中 hêng² 英 constant 日 コウ. つね
뜻 ①항상. ②오랠. ③떳떳할. ④반달(긍). ⑤두루 미칠(긍). ⑥언제든지.
참고 본 恆
필순 忄 忄 忄 恒 恒
恒久〔항구〕변하지 아니하고 오래감. こうきゅう 「이 없는 일.
恒茶飯〔항다반〕늘 있어 신통할 것
恒例〔항례〕①두루 많이 있는 사례(事例). 동상례(常例). ② 정기적인 행사(行事). ③따라야 할 선례(先例). これうい
恒產〔항산〕①생활할 수 있는 일정한 재산. ②일정한 생업(生業). こうさん
恒常〔항상〕①일정하여 변함이 없는 일. 동불변(不變). ②늘. こうじょう
恒星〔항성〕한 성군(星群)의 중심이 되어 그 위치가 변하지 않는 별. 태양도 그 중의 하나임. ↔ 혹성(惑星)·위성(衛星). こうせい
恒心〔항심〕일정 불변한 마음. 사람이 늘 지니고 있는 착한 마음. こうしん

〖恤〗 部 忄(심방변) 획 3—6 획 근심할 음 휼 中 hsu⁴ 英 pity 日 ジュツ. あわれむ
뜻 ①근심할. ②기민먹일. 구제할. ③ 사랑할.
필순 忄 忄 忄 恤 恤 恤
恤民〔휼민〕빈민(貧民)·이재민(罹災民)을 구제함. じゅつみん
恤兵〔휼병〕전쟁에 나간 병사에게 금품(金品) 등을 보내 위로함.
▷矜恤(긍휼). 「じゅつへい

〖悚〗 部 忄(심방변) 획 3—7 훈 두려워할 음 송: 中 sung³ 英 awe 日 ショウ. おそれる
뜻 ①두려워할. ②송구스러울.
필순 忄 忄 忄 悚 悚 悚
悚愧〔송괴〕황송(惶悚)하고 부끄러움. しょうき 「しょうく
悚懼〔송구〕마음에 두렵고 미안함.
悚慄〔송률〕두려워하여 부들부들 떪. しょうりつ
悚然〔송연〕두려워하는 모양. しょうぜん 「함. しょうこう
悚惶〔송황〕송구(悚懼)스럽고 황송

〖悅〗 部 忄(심방변) 획 3—7 훈 기쁠 음 열 中 yüeh⁴ 英 glad 日 エツ. よろこぶ
뜻 ①기뻐할. ②즐거울.
필순 忄 忄 忄 悅 悅 悅
悅口〔열구〕음식이 입에 맞음.
悅口子〔열구자〕신선로에 여러 가지 어육(魚肉)과 채소를 다채롭게 넣고, 그 위에 과실을 넣어서 끓인 음식. 동열구자탕. 「口子).
悅口子湯〔열구자탕〕⇨ 열구자(悅
悅樂〔열락〕기뻐 즐김. えつらく
悅慕〔열모〕기뻐 사모함. えつぼ
悅目〔열목〕①눈을 즐겁게 함. ②보고 즐김. 동열안(悅眼). えつもく 「從)함. えっぷく
悅服〔열복〕기쁜 마음으로 순종(順
悅眼〔열안〕동⇨열목(悅目).
悅眼步〔열안보〕눈을 즐겁게 하는 것. 「えつあい
悅愛〔열애〕기쁜 마음으로 사랑함
▷感悅(감열). 法悅(법열). 愉悅(유열). 喜悅(희열).

〖悟〗 部 忄(심방변) 획 3—7 훈 깨달을 음 오: 中 wu⁴ 英 comprehend 日 ゴ. さとる

뜻 ①깨달을. ②깨우쳐줄.
필순 忄 忄 忏 悟 悟 悟
悟界〔오계〕 오도(悟道)의 세계. ごかい
悟道〔오도〕 ① 번뇌(煩惱)를 해탈(解脫)하고 불계(佛界)에 들어갈 수 있는 길. ②불도(佛道)를 깨달음. ごどう
悟了〔오료〕 완전히 깨달아 버림. 동오철(悟徹). ごりょう
悟性〔오성〕 ①사물을 잘 깨닫는 성질. 재주. ②사물을 이해하는 힘. 이성(理性)과 감성(感性)과의 중간에 위치한 논리적 사유의 능력. ごせい「을 느낌. ごえつ
悟悅〔오열〕 깨달아 기쁨과 즐거움
悟入〔오입〕 오도(悟道)에 들어감.
悟徹〔오철〕 동⇨오료(悟了). ごて
悟悔〔오회〕 깨닫고 뉘우침. 」つ
▷覺悟(각오). 大悟(대오). 悔悟(회오).

【悌】 부 忄(심방변) 획 3—7 훈 공손할 음 제: 中 t'i[4] 英 mild 日 テイ. すなお
뜻 ①공손할. ②부드러울.
필순 忄 忄 忄 忄 悌 悌 悌
悌友〔제우〕 형제 또는 친구 사이가 화목함. ていゆう 「(효제).
▷流悌(유제). 泣悌(읍제). 孝悌

【悔】 부 忄(심방변) 획 3—7 훈 뉘우칠 음 회: 中 hui[3] 英 regret 日 カイ. くいる. くやむ
뜻 ①뉘우칠. ②고칠.
필순 忄 忄 忄 忄 悔 悔 悔
悔改〔회개〕 잘못을 뉘우치고 고침.
悔過〔회과〕 잘못된 허물을 뉘우침. かいか 「かいしん
悔心〔회심〕 잘못을 뉘우치는 마음.
悔然〔회연〕 뉘우치는 모양.
悔悟〔회오〕 이전의 잘못을 뉘우치어 깨달음. かいご
悔尤〔회우〕 뉘우침과 잘못. 재화(災禍). かいゆう 「함. かいこん
悔恨〔회한〕 잘못을 뉘우치고 한탄
▷改悔(개회). 追悔(추회). 後悔(후회).

【悼】 부 忄(심방변) 획 3—8 훈 슬퍼할 음 도: 中 tao[4] 英 grieve 日 トウ. いたむ
뜻 슬퍼할.
필순 忄 忄 忄 悼 悼 悼
悼歌〔도가〕 죽은 사람을 애도하는 노래. とうか 「퍼함. とうぼう
悼亡〔도망〕 아내의 죽음을 몹시 슬
悼惜〔도석〕 죽은 사람을 아깝고 애처롭게 여기며 슬퍼함. とうせき
悼心〔도심〕 마음이 아픔. 비통(悲痛)한 마음. とうしん
悼二將歌〔도이장가〕 고려 예종왕(睿宗王)이 지은 경기체가(景幾體歌). 「(우도). 追悼(추도).
▷悲悼(비도). 哀悼(애도). 憂悼

【惜】 부 忄(심방변) 획 3—8 훈 아낄 음 석 中 hsi[1·2] 英 grudge 日 セキ. シャク. おしむ. おしい 「길.
뜻 ①아낄. ②가엾이 여
필순 忄 忄 忄 惜 惜 惜
惜賣〔석매〕 장사아치가 값이 오르기를 바라고 물건을 팔지 않음.
惜別〔석별〕 이별(離別)을 섭섭히 여김. せきべつ
惜別宴〔석별연〕 석별의 정을 나누기 위해서 베푸는 잔치.
惜福〔석복〕 검소한 생활로 복을 길이 누리게 함. せきふく
惜身〔석신〕 몸을 조심(操心)하여 위험을 피함. せきしん
惜春〔석춘〕 가는 봄을 아깝게 여김. せきしゅん
惜敗〔석패〕 아깝게 짐. せきはい
惜花〔석화〕 꽃이 짐을 애석(哀惜)히 여김. せきか 「(통석).
▷哀惜(애석). 吝惜(인석). 痛惜

【惟】 부 忄(심방변) 획 3—8 훈 오직 음 유 中 wei[2] 英 only 日 イ. ユイ. ただ. おもう
뜻 ①오직. ②생각할. ③어조사.
필순 忄 忄 忄 惟 惟 惟
惟獨〔유독〕 오직 홀로. ゆいどく
惟一〔유일〕 오직 하나. 동유일(唯一). ゆいいつ 「람.
惟日不足〔유일부족〕 시간이 모자
惟靜〔유정〕 사명당(四溟堂)의 승명(僧名). 임진 왜란 때의 승병
△思惟(사유). 」장(僧兵將).

〔情〕 부 忄(심방변) 획 3—8 훈 뜻 음 정 中 chen¹ 英 feeling 日 ジョウ. ゼイ. なさけ
뜻 ①뜻. ②사랑. ③실상. ④마음속.
필순 忄 忄+ 悴 情 情 情

情感〔정감〕 느낌. じょうかん
情景〔정경〕 ①상태. 상황. 광경(光景). ②정취(情趣)와 경치. じょうけい
情近〔정근〕 정분(情分)이 썩 가까움.
情念〔정념〕 감정이 따르는 생각. じょうねん
情談〔정담〕 다정한 이야기.
情理〔정리〕 인정(人情)과 도리(道理). じょうり 「じょうほう
情報〔정보〕 실정(實情)의 보고.
情狀〔정상〕 ①마음의 안에서 움직이는 정(情)과 마음의 밖에 나타난 상태(狀態). ②상태. 정세. 통정황(情況). ③ 일이 그렇게 된 사정. じょうじょう
情緖〔정서〕 ①마음이 움직이는 실마리. ②인식(認識)에 의하여 일어나는 약간 복잡한 감정. 희(喜)·노(怒)·애(哀)·낙(樂)·동정·질투 등. じょうしょ「い
情勢〔정세〕 사정과 형세. じょうせ
情實〔정실〕 ①실정(實情)의 사실적인 내막. ②사사로운 인정에 얽힌 사실. 예—人事(인사). じょうじつ
情熱〔정열〕 불 일듯 맹렬하게 일어나는 감정. じょうねつ
情欲〔정욕〕 남녀간의 애정. 통색정(色情). じょうよく
情誼〔정의〕 서로 사귀어 친하여진 정. じょうぎ 「ょうしゅ
情趣〔정취〕 멋. 통운치(韻致). じ
情表〔정표〕 물건을 보내어 정을 표함. 또 그 물건. じょうひょう
▷感情(감정). 多情(다정). 同情(동정). 無情(무정). 薄情(박정). 非情(비정). 性情(성정). 心情(심정). 人情(인정). 眞情(진정). 陳情(진정). 春情(춘정).

【悽】 부 忄(심방변) 획 3—8 훈 슬퍼할 음 처 中 ch'i¹ 英 grieved 日 セイ. いたむ
뜻 ①슬퍼할. ②아플
필순 忄 忄 忄 悽 悽 悽 悽

悽苦〔처고〕 통⇨처참(悽慘). せいく
悽傷〔처상〕 통⇨처창(悽愴).
悽如〔처여〕 비통한 모양. せいじょ
悽然〔처연〕 마음이 쓸쓸하고 구슬픈 모양. せいぜん
悽絶〔처절〕 너무 슬퍼하여 기절(氣絶)할 것 같음. 몹시 슬픔. せいぜつ 「고(悽苦). せいさん
悽慘〔처참〕 구슬프고 참혹함. 통처
悽愴〔처창〕 마음이 몹시 구슬픔.
悽悽〔처처〕 ①마음이 매우 구슬픈 모양. ②굶어 피로한 모양. せいせい

【惱】 부 忄(심방변) 획 3—9 훈 괴로와할 음 뇌(노:) 中 nao³ 英 agony 日 ノウ. なやむ
뜻 ①괴로와할. ②고달플.
필순 忄 忄 惱 惱 惱

惱苦〔뇌고〕 몹시 괴로움. のうく
惱悶〔뇌민〕 괴로와 고민(苦悶)함. のうもん
惱殺〔뇌쇄〕 애가 타도록 몹시 괴롭힘. 특히 여자가 그 아름다움으로써 남자를 매혹함. のうさつ
惱神〔뇌신〕 정신을 번거롭게 함.
惱害〔뇌해〕 괴롭히고 방해(妨害)함. のうがい 「(심뇌).
▷苦惱(고뇌). 煩惱(번뇌). 心惱

「愉」 부 忄(심방변) 획 3—9 훈 즐거울 음 유 中 yü² 英 please 日 ユ. たのしい. よろこぶ
뜻 ①즐거울. ②기뻐할.
필순 忄 忄 忄 愉 愉

愉色〔유색〕 유쾌한 얼굴. ゆしょく
愉悅〔유열〕 유쾌하고 기쁨. ゆえつ
愉逸〔유일〕 유쾌하여 안심(安心)함. ゆいつ 「ゆかい
愉快〔유쾌〕 마음이 즐겁고 상쾌함.

「惰」 부 忄(심방변) 획 3—9 훈 게으를 음 타: 中 tuo⁴ 英 lazy 日 ダ. おこたる
뜻 ①게으를. ②태만할.
필순 忄 忄 惰 惰 惰

惰氣〔타기〕 게으른 마음. 싫증.
惰氣滿滿〔타기만만〕 게으른 기분

으로 충만함. だきまんまん
惰農〔타농〕 게으른 농부. 농사를 게을리 함. 「습관의 힘. だりょく
惰力〔타력〕 ①타성(惰性)의 힘. ②
惰貧〔타빈〕 게을러서 가난함.
惰性〔타성〕 ①굳어진 버릇. ②관성(慣性). だせい 「じゃく
惰弱〔타약〕 의지(意志)가 약함. だ
惰傲〔타오〕 일을 되는 대로 하여 조심성이 없음. 「よう
惰容〔타용〕 게을러빠진 모양. だ
惰卒〔타졸〕 게으른 병졸(兵卒).
惰怠〔타태〕 게으르고 느림.
▷遊惰(유타). 怠惰(태타).

【愧】 부 忄(심방변) 획 3—10 훈 부끄러울 음 괴: 中 k'uei⁴ 英 bashful 日 キ. はじる
뜻 부끄러울.
필순 忄 忄' 忄白 忄白 忄由 忄曳 愧 愧
愧懼〔괴구〕 수치스러워서 두려워
愧服〔괴복〕 무안해서 복종함.└함.
愧負〔괴부〕 무안해함. きふ
愧死〔괴사〕 ①대단히 부끄러워하여 죽음. ②세상에 얼굴을 들고 다닐 수 없을 만큼 대단히 부끄러워함. きし 「きしょく
愧色〔괴색〕 부끄러워하는 얼굴빛.
愧心〔괴심〕 부끄러워하는 마음.
愧怍〔괴작〕 무안해함. きさく
愧恥〔괴치〕 부끄러워함. きち
愧汗〔괴한〕 부끄러워서 땀을 흘림.
▷感愧(감괴). 羞愧(수괴). 慙愧(참괴). 痛愧(통괴).

【愼】 부 忄(심방변) 획 3—10 훈 삼갈 음 신: 中 shen⁴ 英 careful 日 シン. つつしむ
뜻 ①삼갈. ②성.
필순 忄 忄 忄ᅡ 忄占 忄ᄇ 愼 愼 愼
愼口〔신구〕 함부로 지껄임을 삼감.
愼機〔신기〕 기회(機會)를 소홀히 하지 않음. しんき 「んもく
愼默〔신묵〕 삼가 잠잠히 있음. し
愼思〔신사〕 삼가 생각함. しんし
愼言〔신언〕 말을 삼감. しんげん
愼重〔신중〕 삼가고 조심(操心)함. しんちょう
▷敬愼(경신). 謹愼(근신). 篤愼(독신). 肅愼(숙신).

【慍】 부 忄(심방변) 획 3—10 훈 성낼 음 온: 中 yün⁴ 英 indignant 日 オン. ウン. いかる
뜻 ①성낼. ②한할.
필순 忄 忄ᄆ 忄冂 忄冈 慍 慍 慍
慍見〔온견〕 불평(不平)을 품고 만나 뵘. うんけん
慍怒〔온노〕 성을 발칵 냄. うんど
慍色〔온색〕 성내고 원망(怨望)하는 얼굴빛. うんしょく 「ん
慍然〔온연〕 성내는 모양. うんぜ
慍容〔온용〕 성낸 얼굴. うんよう
慍意〔온의〕 노엽게 생각하는 마음.
▷不慍(불온). └うんい

【慌】 부 忄(심방변) 획 3—10 훈 황홀할 음 황 中 huang³ 英 hurried 日 コウ. あわただしい
뜻 ①황홀할. ②흐리멍덩할. 잊어버릴. ③허겁지겁할. 다급할. ④두려워할.
필순 忄 忄艹 忄芒 忄荒 慌 慌 慌
慌忙〔황망〕 바빠서 허겁지겁하여 어찌할 줄을 모름. こうぼう
慌惚〔황홀〕 ①아름다운 물건 따위에 마음이 팔려 멍하니 서 있는 모양. ②정신이 흐리멍텅해지거나 어지러워서 참 모양을 알기 어려움. 예一境(경). ③광채(光彩)가 어른어른하여 눈부심. こうこつ

【慨】 부 忄(심방변) 획 3—11 훈 슬퍼할 음 개: 中 k'ai⁴ 英 lament 日 ガイ. なげく 「할.
뜻 ①슬퍼할. ②분할. ③강개
참고 속 慨
필순 忄 忄巾 忄白 忄自 忄旣 慨 慨
慨慷〔개강〕 감격하여 의기(意氣)가 비장(悲壯)하여짐. がいこう
慨世〔개세〕 세상 또는 나라의 되어가는 형편을 염려(念慮)하여 개탄함. がいせい
慨息〔개식〕 슬프고 한심스러워 한숨을 지음. がいそく
慨然〔개연〕 ①분개(憤慨)하며 한탄하는 모양. ②슬퍼 탄식하는 모양. がいぜん 「함.
慨然歎息〔개연탄식〕 슬퍼하고 탄식
慨歎〔개탄〕 개연(慨然)히 탄식함.

분개하여 한숨쉼. がいたん

慨恨〔개한〕 탄식하고 원망함.

▷感慨(감개). 憤慨(분개). 悲憤慷慨(비분강개).

【慣】 부 忄(심방변) 획 3—11 훈 익숙할 음 관(관:) 中 kuan⁴ 英 skillful 日 カン. なれる

뜻 ①익숙할. ②버릇.

필순 忄 忄 忄 惜 慣 慣 慣

慣例〔관례〕 습관이 된 전례(前例). かんれい

慣面〔관면〕 낯이 익음. かんめん

慣聞〔관문〕 귀에 익혀 들음.

慣性〔관성〕 물체가 외부로부터 힘을 가하지 않으면, 그대로 정지해 있거나 또는 일정한 속도로 일정한 방향으로 나가는 성질을 가지고 있는 일. かんせい

慣熟〔관숙〕 매우 익숙함.

慣習〔관습〕 ①익숙함. ②버릇. 습관. ③풍습(風習). かんしゅう

慣用〔관용〕 늘 많이 씀. かんよう

慣用語〔관용어〕 ①보통 습관적으로 쓰이는 말. ②문법에는 어긋나나 오랜 동안 널리 관용되는 말. かんようご

慣行〔관행〕 늘 행함. かんこう

▷舊慣(구관). 習慣(습관).

【慢】 부 忄(심방변) 획 3—11 훈 게으를 음 만(만:) 中 man⁴ 英 haughty 日 マン. おこたる. あなどる

뜻 ①게으를. ②느릴. ③거만할.

필순 忄 忄 忄 悍 悍 悍 慢 慢

慢罵〔만매〕 만만히 여겨 함부로 꾸짖음. 거만스럽게 꾸짖음.

慢侮〔만모〕 낮춰 보아 업신여김. まんぶ

慢性〔만성〕병의 결과가 오래 끌어 쉽사리 완쾌(完快)되지 않는 성질. ↔급성(急性). まんせい

慢心〔만심〕 자기를 과신(過信)하고 자랑하며, 남을 업신여기는 마음. 자기가 잘난 줄 믿고 거드럭거리는 마음. まんしん

慢然〔만연〕 ①맺힌 데가 없이 헤벌어진 모양. ②정신을 차리지 않은 모양. まんぜん

慢火〔만화〕 뭉긋하게 타오르는 불.

▷驕慢(교만). 欺慢(기만). 傲慢(오만). 怠慢(태만).

[慥] 부 忄(심방변) 획 3—11 훈 독실한모양 음 조: 中 tsao⁴ 英 piety 日 ゾウ. まこと. たしか

뜻 독실한 모양.

필순 忄 忄 忄 悎 悎 悎 慥

【慘】 부 忄(심방변) 획 3—11 훈 참혹할 음 참(참:) 中 ts'an³ 英 misery 日 サン. ザン. みじめ. むごい

뜻 참혹할.

참고 약 惨

필순 忄 忄 忄 忄 慘 慘 慘

慘景〔참경〕 끔찍하고 불쌍한 광경이나 정상. さんけい

慘苦〔참고〕 몹시 참혹한 고통. さんく

慘劇〔참극〕 ①참혹한 줄거리의 연극. 참혹한 사건. さんげき

慘死〔참사〕 비참한 죽음. ざんし

慘事〔참사〕 참혹한 사건. さんじ

慘殺〔참살〕 참혹하게 죽임. さんさつ

慘狀〔참상〕 참혹한 상태. 참혹한 정상(情狀). さんじょう

慘絶〔참절〕 참혹하기 짝이 없음. さんぜつ

慘敗〔참패〕 참혹하게 패함. さんぱい

慘酷〔참혹〕 끔찍하게 불쌍함. 끔찍하고 비참함. さんこく

▷悲慘(비참). 酸慘(산참). 傷慘(상참). 悽慘(처참).

[憐] 부 忄(심방변) 획 3—12 훈 불쌍히여길 음 련 中 lien² 英 pity 日 レン. リン. あわれむ

뜻 ① 불쌍히여길. 어여삐여길. ②사랑할.

필순 忄 忄 忄 忄 憐 憐 憐

憐憫〔연민〕 불쌍하게 여김. 가련하게 여김. れんびん

憐惜〔연석〕 불쌍히 여겨 아낌. れんせき

憐察〔연찰〕 가엾이 여겨 동정함.

▷可憐(가련). 乞憐(걸련). 同病相憐(동병상련). 哀憐(애련).

【憫】 부 忄(심방변) 획 3—12 훈 민망할 음 민(민:). 中 min³ 英 embarrass 日 ビン. うれえる. あわれむ

뜻 ① 민망할. 민망히 여길. ② 근심할.

[필순] 忄 … 憫

憫農〔민농〕 가엾은 농부.

憫笑〔민소〕 민망히 여겨 웃음. びんしょう

憫然〔민연〕 가엾이 여기는 모양. 불쌍히 여기는 모양. びんぜん

【憚】 [부] 忄(심방변) [획] 3—12 [훈] 꺼릴 [음] 탄: [中] tan^{4} [英] shirk [日] タン. はばかる

[뜻] ①꺼릴. 싫어할. 미워할. 주저할. 삼갈. ②고달플. 수고할. 괴로와할.

[필순] 忄 … 憚

憚改〔탄개〕 고칠 것을 두려워하여 꺼림. 고칠 것을 싫어함.

憚服〔탄복〕 두려워서 복종(服從)함. たんぷく

▷敬憚(경탄). 驚憚(경탄). 忌憚(기탄).

【憤】 [부] 忄(심방변) [획] 3—12 [훈] 분할 [음] 분: [中] fen^{4} [英] resent [日] フン. いきどおる

[뜻] ①분할. ②성낼.

[필순] 忄 … 憤

憤慨〔분개〕 격분하여 개탄함. 몹시 분하게 여김. ふんがい

憤激〔분격〕 매우 분하여 결기가 남. ふんげき

憤怒〔분노〕 분하여 성냄. ふんど. ふんぬ

憤發〔분발〕 가라앉았던 마음과 힘을 돋우어 일으킴. ふんぱつ

憤死〔분사〕 분하여 죽음. ふんし

憤然〔분연〕 분이 벌컥 치미는 모양. ふんぜん

憤怨〔분원〕 몹시 분하여 원망함.

憤痛〔분통〕 몹시 분하여 마음이 쓰리고 아픔. ふんつう

憤敗〔분패〕 이길 수 있는 기회를 놓치고 분하게 짐. ふんぱい

▷激憤(격분). 發憤(발분). 悲憤(비분). 雪憤(설분). 鬱憤(울분). 義憤(의분). 痛憤(통분).

【憎】 [부] 忄(심방변) [획] 3—12 [훈] 미워할 [음] 증 [中] tsêng^{1} [英] hate [日] ゾウ. にくむ. にくい

[뜻] 미울. 미워할.

[필순] 忄 … 憎

憎忌〔증기〕 꺼려서 미워함.

憎愛〔증애〕 미워함과 사랑함. [동]애증(愛憎). ぞうあい

憎惡〔증오〕 미워함. 꺼림. ぞうお

憎斥〔증척〕 미워하고 배척함.

▷可憎(가증). 愛憎(애증). 怨憎(원증).

【憶】 [부] 忄(심방변) [획] 3—13 [훈] 생각할 [음] 억 [中] i^{4} [英] recall [日] オク. おもう

[뜻] ①생각할. ②기억할.

[필순] 忄 … 憶

憶念〔억념〕 생각함. 깊이 생각에 잠김. [동]사념(思念).

憶昔當年〔억석당년〕 몇 해 전 일을 돌이켜 느낌.

憶說〔억설〕 확실한 근거가 없는 추측의 말. おくせつ

憶測〔억측〕 이유와 근거가 없는 추측. おくそく

▷記憶(기억). 追憶(추억). 回憶(회억).

【懷】 [부] 忄(심방변) [획] 3—16 [훈] 품을 [음] 회 [中] huai^{2} [英] cherish [日] カイ. いだく. なつかしむ

[뜻] ①품을. ② 생각할. ③달랠.

[필순] 忄 … 懷

懷古〔회고〕 지나간 옛 일을 돌이켜 생각함. かいこ

懷柔〔회유〕 어루만지어 달램. かいじゅう

懷疑〔회의〕 ①의심을 품음. ②인식(認識)을 부정하고 진리의 존재를 의심함. かいぎ

懷妊〔회임〕 아기를 뱀. 임신함. かいにん

懷中〔회중〕 품 속. かいちゅう

懷抱〔회포〕 ①품에 안음. ②부모의 품. ③마음 속에 품은 생각. かいほう

懷鄕〔회향〕 고향을 그리워함. かいきょう

【懺】 [부] 忄(심방변) [획] 3—17 [훈] 뉘우칠 [음] 참·참: [中] ch'an^{4} [英] repent [日] ザン. くいる

[뜻] ①뉘우칠. ②회계할.

[필순] 忄 … 懺

懺悔〔참회〕 과거의 죄를 뉘우쳐 고백(告白)함. 뉘우치고 회개(悔改)함. ざんげ

【懼】 [부] 忄(심방변) [획] 3—18 [훈] 두려울 [음] 구 [中] chü^{4} [英] fear [日] ク. おそれる

[뜻] 두려울.

[필순] 懼懼懼懼懼懼懼懼
懼內〔구내〕 남편이 아내를 두려워 하는 일. 「ぜん
懼然〔구연〕 두려워하는 모양. く
▷恐懼(공구). 畏懼(외구). 危懼 (위구). 疑懼(의구).

(3) 扌 部

〖才〗 [부] 扌(재방변) [획] 3—0 [훈] 재주 [음] 재 [中] ts'ai² [英] talent [日] サイ. かど. ざえ
[뜻] ①재주. ②능할.
[필순] 一寸才
才幹〔재간〕 재주. 재능.
才局〔재국〕 재주와 도량(度量). [동] 재량(才量). さいきょく
才氣〔재기〕 재주가 있는 기질. さいき 「그런 사람. さいき
才器〔재기〕 재주 있는 바탕. 또
才能〔재능〕 재주와 능력. さいのう
才談〔재담〕 재치 있게 하는 재미스러운 말. [동]—家(가). さいだん
才德〔재덕〕 재지(才智)와 덕행(德行). さいとく
才德兼備〔재덕겸비〕 재주와 덕행을 다 갖춤. さいとくけんび
才童〔재동〕 재주가 있는 어린이. さいどう 「略). さいりゃく
才略〔재략〕 재주와 꾀. [동]재략(材
才量〔재량〕 재주와 도량(度量). [동] [동]재국(才局). さいりょう
才力〔재력〕 재주와 역량(力量). さいりょく 「望). さいめい
才名〔재명〕 재주로 얻은 명망(名
才門〔재문〕 대대로 재주가 있는 집안. さいもん
才美〔재미〕 재능의 아름다움. 재주와 미색(美色). さいび
才不足〔재부족〕 재주와 능력이 모자람. さいふぞく 「いし
才士〔재사〕 재주가 많은 사람. さ
才色〔재색〕 뛰어난 재능과 아름다운 얼굴. [예]—兼備(겸비). さいしょく
才勝德〔재승덕〕 재주가 덕보다 뛰어남. さいしょうとく
才彥〔재언〕 재능(才能)이 남보다 뛰어난 사람. 「いげい
才藝〔재예〕 재주와 기예(技藝). さ
才操〔재조〕 재주. さいそう
才俊〔재준〕 재지(才智)가 뛰어난 사람. さいしゅん
才智〔재지〕 재주와 지혜. さいち
才質〔재질〕 ①재주와 성질. ②재주가 뛰어난 성질. さいしつ
才致〔재치〕 날쌘 재주. さいち
才筆〔재필〕 뛰어난 문장. さいひつ
▷奇才(기재). 多才(다재). 大才(대재). 鈍才(둔재). 文才(문재). 秀才(수재). 詩才(시재). 人才(인재). 俊才(준재). 天才(천재).

〖打〗 [부] 扌(재방변) [획] 3—2 [훈] 칠 [음] 타: [中] ta²·³ [英] strike; hit [日] ダ. チョウ. **うつ**
[뜻] 칠.
[필순] 扌扌打
打開〔타개〕 막힌 일을 잘 처리하여 나갈 길을 엶. だかい
打擊〔타격〕 ①때림. 침. ②기운(氣運)을 꺾을 만한 악영향(惡影響). だげき
打倒〔타도〕 때리어 거꾸러뜨림. 때리어 부수어 버림. だとう
打殺〔타살〕 때려 죽임. ださつ
打電〔타전〕 전보를 침. だでん
打診〔타진〕 ①의사(醫師)가 손가락 끝으로 가슴이나 등을 두드려서 증세를 살핌. ②남의 마음 속을 살펴봄. だしん
打破〔타파〕 깨뜨려 버림. だは
▷毆打(구타). 亂打(난타). 猛打(맹타). 本壘打(본루타). 安打(안타). 五番打(오번타).

〖扣〗 [부] 扌(재방변) [획] 3—3 [훈] 두드릴 [음] 구 [中] k'ou⁴ [英] beat [日] コウ. **たたく. ひか**える
[뜻] 두드릴.
[필순] 扌扌扣扣
扣問〔구문〕 질문(質問)함. こうもん 「그 소리. こうげん
扣舷〔구현〕 뱃전을 두드림. 또는

〖扤〗 [부] 扌(재방변) [획] 3—3 [훈] 움직일 [음] 올: [英] move

[日] ごつ．げつ
[뜻] ①움직일．②흔들릴．
[필순] 扌扩扩抏
▷不抏(불올).

【托】[부] 扌(재방변) [획] 3—3 [훈] 밀칠 [음] 탁 [中] t'o¹ [英] pus move away [日] タク．たのむ．まかせる　「과 통용).
[뜻] ①밀칠．밀．받칠．②맡길(託
[필순] 托托托托托托
托盤〔탁반〕잔을 받치는 그릇．[동]잔대(盞臺).
托鉢〔탁발〕중이 수행(修行)하기 위하여 바리때를 들고 경문을 외면서 쌀이나 돈을 동냥하러 집집마다 돌아다니는 일．たくはつ
托鉢僧〔탁발승〕동냥 다니는 중．
托處〔탁처〕몸을 남에게 의존함．
托出〔탁출〕물건을 얹어서 내놓음．

「扱」[부] 扌(재방변) [획] 3—4 [훈] 다룰 [음] 급 [中] hsi¹ [英] handle [日] キュウ．あつかう
[뜻] ①다룰．② 꽂을．끼울(삽). ③거둘(흡).
[필순] 扌扌扔扱
▷取扱(취급).

〖技〗[부] 扌(재방변) [획] 3—4 [훈] 재주 [음] 기: [中] chi⁴ [英] skill [日] ギ．わざ　「공교할．
[뜻] ①재주．②능할．③
[필순] 扌扌扌技
技監〔기감〕기술 사무 담당의 2급 갑류 공무원으로 부기감(副技監)의 위．ぎかん
技巧〔기교〕①솜씨가 교묘(巧妙)함．②무기(武技)．③예술의 창작(創作) 또는 표현상(表現上)의 솜씨나 수단．테크닉(technic)．ぎこう　「ぎのう
技能〔기능〕손재주．[동]재능(才能)．
技倆〔기량〕재주．재간．ぎりょう
技法〔기법〕기교와 방법．ぎほう
技士〔기사〕기술 사무 담당의 4급 공무원．기좌(技佐)의 아래．ぎし　「공무원이나 회사원．ぎし
技師〔기사〕전문 기술을 가진 상급
技手〔기수〕기원(技員)의 옛이름．기사(技師) 밑의 기술자．ぎしゅ
技術〔기술〕①공예(工藝)의 재주．②이론을 실제에 응용하는 재주．[동]기예(技藝)．ぎじゅつ
技術陣容〔기술진용〕①기술자의 배치된 형편．②기술계(技術界)의 형편．ぎじゅつじんよう　「い
技藝〔기예〕[동]⇨기술(技術)．ぎげ
技員〔기원〕기술 사무 담당의 5급 공무원．기사(技士)의 아래．ぎいん
技正〔기정〕기술 사무 담당의 3급 갑류 공무원．부기감(副技監)의 아래．기좌(技佐)의 위．ぎせい
技佐〔기좌〕기술 사무 담당의 3급 을류 공무원．기정(技正)의 아래．기사(技士)의 위．ぎさ
▷球技(구기)．妙技(묘기)．神技(신기)．演技(연기)．雜技(잡기)．長技(장기)．才技(재기)．鬪技(투기)．特技(특기).

〖扶〗[부] 扌(재방변) [획] 3—4 [훈] 도울 [음] 부 [中] fu² [英] support [日] フ．たすける
[뜻] ①도울．②붙들．
[필순] 扌扌扌扶
扶老〔부로〕①노인의 지팡이．②지팡이가 되는 대의 이름．ふろう
扶桑〔부상〕①전설(傳說)에서 동쪽 바다속에 있다는 나라．②일본(日本)의 딴 이름．ふそう
扶植〔부식〕①심음．지반(地盤)을 굳게 함．②도와서 세움．
扶養〔부양〕도와 기름．자활(自活)할 힘이 없는 사람을 생활하게 함．ふよう
扶餘〔부여〕①상고 시대(上古時代) 단군 조선(檀君朝鮮) 이후 삼국시대(三國時代) 이전에 송화강(松花江)을 중심으로 하여 만주(滿洲)에 있던 나라．②충청남도 부여군에 있는 읍으로 옛 백제의 서울．　「함．ふじょ
扶助〔부조〕도와 줌．[동]조력(助力)

「扮」[부] 扌(재방변) [획] 3—4 [훈] 꾸밀 [음] 분: [中] pan⁴ [英] make up [日] フン．いでたち
[뜻] ① 꾸밀(분:반)．②잡을．③
[필순] 扌扌扮扮　└섞을．

扮飾〔분식〕몸치장을 함. ふんしょく
扮裝〔분장〕① 몸을 매만져 꾸밈. ②출연 배우가 그 이야기의 어느 인물로 꾸미어 나옴. ふんそう

〔批〕 부 扌(재방변) 획 3—4 훈 비평할 음 비: 中 p'i¹ 英 criticize 日 ヒ. うつ
뜻 ①비평할. ②비답내릴. ③깎을. ④ 떼밀(별).
필순 扌 扌 扌 批批

批難〔비난〕결점이나 과실을 따져 꾸짖음. ひなん
批點〔비점〕시문(詩文)의 잘된 곳에 찍는 둥근 점(點). ひてん
批准〔비준〕① 신하(臣下)의 상주(上奏)에 대하여 군주(君主)가 허가·결재하는 일. ②전권위원(全權委員)이 서명(署名) 조인(調印)한 국제 조약을 국가가 확인하는 절차. ひじゅん
批判〔비판〕비평(批評)하여 판단(判斷)함. ひはん
批評〔비평〕시비(是非)·선악(善惡)·우열(優劣)을 평론(評論)함. ひひょう

【抑】 부 扌(재방변) 획 3—4 훈 누를 음 억 中 i⁴ 英 press 日 ヨク. おさえる. そもそも
뜻 ①누를. ②억울할 ③발어사. 대체. 또한. 문득.
필순 扌 扌 扌 抑抑

抑留〔억류〕억지로 머무르게 함. 자유를 구속(拘束)하여 마음대로 행동하지 못하게 붙잡아 둠. よくりゅう
抑塞〔억색〕눌러 막음. よくさい
抑壓〔억압〕힘으로 누름. 억제하여 압박함. よくあつ
抑揚〔억양〕①누르거나 올림. ②헐어 말하거나 찬양함. ③음조(音調)의 고저(高低)와 강약(强弱). よくよう
抑鬱〔억울〕①죄(罪)가 없이 누명(陋名)을 씀. ②억제를 당하여 마음이 답답함. よくうつ
抑制〔억제〕내리 눌러서 통제(統制)하여 조종함. よくせい
抑奪〔억탈〕억지로 빼앗음. よくだつ
抑何心腸〔억하심장〕대체 무슨 생각인지 그 마음을 알기 어려움을 이름. 동억하심정(抑何心情).
抑何心情〔억하심정〕동⇨억하심장(抑何心腸).

【折】 부 扌(재방변) 획 3—4 훈 꺾을 음 절 中 shê² 英 take off 日 セツ. おる. おり
뜻 ①꺾을. ②욱박지를. ③일찍 죽을.
필순 扌 扌 扌 折折

折桂〔절계〕과거(科擧)에 급제(及第)함. せっけい
折骨〔절골〕뼈가 부러짐. せっこつ
折柳〔절류〕①버들가지를 꺾음. 동송별(送別). せつりゅう
折米〔절미〕싸라기.
折半〔절반〕둘로 나눔. せっぱん
折傷〔절상〕뼈가 뿌러져 다침.
折腰〔절요〕①허리를 꺾음. ②허리를 굽혀서 남에게 절을 함.
折衷〔절충〕한편으로 치우치지 아니하고, 이것과 저것을 가려서 알맞은 것을 얻음. せっちゅう
折衝〔절충〕①쳐들어오는 적(敵)을 꺾음. ②외교상(外交上)의 담판(談判). せっしょう
▷曲折(곡절). 九折(구절). 屈折(굴절). 夭折(요절).

【抄】 부 扌(재방변) 획 3—4 훈 베낄 음 초 中 ch'ao¹ 英 copy out 日 ショウ. ぬきがき. うつす
뜻 ①베낄. ②가려뽑을. ③노략질할.
필순 扌 扌 抄抄

抄啓文臣〔초계문신〕이조 정조(正祖) 때 당하문관(堂下文官) 중에서 문학이 뛰어난 사람을 뽑아서, 매월 강독(講讀)·제술(製述)의 시험을 보게 하던 일.
抄錄〔초록〕소용(所用)되는 것만을 추려 뽑아서 기록(記錄)함. しょうろく
抄本〔초본〕추려 베낀 문서. 예戶籍(호적)—. しょうほん
抄筆〔초필〕잔 글씨를 쓰는 작은 붓. しょうひつ

〖投〗 부 扌(재방변) 획 3—4 훈 던질 음 투 中 t'ou² 英

throw ㊐ トウ. なげる
뜻 ①던질. ②줄. ③버릴. ④의탁할.
필순 扌扌扩扮投

投稿〔투고〕 신문·잡지 등에 실을 원고(原稿)를 보냄. とうこう
投機〔투기〕 ①기회를 엿보아 큰 이익을 보려는 일. ②불확실한 이익을 얻으려고 요행을 바라는 일.
投賣〔투매〕 손해를 무릅쓰고 상품을 내던져 버리듯 마구 싸게 팖. とうばい
投石〔투석〕 돌을 던짐. とうせき
投宿〔투숙〕 머물러 묵음. 여관 따위에서 묵음. とうしゅく
投身〔투신〕 ①강·바다 등에 몸을 던지어 죽음. ②어떤 일에 몸을 던져 관계함. とうしん
投影〔투영〕 ①물체가 비치는 그림자. ㊀사영(射影). ②물체를 어떤 정점(定點)에서 본 평면도. とうえい 「ごく
投獄〔투옥〕 옥(獄)에 가둠. とう
投入〔투입〕 던져 넣음. とうにゅう
投資〔투자〕 이익(利益)을 얻을 목적으로 밑천을 댐. 출자(出資)함. とうし
投擲〔투척〕 던짐. とうてき
投票〔투표〕 선거 또는 채결(採決)할 경우 각기 의사(意思)를 표시하기 위해 표지(票紙)에 기명(記名) 또는 기호를 적어 일정한 곳에 내는 일. とうひょう
投下〔투하〕 아래로 내던짐. とうか
投函〔투함〕 통에 던져 넣음. 우체통 따위에 편지를 넣음. とうかん
投合〔투합〕 서로 맞음. 일치(一致)함. とうごう 「とうこう
投降〔투항〕 적에게 항복(降服)함.

【把】 부 扌(재방변) 획 3—4 훈 잡을 음 파(파:) ㊥ pa³·⁴ ㊇ hold ㊐ ハ. たば. とる
뜻 ①잡을.쥘. ②자루. 손잡이. ③묶음. 움큼. ④지킬.
필순 扌扌扌把 「う
把弄〔파롱〕 손에 가지고 놂. はろ
把盤〔파반〕 손잡이가 붙은 목판.
把杯〔파배〕 손잡이가 붙은 술잔. はばい
把杯腕不外卷〔파배완불외권〕 잔 잡은 팔은 내굽지 않음. 곧 자기에게 후한 사람에게는 자연정이 쏠림의 비유. 「はしゅ
把守〔파수〕 경계(警戒)하여 지킴.
把守兵〔파수병〕 파수를 보는 병정(兵丁). はしゅへい
把握〔파악〕 움켜짐. 또 움켜질 만한 크기. 한 움큼. はあく
把子〔파자〕 울타리에 쓰는 대. 갈대·수수깡 따위로 발처럼 엮은 물건. 바자. はし
把指〔파지〕 손가락을 쥐고 있음.
把捉〔파착〕 ①붙잡음. ②마음을 굳세게 가져 흔들리지 않음. はそく 「쓰는 일. はひつ
把筆〔파필〕 붓대를 잡음. 글씨를

【抗】 부 扌(재방변) 획 3—4 훈 겨룰 음 항: ㊥ k'ang⁴ ㊇ resist ㊐ コウ. ふせぐ. はむかう
뜻 ①겨룰. ②들. ③막을.
필순 扌扩扩抗
抗拒〔항거〕 대항함. 버팀. こうきょ
抗告〔항고〕 관청(官廳)의 결정·명령 또는 처분(處分)에 대하여 그 상급 관청에 번복(飜覆)을 상신(上申)함. こうこく
抗力〔항력〕 ①저항하는 힘. ②어떤 물체가 유체(流體) 속을 운동할 때에 운동 방향과는 반대 방향으로 물체에 작용하는 유체의 저항력. こうりょく 「ろん
抗論〔항론〕 ㊀⇨항변(抗辯). こう
抗辯〔항변〕 대항하여 변론함. ㊀항론(抗論). こうべん
抗議〔항의〕 상대쪽의 말이나 행동이 옳지 않다고 반대하는 의견을 주장하거나 또는 통지함. 이의(異議)를 제기함. ㊎—文(문). こうぎ 「そう
抗爭〔항쟁〕 대항하여 다툼. こう
抗抵〔항저〕 ㊀⇨저항(抵抗).
抗敵〔항적〕 겨룸. 대항함. 대적(對敵)함. こうてき 「こうせん
抗戰〔항전〕 적과 대항하여 전쟁함.
▷拮抗(길항). 對抗(대항). 反抗(반항). 抵抗(저항).

【拒】 부 扌(재방변) 획 3—5 훈 막을 음 거: ㊥ chü^{4} 英 close ㊐ キョ. こばむ

뜻 ①막을. ②겨룰. 맞설.

필순 扌 扌 扌 扌 拒 拒

拒門不納〔거문불납〕 거절(拒絶)하여 문안에 들이지 않음. きょもんふのう

拒否〔거부〕 승낙하지 않고 물리침. きょひ

拒否權〔거부권〕 남의 의견이나 요구를 거부할 수 있는 권리(權利). きょひけん

拒否權行使〔거부권행사〕 거부권을 실지로 행함. きょひけんこうし

拒守〔거수〕 막아서 지킴. きょしゅ

拒逆〔거역〕 명령(命令)을 거스름. きょぎゃく

拒戰〔거전〕 막아 싸움. きょせん

拒絶〔거절〕 응낙(應諾)하지 않고 물리침. きょぜつ

拒之〔거지〕 ①막음. ②물리침.

拒止〔거지〕 막아서 멈춤. きょし

拒捕〔거포〕 체포를 거절함. きょほ

▷抗拒(항거).

【拘】 부 扌(재방변) 획 3—5 훈 거리낄 음 구(구:) ㊥ chü^{1} 英 restrain ㊐ コウ. ク. とらえる. かかわる

뜻 ①거리낄. ②잡을.

필순 扌 扌 扚 拘

拘檢〔구검〕 가두어 경계(警戒)하고 타이름. こうけん

拘禁〔구금〕 신체에 구속(拘束)을 가하여 일정한 곳에 가두어 둠. こうきん

拘拿〔구나〕 죄인(罪人)을 잡음.

拘留〔구류〕 ①잡아 머물러 둠. ②형사 피고인(刑事被告人)이나 피의자(被疑者)를 잡아 가둠. こうりゅう

拘束〔구속〕 ①체포하여 속박함. ②관직(官職)·도덕(道德)에 얽매여 자유롭지 못함. ③속박당한 것 같아서 유유(悠悠)한 기분이 없음. こうそく

拘俗〔구속〕 세속(世俗)에 휩쓸림. こうぞく

拘束令狀〔구속영장〕 검사(檢事)의 신청으로 판사(判事)가 발부(發付)하는 피의자(被疑者)의 신체를 구속할 수 있는 명령서(命令書). 동 구인장(拘引狀). こうそくれいじょう

拘引〔구인〕 ①체포하여 데리고 감. ②법원(法院)이 어떤 사람을 심문(審問)하기 위해 강제로 일정한 곳에 출두(出頭)시키는 일. こういん

拘引狀〔구인장〕 동⇨구속영장(拘束令狀). こういんじょう

拘執〔구집〕 ①불러서 오게 함. ②고집함. こうしつ

拘致〔구치〕 붙잡아 데리고 옴. こうち

拘置〔구치〕 ①붙잡아 둠. ②형사 피고인(刑事被告人)을 구속하여 일정한 곳에 머물러 있게 함. 예 —所(소). こうち

【拉】 부 扌(재방변) 획 3—5 훈 끌고갈 음 랍 ㊥ la$^{1\cdot2\cdot3}$ 英 drag ㊐ ラツ. ひっぱる. ひしぐ

뜻 ①끌고갈. ②꺾을.

필순 扌 扌 扩 拉 拉

拉殺〔납살〕 손으로 비틀어 죽임. ろうさつ

拉致〔납치〕 강제(强制)로 붙들어 감. らっち

拉脅〔납협〕 옆구리를 짓이김. ろうきょう

拉朽〔납후〕 썩은 것을 부숨. 곧 어떤 일이 하기 쉬움. ろうきゅう

▷被拉(피랍).

【抹】 부 扌(재방변) 획 3—5 훈 지울 음 말 ㊥ mo$^{3\cdot4}$ 英 smear ㊐ マツ. ぬる. ぬりけす

뜻 ①지울. 뭉갤. ②바를. 칠할.

필순 扌 扌 扌 抹 抹

抹去〔말거〕 지워 없앰. 뭉개어 버림. まっきょ

抹茶〔말다〕 가루차. まっちゃ

抹木〔말목〕 가늘게 깎아서 무슨 표가 되게 박는 말뚝. 동 말장(抹杖).

抹殺〔말살〕 지워 없앰. 칠해 지워 없앰. 아주 없애버림. 동 말소(抹消). まっさつ

抹消〔말소〕 동⇨말살(抹殺). まっしょう

抹杖〔말장〕 동⇨말목(抹木).

抹擦〔말찰〕 세게 문지름. まっさつ

抹紅〔말홍〕 도자기나 잿물 위에 철

적채료(鐵赤彩料)를 바름.
抹紅金彩〔말홍금채〕 말홍(抹紅) 도자기에다가 금채(金彩)를 바름.

【拍】 부 扌(재방변) 획 3—5 훈 손뼉칠 음 박·백 中 p'o⁴ p'ai¹ 英 clap 日 ハク. ヒョウ. うつ
뜻 ①손뼉칠. 칠. ②박자. 장단.
필순 扌扌扌拍拍拍
拍賣〔박매〕 동경매(競賣).
拍拍〔박박〕 푸드덕푸드덕하는 모양. はくはく 「はくしゅ
拍手〔박수〕 두 손뼉을 마주 침.
拍手喝采〔박수갈채〕 손뼉을 치며 칭찬함. はくしゅかっさい
拍掌大笑〔박장대소〕 손뼉을 치며 크게 웃음.
拍車〔박차〕 ① 승마용(乘馬用) 구두 뒤축에 붙인 쇠붙이 바퀴. ② 어떤 일의 진도를 재촉할 때 쓰는 말. はくしゃ
▷急拍(급박). 節拍(절박).

【拔】 부 扌(재방변) 획 3—5 훈 뺄 음 발 中 pa² 英 pull out 日 バツ. ぬく 「④성할.
뜻 ①뺄. 뽑을. ②기릴. ③뛰어날.
필순 扌扌扌扌拔拔
拔劍〔발검〕 큰 칼을 빼냄. 큰 칼을 뽑음. ばっけん
拔群〔발군〕 여럿 중에서 훨씬 뛰어남. 동발췌(拔萃). ばつぐん
拔根〔발근〕 뿌리째 뽑음. ばっこん
拔刀〔발도〕 칼을 빼냄. 칼을 뽑음. ばっとう 「っぽん
拔本〔발본〕 뿌리째 뽑아버림. ば
拔本塞源〔발본색원〕 폐해(弊害)같은 것을 뿌리째 아주 뽑아서 없애 버림. ばっぽんそくげん
拔山蓋世〔발산개세〕 ① 산을 뽑고 세상을 뒤덮음. ②위력이 세상을 뒤덮을 만한 권세. ばっさんかいせ 「남. 동초속(超俗).
拔俗〔발속〕 속범(凡俗)에서 벗어
拔萃〔발췌〕 ① 동⇨발군(拔群). ② 여럿 중에서 필요한 것을 추려냄. 또는 그렇게 하여 만든 초록(抄錄). ばっすい 「ばってき
拔擢〔발탁〕 사람을 뽑아 올려 씀.
▷奇拔(기발). 不拔(불발). 選拔(선발). 海拔(해발).

【拂】 부 扌(재방변) 획 3—5 훈 떨칠 음 불 中 pi⁴ 英 brush away 日 フツ. はらう
뜻 ①떨칠. 털. ②치를. 지불할. ③거스를. 어길. ④도울.
참고 약 払
필순 扌扌扌扌拐拂拂
拂去〔불거〕 ①떨어버림. 소제함. ②뿌리치고 감. ふっきょ
拂旦〔불단〕 동틀 무렵. 동불효(拂曉). 여명(黎明). ふったん
拂拭〔불식〕 ①더러운 것을 깨끗이 털고 훔침. ②임금의 총애를 받는 일. 연장을 쓸 때에 반드시 훔치고 닦듯이 임금의 눈에 들었음의 겸칭. ふっしょく
拂衣〔불의〕 옷자락을 걷어 올림. ②옷의 먼지를 떪. ふつい
拂入〔불입〕 돈을 치러 넣음. 동납입(納入). ↔불출(拂出). はらいいれ 「っす
拂子〔불자〕 총채. 먼지떨이개. ほ
拂出〔불출〕 돈을 치러줌. 동지급(支給). ↔불입(拂入). はらいだし 「ぎょう
拂曉〔불효〕 동⇨불단(拂旦). ふっ

「押」 부 扌(재방변) 획 3—5 훈 누를 음 압 中 ya¹·² 英 push 日 オウ. おす. おさえる
뜻 ①누를. 잡을. ②수결둘. 도장찍을. ③운달. 압운.
필순 扌扌扌押押
押交〔압교〕 죄인을 압송(押送)하여 넘김. おうきょう
押留〔압류〕 국가 기관이나 채권자가 채무자의 재산의 사용, 처분을 금하는 일. 동차압(差押). さしおさえ. おうりゅう
押付〔압부〕 죄인을 압송(押送)하여 넘김. おしつけ 「씀. おうしょ
押署〔압서〕 도장을 찍고 이름을
押送〔압송〕 죄인을 어떤 곳에서 다른 곳으로 호송함. おうそう
押收〔압수〕 공무원이 직권(職權)으로 증거물(證據物)이나 또는 국민의 재산을 강제로 빼앗는

일. おうしゅう

押韻〔압운〕 시(詩)를 지을 때 운(韻)을 다는 것. おういん

押印〔압인〕 도장 따위를 누름. おういん 「납작한 쇠못.

押釘〔압정〕 손가락으로 눌러 박는

▷差押(차압). 花押(화압).

【抵】 부 扌(재방변) 획 3—5 훈 막을 음 저: 中 ti[2·3] 英 resist 日 テイ. あたる. さからう 「④이를. ⑤대저.

뜻 ①막을. ②거스를. 겨룰. ③칠.

필순 扌 扌 扩 扩 抵抵

抵達〔저달〕 도착(到着)함.

抵當〔저당〕 ①막음. 방어함. ②동 ⇨담보(擔保). ていとう

抵死〔저사〕 죽기를 작정하고 저항(抵抗)함. ていし

抵罪〔저죄〕 죄의 경중(輕重)에 따라 상당한 형(刑)을 줌.

抵觸〔저촉〕 ①서로 닥뜨림. ②양자(兩者)가 서로 침범하여 걸려듦. ていしょく

抵抗〔저항〕 ①대항(對抗)함. 반항함. 동항저(抗抵). ②견디어 냄. 지탱하여 냄. ていこう

抵抗力〔저항력〕 저항하는 힘. 힘이 작용할 때에 그것과 반대쪽으로 작용하는 힘. ていこうりょ

▷大抵(대저). 「く

【拙】 부 扌(재방변) 획 3—5 훈 못날 음 졸 中 cho[1·2] 英 stupid 日 セツ. つたない

뜻 ①못날. 졸할. ②나의 겸칭.

필순 扌 扌 扌 扌 拙

拙稿〔졸고〕 자기가 쓴 원고(原稿)의 겸칭. せつこう

拙工〔졸공〕 기술이 남보다 못한 직공(職工). せっこう

拙劣〔졸렬〕 ①용렬하고 비열함. ②서투르고 모자람. せつれつ 「く

拙速〔졸속〕 서투르나 빠름. せっそ

拙作〔졸작〕 ①보잘것 없는 작품(作品). ②자기의 작품의 겸칭. せっさく 「겸칭. せっちょ

拙著〔졸저〕 자기의 저서(著書)의

拙筆〔졸필〕 ①조잡한 붓. ②졸렬한 글씨. ③글씨를 잘 쓰지 못하는 사람. ④자기가 쓴 글씨의 겸칭. ↔달필(達筆). せっぴつ

▷古拙(고졸). 巧拙(교졸). 守拙(수졸). 愚拙(우졸). 稚拙(치졸).

【拓】 부 扌(재방변) 획 3—5 훈 열 음 척 中 chih[2] ton[4] t'a[4] 英 develop 日 タク. ひらく

뜻 ①열. 넓힐. ②박을. 탁본(탁).

필순 扌 扌 扩 扩 拓拓

拓落〔척락〕 ①불행(不幸). ②광대(廣大)한 모양. たくらく

拓殖〔척식〕 어떤 곳에 이사(移徙)하여 그 땅을 개척(開拓)하는 일. たくしょく

拓地〔척지〕 토지를 개척함. 동척토(拓土). たくち 「ど

拓土〔척토〕 동⇨척지(拓地). たく

拓本〔탁본〕 금석(金石)에 새긴 글씨나 그림을 종이를 대고 박아냄. 또 그 박은 종이. 탑본(搨本). たくほん

▷開拓(개척). 落拓(낙탁).

【招】 부 扌(재방변) 획 3—5 훈 부를 음 초 中 chao[1] 英 beckon 日 ショウ. まねく

뜻 ①부를. ②들. 걸(교).

필순 扌 扌 扣 扣 招招

招待〔초대〕 청(請)하여 대접함. 동초청(招請). しょうたい

招來〔초래〕 불러 옴. しょうらい

招聘〔초빙〕 예로써 사람을 맞아옴. 예를 갖추어 불러 옴. しょうへい 「호로 울리게 하는 종.

招人鐘〔초인종〕 사람을 부르는 신

招集〔초집〕 불러 내어 모음. 불러 모음. 동소집(召集). しょうしゅう

招請〔초청〕 청(請)하여 부름. 동초대(招待). しょうせい

招致〔초치〕 불러 들임. しょうち

招賢〔초현〕 현인(賢人)을 불러 옴.

招魂〔초혼〕 죽은 사람의 혼을 불러 돌아오게 함. 곧 죽은 사람의 혼을 제사지내어 위안함. 예 一祭(제). しょうこん

▷問招(문초). 自招(자초).

【抽】 부 扌(재방변) 획 3—5 훈 뺄 음 추 中 ch'ou[1] 英 pull up 日 チュウ. ぬく. ひく

뜻 빼. 뽑을.
필순 扌 扣抽抽抽
抽讀〔추독〕 어떤 부분만을 빼내어 읽음. ぬきよみ. ちゅうどく
抽利〔추리〕 이익을 뽑아서 셈함. ちゅうり 「뽑아냄. ちゅうばつ
抽拔〔추발〕 여럿 가운데서 골라서
抽象〔추상〕 낱낱의 다른 구체적(具體的) 관념(觀念) 속에서 공통(共通)되는 부분을 빼내어 이를 종합 통일(綜合統一)하여 다시 한 관념을 만드는 일. ↔구체(具體). ちゅうしょう
抽象性〔추상성〕 추상적인 성질(性質). ↔구체성(具體性). ちゅうしょうせい
抽象的〔추상적〕 추상에 따라 일반화된 사상이나 개념. ↔구체적(具體的). ちゅうしょうてき

〖抱〗 부 扌(재방변) 획 3—5 훈 안을 음 포: 中 pao^4 英 embrace 日 ホウ. だく. いだく
뜻 ①안을. ②품을. ③길. ④가질.
필순 扌 扌 扚 拘 拘 抱
抱德〔포덕〕 덕을 품음. ほうとく
抱朴子〔포박자〕 ①중국 진(晋)나라의 갈 홍(葛洪)의 호. ②갈 홍이 지은 책 이름. 8권. 도덕·정치를 논함. ほうぼくし
抱病〔포병〕 병을 지님. ほうびょう
抱腹〔표복〕 배를 안고 웃음. 몹시 웃음. ほうふく
抱腹絶倒〔포복절도〕 참을 수가 없어서 배를 안고 웃음. ほうふくぜっとう
抱負〔포부〕 ①손에 안고 등에 짐. 휴대함. ②마음 속에 품은 자신(自信)이나 계획(計劃). ほうふ
抱薪救火〔포신구화〕 땔나무를 가지고 불을 끈다는 뜻으로 해(害)를 없앤다는 것이 도리어 더욱 해롭게 함을 이름. 「よう
抱擁〔포옹〕 품안에 껴안음. ほう
抱圍〔포위〕 둘러쌈. 에워쌈. 동포
▷懷抱(회포). ㄴ위(包圍). ほうい

「拋」 부 扌(재방변) 획 3—5 훈 던질 음 포: 中 p'ao^1 英 abandon 日 ホウ. なげうつ
뜻 ①던질. ②버릴.
필순 扌 扌 扌 执 抛 拋
拋棄〔포기〕 ①내버림. ②자기의 권리를 버리고 행사(行使)하지 아니함. ほうき
拋擲〔포척〕 내던짐. 돌아보지 않음. 동방척(放擲). ほうてき
拋撤〔포철〕 이리저리 던져 헤뜨림. ほうてつ
拋置〔포치〕 던져 버려 둠. ほうち

「披」 부 扌(재방변) 획 3—5 훈 열 음 피 中 p'i^2 p'ei^2 英 open 日 ヒ. ひらく
뜻 ①열. ②헤칠. ③펼. ④나눌. ⑤입을. ⑥찢어질. ⑦쓰러질.
필순 扌 扌 扩 扩 披 披 「きん
披襟〔피금〕 본심을 털어 놓음. ひ
披瀝〔피력〕 마음 속에 먹은 바를 털어놓고 말함. 동피로(披露). ひれき
披露〔피로〕 ①동⇨피력(披瀝). ②일반에게 널리 알림. 예一宴(연). ひろう

「括」 부 扌(재방변) 획 3—6 훈 묶을 음 괄 中 kua^1 k'uo^4 英 include 日 カツ. くくる
뜻 ①묶을. ②쌀. 담을. ③모을. 모일(활).
필순 扌 扌 扦 括 括
括囊〔괄낭〕 ①주머니 주둥이를 잡아 맴. ②하나로 통괄(統括)함. ③입을 다물고 말하지 않음을 이름. かつのう
括弧〔괄호〕 말이나 글 또는 산식(算式)을 한데 묶기 위하여 사용하는 부호. 「 」·( )·[ ]·{ } 따위. かっこ
▷概括(개괄). 結括(결괄). 總括(총괄). 包括(포괄).

【挑】 부 扌(재방변) 획 3—6 훈 돋울 음 도·조 中 t'ao^1 英 provoke 日 チョウ. いどむ
뜻 ①돋울. ②긁을.
필순 扌 扌 扌 挑 挑
挑達〔도달〕 뛰며 노는 모양. ちょうたつ 「더 밝게 함. ちょうとう
挑燈〔도등〕 등불을 돋우어서 불을

挑發〔도발〕 부추김. 충동(衝動)함. ちょうはつ
挑戰〔도전〕 싸움을 겲. ちょうせん
挑出〔도출〕 끌어 내거나 돋아냄. ちょうしゅつ 「ょうか
挑禍〔도화〕 재화(災禍)를 만듦. ち

〖拾〗 부 扌(재방변) 획 3—6 훈 주울·열 음 습·십 中 shih² 英 pick up 日 シュウ. ジュウ. **ひろ**う. とお
뜻 ① 주울(습). ② 열(십). (十과 통용). ③건널(십). ④ 갈마들(겁).
필순 扌 扌 拎 拾 拾

拾給〔습급〕 계급이 한 등급씩 차례로 오름. しゅうきゅう
拾得〔습득〕 남이 잃은 물건을 주움. しゅうとく 「ゅうとくぶつ
拾得物〔습득물〕 주워 얻은 물건. し
拾步〔습보〕 어슬렁 어슬렁 거닒. ひろいあるき
拾遺〔습유〕 ①남은 것이나 떨어뜨린 것을 주움. ②빠진 것을 보충함. しゅうい 「う
拾集〔습집〕 주워 모음. しゅうしゅ
▷收拾(수습).

〖持〗 부 扌(재방변) 획 3—6 훈 가질 음 지 中 ch'ih² 英 hold 日 ジ. **もつ** 「틸.
뜻 ①가질. 지닐. ②버
필순 扌 扌 拄 拄 持 持

持戒〔지계〕 부처의 계율(戒律)을 지킴. 「딤. じきゅう
持久〔지구〕 같은 상태에서 오래 견
持久戰〔지구전〕 오랫동안 끌어 가며 하는 싸움. じきゅうせん
持久之計〔지구지계〕 전쟁의 승부(勝負)를 속결(速決)하지 않고 오래 끌어 적을 약화(弱化)시키는 병략(兵略). じきゅうのけい
持論〔지론〕 항상 주장하는 이론. 꽉 잡아 지켜 굽히지 않는 이론. 동지설(持說). じろん
持病〔지병〕 오랫동안 낫지 않아 늘 지니고 있는 병. じびょう
持說〔지설〕 동⇨지론(持論). じせつ
持續〔지속〕 계속하여 지녀 나감. 같은 상태가 오래 계속됨. じぞく
▷堅持(견지). 扶持(부지). 維持(유지). 支持(지지).

〖指〗 부 扌(재방변) 획 3—6 훈 손가락 음 지(지:) 中 chih¹·²·³ 英 finger 日 シ. ゆび. **ゆびさす**
뜻 ①손가락. ②가리킬.
필순 扌 扌 扌 扌 指 指

指南〔지남〕 ① 방향(方向)을 가리키는 기구. 나침반(羅針盤). ② 가리켜 인도함. しなん 「鐵).
指南石〔지남석〕 동⇨지남철(指南
指南鐵〔지남철〕 쇠를 끌어 당기는 성질(性質)이 있는 쇠. 동자석(磁石)·지남석(指南石). しなんてつ
指導〔지도〕 가르쳐 인도함. しどう
指令〔지령〕 ①품의(稟議) 또는 원서(願書)에 대하여 내리는 관청의 통지(通知) 또는 명령(命令). ②하급 관청에 대하여 감독 관청이 시달하는 사무상의 지휘 명령. しれい
指鹿爲馬〔지록위마〕 웃사람을 속이고 권세(權勢)를 꺼리낌없이 제 마음대로 휘두름을 이름.
指名〔지명〕 여러 사람 가운데 누구의 이름을 꼭 지정(指定)하여 가리킴. しめい
指目〔지목〕 가리키며 봄. 눈여겨 봄. 주목(注目)함. しもく
指事〔지사〕 ①사물을 가리킴. ②육서(六書)의 하나. 그 글자의 모양이 바로 그 뜻을 나타내는 글자. 上·下 따위. しじ
指示〔지시〕 ①손가락질하여 보임. ②가리켜 시킴. 명령함. しじ
指章〔지장〕 손가락으로 도장 대신 찍는 인(印). 동무인(拇印). しょう
指摘〔지적〕 ①가리키어 들추어냄. ②손끝으로 긁음. 할큄. してき
指定〔지정〕 ①그것이라고 가리켜 정함. ②특히 인정하여 권리를 주는 일. してい 「しひょう
指標〔지표〕 방향을 가리키는 표지.
指向〔지향〕 ①뜻하여 향함. 목표로 정한 방향. ②지정하여 그쪽으로 향하게 함. しこう

指呼之間〔지호지간〕 부르면 이내 대답할 만한 가까운 거리. しこのかん

指環〔지환〕 가락지. 장식용으로 여자의 손가락에 끼는 금은 따위로 만든 고리. しかん. ゆびわ

指揮〔지휘〕 어떤 일의 해야 할 방도를 지시하여 시킴. しき

▷屈指(굴지). 無名指(무명지). 拇指(무지). 標指(표지).

「挽」 [부] 扌(재방변) [획] 3—7 [훈] 당길 [음] 만: [中] wan³ [英] draw [日] バン. ひく

[뜻] ①당길. ②말릴. ③끌.

[필순] 扌 扌⺈ 挽 挽 挽 挽

挽歌〔만가〕 ①장례 때 상여꾼이 부르는 노래. ②죽은 사람을 슬퍼하는 노래. ばんか 「う.

挽留〔만류〕 붙들고 말림. ばんりゅ

挽引〔만인〕 끌어 당김. 「かい

挽回〔만회〕 바로잡아 돌이킴. ばん

「捐」 [부] 扌(재방변) [획] 3—7 [훈] 버릴 [음] 연: [中] chüan¹ [英] abandon [日] エン. すてる

[뜻] ①버릴. ②덜릴.

[필순] 扌 扌口 扌口 捐 捐 捐

捐館〔연관〕 살고 있던 집을 버림. 곧 귀인(貴人)의 죽음을 이름. えんかん 「えんく

捐軀〔연구〕 의(義)를 위하여 죽음.

捐金〔연금〕 돈을 기부함. えんきん

捐棄〔연기〕 버림. えんき

捐命〔연명〕 생목숨을 버림. えんぽ

捐補〔연보〕 ①자기의 재물을 내어서 다른 사람을 도와 줌. ②교회(教會)에서 받는 헌금(獻金).

捐生〔연생〕 목숨을 버림.

捐世〔연세〕 사망(死亡)의 존칭(尊稱). 「돈. えんじょきん

捐助金〔연조금〕 남을 도와 주는

▷棄捐(기연). 義捐金(의연금).

「挺」 [부] 扌(재방변) [획] 3—7 [훈] 빼어낼 [음] 정 [中] t'ing⁴ [英] stick out [동] テイ. ジョウ. ぬく. ぬきんでる 「할.

[뜻] ①빼어낼. ②빼어날. ③꼿꼿

[필순] 扌 扌´ 扌千 扌壬 挺 挺

挺傑〔정걸〕 아주 뛰어남. ていけつ

挺劍〔정검〕 칼을 뽑음. ていけん

挺立〔정립〕 뛰어나게 높이 솟음. ていりつ 「しゅう

挺秀〔정수〕 훌륭하게 뛰어남. てい

挺水植物〔정수식물〕 연꽃·갈대와 같이 뿌리를 물 속 땅에 박고 사는 수생식물(水生植物). ていすいしょくぶつ

挺身〔정신〕 ①앞장 섬. 솔선(率先)함. ②몸을 빼어 나아감. ていしん 「ていぜん

挺然〔정연〕 남들보다 뛰어난 모양.

挺爭〔정쟁〕 몸을 빼어 나와 다툼. 또는 남보다 앞질러 반대함. ていそう 「ぜん

挺前〔정전〕 [동]⇨정진(挺進). てい

挺戰〔정전〕 단신(單身)으로 솔선(率先)하여 나아가 싸움. ていせん 「히지 아니함. ていせつ

挺節〔정절〕 절개를 굳게 지키고 굽

挺挺〔정정〕 바른 모양. 똑바른 모양. ていてい

挺進〔정진〕 많은 사람 중에서 앞장서 나아감. [동]정전(挺前). てい

挺出〔정출〕 ① 특히 뛰어남. ②기어 나옴. ていしゅつ

【振】 [부] 扌(재방변) [획] 3—7 [훈] 떨칠 [음] 진: [中] chen⁴ [英] shake off [日] シン. ふるう

[뜻] ①떨칠. ②떨. 진동할.

[필순] 扌 扩 扩 护 扼 振 振

振驚〔진경〕 놀라 떨게 함. 몹시 놀라게 함. しんけい

振古〔진고〕 태고(太古). しんこ

振動〔진동〕 흔들리어 움직임. しんどう 「옷자락이 흔들림.

振衣〔진의〕 ①옷에 먼지를 떪. ②

振作〔진작〕 떨치어 일으킴. 또는 일어남. 성(盛)하게 함. [동]진기(振起). しんさく

振天〔진천〕 명성(名聲)이 천하(天下)에 떨침. しんてん

振興〔진흥〕 ①떨치어 일으킴. 성(盛)하게 함. ②정신(精神)을 가다듬고 일어남. しんこう

▷金聲玉振(금성옥진). 奮振(분진). 刷振(쇄진). 嚴振(엄진). 弘振(홍진).

【捉】 뷔 扌(재방변) 획 3—7 훈 잡을 음 착 ㊥ chuo¹ 英 seize, catch 日 サク. ソク. と
뜻 ①잡을. ②길 ⌊らえる
필순 扌扌扌扌捉捉捉
捉去〔착거〕 붙잡아 감.
捉頭僅捉尾〔착두근착미〕 머리를 잡으려다가 겨우 꼬리를 잡음. 곧 큰 것을 바라다가 겨우 조그만 것 밖에 얻지 못함을 이름.
捉來〔착래〕 붙잡아 옴.
捉送〔착송〕 붙잡아 보냄. 「가둠.
捉囚〔착수〕 죄 지은 사람을 잡아
捉蟹放水〔착해방수〕 게를 잡아서 물에 놓아 둠. 곧 애만 쓰고 소득(所得)이 없음을 이름.
▷捕捉(포착).

【捕】 부 扌(재방변) 획 3—7 훈 잡을 음 포: ㊥ pu³·⁴ 英
뜻 잡을. ⌊catch 日 ホ. とらえる
필순 扌扌扌扌扌捕捕捕
捕鯨〔포경〕 고래를 잡음. 예 一船(선). ほげい 「廳)의 주장(主將).
捕盜大將〔포도대장〕 포도청(捕盜
捕盜廳〔포도청〕 이조(李朝) 중기 이후 도둑 기타 범죄자(犯罪者)를 잡는 일을 맡은 마을.
捕虜〔포로〕 사로잡은 적의 군사.
捕縛〔포박〕 잡아서 묶음. ⌊ほりょ
捕繩〔포승〕 죄인(罪人)을 포박(捕縛)하는 노끈. ほじょう
捕卒〔포졸〕 이조(李朝) 때 포도청(捕盜廳)의 군졸(軍卒).
捕捉〔포착〕 붙잡음. ほそく
捕致〔포치〕 죄인을 잡아 조사함.
捕獲〔포획〕 ① 적병(敵兵)을 사로잡음. ②짐승이나 물고기 등을 잡음. ほかく
△擊捕(격포). 生捕(생포). 追捕(추포). 逮捕(체포). 討捕(토포).

「控」 부 扌(재방변) 획 3—8 훈 당길 음 공: ㊥ k'ung⁴ 英 draw 日 コウ. ひかえる
뜻 ①당길. ②고할. ③던질. ④칠. 때릴(강).
필순 扌扌扌控控
控告〔공고〕 호소(呼訴)하여 고(告)함. こうこく
控訴〔공소〕 제일심(第一審)의 판결에 불복하여 상급법원에 복심(覆審)을 청구함. 항소(抗訴)의 옛 이름. こうそ 「うそ
控除〔공제〕 빼놓음. 빼어 버림. こ

【掛】 부 扌(재방변) 획 3—8 훈 걸 음 괘: ㊥ kua⁴ 英 hang 日 カイ. かけ. かける
뜻 ①걸. ②달아둘.
필순 扌扌扌扌挂掛掛
掛冠〔괘관〕 벼슬을 내놓음. 사직함. かいかん
掛念〔괘념〕 마음에 두고 잊지 아니함. 동괘심(掛心). 괘의(掛意). かいねん 「용의 그림이나 지도.
掛圖〔괘도〕 걸어 놓고 보는 학습
掛曆〔괘력〕 벽에 걸어 놓고 보는 일력(日曆)이나 달력.
掛書〔괘서〕 이름을 숨기고 게시(揭示)하는 글. 「しん
掛心〔괘심〕 동⇨괘념(掛念). かい
掛意〔괘의〕 동괘념(掛念). かいい
掛鐘〔괘종〕 걸어 두고 보는 시계.

「掘」 부 扌(재방변) 획 3—8 훈 팔 음 굴 ㊥ chüeh² 英
뜻 팔. ⌊dig 日 クツ. ほる
필순 扌扌扌扌扌掘掘掘
掘開〔굴개〕 파 헤침. くっかい
掘檢〔굴검〕 묻었던 시체를 파내어 검증(檢證)함. くっけん
掘金〔굴금〕 금을 땅속에서 파냄. くっきん 「음. くっき
掘起〔굴기〕 급히 일어섬. 우뚝 솟
掘地得金〔굴지 득금〕 땅을 파다가 금을 얻음. 곧 의외(意外)의 횡재(橫財)를 얻음.
掘鑿〔굴착〕 파서 구멍을 뚫음. くっさく 「くっけつ
掘穴〔굴혈〕 구덩이나 구멍을 팜.
▷露天掘(노천굴). 發掘(발굴). 試掘(시굴). 採掘(채굴).

「捲」 부 扌(재방변) 획 3—8 훈 걷을 음 권: ㊥ chüan³ 英 roll up 日 ケン. まく
뜻 ①걷을. 말. ②주먹. ③힘쓸.
필순 扌扌扌扌扌捲捲 「れん
捲簾〔권렴〕 발을 말아 올림. けん
捲土重來〔권토중래〕 땅을 마는 것.

같은 세력으로 다시 온다는 뜻으로 한번 쇠약하여진 세력을 회복하여 다시 쳐들어옴을 이름. けんどちょうらい. けんどじゅうらい
▷席捲(석권).

【捺】 부 扌(재방변) 획 3—8 훈 누를 음 날 ㊥ na4 英 press 日 ナツ. おす
뜻 ①손가락으로 누름. ②도장 찍을.
필순 扌扌扌扌扌捺捺
捺印〔날인〕 도장을 찍음. 동날장(捺章). なついん
捺章〔날장〕 동⇨날인(捺印).
▷捺染(나염).

【掠】 부 扌(재방변) 획 3—8 훈 노략질할 음 략 ㊥ lüeh4 英 plunder 日 リャク. かすめる
뜻 노략질할.
필순 扌扌扌扌扌掠掠掠
掠盜〔약도〕 노략질함. りゃくとう
掠治〔약치〕 채찍질하여 죄인을 다스림. りゃくち
掠奪〔약탈〕 폭력을 써서 무리하게 빼앗음.
▷劫掠(겁략). 虜掠(노략). 侵掠(침략). 奪掠(탈략).

【排】 부 扌(재방변) 획 3—8 훈 물리칠 음 배 ㊥ p'ia2·3 英 clear out 日 ハイ. しりぞける
뜻 ①물리칠. ②밀어낼.
필순 扌扌扌扌扌排排排
排却〔배각〕 물리쳐 버림.
排擊〔배격〕 ①물리치어 침. ②힐난(詰難)함. はいげき
排氣〔배기〕 속에 있는 공기를 뽑아 버림. はいき
排尿〔배뇨〕 오줌을 눔. はいにょう
排水〔배수〕 ①안에 있는 물을 밖으로 내보냄. 예—坑(갱). ②물고를 터놓음. はいすい
排水路〔배수로〕 물을 빼어 버리기 위하여 만든 물길. はいすいろ
排列〔배열〕 죽 벌리어 열을 지음. はいれつ
排字〔배자〕 글자를 벌여 놓음.
排除〔배제〕 물리쳐 덜어버림. 배척하여 제거함. はいじょ
排斥〔배척〕 물리치어 내침. はいせき
排出〔배출〕 밀어 내보냄. 동배설(排泄). はいしゅつ
排置〔배치〕 벌여 놓음. はいち
▷安排(안배).

【捨】 부 扌(재방변) 획 3—8 훈 버릴 음 사: ㊥ shê3 英 throw away 日 シャ. すてる
뜻 ①놓을. ②버릴.
필순 扌扌扌扌扌捨捨
捨生取義〔사생취의〕 목숨을 버리더라도 의(義)를 쫓음.
捨石防波堤〔사석방파제〕 돌멩이로 비스듬하게 쌓아 올려 만든 방파제.
捨小取大〔사소취대〕 작은 것을 버리고 큰 것을 취함.
捨身供養〔사신공양〕 자기 몸을 부처나 보살에게 바쳐 공양(供養)함. しゃしんくよう
捨盞〔사잔〕 술잔을 버림.
▷取捨(취사). 四捨(사사). 喜捨(희사).

【掃】 부 扌(재방변) 획 3—8 훈 쓸 음 소: ㊥ sao3·4 英 sweep 日 ソウ. はく
뜻 쓸.
필순 扌扌扌扌扌掃掃掃
掃萬〔소만〕 모든 일을 제쳐 놓음.
掃滅〔소멸〕 제거(除去)하여 없애버림. そうめつ
掃射〔소사〕 기관총 따위로 상하(上下) 좌우(左右)로 휘둘러 연달아 쏘는 일. 예機銃(기총)—. そうしゃ
掃灑〔소새·소쇄〕 쓸고 물을 뿌림. そうさい
掃刷〔소쇄〕 동⇨소식(掃拭). そうさつ
掃拭〔소식〕 털고 닦음. 동소쇄(掃刷). そうしょく
掃如〔소여〕 쓸어 내어 없앤 듯이 물건이 남지 않음.
掃定〔소정〕 적(敵)을 평정(平定)함. そうてい
掃除〔소제〕 ①쓸어서 깨끗하게 함. ②필요없는 것을 없애버림. そうじ. そうじょ
掃地〔소지〕 ①땅을 쓺. ②자리를 깨끗이 쓺. ③깨끗하여짐—掃(일소). そうち
掃殄〔소진〕 동⇨소멸(掃滅). そうてん
掃塵〔소진〕 먼지를 털. そうじん
掃海〔소해〕 바다 속에 있는 항해(航海) 방해물을 쓸어 냄. 예—艇(정). そうかい

▷刷掃(쇄소). 淸掃(청소).

〔授〕 부 扌(재방변) 획 3—8 훈 줄 음 수(수:) 中 chou⁴ 英 give 日 ジュ. さずける

뜻 ①줄. ②전할. 가르칠. ③부칠.

필순 一 扌扌扌扌扌扌授授

授賞〔수상〕 상을 줌. じゅしょう

授受〔수수〕 주고 받음. じゅじゅ

授業〔수업〕 학문·기술을 가르쳐 줌. 예—時間(시간). じゅぎょう

授與〔수여〕 줌. じゅよ

授衣〔수의〕 옷을 줌. じゅい

▷敎授(교수). 拜授(배수). 傳授(전수). 天授(천수).

〔掩〕 부 扌(재방변) 획 3—8 훈 가릴 음 엄: 中 yen³ 英 screen 日 エン. おおう

뜻 ①가릴. 막을. 닫을. 숨길. ②덮칠. 들씌울. 엄습할.

필순 扌扌扌扌扌扌掩掩

掩擊〔엄격〕 동⇨엄습(掩襲).

掩卷〔엄권〕 책을 덮음. えんかん

掩殺之〔엄살지〕 덮쳐 눌러 죽임.

掩襲〔엄습〕 적을 느닷없이 습격(襲擊)하여 침. 동엄격(掩擊). えんしゅう

掩蔽〔엄폐〕 보이지 않도록 가리어 숨김. 또 그 물건. えんぺい

掩護〔엄호〕 ①비호(庇護)함. ②적을 막아 자기 편을 가려 보호함. 예—射擊(사격). えんご

〔接〕 부 扌(재방변) 획 3—8 훈 이을. 댈. 음 접 中 chieh¹ 英 succession 日 セツ. つぐ. まじわる 「사귈.

뜻 ①이을. 접속할. ②

필순 一 扌扌扌扌扌接接

接客〔접객〕 손을 대접함. 예—業所(업소). せっきゃく

接見〔접견〕 맞아들여 봄. せっけん

接境〔접경〕 경계(境界)가 서로 닿음. 또 그 곳. せっきょう

接骨〔접골〕 뼈를 이어 맞춤. 예—院(원). せっこつ

接近〔접근〕 ①가까이 함. ②거리가 가까와짐. せっきん

接口〔접구〕 음식을 입에 대었다 뗄 정도로 조금 먹음.

接待〔접대〕 ①손을 맞아 대접함. ②사람에게 음식을 줌. せったい

接木〔접목〕 ⇨접목(椄木).

接吻〔접문〕 입맞춤. 키스(kiss).

接續詞〔접속사〕 품사의 한 가지. 말과 말,또는 귀절과 귀절을 "잇는 구실을 하는 말. 국어의 및·그런데·또" 따위. 한문의 且·而·並 따위. 이음씨. せつぞくし

接戰〔접전〕 ①가까이 다가가서 싸움. 또 그러한 싸움. ②서로 힘이 비슷하여 승부가 쉽게 나지 않는 싸움. せっせん 「てん

接天〔접천〕 하늘과 맞닿음. せっ

〔措〕 부 扌(재방변) 획 3—8 훈 둘 음 조 中 ts'uo⁴ 英 put manage 日 ソ. おく

뜻 ①둘. 놓을. ②베풀. 처리할.

필순 扌扌扌扌扌措措

措大〔조대〕 청빈(淸貧)한 선비. 곧 큰 일을 하기에 족(足)함을 이름. そだい

措辭〔조사〕 시가(詩歌)·문장의 제작에 적당한 문귀의 배치를 하는 일. そじ 「사법(驅使法). そし

措詞〔조사〕 시문(詩文)의 어휘 구

措手不及〔조수불급〕 일이 썩 급하여 손댈 틈이 없음.

措手足〔조수족〕 생활이 겨우 여유가 생겨 살아 갈 만함.

措語〔조어〕 말의 뜻을 글자로 엮어서 만듦. そご 「そく

措足〔조족〕 편안히 있는 모양. そ

措處〔조처〕 일을 처리함. 동조치(措置). 「처(措處). そち

措置〔조치〕 ①쌓아 둠. ②동⇨조

▷無所措(무소조).

〔採〕 부 扌(재방변) 획 3—8 훈 캘 음 채: 中 ts'ai³ 英 pick 日 サイ. とる

뜻 ①캘. 딸. ②가릴.

필순 扌扌扌扌扌扌採

採鑛〔채광〕 광물(鑛物)을 캐어 냄. さいこう 「캐어냄. さいくつ

採掘〔채굴〕 땅 속에 있는 물건을

採算〔채산〕 수지(收支)가 맞고 안 맞는 셈. さいさん

採藥〔채약〕 약재를 캐어 거둠. さいやく 「試驗(시험). さいよう
採用〔채용〕 사람을 뽑아 씀. 예―
採點〔채점〕 학과나 경기의 성적을 점수(點數)로 매김. さいてん
採集〔채집〕 잡거나 따거나 캐거나 하여 모음. 예昆虫(곤충)―. さいしゅう
採取〔채취〕 ①땅에서 캐어 냄. ②풀이나 나뭇가지 같은 것을 베어 냄. さいしゅ
採擇〔채택〕 가려 뽑음. さいたく
▷伐採(벌채). 收採(수채). 特採(특채).

「捷」 부 扌(재방변) 획 3—8 훈 빠를 음 첩 中 chieh² 英 fast 日 ショウ. かつ. はやい
뜻 ①빠를. ②이길.
필순 扌扌扌扌扌扌捷捷
捷徑〔첩경〕 ①지름길. 동첩로(捷路). ②어떤 일에 이르기 쉬운 방법. しょうけい 「しょうろう
捷路〔첩로〕 지름길. 동첩경(捷徑).
捷利〔첩리〕 민첩한 것. しょうり
捷聞〔첩문〕 승전(勝戰)의 소문. 동첩보(捷報). ↔패문(敗聞). しょうぶん
捷報〔첩보〕 싸움에 이긴 기별. 동첩문(捷聞). ↔패보(敗報). しょうほう
捷書〔첩서〕 싸움에 이겼다는 보고(報告). しょうしょ 「うそく
捷速〔첩속〕 민첩하고 빠름. しょ
捷捷〔첩첩〕 ①거동이 민첩한 모양. ②지껄이는 소리. しょうしょう
捷解新語〔첩해신어〕 임진란(壬辰亂) 때 포로가 되었던 강 우성(康遇聖)이 지은 일어 학습서(日語學習書).
▷大捷(대첩). 猛捷(맹첩). 敏捷(민첩). 勝捷(승첩). 戰捷(전첩).

〔推〕 부 扌(재방변) 획 3—8 훈 밀 음 추·퇴 中 t'uei¹ 英 push 日 スイ. おす
뜻 ①미룰 (추). ②밀 (퇴). ③천거할. 옮길.
필순 扌扌推推
推考〔추고〕 ①도리(道理) 또는 사정을 미루어 생각함. ②관원(官員)의 허물을 추문(推問)하여 고찰(考察)함. すいこう
推究〔추구〕 근본을 캐어 들어가며 연구함. すいきゅう
推窮〔추궁〕 어디까지나 캐어 따짐. 예責任(책임)―. すいきゅう
推斷〔추단〕 ①추측(推測)하여 판단(判斷)함. ②죄상(罪狀)을 심문하여 처단(處斷)함. すいだん
推戴〔추대〕 떠받듦. すいたい
推量〔추량〕 미루어 헤아림. 동추측(推測). すいりょう
推論〔추론〕 사리(事理)를 차례로 미루어 논급(論及)함. すいろん
推理〔추리〕 ①이치(理致)를 미루어 생각함. ②이미 아는 일에서 모르는 일을 미루어 짐작하는 사유(思惟) 작용. すいり
推命〔추명〕 사람의 운명(運命)을 추구(推究)함. すいめい
推問〔추문〕 ①추구(推究)하여 따져 물음. ②죄상(罪狀)을 조사함.
推算〔추산〕 미루어 셈함. すいさん
推想〔추상〕 미루어 생각함. 또 그 생각. すいそう
推尋〔추심〕 찾아내어 가져 옴.
推仰〔추앙〕 ①높이 받들어 사모함. ②높이 치켜 올려서 우러러봄. すいぎょう
推移〔추이〕 변하여 옮김. すいい
推奬〔추장〕 추천(推薦)하여 칭찬함. すいしょう
推定〔추정〕 미루어 생각하여 판정함. 추측하여 정함. すいてい
推知〔추지〕 미루어 앎. すいち
推進〔추진〕 밀어 나아감. すいしん
推察〔추찰〕 미루어 살핌. すいさつ
推薦〔추천〕 사람을 천거(薦擧)함. 예―書(서). すいせん
推測〔추측〕 미루어 헤아림. 동추량(推量). すいそく
推敲〔퇴고〕 시문(詩文)의 자구(字句)를 따지며 여러번 생각하여 고치는 일. すいこう
▷類推(유추).

〔探〕 부 扌(재방변) 획 3—8 훈 찾을 음 탐 中 t'an¹·⁴ 英

search 日 タン. さぐる. さがす 「탐함.
뜻 ①찾을. ②더듬을. 정
필순 扌扌扌𢫁𢫁探探

探檢〔탐검〕 동⇨탐험(探險).
探求〔탐구〕 더듬어서 구함. たんきゅう 「함. たんきゅう
探究〔탐구〕 더듬어서 연구(硏究)
探望〔탐망〕 ①살펴서 바라봄. ②넌지시 바람. たんぼう
探問〔탐문〕 더듬어 찾아 물음.
探聞〔탐문〕 더듬어 캐어 들음. たんぶん
探訪〔탐방〕 ① 탐문(探問)하여 찾아 봄. ②기자(記者) 등이 기사(記事) 재료를 얻기 위하여 그 목적 인물을 찾아감. たんぼう
探査〔탐사〕 더듬어 조사(調査)함. たんさ 「서 찾음. たんさく
探索〔탐색〕 실상(實狀)을 더듬어
探勝〔탐승〕 경치 좋은 곳을 찾아 다님. たんしょう
探偵〔탐정〕 ①비밀을 몰래 알아봄. 또 그 사람. ②죄인(罪人)을 찾음. 또 그 사람. 동형사(刑事). たんてい 「지시 살핌.
探情〔탐정〕 남의 의향(意向)을 넌
探照〔탐조〕 더듬어 찾으려고 멀리 내비춤. たんしょう
探知〔탐지〕 더듬어 알아냄. たんち
探春〔탐춘〕 봄의 경치를 찾아 구경함. たんしゅん
探花蜂蝶〔탐화봉접〕 꽃을 찾는 벌과 나비. 곧 여색(女色)을 좋아하거나 거기에 빠진 사람을 이름. たんかほうちょう
探險〔탐험〕 위험(危險)을 무릅쓰고 찾아다니며 살핌. たんけん
▷內探(내탐). 密探(밀탐). 搜探(수탐). 偵探(정탐).

「揭」 부 扌(재방변) 획 3—9 훈 높이들 음 게: 中 ch'i⁴ 英 hang 日 ケイ. かかげる. になう
뜻 높이 들.
필순 一 扌 扌𣍝掲揭揭

揭示〔게시〕 여러 사람에게 알리기 위하여 써서 붙이거나, 내어 걸어 두고 보게 함. けいじ
揭揚〔게양〕 높이 걺. けいよう
揭載〔게재〕 글이나 그림을 신문(新聞)·잡지(雜誌)에 실음. 동등재(登載)·けいさい

「描」 부 扌(재방변) 획 3—9 훈 그릴 음 묘 中 miao² 英 draw 日 ビョウ. うつす. えがく
뜻 ①그릴. ②모뜰.
필순 扌扌扌扌𠀋措描

描寫〔묘사〕 사물(事物)을 있는 그대로 그림. びょうしゃ
描線〔묘선〕 선(線)을 그림. 또는 그은 선. びょうせん 「うしゅつ
描出〔묘출〕 그려서 드러냄. びょ
描畫〔묘화〕 그림을 그림. びょうが
▷素描(소묘).

「揷」 부 扌(재방변) 획 3—9 훈 꽂을 음 삽(삽:) 中 ch'a¹ 英 insert 日 ソウ. さす. になひ
뜻 ①꽂을. ②길.
필순 扌扌扌扌扌揷揷

揷圖〔삽도〕 동⇨삽화(揷畫). さし
揷木〔삽목〕 꺾꽂이. さしき 「え
揷入〔삽입〕 끼워 넣음. さしいれ
揷畫〔삽화〕 설명(說明)을 똑똑히 하기 위하여 서적·잡지·신문 등에 끼워 넣는 그림. 동삽도(揷圖). そうが. さしえ
揷話〔삽화〕 문장·담화 가운데에 끼워 넣은, 본줄거리와는 직접 관련이 없는 이야기. 에피소우드(episode). そうわ

「握」 부 扌(재방변) 획 3—9 훈 잡을 음 악 中 wo⁴ 英 grasp 日 アク. にぎる. にぎり
뜻 ①잡을. ②움큼.
필순 扌扌扌扌扌扌握握握

握卷〔악권〕 책을 손에 쥠. 곧 책을 좋아하여 늘 손에 책을 가지고 있음을 이름. あくかん
握力〔악력〕 손아귀로 물건을 쥐는 힘. あくりょく
握髮〔악발〕 ①머리카락을 쥠. ②현인(賢人)을 얻으려고 애씀을 이름. あくはつ
握手〔악수〕 ①손을 서로 잡음. ②서양식 예법(禮法). あくしゅ
握齪〔악착〕 마음이 좁고 여유가 없

는 모양. ⓢ악착(齷齪).
▷一握(일악). 掌握(장악). 把握(파악).

〖揚〗 부 扌(재방변) 획 3—9 훈 날릴 음 양 ⓒ yang² ⓔ raise ⓙ ヨウ. あげる. あがる
뜻 ①날릴. ②날아오를. ③칭찬할. ④나타낼.
필순 扌 扌 押 押 捍 揚
揚氣〔양기〕 의기(意氣)를 떨쳐 일으켜 나타냄. ようき
揚力〔양력〕 날개로써 비행기가 공중에 지탱하는 힘. ようりょく
揚陸〔양륙〕 ①물 속에 잠긴 것을 뭍으로 건져 올림. ↔침수(沈水). ②배에 실린 짐을 육지로 끌어 내림. ↔선적(船積).
揚名〔양명〕 이름을 높이 날림. ⓔ立身(입신)—. ようめい
揚眉〔양미〕 ①눈썹을 치켜 올림. ②의기가 왕성한 모양. ようび
揚沙走石〔양사주석〕 세찬 바람으로 모래가 흩날리고 돌멩이가 굴러 달음질함. ⓢ비사주석(飛沙走石).
揚水〔양수〕 물을 끌어 올림. 또는 그 물. ⓔ—機(기). ようすい
揚揚〔양양〕 뜻을 이루어 만족한 모양. 득의(得意)의 빛이 겉으로도 나타난 모양. ようよう
揚揚自得〔양양자득〕 뜻을 이루어 뽐내며 꺼덕거리는 모양. ようようじとく
揚言〔양언〕 소리를 높여 말함. 공언(公言)함. ようげん
揚子江〔양자강〕 중국 대륙을 가로질러 흐르는 큰 강. ようすこう
揚鞭〔양편〕 채찍을 들고 말을 기운차게 달리는 것. ようべん
▷激揚(격양). 發揚(발양). 浮揚(부양). 宣揚(선양). 昂揚(앙양). 抑揚(억양). 止揚(지양). 贊揚(찬양). 稱揚(칭양). 褒揚(포양). 顯揚(현양).

【援】 부 扌(재방변) 획 3—9 훈 도울 음 원: ⓒ yüan² ⓔ relieve ⓙ エン. たすける
뜻 ①도울. 구원할. ②끌. 당길.
필순 扌 扌 扩 护 捞 援
援軍〔원군〕 구원하는 군대. ⓐ구원군(救援軍). えんぐん
援兵〔원병〕 구원하는 군대. えんぺい
援助〔원조〕 도와 줌. 구하여 줌. えんじょ
援筆〔원필〕 붓을 쥠. 곧 글을 씀. えんぴつ
援護〔원호〕 구원하여 보호(保護)함. 도와주며 보살핌. えんご
▷救援(구원). 聲援(성원). 應援(응원). 後援(후원).

〔揖〕 부 扌(재방변) 획 3—9 훈 읍할 음 읍 ⓒ i² ⓔ bow ⓙ ユウ. シュウ. えしゃく. ゆずる
뜻 ①읍할. ②겸손할. 사양할. ③모을. 모일.
참고 ⓢ 楫
필순 扌 扌 扣 拐 揖 揖
揖客〔읍객〕 ①길게 읍(揖)은 하되 절은 하지 않는 손님. ②손님에 대하여 읍례(揖禮)를 함. ゆうきゃく
揖禮〔읍례〕 읍(揖)을 하는 예법(禮法). ゆうれい
揖遜〔읍손〕 겸손함. ゆうそん
揖讓〔읍양〕 ①빈(賓)·주(主)의 상견(相見)의 예(禮). ②겸허(謙虛)하고 온화한 행동. ③현인(賢人)에게 임금 자리를 사양하는 것. ゆうじょう
揖進〔읍진〕 인사하고 나아감. ゆうしん
揖揖〔즙즙〕 많이 모여 있는 모양.

【提】 부 扌(재방변) 획 3—9 훈 끌 음 제 ⓒ t'i² ti¹ ⓔ propose ⓙ テイ. ひっさげる
뜻 ①끌. ②내놓을. 제시할.
필순 扌 扌 扣 押 捍 提
提供〔제공〕 바치어 이바지함. ていきょう
提起〔제기〕 ①들어 올림. ②말을 꺼냄. ③ⓢ⇨제출(提出). ていき
提示〔제시〕 어떠한 의사를 드러내어 보임. ていじ
提案〔제안〕 의안(議案)을 제출(提出)함. 또 그 의안. ていあん
提要〔제요〕 요점을 듦. 요령(要領)을 제시함. ていよう
提議〔제의〕 의론(議論)을 제출함. ていぎ
提唱〔제창〕 ①처음으로 주장함. ㅈ

시하여 창도(唱道)함. ②종지(宗旨)의 대강(大綱)을 들어서 그 의의를 설명함. ていしょう
提出〔제출〕 의견(意見)이나 안건(案件)을 내어 놓음. ⓓ제기(提起). ていしゅつ
提携〔제휴〕 ①서로 손을 끎. ②서로 붙들어 도움. ていけい
▷前提(전제).

【換】 ⓑ 扌(재방변) ⓗ 3—9 ⓗ 바꿀 ⓔ 환: ⓒ huan⁴ ⓔ exchange ⓙ カン. かえる
뜻 ①바꿀. ②방자할.
필순 † 扌 扌' 扌' 扌' 换 换 换 換
換價〔환가〕 집이나 토지 따위를 바꾸는 데 치는 값.
換穀〔환곡〕 곡식을 서로 바꿈.
換骨奪胎〔환골탈태〕 ①뼈대를 바꿔 끼고 태(胎)를 바꿔 쓴다는 데서 옛사람이 지은 시문(詩文)의 뜻을 따고 그 어귀나 끝말만 고치어 자기의 시문으로 하는 일. ②만 사람이 된 듯이 용모가 환하게 트이어 아름다와짐. かんこつだったい
換氣〔환기〕 공기(空氣)를 바꾸어 넣음. かんき 「かんめい
換名〔환명〕 남의 성명으로 행세함.
換父易祖〔환부역조〕 문벌(門閥)을 높이기 위하여 부정(不正)한 수단으로 절손(絶孫)된 양반의 집을 이어, 자기의 조상을 바꿈.
換算〔환산〕 단위(單位)가 다른 수량으로 고치어 계산함. かんさん
換言〔환언〕 바꾸어 말함. かんげん
換錢〔환전〕 서로 종류가 다른 화폐와 화폐, 또는 화폐와 지금(地金)을 교환하는 일. ⓔ一商(상). かんぜん 「(기). かんぜつ
換節〔환절〕 계절이 바뀜. ⓔ一期
換品〔환품〕 물품을 다른 물품과 바꿈. かんひん
▷交換(교환). 變換(변환). 轉換(전환). 兌換(태환).

【揮】 ⓑ 扌(재방변) ⓗ 3—9 ⓗ 휘두를 ⓔ 휘 ⓒ huei¹ ⓔ shake ⓙ キ. ふるう 「휘할.
뜻 ①휘두를. ②떨칠. 뿌릴. ③지
필순 † 扌 扌' 扌' 揎 揮
揮淚〔휘루〕 눈물을 뿌림.
揮發〔휘발〕 액체(液體)가 보통 온도에서 기체(氣體)가 되어 증발(蒸發)함. きはつ
揮發性〔휘발성〕 물건의 휘발하는 성질. きはつせい
揮發油〔휘발유〕 무색투명(無色透明)의 희박(稀薄)한 석유(石油). 가솔린(gasoline).
揮灑〔휘쇄〕 ①물에 흔들어서 깨끗이 빪. ②ⓓ휘호(揮毫). きさい
揮手〔휘수〕 손짓을 하여 어떠한 낌새를 채게 함. きしゅ
揮染〔휘염〕 붓을 휘둘러 종이를 물들임. きせん
揮場壯元〔휘장장원〕 과거(科擧)에 장원으로 급제(及第)하여 그 글이 시험장에 게시되는 영예를 받던 사람.
揮筆〔휘필〕 붓을 휘둘러 글씨를 씀. ⓓ일필휘지(一筆揮之). きひつ 「손으로 뿌림. きかん
揮汗〔휘한〕 이마에서 흐르는 땀을
揮毫〔휘호〕 글씨를 쓰고 그림을 그림. ⓓ⇨휘쇄(揮灑). きごう
▷指揮(지휘). 發揮(발휘).

【搬】 ⓑ 扌(재방변) ⓗ 3—10 ⓗ 운반할 ⓔ 반 ⓒ pan¹ ⓔ remove ⓙ ハン. はこぶ. うつ 「す
뜻 ①운반할. ②덜.
필순 † 扌 扌 扌 扌 搬 搬 搬
搬弄〔반롱〕 함부로 남의 결점을 들어서 놀림. はんろう
搬運〔반운〕 물건을 실어 나름. ⓓ운반(運搬). はんうん 「はんい
搬移〔반이〕 세간을 싣고 이사함.
搬入〔반입〕 운반(運搬)하여 들임. ↔반출(搬出). はんにゅう
搬出〔반출〕 운반(運搬)하여 냄. ↔반입(搬入). はんしゅつ
▷運搬(운반).

【搔】 ⓑ 扌(재방변) ⓗ 3—10 ⓗ 긁을 ⓔ 소 ⓒ sao¹ ⓔ scratch ⓙ ソウ. かく. さわぐ
뜻 ①긁을. ②휘저을.
필순 † 扌 扌 扌 扌 搔 搔 搔
搔頭〔소두〕 머리를 긁음. ⓓ소수

(搔首). そうとう
搔首〔소수〕 ①통⇨소두(搔頭). ②걱정이 되어서 마음이 놓이지 않는 모양. そうしゅ

【損】 부 扌(재방변) 획 3—10 훈 덜 음 손: 中 suen³ 英 diminish 日 ソン. そこなう. へらす
뜻 ①덜. ②잃을. ③상할.
필순 扌扌扌扌扌捐捐損損
損減〔손감〕 삭감함. 동 감손(減損). そんげん
損金〔손금〕 손해(損害)난 돈. 또는 그 액수. そんきん
損氣〔손기〕 심한 자극을 받아서 기운이 상함. そんき
損耗〔손모〕 씀으로써 닳아 손실(損失)됨. そんもう
損傷〔손상〕 ①떨어지고 상(傷)함. ②상처를 입음. そんしょう
損失〔손실〕 축나서 없어짐. 밑짐. そんしつ
損友〔손우〕 이롭지 않은 벗. ↔익우(益友). そんゆう
損益〔손익〕 ① 손해(損害)와 이익(利益). ②동증감(增減). そんえき
損敗〔손패〕 손해나고 패함.
▷減損(감손). 缺損(결손). 破損(파손). 毁損(훼손).

【搜】 부 扌(재방변) 획 3—10 훈 찾을 음 수 中 sou¹ 英 search 日 ソウ. さがす
뜻 ①찾을. ②더듬을.
필순 扌扌扌押搜搜
搜得〔수득〕 찾아서 얻음. そうとく
搜訪〔수방〕 인재(人材)를 찾아서 구함. そうほう
搜查〔수사〕 ①찾아 다니며 조사함. ②범인의 간 곳을 찾거나 증거를 모음. ③범인 및 범죄의 사실을 인증(認證)할 증거를 수집하는 절차. そうさ
搜索〔수색〕 ①더듬어서 찾음. ②압수할 물건이나 범인을 찾기 위하여, 사람의 몸이나 물건. 가택(家宅)을 탐사(探查)하는 강제 처분(强制處分). そうさく
搜所聞〔수소문〕 세상에 떠돌아다니는 소문을 더듬어 살핌.
搜集〔수집〕 찾아 다니며 모음. そうしゅう

【搖】 부 扌(재방변) 획 3—10 훈 흔들 음 요 中 yao² 英 shake 日 ヨウ. ゆれる
뜻 ①흔들. ②움직일. ③별 이름.
필순 扌扌扌扌扌搖搖搖
搖車〔요거〕 어린애를 태우고 밀어 주는 수레. ようしゃ
搖動〔요동〕 흔들림. 또 흔듦. 동 동요(動搖). ようどう
搖籃〔요람〕 ①젖먹이 어린애를 누이거나 앉히고 흔드는 작은 채롱. ②사물이 발달하기 시작한 처소. 또는 그 시기. ようらん
搖之不動〔요지부동〕 흔들어도 꿈쩍도 하지 않음.
搖搖〔요요〕 ①배 따위가 흔들리는 모양. ②마음이 안정되지 못한 모양. ③의지할 곳이 없어서 불안한 모양. ようよう
▷動搖(동요). 消搖(소요). 震搖(진요).

「搾」 부 扌(재방변) 획 3—10 훈 짤 음 착(사:) 中 cha⁴ 英 wring 日 サク. しぼる
뜻 ①짤. ②압박할.
필순 扌扌扌扌扌搾搾搾
搾乳〔착유〕 젖을 짬. さくにゅう
搾取〔착취〕 ①꼭 누르거나 비틀어서 즙(汁)을 짜냄. ②자본가(資本家)나 지주(地主)가 노동자(勞動者)나 농민을 품삯에 알맞은 시간 이상으로 부려서 생기는 과잉 생산물을 자기 차지로함. さくしゅ
▷壓搾(압착).

【携】 부 扌(재방변) 획 3—10 훈 가질 음 휴 中 hsi¹ hsieh² 英 carry 日 ケイ. たずさえる
뜻 ①가질. ②끌. ③떠날.
필순 扌扌扌扌扌携携
携帶〔휴대〕 손에 들거나 몸에 지님. 동 휴지(携持). けいたい
携帶用〔휴대용〕 지니거나 가지고 다니게 만든 것. けいたいよう
携帶品〔휴대품〕 지니거나 가지고 다니는 물건. けいたいひん
携手〔휴수〕 손을 마주 잡음. 곧 함께 감. 데리고 감. けいしゅ
携手同歸〔휴수동귀〕 행동을 서로 같이 함. けいしゅどうき

携貳〔휴이〕 ①두 마음을 가짐. ②이론(異論)을 가짐. けいじ
携酒〔휴주〕 술병을 몸에 지님. けいしゅ 「じ
携持〔휴지〕 [동]⇨휴대(携帶). けい
携抱〔휴포〕 끌어 안음. けいほう
携行〔휴행〕 무엇을 몸에 지니고 다님. けいこう 「(해휴).
▷提携(제휴). 必携(필휴). 解携

「摸」 [부] 扌(재방변) [획] 3—11 [훈] 더듬을 [음] 모·막 [中] mo¹·² mao¹ [英] grope [日] ボ. モ. さぐる. とる. うつす
[뜻] ① 더듬을(모·막). ②본뜰(모). ③규모(모).
[필순] 扌 扌ˊ 摸摸
摸索〔모색〕 더듬어 찾음. [동]모착(摸捉). もさく 「く
摸捉〔모착〕 [동]⇨모색(摸索). もさ
摸出〔모출〕 집어 냄. 들추어 냄.

【摘】 [부] 扌(재방변) [획] 3—11 [훈] 딸 [음] 적 [中] chê² chai¹ [英] pick [日] テキ. つむ. あばく
[뜻] ①딸. ②들추어낼. ③손가락질할. ⑤움직일.
[필순] 扌 扌ˊ 摘摘
摘茶〔적다〕 차의 싹을 따 냄. てきちゃ. ちゃつみ
摘錄〔적록〕 요점(要點)을 추려 적은 기록(記錄). てきろく
摘發〔적발〕 들추어 냄. 숨은 악(惡)을 들추어 냄. てきはつ
摘芽〔적아〕 농작물(農作物)의 성숙을 빠르게 하기 위해 새싹이나 연한 싹을 따버리는 일. てきが. めあばき
摘要〔적요〕 요점(要點)을 추려 적음. 또 그 문서. てきよう
▷指摘(지적).

「撈」 [부] 扌(재방변) [획] 3—12 [훈] 잡을 [음] 로 [中] lao² [英] fish [日] ロウ. リョウ. とる
[뜻] ①잡을. ②끙게.
[필순] 扌 扌ˊ 扌ˊ 扌ˊ 扌ˊ 撈撈
△漁撈(어로).

【撫】 [부] 扌(재방변) [획] 3—12 [훈] 어루만질 [음] 무: [中] tu³ [英] caress [日] ブ. なでる. おさえる
[뜻] ①어루만질. ②누를. ③위로 할.
[필순] 扌 扌ˊ 扌ˊ 扌ˊ 撫撫撫
撫琴〔무금〕 거문고를 뜯음. ぶきん
撫勞〔무로〕 어루만져 위로함.
撫弄〔무롱〕 어린 아이들을 사랑하며 같이 놂. ぶろう
撫摩〔무마〕 손으로 어루만짐. 사람의 마음을 잘 타일러 위로(慰勞)함. ぶま 「あい
撫愛〔무애〕 어루만져 사랑함. ぶ
撫養〔무양〕 어루만져 기름. ぶよう
撫育〔무육〕 사랑하여 기름. [동]무자(撫字). ぶいく
撫字〔무자〕 사랑하여 기름. [동]무육(撫育). ぶじ
撫存〔무존〕 편안히 어루만지고 위로하여 물어봄. ぶそん 「ほう
撫抱〔무포〕 어루만져 안아 줌. ぶ
撫訓〔무훈〕 타일러 가르침. ぶくん
撫恤〔무휼〕 불쌍히 여기어 물질로써 은혜를 입힘. ぶじゅつ
▷宣撫(선무). 巡撫(순무). 愛撫(애무). 鎭撫(진무).

「撲」 [부] 扌(재방변) [획] 3—12 [훈] 칠 [음] 박·복 [中] p'u¹ [英] beat [日] ボク. うつ 「없앨(박).
[뜻] ①칠(박). ②두드릴(복). ③
[필순] 扌 扌ˊ 扌ˊ 扌ˊ 撲撲
撲滿〔박만〕 벙어리. ぼくまん
撲滅〔박멸〕 짓두드려서 아주 없애 버림. ぼくめつ
撲殺〔박살〕 때려 죽임. ぼくさつ
撲地〔박지〕 지상(地上)에 가득 참.
▷打撲(타박). ㄴぼくち

「撒」 [부] 扌(재방변) [획] 3—12 [훈] 뿌릴 [음] 살 [中] sa¹·³ [英] scatter [日] サツ. サン. まく
[뜻] ①뿌릴. ②놓을. ③ 흩어질. ④헤쳐 버릴.
[필순] 扌 扌 扌ˊ 扌ˊ 扌ˊ 撒撒撒
撒肥〔살비〕 비료를 뿌림. さっぴ
撒水〔살수〕 물을 흩어서 뿌림. さんすい. さっすい
撒水夫〔살수부〕 물뿌리는 일꾼. さんすいふ. さっすいふ
撒水車〔살수차〕 물뿌리는 차. さんすいしゃ. さっすいしゃ
撒張〔살장〕 신혼(新婚) 밤에 복록

(福祿)을 받으라는 뜻으로 부녀들이 돈·과일·곡식 같은 것을 신혼 부부에게 뿌려 던지는 것.
撒布〔살포〕 뿌림. さっぷ

「撰」 부 扌(재방변) 획 3—12 훈 지을 음 찬: 中 chuan^4 英 compose 日 サン. セン. **えらぶ**
뜻 ① 지을(찬·전). ②갖출. ③가질. ④가릴(선).
필순 扌 扌 扌 撰撰撰
撰錄〔찬록〕 글을 골라 모아 기록함. せんろく
撰文〔찬문〕 글을 지음. 또는 그 글. 「せんぶん
撰述〔찬술〕 글을 가려 뽑아 지음. せんじゅつ
撰人〔찬인〕 글의 저작자(著作者). 「せんじん
撰定〔찬정〕 골라서 정함. せんてい
撰進〔찬진〕 임금에게 책을 만들어 바침. せんしん
撰集〔찬집〕 골라 모음. 또는 골라 모은 그 것. せんしゅう
▷杜撰(두찬). 修撰(수찬). 新撰(신찬). 自撰(자찬).

「撤」 부 扌(재방변) 획 3—12 훈 걷을 음 철 中 ch'ê^4 英 withdraw 日 テツ. まく
뜻 ①걷을. ②치울. ③피울.
필순 扌 扌 扌 撤撤撤撤撤
撤去〔철거〕 거두어 치워버림. てっきょ
撤歸〔철귀〕 거두어 가지고 돌아옴. 「てっき
撤簾〔철렴〕 나이 어린 임금이 어른이 된 뒤에 그 모후(母后)가 수렴청정(垂簾聽政)하던 일을 폐지함.
撤兵〔철병〕 주둔(駐屯)하였던 군대(軍隊)를 거두어 들임. てっぺい
撤收〔철수〕 거두어 감. 물러남. て「っしゅう
撤市〔철시〕 시장·점포 등을 모조리 거두어 치움. てっし 「てったい
撤退〔철퇴〕 거두어 가지고 물러감.
撤廢〔철폐〕 거두어 치워 그만둠. 마련했던 일을 폐지함. てっぱい
撤回〔철회〕 내거나 보낸 것을 도로 돌려 들임. てっかい

「撮」 부 扌(재방변) 획 3—12 훈 비칠 음 촬 中 ts'uo^4, tsuo^3 英 photograph 日 サツ. **とる. つまむ**
뜻 ① 비칠. 사진찍을. ②집을. 취할. ③ 자밤.
필순 扌 扌 扌 撮撮撮
撮口症〔촬구증〕 삼 칠일(七日) 안에 젖먹이에게 생기는 병.
撮影〔촬영〕 사진을 찍음. さつえい
撮要〔촬요〕 요점을 가려 잡음. さつよう 「지(土地). さつど
撮土〔촬토〕 한 줌의 흙. 작은 토

【播】 부 扌(재방변) 획 3—12 훈 씨뿌릴 음 파(파:) 中 po^4 英 sow 日 ハ. **まく**
뜻 ①씨뿌릴. ②퍼뜨릴. 전파할. 펼. ③달아날. 파천할.
필순 扌 扌 扌 扌 播播播播
播說〔파설〕 말을 퍼뜨림. 또는 그 말. はせつ 「しょく
播植〔파식〕 씨앗을 뿌려 심음. は
播殖〔파식〕 씨앗을 뿌려 번식하게 함. はしょく 「뿌림. はしゅ
播種〔파종〕 논밭에 곡식의 씨앗을
播遷〔파천〕 ①먼 나라를 떠돌아 다님. ②임금이 도성(都城)을 떠나 난리를 피(避)함. はせん
▷揚播(양파). 傳播(전파). 點播(점파). 條播(조파). 種播(종파). 弘播(홍파).

【據】 부 扌(재방변) 획 3—13 훈 의지할 음 거: 中 chü^4 英 dependence 日 キョ. コ. よる. 뜻 의지할. 「よんどころ
필순 扌 扌 扌 扌 扌 據據
據守〔거수〕 성(城)에 의지하여 지킴. きょしゅ 「きょじつ
據實〔거실〕 사실에 의거(依據)함.
據有〔거유〕 웅거(雄據)하여 자기의 것을 만듦. きょゆう 「てん
據點〔거점〕 근거가 되는 점. きょ
據險設營〔거험설영〕 험한 지대를 의지하여 군영(軍營)을 침.
▷雄據(웅거). 依據(의거). 占據(점거). 證據(증거).

【擔】 부 扌(재방변) 획 3—13 훈 멜 음 담 中 tan$^{1\cdot4}$ 英 bear 日 タン. **になう. かつぐ**
뜻 ①멜. ②짐. ③맡을.

필순 扌扌扌扌扌扌擔擔

擔架〔담가〕 흙이나 병자를 담아서 나르는 기구. 들것. たんか

擔當〔담당〕 일을 맡아 함. 예一官(관). たんとう

擔保〔담보〕 ① 맡아서 보증(保證)함. ②채권(債權)을 보전하기 위하여 제공(提供)된 보증. ③부동산이나 동산을 잡히고 돈을 꿈. 또 그 물건. 예一물(物).

擔夫〔담부〕 짐꾼. 「たんぽ

擔負〔담부〕 메고 짐. たんぷ

擔任〔담임〕 책임을 지고 일을 맡아 봄. 동담책(擔責). たんにん

擔責〔담책〕 동⇨담임(擔任).

▷負擔(부담).

「擁」 부 扌(재방변) 획 3―13 훈 안을 음 옹: 中 yung³ 英 embrace 日 ヨウ. いだく

뜻 ①안을. 낄. ②부축할. 도울. ③가릴. ④옹위할.

필순 扌扌扌扌扌扌擁

擁立〔옹립〕 받들어서 임금의 자리에 세움. ようりつ

擁膝〔옹슬〕 무릎을 두 팔로 안고 깊이 생각함. ようしつ

擁衛〔옹위〕 부축하여 좌우에서 호위함. ようえい

擁蔽〔옹폐〕 보이지 않도록 가림. ようへい 「함. ようご

擁護〔옹호〕 부축하여 보호(保護)

【操】 부 扌(재방변) 획 3―13 훈 잡을 음 조 中 ts'ao¹ 英 manage 日 ソウ. とる. あやつる. みさお

뜻 ①잡을. ②부릴. ③지조.

필순 扌扌扌扌扌扌扌操

操弄〔조롱〕 마음대로 다루면서 데리고 놂. そうろう

操心〔조심〕 삼가 주의함. そうしん

操業〔조업〕 ①절개(節介)와 업적. ②작업을 실시함. そうぎょう

操作〔조작〕 ①만지어 움직임. ②변통함. ③다루어 처리함. ④작업(作業). そうさ

操縱〔조종〕 마음대로 다룸. 자유(自由)로 부림. そうじゅう

操行〔조행〕 몸가짐. 동품행(品行). そうこう

▷烈操(열조). 節操(절조). 貞操(정조). 情操(정조). 志操(지조).

「擅」 부 扌(재방변) 획 3―13 훈 천단 음 천: 中 shan⁴ 英 act without authority 日 セン. ほしいままにする

뜻 ①천단. ②천단할. ③멋대로.

필순 扌扌扌扌扌擅擅擅

擅權〔천권〕 권리를 제멋대로 씀. せんけん 「함. せんだん

擅斷〔천단〕 제 멋대로 일을 결단

擅名〔천명〕 명예를 혼자서 차지함.

擅行〔천행〕 오로지 제 마음대로 함.

▷獨擅場(독천장). 「せんこう

【擇】 부 扌(재방변) 획 3―13 훈 가릴 음 택 中 tsê², chai² 英 select 日 タク. えらぶ

뜻 ①가릴. ②차별할.

필순 扌扌扌扌扌擇擇

擇祿〔택록〕 보수(報酬)를 가림.

擇善〔택선〕 선(善)을 택(擇)함. たくぜん 「くじん

擇人〔택인〕 인재(人材)를 고름. た

擇一〔택일〕 여럿 가운데서 하나를 고름. たくいち 「くじつ

擇日〔택일〕 좋은 날짜를 고름. た

擇地〔택지〕 ①땅을 가림. 곳을 가림. ②행동(行動)을 삼가는 모양. たくち 「(채택).

▷選擇(선택). 收擇(수택). 採擇

「擬」 부 扌(재방변) 획 3―14 훈 비길 음 의: 中 i² ni³ 英 mimic 日 ギ. なぞらえる

뜻 ①비길. 흉내낼. ②헤아릴.

필순 扌扌扌扌扌扌擬擬

擬古〔의고〕 옛날 시문(詩文)의 체(體)를 본뜸. ぎこ

擬聲〔의성〕 소리를 흉내냄. 소리시늉. ↔의원(擬人). 의태(擬態) ぎせい

擬人〔의인〕 물건을 사람에 비김. 무정한 물체를 유정한 사람처럼 다룸. ↔의성(擬聲). 의태(擬態). 예一化(화). ぎじん

擬制〔의제〕 견주어 만듦. 견주어 제정(制定)함. ぎせい

擬態〔의태〕 곤충(昆蟲)이 자신의

위험을 방어하려고 그 자신의 모양을 다른 물건과 비슷하게 하는 현상. ぎたい
▷模擬(모의). 比擬(비의). 注擬(주의). 準擬(준의).

「擦」 [부] 扌(재방변) [획] 3—14 [훈] 비빌 [음] 찰 [中] ts'a¹ [英] rub [日] サツ. **こする**
[뜻] ①비빌. ②문지를.
[필순] 扌扩扩扩护擦擦擦
擦過傷〔찰과상〕 스치거나 문질러서 벗어진 상처. [동]찰상(擦傷). さっかしょう 「さっしょう
擦傷〔찰상〕 [동]⇨찰과상(擦過傷).
▷摩擦(마찰).

[擢] [부] 扌(재방변) [획] 3—14 [훈] 뽑을 [음] 탁 [中] cho² [英] choose [日] テキ. タク. **ぬく**
[뜻] ①뽑을. ②뺄. ③솟을.
[필순] 扌扌扌扌擢擢擢
擢登〔탁등〕 뛰어난 사람을 뽑아서 벼슬자리에 앉힘. てきとう
擢拔〔탁발〕 여럿 가운데서 골라 뽑음. [동]발탁(拔擢). てきばつ
擢賞〔탁상〕 여럿 중에서 뽑아내어 칭찬하는 일. てきしょう
擢用〔탁용〕 탁발(擢拔)하여 등용함. てきよう 「(천탁).
▷擧擢(거탁). 拔擢(발탁). 薦擢

「擾」 [부] 扌(재방변) [획] 3—15 [훈] 어지러울 [음] 요(요:) [中] jao³ [英] disturbed [日] ジョウ. **みだれる. にごる**
[뜻] ①어지러울. ②요란할. ③순할. ④ 길들일. ⑤번거로울.
[필순] 扌 扌扌扌扌扌擾擾
擾亂〔요란〕 소란함. 또 소란하게 함. じょうらん
擾民〔요민〕 백성(百姓)을 잘 다스려서 따르게 함. じょうみん
擾擾〔요요〕 ①시끄러운 모양. ②뒤숭숭함. じょうじょう
擾柔〔요유〕 순하고 부드러움. じょうじゅう 「(소요). 洋擾(양요).
▷煩擾(번요). 紛擾(분요). 騷擾

[擲] [부] 扌(재방변) [획] 3—15 [훈] 던질 [음] 척: [中] chih² [英] throw [日] テキ. **なげうつ**
[뜻] ①던질. ②내버릴.
[필순] 扌扌扌扌擲擲擲擲
擲去〔척거〕 내버려 둠. てっきょ
擲彈〔척탄〕 ①손으로 던지는 폭탄. ②수류탄(手榴彈). てきだん
▷坤乾一擲(건곤일척). 放擲(방척). 投擲(투척).

【擴】 [부] 扌(재방변) [획] 3—15 [훈] 넓힐 [음] 확 [中] k'uo⁴ [英] expand [日] カク. **ひろ**める
[뜻] ①넓힐. ②채울(광).
[필순] 扌扌扌扌擴擴擴擴
擴大〔확대〕 늘이어서 크게 함. ↔ 축소(縮少). かくだい
擴大鏡〔확대경〕 몇 곱절이나 늘이어서 비춰 보는 거울. 볼록 렌즈·현미경(顯微鏡) 따위.
擴張〔확장〕 늘이어서 넓게 함. [예] 工事(공사). かくちょう
擴充〔확충〕 넓히어 충실(充實)하게 함. かくじゅう

「攝」 [부] 扌(재방변) [획] 3—18 [훈] 끌어잡을 [음] 섭 [中] shê⁴ [英] rule [日] セツ. ショウ. **とる. かねる**
[뜻] ①끌어잡을. 잡을. 가질. 당길. ②겸할. 대신할. 도울. ③다스릴. 섭생할. ④편안할. 고요할. ⑤거둘.
[필순] 扌扌扌扌扌扌攝攝
攝理〔섭리〕 ①대리(代理)하여 다스림. ②신(神)이 이 세상의 모든 일을 다스리는 일. せつり
攝生〔섭생〕 병에 걸리지 않고 오래 살기를 꾀함. 양생(養生)함. せっせい 「지 않게 함. せっしん
攝心〔섭심〕 마음을 거두어 흩어지
攝衣〔섭의〕 ① 옷을 단정(端正)하게 함. ②옷을 거둠. せつい
攝政〔섭정〕 임금을 대리하여 정사(政事)를 맡아 봄. 또 그 사람. せっしょう 「임. せっしゅ
攝取〔섭취〕 양분(養分)을 빨아들
攝行〔섭행〕 ①대신으로 일을 함. ②겸하여 일을 함. ③통치권(統治權)을 행함. せっこう
攝化〔섭화〕 중생(衆生)을 두둔하고 보호하여 교화(敎化)함.

(3) 氵 部

〖氾〗 부 氵(삼수변) 획 3—2 훈 넘칠 음 범: 中 fan⁴ 英 over flow 日 ハン. ひろがる
뜻 ①넘칠. ②뜰. ③넓을(汎과 같음).
필순 氵氵汀氾
氾濫〔범람〕 ①물이 넘쳐 흐름. ② 널리 미침. はんらん
氾論〔범론〕 ①널리 논함. ② 대체에 관한 이론. 동통론(通論). はんろん
氾溢〔범일〕 물이 넘쳐 널리 미침. はんいつ
▷廣氾(광범). 博氾(박범). 普氾(보범).

〖汁〗 부 氵(삼수변) 획 3—2 훈 진액 음 즙·집 中 chih¹ 英 juice 日 ジュウ. しる
뜻 ①즙. 진액. ②진눈깨비.
필순 氵氵汁
汁淸〔즙청〕 과줄·주악 따위에 꿀을 바른 뒤에 계핏가루를 뿌려, 그릇에 재어 두는 일.
▷果汁(과즙). 膽汁(담즙). 墨汁(묵즙). 乳汁(유즙). 肉汁(육즙).

〖江〗 부 氵(삼수변) 획 3—3 훈 물 음 강 中 chiang¹ 英 river 日 コウ. え
뜻 ①물. ②강. 이름. ③큰내.
필순 氵汀江
江頭〔강두〕 동⇨강변(江邊). こうとう
江畔〔강반〕 동⇨강변(江邊). こうはん
江邊〔강변〕 강가. 동강반(江畔). 강두(江頭). こうへん
江山〔강산〕 강과 산. こうざん
江上〔강상〕 강(江). こうじょう
江水〔강수〕 강(江) 물. こうすい
江煙〔강연〕 강 위에 낀 안개. こうえん
江月〔강월〕 강물에 비치는 달의 그림자. こうげつ
江中〔강중〕 강(江)의 가운데. こうちゅう
江村〔강촌〕 강(江)가의 마을. 동 강향(江鄕). こうそん
江風〔강풍〕 강(江)바람. こうふう
江鄕〔강향〕 동⇨강촌(江村). こうきょう
江湖〔강호〕 ① 강(江)과 호수(湖水). ② 삼강(三江)과 오호(五湖). 곧 옛날의 오(吳)나라와 월(越)나라의 요처(要處). ③세상. 속세(俗世). ④관직을 떠나 은거(隱居)해 있는 시골. 또는 시인 묵객(詩人墨客)이 파묻혀 있는 시골. こうこ
江湖之氣〔강호지기〕 민간인의 기풍(氣風). 숨어 살고 싶어하는 마음. こうこのき
江湖之人〔강호지인〕 민간(民間)에 있는 사람. 벼슬하지 않은 사람. こうこのひと
▷曲江(곡강). 大江(대강). 渡江(도강). 碧江(벽강). 遡江(소강). 長江(장강). 淸江(청강). 河江(하강). 漢江(한강).

【汎】 부 氵(삼수변) 획 3—3 훈 넓을 음 범: 中 fan⁴ 英 float 日 ハン. ひろい
뜻 ①넓을. ②뜰. ③떠나갈.
필순 氵氵汎汎
汎濫〔범람〕 ①물이 넘쳐 흐름. ② 학문에 널리 통함. 동범섭(汎涉). はんらん
汎說〔범설〕 종합적으로 설명함. 또 그 설명. 동총설(總說). はんせつ
汎涉〔범섭〕 동⇨범람(汎濫).
汎神論〔범신론〕 만유(萬有)는 곧 신(神)이요, 신은 곧 만유라고 하는 종교관(宗敎觀)·인생관(人生觀). はんしんろん
汎心論〔범심론〕 만물에 다 마음이 있다고 하는 학설. はんしんろん
汎舟〔범주〕 배를 띄움. 또는 그 배. はんしゅう
汎稱〔범칭〕 널리 일컬음. 넓은 범위로 쓰는 명칭(名稱). 동총칭(總稱). はんしょう

〖汝〗 부 氵(삼수변) 획 3—3 훈 너 음 여: 中 ju³ 英 you 日 ジョ. なんじ
뜻 ①너. ②물이름.
필순 氵汀汝汝
汝等〔여등〕 너희들. なんじら

汝輩〔여배〕 너희들. 너희 무리. じょはい
汝水〔여수〕 강 이름. じょすい
汝墻折角〔여장절각〕 자기의 허물을 남에게 넘기려고 함.
汝曹〔여조〕 너희들. 당신들. じょそう. なんじがともがら

【汚】 부 氵(삼수변) 획 3—3 훈 더러울 음 오 中 wu[1] 英 impure 日 オ. よごす 「④닦을.
뜻 ①더러울. ②물들. ③괸물.
필순 丶 氵 汀 汚 汚
汚吏〔오리〕 청렴(淸廉)하지 못한 벼슬아치. 예貪官(탐관)—. おり
汚名〔오명〕 더러워진 이름. 나쁜 평판(評判). おめい
汚物〔오물〕 더러운 물건. おぶつ
汚世〔오세〕 더러운 세상. おせい
汚俗〔오속〕 나쁜 풍습. おぞく
汚損〔오손〕 더럽힘. 더럽게 함. おそん
汚水〔오수〕 구정물. おすい
汚染〔오염〕 더럽힘. 또 더러워짐. おせん 「おあい. おわい
汚穢〔오예〕 ①더러운 것. ②더럽힘.
汚辱〔오욕〕 더럽히고 욕되게 함. 동수치(羞恥). 치욕(恥辱). おじょく 「點). おてん
汚點〔오점〕 ①때. ②흠. 동결점(缺
汚濁〔오탁〕 더럽고 흐림. おだく

【池】 부 氵(삼수변) 획 3—3 훈 못 음 지 中 ch'ih[2] 英 pond 日 チ. いけ 「(타).
뜻 ①못. ②해자. ③성. ④물이름
필순 丶 氵 氵 汁 池
池塘〔지당〕 못. 연못. ちとう
池蓮〔지련〕 못에 심은 연(蓮). ちれん 「めん
池面〔지면〕 못의 표면(表面). ち
池錫永〔지석영〕 조선 말기의 학자. 일본에 가 종두(種痘) 제조법을 배우고 광무(光武) 3년에 의학교(醫學校)를 세움.
池苑〔지원〕 연못과 동산. ちえん
池亭〔지정〕 못가에 있는 정자(亭子). ちてい
▷枯池(고지). 蓮池(연지). 園池(원지). 貯水池(저수지). 電池(전지). 天池(천지). 湯池(탕지).

【汗】 부 氵(삼수변) 획 3—3 훈 땀 음 한: 中 han[2·4] 英 sweat 日 カン. あせ 「할.
뜻 ①땀. ②물질펀할. ③단청 환
필순 丶 氵 汇 汗 汗
汗簡〔한간〕 문서 또는 서적(書籍).
汗牛充棟〔한우충동〕 책을 수레에 싣고 끌게 하니 소가 땀을 흘리고, 쌓아 올리니 마룻보에 닿음. 곧 책을 많이 가지고 있음의 비유. かんぎゅうじゅうとう
汗滴〔한적〕 땀 방울. かんてき
汗蒸〔한증〕 사방이 막힌 화혈(火穴) 속에 들어가 몸을 덥게 하고 땀을 흘려 병을 고치는 방법.
▷驚汗(경한). 冷汗(냉한). 淚汗(누한). 發汗(발한). 血汗(혈한).

【決】 부 氵(삼수변) 획 3—4 훈 결단할 음 결 中 chüeh[2] 英 decide 日 ケツ. きめる
뜻 ①결단할. ②결정할. ③끊을.
필순 丶 氵 汀 汩 泱 決
決斷〔결단〕 ① 단호히 정함. ②송사(訟事)를 판결함. けつだん
決裂〔결렬〕 ①갈라 나눔. 갈갈이 찢어짐. ②부숨. 파괴함. けつれつ 「隊(대). けっし
決死〔결사〕 죽기를 각오함. 예—
決算〔결산〕 일정한 기간 안의 수지(收支)의 총계산. けっさん
決選〔결선〕 최후에 결정하는 선거(選擧). けっせん
決勝〔결승〕 최후의 승부(勝負)를 결정함. 예—戰(전). けっしょう
決心〔결심〕 마음을 결정함. 또 결정한 마음. 동결의(決意). けっしん 「히. けつぜん
決然〔결연〕 ①단호(斷乎)히. ②급
決議〔결의〕 의안(議案)의 가부(可否)를 결정함. けつぎ
決戰〔결전〕 승부(勝負)를 결정하기 위한 싸움. けっせん 「ってい
決定〔결정〕 결단하여 작정함. け
決河之勢〔결하지세〕 둑을 터뜨려 강물이 맹렬(猛烈)히 흐르는 것 같은 형세(形勢). 맹렬한 형세. けっかのいきおい

決行〔결행〕 단호히 행함. 단행(斷行)함. ㉠一力(력). けっこう
▷速決(속결). 議決(의결). 自決(자결). 裁決(재결). 專決(전결). 卽決(즉결). 判決(판결). 解決(해결).

【汲】 부 氵(삼수변) 획 3—4 훈 물길을 음 급 中 chi² 英 draw water 日 キュウ. くむ
뜻 ①물길을. ②당길. ③급할. 바쁠.
필순 ˋ氵氵汲汲

汲古〔급고〕 고서(古書)를 탐독(耽讀)함. きゅうこ
汲汲〔급급〕 ①쉬지 않고 노력함. ②분주한 모양. きゅうきゅう
汲水〔급수〕 물을 길음. 물깃기. きゅうすい 「うせん
汲泉〔급천〕 샘물을 긷는 것. きゅ

「汽」 부 氵(삼수변) 획 3—4 훈 김. 증기 음 기 中 ch'i⁴ 英 steam 日 キ. ゆげ
뜻 물끓는 김. 증기.
필순 ˋ氵汽汽

汽管〔기관〕 증기를 통하는 쇠통.
汽動車〔기동차〕 차량의 일부에 동력기관(動力機關)을 장치(裝置)하여 운전하는 객차(客車). きどうしゃ
汽船〔기선〕 증기기관(蒸氣機關)의 작용으로 다니는 배. 화륜선(火輪船). きせん
汽笛〔기적〕 기차·기선 따위의 증기의 힘으로 내는 고동. きてき
汽車〔기차〕 증기기관(蒸氣機關)의 작용(作用)으로 궤도 위를 다니는 수레. 화차(火車). きしゃ

【沐】 부 氵(삼수변) 획 3—4 훈 머리감을 음 목 中 mu⁴ 英 wash 日 モク. あらう 「길.
뜻 ①머리감을. ②다스릴. ③추
필순 ˋ氵汁汁沐沐

沐露〔목로〕 이슬을 받음. もくろ
沐髮〔목발〕 머리를 감는 것. 동세발(洗髮). もくはつ
沐浴〔목욕〕 ①머리를 감고 몸을 씻음. ②은혜를 입음. 동목은(沐恩). もくよく 「도록 꾸민 곳.
沐浴湯〔목욕탕〕 목욕을 할 수 있
沐恩〔목은〕 은혜를 입음. 동목욕(沐浴). もくおん
▷雨沐(우목). 湯沐(탕목). 櫛沐(즐목). 薰沐(훈목).

【沒】 부 氵(삼수변) 획 3—4 훈 빠질 음 몰 中 mo⁴ 英 set; die 日 ボツ. モツ. しずむ
뜻 ①빠질. ②죽을. 다할. ③망할. ④없을. ⑤빼앗을. 탐할.
참고 동 没
필순 ˋ氵氵沪沒沒

沒却〔몰각〕 ①없애 버림. ②무시(無視)함. 잊음. ぼっきゃく
沒年〔몰년〕 ①죽은 해. ②죽은 나이. ぼつねん
沒頭〔몰두〕 일에 열중함. ぼっとう
沒落〔몰락〕 ①죄다 떨어짐. ②멸망(滅亡)함. ぼつらく
沒死〔몰사〕 ①죽어 사죄(謝罪)함. ②죄다 죽음. ぼっし
沒殺〔몰살〕 죄다 죽음. ぼっさつ
沒常識〔몰상식〕 상식(常識)이 없음. ぼつじょうしき
沒收〔몰수〕 백성이 소유한 물건을 관청에서 거두어 들임. 동몰입(沒入). ぼっしゅう
沒人情〔몰인정〕 인정(人情)이 없음. ぼつにんじょう
沒入〔몰입〕 ①어떠한 데에 깊이 빠짐. ②동⇨몰수(沒收). ぼつにゅう 「っしゅみ
沒趣味〔몰취미〕 취미가 없음. ぼ
沒敗〔몰패〕 아주 패(敗)함. ぼっぱい 「つふうち
沒風致〔몰풍치〕 풍치가 없음. ぼ
沒後〔몰후〕 죽은 뒤. ぼつご
▷埋沒(매몰). 滅沒(멸몰). 病沒(병몰). 神出鬼沒(신출귀몰). 隱沒(은몰). 溺沒(익몰). 日沒(일몰). 潛沒(잠몰). 出沒(출몰). 沈沒(침몰). 敗沒(패몰). 陷沒(함몰).

【沙】 부 氵(삼수변) 획 3—4 훈 모래 음 사 中 sha¹ 英 sand 日 サ. シャ. すな 「름
뜻 ①모래. ②바닷가. ③소수이
참고 동 砂

필순 丶 氵 氵 沙 沙 沙

沙工〔사공〕 뱃사공. 「きゅう

沙丘〔사구〕 모래로 이룬 언덕. さ

沙金〔사금〕 모래 흙 속에 섞인 금. さきん. しゃきん

沙禽〔사금〕 물가의 모래 위에 사는 물새. さきん

沙器〔사기〕 백토(白土)로 구워 만든 그릇. 사기 그릇.

沙漠〔사막〕 모래만 깔리고 초목(草木)이 나지 않는 넓은 들. さば

沙鉢〔사발〕 사기로 된 밥그릇. ㄴく

沙防〔사방〕 ① 흙·모래·돌 등으로 쌓은 방축(防築). ②사태(沙汰)를 방지함. さぼう

沙上樓閣〔사상누각〕 모래 위에 세운 집. 곧 헛된 것. さじょうのろうかく

沙石〔사석〕 모래와 돌. させき

沙場〔사장〕 ①모래톱. ② 사막(沙漠). ③전쟁터. 전장(戰場). さじょう 「ゃちん

沙塵〔사진〕 모래가 섞인 먼지. し

沙汰〔사태〕 ①쌀을 일어 모래를 가려냄. ②사람이나 물건이 많음의 비유. ③ 시비곡직(是非曲直)을 바로잡음. 선악(善惡)을 가림. ④산 비탈 같은 것이 무너지는 현상. さた

沙土〔사토〕 모래가 많은 흙. さど

▷白沙(백사). 土沙(토사). 堆沙(퇴사). 風沙(풍사).

【沃】 부 氵(삼수변) 획 3—4 훈 기름질 음 옥 中 wo⁴ 英 fertile 日 ヨク. そそぐ

뜻 ①기름질. ②물댈.

필순 丶 氵 氵 沃 沃

沃度〔옥도〕 할로겐 원소(元素)의 한 가지. 요오드(iode). 동옥소(沃素). ヨード

沃度丁幾〔옥도정기〕 옥도의 알코올 용액(溶液). 요오드팅크(iodetinc). ヨードチンキ

沃素〔옥소〕 원소의 하나. 금속 광택이 있는 흑자색의 결정(結晶). 취기(臭氣)가 있음. 동옥도(沃度). よくそ 「(천리). よくや

沃野〔옥야〕 기름진 들. 예—千里

沃地〔옥지〕 동⇨옥토(沃土).

沃土〔옥토〕 기름진 땅. 동옥지(沃 ㄴ地). よくど

▷肥沃(비옥).

「沖」 부 氵(삼수변) 획 3—4 훈 화할 음 충 中 ch'ung¹ 英 deep 日 チュウ. おき

뜻 ①화할. ②빌. ③깊을. ④날아오를. ⑤어릴. ⑥흔들릴.

참고 속 冲

필순 丶 氵 氵 沪 沪 沖

沖氣〔충기〕 하늘과 땅이 잘 조화된 기운(氣運). ちゅうき

沖年〔충년〕 아주 어린 나이.

沖損〔충손〕 마음에 아무 생각이 없이 겸손함. ちゅうそん

沖弱〔충약〕 유치함. ちゅうじゃく

沖人〔충인〕 임금의 자칭(自稱).

沖天〔충천〕 하늘 높이 솟음. 하늘에 날아 오름. 예意氣(의기)—. ちゅうてん

沖沖〔충충〕 ① 늘어진 모양. ②마음에 걱정이 있는 모양. ③얼음을 깨는 소리. ちゅうちゅう

沖虛〔충허〕 허무한 것. ちゅうきょ

沖和〔충화〕 ①부드럽게 화함. ② 천지(天地)의 기운. ちゅうわ

【沈】 부 氵(삼수변) 획 3—4 훈 잠길·성 음 침·심 中 ch'en² 英 sink 日 チン. しずむ

뜻 ① 잠길. 가라앉을(침). ② 빠질(침). ③성(심).

필순 丶 氵 氵 氵 沪 沈

沈慮〔침려〕 생각에 잠김. 깊이 생각함. 동침사(沈思). ちんりょ

沈沒〔침몰〕 물속에 가라앉음. 물속에 빠져 들어감. 동침착(沈着). ちんぼつ

沈默〔침묵〕 말이 없이 가만히 있음. 잠잠함. ちんもく 「し

沈思〔침사〕 동⇨침려(沈慮). ちん

沈潛〔침잠〕 ①물 밑에 깊이 숨는 것. ② 마음이 가라앉아 생각이 깊음. ③마음을 가라앉혀 생각을 숨김. ちんせん

沈着〔침착〕 ①가라앉음. 동침몰(沈沒). ②성질(性質)이 가라앉고 착실함. ちんちゃく

沈滯〔침체〕 ①가라앉아 머묾. ②

벼슬이 오르지 아니함. ③일이 잘 되어 가지 아니함. ちんたい
沈痛〔침통〕 마음에 깊이 감동됨. ちんつう
▷擊沈(격침). 浮沈(부침). 深沈(심침). 意氣消沈(의기소침).

【泥】 부 氵(삼수변) 획 3—5 훈 진흙 음 니 中 ni$^{1\cdot2}$ 英 mud 日 デイ. どろ 「취할.
뜻 ①진흙. 수렁. ②흙손. ③술
필순 丶 氵 氵 沪 沪 泥
泥塊〔이괴〕 진흙 덩이. でいかい
泥金〔이금〕 금가루를 아교에 녹인 것. でいきん
泥泥〔이니〕 ①풀잎이 무성(茂盛)한 모양. ②이슬에 젖은 풀잎이 윤택(潤澤)한 모양. でいでい
泥水〔이수〕 진흙이 많이 섞인 물. でいすい
泥首〔이수〕 죄인의 모양. でいしゅ
泥炭〔이탄〕 토탄(土炭). でいたん
泥土〔이토〕 진흙. でいど 「う
泥行〔이행〕 진흙 길을 감. でいこ

【泊】 부 氵(삼수변) 획 3—5 훈 배댈 음 박 中 po^{2}, p'o^{4} 英 anchorage 日 ハク. とまる
뜻 ①배댈. ② 묵을. ③담박할.
필순 丶 氵 氵 氵 泊泊泊
泊船〔박선〕 동⇨박주(泊舟). はくせん
泊如〔박여〕 ①마음이 고요하고, 욕심이 없는 모양. ②물이 넓은 모양. はくじょ
泊舟〔박주〕 배를 육지에 대는 것. 동박선(泊船). はくしゅう
泊乎〔박호〕 마음이 고요하고 욕심이 적은 모양. はくこ
泊懷〔박회〕 담백하여 세상 일에 번민하지 않는 모양. はくかい
▷宿泊(숙박). 碇泊(정박). 停泊(정박). 駐泊(주박). 漂泊(표박).

〔泛〕 부 氵(삼수변) 획 3—5 훈 뜰 음 범: 中 fan^{4} 英 float 日 ハン. ホウ. うかぶ
뜻 ① 뜰. ②넓을(汎과 통용). ③덮을(법). ④ 물소리(핍).
필순 丶 氵 氵 氵 泛泛
泛看〔범간〕 눈여겨 보지 않고 데면데면 봄. はんかん 「どく
泛讀〔범독〕 데면데면 읽음. はん
泛論〔범론〕 널리 논함. はんろん
泛泛〔범범〕 ①떠 흔들리는 모양. ②가득한 모양. ③들떠서 침착하지 못한 모양. はんぱん
泛浮〔범부〕 떠 있음. 뜸. はんぷ
泛愛〔범애〕 널리 사랑함. はんあい
泛然〔범연〕 ①들떠 있는 모양. ②겉만 꾸미는 모양. はんぜん
泛溢〔범일〕 물이 넘쳐 흐름. 「う
泛舟〔범주〕 배를 띄움. はんしゅ
泛稱〔범칭〕 종합 명칭(綜合名稱). はんしょう 「않음.
泛忽〔범홀〕 데면데면하여 탐탁치

〔法〕 부 氵(삼수변) 획 3—5 훈 법 음 법 中 fa$^{1\cdot2\cdot3\cdot4}$ 英 law 日 ホウ. のり. おきて
뜻 ①법. ②본받을.
필순 丶 氵 氵 汁 注 法 法
法綱〔법강〕 법률과 기률(紀律). 동법기(法紀). ほうこう
法科〔법과〕 ①법률(法律). ②법률의 학과. ほうか
法官〔법관〕 재판관(裁判官). 사법관(司法官). 동법리(法吏)·법조(法曹). ほうかん
法權〔법권〕 법률의 권한. ほうけん
法規〔법규〕 법률상의 규정. 동법조(法條)·법헌(法憲). ほうき
法紀〔법기〕 동⇨法綱(법강). ほうき
法堂〔법당〕 불상(佛像)을 안치(安置)하고 설법하는 절의 정당(正堂). 동법전(法殿). はっとう
法度〔법도〕 ①법(法). 동법식(法式). ②법률과 제도. ほうど
法燈〔법등〕 불전에 올리는 등불. 불법(佛法)을 어두운데를 밝히는 등불에 비유한 것. ほうとう
法令〔법령〕 법(法). 동법률(法律)·법전(法典)·법제(法制).
法例〔법례〕 ①법(法). ② 모든 법령에 통하는 규칙. ③ 법률상의 관습. 또는 관례. ほうれい
法律〔법률〕 백성이 지켜야 할 나라의 율령(律令). 동법령(法令)·법전(法典)·국법(國法). ほうりつ

法吏〔법리〕 동⇨법관(法官). ほうり
法理〔법리〕 법률의 원리. ほうり
法網〔법망〕 법의 그물. 법률. 범죄자(犯罪者)가 법률의 제재(制裁)를 벗어나지 못함을 물고기나 새가 그물을 벗어날 수 없는 데 비유한 것. ほうもう
法務〔법무〕 ①법률상의 사무. ②불법(佛法)에 관한 사무. ほうむ
法文〔법문〕 ①법률의 조문(條文). 법령의 문장. ②불법(佛法)의 문장. 곧 경(經)·논(論)·석(釋) 등의 문장. ほうぶん
法服〔법복〕 ① 제정된 정식(正式)의 의복. 제복(制服). ②법정(法廷)에서 판사·검사·변호사 등이 입는 옷. ③ 동법의(法衣). ほうふく 「しょ
法書〔법서〕 법률에 관한 책. ほう
法式〔법식〕 ①법. 동법도(法度). ②불사(佛事)에 관한 예절과 의식(儀式). ほうしき
法案〔법안〕 법률의 안건. 법률의 초안(草案). ほうあん
法衣〔법의〕 중의 옷. 동법복(法服).
法人〔법인〕 자연인(自然人)이 아니고 법률상으로 인정받아서 권리 의무의 행사(行使)의 능력을 부여(賦與)받은 주체(主體). 예 財團(재단)—. ほうじん
法的規制〔법적규제〕 법에 관계되는 규정과 제도. ほうてききせい
法典〔법전〕 법(法). 동법률·법령(法令). 또 그 책. ほうてん
法殿〔법전〕 동⇨법당(法堂).
法廷〔법정〕 송사(訟事)를 재판하는 곳. ほうてい
法定〔법정〕 법률로 정함. ほうてい
法制〔법제〕 ①법(法). 동법령(法令). ②법률과 제도. 또 법률상의 제도. ほうせい
法條〔법조〕 ①법. 법규(法規). ②법률의 조문(條文). 법규의 조항. ほうじょう 「そう
法曹〔법조〕 동⇨법관(法官). ほう
法治〔법치〕 법률(法律)에 의하여 나라를 다스림. 예—主義(주의). —國家(국가). ほうち

法則〔법칙〕 ①반드시 지켜야만 하는 규범(規範). ②언제 어디서나 일정한 조건하에 성립하는 보편적·필연적 관계. ほうそく
法學〔법학〕 법률(法律)의 원리(原理) 및 그 적용(適用)을 연구하는 학문. ほうがく 「うけん
法憲〔법헌〕 법. 동법규(法規). ほ
法會〔법회〕 ①불법(佛法)을 강설(講說)하기 위한 모임. ②죽은 사람의 영(靈)을 위하는 것.
▷加法(가법). 敎法(교법). 舊法(구법). 國法(국법). 軍法(군법). 技法(기법). 論法(논법). 妙法(묘법). 無法(무법). 文法(문법). 方法(방법). 兵法(병법). 不法(불법). 非法(비법). 司法(사법). 商法(상법). 手法(수법). 禮法(예법). 立法(입법). 遵法(준법). 便法(편법). 合法(합법). 憲法(헌법). 刑法(형법).

「泌」 부 氵(삼수변) 획 3—5 훈 분비할 음 비 中 pi^4 英 secretion 日 ヒ. ヒツ. しみる
뜻 ①분비할. 스밀. ②샘물졸졸 흐를. ③돌창물(필).
필순 ` 氵 氵 氵 泌 泌 泌
泌尿器〔비뇨기〕 소변을 배출하는 └기관. ひにょうき
▷分泌(분비).

「沸」 부 氵(삼수변) 획 3—5 훈 끓을 음 비 中 fei^4 英 boil 日 ヒフツ. わく
뜻 ① 끓을. ② 샘물. 용솟음칠 └(불).
필순 氵 沪 沪 沸 沸
沸騰〔비등〕 ①끓음. 끓어 오름. ②떠들썩함. 의론(議論) 등이 물 끓듯 함. ふっとう 「う. わきゆ
沸湯〔비탕〕 끓고 있는 물. ふっと
沸沫〔불말〕 자꾸 이는 거품. ふっまつ 「ふつふつ
沸沸〔불불〕 물이 용솟음치는 모양.
沸石〔불석〕 돌 이름. 장석(長石)이 분해하여 생긴 것. ふっせき
沸水〔불수〕 용솟음치는 물. ふっ └すい
沸波〔불파〕 징경이. ひは
沸乎〔불호〕 불끈 성을 내는 모양.

「泄」 부 氵(삼수변) 획 3—5 훈 샐 음 설 中 hsieh^4 英 leak

[日] セツ. エイ. もれる
[뜻] ①샘. ②피어날. ③설사. ④업신여길. ⑤흩어질(예). ⑥내칠. ⑦많을.
[필순] 氵 汁 汫 泄 泄 泄 泄
泄氣[설기] 기운(氣運)이 세어서 흩어짐. せっき
泄露[설로] 탄로남. せつろ
泄痢[설리] 배탈. [동]설사(泄瀉).
泄瀉[설사] 배탈이 났을 때에 자주 누는 묽구수레한 똥.
泄精[설정] [동]⇨몽설(夢泄). 「ょう
泄症[설증] 설사하는 증세. せっし
泄泄[예예] ①새가 날개를 퍼덕이는 모양. 천천히 움직이는 모양. ②사람이 많은 모양. ③많은 사람이 웅성거리는 모양. 또는 투덜거리며 추종(追從)하는 것. え
▷排泄(배설). └いえい

【沼】 [부] 氵(삼수변) [획] 3—5 [훈] 늪 [음] 소: [中] chao^{3} [英] swamp [日] ショウ. ぬま
[뜻] ①늪. ②못.
[필순] 氵 氵 氵 汈 沼 沼 沼
沼氣[소기] 못과 늪의 진흙에서 나는 가스(gas). 메탄가스(methane gas). しょうき「いけ. しょうち
沼池[소지] ⇨[동]소택(沼澤). ぬま
沼澤[소택] 늪과 못. [동]소지(沼池). ぬまざわ. しょうたく

【沿】 [부] 氵(삼수변) [획] 3—5 [훈] 물따라내려갈 [음] 연 [中] yen$^{2\cdot4}$ [英] go along [日] エン. そう
[뜻] ①물따라 내려갈. ②좇을.
[필순] 氵 氵 氵 氵 氿 沿 沿 沿
沿道[연도] 큰 길가에 있는 지역. [동]연로(沿路). えんどう
沿路[연로] [동]⇨연도(沿道). えんろ
沿邊[연변] 국경·강·도로 등에 인접한 지역. えんぺん
沿線[연선] 철도(鐵道) 선로를 따라서 인접(隣接)하여 있는 지역. えんせん
沿岸[연안] 강물이나 바닷가를 따라서 인접하여 있는 일대의 지방. えんがん
沿海[연해] ①바닷가에 있는 일대(一帶)의 땅. ②육지에 가까운 바다. えんかい 「혁. えんかく
沿革[연혁] 변천(變遷)되어 온 내

【泳】 [부] 氵(삼수변) [획] 3—5 [훈] 헤엄칠 [음] 영: [中] yung^{3} [英] swim [日] エイ. およぐ
[뜻] 헤엄칠.
[필순] 氵 氵 氵 汸 泳 泳
▷競泳(경영). 背泳(배영). 水泳(수영). 遠泳(원영). 平泳(평영).

【油】 [부] 氵(삼수변) [획] 3—5 [훈] 기름 [음] 유 [中] yu^{2} [英] oil
[뜻] 기름. └[日] ユ. あぶら
[필순] 氵 氵 氵 汩 油 油 油
油蜜菓[유밀과] 기름에 튀긴 과자의 한 가지. ゆみつか
油性[유성] 기름의 성질. ゆせい
油松[유송] 잣나무. ゆしょう. あぶらまつ
油然[유연] ①구름같은 것이 왕성하게 일어나는 모양. ②여유있고 침착한 모양. ③명심(銘心)하지 않는 모양. ゆうぜん
油油[유유] ①물이 고요히 흐르는 모양. ②우아(優雅)한 모양. ③침착한 모양. ④수수·풀 등이 윤이 나 힘있는 모양. ゆうゆう
油紙[유지] ①기름 먹인 종이. ②기름과 종이. ゆし. あぶらがみ
油畫[유화] 기름기 있는 채색(彩色)으로 그린 서양식(西洋式)의 그림. あぶらえ
▷肝油(간유). 輕油(경유). 石油(석유). 食油(식유). 原油(원유). 精油(정유). 重油(중유). 揮發油(휘발유).

【泣】 [부] 氵(삼수변) [획] 3—5 [훈] 울 [음] 읍 [中] ch'i^{4} [英] weep
[뜻] 울. └[日] キュウ. なく
[참고] 본음(本音)=급
[필순] 氵 氵 氵 汁 泣 泣 泣
泣訴[읍소] 눈물로써 하소연함. きゅうそ
泣顔[읍안] 우는 얼굴. なきがお
泣請[읍청] 울면서 청함. きゅうせい 「읍. きゅうてい
泣涕[읍체] 눈물을 흘리며 슬피
▷感泣(감읍). 哭泣(곡읍). 悲泣(비읍). 號泣(호읍).

「沮」 부 氵(삼수변) 획 3—5 훈 막을 음 저(저:) 中 chü¹·³·⁴ 英 stop 日 ソ. ショ. はばむ
뜻 ①막을. ②그칠. ③꺾일.
필순 丶 氵 氵 氵 沪 沮 沮 沮
沮喪〔저상〕 기(氣)가 꺾임. 예意氣(의기)—. そそう
沮抑〔저억〕 억지로 누름. 동억지(抑止). 「지(防止)함. そし
沮止〔저지〕 막아서 못하게 함. 방
沮害〔저해〕 방해하여 해침. そがい

〖注〗 부 氵(삼수변) 획 3—5 훈 물댈 음 주: 中 chu⁴ 英 water flowing 日 チュウ. そそぐ
뜻 ①물댈. ②물쏟을. 부을. ③물흐를. ④풀이할. 주낼(註와 통용).
필순 丶 丶 氵 氵 汁 汁 注 注
注脚〔주각〕 해석. 본문(本文)의 일부분의 보족(補足). 동주석(注釋). 본문의 사이에 들어가는 것을 주(注), 아래에 들어가는 것을 각(脚)이라 함. ちゅうきゃく
注記〔주기〕 ①적음. 기록함. ②절에서 논의할 때 논제(論題)를 읽는 것을 맡은 중. ちゅうき
注連〔주련〕 물을 뿌려 깨끗이 하여 집의 입구(入口)에 쳐 놓은 새끼. ちゅうれん
注目〔주목〕 ①한 곳에 주의하여 바라봄. ②어떤 일을 경계하여 봄. 동주시(注視). ちゅうもく
注文〔주문〕 ①품종·수량·모양 등을 써서 제작 또는 송부(送付)를 의뢰하는 일. ②주석(注釋)한 글. ちゅうもん
注釋〔주석〕 서적의 본문의 해설(解說). 동주각(注脚)·주해(注解). ちゅうしゃく
注疎〔주소〕 서적의 본문의 해설(解說). 소(疎)는 주(注)를 기초로 하여 더욱 자세히 설명한 것. ちゅうそ 「うし
注視〔주시〕 동⇨주목(注目). ちゅ
注意〔주의〕 ①마음에 둠. 유의(留意)함. ②경계(警戒)함. 조심함. ちゅうい
注入〔주입〕 ①쏟아 넣음. 부어 넣음. ②기억과 암송(暗誦)을 주로 하여 학생에게 지식을 넣어 줌. ちゅうにゅう
注解〔주해〕 동⇨주석(注釋). ちゅうかい 「(산주).
▷脚注(각주). 傾注(경주). 散注

〖治〗 부 氵(삼수변) 획 3—5 훈 다스릴 음 치(치:) 中 ch'ih²·chih⁴ 英 govern 日 チ. ジ. おさめる
뜻 ①다스릴. ②병고칠.
필순 丶 氵 氵 氵 治 治 治 治
治家〔치가〕 집안 일을 처리(處理)함. 살림살이. ちか
治國〔치국〕 ①나라를 다스림. ②잘 다스려진 나라. ちこく
治國平天下〔치국평천하〕 나라를 다스리고 세상(世上)을 편안하게 함. ちこくへいてんか
治道〔치도〕 ①천하(天下)를 다스리는 길. 정치(政治)의 방법. ②길을 닦음. ちどう
治亂〔치란〕 ①잘 다스려짐과 어지러움. ②혼란(混亂)한 세상을 다스림. ちらん
治療〔치료〕 병을 다스려 낫게 함. 동치병(治病). ちりょう
治木〔치목〕 재목(材木)을 다듬음.
治病〔치병〕 동⇨치료(治療). ちびょう
治山〔치산〕 ① 산소(山所)를 매만져서 다듬음. ②산을 잘 다스림. 예—治水(치수). ちざん
治産〔치산〕 ①생업(生業)을 다스려 수입을 늘림. ②가업(家業)에 힘씀. ちさん 「차림. ちせい
治生〔치생〕 살아 갈 방도(方途)를
治世〔치세〕 ① 태평(太平)한 세상(世上). 잘 다스려진 세상. ↔난세(亂世). ②세상(世上)을 다스림. ③그 군주(君主)의 재위(在位)하는 동안. ちせい
治水〔치수〕 물을 잘 다스리어 그 피해를 막음. ちすい
治安〔치안〕 ①나라가 잘 다스려져 편안함. ②나라를 잘 다스려 편안하게 함. ちあん
治熱〔치열〕 병의 열기를 다스림.

㊀以熱(이열)―. ちねつ
治外法權〔치외법권〕 남의 나라의 국토 안에 있으면서 그 나라의 법률을 좇지 않는 국제법상(國際法上)의 권리. ちがいほうけん
治癒〔치유〕 병이 나음. ちゆ
治育〔치육〕 다스려 기름. ちいく
治者〔치자〕 한 나라를 통치(統治)하는 사람. ㊐통치자. ちしゃ
治粧〔치장〕 잘 매만져서 꾸밈. 곱게 모양을 냄. ちしょう
治績〔치적〕 정치상(政治上)의 공적(功績). ちせき
治罪〔치죄〕 죄(罪)를 다스림. ちざい 「림. ちてんか
治天下〔치천하〕 천하(天下)를 다스
治下〔치하〕 다스리는 범위(範圍)의 안. ㊐지배하(支配下). 통치하(統治下). ちか
▷官治(관치). 德治(덕치). 文治(문치). 民治(민치). 法治(법치). 不治(불치). 完治(완치). 自治(자치). 政治(정치). 統治(통치).

〖波〗 부 氵(삼수변) 획 3—5 훈 물결 음 파 ㊥ po¹, p'o¹ ㊕ waves ㊐ ハ. なみ
뜻 ①물결. ②물결일. 움직일. ③눈영채.
필순 丶 氵 氵 氵 氵 沪 波 波
波及〔파급〕 영향(影響)이나 여파(餘波)가 차차 전하여 먼 데까지 미침. はきゅう
波動〔파동〕 ①물결이 움직임. ②물질의 한 부분에 변위(變位)가 생겼을 때 그것에 인접한 부분에 차례로 같은 성질의 변위가 생기는 현상(現象). ㊀物價(물가)―. はどう
波紋〔파문〕 물결의 무늬. はもん
波狀〔파상〕 물결과 같은 형상(形狀). はじょう
波市〔파시〕 고기잡이가 한창일 때 바다 위에서 열리는 생선 시장.
波心〔파심〕 물결의 중심. はしん
波底〔파저〕 물결 밑. はてい
▷短波(단파). 水波(수파). 音波(음파). 餘波(여파). 電波(전파). 滄波(창파). 秋波(추파). 風波(풍파). 荒波(황파).

「泡」 부 氵(삼수변) 획 3—5 훈 거품 음 포 ㊥ p'ao⁴ ㊕ foam ㊐ ホウ. あわ
뜻 ①거품. ②성할. 왕성할.
필순 氵 氵 沟 沟 泡
泡沫〔포말〕 물거품. 덧없는 세상의 비유. ほうまつ
泡花〔포화〕 물거품. ほうか
▷氣泡(기포). 水泡(수포).

〖河〗 부 氵(삼수변) 획 3—5 훈 물 음 하 ㊥ hê² ㊕ river ㊐ カ. かわ
뜻 ①물. ②성.
필순 氵 氵 汀 沔 沔 河
河口〔하구〕 바다·호수 등으로 들어가는 강의 어귀. かこう
河流〔하류〕 강(江)의 흐름. 강. かりゅう 「かはく
河伯〔하백〕 물귀신. 수신(水神).
河邊〔하변〕 강가. 강변. ㊐하상(河上). かわべ
河上〔하상〕 ①강 위. ②강가. 강변. ㊐하변(河邊). かじょう
河床〔하상〕 하천(河川) 밑의 지반(地盤). かしょう. かわどこ
河心〔하심〕 강물이 흘러가는 한복판. 강의 중심. かしん
河岸〔하안〕 하천(河川) 양쪽의 둔덕. かがん. かわぎし
河緯地〔하위지〕 이조(李朝) 세종(世宗) 때의 정치가. 사육신(死六臣)의 한 사람. 집현전(集賢殿) 학사(學士)로 <역대병요(歷代兵要)>를 편찬하였음.
河川〔하천〕 내. 시내. かせん
▷大河(대하). 氷河(빙하). 山河(산하). 運河(운하). 銀河(은하). 天河(천하). 黃河(황하).

【況】 부 氵(삼수변) 획 3—5 훈 하물며 음 황: ㊥ k'uang⁴ ㊕ how much more; condition ㊐ キョウ. いわんや 「견줄.
뜻 ①하물며. ②형편. 상황. ③
필순 丶 氵 氵 汩 沪 沪 況
況且〔황차〕 하물며.
▷近況(근황). 狀況(상황). 市況(시황). 戰況(전황). 情況(정황).

〖洞〗 부 氵(삼수변) 획 3—6 훈 골·밝을 음 동:·통: 中 tung⁴ 英 cave 日 ドウ. ほら
뜻 ①골. ②동네마을. ③밝을(통). ④꿰뚫을·통할(통).
필순 氵 氵 汀 汩 洞 洞 洞
洞口〔동구〕 동네로 들어가는 어귀.
洞窟〔동굴〕 굴. 깊고 넓은 굴. 동 동혈(洞穴). どうくつ
洞房〔동방〕 ①깊숙한 데 있는 방. ②부인의 방. ③침방(寢房). どうぼう
洞房花燭〔동방화촉〕 ①침방에 비치는 환한 촛불. ②신방(新房)에 켠 환한 촛불. 또는 결혼 잔치. どうぼうかしょく 「동네.
洞中〔동중〕 ①동굴 속. 굴 안. ②
洞穴〔동혈〕 동⇨동굴(洞窟).
洞達〔통달〕 꿰뚫음. 달통(達通)함. とうたつ 「うさつ
洞察〔통찰〕 온통 밝히어 살핌. ど
洞燭〔통촉〕 아랫 사람의 사정을 깊이 헤아리어 살핌. 「とうぎょう
洞曉〔통효〕 환하게 깨달아서 앎.
▷空洞(공동). 白鹿洞(백록동). 白雲洞(백운동). 鍾乳洞(종유동).

【洛】 부 氵(삼수변) 획 3—6 훈 물이름·낙수 음 락 中 luo⁴ 英 continue 日 ラク. つづく
뜻 물이름.
필순 氵 氵 氵 氵 汊 洛 洛
洛東江〔낙동강〕 경상북도 태백산에서 시작하여 의령·창령·함안의 군계(郡界)에서 남강(南江)과 합류(合流)하여 김해(金海)를 지나 남해로 들어가는 강(江).
洛水〔낙수〕 중국의 강(江) 이름. 협서성(陝西省) 동남부에서 발원(發源)하여 황하(黃河)로 흐름.
洛陽〔낙양〕 하남성(河南省)의 수도(首都). 낙수(洛水)의 북방(北方)에 있음. らくよう
洛陽紙價貴〔낙양지가귀〕 ①진(晉)나라 사람 좌사(左思)가 제도부(齊都賦)와 삼도부(三都賦)를 지었을 때 낙양(洛陽)의 종이 값이 비싸진 옛 일. ②저서(著書)가 많이 팔리는 것을 이름. らくようしかたかし「稱). らっか
洛花〔낙화〕 모란(牡丹)의 별칭(別

〖洌〗 부 氵(삼수변) 획 3—6 훈 물맑을 음 렬 中 lieh⁴ 英 clear 日 レツ. きよい 「④술.
뜻 ①물맑을. ②찰. ③물 이름.
필순 氵 氵 氵 汀 沥 沥 洌 洌
洌水〔열수〕 대동강(大同江)의 딴이름. れっすい 「れっぷう
洌風〔열풍〕 찬바람. 동한풍(寒風).

〖洗〗 부 氵(삼수변) 획 3—6 훈 씻을 음 세 中 hsi³, hsien³ 英 wash 日 セン. あらう. あらい
뜻 ①씻을. ②깨끗할. ③조촐할(선).
필순 氵 氵 氵 氵 汼 洗 洗
洗腦〔세뇌〕 사상을 개조하기 위한 교육. せんのう
洗練〔세련〕 ①씻고 불림. 손질하여 완성함. ②사상(思想)·시문(詩文) 등을 잘 다듬음. ③수양에 의하여 인격이 원만하고 고상하게 됨. せんれん
洗禮〔세례〕 기독교의 의식(儀式)의 하나. 지금까지의 죄악을 씻어 버리고 새 사람이 된다는 표로 새로 입교(入敎)하는 사람의 머리에 점수(點水)하는 예(禮). せんれい 「씻음. せんしゅ
洗手〔세수〕 낯을 씻음. 또는 손을
洗眼〔세안〕 ①눈을 씻음. ②주의하여 봄. せんがん
洗浴〔세욕〕 목욕을 함. せんよく
洗淨〔세정〕 씻어 깨끗하게 함. せんじょう
洗滌〔세척〕 ①깨끗하게 씻음. ②동세탁(洗濯). せんじょう
洗濯〔세탁〕 ①빨래. ②동세척(洗滌).
▷受洗(수세). 領洗(영세).

〖洋〗 부 氵(삼수변) 획 3—6 훈 큰바다 음 양 中 yang² 英 ocean 日 ヨウ. おおうみ. ひろい
뜻 ①큰바다. ②넓을. ③넘칠.
필순 氵 氵 氵 氵 洋 洋 洋
洋琴〔양금〕 악기(樂器)의 한 가지. 피아노(piano). ようきん

洋傘〔양산〕 박쥐 우산. 「うしょ
洋書〔양서〕 서양의 서적(書籍). よ
洋式〔양식〕 서양식(西洋式). よう しき
洋藥〔양약〕 ①서양 의술(醫術)에 의하여 만든 약. ②서양에서 수입한 약. ↔한약(漢藥). ようやく
洋洋〔양양〕 ①물이 세차게 흐르는 모양. ②한없이 넓은 모양. 끝이 보이지 않는 모양. ③광대한 모양. ようよう
洋銀〔양은〕 구리·아연(亞鉛)·니켈의 합금(合金). ようぎん
洋裝〔양장〕 ① 복색(服色)을 서양식으로 차림. ②책을 서양식으로 꾸밈. ようそう 「しゅ
洋酒〔양주〕 서양산(產)의 술. よう
洋紙〔양지〕 서양식(西洋式)의 종이. ようし
洋鐵〔양철〕 얇은 쇠에 주석을 도금(鍍金)한 것. 생철. ようてつ
洋燭〔양촉〕 양초. ようしょく
洋行〔양행〕 ①서양식으로 꾸민 큰 상점. ②서양으로 감. ようこう
洋靴〔양화〕 구두. ようか
洋畫〔양화〕 서양식의 그림. ㉮서양화(西洋畫). ようが
洋灰〔양회〕 건축 재료의 접합제(接合劑)로 쓰는 고운 가루. 시멘트(cement). ようかい
▷南洋(남양). 內洋(내양). 大洋(대양). 東洋(동양). 北洋(북양). 西洋(서양). 外洋(외양).

【洲】 부 氵(삼수변) 획 3—6 훈 물가 음 주 ㊥ chou¹ ㊕ island ㊐ シュウ. ス. しま 「륙.
뜻 ①물가. ②섬. 모래톱. ③대
필순 氵氵氵沙沙洲洲洲
洲島〔주도〕 섬.
洲邊〔주변〕 물가. 섬가.
▷滿洲(만주). 沙洲(사주). 神洲(신주). 亞洲(아주). 五大洲(오대주). 濠洲(호주).

「津」 부 氵(삼수변) 획 3—6 훈 나루 음 진 ㊥ chin¹ ㊕ ferry ㊐ シン. つ
뜻 ①나루. ②진액. 침. ③넘칠.
필순 氵氵氵汀津津津津
津徑〔진경〕 나루터의 길. しんけい
津口〔진구〕 나루터. しんこう
津氣〔진기〕 ① 진액이 끈적끈적한 기운. ②우러나오는 속 기운.
津渡〔진도〕 나루. ㊐진두(津頭). しんと 「는 아이. しんどう
津童〔진동〕 뱃사공을 직업으로 하
津頭〔진두〕 ㊐⇨진도(津渡).
津夫〔진부〕 나라에서 두었던 나룻
津船〔진선〕 나룻배. └배의 사공.
津液〔진액〕 ①침. ②생물체에서 나오는 진. しんえき
津津〔진진〕 ①즙(汁) 따위가 넘칠 정도로 가득 차 있는 모양. ②맛 또는 재미가 많은 모양. ㊉興味(흥미)—. しんしん
▷鷺粱津(노량진). 三浪津(삼랑진). 熊津(웅진). 淸津(청진).

【派】 부 氵(삼수변) 획 3—6 훈 물갈래 음 파 ㊥ p'ai⁴ ㊕ branch off ㊐ ハ. わかれ「보낼.
뜻 ①물갈래. ②갈라질. 가를. ③
필순 氵氵氵汀沂沠派派
派遣〔파견〕 임무(任務)를 띠게 하여 사람을 보냄. はけん
派閥〔파벌〕 출신·소속이 같은 사람끼리의 연결. はばつ
派別〔파별〕 갈래를 나누어 가름.
派兵〔파병〕 군대를 파견함. はへい 「생김. 또 그것. はせい
派生〔파생〕 근본에서 갈리어 나와
派越〔파월〕 월남(越南)에 파견함.
派出所〔파출소〕 ① 파견된 사람이 근무하는 곳. ②주로 도시의 경찰서원이 파견되어 일을 보는 곳. はしゅつしょ 「여러 갈래.
派派〔파파〕 동종(同宗)의 각 분파.
▷黨派(당파). 分派(분파). 流派(유파). 宗派(종파).

【洪】 부 氵(삼수변) 획 3—6 훈 넓을 음 홍 ㊥ hung² ㊕ vast ㊐ コウ. おおみず 「④성.
뜻 ①넓을. ②클. ③큰물. 홍수.
필순 氵氵氵汁洪洪洪洪
洪吉童傳〔홍길동전〕 이조(李朝) 광해군(光海君) 때 허 균(許筠)이 지은 소설.
洪水〔홍수〕 큰물. こうずい

洪業〔홍업〕 큰 사업. 또 제왕(帝王)의 사업. こうぎょう
洪恩〔홍은〕 큰 은혜. こうおん
洪勳〔홍훈〕 큰 공(功). 훌륭한 공로(功勞). こうくん

〔活〕 부 氵(삼수변) 획 3—6 훈 살 음 활 中 huo² 英 live 日 カツ. いきる「(괄).
뜻 ①살. ②물콸콸흐를
필순 丶 氵 氵 汗 汗 汗 活 活 活

活氣〔활기〕 활발한 생기. かっき
活動〔활동〕 ①활발하게 움직임. ②무슨 일을 성공시키기 위해 돌아다니며 운동함. ③생동(生動)함. ④생활이 넉넉함. かつどう
活路〔활로〕 살아날 길. かつろ
活舞臺〔활무대〕 자기 힘을 충분히 발휘하여 활동할 수 있는 무대.
活佛〔활불〕 ① 덕이 높은 중의 존칭. ②나마교(喇嘛教)의 교주(教主)의 속칭(俗稱). かつぶつ
活用〔활용〕 ① 잘 응용함. 유용하게 씀. ②어미(語尾)의 변화(變化). かつよう
活人劍〔활인검〕 사람을 살리는 칼. 칼은 사람을 살상하는 연장이지만 쓰는 방도 여하에 따라서는 사람을 살리는 연장이 될 수 있음을 이름. ↔살인검(殺人劍). かつじんけん
活人畫〔활인화〕 배경을 적당하게 꾸미고 분장(扮裝)한 사람이 그 속에 들어가서 그림 속의 사람처럼 꾸미는 구경거리. かつじんが 「자형(字型). かつじ
活字〔활자〕 활판 인쇄에 사용되는
活版〔활판〕 식자(植字)하여 만든 인쇄판(印刷版). かっぱん
活火山〔활화산〕 현재 불을 뿜고 있는 산. 분화(噴火)하는 산. かっかざん
▷復活(부활). 死中求活(사중구활). 死活(사활). 生活(생활).

〔浪〕 부 氵(삼수변) 획 3—7 훈 물결 음 랑: 中 lang²·⁴ 英 wave 日 ロウ. なみ
뜻 ①물결. ②흘러다닐. ③함부로.
필순 丶 氵 氵 氵 氵 浪 浪 浪

浪浪〔낭랑〕 ①눈물이 흐르는 모양. ②비가 계속해서 내리는 모양. ③떠돌아다니는 모양. ④ 정처(定處)가 없고 의지할 곳이 없는 모양. ろうろう
浪漫的〔낭만적〕 현실적이 아니고 공상적인 것. 로맨틱(romantic). ローマンてき 「うひ
浪費〔낭비〕 재물을 함부로 씀. ろ
浪說〔낭설〕 터무니 없는 소문.
浪送〔낭송〕 허송(虛送). 쓸데없이 시간을 보냄. ろうそう
浪人〔낭인〕 ①일정한 주소가 없는 사람. ②방랑(放浪)하는 사람. ③일정한 직업 없이 노는 사람. ろうにん
▷激浪(격랑). 樂浪(낙랑). 放浪(방랑). 浮浪(부랑). 逆浪(역랑). 流浪(유랑). 滄浪(창랑). 風浪(풍랑).

〔浮〕 부 氵(삼수변) 획 3—7 훈 뜰 음 부 中 fou², fu²·⁴ 英 float 日 フ. うく. うかぶ
뜻 ①뜰. ②가벼울. ③덧없을.
필순 丶 氵 氵 氵 氵 浮 浮 浮

浮橋〔부교〕 배와 배를 잇대어 잡아매고 널빤지를 그 위에 깐 다리. うきはし 「증(浮症). ふき
浮氣〔부기〕 ①아지랭이. ②통⇨부
浮動〔부동〕 ①떠서 움직임. ②마음이 진득하지 못하고 이랬다 저랬다 함. 예一票(표). ふどう
浮浪〔부랑〕 일정한 직업·주소 없이 이리저리 떠돌아 다님. 또 그 사람. ふろう
浮名〔부명〕 실제(實際)보다 지나친 뜬 이름. 허황(虛荒)한 명성(名聲). うきな 「うきき
浮木〔부목〕 물 위에 떠 있는 나무.
浮文〔부문〕 부박(浮薄)한 문장. 실제에 소용없는 문장. 내용이 없는 형식적인 문장. ふぶん
浮民〔부민〕 ①떠돌아 다니는 백성(百姓). 일정한 주소가 없는 백성. ②직업(職業)이 없이 빈둥빈둥 노는 백성. ふみん

浮薄〔부박〕 마음이 들뜨고 경솔(輕率)함. 경박함. ふはく
浮石寺〔부석사〕 경상북도(慶尙北道) 영주(榮州)에 있는 절. 신라(新羅) 문무왕(文武王)때에 의상(義湘)이 지었다고 함. 「せい
浮生〔부생〕 덧없는 인생(人生). ふ
浮生若夢〔부생약몽〕 인생은 꿈갈이 덧없음. ふせいはゆめのごとし 「뜬소문. ふせつ
浮說〔부설〕 근거없는 소문(所聞).
浮世〔부세〕 덧없는 세상. うきよ
浮雲〔부운〕 ①떠다니는 구름. 뜬구름. ②덧없는 인생 또는 세상일의 비유. うきぐも
浮雲之志〔부운지지〕 뜬구름 같은 불의(不義)의 부귀를 증오하는 마음. ふうんのこころざし
浮症〔부증〕 몸이 퉁퉁하게 부어오르는 병. 통부기(浮氣). ふしょう
浮沈〔부침〕 ①물 위에 뜸과 물 속으로 가라앉음. ②세속을 따름. 종시속(從時俗)함. ふしん
浮標〔부표〕 물 위에 띄워 암초(岩礁) 등의 소재나 항로 등을 나타내는 표지. ふひょう
浮華〔부화〕 천박(淺薄)하고 화려함. 겉만 꾸미고 성실(誠實)하지 아니함. ふか
浮黃〔부황〕 오래 굶어 살이 누렇 ▷輕浮(경부). 「게 붓는 병.

〔流〕 부 氵(삼수변) 획 3—7 훈 흐를 음 류 中 liu² 英 flow 日 リュウ. ル. ながれる
뜻 ①흐를. ② 퍼질. ③ 귀양보낼. ④무리.
참고 동 㳅
필순 氵氵氵汁汁浐浐流流

流憩〔유게〕 간간이 쉼. りゅうけい
流年〔유년〕 ①흐르는 세월(歲月). ② 한 사람의 1년간의 운명(運命). りゅうねん 「どう
流動〔유동〕 흘러 움직임. りゅう
流頭〔유두〕 명절(名節)의 하나. 음력(陰曆) 유월 보름날. 「ろう
流浪〔유랑〕 이리저리 방랑함. る
流麗〔유려〕 글이나 말이 유창(流暢)하고 아름다움. りゅうれい
流民〔유민〕 고향(故鄕)을 떠나 유랑(流浪)하는 백성. りゅうみん
流配〔유배〕 죄인(罪人)을 귀양 보냄. るはい
流產〔유산〕 태아(胎兒)가 달이 차기 전에 죽어 나옴. りゅうざん
流散〔유산〕 유랑(流浪)하여 흩어짐. りゅうさん
流星〔유성〕 ①우주진(宇宙塵)이 지구의 대기 속에 들어와 마찰로 말미암아 연소하여 공기 속의 이온이 빛을 내는 것. 별똥. ②봉화(烽火). りゅうせい
流俗〔유속〕 ① 옛날부터 전(傳)해오는 풍속(風俗). ②세상. 세상사람. りゅうぞく 「りゅうすい
流水〔유수〕 흐르는 물. 물이 흐름.
流言〔유언〕 근거(根據)가 없는 소문. りゅうげん
流言蜚語〔유언비어〕 사회적 의미를 가진 확증이 없는 헛소문. 근거도 없는 선동적인 선전(宣傳). りゅうげんひご
流域〔유역〕 강가의 지역(地域). りゅういき 「씀. りゅうよう
流用〔유용〕 정한 용도 이외의 곳에
流傳〔유전〕 널리 퍼짐. 널리 전파(傳播)함. りゅうでん
流轉〔유전〕 ①빙빙 돎. ②변천함. ③널리 세상에 전함. りゅうてん
流暢〔유창〕 하는 말이나 글 읽는 것이 조금도 거침이 없음. りゅうちょう
流出〔유출〕 흘러 나감. 또 흘러 나가게 함. りゅうしゅつ
流彈〔유탄〕 빗나간 탄환(彈丸). りゅうだん
流派〔유파〕 어떠한 파(派)에서 갈려 나온 파. 동분파(分派). りゅうは
流布〔유포〕 세상에 널리 퍼짐. 또 세상에 널리 퍼뜨림. りゅうふ
流血〔유혈〕 ①피를 흘림. 또 피가 흐름. ②흐르는 피. りゅうけつ
流刑〔유형〕 죄인(罪人)을 먼 곳으로 추방하여 그 곳에 있게 하는 형벌. りゅうけい
▷激流(격류). 交流(교류). 暖流

(난류). 本流(본류). 上流(상류). 逆流(역류). 一流(일류). 潮流(조류). 中流(중류). 下流(하류). 合流(합류). 海流(해류).

【涉】 부 氵(삼수변) 획 3—7 훈 건널 음 섭 中 shê⁴ 英 ford 日 ショウ. わたる
뜻 ①건널. ②거칠. 겪을. ③관계할. 교섭할.
필순 氵氵氵' 氵'' 氵'' 沚 涉 涉 涉
涉獵〔섭렵〕 ①여러 가지 책(冊)을 널리 읽음. ②여러 가지 물건을 구하려고 널리 돌아다님. しょうりょう
涉水〔섭수〕 물을 건넘. しょうすい
涉外〔섭외〕 ①외국 또는 외부와 연락 교섭하는 것. ②어떤 법률상(法律上)의 일이 국내외와 관계를 가지는 것. しょうがい
涉于春氷〔섭우춘빙〕 봄철의 얼음을 건넘. 매우 위험함의 비유.
▷干涉(간섭). 關涉(관섭). 交涉(교섭). 徒涉(도섭).

〔消〕 부 氵(삼수변) 획 3—7 훈 사라질 음 소 中 hsiao¹ 英 disperse 日 ショウ. きえる. けす 「줄어들.
뜻 ①사라질. ②끌. ③
필순 氵氵' 氵'' 氵'' 氵'' 消 消 消
消却〔소각〕 ①꺼 물리침. 사라지게 함. ②써 없앰. 소비(消費)함. しょうきゃく
消渴〔소갈〕 목이 마르며 소변이 자주 나오는 병. 동 당뇨병(糖尿病). しょうかち. しょうかつ
消遣〔소견〕 ①지워 보냄. 기분을 풂. ②소일(消日)함. しょうけん
消毒〔소독〕 병의 원인이 되는 병균을 죽임. しょうどく 「めつ
消滅〔소멸〕 사라져 없어짐. しょう
消耗〔소모〕 써서 없어짐. 또 써서 줄게 함. 써서 닳게 함. しょうもう 「產). しょうひ
消費〔소비〕 써서 없앰. ↔생산(生
消費者〔소비자〕 물건을 소비하는 사람. ↔생산자(生產者). しょうひしゃ 「어 없앰. しょうさん
消散〔소산〕 흩어져 없어짐. 또 흩
消息〔소식〕 ①없어짐과 생김. 줆과 붊. ②변화(變化). ③왕래(往來). ④동정(動靜). 안부(安否). ⑤편지. 동음신(音信)·통신(通信). しょうそく
消失〔소실〕 없어짐. 사라져 없어짐. しょうしつ
消遙〔소요〕 이리저리 거닐어 다님. しょうよう 「ょうじつ
消日〔소일〕 세월(歲月)을 보냄. し
消長〔소장〕 쇠하여 줄어감과 성하여 늘어감. しょうちょう
消滯〔소체〕 체한 음식을 소화시킴.
消沈〔소침〕 마음이 사그라지고 활기(活氣)가 없어짐. しょうちん
消夏〔소하〕 더위를 사라지게 함. 동소하(銷夏). しょうか
消火〔소화〕 불을 끔. しょうか
消化〔소화〕 ① 사물(事物)이 소멸하여 변화함. ②먹은 것을 삭히어서 내림. ③듣거나 읽는 것을 잘 이해함. しょうか
▷抹消(말소). 費消(비소). 取消(취소). 解消(해소).

〔涑〕 부 氵(삼수변) 획 3—7 훈 빨래할 음 수 中 su⁴ 英 wash 日 ソク. シュ. あらう
뜻 ①빨래할. ②양치질할. ③물 이름(속).
필순 氵氵' 氵'' 氵'' 氵'' 沖 涑 涑

〔浴〕 부 氵(삼수변) 획 3—7 훈 목욕할 음 욕 中 yü⁴ 英 bathe 日 ヨク. あびる
뜻 ①목욕할. 미역감을. ②입을. 받을.
필순 氵氵' 氵'' 氵'' 氵'' 浴 浴 浴
浴客〔욕객〕 ①목욕(沐浴)하는 사람. ②목욕하러 오는 손님. よっきゃく. よっかく
浴室〔욕실〕 목욕통(沐浴桶)의 설비가 있는 방. よくしつ 「くい
浴衣〔욕의〕 목욕할 때 입는 옷. よ
浴湯〔욕탕〕 목욕탕. よくとう
浴化〔욕화〕 높은 덕으로써 하는 교화(敎化)를 받음. よっか
▷冷水浴(냉수욕). 沐浴(목욕). 溫浴(온욕). 日光浴(일광욕). 入浴(입욕). 海水浴(해수욕).

「浚」 부 氵(삼수변) 획 3—7 훈 깊을 음 준: ㊥ chün⁴ ㊧ deep ㊐ シュン. さらう
뜻 ①깊을. ②칠. ③기다릴. ④빼앗을.
필순 氵氵氵氵氵浚浚 「んきゅう
浚急〔준급〕 깊고 빠른 흐름. しゅ
浚渫〔준설〕 우물이나 개울의 진흙 또는 강바닥의 모래를 침. 예—船(선). しゅんせつ
浚井〔준정〕 우물의 오물(汚物)을 쳐내어 더 깊게 함. しゅんせい

［涕］ 부 氵(삼수변) 획 3—7 훈 눈물 음 체: ㊥ t'i⁴ ㊧ tears ㊐ テイ. なみだ
뜻 ①눈물. ②눈물흘릴. 울.
필순 氵氵氵氵涕涕涕
涕淚〔체루〕 눈물. ているい
涕泣〔체읍〕 눈물을 흘리며 우는 것. ていきゅう

【浸】 부 氵(삼수변) 획 3—7 훈 적실 음 침(침:) ㊥ chin⁴ ㊧ soak ㊐ シン. ひたす 「밸.
뜻 ①적실. 담글. 잠글. ②번질.
필순 氵氵氵氵氵浸浸
浸水〔침수〕 물에 잠김. しんすい
浸蝕〔침식〕 물이 점점 스며들어 바위나 지표(地表) 따위를 허물어뜨림. しんしょく
浸染〔침염〕 차츰차츰 물듦. 점차로 감화됨. しんぜん
浸潤〔침윤〕 점점 배어 들어감. しんじゅん「이 들어감. しんとう
浸透〔침투〕 스미어 젖어서 속속들

【浦】 부 氵(삼수변) 획 3—7 훈 물가 음 포(포:) ㊥ p'u³ ㊧ bay; inlet ㊐ ホ. うら
뜻 개. 물가.
필순 氵氵氵氵氵浦浦浦
浦口〔포구〕 개의 어귀. 작은 항구.
浦民〔포민〕 고기잡이를 하며 사는
浦邊〔포변〕 갯가. 「백성. ほみん
浦村〔포촌〕 갯가나 냇가의 고기잡이의 마을. ほそん 「ほこう
浦港〔포항〕 포구(浦口) 및 항구.
▷萬里浦(만리포). 木浦(목포). 永登浦(영등포). 濟物浦(제물포).

〖海〗 부 氵(삼수변) 획 3—7 훈 바다 음 해: ㊥ hai³ ㊧ sea ㊐ カイ. うみ
뜻 ①바다. ②넓을. ③많을.
필순 氵氵氵氵汸海海海
海口〔해구〕 바다의 후미진 곳으로 들어간 어귀. かいこう
海狗〔해구〕 물개. 북태평양(北太平洋)에 사는 바다 짐승.
海寇〔해구〕 바다에서 노략질하거나 바다로부터 침입하는 도둑. かいこう 「기. かいおう
海鷗〔해구〕 바다 위를 나는 갈매
海內〔해내〕 사해(四海)의 안이라는 뜻으로 국내(國內) 또는 천하(天下)를 이름. ↔해외(海外). かいだい. かいない
海圖〔해도〕 바다의 심천(深淺)·암초(岩礁)의 위치·조류의 방향·항로 표지(航路標識) 등을 기록한 지도. かいず
海東〔해동〕 한국의 별칭(別稱). 발해(渤海)의 동쪽에 있는 나라라는 뜻. かいとう 「길. かいろ
海路〔해로〕 바다의 배가 다니는
海流〔해류〕 일정한 방향으로 흐르는 바닷물. かいりゅう
海面〔해면〕 바닷물의 표면(表面). かいめん 「かいむ
海霧〔해무〕 바다 위에 끼는 안개.
海邊〔해변〕 바닷가. 해빈(海濱). かいへん. うみべ 「かいひん
海濱〔해빈〕 바닷가. 동해변(海邊).
海產物〔해산물〕 바다에서 나는 물건. 어개(魚介)·조류(藻類) 등. かいさんぶつ 「ょく
海色〔해색〕 바다의 경치. かいし
海水〔해수〕 바닷물. かいすい
海獸〔해수〕 바닷 속에서 사는 포유 동물. 고래·바닷개·물개·강치 등 바다짐승. かいじゅう
海水浴〔해수욕〕 바닷물에 목욕(沐浴)하는 일. かいすいよく
海神〔해신〕 바다의 신. 바다귀신. かいしん. かいじん
海心〔해심〕 바다의 한가운데. かいしん 「가. かいがん

海岸〔해안〕 바닷가의 언덕. 바닷가.
海洋〔해양〕 바다. かいよう
海燕〔해연〕 ①제비. ②떼새. 물떼새. ③바다제비. かいえん
海外〔해외〕 사해(四海)의 밖이라는 뜻으로 외국을 이름. ↔해내(海內). かいがい
海雲〔해운〕 바다 위에 이는 구름. 「かいうん
海運〔해운〕 ① 해수(海水)의 움직임. ②해상(海上)의 운송(運送). かいうん
海印〔해인〕 불타(佛陀)의 슬기. かいいん
海溢〔해일〕 바닷물이 불시(不時)에 일어나서 맹렬(猛烈)한 물결이 육지로 넘치어 들어오는 일. かいいつ
海底〔해저〕 바다의 밑바닥. かいてい
海賊〔해적〕 해상(海上)에서 배를 습격(襲擊)하여 재물(財物)을 빼앗는 강도(强盜). かいぞく
海戰〔해전〕 해상(海上)에서 하는 전쟁. かいせん
海潮〔해조〕 ①바닷물. 해수(海水). ②바다의 조수(潮水)의 흐름. かいちょう
海潮音〔해조음〕 ①파도 소리. ②여러 중이 경(經)을 읽는 소리. かいちょうおん
海中孤魂〔해중고혼〕 바닷속에 빠져 죽은 외로운 귀신(鬼神).
海苔〔해태〕 ①해조(海藻). ②김·청태(靑苔) 따위. かいたい
海風〔해풍〕 바다에서 불어 오는 바람. かいふう
海航〔해항〕 대양(大洋)을 항해하는 일. かいこう
海港〔해항〕 해변에 있는 항구.
海峽〔해협〕 육지와 육지 사이에 끼어 있는 바다의 좁은 부분. かいきょう
▷苦海(고해). 公海(공해). 南海(남해). 大海(대해). 東海(동해). 碧海(벽해). 領海(영해). 外海(외해). 臨海(임해). 學海(학해). 航海(항해). 黃海(황해).

【浩】 부 氵(삼수변) 획 3—7 훈 넓을 음 호: 中 hao⁴ 英 vast 日 コウ. **ひろ**い
뜻 넓을.
필순 氵氵氵汁汼浩浩浩

浩大〔호대〕 넓고 큼. こうだい
浩洋〔호양〕 물이 광대(廣大)한 모양. こうよう
浩然之氣〔호연지기〕 널리 천지간(天地間)에 유통하는 정대(正大)한 원기(元氣). 또 사람의 마음에 차 있는 정대한 기운. こうぜんのき
浩歎〔호탄〕 크게 탄식함.
浩瀚〔호한〕 ①넓고 큰 모양. ②물이 엄청나게 많이 흐르는 모양. ③길이 길게 계속되는 모양. ④번쩍이며 빛나는 모양. こうかん
浩浩漠漠〔호호막막〕 한없이 넓고 멀어 아득함. こうこうばくばく
浩浩湯湯〔호호탕탕〕 물이 광대(廣大)하게 흐르는 모양. こうこうしょうしょう

【淡】 부 氵(삼수변) 획 3—8 훈 묽을 음 담 中 tan⁴ 英 insipid 日 タン. **あわ**い
뜻 ①묽을. 싱거울. 엷을. ②민물. ③담박할.
필순 氵氵氵氵汢汱淡淡

淡淡〔담담〕 욕심이 없고 마음이 깨끗한 모양. 담박한 모양. 동담여(淡如). たんたん
淡墨〔담묵〕 진하지 아니한 먹물. 「たんぼく
淡泊〔담박〕 욕심(慾心)이 없고 깨끗함. 집착(執着)이 없음. たんぱく
淡色〔담색〕 진하지 아니한 빛.
淡水〔담수〕 짠 맛이 없는 맑은 물. たんすい
淡如〔담여〕 동⇨담담(淡淡).
淡彩〔담채〕 엷은 채색(彩色). 산뜻한 채색. たんさい
淡黃〔담황〕 엷은 황색(黃色).
▷枯淡(고담). 冷淡(냉담). 濃淡(농담). 雅淡(아담).

〖涼〗 부 氵(삼수변) 획 3—8 훈 서늘할 음 량 中 liang² 英 cool 日 リョウ. **すず**しい
뜻 ①서늘할. ②쓸쓸할.
참고 속 凉
필순 氵氵氵汁汸涼涼涼

涼涼〔양량〕 ①친절감이 없는 모양. ②서늘한 모양. りょうりょう
涼月〔양월〕 가을 밤의 달. りょうげつ

涼秋〔양추〕 서늘한 가을. 음력 9월.
涼風〔양풍〕 ①서늘한 바람. 선들 바람. ②북풍(北風). ③서남풍(西南風). りょうふう 「か
涼夏〔양하〕 서늘한 여름. りょう
▷納涼(납량). 微涼(미량). 炎涼(염량). 凄涼(처량). 清涼(청량). 秋涼(추량). 寒涼(한량). 荒涼(황량).

【涙】 부 氵(삼수변) 획 3—8 훈 눈물 음 루 ㊥ lei⁴ 英 tears 日 ルイ. なみだ
뜻 ①눈물. ②눈물흘릴.
필순 氵氵沪沪沪涙涙
涙落〔누락〕 눈물이 짐. るいらく
涙腺〔누선〕 눈물을 내어 보내는 분비선(分泌腺). るいせん
涙水〔누수〕 눈물. るいすい
涙眼〔누안〕 눈물 지은 눈. 눈물에 어린 눈. るいがん「양. るいか
涙河〔누하〕 눈물이 한창 흐르는 모
▷感涙(감루). 落涙(낙루). 悲涙(비루). 愁涙(수루). 暗涙(암루). 熱涙(열루). 血涙(혈루). 紅涙(홍루).

〖淑〗 부 氵(삼수변) 획 3—8 훈 맑을 음 숙 ㊥ shu² 英 pure 日 シュク. しとやか. よい
뜻 ①맑을. 말쑥할. ②착할. ③사모할.
필순 氵氵氵氵汁汁淑淑
淑均〔숙균〕 선량하고 공평한 것. しゅくきん. しゅくいん
淑女〔숙녀〕 정숙한 여자. 덕행(德行)을 구비(具備)한 부녀(婦女). しゅくじょ
淑德〔숙덕〕 숙녀의 덕행(德行). 부인의 미덕(美德). しゅくとく
淑人〔숙인〕 ① 착한 사람. 선량하고 덕이 있는 사람. ②송(宋)나라의 제도(制度)에서 상서(尙書) 이상의 벼슬아치의 부인에게 주던 칭호. 또 명(明)·청(清)시대의 제도에서 삼품(三品) 지위의 부인에게 주던 칭호. しゅくじん
淑清〔숙청〕 성품과 언행(言行)이 맑고 깨끗함. しゅくせい
淑行〔숙행〕 선량한 행위.
▷明淑(명숙). 私淑(사숙). 貞淑(정숙). 賢淑(현숙).

〔淳〕 부 氵(삼수변) 획 3—8 훈 순박할 음 순 ㊥ ch'uen² 英 pure 日 ジュン. あつい. すなお
뜻 ①순박할. ②맑을. 깨끗할.
필순 氵氵氵汸沪淳淳淳
淳潔〔순결〕 순박하고 결백함. じゅんけつ 「ゅんりょう
淳良〔순량〕 순박하고 선량함. じ
淳朴〔순박〕 온순하고 질박함. じゅんぼく「양. じゅんじゅん
淳淳〔순순〕 조용히 흘러 가는 모
淳粹〔순수〕 깨끗하고 순수(純粹)함. じゅんすい
淳實〔순실〕 순박(淳朴)하고 진실함. じゅんじつ 「ゅんぷう
淳風〔순풍〕 순박한 풍속(風俗). じ
淳化〔순화〕 ①두터운 은혜(恩惠). ②순박하게 함. 또 순박해짐. じゅんか 「함. じゅんわ
淳和〔순화〕 순박하고 온화(溫和)
淳厚〔순후〕 순박하고 인정이 두터움. じゅんこう 「(충순).
▷眞淳(진순). 清淳(청순). 忠淳

〖深〗 부 氵(삼수변) 획 3—8 훈 깊을 음 심 ㊥ shen¹ 英 deep 日 シン. ふかい
뜻 깊을.
필순 氵氵氵汀泙泙深深
深刻〔심각〕 ①깊이 새김. ② 대단히 엄함. 무자비함. ③속에 깊은 생각을 간직함. 아주 깊고 절실함. しんこく 「こく
深谷〔심곡〕 깊은 산골짜기. しん
深慮〔심려〕 깊은 생각. しんりょ
深妙〔심묘〕 이치가 깊어 알기 어려움. 오묘함. しんみょう
深思〔심사〕 깊이 생각함. 곰곰 생각함. 또 그 생각. ㉮—熟考(숙고). しんし
深山幽谷〔심산유곡〕 깊은 산과 으슥한 골짜기. しんざんゆうこく
深甚〔심심〕 매우 심함. しんじん
深夜〔심야〕 깊은 밤. 한밤중. しんや
深淵薄氷〔심연박빙〕 깊은 못에 언 얇은 얼음을 밟음. 곧 대단히 위

험한 장소나 처지에 있음의 비유. しんえんはくひょう
深憂之〔심우지〕 깊이 근심함. 몹시 걱정함. 「恨). しんえん
深怨〔심원〕 깊은 원한. 동심한(深
深遠〔심원〕 ①깊고 멂. ②심장(深長)하고 원대함. しんえん
深長〔심장〕 깊고 긺. 의미가 깊음. 예意味(의미)—. しんちょう
深重〔심중〕 ①침착하고 묵중함. ②깊이 겹침. しんちょう
深察〔심찰〕 깊이 살핌. 근본까지 캐어 자세히 조사함. しんさつ
深淺〔심천〕 깊음과 얕음. しんせん
深醉〔심취〕 술이 몹시 취함. しんすい 「んつう
深痛〔심통〕 몹시 마음 아파함. し
深海〔심해〕 깊은 바다. しんかい
深紅〔심홍〕 진한 다홍빛. しんこう. しんく
深懷〔심회〕 깊은 회포(懷抱). 또 깊이 생각함. しんかい
▷水深(수심). 幽深(유심). 清深(청심). 海深(해심).

【涯】 부 氵(삼수변) 획 3—8 훈 물가 음 애 中 ya² yai² 英 shore 日 ガイ. はて. みぎわ
뜻 ①물가. ②가. 끝.
필순 氵 氵 汇 汇 沪 涯 涯
涯角〔애각〕 궁벽스럽고 먼 땅.
涯岸〔애안〕 ①물가. ②끝. 경계(境界). がいがん 「いさい
涯際〔애제〕 ①물가. ②끝 근처. が
▷生涯(생애). 無涯(무애). 際涯(제애). 天涯(천애).

「液」 부 氵(삼수변) 획 3—8 훈 진 음 액 中 i⁴, yeh⁴ 英 liquid 日 エキ. しる
뜻 ①진. 즙. ②헤칠.
필순 氵 氵 氵 汴 液 液 液
液汁〔액즙〕 물체에서 배어 나오거나 짜낸 액체. えきじゅう
液體〔액체〕 체적(體積)은 있으나 유동(流動)하는 물체. 물·기름 따위. えきたい
液化〔액화〕 기체(氣體) 또는 고체(固體)가 액체로 변함. えきか
▷甘液(감액). 樹液(수액). 精液(정액). 血液(혈액).

「淵」 부 氵(삼수변) 획 3—8 훈 못 음 연 中 yüan¹ 英 gulf 日 エン. ふち
뜻 ①못. ②깊을.
참고 약 渕
필순 氵 氵 氵 氵 渊 淵 淵 淵
淵蓋蘇文〔연개소문〕 고구려의 대막리지(大莫離支)를 지낸 장군·정치가. 「굴. えんどう
淵洞〔연동〕 깊은 곳. 또는 깊은 동
淵謀〔연모〕 깊은 계략. えんぼう
淵雅〔연아〕 침착하여 아늑한 마음가짐이 있는 것. えんが
淵淵〔연연〕 ①깊고 고요한 모양. ②북치는 소리. えんえん
淵源〔연원〕 사물(事物)의 근원. えんげん
淵泉〔연천〕 ①못과 샘. ②깊은 호수. ③못처럼 깊고 샘처럼 솟는 것. えんせん
▷廣淵(광연). 潭淵(담연). 大淵(대연). 深淵(심연).

「淫」 부 氵(삼수변) 획 3—8 훈 음란할 음 음 中 yin² 英 obscene 日 イン. みだら. みだりに
뜻 ①음란할. ②방탕할. ③과할.
필순 氵 氵 氵 氵 氵 浮 淫
淫女〔음녀〕 동⇨음부(淫婦).
淫溺〔음닉〕 과도(過度)하게 즐겨서 거기에 빠짐. いんでき
淫亂〔음란〕 음탕(淫蕩)하고 난잡(亂雜)함. いんらん
淫部〔음부〕 사람의 생식기.
淫婦〔음부〕 음란(淫亂)한 부인. 동음녀(淫女). いんぷ
淫習〔음습〕 음탕한 버릇. 동음풍(淫風). いんしゅう 「ん
淫心〔음심〕 음탕한 마음. いんし
淫慾〔음욕〕 음탕한 욕심. 호색(好色)하는 마음. 남녀(男女)의 정욕. いんよく
淫雨〔음우〕 오래 오는 비. 곡물에 해를 끼치는 비. いんう
淫蕩〔음탕〕 음란하고 방탕(放蕩)함. いんとう
淫風〔음풍〕 음란한 풍속(風俗). 동음습(淫習). いんぷう

淫虐〔음학〕 음란하고 사납고 악함. いんぎゃく 「んこう
淫行〔음행〕 음란한 행실(行實). い
▷姦淫(간음). 樂而不淫(낙이불음). 書淫(서음). 荒淫(황음).

〖淨〗 부 氵(삼수변) 획 3—8 훈 깨끗할 음 정(정:) 中 ching⁴ 英 clean 日 ジョウ. **きよい**
뜻 ①깨끗할. 조촐할. ②맑을.
참고 약 浄
필순 氵 氵 氵 浐 浄 淨

淨潔〔정결〕 깨끗함. 결백함. じょうけつ 「(명창)—. じょうき
淨几〔정궤〕 깨끗한 책상. 예明窓
淨書〔정서〕 초잡은 글을 새로 바르게 씀. 청서(清書). じょうしょ
淨水〔정수〕 ①깨끗한 물. ②손을 씻는 물. じょうすい
淨財〔정재〕 깨끗한 재물(財物). 곧 자선(慈善)을 위하여 내는 의연금(義捐金)이나 절에 내는 기부금. じょうざい
淨土〔정토〕 번뇌(煩惱)의 속박을 떠난 아주 깨끗한 세상. 불(佛)·보살(菩薩)이 있는 국토. ↔예토(穢土). じょうど
淨化〔정화〕 깨끗하게 함. じょうか
▷潔淨(결정). 明淨(명정). 不淨(부정). 清淨(청정).

〖淺〗 부 氵(삼수변) 획 3—8 훈 얕을 음 천: 中 ch'ien³ 英 shallow 日 セン. **あさい**
뜻 ①얕을. 엷을. ②엷 「을.
참고 약 浅
필순 氵 氵 浐 浅 淺 淺

淺見〔천견〕 ①얕은 생각. 천박(淺薄)한 소견. ②자기 소견의 겸칭(謙稱). せんけん
淺慮〔천려〕 얕은 생각. せんりょ
淺薄〔천박〕 생각이나 학문(學問) 같은 것이 얕음. せんぱく
淺深〔천심〕 얕음과 깊음. せんしん
淺才〔천재〕 얕은 재주. 얕은 슬기. 얕은 꾀. せんさい
淺學〔천학〕 학문이 넉넉지 못함. 예—菲才(비재). せんがく
淺海〔천해〕 얕은 바다. せんかい

▷微淺(미천). 深淺(심천). 日淺(일천). 淨淺(정천). 卑淺(비천). 鄙淺(비천).

【添】 부 氵(삼수변) 획 3—8 훈 더할 음 첨 中 t'ien¹ 英 add 日 テン. **そえる**
뜻 더할.
필순 氵 氵 氵 添 添 添 添 添

添加〔첨가〕 덧붙임. 보탬. てんか
添附〔첨부〕 첨가하여 붙임. てんぷ
添削〔첨삭〕 문자(文字)를 보태거나 뺌. 시문(詩文) 같은 것을 고침. てんさく
添酌〔첨작〕 종헌(終獻) 드린 잔에 다시 술을 가득 채움. てんしゃ 「く
▷別添(별첨). 有添(유첨).

〖清〗 부 氵(삼수변) 획 3—8 훈 맑을 음 청 中 ch'ing¹ 英 clear 日 セイ. ショウ. シン. **きよい** 「④나라이름.
뜻 ①맑을. ②조촐할.
필순 氵 氵 浐 清 清 清

清江一曲〔청강일곡〕 맑은 강물의 한 굽이. 「모양. せいかい
清介〔청개〕 청렴(清廉)하고 고립된
清儉〔청검〕 결백하고 검소(儉素)함. せいけん
清潔〔청결〕 ①청렴하고 결백함. 동 청백(清白). ②깨끗함. ↔불결(不潔). せいけつ 「けい
清溪〔청계〕 물이 맑은 시내. せい
清高〔청고〕 ①청렴하고 고상함. ②깨끗하고 높음. せいこう
清談〔청담〕 속(俗)되지 아니한 이야기. 청아(清雅)한 이야기. せいだん 「ょう
清涼〔청량〕 맑고 시원함. せいり
清廉〔청렴〕 마음이 깨끗하고 욕심이 없음. せいれん
清明〔청명〕 ①깨끗하고 밝은 마음. ②잘 다스려져 평온함. ③24기(氣)의 하나. 춘분(春分)의 다음. 양력 4월 5일경. せいめい
清白〔청백〕 청렴하고 결백함. 동 청결(清潔). せいはく
清白吏〔청백리〕 ①청렴 결백한 관리. ②의정부(議政府)·육조(六曹)·경조(京兆)의 이품(二品) 이상의 당상관(堂上官)과 사헌부(司憲府) 대사간(大司諫)이 추천하여 선정한 청렴한 벼슬아치.
清貧[청빈] 청백(清白)하여 가난함. せいひん
清士[청사] 마음이 깨끗한 선비. 청렴(清廉)한 인물. せいし
清書[청서] 정서(淨書)함. 또 그 것. せいしょ 「せいそう
清掃[청소] 깨끗이 소제(掃除)함.
清水[청수] 맑은 물. せいすい
清純[청순] 청렴하고 조금도 사심(私心)이 없음. せいじゅん
清新[청신] 산뜻하고 새로움. 진부(陳腐)하지 아니함. せいしん
清雅[청아] 맑고 아담(雅淡)한 것. せいが
清野[청야] ①깨끗한 들. 들을 깨끗이 함. ②전쟁 때 적(敵)의 이용의 편리를 주지 않기 위해 집들을 헐어 없앰. せいや
清節[청절] 깨끗한 절개(節槪). 변하지 않는 굳은 지조(志操). 통 청조(清操). せいせつ
清淨[청정] ①깨끗함. 정함. ②속세(俗世)의 번거로운 일을 떠나 마음을 깨끗하게 가짐. ③마음이 깨끗하여 번뇌(煩惱)와 사욕(私欲)이 없음. せいじょう
清酒[청주] 맑은 술. 약주(藥酒). ↔탁주(濁酒). せいしゅ
清清[청청] ①맑은 모양. ②서늘한 모양. せいせい
清楚[청초] 깨끗하고 산뜻함. 산뜻하고 고움. せいそ
清秋[청추] ①공기가 맑은 가을. 음력 8월의 별칭(別稱). ②맑은 가을 하늘. せいしゅう
清濁[청탁] ①맑음과 흐림. 치란(治亂)·선악(善惡)·정사(正邪)·착한 사람과 악한 사람 등의 비유로 쓰임. ②청음(清音)과 탁음(濁音). ③청주(清酒)와 탁주. せいだく 「소리. せいだくおん
清濁音[청탁음] 맑은 소리와 흐린
清風[청풍] 맑은 바람. 솔솔 부는 바람. 시원한 바람. 예—明月(명월). せいふう 「せいこう
清香[청향] 맑은 향기. 좋은 공기.
清華[청화] ①문장이 조촐하고 화려함. ②깨끗한 꽃. ③귀한 가문(家門). せいか
清輝[청휘] 맑은 빛. せいき
▷百年河清(백년하청). 肅清(숙청). 沈清(심청). 血清(혈청).

〔混〕 부 氵(삼수변) 획 3—8 훈 섞일 음 혼: 中 huen[2·3·4] 英 mix 日 コン. まぜる
뜻 ①섞일. 섞을. ②오랑캐이름.
필순 氵 汩泹混混混
混沌[혼돈] ①천지가 아직 나누어지지 않음. ②사물이 구별할 수 없이 흐리멍텅함. こんとん
混同[혼동] ①합쳐 하나로 함. 또 모여듦. ②뒤섞음. 혼합(混合)함. こんどう
混亂[혼란] 뒤섞이어 어지러움. 뒤죽박죽이 됨. こんらん
混成[혼성] 섞여 이루어짐. 또 섞어 만듦. こんせい
混食[혼식] 밥에 잡곡(雜穀)을 섞어 넣어 먹음. こんしょく
混然[혼연] 뒤섞어 구별할 수 없는 모양. こんぜん
混浴[혼욕] 남녀(男女)가 한데 섞여 목욕함. こんよく
混用[혼용] 섞어 씀. こんよう
混入[혼입] 섞여 들어감. 또 넣어 섞음. こんにゅう 「んざつ
混雜[혼잡] 뒤섞임. 또 뒤섞음. こ
混戰[혼전] 서로 뒤섞여 싸움. 한데 서로 어울려 싸움. こんせん
混濁[혼탁] ①흐림. 맑지 아니함. ②혼란된 세상. こんだく
混合[혼합] 뒤섞여 한데 합함. 또 뒤섞어 한데 합침. こんごう
混血兒[혼혈아] 트기. こんけつじ
混混[혼혼] ①물이 솟아나는 모양. ②탁(濁)한 모양. こんこん

〔淮〕 부 氵(삼수변) 획 3—8 훈 물이름 음 회 中 huai[2] 英 name of a river 日 カイ. ワイ
뜻 물이름.
필순 氵 氵' 汁 洋 淮 淮
淮水[회수] 중국(中國)의 세째가는 큰 강. 하남성(河南省)에서

시작하여 안휘(安徽)·강소(江蘇) 두 성을 거쳐 동지나해(東支那海)로 흐름. わいすい

〔渴〕 부 氵(삼수변) 획 3—9 훈 목마를 음 갈 中 k'ê[3] 英 thirsty 日 カツ. かわく

뜻 ①목마를. ②마를. ③급할.

필순 氵 渇 渇渇渇

渴求〔갈구〕 대단히 애써 구함.
渴急〔갈급〕 몹시 급함. かっきゅう
渴望〔갈망〕 몹시 바람. 간절(懇切)히 바람. かつぼう
渴聞〔갈문〕 열심히 들음. かつぶん
渴水〔갈수〕 가뭄으로 물이 마름. 예—기(期). かっすい
渴愛〔갈애〕 ①매우 사랑함. ②이욕(利慾)에 애착(愛着)함. かつあい
渴症〔갈증〕 ①물이 몹시 먹고 싶은 증세. ② 약갈급증(渴急症).
▷枯渴(고갈). 窮渴(궁갈). 飢渴(기갈). 酒渴(주갈).

〔減〕 부 氵(삼수변) 획 3—9 훈 덜 음 감: 中 chien[3] 英 decrease 日 ゲン. へる

뜻 ①덜. ②빼기.

필순 氵 氵 氵 洉 減減減

減價〔감가〕 ①값을 내림. ②평판(評判)을 떨어뜨림. 가치(價値)가 떨어짐. げんか
減却〔감각〕 동⇨감쇄(減殺).
減軍〔감군〕 군대의 수효(數爻)를 줄임. げんぐん
減免〔감면〕 감하여 면제(免除)함. 「げんめん
減俸〔감봉〕 월급을 줄임. げんぽう
減削〔감삭〕 덜고 깎음. 삭감(削減)함. げんさく
減算〔감산〕 빼는 계산. 빼기. 뺄셈. げんさん
減殺〔감쇄〕 줆. 또 줄임. 동감각(減却). げんさい
減衰〔감쇠〕 힘이 줄어 쇠약하여짐. 「げんすい
減收〔감수〕 수확(收穫) 또는 수입이 줆. げんしゅう
減壽〔감수〕 수명이 줄어짐. 「じゅ げん
減員〔감원〕 인원을 줄임. げんいん
減刑〔감형〕 형벌(刑罰)을 가볍게 함. げんけい

▷加減(가감). 輕減(경감). 半減(반감). 削減(삭감). 增減(증감).

【渡】 부 氵(삼수변) 획 3—9 훈 건널 음 도: 中 tu[4] 英 crossover 日 ト. わたる

뜻 ①건널. ②건넬. ③나루.

필순 氵 汇 浐 浐 浐 浐 渡渡

渡江〔도강〕 강물을 건넘. とこう
渡口〔도구〕 나루터. とこう
渡頭〔도두〕 나루. 동 진두(津頭). ととう
渡來〔도래〕 ①물을 건너 옴. ②외국에서 배를 타고 옴. とらい
渡美〔도미〕 미국으로 감. とべい
渡船〔도선〕 나룻배. とせん
渡世〔도세〕 세상을 살아감. とせい
渡日〔도일〕 일본(日本)으로 건너감. とにち
渡河〔도하〕 내를 건넘. 예—作戰「(작전). とか
渡航〔도항〕 배로 물을 건넘. とこう
▷過渡(과도). 讓渡(양도). 引渡「(인도). 津渡(진도).

〔渥〕 부 氵(삼수변) 획 3—9 훈 흡족할 음 악 中 wo[4] 英 affecate 日 アク. あつい

뜻 ①흡족할. ②두터울. ③물이 「름.

필순 氵 氵 氵 沪 沪 渥渥

渥丹〔악단〕 ①진한 빨간색. ②얼굴빛이 붉고 윤기(潤氣)가 나는 것. あくたん
渥露〔악로〕 많은 이슬. あくろ
渥味〔악미〕 짙은 맛. あくみ
渥然〔악연〕 반질반질한 모양. あく「ぜん
渥澤〔악택〕 두터운 은혜(恩惠).
渥厚〔악후〕 두터운 것. 풍부한 것. あくこう

「渦」 부 氵(삼수변) 획 3—9 훈 소용돌이 음 와: 中 wo[1] kuo[1] 英 whirlpool 日 カ. うず

뜻 ①소용돌이. ②웅덩이.

필순 氵 沪 沪 沪 渦渦渦渦

渦動〔와동〕 폐곡선(閉曲線)을 축(軸)으로 하여 돌아가는 유체(流體)의 상태. かどう
渦動輪〔와동륜〕 ①회전(回轉)하는 유체(流體)의 바퀴. ②총이나 대포를 쏠 때 나는 연기 따위. かどうりん

渦動環〔와동환〕①와동(渦動)의 선이 원형(圓形)으로 된 모양. ② 기차의 굴뚝에서 나오는 환상(環狀)의 연기 따위. かどうかん
渦紋〔와문〕소용돌이치는 모양. [동] 와상(渦狀). かもん 「ょう
渦狀〔와상〕[동]⇨와문(渦紋). かじ
渦旋〔와선〕소용돌이침. かせん
渦中〔와중〕① 소용돌이치며 흐르는 물가운데. ②시끄럽게 떠도는 사건의 중심. かちゅう

【測】[부] 氵(삼수변) [획] 3—9 [훈] 잴 [음] 측 [中] ts'ê⁴ [英] measure [日] ソク. はかる
[뜻] ①잴. 측량할. ②헤아릴.
[필순] 氵 冫冂 浿 測 測 測
測角器〔측각기〕각도(角度)를 재는 기계의 총칭.
測量〔측량〕지면(地面)·하해(河海)의 장단(長短)·고저(高低)·심천(深淺) 등을 잼. ②남의 마음을 추측함. そくりょう「すい
測水〔측수〕물의 깊이를 잼. そく
測雨器〔측우기〕①우량(雨量)을 측량하는 기구. ②[동]우량계(雨量計). そくうけい
測定〔측정〕재어 정함. 기계(器械) 같은 것으로 잼. そくてい
測地〔측지〕토지의 광협(廣狹)·고저(高低) 등을 잼. そくち
測候〔측후〕천문(天文)·기상(氣象)을 관측함. そっこう
▷計測(계측). 觀測(관측). 豫測(예측). 推測(추측).

【湯】[부] 氵(삼수변) [획] 3—9 [훈] 끓을 [음] 탕: [中] t'ang¹ [英] hot water [日] トウ. ショウ. ゆ
[뜻] ①끓일. ②끓인물. ③물결칠.
[필순] 氵 沪 浬 湒 湡 湯
湯液〔탕액〕달여 우려낸 액체(液體). とうえき
湯藥〔탕약〕①달여 먹는 약. [동]탕제(湯劑). ②온천(溫泉)치료(治療)와 복약(服藥). 곧 치료(治療). とうやく
湯井〔탕정〕[동]⇨탕천(湯泉).
湯劑〔탕제〕달여 먹는 약. [동]탕약(湯藥). とうざい
湯池〔탕지〕①끓는 못이라는 뜻으로, 깊고 넓게 파서 적(敵)이 건너올 수 없게 한 구덩이. 곧 요해(要害)의 성지(城池). [예]金城(금성)—. ②온천(溫泉). とうち
湯泉〔탕천〕온천(溫泉). [동]탕정(湯井). とうせん
湯湯〔상상〕물이 한창 흐르는 모양. 또는 파도(波濤)치는 모양. しょうしょう
▷藥湯(약탕). 熱湯(열탕). 溫湯(온탕). 浴湯(욕탕).

【港】[부] 氵(삼수변) [획] 3—9 [훈] 항구 [음] 항: [中] kang³ [英] harbour [日] コウ. みなと
[뜻] ①항구. ②뱃길.
[필순] 氵 汁 洪 洪 洪 港 港
港口〔항구〕배가 정박하는 곳의 출입구. こうこう
港都〔항도〕항구 도시(港口都市). [동]항시(港市). こうと
港圖〔항도〕항구 안팎의 자리를 자세히 그려 배의 출입 또는 대는 데에 도움이 되는 해도(海圖).
港灣〔항만〕해안의 만곡(灣曲)한 지점에 방파제·부두·잔교(棧橋)·기중기·창고 등의 시설을 한 수역(水域). こうわん
港市〔항시〕[동]⇨항도(港都). こうし
▷空港(공항). 軍港(군항). 美港(미항). 不凍港(부동항). 良港(양항). 外港(외항) 要港(요항).

【湖】[부] 氵(삼수변) [획] 3—9 [훈] 호수 [음] 호 [中] hu² [英] lake [日] コ. みずうみ
[뜻] 호수. 늪.
[필순] 氵 汁 沽 湖 湖
湖水〔호수〕①큰 못. ②연못의 물. こすい
湖心〔호심〕호수의 한가운데. 호수의 중심. [동]호중(湖中). こしん
湖中〔호중〕호수의 한가운데. [동] 호심(湖心). こちゅう
湖海〔호해〕①호수와 바다. ②호수. ③민간(民間)의 뜻. 곧 강호(江湖). こかい
▷江湖(강호). 大湖(대호). 西湖(서호). 五湖(오호).

溪 부 氵(삼수변) 획 3—10 훈 시내 음 계 中 ch'i[1], hsi[1] 英 streamlet 日 ケイ.
뜻 시내. したに
필순 氵汀浐浮溪溪溪溪

溪谷〔계곡〕 물이 흐르는 산골짜기. けいこく 「일어나는 아지랑이.
溪嵐〔계람〕 산골짜기 시냇물에서
溪流〔계류〕 산골짜기에서 흐르는 시냇물. けいりゅう
▷淸溪(청계). 退溪(퇴계).

溝 부 氵(삼수변) 획 3—10 훈 도랑 음 구: 中 kou[1] 英 groove 日 コウ. みぞ
뜻 ①도랑. ②개천.
필순 氵氵䒑溝溝溝溝

溝渠〔구거〕 도랑. 동하수(下水).
溝池〔구지〕 ①적이 침범하지 못하도록 성 밑에 파 놓은 못. ②도랑과 못. こうち
溝形鋼〔구형강〕 끊은 면이 ㄷ자 모양인 강철. こうけいこう
▷排水溝(배수구). 城溝(성구). 下水溝(하수구). 海溝(해구).

溺 부 氵(삼수변) 획 3—10 훈 빠질 음 닉 中 ni[4] 英 drown 日 デキ. ニョウ. おぼれる. いばり 「용).
뜻 ①빠질. ②오줌(뇨)(尿와 통
필순 氵氵氵沪溺溺溺

溺沒〔익몰〕 물 속에 빠져 버림. できぼつ 「きし
溺死〔익사〕 물 속에 빠져 죽음. で
溺愛〔익애〕 사랑에 빠짐. 지나치게 사랑함. できあい 「できわく
溺惑〔익혹〕 어떤 일에 즐겨 빠짐.
溺器〔요기〕 오줌 그릇. できき
▷沒溺(몰닉). 淫溺(음닉). 惑溺(혹닉). 耽溺(탐닉).

溜 부 氵(삼수변) 획 3—10 훈 물방울 음 류 中 liu[1·4] 英 drip 日 リュウ. ため. したたる
뜻 ①물방울 떨어질. ②김서릴.
필순 氵氵氵沏溜溜溜

溜達〔유달〕 산책(散策). りゅうたつ 「うりゅう
溜溜〔유류〕 물 흐르는 소리. りゅ
溜氷〔유빙〕 얼음을 탐. りゅうすい
溜滑〔유활〕 매우 미끄러움. りゅうかつ

滅 부 氵(삼수변) 획 3—10 훈 멸할 음 멸 中 mieh[4] 英 ruin 日 メツ. ほろびる 「어질.
뜻 ①멸할. 멸망할. ②죽을. ③없
필순 氵汇涙減滅滅

滅却〔멸각〕 동⇨멸절(滅絕). めっきゃく
滅裂〔멸렬〕 산산조각이 남. 예支離(지리)—. めつれつ 「ぼう
滅亡〔멸망〕 망하여 없어짐. めつ
滅名〔멸명〕 이름이 없어짐. めつめい 「두 살륙당하는 큰 재앙.
滅門之患〔멸문지환〕 한 집안이 모
滅私〔멸사〕 사리(私利)를 없앰. 사사로운 일을 없앰. 예—奉公(봉공). めっし
滅敵〔멸적〕 적을 멸함. めってき
滅絕〔멸절〕 멸망하여 끊어져 버림 동멸각(滅却). めっぜつ 「ぞく
滅族〔멸족〕 한 겨레를 멸함. めつ
滅種〔멸종〕 씨가 없어짐. 한 종류가 다 없어짐. めっしゅ
▷擊滅(격멸). 壞滅(괴멸). 摩滅(마멸). 殲滅(섬멸). 絕滅(절멸). 破滅(파멸).

溫 부 氵(삼수변) 획 3—10 훈 따뜻할 음 온 中 wen[1] 英 warm 日 オン. あたたかい. あたためる 「울. ③익힐.
뜻 ①따뜻할. ②부드러
참고 속 温
필순 氵汩㴑㴑㴑溫溫

溫故知新〔온고지신〕 옛것을 익히고 나아가 새것을 앎. 전에 배운 것을 연구하여 새로운 이치를 발명함. おんこちしん
溫恭〔온공〕 온순하고 공손함. おんきょう 「씨. おんだん
溫暖〔온난〕 따뜻함. 또 따뜻한 날
溫度〔온도〕 덥고 추운 정도. 온도계에 나타난 도수. おんど 「い
溫冷〔온랭〕 따뜻함과 참. おんれ
溫水〔온수〕 따뜻한 물. ↔냉수(冷水). おんすい
溫順〔온순〕 온화(溫和)하고 공순(恭順)함. おんじゅん

溫雅〔온아〕 온화하고 아담함.
溫顔〔온안〕 온화한 안색. 화기(和氣)가 도는 얼굴. おんがん
溫柔〔온유〕 온후(溫厚)하고 유순함. おんじゅう
溫柔敦厚〔온유돈후〕 동 ⇨ 온후(溫厚). おんじゅうとんこう
溫潤〔온윤〕 온화하여 윤택(潤澤)이 있음. おんじゅん
溫慈〔온자〕 온화하고 자애심(慈愛心)이 많음. おんじ 「(湯井).
溫井〔온정〕 동⇨온천(溫泉)·탕정
溫情〔온정〕 따뜻한 마음. 깊은 인정. おんじょう
溫存〔온존〕 ①친절히 위문(慰問)함. ②소중히 보관함. おんぞん
溫泉〔온천〕 지열(地熱)로 말미암아 땅속에서 평균 기온 이상으로 데워져 솟아나는 지하수(地下水). 동온정(溫井)·온탕(溫湯). おんせん
溫湯〔온탕〕 ①동온천(溫泉). ②따뜻한 물. おんとう「함. おんこう
溫好〔온호〕 온화하고 유순(柔順)
溫和〔온화〕 ①마음이 따뜻하고 화기가 있음. 온순하고 인자(仁慈)함. ②따뜻함. おんわ
溫厚〔온후〕 ①온화하고 어질고 무던함. 동온유돈후(溫柔敦厚). ②따뜻하고 조용함. おんこう
▷高溫(고온). 氣溫(기온). 冷溫(냉온). 微溫(미온). 體溫(체온). 平溫(평온). 寒溫(한온).

「溶」 부 氵(삼수변) 획 3—10 훈 녹일 음 용 中 jung² 英 melt 日 ヨウ. とける
뜻 ①녹을. ②물질편히 흐를.
필순 氵 氵 浐 浛 溶 溶
溶媒〔용매〕 다른 물건을 용해(溶解)하는 데 쓰는 물질. 주정(酒精)·수은(水銀) 따위. ようばい
溶液〔용액〕 어떤 물질(物質)을 녹인 액체. ようえき
溶溶〔용용〕 ①큰 물이 흐르는 모양. ②마음이 넓고 도량(度量)이 큰 모양. ようよう
溶接〔용접〕 전열(電熱)이나 가스로 금속을 녹여 붙임. ようせつ
溶劑〔용제〕 고체·액체·기체 따위를 녹이는 데 쓰는 약제(藥劑). ようざい 「かい
溶解〔용해〕 녹음. 또 녹임. よう

【源】 부 氵(삼수변) 획 3—10 훈 근원 음 원 中 yüan² 英 source 日 ゲン. みなもと
뜻 근원.
필순 氵 汇 沥 源 源 源 源
源流〔원류〕 수원(水源)의 흐름. 수 동원천(源泉). げんりゅう
源源〔원원〕 근원이 길어서 끊어지지 않는 모양. げんげん
源泉〔원천〕 ①물이 흐르는 근원. 동원류(源流). 수원(水源). ②사물이 생기는 근원. 천원(泉源). げんせん
▷根源(근원). 起源(기원). 發源(발원). 本源(본원). 水源(수원). 淵源(연원). 資源(자원). 字源(자원). 財源(재원). 電源(전원). 震源(진원).

「溢」 부 氵(삼수변) 획 3—10 훈 넘칠 음 일 中 i⁴ 英 overflow 日 イツ. あふれる
뜻 넘칠. 「flow
필순 氵 氵 氵 浐 洐 溢 溢
溢流〔일류〕 넘쳐 흐름. いつりゅう 「(稱讚). いつよ
溢譽〔일예〕 사실과는 벗어난 칭찬
溢血〔일혈〕 신체 조직의 내부에서 일어나는 출혈(出血). 예腦(뇌)—. いっけつ 「っき
溢喜〔일희〕 더 이상 없는 기쁨. い
▷放溢(방일). 富溢(부일). 充溢(충일). 海溢(해일).

「滋」 부 氵(삼수변) 획 3—10 훈 불을 음 자 中 tzu¹ 英 nourish 日 シ. ジ. ます. うまい
뜻 ①불을. ②맛. 맛있을. ③더 참고 약 滋 ㄴ욱.
필순 氵 氵 氵 泫 泫 滋 滋
滋味〔자미〕 ①맛이 좋고 양분이 많은 음식. ②재미. じみ
滋甚〔자심〕 더욱더욱 심함. じしん
滋養〔자양〕 ①기름. 양육함. ②몸의 영양(營養)이 됨. 또 그 음식. じよう 「비. じう
滋雨〔자우〕 생물에게 혜택을 주는

「滓」 부 氵(삼수변) 획 3—10 훈 찌끼 음 재(재:) 中 tzu^3 英 remainder 日 シ. おり. かす
뜻 찌끼(앙금).
필순 氵 氵 浐 浐 滓 滓 滓
滓炭〔재탄〕 부스러진 숯. したん
▷渣滓(사재). 泥滓(이재). 殘滓(잔재). 沈滓(침재).

【準】 부 氵(삼수변) 획 3—10 훈 법도 음 준: 中 chuen^3 英 flat; rule 日 ジュン. のり. **なぞらえる** 「콧마루(절).
뜻 ① 법도. ② 평평할. 고를. ③
필순 氵 氵 汁 淮 淮 準 準
準據〔준거〕 ①본받음. 표준으로 삼아 좇음. ②모범. 표준. じゅんきょ 「모범. じゅんど
準度〔준도〕 법도(法度). 본보기.
準例〔준례〕 ①표준될 만한 전례(前例). ②어떤 예에 비겨 봄. じゅんれい 「춤. じゅんび
準備〔준비〕 미리 마련함. 미리 갖
準用〔준용〕 준거(準據)하여 적용(適用)함. 표준으로 삼아 적용함. じゅんよう
準則〔준칙〕 ①본받음. 표준으로 삼음. ②표준을 삼아 지켜야 할 규칙. じゅんそく 「じゅんこう
準行〔준행〕 준거(遵據)하여 행함.
▷規準(규준). 基準(기준). 水準(수준). 照準(조준). 平準(평준). 標準(표준).

【滄】 부 氵(삼수변) 획 3—10 훈 찰 음 창 中 ts'ang^1 英 cold; blue 日 ソウ. **さむい**. **あおい** 「푸를.
뜻 ①찰. 싸늘할. ②큰바다. ③
필순 氵 氵 沦 滄 滄 滄
滄浪〔창랑〕 ①푸른 물 빛. ②한수(漢水)의 하류(下流). そうろう
滄茫〔창망〕 물이 푸르고 넓어 아득함.
滄海〔창해〕 ①큰 바다. 동대해(大海). ②신선(神仙)이 산다는 곳. そうかい
滄海一粟〔창해일속〕 대해(大海)에 떠 있는 한 알의 좁쌀. 곧 지극히 큰 것 중에 있는 극히 작은 것의 비유. そうかいのいちぞく

［滑］ 부 氵(삼수변) 획 3—10 훈 미끄러울 음 활 中 hua^2 英 smooth 日 カツ. コツ. **なめらか**. **すべる** 「어지러울(골).
뜻 ①미끄러울. ②익살(골). ③
필순 氵 氵 氵 泗 渭 滑 滑 「こう
滑降〔활강〕 미끄러져 내림. かっ
滑氷〔활빙〕 얼음지치기. 스케이팅(skating). かつひょう
滑走〔활주〕 ①미끄러져 달아남. ②비행기가 땅 위나 물 위를 내달음. 예—路(로). かっそう
滑車〔활차〕 도르래. かっしゃ
滑滑〔활활〕 반들반들한 모양. 매끄러운 모양. かつかつ
滑稽〔골계〕 익살. 예—劇(극). —畫(화). こっけい 「(청활).
▷圓滑(원활). 潤滑(윤활). 淸滑

［滉］ 부 氵(삼수변) 획 3—10 훈 물깊고 넓을 음 황 中 kuang^4 英 ocean 日 コウ.
뜻 물깊고 넓을.
필순 氵 氵 沪 沪 滉 滉 滉
滉洋自恣〔황양자자〕 물이 넓고 깊은 것처럼 학식(學識) 문재(文才)가 깊고 넓어서, 응용(應用)하는 것이 자유자재(自由自在)함. こうようじし

【漏】 부 氵(삼수변) 획 3—11 훈 샐 음 루: 中 lou^4 英 leak; drip 日 ロ. ロウ. **もる**
뜻 ①샐. ②빠뜨릴. ③물시계.
필순 氵 氵 沪 涓 漏 漏 漏
漏刻〔누각〕 ①물시계. ②잠시 동안. ろうこく 「물기운. ろうき
漏氣〔누기〕 축축하게 새어 나오는
漏斗〔누두〕 깔때기. ろうと
漏落〔누락〕 기록(記錄)에서 빠짐. ろうらく 「うせつ
漏說〔누설〕 비밀을 새게 말함. ろ
漏水〔누수〕 ①새는 물. 또 물을 새게 함. ②물시계의 물. ろうすい
漏濕〔누습〕 습기(濕氣)가 스며 나옴. ろうしつ 「く
漏屋〔누옥〕 비가 새는 집. ろうお
漏電〔누전〕 습기를 타고 새어나가는 전류. ろうでん 「(탈루)

▷刻漏(각루). 遺漏(유루). 脫漏

【漠】 부 氵(삼수변) 획 3—11 훈 아득할 음 막 中 mo[4] 英 desert 日 バク. すなはち
뜻 ① 아득할. 넓을. ② 쓸쓸할 (寞과 통용). ③사막.
필순 氵 氵艹 氵艹 氵莫 氵莫 漠 漠

漠漠〔막막〕 ①아주 넓어 끝이 없는 모양. ②펴 늘어놓은 모양. ばくばく「다. ばくばくたいかい
漠漠大海〔막막대해〕 넓고 먼 큰 바
漠然〔막연〕 ①아득하여 분명(分明)하지 않은 모양. 몽롱(朦朧)하여 똑똑하지 않은 모양. ②쓸쓸한 모양. 적막한 모양. ばくぜん
▷空漠(공막). 落漠(낙막). 沙漠(사막). 索漠(삭막). 幽漠(유막). 寂漠(적막). 玄漠(현막). 荒漠(황막).

〖滿〗 부 氵(삼수변) 획 3—11 훈 찰 음 만: 中 man[3] 英 full 日 マン. みちる
뜻 ①찰. 가득할. ②온전할. ③땅이름. ④교만할.
참고 약 満
필순 氵 氵廿 氵苒 氵茜 滿 滿

滿干〔만간〕 밀물과 썰물. 만조(滿潮)와 간조(干潮). 동간만(干滿). まんかん 「간이 다 됨. まんき
滿期〔만기〕 기한이 참. 일정한 기
滿開〔만개〕 동⇨만발(滿發).
滿喫〔만끽〕 ①충분히 먹음. 충분(充分)히 마심. ②욕망을 마음껏 충족시킴. まんきつ
滿堂〔만당〕 온 당(堂) 안. 온 방 안. 또 온 방 안에 가득참. まんどう 「了). まんりょう
滿了〔만료〕 다 끝남. 동완료(完
滿面愁色〔만면수색〕 온 얼굴에 가득찬 수심(愁心)의 빛. まんめんしゅうしょく
滿盤珍羞〔만반진수〕 소반이나 상에 가득 차린 귀하고 맛있는 음식.
滿發〔만발〕 많은 꽃이 한꺼번에 활짝 핌. 동만개(滿開). まんぱつ
滿腹〔만복〕 ①배에 가득함. 배부름. ②가득찬 배. まんぷく
滿山〔만산〕 ①온 산. 산 전체. ②온 절. 절 전체. まんざん
滿山紅葉〔만산홍엽〕 온 산이 붉은 잎. 곧 산 전체가 단풍듦. まんざんこうよう 「んいん
滿員〔만원〕 정원(定員)에 참. ま
滿月〔만월〕 ①보름달. ②아이를 낳을 달이 참. 동만삭(滿朔). ③아이가 낳은지 만 1 개월이 됨. まんげつ
滿場〔만장〕 회장(會場) 또는 강당(講堂)에 가득 참. 또 그 곳에 모인 사람 모두. まんじょう
滿載〔만재〕 ①하나 가득 실음. ②기사(記事)를 지면(紙面)에 실음. まんさい 「함. まんてん
滿點〔만점〕 규정한 최고 점수에 달
滿庭〔만정〕 뜰 전체. 온 뜰. 예一桃花(도화). まんてい
滿朝〔만조〕 온 조정(朝廷). 조정의 벼슬아치 전부. まんちょう
滿足〔만족〕 ①족함. 충분함. ②소망(所望)이 충분히 채워져서 불평이 없음. まんぞく
滿座〔만좌〕 ①온 좌석. 온 자리. 그 자리에 있는 사람 모두. ②온 좌석에 가득 참. まんざ
滿天下〔만천하〕 온 천하. 천하 모두. まんてんか
滿招損〔만초손〕 교만하면 손해를 불러옴. まんしょうそん
▷肥滿(비만). 圓滿(원만). 脹滿(창만). 淸滿(청만). 充滿(충만). 飽滿(포만).

【漫】 부 氵(삼수변) 획 3—11 훈 부질없을 음 만 中 man[2·4] 英 difused 日 マン. みだり. そぞろ
뜻 ①부질없을. ②함부로. 마음대로. ③흩어질. ④물질펀할. 아득할.
필순 氵 氵日 氵冐 氵昌 氵昌 漫 漫

漫錄〔만록〕 붓이 돌아가는 대로 쓴 글. 동만필(漫筆). まんろく
漫文〔만문〕 ①수필(隨筆). ②사물의 특징을 우습고 재미있고 경쾌하고 교묘하게 쓴 글. 동만필(漫筆). まんぶん
漫步〔만보〕 한가히 거니는 걸음.

㊍산책(散策). まんぽ
漫然〔만연〕 이렇다 할 특별한 이유없이 막연히. まんぜん
漫遊〔만유〕 마음이 내키는 대로 각처를 구경하며 돌아다님. まんゆう「文). 수필(隨筆). まんぴつ
漫筆〔만필〕 ㊍만록(漫錄). 만문(漫
▷爛漫(난만). 漠漫(막만). 散漫(산만).

「滲」 부 氵(삼수변) 획 3—11 훈 물스며 흐를 음 삼 ㊥ shen⁴ ㊈ leak 日 シン. しみる
뜻 ① 물스며 흐를. ②거를. ③
필순 氵氵氵氵氵氵滲滲 ㄴ샐.
滲漏〔삼루〕 액체(液體)가 스며 나옴. しんろう
滲水〔삼수〕 스며드는 물. しんすい
滲出〔삼출〕 스미어 나옴. 새어 나옴. しんしゅつ 「とう
滲透〔삼투〕 스며 들어감. 뱀. しん

〔漁〕 부 氵(삼수변) 획 3—11 훈 고기잡을 음 어 ㊥ yü² ㊈ fishing 日 ギョ. リョウ. すなどる. あさる
뜻 고기잡을.
필순 氵氵氵漁漁漁漁漁
漁期〔어기〕 고기잡는 시기(時期). ぎょき 「ょりょう
漁獵〔어렵〕 고기잡이와 사냥. ぎ
漁撈〔어로〕 고기잡이. ぎょろう
漁網〔어망〕 물고기를 잡는 그물.
漁夫〔어부〕 ㊍⇨어부(漁父).
漁父〔어부〕 고기잡이. ㊍어부(漁夫). ぎょふ
漁父四時詞〔어부사시사〕 이조(李朝) 효종(孝宗) 때윤 선도(尹善道)가 어부(漁父)의 네 철을 읊은 시조(時調). ぎょふしじし
漁父之利〔어부지리〕 두 사람이 싸우는 사이에 제삼자(第三者)가 이(利)를 얻게 됨을 이름. ぎょふのり 「ょせん
漁船〔어선〕 고기잡이하는 배. ぎ
漁業〔어업〕 고기잡이를 하거나 물고기를 기르는 직업. ぎょぎょう
漁翁〔어옹〕 고기잡이하는 늙은이. ぎょおう 「ぎょじょう
漁場〔어장〕 고기잡이를 하는 곳.
漁村〔어촌〕 어부(漁父)들이 사는 촌락(村落). ぎょそん
漁港〔어항〕 어선이 모여드는 항구.
漁火〔어화〕 밤중에 고기를 잡기 위하여 피우는 불. ぎょか. いさりび 「상황(狀況). ぎょきょう
漁況〔어황〕 어획량(漁獲量)의 변동
漁獲〔어획〕 수산물을 잡거나 뜯음. ㊍어로(漁撈). ぎょかく
▷禁漁(금어). 大漁(대어). 出漁(출어). 豊漁(풍어).

【演】 부 氵(삼수변) 획 3—11 훈 연습할 음 연: ㊥ yen³ ㊈ extensive 日 エン. のべる
뜻 ①연습할. ②연역할. ③넓힐. ④통할. ⑤행할. 실험할.
필순 氵氵氵氵演演演演
演劇〔연극〕 ①배우가 연출자의 지도를 받아 무대 위에서 연출하는 종합 예술. ②남을 속이기 위하여 꾸며낸 일. えんげき
演技〔연기〕 기예(技藝)를 행함. 또 그 기예. えんぎ
演壇〔연단〕 연설이나 강연을 하는 사람이 서는 단. えんだん
演武〔연무〕 무예(武藝)를 행함. 무예를 연습(鍊習)함. えんぶ「し
演士〔연사〕 연설하는 사람. えん
演習〔연습〕 ①배워 익힘. ②군대가 행하는 실전(實戰)의 연습(鍊習). えんしゅう
演繹〔연역〕 ①한 사실에서 다른 사실을 추론(推論)함. ②일반 원리를 바탕으로 하여 특수 원리를 이끌어 내는 추리(推理).
演藝〔연예〕 공중(公衆) 앞에서 연극·음악·무용·만담 따위를 보임. 또 그 재주. えんげい
演題〔연제〕 연설(演說)·강연(講演) 등의 제목(題目). えんだい
演奏〔연주〕 음악을 아룀. ㊍주악(奏樂). えんそう「えんしゅつ
演出〔연출〕 각본(脚本)을 상연함.
▷講演(강연). 公演(공연). 口演(구연). 上演(상연). 實演(실연). 熱演(열연). 協演(협연).

【滴】 부 氵(삼수변) 획 3—11 훈 물방울 음 적 ㊥ ti¹ ㊈

drop of water ㊐ テキ. したたり. したたる
뜻 ①물방울. ②물방울떨어질.
필순 氵氵氵氵滴滴滴
滴水〔적수〕 물방울.
滴滴〔적적〕 ① 물방울이 계속해서 떨어지는 모양. ②흘러 움직이는 모양. ③떨어지는 물방울의 빛깔이 아름다운 모양. てきてき
▷水滴(수적). 餘滴(여적). 雨滴(우적). 一滴(일적). 點滴(점적).

【漸】 부 氵(삼수변) 획 3—11 훈 차차 음 점 ㊥ chien[1·4] ㊍ gradually ㊐ ゼン. ザン. ようやく
뜻 ①차차. 점점. ②번질. ③스밀. 젖을. ④나아갈. ⑤괘이름. ⑥산이름(嶄과 통용).
필순 氵沪漸漸漸漸漸
漸加〔점가〕 점점 더하여 많아짐. ↔점감(漸減). ぜんか
漸減〔점감〕 점점 덜리어 적어짐. ↔점가(漸加). ぜんかん
漸高〔점고〕 점점 높아짐. ぜんこう
漸近〔점근〕 점점 가까와짐. ぜんきん
漸及〔점급〕 점점 이름. ぜんきゅう
漸滅〔점멸〕 점점 망하여 감. ぜんめつ
漸入佳境〔점입가경〕 차차 썩 좋은 「지경으로 들어감.
漸漸〔점점〕 ①점점. 동점차(漸次). ②보리 이삭 빼난 모양. ③산 높고 험한 모양. ④물 흐르는 모양. ぜんぜん
漸進〔점진〕 차차 나아감. 점차로 「진보함. ぜんしん
漸次〔점차〕 차차. 차츰차츰. 동점점(漸漸). ぜんじ
漸層〔점층〕 점차로 어의(語意)를 높이며 강조하는 수사법의 하나.
▷東漸(동점).

〔漲〕 부 氵(삼수변) 획 3—11 훈 넘칠 음 창: ㊥ chang[3·4] ㊍ overlow ㊐ チョウ. みなぎる
뜻 넘칠.
필순 氵氵氵氵沪沪漲漲
漲滿〔창만〕 물이 넘침. 동창일(漲溢). ちょうまん
漲水〔창수〕 강물이 불어서 넘치는 물. ちょうすい
漲溢〔창일〕 동⇨창만(漲滿). ちょ「ういつ

「滌」 부 氵(삼수변) 획 3—11 훈 씻을 음 척 ㊥ ti[2] ㊍ wash ㊐ テキ. あらう
뜻 ①씻을. 닦을. ②청소할. ③우리. 짐승 가두어 기르는 곳.
필순 氵氵氵氵浟滌滌滌
滌暑〔척서〕 더위를 씻어 버림. て「きしょ
滌蕩〔척탕〕 ①더러움을 씻어 없앰. ②망하여 없어짐. てきとう
▷洗滌(세척).

「滯」 부 氵(삼수변) 획 3—11 훈 막힐 음 체(체:) ㊥ chih[4] ㊍ stop ㊐ タイ. とどこおる
뜻 ①막힐. ②쌓일. ③엉킬. ④머무를.
필순 氵氵氵滯滯滯
滯京〔체경〕 서울에 머묾. たいけい
滯納〔체납〕 납세(納稅)를 지체함. たいのう
滯念〔체념〕 오랫 동안 쌓인 생각.
滯留〔체류〕 머물러 있음. 타향(他鄕)에 가서 오래 있음. 동체재(滯在). たいりゅう
滯在〔체재〕 동⇨체류(滯留). たい「ざい
滯貨〔체화〕 ①운송(運送)이 잘 되지 못하여 밀려 쌓인 짐. ②상품이 잘 팔리지 않아 생산 업자나 상인(商人)의 손에 남아 있어, 창고에 쌓여 있는 화물(貨物). だいか
▷留滯(유체). 遲滯(지체). 沈滯「(침체).

【漆】 부 氵(삼수변) 획 3—11 훈 옻 음 칠 ㊥ ch'i[1], ch'ü[4] ㊍ lacquer ㊐ シツ. うるし
뜻 ①옻칠할. ②옻나무. ③검을. 「캄캄할.
필순 氵氵汁沐沐漆漆漆
漆器〔칠기〕 옻칠한 그릇. しっき
漆細工〔칠세공〕 그릇에 옻칠을 한 여러 가지 세공(細工). しっさいく
漆夜〔칠야〕 깜깜한 밤. しつや
漆板〔칠판〕 분필로 글씨를 쓰거나 그림을 그릴 수 있게 칠한 판. うるしいた
漆函〔칠함〕 옻칠한 함(函). うる「しばこ
漆黑〔칠흑〕 옻칠과 같이 검음. 새

까맘. しっこく
▷看板(간판). 乾板(건판). 原板(원판). 黑板(흑판). 畫板(화판).

【漂】 [부] 氵(삼수변) [획] 3—11 [훈] 떠다닐 [음] 표 [中] poiao¹·⁴ [英] float [日] ヒョウ. ただよう
[뜻] ①떠다닐. ②빨래할. 바랟.
[필순] 氵 汀 汀 沔 洒 漂 漂 漂

漂客〔표객〕 방랑(放浪)하는 사람. ひょうきゃく 「じょ
漂女〔표녀〕 빨래하는 여자. ひょう
漂浪〔표랑〕 정처없이 떠돌아다님. 방랑(放浪)함. [동]유랑(流浪). 표류(漂流). ひょうろう
漂流〔표류〕 ①물에 떠서 흘러감. ②정처없이 떠돌아다님. 표랑(漂浪). 표백(漂泊). ひょうりゅう
漂母〔표모〕 빨래하는 노파(老婆). ひょうぼ 「はく
漂泊〔표백〕 [동]표류(漂流). ひょう
漂白〔표백〕 빨아서 희게 함. 바램. 화학 약품을 써서 탈색(脫色)하여 희게 함. ひょうはく
漂船〔표선〕 둥둥 물에 떠 있는 배.
漂着〔표착〕 둥둥 떠 내려가다가 물가에 닿음. ひょうちゃく
漂漂〔표표〕 ①공중에 높이 떠 있는 모양. ②물에 둥둥 떠 있는 모양. ひょうひょう

【漢】 [부] 氵(삼수변) [획] 3—11 [훈] 한수 [음] 한: [中] han⁴ [英] name of nation [日] カン
[뜻] ①한수. ②한나라. ③사내. 놈.

[필순] 氵 汁 洪 漌 漢 漢

漢江〔한강〕 ①한국의 중부, 태백산맥에서 발원(發源)하여 황해(黃海)로 흐르는 강. ②중국 양자강(揚子江)의 지류(支流). かんこう
漢江投石〔한강투석〕 아무리 많이 주워 넣어도 아무 효과가 없음의 비유. かんこうとうせき
漢文〔한문〕 ①한(漢)나라의 문제(文帝). ②한대(漢代)의 문장. ③중국의 문장. 또 한자(漢字)만으로 쓴 문장. かんぶん
漢文學〔한문학〕 한자(漢字)·한시(漢詩)·한문 등을 연구하는 학문. [동]한학(漢學). かんぶんがく
漢方〔한방〕 중국에서 전해 온 의술(醫術). [동]동의(東醫). かんぽう
漢方醫〔한방의〕 한방(漢方)의 의원. [동]한의(漢醫)·동의(東醫). かんぽうい
漢書〔한서〕 전한(前漢) 12대 240년간의 기전체(紀傳體)의 사서(史書). 반고(班固)가 완성하였음. かんしょ
漢城府〔한성부〕 이조(李朝) 때 수도인 한성(漢城)을 다스리던 관청. 지금의 서울 특별시.
漢城〔한성〕 ①백제(百濟)의 두 번째 도읍지(都邑地)였던 지금의 광주구읍(廣州舊邑). ②남한산성(南漢山城). ③서울의 옛 이름. [동]한양(漢陽). かんじょう
漢藥〔한약〕 한방(漢方)에 의한 약.
漢陽〔한양〕 ①중국의 고을 이름. ②⇨한성(漢城). かんよう
漢詩〔한시〕 ①한대(漢代)의 시(詩). ②중국의 시. 한문으로 된 시. かんし 「語). かんご
漢語〔한어〕 중국 본토의 언어(言
漢音〔한음〕 한자(漢字)의 중국음(中國音). かんおん 「말. かんい
漢醫〔한의〕 한방의(漢方醫)의 준
漢字〔한자〕 중국의 글자. 태고(太古)에 창힐(蒼頡)이 창제하였다 함. かんじ 「진 말. かんじご
漢字語〔한자어〕 한자로써 이루어
漢籍〔한적〕 ①한대(漢代)의 서적. ②중국의 서적. 한문으로 된 서적. かんせき
漢土〔한토〕 중국 본토. かんど
漢學〔한학〕 한대(漢代)에 행하여진 경전(經典)을 연구하는 학문. 한대의 경학(經學). [동]한문학(漢文學). かんがく
▷羅漢(나한). 無賴漢(무뢰한). 門外漢(문외한). 西漢(서한). 惡漢(악한). 兩漢(양한). 銀漢(은한). 癡漢(치한). 風漢(풍한). 天漢(천한). 村漢(촌한). 醉漢(취한). 韓漢(한한). 好漢(호한).

【潔】 [부] 氵(삼수변) [획] 3—12 [훈] 깨끗할 [음] 결 [中] chieh² [英]

pure [日] ケツ. いさぎよい. きよい
[뜻] ①깨끗할. ②조출할.
[필순] 氵 氵 氵 泸 洯 潔 潔 潔

潔己〔결기〕 자기 몸을 깨끗이 함.
潔廉〔결렴〕 마음이 깨끗하고 욕심이 적음. けつれん
潔白〔결백〕 ①깨끗하고 흼. ②마음이 깨끗하고 사욕(邪欲)이 없음. けっぱく
潔白清淨〔결백청정〕 깨끗하고 맑음. けっぱくせいじょう
潔癖〔결벽〕 ①부정한 것을 극단적으로 미워하는 성질. ②유달리 깨끗함을 좋아하는 성벽(性癖). けっぺき
潔服〔결복〕 깨끗함. けっぷく
潔身〔결신〕 행동을 깨끗이 하여 몸을 더럽히지 않음. けっしん
潔齋〔결재〕 제사가 있거나 신(神)에게 기도드려야 할 때, 며칠 전부터 주색(酒色)을 금하고 잡념(雜念)을 버려 심신(心身)을 깨끗이 하는 일.
▷簡潔(간결). 不潔(불결). 純潔(순결). 淳潔(순결). 廉潔(염결). 完潔(완결). 精潔(정결). 清潔(청결).

【潭】 [부] 氵(삼수변) [획] 3—12 [훈] 못 [음] 담 [中] t'an² [英] pool [日] タン. ふち
[뜻] ①못. 소. ② 깊을. ③물가.
[필순] 氵 氵 沪 洒 潭 潭 潭

潭潭〔담담〕 ①깊고 넓은 모양. ②삶듯이 더운 모양. たんたん
潭思〔담사〕 깊은 생각. たんし
潭水〔담수〕 못에 있는 물. たんすい
潭深〔담심〕 ①못이 깊음. ②연구가 깊음. たんしん
潭淵〔담연〕 깊은 곳. たんえん
▷綠潭(녹담). 碧潭(벽담). 池潭(지담). 清潭(청담).

【潘】 [부] 氵(삼수변) [획] 3—12 [훈] 성 [음] 반 [中] p'an¹ [英] name of family [日] ハン. しろみず
[뜻] ①성. ②물이름. ③쌀뜨물.
[필순] 氵 氵 汻 泙 泙 潘 潘 潘

潘楊之好〔반양지호〕 혼인으로 인척(姻戚)관계를 겹친 오래 전부터 좋은 사이. はんようのこのみ

【潤】 [부] 氵(삼수변) [획] 3—12 [훈] 불을 [음] 윤: [中] juen⁴ [英] enrich [日] ジュン. うるおう
[뜻] ①부를. ②젖을. 적실. ③윤택할. ④윤기.
[필순] 氵 沪 沪 沪 潤 潤 潤 潤

潤氣〔윤기〕 윤택(潤澤)이 나는 기운. じゅんき
潤色〔윤색〕 윤을 내어 꾸밈. 매만져 곱게 함. 문채(文采)를 더함. じゅんしょく
潤澤〔윤택〕 ① 적심. 또 젖음. ② 은혜를 베풂. 또 은혜. ③윤이 남. 아름답고 빛이 남. 또 윤이 나게 함. 또 윤과 광택(光澤). ④이득(利得). 이윤(利潤). ⑤ 많음. 풍부함. じゅんたく
潤筆〔윤필〕 글씨를 쓰거나 그림을 그림. 또 그 보수. じゅんぴつ
潤滑〔윤활〕 윤이 나고 반질반질함. 또 기름기가 있어 매끄러움. [예] 一油(유). じゅんかつ
▷光潤(광윤). 濕潤(습윤). 利潤(이윤). 浸潤(침윤).

【潛】 [부] 氵(삼수변) [획] 3—12 [훈] 잠길 [음] 잠(잠:) [中] ch'ien² [英] dive [日] セン. もぐる. ひそむ
[뜻] ①잠길. ②무자맥질할. ③감출. 몰래. ④깊을.
[참고] [속] 潜
[필순] 氵 氵 涔 潛 潛 潛

潛居〔잠거〕 숨어 있음.
潛遣〔잠견〕 남몰래 보냄. せんけん
潛伏〔잠복〕 깊이 숨음. 또 깊이 숨김. [예]一勤務(근무). せんぷく
潛水〔잠수〕 물 속에 들어감. [예]一艦(함). せんすい
潛然〔잠연〕 남모르게 행동하는 모양. せんぜん
潛入〔잠입〕 몰래 들어옴. せんにゅう
潛在〔잠재〕 속에 숨어 있음. [예]一意識(의식). せんざい
潛在的〔잠재적〕 속에 숨어 겉으로 드러나지 않은 것. せんざいてき
潛跡〔잠적〕 종적을 숨김. せんせき
潛航〔잠항〕 물 속으로 몰래 항행

(航行)함. せんこう

潛行〔잠행〕①남몰래 다님. ②물밑이나 땅 밑으로 다님. 예—運動(운동). せんこう 「せんこう

潛幸〔잠행〕몰래 하는 행행(行幸).

【潮】 부 氵(삼수변) 획 3—12 훈 밀물 음 조 中 ch'ao² 英 tide 日 チョウ. しお. うしお

뜻 ①밀물. 조주. ②나타날. ③바닷물.

필순 氵 氵ʼ 浐 淖 淖 潮 潮 潮

潮浪〔조랑〕조수(潮水)의 물결. ちょうろう

潮流〔조류〕①조수의 유동(流動). 바닷물의 유동. ②시세(時勢)의 취향. ちょうりゅう 「せい

潮勢〔조세〕조수의 세력. ちょう

潮水〔조수〕바닷물. ちょうすい

潮風〔조풍〕바닷바람. しほかぜ

潮紅〔조홍〕부끄러워서 얼굴빛이 붉게 나타남. ちょうこう

潮候〔조후〕조수가 드나드는 시각(時刻). ちょうこう

▷高潮(고조). 思潮(사조). 晨潮(신조). 早潮(조조). 滿潮(만조). 風潮(풍조).

【澈】 부 氵(삼수변) 획 3—12 훈 물맑을 음 철 中 ch'ê⁴ 英 clear 日 テツ. きよい

뜻 ①물맑을.

필순 氵 氵 泞 淯 淯 澈 澈

【激】 부 氵(삼수변) 획 3—13 훈 과격할 음 격 中 chi¹ 英 violent 日 ゲキ. はげしい

뜻 ①과격할. ②물결부딪칠. ③심할.

필순 氵 氵 泊 泊 泊 滂 激 激

激減〔격감〕갑자기 많이 줆. 또는 줄임. ↔격증(激增). げきげん

激勸〔격권〕몹시 권함. げきかん

激怒〔격노〕몹시 노(怒)함. 대단히 성냄. げきど

激動〔격동〕①급격하게 움직임. ②대단히 감동함. げきどう

激浪〔격랑〕센 물결. 거센 파도(波濤). げきろう

激勵〔격려〕격동(激動)하여 힘씀. 몹시 권면함. げきれい 「れつ

激烈〔격렬〕지극히 맹렬함. げき

激論〔격론〕격렬(激烈)한 논쟁. 또 격렬히 논쟁함. げきろん

激流〔격류〕대단히 세차게 흐르는 물. げきりゅう

激發〔격발〕①소리를 높이 지름. ②심하게 일어남. 또 일으킴. ③괴이(怪異)하고 익살스러운 언행(言行)을 하여 세상을 놀라게 함. げきはつ 「へん

激變〔격변〕갑작스런 변화. げき

激甚〔격심〕매우 심함. げきじん

激戰〔격전〕맹렬한 싸움. げきせん 「감(激減). げきぞう

激增〔격증〕갑자기 많이 늚. ↔격

激化〔격화〕격렬하여짐. げきか

▷感激(감격). 過激(과격). 急激(급격). 憤激(분격). 衝激(충격).

【濃】 부 氵(삼수변) 획 3—13 훈 짙을 음 농 中 nung² 英 thick 日 ノウ. こい 「을.

뜻 ①짙을. ②두터울. ③무르익

필순 氵 氵ʼ 氵曲 沪 浀 浀 濃 濃

濃濃〔농농〕이슬이 많은 모양. ↔담담(淡淡). のうのう

濃茶〔농다〕짙은 차. こいちゃ「ん

濃淡〔농담〕진함과 묽음. のうた

濃度〔농도〕용액(溶液)의 농담(濃淡)의 정도. のうど

濃霧〔농무〕짙은 안개. のうむ

濃愁〔농수〕깊은 시름. 동심우(深憂). のうしゅう 「こう

濃厚〔농후〕①짙음. ②진함. のう

【濁】 부 氵(삼수변) 획 3—13 훈 흐릴 음 탁 中 cho² 英 muddy 日 ダク. にごる

뜻 ①흐릴. ②더러울. 어지러울.

필순 氵 氵ʼ 泙 泙 泻 淝 濁 濁

濁浪〔탁랑〕흐린 물결. だくろう

濁流〔탁류〕①흐르는 흙탕물. ②불량한 무리. 결백하지 않은 사람들. だくりゅう

濁甫〔탁보〕①성정(性情)이 흐리터분한 사람. ②막걸리를 즐겨 마시는 사람.

濁聲〔탁성〕흐린 목소리. だくせい

濁世〔탁세〕풍교(風敎)가 문란(紊亂)한 세상. 어지러운 세상. 동난세(亂世). だくせい

濁酒[탁주] 막걸리. だくしゅ
▷內淸外濁(내청외탁). 汚濁(오탁). 淸濁(청탁). 混濁(혼탁).

【澤】 부 氵(삼수변) 획 3—13 훈 못 음 택 中 tsê² 英 pond 日 タク. さわ
뜻 ①못. ②진펄. ③윤택할. ④덕택. ⑤풀(석)(釋과 통용).
참고 약 沢
필순 氵 氵 㳒 浬 澤 澤
澤廓[택곽] 아랫눈까풀의 코에 가까운 곳. 「たっこく
澤國[택국] 못과 늪이 많은 나라.
澤及萬世[택급만세] 은택(恩澤)이 영원(永遠)히 미침. たくばんせいにおよぶ 「만민에게 미침.
澤被蒼生[택피창생] 은택(恩澤)이
澤澤[석석] 풀어지는 모양. たくたく 「주는 좋은 비. たくう
澤雨[택우] 만물(萬物)을 적시어
▷光澤(광택). 德澤(덕택). 山澤(산택). 色澤(색택). 聖澤(성택). 潤澤(윤택). 恩澤(은택). 仁澤(인택). 惠澤(혜택).

【濫】 부 氵(삼수변) 획 3—14 훈 넘칠 음 람 中 lan⁴ 英 overflow 日 ラン. あふれる. みだりに
뜻 ①넘칠. ②번질. ③함부로할. 지나칠. ④목욕통(함).
필순 氵 氵 浐 濫 濫 濫
濫讀[남독] 함부로 읽음. らんどく
濫發[남발] 함부로 발행(發行)함. らんぱつ 「구 벌채함. らんばつ
濫伐[남벌] 나무를 함부로 벰. 마
濫費[남비] 함부로 소비(消費)함. 동낭비(浪費). らんぴ
濫用[남용] 함부로 씀. らんよう
濫作[남작] 글이나 시 따위를 함부로 지음. らんさく
濫製[남제] 동⇨남조(濫造). らんせい 「(濫製). らんぞう
濫造[남조] 마구 제조함. 동남제
濫獲[남획] 금수·어류(魚類)를 함부로 잡음. らんかく 「람).
▷氾濫(범람). 越濫(월람). 淫濫(음

【濱】 부 氵(삼수변) 획 3—14 훈 물가 음 빈 中 pin¹ 英 beach 日 ヒン. はま
뜻 ①물가. ②가까울. 다가올.
참고 속 浜
필순 氵 氵 浐 浐 濱 濱 濱 濱
濱死[빈사] 죽어 감. ひんし
濱涯[빈애] 물가. ひんがい 「い
濱海[빈해] 해변. 바닷가. ひんか
濱行[빈행] 출발에 임박함. ひんこ
▷水濱(수빈). 海濱(해빈). 「う

【濕】 부 氵(삼수변) 획 3—14 훈 젖을 음 습 中 shih¹ 英 moist 日 シツ. しめる. うるおう
뜻 젖을.
참고 약 湿
필순 氵 氵 浬 浬 浬 濕 濕 濕
濕氣[습기] 축축한 기운. 동습윤(濕潤). しっき 「도. しつど
濕度[습도] 공기 중의 습기의 정
濕潤[습윤] 축축함. 축축하게 함. 또 축축한 기운. 동습기(濕氣). しつじゅん 「ち
濕地[습지] 습기가 많은 땅. しっ
▷乾濕(건습). 多濕(다습). 潤濕(윤습). 上漏下濕(상루하습).

【濟】 부 氵(삼수변) 획 3—14 훈 건널 음 제: 中 chi³·⁴ 英 cross 日 サイ. セイ. すむ. わたる 「이룰. ④많을.
뜻 ①건널. ②건질. 구제할. ③
참고 약 済
필순 氵 氵 浐 浐 濟 濟
濟世[제세] 세상을 잘 다스려 백성을 구제함. さいせい
濟生[제생] 생명을 건짐. さいせい
濟世之材[제세지재] 세상을 잘 다스려 백성을 구제(救濟)할 만한 인재. さいせいのざい
濟濟多士[제제다사] 재주 있는 여러 사람. せいせいたし
濟衆[제중] 모든 사람을 구제함. せいしゅう
▷經濟(경제). 共濟(공제). 光濟(광제). 救濟(구제). 旣濟(기제). 未濟(미제). 返濟(반제). 辨濟(변제).

【濯】 부 氵(삼수변) 획 3—14 훈 빨 음 탁 中 cho² 英 wash 日 タク. あらう. すすぐ
뜻 ①빨. 씻을. ②클. ③노(도).

필순 氵 氵 氵 氵 氵 濯 濯

濯魚雲〔탁어운〕 우기(雨氣)를 품은 구름. たくぎょうん

濯足〔탁족〕 옛날 피서법의 하나. 흐르는 물에 발을 씻음. たくそく

濯枝雨〔탁지우〕 음력 6월쯤에 오는 큰 비. たくしう

濯濯〔탁탁〕 ①빛이 밝게 비치는 모양. ②즐겁게 노는 모양. ③태도가 아름다운 모양. ④살찐 모양. ⑤산에 초목(草木)이 없이 훌떡 벗겨진 모양. たくたく

濯船〔도선〕 배를 부림. たくせん

▷洗濯(세탁).

[瀋] 부 氵(삼수변) 획 3—15 훈 즙 음 심 中 shen³ 英 juice 日 シン. しる

뜻 ①즙. 즙낼. ②물이름(침).

필순 氵 氵 氵 氵 瀋 瀋 瀋

瀋水〔심수〕 중국의 강 이름. しんすい 「天)의 옛이름. しんよう

瀋陽〔심양〕 만주에 있는 봉천(奉

[瀆] 부 氵(삼수변) 획 3—15 훈 더럽힐 음 독 中 tu² 英 ditch 日 トク. けがす. みぞ

뜻 ①더럽힐. 욕될. ②도랑. ③구멍(두).

필순 氵 氵 氵 氵 氵 瀆 瀆 瀆 瀆 瀆

瀆慢〔독만〕 거만함. とくまん「ご

瀆汚〔독오〕 더러움. 더럽힘. とく

瀆職〔독직〕 직분을 더럽힘. 관공리가 직위를 남용하여 비행(非行)을 저지름. とくしょく

瀆職罪〔독직죄〕 관공리로서 옳지 못한 행위로 직책을 더럽힌 죄.

▷冒瀆(모독). 　　　　∟とくしょくざい

[瀑] 부 氵(삼수변) 획 3—15 훈 폭포 음 폭 中 pao⁴ 英 water fall 日 バク. たき

뜻 ①폭포수. ②소나기(포). ③물거품. 물보라(포).

필순 氵 氵 氵 瀑 瀑 瀑 瀑 瀑

瀑布〔폭포〕 높은 낭떠러지에서 쏟아져 떨어지는 물. 약폭포수(瀑

▷飛瀑(비폭). 　　∟布水). ばくふ

[瀷] 부 氵(삼수변) 획 3—17 훈 스며흐를 음 익 中— 英 leak 日 ヨク

뜻 ①스며 흐를. ②샐. ③내 이름.

필순 氵 氵 氵 氵 瀷 瀷 瀷 瀷 瀷

[灌] 부 氵(삼수변) 획 3—18 훈 물댈 음 관: 中 kuan⁴ 英 irrigate 日 カン. そそぐ

뜻 ①물댈. ②물줄. 물따를. ③떨기나무. 관목.

참고 약 潅

필순 氵 氵 氵 氵 氵 灌 灌 灌

灌漑〔관개〕 논밭을 경작하는 데 필요한 물을 끌어 댐. かんがい

灌灌〔관관〕 ①냇물이 많이 흐르는 모양. ②정성을 다하는 모양. ③고민을 호소할 데가 없음. ④비둘기의 한 가지. ⑤구미호(九尾狐). かんかん

灌木〔관목〕 진달래·앵두·모란·찔레 따위의 키가 작은 나무. かんぼく 「뿌리는 일. かんぶつ

灌佛〔관불〕 불상(佛像)에 향수를

灌水〔관수〕 물을 댐. かんすい

灌腸〔관장〕 약물을 항문(肛門)으로부터 직장(直腸)에 넣어 변을 통하게 함. かんちょう 「ゅう

灌注〔관주〕 물이 흘러 듦. かんち

[灑] 부 氵(삼수변) 획 3—19 훈 물뿌릴 음 쇄: 中 sa³ 英 sprinkle 日 サイ. シャ. そそぐ

뜻 ①물뿌릴. ②깨끗할. 쇄락할. ③씻을(세). ④문채(시).

필순 氵 氵 氵 灑 灑 灑 灑

灑落〔쇄락〕 ①기분이 상쾌(爽快)하고 시원함. ②뚝 떨어짐. しゃらく 「내리는 비. さいるいう

灑淚雨〔쇄루우〕 음력 7월 6일에

灑掃〔쇄소〕 물 뿌리고 비로 쓺.

灑然〔쇄연〕 ①놀라는 모양. ②깨끗하고 산뜻한 모양. さいぜん. しゃぜん 　　「내림. さいじん

灑塵〔쇄진〕 물 뿌려 먼지를 씻어

灑濯舊習〔쇄탁구습〕 옛적 버릇이나 옛부터 내려오는 습관(習慣)을 깨끗이 씻어 버림. さいたくきゅうしゅう

[灘] 부 氵(삼수변) 획 3—19 훈 여울 음 탄 中 t'an¹ 英 rapid 日 タン. せ

뜻 여울.

필순 氵 氵 氵 𣴑 𣴑 灘 灘 灘
灘聲〔탄성〕 여울물이 흐르는 소리. たんせい

「灣」 부 氵(삼수변) 획 3—22 훈 물굽이 음 만 中 wan[1] 英 bay 日 ワン. いりえ
뜻 물굽이.
참고 약 湾
필순 氵 氵 氵 氵 灣 灣 灣
灣泊〔만박〕 항구. わんぱく
灣然〔만연〕 물이 활꼴과 같이 흘러드는 모양. わんぜん
灣尹〔만윤〕 옛 의주부윤(義州府尹).
灣府〔만부〕 의주(義州)의 별칭.
灣入〔만입〕 바닷물이나 강물 같은 것이 활처럼 뭍으로 휘어 들어감. わんにゅう
▷台灣(대만). 深灣(심만). 港灣(항만). 海灣(해만).

(3) 犭 部

【犯】 부 犭(개사슴록변) 획 3—2 훈 범할 음 범: 中 fan[4] 英 offend 日 ハン. おかす
뜻 ①범할. 침범할. 침노할. ②참람할.
필순 ノ 犭 犭 犭 犯
犯過〔범과〕 동⇨범법(犯法).
犯法〔범법〕 법을 범함. 법에 어그러지는 짓을 함. はんぽう
犯手〔범수〕 남을 손으로 때림.
犯顔〔범안〕 임금이 싫어하는 안색을 보여도 관계하지 않고 간(諫)함. はんがん
犯人〔범인〕 죄를 범한 사람. はんにん
犯罪〔범죄〕 죄를 저지름. 죄를 범함. 또 그 죄. はんざい
犯則〔범칙〕 법칙(法則) 또는 규칙을 어김. はんそく
犯行〔범행〕 범죄의 행위. はんこう
▷輕犯(경범). 共犯(공범). 累犯(누범). 防犯(방범). 主犯(주범). 侵犯(침범). 現行犯(현행범).

「狂」 부 犭(개사슴록변) 획 3—4 훈 미칠 음 광 中 k'uang[2] 英 mad 日 キョウ. くるう. きちがい
뜻 ①미칠. ②경망할. ③사나울.
필순 犭 犭 犴 狂
狂犬〔광견〕 미친 개. 미친 듯이 사납게 날뛰는 개. きょうけん
狂氣〔광기〕 ①미친 증세(症勢). ②뜻이 너무 커서 상규(常規)에 구애하지 않는 기상. きょうき
狂女〔광녀〕 미친 여자. きょうじょ
狂談〔광담〕 동⇨광언(狂言).
狂亂〔광란〕 미친 듯이 날뜀. 예—無道(무도). きょうらん
狂奔〔광분〕 ①미쳐 달림. ②대단히 분주(奔走)하게 돌아다님. きょうほん
狂飛〔광비〕 미치광이처럼 소란을 피우며 돌아다님. きょうひ
狂詩曲〔광시곡〕 특징 있는 민요(民謠)의 선율(旋律) 몇을 주제로 하여 분방(奔放)한 형식으로 지은 곡. 랩서디(rhapsody). きょうしきょく
狂信〔광신〕 도를 넘어 지나치게 믿음. きょうしん
狂言〔광언〕 도(道)에 벗어난 말. 미친 사람의 말. 동광담(狂談). きょうげん
狂炎〔광염〕 맹렬히 타오르는 불꽃 또는 정열(情熱). きょうえん
狂人〔광인〕 미친 사람. 정신(精神)에 이상(異常)이 생긴 사람. きょうじん
狂症〔광증〕 정신에 이상(異常)이 생기는 병의 증세.
狂態〔광태〕 미친 듯한 태도. きょうたい
狂暴〔광포〕 미친 듯이 행동이 난폭함. きょうぼう
狂風〔광풍〕 맹렬하게 부는 바람. 예一陣(일진)—. きょうふう
狂喜〔광희〕 미친 듯이 기뻐함. きょうき
▷發狂(발광). 詩狂(시광). 熱狂(열광). 醉狂(취광).

【狗】 부 犭(개사슴록변) 획 3—5 훈 개 음 구(구:) 中 kou[3] 英 dog 日 コウ. ク. いぬ
뜻 ①개. ②강아지.
필순 犭 犭 犭 犳 狗 狗
狗盜〔구도〕 개처럼 몰래 들어가 훔치는 도둑. 좀도둑. こうとう. くとう
狗馬之心〔구마지심〕 자기의 진심

(眞心)의 비칭(卑稱). ⓢ견마지심(犬馬之心). くばのこころ
狗尾草〔구미초〕 강아지풀.
狗鼠〔구서〕 ①개와 쥐. ②인격(人格)이 비천(卑賤)한 사람을 이름. こうそ. くそ「海狗(해구).
▷喪家之狗(상가지구). 走狗(주구).

「狙」 부 犭(개사슴록변) 획 3—5 훈 원숭이 음 저 中 chü¹ 英 non key 日 ソ. ジョ. ねらう
뜻 ①원숭이. ②노릴. 엿볼.
필순 犭犭狐狙狙 「き
狙擊〔저격〕 노려 쏘거나 침. そげ
狙公〔저공〕 원숭이를 기르는 사람. 또는 원숭이에게 여러 가지 재주를 부리게 하여 돈벌이를 하는 사람. そこう 「そばく
狙縛〔저박〕 옭아 잡아서 얽어 맴.
狙詐〔저사〕 기미를 살펴서 모함(謀陷)함. そさ
狙害〔저해〕 엿보아 해침. そがい

「狐」 부 犭(개사슴록변) 획 3—5 훈 여우 음 호 中 hu² 英 fox 日 コ. きつね
뜻 여우.
필순 犭犭犭犷狐狐
狐假虎威〔호가호위〕 여우가 범의 위력(威力)을 빌어 다른 짐승을 위협한다는 뜻으로 남의 권세를 빌어 위세를 부림. 또 그 사람. きつねとらのいをかる
狐裘〔호구〕 여우의 겨드랑 밑의 흰 털가죽을 모아 만든 갖옷.
狐死首丘〔호사수구〕 여우가 죽을 때는 머리를 제가 살던 굴 있는 언덕으로 돌림. 곧 근본을 잊지 아니함. 고향을 그리워 함.
狐疑〔호의〕 여우처럼 의심이 많아 결심이 안 섬. こぎ「狐(요호).
▷九尾狐(구미호). 白狐(백호). 妖

「狩」 부 犭(개사슴록변) 획 3—6 훈 사냥 음 수 (수:) 中 shou⁴ 英 hunting 日 シュ. かり
뜻 ①사냥. ②순행할.
필순 犭犷犷狞狩
狩獵〔수렵〕 사냥. しゅりょう
狩獵期〔수렵기〕 사냥을 하도록 허가한 시기. しゅりょうき
狩獵免狀〔수렵면장〕 사냥의 면허장(免許狀). しゅりょうめんじょう
狩獵法〔수렵법〕 짐승의 보호(保護)와 번식(繁殖)을 위한 사냥에 관하여 정한 법률. しゅりょうほう
狩獵鳥〔수렵조〕 사냥이 허락(許諾)된 새. 또는 사냥한 새. しゅりょうちょう
狩漁時代〔수어시대〕 사냥으로 짐승을 잡고 물고기를 낚아서 주식물(主食物)로 삼던 원시 시대(原始時代). しゅぎょじだい
狩田〔수전〕 사냥. 겨울의 사냥. しゅでん
▷巡狩(순수).

「狼」 부 犭(개사슴록변) 획 3—7 훈 이리 음 랑 中 lang² 英 wolf 日 ロウ. おおかみ
뜻 ①이리. ②어지러울. ③별이름.
필순 犭犭犷狍狼狼
狼藉〔낭자〕 여기저기 흩어져 어지러움. ろうぜき
狼疾〔낭질〕 마음이 어지러워 사리를 분별할 줄 모르는 병. ろうしつ
狼貪〔낭탐〕 이리와 같이 배부른 것도 돌보지 않고 자꾸 욕심을 냄.
狼狽〔낭패〕 ①허둥지둥 어찌할 줄 모름. ②넘어짐. 거꾸러짐. ③실패함. ろうばい 「(호랑).
▷豺狼(시랑). 虎狼(호랑). 狐狼

「狹」 부 犭(개사슴록변) 획 3—7 훈 좁을 음 협 中 hsia² 英 narrow 日 キョウ. せまい
뜻 좁을.
필순 犭犭犷犷狹狹狹
狹量〔협량〕 도량(度量)이 좁음. きょうりょう
狹路〔협로〕 좁은 길. きょうろ
狹小〔협소〕 좁고 작음. ↔광대(廣大). きょうしょう
狹隘〔협애〕 ①터전이 아주 좁음. ②마음이 아주 좁음.
狹義〔협의〕 범위를 좁게 한정하여 본 의의(意義). ↔廣義(광의). きょうぎ
▷廣狹(광협). 偏狹(편협).

【猛】 부 犭(개사슴록변) 획 3—8 훈 사나울 음 맹: 中 mêng³ 英 fierce 日 モウ. たけし
뜻 ①사나울. 모질. ②날랠. ③엄할.

필순 犭 犭 犭了 犭子 犭舌 猛 猛
猛犬〔맹견〕 사나운 개. もうけん
猛禽〔맹금〕 사나운 새. もうきん
猛烈〔맹렬〕 기세(氣勢)가 사납고 세참. もうれつ 「うせい
猛省〔맹성〕 깊이 반성(反省)함. も
猛獸〔맹수〕 사나운 육식류(肉食類)의 짐승. もうじゅう
猛襲〔맹습〕 맹렬(猛烈)한 습격(襲擊). もうしゅう 「うい
猛威〔맹위〕 맹렬한 위세(威勢). も
猛將〔맹장〕 용감(勇敢)한 장수(將帥). もうしょう
猛打〔맹타〕 몹시 때림. もうだ
猛爆〔맹폭〕 맹렬한 폭격(爆擊). もうばく 「うふう
猛風〔맹풍〕 맹렬히 부는 바람. も
猛虎〔맹호〕 몹시 사나운 범. 곧 맹렬하고 강한 것. もうこ
猛火〔맹화〕 기세가 맹렬한 불. もうか
▷獰猛(영맹). 勇猛(용맹). 威而不猛(위이불맹). 壯猛(장맹).

「猜」 부 犭(개사슴록변) 획 3—8 훈 시기할 음 시 中 tsai[1] 英 jealous 日 サイ. **そねむ. ねたむ**
뜻 ①시기할. 샘낼. ②의심할.
필순 犭 犭 犭' 犭‡ 猜 猜 猜 猜 「いく
猜懼〔시구〕 의심하고 두려워함. さ
猜拳〔시권〕 손에 물건을 쥐고 그것의 짝수·홀수·빛깔 등의 알아맞히기로 주흥(酒興)을 돋구기 위한 놀음. さいけん 「こく
猜克〔시극〕 동⇨시험(猜險). さい
猜忌〔시기〕 새암하여 미워함. さいき 「하는 마음. さいきしん
猜忌心〔시기심〕 남을 시기(猜忌)
猜枚〔시매〕 주먹에 쥔 물건의 갯수 또는 빛을 알아 맞히는 것으로 승부를 가리는 놀음. さいばい
猜畏〔시외〕 미워하고 두려워함. さいい 「함. さいぎ
猜疑〔시의〕 새암하고 의심(疑心)
猜貳〔시이〕 질투하고 의심함. さい
猜阻〔시조〕 의심함. さいそ 「じ
猜妬〔시투〕 시새워 남을 미워함. さいと
猜恨〔시한〕 질투하고 원망(怨望)함. さいこん
猜險〔시험〕 ①사람을 미워하여 해를 끼침. ②새암하는 마음이 많고 엉큼함. さいけん 「けん
猜嫌〔시혐〕 새암하여 싫어함. さい
猜毁〔시훼〕 미워하여 비난함.

「猫」 부 犭(개사슴록변) 획 3—9 훈 고양이 음 묘 中 mao[1] 英 cat 日 ビョウ. ミョウ. ねこ
뜻 고양이.
필순 犭 犭 犭艹 猎 猫 猫
猫頭瓦〔묘두와〕 막새. 처마 끝을 막는 수키와. びょうとうが
猫鼠同眠〔묘서동면〕 상하(上下)가 부정하게 결탁하여 나쁜 짓을 함을 이름. びょうそどうみん
猫兒〔묘아〕 새끼 고양이. びょうじ

「猶」 부 犭(개사슴록변) 획 3—9 훈 오히려 음 유 中 yu[2] 英 yet 日 ユウ. なお. **ためらう** 「③망설일.
뜻 ①오히려. ②같을.
필순 犭 犭 犭' 犭酋 猶 猶 猶
猶女〔유녀〕 조카딸. ゆうじょ
猶父〔유부〕 아버지처럼 섬김. 곧 선생(先生)을 이름. ゆうふ 「よ
猶與〔유여〕 의심하여 주저함. ゆう
猶然〔유연〕 그러함. ゆうぜん
猶豫〔유예〕 의심하여 결정하지 않는 모양. 할까 말까 망설이는 모양. ゆうよ
猶爲不足〔유위부족〕 오히려 모자람. 곧 싫증이 나지 않음.
猶猶〔유유〕 ①원숭이의 한 가지. ②의심이 많음. 곧 의심이 많은 사람이 무슨 일을 쉽게 결행(決行)하지 못함을 이름. ③진퇴(進退)가 빠르지도 늦지도 않은 모양. ゆうゆう
猶存〔유존〕 그대로 있음.
猶太教〔유태교〕 모세의 율법을 교지(教旨)로 하는 일신교(一神教). ユダヤきょう

「猿」 부 犭(개사슴록변) 획 3—10 훈 원숭이 음 원 中 yüan[2] 英 monkey 日 エン. さる
뜻 원숭이.

필순 犭犭犭狺猿猿猿

猿騎〔원기〕 달리는 말 위에서 부리는 온갖 재주. 곧 마상재(馬上才). えんき

猿臂〔원비〕 원숭이와 같이 긴 팔. 곧 활을 쏘기에 안성마춤인 좋은 팔. えんぴ

猿臂之勢〔원비지세〕 군대의 진퇴(進退)와 공수(攻守)를 자유자재(自由自在)로 하는 것. えんぴのいきおい 「えんせい

猿聲〔원성〕 원숭이의 울음 소리.

猿愁〔원수〕 원숭이가 근심에 잠겨 우는 소리. えんしゅう

猿鶴蟲沙〔원학충사〕 주(周)나라 목왕(穆王)이 남정(南征)을 했을 때, 전군의 군자(君子)는 원학(猿鶴)이 되고 소인(小人)은 사충(沙蟲)이 되어 버림: 곧 전쟁에 나가서 죽은 장병(將兵)을 이름. 「(치원).

▷雄猿(웅원). 雌猿(자원). 稚猿

〔獨〕 부 犭(개사슴록변) 획 3—13 훈 홀로 음 독 中 tu²
英 alone 日 ドク. ひとり
뜻 ①홀로. ②외로울. ③특수할.
참고 약 独
필순 犭犭犭犭犭獨獨獨

獨居〔독거〕 ① 혼자 삶. ②과부(寡婦)로 삶. どっきょ

獨斷〔독단〕 ①남과 의논하지 않고 자기 혼자의 의견대로 결단함. ②주관적 편견(偏見)으로 판단함. どくだん 「どくたん

獨擔〔독담〕 자기 혼자서 담당함.

獨樂〔독락〕 홀로 즐김. どくらく

獨力〔독력〕 혼자의 힘. 동자력(自力). どくりょく

獨立〔독립〕 ①혼자 섬. ②자기 일을 자기 마음대로 처리함. ③남의 힘을 빌지 않고 해 나감. ④나라가 완전히 주권(主權)을 행사함. どくりつ 「りぶだい

獨舞臺〔독무대〕 독차지 판. ひと

獨白〔독백〕 ①혼잣말. ②연극에서 혼자 하는 대사. どくはく

獨步〔독보〕 ①혼자 걸어감. ②독장침. 남이 따를 수 없이 뛰어남. とっぽ

獨不將軍〔독불장군〕 ①사람들에게서 따돌림받은 사람. ②모든 일을 혼자 처리하는 사람. 「(床).

獨床〔독상〕 혼자 받은 상. 외상

獨善〔독선〕 ①자기만이 옳다고 생각함. ②자기만을 좋게 함. どくぜん 「しゅう

獨修〔독수〕 동⇨독습(獨習). とく

獨宿空房〔독숙공방〕 흔히 여자가 남편 없이 혼자 지냄을 이름.

獨習〔독습〕 스승이 없이 혼자서 익힘. 동독수(獨修). どくしゅう

獨身〔독신〕 ①형제·자매가 없는 사람. ②배우자가 없는 사람. ③단신(單身). どくしん

獨也青青〔독야청청〕 홀로 푸르름. 홀로 높은 절개(節槪)를 드러내고 있음. 「どくご

獨語〔독어〕 ①혼잣말. ② 독일어.

獨子〔독자〕 외아들. どくし

獨自性〔독자성〕 자기의 독특한 성질. どくじせい 「しゃく

獨酌〔독작〕 혼자 술을 마심. どく

獨掌難鳴〔독장난명〕 외손바닥으로는 소리가 안 난다는 뜻으로, 혼자 힘으로는 일을 하기 어려움을 이름. 동고장난명(孤掌難鳴).

獨在〔독재〕 혼자 있음. どくざい

獨裁〔독재〕 주권자(主權者)가 자기 마음대로 정무(政務)를 처단함. 예一主義(주의). どくさい

獨占〔독점〕 혼자 차지함. どくせん

獨座〔독좌〕 혼자 앉음. どくざ

獨奏〔독주〕 기악(器樂)을 혼자 연주함. ↔합주(合奏). どくそう

獨唱〔독창〕 혼자서 노래를 부름. ↔합창(合唱)·제창(齊唱). どくしょう

獨創〔독창〕 자기 혼자의 힘으로 한 창조 또는 창안(創案). どくそう

獨特〔독특〕 특별히 다름. どくとく

獨學〔독학〕 스승이 없이 혼자 힘으로 배움. どくがく

獨學孤陋〔독학고루〕 독학하였기 때문에 견문(見聞)이 고루함. どくがくころう

▷孤獨(고독). 單獨(단독). 愼獨(신독). 唯獨(유독).

【獲】 부 犭(개사슴록변) 획 3—14 훈 얻을 음 획 中 huo[4] 英 take in hunting 日 カク. える
뜻 ①얻을. ②종. 노비.
필순 丿犭犷犷犷猚獲獲獲
獲得〔획득〕 ①손에 넣음. 얻어서 가짐. ②잡음. 포착(捕捉)함. かくとく 「(得利). かくり
獲利〔획리〕 이익을 얻음. 동득리
獲罪〔획죄〕 죄인(罪人)이 됨.
▷殺獲(살획). 漁獲(어획). 探獲(탐획). 捕獲(포획).

「獵」 부 犭(개사슴록변) 획 3—15 훈 사냥 음 렵 中 lieh[4] 英 hunt 日 リョウ. かり
뜻 ①사냥. 사냥할. ②찾을.
참고 약 猟
필순 丿犭犭犭犭犭犭犭犭獵獵
獵犬〔엽견〕 사냥개. りょうけん
獵官〔엽관〕 관직(官職)을 얻으려고 서로 다툼. 예一輩(배). りょうかん
獵區〔엽구〕 사냥하는 구역(區域).
獵奇〔엽기〕 기이한 사물을 즐겨서 쫓아다님. りょうき
獵師〔엽사〕 사냥꾼. りょうし
獵色〔엽색〕 여색(女色)을 탐함. りょうしょく 「りょうじゅう
獵銃〔엽총〕 사냥하는 데 쓰는 총.
△禁獵(금렵). 涉獵(섭렵). 狩獵(수렵). 漁獵(어렵).

(3) ⻏(右) 部

【那】 부 ⻏(우부방) 획 3—4 훈 어찌 음 나 中 na[1·3·4] 英 what 日 ナ. なんぞ
뜻 ①어찌. 어느·무엇. ②많을. 클. ③편안할. ④저. 저것.
필순 ㄱ ㅋ 彐 㐆 那
那間〔나간〕 ①언제쯤. ②그 동안.
那箇〔나개〕 그것. 저것. 어느것.
那落〔나락〕 지옥(地獄). 동나락(奈落). ならく 「③어떻게. なり
那裏〔나리〕 ①어느 곳. ②저 곳.
那邊〔나변〕 ①어느 곳. ②그 곳.
那事〔나사〕 무슨 일. 「なへん
那時〔나시〕 어느 때. 언제나.
▷刹那(찰나).

【邦】 부 ⻏(우부방) 획 3—4 훈 나라 음 방 中 pang[1] 英 nation 日 ホウ. くに
뜻 ①나라. ②봉할.
필순 三 丰 邦 邦
邦家〔방가〕 나라. 동국가(國家). ほうか
邦慶〔방경〕 나라의 경사. ほうけい
邦交〔방교〕 나라끼리의 사귐. 동국교(國交). ほうこう 「ょう
邦敎〔방교〕 나라의 교육. ほうき
邦國〔방국〕 ①나라. ②대국(大國)과 소국(小國). ほうこく
邦君〔방군〕 제후(諸侯). ほうくん
邦盜〔방도〕 나라의 보물을 훔치는 도둑. ほうとう 「예식. ほうれい
邦禮〔방례〕 나라의 길흉(吉凶)의
邦本〔방본〕 나라의 근본. ほうほん
邦俗〔방속〕 나라의 풍속(風俗). ほうぞく 「(領土). ほういき
邦域〔방역〕 ①국경(國境). ②영토
邦人〔방인〕 자기 나라 사람. ほうじん 「ほうじ
邦治〔방치〕 나라의 정치(政治).
邦土〔방토〕 국토(國土). ほうど
邦憲〔방헌〕 국법(國法). 국헌(國憲). ほうけん
邦貨〔방화〕 ①그 나라의 화폐(貨幣). ②그 나라의 화물(貨物). ほうか
▷盟邦(맹방). 屬邦(속방). 聯邦(연방). 友邦(우방). 隣邦(인방). 合邦(합방).

【邪】 부 ⻏(우부방) 획 3—4 훈 간사할 음 사 中 hsieh[2] 英 vicious; evil 日 ジャ. よこしま
뜻 ①간사할. 사. ②그런가(야)(耶와 통용). ③ 나머지(여)(餘와 통용).
필순 一 ㄷ 于 牙 牙 邪邪
邪見〔사견〕 사악(邪惡)한 생각. 도리에 어긋난 생각. じゃけん
邪徑〔사경〕 옆길. 사잇길. 곧 부

정한 마음. 또 행위(行爲). じゃけい 「略). じゃけい
邪計〔사계〕 사악(邪惡)한 계략(計
邪曲〔사곡〕 도리에 올바르지 못함. じゃきょく 「じゃこう
邪巧〔사교〕 못된 마음으로 꾀함.
邪敎〔사교〕 ①올바르지 못한 가르침. ②올바르지 못한 종교(宗敎). じゃきょう
邪鬼〔사귀〕 못된 귀신. じゃき
邪氣〔사기〕 ①부정(不正)한 기운. 요망스럽고 간악한 기운. ②몸을 해치고 병을 가져오는 기쁜 기운. ③감기. 고뿔. じゃき
邪念〔사념〕 올바르지 못한 못된 생각. じゃねん
邪黨〔사당〕 못된 무리. じゃとう
邪道〔사도〕 올바르지 않은 길. ↔ 정도(正道). じゃどう 「じゃれん
邪戀〔사련〕 도리에 벗어난 연애.
邪路〔사로〕 그릇된 길. じゃろ
邪味〔사미〕 야릇한 맛.
邪法〔사법〕 ①나쁜 법률. ② 올바르지 못한 종교. じゃほう
邪不犯正〔사불범정〕 바르지 못한 것은 바른 것을 감히 범하지 못함. 「지 못한 마음. じゃしん
邪心〔사심〕 간사한 마음. 올바르
邪惡〔사악〕 도리(道理)에 어긋나고 악독함. じゃあく
邪淫〔사음〕 ①마음이 못되고 음란함. ②불교의 십계(十戒)의 하나. 부정한 남녀 관계. じゃいん
邪正〔사정〕 그릇됨과 올바름. 동 정사(正邪). じゃせい 「(파사).
▷正邪(정사). 忠邪(충사). 破邪

「邱」 부 阝(우부방) 획 3—5 훈 언덕 음 구 ㊥ ch'iu[1] 英 hill 日 キュウ. おか 「름.
뜻 ①언덕(丘와 통용). ② 땅이
필순 ｢ 𠂆 丘 丘阝邱
▷大邱(대구). 靑邱(청구).

[邸] 부 阝(우부방) 획 3—5 훈 집 음 저: ㊥ ti[3] 英 mansion 日 テイ. やしき
뜻 ①집. ②병풍.
필순 ｢ F 氏 氐 氐阝邸
邸舍〔저사〕 ①가겟방. 점방. ②집. ③여관. ていしゃ
邸第〔저제〕 ①내조(來朝)한 제후(諸侯)가 머무르던 집. ②귀인(貴人)의 집. ていだい
邸宅〔저택〕 집. 구조가 큰 집. ていたく 「칭(尊稱). ていか
邸下〔저하〕 왕세자(王世子)의 존
▷官邸(관저). 舊邸(구저). 別邸(별저). 私邸(사저).

[邯] 부 阝(우부방) 획 3—5 훈 고을 이름 음 한: ㊥ huan[2] 英 name of town 日 カン
뜻 ①고을이름. ②사람이름(감).
필순 一 卄 甘阝邯
邯鄲之夢〔한단지몽〕 사람의 일생에 부귀(富貴)란 헛되고 덧없다는 뜻. 동남가일몽(南柯一夢). かんたんのゆめ

【郊】 부 阝(우부방) 획 3—6 훈 들 음 교 ㊥ chiao[1] 英 suburbs 日 コウ. はずれ. のら
뜻 ①들. 시골. ②교외. 시외.
필순 亠 六 交 交阝郊
郊里〔교리〕 마을. 동촌락(村落). こうり 「은 성(城). こうほ
郊保〔교보〕 교외(郊外)에 있는 작
郊外〔교외〕 들 밖. 시가(市街) 밖. 성문(城門) 밖. こうがい
郊原〔교원〕 들판. こうげん
郊餞〔교전〕 성문 밖에 나가 배웅함. こうせん 「골. こうきょ
郊墟〔교허〕 ①들판과 언덕. ②시
▷近郊(근교). 農郊(농교). 四郊(사교). 遠郊(원교).

「郁」 부 阝(우부방) 획 3—6 훈 문채날 음 욱 ㊥ yü 英 suburbs 日 イク 「름.
뜻 ①문채날. ② 성할. ③땅 이
필순 ナ 冇 有 有阝郁
郁烈〔욱렬〕 매우 향기(香氣)로움. いくれつ 「くりじん
郁李仁〔욱리인〕 산이스랏의 씨. い
郁李子〔욱리자〕 산이스랏의 열매. いくりし 「함. いくぶん
郁文〔욱문〕 문물(文物)이 성(盛)
郁馥〔욱복〕 향기가 매우 높은 모양. いくふく
郁郁〔욱욱〕 ①문물(文物)이 성(盛)

하고 빛나는 모양. ②무늬가 찬란한 모양. ③향기가 성(盛)하게 나는 모양. いくいく

郁郁靑靑〔욱욱청청〕 향기가 높고 수목(樹木)이 무성하여 푸른 빛깔이 썩 곱고도 깨끗한 것. いく

〖郡〗 부 阝(우부방) 획 3—7 훈 고을 음 군: 中 chün⁴ 英 political division 日 グン. こおり
뜻 고을.
필순 ㄱ ㅋ 尹 君 君 郡郡

郡界〔군계〕 한 군(郡)과 딴 군과의 경계. ぐんかい

郡守〔군수〕 한 군(郡)의 우두머리. ぐんしゅ 「方). ぐんけん

郡縣〔군현〕 ①군과 현. ②지방(地

郡縣制度〔군현제도〕 지방행정을 중앙 정부에서 파견된 관리가 행하던 중앙 집권(中央集權) 제도. 동봉건 제도. ぐんけんせいど

▷隣郡(인군). 一郡(일군).

〖郞〗 부 阝(우부방) 획 3—7 훈 사내 음 랑 中 lang² 英 husband 日 ロウ. おとこ
뜻 ①사내. ②벼슬이름. ③남편. 아들·주인.
참고 속 郎
필순 ㄱ ㅋ 自 良 郞郞

郞官〔낭관〕 동⇨낭중(郞中).

郞君〔낭군〕 ①젊은 남자의 존칭. 귀공자. ②새로 진사(進士)에 급제한 사람의 존칭. ③아내가 남편을 부르는 존칭. ろうくん

郞騎馬〔낭기마〕 혼인(婚姻) 때 신랑이 타고 가는 말.

郞當〔낭당〕 ①의복이 커서 몸에 맞지 않는 모양. ②피곤한 모양. 감당하기 어려움. ③큰 자물쇠. ろうとう 「칭(敬稱). ろうし

郞子〔낭자〕 남의 아들을 부르는 경

郞材〔낭재〕 신랑감.

郞中〔낭중〕 ① 진대(秦代) 이후의 벼슬 이름. 동낭관(郞官). ②중국에서 의사(醫師)를 이름. ろうちゅう「(신랑). 令郞(영랑).

▷壻郞(서랑). 侍郞(시랑). 新郞

【郭】 부 阝(우부방) 획 3—8 훈 성곽 음 곽 中 kuo¹ 英 outer wall 日 カク. くるわ
뜻 ①성곽. 외성. ②둘레. 테두리. ③성.
필순 亠 古 亨 享 郭郭

郭公〔곽공〕 ①뻐꾸기. 소쩍새. ②꼭두각시. ③옛날 중국의 사람의 이름. かっこう 「ない

郭內〔곽내〕 성곽(城郭) 안. かく

郭索〔곽색〕 ①게(蟹)의 움직이는 모양. 또 게의 이칭. ②말이 많은 모양. 곧 마음의 안정(安定)을 잃은 모양. かくさく

郭外〔곽외〕 성곽의 밖. かくがい

▷城郭(성곽). 外郭(외곽). 輪郭(윤곽).

〖郯〗 부 阝(우부방) 획 3—8 훈 나라이름 음 담 中 t'an² 日 タン
뜻 나라이름.
필순 丷 火 炎 郯郯

〖部〗 부 阝(우부방) 획 3—8 훈 떼 음 부(부:) 中 pu⁴ 英 section; class 日 ブ. すべる
뜻 ①떼. ②거느릴. ③종류. ④부서.
필순 亠 立 立 音 音 部部

部隊〔부대〕 ①전대(全隊)의 한 부분의 군대. ②한 덩어리가 되어 행동하는 단체. ぶたい

部落〔부락〕 ①동네. 마을. ②한 민족이 모여 사는 곳. ③야만인(野蠻人)의 떼. ぶらく 「ぶるい

部類〔부류〕 종류별로 구분한 것.

部門〔부문〕 구별(區別)한 부류(部類). ぶもん「一品(품). ぶぶん

部分〔부분〕 전체 속의 한 쪽. 예

部署〔부서〕 ①여럿으로 나누어 분담시키는 사무의 부문. ②각기 할 일을 분담시킴. ぶしょ

部首〔부수〕 한자(漢字)를 구별한 각 부류(部類)를 대표하는 글자. ぶしゅ 「린 사람. ぶいん

部員〔부원〕 어느 부서(部署)에 딸

部長〔부장〕 ①한 부대(部隊)의 우두머리. ②한 부(部)의 우두머리. ぶちょう

部族〔부족〕 같은 조상이라는 관념에 의하여 결합되어, 공통된 언어와 종교 등을 갖는 지역적인

공동체로서, 원시적 민족의 단위(單位)를 형성하던 것. ㉮—社會(사회). ぶぞく
部處〔부처〕 정부(政府) 조직체의 부와 처. ぶしょ 「下). ぶか
部下〔부하〕 아랫사람. ⑤배하(配
▷幹部(간부). 工部(공부). 文教部(문교부). 兵部(병부). 司令部(사령부). 兩部(양부). 六部(육부). 吏部(이부). 一部(일부). 總務部(총무부). 販賣部(판매부).

【郵】 부 ⻏(우부방) 획 3—8 훈 우편 음 우 ㊥ yu² ㊎ mail ㊐ ユウ. しゅくば
뜻 ①우편. ②역말. 역. ③지날.
필순 ノ 二 ⺅ 乖 垂 郵 郵
郵稅〔우세〕 우편 요금. ゆうぜい
郵送〔우송〕 우편으로 보냄. ゆうそう 「務). ゆうせい
郵政〔우정〕 우편에 관한 정무(政
郵遞〔우체〕 ⑤⇨우편(郵便)·역참(驛站). ㉮—局(국). —夫(부). ゆうてい
郵便〔우편〕 편지나 소포 따위를 운송(運送)하는 정부(政府)의 한 사업. ㉮—物(물). —配達(배달). ⑤우체(郵遞). ゆうびん
郵票〔우표〕 우편 요금을 낸 표시로 우편물에 붙이는 증표(證票).

〖都〗 부 ⻏(우부방) 획 3—9 훈 도읍 음 도 ㊥ tu¹ tou¹ ㊎ metropolis ㊐ ト. みやこ
뜻 ①도읍. 서울. ②모두. ③성.
필순 + 土 ⺹ 者 者 者 者⻏ 都
都家〔도가〕 ①동업자(同業者)들이 모여서 계나 장사 의논을 하는 집. ②도매상(都賣商). ③주(周)나라 때, 임금의 자제. 공경대부(公卿大夫)의 영지(領地). とか
都給〔도급〕 어떠한 공사에 들 비용을 미리 정하고 도맡아 하게 하는 것. ときゅう
都賣商〔도매상〕 생산자와 소매인(小賣人)과의 중간에서 상품의 매매(賣買)를 중개(仲介)하는 장사 또는 장수. ↔산매상(散賣商)·소매상(小賣商).
都房〔도방〕 고려(高麗) 때 경대승(慶大升)에서 비롯하여 최충헌(崔忠獻) 등이 신변을 보호하기 위하여 둔 사병 기관(私兵機關).
都兵馬使〔도병마사〕 고려 현종(顯宗) 때 서북·동북 방면의 병마사(兵馬使)를 지휘 감독하고 군사 문제를 처리하기 위하여 중앙에 설치한 기관.
都沙工〔도사공〕 사공의 우두머리.
都散賣〔도산매〕 물건의 도매(都賣)와 산매(散賣). 물건을 모개로 팔고 낱으로도 팖.
都城〔도성〕 ①서울. 도읍. 성벽으로 둘러싸인 도시. とじょう
都承旨〔도승지〕 이조(李朝) 때 승정원(承政院)의 여러 승지(承旨)들 가운데 으뜸인 정삼품(正三品) 벼슬. 지금의 대통령 비서실장에 해당함.
都市〔도시〕 ⑤⇨도회(都會). とし
都心〔도심〕 도시의 중심. としん
都元帥〔도원수〕 고려 때부터 전쟁 때, 군무(軍務)를 통괄하던 장수. ②한 지방의 병권(兵權)을 도맡던 장수. 「う
都邑〔도읍〕 ⑤⇨도회(都會). とゆ
都下〔도하〕 서울 안. 서울 지방.
都合〔도합〕 합계. とごう. つごう
都會〔도회〕 사람이 많이 살고 번화한 곳. ⑤도시(都市). 도읍(都邑). とかい
▷舊都(구도). 大都(대도). 首都(수도). 遷都(천도). 還都(환도). 皇都(황도).

〖鄕〗 부 ⻏(우부방) 획 3—10 훈 시골 음 향 ㊥ hsiang¹ ㊎ country ㊐ キョウ. ゴウ. さと
뜻 ①시골. ②고향.
참고 약 郷
필순 ㄑ 乡 乡 乡⺈ 乡⺈ 乡⺈⺈ 鄕
鄕歌〔향가〕 ①신라(新羅) 중엽(中葉)에서 고려(高麗) 초기(初期)까지에 걸쳐서 민간에 널리 유행하던 우리 나라 고유의 시가(詩歌). 현재 전하는 것은 삼국유사(三國遺事)에 14수, 균여전(均如傳)에 11수임. ②시골 노

래. きょうか 「うかん
鄕貫〔향관〕①본적. ②고향. きょ
鄕關〔향관〕고향. 향리(鄕里). きょうかん
鄕校〔향교〕①시골의 학교. ②시골에 있는 문묘(文廟)와 거기에 딸린 한문 교습소. きょうこう
鄕導〔향도〕길을 인도함. 또 그 사람. ㊐향도(嚮導). きょうどう
鄕里〔향리〕①시골. 촌락. ②고향. ③시골 사람. 고향 사람. ④부부가 서로 부르는 호칭. ㊐향관(鄕關). きょうり
鄕吏〔향리〕한 고을에서 세습(世襲)으로 내려오는 벼슬아치.
鄕隣〔향린〕이웃. ㊐근린(近隣). きょうりん 「みん
鄕民〔향민〕그 시골 사람. きょう
鄕思〔향사〕고향 생각. きょうし
鄕愁〔향수〕고향을 그리워하는 마음. きょうしゅう
鄕試〔향시〕①청조(淸朝)의 과거제도로서 3년마다 한 번씩 수재(秀才) 및 공생(貢生)을 각성(各省)의 수도(首都)에 모아 행하던 시험. 합격자(合格者)를 거인(擧人)이라 함. ②각 도에서 그 도안의 유생(儒生)에게 보이던 초시(初試). きょうし
鄕樂〔향악〕우리나라 고유의 음악. ↔당악(唐樂).
鄕闇〔향암〕시골 구석에서 지내므로 온갖 사리(事理)에 어두움. 또 그러한 사람.
鄕約〔향약〕한 마을 사람이 같이 지켜야 할 규약. 마을의 자치 규약. 덕업상권(德業相勸)·과실상규(過失相規)·예속상교(禮俗相交)·환란상휼(患難相恤)의 네 강목(綱目). きょうやく
鄕藥集成方〔향약집성방〕세종(世宗)의 명에 의해 유효통(柳孝通)·노중례(盧重禮) 등이 독자적인 약방(藥方)을 집대성(集大成)하여 간행한 책. 「う
鄕友〔향우〕고향 친구. きょうゆ
鄕札〔향찰〕신라 시대에 한자의 음과 새김으로 우리말을 표기하던 글자. 이두(吏讀)와 비슷함.
鄕土〔향토〕고향 땅. 시골. ㊀—文學(문학). —藝術(예술). —色(색). きょうど
▷故鄕(고향). 貫鄕(관향). 舊鄕(구향). 歸鄕(귀향). 落鄕(낙향). 同鄕(동향). 望鄕(망향). 錦衣還鄕(금의환향). 異鄕(이향). 他鄕(타향). 懷鄕(회향).

[鄙] 부 阝(우부방) 획 3—11 훈 더러울 음 비: ㊥ pi[1] ㊕ humble ㊐ ヒ. ひな. いやしい
뜻 ①더러울. ② 시골. 두메·촌스러울. ③천할. 비천할.
필순 ㅁ 몸 몸 몸 몸 鄙鄙
鄙近〔비근〕상스럽고 천박함. 흔하여 천한 것에 가까움. ひきん
鄙陋〔비루〕마음이 고상(高尙)하지 않고 하는 짓이 더러움. ひろう
鄙俗〔비속〕촌스러움. 아주 속됨. 우아(優雅)하지 아니함. ひぞく
鄙語〔비어〕낮고 속된 말. 상스러운 말. ひご
鄙諺〔비언〕항간에 퍼져 쓰이는 이언(俚言). 상말. ひげん 「ひれつ
鄙劣〔비열〕마음이 더럽고 용렬함.
鄙第〔비제〕자기 집. 「ぞく
鄙族〔비족〕자기의 겨레붙이. ひ
鄙地〔비지〕자기가 사는 곳의 비칭(卑稱). ひち
鄙賤〔비천〕①신분(身分)이 낮음. 천함. ②천하게 여겨 깔봄. 비웃음. ひせん

[鄭] 부 阝(우부방) 획 3—12 훈 정나라 음 정: ㊥chêng[4] ㊕ family name ㊐ テイ. ジョウ
뜻 ①정나라. 나라이름. ②성.
필순 八 台 俗 酋 酋 奠 鄭
鄭瓜亭〔정과정〕악학 궤범(樂學軌範)에 전하는 고려 가요(高麗歌謠)의 하나. 충신이 임금을 그리워하는 노래.
鄭石歌〔정석가〕악장 가사(樂章歌詞)에 수록(收錄)되어 전하는 고려 가요(高麗歌謠). 연정(戀情)을 읊은 노래.
鄭聲〔정성〕①중국 춘추시대(春秋時代)의 정(鄭)나라의 음악. ②

음란한 음악. ていせい

鄭重〔정중〕①자주. 빈번히. ②친절함. 은근함. ③점잖고 무게가 있음. ていちょう

(3) 阝(左) 部

〖防〗 뷔 阝(좌부방) 획 3—4 훈 막을 음 방 中 fang² 英 protect 日 ボウ. ふせぐ

뜻 ①막을. 방비할. ②둑. 방축.

필순 ⻖阝阝'阝'防防

防穀〔방곡〕곡식의 수출(輸出)을 막음. ぼうこく

防空〔방공〕항공기에 의한 공격을 방비함. ぼうくう 「ぼうどく

防毒〔방독〕독기(毒氣)를 막아냄.

防腐〔방부〕썩지 못하게 함. 예—劑(제). ぼうふ 「ぼうび

防備〔방비〕막아내는 설비를 함.

防水〔방수〕물을 막음. 동방천(防川). ぼうすい 「바른 베.

防水布〔방수포〕방수제(防水劑)를

防禦〔방어〕침입(侵入)을 막아냄. 또 그 설비(設備). ぼうぎょ

防疫〔방역〕전염병이 퍼지지 않게 미리 막는 것. ぼうえき 「えい

防衛〔방위〕막아내어 지킴. ぼう

防危〔방위〕위태로움을 막음.

防止〔방지〕막아서 그치게 함. ぼうし 「せん

防川〔방천〕동⇨방수(防水). ぼう

防波堤〔방파제〕거센 파도를 막기 위하여 쌓은 둑. ぼうはてい

防風〔방풍〕바람을 막음. ぼうふう 「(복). ぼうかん

防寒〔방한〕추위를 막음. 예—服

▷攻防(공방). 國防(국방). 邊防(변방). 消防(소방). 豫防(예방).

「阪」 뷔 阝(좌부방) 획 3—4 훈 산비탈 음 판 中 pan³ 英 slope 日 ハン. さか

뜻 ①산비탈. ②언덕. 못둑.

참고 동 坂

필순 ⻖阝阝'阝厂阪阪

阪上走丸〔판상주환〕언덕 위에서 공을 굴림. 곧 어떤 세력을 이용하여 일하면 쉽게 할 수 있음의 비유. はんじょうにたまをはしらす

【附】 뷔 阝(좌부방) 획 3—5 훈 붙을 음 부: 中 fu⁴ 英 adhere 日 フ. つく

뜻 ①붙을. 붙일(付와 통용). ②가까울. ③의지할.

필순 ⻖阝阝'阝付附附

附加〔부가〕덧붙임. 보탬. ふか

附記〔부기〕본문(本文)에서 뜻을 다하지 아니한 때 거기에 붙이어 적음. ふき

附帶〔부대〕곁붙어 따름. ふたい

附錄〔부록〕①본문에 덧붙인 기록(記錄). ②신문·잡지 등의 규정된 지면 외에 부가한 지면(紙面) 또는 책자. ふろく 「함. ふせつ

附設〔부설〕부속(附屬)시켜 설치

附屬〔부속〕좇아 따름. 딸려 붙음. 주(主)된 사물에 소속되어 있음. 예—病院(병원). ふぞく 「い

附隨〔부수〕주된 것에 따름. ふず

附言〔부언〕덧붙여서 말함. 또 그 말. ふげん 「よ

附與〔부여〕줌. 동부여(付與). ふ

附箋〔부전〕무엇을 표하거나 덧붙여 적어 넣은 쪽지. 예—紙(지). ふせん

附着〔부착〕딱 붙임. 또 딱 붙어서 떨어지지 아니함. ふちゃく

附託〔부탁〕당부함. ふたく

附和〔부화〕주견(主見)이 없이 경솔히 남의 설(說)에 찬성함.

附和雷同〔부화뇌동〕주의(主義)·주장(主張)이 없이 타설(他說)에 이유없이 찬성하는 것. ふわらいどう

附會〔부회〕①관련이 없는 일을 합쳐 하나로 함. ②억지로 이치를 붙임. 예牽强(견강)—. ふかい

▷歸附(귀부). 寄附(기부). 送附(송부). 阿附(아부). 添附(첨부).

【阿】 뷔 阝(좌부방) 획 3—5 훈 언덕 음 아 中 ē¹ 英 hill 日 ア. おか. おもねる

뜻 ①언덕. ②아첨할. ③어조사(옥).

필순 ㇋阝阝阿阿阿

阿膠〔아교〕동물의 가죽·뼈 등을 고아 굳힌 황갈색의 접착제(接着劑). あこう 「きゅう

阿丘〔아구〕한 쪽이 높은 언덕. あ

阿房宮〔아방궁〕진시황(秦始皇)이 아방(阿房)에 지었던 궁전 이름. あぼうきゅう

阿附〔아부〕아첨하고 좇음. あふ

阿鼻叫喚〔아비규환〕①아비지옥(阿鼻地獄)과 규환지옥(叫喚地獄). ②쉴새없이 고통을 받아 울부짖는 일. あびきょうかん

阿斯達〔아사달〕단군 조선이 개국(開國)할 때의 도읍(都邑). 지금의 평양(平壤) 부근의 백악산(白岳山)으로 추정(推定)됨.

阿世〔아세〕세인(世人)에 아첨함. 예曲學(곡학)—. あせい. よにおもねる

阿修羅〔아수라〕싸움을 일삼는 인도(印度)의 악마신(惡魔神). あしゅら

阿直岐〔아직기〕백제(百濟)의 한 학자(漢學者). 박사 왕인(王仁)과 더불어 일본(日本)에 한문(漢文)을 전(傳)함.

阿片〔아편〕익지 아니한 양귀비 열매에서 딴 진액을 말린 것. 동 아편(鴉片). あへん

阿片戰爭〔아편전쟁〕1840~1842년에 걸쳐 아편 문제를 중심으로 영국과 청국(淸國) 사이에 일어난 전쟁. あへんせんそう

[阻] 부 阝(좌부방) 획 3—5 훈 막힐 음 조: 中 tsu³ 英 steep 日 ソ. はばむ 「려울.

뜻 ①막힐. 막을. ②험할. ③어

필순 ㇋阝阝阻阻阻

阻隔〔조격〕방해하여 사이를 떨어지게 함. 끊어 갈라 놓음. 엇갈림.

阻面〔조면〕①오랫동안 서로 만나보지 못함. ②절교(絶交).

阻塞〔조색〕경계(境界)하여 막음. そそく

阻水〔조수〕물에 가로막힘. そすい

阻止〔조지〕막음. 방해함. そし

阻害〔조해〕방해함. そがい

▷隔阻(격조). 久阻(구조).

[降] 부 阝(좌부방) 획 3—6 훈 내릴 음 강: 中 chiang⁴ 英 descend 日 コウ. ふる. くだる. おりる

뜻 ①내릴. 떨어질. ②항복할(항).

필순 ㇋阝阝阝降降降降

降等〔강등〕등급(等級)을 내림. こうとう 「려옴. こうりん

降臨〔강림〕신(神)이 하늘에서 내

降福〔강복〕하늘이 행복을 내려줌. 또 그 내려주는 행복. こうふく

降霜〔강상〕서리가 내림. 또 내린 서리. こうそう

降生〔강생〕성현(聖賢)·영웅(英雄) 등이 탄생함. こうせい

降雪〔강설〕눈이 옴. こうせつ

降神〔강신〕①신(神)이 내림. ②신(神)의 내림(來臨)을 빎. 예 —術(술). こうしん

降雨〔강우〕비가 내림. こうう

降雨量〔강우량〕비가 내린 양. こううりょう

降下〔강하〕아래로 내림. こうか

降旗〔항기〕항복하는 표시로서 드는 기. こうき 「こうふく

降伏〔항복〕적에게 굴복(屈服)함.

降服〔항복〕①옷을 벗고 사죄함. ②동항복(降伏). こうふく

降書〔항서〕항복하는 뜻을 기록하여 적에게 보내는 글. こうしょ

降意〔항의〕①항복하고자 하는 뜻. ②마음을 기울임. こうい

降將〔항장〕항복(降伏)한 장수. こうしょう

▷歸降(귀항). 霜降(상강). 昇降(승강). 以降(이강). 投降(투항). 下降(하강).

[陋] 부 阝(좌부방) 획 3—6 훈 더러울 음 루: 中 lou⁴ 英 dirty; narrow 日 ロウ. せまい

뜻 ① 더러울. 누추할. ②좁을. ③고루할.

필순 ㇋阝阝阝阿陋陋

陋見〔누견〕①좁은 의견. ②자기

의견의 겸칭(謙稱). ろうけん
陋短〔누단〕 키가 낮음. ろうたん
陋名〔누명〕 ①창피스러운 평판(評判)에 오르내리는 이름. ②억울하게 뒤집어쓴 불명예(不名譽). ろうめい
陋鄙〔누비〕 촌스러움. ろうひ
陋小〔누소〕 천하고 작음. ろうしょう 「(風俗). ろうぞく
陋俗〔누속〕 천한 버릇. 천한 풍속
陋習〔누습〕 나쁜 버릇. ろうしゅう
陋室〔누실〕 ①더러운 방. ②자기 집 방의 비칭(卑稱). ろうしつ
陋屋〔누옥〕 ①좁고 더러운 집. ②자기 집의 비칭(卑稱). ろうおく
陋地〔누지〕 자기가 사는 곳의 겸칭(謙稱). ろうち 「ゅう
陋醜〔누추〕 더럽고 추함. ろうし
陋巷〔누항〕 ①좁고 더러운 뒷골목. ②좁은 동네. ③작은 길. ④빈민굴(貧民窟). ろうこう
▷固陋(고루). 鄙陋(비루).

〖限〗 부 阝(좌부방) 획 3—6 훈 한정 음 한: 中 hsien⁴ 英 limit 日 ゲン. かぎる
뜻 ①한정. ②지경. ③막힐.
필순 ⻖ 阝 阝フ 阝ヨ 限限
限界〔한계〕 ①땅의 경계. ② 사물의 정해 놓은 범위. げんかい
限度〔한도〕 ①한정함. ②일정(一定)한 정도(程度). げんど
限量〔한량〕 일정한 분량(分量). げんりょう
限死〔한사〕 목숨을 걸고 일을 함. 죽기를 각오함. 동결사(決死).
限外〔한외〕 기한 밖. 한정(限定) 밖. 예—痲藥(마약). げんがい
限定〔한정〕 한(限)하여 정함. げんてい
▷極限(극한). 期限(기한). 無限(무한). 分限(분한). 上限(상한). 年限(연한). 有限(유한). 制限(제한). 下限(하한).

【院】 부 阝(좌부방) 획 3—7 훈 집 음 원 中 yüan⁴ 英 yard 日 イン. かこい 「절.
뜻 ①집. 원집. ②마을. 관청. ③
필순 ⻖ 阝 阝' 阝宀 院院
院主〔원주〕 주지(住持). いんしゅ
院畫〔원화〕 송(宋)나라의 선화연간(宣和年間)에 조정의 화원(畫院)에서 그린 그림. いんが
▷監査院(감사원). 孤兒院(고아원). 法院(법원). 養老院(양로원). 醫院(의원). 議院(의원). 入院(입원). 退院(퇴원). 下院(하원). 學院(학원).

〖除〗 부 阝(좌부방) 획 3—7 훈 덜 음 제 中 ch'u² 英 get rid of 日 ジョ. のぞく
뜻 ①덜. 버릴. ②나눌. 나눗셈. ③벼슬줄.
필순 ⻖ 阝 阝^ 阝今 除除
除去〔제거〕 덜어 버림. 없애 버림. じょきょ 「事).
除萬事〔제만사〕 동 ⇨제백사(除百
除名〔제명〕 명부(名簿)에서 이름을 빼어버림. 어떤 사람을 그가 속하는 단체에서 내쫓음. 예—處分(처분). じょめい
除百事〔제백사〕 다른 일은 다 제쳐 놓음. じょひゃくじ
除煩〔제번〕 편지의 첫머리에 쓰는 말. 여러 가지 번거로운 것을 덜어 버리고 할 말만 적는다는 뜻.
除夕〔제석〕 ①섣달 그믐날 밤. ②동지(冬至)의 전날 밤. 동제야(除夜). じょせき
除授〔제수〕 임금이 관직(官職)을 줌. 임관(任官)함. じょじゅ 「や
除夜〔제야〕 동⇨제석(除夕). じょ
除外〔제외〕 범위(範圍) 밖에 두어 빼어 놓음. じょがい
除籍〔제적〕 호적·학적(學籍) 등에서 제명함. じょせき
除蟲〔제충〕 해충(害蟲)을 없애버림. 동구충(驅蟲). じょちゅう
▷驅除(구제). 排除(배제). 削除(삭제). 掃除(소제).

【陣】 부 阝(좌부방) 획 3—7 훈 진칠 음 진 中 c'hen²·⁴ 英 encamp 日 ジン. つら. たむろ
뜻 ①진칠. ②싸움.
필순 ⻖ 阝 阝一 阝ョ 陣陣
陣頭〔진두〕 진(陣) 머리. 진(陣)

의 맨 앞. ㉥一指揮(지휘). じんとう

陣壘〔진루〕 진(陣)을 친 곳. じんるい

陣亡〔진망〕 전진(戰陣)에서 죽음. 싸움터에서 죽음. 동진몰(陣沒)·전사(戰死). じんぼう

陣沒〔진몰〕 동⇨진망(陣亡). じんぼつ

陣歿〔진몰〕 동⇨진망(陣亡). じんぼつ

陣門〔진문〕 진영(陣營)의 문. 군문(軍門). じんもん

陣法〔진법〕 진을 치는 법(法). じんぽう

陣勢〔진세〕 ①진의 세력. ②진친 형세(形勢). じんせい

陣營〔진영〕 진을 친 곳. 진(陣). じんえい

陣中〔진중〕 ①진 가운데. ②싸우는 사이. じんちゅう

陣地〔진지〕 진을 친 터. じんち

陣痛〔진통〕 어린 애를 낳을 때 주기적(週期的)으로 오는 아픈 증세. じんつう

▷軍陣(군진). 對陣(대진). 方陣(방진). 背水陣(배수진). 雲陣(운진). 敵陣(적진).

〔陛〕 부 阝(좌부방) 획 3—7 훈 섬돌 음 폐: 中 pi[4] 英 steps to the throne 日 ヘイ. きざはし
뜻 ①섬돌. ②대궐섬돌.
필순 阝阝阝阝阝阝阝陛

陛衞〔폐위〕 임금의 거소(居所) 섬돌 아래에 서 있는 호위병(護衞兵). へいえい

陛下〔폐하〕 임금의 존칭(尊稱). へいか

陛見〔폐현〕 임금에 알현(謁見)하는 것. へいけん

【陶】 부 阝(좌부방) 획 3—8 훈 질그릇 음 도 中 t'ao[2] 英 porcelain 日 トウ. すえ
뜻 ①질그릇. ②즐길. ③가르칠. ④근심할. ⑤사람이름.
필순 阝阝阝阝陶陶

陶工〔도공〕 옹기장이. とうこう

陶器〔도기〕 질그릇. 오지 그릇. とうき

陶唐〔도당〕 고대 중국의 요(堯)임금. 처음에 도(陶)라는 땅에 살다가 당(唐)이란 땅으로 이사한 데서 이름. とうとう

陶山書院〔도산서원〕 경상북도 안동군 도산면(陶山面)에 있는 서원(書院). 이조 선조(宣祖) 7년에 세워 이 퇴계(李退溪)를 모심.

陶冶〔도야〕 인재(人材)를 양성하여 심신(心身)을 단련함. とうや

陶淵明〔도연명〕 동⇨도잠(陶潛). とうえんめい

陶瓦〔도와〕 질그릇. とうが

陶潛〔도잠〕 동진(東晋)의 자연시인(自然詩人). 심양(潯陽)사람. 자(字)는 연명(淵明). とうせん

陶醉〔도취〕 ①흥취가 있게 술이 취(醉)함. ②무엇에 열중(熱中)함. とうすい

陶土〔도토〕 질그릇을 만들 원료로 쓰는 점토(粘土). とうど

▷靑陶(청도). 黑陶(흑도).

〔陸〕 부 阝(좌부방) 획 3—8 훈 뭍 음 륙 中 lu[4], liu[4] 英 land 日 リク. おか
뜻 ①뭍. 육지. ②뛸. ③성.
필순 阝阝阝阝阝陸陸

陸橋〔육교〕 구름다리. りっきょう

陸稻〔육도〕 밭에 심는 벼. りくとう. おかぼ

陸路〔육로〕 육지(陸地)의 길. りくろ

陸產〔육산〕 뭍에서 나는 물건. ↔해산(海產). りくさん

陸上競技〔육상경기〕 육상에서 행하는 각종 운동 경기. りくじょうきょうぎ

陸棲〔육서〕 뭍에서 삶. りくせい

陸續〔육속〕 이어져 끊어지지 아니한 모양. りくぞく

陸松〔육송〕 솔. りくしょう

陸揚〔육양〕 배에서 뭍으로 짐을 풀어 올림. りくあげ

陸運〔육운〕 육로(陸路)에 의한 운반(運搬). りくうん

陸戰〔육전〕 육지에서 싸우는 전쟁(戰爭). ↔해전(海戰). りくせん

陸舟〔육주〕 낙타(駱駝)의 이칭. りくしゅう

陸地〔육지〕 뭍. 대지(大地). 육상(陸上). りくち

陸沈〔육침〕 ①뭍에 가라앉음. 곧 현인(賢人)이 속인(俗人)과 더불

어 세상에 묻혀 있음. ②육지가 가라앉아 망함. 곧 나라가 혼란 속에 빠짐. ③시대의 변천(變遷)에 어두움. りくちん
陸風〔육풍〕 밤에 육지에서 바다로 향하여 부는 바람. りくふう
陸海〔육해〕 뭍과 바다. りくかい
▷大陸(대륙). 上陸(상륙). 水陸(수륙). 離陸(이륙). 着陸(착륙). 海陸(해륙).

【陵】 部 阝(좌부방) 획 3—8 훈 언덕 음 릉 中 ling² 英 mound 日 リョウ.みささぎ.おか
뜻 ①언덕. ②능. 임금의 무덤. ③업신여길. ④오를. 넘을. ⑤범할. 짓밟을.
필순 ⻖阝阝⺈阡阭阸陸陵陵陵
陵蔑〔능멸〕 업신여겨 깔봄.
陵侮〔능모〕 무시(無視)함. 얕봄.
陵墓〔능묘〕 임금·왕비의 무덤. りょうぼ 「곳. りょうびょう
陵廟〔능묘〕 임금의 영(靈)을 모신
陵域〔능역〕 능의 지역 안. りょういき
陵雲之志〔능운지지〕 ①높은 구름을 훨씬 넘는 뜻. 곧 속세(俗世)를 벗어난 초연(超然)한 뜻. ②높은 지위에 오르려는 야망. 동 청운지지(青雲之志). りょううんのこころざし
陵遲〔능지〕 팔·다리·머리 등을 토막치는 극형(極刑). 예—處斬(처참). りょうち
陵寢〔능침〕 능(陵). りょうしん
陵幸〔능행〕 임금이 능에 참배(參拜)함. りょうこう
▷古陵(고릉). 丘陵(구릉). 武陵(무릉). 王陵(왕릉).

【陪】 部 阝(좌부방) 획 3—8 훈 따를 음 배: 中 p'ei² 英 assist 日 バイ. したがう. たすける 「금. ④더할.
뜻 ①따를. 모실. ②도울. ③버
필순 ⻖阝阝'阡阡陪陪陪
陪賓〔배빈〕 주빈(主賓) 이외의 손님. ばいひん 「같이함. ばいせき
陪席〔배석〕 어른을 모시고 자리를
陪審〔배심〕 법률 전문가 아닌 사람, 곧 배심원이 심리(審理)나 기소(起訴)에 참가하는 일. ばいしん 「ばいじゅう
陪從〔배종〕 임금을 모시어 뒤따름.
陪行〔배행〕 웃사람을 모시고 따라감. ばいこう

【陰】 部 阝(좌부방) 획 3—8 훈 그늘 음 음 中 yin¹ 英 shade 日 イン. かげ. ひそかに
뜻 ①그늘. ②가릴. 흐릴. ③음기. ④어두울. ⑤뒤. ⑥몰래. 넌지시. ⑦세월. ⑧생식기. ⑨성.
필순 阝阝'阝^阾阾陰陰陰
陰刻〔음각〕 옴폭하게 파내어 새김. ↔양각(陽刻). いんかく 「かん
陰乾〔음건〕 응달에서 말림. いん
陰界〔음계〕 귀신(鬼神)의 세계. いんかい 「けい
陰計〔음계〕 동⇨음모(陰謀). いん
陰功〔음공〕 뒤에서 돕는 공(功). 숨은 공적(功績). いんこう
陰官〔음관〕 ①비(雨)를 맡은 신(神). ②저승의 신(神). ③궁중의 여관(女官). いんかん
陰囊〔음낭〕 불알을 싸고 있는 주머니. 동신낭(腎囊). いんのう
陰德〔음덕〕 ①땅(地)의 덕. ②부인의 도(道). 신하의 도(道). 동 곤덕(坤德). ③세상에 알려지지 아니한 덕행(德行). いんとく
陰德陽報〔음덕양보〕 남모르게 덕행(德行)을 쌓은 사람은 뒤에 그 보답(報答)을 저절로 받음. いんとくようほう
陰曆〔음력〕 구력(舊曆). 약 태음력(太陰曆). いんれき
陰謀〔음모〕 ①남이 모르게 일을 꾸미는 꾀. 동 음계(陰計). ②범죄 행위를 의논함. いんぼう
陰密〔음밀〕 ①숨어 나타나지 아니함. 또 숨겨 내놓지 아니함. ②으슥하게 그늘짐. いんみつ. おんみつ 「신체 부분. いんぶ
陰部〔음부〕 남녀의 생식기가 있는
陰事〔음사〕 ①비밀한 일. 동 비사(秘事). ②잠자리하는 일. 동 방사(房事). いんじ

陰散〔음산〕 날씨가 흐릿하고 쓸쓸하게 추움. いんさん
陰濕〔음습〕 그늘지고 축축함. いんしつ
陰陽〔음양〕 ①태극(太極)이 나누인 두 가지 기운으로 성질이 상반된 것. 곧 음과 양. 해·봄·여름·불·남자 등은 양이고, 달·가을·겨울·물·여자 등은 음임. ㉮—五行(오행). ②전기(電氣)·자기(磁氣)의 음극(陰極)과 양극(陽極). いんよう
陰影〔음영〕 ①그림자. ②그늘. いんえい
陰慾〔음욕〕 음탕한 욕심. 호색(好色). いんよく
陰雨〔음우〕 오래 계속해 내리는 음산한 비. いんう
陰雲〔음운〕 검은 구름. いんうん
陰鬱〔음울〕 날이 흐리고 무더움. いんうつ
陰地〔음지〕 응달. いんち
陰沈〔음침〕 흐리고 밝지 않음. いんしん
陰蔽〔음폐〕 가려 덮음. いんぺい
陰險〔음험〕 마음이 흉악(凶惡)하고 우악함. いんけん
陰凶〔음흉〕 마음이 음험하고 흉악(凶惡)함. いんきょう
▷光陰(광음). 綠陰(녹음). 寸陰(촌음). 翠陰(취음). 太陰(태음).

【陳】 부 阝(좌부방) 획 3—8 훈 베풀 음 진 ㊥ ch'en[2·4] 英 arrange ㊐ チン. **のべる**. **つらねる**
뜻 ①베풀. 벌릴. 늘어놓을. ②묵을. 오랠. ③고할. 말할. ④나라이름. ⑤성.
필순 ⻖阝阝阝陌陌陣陣陳
陳啓〔진계〕 임금에게 사리(事理)를 진술하여 아룀. ちんけい
陳穀〔진곡〕 묵은 곡식. ちんこく
陳腐〔진부〕 ①오래되어 썩음. ②낡아서 새롭지 못함. ちんぷ
陳謝〔진사〕 ①이유를 말하고 사죄함. ②사례(謝禮)함. ちんしゃ
陳設〔진설〕 음식을 상에 차리어 놓음. ちんせつ
陳述〔진술〕 ①자세히 말함. ②구두로 의견을 말함. ちんじゅつ
陳跡〔진적〕 옛날 자취. ちんせき
陳情書〔진정서〕 ㊍⇨진정표(陳情表). ちんじょうしょ
陳情表〔진정표〕 관청이나 웃어른에게 곤란한 사정을 기록하여 바치는 글. ㊍진정서(陳情書). ちんじょうひょう
陳荒地〔진황지〕 거친 채 버려 두고 매만지지 아니한 땅. ちんこうち
▷開陳(개진). 具陳(구진).

【陷】 부 阝(좌부방) 획 3—8 훈 빠질 음 함: ㊥ hsien[4] 英 sink ㊐ カン. **おちいる**
뜻 ①빠질. 빠뜨릴. ②함정.
참고 약 陥
필순 ⻖阝阝阝阝阝陷陷陷
陷溺〔함닉〕 ①함정(陷穽)이나 물에 빠짐. ②주색(酒色) 등에 빠짐. ③괴롭힘. かんでき
陷落〔함락〕 ①땅이 무너져 떨어짐. ②성(城) 따위가 공격을 받아 떨어짐. ㊍함성(陷城). かんらく
陷沒〔함몰〕 ①성(城) 따위가 떨어짐. ②재난(災難)을 당하여 멸망(滅亡)함. かんぼつ
陷城〔함성〕 성이 함락(陷落)됨. 또 성을 함락시킴. ㊍함락(陷落). かんじょう
陷入〔함입〕 빠져 들어감. かんにゅう
陷穽〔함정〕 ①짐승을 잡기 위하여 파놓은 구덩이. ②계략을 써서 사람을 해침의 비유. かんせい
陷之死地〔함지사지〕 죽음을 당할 만한 곳에 빠짐.
陷害〔함해〕 남에게 해를 받게 함. かんがい
▷攻陷(공함). 構陷(구함). 失陷(실함).

【階】 부 阝(좌부방) 획 3—9 훈 섬돌 음 계 ㊥ chieh[1] 英 stairs ㊐ カイ. きざはし
뜻 ①섬돌. 층계. ②사다리. ③차례. 벼슬차례.
필순 ⻖阝阝阝阝阝阝階階
階級〔계급〕 ①등급(等級). ②층계. 계단(階段). ③신분 또는 재산·직업에 의하여 갈린 사회적 지위(地位). かいきゅう
階段〔계단〕 ①층층대. 단계. ②순서. 등급. かいだん

階伯〔계백〕 백제의 명장. 황산 싸움에서 나당군(羅唐軍)을 대파(大破)했으나 중과 부적(衆寡不敵)으로 전사(戰死)함.

階前萬里〔계전만리〕 만리나 떨어진 먼 곳도 발 밑에 있는 계단 앞과 같이 환히 내다봄. 곧 지방 행정(地方行政)의 득실(得失)을 임금이 모두 알아 신하들이 결코 속일 수 없음을 이름. かいぜんばんり 「いじょ

階除〔계제〕 층계. 계단(階段). か

階梯〔계제〕 ①사다리. ②일을 하는 데 차례로 밟아 올라가는 경로(經路). かいてい

階次〔계차〕 계급(階級)의 차례. 지위의 높고 낮음. かいじ

階層〔계층〕 차례와 층. かいそう

▷武階(무계). 文階(문계). 石階(석계). 玉階(옥계). 位階(위계). 淸階(청계). 層階(층계). 品階(품계).

【隊】 부 阝(좌부방) 획 3—9 훈 떼 음 대(대:) 中 tuei⁴ 英 company 日 タイ. むれ

뜻 ①떼. 무리. ②대오. ③떨어질(추)(墜와 통용).

필순 阝阝阝阝阝阝阝隊隊

隊商〔대상〕 단체를 짜고 사막(沙漠)을 왕래하는 상인(商人). たいしょう 「렬(行列). たいれつ

隊列〔대열〕 줄을 지어 늘어선 행

隊員〔대원〕 떼를 이루고 있는 구성원(構成員). たいいん

隊長〔대장〕 ①떼의 우두머리. ②군대의 장(長). たいちょう

▷啓蒙隊(계몽대). 軍隊(군대). 大隊(대대). 部隊(부대). 樂隊(악대). 聯隊(연대). 入隊(입대). 除隊(제대). 縱隊(종대). 編隊(편대). 艦隊(함대). 橫隊(횡대).

【隆】 부 阝(좌부방) 획 3—9 훈 높을 음 륭 中 lung² 英 prosperous 日 リュウ. たかい

뜻 ①높을. ②클. ③성할. ④두터울.

필순 阝阝阝阝阝阝隆隆

隆慶〔융경〕 대단히 경사스러움. りゅうけい 「りゅうき

隆起〔융기〕 평면보다 높아 불룩함.

隆名〔융명〕 높은 명성(名聲). 동 성명(盛名). りゅうめい

隆富〔융부〕 세력이 크고 가세(家勢)가 넉넉함. りゅうふ

隆鼻〔융비〕 우뚝한 코. りゅうび

隆暑〔융서〕 대단한 더위. りゅうしょ 「りゅうせい

隆盛〔융성〕 성함. 번창(繁昌)함.

隆崇〔융숭〕 매우 높음. りゅうしゅう 「성운(盛運). りゅううん

隆運〔융운〕 번영해 가는 운명. 동

隆恩〔융은〕 높은 은혜(恩惠). 큰 은혜. りゅうおん

隆興〔융흥〕 기운차게 일어남. 성(盛)함. りゅうこう

▷豊隆(풍륭). 興隆(흥륭).

【隋】 부 阝(좌부방) 획 3—9 훈 수나라 음 수 中 sui² 英 fall 日 ズイ. ダ. おちる

뜻 ①수나라. ②떨어질(타)(墮와 통용).

필순 阝阝阝阝阝隋隋隋

隋侯之珠〔수후지주〕 수후(隋侯)가 뱀을 살려준 반례(返禮)로 뱀으로부터 얻었다는 보주(寶珠). 명월주(明月珠). 야광주(夜光珠) ずいこうのしゅ

【陽】 부 阝(좌부방) 획 3—9 훈 볕 음 양 中 yang² 英 sun 日 ヨウ. ひなた. ひ

뜻 ①볕. 해. ②양기. ③드러낼. 밝을. ④따뜻할. ⑤거짓(佯과 통용).

필순 阝阝阝阝阝阝陽陽

陽刻〔양각〕 철형(凸形)으로 새김. 돋을새김. ↔음각(陰刻). ようこく 「うかん

陽乾〔양건〕 볕에 쬐어서 말림. よ

陽光〔양광〕 태양의 광선. 햇빛. 천자의 덕(德)의 비유. ようこう

陽氣〔양기〕 ①양(陽)의 기운. 만물의 생육(生育)을 돕는 기운. ②남자의 정기(精氣)와 성욕(性慾). ようき

陽德〔양덕〕 양(陽)의 덕. 곧 만물을 생장(生長) 발육시키는 덕.

ようとく
陽道〔양도〕 ①남자가 지켜야 할 도리. ②남자의 생식력(生殖力). ③남자의 음경(陰莖). ④태양이 운행하는 궤도(軌道). ようどう
陽曆〔양력〕 태양력(太陽曆). ↔음력(陰曆). ようれき
陽明〔양명〕 햇빛이 밝음. ようめい
陽明學〔양명학〕 명(明)나라의 왕양명(王陽明)이 주창(主唱)한 지행합일(知行合一)을 주로 하는 유학(儒學). ようめいがく
陽物〔양물〕 ①양(陽)에 속하는 물건. ②음경(陰莖). ようぶつ
陽性〔양성〕 적극적으로 나아가는 성질(性質). ようせい
陽陽〔양양〕 ①문채가 있는 모양. ②마음을 쓰지 아니하는 모양. ③성(盛)한 모양. ④득의(得意)한 모양. 거리끼지 아니하는 모양. ⑤따뜻한 모양. 화창(和暢)한 모양. ようよう 「うげん
陽言〔양언〕 거짓으로 풍을 떪. よ
陽炎〔양염〕 아지랭이. ようえん
陽日〔양일〕 해. 태양. ようじつ
陽地〔양지〕 남쪽으로 향한 땅. 볕이 바로 드는 땅. ようち
陽春〔양춘〕 ①따뜻한 봄. ②은택(恩澤)·은혜(恩惠) 등의 비유. ③고상한 가곡(歌曲). ④음력 정월의 이칭(異稱). 예一佳節(가절). ようしゅん
▷洛陽(낙양). 補陽(보양). 斜陽(사양). 夕陽(석양). 炎陽(염양). 陰陽(음양). 秋陽(추양). 太陽(태양). 曝陽(폭양).

【隔】 부 阝(좌부방) 획 3—10 훈 막힐 음 격 中 kê[1·2] 英 distant 日 カク. へだてる
뜻 ①막힐. 막을. ②격할. 멀.
참고 속 隔
필순 阝阝阝阝阝隔隔隔隔
隔江〔격강〕 강을 사이에 두고 서로 떨어짐. かくこう
隔近〔격근〕 사이가 가까움.
隔年〔격년〕 ①해를 거름. ②나이가 다름. 나이가 서로 떠 있음. かくねん
隔離〔격리〕 ①사이를 떼어 놓음. 또 떨어져 있음. ②전염병(傳染病) 환자를 딴 곳에 옮겨 전염을 방지함. かくり 「りん
隔隣〔격린〕 가까이 이웃함. かく
隔面〔격면〕 절교(絶交). かくめん
隔壁〔격벽〕 벽 사이의 거리. 끝아주 가까움. かくへき
隔世之感〔격세지감〕 딴 세대(世代)와 같이 달라진 느낌. かくせいのかん 「つ
隔月〔격월〕 한 달을 거름. かくげ
隔意〔격의〕 서로 터놓지 않은 속마음. かくい 「힘. かくそ
隔阻〔격조〕 오랫 동안 소식이 막
▷間隔(간격). 疎隔(소격). 遠隔(원격). 障隔(장격). 阻隔(조격).

【障】 부 阝(좌부방) 획 3—11 훈 막힐 음 장(장:) 中 chang[4] 英 screen 日 ショウ. さわる
뜻 ①막힐. 막을. ②가릴. ③거리낄.
필순 阝阝阝阝阝障障障障
障泥〔장니〕 말의 배를 덮어 흙이 튀어 오르는 것을 막는 마구(馬具). しょうでい
障壁〔장벽〕 서로 사이한 벽. 지경(地境). 둘레. 요새(要塞). 보루(堡壘). しょうへき
障塞〔장색·장새〕 ①저지하여 막음. 또 저지당하여 막힘. ②요새(要塞). 보루(堡壘). 장벽(障壁). しょうそく. しょうさい
障礙〔장애〕 거리껴서 거치적거림. しょうがい
障翳〔장예〕 ①덮어 가림. ②부채. ③그늘. しょうえい
障子〔장자〕 ①방의 간막이 문짝의 총칭(總稱). ②장지. しょうじ
障蔽〔장폐〕 지탱하여 지킴. 괴어 덮는 것. しょうへい
障害〔장해〕 거리껴서 해가 되게 함. 또 그 물건. しょうがい
▷故障(고장). 保障(보장). 五障(오장). 罪障(죄장).

【際】 부 阝(좌부방) 획 3—11 훈 가 음 제: 中 chi[4] 英 limit 日 サイ. きわ
뜻 ①가. 끝. ②즈음. ③사귈.

④만날.

필순 阝 阝' 阝⁵ 阝⁵ 際 際 際

際涯〔제애〕 동⇨제한(際限). さいがい 「ぐう

際遇〔제우〕 동⇨제회(際會). さい

際限〔제한〕 끝. 사물의 궁극(窮極). 동제애(際涯). さいげん

際會〔제회〕 ①시기(時期). 기회(機會). ②기회 좋은 때를 만남. 어진 신하(臣下)가 어진 임금을 만남. さいかい

▷交際(교제). 國際(국제). 實際(실제). 涯際(애제). 天際(천제).

【隣】 부 阝(좌부방) 획 3—12 훈 이웃 음 린 中 lin² 英 neighbourhood 日 リン. となり

뜻 ①이웃. 이웃할. ②도울. 친 └할.

참고 본鄰

필순 ⁷ ³ 阝 阝' 阝⁺ 阝⁴ 阝⁵ 阝⁶ 隣 隣

隣家〔인가〕 이웃 집. りんか

隣境〔인경〕 인접한 접경(接境).

隣近〔인근〕 이웃. 또 이웃함. りんきん

隣里鄕黨〔인리향당〕 ①이웃 마을. ②주(周)나라의 제도로 오가(五家)를 인(隣), 오린(五隣)을 이(里), 오백가(五百家)를 당(黨), 일만 이천 오백가를 향(鄕)이라 함. りんりきょうとう

隣邦〔인방〕 이웃 나라. りんぽう

隣保〔인보〕 같은 반(班)에 있는 집. 곧 이웃집. 또 그 사람들. りんぽ

隣接〔인접〕 이웃함. りんせつ

▷近隣(근린). 交隣(교린). 比隣(비린). 四隣(사린). 善隣(선린).

【隨】 부 阝(좌부방) 획 3—13 훈 따를 음 수 中 sui² 英 follow 日 ズイ. したがう

뜻 ①따를. ②맡길.

필순 ⁷ 阝 阝⁻ 阝⁺ 阝⁵ 阝⁶ 隋 隨

隨感〔수감〕 마음에 느낀 그대로. ずいかん 「함. ずいはん

隨伴〔수반〕 함께 감. 동반(同伴)

隨俗〔수속〕 세상의 풍속(風俗)을 따름. ずいぞく 「로. ずいじ

隨時〔수시〕 ①때를 따름. ②때때

隨員〔수원〕 ①수행하는 사람. 동종자(從者). ②외국(外國)에 가는 사신(使臣)을 따라가는 관원(官員). ずいいん

隨意〔수의〕 생각 나는 대로 좇아 함. 자기의 의사대로 함. 예—契約(계약). ずいい 「じゅう

隨從〔수종〕 동⇨수행(隨行). ずい

隨之〔수지〕 따름. 또는 따르게 함.

隨處〔수처〕 어디든지. 닿는 곳마다.

隨筆〔수필〕 붓가는 대로 생각나는 대로 쓰는 글. 동만필(漫筆)·만록(漫錄). ずいひつ

隨行〔수행〕 따라감. 또 그 사람. 동수종(隨從). ずいこう

隨和〔수화〕 ① 옛날에 수후(隨侯)가 가졌던 구슬과 화씨(和氏)가 발견한 구슬. 모두 천하(天下)의 유명한 보배. ②뛰어난 재덕(才德)의 비유. ③붙좇아 화합. 부화(附和)함. ずいか

隨喜〔수희〕 ①남이 하는 대로 따라 좋아함. ②귀의(歸依) 또는 신앙(信仰)함으로써 고맙고 기쁘게 느끼는 생각. ずいき

▷夫唱婦隨(부창부수). 追隨(추수).

【險】 부 阝(좌부방) 획 3—13 훈 험할 음 험: 中 hsien³ 英 steep 日 ケン. けわしい

뜻 ①험할. ②높을. ③음흉할.

필순 阝 阝⁺ 阝⁶ 阝⁶ 險 險

險客〔험객〕 성질(性質)이 험상궂은 사람. けんかく

險口〔험구〕 늘 남의 단처(短處)를 찾아 내기를 좋아함. 또 그 사람. けんこう

險難〔험난〕 위험(危險)하여 어려움. 고생이 됨. けんなん

險談〔험담〕 남의 흠을 찾아내어 하는 말. けんだん

險路〔험로〕 험한 길. けんろ 「う

險峰〔험봉〕 험한 산봉우리. けんぽ

險山〔험산〕 험한 산. けんざん

險狀〔험상〕 험악(險惡)한 상태.

險相〔험상〕 험악스런 생김새. 무서운 인상(人相). けんそう

險惡〔험악〕 ①지형(地形)이 험하고 나쁨. ②형세(形勢)가 좋지 않음. けんあく

險峻〔험준〕 지세(地勢)가 험하고 높음. けんしゅん
▷窮險(궁험). 保險(보험). 危險(위험). 陰險(음험). 峻險(준험). 天險(천험). 凶險(흉험).

【隱】 부 阝(좌부방) 획 3—14 훈 숨을 음 은(은:) 中 yin³ 英 hide 日 イン. オン. かくれる
뜻 ①숨을. 숨길. ②감출. ③불쌍히여길. ④근심. ⑤쌓을.
참고 속 隠
필순 阝阝阝阝阝阝阝隱隱
隱居〔은거〕 ①세상을 피하여 숨어 삶. ②벼슬하지 않고 집에 숨어 삶. いんきょ
隱匿〔은닉〕 숨기어 감춤. いんとく
隱遁〔은둔〕 세상을 버리고 숨음.
隱密〔은밀〕 ①숨겨 비밀히 함. ②미묘(微妙)하여 알기 힘든 진리. 숨은 진리. いんみつ
隱士〔은사〕 ①입신 출세(立身出世)를 바라지 아니하고 숨어 사는 선비. ②은어(隱語)를 잘 하는 사람. いんし
隱書〔은서〕 은어(隱語)를 기재(記載)한 책. いんしょ
隱栖〔은서〕 동⇨은서(隱棲).
隱棲〔은서〕 세상을 피하여 숨어 삶. 동은서(隱栖). いんせい
隱身〔은신〕 몸을 감춤. いんしん
隱語〔은어〕 사물(事物)을 바로 말하지 않고 은연중(隱然中)에 그 뜻을 깨닫게 하는 말. いんご
隱然〔은연〕 무게가 있는 모양. 위엄이 있는 모양. いんぜん
隱喩〔은유〕 비유법(譬喩法)의 한 가지. 겉으로는 비유 형식을 갖추지 않고, 비유하는 것과 비유되는 것을 합치시켜 표현하는 수사법(修辭法). '시간은 금이다' 따위. 동암유(暗喩). いんゆ
隱忍〔은인〕 겉에 나타내지 않고 견디며 참음. 예—自重(자중). いんにん 「또 그 사람. いんいつ
隱逸〔은일〕 세상을 피하여 숨음.
隱者〔은자〕 세상을 피하여 숨은 사람. いんじゃ 「ぞう
隱藏〔은장〕 숨음. 또 숨김. いん
隱才〔은재〕 밖에 나타나지 않고 속에 숨어 있는 재주. いんさい
隱花植物〔은화식물〕 포자(胞子)로 번식하는 식물. 민꽃식물. ↔현화식물(顯花植物). いんかしょくぶつ 「(포은).
▷索隱(색은). 設隱(설은). 圃隱

(4) 心 部

〔心〕 부 心(마음심) 획 4—0 훈 마음 음 심 中 hsin¹ 英 mind 日 シン. こころ
뜻 ①마음. ②생각. ③가운데. ④알맹이.
필순 ㇒ 心心心
心肝〔심간〕 ①심장과 간장. ②깊이 감추어 둔 마음. 동진심(眞心). 단심(丹心). しんかん
心境〔심경〕 마음의 상태. 마음가짐. しんきょう
心契〔심계〕 마음 속 깊이 서로 약속함. しんけい 「しんこう
心交〔심교〕 정신적인 교제(交際).
心琴〔심금〕 외부의 자극을 받아 울리는 마음을 거문고에 비교하여 이름. しんきん
心機〔심기〕 마음의 기능. 마음의 활동. 예—一轉(일전). しんき
心德〔심덕〕 너그럽고 착한 마음.
心亂〔심란〕 마음이 산란함. しん
心慮〔심려〕 걱정. しんりょ 「らん
心力〔심력〕 ①마음의 작용. ②마음과 힘. 마음과 근육(筋肉). 정신과 체력(體力). しんりょく
心勞〔심로〕 걱정. 근심. しんろう
心理〔심리〕 정신의 상태. 의식(意識)의 현상. しんり
心腹〔심복〕 ①가슴과 배. ②가장 중요한 곳. ③성심(誠心). 진심(眞心). ④동심복지인(心腹之人). しんぷく
心腹之人〔심복지인〕 썩 가까와 마음놓고 믿을 수 있는 사람. 약심복.
心算〔심산〕 속셈. しんさん
心性〔심성〕 ①마음. 정신. ②천성

(天性). しんせい
心術[심술] ① 마음씨 ② 온당하지 못하고 고집스러운 마음.
心身[심신] 마음과 몸. 정신과 신체. しんしん
心神[심신] 마음과 정신. しんしん
心祝[심축] 마음으로 축복함.
心醉[심취] 마음이 취하여 쏠림. 흠모(欽慕)하는 마음이 우러남. しんすい
心痛[심통] ①가슴이 아픔. 가슴의 병. ②근심함. 「궂음. しんけん
心險[심험] 마음이 음흉하고 험상
心血[심혈] ①염통의 피. ②정력(精力). 온 정신. しんけつ
心魂[심혼] 마음과 혼. しんこん
心懷[심회] 마음 속에 품은 생각. しんかい
▷感心(감심). 苦心(고심). 老婆心(노파심). 丹心(단심). 放心(방심). 變心(변심). 喪心(상심). 誠心(성심). 細心(세심). 野心(야심). 良心(양심). 以心傳心(이심전심). 自負心(자부심). 專心(전심). 中心(중심). 眞心(진심). 天心(천심).

【必】 부 心(마음심) 획 4—1 훈 반드시 음 필 ㊥ pi⁴ 英 surely 日 ヒツ. かならず
뜻 ①반드시. ②오로지.
필순 ㇔ノ义必必
必滅[필멸] 반드시 멸망함. 반드시 죽음. ひつめつ
必罰[필벌] 반드시 처벌함. 예信賞(신상)—. ひつばつ
必死[필사] 죽을 결심을 하고 전력(全力)을 다함. ひっし
必修[필수] 꼭 닦아야 함. 반드시 학습하여야 함. ひっしゅう
必須[필수] 꼭 있어야 함. ひっす
必勝[필승] 꼭 이김. 반드시 이김. ひっしょう 「러함. ひつぜん
必然[필연] 꼭. 반드시. 또 꼭 그
必要[필요] 꼭 소용(所用)이 됨. ひつよう 「필태(必殆).
必危[필위] 반드시 위태로움. 동
必至[필지] 반드시 이름. 자연히 그렇게 됨. ひっし
必殆[필태] 동⇨필위(必危).
▷期必(기필). 何必(하필).

【忌】 부 心(마음심) 획 4—3 훈 꺼릴 음 기 ㊥ chi⁴ 英 avoid; shun 日 キ. いむ
뜻 ①꺼릴. ②미워할.시기할. ③기일. 친상당한 날.
필순 ㇆ㄱ己己忌忌忌
忌故[기고] 기제(忌祭)를 지냄.
忌克[기극] 남의 재능을 시새워 거기에 이기려고 함. きこく
忌辰[기신] 기일(忌日)의 경칭. きしん
忌月[기월] 무슨 일을 하는 데 꺼려야 할 달. 음력 9월을 이름.
忌日[기일] ①어버이가 작고(作故)한 날. ②꺼려야 할 불길(不吉)한 날. きじつ 「는 제사.
忌祭祀[기제사] 기일(忌日)에 지내
忌中[기중] 상(喪)을 입어 언행 범절(言行凡節)을 삼가는 기간. 동상중(喪中). きちゅう 「ん
忌憚[기탄] 꺼림. 어려워함. きた
忌避[기피] ①꺼리어 피함. ②소송(訴訟) 사건에서 재판(裁判)이 불공평할 때 판사의 재판을 받음을 거절함. きひ
忌嫌[기혐] 꺼리고 싫어함. きけん
▷禁忌(금기). 大忌(대기).

【忘】 부 心(마음심) 획 4—3 훈 잊을 음 망: ㊥ wang²·⁴ 英 forget 日 ボウ. わすれる
뜻 잊을.
필순 ㇔亠亡亡忘忘忘
忘却[망각] 잊어버림. 동망치(忘置). ぼうきゃく
忘年[망년] 그 해가 가는 것을 잊고 즐거이 놂. 예—會(회).
忘失[망실] 잊어버림. ぼうしつ
忘我[망아] ①자기 자신을 잊음. ②어떤 일에 열중함. ぼうが
忘憂[망우] 근심을 잊음. 「모름.
忘恩[망은] 은혜를 잊음. 은혜를
忘置[망치] 동⇨망각(忘却).
忘懷[망회] 생각을 버림.ぼうかい
▷健忘(건망). 不忘(불망). 備忘(비망). 善忘(선망). 遺忘(유망). 廢忘(폐망). 昏忘(혼망).

〖忍〗 부 心(마음심) 획 4—3 훈 참을 음 인: 中 jen³ 英 bear 日 ニン. しのぶ
뜻 ①참을. ②잔인할. 차마 못할.
필순 フ刀刃刃刃忍忍忍
忍苦〔인고〕 괴로움을 참음. にんく
忍耐〔인내〕 참고 견딤. にんたい
忍耐力〔인내력〕 참고 견디는 힘. にんたいりょく
忍辱〔인욕〕 욕된 일을 견디어 참음. にんじょく
忍人〔인인〕 잔인한 사람. 「이 됨.
忍之爲德〔인지위덕〕 참는 것이 덕
忍從〔인종〕 참고 복종(服從)함. にんじゅう 「(잔인).
▷堅忍(견인). 不忍(불인). 殘忍

〖志〗 부 心(마음심) 획 4—3 훈 뜻 음 지: 中 chih⁴ 英 intend 日 シ. こころざし. こころざす 「기록할(誌와 통용).
뜻 ①뜻. 뜻할. ②적을.
필순 一十士志志志志
志氣〔지기〕 어떤 사물을 이루려는 의기(意氣). しき
志慮〔지려〕 생각. 마음. しりょ
志滿意得〔지만의득〕 소원대로 되어서 아주 만족함.
志望〔지망〕 뜻하여 바람. しぼう
志士〔지사〕 절의(節義)가 있는 선비. 국가·민족을 위해 몸을 바치는 사람. しし
志願〔지원〕 바라고 원함. しがん
志操〔지조〕 지기(志氣)와 조행(操行). しそう 「ゅ
志趣〔지취〕 동⇨지향(志向). しし
志學〔지학〕 ①학문에 뜻을 둠. ②나이 15 세를 이름. しがく
志向〔지향〕 ①뜻이 쏠리는 방향. 동지취(志趣). ②목적을 실현함에 필요한 수단. しこう
▷大志(대지). 篤志(독지). 同志(동지). 微志(미지). 聖志(성지). 銳志(예지). 雄志(웅지). 遺志(유지). 意志(의지). 立志(입지). 初志(초지).

〖念〗 부 心(마음심) 획 4—4 훈 생각 음 념: 中 nien⁴ 英 reflection 日 ネン. おもう
뜻 ①생각. ②생각할. ③글읽을.
필순 ノ人亼今今念念念
念念〔염념〕 ①늘 마음 속에 둠. ② 동시시각각(時時刻刻). ③찰나(刹那). ねんねん 「여 잊지 못함.
念念不忘〔염념불망〕 언제나 생각하
念頭〔염두〕 ①생각의 시초(始初). ②마음 속. ねんとう 「ょ
念慮〔염려〕 걱정하는 마음. ねんり
念佛〔염불〕 오직 부처를 생각하며 나무아미타불(南無阿彌陀佛)을 욈. ねんぶつ
念願〔염원〕 내심에 생각하고 바라는 바. 소원(所願). ねんがん
念日〔염일〕 20일을 이름. ねんじつ
△觀念(관념). 紀念(기념). 斷念(단념). 默念(묵념). 思念(사념). 想念(상념). 信念(신념). 餘念(여념). 一念(일념). 雜念(잡념). 專念(전념). 執念(집념).

「忿」 부 心(마음심) 획 4—4 훈 분할 음 분: 中 fen⁴ 英 anger 日 フン. いかる
뜻 ①분할. ②한할. ③성낼.
필순 八分分忿忿忿
忿激〔분격〕 몹시 성냄. ふんげき
忿怒〔분노〕 분하여 몹시 성냄. ふんど. ふんぬ
忿頭〔분두〕 분김. 분결. ふんとう
忿莫甚焉〔분막심언〕 분함이 더할 나위 없음. 「んびょう
忿病〔분병〕 분한 일로 생긴 병. ふ
忿忿〔분분〕 성내는 모양. ふんぷん
忿憤〔분분〕 분하고 원통(怨痛)하게 여김. ふんふん
忿思難〔분사난〕 분할 때에는 나중의 어려움을 생각함. 곧 흥분을 경계하는 말. 「음. ふんしん
忿心〔분심〕 분한 마음. 성을 낸 마
忿恚〔분에〕 동⇨분노(忿怒).
忿然〔분연〕 노여움을 드러내는 모양. 분함을 벌컥 드러내는 모양. ふんぜん
忿怨〔분원〕 분하여 원망(怨望)함. ふんえん 「そう
忿爭〔분쟁〕 성이 나서 다툼. ふん

忿恨〔분한〕 노엽고 분함. ふんこん
▷激忿(격분). 愧忿(괴분). 積忿(적분). 前忿(전분).

〖忠〗 부 心(마음심) 획 4—4 훈 충성 음 충 中 chung[1] 英 loyalty 日 チュウ. まごころ
뜻 ①충성. ② 충성할. ③진심을 다할.
필순 ㅣ 口口中忠忠忠
忠諫〔충간〕 충성스러운 마음으로 웃사람의 잘못을 충고함.
忠告〔충고〕 충심으로 남의 허물을 경계함. 통충언(忠言). ちゅうこく
忠烈〔충렬〕 충성을 다하여 절의(節義)를 세움. ちゅうれつ
忠僕〔충복〕 성심(誠心)으로 주인을 섬기는 종. ちゅうぼく
忠恕〔충서〕 충실하고 동정심(同情心)이 많음. ちゅうじょ
忠純〔충순〕 마음이 잡심(雜心)이 없고 참됨. ちゅうじゅん
忠臣〔충신〕 나라를 위하여 충성을 다하는 신하. ちゅうしん
忠信〔충신〕 ①충성과 신의(信義). ②진심(眞心)을 다하고 거짓이 없음. ちゅうしん
忠實〔충실〕 성실하고 참됨. ちゅうじつ
忠言〔충언〕 ①진심에서 나오는 말. ②바르게 타이르는 말. 통충고(忠告). ちゅうげん
忠言逆耳〔충언역이〕 충고(忠告)하는 말은 귀에 거슬림. ちゅうげんみみにさからう
忠節〔충절〕 충성을 다하여 변하지 않는 절개(節介). ちゅうせつ
忠貞〔충정〕 충성스럽고 곧음. ちゅうてい
忠直〔충직〕 충실(忠實)하고 정직함. ちゅうちょく
▷孤忠(고충). 大忠(대충). 敦忠(돈충). 不忠(불충). 詐忠(사충). 誠忠(성충). 盡忠(진충).

【忽】 부 心(마음심) 획 4—4 훈 문득 음 홀 中 hu[1] 英 suddenly 日 コツ. たちまち. ゆるがせ
뜻 ①문득. ②소홀할.
필순 ノ 勹勿勿忽忽忽
忽待〔홀대〕 탐탁하지 않은 대접.
忽略〔홀략〕 소홀하고 간략함.
忽微〔홀미〕 아주 잘고 가늚.
忽弱忽弱〔홀약홀약〕 ① 호락호락. ②성격이 만만하고 능력이 없는 모양.
忽焉〔홀언〕 ①문득. ②마음에 거리끼지 않는 모양. 통홀연(忽然). 홀지(忽地). こつえん
忽然〔홀연〕 ①문득. ② 일을 소홀히 여기는 모양. ③갑작스레. ④근거가 없는 모양. ⑤손쉬운 모양. 통홀언(忽焉). こつぜん
忽往忽來〔홀왕홀래〕 걸핏하면 가고 걸핏하면 오는 일.
忽地〔홀지〕 통⇨홀언(忽焉). こつち
忽顯忽沒〔홀현홀몰〕 문득 나타났다가 문득 없어짐.
忽忽〔홀홀〕 ①갑작스레. ②황홀(恍惚)한 모양. ③소홀(疎忽)해서 일을 돌보지 않는 모양. ④실망한 모양. ⑤문득 떠나가는 모양. ⑥헤매는 모양. ⑦도는 모양. ⑧명백하지 않은 모양. ⑨잊어버리는 모양. こつこつ
▷輕忽(경홀). 疎忽(소홀). 荒忽(황홀).

〖急〗 부 心(마음심) 획 4—5 훈 급할 음 급 中 chi[2] 英 hurried 日 キュウ. いそぐ
뜻 ①급할. ②서두를.
필순 ノ ⺈⺈⺈刍刍急急急
急遽〔급거〕 갑자기. 썩 급하게. きゅうきょ
急降下〔급강하〕 급속(急速)히 내림. きゅうこうか
急告〔급고〕 통⇨급보(急報). きゅうこく
急流〔급류〕 급히 흐르는 물. きゅうりゅう
急募〔급모〕 급히 모집(募集)함. きゅうぼ
急務〔급무〕 급한 일. きゅうむ
急變〔급변〕 ①급작스레 변함. ②급히 일어난 변고. きゅうへん
急病〔급병〕 급작스레 일어난 병. 급한 병. きゅうびょう
急報〔급보〕 급히 알림. 통급고(急告). きゅうほう
急死〔급사〕 ①별안간에 죽음. ②화병으로 죽음. きゅうし
急使〔급사〕 급한 사자(使者). きゅうし

急逝〔급서〕 갑자기 세상을 떠남. きゅうせい
急先務〔급선무〕 가장 급히 먼저 보아야 할 일. きゅうせんむ
急性〔급성〕 ①급한 성질. ②급작스레 일어나는 성질의 병. ↔만성(慢性). きゅうせい
急所〔급소〕 ①사물의 가장 중요한 곳. ②몸 가운데서 다치거나 해롭히면 생명이 위험(危險)한 곳. きゅうしょ 「름. きゅうそく
急速〔급속〕 ① 서두름. ②아주 빠
急送〔급송〕 빨리 보냄. きゅうそう
急襲〔급습〕 갑자기 습격함. きゅう
急錢〔급전〕 급히 쓸 돈. 「しゅう
急轉直下〔급전직하〕 별안간 형세(形勢)가 변하여 막 내리 밀림. きゅうてんちょっか
急進〔급진〕 ①급히 나아감. ②일을 빨리 실현(實現)하고자 하여 서두름. きゅうしん
急進派〔급진파〕 급진주의를 신봉하는 파. きゅうしんは
急行〔급행〕 ①급히 감. ↔완행(緩行). ②약급행열차(急行列車). きゅうこう
▷救急(구급). 緊急(긴급). 不急(불급). 性急(성급). 時急(시급). 危急(위급). 應急(응급). 早急(조급). 至急(지급). 特急(특급). 火急(화급).

〖怒〗 부 心(마음심) 획 4—5 훈 성낼 음 노: 中 nu[4] 英 angry 日 ド. いかる. おこる
뜻 ①성냄. ②세찰.
필순 㐅 女 奴 奴 怒 怒 怒

怒氣〔노기〕 성이 난 얼굴빛. どき
怒氣冲天〔노기충천〕 성이 잔뜩 남. どきちゅうてん
怒濤〔노도〕 성난 파도. 세찬 파도. 예疾風(질풍)—. どとう
怒發大發〔노발대발〕 몹시 성을 냄.
怒嫌〔노혐〕 노여움. どけん
怒號〔노호〕 ①성내어 부르짖음. ②바람·물결 따위의 세찬 소리. どごう
▷激怒(격노). 大怒(대로). 發怒(발노). 忿怒(분노). 憤怒(분노). 奮怒(분노). 震怒(진노). 喜怒(희로).

〖思〗 부 心(마음심) 획 4—5 훈 생각 음 사: 中 ssu[1·4] 英 think 日 シ. おもう
뜻 ①생각. ②생각할. ③사모할. ④어조사.
필순 丨 口 冂 田 田 巴 思 思 思

思考〔사고〕 ①생각. 궁리. ②어떤 일의 해결 수단을 찾아가는 정신적인 작용. ③정신의 이론적 추리적(推理的)인 활동. しこう
思考力〔사고력〕 사고(思考)하는 힘. しこうりょく 「きゅう
思舊〔사구〕 옛 친구를 생각함. し
思料〔사료〕 생각하여 헤아림. 깊이 생각함. しりょう 「받듦. しぼ
思慕〔사모〕 ①그리워함. ②우러러
思母曲〔사모곡〕 고려 속요(俗謠). 어머니를 생각하는 노래. 「못함.
思慕不忘〔사모불망〕 사모하여 잊지
思無邪〔사무사〕 생각에 간사함이 없음. おもひよこしまなし
思美人曲〔사미인곡〕 정철(鄭澈)이 지은 가사(歌辭).
思想〔사상〕 ①생각. ②사회 및 인생에 대한 일정한 견해(見解). ③통일 있는 판단의 체계(體系). ④판단과 추리를 거쳐서 생긴 의식(意識). しそう
思索〔사색〕 ①사물의 이치를 따져서 깊이 생각함. ②이론적으로 사유(思惟)함. しさく
思惟〔사유〕 ③생각함. 생각. ②정신의 이론적 추리적(推理的)인 활동. ③ 대상(對象)을 분별(分別)하는 일. しい
思潮〔사조〕 그 시대의 사상(思想)의 경향. しちょう
思春期〔사춘기〕 이성(異性)에 대한 눈을 뜰 나이. ししゅんき 「ん
思親〔사친〕 부모를 사모함. しし
思鄕〔사향〕 고향 생각. しきょう
▷多思(다사). 相思(상사). 愁思(수사). 熟思(숙사). 心思(심사). 深思(심사). 沈思(침사). 意思(의사). 靜思(정사).

【怨】 部 心(마음심) 획 4—5 훈 원망할 음 원: 中 yüan⁴ 英 grudge 日 エン. うらむ
뜻 ①원망할. ②미워할.
필순 ク タ 夕 夗 夗 怨 怨 怨
怨仇〔원구〕 원망스러운 원수. 동 원적(怨敵). えんきゅう
怨望〔원망〕 마음에 불평(不平)을 품고 미워함. えんぼう
怨府〔원부〕 대중의 원한이 쏠리는 단체나 기관. えんぷ 「い
怨聲〔원성〕 원망하는 소리. えんせ
怨尤〔원우〕 원망하고 타박함. えん
怨敵〔원적〕 동⇨원구(怨仇). ㄴゆう
怨天尤人〔원천우인〕 하늘을 원망하고 사람을 탓함.
怨恨〔원한〕 원통(寃痛)하고 한(恨) 되는 생각. えんこん
▷構怨(구원). 閨怨(규원). 私怨(사원). 宿怨(숙원). 含怨(함원).

【怠】 부 心(마음심) 획 4—5 훈 게으를 음 태: 中 tai⁴ 英 lazy 日 タイ. おこたる
뜻 게으를.
필순 ム ム 台 台 台 怠 怠 怠
怠倦〔태권〕 싫증이 나서 게을러짐. 동 권태(倦怠). たいけん
怠農〔태농〕 게으른 농부. 농사짓기에 게으름. たいのう
怠慢〔태만〕 게으름. 느림.
怠放〔태방〕 태만(怠慢)하여 일을 등한(等閑)히 함. たいほう
怠業〔태업〕 ①게으름을 피우는 일. ②노동 쟁의(勞動爭議)의 한 가지. たいぎょう
怠傲〔태오〕 거만하여 버릇이 없음.
怠惰〔태타〕 몹시 게으름. たいだ
怠荒〔태황〕 게을러서 일에 거칢. たいこう 「(나태). 解怠(해태).
▷倦怠(권태). 勤怠(근태). 懶怠

【恐】 부 心(마음심) 획 4—6 훈 두려울 음 공: 中 k'ung³ 英 fear 日 キョウ. おそれる
뜻 두려울.
필순 ｒ Ｉ 玑 巩 巩 恐 恐 恐
恐喝〔공갈〕 으름. 위협(威脅)함. きょうかつ
恐懼〔공구〕 몹시 두려워함.
恐迫〔공박〕 무섭게 으르고 대어듦.
恐水病〔공수병〕 광견병(狂犬病). きょうすいびょう
恐愼〔공신〕 두려워하고 삼감.
恐怖〔공포〕 무서움. 두려움. きょうふ 「きょうふしん
恐怖心〔공포심〕 무서워하는 마음.
恐慌〔공황〕 ①놀라 허둥지둥함. ②경기(景氣)가 몹시 침체하여 파산자(破産者)가 속출하고 인심이 흉흉하며 질서가 혼란한 경제(經濟) 상태. きょうこう

【恭】 부 心(마음심) 획 4—6 훈 공손할 음 공 中 kung¹ 英 respectful 日 キョウ. うやうやしい
뜻 공손할.
필순 一 艹 丗 共 共 恭 恭 恭
恭虔〔공건〕 공손(恭遜)하고 삼감. きょうけん
恭謙〔공겸〕 삼가 자기를 낮춤. 동 공양(恭讓). 「임. きょうけい
恭敬〔공경〕 삼가서 예를 차려 높
恭勤〔공근〕 진심으로 삼가고 힘씀. 공손하고 부지런함. きょうきん
恭待〔공대〕 ① 공손히 대우함. ② 경어(敬語)를 씀. 「うそん
恭遜〔공손〕 공경하고 겸손함. きょ
恭順〔공순〕 고분고분함. 공손하고 온순함. きょうじゅん
恭讓〔공양〕 동⇨공겸(恭謙).
恭惟〔공유〕 삼가 생각함. きょうい
恭人〔공인〕 ① 조심성 있는 사람. ②옛적 문무관(文武官)의 아내의 종오품(從五品) 품계.
恭祝〔공축〕 공손한 마음으로 축하함. きょうしゅく
恭賀〔공하〕 삼가 축하함. きょうが
恭賀新年〔공하신년〕 삼가 새해를 축하함. きょうがしんねん

【恕】 부 心(마음심) 획 4—6 훈 용서할 음 서: 中 shu⁴ 英 pardon 日 ジョ. ゆるす
뜻 용서할.
필순 タ 如 如 如 恕 恕 恕
恕諒〔서량〕 용서하고 양해함.
恕思〔서사〕 남을 동정함. 또는 동정.
▷寬恕(관서). 容恕(용서).

【息】 部 心(마음심) 획 4—6 훈 쉴 음 식 中 hsi² 英 breathe 日 ソク. いき. やむ
뜻 ①쉴. ②그칠. ③숨 쉴. ④살. ⑤자식.
필순 ′ 冂 自 自 自 息 息 息
息女〔식녀〕①딸. 동여식(女息). ②남의 딸에 대한 경칭. そくじょ
息民〔식민〕백성을 편히 쉬게 함.
息子〔식자〕자기 아들. 동자식(子息). そくし. むすこ
息錢〔식전〕이잣돈. 「을 빎.
息借〔식차〕이자(利子)를 주고 돈
息土〔식토〕①비옥(肥沃)한 토지. ②지반(地盤)이 솟아오르는 땅.
息禍〔식화〕재화(災禍)를 없앰.
▷消息(소식). 安息(안식). 令息(영식). 利息(이식). 子息(자식). 長太息(장태식). 窒息(질식). 寢息(침식). 歎息(탄식).

【恩】 部 心(마음심) 획 4—6 훈 은혜 음 은 中 ên¹ 英 favour; grace 日 オン. めぐみ
뜻 ①은혜. ②정. ③사랑할.
필순 丨 冂 冃 冈 因 因 恩 恩
恩功〔은공〕은혜와 공로.
恩光〔은광〕①임금의 은혜. ②자연의 혜택(惠澤). おんこう
恩德〔은덕〕은혜. おんとく
恩師〔은사〕은혜가 깊은 스승. おんし 「おんじん
恩人〔은인〕은혜를 베풀어준 사람.
恩典〔은전〕은혜가 두터운 처분(處分). 곧 은혜. 동특전(特典). おんてん 「んちょう
恩寵〔은총〕은혜와 총애(寵愛). お
恩惠〔은혜〕①베풀어 주는 혜택. ②하느님의 은총. おんけい
▷感恩(감은). 國恩(국은). 大恩(대은). 謝恩(사은). 受恩(수은). 天恩(천은). 惠恩(혜은).

【恚】 部 心(마음심) 획 4—6 훈 성낼 음 에: 中 huei⁴ 英 angry 日 ケイ. イ. うらみ. いかる
뜻 ①성낼. ②원망할.
필순 一 十 土 圭 圭 圭 恚 恚
恚憤〔에분〕노하여 분개함. いふん
恚汗〔에한〕①성나서 땀이 남. ②성나서 난 땀. いかん
恚恨〔에한〕노하여 원망함. いこん

【恣】 部 心(마음심) 획 4—6 훈 방자할 음 자: 中 tzû⁴ 英 selfindulgent 日 シ. ほしいまま
뜻 방자할.
필순 ⺀ 冫 次 次 次 恣 恣 恣
恣樂〔자락〕삼가지 않고 제멋대로 즐김. しらく 「(放恣). しほう
恣放〔자방〕제 멋대로 놂. 동방자
恣心〔자심〕동⇨자방(恣放). 자의(恣意). ししん
恣欲〔자욕〕제멋대로 탐냄. しよく
恣意〔자의〕동⇨자방(恣放). しい
恣志〔자지〕①뜻을 방자하게 가짐. ②제멋대로의 생각. 「대로 함.
恣行〔자행〕①방자한 행실. ②제멋
▷放恣(방자). 專恣(전자). 縱恣(종자).

【恥】 部 心(마음심) 획 4—6 훈 부끄러울 음 치: 中 ch'ih³ 英 shame 日 チ. はじ. はじる
뜻 부끄러울.
필순 一 丅 F 耳 耳 耶 恥 恥
恥慨〔치개〕부끄러움을 당하여 탄식함. ちがい
恥骨〔치골〕불두덩뼈. ちこつ
恥部〔치부〕부끄러운 곳. ちぶ
恥事〔치사〕부끄러운 일.
恥心〔치심〕부끄러움을 아는 마음. ちしん 「ょく
恥辱〔치욕〕부끄러움과 욕됨. ちじ
恥情〔치정〕부끄러운 심정.
▷國恥(국치). 大恥(대치). 雪恥(설치). 羞恥(수치). 廉恥(염치).

【悉】 部 心(마음심) 획 4—6 훈 다 음 실 中 hsi¹ 英 all 日 シツ. ことごとく. つくす
뜻 다.
필순 一 丷 平 平 采 采 悉 悉
悉皆〔실개〕다. 모두. 남김 없이. しっかい
悉多〔실다〕동⇨실달다(悉達多).
悉達多〔실달다〕석가모니(釋迦牟尼)의 태자(太子) 때 이름. 동실다(悉多). 실달(悉達). しったるた
悉心〔실심〕마음을 다함.

悉知〔실지〕 죄다 앎. しっち

【悠】 부 心(마음심) 획 4—7 훈 멀 음 유 ㊥ yu¹ ㊧ distant ㊐ ユウ. **とおい**
뜻 ①멀. 아득할. ②한가할.
필순 亻 亻 攸 攸 悠 悠 悠 悠
悠曠〔유광〕 아주 멂. 아주 오램.
悠久〔유구〕 연대(年代)가 오래 됨. 동유원(悠遠). ゆうきゅう
悠然〔유연〕 침착하여 서두르지 않는 모양. 태도나 마음이 태연(泰然)한 모양. ゆうぜん
悠遠〔유원〕 ①아득하게 멂. ②대단히 오램. 동유구(悠久). ゆうえん
悠悠〔유유〕 ①걱정하는 모양. ②썩 먼 모양. ③매우 한가한 모양. ④느릿느릿한 모양. ⑤널리 퍼지는 모양. ⑥많은 모양. ゆうゆう
悠悠自適〔유유자적〕 속세(俗世)를 떠나서 마음대로 한가히 세월을 보냄. ゆうゆうじてき
悠悠蒼天〔유유창천〕 한없이 먼 푸른 하늘. ゆうゆうそうてん
悠長〔유장〕 오램. 긺. ゆうちょう
悠哉〔유재〕 시간이 길게 생각되는 모양. ゆうなるかな
悠忽〔유홀〕 빈들빈들 세월을 보냄.

〖患〗 부 心(마음심) 획 4—7 훈 근심 음 환: ㊥ huan⁴ ㊧ anxiety ㊐ カン. **うれえる. わずらう** 「병들.
뜻 ①근심. ②재앙. ③
필순 ' 口 吕 串 串 患 患 患
患家〔환가〕 앓는 사람이 있는 집. 동병가(病家). 「통. かんこ
患苦〔환고〕 근심 때문에 생기는 고
患難〔환난〕 근심과 재난. かんなん
患難相恤〔환난상휼〕 어려운 일을 서로 구해 줌. 「どく
患毒〔환독〕 근심으로 앓음. かん
患得患失〔환득환실〕 이익이나 지위(地位)를 얻지 못하여 근심하고, 얻으면 잃어버릴까 하여 걱정함. 이래저래 근심 걱정이 끊일 사이 없음. 「かんるい
患累〔환루〕 ①재앙. ②근심 걱정.
患部〔환부〕 병 또는 상처가 난 곳.
患貧〔환빈〕 빈한(貧寒)함을 걱정함. かんひん 「下). かんきょ
患御〔환어〕 가까이 모시는 신하(臣
患憂〔환우〕 근심 걱정.
患者〔환자〕 병자(病者).
患節〔환절〕 병환(病患). 「르는 말.
患候〔환후〕 웃어른의 병을 높여 이
▷急患(급환). 內患(내환). 老患(노환). 病患(병환). 外患(외환). 憂患(우환). 重患(중환). 疾患(질환). 親患(친환). 後患(후환).

【悶】 부 心(마음심) 획 4—8 훈 번민할 음 민: ㊥ men¹·⁴ ㊧ agony ㊐ モン. **もだえる**
뜻 번민할.
필순 ㄱ 門 門 門 門 悶 悶 悶
悶悶〔민민〕 ①사리에 어두운 모양. ②속이 답답한 모양. もんもん
悶死〔민사〕 몹시 고민(苦悶)하다가 죽음. もんし
悶絶〔민절〕 고민 끝에 기절함. もんぜつ 「은 생각. もんかい
悶懷〔민회〕 고민하는 마음 속에 품
▷渴悶(갈민). 苦悶(고민). 煩悶(번민). 憂悶(우민).

〖悲〗 부 心(마음심) 획 4—8 훈 슬플 음 비 ㊥ pei¹ ㊧ sad ㊐ ヒ. **かなしい**
뜻 ①슬플. ②슬퍼할.
필순 ㅣ ㅓ ㅕ 非 非 悲 悲 悲
悲感〔비감〕 슬픈 느낌. 슬프게 느낌.
悲觀〔비관〕 ① 사물(事物)을 슬프게 생각하여 실망함. ② 세상을 괴롭고 악한 것으로만 봄. ↔낙관(樂觀). 예一的(적). ひかん
悲劇〔비극〕 ①비참한 세상 일을 묘사한 연극. ②세상에서 일어난 비참한 일. ↔희극(喜劇). ひげき
悲戀〔비련〕 ①슬퍼하며 사모함. ②결말이 비참한 연애. ひれん
悲淚〔비루〕 슬퍼하여 흘리는 눈물. ひるい 「울음소리. ひめい
悲鳴〔비명〕 ①슬피 욺. ② 구슬픈
悲報〔비보〕 슬픈 소식. 슬픈 기별. ひほう 「慷慨(강개). ひふん
悲憤〔비분〕 슬퍼하고 분개함. 예一
悲哀〔비애〕 슬픔과 설움. ひあい
悲運〔비운〕 슬픈 운수. ひうん
悲壯〔비장〕 슬픔 속에 오히려 씩씩

한 기운이 있음. ひそう
悲慘〔비참〕 차마 눈으로 볼 수 없이 슬프고 끔찍함. ひさん「たん
悲歎〔비탄〕 슬퍼하며 탄식함. ひ
悲痛〔비통〕 몹시 슬퍼함. ひつう
悲喜交至〔비희교시〕 슬픔과 기쁨이 한꺼번에 닥침.
悲喜劇〔비희극〕 ①비극과 희극. ②비극의 요소(要素)와 희극의 요소가 뒤섞인 연극. ひきげき
▷大慈大悲(대자대비). 喜悲(희비).

〖惡〗 부 心(마음심) 획 4—8 훈 나쁠·미워할 음 악·오 中 è³·⁴ 英 bad 日 アク. オ. わるい. にくい
뜻 ①나쁠. 악할. ②모질. ③미워할(오). ④어찌(오).
필순 一 ⺊ 𠀃 亞 亞 亞 亞 惡 惡
惡感〔악감〕 나쁜 감정. 나쁜 느낌.
惡鬼〔악귀〕 나쁜 귀신(鬼神). あくき. あっき
惡談〔악담〕 남을 나쁘게 되라고 저주(咀呪)하는 말. 「あくとう
惡黨〔악당〕 악(惡)한 도당(徒黨).
惡德〔악덕〕 ① 나쁜 마음. ② 나쁜 짓. 부정한 행위. あくとく
惡毒〔악독〕 마음이 흉악(凶惡)하고 독살스러움. あくどく
惡魔〔악마〕 ①사람을 괴롭게 하는 마귀(魔鬼). ②아주 흉악한 사람. あくま
惡名〔악명〕 ①나쁜 이름. 좋지 못한 이름. ②나쁜 평판. あくめい
惡夢〔악몽〕 불길한 꿈. あくむ
惡事行千里〔악사행천리〕 나쁜 일은 곧 세상에 널리 퍼진다는 뜻. あくじせんりをゆく
惡習〔악습〕 ①나쁜 습관. 못된 버릇. ②나쁜 풍습. 못된 습속(習俗). あくしゅう
惡用〔악용〕 잘못 씀. 못되게 씀. あくよう 「음. あくい
惡意〔악의〕 남을 해치려는 나쁜 마
惡政〔악정〕 나쁜 정치. あくせい
惡種〔악종〕 성질이 흉악한 사람 또는 동물. あくしゅ
惡疾〔악질〕 ① 고치기 어려운 병. 못된 병. ②문둥병. あくしつ
惡質〔악질〕 좋지 못한 바탕. 못되고 나쁜 성질. 또 그 사람. あくしつ
惡妻〔악처〕 악한 아내. あくさい
惡臭〔악취〕 나쁜 냄새. 물건이 썩는 냄새. あくしゅう
惡評〔악평〕 나쁜 평판. ②남을 나쁘게 말하는 비평. あくひょう
惡漢〔악한〕 못된 놈. 악한 일을 하는 사람. あっかん
惡貨〔악화〕 나쁜 화폐. 실질(實質)의 가격이 법정(法定)의 가격에 비하여 대단히 낮은 화폐. ↔양화(良貨). あっか
惡濕〔오습〕 습한 것을 싫어함.
惡濕居下〔오습거하〕 습한 것을 싫어하면서 낮은 지대(地帶)에 삶. 곧 악평(惡評)을 싫어하면서도 못된 짓을 함을 이름.
惡心〔오심〕 욕지기. 동토기(吐氣).
惡寒〔오한〕 ①몹시 오슬오슬 춥고 괴로운 증세(症勢). ②추위를 미워함. おかん
▷姦惡(간악). 舊惡(구악). 勸善懲惡(권선징악). 極惡(극악). 善惡(선악). 罪惡(죄악). 醜惡(추악). 好惡(호오). 凶惡(흉악).

〖惠〗 부 心(마음심) 획 4—8 훈 은혜 음 혜: 中 huei⁴ 英 benefit 日 ケイ. エ. めぐむ. めぐみ
뜻 ①은혜. ②베풀.
필순 一 ⺊ 𠃍 亩 亩 亩 亩 惠 惠
惠顧〔혜고〕 은혜를 베풀며 돌보아 줌. けいこ 「칭. けいしょ
惠書〔혜서〕 남에게서 온 편지의 경
惠與〔혜여〕 은혜를 베풀어 물건을 줌. 또 남이 선물을 보내주는 일. 또 그 선물의 경칭. けいよ
惠存〔혜존〕 자기의 저서(著書)나 작품을 남에게 드릴 때, '받아 간직해 주십사'라는 뜻으로 쓰는 말. けいそん
惠澤〔혜택〕 은혜(恩惠)와 덕택(德澤). 동은택(恩澤). けいたく
惠化〔혜화〕 은혜를 베풀어 사람을 교화(敎化)함. 또 은덕(恩德)이

두터운 교화. 「くん
惠訓〔혜훈〕 은혜로써 가르침. けい
▷恩惠(은혜). 仁惠(인혜). 慈惠(자혜). 寵惠(총혜).

【惑】 부 心(마음심) 획 4—8 훈 미혹할 음 혹 中 huo⁴ 英 bewitch 日 ワク. まどう
뜻 미혹할.
필순 一𠃍𠃍𠃍或或或惑
惑溺〔혹닉〕 미혹(迷惑)하여 빠져 버림. わくでき 「わくらん
惑亂〔혹란〕 미혹하여 어지러워짐.
惑說〔혹설〕 여러 사람을 미혹하게 하는 말. わくせつ 「せい
惑星〔혹성〕 동⇨유성(游星). わく
惑世〔혹세〕 ①어지러운 세상. ②세상을 어지럽게 함. わくせい
惑愛〔혹애〕 매우 사랑함.
▷迷惑(미혹). 不惑(불혹). 誘惑(유혹). 疑惑(의혹).

〖感〗 부 心(마음심) 획 4—9 훈 느낄 음 감: 中 kan³ 英 influence 日 カン. かんずる
뜻 ①느낄. ②감동할.
필순 ㇒厂戶咸咸咸感感
感慨〔감개〕 ①깊이 느끼어 탄식(嘆息)함. ②마음 속 깊이 사무치게 느낌. かんがい
感慨無量〔감개무량〕 사물에 대한 회포(懷抱)의 느낌이 한이 없음. かんがいむりょう
感激〔감격〕 ①매우 고맙게 느낌. ②느끼어서 마음이 몹시 움직임. かんげき
感動〔감동〕 깊이 느끼어 마음이 대단히 움직임. かんどう
感銘〔감명〕 깊이 느끼어 마음 속에 새기어 둠. 감격하여 명심(銘心)함. かんめい 「로 따름. かんぷく
感服〔감복〕 깊이 감사하여 진심으
感謝〔감사〕 고맙게 여김. 또 고맙게 여겨 사의(謝意)를 표함. かんしゃ
感想〔감상〕 느끼어 생각함. 또 느낀 바. 느낀 생각. 동소감(所感). 예—文(문). かんそう
感傷〔감상〕 마음에 느끼어 슬퍼함. 사물에 느낀 바 있어 마음 아파함. かんしょう
感受性〔감수성〕 외계(外界)의 자극을 느낄 수 있는 힘. 곧 직관(直觀)의 능력. かんじゅせい
感染〔감염〕 악습(惡習)에 물듦. かんせん 「홀림. かんきゅう
感泣〔감읍〕 깊이 감동하여 눈물을
感電〔감전〕 전기에 감응(感應)함. 전류(電流)가 전함. かんでん
感情〔감정〕 ①사물에 느끼어 일어나는 마음. 동심정(心情). 기분. ②고(苦)·낙(樂)·미(美)·추(醜) 등에 따른 쾌(快)·불쾌를 느끼는 마음의 작용. かんじょう
感觸〔감촉〕 외계(外界)의 자극에 접촉하여 느낌. かんしょく
感歎〔감탄〕 ①감동하여 찬탄함. ②느끼어 탄식함. 깊이 느낌. かんたん 「품사. かんたんし
感歎詞〔감탄사〕 느낌을 나타내는
感懷〔감회〕 느끼어 생각함. 또 느끼어 생각한 바. 동회포(懷抱). かんかい
▷美感(미감). 反感(반감). 悲感(비감). 所感(소감). 實感(실감). 哀感(애감). 劣等感(열등감). 靈感(영감). 豫感(예감). 優越感(우월감). 六感(육감). 直感(직감). 觸感(촉감). 快感(쾌감).

〖想〗 부 心(마음심) 획 4—9 훈 생각 음 상: 中 hsiang³ 英 imagine 日 ソウ. おもう
뜻 ①생각. ②생각할.
필순 一十オ相相相想想
想起〔상기〕 지난 일을 생각하여 냄. そうき 「そうねん
想念〔상념〕 마음에 떠오르는 생각.
想到〔상도〕 생각이 미침. そうとう
想望〔상망〕 ①사모(思慕)함. ②기대함. そうぼう.
想像〔상상〕 ①미루어 생각함. 맞대어 생각함. ②이미 아는 사실이나 관념을 재료삼아 새로운 사실이나 관념을 만드는 정신 작용. 예—力(력). そうぞう
想華〔상화〕 수필(隨筆).
▷假想(가상). 感想(감상). 空想

(공상). 妄想(망상). 冥想(명상). 思想(사상). 聯想(연상). 豫想(예상). 理想(이상). 着想(착상). 幻想(환상). 回想(회상).

〖愁〗 부 心(마음심) 획 4—9 훈 근심 음 수 中 ch'ou² 英 anxiety 日 シュウ. うれえ. うれえる 「염려할.
뜻 ①근심. ②근심할.
필순 ⼆千禾秆秋秋愁愁

愁苦〔수고〕 근심 걱정으로 고생함. 동수곤(愁困). しゅうく
愁困〔수곤〕 동⇨수고(愁苦).
愁淚〔수루〕 근심스러워 흘리는 눈물. しゅうるい
愁眉〔수미〕 근심에 잠긴 눈썹. 수심에 잠긴 얼굴. しゅうび
愁死〔수사〕 몹시 근심하다가 죽음.
愁思〔수사〕 근심하는 마음. 「色).
愁色〔수색〕 근심스러운 기색(氣
愁殺〔수쇄〕 몹시 근심함. しゅうさつ. しゅうさい
愁心〔수심〕 근심하는 마음. 동수의(愁意). しゅうしん 「うぜん
愁然〔수연〕 근심하는 모양. しゅ
愁意〔수의〕 동⇨수심(愁心).
愁絶〔수절〕 근심함. しゅうぜつ
愁歎〔수탄〕 근심하여 탄식함. 「い
愁懷〔수회〕 수심과 회포. しゅうか
▷客愁(객수). 孤愁(고수). 悲愁(비수). 哀愁(애수). 旅愁(여수). 憂愁(우수). 離愁(이수). 鄕愁(향수).

〖愛〗 부 心(마음심) 획 4—9 훈 사랑 음 애 中 ai⁴ 英 love 日 アイ. いつくしむ
뜻 ①사랑. ②사랑할. ③아낄.
필순 ⼀爫爫㤅㤅爱愛愛

愛敬〔애경〕 사랑하고 공경함. 위하고 존경함. あいけい
愛國〔애국〕 나라를 사랑함. 자기 나라를 위하여 진력함. あいこく
愛國愛族〔애국애족〕 나라와 겨레를 사랑함. あいこくあいぞく
愛國訓〔애국훈〕 애국의 길을 가르침. 애국하도록 가르침. 또 그 가르침의 말. あいこくくん
愛讀〔애독〕 즐겨 읽음. 특별히 좋아하여 읽음. 동애송(愛誦). あいどく 「덕을 존중함. あいれい
愛禮〔애례〕 예(禮)를 사랑함. 도
愛慕〔애모〕 사랑하여 그리워함. 심복하여 사모함. あいぼ 「いぶ
愛撫〔애무〕 사랑하여 어루만짐. あ
愛誦〔애송〕 즐기어 송독(誦讀)함. 특별히 좋아하여 읽음. 동애독(愛讀). あいしょう
愛慾〔애욕〕 사물(事物)을 좋아하여 바라는 마음. 또 애정(愛情)과 욕심. あいよく
愛人〔애인〕 ①사람을 사랑함. 남을 사랑함. ②사랑하는 사람. 동연인(戀人). あいじん
愛情〔애정〕 ①사랑하는 마음. ②이성(異性)간에 그리워하는 마음. あいじょう
愛憎〔애증〕 사랑함과 미워함. 애정과 증오(憎惡). あいぞう
愛之重之〔애지중지〕 대단히 사랑하고 소중(所重)히 여김.
愛唱〔애창〕 노래를 즐기어 부름. 또 그 노래. あいしょう 「い
愛妻〔애처〕 사랑하는 아내. あいさ
愛他主義〔애타주의〕 다른 사람의 행복의 증진을 행위의 기준으로 삼는 주의. あいたしゅぎ
愛鄕〔애향〕 고향을 그리워함. 예—心(심). あいきょう
愛好〔애호〕 사랑하고 좋아함. 대단히 좋아함. あいこう
▷敬愛(경애). 戀愛(연애). 友愛(우애). 自愛(자애). 寵愛(총애). 偏愛(편애). 割愛(할애).

〖惹〗 부 心(마음심) 획 4—9 훈 끌 음 야: 中 jê³ 英 provoke
뜻 끌. 日 ジャク. ひく
필순 ⼀艹艹芏芏若若惹

惹起〔야기〕 끌어 일으킴. じゃっき
惹端〔야단〕 ①떠들고 법석거림. ②높은 음성으로 마구 꾸짖는 일.
惹出〔야출〕 이끌어 냄.

〖愚〗 부 心(마음심) 획 4—9 훈 어리석을 음 우 中 yü 英 foolish 日 グ. おろか
뜻 ①어리석을. ②나.

필순 冂冃冃禺禺愚愚

愚見〔우견〕 자기의 생각의 겸칭(謙稱). ぐけん

愚計〔우계〕 ①어리석은 꾀. ②자기의 계교의 겸칭(謙稱). 동우책(愚策). ぐけい

愚公移山〔우공이산〕 끊임 없이 노력(努力)하면 마침내 성공(成功)함의 비유. ぐこうやまをうつす

愚男〔우남〕 어리석은 남자.

愚鈍〔우둔〕 어리석고 둔함. ぐどん

愚弄〔우롱〕 어리석다고 깔보아 놀려댐. ぐろう

愚民〔우민〕 ①어리석은 백성(百姓). ②백성을 어리석게 함. ぐみん

愚夫愚婦〔우부우부〕 어리석은 남녀. ぐふぐふ

愚息〔우식〕 자기의 아들의 겸칭.

愚惡〔우악〕 멍청하게 미련함.

愚劣〔우열〕 어리석고 못남.

愚拙〔우졸〕 어리석고 못남.

愚直〔우직〕 어리석고 고지식함. ぐちょく 「く

愚策〔우책〕 동⇨우계(愚計). ぐさ

▷大愚(대우). 守愚(수우). 痴愚(치우). 賢愚(현우).

【愈】 부 心(마음심) 획 4—9 훈 나을 음 유: 中 yü⁴ 英 better; more 日 ユ. いよいよ. まさる 「나을. (癒와 통용).

뜻 ①나을. ②더욱. ③고칠. 병

필순 亼今俞俞兪愈愈 「냄.

愈怒〔유노〕 유난히 노함. 몹시 성을

愈往愈甚〔유왕유심〕 갈수록 점점 더 심함. 동거거익심(去去益甚).

愈愈〔유유〕 마음 속에 걱정하는 모양. ゆゆ 「해짐. 동유출유기.

愈出愈怪〔유출유괴〕 점점 더 괴상

愈出愈奇〔유출유기〕 동⇨유출유괴(愈出愈怪).

【意】 부 心(마음심) 획 4—9 훈 뜻 음 의: 中 i⁴ 英 intention 日 イ. こころ. おもう

뜻 ①뜻. ②생각할.

필순 亠立产音音音意意

意見〔의견〕 마음에 느낀 바 생각. いけん

意氣揚揚〔의기양양〕 득의(得意)한 마음이 얼굴에 나타나는 모양. いきようよう

意氣衝天〔의기충천〕 득의(得意)한 마음이 하늘을 찌를 듯함. いきしょうてん

意味深長〔의미심장〕 말이나 글의 뜻이 매우 깊음. いみしんちょう

意思〔의사〕 마음먹은 생각. いし

意識〔의식〕 ① 마음에 깨달음. ② 육식(六識) 또는 팔식(八識)의 하나. 대상을 총괄해서 판단·분별하는 마음의 작용. 분별심. ③ 지(知)·정(情)·의(意)를 포함한 정신 현상. いしき

意譯〔의역〕 개개의 단어·구절에 너무 구애되지 않고 본문의 전체의 뜻을 살리는 번역. いやく

意外〔의외〕 뜻밖. 생각 밖. いがい

意慾〔의욕〕 어떤 것을 가지거나 하고자 하는 마음. いよく

意義〔의의〕 ①의미. ②가치. 중요한 정도. ③어떤 말·일·행위 등이 현실의 구체적 연관에 있어서 가지는 가치·내용. いぎ

意中〔의중〕 마음 속. いちゅう

意志〔의지〕 ①마음. 뜻. ②사려·선택·결심 등을 하는 마음의 능동적 작용. ↔지식(知識)·감정(感情). いし

意表〔의표〕 뜻밖. 의외. いひょう

意向〔의향〕 마음의 향하는 바. 곧 무엇을 하려는 생각. いこう

▷敬意(경의). 故意(고의). 得意(득의). 飜意(번의). 本意(본의). 謝意(사의). 辭意(사의). 注意(주의). 好意(호의). 厚意(후의).

【慈】 부 心(마음심) 획 4—9 훈 사랑 음 자 中 tz'û² 英 mercy 日 ジ. いつくしむ

뜻 ①사랑. ② 사랑할. ③어머니.

참고 본 慈

필순 丷䒑兹兹兹慈慈

慈堂〔자당〕 남의 어머니의 존칭.

慈母〔자모〕 인자한 어머니. 어머니. ↔엄부(嚴父). じぼ

慈悲〔자비〕 사랑하고 불쌍히 여김.

㉠一心(심). じひ
慈善[자선] ①인자하고 착함. ②불쌍한 사람을 돈이나 물건으로 도와 줌. ㉠一事業(사업). じぜん
慈顔[자안] 자애로운 얼굴.
慈愛[자애] ①아랫사람에 대한 도타운 사랑. ②귀애함. 인정(人情)이 많음. じあい 「말.
慈主[자주] 어머님. 편지에 쓰는
慈親[자친] ①인자한 어버이. ②자기 어머니의 겸칭(謙稱).
慈兄[자형] 자애가 깊은 형. 편지에 쓰는 말. 「(인자). 惠慈(혜자).
▷家慈(가자). 大慈(대자). 仁慈

【態】 부 心 (마음심) 획 4—10 훈 모양 음 태: ㊥ t'ai⁴ 英 posture ㊐ タイ. さま. わざと
뜻 모양.
필순 ⺈⺅⻂⻂ 能能態態
態度[태도] ① 몸을 가지는 모양. ②속의 뜻이 드러나 보이는 외모(外貌). ③정취(情趣). たいど
態勢[태세] 상태와 모양. 상태와 형세(形勢). 적(敵)에 대비하는 자세(姿勢). たいせい
▷嬌態(교태). 舊態(구태). 變態(변태). 世態(세태). 姿態(자태). 千狀萬態(천상만태). 形態(형태).

【慶】 부 心(마음심) 획 4—11 훈 경사 음 경: ㊥ ch'ing⁴ 英 happy event ㊐ ケイ. ふろこび. よろこぶ
뜻 ①경사. ②좋을. ③하례할. ④발어사.
필순 ⼴广户严严鹿慶
慶福[경복] 경사(慶事)스러운 복(福). けいふく
慶事[경사] 기쁜 일. けいじ
慶節[경절] 경축하는 날. けいせつ
慶弔相問[경조상문] 경사를 서로 축하하고 흉사(凶事)를 서로 위문함. けいちょうそうもん
慶祝[경축] 기꺼운 일을 축하(祝賀)함. けいしゅく
慶祝日[경축일] 경축하는 날. けいしゅくじつ 「賀)함. けいが
慶賀[경하] 경사(慶事)를 치하(致
▷嘉慶(가경). 具慶(구경). 吉慶(길경). 大慶(대경).

【慮】 부 心(마음심) 획 4—11 훈 생각 음 려: ㊥ lü⁴ 英 consider ㊐ リョ. おもんぱかる
뜻 생각.
필순 ⺊⺍广虍虍虐慮慮
慮無所不到[여무소부도] 생각을 미치지 않는 데가 없이 자상하게 함. 「구니없는 일. りょがい
慮外[여외] ①의외(意外). ②어처
▷苦慮(고려). 考慮(고려). 無慮(무려). 配慮(배려). 思慮(사려). 熟慮(숙려). 心慮(심려). 憂慮(우려). 遠慮(원려). 淺慮(천려).

【慕】 부 心(마음심) 획 4—11 훈 사모할 음 모: ㊥ mu⁴ 英 longing ㊐ ボ. したう
뜻 ①사모할. ②섬길.
필순 ⺾苜莫莫莫慕慕慕
慕戀[모연] 그리워하며 사모(思慕)함. 늘 생각함. ぼれん 「ん
慕心[모심] 그리워하는 마음. ぼし
慕悅[모열] 사모하여 기뻐함.
慕竹旨郎歌[모죽지랑가] 신라의 득오(得烏)가 화랑(花郎) 죽지(竹旨)를 사모하여 읊은 향가(鄕歌).
慕華[모화] 중국을 숭상하여 섬김.
▷敬慕(경모). 思慕(사모). 仰慕(앙모). 愛慕(애모). 戀慕(연모). 追慕(추모). 欣慕(흔모).

【慾】 부 心(마음심) 획 4—11 훈 욕심 음 욕 ㊥ yü⁴ 英 covet; greed ㊐ ヨク. ほしい. むさぼる
뜻 욕심.
필순 ⺈⺮谷谷欲慾慾慾
慾界[욕계] 욕심이 많은 세상.
慾氣[욕기] ①일이나 물건에 대한 욕심(慾心)의 기운. ②가지고 싶어하는 마음. 「ねん
慾念[욕념] 동⇨욕심(慾心). よく
慾望[욕망] 무엇을 하거나 가지고자 함. 또 그 마음. よくぼう
慾心[욕심] ①하고자 하는 마음. 동욕념(慾念). ②탐내는 마음. よくしん
慾情[욕정] 한때의 충동(衝動)으로 일어나는 욕심. よくじょう
▷多慾(다욕). 無慾(무욕). 色慾

(색욕). 食慾(식욕).

【憂】[부] 心 (마음심) [획] 4—11 [훈] 근심 [음] 우 [中] yu¹ [英] anxiety [日] ユウ. うれい. うれえる
[뜻] ①근심. 걱정. ②근심할. ③병.
[필순] 一 丆 丙 百 頁 憂 憂 憂

憂慨[우개] 근심하고 개탄(慨嘆)함. ゆうかい
憂結[우결] 걱정이 되어 속이 답답함. ゆうけつ
憂國[우국] 나라 일을 근심함. [예] 一之士(지사). ゆうこく
憂念[우념] 걱정함. 근심하는 마음. ゆうねん
憂慮[우려] 걱정함. 근심함. ゆうりょ
憂愁[우수] 근심. ゆうしゅう
憂患[우환] ①근심. 걱정. ②질병. ゆうかん
▷杞憂(기우). 大憂(대우). 一喜一憂(일희일우).

【慰】[부] 心 (마음심) [획] 4—11 [훈] 위로할 [음] 위: [中] wei⁴ [英] comfort [日] イ. なぐさめ. なぐさめる
[뜻] 위로할.
[필순] 一 ㄱ 尸 尉 尉 慰 慰 慰
慰靈祭[위령제] 죽은 혼령을 위로하는 제사. いれいさい
慰勞[위로] 어루만져 괴로움을 잊게 함. いろう
慰問[위문] 위로하기 위하여 문안함. いもん
慰問品[위문품] ①위문에 쓰는 물건. ②수고하는 사람 또는 이재민(罹災民)을 위로해 주기 위해 보내는 물건. いもんひん
慰安[위안] 위로함. 위로하여 마음이 편안하게 함. いあん
慰安會[위안회] 위로함을 목적으로 베푸는 모임. いあんかい
▷勞慰(노위). 賞慰(상위). 安慰(안위). 弔慰(조위).

【慙】[부] 心(마음심) [획] 4—11 [훈] 부끄러울 [음] 참: [中] ts'an² [英] shame [日] ザン. はじ. はじる
[뜻] 부끄러울.
[참고] [동] 慚
[필순] 一 百 亘 車 斬 斬 慙 慙
慙愧[참괴] 부끄러워함. ざんき
慙伏[참복] 부끄러워서 얼굴을 아래로 수그림. ざんぷく
慙死[참사] 부끄러운 처지로 죽음.
慙汗[참한] 몹시 부끄러워서 흘리는 땀. ざんかん

【慧】[부] 心(마음심) [획] 4—11 [훈] 지혜 [음] 혜 [中] huei⁴ [英] wisdom [日] ケイ. エ. さとい
[뜻] 지혜.
[필순] 三 丰 彗 彗 彗 彗 慧 慧
慧巧[혜교] 영리(怜利)한 슬기와 교묘한 기교.
慧敏[혜민] 총명하고 민첩(敏捷)함. けいびん
慧心[혜심] 영리한 마음. けいしん
慧眼[혜안] 사물(事物)을 밝게 살피는 눈. 예민(銳敏)한 안식(眼識). けいがん
慧鳥[혜조] 앵무새의 별명. けいちょう
慧超[혜초] 신라(新羅) 때의 고승(高僧).
▷明慧(명혜). 敏慧(민혜). 俊慧(준혜). 智慧(지혜).

【憩】[부] 心(마음심) [획] 4—12 [훈] 쉴 [음] 게: [中] ch'i⁴ [英] rest [日] ケイ. いこう
[뜻] 쉴.
[필순] 二 千 舌 甜 甜 憩 憩
憩泊[게박] 쉬어 머묾. 머물러서 쉼. けいはく
憩息[게식] 쉼. [동]휴식(休息). けいそく
憩止[게지] 쉼. けいし
▷小憩(소게). 休憩(휴게).

【憑】[부] 心(마음심) [획] 4—12 [훈] 의지할 [음] 빙: [中] p'ing² [英] rely [日] ヒョウ. よる
[뜻] ①의지할. 기댈. ②증거.
[필순] 冫 冫 沪 沪 馮 馮 憑 憑
憑據[빙거] ①사실(事實)의 증명이 될 만한 근거(根據). ②근거로 함. ひょうきょ
憑考[빙고] 여러 가지를 비추어 상고함. ひょうこう
憑公營私[빙공영사] 공사(公事)를 빙자하여 사리(私利)를 도모함.
憑怒[빙노] 몹시 노여워함. ひょうど
憑文[빙문] 여행 허가장(許可狀). [동]빙표(憑票).
憑聞[빙문] 간접으로 얻어 들음.
憑憑[빙빙] 성(盛)한 모양. ひょうひょう
憑恃[빙시] 남에게 의지(依支)함. ひょうじ
憑信[빙신] 의지로 삼고 믿음. ひ

ょうしん
憑依〔빙의〕 ①남의 힘을 빌어서 의지함. ②달라붙음. ひょうい
憑票〔빙표〕 ⑤⇨빙문(憑文).
▷信憑(신빙). 證憑(증빙).

【憲】 ⑤ 心(마음심) ⑥ 4—12 ⑧ 법 ⑥ 헌: ⑥ hsien⁴ ⑧ constitution ⑥ ケン. のり
뜻 법.
필순 ' 宀害害憲憲憲憲
憲法〔헌법〕 ①나라의근본이 되는 법률. ②나라를 다스리고 국사(國事)를 행하는 방법과 국민의 권리·의무를 규정하고 있는 최고의 기본적인 법률. 다른 모든 법률. 명령보다 우선(優先)이 됨. けんぽう
憲章〔헌장〕 ①법(法). 법도(法度). ②본받아 밝힘. けんしょう
憲政〔헌정〕 헌법(憲法)에 의하여 행하는 정치. 입헌(立憲) 정치. けんせい
憲憲〔헌헌〕 ①명백(明白)한 모양. ②기뻐하는 모양. けんけん
▷官憲(관헌). 國憲(국헌). 法憲(법헌). 違憲(위헌). 立憲(입헌).

【懇】 ⑤ 心(마음심) ⑥ 4—13 ⑧ 간절할 ⑥ 간: ⑥ k'en³ ⑧ sincerity ⑥ コン. ねんごろ
뜻 간절할.
필순 ˊ ˊ 乡 豸 豸 貇 貇 懇
懇懇〔간간〕 간절한 모양. こんこん
懇曲〔간곡〕 간절하고 극진함. 「う
懇求〔간구〕 간절히 구함. こんきゅ
懇談〔간담〕 마음을 털어놓고 정답게 이야기함. 정다운 이야기. こんだん 「んだんかい
懇談會〔간담회〕 간담하는 모임. こ
懇願〔간원〕 간절히 원함. こんがん
懇切〔간절〕 지성스럽고 절실(切實)함. こんせつ
懇請〔간청〕 간절히 청함. こんせい
懇親〔간친〕 다정하게 사귀어 친목함. こんしん

【懋】 ⑤ 心(마음심) ⑥ 4—13 ⑧ 힘쓸 ⑥ 무 ⑥ mao⁴ ⑧ make efforts ⑥ ボウ. つとめる
뜻 ①힘쓸. ②성할.
필순 木 栘 柕 楙 楙楙懋懋
懋戒〔무계〕 힘써 경계함. ぼうかい
懋懋〔무무〕 힘쓰는 모양. ぼうぼう
懋績〔무적〕 위대한 공적(功績). ぼうせき 「うせん
懋遷〔무천〕 교역(交易)에 힘씀. ぼ
懋勳〔무훈〕 혁혁한 공훈. ぼうくん

【應】 ⑤ 心(마음심) ⑥ 4—13 ⑧ 응할 ⑥ 응: ⑥ ying¹ ⑧ reply ⑥ オウ. こたえる. まさに 「③응당. 꼭.
뜻 ①응할. ②대답할.
참고 ⑤ 応
필순 ˋ 一广广府雁應應
應急〔응급〕 급한 대로 우선 처리함. ⑩—患者(환자). おうきゅう
應諾〔응낙〕 ①대답함. ② 승낙(承諾)함. おうだく 「う
應答〔응답〕 물음에 대답함. おうと
應當〔응당〕 꼭. 반드시. 으레.
應待〔응대〕 ⑤⇨응접(應接). おうたい 「에 응함. おうぼ
應募〔응모〕 모집(募集)·소집(召集)
應試〔응시〕 시험에 응함. おうし
應酬〔응수〕 따라 응함. おうしゅう
應用〔응용〕 어떠한 원리를 실제로 이끌어 씀. おうよう
應援〔응원〕 도와 줌. 후원(後援)함. ⑩—隊(대). おうえん
應戰〔응전〕 싸움에 응함. おうせん
應接〔응접〕 ①맞이하여 접대함. ⑤응대(應待). ②대답함. ③호응(呼應)함. ④맞아들임. おうせつ
應接室〔응접실〕 손님을 접대하는 방. おうせつしつ
▷感應(감응). 對應(대응). 相應(상응). 順應(순응). 再應(재응). 適應(적응). 呼應(호응).

【懲】 ⑤ 心(마음심) ⑥ 4—15 ⑧ 징계할 ⑥ 징 ⑥ ch'êng² ⑧ chastise ⑥ チョウ. こらす
뜻 징계할.
필순 彳 彳 徃 徨 徵 徵徵懲
懲戒〔징계〕 ①자기 스스로 과거에 당한 일을 돌아보아 뉘우치고 경계함. ②남을 장래에 삼가도록 하기 위하여 제재(制裁)를 가함. ちょうかい

懲罰〔징벌〕 장래를 경계하는 뜻으로 벌을 줌. ちょうばつ 「감.
懲毖〔징비〕 전의 잘못을 뉘우쳐 삼
懲惡〔징악〕 못된 마음이나 행위를 징계함. ちょうあく
懲役〔징역〕 죄인을 제재하기 위해 교도소에 넣어서 정해진 기간에 노역(勞役)을 치르게 하는 일. ちょうえき
懲一勵百〔징일여백〕 한 사람을 징벌함으로써 여러 사람을 격려함. ⓢ일벌백계(一罰百戒). ちょういちれいひゃく
懲丁〔징정〕 징역살이하는 죄수.
懲兆〔징조〕 미리 보이는 조짐.
▷科懲(과징). 勸懲(권징). 罰懲(벌징). 膺懲(응징).

【懸】 부 心(마음심) 획 4—16 훈 매달 음 현:(현) ㊥ hsüan² ㊕ hang ㊐ ケン. ケ. かける. かかる
뜻 ①매달. 달. ②멀. 현격할.
필순 〃〃県県県¯県^縣縣懸懸
懸隔〔현격〕 썩 동떨어짐. けんかく
懸賞〔현상〕 상금을 걸어 모으거나 찾는 일. けんしょう
懸案〔현안〕 아직 해결짓지 못한 안건(案件). ⓔ—問題(문제). けんあん
懸崖〔현애〕 낭떠러지. けんがい
懸牛首賣馬肉〔현우수매마육〕 가게 앞에 쇠머리를 걸어 쇠고기를 파는 것처럼 차려 놓고서 실제로는 말고기를 팖. 표리 부동함을 이름. ⓢ 양두구육(羊頭狗肉).
懸刺無暇〔현자무가〕 태만하지 않고 열심히 면학(勉學)함을 이름.
懸板〔현판〕 글씨·그림을 새겨서 다는 널조각.
懸河之辯〔현하지변〕 달리어 흐르는 물과 같이 거침없이 잘 하는 말. けんがのべん
懸懸〔현현〕 마음이 안정되지 않은 모양. けんけん
▷倒懸(도현).

【戀】 부 心(마음심) 획 4—19 훈 그리워할 음 련: ㊥ lien⁴ ㊕ beloved ㊐ レン. こい. こいしい
뜻 그리워할.
참고 ㊣ 恋
필순 ˉ 言 絹 䜌 戀戀
戀慕〔연모〕 ①사랑하여 그리워함. ②공경하여 사모함. れんぼ
戀愛〔연애〕 남녀간의 사모하는 사랑. れんあい
戀戀〔연연〕 사모(思慕)하여서 잊지 못하는 모양. れんれん
戀人〔연인〕 그리워하고 사모하는 상대편의 사람. ⓢ애인(愛人). こいびと
戀情〔연정〕 이성(異性)을 그리워하며 사모하는 마음. れんじょう
▷悲戀(비련). 邪戀(사련). 失戀(실련). 愛戀(애련).

(4) 戈 部

【戈】 부 戈(창과) 획 4—0 훈 창 음 과 ㊥ kê¹ ㊕ spear ㊐ カ. ほこ
뜻 창.
필순 一七戈戈
戈甲〔과갑〕 창과 갑옷. ⓢ무구(武具). かこう
戈劍〔과검〕 창과 칼. かけん
戈戟〔과극〕 창. かげき
戈矛〔과모〕 창. かぼう
戈盾〔과순〕 창과 방패. かじゅん

【戊】 부 戈(창과) 획 4—1 훈 다섯째천간 음 무:(무) ㊥ wu⁴ ㊕— ㊐ ボ. つちのえ
뜻 다섯째 천간.
필순 一厂戊戊戊
戊癸之年甲寅頭〔무계지년 갑인두〕 태세(太歲)의 천간(天干)이 무(戊)나 계(癸)로 된 해는 정월(正月)의 월건(月建)이 갑인(甲寅)으로 시작된다는 말.
戊夜〔무야〕 오전 4시쯤. ⓢ오경(五更).
戊午士禍〔무오사화〕 이조 때의 4대 사화(士禍)의 하나. 연산군(燕山君) 4년 무오년에 일어났던 훈구파(勳舊派) 유자광(柳子光) 등이 사림파(士林派)의 김일손(金馹孫) 등을 사초(史草) 문제로 몰아낸 사림(士林)의 참화

(慘禍) 사건.

〔戌〕 [부] 戈(창과) [획] 4—2 [훈] 개 [음] 술 [中] hsü¹ [英] dog [日] ジュツ. いぬ

[뜻] ①개. ②열한째지지.

[필순] 一厂𠂇戊戌戌

戌年〔술년〕 태세(太歲)가 술(戌)로 된 해.

戌月〔술월〕갑술(甲戌)·병술(丙戌) 따위와 같이 월건(月建)의 지지가 술(戌)로 된 달. じゅつげつ

戌日〔술일〕갑술(甲戌)·병술(丙戌)과 같이 일진(日辰)의 지지(地支)가 술(戌)로 된 날.

▷甲戌(갑술). 丙戌(병술). 戊戌(무술). 庚戌(경술). 壬戌(임술).

【戒】 [부] 戈(창과) [획] 4—3 [훈] 경계할 [음] 계: [中] chieh⁴ [英] warn [日] カイ. **いましめる**

[뜻] ①경계할. ②재계할.

[필순] 一二丆开戒戒戒

戒告〔계고〕 경계하여 고함. 알려 주의하도록 함. かいこく

戒名〔계명〕 ①중이 계(戒)를 받은 후에 스승에게서 받은 이름. ②죽은 사람에게 지어 주는 이름. かいみょう

戒愼〔계신〕 경계하고 삼가함. 조심함. かいしん 「려워함.

戒愼恐懼〔계신공구〕 조심하고 두

戒律〔계율〕 계(戒)와 율(律). 곧 중이 지켜야 할 율법(律法). かい

戒之〔계지〕 타이름. 「りつ

▷警戒(경계). 法戒(법계). 十戒(십계). 嚴戒(엄계). 女戒(여계). 懲戒(징계). 訓戒(훈계).

〔成〕 [부] 戈(창과) [획] 4—3 [훈] 이룰 [음] 성 [中] ch'êng² [英] accomplish [日] セイ. ジョウ. **なる. なり** 「③성할.

[뜻] ①이룰. ②이루어질.

[필순] 一厂厂万成成成

成家〔성가〕 ①따로 한 집을 이룸. ②학문(學問)이나 기술(技術)이 뛰어나 한 파(派)나 한 체계(體系)를 이룸. ③결혼함. ④부자(富者)가 됨. [예]一成家(성가). せいか

成功〔성공〕 목적을 이룸. 뜻을 이룸. 공을 이룸. せいこう 「いか

成果〔성과〕 일이 이루어진 결과. せ

成冠〔성관〕 관례(冠禮)를 행함.

成句〔성구〕 ①글귀를 이룸. ②하나의 뭉뚱그려진 뜻을 나타내는 글귀. ③옛 사람이 만들어 널리 세상에 알려진 시문(詩文)의 구. 이미 만들어진 귀절. せいく

成均館〔성균관〕 이조(李朝) 때 유교(儒教)의 교회(教誨)를 맡은 관부(官府).

成吉思汗〔성길사한〕 원(元)나라의 태조(太祖). 어린 때 이름은 철목진(鐵木眞). 내외몽고(內外蒙古)를 통일하고 그 뒤 금(金)나라·서하(西夏) 및 유럽 방면에 원정하여, 대제국(大帝國)을 건설하였음. 징기스칸. じんぎすかん

成年〔성년〕 ①만 20 세가 되는 나이. ②성인(成人). せいねん

成道〔성도〕 ①수양하여 덕(德)을 이룸. ②수양하여 이룬 덕. 도를 닦아 완전한 경지에 이름. 도통(道通)함. ③불도(佛道)를 깨달음. [동]오도(悟道). じょうどう

成禮〔성례〕 혼인(婚姻) 예식을 지냄. せいれい

成文律〔성문율〕 문자로 표현되고 문서(文書)의 형식을 갖추어 성립된 법. ↔불문율(不文律). せいぶんりつ

成否〔성부〕 됨과 안 됨. せいひ

成不成〔성불성〕 이룸과 못 이룸. せいふせい

成事〔상사〕 ① 일을 이룸. ②이미 결정된 일. 결정한 일. ③성취(成就)한 일. せいじ

成三問〔성삼문〕 이조(李朝) 세종(世宗) 때의 학자(學者). 집현전(集賢殿) 학사(學士)로 훈민정음(訓民正音) 창제(創製)에 공이 큼. 사육신(死六臣)의 한 분.

成熟〔성숙〕 ① 열매가 익음. ②생물이 완전히 발육함. ③사물이 충분히 발달하여 적당한 때에 다다름. 전성기(全盛期)에 들어감. ↔미숙(未熟). せいじゅく

成市〔성시〕 저자를 이룸. 사람과

물건이 많이 모임의 비유. ㉠門前(문전)—. せいし
成案〔성안〕①안을 꾸며서 이룸. ②성립된 고안(考案). 또는 문안(文案). せいあん
成語〔성어〕①숙어(熟語). ②고인(古人)이 만들어 널리 세상에서 쓰여지는 말. せいご
成長〔성장〕생물이 자라서 점점 커짐. せいちょう
成績〔성적〕①다 마친 결과. 사업 따위의 이루어 놓은 공적. ②학습의 결과. せいちょう「ょうじゅ
成就〔성취〕이룸. 또 이루어짐. じ
成湯〔성탕〕은(殷)나라 제 1 대(代)의 왕(王). 이름은 이(履). せいとう 「함. せいこん
成婚〔성혼〕결혼이 성립됨. 결혼
▷結成(결성). 構成(구성). 養成(양성). 落成(낙성). 達成(달성). 大成(대성). 大器晩成(대기만성). 造成(조성). 贊成(찬성). 編成(편성). 混成(혼성).

〔我〕 부 戈(창과) 획 4—3 훈 나 음 아: ㊥ wo³ ㊧ I; we ㊐ ガ. われ. わが
뜻 ①나. ②우리.
필순 ˊ ˊ 手 手 我 我 我
我國〔아국〕우리 나라. 동 오국(吾國). 아방(我邦). ↔외국(外國). わがくに
我同庚太守成〔아동경태수성〕남만 못한 자기 자신을 한탄하는 뜻.
我利〔아리〕①자기에게 형편이 좋음. ②자기만의 이익. がり
我邦〔아방〕우리 나라. 동아국(我國). わがくに
我腹既飽〔아복기포〕내 배가 부름.
我欲〔아욕〕자기 자신을 위해서만 생각함. がよく
我田引水〔아전인수〕자기 논에 물 댄다는 뜻으로, 자기에게 이(利)로운 대로만 함을 이름. がでんいんすい
我執〔아집〕자기의 편협한 의견에 집착(執着)함. がしゅう
▷大我(대아). 無我(무아). 小我소(아). 自我(자아).

〔或〕 부 戈(창과) 획 4—4 훈 혹 음 혹 ㊥ huo⁴ ㊧ perhaps ㊐ ワク. あるいは. ある
뜻 ①혹. ②또.
필순 一 ㅁ 冂 戓 或 或
或可或不可〔혹가 혹불가〕좋다 하기도 하고 그르다 하기도 하여, 가부(可否)가 결정되지 아니함.
或問〔혹문〕어떤 이가 물음.
或時〔혹시〕어떤 때. あるとき
或是〔혹시〕어떠한 경우(境遇)에. 동혹야(或也). 혹자(或者). 혹여(或如). あるいわこれ
或是或非〔혹시혹비〕① 어떤 것은 옳고 어떤 것은 그름. ②옳고 그름이 잘 분간되지 못함. ③어떤 사람은 옳다 하기도 하고 어떤 사람은 그르다 하기도 함.
或也〔혹야〕⇨혹시(或是).
或如〔혹여〕⇨혹시(或是).
或曰〔혹왈〕어떤이가 말하기를.
或者〔혹자〕① 어떠한 사람. ②혹시(或是). あるいわ
▷間或(간혹). 說或(설혹).

〔戚〕 부 戈(창과) 획 4—7 훈 겨레 음 척 ㊥ ch'i¹ ㊧ relatives ㊐ セキ. みうち
뜻 ①겨레. ②근심할.
필순 丿 厂 厂 厈 厓 戚 戚 戚
戚黨〔척당〕동⇨척속(戚屬). せきと
戚聯〔척련〕동⇨척속(戚屬).
戚分〔척분〕척당(戚黨)이 되는 분수. せきぶん
戚屬〔척속〕친척이나 인척 관계가 되는 겨레붙이. 동척당(戚黨). 척련(戚聯). せきぞく
戚施〔척시〕①곱사등이. ②두꺼비 얼굴의 모양이 추함을 이름. せきし 「되는 신하(臣下)
戚臣〔척신〕임금의 외척(外戚)이
戚然〔척연〕근심하고 슬퍼하는 모양. せきぜん
戚誼〔척의〕인척간의 정의(情誼)
戚戚〔척척〕①서로 친밀한 모양 ②근심하고 두려워하는 모양새 ③마음이 흔들리는 모양. せきせき 「(종척). 親戚(친척)
▷外戚(외척). 姻戚(인척). 宗戚

〖戰〗 부 戈(창과) 획 4—12 훈 싸울 음 전: 中 chan⁴ 英 fight; war 日 セン. たたかう. おののく

뜻 ①싸울. ②싸움. ③ 두려울. ④무서워 떨.

참고 약 戦

필순 " "" 門 罒 罝 單 戰戰

戰鼓〔전고〕 싸움 싸울 때 울리는 북. せんこ「로(功勞). せんこう

戰功〔전공〕 싸움에 이겨서 이룬 공

戰果〔전과〕 전쟁의 결과(結果). 전쟁의 성과(成果). せんか

戰局〔전국〕 전쟁(戰爭)이 벌어지고 있는 국면(局面). 전쟁의 판국. せんきょく

戰國〔전국〕 ①교전 (交戰) 중의 나라. 또 싸움이 그칠 사이 없는 나라. ②어지러운 세상. 동난세(亂世). ③주(周)나라 위열왕(威烈王) 때부터 진(秦)나라 시황(始皇)의 천하 통일까지 240 년 동안을 이름. 전국시대(戰國時代). せんごく

戰國策〔전국책〕 춘추(春秋) 이후 초한(楚漢)이 일어나기까지의 245년간에 걸쳐 전국(戰國) 유사(遊士)가 제국(諸國)을 다니며 유세한 책모(策謀)를 나라별로 모은 책. 저자는 미상(未詳). せんごくさく

戰國七雄〔전국칠웅〕 전국(戰國)시대의 일곱 강국(强國). 곧 제(齊)·초(楚)·연(燕)·한(韓)·조(趙)·위(魏)·진(秦). せんごくのしちゆう 「んき

戰記〔전기〕 전쟁(戰爭)의 기록. せ

戰端〔전단〕 싸움을 하게 된 단서(端緖). 싸움의 시작. せんたん

戰亂〔전란〕 전쟁의 난리(亂離). 전쟁으로 말미암은 국가의 혼란. 동병란(兵亂). せんらん

戰略〔전략〕 전쟁(戰爭)의 방략(方略). 약작전 계획(作戰計劃). せんりゃく

戰力〔전력〕 싸우는 힘. 전투의 능력. せんりょく 「ぼつ

戰歿〔전몰〕 동⇨전사(戰死). せん

戰法〔전법〕 싸움을 싸우는 방법. 전쟁하는 방법. せんぽう

戰史〔전사〕 전쟁의 역사. せんし

戰死〔전사〕 싸움을 싸우다가 죽음. 동전몰(戰歿). せんし

戰傷〔전상〕 전쟁에서 상처를 입음. 또 그 상처. せんしょう

戰線〔전선〕 전쟁 때 적전(敵前)에 배치된 전투 부대의 배치선. 예西部(서부)—. せんせん

戰術〔전술〕 전쟁의 방법. 약작전술(作戰術). せんじゅつ

戰勝〔전승〕 싸움에 이김. 동승전(勝戰). せんしょう

戰時〔전시〕 전쟁(戰爭)이 벌어진 때. 약전쟁시(戰爭時). せんじ

戰雲〔전운〕 전쟁이 벌어지려는 살기(殺氣) 띤 형세. せんうん

戰意〔전의〕 싸움을 할 생각. 싸우려고 하는 의사. せんい

戰場〔전장〕 싸움터. 전쟁(戰爭)이 일어난 곳. 동전진(戰塵). せんじょう

戰跡〔전적〕 싸움한 자취. せんせき

戰地〔전지〕 전쟁(戰爭)을 하는 땅. 동전장(戰場). せんち

戰陣〔전진〕 싸우기 위하여 벌여 친 진. せんじん

戰塵〔전진〕 싸움터의 풍진(風塵). 전쟁의 소란. せんじん

戰鬪〔전투〕 전쟁의 싸움. 동교전(交戰). せんとう

戰禍〔전화〕 전쟁(戰爭)으로 말미암은 재화(災禍). せんか

戰況〔전황〕 전쟁(戰爭)의 상황. 예—報告(보고). せんきょう

戰後〔전후〕 전쟁(戰爭)이 끝난 뒤. 예—派(파). せんご

▷激戰(격전). 決勝戰(결승전). 決戰(결전). 苦戰(고전). 空中戰(공중전). 冷戰(냉전). 大戰(대전). 挑戰(도전). 奮戰(분전). 勝戰(승전). 市街戰(시가전). 實戰(실전). 惡戰(악전). 野戰(야전). 歷戰(역전). 熱戰(열전). 勇戰(용전). 陸戰(육전). 一戰(일전). 接戰(접전). 停戰(정전). 終戰(종전). 出戰(출전).

【戲】 뷔 戈(창과) 획 4—12 훈 희롱할 음 희: 中 hsi⁴ 英 playful 日 ギ. たわむれる
뜻 ①희롱할. ②놀. ③탄식할(호).
참고 본戱
필순 ⺊ 广 虍 虚 虚 戲戲
戲曲〔희곡〕 ①연극의 각본(脚本). ②문학 형식의 하나. ぎきょく
戲劇〔희극〕 ①익살을 부려 웃기는 장면이 많은 연극(演劇). ②진실하지 아니한 행동. ぎげき
戲弄〔희롱〕 말이나 행동으로 실없이 놀리는 짓. ぎろう
戲墨〔희묵〕 자기의 글씨나 그림의 비칭. 동희필(戲筆).
戲筆〔희필〕 동⇨희묵(戲墨).
▷惡戲(악희). 言戲(언희). 遊戲(유희). 作戲(작희).

「戴」 뷔 戈(창과) 획 4—14 훈 일 음 대: 中 tai⁴ 英 carry on one's head 日 タイ. いただく
뜻 ①일. 쓸. ②받들.
필순 ⺊ 𢦏 𢦏 𢦏 戴戴戴
戴冠〔대관〕 왕관을 씀. たいかん
戴冠式〔대관식〕 서양에서 임금이 즉위(卽位)할 때 임금의 상징(象徵)인 관(冠)을 쓰는 의식(儀式). たいかんしき
戴白〔대백〕 머리에 백발(白髮)이 남. 또 그러한 노인(老人). たいはく
戴天〔대천〕 하늘을 머리에 입. 하늘 밑에서 삶. たいてん
▷奉戴(봉대). 負戴(부대). 推戴(추대).

(4) 戶 部

〖戶〗 뷔 戶(지게호) 획 4—0 훈 지게 음 호: 中 hu⁴ 英 door 日 コ. と. とだれ
뜻 ①지게. ②집.
필순 ㇀ 厂 戶 戶
戶口〔호구〕 집 수와 사람 수. ここう
戶口萬明〔호구만명〕 천연두에 걸려 죽은 귀신을 이름.
戶口調査〔호구조사〕 각 호구(戶口)에 대한 조사. ここうちょうさ
戶大〔호대〕 술고래. 대음주가(大飮酒家). こだい 「戶). こべつ
戶別〔호별〕 집집마다. 동매호(每
戶數〔호수〕 ①집의 수효. ②호적(戶籍)상의 집 수. こすう
戶疫〔호역〕 천연두(天然痘).
戶外〔호외〕 집 밖. こがい
戶籍〔호적〕 ①호수(戶數)·식구(食口)를 기록한 장부. ②한 집안의 가족 관계 및 가족의 성명·생년월일 등을 기록한 장부. こせき
戶曹〔호조〕 육조(六曹)의 하나. 고려(高麗) 말 및 이조(李朝) 때의 호구(戶口)·공부(貢賦)·전량(田糧)·금화(金貨) 등에 관한 사무를 맡아 보던 마을.
戶主〔호주〕 ①한 집안의 주장이 되는 사람. ②호주권을 가진 사람.
戶戶〔호호〕 집집마다. ここ
▷酒戶(주호). 門戶(문호). 破落戶(파락호).

「戾」 뷔 戶(지게호) 획 4—4 훈 어그러질 음 려: 中 li⁴ 英 turn back 日 レイ. もとる
뜻 ①어그러질. ②사나울. ③이를. ④ 안정할. ⑤허물.
필순 ㇀ 厂 戶 戶 戾戾
▷乖戾(괴려). 返戾(반려). 背戾(배려). 悖戾(패려).

〖房〗 뷔 戶(지게호) 획 4—4 훈 방 음 방 中 fang², p'ang² 英 room 日 ボウ. へや. ふさ
뜻 ①방. ②집.
필순 ㇀ 厂 戶 戶 戶 戸 房房
房舍〔방사〕 사람이 거처(居處)하기 위하여 만들어진 간.
房事〔방사〕 남녀(男女)가 교합(交合)하는 일. ぼうじ
房室〔방실〕 방(房).
▷空房(공방). 閨房(규방). 煖房(난방). 冷房(냉방). 茶房(다방). 獨房(독방). 新房(신방). 阿房(아방). 溫突房(온돌방).

〖所〗 뷔 戶(지게호) 획 4—4 훈 바 음 소: 中 suo³ 英 place 日 ショ. ジョ. ところ

뜻 ①바. 것. ②곳. ③어조사.

필순 ˉ ㄱ ㅋ 戶 戶 所 所 所

所幹事〔소간사〕 볼일.
所感〔소감〕 마음에 느낀 바. 또 그 생각. しょかん
所見〔소견〕 ①눈으로 본 바. ②사물을 보고 살피어 가지는 생각. 동의견(意見). しょけん
所管〔소관〕 맡아 다스리는 바. 또 그 범위. 동소할(所轄). しょかん
所期〔소기〕 기대(期待)하는 바. 기대함. しょき
所得〔소득〕 ①얻은 바 수입(收入). ②일정한 기간 동안에 받는 보수나 재화(財貨). しょとく
所論〔소론〕 논하는 바. しょろん
所望〔소망〕 바라는 바. 기대하는 바. しょぼう
所聞〔소문〕 전하여 들리는 말. しょぶん
所産〔소산〕 생기어나는 바. 또 그 물건. 소산물(所産物). しょさん
所生〔소생〕 ①부모. 양친(兩親). ②자기(自己)가 낳은 자녀(子女). しょせい
所屬〔소속〕 딸려 있음. 붙어 있음. 또 그것. しょぞく
所信〔소신〕 믿어 의심하지 않는 바. 자기가 확실하다고 굳게 생각하는 바. しょしん
所言〔소언〕 ①말하고자 하는 바. ②말하고 싶은 것. しょげん
所要〔소요〕 요구되는 바. 필요한 바. しょよう
所欲〔소욕〕 ①하고자 하는 바. ②하고 싶은 것. しょよく
所用〔소용〕 쓰이는 바. 쓸 데. しょよう
所願成就〔소원성취〕 원하고 있던 것을 이룸.
所爲〔소위〕 동⇨소행(所行).
所謂〔소위〕 이른바. 세상(世上)에서 말하는 바. いわゆる
所有〔소유〕 ①가지고 있음. 또 그 물건. ②권리의 목적물을 전면적·일반적으로 지배하는 일. 예 一權(권). しょゆう
所以〔소이〕 까닭. 이유. ゆえん
所藏〔소장〕 간직하여 둔 물건. 예 一品(품). しょぞう
所在〔소재〕 있는 바. 있는 곳. しょざい
所致〔소치〕 그렇게 된 까닭. しょち
所轄〔소할〕 관할하는 바. 동소관(所管). しょかつ
所行〔소행〕 ①행한 바. 행한 일. 동소위(所爲). しょこう
▷急所(급소). 名所(명소). 便所(변소). 事務所(사무소). 住所(주소). 파출소(派出所).

扁

부 戶(지게호) 획 4—5 훈 납작할 음 편·편: 中 p'ien[3] 英 small;tablet 日 ヘン. ちいさい. ふだ

뜻 ①납작할. ②낮을. ③현판. ④거룻배.

필순 戶 戶 肩 肩 扁 扁

扁額〔편액〕 그림 또는 글씨를 써서 방안이나 또는 문 위에 걸어놓는 널조각. へんがく
扁舟〔편주〕 작은 배. 거룻배. へんしゅう
扁平〔편평〕 납작함. へんぺい

扇

부 戶(지게호) 획 4—6 훈 부채 음 선(선:) 中 shan[1·4] 英 fan 日 セン. おうぎ

뜻 부채.

필순 戶 戸 戸 肩 扇 扇

扇動〔선동〕 부채질함. 남을 꾀어서 부추김. せんどう
扇面〔선면〕 부채. せんめん
扇影衣香〔선영의향〕 귀부인(貴婦人)이 많이 모여 있음을 이름. せんえいいこう
扇子〔선자〕 부채. せんす
扇風機〔선풍기〕 전력으로 바람을 일으키는 기구. せんぷうき
扇形〔선형〕 ①부채의 모양. 원호(圓弧)와 그 양 끝을 통하는 두 반지름으로 둘린 모양새. 부채꼴. せんけい
▷團扇(단선). 端午扇(단오선). 舞扇(무선). 文扇(문선). 秋扇(추선). 太極扇(태극선). 合竹扇(합죽선).

扉

부 戶(지게호) 획 4—8 훈 문짝 음 비 中 feï[1] 英 door 日 ヒ. とびら

뜻 ①문짝. ②사립문.

필순 戶 戸 扉 扉 扉

(4) 手 部

〖手〗 部 手(손수변) 획 4—0 훈 손 음 수(수:) 中 shou³ 英 hand 日 シュ. て
① 손. ②칠. ③재주.
필순 一二三手

手工〔수공〕 ①손으로 하는 공예(工藝). ②손재주. しゅこう
手交〔수교〕 손수 내어줌. しゅこう
手記〔수기〕 체험(體驗)을 손수 적음. 또 그 기록. しゅき
手段〔수단〕 일을 꾸미거나 처리하기 위하여 묘안(妙案)을 만들어 내는 솜씨와 꾀. しゅだん
手法〔수법〕 ①수단. 방법. ②작품을 만드는 솜씨. しゅほう
手不釋卷〔수불석권〕 손에서 책을 놓지 않음. 곧 부지런히 학문에 힘씀을 이름. てかんをすてず
手書〔수서〕 손수 씀. 또 그 쓴 것. 동수찰(手札). しゅしょ
手續〔수속〕 일을 하는 절차(節次). てつづき
手藝〔수예〕 손으로 하는 기예(技藝). 예—品(품). しゅげい
手腕〔수완〕 ①손회목. ②일을 꾸미거나 치러 나가는 재간(才幹). しゅわん
手才〔수재〕 손재주.
手足〔수족〕 ①손과 발. ②형제(兄弟)의 비유. しゅそく
手中〔수중〕 ①손의 안. ②자기가 부릴 수 있는 권력(權力)의 범위. しゅちゅう
手札〔수찰〕 손수 쓴 편지. 동수서(手書). しゅさつ
手票〔수표〕 은행과 당좌(當座) 계약을 체결하여 발행하는 금액의 쪽지표. てがた
手下〔수하〕 손아래. 동부하(部下). てした
▷擧手(거수). 旗手(기수). 騎手(기수). 名手(명수). 木手(목수). 妙手(묘수). 先手(선수). 選手(선수). 敵手(적수). 助手(조수). 祝手(축수). 投手(투수). 捕手(포수).

〖承〗 部 手(손수변) 획 4—4 훈 이을 음 승 中 ch'eng² 英 receive 日 ショウ. うけたまわる
뜻 ①이을. ②받을. ③받들. ④도울. ⑤차례. ⑥성.
참고 丞과 통함.
필순 了手承承承

承繼〔승계〕 뒤를 이어 받음. 계승함. しょうけい
承句〔승구〕 한시(漢詩)에서 절구(絶句)의 제이구(第二句) 또는 율시(律詩)의 제삼구(第三句) 및 제사구(第四句). しょうく
承諾〔승락〕 청하는 바를 들어줌. しょうだく
承命〔승명〕 임금이나 어버이의 명령(命令)을 받듦. しょうめい
承服〔승복〕 ①죄를 스스로 고백함. ②알아서 좇음. 응낙(應諾)하여 좇음. しょうふく
承奉〔승봉〕 웃사람의 뜻을 받아 섬김. しょうほう
承捧〔승봉〕 받아 쳐듦. 또는 받듦. しょうぼう
承順〔승순〕 웃어른의 명을 받들어 순종함. 명령에 좇아 복종함.
承允〔승윤〕 임금의 윤허(允許)를 받음.
承認〔승인〕 일정한 사실을 인정(認定)함. しょうにん
承前〔승전〕 앞의 계속. 앞의 글에 이음. しょうぜん
承政院〔승정원〕 이조 때 왕명(王命)의 출납(出納)을 맡아 보던 왕(王)의 비서 기관(秘書機關). 그 장관(長官)은 도승지(都承旨). しょうせいいん
承旨〔승지〕 ①분부를 받자옴. ②고려·이조 때의 관직(官職). 왕명(王命)의 출납(出納)을 맡았음. しょうし
承統〔승통〕 제위(帝位)를 이음. しょうとう
▷繼承(계승). 奉承(봉승). 不承(불승). 傳承(전승).

「拏」 部 手(손수변) 획 4—5 훈 잡을 음 나: 中 na² 英 haul; arrest 日 ダ. ナ. とる. つかむ
뜻 잡을.
참고 속 拿

필순 女 奴 奴 拏 拏 拏

拏來〔나래〕 죄를 범한 사람을 잡아 옴. 「(訊問)을 함.

拏問〔나문〕 죄인을 잡아 놓고 신문

拏囚〔나수〕 죄인을 잡아 가둠.

拏捕〔나포〕 ① 붙잡아 가둠. 붙잡아 자유를 구속함. ②봉쇄(封鎖)를 위반했거나 금제품의 수송 등 국제적 범죄 행위를 한 외국 선박을 붙잡아 자기의 권력 아래에 두는 행위. だほ

拏獲〔나획〕 죄인이나 적선(敵船) 따위를 붙잡음. だかく

【拜】 부 手(손수변) 획 4—5 훈 절 음 배: 中 pai⁴ 英 bow 日 ハイ. おがむ

뜻 ①절. ②절할.

참고 속拜

필순 一 三 手 手 手 拜 拜

拜見〔배견〕 ①배알(拜謁). ②남의 글 같은 것을 삼가 봄. はいけん

拜啓〔배계〕 절하고 아뢴다는 뜻으로, 편지 첫머리에 쓰는 말. 동 근계(謹啓). 배백(拜白). はいけい

拜觀〔배관〕 삼가 봄. はいかん 「い

拜舊歲〔배구세〕 묵은 해를 보내는 인사. 또는 절. はいきゅうさい

拜金〔배금〕 돈을 지나치게 숭상함. 예—思想(사상). はいきん

拜讀〔배독〕 남의 편지 따위를 공경(恭敬)하는 마음으로 읽음. はいどく 「いれい

拜禮〔배례〕 절을 하는 예(禮). は

拜命〔배명〕 ①명령을 삼가 받음. ②임명을 삼가 받음. はいめい 「봄.

拜眉〔배미〕 삼가 뵈옴. 삼가 만나

拜白〔배백〕 엎드려서 여쭘. 편지의 첫머리에 쓰는 말. 동근계(謹啓). 배계(拜啓). はいはく

拜伏〔배복〕 엎드려 절함. はいふく

拜復〔배복〕 삼가 회답함. 답장(答狀)할 때에 첫머리에 쓰는 말. はいふく 「씀. はいじょう

拜上〔배상〕 삼가 올림. 편지 끝에

拜受〔배수〕 공경하여 삼가 받음. はいじゅ 「뵘. はいがん

拜顔〔배안〕 삼가 얼굴을 뵘. 만나

拜謁〔배알〕 절하고 뵘. 귀인을 만나는 일의 높임말. 동배견(拜見). はいえつ

▷謹拜(근배). 答拜(답배). 崇拜(숭배). 禮拜(예배).

【拳】 부 手(손수변) 획 4—6 훈 주먹 음 권(권:) 中 ch'uan² 英 fist 日 ケン. こぶし

뜻 ①주먹. ②근심할. ③부지런할. ④마음에 품을.

필순 丷 兰 龹 失 拳

拳拳〔권권〕 ①쥐고 놓지 않음. ②삼가고 정성스러운 모양. ③사랑함. けんけん 「고 정성껏 지킴.

拳拳服膺〔권권복응〕 늘 마음에 두

拳菜〔권채〕 고사리. けんさい

拳銃〔권총〕 피스톨(pistol). 육혈포(六穴砲). けんじゅう

拳鬪〔권투〕 ①주먹으로 싸움. ②주먹으로 서로 때려서 승패를 결정하는 운동 경기. 복싱(boxing). けんとう 「(공권). 鐵拳(철권).

▷强拳(강권). 巨拳(거권). 空拳

【掌】 부 手(손수변) 획 4—8 훈 손바닥 음 장: 中 chang³ 英 palm 日 ショウ. たなごころ. つかさどる

뜻 ①손바닥. ②맡을.

필순 丨 ⺌ 尚 堂 掌 掌

掌理〔장리〕 일을 맡아 처리(處理)함. しょうり 「うもん

掌紋〔장문〕 손바닥의 무늬. しょ

掌握〔장악〕 ①손에 쥠. 자기 물건으로 함. ②한 줌. 또 그만한 분량(分量). しょうあく

掌中〔장중〕 주먹 안. 동수중(手中). しょうちゅう

掌中果〔장중과〕 손바닥 가운데의 과실. 곧 소중한 물건을 이름. しょうちゅうか

掌篇小說〔장편소설〕 단편(短篇)보다 짧은 소설. 꽁트(conte). ↔ 중편 소설(中篇小說)·장편 소설(長篇小說). しょうへんしょうせつ 「(차장). 合掌(합장).

▷管掌(관장). 分掌(분장). 車掌

【摩】 부 手(손수변) 획 4—11 훈 만질 음 마 中 mo² 英 rub; polish 日 マ. する

뜻 만질.

필순 一广户麻麻磨摩

摩拳擦掌〔마권찰장〕 주먹과 손바닥을 비빔. 곧 기운을 모아서 용진(勇進)할 태세를 갖추고 기회를 엿봄을 이름. まけんさっしょう

摩耶〔마야〕 석가모니(釋迦牟尼)의 「생모(生母). まや

摩擦〔마찰〕 ①서로 맞닿아서 비빔. ②뜻이 맞지 않아서 옥신각신함. まさつ

摩天樓〔마천루〕 아주 높은 고층 건 「물. まてんろう

▷撫摩(무마). 按摩(안마).

【擊】 부 手(손수변) 획 4—13 훈 칠 음 격 中 chi² 英 strike 日 ゲキ. うつ

뜻 칠.

필순 ㄇ 車 軗 毄擊

擊滅〔격멸〕 쳐서 멸망(滅亡)시킴. げきめつ

擊蒙〔격몽〕 몽매(蒙昧)한 아동의 지혜를 계몽하여 주는 일. 곧 교육(教育). げきもう

擊殺〔격살〕 쳐 죽임. げきさつ

擊攘〔격양〕 쳐 물리침. げきじょう

擊壤歌〔격양가〕 풍년이 들어서 농부가 태평(太平)한 세월을 기리는 노래. げきじょうか

擊墜〔격추〕 비행기를 쳐서 떨어뜨림. げきつい 「げきちん

擊沈〔격침〕 배를 쳐서 침몰시킴.

擊退〔격퇴〕 적군(敵軍)을 쳐서 물리침. げきたい

擊破〔격파〕 쳐서 깨뜨림. げきは

▷攻擊(공격). 突擊(돌격). 目擊(목격). 射擊(사격). 襲擊(습격). 電擊(전격). 進擊(진격). 追擊(추격). 衝擊(충격). 打擊(타격). 砲擊(포격). 爆擊(폭격).

〖擧〗 부 手(손수변) 획 4—14 훈 들 음 거: 中 chü³ 英 lift 日 キョ. あげる

뜻 ①들. ②일으킬. ③움직일. ④받들.

필순 ㅌ 𦥑 與 與 與 擧

擧皆〔거개〕 모두. 거의 다.

擧國〔거국〕 온 나라. 동전국(全國). 예一的(적). きょこく

擧頭〔거두〕 머리를 듦. きょとう

擧兵〔거병〕 군대를 일으킴. 전쟁을 일으킴. きょへい

擧族一致〔거족일치〕 온 민족이 한 덩어리가 됨. きょぞくいっち

擧族的〔거족적〕 온 민족을 통틀어 하는 것. きょぞくてき

擧酒囑客〔거주촉객〕 술잔을 들어 객(客)에게 권함. きょしゅそっ 「きゃく

▷義擧(의거).

〖攀〗 부 手(손수변) 획 4—15 훈 더위잡을 음 반 中 p'an¹ 英 climb up 日 ハン. よじる

뜻 더위잡을.

필순 木 林 林 棥 楙 樊 攀

攀登〔반등〕 높은 데의 것을 붙들어 잡고 오름. 동등반(登攀). はんとう

攀緣〔반연〕 ①남으로 말미암아 맺은 인연. ②원인을 도와서 결과를 맺게 하는 작용. はんえん

▷登攀(등반).

(4) 支 部

〖支〗 부 支(지탱할지) 획 4—0 훈 지탱할 음 지 中 chih¹ 英 support 日 シ. ささえる

뜻 ①지탱할. 버틸. ②갈래날.

필순 一十方支

支那〔지나〕 중국(中國). しな

支給〔지급〕 ①물건을 내어줌. ②돈을 치름. 돈을 내어 줌. ↔수납(收納). しきゅう

支隊〔지대〕 본대(本隊)에서 갈리져 독립적인 행동을 하는 작은 부대. ↔본대(本隊). したい

支流〔지류〕 ①물의 원줄기에서 갈려 흐르는 물줄기. ②지파(支派). しりゅう

支離〔지리〕 ①이리저리 흩어짐. 동지리멸렬(支離滅裂). ②형체가 완전하지 못함. 병신임. ③곱사등이. ④옛날의 백정(白丁)을 이름. ⑤진(陣). しり

支離滅裂〔지리멸렬〕 여지(餘地)없

이 흩어져 갈피를 잡을 수 없음. ⓢ지리(支離). しりめつれつ
支配〔지배〕 ①사무를 구분하여 처리함. ②맡아 다스림. しはい
支拂〔지불〕 ①돈을 내 줌. ⓢ지급(支給). ②물건 값을 치름. しはらい
支屬〔지속〕 ⓢ⇨지족(支族). しぞく
支援〔지원〕 지지(支持)하여 응원(應援)함. しえん
支障〔지장〕 일을 하는 데에 거치적거림. ⓢ장애(障礙). ししょう
支族〔지족〕 갈려져 나온 혈족(血族). ⓢ분가(分家). しぞく
支柱〔지주〕 버티는 기둥. 받침나무. 버팀목. しちゅう
支持〔지지〕 ①지탱함. 버팀. ②찬동하여 뒷받침함. しじ
支體〔지체〕 손발. 손발과 몸뚱이. ⓢ지체(肢體). したい
支派〔지파〕 ①갈려진 파(派). ⓢ지류(支流). ②지손(支孫)의 파. しは
▷干支(간지). 氣管支(기관지). 收支(수지). 十二支(십이지). 地支(지지). 度支(탁지).

(4) 攴 部

[敍] 부 攴(등글월문방) 획 4—7 훈 펼 음 서: ㊥ hsü⁴ ㊎ spread ㊐ ジョ. のべる. ついで
뜻 ①펼. ②베풀(抒와 통용). ③차례. 차례 매길.
필순 ⺈亼亽余余'叙敍
敍景〔서경〕 경치를 글로 그려 나타냄. ↔서사(敍事). 서정(敍情). じょけい
敍景詩〔서경시〕 자연의 풍경을 노래한 시. ↔서사시(敍事詩). 서정시(敍情詩). じょけいし
敍事〔서사〕 사실을 있는 그대로 차례를 좇아 말함. ↔서경(敍景). 서정(敍情). じょじ
敍事詩〔서사시〕 사회 집단의 흥미나 영웅의 운명 따위를 노래한 운문(韻文). ↔서경시(敍景詩). 서정시(敍情詩). じょじし
敍述〔서술〕 차례를 좇아 진술(陳述)함. じょじゅつ
敍任〔서임〕 벼슬을 내림. じょにん
敍爵〔서작〕 작위(爵位)를 내림. じょしゃく
敍情〔서정〕 자기의 정서(情緖)를 그려 냄. ↔서경(敍景)·서사(敍事). じょじょう
敍情詩〔서정시〕 작자의 주관적인 감정을 언어의 가락·음감에 따라 나타내는 시. ↔서경시(敍景詩). 서사시(敍事詩). じょじょうし
敍品式〔서품식〕 신품(神品)에 올리는 예식.
敍勳〔서훈〕 훈공의 차례대로 훈장(勳章)을 내림. じょくん
▷論敍(논서). 等敍(등서). 班敍(반서). 封敍(봉서). 述敍(술서). 昇敍(승서). 列敍(열서). 位敍(위서).

[敲] 부 攴(등글월문방) 획 4—10 훈 두드릴 음 고(고:) ㊥ ch'iao¹ ㊎ knock ㊐ コウ. たたく
뜻 두드릴.
필순 亠亨高高高'敲敲
敲門〔고문〕 문을 똑똑 두드림. こうもん
敲針〔고침〕 바늘을 두드림. こうしん
▷推敲(퇴고).

[敾] 부 攴(등글월문방) 획 4—12 훈 다스릴 음 선:
뜻 ①다스릴. ②기울.
필순 ⺌䒑羊善善'敾敾

(4) 攵 部

[收] 부 攵(등글월문방) 획 4—2 훈 거둘 음 수 ㊥ shou¹ ㊎ obtain ㊐ シュウ. おさめる
뜻 ①거둘. ②잡을.
필순 丨丩丩屮'收收
收監〔수감〕 체포하여 옥에 가둠. ⓢ입뢰(入牢). 하옥(下獄). 투옥(投獄). しゅうかん

收納〔수납〕 거두어 들여서 바침. ↔지급(支給). しゅうのう

收錄〔수록〕 모아서 기록(記錄)함. 또 그 문서. しゅうろく

收復〔수복〕 잃었던 땅을 도로 찾음. (예)9·28—. しゅうふく

收拾〔수습〕 ①흩어진 물건을 주워 거둠. ②치움. 정리함. 정돈함. しゅうしゅう

收斂〔수염〕 ①돈이나 물품을 모아 거둠. ②세금을 받아 들임.

收用〔수용〕 ①거두어 들여 씀. ②공공(公共)의 이익을 위하여 본인의 의사를 묻지 않고 강제로 재산권(財產權)을 취득(取得)하여 국가나 제삼자의 소유로 옮김. しゅうよう

收容〔수용〕 ①데려다 넣어 둠. (예)피난민(避難民)—. ②거두어 넣어 둠. ③범죄자를 형무소에 가둠. しゅうよう

收益〔수익〕 이익(利益)을 거두어 들임. 또 그 이익. しゅうえき

收入〔수입〕 곡물(穀物) 또는 금전 등을 거두어 들임. 또 그 물건이나 금액. ↔지출(支出). しゅうにゅう 「しゅうぞう

收藏〔수장〕 거두어서 깊이 간직함.

收支〔수지〕 수입(收入)과 지출(支出). (예)—計算(계산). しゅうし

收集〔수집〕 거두어 모음. (동)수집(收輯). しゅうしゅう 「うしゅう

收輯〔수집〕 (동)⇨수집(收集). しゅ

收縮〔수축〕 오그라듦. 또 오그라들게 함. しゅうしゅく

收穫〔수확〕 곡식이나 과실을 거두어 들임. 또 그 곡식. (예)—高(고). しゅうかく

收穫量〔수확량〕 곡식이나 과실을 거두어 들인 수량. しゅうかくりょう 「—罪(죄). しゅうわい

收賄〔수회〕 뇌물(賂物)을 받음. (예)

收獲〔수획〕 짐승이나 물고기 따위 움직이는 것을 잡아들여 얻음. しゅうかく

▷減收(감수). 農收(농수). 買收(매수). 沒收(몰수). 未收(미수). 領收(영수). 月收(월수). 日收(일수). 撤收(철수). 秋收(추수). 還收(환수). 回收(회수).

〖改〗 [부] 攵(등글월문방) [획] 4—3 [훈] 고칠 [음] 개: (中) kai³ (英) change (日) カイ. **あらた**める

[뜻] 고칠.

[필순] ㄱ ㄱ 己 己' 改改

改嫁〔개가〕 과부(寡婦) 또는 이혼(離婚)한 여자가 다른 남자에게로 시집감. (동)재가(再嫁)·재혼(再婚). かいか

改過遷善〔개과천선〕 허물을 고치고 착하게 됨. かいかせんぜん

改良〔개량〕 좋게 고침. (동)개선(改善). かいりょう 「함. かいび

改備〔개비〕 갈아 내고 다시 장만

改善〔개선〕 나쁜 것을 고치어 좋게 함. (동)개량(改良). かいぜん

改選〔개선〕 새로 선거(選擧)함. 고쳐 뽑음. かいせん

改修〔개수〕 ①고쳐 닦음. ②몸을 닦아 나쁜 점을 고침. かいしゅう

改新〔개신〕 묵은 것을 고치어 새롭게 함. かいしん

改心〔개심〕 마음을 고침. かいしん

改易〔개역〕 ①고침. 변경함. ②딴 것으로 바꿈. かいえき

改議〔개의〕 ① 고치어 의논(議論)함. ②회의(會議)에서 다른 사람의 동의(動議)를 고침. 또는 그 의안(議案). かいぎ

改作〔개작〕 고치어 다시 지음. 또 고치어 다시 만듦. かいさく

改正〔개정〕 고치어 바르게 함. 옳게 고침. かいせい 「かいてい

改定〔개정〕 고치어 다시 정(定)함

改訂〔개정〕 문장(文章) 등의 틀린 곳을 고침. (동)정정(訂正). (예)—版(판). かいてい 「いぞう

改造〔개조〕 고치어 다시 만듦. か

改宗〔개종〕 ① 다른 종교(宗教)나 종지(宗旨)로 옮겨 믿음. ②주의(主義)를 바꿈. かいしゅう

改築〔개축〕 고치어 건축(建築)함. かいちく

改稱〔개칭〕 다시 고치어 일컬음. 이름. 호칭을 고침. かいしょう

改編〔개편〕①책 따위를 고쳐 다시 엮음. ②군대·단체의 조직을 다시 편성함. かいへん

改廢〔개폐〕고치거나 폐지(廢止)함. かいへい

改革〔개혁〕새롭게 뜯어 고침. 예 農地(농지)—. かいかく

▷變改(변개). 修改(수개). 朝令暮改(조령모개).

【攻】 부 攴(등글월문방) 획 4—3 훈 칠 음 공:(공) 中 kung1·4 英 attack 日 コウ. せめる

뜻 ①칠. ②닦을. ③다스릴.

필순 一 丅 工 工ˊ 玫 攻

攻擊〔공격〕①나아가 적을 침. 동 공벌(攻伐). ②엄하게 논박함. 몹시 꾸짖음. こうげき

攻落〔공락〕공격하여 함락시킴.

攻掠〔공략〕쳐서 빼앗음. 「りゃく

攻略〔공략〕동⇨공탈(攻奪). こう

攻駁〔공박〕남의 잘못을 논박하고 공격함. こうばく

攻伐〔공벌〕죄있는 무리를 침. 동 공격(攻擊). 토벌(討伐). 정벌(征伐). こうばつ「勢). こうせい

攻勢〔공세〕공격을 하는 태세(態

攻奪〔공탈〕공격하여 빼앗음. 동 공략(攻略). こうだつ 「うは

攻破〔공파〕공격하여 깨뜨림. こ

▷群攻(군공). 難攻(난공). 先攻(선공). 水攻(수공). 遠交近攻(원교근공). 專攻(전공). 侵攻(침공). 挾攻(협공).

【攸】 부 攴(등글월문방) 획 4—3 훈 곳 음 유 中 yu1 英 distant 日 ユウ. ところ「득할.

뜻 ①곳. ②바(所와 통용). ③아

필순 ノ 亻 亻丨 亻攵 攸 攸

攸司〔유사〕그 관청. ゆうし

攸然〔유연〕①빨리 물 속을 가는 모양. ②침착하여 서둘지 않는 모양. ゆうぜん

攸攸〔유유〕①썩 먼 모양. ②느릿느릿한 모양. ③마음이나 태도가 매우 여유가 있는 모양. 동 유유(悠悠). ゆうゆう

【放】 부 攴(등글월문방) 획 4—4 훈 놓을 음 방: 中 fang4 英 loosen 日 ホウ. はなす

뜻 ①놓을. ②흩어버릴. ③내쫓을.

필순 亠 方 方 方ˊ 於 放 放

放課〔방과〕그 날 학과(學課)를 끝냄. 예 —後(후). ほうか

放談〔방담〕①생각나는 대로 거리낌 없이 말함. 또 그 이야기. ②되는대로 마구 지껄임. ほうだん

放浪〔방랑〕정처 없이 떠돌아다님. 예 —詩人(시인). ほうろう

放論〔방론〕거리낌 없이 논함. 동 방언(放言). ほうろん

放流〔방류〕①추방당하여 유랑(流浪)함. ②귀양 보냄. ほうりゅう

放賣〔방매〕물건을 내 팖. ほうばい 「줌. ほうめん

放免〔방면〕용서(容恕)하여 놓아

放牧〔방목〕소·말·양(羊) 따위를 놓아서 기름. 동 방사(放飼). ほうぼく

放射〔방사〕①내쏨. ②바퀴살 모양으로 한 곳에서 그 주위(周圍)에 각각 직선(直線)으로 내뻗침. 예 —能(능). ほうしゃ

放飼〔방사〕동⇨방목(放牧). ほうし

放散〔방산〕①흩뜨림. 또 흩어짐. ②동⇨방자(放恣). ほうさん

放送〔방송〕①놓아 보냄. ②라디오·텔레비전을 통하여 뉴우스·강연·연예(演藝) 따위를 보냄. ほうそう

放心〔방심〕①마음을 다잡지 아니하고 풀어 놓아버림. ②잃어버린 양심(良心). ③방자(放恣)한 마음. ほうしん

放言〔방언〕①조금도 거리낌 없이 말함. 동 방론(放論). ②무책임(無責任)한 말. ほうげん

放任〔방임〕제대로 되어 가게 내버려 둠. ほうにん

放恣〔방자〕①꺼리는 것이 없이 멋대로 굶. ②거리낌 없이 행동함. 동 방산(放散)·방종(放縱). ほうし

放縱〔방종〕동⇨방자(放恣). ほうしょう. ほうじゅう 「ほうちく

放逐〔방축〕쫓아냄. 동 추방(追放).

放出[방출] 한꺼번에 내어 놓음. ㉠—米(미). ほうしゅつ 「うち
放置[방치] 그대로 내버려 둠. ほ
放火[방화] ①일부러 불을 놓음. 불을 지름. ②등불을 켬. ほうか
▷開放(개방). 奔放(분방). 釋放(석방). 疎放(소방). 雄放(웅방). 追放(추방). 解放(해방). 豪放(호방). 訓放(훈방).

〖政〗 부 攵(등글월문방) 획 4—4 훈 정사 음 정(정:) 中 chêng⁴ 英 government 日 セイ. ショウ. まつりごと
뜻 ①정사. ②다스릴.
필순 一 丅 下 正 正 正' 政政

政綱[정강] 정치의 강령(綱領). ㉠—政策(정책). せいこう
政見[정견] 정치상(政治上)의 의견이나 식견(識見). せいけん
政界[정계] 정치 활동에 관계되는 사회(社會). せいかい
政局[정국] 정치의 국면(局面). 정계(政界)의 판국. せいきょく
政權[정권] ① 정치에 참여(參與)하는 권리(權利). ②정치를 행하는 권력(權力). 통정병(政柄). せいけん 「だん
政談[정담] 통⇨정론(政論). せい
政黨[정당] 정견(政見)을 같이 하는 사람들이 정치 권력에의 참여를 목적으로 조직하는 단체. 통정사(政社). せいとう
政略[정략] ①정치상의 책략(策略). ②지모(智謀)와 방략(方略). ㉠—結婚(결혼). せいりゃく
政令[정령] ①통⇨정전(政典). ②정치상의 명령(命令). せいれい
政論[정론] 정치상의 언론(言論). 정치에 관한 의론. 통정담(政談). せいろん 「いむ
政務[정무] 정치에 관한 사무. せ
政變[정변] 정계(政界)의 큰 변동. ㉠甲申(갑신)—. せいへん
政柄[정병] 통⇨정권(政權).
政府[정부] 국가(國家)의 정무(政務)를 행사(行使)하는 기관(機關). せいふ
政府廳舍[정부청사] 정무(政務)를 행사(行使)하는 관청 사무실. せいふちょうしゃ
政事[정사] ① 정치상의 일. ②통⇨정치(政治). せいじ 「しゃ
政社[정사] 통⇨정당(政黨). せい
政典[정전] 정치상의 법도(法度)와 규칙. 통정령(政令). せいてん 「책(方策). せいさく
政策[정책] 시정자(施政者)의 방
政治[정치] 국가의 주권자가 그 영토(領土) 및 인민(人民)을 다스림. 속정사(政事). せいじ
▷國政(국정). 軍政(군정). 民政(민정). 王政(왕정). 爲政(위정). 財政(재정). 帝政(제정). 憲政(헌정). 酷政(혹정).

〖故〗 부 攵(등글월문방) 획 4—5 훈 연고 음 고: 中 ku⁴ 英 ancient; reason 日 コ. ふるい. ゆえ. もと
뜻 ①연고. ②옛. ③죽음. ④짐짓.
필순 十 古 古 古' 古' 故故

故家[고가] 여러 대(代)를 벼슬이 떨어지지 않고 잘 살아 오는 집안. こか
故國[고국] ①건국(建國)한 지 오래 된 나라. ②고향. ③본국(本國). ここく 「き
故記[고기] 옛날의 기록(記錄). こ
故都[고도] 옛 도읍. 통구도(舊都). こと
故老[고로] ①나이 많아 늙고 유덕(有德)한 사람. ②많은 경험을 쌓아 옛일을 두루 아는 노인. 통고로(古老). ころう
故事[고사] ①옛날부터 전해 내려오는 유래(由來) 있는 일. ②옛일. こじ
故意[고의] ①일부러 하는 마음. 짐짓 하는 마음. ②고인(故人)의 정의(情意). こい
故人[고인] ①오래된 벗. 통고구(故舊). ②죽은 사람. 통망인(亡人). こじん 「こしょう
故障[고장] 사고로 말미암은 탈.
故制[고제] 옛날의 제도. こせい
故址[고지] 옛날의 성터나 집터.

옛터. (동)고허(故墟). こし
故志[고지] ①이전부터 품은 뜻. ②옛날의 기록(記錄). こし
故宅[고택] 옛날에 살던 집. こたく 「고향(故鄕). こど
故土[고토] 옛날에 놀던 땅. (동)
故鄕[고향] 자기가 나서 자란 곳. (동)고토(故土). こきょう 「ょ
故墟[고허] (동)⇨고지(故址). こき
▷舊故(구고). 無故(무고). 物故(물고). 變故(변고). 事故(사고). 喪故(상고). 世故(세고). 然故(연고). 緣故(연고). 有故(유고). 典故(전고). 親故(친고).

〚效〛 [부] 攵(등글월문방) [획] 4—6 [훈] 본받을 [음] 효: ㊥ hsiao4 (英) imitate ㊐ コウ. ききめ. **なら**う
[뜻] ①본받을. ② 힘쓸.
[필순] 亠六交交交交效效
效果[효과] 보람. 좋은 결과. (동)효과(効果). こうか
效能[효능] ①효험의 능력. (동)효험(効驗). ②능률(能律). こうのう
效力[효력] ①보람을 나타내는 힘. (동)효력(効力). ②힘을 씀. 진력(盡力)함. こうりょく 「을 다함.
效死[효사] 목숨을 바침. 죽을 힘
效用[효용] ①(동)효험(効驗). ②힘써 일을 함. こうよう
效則[효칙] 본받아서 법을 삼음.
效驗[효험] 일의 좋은 보람. 효험(効驗). こうけん 「(충효).
▷時效(시효). 良效(양효). (忠效)

〚敎〛 [부] 攵(등글월문방) [획] 4—7 [훈] 가르칠 [음] 교: ㊥ chiao1·4 (英) teach ㊐ キョウ. **おし**える
[뜻] ①가르칠. ②하여금.
[참고] (속) 教
[필순] 乂圣孝孝孝敎敎敎
敎科[교과] 가르치는 과목(科目). (예)—課程(과정). きょうか
敎官[교관] ① 교화(敎化)를 맡은 벼슬아치. ②교수의 직무를 맡은 공무원. きょうかん
敎權[교권] ①스승으로서의 권위. ②종교상의 권력. きょうけん
敎團[교단] 같은 종지(宗旨)를 믿는 사람의 단체. きょうだん
敎壇[교단] 교실(敎室)에서 선생이 강의하는 곳. きょうだん
敎徒[교도] 종교를 믿는 사람. (동)교인(敎人). 신도(信徒). きょうと
敎導[교도] 가르치고 지도(指導)함. きょうどう 「きょうれん
敎鍊[교련] 군사(軍士)를 훈련함.
敎令[교령] ①제후(諸侯)나 왕의 명령. ②부모의 가르침. ③천도교의 우두머리. きょうれい
敎理[교리] 종교상의 이치(理致). きょうり 「무. きょうむ
敎務[교무] 교수(敎授)에 관한 사
敎範[교범] 교수(敎授)의 법식(法式). (동)교정(敎程). きょうはん
敎師[교사] 학문·기예(技藝)를 가르치는 사람. 스승. きょうし
敎書[교서] ① 영국에서 국왕으로부터 의회에 내거나, 의회의 한 원(院)으로부터 다른 원(院)에 내는 서면(書面). ② 미국에서 대통령 또는 주지사가 국회 또는 주의회(州議會)에 사무를 보고하는 입법상(立法上)의 주의를 촉구하기 위하여 내는 서면. きょうしょ 「ょうせい
敎勢[교세] 종교(宗敎)의 형세. き
敎授[교수] 도덕·학예를 학생에게 가르침. きょうじゅ
敎習[교습] 가르쳐 익히게 함. きょうしゅう 「르침. きょうじ
敎示[교시] ①가르쳐 보임. ② 가
敎室[교실] 학교에서 수업(授業)하는 방. きょうしつ
敎案[교안] 교수상(敎授上) 필요한 사항(事項). 곧 모든 학과(學科)의 교수(敎授)의 목적·순서·방법 등을 적은 교수 초안(敎授草案). きょうあん
敎養[교양] ①가르치어 기름. (동)교육(敎育). ②학식을 바탕으로 하여 닦은 수양(修養). きょうよう 「는 사람. きょうゆう
敎友[교우] 같은 종교(宗敎)를 믿
敎員[교원] 교육 기관에서 학생을 직접 지도(指導) 교육하는 사람.

きょういん
教諭〔교유〕 가르치어 깨우침. 중등학교의 정규(正規) 교사의 옛 일컬음. きょうゆ
教育〔교육〕 가르쳐 기름. 사람을 가르치어 지덕(智德)을 성취(成就)하게 함. 동교양(教養). きょういく
教人〔교인〕 교(教)를 믿는 사람. 동교도(教徒). きょうにん
教場〔교장〕 ①교실. ②교련(教練)하는 곳. きょうじょう
教材〔교재〕 교수(教授)에 쓰는 재료. 예副(부)―. きょうざい
教典〔교전〕 ①교화(教化)의 법. ②종교의 근거가 되는 법전(法典). きょうてん 「うてい
教程〔교정〕 동⇨교범(教範). きょ
教祖〔교조〕 교주(教主). きょうそ
教條〔교조〕 ①교훈의 조목(條目). ②종교상(宗教上)의 신조(信條). きょうじょう
教宗〔교종〕 불교의 두 파 중의 하나로서 교리를 중심으로 하여 세운 종파(宗派). ↔선종(禪宗).
教主〔교주〕 종교를 세워 시작한 사람. 동교조(教祖). きょうしゅ
教旨〔교지〕 ①종교의 취지(趣旨). ②교육의 취지. ③이조 때 사품(四品) 이상의 벼슬의 사령(辭令). きょうじ
教職〔교직〕 학생(學生)을 가르치는 직무(職務). 동교편(教鞭). 예―者(자). きょうしょく
教則〔교칙〕 가르치는 데의 규칙. きょうそく 「ょうは
教派〔교파〕 종교(宗教)의 갈래. き
教鞭〔교편〕 ①교사(教師)가 학생(學生)을 가르칠 때 가지는 회초리. ②동교직(教職). きょうべん
教化〔교화〕 교육(教育)하여 감화(感化)시킴. 가르치어 착한 사람이 되게 함. きょうか
教會〔교회〕 ①종교단체(宗教團體)의 신도의 모임. ②그리스도 교도가 모이거나 예배를 보는 회당(會堂). きょうかい 「ょうかい
教誨〔교회〕 가르치어 타이름. き
教訓〔교훈〕 훈계함. きょうくん
▷監理教(감리교). 舊教(구교). 國教(국교). 基督教(기독교). 文教(문교). 宣教(선교). 善教(선교). 禪教(선교). 說教(설교). 新教(신교). 儒教(유교). 遺教(유교). 전교(傳教). 助教(조교). 宗教(종교). 天主教(천주교). 布教(포교). 回教(회교).

〖救〗 부 攵(등글월문방) 획 4―7 훈 구원할 음 구: 中 chiu^{4} 英 save 日 キュウ.すくう
뜻 ①구원할. 건질. ②도울.
필순 十 扌 术 求 求 求 救 救
救國〔구국〕 나라를 환란(患難)에서 건짐. きゅうこく
救國干城〔구국간성〕 나라를 환란(患難)에서 건져 내는 방패와 성. 곧 나라를 지키는 군인.
救急〔구급〕 위급한 것을 구원함. 예―車(차). きゅうきゅう
救難〔구난〕 ①어려운 지경에서 건져 줌. ②병난(兵難)을 진압(鎭壓)함. きゅうなん 「제함.
救靈〔구령〕 영혼을 마귀로부터 구
救療〔구료〕 가난한 환자를 봉사적으로 치료하는 일. きゅうりょう
救命〔구명〕 목숨을 건져 줌. 예―帶(대). きゅうめい 「うひん
救貧〔구빈〕 빈민을 구제함. きゅ
救世濟民〔구세제민〕 세상 사람을 구제함. きゅうせいさいみん
救世主〔구세주〕 ①세상 사람을 구제하는 사람. ②그리스도의 별칭(別稱). きゅうせいしゅ
救藥〔구약〕 구료(救療)하는 약. きゅうやく 「えん
救援〔구원〕 도와 건져 줌. きゅう
救濟〔구제〕 불행이나 재해(災害)로부터 사람들을 구하는 일. 예―事業(사업). きゅうさい
救助〔구조〕 어려운 지경에 있는 사람을 도와 건져 줌. きゅうじょ
救出〔구출〕 구(救)하여 냄.
救護〔구호〕 구제(救濟)하고 보호(保護)함. 원조하고 보호하여 위난(危難)에서 면하게 함. 예―

物資(물자). きゅうご

救火投薪〔구화투신〕 불을 끄려고 섶나무를 던짐. 곧 오히려 해(害)를 더 크게 함.

救荒〔구황〕 흉년(凶年)이 들어 기근(饑饉)에 허덕이는 빈민을 구조함. きゅうこう

▷匡救(광구). 營救(영구). 外救(외구). 援救(원구). 濟救(제구).

【敏】 부 攵(등글월문방) 획 4—7 훈 민첩할 음 민(민:) 中 min³ 英 active; clever 日 ビン. 뜻 민첩할. 「とし. すばやい

필순 𠂉 仁 每 每 敏 敏 敏

敏感〔민감〕 감각이 예민(銳敏)함. びんかん 「첩(敏捷). びんそく

敏速〔민속〕 날쌤. 재빠름. 동민

敏腕〔민완〕 민첩한 수완. びんわん

敏捷〔민첩〕 재빠름. 동민속(敏速). びんしょう 「んかつ

敏活〔민활〕 민첩하고 활발함. び

▷機敏(기민). 明敏(명민). 不敏(불민). 銳敏(예민). 聰敏(총민). 慧敏(혜민).

【敗】 부 攵(등글월문방) 획 4—7 훈 패할 음 패: 中 pai⁴ 英 defeated 日 ハイ. やぶれる 뜻 ①패할. ②무너질. ③썩을. ④덜.

필순 П 目 貝 貝 敗 敗

敗家亡身〔패가망신〕 가산(家產)을 탕진(蕩盡)하고 몸을 망(亡)침.

敗却〔패각〕 동⇨패퇴(敗退).

敗軍〔패군〕 싸움에 진 군대. ↔승군(勝軍). 예—之將(지장). はいぐん

敗亡〔패망〕 패하여 망함. 동패멸. はいぼう 「동패망. はいめつ

敗滅〔패멸〕 패하여 멸망(滅亡)함.

敗北〔패배〕 ①싸움에 져 달아남. ②싸움에 짐. ↔승리(勝利). 승전(勝戰). はいぼく

敗報〔패보〕 싸움에 진 통보(通報). ↔첩보(捷報). はいほう

敗死〔패사〕 패전(敗戰)하여 죽음. はいし 「はいさん

敗散〔패산〕 패하여 산산이 흩어짐.

敗勢〔패세〕 싸움이나 경기에서 패(敗)할 형세(形勢). はいせい

敗訴〔패소〕 송사(訟事)에 짐. ↔승소(勝訴). はいそ

敗業〔패업〕 실패한 일. 또 일을 실패함. はいぎょう

敗運〔패운〕 쇠(衰)하거나 패할 운수. ↔승운(勝運). はいうん

敗殘〔패잔〕 패하여 쇠잔한 나머지. 예—兵(병). はいざん

敗將〔패장〕 패한 장수. 동패군지장(敗軍之將). はいしょう

敗敵〔패적〕 싸움에 진 적(敵). はいてき

敗戰〔패전〕 싸움에 짐. はいせん

敗卒〔패졸〕 전쟁에 진 병졸(兵卒). はいそつ 「はいそう

敗走〔패주〕 싸움에 지고 달아남.

敗車〔패차〕 부서진 차. はいしゃ

敗退〔패퇴〕 싸움에 지고 물러감. 동패각(敗却). はいたい

▷寡敗(과패). 大敗(대패). 散敗(산패). 惜敗(석패). 成敗(성패). 勝敗(승패). 失敗(실패). 零敗(영패). 慘敗(참패). 興敗(흥패).

【敢】 부 攵(등글월문방) 획 4—8 훈 구태여 음 감: 中 kan³ 英 dare; venture 日 カン. あえて

뜻 ①구태여. 감히. ②굳셀. 용감할.

필순 ᅮ 干 盲 盲 敢 敢

敢決〔감결〕 용감하게 결정지음. かんけつ 「도 말은 못함.

敢怒不敢言〔감노불감언〕 성은 나

敢不生心〔감불생심〕 감히 하려고 마음먹지 못함. 「음. かんし

敢死〔감사〕 죽기를 두려워하지 않

敢然〔감연〕 용감(勇敢)하게 하는 모양. かんぜん

敢戰〔감전〕 결사적으로 싸움. かんせん 「행함. かんこう

敢行〔감행〕 결단성있고 용감하게

▷果敢(과감). 勇敢(용감).

【敦】 부 攵(등글월문방) 획 4—8 훈 도타울 음 돈 中 tuen¹·⁴ 英 generous 日 トン. あつい

뜻 ①도타울. ②던질(퇴).

③새길(조).
필순 亠 亩 亨 亨 享 享 敦 敦
敦篤〔돈독〕 인정이 두터움. 동돈후(敦厚). とんとく
敦化〔돈화〕 두터운 교화(敎化). とんか
敦厚〔돈후〕 ①인정(人情)이 많음. 심덕(心德)이 두터움. 동돈독(敦篤). ②사물(事物)에 정성을 들임. とんこう

〖散〗 부 攵(등글월문방) 획 4—8 훈 흩을 음 산: 中 san⁴ 英 scatter; disperse 日 サン. ちる
뜻 ①흩을. ②한가로울. ③가루약.
필순 艹 艹 昔 昔 背 散 散
散見〔산견〕 여기저기 보임. さんけん
散歛〔산결〕 흩어지고 없어져 모자람. さんけつ
散亂〔산란〕 ①번뇌(煩惱)로 인하여 정신이 어수선함. ②흩어져 어지러움. さんらん
散漫〔산만〕 어수선하게 흩어져 퍼져 있음. さんまん
散賣〔산매〕 물건을 낱으로 팖. ↔도매(都賣). さんばい
散文〔산문〕 자수(字數)의 제한 또는 운율(韻律)의 규정이 없는 줄글. ↔운문(韻文). さんぶん
散髮〔산발〕 ①머리를 풀어 헤침. ②머리를 깎음. さんぱつ
散兵〔산병〕 병정(兵丁)을 일정한 거리를 두어 흩어 놓음. 또 그 병정. 예—線(선). さんぺい
散藥〔산약〕 가루약. 분약(粉藥). ↔환약(丸藥). さんやく
散熱〔산열〕 열을 발산(發散)함. さんねつ
散逸〔산일〕 ①흩어져 없어짐. ②한가(閑暇)함. 한산(閒散)함. ③마음이 어수선함. 마음이 한결같지 아니함. さんいつ
散在〔산재〕 여기저기 흩어져 있음. さんざい
散財〔산재〕 재산을 이리저리 흩어없앰. さんざい
散朝〔산조〕 천자(天子)의 퇴조(退朝). さんちょう
散秩〔산질〕 질(秩)이 차지 않는 책. さんちつ
散策〔산책〕 한가히 거닒. さんさく
散布〔산포〕 흩어 폄. 흩뜨림. さんぷ
散花〔산화〕 꽃이 져서 흩어짐. 또는 그 꽃. 동산화(散華). さんか
散華〔산화〕 꽃이 져서 흩어짐. 또 그 꽃. 동산화(散花). ②젊은 목숨이 전쟁터에서 죽음. ③부처에게 공양(供養)하고 꽃을 흩뜨림. さんか
散會〔산회〕 모임이 끝나고 사람이 흩어져 돌아감. さんかい
▷霧散(무산). 發散(발산). 分散(분산). 飛散(비산). 消散(소산). 流散(유산). 離散(이산). 集散(집산). 閑散(한산). 解散(해산).

〖敬〗 부 攵(등글월문방) 획 4—9 훈 공경 음 경: 中 ching⁴ 英 respect 日 ケイ. うやまう
뜻 ①공경할. ②삼갈.
필순 艹 艹 芍 苟 苟 敬 敬
敬恭〔경공〕 삼가서 예를 차려 높임. 동공경(恭敬). けいこう
敬禮〔경례〕 ① 경의(敬意)를 표하여 인사함. 또 그 인사. ②존경함. けいれい
敬老〔경로〕 노인을 공경(恭敬)함. 예—會(회). けいろう
敬慕〔경모〕 존경하고 사모(思慕)함. けいぼ
敬物〔경물〕 물건을 공검(恭儉)히 함. 천도교(天道教)의 삼경(三敬)의 하나.
敬拜〔경배〕 공경(恭敬)하여 절함. けいはい
敬白〔경백〕 공경하여 사룀. 보통 편지 끝에 씀. けいはく
敬服〔경복〕 존경하여 복종(服從)함. けいふく
敬復〔경복〕 공경하여 답장(答狀)한다는 뜻으로 편지글 머리에 쓰는 말. けいふく
敬順〔경순〕 삼가 순종(順從)함. けいじゅん
敬愼〔경신〕 삼가 조심함. 동근신(謹愼). けいしん
敬仰〔경앙〕 공경하고 우러러봄. けいこう
敬愛〔경애〕 공경하고 사랑함. けいあい
敬語〔경어〕 공경(恭敬)하는 뜻의 말. けいご

敬畏[경외] 삼가고 두려워함. けいい 「이 하지 아니함. けいえん
敬遠[경원] 공경하기는 하되 가까
敬意[경의] 공경하는 뜻. けいい
敬人[경인] 사람에게 삼가 자기를 낮춤. 천도교의 삼 경(三敬)의 하나인 공겸(恭謙). けいじん
敬天[경천] 하느님을 공경함. 천도교의 삼경(三敬)의 하나.
敬聽[경청] 삼가 들음. ㊀근청(謹聽). けいちょう 「けいしょう
敬稱[경칭] 공경하여 부르는 칭호.
敬歎[경탄] 존경하고 탄복(歎服)함. けいたん
▷謙敬(겸경). 恭敬(공경). 謹敬(근경). 拜敬(배경). 不敬(불경). 畏敬(외경). 尊敬(존경). 忠敬(충경).

〔敷〕 部 攵(등글월문방) 획 4—11 훈 펼 음 부 ㊥ fu[1] ㊧ spread ㊐ フ. しく. しき
뜻 ①펼. ②베풀. ③널리.
필순 亩 亩 亩 専 専 尃 敷 敷
敷敎[부교] ①교육을 널리 베풂. ②종교를 널리 폄. ふきょう
敷求[부구] 널리 구함. ふきゅう
敷納[부납] 진술(陳述)하여 임금의 마음에 들게 함. ふのう 「ふどう
敷道[부도] 도(道)를 널리 전함.
敷設[부설] 펴서 베풀어 놓음. 깔아서 설치(設置)함. ふせつ
敷衍[부연] ①뜻을 더 자세히 풀이함. ②널리 폄. ふえん 「ん
敷演[부연] ㊀⇨부연(敷衍). ふえ
敷榮[부영] 초목이 무성함. ふえい
敷奏[부주] 의견(意見)을 진술(陳述)하여 올림. ふそう
敷陳[부진] 넓혀 진술함. 명백하게 진술함. ふちん
敷暢[부창] 널리 폄. ふちょう
敷土[부토] 흙이나 모래를 펴서 깖. 또는 그 흙. くふど
敷化[부화] 교화(敎化)하여 좋은 데로 이끎. ふか

〔數〕 部 攵(등글월문방) 획 4—11 훈 셈·자주 음 수;·삭 ㊥ shu[3·4] shuo[4] ts'u[4] ㊧ number; count ㊐ スウ. かず. かぞえる. しばしば
뜻 ①셈(수). 셀(수). ②몇(수). ③운수(수). ④자주(삭). ⑤촘촘할(촉).
참고 약 数
필순 串 昔 曹 婁 數 數 數
數間[수간] 집의 댓간. すうけん
數量[수량] 수(數)와 분량(分量). すうりょう
數理[수리] 수의 이치. すうり
數罪[수죄] 범죄 행위(犯罪行爲)를 일일이 책망함. すうざい
數次[수차] 자주. 대여섯 차례. ㊀수회(數回). すうじ 「자 정도.
數尺許[수척허] ①몇 자쯤. ②몇
數學[수학] 수(數)·양(量) 및 공간(空間)에 관하여 연구하는 학문. すうがく 「かい
數回[수회] ㊀⇨수차(數次). すう
數爻[수효] 수(數).
▷假數(가수). 計數(계수). 係數(계수). 公倍數(공배수). 公約數(공약수). 實數(실수). 被除數(피제수). 函數(함수). 虛數(허수). 回數(회수).

〔敵〕 部 攵(등글월문방) 획 4—11 훈 대적할 음 적 ㊥ ti[2] ㊧ enemy ㊐ テキ. かたき
뜻 ①대적할. 겨룰. ②원수.
필순 亠 产 产 商 商 商 敵 敵
敵國[적국] 자기 나라와 싸우는 나라. 또 원수의 나라. てっこく
敵軍[적군] 적국(敵國)의 군대. ↔아군(我軍). てきぐん
敵機[적기] 적국(敵國)의 항공기. 예—來襲(내습). てきき
敵對視[적대시] 적(敵)으로 여겨 봄. 약적시(敵視). てきたいし
敵兵[적병] 적국(敵國)의 병사. 예てきへい
敵産[적산] 적이 소유한 재산(財産). 一家屋(가옥). てきさん
敵船[적선] 적국(敵國)의 선박(船舶). てきせん
敵手[적수] ①재주나 힘이 맞서는 사람. ②원수. てきしゅ
敵視[적시] ㊀⇨적대시(敵對視).

てきし　　　　　　「てきい
敵意〔적의〕 적으로 대하는 마음.
敵情〔적정〕 적군(敵軍)의 형편. てきじょう　　　　「きち
敵地〔적지〕 적군(敵軍)의 땅. て
敵彈〔적탄〕 적군이 쏜 총포(銃砲)의 탄환. てきだん
敵艦〔적함〕 적군의 군함. てっかん
▷强敵(강적). 公敵(공적). 國敵(국적). 大敵(대적). 對敵(대적). 無敵(무적). 小敵(소적). 弱敵(약적). 雄敵(웅적). 怨敵(원적). 隣敵(인적).

【整】 부 攵(등글월문방) 획 4—12 훈 가지런할 음 정: ㊥ chêng³ ㊕ orderly ㊐ セイ. ととのえる
뜻 가지런할.
필순 𠮷 柬 敕 敕 整 整 整 整

整頓〔정돈〕 가지런히 함. せいとん
整列〔정렬〕 가지런히 벌여 섬. せいれつ
整理〔정리〕 가지런히 바로잡아 다스림. 예學習(학습)—. せいり
整備〔정비〕 정돈하여 갖춤. せいび
整然〔정연〕 질서있는 모양. 예秩序(질서)—. せいぜん
整地〔정지〕 땅을 고르게 만듦. 예—作業(작업). せいち
▷謹整(근정). 端整(단정). 修整(수정). 嚴整(엄정). 完整(완정). 威整(위정). 裁整(재정). 精整(정정). 齊整(제정). 調整(조정). 平整(평정).

(4) 文　部

【文】 부 文(글월문방) 획 4—0 훈 글월 음 문 ㊥ wen²·⁴ ㊕ literature ㊐ ブン. モン. ふみ. あや
뜻 ①글월. ②무늬. 문채. ③꾸밀. ④자자할. ⑤성.
필순 丶 亠 ナ 文

文庫〔문고〕 ①책을 쌓아 두는 곳집. 동서고(書庫). ②서적·문서를 담는 상자. ③출판물의 한 형식. 예—版(판). ぶんこ
文科〔문과〕 ① 문관(文官)을 시험하여 뽑던 과거(科擧). ②대학(大學)의 한 분과(分科). 문학에 관한 학문을 연구하는 과목. ぶんか
文官〔문관〕 문사(文士)로서 섬기는 벼슬아치. 무관(武官) 이외의 관원(官員). ぶんかん
文敎〔문교〕 ① 문치(文治)로 백성을 교화(敎化)함. ② 문화에 관한 교육. 예—政策(정책). ぶんきょう
文具〔문구〕 ① 오로지 율령(律令)을 존중히 여겨 법문(法文)이 구비됨. ②문방구(文房具). ぶんぐ
文券〔문권〕 토지(土地)·가옥(家屋) 등의 권리를 양도하는 증권(證券). ぶんけん
文壇〔문단〕 문인(文人)의 사회. 동문학계(文學界). ぶんだん
文談〔문담〕 문장 또는 문학에 관한 이야기. ぶんだん「ぶんとく
文德〔문덕〕 학문(學問)의 덕(德).
文例〔문례〕 문장을 쓰는 법의 실례. ぶんれい
文理〔문리〕 ①문채(文彩)의 조리. ②나무·피부 등의 결. ③동⇨문맥(文脈). 문장(文章). ぶんり
文望〔문망〕 학문상(學問上)의 명망(名望). ぶんぼう
文脈〔문맥〕 글의 맥락(脈絡). 동문리(文理). ぶんみゃく
文盲〔문맹〕 무식하여 글자를 읽지 못함. 또 그 사람. 까막눈이. 글소경. 예—退治(퇴치). ぶんもう
文面〔문면〕 ① 얼굴에 입묵(入墨)함. 또 그 얼굴. ②글에 나타난 뜻. ぶんめん
文名〔문명〕 시문(詩文)을 잘 짓는다는 소문난 이름. 글을 잘 한다는 명예(名譽). ぶんめい
文明〔문명〕 학술(學術)·교화(敎化)가 진보하고 풍속(風俗)이 미화(美化)하여진 상태(狀態). ↔야만(野蠻). ぶんめい
文廟〔문묘〕 공자(孔子)를 모신 사

당(祠堂). ㊐공자묘(孔子廟). ぶんびょう
文武兼全〔문무겸전〕 문식(文識)과 무략(武略)을 다 갖춤. ぶんぶけんぜん
文武百官〔문무백관〕 모든 문관(文官)과 무관(武官). ぶんぶひゃっかん
文武之道〔문무지도〕 주(周)나라의 문왕(文王)과 무왕(武王)의 도(道). 곧 성인(聖人)의 도.
文物〔문물〕 문화에 관한 사물. 곧 예악(禮樂)·제도(制度) 따위. ぶんぶつ
文房四友〔문방사우〕 종이·붓·먹·벼루. 곧 지(紙)·필(筆)·묵(墨)·연(硯). ㊐문방사후(文房四侯). ぶんぽうのしゆう
文房四侯〔문방사후〕 ㊐⇨문방사우(文房四友). ぶんぽうのしこう
文房諸具〔문방제구〕 종이·붓·먹·벼루 등 글 쓰는 데 필요한 모든 기구(器具). ぶんぽうしょぐ
文範〔문범〕 모범이 될 만한 문장. 또 그런 문장을 모아 엮은 책. 글본. ぶんはん
文法〔문법〕 ①법(法). 법률. ②문장의 구성에 관한 법칙(法則). ㊞英(영)—. ぶんぽう
文部〔문부〕 학문·교육을 맡은 관아(官衙). 이부(吏部). 지금의 문교부(文敎部). もんぶ
文簿〔문부〕 문서(文書)와 장부(帳簿). ぶんぼ
文士〔문사〕 ① 문필에 종사(從事)하는 사람. ② 소설·희곡 등의 작가. ぶんし
文詞〔문사〕 ①글에 쓰인 말. ②문장과 사구(辭句). ㊐문사(文辭). ぶんし 「じ
文辭〔문사〕 ㊐⇨문사(文詞). ぶん
文書〔문서〕 글을 쓴 것의 총칭(總稱). 서적(書籍)·서류 따위. ぶんしょ. もんじょ
文石〔문석〕 빛깔이나 무늬가 화려한 돌. 마노(瑪瑙) 따위.
文選〔문선〕 ① 명문(名文)을 가려 뽑아 모은 책. ②인쇄소(印刷所)에서 원고(原稿)대로 활자(活字)를 고르는 일. ㊐채자(採字). ③주대(周代) 이후 양대(梁代)까지의 시문(詩文)을 모은 책. 30권(卷). ぶんせん
文勢〔문세〕 글의 힘. ぶんせい
文識〔문식〕 글과 지식.
文臣〔문신〕 문관(文官)인 신하(臣下). ↔무신(武臣). ぶんしん
文身〔문신〕 피부에 바늘로 찔러서 먹물 따위를 들임. 또 그 글씨·그림·무늬. ㊐자자(刺子)·입묵(入墨). ぶんしん
文雅〔문아〕 ①시문(詩文) 등에 풍치(風致)가 있고 아담(雅澹)함. 우아(優雅)함. ②문장(文章)과 풍아(風雅). ぶんが
文案〔문안〕 ①문장의 초고(草稿). ②책상. ㊐궤안(几案). ぶんあん
文弱〔문약〕 ① 문학만 숭상(崇尙)하여 약함. ②우아(優雅)하고 유순함. ぶんじゃく
文語〔문어〕 ①글과 말. 문장과 언어. ②시가(詩歌). 문장에만 쓰이고 담화로는 쓰이지 않는 그 전부터 내려오는 문체의 말. ↔구어(口語). ぶんご
文藝〔문예〕 ①학문과 기예(技藝). ②문학과 예술. ③시가(詩歌)·소설(小說)·희곡(戲曲)·수필 등 예술작품의 총칭. ぶんげい
文藝復興〔문예부흥〕 14세기(世紀)부터 16세기(世紀)까지에 걸쳐서 구라파(歐羅巴)에 일어난 예술상 문화상의 혁신 운동. ぶんげいふっこう
文王〔문왕〕 주(周)나라 무왕(武王)의 아버지. ぶんのう「ぶんゆう
文友〔문우〕 글 벗. 글로써 친한 벗.
文運〔문운〕 학문(學問)과 예술(藝術)이 크게 일어나는 운수. 문화가 흥성하는 기세. ぶんうん
文苑〔문원〕 ①문단(文壇). ②시문을 모은 것. 시문집(詩文集). ③조선의 홍문관(弘文館). 또는 예문관의 별칭. ぶんえん 「い
文意〔문의〕 ㊐⇨문의(文義). ぶん
文義〔문의〕 글의 뜻. ㊐문의(文

意). ぶんぎ
文益漸〔문익점〕 고려 공민왕(恭愍王) 때 사람. 원(元)나라에서 목화씨를 들여왔음.
文人〔문인〕 ① 문덕(文德)이 있는 사람. 사람을 교화하는 덕이 있는 사람. ②시문을 짓는 사람. 문필에 종사하는 사람. 동문사(文士). ぶんじん
文字〔문자〕 ①말의 음과 뜻을 표시하는 시각적 기호 글자. ②말. 문구. もじ. もんじ
文章〔문장〕 ①글. 글월. ②예악(禮樂)·제도(制度) 등 한 나라의 문명을 형성하는 것. 동③문장가(文章家). ぶんしょう
文章絶唱〔문장절창〕 세상에 드문 명문(名文). ぶんしょうぜっしょう 「ぶんさい
文才〔문재〕 문필(文筆)의 재능.
文典〔문전〕 문법(文法)·어법(語法)을 설명한 책. ぶんてん
文政〔문정〕 동⇨문치(文治). ぶんせい
文情〔문정〕 글 속에 풍기는 정취(情趣). 글의 운치. 동문치(文致). ぶんじょう
文集〔문집〕 한 사람의 시문(詩文)을 모은 책(册). ぶんしゅう
文采〔문채〕 ①아름다운 광채(光彩). ②무늬. ぶんさい 「んたい
文體〔문체〕 문장의 체재(體裁). ぶ
文治〔문치〕 문덕(文德)에 의하여 정치를 행함. ↔무단(武斷). 동문정(文政). ぶんじ
文致〔문치〕 동⇨문정(文情).
文套〔문투〕 글을 짓는 격식(格式). ぶんとう
文筆〔문필〕 ① 시문(詩文)을 짓는 재주. 예—生活(생활). ②육조시대(六朝時代)에 운문을 문(文), 산문을 필(筆)이라 하였음. 동시문(詩文). ぶんぴつ
文學〔문학〕 ①글에 대한 학문. 학예. ②순문학(純文學)·사학(史學)·철학(哲學) 등. ③사상·감정을 상상의 힘에 의하여 말 또는 글로 나타낸 예술 작품. 예韓國(한국)—. ぶんがく
文翰家〔문한가〕 대대로 뛰어난 문필가(文筆家)가 난 집안.
文獻〔문헌〕 ① 전적(典籍)과 현자(賢者). ②옛날의 문물(文物)과 제도(制度)의 연구 자료가 되는 책. ぶんけん
文型〔문형〕 문장의 한 틀. 또는 문장의 꾸밈새. ぶんけい
文豪〔문호〕 크게 뛰어난 문학가(文學家). ぶんごう
文化〔문화〕 ①학문이 진보하여 세상이 개화(開化)함. ②문덕(文德)으로 교화함. ③자연을 이용하여 인류의 이상을 실현시켜 나아가는 정신 활동. ぶんか
文華〔문화〕 ①문화(文化)의 빛. 개화(開化)의 아름다움. ②문장과 재화(才華). ぶんか
▷經文(경문). 公文(공문). 短文(단문). 美文(미문). 碑文(비문). 序文(서문). 語文(어문). 例文(예문). 韻文(운문). 作文(작문). 條文(조문). 祝文(축문). 漢文(한문). 現代文(현대문).

(4) 斗 部

〖斗〗 부 斗(말두) 획 4—0 훈 말 음 두(두:) 中 to³ 英 measure 日 ト. ます
뜻 ①말. ②우뚝할. ③별이름.
필순 丶 ⺀ 斗
斗量〔두량〕 말로 곡식을 됨. 말로 될 만큼 많음. とりょう
斗糧〔두량〕 한 말의 양식. 곧, 얼마 안 되는 양식. とりょう
斗星〔두성〕 동⇨북두성(北斗星).
斗受〔두수〕 말로 받음. 「とせい
斗屋〔두옥〕 오두막집.
斗牛〔두우〕 북두성(北斗星)과 견우성(牽牛星). 또는 남두성(南斗星)과 견우성. とぎゅう
斗酒〔두주〕 ①말 술. ② 많은 술. 예—不辭(불사). としゅ

斗護〔두호〕 뒤덮어 보호함. 남을 두둔함.

▷泰斗(태두). 泰山北斗(태산북두).

【料】 부 斗(말두) 획 4—6 훈 헤아릴 음 료(료:) 中 liao⁴. le 英 estimate 日 リョウ. はかる
뜻 ①헤아릴. 셀. ②거리. 감. ③삯. 값. ④다스릴.
필순 ' ' ⺦ 米 米 米' 料

料簡〔요간〕 헤아려 고름. 동요간(料揀). りょうかん

料金〔요금〕 수수료(手數料)로 주는 돈. りょうきん

料得〔요득〕 헤아려 얻음. りょうとく

料量〔요량〕 ①앞 일에 대하여 잘생각함. ②양기(量器)로 됨. 되질함. ③회계(會計). りょうりょう

料理〔요리〕 ①일의 처리를 함. ②음식을 조리(調理)함. 또 그 음식. りょうり

料外〔요외〕 뜻 밖. 생각 밖. りょうがい

料亭〔요정〕 요릿집. りょうてい

▷給料(급료). 肥料(비료). 飼料(사료). 染料(염료). 原料(원료). 飮料(음료). 資料(자료). 材料(재료). 質料(질료).

【斜】 부 斗(말두) 획 4—7 훈 비낄 음 사 中 hsieh² 英 inclined 日 シャ. ななめ
뜻 비낄.
필순 ^ 스 숙 余 余 斜 斜

斜景〔사경〕 ①비스듬히 비친 그림자. ②저녁 해. しゃけい

斜徑〔사경〕 비탈길. しゃけい

斜傾〔사경〕 비스듬히 기욺. 경사(傾斜)짐. しゃけい

斜面〔사면〕 경사(傾斜)진 면. 비스듬한 표면. 수평면에 대하여 이름. しゃめん

斜視〔사시〕 ①곁눈질함. ②사팔눈. 동사안(斜眼). しゃし

斜眼〔사안〕 사팔눈. 동사시(斜視).

斜陽〔사양〕 동⇨사일(斜日). しゃよう

斜日〔사일〕 지는 해. 석양(夕陽). 동사양(斜陽). しゃじつ

斜塔〔사탑〕 비스듬히 기운 탑.

斜風〔사풍〕 비껴 스쳐 가는 바람.

▷傾斜(경사). 盤斜(반사).

「斡」 부 斗(말두) 획 4—10 훈 돌 음 알 中 wo⁴. kuan³ 英 go round 日 アツ. カン. めぐる
뜻 ①돌. ②구를. ③옮길. ④주관할(간).
필순 ⁺ 古 直 卓 卓 斡 斡 斡

斡流〔알류〕 돌아 흐름. あつりゅう

斡旋〔알선〕 ①돎. 돌림. ②세력을 되돌려서 모자란 데를 보충함. ③남의 일을 돌보아 줌. 동주선(周旋). あつせん

斡運〔알운〕 돌아감. 선전 운행(旋轉運行). あつうん

斡維〔알유〕 빙빙 회전(回轉)하는 물건을 잡아 매어 두는 중축(中軸). あつい

(4) 斤　部

【斤】 부 斤(날근변) 획 4—0 훈 날 음 근 中 chin¹ 英 pound 日 キン. おの
뜻 ①날. 도끼날. ②도끼. ③근〈무게의 단위〉.
필순 ⼀ 厂 斤 斤

斤斤〔근근〕 ①밝게 살피는 모양. ②불쌍히 여기는 것. きんきん

斤兩重〔근량중〕 근(斤) 단위의 저울로 단 물건의 무게.

【斥】 부 斤(날근변) 획 4—1 훈 물리칠 음 척 中 ch'ih⁴ 英 expel 日 セキ. しりぞける
뜻 ①물리칠. 내칠. ②엿볼. 망볼.
필순 ⼀ 厂 斤 斤 斥

斥兵〔척병〕 적병을 염탐하는 군사. 동척후병(斥候兵). せきへい

斥邪〔척사〕 사기(邪氣)나 사교(邪敎)를 물리침.

斥逐〔척축〕 쫓아냄. 몰아냄. せきちく

斥和〔척화〕 화의(和議)를 배척함.

斥和碑〔척화비〕 대원군(大院君)이 쇄국정책(鎖國政策)을 쓸 때, 양이(洋夷)를 막을 것을 선양(宣揚)하기 위하여 서울 종로와 지방 각처에 세우게 한 비.

斥候〔척후〕 적군의 형편을 엿봄. 또 그 군사. ⑤척후병(斥候兵). せっこう 「せっこうへい

斥候兵〔척후병〕 ⑤⇨척병(斥兵).

▷排斥(배척). 疎斥(소척). 指斥(지척). 退斥(퇴척).

〔斬〕 부 斤(날근변) 획 4—7 훈 벨 음 참: ㊥ chan³ ㊧ behead ㊐ ザン. きる
뜻 벨.
필순 一 亘 亘 車 車' 斬 斬 斬

斬奸〔참간〕 악인(惡人)을 베어 죽임. ざんかん

斬馬劍〔참마검〕 말을 베어 두 동강 낼 수 있는 예리(銳利)한 칼. ざんばけん

斬死〔참사〕 칼을 맞아 죽음. 「さつ

斬殺〔참살〕 목을 베어 죽임. ざん

斬首〔참수〕 목을 벰. ⑤참형(斬刑). 단두(斷頭). ざんしゅ

斬新〔참신〕 가장 새로움. ⑤참신(嶄新). ざんしん

斬罪〔참죄〕 참형(斬刑)에 해당하는 죄. ざんざい

斬草除根〔참초제근〕 걱정이나 재앙이 될 일은 뿌리째 뽑아야 함을 이름. 「풀을 베고 땅을 팜.

斬破土〔참파토〕 무덤을 만들려고

斬刑〔참형〕 목을 베는 형벌. ⑤참수(斬首). ざんけい

【斯】 부 斤(날근변) 획 4—8 훈 이 음 사 ㊥ ssu¹ ㊧ this ㊐ シ. この. かく. ここ
뜻 ①이. ②어조사.
필순 艹 甘 其 斯 斯

斯界〔사계〕 이 계통의 사회. 그 전문 방면. しかい

斯道〔사도〕 이 길. 성인(聖人)의 길. ⑤유도(儒道). しどう

斯文〔사문〕 ①이 학문. 이 도(道). 유교의 학문과 도의(道義). ②유학자(儒學者)의 경칭.

斯學〔사학〕 이 학문. 그 학문. しがく 「(파사).

▷如斯(여사). 瓦斯(와사). 波斯

〖新〗 부 斤(날근변) 획 4—9 훈 새 음 신 ㊥ hsin² ㊧ new ㊐ シン. あたらしい. あらた. あら. にい
뜻 ①새. ②새로울. 새롭게할.
필순 ' 亠 辛 亲 新 新

新刊〔신간〕 책을 새로 간행(刊行)함. 또 그 책. 예—書籍(서적). しんかん

新曲〔신곡〕 ①새로 지은 가곡(歌曲). ⑤신조(新調). ②유행가(流行歌). しんきょく

新穀〔신곡〕 햇 곡식. しんこく

新官〔신관〕 새로 임명된 관리. 새로 부임한 관리. ↔구관(舊官).

新教〔신교〕 ①새 종교(宗教). ②16세기경 독일의 종교 개혁자(改革者) 루터가 로마 구교(舊教) 곧 가톨릭교의 잘못된 것을 반대하고 새로 설립한 교파(教派). 프로테스탄트. しんきょう

新舊〔신구〕 새로움과 낡음. 새 것과 묵은 것. しんきゅう

新局面〔신국면〕 새로 전개되는 국면(局面). しんきょくめん

新規〔신규〕 ①새로운 규칙. ②새로운 일. 예—加入(가입). しんき

新奇〔신기〕 새롭고 기이(奇異)함. ↔진부(陳腐). ⑤신이(新異). しんき 「운 기록. しんきろく

新記錄〔신기록〕 종래에 없던 새로

新紀元〔신기원〕 ①새로운 기원. ②획기적으로 새로운 방향으로 나아가게 된 시대. しんきげん

新機軸〔신기축〕 전에 있던 것과 판이(判異)한 새로운 방법·체제(體制). ⑤신생면(新生面). しんきじく

新年〔신년〕 새해. 설. しんねん

新大陸〔신대륙〕 남북 아메리카 대륙. しんたいりく 「と

新都〔신도〕 새로 정한 도읍. しん

新稻〔신도〕 ①새로 심은 볏모. ②새로 베어 거둔 벼.

新羅〔신라〕 우리 나라 삼국 시대의 한 나라. 시조(始祖)는 박혁거세(朴赫居世). しらぎ

新郎〔신랑〕 ①새로 장가간 사람. 새서방. ↔신부(新婦). ②새로 급제한 진사(進士). しんろう

新來〔신래〕 ①새로 옴. 또 그 사람.

②새로 문과(文科)에 급제한 사람. しんらい

新涼〔신량〕 첫가을의 서늘한 기운. ㊐초량(初涼). しんりょう

新曆〔신력〕 ① 새 책력. ②양력(洋曆). しんれき

新綠〔신록〕 새 잎의 푸른 빛. 또 새 잎. しんりょく

新沐者〔신목자〕 새로 머리감은 사람. 또 머리 감은 지 오래지 않은 사람. しんもくしゃ

新聞〔신문〕 ①새로운 소식(消息). 새로운 견문(見聞). ②일반 사회 또는 특수 사회의 보도기관. しんぶん 「이 자는 방.

新房〔신방〕 신혼(新婚) 부부가 갈

新兵〔신병〕 새로 뽑은 군사. ㊎一訓練(훈련). しんぺい

新報〔신보〕 새로운 보도(報道). 새로운 소식. しんぽう

新婦〔신부〕 ①며느리. ㊐자부(子婦). ②처음으로 시집간 여자. 새색시. ↔신특(新特). 신랑(新郞). しんぷ 「んしそう

新思想〔신사상〕 새로운 사상. し

新山〔신산〕 새로 쓴 산소(山所).

新生〔신생〕 ①새로 생겨남. ② 신앙(信仰)에 의하여 새로운 생활로 들어감. しんせい

新生面〔신생면〕 새로운 방면. ㊐신기축(新機軸). しんせいめん

新書〔신서〕 ①새로 간행된 책. ②출판물의 한 형식. ③한(漢)나라 때 가의(賈誼)가 지은 책으로 임금에게 올린 상주문(上奏文)·정치·도덕·학문·풍속 등에 관한 논설을 엮음. しんしょ

新選〔신선〕 새로 가려서 뽑음. しんせん 「움. しんせん

新鮮〔신선〕 새롭고 산뜻함. 새로

新設〔신설〕 새로 설치함. ㊎一學校(학교). しんせつ

新說〔신설〕 ①새로 세운 학설이나 의견. ②처음으로 듣는 이야기. 새로운 이야기. しんせつ

新歲〔신세〕 새해. しんさい

新世界〔신세계〕 ① 새 세계. ②새로 발견된 나라. しんせかい

新小說〔신소설〕 갑오경장(甲午更張) 이후의 개화 시대를 배경으로 창작된 소설들. 곧 고대 소설과 현대 소설 사이의 과도기적 소설로서 옛 제도의 타파(打破) 새 문화 생활에의 지향(指向) 등이 그 주제임. しんしょうせつ

新式〔신식〕 새로운 형식. ↔구식(舊式). しんしき 「んしん

新新〔신신〕 차차로 새로와 짐. し

新樂〔신악〕 새로운 음악. 곧 서양음악. しんがく

新案〔신안〕 새로운 고안(考案)이나 제안(提案). しんあん

新藥〔신약〕 ①새로 발명한 약. ②양약(洋藥). しんやく 「よう

新陽〔신양〕 ㊐⇨신춘(新春). しん

新銳〔신예〕 새롭고 기세가 날카로움. ㊎一作家(작가). しんえい

新浴者〔신욕자〕 새로 미역감은 사람. 또 미역감은지 오래지 않은 사람. しんよくしゃ 「しんい

新意〔신의〕 새 뜻. ㊐신의(新義).

新義〔신의〕 ㊐⇨신의(新意).

新異〔신이〕 신기(新奇)하고 이상함. ㊐신기(新奇). しんい

新人〔신인〕 ①새로 결혼한 사람. 신랑 또는 신부. ②사회에 나온지 얼마 안 되어 아직 이름이 알려지지 아니한 사람. ③사회에 새로 알려진 사람. ④새로운 사상을 가진 사람. しんじん

新任〔신임〕 새로 임명(任命)됨. ㊎一校長(교장). しんにん

新入〔신입〕 새로 들어옴. ㊎一生(생). しんにゅう

新作〔신작〕 새로 지음. 그런 작품이나 저술. ↔구작(舊作). しんさく

新粧〔신장〕 새로 한 단장(丹粧). しんしょう 「んそう

新裝〔신장〕 새로운 복장(服裝). し

新著〔신저〕 새로 지은 책. ↔구저(舊著). しんちょ「정. しんじょう

新情〔신정〕 새로 사귄 정. 새로 든

新制〔신제〕 ①새로운 제도. ②새로운 체제(體制). しんせい

新製〔신제〕 새로 지음. 또 그 물

건. しんせい
新造〔신조〕 새로 만듦. しんぞう
新條〔신조〕 새로 나온 법률.
新調〔신조〕 ①새 곡조. [동]신곡(新曲). ②새로 어울리게 맞춤. しんちょう
新注〔신주〕 ①새로 주(註)를 닮. ②경학(經學)에서 송(宋)나라 이후의 학자의 주석을 이름. [동]신주(新註). しんちゅう
新知〔신지〕 ①새로 앎. ②서로 안지 얼마 안 되는 사람. しんち
新進〔신진〕 ①어떤 사회에 새로 나옴. ②새로 벼슬에 오른 이. しんしん
新陳代謝〔신진대사〕 ①묵은 것을 차례로 갈고 새 것으로 이에 대신함. ②생물체(生物體)에서 영양물을 섭취(攝取)·배설(排泄)하는 작용. しんちんたいしゃ
新參〔신참〕 새로 들어옴. 또 그 사람. ↔고참(古參). しんざん
新築〔신축〕 새로 지음. 또 그 집. しんちく 「(新陽). しんしゅん
新春〔신춘〕 첫봄. 새봄. [동]신양
新出漢字〔신출한자〕 어떤 책 속에서 새로 나온 한자. 또 그 책에 처음 나온 한자. しんしゅつかんじ 「시. [동]신부(新婦).
新特〔신특〕 갓 시집온 아내. 새색
新派〔신파〕 ①새로 나온 유파(流派). ②[약]신파 연극. しんぱ
新派演劇〔신파연극〕 ①구극에서 신극으로의 과도기를 대표하는 연극. ②값싼 눈물을 짜는 저속한 연극. しんぱえんげき
新版〔신판〕 새로 나온 출판(出版). 또 새로 출판된 책. ↔구판(舊版). しんぱん 「しんぺん
新編〔신편〕 새로 편집함. 또 그 책.
新品〔신품〕 새로운 물품. しんぴん
新戶〔신호〕 새로 살림을 차린 집.
新婚〔신혼〕 새로 혼인함. 갓 결혼함. しんこん
新興〔신흥〕 새로 일어남. しんこう
▷改新(개신). 更新(경신). 白頭如新(백두여신). 送舊迎新(송구영신). 刷新(쇄신). 迎新(영신). 溫故知新(온고지신). 維新(유신). 一新(일신).

【斷】 [부] 斤(날근변) [획] 4—14 [훈] 끊을 [음] 단: [中] tuan⁴ [英] cut [日] ダン. たつ. ことわる
[뜻] ①끊을. ②결단할.
[참고] [약] 断
[필순] 斷

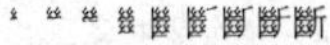

斷簡〔단간〕 여러 조각이 난 문서(文書). 문서의 단편. だんかん
斷決〔달결〕 재단(裁斷)하여 결정함. だんけつ
斷交〔단교〕 교제를 끊음. だんこう
斷金〔단금〕 ①쇠를 끊음. ②굳은 우정(友情). だんきん
斷棄〔단기〕 절교(絶交)하여 돌아보지 않음. だんき
斷念〔단념〕 생각을 끊어 버림. 염두(念頭)에 전혀 두지 아니함. だんねん
斷斷〔단단〕 성실하고 한결같은 모양. 한결같아 변하지 않는 모양. だんだん
斷頭〔단두〕 목을 벰. だんとう
斷頭臺〔단두대〕 죄인(罪人)의 목을 베는 대. だんとうだい
斷末魔〔단말마〕 죽을 때. [동]임종(臨終). 숨이 끊어질 때의 고통. だんまつま
斷面〔단면〕 베어 낸 면. だんめん
斷髮〔단발〕 머리털을 짧게 자름. 또 그 머리. だんぱつ
斷房〔단방〕 남편이 아내와 같이 자지 아니함. 「리.
斷峯〔단봉〕 높고도 가파른 산봉우
斷產〔단산〕 아이를 낳는 것을 끊음. だんさん
斷線〔단선〕 ①실이 끊어짐. 또 끊어진 실. ②전선이 끊어져 전기가 통하지 않음. だんせん
斷續〔단속〕 끊어졌다 이어졌다 함. だんぞく
斷送〔단송〕 헛되이 보냄. だんそう
斷水〔단수〕 ①물이 나오지 아니함. ②수도의 급수(給水)를 끊음. だんすい 「(투쟁). だんしょく
斷食〔단식〕 식사를 끊음. [예]一鬪爭
斷岸〔단안〕 [동]⇨단애(斷崖). 절벽

(絶壁). だんがん
斷案〔단안〕 옳고 그름을 판단함. (동)판단(判斷). だんあん 「지.
斷崖〔단애〕 깎아지른 듯한 낭떠러
斷言〔단언〕 딱 잘라 말함. だんげ
斷煙〔단연〕 담배를 끊음. ⌊ん
斷然〔단연〕 (동)⇨단호(斷乎). だんぜん 「조각 구름. だんうん
斷雲〔단운〕 조각조각 끊어진 구름.
斷飮〔단음〕 술을 끊음. だんいん
斷章〔단장〕 시문(詩文) 중의 한 도막. だんしょう
斷腸〔단장〕 몹시 슬퍼서 창자가 끊어지는 듯함. だんちょう 「せつ
斷折〔단절〕 꺾음. 부러뜨림. だん
斷絶〔단절〕 ①끊음. 또 끊어짐. ②손(孫)이 끊어짐. (동)절손(絶孫). だんぜつ 「んさい
斷截〔단절〕 끊음. 끊어 버림. だ
斷定〔단정〕 결단을 내려 정함. だんてい 「음. だんじょう
斷情〔단정〕 사랑을 끊음. 정을 끊
斷鐘〔단종〕 띄엄띄엄 들리는 종소리. だんしょう 「んざい
斷罪〔단죄〕 죄를 처단(處斷)함. だ
斷酒〔단주〕 술을 끊음. (동)금주.
斷指〔단지〕 ① 자기의 결심(決心)이 굳은 것을 나타내기 위하여 손가락을 자르는 일. ②부모의 병환이 위중할 때 손가락을 잘라 그 피를 먹게 하는 일. だんし
斷片〔단편〕 여러 조각을 낸 중의 한 조각. 토막. だんぺん
斷編〔단편〕 여러 조각이 나서 완전하지 못한 문장(文章)이나 책. だんぺん
斷限〔단한〕 기한을 정함. だんげん
斷行〔단행〕 딱 결단을 내려 실행함. だんこう
斷絃〔단현〕 ①현악기(絃樂器)의 줄이 끊어짐. 또 그 줄. ②아내의 죽음의 비유. だんげん
斷乎〔단호〕 일단 결심한 것을 과단성 있게 행하는 모양. (동)단연(斷然). だんこ
▷決斷(결단). 禁斷(금단). 英斷(영단). 勇斷(용단). 優柔不斷(우유부단). 中斷(중단).

(4) 方 部

〔方〕 (부) 方(모방변) (획) 4—0 (훈) 모 (음) 방 (中) fang^1 (英) square (日) ホウ. かた. まさに
(뜻) ①모. ②방위. ③방법. ④이제. ⑤바야흐로. ⑥성.
(필순) ˊ 亠方方

方角〔방각〕 동서남북의 향방(向方). ほうかく
方客〔방객〕 신선(神仙)의 술법(術法)을 닦는 사람. (동)도사(道士).
方內〔방내〕 ①나라 안. ②지경 안. ③사람이 사는 이 세상. ほうだい. ほうない 「うと
方途〔방도〕 일을 치러 갈 길. ほ
方多〔방동〕 음력 시월의 별칭. (동)초동(初多).
方面〔방면〕 ①네모반듯한 얼굴. ②어떤 방향의 지방. ③전문적으로 나아가는 쪽. ほうめん
方面之任〔방면지임〕 관찰사(觀察使)의 소임. (동)방임(方任).
方聞〔방문〕 행실이 방정(方正)하고 학문이 넓음. ほうぶん
方物〔방물〕 ①지방의 산물(產物). ②다른 물건을 따로따로 나누어 이름을 지음. 나눔. 구별(區別)함. ほうぶつ
方法〔방법〕 일정한 목적을 이루기 위하여 취하는 솜씨. (동)수단(手段). ほうほう
方書〔방서〕 ①사방(四方)의 책. ②방술(方術)의 책. ほうしょ
方俗〔방속〕 지방의 풍속. ほうぞく
方式〔방식〕 일정한 형식. ほうしき
方雅〔방아〕 방정(方正)하고 우아(優雅)함. ほうが
方案〔방안〕 방법(方法)의 고안(考案). ほうあん
方羊〔방양〕 ① 노고(勞苦)하는 모양. ② 이리저리 거닒. 배회(徘徊)함. (동)방양(彷徉).
方言〔방언〕 사투리. ほうげん
方外〔방외〕 ① 언행(言行)을 바르

게 함. ②지경(地境) 밖. ③이적(夷狄)의 땅. ⓢ이역(異域). ④세속(世俗) 사람의 테두리 밖. ほうがい

方外學〔방외학〕 유교(儒敎)에서 도교(道敎)·불교를 이르는 말. ほうがいがく

方用〔방용〕 한 지방에서만 쓰이는 것. ほうよう

方圓〔방원〕 모진 것과 둥근 것. 방형(方形)과 원형(圓形).

方位〔방위〕 방각(方角)과 위치(位置). 동서남북을 기준으로 16방위·32방위 등으로 나눔. ほうい

方任〔방임〕 사방을 지킬 임무를 띤 사람. 태수(太守) 따위. ⓢ⇨방면지임(方面之任). ほうにん

方長不折〔방장부절〕 ① 자라는 초목(草木)을 꺾지 아니함. ②앞길에 바랄 것이 있는 사람의 일에 대하여 헤살을 놓지 아니함.

方底圓蓋〔방저원개〕 바닥이 네모진 그릇에 둥근 뚜껑이라는 뜻. 서로 맞지 않음의 비유.

方田〔방전〕 정방형의 전지(田地). 또 전지의 가로와 세로의 길이를 똑같이 함. ⓢ균전(均田).

方井〔방정〕 정간(井間)을 맞추어 짠 천장.

方正〔방정〕 ①언행이 바르고 점잖음. ②한대(漢代)의 과거 과목. ⓔ品行(품행)—. ほうせい

方劑〔방제〕 조제(調劑)한 약.

方舟〔방주〕 배를 나란히 함. 또 나란히 가는 두 척의 배. ほうしゅう 「(鎭重)함.

方重〔방중〕 방정(方正)하고 진중

方志〔방지〕 ①바른 마음. ②한 지방에 관한 사항(事項)을 적은 기록. ほうし 「ほうじん

方陣〔방진〕 네모지게 친 진(陣).

方鎭〔방진〕 한 지방을 지키는 벼슬. 당(唐)나라의 절도사(節度使) 같은 것. ほうちん

方策〔방책〕 꾀. 계책. ほうさく

方礎〔방초〕 네모진 주춧돌.

方寸〔방촌〕 ①마음. ②사방 한 치. ③근소한 면적. ほうすん

方針〔방침〕 ①앞으로 나아갈 일정한 방향과 계획. ②나침반(羅針盤)의 방위(方位)를 가리키는 자석으로 만든 바늘. ほうしん

方便〔방편〕 ①형편에 따라 사람을 인도하는 방법. ②임기 응변(臨機應變)의 처리. ほうべん 「きせ

方解石〔방해석〕 차돌. ほうかいせ

方行〔방행〕 ① 널리 보급됨. ②제 마음대로 행동함. ⓢ횡행(橫行).

方向〔방향〕 향하는 쪽. ⓢ방위(方位). ほうこう

方形〔방형〕 네모진 모양. ほうけい

▷間方(간방). 萬方(만방). 百方(백방). 上方(상방). 西方(서방). 先方(선방). 時方(시방). 雙方(쌍방). 藥局方(약국방). 外方(외방). 遠方(원방). 醫方(의방). 異方(이방). 離方(이방). 立方(입방). 正方(정방). 八方(팔방). 平方(평방). 下方(하방). 漢方(한방). 後方(후방).

〖於〗 부 方(모방변) 획 4—4 훈 어조사 음 어·오 ㊥ yü², wu¹ ㊈ in; at; on ㊐ オ. おいて. ああ 「(오).

뜻 ①어조사. ②탄식할

필순 ﾆ ｶ ｶ 於 於

於斯間〔어사간〕 어느 사이. 어느덧. 「여. 이에 있어서. よし

於是〔어시〕 이제야. 이 때를 당하

於心〔어심〕 마음 속.

於我〔어아〕 나에게. 「어느덧.

於焉間〔어언간〕 알지 못하는 사이.

於音〔어음〕 ①돈 지불을 약속하는 표쪽. ②유가증권(有價證券).

於中間〔어중간〕 ①거의 중간이 되는 곳. ②엉거주춤한 형편.

於此於彼〔어차어피〕 이렇게 하든지 저렇게 하든지. 어차피.

於乎〔오호〕 아아. 감탄(感歎)하는 소리. おこ. ああ

於皇〔오황〕 칭찬하는 소리. ああ

於戲〔오희〕 감탄하는 소리. おぎ.

▷甚至於(심지어). ㄴああ

〖施〗 부 方(모방변) 획 4—5 훈 베풀 음 시: (시) ㊥ shih⁴ ㊈ grant ㊐ シ. ほどこす

뜻 ①베풂. ②줌. ③옮길.

필순 ㅗ方方扩扩施施

施工〔시공〕 공사를 실시함. しこう
施療〔시료〕 무료(無料)로 치료(治療)해 줌. しりょう
施米〔시미〕 남에게 주는 쌀. せまい
施肥〔시비〕 논밭에 거름을 줆. しひ
施賞〔시상〕 상품(賞品)을 줌. しょう
施設〔시설〕 베풀어서 설비(設備)함. しせつ 「그 물건. しよ
施與〔시여〕 남에게 물건을 줌. 또
施政〔시정〕 정무(政務)를 시행(施行)함. 예一演說(연설). しせい
施主〔시주〕 ①부처 또는 중에게 물건을 주는 사람. ②장례·법사(法事) 등을 행하는 주인공. ししゅ
施策〔시책〕 계책을 베풂. しさく
施行〔시행〕 ①실지로 베풀어 행함. ②중·빈민(貧民) 등에게 재물을 줌. しこう
▷博施(박시). 布施(보시). 普施(보시). 報施(보시). 實施(실시).

【旅】 부 方(모방변) 획 4—6 훈 나그네 음 려 中 lü³ 英 traveler 日 リョ. たび
뜻 ①나그네. ②여행함. ③군사. ④함께.
필순 ㅗ方方扩扩旅旅

旅客〔여객〕 나그네. りょかく. りょきゃく
旅館〔여관〕 나그네를 묵게 하는 집. 동여사(旅舍). りょかん
旅券〔여권〕 해외(海外) 여행 때 허가하여 주는 문서. 동여행권(旅行券). りょけん
旅燈〔여등〕 나그네가 묵고 있는 여관방의 등잔불. りょとう
旅路〔여로〕 나그네의 길. りょろ
旅費〔여비〕 여행하는 데 드는 돈. 동노비(路費). りょひ 「しゃ
旅舍〔여사〕 동⇨여관(旅舘). りょ
旅思〔여사〕 여행 중의 심정(心情). 동객정(客情)·여정(旅情)·객심(客心). りょし
旅愁〔여수〕 객지에서의 근심하는 마음. 나그네의 근심하는 마음. 동객수(客愁). りょしゅう
旅宿〔여숙〕 ①여관(旅舘). ②동⇨여차(旅次). りょしゅく
旅心〔여심〕 여행할 때 마음에 우러나는 회포. 마음 속에 품은 생각. りょしん
旅裝〔여장〕 여행하는 몸차림. 또 장비(裝備). りょそう 「じょう
旅情〔여정〕 동⇨여사(旅思). りょ
旅程〔여정〕 여행하는 노정(路程). 일정(日程). りょてい
旅中〔여중〕 객지(客地)에 있는 동안. りょちゅう
旅進旅退〔여진여퇴〕 여러 사람과 진퇴를 같이 함. 식견(識見)이나 지조(志操)가 없음의 비유.
旅次〔여차〕 여행 도중 타향(他鄕)에서의 우거(寓居). 동여숙(旅宿). りょじ
旅窓〔여창〕 나그네가 거처(居處)하는 방. りょそう 「동객체(客體).
旅體〔여체〕 객지(客地)에 있는 몸.
旅行〔여행〕 먼 길을 감. りょこう
▷客旅(객려). 軍旅(군려). 征旅(정려). 行旅(행려).

【旋】 부 方(모방변) 획 4—7 훈 돌 음 선 中 hsüan²·⁴ 英 revolve 日 セン. めぐる
뜻 ①돌. 돌릴. 돌아올. ②두를. ③빠를.
필순 方方扩扩於旋旋

旋曲〔선곡〕 돌아 굽음. せんきょく
旋流〔선류〕 돌아 흐름. せんりゅう
旋毛〔선모〕 소용돌이 모양으로 난 머리털. 가마. せんもう
旋盤〔선반〕 쇠를 깎거나 구멍을 뚫는 공작 기계의 하나. せんばん
旋渦〔선와〕 ①소용돌이침. ②분규(紛糾)가 집중함. せんか
旋律〔선율〕 악음(樂音)의 고저 장단(高低長短)의 변화가 일정한 리듬으로써 연속적으로 울려 나오는 것. 멜로디. せんりつ
旋轉〔선전〕 빙빙 돌아감. 또 빙빙 돌림. せんてん
旋風〔선풍〕 회오리바람. せんぷう
旋回〔선회〕 돎. 또 돌림. せんかい
▷凱旋(개선). 斡旋(알선). 渦旋

(와선). 周旋(주선).

〖族〗 部 方(모방변) 劃 4—7 訓 겨레 音 족·주 中 tsu² 英 tribe 日 ゾク. やから
뜻 ①겨레. ②일가. ③무리. ④풍류가락(주).
필순 ㅊ 方 扩 扩 族 族
族系〔족계〕 가계(家系). ぞくけい
族類〔족류〕 동족(同族). ぞくるい
族滅〔족멸〕 가족이나 종족(種族)이 망하여 없어짐. 동멸족(滅族). ぞくめつ
族譜〔족보〕 씨족(氏族)의 계보.
族父〔족부〕 아버지의 재종형제(再從兄弟). 재당숙(再堂叔). 「임.
族殺〔족살〕 일족(一族)을 죄다 죽
族生〔족생〕 떼지어 남. 동족생(簇生).
族屬〔족속〕 겨레붙이.
族緣〔족연〕 친족의 인연. ぞくえん
族人〔족인〕 유복친(有服親) 이외의 겨레붙이. 동종(同宗)인 사람. ぞくじん
族子〔족자〕 ①동종(同宗)의 아들. ②형제의 아들. 조카. ③삼종형제(三從兄弟)의 아들. ぞくし
族長〔족장〕 한 겨레의 어른. ぞくちょう 「종조부(再從祖父).
族祖父〔족조부〕 조부의 종형제. 재
族姪〔족질〕 유복친 이외의 조카.
族戚〔족척〕 친척(親戚). ぞくせき
族稱〔족칭〕 백성의 신분·계급의 별칭. ぞくしょう 「弟).
族兄弟〔족형제〕 삼종형제(三從兄
▷家族(가족). 擧族(거족). 系族(계족). 貴族(귀족). 同族(동족). 部族(부족). 士族(사족). 庶族(서족). 世族(세족). 氏族(씨족). 魚族(어족). 語族(어족). 王族(왕족). 姻族(인족). 一族(일족). 宗族(종족). 種族(종족). 戚族(척족). 賤族(천족). 親族(친족). 血族(혈족). 豪族(호족). 華族(화족). 皇族(황족).

【旗】 部 方(모방변) 劃 4—10 訓 기 音 기: 中 ch'i² 英 flag 日 キ. はた 「대.
뜻 ①기. 깃발. ②표. 표지. ③군
필순 ㅊ 方 扩 扩 旃 旃 旗 旗
旗鼓〔기고〕 전쟁(戰爭)에 쓰는 기(旗)와 북. きこ 「ゅ
旗手〔기수〕 기를 드는 사람. きし
旗章〔기장〕 기의 표지(標識). 동기치(旗幟). 기표(旗標). きしょう 「館). きてい
旗亭〔기정〕 술집. 요릿집. 여관(旅
旗標〔기표〕 동⇨기장(旗章).
旗下〔기하〕 장군의 통솔 아래에 있는 모든 군사. 동휘하(麾下). きか 「있는 군함. きかん
旗艦〔기함〕 사령관(司令官)이 타고
▷校旗(교기). 國旗(국기). 軍旗(군기). 社旗(사기).

(4) 无 部

〖旣〗 部 旡·无(이미기방) 劃 4—7 訓 이미 音 기 中 chi⁴ 英 already 日 キ. すでに
뜻 ①이미. ②다할.
참고 속 既
필순 ㅋ ㅌ 皀 皀 旣 旣
旣刊〔기간〕 이미 출판함. 또 그 책. ↔미간(未刊). きかん
旣決〔기결〕 이미 된 결정. ↔미결(未決). きけつ
旣得權〔기득권〕 정당(正當)한 수단에 의하여 이미 얻은 권리. きとくけん 「밤의 달. きぼう
旣望〔기망〕 음력 16일 또는 그 날
旣設〔기설〕 이미 차리어 놓음. 미리 베풀어 놓음. きせつ
旣成〔기성〕 이미 이루어짐. きせい
旣成服〔기성복〕 마춤 양복이 아닌 미리 지어 놓고 파는 양복. きせいふく
旣往〔기왕〕 이전. きおう 「일.
旣往之事〔기왕지사〕 이미 지나간
旣爲〔기위〕 이미. 벌써. きい
旣已〔기이〕 이미. 벌써. 동기이(旣以). きい 「(以)는 이(已)와 통용.
旣以〔기이〕 동⇨기이(旣已). 이
旣接〔기접〕 이미 맞닿음. 또 이미 가까와짐. 「(未定). きてい
旣定〔기정〕 이미 결정함. ↔미정

旣知〔기지〕 이미 앎. きち
旣知數〔기지수〕 ① 방정식 따위에서 이미 알고 있는 수. ②미래에 대하여 이미 알 수 있는 것. ↔미지수(未知數). きちすう
旣婚〔기혼〕 이미 혼인을 하였음. ↔미혼(未婚). きこん
▷皆旣(개기). 未旣(미기). 蝕旣(식기). 終旣(종기).

(4) 日 部

〖日〗 부 日(날일변) 획 4—0 훈 날 음 일 ㊥ jih⁴ ㊣ sun ㊐ ジツ. ニチ. ひ. か.
뜻 ①날. ②낮. ③해. ④하루.
필순 丨 冂 月 日 「감.
日加月增〔일가월증〕 날로 더하여
日刊〔일간〕 날마다 발간함. 또는 발간된 것. にっかん 「안.
日間〔일간〕 며칠 되지 아니한 동
日改月化〔일개월화〕 나날이 변천함. 「月). にっきょげっしょ
日居月諸〔일거월제〕 동⇨일월(日
日計〔일계〕 날마다 계산함. 또 그 계산. にっけい
日工〔일공〕 ①날마다 공전을 받으며 하는 일. 날품팔이. ②하루의 공전. にっこう
日課〔일과〕 날마다 하는 일. 또는 과정(課程). にっか
日光〔일광〕 햇빛. にっこう
日光浴〔일광욕〕 햇빛에 쬐어 건강을 증진하는 일. にっこうよく
日久月深〔일구월심〕 날이 오래고 달이 깊어짐. 곧 ⌐똘히 바람을 이름. じっきゅうげっしん 「ん
日勤〔일근〕 날마다 근무함. にっき
日給〔일급〕 ①품삯을 날마다 줌. ②하루의 급료. にっきゅう
日氣〔일기〕 그 날의 천기(天氣). 날씨. 예一豫報(예보). にっき
日記〔일기〕 날마다 일어난 사실을 적은 기록. 예一帳(장). にっき
日暖風和〔일난풍화〕 일기(日氣)가 따뜻하고 바람이 화창함. 「짐.
日落西山〔일락서산〕 해가 서산에
日曆〔일력〕 ①일기(日記). ②날마다 한 장씩 젖히어 보는 괘력(掛曆). じつれき. にちれき
日輪〔일륜〕 해. にちりん 「ひぐれ
日暮〔일모〕 해가 질 때. 해질머리.
日暮道遠〔일모도원〕 해는 저물고 갈 길은 멂. 나이는 먹어 이미 늙었으나 할 일이 많음의 비유. ひくれてみちとおし
日沒〔일몰〕 해가 짐. にちぼつ
日薄西山〔일박서산〕 해질녘. 늙어서 여명(餘命)이 얼마 남지 아니함의 비유. ひせいざんにせまる
日復日〔일부일〕 날마다. 나날이.
日射病〔일사병〕 따가운 햇볕의 직사(直射)를 받아서 생기는 병. にっしゃびょう
日常〔일상〕 늘. 항상. にちじょう
日常茶飯事〔일상다반사〕 늘 있는 일. 동항다반(恒茶飯). にちじょうさはんじ 「っせき
日夕〔일석〕 ①낮과 밤. ②저녁. に
日星〔일성〕 해와 별.
日數〔일수〕 ①그 날의 운수(運數). ②날의 수효. にっすう
日蝕〔일식〕 달이 해와 지구(地球) 사이에 끼어서 해를 가로막는 현상. にっしょく 「しん
日新〔일신〕 날마다 새로와짐. にっ
日新月盛〔일신월성〕 나날이 새로와지고 다달이 왕성하여짐.
日深〔일심〕 날이 깊음. 곧 오래됨. にっしん 「にちや
日夜〔일야〕 ①주야(晝夜). ②항상.
日語〔일어〕 일본 말. にちご
日域〔일역〕 ①해뜨는 곳. ②해가 비치는 곳. 동천하(天下). にちいき. じついき
日亦不足〔일역부족〕 종일(終日)하여도 시간이 모자람.
日影〔일영〕 해의 그림자. にちえい. ひかげ 「일요일. にちよう
日曜〔일요〕 칠요(七曜)의 하나.
日用〔일용〕 날마다 드는 씀씀이. にちよう 「にちようひん
日用品〔일용품〕 날마다 쓰는 물품.

日月〔일월〕 ①해와 달. ②시일(時日)의 경과. ③(동)광음(光陰). じつげつ. にちげつ

日月無私照〔일월무사조〕 일월은 공평하게 비춘다는 뜻으로, 지공무사(至公無私)함의 비유.

日月如流〔일월여류〕 세월은 유수(流水)와 같이 쉬지 않고 흘러 어느덧 달이 바뀌고 해가 감.

日益〔일익〕 나날이 더욱. にちえき

日人〔일인〕 일본 사람. にちじん

日日〔일일〕 날마다. 매일. にちにち 「다 자꾸 진보(進步)함.

日日新又日新〔일일신우일신〕 날마

日入而息〔일입이식〕 해가 지면 돌아와 쉼. ひいりていこふ

日子〔일자〕 (동)⇨일자(日字).

日字〔일자〕 날짜. にちじ「にちぜん

日前〔일전〕 지나간 날. 며칠 전.

日程〔일정〕 그날에 할 일 또는 분량·순서. にってい「にっちゅう

日中〔일중〕 오정(午正) 때. 한낮.

日增月加〔일증월가〕 날로 달로 증가함. 나날이 늘어 감. 「し

日誌〔일지〕 (동)⇨일기(日記). にっ

日直〔일직〕 ①매일의 당직(當直). 주간(晝間)의 당직. にっちょく

日辰〔일진〕 날의 간지(干支).「ん

日進〔일진〕 나날이 진보함. にっし

日進月步〔일진월보〕 날이 가고 달이 바뀜에 따라 자꾸 진보함. にっしんげっぽ

日淺〔일천〕 시작한 뒤로 날짜가 많지 아니함. にっせん

日出〔일출〕 ①해가 뜸. ②나날이 나옴. にっしゅつ. ひので

日出而作〔일출이작〕 해가 뜨면 나가 일함. 「달로 진보함.

日就月將〔일취월장〕 학문이 날로

日下〔일하〕 ①해가 비치는 아래. ②해가 뜨는 동쪽 나라. ③서울. 도읍(都邑). ④천하(天下). 세계. じっか. にっか

日和〔일화〕 날씨가 화창함. ひより

日華〔일화〕 햇빛. にっか

日興〔일흥〕 ①매일 흥겨워함. ②매일 흥겨워하는 일. 매일 즐거워하는 일. にっきょう

▷隔日(격일). 近日(근일). 今日(금일). 忌日(기일). 吉日(길일). 落日(낙일). 納日(납일). 來日(내일). 當日(당일). 同日(동일). 每日(매일). 明日(명일). 白日(백일). 不日(불일). 生日(생일). 昔日(석일). 先日(선일). 數日(수일). 旬日(순일). 時日(시일). 連日(연일). 元日(원일). 月日(월일). 昨日(작일). 殘日(잔일). 再昨日(재작일). 積日(적일). 前日(전일). 終日(종일). 主日(주일). 週日(주일). 卽日(즉일). 祝日(축일). 他日(타일). 擇日(택일). 平日(평일). 夏日(하일). 後日(후일). 休日(휴일).

【旦】

부 日(날일변) 획 4—1 훈 아침 음 단(단:) ㊥ tan⁴ 英 morning ㊐ タン. あした

뜻 아침.

필순 丨冂日旦

旦來〔단래〕 아침부터. (동)조래(朝來). たんらい 「ょう

旦明〔단명〕 새벽. 해뜰녘. たんみ

旦暮〔단모〕 ①아침 저녁. (동)조석(朝夕)·단석(旦夕)·단혼(旦昏). ②절박(切迫)함. たんぼ 「せき

旦夕〔단석〕 (동)⇨단모(旦暮). たん

旦晝〔단주〕 ①아침과 낮. ②낮. たんちゅう 「暮).

旦昏〔단혼〕 아침 저녁. (동)단모(旦

▷吉旦(길단). 昧旦(매단). 歲旦(세단). 晨旦(신단). 旭旦(욱단). 元旦(원단). 月旦(월단). 一旦(일단). 正旦(정단). 早旦(조단). 曉旦(효단).

【旬】

부 日(날일변) 획 4—2 훈 열흘 음 순 ㊥ hsün² 英 period of ten day ㊐ ジュン. とおか 「루펼.

뜻 ①열흘. ②열번. 십년. ③두

필순 ノ勹勺旬旬

旬刊〔순간〕 열흘 만에 한 번씩 발행함. 또 그 간행물(刊行物). じ

旬間〔순간〕 초열흘께. しゅんかん

旬刊誌〔순간지〕 열흘 만에 한 번씩 발행되는 잡지 따위.

旬年〔순년〕 10년. じゅんねん

旬歲〔순세〕 만 1년. じゅんさい
旬餘〔순여〕 10여 일(日). じゅんよ
旬月〔순월〕 만 1 개월. じゅんげつ
旬日〔순일〕 열흘. 열흘 동안. じゅんじつ 「내는 장사.
旬葬〔순장〕 죽은 지 10일 만에 지
旬前〔순전〕 음력 초열흘 전. じゅんぜん
▷上旬(상순). 一旬(일순). 中旬(중순. 初旬(초순). 下旬(하순).

「旭」 부 日(날일변) 획 4—2 훈 빛날 음 욱 中 hsü⁴ 英 rising sun 日 キョク. あさひ
뜻 ①빛날. 밝을. ②해뜰.
필순 丿九旭旭
旭光〔욱광〕 아침 햇빛. 동욱휘(旭輝). きょっこう
旭旦〔욱단〕 아침 해뜰 무렵. きょくたん 「陽). きょくじつ
旭日〔욱일〕 아침 해. 동조양(朝
旭日昇天〔욱일승천〕 아침 해가 하늘에 떠오름. 또 그러한 기세. きょくじつしょうてん
旭輝〔욱휘〕 동⇨욱광(旭光).

〔早〕 부 日(날일변) 획 4—2 훈 일찍 음 조: 中 tsao³ 英 early 日 ソウ. はやい
뜻 ①일찍. 이를. ②새벽.
필순 ㅣ ㄇ 日 旦 早
早計〔조계〕 좀 이른 계획. 너무 급히 서두름. そうけい
早急〔조급〕 급히 서두름. 이르고 빠름. そうきゅう 「年).
早年〔조년〕 젊은 나이. ↔만년(晩
早達〔조달〕 ①나이 젊어서 높은 지위에 오름. 또 빠른 출세(出世). ②어려도 어른같이 보임. 숙성(夙成)함. そうたつ
早稻〔조도〕 올벼. そうとう. わせ
早老〔조로〕 나이에 비하여 일찍 늙음. 예一症(증). そうろう
早晩〔조만〕 ①이름과 늦음. ②아침과 저녁. ③이르든지 늦든지 어느 때든. ④가까운 장래에. 예 一間(간). そうばん
早死〔조사〕 일찍 죽음. そうし
早產〔조산〕 달이 차기 전에 낳음. そうさん 「うせい
早成〔조성〕 올되거나 키가 큼. そ
早世〔조세〕 일찍 죽음. そうせい
早熟〔조숙〕 일찍 익음. そうじゅく
早早〔조조〕 ①곧. 급히. 빨리. ②편지 끝에 쓰는 말. そうそう
早朝〔조조〕 이른 아침. 새벽. そうちょう 「ゅう
早集〔조집〕 일찌기 모임. そうし
早秋〔조추〕 이른 가을. 동초추(初秋). そうしゅう
早婚〔조혼〕 나이가 어려서 하는 혼인. ↔만혼(晩婚). そうこん
▷尙早(상조).

「旨」 부 日(날일변) 획 4—2 훈 뜻 음 지(지:) 中 chih³ 英 intention 日 シ. むね. うまい
뜻 ①뜻. ②맛. 맛있을. ③아름다울.
필순 ㄴ ㄴ ㄴ 旨 旨 旨
旨意〔지의〕 뜻. 생각. 동의향(意向). 지취(旨趣). しい
旨義〔지의〕 뜻. 동의의(意義). しぎ
旨酒〔지주〕 맛 좋은 술. ししゅ
旨趣〔지취〕 동⇨지의(旨意). ししゅう
▷高旨(고지). 內旨(내지). 密旨(밀지). 本旨(본지). 上旨(상지). 聖旨(성지). 令旨(영지). 遠旨(원지). 宗旨(종지). 趣旨(취지). 勅旨(칙지).

【旱】 부 日(날일변) 획 4—3 훈 가물 음 한: 中 han⁴ 英 drought 日 カン. ひでり
뜻 가물.
필순 ㅣ ㄇ 日 旦 旱
旱稻〔한도〕 육도(陸稻). 밭벼. かんとう
旱雷〔한뢰〕 가문 날에 나는 우뢰.
旱熱〔한열〕 날이 가물고 더움.
旱炎〔한염〕 불꽃 같은 더위.
旱災〔한재〕 가물로 생기는 재앙(災殃). かんさい 「さい
旱祭〔한제〕 기우제(祈雨祭). かん
旱天〔한천〕 가문 하늘. 또 여름의 하늘. かんてん
旱害〔한해〕 가물의 피해. かんがい
旱凶〔한흉〕 가뭄으로 흉년이 듦.

かんきょう 「한).
▷枯旱(고한). 大旱(대한). 炎旱(염

〔明〕 부 日(날일변) 획 4—4 훈 밝을 음 명 中 ming² 英 bright 日 メイ. ミョウ. あきらか. あかるい. あける
뜻 ①밝을. ②낮. ③이승. ④나라이름. ⑤성.
필순 П 日 明 明明
明鑑〔명감〕 ①맑은 거울. ②높은 식견(識見). ③좋은 귀감(龜鑑). めいかん
明見〔명견〕 ①사물을 보는데 밝음. ②밝은 의견. めいけん
明見萬里〔명견만리〕 만리 밖의 일을 환하게 알고 있음. めいけんばんり 「けつ
明決〔명결〕 동⇨명단(明斷). めい
明鏡〔명경〕 ①맑은 거울. ②명백히 함. めいきょう
明鏡止水〔명경지수〕 맑은 거울과 잔잔한 물이란 뜻으로, 마음의 맑고 깨끗함을 이름. めいきょうしすい 「령(守令). めいかん
明官〔명관〕 어진 정치를 베푸는 수
明光〔명광〕 밝은 빛. めいこう
明教〔명교〕 인륜(人倫)의 명분(名分)을 밝히는 교훈. めいきょう
明君〔명군〕 명철(明哲)한 군주(君主). ↔암군(暗君). めいくん
明記〔명기〕 분명히 기록함. 밝히어 적음. めいき 「みょうねん
明年〔명년〕 이듬해. 동내년(來年).
明斷〔명단〕 판단을 밝게 내림. 동명결(明決). めいだん
明達〔명달〕 지혜가 밝아서 사리에 통달(通達)함. めいたつ
明答〔명답〕 분명한 대답. めいとう
明堂〔명당〕 ①천자(天子)가 제후(諸侯)를 인견(引見)하는 궁전. ②천자(天子)가 정사(政事)를 보는 궁전. ③썩 좋은 묏자리. めいどう 「いとく
明德〔명덕〕 밝은 덕행(德行). め
明渡〔명도〕 성이나 혹은 집을 비어서 남에게 넘겨 줌. あけわたし
明道〔명도〕 밝은 도(道). 또 도를 밝힘. めいどう
明卵〔명란〕 명태(明太)의 알.
明朗〔명랑〕 맑고도 밝음. めいろう
明瞭〔명료〕 분명함. めいりょう
明滅〔명멸〕 불이 켜졌다 꺼졌다 함. めいめつ
明明白白〔명명백백〕 아주 명백(明白)함. めいめいはくはく
明文〔명문〕 명백히 기입된 조문(條文). 예—化(화). めいぶん
明敏〔명민〕 총명(聰明)하고 민첩(敏捷)함. めいびん
明白〔명백〕 아주 분명함. めいはく
明辯〔명변〕 명백한 변설(辯舌). めいべん 「수. めいぶん
明分〔명분〕 당연히 지켜야 할 분
明師〔명사〕 현명한 스승. めいし
明夕〔명석〕 내일 저녁. みょうせき
明宣〔명선〕 분명하게 베풂. 명시(明示)함. めいせん 「うじょう
明星〔명성〕 샛별. めいせい. みょ
明細〔명세〕 분명하고 자세함. 예—表(표). めいさい
明水〔명수〕 신에게 올리는 물. 정화수(井華水). めいすい
明秀〔명수〕 사리에 밝고 재주가 뛰어남. めいしゅう
明示〔명시〕 똑똑하게 보임. 분명(分明)하게 가리킴. めいし
明視〔명시〕 ①똑똑히 봄. ②옳게 봄. めいし
明識〔명식〕 환히 앎. 또 밝은 식견(識見). めいしき 「あん
明暗〔명암〕 밝음과 어두움. めい
明夜〔명야〕 내일 밤. みょうや
明若觀火〔명약관화〕 불을 보는 듯이 환하게 살필 수가 있음.
明言〔명언〕 분명히 말함. めいげん
明銳〔명예〕 밝고 날카로움. めいえい 「하고 민첩함. めいご
明悟〔명오〕 ①환히 깨달음. ②총명
明月〔명월〕 ①밝은 달. ②보름달. 동만월(滿月). ③새달. 동내월(來月). めいげつ 「す
明日〔명일〕 내일. みょうじつ. あ
明淨〔명정〕 맑고 깨끗함. めいじょう
明正其罪〔명정기죄〕 명백하게 죄

명(罪名)을 집어내어 바로잡음.
明朝〔명조〕 ①내일 아침. ②활자(活字)의 한 체. 명조체(明朝體). みょうちょう
明證〔명증〕 명백한 증거. 또 명백하게 증명함. めいしょう 「う
明澄〔명징〕 밝고 맑음. めいちょ
明察〔명찰〕 환히 살핌. 똑똑히 살핌. めいさつ
明暢〔명창〕 소리가 맑고 유창함.
明哲〔명철〕 사리에 밝음. 또 그 사람. めいてつ
明哲保身〔명철보신〕 사태와 사리에 환하게 밝아서, 자기의 신명(身命)을 위험한 자리에나 욕된 곳에 빠뜨리지 아니하고 잘 보전함. めいてつほしん
明淸〔명청〕 ①맑고 깨끗함. ②명(明)나라와 청(淸)나라. みんしん 「밝게 함. めいしょく
明燭〔명촉〕 밝은 횃불. 또 횃불을
明秋〔명추〕 내년 가을. めいしゅう
明春〔명춘〕 내년 봄. みょうしゅん
明解〔명해〕 명백한 해석. めいかい
明驗〔명험〕 현저한 효험(效驗). めいけん 「いかく
明確〔명확〕 명백하고 확실함. め
明曉〔명효〕 환히 깨달음. 분명히 앎. めいぎょう 「めいき
明輝〔명휘〕 밝게 빛남. 밝은 빛.
▷公明(공명). 光明(광명). 大明(대명). 燈明(등명). 文明(문명). 未明(미명). 發明(발명). 辨明(변명). 分明(분명). 不明(불명). 山紫水明(산자수명). 聲明(성명). 昭明(소명). 神明(신명). 失明(실명). 證明(증명). 淸明(청명). 賢明(현명).

【昔】 부 日(날일변) 획 4—4 훈 옛 음 석 中 hsi² 英 ancient 日 セキ. シャク. むかし
뜻 ①옛. ②오랠. ③접때. ④성.
필순 一艹艹昔昔
昔年〔석년〕 옛날. 동왕년(往年). せきねん
昔時〔석시〕 옛적. せきじ
昔人〔석인〕 옛날 사람. せきじん
昔日〔석일〕 ①옛적. ②어제. 또는 사오일 전. せきじつ
▷古昔(고석). 今昔(금석). 夙昔(숙석). 宿昔(숙석). 往昔(왕석).

【昇】 부 日(날일변) 획 4—4 훈 오를 음 승 中 shêng¹ 英 rise 日 ショウ. のぼる
뜻 오를.
필순 ㄱ日𠃌昇昇
昇降〔승강〕 오르고 내림. 예—機(기). しょうこう 「きゅう
昇給〔승급〕 봉급이 오름. しょう
昇級〔승급〕 ①등급(等級)이 오름. 동진급(進級)·승진(昇進). しょうきゅう 「ょ
昇敍〔승서〕 벼슬을 올림. しょうじ
昇進〔승진〕 벼슬이나 지위가 오름. 동승급(昇級). しょうしん
昇天〔승천〕 ①하늘에 올라감. ②하늘에 올라가 신선(神仙)이 됨. 예羽化(우화)—. ③기독교에서 신자(信者)가 죽음. しょうてん
昇天入地〔승천입지〕 하늘에 오르고 땅에 들어감.
昇平〔승평〕 태평한 세상. 동승평(升平). しょうへい
昇華〔승화〕 고체(固體)에 열을 가할 때 액체(液體)가 되는 일이 없이 직접 기체(氣體)로 되는 현상. しょうか
▷上昇(상승). 提昇(제승).

【易】 부 日(날일변) 획 4—4 훈 바꿀·쉬울 음 역·이 中 i⁴ 英 exchange; easy 日 エキ. イ. かえる. やすい
뜻 ①바꿀(역). ②점(역). ③주역(역). ④쉬울(이). ⑤간략할(이).
필순 ㄱ日月易易
易理〔역리〕 주역(周易)의 이치. えきり
易書〔역서〕 점에 관한 일을 기록한 책. えきしょ 「람. えきせい
易聖〔역성〕 역리(易理)에 환한 사
易數〔역수〕 역(易)의 이치. 또는 변화. えきすう 「えきしゃ
易者〔역자〕 점치는 사람. 점장이.
易地皆然〔역지개연〕 사람은 처지

를 바꾸어 같은 처지에 있게 되면 모두 같은 행위를 함.
易學〔역학〕 주역(周易)에 관하여 연구하는 학문. えきがく
易習〔이습〕 쉽게 익힘. いしゅう
易易〔이이〕 쉬운 모양. いい
易直〔이직〕 까다롭지 않음.
▷簡易(간이). 改易(개역). 難易(난이). 萬世不易(만세불역). 貿易(무역). 變易(변역). 安易(안이). 容易(용이). 周易(주역).

「旺」 부 日(날일변) 획 4—4 훈 왕성할 음 왕: 中 wang⁴ 英 vigorous 日 オウ. さかん
뜻 ①왕성할. ②아름다울. ③해무리.
필순 ⅱ ⅱ 旰旺旺
旺氣〔왕기〕 ①왕성한 기운. ②행복스럽게 될 조짐. おうき
旺盛〔왕성〕 잘 되어 한창임. おうせい
旺運〔왕운〕 한창인 운수. おううん
旺興〔왕흥〕 한창 일어남. おうこう
▷盛旺(성왕). 興旺(흥왕).

〖昌〗 부 日(날일변) 획 4—4 훈 창성할 음 창 中 ch'ang¹ 英 prosper 日 ショウ. さかん
뜻 창성할.
필순 ㅁ日昌昌昌
昌盛〔창성〕 성함. 번창(繁昌)함. しょうせい
昌世〔창세〕 잘 다스려 번영하는 세상.
昌昌〔창창〕 창성(昌盛)한 모양. しょうしょう
昌平〔창평〕 나라가 창성하고 세상이 태평함. しょうへい
▷繁昌(번창). 盛昌(성창). 壽昌(수창). 隆昌(융창).

【昏】 부 日(날일변) 획 4—4 훈 어두울 음 혼 中 huen¹ 英 dark 日 コン. くらい. たそがれ
뜻 ①어두울. ②날저물. ③어지러울. 혼미할.
필순 ㄷ F 氏 昏昏昏
昏亂〔혼란〕 ①어둡고 어지러움. ②어지러운 세상. こんらん
昏忘〔혼망〕 정신이 흐려서 잘 보이지 않음. こんぼう
昏夢〔혼몽〕 흐린 꿈. こんむ
昏迷〔혼미〕 마음이 흐리고 흐리멍덩함. こんめい
昏睡〔혼수〕 ①정신이 없이 잠이 듦. ②의식이 없어서 인사불성(人事不省)이 됨. こんすい
昏定晨省〔혼정신성〕 저녁에는 잠자리를 보아 드리고 아침에는 문안을 드림. 곧 부모를 섬기는 도리. こんていしんせい
昏昏〔혼혼〕 ①어두운 모양. ②마음이 흐린 모양. こんこん
昏黑〔혼흑〕 날이저 물어서 어두움.
▷老昏(노혼). 昭昏(소혼). 幽昏(유혼). 黃昏(황혼).

「昧」 부 日(날일변) 획 4—5 훈 어두울 음 매: 中 mei⁴ mi⁴ 英 obscure 日 マイ. くらい
뜻 ①어두울. ②어지러울. ③탐할. ④무릅쓸.
필순 ⅱ ⅱ 旪 昁 昧 昧
昧旦〔매단〕 동틀 무렵. まいたん
昧例〔매례〕 관례(慣例)에 어두움. まいれい
昧昧〔매매〕 ①어둑어둑한 모양. ②깊은 생각에 잠긴 모양. ③어두운 모양. ④순후(純厚)한 모양. まいまい
昧事〔매사〕 사리에 어두움.
昧者〔매자〕 어리석고 둔한 사람.
▷冥昧(명매). 蒙昧(몽매). 迷昧(미매). 三昧(삼매). 深昧(심매). 暗昧(암매). 頑昧(완매). 愚昧(우매). 昏昧(혼매).

〖星〗 부 日(날일변) 획 4—5 훈 별 음 성 中 hsing¹ 英 star 日 セイ. ジョウ. ほし
뜻 ①별. ②세월.
필순 ㅁ日 尸 旱星
星官〔성관〕 천문(天文)을 맡은 벼슬아치. せいかん
星光〔성광〕 별의 빛. せいこう
星群〔성군〕 별 떼. せいぐん
星斗〔성두〕 별. せいと
星象〔성상〕 별에 나타난 형상(形象). せいしょう
星霜〔성상〕 세월(歲月). せいそう
星星〔성성〕 머리털이 희뜩희뜩한 모양. せいせい

星宿〔성수〕 ①28수(宿)의 하나. 별자리의 이름. ②별자리. (동)성좌(星座). せいしゅく
星數〔성수〕 사람의 운수(運數).
星術〔성술〕 천문으로 치는 점. (동)점성술(占星術). せいじゅつ
星辰〔성신〕 별. (예)日月(일월)一. せいしん
星夜〔성야〕 별이 뜬 밤. せいや
星雨〔성우〕 유성(流星)의 심한 현상. (동)운성(隕星). せいう
星雲〔성운〕 은하의 군데군데에 구름이나 안개같이 많이 모여 있는 별들. せいうん
星占〔성점〕 별의 빛과 위치 등으로 치는 점. ほしうらない
星座〔성좌〕 별의 자리를 보기 위하여 하늘을 몇 부분으로 나눈 구역. 별자리. (동)성수(星宿). (예)大熊(대웅)一. せいざ
星火〔성화〕 ①아주 작은 숯불. ②유성(流星)의 빛. 일이 대단히 급(急)함의 비유. せいか
▷金星(금성). 老人星(노인성). 大熊星(대웅성). 明星(명성). 木星(목성). 北斗七星(북두칠성). 水星(수성). 衛星(위성). 流星(유성). 將星(장성). 太白星(태백성). 土星(토성). 慧星(혜성). 火星(화성). 曉星(효성).

【昭】 [부] 日(날일변) [획] 4—5 [훈] 밝을 [음] 소 (中) chao¹ (英) brightness (日) ショウ. あきらか
[뜻] ①밝을. 밝힐. ②신주차례.
[필순] 𠃊 日 日ᄀ日ᄁ昭昭
昭代〔소대〕 ①밝게 다스려진 세상. 태평한 세상. ②당대(當代)의 미칭. しょうだい　「ょうめい
昭名〔소명〕 환히 드러난 명성. し
昭明〔소명〕 밝음. 환함. しょうめ
昭詳〔소상〕 분명하고 자세함. Lい
昭雪〔소설〕 누명(陋名)·원죄(寃罪)를 씻음. しょうせつ
昭昭〔소소〕 ①밝은 모양. ②빛나는 모양. しょうしょう
昭憲〔소헌〕 밝은 법(法). 훌륭한 법. しょうけん
昭和〔소화〕 세상이 태평하고 군민(君民)이 일치함. しょうわ
△明昭(명소). 宣昭(선소). 布昭(포소). 顯昭(현소).

〖是〗 [부] 日(날일변) [획] 4—5 [훈] 이 [음] 시: (中) shih⁴ (英) this (日) ゼ. これ. この
[뜻] ①이. ②옳을.
[필순] ᄆ 무무무是是
是非〔시비〕 ①옳음과 그름. 선악(善惡). ②시시비비(是是非非). ③아뭏든. 반드시. ぜひ
是非曲直〔시비곡직〕 옳고 그르고 굽고 곧음. ぜひきょくちょく
是非之心〔시비지심〕 옳음을 옳다 하고 그름을 그르다고 하는 마음. ぜひのこころ
是時〔시시〕 이 때. 때. しじ
是是非非〔시시비비〕 옳은 것은 옳다 하고 그른 것은 그르다 함. 사리를 공정하게 판단하는 것. (동)시비(是非). ぜぜひひ
是認〔시인〕 옳다고 인정함. ↔부인(否認). ぜにん　「ぜせい
是正〔시정〕 잘못된 것을 바로잡음.
▷國是(국시). 本是(본시). 先是(선시). 若是(약시). 於是(어시). 如是(여시). 由是(유시). 有是(유시). 以是(이시).

【映】 [부] 日(날일변) [획] 4—5 [훈] 비칠 [음] 영(영:) (中) ying⁴ (英) shine (日) エイ. はえる. うつ
[뜻] 비칠.　しる
[필순] 𠃊 日 日ᄆ日ᄆ映
映射〔영사〕 광선이 반사(反射)함.
映寫〔영사〕 환등(幻燈)이나 영화를 상영(上映)함. えいしゃ
映雪〔영설〕 눈빛으로 되비춤. えいせつ　「色」. えいさい
映彩〔영채〕 환하게 빛나는 채색(彩
映畫〔영화〕 필름에 찍힌 영상(映像)을 영사(映寫)하여 사람이나 물건의 움직임을 나타내는 것. 활동사진(活動寫眞). 시네마(cinema). えいが
▷光映(광영). 反映(반영). 寫映(사영). 上映(상영).

〖昨〗 [부] 日(날일변) [획] 4—5 [훈] 어제 [음] 작 (中) tsuo² (英)

yesterday ㊐ サク. きのう
뜻 ①어제. ②옛. 지난날.
필순 ∏ Ⅱ 旷昨昨

昨今〔작금〕 어제와 오늘. ㊈근래(近來). さっこん
昨年〔작년〕 지난 해. さくねん「う
昨冬〔작동〕 지난 해 겨울. さくと
昨非〔작비〕 지금까지의 그름. 또 이전의 과실. 과거의 잘못. さく
昨夕〔작석〕 어제 저녁. 」ひ
昨夜〔작야〕 어젯밤. さくや
昨日〔작일〕 어제. さくじつ
昨春〔작춘〕 지난 봄. さくしゅん
▷一昨(일작). 再昨(재작).

「昶」 부 日(날일변) 획 4—5 훈 해길 음 창: ㊥ ch'ang³ ㊧ bright ㊐ ショウ. あきらか
뜻 ①해길. ②통할. 화창할.
필순 ㇆ 㓁 永 永 昶 昶

〔春〕 부 日(날일변) 획 4—5 훈 봄 음 춘 ㊥ ch'un¹ ㊧ spring ㊐ シュン. はる
뜻 봄.
필순 三 声 夫 春 春

春江〔춘강〕 봄철의 강물. しゅんこう 「しゅんこう
春耕〔춘경〕 봄에 하는 논밭 갈이.
春景〔춘경〕 봄철의 경치(景致). しゅんけい
春季〔춘계〕 봄의 계절. しゅんき
春困〔춘곤〕 봄철에 고달픈 기운.
春光〔춘광〕 봄 경치. しゅんこう
春宮〔춘궁〕 ①태자(太子)가 거처하는 궁전. ②태자. ㊈동궁(東宮). しゅんぐう
春窮〔춘궁〕 농가(農家)에서 묵은 곡식은 떨어지고 보리는 아직 여물지 않아 끼니를 잇기 어려운 때. 곧 음력 삼사월경. ㊈보릿고개. しゅんきゅう
春機發動機〔춘기발동기〕 춘정(春情)이 발작하는 시기. 남자는 십오륙세경, 여자는 십삼사세경. しゅんきはつどうき
春暖〔춘난〕 봄철의 따뜻한 기운. しゅんだん
春蘭〔춘란〕 ①봄의 난초. ②난초의 한 가지. しゅんらん

春梅〔춘매〕 봄에 피는 매화나무. しゅんばい 「しゅんみん
春眠〔춘면〕 봄철의 노곤한 졸음.
春夢〔춘몽〕 봄의 짧은 밤에 꾸는 꿈. 곧 덧없는 세상 일. ㊕一場(일장)—. しゅんむ
春分〔춘분〕 24절기의 하나. 경칩(驚蟄)과 청명(淸明) 사이에 있는 절기. 태양이 적도 위에 직사하여 주야의 길이가 같은 때. 곧 양력 3월 21일경. しゅんぶん
春色〔춘색〕 봄 경치. しゅんしょく
春雪〔춘설〕 봄에 오는 눈. しゅんせつ
春愁〔춘수〕 봄의 수심(愁心). 봄철에 일어나는 뒤숭숭한 생각. しゅんしゅう
春心〔춘심〕 ①남녀의 정욕(情慾). ②봄에 느끼는 정서(情緖). しゅんしん 「ゅんよう
春陽〔춘양〕 봄 볕. 봄의 계절. し
春餘〔춘여〕 봄의 끝. 얼마 남지 않은 봄. しゅんよ
春雨〔춘우〕 봄에 오는 비. 봄비. しゅんう. はるさめ 「つ
春月〔춘월〕 봄 밤의 달. しゅんげ
春遊〔춘유〕 봄놀이. しゅんゆう
春蠶〔춘잠〕 봄에 치는 누에. しゅんさん
春裝〔춘장〕 봄 차림. しゅんそう
春節〔춘절〕 봄철. しゅんせつ
春酒〔춘주〕 봄에 담가 겨울에 익는 술. しゅんしゅ
春秋〔춘추〕 ①봄과 가을. ②어른의 나이. ③공자(孔子)가 저술한 노(魯)나라의 역사. しゅんじゅう
春秋高〔춘추고〕 늙음. 나이가 많음. しゅんじゅうたかし
春秋富〔춘추부〕 나이가 젊음. しゅんじゅうとむ
春秋筆法〔춘추필법〕 공자(孔子)의 <춘추(春秋)>와 같이 엄정(嚴正)한 필법. しゅんじゅうひっぽう
春風〔춘풍〕 봄바람. しゅんぷう
春風秋雨〔춘풍추우〕 봄바람과 가을비. 지나간 세월을 이름. しゅんぷうしゅうう

春風和氣〔춘풍화기〕 봄날의 화창(和暢)한 기운. しゅんぷうわき
春夏〔춘하〕 봄과 여름. しゅんか
春寒〔춘한〕 봄 추위. しゅんかん
春香傳〔춘향전〕 고대소설. 작자는 미상. 쓰여진 연대는 18세기 말에서 19세기 초로 추측됨. 「か
春花〔춘화〕 봄에 피는 꽃. しゅん
春興〔춘흥〕 봄철에 일어나는 흥치(興致). しゅんこう
▷晩春(만춘). 孟春(맹춘). 暮春(모춘). 思春(사춘). 新春(신춘). 陽春(양춘). 早春(조춘). 仲春(중춘). 青春(청춘). 初春(초춘). 回春(회춘). 懷春(회춘).

〔時〕 부 日(날일변) 획 4—6 훈 때 음 시 ㊥ shih² ㊧ time ㊐ ジ. さき
뜻 ①때. ②철. ③기회.
필순 ㅣ 日 旷 昨 昡 時 時

時價〔시가〕 그 때의 값. 현재의 시세(時勢). じか
時刻〔시각〕 ①시간의 한 점. 짧은 시간. ②때. じこく
時間〔시간〕 ①때와 때의 사이. ②과거·현재·미래의 무한한 연속(連續). ↔공간(空間). じかん
時局〔시국〕 당면한 국내 및 국제 정세. 예—講演(강연). じきょく
時急〔시급〕 때가 절박(切迫)하여 바쁨. じきゅう　「조). じき
時期〔시기〕 정한 때. 예—尙早(상
時機〔시기〕 적당한 때. 동기회(機會). じき
時代〔시대〕 시간을 역사적으로 구분한 한 기간(期間). じだい
時代錯誤〔시대착오〕 시대의 추세(趨勢)를 따르지 아니하는 잘못된 생각. じだいさくご
時論〔시론〕 그 시대의 여론(輿論). じろん　「りゅう
時流〔시류〕 당시의 풍조(風潮). じ
時報〔시보〕 ①때때로 알리는 보도. ②시간을 알림. じほう
時事解說〔시사해설〕 시사에 관하여 여러 사람에게 바로 알리기 위하여 풀어 설명함. じじかいせつ
時歲〔시세〕 때. 시간. じさい
時勢〔시세〕 ①그 때의 물건 값. ②그 때의 형세. じせい
時俗〔시속〕 ①그 시대의 풍속. ②그 시대의 인정(人情). じぞく
時速〔시속〕 한 시간의 속력(速力). じそく　「じしゅう
時習〔시습〕 때때로 복습(復習)함.
時習之〔시습지〕 때때로 익힘.
時時刻刻〔시시각각〕 시간이 흐름에 따라. 시각마다. じじこっこく
時雨〔시우〕 철에 맞추어 오는 비. じう. しぐれ
時運〔시운〕 시대의 운수. じうん
時宜〔시의〕 그 때의 사정에 맞음. 예—適切(적절). じぎ
時人〔시인〕 그 때의 사람. じじん
時日〔시일〕 ①때와 날. 동기일(期日). ②좋은 날. 동길일(吉日). ③세월. じじつ
時哉時哉〔시재시재〕 좋은 때를 만나 기뻐서 감탄하는 말.
時節〔시절〕 ①철. ②사람의 일생을 구분한 한 동안. 예青年(청년)—. じせつ
時調〔시조〕 고려 말엽부터 발달하여 온 우리 나라 고유의 정형시(定型詩)의 한 형태.
時差〔시차〕 태양시(太陽時)와 평균시(平均時)와의 차. じさ
時體〔시체〕 그 시대의 풍속·습관.
時評〔시평〕 그때 사람들의 비평(批評). じひょう　「じへい
時弊〔시폐〕 그 당시의 폐단(弊端).
時下〔시하〕 요새. 이때. じか
時好〔시호〕 그 당시의 유행(流行). じこう
時和年豐〔시화연풍〕 나라가 태평(泰平)하고 곡식이 잘 됨. じわねんぷう
時效〔시효〕 일정한 기간의 경과에 의해 권리가 발생 또는 소멸(消滅)하는 일. じこう
時候〔시후〕 사철의 절기(節氣). 동기후(氣候). じこう
▷近時(근시). 農時(농시). 當時(당시). 同時(동시). 不時(불시). 四時(사시). 常時(상시). 盛時(성시). 隨時(수시). 瞬時(순시).

往時(왕시). 一時(일시). 臨時(임시). 暫時(잠시). 適時(적시). 卽時(즉시). 天時(천시). 寸時(촌시). 此一時(차일시).

[晏] 부 日(날일변) 획 4—6 훈 늦을 음 안 中 yen⁴ 英 late 日 アン. おそい. やすい
뜻 ①늦을. ②편안할.
필순 ㄇ 日 旦 旦 旦 晏 晏

晏起〔안기〕 아침 늦게 일어남. あんき
晏眠〔안면〕 늦잠. あんみん
晏息〔안식〕 편히 쉼. 동안식(安息).
晏如〔안여〕 태연하고 침착한 모양. 동안연(晏然). あんじょ
晏然〔안연〕 동⇨안여(晏如). あんぜん
晏清〔안청〕 세상이 화평하고 깨끗해짐. あんせい

[晉] 부 日(날일변) 획 4—6 훈 진나라 음 진: 中 chin⁴ 英 name of nation 日 シン. すすむ
뜻 ①진나라. ②나아갈.
참고 속 晋
필순 亞 亞 晉 晉

晉鼓〔진고〕 북의 한 가지. しんこ
晉山〔진산〕 중이 새로 한 절을 맡아 주지(住持)가 되는 일. しんざん
晉山式〔진산식〕 중이 진산(晉山)이 될 때 올리는 의식(儀式). しんざんしき

[晩] 부 日(날일변) 획 4—7 훈 늦을 음 만: 中 wan³ 英 late 日 バン. おそい. くれ
뜻 ①늦을. ②저물. ③저녁.
필순 ㄇ 日 旿 昤 晩 晩 晩 晩

晩景〔만경〕 ①저녁 경치. ②저녁 햇빛. ばんけい
晩交〔만교〕 늙바탕의 친구. 늦게 사귄 친구. ばんこう
晩年〔만년〕 늙바탕. 동노후(老後). ばんねん
晩得〔만득〕 늦게 자식을 낳음.
晩來〔만래〕 ①저녁때. ②동노래(老來). ばんらい
晩福〔만복〕 늙바탕에 트인 복.
晩成〔만성〕 늦게 성취함. 늦게야 이루어짐. 동만취(晩就). 예大器(대기)—. ばんせい
晩時〔만시〕 때가 늦음. 예—之嘆(지탄). ばんじ
晩鐘〔만종〕 저녁에 치는 종소리. ばんしょう
晩餐〔만찬〕 저녁 식사. ばんさん
晩秋〔만추〕 늦가을. 곧 음력 9월. ばんしゅう
晩春〔만춘〕 늦봄. 곧 음력 3월. ばんしゅん
晩就〔만취〕 동⇨만성(晩成). ばんしゅう
晩學〔만학〕 중년(中年) 이후의 공부. ばんがく
晩婚〔만혼〕 중년 이후의 결혼. ↔조혼(早婚). ばんこん
晩花〔만화〕 늦게 피는 꽃. ばんか
▷今晩(금만). 歲晩(세만). 早晩(조만).

[晨] 부 日(날일변) 획 4—7 훈 새벽 음 신 中 shen¹ 英 daybreak 日 シン. あした
뜻 새벽.
필순 ㄇ 日 尸 晨 晨 晨

晨光〔신광〕 아침 햇빛. しんこう
晨旦〔신단〕 아침. 동신조(晨朝). しんたん
晨明〔신명〕 샐녘. 새벽. 동여명(黎明). しんめい
晨暮〔신모〕 동⇨신혼(晨昏). しんぼ
晨夕〔신석〕 새벽과 저녁. 아침저녁. しんせき
晨朝〔신조〕 동⇨신단(晨旦).
晨鐘〔신종〕 새벽에 치는 종. しんしょう
晨昏〔신혼〕 아침 저녁. 밤낮. 동조석(朝夕). 신모(晨暮). しんこん

[晝] 부 日(날일변) 획 4—7 훈 낮 음 주(주:) 中 chau⁴ 英 day time 日 チュウ. ひる
뜻 낮.
참고 약 昼
필순 ㄱ ⺕ 聿 書 書 晝 晝

晝間〔주간〕 낮 동안. ↔야간(夜間). ちゅうかん. ひるま
晝耕夜讀〔주경야독〕 ①낮에는 일하고 밤에 공부함. ②바쁜 틈을 타서 어렵게 공부함. 동주경야송. ちゅうこうやどく
晝耕夜誦〔주경야송〕 동⇨주경야독.
晝想夜夢〔주상야몽〕 낮에 생각한 것을 밤에 꿈꿈. ちゅうそうやむ

晝食〔주식〕 낮에 먹는 밥. 점심. ちゅうしょく
晝夜〔주야〕 밤과 낮. 밤낮. ちゅうや 「ゅうじつ
晝日〔주일〕 ①낮. ②해. 태양. ち
晝學〔주학〕 낮에 배우는 공부. ちゅうがく
▷白晝(백주). 正晝(정주).

【景】 부 日(날일변) 획 4—8 훈 볕 음 경: ㊥ ching[3] ㊤ sunshine ㊐ ケイ. ひかげ
뜻 ①볕. ②빛. ③경치. ④클. ⑤그림자(영) (影과 통용).
필순 口旦昌昙景

景觀〔경관〕 동⇨경치(景致). けいかん
景光〔경광〕 ①상서로운 빛. 동서광(瑞光). ②세월. 동광음(光陰). けいこう 「けいぼ
景慕〔경모〕 우러러 사모(思慕)함.
景物〔경물〕 풍물(風物). 동경치(景致). けいぶつ
景福〔경복〕 큰 복. けいふく 「しき
景色〔경색〕 경치. けいしょく. け
景勝〔경승〕 경치가 좋음. 또 그 곳. 예一地(지). けいしょう
景趣〔경취〕 경치. けいしゅ
景致〔경치〕 산천 등의 자연계(自然界)의 아름다운 현상. 동경관(景觀)·경물(景物). けいち
景況〔경황〕 상황(狀況). 상태(狀態). けいきょう
▷佳景(가경). 光景(광경). 近景(근경). 背景(배경). 山景(산경). 殺風景(살풍경). 雪景(설경). 全景(전경). 秋景(추경). 春景(춘경). 八景(팔경). 風景(풍경). 好景(호경). 後景(후경).

【普】 부 日(날일변) 획 4—8 훈 넓을 음 보: ㊥ p'u[3] ㊤ universal ㊐ フ. あまねし
뜻 넓을.
필순 并並普普普

普告〔보고〕 널리 알림. 동포고(布告). ふこく 「뜨림. ふきゅう
普及〔보급〕 널리 퍼짐. 또 널리 퍼
普選〔보선〕 약보통선거(普通選擧).
普恩〔보은〕 두루 은혜를 베풂. 또 두루 베푸는 은혜. 「밑. ふてん
普天〔보천〕 ①넓은 하늘. ②하늘
普通〔보통〕 ①특별하지 않고 늘 있는 일. 동통상(通常). ②특별하지 않고 널리 일반(一般)에 통함. ふつう
普遍〔보편〕 두루 미침. ふへん
普遍妥當〔보편타당〕 한 명제(命題)가 모든 사물에 일반적·필연적으로 통함. ふへんだとう

【晶】 부 日(날일변) 획 4—8 훈 수정 음 정 ㊥ ching[1] ㊤ crystal ㊐ ショウ. あきらか
뜻 ①수정. ②맑을. 밝을. ③결정.
필순 口日昌晶

晶光〔정광〕 번쩍번쩍하는 빛. しょうこう 「しょうしょう
晶晶〔정정〕 반짝반짝 빛나는 모양.
▷結晶(결정). 光晶(광정). 水晶(수정). 玉晶(옥정).

【智】 부 日(날일변) 획 4—8 훈 슬기 음 지(지:) ㊥ chih[4] ㊤ wisdom ㊐ チ. ちえ
뜻 슬기. 지혜.
필순 ㇐𠂉矢知知智智

智見〔지견〕 지혜(智慧)와 식견(識見). ちけん 「(智力). ちのう
智能〔지능〕 슬기의 작용. 동지력
智德〔지덕〕 지혜와 덕행. ちとく
智力〔지력〕 슬기의 힘. 지혜의 작용. 동지능(知能). ちりょく
智謀〔지모〕 슬기 있는 꾀. ちぼう
智識〔지식〕 지혜와 견식(見識). ちしき 「氣). ちゆう
智勇〔지용〕 재지(才智)와 용기(勇
智育〔지육〕 지능의 계발(啓發)을 목적으로 하는 교육. ちいく
智仁勇〔지인용〕 슬기와 어짊과 날램. 지혜와 인자(仁慈)와 용기. ちじんゆう 「しゃ
智者〔지자〕 슬기가 있는 사람. ち
智者一失〔지자일실〕 슬기로운 사람도 많은 생각 가운데에는 간혹 실책(失策)이 있음. ちしゃいっしつ
智齒〔지치〕 사랑니. ちし
智慧〔지혜〕 슬기. ちえ
▷奸智(간지). 巧智(교지). 奇智(기

지). 機智(기지). 明智(명지). 無智(무지). 民智(민지). 聖智(성지). 世智(세지). 心智(심지). 靈智(영지). 叡智(예지). 仁義禮智(인의예지). 才智(재지). 全智(전지). 聰智(총지). 慧智(혜지).

〖晴〗 부 日(날일변) 획 4—8 훈 갤 음 청 ㊥ ch'ing² 英 weather ㊐ セイ. はれる

뜻 갤.

필순 ㅣ ㅒ 旪 旪 昛 晴 晴 晴

晴空〔청공〕 맑게 갠 하늘. ㊋청천(晴天). せいくう

晴朗〔청랑〕 하늘이 깨끗이 개어서 맑고 밝음. せいろう 「どん

晴曇〔청담〕 ㊋⇨청음(晴陰). せい

晴明〔청명〕 ①하늘이 개어 맑음. ②24절기의 하나. 춘분(春分)과 곡우(穀雨) 사이로서 양력 4월 5~6일경. せいめい

晴雨〔청우〕 하늘이 맑음과 비가 옴. 청천(晴天)과 우천(雨天). ㊉一計(계). せいう

晴陰〔청음〕 하늘이 맑음과 흐림. ㊋청담(晴曇). せいいん

晴天〔청천〕 맑게 갠 하늘. ㊋청공(晴空). せいてん

晴天白日〔청천백일〕 ①맑게 갠 날씨. ②조금도 뒤가 구린 구석이 없음. ③무죄 판결(無罪判決)을 받음. ㊋청천백일(靑天白日). せいてんはくじつ

晴和〔청화〕 맑게 개어 날씨가 온화(溫和)하고 맑음. せいわ

▷陰晴(음청). 秋晴(추청). 春晴(춘청). 快晴(쾌청).

【暇】 부 日(날일변) 획 4—9 훈 겨를 음 가: ㊥ hsia²·⁴ 英 leisure ㊐ カ. ひま. いとま

뜻 ①겨를. ②한가할.

필순 ㅣ ㅒ 旪 旪 昛 暇 暇 暇

暇餘〔가여〕 겨를. 틈. ㊋여가(餘暇). かよ 「날. かじつ

暇日〔가일〕 틈이 있는 날. 한가한

暇逸〔가일〕 한가히 놂. かいつ

▷公暇(공가). 餘暇(여가). 請暇(청가). 寸暇(촌가). 閑暇(한가). 休暇(휴가).

〖暖〗 부 日(날일변) 획 4—9 훈 따뜻할 음 난: ㊥ nuan³ 英 warm ㊐ ダン. あたたかい

뜻 ①따뜻할. ②부드러울(훤).

필순 ㅣ 旪 昍 昐 暖 暖

暖帶〔난대〕 열대(熱帶)와 온대(溫帶) 중간에 있는 지대. だんたい

暖爐〔난로〕 ①화로(火爐). ②스토우브(stove). だんろ

暖流〔난류〕 온도가 높은 해류(海流). ↔한류(寒流). だんりゅう

暖房〔난방〕 ①따뜻하게 하여 놓은 방. 또 방을 따뜻하게 함. ㊉一裝置(장치). ②이사한 것을 축하하여 이웃 사람들이 돈을 추렴하여 베푸는 잔치. だんぼう

暖熱〔난열〕 따뜻함. だんねつ

暖衣〔난의〕 ①옷을 충분히 입어 몸을 따뜻하게 함. ②따뜻한 옷. だんい

暖飽〔난포〕 옷을 따뜻하게 입고 밥을 배불리 먹음. 의식(衣食)에 아무 걱정 없이 넉넉하게 삶. ㊋난의포식(暖衣飽食). だんほう

暖風〔난풍〕 따뜻한 바람. だんぷう

▷溫暖(온난). 春暖(춘난). 飽暖(포난). 寒暖(한난).

〖暑〗 부 日(날일변) 획 4—9 훈 더울 음 서: ㊥ shu³ 英 hot ㊐ ショ. あつい

뜻 ①더울. ②더위.

필순 ㅁ 旦 早 昊 晃 晃 暑 暑

暑氣〔서기〕 더운 기운. 여름의 더위. ↔한기(寒氣). しょき

暑伏〔서복〕 여름의 가장 더운 때. 삼복(三伏) 때. しょふく 「つ

暑熱〔서열〕 더움. 또 더위. しょねつ

暑炎〔서염〕 대단한 더위. しょえん

暑節〔서절〕 더운 시절. 삼복(三伏) 때. しょせつ

暑天〔서천〕 여름 하늘. しょてん

暑退〔서퇴〕 더위가 물러감. しょたい

▷大暑(대서). 小暑(소서). 炎暑(염서). 殘暑(잔서). 暴暑(폭서). 避暑(피서). 寒暑(한서). 酷暑(혹서).

〖暗〗 部 日(날일변) 획 4—9 훈 어두울 음 암: 中 an⁴ 英 dark 日 アン. くらい
뜻 ①어두울. ②몰래. 가만히. ③욀. 암기할.
필순 ꠸ 日 日" 暗暗暗
暗去來〔암거래〕 물건을 남몰래 사고 팖. 「謀). あんけい
暗計〔암계〕 비밀의 꾀. 동암모(暗
暗君〔암군〕 어리석은 임금. ↔명군(明君). あんくん
暗記〔암기〕 마음 속에 기억하여 잊지 아니함. 예一術(술). あんき
暗淚〔암루〕 남 몰래 흘리는 눈물. あんるい
暗流〔암류〕 ①겉에 나타나지 아니하고 땅 속으로 흐르는 물. ②표면에 나타나지 아니하는 의견의 충돌(衝突). あんりゅう
暗殺〔암살〕 사람을 몰래 죽임. 예一團(단). あんさつ
暗誦〔암송〕 책을 보지 않고 욈. あんしょう 「あんすう
暗數〔암수〕 남을 속여 넘기는 꾀.
暗示〔암시〕 넌지시 알림. あんじ
暗室〔암실〕 광선이 들어오지 아니하는 어두운 방. あんしつ
暗暗裏〔암암리〕 아무도 모르는 사이. あんあんり
暗雲〔암운〕 ①검은 구름. ②불길(不吉)한 징조. あんうん
暗中摸索〔암중모색〕 ①어두운 가운데에서 물건을 더듬어 찾음. ②어림으로 일을 추측함. あんちゅうもさく
暗礁〔암초〕 물 속에 숨어 있는 바위. あんしょう 「틈. あんとう
暗鬪〔암투〕 암암리(暗暗裏)에 다
暗行御史〔암행어사〕 조선 때, 방백(方伯)의 치적(治績)을 살피고 백성의 질고(疾苦)를 실지로 조사하기 위하여 왕명(王命)으로 파견되는 특사(特使).
暗號〔암호〕 비밀한 신호. あんごう
暗黑〔암흑〕 ①어두컴컴함. ②공명정대(公明正大)하지 아니함. ③세상이 어지러움. 광명(光明). 예一時代(시대). あんこく
▷明暗(명암). 薄暗(박암). 白暗(백암). 幽暗(유암). 隱暗(은암).

「暈」 部 日(날일변) 획 4—9 훈 달무리 음 훈·운: 中 yin⁴ 英 halo 日 ウン. かさ
뜻 ①달무리. ②현기증날(운).
필순 ⺍ 㫗 𣇈 暈暈暈
暈厥症〔훈궐증〕 어지러운 병증(病症). うんけつしょう
暈色〔훈색〕 무지개 따위의 모양으로 둘레가 흐릿한 빛. うんしょく
暈圍〔훈위〕 해 또는 달의 언저리에 보이는 둥근 무리. うんい
▷船暈(선훈). 月暈(월훈). 日暈(일훈). 眩暈(현훈).

【暢】 部 日(날일변) 획 4—10 훈 화창할 음 창 中 ch'ang⁴ 英 mild 日 チョウ. のびる 「길.
뜻 ①화창할. ②통할. ③펼. ④
필순 ꠸ 日 申 申ᅡ 申ᆷ 申ᆷ 暢暢
暢達〔창달〕 ①구김살이 없이 자라남. ②거침없이 통달함. 예言論(언론)一. ちょうたつ
暢茂〔창무〕 풀과 나무가 우거져서 성함. ちょうも
暢敍〔창서〕 명랑하게 또는 통쾌하게 담화(談話)함. ちょうしょ
暢月〔창월〕 음력 11월의 별칭(別稱). ちょうげつ 「ょうてき
暢適〔창적〕 유쾌하여 즐거움. ち
暢快〔창쾌〕 마음에 무슨 거리낌이 없이 썩 시원함. ちょうかい
暢懷〔창회〕 마음 속을 헤쳐서 시원하게 함. ちょうかい
▷流暢(유창). 和暢(화창).

〖暮〗 部 日(날일변) 획 4—11 훈 저물 음 모: 中 mu⁴ 英 evening 日 ボ. くれる. くらす
뜻 ①저물. ②늦을. ③늙을.
필순 艹 莒 莫 莫 幕 暮
暮改〔모개〕 아침에 정한 것을 저녁에 고침. 동조령모개(朝令暮改). ぼかい 「동모경(暮境). ぼけい
暮景〔모경〕 ①저녁때의 경치. ②
暮境〔모경〕 늙바탕. 동노경(老境)·모경(暮景). ぼけい 「ぼし
暮思〔모사〕 저녁때의 슬픈 생각.

暮色〔모색〕 저물어 가는 어스레한 빛. ぼしょく
暮歲〔모세〕 ①연말(年末). 세모(歲暮). ②노년(老年). ぼさい
暮雨〔모우〕 저녁때 오는 비. ぼう. くれあめ 「ん
暮雲〔모운〕 저녁때 낀 구름. ぼう
暮鐘〔모종〕 저녁때 치는 종. [동]만종(晩鐘). ぼしょう
暮天〔모천〕 해질녘의 하늘. ぼてん
▷晩暮(만모). 薄暮(박모). 夕暮(석모). 衰暮(쇠모).

【暫】 [부] 日(날일변) [획] 4—11 [훈] 잠깐 [음] 잠: [中] chan⁴, tsan⁴ [英] shortly [日] ザン. **しばらく**
[뜻] 잠깐.
[필순] 「 ㅠ 亘 車 斬 斬 暫 暫
暫間〔잠간〕 매우 짧은 동안. 잠깐.
暫見〔잠견〕 잠깐 봄. 「んべつ
暫別〔잠별〕 잠시 이별(離別)함. ざ
暫逢〔잠봉〕 잠깐 만남. ざんほう
暫時〔잠시〕 오래지 않은 동안. 조금 동안. 잠깐. ざんじ
暫定〔잠정〕 잠시 정함. 잠깐 임시로 정함. ざんてい
暫定的〔잠정적〕 임시로 우선 정해 두는 것. ざんていてき 「ゃく
暫借〔잠차〕 잠시 동안 빌. ざんし
暫許〔잠허〕 잠깐 허락함. ざんきょ

〖暴〗 [부] 日(날일변) [획] 4—11 [훈] 사나울·쬘 [음] 포:(폭) [中] pao⁴ [英] treat harshly dry in the sun [日] ボウ. バク. **あらい. さらす**
[뜻] ①사나울(포). ②갑자기(폭). ③쬘(폭). ④드러낼(폭).
[필순] ㅁ 므 早 昇 昇 昊 暴 暴
暴惡〔포악〕 사납고 악함. [예]—無道(무도). ぼうあく
暴虐〔포학〕 횡포(橫暴)하고 잔인함. 또 몹시 학대(虐待)함. 모질게 굶. ぼうぎゃく
暴擧〔폭거〕 난폭한 행동. ぼうきょ
暴君〔폭군〕 사나운 임금. ぼうくん
暴徒〔폭도〕 폭동(暴動)을 일으키는 무리. ぼうと
暴動〔폭동〕 뭇사람이 함부로 소란을 일으키어 사회의 안녕(安寧)을 해치는 일. ぼうどう
暴騰〔폭등〕 물가(物價)가 갑자기 뛰어오름. ↔폭락(暴落). ぼうとう
暴落〔폭락〕 물가(物價)가 갑자기 뚝 떨어짐. ↔폭등(暴騰). ぼうらく 「하는 힘. ぼうりょく
暴力〔폭력〕 무법(無法)한 행동을
暴露〔폭로〕 ①비밀 같은 것이 드러남. 또는 드러나게 함. ②들에서 지내어 비바람을 맞음. ③물건이 드러나서 풍설(風雪)·우로(雨露)에 바래짐. ばくろ
暴利〔폭리〕 부당(不當)한 큰 이익(利益). ぼうり
暴書〔폭서〕 책을 좀이 먹지 않게 하기 위해 햇볕에 쬠. ぼうしょ
暴暑〔폭서〕 몹시 심한 더위. [동]혹서(酷暑). ↔폭한(暴寒). ぼうしょ 「많이 먹음. ぼうしょく
暴食〔폭식〕 음식(飮食)을 함부로
暴言〔폭언〕 난폭하게 하는 말. ぼうげん 「심. ぼういん
暴飮〔폭음〕 술을 함부로 많이 마
暴政〔폭정〕 난폭(亂暴)한 정치(政治). ぼうせい 「うすい
暴醉〔폭취〕 술이 갑자기 취함. ぼ
暴風〔폭풍〕 몹시 세게 부는 바람. [예]—雨(우). ぼうふう
暴寒〔폭한〕 별안간 몹시 추운 추위. ↔폭서(暴暑). ぼうかん
暴漢〔폭한〕 함부로 사나운 짓을 하는 사람. ぼうかん
暴行〔폭행〕 난폭한 행동. ぼうこう
▷强暴(강포). 亂暴(난폭). 猛暴(맹포). 虐暴(학포). 昏暴(혼포). 橫暴(횡포). 凶暴(흉포).

〖曇〗 [부] 日(날일변) [획] 4—12 [훈] 구름낄 [음] 담 [中] t'an² [英] cloudy [日] ドン. **くもる**
[뜻] 구름낌.
[필순] ㅁ 旦 昰 昰 曇 曇 曇 曇
曇曇〔담담〕 흐린 모양. 먹구름이 낀 모양. どんどん
曇徵〔담징〕 고구려(高句麗)의 중·화가(畫家). 영양왕(嬰陽王) 때 백제(百濟)를 거쳐서 일본(日本)

으로 건너가 나라(奈良) 호오류우지(法隆寺) 금당(金堂)에 사불정토도(四佛淨土圖)를 그렸음.
曇天〔담천〕 구름이 낀 하늘. ↔청천(晴天). どんてん
曇後晴〔담후청〕 날이 흐렸다가 갬. くもりのちはれ
▷晴曇(청담).

【曆】 部 日(날일변) 획 4—12 훈 책력 음 력 中 li⁴ 英 calendar 日 レキ. こよみ
뜻 책력.
필순 厂厂厂厂厤厤曆曆
曆年〔역년〕 ①세월(歲月). ②책력에 정한 일년(一年). れきねん
曆命〔역명〕 역수(曆數)와 천명(天命). れきめい
曆尾〔역미〕 책력의 끝. 세말(歲末). れきび
曆法〔역법〕 천체(天體)의 운행(運行)을 추산(推算)하여 세시(歲時)를 정하는 방법. 책력을 만드는 방법. れきほう
曆本〔역본〕 동⇨역서(曆書). れきほん
曆象〔역상〕 ①책력을 추산(推算)하여 천문(天文)을 봄. ②일월성신(日月星晨). れきしょう
曆書〔역서〕 역학(曆學)에 관한 서적. 동책력(册曆)·역본(曆本). れきしょ
曆數〔역수〕 ①운명. 운수. ②책력.
曆日〔역일〕 ①책력. ②책력에 정한 날. 또 세월(歲月). れきじつ
曆正〔역정〕 달력에 관한 일을 맡아 보던 관리. れきせい
曆學〔역학〕 책력에 관한 학문. れきがく
▷新曆(신력). 陽曆(양력). 月曆(월력). 陰曆(음력). 日曆(일력). 太陽曆(태양력). 太陰曆(태음력).

【曄】 部 日(날일변) 획 4—12 훈 빛날 음 엽 中 yeh⁴ 英 bright 日 ヨウ. かがやく. ひかる
뜻 ①빛날. ②성할.
필순 日旪旪旪旪曄曄曄
曄曄〔엽엽〕 빛나는 모양. 밝고 기운이 있는 모양. 왕성한 모양. ようよう

【曉】 部 日(날일변) 획 4—12 훈 새벽 음 효: 中 hsiao³ 英 dawn 日 ギョウ. あかつき. さとる
뜻 ①새벽. ②밝을. ③깨달을. ④타이를.
참고 약 暁
필순 日旪旪暁暁暁曉曉
曉光〔효광〕 새벽의 날 새는 빛. 동서광(曙光). ぎょうこう
曉起〔효기〕 새벽에 일찍 일어남.
曉旦〔효단〕 새벽. ぎょうたん
曉達〔효달〕 명확히 통함. 사물이나 도리(道理)를 잘 앎. 동효창(曉暢). ぎょうたつ
曉頭〔효두〕 꼭두새벽. 먼동이 트기 전인 이른 새벽. ぎょうとう
曉了〔효료〕 깨달음. 동요해(了解). ぎょうりょう
曉霜〔효상〕 새벽 서리. ぎょうそう
曉色〔효색〕 ①새벽의 밝은 빛. ②새벽의 경치. ぎょうしょく
曉夕〔효석〕 아침 저녁. 동조석(朝夕). ぎょうせき
曉星〔효성〕 ①새벽에 보이는 별. ②샛별. ぎょうせい
曉示〔효시〕 타이름. 동유시(諭示). ぎょうし
曉悟〔효오〕 동⇨효해(曉解).
曉暢〔효창〕 동⇨효달(曉達). ぎょうちょう
曉天〔효천〕 ①새벽 하늘. ②밝을녘. ぎょうてん
曉風〔효풍〕 새벽에 부는 바람. ぎょうふう
曉解〔효해〕 깨달음. 터득함. 동효오(曉悟). ぎょうかい
△達曉(달효). 拂曉(불효). 洞曉(통효). 通曉(통효).

「曙」 部 日(날일변) 획 4—14 훈 새벽 음 서: 中 shu⁴ 英 dawn 日 ショ. あけぼの
뜻 ①새벽. ②밝을.
필순 日罒旺睤睤曙曙曙
曙光〔서광〕 ① 새벽의 날새는 빛. 동틀 때 비추는 빛. ②암흑(暗黑) 속의 광명. 좋은 일이 일어나려는 조짐. しょこう
曙色〔서색〕 ①동틀 때의 밝은빛. ② 동틀 때의 경치.
曙星〔서성〕 ① 새벽별. 동명성(明星). 효성(曉星). しょせい
曙烏〔서오〕 날 샐 무렵에 울며 나는 까마귀. しょう
曙月〔서월〕 날 샐 무렵의 달. 동잔월(殘月). 효월(曉月). しょげつ

曙日〔서일〕 날 샐 무렵의 햇빛. 동조일(朝日). しょじつ

曙天〔서천〕 ①새벽하늘. ②새벽.

「曜」 부 日(날일변) 획 4—14 훈 비칠 음 요(요:) 中 yao⁴, yüeh⁴ 英 dazzle 日 ヨウ. ひかる. かがやく

뜻 ①비칠. 빛날. ②요일. ③일 「월성신.

필순 ⺋ 𠃊 𠃊 ⺋ 𠃊 曜曜

曜靈〔요령〕 해의 이칭. 동태양(太陽). ようれい

曜魄〔요백〕 북두칠성(北斗七星)의 별칭(別稱). ようはく

曜曜〔요요〕 빛나는 모양. ようよう

曜日〔요일〕 그 주(週) 칠요(七曜) 중의 하루. ようび

▷景曜(경요). 兩曜(양요). 榮曜(영요). 靈曜(영요). 日曜(일요). 照曜(조요). 七曜(칠요). 顯曜(현요).

(4) 曰 部

〖曰〗 부 曰(가로왈) 획 4—0 훈 가로 음 왈 中 yüeh¹ 英 speak 日 エツ. いわく. のたまう

뜻 ①이를. ②가로되. 가라사대. ③어조사. 발어사.

필순 丨 冂 日 曰

曰可曰否〔왈가왈부〕 어떤 일에 좋거니 좋지 않거니 함.

曰是曰非〔왈시왈비〕 어떠한 일에 대하여 잘함과 못함을 말함.

曰若〔왈약〕 말을 시작할 때의 어사(語詞). えつじゃく

曰字〔왈자〕 동⇨왈패(曰牌).

曰牌〔왈패〕 언행(言行)이 단정(端正)하지 못하고 수선스러운 사람. 동왈자(曰字).

曰兄曰弟〔왈형왈제〕 서로 형이니 아우니 하고 부름.

〖曲〗 부 曰(가로왈) 획 4—2 훈 굽을 음 곡 中 ch'ü¹·³ 英 bent 日 キョク. まげる. まがる. くせ. くま. つぶさ

뜻 ①굽을. ②자세할. 곡진할. ③구석. ④가락. 곡조.

필순 丨 冂 巾 曲 曲 曲

曲徑〔곡경〕 ①꼬불꼬불한 길. ②세력을 구하는데 부정한 인연.

曲境〔곡경〕 몹시 어려운 지경. 동곤경(困境). きょくきょう

曲曲〔곡곡〕 ①굴곡(屈曲)이 많은 산천이나 길의 굽이굽이. ②방방곡곡(坊坊曲曲). きょくきょく

曲論〔곡론〕 이치(理致)에 어그러진 의론(議論). きょくろん

曲流〔곡류〕 꾸불꾸불 흘러가는 물. 굽이쳐 흐르는 물. きょくりゅう

曲馬〔곡마〕 말을 타고 부리는 재주. 서어커스(circus). 예—團(단). きょくば

曲眉〔곡미〕 초승달처럼 가늘고 굽은 눈썹. 미인(美人)의 눈썹의 형용. きょくび 「きょくほう

曲法〔곡법〕 법을 굽힘. 법을 어김.

曲辯〔곡변〕 그른 것을 옳다고 하는 말. きょくべん 「ょくへい

曲屛〔곡병〕 머릿 병풍(屛風). き

曲譜〔곡보〕 악보(樂譜). きょくふ

曲士〔곡사〕 ①촌뜨기. ②마음이 바르지 못한 사람. きょくし

曲線美〔곡선미〕 ①곡선을 써서 나타낸 미(美). ②미인(美人)의 육체미. きょくせんび

曲說〔곡설〕 편벽되어 바르지 아니한 이론(理論). きょくせつ

曲水〔곡수〕 굽이굽이 흐르는 물. きょくすい

曲宴〔곡연〕 궁중(宮中)에서 베푸는 작은 연회(宴會). きょくえん

曲藝〔곡예〕 연예(演藝)의 한 가지. 줄타기·공타기·접시돌리기·곡마(曲馬) 등으로서 여러가지 재주를 부림. 예—師(사). きょくげい

曲折〔곡절〕 ①꼬불꼬불함. ②자세한 사정. 복잡한 내막(內幕). ③문장 같은 것이 변화가 많음. 평범치 않음. きょくせつ

曲調〔곡조〕 가사(歌詞)·음악(音樂)의 가락. きょくちょう

曲直〔곡직〕 ① 이치(理致)의 옳고 그름. 예是非(시비)—. ②굽음과

곧음. きょくちょく

曲盡〔곡진〕 ①마음과 힘을 다함. ②자세히 설명함. きょくじん

曲筆〔곡필〕 사실을 왜곡(歪曲)하여 기술함. きょくひつ

曲學〔곡학〕 정도(正道)에 벗어난 학문. (예)一阿世(아세). きょくがく 「きょくかい

曲解〔곡해〕 잘못 해석함. 곱새김.

曲形〔곡형〕 굽은 형상. きょっけい

▷歌曲(가곡). 歌謠曲(가요곡). 交響曲(교향곡). 小夜曲(소야곡). 俗曲(속곡). 新曲(신곡). 樂曲(악곡). 夜曲(야곡). 圓舞曲(원무곡). 委曲(위곡). 音曲(음곡). 作曲(작곡). 清曲(청곡). 協奏曲(협주곡). 戲曲(희곡).

〔曳〕 [부] 曰(가로왈) [획] 4—2 [훈] 끌 [음] 예: (中) i^4, yeh^4 (英) trail (日) エイ. ひく

[뜻] 끌.

[필순] 丨冂日日电曳

曳光彈〔예광탄〕 탄도(彈道)를 알 수 있도록 빛을 내며 나는 탄환(彈丸). えいこうだん 「いりせい

曳履聲〔예리성〕 신 끄는 소리. え

曳兵〔예병〕 무기(武器)를 질질 끎. 적과 싸울 기력이 없어서 칼이나 창을 땅에 질질 끌면서 도망함. えいへい 「또 그 배.

曳船〔예선〕 배에다 줄을 매어 끎.

曳曳〔예예〕 ①잇달아 나부낌. ②길게 끄는 모양. えいえい 「う

曳杖〔예장〕 지팡이를 끎. えいちょ

曳火彈〔예화탄〕 발사(發射)하면 불을 끌면서 공중(空中)으로 나가게 장치한 유산탄(榴散彈). えいかだん

〔更〕 [부] 曰(가로왈) [획] 4—3 [훈] 다시 [음] 갱: (中) kêng$^{1\cdot 4}$, ching^1 (英) change (日) コウ. さら. あらためる

[뜻] ①다시(갱). ②번갈. ③고칠(경). ④시각.

[필순] 一丅冂币百更更

更起〔갱기〕 다시 일어남. こうき

更生〔갱생〕 ①죽을 지경에서 다시 살아남. (예)自力(자력)一. ②못쓰게 된 것을 다시 손을 대어 쓰게 만듦. こうせい 「しん

更新〔갱신〕 다시 새로와짐. こう

更紙〔갱지〕 좀 거친 양지(洋紙)의 한 가지. 신문(新聞) 인쇄 등에 쓰임. ざらがみ

更改〔경개〕 고침. こうかい

更始〔경시〕 고쳐 다시 함. こうし

更新〔경신〕 고치어 새롭게 함. (예)登錄(등록)一. こうしん

更張〔경장〕 ①거문고 줄을 고쳐 맴. ②풀려서 늘어진 사물을 고치어 긴장하게 함. ③사회적(社會的)·정치적(政治的)으로 부패(腐敗)한 제도(制度)를 고치어 새롭게 함. (예)甲午(갑오)一. こうちょう

更正〔경정〕 개정(改正)함. こうせい

更訂〔경정〕 고쳐 정정(訂正)함. (동)개정(改訂). こうてい

更造〔경조〕 고쳐 만듦. こうぞう

更迭〔경질〕 교대함. 교체(交替)함. こうてつ「쳐 새롭게 함. こうか

更化〔경화〕 고쳐 교화(敎化)함. 고

▷變更(변경). 四更(사경). 三更(삼경). 五更(오경).

〔書〕 [부] 曰(가로왈) [획] 4—6 [훈] 글 [음] 서 (中) shu^1 (英) write; book (日) ショ. かく. ふみ

[뜻] ①글. ②책. ③편지. ④글자. 글씨. ⑤쓸.

[필순] 乛ョ聿聿聿書書書

書架〔서가〕 책(册)을 얹어 두는 시렁. 책시렁. しょか 「しょか

書家〔서가〕 글씨를 잘 쓰는 사람.

書簡〔서간〕 편지(便紙). しょかん

書經〔서경〕 ①중국의 경서(經書). 오경(五經) 또는 십삼경(十三經)의 하나로 우(虞)·하(夏)·상(商)·주(周) 사대(四代)의 사실(史實)·사상(思想) 등을 기록하여 백편(百編)으로 된 것을 공자(孔子)가 손질하였다고 함. 서(書) 또는 상서(尙書)라고도 함. しょきょう

書契〔서계〕 ①중국의 태고의 글자. ②문자(文字)를 나무에 새겨 약속의 표지로 한 부서(符書). ③우리 나라에서 옛날에 일본 정부

(日本政府)와 왕래하던 문서. しょけい 「집. しょこ
書庫〔서고〕 책(册)을 넣어 두는 곳
書館〔서관〕 서점(書店). 책사(册肆). しょかん 「かん
書卷〔서권〕 ㊐⇨서책(書册). しょ
書記〔서기〕 ①회의 같은 데서 기록을 맡아 보는 사람. ②5급 공무원과 4급 지방 공무원. ③㊐서리(書吏). しょき 「しょどう
書堂〔서당〕 ①서재(書齋). ②글방.
書道〔서도〕 글씨를 쓰는 법을 배우는 길. ㊐서예(書藝).
書頭〔서두〕 글의 첫머리. しょとう
書吏〔서리〕 문서·기록을 맡은 벼슬아치. ㊐서기(書記). しょり
書面〔서면〕 ①글의 겉면에 나타난 대강 문면(文面). ②편지. 문서(文書). しょめん
書名〔서명〕 책의 이름. しょめい
書目〔서목〕 책의 목록(目錄). 도서 목록. しょもく 「う
書法〔서법〕 글씨 쓰는 법. しょほ
書士〔서사〕 대서(代書)를 업으로 하는 사람. しょし
書寫〔서사〕 글씨를 베낌. しょしゃ
書生〔서생〕 ①학업(學業)을 닦는 젊은이. ②세상 일에 서투른 선비. ㊎白面(백면)一. しょせい
書信〔서신〕 편지. 서한. 편지에 따른 소식. しょしん 「しつ
書室〔서실〕 ㊐⇨서재(書齋). しょ
書院〔서원〕 ① 당(唐)나라 이후의 학교의 일컬음. ②㊐서재(書齋). ③조선 때 선비들이 모여서 학문을 강론하고 석학(碩學) 또는 충절(忠節)로 죽은 사람들을 제사 지내던 곳. 중종(中宗) 때에 주세붕(周世鵬)이 풍기(豊基)에 백운동 서원(白雲洞書院)을 이룩한 데서 시작함. しょいん
書自書我自我〔서자서 아자아〕 글은 글대로 나는 나대로, 곧 글을 읽되 마음은 딴 곳에 쓴다는 말.
書狀官〔서장관〕 외국에 보내는 사신에 따라 보내던 임시 벼슬.
書齋〔서재〕 책을 쌓아 두고 글을 읽고 쓰고 하는 방. ㊐서실(書室)·서원(書院). しょさい
書籍〔서적〕 책. ㊐서전(書典)·서책(書册). しょせき
書典〔서전〕 책. ㊐서적(書籍)·서책(書册)·경전(經典). しょてん
書傳〔서전〕 ①고인(古人)이 저술한 책. ②서경(書經)을 주석(註釋)한 책. しょでん
書店〔서점〕 책을 파는 가게. 책방. ㊐책사(册肆). しょてん
書鎭〔서진〕 책장·종이 쪽이 바람에 날리지 않도록 누르는 물건. 문진(文鎭). しょちん
書札〔서찰〕 편지(便紙). しょさつ
書册〔서책〕 책. ㊐서권(書卷)·서적(書籍)·서전(書典). しょさつ
書體〔서체〕 ①글씨의 모양. 글씨의 체재(體裁). ②글씨 체. 곧 해서(楷書)·행서(行書)·초서(草書)·예서(隷書)·전서(篆書) 등. しょたい
書標〔서표〕 책장의 읽던 곳을 찾기 쉽도록 끼워 두는 종이 오리. しょひょう
書翰〔서한〕 편지(便紙). しょかん
書函〔서함〕 편지(便紙). 또 편지를 넣는 통. しょかん
書畫〔서화〕 글씨와 그림. しょが
▷經書(경서). 古書(고서). 教書(교서). 答書(답서). 大書(대서). 代書(대서). 圖書(도서). 讀書(독서). 文書(문서). 密書(밀서). 白書(백서). 兵書(병서). 史書(사서). 上書(상서). 聖書(성서). 詩書(시서). 新書(신서). 惡書(악서). 良書(양서). 原書(원서). 願書(원서). 遺書(유서). 藏書(장서). 著書(저서). 全書(전서). 淨書(정서). 精書(정서). 詔書(조서). 調書(조서). 草書(초서). 叢書(총서). 蟲書(충서). 投書(투서). 楷書(해서).

「曹」 ㊊ 曰(가로왈) ㊍ 4—7 ㊌ 무리 ㊎ 조 ㊥ ts'ao² ㊊ fellows; office ㊐ ソウ. ともがら. つかさ 「라 이름. ④성.
㊈ ①무리. ②마을. 관청. ③나
참고 성(姓)에는 曺로 씀.

필순 一丅币币曲曲曲曹曹曹

曹植〔조식〕 조선(朝鮮) 명종(明宗) 때의 학자(學者). 호(號)는 남명(南溟). 두류산(頭流山)에 숨어 성리학(性理學)을 연구하였음. そうしょく

曹操〔조조〕 후한(後漢) 사람. 자(字)는 맹덕(孟德). 권모 술수(權謀術數)에 능하고 시(詩)를 잘 하였음. 헌제(獻帝) 때 재상(宰相)이 되고 위왕(魏王)으로 봉(封)함을 받았음. 그의 아들 비(丕)가 제위(帝位)에 올라서 무제(武帝)라 추존(追尊)하였음. そうそう

▷卿曹(경조). 工曹(공조). 法曹(법조). 兵曹(병조). 禮曹(예조). 六曹(육조). 吏曹(이조). 刑曹(형조). 戶曹(호조).

〖曾〗 부 曰(가로왈) 획 4—8 훈 일찍 음 증 中 ts'êng², tsêng¹ 英 once 日 ソウ. かって. すなわち

뜻 ①일찌기. ②곧. ③거듭. ④더할(增과 통용).

참고 속 曽

필순 八八厶仒仢侖侖曾曾曾

曾經〔증경〕 일찌기. 이전에. 예—大臣(대신). そうけい

曾思〔증사〕 거듭 깊이 생각함. そうし

曾孫〔증손〕 아들의 손자. 삼대손(三代孫). ↔증조부(曾祖父). そうそん

曾往〔증왕〕 일찌기. 지나간 적. 동 증전(曾前). そうおう

曾遊〔증유〕 전에 논 일이 있음. そうゆう

曾子〔증자〕 공자(孔子)의 제자(弟子)로 이름은 삼(參), 자(字)는 자여(子輿). 효행(孝行)으로 이름남. そうし

曾前〔증전〕 동⇨증왕(曾往).

曾祖〔증조〕 아버지의 할아버지. 증조부(曾祖父). ↔증손(曾孫). そうそ

【替】 부 曰(가로왈) 획 4—8 훈 바꿀 음 체(체:) 中 t'i⁴ 英 change 日 タイ. かえる

뜻 ①바꿀. 갈. 갈마들. ②쇠할. 폐할.

필순 一ニ夫夫炑炑炑替替替

替當〔체당〕 남을 대신하여 일을 담당함. たいとう

替代〔체대〕 서로 번갈아 대신함. 교체(交替)함. たいたい

替番〔체번〕 번갈아 듦. たいばん

替直〔체직〕 당번(當番)을 서로 갈마듦. たいちょく

替換〔체환〕 바꿈. 대신함. 갈마듦. たいかん

▷交替(교체). 代替(대체). 對替(대체). 廢替(폐체).

〖最〗 부 曰(가로왈) 획 4—8 훈 가장 음 최: 中 tsuei¹ 英 most 日 サイ. もっとも

뜻 ①가장. 제일. ②뛰어날.

필순 ⼞昌冒最最

最古〔최고〕 가장 오래됨. 가장 낡음. ↔최신(最新). さいこ

最高〔최고〕 제일 높음. ↔최저(最低). さいこう

最貴〔최귀〕 가장 귀(貴)함. さいき

最急〔최급〕 썩 급함. 가장 급함. さいきゅう

最短〔최단〕 가장 짧음. ↔최장(最長). さいたん

最大〔최대〕 가장 큼. ↔최소(最小). さいだい

最良〔최량〕 아주 좋음. ↔최악(最惡). さいりょう

最晩〔최만〕 아주 늦음. さいばん

最先〔최선〕 맨 먼저. ↔최후(最後). さいせん

最善〔최선〕 가장 좋음. 가장 훌륭함. ↔최악(最惡). さいぜん

最小〔최소〕 가장 작음. ↔최대(最大). さいしょう

最少〔최소〕 ①가장 적음. ②가장 젊음. ↔최장(最長). さいしょう

最新〔최신〕 가장 새로움. ↔최고(最古). さいしん

最惡〔최악〕 가장 못됨. 가장 나쁨. ↔최량(最良)·최선(最善). さいあく

最長〔최장〕 ①가장 길. ↔최단(最短). ②가장 나이가 많음. ↔최소(最少). ③가장 우수함. さいちょう

最低〔최저〕 가장 낮음. ↔최고(最高). さいてい

最適〔최적〕 가장 적당하거나 적합함. さいてき

最終〔최종〕 맨 끝. 맨 나중. ↔최초(最初). さいしゅう

最初〔최초〕 맨 처음. ↔최종(最終)·최후(最後). さいしょ

最惠國〔최혜국〕 통상(通商) 조약국 가운데 가장 유리한 조약을 맺은 나라. さいけいこく

最後〔최후〕 맨 뒤. 맨 나중. ↔최초(最初). さいご

〖會〗 [부] 曰(가로왈) [획] 4—9 [훈] 모일 [음] 회: [中] hui$^{3\cdot4}$ k'uai^{4} [英] meet; society [日] カイ. あう

[뜻] ①모일. ②모을. ③기회. ④셈. 회계. ⑤깨달을. ⑥마침. ⑦반드시. ⑧그림(繪와 통용).

[참고] [약] 会

[필순] 丿𠆢亼亼合侖侖侖會會會

會見〔회견〕 서로 만나봄. かいけん

會計〔회계〕 ①모아 셈함. 합산(合算). ②금전이나 물품의 출납(出納)의 계산. かいけい

會館〔회관〕 집회(集會)하는 데 쓰는 건물. かいかん

會期〔회기〕 ①회합(會合)하는 시기. ②개회로부터 폐회까지의 기간. かいき

會談〔회담〕 한 곳에 모이어 이야기함. かいだん

會堂〔회당〕 ①종교 단체의 집회소(集會所). 법당(法堂). 성당(聖堂). 예배당(禮拜堂). ②회관(會館). かいどう

會報〔회보〕 회에 관한 일을 회원에게 알리는 문서. 또 그런 신문이나 잡지. かいほう

會費〔회비〕 회의 경비(經費)에 충당하기 위하여 회원이 부담하는 돈. かいひ

會社〔회사〕 영리 사업을 목적으로 하는 사단법인(社團法人). 합명(合名)·합자(合資)·주식(株式) 회사의 구별이 있음. かいしゃ

會所〔회소〕 여러 사람이 모이는 처소. 집회하는 곳. かいしょ

會食〔회식〕 여러 사람이 모이어 음식(飮食)을 먹음. かいしょく

會心〔회심〕 마음에 듦. 마음에 맞음. [예]一作(작). かいしん

會意〔회의〕 ①마음에 합당함. ②한자(漢字)의 육서(六書)의 하나로, 人과 言을 합쳐서 信, 日과 月을 합쳐서 明자를 만드는 따위. かいい

會議〔회의〕 ①여러 사람이 모이어 의논함. ②어떤 사항을 평의(評議)하는 기관. 또 합의체(合議體)의 기관. かいぎ

會長〔회장〕 회(會)를 대표하는 사람. かいちょう 「かいじょう

會場〔회장〕 회의(會議)를 하는 곳.

會中〔회중〕 ①회를 하는 도중. ②설법(說法)을 하는 도중. ③어떤 회(會)의 가운데. 또 그 안. かいちゅう

會衆〔회중〕 ①많이 모인 군중. ②회를 하는 무리. かいしゅう

會合〔회합〕 여러 사람의 모임. かいごう

會話〔회화〕 마주 대하여 이야기함. 서로 만나서 이야기함. かいわ

▷講習會(강습회). 開會(개회). 公聽會(공청회). 教會(교회). 國會(국회). 機會(기회). 大會(대회). 洞會(동회). 面會(면회). 密會(밀회). 分會(분회). 司會(사회). 社會(사회). 散會(산회). 續會(속회). 宴會(연회). 委員會(위원회). 議會(의회). 任員會(임원회). 入會(입회). 再會(재회). 朝會(조회). 照會(조회). 座談會(좌담회). 支會(지회). 集會(집회). 總會(총회). 閉會(폐회).

(4) 月 部

〖月〗 [부] 月(달월변) [획] 4—0 [훈] 달 [음] 월 [中] yüeh^{4} [英] moon month [日] ゲツ. ガツ. つき

[뜻] ①달. ②세월.

[필순] 丿 冂 月 月

月刊〔월간〕 매달 한 번씩 간행함.

그 신문이나 잡지. ㉠—誌(지). げっかん 「げっけい
月經〔월경〕 달거리. ㉧경도(經度).
月計〔월계〕 ①한 달의 계산(計算) 또는 합계. ②다달의 회계(會計). げっけい
月桂〔월계〕 ①달 속에 있다는 계수나무. ㉧월계수(月桂樹). ②달빛. ㉧월광(月光). ③과거(科擧)의 급제. ㉧등과(登科). げっけい
月桂冠〔월계관〕 ①옛날 그리이스에서 경기(競技)에 우승(優勝)한 사람에게 씌우던 월계(月桂) 잎으로 꾸민 관(冠). ②우승(優勝)의 영예. げっけいかん
月桂樹〔월계수〕 유럽 지중해 연안원산으로 녹나무과에 딸리는 아교목(亞喬木). げっけいじゅ
月光〔월광〕 달빛. ㉧월명(月明)·월화(月華). げっこう
月宮〔월궁〕 달 속에 있는 항아(姮娥)가 산다는 궁전. ㉧월세계(月世界). げっきゅう
月琴〔월금〕 모양이 비파(琵琶)와 같고 줄이 넷인 악기. げっきん
月給〔월급〕 다달이 받는 급료(給料). 달 삯. ㉧월봉(月俸). げっきゅう
月內〔월내〕 한 달 안. げつない
月旦〔월단〕 ①매달 첫 날. 초하루. ㉧삭일(朔日). ②인물평(人物評). ㉧월단평(月旦評). げったん
月來〔월래〕 1~2 개월 이래. 수개월 이래. げつらい
月曆〔월력〕 달력. げつれき
月令〔월령〕 ①매년 행하여야 할 정령(政令)을 12 개월에 나누어 규정한 것. ②㉧시후(時候). ㉠農家—歌(농가—가). げつれい
月齡〔월령〕 ①신월(新月)을 영(零)으로 하여 기산(起算)하는 날수. ②생후(生後) 한 살 미만(未滿)의 갓난아이를 달수로 헤는 나이. げつれい
月露〔월로〕 달밤의 이슬. げつろ
月面〔월면〕 ①달의 표면(表面). ②달과 같이 생긴 아름다운 얼굴. げつめん

月明〔월명〕 ①달빛이 밝음. ②㉧월광(月光)·월화(月華). ③밝은 달밤. げつめい
月明星稀〔월명성희〕 ①달이 밝아서 별의 수가 적게 보임. ②대현(大賢)이 나타나서 소인(小人)의 모양이 희미해짐을 이름. つきあきらかにほしまれなり
月魄〔월백〕 달의 넋. ㉧월혼(月魂). げつぱく
月白風淸〔월백풍청〕 달이 밝고 바람은 선선함. 달이 밝은 가을밤의 경치를 그린 말. つきしろくかぜきよし 「그 글. げっぽう
月報〔월보〕 다달이 내는 보고. 또
月俸〔월봉〕 월급(月給). げっぽう
月賦〔월부〕 물건 값 또는 빚 등을 다달이 나누어 치름. げっぷ
月費〔월비〕 다달이 쓰는 비용.
月世界〔월세계〕 달의 세계(世界). ㉧월궁(月宮). げっせかい
月收〔월수〕 ①다달이 들어오는 돈. 또는 다달이 거둬 들이는 돈. 매월의 수입. ② 본전(本錢)에 변리(邊利)를 얹어서 다달이 갚아 가는 빚. げっしゅう
月蝕〔월식〕 지구(地球)가 해와 달 사이에 와서 햇빛을 가리기 때문에 달의 전부 또는 일부가 어두워 안 보이는 현상. げっしょく
月額〔월액〕 매월(每月)의 정액(定額). 달마다 정한 액수(額數). げつがく
月餘〔월여〕 한 달 남짓. げつよ
月印千江之曲〔월인천강지곡〕 이조 세종대왕이 석가(釋迦)의 공덕을 찬양한 노래. 「げつぜん
月前〔월전〕 한 달쯤 전. 달포 전.
月定〔월정〕 달로 정함. げってい
月精寺〔월정사〕 강원도(江原道) 평원군(平原郡) 오대산(五臺山)에 있는 절. 신라(新羅) 때 자장(慈藏)이 이곳에 암자(庵子)를 지은 것이 시초(始初)라 함. 지금은 고려(高麗) 때의 팔각 구층탑(八角九層塔)이 남아 있을 뿐임. 「가운데. げっちゅう
月中〔월중〕 ①달이 밝은 때. ②달

月次〔월차〕 ①달의 하늘에 있는 위치. ②매월(每月). げつじ

月兎〔월토〕 달의 별칭(別稱). 달속에 토끼가 산다는 전설(傳說)에서 나온 말. げっと 「げっぱ

月波〔월파〕 달빛이 비치는 물결.

月下老人〔월하노인〕 남녀의 인연을 맺어 주는 신(神). 곧 혼인 중매의 신. げっかろうじん

月下氷人〔월하빙인〕 월하노인(月下老人)과 빙상인(氷上人). 모두 혼인을 중매하는 신(神). 곧 혼인을 중매하는 사람. 중매장이. げっかひょうじん

月形〔월형〕 달의 형상. げっけい

月魂〔월혼〕 [동]⇨월백(月魄).

月華〔월화〕 달빛. [동]월광(月光). 월명(月明). げっか

月環〔월환〕 달같이 둥근 고리.

月暈〔월훈〕 달무리.

▷佳月(가월). 隔月(격월). 今月(금월). 來月(내월). 滿月(만월). 明月(명월). 半月(반월). 霜月(상월). 雪月(설월). 歲月(세월). 新月(신월). 閏月(윤월). 日月(일월). 前月(전월). 秋月(추월).

〖有〗 [부] 月(달월변) [획] 4—2 [훈] 있을 [음] 유: [中] yu³ [英] exist; and [日] ユウ. ウ. ある

[뜻] ①있을. ②가질. ③혹. 또.

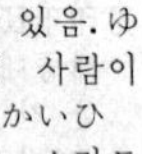

[필순] 一ナ冇有有有

有故〔유고〕 사고(事故)가 있음. ゆうこ 「うこう

有功〔유공〕 공로(功勞)가 있음. ゆ

有口皆碑〔유구개비〕 여러 사람이 모두 칭송함. ゆうこうかいひ

有口無言〔유구무언〕 아무 소리도 못함. 변명(辨明)할 여지가 없음. ゆうこうむげん

有給〔유급〕 급료(給料)가 있음. ↔무급(無給). ゆうきゅう

有期〔유기〕 일정한 기한이 있음. ↔무기(無期). ゆうき

有能〔유능〕 재능(才能)이 있음. ↔무능(無能). ゆうのう

有德〔유덕〕 덕행이 있음. 또 그 사람. ↔무덕(無德). ゆうとく

有德者必有言〔유덕자필유언〕 덕이 있는 사람은 반드시 본받을 만한 훌륭한 말을 함. とくあるものかならずことあり

有毒〔유독〕 독기(毒氣)가 있음. ↔무독(無毒). ゆうどく

有力〔유력〕 ①힘이 있음. ②세력이 있음. ↔무력(無力). ゆうりょく

有利〔유리〕 이익이 있음. 이로움. ↔불리(不利). ゆうり

有望〔유망〕 앞으로 잘될 듯함. 희망(希望)이 있음. ↔무망(無望). ゆうぼう

有名無實〔유명무실〕 이름만 있고 실상(實狀)은 없음. 이름만 훌륭하고 그 실적이 없음. ゆうめいむじつ 「물건과 없는 물건.

有無〔유무〕 ①있음과 없음. ②있는

有無相通〔유무상통〕 있고 없는 것을 서로 융통(融通)함. うむあいつうずる 「름. ゆうべつ

有別〔유별〕 차별(差別)이 있음. 다

有福〔유복〕 복이 있음. ゆうふく

有夫女〔유부녀〕 남편이 있는 부녀

有朋〔유붕〕 벗이 있음. 친구가 있음. ゆうほう

有備無患〔유비무환〕 미리 갖추어 마련해 놓으면 걱정이 없음.

有史〔유사〕 역사가 시작됨. 역사가 있기 비롯함. [예]一以來(이래). ゆうし

有事〔유사〕 ①일이 있음. ②사건이 있음. 사변(事變)이 있음. ↔무사(無事). ゆうじ

有產階級〔유산계급〕 자본가·지주 등의 재산이 많아 노동하지 않고서도 풍족한 생활을 할 수 있는 계급. ゆうさんかいきゅう

有償〔유상〕 ① 어떤 행위의 결과에 대하여 보상(報償)이 있는 일. 곧 일상(一方)에서 얻은 이익에 대하여 다른 일방의 보상이 있는 일. 값을 치르는 일. ↔무상(無償). ゆうしょう

有象無象〔유상무상〕 ①하늘과 땅 사이에 있는 모든 물체. 만물(萬物). 삼라만상(森羅萬象). ②어중이 떠중이. ゆうしょうむしょう

有耶無耶〔유야무야〕 어물어물함. 흐리멍덩함. うやむや
有餘〔유여〕 남음이 있음. 여유가 있음. ゆうよ. あまりあり
有要〔유요〕 필요가 있음. 소중함. ↔무요(無要). ゆうよう
有用〔유용〕 ①쓰임새 있음. ②이용(利用)할 수 있음. ③소용(所用)이 있음. ↔불요(不要). ゆうよう「있는 재능. ゆういのさい
有爲之才〔유위지재〕 큰 일을 할 수
有益〔유익〕 이익이 있음. 이로움. ↔무익(無益). ゆうえき
有情〔유정〕 ①인정(人情)이 있음. ↔무정(無情). ②풍치(風致)가 있음. ③일체의 생물(生物). ゆうじょう
有助〔유조〕 도움이 있음. ゆうじょ
有終之美〔유종지미〕 끝까지 잘 하여 일의 결과가 훌륭하게 됨을 이름. ゆうしゅうのび
有罪〔유죄〕 죄(罪)가 있음. [예]一判決(판결). ↔무죄(無罪). ゆうざい
有志〔유지〕 ①뜻이 있음. 또 그 사람. ②남달리 세상 일을 근심함. 또 그 사람. ゆうし
有何面目〔유하면목〕 무슨 면목으로. 사람을 대할 낯이 없음을 이름. 「↔무한(無限). ゆうげん
有限〔유한〕 일정한 한도가 있음.
有閑〔유한〕 ①겨를이 있음. 시간의 여유가 있음. 한가함. ②재산이 넉넉하여 생활에 여유가 있어 틈이 많음. [예]一階級(계급). ↔무한(無閑). ゆうかん
有害〔유해〕 해(害)가 있음. 해가 됨. ↔무해(無害). ゆうがい
有害無益〔유해무익〕 해(害)는 있되 이익은 없음. ↔무해유익(無害有益). ゆうがいむえき
有形無形〔유형무형〕 ①유형(有形)과 무형(無形). ②형체(形體)의 유무(有無)가 분명하지 아니함. ゆうけいむけい
▷兼有(겸유). 固有(고유). 公有(공유). 官有(관유). 國有(국유). 郡有(군유). 未曾有(미증유). 保有(보유). 私有(사유). 所有(소유). 稀有(희유).

〖服〗 [부] 月(달월변) [획] 4—4 [훈] 옷 [음] 복 [中] fu² [英] clothes
[日] フク. きもの
[뜻] ①옷. ②입을. ③먹을. ④복종할.
[필순] ﾉ 刀 月 月' 朊 服 服
服務〔복무〕 직무(職務)에 힘씀. [예]一年限(연한). ふくむ 「く
服藥〔복약〕 약(藥)을 먹음. ふくや
服役〔복역〕 ① 공역(公役)에 복무함. [동]복무(服務). ②남의 밑에서 지휘를 받아 일을 함. ③징역(懲役)을 삶. ふくえき
服用〔복용〕 ①약(藥)을 먹음. ②옷을 입음. ③몸에 지니고 씀. ふくよう
服裝〔복장〕 옷차림. ふくそう
服制〔복제〕 ① 상복(喪服)의 제도(制度). ②신분·직업 등의 상하에 따른 의복의 제도. ふくせい
服從〔복종〕 남의 명령 또는 의사에 따름. ふくじゅう
服罪〔복죄〕 죄에 대한 형벌(刑罰)에 복종(服從)하여 받음. ふくざい 「상중(喪中). ふくちゅう
服中〔복중〕 복(服)을 입는 동안.
▷感服(감복). 校服(교복). 軍服(군복). 屈服(굴복). 克服(극복). 內服(내복). 大禮服(대례복). 冬服(동복). 綿服(면복). 法服(법복). 私服(사복). 常服(상복). 喪服(상복). 順服(순복). 承服(승복). 僧服(승복). 信服(신복). 心服(심복). 洋服(양복). 衣服(의복). 正服(정복). 征服(정복). 制服(제복). 祭服(제복). 朝服(조복). 春秋服(춘추복). 歎服(탄복). 脫服(탈복). 通常服(통상복). 平服(평복). 被服(피복). 夏服(하복). 韓服(한복). 降服(항복).

〖朋〗 [부] 月(달월변) [획] 4—4 [훈] 벗 [음] 붕 [中] p'êng² [英] friend
[日] ホウ. とも
[뜻] ①벗. ②무리. 떼.
[필순] ﾉ 刀 月 月 刖 朋 朋

朋黨〔붕당〕 이해나 주의(主義) 등이 같은 사람끼리 모여 당외(黨外) 사람들을 배척(排斥)하는 단체. ほうとう 「うと
朋徒〔붕도〕 한 동아리. 한 패. ほ
朋僚〔붕료〕 동료(同僚). ほうりょう 「비슷한 벗. ほうはい
朋輩〔붕배〕 신분(身分)·연령 등이
朋飛〔붕비〕 떼지어 낢. ほうひ
朋友〔붕우〕 ①친구(親舊). 벗. ②동문 수학(同文修學)하는 벗. ほうゆう
朋友有信〔붕우유신〕 오륜(五倫)의 하나. 벗을 사귐에는 신의(信義)가 있어야 함. ほうゆうしんあり
朋執〔붕집〕 벗. [동]붕지(朋知).
▷舊朋(구붕). 文朋(문붕). 百朋(백붕). 良朋(양붕). 僚朋(요붕). 友朋(우붕). 親朋(친붕).

【朔】 [부] 月(달월변) [획] 4—6 [훈] 초하루 [음] 삭 [中] shuo⁴ [英] first of a month [日] サク. ついたち 「처음. 비로소.
[뜻] ①초하루. ②달. ③북녘. ④
[필순] 丶 丷 䒑 屰 屰 朔 朔 朔
朔旦〔삭단〕 초하루날 아침. さくたん 「고비 사막. さくばく
朔漠〔삭막〕 북방의 사막(沙漠). 곧
朔望〔삭망〕 초하루와 보름. 음력의 1일과 15일. さくぼう
朔望奠〔삭망전〕 상가(喪家)에서 다달이 초하루와 보름에 지내는 제사. 「北). さくほう
朔方〔삭방〕 북쪽. 북방. [동]삭북(朔
朔北〔삭북〕 북쪽. 북쪽 오랑캐의 땅. [동]삭방(朔方). さくほく
朔月〔삭월〕 [동]⇨삭일(朔日).
朔月貰〔삭월세〕 다달이 일정한 돈을 주고 남의 집을 빌어 사는 세.
朔日〔삭일〕 음력 그 달의 초하루. [동]삭월(朔月). さくじつ
朔風〔삭풍〕 북녘 바람. [동]북풍(北風). さくふう「삭). 月朔(월삭).
▷告朔(고삭). 邊朔(변삭). 北朔(북

【朗】 [부] 月(달월변) [획] 4—7 [훈] 밝을 [음] 랑: [中] lang³ [英] bright [日] ロウ. ほがらか
[뜻] 밝을.
[필순] 丶 ㇇ ⺕ 自 良 朗 朗 朗
朗讀〔낭독〕 소리를 높이어 읽음. [예]詩(시)—. ろうどく
朗朗〔낭랑〕 ①소리가 명랑(明朗)한 모양. ②밝은 모양. ろうろう
朗誦〔낭송〕 소리를 높이어 읽거나 욈. ろうしょう
朗詠〔낭영〕 명랑하게 소리를 높여 시가(詩歌)를 읊음. ろうえい
朗悟〔낭오〕 지혜가 밝아 빨리 깨달음. ろうご 「月). ろうげつ
朗月〔낭월〕 밝은 달. [동]명월(明
▷明朗(명랑). 爽朗(상랑). 淸朗(청랑). 晴朗(청랑).

【望】 [부] 月(달월변) [획] 4—7 [훈] 바랄 [음] 망: [中] wang⁴ [英] hope [日] ボウ. モウ. のぞむ. のぞみ. もち
[뜻] ①바랄. ②바라볼. ③원망할. ④책망할. ⑤보름.
[참고] [속] 望
[필순] 亠 亡 亡 切 胡 望 望 望
望見〔망견〕 멀리 바라봄. ぼうけん
望哭〔망곡〕 먼 곳에서 임금·부모의 상(喪)을 당하고 요배(遙拜)하며 슬프게 욺. ぼうこく
望九〔망구〕 아흔 살을 바라보는 나이. 곧 여든 한 살. ぼうきゅう
望臺〔망대〕 먼 곳을 바라보거나 적군(敵軍)의 동정(動靜)을 망(望)보는 누대(樓臺). [동]망루(望樓). ぼうだい 「ろう
望樓〔망루〕 [동]⇨망대(望臺). ぼう
望六〔망륙〕 예순 살을 바라보는 나이. 곧 쉰 한 살. ぼうろく
望慕〔망모〕 우러러 사모함. [동]앙모(仰慕). ぼうぼ 「ぼうはい
望拜〔망배〕 멀리 바라보고 절함.
望百〔망백〕 백 살을 바라보는 나이. 곧 아흔 한 살. ぼうひゃく
望夫石〔망부석〕 무창(武昌)의 북산(北山)에 있는 돌의 이름. 정부(貞婦)가 전쟁에 나가는 남편을 전송(餞送)하고 멀어져 가는 그의 뒷모습을 바라보다가 선 채로 돌로 화해버렸다는 전설(傳說)이 있음. ぼうふせき
望外〔망외〕 바라던 것보다 지나침.

기대한 이상. ぼうがい
望雲之情〔망운지정〕 객지에서 고향에 있는 부모를 생각하는 마음. ぼううんのじょう
望遠鏡〔망원경〕 먼 곳에 있는 물체를 보는 데 쓰는 안경의 일종. ぼうえんきょう
望月〔망월〕 ① 음력(陰曆) 보름날 밤의 달. 보름달. 동만월(滿月). ↔삭월(朔月). ②달을 바라봄. ぼうげつ
望柱石〔망주석〕 무덤 앞에 세우는 한 쌍(雙)의 돌기둥. ぼうちゅうせき
望之〔망지〕 ①바라봄. ②기다림.
望七〔망칠〕 일흔 살을 바라보는 나이. 곧 예순 한 살. ぼうしち
望八〔망팔〕 여든 살을 바라보는 나이. 곧 일흔 한 살. ぼうはち
望鄕〔망향〕 고향(故鄕)을 바라보고 그리워함. ぼうきょう
▷可望(가망). 渴望(갈망). 觀望(관망). 대망(大望). 德望(덕망). 名望(명망). 所望(소망). 失望(실망). 仰望(앙망). 野望(야망). 欲望(욕망). 人望(인망). 展望(전망). 希望(희망).

〖期〗 부 月(달월변) 획 4—8 훈 기약 음 기 中 ch'i², chi¹ 英 expect 日 キ. ゴ. あう
뜻 ① 기약할. ② 기다릴. ③때.
필순 一 廾 卄 其 期 期期
期間〔기간〕 어떤 정해진 시기에서 다른 정해진 시기에 이르는 동안. 기한의 사이. きかん 「き
期期〔기기〕 말을 더듬는 모양. き
期內〔기내〕 기한 내. きない
期年〔기년〕 만 1년. 1주년. 동기년(朞年). きねん
期待〔기대〕 희망을 가지고 기다림. 동기망(期望). きたい「함. きと
期圖〔기도〕 기대하고 도모(圖謀)
期望〔기망〕 동⇨기대(期待). きぼう
期服〔기복〕 기년(期年)의 복(服). 곧 조부모·백숙부모(伯叔父母)·적손(嫡孫)·형제 등의 복(服). 동기복(朞服). 「約)함. きせい
期成〔기성〕 이루어지기를 기약(期
期約〔기약〕 때를 작정(作定)하여 약조(約條)함. きやく 「じつ
期日〔기일〕 작정(作定)한 날짜. き
期必〔기필〕 확정(確定)하여 틀림이 없음. 꼭 되기로 작정(作定)함.
期限〔기한〕 미리 정한 시기(時期). きげん
期會〔기회〕 ①미리 시일을 정하고 모임. ②때. 기회(機會). ③1년간의 회계(會計). きかい
▷農繁期(농번기). 短期(단기). 滿期(만기). 末期(말기). 思春期(사춘기). 延期(연기). 豫期(예기). 次期(차기). 初期(초기). 學期(학기). 婚期(혼기).

〖朝〗 부 月(달월변) 획 4—8 훈 아침 음 조 中 chao¹ 英 morning 日 チョウ. あさ
뜻 ①아침. ②조정.
필순 一 十 𠀆 古 直 卓 卓 朝朝
朝歌夜絃〔조가야현〕 아침에는 노래하고 저녁에는 거문고를 탐. 곧 종일 즐거이 놂을 이름.
朝刊〔조간〕 아침에 발행함. 또 그 신문. ↔석간(夕刊). ちょうかん
朝哭〔조곡〕 소상(小喪)까지 날마다 이른 아침에 궤연(几筵) 앞에서 곡하는 일. ちょうこく「うかん
朝官〔조관〕 동⇨조신(朝臣). ちょ
朝菌〔조균〕 동⇨조로(朝露).
朝堂〔조당〕 동⇨조정(朝廷). ちょうどう
朝得暮失〔조득모실〕 아침에 얻었다가 저녁에 잃는다는 뜻으로, 얻은 지 얼마 안 되어서 잃어버림을 이름. ちょうとくぼしつ
朝令〔조령〕 ①아침에 명령(命令)을 내림. ②조정(朝廷)에서 내리는 명령. ちょうれい
朝令暮改〔조령모개〕 아침에 영(令)을 내렸다가 저녁에 고친다는 뜻으로, 법령이 자주 변경됨을 이름. ちょうれいぼかい
朝露〔조로〕 ①아침 이슬. ②덧없는 사물의 비유. 동조균(朝菌).

㉠一人生(인생). ちょうろ
朝命〔조명〕 조정(朝廷)의 명령. 천자(天子)의 명령. ⓢ군명(君命). ちょうめい
朝聞夕改〔조문석개〕 아침에 잘못한 일을 들으면 저녁에 고침. 곧 자기의 과실을 알면 주저하지 않고 바로 고침을 이름.
朝飯〔조반〕 아침 밥. ⓢ조찬(朝餐). あさめし
朝變夕改〔조변석개〕 아침 저녁으로 뜯어고친다는 뜻으로, 일을 자주 변경(變更)함을 이름.
朝服〔조복〕 조신(朝臣)이 조정에 나갈 때 입는 예복. ⓢ조의(朝衣). ちょうふく
朝不食夕不食〔조불식석불식〕 아침밥도 못 먹고 저녁밥도 못 먹음. 곧 생활이 아주 구차하여 끼니를 항상 굶음을 이름.
朝三暮四〔조삼모사〕 눈앞에 당장 보이는 차이만을 알고 결과가 똑같은 것을 모르거나, 간사한 꾀로 남을 농락(弄絡)함을 이름. ちょさんぼし
朝夕〔조석〕 ①아침과 저녁. 또는 아침밥과 저녁밥. ②아침의 근무(勤務)와 저녁의 근무. ③아침 저녁으로 문안을 드림. ④날마다. 항상(恒常). ちょうせき
朝鮮〔조선〕 상고(上古) 때부터 써 내려오던 우리 나라의 이름. ちょうせん
朝鮮通寶〔조선통보〕 이조 세종(世宗) 5년에 발행(發行)된 엽전(葉錢). ちょうせんつうほう
朝鮮王朝實錄〔조선왕조실록〕 조선 스물 일곱 임금의 실록(實錄). ちょうせんおうちょうじつろく
朝臣〔조신〕 조정(朝廷)에 벼슬하여 출근하는 신하. ⓢ조관(朝官). ちょうしん
朝謁〔조알〕 조정에서 군주(君主)에게 알현(謁見)함. ちょうえつ
朝野〔조야〕 조정(朝廷)과 재야(在野). 정부(政府)와 민간(民間). ちょうや
朝衣〔조의〕 ⓢ⇨조복(朝服).
朝廷〔조정〕 나라의 정치(政治)를 의론·집행하는 곳. ⓢ조당(朝堂). ちょうてい
朝餐〔조찬〕 아침 밥. ⓢ조반(朝飯). ↔만찬(晩餐). ちょうさん
朝出暮歸〔조출모귀〕 ① 아침에 일찍 나오고 저녁에 늦게 들어가므로 늘 집에 있을 여가가 없음. ②사물(事物)이 쉬지 않고 변천함을 이름. 「기쁨. ちょうかん
朝歡〔조환〕 아침에 기뻐함. 아침의
朝會〔조회〕 ① 백관(百官)이 조현(朝見)하기 위하여 조정에 모임. ②학교 같은 데서 아침에 모이는 회. ちょうかい
▷國朝(국조). 南北朝(남북조). 南朝(남조). 明朝(명조). 北朝(북조). 聖朝(성조). 王朝(왕조). 元朝(원조). 一朝(일조). 入朝(입조). 早朝(조조).

「朦」 부 月(달월변) 획 4—14 훈 흐릴 음 몽 中 mêng² 英 dim
뜻 흐릴. 日 モウ. おぼろ
필순 月 𦝫 𦞅 朦朦朦

朦朧〔몽롱〕 ① 달빛이 흐린 모양. ②사물이 분명하지 아니한 모양. ③정신이 흐리멍덩한 모양. 의식(意識)이 확실하지 아니한 모양. もうろう
朦昏〔몽혼〕 독물이나 약물로 말미암아 생물체의 일부 또는 전체가 감각(感覺)을 잃고 자극에 반응할 수 없게 된 상태. もうこん

(4) 木 部

〔木〕 부 木(나무목변) 획 4—0 훈 나무 음 목 中 mu⁴ 英 tree
日 ボク. モク. き
뜻 나무.
필순 一十才木

木刻〔목각〕 나무 쪽에 서화(書畫)를 새김. ぼくかく. もくかく
木梗〔목경〕 ⓢ⇨목우(木偶).
木工〔목공〕 나무로 물건을 만드는 기술자. ⓢ목수(木手). ぼっこう.

もっこう 「っこう
木公〔목공〕 소나무(松)의 별칭. ぼ
木棺〔목관〕 나무로 만든 관(棺). ぼっかん 「무다리. ぼっきょう
木橋〔목교〕 나무로 놓은 다리. 나
木蓮〔목련〕 ①목련과(木蓮科)에 딸린 낙엽 교목(落葉喬木). 꽃은 백색 또는 암자색(暗紫色)임. 동 목란(木蘭). ②목부용(木芙蓉)의 별칭(別稱). 「もくり. ぼくり
木理〔목리〕 나뭇결. 동연륜(年輪).
木馬〔목마〕 나무로 만든 말. もくば
木綿〔목면〕 ①목화. ②판야과의 상록 교목. もめん. もくめん
木綿布〔목면포〕 무명실로 짠 피륙. 동면포(綿布)·백목(白木). 「칭.
木母〔목모〕 매화(梅花)나무의 별
木紋〔목문〕 나무의 무늬. ぼくもん
木本〔목본〕 목질(木質)의 식물. 곧 나무. ↔초본(草本). もくほん
木佛〔목불〕 나무로 만든 불상(佛像). きぶつ. もくぶつ
木像〔목상〕 나무로 만든 우상(偶像). 동목우(木偶). もくぞう
木石〔목석〕 ①나무와 돌. 목재(木材)와 석재(石材). ②감정이 둔하거나 인정(人情)이 통 없는 사람의 비유. ぼくせき
木石漢〔목석한〕 인정이 없고 감정이 둔한 사나이. ぼくせきかん
木姓〔목성〕 술가(術家)에서 오행(五行) 중 목(木)에 딸리는 성(姓)을 이름. 곧 김(金)·박(朴)·고(高)·최(崔)·유(劉)·차(車) 등. ぼくせい
木星〔목성〕 태양(太陽)에서 다섯째로 가까운 가장 큰 혹성(惑星). 몸 부피는 지구(地球)의 약 1.318곱. もくせい
木手〔목수〕 동⇨목공(木工).
木魚〔목어〕 독경(讀經)할 때 두드리어 소리내는 기구. 동⇨목탁(木鐸). もくぎょ
木偶〔목우〕 나무로 만든 사람. 동 목상(木像)·목경(木梗)·목인(木人). もくぐう
木牛流馬〔목우유마〕 소나 말 모양으로 된 기계 장치를 한 수레. 제갈 양(諸葛亮)이 만들어 군량(軍糧)을 운반하는 데 썼다 함. もくぎゅうりゅうば
木人〔목인〕 동⇨목우(木偶).
木人石心〔목인석심〕 나무 같은 사람으로 돌 같은 마음을 가졌다는 뜻. 감정(感情)이 무딘 사람을 이름. ぼくじんせきしん
木材〔목재〕 재목(材木). もくざい
木柵〔목책〕 말뚝을 박아 만든 울. 울짱. もくさく
木鐸〔목탁〕 ①불공(佛供)·예불(禮佛)·경을 읽을 때, 식사·공사(公事) 때에 쳐서 소리가 나게 된 기구. 동목어(木魚). ②세상 사람들을 가르쳐서 바로 이끌 만한 사람이나 기관 등을 이름. もくたく 「숯. もくたん
木炭〔목탄〕 ①숯. ②그림을 그리는
木版〔목판〕 나무에 새긴 책판(冊版). もくはん
木筆〔목필〕 ①목제(木製)의 붓. ②연필(鉛筆). ③신이(辛夷) 곧 백목련(白木蓮)의 별칭. もくひつ
▷巨木(거목). 古木(고목). 枯木(고목). 灌木(관목). 大木(대목). 名木(명목). 苗木(묘목). 白木(백목). 伐木(벌목). 副木(부목). 山川草木(산천초목). 小木(소목). 樹木(수목). 植木(식목). 林木(임목). 雜木(잡목). 材木(재목). 接木(접목). 珍木(진목). 草木(초목). 土木(토목). 香木(향목).

〔末〕 부 木(나무목변) 획 4—1 훈 끝 음 말 中 mo⁴ 英 end; final 日 マツ. すえ
뜻 ①끝. ②가루.
필순 一二丰末末
末期〔말기〕 ①노쇠하거나 쇠약한 시기. 끝장에 가까운 동안. ②임종(臨終). まっき
末女〔말녀〕 막내딸. まつじょ
末年〔말년〕 ①일생(一生)의 말기. 늘그막. ②동⇨말세(末世). まつねん
末端〔말단〕 맨 끄트머리. 끝. 동말미(末尾). 예—社員(사원). まったん

末路〔말로〕①행로(行路)의 종점. ②사람의 살아 가는 끝장. 말년(末年). 노후(老後). ③일이 망해 가는 길. 쇠(衰)하여진 끝. まつろ 「つび

末尾〔말미〕끝. [동]말단(末端). ま

末伏〔말복〕삼복(三伏) 중의 마지막 복. 입추(立秋) 후의 첫째 경일(庚日).

末殺〔말살〕지워 없앰. 뭉개어 없앰. [동]말살(抹殺). まっさつ

末席〔말석〕①맨 끝자리. 맨 끝의 좌석. ②지위의 맨 끝. ↔수석(首席). 상석(上席). まっせき

末世〔말세〕① 정치·도덕·풍속 따위가 아주 쇠퇴(衰退)한 시대. 망해 가는 세상. ②늙바탕. [동]말년(末年)·만년(晩年)·노경(老境). まっせい. まっせ「末藥).

末藥〔말약〕가루약. [약]분말약(粉

末葉〔말엽〕①맨 끝의 시대. [예]李朝(이조)—. ↔초엽(初葉)·중엽(中葉). ②[동]말예(末裔). まつよう「손(遠孫)·말엽(末葉).

末裔〔말예〕먼 세대의 자손. [동]원

末運〔말운〕막다른 운수. まつうん

末日〔말일〕그 달의 마지막 날. 그믐날. まつじつ 「っしょく

末職〔말직〕맨 끝 자리의 벼슬. ま

▷結末(결말). 木末(목말). 本末(본말). 粉末(분말). 始末(시말). 年末(연말). 月末(월말). 顚末(전말). 終末(종말). 週末(주말). 學期末(학기말).

〖未〗 [부] 木(나무목변) [획] 4—1 [훈] 아니 [음] 미: [中] wei⁴ [英] not; yet [日] ミ. いまだ

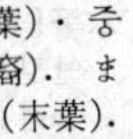

[뜻] ①아닐. ②못할. ③여덟째지지.

[필순] 一二キ才未

未開〔미개〕①아직 민도가 낮고 문명하지 못한 상태. ②꽃이 아직 피지 않음. ③토지가 아직 개간되지 않음. みかい「함. みきょ

未擧〔미거〕철이 아니 나서 아둔

未決〔미결〕① 아직 결정(決定)이 나지 아니함. ②법정(法廷)에서 유죄·무죄의 결정이 나지 아니함. ↔기결(既決)·완결(完決). みけつ

未久〔미구〕동안이 오래지 않음. みきゅう 「きゅう

未及〔미급〕아직 미치지 못함. み

未納〔미납〕아직 바치지 아니하거나 못함. みのう

未達〔미달〕어떤 한도에 이르지 못함. [예]定員(정원)—. みたつ

未得〔미득〕아직 얻지 못함.

未來〔미래〕①아직 오지 않은 때. [동]장래(將來). ②죽은 뒤의 세상. [동]내세(來世). 뒷 세상. みらい

未來像〔미래상〕앞으로 이루어지리라고 상상하는 모습. 또 새로 생길 형상(形像). みらいぞう

未練〔미련〕①익숙하지 못함. ②단념(斷念)할 수 없음. みれん

未了〔미료〕끝내지 못함. [동]미필(未畢)·미제(未濟). ↔완료(完了). みりょう 「함. みまん

未滿〔미만〕일정한 수에 차지 아니

未亡人〔미망인〕남편이 죽은 부녀(婦女). 남편이 죽으면 따라서 함께 죽어야 할 것인데 아직 죽지 아니한 사람이라는 뜻. 홀어미. [동]과부(寡婦). みぼうじん

未明〔미명〕날이 아직 밝기 전(前). みめい 「ん

未聞〔미문〕아직 듣지 못함. み

未發〔미발〕①피어 나지 않음. ②떠나지 않음. ↔기발(既發). ③오욕 칠정(五欲七情)이 일어나지 않음. みはつ 「ぶんめい

未分明〔미분명〕분명하지 못함. み

未備〔미비〕아직 다 갖추지 못함. 완전하지 못함. みび

未詳〔미상〕아직 자세(仔細)하지 아니함. みしょう 「니라

未嘗不〔미상불〕과연. 아닌게 아

未成年〔미성년〕아직 만 20세가 되지 아니함. 또 그 사람. ↔성년(成年). みせいねん

未遂犯〔미수범〕범죄 행위를 착수한 뒤에 그 목적(目的)을 이루지 못한 행위(行爲). 또 그 사람. みすいはん

未熟〔미숙〕 ① 과실(果實)이 아직 익지 아니함. ②음식이 덜 익음. ③일에 익숙하지 못함. ④경험이 모자람. みじゅく 「음.
未熄〔미식〕 어떤 변고가 그치지 않
未安〔미안〕 ①마음이 편하지 못하고 거북함. ↔편안(便安). ②남에게 대하여 겸연쩍은 마음이 있음. みあん
未然〔미연〕 아직 그렇게 되지 아니함. 아직 일이 일어나지 아니함. 예一防止(방지). みぜん
未完〔미완〕 아직 완결(完結)하지 못함. 아직 끝이 아니 남. ↔완결(完結). みかん
未定〔미정〕 아직 결정하지 못함. 아직 정하여지지 아니함. みてい
未定稿〔미정고〕 아직 퇴고(推敲)하지 아니한 초고(草稿). みていこう 「い
未濟〔미제〕 동⇨미료.(未了). みさ
未製品〔미제품〕 아직 완전히 되지 아니한 물품. みせいひん
未曾有〔미증유〕 지금까지 아직 한 번도 있어 본 적이 없음. みぞう
未知〔미지〕 알지 못함. ↔기지(旣知). みち 「じん
未盡〔미진〕 아직 다하지 못함. み
未平國〔미평국〕 나라를 지키지 못함. 예男兒二十(남아이십)一.
未畢〔미필〕 아직 끝내지 못함. 동미료(未了). みひつ
未婚〔미혼〕 아직 혼인을 하지 아니함. ↔기혼(旣婚). みこん
未洽〔미흡〕 흡족(洽足)하지 못함. >己未(기미).

本 부 木(나무목변) 획 4—1 훈 근본 음 본(본:) 中 pen³ 英 root; origin 日 ホン. もと
뜻 ①근본. ②밑. ③바탕. ④처음. ⑤책.
필순 一十木本

本家〔본가〕 ①본집. ②친정(親庭). ほんか. ほんけ 「(지). ほんきょ
本據〔본거〕 근거(根據). 예一地
本格〔본격〕 근본이 되는 격식(格式). ほんかく 「ほんこ
本固〔본고〕 근본이 굳고 튼튼함.
本貫〔본관〕 ①시조(始祖)가 난 땅. 동관적(貫籍)·관향(貫鄕). ②본적(本籍). ほんかん
本局〔본국〕 ①그 근본이 되는 국. ↔분국(分局)·지국(支局). ②딴 국에 대하여 자기가 있는 국. 우리 국. ほんきょく
本國〔본국〕 자기 나라. 곧 자기의 국적(國籍)이 있는 나라. 동본토(本土). ↔타국(他國). ほんごく
本能〔본능〕 태어날 때부터 가지고 있는 성능(性能). ほんのう
本宅〔본댁〕 늘 머물러 사는 집. 살림집. 동본저(本邸). ほんたく
本來〔본래〕 ①사물이 전하여 내려온 그 처음. 본디. ②처음부터. 본디. ほんらい
本論〔본론〕 언론(言論)·저서(著書)의 주되는 의론(議論). ほんろん
本壘〔본루〕 ① 본거(本據)가 되는 곳. ②야구장의 타자가 공을 치는 자리. ほんるい
本末〔본말〕 ①일의 처음과 나중. ②물건의 처음과 끝. 예一顚倒(전도). ほんまつ
本名〔본명〕 본 이름. ほんめい
本文〔본문〕 주석·번역 등의 원 문장(文章). ほんぶん 「ほんぽう
本俸〔본봉〕 주(主)가 되는 봉급.
本部〔본부〕 어떤 기관(機關)이나 단체의 중심이 되는 조직(組織). 예搜査(수사)一. ↔지부(支部). ほんぶ
本分〔본분〕 ①사람마다 갖추고 있는 분수(分數). ②의무(義務)로 하여야 할 책임. ほんぶん
本社〔본사〕 ①사(社)의 본부(本部). ↔지사(支社). ②딴 회사에 대하여 자기가 근무(勤務)하는 회사. ほんしゃ
本線〔본선〕 간선(幹線). ほんせん
本始〔본시〕 시초(始初). ほんし
本室〔본실〕 정실(正室). 동본처(本妻). ほんしつ
本業〔본업〕 근본(根本)되는 직업. ↔부업(副業). ほんぎょう
本然〔본연〕 본디 그대로의 자연(自然)이나 상태. ほんぜん

本營〔본영〕 주장이 되는 군영(軍營). [동]본진(本陣). ほんえい
本意〔본의〕 ①근본의 뜻. ②진정한 마음. 본래의 의사(意思). [동]본정(本情). ほんい 「てい
本邸〔본저〕 [동]⇨본댁(本宅). ほん
本籍〔본적〕 호적(戶籍)이 있는 곳. ほんせき
本錢〔본전〕 ①밑천이 되는 돈. 자본금(資本金). ②꾸어준 밑돈. [동]본금(本金). 원금(元金).
本旨〔본지〕 ①근본(根本)되는 취지(趣旨). ②본디의 뜻. ほんし
本職〔본직〕 근본되는 직업 또는 직무. ↔겸직(兼職). ほんしょく
本陣〔본진〕 [동]⇨본영(本營). ほんじん
本質〔본질〕 ①본바탕. ②본래부터 갖추고 있는 사물 독자(獨自)의 성질. ほんしつ
本妻〔본처〕 정식 혼인으로 맞은 첫번째 아내. 본부인. [동]정실(正室). ↔첩(妾)·소실(小室). [예]一所生(소생). ほんさい
本草〔본초〕 ①나무나 풀. ②약재(藥材). ほんそう
本初子午線〔본초자오선〕 지구(地球)상의 경도(經度)를 측정(測定)하는 기준이 되는 자오선.
本土〔본토〕 ①자기(自己)가 사는 땅. 이 땅. ②고향(故鄕). ③주되는 땅. [동]본국(本國). ↔속지(屬地). ④그 소속된 육지. ↔섬. ⑤부처가 사는 나라. [동]정토(淨土). ほんど 「んきょう
本鄕〔본향〕 자기가 사는 시골. ほ
本會〔본회〕 ①이 회. ②딴 회에 대하여 자기가 속하는 회. ↔타회(他會). ほんかい
▷刻本(각본). 脚本(각본). 刊本(간본). 刊行本(간행본). 見本(견본). 古本(고본). 教本(교본). 校閱本(교열본). 劇本(극본). 定本(정본). 破本(파본).

【札】 [부] 木(나무목변) [획] 4—1 [훈] 편지 [음] 찰 [中] cha^2 [英] letter [日] サツ. ふだ 「돈. 화폐.
[뜻] ①편지. ②글쓰는 나무쪽. ③
[필순] 一十木木札
札記〔찰기〕 조목(條目)으로 나누어 기술(記述)하는 일. 또 그 기술. [동]찰기(劄記). さっき
札駐〔찰주〕 공무(公務)를 띠고 외국에 머물러 있음. さっちゅう
札札〔찰찰〕 ①고시(古詩)에 나오는 매미 우는 소리. ②쟁기로 밭을 가는 소리. ③베짜는 소리. さつさつ
札翰〔찰한〕 편지. さっかん
▷鑑札(감찰). 改札(개찰). 落札(낙찰). 名札(명찰). 應札(응찰). 入札(입찰). 現札(현찰).

【朴】 [부] 木(나무목변) [획] 4—2 [훈] 등걸 [음] 박 [中] p'o^4 p'u [英] simple [日] ボク. ほお. すなお 「박할. ③성.
[뜻] ①등걸. 밑둥. ②질박할. 순
[필순] 一十木木朴朴
朴鈍〔박둔〕 단단하지 못한 그릇. ぼくどん 「ぼくろ
朴魯〔박로〕 꾸밈이 없고 어리석음
朴茂〔박무〕 정직하고 인정(人情)이 두터움. ぼくも 「ぼくそ
朴素〔박소〕 꾸밈이 없이 그대로임
朴野〔박야〕 꾸밈이 없이 촌스러움
朴趾源〔박지원〕 이조 정조(正祖) 때의 실학(實學)의 대가(大家). 호(號)는 연암(燕巖). 청(淸)나라에 다녀와서 지은 기행문 〈열하일기(熱河日記)〉가 있음.
朴通事諺解〔박통사언해〕 이조 중종(中宗) 때 최 세진(崔世珍)이 지은 중국어 학습서(學習書).
朴彭年〔박팽년〕 이조 세종(世宗) 때의 집현전(集賢殿) 학사. 사육신(死六臣)의 한 사람.
▷素朴(소박). 醇朴(순박). 質朴(질박). 厚朴(후박).

【朱】 [부] 木(나무목변) [획] 4—2 [훈] 붉을 [음] 주 [中] chu^1 [英] red [日] シュ. あか
[뜻] ①붉을. ②성.
[필순] ノ𠂉𠂉牛牛朱
朱欄〔주란〕 붉은 칠을 한 난간.
朱鷺〔주로〕 따오기. しゅろ, しゅら
朱樓畫閣〔주루화각〕 화려(華麗)하

누각(樓閣).
朱墨〔주묵〕 ①주홍색의 먹. ②붉은 먹과 검은 먹으로 이동(異同)을 구별하거나 첨삭(添削)을 가함. ③붉은 먹과 검은 먹으로 장부에 지출(支出)과 수입(收入)을 적음. しゅぼく
朱門〔주문〕 ①붉은 칠을 한 문(門). ②지위(地位)가 높은 사람이나 부호(富豪)의 집. しゅもん
朱色〔주색〕 주홍 색. あかいろ
朱書〔주서〕 주묵(朱墨)으로 글씨를 씀. 또 그 글씨. 동주필(朱筆).
朱錫〔주석〕 놋쇠. 「しゅしょ
朱儒〔주유〕 ①난장이. ②식견(識見)이 없는 사람. しゅゆ
朱子〔주자〕 남송(南宋)의 유학자 주희(朱熹)의 존칭. しゅし
朱子學〔주자학〕 남송(南宋)의 주희(朱熹)가 주장한 유학(儒學). 동 성리학(性理學). しゅしがく
朱筆〔주필〕 ① 주묵(朱墨)을 찍어 글씨를 쓰는 붓. ②동⇨주서(朱書). しゅひつ
朱熹〔주희〕 남송(南宋)의 대유학자(大儒學者). しゅき
▷印朱(인주).

［朽］ 부 木(나무목변) 획 4—2 훈 썩을 음 후: 中 hsiu³ 英 rot 日 キュウ. くちる. くさる
뜻 ①썩을. ②노쇠할.
필순 十才木朾朽
朽骨〔후골〕 썩은 뼈. きゅうこつ
朽老〔후로〕 나이가 많아 기력이 쇠약해짐. きゅうろう 「めつ
朽滅〔후멸〕 썩어 없어짐. きゅう
朽腐〔후부〕 썩음. 부패함. きゅうふ 「ゅうはい
朽敗〔후패〕 썩어서 못 쓰게 됨. き
▷老朽(노후). 腐朽(부후). 不朽(불후).

［杞］ 부 木(나무목변) 획 4—3 훈 구기자 음 기(기:) 中 ch'i³ 英 medlar tree 日 キ. コ. くに
뜻 ①구기자. ②산버들. ③나라 「이름.
필순 一十木杞杞杞
杞柳〔기류〕 갯버들. きりゅう
杞憂〔기우〕 쓸데없는 걱정. 군걱정. きゆう

［杜］ 부 木(나무목변) 획 4—3 훈 막을 음 두(두:) 中 tu⁴ 英 shut out 日 ト. とじる
뜻 ①막을. ②아가위나무.
필순 十才木村杜杜
杜門不出〔두문불출〕 집 속에만 들어 있고 밖에 나가지 아니함. ともんふしゅつ
杜甫〔두보〕 성당(盛唐) 때의 대시인(大詩人). 자(字)는 자미(子美). 호(號)는 소릉(少陵). 이백(李白)과 함께 그 이름을 나란히 하여 이두(李杜)라고 불림. とほ 「예—諺解(언해). とし
杜詩〔두시〕 두보(杜甫)의 시(詩).
杜宇〔두우〕 두견. 소쩍새. とう
杜絶〔두절〕 교통(交通)·통신(通信) 등이 끊어져 막힘. とぜつ
杜酒〔두주〕 자기 집에서 직접 빚은 맛이 좋지 않은 술. としゅ
杜弊〔두폐〕 폐단을 막음. とへい

［李］ 부 木(나무목변) 획 4—3 훈 오얏 음 리: 中 li³ 英 plum 日 リ. すもも 「행리. ③성.
뜻 ① 오얏. 오얏나무. ②행담.
필순 十才木李李李
李桃〔이도〕 앵두의 별명(別名). りとう
李杜〔이두〕 성당(盛唐) 때의 대표적인 시인(詩人)인 이백(李白)과 두보(杜甫). りと
李白〔이백〕 성당(盛唐) 때의 대시인(大詩人). 자(字)는 태백(太白). 호(號)는 청련(靑蓮). りはく 「조(太祖).
李成桂〔이성계〕 이조(李朝)의 태
李舜臣〔이순신〕 이조 선조(宣祖) 때의 무장(武將). 임진왜란(壬辰倭亂)·정유재침(丁酉再侵)에 수군통제사(水軍統制使)로서 거북선을 만들어 왜군(倭軍)을 무찌름. 세계적 명장(名將)으로 존경받음. 시호(諡號)는 충무(忠武).
李珥〔이이〕 이조 선조(宣祖) 때의 유현(儒賢). 호(號)는 율곡(栗谷). 동서당쟁(東西黨爭)의 조정에 힘쓰며 〈격몽요결(擊蒙要訣)〉

을 지어 후진을 가르쳤음.
李下不整冠〔이하부정관〕 열매가 열린 오얏나무 밑에서는 갓을 고쳐 쓰지 아니한다는 뜻으로, 남에게 의심 살 일은 하지 말아야 함의 비유. りかにかんむりをた
李花〔이화〕 오얏꽃. ⌊だきず
李滉〔이황〕 이조 중기(中期)의 유학자(儒學者). 호(號)는 퇴계(退溪). 주자(朱子)의 학설(學說)을 주로 한 이기(理氣)의 이원론(二元論)을 주장하였음.
▷報李(보리). 行李(행리).

【束】 부 木(나무목변) 획 4—3 훈 묶을 음 속 中 shu^4 英 bind 日 ソク. たば
뜻 ①묶을. ②약속할.
필순 一ㄱ㄰ㄱ申束束
束手〔속수〕 ① 팔짱을 끼고 아무 것도 하지 아니함. ②저항하지 아니하고 굴복하여 순종함. そくしゅ
束手無策〔속수무책〕 어찌할 도리가 없음. そくしゅむさく
束薪〔속신〕 묶어 놓은 땔나무.
束裝〔속장〕 행장(行裝)을 거두어 차림. そくしょう
束之高閣〔속지고각〕 한 쪽에 치워 두고 쓰지 아니함의 비유.
▷檢束(검속). 結束(결속). 拘束(구속). 團束(단속). 約束(약속).

【杖】 부 木(나무목변) 획 4—3 훈 지팡이 음 장(장:) 中 chang^4 英 stick 日 ジョウ. つえ
뜻 ①지팡이. ②짚을. ③의지할. ④몽둥이. ⑤때릴.
필순 十才木朾村杖
杖家〔장가〕 나이 50세를 이름. じ
杖鼓〔장고〕 장구. ⌊ょうか
杖毒〔장독〕 곤장(棍杖)을 맞은 상처(傷處)에 나는 독(毒). じょうどく 「린 뒤에 옥에 가둠.
杖之囚之〔장지수지〕 곤장으로 때
杖刑〔장형〕 오형(五刑)의 하나. 곤장(棍杖)으로 볼기를 때리는 형벌. じょうけい
▷曲杖(곡장). 棍杖(곤장). 鐵杖(철장). 鞭杖(편장).

【材】 부 木(나무목변) 획 4—3 훈 재목 음 재 中 ts'ai^2 英 stuff 日 ザイ. もと
뜻 ①재목. ②감. 재료 ③재주. 재능.
필순 十才木朩村材
材幹〔재간〕 ①재주와 일을 처리할 수 있는 능력. 동재간(才幹). ②재목(材木). ざいかん 「いき
材器〔재기〕 재주와 국량(局量). ざ
材能〔재능〕 재주와 능력. 동재능(才能). さいのう. ざいのう
材料〔재료〕 물건을 만드는 감. 예 建築(건축)—. ざいりょう
材木〔재목〕 건축이나 기구를 만드는 데 재료가 되는 나무. ざいもく
材士〔재사〕 힘이 센 사람. ざいし
材質〔재질〕 재기(材器)과 성질(性質). ざいしつ
▷乾材(건재). 教材(교재). 器材(기재). 木材(목재). 石材(석재). 素材(소재). 人材(인재). 印材(인재). 逸材(일재). 資材(자재). 製材(제재). 題材(제재). 主材(주재). 鐵材(철재). 取材(취재).

【村】 부 木(나무목변) 획 4—3 훈 마을 음 촌: 中 ts'uen^1 英 village 日 ソン. むら
뜻 ①마을. ②시골.
필순 十才木朩村村
村家〔촌가〕 촌집. 시골집. そんか
村童〔촌동〕 시골 아이. そんどう
村落〔촌락〕 촌. 마을. 동네. そんらく 「そんろう
村老〔촌로〕 촌에 사는 노인(老人).
村里〔촌리〕 마을. そんり 「ぼう
村氓〔촌맹〕 동⇨촌민(村民). そん
村民〔촌민〕 촌에서 사는 백성. 동 촌맹(村氓). そんみん
村婦〔촌부〕 촌에서 사는 여자. そんぷ 「리. そんこう
村巷〔촌항〕 먼 시골의 외딴 길거
▷江村(강촌). 孤村(고촌). 農村(농촌). 模範村(모범촌). 僻村(벽촌). 山村(산촌). 漁村(어촌). 鄉村(향촌).

【杓】 부 木(나무목변) 획 4—3 훈 북두자루 음 표 中 piao^1

shuo⁴ shao² [英] handle [日] ヒョウ. え

[뜻] ①북두자루. 북두칠성의 자루를 이룬 부분. ②당길. ③맬. ④구기(작).

[필순] 木 杓杓

[杏] [부] 木(나무목변) [획] 4—3 [훈] 살구 [음] 행: [中] hsing⁴ [英] apricot [日] キョウ. あんず

[뜻] ①살구. ②은행.

[필순] 十才木木杏杏

杏林〔행림〕 ①살구나무의 숲. ②의사(醫師)의 미칭. きょうりん

杏樹〔행수〕 살구나무. きょうじゅ

杏仁〔행인〕 살구씨의 알맹이. きょうにん 「(杏子木).

杏子〔행자〕 은행(銀杏). [동]행자목

杏子木〔행자목〕 은행나무의 목재.

杏花〔행화〕 살구꽃. きょうか

杏花村〔행화촌〕 ①살구꽃이 피는 마을. ②마을의 이름.

▷銀杏(은행).

[果] [부] 木(나무목변) [획] 4—4 [훈] 과실 [음] 과: [中] kuo³ [英] fruit [日] カ. くだもの. はたす. はて 「결단할.

[뜻] ①과실. ②과연. ③

[필순] 丨 冂日旦甲果果

果敢〔과감〕 과단성 있게 일을 함. 용감하게 실행함. かかん

果斷〔과단〕 용기있게 결단(決斷)함. かだん 「かほう

果報〔과보〕 인과 응보(因果應報).

果樹〔과수〕 과실 나무. かじゅ

果樹園〔과수원〕 과실 나무를 재배하는 농원. [약]과원(果園). かじゅえん

果是〔과시〕 [동]⇨과연(果然).

果實〔과실〕 먹을 수 있는 나무의 열매. かじつ 「(果是). かぜん

果然〔과연〕 진실로 그러함. [동]과시

果園〔과원〕 [동]⇨과수원. かえん

果肉〔과육〕 과실의 살.

果菜〔과채〕 과실과 채소. かさい

果下馬〔과하마〕 키가 썩 작은 말.

▷甘果(감과). 結果(결과). 奇果(기과). 茶果(다과). 名果(명과). 成果(성과). 實果(실과). 因果(인과). 效果(효과).

[東] [부] 木(나무목변) [획] 4—4 [훈] 동녘 [음] 동 [中] tung¹ [英] east [日] トウ. ひがし. あずま

[뜻] ①동녘. ②봄.

[필순] 一丅丙百百亘車東東

東家丘〔동가구〕 큰 인물(人物)도 한 고향 사람에게는 평범하게 보임을 이름. とうかのきゅう

東家食西家宿〔동가식서가숙〕 먹을 것과 잘 곳이 없이 떠돌아다님을 이름. 「동쪽나라. とうごく

東國〔동국〕 ①우리나라의 별칭. ②

東宮〔동궁〕 ①황태자. 또는 왕세자의 궁전. ②황태자 또는 왕세자. [동]청궁(靑宮). とうぐう

東盟〔동맹〕 고구려(高句麗) 때 해마다 시월에 지내던 일종의 추수 감사절(秋收感謝節).

東問西答〔동문서답〕 묻는 말에 대하여 엉뚱한 소리로 하는 대답.

東奔西走〔동분서주〕 사방으로 바쁘게 다님. とうほんせいそう

東床〔동상〕 사위의 높임말.

東西〔동서〕 ①동쪽과 서쪽. ②동양과 서양. ③마음대로 부림. ④이리저리 돌아다님. とうざい

東西洋〔동서양〕 동양과 서양.

東洋〔동양〕 서양에 대하여 동쪽의 아시아를 이름. とうよう

東醫寶鑑〔동의보감〕 이조 선조(宣祖) 때 의관(醫官) 허준(許浚)이 왕명(王命)으로 편찬(編纂)한 의서(醫書).

東夷南蠻〔동이남만〕 중국 동쪽과 남쪽 오랑캐. 중국이 다른 민족을 업신여겨 부르던 말. とういなんばん「또 그 농사. とうさく

東作〔동작〕 봄철에 농사를 지음.

東漸〔동점〕 점차 동쪽으로 옮김. [예]西勢(서세)—. とうぜん

東征西伐〔동정서벌〕 여러 나라를 이리 저리 정벌(征伐)함. とうせいせいばつ

東窓〔동창〕 동쪽에 있는 창.

東天〔동천〕 동쪽 하늘. 또 밝을녘의 하늘. とうてん

東遷〔동천〕 동쪽으로 옮김.
東取西貸〔동취서대〕 여러 곳에 빚을 짐. 「실패함.
東敗西喪〔동패서상〕 가는 곳마다
東風〔동풍〕 ①동쪽에서 불어 오는 바람. ② 봄바람. とうふう
東風吹馬耳〔동풍취마이〕 남의 비평이나 의견을 조금도 귀담아 듣지 않음을 이름. 동마이 동풍(馬耳東風). とうふうばじをふく
東學〔동학〕 서학(西學)인 천주교(天主敎)에 반대하여 최제우(崔濟愚)가 창도(唱導)한 일종의 민족 종교. 유교(儒敎)·불교(佛敎)·도교(道敎)를 절충한 것임. ↔서학(西學). とうがく
東海〔동해〕 동쪽 바다. とうかい
東向〔동향〕 동쪽으로 향함. ↔서향(西向). とうこう
東胡〔동호〕 흉노(匈奴)의 동쪽에 부락을 이루어 살던 몽고족(蒙古族). とうこ 「こう
東皇〔동황〕 봄의 신(神). 봄. とう
▷江東(강동). 關東(관동). 近東(근동). 南東(남동). 大東(대동). 遼東(요동). 海東(해동).

〔林〕 부 木(나무목변) 획 4—4 훈 수풀 음 림 ㊥ lin² ㊕ forest ㊐ リン. はやし
뜻 ①수풀. ② 빽빽할. ③ 성.
필순 十 才 木 村 材 林
林產〔임산〕 산림(山林)의 산물. りんさん 「땅. りんや
林野〔임야〕 나무가 우거진 넓은
林業〔임업〕 산림(山林)을 경영하는 사업. りんぎょう
林中不賣薪〔임중불매신〕 사물(事物)은 필요한 장소가 아니면 찾는 사람이 없음을 이름.
▷枯林(고림). 綠林(녹림). 密林(밀림). 山林(산림). 森林(삼림). 樹林(수림). 原始林(원시림). 竹林(죽림). 處女林(처녀림).

「枚」 부 木(나무목변) 획 4—4 훈 낱 음 매 ㊥ mei² ㊕ piece ㊐ マイ
뜻 ①낱. ②낱낱이. ③줄기. ④ 채찍. ⑤하무. ⑥점. ⑦널리.
필순 木 朩 杪 枚 「いきょ
枚擧〔매거〕 낱낱이 들어 말함. まい

「杳」 부 木(나무목변) 획 4—4 훈 어두울 음 묘: ㊥ miao³ ㊕ obscure ㊐ ヨウ. くらい
뜻 어두울.
필순 木 杳 杳 杳 「めい
杳冥〔묘명〕 아득하고 어두움. よう
杳然〔묘연〕 ①그윽하고 먼 모양. ②오래 되어 정신(精神)이 알쏭달쏭한 모양. ようぜん

〔杯〕 부 木(나무목변) 획 4—4 훈 잔 음 배 ㊥ pei¹ ㊕ cup ㊐ ハイ. さかずき
뜻 잔.
필순 木 杯 杯 杯
杯盤〔배반〕 술을 마시는 잔과 그릇. はいばん
杯盤狼藉〔배반낭자〕 술자리가 어지러운 모양. はいばんろうぜき
杯酒〔배주〕 잔에 부은 술.
杯中物〔배중물〕 잔 속의 물건. 곧 술. はいちゅうのもの
杯中蛇影〔배중사영〕 신경질(神經質)이 많아 자기 스스로 의혹된 마음이 생겨 고민(苦悶)하는 일. はいちゅうのだえい 「いち
杯池〔배지〕 잔과 같이 작은 못. は
▷乾杯(건배). 木杯(목배). 返杯(반배). 玉杯(옥배). 銀杯(은배). 酒杯(주배).

【析】 부 木(나무목변) 획 4—4 훈 쪼갤 음 석 ㊥ hsi¹ ㊕ divide ㊐ セキ. さく
뜻 ①쪼갤. ②나눌. 가를.
필순 木 木 析 析 「つ
析別〔석별〕 나뉘어 헤어짐. せきべ
析出〔석출〕 분석하여 냄. せきしゅつ 「(해석).
▷剖析(부석). 分析(분석). 解析

〔松〕 부 木(나무목변) 획 4—4 훈 소나무 음 송: ㊥ sung¹ ㊕ pine tree ㊐ ショウ. まつ
뜻 소나무. 솔.
필순 木 朩 松 松 松
松炬〔송거〕 동 ⇨ 송명(松明).

松菊〔송국〕 소나무와 국화(菊花). しょうきく
松都〔송도〕 근세 조선 이후에 개성(開城)을 송악산 밑에 있는 서울이란 뜻으로 일컫던 말.
松露〔송로〕 ①소나무 잎에 앉은 이슬. ②버섯의 일종. 갓과 자루의 구분이 없고 맛이 좋음. しょうろ
松籟〔송뢰〕 소나무 잎을 스치는 바람 소리. しょうらい
松林〔송림〕 소나무 숲. しょうりん
松明〔송명〕 관솔불. �Ⓢ송거(松炬). しょうめい. たいまつ
松柏〔송백〕 ①소나무와 잣나무. 모두 상록수이므로, 굳은 절개를 비유. ②장수(長壽)의 비유. しょうはく
松柏之操〔송백지조〕 송백이 사시(四時)에 그 빛깔을 변하지 않음과 같은 굳은 절개. しょうはくのみさお 「옛 이름.
松嶽〔송악〕 경기도 개성(開城)의
松子〔송자〕 솔방울. しょうし
松田〔송전〕 솔밭. 「ょうちく
松竹〔송죽〕 소나무와 대나무. し
松竹梅〔송죽매〕 추위를 견디는 소나무·대나무·매화. 곧 세한삼우(歲寒三友). しょうちくばい
松下〔송하〕 ①소나무의 밑. ②소나무의 그늘. しょうか 「ょうか
松花〔송화〕 소나무의 꽃가루. し
▷古松(고송). 落葉松(낙엽송). 五葉松(오엽송). 老松(노송). 長松(장송). 赤松(적송). 蒼松(창송).

【枝】 부 木(나무목변) 획 4—4 훈 가지 음 지 ㊥ chih[1] ㊧ branch ㊐ シ. えだ
뜻 ①가지. ② 버틸(支와 통용). ③육손이.
필순 木 朾 杪 枝
枝付〔지부〕 마음으로부터 복종(服從)함. しふ
枝葉〔지엽〕 ①가지와 잎. ②중요하지 아니한 부분. ③자손(子孫). ㊞—末節(말절). しよう
枝梧〔지오〕 버팀. 지탱함. しご
枝節〔지절〕 ①나무의 가지와 마디. ②곡절이 많은 사단(事端)의 비유. しせつ 「ぞく
枝族〔지족〕 지파(支派)의 겨레. し
枝指〔지지〕 육손이. きし
▷分枝(분지). 連理枝(연리지). 連枝(연지). 竹枝(죽지).

【枕】 부 木(나무목변) 획 4—4 훈 베개 음 침: ㊥ chen[3·4] ㊧ pillow ㊐ チン. まくら
뜻 ①베개. ②벨. 베개할.
필순 木 朩 枕 枕 枕
枕囊〔침낭〕 베개의 한 가지. 슬리핑 백. ちんのう 「邊). ちんとう
枕頭〔침두〕 베갯머리. ㊁침변(枕
枕木〔침목〕 ①물건 밑을 괴어 놓는 나무 토막. ②선로(線路)를 받치는 나무 토막. まくらぎ
枕邊〔침변〕 ⇨침두(枕頭).
枕上〔침상〕 ①베개 위. ②누워 있는 때. ちんじょう
枕席〔침석〕 ①베개와 자리. ②자는 자리. ちんせき

【板】 부 木(나무목변) 획 4—4 훈 널빤지 음 판(판:) ㊥ pan[3] ㊧ board ㊐ ハン. バン.
뜻 널빤지. 「いた
필순 木 朾 朾 板 板
板刻〔판각〕 그림이나 글씨를 나뭇조각에 새김. はんこく
板橋〔판교〕 널다리. いたばし
板門〔판문〕 판자로 만든 문.
板門店會談〔판문점회담〕 한국전란을 종식시키기 위하여 1952년 10월에 개최한 정전(停戰) 회담.
板本〔판본〕 목판(木版)으로 인쇄한 책. はんぽん
板書〔판서〕 칠판에 글씨를 씀. 또는 칠판에 쓴 글자. はんしょ
板屋〔판옥〕 판자로 벽을 한 집. 판잣집. はんおく
板子〔판자〕 ①나무로 된 널판. ②죄인(罪人)을 치는 널판. はんし 「はんしょう
板墻〔판장〕 널빤지로 막은 울타리.
板紙〔판지〕 널판처럼 단단하고 두껍게 만든 종이. いたがみ
▷看板(간판). 甲板(갑판). 乾板(건판). 木板(목판). 苗板(묘판). 石板(석판). 鐵板(철판). 漆板

(칠판). 平板(평판).

【架】 부 木(나무목변) 획 4—5 훈 시렁 음 가(가:) 中 chia⁴ 英 across 日 カ. たな. かける
뜻 ①시렁. ②건너지를.
필순 ㇇ 加 加 加 架 架 架

架空〔가공〕①공중에 건너지름. ②터무니·근거가 없음. かくう
架橋〔가교〕다리를 놓음. かせつ
架設〔가설〕건너지르는 공사를 함.
▷擔架(담가). 書架(서가). 十字架(십자가).

【枯】 부 木(나무목변) 획 4—5 훈 마를 음 고 中 k'u¹ 英 withered 日 コ. かれる
뜻 ①마를. ②마른나무. ③여윌.
필순 木 木 木 木 枯 枯

枯渴〔고갈〕물이 바짝 마름. こかつ
枯骨〔고골〕송장의 살이 썩어 없어진 뼈. ここつ
枯木死灰〔고목사회〕말라죽은 나무와 불이 꺼진 재. 사람이 욕심이 없거나 생기가 없는형용. こぼくしかい
枯淡〔고담〕청렴 결백하여 욕심이 없음.
枯木生花〔고목생화〕말라 죽은 나무에서 꽃이 핀다는 뜻으로, 쇠(衰)한 사람이 다시 일어남을 이름.
枯死〔고사〕말라 죽음. こし
枯魚〔고어〕마른 생선. 동건어(乾魚). こぎょ
枯池〔고지〕물이 마른 못. こち
枯枝〔고지〕마른 나뭇가지. こし
枯草〔고초〕①마른 풀. ②마초(馬草). こそう. かれくさ
枯花〔고화〕시들어 쓰러지는 꽃.
枯朽〔고후〕마르고 썩음. こきゅう
▷乾枯(건고). 榮枯(영고).

「柩」 부 木(나무목변) 획 4—5 훈 널 음 구 中 chiu⁴ 英 coffin 日 キュウ. グ. ひつぎ
뜻 널. 관.
필순 木 朩 朽 柩 柩

柩衣〔구의〕관(棺)을 집 밖으로 내갈 때, 관 위를 덮는 홑이불 같은 보자기. きゅうい
柩車〔구차〕영구차. 상여. きゅうしゃ
▷靈柩(영구).

〖柳〗 부 木(나무목변) 획 4—5 훈 버들 음 류: 中 liu³ 英 willow 日 リュウ. やなぎ
뜻 ①버들. ②성.
필순 木 木 木 杉 柳 柳

柳綠花紅〔유록화홍〕버들은 푸르고 꽃은 분홍빛임. 곧 인공을 가하지 않은 자연 그대로의 상태를 이름. やなぎはみどりはなはくれない
柳眉〔유미〕버들잎 모양의 아름다운 눈썹의 형용. りゅうび
柳絲〔유사〕버드나무 가지. りゅうし
柳成龍〔유성룡〕이조 선조(宣祖) 때의 정승. 호는 서애(西厓). 임진왜란 때 도체찰사(都體察使)로서 명(明)나라 장군들과 같이 국난을 처리하였음. 저서로 〈징비록(懲毖錄)〉 등이 있음.
柳暗花明〔유암화명〕시골의 아름다운 봄 경치. りゅうあんかめい
柳營〔유영〕장군(將軍)의 진영. 또 장군. りゅうえい
柳腰〔유요〕①버드나무 가지의 가늘고 부드러움의 형용. ②미인의 가는 허리. りゅうよう「うい
柳陰〔유음〕버드나무의 그늘. りゅ
柳宗元〔유종원〕당나라의 문호(文豪). 자(字)는 자후(子厚). 당송팔대가(唐宋八大家)의 한 사람으로 문장은 한유(韓愈)와 겨루며 시는 왕유(王維)·맹호연(孟浩然)에 다음간다 함.
柳態花容〔유태화용〕미인의 모습. りゅうたいかよう
柳巷花街〔유항화가〕화류가(花柳街).
▷折柳(절류). 堤柳(제류). 青柳(청류). 花柳(화류).

【某】 부 木(나무목변) 획 4— 훈 아무 음 모: 中 mou 英 such and such 日 ボウ. それがし
뜻 아무.
필순 ⁡‖ 甘 甘 苴 某 某

某年〔모년〕어떤해. 아무 해. ぼうねん
某某〔모모〕아무아무. 누구누구.
某氏〔모씨〕아무개. 아무 양반. ぼうし

某月〔모월〕어느 달. 아무 달. ぼうげつ
某人〔모인〕아무개. 어떤 사람. ぼうじん　「うじつ
某日〔모일〕어떤 날. 아무 날. ぼ
某種〔모종〕어떤 종류. ぼうしゅ
某處〔모처〕어떤 곳. 아무 곳. ぼうしょ

【柏】[부] 木(나무목변) [획] 4—5 [훈] 잣 [음] 백 [中] pai^3, po^2 [英] cypress [日] ハク. かしわ
[뜻] ①잣나무. ②측백나무.
[참고] [속] 栢
[필순] 木 朩 朩 柏柏柏
柏臺〔백대〕①한대(漢代)의 어사대(御史臺)의 이칭. 울안에 측백나무를 심은 데서 이름. ②청대(淸代)의 안찰사(按察使)의 이칭.
柏子〔백자〕잣.　「씨.
柏子仁〔백자인〕측백나무 열매의
柏酒〔백주〕잣나무 잎을 따서 담근 술. 곧 정월 초하루에 먹는 액운(厄運)풀이 술. はくしゅ
▷冬柏(동백). 石柏(석백). 松柏(송백). 側柏(측백). 香柏(향백).

【査】[부] 木(나무목변) [획] 4—5 [훈] 조사할 [음] 사 [中] ch'a^2, cha^1 [英] inquiry [日] サ. しらべる
[뜻] ① 조사할. 사실할. ②떼. 뗏목. ③사돈.
[필순] 十 木 木 杏 杳 杳 査
査家〔사가〕사돈집.　「됨.
査得〔사득〕사실을 조사하여 알게 됨. さとく
査問〔사문〕조사하여 물어봄. さ
査受〔사수〕조사하여 받음. 「もん
査實〔사실〕사실(事實)을 조사함.
査閱〔사열〕①실지로 일일이 조사하여 봄. ②군대에서 장병을 정렬시켜 놓고 장비(裝備)와 사기(士氣) 등을 실지로 검열하는 일. さえつ　「い
査定〔사정〕조사하여 결정함. さて
査察〔사찰〕①조사하여 살핌. ②주로 사상적인 동태를 살펴 조사하는 경찰임무의 한 부분. ささつ
▷監査(감사). 內査(내사). 踏査(답사). 搜査(수사). 審査(심사). 調査(조사). 探査(탐사).

【柹】[부] 木(나무목변) [획] 4—5 [훈] 감 [음] 시: [中] shih^4 [英] persimmon [日] シ. かき
[뜻] 감.
[참고] [속] 柿
[필순] 木 朩 朩 杮 柹 柹
柹霜〔시상〕곶감 거죽에 생기는 흰 가루. [동]시설(柹雪). しそう
柹色〔시색〕조금 검은 빛깔을 띤 적황색(赤黃色). かきいろ
柹雪〔시설〕[동]⇨시상(柹霜).
▷乾柹(건시). 紅柹(홍시).

【柴】[부] 木(나무목변) [획] 4—5 [훈] 섶나무 [음] 시: [中] ch'ai^2 [英] firewood [日] シ. サイ. しば
[뜻] ①섶. 나무. ②울타리(채).
[필순] 丨 止 此 此 柴 柴 柴　「しゃ
柴車〔시거〕헐어 빠진 수레. さい
柴奴〔시노〕땔나무를 하는 머슴.
柴毒〔시독〕가시에 찔려 곪는 병.
柴糧〔시량〕땔나무와 양식.
柴木〔시목〕땔나무.
柴門〔시문〕①사립문. ②문을 닫음. さいもん
柴扉〔시비〕사립문. さいひ
柴薪〔시신〕땔나무. 섶나무.「料).
柴炭〔시탄〕땔나무와 숯. 연료(燃

【染】[부] 木(나무목변) [획] 4—5 [훈] 물들일 [음] 염: [中] jan^3 [英] dye [日] セン. そめる. そまる
[뜻] ①물들일. ②꼭두서니.
[필순] 氵 氿 氿 卆 染 染
染工〔염공〕염색 공장에서 일하는 사람. せんこう
染料〔염료〕물감. せんりょう
染色〔염색〕피륙 따위에 물을 들임. 또 들인 물. せんしょく
染色體〔염색체〕생물의 유전(遺傳) 성질을 전한다고 생각되는 것. せんしょくたい　「んぞく
染俗〔염속〕세속(世俗)에 물듦. せ
染指〔염지〕손가락을 솥 속에 넣어 국물의 맛을 봄. 곧 과분한 이득(利得)을 구하는 짓. せんし

【柔】[부] 木(나무목변) [획] 4—5 [훈] 부드러울 [음] 유 [中] joy^2 [英] soft [日] ジュウ. ニュウ. や

わらかい
뜻 ①부드러울. ②편안할.
필순 ⺊⺋⺋⺋孑矛柔柔
柔能制剛〔유능제강〕 ①약한 자가 도리어 강한 자를 이김. 약한 것을 보이고 적(敵)의 허술한 기회를 타 능히 강한 것을 제압함. じゅうよくごうをせいす
柔道〔유도〕 ①부드러운 도(道). 유순한 도. ②무술(武術)의 하나. じゅうどう
柔毛〔유모〕 ①부드러운 털. ②양(羊)의 딴 이름. じゅうもう
柔順〔유순〕 온화하고 공순(恭順)함. じゅうじゅん 「なん
柔軟〔유연〕 부드럽고 연함. じゅう
柔汗〔유한〕 진땀. じゅうかん「うわ
柔和〔유화〕 유순하고 온화함. にゅ
柔訓〔유훈〕 여자(女子)에 대한 가르침. じゅうくん
▷剛柔(강유). 溫柔(온유). 優柔(우유). 懷柔(회유).

【柱】 부 木(나무목변) 획 4—5 훈 기둥 음 주(주:) 中 chu⁴ 英 pillar 日 チュウ. はしら
뜻 ①기둥. ②기러기발. ③버틸.
필순 一十木木朩杧柱柱
柱梁〔주량〕 기둥과 대들보.
柱石〔주석〕 기둥과 주추. 곧, 국가의 중임(重任)을 진 사람의 비유. ちゅうせき
柱石之臣〔주석지신〕 나라에 아주 중요한 신하. ちゅうせきのしん
柱礎〔주초〕 기둥 아래에 받치어 놓는 돌. 주춧돌. ちゅうそ
▷氷柱(빙주). 石柱(석주). 圓柱(원주). 電柱(전주). 支柱(지주).

【柵】 부 木(나무목변) 획 4—5 훈 목책 음 책 中 cha⁴ shan⁴ shih⁴ 英 palisade 日 サ
뜻 목책. 「ク. やらい
참고 동 栅
필순 一十木札杊柵柵
柵壘〔책루〕 나무 울타리를 둘러친 보루. さくるい 「さくもん
柵門〔책문〕 울타리를 둘러친 문.
▷木柵(목책). 城柵(성책). 竹柵(죽책). 鐵柵(철책).

【格】 부 木(나무목변) 획 4—6 훈 격식 음 격 中 kê² 英 form 日 カク. いたる. ただす. のり
뜻 ①격식. 법. ②이를. 궁구할. ③자리. ④겨룰. 대적할. ⑤그칠(각). ⑥막을(각).
필순 一十木杦柊柊格格格
格例〔격례〕 일정한 전례(前例). 동 관례(慣例). かくれい
格物致知〔격물치지〕 사물의 이치를 연구하여 지식을 깊이 함. かくぶつちち
格言〔격언〕 사리에 적당하여 본보기가 될 만한 묘하게 된 짧은 말. かくげん 「(破格). かくがい
格外〔격외〕 규정(規定) 밖. 동 파격
格調〔격조〕 ①시가(詩歌)의 품격(品格)과 성조(聲調). ②품격. 인격. かくちょう
格鬪〔격투〕 서로 맞닥뜨리어 치고받고 하는 싸움. かくとう
格下〔격하〕 격을 한 등급 낮춤.
▷價格(가격). 古格(고격). 骨格(골격). 同格(동격). 變格(변격). 別格(별격). 本格(본격). 性格(성격). 昇格(승격). 嚴格(엄격). 人格(인격). 資格(자격). 破格(파격). 品格(품격). 風格(풍격). 合格(합격).

【桂】 부 木(나무목변) 획 4—6 훈 계수나무 음 계: 中 kuei⁴ 英 cinnamon 日 ケイ. か
뜻 ①계수나무. ②성. 「つら
필순 一十木朩朩朩桂桂
桂冠詩人〔계관시인〕 영국 왕실에서 특별한 우대를 받던 시인에게 내리는 칭호. けいかんしじん
桂林一枝〔계림일지〕 ①진사(進士) 과거(科擧)에 급제(及第)한 일의 겸칭. ②청귀(淸貴)하고 출중(出衆)한 인품(人品)의 비유. けいりんのいっし
桂玉之艱〔계옥지간〕 ①타국(他國)에서 계수나무보다 비싼 장작을 때고 옥보다도 귀한 음식을 먹고 사는 고생. ②물가(物價)가 비싼 도회에서 고학함을 이름.
桂苑筆耕〔계원필경〕 신라(新羅) 말

고운(孤雲) 최치원(崔致遠)의 문집(文集).
桂月〔계월〕 달의 이칭(異稱). けいげつ「절. 가을철. けいしゅう
桂秋〔계추〕 계수나무 꽃이 피는 계
桂皮〔계피〕 계수나무의 껍질. 향료의 원료 한약재로 씀. けいひ

〖校〗 部 木(나무목변) 획 4—6 훈 학교 음 교: 中 chiao⁴ hsiao⁴ 英 school 日 コウ. まなびや. くらべる
뜻 ①학교. ②장교. ③교정할. ④비교할.
필순 ⁻ 十 木 木 村 杧 杧 校

校了〔교료〕 교정(校正)을 끝냄. 교정의 종료(終了). こうりょう
校理〔교리〕 ①책의 틀린 곳을 교정 정리함. ②이조 때의 벼슬 이름. こうり
校舍〔교사〕 학교의 건물. こうしゃ
校書〔교서〕 ①책을 비교·대조하여 이동 정오(異同正誤)를 조사함. 또 그 사람. ②학자를 천하게 일컫던 말. こうしょ
校書如掃塵〔교서여소진〕 문서를 몇 번 교정하여도 그 때마다 틀린 곳이 있으니, 마치 쓸어도 곧 또 쌓이는 먼지를 쓰는 것과 같음.
校閱〔교열〕 교정하고 검열(檢閱)함. こうえつ
校正〔교정〕 사본(寫本) 또는 인쇄물을 원본과 대조하여 그 잘못된 곳을 고침. 동교정(校訂). 교합(校合). こうせい
校定〔교정〕 글을 대조 비교하여 바르게 결정함. こうてい「てい
校訂〔교정〕 동⇨교정(校正). こう
校則〔교칙〕 학교의 규칙. こうそく
校風〔교풍〕 학교의 기풍(氣風). こうふう「ごう. きょうごう
校合〔교합〕 동⇨교정(校正). こう
▷登校(등교). 母校(모교). 分校(분교). 入校(입교). 將校(장교). 再校(재교). 廢校(폐교). 學校(학교). 鄕校(향교).

〖根〗 部 木(나무목변) 획 4—6 훈 뿌리 음 근 中 kên¹ 英 root 日 コン. ね
뜻 ①뿌리. ②근본.
필순 十 木 村 枦 根 根 根

根幹〔근간〕 ①뿌리와 줄기. ②근본(根本). こんかん
根據〔근거〕 ①사물의 토대. ②이론·의견 등의 그 근본이 되는 증거(證據). こんきょ
根耕〔근경〕 그루갈이.
根氣〔근기〕 사물을 감당할 만한 정력(精力). 일을 참아 견디는 정력. こんき
根本〔근본〕 사물(事物)의 생겨 나는 본바탕. 동근원(根元). こんぽん
根性〔근성〕 사람의 타고난 성질. こんじょう「げん
根元〔근원〕 동⇨근본(根本). こん
根源〔근원〕 나무뿌리와 물이 흘러 나오는 곳. 동근본(根本). こん
根底〔근저〕 동⇨근본(根本).⌊げん
根絶〔근절〕 뿌리째 없애 버림. こんぜつ
根治〔근치〕 ①근본부터 고쳐 다스림. ②병의 근본을 고침. こんじ. こんち「(병근). 禍根(화근).
▷球根(구근). 無根(무근). 病根

【桃】 部 木(나무목변) 획 4—6 훈 복숭아 음 도 中 t'ao² 英 peach 日 トウ. もも
뜻 ①복숭아. ②대나무 이름.
필순 ⁻ 十 木 札 杉 桃

桃李〔도리〕 ① 복숭아나무와 오얏나무. ②복숭아와 오얏. ③자기가 천거한 현사(賢士). 또 자기가 시험에서 채용한 문인(門人). ④미인의 자색(姿色)의 비유. とうり
桃三李四〔도삼이사〕 복숭아 꽃은 심은 지 3년 만에 열매를 맺고, 오얏은 4년 만에 맺음.
桃源〔도원〕 선경(仙境). 별천지(別天地). 도연명(陶淵明)의 도화원기(桃花源記)에서 나온 말. 예一境(경). とうげん
桃紅李白〔도홍이백〕 복숭아꽃은 다 홍빛이고, 오얏꽃은 흼. 미인들의 아리따운 가지가지 모습. 동도화홍이화백. とうこうりはく
桃花紅梨花白〔도화홍이화백〕 동⇨

도홍이백.
桃花〔도화〕 복숭아꽃. とうか
▷仙桃(선도). 櫻桃(앵도). 天桃(천도). 胡桃(호도).

【桐】 부 木(나무목변) 획 4—6 훈 오동 음 동 中 t'ung² 英 paulownia 日 トウ. ドウ. きり
뜻 오동.
필순 一十木 杊杊桐桐桐
桐君〔동군〕 거문고의 딴 이름. どうくん
桐孫〔동손〕 오동나무의 작은 가지. 「どうそん
桐油〔동유〕 유동(油桐)의 씨에서 짜낸 기름. とうゆ
▷白桐(백동). 梧桐(오동). 油桐(유동). 紫桐(자동).

【栗】 부 木(나무목변) 획 4—6 훈 밤 음 률 中 li⁴ 英 chestnut 日 リツ. くり
뜻 ①밤. ②단단할. ③ 떨(慄과 통용). ④추울.
필순 一冂覀覀覀栗栗
栗谷〔율곡〕 ① 밤나무골. ②이 이(李珥)의 호(號).
栗烈〔율렬〕 살을 에는 듯한 대단한 추위. りつれつ「모양. りつりつ
栗栗〔율률〕 ①놀라는 모양. ②많은
栗木〔율목〕 밤나무. りつぼく
栗房〔율방〕 밤송이. りつぼう
栗鼠〔율서〕 다람쥐. りす
栗園〔율원〕 밤나무의 동산. りつ
栗子〔율자〕 밤. りっし 」えん
栗刺〔율자〕 밤 가시. りっし

【桑】 부 木(나무목변) 획 4—6 훈 뽕나무 음 상 中 sang¹ 英 mulberry 日 ソウ. くわ
뜻 뽕나무.
필순 ㇇ㄡ⺍叒叒桑桑
桑年〔상년〕 48세의 일컬음. 상(桑)의 속자 桒은 十 넷과 八 하나로 된 글자이므로 이름. そうねん
桑婦〔상부〕 뽕 따는 부녀(婦女).
桑實〔상실〕 오디. 」そうふ
桑葉〔상엽〕 뽕잎. 뽕. そうよう
桑田〔상전〕 뽕나무 밭. そうでん
桑田碧海〔상전벽해〕 뽕나무 밭이 변하여 푸른 바다가 된다는 뜻으로, 시세(時勢)의 변천이 심함을 이름. そうでんへきかい
桑株〔상주〕 뽕나무의 그루.
桑海〔상해〕 동 ⇨ 상전벽해(桑田碧海). そうかい
▷耕桑(경상). 農桑(농상). 扶桑(부상). 蠶桑(잠상).

【梳】 부 木(나무목변) 획 4—6 훈 빗 음 소 中 shu¹ 英 comb 日 ソ. くし
뜻 ①빗. ②머리빗을.
필순 一十木 朩杧梳梳
梳沐〔소목〕 머리를 빗고 몸을 씻음. そもく
梳髮〔소발〕 머리를 빗음. そはつ
梳洗〔소세〕 머리를 빗고 낯을 씻음. そせん
梳櫛〔소즐〕 빗질함. そしつ

【案】 부 木(나무목변) 획 4—6 훈 책상 음 안: 中 an⁴ 英 table 日 アン. かんがえ. つくえ
뜻 ①책상. ②생각할. ③문서.
필순 宀文安安宰案案
案件〔안건〕 토의하거나 취조(取調)할 사건. あんけん
案內〔안내〕 ①인도하여 일러줌. ②주인에게 데려다 줌. ③안내서. 안내인(案內人). あんない
案頭〔안두〕 책상 위. あんとう
案撫〔안무〕 어루만져 위로함.
案文〔안문〕 초잡은 문서. あんぶん
案問〔안문〕 죄를 신문(訊問)함. 동 안문(按問). あんもん
案山〔안산〕 집터나 묏자리 맞은편에 있는 산. あんざん
案山子〔안산자〕 사람 형상을 만들어 헌 삿갓 같은 것을 씌워서 논밭에 세워 놓는 것. 허수아비. かかし
案上〔안상〕 책상 위. あんじょう
案席〔안석〕 사람이 앉을 때에 몸을 기대는 기구. あんせき 「つ
案出〔안출〕 생각하여 냄. あんしゅ
▷改定案(개정안). 建議案(건의안). 決議案(결의안). 考案(고안). 公案(공안). 敎案(교안). 起案(기안). 斷案(단안). 答案(답안). 圖案(도안). 名案(명안). 文案

(문안). 飜案(번안). 法律案(법률안). 腹案(복안). 私案(사안). 査定案(사정안). 書案(서안). 成案(성안). 原案(원안). 議案(의안). 立案(입안). 提案(제안). 草案(초안). 懸案(현안).

〔栽〕 부 木(나무목변) 획 4—6 훈 심을 음 재:(재) 中 tsai1 英 plant 日 サイ. うえる

뜻 ①심을. ②토담 틀.

필순 ⺊⺊丰耒耒栽栽

栽培〔재배〕 초목을 심어 가꿈. 초목을 북돋아 기름. さいばい

栽植〔재식〕 심음. さいしょく

「栓」 부 木(나무목변) 획 4—6 훈 마개 음 전 中 shuan1 英 wooden 日 セン. きくぎ

뜻 ①마개. ②말뚝.

필순 一十木朾栓栓

栓子〔전자〕 말뚝.

▷瓶栓(병전).

【株】 부 木(나무목변) 획 4—6 훈 그루 음 주 中 ĉhu1 英 stump 日 シュ. かぶ

뜻 ①그루. ②주식.

필순 一十木杧朱株株

株券〔주권〕 주식의 증권(證券). かぶけん 「しゅれん

株連〔주련〕 죄인과 관련이 있음.

株守〔주수〕 수주대토(守株待兎)에서 온 말. 어리석어서 변동할 줄을 모르고 고수(固守)하기만 함. しゅしゅ

株式〔주식〕 주식 회사(株式會社)의 자본의 단위. かぶしき

株主〔주주〕 주권(株權)을 가지고 있는 사람. かぶぬし

▷枯株(고주). 舊株(구주). 老株(노주). 新株(신주).

【核】 부 木(나무목변) 획 4—6 훈 씨 음 핵 中 he2 hu2 英 kernel 日 カク. たね

뜻 ①씨. ②알맹이. 핵심. ③핵.

필순 一十木杧核核

核果〔핵과〕 살 속의 씨가 단단한 핵으로 변한 실과. 살구·복숭아 따위. かくか

核物理學〔핵물리학〕 원자핵(原子核)의 짜임새를 밝혀 그 안에서 일어나는 법칙을 연구하는 학문. かくぶつりがく

核實驗〔핵실험〕 원자핵의 물리적 반응을 연구하는 실험. かくじっけん

核心〔핵심〕 사물의 중심이 되는 요긴한 부분. 곧, 물건이나 일의 알속. かくしん

▷結核(결핵). 實核(실핵). 원자핵(原子核). 精核(정핵).

〔桓〕 부 木(나무목변) 획 4—6 훈 모감주나무 음 환 中 huan2 英 manjg 日 カン. むくろじ 「할.

뜻 ①모감주나무. ②굳셀. 씩씩 ③ 머뭇거릴.

필순 二十𣎳栢桓桓

桓公〔환공〕 춘추시대(春秋時代) 제(齊)나라의 제15대 임금. かんこう

桓文〔환문〕 제(齊)나라의 환공(桓公)과 진(晉)나라의 문공(文公). かんぶん

桓桓〔환환〕 굳센 모양. かんかん

【械】 부 木(나무목변) 획 4—7 훈 기계 음 계: 中 hsieh4 英 machine 日 カイ. かせ

뜻 ①기계. ②형틀. ③병장기.

필순 一十木朩械械械

械器〔계기〕 기계나 기구. かいき

▷器械(기계). 機械(기계).

【梁】 부 木(나무목변) 획 4—7 훈 들보 음 량 中 liang2 英 beam 日 リョウ. うつばり

뜻 ①들보. ②다리. ③징검돌. ④발담. 어량. ⑤나라이름. ⑥성.

참고 속 樑

필순 氵汀沏沏洌梁梁

梁山泊〔양산박〕 중국 산뚱성(山東省)의 지명. 수호전(水滸傳)의 송강(宋江)·임충(林沖)·주귀(朱貴) 등이 이곳에 모여 조정에 반항하였으므로, 호걸(豪傑)·야심가의 소굴의 뜻으로 쓰임. りょうざんぱく

梁上君子〔양상군자〕 도적(盜賊)의 이칭. りょうじょうのくんし

梁上塗灰〔양상도회〕 얼굴에 분을 많이 바름을 비웃는 말.「うじん
梁塵〔양진〕 들보 위의 먼지. りょ
▷橋梁(교량). 跳梁(도량). 棟梁(동량). 脊梁(척량).

【梨】 部 木(나무목변) 劃 4—7 훈 배 음 리: ㊥ li² ㊈ pear
뜻 배. ⌊日 リ. なし
필순 ⼆千禾利利梨梨
梨木〔이목〕 배나무. なしのき
梨園〔이원〕 ①배나무를 심은 동산. 배나무의 밭. ②연극계(演劇界). ③옛날 아악(雅樂)을 가르치던
梨花〔이화〕 배꽃. りか ⌊곳. りえん

【梅】 部 木(나무목변) 劃 4—7 훈 매화 음 매 ㊥ mei²
㊈ plum 日 バイ. うめ
뜻 ①매화. ②매우. 장마.
필순 一十木𣎳杧栴梅梅
梅毒〔매독〕 화류병(花柳病)의 한 가지. 동창병(瘡病). ばいどく
梅蘭菊竹〔매란국죽〕 매화·난초·국화·대. 곧, 사군자(四君子). ばいらんきくちく 「소식.
梅信〔매신〕 매화꽃이 피기 시작한
梅實〔매실〕 매화나무의 열매. 식용·약용함. ばいじつ
梅雨〔매우〕 매실(梅實)이 익을 무렵에 오는 장마 비. ばいう. つゆ
梅天〔매천〕 매우(梅雨)가 올 때의 흐린 하늘. ばいてん
梅花〔매화〕 매화나무의 꽃. ばいか
▷落梅(낙매). 斷梅(단매). 白梅(백매). 松竹梅(송죽매). 寒梅(한매). 黃梅(황매).

[梵] 部 木(나무목변) 劃 4—7 훈 중의글 음 범: ㊥ fan⁴
㊈ brahman의 음역 日 ボン
뜻 중의 글.
필순 一十木林梵梵
梵文〔범문〕 범어(梵語)로 된 글. ぼんぶん 「ぼんほん
梵本〔범본〕 범자(梵字)로 쓴 책.
梵語〔범어〕 고대 인도(印度)의 언어인 산스크릿의 한 분파(分派).
梵宇〔범우〕 절. ぼんう ⌊ぼんご
梵字〔범자〕 고대(古代)의 인도(印度) 문자. ぼんじ
梵殿〔범전〕 불당(佛堂). ぼんでん
梵鐘〔범종〕 절의 종. ぼんしょう
梵刹〔범찰〕 절. ぼんさつ

【梧】 部 木(나무목변) 劃 4—7 훈 벽오동 음 오 ㊥ wu²·⁴
㊈ paulownia 日 ゴ. あおぎり
뜻 ①벽오동. ②책상.
필순 一十木朩柘梧梧
梧桐〔오동〕 ①벽오동나무. 동청동(靑桐). ②새의 이름. 길이 20 cm 몸빛은 회색이고 날개는 검으며 꽁지는 짧음. ごどう
梧桐一葉〔오동일엽〕 오동나무의 잎이 하나 떨어지는 것을 보고 가을이 온 것을 앎을 이름. ごどういちよう
梧桐秋夜〔오동추야〕 오동나무 잎이 지는 가을 밤. 곧 음력 7월의 밤.
梧右〔오우〕 책상 오른 쪽이라는 뜻으로 편지에서 수신인(受信人) 이름 밑에 쓰는 말. ごゆう
梧月〔오월〕 음력 7월의 딴 이름. 동오추(梧秋). 「いん
梧陰〔오음〕 오동나무의 그늘. ご
梧秋〔오추〕 동⇨오월(梧月). ごしゅう
梧下〔오하〕 책상 아래라는 뜻으로, 편지에서 수신인 이름 밑에 쓰는 경어(敬語). ごか

[梯] 部 木(나무목변) 劃 4—7 훈 사닥다리 음 제 ㊥ t'i¹
㊈ ladder 日 テイ. はしご
뜻 ①사닥다리. ②기댈.
필순 一十木朩杩梯梯
梯級〔제급〕동등급(等級).
梯子〔제자〕 사닥다리. はしご
梯形〔제형〕 상대하는 두 변만이 서로 평행되는 사변형. 사다리꼴. ていけい「(비제). 雲梯(운제).
▷階梯(계제). 突梯(돌제). 飛梯

【條】 部 木(나무목변) 劃 4—7 훈 가지 음 조 ㊥ t'iao² ㊈ branch 日 ジョウ. すじ. えだ
뜻 ①가지. ②가닥. 조목. ③조리. ④줄. 끈. ⑤법규. 조규.
필순 亻化攸條條條
條件〔조건〕 ①사건의 조목(條目). ②규정한 사항. 규약(規約)한

일. 예一反射(반사). じょうけん
條款〔조관〕①조규(條規). ②조목(條目). じょうかん「정. じょうき
條規〔조규〕조문(條文)으로 된 규
條例〔조례〕조목 조목 나눈 규례(規例). じょうれい
條理〔조리〕사물의 가닥. 또는 경로(經路). 동맥락(脈絡). じょうり
條目〔조목〕여러 가닥으로 나눈 항목. 동조항(條項). じょうもく
條文〔조문〕조목으로 나누어 적은 글. じょうぶん
條約〔조약〕① 조문(條文)으로 된 약속. ②나라와 나라와의 합의(合議)에 의하여 국제간의 권리와 의무를 설정하는 계약. 또 그 조문. じょうやく
條章〔조장〕여러 조목으로 된 장정(章程). じょうしょう
條播〔조파〕밭에 고랑을 치고 씨를 뿌리는 일. すじまき「うこう
條項〔조항〕동⇨조목(條目). じょ
▷箇條(개조). 金科玉條(금과옥조). 禁條(금조). 信條(신조). 前條(전조). 鐵條(철조). 逐條(축조).

「桶」 부 木(나무목변) 획 4—7
훈 통 음 통: 中 t'ung³ 英 tub 日 トウ. おけ
뜻 통.
필순 一 十 木 杧 桶 桶 桶
桶沈〔통침〕통에 담금. とうちん
▷水桶(수통). 貯水桶(저수통). 鐵桶(철통). 漆桶(칠통).

「棋」 부 木(나무목변) 획 4—8
훈 바둑 음 기: 中 ch'i² 英 chess 日 キ. ご
뜻 바둑.
참고 동棊·碁
필순 一 十 木 杧 柑 柑 棋 棋
棋客〔기객〕바둑꾼. ききゃく
棋界〔기계〕장기나 바둑의 애호인(愛好人)들의 세계. きかい
棋局〔기국〕바둑판. ききょく
棋盤〔기반〕바둑판. きばん
棋譜〔기보〕바둑 두는 법을 적은 책. きふ「(職業家). きし
棋士〔기사〕장기나 바둑의 직업가
棋聖〔기성〕바둑의 명인(名人). き
棋子〔기자〕바둑돌. きし 「せい
棋戰〔기전〕바둑을 둠. きせん
▷國棋(국기). 根棋(근기). 博棋(박기). 將棋(장기).

「棺」 부 木(나무목변) 획 4—8
훈 널·관 음 관 中 kuan¹ 英 coffin 日 カン. ひつぎ
뜻 널.
필순 一 十 木 杧 杧 栌 棺 棺
棺槨〔관곽〕송장을 넣는 속 널과 겉 널. かんかく
棺文〔관문〕신도(信徒)의 장사(葬事) 때 관(棺)에 적는 글.
棺材〔관재〕관곽(棺槨)을 만드는 재목. 동관판(棺板). かんざい
棺板〔관판〕⇨관재(棺材). かんばん
▷空棺(공관). 石棺(석관). 入棺(입관). 出棺(출관).

【棄】 부 木(나무목변) 획 4—8
훈 버릴 음 기(기:) 中 ch'i⁴ 英 abandon 日 キ. すてる
뜻 ①버릴. ②잊어버릴.
필순 亠 亡 产 齐 奋 垂 棄 棄
棄却〔기각〕내버림. 버리고 쓰지 아니함. ききゃく
棄權〔기권〕권리를 버리고 행사(行使)하지 아니함. きけん
棄世〔기세〕①세상을 초월하여 인사(人事)를 돌아보지 아니함. 세상과의 관계를 끊음. ②별세(別世). きせい
棄市〔기시〕죄인의 목을 베어 죽이고 그 시체를 거리에 버려 두고 보이던 일. きし
棄兒〔기아〕내버린 아이. きじ
▷放棄(방기). 揚棄(양기). 自暴自棄(자포자기). 唾棄(타기). 投棄(투기). 廢棄(폐기).

「棟」 부 木(나무목변) 획 4—8
훈 마룻대 음 동 中 tung⁴ 英 ridgepole 日 トウ. むね「채.
뜻 ①마룻대. ②용마루. ③채. 집
필순 一 十 木 杧 栢 楝 棟
棟梁〔동량〕①마룻대와 들보. ②중임(重任)을 맡은 사람. 국가의 중신(重臣). 한 파(派)의 영수(領袖). ③중임(重任). とうりょう
棟梁之材〔동량지재〕마룻대와 들보가 되는 재목이란 뜻으로, 중임을 맡을 만한 인재(人材).

棟宇[동우] 집의 마룻대와 추녀끝. とうう 「(병동).
▷巨棟(거동). 高棟(고동). 病棟

「棒」 [부] 木(나무목변) [획] 4—8 [훈] 몽둥이 [음] 봉 [中] pang4 [英] club; staff [日] ボウ
[뜻] ①몽둥이 ②칠.
[참고] 본음(本音)은 방
[필순] 一 十 木 朩 栌 栲 椿 棒
棒高跳[봉고도] 긴 막대를 짚고 넘는 높이뛰기 경기. ぼうたかとび
棒術[봉술] 막대기를 사용하여 적을 치기도 하고, 자기의 몸을 보호(保護)하기도 하는 무술(武術). ぼうじゅつ
▷棍棒(곤봉). 突棒(돌봉). 杖棒(장봉). 鐵棒(철봉).

「棚」 [부] 木(나무목변) [획] 4—8 [훈] 시렁 [음] 붕 [中] p'eng2 [英] shelf [日] ホウ. たな
[뜻] ①시렁. ② 사다리. ③누각.
[필순] 一 十 木 木 朾 机 栅 棚
棚棧[붕잔] ① 골짜기에 가로질러 높이 걸쳐 놓은 다리. ②부두에서 선박(船舶)에 걸쳐 놓아 화물과 선객(船客)에게 편하도록 물 위에 가설한 구조물(構造物). ほうさん
棚戶[붕호] 허름하게 임시로 지은 작은 집. 바라크(baraque).
▷大陸棚(대륙붕).

【森】 [부] 木(나무목변) [획] 4—8 [훈] 수풀 [음] 삼 [中] sen1 shen1 [英] forest [日] シン. もり
[뜻] ①수풀. ②나무빽빽할. ③성할. ④엄숙할.
[필순] 一 十 木 木 木 森 森
森羅萬象[삼라만상] 우주(宇宙) 사이에 벌여 있는 일체(一切)의 현상. しんらばんしょう
森列[삼렬] 죽 늘어섬. しんれつ
森林[삼림] 나무가 많이 난 곳. 숲. しんりん
森林令[삼림령] 벌채(伐採)를 제한하고, 영림(營林)을 조장(助長)·감독할 목적으로 제정된 법령. しんりんれい
森森[삼삼] ①나무가 높이 솟아 벌려 선 모양. ②수목(樹木)이 무성한 모양. ③모직물(毛織物)이 빽빽하고 톡톡한 모양. しんしん
森嚴[삼엄] 무서울이만큼 엄숙(嚴肅)함. しんげん
森然[삼연] ①수목(樹木)이 무성한 모양. ②죽 늘어선 모양. ③장엄(莊嚴)한 모양. しんぜん
森閑[삼한] 아무 소리도 안 들리고 조용함. しんかん

「棲」 [부] 木(나무목변) [획] 4—8 [훈] 깃들일 [음] 서: [中] hsi1 ch'i1 [英] roost [日] セイ. すむ
[뜻] ①깃들일. 보금자리. ②살. 집.
[필순] 一 十 木 木 杧 栖 棲 棲
棲棲[서서] ①거마(車馬)를 검열하는 모양. ②마음이 침착하지 않은 모양. せいせい
棲息[서식] ①삶. ②새 따위가 나무에 깃들임. せいそく
棲止[서지] 삶. 머무름. せいし
▷同棲(동서). 山棲(산서). 水棲(수서). 宿棲(숙서). 幽棲(유서).

〖植〗 [부] 木(나무목변) [획] 4—8 [훈] 심을 [음] 식 [中] chih2 [英] plant [日] ショク. うえる
[뜻] ①심을. ②세울. ③두목(치).
[필순] 一 十 木 木 杧 柏 植 植
植木[식목] 나무를 심음. 심은 나무. [동]식수(植樹). しょくぼく. うえき 「동물(動物). しょくぶつ
植物[식물] 초목(草木)의 총칭. ↔
植民[식민] 국민의 일부분을 국외에 영주(永住)를 목적으로 이주시킴. しょくみん 「くじゅ
植樹[식수] [동]⇨식목(植木). しょ
植字[식자] 인쇄소에서 활자를 가지고 원고대로 판을 짬. しょくじ
▷假植(가식). 扶植(부식). 誤植(오식). 移植(이식). 播植(파식).

「椄」 [부] 木(나무목변) [획] 4—8 [훈] 접붙일 [음] 접 [中] chieh1 [英] graft [日] セツ. つぎき
[뜻] ①접붙일. ②과실이름.
[필순] 十 木 木 栌 栌 校 椄 椄
椄木[접목] 식물체(植物體)의 일부분을 끊어 다른 식물의 일부

에 결합(結合)시켜 자라게 하는 것.　　　「되는 나무.
椄本〔접본〕 접을 붙일 때 바탕이
椄枝〔접지〕 나무를 접붙일 때 접본(椄本)에 꽂는 나무.

【極】 부 木(나무목변) 획 4—9 훈 다할 음 극 中 chi² 英 utmost 日 キョク. ゴク. **きわ**めて. **きわ**まる
뜻 ①다할. ②끝. ③마칠. 그칠. ④임금자리.
필순 一 十 木 朾 朾 柯 梅 極

極光〔극광〕 지구의 남북 양극에 가까운 지방의 공중에 때때로 나타나는 아름다운 빛의 현상(現象). 오오로라. きょっこう
極口發明〔극구발명〕 온갖 말을 다하여 몹시 변명(辨明)함.
極口讚頌〔극구찬송〕 온갖 말로 몹시 칭찬함.　　　「なん
極難〔극난〕 몹시 어려움. きょく
極端〔극단〕 ① 맨 끝. ②중용(中庸)을 벗어나 한쪽으로 아주 치우침. きょくたん
極大〔극대〕 ①아주 큼. 매우 큼. ②어떤 양이 일의 법칙에 따라 변화할 때, 점점 증대하였다가 감소하기 시작하려고 하는 점에 달하였을 때의 값. ↔극소(極小). きょくだい
極大化〔극대화〕 아주 커짐. 아주 크게 함. きょくだいか
極度〔극도〕 더 할 수 없는 정도(程度). きょくど
極東〔극동〕 ①동쪽 끝. ②동양(東洋)의 가장 동쪽 부분. 곧 우리나라·중국·필리핀·일본 등의 총칭. きょくとう
極樂〔극락〕 ①극진히 즐거워함. 또 더할 나위 없는 환락. ②극락 세계. きょくらく. ごくらく
極力〔극력〕 있는 힘을 다함. 조금도 힘을 아끼지 아니함. きょくりょく
極論〔극론〕 ①충분히 의논함. 끝까지 캐어 논(論)함. ②지나치게 심한 말. きょくろん
極流〔극류〕 지구의 남북극 방면에서 적도 방면으로 흘러내려가는 한류(寒流). きょくりゅう　「い
極明〔극명〕 지극히 밝음. きょくめ
極貧〔극빈〕 지극히 가난함. 예—者(자). きょくひん
極上〔극상〕 제일 좋음. 제일 높음. 동최상(最上). ごくじょう
極暑〔극서〕 극심(極甚)한 더위. 동혹서(酷暑). ごくしょ
極星〔극성〕 북극성(北極星). 또 남극성(南極星). きょくせい
極盛〔극성〕 ①몹시 왕성함. きょくせい. ②성질이 지악스럽고 과격(過激)함. きょくせい
極小〔극소〕 아주 작음. 예—數(수). きょくしょう. ごくしょう
極甚〔극심〕 아주 심함.
極惡〔극악〕 극히 악함. 예—無道(무도). きょくあく. ごくあく
極言〔극언〕 극단적(極端的)으로 말함. きょくげん　　　「つき
極月〔극월〕 섣달. ごくげつ. ごく
極致〔극치〕 극단에 이른 경지(境地). きょくち「끝. きょくげん
極限〔극한〕 궁극(窮極)의 한계. 맨
極寒〔극한〕 극심한 추위. きょっかん. ごっかん　　　「い
極刑〔극형〕 사형(死刑). きょっけ
▷究極(구극). 窮極(궁극). 南極(남극). 登極(등극). 北極(북극). 兩極(양극).

【楊】 부 木(나무목변) 획 4—9 훈 버들 음 양 中 yang² 英 willow 日 ヨウ. やなぎ
뜻 ①버들. ②성.
필순 十 木 札 桿 桿 � 楊 楊

楊柳〔양류〕 버들. 버드나무. ようりゅう
楊士彥〔양사언〕 조선 중기의 서가(書家). 호는 봉래(蓬萊).
楊枝〔양지〕 버들 가지. ようし
楊太眞〔양태진〕 당(唐)나라 현종(玄宗)의 비(妃). 동양귀비(楊貴妃).
▷白楊(백양). 黃楊(황양).

【業】 부 木(나무목변) 획 4—9 훈 업 음 업 中 yeh⁴ 英 business 日 ギョウ. ゴウ. わざ
뜻 ①업. ②일할.

필순 業

業苦〔업고〕 악업(惡業)의 응보(應報)로 받는 고통. ごうく

業果〔업과〕 ⑤⇨업보(業報). ごうか

業務〔업무〕 생업(生業)의 일. 예一日誌(일지). ぎょうむ

業報〔업보〕 업인(業因)의 응보. 전생에서 한 일에 대하여 이승에서 받는 선악의 갚음. ⑤업과(業果). ごうほう

業因〔업인〕 선악(善惡)의 과보(果報)를 일으키는 원인이 되는 행위. ごういん

業績〔업적〕 일의 성과(成果). 사업의 성적. 공적. ぎょうせき

業次〔업차〕 업무의 순서.

業火〔업화〕 ①불같이 성내는 마음. ②악업(惡業)의 갚음으로 받는 지옥의 맹렬한 불. ごうか

▷家業(가업). 開業(개업). 兼業(겸업). 經國大業(경국대업). 苦業(고업). 工業(공업). 課業(과업). 企業(기업). 農業(농업). 大業(대업). 同業(동업). 本業(본업). 事業(사업). 產業(산업). 商業(상업). 生業(생업). 修業(수업). 授業(수업). 失業(실업). 惡業(악업). 漁業(어업). 林業(임업). 作業(작업). 雜業(잡업). 傳業(전업). 轉業(전업). 操業(조업). 卒業(졸업). 從業(종업). 終業(종업). 創業(창업). 天業(천업). 賤業(천업). 就業(취업). 怠業(태업). 罷業(파업). 學業(학업). 興業(흥업).

【楚】 부 木(나무목변) 획 4—9 훈 초나라 음 초(초:) 中 ch'u³ 英 name of nation 日 ソ. いばら

뜻 ①초나라. ②매. 매질할. ③아플. 괴로울. ④고울. 청초할 ④우거질.

필순 楚

楚囚〔초수〕 ①타국에 사로잡힌 초나라 사람. ② 타국에 사로잡힌 자. ③타향에서 고향 생각이 간절히 나는 사람. ④불우하여 고생하는 사람. そしゅう

楚王失弓楚人得之〔초왕실궁초인득지〕 활을 잃어버린 사람은 초(楚)나라 임금이고, 이것을 주운 사람도 초나라 사람이므로, 대국적으로 보면 손실이 없다는 말.

楚王好細腰宮中多餓死〔초왕호세요궁중다아사〕 초(楚) 나라 영왕(靈王)이 허리 가는 궁녀를 사랑했기 때문에, 궁녀들이 허리를 가늘게 하기 위하여 굶어서 죽는 자가 많았다는 옛일에서 나온 말로, 윗사람이 좋아하는 것이 편벽되면, 아랫사람이 이것을 따르느라고 폐단이 많이 생김을 이름. 「리. そよう

楚腰〔초요〕 미인(美人)의 가는 허

楚材晉用〔초재진용〕 딴 사람의 것을 자기가 이용함. 또는 타국의 인재를 이용함. そざいしんよう

楚楚〔초초〕 ①가시나무가 우거진 모양. ②선명(鮮明)한 모양. ③고통을 견디지 못하는 모양.

▷苦楚(고초). 淸楚(청초). 痛楚(통초). 漢楚(한초).

【楓】 부 木(나무목변) 획 4—9 훈 단풍나무 음 풍 中 fēng¹ 英 maple 日 フウ.

뜻 단풍나무. かえで

필순 楓

楓菊〔풍국〕 단풍나무와 국화.

楓林〔풍림〕 단풍든 숲. ふうりん

楓嶽〔풍악〕 풍악산. 가을 금강산의 딴 이름. 「うよう

楓葉〔풍엽〕 단풍나무 잎사귀. ふ

▷丹楓(단풍).

【構】 부 木(나무목변) 획 4—10 훈 얽을 음 구(구:) 中 kou⁴ 英 composition 日 コウ. かまえる. かまえ

뜻 ①얽을. ②맺을. ③이룰. 꾀할. ④집세울.

필순 構

構內〔구내〕 주위를 둘러싼 그 안. 관공서(官公署)나 큰 건조물(建造物) 같은 데에 딸린 울안. 예一食堂(식당). こうない

構思〔구사〕 구상(構想)함. こうし

構思十年〔구사십년〕 진(晉) 나라의 좌사(左思)가 10년 동안 구상하여 삼도(三都), 즉 위도(魏都)·촉도(蜀都)·오도(吳都)의 부(賦)를 지은 고사.

構想〔구상〕 ① 구성(構成)한 사상(思想). ②사상을 얽어 놓음. 예술 작품을 창작하기 위하여 그 내용·형식 등을 생각함. 예―力(력). こうそう

構成〔구성〕 얽어 만듦. こうせい

構造〔구조〕 ①꾸미어 만듦. ②꾸밈새. こうぞう

構築〔구축〕 얽어 만들어 쌓아 올림. 예陣地(진지)―. こうちく

構陷〔구함〕 없는 사실을 꾸미어 남을 모함(謀陷)함. こうかん

▷結構(결구). 機構(기구). 功構(공구). 造構(조구). 天構(천구). 築構(축구). 虛構(허구).

「榜」 부 木(나무목변) 획 4—10 훈 게시할 음 방: 中 pang² 英 peng⁴ 日 ホウ. ボウ. かけふだ. ゆみだめ

뜻 ①게시할. ② 방목. ③ 도지개. ④배저을. ⑤매질할.

필순 丨 木 木' 栌 栌 梈 榜 榜

榜歌〔방가〕 뱃노래. 뱃사공의 노래. ぼうか 「(使令). ぼうぐん

榜軍〔방군〕 방(榜)을 전하는 사령

榜掠〔방략〕 죄인을 매질하여 고문(拷問)함. ぼうりゃく

榜目〔방목〕 과거(科擧)에 급제(及第)한 사람의 이름을 기록한 책.

榜文〔방문〕 여러 사람에게 알리기 위하여 길거리나 사람이 많이 모이는 곳에 써 붙이는 글. ぼうぶん 「방(榜)에 성명이 기록됨.

榜上掛名〔방상괘명〕 과거(科擧)의

榜聲〔방성〕 ①방군(榜軍)이 보고하는 소리. ②배를 젓는 노의 소리. ぼうせい

榜示〔방시〕 공고문(公告文)을 써서 게시(揭示)함. ぼうし

榜眼〔방안〕 ①관리 채용(採用) 시험에 2등으로 합격함. ②진사(進士) 시험. ぼうがん 「ぼうじん

榜人〔방인〕 뱃사공. 동주자(舟子).

榜子〔방자〕 ① 신하가 상주(上奏)하기 위하여 임금에게 내는 문서(文書). ② 송대(宋代) 백관(百官)이 상견(相見)할 때 관직(官職)·성명을 기록했던 쪽지. ぼうし 「(笞刑)을 가함. ぼうち

榜笞〔방태〕 매질함. 죄인에게 태형

榜花〔방화〕 과거에 급제한 사람 중에서 가장 연소(年少)하고 지체가 높은 사람. ぼうか

▷放榜(방방). 賞榜(상방). 試榜(시방). 標榜(표방).

〖榮〗 부 木(나무목변) 획 4—10 훈 영화 음 영 中 jung² 英 glory 日 エイ. さかえる

뜻 ①영화. ②영예. ③성할. ④추녀.

참고 약 栄

필순 ‥ ‥ 火 炏 炏 举 举 榮

榮枯〔영고〕 ①무성함과 시듦. 성(盛)함과 쇠(衰)함. 동영락(榮落). えいこ

榮枯盛衰〔영고성쇠〕 성함과 쇠함. 개인이나 사회 등의 성쇠(盛衰)가 일정치 않음을 이름. 동흥망성쇠(興亡盛衰). えいこせいすい

榮光〔영광〕 영화스러운 현상. 빛나는 명예. 동광영(光榮). 서기(瑞氣). えいこう 「いき

榮貴〔영귀〕 벼슬이 높고 귀함. え

榮達〔영달〕 벼슬이 높고 귀함. 동영귀(榮貴). えいたつ

榮落〔영락〕 동⇨영고(榮枯). 「いり

榮利〔영리〕 영화와 복리(福利). え

榮名〔영명〕 좋은 명예. 동영예(榮譽). 영명(令名). えいめい

榮養〔영양〕 ①입신양명(立身揚名)하여 부모를 영화롭게 봉양함. ②동영양(營養). えいよう

榮譽〔영예〕 영광(榮光)스러운 명예. 동영명(榮名). えいよ

榮辱〔영욕〕 영화와 치욕(恥辱). えいじょく 「えいしゃく

榮爵〔영작〕 높고 귀한 작위(爵位).

榮轉〔영전〕 좋은 지위나 높은 자리로 옮김. ↔좌천(左遷). えいてん 「높아짐. えいしん

榮進〔영진〕 벼슬이나 지위(地位)가

榮寵〔영총〕 임금의 은총(恩寵).
榮顯〔영현〕 영달하여 뛰어남.
榮華〔영화〕 ①초목이 무성함. ②몸이 귀하게 되어서 이름이 남. 예 富貴(부귀)—. えいか
▷枯榮(고영). 光榮(광영). 美榮(미영). 繁榮(번영). 安榮(안영). 虛榮(허영). 華榮(화영).

「槍」 부 木(나무목변) 획 4—10 훈 창 음 창 中 ch'iang[1] 英 spear 日 ソウ. やり
뜻 ①창. ②다다를.
필순 †木朩枍枍槍槍槍槍
槍劍〔창검〕 창과 칼. そうけん
槍術〔창술〕 창을 다루어 쓰는 법. そうじゅつ
▷亂槍(난창). 短槍(단창). 刀槍(도창). 長槍(장창). 竹槍(죽창). 鐵槍(철창).

「槌」 부 木(나무목변) 획 4—10 훈 망치 음 추 中 ch'uei[2] 英 mallet 日 ツイ. つち
뜻 ① 망치(추·퇴). ②칠.
필순 †木朩朩朩梍槌
槌鼓〔추고〕 북을 침. ついこ
槌碎〔추쇄〕 망치로 쳐 부숨. ついさい 「(연퇴). 鐵槌(철퇴).
▷金槌(금퇴). 木槌(목퇴). 硏槌

【概】 부 木(나무목변) 획 4—11 훈 대개 음 개: 中 kai[4] 英 generally 日 ガイ. おおむね
뜻 ①대개. ②절개. ③풍치. ④평미레.
참고 약 槪 동 槩
필순 †木朩朩朩朩桁槪
概括〔개괄〕 개요(概要)를 잡아 한데 뭉뚱그림. がいかつ
概念〔개념〕 많은 관념(觀念) 속에서 공통되는 요소를 추상(抽象)하여 종합(綜合)한 하나의 관념. がいねん 「く
概略〔개략〕 대략(大略). がいりゃ
概論〔개론〕 개요(概要)의 논설. 예 哲學(철학)—. がいろん
概算〔개산〕 대략의 계산(計算). 대체적인 견적(見積). がいさん
概說〔개설〕 대개의 설명. がいせつ
概數〔개수〕 어림하여 잡은 수효. 개산. がいすう
概要〔개요〕 대략의 요지. がいよう
概況〔개황〕 대개의 상황. 대강의 형편과 모양. がいきょう
▷景概(경개). 氣概(기개). 大概(대개). 一概(일개). 節概(절개). 淸概(청개). 忠概(충개).

「槿」 부 木(나무목변) 획 4—11 훈 무궁화 음 근: 中 chin[3] 英 hibiscus 日 キン. むくげ
뜻 무궁화.
필순 †木朩朩朩朩槿
槿域〔근역〕 한국(韓國)의 별칭. きんいき 「か
槿花〔근화〕 무궁화(無窮花). きん
槿花一日榮〔근화일일영〕 무궁화는 아침에 피었다가 저녁에 시든다는 뜻으로, 잠시의 영화 또는 사람의 영화의 덧없음의 비유. きんかいちじつのえい 「(조근).
▷木槿(목근). 芳槿(방근). 朝槿

【樓】 부 木(나무목변) 획 4—11 훈 다락 음 루 中 lou[2] 英 upper storied 日 ロウ. やぐら. たかどの
뜻 다락.
참고 약 楼
필순 †木朩朩朩桿樓樓
樓閣〔누각〕 다락집. 동누대(樓臺). ろうかく 「레. ろうしゃ
樓車〔누거〕 망루(望樓)가 있는 수
樓觀〔누관〕 동⇨망루(望樓). ろうかん 「だい
樓臺〔누대〕 동⇨누각(樓閣). ろう
樓門〔누문〕 위에 다락을 설치(設置)한 문. ろうもん
樓上〔누상〕 ①누각의 위. ②망루(望樓)의 위. ろうじょう
樓子〔누자〕 다락집. 2층집.
▷摩天樓(마천루). 望樓(망루). 門樓(문루). 城樓(성루). 水樓(수루). 蜃氣樓(신기루). 玉樓(옥루). 鐘樓(종루). 重樓(중루). 靑樓(청루). 紅樓(홍루). 畫樓(화루). 黃鶴樓(황학루).

【模】 부 木(나무목변) 획 4—11 훈 법 음 모 中 mo[2], mu[2] 英 pattern 日 モ. ボ. のり. かた
뜻 ①법. 본. ②본뜰. ③거푸집.
필순 †木朩朩朩模模模

模倣〔모방〕 본받음. 본뜸. 흉내를 냄. もほう
模倣藝術〔모방예술〕 자연의 모습을 모방하여서 예술적 가치를 붙어 넣는 것. 회화(繪畫)·조각 따위. もほうげいじゅつ
模範〔모범〕 배워서 본받을 만함. 또 그 사물. 본보기. もはん
模範囚〔모범수〕 모범 죄수(模範罪囚). もはんしゅう
模寫〔모사〕 본떠 그대로 그림. もしゃ
模擬〔모의〕 본떠서 함. 흉내내어 실물처럼 보이게 함. もぎ
模造〔모조〕 본떠 만듦. 모방하여 만듦. 예一品(품). もぞう
▷規模(규모). 德模(덕모).

〔樂〕 부 木(나무목변) 획 4—11 훈 즐길·풍류 음 락·악 中 lê⁴ yüeh⁴ yao⁴ 英 pleasant 日 ラク. ガク. たのしい
뜻 ①즐길(락). ②풍류(악). ③좋아할(요).
필순 ⺊ 幺 丝丝 丝幺丝 樂樂樂
樂觀〔낙관〕 ①즐겁게 봄. 재미 있게 봄. ②일을 쉽게 봄. ③인생을 즐겁게 봄. らっかん
樂園〔낙원〕 살기 좋은 즐거운 장소. 동천국(天國). らくえん
樂天〔낙천〕 ①천명(天命)을 즐김. ②당대(唐代)의 시인 백거이(白居易)의 호(號). らくてん
樂土〔낙토〕 즐거운 고장. 동낙향(樂鄕). らくど
樂鄕〔낙향〕 동⇨낙토(樂土). 「く
樂曲〔악곡〕 음악의 곡조. がっきょく
樂官〔악관〕 조정(朝廷)에서 음악을 연주하는 벼슬아치. がっかん
樂劇〔악극〕 음악을 극의 내용의 표현에 합치시킨 연극. がくげき
樂隊〔악대〕 음악을 연주하는 단체. 예軍(군)一. がくたい
樂譜〔악보〕 음악의 곡조를 일정한 문자 또는 기호로써 적은 곡보(曲譜). がくふ
樂章〔악장〕 음악에 쓰는 노래. ②교향곡 등을 구성하는 한 악곡의 각 부분의 곡. がくしょう
樂典〔악전〕 음악의 법식을 설명한 문서. がくてん　「함.
樂山樂水〔요산요수〕 산수를 좋아함.
▷苦樂(고락). 管樂(관악). 極樂(극락). 器樂(기악). 道樂(도락). 同苦樂(동고락). 同樂(동락). 舞樂(무악). 雅樂(아악). 安樂(안락). 哀樂(애락). 娛樂(오락). 遊樂(유락). 音樂(음악). 奏樂(주악). 快樂(쾌락). 歡樂(환락).

【樣】 부 木(나무목변) 획 4—11 훈 모양 음 양(양:) 中 yang⁴ 英 style 日 ショウ. ヨウ. さま
뜻 ①모양. ②본. ③무늬.
필순 † 木 样 样 样 様 様 樣
樣相〔양상〕 모습. 모양. ようそう
樣式〔양식〕 ①꼴. 모양. 형상. ②일정한 형식. ようしき
▷各樣(각양). 多樣(다양). 圖樣(도양). 模樣(모양).

「樞」 부 木(나무목변) 획 4—11 훈 지도리 음 추 中 shu¹ 英 central point 日 スウ. とぼそ
뜻 ①지도리. ②고동.
참고 약 枢
필순 † 木 朾 朾 枦 枦 樞 樞
樞機〔추기〕 ①사물의 긴하고 중요한 데. 중요한 기관(機關). ②중요한 정무(政務). 국가의 대정(大政). すうき
樞機卿〔추기경〕 로마 법황(法皇)의 최고 고문. すうききょう
樞密〔추밀〕 군사(軍事)나 정무(政務)에 관한 비밀을 요하는 중요한 사항. すうみつ　「すうよう
樞要〔추요〕 가장 요긴하고 중요함.
樞軸〔추축〕 ①문의 지도리와 수레의 굴대. ②사물의 가장 중요한 부분. ③권력이나 정치의 중심. 예一國(국). すうじく
▷機樞(기추). 道樞(도추). 萬樞(만추). 門樞(문추).

【標】 부 木(나무목변) 획 4—11 훈 표 음 표 中 piao¹ 英 mark; signal 日 ヒョウ. しるし
뜻 ①표. 표적. ②표할. ③나타낼.
필순 † 木 杅 栖 栖 標 標 標
標高〔표고〕 바다의 수준면(水準面)에서의 높이. 동해발(海拔). ひょうこう

ょうこう 「호. ひょうき
標記〔표기〕 표가 되는 기록이나 부
標旗〔표기〕 목표로 세우는 기. ひ
ょうき 「うまつ
標林〔표말〕 [동]⇨표목(標木). ひょ
標木〔표목〕 표로 박아 세운 말뚝.
[동]표말(標林). ひょうぼく
標本〔표본〕 하나를 보여서 다른 한
종류의 물건의 표준을 삼는 물
건. ひょうほん 「임. ひょうじ
標示〔표시〕 표를 하여 나타내 보
標語〔표어〕 주의(主義)·강령(綱
領)·이념(理念)을 간명하게 표
현한 짧은 어구. ひょうご
標的〔표적〕 목적으로 삼는 사물.
ひょうてき 「い
標題〔표제〕 표기의 제목. ひょうだ
標準〔표준〕 ①목표. ②규범(規範)
이 되는 준칙(準則). ひょうじ
ゅん 「ひょうしき
標識〔표지〕 사물을 나타내는 표시.
標札〔표찰〕 문패. ひょうさつ
▷校標(교표). 名標(명표). 目標
(목표). 商標(상표). 里程標(이
정표).

〔橋〕 [부] 木(나무목변) [획] 4—12
[훈] 다리 [음] 교 [中] ch'iao²
[英] bridge [日] キョウ. はし
[뜻] ①다리. ②업신여길.
[필순] 十 才 木 木 杯 栎 棒 橋 橋
橋脚〔교각〕 교체(橋體)를
받치는 기둥. きょうきゃく
橋頭〔교두〕 다릿가. [동]교변(橋邊).
[예]—堡(보). きょうとう
橋梁〔교량〕 다리. きょうりょう
橋邊〔교변〕 [동]⇨교두(橋頭).
橋體〔교체〕 다리의 몸체. 다리를
이루는 뼈대. きょうたい
▷架橋(가교). 可動橋(가동교). 踏
橋(답교). 跳開橋(도개교). 獨木
橋(독목교). 木橋(목교). 浮橋
(부교). 石橋(석교). 船橋(선교).
善竹橋(선죽교). 陸橋(육교). 鐵
橋(철교). 板橋(판교).

【機】 [부] 木(나무목변) [획] 4—12
[훈] 기틀 [음] 기 [中] chi¹ [英]
machine; loom [日] キ. はた
[뜻] ①기틀. ②고동. ③베틀. ④
기회. ⑤중요할.
[필순] 木 村 栏 桦 機 機 機
機甲〔기갑〕 최신 과학을 응용(應
用)한 병기(兵器). [약]—部隊(부
대). きこう
機械〔기계〕 ①[동]⇨기교(機巧). ②
여러가지 기관이 조직적으로 장
치되어 어느 다른 힘을 받아 움
직이어 자동적으로 일을 하는
장치. [예]—文明(문명). きかい
機械化〔기계화〕 생산이나 동작을
기계에 의해 하게 됨. きかいか
機關〔기관〕 ①장치. ②어떤 에네르
기를 기계력으로 변화시키는 장
치. ③어떤 목적을 달성하기 위
한 시설. きかん
機巧〔기교〕 ①교묘한 장치. ②간
교(奸巧)한 지혜. きこう 「う
機構〔기구〕 얽어 만든 구조. きこ
機能〔기능〕 활동(活動). 작용(作
用). 구실. きのう
機略〔기략〕 임기 응변(臨機應變)
의 계략(計略). きりゃく
機密〔기밀〕 ①중요하고 비밀한 일.
②비밀에 붙여 발설(發說)하지
아니함. きみつ
機先〔기선〕 ①사단(事端)이 일어나
기 전. 일이 일어나려고 하는 바
로 그 전. ②남이 하기 전에 약
삭빠르게 먼저 시작함. きせん
機運〔기운〕 기회와 시운(時運). き
うん 「하는 슬기. きち
機智〔기지〕 임기 응변(臨機應變)
機織〔기직〕 기계로 짠 직물. はた
おり
機軸〔기축〕 ①기관(機關) 또는 차
바퀴의 굴대. ②국정(國政)의 중
요한 중심. きじく
機會〔기회〕 어떤 일을 해나가는 데
꼭 알맞은 고비. 좋은 때. [예]—
均等(균등). きかい 「かく
機畫〔기획〕 꾀. [동]책략(策略). き
▷軍機(군기). 待機(대기). 動機
(동기). 無機(무기). 兵機(병기).
時機(시기). 失機(실기). 心機
(심기). 危機(위기). 有機(유기).
天機(천기). 投機(투기). 航空
機(항공기). 好機(호기).

【樹】 부 木(나무목변) 획 4—12
훈 나무 음 수(수:) 中 shu⁴
英 tree 日 ジュ. き. たてる. うえる 「세울. ③심을.
뜻 ①나무. 산나무. ②
필순 十木朩朩桔桔樹樹

樹間〔수간〕 수목(樹木)의 사이. 나무 사이. じゅかん
樹齡〔수령〕 나무의 나이. じゅれい
樹林〔수림〕 나무가 우거진 수풀. じゅりん 「여 세움. じゅりつ
樹立〔수립〕 사업이나 공을 이룩하
樹木〔수목〕 산 나무. じゅもく
樹液〔수액〕 나무에서 흘러 나오는 액체. じゅえき 「えい
樹影〔수영〕 나무의 그림자. じゅ
樹欲靜而風不止〔수욕정이풍부지〕 나무는 고요하고자 하나 바람이 불어 움직이게 함. 자식이 어버이를 봉양하고자 하나 어버이는 돌아가셔서 이미 이 세상에 없음을 이름. きしずかならんとほっすれどもかぜやまず
樹陰〔수음〕 나무 그늘. じゅいん
樹脂〔수지〕 나무의 진. じゅし
樹皮〔수피〕 나무의 껍질. じゅひ
樹勳〔수훈〕 공을 세움. じゅくん
▷街路樹(가로수). 巨樹(거수). 枯樹(고수). 果樹(과수). 落葉樹(낙엽수). 綠樹(녹수). 菩提樹(보리수). 常綠樹(상록수). 針葉樹(침엽수).

【橫】 부 木(나무목변) 획 4—12
훈 가로 음 횡 中 hêng²
英 crosswise 日 オウ. よこ
뜻 ① 가로. 가로지를. ②방자할. ③거스를. 어긋날.
필순 十木 栟栟棤横橫

橫斷〔횡단〕 가로 끊음. 가로 지름. 예—路(로). おうだん
橫列〔횡렬〕 가로 늘어섬. 또 그 줄. おうれつ
橫領〔횡령〕 ①남의 물건을 불법하게 빼앗음. ②남에게 부탁받은 것을 가로챔. おうりょう
橫流〔횡류〕 물이 멋대로 흐름. 범람(氾濫)함. おうりゅう
橫聞〔횡문〕 똑바로 듣지 못하고 그릇 들음. おうぶん 「ほ
橫步〔횡보〕 모로 걷는 걸음. おう
橫死〔횡사〕 비명(非命)의 죽음. 동 변사(變死). おうし
橫產〔횡산〕 아이를 가로 낳음. 곧 태아(胎兒)의 팔부터 낳음. おうさん 「↔종서(縱書). よこがき
橫書〔횡서〕 가로 글씨. 가로 쓰기.
橫線〔횡선〕 가로 줄. おうせん
橫說竪說〔횡설수설〕 ①자유 자재로 설명함. ②조리가 없는 말을 함부로 지껄임. 「うざい
橫財〔횡재〕 뜻밖에 얻은 재물. お
橫置〔횡치〕 가로로 놓음. おうち
橫奪〔횡탈〕 무법(無法)하게 가로채어 빼앗음. おうだつ
橫暴〔횡포〕 제멋대로 굴며 몹시 거칠고 사나움. おうぼう
橫行〔횡행〕 ①모로 감. ② 거리낌 없이 마음대로 다님. ③ 멋대로 함. おうこう 「(종횡).
▷連橫(연횡). 專橫(전횡). 縱橫

【檢】 부 木(나무목변) 획 4—13
훈 검사할 음 검: 中 chien³
英 inspect 日 ケン. しらべる
뜻 ①교정할. ②검사할.
필순 十木 朩朩枍枍枱檢檢

檢擧〔검거〕 ①범죄·범칙(犯則) 등의 자취를 살피어 그 증거를 거둬 모음. ②범죄의 용의자(容疑者)를 잡아감. けんきょ
檢督〔검독〕 검사하고 독려(督勵)함.
檢問〔검문〕 관헌(官憲)이 미심한 사람을 조사하여 물어봄. 예—所(소). けんもん
檢事〔검사〕 ①일을 조사함. ②죄인을 기소(起訴)하는 사법(司法) 행정관. けんじ
檢査〔검사〕 실상을 조사하여 시비(是非)·우열(優劣) 등을 판정(判定)함. けんさ
檢算〔검산〕 계산의 맞고 틀림을 검사함. けんさん 「さく
檢索〔검색〕 검사하여 찾음. けん
檢束〔검속〕 ①자유 행동을 못하게 단속함. ②일시적으로 경찰서에 구금(拘禁)함. けんそく
檢屍〔검시〕 변사체(變死體)를 검증

함. けんし 「けんし
檢視〔검시〕 조사하여 자세히 봄.
檢疫〔검역〕 전염병의 유무(有無)를 조사함. けんえき
檢閱〔검열〕 조사하여 봄. けんえつ
檢溫〔검온〕 온도·체온을 재어봄. 예—器(기). けんおん
檢印〔검인〕 서류나 물건을 검사하고 찍는 도장. けんいん
檢字〔검자〕 한자(漢字) 색인(索引)의 한 법. 글자를 총획순(總劃順)으로 배열하고, 소속된 부수(部首)나 페이지 등을 적은 것. けんじ
檢定〔검정〕 검사하여 자격의 유무. 조건의 적부(適否) 등을 판정함. 예—考査(고사). けんてい
檢證〔검증〕 ①검사하여 증명함. ②판사(判事)가 증거할 사물을 임검(臨檢)함. けんしょう
檢診〔검진〕 검사하기 위하여 하는 진찰. けんしん
檢察〔검찰〕 ① 점검(點檢)하여 살핌. ②범죄 증거를 살핌. 예—官(관). けんさつ
檢討〔검토〕 내용을 검사하여 가면서 따짐. けんとう
▷收檢(수검). 受檢(수검). 臨檢(임검). 點檢(점검).

【檀】 부 木(나무목변) 획 4—13 훈 박달나무 음 단 中 t'an²
英 sandal wood 日 ダン. まゆみ
뜻 ①박달나무. ②향나무.
필순 十 木 栌 桁 椬 檀 檀 檀
檀君〔단군〕 우리 나라의 시조(始祖). 이름은 왕검(王儉).
檀弓〔단궁〕 ①박달나무로 메운 활. ②예기(禮記)의 편명(篇名). だんぐう. だんきゅう
檀木〔단목〕 박달나무. だんぼく
檀香木〔단향목〕 자단(紫檀)·백단(白檀) 등의 향목(香木)의 총칭. だんこうぼく 「(흑단).
▷白檀(백단). 紫檀(자단). 黑檀

[檗] 부 木(나무목변) 획 4—13 훈 황벽나무 음 벽 中 po⁴
日 ハク. ヒャク. きはだ
뜻 ①황벽나무. ②회양목.
참고 동 欂
필순 ㄱ 尸 㫐 辟 辟 辟 檗 檗

「櫛」 부 木(나무목변) 획 4—1[...] 훈 빗 음 즐 中 chieh² 英 comb 日 シツ. くし 「긁을
뜻 ①빗. ②빗을. ③늘어설. ④[...]
필순 十 木 栉 栉 櫛 櫛 櫛 櫛
櫛比〔즐비〕 빗살 모양으로 촘촘하게 늘어섬. しつび
櫛風沐雨〔즐풍목우〕 바람으로 빗질하고 빗물로 목욕한다는 뜻으로, 긴 긴 세월을 밖에서 비바람을 무릅쓰고 고생하며 일에 골몰함을 이름. しっぷうもくう

【欄】 부 木(나무목변) 획 4—1[...] 훈 난간 음 란(난) 中 lan
英 railing 日 ラン. てすり
뜻 ①난간. ②난. 테두리.
필순 十 木 朾 椚 櫚 櫚 欄 欄
欄干〔난간〕 누각(樓閣)이나 층계나 다리의 가장자리를 막은 물건. らんかん
欄內〔난내〕 서적 등의 가장자리에 있는 줄 안. 난의 안. らんない
欄外〔난외〕 ① 난간 밖. ② 서적의 가장자리에 있는 줄 밖. 난 밖. らんがい 「(옥란). 危欄(위란).
▷空欄(공란). 句欄(구란). 玉[...]

「櫻」 부 木(나무목변) 획 4—1[...] 훈 앵두나무 음 앵: 中 ying
英 cherry 日 オウ. さくら
뜻 ①앵두나무. ②벚나무.
필순 十 木 朾 椚 櫻 櫻 櫻
櫻桃〔앵두〕 ①앵두나무. ②앵두나무의 열매. ③앵순(櫻脣). おうとう
櫻脣〔앵순〕 앵두 같은 입술이라는 뜻으로, 미인(美人)의 입술을 이름. おうしん 「稱). おうげつ
櫻月〔앵월〕 음력 3월의 이칭(異
櫻花〔앵화〕 ①앵두나무의 꽃. ②벚꽃. おうか·さくらばな
▷梅櫻(매앵). 山櫻(산앵). 朱櫻(주앵). 春櫻(춘앵).

〖權〗 부 木(나무목변) 획 4—[...] 훈 권세 음 권 中 ch'üan
英 authority 日 ケン. ゴン. [...]

きおい. おもり
뜻 ①권세. ②권도. ③ 저울. 저울질할. 
참고 ㊔ 権
필순 †木栌桦椎權
權貴〔권귀〕 권세 있고 지위가 높음. 또 그 사람. けんき
權能〔권능〕 권리를 주장하여 행사(行使)할 수 있는 능력. けんのう
權力〔권력〕 ①남을 강제하여 복종시키는 힘. ②치자(治者)가 피치자(被治者)에게 복종을 강요하는 힘. けんりょく
權利〔권리〕 ①권세와 이익. 이권. ②세력을 떨침. ③수단을 써서 이익을 꾀함. ④ 특정한 이익을 주장하며 또는 누릴 수 있는 법률상의 능력. けんり
權謀〔권모〕 임기응변(臨機應變)의 꾀. けんぼう
權謀術數〔권모술수〕 사람을 속이는 임기응변의 꾀와 수단. けんぼうじゅっすう
權門勢家〔권문세가〕 권세 있는 집안. けんもんせいか 「せい
權勢〔권세〕 ㊇⇨권력(權力). けん
權威〔권위〕 ①권력과 위엄. ②대가(大家). ㊇태두(泰斗). けんい
權益〔권익〕 권리와 이익. けんえき
權限〔권한〕 권능의 범위. けんげん
▷公民權(공민권). 國權(국권). 棄權(기권). 民權(민권). 發言權(발언권). 司法權(사법권).

(4) 欠 部

[次] 부 欠(하품흠방) 획 4—2
훈 버금 음 차: ㊥ tz'û[4]
㊕ next ㊐ ジ. シ. つぎ. つぐ
뜻 ①버금. 다음. ②차례. ③번.
필순 ⺀ン冫次
次期〔차기〕 다음의 시기. じき
次男〔차남〕 둘째 아들. ㊇차자(次子). じなん
次女〔차녀〕 둘째 딸. じじょ
次代〔차대〕 ①다음 대. ②다음 시대. じだい
次例〔차례〕 순서.
次序〔차서〕 순서. 차례. じじょ
次席〔차석〕 다음 자리. じせき
次韻〔차운〕 남이 지은 시의 운자를 따서 시를 지음. 또 그 시. じいん
次位〔차위〕 ①다음가는 자리. 또 그 사람. ②순서. 차례. じい
次子〔차자〕 ㊇⇨차남(次男). じし
次點〔차점〕 득점 또는 득표수가 다음가는 점수나 표수(表數). じてん 「의 다음 호. じごう
次號〔차호〕 ①다음 번호. ②간행물
▷今次(금차). 屢次(누차). 目次(목차). 順次(순차). 年次(연차). 連次(연차). 列次(열차). 越次(월차). 位次(위차). 類次(유차). 一次(일차). 漸次(점차).

「欣」 부 欠(하품흠방) 획 4—4
훈 기쁠 음 흔 ㊥ hsin[1]
㊕ joy ㊐ キン. よろこぶ
뜻 ①기쁠. ②좋아할.
필순 ㇀厂斤斤欣欣
欣慕〔흔모〕 기쁜 마음으로 사모(思慕)함. きんぼ
欣然〔흔연〕 기뻐하는 모양. ㊇흔흔(欣欣). きんぜん 「い
欣快〔흔쾌〕 기쁘고 상쾌함. きんか
欣欣〔흔흔〕 ㊇⇨欣然(흔연). きん
欣喜〔흔희〕 기뻐함. きんき 「きん
▷樂欣(낙흔). 悅欣(열흔). 幽欣(유흔). 含欣(함흔).

〖欲〗 부 欠(하품흠방) 획 4—7
훈 하고자할 음 욕 ㊥ yü[4]
㊕ desire ㊐ ヨク. ほっする
뜻 ①하고자할. ②욕심(慾과 통용).
필순 ⺈⺅谷谷欲欲
欲求〔욕구〕 바람. 구(求)함. 탐냄. よっきゅう
欲望〔욕망〕 ①바람. 원함. 탐냄. ②부족(不足)을 느껴 이를 채우려 하는 마음. よくぼう
欲死無地〔욕사무지〕 죽으려고 하여도 죽을 만한 곳이 없음. 아주 분하고 원통함을 이름.
欲速不達〔욕속부달〕 일을 속히 하고자 하여 도리어 이루지 못함.

欲心〔욕심〕①탐내는 마음. ②욕기(慾氣). よくしん
欲情〔욕정〕①욕망. 욕심. ②애욕(愛欲)의 마음. 동색정(色情). よくじょう
欲火〔욕화〕불 같은 욕심. よっか

「款」 부 欠(하품흠방) 획 4—8 훈 정성 음 관: 中 k'uan³ 英 sincere; item 日 カン. よろこぶ. まこと
뜻 ①정성. 정성스러울. ②조목. 항목. ③도장찍을. 낙관할.
필순 ⼀ ⺾ 圭 圭 寺 秦 秦 款 款 款
款待〔관대〕정성껏 대우함. 후하게 대접함. かんたい
款冬〔관동〕엉거시과에 속하는 다년초. 새 순은 껍질을 벗기어 나물을 무쳐 먹음. 머위. かんとう
款服〔관복〕진심으로 복종함. 동심복(心服). かんぷく
款誠〔관성〕정성. 성의. かんせい
款項〔관항〕①관과 항. 대별(大別)과 중별(中別). 항목(項目). ②경비. 비용. かんこう
▷懇款(간관). 交款(교관). 舊款(구관). 落款(낙관).

【欺】 부 欠(하품흠방) 획 4—8 훈 속일 음 기 中 ch'i¹ 英 cheat 日 ギ. あざむく
뜻 ①속일. ②망녕될. ③거짓말
필순 ⼀ ⺾ ⺾ 甘 其 其 欺 欺 欺
欺君罔上〔기군망상〕임금을 속임.
欺詐〔기사〕속임. 동 사기(詐欺). ぎさ
欺世〔기세〕세상(世上)을 속임. ぎせい
欺心〔기심〕자기의 양심(良心)을 속임. ぎしん
欺惑〔기혹〕속여 미혹(迷惑)하게 함. ぎわく
▷詐欺(사기). 誕欺(탄기).

〔欽〕 부 欠(하품흠방) 획 4—8 훈 공경할 음 흠: 中 ch'in¹ 英 respectful 日 キン. つつしむ
뜻 ①공경할. ②공손할.
필순 ⼈ ⼈ 今 余 金 金 欽 欽
欽慕〔흠모〕기쁜 마음으로 사모(思慕)함. きんぼ
欽服〔흠복〕공경하고 복종함. きんぷく
欽奉〔흠봉〕임금의 명령(命令)을 받들어 좇음. きんぽう
欽崇〔흠숭〕공경하고 숭배(崇拜)함. きんすう
欽仰〔흠앙〕공경하고 우러러봄. きんぎょう
欽欽〔흠흠〕①걱정이 되어 잊지 못하는 모양. ②종소리의 형용. きんきん

〔歇〕 부 欠(하품흠방) 획 4—9 훈 쉴 음 헐 中 hsieh¹ 英 rest 日 ケツ. やむ. つきる
뜻 ①쉴. 그칠·다할. ②헐할. 값쌀.
필순 ㅁ 日 旦 昜 曷 曷 歇 歇
歇價〔헐가〕싼 값.
歇價放賣〔헐가방매〕싼 값으로 팖.
歇看〔헐간〕정신이 없거나 탐탁스럽지 않을 때 물건이나 일을 소홀(疎忽)히 보아 넘김.
歇泊〔헐박〕쉬고 묵음. 동헐숙(歇宿).
歇邊〔헐변〕아주 저율(低率)로 주는 이자(利子).
歇宿〔헐숙〕동⇨헐박(歇泊). けっしゅく
歇息〔헐식〕쉼. 동휴식(休息). けっそく
歇治〔헐치〕①병을 가볍게 보고 치료를 소홀히 함. ②가볍게 벌함.

〔歌〕 부 欠(하품흠방) 획 4—10 훈 노래 음 가 中 kê¹ 英 song 日 カ. うた
뜻 ①노래. ②읊조릴.
필순 ⼀ 可 可 哥 哥 哥 歌 歌
歌客〔가객〕①노래를 잘 부르는 사람. ②노래로 업을 삼는 사람. かかく. かきゃく
歌曲〔가곡〕노래. 노래의 가락. 성악의 곡보(曲譜). かきょく
歌劇〔가극〕음악과 가무(歌舞)를 섞어서 하는 연극. 오페라(opera). かげき
歌妓〔가기〕노래를 잘 부르는 기생. かき
歌舞〔가무〕①노래와 춤. ②노래하고 춤춤. かぶ
歌舞百戲〔가무백희〕노래와 춤과 여러 가지 놀이.
歌詞〔가사〕① 고아(古雅)한 체로 된 장편의 노래 종류의 이름. ②가요곡(歌謠曲)이나 가극(歌劇) 등의 노래의 내용이 되는 문구. ↔곡조(曲調). かし

歌辭〔가사〕 이조 때 시가의 한 형식. 사사조(四四調)를 바탕으로 한 일종의 장편 산문시.
歌聲〔가성〕 노래소리. うたごえ
歌手〔가수〕 노래 부르는 것을 업으로 삼는 사람. かしゅ
歌樂〔가악〕 노래와 음악. かがく
歌謠〔가요〕 노래. 또 노래를 부름. かよう 「かしょう
歌唱〔가창〕 노래를 부름. 또 노래.
歌行〔가행〕 한시(漢詩)의 한 체·악부(樂府)·고시(古詩)와 같이 가(歌)와 행(行)을 겸한 것.
▷凱歌(개가). 古歌(고가). 校歌(교가). 軍歌(군가). 短歌(단가). 道歌(도가). 挽歌(만가). 名歌(명가). 牧歌(목가). 悲歌(비가). 聖歌(성가). 俗歌(속가). 頌歌(송가). 詩歌(시가). 愛國歌(애국가). 唱歌(창가). 鄕歌(향가).

「歐」 부 欠(하품흠방) 획 4—11 훈 토할 음 구 ㊥ ou1·3 ㊟ vomit ㊐ オウ. はく
뜻 ①토할(嘔와 통용). ②칠(毆와 통용). ③노래할(謳와 통용). ④유럽의 약칭.
필순 一 ㄱ 匚 匸 區 區 歐 歐
歐羅巴洲〔구라파주〕 육대주(六大洲)의 하나. 유럽주. ヨーロッパしゅう 「おうび
歐美〔구미〕 유럽주와 아메리카주.
歐傷〔구상〕 쳐서 상처입힘. おうしょう 「서양과 동양. おうあ
歐亞〔구아〕 구라파주와 아시아주.
歐逆〔구역〕 욕지기. ㊞구토(嘔吐).
歐洲〔구주〕 ⇨구라파주(歐羅巴洲). おうしゅう
歐打〔구타〕 ⇨구타(毆打).
歐吐〔구토〕 뱃속에 있는 음식을 게움. ㊞구토(嘔吐). おうと
歐血〔구혈〕 피를 토함. おうけつ
▷南歐(남구). 東歐(동구). 北歐(북구). 西歐(서구).

【歎】 부 欠(하품흠방) 획 4—11 훈 탄식할 음 탄: ㊥ t'an4 ㊟ lament ㊐ タン. なげく
뜻 ① 탄식할. 한숨쉴. ②기릴. 감탄할. ③화답할.
참고 ㊞ 嘆
필순 艹 艹 芦 菁 菓 菓 歎 歎
歎哭〔탄곡〕 탄식하며 욺. たんこく
歎美〔탄미〕 ㊞⇨탄상(歎賞). たん
歎伏〔탄복〕 ㊞⇨탄복(歎服). 」び
歎服〔탄복〕 감탄하여 심복함. ㊞ 탄복(歎伏). たんぷく 「んじ
歎辭〔탄사〕 감탄하여 하는 말. た
歎賞〔탄상〕 감탄하여 칭찬함. ㊞ 탄미(歎美). たんしょう
歎傷〔탄상〕 무슨 일로 말미암아 마음이 몹시 상함. たんしょう
歎聲〔탄성〕 ①탄식(歎息)하는 소리. ②감탄하는 소리. たんせい
歎息〔탄식〕 ①한숨을 쉬며 한탄함. ②감탄함. たんそく
歎願〔탄원〕 사정을 말하여 도와주기를 몹시 바람. 예—書(서). たんがん
▷感歎(감탄). 慨歎(개탄). 敬歎(경탄). 驚歎(경탄). 憤歎(분탄). 悲歎(비탄). 哀歎(애탄). 永歎(영탄). 詠歎(영탄). 讚歎(찬탄). 痛歎(통탄). 恨歎(한탄).

〖歡〗 부 欠(하품흠방) 획 4—18 훈 기뻐할 음 환 ㊥ huan1 ㊟ please ㊐ カン. よろこぶ
뜻 기뻐할.
참고 ㊣ 歓
필순 艹 芦 萨 雚 雚 歡 歡
歡客〔환객〕 반가운 손. ㊞가객(佳客). かんかく. かんきゃく
歡待〔환대〕 환영하여 접대함. 정성껏 후하게 대접함. かんたい
歡樂〔환락〕 즐거워함. 또 즐거움. 예—街(가). かんらく
歡樂極兮哀情多〔환락극혜애정다〕 환락이 극도에 이르면 슬픔이 많이 생김. 「い
歡聲〔환성〕 기뻐하는 소리. かんせ
歡心〔환심〕 기뻐하는 마음. 즐거워하는 마음. かんしん
歡迎〔환영〕 기쁜 마음으로 맞음. 예—式(식). かんげい
歡天喜地〔환천희지〕 대단히 기뻐함. かんてんきち
歡呼〔환호〕 기뻐서 고함(高喊)을 지름. 예—聲(성). かんこ

歡喜〔환희〕 대단히 기뻐함. 또 큰 기쁨. かんき

▷交歡(교환). 極歡(극환). 樂歡(낙환). 哀歡(애환). 至歡(지환).

(4) 止 部

〖止〗 부 止(그칠지변) 획 4—0 훈 그칠 음 지(지:) 中 chih³ 英 stop 日 シ. とまる. とめる

뜻 ①그칠. ② 머무를. ③막을. ④거동.

필순 丨 ト 止 止

止渴之計〔지갈지계〕 임기응변(臨機應變)의 계책. 방편의 뜻.

止戈〔지과〕 전쟁을 그만둠. しか

止水〔지수〕 ①흐르지 않고 괴어 있는 물. ②조용하여 움직이지 않는 마음의 비유. しすい

止宿〔지숙〕 유숙함. 머무름. しし 「ゆく

止於止處〔지어지처〕 ①일정한 숙소가 없이 어디든지 이르는 곳에서 머물러 잠. ②사리에 맞추어 그쳐야 옳을 자리에서 그침.

止接〔지접〕 한때 삶. 동우거(寓居).

止痛〔지통〕 아픔이 그침. しつう

止血〔지혈〕 ①피가 나오다 그침. ②나오는 피를 그치게 함. 예一劑(제). しけつ

▷禁止(금지). 抑止(억지). 停止(정지). 制止(제지). 中止(중지). 廢止(폐지). 休止(휴지).

〖正〗 부 止(그칠지변) 획 4—1 훈 바를 음 정: 中 chêng¹ 英 right 日 セイ. ショウ. ただしい. まさに

뜻 ①바를. ② 정월. ③ 벼슬의 우두머리. ④ 사물의 주가 될.

필순 一 丅 下 正 正

正價〔정가〕 정당(正當)한 값. せいか 「せいこく

正刻〔정각〕 작정한 바로 그 시각.

正系〔정계〕 동⇨정맥(正脈).

正攻〔정공〕 기묘한 계책을 쓰지 않고 정정당당히 공격함. 또 정면에서 공격함. せいこう

正規〔정규〕 바른 규칙. 정식의 규정. せいき

正氣〔정기〕 ①만물의 근원이 되는 기(氣). 지공(至公)·지대(至大)·지정(至正)한 천지의 원기. ②바른 기상(氣像). せいき

正當〔정당〕 옳고 당연함. 이치(理致)에 당연함. せいとう

正大〔정대〕 바르고 큼. 정정당당함. 예公明(공명)一. せいだい

正道〔정도〕 바른 도(道). 사람이 행하여야 할 바른 길. 동정로(正路). 정의(正義). せいどう

正路〔정로〕 ①바른 길. 동정도(正道). ②본 길. 정규의 길. せいろ

正論〔정론〕 바른 의론. 또 의론을 바르게 함. せいろん

正立〔정립〕 똑바로 섬. せいりつ

正脈〔정맥〕 바른 계통. 동정계(正系). せいみゃく 「しょうめん

正面〔정면〕 바로 마주 보이는 면.

正門〔정문〕 정면에 있는 문. ↔후문(後門). せいもん

正方〔정방〕 ①방향을 바로잡음. ②바름. 방정(方正)함. せいほう

正兵〔정병〕 기묘한 계책(計策)을 쓰지 않고 정정당당히 싸우는 군대. ↔기병(奇兵).

正本〔정본〕 원본(原本). ↔부본(副本)·등본(謄本). せいほん

正否〔정부〕 바름과 바르지 못함. 옳고 그름. 동정사(正邪). 시비(是非). せいひ

正副〔정부〕 ①주장과 버금. ②정본(正本)과 부본(副本). せいふく

正史〔정사〕 ①기전체(紀傳體)의 역사. 사기(史記)·한서(漢書) 따위. ②정식의 역사. 적확한 역사. ↔잡사(雜史)·패사(稗史)·야사(野史). せいし

正邪〔정사〕 ①정직함과 간사함. 시비(是非). 곡직(曲直). 동정부(正否). ②정직한 사람과 간사한 사람. ②간사한 것을 바로잡음. せいじゃ

正使〔정사〕 ①으뜸의 사신(使臣). ↔부사(副使). ②사(使)라 일컫

는 관사(官司)의 장관(長官). せいし 「ょう
正常〔정상〕바르고 떳떳함. せいじ
正色〔정색〕①안색을 바로잡아 엄정하게 가짐. ②섞인 것이 없는 순수한 색. 곧,청(靑)·적(赤)·황(黃)·백(白)·흑(黑)의 오색(五色). ③원래의 색. 변하지 아니한 원색(原色). せいしょく
正書〔정서〕서체(書體)의 하나. ㊐해서(楷書). せいしょ
正俗〔정속〕바른 풍속. せいぞく
正續〔정속〕서적·문장 등의 정편(正篇)과 속편(續篇). せいぞく
正視〔정시〕똑바로 봄. せいし
正式〔정식〕①정당한 방법. ②바른 격식(格式). 규정에 맞는 격식. せいしき
正室〔정실〕①본처. ↔측실(側室). ②맏아들. 장자(長子). せいしつ
正陽〔정양〕①정오(正午). ②음력 정월(正月)의 별칭(別稱). せいよう. 「오정(午正). しょうご
正午〔정오〕한낮. 낮 열두 시. ㊐
正誤〔정오〕①틀린 것을 고침. ②바름과 틀림. 바른 것과 틀린 것. ㊀一表(표). せいご
正音〔정음〕①글자의 바른 음. ②㊀〈훈민정음〉. せいおん
正音廳〔정음청〕이조(李朝) 세종(世宗) 때 훈민정음(訓民正音)의 창제(創製)를 위하여 궁중(宮中)에 차린 기관(機關). 불경 국역(佛經國譯)도 맡아 보았음.
正義〔정의〕①바른 도의. 사람으로서 지켜야 할 올바른 도리. ㊐정도(正道). ②바른 뜻. 또는 해석. せいぎ
正字〔정자〕①자획이 바른 글자. ↔속자(俗字)·와자(訛字)·약자(略字). ②서적의 문자를 교정하는 벼슬. ③이조(李朝) 때 홍문관(弘文館)·승문원(承文院)·교서관(校書館)의 정구품(正九品) 벼슬. せいじ
正殿〔정전〕조회(朝會)·의식(儀式)을 행하는 궁전(宮殿). ㊐노침(路寢). せいでん
正正堂堂〔정정당당〕①㊀정정지기당당지진(正正之旗堂堂之陣). ②태도가 훌륭한 모양. 정면에서 사내답게 행하는 태도의 형용. せいせいどうどう
正宗〔정종〕바른 종통(宗統). せいしゅう 「앉음. せいざ
正坐〔정좌〕반듯이 앉음. 단정하게
正直〔정직〕마음이 바르고 곧음. せいちょく. しょうじき
正察〔정찰〕바르게 살핌. せいさつ
正體〔정체〕①본래의 형체(形體). ②정식의 체재(體裁). せいたい. しょうたい
正則〔정칙〕바른 규칙. ↔변칙(變則). せいそく
正統〔정통〕①바른 계통. ②바른 혈통. 특히 천자(天子)의 바른 혈통. せいとう
正風〔정풍〕①바른 국풍(國風)의 시(詩). ②시경(詩經)의 주남(周南)·소남(召南) 등 15편의 일컬음. ↔변풍(變風). せいふう
正解〔정해〕바른 해석. ㊀一者(자). せいかい 「せいかく
正確〔정확〕바르고 확실(確實)함.
▷改正(개정). 檢正(검정). 更正(갱정·경정). 公正(공정). 校正(교정). 矯正(교정). 歸正(귀정). 規正(규정). 謹正(근정). 反正(반정). 方正(방정). 不正(부정). 查正(사정). 修正(수정). 肅正(숙정). 宗正(종정). 賀正(하정).

〖此〗 부 止(그칠지변) 획 4—2 훈 이 음 차 ㊥ tz'û³ ㊍ this ㊐ シ. この. これ. かくの 뜻 ①이. ②이에.
필순 丨 ⺊ 㱏 ⺊⺊ 此 此

此間〔차간〕이 사이.
此年〔차년〕이 해. 올해. ㊐차세(此歲).
此等〔차등〕이들.
此事〔차사〕이 일.
此生〔차생〕이승. ㊐차세(此歲). ↔전생(前生). 내생(來生).
此世〔차세〕이 세상. このよ
此歲〔차세〕㊐⇨차년(此年). このとし
此乘〔차승〕이승.
此時〔차시〕이 때. 지금.

此日彼日〔차일피일〕 오늘 내일하고 기한을 물림. 「さい
此際〔차제〕 이 때. 이즈음. この
此處〔차처〕 이 곳. 여기. ここ
此便〔차편〕 이 사람 편.
此限〔차한〕 금지하는 이 한계.
此回〔차회〕 이 번. 금번.
此後〔차후〕 이 다음. 그 뒤.
▷如此(여차). 彼此(피차).

〔步〕 부 止(그칠지변) 획 4—3 훈 걸음 음 보: 中 pu⁴ 英 walk 日 ホ. ブ. あるく. あゆむ 뜻 ①걸음. ②걸을. ③운수.
필순 步步步步

步騎〔보기〕 보병(步兵)과 기병(騎兵). ほき 「ほどう
步道〔보도〕 사람이 걸어 다니는 길.
步武〔보무〕 ①얼마 안되는 상거(相距). 보(步)는 6 척. 무(武)는 그 절반. ②걸음걸이. 예—堂堂(당당). ほぶ 「ほへい
步兵〔보병〕 도보로 전투하는 병정.
步步〔보보〕 걸을 때마다. 약일보일보(一步一步). ほほ
步調〔보조〕 걸음걸이의 속도. 걸음걸이. ほちょう
步哨〔보초〕 경계·감시(監視)의 임무를 맡은 보병. 부대의 경계를 맡은 직책. 또 그 병사. 동초병(哨兵). ほしょう 「ほそく
步測〔보측〕 걸음 수로 거리를 잼.
步行〔보행〕 걸어감. ほこう
▷驅步(구보). 徒步(도보). 獨步(독보). 漫步(만보). 散步(산보). 速步(속보). 五十步百步(오십보백보). 日進月步(일진월보). 進步(진보). 初步(초보). 寸步(촌보). 활보(闊步).

〔武〕 부 止(그칠지변) 획 4—4 훈 호반 음 무: 中 wu³ 英 military 日 ブ. ム. たけし 뜻 ①호반. ②군셀. ③발자취.
필순 一ㄧ下下正武武

武經〔무경〕 병법(兵法)에 관한 글 또는 책. ぶきょう
武庫〔무고〕 ①무기를 넣어 두는 곳집. 동군기고(軍器庫). ②박학다식(博學多識)한 사람의 비유. ぶこ
武功〔무공〕 전쟁에서 세운 공(功). 동무열(武烈)·무훈(武勳). ぶこう
武科〔무과〕 무예(武藝)와 병서(兵書)에 통(通)한 사람을 뽑는 과거(科擧). ↔문과(文科). ぶか
武官〔무관〕 ①군사(軍事)에 관한 일을 맡은 벼슬아치. ②무과(武科) 출신(出身)의 벼슬아치. ↔문관(文官). ぶかん
武技〔무기〕 무사(武事)에 관한 재주. 동무도(武道), 무예(武藝). ぶぎ 「像). ぶき
武氣〔무기〕 무인(武人)의 기상(氣
武器〔무기〕 전쟁에 쓰이는 기구. 동병기(兵器). ぶき
武斷〔무단〕 무력(武力)으로 억압하여 다스림. 예—政治(정치). ↔문치(文治). ぶだん
武德〔무덕〕 무사(武事)의 위덕(威德). ↔문덕(文德). ぶとく
武道〔무도〕 ①무인(武人)이 닦아야 할 도(道). ②동무기(武技)·무술(武術). ぶどう
武力〔무력〕 군대의 힘. 군사상(軍事上)의 힘. ぶりょく
武陵桃源〔무릉도원〕 별천지(別天地)의 뜻. ぶりょうとうげん
武名〔무명〕 무인으로서의 명성(名聲). ぶめい 「人). ぶし
武士〔무사〕 군사. 군인. 동무인(武
武事〔무사〕 무인(武人)에 관계되는 일. 전쟁·무예에 관한 일. ↔문사(文事). ぶじ
武術〔무술〕 동⇨무도(武道). 무기(武技). ぶじゅつ 「しん
武臣〔무신〕 무관(武官)인 신하. ぶ
武烈〔무열〕 동⇨무공(武功). ぶれつ
武藝〔무예〕 동⇨무기(武技). ぶげい
武勇〔무용〕 무예(武藝)에 뛰어나고 용감함. 또 그 사람. ぶゆう
武運〔무운〕 ①무사(武事)·무인(武人)의 운수. 예—長久(장구). ②전쟁의 승패의 운수. ぶうん
武威〔무위〕 ① 무력(武力)의 위세

(威勢). ②굳세고 위엄이 있음. ぶい
武人〔무인〕 ⑧①무사(武士). ②무위(武威)를 제멋대로 하는 사람. ぶじん
武將〔무장〕 군대의 장수. 무사(武事)에 뛰어난 장수. ぶしょう
武裝〔무장〕 ①전쟁 때에 하는 군인의 몸차림. ②전쟁 준비로 하는 장비. ⑩一解除(해제). ぶそう
武勳〔무훈〕 ⑧⇨무공(武功). ぶくん
▷講武(강무). 文武(문무). 步武(보무). 尙武(상무). 演武(연무). 練武(연무). 閱武(열무). 英武(영무). 威武(위무). 玄武(현무).

歪 부 止(그칠지변) 획 4―5 훈 비뚤 음 왜: 中 wai[1] 英 slant 日 ワイ. エ. **ゆがむ**
뜻 ①비뚤(왜·외·의). ②기울.
필순 一ア不杢歪
歪曲〔왜곡·외곡·의곡〕 비틀리어 구부러짐. わいきょく
歪力〔왜력·외력·의력〕 물체(物體)에 가해지는 외력의 저항(抵抗). 곧 응력(應力). わいりょく

歲 부 止(그칠지변) 획 4―9 훈 해 음 세: 中 suei[4] 英 age 日 サイ. セイ. とし 「식 익을.
뜻 ①해. ②나이. ③곡
필순 ''广庐庐炭歲歲
歲末〔세말〕 섣달 그믐께. 세밑. ⑧연말(年末). 세모(歲暮). さいまつ
歲暮〔세모〕 ⑧⇨세말(歲末). さいぼ
歲拜〔세배〕 섣달 그믐이나 정초(正初)에 웃어른에게 하는 인사. ⑧세알(歲謁). さいはい
歲費〔세비〕 1년 동안의 비용. ⑧세용(歲用). さいひ
歲序〔세서〕 세월의 바뀌어 갈마드는 순서. ⑧세월(歲月). さいじょ
歲歲〔세세〕 해마다. 매년. ⑨세세년년(歲歲年年). さいさい
歲歲年年〔세세년년〕 해마다. 매년. ⑨세세(歲歲). さいさいねんねん
歲首〔세수〕 ⑧⇨세초(歲初). さいしゅ
歲時〔세시〕 ①세월(歲月). ②해와 사철. 천체(天體)의 운행과 사시(四時)의 순환. ③연중(年中)의 때. さいじ
歲時記〔세시기〕 1년 중의 계절에 따른 사물·행사 등을 열기(列記)한 책. さいじき
歲謁〔세알〕 ⑧⇨세배(歲拜).
歲用〔세용〕 1년 간의 비용. ⑧세비(歲費). さいよう
歲月〔세월〕 흘러가는 시간. ⑧광음(光陰). さいげつ
歲月如流〔세월여류〕 세월이 물과 같이 빨리 흘러감. さいげつながれのごとし
歲入〔세입〕 회계 연도(會計年度)의 한 해 동안의 수입(收入). ↔세출(歲出). さいにゅう
歲次〔세차〕 ①목성(木星)이 머무는 위치. 목성은 그 궤도(軌道)가 12차(次)로 되었으며, 10년에 궤도를 일주(一周)함. ②해를 간지(干支)에 좇아 정한 차례. さいじ 「いしょ
歲初〔세초〕 설. ⑧세수(歲首). さ
歲出〔세출〕 회계 연도(會計年度)의 한 해 동안의 지출(支出). ↔세입(歲入). さいしゅつ
歲寒三友〔세한삼우〕 겨울철 관상용(觀賞用)의 세 가지 나무. 곧 소나무·대나무·매화(梅花)나무. さいかんさんゆう
歲寒松柏〔세한송백〕 추운 겨울철에도 잎이 푸른 소나무와 측백나무. 역경(逆境)에서도 지조(志操)를 굳게 지키는 사람의 비유. さいかんしょうはく
▷來歲(내세). 萬歲(만세). 歷歲(역세). 年歲(연세). 千萬歲(천만세). 千歲(천세). 千秋萬歲(천추만세). 太歲(태세). 豐歲(풍세) 凶歲(흉세).

歷 부 止(그칠지변) 획 4―12 훈 지낼 음 력 中 li[4] 英 pass; story 日 レキ. へる
뜻 ①지낼. ②다닐. ③넘을. ④두루. ⑤책. ⑥뚜렷할.
필순 厂F厈厤厤歴歴歷

歷年〔역년〕 ①세월을 지냄. 해를 겪음. 또 그 겪은 해. 지낸 햇수. ②여러 해. [동]누년(累年). れきねん

歷代〔역대〕 여러 대. [동]대대(代代). 누대(累代). 역세(歷世). れきだい

歷覽〔역람〕 일일이 봄. 두루 봄. れきらん

歷歷〔역력〕 ①뚜렷한 모양. ②분명한 모양. 똑똑한 모양. ③사물이 질서 정연하게 늘어선 모양. [동]역연(歷然). れきれき

歷訪〔역방〕 여러 사람을 차례로 방문함. れきほう

歷史〔역사〕 ①인류 사회의 변천(變遷)·흥망(興亡)의 과정 또는 기록. ②어떤 사물의 오늘날에 이르는 동안 겪어 온 자취. [동]내력(來歷). れきし

歷史小說〔역사소설〕 역사의 사실(事實)을 주제(主題)로 한 소설. れきししょうせつ

歷史的〔역사적〕 ①역사에 써서 남길 만한 것. ②사상(史上) 남겨둘 가치가 있는 상태(狀態). れきしてき

歷世〔역세〕 [동]⇨역대(歷代). れきせい

歷然〔역연〕 [동]⇨역력(歷歷). れきぜん

歷遊〔역유〕 두루 유람함. れきゆう

歷任〔역임〕 여러 벼슬을 차례로 지냄. れきにん

歷朝〔역조〕 ① 역대(歷代)의 조정(朝廷). ② 역대의 천자(天子). 대대(代代)의 임금. れきちょう

歷齒〔역치〕 성긴 이. れきし. まばれは

▷經歷(경력). 來歷(내력). 病歷(병력). 巡歷(순력). 遊歷(유력). 履歷(이력). 遍歷(편력). 學歷(학력). 行歷(행력).

〖歸〗 [부] 止(그칠지변) [획] 4—14 [훈] 돌아올 [음] 귀 [中] kuei1 [英] return [日] キ.かえる.とつぐ [뜻] ① 돌아올. 돌아갈. ②붙좇을. ③시집갈.

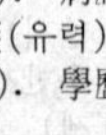

[필순] 𠂤 𠂤 𠂤 𠂤 𠂤 歸

歸家〔귀가〕 집으로 돌아감. きか

歸去來〔귀거래〕 돌아감. [동]귀거(歸去). 내(來)는 조사(助辭). ききょらい

歸去來辭〔귀거래사〕 진(晋)의 도연명(陶淵明)이 구차스러운 벼슬을 버리고 전원(田園)으로 돌아가서 유유자적(悠悠自適)한 전원의 낙(樂)을 그린 글. ききょらいのじ

歸結〔귀결〕 끝을 맺음. 또 그 결과. きけつ

歸國〔귀국〕 제 나라로 돌아감. きこく

歸納〔귀납〕 많은 사실의 일치점(一致點)을 구하여 일반적 원리(原理)를 알아내는 추리. ↔연역(演繹). きのう

歸農〔귀농〕 ①다른 직업을 버리고 다시 농사하러 돌아감. ②노는 사람을 권(勸)하여 농사를 짓게 함. [예]—政策(정책). きのう

歸途〔귀도〕 [동]⇨귀로(歸路). きと

歸來〔귀래〕 돌아옴. きらい

歸老〔귀로〕 벼슬을 그만두고 고향으로 돌아가 노후(老後)를 보냄. きろう

歸路〔귀로〕 돌아가는 길. [동]귀도(歸途). きろ

歸服〔귀복〕 [동]⇨귀순(歸順).

歸省〔귀성〕 부모를 뵈러 고향으로 돌아감. 고향에 가서 부모를 뵘. [예]—客(객). きせい

歸屬〔귀속〕 돌아가 어느 소속이 됨. きぞく

歸宿〔귀숙〕 ①돌아가 잠. 숙사(宿舍)로 돌아감. ②[동]귀착(歸着). きしゅく

歸順〔귀순〕 ①사모하여 따름. ②반항심(反抗心)을 버리고 순종(順從)함. [동]귀복(歸服)·귀항(歸降). きじゅん

歸心〔귀심〕 ① 마음을 둠. 사모하여 진심으로 붙좇음. ②집 또는 고향(故鄕)으로 돌아가고자 하는 마음. きしん

歸依〔귀의〕 ①돌아가 의지함. ②신불(神佛)을 믿고 구호시교(救護示敎)를 받는 일. いき

歸一〔귀일〕 한 군데로 돌아가 닿음. きいつ

歸任〔귀임〕 임지로 돌아감. きにん

歸正〔귀정〕 바른 길로 돌아옴. ㊞事必(사필)―. きせい
歸着〔귀착〕 ①돌아가 닿음. ②낙착(落着)됨. ㊐귀숙(歸宿). きちゃく
歸降〔귀항〕 ㊐⇨귀순(歸順). きこう
歸航〔귀항〕 배로 돌아감. 또 돌아가는 배. 돌아가는 항해. きこう
歸鄕〔귀향〕 고향(故鄕)으로 돌아감. ㊞―兵(병). ききょう
歸化〔귀화〕 ① 덕(德)에 감화되어 붙좇음. ②어떠한 나라 국민(國民)이 그 나라의 국적(國籍)을 버리고 다른 나라의 국적을 얻음. きか
歸還〔귀환〕 돌아감. 돌아옴. きかん
▷凱歸(개귀). 告歸(고귀). 來歸(내귀). 暮歸(모귀). 復歸(복귀). 依歸(의귀). 回歸(회귀). 懷歸(회귀).

(4) 歹 部

〖死〗 부 歹(죽을사변) 획 4—2 훈 죽을 음 사: ㊥ ssu³ ㊍ die ㊐ シ. しぬ
뜻 ①죽을. 죽일. ②다할. ③위태할.
필순 一厂歹歹死死
死去〔사거〕 ㊐⇨사망(死亡). しきょ
死境〔사경〕 죽게 된 경우(境遇). 살아날 길이 없을 때. 또 그곳. しきょう
死句〔사구〕 시문(詩文) 중에서 뜻이 얕아 남을 감동시키지 못하는 구. ↔활구(活句). しく
死期〔사기〕 죽을 때. ㊐임종(臨終). しき
死力〔사력〕 죽을 힘. 결사적으로 쓰는 힘. しりょく
死亡〔사망〕 사람이 죽음. ㊐사거(死去). しぼう
死滅〔사멸〕 죽어 없어짐. しめつ
死命〔사명〕 죽는 목숨. 목숨. しめい
死文〔사문〕 쓸데 없는 문장. しぶん
死物〔사물〕 생명이 없는 것. 활동하지 아니하는 것. しぶつ
死別〔사별〕 죽어서 이별(離別)함. しべつ
死士〔사사〕 죽기를 무릅쓰고 나선 군사. ㊐결사대(決死隊). しし
死相〔사상〕 ①죽은 사람의 얼굴. 얼마 안 되어 죽을 것 같은 얼굴. 죽을 상. しそう
死傷〔사상〕 죽음과 다침. 또 죽은 사람과 다친 사람. ししょう
死生〔사생〕 죽음과 삶. しせい
死生關頭〔사생관두〕 죽고 사는 것이 달린 위험(危險)한 경우(境遇). しせいかんとう
死生有命〔사생유명〕 죽고 사는 것은 명(命)이 있어 인력(人力)으로 어찌할 도리가 없음. しせいめいあり
死線〔사선〕 죽을 고비. しせん
死勢〔사세〕 죽을 형세. しせい
死守〔사수〕 죽기를 한(限)하고 지킴. 결사적으로 지킴. ししゅ
死心〔사심〕 죽음을 각오한 마음.
死語〔사어〕 현대에 쓰이지 않는 말. 죽은 말. ㊐폐어(廢語). しご
死友〔사우〕 ①죽을 때까지 교분(交分)을 변하지 아니하는 친구(親舊). ②죽은 벗. しゆう
死而後已〔사이후이〕 죽어야 그만둠. 죽을 때까지 쉬지 않고 함.
死因〔사인〕 죽게 되었던 원인(原因). 사망의 원인. しいん
死藏〔사장〕 활용(活用)하지 않고 감추어 둠. しぞう
死節〔사절〕 절개(節槪)를 지켜 죽음. しせつ
死罪〔사죄〕 ①죽어 마땅한 죄(罪). 죽을 죄. ②임금에게 상주(上奏)할 때 황공(惶恐)한 뜻을 나타내는 말. しざい
死中求活〔사중구활〕 죽을 곳에서 도망할 길을 찾음. 궁경(窮境)에 빠져서도 살아날 방도를 강구함.
死地〔사지〕 ①도망하여 피할 수 없는 땅. 위험한 곳. ②생명을 버리는 곳. 죽을 곳. しち
死志〔사지〕 결사(決死)의 각오. しし
死體〔사체〕 죽은 몸. ㊐시체(屍體). したい

死胎〔사태〕 뱃속에서 죽은 태아(胎兒). したい
死鬪〔사투〕 죽도록 싸움. 결사적으로 싸움. しとう 「벌. しけい
死刑〔사형〕 죄인의 목숨을 끊는 형
死火〔사화〕 꺼진 불. しか
死活〔사활〕 죽음과 삶. 죽느냐 사느냐의 갈림. 동생사(生死). し
死後〔사후〕 죽은 뒤. しご 「かつ
▷假死(가사). 客死(객사). 枯死(고사). 急死(급사). 凍死(동사). 沒死(몰사). 半死(반사). 病死(병사). 憤死(분사). 不老不死(불로불사). 戰死(전사). 情死(정사). 慘死(참사). 醉生夢死(취생몽사). 致死(치사). 必死(필사). 橫死(횡사).

〔歿〕 부 歹(죽을사변) 획 4—4 훈 죽을 음 몰 中 mo⁴ 英 die 日 ボツ. しぬ 「칠.
뜻 ①죽을. ②천천한 모양. ③마
참고 속 沒
뜻 ⼀ 歹 歹 歹 歾 歿

歿年〔몰년〕 죽은 해. ぼつねん

【殃】 부 歹(죽을사변) 획 4—5 훈 재앙 음 앙 中 yang¹ 英 misfortune 日 オウ. わざわい
뜻 ①재앙. ②허물.
필순 ⼀ 歹 歹 歹 歹 歹 殃

殃慶〔앙경〕 재난(災難)과 경사(慶事). おうけい
殃及子孫〔앙급자손〕 죄악(罪惡)의 갚음이 자손(子孫)에게 미침. わざわいしそんにおよぶ
殃罰〔앙벌〕 하늘이 내리는 벌.
殃餘〔앙여〕 재앙(災殃)이 남음. おうよ 「앙(災殃). おうざい
殃災〔앙재〕 온갖 불행한 일. 동재
殃禍〔앙화〕 죄악의 과보(果報)로 받는 재앙(災殃). おかう
▷餘殃(여앙). 災殃(재앙).

〔殄〕 부 歹(죽을사변) 획 4—5 훈 다할 음 진: 中 t'ien³ 英 terminate 日 テン. つきる
뜻 ①다할. ②면할. ④끊을. ④착할.
필순 ⼀ 歹 歹 歹 殄

殄滅〔진멸〕 남김없이 모두 멸망(滅亡)함. てんめつ
殄肉〔진육〕 궂은 고기. てんにく

「殆」 부 歹(죽을사변) 획 4—5 훈 위태로울 음 태(태:) 中 tai⁴ 英 dangerous 日 タイ. あやうい. うだがう 「의.
뜻 ①위태로울. ②가까울. ③거
필순 ⼀ 歹 歹 殆 殆

殆無〔태무〕 거의 없음. たいむ
殆半〔태반〕 거의 절반. たいはん
殆哉〔태재〕 몹시 위태로움.

【殊】 부 歹(죽을사변) 획 4—6 훈 다를 음 수 中 shu¹ 英 different 日 シュ. ことに. ころす. きめる 「④벨.
뜻 ①다를. ②특히. ③뛰어날.
필순 ⼀ 歹 歹 歹 殊 殊

殊功〔수공〕 특별히 뛰어난 공훈. (功勳). 동수훈(殊勳). しゅこう
殊怪〔수괴〕 수상하고 괴이(怪異)함. しゅかい
殊死〔수사〕 ①죽을 각오를 함. 목숨을 걺. 동결사(決死). ②사죄(死罪)에 해당한 죄수. しゅし
殊常〔수상〕 ①보통과 다르게 뛰어남. ②보통과 달라 이상함. しゅ
殊賞〔수상〕 특별한 상. しじょう
殊勝〔수승〕 ①특별히 뛰어남. ②기특(奇特)함. しゅしょう 「う
殊遇〔수우〕 특별한 대우. しゅうぐ
殊優〔수우〕 특별히 뛰어남.
殊恩〔수은〕 특별한 은혜. 각별한 은총. しゅおん
殊才〔수재〕 빼어난 재주. しゅさい
殊效〔수효〕 ①뛰어난 공훈(功勳). ②동특효(特效). しゅこう
殊勳〔수훈〕 특별히 뛰어난 훈공. (勳功). 동수공(殊功). しゅくん
▷等殊(등수). 優殊(우수). 卓殊(탁수). 特殊(특수).

【殉】 부 歹(죽을사변) 획 4—6 훈 따라죽을 음 순(순:) 中 hsün⁴ 英 be buried with the dead 日 ジュン. おいじに 「할.
뜻 ①따라죽을. ②구할. ③경영
필순 ⼀ 歹 歹 歹 歹 殉 殉 殉

殉教〔순교〕 자기의 믿는 종교(宗教)를 위하여 목숨을 바침. 동—

者(자). じゅんきょう
殉國〔순국〕 국난을 건지기 위하여 목숨을 바침. 㕠순난(殉難). じゅんこく 「んなん
殉難〔순난〕 㕠⇨순국(殉國). じゅ
殉道〔순도〕 인도(人道)를 위하여 목숨을 바침. じゅんどう
殉名〔순명〕 명예를 위하여 목숨을 버림. 명예를 손상시키지 않기 위하여 죽음. じゅんめい
殉死〔순사〕 임금이나 남편의 죽음을 따라 자살함. 㕠순절(殉節). じゅんし 「んせつ
殉節〔순절〕 㕠⇨순사(殉死). じゅ
殉職〔순직〕 직무(職務)를 위하여 목숨을 버림. じゅんしょく

「殖」 部 歹(죽을사변) 畫 4—8 訓 불을 音 식 中 chih² 英 breed 日 ショク. ふえる
뜻 ①불을. 번식할. ②자랄. ③심을(植과 통용).
필순 一歹歹歹殖殖殖
殖利〔식리〕 이익(利益)을 늘림. しょくり
殖民〔식민〕 국외의 미개지에 국내의 인민을 이주시켜 영주하게 하는 일. 또 그 이민(移民). 㕠식민(植民). しょくみん
殖產〔식산〕 ①생산을 늘림. ②㕠⇨식재(殖財). しょくさん
殖財〔식재〕 재산을 늘림. 㕠식산(殖產)·식화(殖貨). しょくざい
殖貨〔식화〕 㕠⇨식재(殖財). しょっか
▷墾殖(간식). 耕殖(경식). 繁殖(번식). 富殖(부식). 生殖(생식). 利殖(이식). 拓殖(척식). 播殖(파식). 學殖(학식).

【殘】 部 歹(죽을사변) 畫 4—8 訓 남을 音 잔 中 ts'an² 英 remain 日 ザン. **のこる. そこなう** 「인할.
뜻 ①남을. ②해칠. 죽일. ③잔
참고 俗 残
필순 一歹歹歹殘殘殘
殘金〔잔금〕 남은 돈. 㕠⇨잔액(殘額). ざんきん 「ねん
殘年〔잔년〕 㕠⇨잔생(殘生). ざん
殘黨〔잔당〕 치고 남은 무리. 남은 도당(徒黨). 㕠잔도(殘徒). ざんとう 「と
殘徒〔잔도〕 㕠⇨잔당(殘黨). ざん
殘燈〔잔등〕 꺼지려고 하는 등불. ざんとう
殘淚〔잔루〕 눈물 자국. ざんるい
殘留〔잔류〕 남아서 처져 있음. ざんりゅう
殘亡〔잔망〕 ①패하여 망함. ②패하여 도망함. ③㕠⇨잔멸(殘滅). ざんぼう
殘滅〔잔멸〕 잔해(殘害)하여 멸망(滅亡)시킴. 㕠잔망(殘亡). ざんめつ
殘命〔잔명〕 㕠⇨잔생(殘生). ざんめい 「ざんむ
殘夢〔잔몽〕 아직 다 꾸지 않은 꿈.
殘務〔잔무〕 남은 사무(事務). 아직 다 처리하지 못한 사무. ざんむ
殘兵〔잔병〕 싸움에 패한 뒤의 살아남은 군사(軍士). 패잔병(敗殘兵). ざんぺい
殘病〔잔병〕 불구자(不具者)가 되는 중한 병. 또 그 병을 앓음. 㕠폐질(廢疾). ざんびょう 「つ
殘殺〔잔살〕 잔인하게 죽임. ざんさ
殘生〔잔생〕 얼마 남지 않은 목숨. 㕠잔년(殘年)·여생(餘生)·잔명(殘命). ざんせい
殘暑〔잔서〕 늦여름의 더위. 여름이 지나고도 아직 남은 더위. 㕠잔열(殘熱)·잔염(殘炎)·ざんしょ 「せつ
殘雪〔잔설〕 녹다가 남은 눈. ざん
殘惡〔잔악〕 잔인(殘忍)하고 악독(惡毒)함. ざんあく
殘額〔잔액〕 남은 금액. 㕠잔금(殘金). ざんがく 「んよ
殘餘〔잔여〕 처져 있는 나머지. ざ
殘熱〔잔열〕 㕠⇨잔서(殘暑). ざんねつ 「えん
殘炎〔잔염〕 㕠⇨잔서(殘暑). ざん
殘雨〔잔우〕 거의 다 오고 얼마 안 있다가 그칠 비. ざんう
殘月〔잔월〕 날이 밝을 때까지 남아 있는 달. 새벽달. ざんげつ
殘忍〔잔인〕 차마 할 수 없는 무자

비한 행위를 거리낌 없이 함. 예 一無道(무도). ざんにん
殘日〔잔일〕 ①저녁 때. 동낙일(落日). 석양(夕陽). ②남은 일수(日數). 여일(餘日). ざんじつ
殘賊〔잔적〕 ①인의(仁義)를 손상함. 또 그 사람. ②아직 다 잡지 못하여 남아 있는 도둑. ③사람이나 물건을 잔인(殘忍)하게 해침. ざんぞく
殘敵〔잔적〕 패하고 남은 적군(敵軍). 아직 다 쳐 무찌르지 못해 남아 있는 적. ざんてき
殘存〔잔존〕 남아서 처져 있음. ざんぞん 「ぼう
殘暴〔잔포〕 동⇨잔학(殘虐). ざん
殘品〔잔품〕 남은 물품. ざんぴん
殘風〔잔풍〕 한참 불고 난 뒤에 쉬 그칠 바람. ざんぷう
殘夏〔잔하〕 얼마 남지 않은 여름. 늦여름. 동만하(晩夏). ざんか
殘虐〔잔학〕 잔인(殘忍)하고 포학함. 동잔포(殘暴). ざんぎゃく
殘寒〔잔한〕 입춘(立春) 뒤의 추위. ざんかん 「がい
殘害〔잔해〕 ①해침. ②죽임. ざん
殘鄕〔잔향〕 쇠잔한 시골. 퇴폐한 시골. ざんきょう 「ごく
殘酷〔잔혹〕 잔인하고 가혹함. ざん
▷老殘(노잔). 相殘(상잔). 衰殘(쇠잔). 侵殘(침잔). 敗殘(패잔).

(4) 殳 部

【段】 部 殳(갖은등글월문) 획 4—5 훈 조각 음 단 中 tuan⁴ 英 stair 日 ダン. タン. きざはし
뜻 ①조각. 구분. ②층계. ③등급. ④수단. ⑤성.
필순 ˊ 𠂆 ⺉ 𠂤 𠂤ㄟ 段 段
段階〔단계〕 ①층계. 계단(階段). ②급등(等級). 순서. だんかい
段落〔단락〕 ①문장의 큰 부분. ②일이 다 된 끝. 결말. だんらく
段別〔단별〕 어떠한 단계를 단위로 한 구별. だんべつ
▷階段(계단). 分段(분단). 手段(수단). 初段(초단).

〔殷〕 部 殳(갖은등글월문) 획 4—6 훈 은나라 음 은 中 yin¹·³ 英 abundant 日 イン. さかん
뜻 ①은나라. ②성. ③성할. 은성할.
필순 ˊ ㄏ ㄕ 㠯 㠯 㠯ㄟ 殷 殷
殷勤〔은근〕 ①친절함. 공손함. ②남녀간의 애정. 동은근(慇懃). いんぎん 「함. いんぷ
殷富〔은부〕 재물이 넉넉하고 번영
殷盛〔은성〕 번성함. 번창함. いんせい 「물이 넉넉함. いんじつ
殷實〔은실〕 인구(人口)가 많고 재
殷殷〔은은〕 ①근심 걱정이 많은 모양. ②우뢰·포성(砲聲) 또는 큰 목소리 따위가 요란한 모양. いんいん

〖殺〗 部 殳(갖은등글월문) 획 4—7 훈 죽일 음 살·쇄 中 sha¹ 英 kill 日 サツ. サイ. ころす. そぐ
뜻 ① 죽일. ②없앨. ③감할. 덜(쇄). ④매우. 심히.
필순 ˊ ˟ 㐅 㣇 杀 殺 殺
殺菌〔살균〕 병균을 죽임. さっきん
殺氣〔살기〕 ① 추동(秋冬)의 한기(寒氣). ②소름이 끼치도록 무시무시한 기운. さっき 「つりく
殺戮〔살륙〕 사람을 마구 죽임. さ
殺伐〔살벌〕 ①사람을 죽임. 동살해(殺害). ②거칠고 무시무시한 짓. さつばつ 「さっしょう
殺傷〔살상〕 죽임과 부상을 입힘.
殺生〔살생〕 ① 죽임과 살림. 동생살(生殺). ②십악(十惡)의 하나. 산 목숨을 죽이는 일. さっしょう
殺生有擇〔살생유택〕 ① 산 목숨을 죽일 때에는 가려야 함. 곧 산 목숨을 함부로 죽이지 말라는 계언(戒言). ② 화랑 오계(花郞五戒)의 네째 계(戒). さっしょうゆうたく
殺身成仁〔살신성인〕 자기 몸을 희생하여 인(仁)을 이룸. 세상을 위하여 생명을 바침. 「さつい
殺意〔살의〕 사람을 죽이려는 생각.

殺人者死〔살인자사〕 사람을 죽인 자는 죽임. 「(제). さっちゅう
殺蟲〔살충〕 벌레를 죽임. ㉥—劑
殺風景〔살풍경〕 매몰하고 흥취가 없음. 너무 비속(鄙俗)하여 흥이 깨짐. さっぷうけい
殺害〔살해〕 사람을 죽임. さつがい
殺到〔쇄도〕 한꺼번에 와 몰려 듦. さっとう
▷減殺(감쇄). 格殺(격살). 擊殺(격살). 惱殺(뇌쇄). 毒殺(독살). 抹殺(말살). 撲殺(박살).

「殿」 부 殳(갖은등글월문) 획 4—9 훈 큰집 음 전: ㊥ tien⁴ ㊧ palace ㊐ デン. テン. との. どの. しんがり 「군사.
뜻 ①큰집. 대궐. ②후군. 뒤의
필순 ㄱ 尸 尸 屏 屈 展 展 殿
殿閣〔전각〕 궁전(宮殿). でんかく
殿堂〔전당〕 ①크고 화려한 집. ② ㊐⇨전우(殿宇). でんどう
殿上〔전상〕 궁전의 위. でんじょう
殿試〔전시〕 ①천자(天子)가 친히 진사(進士)의 시험을 행함. 또 그 시험. ②이조(李朝) 때 임금이 참석하여 행하던 과거(科擧)의 마지막 시험. でんし
殿宇〔전우〕 신령이나 부처를 모시어 놓은 집. ㊐전당(殿堂).
殿中〔전중〕 궁전 안. 궁중(宮中).
殿下〔전하〕 ①궁전 아래. ②한(漢)나라 이전에는 제후(諸侯)의 존칭. 그 이후에는 황태자(皇太子)·제왕(諸王)의 존칭. でんか
▷宮殿(궁전). 禁殿(금전). 內殿(내전). 別殿(별전). 寶殿(보전). 伏魔殿(복마전). 佛殿(불전). 上殿(상전). 神殿(신전). 御殿(어전). 正殿(정전). 寢殿(침전).

【毁】 부 殳(갖은등글월문) 획 4—9 훈 헐 음 훼: ㊥ huei³ ㊧ ruin ㊐ キ. やぶれる 「야윌.
뜻 ①헐. 무너질. ②비방할. ③
필순 ｢ ｆ 冃 臼 皇 皇 毁 毁
毁棄〔훼기〕 헐거나 깨뜨려 버림.
毁謗〔훼방〕 남의 일을 방해함.
毁傷〔훼상〕 몸에 상처(傷處)를 냄. きしょう
毁損〔훼손〕 ①헐어서 못쓰게 함. ②체면(體面)을 손상함. きそん
毁譽〔훼예〕 비방(誹謗)함과 칭찬함. 비난(非難)과 명예(名譽). ㉥—褒貶(포폄). きよ
毁屋〔훼옥〕 ① 퇴락한 집. 무너진 집. ②집을 부숨. 「함. きせつ
毁節〔훼절〕 절개를 깨뜨림. 변절
毁折〔훼절〕 부딪쳐서 꺾임.
毁齒〔훼치〕 어린이가 젖니를 갊. きし 「(廢止)함. きはい
毁廢〔훼폐〕 헐거나 깨뜨려서 폐지
▷積毁(적훼). 頹毁(퇴훼).

「毅」 부 殳(갖은등글월문) 획 4—11 훈 굳셀 음 의(의:) ㊥ i⁴ ㊧ strong ㊐ キ. たけし
뜻 ①굳셀. ②성 발끈 낼.
필순 ˋ ˉ ˊ 亲 豙 豙 豙 毅
毅武〔의무〕 굳세고 씩씩함. きぶ
毅魄〔의백〕 굳세고 단단한 정신. きはく
毅然〔의연〕 ①의지가 강하여 끄떡없는 모양. ②용감하고 굳센 모양. きぜん 「(영의). 勇毅(용의).
▷强毅(강의). 剛毅(강의). 英毅

(4) 毋 部

〔毋〕 부 毋(말무) 획 4—0 훈 말 음 무 ㊥ wu² ㊧ not ㊐ ブ. ム. なかれ. ない
뜻 ①말. ②아닐. ③없을.
참고 ㊐ 無
필순 ㄴ 口 毌 毋
毋寧〔무녕〕 도리어. 더욱. 차라리. 어찌. むしろ
毋慮〔무려〕 대개. 여분(餘分) 있는 그만큼은 넉넉하게. むりょ
毋害〔무해〕 해로운 것이 없음. むがい

〔母〕 부 毋(말무) 획 4—1 훈 어미 음 모: ㊥ mu³ ㊧ mother ㊐ ボ. はは
뜻 ①어미. 어머니. ② 암컷.
필순 ㄴ 口 母 母

母系〔모계〕 어머니 쪽의 계통(系統). ㉠一社會(사회). ぼけい
母校〔모교〕 자기가 졸업한 학교. ぼこう 「ぼきょう
母敎〔모교〕 어머니의 교훈(敎訓).
母國〔모국〕 자기가 출생한 나라. 흔히 외국(外國)에 있으면서 자기의 본국(本國)을 가리킴. ↔ 이국(異國). ぼこく
母女〔모녀〕 어머니와 딸. ぼじょ
母範〔모범〕 어머니로서의 모범이 될 만한 몸가짐. ぼはん
母喪〔모상〕 어머니의 상사(喪事). ぼそう「보다 먼저 세상을 떠남.
母先亡〔모선망〕 어머니가 아버지
母性愛〔모성애〕 어머니의 자식에 대한 깊은 애정. ぼせいあい
母氏〔모씨〕 어머니. ぼし
母語〔모어〕 ①어머니로부터 배운 기틀이 되는 말. ②제 나라의 말. ㊐모국어(母國語). ぼご. ははことば
母韻〔모운〕 ㊐⇨모음(母音). ぼいん
母乳〔모유〕 난 어머니의 젖. ぼにゅう
母音〔모음〕 성대의 진동을 받은 소리가 마찰을 받지 않고 나는 유성음(有聲音). 홀소리. ぼおん
母子〔모자〕 ①어머니와 아들. ②원금(元金)과 이자(利子). ③분모(分母)와 분자(分子). ぼし
母字〔모자〕 자모(字母). ぼじ
母姉〔모자〕 어머니와 누나. ぼし
母體〔모체〕 ①어머니의 신체. ②갈려 나온 물건들의 근본이 되는 물체(物體). ぼたい
母親〔모친〕 어머니. ははおや
母胎〔모태〕 어머니의 태(胎) 안. ぼたい 「う
母后〔모후〕 황태후(皇太后). ぼこ
▷繼母(계모). 伯母(백모). 保母(보모). 生母(생모). 庶母(서모). 叔母(숙모). 媤母(시모). 養母(양모). 乳母(유모). 姉母(자모). 親母(친모). 賢母(현모).

〖每〗 部 母(말무) 획 4—3 훈 매양 음 매: 中 mei³ 英 every 日 マイ. ごと. つね
뜻 ①매양. ②마다.
필순 𠂉𠂉𠂉每每

每卷〔매권〕 권마다. ㊐각권(各卷). まいかん「는 기한마다. まいき
每期〔매기〕 일정(一定)한 시기 또
每年〔매년〕 해마다. まいねん
每每〔매매〕 ①항상. 늘. 언제나. ②초목이 무성한 모양. 밭이 아름다운 모양. ③어지러워 어두운 모양. 혼란(混亂)한 모양. まいまい.
每番〔매번〕 번번이. まいばん
每逢〔매봉〕 맞을 때마다. 만날 때마다. 「いじ
每事〔매사〕 일마다. 모든 일. ま
每事不成〔매사불성〕 일마다 실패(失敗)함. 「다 잘함.
每事盡善〔매사진선〕 무슨 일이고
每朔〔매삭〕 달마다. 다달이. まい
每夜〔매야〕 밤마다. まいよ ⌊げつ
每樣〔매양〕 항상 그 모양으로. ま
每月〔매월〕 매달. 달마다. ⌊いよう
每人〔매인〕 사람마다.
每日〔매일〕 날마다. まいにち
每戰〔매전〕 싸울 때마다. まいせん
每朝〔매조〕 아침마다. 매일 아침.
每週〔매주〕 주간(週間)마다. ㊐각주(各週). まいしゅう
每回〔매회〕 번번이. まいかい

【毒】 部 毋(말무) 획 4—4 훈 독할 음 독 中 tu² 英 poison 日 ドク
뜻 ①독할. ②해로울. ③악할.
필순 一十土圭圭责毒毒 「巧).
毒計〔독계〕 악독스러운 계교(計
毒氣〔독기〕 독(毒)이 있는 기운. 사납고 모진 기운. どくき
毒物〔독물〕 ①독이 있는 물질(物質). ②악독한 사람이나 짐승. どくぶつ 「くふ
毒婦〔독부〕 악독(惡毒)한 계집. ど
毒蛇〔독사〕 독아(毒牙)가 있어서 물 때에 독액(毒液)을 내보내는 뱀. どくじゃ 「㊐독해(毒害).
毒殺〔독살〕 독약을 먹이어 죽임.
毒舌〔독설〕 악랄(惡辣)하게 혀를 놀려 남을 해치는 말. 신랄(辛

辣)한 욕. どくぜつ
毒性〔독성〕 독기(毒氣)가 있는 성분(成分). どくせい
毒素〔독소〕 유기물질(有機物質) 특히 고기·단백질(蛋白質) 등이 썩어서 생기는 독(毒)이 있는 화합물. どくそ
毒手〔독수〕 ①남을 해치는 흉악한 자의 손. ⓓ흉수(兇手). ②악독한 꾀. 남을 해치려는 악랄(惡辣)한 수단(手段). ⓓ독아(毒牙).
毒獸〔독수〕 독한 짐승. 「どくしゅ
毒矢〔독시〕 살촉에 독약(毒藥)을 바른 화살. どくや
毒心〔독심〕 악독한 마음.
毒牙〔독아〕 ①물 때에 독액(毒液)을 내 보내는 어금니. 곧 독사(毒蛇) 따위의 어금니. ②ⓓ⇨독수(毒手). どくが 「えき
毒液〔독액〕 독이 있는 액체. どく
毒藥〔독약〕 독이 있는 약(藥). どくやく 「どくげん
毒言〔독언〕 남을 해치는 말. 욕.
毒種〔독종〕 성미(性味)가 악독한 사람이나 짐승의 종자.
毒酒〔독주〕 독약(毒藥)을 탄 술. 또 독한 술. どくしゅ
毒草〔독초〕 독이 있는 풀. どくそう 「ちゅう
毒蟲〔독충〕 독이 있는 벌레. どく
毒筆〔독필〕 남을 비방(誹謗)하여 쓰는 글. どくひつ
毒害〔독해〕 ①해침. ⓓ잔해(殘害). ②독약(毒藥)을 먹여 죽임. ⓓ독살(毒殺). どくがい
毒血〔독혈〕 독이 있는 나쁜 피.
▷丹毒(단독). 梅毒(매독). 消毒(소독). 餘毒(여독). 中毒(중독). 胎毒(태독). 害毒(해독). 解毒(해독). 酷毒(혹독).

(4) 比 部

〖比〗 부 比(견줄비) 획 4—0 훈 견줄 음 비: ㊥ pi[3·4] ㊍ compare ㊐ ヒ. くらべる
뜻 ①견줄. ②무리. ③나란히할.
필순 ⺊ 上 比

比肩〔비견〕 ①어깨를 나란히 함. 나란히 섬. ②서로 비슷함. ひけ
比較〔비교〕 견줌. ひかく 「ん
比丘〔비구〕 불교에 귀의(歸依)하여 구족계(具足戒)를 받은 남자 중. ↔비구니(比丘尼). びく
比丘尼〔비구니〕 불교에 귀의하여 구족계(具足戒)를 받은 여자 중. ↔비구(比丘). びくに
比等〔비등〕 서로 비슷함. ひとう
比例〔비례〕 ①전례(典例). ②예를 들어 비교(比較)함. ③두 수의 비가 다른 두 수의 비와 같은 일. 또는 그 계산법. ひれい
比類〔비류〕 ①겨눔. 비슷함. ②비슷한 종류. ⓓ비륜(比倫). ひるい
比倫〔비륜〕 ⓓ⇨비류(比類). ひりん
比喩〔비유〕 사물을 설명할 때에 그와 비슷한 다른 사물을 빌어 표현함. ひゆ
比率〔비율〕 ① 비교하여 셈. 서로 비교함. ②어떤 수나 양의 다른 수나 양에 대한 비(比). ひりつ
▷對比(대비). 等比(등비). 無比(무비). 櫛比(즐비).

(4) 毛 部

〖毛〗 부 毛(터럭모) 획 4—0 훈 터럭 음 모 ㊥ mao[2] ㊍ hair ㊐ モウ. け. けもの
뜻 ①터럭. 털. ②풀자랄. ③성.
필순 ノ 二 三 毛

毛骨〔모골〕 터럭과 뼈. もうこつ
毛孔〔모공〕 살갗에서 털이 나오는 아주 작은 구멍. 털구멍. もうこう 「에 박힌 부분. もうこん
毛根〔모근〕 터럭이 모공(毛孔) 속
毛類〔모류〕 짐승. ⓓ모족(毛族). もうるい
毛髮〔모발〕 ① 머리카락. ②근소(僅少). 약간(若干). もうはつ

毛絲〔모사〕 털실. けいと
毛遂自薦〔모수자천〕 조대(趙代) 모수(毛遂)가 자진하여 초(楚)에 가서 구원을 청한 옛 일에서 제가 저를 추천함을 이름.
毛詩〔모시〕 한(漢)나라 사람. 모형(毛亨)과 모장(毛萇)이 전한 중국 고대(古代)의 시. 곧 지금의 시경(詩經). もうし
毛羽〔모우〕 털과 깃. 짐승의 털과 새의 털. 곧 짐승과 새. もうう
毛衣〔모의〕 모피로 만든 옷. 털옷. もうい
毛族〔모족〕 ㊐⇨모류(毛類).
毛皮〔모피〕 털이 붙은 짐승의 가죽. 털가죽. もうひ
毛筆〔모필〕 붓. もうひつ
▷九牛一毛(구우일모). 不毛(불모). 純毛(순모). 양모(羊毛).

【毫】 부 毛(터럭모) 획 4—7 훈 잔털 음 호 ㊥ hao² 英 slender 日 ゴウ. わずか
뜻 ①잔털. ②아주작을. 조금. ③붓. 붓끝. ④분량의 단위(1厘의 1/10).
필순 亠亠古古亭亭毫毫
毫末〔호말〕 터럭 끝. 곧 아주 작거나 적은 것. 또 근소(僅少). 약간(若干). ごうまつ
毫毛〔호모〕 가는 털. 또 근소(僅少). 약간(若干). ごうもう
毫無〔호무〕 조금도 없음. ごうむ
毫髮〔호발〕 가는 털과 모발(毛髮). 근소(僅少). 약간(若干). ごうはつ
毫素〔호소〕 붓과 종이. ごうそ
毫忽之間〔호홀지간〕 ①터럭 끝만큼 틀리는 지극히 짧은 사이. ②서로 조금 어긋난 동안.
▷白毫(백호). 一毫(일호). 秋毫(추호). 揮毫(휘호).

(4) 氏 部

〖氏〗 부 氏(각시씨) 획 4—0 훈 각시 음 씨 ㊥ shih⁴, chh¹ 英 family name 日 シ. うじ
뜻 ①각시. ②성. ③나라이름(지).
필순 ㇀ㄏ𠂆氏
氏名〔씨명〕 성명(姓名). しめい
氏閥〔씨벌〕 대대로 이어 내려오는 집안의 지체. ㊐문벌(門閥). しばつ 「족보(族譜). しふ
氏譜〔씨보〕 씨족의 계보(系譜). ㊐
氏族〔씨족〕 ①겨레. 종족. ②원시(原始)의 혈족. しぞく
氏族社會〔씨족사회〕 씨족 제도로 된 원시 사회. しぞくしゃかい
氏族制度〔씨족제도〕 원시 시대에 씨족을 중심으로 하여 성립한 사회 제도. しぞくせいど

〖民〗 부 氏(각시씨) 획 4—1 훈 백성 음 민 ㊥ min² 英 people 日 ミン. たみ
뜻 백성.
필순 ㇕コ𠃍𡰯𡰯民
民家〔민가〕 백성의 집. ㊐민호(民戶). みんか 「(인). みんかん
民間〔민간〕 백성들의 사회. 예一人
民國〔민국〕 주권(主權)이 인민에게 있는 나라. みんこく 「ぐん
民軍〔민군〕 ㊐⇨민병(民兵). みん
民權〔민권〕 ①하늘이 인민에게 내린 자위·독립 등의 권리. ②백성이 정치에 참여하는 권리. 예一運動(운동). みんけん
民團〔민단〕 ①지방의 인민이 서로 단결하여 군사 훈련을 하며 도적을 방비하는 단체. ②남의 나라에 거류하고 있는 자기 나라 백성들이 조직한 자치 단체. ㊐거류민단(居留民團). みんだん
民度〔민도〕 백성의 빈부(貧富)와 문화의 정도. みんど
民亂〔민란〕 백성이 떠들고 일어나는 난리. ㊐민요(民擾). みんらん
民法〔민법〕 ①백성이 지켜야 할 법 ②사권(私權)의 통칙(通則)을 규정한 법률. みんぽう
民兵〔민병〕 백성이 스스로 편제(編制)한 의용병(義勇兵). ㊐민군(民軍). みんぺい
民事〔민사〕 ①백성의 일. ②백성어

관한 일. ③부역(賦役). ④사권(私權)에 관한 재판 또는 소송(訴訟) 사건. みんじ

民事訴訟〔민사소송〕 개인 사이의 분쟁(粉爭)과 이해 충돌을 국가의 재판권에 따라서 법률적 또는 강제적으로 해결 조정받기 위한 소송. ↔형사소송(刑事訴訟). みんじそしょう

民生〔민생〕 ① 백성의 생활. 백성의 생계(生計). ② 사람의 천성(天性). みんせい

民聲〔민성〕 백성의 소리. 민간의 여론(輿論). みんせい

民俗〔민속〕 백성의 풍속. 민간의 풍습(風習). みんぞく

民心〔민심〕 백성의 마음. ㊐민정(民情). みんしん

民營〔민영〕 민간의 경영. ↔관영(官營)·공영(公營). みんえい

民謠〔민요〕 민간에 널리 퍼진 유행가(流行歌). みんよう

民擾〔민요〕 ㊐⇨민란(民亂). 「욕.

民辱〔민욕〕 백성에게 욕됨. 백성의

民用〔민용〕 ①백성의 이용(利用). ②백성의 재화(財貨). ③백성의 기구(器具). みんよう 「んえん

民怨〔민원〕 백성의 원망(怨望). み

民有〔민유〕 국민 개인의 소유(所有). ↔국유(國有)·공유(公有). みんゆう

民意〔민의〕 백성이 머금고 있는 뜻. 국민의 의사. みんい

民籍〔민적〕 ①일반 백성의 호적. (戶籍). ②그 나라 인민으로서의 호적. みんせき

民政〔민정〕 백성의 안녕(安寧)·행복(幸福)을 도모(圖謀)하는 정치. みんせい

民情〔민정〕 ①백성의 정상(情狀). 백성의 사정과 형편. ②㊐민심(民心). みんじょう

民族〔민족〕 겨레. みんぞく

民族史觀〔민족사관〕 민족의 역사를 보는 관점(觀點). 또는 민족의 역사적 현상을 해석하는 관점. みんぞくしかん

民族性〔민족성〕 그 민족의 특유(特有)한 성질. みんぞくせい

民主〔민주〕 ①국가의 주권(主權)이 인민에게 있음. ②민주주의. ↔군주(君主). みんしゅ

民主共和國〔민주공화국〕 민주적인 공화 정체(共和政體)를 채택하는 국가. 민주국. みんしゅきょうわこく

民主政治〔민주정치〕 민주주의에 입각하고 민주 제도에 따라서 행하여지는 정치. みんしゅせいじ

民主主義〔민주주의〕 주권이 국민에게 있고, 국민의 의사에 따라서 국민을 위하여 정치를 하는 주의. みんしゅしゅぎ

民衆〔민중〕 백성의 무리. 민간의 일반 사람들. みんしゅう

民衆教化〔민중교화〕 민중을 가르쳐서 좋은 데로 이끎. みんしゅうきょうか「되는 일. みんぺい

民弊〔민폐〕 인민(人民)에게 폐단이

民戶〔민호〕 일반 국민의 집. ㊐민가(民家). みんこ

▷公民(공민). 國民(국민). 農民(농민). 牧民(목민). 漁民(어민). 移民(이민). 平民(평민).

(4) 气 部

〔氣〕 부 气(기운기밑) 획 4—6 훈 기운 음 기(기:) ㊥ ch'i⁴ ㊍ air ㊐ キ. ケ. いき

뜻 ①기운. ②숨. ③공기. ④기질.

참고 약 気

필순 ノ 𠂉 气 气 气 氣 氣 氣

氣骨〔기골〕 기혈(氣血)과 골격. 의기(意氣)와 지조(志操). 옹졸하게 굽히지 않는 의기(意氣), 기개(氣槪). きこつ

氣管〔기관〕 호흡기의 일부. 호흡이 통하는 길. きかん

氣球〔기구〕 가벼운 기체(氣體)를 넣어 공중(空中)으로 높이 올라가게 하는 둥근 주머니. ㊐풍선(風船). ききゅう

氣力〔기력〕 ①심신(心身)의 작용. ㊐원기(元氣). 근기. 체력(體力). ②압착 공기의 힘. きりょく

氣流〔기류〕 대기(大氣) 중에 일어나는 공기의 흐름. きりゅう

氣脈〔기맥〕 혈맥(血脈). 곧 쌍방의 감정·의사 등의 소통(疏通). 서로의 연락. きみゃく

氣味〔기미〕 ①냄새와 맛. ②정취(情趣). きみ

氣魄〔기백〕 씩씩한 기상(氣像)과 진취적인 정신. きはく

氣分〔기분〕 ①성질(性質). ②쾌·불쾌(快不快)를 느끼는 마음의 상태. きぶん

氣象〔기상〕 ①기품(氣稟)의 겉으로 드러난 상태. ②경치(景致). ③풍(風)·우(雨)·음(陰)·청(晴)·한(寒)·서(暑) 등과 같은 자연계(自然界)의 변화. 공중에서 일어나는 현상. きしょう

氣象臺〔기상대〕 기상을 관측(觀測)하는 기관. きしょうだい

氣色〔기색〕 ①태도와 안색(顔色). ②힘. 기세(氣勢). ③날씨와 경치. きしょく

氣勢〔기세〕 의기(意氣)가 장(壯)한 형세. きせい 「く

氣息〔기식〕 숨. 호흡(呼吸). きそ

氣息奄奄〔기식엄엄〕 거의 죽어 갈 때. 숨이 끊어지려는 모양. きそくえんえん

氣壓〔기압〕 대기(大氣)가 지구의 표면에 미치는 압력(壓力). きあつ

氣焰〔기염〕 대단한 기세. きえん

氣銳〔기예〕 의기(意氣)가 날카롭고 왕성함. きえい

氣溫〔기온〕 대기의 온도. きおん

氣運〔기운〕 ①운수(運數). ②시세(時勢)의 돌아가는 형편. ㊐시운(時運). きうん

氣絶〔기절〕 ①숨이 끊어짐. 죽음. ②한 때 정신을 잃고 숨이 막힘. 「きぜつ

氣志〔기지〕 마음씨.

氣盡脈盡〔기진맥진〕 기운과 정력(精力)이 죄다 없어짐. きつきみゃくつきる 「つ

氣質〔기질〕 ㊐⇨기품(氣稟). きし

氣泡〔기포〕 거품. きほう

氣品〔기품〕 품격(品格). きひん

氣稟〔기품〕 타고난 성질과 품격(品格). ㊐기질(氣質). きひん

氣風〔기풍〕 기상과 풍도(風度). きふう 「弱)함. ききょ

氣虛〔기허〕 기력(氣力)이 허약(虛

氣血〔기혈〕 원기(元氣)와 혈액(血液). きけつ

氣化〔기화〕 ①물질이 변하여 만 종류의 것이 됨. ②액체가 기체로 변함. きか

氣候〔기후〕 ①1년간을 구획한 기간의 일컬음. 곧 5일(日)을 1후(候) 15일(日)을 1기(氣)로 하고, 1년을 24(氣), 72후(候)로 나눔. ②대기의 변동과 수륙(水陸)의 형세에 따라서 생기는 조습(燥濕)·청우(晴雨)·한서(寒暑) 등의 현상. きこう

▷感氣(감기). 狂氣(광기). 怒氣(노기). 磁氣(자기). 才氣(재기). 節氣(절기). 浩然之氣(호연지기)

(4) 水 部

〖水〗 부 水(물수) 획 4—0 훈 물 음 수(수:) 中 shui³ 英 water 日 スイ. みず

뜻 물.

필순 亅 水 水 水

水瓜〔수과〕 수박. すいか

水光〔수광〕 물이 빛남. 또 물빛. すいこう 「땅. すいこく

水國〔수국〕 호수·늪·내가 많은

水軍〔수군〕 배를 타고 싸우는 군대. ㊐해군(海軍). ㊐수사(水師). すいぐん

水克火〔수극화〕 오행설(五行說)에서 물은 불을 이긴다는 말.

水禽〔수금〕 물새. すいきん

水難〔수난〕 ①수해(水害)·②익사(溺死)·파선(破船)·침몰(沈沒) 등 물로 말미암아 일어나는 재난. すいなん

水道〔수도〕 ①뱃길. 물길. ㊐항로

(航路). 수로(水路). ②물이 흐르는 통로. ③음료수·사용수(使用水) 등을 공급하는 설비. 동상수도(上水道). すいどう
水稻〔수도〕 논벼. すいとう
水量〔수량〕 물의 분량. すいりょう
水力〔수력〕 물의 힘. 물이 흐르는 힘. 예—發電(발전). すいりょく
水路〔수로〕 ①뱃길. 물길. ②물이 흐르는 통로(通路). ↔육로(陸路). すいろ
水陸〔수륙〕 물과 뭍. すいりく
水陸並進〔수륙병진〕 바다 또는 강과 육지에서 군대가 아울러 나아감. すいりょくへいしん
水陸珍味〔수륙진미〕 수륙에서 나는 맛있는 음식. 동산해진미(山海珍味). すいりくちんみ
水利〔수리〕 물의 편리. 곧 물이 많아서 관개(灌漑)·음료(飮料)의 공급·선박의 왕래 등에 편리한 일. 예—組合(조합). すいり
水理〔수리〕 땅 속에 흐르는 물의 줄기. 동수맥(水脈). すいり
水脈〔수맥〕 ①땅 속에 흐르는 물의 줄기. 동수리(水理). ②뱃길. 항로. 동수로(水路). すいみゃく
水面〔수면〕 물의 표면. 동수상(水上). すいめん
水墨〔수묵〕 ①그림을 그리는 데 쓰는 진하지 않은 먹. ②수묵으로 그린 그림. 동수묵화(水墨畫). すいぼく
水墨畫〔수묵화〕 당(唐)나라 중엽부터 시작된 동양화의 하나. 채색(彩色)을 쓰지 아니하고 수묵(水墨)의 짙고 엷은 조화로써 초자연적 표현을 주로 하는 그림. 약묵화(墨畫). すいぼくが
水門〔수문〕 저수지나 수로(水路)에 설치하여 물의 유통(流通)을 조절하는 문. 물문. すいもん
水紋〔수문〕 수면(水面)의 물결이 이룬 무늬. すいもん
水兵〔수병〕 수군(水軍)에 소속된 군사. 해군의 병사. すいへい
水師〔수사〕 ①해군(海軍). 수군(水軍). ②뱃사공. 동수수(水手). すいし
水產〔수산〕 물 속에서 생산되는 물건. 곧 어개류(魚介類)·해조류(海藻類) 따위 수산물(水產物). すいさん
水產業〔수산업〕 수산물에 관한 온갖 사업의 총칭. すいさんぎょう
水上〔수상〕 ①물가. 동수애(水涯). ②물 위. 동수면(水面). ③상류(上流). すいじょう
水色〔수색〕 ①물빛. 연한 남색. ②물의 경치. すいしょく
水生木〔수생목〕 오행설(五行說)에서 물은 나무를 낳는다는 말.
水石〔수석〕 ①물과 돌. ②물과 돌로 이루어진 경치. 곧 산골짜기에서 흐르는 물의 경치. 동천석(泉石). すいせき
水仙〔수선〕 ①물 속에서 사는 신선(神仙). ②수선화과에 속하는 다년초(多年草). 관상용으로 심음. 약수선화(水仙花). すいせん
水手〔수수〕 동⇨수사(水師).
水神〔수신〕 물귀신. 동하백(河伯). すいしん
水心〔수심〕 물의 중앙. 연못 또는 하천(河川) 등의 중심. すいしん
水深〔수심〕 물의 깊이. すいしん
水壓〔수압〕 물의 압력(壓力). すいあつ
水涯〔수애〕 동⇨수상(水上).
水魚之交〔수어지교〕 지극히 친밀한 교제. すいぎょのまじわり
水煙〔수연〕 물 위에 낀 안개.
水泳〔수영〕 헤엄치기. 동유영(游泳). すいえい
水玉〔수옥〕 ① 수정(水晶)의 별칭(別稱). ② 파리(玻璃)의 별칭.
水溫〔수온〕 물의 온도. すいおん
水浴〔수욕〕 목욕(沐浴). 약냉수욕(冷水浴). すいよく
水牛〔수우〕 물소. すいぎゅう
水雲〔수운〕 ①물과 구름. ②흐르는 물과 떠도는 구름 사이를 방랑(放浪)함. すいうん
水運〔수운〕 배로 화물을 운반하는 일. 수로(水路)에 따른 운송(運送). すいうん
水源〔수원〕 물이 흘러 나오는 근원. すいげん

水位〔수위〕 강·바다·호수 등의 수량(水量)의 높이. すいい
水爲之〔수위지〕 물로 됨.
水葬〔수장〕 시체(屍體)를 물 속에 장사지냄. すいそう
水災〔수재〕 큰 물의 재난. [동]수해(水害). 수환(水患). すいさい
水底〔수저〕 물이 실린 바닥. 물 밑. すいてい
水戰〔수전〕 바다나 강 같은 물 위에서의 싸움. 수상(水上)의 전쟁. [동]해전(海戰). すいせん
水晶〔수정〕 육방정계(六方晶系)의 결정(結晶)을 이룬 무색 투명의 석영(石英). 인재(印材)·장식품 등으로 쓰임. [동]육방석(六方石). すいしょう
水準〔수준〕 평면(平面)이 수평(水平)이 졌나 안 졌나를 초사하는 기구. [동]수준기(水準器). ②표준(標準). すいじゅん
水至清則無魚〔수지청즉무어〕 [동]⇨수청무대어(水清無大魚).
水質〔수질〕 물의 물리학적·화학적·세균학적 품질. すいしつ
水彩〔수채〕 채료(彩料)를 물에 녹여 그림을 그리는 일. すいさい
水泉〔수천〕 샘. すいせん
水天一碧〔수천일벽〕 구름 한 점 없어 바다의 물이나 하늘이 한결같이 푸르게 보임을 이름. すいてんいっぺき
水青無大魚〔수청무대어〕 물이 너무 맑으면 물고기가 몸을 감출 데가 없어 살지 않는다는 뜻으로서, 사람도 너무 결백하면 남이 따르지 않음을 이름. [동]수지청즉무어(水至清則無魚). みずきよければたいぎょなし
水草〔수초〕 ①물 또는 물가에서 나는 풀. ②물과 풀. みずくさ
水波〔수파〕 물결. すいは
水平〔수평〕 ① 중력(重力)의 방향과 직각을 이룬 상태. 잔잔한 수면처럼 평평한 상태. ②수준(水準). すいへい
水平線〔수평선〕 정지한 물의 평면에 평행(平行)하는 직선. すいへいせん
水泡〔수포〕 ①물거품. ②덧없는 인생의 비유. ③헛된 수고의 비유. すいほう
水害〔수해〕 홍수로 인한 재해(災害). [동]수재(水災). すいがい
水火〔수화〕 ①물과 불. ②일상 생활에 없어서는 안 될 물건. ③성질이 정반대되는 지극히 나쁜 사이의 비유. ④익은 음식. ⑤재난. 익사(溺死)·화상(火傷) 등의 큰 고통. 또는 대단히 위험한 것의 비유. ⑥물과 불 같은 맹렬한 기세의 비유. すいか
水患〔수환〕 [동]⇨수재(水災).
▷渴不飮盜泉水(갈불음도천수). 渴水(갈수). 硬水(경수). 溪水(계수). 冷水(냉수). 潭水(담수). 排水(배수). 碧水(벽수). 噴水(분수). 山水(산수). 藥水(약수). 流水(유수). 一衣帶水(일의대수). 治水(치수). 風水(풍수). 下水(하수). 湖水(호수). 洪水(홍수).

〚氷〛 [부] 水(물수) [획] 4—1 [훈] 얼음 [음] 빙 [中] $ping^1$ [英] ice [日] ヒョウ. こおり
[뜻] ①얼음. 얼. ②식힐.
[필순] 亅 冫 刁 氺 氷

氷結〔빙결〕 얼음이 얾. ひょうけつ
氷庫〔빙고〕 얼음 창고. ひょうこ
氷塊〔빙괴〕 얼음덩이. ひょうかい
氷囊〔빙낭〕 얼음 찜질에 쓰는 얼음을 담는 주머니. ひょうのう
氷糖〔빙당〕 빙사탕(氷砂糖). ひょうとう
氷山〔빙산〕 ①얼음의 산. 바다에 뜨는 산 같은 얼음덩이. ②믿을 수 없는 사물의 비유. [예]—一角(일각). ひょうざん
氷霜〔빙상〕 얼음과 서리. 굳은 절개의 비유. ひょうそう
氷雪〔빙설〕 ①얼음과 눈. ②총명한 슬기의 비유. ③깨끗한 마음의 비유. ④희고 아름다운 것의 비유. ひょうせつ
氷水〔빙수〕 얼음물. ひょうすい
氷人〔빙인〕 혼인(婚姻)을 중매하는 사람. [동]월하 빙인(月下氷

人). ひょうじん
氷點〔빙점〕 물이 얼기 시작하는 온도. 섭씨(攝氏)로는 0도. 화씨(華氏)로는 32도. ひょうてん
氷晶石〔빙정석〕 알루미늄을 만드는 광석. ひょうしょうせき
氷柱〔빙주〕 고드름. ひょうちゅう
氷炭〔빙탄〕 얼음과 숯불.
氷炭不相容〔빙탄불상용〕 얼음과 숯불과 같이 성질이 정반대이어서 서로 용납(容納) 못함. ひょうたんあいいれず
氷河〔빙하〕 ①얼음이 얼어붙은 강. ②높은 산에서 응고(凝固)한 만년설(萬年雪)이 얼음이 되어, 서서히 흘러 내리는 것. 예一谷(곡). ひょうが　「ひょうかい
氷海〔빙해〕 가가 얼어붙은 바다.
氷滑〔빙활〕 얼음 지치기. 스케이팅(skating). ひょうかつ
▷堅氷(견빙). 結氷(결빙). 薄氷(박빙). 製氷(제빙). 採氷(채빙).

〖永〗 부 水(물수) 획 4—1 훈 길 음 영: 中 yung³ 英 eternal
日 エイ. ながい
뜻 ①길. ②멀. ③오랠.
필순 丶 亅 才 氵 永
永訣〔영결〕 영원의 이별(離別). 동 사별(死別). えいけつ
永久〔영구〕 길고 오램. 세월이 한없이 계속됨. 동영원(永遠). えいきゅう
永久齒〔영구치〕 배냇니가 빠진 뒤에 나는 이. 간이. えいきゅうし
永年〔영년〕 ①오랜 세월. ② 장수(長壽). 동영생(永生). えいねん
永代〔영대〕 동⇨영세(永世). えいだい　「음. えいみん
永眠〔영면〕 영원히 잠을 잠. 곧 죽
永生〔영생〕 ①장수(長壽). 장생(長生). ②영원히 생존함. ③번뇌를 벗어나 진리를 깨닫는 일. 동열반(涅槃). ④미타(彌陀)의 정토(淨土). えいせい
永逝〔영서〕 영구히 감. 곧 죽음. 동영면(永眠). 장서(長逝). えいせい　「는 세월. 동영대(永代).
永世〔영세〕 영원한 세대(世代) 또
永世中立〔영세중립〕 국제법상(國際法上) 영구히 중립을 지키는 대신 그 독립과 영토의 보전이 다른 나라들로부터 보존을 받는 일. えいせいちゅうりつ
永續〔영속〕 오래 계속함. 영구히 계속함. えいぞく　「えん
永遠〔영원〕 동⇨영구(永久). えい
永字八法〔영자팔법〕 길영자(永) 한 자로써 나타낸 모든 글자를 쓰는데 공통(共通)한 여덟 가지 운필법(運筆法). えいじはっぽう
永絶〔영절〕 아주 끊어져 없어짐. えいぜつ　「えいぞん
永存〔영존〕 영원히 존재(存在)함.
永住〔영주〕 일정한 곳에 오래 삶. 예一權(권). えいじゅう

〖泉〗 부 水(물수) 획 4—5 훈 샘 음 천 中 ch'üan² 英 spring
日 セン. いずみ
뜻 ①샘. ② 돈. 천포. ③저승. 황천.
필순 ′ 丨 白 白 白 宇 泉 泉 泉
泉石〔천석〕 샘과 돌. 산과 물. 산수(山水)의 경치. 동수석(水石). せんせき
泉水〔천수〕 샘물. せんすい
泉源〔천원〕 샘물의 근원(根源). 물이 흐르는 근원. 동수원(水源). せんげん
▷甘泉(감천). 溪泉(계천). 鑛泉(광천). 噴泉(분천). 巖泉(암천). 淵泉(연천). 鹽泉(염천). 溫泉(온천). 黃泉(황천).

〖求〗 부 水(물수) 획 4—2 훈 구할 음 구 中 ch'iu² 英 seek
日 キュウ. もとめる
뜻 ①구할. ②구걸할.
필순 一 十 才 才 求 求 求
求乞〔구걸〕 남에게 돈·곡식 따위를 거저 달라고 청함. きゅうこ
求道〔구도〕 ①바른 도(道)를 찾음. ②안심입명(安心立命)의 도(道)를 찾음. きゅうどう
求得〔구득〕 구하여 얻음. 「ゅうし
求仕〔구사〕 벼슬을 구(求)함. き
求師〔구사〕 스승을 구함. きゅうし
求嗣〔구사〕 자식(子息)을 보려고

첩(妾)을 둠. きゅうし
求償〔구상〕 배상(賠償) 또는 상환(償還)을 요구함. きゅうしょう
求心力〔구심력〕 원운동(圓運動)하는 물체를 원의 중심으로 끌어당기는 힘. ↔원심력(遠心力). きゅうしんりょく 「きゅうあい
求愛〔구애〕 사랑을 받기를 바람.
求雨〔구우〕 비가 오기를 바람. (동)기우(祈雨). きゅうう
求全〔구전〕 완전하기를 바람. きゅうぜん 「ゅうしょく
求職〔구직〕 직업(職業)을 구함. き
求學〔구학〕 배움의 길을 찾음. きゅうがく 「바람. きゅうこう
求幸〔구행〕 행복을 찾음. 행복을
求刑〔구형〕 형벌(刑罰)주기를 요구함. きゅうけい 「ゅうこん
求婚〔구혼〕 혼처(婚處)를 구함. き
▷渴求(갈구). 同類相求(동류상구). 要求(요구). 欲求(욕구). 請求(청구). 追求(추구). 探求(탐구).

〖泰〗 [부] 水(물수) [획] 4—5 [훈] 클 [음] 태(태:) (中) t'ai⁴ (英) enormous; peaceful (日) タイ. やすらか
[뜻] ①클(太와 통용). ②편안할. ③산이름.
[필순] 一二三夫夫泰泰泰

泰斗〔태두〕 ①세상 사람으로부터 존경을 받는 사람. (약)태산북두(泰山北斗). ②학문·학술의 권위자(權威者). たいと 「ざん
泰山〔태산〕 매우 높고 큰 산. たい
泰山鳴動鼠一匹〔태산명동 서일필〕 무엇을 크게 떠벌리기만 하고 실제의 결과는 작은 것. たいざんめいどうねずみいっぴき
泰山北斗〔태산북두〕 ①태산과 북두. ②사람들이 존경하는 훌륭한 인물. (동)태두(泰斗). たいざんほくと
泰山鴻毛〔태산홍모〕 매우 무거운 것과 아주 가벼운 것. たいざんこうもう 「모양. たいぜん
泰然〔태연〕 흔들리지 않고 굳건한
泰然自若〔태연자약〕 마음에 무슨 충동을 받아도 뜸직하고 천연스러움. たいぜんじじゃく
泰平〔태평〕 나라나 집안이 잘 다스려져서 평안함. たいへい

(4) 火 部

〖火〗 [부] 火(불화변) [획] 4—0 [훈] 불 [음] 화: (中) huo³ (英) fire (日) カ. ひ
[뜻] ①불. ②불사를. ③급할. ③화날.
[필순] 丶丷少火

火攻〔화공〕 불을 지르며 공격(攻擊)함. かこう. ひせめ
火光〔화광〕 불빛. かこう
火光衝天〔화광충천〕 불길이 맹렬하게 일어남. かこうしょうてん
火急〔화급〕 매우 급함. (동)지급(至急). かきゅう
火氣〔화기〕 불의 뜨거운 기운. (예)一嚴禁(엄금). かき
火器〔화기〕 ①화약을 사용하는 무기. 총·대포 같은 것. ②불을 담는 그릇. 화로 같은 것. かき
火毒〔화독〕 불의 독기. かどく
火力〔화력〕 ①불의 힘. ②총포 등의 위력. かりょく 「かろ
火爐〔화로〕 불을 담아 놓는 그릇.
火輪〔화륜〕 ①태양(太陽)의 딴이름. ②(동)화륜거(火輪車)·화륜선(火輪船). かりん
火輪車〔화륜거〕 기차(汽車). (약)화륜(火輪). かりんしゃ
火輪船〔화륜선〕 기선(汽船). (약)화륜(火輪). かりんせん
火木〔화목〕 땔나무.
火病〔화병〕 마음의 화(火)로 일어나는 병. (약)울화병(鬱火病).
火傷〔화상〕 불에 덴 상해(傷害). かしょう. やけど
火石〔화석〕 부싯돌. かせき
火繩〔화승〕 총에 화약을 재고 불을 붙게 하는 데 쓰는 노끈. 화약심지. かじょう. ひなわ
火食〔화식〕 불에 익힌 음식을 먹음. ↔생식(生食). かしょく

火炎〔화염〕 [동]⇨화염(火焰).

火焰〔화염〕 불꽃. [동]화염(火炎). [예]—放射器(방사기). かえん

火雲〔화운〕 여름철의 구름. かうん

火印〔화인〕 불에 달구어 찍는 쇠로 만든 도장. [동]낙인(烙印). かいん

火葬〔화장〕 시체(屍體)를 불에 살라 장사(葬事)지냄. かそう

火災〔화재〕 불이 나는 재앙. 불로 인한 재난. かさい

火賊〔화적〕 떼를 지어 돌아다니는 강도(强盜). 불한당(不汗黨). [동]명화적(明火賊). かぞく

火田民〔화전민〕 초목(草木)에 불을 질러 태우고 파 일군 땅에 농사를 지어먹고 사는 백성. かでんみん

火照〔화조〕 화광(火光)으로 비춤. かしょう

火酒〔화주〕 ①소주. 워드카(vodka)·위스키 따위의 알코올분이 강한 술. ②알코올. 주정(酒精). かしゅ

火車〔화차〕 화공(火攻)하는 데 쓰는 병거(兵車). ② 기차(汽車). かしゃ

火宅僧〔화택승〕 대처승(帶妻僧). かたくそう

火刑〔화형〕 불살라 죽이는 형벌(刑罰). かけい

▷擧火(거화). 見煙知火(견연지화). 鬼火(귀화). 近火(근화). 禁火(금화). 大火(대화). 燈火(등화). 猛火(맹화). 明火(명화). 武火(무화). 文火(문화). 發火(발화). 放火(방화). 兵火(병화). 噴火(분화). 石火(석화). 失火(신화).

【灰】 [부] 火(불화변) [획] 4—2 [훈] 재 [음] 회 [中] hui¹ [英] ashen [日] カイ. はい

[뜻] ①재. ②석회.

[필순] 一ナ𠂇𠂇灰灰

灰滅〔회멸〕 타서 없어짐. かいめつ

灰白色〔회백색〕 잿빛을 띤 흰 빛깔. かいはくしょく

灰壁〔회벽〕 석회(石灰)로 바른 벽.

灰色〔회색〕 ①잿빛. ②소속이나 주의(主義)가 분명하지 않은 사람. [예]—分子(분자). かいしょく. はいいろ

灰燼〔회신〕 ①불탄 나머지. ②송두리째 몽땅 타 버림. かいじん

灰塵〔회진〕 재와 먼지. 재와 먼지처럼 형적을 찾아볼 수 없이 멸망해 버림의 비유. かいじん

▷冷灰(냉회). 石灰(석회).

【灼】 [부] 火(불화변) [획] 4—3 [훈] 구울 [음] 작 [中] chao² [英] burn [日] シャク. やく

[뜻] ①구울. 사를. 지질. ②졸아 없어질. 작아없어질. ③밝을. 빛날. ④꽃활짝필.

[필순] 丶丷火火灼灼灼

灼骨〔작골〕 뼈를 살라서 점을 치는 법. しゃっこつ

灼爛〔작란〕 타서 망가짐. しゃくらん

灼然〔작연〕 빛이 밝은 모양. しゃくぜん

灼熱〔작열〕 불에 새빨갛게 달음. しゃくねつ

灼灼〔작작〕 ①꽃이 만발한 모양. ②빛이 비치는 모양. ③밝아 환한 모양. しゃくしゃく

【災】 [부] 火(불화변) [획] 4—3 [훈] 재앙 [음] 재 [中] tsai¹ [英] calamity [日] サイ. わざわい

[뜻] 재앙.

[필순] ⺀巛巛巛𡿧災

災難〔재난〕 뜻밖에 일어난 불행한 일. さいなん

災年〔재년〕 ①재앙이 심한 해. ②흉년(凶年). さいねん

災變〔재변〕 [동]⇨재이(災異). さいへん

災殃〔재앙〕 천변지이(天變地異)의 온갖 변고(變故).

災厄〔재액〕 재앙(災殃)과 액운(厄運). さいやく

災異〔재이〕 천재(天災)와 지이(地異). [동]재변(災變). さいい

災害〔재해〕 재앙(災殃)으로 인하여 받은 해. さいがい

災禍〔재화〕 재앙(災殃)과 화난(禍難). さいか

▷三災(삼재). 水災(수재). 罹災(이재). 戰災(전재). 天災(천재). 火災(화재).

【炎】 [부] 火(불화변) [획] 4—4 [훈] 불꽃 [음] 염 [中] yen² [英] flame [日] エン. ほのお

뜻 ①불꽃. ②탈. 태울. ③더울.
필순 丶丷火火炏炏炎炎
炎毒〔염독〕 대단한 더위의 괴로움. えんどく
炎涼〔염량〕 ①더움과 서늘함. 더위와 서늘하기. ②세력이 성함과 약함. ③인정(人情)이 후함과 박함. えんりょう
炎涼世態〔염량세태〕 권세가 있을 때는 아첨하여 좇고, 권세가 없어지면 푸대접하는 세속(世俗)의 상태. えんりょうせたい 「ょう
炎上〔염상〕 불이 타 오름. えんじ
炎序〔염서〕 동⇨염양(炎陽). 「しょ
炎暑〔염서〕 매우 심한 더위. えん
炎陽〔염양〕 ①여름의 딴 이름. 동 염절(炎節)·염서(炎序). ②아주 뜨겁게 내리쬐는 볕. えんよう
炎熱〔염열〕 동⇨염서(炎暑). えんねつ 「위. えんい
炎威〔염위〕 매우 심한 여름의 더
炎節〔염절〕 동⇨염양(炎陽).
炎帝〔염제〕 ①여름을 맡은 신(神). ②고대 중국의 천자(天子) 신농씨(神農氏)의 이름. えんてい
炎天〔염천〕 ①여름의 더운 하늘. ②남쪽 하늘. えんてん
▷光炎(광염). 凉炎(양염). 陽炎(양염). 火炎(화염).

「炙」 부 火(불화변) 획 4—4 훈 고기구이 음 적·자 中 chih⁴ 英 roast 日 セキ. シャ. あぶる
뜻 ①고기구이(적·자). ②친근할(자).
필순 ク タ タ 炙
炙果器〔적과기〕 적틀. せきかき. しゃかき 「せきき. しゃき
炙器〔적기〕 약⇨적과기(炙果器).
炙臺〔적대〕 ①적틀. ②제향(祭享)에 짐승 고기(소·돼지·양) 따위를 담는 책상반(冊床盤). せきだい. しゃだい
炙背〔적배〕 등가죽을 태양(太陽)에 쪼임. 곧 기분이 좋음. 또는 괴로움. せきはい. しゃはい
炙色〔적색〕 궁중(宮中) 각 전궁(殿宮)에 딸렸던 심부름꾼을 일컫던 말. せきしょく. しゃしょく
炙子〔적자〕 동⇨적철(炙鐵). せきし. しゃし 「てつ
炙鐵〔적철〕 적쇠. せきてつ. しゃ
炙膾〔적회〕 산적. せきかい. しゃかい 「(포자). 膾炙(회자).
△燒炙(소자). 蒸炙(증자). 脯炙

「炊」 부 火(불화변) 획 4—4 훈 불땔 음 취 中 ch'uei¹ 英 boil 日 スイ. かしぐ
뜻 ①불땔. ②불. 입으로 불.
필순 丶丷火火炒炊炊
炊飯〔취반〕 밥을 지음. 또 지은 밥. すいはん 「일. すいじ
炊事〔취사〕 밥 짓는 일. 곧 부엌
炊煙〔취연〕 밥을 짓는 연기.
▷自炊(자취).

「炕」 부 火(불화변) 획 4—4 훈 구울 음 항 中 k'ang⁴ 英 dry 日 コウ. あぶる 「방구들.
뜻 ①구울. ②마를. ③끊을. ④
참고 본음(本音)은 강.
필순 丶火火炉炉炕

【炭】 부 火(불화변) 획 4—5 훈 숯 음 탄: 中 t'an⁴ 英 charcoal 日 タン. すみ
뜻 ①숯. 숯불. ②석탄. ③탄소
필순 ' ' 山 屵 岸 岸 岸 炭 炭
炭坑〔탄갱〕 석탄(石炭)을 파내는 구덩이. たんこう
炭鑛〔탄광〕 석탄을 파내는 광산(鑛山). たんこう 「ざん
炭山〔탄산〕 석탄이 나는 산. たん
炭酸〔탄산〕 탄산가스가 물에 녹아서 되는 묽은 산(酸). たんさん
炭素〔탄소〕 석탄·목탄 등이 많이 들어 있는 화학 원소(元素)의 하나. たんそ
炭水化物〔탄수화물〕 탄소와 수소의 화합물. たんすいかぶつ
炭田〔탄전〕 석탄이 묻히어 있는 땅. たんでん 「合)함. たんか
炭化〔탄화〕 탄소(炭素)와 화합(化
炭化水素〔탄화수소〕 탄소와 수소의 화합물. たんかすいそ
▷九孔炭(구공탄). 塗炭(도탄). 木炭(목탄). 氷炭(빙탄). 石炭(석탄). 煉炭(연탄). 玉炭(옥탄)

泥炭(이탄). 黑炭(흑탄).

「炯」 부 火(불화변) 획 4—5 훈 밝을 음 형 中 chiung³ 英 bright 日 ケイ. あきらか
뜻 밝을. 빛날.
필순 ㆍ火 灯炯炯

炯眼〔형안〕 날카로운 눈. けいがん
炯然〔형연〕 ①밝은 모양. ② 밝게 비치는 모양. ③ 눈초리가 날카로운 모양. けいぜん

「焚」 부 火(불화변) 획 4—8 훈 불사를 음 분 中 fen² 英 burn 뜻 フン. やく 「질.
뜻 ①불사를. ② 죽을. ③쓰러
필순 一十木朩杆林林焚

焚溺〔분닉〕 불에 타는 일과 물에 빠지는 일. 곧 백성이 수화(水火)의 고난(苦難)에 빠지는 일. ふんでき. ふんにょう
焚滅〔분멸〕 ①불에 태워 멸망케 함. ②불에 타서 멸망함. ふんめつ
焚死〔분사〕 타 죽음. 동소사(燒死). ふんし 「さつ
焚殺〔분살〕 불에 태워 죽임. ふん
焚書坑儒〔분서갱유〕진시황(秦始皇)이 학자들의 정치 비평을 금지하기 위해 민간(民間)의 의약(醫藥)·복서(卜筮) 이외의 서적을 모아 불살라버리고, 선비들을 구덩이에 묻어 죽인 일. ふんしょこうじゅ 「ょう
焚燒〔분소〕 불태움. 불탐. ふんし
焚修〔분수〕 분향(焚香)하여 도(道)를 닦음. ふんしゅ
焚灼〔분작〕 ①불에 구움. ②날씨가 몹시 더운 모양. ③몹시 마음을 괴롭히는 일. ふんしゃく
焚舟〔분주〕 배를 태움. 곧 다시 돌아가지 않는다는 필사(必死)의 각오(覺悟). ふんしゅう
焚蕩〔분탕〕 재물을 다 없애 버림.
焚香〔분향〕 향(香)불을 피움.
焚火〔분화〕 불을 사름. ふんか
焚黃〔분황〕 죽은 후 관작(官爵)을 받았을 때 누런 종이에 쓴 부본(副本)을 무덤 앞에서 태우는 일. ふんこう. ふんおう
▷燒焚(소분). 玉石俱焚(옥석구분).

「焰」 부 火(불화변) 획 4—8 훈 불꽃 음 염: 中 yen²·⁴ 英 flame 日 エン. ほのお
뜻 ①불꽃. ②불당길.
필순 ㆍ火 火ノ 火ク 炉 炉 焰 焰
▷氣焰(기염). 勢焰(세염). 陽焰(양염). 火焰(화염).

「煖」 부 火(불화변) 획 4—9 훈 따스할 음 난 中 nuan³ 英 warm 日 ダン. あたたか 「할.
뜻 ①따스할. 따뜻이 할. ②따뜻
필순 ㆍ火 火ˊ 炉 煖 煖 煖 煖

煖氣〔난기〕 더운 기운. 따뜻한 기운. ↔한기(寒氣). だんき
煖爐〔난로〕 방(房) 안에 놓고 불을 때어 방안을 덥게 하는 기구. 화덕. 스토우브(stove). だんろ
煖房〔난방〕 ①따뜻한 방. ②방을 덥게 함. 동난방(暖房). だんぼう
▷寒煖(한난).

「煉」 부 火(불화변) 획 4—9 훈 쇠불릴 음 련: 中 lien⁴ 英 refine 日 レン. ねる. にる
뜻 ①쇠불릴. 달굴(鍊과 통용). ②반죽할.
필순 ㆍ火 火ˊ 炉 炉 煉 煉 煉

煉靈〔연령〕 연옥(煉獄)에 들어가는 영혼. れんれい
煉藥〔연약〕 ①개어서 만든 약. ②약을 고음. れんやく
煉獄〔연옥〕 죄를 범한 사람이 회개(悔改)하고 천당에 가기 위해 속죄(贖罪)를 구하는 곳. 천국(天國)과 지옥(地獄) 사이에 있다 함. れんごく
煉瓦〔연와〕 벽돌. れんが
煉乳〔연유〕 묽은 것을 진하게 달인 우유. れんにゅう
煉炭〔연탄〕 석탄·코우크스·목탄 등에 피치·흙 같은 것을 섞어 굳히어 만든 연료(燃料). れんたん
煉合〔연합〕 여러 가지를 고아서 합침. れんごう

「煤」 부 火(불화변) 획 4—9 훈 그을음 음 매: 中 mei² 英 soot 日 バイ. すす
뜻 ①그을음. ②먹. ③석탄.
필순 ㆍ火 火ˊ 炸 炸 煤 煤 煤

煤氣〔매기〕①그을음이 섞인 연기. 동매연(煤煙). ②석탄 가스. ばいき 「동매기(煤氣). ばいえん
煤煙〔매연〕그을음이 섞인 연기.
煤油〔매유〕석유(石油). ばいゆ
煤炭〔매탄〕석탄(石炭). ばいたん

【煩】 부 火(불화변) 획 4—9 훈 번거로울 음 번 中 fan² 英 trouble some 日 ハン. ボン. **わずら**わしい
뜻 ①번거로울. ②수고로울. ③민망할. 괴로울. ④번열증날.
필순 ⺈火炉炘炘煩煩煩
煩惱〔번뇌〕욕정(慾情) 때문에 심신(心身)이 시달림을 받아서 괴로움. ぼんのう 「んぶん
煩文〔번문〕번잡(煩雜)한 문장. は
煩悶〔번민〕마음이 몹시 답답하여 괴로와함. はんもん 「はんさ
煩瑣〔번쇄〕너더분하고 좀스러움.
煩熱〔번열〕①무더움. 무더위. ②신열이 나서 가슴 속이 답답하고 괴로움. はんねつ 「ざつ
煩雜〔번잡〕번거롭고 복잡함. はん
▷劇煩(극번). 累煩(누번). 迷煩(미번). 頻煩(빈번). 除煩(제번).

〖煙〗 부 火(불화변) 획 4—9 훈 연기 음 연 中 yen¹ 英 smoke 日 エン. けむり
뜻 ①연기. 내. ②안개. ③담배.
필순 ⺈火炉炉炉煙煙煙
煙氣〔연기〕물건이 탈 때 일어나는 흐릿한 기체. けむり
煙霧〔연무〕연기와 안개. えんむ
煙雨〔연우〕이슬비. えんう
煙雲〔연운〕①연기와 구름. ②구름처럼 뭉게뭉게 오르는 연기. えんうん
煙月〔연월〕안개 같은 것이 끼어 흐릿하게 보이는 달. えんげつ
煙波〔연파〕안개 같은 것이 끼어 부옇게 보이는 물결. えんぱ
▷禁煙(금연). 喫煙(끽연). 煤煙(매연). 呂宋煙(여송연). 紫煙(자연). 吸煙(흡연).

〔煥〕 부 火(불화변) 획 4—9 훈 빛날 음 환: 中 huan⁴ 英 brilliant 日 カン. **あき**らか
뜻 ①빛날. ②불꽃. 불빛. ③밝을.
필순 ⺈火炉炉烦煥煥煥
煥發〔환발〕환히 빛남. 환히 나타남. 예才氣(재기)—. かんぱつ
煥然〔환연〕①빨리 사라지는 모양. ②환히 빛나는 모양. かんぜん
▷明煥(명환). 昭煥(소환). 照煥(조환).

〔煌〕 부 火(불화변) 획 4—9 훈 빛날 음 황 中 huang² 英 shine 日 コウ. **かが**やく
뜻 ①빛날. 환히 밝을. ②성할.
필순 火炉煌
煌煌〔황황〕반짝반짝 빛나는 모양. こうこう
▷燉煌(돈황). 輝煌(휘황).

〖燈〗 부 火(불화변) 획 4—12 훈 등불 음 등 中 têng¹ 英 lamp 日 トウ. ともしび
뜻 등불. 등잔.
필순 火炉炉炉炉燈燈
燈光〔등광〕등불 빛. とうこう
燈臺〔등대〕해안(海岸)이나 섬에서 밤에 불을 켜 놓아 뱃길의 목표나 위험한 곳을 알리는 대(臺). 예一守(수). とうだい
燈明〔등명〕①불을 켬. 또 그 불. ②신불(神佛)에 바치는 등불. とうめい. とうみょう
燈心〔등심〕심지. とうしん
燈影〔등영〕등잔불 또는 촛불의 빛. 또 그 그림자. とうえい
燈油〔등유〕등불을 켜는 데 쓰는 기름. とうゆ 「ょく
燈燭〔등촉〕등불과 촛불. とうし
燈皮〔등피〕①남포의 불을 밝게 하기 위하여 씌우는 유리 꺼펑이. ②남포등. とうひ
燈下不明〔등하불명〕등잔 밑이 어두움. 곧 가까이 있는 것이 오히려 알아내기 어려움을 이름. とうかふめい
燈火〔등화〕등불. 등잔불. 촛불. とうか 「불똥. とうか
燈花〔등화〕불심지 끝이 타서 맺힌
燈火可親〔등화가친〕가을 밤은 서

늘하여 불 밑에서 글을 읽기 좋음. とうかしたしむべし
▷街燈(가등). 外燈(외등). 點燈(점등). 走馬燈(주마등). 獻燈(헌등). 紅燈(홍등).

「燐」 부 火(불화변) 획 4—12 훈 인 음 린 ㊥ lin² 英 phosphorus 日 リン. おにび
뜻 ①인. 원소 이름. ②도깨비불. ③성냥.
필순 火炒炊炊炊炊烨燐燐
燐光〔인광〕 황린(黃燐)을 공기 중에 방치(放置)할 때 저절로 생기는 푸른 빛. りんこう
燐酸〔인산〕 인(燐)을 태워 그 생성물을 물에 용해하여 얻는 산(酸)의 총칭. りんさん
燐火〔인화〕 ① 도깨비불. 귀화(鬼火). ②반딧불. りんか
▷鬼燐(귀린). 白燐(백린). 赤燐(적린). 黃燐(황린).

【燒】 부 火(불화변) 획 4—12 훈 불사를 음 소 ㊥ shao¹ 英 burn 日 ショウ. やく
뜻 ①불사를. 불붙을. 탈. 불땔. 익힐. ②들불. 야화.
참고 약 焼
필순 火炷炷炷燒燒燒燒
燒却〔소각〕 불에 태워 없애 버림. 동소기(燒棄). しょうきゃく
燒棄〔소기〕 ⇨소각(燒却). しょうき
燒滅〔소멸〕 동⇨소실(燒失). しょうめつ
燒死〔소사〕 불에 타서 죽음. 예—者(자). しょうし
燒失〔소실〕 불에 타서 없어짐. 동 소멸(燒滅). しょうしつ
燒酒〔소주〕 증류(蒸溜)하여 만든 무색 투명한 알코올분이 센 술. しょうちゅう
燒盡〔소진〕 모두 타 버림. しょうじん
燒香〔소향〕 향을 피움. しょうこう
燒火〔소화〕 불에 태움. しょうか
▷延燒(연소). 燃燒(연소). 全燒(전소).

【燃】 부 火(불화변) 획 4—12 훈 불탈 음 연 ㊥ jan² 英 burn 日 ネン. もえる
뜻 ①불탈. ②연등절.
필순 火炒炒炒燃燃
燃料〔연료〕 불을 때는 재료. 곧 신탄(薪炭)·석탄·석유 따위. 땔감. ねんりょう
燃眉之厄〔연미지액〕 매우 급하게 닥치는 재난. しょうびのやく
燃燒〔연소〕 탐. 불탐. ねんしょう
▷可燃(가연). 不燃(불연). 再燃(재연).

「燮」 부 火(불화변) 획 4—13 훈 화할 음 섭 ㊥ hsieh⁴ 英— 日 ショウ. やわらぐ
뜻 ①화할. ②불에 익힐. ③불꽃.
필순 火焔燃燮燮
燮理〔섭리〕 ①협화(協和)하여 다스림. 재상(宰相)이 나라를 다스림. ②재상(宰相) 벼슬. しょうり
燮和〔섭화〕 조화(調和)시켜 알맞게 함. 또는 재상(宰相) 벼슬을 이름. しょうわ
▷調燮(조섭).

【營】 부 火(불화변) 획 4—13 훈 지을 음 영 ㊥ ying² 英 manage 日 エイ. いとなむ
뜻 ①지을. ②경영할. ③다스릴. ④진. 집.
참고 약 営
필순 火炏炏炏營營營
營內〔영내〕 진영(陣營)의 안. 병영(兵營)의 안. えいない
營利〔영리〕 돈벌이. えいり
營繕〔영선〕 집을 새로 건축하거나 수리(修理)함. えいぜん
營養〔영양〕 생물이 양분을 섭취(攝取)하여 생명을 유지하는 일. 동 영양(榮養). えいよう
營業〔영업〕 생활과 영리(營利)를 위하여 사업을 함. 또 그 사업. えいぎょう
營爲〔영위〕 경영함. えいい
▷經營(경영). 軍營(군영). 兵營(병영). 本營(본영). 野營(야영). 運營(운영). 入營(입영). 造營(조영). 陣營(진영).

【燥】 부 火(불화변) 획 4—13 훈 마를 음 조 ㊥ tsao⁴ 英 dry 日 ソウ. かわく
뜻 ①마를(소·조). ②녹일.

필순 丷 火 灬 灬 炽 炽 燥 燥

燥急〔조급〕 참을성 없이 급함. そうきゅう 「そうかつ

燥渴〔조갈〕 목이 타는 듯이 마름.

▷乾燥(건조). 風燥(풍조).

【燦】 부 火(불화변) 획 4—13 훈 빛날 음 찬: 中 ts'an⁴ 英 brilliant 日 サン. あきらか

뜻 빛날. 찬란할.

필순 火 火' 炒 炒 炒 燦 燦

燦爛〔찬란〕 ① 빛이 번쩍번쩍하는 모양. ②눈부시게 아름다운 모양. 화려하게 고운 모양. 예輝煌(휘황)—. さんらん

燦閃〔찬섬〕 번쩍번쩍 빛남.

燦然〔찬연〕 번쩍거리어 빛나는 모양. さんぜん 「さんさん

燦燦〔찬찬〕 빛이 아름다운 모양.

【燭】 부 火(불화변) 획 4—13 훈 촛불 음 촉 中 chu² 英 candle 日 ショク. ソク. ともしび

뜻 ①촛불. ②비칠. 비출. ③밝을. ④풀이름.

필순 火 灬 炉 烛 燭 燭

燭架〔촉가〕 동⇨촉대(燭臺).

燭光〔촉광〕 ①촛불의 빛. 등잔불의 빛. ②광도(光度)의 단위. しょっこう

燭膿〔촉농〕 동⇨촉루(燭淚).

燭臺〔촉대〕 촛대. 동촉가(燭架). しょくだい 「しょくるい

燭淚〔촉루〕 촛농. 동촉농(燭膿).

燭心〔촉심〕 초의 심지. しょくしん

燭下〔촉하〕 촛불 밑. しょっか

燭火〔촉화〕 촛불. 등불. しょっか

燭花〔촉화〕 ①촛불의 불꽃. ②등불의 불꽃. しょっか

▷光燭(광촉). 玉燭(옥촉). 銀燭(은촉). 華燭(화촉). 黃燭(황촉).

【爆】 부 火(불화변) 획 4—15 훈 폭발할 음 폭 中 pao⁴ 英 explode 日 バク. はぜる. はじける 「(박).

뜻 ①폭발할. 불터질. ② 지질

필순 火 灬 炉 煤 爆 爆

爆擊〔폭격〕 비행기에서 폭탄을 떨어뜨려 적(敵)의 진(陣) 또는 중요 시설을 파괴하거나 태워 버림. 예—機(기). ばくげき

爆發〔폭발〕 ①화력(火力)으로 인하여 갑자기 터짐. ②사물이 갑자기 일어남. ばくはつ

爆死〔폭사〕 폭발물의 폭발로 인하여 죽음. ばくし

爆音〔폭음〕 ① 폭발하는 소리. ② 휘발유가 발동기 안에서 기화(氣化)할 때 나는 소리. ばくおん

爆竹〔폭죽〕 가는 대통에 불을 지르거나 화약(火藥)을 재어 터뜨려서 소리가 나게 하는 일종의 딱총. ばくちく 「숨. ばくは

爆破〔폭파〕 폭발(爆發)시키어 부

▷盲爆(맹폭). 猛爆(맹폭). 水爆(수폭). 原爆(원폭). 自爆(자폭).

【爐】 부 火(불화변) 획 4—16 훈 화로 음 로 中 lu² 英 fireplace 日 ロ. いろり

뜻 ①화로. ②퇴약볕.

필순 火 火' 炉 炉 炉 爐 爐 爐

爐邊〔노변〕 화롯가. 난롯가. ろへん

爐邊談話〔노변담화〕 화롯가나 난롯가에서 한가하게 하는 잡담(雜談). ろへんだんわ 「えん

爐煙〔노연〕 향로(香爐)의 연기. ろ

爐肉〔노육〕 구운 돼지 고기. ろにく

爐殿〔노전〕 법당(法堂)을 맡아보는 중의 숙소. 동향각(香閣).

▷煖爐(난로). 反射爐(반사로). 原子爐(원자로). 風爐(풍로). 香爐(향로). 火爐(화로).

【爛】 부 火(불화변) 획 4—17 훈 난만할 음 란: 中 lan⁴ 英 bright 日 ラン. ひかる

뜻 ①난만할. 무르익을. ②밝을. 빛날. ③ 문드러질. 썩을.

필순 火 灯 炉 炉 爛

爛開〔난개〕 꽃이 한창 만발(滿發)함. らんかい

爛爛〔난란〕 ①번쩍번쩍 빛나는 모양. ②안광(眼光)이 날카롭게 빛나는 모양. らんらん

爛漫〔난만〕 ①물건이 가득 차 넘치는 모양. ②광채(光彩)가 발산하는 모양. ③흩어져 사라지는 모양. ④밝게 나타나 보이는 모양. ⑤잘 자는 모양. ⑥꽃이 만

발(滿發)한 모양. ㉕百花(백화)—. らんまん
爛發〔난발〕 꽃이 한창 만발함. らんぱつ 「しょう
爛商〔난상〕 잘 의논(議論)함. らん
爛熟〔난숙〕 ①무르녹게 잘 익음. 무르익음. ②잘 통달(通達)함. らんじゅく
爛然〔난연〕 ①밝은 모양. ②눈부시게 아름다운 모양. らんぜん
爛醉〔난취〕 술에 몹시 취함. らんすい 「(현란).
▷腐爛(부란). 燦爛(찬란). 絢爛

(4) 灬 部

〖烈〗 부 灬 (불화변) 획 4—6 훈 매울 음 렬 ㊥ lieh⁴ ㊧ burning 日 レツ. **はげ**しい
뜻 ①매울. ② 불 활활 붙을. ③아름다울.
필순 一ㄏ歹列列烈烈烈
烈光〔열광〕 몹시 강한 빛.
烈女〔열녀〕 정조(貞操)를 굳게 지키는 여자. れつじょ
烈士〔열사〕 절의(節義)를 굳게 지키는 선비. れっし
烈風〔열풍〕 사나운 바람. 세차게 부는 바람. れっぷう
烈火〔열화〕 맹렬한 불. 곧 맹렬한 태도의 비유. れっか
▷猛烈(맹렬). 先烈(선열). 熱烈(열렬). 壯烈(장렬). 忠烈(충렬). 寒烈(한열). 酷烈(혹렬).

〖烏〗 부 灬(불화변) 획 4—6 훈 까마귀 음 오 ㊥ wu¹ ㊧ crow 日 オ. ウ. からす. **なん**ぞ
뜻 ①까마귀. ② 검을. ③어찌. ④감탄사.
필순 ㇒亻户烏烏烏烏烏
烏金〔오금〕 ①철(鐵)의 딴이름. ②적동(赤銅)의 딴이름. うきん
烏鷺〔오로〕 ①까마귀와 해오라기. ②흑과 백. ③바둑의 딴이름. うろ
烏輪〔오륜〕 태양(太陽)의 딴이름. 동금오(金烏). うりん
烏髮〔오발〕 검은 머리. 동흑발(黑髮). うはつ
烏飛梨落〔오비이락〕 '까마귀 날자 배 떨어진다'는 말로서, 일이 공교롭게 같이 일어나 남의 의심을 사게 됨을 이름.
烏飛兎走〔오비토주〕 세월이 빠름을 이름. うひとそう 「うや
烏夜〔오야〕 캄캄한 밤. 암야(暗夜).
烏有〔오유〕 '어찌 있으랴'의 뜻으로 사물이 아무 것도 없거나 또는 불타 버리고 없음을 이름. 동개무(皆無). うゆう
烏有先生〔오유선생〕 세상에 실재하지 않는 가상적(假想的)인 인물. うゆうせんせい
烏鵲〔오작〕 까막까치. うじゃく
烏之雌雄〔오지자웅〕 까마귀의 암놈과 수놈은 분별하기 어려운 데서 시비(是非)·선악(善惡)을 분별하기 어려운 사물(事物)의 비유. からすのしゆう
烏合之卒〔오합지졸〕 ①임시(臨時)로 모은 훈련(訓練)이 부족하고 규율(規律)이 없는 병졸. ②어중이떠중이. 동오합지중(烏合之衆). うごうのそつ
▷金烏(금오). 慈烏(자오). 寒烏(한오. 曉烏(효오).

〖焉〗 부 灬(불화변) 획 4—7 훈 어찌 음 언 ㊥ yen¹ ㊧ how 日 エン. **いず**くんぞ. **ここ**に
뜻 ①어찌. ②이에. ③어조사.
필순 ㇐㇐正馬焉焉焉焉
焉敢〔언감〕 어찌. 감히.
焉敢生心〔언감생심〕 감히 그런 생각을 일으킬 수도 없음.
焉烏〔언오〕 언(焉)자와 오(烏)자의 글자 모양이 서로 비슷한 데서 틀리기 쉬운 일의 비유. えんう
▷於焉(어언). 終焉(종언).

〖無〗 부 灬(불화변) 획 4—8 훈 없을 음 무 ㊥ wu² ㊧ none; nothing 日 ム. ブ. **な**い
뜻 ①없을. ②아닐.
필순 ㇒𠂉㇐無無無無無

無價〔무가〕 값을 칠 수가 없음. 곧 매우 귀중함을 이름. むか
無可奈何〔무가내하〕 어찌할 수가 없이 됨. むかなか
無價寶〔무가보〕 값을 칠 수가 없는 귀중한 보배. むかほう
無間〔무간〕 서로 막힘이 없이 사이가 가까움. むかん 「んかく
無感覺〔무감각〕 감각이 없음. むか
無據〔무거〕 근거가 없음. 터무니가 없음. むきょ
無故〔무고〕 ① 다른 연고(緣故)가 없음. ②아무 탈이 없이 평안함. ⑧무사(無事). むこ 「こう
無功〔무공〕 공로(功勞)가 없음. む
無冠〔무관〕 지위가 없음. むかん
無關〔무관〕 ①관계(關係)가 없음. ②관심이 없음. むかん
無關心〔무관심〕 관심이 없음. 흥미가 없음. むかんしん
無怪〔무괴〕 괴이(怪異)한 것이 없음. 괴이쩍지 아니함. むかい
無窮〔무궁〕 ①한이 없음. ②끝 없이 영원히 계속함. むきゅう
無窮無盡〔무궁무진〕 한(限)이 없음. むきゅうむじん
無窮花〔무궁화〕 우리나라의 국화(國花). むくげ
無軌道〔무궤도〕 ①궤도(軌道)가 없음. ②제멋대로 굶. むきどう
無根之說〔무근지설〕 근거 없는 뜬소문. むこんのせつ
無期〔무기〕 ①기한이 없음. ②미리 기한을 작정하지 아니함. ㉮—延期(연기). むき 「きりょく
無氣力〔무기력〕 기운이 없음. む
無記名〔무기명〕 성명(姓名)을 기록하지 아니함. ㉮—投票(투표). むきめい
無機物〔무기물〕 생활의 기능이 없는 물질. 곧 물·공기·광물 등. ↔유기물(有機物). むきぶつ
無難〔무난〕 어렵지 아니함. ぶなん. むなん 「사람의 외딸.
無男獨女〔무남독녀〕 아들이 없는
無念無想〔무념무상〕 모든 생각을 떠남. 아무 망념(妄念)이 없이 자기를 잊음. むねんむそう
無能〔무능〕 아무 재능(才能)이 없음. ↔유능(有能). むのう
無斷〔무단〕 ①결단력(決斷力)이 없음. ②아무 까닭 없이. ㉮—出入(출입). むだん
無道〔무도〕 인도(人道)에 어긋남. 인도에 어긋난 행위. 또 그 사람. むどう 「どく
無毒〔무독〕 독기(毒氣)가 없음. む
無頭無尾〔무두무미〕 머리도 꼬리도 없음. 밑도 끝도 없음.
無得無失〔무득무실〕 ⑧⇨무해무득(無害無得). むとくむしつ
無量〔무량〕 한량(限量)이 없음. ⑧무한량(無限量). むりょう
無慮〔무려〕 모두. 거의. 대략(大略). むりょ. ぶりょ
無力〔무력〕 힘이 없음. むりょく
無禮〔무례〕 예의(禮儀)가 없음. 예의를 모름. ぶれい
無論〔무론〕 말할 것도 없음. ⑧물론(勿論). むろん
無漏〔무루〕 빠짐 없이. むろう
無類〔무류〕 견줄 만한 것이 없음. ⑧무비(無比). むるい
無理〔무리〕 ① 이치(理致)에 맞지 아니함. ②억지로 우겨댐. むり
無望〔무망〕 ①희망이 없음. ②생각대로 잘 되지 않을 듯함. むぼう
無名〔무명〕 ①이름이 세상에 알려지지 아니함. ↔유명(有名). ②이름을 모름. むめい
無名小卒〔무명소졸〕 세상에 이름이 나지 아니한 사람. むめいしょうそつ
無名指〔무명지〕 약손가락. 가운뎃손가락과 새끼손가락 사이에 있는 손가락. むめいし 「음. むぼう
無謀〔무모〕 꾀가 없음. 분별이 없
無味〔무미〕 ①맛이 없음. ②재미가 없음. ㉮—乾燥(건조). むみ
無妨〔무방〕 방해될 것이 없음.
無法天地〔무법천지〕 법이 없는 세상. 무질서(無秩序)하고 난폭한 사회. むほうてんち
無邊〔무변〕 끝이 닿은 데가 없음. ⑧무한(無限). むへん
無邊大海〔무변대해〕 끝이 없는 넓

은 바다. むへんたいかい
無病〔무병〕 병이 없음. むびょう
無分別〔무분별〕 분별이 없음. 생각이 없음. むふんべつ
無不干涉〔무불간섭〕 무슨 일에나 간섭함. むふかんしょう
無不通知〔무불통지〕 모두 통하여 모르는 것이 없음.
無比〔무비〕 견줄 만한 것이 없음. 동무류(無類)·무이(無二). 예天下(천하)一. むひ 「음. むし
無私〔무사〕 이기심(利己心)이 없
無事〔무사〕 ①아무 일이 없음. 한가함. ②탈 없이 편안함. 동무고(無故). ぶじ
無事奔走〔무사분주〕 쓸데없이 공연히 바쁘게 돌아다님. ぶじふんそう
無產〔무산〕 ①재산이 없음. 예一層(층). ②직업이 없음. むさん
無上〔무상〕 그 위에 더할 수 없이 나음. 동극상(極上)·최상(最上). むじょう
無常〔무상〕 ①인생이 덧없음. 예諸行(제행)一. ②일정하지 아니함. 변함. むじょう
無償〔무상〕 아무런 보상이 없음. ↔有償(유상). むしょう
無雙〔무쌍〕 서로 견줄 만한 짝이 없음. 둘도 없음. 예勇敢(용감)一. むそう
無常時〔무상시〕 일정한 때가 없음.
無常出入〔무상출입〕 아무 때나 드나듦. 「せいい
無誠意〔무성의〕 성의가 없음. む
無所得〔무소득〕 아무 얻는 바가 없음. むしょとく 「없음.
無所不知〔무소부지〕 모르는 것이
無所不能〔무소불능〕 무엇이든지 능통(能通)하지 않은 것이 없음.
無所不爲〔무소불위〕 하지 않는 것이 없음. 선악(善惡)을 가리지 않고 무슨 일이고 함.
無所屬〔무소속〕 어느 단체에도 속하지 아니함. むしょぞく
無消息〔무소식〕 소식이 끊어짐. むしょうそく
無所畏〔무소외〕 두려워하는 바가 없음. 무서운 사람이 없음. むしょい
無數〔무수〕 ①이루 셀 수가 없을 만큼 많음. ②일정한 수가 없음. むすう
無宿〔무숙〕 ①일정한 숙소가 없음. 또 그 사람. 예一者(자). ②호적(戶籍)이 없음. 또 그 사람. むしゅく 「じゅん
無順〔무순〕 순서(順序)가 없음. む
無始〔무시〕 ①처음이 없음. ②한없이 먼 옛적. 동태초(太初). む
無視〔무시〕 업신여김. むし 「し
無始無終〔무시무종〕 시초도 없고 끝도 없음. 항상 변하지 아니함. むしむしゅう 「しき
無識〔무식〕 학식(學識)이 없음. む
無識者〔무식자〕 무식한 사람. ↔유식자(有識者). むしきしゃ
無信〔무신〕 ①신용(信用)이 없음. ②소식이 없음. むしん
無神經〔무신경〕 ①감각(感覺)이 둔함. ②염치가 없음. 뻔뻔스러움. むしんけい
無實〔무실〕 ①실질(實質)이 없음. ②사실이 없음. むじつ
無心〔무심〕 ①고의(故意)가 아님. 자연임. ②생각이 없음. 본심이 없음. ③사욕(私慾)이 없는 마음. むしん
無我〔무아〕 ①이기심(利己心)이 없음. 나라는 생각이 없음. 사욕(私慾)이 없음. ②자기를 잊음. ③일체(一切)의 존재는 무상(無常)하므로 자기의 존재도 없다고 부정하는 일. むが
無我境〔무아경〕 마음이 한 곳에 온통 쏠려 자기를 잊고 있는 경지(境地). むがきょう
無顏〔무안〕 남을 대할 면목(面目)이 없음. 「限). むがい
無涯〔무애〕 끝이 없음. 동무한(無
無涯之戚〔무애지척〕 한없는 슬픔. むがいのせき
無言〔무언〕 말이 없음. むごん
無言不答〔무언부답〕 대답 못할 말이 없음. 「음이 없음.
無嚴〔무엄〕 삼가고 어려워하는 마

無影塔〔무영탑〕 석가탑의 딴이름.
無欲〔무욕〕 ⓓ⇨무욕(無慾). むよく 「よく
無慾〔무욕〕 욕심(慾心)이 없음. む
無用之物〔무용지물〕 아무 짝에도 쓸데없는 물건. ⓓ無用之長物(무용지장물). むようのもの
無用之長物〔무용지장물〕 ⓓ⇨무용지물(無用之物).
無憂〔무우〕 근심이 없음. むゆう
無爲〔무위〕 ①아무 일도 하지 아니함. ②자연 그대로이며 인위(人爲)를 보탬이 없음. ③조용하고 공허(空虛)함. むい
無爲徒食〔무위도식〕 아무 하는 일 없이 먹고 놀기만 함. むいとしょく
無音〔무음〕 편지를 하지 아니함. 소식을 전하지 아니함. むおん
無義無信〔무의무신〕 신의(信義)가 없음. むぎむしん
無依無託〔무의무탁〕 몸을 의탁(依託)할 데가 없음. 몹시 고독함. むいむたく 「むいみ
無意味〔무의미〕 아무 뜻이 없음.
無意識〔무의식〕 ①의식이 없음. ②정신을 잃음. むいしき
無二〔무이〕 ①둘도 없음. 견줄 만한 것이 없음. ⓓ무비(無比). ㉠唯一(유일)—. ②의심이 없음. 이심(二心)이 없음. むに
無益〔무익〕 유익할 것이 없음. ㉠百害(백해)—. むえき
無人絶島〔무인절도〕 사람이 살지 않는 외딴 섬. むじんぜっとう
無人之境〔무인지경〕 아무도 없는 땅. 사람이라고는 찾아볼 수 없는 지경(地境). むじんのきょう
無任〔무임〕 맡은 일이 없음. むにん 「없음. むじひ
無慈悲〔무자비〕 자비심(慈悲心)이
無將之卒〔무장지졸〕 ①장수(將帥)가 없는 군사(軍士). ②단체(團體)에 우두머리가 없음을 이름. むしょうのそつ
無才〔무재〕 재주가 없음. むさい
無抵抗〔무저항〕 저항이 없음. ㉠—主義(주의). むていこう

無敵〔무적〕 대적(對敵)할 사람이 없음. 겨룰 만한 적이 없음. ㉠天下(천하)—. むてき
無籍〔무적〕 국적(國籍) 또는 호적(戶籍)이 없음. むせき
無錢取食〔무전취식〕 돈 없이 남의 파는 음식을 거저 먹음.
無節操〔무절조〕 절조(節操)가 없음. 「음. むせいげん
無制限〔무제한〕 제한(制限)이 없
無條件〔무조건〕 아무 조건이 없음. むじょうけん
無罪之人〔무죄지인〕 죄가 없는 사람. むざいのひと
無主〔무주〕 임자가 없음. むしゅ
無知〔무지〕 ①아는 것이 없음. 학문이 없음. ②슬기가 없음. 미련함. ⓓ무지(無智). むち
無知莫知〔무지막지〕 무식(無識)하고 우악스러움.
無知沒覺〔무지몰각〕 지각(知覺)이 없음. 「しょく
無職〔무직〕 직업(職業)이 없음. む
無盡藏〔무진장〕 ①물건이 한없이 많이 있음. 암만 써도 없어지지 아니함. ②암만 닦아도 한이 없는 법의(法義). むじんぞう
無差別〔무차별〕 차별(差別)이 없음. むさべつ
無責任〔무책임〕 ①책임이 없음. ②책임 관념(觀念)이 없음. むせきにん 「㉠地帶(지대). むふう
無風〔무풍〕 바람이 불지 아니함.
無何〔무하〕 ①얼마 안 되어. ②아무 죄도 없음. むか
無何有〔무하유〕 아무 것도 없음. 공허함. むかゆう
無何有之鄕〔무하유지향〕 아무 것도 없는 시골이라는 뜻으로, 세상의 번거로운 일이 없는 허무자연의 낙토(樂土)를 이름. むかゆうのきょう. むかうのさと
無限〔무한〕 한이 없음. 끝이 없음. ⓓ무변(無邊)·무애(無涯). ↔유한(有限). むげん
無限量〔무한량〕 한량(限量)이 없음. ⓓ무량(無量). むげんりょう
無限定〔무한정〕 한정이 없음. むげ

んてい
無恒產者無恒心〔무항산자무항심〕 일정한 재산 또는 생업(生業)이 없어 생활이 안정하지 아니하면 착한 마음도 흔들림. 「がい
無害〔무해〕 해로울 것이 없음. む
無害無得〔무해무득〕 해로운 것도 없고, 이로운 것도 없음. ⓓ무득무실(無得無失). むがいむとく
無形無迹〔무형무적〕 드러난 형적(形迹)이 없음. むけいむせき
無効〔무효〕 보람이 없음. 효과(効果)가 없음. むこう
無効之事〔무효지사〕 보람이 없는 일. むこうのじ
無後〔무후〕 대(代)를 이을 자손(子孫)이 없음. むご
▷皆無(개무). 有無(유무). 全無(전무). 絕無(절무). 虛無(허무).

【然】 부 灬(불화변) 획 4—8 훈 그럴 음 연 ㊥ jan² ㊧ but; burn ㊐ ゼン. ネン. しかし. しかり
뜻 ①그럴. ②그러나. ③옳을. ④어조사. ⑤불사를(燃과 통용).
필순 クタタ夕外外外然然
然諾〔연낙〕 승낙(承諾)함. ぜんだく 「함. ぜんぴ
然否〔연부〕 그러함과 그렇지 아니
然而〔연이〕 그러나. しかり. しこ
然則〔연즉〕 그런즉. しうして
然後〔연후〕 그런 뒤. しかるのち
▷決然(결연). 公然(공연). 果然(과연). 漠然(막연). 茫然(망연). 未然(미연). 勃然(발연). 不然(불연). 宛然(완연). 偶然(우연). 隱然(은연). 依然(의연). 自然(자연). 燦然(찬연). 天然(천연). 超然(초연). 必然(필연). 忽然(홀연). 欣然(흔연).

【焦】 부 灬(불화변) 획 4—8 훈 그슬릴 음 초 ㊥ chiao¹ ㊧ burn ㊐ ショウ. こげる
뜻 ①그슬릴. 그을. ②탈. 애탈. ③까매짐. ④태울. ⑤탄내날.
필순 イ亻亻隹隹焦焦焦焦
焦眉〔초미〕 눈썹을 그슬림과 같이 매우 위급함을 이름. 예一之急(지급). しょうび
焦思〔초사〕 속을 태움. 마음이 타도록 애씀. 예勞心(노심)一. しょうし 「しょうそう
焦燥〔초조〕 애를 태워서 마음을 죔.
焦土〔초토〕 불에 타고 그슬린 땅. 예一作戰(작전). しょうど

【照】 부 灬(불화변) 획 4—9 훈 비칠 음 조: ㊥ chao⁴ ㊧ illumine ㊐ ショウ. てる. てらす
뜻 ①비칠. ②대조할. 비교할.
필순 日 日 日フ 日刀 昭 昭 照 照
照明〔조명〕 ①밝게 비춤. 환히 비춤. 예一燈(등). ②무대에 빛을 비추는 일. しょうめい
照査〔조사〕 대조(對照)하여 조사함. しょうさ 「임. しょうしゃ
照射〔조사〕 서로 마주 비추어 반짝
照準〔조준〕 겨냥을 보는 표준(標準). しょうじゅん
照會〔조회〕 무엇을 묻거나 또는 알리기 위하여 보내는 공문(公文). しょうかい
▷落照(낙조). 對照(대조). 夕照(석조). 參照(참조).

【熙】 부 灬(불화변) 획 4—9 훈 빛날 음 희 ㊥ hsi¹ ㊧ bright ㊐ キ. ひかる
뜻 ①빛날. ②일어날. ③넓을. 넓힐. ④화할. 화락할. ⑤기뻐할(嬉와 통용).
필순 𠃊 𦣞 𦣞 臣 臣 巸 熙 熙
熙笑〔희소〕 기뻐서 웃음. きしょう
熙朝〔희조〕 잘 다스려진 시대. ⓓ성세(盛世). きちょう
熙熙〔희희〕 ①화목(和睦)한 모양. ②넓은 모양. きき
熙熙壤壤〔희희양양〕 여러 사람이 번잡(煩雜)하게 왕래하는 모양. ききじょうじょう
▷光熙(광희). 榮熙(영희).

【熊】 부 灬(불화변) 획 4—10 훈 곰 음 웅 ㊥ hsiung² ㊧ bear ㊐ ユウ. くま
뜻 ①곰. ②빛날.
필순 ㇰ 㠯 育 育 能 能 能 熊
熊膽〔웅담〕 곰의 쓸개. 약(藥)에

砼. ゆうたん
熊女〔웅녀〕 단군신화(檀君神話)에서 환웅(桓雄)과 결혼하여 단군(檀君)을 낳았다는 여성.
熊掌〔웅장〕 곰의 발바닥. 팔진미(八珍味)의 하나. ゆうしょう
熊津〔웅진〕 공주(公州)의 옛이름. 곰나루.
▷飛熊(비웅).

【熟】 부 灬(불화변) 획 4—11 훈 익을 음 숙 中 shu², shou² 英 ripe 日 ジュク. にる
뜻 ①익을. 익힐. ②숙달할. 익숙할. ③삶을. ④이룰.
필순 亠 亨 享 孰 孰 孰熟熟
熟考〔숙고〕 곰곰 생각함. 동숙려(熟慮). 예深思(심사)—. じゅっこう
熟果〔숙과〕 익은 과일. じゅくか
熟達〔숙달〕 익숙하여 통달(通達)함. じゅくたつ 「くどく
熟讀〔숙독〕 익숙하도록 읽음. じゅ
熟卵〔숙란〕 삶은 달걀.
熟慮〔숙려〕 곰곰 생각함. 동숙고(熟考). じゅくりょ
熟練〔숙련〕 익숙함. じゅくれん
熟馬〔숙마〕 잘 길든 말. じゅくば
熟面〔숙면〕 익숙하게 아는 사람.
熟眠〔숙면〕 동⇨숙수(熟睡).
熟成〔숙성〕 사물이 충분히 이루어짐. 잘됨. 동성숙(成熟). じゅくせい
熟睡〔숙수〕 깊이 잠이 듦. 잘 잠. 동熟眠(숙면). じゅくすい
熟語〔숙어〕 둘 이상의 단어를 합하여 한 뜻을 나타내는 말. じゅくご 「의(深議). じゅくぎ
熟議〔숙의〕 충분히 의론함. 동심
熟知〔숙지〕 잘 앎. 익숙하게 앎. じゅくち 「또 그 친분(親分).
熟親〔숙친〕 정분이 아주 가까움.
▷爛熟(난숙). 未熟(미숙). 半熟(반숙). 圓熟(원숙). 親熟(친숙).

〖熱〗 부 灬(불화변) 획 4—11 훈 더울 음 열 中 jê⁴ 英 hot; heat 日 ネツ. あつい
뜻 ①더울. ②뜨거울. ③쏠릴. ④바쁠.
필순 土 夫 坴 㚎 執 埶 熱熱
熱狂〔열광〕 미친 듯이 열중함. 또 너무 좋아서 미친 듯이 날뜀. 예—的(적). ねっきょう
熱氣〔열기〕 뜨거운 기운. ねっき
熱烈〔열렬〕 ①권세가 대단함. ②열의 정도가 맹렬함. ねつれつ
熱望〔열망〕 열심히 바람. 열렬히 바람. ねつぼう 「つべん
熱辯〔열변〕 열렬한 웅변(雄辯). ね
熱性〔열성〕 걸핏하면 욱하는 성질(性質). 동열혈(熱血). ねっせい
熱誠〔열성〕 열렬한 정성. ねっせい
熱愛〔열애〕 열렬히 사랑함. ねつあい
熱情〔열정〕 ①열렬(熱烈)한 애정. 두터운 은정(恩情). ②열중하는 마음. ねつじょう
熱中〔열중〕 ①초조하여 몸닮. 또 번민(煩悶)함. ②정신(精神)을 한 곳으로 집중시킴. ねっちゅう
熱湯〔열탕〕 끓는 물. ねっとう
熱河日記〔열하일기〕 연암(燕巖) 박지원(朴趾源)이 지은 책. 청(清)나라의 열하까지 갔을 때의 기행문(紀行文).
熱血〔열혈〕 ①뜨거운 피. ②열정(熱情)으로 인하여 끓는 피. 동정열(情熱)·열성(熱性). 예—靑年(청년). ねっけつ
熱血漢〔열혈한〕 ①정열적인 사람. 정의의 피가 끓는 사람. ②화를 잘 내는 사람. ねっけつかん
熱火〔열화〕 뜨거운 불. ねっか
▷高熱(고열). 暖熱(난열). 發熱(발열). 煩熱(번열). 身熱(신열). 炎熱(염열). 溫熱(온열). 電熱(전열). 情熱(정열). 平熱(평열). 解熱(해열). 向學熱(향학열).

【燕】 부 灬(불화변) 획 4—12 훈 제비 음 연 中 yen¹ 英 swallow 日 エン. つばめ
뜻 ①제비. ②잔치(宴과 통용). ③편안할. 쉴. ④나라이름.
필순 廿 廿 苷 莳 燕燕
燕京〔연경〕 북경(北京)의 딴이름. 춘추시대(春秋時代)의 연(燕)나라의 영토이었으므로 이름.

燕樂〔연락·연악〕①주연(酒宴)을 베풀고 즐거이 놂. ②주연(酒宴)에서 연주(演奏)하는 음악. えんらく. えんがく

燕麥〔연맥〕귀리. えんばく

燕尾〔연미〕①제비의 꼬리. 또 그 모양을 한 것. ②가위. えんび

燕巖〔연암〕이조 정조(正祖) 때의 실학자(實學者) 박 지원(朴趾源)의 호(號).

燕遊〔연유〕①잔치를 베풀고 놂. ②한가로이 놂. えんゆう

燕雀〔연작〕①제비와 참새. ②작은 새. 곧 그릇이 작은 사람. [동]소인(小人). えんじゃく

燕雀不生鳳〔연작불생봉〕제비와 참새는 봉황을 낳을 수 없음. 곧 불초한 사람은 어진 아들을 낳을 수 없음의 비유.

燕鴻之歎〔연홍지탄〕길이 어긋나서 서로 만나지 못하는 탄식.

▷歸燕(귀연).

(4) 爪 部

〖爭〗[부] 爪(손톱조밑) [획] 4—4 [훈] 다툴 [음] 쟁 [中] chêng¹ [英] contest [日] ソウ. あらそう

[뜻] ①다툴. 싸울. ②간할(諍과 통용).

[참고] [약] 争

[필순] 一爫爫爭爭

爭議〔쟁의〕서로 다른 의견(意見)을 주장하여 다툼. [예]勞動(노동)—. そうぎ

爭取〔쟁취〕싸워서 빼앗아 가짐. 「そうしゅ

爭奪〔쟁탈〕다투어 빼앗음. 서로 빼앗으려고 다툼. そうだつ

爭鬪〔쟁투〕완력(腕力)으로 서로 다툼. 싸움. そうとう

▷競爭(경쟁). 論爭(논쟁). 紛爭(분쟁). 言爭(언쟁). 鬪爭(투쟁).

〖爲〗[부] 爪(손톱조밑) [획] 4—8 [훈] 할 [음] 위 [中] wei³·⁴ [英] do; make [日] イ. なす. ため

[뜻] ①할. ②만들. 지을. ③될. ④삼을. ⑤도울. ⑥위할.

[참고] [약] 為

[필순] 一爫爫爫爲爲爲爲

爲雞口無爲牛後〔위계구무위우후〕작은 닭의 입이 될지언정 큰 소의 꼬리는 되지 말라. 작더라도 사람 위에 설 것이며 크더라도 사람의 뒤에는 붙지 말라는 뜻.

爲始〔위시〕시작함. 비롯함.

爲我〔위아〕자기의 이익만을 꾀하는 일. 중국 전국시대(戰國時代)의 양주(楊朱)의 학설.

爲人〔위인〕사람된 품. いじん

爲政〔위정〕정치를 함. いせい

爲政者〔위정자〕정치를 행하는 사람. いせいしゃ

爲主〔위주〕주장을 삼음.

爲學〔위학〕배움. 학문을 함.

▷當爲(당위). 無爲(무위). 所爲(소위). 營爲(영위). 云爲(운위). 有爲(유위). 人爲(인위). 作爲(작위). 行爲(행위).

【爵】[부] 爪(손톱조밑) [획] 4—14 [훈] 벼슬 [음] 작 [中] chüeh² [英] peerage [日] シャク. くらい

[뜻] ①벼슬. 작위. ②술잔(酌과 통용). ③봉할.

[필순] 一爫爫爵爵爵爵

爵祿〔작록〕벼슬과 봉록(俸祿). しゃくろく 「의 계급. しゃくい

爵位〔작위〕①위계(位階). ②작(爵)

爵號〔작호〕작위(爵位)의 칭호. 곧 공(公)·후(侯)·백(伯)·자(子)·남(男). しゃくごう

▷公爵(공작). 侯爵(후작). 伯爵(백작). 子爵(자작). 男爵(남작).

(4) 父 部

〖父〗[부] 父(아비부밑) [획] 4—0 [훈] 아비 [음] 부(부:) [中] fu³·⁴ [英] father [日] フ. ホ. ちち

[뜻] ①아비. 아버지. ②늙으신네. ③사내 미칭(보).

필순 ノ ハ グ 父

父系〔부계〕 아버지의 계통. ふけい

父君〔부군〕 자기나 남의 아버지의 경칭. ふくん

父女〔부녀〕 아버지와 딸. ふじょ

父老〔부로〕 ①노인(老人). ②한 마을에서 중심 인물이 되는 노인. ふろう

父母〔부모〕 ①아버지와 어머니. ②부모 같은 사람. 존경하고 친애하는 웃어른. ③근본. ふぼ

父母俱存〔부모구존〕 양친이 다 살아 계심. ふぼぐぞん

父父子子〔부부자자〕 아버지는 아버지 노릇하고, 아들은 아들 노릇함. 아버지는 아버지의 본분을 지키고, 아들은 아들의 본분을 지킴. ふふしし

父事之〔부사지〕 아버지와 같이 섬김. 어버이처럼 대접함.

父爲子綱〔부위자강〕 아버지는 아들의 벼리가 되어야 함.

父子〔부자〕 아버지와 아들. ふし

父子有親〔부자유친〕 부자(父子)의 도(道)는 친밀(親密)에 있음. ふししんあり

父傳子傳〔부전자전〕 대대(代代)로 아버지가 아들에게 전(傳)함.

父祖〔부조〕 ①아버지와 할아버지. ②조상. 동선조(先祖). ふそ

父主前〔부주전〕 아버님 앞이라는 뜻으로 편지에 쓰는 말.

父親〔부친〕 아버지. ちちおや

父兄〔부형〕 아버지와 형. ふけい

▷家父(가부). 國父(국부). 乃父(내부). 老父(노부). 大父(대부). 伯父(백부). 叔父(숙부). 神父(신부). 嶽父(악부). 養父(양부). 嚴父(엄부). 義父(의부). 祖父(조부). 親父(친부).

(4) 爻 部

〔爾〕 부 爻(점괘효) 획 4—10 훈 너 음 이 中 êrh³ 英 you 日 ジ. ニ. なんじ

뜻 ①너. ②가까울. ③어조사. ④그. 이.

필순 一 𠆢 冂 冂 帀 爾 爾

爾今〔이금〕 지금부터. 이후. じこん

爾來〔이래〕 ①그 후. 그 때부터 지금까지. ②요사이. 동근래(近來). じらい

爾時〔이시〕 그 때. じじ

爾汝〔이여〕 ①너희들. ②너. じじょ

爾餘〔이여〕 그 외. じよ

爾爲爾我爲我〔이위이아위아〕 너는 너 할 대로 해라, 나는 내 뜻대로 한다. 곧 나는 너에 대해 관여할 바가 아님을 이름. なんじはなんじたりわれはわれたり

爾爾〔이이〕 ①그러함. ②이러이러함. じじ

爾後〔이후〕 그 후. 이후(以後). じご

▷遠爾(원이).

(4) 爿 部

〔牆〕 부 爿(장수장변) 획 4—13 동⇨장(墻).

(4) 片 部

〔片〕 부 片(조각편변) 획 4—0 훈 조각 음 편: 中 pien¹·⁴ 英 splinter 日 ヘン. かた

뜻 ①조각. 쪽. ②화판. ③성.

필순 丿 丿' 片 片

片鱗〔편린〕 한 조각의 비늘. 곧, 극히 작은 부분. へんりん

片言〔편언〕 한 마디의 말. 짤막한 말. へんげん

片影〔편영〕 조그마한 그림자. へんえい

片雲〔편운〕 한 조각의 구름. へんうん

片月〔편월〕 조각달. へんげつ

片土〔편토〕 작은 토지(土地). へんど

片片〔편편〕 ①가볍게 뒤치는 모양. ②여러 조각이 된 모양. 한 조각

한 조각. へんぺん
▷斷片(단편). 碎片(쇄편). 一片(일편). 紙片(지편). 破片(파편).

【版】 부 片(조각편변) 획 4—4 훈 판목 음 판(판:) 中 pan³ 英 board; edition 日 ハン. いた. ふだ
뜻 ①판목. 인쇄. ②호적. ③널(板과 통용). ④한길.
필순 丿 𠂇 片 片 版 版 版
版權〔판권〕 저작물(著作物)을 인쇄·발행하는 권리. はんけん
版圖〔판도〕 어느 한 국가의 통치하에 있는 영토. はんと
版木〔판목〕 인쇄하기 위해서 글자나 그림을 새긴 널빤지. はんぎ
版本〔판본〕 판목에 새겨서 인쇄한 책. 동판본(板本). はんぽん
▷孔版(공판). 銅版(동판). 木版(목판). 石版(석판). 鉛版(연판). 出版(출판). 現版(현판).

「牒」 부 片(조각편변) 획 4—9 훈 편지 음 첩 中 tieh² 英 letter 日 チョウ. かきもの. ふだ
뜻 ①편지. ②문서. ③족보. ④장부. 명부.
필순 丿 𠂇 片 片 片卄 片廿 牒 牒
牒報〔첩보〕 상부에 서면(書面)으로 보고함. 동첩정(牒呈).
牒紙〔첩지〕 이조 때 판임관(判任官)의 임명서(任命書).
▷簡牒(간첩). 書牒(서첩). 請牒(청첩). 通牒(통첩).

(4) 牙 部

【牙】 부 牙(어금니아변) 획 4—0 훈 어금니 음 아 中 ya² 英 molar; tooth 日 ガ. きば
뜻 ①어금니. ②대장기. ③거간.
필순 一 二 于 牙
牙器〔아기〕 상아(象牙)로 만든 그릇.
牙旗〔아기〕 대장군(大將軍)의 기. がき
牙輪〔아륜〕 톱니바퀴.
牙城〔아성〕 아기(牙旗)를 세운 성. 대장군이 거처하는 성. がじょう
牙錢〔아전〕 흥정을 붙여 주고 수고로 받는 돈. がせん
牙儈〔아쾌〕 거간군. がかい
▷大牙(대아). 毒牙(독아). 象牙(상아). 齒牙(치아).

(4) 牛 部

〘牛〙 부 牛(소우변) 획 4—0 훈 소 음 우 中 niu² 英 ox; cow 日 ギュウ. うし
뜻 ①소. ②별이름.
필순 ノ 𠂉 𠂒 牛
牛車〔우거〕 소가 끄는 수레. ぎゅうしゃ
牛耕〔우경〕 소를 부려 밭을 갊. ぎゅうこう
牛馬〔우마〕 소와 말. ぎゅうば
牛毛〔우모〕 쇠털. 많은 수의 비유. ぎゅうもう
牛毛麟角〔우모인각〕 배우는 사람은 쇠털같이 많으나 성공하는 사람은 기린의 뿔같이 아주 드묾. ぎゅうもうりんかく
牛步〔우보〕 소의 걸음. 느린 걸음. ぎゅうほ
牛心〔우심〕 소의 심장. 소의 염통.
牛乳〔우유〕 암소에서 짜낸 젖. 쇠젖. ぎゅうにゅう
牛飮〔우음〕 소가 물을 마시듯이 술을 많이 마심. 동대음(大飮). ぎゅういん
牛耳讀經〔우이독경〕 동⇨우이송경(牛耳誦經). ぎゅうじどっきょう
牛耳誦經〔우이송경〕 쇠귀에 경읽기. 동우이독경(牛耳讀經).
牛皮〔우피〕 쇠가죽. ぎゅうひ
牛漢〔우한〕 은하(銀河).
▷牽牛(견우). 耕牛(경우). 水牛(수우). 野牛(야우).

「牝」 부 牛(소우변) 획 4—2 훈 암컷 음 빈(빈:) 中 p'in⁴ 英 female 日 ヒン. めす
뜻 ①암짐승. 암컷. ②잠을쇠 구멍. ③골짜기.
필순 ノ 牛 牝 牝
牝鷄〔빈계〕 암탉. ひんけい

牝鷄司晨[빈계사신] [동]⇨빈계지신(牝鷄之晨). ひんけいししん
牝鷄之晨[빈계지신] 새벽에 암탉이 욺. 곧 여자가 세력을 부림.
牝馬之貞[빈마지정] 암말의 유순한 덕(德). 곧 유순한 덕에 의하여 힘든 일을 잘 참아서 성공함을 이름. 「자리의 한 가지. ひんぼ
牝牡[빈모] ①암컷과 수컷. ② 별
牝瓦[빈와] 암키와. 지붕의 고랑이 되는 데에 깐 기와. ひんが
牝朝[빈조] 당(唐)의 무후(武后)가 여자의 몸으로 조정(朝政)을 전단(專斷)하였으므로 생긴 말.

「牡」 [부] 牛(소우변) [획] 4—3 [훈] 수컷 [음] 모 [中] mu³ mou³ [英] male of animals [日] ボ. おす
[뜻] ①수컷(모·무). ②열쇠.
[필순] ⺧ 牛 牜 牡 牡
牡丹[모란] 작약과에 속하는 낙엽관목(落葉灌木). [동]목단(牧丹). ぼたん 「ぼひん
牡牝[모빈] 짐승의 암컷과 수컷.
牡瓦[모와] 수키와. 엎어 이는 기
牡牛[모우] 수소. 황소. ㄴ와. ぼが
▷牝牡(빈모).

【牧】 [부] 牛(소우변) [획] 4—4 [훈] 칠 [음] 목 [中] mu⁴ [英] pasture [日] ボク. まき. つかさ
[뜻] ①칠. 기를. ②다스릴. ③벼슬이름. ④임할. ⑤살필.
[필순] ⺧ 牛 牜 牜 牧 牧
牧歌[목가] ①목동들이 부르는 노래. ②전원시(田園詩)의 한 가지. ぼっか 「くどう
牧童[목동] 마소를 치는 아이. ぼ
牧民[목민] 백성(百姓)을 다스림. ぼくみん
牧民心書[목민심서] 이조 순조(純祖) 때 정 약용(丁若鏞)이 관리(官吏)의 바른 길을 계몽하려고 사례(史例)를 들어 설명한 책.
牧使[목사] 고려 및 이조 때에 크고 중요한 고을을 맡아 다스리던 정삼품(正三品)의 수령(守令). ぼくし
牧師[목사] ① 목장(牧場)을 맡은 벼슬아치. ②기독교의 교회의 교직(敎職)의 하나. ぼくし
牧羊[목양] 양(羊)을 침.
牧養[목양] ①기름. 먹여 살림. ② [동]목축(牧畜). ぼくよう 「じん
牧人[목인] 목축하는 사람. ぼく
牧者[목자] ①목축(牧畜)을 업(業)으로 삼는 사람. ② 기독(基督)의 딴이름. ③기독교의 목사(牧師)의 별칭. ぼくしゃ
牧場[목장] 말·소·양 따위를 놓아 기르는 곳. ぼくじょう
牧笛[목적] 말·소를 치는 목동이 부는 피리. ぼくてき
牧畜[목축] 소·양·말 따위를 목장 또는 들에 놓아 먹여 기름. [동]목양(牧養). ぼくちく
▷農牧(농목). 放牧(방목). 司牧(사목). 遊牧(유목).

〖物〗 [부] 牛(소우변) [획] 4—4 [훈] 물건 [음] 물 [中] wu⁴ [英] matter [日] ブツ. モツ. もの
[뜻] ①물건. 만물. ②무리. ③사물. 일.

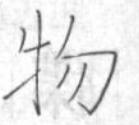

[필순] ⺧ 牛 牜 牞 物 物
物價[물가] 물건의 값. ぶっか
物價指數[물가지수] 일정한 지역. 시기의 물가를 기준으로 하여, 어떤 시기의 물가 변동을 그것과 비교하여 백분율로 나타낸 것. ぶっかしすう 「그 주인이 있음.
物各有主[물각유주] 물건은 각각
物力[물력] ①물건을 생산하는 힘. 생산력. ②재력(財力). ③조세(租稅) 이외에 백성의 전답·가옥·거마(車馬)·저축의 많고 적음에 따라 금전을 거두는 일. ぶつりょく
物理[물리] ① 만물(萬物)의 이치(理致). ②물리학(物理學). ぶつり 「는 명망(名望). ぶつぼう
物望[물망] 여러 사람이 우러러보
物理療法[물리요법] 약을 쓰지 않고 물리적 작용을 이용한 치료법. ぶつりりょうほう
物理學的變化[물리학적변화] 물질의 성분은 변화함이 없이 다만 상태만 변화하는 현상. ↔화학적 변화(化學的變化). ぶつりが

くてきへんか
物務〔물무〕 사무(事務). ぶつむ
物物交易〔물물교역〕 ㊟⇨물물교환(物物交換). ぶつぶつこうえき
物物交換〔물물교환〕 물건과 물건을 화폐의 매개(媒介)를 통하지 않고 직접 교환하는 경제 상태. ㊟물물교역. ぶつぶつこうかん
物産〔물산〕 그 땅에서 나는 물품. ㊟방물(方物). ぶっさん
物象〔물상〕 ①유형물(有形物)의 형상. ㊟물형(物形). ②자연의 풍경. ③물리학(物理學)·화학(化學)의 총칭. ぶっしょう
物色〔물색〕 ①물건의 빛. ②인상(人相)에 의하여 그 사람을 찾음. ③어떤 일에 쓸 만한 사람이나 물건을 듣보아 고름. ぶっしょく
物心〔물심〕 물질과 정신. ぶっしん
物我〔물아〕 ①남과 나. ②물건과 나. 물질계와 정신계. 객관(客觀)과 주관(主觀). ぶつが
物外〔물외〕 세상 밖. 세상 일에 관계하지 않는 일. ぶつがい
物慾〔물욕〕 물건을 탐내는 마음. 물질에 대한 욕망. ぶつよく
物議〔물의〕 여러 사람의 평판(評判). 세상 사람의 비난. ぶつぎ
物資〔물자〕 여러 가지의 물건을 만드는 바탕. ぶっし
物情〔물정〕 ①사물(事物)의 본질. 사물의 상태. ②세상 형편. 세상의 정세. 세인(世人)의 심정(心情). ぶっじょう
物質〔물질〕 ①물건의 본바탕. ②물품. ③물체(物體). ↔정신(精神). ぶっしつ
物體〔물체〕 ①물건의 형체(形體). ②감각(感覺)·정신이 없는 유형물(有形物). ㊟물질(物質). ぶったい
物品〔물품〕 쓰일 가치가 있는 물건. ぶっぴん
物貨〔물화〕 물품과 재화(財貨). ぶっか
▷古物(고물). 鑛物(광물). 怪物(괴물). 動物(동물). 萬物(만물). 文物(문물). 微物(미물). 寶物(보물). 事物(사물). 產物(산물). 生物(생물). 俗物(속물). 植物(식물). 禮物(예물). 人物(인물). 廢物(폐물). 貨物(화물).

「牲」 부 牜(소우변) 획 4—5 훈 희생 음 생 ㊥ shêng[1] ㊖ sacrificial ㊐ セイ. いけにえ
뜻 ①희생. ②짐승.
필순 ㄴ 牛 牛 牛 牲牲
▷犧牲(희생).

〖特〗 부 牜(소우변) 획 4—6 훈 특별할 음 특 ㊥ t'ê[4] ㊖ special ㊐ トウ. ひとり
뜻 ①특별할. ②우뚝할. ③가장. ④수소. ⑤다만.
필순 ㄴ 牛 牛 牛 牛 牲 特 特
特價〔특가〕 특별히 싸게 매긴 값. とっか
特權〔특권〕 어떠한 사람에게 한하여 특별히 주어지는 우월(優越)한 지위나 권리. とっけん
特勤〔특근〕 근무(勤務) 시간 밖에 더 하는 근무. とっきん
特急〔특급〕 ㊟⇨특별급행. とっきゅう
特給〔특급〕 특별히 줌. とっきゅう
特技〔특기〕 남보다 뛰어난 특별한 기술. とくぎ
特待〔특대〕 특별한 대우(待遇). とくたい
特等〔특등〕 특별한 등급(等級). とくとう
特例〔특례〕 특별한 전례(前例). とくれい
特命〔특명〕 특별한 명령(命令). 또는 특별한 임명(任命). とくめい
特別〔특별〕 보통보다 훨씬 뛰어나게 다름. とくべつ
特別急行〔특별급행〕 큰 정거장에서만 정거하고 특별히 빨리 달리는 열차(列車). とくべつきゅうこう
特使〔특사〕 특별히 보내는 사신(使臣). とくし
特色〔특색〕 보통 것보다 다른 점(點). とくしょく
特書〔특서〕 특별히 씀. とくしょ
特選〔특선〕 특별히 골라 뽑음. とくせん
特設〔특설〕 특별히 설치(設置)함. とくせつ
特性〔특성〕 그것에만 있는 특이(特異)한 성질. ㊟특질(特質). と

くせい　「다름. とくしゅ
特殊〔특수〕 특별히 다름. 보통과
特愛〔특애〕 특별히 사랑함. とく
あい　「一店(점). とくやく
特約〔특약〕 특별한 약속(約束). 예
特有〔특유〕 그것만이 특별히 가지
고 있음. とくゆう
特異〔특이〕 특별히 다름. とくい
特典〔특전〕 특별한 은전(恩典). と
くてん　「くてい
特定〔특정〕 특별한 지정(指定). と
特製〔특제〕 특별한 제조(製造). 또
그 제품(製品). とくせい
特進〔특진〕 ① 한대(漢代)에 공덕
(功德)이 많은 제후(諸侯)에게
내린 명예의 칭호. ②일정한 진
급 기간 안에 특별한 공로로써
되는 진급. とくしん　「しつ
特質〔특질〕 동⇨특성(特性). とく
特輯〔특집〕 특정한 문제를 중심으
로 신문・잡지 따위를 편집함.
또 그것. とくしゅう
特徵〔특징〕 특별히 눈에 뜨이는 표
적(表迹). とくちょう「しゅつ
特出〔특출〕 특별히 뛰어남. とく
特派〔특파〕 특별한 파견. とくは
特筆〔특필〕 두드러진 일을 특별히
적음. 또 그 글. 예大書(대서)
一. とくひつ
特效〔특효〕 특벽한 효험(效驗). 예
一藥(약). とっこう
▷奇特(기특). 獨特(독특). 殊特(수
특). 英特(영특).

〔牽〕 부 牛(소우변) 획 4—7 훈
끌 음 견 中 ch'ien[1] 英 draw
日 ケン. ひく
뜻 ①끌. 당길. ②줄. ③연할. ④
희생. ⑤별이름. ⑥거리낄.
필순 亠玄玄牽牽牽牽

牽强〔견강〕 말을 억지로 끌어다가
그럴 듯하게 꾸며냄. けんきょう
牽强附會〔견강부회〕 ⇨견강(牽强).
けんきょうふかい
牽牛〔견우〕 은하수(銀河水) 동쪽
가에 있는 별 이름. 견우성(牽牛
星). けんぎゅう
牽引〔견인〕 끎. 서로 끌어당김.
예一車(차). けんいん
牽制〔견제〕 ①지나친 자유 행동을
끌어 잡아 자유를 제약함. ②적
을 아군(我軍)의 이로운 방향으
로 끌어들이거나 눌러 둠. ③마
음이 끌리어 결단(決斷)을 내리
지 못함. けんせい

〔犧〕 부 牛(소우변) 획 4—16 훈
희생 음 희: 中 hsi[1] 英
victims for sacrifice 日 ギ. い
뜻 ①희생. ②술그릇. 「けにえ
필순 牛牜牜牪犠犠犧犧

犧牲〔희생〕 ①천지(天地)・종묘(宗
廟)에 제물(祭物)로 쓰는 짐승.
②남을 위하여 목숨이나 재물(財
物) 혹은 권리 등을 버리거나 빼
앗기는 일. ぎせい

(4) 犬 部

〔犬〕 부 犬(개견) 획 4—0 훈 개
음 견 中 ch'üan[3] 英 dog
日 ケン. いぬ
뜻 개.
필순 一ナ大犬

犬馬〔견마〕 ①개와 말. 곧 짐승.
②자기의 겸칭(謙稱). けんば
犬馬之勞〔견마지로〕 군주(君主) 또
는 타인을 위하여 애쓰는 자기
의 노력의 겸칭. けんばのろう
犬馬之心〔견마지심〕 신하가 군주
에게 충성을 다하고자 하는 마
음. けんばのこころ
犬猫〔견묘〕 개와 고양이. 서로 사
이가 나쁨의 비유.
犬猿〔견원〕 개와 원숭이. 서로 사
이가 나쁨의 비유. けんえん
犬齒〔견치〕 ①송곳니. ②견치석(犬
齒石). けんし
犬齒石〔견치석〕 간지석(間知石) 축
대를 쌓을 때 쓰는 송곳니 모양
의 돌. けんしせき
▷軍犬(군견). 猛犬(맹견). 獵犬(엽
견). 鬪犬(투견).

〔狀〕 부 犬(개견) 획 4—4 훈 모
양 음 상: 中 chuang[4] 英
appearance 日 ジョウ. かたち

뜻 ①모양. ②형상. ③글월. 문서(장:). ④같을. ⑤베풀.
필순 丬丬爿爿-爿犬狀
狀貌〔상모〕 얼굴의 생김새. じょうぼう
狀態〔상태〕 모양. 형편. じょうたい
狀況〔상황〕 일이 되어 가는 형편이나 모양. じょうきょう
狀啓〔장계〕 감사(監司) 또는 왕명(王命)을 받고 지방에 파견된 관원(官員)이 서면(書面)으로 임금에게 보고하는 계본(啓本).
狀聞〔장문〕 장계(狀啓)를 올려 주달(奏達)함. じょうぶん
狀元〔장원〕 ①과거에 수석으로 급제한 사람. 예—及第(급제). ②성적이 첫째로 뽑힌 사람.
▷賞狀(상장). 扇狀(선상). 令狀(영장). 異狀(이상). 情狀(정상). 卒業狀(졸업장). 請牒狀(청첩장). 招請狀(초청장). 形狀(형상).

【獄】 부 犬(개견) 획 4—10 훈 감옥 음 옥 中 yü⁴ 英 prison 日 ゴク. ひとや
뜻 ①감옥. ②송사. 죄. ③우리.
필순 犭犭犭犭犭犭獄獄
獄吏〔옥리〕 옥(獄)에 갇힌 죄수(罪囚)를 맡은 벼슬아치. ごくり
獄死〔옥사〕 죄인이 옥(獄)에서 죽음. ごくし
獄舍〔옥사〕 감옥. ごくしゃ
獄事〔옥사〕 반역(叛逆)·살인(殺人)등 중대한 범죄를 다스리는 일. ごくじ
獄中〔옥중〕 옥 속. 감옥 안. ごくちゅう
▷監獄(감옥). 疑獄(의옥). 地獄(지옥). 出獄(출옥). 脫獄(탈옥).

【獸】 부 犬(개견) 획 4—15 훈 짐승 음 수 中 shou⁴ 英 wild beasts 日 ジュウ. けもの. けだもの
뜻 짐승.
참고 약 獣
필순 ˝ ˝˝ 㽞 嘼 嘼 獸獸獸
獸心〔수심〕 짐승과 같은 마음. 곧 도덕을 가볍게 여기는 마음. 예 人面(인면)—. じゅうしん
獸慾〔수욕〕 짐승처럼 비열(卑劣)한 욕망. 짐승 같은 음란한 욕심. 동성욕(性慾). じゅうよく
獸肉〔수육〕 짐승의 고기. じゅうにく
獸皮〔수피〕 짐승의 가죽. じゅうひ
▷怪獸(괴수). 禽獸(금수). 猛獸(맹수). 神獸(신수). 愼獸(신수). 野獸(야수).

【獻】 부 犬(개견) 획 4—16 훈 바칠 음 헌: 中 hsien⁴ 英 offer; present 日 ケン. コン. たてまつる 「술잔. 술통(사).
뜻 ①바칠. 드릴. ②어진이. ③
참고 약 献
필순 广 虍 虏 膚 膚 鬳 獻獻
獻金〔헌금〕 돈을 바침. けんきん
獻納〔헌납〕 ①충성된 말을 아룀. ②무엇을 바침. けんのう
獻上〔헌상〕 바침. 드림. 동헌정(獻呈). けんじょう
獻壽〔헌수〕 환갑 잔치 같은 때 장수(長壽)하기를 비는 뜻으로 잔에 술을 부어서 드림. けんじゅ
獻身〔헌신〕 몸을 바쳐 전력(全力)을 다함. けんしん
獻身的〔헌신적〕 헌신하는 정신으로 일을 하는 것. けんしんてき
獻呈〔헌정〕 동⇨헌상(獻上).
獻策〔헌책〕 계책(計策)을 올림. けんさく 「헌).
▷貢獻(공헌). 文獻(문헌). 奉獻(봉헌). 進獻(진헌).

(4) 王(玉)部

〖王〗 부 玉·王(구슬옥변) 획 4—0 훈 임금 음 왕 中 wang² 英 king 日 オウ. きみ
뜻 ①임금. ②클. ③으뜸. ④성.
필순 一 二 干 王
王家〔왕가〕 ①제왕. ②제왕의 집안. 동왕실(王室). おうか
王建〔왕건〕 ①고려 태조(太祖)의 이름. ②당(唐)나라의 시인. 자(字)는 중초(仲初). 문집에 왕사마집(王司馬集)이 있음.
王儉〔왕검〕 단군(檀君).
王考〔왕고〕 ①돌아간 할아버지. 동

조고(祖考).
王公[왕공] 왕(王)과 공(公). 신분이 고귀한 사람. おうこう
王公大人[왕공대인] 신분이 고귀한 사람. おうこうだいじん
王冠[왕관] 임금이 쓰는 관. おうかん
王宮[왕궁] ①임금의 궁전. ②해를 제사지내는 단(壇). おうきゅう 「力). おうけん
王權[왕권] 제왕이 지닌 권력(權
王女[왕녀] 제왕(帝王)의 딸. おうじょ 「왕성(王城). おうと
王都[왕도] 제왕이 있는 서울. 동
王道[왕도] ①제왕이 마땅히 행하여야 할 길. ②왕자(王者)가 어진 덕으로 인민을 다스리는 공평무사한 정치. ↔패도(霸道).
王陵[왕릉] 왕의 무덤. ⌊おうどう
王命[왕명] 제왕(帝王)의 명령. おうめい
王母[왕모] ①할머니. ②제왕(帝王)의 어머니. ③서왕모(西王母)의 약칭. おうぼ
王蜂[왕봉] 여왕벌. 장수벌. 「ふ
王父[왕부] 할아버지. 조부. おう
王妃[왕비] 왕의 아내. おうひ
王師[왕사] ①임금이 거느리는 군대. ②임금의 스승. おうし
王城[왕성] 동⇨왕도(王都).
王世孫[왕세손] 왕세자의 맏아들.
王世子[왕세자] 왕위(王位)를 이을 왕자. 「うそん
王孫[왕손] 제왕(帝王)의 자손. お
王室[왕실] ①제왕의 집안. 동왕자(王家). ②국가. おうしつ
王業[왕업] 제왕이 나라를 다스리는 대업(大業). おうぎょう
王位[왕위] 제왕(帝王)의 자리. おうい 「嚴). おうい
王威[왕위] 제왕(帝王)의 위엄(威
王猷[왕유] 임금의 도리. 임금의 꾀.
王維[왕유] 성당(盛唐) 시대의 대표적 자연 시인(自然詩人). 자(字)는 마힐(摩詰). おうい
王仁[왕인] 백제(百濟)의 박사(博士). 천자문(千字文)과 논어(論語) 10권을 가지고 일본으로 건너가 태자(太子)를 가르침. わ
王子[왕자] 제왕(帝王)의 아들. おうし. おうじ
王者[왕자] ①임금. 제왕. ②왕도(王道)로 천하를 다스리는 임금 ↔패자(霸者). おうしゃ
王丈[왕장] 남의 할아버지의 존칭
王朝[왕조] ①제왕의 조정(朝廷) ②임금이 나라를 다스리던 시대 おうちょう
王座[왕좌] 임금이 앉는 자리. 용상(龍床)이 있는 자리. おうざ
王澤[왕택] 제왕의 은택(恩澤). おうたく 「うと
王統[왕통] 제왕의 혈통(血統). お
王化[왕화] 제왕(帝王)의 덕화(德化). おうか
王后[왕후] ①제왕의 아내. ②천자(天子)의 아내. 동황후(皇后) ③왕의 아내. 동왕비(王妃). おうこう 「侯). おうこ
王侯[왕후] 제왕(帝王)과 제후(諸
王侯將相[왕후장상] 제왕(帝王) 제후(諸侯)·장수(將帥)·재상(宰相). おうこうしょうしょう
▷國王(국왕). 君王(군왕). 大王(대왕). 名王(명왕). 先王(선왕) 聖王(성왕). 女王(여왕). 帝王(제왕). 霸王(패왕).

〖玉〗 부 玉·王(구슬옥변) 획 —0 훈 구슬 음 옥 中 yù
英 gem 日 ギョク. たま
뜻 ①구슬. ②아름다울. ③성.
필순 一丅干王玉
玉鏡[옥경] ①옥으로 만든 거울 ②달의 딴이름. ぎょくきょう
玉稿[옥고] 남의 원고(原稿)의 경칭. ↔졸고(拙稿).
玉女[옥녀] ①미녀(美女). ②남의 딸의 경칭. ③선녀(仙女). ぎょくじょ
玉堂[옥당] ①화려한 전당(殿堂) ②여관(女官)이 사는 방. ③한대(漢代)에 문사(文士)가 출사(出仕)하던 곳. ④송대(宋代)의 한림원(翰林院)의 별칭. ⑤홍문관(弘文館)의 부제학(副提學

이하 실무(實務)에 당하는 관원의 총칭. ぎょくどう
玉童〔옥동〕 옥경(玉京)에 있다는 깨끗한 모양을 한 동자(童子).
玉蘭〔옥란〕 백목련(白木蓮). ぎょくらん
玉篇〔옥편〕 ①한문 글자의 음과 새김을 적어 엮은 책. ②이아(爾雅)·설문(說文)과 같은 최고(最古)의 자서(字書). ぎょくへん
▷金玉(금옥). 白玉(백옥). 寶玉(보옥). 珠玉(주옥). 紅玉(홍옥).

「玩」 부 玉·王(구슬옥변) 획 4—4 훈 희롱할 음 완: 中 wan² 英 toying 日 ガン. **もてあそぶ**
뜻 ①희롱할. 장난할. ②사랑할. 즐길. ③익힐.
필순 ˉ ŧ ŧ ŧ- ŧ元 玩
玩具〔완구〕 장난감. がんぐ
玩賞〔완상〕 취미로 구경함. がんしょう 「がんげつ
玩月〔완월〕 달을 구경하며 즐김.
▷弄玩(농완). 愛玩(애완). 賞玩(상완). 戱玩(희완).

「珊」 부 玉·王(구슬옥변) 획 4—5 훈 산호 음 산 中 shan¹ 英 coral 日 サン. さんご
뜻 산호. ② 패옥 소리.
필순 ŧ ŧ 珊 珊珊珊
珊珊〔산산〕 ①패옥(佩玉)의 소리. 또는 방울·물·비의 소리. ②이슬의 맑고 깨끗한 모양. ③옷 스치는 소리. さんさん
珊瑚〔산호〕 ①산호충(珊瑚蟲)의 군체(群體)의 중축골격(中軸骨格). 약산호충(珊瑚蟲). さんご
珊瑚礁〔산호초〕 몸에 석회질의 골격(骨格)을 가진 산호충의 유체(遺體)가 쌓이고 쌓인 바위. さんごしょう
珊瑚蟲〔산호충〕 강장 동물(腔腸動物)의 한 가지. 위도(緯度) 35도 안의 바닷속에서 석회질(石灰質)의 골격(骨格) 속에 떼를 지어 살며, 나무 가지처럼 몸을 뻗어 군데군데로부터 촉각(觸角)과 입을 내어 숨을 쉬고 먹이를 잡아 먹음. さんごちゅう

【珍】 부 玉·王(구슬옥변) 획 4—5 훈 보배 음 진 中 chen¹ 英 treasure 日 チン. **めずら**しい
뜻 ①보배. ②희귀할. 진귀할. ③맛좋을. ④서옥.
필순 ŧ ŧ' ŧ^ 珍 珍 珍
珍貴〔진귀〕 보배롭고 귀중(貴重)함. ちんき
珍奇〔진기〕 희귀하고 기이(奇異)함. ちんき 「함. ちんみょう
珍妙〔진묘〕 진귀하고 절묘(絶妙)
珍味〔진미〕 ①썩 좋은 맛. ②진기(珍奇)한 요리. ちんみ
珍書〔진서〕 진귀한 책. 보배로운 책. ちんしょ
珍重〔진중〕 ①진귀하게 여겨 소중히 함. ②존숭(尊崇)하여 찬미함. ③서간문(書簡文)의 용어(用語)로 자중자애(自重自愛)하라는 말. 동보중(保重). ちんちょう

【班】 부 玉·王(구슬옥변) 획 4—6 훈 나눌 음 반 中 pan¹ 英 class order 日 ハン. **わかつ**
뜻 ①나눌. ②차례. 자리. ③돌릴. 돌아올. ④얼룩질. 아롱질(斑과 통용).
필순 ŧ 玎 玎 班
班白〔반백〕 머리털의 흑백(黑白)이 서로 반씩 섞임. 또 그 노인(老人). はんぱく
班閥〔반벌〕 양반의 문벌(門閥).
班列〔반열〕 ①신분(身分)·계급(階級)의 차례. ②줄. はんれつ
班位〔반위〕 ①지위(地位). ②같은 지위에 있음. はんい 「んし
班資〔반자〕 지위와 봉록(俸祿). は
班次〔반차〕 지위·계급 등의 차례. はんじ 「는 시골.
班鄕〔반향〕 양반(兩班)이 많이 사
▷洞班(동반). 武班(무반). 文班(문반). 兩班(양반).

[珥] 부 玉·王(구슬옥변) 획 4—6 훈 귀고리 음 이 中 êrh³ 英 ear ring 日 ジ. みみだま 「리.
뜻 ①귀고리. 귀막이옥. ②해무
필순 ŧ ŧ- 珥 珥 珥
珥筆〔이필〕 붓을 관(冠) 옆 쪽에 끼워서 필기(筆記)할 때 씀.

▷李珥(이 이).

「珠」 부 玉·王(구슬옥변) 획 4—6 훈 구슬 음 주 ㊥ chu¹ ㊎ pearl ㊐ シュ. たま
뜻 구슬.
필순 ㇐ 王 王' 王仁 玝 珠 珠

珠玉〔주옥〕 ①구슬과 옥(玉). ②아름다운 용자(容姿)의 비유. ③귀중한 사물의 비유. しゅぎょく

珠算〔주산〕 수판으로 하는 계산. しゅざん

珠胎〔주태〕 진주(眞珠)가 조개 속에 들어 있는 것. しゅたい

珠貝〔주패〕 진주(眞珠). しゅばい

▷明珠(명주). 美珠(미주). 念珠(염주). 眞珠(진주).

「琉」 부 玉·王(구슬옥변) 획 4—6 훈 유리 음 류 ㊥ liu² ㊎ glass ㊐ リュウ. ル. るり
뜻 ①유리. ②나라이름.
필순 ㇐ 王 王' 玎 琉 琉

琉璃〔유리〕 단단하나 깨어지기 쉬운 투명(透明)한 물질(物質). 석영(石英)·탄산 소오다·석회암을 원료로 하여 만듦. 동초자(硝子). るり

【球】 부 玉·王(구슬옥변) 획 4—7 훈 구슬 음 구 ㊥ ch'iu² ㊎ round gem ㊐ キュウ. たま
뜻 ①구슬. ②공.
필순 ㇐ 王 王' 玎 玎 玎 球 球

球根〔구근〕 둥글게 되어 있는 식물의 뿌리. きゅうこん

球技〔구기〕 공으로 하는 경기. きゅうぎ

球燈〔구등〕 모양이 둥글게 생긴 등.

球面〔구면〕 구(球)의 겉면. きゅうめん

球狀〔구상〕 동⇨구형(球形). きゅうじょう

球形〔구형〕 구슬과 같이 둥근 모양. 공모양. 동구상(球狀). きゅうけい

▷氣球(기구). 籠球(농구). 排球(배구). 送球(송구). 眼球(안구). 野球(야구). 庭球(정구). 地球(지구). 蹴球(축구). 卓球(탁구).

〔理〕 부 玉·王(구슬옥변) 획 4—7 훈 다스릴 음 리: ㊥ li³ ㊎ regulate ㊐ リ. **ことわ**り. きめ
뜻 ①다스릴. ②이치. 도리. ③결. ④깨달을.
필순 ㇐ 王 玎 玾 玾 理 理

理念〔이념〕 이성(理性)에 의하여 얻은 최고 개념으로, 온 경험을 통제하는 주체. りねん

理論〔이론〕 실험(實驗)에 의하지 아니하고 추리(推理)에 의하여 세운 논리(論理). ↔실천(實踐). りろん

理想〔이상〕 이성(理性)에 의하여 생각할 수 있는 최선의 상태. 향상 도달(向上到達)을 바라는 종국(終局)의 목표. りそう

理性〔이성〕 ① 본성(本性)을 다스림. ②사람의 본디 타고난 지능(智能). ③본능·충동·감각적 욕구에 대한 합리적 사유 능력(思惟能力). ④ 만유(萬有)의 본성(本性). りせい

理容〔이용〕 이발과 미용술의 총칭(總稱). りよう

理由〔이유〕 ①까닭. 사유(事由). ②내력(來歷).

理財〔이재〕 재화(財貨)를 유리하게 운용(運用)함. りざい

理智〔이지〕 ①이성(理性)과 지혜. ②사물(事物)을 분별하고 이해하는 슬기. りち

理致〔이치〕 사물의 정당한 조리(條理). りち

理學〔이학〕 ① ㊀성리학(性理學). ②㊀물리학. ③물리·화학·천문학 등 일반의 자연과학. りがく

理解〔이해〕 ①사리를 분별하여 앎. ②깨달음. 동이회(理會). りかい

理會〔이회〕 깨달아 앎. 동이해(理解). りかい

▷管理(관리). 窮理(궁리). 論理(논리). 妙理(묘리). 攝理(섭리). 順理(순리). 審理(심리). 逆理(역리). 眞理(진리). 推理(추리).

〔現〕 부 玉·王(구슬옥변) 획 4—7 훈 나타날 음 현: ㊥ hsien⁴ ㊎ appear ㊐ ゲン. **あら**われる. うつつ
뜻 ①나타날. ②이제.
필순 ㇐ 王 玎 玥 現

現今〔현금〕 지금. 이제. げんこん

現夢〔현몽〕 죽은 사람이나 또는 신령(神靈)이 꿈에 나타남.

現狀〔현상〕현재(現在)의 상태(狀態). げんじょう
現象〔현상〕①보이는 사물(事物)의 형상(形狀)이 나타남. ⓢ형상(形狀). ②사람의 감각으로 지각되는 사물. げんしょう
現像〔현상〕①형상을 나타냄. ②사진술(寫眞術)에서 촬영한 필름·따위를 현상액에 담가 그 영상(映像)을 나오게 함. げんぞう
現世〔현세〕①지금 세상.· 현재의 세상. ⓢ현대(現代). ②삼세(三世)의 하나. 이승. ⓢ금생(今生). げんせ
現實〔현실〕①지금 존재함. 현재 사실로서 나타나 있음. ②실제의 사실 또는 상태. ↔이상(理想). けんじつ
現役〔현역〕현재 군무(軍務)에 종사하고 있는 병역(兵役). ↔예비역(豫備役). げんえき
現存〔현존〕지금 있음. 현재 존재함. げんそん
現住〔현주〕①지금 머물러 삶. ②지금의 주소. ⓢ현주소(現住所). げんじゅう
現住所〔현주소〕ⓢ⇨현주(現住).
現地〔현지〕어떤 일이 발생한 바로 그 곳. げんち「직. げんしょく
現職〔현직〕현재의 직업 또는 관
現下〔현하〕지금. 이 때. げんか
現行〔현행〕현재에 행함. 또 행하고 있음. ㉠一犯(범). げんこう
現況〔현황〕현재의 정황(情況). 지금의 상황(狀況). げんきょう
▷權現(권현). 發現(발현). 普現(보현). 出現(출현). 顯現(현현).

【琴】 부 玉·王(구슬옥변) 획 4—8 훈 거문고 음 금 ㊥ ch'in² ㊓ chinese harp ㊐ キン. こと
뜻 거문고.
필순 ㄒ ㅋ 丑王王玨琴

琴牀〔금상〕거문고를 놓는 대. きんしょう
琴線〔금선〕①거문고 줄. ②감동하기 쉬운 마음. 깊게 감동하여 공명(共鳴)하는 마음. きんせん
琴瑟〔금슬〕①거문고와 큰 거문고. ②부부. 부부의 사이. きんしつ
琴瑟相和〔금슬상화〕①거문고와 큰 거문고 소리가 잘 어울림. ②부부간에 화합함. ③형제간에 우애가 있음. ④벗과의 사이가 좋음. きんしつあいわす
琴心〔금심〕마음을 거문고 소리에 부침. 부인(婦人)에 대한 애모(愛慕)의 마음. きんしん
琴韻書聲〔금운서성〕거문고를 타는 소리와 책을 읽는 소리.
▷大琴(대금). 木琴(목금). 風琴(풍금). 奚琴(해금).

【琢】 부 玉·王(구슬옥변) 획 4—8 훈 쪼을 음 탁 ㊥ cho² ㊓ cut and polish ㊐ タク. みがく
뜻 ①쪼을. ②가릴.
필순 ㄱ 王 玎琢琢琢琢

琢器〔탁기〕틀에 박아 내어, 쪼아서 고르게 만든 그릇.
琢磨〔탁마〕①옥석(玉石)을 쪼고 갊. ②학문과 도덕(道德)을 닦음. ㉠切磋(절차)—. たくま
琢玉〔탁옥〕옥(玉)을 닦는일. たくぎょく
▷彫琢(조탁).

【瑞】 부 玉·王(구슬옥변) 획 4—9 훈 상서 음 서: ㊥ juei⁴ ㊓ happy; augury ㊐ ズイ. めでたい
뜻 ①상서. 상서로울. ②경사스러울. ③홀.
필순 ㄱ 王 玔 玔 瑞瑞

瑞氣〔서기〕상서로운 기운. ずいき
瑞夢〔서몽〕상서로운 꿈. ⓢ길몽(吉夢). ずいむ
瑞白〔서백〕눈의 별칭. ⓢ서설(瑞雪).
瑞相〔서상〕①상서로운 상(相). ⓢ복상(福相). ②상서로운 조짐. ⓢ길조(吉兆). ずいそう
瑞祥〔서상〕상서로운 조짐. ずいしょう
瑞雪〔서설〕상서로운 눈. 눈은 풍년들 조짐(兆朕)이라 하여 이름. ⓢ서백(瑞白). ずいせつ
瑞雲〔서운〕상서로운 구름. ずいうん
瑞運〔서운〕상서로운 운수(運數).
瑞應〔서응〕임금의 어진 정치가 하늘에 감응(感應)되어 나타나는 길한 조짐. ずいおう

瑞兆〔서조〕 상서로운 조짐.
瑞鳥〔서조〕 상서로운 새. ずいちょう 「서).
▷奇瑞(기서). 吉瑞(길서). 祥瑞(상

「瑟」 부 玉·王(구슬옥변) 획 4—9 훈 비파 음 슬 中 sê⁴ 日 シツ. 「④깨끗할.
뜻 ①비파. ②많을. ③엄숙할.
필순 ∓ 玨玨珡珡瑟瑟
瑟瑟〔슬슬〕 바람이 솔솔 부는 소리의 형용(形容). しつしつ
瑟縮〔슬축〕 오그라지고 늘지 않음. 줄고 움직이지 아니함. しっしゅく 「琴瑟(금슬).
▷膠瑟(교슬). 膠柱鼓瑟(교주고슬).

「璧」 부 玉·王(구슬옥변) 획 4—13 훈 구슬·둥근옥 음 벽 中 pi⁴ 英 jade 日 ヘキ. たま
뜻 구슬. 둥근옥.
필순 尸 Ｒ 辟辟辟璧璧璧
璧水〔벽수〕 주대(周代)의 임금이 설치한 학교. へきすい
璧玉〔벽옥〕 옥. 평면(平面)인 것을 벽(璧), 둥근 것을 옥(玉)이라 함. へきぎょく
▷雙璧(쌍벽). 完璧(완벽). 尺璧(척벽). 和氏之璧(화씨지벽).

【環】 부 玉·王(구슬옥변) 획 4—13 훈 고리 음 환 中 huan² 英 ring 日 カン. たまき. わ
뜻 ①고리. 옥고리. ②돌. 두를.
필순 Ｉ Ｆ 严 環 環 環 環 環
環境〔환경〕 ①빙 둘러싼 구역. ②사람의 주위의 사물(事物). 사위(四圍)의 사정. かんきょう
環刀〔환도〕 옛 군복(軍服)에 갖추어 차던 군도(軍刀).
環狀〔환상〕 고리처럼 둥글게 생긴 형상(形狀). かんじょう
環視〔환시〕 여러 사람이 빙 둘러싸고 봄. 많은 사람이 주목하고 있음. 동중인환시(衆人環視). かんし
環坐〔환좌〕 여러 사람이 원형(圓形)을 지어 앉음. 빙 둘러앉음. かんざ
環幅〔환폭〕 가로와 세로, 또는 길이와 넓이가 같음. かんぷく
環海〔환해〕 ①나라의 사방을 둘러싼 바다. ②사해(四海). 해내(海內). かんかい 「かんけい
環形〔환형〕 고리같이 둥근 형상.
▷金環(금환). 循環(순환). 指環(지환). 花環(화환).

「瓚」 부 玉·王(구슬옥변) 획 4—19 훈 구슬 음 찬: 中 tsan⁴ 英 jewel 日 サン. たま
뜻 ①구슬. ②옥잔. 제기.
참고 약 瓒
필순 Ｉ Ｆ 玤 瓚 瓚 瓚 瓚 瓚

(4) 耂 部

〖老〗 부 耂(늙을로엄) 획 4—2 훈 늙을 음 로: 中 lao³ 英 old; aged 日 ロウ. おいる
뜻 ①늙을. ②어른. ③익숙할. ④오랠.
필순 土 耂 耂 老 老
老境〔노경〕 늙바탕. ろうきょう
老姑〔노고〕 할멈. ろうこ
老公〔노공〕 나이 먹은 귀인(貴人)의 존칭(尊稱). ろうこう
老軀〔노구〕 늙은 몸. ろうく
老農〔노농〕 ①늙은 농부. ②농사(農事) 경험이 많은 사람. ろうのう 「욱 기운이 씩씩함.
老當益壯〔노당익장〕 늙었어도 더
老大國〔노대국〕 옛적에는 융성(隆盛)하였으나 지금은 쇠약해진 나라. ろうたいこく
老鍊〔노련〕 오래 경험을 쌓아서 아주 익숙함. ろうれん
老齡〔노령〕 늙은 나이. ろうれい
老妄〔노망〕 늙어서 망녕을 부림.
老母〔노모〕 늙은 어머니. ろうぼ
老木〔노목〕 여러 해 묵은 나무. ろうぼく
老病〔노병〕 노쇠(老衰)하여 나는 병. 동노환(老患). ろうびょう
老父〔노부〕 ①늙은 아버지. ②늙은이. ろうふ 「うふ
老婦〔노부〕 늙은 부녀(婦女). ろ
老小〔노소〕 늙은이와 어린아이. 동

노유(老幼). ろうしょう
老少〔노소〕 늙은이와 젊은이. 노인(老人)과 소년(少年). ろうしょう 「짐. ろうすい
老衰〔노쇠〕 늙어서 쇠약(衰弱)해
老壽〔노수〕 오래 삶. 동장수(長壽). ろうじゅ
老僧〔노승〕 늙은 중. ろうそう
老臣〔노신〕 ①나이 먹은 신하. ②지위가 높은 신하. ろうしん
老眼〔노안〕 늙은이의 원시안(遠視眼). ろうがん
老炎〔노염〕 늦더위. ろうえん
老媼〔노온〕 늙은 할멈. 동노파(老婆). ろうおう
老翁〔노옹〕 늙은이. ろうおう
老友〔노우〕 나이 먹은 친구. 늙은 벗. ろうゆう
老幼〔노유〕 늙은이와 어린이. 동노소(老小). ろうよう
老儒〔노유〕 ①나이 먹어 경력이 많고 조예(造詣)가 깊은 유학자(儒學者). ②나이 먹어 쓸모 없는 유학자(儒學者). ろうじゅ
老益壯〔노익장〕 나이 먹을수록 기력이 좋아짐. 「きょう
老人鏡〔노인경〕 돋보기. ろうじんきょう
老子〔노자〕 주(周)나라 말기의 철학자. 성은 이(李), 이름은 이(耳), 자는 백양(伯陽). 도가(道家)의 시조(始祖). ろうし
老丈〔노장〕 노인(老人)의 경칭(敬稱). ろうちょう
老將〔노장〕 ①나이 많은 장수(將帥). 늙은 장수. ②군사(軍事)에 노련한 장수. 예백전(百戰)一. ろうしょう
老莊〔노장〕 ①노자(老子)와 장자(莊子). ②노자와 장자의 학설. 무위(無爲)로써 도덕의 표준을 삼고, 허무(虛無)로 우주의 근원을 삼음. ろうそう
老妻〔노처〕 늙은 아내. ろうさい
老處女〔노처녀〕 과년(過年)한 처녀. ろうしょじょ
老親〔노친〕 늙으신 부모(父母).
老態〔노태〕 늙은이의 태도(態度). 늙어 보이는 모양. ろうたい
老兄〔노형〕 ①나이 먹은 형. ②나이 먹은 벗의 존칭. ろうけい
老昏〔노혼〕 늙어서 정신(精神)이 흐림. ろうこん 「かん
老患〔노환〕 동⇨노병(老病). ろう
老朽〔노후〕 늙어서 소용이 없음. 낡아서 쓸모가 없음. 또 그 사람이나 물건. ろうきゅう
老後〔노후〕 늙은 뒤. ろうご
▷古老(고로). 元老(원로). 長老(장로). 初老(초로).

〖考〗 부 耂(늙을로엄) 획 4—2 훈 상고할 음 고: 中 k'ao³ 英 examine 日 コウ. **かんがえる. たたく**
뜻 ①상고할. ②생각할. ③죽은 아비.
필순 一 十 土 耂 耂 考

考據〔고거〕 참고(參考)하여 증거(證據)로 삼음. こうきょ
考古學〔고고학〕 유적(遺蹟)·유물(遺物) 등을 상고(詳考)하여 고대 주민의 문화를 연구하는 학문. こうこがく 「うりょ
考慮〔고려〕 생각하여 헤아림. こ
考査〔고사〕 ①상고(詳考)하여 조사함. ②동시험(試驗). こうさ
考試〔고시〕 학력(學力) 등을 시험봄. 또 그 시험. こうし
考案〔고안〕 ①새로운 것을 생각해 냄. ②안(案)을 연구하여 냄. 또 그 안. こうあん
考閱〔고열〕 참고하고 열람(閱覽)함. こうえつ 「こうてい
考訂〔고정〕 책의 잘못을 바로잡음.
考證〔고증〕 유물(遺物)이나 문헌을 상고(詳考)하여 증거를 삼아 설명함. こうしょう
考證學〔고증학〕 경서(經書)를 연구하는 데 오로지 전거(典據)에 의해 그 뜻을 판단하는 청조(淸朝)의 유학(儒學). こうしょうがく
考察〔고찰〕 ①자세히 살핌. ②관리의 치적(治績)을 상고하여 못된 사람을 내쫓고, 착한 사람을 씀. こうさつ
▷上考(상고). 先考(선고). 熟考(숙고). 硏考(연고). 參考(참고).

〖者〗 부 耂(늙을로엄) 획 4—5 훈 놈 음 자: 中 chê³ 英 man; this 日 シャ. もの
뜻 ①놈. 사람. ②것. ③어조사.
필순 ⁻ ⁺ 土 耂 耂 者
▷近者(근자). 記者(기자). 當事者(당사자). 讀者(독자). 亡者(망자). 保菌者(보균자). 使者(사자). 聖者(성자). 識者(식자). 信者(신자). 譯者(역자). 緣故者(연고자). 王者(왕자). 仁者(인자). 作者(작자). 長者(장자). 著者(저자). 前科者(전과자). 諜者(첩자). 覇者(패자). 編輯者(편집자). 筆者(필자). 學者(학자). 賢者(현자). 或者(혹자). 患者(환자). 後者(후자).

(4) 艹(艹) 部

「芳」 부 艹·艹(초두밑) 획 4—4 훈 꽃다울 음 방 中 fang¹ 英 flowery 日 ホウ. かんばしい
뜻 ①꽃다울. ②향기로울. ③이름빛날. ④덕스러울.
필순 ⁱ ⁺ ⁺ 艹 芢 芳 芳
芳年〔방년〕 젊은 여자(女子)의 나이. ほうねん
芳名〔방명〕 ①꽃다운 이름. 명예. ②남의 성명의 존칭. ほうめい
芳草〔방초〕 향기가 좋은 풀. 例綠陰(녹음)—. ほうそう
芳香〔방향〕 좋은 향기(香氣). 꽃다운 향기. ほうこう
▷芬芳(분방). 英芳(영방). 春芳(춘방). 香芳(향방).

【芽】 부 艹·艹(초두밑) 획 4—4 훈 싹 음 아 中 ya² 英 sprout 日 ガ. め. めぐむ
뜻 ①싹. 싹틀. ②비롯할.
필순 ⁱ ⁺ ⁺ 艹 芢 芽 芽
芽甲〔아갑〕 초목(草木)의 자엽(子葉). がこう
芽生〔아생〕 싹이 틈. 동 발아(發芽). めばえ
芽接〔아접〕 접목법(椄木法)의 한 가지. 눈붙이기접.
▷萌芽(맹아). 發芽(발아). 芳芽(방아). 新芽(신아). 抽芽(추아).

〖花〗 부 艹·艹(초두밑) 획 4— 훈 꽃 음 화 中 huo¹ 英 flower 日 カ. はな
뜻 ①꽃. ②아름다울. ③기생.
필순 ⁱ ⁺ 艹 ⺾ 䒑 花 花
花甲子〔화갑자〕 육십갑자(六十甲子)의 별칭(別稱).
花崗石〔화강석〕 석영(石英)·운모(雲母)·장석(長石)의 세 광물(鑛物)로 된 화성암(火成岩). かこうがん
花客〔화객〕 ①단골 손님. ②꽃을 구경하는 사람. かかく
花落〔화락〕 꽃이 짐. からく
花郎〔화랑〕 신라(新羅) 시대의 청소년 민간 수양(修養) 단체. 또는 그 단체의 중심 인물. 오계(五戒)를 지키며 학덕(學德)을 갖추고 용모(容貌) 단정한 귀족(貴族)의 자제(子弟)로써 조직되었음. かろう
花郎道〔화랑도〕 신라 때의 화랑이 지키던 정신. かろうどう
花郎世紀〔화랑세기〕 삼국 시대(三國時代)의 설화 문학(說話文學)의 책. かろうせいき
花柳〔화류〕 꽃과 버들. 곧 노는 계집. かりゅう
花柳界〔화류계〕 노는 계집의 사회. かりゅうかい
花無十日紅〔화무십일홍〕 열흘 붉은 꽃이 없다는 뜻으로, 한 번 성(盛)하면 반드시 쇠(衰)하여짐을 이름.
花譜〔화보〕 꽃을 그 피는 계절에 따라 적거나 그린 책. かふ
花盆〔화분〕 화초(花草)를 심는 그릇.
花粉〔화분〕 꽃가루. かふん
花仙〔화선〕 동 ⇨ 화중신선(花中神仙). かせん
花樹會〔화수회〕 성(姓)이 같은 이들끼리 친목을 도모하기 위하여 이룬 모임이나 잔치.
花心〔화심〕 ①꽃술. ②미인(美人)의 마음. かしん
花宴〔화연〕 환갑(還甲) 잔치. か

花王[화왕] 모란(牡丹)의 미칭(美稱). かおう 「굴. かよう

花容[화용] 꽃 같은 아름다운 얼

花容月態[화용월태] 미인(美人)의 얼굴과 맵시. かようげったい

花園[화원] 화초(花草)를 심은 동산. 꽃동산. かえん

花鳥[화조] ①꽃과 새. ②화조(花鳥)를 그린 그림. ③꽃에 깃든 새. 예—風月(풍월). かちょう

花朝月夕[화조월석] ①꽃 피는 아침과 달 밝은 밤. ②음력 2월 보름과 8월 보름. かちょうげっせき 「(美稱).

花中君子[화중군자] 연꽃의 미칭

花中神仙[화중신선] 꽃중의 신선이라는 뜻으로, 해당화(海棠花)를 가리킴. 동화선(花仙).

花草[화초] 꽃을 관상(觀賞)하기 위하여 심는 식물(植物)의 총칭. かそう

花燭[화촉] ①화려(華麗)한 등불. ②결혼의 예식(禮式). 동화촉(華燭). かしょく

花環[화환] 가화(假花)나 생화(生花)로 고리같이 만든 것. 환영 혹은 조상(弔喪)의 뜻을 표하는 데 씀. はなわ

▷假花(가화). 개화(開花). 國花(국화). 錦上添花(금상첨화). 落花(낙화). 桃花(도화). 燈花(등화). 梅花(매화). 無窮花(무궁화). 芳花(방화). 百花(백화). 妖花(요화). 紅花(홍화).

[苛] 부 艹·艹(초두밑) 획 4—5 훈 가혹할 음 가 中 k'ê[1] 英 severity 日 カ. いらだつ 뜻 ①가혹할. ②까다로울. ③독할. ④꾸짖을. ⑤잔풀. 필순 ⼀ 十 艹 芏 芇 芇 苛

苛斂誅求[가렴주구] 가혹하게 세금을 징수하며 무리하게 재물을 빼앗음. 「令). かほう

苛法[가법] 가혹(苛酷)한 법령(法

苛稅[가세] 가혹한 세금. かぜい

苛重[가중] 가혹하고 과중(過重)함. かちょう 「함. かこく

苛酷[가혹] 까다롭고 혹독(酷毒)

[苦] 부 艹·艹(초두밑) 획 4—5 훈 괴로울 음 고 中 k'u[3] 英 bitter 日 ク. くるしい. にがい 뜻 ①괴로울. ②쓸. 씀바귀. 필순 ⼀ 十 艹 艹 芏 苦 苦

苦諫[고간] 하기 어려운 것을 참고 간절히 간함. くかん 「なん

苦難[고난] 괴로움과 어려움. く

苦惱[고뇌] 마음이 괴로움. くのう

苦悶[고민] 괴로와하고 번민(煩悶)함. くもん 「②괴롭게 수고함.

苦生[고생] ①괴롭고 어려운 생활.

苦心[고심] 마음을 괴롭힘. 근심 걱정함. くしん 「藥(양약)—.

苦於口[고어구] 입에는 씀. 예良

苦役[고역] 힘이 듦. 또 그 일. くえき 「くせん

苦戰[고전] 이기기 어려운 싸움.

苦盡甘來[고진감래] 고생이 끝나면 즐거움이 돌아옴.

苦楚[고초] 어려움과 괴로움. くそ

苦衷[고충] 괴로운 심정(心情).

苦學[고학] ①고생하며 공부함. ②학비(學費)를 제 힘으로 벌며 공부함. くがく

苦海[고해] ①살기 어려운 세상(世上). 이 세상. ②쓰레기를 버리는 곳. くかい

苦行[고행] 불법(佛法)을 닦기 위하여 괴로운 수행(修行)을 쌓는 일. くぎょう

▷刻苦(각고). 困苦(곤고). 功苦(공고). 窮苦(궁고). 勤苦(근고). 勞苦(노고). 病苦(병고). 貧苦(빈고). 辛苦(신고). 危苦(위고). 歎苦(탄고). 寒苦(한고).

[苟] 부 艹·艹(초두밑) 획 4—5 훈 구차할 음 구 中 kou[3] 英 poor; if 日 コウ. かりそめ. いやしくも 「④다만. 뜻 ①구차할. ②진실로. ③겨우. 필순 ⼀ 十 艹 艹 芍 苟 苟 苟

苟得[구득] 얻어서는 안 될 물건을 얻음. こうとく

苟免[구면] ①일시적인 변동. ②자기의 맡은 일을 게을리하면서도 부끄럽게 생각하지 않음.

茍命〔구명〕 구차한 목숨. こうめい
茍安〔구안〕 일시적인 편안. こうあん 「비위를 맞춤. こうよう
茍容〔구용〕 비굴(卑屈)하게 남의
茍且〔구차〕 군색하고 딱함. 등한히 함. こうしょ

【苗】 부 ++·艹(초두밑) 획 4—5 훈 모종 음 묘 中 maio[2] 英 sprouts 日 ビョウ. なえ
뜻 ① 모종. 모. ②싹. 움. ③자손. 핏줄. ④종족 이름.
필순 艹 艹 苗 苗 苗 苗
苗木〔묘목〕 어린 나무. なえぎ
苗床〔묘상〕 온갖 모를 길러 내는 자리. びょうしょう
苗板〔묘판〕 논에 벼씨를 뿌려서 모를 기르는 곳. 곧 못자리.
▷晩苗(만묘). 美苗(미묘). 三苗(삼묘). 新苗(신묘). 藥苗(약묘). 良苗(양묘). 種苦(종묘). 青苗(청묘). 禾苗(화묘).

〖茂〗 부 ++·艹(초두밑) 획 4—5 훈 우거질 음 무: 中 mao[4] 英 flourishing 日 モ. しげる
뜻 ① 우거질. 무성할. ②뛰어날. 아름다울. ③힘쓸.
필순 艹 艹 艹 广 芦 芪 茂 茂
茂林〔무림〕 나무가 무성한 수풀. もりん 「이 번성함. もせい
茂盛〔무성〕 나무가 잘 자람. 초목
茂才〔무재〕 지능이 뛰어난 사람.
▷繁茂(번무). 「もさい

［范］ 부 ++·艹(초두밑) 획 4—5 훈 벌 음 범: 中 fan[4] 英 bee 日 ハン. はち
뜻 ①벌. ②성. ③범풀.
필순 艹 艹 艹 艹 艹 范 范
范鎔〔범용〕 쇠를 녹여서 틀에 넣음. 「항우(項羽)의 모신(謀臣).
范增〔범증〕 중국 초(楚)나라 때의

〖若〗 부 ++·艹(초두밑) 획 4—5 훈 같을 음 약 中 juo[4], yao[4] 英 like; same 日 ジャク. わかい. もしくは
뜻 ①같을. ②젊을. ③적을. ④ 만약. ④ 반야(야). ⑥너.
필순 艹 艹 艹 芦 若 若 若
若干〔약간〕 ①몇. ②얼마 되지 아니함. じゃっかん
若年〔약년〕 청년. 연소(年少).
若輩〔약배〕 ①너희들. 자네들. ②젊은이. じゃくはい
若父〔약부〕 너의 아버지. 「此).
若是〔약시〕 이와 같이. 동약차(若
若是若是〔약시약시〕 이러이러함.
若若〔약약〕 ①성한 모양. ②길게 늘어지는 모양. じゃくじゃく
若曹〔약조〕 너희들. じゃくそう
若此〔약차〕 동⇨약시(若是).
若何〔약하〕 사정이 어떠함. いかん
▷蘭若(난야). 老若(노약). 般若(반야). 自若(자약).

〖英〗 부 ++·艹(초두밑) 획 4—5 훈 꽃부리 음 영 中 ying[2] 英 flower 日 エイ. はなぶさ
뜻 ①꽃부리. ②꽃다울. 빼어날. ③영국.
필순 艹 艹 艹 艹 苹 苹 英 英
英傑〔영걸〕 영웅과 호걸. えいけつ
英斷〔영단〕 지혜롭고 용기 있게 처리하고 판단함. えいだん
英明〔영명〕 영민(英敏)하고 총명(聰明)함. えいめい 「いびん
英敏〔영민〕 영리하고 민첩함. え
英雄〔영웅〕 재능과 담력(膽力)이 뛰어난 인물. えいゆう
英字〔영자〕 영어(英語)의 문자(文字). 예—新聞(신문). えいじ
英姿〔영자〕 고상한 자태(姿態). 뛰어난 풍채(風采). えいし
英才〔영재〕 영민(英敏)한 재주. 또 그 사람. えいさい
英主〔영주〕 뛰어난 임금. 영명(英明)한 임금. えいしゅ
英俊〔영준〕 영특하고 준수(俊秀)함. 또 그런 인물. えいじゅん
英華〔영화〕 ①꽃. ②아름다운 심징이 외부에 나타난 것. ③우수한 문장. ④명예(名譽). えいか
▷群英(군영). 俊英(준영). 賢英(현명). 豪英(호영).

「苑」 부 ++·艹(초두밑) 획 4—5 훈 동산 음 원: 中 yüan[4] 英 garden 日 エン. オン. その

뜻 ①동산(園과 통용). ②쌓을. 막힐(울)(鬱과 통용).
필순 艹艹艹艿苑苑苑苑
苑結〔원결·울결〕 마음이 답답한 일. 동울결(鬱結). うっけつ
苑臺〔원대〕 정원(庭園)과 고대(高臺). えんだい
苑池〔원지〕 동산과 못. えんち
▷故苑(고원). 宮苑(궁원). 文苑(문원). 秘苑(비원). 花苑(화원).

[苔] 부 ++·艹(초두밑) 획 4—5 훈 이끼 음 태 中 t'ai[1·2] 英 moss 日 タイ. こけ
뜻 ①이끼. ②혓바늘.
필순 艹艹艹苎苎苔苔
苔碑〔태비〕 이끼가 낀 비석(碑石). たいひ
苔石〔태석〕 이끼가 낀 돌. たいせき
苔衣〔태의〕 이끼. たいい
▷綠苔(녹태). 舌苔(설태). 青苔(청태). 海苔(해태).

[茶] 부 ++·艹(초두밑) 획 4—6 훈 차 음 다·차 中 ch'a[2] 英 tea plant 日 チャ
뜻 ①차. ②차나무.
필순 艹艹艹艾苁苓茶茶
茶菓〔다과〕 차와 과자(菓子). 예—會(회). さか. ちゃか
茶臼〔다구〕 차를 가는 맷돌. さきゅう
茶房〔다방〕 차(茶)를 파는 집. 찻집. 동다실(茶室). ちゃぼう. さぼう
茶室〔다실〕 ①차를 끓이는 방. ②동다방(茶房). ちゃしつ
茶園〔다원〕 차를 심는 밭. ちゃえん
茶會〔다회〕 차를 마시는 모임. ちゃかい. さかい
茶禮〔차례〕 죽은 사람에게 명일(名日)에 지내는 제사(祭祀). ちゃれい
▷綠茶(녹차). 淡茶(담차). 名茶(명차). 紅茶(홍차).

【茫】 부 ++·艹(초두밑) 획 4—6 훈 망망할 음 망 中 mang[2] 英 vast 日 ボウ. ひろい
뜻 ① 망망할. 아득할. ②멍할. 막연할.
필순 艹艹艹艹芒茫茫茫
茫漠〔망막〕 ①넓고 먼 모양. 아득한 모양. ②분명하지 아니한 모양. ぼうばく
茫茫〔망망〕 넓고 멀어 아득한 모양. ぼうぼう
茫茫大海〔망망대해〕 넓고 먼 큰 바다. ぼうぼうたいかい
茫洋〔망양〕 한량없이 넓은 모양. 아득한 모양. ぼうよう
茫然〔망연〕 넓고 멀어 아득한 모양. ぼうぜん
茫然自失〔망연자실〕 정신을 잃어 어리둥절함. ぼうぜんじしつ
▷曠茫(광망).

[荀] 부 ++·艹(초두밑) 획 4—6 훈 사람이름 음 순 中 hsün[2] 英 herb 日 ジュン
뜻 ①성. ②풀이름.
필순 艹艹艹芍芍芍荀荀
荀子〔순자〕 ①중국 전국 시대(戰國時代)의 학자인 순황(荀況)의 존칭(尊稱). ②순황(荀況)이 지은 책명(册名). じゅんし

「茸」 부 ++·艹(초두밑) 획 4—6 훈 녹용 음 용 中 jung[3] 日 ジョウ. たけ. きのこ. しげる
뜻 ①녹용. ② 무성할. ③ 버섯(이).
필순 艹芢芢芢茸茸
茸茂〔용무〕 초목(草木)이 무성(茂盛)한 모양. じょうも
茸茸〔용용〕 풀잎이 우거진 모양. じょうじょう
茸長寺〔용장사〕 이조(李朝) 때 김시습(金時習)이 지었다는 절 이름. 경상북도 월성군 내남면 금오산(金烏山)에 있었음.
▷鹿茸(녹용). 龍茸(용용). 叢茸(총용). 松茸(송이).

〖草〗 부 ++·艹(초두밑) 획 4—6 훈 풀 음 초(초:) 中 ts'ao[3] 英 grass 日 ソウ. くさ
뜻 ①풀. ②거칠. ③시작할. 처음. ④초할. ⑤초서.
草
필순 艹艹艹芒芇苩荁草
草家〔초가〕 이엉을 엮어 지붕을 덮은 집. 초가집. 동초당(草堂). 초옥(草屋). そうか
草稿〔초고〕 시문(詩文)의 원고(原稿)를 초벌로 쓴 글. そうこう
草根木皮〔초근목피〕 풀 뿌리와 나

무 껍질. そうこんぼくひ「どう
草堂〔초당〕 동⇨초가(草家). そう
草露〔초로〕 풀잎에 맺힌 이슬. 사물의 덧없음을 이름. そうろ
草露人生〔초로인생〕 덧없는 인생(人生). そうろじんせい
草笠〔초립〕 나이가 어린 남자(男子)로서 관례(冠禮)한 사람이 쓰는 누른 풀로 만든 갓.
草幕〔초막〕 ① 절의 근처(近處)에 있는 중의 집. ②조그마하게 지은 초가(草家)의 별장(別莊).
草木〔초목〕 풀과 나무. 동식물(植物). そうもく
草本〔초본〕 ①동⇨초고(草稿). ② 풀. ↔목본(木本). そうほん
草色〔초색〕 ①풀 빛. ②풀 잎 따위로 연명(延命)하여 영양 부족으로 나빠진 얼굴 빛.
草書〔초서〕 자획(字畫)을 간략히 흘리어 쓰는 글씨. 흘림체 글씨. そうしょ 「만든 자리.
草席〔초석〕 짚·왕골 따위로 엮어
草食〔초식〕 어육(魚肉)을 먹지 않고 푸성귀만 먹음. そうしょく
草芽〔초아〕 풀의 싹. そうが
草案〔초안〕 초 잡은 글발. 기초(起草)한 의안(議案). そうあん
草野〔초야〕 민간(民間). 재야(在野). そうや 「おく
草屋〔초옥〕 동⇨초가(草家). そう
草賊〔초적〕 동⇨초절(草竊).
草竊〔초절〕 좀도둑. 동초적(草賊).
草創〔초창〕 ①초고(草稿)를 작성함. ②일의 시작. 사업의 시초(始初). 예—期(기). そうそう
草草〔초초〕 ① 총총해서 자상하지 못한 모양. ②편지의 본문 끝에 붙여 자상하지 못함을 이르는 말. ②걱정하는 일. そうそう
草蟲〔초충〕 풀벌레. そうちゅう
草枕〔초침〕 풀베개. くさまくら
草行〔초행〕 초서(草書)와 행서(行書)를 겸한 글씨 체. そうぎょう
▷結草(결초). 奇草(기초). 起草(기초). 綠草(녹초). 大樹下無英草(대수하무영초). 萬草(만초). 美草(미초). 芳草(방초). 山草(산초). 生草(생초). 仙草(선초). 神草(신초). 藥草(약초).

【荒】 부 ++·艹(초두밑) 획 4—6 훈 거칠 음 황 中 huang[1] 英 wild 日 コウ. あれる
뜻 ①거칠. ② 흉년들. ③폐할.
필순 ⺈ 亠 艹 芒 芒 苎 荒
荒唐〔황당〕 언행이 거칠고 주착없음. 예—無稽(무계). こうとう
荒涼〔황량〕 황폐(荒廢)하여 처량함. こうりょう
荒蕪〔황무〕 땅이 황폐함. 예—地(지). こうぶ 「(僻村). こうや
荒野〔황야〕 ①황폐한 들. ② 벽촌
荒淫〔황음〕 주색(酒色)에 빠짐. こういん 「こうでん
荒田〔황전〕 거칠어진 토지(土地).
荒村〔황촌〕 황폐(荒廢)한 마을.
荒廢〔황폐〕 거칠게 버려 두어 못 쓰게 됨. こうはい
▷窮荒(궁황). 蕪荒(무황). 色荒(색황). 淫荒(음황).

「莖」 부 ++·艹(초두밑) 획 4—7 훈 줄기경 음 경(경:) 中 ching[2] 英 stalk of plant 日 ケイ. くき
뜻 ①줄기. ②버팀목. ③대. 가늘고 긴 막대기. ④칼자루.
필순 ⺈ 亠 艹 艹 苁 苁 莖
莖柯〔경가〕 줄기와 가지.
莖刃〔경인〕 칼자루와 칼날. けいじん 「양. けいたく
莖擢〔경탁〕 높이 우뚝 서 있는 모
▷根莖(근경). 本莖(본경). 細莖(세경). 宿莖(숙경).

〖莫〗 부 ++·艹(초두밑) 획 4—7 훈 말 음 막 中 mo[4] 英 negative 日 バク. ボ. なかれ. ない
뜻 ①말. ②없을. ③저물(모)(暮와 통용).
필순 ⺈ 亠 艹 芦 苜 苜 莫 莫
莫可奈何〔막가내하〕 어찌할 수 없음. 「주 큼. ばくだい
莫大〔막대〕 더할 수 없이 많음·아
莫論〔막론〕 의론(議論)할 것이 없음. 또는 말할 필요조차도 없음.
莫上莫下〔막상막하〕 우열(優劣)의

차(差)가 없음.
莫逆〔막역〕 ①서로 마음에 거슬리지 않고 뜻이 서로 맞음. ②서로 허물 없이 썩 친함.
莫逆之交〔막역지교〕 막역한 사귐.
莫逆之友〔막역지우〕 절친(切親)한 친구. ばくぎゃくのとも. ばくげきのとも
莫往莫來〔막왕막래〕 서로 왕래(往來)가 없음. 「주 중요함.
莫重〔막중〕 ①아주 귀중함. ② 아
莫夜〔모야〕 으슥한 밤. ぼや
莫春〔모춘〕 늦은 봄. ぼしゅん
▷廣莫(광막). 落莫(낙막). 索莫(삭막). 寂莫(적막).

【莊】 부 ++·艹(초두밑) 획 4—7 훈 별장 음 장 中 chuang[1] 英 serious 日 ソウ. おごそか
뜻 ①별장. ②씩씩할. 장중할. ③단정할. ④가게. ⑤성.
필순 艹 䒑 䒑 䒑 䒑 䒑 莊 莊
莊嚴〔장엄〕 규모(規模)가 크고 엄숙함. そうごん
莊園〔장원〕 ①별장(別莊)과 별장에 딸린 동산. ②중세기의 귀족(貴族)이나 사원(寺院)이 사유(私有)하던 토지. そうえん
莊子〔장자〕 춘추 시대(春秋時代)의 송(宋)나라 사람. 이름은 주(周)인데 보통 장자(莊子)라고 높여 부름. 그의 주장이 노자(老子)의 사상(思想)에 기초를 두었으므로 노장(老莊)이라고도 부름. そうし
莊周之夢〔장주지몽〕 평생(平生)을 벼슬하지 않고 은군자(隱君子)로 지냄의 비유. そうしゅうのゆめ 「함. そうちょう
莊重〔장중〕 장엄하고 정중(鄭重)
▷老莊(노장). 別莊(별장). 山莊(산장). 村莊(촌장).

【荷】 부 ++·艹(초두밑) 획 4—7 훈 짐질 음 하 中 hê[2·4] 英 bear; lotus 日 カ. に. はす
뜻 ① 짐질. 짐멜. ②연. 연꽃. ③박하. ④원망할.
필순 艹 䒑 䒑 䒑 荷 荷 荷
荷物〔하물〕 짐. にもつ
荷船〔하선〕 짐을 실는 배.
荷葉〔하엽〕 ①연꽃 잎. ②화가(畫家)가 돌의 주름을 그리는 법. かよう
荷錢〔하전〕 연꽃 잎의 새 잎의 모양이 돈과 흡사하므로 돈의 비
荷主〔하주〕 짐 임자. にぬし 「유.
荷荷〔하하〕 한탄하거나 성내는 소리의 형용(形容). かか
荷香〔하향〕 연꽃의 향기. かこう
荷花〔하화〕 연꽃. かか
▷負荷(부하). 入荷(입하). 積荷(적하). 重荷(중하). 集荷(집하). 出荷(출하).

【菊】 부 ++·艹(초두밑) 획 4—8 훈 국화 음 국 中 chü[12] 英 chrysanthemum 日 キク
뜻 국화.
필순 艹 䒑 䒑 芍 芍 芍 菊 菊
菊月〔국월〕 음력 9월의 별명(別名). きくげつ. きくづき
菊判〔국판〕 ①폭 63cm, 길이 93cm의 양지(洋紙)의 크기. ②책 모양의 크기. 국판 전지(全紙)를 16등분(等分)한 크기. . 동 5·7판(判). きくはん
菊花〔국화〕 엉거시과에 속하는 관상용(觀賞用) 다년초. 품종에 따라 여러 가지 빛깔의 꽃이 늦가을까지 핌. きっか
▷佳菊(가국). 芳菊(방국). 白菊(백국). 盆菊(분국). 霜菊(상국). 細菊(세국). 黃菊(황국).

【菌】 부 ++·艹(초두밑) 획 4—8 훈 버섯 음 균(균:) 中 chün[4] 英 mushroom 日 キン. きのこ
뜻 ①버섯. ②곰팡이. 세균.
필순 艹 䒑 䒑 芮 芮 菌 菌 菌
菌蓋〔균개〕 동⇨균산(菌傘).
菌根〔균근〕 공생(共生) 작용을 하는 뿌리. 「있는 독(毒). きんどく
菌毒〔균독〕 균류(菌類)가 가지고
菌類〔균류〕 버섯·곰팡이붙이의 총칭. きんるい
菌傘〔균산〕 버섯 윗머리의 넓게 우산을 편 것 같은 부분. 동균개(菌蓋). きんさん
菌人〔균인〕 소인(小人). 「(세균).
▷病菌(병균). 殺菌(살균). 細菌

[萄] [부] 艹·艹(초두밑) [획] 4—8 [훈] 포도 [음] 도 [中] t'ao² [英] grape [日] ドウ. ぶどう
[뜻] ①포도. ②머루.
[필순] 艹艹芍芍萄萄萄

[萎] [부] 艹·艹(초두밑) [획] 4—8 [훈] 시들 [음] 위 [中] wei¹ [英] wither [日] イ. なえる. やむ
[뜻] ①시들. ②병들. ③쇠미할. ④둥굴레.
[필순] 艹苎苎茅萎萎萎
萎落[위락] 시들어 떨어짐. いらく
萎陵菜[위릉채] 딱지꽃. いりょうさい 「(活氣)가 없음. いび
萎靡[위미] 시들고 느른함. 활기
萎靡不振[위미부진] 쇠하고 약해서 떨치지 못함. いびふしん
萎病[위병] 시들병. いびょう
萎約[위약] 병으로 말미암아 몹시 쇠약하고 곤궁함. いやく 「ぜつ
萎絶[위절] 시들고 말라 떨어짐. い
萎縮[위축] ① 시들어서 오그라들거나 쭈그러짐. ②오그라들어 작아짐. いしゅく
萎黃病[위황병] ①청춘기(青春期)의 여자에게 흔한 빈혈증(貧血症)의 한가지. ②식물(植物)이 햇볕이나 철분(鐵分)의 부족으로 잎이 백색(白色)·황색(黃色)으로 변하는 병. いおうびょう

[菜] [부] 艹·艹(초두밑) [획] 4—8 [훈] 나물 [음] 채: [中] ts'ai⁴ [英] vegetables [日] サイ. な
[뜻] ①나물. 남새. ②반찬. 안주.

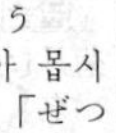

[필순] 艹艹芄芄苹苹菜
菜甲[채갑] 나물의 처음 나온 싹.
菜果[채과] 채소와 과실. さいか
菜根[채근] ①채소의 뿌리. ②변변치 못한 음식. さいこん
菜痲[채마] 무우·배추·미나리 따위의 심어서 가꾸는 나물.
菜蔬[채소] 푸성귀. さいそ
菜食[채식] 반찬을 푸성귀로만 먹음. [예]—主義(주의). さいしょく
菜田[채전] 남새밭.
▷鹿尾菜(녹미채). 美菜(미채). 生菜(생채). 蔬菜(소채).

[萋] [부] 艹·艹(초두밑) [획] 4—8 [훈] 풀무성할 [음] 처 [中] ch'i¹ [英] over grow [日] セイ. サイ. しげる
[뜻] ①풀무성할. ②무늬. 문채.
[필순] 艹芊芏萋萋萋萋
萋萋[처처] ① 풀이 무성(茂盛)한 모양. ②구름이 뭉게뭉게 떠 가는 모양. ③힘을 다하는 모양. せいせい

[華] [부] 艹·艹(초두밑) [획] 4—8 [훈] 빛날 [음] 화 [中] hua¹·²·⁴ [英] shine; flowers [日] カ. はな. はなやか
[뜻] ①빛날. ②아름다울. ③영화로울. ④꽃(花와 통용).

[필순] 艹艹芈芈茾華
華甲[화갑] 화(華)는 十 여섯과 一로 이룬 글자이므로 61세의 뜻으로 쓰임. [동]환갑(還甲). [예]—宴(연). かこう 「음. かけい
華京[화경] 서울의 아름다운 일컬
華僑[화교] 중국 사람으로서 국외(國外)에 이주한 사람. かきょう
華麗[화려] 빛나고 아름다움. [동]화미(華美). かれい
華美[화미] [동]⇨화려(華麗). かび
華府[화부] 미국의 수도(首都)인 워싱턴. 화성돈(華盛頓). かふ
華山別曲[화산별곡] 이조 세종(世宗) 때 변 계량(卞季良)이 이조 건국(建國)을 찬양한 가사인 경기체가(景幾體歌).
華嚴宗[화엄종] 불교(佛教)의 한 종파(宗派). けごんしゅう
華英[화영] ①꽃. ②빛. かえい
華而不實[화이불실] 말은 번드르르하나 하는 짓은 보잘 것 없음. かにしてみのらず
華族[화족] [동]귀족(貴族). かぞく
華燭[화촉] ① 화려한 촛불. ②결혼식. かしょく
華夏[화하] 화(華)는 화려함, 하(夏)는 대국(大國)이라는 뜻으로, 중국인들이 스스로 과장(誇張)하여 부르는 일컬음. かか
▷繁華(번화). 榮華(영화). 精華

(정화). 豪華(호화).

［葛］ 部 艹·艹(초두밑) 획 4—9 훈 칡 음 갈 中 kê[2·3] 英 arrow root 日 カツ. くず

뜻 ①칡. ②갈포. ③성.

필순 艹芦芦芦葛葛葛葛

葛巾〔갈건〕 갈포(葛布)로 만든 두건(頭巾). かっきん

葛巾野服〔갈건야복〕 갈건과 베옷. 곧 은사(隱士)의 의복. かっきん

葛根〔갈근〕 칡뿌리. ∟やふく

葛藤〔갈등〕 ①칡이나 등나무 같은 덩굴진 식물(植物). 간사한 것의 비유. ②분란(紛亂). 불화(不和). かっとう 「かっぷん

葛粉〔갈분〕 칡뿌리로 만든 가루.

葛布〔갈포〕 칡의 섬유로 짠 베.

［董］ 部 艹·艹(초두밑) 획 4—9 훈 바를 음 동: 中 tung[3] 英 superintend 日 トウ. ただす

뜻 ①바를. 바로잡을. ②고물. 골동품. ③성.

필순 艹芒芇菁菫董董

董督〔동독〕 맡아서 감독(監督)함. とうとく 「うそつ

董率〔동솔〕 감독하며 거느림. と

董役〔동역〕 역사(役事)를 감독함.

▷骨董(골동).

［落］ 部 艹·艹(초두밑) 획 4—9 훈 떨어질 음 락 中 la[4] luo[4] lao[4] 英 fall 日 ラク. おちる

뜻 ①떨어질. ② 마을. ③쌀쌀할.

필순 艹芀莎茨莈落落

落款〔낙관〕 서화(書畫)에 필자(筆者)의 이름을 쓰고 도장을 찍음. らっかん

落句〔낙구〕 율시(律詩)의 제7·8의 양구(兩句). 동미련(尾聯). らっく

落膽〔낙담〕 ①몹시 놀라서 간이 떨어질 지경임. ② 바라던 것이 아니 되어 마음이 상(傷)함. 예—喪魂(상혼). らくたん

落落〔낙락〕 ①서로 용납하지 아니하는 모양. 거절하는 모양. ②뜻이 큰 모양. ③드문드문한 모양. 성긴 모양. ④ 쓸쓸한 모양. ⑤ 우뚝 솟은 모양. らくらく

落落長松〔낙락장송〕 가지가 축축 늘어진 키 큰 소나무.

落雷〔낙뢰〕 벼락이 떨어짐. 또 그 벼락. らくらい

落淚〔낙루〕 눈물을 흘림. らくるい

落留〔낙류〕 마을에 머무름.

落馬〔낙마〕 말에서 떨어짐. らくば

落望〔낙망〕 실망(失望)함. 동낙심(落心). 「くめい

落命〔낙명〕 생명(生命)을 잃음. ら

落傷〔낙상〕 떨어지거나 넘어져서 다침. らくしょう

落選〔낙선〕 선거(選擧)에 떨어짐. ↔당선(當選). らくせん

落成〔낙성〕 공사(工事)를 완전히 마침. 예—式(식). らくせい

落城〔낙성〕 성(城)이 함락(陷落)됨. らくじょう

落水〔낙수〕 낙수물. らくすい

落心〔낙심〕 소망(所望)이 없어져 실망(失望)함. 동낙망(落望). らくしん 「う. おちば

落葉〔낙엽〕 떨어진 나뭇잎. らくよ

落日〔낙일〕 지는 해. 동석양(夕陽). らくじつ

落字〔낙자〕 빠뜨린 글자. らくじ

落第〔낙제〕 시험(試驗)에 못 뽑힘. ↔급제(及第). らくだい

落照〔낙조〕 저녁때의 햇빛. 동석양(夕陽). らくしょう

落種〔낙종〕 씨를 뿌림. らくしゅ

落職〔낙직〕 벼슬이 떨어짐. 면직당함. 동파직(罷職). らくしょく

落差〔낙차〕 물 떨어지는 높낮이의 차(差). らくさ 「らくちゃく

落着〔낙착〕 일의 끝을 맺음. 끝남.

落札〔낙찰〕 입찰(入札)에 뽑힘. ら

落齒〔낙치〕 이가 빠짐. ∟くさつ

落魄〔낙탁〕 ①죽음. ②뜻을 얻지 못하고 가난함. らくはく. らくたく 「朔) 전에 죽어 나옴.

落胎〔낙태〕 태아(胎兒)가 만삭(滿

落鄕〔낙향〕 ①고향에서 삶. ②서울 사람이 시골로 이사(移徙)함.

落花生〔낙화생〕 땅콩. らっかせい

落花流水〔낙화유수〕 정이 있어 서로 보고 싶어하는 남녀 관계의

비유. らっかりゅうすい
落後〔낙후〕 뒤떨어짐. らくご
▷奈落(나락). 段落(단락). 沒落(몰락). 部落(부락). 零落(영락). 榮落(영락). 一榮一落(일영일락). 村落(촌락). 墮落(타락). 脫落(탈락). 陷落(함락).

〖萬〗 [부] ++·艹(초두밑) [획] 4—9 [훈] 일만 [음] 만: [中] wan⁴ [英] ten thousand [日] マン. バン. よろず

[뜻] ①일만. ②많을.
[필순] 艹芇苗萬萬萬萬

萬感〔만감〕 여러 가지 생각. 만가지의 느낌. ばんかん
萬康〔만강〕 썩 편안함.
萬頃〔만경〕 ①지면(地面)이나 수면(水面)이 한없이 너름. ②밭 일만(一萬) 이랑. ばんけい
萬頃滄波〔만경창파〕 한없이 넓고 넓은 바다. 「(萬頃滄波).
萬頃蒼波〔만경창파〕 [동]⇨만경창파
萬古〔만고〕 ①태고(太古). ②한없는 세월. 영원(永遠). ばんこ
萬古不變〔만고불변〕 영원(永遠)히 변하지 아니함. ばんこふへん
萬古絶唱〔만고절창〕 이 세상에는 유(類)가 없는 뛰어난 명창(名唱) 또는 시가(詩歌). ばんこぜっしょう
萬古風霜〔만고풍상〕 이 세상에서 지내 온 수많은 고생. ばんこふうそう 「ばんこう
萬口〔만구〕 다수의 사람. 또 그 입.
萬口傳播〔만구전파〕 온 세상에 널리 전하여 퍼뜨림. ばんこうでんぱ
萬國〔만국〕 세계에 있는 여러 나라. [동]만방(萬邦). ばんこく
萬卷〔만권〕 ①많은 책. ②책 만 권. まんがん
萬卷堂〔만권당〕 고려(高麗) 충선왕(忠宣王)이 원(元)나라에 가 있을 때 많은 서적(書籍)을 비치(備置)하고 그 곳의 여러 학자(學者)와 교유(交遊)하던 곳.
萬金〔만금〕 ①많은 돈. ②돈 만냥(萬兩). まんきん

萬機〔만기〕 정치상 온갖 중요한 기틀. 천하(天下)의 큰 정사(政事). ばんき 「んなん
萬難〔만난〕 갖은 고난(苦難). ば
萬端說話〔만단설화〕 온갖 이야기. まんたんせつわ
萬綠叢中紅一點〔만록총중 홍일점〕 뭇 남자 중에 여자가 한 명 끼어 있음. [동]홍일점(紅一點). ばんりょくそうちゅうこういってん
萬雷〔만뢰〕 많은 우뢰(雨雷). 핑장히 큰 소리의 형용. ばんらい
萬里同風〔만리동풍〕 광대한 지역(地域)이 풍속(風俗)을 같이함. ばんりどうふう
萬里長城〔만리장성〕 진시황(秦始皇)이 흉노(匈奴)를 방비하기 위하여 쌓은 중국 북쪽의 긴 성. ばんりのちょうじょう
萬里風〔만리풍〕 ① 아주 멀리까지 부는 바람. ②광대(廣大)한 지역의 풍속(風俗). ばんりのかぜ
萬萬不當〔만만부당〕 절대로 옳지 아니함. [동]만만불가(萬萬不可).
萬萬不可〔만만불가〕 [동]⇨만만부당(萬萬不當).
萬無一失〔만무일실〕 실패(失敗)할 염려(念慮)가 조금도 없음.
萬物〔만물〕 천지간(天地間)에 있는 모든 물건(物件). ばんぶつ
萬物不能移〔만물불능이〕 천하(天下)의 온갖 사물도 한 마음을 움직일 수 없다는 뜻으로 의지(意志)의 견고(堅固)함을 이름.
萬物之靈〔만물지령〕 만물(萬物)중에 가장 신령(神靈)한 것. 곧 사람. ばんぶつのれい
萬邦〔만방〕 [동]⇨만국(萬國).
萬福〔만복〕 ①온갖 복록(福祿). ②남에게 많은 복(福)이 내리기를 빈다는 인사말. ばんぷく
萬夫〔만부〕 많은 사람. ばんぷ
萬事〔만사〕 모든 일. 여러 가지 일. ばんじ
萬死不顧一生〔만사불고일생〕 죽음을 무릅씀. ばんしいっせいをかえりみず
萬事瓦解〔만사와해〕 한 가지 잘못

으로 모든 일이 다 실패(失敗)에 돌아감. ばんじがかい

萬事亨通〔만사형통〕 모든 일이 뜻과 같이 잘 됨.

萬事休矣〔만사휴의〕 모든 방법이 헛되게 됨. ばんじきゅうす

萬歲〔만세〕 ①만년(萬年). 예一曆(력). ②경축(慶祝)을 표할 때 외치는 말. ③귀인(貴人)의 죽음에 대하여 죽음이라는 말을 피해서 하는 말. ばんざい

萬世之業〔만세지업〕 영원히 계속될 불후(不朽)의 사업. ばんせいのぎょう

萬歲後〔만세후〕 신라 때 임금이 죽은 뒤를 일컫는 말. ばんざいご

萬壽〔만수〕 장수(長壽)를 비는 말. 또는 장수(長壽). 예一無疆(무강). ばんじゅ

萬壽節〔만수절〕 옛 중국의 천자(天子)의 탄생 축일(祝日). ばんじゅせつ

萬壽香〔만수향〕 ①선향(線香)의 한 가지. ②부처 앞에 피우는 향의 이름. ばんじゅこう

萬乘〔만승〕 ①군사를 실을 1만의 차량. 또는 그것을 낼 수 있는 넓은 땅. ②천자(天子)의 자리 또는 천자. ばんじょう

萬乘之國〔만승지국〕 대국(大國)의 제후(諸侯). 또는 천자(天子)가 다스리는 나라. ばんじょうのくに

萬若〔만약〕 동⇨만일(萬一).

萬億〔만억〕 셀 수 없을 만큼 많은 수. 막대(莫大)한 수. ばんおく. まんおく

萬有〔만유〕 천지간(天地間)에 있는 온갖 물건(物件). ばんゆう

萬人之上〔만인지상〕 신하(臣下)로서의 최고 지위. 동영의정(領議政). 예一一人之下(일인지하).

萬一〔만일〕 만에 한 번. 동만약(萬若). まんいち. まんいつ

萬全之計〔만전지계〕 아주 안전(安全)하게 하는 꾀. 또는 안전한 계략. ばんぜんのけい

萬疊靑山〔만첩청산〕 겹겹이 겹쳐진 깊은 산(山).

萬幸〔만행〕 매우 다행(多幸)함. ばんこう

萬戶長安〔만호장안〕 인가(人家)가 많은 서울. ばんこちょうあん

萬戶侯〔만호후〕 1만 호의 백성을 가진 제후(諸侯). ばんここう

萬化方暢〔만화방창〕 봄이 되어 만물이 번화스럽게 자라남. ばんかほうちょう

▷巨萬(거만). 累萬(누만). 億萬(억만). 千萬(천만).

〖葉〗 부 艹·艹(초두밑) 획 4—9 훈 잎 음 엽 中 yeh⁴ shê⁴ 英 leaf 日 ヨウ. は

뜻 ①잎. ②대. 세대. 연대. ③장. ④성(섭).

필순 艹苹苹莋華華華葉

葉綠素〔엽록소〕 녹색 식물의 세포 속에 포함되어 있는 엽녹체(葉綠體) 안의 녹색의 색소(色素). 잎파랑이. ようりょくそ

葉書〔엽서〕 약우편 엽서(郵便葉書). はがき

葉錢〔엽전〕 놋쇠로 만든 옛날 돈.

葉菜〔엽채〕 잎을 먹는 채소(菜蔬). ようさい

▷金枝玉葉(금지옥엽). 末葉(말엽). 木葉(목엽). 前葉(전엽). 中葉(중엽). 冊葉(책엽). 初葉(초엽). 後葉(후엽).

〔葦〕 부 艹·艹(초두밑) 획 4—9 훈 갈대 음 위: 中 wei³ 英 reed 日 イ. あし

뜻 ①갈대. ②작은배.

필순 艹艹苹苦萁葦葦

葦席〔위석〕 갈대를 엮어 짠 자리. いせき

葦魚〔위어〕 웅어.

葦火〔위화〕 마른 갈대를 때는 불.

【葬】 부 艹·艹(초두밑) 획 4—9 훈 장사지낼 음 장: 中 tsang⁴ 英 bury 日 ソウ. ほうむる

뜻 ① 장사지낼. 장사. ②묻을.

필순 艹艹苂苑葬葬葬

葬列〔장렬〕 장송(葬送)의 행렬(行列). そうれつ

葬禮〔장례〕 장사(葬事)의 예식. 동장의(葬儀). そうれい

葬事〔장사〕 시체(屍體)를 매장(埋葬) 혹은 화장(火葬)하는 일. そうじ 「하는 일. そうそう

葬送〔장송〕 장사 지내는 것을 배웅

葬送曲〔장송곡〕 [동]⇨장송 행진곡.

葬送行進曲〔장송행진곡〕 장렬(葬列)이 행진할 때 연주하는 비애·애도의 느낌을 주는 느린 행진곡. [동]장송곡(葬送曲).

葬儀〔장의〕 [동]⇨장례(葬禮).

葬地〔장지〕 매장(埋葬)할 땅. 또는 장사할 땅. そうち

▷改葬(개장). 埋葬(매장). 送葬(송장). 土葬(토장). 合葬(합장). 火葬(화장). 會葬(회장).

【著】 [부] ++·艹(초두밑) [획] 4—9 [훈] 나타낼 [음] 저 [中] chu⁴ [英] manifest [日] チョ. あらわす. いちじるしい

[뜻] ①나타날(저). ②지을(저). ③붙을(착).

[참고] [속] 着

[필순] 艹芏芏芽茾著著著

著名〔저명〕 이름이 드러남. [동]유명(有名). ちょめい

著書〔저서〕 저술(著述)한 책(册). 또는 책을 지음. ちょしょ

著述〔저술〕 글을 써서 책을 지음. ちょじゅつ 「しゃ

著者〔저자〕 책을 지은 사람. ちょ

著作〔저작〕 책을 지음. 또는 그 책. [예]—權(권). ちょさく

著想〔착상〕 ①일의 실마리가 될 만한 생각. ②미리 구상(構想)하는 일. ちゃくそう

▷共著(공저). 論著(논저). 名著(명저). 顯著(현저).

【葡】 [부] ++·艹(초두밑) [획] 4—9 [훈] 포도 [음] 포 [中] p'u² [英] grape [日] ホ. ブ. ぶどう

[뜻] ①포도. ②머루.

[필순] 艹芍芍荀葡葡葡

葡萄〔포도〕 포도과에 속하는 낙엽만목(落葉蔓木)의 열매. ぶどう

葡萄糖〔포도당〕 포도·벌꿀 같은 것의 단맛이 나는 즙 속에 포함되어 있는 당분(糖分)의 한 가지. ぶどうとう

葡萄酒〔포도주〕 포도를 원료로 해서 만든 술. [예]白(백)—. ぶどうしゅ 「즙액(汁液).

葡萄汁〔포도즙〕 포도를 짜서 만든

【蓋】 [부] ++·艹(초두밑) [획] 4—10 [훈] 덮을 [음] 개 [中] kai⁴ [英] cover [日] ガイ. ふた. おおう

[뜻] ①덮을. ②덮개. 뚜껑. ③일산. ④대개. ⑤어찌. ⑥어찌아니할(합).

[참고] [속] 盖

[필순] 艹芏芏茾茾蓋蓋蓋

蓋世〔개세〕 위력이이나 기상(氣象)이 세상을 뒤덮을 만큼 뛰어남. がいせい. よをおおう

蓋世之才〔개세지재〕 세상을 마음대로 다스릴 만한 뛰어난 재기(才氣). がいせいのさい 「地).

蓋壤〔개양〕 하늘과 땅. [동]천지(天

蓋然〔개연〕 확실하지 못하나 그럴 것같이 추측됨.

蓋瓦〔개와〕 ①기와. ②기와로 지붕을 이음. がいか

蓋草〔개초〕①이엉. ②이엉으로 지붕을 이음. がいそう

▷方底圓蓋(방저원개). 覆蓋(복개). 天蓋(천개).

【蒙】 [부] ++·艹(초두밑) [획] 4—10 [훈] 어릴 [음] 몽 [英] mêng²·³ [英] young [日] モウ. こうむる

[뜻] ①어릴. ②어리석을. 어두울. ③입을. 받을. 뒤집어쓸. ④무릅쓸. ⑤나라이름. ⑥속일. ⑦날릴. ⑧괘이름.

[필순] 艹芦茾莣蒙蒙蒙

蒙古〔몽고〕 중국의 북쪽과 시베리아 남쪽 사이에 있는 나라 이름. もうこ 「그 이익. もうり

蒙利〔몽리〕 이익(利益)을 봄. 또는

蒙昧〔몽매〕 사리(事理)에 어리석고 어두움. [예]無知(무지)—. もうまい 「어두운 모양. もうもう

蒙蒙〔몽몽〕 ①성(盛)한 모양. ②

蒙喪〔몽상〕 상복(喪服)을 입음. もうそう 「うおん

蒙恩〔몽은〕 은혜(恩惠)를 입음. も

蒙塵〔몽진〕 ① 먼지를 뒤집어씀. 욕을 봄. 수치를 당함. ② 임금이 난리를 당하여 피난함. もうじん

▷啓蒙(계몽). 童蒙(동몽). 愚蒙(우몽). 昏蒙(혼몽).

【蒸】[부] ++·艹(초두밑) [획] 4—10 [훈] 찔 [음] 증 [中] chêng^1 [英] steam [日] ジョウ. むす
[뜻] ①찔. ②많을. 백성.
[필순] 艹艹芓茅茏荥蒸

蒸氣〔증기〕①액체(液體)가 증발(蒸發)하여 생긴 기체(氣體). 김. [예]—機關(기관). ② [약]수증기(水蒸氣). じょうき

蒸溜〔증류〕액체를 끓이어 증발시키고 그 증기(蒸氣)를 식히어 다시 액체로 만들어 불순물이 없이 함. [예]—水(수). じょうるい

蒸發〔증발〕액체(液體)가 기체(氣體)로 변하는 현상(現象). [예]—器(기). じょうはつ

蒸蒸〔증증〕나아가는 모양. 향상(向上)하는 모양. じょうじょう

▷汗蒸(한증).

【蒼】[부] ++·艹(초두밑) [획] 4—10 [훈] 푸를 [음] 창 [中] ts'ang^1 [英] blue [日] ソウ. あおい
[뜻] ①푸를. ②우거질. 무성할. ③창생. 백성.
[필순] 艹艾芩苓苍蒼蒼蒼

蒼空〔창공〕[동]⇨창천(蒼天). そうくう

蒼茫〔창망〕넓고 멀어서 푸르고 아득한 모양. そうぼう

蒼氓〔창맹〕[동]⇨창생(蒼生). そうぼう

蒼白〔창백〕푸른 기가 있고 해쓱함. そうはく

蒼生〔창생〕모든 백성. [동]만민(萬民). [예]億兆(억조)—. そうせい

蒼卒〔창졸〕예정없이 아주 급작스러움. [예]—間(간). そうそつ

蒼蒼〔창창〕①빛이 새파란 모양. ②초목이 나서 푸릇푸릇하게 자라는 모양. ③하늘이 개어 맑은 모양. ④노쇠한 모양. ⑤어둑어둑한 모양. そうそう

蒼天〔창천〕①맑게 갠 새파란 하늘. [동]창공(蒼空). ②봄 하늘. ③동북쪽 하늘. そうてん

蒼苔〔창태〕푸른 이끼. そうたい

蒼海〔창해〕크고 넓은 바다. [동]창해(滄海). そうかい

蒼頡〔창힐〕황제(黃帝)의 신하로서 새의 발자국을 보고 처음으로 글자를 만들어낸 사람. そうけつ

▷老蒼(노창). 靑蒼(청창).

【蓄】[부] ++·艹(초두밑) [획] 4—10 [훈] 쌓을 [음] 축 [中] hsü^4 [英] store; gather [日] チク. たくわえる
[뜻] ①쌓을. ②모을. ③감출. ④둘. ⑤기를.
[필순] 艹芏芸䔒蓄蓄蓄

蓄念〔축념〕생각을 쌓음. 쌓은 생각. ちくねん

蓄怨〔축원〕①쌓은 원한. ②마음 속에 원한을 쌓음.

蓄音機〔축음기〕레코오드로부터 소리를 재현시키는 장치. [동]유성기(留聲機). ちくおんき

蓄財〔축재〕돈이나 재물을 모아 쌓음. 또는 그 재물. ちくざい

蓄積〔축적〕많이 모아 쌓아 둠. 또는 그 물건. ちくせき

蓄電〔축전〕전기를 축적(蓄積)하는 일. [예]—池(지). ちくでん

蓄妾〔축첩〕첩(妾)을 둠.

▷累蓄(누축). 貯蓄(저축). 積蓄(적축). 含蓄(함축).

【蓮】[부] ++·艹(초두밑) [획] 4—11 [훈] 연꽃 [음] 련 [中] lien^2 [英] lotus [日] レン. はす. はすのみ
[뜻] ①연꽃. ②연밥.
[필순] 艹芦苩蓒蓮蓮

蓮社〔연사〕정토(淨土)의 업(業)을 닦기 위한 결사(結社). れんしゃ

蓮實〔연실〕연밥.

蓮池〔연지〕연꽃을 심은 못. 연못. れんち

蓮花〔연화〕연꽃. れんか

蓮花世界〔연화세계〕안락하고 걱정이 없는 세계. [동]극락정토(極樂淨土). れんかせかい

▷白蓮(백련). 木蓮(목련). 水蓮(수련). 睡蓮(수련). 紅蓮(홍련).

「蔑」[부] ++·艹(초두밑) [획] 4—11 [훈] 업신여길 [음] 멸 [中] mieh^4 [英] despise [日] ベツ. さげすむ. あなどる
[뜻] ①업신여길. ②없을. ③깎을.
[필순] 艹芦苎苎茾蔑蔑蔑

蔑視〔멸시〕남을 업신여김. べっし

蔑然〔멸연〕잘 보이지 않는 모양.

べつぜん 「(모멸).
▷輕蔑(경멸). 陵蔑(능멸). 侮蔑

「蓬」 부 艹·艹(초두밑) 획 4—11 훈 쑥 음 봉: 中 p'êng² 英 mugwort 日 ホウ. よもぎ
뜻 ①쑥. ②성한 모양. ③엉킬. ④흩어질.
필순 艹芀芅蓬蓬蓬蓬

蓬丘〔봉구〕 동 신선(神仙)이 산다는 봉래산(蓬萊山). ほうきゅう
蓬島〔봉도〕 동⇨봉래산(蓬萊山). ほうとう
蓬頭亂髮〔봉두난발〕 쑥대강이같이 흐트러진 머리. ほうとうらんぱつ
蓬萊〔봉래〕 삼신산(三神山)의 하나. 발해(渤海)에 있는 신선(神仙)이 산다는 산(山). ほうらい
蓬萊山〔봉래산〕 ①동해(東海) 가운데에 있는, 신선이 산다는 산. ②여름철의 금강산을 이름. ほうらいさん 「머리털. ほうはつ
蓬髮〔봉발〕 덥수룩하게 엉클어진
蓬蓬〔봉봉〕 ①왕성한 모양. ②바람이 부는 모양. ほうほう
蓬首〔봉수〕 머리털이 흐트러진 머리. ほうしゅ 「うし
蓬矢〔봉시〕 쑥대로 만든 화살. ほ
蓬室〔봉실〕 쑥 지붕의 집. 곧 가난한 집. 또는 자기 집의 낮춤말. ほうしつ 「ほうしん
蓬心〔봉심〕 대담하지 못한 마음. 잘고 좀스러운 마음. ほうしん
蓬艾〔봉애〕 쑥. 「ほうぜん
蓬然〔봉연〕 바람이 일어나는 모양.
蓬轉〔봉전〕 쑥이 뿌리째 뽑히어 바람에 굴러다님. 정처 없이 떠돌아다님을 이름. ほうでん

「蔘」 부 艹·艹(초두밑) 획 4—11 훈 인삼 음 삼 中 shen¹ 英 ginseng 日 シン.ジン.サン
뜻 ①인삼. ②늘어진 모양.
필순 艹艹茾蓡蔘

蔘農〔삼농〕 인삼 농사. さんのう
蔘毒〔삼독〕 인삼이 체질(體質)에 안 맞거나, 또는 지나치게 먹어서 생기는 산열(散熱). さんどく
蔘附〔삼부〕 인삼과 부자(附子).
蔘商〔삼상〕 인삼을 파는 장사. さんしょう 「さんぎょう
蔘業〔삼업〕 인삼을 생산하는 사업.
蔘茸〔삼용〕 인삼과 녹용(鹿茸). さんじょう 「さんぼ
蔘圃〔삼포〕 인삼을 재배하는 밭.
▷白蔘(백삼). 山蔘(산삼). 水蔘(수삼). 人蔘(인삼). 紅蔘(홍삼).

【蔬】 부 艹·艹(초두밑) 획 4—11 훈 나물 음 소 中 su¹. shu¹ 英 vegetable 日 ソ. あおもの. な 「통용).
뜻 ①나물. 푸성귀. ②성길(疏와
필순 艹艹芓芷菭蔬蔬

蔬果〔소과〕 채소와 과일. そか
蔬茗〔소명〕 채소와 차(茶).
蔬飯〔소반〕 변변하지 못한 음식. 육미붙이가 없는 음식. そはん
蔬食〔소사·소식〕 ①거친 밥. 변변치 못한 음식. ②채식(菜食). ③초목의 열매. そし
蔬菜〔소채〕 채소. 푸성귀. そさい
蔬圃〔소포〕 채소밭.

「蔣」 부 艹·艹(초두밑) 획 4—11 훈 줄 음 장 中 ch'iang² 英 water-oat 日 ショウ. まこも
뜻 ①줄. ②성. ③나라이름.
필순 艹丅丌丌丌丌蔣蔣

「蔡」 부 艹·艹(초두밑) 획 4—11 훈 채나라 음 채: 中 ts'ai⁴ 英 big tortoise 日 サイ. サツ. かめ. のり
뜻 ①나라이름. ②법. ③점치는 거북. ④성. ⑤내칠(살).
필순 艹芀芀茓茓荩蔡蔡

蔡倫〔채륜〕 후한(後漢)사람. 자(字)는 경중(敬仲). 처음으로 종이를 만들었다 함. さいりん

【蕡】 부 艹·艹(초두밑) 획 4—12 훈 열매 많이 맺을 음 분 中 ten² 英 fruit-bearing 日 フン. あさ
뜻 ①열매 많이 맺을. ②삼씨.
필순 艹芔芔芔莃蕡蕡蕡

【蔽】 부 艹·艹(초두밑) 획 4—12 훈 가릴 음 폐: 中 pi⁴ 英 cover 日 ヘイ. おおう
뜻 ①가릴. ②덮을.

필순 艹芇芇芇蔽蔽蔽
蔽匿〔폐닉·폐익〕 가리어 감춤. 숨김.　「막힘. へいそく
蔽塞〔폐색〕 가려 막음. 또 가리어
蔽野〔폐야〕 들을 뒤덮음. へいや
蔽陽子〔폐양자〕 패랭이. 천한 사람이나 상제(喪制)가 쓰는 대오리 갓.
蔽容〔폐용〕 자취를 감춤. へいよう
蔽風雨〔폐풍우〕 비바람을 가리고 막음.　「(은폐). 侵蔽(침폐).
▷覆蔽(복폐). 掩蔽(엄폐). 隱蔽

「蕉」 부 艹·艹(초두밑) 획 4—12 훈 파초 음 초 中 chiao¹ 英 plantain 日 ショウ. ばしょう
뜻 ①파초. ② 쓰레기. ③ 땔나무. ④야윌.
필순 艹芢芢萑萑萑蕉
蕉葉〔초엽〕 ①파초(芭蕉)의 잎. ②춤이 얇고 조그마한 술잔의 이름. しょうよう
蕉萃〔초췌〕 야윈 모양. 파리한 모양. 동초췌(憔悴). しょうすい
△甘蕉(감초). 綠蕉(녹초). 翠蕉(취초). 芭蕉(파초).

「蕩」 부 艹·艹(초두밑) 획 4—12 훈 방탕할 음 탕: 中 tang⁴ 英 dissipated 日 トウ. ほしいまま
뜻 ①방탕할. ② 쓸. 쓸어없앨. ③움직일. ④옮김. ⑤ 흐르게 할. ⑥클. ⑦넓을. ⑧평평할. ⑨방자할.
필순 艹芦芦芦蕩蕩蕩蕩
蕩減〔탕감〕 진 빚을 죄다 면제(免除)하여 줌. とうかん 「うかく
蕩客〔탕객〕 방탕(放蕩)한 사람. と
蕩女〔탕녀〕 방탕한 여자. とうじょ
蕩婦〔탕부〕 방탕(放蕩)한 계집. とうふ　「じ
蕩兒〔탕아〕 동⇨탕자(蕩子). とう
蕩搖〔탕요〕 움직임. 요동(搖動)함. とうよう　「つ
蕩逸〔탕일〕 방탕(放蕩)함. とうい
蕩子〔탕자〕 ①멀리 고향을 떠나 방랑(放浪)하는 사람. ②주색(酒色)에 빠진 남자. とうし 「ん
蕩盡〔탕진〕 죄다 써 버림. とうじ
蕩蕩平平〔탕탕평평〕 어느 쪽에든지 치우치지 아니함. とうとうへいへい　「平). とうへい
蕩平〔탕평〕 약 ⇨탕탕평평(蕩蕩平
▷放蕩(방탕). 掃蕩(소탕). 淫蕩(음탕). 游蕩(유탕). 豪蕩(호탕).

「蕭」 부 艹·艹(초두밑) 획 4—12 훈 쑥 음 소 中 hsiao¹ 英 solitary 日 ショウ. かわらよもぎ
뜻 ①쑥. ② 쓸쓸한 모양.
필순 艹芦萧萧蕭蕭
蕭蕭〔소소〕 ①쓸쓸한 모양. ②말의 울음. しょうしょう
蕭然〔소연〕 ①쓸쓸한 모양. ②텅 비어 있는 모양. ③ 떠들썩하고 허둥거리는 모양. しょうぜん
蕭寂〔소적〕 동⇨소조(蕭條). しょうじゃく 「(蕭寂). しょうじょう
蕭條〔소조〕 쓸쓸한 모양. 동소적

【薄】 부 艹·艹(초두밑) 획 4—13 훈 엷을 음 박 中 pao² po²·⁴ 英 thin 日 ハク. **うす**い
뜻 ①엷을. 얇을. ②작을. 적을. ③메마를. ④야박할. ⑤ 가벼울. ⑥발. ⑦박하.
필순 艹芦芦芦菏蒪薄薄
薄利多賣〔박리다매〕 이익(利益)을 적게 남기고 팔기를 많이 함. はくりたばい
薄膜〔박막〕 얇은 막(膜). はくまく
薄明〔박명〕 희미한 빛. はくめい
薄命〔박명〕 기박(奇薄)한 운명. 또는 명이 짧음. 예美人(미인)—. はくめい
薄福〔박복〕 복이 적음. 동박행(薄幸). はくふく　「はくほう
薄俸〔박봉〕 적은 돈의 봉급(俸給).
薄夫〔박부〕 ①인정 없는 남자. ②경박한 사람. はくふ
薄氷〔박빙〕 엷게 언 얼음. はくひょう　「사람. はくしょく
薄色〔박색〕 못생긴 얼굴. 또 그
薄弱〔박약〕 ①군세지 못함. ②확실하지 못하고 불충분(不充分)함. ③얇고 약함. 예精神(정신)—. はくじゃく
薄運〔박운〕 불행한 운명. はくうん
薄田〔박전〕 메마른 땅. はくでん
薄情〔박정〕 인정(人情)이 없음. は

くじょう
薄罪〔박죄〕 가벼운 죄. はくざい
薄酒〔박주〕 ①맛이 좋지 못한 술. 자기가 내는 술에 대한 겸사말. ②물 탄 술. はくしゅ
薄志〔박지〕 ① 박약한 의지. ②약소한 사례(謝禮). はくし.
薄志弱行〔박지약행〕 의지가 박약하여 실행력이 미약(微弱)함. はくしじゃっこう 「수수한 반찬.
薄饌〔박찬〕 변변하지 못한 반찬.
薄妻〔박처〕 아내를 구박함.
薄片〔박편〕 얇은 조각. はくへん
薄皮〔박피〕 얇은 가죽. はくひ
薄荷〔박하〕 꿀풀과에 속하는 숙근초(宿根草). 약재·향료·음료·박하유 등에 쓰임. はっか
薄學〔박학〕 넉넉지 못한 학식 변변하지 못한 학문. 동천학(淺學). ↔박학(博學). はくがく
薄行〔박행〕 경박한 행위. はっこう
薄幸〔박행〕 동⇨박복(薄福). はっこう 「(淳厚)함. はくこう
薄厚〔박후〕 천박(淺薄)함과 순후
▷刻薄(각박). 輕薄(경박). 肉薄(육박). 淺薄(천박).

「薛」
부 艹·艹(초두밑) 획 4—13 훈 나라 이름 음 설 中 hsueh¹ 日 セツ. くにのな
뜻 나라 이름.
필순 艹艹芦苫莳蒔薛薛

[薪]
부 艹·艹(초두밑) 획 4—13 훈 섶나무 음 신 中 hsin¹ 英 fire wood 日 シン. たきぎ
뜻 ①섶나무. ②땔나무. ③풀.
필순 艹苎苹莘莘新薪薪
薪木〔신목〕 ①잡초와 잡목(雜木). ②땔나무. しんぼく
薪水〔신수〕 ①땔나무와 마실 물. 곧 생활 필수품. ②봉급(俸給) 또는 식비(食費). しんすい
薪水之勞〔신수지로〕 땔나무를 하고 물을 긷는 수고로움. 호구(糊口)를 위한 노동(勞動). しんすいのろう
薪炭〔신탄〕 땔나무와 숯. しんたん
▷救火投薪(구화투신). 勞薪(노신). 負薪(부신). 臥薪(와신).

【薦】
부 艹·艹(초두밑) 획 4—13 훈 천거할 음 천: 中 chien⁴ 英 recommend 日 セン. すすめる. こも
뜻 ①천거할. 추천할. ②드릴. 올릴. ③깔. 자리. ④쑥.
필순 艹芦声声薦薦薦薦
薦擧〔천거〕 인재(人材)를 추천함. 속천지(薦之). せんきょ
薦聞〔천문〕 인물을 천거하여 임금에게 여쭘. せんぶん. 「せんばつ
薦拔〔천발〕 인재(人材)를 뽑아 냄.
薦新〔천신〕 새로 나는 곡식이나 과일을 먼저 신(神)에게 올림.
薦之〔천지〕 동⇨천거(薦擧).
▷公薦(공천). 毛遂自薦(모수자천). 推薦(추천). 稱薦(칭천).

【藍】
부 艹·艹(초두밑) 획 4—14 훈 쪽 음 람 中 lan² 英 indigo plant 日 ラン. あい
뜻 ①쪽. ②쪽빛. 남빛. ③절. 가람. ④누더기(襤과 통용).
필순 艹苹苹芦莳蔀蔀藍藍
藍本〔남본〕 회화(繪畫)의 초벌 그림. 또는 근거로 삼은 원본.
藍色〔남색〕 쪽빛. らんしょく. あいいろ 「せい
藍靑〔남청〕 짙고 검푸른 빛. らん
▷伽藍(가람). 甘藍(감람). 出藍(출람).

【薩】
부 艹·艹(초두밑) 획 4—14 훈 보살 음 살 中 sa⁴ 英 Buddha saint 日 サツ. すくう
뜻 보살.
필순 艹芦芦薩薩薩薩薩
薩滿〔살만〕 신령(神靈)과 통하는 힘이 있다는 무당과 판수. 샤먼(shaman). サマン 「이름.
薩水〔살수〕 청천강(淸川江)의 옛
▷菩薩(보살).

【藏】
부 艹·艹(초두밑) 획 4—14 훈 간직할 음 장 中 ts'ang², tsang⁴ 英 storehouse; hide 日 ゾウ. くら. おさめる 「②광.
뜻 ① 간직할. 감출. 갈무리할.
필순 艹芦芦茈蔵藏藏藏
藏經〔장경〕 불교 경전(經典)의 총칭(總稱). ぞうきょう

藏六〔장륙〕 거북의 이칭(異稱). 머리·꼬리·네 발의 여섯 부분을 귀갑(龜甲) 속에 감춤에서 나온 말. そうろく 「ん
藏本〔장본〕 [동]장서(藏書). ぞうほ
藏書〔장서〕 간직하여 둔 책. 또 책을 간직하여 둠. ぞうしょ
藏版〔장판〕 보관(保管)하여 둔 서적(書籍)의 인판(印板). 또 그 인판을 간직함. [속]장본(藏本). ぞうはん
▷埋藏(매장). 無盡藏(무진장). 封藏(봉장). 祕藏(비장). 死藏(사장). 所藏(소장). 收藏(수장). 珍藏(진장). 退藏(퇴장). 閉藏(폐장). 包藏(포장).

「薰」 [부] 艹·艹(초두밑) [획] 4—14 [훈] 향초 [음] 훈 [中] hsün¹ [英] fragrant plant [日] クン. かおり
[뜻] ① 향초. 향기로운 풀. ③향내. 향기. ②향기로울. ④태울. ⑤솔솔불. ⑥훈자할. ⑦오랑캐 이름.
[필순] 艹芇芇薰薰薰薰
薰氣〔훈기〕 훈훈한 기운. 훈김. くんき 「교화(敎化)함. くんとう
薰陶〔훈도〕 덕의(德義)로써 사람을
薰藥〔훈약〕 불에 태워서 그 기운을 쐬어 병을 치료하는 약. くんやく
薰染〔훈염〕 향기가 뱀. 감화(感化)를 받음. くんせん「함. くんいく
薰育〔훈육〕 덕의(德義)로써 교육
薰風〔훈풍〕 첫 여름에 부는 훈훈한 바람. [동]남풍(南風). くんぷう
▷香薰(향훈).

〔藤〕 [부] 艹·艹(초두밑) [획] 4—15 [훈] 등나무 [음] 등 [中] t'êng² [英] rattan [日] トウ. ふじ
[뜻] 등나무. 등덩굴.
[필순] 艹芦芦芦蕂藤藤藤
藤架〔등가〕 등나무의 덩굴을 올리는 시렁. とうか
藤花〔등화〕 등꽃. とうか
▷葛藤(갈등). 綠藤(녹등). 白藤(백등). 常春藤(상춘등). 紫藤(자등). 蒼藤(창등). 靑藤(청등).

〔藥〕 [부] 艹·艹(초두밑) [획] 4—15 [훈] 약 [음] 약 [中] yao⁴ yüeh⁴ [英] drugs [日] ヤク. くすり
[뜻] ①약. 약초. ②약쓸.
[참고] [약] 薬
[필순] 艹芍菂藥藥藥藥藥藥
藥菓〔약과〕 ①과줄. ②감당하기 어렵지 않은 것.
藥局〔약국〕 ①약(藥)을 짓는 곳. ②약을 파는 가게. やっきょく
藥毒〔약독〕 약의 독기(毒氣). やくどく 「やくりょく
藥力〔약력〕 약의 힘. 약의 효험.
藥令市〔약령시〕 봄·가을에 약재(藥材)를 매매(賣買)하던 장. 대구·청주·대전·공주·전주 등지(等地)에 섰음. 「やくぶつ
藥物〔약물〕 약. 또 그 재료(材料).
藥方〔약방〕 약의 처방법(處方法). 조제법(調製法). やくほう
藥房〔약방〕 약을 파는 가게. 또는 약을 짓는 방. やくぼう
藥方文〔약방문〕 약을 짓기 위한 약명과 분량을 적은 종이.
藥師〔약사〕 ①약제사. ② [약]약사여래(藥師如來). 중생의 병환을 고치고 무명(無明)을 건지는 법약(法藥)을 주는 부처. やくし
藥石〔약석〕 ①약과 침(鍼). 곧 각종의 약과 치료법. ②훈계가 되는 유익한 말. やくせき
藥液〔약액〕 약으로 쓰는 액체(液體). 약물. やくえき
藥用〔약용〕 ①약을 써서 치료함. ②약으로 씀. やくよう
藥材〔약재〕 약의 재료. やくざい
藥劑〔약제〕 여러 가지 약재(藥材)를 섞어 조제한 약. 또는 치료에 쓰는 약. やくざい
藥酒〔약주〕 ①약으로 쓰는 술. ②막걸리보다 좀 맑은 독한 술의 한가지. ③술의 높임말. やくしゅ
藥草〔약초〕 약재(藥材)로 쓰는 풀. やくそう
▷劇藥(극약). 奇藥(기약). 毒藥(독약). 賣藥(매약). 妙藥(묘약). 無病無藥(무병무약). 方藥(방약). 百藥(백약). 服藥(복약). 不死藥(불사약). 山藥(산약). 散藥(산약). 仙藥(선약). 神藥(신약).

良藥(양약). 靈藥(영약). 醫藥(의약). 湯藥(탕약). 投藥(투약). 火藥(화약). 丸藥(환약).

〔藝〕 부 ++·艹(초두밑) 획 4—15 훈 재주 음 예: 中 i⁴ 英 skill; art 日 ゲイ. わざ

뜻 ①재주. ②글. ③심을. ④대중할.

필순 艹芢芸芸埶埶藝藝

藝妓〔예기〕 기생(妓生). げいぎ

藝能〔예능〕 예술과 기능(技能). 연극·영화·음악·무용 따위의 총칭. げいのう

藝文志〔예문지〕 당시(當時)에 있는 서적 목록(目錄)을 수집 기록해 놓은 책. 한서(漢書)의 예문지가 그 효시(嚆矢)이며, 또 가장 유명함. げいもんし

藝術〔예술〕 ①학예(學藝)와 기술. ②창조적(創造的)·직관적으로 미적(美的) 이념을 표현하는 인류 문화의 중요한 현상의 하나. げいじゅつ

藝術祭〔예술제〕 음악·무용·문학·연극 등을 주로한 예술 발표회. げいじゅつさい

藝苑〔예원〕 전적(典籍)이 많이 모인 곳. 또는 예술(藝術)의 사회. げいえん

藝人〔예인〕 기예(技藝)를 닦아 발표(發表)하는 일을 업으로 하는 사람. げいにん

▷曲藝(곡예). 工藝(공예). 技藝(기예). 農藝(농예). 武藝(무예). 演藝(연예). 園藝(원예). 六藝(육예). 學藝(학예).

【蘇】 부 ++·艹(초두밑) 획 4—16 훈 되살아날 음 소 中 su¹ 英 revive 日 ソ. よみがえる

뜻 ①되살아날. 깨어날. ②차조기. ③소련의 약칭. ④성.

필순 艹艹苗苗蘅蘅穌蘇

蘇塗〔소도〕 삼한 시대(三韓時代)에 천신(天神)을 제사(祭祀)하던 지역(地域). 각(各) 고을에 있는 이 지역에 신단(神壇)을 베풀고 제사를 올리었음. そと

蘇聯〔소련〕 소비에트 사회주의 공화국 연방. ソれん

蘇生〔소생〕 다시 살아남. 동소활(蘇活). そせい

蘇軾〔소식〕 송(宋)나라의 문장가(文章家). 자(字)는 자첨(子瞻). 순(洵)의 장자(長子)로서 아버지와 동생과 함께 당송팔대가(唐宋八大家)의 한 사람. 신종(神宗) 때 왕안석(王安石)과 뜻이 맞지 않아 황주(黃州)로 좌천되어 동파(東坡)라 호(號)를 지음. 시문 서화(詩文書畫)에 모두 뛰어남. そしょく

蘇鐵〔소철〕 소철과(蘇鐵科)에 속하는 상록 교목. そてつ 「つ

蘇活〔소활〕 동⇨소생(蘇生). そか

▷老蘇(노소). 大蘇(대소). 三蘇(삼소). 小蘇(소소).

「藻」 부 ++·艹(초두밑) 획 4—16 훈 밀마름 음 조: 中 tsao⁴ 英 aquatic grasses 日 ソウ. も

뜻 ①마름. ②조류. ③무늬. 꾸밈. ④꾸밀. ⑤ 그릴. ⑥ 깔개. 옥받침.

필순 艹艹艹艹薻藻藻藻

藻類〔조류〕 주로 물 속에서 자라는 은화(隱花) 식물의 한 가지. そうるい 「うし

藻思〔조사〕 글을 잘 짓는 재주. そ

▷文藻(문조). 詞藻(사조). 辭藻(사조). 才藻(재조). 品藻(품조). 翰藻(한조). 海藻(해조).

【蘭】 부 ++·艹(초두밑) 획 4—17 훈 난초 음 란 中 lan² 英 orchid 日 ラン

뜻 ①난초. ②목란. ③나라이름.

필순 艹艹門門蔄蘭蘭蘭

蘭客〔난객〕 좋은 벗. らんきゃく

蘭交〔난교〕 뜻이 맞는 친구간의 두터운 교분. らんこう

蘭秀菊芳〔난수국방〕 난초(蘭草)와 국화(菊花)의 향기.

蘭若〔난야〕 범어(梵語) araya의 음역(音譯). 절의 이명(異名). らんじゃく

蘭草〔난초〕 난초과에 따린 다년생 풀로 꽃 향기가 높음.

▷金蘭(금란). 樓蘭(누란). 木蘭

(목란). 墨蘭(묵란). 芳蘭(방란). 野蘭(야란). 玉蘭(옥란). 幽蘭(유란). 紫蘭(자란). 風蘭(풍란). 賀蘭(하란). 香蘭(향란).

(4) 辶(辵)部

「迅」 부 辵·辶(책받침) 획 4—3 훈 빠를 음 신 中 hsüu[4] 英 quick 日 ジン. はやい
뜻 ①빠를. ②힘셀.
필순 ㇅卂卂卂迅

迅擊〔신격〕몹시 빠르게 침. じんげき
迅急〔신급〕동⇨신속(迅速). 「きゅう じん
迅雷〔신뢰〕①몹시 심한 벼락. ②일의 빠름을 이름. じんらい
迅速〔신속〕대단히 빠름. 동신급(迅急). じんそく
迅羽〔신우〕매(鷹)의 별칭(別稱). じんう
迅雨〔신우〕심하게 내리쏟는 비. 「じんう
迅傳〔신전〕빨리 전함. じんでん
迅走〔신주〕빨리 달려감. じんそう
迅辦〔신판〕급하게 처리(處理)함. じんぺん
迅風〔신풍〕세게 몰아치는 바람. 「じんぷう

「近」 부 辵·辶(책받침) 획 4—4 훈 가까울 음 근: 中 chin[4] 英 near to 日 キン. ちかい
뜻 ①가까울. ②비슷할. ③요사이.
필순 ㇀厂斤斤䜣近

近刊〔근간〕최근의 출판(出版). 또 곧 나올 책. きんかん
近間〔근간〕요사이. 요새. きんか「ん
近景〔근경〕가까이 보이는 경치. ↔원경(遠景). きんけい
近境〔근경〕①요즈음의 사정. ②가까운 지경. きんきょう
近古〔근고〕①근세(近世)와 가까운 지나간 시대. ②중고(中古)와 근세 사이. きんこ
近郊〔근교〕①도성(都城) 밖의 가까운 촌. ②도회에 가까운 변두리. きんこう
近畿〔근기〕서울이 가까운 곳.
近年〔근년〕가까운 해. 지나간 지 얼마 안 되는 해. 최근의 몇 해. 동근세(近世). きんねん
近代〔근대〕①가까운 시대. ②중고(中古)와 현대(現代)와의 사이의 시대. きんだい
近代化〔근대화〕근대에 알맞게 발전시킴. きんだいか
近東〔근동〕서양에 가까운 동양. 서남 아시아. きんとう
近隣〔근린〕이웃. 인근. きんりん
近墨者黑〔근묵자흑〕먹을 가까이 하면 검어진다는 말. 곧, 악한 사람에게 가까이 하면 그 버릇에 물들기 쉬움의 비유.
近似〔근사〕비슷함. 거진 같음. 방불(彷彿)함. きんじ
近狀〔근상〕동⇨근황(近況). 「せい
近世〔근세〕동⇨근대(近代). きん
近視〔근시〕가까운 데는 잘 보나 먼 데 있는 물상(物像)을 잘 보지 못하는 눈. きんし
近視眼〔근시안〕①먼데의 것을 잘 못 보는 눈. ②장래성이 없는 것을 이름. きんしがん
近臣〔근신〕임금의 측근(側近)에서 섬기는 신하. きんしん
近衞〔근위〕궁성의 수위. このえ
近因〔근인〕직접 또는 가까운 원인(原因). ↔원인(遠因). きんいん
近作〔근작〕최근에 지은 시문(詩文). 최근의 저작. きんさく
近接〔근접〕가까움. 또 가까와짐. 접근(接近)함. きんせつ
近朱近墨〔근주근묵〕붉은 것에 가까이 하면 붉어지고 검은 것에 가까이 하면 검어짐. 곧 사람이 그 환경에 따라 변하여감의 비유. きんしゅきんぼく
近朱者赤〔근주자적〕붉은 것에 가까이 하면 붉어짐. 곧 사람이 환경에 따라 변하기 쉬움의 비유.
近處〔근처〕가까운 곳. きんしょ
近村〔근촌〕가까운 마을. きんそん
近火〔근화〕가까운 데에서 일어난 화재(火災). きんか
近況〔근황〕요즈음의 형편. 동 근

상(近狀). きんきょう
▷輓近(만근). 附近(부근). 卑近(비근). 遠近(원근). 隣近(인근). 接近(접근). 側近(측근). 親近(친근).

【返】 부 辵·辶(책받침) 획 4—4 훈 돌아올 음 반: 中 fan³ 英 return 日 ヘン. かえす
뜻 ①돌아올. 돌이킬. 돌려보낼. ②갚을.
필순 厂反反返返
返景〔반경〕 저녁 햇살. 저녁 햇볕. へんけい 「のう
返納〔반납〕 도로 돌려 바침. へん
返付〔반부〕 돌려 보내 줌. へんぷ
返償〔반상〕 돌려서 갚음. 동상환(償還). へんしょう 「そう
返送〔반송〕 동⇨반환(返還). へん
返信〔반신〕 편지의 답장. 또는 전보의 답신(答信). へんしん
返還〔반환〕 돌려 보냄. 동반송(返送). へんかん
▷往返(왕반). 還返(환반).

【迎】 부 辵·辶(책받침) 획 4—4 훈 맞을 음 영 中 ying²·⁴ 英 welcome; go out to meet 日 ゲイ. むかえる
뜻 ①맞을. 마중 나갈. ②만날.
필순 ′ 卬 卬 卬 迎迎
迎鼓〔영고〕 옛날 부여국(扶餘國)에서 섣달에 추수(秋收)를 감사하여 하늘에 제사지내고 가무(歌舞)를 즐기던 의식(儀式).
迎年〔영년〕 새해를 맞이함. げいねん 「(관). げいひん
迎賓〔영빈〕 손님을 맞음. 예—館
迎送〔영송〕 맞는 일과 보내는 일. 마중함과 배웅함. げいそう
迎接〔영접〕 손님을 맞아 응접(應接)함. げいせつ
迎春〔영춘〕 ①봄을 맞이함. ②개나리. げいしゅん
迎合〔영합〕 ①남의 비위를 맞춤. 아첨(阿諂)함. ②기일(期日)을 약속하고 모임. げいごう
▷奉迎(봉영). 送迎(송영). 親迎(친영). 歡迎(환영).

【迫】 부 辵·辶(책받침) 획 4—5 훈 닥칠 음 박 中 p'o⁴ 英 urgency 日 ハク. せまる
뜻 ①닥칠. 다가올. ②핍박할. ③궁할. ④가까이할.
필순 ′ ľ 白白泊迫
迫擊〔박격〕 바싹 덤비어 마구 몰아침. はくげき
迫擊砲〔박격포〕 짜임새가 간단하고 가벼운 근거리용(近距離用)의 구포(臼砲). はくげきほう
迫近〔박근〕 바싹 닥쳐 가까움.
迫急〔박급〕 절박함. はっきゅう
迫頭〔박두〕 가까이 닥쳐옴. 임박함. はくとう 「はくりょく
迫力〔박력〕 일을 밀고 나가는 힘.
迫眞〔박진〕 표현 따위가 진실감을 느끼게 함. はくしん
迫害〔박해〕 몹시 굶. 바싹 가까이 닥쳐 와서 해롭게 굶. はくがい
▷驅迫(구박). 窮迫(궁박). 急迫(급박). 壓迫(압박). 切迫(절박). 促迫(촉박). 脅迫(협박).

【述】 부 辵·辶(책받침) 획 4—5 훈 지을 음 술 中 shu⁴ 英 narrate 日 ジュツ. のべる
뜻 ①지을. ②말할. 펼. ③이을. ④밝힐. ⑤좇을.
필순 一十才朮朮沭述
述語〔술어〕 체언(體言)에 대하여 그 상태·동작 등을 설명하는 말. 풀이말. 설명어(說明語). じゅつご 「じゅつぎ
述義〔술의〕 뜻을 폄. 뜻을 말함.
述作〔술작〕 책 따위를 지어 만듦. じゅっさく 「함. じゅっかい
述懷〔술회〕 자기의 생각을 이야기
▷口述(구술). 記述(기술). 敍述(서술). 著述(저술). 陳述(진술).

「迭」 부 辵·辶(책받침) 획 4—5 훈 갈마들 음 질 中 tieh² 英 change 日 テツ. かわる
뜻 ①갈마들. 갈마들일. ②대신. ③범할. 침노할.
필순 ′ 𠂉 𠂉 失 失 泆 迭
迭起〔질기〕 서로 바꾸어 일어남. てっき
迭代〔질대〕 바뀌고 바뀌어서 세상

의 대를 이어 가는 것. 서로 바꾸어 대신함. てつだい

迭迭〔질질〕 사물이 질서 있게 갈마드는 모양. てつてつ

▷更迭(경질). 交迭(교질).

【逃】 部 辵·辶(책받침) 劃 4—6
훈 달아날 음 도 ㊥ t‘ao^{2}
英 escape 日 トウ. にげる
뜻 ①달아날. ②도망할. ③피할.
필순 丿 ﾁ 兆 兆 洮 逃　「とん

逃遁〔도둔〕 도망하여 숨음. とう

逃亡〔도망〕 ①몰래 피하여 달아남. ②쫓겨 달아남. とうぼう

逃妄〔도망〕 사리(事理)에 어두움. 동미혹(迷惑).

逃名〔도명〕 지조(志操)를 굳게 지켜 세속과 구차스럽게 화합하지 않는 것. とうめい

逃走〔도주〕 달아남. とうそう

逃脫〔도탈〕 도망하여 벗어남. とうだつ　「とうひ

逃避〔도피〕 달아나서 몸을 피함.

【迷】 部 辵·辶(책받침) 劃 4—6
훈 헤맬 음 미 ㊥ mi^{2} 英 bewitch 日 メイ. まよう
뜻 ①헤맬. ②망설일. ③어지러울. ④미혹할.
필순 ㅛ 米 米 米 迷

迷見〔미견〕 헷갈리어 어지러운 견해(見解). めいけん

迷宮〔미궁〕 ①한번 안으로 들어가면 되돌아 나올 수 없도록 복잡하게 지은 궁전. ②사건이 복잡하여 갈피를 잡을 수 없음의 비유. めいきゅう

迷途知反〔미도지반〕 미로(迷路)에서 되돌아올 줄을 앎.

迷路〔미로〕 방향(方向)을 잡을 수 없는 길. めいろ

迷夢〔미몽〕 무엇에 미혹(迷惑)하여 흐릿해진 정신. めいむ

迷信〔미신〕 이치에 어긋난 망녕된 믿음. 동망신(妄信). めいしん

迷信打破〔미신타파〕 미신을 깨뜨려 버림. めいしんだは

迷兒〔미아〕 ①길 잃은 아이. ②자기의 아들이나 딸의 겸칭(謙稱). 동가아(家兒).

迷惑〔미혹〕 ①길을 잃어 갈 바를 모름. ②마음이 흐려서 무엇에 홀림. 정신이 헷갈려 헤맴. 동도망(逃妄). めいわく

▷低迷(저미). 昏迷(혼미).

【送】 部 辵·辶(책받침) 劃 4—6
훈 보낼 음 송: ㊥ sung^{4}
英 send 日 ソウ. おくる
뜻 ①보낼. ②줄.
필순 ㅅ 亼 乎 关 浂 送

送故迎新〔송고영신〕 전임자(前任者)를 보내고 신임자(新任者)를 맞음.　「고 새것을 맞음.

送舊迎新〔송구영신〕 옛 것을 보내

送金〔송금〕 돈을 보냄. そうきん

送達〔송달〕 보내어 줌. そうたつ

送料〔송료〕 물건을 보내는 데 드는 요금. そうりょう

送別〔송별〕 사람을 작별(作別)하여 보냄. 배웅. そうべつ

送辭〔송사〕 학교 졸업식에서 재학생이 졸업생에게 송별(送別)의 뜻을 표하는 글이나 말. そうじ

送信〔송신〕 다른 곳에 통신을 보냄. ↔수신(受信). そうしん

送迎〔송영〕 사람을 보내고 맞음. そうげい

送往迎來〔송왕영래〕 떠나가는 사람을 보내고 오는 사람을 맞음.

送電〔송전〕 전력(電力)을 보냄. そうでん　「うち

送致〔송치〕 보내어 이르게 함. そ

送話機〔송화기〕 말을 전해 보내는 전화기의 한 부분. ↔수화기(受話機). そうわき　「かん

送還〔송환〕 도로 돌려 보냄. そう

▷輸送(수송). 運送(운송). 餞送(전송). 後送(후송).

【逆】 部 辵·辶(책받침) 劃 4—6
훈 거스를 음 역 ㊥ ni^{4} 英 oppose 日 ギャク. ゲキ. さからう
뜻 ①거스를. ②거꾸로. ③맞을(迎과 통용). ④어지럽게할.
필순 ㅛ 屰 屰 逆 逆

逆境〔역경〕 모든 일이 뜻대로 되어 가지 아니하는 불행한 경우.

ぎゃっきょう 「くとう

逆黨[역당] (동)⇨역도(逆徒). ぎゃ

逆徒[역도] 역적(逆賊)들의 무리. (동) 역당(逆黨). ぎゃくと

逆浪[역랑] 거센 물결. 물결을 거스름. ぎゃくろう

逆旅[역려] 나그네를 맞이한다는 뜻으로, 여관을 이름. げきりょ

逆流[역류] 물을 거슬러 올라감. 물이 거슬러 흐름. 또 그 물. ぎゃくりゅう

逆理[역리] ①사리에 어그러짐. ②도리를 어김. ぎゃくり 「りん

逆鱗[역린] 임금의 화내심. げき

逆謀[역모] 반역(叛逆)을 꾀함. 또 그 일. ぎゃくぼう

逆產[역산] ① 해산(解產)할 때에 아이의 다리부터 먼저 나오는 것. (동)도산(倒產). ②역적(逆賊)의 재산. ぎゃくさん

逆宣傳[역선전] 남의 유리한 재료를 도리어 불리하도록 이용하여 선전함. ぎゃくせんでん

逆說[역설] ①주의(主義) 또는 의견이 반대인 의론(議論). ②모순된 것같이 보이나 실상은 그렇지 아니한 의론. ぎゃくせつ

逆水[역수] 거슬러 흐르는 물. ぎゃくすい

逆襲[역습] 쳐들어오는 적을 이쪽에서 갑자기 습격(襲擊)함. ぎゃくしゅう 「ぎゃくしん

逆臣[역신] 역적질을 하는 신하.

逆心[역심] 반역(叛逆)을 꾀하는 마음. ぎゃくしん

逆於耳[역어이] 귀에 거스름. 곧 바른 말을 이름. (동)역이지언(逆耳之言). 「역이용. ぎゃくよう

逆用[역용] 반대로 이용(利用)함.

逆運[역운] 언짢은 운수. (동)불운(不運). ぎゃくうん「역심(逆心).

逆意[역의] 남의 뜻을 거슬림. (동)

逆耳[역이] 귀에 거슬림. ぎゃくじ

逆耳之言[역이지언] 귀에 거슬리는 말이라는 뜻으로, 바른 말을 이름. (동)역어이(逆於耳). ぎゃくじのげん 「사람. ぎゃくぞく

逆賊[역적] 반역(叛逆)을 꾀하는

逆轉[역전] 형세(形勢)가 뒤집힘. ぎゃくてん

逆風[역풍] ①맞바람. ②바람이 부는 쪽을 향하여 감. ぎゃくふう

逆行[역행] ①거슬러 올라감. ②순서(順序)를 바꾸어 행함. ぎゃっこう

逆婚[역혼] 형제 자매(兄弟姉妹) 중 나이 적은 자가 먼저 혼인을 함. (동)도혼(倒婚).

▷拒逆(거역). 大逆(대역). 莫逆(막역). 反逆(반역). 背逆(배역). 順逆(순역). 惡逆(악역). 暴逆(폭역). 橫逆(횡역).

〖追〗 (부) 辵·辶(책받침) (획) 4—6 (훈) 쫓을 (음) 추 (中) chuei
(英) pursue (日) ツイ. おう
(뜻) ①쫓을. ②좇을. 따를. ③갈. 옥다듬을.
(필순) 丶亠户自自追追

追加[추가] 나중에 더 넣음. 더 보탬. (예)—分(분). ついか

追擊[추격] 쫓아 가며 냅다침. ↔요격(邀擊). ついげき

追啓[추계] 편지의 본문에 추가하여 쓸 때 첫 머리에 쓰는 말. ついけい 「考)함. ついこう

追考[추고] 지나간 일을 상고(詳

追求[추구] 뒤쫓아가 요구함. (동)추궁(追窮). ついきゅう

追究[추구] 어디까지나 캐어 연구함. ついきゅう 「ゅう

追給[추급] 나중에 더 줌. ついき

追記[추기] 본문에 추가하여 적어 넣음. ついき

追納[추납] 모자라는 것을 나중에 더 채워 바침. ついのう

追念[추념] 지난 일이나 가 버린 사람을 돌이켜 생각함. ついねん

追悼[추도] 죽은 사람을 추억(追憶)하여 슬퍼함. (예)—會(회). ついとう 「을 사모함. つい

追慕[추모] 이별하거나 죽은 사람

追放[추방] 쫓아냄. ついほう

追敍[추서] 죽은 뒤에 벼슬을 내려 주는 일. 사후(死後)의 서위(敍位). ついじょ

追訴[추소] 본소(本訴)에 추가(追

加)하여 소(訴)를 제기함. 또 그 소. ついそ 「じん

追尋〔추심〕뒤쫓아가 찾음. つい

追憶〔추억〕지나간 일을 돌이켜 생각함. ついおく

追跡〔추적〕뒤를 밟아서 쫓아감. 예—者(자). ついせき 「를 줌.

追尊〔추존〕죽은 뒤에 존호(尊號)

追從〔추종〕뒤따름. ついじゅう

追贈〔추증〕죽은 뒤에 관위(官位)를 내려 줌. ついぞう

追徵〔추징〕추가하여 거두어 들임. 예—金(금). ついちょう

追逐〔추축〕벗 사이에 서로 왕래하여 교제(交際)함. ついちく

追後〔추후〕나중. 뒤. 다음. 후일.

▷來者不拒去者不追(내자불거거자불추). 訴追(소추).

〖退〗부 辵·辶(책받침) 획 4—6 훈 물러갈 음 퇴: 中 t'uei^{4} 英 retreat 日 タイ. しりぞく 뜻 ①물러날. ②물리칠. 필순 ㅋ 𠂎 艮 艮 退

退却〔퇴각〕물러감. 또 물리침. 예 —路(로). たいきゃく

退去〔퇴거〕물러감. 또 물러가게 함. 물리침. 동퇴행(退行). たいきょ 「かん

退官〔퇴관〕벼슬을 내놓음. たい

退軍〔퇴군〕군대를 거두어 물러남. ↔진군(進軍). たいぐん

退勤〔퇴근〕근무 시간을 마치고 근무처에서 물러나옴. ↔출근(出勤). たいきん

退妓〔퇴기〕기생(妓生)명부에서 이름을 빼고 나온 기생. たいぎ

退路〔퇴로〕뒤로 물러갈 길. ↔진로(進路). たいろ

退物〔퇴물〕①퇴박맞는 물건. ②웃사람이 쓰던 것을 물려 받은 물건.

退步〔퇴보〕①뒤로 물러섬. ②재주·힘이 점점 줄어 감. ↔진보(進步). たいほ

退散〔퇴산〕흩어져 감. たいさん

退色〔퇴색〕빛이 바램. たいしょく

退俗〔퇴속〕중이 도로 속인(俗人)이 됨. たいぞく

退速〔퇴속〕물러감이 빠름. たいそく 「たいそう

退送〔퇴송〕물리치어 도로 보냄.

退院〔퇴원〕①중이 절에서 물러남. ②입원(入院)한 병자(病者)가 병원에서 집으로 나옴. たいいん

退任〔퇴임〕⇨퇴직(退職). たいにん 「남. たいじょう

退場〔퇴장〕회장(會場)에서 물러

退廷〔퇴정〕①조정(朝廷)에서 물러나옴. ②법정(法廷)에서 물러나옴. たいてい

退職〔퇴직〕벼슬을 내놓음. 동퇴임(退任). たいしょく

退陣〔퇴진〕진(陣)을 뒤로 물림. たいじん

退出〔퇴출〕물러남. たいしゅつ

退治〔퇴치〕물리쳐서 없애버림. 예文盲(문맹)—. たいじ

退避〔퇴피〕①관직에서 물러남. ②물러나와 피함. たいひ

退學〔퇴학〕학생이 다니던 학교를 졸업 전에 그만둠. たいがく

退行〔퇴행〕물러감. 동퇴거(退去). たいこう

退化〔퇴화〕①진보 이전의 상태로 되돌아감. ②생물의 어떤 기관(器官)이 작용을 하지 않게 되어, 점차 그 구조가 간단해지고 작용력이 없어짐. たいか

▷減退(감퇴). 擊退(격퇴). 勇退(용퇴). 隱退(은퇴). 引退(인퇴). 一進一退(일진일퇴). 進退(진퇴).

【途】부 辵·辶(책받침) 획 4—7 훈 길 음 도 中 t'u^{2} 英 road 日 ト. みち 뜻 길(塗와 통용). 필순 ^ 今 余 余 涂 途

途上〔도상〕①길위. 동노상(路上). ②동⇨도중(途中). とじょう

途中〔도중〕①길을 걷고 있는 중. 길 가운데. 동노중(路中). ②일의 중간. 동도상(途上). 중도(中途). とちゅう

途次〔도차〕가는 길에. 가는 편에. とじ 「(중도).

▷半途(반도). 前途(전도). 中途

〖連〗부 辵·辶(책받침) 획 4—7 훈 이을 음 련 中 lien^{2} 英

connect [日] レン. つらなる. つれる.
[뜻] ①이을. 연할. ②합할. ③더딜. 머무를.
[필순] 亘車車車連

連結[연결] ①서로 이어서 맺음. ②서로 사귀어 한통이 됨. れんけつ
連句[연구] 두 사람 이상이 모여 한 구씩 지어 이를 연속해서 한 편의 시로 하는 것. [동]연구(聯句). れんく
連帶[연대] ①서로 연결(連結)함. ②공동(共同)으로 책임을 짐. [예]—意識(의식). れんたい
連絡[연락] 서로 잇닿음. 서로 관련(關連)을 맺음. れんらく
連絡不絶[연락부절] 오고 가고 함이 끊이지 않음. 또 서로의 관련(關聯)이 끊이지 않음. れんらくふぜつ
連累[연루] 남의 범죄(犯罪)에 연좌(連坐)함. [예]—者(자). れんるい 「れんめん
連綿[연면] 잇닿아 끊이지 아니함.
連名[연명] 두 사람 이상의 이름을 한 곳에 차례로 적음. [동]연서(連書). れんめい
連名狀[연명장] 연명한 서장(書狀). 연판장(連判狀). れんめいじょう
連峰[연봉] 서로 이어 있는 봉우리들. れんぽう 「しょ
連署[연서] [동]⇨연명(連名). れん
連續[연속] 끊이지 않고 죽 이음. [예]—劇(극). れんぞく
連鎖[연쇄] ① 쇠사슬. ②서로 잇대어 관련을 맺음. れんさ
連勝[연승] 연달아 이김. ↔연패(連敗). [예]連戰(연전)—. れんしょう
連作[연작] 해마다 같은 식물을 같은 토지에 재배함. れんさく
連載[연재] 긴 글을 끊어서 신문이나 잡지 등에 계속하여 실음. [예]—小說(소설). れんさい
連戰連勝[연전연승] 싸움할 때마다 연달아 이김. れんせんれんしょう
連接[연접] 서로 접함. れんせつ
連坐[연좌] ①잇대어 죽 벌여 앉음. [예]—示威(시위). ②한 사람의 죄 때문에 다른 사람까지 범죄에 관련이 됨. れんざ
連判[연판] 연명하여 날인함. [예]—狀(장). れんぱん
連敗[연패] 싸울 때마다 패함. 연승(連勝). れんぱい
連婚[연혼] 혼인(婚姻)으로써 연결 관계가 생김. 「(관련).
▷牽連(견련). 結連(결련). 關連

〔逢〕 [부] 辵·辶(책받침) [획] 4—7 [훈] 만날 [음] 봉 [中] fêng² [英] meet [日] ホウ. あう
[뜻] ①만날. ②맞을.
[필순] 夂夆逢逢

逢年[봉년] [동]⇨봉풍(逢豊). ほうねん 「②남에게 욕을 봄.
逢變[봉변] ① 뜻밖에 변을 당함.
逢逢[봉봉] ① 북 치는 소리의 형용. ②구름이나 연기가 일어나는 모양. ほうほう
逢辱[봉욕] 욕되는 일을 당함.
逢場風月[봉장풍월] 아무 때나 그 자리에서 즉흥적(卽興的)으로 시를 지음. 「ゃく
逢着[봉착] 만남. 맞닿음. ほうち
逢豐[봉풍] 풍년을 만남. [동] 봉년
逢禍[봉화] 화를 당함. └(逢年).

「逝」 [부] 辵·辶(책받침) [획] 4—7 [훈] 갈 [음] 서: [中] shih⁴ [英] pass away [日] セイ. ゆく
[뜻] ①갈. ②지나갈. ③죽을. ④발어사. 이에.
[필순] 扌扩折折逝

逝去[서거] 죽음. 사거(死去)의 높임말. [동]장서(長逝). せいきょ
逝世[서세] 별세(別世)의 높임말.
逝水[서수] 흘러 가는 냇물. [동]서천(逝川). せいすい
逝者[서자] 한번 가면 다시 되돌아오지 않는 것들. ゆくもの
逝川[서천] 흘러 가는 냇물. 곧 한번 가면 다시 되돌아오지 않는 것. [동]서수(逝水). せいせん
▷ 急逝(급서). 永逝(영서). 流逝(유서). 長逝(장서).

【速】 부 辵·辶(책받침) 획 4—7 훈 빠를 음 속 中 su²·⁴ 英 quick; rapid 日 ソク. はやい. すみやか
뜻 ①빠를. ②서두를. ③부를.
필순 一 戸 申 東 涑 速

速決〔속결〕 속히 결정(決定)함. 또 속히 결정됨. そっけつ
速攻法〔속공법〕 경기에서 빨리 공격을 가하는 전술(戰術)의 한 가지. そっこうほう
速記〔속기〕 ①글씨를 빨리 씀. 또 그 기록. ②속기법에 의하여 씀. 또 그 기록. そっき
速斷〔속단〕 ①빨리 결단을 내림. ②지레짐작으로 그릇 판단하거나 결정함. そくだん
速達〔속달〕 ①속하게 이름. ② 약 속달우편. そくたつ
速達郵便〔속달우편〕 특정 구역 안에서 보통 우편물보다 빨리 보내 주는 우편. そくたつゆうびん
速答〔속답〕 빠른 대답. そくとう
速度〔속도〕 빠른 정도. そくど
速力〔속력〕 속도를 이루는 힘. 빠르기. そくりょく
速報〔속보〕 빨리 알림. そくほう
速射〔속사〕 속하게 발사(發射)함. 예 一砲(포). そくしゃ
速寫〔속사〕 글씨를 빨리 씀. そくしゃ
速成〔속성〕 속하게 됨. 빨리 이루어짐. そくせい
速效〔속효〕 빨리 나타나는 보람. そっこう
▷急速(급속). 敏速(민속). 迅速(신속). 早速(조속). 拙速(졸속).

【造】 부 辵·辶(책받침) 획 4—7 훈 지을 음 조: 中 ts'ao⁴ 英 make 日 ゾウ. つくる. なる.
뜻 ①지을. 만들 ②이룰. ③ 갑자기. 잠깐.
필순 𠂉 牛 告 告 浩 造

造黨〔조당〕 뜻이 같은 사람들끼리 한 무리를 지음. ぞうとう
造林〔조림〕 나무를 심어 수풀을 만듦. ぞうりん
造物〔조물〕 천지 만물(天地萬物)을 만든 조화(造化). ぞうぶつ
造物主〔조물주〕 하늘과 땅의 모든 자연을 주재(主宰)·섭리(攝理)하는 신(神). 동 조화옹(造化翁). ぞうぶつしゅ
造成〔조성〕 물건을 만들어서 이루어냄. ぞうせい
造語〔조어〕 새로 말을 만듦. 또 그 말. ぞうご
造營〔조영〕 가옥 등을 지음. 동 건축·축조(築造). ぞうえい
造作〔조작〕 ①물건을 만듦. ②일부러 무엇과 비슷하게 만듦. ぞうさく. ぞうさ
造淸〔조청〕 ①인공으로 만든 꿀. ②묽게 고아서 굳어지지 아니한 엿. ぞうへい
造幣〔조폐〕 화폐(貨幣)를 만듦. ぞうへい
造化〔조화〕 천지 자연의 이치. 또 조물주. 예 一翁(옹). ぞうか
▷改造(개조). 建造(건조). 僞造(위조). 人造(인조). 製造(제조). 創造(창조). 築造(축조).

【逐】 부 辵·辶(책받침) 획 4—7 훈 쫓을 음 축 中 chu² 英 expel; eject 日 チク. おう
뜻 ①쫓을. ②좇을. ③다툴. ④ 달릴(적).
필순 一 丂 豕 豕 豕 逐

逐客〔축객〕 ①손을 쫓아 버림. ② 동 축신(逐臣). ちくきゃく
逐鬼〔축귀〕 잡된 귀신을 쫓아 버림. ちくき
逐年〔축년〕 해마다. ちくねん
逐凉〔축량〕 여름의 서늘함. 동 납량(納涼). ちくりょう
逐鹿〔축록〕 ①사슴을 쫓음. ②정권(政權) 또는 지위를 얻기 위해 다툼. ③의원(議員)선거에 입후보(立候補)하여 경쟁(競爭)하는 일. ちくろく
逐鹿者〔축록자〕 ①사슴을 쫓는 사람. ②정권(政權) 또는 지위를 얻기 위해 다투는 사람. ③의원(議員) 선거에 입후보하여 경쟁하는 사람. ちくろくしゃ
逐邪〔축사〕 사기(邪氣) 또는 사귀(邪鬼)를 물리쳐 내어 쫓음.
逐朔〔축삭〕 동 ⇨축월(逐月).
逐送〔축송〕 쫓아 보냄.
逐勝〔축승〕 이겨 가며 앞으로 전진함. ちくしょう

逐臣〔축신〕 임금에게 쫓겨난 신하.
逐夜〔축야〕 밤마다. 「ちくげつ
逐月〔축월〕 다달이. [동]축삭(逐朔).
逐一〔축일〕 ①하나하나 차례대로. ②상세(詳細)하게. ちくいつ. ちくいち「우 빨리 달림. ちくじつ
逐日〔축일〕 ①날마다. ②말이 매
逐日相從〔축일상종〕 날마다 서로 사귐. 「ん
逐電〔축전〕 아주 빠른 것. ちくで
逐條〔축조〕 어떤 문장이나 법 조문 같은 것을 한 가지씩 차례차례 보아 가는 것. ちくじょう
逐條審議〔축조심의〕 조목(條目)의 순서에 따라 하나하나 심의함. ちくじょうしんぎ
逐次〔축차〕 차례차례로. ちくじ
逐斥〔축척〕 쫓아 버림. ちくせき
逐逐〔축축〕 ①기어이 하려고 기를 쓰는 모양. ②독실(篤實)한 모양. ちくちく
逐出〔축출〕 몰아냄. ちくしゅつ
逐戶〔축호〕 집집마다. ちくこ
▷角逐(각축). 驅逐(구축). 放逐(방축). 追逐(추축).

〖通〗 [부] 辵·辶(책받침) [획] 4—7 [훈] 통할 [음] 통 [中] t'ung¹ [英] through; pass [日] ツウ. **とおる. かよう**
[뜻] ①통할. ②통틀어. 온통. ③통. 문서 따위의 단위.
[필순] マ 乃 甬 甬 涌 通

通鑑〔통감〕 책 이름. 자치통감(資治通鑑)의 준말. つがん 「こく
通告〔통고〕 [동]⇨통지(通知). つう
通過〔통과〕 ①지나감. ②회의에서 의안이 가결됨. ③검사·시험 따위에 무사히 합격됨. つうか
通觀〔통관〕 전체를 통하여 내어다 봄. つうかん
通關〔통관〕 관세법의 규정에 따라서 무역의 수출입의 허가를 받고 세관을 통과함. つうかん
通勤〔통근〕 집에서 근무처에 근무하러 다님. [예]—列車(열차). つうきん 「(시간).
通禁〔통금〕 [약] 통행금지. [예]—時間
通氣〔통기〕 공기를 유통(流通)시킴. つうき 「생각. つうねん
通念〔통념〕 일반적으로 공통되는
通達〔통달〕 ①막힘이 없이 환히 통함. ②사물의 이치를 환히 앎. ③[동]통지(通知). つうたつ
通讀〔통독〕 처음부터 끝까지 내리 읽음. つうどく
通覽〔통람〕 첫머리부터 끝까지 죄다 살펴봄. つうらん
通例〔통례〕 ①일반에 통하는 규칙. ②세상의 관습. つうれい
通論〔통론〕 사리에 통달(通達)한 이론. ②전체를 통한 일반적 이론. つうろん 「ほう
通法〔통법〕 [동]⇨통칙(通則). つう
通辯〔통변〕 ①서로 말이 달라서 의사가 통하지 못하는 사람 사이에 그 두 말을 다 아는 사람이 말을 서로 옮겨 의사를 통하여 줌. 또 그 사람. [동]통역(通譯). 통사(通事). ②광범위에 걸쳐 자세함. つうべん
通報〔통보〕 ⇨통지(通知). つうほう
通史〔통사〕 역사 기술법의 한 양식. 어느 시대에 국한하지 아니하고 고금을 통하여 역사상의 변천을 서술하는 것. つうし
通事〔통사〕 [동]⇨통변(通辯).
通算〔통산〕 전부를 통틀어 셈함. つうさん
通常〔통상〕 특별하지 아니하고 예사임. 통례(通例)임. つうじょう
通商〔통상〕 외국과 교통하여 서로 무역함. つうしょう
通說〔통설〕 ①널리 통하는 설(說). ②환히 통달한 설. つうせつ
通性〔통성〕 일반에 공통(共通)으로 갖추고 있는 성질. [약]통유성(通有性). つうせい
通姓名〔통성명〕 서로 성명(姓名)을 통함. つうせいめい
通俗〔통속〕 ①일반 세상. ②전문적이 아니고 누구나 알기 쉬움. [예]—小說(소설). ③고생하지 않고 보통임. つうぞく
通信〔통신〕 우편·전보 따위로 소식이나 의사를 알림. つうしん

通信使〔통신사〕 이조 때 우리 나라에서 일본으로 보내던 사신. 고종(高宗) 때 수신사(修信使)로 고쳤음. つうしんし 「く
通譯〔통역〕 [동]⇨통변(通辯). つうや
通用〔통용〕 ① 일반(一般)이 널리 씀. ②서로 넘나들어 쓰임. つうよう
通韻〔통운〕 음운(音韻)이 서로 통함. 또 그 음운. 한자(漢字)의 양운(兩韻). 또는 그 이상의 운(韻)이 서로 통용됨을 이름. 동(東)·동(多)·강(江)이 서로 통하고, 어(魚)·우(虞)가 서로 통하는 따위. つういん
通儒〔통유〕 모든 일에 두루 통하고 실행이 있는 유학자(儒學者).
通義〔통의〕 세상 사람이 모두 실천하고 준수(遵守)하여야 할 도의(道義). つうぎ
通情〔통정〕 ①보통 일반의 인정. ②보통 일반의 사정. つうじょう
通知〔통지〕 ①기별하여 알림. [동] 통고(通告). 통보(通報). ②통달(通達). [예]—서(書). つうち
通牒〔통첩〕 관청의 통지문(通知文). つうちょう
通治〔통치〕 한 가지 약으로 여러 가지 병을 고침. [예]萬病(만병)—. つうじ 「[동]통법(通法). つうそく
通則〔통칙〕 일반에 적용되는 법칙.
通稱〔통칭〕 공통으로 쓰이는 이름. 널리 통용되는 이름. つうしょう
通弊〔통폐〕 보통 일반의 폐단(弊端). つうへい
通風〔통풍〕 바람을 통하게 함. 바람이 통함. つうふう
通學〔통학〕 학교에 다님. つうがく
通婚〔통혼〕 서로 혼인(婚姻)을 통함. つうこん 「わ
通話〔통화〕 서로 말을 통함. つう
通貨〔통화〕 교환(交換)의 매개물로서 일반에 유통(流通)되는 화폐. [예] —量(량). つうか
通曉〔통효〕 ①깨달아서 환히 앎. ②밤을 새움. 밤샘. つうぎょう
▷開通(개통). 共通(공통). 貫通(관통). 變通(변통). 普通(보통). 不通(불통). 私通(사통). 疎通(소통). 神通(신통). 流通(유통). 融通(융통). 亨通(형통).

【透】 [부] 辵·辶(책받침) [획] 4—7 [훈] 통할 [음] 투(투:) [中] t'ou⁴ [英] transparent [日] トウ. **すきとおる** 「④지나칠.
[뜻] ①통할. ②투명할. ③사무칠.
[필순] 二千禾秀秀透透
透光〔투광〕 물체를 통과(通過)하여 비치는 빛. とうこう
透明〔투명〕 ① 환히 트여 속까지 뵘. ②물체가 빛을 통과시킴. とうめい
透寫〔투사〕 그림이나 글씨를 다른 얇은 종이 밑에 받쳐 놓고 그대로 그리거나 씀. とうしゃ
透視〔투시〕 ①속에 있는 물건을 내뚫어 비추어 봄. ②감관(感官)의 매개(媒介)를 받지 않고 생각하는 힘으로써 알아내는 것. とうし 「비침. とうえい
透映〔투영〕 광선(光線)이 통하여
透徹〔투철〕 사리가 밝고 뛰어남. とうてつ 「(침투).
▷明透(명투). 滲透(삼투). 浸透

【逸】 [부] 辵·辶(책받침) [획] 4—8 [훈] 편안할 [음] 일 [中] i⁴ [英] ease [日] イツ. **やす**らか
[뜻] ①편안할. ②달아날. ③뛰어날. ④잃을. ⑤숨을. ⑥놓을. 놓일. ⑦허물. ⑧빠를.
[필순] ク 色 色 免 免 逸 逸
逸文〔일문〕 ①뛰어난 문장. ②세상에 전하여지지 아니하는 글. いつぶん
逸民〔일민〕 학문과 덕행(德行)이 있으면서 파묻혀 지내는 사람. いつみん
逸史〔일사〕 정사(正史)에 기록되지 아니한 사실을 기록한 역사(歷史). いっし 「은 일. いつじ
逸事〔일사〕 ①세상에 알려지지 않
逸書〔일서〕 ① 지금의 서경(書經)에 누락된 글. ②세상에 전하지 아니하는 책. いっしょ
逸逸〔일일〕 오고 가는 것이 차례가 있는 모양. いついつ

逸才〔일재〕 뛰어난 재주. 또 그 사람. いつざい 「심정(心情).
逸情〔일정〕 세속(世俗)을 벗어난
逸走〔일주〕 벗어나 딴 데로 달아남. いっそう
逸志〔일지〕 ①훌륭한 지조(志操). ②세속을 벗어난 뛰어난 뜻. いっし 「下(천하)—. いっぴん
逸品〔일품〕 썩 뛰어난 물품. (예)天
逸話〔일화〕 세상에 널리 알려지지 아니한 이야기. いつわ
▷放逸(방일). 奔逸(분일). 散逸(산일). 秀逸(수일). 安逸(안일).

「週」 [부] 辵·辶(책받침) [획] 4—8 [훈] 두루 [음] 주 (中) chou¹ (英) week (日) シュウ. めぐる
[뜻] ①두루. 둘레. ②주일. 이레.
[필순] 冂用周周凋週
週刊〔주간〕 한 주일마다 하는 간행(刊行). 또 그 간행물. (예)—新聞(신문). しゅうかん
週給〔주급〕 한 주일마다 주는 급료(給料). しゅうきゅう
週期〔주기〕 ①한 바퀴를 도는 시기. ②1회의 진동(振動) 시간. ③천체(天體)의 1회의 공전(公轉) 시간. しゅうき
週年〔주년〕 돐이 돌아온 해. (동)주년(周年). しゅうねん
週末〔주말〕 한 주일의 끝. ↔주초(週初). しゅうまつ
週番〔주번〕 일 주일마다 교대하는 근무. 또 그 당번의 사람. (예)—司令(사령). しゅうばん
週報〔주보〕 주간(週間)으로 발행하는 신문·잡지 등. しゅうほう
週初〔주초〕 한 주일의 첫머리. ↔주말(週末). しゅうしょ
▷隔週(격주). 今週(금주). 來週(내주). 每週(매주).

〖進〗 [부] 辵·辶(책받침) [획] 4—8 [훈] 나아갈 [음] 진: (中) chin⁴ (英) advance (日) シン. すすむ
[뜻] ①나아갈. ②가까이 할. 다가올. ③오를.
[필순] 亻仁件隹淮進
進甲〔진갑〕 환갑(還甲) 다음 해의 생일(生日). 곧 62세 되는 해의 생일. 「げき
進擊〔진격〕 (동)⇨진공(進攻). しん
進攻〔진공〕 앞으로 나아가서 침. (동)진격(進擊). しんこう
進軍〔진군〕 군대를 앞으로 내어보냄. ↔퇴군(退軍). しんぐん
進級〔진급〕 등급(等級)이 올라감. しんきゅう 「しんど
進度〔진도〕 진행(進行)되는 정도.
進路〔진로〕 ①길을 감. ②나아가는 길. ↔퇴로(退路). しんろ
進步〔진보〕 ①발이 앞으로 나아감. ②차차 발달하여 나아감. ↔퇴보(退步). しんぽ
進士〔진사〕 ①주대(周代)에 조사(造士)로서 선발되어 관(官)에 임명될 자격이 있는 사람. ②과거의 한 과목. 과거에 급제하여 임관될 자격이 있는 사람. 우리나라에서는 소과(小科)의 초장(初場)의 시부(詩賦)에 합격한 사람을 이름. ③선비를 천거함. しんし 「呈). しんじょう
進上〔진상〕 바침. 드림. (동)진정(進
進水式〔진수식〕 새로 만든 함선(艦船)을 처음으로 물에 띄우는 의식. しんすいしき
進言〔진언〕 의견을 아룀. 또 그 의견. しんげん 「えい
進銳〔진예〕 나아감이 빠름. しん
進一步〔진일보〕 한 걸음 나아감. 또 한 걸음 다가감. しんいっぽ
進入〔진입〕 내쳐 들어감. 향하여 들어감. (예)—路(로). しんにゅう
進展〔진전〕 일이 진보(進步)하고 발전함. しんてん 「てい
進呈〔진정〕 (동)⇨진상(進上). しん
進駐〔진주〕 진군(進軍)하여 주둔(駐屯)함. しんちゅう
進陟〔진척〕 ①일이 잘 되어 감. ②벼슬이 올라감. しんちょく
進出〔진출〕 ①앞으로 나아감. ②어떤 방면으로 나섬. しんしゅつ
進就〔진취〕 점점 일을 이루어 감. (예)—性(성). しんしゅう
進取〔진취〕 ①적극적으로 나아가 일을 함. ↔퇴영(退嬰). ②나아가 잡음. しんしゅ

進退〔진퇴〕①나아감과 물러감. ②벼슬을 함과 벼슬을 물러감. [동]거취(去就). 행동거지. しんたい
進退兩難〔진퇴양난〕나아가지도 못하고 물러가지도 못함. 곧, 이러지도 저러지도 못하는 난처한 처지에 섬. [동]진퇴유곡. しんたいりょうなん 「(進退兩難).
進退維谷〔진퇴유곡〕[동]⇨진퇴양난
進學〔진학〕①학문에 나아감. 곧 공부함. ↔퇴학(退學). ②상급 학교에 입학함. しんがく
進航〔진항〕물 위에 배를 띄워 나아감. しんこう
進行〔진행〕①앞을 향하여 나아감. ②일이 되어 감. しんこう
進獻〔진헌〕임금에게 예물을 바침. しんけん 「옴. しんけん
進見〔진현〕임금 앞에 나아가 뵈
進化〔진화〕①사물이 발달함에 따라 점차로 변화함. ②생물이 세대(世代)를 바꿔 가는 동안에 외계의 영향과 내부의 발전에 의하여 본디 같은 생물이었던 것이 하등에서 점차 상호의 상태를 달리 함에 이르는 현상. ↔퇴화(退化). [예]一論(론). しんか
▷邁進(매진). 驀進(맥진). 先進(선진). 榮進(영진). 前進(전진). 漸進(점진). 精進(정진). 推進(추진). 行進(행진). 後進(후진).

「逮」 [부] 辵·辶(책받침) [획] 4—8 [훈] 잡을 [음] 체: [中] ti⁴, tai³·⁴ [英] arrest [日] タイ. **とらえる** 「③달아날. ④쫓을.
[뜻] ① 잡을. 잡아가둘. ②미칠.
[필순] ⺕ 疌 隶 隶 逮 逮
逮夜〔체야〕①밤이 됨. ②기일(忌日)의 전날 밤. たいや
逮逮〔체체〕편안하고 온화한 모양. ていてい 「たいほ
逮捕〔체포〕죄인을 쫓아가서 붙듦.
▷被逮(피체).

〖過〗 [부] 辵·辶(책받침) [획] 4—9 [훈] 지날 [음] 과: [中] kuo⁴ [英] excess; pass by [日] カ. **すぎる. あやまる**
[뜻] ①지날. ②지나칠. 넘을. ③ 그르칠. ④허물.
[필순] 冂 冎 冎 咼 渦 過
過去〔과거〕①이미 지나간 때. ↔미래(未來). ②전생(前生). 전세(前世). かこ 「派(파). かげき
過激〔과격〕지나치게 세참. [예]一
過年〔과년〕①지난 해. [예]一度(도). ②여자의 나이가 혼인(婚姻)할 시기가 지남. かねん
過多〔과다〕지나치게 많음. かた
過當〔과당〕①균형이 잡히지 아니함. ②자기편보다 적편이 사상자(死傷者)가 많음. ③정도에 지나침. 타당하지 않음. かとう
過大〔과대〕너무 큼. ↔과소(過小). かだい 「數)가 지남. かど
過度〔과도〕도에 지나침. 도수(度
過渡〔과도〕①건넘. 또 나루. ②문세(文勢)가 변하는 곳. ③구시대에서 신시대로 옮기는 과정. [예]一期(기). かと
過慮〔과려〕너무 걱정함. 지나치게 염려(念慮)함. かりょ
過勞〔과로〕①너무 마음을 씀. ②지나치게 일함. かろう 「う
過謬〔과류〕[동]과실(過失). かびょ
過蒙〔과몽〕은혜를 지나치게 입음.
過敏〔과민〕감각이 지나치게 예민함. [예]神經(신경)一. かびん
過半〔과반〕반이 넘음. 반 이상. [예]一數(수). かはん
過般〔과반〕지난번. 「ふそく
過不足〔과부족〕남음과 모자람. か
過分〔과분〕분수에 지나침. かぶん
過不及〔과불급〕지나침과 미치지 못함. 알맞지 아니함.
過酸化物〔과산화물〕산화물보다 산소의 비율이 많고, 열을 가하면 쉽사리 산소와 산화물로 분해되는 물건. かさんかぶつ 「쇰.
過歲〔과세〕묵은 해를 보냄. 설을
過小評價〔과소평가〕너무 얕잡아 봄. ↔과대평가(過大評價). かしょうひょうか
過食〔과식〕양(量)에 겹게 먹음. 너무 먹음. かしょく

過信〔과신〕 지나치게 믿음. かしん

過失〔과실〕 ①허물. ②부주의(不注意)로 일으킨 잘못. 동과류(過謬). かしつ

過言〔과언〕 ①실언(失言). ②지나친 말. かげん 「かねつ

過熱〔과열〕 지나치게 열이 오름.

過誤〔과오〕 잘못. かご

過用〔과용〕 지나치게 씀. かよう

過猶不及〔과유불급〕 모든 사물이 그 정도를 지나침은 도리어 미치지 못함과 같음. すぎたるはなおおよばざるがごとし

過飮〔과음〕 술을 지나치게 마심. かいん 「그 사람. かじん

過人〔과인〕 보통에서 뛰어남. 또

過剩〔과잉〕 적당한 분량보다 많음. 예一生產(생산). かじょう

過程〔과정〕 일이 되어 나가는 경로. 예制作(제작)一. かてい

過重〔과중〕 ①너무 무거움. ②힘에 겨움. かちょう. かじゅう

過怠金〔과태금〕 일정한 기한에 맡은바 의무를 행하지 못할 때 내는 벌금. かたいきん

▷改過(개과). 經過(경과). 大過(대과). 小過(소과). 再過(재과). 罪過(죄과). 通過(통과).

〖達〗 부 辵·辶(책받침) 획 4—9 훈 통달할 음 달 中 ta² t'a⁴ 英 reach. 日 タツ. タチ. とおる

뜻 ①통달할. ②이를. ③이룰. ④나타날.

필순 一 十 幸 幸 幸 達

達見〔달견〕 사리에 밝은 식견(識見). 뛰어난 식견. たっけん

達觀〔달관〕 ①널리 봄. 두루 봄. ②사물을 넓게 관찰함. ③세속(世俗)을 벗어난 높은 견식(見識). だっかん

達道〔달도〕 ①오륜(五倫)의 도리. ②도(道)에 달통(達通)함. たつどう 「たつべん

達辯〔달변〕 능란(能爛)한 말솜씨.

達成〔달성〕 목적을 이룸. たっせい 「達)한 사람. たつじん

達人〔달인〕 사물에 널리 통달(通

達通〔달통〕 사리(事理)에 정통함. 동 통달(通達). たっつう

達筆〔달필〕 빠르고도 잘 쓰는 글씨. たっぴつ

▷發達(발달). 四通八達(사통팔달). 熟達(숙달). 榮達(영달). 調達(조달). 暢達(창달). 通達(통달). 豁達(활달).

〖道〗 부 辵·辶(책받침) 획 4—9 훈 길 음 도: 中 tao⁴ 英 road; way 日 ドウ. みち

뜻 ①길. ②도. 이치. 도리. 도덕. ③도. 행정구획. ④말할. ⑤다스릴.

필순 䒑 首 首 道

道家〔도가〕 도교(道敎)의 교의(敎義)를 닦는 학파. どうか

道德〔도덕〕 ①사람이 행하여야 할 바른 길. 동도리(道理)·도의(道義). ②노자(老子)의 교리(敎理). どうとく

道樂〔도락〕 ①본직업(本職業) 외의 일에 즐겨 빠짐. ②색다른 일을 좋아함. どうらく

道令〔도령〕 총각의 경칭(敬稱).

道路〔도로〕 사람이 통행하는 길. どうろ

道理〔도리〕 ①사람이 지켜야 할 바른 길. 동도의(道義)·도덕(道德). ②방도와 사리(事理). どうり

道伯〔도백〕 ①관찰사(觀察使). ②도지사(道知事). どうはく

道士〔도사〕 ①도교를 닦는 사람. ②신선(神仙)의 술법을 닦는 사람. 동방사(方士). ③도덕을 갖춘 사람. 군자(君子). どうし

道術〔도술〕 ① 도가(道家)의 방술(方術). ②도덕(道德)과 학술(學術). どうじゅつ

道義〔도의〕 사람이 이행하여야 할 바른 길. 동도덕(道德)·도리(道理). どうぎ

道人〔도인〕 ①불법(佛法)에 귀의(歸依)한 사람. 중. ②도술(道術)을 얻은 사람. ③선인(仙人). 신선. ④도사(道士). ⑤속사(俗事)를 버린 사람의 자칭. どうじん. どうにん. ⑥길가는 사람.

⑦안내인. みちびと
道場〔도장〕 ①수양·훈련을 목적으로 단체 생활을 하는 곳. ②불도를 닦는 곳. どうじょう
道程〔도정〕 ①여행의 경로(經路). ②길의 이수(里數). どうてい
道中〔도중〕 ①길 가운데. ② 여행길. どうちゅう
道聽塗說〔도청도설〕 길거리에서 들은 이야기를 곧 딴 사람에게 이야기함. 또 길거리의 뜬소문. どうちょうとせつ
道化〔도화〕 도(道)로써 사람을 교화(敎化)함. どうか
道化師〔도화사〕 연극(演劇)에서 익살을 떠는 역을 맡은 배우. 어릿광대. どうけし
▷街道(가도). 劍道(검도). 軌道(궤도). 武道(무도). 報道(보도). 佛道(불도). 師道(사도). 修道(수도). 王道(왕도). 赤道(적도). 傳道(전도). 孝道(효도).

【遂】 부 辵·辶(책받침) 획 4—9 훈 드디어 음 수(수:) 中 suei2·4 英 at last 日 スイ. つい に. とげる
뜻 ①드디어. ②이룰. ③마칠. 다할. ④나아갈. ⑤사무칠.
필순 ⌒㒸㒸㒸㒸遂
遂古〔수고〕 태고(太古)의 아득한 시대. 동상고(上古). すいこ
遂事〔수사〕 ①해치운 일. ② 일에만 오로지 마음을 씀. ③일은 비록 이루어지지 않았으나 그 기세는 꺾이지 않음. すいじ 「い
遂誠〔수성〕 정성을 다함. すいせ
遂遂〔수수〕 ① 수행(隨行)하는 모양. ②사물이 성하게 일어나는 모양. すいすい
遂意〔수의〕 뜻을 이룸. すいい
遂初〔수초〕 ①은퇴(隱退)하려던 처음의 뜻을 이룸. ②벼슬길에 오름. すいしょ
遂行〔수행〕 해 냄. すいこう
▷功成名遂(공성명수). 旣遂(기수). 未遂(미수). 完遂(완수).

〖遇〗 부 辵·辶(책받침) 획 4—9 훈 만날 음 우: 中 yü4 英 meet 日 グウ. あう. たまたま
뜻 ①만날. ② 대접할. ③마침.
필순 冂日月禺禺遇遇
遇待〔우대〕 대접함. 동 대우(待遇). ぐうたい
遇事生風〔우사생풍〕 ①어떤 일을 만나면 곧 이에 응함. ②사이가 나빠짐. ぐうじせいふう
遇賊歌〔우적가〕 신라(新羅)의 영재(永才)가 지은 향가(鄕歌).
遇合〔우합〕 ①현명한 임금을 만나 등용(登用)됨. ②우연히 만남. ぐうごう 「살(被殺)됨.
遇害〔우해〕 살해(殺害)를 당함. 피
▷冷遇(냉우). 待遇(대우). 不遇(불우). 禮遇(예우). 遭遇(조우). 知遇(지우). 千載一遇(천재일우). 寵遇(총우). 厚遇(후우).

〖運〗 부 辵·辶(책받침) 획 4—9 훈 옮길 음 운: 中 yün4 英 transport 日 ウン. はこぶ
뜻 ①옮길. 나를. ②움직일. ③돌. 돌릴. ④ 운수.
필순 冖冒冒軍運運
運斤成風〔운근성풍〕 교묘한 공장(工匠)의 솜씨를 형용. うんきんせいふう
運動〔운동〕 ①몸을 놀려 움직임. ②어떤 일의 주선을 위해 힘씀. ③위치가 바뀜. うんどう
運動場〔운동장〕 운동 경기를 하는 마당. うんどうじょう
運命〔운명〕 사람에게 닥쳐 오는 인력(人力)으로는 어찌할 수 없는 길흉 화복(吉凶禍福). うんめい
運搬〔운반〕 물건이나 사람을 옮겨 나름. うんぱん
運算〔운산〕 산식(算式)에 의하여 수치(數値)를 구하는 일. うんざん 「동운수(運輸). うんそう
運送〔운송〕 물건을 운반하여 보냄.
運數〔운수〕 사람의 몸에 돌아오는 길흉 화복(吉凶禍福). 예—不吉(불길). 「業(업). うんゆ
運輸〔운수〕 동⇨운송(運送). 예—
運身〔운신〕 몸을 움직임, うんしん

運營〔운영〕일을 경영하여 나아감. うんえい 「함. うんよう
運用〔운용〕부리어 씀. 활용(活用)
運賃〔운임〕운반하는 삯. 운송료.
運轉〔운전〕①움직이어 돌림. ②수레·배 따위를 조종하여 달리게 함. [예]—士(사). うんてん
運筆〔운필〕글씨를 쓰거나 그림을 그리기 위하여 붓을 놀림. うん
運荷〔운하〕짐을 나름. 」ぴつ
運河〔운하〕육지를 파서 강을 내고 배가 다니게 하는 수로(水路). うんが
運航〔운항〕배에 물건 따위를 싣고 바다를 건너감. うんこう
運行〔운행〕①돌아감. ②운전(運轉)하여 다님. うんこう
運休〔운휴〕운전이나 운영을 멈추고 쉼. うんきゅう
▷國運(국운). 武運(무운). 文運(문운). 不運(불운). 非運(비운). 世運(세운). 水運(수운). 惡運(악운). 陸運(육운). 天運(천운). 海運(해운). 幸運(행운).

【違】[부] 辵·辶(책받침) [획] 4—9 [훈] 어길 [음] 위 [中] wei^2 [英] oppose [日] イ. **ちがう**. **たがう**
[뜻] ①어길. ②어그러질. ③다를. ④허물. 잘못.
[필순] 一 ㅊ 夅 韋 韋 湋 違
違令〔위령〕명령을 거스름. いれい
違反〔위반〕어김. [동]위배(違背). いはん 「い
違背〔위배〕[동]⇨위반(違反). いは
違犯〔위범〕어기고 범함. いはん
違法〔위법〕법을 어김. いほう
違約〔위약〕약속을 어김. いやく
違限〔위한〕기한(期限)을 어김. いげん 「(憲法)을 어김. いけん
違憲〔위헌〕①법을 어김. ②헌법
▷無違(무위). 非違(비위). 相違(상위).

〔遊〕[부] 辵·辶(책받침) [획] 4—9 [훈] 놀 [음] 유 [中] yu^2 [英] play [日] ユウ. **あそぶ** 「할.
[뜻] ①놀. 노닐. ②유세
[필순] ㇒ 方 方 斿 斿 游 遊
遊擊〔유격〕임기응변(臨機應變)으로 적을 공격함. [예]—대(隊). ゆうげき
遊擊手〔유격수〕야구 경기에서 1루 2루 3루를 지키는 내야수(內野手). 쇼오트-스톱(short stop). ゆうげきしゅ
遊女〔유녀〕노는 계집. ゆうじょ
遊覽〔유람〕돌아다니며 구경함. 즐거이 놀며 구경함. ゆうらん
遊歷〔유력〕여러 곳으로 놀러 돌아다님. ゆうれき
遊離〔유리〕①떨어져 헤어짐. ②어떠한 개체(個體)가 다른 것과 화합(化合)하지 아니함. ゆうり
遊牧〔유목〕목축(牧畜)을 업으로 삼고 수초(水草)를 따라 주거(住居)를 옮김. ゆうぼく
遊民〔유민〕일정한 직업이 없이 놀고 사는 사람. ゆうみん
遊山〔유산〕산(山)에 노닒. 산놀이. ゆうざん. ゆさん 「うせん
遊船〔유선〕뱃놀이. 또 놀잇배. ゆ
遊星〔유성〕태양의 주위를 주기적(週期的)으로 운행하는 별. [동]혹성(惑星). 떠돌이별. ↔항성(恒星). ゆうせい
遊說〔유세〕각처(各處)로 돌아다니며 자기의 의견을 두루 퍼뜨림. [예]選擧(선거)—. ゆうぜい
遊水池〔유수지〕홍수가 날 때, 물을 얼마쯤 덜어 주는 천연(天然) 또는 인공(人工)의 저수지. ゆうすいち 「진 사내. ゆうやろう
遊冶郞〔유야랑〕주색(酒色)에 빠
遊宴〔유연〕잔치를 차리고 재미있게 놂. ゆうえん
遊泳〔유영〕물 속에서 헤엄치며 놂. ゆうえい 「遊).
遊娛〔유오〕즐거이 놂. [동]오유(娛
遊園地〔유원지〕놀기 좋게 시설된 곳. ゆうえんち
遊逸〔유일〕즐겁게 놂. ゆういつ
遊子〔유자〕나그네. ゆうし
遊學〔유학〕타향(他鄕)에 가서 공부함. ゆうがく
遊興〔유흥〕주연(酒宴) 같은 것을 베풀고 재미있게 놂. ゆうきょう
遊戱〔유희〕①장난을 하며 즐겁게

늚. ②일정한 방법에 의하여 하는 아동의 운동. ゆうぎ

▷交遊(교유). 漫遊(만유). 山遊(산유). 外遊(외유).

【逾】 부 辵·辶(책받침) 획 4—9 훈 넘을 음 유 中 yü^2 英 pass over; exceed 日 ユ. **こ**える 「욱(愈와 통용).

뜻 ①넘을. ②지날. ③갈. ④더

필순 亽 令 俞 俞 俞 逾 逾

逾邁〔유매〕세월이 지나감. 경과
逾白〔유백〕더욱 흼. ㄴ함. ゆまい
逾月〔유월〕달을 넘김. ゆげつ

【遍】 부 辵·辶(책받침) 획 4—9 훈 두루 음 편:(변) 中 pien^3 英 widely 日 ヘン. **あまね**く

뜻 두루(편·변).

필순 厂 戶 戶 肩 肩 扁 遍

遍談〔편담〕널리 말함. 빠짐없이 말함. へんだん 「とう
遍踏〔편답〕동⇨편력(遍歷). へん
遍歷〔편력〕널리 돌아다님. 동 편답(遍踏). へんれき 「まん
遍滿〔편만〕널리 참. 꽉 참. へん
遍散〔편산〕곳곳에 널리 흩어져 있음. へんさん
遍身〔편신〕①전신(全身). ②온 몸에 두루 퍼짐. へんしん 「ざい
遍在〔편재〕두루 퍼져 있음. へん
遍布〔편포〕널리 폄. へんぷ

▷普遍(보편).

【遐】 부 辵·辶(책받침) 획 4—9 훈 멀 음 하 中 hsia^2 英 distant 日 カ. **とお**い. **なん**ぞ

뜻 ①멀. ②무엇(何와 통용).

필순 ⺈ ⺕ 尸 叚 叚 叚 遐

遐擧〔하거〕①멀리 감. ②높이 올라감. ③고상(高尙)하고 원대(遠大)한 행동. かきょ
遐觀〔하관〕멀리 바라봄. 먼 곳을 내다봄. かかん
遐棄〔하기〕①멀리 물리치고 돌보지 않음. ②스스로 그 자리를 떠나버림. かき 「かねん
遐年〔하년〕오래 삶. 동장수(長壽).
遐齡〔하령〕나이가 많음. 동장수(長壽). かれい
遐福〔하복〕큰 복. かふく
遐壽〔하수〕나이가 많음. 동장수(長壽). かじゅ
遐鄕〔하향〕서울에서 멀리 떨어져 있는 시골. かきょう

【遣】 부 辵·辶(책받침) 획 4—10 훈 보낼 음 견: 中 ch'ien^3 英 send; banish 日 ケン. **や**る. **つか**わす

뜻 ①보낼. ②쫓을. ③버릴.

필순 ⼌ 口 中 冉 冉 冉 遣

遣兵〔견병〕병정을 보냄. 또 출정(出征)함. けんぺい
遣使〔견사〕사자(使者)를 보냄. 사신(使臣)이나 사절(使節)을 보냄. けんし 「(파견).

▷分遣(분견). 消遣(소견). 派遣

【遜】 부 辵·辶(책받침) 획 4—10 훈 겸손할 음 손: 中 suen^4 hsün^4 英 modest; humble 日 ソン. **ゆず**る. **へりくだ**る

뜻 ①겸손할. ②순할. ③달아날. 도망할. ④사양할.

필순 了 孑 孫 孫 孫 遜

遜遁〔손둔〕물러남. 물러나서 피함.
遜辭〔손사〕겸손한 말. そんじ
遜色〔손색〕서로 견주어 보아서 못한 점. そんしょく 「そんじょう
遜讓〔손양〕제몸을 낮추어 양보함.
遜位〔손위〕왕위(王位) 또는 관위(官位)를 남에게 물려줌.
遜弟〔손제〕순박(淳朴)하여 손위 사람에게 순종(順從)함. 동손제(遜悌). そんてい 「てい
遜悌〔손제〕동⇨손제(遜弟). そん
遜志〔손지〕교만하지 않고 제몸을 낮추는 마음. そんし
遜避〔손피〕모면하여 피함. そんぴ

▷謙遜(겸손). 敬遜(경손). 恭遜(공손). 不遜(불손).

【遙】 부 辵·辶(책받침) 획 4—10 훈 멀 음 요 中 yao^2 英 far; distant 日 ヨウ. **はる**か

뜻 ①멀. 아득할. ②노닐. 거닐.

필순 ⺈ 夕 夕 名 名 谣 遙

遙望〔요망〕멀리 바라봄. 먼 곳에서 바라봄. ようぼう
遙拜〔요배〕먼 곳에서 바라보며 절함. ようはい

遙昔〔요석〕①먼 옛날. ②긴 밤. ㊞요야(遙夜). ようせき
遙夜〔요야〕긴 밤. ㊞요석(遙昔). ようや
遙然〔요연〕멀고 아득한 모양. ㊞요요(遙遙). ようぜん
遙遙〔요요〕①멀고 아득한 모양. ㊞요연(遙然). ②마음이 불안한 모양. ③가는 모양. ようよう
遙遠〔요원〕멀고도 멂. ようえん
遙指〔요지〕먼 곳을 손가락질함. 먼 곳을 가리킴. ようし
遙度〔요탁〕먼 곳에서 남의 마음을 헤아림. ようたく

〔遠〕 부 辵·辶(책받침) 획 4—10 훈 멀 음 원: ㊥ yüan[3·4] ㊧ far ㊐ エン. オン. とおい
뜻 ①멀. ②멀리할. ③심오할.
필순 一十土土吉吉声袁袁遠

遠客〔원객〕먼 곳에서 온 손님. えんかく
遠隔〔원격〕멀리 떨어짐. 예—操縱(조종). えんかく
遠景〔원경〕멀리 보이는 경치. ↔근경(近景). えんけい
遠郊〔원교〕①도회(都會)에서 좀 멀리 떨어진 곳. ②주제(周制)에서는 읍외(邑外) 50리 이상 100리까지의 땅. ↔근교(近郊). えんこう
遠交近攻〔원교근공〕먼 나라와는 사귀고 가까운 나라는 침. えんこうきんこう
遠近〔원근〕①멂과 가까움. ㊞거리(距離). ②먼 곳과 가까운 곳. 이곳 저곳. ③먼뎃 사람과 가까운뎃 사람. 예—法(법). えんきん
遠大〔원대〕뜻이 깊고 큼. 예—之慮(지려). えんだい
遠東〔원동〕극동(極東). えんとう
遠來〔원래〕먼 곳에서 옴. 예—客(객). えんらい
遠慮〔원려〕앞으로 올 일을 헤아리는 깊은 생각. えんりょ
遠路〔원로〕먼 길. えんろ
遠視〔원시〕①먼 곳을 바라봄. ②원시안(遠視眼). ↔근시(近視). えんし
遠心力〔원심력〕회전하는 물체가 그 중심에서 멀리 가려고 하는 힘. ↔구심력(求心力). えんしんりょく
遠心分離器〔원심분리기〕비중이 다른 두 액체 또는 액체 속에 고체가 섞여 있을 때, 이것을 원심작용에 의하여 분리하는 장치. えんしんぶんりき
遠洋〔원양〕육지에서 멀리 떨어진 바다. 예—漁業(어업). —航海(항해). ↔근해(近海). えんよう
遠因〔원인〕간접(間接)의 원인. ↔근인(近因). えんいん
遠征〔원정〕①먼 곳을 침. ②먼 곳에 감. ㊞원행(遠行). 예—軍(군). —隊(대). えんせい
遠地點〔원지점〕달이나 인공위성(人工衛星)이 그 궤도상에서 지구에 가장 멀리 떨어진 위치. ↔근지점(近地點). えんちてん
遠親〔원친〕①멀리 사는 친척. 촌수가 먼 일가. ②친척을 멀리함. えんしん
遠親不如近隣〔원친불여근린〕먼데 있는 일가보다 이웃에 사는 남이 위급한 경우에 의지가 됨. "이웃사촌"과 비슷한 말.
遠稱〔원칭〕멀리 떨어져 있는 사람·물건·곳·방향 등을 가리키는 대명사. 저곳·저리·저것 따위. ↔근칭(近稱). えんしょう
遠海〔원해〕육지에서 먼 바다. えんかい
遠行〔원행〕①먼 곳으로 감. 먼 길을 감. ㊞원정(遠征). えんこう
遠禍召福〔원화소복〕화를 멀리하고 복을 부름.
▷敬遠(경원). 久遠(구원). 疏遠(소원). 深遠(심원). 永遠(영원). 遙遠(요원). 日暮途遠(일모도원).

〔遞〕 부 辵·辶(책받침) 획 4—10 훈 갈마들 음 체: ㊥ ti[4] ㊧ replace; change ㊐ テイ. かわる. かわるがわる
뜻 ①갈마들. 갈마들일. ②역말. ③전달할.
참고 ㊔ 逓
필순 厂户戶虒虒遞

遞加〔체가〕등급을 좇아서 순차로

더함. ていか 「감함. ていげん
遞減〔체감〕 등급을 좇아서 순차로
遞改〔체개〕 사람을 갈아 들임. て
いかい　　　　　「ていきょ
遞去〔체거〕 관직을 그만두고 감.
遞歸〔체귀〕 관직을 그만두고 고향
으로 돌아가는 일. ていき
遞代〔체대〕 서로 바꿔서 대신함.
ていたい　　　　　「ふ
遞夫〔체부〕 우체부(郵遞夫). てい
遞信〔체신〕 순차(順次)로 여러 곳
을 거쳐서 소식이나 편지 따위를
전하는 일. ていしん 「いにん
遞任〔체임〕 직무(職務)가 바뀜. て
遞次〔체차〕 차례대로. ていじ
遞差〔체차〕 관리를 갈아 내어 바
꿈. ていさ　　　「(전체).
▷郵遞(우체). 驛遞(역체). 傳遞

〖適〗 부 辵·辶(책받침) 획 4—11 훈 마땅할 음 적 中 shih³ 英 suit; go 日 テキ. **かな**う. **ゆく**
뜻 ①마땅할. ②갈. ③맞을. ④맏아들. ⑤마침. ⑥좇을.
필순 亠产产商商商適

適格〔적격〕 격에 맞음. 예—者(자).
てきかく　　　　「っき
適期〔적기〕 알맞는 시기(時期). て
適期時〔적기시〕 마침 그 때.
適當〔적당〕 알맞음. 들어맞음. て
きとう　　　　「きりょう
適量〔적량〕 알맞은 분량(分量). て
適齡〔적령〕 표준이나 규정에 적당
한 나이. 예—期(기). てきれい
適例〔적례〕 적당한 전례(前例). て
きれい 「합(適合)함. てきほう
適法〔적법〕 법률 또는 규칙에 적
適否〔적부〕 맞음과 안 맞음. 예—
審査(심사). てきひ
適性〔적성〕 어떤 사물에 적합한 성
질. 예—檢査(검사). てきせい
適時〔적시〕 알맞은 시기. てきじ
適用〔적용〕 맞추어 씀. てきよう
適應〔적응〕 걸맞아서 서로 어울림.
てきおう　　　　「てきぎ
適宜〔적의〕 맞추어 하기에 마땅함.
適任〔적임〕 ①어떠한 임무에 적당
함. ②그 사람의 재능에 적당한
임무. てきにん
適子〔적자〕 맏아들. 동적자(嫡子).
장자(長子). てきし
適者生存〔적자생존〕 생물(生物)이
외계(外界)의 형편(形便)에 맞
는 것은 살고, 그렇지 못한 것은
절멸(絶滅)하는 자연 도태(淘汰)
의 현상. てきしゃせいぞん
適材適所〔적재적소〕 적당한 인재
(人材)를 적당한 자리에 씀. て
きざいてきしょ
適切〔적절〕 꼭 맞음. てきせつ
適正〔적정〕 알맞고 바름. てきせい
適中〔적중〕 ①알맞음. ②들어맞음.
てきちゅう　　　「きひょう
適評〔적평〕 적절한 비평(批評). て
適合〔적합〕 꼭 합당(合當)함. てき
ごう　　「(쾌적). 和適(화적).
▷順適(순적). 自適(자적). 快適

「遭」 부 辵·辶(책받침) 획 4—11 훈 만날 음 조 中 tsao¹ 英 meet 日 ソウ. **あ**う
뜻 ①만날. ②마주칠.
필순 艹芇曲曹曹遭

遭故〔조고〕 부모의 상사(喪事)를
만남.　　　　　「うなん
遭難〔조난〕 재액(災厄)을 만남. そ
遭逢〔조봉〕 ①우연히 서로 만남.
②임금의 신임(信任)을 받음. そ
うほう
遭遇〔조우〕 ①만남. 또 현신(賢臣)
이 명군(明君)을 만나 마음이 맞
음. ②우연히 서로 만남. 예—
戰(전). そうぐう 「냄. そううん
遭運〔조운〕 배로 물건을 실어 보
遭値〔조치〕 만남. そうち　「うか
遭禍〔조화〕 재화(災禍)를 만남. そ

「遮」 부 辵·辶(책받침) 획 4—11 훈 가릴 음 차: 中 chê¹·³ 英 obstruct 뜻 シャ. **さえぎ**る
뜻 ①가릴. 막을. ②겸할.
필순 广庐庐庶庶遮

遮擊〔차격〕 막아서 침. しゃげき
遮光〔차광〕 광선(光線)을 가리어
막음. しゃこう
遮斷〔차단〕 막아서 끊음. しゃだん
遮道〔차도〕 동⇨차로(遮路). しゃ
どう

遮燈〔차등〕 등불 빛이 새어나지 않도록 가림. しゃとう

遮路〔차로〕 통행(通行)을 못하게 길을 막음. 동차도(遮道). しゃろ

遮莫〔차막〕 그것은 그렇다고 하고 하는 수 없이. さもあらばあれ

遮面〔차면〕 ①얼굴을 가림. ② 얼굴을 가리기 위하여 무엇으로 막음. しゃめん

遮額〔차액〕 가리마. 곧 부녀자가 예장(禮裝)할 때 큰머리 위에 덮어 쓰는 검은 헝겊. しゃがく

遮陽〔차양〕 ①처마 끝에 덧대어 비나 볕을 피하게 된 엷은 조각. 군모(軍帽)·학생모(學生帽) 따위의 모자의 손잡이. しゃよう

遮日〔차일〕 ①햇볕을 가리려고 치는 장막. ②햇볕을 가림.

遮止〔차지〕 막아서 못하게 함. しゃし

遮蔽〔차폐〕 ①막아서 가림. ②막아서 지킴. しゃへい

遮回〔차회〕 이번. 동금번(今番).

〔遼〕 부 辵·辶(책받침) 획 4—12 훈 멀 음 료 中 liao² 英 distant 日 リョウ. はるか

뜻 ①멀. ②땅이름. ③나라이름. ④강이름.

필순 遼

遼隔〔요격〕 멀리 아득히 떨어져 있음. りょうかく

遼廓〔요곽〕 멀고 넓은 모양. りょうかく

遼東〔요동〕 진대(秦代)의 군명(郡名). 만주(滿洲) 요하(遼河)의 동쪽. 약요동반도(遼東半島). りょうとう

遼遼〔요료〕 ①멀고 먼 모양. ②쓸쓸한 모양. りょうりょう

遼遠〔요원〕 아득히 멂. 썩 멂. 예前途(전도)—. りょうえん

〔選〕 부 辵·辶(책받침) 획 4—12 훈 가릴 음 선: 中 hsüan³ 英 elect 日 セン. えらぶ

뜻 ① 가릴. ② 헤아릴. 셀(산).

필순 選

選擧〔선거〕 ①여러 사람 가운데에서 뽑아 추천함. ②많은 사람 가운데에서 적당한 사람을 뽑아냄. 예—權(권). 一人(인). せんきょ

選鑛〔선광〕 캐어낸 광석에서 못쓸 것을 가려 내거나, 종류·등급별로 가려 놓음. せんこう

選良〔선량〕 ①뛰어난 인물을 가려 뽑음. 또 그 뽑힌 사람. ②국회의원의 별칭. せんりょう

選拔〔선발〕 가려 뽑음. せんばつ

選兵〔선병〕 선발(選拔)한 군사. せんぺい

選手〔선수〕 ①어떤 기술이나 운동경기에 뛰어나 여럿 중에서 대표로 뽑힌 사람. ②선출(選出)된 사람. せんしゅ

選用〔선용〕 사람을 골라서 씀. せんよう

選定〔선정〕 골라서 정함. せんてい

選集〔선집〕 전 작품 중에서 몇 개의 작품을 추려서 모은 책. せんしゅう

選出〔선출〕 여럿 중에서 고르거나 뽑아 냄. せんしゅつ

選擇〔선택〕 골라서 뽑음. 예—科目(과목). せんたく

▷改選(개선). 公選(공선). 落選(낙선). 當選(당선). 入選(입선). 再選(재선). 精選(정선). 特選(특선). 被選(피선).

〔遺〕 부 辵·辶(책받침) 획 4—12 훈 끼칠 음 유: 中 i² 英 leave behind 日 イ. ユイ. うせる. のこす

뜻 ①끼칠. 남길. ②남을. ③잃어버릴. ④버릴. ⑤줄.

필순 遺

遺憾〔유감〕 마음에 섭섭함. いかん

遺稿〔유고〕 죽은 뒤에 남은 시문(詩文)의 원고. いこう

遺骨〔유골〕 죽은 사람의 뼈. 동유해(遺骸). いこつ

遺棄〔유기〕 내버림. 예—罪(죄). いき

遺漏〔유루〕 빠짐. 새어 버림. いろう

遺忘〔유망〕 잊음. いぼう

遺命〔유명〕 임종(臨終) 때에 하는 분부. いめい

遺墨〔유묵〕 죽은 뒤에 남겨진 글씨나 그림. いぼく

遺物〔유물〕 ①죽은 사람이 남기고 간 물품. ②잊은 물건. 유실물.

遺民〔유민〕 ①살아 남은 백성. ②

망하여 없어진 나라의 백성.
遺腹子〔유복자〕 잉태(孕胎) 중에 아비가 죽은 자식. いふくのこ
遺産〔유산〕 죽은 사람이 남긴 재산(財産). いさん
遺書〔유서〕 ①유언(遺言)하는 글. ②흩어져 없어진 책. ③지은이가 죽은 뒤에 남긴 책. ㊐유저(遺著). いしょ「어버림. いせい
遺世〔유세〕 세속(世俗)의 일을 잊
遺習〔유습〕 옛부터 전해 내려오는 풍습(風習). いしゅう
遺失〔유실〕 물건을 잃어버림. ㊕ 一物(물). いしつ
遺兒〔유아〕 ①㊐⇨유자(遺子). ②㊐버림받은 아이. 어린애를 내버림. ㊐기아(棄兒). いじ
遺言〔유언〕 죽을 임시(臨時)에 자손에게 부탁하여 남기는 말. ㊕ 一狀(장). いげん. ゆいごん
遺業〔유업〕 선대(先代)로부터 내려오는 사업. いぎょう
遺與〔유여〕 남겨 줌. いよ
遺子〔유자〕 부모가 죽고 남은 아이. ㊐유아(遺兒). いし
遺著〔유저〕 죽은 뒤에 남긴 저술. ㊐유서(遺書). いちょ
遺績〔유적〕 남은 사적(事績). 남은 행적(行績). いせき 「せき
遺迹〔유적〕 남아 있는 옛자취. い
遺傳〔유전〕 ①선조(先祖)나 부모의 체질 또는 성질이 자손에게 전하여짐. ②끼쳐 내려옴. いでん
遺族〔유족〕 죽은 이의 남아 있는 가족(家族). いぞく
遺志〔유지〕 죽은 사람이 생전(生前)에 이루지 못하고 남긴 뜻. いし
遺風〔유풍〕 ①남아 있는 고풍(古風). ②옛부터 전해 오는 풍습. ③남아 있는 명성(名聲). ④빠르고 센 바람. ⑤하루에 천리를 달리는 말. いふう
遺恨〔유한〕 ①원한(怨恨)이 남음. 또 남은 원한. ②섭섭하게 생각함. 유감으로 생각함. いこん
遺骸〔유해〕 ㊐⇨유골(遺骨).
遺訓〔유훈〕 예전 사람이 남긴 훈계. いくん
遺勳〔유훈〕 길이 후세에까지 남아 있는 공훈. 큰 공로. いくん
▷拾遺(습유). 贈遺(증유). 滯遺(체유). 孑遺(혈유).

【遵】 부 辵·辶(책받침) 획 4—12 훈 좇을 음 준 ㊥ tsun[1] ㊎ obey ㊐ ジュン. したがう
뜻 ①좇을. ②행할. ③지킬.
필순 ⺈𠆢酋尊尊遵
遵據〔준거〕 전례(前例)나 법령 등을 좇음. じゅんきょ「んきょう
遵教〔준교〕 가르침을 좇음. しゅ
遵大路〔준대로〕 대로(大路)로 좇아감. じゅんたいろ
遵法〔준법〕 법령(法令)을 지킴. ㊕ 一精神(정신). じゅんぽう
遵奉〔준봉〕 ㊐⇨준수(遵守). じゅんぽう 「奉). じゅんしゅ
遵守〔준수〕 좇아 지킴. ㊐준봉(遵
遵施〔준시〕 그대로 지켜 시행함.
遵用〔준용〕 좇아 씀. 준수(遵守)하여 씀. じゅんよう 「う
遵行〔준행〕 좇아 행함. じゅんこ

【遲】 부 辵·辶(책받침) 획 4—12 훈 더딜 음 지 ㊥ ch'ih[2] ㊎ late; slow ㊐ チ. おくれる. おそい 「④기다릴.
뜻 ①더딜. ②늦을. ③때놓칠.
필순 ㇕㇕尸屋遲遲
遲刻〔지각〕 정해진 시각에 늦는 일. ㊐지참(遲參). ちこく
遲鈍〔지둔〕 몹시 굼뜸. ちどん
遲延〔지연〕 더디게 끌어 감. 늦어짐. ㊕ 一作戰(작전). ちえん
遲遲〔지지〕 ①더디고 더딤. ②천천히 걸어가는 모양. ③해가 길어 느리고 한가한 모양. ④조용하여 급박하지 않은 모양. ⑤일의 되어 감이 더딘 모양. ㊕ 一不振(부진). ちち 「(遲刻). ちさん
遲參〔지참〕 늦게 참석함. ㊐지각
遲滯〔지체〕 어물어물하여 늦어짐. 기한에 뒤짐. ちたい

【遷】 부 辵·辶(책받침) 획 4—12 훈 옮길 음 천 ㊥ ch'ien[1] ㊎ remove ㊐ セン. うつる
뜻 ①옮길. ②바꿀. ③귀양보낼.

필순 遷遷遷遷遷遷遷遷

遷改〔천개〕 바뀜. 변함. せんかい

遷客〔천객〕 귀양살이하는 사람. せんかく 「漢陽(한양)—. せんと

遷都〔천도〕 도읍(都邑)을 옮김. 예

遷善〔천선〕 나쁜 짓을 고쳐 착하게 됨. 예改過(개과)—. せんぜん

遷延〔천연〕 ①물러감. 망설임. ②오래 끎. 밀어감. ③연이음. 잇닿음. せんえん

遷幸〔천행〕 임금이 궁궐 이외의 딴 곳으로 옮기는 일. せんこう

▷孟母三遷(맹모삼천). 變遷(변천). 左遷(좌천). 播遷(파천).

【避】 부 辵·辶(책받침) 획 4—13 훈 피할 음 피: 中 pei⁴ pi⁴ 英 avoid 日 ヒ. さける

뜻 ①피할. ②면할. ③싫어할. ④숨을.

필순 𠃌 𠂤 𠂤 𨸏 辟 避

避難〔피난〕 재난(災難)을 피함. 재난을 피하여 멀리 옮겨 감. 예—民(민). ひなん

避亂〔피란〕 난리(亂離)를 피함. 예—處(처). ひらん

避雷〔피뢰〕 낙뢰(落雷)를 피함. 예—針(침). ひらい

避暑〔피서〕 있는 곳을 옮기어 더위를 피함. ↔피한(避寒). 예—地(지). ひしょ

避身〔피신〕 몸을 피함. ひしん

避妊〔피임〕 임신(姙娠)하지 않는 방법을 씀. ひにん

避脫〔피탈〕 피하여 벗어남. ひだつ

避寒〔피한〕 추위를 피함. ↔피서(避暑). ひかん 「(회피).

▷忌避(기피). 逃避(도피). 回避

【還】 부 辵·辶(책받침) 획 4—13 훈 돌아올 음 환 中 huan² hai² 英 return 日 カン. かえる. めぐる

뜻 ① 돌아올. 돌아갈. ②돌아볼. ③돌(선)(旋과 통용).

필순 罒 睘 睘 睘 睘 睘 還

還甲〔환갑〕 만 60세. 회갑(回甲).

還穀〔환곡〕 각 고을에서 사창(社倉)에 간직해 두었던 곡식을 봄에 백성들에게 꾸어 주었다가 가을에 받아들이던 일.

還國〔환국〕 제 나라로 돌아옴. 동귀국(歸國). かんこく

還宮〔환궁〕 임금이 대궐로 돌아옴.

還給〔환급〕 물건을 도로 돌려 줌. かんきゅう 「줌. かんのう

還納〔환납〕 도로 바침. 되 돌려

還到〔환도〕 돌아와 닿음. かんとう

還都〔환도〕 나라의 어려운 일로 정부가 딴 곳으로 옮겼다가 다시 수도(首都)로 돌아옴. かんと

還付〔환부〕 돌려 보냄. かんぷ

還俗〔환속〕 중이 도로 속인(俗人)이 됨. かんぞく

還送〔환송〕 도로 보냄. 동회송(回送)·반송(返送). かんそう

還收〔환수〕 내놓은 것을 도로 거두어 들임. かんしゅう

還元〔환원〕 ① 근원(根元)으로 다시 돌아감. ②물질(物質)이 그 자체에서 산소(酸素)를 잃든가 또 외부에서 수소(水素)를 얻는 변화. 예—鐵(철). かんげん

還鄕〔환향〕 고향(故鄕)으로 돌아감. 예錦衣(금의)—. かんきょう

▷歸還(귀환). 返還(반환). 償還(상환). 生還(생환). 奪還(탈환).

【邊】 부 辵·辶(책받침) 획 4—15 훈 가 음 변 中 pien¹ 英 edge 日 ヘン. ほとり

뜻 ①가. 끝. ②변방. ③이웃할. 곁할. ④국자. 이자. 변리. ⑤성.

참고 약 辺

필순 𠂊 自 臱 臱 臱 邊

邊境〔변경〕 나라의 경계(境界)가 되는 변두리의 땅. 동변방(邊方). へんきょう

邊利〔변리〕 변돈에서 느는 이자.

邊方〔변방〕 동⇨변경(邊境). へんぽう 「변수(邊戍). へんぼう

邊防〔변방〕 변경(邊境)의 방비. 동

邊塞〔변새〕 동⇨변성(邊城).

邊城〔변성〕 변경에 있는 성. 동변새(邊塞). へんじょう

邊戍〔변수〕 동⇨변방(邊防).

邊錢〔변전〕 변돈.

▷강변(江邊). 官邊(관변). 四邊(사변). 身邊(신변). 海邊(해변).

⑸ 玄 部

【玄】 뷔 玄(검을현) 획 5—0 훈 검을 음 현 中 hsüan² 英 black 日 ゲン. くろい
뜻 ①검을. ②아득할. 깊숙할. ③오묘할. 현묘할. ④현손. ⑤ 「성.
필순 ㅗ玄玄
玄關〔현관〕 ①현묘한 도(道)로 들어 가는 문. 불도(佛道)로 들어가는 문. ②주택의 정문. ③선사(禪寺)에서 객전(客殿)으로 들어가는 문. げんかん
玄教〔현교〕 현묘(玄妙)한 가르침. 노자(老子)의 교(教). 통도교(道教). げんきょう
玄琴〔현금〕 거문고.
玄武〔현무〕 ①북쪽에 있는 일곱 성수(星宿). ②북방(北方)의 신(神). 물의 신. げんぶ
玄米〔현미〕 껍질만 벗기고 쓿지 아니한 쌀. げんまい
玄孫〔현손〕 증손(曾孫)의 아들. 손자의 손자. 통고손(高孫). げんそん
玄室〔현실〕 ①무덤. 묘(墓). ②캄캄한 방. げんしつ 「ぎ
玄義〔현의〕 심오(深奧)한 뜻. げん
玄黃〔현황〕 ①하늘 빛과 땅 빛. ②하늘과 땅. 통천지(天地). げんこう 「현). 幽玄(유현).
▷妙玄(묘현). 深玄(심현). 淵玄(연

【玆】 뷔 玄(검을현) 획 5—5 훈 이 음 자 中 tzû¹ 英 this 日 シ. くろい. ここ. この
뜻 ①이. 이곳. 이때. 이에. ②흐릴. 검을.
필순 ㅗ玄玆

【率】 뷔 玄(검을현) 획 5—6 훈 거느릴 음 솔 中 shuai⁴ lü⁴ 英 rate; lead 日 ソツ. リツ. ひきいる
뜻 ①거느릴. ②좇을. ③대강. ④소탈할. ⑤가벼울. 경솔할. ⑥비율(률). ⑦장수. 우두머리(수)(帥와 통용). ⑧무게 단위(솰).
필순 玄玄率率率
率家〔솔가〕 객지(客地)에 살면서 온 집안 식구를 데려가 삶.
率去〔솔거〕 거느리고 감.
率居〔솔거〕 신라 진흥왕(眞興王) 때의 화가(畫家).
率先〔솔선〕 남보다 앞서 함. 앞장섬. 예一垂範(수범). そっせん
率直〔솔직〕 꾸밈 없고 정직함. そっちょく 「そっとのひん
率土之濱〔솔토지빈〕 온 천하(天下).
率身〔율신〕 제 스스로 자신을 단속함. 「율). 統率(통솔).
▷輕率(경솔). 比率(비율). 利率(이

⑸ 瓜 部

【瓜】 뷔 瓜(오이과) 획 5—0 훈 오이 음 과 中 ku¹ 英 cucumber 日 カ. うり
뜻 ①참외. 오이. ②모과.
필순 ⺁⺁瓜瓜
瓜期〔과기〕 ①기한이 다 됨. 통과한(瓜限). ②여자의 15～16 세 되는 때. 파과기(破瓜期). かき
瓜年〔과년〕 ①벼슬의 임기가 다한 해. ②여자의 15～16세 된 나이.
瓜田不納履〔과전불납리〕 오이밭에서는 신이 벗어져도 엎드려 신을 다시 신지 아니함. 곧 혐의 받을 일은 애초부터 하지 않음을 이름. かでんにくつをいれず
瓜限〔과한〕 벼슬의 임기(任期)가 찬 때. 통과기(瓜期).
▷西瓜(서과). 破瓜(파과).

【瓢】 뷔 瓜(오이과) 획 5—11 훈 바가지 음 표 中 p⁶iao² 英 gourd 日 ヒョウ. ひさご
뜻 바가지. 표주박.
뜻 覀票票瓢瓢瓢
瓢簞〔표단〕 표주박과 도시락. 술을 넣는 표주박과 밥을 담는 도시락. ひょうたん 「ひょういん
瓢飮〔표음〕 바가지에 담은 음료.

瓢子〔표자〕 표주박. ひょうし

(5) 瓦 部

〚瓦〛 부 瓦(기와와) 획 5—0 훈 기와 음 와: 中 wa³ 英 tile 日 ガ. かわら
뜻 ①기와. ② 질그릇. ③실패. ④길삼벽돌.
필순 ㄒ下瓦

瓦家〔와가〕 기와집. 동와옥(瓦屋).
瓦當〔와당〕 기와의 마구리. 기와의 한쪽을 둥글게 모양을 낸 부분. 예—文字(문자). がとう
瓦石〔와석〕 ①기와와 돌. ②가치가 없는 것의 비유. がせき
瓦屋〔와옥〕 기와집. 동와가(瓦家).
瓦全〔와전〕 구슬이 못되고 가치 없는 기와가 되어 완전하게 남음. 곧 아무 보람도 없이 목숨을 보전하여 감을 이름. がぜん
瓦解〔와해〕 기와가 산산조각이 나듯이 사물(事物)이 깨어져 산산히 흩어짐. がかい
▷古瓦(고와). 陶瓦(도와). 銅瓦(동와). 碧瓦(벽와). 靑瓦(청와). 黃瓦(황와).

(5) 甘 部

〚甘〛 부 甘(달감) 획 5—0 훈 달 음 감 中 kan¹ 英 sweet 日 カン. あまい. うまい
뜻 ①달. 달콤할. ②달게여길. ③성.
필순 一卄甘

甘苦〔감고〕 ①단맛과 쓴맛. ②즐거움과 괴로움. 동감산(甘酸)·고락(苦樂). かんく
甘瓜〔감과〕 참외. かんか
甘藍〔감람〕 양배추. かんらん
甘露〔감로〕 ①단 이슬. 천하 태평의 조짐(兆朕)으로서 하늘에서 내린다 함. ②좋은 이슬. 맛이 있는 이슬. かんろ
甘味〔감미〕 ①단 맛. 좋은 맛. 또 달게 먹음. 맛있게 먹음. ②단 음식. 단 것. ↔고미(苦味). かんみ
甘美〔감미〕 달고 맛이 있음. 맛이 「좋음. かんび
甘酸〔감산〕 ①달고 심. 단맛과 신맛. ②즐거움과 괴로움. 동고락(苦樂)·감고(甘苦). かんさん
甘受〔감수〕 달게 받음. 쾌히 받음. かんじゅ
甘食〔감식〕 ①맛있는 음식. 동미식(美食). ②맛있게 먹음. かんしょく
甘心〔감심〕 ①마음에 만족함. 달갑게 여김. ②자기 마음대로 함. かんしん
甘言利說〔감언이설〕 남의 비위를 맞추는 달콤한 말과 이로운 조건을 내세워 꾀는 말.
甘雨〔감우〕 때에 알맞게 내리는 비. 단비. 동시우(時雨)·자우(慈雨). かんう
甘泉〔감천〕 맛이 좋은 샘. かんせ「ん
甘草〔감초〕 콩과에 속하는 다년초(多年草). 약재(藥材)로 널리 씀. かんぞう

〚甚〛 부 甘(달감) 획 5—4 훈 심할 음 심: 中 shen²·⁴, shê² 英 extremely 日 ジン. はなはだ. はなはだしい
뜻 ①심할. ②더욱. 매「우.
필순 一卄甘其甚

甚大〔심대〕 몹시 큼. 대단히 큼. ⌊じんだい
甚明〔심명〕 매우 밝음.
甚惡〔심악〕 성정(性情)이나 하는 짓이 몹시 악함.
甚嚴〔심엄〕 매우 엄격(嚴格)함.
甚至於〔심지어〕 심하면. 심하게는.
▷極甚(극심). 劇甚(극심). 已甚(이심). 太甚(태심). 幸甚(행심).

(5) 生 部

〚生〛 부 生(날생) 획 5—0 훈 날 음 생 中 shēng¹ 英 live 日

セイ. ジョウ. **い**きる. **う**まれる. き. なま
뜻 ①낳을. ②살. 삶. ③서투를. ④일어날. ⑤기를. 자랄. ⑥어조사.
필순 ノ ㅗ 牛 生
生家〔생가〕 자기가 출생(出生)한 집. せいか
生硬〔생경〕 ①언행(言行)이 거칢. 예의범절이 없음. ㊐조야(粗野). ②시문(詩文) 같은 것이 세련되지 아니함. せいこう
生計〔생계〕 생활을 유지(維持)하는 방법. 살아 나갈 꾀. せいけい
生寡婦〔생과부〕 남편이 살아 있으면서도 떨어져 있거나 소박을 맞은 여자. 「스러움. せいこう
生光〔생광〕 빛이 남. 영광(榮光)
生國〔생국〕 출생한 본국(本國). ㊐고국(故國). しょうこく
生氣〔생기〕 ①싱싱하고 활발한 기운. ②만물(萬物)을 발육 생장(生長)케 하는 힘. せいき
生年〔생년〕 ①출생한 해. 난 해. ②살아 있는 동안. ㊐일생(一生). せいねん
生靈〔생령〕 ①생물의 영장(靈長). ㊐생민(生民). ②생명(生命). せいれい
生路〔생로〕 ①살 길. 달아날 길. 활로(活路). ②낯선 길. 처음 가는 길. ↔숙로(熟路). せいろ
生老病死〔생로병사〕 인생이 반드시 받아야만 하는 네 가지 고통. 곧 나고 늙고 병들고 죽고 하는 일. しょうろうびょうし
生理〔생리〕 ①생활하는 도리(道理). ②직업. 영업. 상업. ③생물(生物)의 생명현상(生命現象). ④㊉생리학(生理學). せいり
生物學〔생물학〕 ①생물의 생리 현상·작용 전반에 관하여 연구하는 학문. せいぶつがく
生命〔생명〕 ① 목숨. 수명(壽命). ②살아 가는 원동력(原動力). ③사물(事物)이 유지(維持)되는 기한(期限). ④사물의 요소(要所). 사물의 중요한 부분. せいめい
生命樹〔생명수〕 기독교에서 선악과(善惡果)가 열렸다고 하는 나무. せいめいじゅ
生母〔생모〕 자기를 낳은 어머니. 친어머니. ↔양모(養母). せいぼ
生木〔생목〕 생나무. 산 나무. せいぼく
生物〔생물〕 ①산 것. ②생활을 하고 있는 물체. 곧, 동물·식물 등의 총칭. せいぶつ
生民〔생민〕 ㊐⇨생령(生靈).
生別〔생별〕 ㊐⇨생이별(生離別).
生父〔생부〕 자기를 낳은 아버지. 친아버지. ↔양부(養父). せいふ
生不如死〔생불여사〕 살아 있으나 죽은 이만 같지 못하다는 뜻으로, 극도(極度)로 곤란(困難)을 당하고 있음을 이름.
生產〔생산〕 ①㊐⇨생업(生業). ②자연에 인공을 가하여 재화(財貨)를 만들어 내는 일. ③아기를 낳음. せいさん
生殺〔생살〕 살리는 일과 죽이는 일. 살리고 죽임. ㊐활살(活殺). せいさつ
生色〔생색〕 ① 활기(活氣)가 있는 안색. ②얼굴에 나타남. 안색에 나타남. ③낯이 남. せいしょく
生成〔생성〕 생겨남. 또 생겨나게 함. せいせい 「살아 가는 재미.
生世之樂〔생세지락〕 세상에 나서
生疎〔생소〕 ①친하지 아니함. ②익숙하지 못함. 서투름. せいそ
生水〔생수〕 샘에서 나오는 물. 샘물. なまみず
生時〔생시〕 ①난 때. ②살아 있을 때. ③깨어 있을 때. せいじ
生食〔생식〕 날것으로 먹음. せいしょく 「せいしょく
生殖〔생식〕 낳아 번식(繁殖)함.
生辰〔생신〕 생일(生日). せいしん
生心〔생심〕 하려는 마음을 냄. 마음먹음. ㊐생의(生意).
生涯〔생애〕 ①살아 있는 동안. 일생 동안. 한평생. 종생(終生). ②생활. 생계(生計). しょうがい
生業〔생업〕 살아 가기 위한 직업. ㊐직업(職業). せいぎょう

生育〔생육〕①낳아서 기름. ②살아서 이미 늙은이가 됨. せいいく
生意〔생의〕(동)⇨생심(生心).
生離別〔생이별〕산 채로 멀리 이별함. (동)생별(生別). せいりべつ
生而知之〔생이지지〕나면서부터 앎. 배우지 않고 앎. うまれながらにしてこれをしる
生者必滅〔생자필멸〕생명이 있는 것은 반드시 죽음. しょうじゃひつめつ
生長〔생장〕나서 자람. せいちょう
生前〔생전〕죽기 전. 살아 있는 동안. せいぜん 「ん
生存〔생존〕살아 있는 것. せいぞ
生存競爭〔생존경쟁〕생물이 그 생명을 유지하기 위하여 서로 경쟁하는 일. 그 결과로 적자(適者)는 잔존(殘存)하고 부적자(不適者)는 도태(淘汰)당함. せいぞんきょうそう
生知〔생지〕나면서부터 앎. 배우지 않고 앎. 또 그 사람. 곧 성인(聖人). せいち 「いたい
生態〔생태〕생물의 생활 형태. せ
生捕〔생포〕산 채로 잡음. いけどり
生還〔생환〕살아 돌아옴. せいかん
生活〔생활〕①살아서 활동함. 삶. ②살림. 생계(生計). ③목숨을 건져 줌. せいかつ
生活圈〔생활권〕생활하고 있는 테두리 안. せいかつけん
▷更生(갱생). 白面書生(백면서생). 殺生(살생). 先生(선생). 人生(인생). 儒生(유생). 衆生(중생). 誕生(탄생). 胎生(태생). 厚生(후생). 學生(학생).

〖產〗 [부] 生(날생) [획] 5—6 [훈] 낳을 [음] 산: ㊥ ch'an³ (英) product ㊐ サン. うむ
[뜻] ①낳을. 해산할. 낼. ②업. ③자산.
[참고] (약) 産
[필순] 亠产产产産產

產故〔산고〕아기를 낳는 일.
產卵〔산란〕알을 낳음. さんらん
產母〔산모〕아기를 낳은 어머니. 해산(解產)한 어미. さんぼ
產物〔산물〕그 지방에 생산되는 물건. さんぶつ 「つ
產室〔산실〕아기 낳는 방. さんし
產兒〔산아〕낳은 아기. 또 아기를 낳음. (예)一制限(제한). さんじ
產業〔산업〕①살아 가기 위하여 하는 일. ②생업(生業)의 사업. 농업·공업·어업 등. さんぎょう
產前〔산전〕해산하기 전. 아기를 낳기 전. ↔산후(產後). さんぜん
產地〔산지〕①사람이 출생한 곳. 출생지. (동)생지(生地). ②산물(產物)이 나온 곳. さんち
產出〔산출〕①산물이 나옴. ②생산하여 냄. さんしゅつ
產後〔산후〕아기를 낳은 뒤. ↔산전(產前). さんご
▷家產(가산). 國產(국산). 農產(농산). 水產(수산). 助產(조산). 增產(증산). 畜產(축산). 出產(출산). 破產(파산).

(5) 用 部

〖用〗 [부] 用(쓸용) [획] 5—0 [훈] 쓸 [음] 용: ㊥ yung⁴ (英) use ㊐ ヨウ. もちいる
[뜻] ①쓸. ②써(以와 통용).
[필순] 冂月用

用具〔용구〕쓰는 기구. ようぐ
用器〔용기〕①기구(器具)를 사용함. ②사용하는 그릇. 소용되는 기구. ようき 「씀이. ようど
用度〔용도〕쓰는 비용(費用). 씀
用途〔용도〕쓰이는 길. 쓰이는 곳. (동)용처(用處). ようと
用力〔용력〕힘을 씀. ようりき
用務〔용무〕볼일. ようむ
用法〔용법〕쓰는 법. ようほう
用兵〔용병〕무기(武器)를 사용함. 전쟁을 함. 또 군사(軍士)를 부림. 군대를 조종함. ようへい
用水〔용수〕물을 사용함. 또 쓰는 물. ようすい
用心〔용심〕마음을 씀. ようじん

用意〔용의〕 마음을 씀. 정신을 차림. ようい

用材〔용재〕 ①사용하는 재목. 사용하는 재료(材料). ②쓸 만한 사람. ようざい 「ようし

用紙〔용지〕 어떤 일에 쓰는 종이.

用處〔용처〕 쓸 곳. 쓰이는 방면. 㕛용도(用途). ようしょ

用筆〔용필〕 ①붓을 쓰는 방법. 㕛운필(運筆). ②붓을 씀. ③쓰는 붓. ようひつ

▷軍用(군용). 登用(등용). 무용(無用). 服用(복용). 惡用(악용). 任用(임용). 作用(작용). 適用(적용). 重用(중용). 徵用(징용). 活用(활용). 効用(효용).

〖甫〗 部 用(쓸용) 획 5—2 훈 클 음 보: 中 fu³ 英 great 日 ホ. **はじめ. おおきい**

뜻 ①클. 많을. ②비로소. 처음. ③남자의 미칭.

필순 冂冃甫甫

甫甫〔보보〕 ①많은 모양. ②큰 모양. ほほ 「발.

甫兒〔보아〕 ①보시기. ②작은 사

甫田〔보전〕 큰 밭. ほでん

▷杜甫(두보).

(5) 田 部

〖田〗 部 田(밭전) 획 5—0 훈 밭 음 전 中 t'ien² 英 field 日 デン. た. はたけ

뜻 ①밭. ②밭갈. ③사냥할. ④성.

필순 冂田田

田功〔전공〕 ①백성을 잘 다스린 공. ②농정(農政). でんこう

田畓〔전답〕 밭과 논. 㕛전야(田野). でんとう

田民〔전민〕 농민. でんみん

田夫〔전부〕 ①농부. ②시골 사람. 㕛야인(野人). でんぷ

田野〔전야〕 ①논밭. 들. 㕛전답(田畓)·전원(田園). ②시골. 촌. でんや

田園〔전원〕 ①논밭. 㕛전지(田地). 전야(田野). ②시골. 㕛교외(郊外). でんえん

田地〔전지〕 경작하는 땅. 논밭. 㕛전원(田園). でんち

▷耕田(경전). 公田(공전). 均田(균전). 屯田(둔전). 桑田(상전). 職田(직전).

〖甲〗 部 田(밭전) 획 5—0 훈 갑옷 음 갑 中 chia³·⁴ 英 armour 日 コウ. カン. よろい. さや. きのえ

뜻 ①갑옷. ②껍질. ③첫째 천간. ④첫째. 으뜸. ⑤아무개.

필순 冂日甲

甲科〔갑과〕 과거(科擧)의 최고의 과목. 또 이 과거에 첫째로 급제하는 일. 㕛장원(壯元). こうか

甲年〔갑년〕 예순 한 살되는 해. 환갑(還甲)의 해.

甲兵〔갑병〕 ①㕛⇨갑사(甲士). ②갑옷과 무기. ③전쟁(戰爭). こうへい 「(一流)의 부호.

甲富〔갑부〕 첫째가는 부자. 일류

甲士〔갑사〕 갑옷을 입은 군사. 무장한 군사. 곧 군사의 이칭. 㕛갑병(甲兵). こうし

甲狀腺〔갑상선〕 등뼈동물의 목의 앞 아래쪽으로 뻗치어 기관의 위쪽까지 닿은 내분비선(內分泌腺). こうじょうせん

甲午更張〔갑오경장〕 이조 고종(高宗) 13년 갑오년에 정치 제도를 근대식으로 고친 일.

甲乙〔갑을〕 ①십간(十干) 중의 갑(甲)과 을(乙). ②낫고 못함. 㕛우열(優劣). ③아무개와 아무개. 아무아무. 모모(某某). こうおつ

甲子〔갑자〕 ①십간(十干)과 십이지(十二支). 간지(干支). ②육십갑자(六十甲子)의 첫째. ③연월(年月). 나이. こうし. かっし

甲子士禍〔갑자사화〕 이조 때의 사대사화(四大士禍)의 하나.

甲板〔갑판〕 큰 배의 위에 나무나 철판을 깐 평평하고 넓은 바닥. かんぱん

▷裝甲(장갑). 進甲(진갑). 鐵甲(철갑). 還甲(환갑). 回甲(회갑).

〖申〗 부 田(밭전) 획 5—0 훈 납 음 신 中 shen[1] 英 report 日 シン. もうす
뜻 ①원숭이. ②아홉째 지지. ③아뢸. ④펼 (伸과 통용).
필순 ㅣ ㄇ ㄖ 日 申

申告〔신고〕 관청에 보고(報告)함. しんこく 「밝힘. しんめい
申明〔신명〕 사실(事實)을 자세히
申聞鼓〔신문고〕 이조 태종(太宗) 때부터 백성의 억울한 사정을 하소연할 때 치도록 대궐 문루에 달아 두었던 큰 북. 「ぼう
申報〔신보〕 알림. 또 통지. しん
申師任堂〔신사임당〕 이조 때의 유학자(儒學者) 율곡(栗谷)의 어머니. 자수(刺繡)와 서화(書畫)에 능(能)하였음.
申叔舟〔신숙주〕 이조 세조(世祖) 때의 명신(名臣). 집현전(集賢殿) 학사(學士)로서 훈민정음(訓民正音) 제정(制定)에 공이 많음. 단종(端宗) 손위(遜位) 때는 수양대군(首陽大君)을 도왔음.
申時〔신시〕 자시(子時)부터 아홉째. 곧 하오 3시부터 5시까지.
申申付託〔신신부탁〕 몇 번이고 연거푸 간절히 하는 부탁. 「せい
申請〔신청〕 신고하여 청구함. しん
申飭〔신칙〕 알아 듣도록 거듭 타이름. 되풀이하여 훈계(訓戒)함. しんしょく 「(상신).
▷屈申(굴신). 答申(답신). 上申

〖由〗 부 田(밭전) 획 5—0 훈 말미암을 음 유 中 yu[2] 英 cause 日 ユウ. ユ. よし. よる
뜻 ①말미암을. ②까닭. ③부터.
필순 ㄇ 日 由

由來〔유래〕 ① 사물의 내력. ②본디. 전부터. 동원래(元來). 유서(由緖). ゆらい
由緖〔유서〕 전하여 오는 까닭과 내력(來歷). 동유래(由來). ゆいしょ
由我之歎〔유아지탄〕 자기 때문에 남에게 해가 미치게 된 것을 탄식(歎息)함.
由由〔유유〕 ①스스로 만족하는 모양. ②주저함. ③기뻐하는 모양. ④느긋한 모양. ゆうゆう
由前由後〔유전유후〕 앞 뒤가 같음.
由限〔유한〕 말미를 얻은 기한.
▷經由(경유). 事由(사유). 所由(소유). 緣由(연유). 理由(이유). 自由(자유).

〖男〗 부 田(밭전) 획 5—2 훈 사내 음 남 中 nam[2] 英 man male 日 ダン. ナン. おとこ
뜻 ①사내. ②아들. ③작위 이름.
필순 ㄇ 田 田 男 男

男系〔남계〕 남자쪽의 혈통(血統). だんけい 「경(陰莖). だんこん
男根〔남근〕 남자의 생식기. 동음
男女〔남녀〕 남자와 여자. だんじょ
男女老少〔남녀노소〕 남자와 여자와 늙은이와 젊은이. 모든 사람
男女有別〔남녀유별〕 남녀(男女) 사이에는 분별(分別)이 있음. だんじょべつあり
男性〔남성〕 ①사나이. ②남자의 성질. ↔女性(여성). だんせい
男聲〔남성〕 남자의 음성(音聲). ↔여성(女聲). だんせい
男負女戴〔남부여대〕 사내는 짐을 지고, 여자는 이고 감. 곧 가난한 사람이 떠돌아다니면서 사는 것을 이름.
男兒〔남아〕 ①사내 아이. 아들. ↔여아(女兒). ②사내 대장부(大丈夫). だんじ
男子〔남자〕 ①사내 아이. ②사내 동대장부(大丈夫). ↔여자(女子). だんし 「끝 작위. だんしゃく
男爵〔남작〕 오등작(五等爵)의 맨
男裝〔남장〕 여자가 남복(男服)을 입고 남자 모양으로 꾸밈. ↔여장(女裝). だんそう
男尊女卑〔남존여비〕 사회적인 권리(權利)·지위(地位)에 있어서 남자는 높고 여자는 낮음. だんそんじょひ

男左女右〔남좌여우〕 음양설(陰陽說)에서 왼쪽은 양(陽)이고 오른쪽은 음(陰)이므로, 남자는 왼쪽을 숭상하고 여자는 오른쪽을 숭상함을 이름.
男唱〔남창〕 여자가 남자 목소리로 부르는 노래. ↔女唱(여창).
▷美男(미남). 生男(생남). 長男(장남). 得男(득남). 次男(차남). 快男(쾌남). 好男(호남).

「町」 [부] 田(밭전) [획] 5—2 [훈] 밭두둑 [음] 정 [中] t'ing^3 [英] ridge [日] チョウ. まち
[뜻] ①밭두둑. ②정보.면적의 단위. ③거리의 단위. ④거리.
[필순] 冂 冊 田 町
町步〔정보〕 끝수가 없이 정(町)으로 끝이 나는 면적(面積)을 이름. 1정은 3000평. ちょうほ

〖界〗 [부] 田(밭전) [획] 5—4 [훈] 지경 [음] 계: [中] chieh^4 [英] boundary [日] カイ. さかい
[뜻] ①지경. ②경계. ③한도. ④이간할.
[필순] 冂 田 畀 界
界境〔계경〕 경계. かいきょう
界面〔계면〕 ①두 가지 물질의 경계의 면. ②노래나 풍악의 음조의 하나. [예]—調(조). かいめん
界標〔계표〕 경계를 나타내거나 또는 나타낸 표지. かいひょう
▷境界(경계). 世界(세계). 視界(시계). 眼界(안계). 言論界(언론계). 財界(재계). 政界(정계). 學界(학계). 限界(한계).

【畓】 [부] 田(밭전) [획] 5—4 [훈] 논 [음] 답 [英] paddy field
[뜻] 논.
[참고] 국자(國字).
[필순] 亅 才 水 水 沓 畓 畓
畓穀〔답곡〕 논에서 나는 곡식. 벼.
畓農〔답농〕 논 농사.
畓主〔답주〕 논 임자.
▷乾畓(건답). 奉畓(봉답). 水畓(수답). 玉畓(옥답). 田畓(전답).

【畏】 [부] 田(밭전) [획] 5—4 [훈] 두려워할 [음] 외: [中] wei^4 [英] fear [日] イ. かしこまる
[뜻] 두려워할.
[필순] 冂 冊 田 畀 畏 畏
畏忌〔외기〕 두려워하고 꺼림. いき
畏馬〔외마〕 말을 두려워함. いば
畏友〔외우〕 가장 아끼고 존경(尊敬)하는 벗. いゆう
畏怖〔외포〕 매우 두려워함. いふ
畏寒〔외한〕 추위를 두려워함.
畏兄〔외형〕 친구를 높이어 편지에 쓰는 말. いけい
畏虎〔외호〕 범을 두려워함.
▷可畏(가외). 敬畏(경외).

〖留〗 [부] 田(밭전) [획] 5—5 [훈] 머무를 [음] 류 [中] liu^2 [英] stay [日] リュウ. ル. とめる
[뜻] ①머무를 ②그칠. 멈출. ③오랠. 더딜.
[필순] ⺁ 卬 卯 留 留 留
留保〔유보〕 멈추어 두고 보존함. 보류(保留). りゅうほ
留守〔유수〕 ①집을 지킴. ②천자(天子)가 출정(出征) 또는 행행(行幸)중에 대신하여 경사(京師)를 지키는 벼슬. ③이조(李朝) 때 개성(開城)·강화(江華)·광주(廣州)·수원(水原)·춘천(春川) 등 요긴한 곳을 맡아 다스리던 정·종이품(正從二品)의 경관직.
留宿〔유숙〕 남의 집에 머물러 묵음. りゅうしゅく
留意〔유의〕 마음에 둠. りゅうい
留任〔유임〕 임기(任期)가 찬 후에도 갈리지 않고 그냥 그 자리에 머물러 있음. 연임(連任)함. りゅうにん
留陣〔유진〕 한 곳에 머물러 진(陣)을 침.
留置〔유치〕 ① 맡아 둠. 보관하여 둠. ②일정한 곳에 잡아 가둠. [예]—場(장). りゅうち
留學〔유학〕 외국에 재류(在留)하면서 공부함. りゅうがく
留後〔유후〕 절도사(節度使)가 임지(任地)를 떠났을 때 그 대리를 보는 벼슬. りゅうご
▷拘留(구류). 寄留(기류). 保留(보류). 抑留(억류). 停留(정류).

「畝」 [부] 田(밭전) [획] 5—5 [훈] 이랑 [음] 묘: [中] mu^3 [英] ridge

of fields [日] ホ. セ. うね
[뜻] ①이랑. ②둑.
[필순] 亠亣亩亩亩畝畝

【畜】[부] 田(밭전) [획] 5—5 [훈] 가축 [음] 축 [中] hsü⁴, ch'u⁴ [英] cattle [日] チク. やしなう
[뜻] ①가축. ②기를. ③쌓을(蓄과 통용).
[필순] 亠玄玄畜畜畜

畜類〔축류〕①집에서 기르는 짐승. 가축(家畜). ②짐승. [동]축수(畜獸). ちくるい
畜生〔축생〕짐승. [동]금수(禽獸). ちくしょう 「じゅう
畜獸〔축수〕[동]⇨축류(畜類). ちく
畜積〔축적〕저축함. 또 저축. [동]축적(蓄積). ちくし 「ちくしょう
畜妾〔축첩〕첩을 둠. [동]축첩(蓄妾).
▷家畜(가축). 耕畜(경축). 牧畜(목축). 有畜(유축).

【略】[부] 田(밭전) [획] 5—6 [훈] 간략할 [음] 략 [中] lüeh⁴ [英] summary; plan [日] リャク. ほぼ. はかりごと 「할. ③피.
[뜻] ① 간략할. 대강. ② 노략질
[참고] [동]畧
[필순] 冂田田田'田夂略略

略圖〔약도〕간단하게 줄여 대충 그린 그림. りゃくず 「りゃくれき
略歷〔약력〕간단하게 적은 이력.
略論〔약론〕대강 논(論)함. 또 그 문서. 개요(概要)를 논술한 문서. りゃくろん
略史〔약사〕줄거리를 추려서 대강 만든 역사. りゃくし 「くせつ
略說〔약설〕[동]⇨약해(略解). りゃ
略述〔약술〕대강 진술함. [동]약진(略陳). りゃくじゅつ
略式〔약식〕①정식 순서를 일부 생략(省略)한 의식(儀式). ②손쉬운 방식. りゃくしき
略言〔약언〕①대강 말함. ②생략한 말. 약어(略語). りゃくげん
略字〔약자〕글씨의 획을 주리어 간단하게 쓴 글자. りゃくじ
略傳〔약전〕간략하게 적은 전기(傳記). りゃくでん 「くちん
略陳〔약진〕[동]⇨약술(略述). りゃ
略取〔약취〕약탈하여 가짐. りゃくしゅ 「그 명칭. りゃくしょう
略稱〔약칭〕생략하여 일컬음. 또
略奪〔약탈〕폭력을 써서 빼앗음. りゃくだつ 「りゃくひつ
略筆〔약필〕생략하여 씀. 대충 씀.
略解〔약해〕대강의 뜻을 해설(解說)함. 간략하게 풀이함. 또 그 문서. [동]약설(略說). りゃっかい
略畫〔약화〕간략하게 그린 그림.
▷簡略(간략). 攻略(공략). 膽略(담략). 謀略(모략). 才略(재략) 智略(지략).

【異】[부] 田(밭전) [획] 5—6 [훈] 다를 [음] 이: [中] i⁴ [英] different [日] イ. ことなる
[뜻] ①다를. ②재앙. ③성. ④괴이할.
[필순] 冂罒甲甲畢異異異

異客〔이객〕타향 살이하는 사람. いかく
異境〔이경〕①다른 나라. 타국. 외국. ②다른 토지. [동]타향(他鄕). いきょう
異曲同工〔이곡동공〕방법은 다르나 결과는 같음. [동]동공이곡(同工異曲). いきょくどうこう
異口同聲〔이구동성〕[동]⇨이구동음(異口同音). いこうどうせい
異口同音〔이구동음〕① 여러 사람이 다 같은 소리를 함. ②여러 사람의 설(說)이 일치함. [동]이구동성(異口同聲). いこうどうおん. いくどうおん 「く
異國〔이국〕[동]⇨이방(異邦). いこ
異能〔이능〕[동]⇨이재(異才).
異端〔이단〕①성인(聖人)의 도(道)가 아닌 도. 사악(邪惡)한 도. ② 자기가 신봉(信奉)하는 이외의 도. [예]一者(자). いたん
異同〔이동〕①다름. 같지 아니함. ②다름과 같음. いどう
異例〔이례〕① 전례(前例)에 없는 특별한 일. ②몸이 불편하여 보통 때와 다름. いれい 「ん
異論〔이론〕[동]⇨이의(異議). いろ
異類〔이류〕다른 종류. いるい
異母〔이모〕아버지는 같고 어머니

는 다름. 배가 다름. いぼ
異母兄〔이모형〕 배다른 형. [동]이복형(異腹兄). いぼけい
異聞〔이문〕 ① 이상한 이야기. ② 딴 사람과 달리 들은 일. 별다른 소문. いぶん
異邦〔이방〕 외국. [동]이국(異國). [예]一人(인). いほう
異變〔이변〕 괴이한 변고(變故). 보통과는 다른 일. いへん
異腹〔이복〕 아버지는 같은데 어머니가 다름. 배가 다름. [예]一兄弟(형제). いふく
異本〔이본〕 ①진귀한 책. 진본(珍本). ②동종(同種)의 책으로서 내용이 다소 다른 것. [동]이서(異書). いほん
異色〔이색〕 ①다른 빛깔. ②색다른 것. 또는 그런 사람. いしょく
異書〔이서〕 ⇨이본(異本). いしょ
異說〔이설〕 ①남과 다른 설(說). 보통과 다른 설. ② 진기(珍奇)한 설. [동]진설(珍說). ③각양각색(各樣各色)의 의견. いせつ
異姓〔이성〕 다른 성. [동]타성(他姓). ↔동성(同姓). いせい
異性〔이성〕 ①남성이 여성을 또는 여성이 남성을 가리켜 부르는 말. ②남녀·암수의 성이 다름. 또 다른 것. ↔동성(同性). [예]一交際(교제). いせい
異心〔이심〕 딴 마음. 모반(謀叛)하고자 하는 마음. [동]이심(貳心). いしん 「き
異域〔이역〕 [동]⇨이국(異國). いい
異議〔이의〕 ①보통과 다른 의론. ②남과 다른 의견. [동]이론(異論). [예]一申請(신청). いぎ
異人〔이인〕 ①특이한 사람. 뛰어난 사람. 비범한 사람. ②이상한 사람. 신인(神人)·신선(神仙) 따위. ③딴 사람. [동]별인(別人). ④외국인. いじん
異才〔이재〕 남다른 재능(才能). 또 그 재능을 가진 사람. [동]이능(異能). いさい
異蹟〔이적〕 사람의 힘으로는 할 수 없는 불가사의한 일. [동]기적(奇蹟). いせき 「鄕). いきょう
異鄕〔이향〕 낯선 고장. [동]타향(他
▷怪異(괴이). 奇異(기이). 大同小異(대동소이). 突然變異(돌연변이). 相異(상이).

【畢】 [부] 田(밭전) [획] 5—6 [훈] 마칠 [음] 필 [中] pi⁴ [英] finish [日] ヒツ. **お**える
[뜻] ①마칠. ②다할. ③편지. 책.
[필순] 口四甲甲界畢畢畢
畢竟〔필경〕 마침내. 결국. [동]구경(究竟). ひっきょう
畢力〔필력〕 힘을 다함. ひつりょく
畢生〔필생〕 한평생. ひっせい
畢業〔필업〕 ①업(業)을 마침. ②학업(學業)을 마침. [동]졸업(卒業). ひつぎょう
▷檢定畢(검정필). 군필(軍畢).

〖番〗 [부] 田(밭전) [획] 5—7 [훈] 차례 [음] 번 [中] fan¹, p'an¹ [英] number [日] バン. **かわ**る
[뜻] ①차례. ② 번갈을. ③횟수. ④땅이름(반). ⑤휠(파).

[필순] 一二平采釆番番
番番〔번번·파파〕 ①강한 모양. ②번번히. ③백발(白髮)의 모양. はは 「땅. 또 그 번호. ばんち
番地〔번지〕 번호를 매겨서 나눈
番次〔번차〕 번이 드는 차례.
番號〔번호〕 차례를 나타내는 호수(號數). ばんごう
▷交番(교번). 當番(당번). 上番(상번). 順番(순번). 輪番(윤번).

〖畫〗 [부] 田(밭전) [획] 5—7 [훈] 그림 [음] 화:·획 [中] hua²·⁴ [英] picture [日] ガ. ガク. **え**. **えが**く
[뜻] ①그림(화). ②그림그릴(화). ③그을(획). ④꾀할(획)(劃과 통용).
[참고] [속]畵 [약]画
[필순] 一ㄱ⺕聿書書畫畫

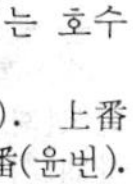

畫架〔화가〕 그림을 그릴 때 화포(畫布)를 받치는 삼각(三脚)의 틀. がか
畫家〔화가〕 그림을 그리는 것을 업(業)으로 삼는 사람. [동]화공(畫工)·화사(畫師)·화인(畫人).

がか 「う

畫工〔화공〕 [동]⇨화가(畫家). がこ

畫具〔화구〕 그림을 그리는 데 쓰는 제구. がぐ

畫壇〔화단〕 ①그림의 진열장(陳列場). ②화가의 사회. がだん

畫廊〔화랑〕 ①회화(繪畫)를 진열하여 놓는 곳. ②그림 따위로 아름답게 꾸며 놓은 복도. がろう

畫龍點睛〔화룡점정〕 사물의 가장 종요로운 곳을 끝내어 완성시킴을 이름. がりょうてんせい

畫眉〔화미〕 ①먹으로 눈썹을 그림. ②미인(美人). がび

畫伯〔화백〕 ①화가(畫家)의 높임말. ②그림을 썩 잘 그리는 사람. がはく 「ほう

畫法〔화법〕 그림을 그리는 법. が

畫癖〔화벽〕 그림을 좋아하는 버릇. がへき 「へい

畫屛〔화병〕 그림을 그린 병풍. が

畫報〔화보〕 세상에 일어난 일을 보도(報道)하는 그림이나 사진 또는 그 책. がほう

畫譜〔화보〕 ①화가의 전통(傳統). ②화조산수(花鳥山水) 등의 그림을 유별(類別)하여 모은 화첩(畫帖). がふ

畫師〔화사〕 [동]⇨화가(畫家). がし

畫蛇添足〔화사첨족〕 쓸데없는 것을 덧붙여 도리어 실패함을 이름. [동]사족(蛇足). 「う

畫像〔화상〕 초상화(肖像畫). がぞ

畫仙〔화선〕 [동]⇨화성(畫聖).

畫仙紙〔화선지〕 글씨를 쓰거나 그림을 그리는 데 쓰는 종이. 백지보다 두껍고 큼. がせんし

畫聖〔화성〕 극히 뛰어난 화가. [동]화선(畫仙). がせい

畫室〔화실〕 ①그림을 그려 장식한 방. ②그림을 그리는 방. 아틀리에. がしつ 「(情趣).

畫意〔화의〕 그림 속에 나타난 정취

畫人〔화인〕 ⇨화가(畫家). がじん

畫題〔화제〕 ① 그림의 제목. 그림의 이름. ②그림 위에 쓰는 시문(詩文). がだい

畫中之餠〔화중지병〕 그림의 떡. 실용이 되지 못함. 「이. がし

畫紙〔화지〕 그림 그리기에 쓰는 종

畫讚〔화찬〕 그림 위에 쓰는 찬사(讚詞). [동]화찬(畫贊). がさん

畫彩〔화채〕 그림의 채색(彩色). 그림의 빛깔. がさい

畫帖〔화첩〕 ①그림을 모아 엮은 책. ②그림본. がちょう

畫布〔화포〕 유화(油畫)를 그리는 데 쓰는 베. 캔버스. がふ

畫幅〔화폭〕 그림을 그린 족자(簇子). がふく 「붓. がひつ

畫筆〔화필〕 그림을 그리는 데 쓰는

畫期的〔획기적〕 새 시대를 긋는 상태. かっきてき 「力).

畫力〔획력〕 글씨나 그림의 필력(筆

畫數〔획수〕 자획(字畫). 글자 획의 수효. かくすう 「くじゅん

畫順〔획순〕 자획(字畫)의 차례. か

畫然〔획연〕 확실한 모양. かくぜん

畫一的〔획일적〕 ①한결같은 것. ②쪽 고른 것. かくいつてき

畫策〔획책〕 ①일을 계획하는 꾀. 계획(計畫). ② 〈상자(商子)〉의 편명(篇名). かくさく

▷圖畫(도화). 東洋畫(동양화). 名畫(명화). 壁畫(벽화). 西洋畫(서양화). 風俗畫(풍속화). 水彩畫(수채화). 繪畫(회화). 計畫(계획). 區畫(구획). 字畫(자획). 點畫(점획). 參畫(참획).

【當】 [부] 田(밭전) [획] 5—8 [훈] 마땅할 [음] 당 [中] tang$^{1\cdot 3}$ [英] suitable [日] トウ. **あたる**. **あて**. **まさに**

[뜻] ①마땅할. ② 당할. ③ 맡을. ④저당할. ⑤이. 그.

[참고] [약]当

[필순] 丨⺌尚尚尚常當當

當家〔당가〕 ①이 집. 그 집. ②자기의 가업(家業)을 맡아 함. ③집안 일을 하는 하인(下人). ④아내가 남에 대하여 자기 남편을 이름. とうか. とうけ

當故〔당고〕 부모(父母)의 상사(喪事)를 당함. 조간(遭艱).

當局〔당국〕 ①바둑을 둠. [동]대국(對局). ②어떤 지위(地位)에 있

어 어떤 일을 담당함. 또 그곳. とうきょく

當局者〔당국자〕 ①바둑을 두는 사람. [동]대국자(對局者). ②어떤 지위에 있어 어떤 일을 맡은 사람. とうきょくしゃ

當歸〔당귀〕 왜당귀. 또 그 뿌리. 뿌리는 보혈약(補血藥)으로 씀. [동]승검초. とうき

當今〔당금〕 지금. 이때. [동]현금(現今). とうこん

當斷不斷〔당단부단〕 마땅히 처단(處斷)할 것을 처단하지 않음

當代〔당대〕 ①그 시대. ②그 대(代). とうだい 「서 이름.

當到〔당도〕 어떤 곳이나 일에 닿아

當路〔당로〕 ①중요한 지위에 있음. ②요로(要路)에 있음. とうろ

當面〔당면〕 ①얼굴을 댐. 또 얼굴에 닿음. ②얼굴을 대함. 대면(對面). ③일이 바로 눈앞에 닥침. [예]一課題(과제). とうめん

當方〔당방〕 ①그 방면. ②이쪽. とうほう

當百錢〔당백전〕 엽전(葉錢) 한 푼이 백 푼을 당하는 돈. 경복궁(景福宮)을 지을 때에 대원군(大院君)이 만들었음.

當番〔당번〕 번(番)드는 차례에 당함. 또 그 사람. とうばん

當否〔당부〕 마땅함과 마땅하지 아니함. 정당함과 부정당함. 시비(是非). とうひ 「ぶんかん

當分間〔당분간〕 얼마 동안. とう

當事〔당사〕 일에 당함. 그 일에 직접 관계함. [예]一者(자). とうじ

當朔〔당삭〕 ①그 달. ②아이밴 부녀가 해산(解產)할 달을 당함. 또 그 달. とうさく 「うせん

當選〔당선〕 선거(選擧)에 뽑힘. と

當世〔당세〕 ①이 세상. 금세(今世). 현대(現代). ②그 시대의 세상. とうせい 「때. とうじ

當時〔당시〕 ① 이 때. 지금. ②그

當夜〔당야〕 그날 밤. とうや

當然〔당연〕 이치에 합당함. 마땅히 그러함. とうぜん

當午〔당오〕 [동]⇨정오(正午).

當爲〔당위〕 마땅히 하여야 됨. [예]一性(성). 一法則(법칙). とうい

當人〔당인〕 그 사람. [동] 본인(本人). とうにん

當日〔당일〕 ①바로 그 날. ②이 날. [동]금일(今日). 「때.

當場〔당장〕 ①그 자리. ②바로 그

當座預金〔당좌예금〕 기한을 정하지 않고 언제든지 지불하는 은행 예금. とうざよきん

當地〔당지〕 그곳. 이곳. とうち

當直〔당직〕 일직(日直)·숙직(宿直) 따위의 차례가 됨. とうちょく

當籤〔당첨〕 추첨에 당선됨. 제비뽑기에 뽑힘. とうせん

當初〔당초〕 그 맨 처음. とうしょ

當下事〔당하사〕 당면(當面)한 일. 바로 할 일. とうかのこと

當該〔당해〕 ①그 계(係). 그 담당. ②그것. 그 사항. とうがい

▷堪當(감당). 過當(과당). 擔當(담당). 配當(배당). 合當(합당).

【畿】 [부] 田(밭전) [획] 5—10 [훈] 경기 [음] 기 [中] chi¹, ch'i² [英] royal domain [日] キ. みやこ
[뜻] ①경기. ②서울. ③문안.
[필순] 幺 幺幺 丝 畿畿

畿疆〔기강〕 경계(境界). 강계(疆界). ききょう

畿內〔기내〕 ① 서울을 중심으로 하여 사방 500 리 이내의 땅. ② 천자(天子) 직할의 지역. きない

畿湖〔기호〕 경기도·황해도의 남부·충청북도·충청남도의 북부를 포함한 지역의 총칭.

▷京畿(경기). 近畿(근기). 邦畿(방기). 王畿(왕기).

「疊」 [부] 田(밭전) [획] 5—17 [훈] 겹칠 [음] 첩 [中] tieh² [英] fold up [日] ジョウ. たたみ. たたむ. かさねる
[뜻] ①겹칠. ②쌓을.
[필순] ㄇ 罒 畾 疊疊

疊嶺〔첩령〕 겹쳐 있는 봉우리. じょうれい 「듭 씀.

疊書〔첩서〕 같은 글귀나 글자를 거

疊設〔첩설〕 거듭 베풂.

疊語〔첩어〕 같은 낱말을 포개어 한

낱말을 이룬 것. '빨리빨리' 따위. じょうご 「じょうよう
疊用〔첩용〕거듭 씀. 포개어 씀.
疊韻〔첩운〕①같은 운(韻)으로 시(詩)를 지음. ②두 자가 같은 운의 글자로 된 숙어(熟語). [예]—詩(시). —體(체). じょういん
疊疊山中〔첩첩산중〕겹겹이 둘러싸인 깊은 산 속.
▷三疊(삼첩). 重疊(중첩).

(5) 疋 部

「疋」[부] 疋(필필변) [획] 5—0 [훈] 필 [음] 필 [中] p^6i^1 ya^3 [英] a roll of cloth [日] ヒツ. ひき
[뜻] ①필. ②발(소).
[필순] 一丁下疋疋
疋緞〔필단〕필로 된 비단. ひったん 「つれん
疋練〔필련〕한 필의 바랜 비단. ひ
▷馬疋(마필).

【疏】[부] 疋(필필변) [획] 5—6 [훈] 상소할 [음] 소 [中] shu^1 [英] record [日] ソ. しるす
[뜻] ①글. 상소. ②나물(蔬와 통용). ③뚫릴. ④나눌. ⑤멀.
[참고] [동]疎
[필순] 丁下正疋疏疏
疏頭〔소두〕연명(連名)하여 올리는 상소(上疏)에서 맨 먼저 이름을 적은 우두머리. そとう
疏章〔소장〕임금에게 올리는 글.
▷上疏(상소). 義疏(의소). 奏疏(주소).

【疎】[부] 疋(필필변) [획] 5—7 [훈] 성길 [음] 소 [中] shu^1 [英] sparse [日] ソ. まばら. うとい
[뜻] ①성길. 드물. ②멀. ③거칠. ④소통할. 트일. ⑤우거질.
[참고] [동]疏
[필순] 丁下正疋疋疎疎
疎開〔소개〕①전화(戰禍)를 적게 하기 위해 인구(人口)를 분산시킴. ②밀집 부대(密集部隊)를 흩어 버림. そかい
疎隔〔소격〕[동]⇨소원(疎遠). 「い
疎外〔소외〕배척하여 멀리함. そが
疎雨〔소우〕성기게 오는 비. そう
疎遠〔소원〕①탐탁히 여기지 아니하여 멀리함. [동]소격(疎隔). ②정분(情分)이 성기어 멂. ③오래 만나지 아니함. 소활(疎闊). そえん 「주소(注疎).
疎注〔소주〕상세한 주석(注釋). [동]
疎陳〔소진〕① 성글게 늘어놓음. ②줄거리만 들어서 대강 진술함.
疎通〔소통〕①막힘 없이 통함. ②조리가 정연(整然)함. 해설(解說)하여 밝힘. そつう 「つ
疎闊〔소활〕[동]⇨소원(疎遠). そか
▷簡疎(간소). 寬疎(관소). 密疎(밀소). 生疎(생소). 親疎(친소). 稀疎(희소).

【疑】[부] 疋(필필변) [획] 5—9 [훈] 의심할 [음] 의 [中] i^2 [英]doubt [日] ギ. うたがう
[뜻] ①의심할. ②두려워할. 싫어할. ③ 정할(응).
[필순] 乚 匕 ⺊ 矣 𠫤 疑 疑 「ぎく
疑懼〔의구〕의심을 품고 두려워함.
疑念〔의념〕[동]⇨의심(疑心). ぎねん
疑問〔의문〕①의심하여 물음. ②의심스러운 일. ぎもん
疑問文〔의문문〕의문의 뜻을 나타내는 글월. ぎもんぶん
疑似〔의사〕비슷하여 분간하기 어려움. 분간할 수 없을 정도로 비슷함. ぎじ
疑心〔의심〕미심쩍게 여기는 마음. 믿지 못하여 이상하게 여기는 마음. [동]의념(疑念). ぎしん
疑訝〔의아〕의심스럽고 괴이쩍음.
疑獄〔의옥〕사건이 복잡하여 진상(眞相)이 확실하지 아니한 옥사(獄事). 범죄(犯罪) 사실이 의심스러운 옥사. ぎごく 「うん
疑雲〔의운〕의심스러운 사건. ぎ
疑義〔의의〕글 뜻 가운데 의심이 나는 곳. ぎぎ 「ん
疑點〔의점〕의심이 나는 점. ぎて
疑惑〔의혹〕의심하여 분별하기 어려움. ぎわく 「懷疑(회의).
▷半信半疑(반신반의). 質疑(질의).

(5) 疒　部

【疫】[부] 疒(병질밑) [획] 5—4 [훈] 염병 [음] 역 [中] i⁴ [英] plague; epidemic [日] エキ. えやみ
　[뜻] ①염병. 돌림병. ②역귀.
　[필순] ' 亠广疒疒疒疫疫
疫病〔역병〕전염성(傳染性)의 열병(熱病). えきびょう 「えきしつ
疫疾〔역질〕천연두. [동]역환(疫患).
疫瘧〔역학〕학질병의 한 가지.
疫患〔역환〕[동]⇨역질(疫疾).
▷防疫(방역). 惡疫(악역). 災疫(재역) 疾疫(질역).

〖病〗[부] 疒(병질밑) [획] 5—5 [훈] 병들 [음] 병: [中] ping⁴ [英] illness; disease [日] ビョウ. やまい. やむ
　[뜻] 병들. ①앓을. ②근심할. ③흠. ④버릇.
　[필순] 亠广疒疒疒疒病病
病暇〔병가〕병이 나서 휴가를 얻음. [동]병가(病假). びょうか
病苦〔병고〕병(病)의 괴로움. びょうく 「體). びょうく
病軀〔병구〕병든 몸. [동]병체(病
病菌〔병균〕병을 퍼뜨리는 세균(細菌). びょうきん
病毒〔병독〕병의 근원이 되는 독기(毒氣). びょうどく
病棟〔병동〕여럿의 병실로 된 병원 안의 한 채의 건물. びょうどう
病理〔병리〕병의 원인·상태의 원리. [예]一學(학). びょうり
病魔〔병마〕병. 병을 일으키는 마귀. びょうま 「うぼつ
病沒〔병몰〕[동]⇨병사(病死). びょ
病死〔병사〕병으로 죽음. [동]병몰(病沒). びょうし
病床〔병상〕병자(病者)의 침상(寢床). 환자가 누워 있는 자리. びょうしょう
病狀〔병상〕병의 상태. 병의 증세. [동]병증(病症)·병세(病勢). びょうじょう
病色〔병색〕병든 사람같은 얼굴빛.
病席〔병석〕환자가 누워 있는 자리. びょうせき 「うせい
病勢〔병세〕[동]⇨병상(病狀). びょ
病身〔병신〕①병든 몸. ②불구자.
病源〔병원〕병의 근원(根源). [예]一菌(균). 一體(체). びょうげん
病的〔병적〕사물(事物)이 불건전하여 정상(正常)을 벗어난 것. びょうてき
病從口入〔병종구입〕병은 음식을 조심하지 않는 데서 일어남. 곧, 입과 배의 욕심을 삼가야 함을 이름. やまいはくちよりいる
病症〔병증〕[동]⇨병상(病狀). びょうしょう 「うたい
病體〔병체〕[동]⇨병구(病軀). びょ
病蟲〔병충〕병을 일으키는 원인이 되는 벌레. びょうちゅう
病弊〔병폐〕병통과 폐단.
病患〔병환〕①병. 질병(疾病). ②웃어른의 병. びょうかん 「うご
病後〔병후〕병을 앓고 난 뒤. びょ
▷內病(내병). 老病(노병). 多病(다병). 詐病(사병). 熱病(열병). 臥病(와병). 殘病(잔병). 傳染病(전염병). 疾病(질병).

【症】[부] 疒(병질밑) [획] 5—5 [훈] 병 증세 [음] 증: [中] chêng⁴ [英] disease [日] ショウ. やまい
　[뜻] 병증세.
　[필순] 亠广疒疒疒疒症症
症狀〔증상〕[동]⇨증세(症勢)·증후(症候). しょうじょう
症勢〔증세〕병으로 앓는 여러 가지의 모양. [동]증상(症狀)·증후(症候). 「(症勢). しょうこう
症候〔증후〕[동]⇨증상(症狀). 증세
▷渴症(갈증). 狂症(광증). 病症(병증). 不妊症(불임증). 炎症(염증). 重症(중증). 痛症(통증).

「疹」[부] 疒(병질밑) [획] 5—5 [훈] 홍역 [음] 진: [中] chen³ [英] fever [日] シン. はしか
　[뜻] ①홍역. ②앓을.
　[필순] 亠广疒疒疹
▷痲疹(마진). 發疹(발진). 水泡疹(수포진). 濕疹(습진).

【疾】 部 疒(병질밑) 획 5—5 훈 병 음 질 中 chi² 英 disease
日 シツ. やまい. はやい
뜻 ①병. ②근심할. ③미워할. ④빠를.
필순 亠广疒疒疒疟疾疾
疾苦〔질고〕 고통. 근심하고 괴로와 함. しっく
疾驅〔질구〕 동⇨질주(疾走). しっく
疾病〔질병〕 ①병. ②병이 위중함. 동질환(疾患). しっぺい 「っし
疾視〔질시〕 흘겨 봄. 밉게 봄. し
疾疫〔질역〕 유행병. しつえき
疾走〔질주〕 빨리 달림. 동질구(疾驅). しっそう
疾風〔질풍〕 ① 센 바람. ②잎이 우거진 나무가 흔들리며, 바다 수면에 거의 흰 물결을 이루는 정도의 바람. 1초에 6~10m의 속력을 가짐. しっぷう
疾風迅雷〔질풍신뢰〕 폭풍과 요란한 천둥. しっぷうじんらい「かん
疾患〔질환〕 동⇨질병(疾病). しっ
▷輕疾(경질). 痼疾(고질). 宿疾(숙질). 眼疾(안질). 痢疾(이질). 痔疾(치질). 瘧疾(학질).

【疲】 部 疒(병질밑) 획 5—5 훈 피곤할 음 피 中 p'i² 英 tired
日 ヒ. つかれる
뜻 피곤할. 고달플. 느른할.
필순 亠广疒疒疒疒疲疲
疲困〔피곤〕 몹시 지쳐서 곤함. 동⇨피로(疲勞). ひこん
疲勞〔피로〕 동⇨疲困(피곤). ひろう
疲弊〔피폐〕 피로(疲勞)하여 쇠약해짐. ひへい

「痍」 部 疒(병질밑) 획 5—6 훈 상처 음 이 中 i² 英 wound
日 イ. きず
뜻 ①상처. 흠집. ②상할. 다칠.
필순 亠广疒疒疒疒痍痍
▷傷痍(상이). 創痍(창이).

「痕」 部 疒(병질밑) 획 5—6 훈 흉 음 흔 中 hen² 英 scar
日 コン. あと
뜻 ①흉. ②자취. 흔적.
필순 亠广疒疒疒疒痕痕
痕迹〔흔적〕 남은 형적(形迹). 뒤에 남은 자국. 자취. 동흔적(痕跡). こんせき
▷淚痕(누흔). 刀痕(도흔). 傷痕(상흔). 殘痕(잔흔). 粧痕(장흔).

「痘」 部 疒(병질밑) 획 5—7 훈 마마 음 두: 中 tou⁴ 英 smallpox 日 トウ. もがさ
뜻 마마. 천연두. 역질. 손님.
필순 亠广疒疒疒疔痘痘
痘面〔두면〕 얽은 얼굴. 「えき
痘疫〔두역〕 동⇨두창(痘瘡). とう
痘瘡〔두창〕 천연두(天然痘). 마마. 동두역(痘疫). とうそう
痘後雜症〔두후잡증〕 천연두를 치른 뒤에 잘못되어 생기는 여러 가지 병증(病症).
痘痕〔두흔〕 천연두를 앓은 자국. 얽은 자국. とうこん
▷牛痘(우두). 種痘(종두). 天然痘(천연두).

「痢」 部 疒(병질밑) 획 5—7 훈 설사 음 리: 中 li⁴ 英 dysentery 日 リ. はらくだり
뜻 설사. 이질.
필순 亠广疒疒疒疒痢痢
痢疾〔이질〕 똥에 곱이 이어 나오면서 뒤가 잦고 당기는 전염병(傳染病). りしつ 「(하리).
▷疫痢(역리). 赤痢(적리). 下痢

【痛】 部 疒(병질밑) 획 5—7 훈 아플 음 통: 中 t'ung⁴ 英 pain 日 ツウ. いたむ
뜻 ①아플. ②상할. ③심할.
필순 亠广疒疒疒疒痛痛
痛覺〔통각〕 아픔을 느끼는 감각. つうかく
痛感〔통감〕 몹시 느낌. 마음에 사무치게 느낌. つうかん 「げき
痛擊〔통격〕 동⇨통매(痛罵). つう
痛苦〔통고〕 괴로움. 고통(苦痛). つうく 「つうこく
痛哭〔통곡〕 소리를 내어 슬피 욺.
痛烈〔통렬〕 매우 사납고 세참. つうれつ 「동통격(痛擊). つうば
痛罵〔통매〕 통렬(痛烈)히 꾸짖음.
痛駁〔통박〕 통렬하게 공박(攻駁)함. つうばく
痛憤〔통분〕 몹시 분개함. つうふん

痛惜〔통석〕대단히 애처롭게 여김. つうせき

痛飮〔통음〕술을 매우 많이 마심. 「つういん

痛切〔통절〕①매우 간절함. ②몹시 절실(切實)함. つうせつ

痛快〔통쾌〕마음이 썩 상쾌(爽快)함. 매우 기분이 좋음. つうかい

痛歎〔통탄〕몹시 탄식(歎息)함. つうたん

▷苦痛(고통). 頭痛(두통). 腹痛(복통). 心痛(심통). 哀痛(애통). 切痛(절통). 陣痛(진통). 沈痛(침통). 偏頭痛(편두통).

「痴」 부 疒(병질밑) 획 5—8 훈 어리석을 음 치 中 ch'ih² 英 foolish 日 チ. おろか

뜻 ①어리석을. ②미칠.

참고 본 癡

필순 亠广疒疒疒疾痴痴

痴鈍〔치둔〕어리석고 둔함. ちどん

痴笑〔치소〕어리석은 웃음. ちしょう

痴愚〔치우〕사람이 못나고 어리석음. ちぐう

痴人〔치인〕못난이. 동치자(痴者). 치한(痴漢). ちじん 「や

痴者〔치자〕동⇨치인(痴人). ちし

痴情〔치정〕남녀 사이의 사랑에 있어서 생기는 온갖 어지러운 정. ちじょう

痴漢〔치한〕①치인(痴人). ②여자를 희롱하는 남자. ちかん

▷白痴(백치). 書痴(서치). 音痴(음치).

「瘍」 부 疒(병질밑) 획 5—9 훈 헌데 음 양 中 yang² 英 a boil 日 ヨウ

뜻 헌데.

필순 亠广疒疒疒疒瘍瘍

▷胃潰瘍(위궤양). 腫瘍(종양).

「療」 부 疒(병질밑) 획 5—12 훈 병고칠 음 료: 中 liao² 英 cure; heal 日 リョウ. いやす

뜻 병고칠. 병나을.

필순 疒疒疒疒疒疒療療

療飢〔요기〕음식을 먹어 시장기를 면함. りょうき

療法〔요법〕치료하는 방법. りょうほう 「うびょう

療病〔요병〕동⇨요치(療治). りょ

療養〔요양〕병을 치료함. 몸을 보양함. 예一所(소). りょうよう

療治〔요치〕병을 고침. 동요병(療病). りょうち

▷救療(구료). 施療(시료). 醫療(의료). 治療(치료).

「癖」 부 疒(병질밑) 획 5—13 훈 버릇 음 벽 中 p'i³ 英 habit 日 ヘキ. くせ

뜻 ①버릇. 즐길. 인박일. ②적

필순 疒疒疒疒疒疒癖癖

癖痼〔벽고〕오랫동안 낫지 않는 병.

癖病〔벽병〕나쁜 버릇. へきびょう

癖性〔벽성〕버릇. 동성벽(性癖). へきせい 「은 것이 생기는 병.

癖積〔벽적〕뱃속에 무슨 뭉치 같

癖好〔벽호〕버릇이 되다시피 즐겨 좋아함. 편벽된 기호(嗜好). へきこう

▷潔癖(결벽). 怪癖(괴벽). 性癖(성벽). 惡癖(악벽). 酒癖(주벽).

「癒」 부 疒(병질밑) 획 5—13 훈 병 나을 음 유: 中 yü⁴ 英 heal 日 ユ. いえる

뜻 ①병 나을. ②병들.

필순 疒疒疒疒疒疒癒癒

癒着〔유착〕한 기관(器官)이 생리적(生理的)으로 관계 없는 다른 기관에 조직적(組織的)으로 결합하는 일. ゆちゃく 「ゆごう

癒合〔유합〕상처가 나아서 아묾.

▷治癒(치유). 快癒(쾌유). 平癒(평유).

(5) 癶 部

〖癸〗 부 癶(필발밑) 획 5—4 훈 북방 음 계: 中 kuei³ 英 north 日 キ. みずのと

뜻 ①북방. ②열째천간.

필순 フヌヌ̈癶癶癶癸癸

癸未〔계미〕60 갑자의 20 째. きび

癸未字〔계미자〕활자의 이름. 1403 년에 주조(鑄造)된 이조 최초의 동활자(銅活字).

癸坐〔계좌〕묏 자리나 집터의 계방

(癸方)을 등진 좌향(坐向).

癸丑日記〔계축일기〕 이조 광해군 때에 서궁에 유폐(幽閉)된 인목 대비(仁穆大妃) 김씨의 생활을 기록한 궁녀의 수기.

癸丑字〔계축자〕 1493 년에 만든 동활자(銅活字)의 이름.

〖登〗 [부] 癶(필발밑) [획] 5—7 [훈] 오를 [음] 등 [中] têng¹ [英] climb [日] トウ. ト. のぼる

[뜻] ①오를. 올릴. ②높을. 높일. ③익을. 풍년들.

[필순] ㇇ㇷ癶癶癶咨登登

登高〔등고〕 ①높은 데 오름. ②음력 9월 9일에 높은 산에 올라가서 국화주(菊花酒)를 마시고 재액(災厄)을 쫓아 내는 중국의 풍습(風習). とうこう

登高自卑〔등고자비〕 ① 높은 곳에 오르려면 낮은 곳에서부터 오른다는 뜻으로, 일을 함에는 반드시 순서를 밟아야 함의 비유. ② 지위(地位)가 높아질수록 스스로를 낮춤. 「(登第). とうか

登科〔등과〕 과거에 급제함. [동]등제

登校〔등교〕 학교에 출석함. ↔하교(下校). とうこう

登極〔등극〕 천자(天子)의 지위에 오름. 극(極)은 북극(北極)으로, 뭇별이 향하는 곳. [동]즉위(卽位). とうきょく

登記〔등기〕 기록에 올림. [동]등재(登載). [예]一郵便(우편). とうき

登壇〔등단〕 ① 장상(將相)을 임명하는 단(壇)에 올라감. 곧 장상이 됨. ②연단(演壇)에 올라감. とうだん

登錄〔등록〕 대장(臺帳)에 올림. [예]一商標(상표). とうろく

登龍門〔등룡문〕 용문(龍門)은 황하(黃河) 상류의 물결이 센 곳으로, 잉어가 거기에 올라가면 용이 된다는 전설에서 입신출세(立身出世)하는 곳으로 비유함. とうりょうもん. とうりゅうもん

登樓〔등루〕 ①누각에 올라감. ②창루(娼樓)에 놀러 감. とうろう

登攀〔등반〕 높은 곳에 기어 올라감. とうはん

登山〔등산〕 산에 오름. 산에 오르기. ↔하산(下山). とざん

登仙〔등선〕 ①신선이 되어 하늘로 올라감. ②귀인(貴人)의 죽음의 높임말. とうせん

登用〔등용〕 인재(人材)를 끌어 올려 씀. とうよう

登場〔등장〕 ①무슨 사건에 어떠한 인물이 나타남. ②무대(舞臺)에 배우가 나옴. とうじょう

登載〔등재〕 실림. 기재(記載)함. [동]등기(登記). とうさい

登程〔등정〕 길을 떠남. とうてい

登第〔등제〕 [동]⇨등과(登科). とうだい 「とうちょう

登廳〔등청〕 관청(官廳)에 출근함.

▷攀登(반등). 先登(선등).

〖發〗 [부] 癶(필발밑) [획] 5—7 [훈] 필 [음] 발 [中] fa¹ [英] issue [日] ハツ. ホツ. あばく

[뜻] ①필. 일어날. ②낼. 드러낼. ③떠날. ④펼. ⑤열.

[참고] [약]発

[필순] ㇇ㇷ癶癶癶発發

發覺〔발각〕 비행(非行)·비밀(秘密) 같은 것이 드러남. はっかく

發刊〔발간〕 인쇄하여 세상에 내놓음. ↔폐간(廢刊). はっかん

發見〔발견〕 남이 미처 보지 못한 사물을 먼저 찾아냄. 처음으로 찾아냄. はっけん

發光〔발광〕 빛을 냄. はっこう

發狂〔발광〕 미침. はっきょう

發掘〔발굴〕 땅속에 묻힌 물건을 파냄. はっくつ

發起〔발기〕 ①무슨 일을 하는 데 먼저 안(案)을 냄. [예]一人(인). ②생각해 냄. ほっき

發端〔발단〕 ①일의 첫머리가 시작됨. 또 일의 첫머리를 시작함. ②시초. はったん. ほったん

發達〔발달〕 ①발육하여 완전한 형태에 가까와짐. ②학문 또는 사회 상태 등이 진보하여 완전한 지경에 이름. ③개체가 그의 생명 활동에 있어서 그의 환경에

적응하여 가는 과정. はったつ
發動〔발동〕①일이 일어나 움직임. ②활동(活動)을 개시함. ③동력(動力)을 일으킴. [예]—기(機). —力(력). はつどう
發令〔발령〕①명령(命令)을 냄. ②법령이나 사령(辭令)을 발포(發布)함. はつれい
發賣〔발매〕물건을 팖. はつばい
發明〔발명〕①아직까지 없던 어떠한 물건이나 방법을 새로 만들어 냄. 알리지 않은 일을 생각해 냄. ②무죄(無罪)를 변명(辯明)함. はつめい
發病〔발병〕병이 남. はつびょう
發福〔발복〕운(運)이 틔어 복이 닥침. 「발(奮發)함. はっぷん
發憤〔발분〕①분개(憤慨)함. ②분
發憤忘食〔발분망식〕분발(奮發)하여 먹는 것까지 잊음. はっぷんぼうしょく 「しゃ
發射〔발사〕총이나 활을 쏨. はっ
發散〔발산〕나와서 퍼지고 흩어짐. 밖으로 나와 헤짐. 또 밖으로 내어 흩음. はっさん
發祥〔발상〕①천명(天命)을 받아 천자가 될 길조(吉兆)가 나타남. ② 나라를 세울 임금이 출생(出生)함. ③ 큰 사업이 처음 일어남. [예]—地(지). はっしょう
發喪〔발상〕초상(初喪)난 것을 발표함. はっそう
發生〔발생〕①생겨남. 태어남. ②처음 일어남. ③봄(春). はっせい 「함. はっせつ
發說〔발설〕말을 내어 남이 알게
發送〔발송〕①물건을 보냄. ②사신(使臣)을 내어 전송(餞送)함. はっそう 「世)함. 출신(出身).
發身〔발신〕몸을 일으킴. 출세(出
發信〔발신〕편지 또는 전보를 보냄. ↔수신(受信). はっしん
發心〔발심〕①무슨 일을 하겠다는 마음을 먹음. ②보리심(菩提心)을 일으키어 불법(佛法)에 귀의(歸依)함. はっしん
發芽〔발아〕싹이 나옴. はつが
發惡〔발악〕시비(是非)·곡직(曲直)을 가리지 않고 언짢은 짓이나 소리를 함부로 함.
發言〔발언〕말을 꺼냄. 또 그 말. [예]—權(권). はつげん
發熱〔발열〕①물체가 열을 냄. ②체온(體溫)이 높아짐. はつねつ
發源〔발원〕①물이 처음 흐름. 또 그 곳. 수원(水源). ②사물의 근원. はつげん
發展〔발전〕①널리 뻗어 나아감. ②매우 번영하여짐. ③낮은 단계에서 보다 높은 단계로 옮아감. はってん 「알림. はっぴょう
發表〔발표〕널리 드러내어 세상에
發行〔발행〕①길을 떠나감. ②도서(圖書)를 출판하여 세상에 폄. ③화폐·채권(債券)·증권(證券) 따위를 만들어 세상에 내놓음. はっこう
發揮〔발휘〕①떨치어 나타냄. 실력을 외부에 드러냄. ②발동(發動)함. はっき
▷開發(개발). 啓發(계발). 突發(돌발). 奮發(분발). 不發(불발). 先發(선발). 始發(시발). 連發(연발). 自發(자발). 再發(재발). 摘發(적발). 出發(출발).

(5) 白 部

〖白〗 [부] 白(흰백변) [획] 5—0 [훈] 흰 [음] 백 [中] pai², po² [英] white [日] ハク. ビャク. しろ. しろい

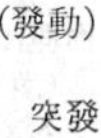

[뜻] ①흰. ②깨끗할. ③밝을. ④아뢸. 사뢸.
[필순] ′ 丨′ 白白白
白江〔백강〕금강(錦江) 하류의 강 이름. [동]백마강(白馬江).
白骨〔백골〕살이 다 썩어 희어진 뼈. はっこつ
白骨難忘〔백골난망〕죽어 백골이 되어도 깊은 은덕(恩德)은 잊을 수 없음. 「기. はくおう
白鷗〔백구〕깃이 흰 갈매기. 갈매
白旗〔백기〕①흰 기. ②항복(降服)

의 표시. はっき. しらはた
白頭[백두] ①허옇게 센 머리. (동)백수(白首). ②무위무관(無位無官)의 양반. 민머리. はくとう
白頭山[백두산] 함경북도·함경남도와 만주의 국경 사이에 있는 한국에서 제일 높은 산. 중국에서는 장백산(長白山)이라 함.
白頭翁[백두옹] 머리가 센 노인. はくとうおう
白浪[백랑] 희게 이는 물결. (동)백파(白波). はくろう
白蓮[백련] ①흰 연꽃. ②백목련(白木蓮). はくれん.びゃくれん
白露[백로] ① 흰 이슬. 이슬. ② 24절기(節氣)의 하나. 처서(處暑)의 다음이고 추분(秋分)의 앞으로서 양력 9월 8일경. はくろ
白鷺[백로] 물새의 하나. 해오라기. はくろ
白鹿潭[백록담] 제주도의 한라산(漢拏山)에 있는 못 이름. はくろくたん
白馬[백마] 흰 말. 부루말. はくば
白馬江[백마강] (동)⇨백강(白江).
白馬非馬[백마비마] 전국시대(戰國時代)의 말기(末期)에 공손용자(公孫龍子)가 주장한 논리(論理)의 하나. 흰 말은 말이 아니라는 궤변. はくばはうまにあらず
白馬寺[백마사] 후한(後漢)의 명제(明帝) 영평(永平)10년에 섭마등(攝摩騰)·축법란(竺法蘭)의 두 중이 대월지국(大月氏國)에서 불상과 불경을 흰 말에 싣고 내조(來朝)하여 이듬해에 낙양(洛陽) 교외에 세운 중국 최초의 절.
白梅[백매] 흰 매화. はくばい
白面[백면] ①나이 어리어 빛이 흰 얼굴. ②연소(年少)하여 경험이 없음. はくめん
白面書生[백면서생] 얼굴이 흰 서생. 나이가 젊고 경험이 적은 서생. 풋나기. はくめんしょせい
白文[백문] ①음각(陰刻)한 인장(印章)의 흰 글자. ②본문(本文)만 있고 주석(註釋)이 없는 한문(漢文). はくぶん

白米[백미] 현미(玄米)를 찧어서 겨를 빼고 희게 한 쌀. 희게 쓿은 멥쌀. ↔현미(玄米). はくまい 「난 것을 이름. はくび
白眉[백미] 여럿 가운데 가장 뛰어
白民[백민] 무위무관(無位無官)의 사람. (동)평민(平民). 「くはつ
白髮[백발] 하얗게 센 머리털. は
白放[백방] 무죄(無罪)로 판명되어 놓아 줌. 「しらかべ
白壁[백벽] 흰 바람벽. はくへき.
白兵[백병] 칼집에서 뺀 칼. 시퍼런 칼. (동)백인(白刃). (예)一戰(전). はくへい 「くしゃ
白沙[백사] 흰 모래. しらすな. は
白書[백서] ①흰 글자. 백색의 문자. ②정부가 발표하는 공식적인 실정(實情) 보고서. はくしょ
白石[백석] 흰 돌. はくせき
白雪[백설] 흰 눈. しらゆき
白松[백송] 소나무의 한가지. 껍질이 흼. 「すい
白水[백수] 흰 물. 맑은 물. はく
白首[백수] (동)⇨백두(白頭). はくしゅ
白眼[백안] ①눈알의 흰자위. ②흘기는 눈. 노려보는 눈. ③시쁘게 여기거나 업신여김. (예)一視(시) はくがん
白夜[백야] 달이 밝은 밤. はくや
白玉樓[백옥루] 문사(文士)가 죽어서 올라간다고 하는 천상(天上)의 높은 다락.
白羽[백우] 흰 빛의 깃. 흰 깃.
白雲[백운] 흰 구름. ↔흑운(黑雲). はくうん. しらくも
白雲洞書院[백운동서원] 이조 중종(中宗) 때 풍기군수(豊基郡守) 주세붕(周世鵬)이 고려(高麗)의 명유(名儒) 안향(安珦)의 옛집터인 백운동, 곧 지금의 영주군(榮州郡) 순흥면(順興面)에 세운 서원(書院). 우리 나라 서원의 시초(始初)임.
白衣[백의] ①흰 옷. (동)소의(素衣). ②무위무관(無位無官)의 사람. (예)一從軍(종군). ③관아(官衙)의 사환(使喚). ④속인(俗人)

이 입은 옷. 속인. はくい
白衣宰相〔백의재상〕관위(官位)가 없으면서 국정(國政)에 참여하여 재상의 대우를 받는 사람.
白刃〔백인〕시퍼런 칼날. はくじん
白日〔백일〕①쨍쨍 비치는 해. ②대낮. 동백주(白晝). ③구름이 안 낀 날. 혐의(嫌疑)가 풀림의 비유. 동백주(白晝). はくじつ
白日夢〔백일몽〕엉뚱한 공상(空想). はくじつむ
白日場〔백일장〕유생(儒生)의 학업(學業)을 장려하기 위하여 각 지방에서 베풀던 시문(詩文)을 짓는 시험.
白丁〔백정〕소·돼지 같은 것을 잡거나 고리를 결는 일을 업(業)으로 삼는 사람. 백장. はくてい
白鳥〔백조〕①흰 새. ② 오리과에 속하는 물새. 온 몸이 희고 목이 긺. 동고니·천아(天鵝)·황곡(黃鵠). はくちょう 「ちゅう
白晝〔백주〕동⇨백일(白日). はく
白地〔백지〕사실이 없음. 아무 턱도 없음. 동백판(白板).
白紙〔백지〕①흰 종이. 흰 빛깔의 종이. ②아무 것도 쓰거나 그리지 않은 종이. ③질(質)이 얇고 흰 당지(唐紙). ④주의나 주장 같은 것이 전연 없음. はくし
白痴〔백치〕바보. 동천치(天痴). はくち
白波〔백파〕①동⇨백랑(白浪). ②도적(盜賊)의 별칭. しらなみ
白板〔백판〕①흰 널빤지. ② 아무 것도 없는 터전. 어찌할 바가 없는 판. 동백지(白地). しらいた
白布〔백포〕흰 포목. はくふ
白狐〔백호〕늙어서 털이 흰 여우.
白話體〔백화체〕구어체(口語體). 언문일치체(言文一致體). はくわたい
白黑〔백흑〕① 흼과 검음. 백색과 흑색. 흰 것과 검은 것. ②선악(善惡)·사정(邪正)의 비유. 동흑백(黑白). ③흰 쌀과 검은 기장. はっこく. しろくろ
▷潔白(결백). 獨白(독백). 明白(명백). 精白(정백). 蒼白(창백). 太白(태백). 黑白(흑백).

〖百〗 부 白(흰백변) 획 5—1 훈 일백 음 백 中 pai³, po² 英 hundred 日 ヒャク. もも
뜻 ①일백. ②많을. ③온갖.
필순 一丆丆百百百

百家〔백가〕① 많은 학자(學者). ②유가(儒家)의 정계(正系) 이외에 일가(一家)의 설(說)을 세운 많은 사람들. 예一諸子(제자)一. ひゃっか
百景〔백경〕①많은 경치. 여러 경치. ②여러 모양으로 변하는 경치. 때에 따라 변화가 많은 경치. ひゃっけい 「ひゃっけい
百計〔백계〕갖은 계략. 온갖 꾀.
百計無策〔백계무책〕있는 꾀를 다 써 보아도 아무 소용 없음.
百穀〔백곡〕온갖 곡식. ひゃっこく
百科〔백과〕각종의 학과. 예事典(사전). ひゃっか
百官〔백관〕모든 벼슬아치. 많은 관리(官吏). ひゃっかん
百鬼夜行〔백귀야행〕온갖 잡귀(雜鬼)가 밤에 다님. 곧 괴상한 자나 간악(奸惡)한 자들이 때를 만나 활개를 치고 다님을 이름. ひゃっきやこう
百年〔백년〕①백의 해. ② 일평생(一平生). 일생(一生). ③늙은 이. 노인. ひゃくねん
百年大計〔백년대계〕길이 길이 쓸모가 있는 큰 계획. 예國家(국가)一. ひゃくねんたいけい
百年河淸〔백년하청〕암만 가도 일이 해결될 가망이 없음. ひゃくねんかせい
百代〔백대〕백의 세대(世代). 영구. 영원(永遠). 동백세(百世). ひゃくだい
百代之過客〔백대지과객〕영구히 쉬지 않고 길을 가는 나그네. 곧 광음(光陰)을 이름. ひゃくだいのかかく
百無一失〔백무일실〕백 중에 하나도 실수나 틀린 것이 없음. 동백불실일(百不失一).
百聞不如一見〔백문불여일견〕 백 번 듣는 것이 한 번 보는 것만 못함. 곧 무슨 일이든지 자기가 실지로 보는 것이 더 확실함. ひゃくぶんはいっけんにしかず
百味〔백미〕 온갖 음식. ひゃくみ
百般〔백반〕 갖가지. 각종(各種). ひゃっぱん
百發百中〔백발백중〕 쏘는 족족 다 맞춤. 곧 계획 같은 것이 모두 들어맞음. ひゃっぱつひゃくちゅう
百方〔백방〕 ①갖은 방법. 온갖 방책(方策). ②사방의 모든 나라. ひゃっぽう
百拜〔백배〕 여러 번 절함.
百步〔백보〕 백(百) 걸음. ひゃっぽ
百不失一〔백불실일〕 백에 하나도 틀리지 아니함. [동]백무일실(百無一失). ひゃくにいつをうしなわず
百事〔백사〕 모든 일. [동] 만사(萬事). ひゃくじ 「(九死一生).
百死一生〔백사일생〕 [동]⇨구사일생
百姓〔백성〕 ①문벌이 높지 않은 상사람. ②많은 일반 국민. ひゃくせい. ひゃくしょう 「くせい
百世〔백세〕 [동]⇨백대(百代). ひゃ
百世之師〔백세지사〕 백대(百代) 후까지도 우러름을 받을 사람. ひゃくせいのし
百藥無效〔백약무효〕 병이 중하여 갖가지 약을 써도 효험이 없음.
百藥之長〔백약지장〕 ① 제일가는 약. ②술(酒)의 별칭. ひゃくやくのちょう
百忍〔백인〕 힘든 일을 꾹 참음.
百人不當〔백인부당〕 백 사람을 당하지 못함. ひゃくにんふとう
百戰老卒〔백전노졸〕 세상의 온갖 풍파(風波)를 겪은 사람. [동]경난(經難)꾼.
百戰百勝〔백전백승〕 백번 싸워 백번 이김. 싸워 진 일이 없음. ひゃくせんひゃくしょう
百戰不殆〔백전불태〕 백 번 싸워도 위태롭지 않음.
百折不屈〔백절불굴〕 백 번 꺾어도 굽히지 않음. ひゃくせつふくつ
百濟〔백제〕 온조왕(溫祚王)이 세운 삼국 시대(三國時代)의 한 나라. くだら
百出〔백출〕 여러 가지로 나옴. [예] 意見(의견)—. ひゃくしゅつ
百態〔백태〕 여러 상태(狀態). ひゃくたい
百八煩惱〔백팔번뇌〕 인간의 과거·현재·미래의 삼세(三世)에 걸쳐 있다는 백 여덟 가지 번뇌. ひゃくはちぼんのう
百八念珠〔백팔염주〕 구슬 백 여덟 개로 만든 염주. 이것을 돌리며 염불을 하면 백팔번뇌를 물리친다 함. 「(弊害). ひゃくへい
百弊〔백폐〕 많은 폐단. 온갖 폐해
百合〔백합〕 나리. ゆり
百害無益〔백해무익〕 해롭기만 하고 조금도 이로운 것이 없음.
百行〔백행〕 온갖 행위. 「ひゃっか
百花〔백화〕 갖가지 꽃. 모든 꽃.
百貨〔백화〕 온갖 상품. [예]—店(점). ひゃっか
百花爛漫〔백화난만〕 온갖 꽃이 피어 화려한 광채가 넘쳐 흐르는 모양. ひゃっからんまん
百花王〔백화왕〕 모란(牡丹)의 별칭. ひゃっかのおう
▷一當百(일당백).

〖的〗 [부] 白(흰백변) [획] 5—3 [훈] 과녁 [음] 적 [中] ti²·⁴ [英] target [日] テキ. **まと**
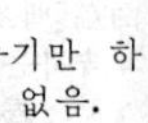
[뜻] ①과녁. 목표. ②적실함. ③형용접미사.
[필순] ′ ｲ 白 白′ 的的
的例〔적례〕 꼭 들어맞는 선례(先例). てきれい 「합.
的實〔적실〕 틀림이 없음. 꼭 그러
的然〔적연〕 분명한 모양. てきぜん
的的〔적적〕 명백한 모양. てきてき
的中〔적중〕 ①과녁에 들어맞음. [동] 명중(命中). ②꼭 들어맞음. [동] 적중(適中). てきちゅう
的知〔적지〕 똑똑하게 앎.
的確〔적확〕 틀림 없음. てっかく
▷端的(단적). 全的(전적). 質的

(질적). 標的(표적).

〖皆〗 부 白(흰백변) 획 5—4 훈 다 음 개 中 chieh[1] 英 all 日 カイ. キ. **みな**
뜻 ①다. 모두. ②같을. 한가지.
필순 ㅏ 比 比 毕 皆

皆骨山〔개골산〕 금강산(金剛山)의 겨울 이름. かいこつざん
皆勤〔개근〕 일정한 기한(期限) 동안 하루도 빠지지 않고 출근함. かいきん
皆是〔개시〕 다. 죄다.
皆濟〔개제〕 ①다 돌려 주거나 바침. ②일이 다 끝남. かいさい
▷擧皆(거개). 悉皆(슬개).

〖皇〗 부 白(흰백변) 획 5—4 훈 임금 음 황 中 huang[2] 英 emperor 日 コウ. オウ きみ. すめらぎ
뜻 ①임금. ②클. 훌륭할.
필순 白 白 白 皁 皇

皇居〔황거〕 황제가 거처(居處) 하는 곳.
皇極〔황극〕 ①한 쪽에 치우치지 않은 중정(中正)의 도(道). 또 사방의 만민(萬民)의 법칙(範則)으로 하기 위하여 제왕이 정한 대도(大道). ②하늘. 상천(上天). ③황위(皇位). こうきょく
皇基〔황기〕 황실(皇室)의 기초. 국가(國家)의 기초. こうき
皇都〔황도〕 천자(天子)의 도읍(都邑). こうと
皇圖〔황도〕 천자(天子)의 판도(版圖). 동황유(皇猷). こうと
皇陵〔황릉〕 천자(天子)의 능(陵).
皇城〔황성〕 ①대궐(大闕). ②서울. 동경사(京師). こうじょう
皇孫〔황손〕 천자(天子)의 손자. 또 천자의 자손. こうそん
皇室〔황실〕 황제(皇帝)의 집안. こうしつ
皇位〔황위〕 천자(天子)의 지위(地位). こうい
皇猷〔황유〕 제왕(帝王)의 국가를 통치하기 위한 계획. 동황도(皇圖).
皇恩〔황은〕 황제(皇帝)의 은혜(恩惠). こうおん
皇子〔황자〕 천자의 아들. こうし
皇帝〔황제〕 ①천자(天子). ②약삼황오제(三皇五帝). こうてい
皇族〔황족〕 황제의 친족(親族). こうぞく
皇太子〔황태자〕 제위(帝位)를 계승하게 된 황자(皇子). こうたいし
皇太后〔황태후〕 천자(天子)의 친어머니. こうたいごう
皇統〔황통〕 천자(天子)의 혈통. こうとう
皇后〔황후〕 ①천자(天子). ②진·한(秦漢)후에는 천자의 정실(正室). こうごう
▷教皇(교황). 三皇(삼황). 上皇(상황). 玉皇(옥황). 天皇(천황).

(5) 皮 部

〖皮〗 부 皮(가죽피변) 획 5—0 훈 가죽 음 피 中 p'i[2] 英 skin; leather 日 ヒ. かわ
뜻 ①가죽. 거죽. 껍질. 겉. ②성.
필순 丿 厂 广 皮 皮

皮膚〔피부〕 살갗. ひふ
皮相〔피상〕 ①겉. 표면. ②겉만 보고 내정(內情)은 잘 알지 못하는 일. 수박 겉 핥기로 아는 일. 예 —的(적). ひそう
皮革〔피혁〕 털이 붙은 가죽과 털을 뽑고 가공한 가죽. ひかく
▷外皮(외피). 鐵面皮(철면피). 表皮(표피). 虎皮(호피).

(5) 皿 部

「盆」 부 皿(그릇명받침) 획 5—4 훈 동이 음 분 中 p'en[2] 英 basin 日 ボン. はち
뜻 ①동이. 화분. ②젖통이.
필순 ノ 八 分 分 쓮 盆 盆

盆臺〔분대〕 분받침. ぼんだい
盆栽〔분재〕 화초 따위를 화분에 심어 가꿈. ぼんさい

盆地〔분지〕 산(山)이나 높은 지형(地形)으로 둘러싸인 평지(平地). ぼんち 「(화분).
▷覆水不歸盆(복수불귀분). 花盆

〖益〗 부 皿(그릇명반침) 획 5—5 훈 더할 음 익 ㊥ i²·⁴ ㊧ increase ㊐ エキ. ます. ますます
뜻 ①더할. ② 이로울. ③ 넉넉할. 많을. ④ 더욱. ⑤괘이름.
필순 丷䒑六夰奍益益

益加〔익가〕 증가(增加)함. えきか
益壽〔익수〕 장수(長壽)함. えきじゅ 「벗. えきゆう
益友〔익우〕 사귀어 유익(有益)한
益者三樂〔익자삼요〕 사람이 좋아하여 유익한 것 세 가지. 곧 예악(禮樂)을 적당히 좋아하는 것과 사람의 착함을 좋아하는 것과 착한 벗이 많음을 좋아하는 것. えきしゃさんらく
益者三友〔익자삼우〕 사귀어 자기에게 유익한 세 벗. 곧 정직(正直)한 사람, 신의(信義)가 있는 사람, 지식(知識)이 있는 사람. えきしゃさんゆう
益鳥〔익조〕 사람에게 유익한 조류(鳥類). えきちょう
益蟲〔익충〕 사람에게 유익한 곤충. 누에·꿀벌 등. えきちゅう
▷公益(공익). 損益(손익). 實益(실익). 有益(유익). 利益(이익).

【盜】 부 皿(그릇명반침) 획 5—7 훈 도둑 음 도(도:) ㊥ tao⁴ ㊧ thief ㊐ トウ. ぬすむ
뜻 ①도둑. ②훔칠. 도둑질할.
필순 氵氵次次浐浴盜

盜難〔도난〕 도둑을 맞는 재난(災難). とうなん
盜掠〔도략〕 폭력을 써서 억지로 빼앗음. ㊍약탈(掠奪). とうりゃく
盜名〔도명〕 부당한 수단으로 자기 분수에 넘치는 명성·명예를 얻음. とうめい 「벰. とうばつ
盜伐〔도벌〕 남의 산의 나무를 몰래
盜犯〔도범〕 절도(竊盜) 또는 강도(强盜)의 범죄. とうはん
盜癖〔도벽〕 걸핏하면 남의 물건을 훔치려 드는 버릇. とうへき
盜用〔도용〕 훔쳐서 씀. とうよう
盜賊〔도적〕 남의 물건을 훔치는 사람. 도둑. とうぞく
盜泉〔도천〕 중국 산동성(山東省) 사수현(泗水縣)에 있었던 샘. 이름이 나쁘므로 불의(不義)의 뜻으로 쓰임. とうせん
盜汗〔도한〕 잘 때에 저절로 나는 땀. とうかん
▷强盜(강도). 巨盜(거도). 大盜(대도). 殘盜(잔도). 賊盜(적도). 竊盜(절도).

〖盛〗 부 皿(그릇명반침) 획 5—7 훈 성할 음 성: ㊥ ch'êng² sh'êng⁴ ㊧ prosperous ㊐ セイ. ジョウ. さかり. もる
뜻 ①성할. ②클. ③많을. ④담을.
필순 丿厂厉盀盛盛盛

盛觀〔성관〕 굉장하고 볼 만한 구경거리. ㊍장관(壯觀). せいかん
盛囊〔성낭〕 주머니에 담음.
盛年〔성년〕 청춘(靑春) 시절. 한창때. ㊍성시(盛時). せいねん
盛唐〔성당〕 시학상(詩學上) 현종(玄宗)의 개원년간(開元年間)부터 대종(代宗)의 대력(大歷) 무렵까지의 사이. 당대(唐代)를 넷으로 구분한 것의 둘째 시기. 곧 이백(李白)·두보(杜甫) 등 유명한 시인(詩人)을 내어 시풍(詩風)이 가장 성하던 때임. せいとう 「い
盛大〔성대〕 성(盛)하고 큼. せいだ
盛德〔성덕〕 ①성대한 덕. ② 천지(天地)의 왕성한 원기. せいとく
盛名〔성명〕 큰 명성(名聲). 굉장한 명예. せいめい
盛暑〔성서〕 ㊍⇨성염(盛炎).
盛衰〔성쇠〕 성(盛)함과 쇠(衰)함. ㊎興亡(흥망)—. せいすい
盛時〔성시〕 ①나라가 융성(隆盛)한 때. ②나이가 젊은 때. ㊍성년(盛年). せいじ
盛業〔성업〕 ①성대한 사업. ②사업이 번창함. せいぎょう
盛炎〔성염〕 한더위. ㊍성서(盛暑).

盛運〔성운〕①세상이 창성할 기운(氣運). ②행운(幸運). せいうん
盛者必衰〔성자필쇠〕왕성하면 반드시 쇠함. せいしゃひっすい
盛裝〔성장〕훌륭하게 옷을 차림. 또 화려한 옷차림. せいそう
盛典〔성전〕성대한 식전(式典). せいてん
盛昌〔성창〕왕성함. せいしょう
盛夏〔성하〕한여름. せいか
盛行〔성행〕많이 유행(流行)함.
盛況〔성황〕성대한 상황(狀況). せいきょう「(융성). 全盛(전성).
▷茂盛(무성). 繁盛(번성). 隆盛

【盟】 부 皿(그릇명받침) 획 5—8 훈 맹세할 음 맹 ㊥ meng² ㊎ oath ㊐ メイ. ちかい. ちかう
뜻 ①맹세할. ②믿을.
필순 ㄇ ㅂ 明明盟盟盟
盟邦〔맹방〕동맹(同盟)을 맺은 나라. 동맹국(同盟國). めいほう
盟誓〔맹세〕굳은 약속. ㊍맹약(盟約). めいせい 「やく
盟約〔맹약〕㊍⇨맹세(盟誓). めい
盟友〔맹우〕친교(親交)를 맺은 벗. めいゆう
盟主〔맹주〕맹약(盟約)을 맺은 자의 우두머리. 서약서의 첫번에 서명(署名)하며 어기는 자에게 제재(制裁)를 가함. めいしゅ
▷加盟(가맹). 改盟(개맹). 大盟(대맹). 同盟(동맹). 聯盟(연맹). 宗盟(종맹). 血盟(혈맹)

「盞」 부 皿(그릇명받침) 획 5—8 훈 잔 음 잔(잔:) ㊥ chan³ ㊎ wine-cup ㊐ サン. さかずき
뜻 잔. 술잔.
필순 一 戋 戋 戔 盞盞盞
盞臺〔잔대〕술잔을 받쳐 놓는 그릇. さんだい 「(주잔).
▷滿盞(만잔). 玉盞(옥잔). 酒盞

【監】 부 皿(그릇명받침) 획 5—9 훈 볼 음 감 ㊥ chien¹·⁴ ㊎ oversee ㊐ カン. みる
뜻 ①볼. ②살필. ③감옥. ④임할. ⑤벼슬. ⑥거울. 거울삼을(鑑과 통용).
필순 ㄱ 臣 臣 臣' 臣' 監監監
監禁〔감금〕자유(自由)를 구속(拘束)하여 일정한 장소(場所)에 가둠. かんきん 「く
監督〔감독〕보살펴 단속함. かんと
監督官廳〔감독관청〕감독하는 직권(職權)을 가진 상급 관청. かんとくかんちょう
監理敎〔감리교〕기독교(基督敎) 신교(新敎)의 일파(一派).
監房〔감방〕죄수(罪囚)를 가두어 두는 방(房). かんぼう
監修〔감수〕서적의 편찬(編纂)을 감독(監督)함. かんしゅう
監視〔감시〕주의하여 살펴 봄. 주의하여 지킴. かんし
監察〔감찰〕감시(監視)하여 살핌. 또 그 사람. かんさつ
監察御史〔감찰어사〕지방(地方)의 규찰관(糾察官). かんさつぎょし
▷警監(경감). 國子監(국자감). 敎育監(교육감). 大監(대감). 副監(부감). 總監(총감).

〖盡〗 부 皿(그릇명받침) 획 5—9 훈 다할 음 진: ㊥ chin⁴ ㊎ exhaust ㊐ ジン. つくす. つきる. まごころ
뜻 ①다할. ②마칠.
필순 ㄱ ㅋ 聿 盡 盡 盡 盡
盡力〔진력〕있는 힘을 다함. じんりょく
盡滅〔진멸〕남김없이 모두 멸망함. ㊍전멸(全滅). じんめつ
盡心〔진심〕마음을 다함. 성의(誠意)를 다함. じんしん
盡人事而待天命〔진인사이대천명〕인력(人力)을 다하고 나서 결과는 운명에 맡김. ㊍수인사대천명(修人事待天命). じんじをつくしててんめいをまつ
盡忠報國〔진충보국〕충성(忠誠)을 다하여 국은(國恩)에 보답함. じんちゅうほうこく
▷弓折矢盡(궁절시진). 氣盡脈盡(기진맥진). 一網打盡(일망타진) 蕩盡(탕진).

【盤】 부 皿(그릇명받침) 획 5—10 훈 소반 음 반 ㊥ p'an² ㊎ tray ㊐ バン. だい

뜻 ①소반. 쟁반. ② 반침. 대. 기반. ③큰돌(磐과 통용). ④ 서릴(蟠과 통용). ⑤돌. 돌릴. ⑥즐길(般과 통용).

필순 月 舟 舟 般 盤

盤根〔반근〕 ①서리서리 얽힌 뿌리. ②처리하기 어려운 일. ばんこん

盤石〔반석〕 넓고 평평한 큰 돌. 곧 견고(堅固)함의 비유. 동반석지안(盤石之安). ばんせき. ばんじゃく

盤石之安〔반석지안〕 지극히 견고함의 비유. 동반석(盤石).

盤桓〔반환〕 ①집 같은 것이 넓고 큼. ②우물우물하면서 뜻을 결정하지 않는 모양. ばんかん

▷羅針盤(나침반). 旋盤(선반). 音盤(음반). 地盤(지반).

〔盧〕 부 皿(그릇명받침) 획 5—11 훈 술집 음 로 中 lu² 英 wine-shop; black 日 ロ. さかば

뜻 ①술집. 목로. ②검을. ③눈동자. ④성.

필순 ⺊ 广 卢 虍 虏 虐 盧 盧

盧弓盧矢〔노궁노시〕 까만 칠을 한 활과 화살. ろきゅうろし

盧生之夢〔노생지몽〕 인생의 영고성쇠(榮枯盛衰)는 일장(一場)의 꿈처럼 덧없음을 이름. ろせいのゆめ

盧子〔노자〕 눈동자. ろし

盧胡〔노호〕 웃는 소리가 목 안에 있다는 뜻으로 소리없이 웃음을 이름. ろこ

(5) 目 部

〔目〕 부 目(눈목변) 획 5—0 훈 눈 음 목 中 mu⁴ 英 eye 日 モク. め

뜻 ①눈. ② 눈여겨볼. ③조목. ④우두머리.

필순 丨 冂 月 目 目

目擊〔목격〕 눈으로 직접 봄. 예—者(자). もくげき

目禮〔목례〕 눈짓으로 인사함. もくれい

目睹〔목도〕 눈으로 봄. 실지로 봄.

目不識丁〔목불식정〕 정(丁)자도 알지 못함. 곧 일자 무식(一字無識).

目不忍見〔목불인견〕 눈으로 차마 더 볼 수 없음.

目的〔목적〕 일을 이루려 하는 목표. 도달하려고 하는 표적(標的). もくてき

目前〔목전〕 눈앞. 당장. 동목하(目下). もくぜん

目次〔목차〕 책 내용의 차례(次例). もくじ

目測〔목측〕 눈대중으로 사물을 잼. もくそく

目標〔목표〕 눈으로 목적삼은 곳을 정한 표(標). もくひょう

目下〔목하〕 ①동목전(目前). ②현재. 현금(現今). もっか

▷刮目(괄목). 盲目(맹목). 面目(면목). 細目(세목). 眼目(안목). 耳目(이목). 條目(조목). 注目(주목). 指目(지목).

〔盲〕 부 目(눈목변) 획 5—3 훈 소경 음 맹 中 mang² 英 blind 日 モウ. めくら

뜻 ①소경. 장님. ②어두울. ③몽매할. 무지할.

필순 亠 亡 肓 肓 盲 盲

盲龜浮木〔맹귀부목〕 눈이 먼 거북이 우연히 물에 뜬 나무를 잡음. 곧 뜻밖의 행운(幸運)이 돌아옴의 비유. もうきふぼくにあう

盲啞〔맹아〕 장님과 벙어리. もうあ

盲人〔맹인〕 소경. 눈이 보이지 않는 사람. もうじん

盲者丹青〔맹자단청〕 소경이 단청(丹青)을 구경함. 곧 보아 알지도 못하면서 아는 체함의 비유.

盲者失杖〔맹자실장〕 의지할 곳이 없게 됨의 비유. もうしゃつえをうしなう

盲者正門〔맹자정문〕 우매(愚昧)한 사람이 우연히 이치(理致)에 맞는 일을 함의 비유.

盲從〔맹종〕 덮어놓고 남이 시키는 대로 따라감. もうじゅう

▷群盲(군맹). 文盲(문맹). 色盲(색맹). 夜盲(야맹).

〔直〕 부 目(눈목변) 획 5—3 훈 곧을 음 직 中 chih² 英 straight 日 チョク. ジキ. なお

す．ただちに
[뜻] ①곧을．②바로잡을．③번들．④당할．⑤값．삯(値와 통용)．
[필순] 一十冇冇有直直

直覺〔직각〕①대번에 바로 깨달음．②[동]직관(直觀)．「이음．
直系〔직계〕직접으로 핏줄을 받아
直觀〔직관〕감관(感官)에 의하여 직접 외물(外物)의 지식을 얻음．[동]직각(直覺)．ちょっかん
直席〔직석〕앉은 그 자리．ちょくせき「ょくそん
直孫〔직손〕직계(直系)의 자손．ち
直視〔직시〕똑바로 봄．정면으로 봄．ちょくし「ょくしん
直臣〔직신〕강직(剛直)한 신하．ち
直言〔직언〕기탄(忌憚) 없이 사실대로 바로 말함．또 바른 말．곧은 말．ちょくげん
直譯〔직역〕외국 글을 그 원문(原文)의 문구(文句)대로 번역함．↔의역(意譯)．ちょくやく
直營〔직영〕직접 경영(經營)함．ちょくえい「결재함．ちょくさい
直裁〔직재〕①바로 결재함．②친히
直前〔직전〕①바로 앞．②바로 전．
直接〔직접〕중간에 소개나 다른 물건을 놓지 않고 마주 댐．↔간접(間接)．ちょくせつ「くじょう
直情〔직정〕곧은 성정(性情)．ちょ
直情徑行〔직정경행〕자기가 생각하는 바를 바로 행하여 예법(禮法)을 돌보지 아니함．[동]直行(직행)．ちょくじょうけいこう
直播〔직파〕이앙(移秧)하지 않고 직접 씨를 뿌림．ちょくは
直轄〔직할〕직접 관할(管轄)함．직접 지배함．ちょっかつ
直行〔직행〕① [동]직정경행(直情徑行)．②곧은 행위．바른 행동．③중도에서 쉬지 않고 곧장 감．ちょっこう「ちょくご
直後〔직후〕일이 있는 바로 그 뒤．
▷剛直(강직)．曲直(곡직)．當直(당직)．司直(사직)．宿直(숙직)．日直(일직)．愚直(우직)．正直(정직)．忠直(충직)．

【看】[부] 目(눈목변) [획] 5―4 [훈] 볼 [음] 간(간:) [中] k'an[1·4] [英] watch [日] カン．みる
[뜻] ①볼．②지킬．
[필순] 一手手看看看

看過〔간과〕①그냥 보기만 하고 내버려둠．눈감아줌．②보는 중에 빠뜨리고 넘어감．かんか
看病〔간병〕[동]⇨간호(看護)．
看做〔간주〕그렇다고 침．みなす
看破〔간파〕속내를 환하게 알아냄．かんぱ
看板〔간판〕상호(商號) 또는 직업 등을 써서 내거는 표지(標識)．かんばん
看護〔간호〕병상자(病傷者)를 살펴 돌봄．[동]간병(看病)．かんご
看花〔간화〕꽃을 봄．かんか
▷回看(회간)．

【眉】[부] 目(눈목변) [획] 5―4 [훈] 눈썹 [음] 미 [中] mei[2] [英] eyebrow [日] ビ．ミ．まゆ
[뜻] ①눈썹．②가장자리．둘레．
[필순] 一尸尸眉眉眉眉

眉間〔미간〕눈썹과 눈썹의 사이．
眉目〔미목〕①눈썹과 눈．②얼굴．びもく
眉目秀麗〔미목수려〕얼굴이 뛰어나게 아름다움．びもくしゅうれい
眉雪〔미설〕눈처럼 센 눈썹．びせ
眉宇〔미우〕얼굴 모양．びう「つ
眉月〔미월〕초승달．びげつ
▷白眉(백미)．愁眉(수미)．兩眉(양미)．畫眉(화미)．

【相】[부] 目(눈목변) [획] 5―4 [훈] 서로 [음] 상(상:) [中] hsiang[1·4] [英] mutual [日] ソウ．ショウ．あい．たすける
[뜻] ①서로．②모습．모양．③도울．④재상．
[필순] 十木朩相相相相

相距〔상거〕서로 떨어져 있는 사이．두 곳의 거리(距離)．
相國〔상국〕영의정(領議政)·좌의정(左議政)·우의정(右議政)의 총칭．[동]상신(相臣)．
相等〔상등〕서로 비슷함．[동]⇨상사(相似)．そうとう

相磨[상마] 서로 갊. そうま
相望之地[상망지지] 거리(距離)가 가까운 땅. そうぼうのち
相反[상반] 서로 반대(反對)가 됨.
相半[상반] 서로 반(半)씩 됨.
相逢[상봉] 서로 만남. そうほう
相扶相助[상부상조] 서로 도움.
相似[상사] 동⇨상등(相等). そうじ
相思[상사] 서로 사모(思慕)함. 서로 그리워함. そうし
相續[상속] 이어 받음. そうぞく
相殺[상쇄] 셈을 서로 비김. そうさつ 「(術法). そうじゅつ
相術[상술] 관상(觀相)하는 술법
相勝相負[상승상부] 승부(勝負)의 수가 서로 같음. 「しん
相臣[상신] 동⇨상국(相國). そう
相語[상어] 서로 말을 함. そうご
相悅[상열] 서로 기뻐함. そうえつ
相違[상위] 서로 어긋남. 서로 틀림. そうい
相應[상응] ①서로 균형이 잡힘. 서로 어울림. ② 꼭 맞음. 적합함. 상당(相當)함. そうおう
相議[상의] 서로 의논(議論)함.
相異[상이] 서로 다름. そうい
相爭[상쟁] 서로 다툼.
相傳[상전] 서로 전함. 대대로 이어 전함. そうでん
相從[상종] 서로 친하게 지냄.
相親相近[상친상근] 서로 친하며 가까이 함. そうしんそうこん
相通[상통] ①서로 막힘없이 길이 트임. ②서로 마음이나 정을 주고 받음. ③서로의 뜻을 앎. ④ 서로가 무슨 일에 능함.
相互[상호] ①피차가 서로. ② 교호(交互). 윤번(輪番). そうご
相換[상환] 서로 바꿈. そうかん
△家相(가상). 骨相(골상). 奇相(기상). 白衣宰相(백의재상). 手相(수상). 眞相(진상). 出將入相(출장입상). 皮相(피상).

〔省〕 부 目(눈목변) 획 5—4 훈 살필 음 성: 中 hsing³, shêng³ 英 watch; reduce 日 セイ. ショウ. **かえり**みる. **はぶ**く
뜻 ①살핌. ②깨달음. ③밝힘. ④마을. ⑤행정구역. ⑥덜(생).
필순 丨小少省省省
省略[생략] 덞. 줄임. しょうりゃく
省墓[성묘] 조상의 산소에 참배(參拜)함. せいぼ
省察[성찰] ①살펴봄. ②자기의 언행을 반성하여 봄. せいさつ
省畫[생획] 글자의 획을 생략함.
▷歸省(귀성). 反省(반성). 三省(삼성). 自省(자성).

【盾】 부 目(눈목변) 획 5—4 훈 방패 음 순: 中 shuen³ 英 buckler 日 ジュン. たて
뜻 ①방패. ②사람이름(돈).
필순 厂戶盾盾盾
盾鼻[순비] 방패의 손잡이. 「함.
盾之堅[순지견] 방패는 견고(堅固)
▷矛盾(모순).

〔眠〕 부 目(눈목변) 획 5—5 훈 잠잘 음 면 中 mien² 英 sleep 日 ミン. **ねむ**る. **ねむ**り
뜻 ①잠잘. ②졸. ③쉴.
필순 丨目 目ᄀ 眀 眠 眠
眠期[면기] 누에가 잠을 자는 기간.
眠睡[면수] 졸음과 잠.
眠食[면식] 자고 먹는 것. 동침식(寢食). みんしょく
眠雲[면운] 산 속에 삶. みんうん
▷甘眠(감면). 睡眠(수면). 熟眠(숙면). 安眠(안면). 永眠(영면).

〔眞〕 부 目(눈목변) 획 5—5 훈 참 음 진 中 chen¹ 英 true 日 シン. まこと. ま
뜻 ①참. ②화상. 사진.
필순 ⺈ 旨 旨 直 眞 眞 眞
眞假[진가] 진짜와 가짜. しんか
眞價[진가] 참된 가치. しんか
眞理[진리] ①참된 도리. 누구에게도 또 어디서도 바르다고 인정되는 도리. ②논리(論理)의 형식, 또 법칙에 적합한 지식. しんり
眞本[진본] ①진짜 책. ②진짜 필적(筆蹟). 동진필(眞筆). しんぽん 「しんぴ
眞否[진부] 참됨과 그렇지 못함.
眞相[진상] 사물의 참 모습. しん

そう 「(漢文)의 옛 이름.
眞書〔진서〕 ①해서(楷書). ②한문
眞率〔진솔〕 진실하고 솔직(率直)함. しんそつ 「짓. しんぎ
眞僞〔진위〕 진실과 허위. 참과 거
眞意〔진의〕 참뜻. 거짓이 없는 마음. [동]진정(眞正). しんい
眞義〔진의〕 참된 의미(意味). しんぎ 「せき
眞蹟〔진적〕 [동]⇨진필(眞筆). しん
眞正〔진정〕 참되고 바름. 거짓이 없음. [동]진의(眞意). しんせい
眞情〔진정〕 ①거짓이 없는 마음. [동]성심(誠心). ②참된 사정. 실정(實情). しんじょう
眞珠〔진주〕 패류(貝類)의 체내(體內)에 형성되는 구슬 모양의 분비물의 덩이. しんじゅ
眞品〔진품〕 진짜 물건. しんぴん
眞筆〔진필〕 손수 쓴 필적. [동]진본(眞本)·진적(眞蹟). しんぴつ
眞紅〔진홍〕 짙은 홍색(紅色). 다른 색이 섞이지 않은 분홍색(粉紅色). しんこう. しんく
▷迫眞(박진). 寫眞(사진). 純眞(순진). 天眞(천진).

〖眼〗 [부] 目(눈목변) [획] 5—6 [훈] 눈 [음] 안: [中] yen³ [英] eye [日] ガン. ゲン. まなこ. め
[뜻] ①눈. ②볼. ③구멍. ④고동. 요점.

[필순] …眼
眼界〔안계〕 눈으로 바라볼 수 있는 범위(範圍). がんかい
眼光〔안광〕 ①눈의 빛. 눈의 정기(精氣). 눈망울의 광채(光彩). ②[동]안식(眼識). がんこう
眼光徹紙背〔안광철지배〕 눈의 빛이 종이 뒷쪽까지 꿰뚫음. 곧 독서의 이해력이 예민함을 이름.
眼球〔안구〕 눈망울. がんきゅう
眼目〔안목〕 ①눈. 눈매. ②주안(主眼). 요점(要點). ③사물을 보아서 분별(分別)하는 견식(見識). がんもく
眼識〔안식〕 좋고 나쁜 것을 분별하는 식견. 감정하는 견식(見識). [동]안광(眼光). がんもく
眼中無人〔안중무인〕 [동]⇨안하무인(眼下無人). 「がんしつ
眼疾〔안질〕 눈을 앓는 병. 눈병.
眼彩〔안채〕[동]⇨ 안광(眼光).
眼下無人〔안하무인〕 교만하여 남을 멸시(蔑視)하는 일. [동]방약무인(傍若無人)·안중무인(眼中無人).
▷近視眼(근시안). 老眼(노안). 白眼(백안). 法眼(법안). 碧眼(벽안). 雙眼(쌍안). 心眼(심안). 遠視眼(원시안). 肉眼(육안). 千里眼(천리안). 慧眼(혜안).

〖着〗 [부] 目(눈목변) [획] 5—7 [훈] 붙을 [음] 착 [中] chuo² [英] reach [日] チャク. つく. きる
[뜻] ①붙을. ②입을. ③이를.
[참고] [본] 著

[필순] …着着着
着服〔착복〕 ①옷을 입음. 또 옷. [동]착용(着用)·착의(着衣). ②남의 금품(金品)을 부당하게 자기 것으로 함. ちゃくふく
着想〔착상〕 예술작품이나 무슨 일을 이루려고 할 때의 그것에 대한 구상. ちゃくそう 「く
着色〔착색〕 색을 칠함. ちゃくしょ
着席〔착석〕 자리에 앉음. ちゃくせき 「작함. ちゃくしゅ
着手〔착수〕 일에 손을 댐. 일을 시
着實〔착실〕 침착(沈着)하고 성실함. ちゃくじつ
着眼〔착안〕 어떤 일을 눈여겨 보거나 그 일에 대한 기틀을 깨달아 잡음. ちゃくがん
着用〔착용〕 [동]⇨着服(착복). ちゃくよう 「くい
着衣〔착의〕 [동]⇨着服(착복). ちゃ
着着〔착착〕 일이 차례차례로 잘 되어 가는 모양. ちゃくちゃく
▷結着(결착). 落着(낙착). 到着(도착). 發着(발착). 逢着(봉착). 先着(선착). 安着(안착).

【督】 [부] 目(눈목변) [획] 5—8 [훈] 감독할 [음] 독 [中] tu¹ [英] oversee; correct [日] トク. みる. ただす
[뜻] ①감독할. ②살필. ③거느릴. 꾸짖을. 재촉할. ④우두머리.

필순 ' ト 卡 未 赤 叔 督 督

督軍〔독군〕①군대를 통솔함. ②근세(近世) 중국의 각 성(省)에 두었던 지방관. とくぐん

督納〔독납〕세금(稅金)을 바치도록 독촉함. 「함. とくれい

督勵〔독려〕감독하고 장려(奬勵)

督戰〔독전〕싸움을 독려(督勵)함. とくせん

督促〔독촉〕재촉함. とくそく

▷家督(가독). 監督(감독). 都督(도독). 提督(제독). 總督(총독).

【睦】 부 目(눈목변) 획 5—8 훈 화목할 음 목 中 mu⁴ 英 friendly 日 ボク. むつまじい

뜻 ① 화목할·친목할. ②성.

필순 ‖ ‖ 旪 旪 昳 睦 睦

睦友〔목우〕형제간의 사이가 좋음. ぼくゆう 「하게 지냄.

睦族〔목족〕동족(同族)끼리 화목

睦親〔목친〕①화목하여 즐거워 함. ②절친(切親). ぼくしん

▷恭睦(공목). 敦睦(돈목). 友睦(우목). 親睦(친목). 和睦(화목).

【睡】 부 目(눈목변) 획 5—8 훈 졸 음 수 中 shuei⁴ 英 sleep 日 スイ. ズイ. ねむる

뜻 ①졸. ②잘.

필순 ‖ ‖ 旷 盱 睚 睡 睡

睡魔〔수마〕졸음이 오게 하는 마귀(魔鬼). 곧 졸음. すいま

睡眠〔수면〕잠. 또 잠을 잠. 예—劑(제). すいみん

睡熟〔수숙〕잠이 깊이 듦. 동숙수(熟睡). 숙면(熟眠). すいじゅく

睡臥〔수와〕드러누워 잠.

▷熟睡(숙수). 午睡(오수). 坐睡(좌수). 昏睡(혼수).

「瞭」 부 目(눈목변) 획 5—12 훈 밝을 음 료: 中 liao³·⁴ 英 clearsighted 日 リョウ. あきらか

뜻 ①밝을. ②맑을. ③아득할.

필순 ‖ ‖ 昅 昅 睁 睁 瞭 瞭

瞭望〔요망〕높다란 곳에서 사방을 살피어 바라봄. りょうぼう

瞭然〔요연〕환한 모양. りょうぜん

▷明瞭(명료).

「瞥」 부 目(눈목변) 획 5—12 훈 잠깐볼 음 별 中 p'ienh¹ 英 glance at 日 ベツ

뜻 ①잠깐 볼. ② 슬쩍볼.

필순 ∧ 屮 㡀 㡀 敝 敝 瞥 瞥

瞥見〔별견〕언뜻 봄. 잠깐 봄. べっけん 「갑자기. べっがんかん

瞥眼間〔별안간〕언뜻 보는 사이.

瞥然〔별연〕힐끗 보는 모양. 또는 잠깐 보는 모양. べつぜん

▷一瞥(일별).

【瞬】 부 目(눈목변) 획 5—12 훈 눈깜짝할 음 순(순:) 中 shuen⁴ 英 wink; glance 日 シュン. またたく

뜻 ①눈깜짝할. ②잠깐.

필순 ‖ ‖ 盯 盯 眧 瞬 瞬 瞬

瞬間〔순간〕잠깐 동안. 동순시(瞬時)·순식간(瞬息間). しゅんかん

瞬時〔순시〕눈 깜짝할 사이와 같이 극히 짧은 동안. 잠깐. 동순간(瞬間). しゅんじ 「しゅんし

瞬視〔순시〕눈을 깜짝이면서 봄.

瞬息間〔순식간〕잠깐새. 동 순간(瞬間). しゅんそくかん

▷一瞬(일순). 轉瞬(전순).

「瞻」 부 目(눈목변) 획 5—13 훈 볼 음 첨 中 chan¹ 英 look up 日 セン. みる. みあげる

뜻 ①볼. ②쳐다볼.

필순 ‖ ‖ 旷 盼 瞻 瞻 瞻

瞻望〔첨망〕①우러러봄. ②동첨모(瞻慕). せんぼう

瞻慕〔첨모〕우러러 사모(思慕)함. 동첨망(瞻望). せんぼ

瞻星臺〔첨성대〕경주(慶州)에 있는 동양 최고(最古)의 천문대(天文臺). せんせいだい

「矗」 부 目(눈목변) 획 5—19 훈 곧을 음 촉 中 ch'u⁴ 英 straight; lofty 日 チク. そびえたつ. まっすぐ

뜻 ①곧을. ②우뚝솟을.

필순 一 十 古 直 直 直 矗 矗

矗立〔촉립〕똑바로 섬. 솟아 있음. ちくりつ

矗石樓〔촉석루〕진주시(晋州市)에 있는 누각(樓閣)의 이름. 옛 진

주성(晋州城)의 주장대(主將臺).
矗然〔촉연〕 우뚝 솟은 모양. ちくぜん 「ちくちく
矗矗〔촉촉〕 높이 솟아 있는 모양.

(5) 矛 部

【矛】 [부] 矛(창모변) [획] 5—0 [훈] 창 [음] 모 [中] mao^{2} [英] spear [日] ム. ほこ
[뜻] ①창. ②세모진창.
[필순] ㇇ ㇇ 乛 予 矛
矛盾〔모순〕 ①창과 방패. ② 앞뒤가 서로 어긋나 맞지 않음. むじゅん
矛之利〔모지리〕 창이 날카로움.

【矜】 [부] 矛(창모변) [획] 5—4 [훈] 자랑할 [음] 긍(긍:) [中] kin, chin^{1} [英] proud; pity [日] キン. カン. キョウ. ほこる. あわれむ
[뜻] ①자랑할. ②가엾이 여길. ③공경할. ④창자루(근).
[필순] ㇇ 予 矛 矛 矜 矜 矜
矜矜〔긍긍〕 ① 건강한 모양. ② 무서워하고 조심하여 자중(自重)하는 모양. きょうきょう 「ん
矜憐〔긍련〕 가엾이 여김. きょうれ
矜持〔긍지〕 믿는 바가 있어서 자랑함. 자부함. きょうじ 「(자긍).
▷可矜(가긍). 哀矜(애긍). 自矜

(5) 矢 部

【矢】 [부] 矢(화살시변) [획] 5—0 [훈] 화살 [음] 시: [中] shih^{3} [英] arrow [日] シ. や
[뜻] ①화살. ②곧을. ③맹세할.
[필순] ノ 𠂉 𠂉 午 矢
矢石〔시석〕 ①화살과 쇠뇌로 발사하는 돌. ②전쟁(戰爭). しせき
矢心〔시심〕 마음 속으로 맹세함.
矢言〔시언〕 맹세하는 말. しげん
矢人〔시인〕 활을 만드는 공인(工人). しじん
▷弓矢(궁시). 飛矢(비시). 雨矢(우시). 流矢(유시).

【矣】 [부] 矢(화살시변) [획] 5—2 [훈] 어조사 [음] 의: [中] i^{3} [英] particle [日] イ.
[뜻] ①어조사. ②말마칠.
[필순] 𠃋 厶 厶 矣 矣 矣 矣

【知】 [부] 矢(화살시변) [획] 5—3 [훈] 알 [음] 지 [中] chih^{1}, chi^{4} [英] know [日] チ. しる
[뜻] ①알. 분별할. 깨달을. ②맡을. 주관할.
[필순] ノ 𠂉 午 矢 知 知
知覺〔지각〕 알아 깨달음. ちかく
知過悔改〔지과회개〕 잘못을 알고 뉘우쳐 고침.
知己〔지기〕 ①서로 마음을 잘 알아 뜻이 통하는 벗. [동]지기지우(知己之友). ②서로 아는 사람. [동]지인(知人). ちき 「己).
知己之友〔지기지우〕 [동]⇨지기(知
知能〔지능〕 슬기와 능력. ちのう
知得〔지득〕 서로 앎. ちとく
知面〔지면〕 만나 본 일이 있어 서로 얼굴을 앎.
知命〔지명〕 ①천명(天命)을 앎. 하늘이 준 자기의 분수에 만족함. ②나이 50 세의 일컬음. ちめい
知反〔지반〕 되돌아올 줄을 앎.
知人〔지인〕 [동]⇨지기(知己).
知仁勇〔지인용〕 도(道)를 앎과 도를 체득(體得)함과 도를 용감히 행하는 일. ちじんゆう
知人之鑑〔지인지감〕 사람을 잘 알아보는 감식안(鑑識眼).
知者不惑〔지자불혹〕 사리를 잘 분간하는 사람은 사물(事物)에 미혹(迷惑)하지 아니함. ちしゃはまどわず
知者樂水〔지자요수〕 사리를 잘 분간하는 사람은 막히는 데가 없으므로 막힘 없이 흐르는 물을 좋아함. ちしゃはみずをたのしむ
知足〔지족〕 족한 줄을 앎. ちそく
知足不辱〔지족불욕〕 분수(分數)를 지키는 사람은 욕(辱)을 먹지 않음. 「아 자기의 분수에 만족함.
知足安分〔지족안분〕 족한 줄을 알

知彼知己〔지피지기〕적(敵)의 형편도 알고 자기네 형편도 앎.
知行一致〔지행일치〕앎과 행(行)함이 한결같이 이루어짐. ちこういっち
知行合一〔지행합일〕앎과 행함은 본래 같은 것으로, 알고도 행하지 않으면 모르는 것과 같다는 윤리설(倫理說). 명(明)나라 왕양명(王陽明)의 학설. ちこうご
知慧〔지혜〕슬기. ちえ 「ういつ
▷無知(무지). 周知(주지). 豫知(예지). 知者不言言者不知(지자불언언자부지).

[矩] [부] 矢(화살시변) [획] 5—5 [훈] 법 [음] 구: [中] chü^4 [英] system [日] ク. のり. さしがね
[뜻] ①법. ②곡척. 곱자. ③네모. 모서리.
[필순] 𠂉 矢 矢 矩 矩 矩
矩度〔구도〕①법도(法度). 법칙. ② 기거동작(起居動作)의 규칙(規則). くど 「(法則). くぼく
矩墨〔구묵〕곱자와 먹줄. 곧 법칙
矩尺〔구척〕ㄱ자 모양의 자. 곱자. くせき 「い
矩形〔구형〕장방형(長方形). くけ
▷規矩(규구).

[短] [부] 矢(화살시변) [획] 5—7 [훈] 짧을 [음] 단: [中] tuan^3 [英] short [日] タン. **みじかい**
[뜻] ①짧을. ② 모자랄. ③허물.
[필순] 𠂉 矢 矢 矩 短 短 短
短歌〔단가〕①짧은 노래. ② 시조(時調)를 노래로 부를 때의 일컬음. たんか
短劍〔단검〕짧은 칼. [동]단도(短刀)·비수(匕首). ↔장검(長劍). たんけん 「見). たんけん
短見〔단견〕천한 소견. [동]천견(淺
短刀〔단도〕[동]⇨단검(短劍).
短命〔단명〕명이 짧음. 일찍 죽음. [동]요사(夭死)·단수(短壽). たんめい
短髮〔단발〕짧은 머리털. たんぱつ
短兵接戰〔단병접전〕서로 칼을 가지고 맞붙어 싸움. [동]백병전(白兵戰). たんぺいせっせん
短壽〔단수〕[동]⇨단명(短命).
短時日〔단시일〕짧은 시일.
短墻〔단장〕길이가 짧은 담. 또는 높이가 낮은 담. たんしょう
短處〔단처〕①부족한 점. ②잘못된 구석. ③나쁨의 겸칭. ↔장처(長處). たんしょ
短銃〔단총〕짧은 총. 권총.
短縮〔단축〕짧게 줄임. たんしゅく
▷長短(장단). 志大才短(지대재단).

[矯] [부] 矢(화살시변) [획] 5—12 [훈] 바로잡을 [음] 교: [中] chiao^3 [英] reform [日] キョウ. **ためる** 「날랠. ④굳셀.
[뜻] ①바로잡을. ②거짓. 속일. ③
[필순] 𠂉 矢 矢 矫 矯 矯 矯
矯角殺牛〔교각살우〕결점이나 흠을 바로잡으려다가 수단이 지나쳐 일을 그르침. 지엽적(枝葉的)인 일에 얽매이어 본체(本體)를 그르침. きょうかくさつぎゅう
矯矯〔교교〕①날래고 사나운 모양. ②높이 뛰어 나는 모양. きょうきょう
矯矯然〔교교연〕용감스러움.
矯導〔교도〕바로잡아 인도함.
矯首〔교수〕머리를 들음. [동]거두(擧頭). きょうしゅ
矯正〔교정〕바로잡음. きょうせい

(5) 石 部

[石] [부] 石(돌석변) [획] 5—0 [훈] 돌 [음] 석 [中] shih^2, tan^4 [英] stone [日] セキ. シャク. コク **いし** 「④성.
[뜻] ①돌. ②굳을. ③섬.
[필순] 一丆不石石
石刻〔석각〕돌에 새김. 또 그 새긴 글이나 그림. せっこく 「っかん
石棺〔석관〕돌로 만든 관(棺). せ
石塊〔석괴〕돌덩이. せっかい
石窟〔석굴〕바위에 뚫린 굴. [동]암굴(巖窟). せっくつ
石器時代〔석기시대〕인류 문화 발

달 단계에 있어서 인지(人智)가 아직 유치하여 돌로 도끼와 칼 따위를 만들어 쓰던 시대. せっきじだい
石女〔석녀〕 아이를 낳지 못하는 여자. 돌계집. せきじょ
石物〔석물〕 무덤 앞에 만들어 놓은 석인(石人)·석수(石獸)·석주(石柱)·석등(石燈)·상석(床石) 따위. ⓢ석의(石儀).
石壁〔석벽〕 ①돌로 쌓은 담. 또는 벽. ②돌의 절벽. せきへき
石佛〔석불〕 돌부처. せきぶつ
石碑〔석비〕 돌로 만든 비. 돌비. せきひ
石冰庫〔석빙고〕 신라 때 얼음을 저장하기 위하여 화강석(花崗石)으로 지은 지하 창고. 경상 북도 경주(慶州)에 있음.
石山〔석산〕 돌로 이루어진 산. 돌산. せきさん
石像〔석상〕 돌로 조각하여 만든 사람이나 동물의 형상. せきぞう
石獸〔석수〕 무덤 앞에 세우는 돌로 만든 짐승의 형상. せきじゅう
石室〔석실〕 ①석조(石造)의 방. 돌방. 견고(堅固)함의 비유. ②제실(帝室)의 도서실. ③석조(石造)의 무덤. せきしつ
石油〔석유〕 땅속에서 나는 녹갈색의 타기 쉬운 기름 모양의 액체. 성분은 탄화수소(炭化水素). 연료에 씀. せきゆ
石儀〔석의〕 ⓢ⇨석물(石物).
石人〔석인〕 ①무덤 앞에 세우는 돌로 만든 사람의 형상. ②형체만 사람일 뿐이지, 실상은 어리석고 완고하여 시비·선악을 분별하지 못함의 비유. せきじん
石田〔석전〕 돌이 많고 메마른 밭. 무용지물의 비유. せきでん
石戰〔석전〕 돌팔매질을 하여 승부를 다투는 편싸움. せきせん
石鍾乳〔석종유〕 돌고드름. ⓢ종유석(鍾乳石). せきしょうにゅう
石柱〔석주〕 돌기둥. せきちゅう
石竹〔석죽〕 너도개미자리과에 속하는 다년초(多年草). 패랭이꽃. せきちく 「せきせん
石泉〔석천〕 바위 틈에서 솟는 샘.
石塔〔석탑〕 돌로 쌓은 탑. 돌탑. せきとう
石片〔석편〕 돌 조각. せきへん
石火〔석화〕 돌을 쳐서 나는 불. 몹시 빠른 것의 비유. ⓔ電光(전광)—. せっか
石花〔석화〕 굴조개. せっか
石火光中〔석화광중〕 지극히 짧은 시간을 이름. せっかこうちゅう
石灰〔석회〕 백색의 산화(酸化) 칼슘의 가루. せっかい
▷巨石(거석). 鑛石(광석). 金石(금석). 望夫石(망부석). 木石(목석). 墓石(묘석). 寶石(보석). 試金石(시금석). 岩石(암석). 玉石(옥석). 以卵投石(이란투석). 磁石(자석). 柱石(주석). 採石(채석). 他山之石(타산지석). 投石(투석). 化石(화석).

〖破〗 부 石(돌석변) 획 5—5 훈 깨뜨릴 음 파: 中 p'o⁴ 英 break 日 ハ. やぶる
뜻 ① 깨뜨릴. 깨어질. ②다할.
필순 破破破破破破破

破鏡〔파경〕 ①부부(夫婦)의 이별을 이름. ②이지러진 달. 둥글지 않은 달. はきょう
破戒〔파계〕 계율(戒律)을 지키지 아니함. ⓔ—僧(승). はかい
破壞〔파괴〕 깨뜨림. 부숨. 헐어버림. ⓢ파기(破棄). はかい
破局〔파국〕 판국(版局)이 결딴남. 또 그 판국. はきょく
破棄〔파기〕 깨뜨려 버림. ⓢ파괴(破壞). はき
破廉恥〔파렴치〕 ①염치를 모름. 부끄러운 줄을 모름. 뻔뻔스러움. ②부정불법(不正不法)의 행위. はれんち
破倫〔파륜〕 인륜(人倫)을 어김. 사람으로서 못할 짓을 함. はりん
破滅〔파멸〕 깨어져 망함. はめつ
破門〔파문〕 신도(信徒)의 자격을 박탈하여 종문(宗門)에서 제명(除名)함. はもん

破鼻〔파비〕코가 깨짐.
破顔〔파안〕얼굴 빛을 부드럽게 하여 웃음. ⑩一大笑(대소). はがん
破約〔파약〕약속을 깨뜨림. 약속을 이행하지 아니함. ⓢ위약(違約). はやく
破裂〔파열〕①깨어져서 갈라짐. ②맹렬히 터져 뷤. はれつ
破竹之勢〔파죽지세〕대를 칼로 순식간에 딱하고 가르듯이 맹렬하여 아무도 멈출 수 없는 기세. はちくのいきおい
破天荒〔파천황〕①전례가 없는 일을 처음으로 함. ②천지가 아직 열리지 않은 혼돈(渾沌) 상태를 깨뜨려 여는 것. はてんこう
破婚〔파혼〕약혼을 파함. はこん
破興〔파흥〕흥(興)이 깨어짐. 또 흥을 깨뜨림. はきょう
▷擊破(격파). 踏破(답파). 大破(대파). 讀破(독파). 說破(설파).

「砲」 部 石(돌석변) 畫 5—5 訓 대포 音 포: 中 p'ao⁴ 英 cannon 日 ホウ. おおつつ
뜻 ①대포. ②돌쇠뇌.
필순 石 石 矿砲砲砲

砲擊〔포격〕대포(大砲)로 사격(射擊)함. ほうげき
砲口〔포구〕ⓢ포문(砲門). ほうこう
砲臺〔포대〕적(敵)의 내습(來襲)을 막고 화포(火砲) 및 병원(兵員)을 엄호(掩護)하며 사격을 편리하게 하기 위하여 요소(要所)에 설비한 견고한 축조물(築造物). ⓢ포루(砲壘). ほうだい
砲壘〔포루〕ⓢ⇨포대(砲臺).
砲門〔포문〕대포의 탄알이 나가는 문. ⓢ포구(砲口). ほうもん
砲聲〔포성〕①돌쇠뇌를 쏠 때 나는 소리. ②대포를 쏠 때 나는 소리. ほうせい
砲手〔포수〕①돌쇠뇌를 쏘는 것을 맡은 군사. ②대포를 쏘는 포병(砲兵). ③총으로 짐승을 잡는 사냥꾼. ほうしゅ
砲煙彈雨〔포연탄우〕대포의 연기와 비오듯 하는 탄환(彈丸). 곧 격렬한 전쟁. ほうえんだんう
▷巨砲(거포). 大砲(대포). 發砲(발포). 銃砲(총포).

〖硏〗 部 石(돌석변) 畫 5—6 訓 갈 音 연(연:) 中 yen² 英 polish 日 ケン. みがく
뜻 ①갈. ②궁구할. 연구할. ③벼루(硯과 통용).
참고 약研
필순 ㄱ 石 矸矸硏

硏究〔연구〕조리있게 캐고 살피며 공부함. けんきゅう
硏磨〔연마〕①연장 같은 것을 갊. ②먹을 갊. ③힘써 닦음. 깊이 연구함. けんま
硏武〔연무〕무술을 닦음. けんぶ
硏修〔연수〕학업을 연구하여 닦음. けんしゅう
硏學〔연학〕학문을 연마(硏磨)함. けんがく

【硬】 部 石(돌석변) 畫 5—7 訓 굳을 音 경(경:) 中 ying⁴ 英 hard; stiff 日 コウ. かたい
뜻 ①굳을. 단단할. ②굳셀. 억셀. ③익숙하지 못할.
필순 ㄱ 石 砢硬硬硬

硬口蓋〔경구개〕입천장 앞 부분의 단단한 곳. こうこうがい
硬度〔경도〕물체(物體)의 굳고 연함의 정도(程度). こうど
硬水〔경수〕석회(石灰)·염분(鹽分) 등의 광물질(鑛物質)을 많이 포함한 물. 센물. こうすい
硬化〔경화〕①물건 또는 의견·태도 따위가 단단하게 됨. ②금속(金屬)의 경도(硬度)가 높아짐. こうか
▷强硬(강경). 堅硬(견경). 生硬(생경).

「硫」 部 石(돌석변) 畫 5—7 訓 유황 音 류 中 liu² 英 sulphur 日 リュウ. いおう
뜻 ①유황. ②황산.
필순 ㄱ 石 矿硫硫

硫酸〔유산〕무색(無色)·무취(無臭)의 기름꼴의 액체(液體). ⓢ황산(黃酸). りゅうさん
硫化〔유화〕유황과 다른 물질이 화합(化合)하는 것. りゅうか
硫黃〔유황〕비금속(非金屬) 원소(元素)의 한 가지. りゅうおう

「硝」 부 石(돌석변) 획 5—7 훈 초석 음 초 中 hsiao[1] 英 nitre 日 ショウ
뜻 ①초석. 망초. ②질산.
필순 ｢ 石 矿 矿 硝 硝
硝酸〔초산〕 동⇨질산(窒酸). しょうさん
硝石〔초석〕 초산(硝酸) 칼륨. しょうせき
硝藥〔초약〕 화약(火藥). しょうやく
硝煙〔초연〕 화약의 폭발에 의하여 생기는 연기. しょうえん
硝煙彈雨〔초연탄우〕 화약 연기가 꽉 들어차고, 포탄이 비오듯 쏟아짐. 곧 격렬한 사격전(射擊戰). しょうえんだんう
硝子〔초자〕 유리. しょうし. ガラス

〖硯〗 부 石(돌석변) 획 5—7 훈 벼루 음 연: 中 yen[4] 英 ink-slab 日 ケン. すずり
뜻 ①벼루. ②돌.
필순 ｢ 石 矴 砠 硯
硯蓋〔연개〕 벼루의 뚜껑. けんがい
硯床〔연상〕 벼루를 두는 작은 책상.
硯石〔연석〕 벼룻돌. けんせき
硯席〔연석〕 공부하는 자리. 배우는 곳.
硯墨〔연묵〕 벼루와 먹. けんぼく
硯池〔연지〕 벼루에 먹물이 담기는 오목한 곳. 동묵지(墨池). 연해(硯海). けんち
硯海〔연해〕 동⇨연지(硯池).
▷陶硯(도연). 石硯(석연). 洗硯(세연). 筆硯(필연).

【碑】 부 石(돌석변) 획 5—8 훈 비석 음 비 中 pei[1] 英 stone monument 日 ヒ. いしぶみ
뜻 ①비. 비석. ②비문.
필순 ｢ 石 矿 砷 碑 碑 碑
碑閣〔비각〕 안에 비(碑)를 세워 놓은 집. ひかく
碑銘〔비명〕 비석(碑石)에 새긴 글. ひめい
碑文〔비문〕 비석에 새기는 글. 또 그 문체(文體). 동비지(碑誌). ひぶん
碑石〔비석〕 글자를 새겨서 세운 돌. 빗돌. ひせき
碑誌〔비지〕 동⇨비문(碑文). ひし
▷古碑(고비). 口碑(구비). 記念碑(기념비). 墓碑(묘비). 石碑(석비). 烈女碑(열녀비).

「碎」 부 石(돌석변) 획 5—8 훈 부술 음 쇄: 中 suei[4] 英 crush 日 サイ. くだく
뜻 ①부술. 부서질. ②잘. 자질구레할.
필순 ｢ 石 碎 碎 碎
碎骨粉身〔쇄골분신〕 몸이 부서지고 뼈가 가루가 되도록 비상히 노력함. さいこつふんしん
碎務〔쇄무〕 번잡한 일. さいむ
碎氷〔쇄빙〕 얼음을 깨뜨림. さいひょう
碎屑〔쇄설〕 부스러진 가루. 부스러기. さいせつ
碎身〔쇄신〕 몸을 아끼지 않고 일을 함. さいしん
碎片〔쇄편〕 잔 조각. 동파편(破片). さいへん
▷擊碎(격쇄). 粉碎(분쇄). 玉碎(옥쇄). 破碎(파쇄).

[碇] 부 石(돌석변) 획 5—8 훈 닻 음 정: 中 ting[4] 英 anchor 日 テイ. いかり
뜻 ①닻·닻돌. ②배멈춤.
필순 ｢ 石 矿 碎 碇 碇
碇泊〔정박〕 닻을 내리고 배를 멈춤. ていはく

【碧】 부 石(돌석변) 획 5—9 훈 푸를 음 벽 中 pi[4] 英 blue 日 ヘキ. あおみどり
뜻 ①푸를. ②푸른구슬. 옥돌.
필순 ｢ 王 珀 珀 珀 碧 碧
碧溪〔벽계〕 푸른 시내.
碧空〔벽공〕 푸른 하늘. 동벽운(碧雲).
碧眼〔벽안〕 ①눈의 검은 자위가 파란 눈. ②서양(西洋) 사람의 눈. へきがん
碧巖〔벽암〕 푸른 이끼가 낀 바위. へきがん
碧玉〔벽옥〕 빛이 푸른 옥(玉). へきぎょく
碧瓦〔벽와〕 빛이 푸른 기와. へきが
碧宇〔벽우〕 푸른 하늘. へきう
碧雲〔벽운〕 빛이 푸른 구름. 또 푸른 하늘. 동벽공(碧空). へきうん
碧昌牛〔벽창우〕 ①평안북도의 벽동(碧潼)과 창성(昌城)에서 나는 크고 억센 소. ②고집이 센 사람의 비유. へきかい
碧海〔벽해〕 푸른 바다. 예桑田(상전)—.

「碩」 부 石(돌석변) 획 5—9 훈 클 음 석 中 shih[2], shuo[4]

[英] great [日] セキ. おおきい
[뜻] ①클. ②충실할.
[필순] 𠂆 石 砳碩碩
碩果〔석과〕 큰 과일. せっか
碩果不食〔석과불식〕 큰 과일은 다 먹지 않고 남긴다는 뜻으로 자기의 욕심을 버리고 자손에게 복을 받도록 염려하여 줌을 이름.
碩德〔석덕〕 ①높은 덕. ②덕이 높은 사람. ③덕이 높은 중. せきとく
碩老〔석로〕 덕이 높은 노인. せきろう
碩士〔석사〕 ①덕이 높은 선비. ②대학원(大學院) 과정을 마치고 논문이 통과된 이에게 수여되는 학위(學位). せきし
碩人〔석인〕 ①덕이 높은 사람. [동] 대인(大人)·군자(君子). ②은사(隱士). ③미인(美人). せきじん
碩學〔석학〕 큰 학자. 대학자. せきがく

「磁」 [부] 石(돌석변) [획] 5—10 [훈] 자석 [음] 자(자:) [中] tz'û²
[英] magnet [日] ジ. じしゃく
[뜻] ①자석. 지남석. ②자기. 사기그릇(瓷와 통용).
[참고] [약]磁
[필순] 𠂆 石 矿 砭 磁
磁極〔자극〕 자석의 음양 두 극(極). じきょく
磁氣〔자기〕 자성(磁性)을 일으키는 원인이 되는 것. 쇠를 흡인(吸引)하는 현상. じき
磁力〔자력〕 자기(磁氣)의 서로 끌고 떼치는 힘. じりょく
磁性〔자성〕 쇳조각·쇳가루 따위를 끌어 당기는 성질. 자석이 끌리거나 떼치는 성질. じせい
磁鐵〔자철〕 결정(結晶)·괴상(塊狀)·입상(粒狀)을 이루고 있는 바위 속에 나는 산화철(酸化鐵). じてつ
磁化〔자화〕 물체가 자성(磁性)을 띠는 일. じか

[磋] [부] 石(돌석변) [획] 5—10 [훈] 갈 [음] 차 [中] ts'uo¹ [英] polish [日] サ. みがく
[뜻] 갈. 옥갈.
[필순] 𠂆 石 矿 硑 硣 磋 磋

【確】 [부] 石(돌석변) [획] 5—10 [훈] 확실할 [음] 확 [中] ch'üeh⁴
[英] certain [日] カク. たしか
[뜻] ①확실할. ②굳을. 단단할.
[필순] 𠂆 石 矿 矿 砟 碓 確
確率〔확률〕 어떤 사상(事象)이 일어날 확실성(確實性)의 정도를 나타내는 수치. かくりつ
確立〔확립〕 ①굳게 세움. ②확실히 정하여 움직이지 않음. かくりつ
確保〔확보〕 ①확실히 보증함. ②확실하게 지님. 확실히 보전(保全)함. かくほ
確言〔확언〕 정확(正確)히 말함. 확실히 말함. 또 그 말. かくげん
確認〔확인〕 확실히 인정(認定)함. かくにん
確定〔확정〕 틀림없이 작정(作定)함. かくてい
確證〔확증〕 확실(確實)한 증거(證據). かくしょう
▷堅確(견확). 明確(명확). 的確(적확). 正確(정확).

【磨】 [부] 石(돌석변) [획] 5—11 [훈] 갈 [음] 마 [中] mo²·⁴ [英] polish [日] マ. みがく
[뜻] ①갈. ②닳을. ③맷돌.
[필순] 广 庐 庐 庐 麻 磨 磨
磨勘〔마감〕 일의 끝을 맺음.
磨刀〔마도〕 칼을 갊.
磨滅〔마멸〕 닳아 없어짐. まめつ
磨擦〔마찰〕 서로 닿아서 비빔. [예] 冷水(냉수)—. まさつ
▷水磨(수마). 硏磨(연마). 切磨(절마). 琢磨(탁마).

「礁」 [부] 石(돌석변) [획] 5—12 [훈] 암초 [음] 초 [中] chiao¹ [英] reef [日] ショウ. かくれいわ
[뜻] ①암초. ②물속바위. 숨은바위.
[필순] 𠂆 石 矿 矿 碓 礁
礁石〔초석〕 물 속에 잠겨 표면에 나타나지 않은 돌. しょうせき
礁標〔초표〕 바닷길에서 암초(岩礁) 따위의 위험 지대를 알리는 표지(標識). しょうひょう
▷暗礁(암초). 坐礁(좌초). 環礁(환초).

【礎】 [부] 石(돌석변) [획] 5—13 [훈] 주춧돌 [음] 초(초:) [中] ch'u³
[英] base of a pillar [日] ショ. ソ.

いしずえ
[뜻] 주춧돌.
[필순] 丆 石 石 矿 矿 礎礎
礎石〔초석〕 주춧돌. そせき
礎業〔초업〕 근본이 되는 사업. そぎょう　「석재(石材). そざい
礎材〔초재〕 주추에 쓰이는 목재나
礎柱〔초주〕 주춧돌과 기둥. そちゅう　「(정초). 柱礎(주초).
▷國礎(국초). 基礎(기초). 定礎

(5) 示(礻) 部

【示】 [부] 示(보일시변) [획] 5—0 [훈] 보일 [음] 시: [中] shih^4 [英] exhibit [日] シ. ジ. しめす
[뜻] ①보일. ② 나타낼. ③알릴·가르칠.

[필순] 亍示
示教〔시교〕 보이어 가르침. [동]교시(教示). じきょう
示達〔시달〕 상부에서 하부로 명령·통지 따위를 문서(文書)로써 전하여 알림. じたつ
示範〔시범〕 모범을 보임. しはん
示威〔시위〕 위력(威力)이나 기세를 드러내 보임. しい
▷肝肺相示(간폐상시). 開示(개시). 揭示(게시). 明示(명시). 指示(지시). 表示(표시). 訓示(훈시).

【祀】 [부] 示(보일시변) [획] 5—3 [훈] 제사 [음] 사: [中] ssu^4 [英] religious service [日] シ. まつり. └まつる
[뜻] ①제사. ②제사지낼.
[필순] 亍 示 礻 祀 祀
祀事〔사사〕 제사에 관한 일. しじ
祀典〔사전〕 제사의 의식. してん
祀天〔사천〕 하늘에 제사를 지냄.
▷祭祀(제사). 宗祀(종사). 合祀(합사).

【社】 [부] 示(보일시변) [획] 5—3 [훈] 사직 [음] 사: [中] shê^4 [英] god of the soil; society [日] シャ. やしろ. くみあい
[뜻] ①사직. 땅귀신. ②모일. 단체. ③사일. 세상.
[필순] 亍 示 礻 社 社
社告〔사고〕 회사에서 내는 광고. しゃこく
社交〔사교〕 사회 생활(社會生活)에 있어서의 사귐. しゃこう
社團〔사단〕 특정한 목적을 위해 여러 사람을 기초로 하여 결합된 단일적 단체. [약]사단법인 (社團法人). しゃだん　「ゃめい
社命〔사명〕 회사의 명령(命令). し
社倉〔사창〕 기근(飢饉) 때 빈민(貧民)을 구제하기 위하여 조합(組合)에서 설치하는 곡식을 쌓아 두는 곳집. しゃそう
社會〔사회〕 ①공동 생활을 하는 인류의 집단. ②세상. ③일정한 지역의 집단. ④교우(交友)의 범위. しゃかい
▷結社(결사). 公社(공사). 廟社(묘사). 本社(본사). 會社(회사).

【祈】 [부] 示(보일시변) [획] 5—4 [훈] 빌 [음] 기 [中] ch'i^2 [英] pray [日] キ. いのる
[뜻] ①빌. ②고할. ③구할.
[필순] 亍 示 礻 祈 祈
祈求〔기구〕 빌어 구함. 간절히 바람. ききゅう 「오기를 빎. きう
祈雨〔기우〕 날이 가물 때에 비가
祈雨祭〔기우제〕 하지(夏至)가 지나도록 비가 아니 올 때에 하늘에 비오기를 비는 제사. 「がん
祈願〔기원〕 신불(神佛)에게 빎. き
祈祝〔기축〕 빌고 바람. きしゅく

【祉】 [부] 示(보일시변) [획] 5—4 [훈] 복 [음] 지: [中] chih^3 [英] blessing [日] シ. しあわせ. さい└わい
[뜻] 복.
[필순] 亍 示 礻 礻 祉 祉
▷福祉(복지).

【祕】 [부] 示(보일시변) [획] 5—5 [훈] 숨길 [음] 비: [中] pi^4 mi^4 [英] conceal [日] ヒ. かくす
[뜻] ①숨길·비밀. ②신비할.
[참고] [속]秘
[필순] 亍 示 礻 祕 祕
祕訣〔비결〕 감추어 두고 남에게 알리지 아니하는 비밀(祕密)한 방법. ひけつ

祕計〔비계〕 비밀한 꾀. ひけい
祕記〔비기〕 길흉 화복(吉凶禍福)을 예언한 기록. ひき
祕錄〔비록〕 비밀한 기록. ひろく
祕密結社〔비밀결사〕 정부(政府)에 대하여 그 존재(存在)·목적(目的)·규정(規定) 등을 숨기는 결사(結社). ひみつけっしゃ
祕方〔비방〕 비밀(祕密)한 방법. 비밀로 전수(傳受)하는 약방문(藥方文). ひほう
祕書〔비서〕 ① 천자(天子)의 장서(藏書). ②비밀의 문서. 비장(祕藏)한 서적. ③ 기밀한 문서 및 그 사무를 맡아 보는 직무(職務) ひしょ 「법. ひじゅつ
祕術〔비술〕 비밀히 전하여 온 술
祕藏〔비장〕 비밀(祕密)히 잘 간직함. 또 그 물건. ひぞう「(신비).
▷極祕(극비). 便祕(변비). 神祕

「祠」 부 示(보일시변) 획 5—5 훈 사당 음 사 ㊥ tzu² 英 shrine ㊐ シ. ほこら. まつる
뜻 ①사당. ②제사지낼.
필순 亍礻祁祠祠祠
祠壇〔사단〕 제단(祭壇). しだん
祠堂〔사당〕 신주(神主)를 모시는 집. ㊐사묘(祠廟). しどう
祠廟〔사묘〕 ㊐⇨사당(祠堂). しびょう「(총사). 顯忠祠(현충사).
▷奉祠(봉사). 佛祠(불사). 叢祠

〔神〕 부 示(보일시변) 획 5—5 훈 귀신 음 신 ㊥ suei⁴ 英 god ㊐ シン. ジン. かみ
뜻 ①귀신. 신령. ②정신. 정기. ③영묘할. 신비할.
필순 亍礻祁祀神
神劍〔신검〕 ①신명(神明)이 내린 칼. 또는 신명에게 바친 칼. ② 신령한 칼. しんけん
神工〔신공〕 ①신(神)의 제작물. ② 영묘(靈妙)한 제작. 또 그 물건. 또 그 사람. しんこう
神龜〔신귀〕 신령한 거북. しんき
神技〔신기〕 신묘(神妙)한 기술(技術). しんぎ 「女). しんじょ
神女〔신녀〕 여성의 신. ㊐천녀(天
神農〔신농〕 중국 고전설(古傳說) 중의 제왕(帝王). 백성에게 농경(農耕)을 가르쳤으며, 시장을 개설하여 교역(交易)의 길을 열었다고 함. しんのう 「どう
神堂〔신당〕 신령을 모신 집. しん
神刀〔신도〕 신기하게 잘 드는 칼.
神明〔신명〕 ①하늘의 신령(神靈)과 땅의 신령. ②사람의 마음. 정신(精神). しんめい 「んぼく
神木〔신목〕 진기(珍奇)한 나무. し
神妙〔신묘〕 신기하고 영묘(靈妙)함. しんみょう
神廟〔신묘〕 조상의 신주(神主)를 모신 사당. しんびょう
神武〔신무〕 뛰어난 무용(武勇).
神方〔신방〕 신기한 효험이 있는 약방문(藥方文). しんぽう
神兵〔신병〕 ①신이 보낸 군사. ② 신기(神奇)한 군사. 귀신과 같은 군사. しんぺい
神祕〔신비〕 ①비밀에 부쳐 남에게 알리지 않음. ②이론(理論)이나 인식(認識)을 초월(超越)한 일. 예—主義(주의). しんぴ
神事〔신사〕 ①신(神)을 제사 지내는 일. ②신선(神仙)에 관한 일. しんじ 「사당(祠堂). しんし
神祠〔신사〕 신(神)을 제사 지내는
神色〔신색〕 정신(精神)과 안색(顏色). しんしょく
神仙〔신선〕 선도(仙道)를 닦아서 도통(道通)하여 장생불사(長生不死)하는 사람. しんせん
神聖〔신성〕 ① 조금도 더럽혀지지 않고 청정(淸淨)한 것. ②매우 존엄하고 권위가 있는 것. 예—不可侵(불가침). しんせい
神速〔신속〕 신기할 만큼 빠름. しんそく 「있는 약. しんやく
神藥〔신약〕 신령(神靈)한 효험이
神人〔신인〕 ①신과 사람. ② 신령한 사람. しんじん
神將〔신장〕 ① 신병(神兵)을 거느리는 장수. ② 신과 같은 장수. ③장수 격을 가진 귀신.
神前〔신전〕 신(神)의 앞. しんぜん
神殿〔신전〕 신령(神靈)을 모신 전

각. しんでん
神主〔신주〕①하늘을 대신하여 백성을 다스리는 사람. ②산천 초목 등의 신령. ③죽은 사람의 위패(位牌). しんしゅ
神州〔신주〕①중국 사람이 자기 나라를 일컫는 말. ②신선(神仙)이 있는 곳. ③경기(京畿). しんしゅう
神出鬼沒〔신출귀몰〕마음대로 출몰(出沒)하여 변화가 무궁무진함. しんしゅつきぼつ
神託〔신탁〕신(神)의 명령·분부 또는 대답. しんたく
神通力〔신통력〕모든 것을 마음대로 할 수 있는 신기한 힘. じんつうりょく
神話〔신화〕신(神)의 사적(史蹟)으로 전해진 설화(說話). しんわ
神效〔신효〕신통한 효험. しんこう
▷鬼神(귀신). 邪神(사신). 山神(산신). 失神(실신). 地神(지신). 天神(천신). 海神(해신).

〖祖〗 부 示(보일시변) 획 5—5 훈 할아비 음 조(조:) 中 tsu³ 英 grand father 日 ソ. じじ
뜻 ①할아비(할아버지). ②선조. 조상.
필순 礻 礻 祖祖
祖考〔조고〕돌아간 할아버지.
祖國〔조국〕자기의 조상적부터 살던 나라. 국민이 갈려 나온 본디의 나라. 본국(本國). 모국(母國). そこく
祖母〔조모〕할머니. そぼ
祖廟〔조묘〕조상의 신주(神主)를 모신 사당(祠堂). そびょう
祖父〔조부〕할아버지. そふ 「ん
祖孫〔조손〕할아버지와 손자. そそ
祖述〔조술〕스승의 도(道)를 본받아서 서술하여 밝힘. そじゅつ
祖業〔조업〕조상 때부터 전하여 오는 집안의 직업. そぎょう
祖行〔조행〕할아버지와 같은 항렬.
▷開祖(개조). 高祖(고조). 鼻祖(비조). 先祖(선조). 始祖(시조). 外祖(외조). 曾祖(증조). 太祖(태조). 皇祖(황조).

〖祝〗 부 示(보일시변) 획 5—5 훈 빌 음 축 中 chu⁴ 英 celebrate 日 シュク. シュウ. **いわ**う. はふり. いのる
뜻 ①빌. ②하례할. ③끊을.
필순 礻 礻 祀祀祝
祝文〔축문〕①제사(祭祀) 때 신명(神明)에게 고(告)하는 글. ②축하(祝賀)하는 글. しゅくぶん
祝宴〔축연〕축하하는 잔치. 동하연(賀宴). しゅくえん
祝願〔축원〕잘 되기를 빎.
祝意〔축의〕축하(祝賀)의 뜻을 표하는 의사(意思). しゅくい
祝典〔축전〕축하하는 의식(儀式)이나 식전(式典). しゅくてん
祝賀〔축하〕경사를 치하(致賀)함. しゅくが
▷慶祝(경축). 心祝(심축).

【祥】 부 示(보일시변) 획 5—6 훈 상서로울 음 상 中 hsiang² 英 suspicious 日 ショウ. さいわい 「④제사.
뜻 ①상서로울. ②복. ③조짐.
필순 礻 礻 祥祥
祥瑞〔상서〕길(吉)한 조짐. 길조(吉兆). しょうずい
祥雲〔상운〕상서(祥瑞)로운 구름. しょううん 「しょううん
祥運〔상운〕상서로운 운수(運數).
祥兆〔상조〕상서로운 조짐. 동길조(吉兆)·상서(祥瑞). ↔흉조(凶兆). しょうちょう
▷嘉祥(가상). 吉祥(길상). 大祥(대상). 發祥(발상). 小祥(소상).

〖祭〗 부 示(보일시변) 획 5—6 훈 제사 음 제: 中 chi⁴ 英 sacrifice service 日 サイ. まつり. **まつ**る
뜻 ①제사. ②제사지낼. ③축제. ④성(채).
필순 ク タ タ 祭祭
祭器〔제기〕제사(祭祀)에 쓰는 기명(器皿). さいき
祭壇〔제단〕제사(祭祀)를 지내는 단(壇). さいだん 「れい
祭禮〔제례〕동⇨제전(祭典). さい

祭文〔제문〕 죽은 이를 조상(弔喪)하는 글. 제물을 올리고 축문(祝文)처럼 읽음. さいぶん

祭物〔제물〕 제사(祭祀)에 쓰는 음식물. 「복(禮服). さいふく

祭服〔제복〕 제사(祭祀)때 입는 예

祭祀〔제사〕 조상이나 신령에게 음식을 올리고 정성을 표하는 예절(禮節). さいし 「さいじつ

祭日〔제일〕 제사(祭祀) 지내는 날.

祭典〔제전〕 제사(祭祀)의 의식(儀式). (동)제례(祭禮). さいてん

祭政〔제정〕 제사의 일과 정치의 일. さいせい 「さいしゅ

祭主〔제주〕 제사를 주관하는 사람.

祭享〔제향〕 나라에서 지내는 제사.

▷冠婚喪祭(관혼상제). 大祭(대제). 時祭(시제). 祝祭(축제).

【票】 [부] 示(보일시변) [획] 5—6 [훈] 표 [음] 표(표:) ㊥ p'iao^{4} (英) ticket ㊐ ヒョウ. てがた 「릴.

[뜻] ① 표. 쪽지. 문서. ②훌쩍날

[필순] 覀覀票票

票決〔표결〕 투표(投票)로 결정함. ひょうけつ 「ひょうぜん

票然〔표연〕 가볍게 올라가는 모양.

▷開票(개표). 軍票(군표). 記票(기표). 得票(득표). 福票(복표). 散票(산표). 傳票(전표). 投票(투표).

〖禁〗 [부] 示(보일시변) [획] 5—8 [훈] 금할 [음] 금(금:) ㊥ chin$^{1\cdot4}$ (英) forbid ㊐ キン. とどめる

[뜻] ①금할. 누를. ②대궐. ③감옥. ④이길.

[필순] 一十木林棥禁

禁戒〔금계〕 ①금하고 훈계함. ②부처가 정해 놓은 계법(戒法).

禁忌〔금기〕 ① 길흉(吉凶)에 관한 미신(迷信)으로 꺼리는 일. ② 어떠한 사물이나 방향 등을 꺼리어 싫어하는 일. きんき

禁斷〔금단〕 금하여 못하게 함. きんだん 「지한 물건. きんぶつ

禁物〔금물〕 매매하거나 쓰기를 금

禁壓〔금압〕 억눌러서 못하게 함. きんあつ

禁慾〔금욕〕 육체상(肉體上)의 욕망(慾望)을 금(禁)함. (예)一主義(주의). きんよく

禁制〔금제〕 하지 못하게 말림. (동)금지(禁止). きんせい

禁足〔금족〕 외출(外出)을 못하게 함. きんそく

禁酒〔금주〕 ①술을 먹지 못하게 함. ②자기가 술을 끊음. きんしゅ

禁中〔금중〕 대궐 안. 대궐(大闕). 궁중(宮中). きんちゅう

禁止〔금지〕 못하게 함. (동)금제(禁制). (예)出入(출입)一. きんし

▷夜禁(야금). 嚴禁(엄금). 通禁(통금). 販禁(판금). 解禁(해금).

【祿】 [부] 示(보일시변) [획] 5—8 [훈] 복 [음] 록 ㊥ lu^{4} (英) salary ㊐ ロク. さいわい. ふち

[뜻] ①복. ②녹. 녹봉.

[필순] 亍礻礻祚祿祿祿

祿命〔녹명〕 사람이 타고난 관록(官祿)과 운명. ろくめい

祿俸〔녹봉〕 벼슬아치에게 주는 봉급. ろくほう 「것. ろくし

祿仕〔녹사〕 봉급을 받고 벼슬하는

▷國祿(국록). 福祿(복록). 俸祿(봉록). 食祿(식록).

〖福〗 [부] 示(보일시변) [획] 5—9 [훈] 복 [음] 복 ㊥ fu^{2} (英) blessing ㊐ フク. しあわせ

[뜻] ①복. ② 착할. 아름다울. ③상서로울.

[필순] 亍礻礻祠福

福力〔복력〕 복(福)을 누리는 힘. ふくりょく 「ふくろく

福祿〔복록〕 ①복과 녹(祿). 행복.

福祥〔복상〕 복. 행복. ふくしょう

福壽〔복수〕 행복과 장수. 복이 많고 장수(長壽)함. ふくじゅ

福音〔복음〕 ①기쁜 소식. ② 축복을 받을 수 있다는 예수의 가르침을 이름. ふくいん

福祉〔복지〕 복. 행복. (예)一社會(회사). ふくし. ふくち

▷景福(경복). 多福(다복). 萬福(만복). 冥福(명복). 壽福(수복). 五福(오복). 轉禍爲福(전화위복). 祝福(축복). 幸福(행복).

【禍】 [부] 示(보일시변) [획] 5—9 [훈] 재앙 [음] 화: [中] huo^4 [英] calamity [日] カ. わざわい
[뜻] 재앙. 재화.
[필순] 亍 礻 礻ᄆ 礻ᄆ 禍禍禍
禍家餘生〔화가여생〕 죄화(罪禍)를 입은 집안의 자손.
禍根〔화근〕 재화(災禍)의 근원. かこん　「재변(災變). かへん
禍變〔화변〕 매우 심한 재화(災禍).
禍福〔화복〕 화와 복. 재앙(災殃)과 복록(福祿). かふく
禍殃〔화앙〕 불행(不幸). かおう
禍從口出〔화종구출〕 화는 입으로부터 나옴을 이름. わざわいはくちよりでる
▷奇禍(기화). 水禍(수화). 災禍(재화). 戰禍(전화).

【禦】 [부] 示(보일시변) [획] 5—11 [훈] 막을 [음] 어: [中] yü^4 [英] defend [日] ギョ. **ふせぐ**
[뜻] ①막을. ②그칠.
[필순] 彳 谷 祚 徭 御御禦禦
禦冬〔어동〕 겨울을 지낼 준비.
禦侮〔어모〕 ①업신여김을 막음. ②적의 쳐들어옴을 막음. ③적습(敵襲)을 막는 사람. ぎょぶ
禦寒〔어한〕 추위를 막음. ぎょかん
▷防禦(방어).

【禪】 [부] 示(보일시변) [획] 5—12 [훈] 선 [음] 선: [中] chan^4 [英] abdicate [日] ゼン. **ゆず**る
[뜻] ①선. ②중. ③고요할. ④사양할. 자리전할.
[필순] 亍 礻 礻 祀 禪禪禪
禪房〔선방〕 ① 사원(寺院). ② 좌선(坐禪)하는 방. ぜんぼう
禪師〔선사〕 ①중. 승려. ②선종(禪宗)의 고승(高僧)에게 조정에서 내리던 칭호. ぜんし
禪讓〔선양〕 제왕(帝王)이 제왕의 자리를 어진 사람에게 넘겨 주던 일. ぜんじょう　「いん
禪院〔선원〕 절. 사원(寺院). ぜん
禪位〔선위〕 임금이 자리를 남에게 물리어 줌. [동]양위(讓位). ぜんい　「(宗派). ぜんしゅう
禪宗〔선종〕 불교(佛敎)의 한 종파
▷封禪(봉선). 受禪(수선). 坐禪(좌선). 參禪(참선).

「禧」 [부] 示(보일시변) [획] 5—12 [훈] 복 [음] 희 [中] hsi^3 [英] auspicious [日] キ. さいわい
[뜻] ①복. ②길할.
[필순] 亍 礻 礻 祛 禧禧禧
禧年〔희년〕 50 년마다 돌아오는 복스러운 해. 종도 놓아 주고 빚도 받지 않고 없애 줌. きねん
▷福禧(복희). 新禧(신희).

〖禮〗 [부] 示(보일시변) [획] 5—13 [훈] 예도 [음] 례: [中] li^3 [英] good manners [日] レイ. ライ. いや. **うやま**う
[뜻] ①예도. 예의. ②절할. 경의표할. 인사할.
[참고] [약] 礼

[필순] 亍 礻 礻' 禮禮禮
禮經〔예경〕 ①예(禮)의 상도(常道). ②성인(聖人)이 정한 예의를 기록한 책. 예기(禮記)·의례(儀禮) 등의 책. れいきょう
禮教〔예교〕 예의(禮儀)에 관한 가르침. れいきょう　「いき
禮記〔예기〕 오경(五經)의 하나. れ
禮物〔예물〕 ①예식에 쓰는 물품. ② 경의(敬意)를 표시하기 위한 선물. ③전례(典禮)와 문물. ④결혼식에서 신랑 신부가 서로 주고 받는 물건. ⑤결혼 때 시부모(媤父母)가 신부에게 주는 물건. れいぶつ. れいもつ
禮法〔예법〕 예의를 차리는 법. 행위의 전칙(典則)·법칙으로 정한 예. れいほう
禮書〔예서〕 ①예의에 관하여 쓴 책. ②사기(史記)의 팔서(八書) 중의 하나. ③송(宋)나라 진상도(陳祥道)가 지은 책 이름. れいしょ
禮樂〔예악〕 예절과 음악. 행동을 신중히 하게 하는 예의와 마음을 온화하게 하는 음악. れいがく
禮遇〔예우〕 예를 갖추어 대우함. [동]예접(禮接). れいぐう
禮義〔예의〕 ①예절과 의리. ②사람이 행하여야 할 도리. れいぎ
禮儀〔예의〕 예절(禮節)과 몸가지

는 태도. れいぎ
禮狀〔예장〕①혼서(婚書). ②사례(謝禮)의 편지. れいじょう
禮典〔예전〕한 나라의 예절을 규정한 제도. れいてん
禮節〔예절〕예의와 범절. れいせつ
禮接〔예접〕예를 갖추어 대우함. 동예우(禮遇). れいせつ
禮曹〔예조〕고려·이조 때의 육조(六曹)의 하나.
禮讚〔예찬〕①칭찬하는 것. ②삼보(三寶)를 예배하고 그 공덕을 찬탄하는 것. らいさん
禮幣〔예폐〕고마운 뜻을 표하기 위하여 보내는 예물. れいへい
禮砲〔예포〕군대에서 경의(敬意)를 표하기 위하여 쏘는 공포(空砲). れいほう
▷敬禮(경례). 答禮(답례). 目禮(목례). 無禮(무례). 拜禮(배례). 繁文縟禮(번문욕례). 崇禮(숭례). 六禮(육례). 儀禮(의례). 祭禮(제례). 婚禮(혼례).

(5) 内 部

〔禹〕 부 内(짐승발자국유) 획 5—4 훈 하우씨 음 우: 中 yü³ 日 ウ. むし
뜻 ① 하우씨. 우임금. ②성.
필순 ⺈禸禹禹
禹貢〔우공〕서경(書經)의 편명(篇名). うこう

【禽】 부 内(짐승발자국유) 획 5—8 훈 새 음 금 中 ch'in² 英 birds 日 キン. とり
뜻 ①새. 날짐승. ②사로잡을(擒과 통용).
필순 今侖禽禽禽
禽獸〔금수〕날짐승과 길짐승. 조류(鳥類)와 수류(獸類). きんじゅう
禽鳥〔금조〕날짐승. 새. きんちょう
禽獲〔금획〕사로잡음. きんかく
▷家禽(가금). 鳴禽(명금). 祥禽(상금). 生禽(생금).

(5) 禾 部

【禾】 부 禾(벼화변) 획 5—0 훈 벼 음 화 中 ho² 英 rice plant 日 カ. いね. なえ. わら
뜻 ①벼. ②곡식.
필순 ⼀千禾禾
禾穀〔화곡〕①벼. ②곡류. かこく
禾利〔화리〕땅을 팔 때 그 토지에서 나는 곡식(穀食)을 껴서 팔 경우에 그 곡식을 이름.
禾苗〔화묘〕볏모. かびょう
▷晩禾(만화). 麥禾(맥화). 祥禾(상화). 瑞禾(서화).

〖私〗 부 禾(벼화변) 획 5—2 훈 사사 음 사 中 ssu¹ 英 private 日 シ. わたくし. いね. ひそかに
뜻 ①사사로울. ②혼자 있을. ③몰래.
필순 ⼆千禾私私
私權〔사권〕개인의 법률상의 권리. ↔공권(公權). しけん
私利〔사리〕한 개인의 이익. しり
私立〔사립〕① 자기 마음대로 정함. ②공익 사업의 기관을 사삿사람이나 법인(法人)이 설립함. 또 그것. ↔공립(公立). しりつ
私法〔사법〕사삿사람 상호간의 권리와 의무의 관계를 규정한 법률. ↔공법(公法). しほう
私服〔사복〕관리의 평복. しふく
私腹〔사복〕사욕(私慾)을 가진 뱃속. しふく
私事〔사사〕①개인의 일. 사삿일. ↔공사(公事). ②비밀한 일. しじ
私席〔사석〕사사(私事)로 만난 자리. ↔공석(公席).
私設〔사설〕사삿사람의 설치. 예 —鐵道(철도). しせつ
私食〔사식〕교도소·경찰서 등에 갇힌 사람에게 사비를 들이어 주는 음식. ししょく
私信〔사신〕사사로 하는 편지. ししん
私心〔사심〕①자기 혼자의 생각.

②제 욕심을 채우려는 마음. ㊐ 사정(私情). ↔공심(公心). ししん
私慾〔사욕〕 자기 일신의 이익만 탐하는 욕심. 사심(私心)에서 일어나는 욕망. しよく
私用〔사용〕 ①자기의 일 또는 용도(用途). ↔공용(公用). ② 관청 또는 공공의 물품(物品)을 사사로이 씀. しよう
私怨〔사원〕 사사의 원한(怨恨). 자기 개인의 이해(利害) 관계로 일어난 원한. しえん
私有〔사유〕 개인의 소유. ↔관유(官有)·공유(公有). しゆう
私益〔사익〕 사사의 이익. ↔공익(公益). しえき
私人〔사인〕 ①자기가 부리는 하인. ②사삿사람. 개인. しじん
私印〔사인〕 개인의 도장. しいん
私財〔사재〕 사유(私有)의 재산. 자기 재산. しざい
私情〔사정〕 ① 사사의 정. ②사심(私心). しじょう
私娼〔사창〕 밀매음(密賣淫)하는 창녀(娼女). ↔공창(公娼). ㊍一窟(굴). ししょう
私債〔사채〕 사삿사람 사이의 빚. ㊍一整理(정리). しさい
私學〔사학〕 ①사립 학교. ②세상에 널리 통하지 않는 자기가 좋아하는 학술. ↔관학(官學). しがく
私刑〔사형〕 사삿사람이나 단체에서 가하는 제재(制裁). 법률에 의하지 아니하고 군중(群衆)의 의사로 처벌하는 일. しけい
▷家私(가사). 曲私(곡사). 公私(공사). 外私(외사).

〖秀〗 부 禾(벼화변) 획 5—2 훈 빼어날 음 수(수:) ㊥ shiu⁴ ㊋ surpass ㊐ シュウ. ひいでる
뜻 ①빼어날. ②팰.
필순 二千禾乔秀
秀眉〔수미〕 뛰어난 눈썹. 썩 잘 생긴 눈썹. しゅうび
秀拔〔수발〕 남보다 뛰어남. しゅうばつ
秀峰〔수봉〕 ①썩 아름다운 산봉우리. ②썩 높은 산봉우리. しゅうほう
秀才〔수재〕 뛰어난 재주. しゅうさい 재주가 뛰어난 사람.
▷閨秀(규수). 雅秀(아수). 俊秀(준수). 淸秀(청수).

〖科〗 부 禾(벼화변) 획 5—4 훈 과목 음 과: ㊥ k'ê¹ ㊋ subject ㊐ カ. しな. とが
뜻 ①과목. 조목. ②법. 형벌. ③과거.
필순 二千禾禾科科
科客〔과객〕 과거를 보러 온 선비.
科擧〔과거〕 옛날에 문무관(文武官)을 등용하던 시험. かきょ
科料〔과료〕 가벼운 죄에 과하는 재산형(財產刑). かりょう
科目〔과목〕 학문의 구분. かもく
科田〔과전〕 고려 시대의 토지 제도. 과전법(科田法)에 의하여 관원에게 지급된 토지. かでん
科學〔과학〕 ①학문. ②넓은 뜻으로는 철학을 제외한 모든 학문. ③자연 과학. かがく
科學欄〔과학란〕 과학에 관한 글이 실려 있는 자리. かがくらん
▷登科(등과). 文科(문과). 法科(법과). 學科(학과).

「秒」 부 禾(벼화변) 획 5—4 훈 초 음 초 ㊥ miao³ ㊋ beard; second ㊐ ビョウ. のぎ
뜻 ①초. ②까끄라기(묘).
필순 二千禾利秒秒
秒速〔초속〕 운동하는 것의 1초 동안의 속도. びょうそく
秒針〔초침〕 시계의 초를 가리키는 바늘. びょうしん
秒忽〔초홀〕 썩 적은 것. びょうこつ
▷分秒(분초).

〖秋〗 부 禾(벼화변) 획 5—4 훈 가을 음 추 ㊥ ch'iu¹ ㊋ autumn ㊐ シュウ. あき. とき
뜻 ①가을. ②해. ③때. ④성.
필순 二千禾禾秒秋
秋景〔추경〕 가을의 경치(景致). しゅうけい
秋耕〔추경〕 가을갈이. しゅうこう
秋季〔추계〕 가을의 계절. ㊐추기(秋期). しゅうき

秋高馬肥〔추고마비〕 가을 하늘은 맑아서 높으며 말은 살쪄서 기운이 좋음. [동]천고마비(天高馬肥). あきたかくうまこゆ
秋期〔추기〕 [동]⇨추계(秋季).
秋冬〔추동〕 가을과 겨울. [예]—服(복). しゅうとう
秋分〔추분〕 24절기의 16째. 양력 9월 20일 전후에 듦. 태양이 추분점에 이르러 주야(晝夜) 평균이 됨. しゅうぶん
秋史體〔추사체〕 추사(秋史) 김정희(金正喜)의 글씨 체.
秋霜〔추상〕 ①가을의 찬 서리. ②두려운 위엄·엄한 형벌·굳은 절개 등의 비유. しゅうそう
秋霜烈日〔추상열일〕 ①가을의 찬서리와 여름의 뜨거운 햇볕. ②두려운 위엄·엄한 형벌·굳은 절개 등의 비유. しゅうそうれつじつ 「임. しゅうしゅう
秋收〔추수〕 가을에 곡식을 거둬들
秋信〔추신〕 가을이 온 소식.
秋夜長長〔추야장장〕 가을 밤이 몹시 깊. 또 길고 긴 가을 밤. しゅうやちょうちょう
秋月〔추월〕 가을철. 가을 밤의 달. しゅうげつ 「지는 풀.
秋草〔추초〕 가을철에 시들어 떨어
秋波〔추파〕 ① 가을철의 잔잔하고 맑은 물결. ②은근한 정을 나타내는 눈짓. しゅうは
秋毫〔추호〕 ①가을철의 가늘어진 짐승의 털. ②썩 작은 것의 비유. しゅうごう
秋毫不犯〔추호불범〕 마음이 깨끗하여 남의 것을 조금도 범하지 않음. しゅうごうふはん
▷九秋(구추). 晩秋(만추). 麥秋(맥추). 暮秋(모추). 三秋(삼추). 凉秋(양추). 立秋(입추). 早秋(조추). 仲秋(중추). 千秋(천추). 春秋(춘추).

【租】 [부] 禾(벼화변) [획] 5—5 [훈] 구실 [음] 조 [中] tsu¹ [英] tax [日] ソ. みつぎ. ちんがり
[뜻] ①구실. 조세. ②세낼. 빌. ③ 쌓을. ④벼.
[필순] 千 禾 禾 和 租
租界〔조계〕 조차지(租借地)의 구역. そかい 「ぜい
租稅〔조세〕 세금(稅金). 구실. そ
租庸調〔조용조〕 당나라의 세 가지 징세법(徵稅法). 토지에 부과하는 조(租)와 백성에게 부역(賦役)을 시키는 용(庸)과 가업(家業)에 부과하는 조(調)임. そようちょう
租借〔조차〕 한 나라가 다른 나라 땅의 일부분을 빌어 일정한 기한 동안 사용권과 통치권(統治權)을 행하는 일. そしゃく
租包〔조포〕 벼를 담는 섬. そほう
▷免租(면조). 正租(정조). 地租(지조).

〔秦〕 [부] 禾(벼화변) [획] 5—5 [훈] 진나라 [음] 진 [中] ch'in² [英] name of nation [日] シン. はた
[뜻] ①진나라. ②성.
[필순] 三 夫 夫 叁 奉 秦
秦鏡高懸〔진경고현〕 단죄(斷罪)가 그릇됨이 없이 올바른 일. しんきょうたかくかく
秦始皇〔진시황〕 진나라의 황제. 육국(六國)을 멸하여 천하를 통일하고 만리장성(萬里長城)을 쌓았음. しんのしこう
▷三秦(삼진). 四秦(사진). 前秦(전진). 後秦(후진).

【秩】 [부] 禾(벼화변) [획] 5—5 [훈] 차례 [음] 질 [中] chih⁴ [英] order [日] チツ. ついで 「녹봉.
[뜻] ①차례. ②품수. 관직. ③녹.
[필순] 千 禾 禾 禾 禾 秩 秩
秩高〔질고〕 관직(官職)·녹봉(祿俸)이 높음. ↔질비(秩卑).
秩祿〔질록〕 벼슬아치에게 주는 봉급. [동]녹봉(祿俸). ちつろく
秩滿〔질만〕 관직에서 일정한 임기(任期)가 참. ちつまん
秩米〔질미〕 벼슬아치에게 봉급으로 주는 쌀. [동]녹미(祿米). ちつべい. ちつまい
秩卑〔질비〕 관직·녹봉이 낮음. ↔질고(秩高). 「순서. ちつじょ
秩序〔질서〕 사물의 조리 또는 그

秩秩〔질질〕①흘러내리는 모양. ②겸손한 모양. ③질서 정연한 모양. ④밝은 모양. ⑤아름다운 모양. ⑥지혜로운 모양. ちつちつ
▷美秩(미질). 榮秩(영질). 優秩(우질). 職秩(직질).

〖移〗 부 禾(벼화변) 획 5—6 훈 옮길 음 이: 中 i^{2} 英 remove 日 イ. うつる 「모낼.
뜻 ①옮길. ②변할. ③
필순 千 禾 禾 秒 秒 移 移

移去〔이거〕옮기어 감. いきょ
移居〔이거〕주거(住居)를 옮기어 가 삶. いきょ
移管〔이관〕관할(管轄)을 변경함. 또 관할이 바뀜. いかん
移動〔이동〕①사물의 위치를 바꿈. ②옮기어 다님. いどう
移民〔이민〕땅이 넓고 사람이 적은 곳으로 백성을 옮기어 살게 함. 예—政策(정책). いみん
移徙〔이사〕①집을 옮김. 동이전(移轉). ②옮기어 심음. いし
移植〔이식〕옮기어 심음. いしょく
移葬〔이장〕무덤을 옮김. 동개장(改葬). いそう 「せき
移籍〔이적〕호적(戶籍)을 옮김. い
移轉〔이전〕①동⇨이사(移徙). ②옮기어 바꿈. ③사물의 소재(所在)를 옮김. いてん
移住〔이주〕딴 곳으로 옮기어 가서 삶. いじゅう
移牒〔이첩〕문서(文書)를 딴 관청(官廳)으로 보냄. いちょう
▷轉移(전이). 推移(추이).

〖稅〗 부 禾(벼화변) 획 5—7 훈 구실 음 세: 中 shuei^{4} 英 tax 日 ゼイ. みつぎ
뜻 ①구실. 조세. ②벗을. 풀(脫과 통용).
필순 千 禾 禾 秒 秒 稅

稅關〔세관〕비행장·항만(港灣)·국경(國境) 등에서 수출입세(輸出入稅)의 징수에 관한 사무를 맡아 보는 기관. ぜいかん
稅金〔세금〕조세로 바치는 돈. ぜいきん 「는 관리. ぜいり
稅吏〔세리〕조세의 사무를 맡아보
稅務〔세무〕조세의 부과(賦課)·징수(徵收)에 관한 사무. ぜいむ
稅制〔세제〕조세(租稅)의 부과·징수의 제도. ぜいせい
▷課稅(과세). 關稅(관세). 國稅(국세). 納稅(납세). 登錄稅(등록세). 免稅(면세). 附加稅(부가세). 영업세(營業稅).

【程】 부 禾(벼화변) 획 5—7 훈 법 음 정 中 ch'êng^{2} 英 form 日 テイ. ほど. のり. はかる 「④길. ⑤헤아릴.
뜻 ①법. ②과정. ③한도. 정도.
필순 千 禾 禾 秆 秆 秤 程 程

程度〔정도〕얼마의 분량. 또는 어떠한 한도. ていど 「程).
程里〔정리〕길의 거리. 동이정(里
程子〔정자〕송(宋)나라의 정호(程顥) 또는 정이(程頤)의 존칭. ていし
程顥〔정호〕북송(北宋)의 대유(大儒). 자(字)는 백순(伯淳). 호는 명도(明道). 아우 정이(程頤)와 같이 주돈이(周敦頤)의 문인(門人). 우주의 본성과 사람의 성이 본래 동일한 것이라고 주장하였으며, 역(易)에 조예가 깊었음. ていこう
▷課程(과정). 規程(규정). 路程(노정). 上程(상정). 旅程(여정). 里程(이정). 日程(일정).

【稀】 부 禾(벼화변) 획 5—7 훈 드물 음 희 中 hsi^{1} 英 rare 日 キ. まれ 「을. 엷을.
뜻 ①드물. 성길. ②적을. ③묽
필순 千 禾 禾 秆 秆 稀 稀

稀怪〔희괴〕매우 드물어서 괴이함.
稀貴〔희귀〕드물어서 매우 귀함.
稀年〔희년〕70세. きねん
稀代〔희대〕동⇨희세(稀世).
稀薄〔희박〕①성김. 조밀(稠密)하지 아니함. ② 기체(氣體) 또는 액체가 진하지 아니함. きはく
稀世〔희세〕세상에 드묾. 동희대(稀代). きせい
稀少〔희소〕드묾. 적음. きしょう
稀有〔희유〕드물게 있음. けう
▷古稀(고희). 依稀(의희). 行人

稀(행인희).

【稚】 부 禾(벼화변) 획 5—8 훈 어릴 음 치(치:) 中 chih[4] 英 young 日 チ. おさない. わかい
뜻 ①어릴. ②어린 벼.
필순 禾 禾 秆 秆 稚 稚

稚氣[치기] 어린애 같은 짓. ちき

稚心[치심] 어릴 적의 마음. 어린애 같은 마음. ちしん

稚兒[치아] 어린애. 동 유아(幼兒). ちじ

稚幼[치유] 어림. 또 어린 아이. ちよう

稚子[치자] ①어린 아이. ②죽순(竹筍)의 딴이름. ちし

▷孤稚(고치). 幼稚(유치).

[稟] 부 禾(벼화변) 획 5—8 훈 성품 음 품: 中 pin[3] 英 state 日 ヒン. リン. ふち. うける. さずける
뜻 ①성품. 바탕. ②받을. ③줄. ④여쭐. 사뢸. ⑤곳집(름)(廩과 통용).
참고 속 禀
필순 亠 亩 亩 亶 稟

稟性[품성] 천품(天稟)의 성질. 타고난 성질. ひんせい

稟受[품수] 받음. ひんじゅ

稟議[품의] 웃어른 또는 상사(上司)에게 여쭈어 의논함. ひんぎ

▷英稟(영품). 諮稟(자품). 奏稟(주품). 天稟(천품).

〖種〗 부 禾(벼화변) 획 5—9 훈 씨 음 종: 中 chung[3] 英 seed 日 シュ. たね
뜻 ①씨. 심을. ②종류. ③모든 현상이나 사물의 근본이 되는 힘. たね. しゅじ
필순 禾 禾 禾 秆 稀 種 種

種瓜得瓜[종과득과] 오이를 심으면 반드시 오이가 남. 곧, 원인이 있으면 반드시 결과가 있음.

種豆得豆[종두득두] 콩 심은 데 콩 나고, 팥 심은 데 팥 난다. 곧 원인(原因)에 따라 결과가 나옴을 이름.

種目[종목] 종류의 명목(名目). しゅもく

種苗[종묘] ①식물의 모를 심어서 기름. ②묘목(苗木)이 될 씨를 뿌림. しゅびょう

種子[종자] ①씨. 사물의 근본. しゅし ②부처의 가르침을 구하는 마음. 동 보리심(菩提心).

種族[종족] ①사람의 종류. 또 같은 민족. ②동류(同類). しゅぞく

種播[종파] 씨를 뿌림. しゅは

▷芒種(망종). 滅種(멸종). 純種(순종). 人種(인종). 雜種(잡종). 播種(파종).

【稱】 부 禾(벼화변) 획 5—9 훈 일컬을 음 칭 中 ch'êng[1·4] 英 call 日 ショウ. はかり. となえる. たたえる
뜻 ①일컬을. ②이름. ③칭찬할. 기릴. ④맞갖을. 맞을. ⑤저울질할. 저울.
참고 약 称
필순 ⺊ 禾 秆 秤 秤 稍 稱 稱

稱量[칭량] ①저울로 닮. ②헤아림. しょうりょう

稱病[칭병] 병을 핑계 삼음.

稱頌[칭송] 공적(功績)을 일컬어 기림. しょうしょう

稱託[칭탁] 핑계함. しょうたく

稱號[칭호] ①일컫는 이름. ②명호(名號)를 부름. しょうごう

▷假稱(가칭). 謙稱(겸칭). 敬稱(경칭). 名稱(명칭). 別稱(별칭). 二人稱(이인칭). 異稱(이칭). 自稱(자칭). 尊稱(존칭). 號稱(호칭).

「稽」 부 禾(벼화변) 획 5—10 훈 상고할 음 계(계:) 中 ch'i[3] 英 consider 日 ケン. かんがえる
뜻 ①상고할. ②헤아릴. ③머무를. ④이를. 다다를. ⑤견줄 ⑥맞을. ⑦조아릴.
필순 禾 禾 禾 秆 秆 稭 稽 稽

稽古[계고] ①옛일을 자세하게 참고함. ②학문·학습. けいこ

稽留[계류] ①머무름. 동 체류(滯留). ②머물게 함. けいりゅう

稽首[계수] 머리가 땅에 닿도록 공손히 절을 함. けいしゅ

▷無稽(무계). 會稽(회계).

【稿】 부 禾(벼화변) 획 5—10 훈 원고 음 고(고:) 中 kao[3] 英 straw 日 コウ. わら. したがき
뜻 ①원고. ②볏짚. 짚.

참고 ㊂동 稾
필순 千 禾 秆 秆 秆 稿 稿

稿料〔고료〕 원고료(原稿料)의 준말. 저서(著書) 또는 쓴 글에 대한 보수. こうりょう

稿本〔고본〕 원고를 맨 책. こうほん

稿索捕虎〔고삭포호〕 새끼로 범을 동이기. 곧 허술하게 하면 반드시 실패(失敗)함을 이름.

稿草〔고초〕 볏짚. こうそう

▷舊稿(구고). 起稿(기고). 寄稿(기고). 玉稿(옥고). 原稿(원고). 草稿(초고). 脫稿(탈고).

〖穀〗 부 禾(벼화변) 획 5—10 훈 곡식 음 곡 ㊥ ku³ 英 corn; grain ㊐ コク. もみ. たなつもの. **やしなう**

뜻 ①곡식. ② 좋을. 길할.

필순 一 十 土 吉 声 壳 穀 穀

穀價〔곡가〕 곡식의 값. こくか

穀商〔곡상〕 곡식을 매매(賣買)하는 장수. こくしょう

穀雨〔곡우〕 24절기의 여섯째. 백곡(百穀)을 잘 자라게 하는 비라는 뜻임. 양력으로 4월 20～21일이 됨. こくう

穀倉〔곡창〕 ① 곡식을 쌓아 두는 곳집. ②곡식이 많이 나는 지방. ㊂동곡향(穀鄕). こくそう

穀鄕〔곡향〕 곡식이 많이 나는 고장. ㊂동곡창(穀倉). こくきょう

▷米穀(미곡). 百穀(백곡). 新穀(신곡). 糧穀(양곡). 五穀(오곡). 雜穀(잡곡).

【稻】 부 禾(벼화변) 획 5—10 훈 벼 음 도(도:) ㊥ tao⁴ 英 rice ㊐ トウ. いね

뜻 벼.

참고 ㊂약 稲

필순 千 禾 秆 秤 秤 稻 稻 稻

稻苗〔도묘〕 볏모. とうびょう

稻熱病〔도열병〕 잘 자란 벼줄기와 잎에 흰 점이 박히며, 이삭이 돋아나지 않게 되는 병. とうねつびょう

稻作〔도작〕 벼농사. とうさく

稻田〔도전〕 벼를 심는 논. とうでん. いなだ

稻蟲〔도충〕 벼를 해치는 벌레. とうちゅう

▷嘉稻(가도). 穀稻(곡도). 野稻(야도). 早稻(조도).

「稷」 부 禾(벼화변) 획 5—10 훈 기장 음 직 ㊥ chi⁴ 英 millet ㊐ ショク. きび

뜻 ①기장. 오곡의 하나. ②곡신. 오곡을 맡은 신. ③농관. 농사를 맡은 벼슬. ④빠를.

필순 千 禾 禾 秆 稈 稷 稷 稷

稷神〔직신〕 곡식을 맡은 신. しょくしん

▷社稷(사직). 黍稷(서직). 后稷(후직).

「穆」 부 禾(벼화변) 획 5—11 훈 온화할 음 목 ㊥ mu⁴ 英 harmong ㊐ ボク. モク. まこと. **やわらぐ**

뜻 ①화할. ②아름다울. ③공경할. ④ 화목할. ⑤ 기쁘게할. ⑥맑을. ⑦조용히 생각할. ⑧ 사당 차례.

필순 千 禾 禾 秆 秆 稈 穆 穆

穆穆〔목목〕 ① 언어·모습이 아름답고 훌륭한 모양. ぼくぼく

穆然〔목연〕 ① 온화하고 공경(恭敬)하는 모양. ②조용히 생각하는 모양. ③소리가 까마득히 들리는 모양. ぼくぜん

▷敦穆(돈목). 和穆(화목).

〔穎〕 부 禾(벼화변) 획 5—11 훈 빼어날 음 영: ㊥ ying³ 英 excel ㊐ エイ. ほさき. **すぐれる**

뜻 ①빼어날. ②벼이삭. ③송곳끝. ④붓끝.

필순 ヒ 㔾 㕚 穎 穎 穎 穎 穎

穎敏〔영민〕 재지(才智)나 감각·행동 따위가 날카롭고 민첩함. えいびん

穎悟〔영오〕 남보다 뛰어나게 총명(聰明)함. えいご

穎異〔영이〕 보통 사람보다 뛰어남. えいい

穎才〔영재〕 뛰어난 재지(才智). えいさい

穎脫〔영탈〕 재지(才智)가 뛰어나고 훌륭하여 두드러짐. えいだつ

【積】 부 禾(벼화변) 획 5—11 훈 쌓을 음 적 ㊥ chi¹ 英 heap up ㊐ セキ. **つむ**. **つもる**

뜻 ①쌓을. ②모을. ③넓이. 부피. ④곱하여 얻은 수.
필순 ⺙千禾秆秸積積
積極〔적극〕 사물에 대하여 그것을 긍정하고 능동적으로 활동함. ↔소극(消極). せっきょく
積金〔적금〕 ①모아 둔 돈. ②목돈을 얻기 위하여 정기적으로 얼마씩 붓는 저금. つみきん
積氣〔적기〕 ①쌓인 기운. ②기체(氣體)가 쌓임. せきき
積分〔적분〕 미분(微分)을 주어서 함수(函數)를 구하는 셈법. 예 ―方程式(방정식). せきぶん
積善〔적선〕 착한 일을 많이 함. 선행(善行)을 쌓음. せきぜん
積雪〔적설〕 쌓인 눈. せきせつ
積雲〔적운〕 뭉게구름. せきうん
積土成山〔적토성산〕 작은 물건도 많이 모이면 상상도 못할 만큼 커 짐을 이름. せきどやまをなす
積弊〔적폐〕 오랫동안 뿌리 박힌 폐단. せきへい
▷露積(노적). 累積(누적). 面積(면적). 山積(산적). 鬱積(울적). 蓄積(축적). 充積(충적). 沖積(충적). 堆積(퇴적).

「穗」 부 禾(벼화변) 획 5—12 훈 이삭 음 수: 中 sui⁴ 英 grain 日 スイ. ほ
뜻 이삭.
필순 ⺙禾秆秈穂穂穗穗
穗狀〔수상〕 곡식의 이삭과 같은 형상. すいじょう
穗狀花〔수상화〕 꽃대에 많이 모여서 이삭 모양으로 피는 꽃. すいじょうか
穗狀花序〔수상화서〕 보리·밀 따위와 같이 외대의 긴 꽃대의 둘레에 꽃꼭지가 없는 여러 개의 꽃이 모여 이삭 모양으로 피는 무한화서(無限花序)의 하나. すいじょうかじょ
穗書〔수서〕 시령(時令)을 반포(頒布)한 것을 실은 책. 신농씨(神農氏)가 지었다 함. すいしょ
穗先〔수선〕 ①곡물(穀物)의 이삭 끝. ②도검(刀劍)의 날 끝. ほさき
穗穗〔수수〕 잘 결실한 벼의 형용.
▷落穗(낙수). 拾穗(습수).

「穩」 부 禾(벼화변) 획 5—14 훈 편안할 음 온: 中 wen³ 英 calm 日 オン. おだやか
뜻 ① 편안할. 안온할. ②곡식 거둬 모을.
필순 ⺙秆秤穩穩穩穩穩
穩健〔온건〕 ①온당하고 건실함. ②순하고 힘이 셈. おんけん
穩當〔온당〕 ①안온(安穩)함. ②사리(事理)에 어그러지지 않고 알맞음. おんとう
穩穩〔온온〕 편안한 모양. おんおん
穩全〔온전〕 결점이 없고 완전함. おんぜん
▷深穩(심온). 安穩(안온). 圓穩(원온). 平穩(평온).

【穫】 부 禾(벼화변) 획 5—14 훈 거둘 음 확 中 huo⁴ 英 harvest 日 カク. かる
뜻 ①거둘. 수확할. ② 땅이름(호).
필순 ⺙禾秆秆秆穫穫穫
▷耕穫(경확). 不耕而穫(불경이확). 收穫(수확).

(5) 穴 部

【穴】 부 穴(구멍혈밑) 획 5—0 훈 구멍 음 혈 中 hsüeh²·⁴ 英 hole; cave 日 ケツ. あな
뜻 ①구멍. 굴. ②구덩이. ③움.
필순 '宀宀穴
穴居〔혈거〕 굴 속에서 삶. 동혈처(穴處). 예 ―時代(시대). けっきょ
穴見〔혈견〕 좁은 의견. けっけん
穴處〔혈처〕 동⇨혈거(穴居). けっしょ
▷孔穴(공혈). 窟穴(굴혈). 洞穴(동혈). 巖穴(암혈).

〖究〗 부 穴(구멍혈밑) 획 5—2 훈 궁구할 음 구 中 chiu⁴ 英 inquire 日 キュウ. きわめる
뜻 ①궁구할. ②다할.
필순 '宀穴究究
究竟〔구경〕 ①궁극(窮極). ②사리(事理)의 마지막. きゅうきょう

究考〔구고〕 깊이 생각함. 끝까지 연구(硏究)함. ㊐고구(考究). きゅうこう
究究〔구구〕 ① 미워하는 모양. ② 그치지 않는 모양. きゅうきゅう
究明〔구명〕 궁구(窮究)하여 밝힘. きゅうめい
▷講究(강구). 考究(고구). 窮究(궁구). 論究(논구). 硏究(연구). 推究(추구). 探究(탐구). 討究(토구).

〖空〗 부 穴(구멍혈밑) 획 5—3 훈 빌 음 공 中 k'ung[1·4] 英 empty 日 クウ. そら. むなしい 뜻 ①빌. ②하늘. ③부질없을.헛될. 필순 ' 宀 宂 空 空 空 空

空間〔공간〕 ①빈 자리. 빈틈. ②천지(天地)의 사이. くうかん
空拳〔공권〕 맨주먹. くうけん
空閨〔공규〕 지아비가 없이 아내가 혼자 자는 방. くうけい
空洞〔공동〕 텅 빈 굴. くうどう
空欄〔공란〕 글자 없이 비워 둔 난. くうらん
空路〔공로〕 항공로(航空路)의 준말. くうろ
空理〔공리〕 근거가 없는 이론. 예 —空談(공담). くうり
空明〔공명〕 고요한 물에 비치는 명월(明月)의 경치. くうめい
空白〔공백〕 종이에 글씨나 그림이 없는 빈 자리. ㊐여백(餘白). くうはく
空腹〔공복〕 빈 속. 배가 고픔. くうふく
空山〔공산〕 사람이 살지 않는 산중(中山). くうざん
空想〔공상〕 이루어질 수 없는 헛된 생각. 예—家(가). くうそう
空手來空手去〔공수래공수거〕 인생은 빈 손으로 왔다가 빈 손으로 감을 이름.
空襲〔공습〕 비행기로 습격함. くうしゅう
空失〔공실〕 헛되이 잃음. くうしつ
空前絶後〔공전절후〕 비교할 만한 것이 이전에도 없고 이후에도 없음. 투철하게 뛰어나서 비교할 만한 것이 없음. くうぜんぜつご
空中樓閣〔공중누각〕 공중에 떠 있는 누각. ㊐신기루(蜃氣樓). くうちゅうろうかく
空地〔공지〕 빈 땅. くうち.あきち
空港〔공항〕 항공기(航空機)가 떠나고 내리는 곳. くうこう
空虛〔공허〕 ①속이 텅 빔. ②방비(防備)가 없음. ③ 하늘. 허공(虛空). くうきょ
▷高空(고공). 碧空(벽공). 天空(천공). 虛空(허공).

【突】 부 穴(구멍혈밑) 획 5—4 훈 부딪칠 음 돌 中 t'u[2] 英 collide 日 トツ. つく 뜻 ①부딪칠. ②우뚝할. 내밀. ③ 굴뚝. ④갑자기. 별안간. 필순 ' 宀 宂 宊 空 突 突 突

突貫〔돌관〕 ① 꿰어 뚫음. ②단숨에 뚫고 나감. とっかん
突厥〔돌궐〕 6세기 중엽, 알타이 산맥 부근에서 일어나, 몽고·중앙 아시아에 큰 나라를 세웠던 터어키계의 유목민(遊牧民). とっくつ. とっけつ
突起〔돌기〕 불쑥 솟음. 또 그 물건. とっき
突發〔돌발〕 일이 별안간 일어남. とっぱつ
突變〔돌변〕 갑자기 변함.
突不燃不生煙〔돌불연불생연〕 아니 땐 굴뚝에 연기 나랴. 무슨 일이든지 근거 없이 유포되는 법이 없음을 이름.
突入〔돌입〕 갑자기 뛰어 들어감. とつにゅう
突出〔돌출〕 ①졸지에 쑥 나옴. ② 쑥 내밀어 있음. とっしゅつ
突破〔돌파〕 뚫고 나아감. とっぱ
▷激突(격돌). 唐突(당돌). 猪突(저돌). 直突(직돌). 衝突(충돌).

[窃] 부 穴(구멍혈밑) 획 5—4 훈 좀도둑 음 절 中 ch'ieh[4] 英 steal 日 セツ. ぬすむ 뜻 ①좀도둑. ② 훔칠. ③몰래. 참고 본竊 필순 ' 宀 宂 宊 空 窃 窃 窃

窃盜〔절도〕 남의 물건을 몰래 훔치는 일. 또 그 사람. 도둑질. 도둑. せっとう
窃發〔절발〕 강도나 절도가 생김. せっぱつ
窃窃〔절절〕 ① 조잘조잘하면서 아

는 체함. ②소근소근 말하는 모양. せつせつ
窃取〔절취〕 몰래 훔쳐 가짐. せっしゅ

「穿」 부 穴(구멍혈밑) 획 5—4 훈 뚫을 음 천: 中 ch'uan[1] 英 bore 日 セン. うがつ
뜻 ①뚫을. 뚫릴. ②개통할. ③구멍. ④꿰뚫을.
필순 宀穴穿穿
穿孔〔천공〕 ①큰 바위 따위를 떼내기 위하여 구멍을 뚫음. ②돈의 구멍. せんこう
穿鑿〔천착〕 ①구멍을 뚫음. ②억지로 끌어대어 이치에 맞게 함. 견강부회(牽强附會)함. ④살살이 조사(調査)함. せんさく
▷貫穿(관천).

[窈] 부 穴(구멍혈밑) 획 5—5 훈 깊을 음 요: 中 yao[3] 英 secluded 日 ヨウ. ふかい
뜻 ①깊을. ②깊고 멀. ③고울. ④얌전할. ⑤안존할.
필순 宀穴穾窈
窈窈〔요요〕 아늑하고 조용한 모양. ようよう
窈窕〔요조〕 ①산수(山水)·궁궐 따위가 아늑한 모양. ②여자의 마음이 얌전하고 고움. ③남자의 행동이 얌전하고 조용함. ④요염한 모양. ようちょう
窈窕淑女〔요조숙녀〕 얌전하고 아름다운 부녀(婦女). 안존한 여자. ようちょうしゅくじょ

[窕] 부 穴(구멍혈밑) 획 5—6 훈 안존할 음 조: 中 t'iao[3] 英 refined 日 チョウ. うつくしい
뜻 ①안존할. ②고요할. ③으슥할. ④고울.
필순 宀穴穸窕窕
▷窈窕(요조).

「窒」 부 穴(구멍혈밑) 획 5—6 훈 막을 음 질 中 chih[4] 英 block 日 チツ. ふさぐ
뜻 ①막을. 막힐. ②질소.
필순 宀穴㝡窒窒窒窒
窒死〔질사〕 숨이 막혀 죽음. 질식(窒息)하여 죽음. ちっし
窒塞〔질색〕 ①막음. 막힘. ②몹시 싫거나 놀라서 기막힐 지경임. ちっそく
窒素〔질소〕 무색·무미·무취(無臭)의 기체(氣體) 원소. ちっそ
窒息〔질식〕 숨이 막힘. ちっそく

〖窓〗 부 穴(구멍혈밑) 획 5—6 훈 창 음 창 中 ch'uang[1] 英 window 日 ソウ.
뜻 창. 지게문. まど
필순 宀穴空窓窓窓
窓口〔창구〕 사무실에서 바깥 손님을 상대하기 위해 만든 자그마한 문. まどぐち
窓外〔창외〕 창 밖. そうがい
窓戶〔창호〕 창과 지겟문의 총칭.
▷同窓(동창). 北窓(북창). 紗窓(사창). 深窓(심창).

[窟] 부 穴(구멍혈밑) 획 5—8 훈 굴 음 굴 中 k'u[1] 英 cave 日 クツ. いわや. あな
뜻 ①굴. ②움. ③소굴.
필순 宀穴穻窟窟窟
窟居〔굴거〕 동굴에서 삶. 또 그 굴. くっきょ
窟穴〔굴혈〕 ①굴 속. ②도적·악한들의 소굴(巢窟). くっけつ
▷洞窟(동굴). 石窟(석굴). 巢窟(소굴). 深窟(심굴).

【窮】 부 穴(구멍혈밑) 획 5—10 훈 다할 음 궁 中 ch'ung[2] 英 exhausted 日 キュウ. きわめる
뜻 ①다할. ②막힐. ③가난할. 궁할. ④ 궁구할. 궁리할.
필순 宀穴穷穷穷窮窮窮
窮境〔궁경〕 동⇨궁지(窮地). きゅうきょう
窮究〔궁구〕 깊이 연구함. きゅうきゅう
窮極〔궁극〕 ①끝. 동극한(極限). ②끝까지 이름. ③할 대로 다함. 한껏 함. きゅうきょく
窮理〔궁리〕 물리 또는 사리를 깊이 연구함. きゅうり
窮迫〔궁박〕 몹시 곤궁(困窮)함. きゅうはく
窮僻〔궁벽〕 아주 외딸고 으슥함. きゅうへき
窮狀〔궁상〕 궁하여 괴로와하고 있는 모양. きゅうじょう
窮相〔궁상〕 곤궁(困窮)하게 생긴 얼굴.

窮餘之策〔궁여지책〕 몹시 궁한 끝에 나온 계책. きゅうよのさく
窮人〔궁인〕 곤궁(困窮)한 사람. きゅうじん
窮人謀事〔궁인모사〕 일이 뜻대로 되지 아니하는 것을 이름.
窮鳥入懷〔궁조입회〕 쫓겨 몹시 급한 새가 사람의 품안으로 들어옴. 곧 몸을 의탁할 곳이 없어서 자기를 바라고 찾아 온 사람은 불쌍히 여겨서 잘 돌보아 주어야 함의 비유. きゅうちょうふところにいる
窮地〔궁지〕 매우 어려운 지경. ㊐ 궁경(窮境). きゅうち
窮村〔궁촌〕 가난한 촌락(村落). きゅうそん
窮追〔궁추〕 멈추지 않고 끝까지 따라감. きゅうつい
窮乏〔궁핍〕 빈궁함. 가난함. 또 그 사람. きゅうぼう
▷困窮(곤궁). 無窮(무궁). 貧窮(빈궁). 追窮(추궁).

「窯」 [부] 穴(구멍혈밑) [획] 5—10 [훈] 가마 [음] 요 ㊥ yao^{2} ㊧ kiln ㊐ ヨウ. かま [뜻] ①가마. 기와가마. ②질그릇. 오지그릇. [필순] 宀 穴 空 窐 窯
窯業〔요업〕 질그릇·사기·벽돌 등을 만드는 직업. ようぎょう

(5) 立　部

〖立〗 [부] 立(설립변) [획] 5—0 [훈] 설 [음] 립 ㊥ li^{4} ㊧ stand ㊐ リツ. たつ [뜻] ①설. 세울. ②곧. ③이룰. [필순] ' 亠 亣 立 立
立脚〔입각〕 근거를 두어 그 처지(處地)에 섬. りっきゃく
立件〔입건〕 혐의 사실을 인정하여 사건을 성립시킴. りっけん
立功〔입공〕 공을 세움. りっこう
立國〔입국〕 나라를 세움. ㊐건국(建國). りっこく
立德〔입덕〕 덕(德)을 세움. 제도(制度)를 마련하여 널리 중생(衆生)을 구제함을 이름. りっとく
立冬〔입동〕 24절기(節氣)의 열 아홉째. 양력 12월 7일이나 8일이 됨. 겨울이 시작된다는 뜻. りっとう
立法〔입법〕 법률(法律) 또는 법규(法規)를 제정(制定)함. ㊎—府(부). りっぽう
立法權〔입법권〕 ① 법을 제정하는 국가의 작용. ↔사법권(司法權)·행정권(行政權). ②국회가 입법의 절차에 참여할 수 있는 권한(權限). りっぽうけん
立身揚名〔입신양명〕 출세(出世)하여 이름을 세상에 들날림. りっしんようめい
立案〔입안〕 ①안을 세움. ②문장의 초(草)를 잡음. りつあん
立言〔입언〕 ①후세(後世)에 전할 만한 말을 남김. ②이론을 세워 이야기함. りつげん
立場〔입장〕 입각(立脚)하고 있는 곳. 당하고 있는 처지(處地). たちば
立證〔입증〕 증거(證據)를 세움. りっしょう
立志〔입지〕 뜻을 세움. りっし
立體〔입체〕 길이·넓이·두께가 있는 물체. ㊐입방체(立方體). りったい
立秋〔입추〕 24절기(節氣)의 열세째. 양력 8월 7일이나 8일이 됨. 가을이 시작된다는 뜻. りっしゅう
立春〔입춘〕 24절기(節氣)의 첫째. 양력 2월 4일전후가 됨. 봄이 시작된다는 뜻. りっしゅん
立夏〔입하〕 이십사절기(二十四節氣)의 일곱째. 양력 5월 6일 전후가 됨. 여름이 시작된다는 뜻. りっか
立憲〔입헌〕 헌법(憲法)을 제정(制定)하여 정치를 행함. りっけん
立會〔입회〕 현장에 입검(臨檢)함. たちあい
▷建立(건립). 官立(관립). 國立(국립). 孤立(독립). 私立(사립).

【竝】 [부] 立(설립변) [획] 5—5 [훈] 아우를 [음] 병: ㊥ ping^{4} ㊧

coexist 日 ヘイ. ならべる. ならびに
뜻 ①아우를. ②함께.
참고 약 並
필순 ' ㅗ 立 立 竝

竝肩〔병견〕 어깨를 겨눔. へいけん
竝驅〔병구〕 나란히 달림. へいく
竝記〔병기〕 함께 아울러 기록함. 또 그 기록. へいき
竝力〔병력〕 힘을 함께 합함. へいりょく
竝列〔병렬〕 ①줄을 섬. ②전지·발전기 따위의 음극(陰極)과 양극(陽極)을 각각 한 줄로 잇고, 다시 이 선의두 끝을 이어서 하나의 전로(電路)로 하는 법. ↔ 직렬(直列). へいりつ
竝流〔병류〕 나란히 흐름. へいりゅう
竝立〔병립〕 나란히 섬. へいりつ
竝書〔병서〕 나란히 씀. へいしょ
竝用〔병용〕 아울러 같이 씀. へいよう
竝進〔병진〕 같이 나란히 나아감. 예農工(농공)―. へいしん
竝唱〔병창〕 둘이 소리를 맞추어서 노래를 부름. 예四重(사중)―. へいしょう
竝置〔병치〕 함께 아울러 둠. へいち
竝稱〔병칭〕 아울러 일컬음. へいしょう
竝行〔병행〕 아울러 감. 아울러 함. へいこう

「站」 부 立(설립변) 획 5―5 훈 역참 음 참: 中 chan⁴ 英 stage of a journey 日 タン. しゅくば
뜻 ①역참. 역마을. ②우두커니 설. ③술잔받치는 그릇.
필순 ㅗ 立 立 站 站 站 站 站

站路〔참로〕 역참을 지나가는 길. たんろ
站數〔참수〕 일을 하다가 쉬는 번수. たんすう
站役〔참역〕 흙으로 만든 도자기(陶磁器)를 고루 잡아서 매만지는 사람. たんえき
站站〔참참〕 ①동안이 있게 이따금 쉬는 시간. ②각 역참(驛站). たんたん
▷兵站(병참). 驛站(역참).

【竟】 부 立(설립변) 획 5―6 훈 마칠 음 경: 中 ching⁴ 英 at last 日 キョウ. ついに
뜻 ①마칠. 끝낼. ②다할. ③끝. ④마침. 필경.
필순 ㅗ 立 音 音 竟

竟境〔경경〕 경계(境界). きょうきょう
竟夕〔경석〕 하룻밤 동안. 밤새도록. きょうせき
竟夜〔경야〕 밤새도록. きょうや
▷究竟(구경). 窮竟(궁경). 終竟(종경). 畢竟(필경).

〖章〗 부 立(설립변) 획 5―6 훈 글 음 장 中 chang¹ 英 sentence 日 ショウ. ふみ. しるし
뜻 ①글. ②문채. ③도장. ④밝을. 나타날.
필순 ㅗ 立 音 音 音 章

章句〔장구〕 글의 장과 구. 또 문장(文章). しょうく
章句學〔장구학〕 장구(章句)에만 구애하여 대의(大義)에 통하지 아니하는 학문. しょうくのがく
章程〔장정〕 법. 규칙. しょうてい
章草〔장초〕 행서(行書)와 초서(草書)의 중간이 되는 서체(書體). しょうしょう
▷肩章(견장). 記章(기장). 旗章(기장). 圖章(도장). 明章(명장). 文章(문장). 印章(인장). 典章(전장). 憲章(헌장). 勳章(훈장).

〖童〗 부 立(설립변) 획 5―7 훈 아이 음 동 中 t'ung² 英 child 日 ドウ. わらべ
뜻 ①아이. ②어릴. 어리석을. ③민둥민둥할.
필순 ㅗ 立 音 音 童 童

童妓〔동기〕 아이 기생. どうぎ
童蒙〔동몽〕 아이. どうもう
童心〔동심〕 아이의 마음. 어린 마음. どうしん
童顏〔동안〕 ①어린애 같은 얼굴. 사심(邪心)이 없는 얼굴. ②늙은이의 젊어 뵈는 얼굴. 예―鶴髮(학발). どうがん
童子〔동자〕 ①아이. ②심부름하는 아이. どうし
童貞〔동정〕 이성(異性)과 한 번도 접촉한 일이 없는 순결(純潔). 지금은 흔히 남자에 씀. ↔치녀

(處女). どうてい

童貞女〔동정녀〕 이성(異性)과 접촉한 일이 없는 순결(純潔)한 여성. どうていじょ

▷神童(신동). 兒童(아동). 幼童(유동). 學童(학동).

［竭］ 부 立(설립변) 획 5—9 훈 다할 음 갈 中 chieh² 英 exhaust 日 ケツ. **つく**す

뜻 ①다할. ②마를(渴과 통용).

필순 亠 立 竏 竭 竭 竭 竭

竭力〔갈력〕 있는 힘을 다함. けつりょく

竭誠〔갈성〕 온 정성(精誠)을 기울「임. けっせい

竭走〔갈주〕 서로 손에 손을 잡고 달림. けっそう

竭盡〔갈진〕 다하여 없어짐. けつ「じん

竭忠報國〔갈충보국〕 충성(忠誠)을 다하여 나라의 은혜를 갚음. けっちゅうほうこく

〖端〗 부 立(설립변) 획 5—9 훈 끝 음 단 中 tuan¹ 英 edge 日 タン. はし. **ただ**す. **は**じめ 「바를. 단정할.

뜻 ①끝. ②실마리. ③

필순 亠 立 立 竌 竌 竌 端 端

端麗〔단려〕 용모(容貌)가 화려하고 언행이 고움. たんれい

端緖〔단서〕 실마리. たんしょ

端雅〔단아〕 단정(端正)하고 아담(雅澹)함. 고움. たんが

端午〔단오〕 음력 5월 초닷샛날의 명절(名節). たんご

端午扇〔단오선〕 단오날에 어른들에게 선사하는 부채. たんごせん

端人〔단인〕 품행이 단정한 사람. 마음이 바른 사람. たんじん

端正〔단정〕 단아(端雅)하고 정대(正大)함. たんせい

端整〔단정〕 단아(端雅)하고 말쑥함. たんせい

▷極端(극단). 末端(말단). 無端(무단). 發端(발단). 四端(사단). 兩端(양단). 戰端(전단).

〖競〗 부 立(설립변) 획 5—15 훈 다툴 음 경: 中 ching⁴ 英 compete 日 キョウ. ケイ. **きそ**う. **せ**る

뜻 ①다툴. ②성할. ③굳셀. ④급할.

필순 亠 立 音 竞 競

競技〔경기〕 ①기술이 낫고 못함을 서로 견주어 다툼. ②운동 경기. きょうぎ 「一場(장). けいば

競馬〔경마〕 말을 달리는 내기. 예

競賣〔경매〕 ①한 물건을 여러 사람이 사게 될 때, 그 중에서 값을 제일 많이 부른 사람에게 팖. ②압류(押留)한 물건을 입찰(入札)에 따라 공매(公賣)함. きょうばい

競演〔경연〕 연극・음악 따위의 연기(演技)를 다툼. きょうえん

競泳〔경영〕 수영(水泳)으로 빠름을 겨루는 수상 경기의 한 가지. きょうえい 「ょうそう

競爭〔경쟁〕 서로 겨루어 다툼. き

競走〔경주〕 일정한 거리를 달음질하여 빠름을 겨루는 육상 경기의 한 가지. 달리기. きょうそう

▷校競(교경). 浮競(부경). 爭競(쟁경). 進競(진경).

(5) 衤 部

「袖」 부 衤(옷의변) 획 5—5 훈 소매 음 수: 中 hsiu⁴ 英 sleeve 日 シュウ. そで

뜻 ①소매. ②소매 안에 넣을.

필순 ' ㇇ 礻 衤 衤 衵 袖 袖

袖口〔수구〕 옷의 소매 부리. しゅうこう 「서 손수 드림.

袖納〔수납〕 편지 따위를 지니고 가

袖裏〔수리〕 소매 속. しゅうり

袖手〔수수〕 손을 소매 속에 넣음. 곧 아무런 일도 하지 않고 있는 모습. 팔장. しゅうしゅ

袖手傍觀〔수수방관〕 ① 팔장을 끼고 보고만 있음. ②일을 하지 못하고 그저 옆에서 보고만 있음. しゅうしゅぼうかん

【被】 부 衤(옷의변) 획 5—5 훈 이불 음 피: 中 pei⁴ 英 receive 日 ヒ. **こうむ**る

뜻 ①이불. ②겉. ③입을·받을. 당할. ④덮을.
필순 ㇇ 衤 衤 衤 衤 被 被

被告〔피고〕 소송사건(訴訟事件)에서 소송을 당한 사람. ↔원고(原告). ひこく
被動〔피동〕 남에게 힘입어 움직임. ↔능동(能動). ひどう
被服〔피복〕 의복. ひふく
被殺〔피살〕 살해(殺害)를 당함. ひさつ
被選〔피선〕 뽑힘. ひせん
被襲〔피습〕 습격(襲擊)을 당함. ひしゅう
被任〔피임〕 어떠한 직책(職責)에 임명(任命)됨. ひにん
被侵〔피침〕 침범(侵犯)을 당함. ひしん
被奪〔피탈〕 빼앗김. 또는 약탈(掠奪)을 당함. ひだつ

【補】 부 衤(옷의변) 획 5—7 훈 기울 음 보: 中 pu³ 英 repair; mend 日 ホ. おぎなう
뜻 ①기울. ②도울. ③보탤. ④맡길.
필순 ㇇ 衤 衤 衤 衤 補 補 補

補強〔보강〕 빈약한 일이나 물건을 채워 더 튼튼하게 함. ほきょう
補缺〔보결〕 ①빈 자리를 채움. 또 그 사람. ②결점(缺點)을 보충(補充)함. 동보궐(補闕). ほけつ
補闕〔보궐〕 ①⇨동보결(補缺). ②당대(唐代) 간관(諫官)의 하나. ③고려 때 중서 문하성(中書門下省)의 낭사(郎舍) 벼슬. ほけつ
補給〔보급〕 물품을 뒷바라지로 보태어서 대어줌. ほきゅう
補償〔보상〕 남의 손해를 메꾸어 갚아 줌. ほしょう
補陽〔보양〕 양기(陽氣)를 도움.
補完〔보완〕 보충하여 완전하게 함.
補塡〔보전〕 부족한 데를 메꾸어 보충(補充)함. ほてん
補助〔보조〕 모자람을 도와 줌. 또는 그 사람. ほじょ
補足〔보족〕 모자라는 것을 보태어 넉넉하게 함. ほそく
補充〔보충〕 모자람을 보태어 채움. 예—隊(대). ほじゅう
補血〔보혈〕 몸의 피를 보충(補充)함. 예—劑(제). ほけつ

▷修補(수보). 轉補(전보). 添補(첨보). 候補(후보).

【裕】 부 衤(옷의변) 획 5—7 훈 넉넉할 음 유: 中 yü⁴ 英 wealthy 日 ユウ. ゆたか
뜻 ①넉넉할. ②너그러울.
필순 ㇇ 衤 衤 衤 衤 衫 裕 裕

裕寬〔유관〕 사물에 너그러워서 엄격(嚴格)하지 않음. ゆうかん
裕福〔유복〕 살림이 넉넉함. 또는 넉넉한 가정. ゆうふく
「(풍유).
▷富裕(부유). 餘裕(여유). 豐裕

「裸」 부 衤(옷의변) 획 5—8 훈 벌거벗을 음 라: 中 luo³ 英 naked 日 ラ. はだか
뜻 ①벌거벗을. ②벌거숭이.
필순 ㇇ 衤 衤 衤 衤 裸 裸

裸麥〔나맥〕 쌀보리. らばく. はだかむぎ
裸跣〔나선〕 알몸과 맨발. らせん
裸葬〔나장〕 관(棺)을 쓰지 않고 시체(屍體)를 염한 채 그대로 묻는 일. らそう
裸體〔나체〕 발가벗은 알몸. らたい
裸出〔나출〕 바깥에 드러남. 노출함. らしゅつ

〔裨〕 부 衤(옷의변) 획 5—8 훈 기울 음 비 中 pi⁴ p⁶i² 英 benefit 日 ヒ. おぎなう. たすける
뜻 ①기울. ②더할. ③도울. ④비장.
필순 ㇇ 衤 衤 衤 裨 裨

裨補〔비보〕 도와서 모자람을 채움. ひほ
裨益〔비익〕 ① 보태어 도움. ②유익(有益)함. ひえき
裨將〔비장〕 ①부장군(副將軍). ②감사(監使)·유수(留守)·병사(兵使)·수사(水使) 등을 따라다니던 관원(官員)의 하나. ひしょう
裨海〔비해〕 작은 바다. ひかい

【複】 부 衤(옷의변) 획 5—9 훈 겹칠 음 복 中 fu⁴ 英 double 日 フク. かさねる. ふたたび
뜻 ①겹칠. ②겹옷.
필순 ㇇ 衤 衤 衤 衤 複 複 複

複寫〔복사〕 ①한 번 베낀 것을 거듭 베낌. ②두 장 이상을 포개

어 한번에 베끼는 일. ③그림이나 사진 같은 것을 복제(複製)함. [예]—版(판). ふくしゃ

複線〔복선〕①겹줄. ②[동]복선 궤도(複線軌道). ↔단선(單線). ふくせん

複線軌道〔복선궤도〕두 가닥 이상으로 베푼 선로(線路). ↔단선궤도(單綿軌道).

複式〔복식〕①복잡한 방식. ②[동]복식부기(複式簿記). ③두 항(項) 이상으로 된 셈의 방식. ↔단식(單式). ふくしき

複雜〔복잡〕사물의 갈피가 뒤섞여서 어수선함. ふくざつ

複製〔복제〕①저작물(著作物)·그림·사진 등을 그 저자·필자 이외의 사람이 똑같이 만듦. ②예전 판본(版本)을 다시 새김. ふくせい 「합함. ふくごう

複合〔복합〕두 가지 이상을 겹쳐

▷重複(중복).

［褘］[부] 衤(옷의변) [획] 5—9 [훈] 아름다울 [음] 위 [中] huei[1] [英] beautiful [日] キ. **うつく**しい. においぶくろ 「왕후제복(휘).
[뜻] ①아름다울. ②향주머니. ③
[필순] ㇀ 礻 衤 衤 褘 褘

褘衣〔휘의〕왕후(王后)의 제복(祭服). きい

(6) 竹 部

〚竹〛[부] 竹(대죽머리) [획] 6—0 [훈] 대 [음] 죽 [中] chu[2] [英] bamboo [日] チク. たけ
[뜻] ①대. ②피리. ③성.
[필순] ⺅ 竹

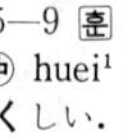

竹簡〔죽간〕종이가 없던 옛날에 글씨를 쓰던 댓조각. ちくかん 「き

竹器〔죽기〕대로 만든 그릇. ちく

竹奴〔죽노〕[동]⇨죽부인(竹夫人).

竹林七賢〔죽림칠현〕진(晉)나라의 초세(初世)에 노장 허무(老莊虛無)의 학문을 숭상한 완적(阮籍)·혜강(嵇康)·산도(山濤)·향수(向秀)·유령(劉伶)·왕융(王戎)·완함(阮咸) 등 일곱 사람. 늘 죽림(竹林)에서 놀았으므로 이름. ちくりんのしちけん

竹馬〔죽마〕아이들이 장난할 때 두 다리로 걸터 타고 다니는 대막대기. 대말. ちくば

竹馬故友〔죽마고우〕어릴 때부터 같이 놀던 친한 벗. [동]죽마구우(竹馬舊友). ちくばこゆう

竹馬舊友〔죽마구우〕[동]⇨죽마고우(竹馬故友).

竹夫人〔죽부인〕여름 밤에 끼고 자면서 서늘한 기운을 얻는 데 쓰는 대오리로 만든 제구. [동]죽노(竹奴). ちくふじん

竹筍〔죽순〕대순. [동]죽태(竹胎). ちくしゅん. たけのこ

竹杖〔죽장〕대지팡이. ちくじょう

竹節〔죽절〕대나무의 마디. ちくせつ 「しん. たけまくら

竹枕〔죽침〕대로 만든 베개. ちく

竹針〔죽침〕대바늘. ちくしん. たけはり 「たい

竹胎〔죽태〕[동]⇨죽순(竹筍). ちく

△大竹(대죽). 石竹(석죽). 烏竹(오죽). 靑竹(청죽). 爆竹(폭죽).

「竺」[부] 竹(대죽머리) [획] 6—2 [훈] 대나무 [음] 축 [中] chu[2] [英] India [日] ジク 「터울(독).
[뜻] ①대나무. ②나라이름. ③두
[필순] ⺮ 竺竺

竺經〔축경〕불경(佛經).

▷天竺(천축).

「竿」[부] 竹(대죽머리) [획] 6—3 [훈] 장대 [음] 간 [中] kan[1] [英] pole [日] カン. さお
[뜻] ①장대. ② 낚싯대. ③횃대.
[필순] ⺮ 竺竿

竿牘〔간독〕편지. [동]서찰(書札).

竿頭〔간두〕장대 끝. かんとう

竿頭之勢〔간두지세〕궁박(窮迫)한 형세. 몹시 궁한 형세. かんとうのいきおい 「쓰는 장대.

竿尺〔간척〕토지(土地)의 측량에

▷百尺竿頭(백척간두).

〚笑〛[부] 竹(대죽머리) [획] 6—4 [훈] 웃음 [음] 소: [中] hsiao[4]

[英] laugh [日] ショウ. **わらう. えみ. あなどる**

[뜻] ①웃음. ②웃을.

[필순] ⺮ 竺笑

笑納〔소납〕 보잘것 없는 물건이니 웃으며 받아 달라는 말. 편지에 씀. [동]소류(笑留). しょうのう

笑留〔소류〕 [동]⇨소납(笑納). しょうりゅう

笑殺〔소살〕 ①웃으면서 사람을 골림. ②대단히 웃음. 살(殺)은 조자(助字). しょうさつ

笑語〔소어〕 ①웃으면서 이야기함. ②우스운 이야기. しょうご「えつ

笑悅〔소열〕 웃으며 기뻐함. しょう

笑容〔소용〕 웃는 얼굴. しょうよう

笑資〔소자〕 웃음거리. しょうし

笑中刀〔소중도〕 웃음 속에 품은 칼. 곧 겉으로는 웃지만 마음 속에는 칼을 품은 음흉한 사람을 이름. しょうちゅうのとう

笑話〔소화〕 우스운 이야기. 웃음거리. しょうわ. わらいばなし

▷可笑(가소). 苦笑(고소). 冷笑(냉소). 談笑(담소). 大笑(대소). 微笑(미소). 憫笑(민소). 失笑(실소). 一笑(일소).

「笏」 [부] 竹(대죽머리) [획] 6—4 [훈] 홀 [음] 홀 [中] bu¹ [英] wooden mace [日] コツ. しゃく

[뜻] 홀.

[필순] ⺮ 笏笏笏

笏〔홀〕 천자(天子) 이하 공경 사대부(公卿士大夫)가 조복(朝服)을 입었을 때 띠에 끼고 다니는 것. 군명(君命)을 받았을 때 이것에 기록함. 옥(玉)·상아(象牙)·대나무 따위로 만들었음. こつ

▷簪笏(잠홀).

「笠」 [부] 竹(대죽머리) [획] 6—5 [훈] 갓 [음] 립 [中] li⁴ [英] bamboo-hat [日] リュウ. かさ

[뜻] ①갓. ②삿갓.

[필순] ⺮ 笠笠

笠帽〔입모〕 갓모. りゅうぼう

笠房〔입방〕 갓방. りゅうぼう

笠子〔입자〕 삿갓. 자(子)는 조사(助辭).

▷草笠(초립).

【符】 [부] 竹(대죽머리) [획] 6—5 [훈] 병부 [음] 부 [中] fu² [英] charm; amulet [日] フ. **わりふ.** しるし

[뜻] ①병부. ②부적. ③부신. ④증거할. ⑤꼭맞을. 부합할.

[필순] ⺮ 符符

符命〔부명〕 천자(天子)의 명령.

符祥〔부상〕 상서로운 징조. [동]상서(祥瑞). ふしょう

符信〔부신〕 나뭇조각이나 대나뭇조각에 글을 쓰고 증인(證印)을 찍은 후에 두 쪽으로 쪼개어 한 조각은 상대자에게 주고, 다른 한 조각은 자기가 보관하였다가 후일(後日)에 서로 맞추어 증거(證據)로 삼는 것. [동]부절(符節). ふしん

符應〔부응〕 하늘에서 부명(符命)이 내린 데 대한 반응. ふおう

符節〔부절〕 [동]⇨부신(符信). ふせつ

符牒〔부첩〕 증거가 되는 서류(書類). [동]부호(符號). ふちょう

符合〔부합〕 부신(符信)이 서로 꼭 들어맞는 것같이 조금도 틀림이 없이 꼭 들어맞음. ふごう

符號〔부호〕 ①부첩(符牒). ②기호(記號). ふごう 「印(천부인).

▷神符(신부). 音符(음부). 天符

【笛】 [부] 竹(대죽머리) [획] 6—5 [훈] 저 [음] 적 [中] ti² [英] flute [日] テキ. ふえ

[뜻] ①저. ②피리. ③날라리.

[필순] ⺮ 笛笛笛

笛聲〔적성〕 피리를 부는 소리. てきせい

▷汽笛(기적). 牧笛(목적). 玉笛(옥적). 草笛(초적). 胡笛(호적).

〖第〗 [부] 竹(대죽머리) [획] 6—5 [훈] 차례 [음] 제: [中] ti⁴ [英] order [日] ダイ. テイ. ついで. やしき 「거. ④다만.

[뜻] ①차례. ②집. ③과

[참고] [약] 苐

[필순] ⺮ 笰第第

第舍〔제사〕 ①왕후(王侯)의 집. ②규모가 큰 집. [동]저택(邸宅). 제택(第宅). ていしゃ

第三人稱〔제삼인칭〕 대화자(對話者) 이외의 사람의 이름을 대신하여 쓰는 대명사(代名詞). だいさんにんしょう

第六感〔제육감〕 사람이 가진 바 오감(五感) 이외에 무엇을 직각(直覺)하는 한 신비한 심리 작용. ㊐ 직관(直觀). だいろっかん

第二人稱〔제이인칭〕 자기(自己)와 대화(對話)하는 사람의 대명사(代名詞). 대칭대명사(對稱代名詞). だいににんしょう

第一江山〔제일 강산〕 경치가 매우 좋은 산수. だいいちこうざん

第一義〔제일의〕 ①근본(根本)되는 뜻. 가장 중요한 뜻. ②가장 심오(深奧)한 묘리(妙理). ③최상의 방법. だいいちぎ

第一人稱〔제일인칭〕 말하는 사람의 자칭(自稱). 자칭대명사(自稱代名詞). だいいちにんしょう

第七天國〔제칠천국〕 위안(慰安)의 이상향(理想鄕). だいしちてんごく 「(별제). 私第(사제).

▷及第(급제). 登第(등제). 別第

【筋】 부 竹(대죽머리) 획 6—6 훈 힘줄 음 근 ㊥ chin¹ ㊎ muscle ㊐ キン. すじ

뜻 ①힘줄. ②힘기운.

필순 ⺈ ⺮ 笳 筋 筋 筋

筋骨〔근골〕 ①힘줄과 뼈. ②몸. 힘. 체력. ③필법(筆法)을 이름. きんこつ

筋斗〔근두〕 곤두박질. きんと

筋力〔근력〕 근육(筋肉)의 힘. 체력. きんりょく

筋肉〔근육〕 힘줄과 살. 곧 신체(身體). きんにく 「(철근).

▷膠筋(교근). 轉筋(전근). 鐵筋

【答】 부 竹(대죽머리) 획 6—6 훈 대답할 음 답 ㊥ ta¹·² ㊎ answer ㊐ トウ. こたえる

뜻 ①대답할. ②갚을.

필순 ⺈ ⺮ 笁 笑 笒 笞 答 答

答禮〔답례〕 남에게 받은 예를 갚는 예. とうれい

答拜〔답배〕 남에게 절을 받을 때 그 갚음으로 하는 절. とうはい

答辯〔답변〕 물음에 대답하여 하는 변명(辨明). とうべん

答辭〔답사〕 ①회답하는 말. ②식장(式場)에서 식사(式辭)·축사에 대하여 대답하는 말. とうじ

答書〔답서〕 ㊐⇨답장(答狀). とう

答信〔답신〕 ㊐⇨답장(答狀).「しょ

答案〔답안〕 ①문제의 해답. ②대답한 안건(案件). とうあん

答狀〔답장〕 회답하는 편지. ㊐답서(答書). 답신(答信). とうじょう

答電〔답전〕 회답하는 전보(電報). ㊐회전(回電). とうでん

▷名答(명답). 問答(문답). 報答(보답). 愚問賢答(우문현답). 應答(응답). 正答(정답).

【等】 부 竹(대죽머리) 획 6—6 훈 무리 음 등: ㊥ têng³ ㊎ grade ㊐ トウ. ひとしい

뜻 ①무리. ②등급. ③같을. 견줄. ④따위. ⑤기다릴.

필순 ⺈ ⺮ 笁 竺 筀 等 等

等角〔등각〕 서로 같은 각. とうかく 「등의 차례. とうきゅう

等級〔등급〕 고하(高下)·우열(優劣)

等待〔등대〕 미리 기다리고 있음. とうたい

等列〔등렬〕 ①같은 지위(地位). 또 같은 지위에 있음. ②㊐등위(等位). とうれつ

等輩〔등배〕 동아리. ㊐동배(同輩). とうはい 「へん

等邊〔등변〕 길이가 같은 변. とう

等分〔등분〕 똑같이 나눔. 또 그 분량(分量). とうぶん

等比〔등비〕 ①모두. 다 같이. ②두 개의 비(比)가 서로 똑 같게 된 비(比). とうひ

等身〔등신〕 키와 같은 길이. ㊀八(팔)—. とうしん

等位〔등위〕 지위·귀천(貴賤)·상하의 구별. ㊐등렬(等列). とうい

等閑〔등한〕 마음에 두지 아니함. 대수롭게 여기지 아니함. ㊀—視(시). とうかん

▷均等(균등). 同等(동등). 上等

(상등). 殊等(수등). 劣等(열등). 絶等(절등). 平等(평등). 下等(하등). 何等(하등).

【策】 부 竹(대죽머리) 획 6—6 훈 꾀 음 책 中 ts'ê⁴ 英 plan 日 サク. はかりごと

뜻 ①꾀. 계책. ②책. 문서. ③채찍. ④대쪽. ⑤문체이름.

필순 ⺈ 竹笁筞笧策策

策略〔책략〕 꾀. 계략(計略). 동책모(策謀). さくりゃく

策慮〔책려〕 계책(計策)을 생각함. さくりょ

策勉〔책면〕 계책을 세워서 힘씀. 「さくめん

策名〔책명〕 이름을 신적(臣籍)에 올림. 즉 신하가 됨. さくめい

策命〔책명〕 천자(天子)가 수여하는 사령장. 또 그 사령장을 수여함. さくめい

策謀〔책모〕 동⇨책략(策略). さくぼう

策問〔책문〕 과거(科擧)에 시문(試問)의 문제를 내어 고시함. 또 그 문체(文體). さくもん

策士〔책사〕 온갖 꾀를 잘 내는 사람. 동모사(謀士). さくし

▷計策(계책). 對策(대책). 方策(방책). 秘策(비책). 上策(상책). 失策(실책). 遺策(유책). 畫策(획책).

「筒」 부 竹(대죽머리) 획 6—6 훈 대통 음 통 中 t'ung³ 英 pipe 日 トウ. つつ

뜻 대통. 통.

필순 ⺈ 竺筒筒筒筒

▷封筒(봉통). 連筒(연통). 竹筒(죽통). 吹筒(취통). 號筒(호통).

〖筆〗 부 竹(대죽머리) 획 6—6 훈 붓 음 필 中 pi⁴ 英 writing brush 日 ヒツ. ふで

뜻 ①붓. ②글씉.

필순 ⺈ 竺笋筝筝筆

筆耕〔필경〕 글씨를 쓰는 일을 직업으로 삼음. ひっこう

筆談〔필담〕 글로 써서 서로 의사(意思)를 통함. ひつだん

筆答〔필답〕 글로 써서 대답(對答)함. ひっとう

筆力〔필력〕 ①글씨의 획에 드러난 힘. ②문장의 힘. 동필세(筆勢). ひつりょく

筆名〔필명〕 ①글씨를 잘 씀으로 인하여 떨치는 명성. 글씨를 잘 쓴다는 평판 ②글을 써서 발표할 때 쓰는 본명(本名) 아닌 이름. ひつめい

筆墨〔필묵〕 ①붓과 먹. ②문장(文章). ③필적(筆蹟). ひつぼく

筆法〔필법〕 ①글씨를 쓰는 법칙. ②문장을 짓는 방법. ひっぽう

筆鋒〔필봉〕 ①붓 끝. ②붓의 놀림새. 곧 문장(文章)에 드러난 힘. ひっぽう

筆算〔필산〕 ①씀과 셈. 습자(習字)와 산술. ②숫자(數字)를 써서 운산(運算)함. 또 그 산술. 붓셈. ↔주산(珠算)·암산(暗算). ひっさん

筆舌〔필설〕 붓과 혀. 곧 문장과 언론. ひつぜつ

筆勢〔필세〕 동⇨필력(筆力).

筆者〔필자〕 ①글씨를 쓴 사람. ②글을 지은 사람. ひっしゃ

筆才〔필재〕 문장의 재능. ひっさい

筆蹟〔필적〕 ①쓴 글씨의 형적(形迹). 쓰여진 글씨. ②글씨의 솜씨. ひっせき

筆戰〔필전〕 ①문필의 우열(優劣)을 다툼. ②글로써 서로 다툼. ③붓이 떨림. ひっせん

筆陣〔필진〕 정기 간행물의 집필 진용.

筆致〔필치〕 글씨나 글의 솜씨. 글이나 글씨의 됨됨이. ひっち

筆禍〔필화〕 글 때문에 입는 재앙(災殃). 지은 시문(詩文)이 말썽이 되어 화를 당하는 일. 예—事件(사건). ひっか

筆畫〔필획〕 글자의 획. 동자획(字畫).

▷健筆(건필). 硬筆(경필). 亂筆(난필). 短筆(단필). 大筆(대필). 妙筆(묘필). 自筆(자필). 絶筆(절필). 拙筆(졸필). 畫筆(화필).

[箜] 부 竹(대죽머리) 획 6—8 훈 공후 음 공(공:) 中 k'ung¹ 英 ancient lute 日 コウ. ク. くだらごと

뜻 공후. 악기이름.

필순 ⺈ 竺箜箜箜箜

箜篌〔공후〕 옛적부터 동양(東洋)에 보급되었던 현악기(絃樂器). ㊐백제금(百濟琴). くごし
箜篌引〔공후인〕 고조선(古朝鮮)의 곽리자고(霍里子高)의 아내 여옥(麗玉)이 공후(箜篌)를 타면서 부른 노래.

【管】 부 竹(대죽머리) 획 6—8 훈 대롱 음 관(관ː) ㊥kuan³ ㊍ pipe ㊐ カン. くだ
뜻 ①대롱. ②피리. ③붓대. ④주관할.
필순 ⺮ 竺竺符管管

管見〔관견〕 대통 구멍으로 내다봄. 또 그 보는 바. 곧 넓지 못한 견문(見聞). 좁은 소견. かんけん
管領〔관령〕 맡아 다스림. かんりょう
管理〔관리〕 ① 사무를 관할(管轄) 처리함. ②물건을 보관함. ③사람을 지휘 감독함. かんり
管攝〔관섭〕 맡음. 지배(支配)함. かんしょう
管奏〔관주〕 관악기(管樂器)를 불어 음악을 연주함. かんそう
管下〔관하〕 관할(管轄)하는 구역 안. 지배하는 안. かんか
管轄〔관할〕 ①문을 여는 열쇠와 수레의 굴대를 빠지지 않게 꽂는 빗장. ②맡아 다스림. 지배함. 관리(管理)함. かんかつ
管絃樂〔관현악〕 관악기(管絃器)·타악기(打樂器) 등의 여러 악기로 합주(合奏)하는 음악. 오케스트라. かんげんがく
▷保管(보관). 試驗管(시험관). 煙管(연관). 玉管(옥관). 清管(청관).

「箕」 부 竹(대죽머리) 획 6—8 훈 키 음 기 ㊥ chi³ ㊍ winnow ㊐ キ. み
뜻 ① 키. 삼태기. ② 쓰레받기. ③별이름. ④바람귀신. ⑤다리뻗고앉을.
필순 ⺮ 竺笁笁笁箕箕箕

箕山〔기산〕 중국의 하남성(河南省) 등봉현(登封縣)의 동남에 있는 산. 요(堯)임금 때 소부(巢父)와 허유(許由)가 이 산에서 은거(隱居)하였고, 또 후에 백익(伯益)이 우(禹)임금의 선양(禪讓)을 피하여 이 산으로 들어갔다 함. きざん
箕子〔기자〕 은(殷)나라의 태사(太師). 주왕(紂王)의 숙부로서 주왕을 자주 간하다가 잡히어 종이 됨. 은나라가 망한 후 조선에 도망하여 기자 조선을 창업(創業)하였다 함. きし
箕子杖〔기자장〕 기자(箕子)의 유물이라고 하여 전해 오는 지팡이. きしじょう
箕帚〔기추〕 쓰레받기와 비. きそう

〖算〗 부 竹(대죽머리) 획 6—8 훈 셈할 음 산ː ㊥ suan⁴ ㊍ calculate; number ㊐ サン. かぞえる 「산가지.
뜻 ①셈할. ②꾀할. ③
필순 ⺮ 竺笞笞笪算算算

算計〔산계〕 세어 헤아림. ㊐계산(計算). さんけい
算曆〔산력〕 산법(算法)과 역상(曆象). さんれき
算博士〔산박사〕 ①산술(算術)의 박사. ②시구(詩句)에 수자(數字)를 많이 쓰는 시인(詩人)을 조롱하는 말. さんはかせ
算盤〔산반〕 수판(珠盤). ㊐수판(數板). 주판(籌板). さんばん. そろばん
算上〔산상〕 계산에 넣음. 계산함. 세어 냄. 셈. ㊐算出(산출). さんしょう 「しゅつ
算出〔산출〕 ㊐⇨산상(算上). さん
算學〔산학〕 계산(計算)에 관한 학문. さんがく
▷計算(계산). 無算(무산). 速算(속산). 神算(신산). 暗算(암산). 曆算(역산). 演算(연산). 遠算(원산). 推算(추산).

「箋」 부 竹(대죽머리) 획 6—8 훈 글 음 전 ㊥ chien¹ ㊍ letter ㊐ セン. はりふだ
뜻 ①글. 편지. ②기록할. ③문체. ④주할.
필순 ⺮ 竺笺笺箋箋箋

箋文〔전문〕 길흉(吉凶)이 있을 때에 임금에게 아뢰던 사륙체(四六體)의 글. せんぶん

箋釋〔전석〕 동⇨전주(箋注). せんしゃく

箋注〔전주〕 본문(本文)의 뜻을 풀이함. 동전주(箋註)·전석(箋釋). せんちゅう

▷短箋(단전). 附箋(부전). 御箋(어전). 用箋(용전). 吟箋(음전).

[箠] 부 竹(대죽머리) 획 6—8 훈 채찍 음 추 中 ch'uie² 英 whip 日 スイ. むち

뜻 ①채찍. ②볼기채.

필순 ⺮ 竺 箠 箠

箠罵〔추매〕 채찍으로 치고 꾸짖어 욕함. すいば

箠楚〔추초〕 ①채찍으로 침. ②매로 볼기를 치던 형벌(刑罰). 동태형(笞刑). すいそ

【範】 부 竹(대죽머리) 획 6—9 훈 법 음 범: 中 fan⁴ 英 law; pattern 日 ハン. のり

뜻 ①법. ②본보기. 골. ③범위.

필순 ⺮ 笵 範 範

範軌〔범궤〕 본보기가 될 법식(法式). 규칙(規則). 동궤범(軌範) はんき

範例〔범례〕 본보기. はんれい

範圍〔범위〕 ①일정한 한계 안에 넣음. ②한계를 그음. 일정한 형식에 넣어 에워쌈. ③일정한 한계 안. はんい

▷教範(교범). 規範(규범). 模範(모범). 師範(사범). 垂範(수범). 洪範(홍범).

「箱」 부 竹(대죽머리) 획 6—9 훈 상자 음 상 中 hsiang¹ 英 box 日 ショウ. はこ

뜻 ①상자. ②곳집(廂과 통용).

필순 ⺮ 笁 箱 箱

箱房〔상방〕 옛날 관청의 앞이나 좌우에 길게 지은 집. しょうぼう

箱子〔상자〕 나무·대·종이 따위로 만든 뚜껑이 있는 손그릇. はこ

「篆」 부 竹(대죽머리) 획 6—9 훈 전자 음 전: 中 chuan⁴ 英 seal 日 テン

뜻 ①전자. ②도장.

필순 ⺮ 竺 篆 篆

篆刻〔전각〕 ①전자(篆字)로 도장(圖章)을 새김. ②꾸밈이 많고 실질(實質)이 없는 문장(文章). てんこく

篆隷〔전례〕 전서(篆書)와 예서(隷書). てんれい

篆書〔전서〕 동⇨전자(篆字). てんしょ

篆額〔전액〕 석비(石碑)의 상액(上額)에 전자(篆字)로 새긴 제자(題字). てんがく

篆字〔전자〕 전체(篆體)의 글자. 또는 전문(篆文). 동전서(篆書). てんじ

篆字官〔전자관〕 이조(李朝) 때 도화서(圖畫署)의 벼슬 이름. てんじかん

篆海心鏡〔전해심경〕 김 진흥(金振興) 지은 전서 사전(篆書辭典). てんかいしんきょう

篆畫〔전획〕 한문 전자(篆字)의 획(畫). てんかく

〖節〗 부 竹(대죽머리) 획 6—9 훈 마디 음 절 中 chieh² 英 joint 日 セツ. ふし

뜻 ①마디. ②절개. ③때. 철. ④예절. ⑤풍류가락.

참고 약 節

필순 ⺮ 笞 節 節

節減〔절감〕 절약(節約)하여 줄임. 또 적당히 줄임. せつげん

節概〔절개〕 지조(志操). せつがい

節氣〔절기〕 ①한 해를 스물 넷으로 나눈 하나. ②24절기(節氣)가운데 양력(陽曆) 매월 상순(上旬)에 드는 절기의 특칭(特稱). 곧 입춘·경칩·청명 등. せっき

節度〔절도〕 ①법도(法度). ②일이나 행동을 똑똑 끊어 맺는 마디. 가락. せつど

節度使〔절도사〕 ①당송(唐宋)시대에 한 지방의 군정(軍政) 및 행정 사무를 맡았던 벼슬. ②이조(李朝) 때 병마절도사(兵馬節度使)와 수군절도사(水軍節度使)의 총칭(總稱). せつどし

節約〔절약〕 아끼어 군 비용이 나지 않게 함. 동검약(儉約). せ

つやく　「理). [동]의절(義節).
節義〔절의〕 절개(節槪)와 의리(義
節制〔절제〕 ①알맞게 한정함. ②
극기(克己)・금욕(禁慾)에 통하
는 덕의 하나. 감상적 욕구를 이
성(理性)의 제어(制御)로 조화
시킴. せつせい
節次〔절차〕 일을 하여 가는 차례.
せつじ　「つこう
節候〔절후〕 사철의 절기(節氣). せ
▷季節(계절). 曲節(곡절). 關節
(관절). 多節(동절). 名節(명절).
復活節(부활절). 使節(사절). 守
節(수절). 時節(시절). 禮節(예
절). 音節(음절). 貞節(정절).
忠節(충절). 夏節(하절). 寒節
(한절). 換節(환절).

〖篇〗 [부] 竹(대죽머리) [획] 6—9
[훈] 책 [음] 편 [中] p'ien[1] [英]
book; section [日] ヘン.
ふみ
[뜻] ①책. ②편. 글.
[필순] ⺮笁笸筥篇篇篇
篇卷〔편권〕 서책(書册). 서적(書
籍). へんかん 「능(才能). へんぎ
篇技〔편기〕 시문(詩文)을 짓는 재
篇首〔편수〕 편장(篇章)의 처음. へ
んしゅ
篇章〔편장〕 ①시문(詩文)의 편과
장. ②문장. 또 서적(書籍). へ
んしょう　「례. へんじ
篇次〔편차〕 책의 부류(部類)의 차
篇篇〔편편〕 가볍게 날리는 모양.
[동]편편(翩翩). へんぺん
篇翰〔편한〕 ①문장(文章). [동]편장
(篇章). ②시문(詩文). へんかん
▷佳篇(가편). 名篇(명편). 詩篇
(시편). 長篇(장편). 陳篇(진편).

〖篌〗 [부] 竹(대죽머리) [획] 6—9
[훈] 공후 [음] 후 [中] hou[2]
[英] ancient lute [日] コウ. く. ご
[뜻] 공후. 악기이름.　⌊こと
[필순] ⺮笁笁筷篌篌篌

【篤】 [부] 竹(대죽머리) [획] 6—10
[훈] 도타울 [음] 독 [中] tu[3]
[英] generous [日] トク. あつい
[뜻] ①도타울. ②순수할. ③병위
[필순] ⺮笁笃笃篤篤篤　⌊독할.
篤敬〔독경〕 인정이 두텁고 공손함.
[동]독공(篤恭). とっけい 「とっこ
篤固〔독고〕 뜻이 독실하고 굳음.
篤恭〔독공〕 [동]⇨독경(篤敬). とっ
きょう　「とっきん
篤謹〔독근〕 대단히 근엄(謹嚴)함.
篤誠〔독성〕 독실(篤實)하고 성의가
있음. とっせい. とくせい
篤愼〔독신〕 대단히 신중(愼重(함.
とっしん. とくしん　「つ
篤實〔독실〕 성실(誠實)함. とくじ
篤志〔독지〕 독실하고 친절한 뜻이
나 마음. とくし　「くがく
篤學〔독학〕 독실하게 공부함. と
篤行〔독행〕 ①독실한 행위(行爲).
②성실히 이행함. とっこう
篤厚〔독후〕 독실(篤實)하고 인정이
많음. とっこう. とくこう
△謹篤(근독). 敦篤(돈독). 純篤
(순독). 仁篤(인독).

【築】 [부] 竹(대죽머리) [획] 6—10
[훈] 쌓을 [음] 축 [中] chu[2]
[英] build [日] チク. きずく
[뜻] ①쌓을. ②다질. ③집지을.
[필순] ⺮笁筑筑築築築
築城〔축성〕 성(城)을 쌓음. ちく
じょう
築堤〔축제〕 둑을 쌓음. ちくてい
築造〔축조〕 쌓아 만듦. ちくぞう
築港〔축항〕 항만(港灣)의 자연을
이용하여 선박의 정박(碇泊)에
필요한 공사를 베풂. 항구를 만
듦. ちくこう
▷架築(가축). 改築(개축). 修築
(수축). 新築(신축). 營築(영
축). 增築(증축).

【簡】 [부] 竹(대죽머리) [획] 6—12
[훈] 편지 [음] 간: [中] chien[3]
[英] letter; abridge [日] カン. て
がみ
[뜻] ①편지. 글월. ②대쪽. ③간
략할. ④가릴. 분별할. ⑤쉬
[필순] ⺮笁笁筲筲簡簡　⌊울.
簡潔〔간결〕 ①간단하고 요령이 있
음. [동]간요(簡要). ②대범(大
泛)하고 결백함. かんけつ
簡古〔간고〕 시문(詩文) 같은 것이
간결(簡潔)하고 고아(古雅)함.

簡記〔간기〕 지령서. 명령서. ㊀책서(策書). 「たん
簡短〔간단〕 ㊀⇨간단(簡單). かん
簡單〔간단〕 간단하고 단출함. ㊀간단(簡短). ↔복잡(複雜). かんたん
簡略〔간략〕 ①복잡하지 아니함. 까다롭지 아니함. ②간단히 함. ③성질이 잘지 아니함. 대범(大泛)함. ㊀간약(簡約). かんりゃく
簡明〔간명〕 간단하고 명료함. かんめい 「默). かんもく
簡默〔간묵〕 말이 적음. ㊀과묵(寡
簡拔〔간발〕 가려냄. 선발(選拔)함. かんばつ
簡散〔간산〕 삼가하지 않고 제멋대로 놂. 방자(放恣)함. かんさん
簡選〔간선〕 가림. 고름. 선발함. ㊀간택(簡擇). かんせん 「さい
簡細〔간세〕 간략함과 세밀함. かん
簡素〔간소〕 ① 대범(大泛)하고 검소함. ②글씨를 쓰는 대쪽과 흰 명주. 옛날에 종이 대신으로 썼음. かんそ
簡約〔간약〕 복잡하지 아니함. 까다롭지 아니함. ㊀간략(簡略). かんやく 「かんえつ
簡閱〔간열〕 가림. 살펴봄. 조사함.
簡要〔간요〕 간략하고 요령이 있음. ㊀간결(簡潔). かんよう
簡易〔간이〕 ①간단하고 쉬움. ②성품(性品)이 까다롭지 아니함. かんい 「かんいえき
簡易驛〔간이역〕 시설이 간단한 역.
簡切〔간절〕 문장이 간단하고 절실(切實)함. かんせつ
簡定〔간정〕 가려 정함. かんてい
簡紙〔간지〕 두껍고 품질(品質)이 좋은 편지 쓰는 종이. かんし
簡直〔간직〕 간략(簡略)하고 바름. かんちょく
簡札〔간찰〕 ㊀⇨간첩(簡牒).
簡册〔간책〕 옛날 종이 대신으로 글씨 쓰던 대쪽. ㊀서책(書册)·간책(簡策)·간편(簡編). かんさつ
簡策〔간책〕 ㊀⇨간책(簡册). かんさく 「㊀간찰(簡札). かんちょう
簡牒〔간첩〕 글씨를 쓰는 나뭇조각.
簡擇〔간택〕 ㊀⇨간선(簡選). かんたく 「册). かんぺん
簡編〔간편〕 책. 서적. ㊀간책(簡
▷斷篇殘簡(단편잔간). 書簡(서간). 竹簡(죽간).

「簾」 부 竹(대죽머리) 획 6—13 훈 발 음 렴: ㊥ lien² ㊄ window screen ㊐ レン. すたれ
뜻 발.
필순 ⺮⺮⺮⺮簾簾簾簾

簾幕〔염막〕 발과 장막. れんまく
簾影〔염영〕 발의 그림자. れんえい
簾波〔염파〕 발이 흔들려서 그림자가 물결처럼 움직이는 일. れんぱ 「(주렴). 竹簾(죽렴).
▷垂簾(수렴). 玉簾(옥렴). 珠簾

【簿】 부 竹(대죽머리) 획 6—13 훈 장부 음 부:·박 ㊥ pu⁴ ㊄ book keeping ㊐ ボ
뜻 ①장부. 치부책. ②문서.
필순 ⺮⺮⺮簿簿簿簿簿

簿記〔부기〕 ①장부(帳簿)에 써 넣음. ②회계(會計) 장부의 기재 방법. ぼき
簿錄〔부록〕 문서에 기록함. ぼろく
簿帳〔부장〕 치부책. ㊀장부(帳簿)·부첩(簿牒). ぼちょう
簿册(부책) 금품(金品)의 수입과 지출을 기록하는 책. ㊀장부(帳簿). ぼさつ. ぼさく 「ょう
簿牒〔부첩〕 ㊀⇨부장(簿帳). ぼち
▷計簿(계부). 名簿(명부). 文簿(문부). 班簿(반부).

【籍】 부 竹(대죽머리) 획 6—14 훈 호적 음 적: ㊥ chi² ㊄ book; list ㊐ セキ. ふみ
뜻 ①호적. ②서적. ③문서. ④대쪽.
필순 ⺮⺮⺮⺮籍籍籍籍

籍記〔적기〕 문서에 적음. 또 그 문서. せきき 「せきぼつ
籍沒〔적몰〕 재산을 몰수(沒收)함.
籍甚〔적심〕 여러 사람의 입에 오르내림. せきしん
籍籍〔적적〕 ①난잡(亂雜)한 모양. ②여러 사람의 입에 오르내리는 모양. せきせき
籍田〔적전〕 임금이 친히 밟고 가

는 전지(田地)라는 뜻으로 임금의 친경전(親耕田). せきでん
▷國籍(국적). 軍籍(군적). 兵籍(병적). 書籍(서적). 入籍(입적). 在籍(재적). 除籍(제적). 學籍(학적). 戶籍(호적).

「籠」 부 竹(대죽머리) 획 6—16 훈 바구니 음 롱 中 lung² 英 basket 日 ロウ. かご. えびら. こもる
뜻 ①바구니. 채롱. 대그릇. ②새장. ③쌀. 싸일. ④얽을.
필순 ⺮䈡䈡䈡䈡䉀籠籠
籠球〔농구〕 구기(球技)의 한 가지. 바스켓볼(basketball). ろうきゅう
籠絡〔농락〕 남을 자기 손아귀에 넣고 마음대로 조종함. ろうらく
籠城〔농성〕 ①성문(城門)을 굳게 닫고 성을 지킴. ②어떠한 목적을 위하여 둘러싸고, 그 자리를 떠나지 않음. ろうじょう
籠鳥戀雲〔농조연운〕 새장 속의 새가 구름을 그리워한다는 뜻으로 속박(束縛)을 받는 몸이 자유를 얻으려고 하는 마음의 비유.
▷燈籠(등롱). 藥籠(약롱). 鳥籠(조롱). 香籠(향롱).

「籬」 부 竹(대죽머리) 획 6—19 훈 울타리 음 리 中 li² 英 bamboo fence 日 リ. まがき
뜻 울타리.
필순 ⺮⺮䈕䈕䈕䉫籬籬
籬垣〔이원〕 울타리. りえん
籬牆〔이장〕 ①울타리. ②담장. りしょう
▷垣籬(원리).

(6) 米 部

〖米〗 부 米(쌀미변) 획 6—0 훈 쌀 음 미: 中 mi³ 英 rice 日 マイ. ベイ. こめ
뜻 ①쌀. ②미터.
필순 丷䒑半米米
米價〔미가〕 쌀값. べいか
米泔〔미감〕 동⇨미즙(米汁).
米穀〔미곡〕 ①쌀. ②쌀과 잡곡. 예—商(상). べいこく
米年〔미년〕 88세(歲). 米자의 파자(破字)에서 나온 말. 동미수(米壽). べいねん
米糧〔미량〕 쌀 양식. べいりょう
米粒〔미립〕 낟알. 쌀. べいりゅう
米麥〔미맥〕 ①쌀과 보리. ②곡식. べいばく
米粟〔미속〕 쌀과 벼. 속(粟)은 껍질을 벗기지 아니한 쌀. べいぞく
米壽〔미수〕 동⇨미년(米年). べいじゅ
米鹽〔미염〕 ①쌀과 소금. ②잗달고 번거로움. べいえん
米點〔미점〕 남화(南畫)에서 산곡(山谷) 등을 쌀알 같은 점을 점점이 찍어서 나타내는 화법(畫法). 또 그 점. べいてん
米汁〔미즙〕 쌀뜨물. 동미감(米泔).
▷祿米(녹미). 白米(백미). 稅米(세미). 精米(정미). 玄米(현미).

【粉】 부 米(쌀미변) 획 6—4 훈 가루 음 분(분:) 中 fen³ 英 powder 日 フン. こな. こ
뜻 ①가루. ②분. 분바를. ③흴. ④빻을.
필순 丷半米粉粉粉
粉骨碎身〔분골쇄신〕 뼈를 가루가 되게 하고 몸을 바스러뜨린다는 뜻으로, 있는 힘을 다하여 일함. 동쇄골분신(碎骨粉身). ふんこつさいしん
粉末〔분말〕 가루. ふんまつ
粉面〔분면〕 분을 바른 얼굴. 예油頭(유두)—. ふんめん
粉壁〔분벽〕 흰 벽. ふんぺき
粉碎〔분쇄〕 가루가 되도록 부스러뜨림. 또 부스러져 가루가 됨. ふんさい
粉食〔분식〕 ①가루로 된 식료품. 밀가루·메밀가루 따위. ②가락국수·빵 등의 식사. ふんしょく
粉飾〔분식〕 ①분을 발라 화장(化粧)함. ②외관(外觀)을 꾸밈. ③사람을 추어줌. 칭찬하여 줌. ふんしょく
粉脂〔분지〕 분과 연지. ふんし
粉筆〔분필〕 칠판(漆板)에 글씨를 쓰는 물건. ふんぴつ

粉紅〔분홍〕①분과 연지. ②화장. ③엷고 고운 붉은 빛깔. 연분홍.
▷白粉(백분). 石粉(석분). 施粉(시분). 鉛粉(연분). 脂粉(지분). 香粉(향분). 紅粉(홍분).

[粒] 부 米(쌀미변) 획 6—5 훈 낟알 음 립 中 li⁴ 英 grain; corn 日 リュウ. つぶ
뜻 ①낟알. 쌀알. ②알갱이.
필순 ⺌⺘⺘米粒粒
粒粒皆辛苦〔입립개신고〕①곡식 한 알 한 알에 모두 농부(農夫)의 고생이 숨어 있음. ②꾸준히 고생하여 노력함. りゅうりゅうみなしんく
粒米〔입미〕쌀. 낟알. りゅうまい
粒食〔입식〕①쌀을 먹음. ②곡식을 먹음. りゅうしょく
粒子〔입자〕낟알. りゅうし
▷米粒(미립). 微粒(미립). 飯粒(반립). 粟粒(속립).

[粗] 부 米(쌀미변) 획 6—5 훈 거칠 음 조 中 ts'u¹ 英 coarse 日 ソ. あらい
뜻 ①거칠. ②대강. ③간략할. 「④클.
필순 ⺌⺘米粗粗粗粗
粗略〔조략〕거칠. 정성을 들이지 아니함. そりゃく
粗漏〔조루〕일이 거칠고 실수가 많음. 동소루(疏漏). そろう
粗漫〔조만〕거칠고 산만(散漫)함. そまん
粗米〔조미〕잘 닦이지 않은 거친 쌀. ↔정미(精米). そべい
粗飯〔조반〕거친 밥. 또 남에게 권하는 밥을 겸손하여 이르는 말. そはん
粗服〔조복〕동⇨조의(粗衣). そふく
粗惡〔조악〕거칠고 나쁨. そあく
粗野〔조야〕거칠고 천함. 거칠고 촌스러움. そや 「服). そい
粗衣〔조의〕너절한 옷. 동조복(粗
粗雜〔조잡〕거칢. そざつ
粗製〔조제〕물건을 거칠게 만듦. 예—品(품). そせい
粗品〔조품〕① 만듦새가 변변하지 못한 물품. ②남에게 보내는 선물의 겸칭(謙稱). そひん

【粟】 부 米(쌀미변) 획 6—6 훈 조 음 속 中 su⁴ 英 millet 日 ゾク. あわ. もみ. つぶ
뜻 ①조. 좁쌀. ②곡식. 벼. ③녹미. 녹봉.
필순 一襾襾襾覀覀粟粟
粟豆〔속두〕조와 콩. ぞくとう. あわとまめ 「의 낟알. ぞくりゅう
粟粒〔속립〕좁쌀의 낟알. 또 곡식
粟米〔속미〕①조와 쌀. ②좁쌀. ③군량(軍糧). 중국에서 좁쌀이 주산인데서 일컫던 말. ぞくべい
粟膚〔속부〕①놀라거나 추워서 좁쌀 모양으로 나돋아 도톨도톨해진 살결. ②소름이 끼친 살결. ぞくふ 「(단속). 稻粟(도속).
▷嘉粟(가속). 官粟(관속). 丹粟

【粧】 부 米(쌀미변) 획 6—6 훈 단장할 음 장 中 chuang¹ 英 embellish 日 ショウ. よそおう
뜻 단장할.
필순 ⺌⺘米米粧粧粧粧
粧鏡〔장경〕경대. 화장용 거울.
粧刀〔장도〕평복에 차는 작은 칼.
粧淚〔장루〕화장한 얼굴을 적시는 눈물. しょうるい 「めん
粧面〔장면〕단장한 얼굴. しょう
粧飾之〔장식지〕외양(外樣)을 꾸밈. 「단장함. しょうてん
粧點〔장점〕①장식함. ②군데군데
▷濃粧(농장). 淡粧(담장). 新粧(신장). 化粧(화장).

[粹] 부 米(쌀미변) 획 6—8 훈 순수할 음 수(수:) 中 ts'ui⁴ 英 essence 日 スイ. いき
뜻 ①순수할. 정할. ②정밀할.
참고 약 粋
필순 ⺌⺘米米粹粹粹
粹美〔수미〕잡된 것이 없이 아주 아름다움. すいび
粹白〔수백〕아주 흰빛. すいはく
粹然〔수연〕꾸민 것이 없이 깨끗하고 올바른 모양. すいぜん
粹集〔수집〕①고갱이만 뽑아 모음. ②일이나 물건의 가장 종요로운 것만 골라 모음. すいしゅう
▷國粹(국수). 純粹(순수). 貞粹(정수). 精粹(정수). 眞粹(진수).

〖精〗 부 米(쌀미변) 획 6—8 훈 정할 음 정 中 ching¹ 英 fine and delicate 日 セイ. ショウ. くわしい

뜻 ①정할. ②알맹이. ③세밀할. ④마음. 정신. ⑤가릴. ⑥찧을.

필순 丷 丬 半 米 米̅ 粁 粁 粓 精 精

精鑑〔정감〕 세밀히 감별(鑑別)함. せいかん 「셈. せいきょう

精强〔정강〕 ①날래고 셈. ②밝고

精潔〔정결〕 ①사물에 정통(精通)하고 마음이 청렴함. ②깨끗함. 조촐함. せいけつ

精巧〔정교〕 정밀(精密)하고 교묘(巧妙)함. せいこう

精勤〔정근〕 ①정성스럽고 근실함. ②부지런히 힘씀. 쉬지 않고 근무함. 예一賞與(상여). せいきん

精氣〔정기〕 ①음양정령(陰陽精靈)의 기(氣). 동영혼(靈魂). ②천지 만물(天地萬物)의 생성(生成)의 근원. 동원기(元氣). ③정신과 기력(氣力). せいき

精讀〔정독〕 자세히 읽음. せいどく

精勵〔정려〕 심력(心力)을 다하여 함. 부지런히 힘씀. せいれい

精力〔정력〕 사물에 견디어내는 심신(心身)의 힘. 일을 해내는 힘. 에네르기. せいりょく

精練〔정련〕 ①옷감을 완전히 표백(漂白)함. ②잘 연습(練習)함. せいれん

精鍊〔정련〕 ①광석에서 머금은 금속을 뽑아서 정제(精製)함. ②잘 단련(鍛鍊)함. せいれん

精米〔정미〕 곱게 대낀 쌀. 깨끗하게 쓿은 쌀. 동정백미(精白米). せいまい

精密〔정밀〕 정세(精細)하고 세밀함. 자세하여 빈 틈이 없음. せいみつ 「せいはく

精白〔정백〕 아주 흼. 예一米(미).

精魄〔정백〕 영혼. 동혼백(魂魄). 정혼(精魂). せいこん

精兵〔정병〕 정예(精銳)한 병졸. 날랜 군사. せいへい

精舍〔정사〕 ①정신이 머물러 있는 곳. 곧 몸. 신체. ②학문을 닦거나 독서를 하는 곳. 곧 학교. 동학사(學舍). 서원(書院). ③서재(書齋). ④절. 사찰(寺刹). せいしゃ 「せいさ

精査〔정사〕 자세히 조사(調査)함.

精算〔정산〕 정밀히 계산함. 또 정밀한 계산. せいさん

精書〔정서〕 정신을 들여 정하게 씀. せいしょ 「림. せいせん

精選〔정선〕 극상(極上)의 것을 가

精誠〔정성〕 순수한 마음. 거짓이 없는 참된 마음. せいせい

精水〔정수〕 정한 물. 깨끗한 물. せいすい

精粹〔정수〕 ①조금도 잡것이 섞이지 아니함. 순수함. ②찬찬하고 순박(淳朴)함. ③아름다움. ④맑은 공기. せいすい

精神〔정신〕 ①혼. 영혼. 동정령(精靈). ②마음. 동심의(心意). ③사물(事物)의 근본. 사물의 정밀하고 자세한 곳. ④물질을 초월한 이념적(理念的)인 것. ↔물질(物質). せいしん

精神一到何事不成〔정신일도하사불성〕 마음만 기울여 열중(熱中)하면 안 되는 일이 없음. せいしんいっとうなにごとかならざらん

精液〔정액〕 ① 웅성(雄性) 생식기에서 분비(分泌)하는 액체. ②잡것이 섞이지 아니한 액체. 순수한 액체. せいえき

精銳〔정예〕 썩 날램. 뛰어나게 날램. 또 그 군사. 예一部隊(부대). せいえい

精義〔정의〕 ①오묘(奧妙)한 이치. ②정밀(精密)한 뜻. せいぎ

精一〔정일〕 ① 마음이 세밀(細密)하고 한결같음. ②조금도 잡것이 섞이지 아니함. 순수(純粹)함. せいいつ 「し

精子〔정자〕 동⇨정충(精蟲). せい

精製〔정제〕 정성을 들여 잘 만듦. せいせい

精進〔정진〕 ① 사물(事物)에 정통하고 직무에 힘씀. ②정력을 다

하여 부지런히 힘씀. せいしん
精忠〔정충〕 사심(私心)이 없는 순수한 충성. せいちゅう
精蟲〔정충〕 정액(精液) 중에 들어 있는 생식세포(生殖細胞). 난자(卵子)와 합하여 개체(個體)를 생성(生成)함. ㊐정자(精子). せいちゅう
精討〔정토〕 정밀하게 검토함.
精通〔정통〕 아주 통달(通達)함. 자세히 앎. ㊐통효(通曉)·정효(精曉). せいつう
精解〔정해〕 ① 자세히 해득(解得)함. ②환히 깨달음. 자세히 해명(解明)함. 자세히 설명함. 꼼꼼한 풀이. せいかい
精魂〔정혼〕 ㊐⇨정백(精魄).
精華〔정화〕 ①빛. 광채(光彩). ② 사물(事物) 중의 가장 뛰어나고 아름다운 부분. ㊐정화(菁華). せいか 「함. せいかく
精確〔정확〕 정밀(精密)하고 확실
精曉〔정효〕 ㊐⇨정통(精通).
▷交精(교정). 三精(삼정). 水精(수정). 悅精(열정). 妖精(요정). 雲精(운정). 元精(원정). 日精(일정).

【糊】 부 米(쌀미변) 획 6—9 훈 풀 음 호 ㊥ hu² ㊎ paste ㊐ コ. のり 「할.
뜻 ①풀. 풀칠할. ②흐릴. 모호
필순 丬 米 米 籵 粘 糊糊糊
糊口〔호구〕 입에 풀칠을 함. 생계(生計)를 이어감. ここう
糊口之策〔호구지책〕 가난한 살림에 겨우 먹고 살아 가는 방책(方策). ここうのさく
糊塗〔호도〕 ①명확히 결말을 내지 아니함. 우물쭈물하여 버림. ② 모호함. 애매(曖昧)함. ーと
▷模糊(모호).

【糖】 부 米(쌀미변) 획 6—10 훈 사탕 음 당(탕) ㊥ t'ang² ㊎ sugar ㊐ トウ. あめ
뜻 ①사탕. ②엿.
필순 丶 米 籵 粐 糖糖
糖尿病〔당뇨병〕 오줌 속에 많은 포도당(葡萄糖)이 섞이어 나오는 병(病). 췌장·뇌하수체·부신(副腎) 등의 내분비선 장애로 일어남. とうにょうびょう
糖分〔당분〕 설탕의 성분. とうぶん
糖乳〔당유〕 진하게 달인 우유(牛乳). ㊐연유(煉乳). とうにゅう
▷沙糖(사탕). 雪糖(설탕). 乳糖(유당). 製糖(제당).

【糠】 부 米(쌀미변) 획 6—11 훈 겨 음 강 ㊥ k'ang¹ ㊎ chaff ㊐ コウ. ぬか
뜻 ①겨. ②번쇄할. 자잘할.
필순 丶 米 籵 粐 粧 糠 糠
糠雨〔강우〕 가랑비.
▷糟糠(조강).

【糞】 부 米(쌀미변) 획 6—11 훈 똥 음 분(분:) ㊥ fen⁴ ㊎ excrement ㊐ クン. くそ
뜻 ①똥. ②거름줄. ③더러울.
필순 丷 丬 米 並 苗 糞 糞 糞
糞尿〔분뇨〕 똥과 오줌. ふんにょう 「ふんもん
糞門〔분문〕 똥구멍. ㊐항문(肛門).
▷馬糞(마분). 佛頭放糞(불두방분).

【糟】 부 米(쌀미변) 획 6—11 훈 재강 음 조 ㊥ tsao¹ ㊎ dreg ㊐ ソウ. かす
뜻 재강. 지게미.
필순 丶 米 粁 粬 糟 糟 糟
糟糠不厭〔조강불염〕 술 재강이나 쌀겨 같은 변변하지 않은 음식도 배불리 먹지 못함. 곧 몹시 가난함. そうこうふえん
糟糠之婦〔조강지부〕㊐⇨조강지처.
糟糠之妻〔조강지처〕 가난할 때 술 재강이나 쌀겨 같은 음식을 먹어 가며 고생을 같이 하던 아내. ㊐조강지부(糟糠之婦). そうこうのつま

【糧】 부 米(쌀미변) 획 6—12 훈 양식 음 량 ㊥ liang² ㊎ food; provision ㊐ リョウ. かて
뜻 ①양식. 먹이. ②급여.
필순 丶 米 粁 粐 粓 糧 糧 糧
糧穀〔양곡〕 양식(糧食)으로 쓰는 곡식. りょうごく
糧道〔양도〕 군량(軍糧)을 수송하는 길. りょうどう

糧米〔양미〕①양식으로 쓰는 쌀. ②㊥군량미(軍糧米).
糧食〔양식〕①식량(食糧). ②군량 りょうしょく 「りょうし
糧資〔양자〕군량과 군자금(軍資金).
▷穀糧(곡량). 兵糧(병량). 食糧(식량). 資糧(자량).

(6) 糸 部

【系】 부 糸(실사변) 획 6—1 훈 계통 음 계: 中 hsi⁴ 英 connect 日 ケイ. つながる
뜻 ①계통. ②이을. ③맬. ④족보. 핏줄. ⑤끈. 실.
필순 ㇒㇇㇜㇜糸糸系
系圖〔계도〕대대(代代)의 계통(系統)을 줄을 그어 차례를 보인 그림. けいづ
系譜〔계보〕①조상(祖上) 때부터 내려오는 혈통과 내력(來歷)을 적은 책. ②계통의 순서와 내용을 적은 책. けいふ 「いれつ
系列〔계열〕계통의 서열(序列). け
系統〔계통〕①혈통(血統). ②사물의 순서를 따라 연락된 길. ③한 원리나 법칙에 따라 개개의 사물 사이에 있는 일반 관계를 순서적으로 벌인 것. けいとう
▷家系(가계). 大系(대계). 傍系(방계). 譜系(보계). 世系(세계). 直系(직계).

「糾」 부 糸(실사변) 획 6—2 훈 살필 음 규(규:) 中 chiu¹·³ 英 rally; convoke 日 キュウ. あざなう 「맺힐. 얽힐.
뜻 ①살필. 규명할. ②모을. ③
필순 ㇛㇜糸糸糸糺糾
糾結〔규결〕서로 얽힘. きゅうけつ
糾戒〔규계〕규탄하여 경계함.
糾明〔규명〕죄과(罪科)를 조사하여 사실을 밝힘. 동규찰(糾察). きゅうめい
糾問〔규문〕죄를 조사하여 물음. 동신문(訊問). きゅうもん
糾正〔규정〕나쁜 짓을 밝혀 바로잡음. きゅうせい 「うさつ
糾察〔규찰〕동⇨규명(糾明). きゅ
糾彈〔규탄〕죄상을 조사하여 캐어 밝힘. きゅうだん
糾合〔규합〕흩어진 사람들을 한데 모음. きゅうごう 「(탄규).
▷紛糾(분규). 裁糾(재규). 彈糾

【紀】 부 糸(실사변) 획 6—3 훈 벼리 음 기(기:) 中 chi⁴ 英 principle 日 キ. のり
뜻 ①벼리. ②법. ③기록할(記와 통용). ④해. ⑤열 두 해.
필순 ㇛㇜糸糸糸紀紀紀
紀綱〔기강〕①국가의 법. 전장(典章)과 법도(法度). ②정치의 대강(大綱). きこう
紀年〔기년〕① 세기(世紀)와 연월(年月). ②역사(歷史). ③기원(紀元)에서부터 센 햇수. きねん
紀念〔기념〕오래도록 전하여 잊지 아니함. きねん
紀事本末體〔기사본말체〕연대(年代)의 순서에 따르지 아니하고 사건마다 그 본말(本末)을 종합하여 적는 역사의 한 체(體). きじほんまつたい
紀元〔기원〕①건국(建國)의 첫 해. ②연수를 기산(起算)하는 첫 해. 예檀君(단군)—. 西曆(서력)—. きげん
紀律〔기율〕일정(一定)한 질서. 동규율(規律). きりつ
紀載〔기재〕문서에 적어 실음. 동기재(記載). きさい
紀傳體〔기전체〕본기(本紀)·열전(列傳) 등의 체재에 따라 인물(人物)과 행사(行事)를 중심으로 하여 적은 역사(歷史)의 한 체(體). きでんたい
紀行〔기행〕여행(旅行) 중에 보고 듣고 느낀 것을 적음. きこう
▷綱紀(강기). 經紀(경기). 官紀(관기). 國紀(국기). 世紀(세기).

〖約〗 부 糸(실사변) 획 6—3 훈 맺을 음 약 中 yüeh¹ 英 abot; contract 日 ヤク. おおむね
뜻 ①맺을. 묶을. ②약속할(요).

③간략할. ④기약할.
⑤검소할. ⑥대략.
필순 ㄑ ㄠ 幺 糸 糹 約約
約款〔약관〕 법령·조약(條約) 또는 계약에서 약속하여 정한 낱낱의 조항. やっかん
約禮〔약례〕 예법(禮法)으로 몸을 단속함. 몸가짐을 예법에 맞도록 함. やくれい
約論〔약론〕 간략(簡略)하게 논함. 또 그 언론(言論). やくろん
約盟〔약맹〕 맹약(盟約)을 맺음. 또 그 맹약. やくめい 「くぶん
約文〔약문〕 간단하게 줄인 글. や
約法〔약법〕 ①약속한 법. 동약장(約章). ②중화민국의 잠정(暫定) 헌법. やくほう
約法三章〔약법삼장〕 한(漢)나라의 고조(高祖)가 진(秦)나라의 가혹한 법(法)을 폐지하고 이를 세 조목으로 줄인 고사(故事).
約分〔약분〕 분수의 분모(分母)와 분자(分子)를 공약수로 나누는 일. 맞줄임. やくぶん 「せつ
約說〔약설〕 동⇨약언(約言). やく
約束〔약속〕 ①묶음. ②상대자와 서로 언약하여 정함. 또 그 언약. 동권약(券約). やくそく
約言〔약언〕 간략하게 말함. 또 그 말. 동약설(約說). やくげん
約章〔약장〕 동⇨약법(約法).
約定〔약정〕 남과 일을 약속하여 작정(作定)함. 또 그 작정. やくてい 「やくこん
約婚〔약혼〕 혼인(婚姻)을 약속함.
▷儉約(검약). 公約(공약). 規約(규약). 金石盟約(금석맹약). 期約(기약). 密約(밀약). 言約(언약). 要約(요약). 確約(확약).

〔紅〕 부 糸(실사변) 획 6—3 훈 붉을 음 홍 中 hung², hang⁴ 英 scarlet 日 コウ. ク. くれない
뜻 ①붉을. ②붉은 꽃.
필순 ㄑ ㄠ 幺 糸 糸 紅紅
紅巾賊〔홍건적〕 원(元)나라 말엽(末葉)에 강회지방(江淮地方)에서 일어난 비적(匪賊). 머리에 붉은 수건을 썼으므로 이름. こうきんぞく
紅桃〔홍도〕 ①붉은 복숭아 꽃. ②복숭아 나무의 한 가지. 동홍도나무. 또 홍도나무의 꽃. 동홍도화(紅桃花). こうとう
紅蓮〔홍련〕 붉은 연꽃. こうれん
紅蓮地獄〔홍련지옥〕 팔한 지옥(八寒地獄)의 하나. こうれんちごく
紅爐點雪〔홍로점설〕 ①뜨거운 불 위에 놓인 한 점의 눈처럼 곧 녹아 버림의 비유. ②도를 깨달아 마음 속이 탁 트여 밝음. ③커다란 일에 작은 힘이 조금도 보람이 없음. こうろうてんせつ
紅樓〔홍루〕 ①붉게 칠한 누각(樓閣). ②부잣집 여자 또는 미인(美人)이 거처하는 집. こうろう
紅樓夢〔홍루몽〕 청(淸)나라 건륭(乾隆) 때의 명작 소설(名作小說). こうろうむ
紅事〔홍사〕 경사(慶事). こうじ
紅脣〔홍순〕 ①붉은 입술. 연지를 바른 입술. 곧 미인(美人)의 입술. ②반쯤 핀 꽃잎의 형용. こうしん
紅十字會〔홍십자회〕 중국에서의 적십자사(赤十字社). こうじゅうじかい
紅顔〔홍안〕 ①붉고 윤이 나는 아름다운 얼굴. 소년의 탐스러운 얼굴. ②미인(美人)의 얼굴. こうがん
紅疫〔홍역〕 전염병(傳染病)의 한 가지. 동마진(痲疹)·홍진(紅疹). こうえき
紅葉〔홍엽〕 ①붉은 잎. ②단풍(丹楓)이 듦. 또 단풍이 든 나무 잎. ③단풍 나무. 단풍과(科)의 낙엽교목. 잎이 가을에 붉게 물듦. ④중매인(仲媒人). こうよう. もみじ
紅玉〔홍옥〕 ①붉은 빛깔의 옥(玉). 동홍보석(紅寶石). ②미인의 예쁜 얼굴. 또는 고운 살결. ③사과의 한 종류. こうぎょく
紅一點〔홍일점〕 ①많은 푸른 잎 가운데 피어 있는 한 송이의 붉은

꽃. ②여러 남자 사이에 끼어 이채(異彩)를 띠는 오직 한 사람의 여자. ③여러 졸렬(拙劣)한 것 중에서 오직 하나의 뛰어난 것의 형용. こういってん

紅潮〔홍조〕① 아침 해가 비쳐 붉게 보이는 해면(海面)의 경치. ②취하거나 부끄러워하여, 붉어진 얼굴 빛. ③몸. 경도(經度). 월경(月經). こうちょう

▷老紅(노홍). 丹紅(단홍). 淡紅(담홍). 百日紅(백일홍). 深紅(심홍). 女紅(여홍). 柳綠花紅(유록화홍). 一點紅(일점홍). 絶紅(절홍). 朱紅(주홍). 眞紅(진홍). 陳紅(진홍). 千日紅(천일홍).

【級】 부 糸(실사변) 획 6—4 훈 등급 음 급 中 chi² 英 class 日 キュウ. しな

뜻 ①등급. 차례 ②모가지. 수급. ③두름.

필순 ㄑ ㄠ 糹 紒 級

級數〔급수〕 일정한 법칙에 의하여 증감(增減)하는 수를 차례로 배열한 수. きゅうすう

級友〔급우〕 같은 학급에서 배우는 벗. きゅうゆう

級長〔급장〕 한 학급(學級)을 맡아 다스리는 학생. きゅうちょう

級差〔급차〕 ①급(級)의 차(差). ② 등급(等級). きゅうさ

▷高級(고급). 功級(공급). 同級(동급). 等級(등급). 上級(상급). 首級(수급). 昇級(승급). 留級(유급). 低級(저급). 下級(하급).

【納】 부 糸(실사변) 획 6—4 훈 들일 음 납 中 na⁴ 英 receive; decicate 日 ノウ. トウ. ナ. おさめる

뜻 ①들일. ②바칠. ③받을.

필순 ㄑ ㄠ 幺 糸 糸 糽 納 納

納貢〔납공〕 공물(貢物)을 바침. のうごう

納棺〔납관〕 시체(屍體)를 관(棺)에 넣음. のうかん

納金〔납금〕 금전을 납입(納入)함. 또 그 금전. のうきん

納期〔납기〕 조세(租稅)를 바치는 기한(期限). のうき

納涼〔납량〕 더울 때에 바람 같은 것을 쐬어 서늘함을 맛봄. のうりょう

納付〔납부〕 통⇨납입(納入). のうふ

納稅〔납세〕 세금(稅金)을 바침. のうぜい

納稅畢證〔납세필증〕 납세를 마침을 증명하는 증서(證書). のうぜいひつしょう

納入〔납입〕 세금(稅金)이나 공과금(公課金) 등을 바침. 통납부(納付). のうにゅう

納陛〔납폐〕 비가 맞지 않게 만든 섬돌.

▷返納(반납). 奉納(봉납). 上納(상납). 出納(출납). 獻納(헌납).

「紋」 부 糸(실사변) 획 6—4 훈 무늬 음 문 中 wen² 英 streak 日 モン. もよう

뜻 ①무늬. ②문채.

필순 ㄑ ㄠ 糸 糸 紵 紋 紋

紋織〔문직〕 무늬를 넣어 짬. 그런 옷감. もんおり

▷花紋(화문). 波紋(파문). 水紋(수문).

【紡】 부 糸(실사변) 획 6—4 훈 길쌈할 음 방(방:) 中 fang³ 英 spin 日 ボウ. つむぐ

뜻 ①길쌈할. 자을. ②실. ③달.

필순 ㄑ ㄠ 幺 糸 糸 紡 紡 紡

紡毛〔방모〕 자은 털실. ぼうもう

紡績〔방적〕 길쌈. ぼうせき

紡織〔방직〕 실을 잣고 날아서 피륙을 짬. ぼうしょく

紡車〔방차〕 솜이나 털 같은 섬유를 자아 실을 뽑아 내는 제구. 물레. ぼうしゃ. つむぎぐるま

▷綿紡(면방). 毛紡(모방). 混紡(혼방).

【紛】 부 糸(실사변) 획 6—4 훈 어지러울 음 분 中 fen¹ 英 confused 日 フン. まぎれる

뜻 ①어지러울. ②번잡할. 분잡할. ③많을.

필순 ㄑ ㄠ 幺 糸 糸 紒 紛 紛

紛糾〔분규〕 ①어지러움. 난잡함. ②말썽. 통갈등(葛藤). 통분란(紛亂). ふんきゅう

紛亂〔분란〕 ①분잡(紛雜)하고 시끄러움. ②말썽. 통갈등(葛藤). ふんらん

紛紛〔분분〕①꽃 따위가 흩어져 어지러운 모양. ②일이 뒤얽혀 갈피를 잡을 수 없음. ふんぷん
紛紛然〔분분연〕뒤섞여 어지러운 모양. ふんぷんぜん
紛失〔분실〕자기가 모르는 틈에 잃어버림. ふんしつ「러운 모양.
紛然〔분연〕①혼잡한 모양. ②어지
紛云〔분운〕많고 성한 모양. ㊀분운(紛紜). ふんうん
紛雜〔분잡〕북적거리어 어수선함. ㊀잡답(雜沓). ふんざつ
紛爭〔분쟁〕말썽을 일으켜 시끄럽게 다툼. ふんそう
紛華〔분화〕①분잡하고 화려함. ②번성(繁盛)하고 화려함. ふん
▷內紛(내분). しか

「紗」 部 糸(실사변) 畫 6—4 訓 깁 音 사 ㊥ sha[1] ㊈ thin silk ㊐ サ. シャ. うすぎぬ
뜻 ①깁. ②나사(羅紗).
필순 ㄥㄠ幺糸糸糹紗紗
紗巾〔사건〕깁으로 만든 두건(頭巾). さきん
紗緞〔사단〕깁과 비단. さだん
紗燈籠〔사등롱〕깁으로 바른 등롱. さとうろう「さら
紗羅〔사라〕깁. 또는 얇은 비단.
紗籠〔사롱〕깁으로 둘러 만든 등롱. さろう「子). さぼう
紗帽〔사모〕깁으로 만든 모자(帽
紗屬〔사속〕깁붙이. さぞく「ちょう
紗帳〔사장〕깁으로 만든 휘장. さ
紗障〔사장〕깁으로 바른 장지. さしょう「さそう
紗窓〔사창〕깁으로 바른 창(窓).
▷輕紗(경사). 羅紗(나사). 素紗(소사). 窓紗(창사). 靑紗(청사).

【索】 部 糸(실사변) 畫 6—4 訓 동앗줄 音 삭 ㊥ suo[1·2·3] ㊈ rope; seek ㊐ サク. なわ. さがす
뜻 ①동앗줄. 새끼. 노. ②쓸쓸할. ③다할. ④흩어질. ⑤찾을. 더듬을(색).
필순 一十+𠆢𠆢索索索
索居〔삭거〕쓸쓸하게 홀로 있음. さくきょ
索莫〔삭막〕①쓸쓸한 모양. 적막(寂漠)한 모양. ②실망(失望)한 모양. さくばく
索引〔색인〕①찾아 냄. ②자전(字典)·사전(辭典) 그밖의 서적에 있는 글자나 단어 등을 빨리 찾아 보도록 만든 목록. さくいん
索敵〔색적〕적(敵)을 찾아냄. さくてき「しゅつ
索出〔색출〕뒤져서 찾아냄. さく
索捕〔색포〕찾아 내어서 잡음. さくほ「探索(탐색). 討索(토색).
▷搜索(수색). 暗中模索(암중모색).

〖素〗 部 糸(실사변) 畫 6—4 訓 흴 音 소(소:) ㊥ su[4] ㊈ while; source ㊐ ソ. ス. もと. しろ「바탕. ④본디.
뜻 ①흴. ②질박할. ③
필순 一十丰丰丰素素素素
素絹〔소견〕흰 생명주(生明紬). そけん「망(所望). そぼう
素望〔소망〕평소에 품고 있는 소
素面〔소면〕①흰 얼굴. ㊀소안(素顔). ②화장(化粧)하지 아니한 얼굴. そめん
素描〔소묘〕단색으로 묘사(描寫)만 하고 색칠을 하지 아니한 그림. 묵필화(墨筆畫)·연필화(鉛筆畫) 따위. そびょう
素朴〔소박〕꾸밈이 없고 순박(淳朴)함. そぼく「そぼくび
素朴美〔소박미〕소탈한 아름다움.
素飯〔소반〕고기 반찬이 없는 밥. 소밥. ㊀소식(素食). 소찬(素餐). そはん「そふく
素服〔소복〕흰 옷. ㊀소의(素衣).
素貧〔소빈〕본디부터 빈한(貧寒)함. そひん「(天性). そせい
素性〔소성〕타고난 성질. ㊀천성
素食〔소식〕①고기나 생선 같은 반찬이 없는 음식. ㊀소반(素飯)·소찬(素餐). ②평소(平素)에 먹는 밥. ③아무일도 하지 않고 놀고 먹음. そしょく
素心〔소심〕①결백한 마음. ②본디부터 품고 있는 생각. ㊀본심(本心). そしん
素顔〔소안〕㊀⇨소면(素面).

素養〔소양〕 평소에 닦은 학문과 덕행(德行). 본디부터 가진 교양(敎養). そよう

素願〔소원〕 본래의 소원(所願). 평소에 늘 품어 오던 소원. 동숙원(宿願). そがん

素衣〔소의〕 흰 옷. 동백의(白衣). 소복(素服). そい

素材〔소재〕 예술 작품의 기초가 되는 재료. そざい 「초. そち

素地〔소지〕 밑바탕. 또 토대. 기

素志〔소지〕 본디의 뜻. 평소부터 품은 뜻. 동숙지(宿志). そし

素質〔소질〕 ①흰 바탕. ② 타고난 성질. 본바탕. ③장래 발전할 기인(基因)이 되는 성질. そしつ

素餐〔소찬〕 동⇨소식(素食).

素學〔소학〕 배움이 없음. 또는 배움이 없는 사람. そがく

素行〔소행〕 ①현재의 경우에 알맞은 바른 행위. 자기의 본분을 지키는 바른 행위. ②평소의 조행(操行). そこう

▷儉素(검소). 元素(원소). 質素(질소). 平素(평소).

〖純〗 부 糸(실사변) 획 6—4 훈 순수할 음 순 中 ch'un², shuen² 英 pure 日 ジュン. すみ
뜻 ① 순수할. 순전할. ②천진할. ③오로지.
필순 ⺋ ⺓ 糹 糸 紅 紅 純

純潔〔순결〕 ①아주 깨끗함. ②사욕(私慾)·사념(邪念)이 없이 마음이 지극히 결백함. じゅんけつ

純金〔순금〕 다른 물질이 섞이지 아니한 황금(黃金). じゅんきん

純良〔순량〕 순진하고 선량(善良)함. じゅんりょう

純理〔순리〕 ① 순수(純粹)한 학리(學理). 순수한 이론. ②전연 선천적인 이성(理性). 순수이성(純粹理性). じゅんり

純毛〔순모〕 ①딴 색의 털이 섞이지 아니한 털. 한 빛깔의 털. 또 그 털 빛. ②순전한 털. じゅんもう

純文學〔순문학〕 미적 정조(美的情操)의 사상을 표현한 문학. じゅんぶんがく

純味〔순미〕 다른 맛이 섞이지 아니한 순수한 맛. じゅんみ

純白〔순백〕 순수(純粹)한 흰 빛. じゅんぱく

純粹〔순수〕 ①아주 정(精)하여 조금도 다른 것이 섞이지 아니함. 동순진(純眞). ②사념(邪念)이나 사욕이 없음. ③완전하여 조금도 흠이 없음. じゅんすい

純然〔순연〕 조금도 섞인 것이 없는 모양. 순수(純粹)한 모양. じゅんぜん

純益〔순익〕 총이익(總利益)에서 들인 비용을 뺀 이익. 실제 이익. じゅんえき

純全〔순전〕 아무것도 섞이지 아니하고 완전함. じゅんぜん

純情〔순정〕 ①순진한 마음. ②참되고 깨끗한 우정. じゅんじょう

純直〔순직〕 순진(純眞)하고 정직함. じゅんちょく

純眞〔순진〕 ① 마음이 순박(淳朴)하고 진실(眞實)함. ②조금도 잡것이 섞이지 아니함. 동순수(純粹). じゅんしん

純化〔순화〕 ①섞인 것이 없게 함. 불순한 것을 없앰. 동순화(醇化). ②복잡한 것을 단순하게 함. 단순화. じゅんか

純和〔순화〕 ①성질이 온화함. ②순수한 천지(天地)의 정기(精氣). ③따뜻함. じゅんわ

▷溫純(온순). 貞純(정순). 淸純(청순). 忠純(충순).

〖紙〗 부 糸(실사변) 획 6—4 훈 종이 음 지(지ː) 中 chih³ 英 paper 日 シ. かみ
뜻 ①종이. ②편지.
필순 ⺋ ⺓ 糹 糸 糸 紅 紙 紙

紙價〔지가〕 종이 값. しか

紙價高〔지가고〕 저작(著作)이 널리 세상에 행하여짐을 이름.

紙面〔지면〕 ①종이의 거죽. 동지상(紙上). ②종이에 쓴 글의 위. しめん

紙物〔지물〕 온갖 종이의 총칭.

紙背〔지배〕 종이의 뒷면. 곧 문장

의 이면(裏面)에 포함된 깊은 뜻. しはい

紙上〔지상〕 ①종이의 위. ㊐지면(紙面). ②신문·잡지의 기사면(記事面). しじょう

紙錢〔지전〕 ①관(棺) 속에 넣는 돈 모양의 종이. ②㊐지폐(紙幣). しせん 「바탕. ししつ

紙質〔지질〕 종이의 품질. 종이의

紙幣〔지폐〕 종이 돈. ㊐지전(紙錢). しへい

紙布〔지포〕 종이를 넣어 짠 직물 씨는 종이, 날은 대개 견사(絹絲)를 씀. しふ

紙幅〔지폭〕 종이의 폭. しふく

▷簡紙(간지). 唐紙(당지). 墨紙(묵지). 白紙(백지). 新聞紙(신문지). 洋紙(양지). 印紙(인지). 片紙(편지). 便紙(편지). 表紙(표지). 筆紙(필지). 韓紙(한지).

【累】 부 糸(실사변) 획 6—5 훈 여러 음 루: ㊥ lei2·3·4 ㊋ pile up; add ㊐ ルイ. かさなる

뜻 ①여러. ②포갤. ③더할. ④폐끼칠. ⑤연좌할. ⑥맬. 얽힐.

필순 ⼁⼝⽥⽥⽥罒罕累累

累加〔누가〕 거듭하여 보탬. るいか

累巨萬財〔누거만재〕 여러 거만(巨萬)의 재산. 굉장히 많은 재산.

累計〔누계〕 수를 합계함. 모든 수의 합계. ㊐총계(總計). るいけ

累年〔누년〕 여러 해. るいねん⌊い

累卵〔누란〕 알을 포개어 쌓아 놓은 것처럼 매우 위태함. るいらん 「인 모양. るいるい

累累〔누루·누누〕 물건이 겹쳐 쌓

累名〔누명〕 나쁜 평판. 더러워진 이름. ㊐오명(汚名). るいめい

累月〔누월〕 여러 달. るいげつ

累日〔누일〕 여러 날. るいじつ

累積〔누적〕 포개어 쌓음. るいせき

累進〔누진〕 ①관위(官位)·등급(等級) 등이 점차로 올라감. ②가격·수량 등의 비율이 늘어 감. ↔누퇴(累退). るいしん「(연루).

▷係累(계루). 物累(물루). 連累

【細】 부 糸(실사변) 획 6—5 훈 가늘 음 세: ㊥ hsi4 ㊋ thin ㊐ サイ. ほそい. こまかい

뜻 ①가늘. ②잘. ③작을. ④천할.

필순 ⺘⺙⺙糸紅細細

細見〔세견〕 자세히 봄. さいけん

細窮民〔세궁민〕 매우 가난한 사람. さいきゅうみん

細菌〔세균〕 생물 중에서 가장 작아 육안(肉眼)으로는 볼 수 없는 균(菌). ㊐미균(微菌). 박테리아(bacteria). さいきん

細路〔세로〕 좁은 길. ㊐소로(小路). さいろ 「내. さいりゅう

細流〔세류〕 가늘게 흐르는 물. 시

細柳〔세류〕 실버들. さいりゅう

細目〔세목〕 잘게 나눈 절목(節目). さいもく

細微〔세미〕 ①썩 가늘고 작음. ㊐미세(微細). ②신분이 낮고 천함. さいび 「(緻密)함. さいみつ

細密〔세밀〕 정세(精細)하고 치밀

細沙〔세사〕 잔 모래. 고운 모래. 모새. さいしゃ

細事〔세사〕 자질구레한 일. さいじ

細心〔세심〕 ①자세히 주의하는 마음. 조심. ②작은 국량(局量). さいしん 「리. さいよう

細腰〔세요〕 가는 허리. 미인의 허

細雨〔세우〕 가랑비. 이슬비. さい

細字〔세자〕 잔 글씨. さいじ ⌊う

細長〔세장〕 가늘고 긺. さいちょう 「いそく

細則〔세칙〕 자세한 규칙(規則). さ

細片〔세편〕 잔 조각. さいへん

細胞〔세포〕 ① 생물체를 조성하는 기본적 단위로서 원형질(原形質)로 된 극히 작은 생활체(生活體). ②단체(團體)를 조직하는 하부 단위. さいほう

細胞組織〔세포조직〕 구상(球狀)으로 밀집하여 세포간질(細胞間質)이 적은 결체(結締) 조직. さいほうそしき 「さいひつ

細筆〔세필〕 ①잘게 씀. ②가는 붓.

▷微細(미세). 煩細(번세). 仔細(자세). 精細(정세).

【紹】 부 糸(실사변) 획 6—5 훈 이을 음 소(소:) ㊥ shao4

[英] succeed; join [日] ショウ. つぐ
[뜻] ①이을. ②얽을. ③소개할.
[필순] ⺈ 幺 糸 糸 紹 紹 紹 紹
紹介〔소개〕 모르는 사이를 알도록 관계를 맺어 줌. しょうかい
紹介狀〔소개장〕 사람을 소개하기 위해 상대편에게 써 보내는 서장(書狀). しょうかいじょう
紹繼〔소계〕 이어 받음. 계승함. [동] 소승(紹承). しょうけい
紹復〔소복〕 계승하여 일으킴. 부흥(復興)시킴. しょうふく
紹修書院〔소수서원〕 이조(李朝) 중종(中宗) 때 풍기군수(豊基郡守) 주세붕(周世鵬)이 세운 서원(書院). 애초 이름은 백운동서원(白雲洞書院)이었는데 명종(明宗) 5년에 소수(紹修)라 사액(賜額)함. 사액서원(賜額書院)의 시초. しょうしゅうしょいん
紹承〔소승〕 [동]⇨소계(紹繼). しょうしょう
紹志〔소지〕 어버이의 뜻을 이어 받음. しょうし
▷介紹(개소). 繼紹(계소).

「紳」 [부] 糸(실사변) [획] 6—5 [훈] 큰 띠 [음] 신: [中] shên⁴ [英] girdle [日] シン
[뜻] ①큰 띠. ② 벼슬아치. ③점잖을. 신사.
[필순] ⺈ 幺 糸 紀 紳 紳
紳士〔신사〕 ①교양이 있고 덕망이 높은 남자. ② 부귀(富貴)한 사람. ③상류사회(上流社會)의 사람. しんし
紳士道〔신사도〕 신사로서 마땅히 지켜야 할 도리. しんしどう
紳士協定〔신사협정〕 ① 비공식(非公式)의 국제 협정(國際協定). ②서로 상대를 믿고 결정하는 협정. しんしきょうてい
紳商〔신상〕 덕의(德義)를 지키는 훌륭한 상인(商人). しんしょう

【紫】 [부] 糸(실사변) [획] 6—5 [훈] 자줏빛 [음] 자: [中] tzû³ [英] purple [日] シ. むらさき
[뜻] ①자주빛. ②보랏빛.
[필순] ⺊ 止 此 紫 紫 紫 紫 紫
紫石英〔자석영〕 자주빛 수정(水晶). しせきえい
紫陽花〔자양화〕 ① 가을에 자주빛 꽃이 피는 산에 나는 풀. ②수국(水菊). しようか
紫煙〔자연〕 ① 자주빛의 연기(煙氣). ②담배 연기. しえん
紫外線〔자외선〕 스펙트럼의 자색부 밖의 암흑부(暗黑部)에 이르는 복사선(輻射線). 살균 작용을 함. しがいせん
紫雲〔자운〕 ① 자주빛 구름. 상서로운 구름. [동]서운(瑞雲). ②염불 수행한 사람의 임종 때 미타존(彌陀尊)이 타고 맞이하러 온다는 자색 구름. しうん
紫雲英〔자운영〕 콩과에 속하는 2년초. 녹비용(綠肥用)으로 많이 심음. しうんえい
紫衣〔자의〕 ①자주빛 옷. ② 자주빛의 가사(袈裟). しい
紫貝〔자패〕 복족류(腹足類)에 속하는조개. 옛날에 화폐(貨幣)로도 썼음. しかい
紫霞〔자하〕 자주빛이 공중으로 떠오르는 기운. 신선(神仙)이 사는 곳에 떠돈다 함. しか
▷濃紫(농자). 深紫(심자). 靑紫(청자). 紅紫(홍자).

【組】 [부] 糸(실사변) [획] 6—5 [훈] 짤 [음] 조 [中] tsu³ [英] compose [日] ソ. くみ
[뜻] ①짤. ②만들. ③인끈. 끈.
[필순] ⺈ 幺 糸 糸 組 組 組 組
組閣〔조각〕 내각(內閣)을 조직함. そかく
組成〔조성〕 조직하여 성립(成立)시킴. そせい
組織〔조직〕 ①끈을 꼬고 베를 짬. ②얽어 만듦. ③같은 기능과 같은 구성을 가진 세포의 단결(團結). ④단체 또는 사회를 구성하는 각 요소가 결합하여 유기적(有機的)인 움직임을 갖는 통일체(統一體)로 되는 일. 또는 그 구성의 방법. [예]社會(사회)一. そしき
組織化〔조직화〕 조직이 됨. そしきか
組織體〔조직체〕 조직된 몸뚱이나 단체. そしきたい

組合〔조합〕①꾸미어 합침. ②일정한 목적 수행(遂行)을 위한 사단 법인(社團法人)의 한 가지. ③민법상(民法上) 공동 출자(共同出資)하여 공동 경영하는 계약(契約). くみあい
▷勞組(노조). 分組(분조). 二人組(이인조). 合組(합조).

〖終〗 部 糸(실사변) 劃 6—5 訓 마칠 音 종 中 chung[1] 英 end; finish 日 シュウ. おわる. おわり
뜻 ①마칠. 다할. ②마침내. ③끝. ④죽을.
필순 纟纟糸糸糸紗終終
終決〔종결〕결말이 남. しゅうけつ
終結〔종결〕끝을 냄. 일을 끝막음. 통종말(終末). しゅうけつ
終局〔종국〕①바둑을 한 판 끝냄. ②끝판. 또 결말(結末)을 지음. しゅうきょく 「끝끝내.
終乃〔종내〕①필경에. 마침내. ②
終了〔종료〕끝남. 또 끝. 통결료(結了). しゅうりょう
終末〔종말〕끝판. 통결말(結末)·종결(終結). しゅうまつ
終尾〔종미〕일의 끝. しゅうび
終生〔종생〕①일평생. 통종신(終身). ②일생을 마침. しゅうせい
終始〔종시〕①끝과 처음. ②끝냄과 시작함. ③처음부터 끝까지. ④처음부터 끝까지 관계를 같이함. しゅうし
終始一貫〔종시일관〕처음부터 끝까지 변하지 아니함. しゅうしいっかん
終身〔종신〕①일생(一生)을 마칠 때까지. 일평생. 통종생(終生). ②부모의 임종(臨終) 때 옆에 모심. しゅうしん
終身之計〔종신지계〕①한평생 몸을 바쳐 할 일의 계획. ②인재(人材)를 교육하여 양성하는 일을 이름. しゅうしんのけい
終審〔종심〕① 마지막의 심판(審判). ②소송사건의 최종 심리(審理). しゅうしん
終夜〔종야〕밤새도록. 통통소(通宵). 경석(竟夕). しゅうや
終日〔종일〕하룻동안. しゅうじつ
終點〔종점〕맨 끝이 되는 곳. しゅうてん 「しゅうし
終止〔종지〕끝남. 또 끝. 마지막.
終天命〔종천명〕제 명(命)에 죽음.
▷無始無終(무시무종). 始終(시종). 始中終(시중종). 永終(영종). 有始無終(유시무종). 有始者必有終(유시자필유종). 臨終(임종).

【絃】 部 糸(실사변) 劃 6—5 訓 줄 音 현 中 hsien[2] 英 string 日 ゲン. つるいと
뜻 ①줄. ②현악기. ③풍류. 풍류칠. 탈.
필순 纟纟糸紅紅紡絃絃
絃琴〔현금〕거문고. げんきん
絃誦〔현송〕거문고 따위를 타며 글을 읽음. 또 그 일. げんしょう
絃樂〔현악〕현악기로 연주하는 음악. げんがく 「續絃(속현).
▷斷絃(단현). 伯牙絶絃(백아절현).

〖結〗 部 糸(실사변) 劃 6—6 訓 맺을 音 결 中 chieh[1·2] 英 bind; tie 日 ケツ. むすぶ
뜻 ①맺을. 맺힐. 매듭. ②상투.
필순 ㄥ纟糸糸紅紶結結
結果〔결과〕①초목이 열매를 맺음. ②어떤 원인으로 말미암아 도달한 결말의 상태. 성과(成果). ③인연(因緣)의 갚음. 원인의 결말. ↔원인(原因). けっか
結句〔결구〕끝 시구(詩句). 마지막 구. けっく
結構〔결구〕①얽어 만듦. 엮어 만듦. ②집 또는 문장 같은 것을 지음. けっこう
結局〔결국〕①끝판. ②끝을 맺음. けっきょく 「けつだん
結團〔결단〕단체를 결성(結成)함.
結黨〔결당〕①도당(徒黨)을 결합함. 당파를 맺음. ②정당(政黨)을 조직함. けっとう
結論〔결론〕①설명하는 말이나 글의 끝맺는 부분. ②삼단논법(三段論法)의 세째 명제(命題). 곧 대소(大小) 두 전제(前提)에서

얻은 단안. けつろん
結末〔결말〕 일의 끝. (동)결미(結尾). けつまつ 「つめい
結盟〔결맹〕 맹약(盟約)을 맺음. け
結文〔결문〕 문장의 끝의 문구(文句). けつぶん
結尾〔결미〕 (동)⇨결말(結末).
結氷〔결빙〕 얼음이 얾. けっぴょう
結社〔결사〕 일정(一定)한 목적을 위하여 여러 사람이 합동(合同)하여 단체(團體)를 결성함. 또 그 단체. けっしゃ 「けっせい
結成〔결성〕 단체의 조직을 형성함.
結束〔결속〕 ①한 덩이가 되게 묶음. 일치(一致) 단결함. ②여행이나 출전하기 위한 차림을 차림. けっそく
結繩文字〔결승문자〕 태고(太古)에 새끼를 매듭지어 그 모양과 수로써 의사(意思)를 소통하던 문자. けつじょうもじ
結繩之政〔결승지정〕 문자가 없던 태고 시대에 노끈으로 매듭을 맺어 정령(政令)의 부호로 삼은 일. 곧 태고의 간이(簡易)한 정사(政事). けつじょうのせい
結實〔결실〕 ①열매가 맺힘. ②튼튼함 ③견실(堅實)함. 착실함. ④일의 결과가 잘 맺어짐. 성공(成功)됨. けつじつ
結審〔결심〕 재판의 심리를 끝내고 결말을 지음. けっしん
結語〔결어〕 끝을 맺음. けつご
結緣〔결연〕 인연(因緣)을 맺음. (예) 姉妹(자매)—. けつえん
結義〔결의〕 남과 의리(義理)로써 친족(親族) 같은 관계를 맺음. (예) 桃園(도원)—. けつぎ
結義兄第〔결의형제〕 형제의 의를 맺음. 또는 그런 형제. けつぎきょうだい
結晶〔결정〕 광물 같은 것이 일정한 자연 법칙에 따라 규칙적인 특수한 형체를 이룬 상태. 또 그 물질. けっしょう 「ってい
結締〔결체〕 단단히 맴. 졸라맴. け
結草報恩〔결초보은〕 죽은 뒤에 은혜(恩惠)를 갚음을 이름. けっそうほうおん
結託〔결탁〕 ①마음을 합쳐 서로 의탁함. 합심하여 서로 도움. ②배가 맞아 한통이 됨. けったく
結合〔결합〕 둘 이상이 맺어서 하나가 됨. けつごう
結核〔결핵〕 결핵균이 기생(寄生)하는 곳이 딴딴하게 맺힌 멍울. 또 그 병. 결핵병. けっかく
結婚〔결혼〕 혼인(婚姻)의 관계를 맺는 일. 장가 들고 시집 가는 일. けっこん
▷固結(고결). 歸結(귀결). 團結(단결). 連結(연결). 終結(종결). 集結(집결). 締結(체결).

「絞」 [부] 糸(실사변) [획] 6—6 [훈] 목맬 [음] 교(교:) ㊥ chiao³ (英) strangle; hang ㊐ コウ. しぼる. しめる 「급할. ③염포.
[뜻] ①목맬. 목매어죽일. ②엄할.
[필순] 〻 ⺈ 糸 糹 紵 紞 絞 絞
絞殺〔교살〕 목을 매어 죽임. (동)교수(絞首). こうさつ
絞首〔교수〕 ①(동)⇨교살(絞殺). ②교형(絞刑)을 집행(執行)함. こうしゅ
絞首臺〔교수대〕 사형수(死刑囚)에 대한 교수형(絞首刑)을 집행(執行)하는 기구. こうしゅだい
絞罪〔교죄〕 교수형(絞首刑)에 해당하는 죄. こうざい
絞刑〔교형〕 목을 매어 죽이는 형벌(刑罰). こうけい

『給』 [부] 糸(실사변) [획] 6—6 [훈] 줄 [음] 급 ㊥ chi³, k'ei³ (英) give; provide ㊐ キュウ. たまう
[뜻] ①줄. 댈. ②넉넉할.
[필순] 〻 ⺈ 糸 糹 紒 紟 給 給
給料〔급료〕 사용인·노동자 등의 근로(勤勞)에 대하여 고용주(雇傭主)가 지불하는 보수. 일급(日給)이나 월급(月給) 같은 것. きゅうりょう
給費〔급비〕 비용(費用)을 대줌. きゅうひ 「ゅうすい
給水〔급수〕 물을 공급(供給)함. き
給養〔급양〕 ①의식(衣食)을 대주

어 먹여 살림. ②군대에 의식(衣食) 및 기타의 필요품을 공급(供給)함. きゅうよう
給由〔급유〕 여유를 줌. きゅうゆ
給油〔급유〕 기름을 공급함. きゅうゆ 「きゅうそく
給足〔급족〕 생계(生計)가 넉넉함.
給炭〔급탄〕 석탄(石炭)을 공급하여 줌. きゅうたん
▷供給(공급). 官給(관급). 配給(배급). 俸給(봉급). 月給(월급). 日給(일급). 自給(자급). 週給(주급). 支給(지급). 出給(출급).

【絡】 部 糸(실사변) 획 6—6 훈 이을 음 락 中 la⁴, lao⁴, luo⁴ 英 connect 日 ラク. まとう
뜻 ①이을. 연락할. ②얽을. 쌀. 둘릴. 묶을. ③줄. 고삐. ④맥락. ⑤생삼.
필순 ㄑ 幺 糸 糹 紁 終絡絡
絡車〔낙거〕 실을 감는 물레. らくしゃ 「飾品). らくとう
絡頭〔낙두〕 말 갈기의 장식품(裝
絡束〔낙속〕 묶음. らくそく 「い
絡緯〔낙위〕 귀뚜라미. 여치. らく
▷經絡(경락). 籠絡(농락). 脈絡(맥락). 連絡(연락).

〖絲〗 部 糸(실사변) 획 6—6 훈 실 음 사 中 ssû¹ 英 thread; string 日 シ. いと
뜻 ①실. ②악기이름.
필순 ㄑ 幺 糸 糸 絲
絲瓜〔사과〕 수세미외. しか. へちま
絲管〔사관〕 거문고와 피리. しかん
絲雨〔사우〕 가랑비. 보슬비. しう
絲人〔사인〕 명주를 짜는 사람.
絲竹〔사죽〕 ①거문고와 퉁소. 현악기와 관악기. ②음악(音樂). しちく. いとたけ
▷絹絲(견사). 麻絲(마사). 毛絲(모사). 生絲(생사). 遊絲(유사). 化學絲(화학사).

〖絶〗 部 糸(실사변) 획 6—6 훈 끊을 음 절 中 chüeh² 英 cut off 日 ゼツ. たつ
뜻 ①끊을. ②떨어질. ③뛰어날. ④멸할.
필순 ㄑ 幺 糸 糸 紒 絈 絶 絶
絶佳〔절가〕 아주 좋음. ぜっか
絶家〔절가〕 절손(絶孫)한 집. ぜっか. ぜっけ
絶景〔절경〕 절묘(絶妙)한 경치. 동 절승(絶勝). ぜっけい
絶交〔절교〕 교제를 끊음. 서로 상종(相從)을 아니함. ぜっこう
絶句〔절구·절귀〕 ①끊어서 계속되지 않는 글귀. ②한시(漢詩)의 한 체. 기(起)·승(承)·전(轉)·결(結)의 네 구로 되며 오언(五言) 또는 칠언(七言)이 보통임. ぜっく 「っきょう
絶叫〔절규〕 힘을 다하여 외침. ぜ
絶代〔절대〕 ①당대에 견줄 것이 없을 만큼 뛰어남. 동 절세(絶世). ②아득하게 먼 고대. 동 태고(太古). ぜつだい
絶對〔절대〕 ①상대하여 비교할 만한 것이 없음. ②아무 제한을 받지 아니함. ③아무 조건을 붙일 수 없음. ↔상대(相對). ぜったい
絶糧〔절량〕 양식이 떨어짐. 예 一農家(농가). ぜつりょう
絶倫〔절륜〕 남보다 월등하게 뛰어남. ぜつりん 「つぼう
絶望〔절망〕 아주 실망(失望)함. ぜ
絶滅〔절멸〕 아주 멸망함. ぜつめつ
絶命〔절명〕 목숨이 끊어짐. 죽음. 예 絶對(절대)—. ぜつめい
絶妙〔절묘〕 썩 기묘(奇妙)함. ぜつみょう
絶無〔절무〕 조금도 없음. ぜつむ
絶壁〔절벽〕 바위가 바람벽같이 깎아지른 듯한 낭떠러지. 동 단애(斷崖). ぜっぺき
絶嗣〔절사〕 후사(後嗣)가 끊어짐. 동 절손(絶孫). ぜっし
絶色〔절색〕 월등하게 아름다운 여자. 절세(絶世)의 미인(美人). ぜっしょく
絶世〔절세〕 세상에 견줄 만한 것이 없을 만큼 뛰어남. 동 절대(絶代). ぜっせい
絶孫〔절손〕 대를 이어 갈 자손(子孫)이 없음. 동 절사(絶嗣). ぜっそん
絶勝〔절승〕 ①절묘(絶妙)한 경치.

[동]절경(絶景). ②대단히 뛰어남. ぜっしょう
絶食〔절식〕 식사를 끊음. 음식을 먹지 아니함. [동]단식(斷食). ぜっしょく
絶緣〔절연〕 ①인연(因緣)을 끊음. 관계를 끊음. ②전류(電流)가 통하지 못하게 막음. ぜつえん
絶頂〔절정〕 ①산의 꼭대기. 맨 꼭대기. ②사물의 치오른 극도(極度). ぜっちょう
絶版〔절판〕 ①출판(出版)하여 낸 책이 떨어져서 없음. ②판목(版木) 또는 원판(原版)이 없어짐. ぜっぱん
絶品〔절품〕 ①물건이 다 팔리어 없음. [동]품절(品絶). ②월등하게 뛰어난 물품(物品). [동]일품(逸品). ぜっぴん
絶筆〔절필〕 ①붓을 놓고 다시 쓰지 아니함. ②지극히 뛰어난 필적. ③죽기 전의 마지막 필적 또는 저서(著書). ぜっぴつ
絶海〔절해〕 육지에서 아주 멀리 떨어져 있는 바다. [예]—孤島(고도). ぜっかい 「っこう
絶好〔절호〕 더할 수 없이 좋음. ぜ
▷拒絶(거절). 隔絶(격절). 冠絶(관절). 斷絶(단절). 杜絶(두절). 謝絶(사절). 義絶(의절). 凄絶(처절). 廢絶(폐절).

【統】 [부] 糸(실사변) [획] 6—6 [훈] 거느릴 [음] 통: [中] t'ung^{3} [英] govern [日] トウ. すべる
[뜻] ①거느릴. ②합칠. ③이을. ④실마리.
[필순] ㇀ 幺 糸 糸 紅 紅 統 統

統監〔통감〕 정치(政治) 또는 군사(軍事)를 통할하여 감독함. 또는 그 사람. とうかん
統計〔통계〕 ①한데 몰아쳐서 셈함. ②같은 범위에 속하는 낱낱의 현상(現象)을 모아 계수(計數)로써 그 상태를 나타내는 법. とうけい 「또 그 사람. とうりょう
統領〔통령〕 일체를 도맡아 다스림.
統率〔통솔〕 일체를 통할(統轄)하여 거느림. [동]통수(統帥). とうそつ 「すい
統帥〔통수〕 [동]⇨통솔(統率). とう
統御〔통어〕 거느리어서 제어(制御)함. とうぎょ
統一〔통일〕 여럿을 모아서 계통이 선 하나로 만듦. とういつ
統制〔통제〕 ①일정한 계획에 따라 여러 부분으로 나누어진 것을 통일하여 제어하는 일. [예]—經濟(경제). ②송대(宋代)에 설치한 벼슬. 출정군 사령관(出征軍司令官). とうせい
統制使〔통제사〕 충청·전라·경상 3도의 수군(水軍)을 통괄하던 장수(將帥). とうせいし
統治〔통치〕 ① 도맡아 다스림. ② 원수(元首)가 주권(主權)을 행사하여 나라를 다스림. とうち
統轄〔통할〕 통일하여 관할(管轄)함. とうかつ 「とうごう
統合〔통합〕 여럿을 하나로 합침.
▷系統(계통). 道統(도통). 王統(왕통). 傳統(전통). 總統(총통). 血統(혈통).

【絹】 [부] 糸(실사변) [획] 6—7 [훈] 명주 [음] 견(견:) [中] chüan^{4} [英] silk [日] ケン. きぬ
[뜻] ①명주. 깁. ②비단.
[필순] ㇀ 幺 糸 糸 絹 絹 絹

絹本〔견본〕 명주에 쓰거나 그린 서화(書畫). けんぽん
絹絲〔견사〕 누에고치에서 뽑은 실. 명주실. けんし
絹織物〔견직물〕 명주실로 짠 피륙. 비단. 주단. けんしょくぶつ
絹布〔견포〕 명주. けんぷ
▷生絹(생견). 素絹(소견). 軟絹(연견). 人絹(인견).

【經】 [부] 糸(실사변) [획] 6—7 [훈] 글 [음] 경 [中] ching^{1} [英] werp a fabric [日] ケイ. キョウ. へる
[뜻] ①글. 경서. ②날. 날실. ③지낼. 겪을. ④다스릴. ⑤떳떳할. ⑥법. ⑦경영할.
[필순] ㇀ 幺 糸 糸 經 經 經 經

經過〔경과〕 ①때가 지나감. ②일을 겪음. 또 그 과정. けいか

經國〔경국〕 나라를 다스림. けいこく

經國大典〔경국대전〕 이조(李朝) 때 세조(世祖)의 명(命)을 받아 최항(崔恒) 등이 편찬(編纂)한 최초로 완비된 법전(法典). けいこくだいてん

經國濟世〔경국제세〕 나라를 다스리고 세상을 구제(救濟)함. けいこくさいせい

經國之大業〔경국지대업〕 ①국가를 경륜(經綸)하는 대사업(大事業) ②문장(文章)의 과칭(誇稱). けいこくのたいぎょう

經卷〔경권〕 ①성인(聖人)이 저술(著述)한 책. 경서(經書). ②불경(佛經). けいかん

經難〔경난〕 어려운 일을 겪음. 여러 가지 일을 경험(經驗)함. けいなん 「ねん

經年〔경년〕 여러 해를 지냄. けい

經度〔경도〕 ①지구상의 일정한 지점(地點)을 통과하는 자오선(子午線)을 기점(起點)으로 하여 동서로 각각 180분(分)한 각도. ↔위도(緯度). ②(동)월경(月經). けいど

經絡〔경락〕 기혈(氣血)이 인체(人體) 안을 돌아다니는 맥관(脈管). けいらく

經略〔경략〕 ①국가를 경영·통치함. ②천하를 경영하며 사방을 공략(攻略)함. けいりゃく

經歷〔경력〕 겪어 온 여러 가지 일들. (동)이력(履歷)·열력(閱歷). けいれき

經路〔경로〕 ①지나는 길. ②일의 진행되어 온, 또는 진행되어 가는 순서. (동)경로(徑路). けいろ

經理〔경리〕 ①다스림. 또 그 길. 그 방법. ②회계(會計) 사무의 처리. けいり

經文〔경문〕 ①유교(儒教)의 경서(經書)의 글. ②불교의 근본의 교리(教理)를 적은 문장(文章). 또 그것을 실은 책. (동) 불경(佛經). けいぶん

經費〔경비〕 ①평상(平常)의 비용. 경상비(經常費). ②사업(事業)을 경영(經營)하는 데 쓰는 비용. けいひ

經史〔경사〕 ①경서(經書)와 사서(史書). ②여러 문서(文書)·서적(書籍). けいし

經事〔경사〕 ①항상 하는 일. ②일에 경험이 있음. けいじ

經史子集〔경사자집〕 중국의 서적의 분류법. 곧 경서·사서·제자류(諸子類)·시문집(詩文集)의 네 가지. けいしししゅう

經常〔경상〕 항상 일정하여 변하지 아니함. ↔임시(臨時). (예)—費(비). けいじょう

經書〔경서〕 성인(聖人)이 지은 책. 곧 사서오경(四書五經)과 같은 유교의 성전(聖典). (동)경적(經籍). 경전(經典). けいしょ

經世濟民〔경세제민〕 세상을 다스리고 백성(百姓)을 구제함. (동)경제(經濟).

經營〔경영〕 ①방침(方針)을 세워 사업을 함. ②일. 사업. ③집을 지을 때 토지를 측량하여 터를 잡음. けいえい

經緯〔경위〕 ①직물(織物)의 날과 씨. ②가로와 세로. (동)종횡(縱橫). ③남북과 동서. ④경선(經線)과 위선(緯線). 또 경도(經度)와 위도(緯度). ⑤사리(事理). 조리(條理). けいい

經由〔경유〕 ①지나다 들름. ②거치어 감. けいゆ

經義〔경의〕 역대(歷代) 경서(經書)에 관한 제설(諸說)·연혁(沿革)·존망(存亡)을 기술(記述)하는 것. 또는 그 책. けいぎ 「せき

經籍〔경적〕 (동)⇨경서(經書). けい

經典〔경전〕 ①(동)⇨경서(經書). ②불경(佛經). 경문(經文). けいてん「해(註解)한 책. けいでん

經傳〔경전〕 경서(經書)와 이를 주

經濟〔경제〕 ①나라를 잘 다스려 백성을 고난(苦難)에서 건짐. (동)경세제민(經世濟民). ②인류(人類)가 욕망을 충족(充足)하기 위하여 재화(財貨)를 획득하여 사용

하는 일체의 행동. ③절약(節約). 절검(節儉). けいざい
經天緯地〔경천위지〕 온 천하를 경륜하여 다스림. けいてんいち
經學〔경학〕 경서(經書)의 뜻을 연구하는 학문. けいがく
經驗〔경험〕 ①몸소 겪음. 실제로 보거나 듣거나 해봄. ②관찰과 실험(實驗)에 의하여 얻은 지식이나 기술. けいけん
▷九經(구경). 大經(대경). 讀經(독경). 佛經(불경). 聖經(성경). 誦經(송경). 禮經(예경). 五經(오경). 月經(월경). 六經(육경). 政經(정경). 天經(천경).

【綱】 부 糸(실사변) 획 6—8 훈 벼리 음 강 ㊥ kang¹ ㊕ large rope 日 コウ. つな
뜻 ①벼리. ②대강. ③줄. 새끼.
필순 ⺈ ⺌ 糹 糹 紖 絅 網 綱
綱紀〔강기〕 법강(法綱)과 풍기(風紀). 동기강(紀綱). こうき
綱領〔강령〕 일의 으뜸되는 큰 줄거리. こうりょう
綱目〔강목〕 강령(綱領)과 조목(條目). 사물(事物)의 대별(大別)과 소별(小別). こうもく
綱常〔강상〕 사람이 마땅히 지켜야 할 근본되는 도덕인 삼강(三綱)과 오상(五常). こうじょう
綱要〔강요〕 가장 중요한 요점(要點). 동골자(骨子). 요령(要領). こうよう
▷乾綱(건강). 權綱(권강). 紀綱(기강). 三綱(삼강).

【緊】 부 糸(실사변) 획 6—8 훈 요긴할 음 긴(긴:) ㊥ chin³ ㊕ vital; urgent 日 キン. しまる. きびしい
뜻 ①요긴할. ②급할. 팽팽할. ③줄. 줄일. ④굳을. 단단할.
필순 𦣝 臤 堅 緊 緊
緊急〔긴급〕 ①일이 긴요하고도 급함. ②현악기(絃樂器)의 줄이 팽팽함. きんきゅう
緊密〔긴밀〕 ①견고하고 빈틈이 없음. 또 바싹 달라붙어 빈틈이 없음. ②엄밀(嚴密)하여 빈틈이 없음. きんみつ 「んぱく
緊迫〔긴박〕 몹시 급박(急迫)함. き
緊要〔긴요〕 매우 필요함. きんよう
緊張〔긴장〕 ①마음을 단단히 하여 조심성 있게 함. ②팽팽하게 함. きんちょう
緊縮〔긴축〕 바짝 줄임. きんしゅく
▷喫緊(끽긴). 要緊(요긴).

〔綠〕 부 糸(실사변) 획 6—8 훈 푸를 음 록 ㊥ lu⁴, lü⁴ ㊕ green 日 リョク. ロク. みどり 「③옥 이름.
뜻 ①푸른. ②초록빛.
필순 ⺈ ⺌ 糹 糹 紀 紵 紵 綠
綠潭〔녹담〕 푸른 늪(沼). りょくたん
綠林〔녹림〕 푸른 숲. りょくりん
綠髮〔녹발〕 아름다운 검은 머리. 윤이 흐르는 검은 머리. りょくはつ
綠肥〔녹비〕 생풀이나 생나무 잎을 썩히지 않고 그대로 하는 거름. 풋거름. 동초비(草肥). りょくひ 「山(청산). りょくすい
綠水〔녹수〕 빛이 푸른 물. 예一青
綠樹〔녹수〕 푸른 나무. 무성한 나무. りょくじゅ
綠楊〔녹양〕 푸른 버들. 동취양(翠楊). りょくよう
綠葉〔녹엽〕 푸른 잎. りょくよう
綠玉〔녹옥〕 육각주상(六角柱狀)의 녹색 옥돌. 에머랄드는 이 돌의 일종(一種)임. 동녹주석(綠柱石). りょくぎょく
綠雨〔녹우〕 신록(新綠) 때에 오는 비. 늦은 봄이나 초여름에 나무가 푸릇푸릇할 때 오는 비. りょくう
綠雲〔녹운〕 ①푸른 구름. ②여자의 함치르르한 삼단 같은 머리. 여자의 머리가 검고 숱이 많아 아름다운 것의 형용. りょくうん 「무의 그늘. りょくいん
綠陰〔녹음〕 푸른 잎이 우거진 나
綠衣紅裳〔녹의홍상〕 젊은 여자의 곱게 치장한 복색(服色). りょくいこうしょう
綠酒〔녹주〕 빛이 푸른 술. 좋은

술. ⓢ미주(美酒). りょくしゅ
綠柱石〔녹주석〕 ⓢ⇨녹옥(綠玉).
綠竹〔녹죽〕 푸른 대나무. 「ち
綠池〔녹지〕 물이 푸른 못. りょく
綠草〔녹초〕 푸른 풀. りょくそう
綠波〔녹파〕 푸른 물결. りょくは
綠化〔녹화〕 나무를 많이 심어 푸르게 함. りょくか
▷碧綠(벽록). 新綠(신록). 寒綠(한록). 紅綠(홍록).

「網」 부 糸(실사변) 획 6—8 훈 그물 음 망(망:) 中 wang[3] 英 net 日 モウ. あみ「망라할.
뜻 ① 그물. 그물질할. ②온통.
필순 ⺈ 幺 糸 糹 網網網網
網巾〔망건〕 상투 있는 사람이 머리가 흩어지지 않도록 이마 위에 둘러 쓰는 말총으로 만든 물건. もうきん
網羅〔망라〕 ①그물. ②널리 구하여 모조리 휘몰아 들임. もうら
網膜〔망막〕 안구(眼球) 속에 있는 시신경(視神經) 세포가 산포(散布)된 막. もうまく
網捕〔망포〕 그물을 쳐 잡음. もうほ 「(어망). 虎網(호망).
▷法網(법망). 世網(세망). 魚網

【綿】 부 糸(실사변) 획 6—8 훈 솜 음 면 中 mien[2] 英 cotton 日 メン. わた
뜻 ①솜. ②연이을. 잇닿을. ③얽힐. 감길. ④잘. 면밀할.
필순 ⺈ 幺 糸 糹 綿綿綿綿
綿麗〔면려〕 섬세하고 고움. めんれい 「면(連綿). めんれん
綿連〔면련〕 연이음. 연속함. ⓢ연
綿綿〔면면〕 ①죽 연이어 끊이지 않는 모양. ②세밀(細密)한 모양. めんめん 「음. めんみつ
綿密〔면밀〕 자세하고 빈 틈이 없
綿衣〔면의〕 ①솜옷. ②무명옷. めんい 「めんぷ
綿布〔면포〕 ①솜과 피륙. ②무명.
▷木綿(목면). 石綿(석면). 純綿(순면). 連綿(연면). 海綿(해면).

【維】 부 糸(실사변) 획 6—8 훈 맬 음 유 中 wei[2] 英 tie 日 イ. つなぐ. ただ
뜻 ①맬. 묶을. 이을. ②이어나갈. 지탱할. ③바. 끈. 줄. ④벼리. ⑤개혁. ⑥오직(唯와 통용). ⑦생각컨대(惟와 통용).
필순 ⺈ 幺 糸 糹 糾 紨 維維
維斗〔유두〕 북두칠성(北斗七星)의 이명(異名). いと
維新〔유신〕 ①오래된 낡은 나라가 제도를 쇄신하여 새로운 나라가 됨. ②사물의 면목을 일신(一新)함. いしん 「감. いじ
維持〔유지〕 지탱하여 감. 버티어
▷纖維(섬유).

「綜」 부 糸(실사변) 획 6—8 훈 모을 음 종(종:) 中 tsung[4] 英 gather 日 ソウ. すべる
뜻 ①모을. ②잉아.
필순 ⺈ 幺 糸 糹 綜綜綜綜
綜合〔종합〕 ①여러 갈래로 나뉘어진 부분을 합함. ②개개(個個)의 개념(槪念)·관념(觀念)·판단(判斷)을 한데 모아 새로운 개념·판단을 이룩함. ③변증법(辨證法)에서 정립(定立)·반립(反立)을 지양(止揚)함. そうごう
綜合開發〔종합개발〕 하천(河川) 개발(開發)에 따라서 유역(流域) 산야(山野) 전반에 대하여 유기적(有機的)으로 관련시켜 실시하는 개발. そうごうかいはつ
▷錯綜(착종).

「綴」 부 糸(실사변) 획 6—8 훈 꿰맬 음 철 中 chuei[4] 英 file 日 テイ. テツ. つづる. とじる
뜻 ①꿰맬. ②맺을. ③이을. ④연축할(체).
필순 ⺈ 幺 糸 糹 綴綴綴綴
綴目〔철목〕 벌려 놓은 종류의 명목(名目). ていもく
綴文〔철문〕 글을 지음. 또는 쓴 글. ていぶん
綴字〔철자〕 글자를 맞춤. ていじ
綴綴〔철철〕 서로 연결(連結)된 모양. ていてい 「ゆう
綴輯〔철집〕 편집(編輯)함. ていし
▷補綴(보철). 縫綴(봉철). 連綴(연철). 點綴(점철). 編綴(편철).

「綻」 [부] 糸(실사변) [획]6—8 [훈] 솔기 터질 [음] 탄: ㊥chan^{4} ㊦ split ㊐ タン. ほころびる
[뜻] ①솔기 터질. ②필. 꽃이 필.
[필순] ㇛ 幺 糸 糸 綻綻綻綻
綻露〔탄로〕 비밀이 드러남.
綻破〔탄파〕 터지거나 찢어짐.
▷斷綻(단탄). 衣綻(의탄). 破綻(파탄).

〔練〕 [부] 糸(실사변) [획] 6—9 [훈] 익힐 [음] 련 ㊥ lien^{4} ㊦ drill ㊐ レン. ねる
[뜻] ①익힐. ② 마전할. ③가릴. ④연복.
[필순] ㇛ 幺 糸 糸 絧綆練練
練究〔연구〕 정성을 들여 구명(究明)함. れんきゅう 「れんのう
練囊〔연낭〕 깨끗한 비단 주머니.
練達〔연달〕 단련(鍛練)하여 통달(通達)함. れんたつ
練磨〔연마〕 갈고 닦음. 연마(硏磨)함. れんま
練武〔연무〕 무예(武藝)를 익힘. れんぶ 「場(장). れんぺい
練兵〔연병〕 군대를 훈련함. ㊎—
練習〔연습〕 자주 되풀이하여 배움. れんしゅう
▷教練(교련). 鍛練(단련). 洗練(세련). 熟練(숙련). 訓練(훈련).

【緖】 [부] 糸(실사변) [획] 6—9 [훈] 실마리 [음] 서: ㊥ hsü^{4} ㊦ clue ㊐ ショ. お. いとぐち
[뜻] ①실마리. ② 실·줄. ③나머지. ④일·사업. ⑤찾을.
[필순] ㇛ 幺 糸 糸 紶緒緒緖
緖論〔서론〕 본론(本論)에 들어가기 전에 그 준비로서 서술하는 논설(論說). しょろん
緖言〔서언〕 ①머리말·서문(序文). ②논설의 발단(發端). しょげん
緖業〔서업〕 시작한 일. しょぎょう
緖餘〔서여〕 남은 것. しょよ
緖正〔서정〕 근본을 캐내어 바르게 함. しょせい
緖風〔서풍〕 남아 전해 온 풍습. ㊍여풍(餘風). しょふう
▷端緖(단서). 頭緖(두서). 由緖(유서). 情緖(정서).

〔線〕 [부] 糸(실사변) [획] 6—9 [훈] 줄 [음] 선(선:) ㊥ hsien^{4} ㊦ line ㊐ セン. すじ
[뜻] ①줄. 선. ②실.
[필순] ㇛ 幺 糸 糸 絈綿線
線路〔선로〕 ①좁은 길. ②기차·전차 등이 다니는 길. ㊍철로(鐵路). せんろ
線縷〔선루〕 실의 가닥. せんる
線外球〔선외구〕 파울 볼(foul ball). せんがいきゅう
▷幹線(간선). 路線(노선). 單線(단선). 視線(시선). 緯線(위선). 一線(일선). 前線(전선). 戰線(전선). 電線(전선). 接線(접선). 支線(지선). 脫線(탈선). 合線(합선). 混線(혼선).

【緣】 [부] 糸(실사변) [획] 6—9 [훈] 인연 [음] 연 ㊥ yüan^{2} ㊦ affinity ㊐ エン. ふち「장자리.
[뜻] ①인연. ②선두를. ③가·가
[필순] ㇛ 幺 糸 糸 紀絽緣緣
緣故〔연고〕 까닭. ㊍연유(緣由)·이유(理由)·사유(事由). えんこ
緣木求魚〔연목구어〕 나무에 올라가서 고기를 잡음. 곧 목적(目的)을 달성(達成)하기 위하여 취하는 수단이 잘못됨의 비유. えんぼくきゅうぎょ
緣分〔연분〕 하늘이 베푼 인연(因緣). ㊍정분(定分). ㊎天生(천생)—. えんぶん
緣由〔연유〕 까닭. ㊍연고(緣故). 사유(事由). 유래(由來). えんゆ
▷奇緣(기연). 宿緣(숙연). 因緣(인연). 血緣(혈연).

【緩】 [부] 糸(실사변) [획] 6—9 [훈] 느릴 [음] 완: ㊥ huan^{2} ㊦ loose; mild ㊐ カン. ゆるい
[뜻] ①느릴. ②느슨할. 늘어질. ③늦출. 너그러울. ④더딜.
[필순] ㇛ 幺 糸 糸 紑紑緩緩
緩急〔완급〕 ①느림과 급함. 늦음과 빠름. ②위급(危急)한 일. 돌발한 사변. かんきゅう
緩慢〔완만〕 느릿느릿함. かんまん
緩步〔완보〕 천천히 걸음. かんぽ

緩衝地帶〔완충지대〕 양국(兩國) 또는 수개국의 충돌을 완화하기 위하여 설치한 중립지대(中立地帶). かんしょうちたい
緩行〔완행〕 느리게 다님. かんこう
緩化〔완화〕 느리게 됨. かんか
緩和〔완화〕 급박한 것을 느슨하게 함. 또 급박한 것이 느슨하여짐. かんわ 「策). かんわさく
緩和策〔완화책〕 완화하는 계책(計
▷弛緩(이완).

【緯】 부 糸(실사변) 획 6—9 훈 씨 음 위(위:) 中 wei³ 英 woof; latitude 日 イ. よこいと
뜻 ①씨. 씨줄. 씨금. ②묶을.
필순 ㄥ幺糸糸糸'紵紵緯緯
緯經〔위경〕 ①씨와 날. ② 가로줄과 세로줄. いけい
緯度〔위도〕 지구 위의 위치를 나타내는 좌표(座標). 동씨도. ↔경도(經度). いど
緯書〔위서〕 경서(經書)에 가탁(假託)하여 미래(未來)의 일을 설명한 책. いしょ
緯線〔위선〕 지구 위의 위치를 나타내는 좌표(座標). 동씨줄. ↔경선(經線). いせん 「(북위).
▷經緯(경위). 南緯(남위). 北緯

【締】 부 糸(실사변) 획 6—9 훈 맺을 음 체 中 ti⁴ 英 fasten 日 テイ. しめる
뜻 ①맺을. 꼭맺을. ②닫을.
필순 ㄥ幺糸糸糸'締締
締結〔체결〕 ① 얽어서 맺음. ②조약(條約)·약속(約束) 등을 맺음. ていけつ
締盟〔체맹〕 맹약(盟約)을 함. 동맹을 체결함. 또 그 맹약·동맹. ていめい 「그 약속. ていやく
締約〔체약〕 약속(約束)을 맺음. 또
▷結締(결체). 取締(취체).

【編】 부 糸(실사변) 획 6—9 훈 엮을 음 편 中 pien¹ 英 compile 日 ヘン. あむ
뜻 ① 엮을. ②책(篇과 통용). ③적을. ④ 땋을(변)(辮과 통용). ⑤벌릴.
필순 ㄥ幺糸糸糸'紵紵編編
編隊〔편대〕 대오(隊伍)를 편성(編成)함. へんたい
編成〔편성〕 ①엮어 만듦. ② 모아서 조직(組織)함. へんせい
編修〔편수〕 ①편집하고 수정함. 또 그 일에 종사하는 사람. ② 의례(儀禮) 등이 정돈되어 바름 ③사서(史書)를 저술함. 또 그 벼슬. へんしゅう
編入〔편입〕 ①얽거나 짜 넣음. ② 한 동아리에 끼게 함. 예一生(생). へんにゅう 「이. へんしゃ
編者〔편자〕 책을 엮는 사람. 엮은
編著〔편저〕 편집하여 저술(著述)함. へんちょ
編制〔편제〕 ①낱낱의 것을 모아 단체로 조직함. ②지휘 계통을 세워 병력(兵力)을 편성함. 또 그 제도. へんせい
編輯〔편집〕 여러 가지 재료를 수집하여 책이나 신문(新聞) 등을 엮음. 동편찬(編纂)·편집(編緝). へんしゅう 「さん
編纂〔편찬〕 동⇨편집(編輯). へん
編綴〔편철〕 맴. 철(綴)함. へんてつ 「(전편). 後編(후편).
▷末編(말편). 新編(신편). 前編

【緘】 부 糸(실사변) 획 6—9 훈 봉할 음 함: 中 chien² 英 close; seal 日 カン. とじる
뜻 ①봉할. ②묶을. ③봉한데.
필순 ㄥ幺糸糸糸'紵紵緘緘
緘口〔함구〕 입을 다물고 말을 아니함. かんこう
緘口無言〔함구무언〕 입을 다물고 말을 아니함. 동 함구불언(緘口不言). かんこうむげん
緘口不言〔함구불언〕 동⇨함구무언(緘口無言). かんこうふげん
緘默〔함묵〕 동⇨함구(緘口).
緘封〔함봉〕 편지·상자 같은 것을 봉(封)함. かんふう
▷開緘(개함). 啓緘(계함). 封緘(봉함). 三緘(삼함).

【縣】 부 糸(실사변) 획 6—10 훈 고을 음 현: 中 hsüan² 英 country 日 ケン. あがた 「용).
뜻 ①고을. 현. ②매달(懸과 통

필순 県県県縣縣縣縣
縣令〔현령〕 현의 장관. けんれい
縣吏〔현리〕 현의 벼슬아치. けんり
縣賞〔현상〕 상품을 걺. 동현상(懸賞). けんしょう
縣人〔현인〕 한 고을에 사는 사람. 또는 그 현(縣) 사람. けんじん
▷郡縣(군현). 輯安縣(집안현).

【繁】 부 糸(실사변) 획 6—11 훈 번성할 음 번 中 fan² 英 prosper 日 ハン. しげる
뜻 ①번성할. ②많을. 번잡. ③말뱃대끈(반).
필순 ⺈每每敏敏繁繁
繁多〔번다〕 번거로울 정도로 많음. はんた 「はんぼう
繁忙〔번망〕 바쁨. 다망(多忙)함.
繁盛〔번성〕 번화(繁華)하고 창성(昌盛)함. 동번창(繁昌). はんせい 「짐. はんしょく
繁殖〔번식〕 붇고 늘어서 많이 퍼
繁榮〔번영〕 동⇨번창(繁昌). はんえい
繁雜〔번잡〕 번거롭고 뒤섞여 어수선함. 많아 번거로움. はんざつ
繁昌〔번창〕 ①초목이 무성함. ②번영하고 창성(昌盛)함. 동번영(繁榮)·번성(繁盛). はんしょう
繁華〔번화〕 ①초목이 무성하고 꽃이 화려하게 핌. 곧 청장년(靑壯年)의 시절. ②번잡하고 화려함. 예—街(가). ③토지가 기름져 번창함. はんか

【縫】 부 糸(실사변) 획 6—11 훈 꿰맬 음 봉 中 fêng²·⁴ 英 sew 日 ホウ. ぬう 「울.
뜻 ①꿰맬. 홀. ②마무를. ③기
필순 ⺯⺯糸糸縫縫縫
縫工〔봉공〕 군대에서 바느질을 맡아 하던 군사. ほうこう
縫織〔봉직〕 깁는 것과 짜는 것. ほうしょく
縫針〔봉침〕 바늘. ほうしん
縫合〔봉합〕 ①기워 합침. ②외과수술(外科手術)에서 절개(切開)한 자리를 꿰맴. ③두개골(頭蓋骨)의 톱니뼈가 짜여 합쳐진 뼈. ほうごう
縫刺〔봉자〕 꿰맴과 수놓음. ほうし
▷假縫(가봉). 裁縫(재봉). 天衣無縫(천의무봉).

【績】 부 糸(실사변) 획 6—11 훈 길쌈할 음 적 中 chi¹ 英 spin 日 セキ. つむぐ 「사업.
뜻 ①길쌈할. 자을. ②공. ③일.
필순 ⺯⺯糸紵績績績績
績女〔적녀〕 실을 잣는 여자. せきじょ 「는 삼베 길쌈. せきま
績麻〔적마〕 삼으로 실을 자음. 또
▷功績(공적). 紡績(방적). 成績(성적). 治績(치적). 行績(행적).

【縱】 부 糸(실사변) 획 6—11 훈 세로 음 종(종:) 中 tsung¹·⁴ 英 vertical 日 ジュウ. ショウ. たて 「④비록. ⑤가령.
뜻 ①세로. ②놓을. ③방자할.
필순 ⺯⺯糸糸縱縱縱縱
縱貫〔종관〕 ①세로 꿰뚫음. ②남북으로 통함. じゅうかん
縱斷〔종단〕 세로 끊음. じゅうだん
縱隊〔종대〕 세로 줄을 지어 선 대형(隊形). じゅうたい 「らん
縱覽〔종람〕 마음대로 봄. じゅう
縱列〔종렬〕 세로 늘어섬. 또 그 줄. じゅうれつ 「うれい
縱令〔종령〕 동⇨종사(縱使). しょ
縱使〔종사〕 가령. 설사(設使). 동종령(縱令). じゅうし. たとい
縱線〔종선〕 세로 그은 선(線). ↔횡선(橫線). じゅうせん
縱迹〔종적〕 행방(行方). 동종적(蹤迹). じゅうせき
縱橫〔종횡〕 ①가로와 세로. ②자유 자재. ③방종(放縱)함. ④남북과 동서. ⑤산(算)가지를 늘어놓는 방법. 하나부터 넷까지는 세로, 다섯은 가로, 그 이상은 가로 세로 다 늘어놓음. ⑥십자형(十字形). じゅうおう
縱橫無盡〔종횡무진〕 한없이 자유자재함. じゅうおうむじん
▷放縱(방종). 合縱(합종).

【總】 부 糸(실사변) 획 6—11 훈 거느릴 음 총: 中 tsung³ 英 command 日 ソウ. すべる. すべて. ふさ

뜻 ①거느릴. ②합칠. 모을. ③묶을. 맬. ④묶은 머리. ⑤모두.
참고 ㊙ 総
필순 ⺯ 糹 糸 總總

總監〔총감〕 전체를 감독함. 또 그 벼슬. そうかん 「うけい
總計〔총계〕 통틀어 합친 계산. そ
總括〔총괄〕 ①통틀어 모아 하나로 뭉침. ②요점을 모아서 한 개의 개념(概念)을 만듦. そうかつ
總督〔총독〕 ①전체를 감독함. 또 그 사람. ②명청(明淸) 이후의 한 성(省)의 장관. ③국가 원수를 대표하여 식민지(植民地)를 통치하는 벼슬. そうとく
總量〔총량〕 전체의 양. ㊐전량(全量). そうりょう
總力〔총력〕 모든 힘. そうりょく
總力安保〔총력안보〕 모든 힘을 국가 안전 보장(安全保障)에 기울임. そうりょくあんぽ
總領〔총령〕 전체를 거느림. 또 그 사람. そうりょう
總論〔총론〕 전체에 걸린 논설. ↔ 각론(各論). そうろん
總理〔총리〕 ①전체를 다스림. 또 그 사람. ②내각(內閣)의 수반. ㊐국무총리(國務總理). そうり
總網羅〔총망라〕 모두 빠짐 없이 휘몰아 들임. そうもうら 「めい
總名〔총명〕 ㊐⇨총칭(總稱). そう
總務〔총무〕 전체의 사무. 또 그 사무를 보는 사람. そうむ
總本山〔총본산〕 ①한 종(宗)의 본종(本宗)이 되는 절. ②본산(本山). 우리 나라에서는 불교의 최고 종정기관(宗政機關). そうほんざん 「직. そうじしょく
總辭職〔총사직〕 전원(全員)의 사
總說〔총설〕 전체에 걸친 논설. 전체를 총괄한 설명. そうせつ
總數〔총수〕 모든 수. 전체의 수. そうすう 「そうしん. そうみ
總身〔총신〕 온 몸. ㊐전신(全身).
總額〔총액〕 전체의 액수(額數). そうがく
總領事〔총영사〕 최상급(最上級)의 영사(領事). そうりょうじ
總員〔총원〕 모든 사람. 전체의 인원. ㊐전원(全員). そういん
總意〔총의〕 전체의 의사. そうい
總裁〔총재〕 전체를 총괄하여 재결(裁決)함. 또 그 사람. ㊎韓銀(한은)—. そうさい
總體〔총체〕 ㊐⇨전체(全體). そうたい 「규칙. そうそく
總則〔총칙〕 전체를 총괄(總括)하는
總稱〔총칭〕 전체를 총괄한 명칭. ㊐총명(總名). そうしょう
總統〔총통〕 총괄하여 통솔(統率)함. 또 그 사람. そうとう
總合〔총합〕 통틀어 합함. ㊐종합(綜合). そうごう
總和〔총화〕 많은 수량의 전체를 모아 합한 수. そうわ
總會〔총회〕 ①전원(全員)의 모임. 또 전원을 모음. ②한 단체의 전원의 모임. そうかい

【縮】 부 糸(실사변) 획 6—11 훈 오그라들 음 축 ㊥ shao⁴, su⁴, suo¹ ㊎ shrink ㊐ シュク. ちぢむ
뜻 ①오그라들 ②줄. ③모자랄.
필순 ⺊ ⺯ 糹 糸 紵紵縮縮

縮圖〔축도〕 원형(原形)을 줄여 그린 그림. しゅくず
縮本〔축본〕 원형을 줄여서 인쇄한 서화(書畫) 또는 책. しゅくほん
縮小〔축소〕 줄어 작아짐. 또 줄이어 작게 함. しゅくしょう
縮刷〔축쇄〕 서적·서화 등의 원형(原形)을 축소시키어 인쇄함. ㊎—版(판). しゅくさつ
縮地〔축지〕 땅을 축소하여 먼 곳을 가깝게 함. しゅくち
縮尺〔축척〕 축도(縮圖)를 그릴 때 그 축소시킬 비례의 척도(尺度). ㊐줄인자. 비례척(比例尺). しゅくしゃく
▷減縮(감축). 緊縮(긴축). 收縮(수축). 伸縮(신축). 畏縮(외축).

「繕」 부 糸(실사변) 획 6—12 훈 기울 음 선: ㊥ chan⁴ ㊎ mend; repair ㊐ ゼン. つくろう
뜻 ①기울. 꿰맬. ②다스릴.
필순 ⺊ ⺯ 糹 糸 紵繕繕繕

繕補〔선보〕 수선하여 보충함. ぜんぽ 「정서(淨書)함. ぜんしゃ
繕寫〔선사〕 부족한 점을 보충하여
繕修〔선수〕 수선하여 고침. ぜんしゅう 「ぜんかん
繕完〔선완〕 수선하여 완전하게 함.
▷修繕(수선). 營繕(영선).

【織】 부 糸(실사변) 획 6—12 훈 짤 음 직 ⊕ chih¹ 英 weave 日 ショク. シキ. **おる**
뜻 ①짤. ②기(치)(幟와 통용). ③실다듬을(지)
필순 ′ ⺯ 糹 糸 紵 綌 織 織
織女〔직녀〕 ①길쌈하는 여인. ② 직녀성(織女星). 동직부(織婦). しょくじょ
織女梳〔직녀소〕 직녀성(織女星)의 얼레빗을 이름. しょくじょそ
織當問奴〔직당문노〕 길쌈하는 일은 여종에게 묻는 것이 좋음. 곧 무슨 일이나 전문가(專門家)에게 묻는 것이 좋다는 뜻.
織婦〔직부〕 ①피륙을 짜는 여자. 동직녀(織女). ② 직녀성(織女星). しょくふ 「しょくぞう
織造〔직조〕 피륙을 짜는 일. 길쌈.
▷耕織(경직). 機織(기직). 文織(문직). 紡織(방직). 手織(수직). 蠶織(잠직). 組織(조직).

「繫」 부 糸(실사변) 획 6—13 훈 맬 음 계: ⊕ chi⁴, hsi⁴ 英 bind 日 ケイ. **つなぐ**
뜻 ①맬·매달. 맺을. 얽을. 묶을. ②이을(혜·계) ③머무를.
필순 𨊠 𨊠 毄 繫 繫 繫 繫
繫累〔계루〕 몸에 얽매인 누(累). 동계루(係累). けいるい
繫留〔계류〕 붙잡아 매어 둠. 잡아맴. けいりゅう 「く
繫泊〔계박〕 배를 매어 둠. けいは
繫屬〔계속〕 맴. 또 매임. けいぞく
▷連繫(연계).

「繩」 부 糸(실사변) 획 6—13 훈 새끼 음 승 ⊕ shêng² 英 rope 日 ジョウ. なわ. **ただす**
뜻 ①새끼. 줄. ② 법. ③먹줄. ④이을. ⑤ 기릴. 칭찬할.
참고 속 縄
필순 ′ ⺯ 糹 糸 紀 絕 繩 繩
繩墨〔승묵〕 ①먹줄. ②법(法). 준칙(準則). じょうぼく
繩索〔승색〕 노. 새끼. じょうさく
繩準〔승준〕 법도(法度). 법칙. 동준승(準繩). じょうじゅん
▷結繩(결승). 縛繩(박승). 準繩(준승). 捕繩(포승). 火繩(화승).

「繪」 부 糸(실사변) 획 6—13 훈 그림 음 회: ⊕ hui⁴ 英 picture 日 カイ. え
뜻 ①그림. ②수놓을.
참고 약 絵
필순 ′ ⺯ 糹 糸 紒 綸 繪 繪
繪具〔회구〕 ①회화(繪畫)에 쓰이는 물감·붓 등의 도구. ②동채료(彩料). えのぐ
繪畫〔회화〕 그림. かいが

【繼】 부 糸(실사변) 획 6—14 훈 이을 음 계: ⊕ chi⁴ 英 connect 日 ケイ. **つぐ**
뜻 ①이을. ②맬(繫와 통용).
참고 속 継
필순 ⺯ 糹 糸 絓 絲 繼 繼 繼
繼繼承承〔계계승승〕 자자손손(子子孫孫)이 대(代)를 이어 가는 모양. けいけいしょうしょう
繼母〔계모〕 아버지의 후취(後娶). けいぼ 「편. けいふ
繼夫〔계부〕 다시 시집가서 맞은 남
繼父〔계부〕 ①아버지를 이음. ② 어머니의 후부(後夫)로서 자기를 길러 준 사람. けいふ
繼嗣〔계사〕 계통을 잇는 양자(養子). 동계후(繼後). けいし
繼續〔계속〕 ①끊이지 아니하고 잇대어 나아감. ②끊어진 것을 다시 이음. けいぞく 「じゅ
繼受〔계수〕 동⇨계승(繼承). けい
繼承〔계승〕 뒤를 이어 받음. 동계수(繼受). けいしょう
繼統〔계통〕 임금의 계통(系統)을 이음. けいとう
繼後〔계후〕 동⇨계사(繼嗣).
▷承繼(승계). 聯繼(연계). 傳繼(전계). 中繼(중계). 後繼(후계).

[纂] 부 糸(실사변) 획 6—14 훈 모을 음 찬: ⊕ tsuan³ 英

collect [日] サン. あつめる
[뜻] ①모을. ②편찬할. ③이을.
[필순] ⺮笪算纂

纂修〔찬수〕①문서(文書)의 자료를 모아 정리함. ②정돈함. さんしゅう 「さんじゅつ

纂述〔찬술〕자료를 모아 저술함.

纂集〔찬집〕여러 가지 글을 모아 책을 엮음. さんしゅう

纂纂〔찬찬〕모으는 모양. さんさん

▷編纂(편찬).

【續】[부] 糸(실사변) [획] 6—15 [훈] 이을 [음] 속 [中] hsü⁴ [英] contiuen [日] ゾク. つづく. つづき
[뜻] 이을.
[참고] [약]続
[필순] 糸 糸 紸 縺 續 續

續刊〔속간〕신문·잡지 등을 일시 정간(停刊)하였다가 다시 계속하여 간행(刊行)함. ぞくかん

續稿〔속고〕원고(原稿)를 계속하여 씀. 또 그 원고. ぞっこう

續發〔속발〕계속하여 발생(發生)함. ぞくはつ

續續〔속속〕계속하여 끊어지지 아니하는 모양. ぞくぞく「しゅつ

續出〔속출〕계속하여 나옴. ぞく

續編〔속편〕정편(正編)에 잇달아서 지은 책. ぞくへん 「っこう

續行〔속행〕계속하여 행(行)함. ぞ

▷繼續(계속). 斷續(단속). 連續(연속). 陸續(육속).

【纖】[부] 糸(실사변) [획] 6—17 [훈] 가늘 [음] 섬 [中] hsien¹ [英] delicate [日] セン. ほそい
[뜻] ①가늘. ②자세할. ③고울. ④아낄. ⑤가는 베. 고운비단.
[참고] [속]繊
[필순] 糸 糸 糸 紲 纄 纖 纖

纖巧〔섬교〕섬세하고 교묘(巧妙)함. せんこう 「(纖維). せんもう

纖毛〔섬모〕①가는 털. ②[동]섬유

纖眉〔섬미〕가는 눈썹. 미인(美人)의 아름다운 눈썹. [동]아미(蛾眉). せんび

纖纖玉手〔섬섬옥수〕가냘프고 고운 여자의 손. 미인의 손. せんせんぎょくしゅ

纖細〔섬세〕가늚. 작음. [동]미세(微細). せんさい

纖維〔섬유〕①생물체(生物體)를 조직(組織)하는 가는 실 같은 물질. [동]섬모(纖毛). ②실 모양으로 된 고분자(高分子) 물질. せ

▷合纖(합섬). 化纖(화섬). 「んい

(6) 缶 部

【缺】[부] 缶(장군부변) [획] 6—4 [훈] 빠질 [음] 결 [中] ch'üeh¹ [英] deficient [日] ケツ. かく
[뜻] ①빠질. 없어질. ②이지러질. ③모자랄. ④이빠질. 깨어질.
[필순] 𠂉 午 缶 缶 缶 缺 缺

缺格〔결격〕필요한 자격이 결여됨. けっかく 「함. けっきん

缺勤〔결근〕출근(出勤)하지 아니

缺禮〔결례〕예의(禮儀)를 다하지 아니함. けつれい

缺漏〔결루〕빠져 나가고 없음. [동]누락(漏落). けつろう

缺損〔결손〕①축나거나 손해가 남. ②계산상의 손실. けっそん

缺如〔결여〕모자라는 모양. 부족한 모양. けつじょ

缺員〔결원〕정원(定員)에서 일부가 빠져 모자람. 또 그 인원(人員). [동]궐원(闕員). けついん

缺點〔결점〕부족한 점. 완미(完美)하지 아니한 점. 흠. けってん

缺乏〔결핍〕①축나서 모자람. ②다 써서 없어짐. ③있어야 할 것이 없음. けつぼう

缺陷〔결함〕완전(完全)하지 못하여 흠이 됨. [동]부족(不足). 불비(不備). けっかん

▷補缺(보결). 完全無缺(완전무결).

【罐】[부] 缶(장구부변) [획] 6—18 [훈] 두레박 [음] 관: [中] kuan⁴ [英] pot;jar [日] カイ. つるべ
[뜻] ①물동이. ②두레박. ③가마. 증기 기관의 물 끓이는 가마.
[필순] 午 缶 缶 缶艹 缶艹 罐

▷汽罐(기관).

(6) 网(罒)部

【罔】 부 网·罒(그물망) 획 6—3 훈 없을 음 망 中 wang³ 英 not;net 日 モウ. ボウ. ない. あみ 「맺을.
뜻 ①없을. ②속일. ③그물. ④
필순 冂門罔罔
罔極〔망극〕 어버이의 은혜(恩惠)가 한이 없음. もうきょく
罔極之恩〔망극지은〕 한 없는 은혜. 부모의 큰 은혜. もうきょくのおん. むきょくのおん
罔極之痛〔망극지통〕 한 없는 슬픔. 임금과 어버이의 상사(喪事)에 쓰는 말. 「한 모양. もうぜん
罔然〔망연〕 멍한 모양. 상심(喪心)
罔知所措〔망지소조〕 창황하여 어찌 할 바를 모름. 허둥지둥함.
▷欺罔(기망). 迷罔(미망). 天罔(천망). 惑罔(혹망).

「罟」 부 网·罒(그물망) 획 6—5 훈 그물 음 고 中 ku³ 英 net 日 コ. あみ
뜻 ①그물. ②고기 그물.
필순 罒罒罒罟
罟師〔고사〕 어부(漁父). こし
▷數罟(촉고).

【置】 부 网·罒(그물망) 획 6—8 훈 둘 음 치 中 chih⁴ 英 put a side 日 チ. おく
뜻 ①둘. 놓을. ②베풀. ③버릴.
필순 罒罒罒罟置置
置簿〔치부〕 금전(金錢)·물품(物品)의 출납(出納)을 기록함. ちぼ
置酒食〔치주식〕 술과 음식으로 잔치를 베풂. ちしゆしょく
置重〔치중〕 중요(重要)하게 여김.
置之度外〔치지도외〕 버려 두고 마음에 두지 아니함. 동도외시.
▷放置(방치). 配置(배치). 設置(설치). 位置(위치). 措置(조치).

「罫」 부 网·罒(그물망) 획 6—8 훈 줄 음 괘: 中 hua⁴ 英 line 日 ケイ. けい
뜻 ①줄. ②거리낄.
필순 罒罣罫
罫線〔괘선〕 인쇄물에 있어서 괘로선을 나타낸 줄. けいせん
罫紙〔괘지〕 괘선을 친 종이. 동인찰지(印札紙). けいし

〔罪〕 부 网·罒(그물망) 획 6—8 훈 허물 음 죄: 中 tsuei⁴ 英 sin 日 ザイ. つみ
뜻 ①허물. ②죄줄.
필순 罒罒罪罪罪
罪科〔죄과〕 형벌. ざいか 「か
罪過〔죄과〕 죄와 과실(過失). ざい
罪名〔죄명〕 죄(罪)의 이름. ざいめい 「목. ざいもく
罪目〔죄목〕 범죄(犯罪) 사실의 명
罪狀〔죄상〕 범죄(犯罪)의 실상(實狀). ざいじょう 「함.
罪悚〔죄송〕 죄스럽고 황송(惶悚)
罪囚〔죄수〕 옥(獄)에 갇힌 죄인.
罪惡〔죄악〕 사념(邪念) 또는 악행(惡行). 동죄(罪). ざいあく
罪人〔죄인〕 ① 죄(罪)를 범(犯)한 사람. ②어버이 상사중(喪事中)에 있는 사람의 자칭(自稱). ざいにん. ざいじん 「いしょう
罪證〔죄증〕 범죄의 증거(證據). ざ
罪責〔죄책〕 범죄상(犯罪上)의 책임(責任). ざいせき
▷功罪(공죄). 無罪(무죄). 問罪(문죄). 犯罪(범죄). 重罪(중죄).

〔罵〕 부 网·罒(그물망) 획 6—10 훈 꾸짖을 음 매: 中 ma⁴ 英 curse 日 バ. ののしる
뜻 ①꾸짖을(마·매). ②욕할.
필순 罒罒罒罵罵
罵倒〔매도〕 몹시 꾸짖음. 대단히 욕함. ばとう 「게 함. ばじょく
罵辱〔매욕〕 꾸짖고 욕하여 창피하
罵坐〔매좌〕 좌중(座中)의 사람들을 꾸짖어 욕함. ばざ
▷嘲罵(조매).

【罰】 부 网·罒(그물망) 획 6—9 훈 벌 음 벌 中 fa² 英 punishment 日 バツ. バチ. つみ
뜻 ①벌. 벌줄. 벌받을. ②꾸짖을.
필순 罒罒罒罰
罰金〔벌금〕 ①범죄인(犯罪人)에게

돈을 내게 하는 재산형(財產刑). ②징계(懲戒)로 받는 돈. ばっきん 「っせき

罰責〔벌책〕 꾸짖어 벌(罰)함. ば

罰則〔벌칙〕 처벌(處罰)하는 규칙(規則). ばっそく

▷賞罰(상벌). 懲罰(징벌). 處罰(처벌). 天罰(천벌). 刑罰(형벌).

【署】 부 网·罒(그물망) 획 6—9 훈 마을 음 서: ㊥ shu³ 英 sign 日 ショ. しるす

뜻 ①마을. 관청. ②부서. 나눌. ③서명할. ④임명할. ⑤맡을.

필순 罒罒罒罒署

署理〔서리〕 공석(空席)된 직무(職務)를 대리(代理)함. 또 그 사람. しょり 「しょめい

署名〔서명〕 성명을 기입(記入)함.

署長〔서장〕 관서(官署)의 우두머리. 예警察(경찰)—. しょちょう

▷警察署(경찰서). 公署(공서). 官署(관서). 局署(국서). 本署(본서). 府署(부서). 部署(부서). 連署(연서). 自署(자서).

【罷】 부 网·罒(그물망) 획 6—10 훈 파할 음 파: ㊥ p'i² 英 cease 日 ヒ. やめる

뜻 ①파할. 마칠. ②내칠. ③고달플(피). ④죄 놓을(패).

필순 罒罒罒罷罷

罷工〔파공〕 일을 그만둠.

罷免〔파면〕 직무(職務)를 그만두게 함. ひめん

罷業〔파업〕 ①하던 일을 중지함. ②동맹파업(同盟罷業). 스트라이크(strke). ひぎょう

罷場〔파장〕 ①과장(科場)이 파(罷)함. ②시장(市場)이 파(罷)함.

罷職〔파직〕 관직(官職)을 파면시킴. 예封庫(봉고)—. ひしょく

▷斥罷(척파). 廢罷(폐파).

「罹」 부 网·罒(그물망) 획 6—11 훈 걸릴 음 리 ㊥ li² 英 incur 日 リ. かかる

뜻 ①걸릴. ②만날. ③근심할.

필순 罒罒罒罹罹

罹病〔이병〕 병(病)에 걸림. 동이환(罹患). りへい. りびょう

罹災〔이재〕 재해를 입음. 예—民(민). りさい 「입음. りか

罹禍〔이화〕 재앙에 걸림. 피해를

罹患〔이환〕 동⇨이병(罹病).

【羅】 부 网·罒(그물망) 획 6—14 훈 벌일 음 라 ㊥ luo² 英 silk; spread 日 ラ. つらなる. あみ 「③깁. 비단.

뜻 ①벌일. ②새 그물. 그물 칠.

필순 罒罒罒罒羅羅

羅唐兵〔나당병〕 신라(新羅)와 당(唐)나라의 병사(兵士)를 한데 일컫는 말. らとうへい

羅馬〔나마〕 로마(Roma). ローマ

羅列〔나열〕 죽 늘어섬. 죽 벌이어 놓음. 동진열(陳列). られつ

羅針盤〔나침반〕 자침(磁針)이 보통의 경우 남북(南北)을 가리키는 특성(特性)을 이용하여, 방위(方位) 또는 지평각(地平角) 등을 측정하는 기구. らしんばん

▷伽羅(가라). 綾羅(능라). 網羅(망라). 森羅(삼라). 新羅(신라).

(6) 羊 部

〖羊〗 부 羊(양양변) 획 6—0 훈 염소 음 양 ㊥ hsiang² 英 sheep 日 ヨウ. ひつじ

뜻 ①양. 염소. ②노닐.

필순 ⺷羊

羊頭狗肉〔양두구육〕 양의 대가리를 내어 걸고는 개고기를 판다는 뜻. 겉으로는 훌륭한 체하고 실상은 음흉한 짓을 함의 비유. ようとうくにく

羊腸〔양장〕 ①양(羊)의 창자. ②꼬불꼬불한 길. ③ 대행산(大行山)의 꼬불꼬불한 고개. 예九折(구절)—. ようちょう

羊質虎皮〔양질호피〕 겉으로 보기에는 훌륭하나 실상은 별 수 없음을 이름. ようしつこぶん

羊齒〔양치〕 고사리. ようし

羊皮〔양피〕 양(羊)의 가죽. ようひ

羊毫筆〔양호필〕 양(羊)의 털로 만

듣 붓. ようごうひつ
▷緬羊(면양). 牧羊(목양). 白羊(백양). 牛羊(우양). 山羊(산양).

【美】 부 羊(양양변) 획 6—3 훈 아름다울 음 미: 中 mei³ 英 beautiful 日 ビ. うつくしい
뜻 ①아름다울. ②맛날. 좋을. ③미국의 약칭.
필순 䒑羊美美

美感〔미감〕 아름다움에 대한 느낌. 미(美)에 대한 감각 びかん
美擧〔미거〕 칭찬(稱讚)할 만한 아름다운 행실(行實). びきょ
美觀〔미관〕 보기에 아름다운 것. 훌륭한 경치. びかん 「びぎ
美妓〔미기〕 아름다운 기생(妓生).
美談〔미담〕 후세(後世)에 전할 만한 아름다운 이야기. 아름다운 행실(行實)의 이야기. びだん
美德〔미덕〕 아름답고 갸륵한 덕행(德行). びとく
美麗〔미려〕 아름답고 고움. びれい
美名〔미명〕 아름다운 이름. 좋은 평판(評判). 동미칭(美稱). びめい
美貌〔미모〕 아름답고 고운 얼굴. 동미용(美容)·미안(美顔). びぼう 「함. びみょう
美妙〔미묘〕 아름답고 교묘(巧妙)
美辭〔미사〕 아름다운 말. びじ
美辭麗句〔미사 여구〕 아름다운 말과 훌륭한 글귀. びじれいく
美色〔미색〕 ①아름다운 용모. ②아름다운 빛. びしょく
美術〔미술〕 미(美)의 표현을 목적으로 하며, 시각(視覺)에 의하여 관상(觀賞)하는 예술. 즉 회화(繪畫)·조각 등. びじゅつ
美食〔미식〕 좋은 음식을 먹음. 또 맛있는 음식. 예一家(가). びしょく 「(美貌). びがん
美顔〔미안〕 아름다운 얼굴. 동미모
美容〔미용〕 ①용모를 아름답게 단장함. ②동미모(美貌). びよう
美意識〔미의식〕 미(美)를 이해·감상하는 의식. びいしき
美人〔미인〕 얼굴이 예쁜 여자. 동미희(美姬). びじん
美人計〔미인계〕 여색(女色)을 이용(利用)하여 남을 꾀는 꾀.
美人局〔미인국〕 남편 있는 여자가 남편과 짜고 간통한 후, 그 간부(姦夫)를 협박하여 돈을 빼앗는 일. びじんきょく
美酒〔미주〕 맛 좋은 술. びしゅ
美稱〔미칭〕 ①아름다운 칭호(稱號). ②동미명(美名). びしょう
美態〔미태〕 아름다운 태도(態度). 어여쁜 자태(姿態). びたい
美風〔미풍〕 아름다운 풍속(風俗). ↔악풍(惡風). びふう
美風良俗〔미풍양속〕 아름다운 풍속(風俗) 또는 좋은 풍속. びふうりょうぞく 「びこう
美行〔미행〕 아름다운 행동(行動).
美化〔미화〕 아름답게 만듦. びか
美姬〔미희〕 아름다운 여자. 동미녀(美女). びき
▷甘美(감미). 賞美(상미). 審美(심미). 雅美(아미). 優美(우미).

【群】 부 羊(양양변) 획 6—7 훈 무리 음 군 中 ch'ün² 英 flocl 日 グン. むれ. むらがる
뜻 ①무리. 떼. ②모을. ③많을.
참고 본羣
필순 ⺕尹君群群 「ょ
群居〔군거〕 떼를 지어 삶. ぐんき
群鷄一鶴〔군계일학〕 닭 무리 속에 있는 한 마리의 학. 곧 많은 범용(凡庸)한 사람 가운데의 뛰어난 한 사람을 이름. 동계군일학(鷄群一鶴). ぐんけいのいっかく
群島〔군도〕 모여 있는 작고 큰 여러 섬. ぐんとう 「ぐんとう
群盜〔군도〕 많은 도적(盜賊)의 떼.
群落〔군락〕 ①많은 부락(部落). ②무리. ぐんらく
群像〔군상〕 ①많은 사람들. ②많은 인물을 떼를 지어 그린 그림이나 새긴 조각. ぐんぞう
群生〔군생〕 ①많은 생물. 일반 생물. ②많은 백성. ③식물 등이 떼를 지어 무더기로 남. 동총생(叢生). ぐんせい
群書〔군서〕 많은 책(冊). ぐんしょ
群小〔군소〕 ①수많은 소인(小人).

②작은 무리들. 예—政黨(정당) ぐんしょう
群雄割據〔군웅할거〕 많은 영웅(英雄)이 각 지방에 웅거하여 세력을 떨침. ぐんゆうかっきょ「く
群鵲〔군작〕 까치의 무리. ぐんじゃ
群衆〔군중〕 많이 모인 여러 사람. ぐんしゅう
群集〔군집〕 떼를 지어 모임. 또 많은 사람이 모임. ぐんしゅう
▷拔群(발군). 不群(불군). 特群(특군). 四群(필군).

〔義〕 부 羊(양양변) 획 6—7 훈 옳을 음 의: 中 i⁴ 英 righteousness 日 ギ. よし. のり
뜻 ①옳을. ②의리. ③뜻.
필순 羊羊羊義義義

義擧〔의거〕 정의(正義)를 위해 일을 일으키는 일. 의(義)로운 거사(擧事). ぎきょ
義禁府〔의금부〕 이조(李朝) 때 왕명(王命)에 의하여 중죄(重罪)를 다스리던 특수 사법(司法)기관. 장관(長官)은 판사(判事). ぎきんふ
義氣〔의기〕 의(義)로운 마음. 의(義)로 인하여 일어나는 기개(氣
義女〔의녀〕 의붓딸. 槪). ぎき
義理〔의리〕 ①사람으로서 이행(履行)하여야 할 정당한 도리(道理). ②서로 사귀는 도리. ③뜻. 의미. ぎり
義務〔의무〕 ①맡은 직분. ②응당 하여야 할 본분. 예兵役(병역)—. ↔권리(權利) ぎむ
義兵〔의병〕 의(義)를 위하여 일어나는 군사(軍士). ぎへい
義憤〔의분〕 의(義)를 위하여 일어나는 분노(憤怒). ぎふん
義士〔의사〕 의리와 지조(志操)를 굳게 지키는 선비. ぎし
義手〔의수〕 나무·고무·금속 등으로 만들어 붙인 사람의 손. ぎしゅ 「눈. ぎがん
義眼〔의안〕 만들어 박은 사람의
義捐〔의연〕 자선(慈善)과 공익(公益)을 위하여 금품(金品)을 내어 놓음. 또 그 금품. ぎえん
義烈〔의열〕 뛰어난 충의(忠義). ぎれつ
義勇〔의용〕 충의(忠義)와 용기(勇氣). 의로운 용기. 예—兵(병). ぎゆう
義人〔의인〕 동의사(義士). ぎじん
義賊〔의적〕 불의(不義)의 재물(財物)을 훔쳐다가 어려운 사람을 구제(救濟)하는 도적(盜賊). 예—團(단). ぎぞく
義絶〔의절〕 ①맺었던 의를 끊음. ②의리(義理)를 위하여 절교(絶交)함. ぎぜつ 「てい
義弟〔의제〕 결의(結義)한 아우. ぎ
義足〔의족〕 나무·고무·금속 등으로 만들어 붙인 발. ぎそく
義齒〔의치〕 금속 등으로 만들어 박은이. 틀니. ぎし 「ぎけい
義兄〔의형〕 결의(結義)한 형(兄).
▷講義(강의). 論義(논의). 大義(대의). 道義(도의). 名義(명의). 信義(신의). 仁義(인의). 禮義(예의). 意義(의의). 主義(주의).

(6) 羽 部

【羽】 부 羽(깃우변) 획 6—0 훈 깃 음 우: 中 yü³ 英 feather 日 ウ. はね 「⑤모을.
뜻 ①깃. ②날개. ③펼. ④우성.
필순 丁习羽

羽毛〔우모〕 새의 깃과 짐승의 털. うもう 「채. うせん
羽扇〔우선〕 새의 깃으로 만든 부
羽衣〔우의〕 새의 깃으로 지은 옷. うい
羽翼〔우익〕 ①새의 날개. ②보좌(輔佐)하는 사람이나 사물. 또 보좌함. うよく
羽化而登仙〔우화이등선〕 사람의 몸에 날개가 생기어 하늘로 올라가서 신선(神仙)이 됨. うかしてとうせんす
▷關羽(관우).

【翁】 부 羽(깃우변) 획 6—4 훈 늙은이 음 옹 中 wêng¹

[英] old man [日] オウ. おきな
[뜻] ①늙은이. ②아버지.장인.시아버지. ③새목털.
[필순] 八公㕯翁翁
翁姑〔옹고〕 시아버지와 시어머니.
翁壻〔옹서〕 장인(丈人)과 사위. おうせい
翁主〔옹주〕 ①제왕(諸王) 또는 제후(諸侯)의 딸. ②서출(庶出)의 왕녀(王女). おうしゅ
▷孤翁(고옹). 老翁(노옹). 婦翁(부옹). 漁翁(어옹). 主人翁(주인옹). 村翁(촌옹).

〔習〕 [부] 羽(깃우변) [획] 6—5 [훈] 익힐 [음] 습 [中] hsi² [英] study [日] シュウ. **なら**う. **なら**い. **なら**わし 「슬불. 습습할.
[뜻] ①익힐. ②버릇. ③슬
[필순] ㄱ 𠃌 羽 習
習慣〔습관〕 버릇. 익혀 온 행습(行習). しゅうかん
習得〔습득〕 배워 앎. しゅうとく
習性〔습성〕 ①습관과 성질. ②버릇. 행습. しゅうせい 「ぞく
習俗〔습속〕 [동]풍습(風習). しゅう
習熟〔습숙〕 익혀서 능숙해짐. しゅうじゅく
習字〔습자〕 글씨를 익힘. しゅうじ 「품(作品). しゅうさく
習作〔습작〕 익히기 위하여 지은 작
▷講習(강습). 慣習(관습). 教習(교습). 復習(복습). 修習(수습). 演習(연습). 練習(연습). 豫習(예습). 風習(풍습). 學習(학습).

「翌」 [부] 羽(깃우변) [획] 6—5 [훈] 다음날 [음] 익: [中] i⁴ [英] next day [日] ヨク. あけ
[뜻] 다음날. 이튿날. 밝는 날.
[필순] ㄱ 𠃌 羽 翌
翌年〔익년〕 이듬해. よくねん
翌夜〔익야〕 이튿날 밤. よくや
翌月〔익월〕 다음달. よくげつ
翌日〔익일〕 다음날. 이튿날. [동]명일(明日). よくじつ
翌朝〔익조〕 이튿날 아침. [동]명단(明旦). よくちょう 「う
翌曉〔익효〕 이튿날 새벽. よくぎょ

〔翩〕 [부] 羽(깃우변) [획] 6—9 [훈] 펄럭일 [음] 편 [中] p'ien¹ [英] flapping [日] ヘン. **ひるがえ**る
[뜻] ①펄럭일. ②빨리 날.
[필순] ㇒ 戶 扁 翩 翩 翩
翩翻〔편번〕 펄럭펄럭 날리는 모양. へんぽん
翩翩〔편편〕 ①새가 빨리 나는 모양. ②침착하지 못한 모양. ③왕래하는 모양. ④지혜와 재능이 뛰어난 모양. ⑤눈물이 뚝뚝 떨어지는 모양. ⑥필세(筆勢)가 경묘(輕妙)한 모양. へんぺん
翩翩黃鳥〔편편황조〕 훌훌 나는 꾀꼬리. へんぺんこうちょう

〔翰〕 [부] 羽(깃우변) [획] 6—10 [훈] 편지 [음] 한:(한) [中] han⁴ [英] letter [日] カン. ふみ
[뜻] ①편지. 글. ②붓. ③깃. 날개. ④벼슬이름. 한림.
[필순] 十 卉 卓 𠦝 幹 翰 翰 翰
翰林〔한림〕 학자(學者) 또는 문인(文人)의 모임. かんりん
翰林院〔한림원〕 ①당(唐)·명(明)·청(清) 대(代)의 한림학사(翰林學士)의 관청. ②고려(高麗)·이조(李朝) 때에 사명(詞命)을 짓는 일을 맡은 관아(官衙). かんりんいん
翰林學士〔한림학사〕 ①당대(唐代)의 관명(官名). 조서(詔書)를 초(草)하는 것을 맡았던 벼슬. ②고려 때 학사원(學士院)·한림원(翰林院)의 학사(學士). かんりんがくし 「かんぼく
翰墨〔한묵〕 붓과 먹. 필적(筆蹟).
翰札〔한찰〕 편지. かんさつ
▷內翰(내한). 書翰(서한). 札翰(찰한). 筆翰(필한).

〔翳〕 [부] 羽(깃우변) [획] 6—11 [훈] 가릴 [음] 예 [中] i¹ [英] shade [日] エイ. **かざ**す 「이름.
[뜻] ①가릴. 숨을. ②깃. 일산. ③새
[필순] 医 殹 殹 翳 翳 翳
翳昧〔예매〕 가려서 어두움. えいまい 「게 무성함. えいそう
翳桑〔예상〕 뽕나무가 어둠침침하
翳翳〔예예〕 ①해가 기울어져서 어

둑어둑한 모양. 해질녘의 광경. ②숨겨져서 알기 어려운 모양. 또는 어두운 모양. えいえい

翳朽〔예후〕 나무가 자연히 말라 죽어 썩어짐. えいきゅう

【翼】 部 羽(깃우변) 劃 6—11 訓 날개 音 익 中 i4 英 wing 日 ヨク. つばさ 「경할.

뜻 ①날개. ②도울. 붙들. ③공

참고 본翼

필순 ⺈⺈羽羽習留翼翼翼

翼輔〔익보〕 도와 줌. よくほ

翼善〔익선〕 착한 일을 도와 실행(實行)시킴. よくぜん

翼如〔익여〕 새가 날개를 펴듯이 두 팔을 쭉 펴는 것. よくじょ

翼然〔익연〕 새의 두 날개를 편 것처럼 좌우(左右)로 쭉 뻗은 모양. よくぜん

翼翼〔익익〕 ①장건(壯健)한 모양. ②정돈된 모양. ③공경하고 삼가하는 모양. ④날아 올라가는 모양. ⑤익숙한 모양. ⑥엄정(嚴正)한 모양. ⑦여유가 있는 모양. ⑧아름다운 모양. ⑨울창한 모양. よくよく 「よくさん

翼贊〔익찬〕 천자(天子)를 보좌함.

▷補翼(보익). 輔翼(보익). 銀翼(은익). 壯翼(장익).

【耀】 部 羽(깃우변) 劃 6—14 訓 빛날 音 요: 中 yao4 yüeh4 英 bright 日 ヨウ. かがやく

뜻 빛날.

필순 ˈ ⺌ 丬 火 炉 炉 煋 耀

耀價〔요가〕 값을 높임. ようか

耀德〔요덕〕 덕(德)을 빛나게 함. ようとく 「(異稱). ようとせい

耀渡星〔요도성〕 금성(金星)의 이칭

耀武副尉〔요무부위〕 고려(高麗) 때 무관(武官)의 종육품(從六品) 계급. ようぶふくい

耀武將軍〔요무장군〕 고려 때 무관의 정팔품(正八品) 계급. ようぶしょうぐん 「ようよう

耀耀〔요요〕 찬란하게 빛나는 모양.

耀電〔요전〕 번쩍이는 번갯불. ようでん 「(선요). 英耀(영요).

▷光耀(광요). 明耀(명요). 鮮耀

(6) 而 部

【而】 部 而(말이을이변) 劃 6—0 訓 말이 音 이 中 êrh2 英 and; but 日 ジ. しかして. しかも 「②너.

뜻 ① 말이을. 어조사.

필순 丆丙而

而今〔이금〕 지금(只今). じこん

而立〔이립〕 30세의 일컬음. じりつ. じりゅう 「み

而已〔이이〕 뿐임. …일 따름임. の

而青於藍〔이청어람〕 남색보다 더 푸름. じせいおらん

而寒於水〔이한어수〕 물보다 더 참. しいかんおすい

而後〔이후〕 이제부터. じご

【耐】 部 而(말이을이변) 劃 6—3 訓 견딜 音 내: 中 nai4 英 patient 日 タイ. たえる

뜻 ①견딜. ②참을.

필순 丆 丙 而 而 耐 耐

耐久〔내구〕 오래 견딤. たいきゅう

耐辱〔내욕〕 부끄러움을 참음.

耐震〔내진〕 지진(地震)에 견딤. たいしん 「軍(행군). たいかん

耐寒〔내한〕 추위를 견딤. 예—行

耐火〔내화〕 불에 견딤. 불에 타지 아니함. 예—金庫(금고). たいか

▷堪耐(감내). 忍耐(인내).

(6) 耒 部

【耕】 部 耒(쟁기뢰변) 劃 6—4 訓 밭갈 音 경 中 keng1, ching1 英 plough 日 コウ. たがやす「질할. 겨리질할.

뜻 ①밭갈. 갈. ②호리

필순 ⺀ 丰 耒 耓 耕

耕當問奴〔경당문노〕 농사 일은 종에게 묻는 것이 좋음. 곧 무슨 일이나 전문으로 하는 사람에게 물어보는 것이 좋다는 뜻.

耕讀〔경독〕 농사를 지으며 틈틈이 글을 읽음. こうどく
耕於野〔경어야〕 들에 나가 농사를 지음.
耕田〔경전〕 밭갈이.
耕地〔경지〕 경작함. 또 그 경작하는 전지(田地). こうち
▷墾耕(간경). 歸耕(귀경). 農耕(농경). 深耕(심경). 秋耕(추경). 筆耕(필경).

「耗」 부 耒(쟁기뢰변) 획 6—4 훈 덜릴 음 모: 中 hao^4 英 diminish 日 モウ. コウ. へる
뜻 ① 덜릴. 감할(호·모). ②다할. 써없앨. ③벼(秏와 통용).
필순 ⺈ ⺕ 丰 丰 耒 耒 耔 耗
耗竭〔모갈〕 닳아 없어짐.
耗減〔모감〕 동⇨모손(耗損). こうげん
耗損〔모손〕 덞. 줆. 동모감(耗減). こうそん
耗盡〔모진〕 해지거나 닳아서 다 없어짐. こうじん
▷減耗(감모). 消耗(소모). 損耗(손모).

(6) 耳　部

〔耳〕 부 耳(귀이변) 획 6—0 훈 귀 음 이: 中 êrh^3 英 ear 日 ジ. みみ. のみ
뜻 ①귀. ②말그칠. 따름. 뿐.
필순 一 丅 F 耳
耳目口鼻〔이목구비〕 귀·눈·입·코. じもくこうび
耳門〔이문〕 귓문. じもん
耳聞不如目見〔이문불여목견〕 귀로 듣는 것은 속임을 당하기 쉬우므로, 눈으로 보는 것만 못함.
耳順〔이순〕 60세. 공자(孔子)가 60세가 되어서는 천지 만물의 이치에 통달(通達)하였으므로 어떤 일을 들어도 다 이해하였다한 데서 이름. じじゅん
▷內耳(내이). 馬耳(마이). 外耳(외이). 牛耳(우이). 中耳(중이).

【耶】 부 耳(귀이변) 획 6—3 훈 어조사 음 야 中 yeh$^{1\cdot2}$ 英 particle 日 ヤ. や. か
뜻 ① 어조사·그런가. ②아버지(爺와 통용).
필순 ㄇ 耳 耶 耶
耶蘇教〔야소교〕 예수교. 기독교(基督教). やそきょう
耶孃〔야양〕 아버지와 어머니. やじょう
耶華和〔야화화〕 여호와.

「耽」 부 耳(귀이변) 획 6—4 훈 즐길 음 탐 中 tan^2 英 addicted to pleasure 日 タン. ふける
뜻 ①즐길. ②처질. ③빠질.
필순 ㄇ 耳 耴 耽 耽
耽溺〔탐닉〕 주색(酒色)에 빠짐. たんでき
耽讀〔탐독〕 다른 것을 잊을 만큼 글을 읽는 데 열중함. たんどく
耽羅〔탐라〕 제주도(濟州島)의 옛 이름. たんら

【聘】 부 耳(귀이변) 획 6—7 훈 부를 음 빙 中 p'ing^4, p'in^4 英 invite 日 ヘイ. まねく. めとる
뜻 ①부를. ②장가들.
필순 一 ㄇ F 耳 耶 聃 聘 聘
聘母〔빙모〕 아내의 친정(親庭) 어머니. 동장모(丈母). へいぼ
聘父〔빙부〕 아내의 친정(親庭) 아버지. 동장인(丈人). へいぷ
聘丈〔빙장〕 남의 장인(丈人)의 존칭. 동악장(岳丈). へいちょう
▷報聘(보빙). 使聘(사빙). 禮聘(예빙). 招聘(초빙).

〔聖〕 부 耳(귀이변) 획 6—7 훈 성인 음 성: 中 Sheng^4 英 holy 日 セイ. ショウ. ひじり
뜻 ①성인. ②거룩할. 성스러울. ③임금. ④뛰어날. 잘할.
필순 ㄇ 耳 耶 聖 聖
聖經〔성경〕 동⇨성전(聖典).
聖教〔성교〕 ①성인(聖人)의 가르침. ②불교(佛教). せいきょう
聖君〔성군〕 도덕(道德)이 높은 어진 임금. 동성왕(聖王). 성주(聖主). せいくん
聖壇〔성단〕 신성한 제단(祭壇). せいだん
聖堂〔성당〕 ①천주교(天主教)의 교회당. ②교회(教會). ③동성묘

(聖廟). せいどう
聖代〔성대〕 성군(聖君)이 다스리는 세상. 또 그 시대. せいだい
聖德〔성덕〕 ①천자(天子)의 덕(德). ②거룩한 덕(德). せいとく
聖慮〔성려〕 천자(天子)의 심려(心慮). せいりょ
聖廟〔성묘〕 공자(孔子)를 모신 사당. 통성당(聖堂). せいびょう
聖上〔성상〕 당대(當代)의 임금의 존칭. せいじょう
聖像〔성상〕 천자(天子) 또는 성인(聖人)의 화상(畫像). せいぞう
聖書〔성서〕 ①성인(聖人)이 지은 책. ②예수교에서 신구약(新舊約)의 성경 책. せいしょ
聖孫〔성손〕 제왕(帝王)의 손자. 또는 그 자손. せいそん
聖壽〔성수〕 천자의 나이. せいじゅ
聖心〔성심〕 ①천자(天子)의 마음. ②성인의 마음. せいしん
聖藥〔성약〕 효험(效驗)이 썩 좋은 약(藥). せいやく
聖業〔성업〕 ①임금의 사업. ②거룩한 사업. せいぎょう
聖域〔성역〕 ①거룩한 지역(地域). ②성인의 경지(境地). せいいき
聖恩罔極〔성은망극〕 임금이 베푸는 은혜가 그지없음. せいおんぼうきょく
聖子〔성자〕 ①지덕(知德)이 가장 뛰어난 아들. ②제왕의 자손. ③천주교의 삼위 일체(三位一體) 중의 제 2위. 곧 독생자(獨生者)인 예수. せいじ
聖典〔성전〕 성인이 정한 법. 통경전(經典). 성경(聖經). せいてん
聖殿〔성전〕 신성한 전당(殿堂). 통신전(神殿). せいでん
聖祖〔성조〕 거룩한 천자(天子)의 조상. せいそ
聖朝〔성조〕 당대(當代) 조정의 존칭. 지금 세상. せいちょう
聖主〔성주〕 훌륭한 임금. 통성황(聖皇). せいしゅ
聖地〔성지〕 ①신성한 토지. 신(神)·불(佛)·성인과 관계 있는 땅. ②종교(宗敎)의 발상지(發祥地). 기독교의 예루살렘, 회교(回敎)의 메카 따위. せいち
聖旨〔성지〕 천자(天子)의 뜻. せいし
聖誕〔성탄〕 ① 성인(聖人)의 탄생(誕生). ②임금의 탄생(誕生). せいたん
聖賢〔성현〕 ① 성인(聖人)과 현인(賢人). ②청주(淸酒)와 탁주(濁酒). せいけん
聖皇〔성황〕 통⇨성주(聖主).
▷大聖(대성). 詩聖(시성). 神聖(신성). 樂聖(악성). 賢聖(현성).

〖聞〗 부 耳(귀이변) 획 6—8 훈 들을 음 문 中 wên[2·4] 英 hear 日 ブン. きく
뜻 ①들을. ②알릴·알려질. ③냄새맡을.
필순 門門門門聞
聞見〔문견〕 듣고 본 것. 곧 지식(知識). ぶんけん
聞達〔문달〕 명성(名聲)이 널리 세상에 드러남. 입신 출세(立身出世)함. ぶんたつ
聞道〔문도〕 ①도(道)를 들음. 예 朝(조)—. ②들으니. 들은 바에 의하면. ぶんどう
聞一以知十〔문일이지십〕 한 대목을 듣고 나머지 열 대목을 깨달아 앎. 극히 총명함을 이름.
聞則疾不聞藥〔문즉질불문약〕 들으면 곧 병이요 못 들으면 약이 됨. 곧 모르는 것이 오히려 낫다는 비유.
▷見聞(견문). 寡聞(과문). 所聞(소문). 聽聞(청문). 風聞(풍문).

【聯】 부 耳(귀이변) 획 6—11 훈 잇닿을 음 련 中 lien[2] 英 associate 日 レン. つらなる
뜻 ①잇닿을. ②연이을.
참고 속聯
필순 ꓩ 耳 耶 聅 聯 聯 聯
聯句〔연구〕 여러 사람이 한 구(句)씩 지어 한 편의 시(詩)를 이룸. 또 그 시. れんく
聯絡〔연락〕 ① 서로 관련(關聯)을 맺음. 통연락(連絡). ②이어 댐. れんらく
聯立內閣〔연립내각〕 2 개 이상의

정당원(政黨員)으로 성립된 내각(內閣). れんりつないかく
聯盟〔연맹〕 공동 목적을 위하여 동일한 행동을 취할 것을 맹약(盟約)하여 이룬 단체. れんめい
聯邦〔연방〕 몇 나라가 연합하여 이룬 나라. れんぽう
聯想〔연상〕 한 관념(觀念)에 의하여 관련되는 다른관념을 생각하게 되는 현상. れんそう
聯珠〔연주〕 ①구슬을 꿴다는 뜻으로 아름다운 시문(詩文)을지음을 이름. ②오목(五目). れんじゅ 「이 서로 합함. れんごう
聯合〔연합〕 두 가지 이상의 사물
▷國聯(국련). 結聯(결련). 關聯(관련). 對聯(대련). 柱聯(주련).

〖聲〗 部 耳(귀이변) 획 6—11 훈 소리 음 성 ㊥ shêng¹ 英 voice ; sound 日 セイ. ショウ. こえ 「릴. ③소식.
뜻 ①소리. ②명예·기
참고 약 声
필순 声 声 声 声 声 殸 殸 聲
聲價〔성가〕 좋은 평판. 동성명(聲名). せいか 「望). せいぼう
聲望〔성망〕 명성(名聲)과 인망(人
聲名〔성명〕 좋은 평판이 드러난 이름. 동성가(聲價). せいめい
聲明〔성명〕 말하여 밝힘. 말을 냄. 예—書(서). せいめい
聲色〔성색〕 ① 언어(言語)와 안색(顏色). ②음악과 여색(女色). せいしょく 「와 줌. せいえん
聲援〔성원〕 옆에서 소리를 내어 도
聲威〔성위〕 ①명성으로 위협함. ②명성과 위광(威光). せいい
聲音〔성음〕 ①목소리. ②음악(音樂). せいおん
▷歌聲(가성). 奇聲(기성). 名聲(명성). 惡聲(악성). 有聲(유성). 肉聲(육성). 音聲(음성). 入聲(입성). 鐘聲(종성). 淸聲(청성).

【聽】 部 耳(귀이변) 획 6—11 훈 귀밝을 음 총 ㊥ ts'ung¹ 英 clever 日 ソウ. さとい
뜻 ①귀밝을. 밝을. ② 영리할. 총명할.
필순 「 F F 耳 耶 聑 聰 聰
聰氣〔총기〕 ① 총명(聰明)한 기질(氣質). ②기억력(記憶力). そうき
聰明〔총명〕 ①귀가 잘 들리고 눈이 밝음. ②기억력이 좋고 슬기가 있음. そうめい
聰明不如鈍筆〔총명불여둔필〕 아무리 밝고 민첩한 기억이라도 적는 것만 같지 못하다는 뜻.
聰明好學〔총명호학〕 총기 있고 학문에 힘씀. そうめいこうがく
聰謀〔총모〕 슬기로운 꾀. そうぼう
聰敏〔총민〕 슬기롭고 민첩함. そう
聰耳酒〔총이주〕 귀밝이술. 「びん
聰知〔총지〕 총명하고 지혜가 있음. そうち 「そうさつ
聰察〔총찰〕 총명하고 사물에 밝음.
聰慧〔총혜〕 총명한 지혜. そうけい
▷薛聰(설총).

【職】 部 耳(귀이변) 획 6—12 훈 맡을 음 직 ㊥ chih² 英 duty 日 シュク. シキ. つとめ
뜻 ①맡을. 직분. ②구실. ③벼슬. ④일.
필순 「 F F 耳 耶 職 職
職工〔직공〕 공장에 고용(雇傭)되어서 일하는 노동자. しょっこう
職權〔직권〕 직무상(職務上)의 권한. しょっけん 「しょくのう
職能〔직능〕 직무상의 능력(能力).
職務〔직무〕 관직(官職) 또는 직업상의 사무. しょくむ
職墨〔직묵〕 올바른 규칙을 지킴.
職分〔직분〕 ①직무상의 본분(本分). ②자기가 마땅히 하여야 할 본분. しょくぶん
職業〔직업〕 ①일. ②생계(生計)를 세우기 위해 종사(從事)하는 일. 동생업(生業). しょくぎょう
職任〔직임〕 직무상(職務上)의 임무. しょくにん
職田法〔직전법〕 이조(李朝) 세조(世祖) 12년에 과전법(科田法)을 고쳐서 제정(制定)한 전법(田法). 현직(現職) 관리(官吏)들에게만 토지(土地)를 준 제도.
職制〔직제〕 직무상에 관한 제도.

しょくせい 「ょくひん
職品〔직품〕 벼슬의 품계(品階). し
▷兼職(겸직). 官職(관직). 免職(면직). 名譽職(명예직). 無職(무직). 奉職(봉직). 辭職(사직). 殉職(순직). 失職(실직). 在職(재직). 前職(전직). 轉職(전직). 重職(중직). 就職(취직). 退職(퇴직). 現職(현직). 休職(휴직).

「聾」 부 耳(귀이변) 획 6—16 훈 귀먹을 음 롱 中 lung²
英 deaf 日 ロウ. つんぼ「두울.
뜻 ①귀먹을. ②귀머거리. ③어
필순 聾
聾盲〔농맹〕 귀머거리와 소경. ろうもう 「ろうぞく
聾俗〔농속〕 어리석은 속인(俗人).
聾啞〔농아〕 귀머거리와 벙어리. 동 농암(聾暗). ろうあ
聾啞學校〔농아학교〕 귀머거리와 벙어리를 교육시키는 특수 학교. ろうあがっこう
聾暗〔농암〕 귀머거리와 벙어리. 동 농아(聾啞). ろうあん

〖聽〗 부 耳(귀이변) 획 6—16 훈 들을 음 청(청:) 中 t'ing¹·⁴
英 hear; listen 日 チョウ. きく. ゆるす
뜻 ①들을. ②들어줄. ③수소문할.
참고 속 聴
필순 聽聽聽
聽講〔청강〕 강의(講義)를 들음. 예 —生(생). ちょうこう
聽聞〔청문〕 ①들음. ②설교(說敎)를 들음. ちょうぶん
聽訟〔청송〕 송사(訟事)를 심리(審理)하기 위하여 사실을 들음. ちょうしょう
聽受〔청수〕 들어 줌. ちょうじゅ
聽而不聞〔청이불문〕 들어도 들리지 않음. 곧 한 가지 일에 마음을 열중하면 딴 일은 도무지 알지 못함. きけどもきこえず
聽政〔청정〕 제왕(帝王)이 정사(政事)에 관하여 신하가 아뢰는 말을 들음. ちょうせい
聽從〔청종〕 시키는 대로 잘 순종(順從)함. ちょうじゅう
聽取者〔청취자〕 자세히 듣는 사람. ちょうしゅしゃ 「ょうきょ
聽許〔청허〕 듣고 허락(許諾)함. ち
▷敬聽(경청). 傾聽(경청). 謹聽(근청). 視聽(시청).

(6) 聿 部

【肅】 부 聿(오직율) 획 6—7 훈 엄숙할 음 숙 中 su⁴ 英 respectful 日 シュク. つつしむ
뜻 ①엄숙할. ②삼갈. ③공경할. ④경계할.
참고 속 粛
필순 肅
肅敬〔숙경〕 삼가 존경(尊敬)함. しゅくけい
肅啓〔숙계〕 삼가 아뢴다는 뜻으로, 편지의 첫머리에 쓰는 말. しゅくけい
肅拜〔숙배〕 ①손이 땅에 닿도록 머리 숙여 공손히 절함. ②편지 끝에 쓰는 존대말. しゅくはい
肅霜〔숙상〕 된서리. しゅくそう
肅愼〔숙신〕 옛날에 만주(滿洲)·연해주(沿海洲) 지방에 살던 민족. 또 그 민족이 세운 나라. しゅくしん 「양. しゅくぜん
肅然〔숙연〕 삼가고 두려워하는 모
肅靜〔숙정〕 조용함. しゅくせい
肅淸〔숙청〕 잘못이나 그릇된 일 또는 그런 사람을 치워 없앰. しゅくせい 「(엄숙). 靜肅(정숙).
▷敬肅(경숙). 恭肅(공숙). 嚴肅

(6) 肉(月) 部

〖肉〗 부 肉(육달월변) 획 6—0 훈 고기 음 육 中 yü⁴, ju⁴
英 meat 日 ニク
뜻 ①고기. ②살. ③몸 ④혈연. ⑤둘레(유).
필순 丨 冂 内 肉 肉
肉感〔육감〕 ①육체에 느껴지는 감

각. ②성욕(性慾)의 실감(實感). にっかん 「はく
肉薄〔육박〕 썩 가까이 덤빔. にく
肉薄戰〔육박전〕 막 덤비어 돌격(突擊)하는 싸움. にくはくせん
肉聲〔육성〕 사람의 입에서 나오는 소리. 또는 노래. にくせい
肉食帶妻〔육식대처〕 중이 고기를 먹고 아내를 가지는 일.
肉眼〔육안〕 ①사람의 눈. ②속인(俗人)의 눈. ③식견(識見)이 없는 안목. にくがん
肉慾〔육욕〕 육체상으로 오는 모든 욕심(慾心). 특히 성욕(性慾). にくよく 「·육신. ↔정신.
肉體〔육체〕 사람의 몸뚱이. 동신체
肉彈〔육탄〕 몸으로써 탄환을 삼아서 적진(敵陣)을 공격하는 일. にくだん
肉片〔육편〕 고깃조각. にくへん
肉筆〔육필〕 당자(當者)가 쓴 필적(筆跡). にくひつ
▷强食弱肉(강식약육). 乾肉(건육). 骨肉(골육). 筋肉(근육). 爛肉(난육). 肥肉(비육). 生肉(생육).

「肋」 부 肉·月(육달월변) 획 6—2 훈 갈빗대 음 륵 中 lê⁴ lêi⁴ 英 ribs 日 ロク. あばら
뜻 갈빗대.
필순 丿 刀 月 肋肋
肋骨〔늑골〕 갈빗대. ろっこつ
肋膜〔늑막〕 갈빗대 안 쪽에 있어서 폐(肺)를 덮는 막(膜). ろくまく

【肝】 부 肉·月(육달월변) 획 6—3 훈 간 음 간 中 kan¹ 英 liver 日 カン. きも
뜻 ①간. ②마음. ③요긴할.
필순 丿 刀 月 肝肝肝
肝膽〔간담〕 ①간과 쓸개. ②마음. 심중. ③영혼. かんたん
肝腸〔간장〕 ① 간과 창자. ②몹시 애타는 마음. かんちょう
肝臟〔간장〕 소화관(消化管)의 큰 분비선(分泌腺)으로 담즙을 만들며 영양을 저장함. かんぞう
肝肺〔간폐〕 ①간과 폐. ②마음. 진심. かんぱい 「輸肝(수간).
▷剖心析肝(부심석간). 洗肝(세간).

【肖】 부 肉·月(육달월변) 획 6—3 훈 닮을 음 초 中 hsiao⁴ 英 be like 日 ショウ. にる
뜻 ①닮을(소·초). ② 작을. ③ 본받을. ④쇠약할.
필순 丨 ⺌ ⺍ 肖肖肖
肖似〔초사〕 매우 닮음. 또는 비슷하게 함. しょうじ
肖像〔초상〕 사람의 얼굴이나 용모(容貌)를 그림으로 그리거나 조각으로 새긴 것. しょうぞう
肖像畫〔초상화〕 사람의 용모를 본떠서 그린 그림. しょうぞうが
▷不肖(불초).

「肛」 부 肉·月(육달월변) 획 6—3 훈 똥구멍 음 항: 中 kang⁴ chiang¹ 英 anus 日 コウ
뜻 똥구멍.
필순 丿 刀 月 肛肛肛
肛門〔항문〕 똥구멍. こうもん
▷脫肛(탈항).

【肩】 부 肉·月(육달월변) 획 6—4 훈 어깨 음 견 中 chien¹ 英 shoulder 日 ケン. かた 「멜.
뜻 ①어깨. ②이길. ③맡길. ④
필순 一 ⼹ 戶 肩肩肩
肩胛〔견갑〕 어깨 뼈가 있는 곳.
肩骨〔견골〕 어깨뼈. けんこつ
肩背〔견배〕 어깨와 등. けんぱい
肩章〔견장〕 어깨에 붙여 직책(職責)의 종류나 계급을 밝히는 표장(標章). けんしょう 「견).
▷比肩(비견). 雙肩(쌍견). 兩肩(양

【肯】 부 肉·月(육달월변) 획 6—4 훈 즐길 음 긍: 中 k'en³ 英 affirm 日 コウ. がえんずる
뜻 ①즐길. ② 긍정할. ③뼈에 붙은 살.
필순 ⺊ 止 肯肯肯肯
肯諾〔긍낙〕 승낙함. こうだく
肯定〔긍정〕 ①좋다고 승인함. ↔부정(否定). ②사물의 일정한 관계를 승인함. こうてい
肯從〔긍종〕 즐겨 따름. こうじゅう
肯志〔긍지〕 찬성하는 뜻. こうし
▷首肯(수긍).

「肪」 부 肉·月(육달월변) 획 6—4 훈 기름 음 방 中 fang¹

[英] fat [日] ボウ. あぶら
[뜻] ①기름. ②비계. ③살찔.
[필순] 丿 刀 月 月' 月' 肪 肪
▷脂肪(지방).

【肥】 [부] 肉·月(육달월변) [획] 6—4 [훈] 살찔 [음] 비:(비) [中] fei²
[英] plump [日] ヒ. こえる. こえ
[뜻] ①살찔. ②기름질. ③거름.
[필순] 丿 刀 月 月' 月ᄀ 月ᄆ 肥
肥大〔비대〕 살찌고 몸집이 큼. ひだい
肥滿〔비만〕 살찜. ひまん
肥沃〔비옥〕 땅이 걸고 기름짐. ひよく
肥肉〔비육〕 살찐 짐승의 고기. ひにく
肥效〔비효〕 비료의 효과. ひこう
肥厚〔비후〕 살쪄서 뚱뚱함. ひこう
▷金肥(금비). 天高馬肥(천고마비). 追肥(추비). 豊肥(풍비).

〖育〗 [부] 肉·月(육달월변) [획] 6—4 [훈] 기를 [음] 육 [中] yü⁴
[英] bring up [日] イク. そだてる
[뜻] ①기를. ②자랄.
[필순] 丶 亠 𠫓 云 产 育 育 育
育苗〔육묘〕 묘목(苗木)이나 모를 기름. いくびょう
育成〔육성〕 길러냄. いくせい
育兒〔육아〕 어린 아이를 기름. いくじ
育英〔육영〕 인재(人材)를 기름. [동]교육(敎育). いくえい
▷敎育(교육). 德育(덕육). 發育(발육). 養育(양육). 智育(지육). 體育(체육). 訓育(훈육).

「肢」 [부] 肉·月(육달월변) [획] 6—4 [훈] 팔다리 [음] 지 [中] chih²
[英] limbs [日] シ. てあし
[뜻] 팔다리.
[필순] 丿 刀 月 月 肀 肀 肢 肢
肢幹〔지간〕 손발과 몸. しかん
肢骨〔지골〕 손발의 뼈. [동]사지(四肢). しこつ
肢體〔지체〕 팔다리와 몸. [동]전신(全身). したい
▷四肢(사지).

【肺】 [부] 肉·月(육달월변) [획] 6—4 [훈] 부아 [음] 폐: [中] fêi⁴
[英] lungs [日] ハイ
[뜻] ①부아. 허파. ②마음속. ③성할(패).
[필순] 丿 刀 月 月 肀 肀 肺 肺
肺結核〔폐결핵〕 결핵균에 의한 폐장(肺臟)의 질환(疾患). [동]폐환(肺患). はいけっかく
肺病〔폐병〕 ①폐장의 병. ②폐결핵의 속칭(俗稱). はいびょう
肺腑〔폐부〕 ①부아. ②깊은 마음의 속. ③일의 요긴한 점. はいふ
肺炎〔폐염〕 폐장(肺臟)에 염증을 일으키는 병. はいえん
肺臟〔폐장〕 폐(肺). 허파. 부아. はいぞう
肺患〔폐환〕 [동]⇨폐결핵. はいかん
▷肝肺(간폐). 心肺(심폐).

【背】 [부] 肉·月(육달월변) [획] 6—5 [훈] 등 [음] 배: [中] p'ei¹·⁴
[英] back [日] ハイ. せ. そむく
[뜻] ①등. ②뒤. ③등질. ④어길.
[필순] ㅣ ㅓ ㅕ 北 北 背 背 背
背景〔배경〕 ①그림에서 제재(題材)의 배후(背後) 부분(部分). ②무대 뒷벽에 그린 경치 및 무대 위의 장치. ③소설 따위에서 인물을 둘러싼 주위의 정경(情景). ④배후(背後)의 세력. ⑤배후의 경치(景致). はいけい
背囊〔배낭〕 물건을 담아서 등에 질 수 있게 만든 주머니. はいのう
背面〔배면〕 ①뒤. 등. ②뒤를 향함. ③뒷모양. ④얼굴을 뒤로 돌림. はいめん
背叛〔배반〕 신의(信義)를 저버리고 돌아섬. はいはん
背書〔배서〕 ①책장이나 서면(書面) 같은 것의 뒤쪽에 글씨를 씀. 또는 그 글씨. ②이서(裏書). はいしょ
背水之陣〔배수지진〕 강·바다 따위를 배후(背後)에 두고 치는 진(陣). 곧 결사(決死)의 각오(覺悟)로써 적을 대하거나 일을 시작함. はいすいのじん
背信〔배신〕 신의(信義)에 배반(背叛)함. はいしん
背心〔배심〕 배반하는 마음. はいしん
背逆〔배역〕 배반하고 거스름. はいぎゃく
背泳〔배영〕 송장헤엄. はいえい
背恩忘德〔배은망덕〕 입은 은혜(恩惠)를 저버리고 배반하는 일. は

いおんぼうとく
背日性〔배일성〕 식물(植物)의 뿌리처럼 태양 광선이 약한 쪽으로 향하여 번는 성질. ↔향일성(向日性). はいじつせい
背任〔배임〕 ①맡은 바 임무를 저버림. 예一罪(죄). ②임무의 본뜻에 어긋남. はいにん
背後〔배후〕 뒤쪽. 뒤. はいご
▷腹背(복배). 手背(수배). 違背(위배). 紙背(지배). 向背(향배). 後背(후배).

[胥] 부 肉·月(육달월변) 획 6—5 훈 서로 음 서 中 shü[1] 英 together 日 ショ. みな. あい
뜻 ①서로. ②다. ③도울. ④아전. 서리. ⑤거짓. ⑥어조사. ⑦성길. ⑧엿볼.
필순 ⺊⺊⺊疋疋疋胥胥
胥動浮言〔서동부언〕 거짓말을 퍼뜨려서 인심(人心)을 추켜 놓음.
胥吏〔서리〕 지방 관청에 딸린 하급 관리. しょり
胥謀〔서모〕 서로 의논함. しょぼう
胥失〔서실〕 서로 잘못함. しょしつ

【胃】 부 肉·月(육달월변) 획 6—5 훈 밥통 음 위(위:) 中 w'ei[4] 英 stomach 日 イ. こころ
뜻 ①밥통. ②별이름.
필순 ⼝⼝⽥⽥⽥⽥胃胃胃
胃壁〔위벽〕 위의 내면(內面). いへき
胃病〔위병〕 위의 안에서 생기는 병. 또는 위에 딸린 기관의 병의 총칭(總稱). いびょう
胃酸過多症〔위산과다증〕 위 속에 산성(酸性)의 물질(物質)이 많아서 소화(消化)가 안 되는 병. いさんかたしょう
胃液〔위액〕 위에서 분비(分泌)되는 무색투명(無色透明)의 소화액(消化液). いえき
胃腸〔위장〕 위와 장. 곧 소화기관의 총칭. いちょう
胃痛〔위통〕 위가 아픈 증세. いつう
胃下垂〔위하수〕 위가 평상(平常)의 위치보다 처지는 병. いかすい
胃虛〔위허〕 위가 허약함. いきょ
胃擴張〔위확장〕 위(胃) 주머니의 근육의 수축력(收縮力)이 약해지는 병. いかくちょう
▷健胃(건위). 補胃(보위).

[胤] 부 肉·月(육달월변) 획 6—5 훈 맏아들 음 윤: 中 yin[4] 英 heirs 日 イン. たね
뜻 ①맏아들. ②대이을. 이을.
필순 丿𠂆户肖肖胤
胤君〔윤군〕 남의 아들의 존칭(尊稱). 동윤옥(胤玉). いんくん
胤玉〔윤옥〕 동⇨윤군(胤君). いんぎょく 「(子孫). いんし
胤子〔윤자〕 맏아들. 또는 맏자손
▷令胤(영윤).

[胎] 부 肉·月(육달월변) 획 6—5 훈 아이밸 음 태 中 t'ai[1] 英 pregnancy 日 タイ. **はら**む
뜻 ①아이밸. ②비롯할. 처음.
필순 丨 ⺆ 月 肸肸胎胎
胎教〔태교〕 아이를 밴 부인이 언행(言行)을 삼가서 태아(胎兒)에게 좋은 감화(感化)를 주는 일. たいきょう 「き
胎氣〔태기〕 아이를 밴 기미. たい
胎毒〔태독〕 태중(胎中)에 있을 때 모체(母體)의 독기(毒氣)를 받은 까닭으로 유아(幼兒)의 머리·몸·사지(四肢) 등에 나는 부스럼. たいどく 「たいむ
胎夢〔태몽〕 아이를 밸 징조의 꿈.
胎盤〔태반〕 태아(胎兒)와 모체(母體)를 결착(結着)하는 조직물(組織物). たいばん
胎生〔태생〕 ①어떠한 땅에 태어남. ②어미 뱃속의 태내(胎內)에서 적당한 발육을 마치고 나옴. 또 그 동물. たいせい 「いじ
胎兒〔태아〕 뱃속에 있는 아이. た
胎葉〔태엽〕 탄력(彈力)을 이용하기 위하여 시계·장난감 따위의 속에 강철(鋼鐵)을 돌돌 말아 넣은 것.
▷落胎(낙태). 受胎(수태). 孕胎(잉태). 胞胎(포태). 換骨奪胎(환골탈태).

【胞】 부 肉·月(육달월변) 획 6—5 훈 태보 음 포 中 pao[1]

㊮ womb ㊐ ホウ. えな
뜻 ①태보. 태의. ②한배. 동포. ③세포.
필순 ⺆ 月 月 肑 胞 胞
胞衣〔포의〕 태아(胎兒)를 싸고 있는 태막(胎膜)과 태반(胎盤). ほうい
胞胎〔포태〕 아이를 뱀. ほうたい
▷僑胞(교포). 單細胞(단세포). 同胞(동포). 細胞(세포).

【胡】 부 肉·月(육달월변) 획 6—5 훈 오랑캐 음 호 ㊥ hu²
㊮ mongol ㊐ コ. えびす
뜻 ①오랑캐. 되. ②어찌. ③오래살. ④멀. ⑤턱밑살.
필순 一 十 古 古 胡 胡
胡國〔호국〕 북쪽 오랑캐의 나라. ここく
胡弓〔호궁〕 동양(東洋)에 널리 쓰이는 궁현악기(弓弦樂器)의 총칭. こきゅう
胡琴〔호금〕 깡깡이 비슷한 악기(樂器). こきん
胡亂〔호란〕 ①사물(事物)이 거칠고 난잡함. ②의심스러움. ③호인(胡人)들로 인하여 일어난 병란(兵亂). うろん 「말. こば
胡馬〔호마〕 만주(滿洲)에서 나는
胡笛〔호적〕 속이 빈 나무에 구멍 여덟을 뚫고 아래 끝에는 나팔형(喇叭形)의 쇠를 대고 위 끝에는 피리혀를 꽂아서 부는 악기(樂器). 날라리. 대평소(大平簫). こてき 「ょう
胡蝶〔호접〕 나비의 딴이름. こち
胡蝶之夢〔호접지몽〕 장자(莊子)가 꿈에 나비가 되어 피아(彼我)의 구별을 잊었다는 고사(故事)에서, 만물 일체관(萬物一體觀)에 철저한 사람의 심경을 이름. こちょうのゆめ
胡地〔호지〕 중국의 북부 지방.

〖能〗 부 肉·月(육달월변) 획 6—6 훈 능할 음 능 ㊥ nêng² ㊮ able to; ability ㊐ ノウ. あたう. よく
뜻 ①능할. ②재간. ③능히. ④세발자라(내).
필순 ㇜ 俞 育 育 能 能
能力〔능력〕 ①어떤 일을 이룰 수 있는 힘. ②법률상 일정한 일을 할 수 있는 자격. ③지(知)·정(情)·의(意)의 마음 작용. 그 작용하는 힘. のうりょく
能率〔능률〕 일정(一定)한 시간(時間)에 할 수 있는 일의 비례(比例). のうりつ 「람. のうべん
能辯〔능변〕 말을 잘함. 또 그 사
能事〔능사〕 ①능히 감당해 낼 수 있는 일. ②소용이 되는 일. のうじ
能書不擇筆〔능서불택필〕 글씨를 잘 쓰는 사람은 붓을 가리지 아니함. のうしょひつをえらばず
能小能大〔능소능대〕 모든 일을 두루 잘함. のうしょうのうだい
能言〔능언〕 말을 잘함.
能通〔능통〕 사물에 잘 통달함.
能筆〔능필〕 글씨를 잘 씀. 또 그 사람. のうひつ
▷可能(가능). 權能(권능). 技能(기능). 多能(다능). 萬能(만능). 無能(무능). 不能(불능). 性能(성능). 才能(재능).

「胴」 부 肉·月(육달월변) 획 6—6 훈 큰창자 음 동: ㊥ tung¹
㊮ the large intestine ㊐ ドウ
뜻 ①큰창자. ②몸통.
필순 ⺆ 月 月 胴 胴 胴
胴部〔동부〕 팔·다리·머리 부분을 뺀 몸의 등걸. どうぶ
胴體〔동체〕 몸통. どうたい

【脈】 부 肉·月(육달월변) 획 6—6 훈 맥 음 맥 ㊥ mo⁴, mai⁴ ㊮ pulse ㊐ ミャク. すじ
뜻 ①맥. 혈맥. 혈관. ②줄기.
필순 ⺆ 月 月 肜 肜 肜 脈 脈
脈管〔맥관〕 동혈관(血管). みゃっかん
脈絡〔맥락〕 ①혈맥(血脈)이 서로 연락되어 있는 계통. ②조리(條理). みゃくらく
脈絡貫通〔맥락관통〕 조리(條理)가 섬. 내용이 일관(一貫)함. みゃくらくかんつう
脈脈〔맥맥〕 ①서로 보는 모양. ②

끊이지 아니하는 모양. 계속하는 모양. みゃくみゃく

▷亂脈(난맥). 動脈(동맥). 山脈(산맥). 診脈(진맥). 血脈(혈맥).

「脂」 부 肉·月(육달월변) 획 6—6 훈 기름 음 지 ㊥ chih[1] ㊕ fat ㊐ シ. あぶら. やに

뜻 ①기름. ②비계. ③진. 나무진. ④연지.

필순 丨 刀 月 月' 月ᐳ 脂脂

脂膠〔지교〕 기름과 아교.

脂麻〔지마〕 깨의 별칭(別稱). しま

脂肪〔지방〕 식물(植物)·동물(動物)에서 뽑은 고체·액체의 불휘발성 탄수화물(不揮發性炭水化物)로서, 지방산(脂肪酸)과 글리세린과의 결합물(結合物). しぼう

脂粉〔지분〕 연지와 분. しふん

脂肉〔지육〕 기름과 살. しにく

▷獸脂(수지). 樹脂(수지). 牛脂(우지). 油脂(유지). 脫脂(탈지).

「脊」 부 肉·月(육달월변) 획 6—6 훈 등마루 음 척 ㊥ chi[2·3] ㊕ spine ㊐ セキ. せ

뜻 ①등마루. 등성마루. ②쌓을.

필순 丷 〻 六 夰 脊脊

脊骨〔척골〕 척추골(脊椎骨).

脊梁〔척량〕 동척주(脊柱). 집의 들보와 같은 뼈라는 뜻. せきりょう

脊背〔척배〕 등. せきはい

脊髓〔척수〕 등골. せきずい

脊柱〔척주〕 등골뼈로 이루어진 등마루. 동척량(脊梁)·척추(脊椎) せきちゅう 「つい

脊椎〔척추〕 동⇨척주(脊柱). せき

▷曲脊(곡척). 山脊(산척). 嶺脊(영척). 屋脊(옥척).

「脆」 부 肉·月(육달월변) 획 6—6 훈 무를 음 취 ㊥ ts'ui[4] ㊕ fragile; brittle ㊐ ゼイ. もろい 「가벼울.

뜻 ①무름. ②연할. ③약할. ④

필순 丨 刀 月 月' 月ᐳ 脆脆

脆薄〔취박〕 ①연하고 얇음. ② 경솔(輕率)함. ぜいはく

脆弱〔취약〕 무르고 약(弱)함. ぜいじゃく 「なん

脆軟〔취연〕 무르고 부드러움. ぜい

【脅】 부 肉·月(육달월변) 획 6—6 훈 으를 음 협 ㊥ hsieh[2] ㊕ coerce ㊐ キョウ. わき. おびやかす

뜻 ①으를. 위협할. ②책망할. ③갈비. 갈빗대. ④ 겨드랑이(脇과 통용).

필순 ㄱ 力 カヵ 劦 脅脅

脅迫〔협박〕 으르고 대듦. 예一狀(장). きょうはく

脅書〔협서〕 본문(本文) 옆에 따로 글을 기록함. きょうしょ

脅息〔협식〕 몹시 두려워서 숨을 죽임. きょうそく

脅威〔협위〕 으름. 동위협(威脅). きょうい 「협).

▷恐脅(공협). 迫脅(박협). 威脅(위

〖胸〗 부 肉·月(육달월변) 획 6—6 훈 가슴 음 흉 ㊥ hsiung[1] ㊕ breast ㊐ キョウ. むね

뜻 ①가슴. ②마음.

필순 丨 月 肑 肑 胸胸

胸廓〔흉곽〕 가슴의 넓이. きょうかく 「きょうきん

胸襟〔흉금〕 가슴 속에 품은 생각.

胸腹〔흉복〕 가슴과 배. 지세(地勢)의 요처(要處). きょうふく

胸中〔흉중〕 가슴 속. 심중(心中). きょうちゅう 「うかい

胸懷〔흉회〕 가슴 속의 생각. きょ

〖脚〗 부 肉·月(육달월변) 획 6—7 훈 다리 음 각 ㊥ chüeh[2] chiao[3] ㊕ leg ㊐ キャク. あし

뜻 ①다리. ②아래. 발.

필순 丨 刀 月 肚 肤 脚脚

脚氣〔각기〕 다리가 마비(麻痺)되어 저리고 부어 걷기가 곤란한 병(病). かっけ

脚本〔각본〕 연극의 무대 장치 및 배우의 대사(臺詞) 등을 적은 글. きゃくほん

脚色〔각색〕 ①벼슬할 때 내는 이력서. ②소설을 각본(脚本)이 되게 만드는 일. きゃくしょく

脚下〔각하〕 ①발 밑. ②현재. 지금. きゃっか 「くぎ

脚戲〔각희〕 ①태껸. ②씨름. きゃ

▷健脚(건각). 橋脚(교각). 馬脚(마각. 失脚(실각).

【脣】 부 肉·月(육달월변) 획 6—7 훈 입술 음 순 中 ch'un²
英 lips 日 シン. くちびる
뜻 ①입술. ②가. 가장자리.
필순 一厂尸尸尼尼脣脣

脣亡齒寒〔순망치한〕 입술이 없으면 이가 시림. 곧 서로 이웃하고 있는 한 나라가 멸망하면 다른 한 나라도 위태함의 비유. くちびるほろぶればはさむし

脣薄輕言〔순박경언〕 입술이 얇은 자는 까불까불 잘 지껄임. しんはくけいげん

脣舌〔순설〕 말을 잘 함. しんせつ

脣齒〔순치〕 ①입술과 이. 곧 발언(發言)하는 기관(器官). ②서로 의지하고 돕는 관계. しんし

脣齒之國〔순치지국〕 이해 관계가 가장 깊은 나라. しんしのくに

脣齒之勢〔순치지세〕 서로서로 의지하는 관계. しんしのいきおい

▷缺脣(결순). 丹脣(단순). 朱脣(주순). 兎脣(토순).

〖脫〗 부 肉·月(육달월변) 획 6—7 훈 벗을 음 탈 中 t'uo¹·³
英 slip off 日 ダツ. ぬぐ. やせ
뜻 ①벗을. ② 벗어날. ③빠질. ④떨어질. ⑤천천할(태).
필순 刂 月 胪胪脫

脫却〔탈각〕 벗어 버림. だっきゃく

脫稿〔탈고〕 원고(原稿)를 다 씀. だつこう 「(脫退)함. だっとう

脫黨〔탈당〕 당파(黨派)에서 탈퇴

脫落〔탈락〕 ①털 같은 것이 빠짐. ②내버림. 벗어 버림. だつらく

脫漏〔탈루〕 빠져 나감. 새어 나감. だつろう

脫離〔탈리〕 벗어나서 따로 떨어짐. 동이탈(離脫). だつり

脫毛〔탈모〕 털이 빠짐. 또 빠진 털. 예—症(증). だつもう 「つぼう

脫帽〔탈모〕 모자(帽子)를 벗음. だ

脫喪〔탈상〕 3년상(喪)을 마침.

脫稅〔탈세〕 납세 의무자가 정당한 과세(課稅)를 기피하여 세액(稅額)의 일부 또는 전부를 불법(不法)하게 내지 않음. だっぜい

脫俗〔탈속〕 속태(俗態)를 벗어남. だつぞく

脫身〔탈신〕 관계(關係)하던 곳에서 몸을 빼치어 나옴. だっしん

脫身逃走〔탈신도주〕 몸을 빼치어 도망(逃亡)함. だっしんとうそう

脫獄〔탈옥〕 죄수가 감옥을 탈출함. 예—囚(수). だつごく

脫衣〔탈의〕 옷을 벗음. だつい

脫走〔탈주〕 빠져 달아남. 도망함. 예—者(자). だっそう

脫脂〔탈지〕 기름을 뺌. だっし

脫退〔탈퇴〕 물러남. 뒤로 도망함. 또 관계를 끊고 빠져 나옴.

脫皮〔탈피〕 ①뱀 따위처럼 표피가 단단한 동물이 자람에 따라서 낡은 껍질을 벗는 것. ②낡은 사고 방식에서 벗어나 한층 더 진보함. だっぴ

▷免脫(면탈). 剝脫(박탈). 疏脫(소탈). 超脫(초탈). 逋脫(포탈).

「腔」 부 肉·月(육달월변) 획 6—8 훈 빈속 음 강 中 ch'iang¹ 英 a hollow place in the body 日 コウ. から
뜻 ①빈 속. ②가락. 곡조.
필순 刂 月 肑肑腔腔腔

腔膸〔강선〕 포강(砲腔) 안의 탄환이 돌아나가는 나사 모양의 홈.

腔子〔강자〕 사람의 배. こうし

腔腸〔강장〕 강장 동물의 몸속에 다른 기관을 싸고 있는 얼안. こうちょう

腔腸動物〔강장 동물〕 동물 분류상의 한 부분. 물에 사는 하등 동물로서 몸의 형상은 종형(鍾形) 또는 원통형(圓筒形)이고 강장(腔腸)으로 됨. 「(복강).

▷口腔(구강). 滿腔(만강). 腹腔

【腐】 부 肉(육달월변) 획 6—8 훈 썩을 음 부: 中 fu³ 英 rotten 日 フ. くさる
뜻 ①썩을. 썩힐. ②두부.
필순 ˙广庐府府腐腐腐

腐木〔부목〕 썩은 나무. 나무가 썩음. ふぼく

腐心〔부심〕 속을 썩힘. 동고심(苦心). ふしん心. ふしん
腐敗〔부패〕 ①썩어서 못 쓰게 됨. ②타락(墮落)함. ふはい
腐朽〔부후〕 썩음. ふきゅう
▷爛腐(난부). 豆腐(두부). 陳腐(진부). 敗腐(패부).

「腑」 부 肉·月(육달월변) 획 6—8 훈 장부 음 부: 中 fu³ 英 bowels 日 フ. はらわた
뜻 ①장부. ②육부.
필순 丿 月 月 肝 肘 腑 腑
腑臟〔부장〕 뱃속의 내장.

「腎」 부 肉·月(육달월변) 획 6—8 훈 콩팥 음 신: 中 shên⁴ 英 kindney 日 ジン. むらと
뜻 ①콩팥. 신장. ②남근.
필순 一 厂 戶 臣 臤 臤 腎 腎
腎囊〔신낭〕 불알. しんのう
腎水〔신수〕 사람의 정수(精水). 동정액(精液). じんすい
腎臟〔신장〕 오장(五臟)의 하나. 복강(腹腔) 뒷벽의 상부 좌우(左右)에 하나씩 있어서 핏속의 오줌을 걸러 방광(膀胱)으로 보내는 작용(作用)을 함. 동콩팥. じ
▷副腎(부신). しんぞう

「腕」 부 肉·月(육달월변) 획 6—8 훈 팔 음 완: 中 wan⁴ 英 arm 日 ワン. うで
뜻 ①팔. 팔뚝. 팔목. ②재주.
필순 丿 月 月 肝 胗 胗 腕 腕
腕力〔완력〕 주먹 기운. 팔의 힘. わんりょく 「章). わんしょう
腕章〔완장〕 팔에 두르는 표장(標
▷敏腕(민완). 手腕(수완). 弱腕(약완). 玉腕(옥완).

「脹」 부 肉·月(육달월변) 획 6—8 훈 부를 음 창: 中 chang⁴ 英 swelled 日 チョウ. ふくれる
뜻 부를. 뚱뚱할
필순 丿 月 胪 脹 脹 脹 脹
脹滿〔창만〕 ①배가 부름. ②배가 부른 병. ちょうまん
▷膨脹(팽창).

【腦】 부 肉·月(육달월변) 획 6—9 훈 머릿골 음 뇌: 中 nao³ 英 brain 日 ノウ. こころ
뜻 ①머릿골. 뇌. ②머리. 정신.
필순 丿 月 月 肝 胪 脳 腦 腦
腦裏〔뇌리〕 뇌(腦) 안. 곧 마음 속. のうり 「うまく
腦膜〔뇌막〕 뇌를 싸고 있는 막. の
腦貧血〔뇌빈혈〕 뇌의 피가 부족하여 나는 병. のうひんけつ
腦神經〔뇌신경〕 대뇌(大腦)의 밑과 연수(延髓)에서 나와서 머리·얼굴에 퍼져 있는 운동 신경(運動神經) 및 지각 신경(知覺神經). のうしんけい 「총칭. のうえん
腦炎〔뇌염〕 뇌수(腦髓)의 염증의
腦溢血〔뇌일혈〕 뇌(腦) 속에서 혈관이 터져 피가 딴 데로 도는 병. のういっけつ
腦充血〔뇌충혈〕 뇌(腦) 속에 피가 많이 흘러 들어가서 일어나는 병. のうじゅうけつ
▷大腦(대뇌). 頭腦(두뇌). 小腦(소뇌). 髓腦(수뇌). 龍腦(용뇌).

【腹】 부 肉·月(육달월변) 획 6—9 훈 배 음 복 中 fu⁴ 英 belly 日 フク. はら
뜻 ①배. ②안을.
필순 丿 月 肝 胙 胂 腹 腹
腹膜〔복막〕 복벽(腹壁)의 속 전체를 덮은 얇은 막(膜). ふくまく
腹背〔복배〕 ①배와 등. ②앞과 뒤. 대단히 가까움. 극히 친함. ふくはい 「へき
腹壁〔복벽〕 뱃가죽의 안 쪽. ふく
腹部〔복부〕 배의 부분. ふくぶ
腹心〔복심〕 ①배와 가슴. 동심복(心腹). ②대단히 가까움. 극히 친함. ③진심(眞心). 충심(衷心). ふくしん 「생각. ふくあん
腹案〔복안〕 마음 속에 품고 있는
腹痛〔복통〕 배가 아픔. ふくつう
▷空腹(공복). 滿腹(만복). 遺腹(유복). 異腹(이복).

「腺」 부 肉·月(육달월변) 획 6—9 훈 샘 음 선 中 hsien⁴ 英 gland 日 セン
뜻 ①샘. ②살구멍. 땀줄기.
필순 丿 月 胪 胂 腙 腺 腺
腺病〔선병〕 어린이의 체질성 질환(體質性疾患)으로 임파선(淋巴

腺)·습진·수포성 결막염(水泡性結膜炎)·만성비염(慢性鼻炎) 등이 일어나는 결핵성 전신병(結核性全身病). せんびょう

腺病質〔선병질〕①선병(腺病)에 걸린 어린이에게 나타나는 특별한 체질. ②병에 걸리기 쉬운 신경질적인 체질. せんびょうしつ

▷甲狀腺(갑상선). 乳腺(유선).

【腰】 부 肉·月(육달월변) 획 4—9 훈 허리 음 요 中 yao¹ 英 waist 日 ヨウ. こし

뜻 ① 허리. ② 허리에찰.

필순 丨 刂 月 肝肝肝腰腰

腰帶〔요대〕허리띠. ようたい

腰折〔요절〕몹시 우스워서 허리가 부러질 듯함. ようせつ

腰舟〔요주〕바가지. ようしゅう

腰痛〔요통〕허리가 아픈 병. ようつう

腰下〔요하〕허리 근처. ようか

▷細腰(세요). 伸腰(신요). 柳腰(유요). 低腰(저요).

【腸】 부 肉·月(육달월변) 획 6—9 훈 창자 음 장 中 ch'ang² 英 bowels 日 チョウ. はらわた

뜻 ①창자. ②마음. ③나라이름.

참고 속 膓

필순 丨 刂 月 肝胆腭腸

腸斷〔장단〕창자가 끊어짐. 곧 매우 슬퍼함. ちょうだん

腸腺〔장선〕창자 속의 분비물을 만들어내는 선(腺). ちょうせん

腸線〔장선〕돼지·염소 따위의 창자로 만든 노끈 모양의 줄. 악기(樂器)의 줄로 씀. ちょうせん

▷灌腸(관장). 斷腸(단장). 大腸(대장). 盲腸(맹장). 小腸(소장).

「腿」 부 肉·月(육달월변) 획 6—10 훈 다리살 음 퇴: 中 t'uei² 英 thigh 日 タイ. もも

뜻 ①다리살. 장딴지의 살. ②다리.

필순 刂 月 月ヨ月ヨ月艮月艮腿

腿骨〔퇴골〕다리뼈. たいこつ

▷大腿(대퇴). 小腿(소퇴).

「膊」 부 肉·月(육달월변) 획 6—10 훈 어깨 음 박 中 po⁴ 英 shoulders 日 ハク. ほじし

뜻 ①어깨. ②팔. ③포. ④책살필순 刂 月 肝肺膊膊膊膊 ㄴ할.

▷上膊(상박). 下膊(하박).

「膂」 부 肉·月(육달월변) 획 6—10 훈 등골 음 려 中 lu³ 英 backbone 日 リョ. せぼね

뜻 ① 등골. 등성마루. ②힘셀.

필순 ㄱ 方 方 方方 旅 旅旅 膂膂

膂力〔여력〕등뼈의 힘. 체력. りょりょく 「남보다 뛰어남.

膂力過人〔여력과인〕완력(腕力)이

「膠」 부 肉·月(육달월변) 획 6—11 훈 갖풀 음 교 中 chiao¹ 英 glue 日 コウ. にかわ

뜻 ①갖풀. 아교. ②굳을. ③붙을. ④부레.

필순 刂 月 月 胛 胛 膠膠

膠甲〔교갑〕쓴 약을 넣어서 먹는 아교(阿膠)로 만든 갑.

膠固〔교고〕①아교로 붙인 것처럼 굳음. ②너무 굳어서 융통성(融通性)이 없음. こうこ

膠膠〔교교〕①화(和)하는 모양. ②닭소리. ③요란스러운 모양. こうこう

膠餠〔교병〕쇠족·가죽·꼬리 따위를 고아서 만든 음식. 족편.

膠接〔요접〕굳게 꼭 붙음.

膠質〔요질〕분자(分子)보다 큰 낱알로 용액(溶液) 안에 분산(分散)되어 있는 한 물질. 아교·한천(寒天)·전분·단백질 따위. こうしつ 「달라붙음. こうちゃく

膠着〔교착〕찐득찐득하게 단단히

▷阿膠(아교).

「膜」 부 肉·月(육달월변) 획 6—11 훈 꺼풀 음 막 中 mo²·⁴ 英 membrane 日 マク. モ. ボ

뜻 ①꺼풀. ②흘떼기. ③큰절할.

필순 刂 月 月艹 膜膜

膜拜〔막배〕두 손을 들고 땅에 엎드려 절하는 것. もはい

膜質〔막질〕막(膜)으로 된 바탕. まくしつ

▷角膜(각막). 結膜(결막). 鼓膜(고막). 薄膜(박막). 腹膜(복막). 細胞膜(세포막). 眼膜(안막).

【膚】 부 肉·月(육달월변) 획 6—11 훈 살갗 음 부 ㊥ fu¹ ㊖ skin ㊐ フ. はだ. はだえ
뜻 ①살갗. ②겉껍질. ③얕음. ④클. ⑤아름다울.
필순 ⺈⺈广广庐庐膚膚
膚公〔부공〕 큰 공훈(功勳). ふこう
膚理〔부리〕 살결. ふり
膚受〔부수〕 피상적(皮相的)으로 받아들여 권함. ふじゅ
膚淺〔부천〕 생각이 얕음. ふせん
膚寸〔부촌〕 얼마 되지 않는 길이. ふすん
膚學〔부학〕 천박(淺薄)한 학문. ふがく
▷雪膚(설부). 素膚(소부). 玉膚(옥부). 皮膚(피부).

［膝］ 부 肉·月(육달월변) 획 6—11 훈 무릎 음 슬 ㊥ hsi¹ ㊖ knee ㊐ シツ. ひざ. ひざこぶし
뜻 ①무릎. ②종지뼈.
필순 丿月月⺊月⺊月⺊月夫月夫月膝
膝蓋骨〔슬개골〕 무릎 앞 한가운데에 있는 작은 접시 같은 뼈. 종지뼈. しつがいこつ
膝下〔슬하〕 부모의 무릎 아래. 곧 모시고 있는 어버이의 그늘 아래. しっか
膝寒症〔슬한증〕 무릎이 아프고 시린 병.
膝行〔슬행〕 무릎으로 걸음.

「膨」 부 肉·月(육달월변) 획 6—12 훈 부를 음 팽: ㊥ pêng² ㊖ swollen ㊐ ボウ. ふくれる
뜻 ①부를. ②발전할.
필순 丿月月⺊月⺊月⺊膨膨膨
膨大〔팽대〕 부풀어 올라 점점 커짐.
膨脹〔팽창〕 ①부르고 띵띵함. ②발전(發展)하여 늚. ③물체(物體)가 열을 만나서 그 부피가 커짐. ぼうちょう
膨膨〔팽팽〕 한껏 부풀어 띵띵하게 됨. ぼうぼう

「膿」 부 肉·月(육달월변) 획 6—13 훈 고름 음 농 ㊥ nung² ㊖ pus ㊐ ノウ. うみ. しる
뜻 ①고름. ②국물. ③썩어문드러질.
필순 月月⺊月⺊月⺊月⺊膿膿膿
膿漏〔농루〕 고름이 나옴. のうろう
膿汁〔농즙〕 고름. のうじゅう
膿血〔농혈〕 피고름. のうけつ
▷化膿(화농).

［膽］ 부 肉·月(육달월변) 획 6—13 훈 쓸개 음 담: ㊥ tan³ ㊖ gall ㊐ タン. きも. たましい
뜻 ①쓸개. ②담클.
필순 丿月月⺊月⺊月⺊膽膽膽
膽氣〔담기〕 동⇨담력(膽力).
膽囊〔담낭〕 쓸개의 덩이. 간장(肝臟) 뒤의 아래에 달려 있음. たんのう
膽大心小〔담대심소〕 담은 커서 두려워하지 아니하며, 마음은 치밀하여서 소홀히 하지 아니함.
膽略〔담략〕 꾀가 많음. 또 담력과 책략(策略). たんりゃく
膽力〔담력〕 겁이 없고 용감스러운 의지(意志)의 힘. 동담기(膽氣). たんりょく
膽汁〔담즙〕 간장(肝臟)에서 분비(分泌)하는 소화액(消化液). たんじゅう
膽智〔담지〕 담력(膽力)과 지혜(知慧). たんち
△肝膽(간담). 落膽(낙담). 大膽(대담). 嘗膽(상담). 石膽(석담). 小膽(소담). 心膽(심담).

【臟】 부 肉·月(육달월변) 획 6—18 훈 오장 음 장: ㊥ tsang⁴ ㊖ viscera ㊐ ゾウ. はらわた
뜻 ①오장. ②내장.
필순 丿月月⺊月⺊月⺊臟臟臟
臟器〔장기〕 내장(內臟)의 기관(器官). ぞうき
▷肝臟(간장). 內臟(내장). 脾臟(비장). 腎臟(신장). 心臟(심장). 五臟(오장).

(6) 臣 部

〖臣〗 부 臣(신하신) 획 6—0 훈 신하 음 신 ㊥ ch'en² ㊖ subject ㊐ シン. おみ
뜻 ①신하. ②백성. 국민
필순 一厂巨臣
臣道〔신도〕 신하(臣下)로서 마땅히 지켜야 할 도리(道理). 신하의

본분(本分). しんどう
臣民〔신민〕 군주국(君主國)에서의 관원(官員)과 백성. ⓓ신서(臣庶). しんみん
臣服〔신복〕 ⓓ⇨신사(臣事). しんぷく
臣事〔신사〕 신하가 되어 섬김. ⓓ 신복(臣服). しんじ
臣庶〔신서〕 ⓓ⇨신민(臣民). しんしょ
臣子〔신자〕 ⓓ⇨신하(臣下). しんし
臣節〔신절〕 신하가 지킬 절조(節操). しんせつ
臣妾〔신첩〕 여자가 임금에게 대하여 말할 때에 쓰는 자칭(自稱). しんしょう
臣下〔신하〕 임금을 섬기어 벼슬하는 사람. ⓓ신자(臣子). しんか
▷家臣(가신). 奸臣(간신). 孤臣(고신). 功臣(공신). 大臣(대신). 名臣(명신). 逆臣(역신). 重臣(중신). 忠臣(충신). 賢臣(현신).

〔臥〕 부 臣(신하신) 획 6—2 훈 누울 음 와: 中 wo⁴ 英 lie down 日 ガ. ふす. ねる
뜻 ①누울. ②쉴. ③침실.
참고 속卧
필순 「 戶 臣 臥

臥病〔와병〕 병으로 누움. がびょう
臥床〔와상〕 침상. 침대. がしょう
臥席〔와석〕 ①누운 자리. 자리에 누움. ②자기의 수명(壽命). がせき
臥席終身〔와석종신〕 자기 수명(壽命)에 죽음. がせきしゅうしん
臥薪嘗膽〔와신상담〕 섶에 눕고 쓸개를 맛본다는 뜻으로, 원수(怨讐)를 갚고자 고생을 참고 견디는 일. がしんしょうたん
臥治天下〔와치천하〕 일 없이 천하를 다스림. ねながらにしててんかをおさめる
▷安臥(안와). 仰臥(앙와). 長臥(장와). 橫臥(횡와).

【臨】 부 臣(신하신) 획 6—11 훈 임할 음 림 中 lin⁴ 英 come to 日 リン. のぞむ
뜻 ①임할. 다다를. ②볼.
필순 「 戶 臣 臣' 臣ᅡ 臣ᅡ 臨 臨

臨渴掘井〔임갈굴정〕 목이 말라서 우물을 팜. 곧 준비가 없이 일을 당해 허둥지둥함의 비유. りんかつくっせい
臨檢〔임검〕 현장에 가서 검사함. りんけん
臨機應變〔임기응변〕 그때 그때의 형편에 따라서 수단을 강구(講究)하여 적당히 처리함. りんきおうへん
臨難毋苟免〔임난무구면〕 어려움에 임해서는 구차하게 모면하지 말라는 뜻. りんばく
臨迫〔임박〕 시기(時機)가 닥쳐옴.
臨死〔임사〕 죽게 된 때에 이름. ⓓ 임종(臨終). りんし
臨事臨言〔임사임언〕 일에 이르름과 말에 이르름. りんじりんげん
臨床〔임상〕 병상(病床)에 임(臨)함. 예—醫學(의학). りんしょう
臨時〔임시〕 ①그 때가 닥쳐옴. ②일정하지 아니한 시간. ③잠시(暫時) 아쉬운 것을 면함. ④시기(時期)에 임하여 행함. りんじ
臨時變通〔임시변통〕 준비하지 아니한 일을 때에 따라서 잠시 처리함. りんじへんつう
臨時處變〔임시처변〕 기회를 따라 처리함. りんじしょへん
臨危〔임위〕 위태로움을 무릅쓰고 나아감. りんき
臨財毋苟得〔임재무구득〕 재물을 구차하게 얻지 말라는 뜻.
臨戰無退〔임전무퇴〕 싸움터에 나가서는 물러서지 않음. 화랑 오계(花郞五戒)의 하나. りんせんむたい
臨終〔임종〕 ①ⓓ임사(臨死). ②부모가 돌아갈 때에 모시고 있음. りんじゅう
▷降臨(강림). 光臨(광임). 君臨(군림). 來臨(내림). 登臨(등림). 遠臨(원림). 照臨(조림). 至臨(지림). 親臨(친림).

(6) 自 部

〖自〗 부 自(스스로자) 획 6—0 훈 스스로 음 자(자:) 中

tzû⁴ 英 self 日 ジ. **みず**から. **おのず**から 「③부터.
뜻 ①스스로. ②저절로.
필순 ⺈自
自家〔자가〕 ①자기의 집. ②저. 자기. 예—發電(발전). じか
自覺〔자각〕 ①자기의 위치 또는 가치(價值)를 의식함. ②자기가 자기를 의식하는 작용. 동자의식(自意識). じかく
自彊不息〔자강불식〕 스스로 힘쓰고 쉬지 아니함. じきょうやまず
自去自來〔자거자래〕 절로 가며 절로 옴. じきょじらい
自決〔자결〕 남의 힘을 빌지 않고 스스로 일을 해결함. 예民族(민족)—. ②제 목숨을 스스로 끊음. 동자처(自處). 자살(自殺).
自古〔자고〕 예전부터. 동 자래(自來). じこ
自過不知〔자과부지〕 자기의 허물은 자기가 모름. 「워하는 마음.
自愧之心〔자괴지심〕 스스로 부끄러
自口入〔자구입〕 입으로 들어옴.
自今〔자금〕 지금부터. 이후. じこん
自給〔자급〕 자기 생활을 자기가 함. 예—自足(자족). じきゅう
自矜〔자긍〕 자기 스스로의 긍지(矜持). じきょう
自棄〔자기〕 제가 저를 버리고 돌보지 아니함. 예自暴(자포)—. じき
自己實現〔자기실현〕 자기의 모든 재질을 완전히 발달시켜 실현(實現)함. じこじつげん
自擔〔자담〕 자기가 부담(負擔)함. 자기가 담당(擔當)함.
自得〔자득〕 ①자기 스스로 깨달음. ②마음에 만족하게 여김. ③불평을 품지 아니함. ③의기양양함. 뽐냄. じとく
自來〔자래〕 동⇨자고(自古). 「ょう
自量〔자량〕 스스로 헤아림. じり
自力〔자력〕 ①자기 스스로 힘씀. ②자기의 힘. ↔타력(他力). 예—更生(갱생). じりょく
自立〔자립〕 ①복종의 관계를 벗어나 자주의 지위에 섬. ②자기 스스로 군주(君主)가 됨. ③자기 힘으로 생활함. じりつ
自慢〔자만〕 스스로 자랑함. じまん
自明〔자명〕 설명하지 아니하여도 스스로 분명(分明)함. じめい
自鳴鐘〔자명종〕 때가 되면 저절로 울려서 시간을 알리는 시계.
自問自答〔자문자답〕 자기가 묻고 자기가 대답함. 의심나는 것을 자기의 마음으로 판단(判斷)함. じもんじとう 「고백함. じはく
自白〔자백〕 자기의 허물을 스스로
自負〔자부〕 자기가 자기의 가치(價值)·능력(能力)을 믿음. じふ
自負心〔자부심〕 자부하는 마음. じふしん
自殺〔자살〕 스스로 자기의 생명을 끊음. 동자결(自決)·자처(自處)·자해(自害). 「남. じせい
自生〔자생〕 저절로 생김. 저절로
自署〔자서〕 친(親)히 자기의 성명(姓名)을 씀. じしょ
自敍傳〔자서전〕 자기가 쓴 자신의 전기(傳記). 또는 남에게 구술(口述)하여 씌운 자기의 전기. じじょでん 「じせつ
自說〔자설〕 자기가 주장하는 학설.
自省〔자성〕 자기 자신을 반성(反省)함. じせい
自首〔자수〕 자기 스스로 자기의 죄과를 아뢰어 바침. じしゅ
自修〔자수〕 ①자기 힘으로 학문을 닦음. ②자기 스스로 몸을 바로잡음. じしゅう
自手成家〔자수성가〕 물려 받은 재산(財産)이 없이 자기 힘으로 한 살림을 이룩함.
自肅〔자숙〕 몸소 삼가함. じしゅく
自肅自戒〔자숙자계〕 몸소 삼가하고 경계함. じしゅくじかい
自乘〔자승〕 같은 수(數)를 곱함. 또 그 곱한 수. 제곱. じじょう
自信滿滿〔자신만만〕 아주 자신이 있음. じしんまんまん
自失〔자실〕 얼이 빠짐. 정신을 잃음. 예茫然(망연)—. じしつ
自我〔자아〕 ①자기(自己). ②인식(認識)의 주관(主觀). ③의식(意

識)의 주관(主觀). じが
自若〔자약〕 기색(氣色)이 태연(泰然)한 모양. じじゃく
自業自得〔자업자득〕 자기의 지은 재앙(災殃)이 자기의 몸에 닥침. じごうじとく
自然〔자연〕 ①인력(人力)을 가하지 아니한 그대로의 상태. ②저절로. ③산천 초목 같은 모든 유형적 현상. 인식의 대상으로서의 외계(外界)에 있는 온갖 현상. ④자연물과 자연력. しぜん
自營〔자영〕 ① 자력(自力)으로 사업을 경영함. ②자력으로 생계(生計)를 함. じえい 「じい
自慰〔자위〕 스스로 마음을 위로함.
自衞〔자위〕 몸이나 나라 등을 스스로 막아 지킴. じえい
自由〔자유〕 ①마음이 내키는 대로 함. ②남의 구속을 받지 아니함. 법률(法律)의 범위 안에서 마음대로 하는 행동. 거주(居住)·언론(言論)·집회(集會)·결사(結社)·신교(信敎) 등의 자유가 있음. ㉕—主義(주의). じゆう
自律〔자율〕 ①자기가 자기를 제어(制御)함. ②자기의 의사(意思)가 외부의 구속으로부터 자유로움. ↔타율(他律). じりつ
自意識〔자의식〕 ㊐⇨자각(自覺).
自認〔자인〕 자신이 시인(是認)함. じにん 「じさく
自作〔자작〕 손수 만듦. 손수 지음.
自作農〔자작농〕 자기의 논밭을 자기가 짓는 농사. じさくのう
自酌自飮〔자작자음〕 술을 손수 따라 마심. じしゃくじいん
自在〔자재〕 ①방자(放恣)함. ②장애가 없음. 지장이 없음. ㉕自由(자유)—. じざい
自適〔자적〕 마음이 가는 대로 유유히 생활함. ㉕悠悠(유유)—. じてき. じせき
自轉〔자전〕 ①저절로 돌아감. ②지구(地球) 또는 다른 유성(遊星)이 자신의 축(軸)을 중심으로 하여 회전함. じてん
自制〔자제〕 자기(自己)의 감정이나 욕망을 스스로 억누름. じせい
自助〔자조〕 ①남의 힘을 빌지 아니하고 일을 함. ②자기의 도움이 되게 함. じじょ
自足〔자족〕 ①스스로 만족을 느낌. ②자기가 가진 것으로써 충분함. ㉕自給(자급)—. じそく
自尊〔자존〕 ①제가 제 몸을 높임. ②자기(自己)의 품위(品位)를 높임. ㉕—心(심). じそん
自主〔자주〕 자기(自己) 일을 자기가 처리(處理)함. 독립하여 남의 간섭을 받지 아니함. じしゅ
自主獨立〔자주독립〕 남의 간섭(干涉)을 받지 않고 자기의 힘으로 자기의 일을 처리(處理)함. ㉕—國(국). じしゅどくりつ
自重〔자중〕 ①자기 몸을 소중(所重)히 함. ②자기의 인격을 소중히 여겨 언행을 신중히 함. ㉕—自愛(자애). じちょう
自中之亂〔자중지란〕 집안이나 나라 안의 다툼. ㊐내분(內紛).
自贊〔자찬〕 자기가 자기 일을 칭찬함. 또 그 말. じさん
自責〔자책〕 자기의 잘못을 스스로 꾸짖음. じせき
自處〔자처〕 ①제 일을 제가 처리(處理)함. ②㊐자결(自決)·자살(自殺)·자합(自害). ③제 스스로 어떠한 사람인 체함. じしょ
自天〔자천〕 하늘로부터.
自薦〔자천〕 자기가 자기를 천거(薦擧)함. ↔타천(他薦). じせん
自請〔자청〕 스스로 청(請)함.
自初至終〔자초지종〕 처음부터 끝까지의 동안이나 일.
自取之禍〔자취지화〕 자기가 스스로 만들어서 당한 재앙(災殃).
自治〔자치〕 자기의 일을 제가 처리함. ㉕—國(국). じじ
自稱〔자칭〕 ①남에게 대한 제 자신의 일컬음. ②자기가 자기를 칭찬함. じしょう
自他〔자타〕①저와 남. ② 자동(自動)과 타동(他動). じた
自廢〔자폐〕 스스로 그만둠. じはい
自暴自棄〔자포자기〕 스스로 자기

의 몸을 해치고 버림. 곧 실망(失望)·타락(墮落)하여 조금도 노력해 나아가려고 하지 않는 마음가짐이나 몸가짐. じぼうじき
自爆〔자폭〕 함선(艦船)·비행기 등이 전황(戰況)이 불리할 때 이를 적에게 넘겨주지 않기 위해서 어떤 목적물에 부딪쳐 스스로 폭쇄(爆碎)하는 일. [예]─行爲(행위). じばく　「つ
自筆〔자필〕 자기가 쓴 글씨. じひ
自害〔자해〕 스스로 목숨을 끊음. [동]자살(自殺)·자결(自決)·자처(自處). じがい
自行自止〔자행자지〕 마음대로 행함. じこうじし　「터 밤까지.
自昏至夜〔자혼지야〕 날저문 때부
自畫自讚〔자화자찬〕 제가 그린 그림에 스스로 칭찬하는 말을 써 넣음. 곧 제가 한 일을 자기가 칭찬함. じがじさん　「かつ
自活〔자활〕 자력으로 살아 감. じ

【臭】 [부] 自(스스로자) [획] 6—4 [훈] 냄새 [음] 취: [中] ch'ou⁴ [英] stinking [日] シュウ. くさい
[뜻] ①냄새. ②냄새날.더러울. 썩을. ③향기.
[필순] 白自自臭臭臭
臭氣〔취기〕 좋지 않게 풍기는 냄새. [동]악취(惡臭). しゅうき
臭味〔취미〕 ①몸에 밴 나쁜 냄새. ②나쁜 짓을 하는 무리. 또는 그 동류(同類). しゅうみ
臭敗〔취패〕 썩어서 못씀. しゅうはい　「취). 香臭(향취).
▷惡臭(악취). 乳臭(유취). 遺臭(유

(6) 至 部

【至】 [부] 至(이를지) [획] 6—0 [훈] 이를 [음] 지(지:) [中] chih⁴ [英] reach [日] シ. いたる
[뜻] ①이를. ②지극할.
[필순] 乙즈즈至至
至公無私〔지공무사〕 공평(公平)하여 조금도 사(私)가 없음. しこうむし
至極〔지극〕 ①극진한 데까지 이름. ②극한(極限)에 이름. しごく
至難〔지난〕 썩 어려움. 매우 곤란함. しなん
至當〔지당〕 사리(事理)에 꼭 맞음.
至大〔지대〕 아주 큼. しだい
至毒〔지독〕 ①매우 심(甚)함. ②몹시 독함. しどく
至妙〔지묘〕 아주 묘함. しみょう
至味〔지미〕 썩 맛있는 음식. しみ
至微至陋〔지미지루〕 지극히 미약(微弱)하고 지극히 고루(孤陋)함. しびしろう　「ふく
至福〔지복〕 더할 수 없는 복. し
至善〔지선〕 ①최상의 선. 최고의 선. ②선악을 초월한 본연(本然)의 성(性). しぜん　「しせい
至性〔지성〕 매우 착한 성질(性質).
至誠感天〔지성감천〕 정성이 지극하면 하늘에까지 감동이 됨. しせいかんてん　「말. しげん
至言〔지언〕 꼭 이치에 들어맞는
至嚴〔지엄〕 매우 엄(嚴)함. しげん
至愚〔지우〕 아주 어리석음. 또는 그런 사람. ↔지현(至賢). しぐ
至于今〔지우금〕 지금까지.
至人〔지인〕 도덕이 지극히 높은 사람. しじん　「함. しじんしじ
至仁至慈〔지인지자〕 지극히 인자
至尊〔지존〕 지극히 높은 지위. 곧 제왕(帝王)의 지위. しそん
至察〔지찰〕 너무 똑똑함. しさつ
至親〔지친〕 ①지극히 가까운 겨레붙이. 곧 부자(父子) 형제 등. 골육(骨肉). ②더 없이 친함. ししん　「람. ↔지우(至愚). しけん
至賢〔지현〕 지극히 어짊. 또 그 사
至孝〔지효〕 지극(至極)한 효행. しこう　「지). 夏至(하지).
▷乃至(내지). 冬至(동지). 必至(필

【致】 [부] 至(이를지) [획] 6—4 [훈] 이를 [음] 치: [中] chih⁴ [英] bring about [日] チ. いたす
[뜻] ①이를. ②이룰. 다할. ③줄. 보낼. ④부를. ⑤그만둘. ⑥경치.
[필순] 즈즈포至致致

致命〔치명〕①죽을 지경에 이름. ②목숨을 바침. ③천명(天命)이 있는 한 있는 힘을 다함. ④명령을 전함. ちめい

致命傷〔치명상〕① 목숨이 위험할 정도의 큰 상처. ②명예(名譽)에 대한 회복(回復)하기 힘든 상처. ちめいしょう

致富〔치부〕부자(富者)가 됨.

致死〔치사〕죽게 함. 죽임. ちし

致謝〔치사〕고맙다고 인사함. 감사한 뜻을 표함. ちしゃ

致誠〔치성〕①정성(精誠)을 다함. ②신불(神佛)에게 정성을 드림. ちせい

致賀〔치하〕남의 경사(慶事)를 하례함. 기쁘다는 뜻을 표(表)함.

▷極致(극치). 送致(송치). 誘致(유치). 招致(초치).

【臺】 부 至(이를지) 획 6—8 훈 돈대 음 대 中 t'ai² 英 high ground 日 ダイ. うてな

뜻 ①돈대. ②집. 누각. ③마을. 관청. 조정. ④하인. ⑤대.

필순 一𠂉亠声声喜臺臺

臺灣〔대만〕동지나해(東支那海)에 있는 중국의 한 섬. たいわん

臺木〔대목〕접목(接木)의 바탕 나무. だいぼく

臺本〔대본〕①연극의 각본(脚本). ②영화(映畵)의 시나리오(scenario). だいほん

臺詞〔대사〕각본(脚本)에 따라 배우가 무대에서 하는 말. だいし. せりふ 「簿). だいちょう

臺帳〔대장〕토대가 되는 원부(原

▷鏡臺(경대). 燈臺(등대). 舞臺(무대). 望臺(망대). 瞻星臺(첨성대). 燭臺(촉대). 寢臺(침대).

(6) 臼 部

〔與〕 부 臼(절구구) 획 6—7 훈 줄 음 여: 中 yü²·³·⁴ 英 give 日 ヨ. あたえる

뜻 ①줄. ②더불. 더불어. ③갚은무리. ④참여할. ⑤어조사.

필순 𦥑𦥑𦥑𦥑𦥑𦥑𦥑與

與黨〔여당〕현재의 정권(政權)에 참여하고 있는 정당(政黨). ↔ 야당(野黨). よとう

與民同樂〔여민동락〕왕자(王者)는 즐거움을 홀로 차지하지 아니하고 백성과 함께 함.

與奪〔여탈〕주었다 빼앗았다 하는 일. 예生死(생사)—. よだつ

▷供與(공여). 關與(관여). 給與(급여). 賦與(부여). 賞與(상여). 施與(시여). 參與(참여). 天與(천여).

〔興〕 부 臼(절구구) 획 6—9 훈 일 음 흥 中 hsing¹ 英 rise 日 コウ. キョウ. おこる

뜻 ① 일. 일어날. 일으킬. ②성할. ③흥. 흥겨울.

필순 𦥑𦥑𦥑𦥑興興

興感〔흥감〕흥취를 느낌. こうかん

興起〔흥기〕①떨치고 일어남. ②성해짐. こうき 「うりゅう

興隆〔흥륭〕흥하여 번성해짐. こ

興亡盛衰〔흥망성쇠〕흥하고 망함과 성하고 쇠함. こうぼうせいすい 「こうぎょう

興業〔흥업〕산업(產業)을 일으킴.

興盡悲來〔흥진비래〕즐거운 일이 다하면 슬픈 일이 옴.

興趣〔흥취〕흥치(興致)와 취미(趣味). きょうしゅ 「うち

興致〔흥치〕흥과 운치(韻致). きょ

興敗〔흥패〕흥(興)함과 패(敗)함. こうはい 「こうがく

興學〔흥학〕학문(學問)을 일으킴.

興行〔흥행〕①일으키어 행(行)함. ②연극(演劇) 등을 하여 구경시킴. こうこう

▷勃興(발흥). 復興(부흥). 新興(신흥). 再興(재흥). 中興(중흥).

〔舊〕 부 臼(절구구) 획 6—12 훈 예 음 구: 中 chiu⁴ 英 old 日 キュウ. ふるい. もと

뜻 ①예. ②오랠. ③낡을. ④친구.

참고 약 旧

[필순] 艹艹芒萑萑隹舊舊舊
舊穀〔구곡〕 묵은 곡식. きゅうこく
舊慣〔구관〕 예전부터 내려오는 관례(慣例). きゅうかん
舊交〔구교〕 오래된 교분(交分). 또 사귄지 오래된 친구. きゅうこう
舊教〔구교〕 천주교(天主教). ↔신교(新教). きゅうきょう
舊國〔구국〕 [동]⇨구방(舊邦).
舊大陸〔구대륙〕 [동]⇨구세계(舊世界). きゅうたいりく
舊多〔구동〕 작년 겨울. きゅうとう
舊例〔구례〕 예전부터 내려온 관례. きゅうれい 「きゅうろう
舊老〔구로〕 늙은이. [동]고로(故老).
舊邦〔구방〕 오래 된 나라. [동]구국(舊國). きゅうほう
舊歲〔구세〕 지난 해. きゅうさい
舊世界〔구세계〕 아메리카 대륙 발견 이전부터 알려진 대륙. 곧 아시아·유럽·아프리카의 3대륙 [동]구대륙(舊大陸). ↔신세계(新世界). きゅうせかい 「うぞく
舊俗〔구속〕 [동]⇨구습(舊習). きゅ
舊習〔구습〕 옛날의 풍속(風俗)과 습관(習慣). [동]구속(舊俗)·구풍(舊風). きゅうしゅう
舊約全書〔구약전서〕 기독교 성경(聖經) 중 기독(基督) 강탄(降誕) 이전에 있던 교전(教典). きゅうやくぜんしょ
舊恩〔구은〕 예전에 입은 은혜(恩惠). きゅうおん
舊藏〔구장〕 전에 간수하고 있던 것. きゅうぞう
舊情〔구정〕 옛 정. きゅうじょう
舊制〔구제〕 옛 제도(制度). ↔신제(新制). きゅうせい
舊債〔구채〕 묵은 빚. 전부터 있던 빚. きゅうさい
舊態〔구태〕 옛 모양. [예]—依然(의연). きゅうたい
舊弊〔구폐〕 ①오래 전부터의 폐단. ②낡은 사고방식이나 풍습.
舊風〔구풍〕 [동]⇨구습(舊習). ↔신풍(新風). きゅうふう
▷故舊(고구). 復舊(복구). 朋舊(붕구). 送舊(송구). 新舊(신구).

(6) 舌 部

【舌】 [부] 舌(혀설변) [획] 6—0 [훈] 혀 [음] 설 [中] shê² [英] tongue [日] ゼツ. した. ことば
[뜻] ①혀. ②말.
[필순] 一二千千舌舌
舌端〔설단〕 혀 끝. ぜったん
舌鋒〔설봉〕 날카로운 변론(辯論).
舌音〔설음〕 혓소리. ぜつおん
舌戰〔설전〕 말다툼. 논전(論戰). ぜっせん 「앙. ぜっか
舌禍〔설화〕 말을 잘못하여 받는 재
▷廣長舌(장광설). 口舌(구설). 辯舌(변설).

〖舍〗 [부] 舌(혀설변) [획] 6—2 [훈] 집 [음] 사(사:) [中] shê³·⁴ [英] house [日] シャ. いえ. やど
[뜻] ①집. ②머무를. 쉴. ③버릴(捨와 통용).
[필순] 𠆢亼今全舍舍
舍廊〔사랑〕 바깥 주인이 거처하는 곳. しゃろう
舍利〔사리〕 ①부처나 고승(高僧)의 유골(遺骨). ②시체를 화장(火葬)하고 남은 뼈. しゃり
舍人〔사인〕 ①한 집안의 잡무(雜務)를 맡은 사람. [동]가인(家人). ②궁중(宮中)에서 숙직하며 보살피는 벼슬. しゃじん
舍弟〔사제〕 자기의 아우. しゃてい
舍宅〔사택〕 사람이 사는 집.
舍兄〔사형〕 ①자기의 형. ②형이 아우에 대한 자칭. しゃけい
▷客舍(객사). 官舍(관사). 宿舍(숙사). 屋舍(옥사).

［舒］ [부] 舌(혀설변) [획] 6—6 [훈] 펼 [음] 서 [中] shu¹ [英] unfold [日] ジョ. のべる 「용할.
[뜻] ①펼. ②천천할. 한가할. 조
[필순] 𠆢亼仒⺈舍舍舒舒
舒卷〔서권〕 ①펴는 것과 감는 것. 곧 때에 따라서 진퇴(進退)함. ②책을 펼치는 것. じょけん. じょかん

舒服〔서복〕 기분이 좋음. じょふく
舒舒〔서서〕 느린 모양. じょじょ
舒雁〔서안〕 거위. じょがん
舒縮〔서축〕 늘어남과 줄어듦. ⓢ 신축(伸縮). じょしゅく

(6) 舛 部

【舜】 ⓑ 舛(어길천밑) ⓗ 6—6 ⓗ 순임금 ⓔ 순: ⓒ shuen[4] ⓙ シュン. むくげ. さとい
ⓣ ①순임금. ②무궁화.
필순 爫爫爫爫爫舜舜
舜典〔순전〕 경서(經書). 〈우서(虞書)〉의 편명(篇名). しゅんてん
舜華〔순화〕 ①춘추 시대(春秋時代)의 진(晉)의 대부(大夫). ②무궁화(無窮花). ③ 미인(美人)의 비유. しゅんか
▷堯舜(요순).

〖舞〗 ⓑ 舛(어길천밑) ⓗ 6—8 ⓗ 춤출 ⓔ 무: ⓒ wu[2] ⓔ dance ⓙ ブ. まう. まい
ⓣ ①춤출. ②환롱할.
필순 ⺧無無舞舞舞舞
舞曲〔무곡〕 ①춤의 곡조(曲調). ②춤과 음악. ぶきょく
舞妓〔무기〕 ⓢ⇨무희(舞姬). ぶぎ
舞臺〔무대〕 ①연극·춤 따위를 연출하는 처소. ②마음껏 활동할 수 있게 된 판. ぶだい
舞蹈〔무도〕 ①춤을 춤. ②서양식의 댄스(dance). ぶとう
舞文弄法〔무문농법〕 법률의 조문을 마음대로 해석하여 법을 남용(濫用)함. ぶぶんろうほう
舞樂〔무악〕 춤에 맞추어 하는 아악(雅樂). ぶがく
舞踊〔무용〕 춤. ぶよう
舞天〔무천〕 마한(馬韓)·예(濊)에서 시월에 하늘에 지내던 제사.
舞筆〔무필〕 붓을 마음대로 놀려 사실을 왜곡(歪曲)해 씀. ぶひつ
舞姬〔무희〕 춤을 잘 추는 여자. ぶき. まいひめ
▷歌舞(가무). 群舞(군무). 亂舞(난무). 獨舞(독무). 圓舞(원무).

(6) 舟 部

【舟】 ⓑ 舟(배주변) ⓗ 6—0 ⓗ 배 ⓔ 주 ⓒ chou[1] ⓔ ship ⓙ シュウ. ふね
ⓣ ①배. ②잔대. 잔받침.
필순 丿 冂 冂 舟 舟 舟
舟軍〔주군〕 ⓢ⇨주사(舟師).
舟師〔주사〕 배를 타고 싸우는 군대. ⓢ주군(舟軍)·수군(水軍). しゅうし
舟遊〔주유〕 뱃놀이. しゅうゆう
舟戰〔주전〕 배를 타고 하는 싸움. しゅうせん
舟行〔주행〕 배를 타고 감. しゅうこう
▷獨木舟(독목주). 方舟(방주). 吳越同舟(오월동주). 一葉片舟(일엽편주).

【般】 ⓑ 舟(배주변) ⓗ 6—4 ⓗ 일반 ⓔ 반 ⓒ pan[1] ⓔ remove ⓙ ハン. めぐる
ⓣ ①일반. 전반. ②나를. 옮길(搬의 본자). ③돌. ④돌이킬. 돌아올. ⑤즐길. ⑥펼.
필순 丿 ⺆ 舟 舟 舡 般 般
般樂〔반락〕 즐기고 놂. ⓢ반유(般遊). はんらく
般若〔반야〕 범어(梵語) prajnā 의 음역(音譯)으로 지혜(知慧)의 뜻. はんにゃ
般若湯〔반야탕〕 중들의 술(酒)의 은어(隱語). はんにゃとう
般遊〔반유〕 ⓢ⇨반락(般樂).
般還〔반환〕 돎. 돌림. はんかん
▷各般(각반). 過般(과반). 今般(금반). 萬般(만반). 一般(일반). 全般(전반). 諸般(제반).

【航】 ⓑ 舟(배주변) ⓗ 6—4 ⓗ 배 ⓔ 항 ⓒ hang[2] ⓔ sail ⓙ コウ. ふね. わたる
ⓣ ①배. ②배질할. 물건널. ③날아갈. 항공.
필순 丿 ⺆ 舟 舟 舡 舫 航
航空〔항공〕 비행기를 타고 공중을 낢. こうくう

航路〔항로〕배나 비행기가 다니는 길. 항행(航行)하는 길. こうろ
航運〔항운〕배나 비행기로 물건을 수송함. こううん「념. こうかい
航海〔항해〕배를 타고 바다를 건
航行〔항행〕배를 타고 감.
▷歸航(귀항). 寄航(기항). 難航(난항). 渡航(도항). 密航(밀항).

「舶」 部 舟(배주변) 획 6—5 훈 배 음 박 ㊥ po² ㊤ big ship ㊐ ハク. おおぶね
뜻 ①배. ②당도리. 큰배.
필순 舟 舟 舟 舶舶
舶來品〔박래품〕외국에서 건너온 물품. はくらいひん「い
舶載〔박재〕큰 배에 실음. はくさ
▷巨舶(거박). 大舶(대박). 商舶(상박). 船舶(선박).

〖船〗 部 舟(배주변) 획 6—5 훈 배 음 선 ㊥ ch'uan² ㊤ ship ㊐ セン. ふね
뜻 배.
필순 舟 舟 舟 舡船船
船價〔선가〕뱃삯. 동선임(船賃).
船脚〔선각〕①배 밑. 배의 하부. ②배의 속력. せんきゃく
船橋〔선교〕①배다리. ②갑판(甲板) 위에 더 한층 높게 만든 곳. せんきょう「(船首). せんとう
船頭〔선두〕뱃머리. 이물. 동선수
船艫〔선로〕배의 뒤쪽. 고물. 동 선미(船尾). せんろ
船樓〔선루〕배안에 있는 망루(望樓). せんろう「び
船尾〔선미〕동⇨선로(船艫). せん
船舶〔선박〕배. せんぱく
船腹〔선복〕배의 중간쪽. 곧 배의 짐을 실을 수 있는 곳. せんぷく
船上〔선상〕①배의 위. ②배를 타고 있음. せんじょう「しゅ
船首〔선수〕동⇨선두(船頭). せん
船員〔선원〕선장(船長)과 승무원의 총칭. せんいん
船賃〔선임〕남의 배를 타거나 빌어 쓰고 삯으로 갚는 돈. 뱃삯. 동선가(船價). ふなちん
船窓〔선창〕배의 창문. せんそう
船艙〔선창〕①물가에 다리처럼 만들어 배가 닿고 물건을 싣고 내릴 수 있게 만든 곳. ②뱃다리.
船便〔선편〕배가 오고 가는 편. 배편. ふなびん. ふなだより
△客船(객선). 汽船(기선). 難船(난선). 造船(조선). 破船(파선).

「艇」 部 舟(배주변) 획 6—7 훈 거룻배 음 정: ㊥ t'ing³ ㊤ boat ㊐ テイ. こぶね
뜻 ①거룻배. ②작은배.
필순 舟 舟 舟 舟 舟 艇艇艇
艇子〔정자〕뱃사람. 선원(船員). ていし
▷短艇(단정). 飛行艇(비행정). 掃海艇(소해정). 漕艇(조정).

「艦」 部 舟(배주변) 획 6—14 훈 싸움배 음 함: ㊥ chien⁴ ㊤ warship ㊐ カン. いくさぶね
뜻 ①싸움배. ②군함.
필순 舟 舟 舟 舟 舟 艦 艦艦
艦隊〔함대〕군함(軍艦) 두 척 이상으로 조직한 해군 부대(部隊). かんたい
艦尾〔함미〕군함의 고물. かんび
艦船〔함선〕군함과 선박. かんせん
艦首〔함수〕군함의 이물. かんしゅ
艦長〔함장〕군함(軍艦)의 우두머리. かんちょう「배. かんてい
艦艇〔함정〕전투력을 가진 온갖
▷驅逐艦(구축함). 軍艦(군함). 潛水艦(잠수함). 戰艦(전함). 航空母艦(항공모함).

(6) 艮 部

〖良〗 部 艮(그칠간) 획 6—1 훈 어질 음 량 ㊥ liang² ㊤ good ㊐ リョウ. よい. やや
뜻 ①어질. ②좋을. ③잠깐. 좀. ④진실로.
필순 ㇗ 良 良 良
良民〔양민〕국법(國法)을 지키고 생업에 힘쓰는 백성. りょうみん
良相〔양상〕훌륭한 재상(宰相). 동 현상(賢相). りょうしょう
良心〔양심〕사물의 시비·선악을 분

별할 줄 아는 타고난 능력. りょうしん 「りょうやく

良藥〔양약〕 매우 효험이 있는 약.

良藥苦於口〔양약고어구〕 좋은 약은 입에 씀. 곧 충고(忠告)하는 말은 귀에 거슬리나 자기에게 유익함을 이름. 「りょうゆう

良友〔양우〕 좋은 친구. 착한 벗.

良醫〔양의〕 병을 잘 고치는 의사. りょうい 「ょうしょう

良將〔양장〕 훌륭한 장수(將帥). り

良才〔양재〕 뛰어난 재능(才能). 또 그 사람. りょうさい

良材〔양재〕 좋은 재목(材木). 또 뛰어난 인물. りょうざい

良知良能〔양지양능〕 경험이나 교육에 의하지 아니하고도 알며 또한 행할 수 있는 타고난 지능(知能). りょうちりょうのう

良妻〔양처〕 착한 아내. りょうさい

良妻賢母主義〔양처현모주의〕 양처(良妻)가 되고 현모(賢母)가 될 것을 목적으로 하는 여자 교육상의 주의(主義). りょうさいけんぼしゅぎ

良貨〔양화〕 좋은 보배. 좋은 재화(財貨). ↔악화(惡貨). りょうか

▷善良(선량). 優良(우량). 閑良(한량). 賢良(현량).

「艱」 [부] 艮(그칠간) [획] 6—11 [훈] 어려울 [음] 간 [中] chien[1]
[英] hard [日] カン. かたい
[뜻] ①어려운. ②괴로울. ③어렵게여길. ④괴로와할. ⑤고생. ⑥당고. 부모의 상.
[필순] 艹 𦰩 𦰩 堇 𦰩 艱 艱 艱

艱苦〔간고〕 가난함. 괴롭고 고생스러움. [동]간난(艱難). [예]一辛苦(신고). かんく

艱困〔간곤〕 구차(苟且)하고 곤궁함. かんこん 「かんこう

艱苟〔간구〕 매우 힘들고 고생이 됨.

艱窘〔간군〕 가난함. 군색(窘塞)함. かんきん 「んきゅう

艱急〔간급〕 괴롭고 앞이 막힘. か

艱難〔간난〕 [동]⇨간고(艱苦). かんなん 「んしょく

艱食〔간식〕 매우 초라한 음식. か

艱辛〔간신〕 괴로움. [동]간고(艱苦). 고생(苦生). かんしん

艱易〔간이〕 어려운 것과 쉬운 것. [동]난이(難易). かんい

艱貞〔간정〕 고난을 견디어 굳게 절개(節槪)를 지킴. かんてい

艱疾〔간질〕 고치기 어려운 병. [동]고질(痼疾). かんしつ

艱乏〔간핍〕 몹시 가난함. かんぼう

艱險〔간험〕 ①몹시 험난한 곳. ②괴로움. 고생. かんけん

艱禍〔간화〕 곤란과 재앙(災殃)과 화난(禍難). かんか 「(외간).

▷內艱(내간). 母艱(모간). 外艱

(6) 色 部

〘色〙 [부] 色(빛색몸) [획] 6—0 [훈] 빛을 [음] 색 [中] sā[4], shê[4], shai[1·3]
[英] colour [日] ショク. シキ. いろ
[뜻] ①빛. ②색. 색정.
[필순] ⺈ ⺈ 𠃊 㐅 色

色狂〔색광〕 여색(女色)에 미친 사람. いろきちがい

色魔〔색마〕 색정(色情)을 위하여 온갖 그른 행동을 하는 사람. しきま

色盲〔색맹〕 색각(色覺)에 이상이 생겨 색의 구별이 되지 않는 상태. 또 그 사람. しきもう

色傷〔색상〕 방사(房事)의 과도(過度)로 생기는 병(病).

色素〔색소〕 생물의 가죽 밑에 있어서 그 빛을 나타내는 근본이 되는 작은 구체(球體). しきそ

色慾〔색욕〕 ①[동]색정(色情). ②색정과 이욕(利慾). しきよく

色情〔색정〕 여색(女色)을 좋아하는 정욕. [동]색욕(色慾).

色彩〔색채〕 ①빛깔. ②빛깔과 무늬. [동]채색(彩色). しきさい

色貪〔색탐〕 여색(女色)을 탐(貪)하는 일. 「しきたい

色態〔색태〕 여자의 아리따운 태도.

色鄕〔색향〕 ①미인(美人)이 많이

나는 고을. ②기생(妓生)이 많이 나는 고장.
▷巧言令色(교언영색). 名色(명색). 服色(복색). 祕色(비색). 失色(실색). 顏色(안색). 染色(염색). 潤色(윤색). 姿色(자색). 才色(재색).

「艶」 부 色(빛색몸) 획 6—18 훈 고울 음 염: 中 yen⁴ 英 beautiful 日 エン. なまめかしい
뜻 ①고울. 예쁠. 아리따울. ②부러워할.
참고 속 艶
필순 艶
艶麗〔염려〕 아름답고 고움. えんれい
艶色〔염색〕 아리따운 얼굴. えんしょく
艶書〔염서〕 이성간(異性間)의 사랑하는 편지. えんしょ
艶態〔염태〕 아리땁고 고운 자태. えんたい
▷嬌艶(교염). 芳艶(방염). 妖艶(요염). 豊艶(풍염).

(6) 虍 部

〖虎〗 부 虍(범호밑) 획 6—2 훈 범 음 호: 中 hu³ 英 tiger 日 コ. とら
뜻 범. 호랑이.
필순 虍虍虎虎
虎口〔호구〕 범의 입. 대단히 위험한 경우의 비유 ここう
虎班〔호반〕 무관(武官)의 반열(班列). こはん
虎變〔호변〕 호피(虎皮)의 무늬와 같이 명확하게 면목(面目)을 일신(一新)함. 곧 사람이 행하는 덕행(德行)이 날로 새로와짐을 이름. こへん
虎死留皮〔호사유피〕 범은 죽어서 가죽을 남김. 사람은 죽은 후 명예(名譽)를 남김을 이름.
虎子〔호자〕 ①범의 새끼. ②변기(便器). こし
虎皮〔호피〕 호랑이 가죽. こひ
虎穴〔호혈〕 범이 사는 구멍. 곧 위험(危險)한 장소. こけつ

▷苛政猛於虎(가정맹어호). 騎虎(기호). 猛虎(맹호). 白虎(백호). 三人成市虎(삼인성시호).

「虐」 부 虍(범호밑) 획 6—3 훈 사나울 음 학 中 nüeh⁴ 英 cruel 日 ギャク. しいたげる
뜻 ① 사나울. 혹독할. ②해롭게 할. ③까다로울.
필순 虍虍虍虐虐虐
虐待〔학대〕 몹시 굶. 가혹(苛酷)하게 부림. ぎゃくたい
虐殺〔학살〕 참혹하게 죽임. 예 大量(대량)—. ぎゃくさつ
虐政〔학정〕 국민을 괴롭히는 혹독(酷毒)한 정치. ぎゃくせい
▷苛虐(가학). 亂虐(난학). 邪虐(사학). 暴虐(포학). 害虐(해학). 酷虐(혹학). 橫虐(횡학).

「虔」 부 虍(범호밑) 획 6—4 훈 삼갈 음 건 中 ch'ien² 英 sincere 日 ケン. つつしむ
뜻 ①삼갈. ②베풀. ③죽일. ④빼앗을. ⑤굳을. ⑥ 모탕.
필순 虍虍虍虔虔
虔虔〔건건〕 항상 삼가는 모양. けんけん
虔恭〔건공〕 삼가서 경솔하게 행동하지 않는 모양. けんきょう
虔誠〔건성〕 삼가고 정성어린 것. けんせい
虔肅〔건숙〕 경건하고 엄숙함. けんしゅく
▷敬虔(경건). 恭虔(공건).

〖處〗 부 虍(범호밑) 획 6—5 훈 곳 음 처: 中 ch'u³·⁴ 英 place 日 ショ. ところ. おる
뜻 ①곳. ②살. 머무를. ③위치할. ④처치할.
필순 虍虍虍虍處處
處決〔처결〕 결정(決定)하여 처분(處分)함. しょけつ
處女〔처녀〕 ①성숙(成熟)한 미혼(未婚)여자. ②최초. 처음. 예 —作(작). しょじょ
處理〔처리〕 일을 다스림. 일을 끝냄. しょり
處方〔처방〕 병의 증세(症勢)에 따라 약제(藥劑)를 배합(配合)하는 방법. しょほう
處分〔처분〕 ①몫몫이 나눔. ② 일

처리의 방법. 처리함. ③죄인에게 벌을 줌. ④행정·사법 관청이 특정한 사건에 대하여 법규(法規)를 적용하는 행위. 예行政(행정)—. しょぶん
處士〔처사〕 ① 벼슬하지 아니하고 민간(民間)에 있는 선비. ②동거사(居士). しょし
處事〔처사〕 일을 처리함. しょじ
處世〔처세〕 세상(世上)에서 살아감. しょせい
處所〔처소〕 ①사람이 살거나 머물러 있는 곳. ②어떤 일이 일어난 곳이나 물건이 있는 곳. しょしょ 「어 몸을 가지는 일.
處身〔처신〕 세상을 살아 감에 있
處斬〔처참〕 목을 베어 죽이는 형벌(刑罰)에 처함. 예陵遲(능지)—.
處刑〔처형〕 형벌(刑罰)에 처함. しょけい 「(정처). 出處(출처).
▷居處(거처). 到處(도처). 定處

〔虜〕 부 虍(범호밑) 획 6—6 훈 사로잡을 음 로 中 lu³ luo³ 英 capture 日 リョ. とりこ
뜻 ①사로잡을. 포로. ②종. ③오랑캐.
필순 ⺊广庐庐虏虜虜
虜掠〔노략〕 사람을 사로잡고 재물을 약탈함. りょりゃく
虜將〔노장〕 적의 장수. りょしょう
虜艦〔노함〕 적의 군함. りょかん
虜獲〔노획〕 적을 사로잡음. 또는 적의 목을 자름. りょかく
▷俘虜(부로). 囚虜(수로). 敵虜(적로). 捕虜(포로).

〔虛〕 부 虍(범호밑) 획 6—6 훈 빌 음 허 中 hsü¹ 英 empty 日 キョ. コ. **むな**しい
뜻 ①빌. ②헛될. ③하늘. ④다할.
참고 속虚
필순 ⺊广卢卢虍虍虛虛
虛空〔허공〕 ①아무것도 없는 한적한 곳. ②하늘. こくう
虛構〔허구〕 ①사실(事實)이 없는 일을 사실처럼 얽어 만듦. ②소설·희곡 등에서 실제로 없는 사건을 작가의 상상력(想像力)으로 창작(創作)하는 것. 또 그 이야기. きょこう
虛頭〔허두〕 글이나 말의 첫머리.
虛靈〔허령〕 잡념(雜念)이 없고 마음이 신령(神靈)에 통함. 예—不昧(불매). きょれい
虛禮〔허례〕 겉으로만 꾸미고 성의가 없는 예의(禮儀). 또는 형식적인 예절. きょれい
虛名無實〔허명무실〕 헛된 이름만 있고 실상(實狀)이 없음.
虛無〔허무〕 ① 아무것도 없고 텅 빔. 형체가 없음. ② 마음 속이 텅 비고 아무 잡념(雜念)이 없음. ③덧없음. 무상(無常)함. 예—主義(주의). きょむ
虛事〔허사〕 헛된 일. 헛일. きょじ
虛詞〔허사〕 ①실속 없는 말. ②한문(漢文)의 개사(介詞)·접속사(接續詞)·조사(助詞)·감탄사(感歎詞) 따위 품사(品詞)의 총칭.
虛勢〔허세〕 실상이 없는 기세(氣勢). きょせい
虛送〔허송〕 헛되게 보냄. きょそう
虛飾〔허식〕 실상(實狀) 없는 외면치레. 예虛禮(허례)—. きょしょく
虛實〔허실〕 ①거짓과 참. ②있음과 없음. ③준비가 있는 것과 없는 것. きょじつ
虛心〔허심〕 ①마음 속에 아무 망상이 없음. ②공평 무사한 마음. 예—坦懷(탄회). きょしん
虛榮〔허영〕 ①실속 없는 헛된 영화(榮華). ② 자기 분수에 넘치는 허울 좋은 영화. ③필요 이상의 겉치레. きょえい
虛僞〔허위〕 거짓. きょぎ
虛字〔허자〕 한문(漢文)에서 동사 또는 형용사로 쓰이는 글자.
虛張聲勢〔허장성세〕 실속은 없이 헛소문과 허세(虛勢)만 부림.
虛傳〔허전〕 근거 없는 헛된 소문. きょでん 「きょてん
虛點〔허점〕 ①부족한 점. ②빈 틈.
虛則實〔허즉실〕 보기에 허(虛)하면 속은 충실(充實)함.
虛脫〔허탈〕 ①몸이 몹시 쇠약하여

져서 빈사(瀕死) 상태에 이름. ②갑자기 심장이 쇠약하여 맥박이 불규칙해지고 몸이 냉해지는 증상(症狀). きょだつ

虛汗〔허한〕원기(元氣)가 쇠약(衰弱)하여 나는 땀.

虛行〔허행〕목적(目的)을 이루지 못하고 공연(空然)히 갔다 옴.

虛荒〔허황〕마음이 들떠서 황당함.

▷謙虛(겸허). 空虛(공허). 中虛(중허). 充虛(충허).

〔虞〕 부 虍(범호밑) 획 6—7 훈 근심할 음 우 中 yü² 英 anxiety 日 グ. おそれ. うれい

뜻 ①근심할. ②헤아릴. 생각할. ③우제지낼. ④그릇될. ⑤나라이름. ⑥벼슬이름.

필순 虍虍虍虍虍虞虞

虞唐〔우당〕유우씨(有虞氏)와 도당씨(陶唐氏). 곧 순(舜)임금과 요(堯)임금. ぐとう

虞美人〔우미인〕초(楚)나라 항우(項羽)의 총애(寵愛)를 받은 여자. ぐびじん

虞美人草〔우미인초〕양귀비꽃과에 속하는 월년초(越年草). ぐびじんそう

虞犯〔우범〕성격(性格)·환경(環境) 등에 비추어 죄를 범하거나 형벌 법령에 저촉될 우려가 있음을 이름. 예—少年(소년). ぐはん

〔號〕 부 虍(범호밑) 획 6—7 훈 부르짖을 음 호: 中 hao² 英 shout 日 ゴウ. さけぶ. よびな

뜻 ①부르짖을. ②부를. ③이름. ④호령할.

참고 약号

필순 口号号號號號

號哭〔호곡〕소리를 내어 슬피 우는 울음. ごうこく

號叫〔호규〕동⇨호읍(號泣). ごうきょう

號令〔호령〕①지휘(指揮)하는 명령(命令). ②큰 소리로 꾸짖음. ごうれい

號令如山〔호령여산〕호령은 산과 같아서 한번 내리면 취소할 수 없음. ごうれいやまのごとし

號泣〔호읍〕소리를 높여서 욺. 동 호규(號叫). ごうきゅう

▷口號(구호). 國號(국호). 記號(기호). 符號(부호). 商號(상호).

(6) 虫 部

〔虹〕 부 虫(벌레충변) 획 6—3 훈 무지개 음 홍 中 hung² 英 rainbow 日 コウ. にじ

뜻 ①무지개. ②다리. ③어지럽힐. 어지러울.

필순 口中虫虫虹虹

虹橋〔홍교〕무지개 모양으로 된 다리. こうきょう

虹蜺〔홍예〕무지개. こうげい

虹蜺門〔홍예문〕무지개 모양으로 된 문. こうげいもん

〔蛇〕 부 虫(벌레충변) 획 6—5 훈 뱀 음 사 中 shê² 英 snake 日 ジャ. ダ. へび

뜻 ①뱀. ② 이무기. ③ 든든할(이).

필순 口中虫虫蛇蛇

蛇固無足〔사고무족〕뱀은 원래 발이 없음.

蛇毒〔사독〕뱀의 몸 속에 있는 독기(毒氣). だどく

蛇龍〔사룡〕이무기가 다시 태어나 된 용(龍). だりょう

蛇心〔사심〕간사하고 질투가 심한 마음.

蛇足〔사족〕뱀은 발이 없는 데 발을 그린다는 뜻으로, 소용 없는 일을 함의 비유. 약화사첨족(畫蛇添足). だそく

蛇行〔사행〕①엉금엉금 기어감. ②뱀처럼 구불구불 감. 곧 똑바로 가지 못하는 모양. だこう

▷巨蛇(거사). 大蛇(대사). 毒蛇(독사). 長蛇(장사).

〔蛙〕 부 虫(벌레충변) 획 6—6 훈 개구리 음 와 中 wa¹ 英 frog 日 ア. かえる

뜻 ①개구리. ② 음란한 소리.

필순 口中虫虫蛙蛙

蛙聲〔와성〕①개구리의 우는 소리. ②음란한 음악 소리. ③시끄럽게 떠드는 소리. あせい

蛙市〔와시〕개구리가 떼지어 우는 소리. あし

蛙葉〔와엽〕 질경이의 별칭(別稱). [동]차전초(車前草).
▷井中之蛙(정중지와).

「蛤」 [부] 虫(벌레충변) [획] 6—6 [훈] 대합조개 [음] 합 [中] kê$^{2.3}$ he^{2} [英] clam [日] コウ. はまぐり
[뜻] ①대합조개. ②개구리.
[필순] 口 虫 虫 蚧 蛤 蛤
蛤蜊〔합리〕 ①참조개. ②무명조개. こうり
蛤魚〔합어〕 개구리 또는 두꺼비의 별칭(別稱). こうぎょ
▷大蛤(대합). 蜃蛤(신합).

【蜂】 [부] 虫(벌레충변) [획] 6—7 [훈] 벌 [음] 봉 [中] fêng^{4} [英] bee [日] ホウ. はち. さからう
[뜻] 벌.
[필순] 口 虫 虫 虫' 虫夂 蜂 蜂
蜂起〔봉기〕 ①벌떼같이 일어남. ②반란(叛亂)이 일어남. ほうき
蜂蜜〔봉밀〕 벌꿀. ほうみつ
蜂巢〔봉소〕 벌집. ほうそう
蜂蝶〔봉접〕 벌과 나비를 한꺼번에 이르는 말. ほうちょう
蜂出〔봉출〕 벌이 벌집에서 나오는 것처럼 떼지어 나옴. ほうしゅつ
▷蜜蜂(밀봉). 細蜂(세봉). 女王蜂(여왕봉).

【蜜】 [부] 虫(벌레충변) [획] 6—8 [훈] 꿀 [음] 밀 [中] mi^{4} [英] honey [日] ミツ
[뜻] 꿀.
[필순] 宀 宓 宻 宻 宻 蜜 蜜
蜜蜂〔밀봉〕 꿀벌. みつほう. みつばち
蜜水〔밀수〕 꿀물.
蜜月〔밀월〕 신혼(新婚) 뒤의 즐거운 한 달 동안을 이르는 말. [예] 一旅行(여행). みつげつ
蜜花〔밀화〕 누른 빛의 호박(琥珀)의 일종(一種).
▷口有蜜(구유밀). 婆羅蜜(바라밀). 蜂蜜(봉밀).

「蝕」 [부] 虫(벌레충변) [획] 6—9 [훈] 좀먹을 [음] 식 [中] chih^{2} [英] worm-eaten [日] ショク. むしばむ
[뜻] ①좀먹을. ②일식·월식.
[필순] 𠆢 今 飠 飠 飠 飣 蝕 蝕
蝕旣〔식기〕 일식(日蝕)·월식(月蝕)으로 해나 달이 아주 가리워지는 현상. [동]개기식(皆旣蝕). しょくき
蝕甚〔식심〕 일식 또는 월식 때에 해 또는 달이 제일 많이 가리워지는 때. しょくじん

【蝶】 [부] 虫(벌레충변) [획] 6—9 [훈] 나비 [음] 접 [中] tieh^{2} [英] butterfly [日] チョウ
[뜻] 나비. 들나비.
[필순] 口 中 虫 虫 虫 蝶 蝶
蝶夢〔접몽〕 장자(莊子)가 꾸었다는 나비 꿈. ちょうむ
蝶兒〔접아〕 나비.
▷探花蜂蝶(탐화봉접).

「融」 [부] 虫(벌레충변) [획] 6—10 [훈] 녹을 [음] 융 [中] jung^{2} [英] melt; mix [日] ユウ. とける. とおる
[뜻] ①녹을. 녹힐. ②화할. 화합할. ③밝을.
[필순] 𠮛 鬲 鬲 鬲 融 融
融資〔융자〕 자본(資本)을 융통(融通)함. ゆうし
融通〔융통〕 ①녹아 통함. 막힘 없이 통함. ②금전이나 물품이 없을 때 있는 곳에서 돌려씀. ③임기 응변(臨機應變)으로 머리를 써서 일이 되게 함. ゆうずう
融合〔융합〕 녹아서 한 가지가 됨. 또 한 가지로 만듦. ゆうごう
融解〔융해〕 고체(固體)가 열을 받아서 액체로 되는 현상.
融化〔융화〕 ①녹아서 아주 다른 물건이 됨. ②융화(融和)하여 화합함. ゆうか
融和〔융화〕 ①녹아서 하나로 합침. ②서로 화합함. ゆうわ
▷金融(금융). 溶融(용융). 圓融(원융). 祝融(축융). 春融(춘융).

【螢】 [부] 虫(벌레충변) [획] 6—10 [훈] 반딧불 [음] 형 [中] ying^{2} [英] firefly [日] ケイ. ほたる
[뜻] ①반딧불. ②개똥벌레.
[필순] ⺊ ⺊ 炏 炏 䒑 螢 螢
螢光〔형광〕 ①반딧불. ②빛을 받은 물체가 반사(反射)하는 대신으로 받은 빛과 다른 그 물체의 본디 빛을 내는 현상. 등(燈)·계기(計器)·시계의 눈 등에 이용됨. けいこう

螢光燈〔형광등〕①방전관(放電管)의 안벽에 형광 도료(塗料)를 칠한 등. ②수은 등의 유리관의 안벽에 형광 물질을 칠해서 자외선(紫外線)의 자극으로 빛을 발하는 등. けいこうとう
螢石〔형석〕투명 또는 반투명하며 열을 가하면 형광을 발하는 광석(鑛石). けいせき. ほたるいし
螢雪〔형설〕①차 윤(車胤)은 반딧불에 글을 읽고, 손 강(孫康)은 눈(雪) 빛에 글을 읽었다는 고사(故事). ②부지런히 면학(勉學)하는 일. けいせつ
螢雪之功〔형설지공〕고학(苦學)으로 면학(勉學)함. 또는 애써 공부한 보람. けいせつのこう
螢火〔형화〕반딧불. けいか

〔蟲〕 부 虫(벌레충변) 획 6—12
훈 벌레 음 충 中 ch'ung²
英 insect 日 チュウ. トウ. むし
뜻 벌레.
참고 약虫
필순 𠃍𠕁虫虫虫蟲

蟲媒花〔충매화〕곤충(昆蟲)의 매개(媒介)에 의하여 다른 꽃의 화분(花粉)을 받아 생식(生殖) 작용을 하는 꽃. ちゅうばいか
蟲災〔충재〕해충(害蟲)으로 생기는 농작물 재앙(災殃). 동충해(蟲害). ちゅうさい
蟲蟲〔충충〕몹시 더운 모양. ちゅうちゅう. とうとう
蟲齒〔충치〕벌레가 파먹은 이. むしば
蟲害〔충해〕동⇨충재(蟲災).
▷甲蟲(갑충). 寄生蟲(기생충). 成蟲(성충). 幼蟲(유충). 益蟲(익충). 害蟲(해충).

〔蠅〕 부 虫(벌레충변) 획 6—13
훈 파리 음 승: 中 ying²
英 a fly 日 ヨウ. はえ
뜻 파리.
필순 口虫虫虰虷蝿蠅

蠅頭〔승두〕① 파리의 대가리. 곧 아주 작은 것. ②동승리(蠅利). ようとう
蠅利〔승리〕파리 대가리만큼의 아주 작은 이익을 이름. ようり
蠅拂〔승불〕파리채. ようふつ
蠅蠅〔승승〕벌레가 이리저리 돌아다니며 도는 모양. ようよう
蠅營〔승영〕파리가 부지런히 왕래함. 곧 작은 이익에 악착스러움을 이름. ようえい
蠅集〔승집〕파리가 떼지어 몰림. 곧 사람의 무리가 파리떼처럼 몰림을 이름. ようしゅう
蠅虎〔승호〕파리잡이 거미. ようこ

〔蟹〕 부 虫(벌레충변) 획 6—13
훈 게 음 해: 中 hsieh³·⁴
英 crab 日 カイ. かに
뜻 게.
필순 角角角ˊ解解解蟹

蟹甲〔해갑〕게의 껍질. かいこう
蟹俱網失〔해구망실〕게와 그물을 모두 잃음. 곧 이익을 보려다가 도리어 밑천까지도 잃음의 비유.
蟹舍〔해사〕어부(漁父)의 집. かいしゃ
蟹行〔해행〕①게가 기어감. ②게처럼 옆걸음질을 함. かいこう
蟹行文字〔해행문자〕옆으로 쓰는 글씨. 곧 횡서(橫書). 서양문자(西洋文字). かいこうもじ
蟹戶〔해호〕게를 잡는 어부. 또는 그의 집. かいこ
蟹黃〔해황〕게의 누른 장. 게장.

【蠶】 부 虫(벌레충변) 획 6—18
훈 누에 음 잠 中 ts'an²
英 silkworm 日 サン. かいこ
뜻 ①누에. ②누에칠.
참고 약蚕
필순 ⺧⺧⺧⺧𢀶𢀶蠶

蠶具〔잠구〕누에를 치는 데 쓰는 기구(器具). さんぐ
蠶農〔잠농〕누에를 치는 일. 누에농사.
蠶卵〔잠란〕누에의 알. さんらん
蠶婦〔잠부〕누에를 치는 여자. さんぷ
蠶事〔잠사〕누에 치는 일. さんじ
蠶絲〔잠사〕누에고치에서 켜낸 실. 곧 명주실. さんし
蠶桑〔잠상〕누에를 치고 뽕나무를 심음. さんそう
蠶食〔잠식〕①누에가 뽕 잎을 먹듯이, 한쪽에서 점점 먹어 들어

감. ②남의 영토(領土)를 점점 침략해 들어감. さんしょく
蠶室〔잠실〕①누에를 치는 방. ②궁형(宮刑)에 처한 사람을 가두는 감옥의 하나. さんしつ
蠶業〔잠업〕누에를 치는 직업. 동양잠(養蠶). さんぎょう
蠶種〔잠종〕누에 씨. さんしゅ
蠶織〔잠직〕누에를 치고 명주를 짬. さんしょく
▷農蠶(농잠). 養蠶(양잠). 原蠶(원잠). 天蠶(천잠).

【蠻】부 虫(벌레충변) 획 6—19 훈 오랑캐 음 만 中 man[2] 英 savage 日 バン. えびす 뜻 ①오랑캐. 남쪽오랑캐. ②야만. 필순 蠻

蠻勇〔만용〕사리(事理)를 분간하지 않고 함부로 날뛰는 용기(勇氣). ばんゆう
蠻人〔만인〕야만인(野蠻人). 미개인(未開人). ばんじん
蠻族〔만족〕만이(蠻夷)의 종족(種族). 야만 민족. ばんぞく
蠻種〔만종〕야만(野蠻) 인종(人種).
蠻地〔만지〕야만인들이 사는 땅. ばんち
蠻風〔만풍〕① 야만인의 풍속(風俗). 오랑캐의 풍속. ②천한 풍속. ③오랑캐 땅의 바람. ばんぷう
蠻行〔만행〕야만스러운 행실(行實). ばんこう
▷群蠻(군만). 南蠻(남만). 野蠻(야만). 夷蠻(이만).

(6) 血 部

【血】부 血(피혈변) 획 6—0 훈 피 음 혈 中 hshieh[3] hsüeh[4] 英 blood 日 ケツ. ち
뜻 ①피. ②붙이. 혈통. ③씩씩함.
필순 丿 皿 血

血管〔혈관〕염통에서 나와서 몸 속에 퍼진 피가 다니는 맥관(脈管). 동혈맥(血脈). けっかん
血球〔혈구〕혈액의 성분. 적혈구(赤血球)·백혈구(白血球)를 한꺼번에 일컫는 말. けっきゅう
血氣之勇〔혈기지용〕혈기(血氣)로 일어나는 한때의 용맹(勇猛). けっきのゆう
血路〔혈로〕①곤경(困境)을 견디어 위급(危急)을 벗어나는 길. ②적의 포위망(包圍網)을 뚫고 벗어나는 구사일생(九死一生)의 길. けつろ
血淚〔혈루〕몹시 애통하여 흘리는 눈물. 피눈물. けつるい
血脈〔혈맥〕①동혈관(血管). ②혈통(血統). けつみゃく
血眼〔혈안〕기를 써서 핏발선 눈. けつがん
血壓〔혈압〕혈관(血管) 속의 피의 압력(壓力). けつあつ
血緣〔혈연〕같은 핏줄에 의하여 연결된 인연. けつえん
血肉〔혈육〕①피와 살. ② 자기가 낳은 자녀. 동혈통(血統). けつにく
血戰〔혈전〕①생사(生死)를 돌아보지 않고 싸움. ②피투성이가 되어서 싸움. けっせん
血族〔혈족〕같은 조상(祖上)에서 갈려 나온 친족(親族). 동일가. けつぞく
血統〔혈통〕①혈연 관계의 사이. ②동성(同姓)의 계통. けっとう
血汗〔혈한〕피와 땀. けっかん
血行〔혈행〕혈액(血液)의 순환(循環). けっこう
▷冷血(냉혈). 鮮血(선혈). 輸血(수혈). 流血(유혈). 凝血(응혈). 採血(채혈). 出血(출혈). 充血(충혈). 吐血(토혈). 下血(하혈).

【衆】부 血(피혈변) 획 6—6 훈 무리 음 중(중:) 中 chung[4] 英 crowd 日 シュウ. シュ. もろもろ. おおい
뜻 ①무리. ②많을.
필순 衆

衆寡不敵〔중과부적〕적은 인원으로 많은 인원을 대적(對敵)하지 못함. しゅうかてきせず
衆口〔중구〕뭇입. 여러 사람의 말

여러 사람의 평판. しゅうこう
衆口難防〔중구난방〕 여러 사람의 말을 이루 막기 어려움.
衆徒雲集〔중도운집〕 많은 무리가 구름처럼 떼를 지어 모임. 또는 많은 중이 구름처럼 모임. しゅうとうんしゅう
衆論〔중론〕 여러 사람의 의론(議論). ㊐중의(衆議). しゅうろん
衆目所視〔중목소시〕 여러 사람이 다같이 보고 있는 바.
衆生〔중생〕 ①모든 사람. 많은 사람. ②범어(梵語)의 sattva. 정식(情識)이 있는 생물. しゅうせい. しゅじょう
衆意〔중의〕 여러 사람의 의향(意向). 뭇 사람의 의견(意見).
衆議〔중의〕 여러 사람의 의론. ㊐중론(衆論). しゅうぎ
衆人〔중인〕 여러 사람. 뭇사람. 세상 사람. 보통 사람. ㊐범인(凡人). しゅうじん
衆評〔중평〕 여러 사람의 비평(批評). 뭇사람의 비평. しゅうひょう 「(대중). 民衆(민중).
▷公衆(공중). 觀衆(관중). 大衆

(6) 行 部

〖行〗 부 行(다닐행안) 획 6—0
훈 다닐 음 행 ㊥ hsing2·4 hang2 ㊕ go; perform ㊐ コウ. ギョウ. アン. いく. おこなう
뜻 ①다닐. 걸을. ②갈. ③행할. ④ 행서. ⑤ 항렬(항:).
필순 彳行
行脚〔행각〕 ①중이 여러 곳으로 돌아다님. 또 그 중. ②어떤 목적으로 여러 곳을 돌아다님. ㊉求乞(구걸)—. あんぎゃ
行客〔행객〕 나그네. こうかく
行軍〔행군〕 ①진군(進軍)함. ②군대의 전쟁 터 이외에서의 행진(行進). こうぐん
行宮〔행궁〕 임금이 거동(擧動)할 때에 임시로 묵는 곳. ㊐행재소(行在所). あんぐう
行年〔행년〕 ①향년(享年). ②현재의 나이. 그 때의 나이. こうねん. ぎょうねん
行臺〔행대〕 ① 원대(元代)의 행어사대(行御史臺)의 준말. ㊐관리(官吏). ②이조(李朝)때 임시로 파견되었던 사헌부(司憲府)의 관리. ③서장관(書狀官)의 이칭(異稱). こうだい
行動〔행동〕 ①몸을 움직이어 하는 짓. ②생활체(生活體)가 행하는 신체적·정신적 활동(活動)의 총칭(總稱)こうどう
行動擧止〔행동거지〕 몸의 온갖 동작. ㊐행위(行爲).
行樂〔행락〕 잘 놀고 즐겁게 지냄. 유쾌히 날을 보냄.
行旅〔행려〕 나그네. こうりょ
行旅病人〔행려병인〕 나그네의 몸으로 병이 나 치료(治療)할 길이 없는 사람. こうりょびょうにん
行路〔행로〕 ① 사람이 통행(通行)하는 길. ②세상(世上)에서 살아가는 과정(過程). ㊐세로(世路). ③길을 걸어다님. 또는 그 사람. こうろ 「기록한 글. こうろく
行錄〔행록〕 사람의 언행(言行)을
行李〔행리〕 ①사자(使者). ②행인(行人). ③여행용의 짐. 또는 여행의 준비. こうり
行馬〔행마〕 귀인(貴人)의 집이나 관서(官署)의 문(門) 밖에 베푼 말을 매어 두는 제구. 사람의 출입을 금하는 데도 세움. こうば
行步〔행보〕 걸음. ㊐보행(步行). こうほ 「うし
行使〔행사〕 사용함. 부려서 씀. こ
行事〔행사〕 ①한 일. 하는 일. ②일을 행함. ③ 사명(使命)을 띠고 가는 데 관계된 일. こうじ. ぎょうじ 「상. こうしょう
行賞〔행상〕 상(賞)을 줌. 또는 그
行商〔행상〕 돌아 다니며 물건을 파는 일. 또는 그 장수. こうしょう. ぎょうしょう
行色〔행색〕 ①길을 떠나려고 차리

고 나선 모양. ②행동(行動)하는 태도(態度). こうしょく

行世[행세] ①세상을 살아 감. 세상에서의 사람다운 행동.

行水[행수] ①흘러가는 물. [동]유수(流水) ②배로 물을 건넘. ③물을 다스림. ④수세(水勢)를 순시(巡視)함. ⑤의식(儀式)을 올리기 전에 찬물로 깨끗이 몸을 씻음. 목욕(沐浴)함. こうすい. ぎょうずい

行惡[행악] 못된 짓을 함.

行役[행역] ① 관명(官名)으로 공사를 하거나 국경을 수비하는 부역. ②여행(旅行). こうえき

行營[행영] ① 진영(陣營)의 순시(巡視). ②진영(陣營). こうえい

行雲流水[행운유수] 떠가는 구름과 흐르는 물. 곧 자연스럽고 거리낌이 없음. 사물에 따라 자유스럽게 변함을 이름. こううんりゅうすい 「動). こうい

行爲[행위] 하는 짓. [동]행동(行

行有餘力[행유여력] 일을 하고도 오히려 힘이 남음.

行狀[행장] ①사람이 죽은 뒤에 그 평생(平生)의 행적(行蹟)을 기록한 글. ② 행실. [동]조행(操行). ぎょうじょう

行裝[행장] 여행할 때에 쓰는 모든 기구. 또 여행의 차림. こうそう

行在所[행재소] [동]⇨행궁(行宮).

行政[행정] 정치(政治)를 행(行)함. ②국가의 정사. 곧 입법(立法)·사법(司法) 이외의 정무(政務)의 총칭. ぎょうせい

行程[행정] ①가는 길의 이수. ②여행의 일정(日程). こうてい

行舟[행주] 배를 보냄. 가는 배. こうしゅう

行止[행지] ① 감과 정지함. ②행함과 그침. ③행실. [동]품행(品行). 덕행(德行). こうし

行處[행처] 가는 곳. 「(行動)함.

行暴[행포] 난폭(亂暴)하게 행동

行幸[행행] 천자(天子)가 대궐 밖으로 거둥함. 또는 그 거둥. ぎょうこう

行刑[행형] ① 사형(死刑)을 집행(執行)함. ②형벌(刑罰)을 줌.

▷苦行(고행). 急行(급행). 德行(덕행). 尾行(미행). 竝行(병행). 步行(보행). 飛行(비행). 徐行(서행). 隨行(수행). 施行(시행). 惡行(악행). 言行(언행). 逆行(역행). 五行(오행). 運行(운행). 履行(이행). 一行(일행). 周行(주행). 品行(품행). 孝行(효행).

【術】 [부] 行(다닐행안) [획] 6—5 [훈] 재주 [음] 술 [中] shu⁴ [英] artifice [日] ジュツ. わざ

[뜻] ①재주. 기술. ②업. ③술수.

[필순] 彳 彳 彳 休 術 術 術 　　　　└꾀.

術家[술가] ①책략(策略)이 뛰어난 사람. ②술수(術數)에 정통한 사람. [동]술객(術客). じゅつか

術客[술객] [동]술가(術家). じゅっきゃく 「っぽう

術法[술법] [동]⇨술수(術數). じゅ

術士[술사] ①유학자(儒學者). ②방술(方術)에 정통한 사람. ③술책이 교묘한 사람. じゅっし

術數[술수] ①계략(計略). ②법제(法制)로서 나라를 다스리는 방법. ③음양(陰陽)과 복술(卜術)에 관한 이치. [동]술법(術法).

術語[술어] 학술상(學術上)전용어(專用語). 학술어(學術語). [예]—集(집). じゅつご

術業[술업] ①학술(學術)과 기예(技藝). ②복술(卜術)에 종사하는 업. じゅつぎょう 「っさく

術策[술책] 꾀. 계략(計略). じゅ

▷劍術(검술). 技術(기술). 奇術(기술). 道術(도술). 馬術(마술). 美術(미술). 兵術(병술). 卜術(복술). 祕術(비술). 算術(산술). 手術(수술). 心術(심술). 藝術(예술). 醫術(의술). 仁術(인술). 話術(화술).

〖街〗 [부] 行(다닐행안) [획] 6—6 [훈] 거리 [음] 가:(가) [中] chieh¹ [英] street [日] ガイ. カイ. まち

[뜻] ①거리. 네거리. ②한길.

[필순] 彳 彳 彳 往 街

街區〔가구〕 시가(市街)의 경계를 잘라 놓은 구역. がいく
街談〔가담〕 세상의 풍문. 길거리의 화제. ⓢ항담(巷談). がいだん
街談巷說〔가담항설〕 ⓢ⇨가담 항어(街談巷語). がいだんこうせつ
街談巷語〔가담항어〕 세상의 풍설(風說). ⓢ가담 항설(街談巷說). がいだんこうご
街道〔가도〕 도시(都市)를 통하는 큰 길. かいどう 「がいとう
街頭〔가두〕 길거리. 거리의 위.
街燈〔가등〕 ⓢ⇨가로등(街路燈).
街路〔가로〕 도시(都市)의 넓은 길. がいろ
街路燈〔가로등〕 거리에 달아 놓은 등. ⓢ가등(街燈)·가항행등(街巷行燈).
街巷行燈〔가항행등〕 ⓢ ⇨가로등(街路燈). かいこうあんどん
▷大街(대가). 商街(상가). 市街(시가). 十字街(십자가).

【衝】 부 行(다닐행안) 획 6—9 훈 찌를 음 충 中 ch'ung[1·4] 英 pierce 日 ショウ. つく
뜻 ①찌를. ②부딪칠. ③거리.
필순 彳 彳 衝 衝 衝
衝擊〔충격〕 ①부딪침. ②갑자기 심한 타격(打擊)을 받음. ③돌발적인 자극 또는 정신적인 격동(激動)에 의한 허탈(虛脫) 상태. ④원자핵(原子核)이 높은 에네르기의 입자(粒子)를 내놓는 현상. しょうげき
衝突〔충돌〕 ① 서로 부딪침. ②서로 의견(意見)이 맞지 아니하여 다툼. しょうとつ
衝動〔충동〕 ① 들쑤시어서 움직여 일으킴. ②목적(目的)을 의식(意識)하지 아니하고 단지 무슨 행동을 하려고 하는 마음의 활동. しょうどう 「출하여 있는 모양.
衝然〔충연〕 ①부딪치는 모양. ②돌
衝天〔충천〕 높이 솟아 하늘에 부딪침. 기세가 대단한 모양. 예意氣(의기)—. しょうてん
▷街衝(가충). 緩衝(완충). 要衝(요충). 折衝(절충).

【衛】 부 行(다닐행안) 획 6—10 훈 호위할 음 위(위:) 中 wei[4] 英 protect; guard 日 エイ. エ. まもる
뜻 ①호위할. ②지킬. 막을.
필순 彳 彳 徫 衛 衛 衛
衛兵〔위병〕 ①호위하는 병정. ②경비 또는 출입자(出入者)를 살피기 위해 영문(營門)이나 출입구(出入口)에 배치되어 순회하는 병사. えいへい
衛生〔위생〕 신체의 건강의 보전과 증진을 꾀하고 질병의 예방과 치유(治癒)에 힘쓰는 일. えいせい
衛星〔위성〕 유성(遊星)의 주위를 돌면서 그 유성과 같이 태양의 주위를 도는 별. 곧 지구에 대한 달 따위. えいせい
▷衛警(경위). 近衛(근위). 防衛(방위). 四衛(사위). 守衛(수위). 侍衛(시위). 自衛(자위). 前衛(전위). 正當防衛(정당방위). 親衛(친위). 護衛(호위).

「衡」 부 行(다닐행안) 획 6—10 훈 저울 음 형 中 heng[2] 英 balance 日 コウ. はかり
뜻 ①저울. 저울대. 저울질. ②수레멍에. ③벼슬이름. ④가로(횡). 橫과 통용.
필순 彳 彳 衎 衡 衡 衡 衡
衡度〔형도〕 저울과 자. こうど
衡門〔형문〕 ① 두 개의 기둥과 한 개의 횡목(橫木)을 가로질러서 만든 허술한 대문. 은자(隱者)의 주거(住居). ②시경(詩經)의 진풍편명(陳風篇名). こうもん
衡平〔형평〕 균형. 평균. こうへい
▷均衡(균형). 度量衡(도량형). 平衡(평형).

(6) 衣 部

〖衣〗 부 衣(옷의변) 획 6—0 훈 옷 음 의 中 i[2·4] 英 clothes 日 イ. ころも. きる
뜻 ①옷. ②옷입을.
衣

필순 ナナ衣

衣冠〔의관〕 ①옷과 갓. 곧 복장에 대한 예절. ②의관을 차린 벼슬아치. いかん

衣錦晝行〔의금주행〕 출세(出世)하여 영광스럽게 고향에 돌아감.

衣錦還鄕〔의금환향〕 출세(出世)하여 고향에 돌아감. 「たい

衣帶〔의대〕 ①띠. ②옷과 띠. い

衣糧〔의량〕 의복과 양식(糧食). い

衣服〔의복〕 옷. いふく 「りょう

衣裳〔의상〕 ①의복. ②웃옷과 아래옷. いしょう

衣食住〔의식주〕 의복·음식·주택. 곧 인간 생활에 가장 필요한 세 가지. いしょくじゅう

衣魚〔의어〕 옷이나 책을 갉아먹는 좀벌레. いぎょ

▷客衣(객의). 錦衣(금의). 端衣(단의). 麻衣(마의). 白衣(백의). 僧衣(승의). 浴衣(욕의). 羽衣(우의). 雨衣(우의). 着衣(착의). 脫衣(탈의). 胞衣(포의).

【表】 부 衣(옷의변) 획 6—3 훈 겉 음 표(표:) 中 piao³ 英 surface 日 ヒョウ. おもて. あらわす. しるし

뜻 ①겉. 거죽. ②나타낼. 밝힐. ③본. 표. ④ 문체

필순 一十丰圭表表 「이름.

表決〔표결〕 여러 사람이 회의를 할 때에 가부(可否)의 의사를 표시하여 결정함. ひょうけつ 「けい

表慶〔표경〕 기쁨을 나타냄. ひょう

表具〔표구〕 병풍·족자 따위를 꾸미는 것. 「기록. ひょうき

表記〔표기〕 표면에 적음. 표시하는

表裏〔표리〕 ①거죽과 속. ②안팎. ③안팎으로 서로 도움. 한통속이 됨. ひょうり

表裏不同〔표리부동〕 마음이 음충맞아서 겉과 속이 다름.

表白〔표백〕 ①사룀. ②드러내어 말함. 발표하여 명백히 함. ひょうはく. ひょうびゃく

表象〔표상〕 ① 나타난 형상. 외면에 나타난 조짐(兆朕). ② 과거의 인상(印象)이 다시 의식 중에 나타난 것. ひょうしょう

表音文字〔표음문자〕 뜻에 관계 없이 음만을 나타내는 문자. 한글, 로마 문자 따위. ↔표의문자. ひょうおんもんじ

表意文字〔표의문자〕 그림에 의거하거나 사물의 형상을 그대로 그려서 한 자 한 자의 뜻을 나타내는 문자. 회화(繪畵)문자, 상형(象形)문자 곧 한자(漢字) 따위. ↔표음 문자. ひょういもんじ

表彰〔표창〕 선행(善行)을 칭송하여 널리 세상에 드러냄. 예—狀(장). ひょうしょう

表土〔표토〕 토지(土地)의 윗층 또는 경작(耕作)에 적당한 땅. ひょうど

表皮〔표피〕 겉껍질. ひょうひ

▷公表(공표). 代表(대표). 圖表(도표). 發表(발표). 師表(사표). 辭表(사표). 年表(연표). 意表(의표). 儀表(의표).

【衰】 부 衣(옷의변) 획 6—4 훈 쇠할 음 쇠 中 shuai¹ 英 decay 日 スイ. おとろえる. そぐ

뜻 ①쇠할. ②상복(최).

필순 亠亣亩章衰衰衰

衰亡〔쇠망〕 쇠(衰)하여 망(亡)함. すいぼう

衰微〔쇠미〕 쇠하여 잔약하고 미미하여짐. すいび 「じゃく

衰弱〔쇠약〕 쇠(衰)하여 약함. すい

衰運〔쇠운〕 쇠(衰)하여 가는 운수(運數). 또는 시세(時勢). ↔성운(盛運). すいうん

衰殘〔쇠잔〕 ①쇠약할 대로 쇠약해짐. ②쇠하여 없어짐. すいざん

衰退〔쇠퇴〕 ①쇠하여 기운이 없어짐. ②쇠하여 세력이 없어짐. 동쇠퇴(衰頹). すいたい

衰頹〔쇠퇴〕 ①쇠하여 무너짐. 동쇠퇴(衰退). すいたい

衰麻〔최마〕 상복(喪服).

▷盛衰(성쇠). 盛者必衰(성자필쇠).

【衷】 부 衣(옷의변) 획 6—4 훈 정성 음 충 中 chung¹ 英 sincerity 日 チュウ. なか. うち

뜻 ①정성. 마음. ②가운데. 속.

③속옷. 속에 입을.
필순 亠亡亩亩吏吏衷
衷誠〔충성〕진심(眞心). 동성실(誠實). ちゅうせい
衷心〔충심〕속에서 진정으로 우러나오는 마음. 동충정(衷情). ちゅうしん 「うじょう
衷情〔충정〕동⇨충심(衷心). ちゅ
▷苦衷(고충). 微衷(미충). 聖衷(성충). 折衷(절충). 和衷(화충).

【裂】 부 衣(옷의변) 획 6—6 훈 찢을 음 렬 中 lieh⁴ 英 tear 日 レツ. さく
뜻 ①찢을. 터질. ②갈릴.
필순 歹歹列裂裂裂
裂開〔열개〕찢기어 벌어짐. 또 찢어 벌림. れっかい
▷決裂(결렬). 龜裂(균열). 滅裂(멸렬). 分裂(분열).

【裁】 부 衣(옷의변) 획 6—6 훈 마를 음 재 中 ts'ai² 英 cut out 日 サイ. たつ. さばく
뜻 ①마를. ②자를. ③결단할. ④헤아릴.
필순 一土丰表裁裁裁
裁可〔재가〕①재량하여 결정함. ②임금이 결재하여 허가함. 동윤허(允許). さいか
裁決〔재결〕①사물의 옳고 그름을 가려 결정함. 동재단(裁斷). 재정(裁定). ②소원(訴願)이나 행정소송(行政訴訟)에 대한 행정처분(行政處分). さいけつ
裁斷〔재단〕①옷감 따위를 본에 맞추어서 마름. ②동재결(裁決). さいだん
裁量〔재량〕헤아려 처리함. 또는 짐작하여 헤아림. さいりょう
裁成〔재성〕적당히 요령있게 일을 성취함. さいせい 「てい
裁定〔재정〕동⇨재결(裁決). さい
裁判〔재판〕①시비 곡직(是非曲直)을 판단함. ②소송(訴訟)에 대하여 법률을 적용하여 심판함. さいばん 「(총재). 親裁(친재).
▷獨裁(독재). 制裁(제재). 總裁

【裏】 부 衣(옷의변) 획 6—7 훈 속 음 리: 中 li³ 英 revsere 日 リ. うら. うち. ところ
뜻 ①속. 안. ②옷안.
참고 동裡
필순 亠亩亩亩裏裏裏
裏面〔이면〕①속. 안. ② 배후(背後)의 사실. りめん
裏書〔이서〕①종이 뒤에 적음. ②어음·증권(證券) 따위의 양도(讓渡)를 밝히기 위해 일정한 방식을 좇아 그 뜻을 기록함. ③다른 방면으로부터 어떠한 사실의 확실함을 보증(保證)함. うらがき 「(흉리).
▷腦裏(뇌리). 表裏(표리). 胸裏

【裝】 부 衣(옷의변) 획 6—7 훈 꾸밀 음 장 中 chuang¹ 英 decorate 日 ソウ. ショウ. よそおう
뜻 ①꾸밀. ②차릴. 차림. ③쌀.
필순 丨丬爿壯裝裝裝
裝具〔장구〕몸을 단장하는데 쓰는 물건. 약장신구(裝身具). そうぐ
裝備〔장비〕①군대나 함정 따위의 무장. ②꾸미어 갖춤.
裝飾〔장식〕①꾸밈. 동치장(治粧). ②그릇·가구 따위에 꾸밈새로 박는 쇠붙이. そうしょく
裝置〔장치〕①차리어 둠. ② 만들어 둠. ③기계의 설비(設備). そうち 「(변장). 服裝(복장).
▷軍裝(군장). 武裝(무장). 變裝

「裵」 부 衣(옷의변) 획 6—8 훈 성 음 배 中 p'ei² 日 ハイ
뜻 ①성. ②옷치렁치렁할.
참고 속裴
필순 亠亠亣亣裵裵裵
裵裵〔배배〕옷이 긴 모양.
裵回〔배회〕천천히 이리저리 거닒. 동배회(俳佪). はいかい

【裳】 부 衣(옷의변) 획 6—8 훈 치마 음 상 中 shang¹ 英 skirt 日 ショウ. もすそ
뜻 ①치마. ②성할.
필순 ⺌𫝀堂裳裳
裳裳〔상상〕화려한 모양. 성(盛)한 모양. しょうしょう 「ょうい
裳衣〔상의〕치마와 저고리. 옷. し
▷綠衣紅裳(녹의홍상). 衣裳(의상).

〖製〗 部 衣(옷의변) 劃 6—8 訓 지을 音 제: 中 chih⁴ 英 make 日 セイ. つくる. たつ
뜻 ①지을. ②만들.
필순 𠂉 𠂉 制 製 製 製 製
製鋼〔제강〕 시우쇠를 불리어서 강철을 만듦. せいこう
製菓〔제과〕 과자를 만듦. せいか
製糖〔제당〕 설탕을 제조(製造)함. せいとう
製圖〔제도〕 도면을 제작함. せいづ
製鍊〔제련〕 광석(鑛石)에서 금속(金屬)을 뽑아 내어 정제함. せいれん
製綿〔제면〕 목화(木花)로 솜을 만듦. せいめん
製法〔제법〕 물품(物品)을 만드는 방법. せいほう
製本〔제본〕 ①책을 만듦. ② 만든 물건의 표본. せいほん
製粉〔제분〕 곡식·약재(藥材)를 빻아 가루를 만듦. せいふん
製氷〔제빙〕 얼음을 제조함. せいひょう
製絲〔제사〕 솜이나 고치 따위로 실을 만듦. せいし
製藥〔제약〕 갖가지 약재를 배합하여 약을 지음. せいやく
製作〔제작〕 물건(物件)을 만듦. せいさく
製材〔제재〕 재목(材木)을 만듦. せいざい
製造〔제조〕 물건(物件)을 만듦. 例 一業(업). せいぞう
製紙〔제지〕 종이를 만듦. せいし
製鐵〔제철〕 철광(鐵鑛)에서 쇠를 갈라내거나 쇠를 다루어 만듦. せいてつ
製革〔제혁〕 생가죽을 다루어 유피(鞣皮)로 만듦. せいかく
▷官製(관제). 私製(사제). 新製(신제). 精製(정제). 調製(조제). 特製(특제).

〖褒〗 部 衣(옷의변) 劃 6—9 訓 기릴 音 포 中 pao¹ 英 praise 日 ホウ. ほめる
뜻 ①기릴. 칭찬할. ②옷자락.
필순 亠 衣 衣 衣 褒 褒 褒
褒章〔포장〕 칭찬하고 권하여 더 힘쓰라고 내어 주는 휘장(徽章). ほうしょう
褒懲〔포징〕 착한 일은 칭찬하고 나쁜 일은 나무람. ほうちょう
褒稱〔포칭〕 칭찬함. ほうしょう
褒貶〔포폄〕 ①칭찬함과 나무람. ②시비(是非)와 선악(善惡)을 판단하여 결정함. ほうへん

〖襲〗 部 衣(옷의변) 劃 6—16 訓 엄습할 音 습 中 hsi² 英 invade; attack 日 シュウ. おそう. かさねる
뜻 ①엄습할. ②물려받을. ③옷 껴입을. ④벌. 옷 세는 단위.
필순 立 音 育 育 龍 龍 襲 襲 襲
襲擊〔습격〕 갑자기 적을 염습하여 침. しゅうげき
襲來〔습래〕 습격해 옴. しゅうらい
襲用〔습용〕 그전대로 눌러 씀.
▷強襲(강습). 空襲(공습). 世襲(세습). 因襲(인습). 被襲(피습).

(6) 襾 部

〖西〗 部 襾(덮을아밑) 劃 6—0 訓 서녘 音 서 中 hsi¹ 英 west 日 セイ. サイ. にし
뜻 ①서녘. 서쪽. ②서양.
필순 一 丙 西 西
西境〔서경〕 서쪽의 경계(境界).
西京別曲〔서경별곡〕 고려의 속요(俗謠). 평양의 부화경박(浮華輕薄)한 남녀의 애정을 읊음. 악장 가사(樂章歌詞)에 전함.
西瓜〔서과〕 수박. せいか. すいか
西館〔서관〕 서쪽 방사(房舍).
西敎〔서교〕 서양 전래의 종교. 특히 기독교(基督敎). せいきょう
西紀〔서기〕 서력(西曆) 기원(紀元). せいき
西都〔서도〕 주(周) 시대의 호경(鎬京). 同 서경(西京). せいと
西班〔서반〕 ①무관의 반열(班列). ②무관(武官). ↔동반(東班).
西半球〔서반구〕 지구의 서쪽 반(半). にしはんきゅう

西班牙〔서반아〕 스페인. 또는 이스파니아. スペイン

西方淨土〔서방정토〕 서쪽 십만억(十萬億) 국토의 저쪽에 있다는 극락(極樂) 세계. さいほうじょうど

西山大師〔서산대사〕 이조(李朝) 선조(宣祖) 때의 명승(名僧). 휴정대사(休靜大師). 임진 왜란(壬辰倭亂) 때 의승병(義僧兵)을 지휘(指揮)하였음.

西域〔서역〕 중앙(中央) 아시아 및 인도 지방 일대(一帶). せいいき. さいいき

西藏〔서장〕 티베트. チベット

西征〔서정〕 ① 서쪽으로 쳐 나아가 정벌(征伐)함. ②해가 서쪽으로 진다는 뜻으로 사람의 죽음을 이름. せいせい

西哲〔서철〕 서양(西洋)의 철인(哲人). せいてつ

西風〔서풍〕 ①서쪽에서 불어 오는 바람. 가을바람. ②서양의 풍속(風俗). せいふう

西學〔서학〕 ①서양의 학문(學問). ② 기독교(基督教)를 서양의 학문이라는 뜻으로 이름. ↔동학(東學). せいがく 「いかん

西漢〔서한〕 전한(前漢)의 별칭. せ

西航〔서항〕 서쪽 항로(航路). 또는 배를 타고 서양으로 감. せいこう

西海〔서해〕 서쪽에 있는 바다. せいかい 「(산서). 城西(성서).

▷江西(강서). 關西(관서). 山西

〔要〕 部 襾(덮을아밑) 劃 6—3 訓 종요로울 音 요: 中 yao¹ 英 important 日 ヨウ. かなめ. もとめる

뜻 ①종요로울. ②구할. ③요약할. ④반드시.

필순 一一襾襾覀覀要要

要綱〔요강〕 근본(根本)이 되는 중요한 사항. ようこう

要件〔요건〕 ①요긴(要緊)한 일. ② 긴요(緊要)한 조건. ようけん

要訣〔요결〕 종요로운 비결(祕訣). 또는 그것을 쓴 책. ようけつ

要求〔요구〕 필요한 것을 청구함. 동요청(要請). ようきゅう

要緊〔요긴〕 중요하고도 필요함. ようきん 「うだん

要談〔요담〕 요긴(要緊)한 말. よ

要領〔요령〕 ①사물의 요긴한 곳. ② 경험에서 얻은 묘한 이치. ようりょう

要路〔요로〕 ①중요한 길. 또는 목. ②권력(權力)을 쥔 자리. 동요지(要地). ようろ 「람. ようぼう

要望〔요망〕 꼭 그리하여 주기를 바

要塞〔요새〕 ①국방상(國防上) 필요한 곳에 쌓은 성(城). ②변경(邊境)의 둔영(屯營). ようさい

要素〔요소〕 사물(事物)의 필요 불가결한 원소(元素). ようそ

要式〔요식〕 반드시 좇아야 할 일정한 법식(法式). ようしき

要約〔요약〕 ①주요 대목을 추려냄. ②단속함. ③약속함. 맹세(盟誓)함. ようやく 「ようてん

要點〔요점〕 중요(重要)한 점(點).

要地〔요지〕 ① 중요한 곳. ②중요한 지위. 동요로(要路). ようち

要旨〔요지〕 중요한 뜻. 또는 말의 중요한 내용. ようし

要請〔요청〕 요구하여 청함. 또는 요긴한 청구. 동요구(要求). ようせい 「處).

要衝地〔요충지〕 동⇨요해처(要害

要港〔요항〕 군사상 중요한 항구(港口). ようこう 「사항. ようこう

要項〔요항〕 중요한 사항. 요긴한

要害〔요해〕 지형(地形)이 적을 막기에 편리한 곳. ようがい

要害處〔요해처〕 ①긴요한 처소. ②지세(地勢)가 험준(險峻)하여 적을 막아내기에 편리한 곳. 동요충지(要衝地).

▷肝要(간요). 強要(강요). 摘要(적요). 重要(중요).

「覆」 部 襾(덮을아밑) 劃 6—12 訓 뒤집을 音 복 中 fu⁴ 英 overturn 日 フク. **くつがえす**

뜻 뒤집을. ①덮을(부).

필순 一一襾覀覀覀覀覆覆

覆蓋〔복개〕 덮음. 예—工事(공사) ふくがい. ふうがい

覆面〔복면〕 얼굴을 가림. 또 가리는 물건. ふうめん. ふくめん

覆盆〔복분〕 ①사발을 엎음. 또 엎은 사발. ②동이를 머리에 임. 동이를 이면 하늘을 우러러 해를 보지 못하므로 임금의 은택을 입지 못함을 이름. ③동이의 물을 엎지름. 큰 비의 형용(形容). ふくぼん. ふうぼん 「ん

覆船〔복선〕 배가 뒤집힘. ふくせ

覆姓〔복성〕 두 자(字)로 된 성(姓). 사마(司馬)·남궁(南宮) 따위. ふくせい

覆水不歸盆〔복수불귀분〕 엎지른 물은 다시 담을 수 없음. ㊐복수불수(覆水不收). ふくすいぼんにかえらず 「분.

覆水不收〔복수불수〕 ㊐⇨복수불귀

▷反覆(반복). 翻覆(번복). 顚覆(전복).

(7) 見 部

【見】 部 見(볼견변) 劃 7—0 訓 볼 音 견: ㊥ chien[4] ㊕ see ㊐ ケン. みる. まみえる. あらわる

뜻 ① 볼. ②당할. ③나타날. 보일(현). ④뵐(현).

필순 冂目見

見利思義〔견리사의〕 이익(利益)을 보면 의(義)에 맞는가 안 맞는가의 여부를 잘 생각하여 취하고 안 취함을 결정함.

見聞〔견문〕 보고 들음. 곧, 지식(知識). けんぶん. けんもん

見物生心〔견물생심〕 무슨 물건이 든지 눈에 뜨이면 가지고 싶은 욕심이 남.

見小利則大事不成〔견소리즉대사불성〕 조그만 이익에 마음이 쏠리면 큰 일을 이루지 못함.

見識〔견식〕 견문(見聞)과 지식(知識). けんしき 「く

見辱〔견욕〕 욕을 당함. けんじょ

見義不爲無勇也〔견의불위무용야〕 정의(正義)인 줄 알면서도 실행하지 않음은 용기가 없는 것임. ぎをみてせざるはゆうなきなり

見積〔견적〕 어림잡아 한 계산. みつもり 「관점(觀點). けんち

見地〔견지〕 사물을 보는 처지. ㊐

見學〔견학〕 실지로 보고 배움. けんがく

見解〔견해〕 ① 사리(事理)를 보고 깨달음. ②가지고 있는 의견(意見). けんかい

見頭角〔현두각〕 두각(頭角)을 나타냄. 곧 학식이나 재능이 뭇사람에 뛰어남. とうかくをあらわす

▷高見(고견). 寡見(과견). 短見(단견). 達見(달견). 先見(선견). 所見(소견). 識見(식견). 豫見(예견). 愚見(우견). 意見(의견). 淺見(천견). 卓見(탁견).

【規】 部 見(볼견변) 劃 7—4 訓 법 音 규 ㊥ kuei[1] ㊕ regulation ㊐ キ. のり

뜻 ①법. ② 바로잡을. ③본뜰. ④꾀할. ⑤구할. ⑥그림쇠. 콤파스.

필순 = ‡ 扣押規

規格〔규격〕 규정(規定)한 격식(格式). 일정한 표준. きかく

規模〔규모〕 ①법(法). 본보기. ② 사물의 구조. きぼ

規範〔규범〕 ①법. 본보기. ②판단·평가 행위의 기준. きはん 「やく

規約〔규약〕 약정(約定)한 규칙. き

規律〔규율〕 ①법규의 본보기. 일정한 법규. ②질서. きりつ

規定〔규정〕 규칙을 정함. 또 그 규칙. ㊐규제(規制). きてい

規制〔규제〕 ①㊐규정(規定). ②규율을 세워 제한함. きせい

規則〔규칙〕 지키고 따라야 할 법칙. きそく

規則生活〔규칙생활〕 절도(節度)가 있는 생활. きそくせいかつ

▷家規(가규). 官規(관규). 內規(내규). 法規(법규). 常規(상규). 例規(예규). 子規(자규). 正規(정규). 定規(정규).

〔視〕 [부] 見(볼견변) [획] 7—5 [훈] 볼 [음] 시 : [中] shih⁴ [英] look at [日] シ. みる. しめす

[뜻] ①볼. ② 보일(示와 통용).

[필순] 丅 礻 礻ㄱ 祀 視

視覺〔시각〕 물건의 형상이 눈속 망막(網膜)에 비치어 일어나는 감각. しかく

視界〔시계〕 시력(視力)이 미치는 범위. [동]시야(視野). しかい

視力〔시력〕 눈으로 물건을 볼 수 있는 힘. [동]안력(眼力). しりょく

視生如死〔시생여사〕 생사(生死)를 초월(超越)하여 죽음이 무엇인가를 생각하지 않음.

視野〔시야〕 시력(視力)의 미치는 범위. 눈에 보이는 곳. [동]시계(視界). しや

視察〔시찰〕 ①주의하여 봄. 살펴 봄. ②실지 사정을 돌아다니며 살펴봄. しさつ

視聽〔시청〕 눈으로 봄과 귀로 들음. 유의(留意)하여 보고 들음. しちょう

▷監視(감시). 檢視(검시). 輕視(경시). 近視(근시). 亂視(난시). 蔑視(멸시). 無視(무시). 白眼視(백안시). 斜視(사시). 敵視(적시). 正視(정시). 坐視(좌시).

〔親〕 [부] 見(볼견변) [획] 7—9 [훈] 어버이 [음] 친 [中] ch'in¹ ch'ing⁴ [英] parents [日] シン. おや. したしい

[뜻] ①어버이. ② 친할. ③몸소. ④사랑할.

[필순] 立 辛 親 親 親

親家〔친가〕 ①일가. 친척집. ②[동]친정(親庭). ②중의 부모가 사는 속가. 「んこう

親交〔친교〕 가까운 교제(交際). し

親舊〔친구〕 ①친척과 고우(故友). ②친우(親友). しんきゅう

親近〔친근〕 사이가 썩 가까움. 또 그 사람. ②친족(親族). しんきん

親睦〔친목〕 서로 친하여 화목함. [예]一會(회). しんぼく

親睦會〔친목회〕 친목을 도모하기 위한 모임. しんぼくかい

親民〔친민〕 백성과 임금이 친함. 임금이 백성을 사랑함. しんみん

親密〔친밀〕 친근함. しんみつ

親喪〔친상〕 부모의 상사(喪事).

親書〔친서〕 ①몸소 보내준 서신. ②친히 글씨를 씀. しんしょ

親善〔친선〕 서로 친하여 사이가 좋음. しんぜん

親疎〔친소〕 친함과 버성김. しんそ

親熟〔친숙〕 매우 친하여 서로 흉허물이 없음. しんじゅく

親愛〔친애〕 서로 사이가 친밀하고 사랑함. しんあい

親展〔친전〕 ①서로 흉금(胸襟)을 터놓고 이야기함. ②수신인(受信人)이 직접 펴보아 주기를 바란다는 뜻으로, 편지 겉봉의 수신인 이름 밑에 쓰는 말. しんてん

親切〔친절〕 정답고 고맙게 함. しんせつ 「[동]친가(親家).

親庭〔친정〕 시집간 여자의 본집.

親族〔친족〕 촌수가 가까운 겨레붙이. [동]친근(親近). しんぞく

親知〔친지〕 썩 가깝게 지내는 사람. しんち

親戚〔친척〕 ① 본종(本宗)과 외척(外戚). 모든 일가. ②부모. しんせき 「つ

親筆〔친필〕 친히 쓴 글씨. しんぴ

▷懇親(간친). 近親(근친). 內疎外親(내소외친). 燈火可親(등화가친). 先親(선친). 兩親(양친). 嚴親(엄친). 肉親(육친). 宗親(종친). 和親(화친).

〔覺〕 [부] 見(볼견변) [획] 7—13 [훈] 깨달을 [음] 각 [中] chüeh² chiao³·⁴ [英] conscious [日] カク. おぼえる. さめる

[뜻] ①깨달을. ②깨우칠. ③나타날. 드러날. ④꿈깰(교).

[참고] [속]覚

[필순] ⺍ ⺍ 𦥯 𦥯 覺

覺書〔각서〕 ①두 나라 사이에, 어떠한 사건에 대하여 자기나라의 태도와 주장을 적어서 보내는 외교 문서(外交文書). ②의견이나 희망 등을 상대편에 전달하려고

작성한 문서. おぼえがき
覺醒〔각성〕①잠이 깸. ②이전의 잘못을 깨달아 정신을 차림. ㉲—劑(제). かくせい
覺悟〔각오〕①깨달아 앎. ②앞으로 닥치어 올 일을 미리 알아차리고 마음을 정함. かくご
▷感覺(감각). 警覺(경각). 味覺(미각). 發覺(발각). 視覺(시각). 自覺(자각). 錯覺(착각). 觸覺(촉각). 幻覺(환각). 嗅覺(후각).

【覽】 부 見(볼견변) 획 7—14 훈 볼 음 람: ㊥ lan³ ㊋ look at ㊐ ラン. みる. ながめ
뜻 ①볼. ②두루볼.
참고 ㊗覧
필순 ᄐ ᄐ^ ᄐ^^ 覽覽覽
覽古〔남고〕고적(古蹟)을 찾아 그 당시의 모습을 생각하여 봄. らんこ
覽觀〔남관〕구경함. ㊟관람(觀覽). 「らんかん
覽勝〔남승〕좋은 경치(景致)를 구경함. らんしょう
▷觀覽(관람). 博覽(박람). 巡覽(순람). 閱覽(열람). 遊覽(유람). 一覽(일람). 展覽(전람). 便覽(편람). 回覽(회람).

〖觀〗 부 見(볼견변) 획 7—18 훈 볼 음 관: ㊥ kuan¹·⁴ ㊋ look; behold ㊐ カン. みる
뜻 ①볼. ②모습. 경치. ③생각. 의식. ④집. 대궐.
참고 ㊨観
필순 艹 艹 节 雚 觀觀觀
觀客〔관객〕구경꾼. かんきゃく. かんかく
觀光〔관광〕①타국의 문물 제도(文物制度)를 시찰함. ②다른 지방이나 나라의 경치·풍토를 구경함. ③과거보러 감. かんこう
觀光客〔관광객〕관광하는 사람. かんこうきゃく 「んこうち
觀光地〔관광지〕관광하는 곳. か
觀念〔관념〕①생각. ②경험한 사실이 머리에 남아 있는 것. かんねん
觀覽〔관람〕구경함. かんらん
觀望〔관망〕①형세를 바라봄. ②멀리 바라다봄. かんぼう
觀象〔관상〕①점괘(占卦)를 봄. ②천문(天文)의 현상을 관찰함. かんしょう
觀相〔관상〕사람의 골상(骨相)·손금 따위를 보고 재수나 운명을 판단하는 일. かんそう
觀象臺〔관상대〕천문·기상(氣象)의 관측·조사·연구 등을 하는 시설. ㊟천문대(天文臺). かんしょうだい
觀世音菩薩〔관세음보살〕 자비(慈悲)의 화신(化身)인 보살의 하나. かんぜおんぼさつ
觀戰〔관전〕운동 경기나 장기·바둑 따위를 구경함. ㉲—評(평). かんせん
觀照〔관조〕①사물을 있는 그대로 가만히 바라봄. ②직감(直感)에 의하여 구상적·직감적으로 인식함. ③지혜를 써서 사리(事理)를 비추어 봄. かんしょう
觀察〔관찰〕 사물을 자세히 살펴 앎. かんさつ
觀察使〔관찰사〕이조 때 8도의 장관(長官). 감사(監司). 도백(道伯). かんさっし
觀測〔관측〕①천문을 관찰하여 천체의 변화·운행(運行) 등을 측량함. ②사물을 살펴 헤아림. かんそく 「펴봄.
觀形察色〔관형찰색〕얼굴 빛을 살
▷可觀(가관). 概觀(개관). 客觀(객관). 樂觀(낙관). 達觀(달관). 傍觀(방관). 悲觀(비관). 世界觀(세계관). 宇宙觀(우주관). 人生觀(인생관). 主觀(주관).

(7) 角 部

〖角〗 부 角(뿔각변) 획 7—0 훈 뿔 음 각 ㊥ chiao, chüeh² ㊋ horn ㊐ カク. つの. かど. すみ
뜻 ①뿔. ② 모. 구석. ③총각. ④다툴. 견줄. ⑤ 오음의 하나. ⑥뿔피리. 나팔. ⑦사람이름(록). ⑧소리(곡).
필순 ⺈⺈角角角角
角干〔각간〕 신라의 최고(最高) 관급(官級). 이벌찬(伊伐湌)과 같은 관급임.
角度〔각도〕 각의 크기. かくど
角材〔각재〕 ①재지(才智)·재능(才能)을 겨룸. ②네모지게 만들어 놓은 재목. かくざい 「くてき
角笛〔각적〕 쇠뿔로 만든 피리. か
角逐〔각축〕 서로 이기려고 다툼. 예一戰(전). かくちく
角戲〔각희〕 ①씨름. ②옛날 중국(中國)의 유희.
▷骨角(골각). 鹿角(녹각). 頭角(두각). 鈍角(둔각). 四角(사각). 三角(삼각). 仰角(앙각). 銳角(예각). 外角(외각). 一角(일각).

〖解〗 부 角(뿔각변) 획 7—6 훈 풀 음 해: 中 chieh[3·4], hsieh[4] 英 explain 日 カイ. ゲ. とく. さとる
뜻 ①풀. 풀릴. ②가를. 해부. ③흩을. ④벗을. ⑤ 깨달을.
참고 속鮮
필순 角𧢲𧢲解𧢲𧢲解解
解渴〔해갈〕 ①목마른 것을 풂. ②금전(金錢)의 융통(融通)이 생김. ③비가 와서 가뭄을 면함. かいかつ
解決〔해결〕 ① 분쟁(紛爭)을 처리함. ②사건을 결말(結末)지음. かいけつ 「내보냄. かいこ
解雇〔해고〕 피고용자(被雇傭者)를
解毒〔해독〕 독기(毒氣)를 풀어 없앰. げどく 「かいとく
解得〔해득〕 풀어 앎. 깨달아 앎.
解明〔해명〕 의문되는 점을 설명함. かいめい 「단함. かいむ
解夢〔해몽〕 꿈의 길흉(吉凶)을 판
解放〔해방〕 속박(束縛)을 풂. かいほう 「조직을 조사함. かいぼう
解剖〔해부〕 생물의 몸을 쪼개어 그
解氷〔해빙〕 얼음이 풀림. ↔결빙(結氷). かいひょう
解產〔해산〕 아이를 낳음. かいさん
解散〔해산〕 ①헤어짐. 흩어짐. 또 흩뜨림. ②집회(集會) 도중에 집회한 사람들을 흩어져 가게 함. かいさん
解析〔해석〕 ①상세히 풀어서 밝힘. ②해석학. 해석기하학. かいせき
解釋〔해석〕 알기 쉽게 설명함. かいしゃく 「いせつ
解說〔해설〕 뜻을 풀어서 밝힘. か
解消〔해소〕 어떤 관계를 풀어서 없애 버림. かいしょう 「かいやく
解約〔해약〕 계약(契約)을 해제함.
解熱〔해열〕 몸의 열기(熱氣)를 내리게 함. げねつ
解義〔해의〕 뜻의 설명. かいぎ
解任〔해임〕 임무(任務)를 내어놓게 함. かいにん
解除〔해제〕 ①풀어서 치움. 그만둠. ②어떤 관계나 책임을 지워 없애고, 그 관계나 책임이 없던 그 전의 상태로 되돌림. 예戒嚴(계엄)—. かいじょ
解題〔해제〕 서적(書籍)의 저자·권수 및 내용·연혁(沿革) 등의 해설. かいだい 「かいしょく
解職〔해직〕 직무를 내어놓게 함.
解體〔해체〕 ①사람들이 규율이 풀려서 사방으로 흩어져 배반함. ②어떠한 조직체를 풀어 헤침. ③해부(解剖). かいたい
解脫〔해탈〕 속박이나 미혹에서 벗어남. 또 벗어나게 함. かいだつ げだつ 「かいど
解土〔해토〕 언 땅이 녹아서 풀림.
▷講解(강해). 見解(견해). 曲解(곡해). 難解(난해). 讀解(독해). 分解(분해). 誤解(오해). 瓦解(와해). 了解(요해). 理解(이해). 正解(정해). 精解(정해).

【觸】 부 角(뿔각변) 획 7—13 훈 닿을 음 촉 中 ch'uo[4] 英 touch 日 ショク. ふれる 「할.
뜻 ①닿을. ②받을. 찌를. ③범
참고 속触
필순 角𧢲𧢲觸觸觸觸觸
觸角〔촉각〕 거미 이외의 절족동물(節足動物)의 머리에 달린 후각(嗅覺)·촉각(觸覺)을 맡은 기관

곧 더듬이. しょっかく
觸覺〔촉각〕 살갗에 다른 물건이 닿을 때 느끼는 감각. 통촉감(觸感). しょっかく
觸感〔촉감〕 ①통촉각(觸覺). ②닿아서 느낌. しょっかん
觸媒〔촉매〕 화학 변화에 있어서 자신은 조금도 변하지 않고 다른 물질의 화학 반응을 촉진 또는 지연시키는 물질. しょくばい
觸發〔촉발〕 사물(事物)에 접촉(接觸)하여 감회(感懷)가 일어남. しょくはつ
觸手〔촉수〕 하등동물의 촉각(觸覺)을 맡은 기관(器官). しょくしゅ
觸風〔촉풍〕 바람을 쐼. しょくふう
▷感觸(감촉). 犯觸(범촉). 抵觸(저촉). 接觸(접촉).

(7) 言 部

〖言〗 부 言(말씀언변) 획 7—0 훈 말씀 음 언 中 yen² yin² yüan² 英 speech 日 ゲン. ゴン. いう. ことば
뜻 ①말씀. 말. ②말할. ③어조사.
필순 亠亠言言言言
言權〔언권〕 말할 권리. 통발언권(發言權). げんけん
言及〔언급〕 하는 말이 그 곳까지 미침. げんきゅう
言渡〔언도〕 재판의 결과를 말로 내리는 선언. いいわたし
言動〔언동〕 언어와 행동. げんどう
言論〔언론〕 말이나 글로써 자기의 사상을 발표하는 일. 예—機關(기관). げんろん
言論自由〔언론자유〕 개인이 사상 또는 의견을 발표하는 자유. げんろんじゆう
言明〔언명〕 분명히 말함. 공언(公言)함. げんめい
言文一致〔언문일치〕 실제(實際)로 쓰는 말과 글로 적는 말이 똑같음. 통어문일치(語文一致). げんぶんいっち
言辯〔언변〕 말솜씨. 입담. げんべん
言不盡意〔언부진의〕 말로는 충분히 심정을 나타낼 수 없음.
言飛千里〔언비천리〕 말이 전파(傳播)되는 것이 빠름을 이름.
言辭〔언사〕 말. 말씨. げんじ
言少意多〔언소의다〕 말은 적으나 그 품은 뜻은 많음.
言約〔언약〕 말로 약속(約束)함. げんやく
言語〔언어〕 말. げんご
言語道斷〔언어도단〕 너무나 어이가 없어서 말하려야 말할 수 없음. ごんごどうだん
言語不通〔언어불통〕 말이 달라 서로 통하지 못함. げんごつう
言語相通〔언어상통〕 말이 서로 통함. げんごあいつうず
言爭〔언쟁〕 말다툼. いいあらそい
言正理順〔언정이순〕 언어가 사리(事理)에 맞음.
言中有骨〔언중유골〕 통⇨언중유언
言中有言〔언중유언〕 말 속에 다른 뜻이 포함(包含)되어 있음. 통언중유골(言中有骨).
言志〔언지〕 ①자기의 뜻을 이야기함. ②시(詩)의 이칭. げんし
言則是也〔언즉시야〕 말하는 것은 사리(事理)에 맞음.
言直論正〔언직논정〕 말은 곧고 글은 바름. 곧 말이나 글은 곧고 발라야 함.
言質〔언질·언지〕 어떤 일을 약속하는 말의 꼬투리. げんしつ. げんち
言必稱〔언필칭〕 말을 할 때마다 그 말을 들추어 냄.
言下〔언하〕 말이 떨어지자마자 즉시에. 곧. 통일언지하(一言之下). げんか
言行〔언행〕 말과 행실(行實). 말하는 바와 행하는 바. げんこう
言行相反〔언행상반〕 말과 행실이 서로 어긋남. ↔언행일치(言行一致). げんこうあいはんす
言行一致〔언행일치〕 말과 행실이 똑같음. ↔언행상반(言行相反). げんこういっち
▷諫言(간언). 甘言(감언). 格言(격언). 苦言(고언). 公言(공언).

空言(공언). 巧言(교언). 極言(극언). 無言(무언). 重言復言(중언부언). 衆言(중언). 直言(직언). 忠言(충언). 虛言(허언).

〖計〗 뷰 言(말씀언변) 획 7—2 훈 셈할 음 계: 中 chi⁴ 英 device 日 ケイ. はかり. かぞえる. はかりごと
뜻 ①셈할. ②꾀. 꾀할.
필순 =言 言計

計巧〔계교〕 빈틈 없이 생각하여 낸 꾀. けいこう
計略〔계략〕 꾀. 동모략(謀略)·계수(計數)·계책(計策). けいりゃく
計算〔계산〕 ① 수량(數量)을 헤아림. 동계수(計數). ②국가의 회계(會計). けいさん
計數〔계수〕 ① 수효(數爻)를 헤아림. 계산(計算). ②꾀. 동계략(計略). けいすう　「いさく
計策〔계책〕 꾀. 동계략(計略). け
計畫〔계획〕 ①꾀. ②꾀하여 미리 작정함. 동계획(計劃). けいかく
▷家計(가계). 奸計(간계). 短計(단계). 大計(대계). 謀計(모계). 妙計(묘계). 百計(백계). 三十六計(삼십육계). 設計(설계).

「訃」 뷰 言(말씀언변) 획 7—2 훈 부고 음 부: 中 fu⁴ 英 one's death inform 日 フ. しらせ. いたる
뜻 ①부고. ②이를(赴와 통용).
필순 =言 訁訃

訃告〔부고〕 사람의 죽은 것을 알리는 통고(通告). 동부보(訃報) 부음(訃音). ふこく　「う
訃報〔부보〕 동⇨부고(訃告). ふほ
訃音〔부음〕 동⇨부고(訃告). ふい
▷通訃(통부).　└ん

【訂】 뷰 言(말씀언변) 획 7—2 훈 고칠 음 정(정:) 中 ting⁴ 英 settle; fix 日 テイ. ただす
뜻 ①고칠. 바로잡을. ②의논할.
필순 =言 訁訂

訂交〔정교〕 사귀기로 함. ていこう
訂盟〔정맹〕 동맹(同盟)을 맺음. 약속을 맺음. ていめい
訂約〔정약〕 조약(條約)을 의논하여 정함. ていやく　「음. ていせい
訂正〔정정〕 잘못을 고쳐서 바로잡
▷改訂(개정). 校訂(교정). 再訂(재정). 增訂(증정).

〖記〗 뷰 言(말씀언변) 획 7—3 훈 적을 음 기(기:) 中 chi⁴ 英 record 日 キ. しるす
뜻 ①적을. 기록할. ②기억할. ③인장.
필순 =言 訁訂記

記念〔기념〕 기억하여 잊지 아니함. 예卒業(졸업)—. きねん
記念碑〔기념비〕 어떠한 사건을 후세에 전하기 위하여 세운 비. きねんひ　「類). きろく
記錄〔기록〕 적음. 또 그 서류(書
記名〔기명〕 ①이름을 기억(記憶)함. ②이름을 적음. 예—投票(투표). きめい
記事〔기사〕 사실(事實)을 기록함. 또 그 글. きじ　「함. きじゅつ
記述〔기술〕 기록하여 진술(陳述)
記憶〔기억〕 마음 속에 간직하여 잊지 아니함. きおく
記帳〔기장〕 장부(帳簿)에 기입함. 치부함. きちょう
記載〔기재〕 적어 실음. きさい
記號〔기호〕 부호(符號). きごう
▷强記(강기). 登記(등기). 明記(명기). 別記(별기). 手記(수기). 實記(실기). 暗記(암기). 日記(일기). 後記(후기).

「訊」 뷰 言(말씀언변) 획 7—3 훈 물을 음 신: 中 hsün⁴ 英 questioning 日 シン. ジン
뜻 ①물을. ②간할. 소식. ③고할.
필순 =言 訁訊訊

訊檢〔신검〕 물어보고 조사함. じんけん　「물음. じんもん
訊問〔신문〕 ①물어서 캠. ② 죄를
訊問調書〔신문조서〕 신문(訊問)하여 보고(報告) 받은 사실을 적은 문서. じんもんちょうしょ
訊杖〔신장〕 신문(訊問)할 때에 매질하던 몽둥이. じんじょう

「託」 뷰 言(말씀언변) 획 7—3 훈 부탁할 음 탁 中 t'o¹ 英 entrust 日 タク. かこつ. よる

뜻 ①부탁할. ②맡길. ③의지할. ④부칠. ⑤핑계할.
필순 ⺀言訁託
託故〔탁고〕 일을 빙자(憑藉)하여 핑계함. たっこ
託孤〔탁고〕 고아의 뒷일을 믿을 만한 사람에게 부탁함. たっこ
託寄〔탁기〕 부탁하여 맡김. たっき
託大〔탁대〕 뽐냄. たくだい
託送〔탁송〕 남에게 부탁하여 보냄. たくそう
▷結託(결탁). 供託(공탁). 寄託(기탁). 付託(부탁). 信託(신탁). 委託(위탁). 請託(청탁).

【討】 부 言(말씀언변) 획 7—3 훈 칠 음 토: 中 t'ao³ 英 suppress 日 トウ. うつ. たずねる
뜻 ①칠. ②궁구할. 찾을. ③다스릴.
필순 ⺀言言言討討
討論〔토론〕 여러 사람이 모여 각자의 의견을 내세워 그것이 마땅함을 논함. とうろん
討伐〔토벌〕 죄 있는 무리를 군사로 침. 정벌(征伐)함. 예 一隊(대). とうばつ
討索〔토색〕 금전이나 물품을 강제로 청함. とうさく
討議〔토의〕 토론(討論)하여 의논함. とうぎ
▷檢討(검토). 聲討(성토). 征討(정토). 精討(정토).

〖訓〗 부 言(말씀언변) 획 7—3 훈 가르칠 음 훈: 中 hsün⁴ 英 instruct 日 クン. おしえる. よむ. わけ
뜻 ① 가르칠. ②새길. ③따를. 순종함.
필순 ⺀言言言訓訓訓
訓戒〔훈계〕 타이름. 경계함. くんかい
訓詁〔훈고〕 옛글의 자귀(字句)를 해석하는 것. くんこ
訓導〔훈도〕 ①가르쳐 인도(引導)함. ②이조 때의 벼슬 이름. くんどう
訓讀〔훈독〕 한문 글자의 뜻을 새겨 읽음. くんどく
訓鍊〔훈련〕 ① 무술(武術)을 연습함. ②가르쳐 익히게 함. 동 훈련(訓練). くんれん
訓練都監〔훈련도감〕 임진왜란 뒤에 오위병제(五衛兵制)가 무너지고 생긴 군영(軍營)의 하나.
訓令〔훈령〕 상급 관청에서 하급 관청에 훈시(訓示)하는 명령(命令). くんれい
訓蒙〔훈몽〕 어린아이나 초학자를 가르침. くんもう
訓蒙字會〔훈몽자회〕 이조 중종 때 최세진(崔世珍)이 지은 책 이름. 3360자의 한자의 음과 새김을 한글로 단 것.
訓民正音〔훈민정음〕 이조 세종(世宗) 25년 창제(創製)하여 동 28년에 반포한 우리나라 글자의 이름. 곧 한글.
訓示〔훈시〕 가르쳐 보임. くんじ
訓諭〔훈유〕 가르쳐 깨닫게 함. くんゆ
訓育〔훈육〕 ①가르쳐 기름. 교육함. ②아동과 학생의 품성(品性)의 도야(陶冶)를 목적으로 하는 교육. くんいく
訓長〔훈장〕 글방의 스승.
訓話〔훈화〕 교훈하는 말. 훈시(訓示)하는 말. くんわ
▷家訓(가훈). 校訓(교훈). 教訓(교훈). 社訓(사훈). 遺訓(유훈).

〖訣〗 부 言(말씀언변) 획 7—4 훈 비결 음 결 中 chüeh² 英 part 日 ケツ. わかれる
뜻 ①비결. ②이별할.
필순 ⺀言言言訁訣訣
訣別〔결별〕 기약 없는 작별. 영원한 이별. けつべつ
訣飮〔결음〕 이별주(離別酒)를 마심. けついん
▷祕訣(비결). 永訣(영결). 要訣(요결).

〖訪〗 부 言(말씀언변) 획 7—4 훈 찾을 음 방: 中 fang³ 英 visit 日 ホウ. おとずれる. たずねる
뜻 ①찾을. ②물을.
필순 ⺀言言言訪訪訪
訪客〔방객〕 찾아온 손님. ほうきゃく
訪古〔방고〕 고적을 탐방(探訪)함. ほうこ
訪求〔방구〕 사람을 찾아 구함. ほうきゅう
訪問〔방문〕 남을 찾아 봄. 심방(尋

訪)함. ほうもん
訪議〔방의〕 묻고 의논함. ほうぎ
訪花〔방화〕 꽃을 찾아 구경함. ほうか 「방).
往訪(왕방).
▷來訪(내방). 尋訪(심방). 歷訪(역

〖設〗 부 言(말씀언변) 획 7—4 훈 베풀 음 설 中 shê⁴ 英 establish 日 セツ. もうける
뜻 ①베풀. ②세울. ③설령.
필순 ⺀ ⺀ 言 言 訁 訯 設
設計〔설계〕 계획을 세움. 또 그 계획. せっけい
設校〔설교〕 학교를 세움. せっこう
設頭〔설두〕 먼저 앞장을 서서 주선함.
設令〔설령〕 ①명령을 냄. ②그렇다손치고. 동설사(設使). 설혹(設或). 가령. せつれいたとい
設立〔설립〕 베풀어 세움. せつりつ
設問〔설문〕 문제를 내어 물어봄. 또 그 문제. せつもん
設備〔설비〕 베풀어 갖춤. 또 그 갖춘 것. せつび
設使〔설사〕· 동⇨설령(設令).
設色〔설색〕 곱게 빛깔을 칠함.
設定〔설정〕 만들어 작정함.
設置〔설치〕 베풀어 둠. せっち
設或〔설혹〕 동⇨설령(設令).
▷假設(가설). 開設(개설). 建設(건설). 公設(공설). 倂設(병설). 附設(부설). 私設(사설). 施設(시설). 特設(특설).

【訟】 부 言(말씀언변) 획 7—4 훈 송사할 음 송: 中 sung⁴ 英 demand; justice 日 ショウ. うったえる 「시비할.
뜻 ① 송사할. 소송할. ②다툴.
필순 ⺀ ⺀ 言 言 訁 訟 訟
訟理〔송리〕 ①송사(訟事)의 까닭. ②송사하여 일을 처리함. しょう 「り
訟辯〔송변〕 송사의 별론을 함.
訟事〔송사〕 재판을 거는 일. 동訴訟(소송). しょうじ
訟庭〔송정〕 재판소. しょうてい
訟隻〔송척〕 송사하는 상대자.
▷健訟(건송). 辨訟(변송). 訴訟(소송). 爭訟(쟁송).

「訛」 부 言(말씀언변) 획 7—4 훈 거짓말 음 와 中 ê² 英 erroneous 日 カ. あやまる「될.
뜻 ①거짓말 ② 어긋날. 그릇
필순 ⺀ ⺀ 言 言 訁 訁 訛
訛說〔와설〕 ①그릇된 말. ②그릇된 소문. 동와어(訛語). 와언(訛言). かせつ
訛語〔와어〕 ①그릇되게 전해진 말. 동 와설(訛說). ②사투리. かご
訛言〔와언〕 동⇨와설(訛說). かげん
訛音〔와음〕 그릇되게 전해진 글자의 음. かおん 「ん
訛傳〔와전〕 말을 그릇 전함. かで
訛脫〔와탈〕 그릇 전해짐과 빠져 없어짐. かだつ
訛火〔와화〕 들불. 동야화(野火).

〖許〗 부 言(말씀언변) 획 7—4 훈 허락할 음 허(허:) 中 hsü³ 英 allow 日 キョ. ゆるす. もと. ばかり
뜻 ① 허락할. ② 가량·쯤. ③곳. ④성. ⑤소리(호).
필순 ⺀ ⺀ 言 言 訁 訁 訐 許
許可〔허가〕 ①희망을 들어줌. ②법정에 의한 어떤 행위의 일반적인 제한 또는 금지를 특정한 경우에 해제하고 합법적으로 할 수 있도록 하는 행위. きょか
許筠〔허균〕 이조 중기(中期)의 소설가. 호는 교산(蛟山). 우리나라 최초의 한글 소설 〈홍길동전(洪吉童傳)〉의 저자.
許蘭雪軒〔허난설헌〕 이조 중기의 여류 시인(女流詩人). 본명은 경번(景樊). 허균(許筠)의 누이. 한시(漢詩)에 능함.
許多〔허다〕 대단히 많음. きょた
許諾〔허락〕 청하고 바라는 바를 들어줌. きょだく 「니함. きょひ
許否〔허부〕 허락함과 허락하지 아
許生傳〔허생전〕 이조 때 박 지원(朴趾遠)이 지은 한문 소설.
許愼〔허신〕 후한(後漢) 초기(初期)의 학자. 자(字)는 숙중(叔重). 〈설문해자(說文解字)〉를 지음.
許與〔허여〕 허락(許諾)하여 줌. き

ょよ　「함. きょよう
許容〔허용〕 허락하여 용납(容納)
許由〔허유〕 ①말미를 허락함. 또 그 말미. ②고대 중국 전설상의 인물. 요(堯)가 천하를 물려 주려한 것을 물리쳤다 함. 「こん
許婚〔허혼〕 혼인함을 허락함. きょ
▷官許(관허). 允許(윤허). 免許(면허). 少許(소허). 特許(특허).

【詐】 부 言(말씀언변) 획 7—5 훈 속일 음 사(사:) 中 cha$^{3\cdot4}$ 英 deceive 日 サ. いつわる
뜻 ①속일. ②거짓.
필순 ˉ ᆖ 言 言 言 訁 許 詐
詐欺〔사기〕 ①속임. 거짓말을 함. ②남을 꾀로 속여 해침. 예一罪(죄). さぎ
詐取〔사취〕 속여 가짐. さしゅ
詐稱〔사칭〕 성명·지위 등을 거짓 일컬음. さしょう 「처럼 속임.
詐降〔사항〕 거짓 항복. 항복한 것
▷奸詐(간사). 巧詐(교사). 變詐(변사). 譎詐(휼사).

【詞】 부 言(말씀언변) 획 7—5 훈 말 음 사 中 tz'u^{2} 英 words 日 シ. ことば 「름. 사부.
뜻 ①말. ②글. ③고할. ④문체이
필순 ˉ ᆖ 言 言 訂 詞 詞 詞
詞客〔사객〕 시문(詩文)을 짓는 사람. 동사인(詞人). しかく 「아름.
詞腦歌〔사뇌가〕 향가(鄕歌)의 딴
詞林〔사림〕 ①문필인(文筆人)의 모임. ②시문을 모아 엮은 책. ③한림(翰林)의 딴 이름. しりん
詞賦〔사부〕 운자(韻字)를 달아 지은 한문시(漢文詩)의 총칭. しぶ
詞人〔사인〕 동⇨사객(詞客). しじん
詞華〔사화〕 ①아름답게 꾸며진 말. ②훌륭한 시문(詩文). ③말의 수사(修辭). しか
▷歌詞(가사). 名詞(명사). 文詞(문사). 助動詞(조동사). 弔詞(조사). 祝詞(축사). 品詞(품사).

【訴】 부 言(말씀언변) 획 7—5 훈 하소연할 음 소(소:) 中 su^{4} 英 accuse 日 ソ. うったえる
뜻 ①하소연할. 아뢸. ②송사할.
필순 ˉ ᆖ 言 言 訁 訢 訢 訴
訴訟〔소송〕 송사를 함. 재판을 걺. そしょう 「함. そがん
訴願〔소원〕 호소하여 청원(請願)
訴狀〔소장〕 소송(訴訟)을 제기 하는 서류. そじょう
訴請〔소청〕 ①하소연하여 청함. ②지방단체의 조례(條例)·명령 처분이 위헌(違憲)일 때, 주민(住民) 100명 이상의 연서(連書)로써 그 시정(是正)을 요구하는 일. そせい
訴追〔소추〕 ①검사가 공소(控訴)를 제기하여 추소(追訴)하는 일. ②탄핵의 발의를 하여 파면을 구하는 행위. そつい
▷告訴(고소). 公訴(공소). 起訴(기소). 上訴(상소). 直訴(직소). 敗訴(패소). 呼訴(호소).

【詠】 부 言(말씀언변) 획 7—5 훈 읊을 음 영: 中 yung^{3} 英 sing 日 エイ. うたう. よむ
뜻 ①읊을. ②노래할.
참고 동咏
필순 ˉ ᆖ 言 言 訁 訪 詠 詠
詠物詩〔영물시〕 새·꽃·달·고기 따위 물건을 제재(題材)로 지은 시. えいぶつし 「えいぎん
詠吟〔영음〕 노래나 시를 읊조림.
詠歎〔영탄〕 ①목소리를 길게 빼어서 읊음. ②읊어 칭찬함. えいたん 「시가(詩歌)로 읊음.
詠懷〔영회〕 마음 속에 품은 생각을
▷朗詠(낭영). 賞詠(상영). 愛詠(애영). 吟詠(음영). 諷詠(풍영).

「註」 부 言(말씀언변) 획 7—5 훈 주낼 음 주: 中 chu^{3} 英 explain 日 チョウ. ときあかす
뜻 ①주. ②주. ③적을.
필순 ˉ ᆖ 言 言 計 註 註
註書〔주서〕 ① 책에 주(註)를 냄. ②주를 낸 책. 동주서(注書). ちゅうしょ 「うしゃく
註釋〔주석〕 동⇨주해(註解). ちゅ
註解〔주해〕 본문 사이 또는 아래 등에 뜻을 풀어 적어 넣는 일. 또 그 글. 주해(注解). 동주석(註釋). ちゅうかい 「(방주).
▷脚註(각주). 頭註(두주). 旁註

「診」 부 言(말씀언변) 획 7—5 훈 진찰할 음 진: 中 chen¹·³ 英 examine 日 シン. みる. うらなう

뜻 ① 진찰할. 진맥할. ②볼. ③점칠.

필순 亠 亖 言 言 訃 訡 診 診

診斷〔진단〕 의사가 진찰(診察)하여 병의 상태를 딱 잘라 결정함. しんだん

診療〔진료〕 진찰(診察)하고 치료함. しんりょう

診脈〔진맥〕 병자(病者)의 손의 맥박(脈搏)을 짚어 봄. しんみゃく

診察〔진찰〕 의사가 환자의 병의 원인과 증상을 살펴봄. しんさつ

▷檢診(검진). 來診(내진). 誤診(오진). 往診(왕진). 聽診(청진).

【評】 부 言(말씀언변) 획 7—5 훈 평론할 음 평(평:) 中 p'ing² 英 comment on 日 ヒョウ. はかる

뜻 ①평론할. ②헤아릴. ③고칠.

필순 亠 亖 言 言 訂 評 評

評價〔평가〕 ①물건의 값을 평정함. 또 그 값. ②선(善)·악(惡)·미(美)·추(醜)의 가치를 논정함. 또 그 가치. ひょうか

評論〔평론〕 사물의 가치·선악 등을 비평하여 논함. ひょうろん

評釋〔평석〕 시가(詩歌) 문장을 해석하고 비평(批評)함. 또 그렇게 한 것. ひょうしゃく

評議〔평의〕 모여 의논함. 예—員(원). ひょうぎ

評傳〔평전〕 평론(評論)을 가한 전기(傳記). ひょうでん

評點〔평점〕 ①시문(詩文)의 중요한 곳에 찍는 점. ②피교육자(被敎育者)의 학력을 조사하여 매기는 점수. ③사물의 가치를 평하여 매기는 점수. ひょうてん

評定〔평정〕 평의(評議)하여 결정함. ひょうてい

評判〔평판〕 세상 사람의 비평(批評). ひょうばん

▷論評(논평). 批評(비평). 時評(시평). 惡評(악평). 定評(정평). 好評(호평). 酷評(혹평).

【誇】 부 言(말씀언변) 획 7—6 훈 자랑할 음 과(과:) 中 k'ua¹ 英 boast 日 コ. ほこる

뜻 ①자랑할. ②뽐낼.

필순 亠 亖 言 訁 訡 誇 誇 誇

誇大妄想〔과대망상〕 자기의 현재 상태를 턱없이 과장(誇張)하여 엉뚱하게 생각하는 정신병의 한 가지. こだいもうそう

誇示〔과시〕 뽐내어 보임. こじ. こし

誇張〔과장〕 실제보다 크게 나타내어 말함. 예—法(법). こちょう

誇稱〔과칭〕 실제(實際)보다 과장(誇張)하여 말함. こしょう

▷自誇(자과).

【詳】 부 言(말씀언변) 획 7—6 훈 자세할 음 상 中 hsiang² 英 in detail 日 ショウ. くわしい

뜻 ①자세할. 상세할. ②다. ③거짓(양)(佯과 통용).

필순 亠 亖 言 訁 詳 詳 詳

詳記〔상기〕 자세(仔細)히 기록(記錄)함. しょうき

詳報〔상보〕 자세한 보도(報道). しょうほう

詳說〔상설〕 자세(仔細)히 설명(說明)함. しょうせつ

詳細〔상세〕 자세(仔細)함. しょうさい

詳定古今禮文〔상정고금예문〕 고려(高麗) 인종(仁宗) 때 최윤의(崔允儀)가 고금의 예문(禮文)을 모아 편찬(編纂)한 책. 책은 전하지 않으나 동국 이상국집(東國李相國集)에 이 책을 고종(高宗) 21년에 활자(活字)로 찍어 냈다는 기록이 있음.

▷未詳(미상). 不詳(불상). 昭詳(소상). 仔詳(자상). 精詳(정상).

〖詩〗 부 言(말씀언변) 획 7—6 훈 시 음 시 中 shih¹ 英 poetry 日 シ. からうた

뜻 ①시. 귀글. 풍류가락. ②글.

필순 亠 亖 言 訁 詩 詩 詩

詩歌〔시가〕 시와 노래. しいか. しか

詩客〔시객〕 시인(詩人). しかく

詩經〔시경〕 오경(五經)의 하나. 중국 최초의 시집(詩集). しきょう

詩稿〔시고〕 시(詩)의 초고(草稿). しこう

詩句〔시구〕 시의 귀절(句節). 싯귀. しく

詩壇〔시단〕 시를 지어 그 우열(優劣)을 다투는 곳. 또 시인(詩人)으로서 이루어진 사회. しだん
詩文〔시문〕 시와 글. しぶん
詩伯〔시백〕 뛰어난 시인(詩人). 시의 대가(大家). しはく
詩賦〔시부〕 시(詩)와 부(賦). 운문(韻文). しふ
詩想〔시상〕 ①시에 나타난 사상. ②시를 짓게 하는 생각이나 영감(靈感). しそう
詩仙〔시선〕 ①시의 천재(天才). ②시에 몰두(沒頭)하여 세상 일을 돌보지 않는 사람. ③이백(李白)을 일컬음. しせん
詩聖〔시성〕 고금(古今)에 뛰어난 시인(詩人). しせい
詩吟〔시음〕 시를 읊음. しぎん
詩材〔시재〕 시작(詩作)의 재료(材料). しざい
詩情〔시정〕 시를 짓고자 하는 마음. 시적(詩的)인 정취(情趣). しじょう
詩中有畫〔시중유화〕 경치를 교묘하게 묘사한 시를 칭찬하는 말.
詩趣〔시취〕 시의 취미. 시의 흥취(興趣). ししゅ
詩篇〔시편〕 ①시의 한 편. ②시를 모은 책. ②구약성서에 있는 편명(篇名). しへん 「しがく
詩學〔시학〕 시에 관한 학문(學問).
詩話〔시화〕 시에 관한 이야기. しわ
▷古詩(고시). 唐詩(당시). 散文詩(산문시). 敍事詩(서사시). 抒情詩(서정시). 作詩(작시). 長詩(장시). 漢詩(한시).

【試】 부 言(말씀언변) 획 7—6 훈 시험할 음 시: 中 shih⁴ 英 test; try 日 シ. こころみる
뜻 ①시험할. ②비교할. ③쓸.
필순 ⼀ ⺘ 言 言 訁 訁 試 試

試可乃已〔시가내이〕 먼저 능력을 시험하고 취사(取捨)함.
試官〔시관〕 ①시험하는 일을 맡아보고 감독하는 사람. 시험관. ② 동시보(試補). しかん 「くつ
試掘〔시굴〕 시험적으로 파 봄. し
試金石〔시금석〕 ①금·은을 갈아 보아 그 진가(眞假)를 알아내는 데 쓰는 빛이 검고 결이 치밀한 돌. ②가치나 실력을 알아보는 기회나 사물. しきんせき
試圖〔시도〕 하여 봄. 꾀함. しと
試鍊〔시련〕 시험하고 단련(鍛鍊)함. しれん
試補〔시보〕 관직에 정식으로 임명(任命)되기 전에 그 일을 익히는 일. 수습 관리(修習官吏). 동 시관(試官). しほ
試射〔시사〕 활·총 따위를 시험삼아 쏨. ししゃ
試寫〔시사〕 영화(映畫) 같은 것을 시험적으로 영사(映寫)하여 봄. 예—會(회). ししゃ
試食〔시식〕 맛을 보기 위하여 먹어봄. ししょく
試案〔시안〕 시험적으로 만든 안건. しあん 「よう
試用〔시용〕 시험적으로 써 봄. し
試筆〔시필〕 시험삼아 글씨를 써 봄. しひつ
試驗〔시험〕 ①학력(學力)을 필기(筆記)나 구술(口述)을 시켜 알아보는 일. ②사물의 성질을 실지로 따져 알아보는 일. しけん
試毫〔시호〕 신년초(新年初)에 처음으로 글씨를 써 보는 것. しごう
▷考試(고시). 高試(고시). 科試(과시). 入試(입시). 庭試(정시). 策試(책시).

【該】 부 言(말씀언변) 획 7—6 훈 갖출 음 해 中 kai¹ 英 that; the 日 ガイ. その. かねる
뜻 ①갖출. 겸할. ②맞을. 마땅할. ③그. 해당. ④모두.
필순 ⼀ ⺘ 言 訁 訁 該 該 該

該當〔해당〕 ①무엇에 관계되는 바로 그것. 바로 들어맞음. がい
該洞〔해동〕 그 동(洞). 」どう
該博〔해박〕 모든 사물을 널리 앎. 학문(學問)이 넓음. がいはく
該社〔해사〕 그 회사(會社). がい
該地〔해지〕 그 땅. がいち 」しゃ
該廳〔해청〕 그 관청. がいちょう
▷當該(당해).

〖話〗 부 言(말씀언변) 획 7—6 훈 말할 음 화: 中 hua⁴ 英 talk 日 ワ. はなし. はなす
뜻 ①말할. ②이야기.
필순 ⺊ 言 言 訂 訐 話 話
話頭〔화두〕 말의 서두(緖頭). 이야기 첫머리. わとう
話法〔화법〕 문장(文章)이나 담화(談話)에서 다른 사람의 말을 인용(引用)하여 재현(再現)하는 방법. わほう
話術〔화술〕 말의 재주. 말하는 기교(技巧). わじゅつ 「わご
話語〔화어〕 일상(日常) 쓰는 말.
話言〔화언〕 ①좋은 말. ②이야기. わげん 「제목. わだい
話題〔화제〕 이야기 거리. 이야기의
▷佳話(가화). 談話(담화). 對話(대화). 童話(동화). 祕話(비화). 神話(신화). 哀話(애화). 野話(야화). 電話(전화). 情話(정화). 閑話(한화). 會話(회화).

「誣」 부 言(말씀언변) 획 7—7 훈 속일 음 무: 中 wu¹ 英 slander 日 ブ. フ. しいる
뜻 ①속일. ②꾸밀. 거짓꾸밀. ③무고할.
필순 ⺊ 言 言 訂 訂 誣 誣 誣
誣告〔무고〕 없는 일을 있는 것처럼 꾸며대어 남을 관청에 고발(告發)함. ぶこく
誣告罪〔무고죄〕 남을 죄인으로 몰기 위해 거짓 신고(申告)를 함으로써 이루어진 죄. ぶこくざい
誣報〔무보〕 거짓 보고. ぶほう
誣服〔무복〕 죄도 없는데 하는 수 없이 형(刑)에 복역(服役)하는 것. ぶふく
誣訴〔무소〕 없는 일을 꾸미어 소송(訴訟)을 제기(提起)함. ぶそ
誣言〔무언〕 꾸며댄 말. ぶげん
誣陷〔무함〕 없는 사실을 꾸며 남을 함정에 몰아넣음. ぶかん
▷讒誣(참무).

[誓] 부 言(말씀언변) 획 7—7 훈 맹세 음 서(서:) 中 shih⁴ 英 oath 日 セイ. ちかう. ちかい
뜻 ①맹세할. ②약속할. ③경계할. ④고할.
필순 扌 扩 折 折 誓 誓 誓
誓文〔서문〕 맹세하는 글. せいぶん. せいもん 「やく
誓約〔서약〕 맹세함. 약속함. せい
誓言〔서언〕 맹세함. 또 그 말. せいげん. せいごん 「信誓(신서).
誓願〔서원〕 ①맹세하고 원함. ②부처나 보살 등이 중생을 구제하려는 소원을 밝히고, 그 달성을 맹세함. せいがん
▷盟誓(맹세←맹서). 宣誓(선서).

〖說〗 부 言(말씀언변) 획 7—7 훈 말씀·달랠·기쁠 음 설·세:·열 中 shuo¹ shui⁴ yueh⁴ 英 speak explain 日 セツ. ゼイ. エツ. とく
뜻 ①말씀·말할(설). ②물체이름(설). ③달랠(세). ④머무를(세). ⑤기쁠(열)(悅과 통용).
필순 ⺊ 言 言 訁 訡 診 說 說
說敎〔설교〕 종교(宗敎)의 교의(敎義)를 설명(說明)함. せっきょう
說得〔설득〕 여러 모로 설명하여 알아듣게 함. せっとく
說明〔설명〕 해설하여 밝힘. 또 그 말. せつめい
說文解字〔설문해자〕 후한(後漢)의 허신(許愼)이 지은 자해서(字解書). 「힘. せっぽう
說法〔설법〕 불법(佛法)을 풀어 밝
說伏〔설복〕 알아듣도록 말하여 복종시킴. 동설복(說服). せっぷく
說示〔설시〕 설명하여 보임.
說往說來〔설왕설래〕 서로 변론을 주고 받으며 옥신각신함.
說話〔설화〕 ①이야기. ②신화·전설 등을 줄거리로 한 옛이야기. 예—文學(문학). せつわ
▷論說(논설). 小說(소설). 言說(언설). 力說(역설). 遊說(유세). 學說(학설). 巷說(항설). 解說(해설). 橫說竪說(횡설수설).

〖誠〗 부 言(말씀언변) 획 7—7 훈 정성 음 성 中 ch'êng² 英 sincere 日 セイ. まこと

[뜻] ①정성. ②참. 진실.
[필순] 言 訁 訪 訪 試 誠 誠
誠金〔성금〕정성(精誠)으로 낸 돈. せいきん
誠米〔성미〕정성을 들이기 위하여 모아서 보낸 쌀.
誠實〔성실〕①성의가 있고 착실함. ②진실로. 참으로. せいじつ
誠心〔성심〕①참된 마음. 정성(精誠)스러운 마음. ②마음을 성실(誠實)하게 함. [동]성의(誠意). せいしん 「い
誠意〔성의〕[동]⇨성심(誠心). せい
▷丹誠(단성). 精誠(정성). 至誠(지성). 忠誠(충성). 孝誠(효성).

【誦】[부] 言(말씀언변) [획] 7—7 [훈] 욀 [음] 송: [中] sung⁴ [英] recite [日] ショウ. となえる「할.
[뜻] ①욀. ②읽을. ③읊을. ④말
[필순] 言 言 訁 訁 訁 誦 誦 誦
誦經〔송경〕①유교(儒教)의 경전을 읽음. ②소리내어 불경(佛經)을 읽음. しょうけい
誦讀〔송독〕외어 읽음. [동]암송(暗誦). しょうどく 「し
誦詩〔송시〕⇨송영(誦咏). しょう
誦詠〔송영〕시가를 외며 읊조림. [동]송시(誦詩). しょうえい
▷朗誦(낭송). 讀誦(독송). 暗誦(암송). 詠誦(영송). 愛誦(애송).

〖語〗[부] 言(말씀언변) [획] 7—7 [훈] 말 [음] 어: [中] yü³·⁴ [英] words [日] ゴ. かたる
[뜻] ①말. ②말할.
[필순] 言 言 言 訁 語 語 語
語幹〔어간〕용언(用言)의 활용에서 변하지 아니하는 부분. ↔어미(語尾). ごかん
語感〔어감〕어음(語音)에 대한 느낌과 맛. ごかん 「ごく
語句〔어구·어귀〕말의 귀절(句節).
語根〔어근〕말을 분해하여 더 나눌 수 없는 데까지 이른 부분. ごこん 「세(語勢). ごき
語氣〔어기〕말하는 투. 말씨. [동]어
語鈍〔어둔〕말이 둔함. ごどん
語錄〔어록〕유명한 사람의 유명한 말을 적어 모은 책. ごろく
語尾〔어미〕용언(用言)의 어간에 붙어서 바뀌는 부분. 씨끝. ↔어간(語幹). ごび 「본. ごほう
語法〔어법〕말의 법칙. 문법. 말
語不成說〔어불성설〕말이 조금도 이치에 맞지 아니하는 것.
語辭〔어사〕말. 「音). ごせい
語聲〔어성〕말 소리. [동]어음(語
語勢〔어세〕말의 높낮이와 억양(抑揚). [동]어기(語氣). ごせい
語源〔어원〕낱말이 생겨난 역사적 근원. ごげん 「ん
語音〔어음〕[동]⇨어성(語聲). ごお
語意〔어의〕말의 뜻. ごい
語調〔어조〕말의 가락. ごちょう
語助辭〔어조사〕한문의 토. 곧, 의(矣)·언(焉)·야(也) 따위.
語族〔어족〕같은 계통의 언어. [예]우랄 알타이—. ごぞく
語彙〔어휘〕①낱말을 순서를 따라 모은 것. ②낱말의 수효. ごい
▷街談巷語(가담항어). 俗語(속어). 述語(술어). 譯語(역어). 外來語(외래어). 隱語(은어).

〖誤〗[부] 言(말씀언변) [획] 7—7 [훈] 그르칠 [음] 오: [中] wu⁴ [英] mistake [日] ゴ. あやまる
[뜻] ①그르칠. 그릇. ②미혹할.
[필순] 言 言 言 訁 誤 誤 誤 誤
誤記〔오기〕잘못 적음. ごき
誤讀〔오독〕잘못 읽음. ごどく
誤謬〔오류〕이치에 틀림. 과오(過誤). 착오(錯誤). ごびゅう
誤報〔오보〕그릇된 보도(報道). ごほう 「획이 틀림. ごさん
誤算〔오산〕① 잘못 계산함. ②계
誤植〔오식〕활판(活版)에 활자(活字)를 잘못 꽂음. ごしょく
誤信〔오신〕그릇 믿음. ごしん
誤審〔오심〕잘못된 심판. ごしん
誤譯〔오역〕잘못 번역함. ごやく
誤認〔오인〕그릇 인정(認定)함. 잘못 앎. ごにん
誤字〔오자〕잘못 쓴 글자. ごじ
誤字落書〔오자낙서〕글씨를 잘못 씀과 빠뜨리고 씀. 「ごでん
誤傳〔오전〕사실과 틀리게 전함.

誤診〔오진〕 병을 잘못 진단함. ごしん 「사치와의 사이. ごさ
誤差〔오차〕 ①착오. ②참수치와 근
誤解〔오해〕 ①그릇 해석함. ②뜻을 잘못 앎. ごかい 「오).
▷過誤(과오). 正誤(정오). 錯誤(착

【誘】 부 言(말씀언변) 획 7—7 훈 꾈 음 유: 中 yu[4] 英 induce 日 ユウ. さそう. いざなう
뜻 ①꾈. ②달랠. ③가르칠.
필순 ⺈ 言 言 訁訁訁誘 誘
誘拐〔유괴〕 꾀어냄. 예—犯(범). ゆ
誘勸〔유권〕 이끌어 권함. 「うかい
誘導〔유도〕 달래어 인도(引導)함. 예—訊問(심문). ゆうどう
誘發〔유발〕 꾀어냄. 또 꾐을 당하여 나옴. ゆうはつ
誘殺〔유살〕 꾀어 내어 죽임.
誘引〔유인〕 남을 꾀어냄. ゆういん
誘因〔유인〕 어떤 작용(作用)을 일으키는 원인. ゆういん
誘致〔유치〕 꾀어냄. ゆうち
誘惑〔유혹〕 ① 남을 꾀어서 정신을 어지럽게 함. ②남을 그릇된 길
▷勸誘(권유). ⌊로 꾐. ゆうわく

【認】 부 言(말씀언변) 획 7—7 훈 인정할 음 인(인:) 中 jen[4] 英 recognize 日 ニン. みとめる. したためる
뜻 ①인정할. ②알. ③허락할.
필순 ⺈ 言 言 訒 訒 認 認 認
認可〔인가〕 인정(認定)하여 허가함. にんか
認識〔인식〕 ①사물을 확실히 알고 그 의의를 옳게 이해함. ②마음의 내계(內界) 및 외계(外界)의 대상을 감지(感知) 또는 의식하는 작용. にんしき
認容〔인용〕 인정하여 허락함. 동 용인(容認). にんよう
認定〔인정〕 그런 줄로 알아 줌. にんてい 「にんち
認知〔인지〕 ①앎. ②승인(承認)함.
認許〔인허〕 인정하여 허락(許諾)함. にんきょ
▷公認(공인). 默認(묵인). 否認(부인). 是認(시인). 確認(확인).

【誌】 부 言(말씀언변) 획 7—7 훈 기록할 음 지(지:) 中 chih[4] 英 record 日 シ. しるす
뜻 ①기록할. 적을. ②표. ③사
필순 ⺈ 言 計 訃 誌 誌 誌 誌 ⌊기.
誌齡〔지령〕 잡지(雜誌)의 나이. 나간 잡지의 호수. しれい
誌面〔지면〕 잡지의 글이나 그림 따위를 싣는 곳. しめん
誌文〔지문〕 죽은 사람의 생년(生年)·사망 일시(死亡日時)·행적(行蹟)과 무덤의 소재 등을 적은 글. しぶん. しもん
誌上〔지상〕 잡지 따위의 기사(記事). 또는 잡지의 지면(紙面). しじょう
誌石〔지석〕 죽은 사람의 이름·생졸(生卒) 연월일·행적(行績)·무덤의 소재 등을 적어서 무덤 앞에 묻는 돌. しせき
誌友〔지우〕 잡지의 애독자(愛讀者). 또 그 회원. しゆう
▷墓誌(묘지). 碑誌(비지). 日誌(일지). 雜誌(잡지). 週刊誌(주간지). 會誌(회지).

【誕】 부 言(말씀언변) 획 7—7 훈 태어날 음 탄: 中 tan[4] 英 born 日 タン. うまれる
뜻 ①태어날. ②거짓. 속일. ③클. 넓을. ④허황할. ⑤이에. 발어사. ⑥기를.
필순 ⺈ 言 言 訁訁誕 誕
誕降〔탄강〕 제왕(帝王)·성인(聖人)들이 세상(世上)에 남. 동 강탄(降誕). たんこう 「ぼう
誕妄〔탄망〕 허망함. 거짓말. たん
誕生〔탄생〕 태어남. 출생함. たんじょう
誕辰〔탄신〕 ①생일(生日). ②귀인(貴人)의 생일. 동 탄일(誕日). たんしん 「つ
誕日〔탄일〕 ⇨탄신(誕辰). たんじ
▷降誕(강탄). 生誕(생탄). 聖誕(성탄). 荒誕(황탄).

【誨】 부 言(말씀언변) 획 7—7 훈 가르칠 음 회: 中 huei[3·4] 英 instruct 日 カイ. おしえる. おしえ

뜻 ① 가르칠·깨우칠. ②교훈.
필순 ⺊言訁訁誨誨誨
誨言〔회언〕 가르치는 말. かいげん
誨誘〔회유〕 가르쳐 인도(引導)함.
かいゆう 「침. かいゆ
誨諭〔회유〕 일깨움. 가르쳐 깨우
▷敎誨(교회).

〖課〗 부 言(말씀언변) 획 7—8
훈 세금매길 음 과: 中 k'ê⁴
英 tax 日 カ. わりあて
뜻 ①세금매길. 부과할. ②구실. ③시험할. ④공부. 과목. ⑤차례.
필순 ⺊言訁訁訁評評課課
課工〔과공〕 일과(日課)로 하는 공부. かこう 「ん
課年〔과년〕 해마다 꼭꼭 함. かね
課目〔과목〕 ①할당된 항목. ②학과. ③사무의 구별. かもく
課稅〔과세〕 세금(稅金)을 매김. 또 그 세금. かぜい
課試〔과시〕 시험함. 시험. かし
課夜〔과야〕 밤마다. 「ぎょう
課業〔과업〕 배당된 일. 학과. か
課外〔과외〕 일과(日課) 밖에 하는 과업. 예—讀本(독본). —授業(수업). —活動(활동). かがい
課月〔과월〕 달마다. 「かりつ
課率〔과율〕 세금을 매기는 비율.
課日〔과일〕 날마다. 매일(每日).
課程〔과정〕 할당된 일이나 학과. 예敎育(교육)—. かてい
課題〔과제〕 제목을 할당함. 또 할당된 제목이나 문제. かだい
▷考課(고과). 公課(공과). 賦課(부과). 日課(일과). 學課(학과).

〖談〗 부 言(말씀언변) 획 7—8
훈 말씀 음 담 中 t'an² 英 converse 日 ダン. はなす
뜻 ①말씀. ②이야기할.
필순 ⺊言言訁訁談
談論〔담론〕 이야기함. 서로 언론(言論)함. だんろん
談笑自若〔담소자약〕 근심 걱정이 있을 때라도 평상시(平常時)와 같은 태도를 가짐. だんしょうじじゃく 「판결함. だんぱん
談判〔담판〕 쌍방이 서로 의논하여
談合〔담합〕 서로 의논함. だんごう
談話〔담화〕 이야기. だんわ
▷街談(가담). 軍談(군담). 怪談(괴담). 奇談(기담). 對談(대담). 漫談(만담). 面談(면담). 美談(미담). 放談(방담). 私談(사담). 相談(상담). 餘談(여담). 旅行談(여행담). 珍談(진담). 眞談(진담). 閑談(한담). 會談(회담).

【諒】 부 言(말씀언변) 획 7—8
훈 믿을 음 량: 中 liang⁴
英 sincere 日 リョウ. まこと
뜻 ①믿을. 미쁠. ②살필. 생각해줌. ③알.
필순 ⺊言訁訁訁訁諒諒
諒恕〔양서〕 사정을 참작하여 용서함. りょうじょ
諒知〔양지〕 살피어서 앎. りょうち
諒解〔양해〕 사정을 잘 이해함. り
▷海諒(해량). しょうかい

〖論〗 부 言(말씀언변) 획 7—8
훈 의논할 음 론 中 luen²·⁴
英 discuss 日 ロン. あげつらう
뜻 ①의논할. ②논의할. ③문체이름. ④도리(륜)(倫과 통용).
필순 ⺊言訁訁訁論論
論客〔논객〕 변론(辯論)을 잘하는 사람. ろんかく. ろんきゃく
論據〔논거〕 논설(論說)의 근거(根據). ろんきょ
論決〔논결〕 의논하여 결정함. 동논단(論斷). ろんけつ
論告〔논고〕 ①자기의 의견을 진술(陳述)함. ②공판정(公判廷)에서 검사(檢事)가 피고의 죄에 관하여 의견을 진술하고 구형(求刑)함. ろんこく
論功行賞〔논공행상〕 공(功)의 대소를 조사하여 각각 상을 줌. ろんこうぎょうしょう
論究〔논구〕 사물의 이치를 구명하여 논함. ろんきゅう 「ゅう
論及〔논급〕 논하여 미침. ろんき
論壇〔논단〕 ① 논객(論客)이 모이는 사회. ②변론(辯論)을 하는 곳. ろんだん 「だん
論斷〔논단〕 동⇨논결(論決). ろん

論難[논란←논난] 결점(缺點)을 들어 비난 공격함. (동)논박(論駁). ろんなん

論理[논리] ①의논·논증(論證) 등의 조리(條理). ②논리학. ろんり

論理學[논리학] 사고(思考)의 형식에 관한 법칙을 연구하는 학문. ろんりがく

論孟[논맹] 논어(論語)와 맹자(孟子). ろんもう

論文[논문] ①의견을 논술(論述)한 글. ②연구 결과를 발표한 글. ろんぶん

論駁[논박] 남의 설(說)을 논하여 반박함. (동)논란(論難). ろんばく. ろんぱく

論法[논법] 의론(議論)을 전개하는 방법. ろんぽう

論士[논사] 의론(議論)을 하는 인사(人士). ろんし

論說[논설] 사물의 이치를 들어 의견을 설명함. 또 그 글. (예)—란(欄). —委員(위원). ろんせつ

論述[논술] 의견을 진술(陳述)함. ろんじゅつ

論語[논어] 사서(四書)의 하나. 20편. 공자(孔子)와 그의 제자 또는 당시의 사람들과 문답한 말 및 제자들끼리 주고받은 말들을 공자 사후(死後)에 그의 제자들이 편수한 책. 공자의 인(仁)·예(禮)·정치·교육 등에 대한 사상을 주로 기술했음. ろんご

論外[논외] ①논할 만한 가치가 없음. ②의론의 범위 밖. ろんがい

論議[논의] 서로 의견을 진술함. (동)의론(議論). ろんぎ

論爭[논쟁] 말다툼. (동)논전(論戰). ろんそう

論著[논저] 이론을 세워 저술(著述)함. ろんちょ

論戰[논전] 말이나 글로 하는 싸움. (동)논쟁(論爭). ろんせん

論點[논점] 의론하는 요점(要點). ろんてん

論題[논제] 의론 또는 논설의 제목. ろんだい

論罪[논죄] 범죄를 심리하여 형벌을 정함. ろんざい

論證[논증] ①사리를 구별하여 증명함. ②정확한 원리에 의하여 이로(理路)를 따라 단안(斷案)을 이끌어 냄. ろんしょう

論旨[논지] 논의(論議)의 취지(趣旨). 논설의 중요한 뜻. ろんし

論破[논파] 남의 설이나 주장을 논하여 꺾음. ろんぱ

論評[논평] 진술하여 비평함. ろんぴょう

▷各論(각론). 講論(강론). 概論(개론). 激論(격론). 經論(경론). 高論(고론). 公論(공론). 空論(공론). 口論(구론). 國論(국론). 多元論(다원론). 談論(담론). 勿論(물론). 放論(방론). 汎論(범론). 辯論(변론). 史論(사론). 世論(세론). 俗論(속론). 時論(시론). 言論(언론). 輿論(여론). 議論(의론). 異論(이론). 理論(이론). 爭論(쟁론). 正論(정론). 定論(정론). 衆論(중론). 持論(지론). 總論(총론). 討論(토론). 通論(통론). 確論(확론).

[誰] (부) 言(말씀언변) (획) 7—8 (훈) 누구 (음) 수 (中) shui^{2}, shei^{2} (英) who (日) スイ. だれ

(뜻) ①누구. ②발어사.

(필순) 言 訁 訃 訐 誰 誰

誰得誰失[수득수실] 득실(得失)이 분명하지 못한 형편.

誰某[수모] 아무개. すいぼう

誰昔[수석] 옛날. 그 옛날. すいせき

誰曰不可[수왈불가] 옳지 않다고 할 사람이 없음.

誰依誰恃[수의수시] 의지할 바를 모르는 딱한 형편.

誰知烏之雌雄[수지오지자웅] 까마귀의 암수는 서로 비슷하여 아무도 알 수 없다는 뜻으로, 시비(是非)·선악(善惡)을 구별할 수 없음을 이름. たれかからすのしゆうをしらん

誰差[수차] 물어서 뽑음. すいさ

誰何[수하] ①누구냐 하고 그 성명(姓名)을 물어 밝히는 말. ②누구. 성명이 분명(分明)하지 않은 사람. すいか

[誼] (부) 言(말씀언변) (획) 7—8 (훈) 옳을 (음) 의 (中) i^{2,4} (英) right; proper (日) ギ. よしみ

뜻 ①옳을. ②의논할. ③의.
필순 言 言 訁 訁 訁 誼 誼
▷交誼(교의). 友誼(우의). 仁誼(인의). 情誼(정의). 世誼(세의).

〔調〕 부 言(말씀언변) 획 7—8
훈 고를 음 조 中 t'iao² tiao⁴ 英 harmonize 日 チョウ. **しら**べる
뜻 ①고를. 화할. ②조사할. 뽑을. ③가락. ④ 아침(주)(朝와 통용).
필순 言 言 訁 訂 訶 調 調

調貢〔조공〕 공물(貢物). 또는 공물을 바치는 것. ちょうこう
調達〔조달〕 ①고르고 잘 통(通)함. ②자금(資金)이나 물자(物資)를 마련함. ちょうたつ
調理〔조리〕 ①고르게 처리함. ②몸을 조섭(調攝)함. ③요리(料理)함. ちょうり
調味〔조미〕 음식맛을 맞춤. 예—料(료). ちょうみ
調査〔조사〕 어떤 사물을 밝히기 위해 살펴봄. ちょうさ
調書〔조서〕 조사한 사실을 적은 문서(文書). ちょうしょ
調攝〔조섭〕 음식·거처·동작 등을 적당히 몸에 맞게 하여 쇠약한 몸을 회복되게 함. ちょうせつ
調律〔조율〕 악기의 음률 하나하나를 표준음에 맞추어 고르는 일. 예—師(사). ちょうりつ
調印〔조인〕 약정서(約定書)에 도장을 찍음. ちょういん
調節〔조절〕 정돈하여 알맞게 함. ちょうせつ 「ちょうてい
調停〔조정〕 중간에 서서 화해시킴.
調劑〔조제〕 여러 가지 약품을 적절히 배합(配合)하여 한 가지 약으로 지음. ちょうざい
調和〔조화〕 ①서로 잘 어울림. ②맛을 고르게 맞춤. ちょうわ
▷格調(격조). 基調(기조). 單調(단조). 同調(동조). 協調(협조).

〔請〕 부 言(말씀언변) 획 7—8
훈 청할 음 청 中 ch'ing³ 英 request 日 セイ. シン. **こ**う. **う**ける
뜻 ①청할. ②부를. ③빌. ④물을.
필순 言 言 訁 訁 訁 請 請 請

請求〔청구〕 달라고 요구함. 동요구(要求). せいきゅう
請負〔청부〕 토목 건축 공사(工事) 따위를 도급으로 맡아 하는 업무. 예—業(업). —業者(업자). うけおい
請願〔청원〕 청하고 원함. せいがん
請願書〔청원서〕 관청이나 자치단체(自治團體)에 청원하는 글월. せいがんしょ
請牒〔청첩〕 청하는 편지. 동청첩장(請牒狀). 「しょく
請囑〔청촉〕 동⇨청탁(請託). せい
請託〔청탁〕 청하여 부탁함. 권력 있는 사람에게 부탁함. 동청촉(請囑). せいたく
請婚〔청혼〕 혼인(婚姻)을 청함.
▷懇請(간청). 祈請(기청). 申請(신청). 要請(요청). 招請(초청).

〔諫〕 부 言(말씀언변) 획 7—9
훈 간할 음 간: 中 chien² 英 admonish 日 カン. **いさ**める
뜻 ①간할. ②충고할.
필순 言 言 訁 訂 諫 諫 諫 諫

諫官〔간관〕 임금을 간하는 벼슬. かんかん
諫臣〔간신〕 임금에게 옳은 말로 잘못한 일을 고치도록 말하는 신하. 동쟁신(爭臣). かんしん
諫言〔간언〕 웃사람에게 잘못을 고치라고 하는 말. かんげん
▷强諫(강간). 固諫(고간). 苦諫(고간). 力諫(역간). 直諫(직간).

【諾】 부 言(말씀언변) 획 7—9
훈 허락할 음 낙 中 nuo⁴ 英 respond 日 ダク. **うべな**う
뜻 ①허락할. ②대답할.
필순 言 言 訁 訁 諾 諾 諾

諾諾〔낙낙〕 남의 말을 잘 좇는 모양. 예唯唯(유유)—. だくだく
諾否〔낙부〕 승낙함과 승낙하지 아니함. だくひ
諾成契約〔낙성계약〕 당사자(當事者) 사이에 뜻이 서로 맞아야만 이루어지는 매매(賣買)·도급(都

給)·고용(雇傭) 따위의 계약.
諾從〔낙종〕 승락(承諾)하여 좇음.
▷受諾(수락). 承諾(승낙). 應諾(응낙). 快諾(쾌락). 許諾(허락).

【謀】 부 言(말씀언변) 획 7—9
훈 꾀 음 모 中 mou² 英 plot 日 ボウ. はかる. はかりごと
뜻 ①꾀. 꾀할. 도모할. ②의논할.
필순 言 言 訁 計 謀 謀 謀 謀
謀計〔모계〕 동⇨모략(謀略). 「けい
謀略〔모략〕 남을 해(害)하려고 쓰는 꾀. 꾀와 방략(方略). 동모계(謀計). ぼうりゃく
謀利〔모리〕 이익만을 꾀함. 예—輩(배). ぼうり
謀免〔모면〕 면하려고 꾀함.
謀叛〔모반〕 ①국가나 군주를 뒤집어 엎으려고 병란(兵亂)을 일으킴. ②군주·임금을 죽임. 동모반(謀反). ぼうはん. むほん
謀士〔모사〕 온갖 꾀를 잘 내는 사람. 동책사(策士). ぼうし
謀事〔모사〕 일을 꾀함. ぼうじ
謀議〔모의〕 일을 계획하여 서로 의논함. ぼうぎ
謀陷〔모함〕 여러 가지 꾀를 써서 남을 어려움에 빠지게 함.
謀害〔모해〕 꾀를 써서 남을 해함.
▷權謀(권모). 圖謀(도모). 無謀(무모). 密謀(밀모). 祕謀(비모). 參謀(참모). 策謀(책모).

【謁】 부 言(말씀언변) 획 7—9
훈 뵐 음 알 中 yeh⁴ 英 visitor superior 日 エツ. まみえる
뜻 ①뵐. ②아뢸. 사뢸. ③고할.
필순 言 言 訁 訁 謁 謁 謁 謁
謁告〔알고〕 휴가(休暇)를 청하는 것. えっこう 「えつびょう
謁廟〔알묘〕 사당(祠堂)에 참례함.
謁舍〔알사〕 손님을 응접(應接)하는 곳. えっしゃ
謁聖〔알성〕 임금이 성균관(成均館) 문묘(文廟)의 공자(孔子) 신위(神位)에 참배(參拜)하는 것. えっせい 「람에게 뵘. えっけん
謁見〔알현〕 지위(地位)가 높은 사
▷啓謁(계알). 拜謁(배알). 上謁(상알). 入謁(입알).

「諺」 부 言(말씀언변) 획 7—9
훈 속담 음 언: 中 yen⁴ 英 preverb 日 ゲン. ことわざ
뜻 ①속담. ②상말.
필순 言 言 訁 訁 諺 諺 諺
諺簡〔언간〕 한글로 적은 편지.
諺敎〔언교〕 한글로 쓴 왕후의 교서(敎書). 「んもん. おんむん
諺文〔언문〕 한글의 속칭(俗稱). お
諺文風月〔언문풍월〕 ① 한글로 지은 시(詩). ②격식(格式)을 갖추지 않은 시(詩).
諺書〔언서〕 한글로 된 책. げんしょ
諺解〔언해〕 한문을 한글로 풀이함. 또 그 책. げんかい 「(이언).
▷古諺(고언). 俗諺(속언). 俚諺

【謂】 부 言(말씀언변) 획 7—9
훈 이를 음 위: 中 wei⁴ 英 speak of 日 イ. いう. おもう
뜻 ①이를. 일컬을. ②고할. ③발어사.
필순 言 言 訁 訁 謂 謂 謂 謂
謂之〔위지〕 이름. 일컬음.
謂何〔위하〕 여하(如何). いかん
▷可謂(가위). 來謂(내위). 無謂(무위). 所謂(소위). 意謂(의위).

「諭」 부 言(말씀언변) 획 7—9
훈 깨우칠 음 유(유:) 中 yü⁴ 英 instruct 日 ユ. さとす
뜻 ①깨우칠. ②고할. ③비유할(喩와 통용).
필순 言 言 訁 訁 諭 諭 諭 諭
諭告〔유고〕 웃사람이 아랫사람을 타이름. 또 그 문서. ゆこく
諭示〔유시〕 웃사람이 아랫사람에게, 또는 관(官)에서 백성에게 타일러 가르침. ゆし
諭旨〔유지〕 ①뜻을 일러 주어 알림. ②임금이 신하(臣下)에게 내리는 글. ゆし
▷開諭(개유). 告諭(고유). 敎諭(교유). 說諭(설유). 申諭(신유). 審諭(심유). 勅諭(칙유). 諷喩(풍유).

「諮」 부 言(말씀언변) 획 7—9
훈 물을 음 자 中 tzû¹ 英 consult about 日 シ. はかる
뜻 ①물을. ②꾀할. 꾀.
필순 言 言 訁 訁 諮 諮 諮

諮問〔자문〕 웃사람이 아랫사람과 상의함. 의견을 물음. しもん
諮議〔자의〕 자문에 응하여 시비(是非)를 평의(評議)함. しぎ

「諸」 부 言(말씀언변) 획 7—9 훈 모든 음 제 中 chu[1] 英 all 日 ショ. もろもろ
뜻 ①모든. 여러. ②어조사. ③모을.
필순 言言言言言諸諸諸

諸家〔제가〕 ①많은 집. ②많은 갈래. 동유파(流派). ③동⇨제자백가(諸子百家). しょか
諸公〔제공〕 여러분. しょこう
諸具〔제구〕 여러 가지의 기구(器具). 도구. しょこく
諸國〔제국〕 여러 나라. 동제방(諸邦). しょこく
諸君〔제군〕 여러분. 자네들. 동제자(諸子). しょくん
諸母〔제모〕 ①아버지의 모든 첩. ②아버지의 자매(姉妹). 동고모(姑母). しょぼ
諸般〔제반〕 여러 가지. 모든. しょはん
諸邦〔제방〕 여러 나라. 동제국(諸國). しょほう
諸父〔제부〕 아버지의 형제들. 백숙부(伯叔父). しょふ
諸說〔제설〕 ①여러 사람의 학설. ②여러 사람의 주장(主張)하는 말. しつせつ
諸位〔제위〕 여러분. しょい
諸人〔제인〕 모든 사람. しょじん. しょにん
諸子〔제자〕 ①자네들. 웃어른이 아랫사람들을 부르는 제2인칭. 제군(諸君). ②주대(周代)의 벼슬 이름. 제후의 세자(世子)의 일을 맡음. ③동⇨제자백가(諸子百家). しょし
諸子百家〔제자백가〕 춘추 전국 시대(春秋戰國時代)의 학자와 학설. しょしひゃっか
諸將〔제장〕 ①여러 장수. ②싸움터에 나갔다 죽은 이의 신령(神靈). 군복을 입혀 위하는 위패(位牌). しょしょう
諸賢〔제현〕 ①여러 어진 사람. ②여러분. しょけん
諸兄〔제형〕 여러분. 많은 남자들에게 향하여 부르는 존칭(尊稱). しょけい
諸侯〔제후〕 봉건 시대(封建時代)에 봉토(封土)를 받아 그 역내(域內)의 백성을 지배(支配)하던 작은 나라의 임금. しょこう
▷居諸(거제).

「諜」 부 言(말씀언변) 획 7—9 훈 염탐할 음 첩 中 tieh[2] 英 spy 日 チョウ. まわしもの
뜻 ①염탐할. 염탐꾼. ②이간함. ②이간할.
필순 言言言言言諜諜諜

諜報〔첩보〕 사정을 염탐하여 알림. 또 그 보고(報告). ちょうほう
諜人〔첩인〕 동⇨첩자(諜者). ちょうじん
諜者〔첩자〕 간첩(間諜). 동간인(間人). 첩인(諜人). ちょうじゃ
諜知〔첩지〕 간첩(間諜)을 시켜 적국(敵國)의 내정(內情)을 몰래 알아냄. ちょうち
諜諜〔첩첩〕 말을 많이 하는 모양. 동喋喋(첩첩). ちょうちょう
▷間諜(간첩). 防諜(방첩).

「諦」 부 言(말씀언변) 획 7—9 훈 살필 음 체(체:) 中 ti[4] 英 judge 日 テイ. つまびらか. まこと. さとり
뜻 ① 살필. ② 자세히알. ③이치.
필순 言言言言言諦諦諦

諦觀〔체관〕 ① 정신들여서 샅샅이 살펴봄. ていかん
諦念〔체념〕 ①도리를 깨닫는 마음. ②희망을 버리고 생각하지 않음. ていねん
▷明諦(명체). 妙諦(묘체). 三諦(삼체). 詳諦(상체). 世諦(세체). 俗諦(속체). 審諦(심체). 要諦(요체). 眞諦(진체).

「諷」 부 言(말씀언변) 획 7—9 훈 욀 음 풍: 中 fêng[4] 英 chant 日 フウ. そらんじる
뜻 ①욀. ②풍자할.
필순 言言訊訊諷諷諷諷

諷諫〔풍간〕 완곡(婉曲)하게 간함. 넌지시 간함. ふうかん

諷讀[풍독] 책을 보지 않고 외어 읽음. ふうどく 「ふうしょう
諷誦[풍송] 소리를 내어 글을 욈.
諷詠[풍영] 시가(詩歌) 등을 읊조림. ふうえい
諷諭[풍유] 슬며시 나무라는 뜻을 붙여 가르쳐 타이르는 것. ふうゆ 「름. 예—小說(소설). ふうし
諷刺[풍자] 빗대고 남의 결점을 찌

[諧] 부 言(말씀언변) 획 7—9 훈 화할 음 해 中 hsieh^{2} 英 harmonize 日 カイ. **たわむれる**
뜻 ①화할. 화동할. ②어울릴. 고를. ③ 이룰. ④농지거리.
필순 言 言 訁 詊 誁 諧 諧 諧
諧聲[해성] 육서(六書)의 하나. 두 개의 글자를 합하여 한 자를 이루어 한 쪽은 뜻을, 한 쪽은 음(音)을 나타내는 일. 동形聲(형성). かいせい 「(弄談). かいご
諧語[해어] 희롱하는 말. 동 농담
諧謔[해학] 익살스럽고도 품위(品位) 있는 조롱. 동회해(詼諧). 유우머(humor). かいぎゃく
諧和[해화] ①서로 화합(和合)함. ②음악의 곡조(曲調)가 잘 어울림. かいわ

[講] 부 言(말씀언변) 획 7—10 훈 익힐 음 강: 中 chiang^{3} 英 expound 日 コウ. **とく**
뜻 ①익힐. ②풀이할. 강론할. ③강구할. 꾀할. ④화해할.
필순 言 言 諎 講 講 講 講
講究[강구] 좋은 방법을 궁리함. こうきゅう 「는 단. こうだん
講壇[강단] 강의(講義)나 설교하
講讀[강독] 글을 설명하면서 읽음. こうどく 「함. こうろん
講論[강론] 학술을 강의하고 토론
講釋[강석] 강의하여 글을 풂. こうしゃく
講習[강습] 학문·기예 등을 배워 익힘. 또 익히게 함. こうしゅう
講演[강연] ①사물의 뜻을 부연하여 논술함. ②공중(公衆)에게 이야기 함. 예—會(회). こうえん
講義[강의] 문서·학설 등의 뜻을 해석함. 또 그 책. こうぎ
講座[강좌] ①강의나 강연 등을 하는 자리. ②대학 교수로서 맡은 학과목(學科目). こうざ
講評[강평] 강석(講釋)하여 비평함. こうひょう
講和[강화] 서로 전쟁을 그치고 화의(和議)함. 예—條約(조약). こうわ 「야기. こうわ
講話[강화] 강의하는 것. 또 그 이
▷開講(개강). 缺講(결강). 代講(대강). 補講(보강). 受講(수강). 聽講(청강). 休講(휴강).

[謙] 부 言(말씀언변) 획 7—10 훈 겸손할 음 겸 中 ch'ien^{1} 英 humble 日 ケン. **へりくだる. つつしむ** 「름.
뜻 ①겸손할. ②사양할. ③괘이
필순 言 言 言 詳 謙 謙 謙
謙卑[겸비] 자기의 몸을 겸손(謙遜)하여 낮춤. けんぴ
謙辭[겸사] ①겸손히 하는 말. ②겸손하여 사양함. けんじ
謙遜[겸손] 남 앞에서 제 몸을 낮춤. けんそん
謙讓[겸양] 겸손하고 사양함. 예—之德(지덕). けんじょう
謙稱[겸칭] 겸손하여 일컬음. 또 그 말. けんしょう 「きょ
謙虛[겸허] 겸손하고 솔직함. けん
▷恭謙(공겸).

[謐] 부 言(말씀언변) 획 7—10 훈 고요할 음 밀 中 mi^{4} 英 quiet 日 ヒツ. **しずか**
뜻 ①고요할. ②편안할.
필순 言 言 訁 訫 謐 謐 謐 謐 「つひつ
謐謐[밀밀] 매우 고요한 모양. ひ
謐然[밀연] 고요한 모양. ひつぜん
▷靜謐(정밀).

[謝] 부 言(말씀언변) 획 7—10 훈 사례할 음 사: 中 hsieh^{4} 英 thank 日 シャ. **あやまる. ことわる**
뜻 ①사례할. ②사절할. ③물러날. ④성.
필순 言 言 言 訃 訃 謝 謝 謝
謝過[사과] 잘못에 대하여 용서를

빎. しゃか
謝禮〔사례〕 고마운 뜻을 나타내는 말. 사의를 표하여 보내는 물품. [예]一金(금). しゃれい
謝辭〔사사〕 ①사례의 말. ②사과(謝過)의 말. しゃじ
謝氏南征記〔사씨남정기〕 이조 숙종(肅宗) 때 김 만중(金萬重)이 지은 국문(國文) 소설.
謝肉祭〔사육제〕 유럽 여러 나라에서 술과 육식(肉食)을 금하고 수도하는 사순절(四旬節) 직전 3일간. 종교와 민속놀이를 합한 축제. 카니발. しゃにくさい
謝恩〔사은〕 은혜(恩惠)를 사례함. [예]一會(회). しゃおん
謝恩肅拜〔사은숙배〕 임금의 은혜에 감사하여 공손하게 절함.
謝意〔사의〕 ①사례(謝禮)하는 뜻. 고마와하는 마음. ② 사죄하는 뜻. しゃい 「しゃぜつ
謝絶〔사절〕 사퇴하여 받지 아니함.
謝罪〔사죄〕 죄에 대한 용서를 빎. しゃざい 「사). 厚謝(후사).
▷感謝(감사). 代謝(대사). 拜謝(배

【謠】 [부] 言(말씀언변) [획] 7—10 [훈] 노래 [음] 요(요:) [中] yao² [英] ballad [日] ヨウ. うたう. うたい
[뜻] ①노래. 노래할. ②소문.
[필순] 訁 言 言ク 言ク 諤 謠 謠
謠歌〔요가〕 유행가(流行歌). 가요(歌謠). ようか 「ぞく
謠俗〔요속〕 세상 풍속(風俗). よう
謠言〔요언〕 세상의 뜬 소문(所聞). ようげん 「요). 俗謠(속요).
▷歌謠(가요). 童謠(동요). 民謠(민

【謹】 [부] 言(말씀언변) [획] 7—11 [훈] 삼갈 [음] 근: [中] chin³ [英] respectful [日] キン. つつしむ
[뜻] ①삼갈. ②공경할.
[필순] 訁 言 言艹 諽 謹 謹 謹
謹啓〔근계〕 삼가 아뢴다는 뜻으로 편지의 서두에 쓰는 말. [동]배계(拜啓)·숙계(肅啓). きんけい
謹愼〔근신〕 언행(言行)을 삼가고 조심함. きんしん
謹嚴〔근엄〕 ① 조심성스럽고 엄숙함. ②조사(措辭)가 엄격하여 일자일구(一字一句)도 소홀히 하지 아니함. きんげん
謹聽〔근청〕 공손(恭遜)한 태도로 삼가 들음. きんちょう
謹賀新年〔근하신년〕 삼가 새해를 축하함. 곧 새해의 복을 비는 인사말. きんがしんねん
▷謙謹(겸근). 敬謹(경근). 愼謹(신근). 溫謹(온근).

【譜】 [부] 言(말씀언변) [획] 7—12 [훈] 계보 [음] 보: [中] p'u³ [英] genealogy [日] フ. けいず
[뜻] ①계보. 붙이. ②족보. ③악보. ④문서.
[필순] 訁 言 言丷 詳 譜 譜 譜
譜系〔보계〕 한 족속의 세계(世系)를 적은 것. [동]계보(系譜)·족보(族譜)·보록(譜錄). ふけい 「き
譜記〔보기〕 가계(家系)의 기록. ふ
譜錄〔보록〕 ①계보(系譜). 족보(族譜). [동]보계(譜系). ②악보(樂譜)를 모은 기록. ふろく
譜牒〔보첩〕 족보(族譜)로 만든 책. ふちょう
▷系譜(계보). 曲譜(곡보). 圖譜(도보). 樂譜(악보). 年譜(연보). 音譜(음보). 花譜(화보).

〖識〗 [부] 言(말씀언변) [획] 7—12 [훈] 알·적을 [음] 식·지 [中] shih⁴ chih⁴ [英] know; recognize [日] シキ. しる. しるし
[뜻] ① 알(식). ② 표할(지). ③적을(지).
[필순] 訁 言 言立 諳 識 識 識
識見〔식견〕 학식(學識)과 견문(見聞). しっけん
識量〔식량〕 견식(見識)과 도량(度量). しきりょう 「きべつ
識別〔식별〕 분별(分別)하여 앎. し
識野〔식야〕 의식하는 범위(範圍).
識認〔식인〕 인식(認識). しきにん
識字〔식자〕 글을 앎. しきじ
識者〔식자〕 식견(識見)이 있는 사람. しきしゃ
識字憂患〔식자우환〕 글자를 아는 것이 도리어 근심을 사게 됨.
識志〔지지〕 기록함. 적음.
▷鑑識(감식). 見識(견식). 面識(면

식). 無識(무식). 美意識(미의식). 博識(박식). 半面識(반면식). 常識(상식). 有識(유식). 唯識(유식). 知識(지식). 標識(표지). 學識(학식).

【證】 부 言(말씀언변) 획 7—12 훈 증거 음 증: 中 chêng⁴ 英 evidence 日 ショウ. あかす
뜻 ①증거. ②증명할. ③깨달을. ④질정할.
참고 약 証
필순 ⺕ ⺕ 訁訁訁訁證

證據〔증거〕 어떠한 사실을 증명할 만한 근거. 또 그 근거를 듦. 동 증빙(證憑)·증좌(證左). 예—物(물). しょうこ
證券〔증권〕 ①주권(株券)이나 어음 따위. ②채권(債券) 증서. 예—市場(시장). しょうけん
證明〔증명〕 증거를 들어 밝힘. 예—書(서). しょうめい
證憑〔증빙〕 어떠한 사실을 증명할 만한 근거. 동증거(證據). 예—書類(서류). しょうひょう
證書〔증서〕 증거(證據)가 될 만한 서류(書類). 예卒業(졸업)—. しょうしょ
證言〔증언〕 ①사실을 증명하는 말. 말로써 증명하는 것. ②증인(證人)이 진술(陳述)한 말. しょうげん
證人〔증인〕 증거를 서는 사람. しょうにん
證印〔증인〕 증거로써 찍는 도장. しょういん
證左〔증좌〕 동⇨증거(證據). しょうさ
證票〔증표〕 어떠한 사실의 증거로서 내어주는 표. しょうひょう
證驗〔증험〕 실지로 사실을 경험함. 증거를 시험함. しょうけん
證候〔증후〕 ①증거가 될 기미. ②병의 증세. しょうこう
▷檢證(검증). 考證(고증). 反證(반증). 傍證(방증). 實證(실증). 心證(심증). 僞證(위증). 立證(입증). 確證(확증).

【警】 부 言(말씀언변) 획 7—13 훈 경계할 음 경: 中 ching³ 英 warn 日 ケイ. いましめる
뜻 ①경계할. ②깨달을. 깨우칠.
필순 ⺾ 芍 苟 苟 敬 警 警 警

警戒〔경계〕 ①타일러 주의시킴. ②마음놓지 않고 조심함. けいかい
警告〔경고〕 경계하여 이름. 주의시킴. 예—狀(장). けいこく
警句〔경구〕 진리나 진정을 간결하게 표현한 기발한 문구. 동경인구(警人句). けいく
警務〔경무〕 경찰(警察)의 사무. けいむ
警備〔경비〕 만일(萬一)을 염려(念慮)하여 미리 방비함. 또 그 설비(設備). けいび
警世〔경세〕 세상(世上)을 깨우침. 세상 사람의 주의를 환기(喚起)시킴. けいせい
警衛〔경위〕 만일을 경계(警戒)하고 호위(護衛)함. 또 그 설비나 그 사람. けいえい
警人句〔경인구〕 ⇨경구(警句).
警鐘〔경종〕 ①비상시에 일을 알리는 종. ② 세상을 경계하기 위한 언론. けいしょう
警察〔경찰〕 사회의 안녕 질서를 유지함을 책무(責務)로 하는 행정기관. けいさつ
警標〔경표〕 위험을 경계하기 위해 세운 표말뚝. けいひょう
警護〔경호〕 경계하며 호위함. 또 그 사람. 예—員(원). けいご
▷軍警(군경). 邊警(변경). 巡警(순경). 市警(시경). 夜警(야경).

【譬】 부 言(말씀언변) 획 7—13 훈 비유할 음 비: 中 p'i⁴ 英 compare 日 ヒ. たとえる
뜻 ①비유할. ②깨우칠.
필순 ⼫ 吕 辟 辟 璧 譬 譬 譬

譬喩〔비유〕 어떠한 사물(事物)이나 관념(觀念)을 그와 비슷한 것을 끌어 대어 설명하는 일. ひゆ
譬諭〔비유〕 비유(譬喩)하여 깨우쳐 줌. ひゆ

【譯】 부 言(말씀언변) 획 7—13 훈 통변할 음 역 中 i⁴ 英 interpret 日 ヤク. わけ
뜻 ①통변할. 통역할. ②번역할. ③풀이할.
참고 약 訳
필순 ⺕ ⺕ 訁訁訁譯譯譯

譯官〔역관〕 통역관(通譯官). 또는 번역관(飜譯官). やっかん「どく
譯讀〔역독〕 번역하여서 읽음. やく
譯文〔역문〕 번역한 문장. やくぶん
譯本〔역본〕 번역한 책. 동 역서(譯書). やくほん 「しょ
譯書〔역서〕 동⇨역본(譯本). やく
譯述〔역술〕 번역하여 기술(記述)함. やくじゅつ 「し
譯詩〔역시〕 번역한 시(詩). やく
譯語〔역어〕 번역한 말. やくご
譯者〔역자〕 번역한 사람. やくしゃ
譯解〔역해〕 번역하여 풀이함. やっかい
▷共譯(공역). 國譯(국역). 對譯(대역). 名譯(명역). 英譯(영역). 誤譯(오역).

〖議〗 부 言(말씀언변) 획 7—13 훈 의논할 음 의: 中 i⁴ 英 discuss 日 ギ. はかる
뜻 ①의논할. ②말할. ④꾀할.
필순 ⺀ 言 訁 訁 詳 誁 誁 議

議決〔의결〕 의논(議論)하여 결정함. 합의하여 결정함. ぎけつ
議論〔의논〕 각자가 의견을 내세우고 토론함. 상의함. ぎろん
議事〔의사〕 ① 일을 의논함. ②모여 토의(討議)함. ③토의 사항. 예一日程(일정). ぎじ
議席〔의석〕 ①회의하는 자리. ②의원(議員)의 자리. ぎせき
議員〔의원〕 의회(議會)를 구성하고 의결권(議決權)을 가진 사람. ぎいん
議院〔의원〕 의회를 여는 곳. ぎいん
議長〔의장〕 회의를 통솔하고 의사를 정리하는 사람. 또 그 회의를 대표하는 사람. ぎちょう
議定〔의정〕 협의(協議)하여 결정(決定)함. ぎてい. ぎじょう
議政府〔의정부〕 이조(李朝) 시대 행정부(行政府)의 최고기관(最高機關). 정종(定宗) 2년에 실시됨. 소속관(所屬官)으로 의정(議政)·좌우찬성(左右贊成)·좌우 참찬(左右參贊) 등이 있음. ぎせいふ
議會〔의회〕 단체의 의사를 결의하는 합의(合議) 기관. 국회·도의회·시의회 등. ぎかい
▷講議(강의). 建議(건의). 決議(결의). 論議(논의). 黨議(당의). 動議(동의). 謀議(모의). 物議(물의). 相議(상의). 審議(심의). 討議(토의). 稟議(품의).

【譽】 부 言(말씀언변) 획 7—14 훈 기릴 음 예: 中 yü²·⁴ 英 praise 日 ヨ. ほまれ
뜻 ①기릴. 칭찬할. ②이름날. 명예. ③즐길(豫와 통용).
참고 약誉
필순 ⺁ ⺁ 與 與 與 譽 譽

譽望〔예망〕 명예. 명예와 인망(人望). よぼう 「예. よぶん
譽聞〔예문〕 좋은 평판. 훌륭한 명
譽聲〔예성〕 ①명예와 성문(聲聞). ②칭찬하는 소리. よせい
譽言〔예언〕 칭찬하여 기리는 말. よげん 「(영예). 毁譽(훼예).
▷名譽(명예). 令譽(영예). 榮譽

【護】 부 言(말씀언변) 획 7—14 훈 보호할 음 호: 中 hu⁴ 英 guard 日 ご. まもる
뜻 ①보호할. ②도울. ③지킬.
필순 ⺀ 言 訁 訁 謹 護 護

護國〔호국〕 나라를 지킴. ごこく
護法〔호법〕 법률을 옹호하는 것.
護喪〔호상〕 초상(初喪)에 관한 모든 일을 주선(周旋)함. 또 그 사람. 「서 보냄. ごそう
護送〔호송〕 죄인(罪人) 등을 지켜
護身〔호신〕 몸을 보호(保護)함. 예一術(술). ごしん
護身之符〔호신지부〕 몸을 지키기 위하여 몸에 지니는 부적(符籍). ごしんのふ
護衛〔호위〕 따라다니며 지킴. 또 그 사람. 예一兵(병). ごえい
護行〔호행〕 보호하며 따라감.
護憲〔호헌〕 입헌 정치(立憲政治) 또는 헌법(憲法)의 정신을 지킴. ごけん
▷加護(가호). 看護(간호). 救護(구호). 防護(방호). 辯護(변호). 保護(보호). 守護(수호). 愛護

(애호). 擁護(옹호).

〔讀〕 부 言(말씀언변) 획 7—15 훈 읽을 음 독 中 tu², tou⁴ 英 read 日 ドク. トウ. よむ. よみ. かたる. つづく

뜻 ①읽을. ②귀절(두).

참고 약 読

필순 言言 訁讀讀讀讀讀

讀經〔독경〕 소리 내어 경문(經文)을 읽음. どくけい

讀了〔독료〕 책을 읽어 마침. 책을 다 읽음. どくりょう

讀本〔독본〕 글을 배우기 위하여 읽는 책. とくほん. よみほん

讀書百遍義自見〔독서백편 의자현〕 책을 되풀이하여 읽으면 뜻을 저절로 알게 됨. どくしょひゃっぺんぎおのずからあらわる

讀書三到〔독서삼도〕 독서하는 법은 입으로 딴 말을 하지 아니하고, 한 눈 팔지 않으며, 마음에 딴 생각을 하지 않고, 반복하여 읽어야 한다는 말. どくしょさんとう

讀習〔독습〕 읽고 익힘. どくしゅう

讀祝〔독축〕 제사(祭祀) 때 제문(祭文)을 읽음. どくしゅく

讀破〔독파〕 책(册)을 다 읽어 내림. どくは

讀解〔독해〕 책을 읽어서 이해함. 책을 읽어서 의미를 앎. 예 —力(력). どっかい

讀會〔독회〕 의안(議案)의 심사 토의. どっかい

讀後感〔독후감〕 책 따위를 읽은 뒤의 감상(感想). 또 그 글. どくごかん

▷講讀(강독). 句讀(구독). 亂讀(난독). 朗讀(낭독). 多讀(다독). 代讀(대독). 默讀(묵독). 愛讀(애독). 音讀(음독). 一讀(일독). 再讀(재독). 精讀(정독).

〔變〕 부 言(말씀언변) 획 7—16 훈 변할 음 변: 中 pien⁴ 英 change 日 ヘン. かわる. かえる

뜻 ①변할. ②고칠. ③변고. 재앙.

참고 약 変

필순 言結綷䜌䜌䜌變變

變改〔변개〕 동⇨변경(變更). へんかい

變格〔변격〕 ①정상적이 아닌 격식(格式). ↔정격(正格). ②동사(動詞) 어미(語尾)의 불규칙한 변화. へんかく

變更〔변경〕 바꾸어 고침. 동변개(變改). へんこう

變故〔변고〕 재변(災變)과 사고(事故).

變怪〔변괴〕 ①도깨비. 요괴(妖怪). ②괴상스러운 일. へんかい

變動〔변동〕 변하여 움직임. へんどう

變亂〔변란〕 ①난리. 병란(兵亂). ②변경하여 어지럽힘. へんらん

變名〔변명〕 성명(姓名)을 바꿈. 또 그 성명. へんめい

變貌〔변모〕 모습이 바뀜. へんぼう

變服〔변복〕 남의 눈을 가리려고 옷을 달리 바꿔 입음. へんぷく

變死〔변사〕 횡사(橫死)함. 비명(非命)에 죽음. へんし

變色〔변색〕 ① 안색이 변함. ②빛깔이 변함. へんしょく

變聲〔변성〕 ①목소리를 달리 고침. ②음성이 변함. 예 —期(기). へんせい

變移〔변이〕 동⇨변천(變遷). へんい

變作〔변작〕 동⇨변조(變造).

變轉〔변전〕 변하여 달라짐.

變節〔변절〕 절개(節槪)·지조(志操)를 지키지 못함. 예 —漢(한). へんせつ

變造〔변조〕 ①고쳐 만듦. 동 변작(變作). ②진정한 문서에 대하여, 권한 없는 자가 문언(文言)·내용 등에 변경을 가하는 범죄의 구성요건이 되는 행위. へんぞう

變遷〔변천〕 바뀌고 변함. へんせん

變態〔변태〕 ①변한 모습. 변한 상태. ②동물이 난자(卵子)에서 발생하여 성체(成體)에 이르기까지 그 형태가 변하는 일. へんたい

變通〔변통〕 임기 응변(臨機應變)하여 일을 처리함. へんつう

變革〔변혁〕 어떤 일의 형세나 물건을 전과 아주 다르게 함. 동개혁(改革). へんかく

變形〔변형〕 형상(形狀)이 변(變)함. へんけい

變化〔변화〕 변하여 다르게 됨. へんか

變化無雙〔변화무쌍〕변화함이 짝이 없음. 곧 변화를 잘함. へんかむそう

▷怪變(괴변). 事變(사변). 時變(시변). 應變(응변). 異變(이변). 慘變(참변).

〖讎〗 部 言(말씀언변) 획 7—16 훈 원수 음 수 中 ch'ou² 英 enemy 日 シュウ. あだ. むくいる
뜻 ①원수. ②대거리할. 짝. ③비등할. ④비교할. ⑤갚을.
필순 言信 信 雠 讎
讎家〔수가〕원수(怨讎)가 되는 상대자. しゅうか
讎校〔수교〕둘이 서로 대조(對照)하며 잘못을 고침. しゅうこう
讎仇〔수구〕원수. しゅうきゅう
讎日〔수일〕해마다 맞이하는 부모의 망일(亡日)을 원망하여 일컫는 말. しゅうじつ
讎敵〔수적〕원수. しゅうてき
讎嫌〔수혐〕원수와 같이 미워함. しゅうけん
▷仇讎(구수). 復讎(복수). 怨讎(원수). 恩讎(은수). 敵讎(적수).

〖讓〗 部 言(말씀언변) 획 7—17 훈 사양할 음 양: 中 jang⁴ 英 concede 日 ジョウ. ゆずる
뜻 ①사양할. ②겸손할.
필순 言 訁 訁 讓 讓 讓 讓 讓
讓渡〔양도〕남에게 넘겨 줌. 예—證(증). じょうと
讓步〔양보〕남에게 길을 비켜 주어 먼저 가게 함. 자기의 주장을 굽혀 남의 의견을 좇음. 또 남을 위하여 자기의 이익을 희생함. じょうほ
讓與〔양여〕자기 소유를 남에게 넘겨 줌. じょうよ
讓位〔양위〕①자리를 양보함. ②임금의 자리를 물려줌. じょうい
▷謙讓(겸양). 恭讓(공양). 交讓(교양). 辭讓(사양). 禪讓(선양). 遜讓(손양). 禮讓(예양). 退讓(퇴양). 互讓(호양).

【讚】 部 言(말씀언변) 획 7—19 훈 기릴 음 찬: 中 tsan⁴ 英 praise 日 サン. たたえる
뜻 ①기릴. 칭찬할. ②도울.
필순 言 言 訁 訁 譛 讃 讚 讚
讚歌〔찬가〕예찬하는 노래. さんか
讚美〔찬미〕덕(德) 같은 것을 기림. さんび
讚辭〔찬사〕칭찬(稱讚)하는 말. さんじ
讚頌〔찬송〕덕(德)을 칭송함. 또 덕을 기림. さんよう
讚揚〔찬양〕칭찬하여 드러냄. さんよう
讚嘆〔찬탄〕감탄하여 드러냄. さんたん
▷激讚(격찬). 賞讚(상찬). 頌讚(송찬). 禮讚(예찬). 自讚(자찬). 自畫自讚(자화자찬). 絶讚(절찬). 稱讚(칭찬).

(7) 谷 部

〖谷〗 部 谷(골곡변) 획 7—0 훈 골 음 곡 中 ku³ 英 valley 日 コク. たに
뜻 ①골. 골짜기. ②막힐. ③나라이름(욕). ④벼슬 이름(록).
필순 ノ ハ グ 父 谷 谷 谷
谷無虎先生兎〔곡무호 선생토〕범 없는 골에 토끼가 선생노릇을 함. 곧 강자(强者)가 없어지면 약한 자가 횡포(橫暴)함. 또는 군자(君子)가 없는 곳에 소인(小人)들이 횡행(橫行)함의 비유.
谷神〔곡신〕골짜기의 빈 곳. 곧 현묘(玄妙)한 도(道)의 비유. こくしん
谷王〔곡왕〕모든 골짜기가 모이는 곳. 곧 바다의 딴이름. こくおう
谷飮〔곡음〕골짜기의 물을 움켜 먹음. 곧 은자(隱者)가 산골짜기에 숨음을 일컬음. こくいん
谷泉〔곡천〕골짜기에서 흐르는 샘. こくせん
谷風〔곡풍〕①동풍(東風). 만물을 자라게 하는 바람. ②골짜기에서 내 부는 바람. ③ 시경(詩經)의 편명(篇名). こくふう

▷溪谷(계곡). 空谷(공곡). 陵谷(능곡). 深谷(심곡). 幽谷(유곡). 進退維谷(진퇴유곡). 峽谷(협곡).

(7) 豆 部

【豆】 부 豆(콩두변) 획 7—0 훈 콩·팥 음 두: 中 tou⁴ 英 bean 日 トウ. ズ. まめ
뜻 ①콩. 팥. ②제기. 나무제기. ③ 말(斗와 통용).
필순 一丆丆戸戸豆豆

豆類〔두류〕 콩·팥·녹두 등의 총칭. とうるい
豆滿江〔두만강〕 백두산(白頭山)에서 근원하여 한국과 중국의 경계를 이루고 동해(東海)로 흘르는 우리나라의 강. とまんこう
豆腐〔두부〕 물에 불린 콩을 갈아서 익힌 뒤에 베 자루에 걸러서 간수를 치고 익히어 굳힌 음식(飮食). とうふ
豆錫〔두석〕 놋쇠.
豆芽〔두아〕 콩나물. とうが
豆油〔두유〕 콩기름. とうゆ
豆乳〔두유〕 진한 콩국 とうにゅう
豆人〔두인〕 작은 사람. 사람을 먼데서 본 형용. とうじん
豆太〔두태〕 팥과 콩.
豆黃〔두황〕 콩가루.
▷綠豆(녹두). 大豆(대두). 小豆(소두).

【豈】 부 豆(콩두변) 획 7—3 훈 어찌 음 기: 中 ch'i³ 英 how 日 キ. ガイ. カイ. あに
뜻 ① 어찌. ② 싸움 이긴 기쁨(개:)(凱와 통용).
필순 ' 山 屮 豈 豈 豈 豈

豈樂〔개락〕 기뻐 즐김. がいてい
豈弟〔개제〕 편안하게 즐기는 것.

【豐】 부 豆(콩두변) 획 7—11 훈 풍년 음 풍 中 fêng¹ 英 abundaut 日 ホウ. ゆたか
뜻 ①풍년. 풍년들. ②넉넉할. 많을. ③클. ④두터울.
참고 약 豊
필순 ' 丰 丰 丰丰 曲 曲 豐

豐年〔풍년〕 곡식(穀食)이 잘 익은 해. ↔흉년(凶年). ほうねん
豐登〔풍등〕 농사가 아주 잘 됨. ほうとう
豐樂〔풍락〕 물건이 풍족하고 백성이 안락함. ほうらく
豐麗〔풍려〕 풍족하고 아름다움. ほうれい
豐滿〔풍만〕 ① 물건이 풍족함. ② 몸이 비대(肥大)함. ほうまん
豐味〔풍미〕 푸지고 구수한 맛.
豐富〔풍부〕 넉넉하고 많음. ほうふ
豐產〔풍산〕 풍부하게 남. 또 그 산물. ほうさん
豐盛〔풍성〕 넉넉하고 매우 많음. ほうせい
豐漁〔풍어〕 물고기가 많이 잡힘. 예 一期(기). ほうぎょ
豐艶〔풍염〕 얼굴의 생긴 모양새가 투틈스럽고 고움. ほうえん
豐偉〔풍위〕 몸이 비대(肥大)함. ほうい
豐裕〔풍유〕 풍족(豐足)하고 넉넉함. ほうゆう
豐作〔풍작〕 풍년이 든 농작(農作). ほうさく
豐足〔풍족〕 부족함이 없이 넉넉함. ほうそく
豐凶〔풍흉〕 풍년(豐年)과 흉년(凶年). ほうきょう
▷大豐(대풍). 歲豐(세풍). 時和年豐(시화연풍).

(7) 豕 部

【豚】 부 豕(돼지시변) 획 7—4 훈 돼지 음 돈 中 t'uen² 英 pig 日 トン. ぶた
뜻 ①돼지. ②복. 복어.
필순 丨 刀 月 月 肟 豚 豚 豚

豚犬〔돈견〕 ①돼지와 개. ②어리석은 사람. ③자기 아들을 낮추어 일컬음. とんけん
豚舍〔돈사〕 돼지우리. とんしゃ
豚兒〔돈아〕 자기 아들의 겸칭(謙稱). とんじ
豚魚〔돈어〕 돼지와 물고기의 통칭(通稱). とんぎょ
豚肉〔돈육〕 돼지고기. とんにく
豚柵〔돈책〕 돼지우리. とんさく
▷養豚(양돈).

【象】 [부] 豕(돼지시변) [획] 7—5 [훈] 코끼리 [음] 상: [中] hsiang^4 [英] elephant [日] ゾウ. ショウ. かたち 「뜰. 본받을.
[뜻] ①코끼리. ②모양.형상. ③본
[필순] ⺈ … 象象

象牙〔상아〕 코끼리의 엄니. ぞうげ

象牙塔〔상아탑〕 ①예술 지상주의자(藝術至上主義者)들이 실리(實利) 생활을 떠나서 조용히 관조(觀照)하는 예술만을 즐기는 경지(境地). ②학자(學者)의 연구실. ③대학(大學)의 이칭(異稱). ぞうげのとう

象徵〔상징〕 직접 보이지 않는 사물을 그것과 어떤 유사성(類似性)을 가진 것에 의하여 연상(聯想)시킬 때의 그 과정. 또 그 대용물. しょうちょう

象皮〔상피〕 코끼리의 가죽. ぞうひ

象形〔상형〕 ①형상. ②상형문자(象形文字). しょうけい

象形文字〔상형문자〕 물건의 형상(形狀)을 본떠 만든 글자. 한자(漢字)의 일부와 이집트 문자 따위. [약]상형(象形). しょうけいもんじ

▷具象(구상). 氣象(기상). 對象(대상). 萬象(만상). 物象(물상). 四象(사상). 事象(사상). 森羅萬象(삼라만상). 心象(심상). 印象(인상). 抽象(추상). 表象(표상). 現象(현상). 形象(형상).

【豪】 [부] 豕(돼지시변) [획] 7—7 [훈] 호걸 [음] 호 [中] hao^2 [英] brave [日] ゴウ. すぐれる
[뜻] ①호걸. ②군셀. ③뛰어날. ④터럭(毫와 통용).
[필순] ⼇ … 豪豪豪

豪傑〔호걸〕 도량(度量)이 넓고 기개(氣槪)가 있는 인물. [예]英雄(영웅)—. ごうけつ 「うき

豪氣〔호기〕 호방한 기상(氣像). ご

豪農〔호농〕 지방에서 농사가 많고 세력 있는 부농(富農). ごうのう

豪放〔호방〕 의기(意氣)가 장(壯)하여 작은 일에 구애하지 아니함. ごうほう

豪富〔호부〕 세력 있는 큰 부자(富者). ごうふ

豪奢〔호사〕 대단한 사치(奢侈). ごうしゃ

豪言〔호언〕 호탕(豪蕩)하게 하는 말. [동] 대언장어(大言壯語).

豪雨〔호우〕 줄기차게 많이 오는 비. ごうう 「うゆう

豪遊〔호유〕 호화(豪華)롭게 놂. ご

豪飮〔호음〕 술을 많이 마심. ごういん 「族)단체. ごうぞく

豪族〔호족〕 세력이 있는 혈족(血

豪蕩〔호탕〕 기상이 호걸스럽고 행실이 방탕함. ごうとう 「うか

豪華〔호화〕 사치스럽고 번화함. ご

▷强豪(강호). 文豪(문호). 富豪(부호). 酒豪(주호). 土豪(토호).

【豫】 [부] 豕(돼지시변) [획] 7—9 [훈] 미리 [음] 예: [中] yü^4 [英] beforehand [日] ヨ. あらかじめ
[뜻] ①미리. ② 기뻐할. ③ 참여할. ④ 머뭇거릴.
[참고] [약]予
[필순] ⺈ 予 … 豫豫豫

豫感〔예감〕 사전(事前)에 느낌. 미리 육감(六感)으로 앎. よかん

豫見〔예견〕 일이 있기 전에 미리 앎. よけん

豫告〔예고〕 미리 알려 줌. よこく

豫期〔예기〕 앞으로 당할 일에 대하여 미리 기대함. よき

豫賣〔예매〕 미리 값을 쳐서 팖.

豫防〔예방〕 미리 방비함. よぼう

豫報〔예보〕 미리 알림. [예]日氣(일기)—. よほう

豫婦〔예부〕 민며느리. よふ

豫備〔예비〕 미리 준비(準備)함. 또 그 준비. よび

豫算案〔예산안〕 ①수입·지출의 상황을 미리 대중하여 셈한 초안(草案). ②의회(議會)에 제출하고 아직 의결되지 않은 예산의 안건(案件). よさんあん

豫壻〔예서〕 데릴사위.

豫選〔예선〕 정식으로 뽑기 전에 미리 뽑음. よせん

豫約〔예약〕 미리 약속함. よやく

豫言〔예언〕 앞일을 미리 말함. [예]

一者(자). よげん 「てい
豫定〔예정〕 미리 작정(作定)함. よ
豫知〔예지〕 미리 앎. よち
豫測〔예측〕 미리 헤아림. よそく
豫則立〔예칙립〕 미리 법을 세움.
▷不豫(불예). 備豫(비예). 安豫(안예). 猶豫(유예).

(7) 豸 部

【貌】 [부] 豸(갖은돼지시변) [획] 7—7 [훈] 모양 [음] 모(모:) [中] mao^4 [英] appearance [日] ボウ. バク. かたち
[뜻] ①모양. ②얼굴. ③모뜰(막).
[필순] ⺈ 豸 豸 豸 豹 貌 貌 貌
貌不似〔모불사〕 ①꼴이 꼴답지 못함. ②흉악하게 생긴 사람.
貌襲〔모습〕 ①사람의 생긴 모양. ②모방(模倣). 「よう
貌樣〔모양〕 꼴. 모습. 상태. ぼう
貌言〔모언〕 치레뿐이고 실속이 없는 말. ぼうげん
貌寢〔모침〕 됨됨이가 활발하지 못
貌形〔모형〕 모습. ぼうけい 」함.
▷面貌(면모). 美貌(미모). 禮貌(예모). 外貌(외모). 容貌(용모). 才貌(재모). 體貌(체모).

(7) 貝 部

〖貝〗 [부] 貝(조개패변) [획] 7—0 [훈] 조개 [음] 패: [中] pei^4 [英] shell [日] バイ. かい
[뜻] ①조개. ②재물. 돈. ③꾸밀.
[필순] 丨 冂 月 目 貝 貝
貝殼〔패각〕 조가비. かいがら
貝類〔패류〕 여러 가지 조개의 종류. かいるい
貝物〔패물〕 산호(珊瑚)·호박(琥珀)·수정(水晶)·대모(玳瑁) 따위로 만든 물건.
貝石〔패석〕 ①조가비의 화석(化石). ②조가비가 많이 붙은 돌.
貝玉〔패옥〕 돈과 보배.
貝子〔패자〕 ①보배. ②옛날의 화폐. ③청대(淸代)의 작위(爵位) 이름. ばいし 「폐. ばいか
貝貨〔패화〕 조가비로 유통하던 화
▷紫貝(자패). 眞珠貝(진주패).

【負】 [부] 貝(조개패변) [획] 7—2 [훈] 짐질 [음] 부: [中] fu^4 [英] bear [日] フ. おう. まける
[뜻] ①짐질. ②질. 패할. ③저버릴. 어길. ④빚질. ⑤믿을.
[참고] [속] 負
[필순] ㇇ ⺈ 㔾 角 負 負 負
負擔〔부담〕 ①짐을 등에 지고 어깨에 멤. 또 그 짐. ②책임(責任)을 짐. ふたん
負傷〔부상〕 몸을 다침. 몸에 상처(傷處)를 입음. 또 그 상처. [예] 一兵(병). ふしょう
負數〔부수〕 영(零)보다 작은 수. ↔정수(正數). ふすう
負者〔부자〕 다툼에서 진 사람. ふ
負重〔부중〕 짐이 무거움. 」しゃ
負債〔부채〕 남에게 진 빚. ふさい
負荷〔부하〕 ①짐을 등에 지고 어깨에 멤. 또 그 짐. ②아들이 부조(父祖)의 업을 이어 능히 견디어 냄. ふか
▷孤負(고부). 擔負(담부). 勝負(승부). 一勝一負(일승일부). 自負(자부). 抱負(포부).

〖貞〗 [부] 貝(조개패변) [획] 7—2 [훈] 곧을 [음] 정 [中] chen^1 ehêng^1 [英] chaste [日] テイ. ジョウ. ただしい
[뜻] ①곧을. ②굳을. ③정조지킬.
[필순] 丨 ト 占 貞 貞 貞 貞
貞潔〔정결〕 절개(節槪)가 굳고 결백함. ていけつ
貞女〔정녀〕 ① 정조(貞操)를 지키는 여자. 절개가 굳은 여자. [동] 정부(貞婦). ②동정(童貞)을 깨뜨리지 않은 여자. ていじょ
貞女不更二夫〔정녀불경이부〕 절개가 굳은 여자는 다시 시집 가지 않음. ていじょはにふをかえず

貞亮〔정량〕 바르고 성심이 있음. ㊐ 정순(貞純)·정신(貞信).
貞烈〔정렬〕 굳게 정조(貞操)나 절개를 지킴. ていれつ
貞婦〔정부〕 정조를 굳게 지키는 여자. ㊐정녀(貞女). ていふ
貞淑〔정숙〕 지조(志操)가 굳고 마음이 맑음. ていしゅく「じゅん
貞純〔정순〕 ㊐⇨정량(貞亮). てい
貞臣〔정신〕 마음이 곧은 신하(臣下). ていしん 「しん
貞信〔정신〕 ㊐⇨정량(貞亮). てい
貞實〔정실〕 마음이 곧고 충실(忠實)함. ていじつ 「綠)의 잎.
貞葉〔정엽〕 늘 푸른 잎. 상록(常
貞節〔정절〕 ㊐⇨정조(貞操). ていせつ
貞操〔정조〕 ① 부녀(婦女)의 깨끗한 절개(節槪). ㊐정절(貞節). ②여자 또는 남자가 성적(性的) 관계의 순결을 지키는 일. ていそう 「(단정). 忠貞(충정).
▷堅貞(견정). 潔貞(결정). 端貞

【貢】 부 貝(조개패변) 획 7—3
훈 바칠 음 공: 中 kung⁴
英 tribute 日 コウ. みつぐ. みつぎ 「바칠.
뜻 ① 바칠. ② 공물바칠. ③세
필순 一二干青青貢貢

貢納〔공납〕 공물(貢物)을 상납(上納)함. こうのう
貢物〔공물〕 백성이 나라에 바치는 물건. こうぶつ. くぶつ
貢米〔공미〕 공물로 바치는 쌀.
貢奉〔공봉〕 기물(奇物)을 조정(朝廷)에 바침. こうほう 「うふ
貢賦〔공부〕 공물과 조세(租稅). こ
貢獻〔공헌〕 ① 공물을 바침. ②이바지함. こうけん
▷納貢(납공). 貢來(내공). 入貢(입공). 朝貢(조공).

〖財〗 부 貝(조개패변) 획 7—3
훈 재물 음 재 中 ts'ai²
英 property 日 ザイ. たから
뜻 ①재물. ②감.
필순 丨冂日貝貝一財財

財界〔재계〕 재화(財貨)의 생산·교환이 행해지는 사회. 곧 경제 사회. 또 금융 시장. ざいかい
財團〔재단〕 일정한 목적을 위하여 쓰이는 재산의 집합. ざいだん
財力〔재력〕 금전(金錢)의 힘. 재산의 힘. ざいりょく
財利〔재리〕 금전상의 이익. ざいり
財務〔재무〕 재정(財政)에 관한 사무. ざいむ
財物〔재물〕 돈이나 값나가는 물건. ㊐재화(財貨). ざいぶつ. ざいもつ
財閥〔재벌〕 경제계(經濟界)를 좌우하는 대자본가(大資本家)·기업가의 무리. 또 그 투자 기구(機構). ざいばつ
財寶〔재보〕 금은(金銀)·주옥(珠玉) 따위의 보배. ざいほう
財產〔재산〕 개인이나 집단이 소유하는 재(財)의 집합. 자산(資產). ざいさん 「재운(財運).
財數〔재수〕 재물을 얻는 운수. ㊐
財運〔재운〕 ㊐⇨재수(財數). ざいうん 「근원. ざいげん
財源〔재원〕 재화(財貨)를 생산하는
財政〔재정〕 ①국가 또는 공공 단체의 유지 발전상 필요한 수지(收支)에 관한 경제적 행위. ②개인의 금융(金融). ざいせい
財貨〔재화〕 ㊐⇨재물(財物).
▷家財(가재). 公財(공재). 私財(사재). 散財(산재). 理財(이재). 資財(자재). 蓄財(축재). 貨財(화재). 橫財(횡재).

【貫】 부 貝(조개패변) 획 7—4
훈 꿸 음 관(관:) 中 kuan⁴
英 pierce 日 カン. つらぬく
뜻 ①꿸. ②통할. ③ 본관. 본. ④무게 단위.
필순 𠃊口毌毌貫貫貫貫

貫流〔관류〕 꿰뚫어 흐름. 어떤 지역을 흘러 통과함. かんりゅう
貫珠〔관주〕 ①구슬을 실로 꿴. ②염주(念珠). かんじゅ
貫徹〔관철〕 꿰뚫음. 끝까지 행하여 달성함. かんてつ
貫通〔관통〕 ①꿰뚫음. ②조리(條理)가 정연함. 문맥(文脈) 같은

것의 앞뒤가 통함. かんつう
貫鄕〔관향〕 시조(始祖)가 난 땅. 본(本). ㊐본향(本鄕).
▷舊貫(구관). 滿貫(만관). 本貫(본관). 一貫(일관). 通貫(통관). 鄕貫(향관).

〖貧〗 부 貝(조개패변) 획 7—4 훈 가난할 음 빈 ㊥ p'in²
㊇ poor ㊐ ヒン. ビン. まずしい
뜻 ①가난할. ②구차할. ③모자랄.
필순 八分分分贫贫贫贫
貧苦〔빈고〕 ㊐⇨빈곤(貧困). ひんく
貧困〔빈곤〕 가난하여 고생함. ㊐빈고(貧苦)·빈궁(貧窮). ひんこん
貧窮〔빈궁〕 ㊐⇨빈곤(貧困). ひんきゅう
貧農〔빈농〕 가난한 농민. ひんのう
貧民窟〔빈민굴〕 가난한 사람만 사는 부락. ひんみんくつ
貧富〔빈부〕 가난한 것과 넉넉한 것. 구차한 것과 잘 사는 것. ひんぷ
貧士〔빈사〕 가난한 사람. 가난한 선비. ひんし
貧相〔빈상〕 빈궁(貧窮)한 얼굴. ひんそう
貧生〔빈생〕 ① 가난한 사람. ②가난한 서생(書生). ひんせい
貧弱〔빈약〕 가난하고 약(弱)함. 내용이 충실하지 못함. ひんじゃく
貧人〔빈인〕 가난한 사람. ㊐빈자(貧者). ひんじん
貧者〔빈자〕 가난한 사람. ㊐빈인(貧人). ひんじゃ
貧賤〔빈천〕 빈궁(貧窮)하고 비천(卑賤)함. ひんせん
貧賤不能移〔빈천불능이〕 바른 길을 걷는 사람은 아무리 가난하더라도 결코 그 지조(志操)를 꺾지 않음.
貧賤之交〔빈천지교〕 빈천(貧賤)할 때에 사귄 친구(親舊).
貧賤之交不可忘〔빈천지교 불가망〕 빈천할 때에 사귄 친구는 잊어서는 아니됨.
貧乏〔빈핍〕 가난하여 아무 것도 없음. びんぼう
貧寒〔빈한〕 가난하고 쓸쓸함. ↔부유(富裕). ひんかん
貧血〔빈혈〕 신체 안의 혈액의 감소(減少). 또 그 병. ひんけつ
▷救貧(구빈). 樂貧(낙빈). 素貧(소빈). 赤貧(적빈). 淸貧(청빈).

〖責〗 부 貝(조개패변) 획 7—4 훈 꾸짖을 음 책 ㊥ tsê²
㊇ reprove ㊐ セキ. せめる
뜻 ① 꾸짖을. 나무랄. ②힘쓸. 맡을. ③ 권할. ④빚(채)(債와 통용).
필순 十圭青青責責責
責望〔책망〕 허물을 꾸짖음. せきぼう
責務〔책무〕 책임지고 하여야 할 일. せきむ
責問〔책문〕 책망하여 물음. ㊐문책(問責). せきもん
責罰〔책벌〕 견책(譴責)과 형벌(刑罰). せきばつ
責善〔책선〕 친구 사이에서 서로 착한 일을 하도록 권고(勸告)함. せきぜん
責人則明〔책인즉명〕 자기의 허물은 덮어두고 남을 책망(責望)하는 데는 밝음.
責任〔책임〕 ① 맡아서 해야 할 임무. 또 의무. ②자기가 하는 일 또는 그 결과에 대해 법률상의 불이익(不利益) 및 제재를 받게 되는 일. せきにん
▷譴責(견책). 問責(문책). 罰責(벌책). 重責(중책). 叱責(질책).

【貪】 부 貝(조개패변) 획 7—4 훈 탐할 음 탐 ㊥ t'an¹ ㊇ covet ㊐ タン. ドン. むさぼる
뜻 ①탐할. ②욕심낼.
필순 八今今含含貪貪
貪官〔탐관〕 욕심이 많은 관원(官員). 백성의 재물을 탐내는 관리(官吏). ㊐탐리(貪吏). 예—汚吏(오리).
貪讀〔탐독〕 욕심을 내어 읽음. たんどく
貪吏〔탐리〕 탐욕(貪慾)에 찬 관리. ㊐탐관(貪官). たんり
貪利〔탐리〕 이익(利益)을 탐냄. たんり
貪色〔탐색〕 여색(女色)을 탐냄.
貪食〔탐식〕 음식(飮食)을 탐냄. 또 게걸스럽게 먹음. たんしょく. どんしょく
貪慾〔탐욕〕 사물을 탐내는 욕심. たんよく. どんよく

貪財〔탐재〕 재물을 탐(貪)함.
貪虐〔탐학〕 탐욕(貪慾)이 많고 포학함. たんぎゃく 「(불탐).
▷强貪(강탐). 猛貪(맹탐). 不貪

【販】 부 貝(조개패변) 획 7—4 훈 팔 음 판(판:) ㊥ fan4 ㊧ sell ㊐ ハン. ひさぐ
뜻 ①팔. ②장사할. 장사.
필순 ｌ П Ħ 貝 貝 貶 販
販路〔판로〕 상품(商品)이 팔리는 방면이나 길. はんろ 「ばい
販賣〔판매〕 상품(商品)을 팖. はん
販賣網〔판매망〕 짜 놓은 판로(販路). 곧 여러 갈래의 판로(販路). はんばいもう 「はんぶ
販婦〔판부〕 행상(行商)하는 여자.
▷街販(가판). 共販(공판). 市販(시판). 總販(총판).

〖貨〗 부 貝(조개패변) 획 7—4 훈 재물 음 화: ㊥ huo4 ㊧ goods; cargo ㊐ カ. たから. しな. うる 「건.
뜻 ①재물. ②화물. 물
필순 イ 亻 化 化 貨 貨 貨 貨
貨物〔화물〕 ①재물. ②짐. ㊎一列車(열차). かもつ. かぶつ
貨色〔화색〕 재물(財物)과 여색(女色)의 통칭(通稱). かしょく
貨財〔화재〕 재물. 재화. かざい
貨主〔화주〕 화물의 임자. かしゅ
貨車〔화차〕 화물 열차(貨物列車). かしゃ 「へい
貨幣〔화폐〕 돈. ㊂통화(通貨). か
▷硬貨(경화). 金貨(금화). 奇貨(기화). 銅貨(동화). 良貨(양화). 銀貨(은화). 雜貨(잡화). 財貨(재화). 通貨(통화). 貝貨(패화).

〖貴〗 부 貝(조개패변) 획 7—5 훈 귀할 음 귀: ㊥ kuei4 ㊧ noble ㊐ キ. とうとい
뜻 ①귀할. ②중히여길. ③값비쌀.
필순 口 中 虫 冉 貴 貴 貴 貴
貴骨〔귀골〕 귀(貴)히 자란 사람. きこつ
貴公子〔귀공자〕 지위가 높은 집에 태어난 젊은이. きこうし 「こく
貴國〔귀국〕 남의 나라의 존칭. き
貴女〔귀녀〕 ①지위가 높은 집에 태어난 여자. ②부녀에 대한 존칭. きじょ 「く
貴宅〔귀댁〕 남의 집의 존칭. きた
貴門〔귀문〕 ① 존귀(尊貴)한 가문(家門). ②남의 가문(家門)의 존칭. きもん
貴物〔귀물〕 귀중한 물건. 흔하지 않은물건. 진귀한 물건.
貴寶〔귀보〕 귀중한 보배. きほう
貴富〔귀부〕 지위가 높고 재보(財寶)가 많음. きふう 「きふじん
貴婦人〔귀부인〕 지체가 높은 부인.
貴賓〔귀빈〕 높고 귀한 손님. きひん 「칭.
貴社〔귀사〕 남의 회사(會社)의 존
貴人〔귀인〕 지위 높은 사람. ↔천인(賤人). きじん
貴族〔귀족〕 ①가문(家門)이나 신분이 높은 사람들. ②태어나면서부터 특권(特權)을 부여받은 신분. ↔평민(平民). ③남의 가족의 존칭. きぞく
貴重〔귀중〕 ① 소중히 여김. ②지위(地位)가 높고 권세(權勢)가 있음. きちょう
貴地〔귀지〕 ① 높은 지위. ②남의 거주지(居住地)의 존칭. きち
貴紙〔귀지〕 상대편의 신문(新聞)의 존칭. きし 「존칭. きし
貴誌〔귀지〕 상대편의 잡지(雜誌)의
貴賤〔귀천〕 ①존귀함과 천함. 또는 귀인과 천인(賤人). ②값의 비쌈과 쌈. きせん
▷高貴(고귀). 富貴(부귀). 尊貴(존귀). 珍貴(진귀). 品貴(품귀). 稀貴(희귀).

【貸】 부 貝(조개패변) 획 7—5 훈 빌릴 음 대: ㊥ tai4 ㊧ lend ㊐ タイ. かす 「빌(특).
뜻 ①빌릴. ②줄. ③용서할. ④
필순 亻 代 代 貸 貸 貸 貸
貸家〔대가〕 셋집. かしや
貸去〔대거〕 물건을 남이 꾸어감.
貸金〔대금〕 빌려 준 돈. 돈놀이 돈.
貸本〔대본〕 셋책. かしほん
貸付〔대부〕 변리(邊利)와 기한을 정하고 돈·물건 따위를 빌려 주

는 일. かしつけ
貸借〔대차〕①꾸어줌과 꾸어옴. 예 一對照表(대조표). ②용서함. たいしゃく「(세대). 賃貸(임대).
▷假貸(가대). 寬貸(관대). 貰貸

〔買〕 부 貝(조개패변) 획 7—5 훈 살 음 매: 中 mai³ 英 buy 日 バイ. かう
뜻 살.
필순 罒罒買買買買
買價〔매가〕사는 값. ばいか
買官〔매관〕돈을 내고 벼슬을 함.
買得〔매득〕①사들임. ②물건을 싸게 삼. ばいとく
買來〔매래〕사 옴. ばいらい
買賣〔매매〕사는 일과 파는 일. 사고 팖. ばいばい
買名〔매명〕명예를 구함. ばいめい
買笑〔매소〕① 기생(妓生)을 삼. ②장미 꽃의 딴이름. ばいしょう
買收〔매수〕①사들임. ②남의 마음을 사서 자기 편으로 삼음. ばい
買受〔매수〕사서 받음. 「しゅう
買食〔매식〕사서 먹는 음식.
買占〔매점〕물건을 휩쓸어 사 둠. 예一賣惜(매석). かいしめ
▷競買(경매). 購買(구매). 賣買(매매). 收買(수매).

【貿】 부 貝(조개패변) 획 7—5 훈 무역할 음 무: 中 mao⁴ mou⁴ 英 trade 日 ボウ. あきなう
뜻 ①무역할. 무역. ② 몰아살. 「③바꿀.
필순 ⺈⺈⺈⺈貿貿貿貿
貿穀〔무곡〕곡식을 무역하여 들이는 일. ぼうこく
貿貿〔무무〕①눈이 흐릿한 모양. ②무식하고 예절에 어두워 언행(言行)이 서투름. ぼうぼう
貿易〔무역〕①팔고 사고 함. 교역(交易)함. ②외국과 장사 거래를 함. ぼうえき「주를 내는 것.
貿販〔무판〕식육(食肉)을 파는 푸

【費】 부 貝(조개패변) 획 7—5 훈 없앨 음 비: 中 fei⁴ 英 spend 日 ヒ. ついやす. ついえ
뜻 ①없앨. 쓸. ②소비할. 허비할. ③비용.
필순 ᄀ弗费费費費費
費目〔비목〕비용을 지출하는 명목.
費心〔비심〕애씀. 수고함. ひしん
費額〔비액〕드는 돈. 쓴 돈머리.
費用〔비용〕쓰이는 돈. ひよう
費錢〔비전〕돈을 헛되이 씀.
▷經常費(경상비). 官費(관비). 國費(국비). 給費(급비). 濫費(남비). 路費(노비). 歲費(세비).

「貰」 부 貝(조개패변) 획 7—5 훈 세낼 음 세: 中 shih⁴ 英 hire 日 セイ. もらう
뜻 ①세낼. 세줄. ②빌릴. 꿀.
필순 ᅳ卅卋貰貰貰貰
貰家〔세가〕셋집. せいか
貰物〔세물〕세(貰)를 주는 물건. せいぶつ. もらいもの
貰錢〔세전〕셋돈. せいせん
貰冊〔세책〕셋돈을 받고 빌리는 책.
▷朔月貰(삭월세). 傳貰(전세).

〔貳〕 부 貝(조개패변) 획 7—5 훈 두 음 이: 中 êrh⁴ 英 two; second 日 ニ. ジ. そえる
뜻 ①두. 둘(二와 통용). ②버금. ③변할. ④의심낼.
참고 약 弐
필순 ᅳ貢貢貢貳貳
貳車〔이거〕버금으로 따르는 수레. じしゃ 「신하(臣下). じしん
貳臣〔이신〕①두 가지 마음을 품은
貳心〔이심〕①두 가지 마음. ②배반하는 마음. ③변하기 쉬운 마음. じしん

〔貯〕 부 貝(조개패변) 획 7—5 훈 쌓을 음 저: 中 chu³ 英 save 日 チョ. たくわえる
뜻 ①쌓을. ②모을. ③저장할.
필순 Ⅱ 目 貝 貯貯貯
貯金〔저금〕돈을 모아 둠. 또 그 돈. ちょきん
貯水〔저수〕상수도(上水道)·관개용(灌漑用)으로 물을 모아 둠. 예一池(지). ちょすい
貯柴〔저시〕모아 둔 땔나무. 또 땔나무를 예비(豫備)로 모아 둠.
貯藏〔저장〕쌓아서 간직하여 둠. ちょぞう

貯蓄〔저축〕 절약(節約)하여 모아 둠. ちょちく
貯置〔저치〕 저축하여 놓음.
貯炭〔저탄〕 석탄을 저장하는 일.

[貶] 부 貝(조개패변) 획 7—5 훈 깎아내릴 음 폄: 中 pien³ 英 dismiss 日 ヘン. おとす
뜻 ①깎아내릴. ②덜. 감할. ③꺾을. ④ 귀양보낼.
필순 ‖ 目 貝 貶 貶 貶 貶
貶降〔폄강〕 관직(官職)을 깎아 낮춤. へんこう
貶格〔폄격〕 품격을 떨어뜨림.
貶薄〔폄박〕 남을 폄척(貶斥)하고 얕잡음. 「고 배척함. へんせき
貶斥〔폄척〕 남의 인망을 깎아 말하
貶下〔폄하〕 치적(治績)이 좋지 않은 고을의 수령을 나쁘게 말하여 벼슬을 떨어뜨리고 물리침.
貶毁〔폄훼〕 깎고 헐뜯음. 동훼예
▷毁譽褒貶(훼예포폄). 乚(毁譽).

〖賀〗 부 貝(조개패변) 획 7—5 훈 하례 음 하: 中 hê⁴ 英 congratulate 日 ガ. いわう
뜻 ①하례할. ②위로할. ③더할.
필순 カ 加 加 賀 賀 賀 賀
賀客〔하객〕 축하(祝賀)하는 손님. がかく 「がれい
賀禮〔하례〕 축하하는 예식(禮式).
賀正〔하정〕 새해를 축하(祝賀)함. がせい. がしょう
▷慶賀(경하). 恭賀(공하). 謹賀(근하). 年賀(연하). 拜賀(배하). 朝賀(조하). 祝賀(축하).

「賂」 부 貝(조개패변) 획 7—6 훈 뇌물 음 뢰 中 lu⁴ 英 bribe 日 ロ. まいなう
뜻 ①뇌물. ②줄. ③선물.
필순 ‖ 目 貝 貝 貯 貯 賂 賂
賂物〔뇌물〕 자기의 목적을 이루기 위하여 남에게 몰래 주는 재물. 동뇌사(賂謝). 「(賂物). ろしゃ
賂謝〔뇌사〕 뇌물의 금품. 동 뇌물
賂遺〔뇌유〕 뇌물을 보냄. ろい
▷受賂(수뢰). 賄賂(회뢰).

【賃】 부 貝(조개패변) 획 7—6 훈 품팔이 음 임: 中 lin⁴ jen⁴ 英 hire 日 チン. やとう
뜻 ①품팔이. ②세낼. ③빌. ④머슴. 더부살이.
필순 亻 任 任 賃 賃 賃 賃 賃
賃金〔임금〕 ①삯전. 동임은(賃銀). ②일에 대한 보수(報酬). ちんきん. ちんぎん
賃貸〔임대〕 삯을 받고 빌려줌. ↔ 임차(賃借). ちんたい
賃貸借〔임대차〕 남의 소유물(所有物)을 빌어 쓰는 사람이 소유자에게 사용료(使用料)를 치르게 하는 계약. ちんたいしゃく
賃銀〔임은〕 ①동임금(賃金). ②노무자가 받는 보수. ちんぎん
賃錢〔임전〕 삯으로 치르는 돈.
賃借〔임차〕 손료(損料)를 내고 얻어 쓰는 일. ↔임대(賃貸). ちんしゃく
賃借料〔임차료〕 빌어 쓴 요금(料金). ↔임대료(賃貸料). ちんしゃくりょう 「(운임).
▷勞賃(노임). 船賃(선임). 運賃

【資】 부 貝(조개패변) 획 7—6 훈 재물 음 자 中 tzu¹ 英 wealth; resources 日 シ. もとで
뜻 ①재물. ② 밑천. ③ 바탕. ④도울. ⑤자리. 자격.
필순 冫 次 次 咨 咨 資 資
資格〔자격〕 ①신분. 지위. ②어떤 신분이나 지위를 얻기 위한 필요한 조건. しかく
資力〔자력〕 ①바탕이 되는 힘. ②밑천. 동자본(資本). しりょく
資料〔자료〕 일의 바탕이 될 재료(材料). しりょう
資本〔자본〕 영업의 기본이 되는 돈이나 물자. 동자력(資力). 예—主義(주의). しほん
資産〔자산〕 동재산(財産). しさん
資源〔자원〕 기술의 발전에 따라 생산에 소용되는 것. しげん
資材〔자재〕 물건을 만드는 데 필요한 자료. しざい 「(天稟). ししつ
資質〔자질〕 타고난 성질. 동천품
資稟〔자품〕 사람된 바탕과 타고난 성질. しひん 「물품들.
資賄〔자회〕 시집갈 때 가지고 가는

▷軍資(군자). 勞資(노자). 物資(물자). 天資(천자). 投資(투자). 學資(학자).

【賊】 부 貝(조개패변) 획 7—6 훈 도둑 음 적 中 tsê[2] 英 thief 日 ゾク. ぬすむ 「죽일.
뜻 ① 도둑. 도둑질할. ②해칠.
필순 ㄇ 目 貝 貯 貯 賊 賊 賊

賊軍〔적군〕 도적(盜賊)의 군사. ぞくぐん
賊反荷杖〔적반하장〕 도둑이 도리어 매를 든다는 뜻으로, 굴복해야 할 사람이 도리어 남을 억누르려고 함의 비유.
賊船〔적선〕 도둑의 배. ぞくせん
賊臣〔적신〕 불충(不忠)한 신하. 또 배반한 신하. ぞくしん
賊子〔적자〕 ① 큰 불효자. 부모를 죽인 자. ②반역자. ぞくし
賊彈〔적탄〕 도둑의 총포(銃砲). 또 그 탄알. ぞくだん
賊患〔적환〕 도둑에 대한 걱정.
▷國賊(국적). 大賊(대적). 盜賊(도적). 山賊(산적). 逆賊(역적). 殘賊(잔적). 海賊(해적).

「賄」 부 貝(조개패변) 획 7—6 훈 뇌물 음 회: 中 huei[34] 英 bribe 日 ワイ. まかなう
뜻 ①뇌물. ②재물. ③선물.
필순 ㄇ 目 貝 貝 貯 賄 賄

賄賂〔회뢰〕 뇌물을 주고 받음. わいろ 「죄. わいろざい
賄賂罪〔회뢰죄〕 뇌물을 주고 받은
▷收賄(수회). 資賄(자회). 贈賄(증회).

【賓】 부 貝(조개패변) 획 7—7 훈 손 음 빈 中 pin[1] 英 guest 日 ヒン. まろうど
뜻 ①손. ②좇을. 복종할. ③인도할. ④물리칠. 배척할. ⑤성.
필순 宀 宀 宀 宀 宵 賓 賓 賓

賓客〔빈객〕 ①손. ②문하(門下)의 식객(食客). ③태자(太子)를 모시는 벼슬. ひんきゃく 「たい
賓待〔빈대〕 손님으로 대접함. ひん
賓旅〔빈려〕 외국에서 온 나그네.
賓朋〔빈붕〕 방문객. 내빈(來賓).
賓雀〔빈작〕 참새. ひんじゃく
賓主〔빈주〕 손과 주인. 동주객(主客). ひんしゅ
賓天〔빈천〕 귀인(貴人)의 죽는 일.
▷國賓(국빈). 貴賓(귀빈). 內賓(내빈). 來賓(내빈). 迎賓(영빈). 外賓(외빈). 主賓(주빈).

〔賣〕 부 貝(조개패변) 획 7—8 훈 팔 음 매: 中 mai[4] 英 sell 日 バイ. うる
뜻 팔.
참고 약 売
필순 士 吉 声 青 賣 賣 賣 賣

賣價〔매가〕 파는 값. ばいか
賣却〔매각〕 팔아 버림. ばいきゃく
賣官〔매관〕 돈을 받고 벼슬을 시키는 일. 예—賣職(매직).
賣國〔매국〕 사사로운 이익을 위하여 제 나라를 팔아 해를 끼침. 예—奴(노). ばいこく
賣渡〔매도〕 팔아 넘김. 「いばい
賣買〔매매〕 팔고 사고하는 일. ば
賣名〔매명〕 이름을 팖. 명예나 명의(名儀)를 팖. ばいめい
賣文〔매문〕 글을 팖. ばいぶん
賣上〔매상〕 상품(商品)을 팖.
賣占〔매점〕 돈을 받고 점을 쳐 줌.
賣約〔매약〕 팔겠다는 약속을 함. ばいやく 「ばいやく
賣藥〔매약〕 ①약을 팖. ②파는 약.
賣與〔매여〕 팔아 넘김. ばいよ
賣店〔매점〕 회사·역구내·큰 병원·열차 따위에 차린 조그만 가게. ばいてん
賣盡〔매진〕 모조리 팔림. ばいじん
賣票〔매표〕 표를 팖. ばいひょう
賣品〔매품〕 파는 물건. ばいひん
賣休〔매휴〕 아내를 남에게 팔아 남편된 권리를 잃음.
▷競賣(경매). 發賣(발매). 先賣(선매). 專賣(전매). 投賣(투매). 特賣(특매). 販賣(판매).

「賠」 부 貝(조개패변) 획 7—8 훈 물어줄 음 배 中 p'ei[2] 英 compensate 日 バイ. つぐなう
뜻 물어줌. 배상할.
필순 ㄇ 目 貝 貯 貯 賠 賠 賠

賠款〔배관〕 손해를 무는 약속의 조목(條目).

賠償〔배상〕 남에게 끼친 손해를 갚아줌. ばいしょう

賠償金〔배상금〕 ①배상하는 돈. ②강화 조약(講和條約)에서 이긴 나라가 진 나라에 물리는 돈. 또 국제 법규 위반으로 생기는 손해를 메우기 위하여 내는 돈. ばいしょうきん

【賦】 부 貝(조개패변) 획 7—8 훈 구실 음 부: ㊥ fu⁴ ㊎ taxes ㊐ フ. とりたて. みつぎ
뜻 ①구실. 부세. ②거둘. ③받을. 타고날. ④글.
필순 ⺆ ⺆ 貝 貝⺊ 貝⺊ 賦 賦賦

賦課〔부과〕 세금을 매김. 과세(課稅)함. 또 그 쌀이나 금전. ふか

賦命〔부명〕 타고난 운명. ふめい

賦性〔부성〕 타고난 성질. ふせい

賦稅〔부세〕 세금액(稅金額)을 매겨서 물림. ふぜい

賦與〔부여〕 ①나누어 줌. 별러 줌. ②타고난 성질. 또 운명. ふよ

賦役〔부역〕 국가나 공공단체가 국민에게 책임지우는 노역(勞役). ふえき 「(천부). 割賦(할부).

▷詩賦(시부). 月賦(월부). 天賦

【賜】 부 貝(조개패변) 획 7—8 훈 줄 음 사: ㊥ tz'u⁴ ssu⁴ ㊎ bestow ㊐ シ. たまわる 「혜.
뜻 ①줄. 내려줄. ②고마울. 은
필순 ⺆ ⺆ 貝 貝⺊ 貝日 賜 賜賜

賜暇〔사가〕 휴가를 줌. 말미를 줌. しか 「그 돈. しきん

賜金〔사금〕 임금이 돈을 내림. 또

賜書〔사서〕 임금이 글을 내림. 또 그 글. ししょ 「람을 대함.

賜顔〔사안〕 좋은 낯빛으로 아랫사

賜藥〔사약〕 임금이 죽어야 할 사람에게 독약을 내려 줌. しやく

賜田〔사전〕 임금이 내려준 밭. しでん 「諾)함. しけん

賜見〔사현〕 배알(拜謁)을 허락(許

賜花〔사화〕 ①임금이 문무과(文武科)에 급제한 사람에게 내리던 종이꽃. ②어사화(御賜花). しか

▷賞賜(상사). 拜賜(배사). 恩賜(은사). 天賜(천사). 下賜(하사). 惠賜(혜사). 厚賜(후사).

〖賞〗 부 貝(조개패변) 획 7—8 훈 상품 음 상(상:) ㊥ shang³ ㊎ reward ㊐ ショウ. ほめる
뜻 ①상줄. ②칭찬할. ③구경할. 즐길.
필순 ⺌ 尚 賞 賞 賞 賞 賞 賞

賞功〔상공〕 공로(功勞)에 대하여 상을 줌. しょうこう 「うきん

賞金〔상금〕 상으로 주는 돈. しょ

賞祿〔상록〕 상으로 주는 녹(祿).

賞杯〔상배〕 선행자·공로자에게 상으로 주는 잔 모양의 패(牌). しょうはい 「줌. しょうばつ

賞罰〔상벌〕 상과 벌. 또 상줌과 벌

賞美〔상미〕 기림. 칭찬함. しょうび 「을 줌. しょうよ

賞與〔상여〕 칭찬하여 금품(金品)

賞一勸百〔상일권백〕 한 사람의 착한 일을 칭찬하여 뭇 사람에게 착한 일을 장려(奬勵)함.

賞狀〔상장〕 상으로 주는 증서. しょうじょう 「品). しょうひん

賞品〔상품〕 상으로 주는 물품(物

賞勳〔상훈〕 공훈(功勳)을 칭찬함. 공훈이 있는 사람에게 상을 줌. しょうくん

▷鑑賞(감상). 수상(受賞). 수상(授賞). 信賞(신상). 論功行賞(논공행상). 懸賞(현상).

〖質〗 부 貝(조개패변) 획 7—8 훈 바탕 음 질 ㊥ chih²·⁴ ㊎ property; simple ㊐ シツ. シチ. たち
뜻 ①바탕. ②물음. ③질박할. ④잡을(지:).
필순 ⺁ ⺁ 斦 斦 質 質 質 質 質

質古〔질고〕 검소하고 순박함.

質量〔질량〕 물체가 지니고 있는 실질적인 양. しつりょう 「い

質明〔질명〕 날이 샐 무렵. しつめ

質問〔질문〕 모르거나 의심나는 것을 물어서 밝힘. しつもん

質朴〔질박〕 자연 그대로로서 단순함. しつぼく 「い

質性〔질성〕 ㊐성질(性質). しつせ

質素〔질소〕 ①꾸밈새 없이 순박(淳朴)함. ②살림살이를 간소(簡素)하게 차림. しっそ

質言〔질언〕 ①(동)언질(言質). ②딱 잘라 말함.
質疑應答〔질의응답〕 의심나는 데를 물음과 이에 대한 대답. しつぎおうとう
質子〔지자〕 볼모. 「녁. しつてき
質的〔질적〕 ①본바탕의 상태. ②과
質正〔질정〕 바로잡음. しっせい
質直〔질직〕 질박(質朴)하고 정직함. しっちょく
質稟〔질품〕 할 일을 상관(上官)에게 여쭈어 봄. しつひん
▷氣質(기질). 物質(물질). 本質(본질). 性質(성질). 素質(소질). 實質(실질). 原形質(원형질). 人質(인질). 資質(자질). 才質(재질). 體質(체질). 品質(품질).

【賤】 부 貝(조개패변) 획 7—8 훈 천할 음 천: (中) chien^{4} (英) mean (日) セン. いやしい
뜻 ①천할. ②업신여길. ③흔할. 「값쌀.
참고 (약) 賎
필순 冂 目 貝 貝 貝' 貝戈 貝戔 賤

賤待〔천대〕 업신여겨 푸대접함. 낮게 보아 예(禮)로써 대우하지 않음. せんたい
賤夫〔천부〕 천한 사람. せいふ
賤俘〔천부〕 (동)포로(捕虜). せんぷ
賤視〔천시〕 업신여김. 천히 여김.
賤業〔천업〕 천한 직업. せんぎょう
賤役〔천역〕 천한 일. せんえき
賤妾〔천첩〕 ①기생(妓生) 또는 종으로 남의 첩(妾)이 된 계집. ②아내가 남편에 대한 자기의 겸칭(謙稱). せんしょう
賤稱〔천칭〕 천하게 일컬음. せんしょう 「람. せんかん
賤漢〔천한〕 신분(身分)이 천한 사
賤鄕〔천향〕 풍속이 비루한 시골.
▷貴賤(귀천). 卑賤(비천). 貧賤(빈천). 寒賤(한천).

〖賢〗 부 貝(조개패변) 획 7—8 훈 어질 음 현 (中) hsien^{2} (英) virtuous (日) ケン. かしこい. まさる 「을.
뜻 ① 어질. ②좋을. 나
참고 (약)賢
필순 ꞊ 臣 臤 臤 賢 賢 賢 賢

賢君〔현군〕 덕행(德行)이 있는 어진 임금. けんくん 「어진 여자.
賢女〔현녀〕 현명한 여자. 행실이
賢母〔현모〕 어진 어머니. けんぼ
賢母良妻〔현모양처〕 어진 어머니와 좋은 아내. けんぼりょうさい
賢婦〔현부〕 ① 어진 아내. ②어진 부인. けんぷ 「し
賢士〔현사〕 (동)⇨현인(賢人). けん
賢相〔현상〕 어진 재상(宰相). 현명한 재상. けんしょう
賢聖〔현성〕 현인(賢人)과 성인(聖人). けんせい 「んしん
賢臣〔현신〕 어진 신하(臣下). け
賢英〔현영〕 어질고 뛰어난 사람. けんえい
賢王〔현왕〕 어진 임금. けんおう
賢愚〔현우〕 현명함과 우매(愚昧)함. 또 현명한 사람과 우매한 사람. けんぐ 「리석음이 다름.
賢愚之殊〔현우지수〕 현명함과 어
賢人〔현인〕 ① 어진 사람. 현명한 사람. 특히 재덕(才德)을 겸비하여 성인(聖人) 다음가는 사람. (동)현사(賢士)·현자(賢者). ②탁주(濁酒)의 딴이름. けんじん
賢者〔현자〕 (동)⇨현인(賢人). けんじゃ 「하. けんさ
賢佐〔현좌〕 어진 보좌(補佐)의 신
▷名賢(명현). 聖賢(성현). 英賢(영현). 忠賢(충현).

「賭」 부 貝(조개패변) 획 7—9 훈 걸 음 도 (中) tu^{3} (英) gamble (日) ト. かけ
뜻 ①걸. ②노름. 도박. ③내기.
필순 冂 目 貝 貯 賭 賭 賭 賭

賭博〔도박〕 돈을 걸고 승부를 다투는 내기. 노름. とはく
賭租〔도조〕 남의 논밭을 지어 먹고 세로 무는 벼. とそ

【賴】 부 貝(조개패변) 획 7—9 훈 힘입을 음 뢰: (中) lai^{4} (英) trust to (日) ライ. たのむ. たよる. あまる
뜻 ①힘입을. ②의지할. ③믿을.
필순 ㄇ 申 束 剌 賴 賴 賴 賴

賴德〔뇌덕〕 남의 덕(德)을 입음. らいとく

賴力〔뇌력〕 남의 힘을 입음. らいりょく

賴子〔뇌자〕 직업이 없는 불량한 사람. 무뢰한(無賴漢). らいし

▷無賴(무뢰). 信賴(신뢰). 依賴(의뢰).

「購」 부 貝(조개패변) 획 7—10 훈 살 음 구(구:) 中 kou⁴ 英 buy 日 コウ. あがなう

뜻 ①살. ②구해 들일.

필순 [stroke order]

購讀〔구독〕 신문·서적(書籍) 등을 사서 읽음. こうどく

購買〔구매〕 물건을 사들이는 일. 동 구입(購入). こうばい

購問〔구문〕 상금(賞金)을 걸고 찾음. こうもん

購入〔구입〕 물건을 사들이는 일. 동구매(購買). こうにゅう

【贈】 부 貝(조개패변) 획 7—12 훈 줄 음 증: 中 tseng⁴ 英 present 日 ゾウ. おくる

뜻 ①줄. ②선물할. 선사할.

필순 [stroke order]

贈答〔증답〕 선사로 물건을 주고 받음. ぞうとう

贈與〔증여〕 물건을 선사로 보냄. 「ぞうよ

贈呈〔증정〕 물건을 드림. ぞうてい

贈賄〔증회〕 선사를 함. 또 선물. ぞうわい. ぞうかい

▷寄贈(기증). 受贈(수증). 追贈(추증). 顯贈(현증).

【贊】 부 貝(조개패변) 획 7—12 훈 도울 음 찬: 中 tsan⁴ 英 praise; assent 日 サン. まみえる. すすめる. たすける

뜻 ①도울. ②기릴. ③찬성할.

참고 약 賛

필순 [stroke order]

贊同〔찬동〕 동⇨찬성(贊成). さんどう

贊美〔찬미〕 칭송(稱頌)함. 기림. 「さんび

贊反〔찬반〕 찬성함과 반대함. 예—兩論(양론). さんはん

贊否〔찬부〕 찬성과 불찬성. さんぴ

贊辭〔찬사〕 칭찬하는 말. さんじ

贊成〔찬성〕 동의함. 동의하여 도와줌. 동찬동(贊同). さんせい

贊述〔찬술〕 칭찬하여 진술(陳述)함. さんじゅつ

贊揚〔찬양〕 칭찬하여 드러냄. さんよう

贊助〔찬조〕 찬동(贊同)하여 도와줌. さんじょ

贊歎〔찬탄〕 감탄(感嘆)하여 칭찬함. さんたん

▷勸贊(권찬). 扶贊(부찬). 自贊(자찬). 稱贊(칭찬). 協贊(협찬).

「贓」 부 貝(조개패변) 획 7—14 훈 장물 음 장 中 tsang¹ 英 stolen goods 日 ゾウ

뜻 장물. 훔친 물건.

참고 속 贜

필순 [stroke order]

贓物〔장물〕 범죄 행위로써 얻은 재물. 곧 훔친 물건. ぞうもつ

贓物罪〔장물죄〕 장물을 숨겨 두거나 장물인 줄 알고도 사 들여 이루어진 죄. ぞうもつざい

贓品〔장품〕 뇌물이나 도둑질 따위의 부정한 수단으로써 얻은 재물. ぞうひん

(7) 赤 部

〔赤〕 부 赤(붉을적변) 획 7—0 훈 붉을 음 적 中 ch'ih⁴ 英 red 日 セキ. シャク. あか. あかい

뜻 ① 붉을. ②빌. 아무것도 없을. ③ 벌거벗을. 거짓없을.

필순 一 十 土 夫 赤 赤 赤

赤裸裸〔적나라〕 ①발가벗음. ②아무 숨김 없이 그대로 드러냄. せきらら

赤道〔적도〕 지축(地軸)에 곧게 만난 양극(兩極)에서 90도의 거리에 있는 대권(大圈). せきどう

赤裸〔적라〕 발가벗음. せきら

赤痢〔적리〕 대변(大便)에 피가 섞이어 나오는 이질(痢疾). せきり

赤壁〔적벽〕 ①붉은 벽. ②중국 양자강 연안의 산명(山名). ③중국 무창현(武昌縣) 동남의 산명(山名). ④중국의 황강현(黃岡縣) 성 밖의 명승지로서 북송(北宋)

의 시인 소식(蘇軾)이 〈적벽부〉를 읊은 곳. せきへき

赤壁賦〔적벽부〕 송(宋)나라 소식(蘇軾)이 적벽(赤壁) 아래에서 뱃놀이할 적에 지은 유명한 글. 전후(前後) 2편이 있음. 문장궤범(文章軌範)·고문진보(古文眞寶)에 실려 있음. せきへきのふ

赤貧〔적빈〕 썩 가난함. 찰가난. せきひん

赤手〔적수〕 맨손. 빈손. せきしゅ

赤手空拳〔적수공권〕 맨손과 맨주먹. せきしゅくうけん

赤身〔적신〕 벌거벗은 몸. 알몸.

赤兎馬〔적토마〕 옛 준마(駿馬)의 이름. 관우(關羽)가 탔었다는 말.

赤血〔적혈〕 붉은 피. せっけつ

赤化〔적화〕 ① 붉게 됨. ②공산주의에 물듦. せっか 「きょう

赤凶〔적흉〕 매우 심한 흉년. せっ

赤黑色〔적흑색〕 붉고도 검은 빛깔.

「赦」 부 赤(붉을적변) 획 7—4 훈 용서할 음 사: 中 chê⁴ 英 forgive 日 シャ. ゆるす

뜻 ①용서할. ②놓아줄.

필순 ± 赤 赤 赦 赦 赦

赦令〔사령〕 나라에 경사가 있어 죄인을 놓아 줄 때 내리는 영(令). 예特(특)—. しゃれい

赦免〔사면〕 ①지은 죄를 용서하여 벌을 면제하는 것. ②국가 원수(國家元首)의 특권에 의해 공소권(公訴權)을 소멸시키거나 형(刑)의 언도의 일부 또는 전부를 소멸시키는 것. しゃめん

赦原〔사원〕 죄인을 놓아 줌.

赦典〔사전〕 국가의 경사 때 죄인을 놓아 주는 특전(特典). しゃてん

赦罪〔사죄〕 ①죄를 용서함. ②고해성사(告解聖事)에 의해 죄를 용서하기를 빎. しゃざい

▷大赦(대사). 免赦(면사). 恩赦(은사). 特赦(특사).

「赫」 부 赤(붉을적변) 획 7—7 훈 빛날 음 혁 中 bê⁴ 英 red 日 カク. あかい

뜻 ①붉을. ②빛날. ③성할. 성대할. ④ 대로할. ⑤ 몹시 성낼. 나타날. 나타낼. ⑥환할.

참고 동 爀

필순 ± 圭 赤 赤 赫

赫怒〔혁노〕 버럭 성을 냄. かくど

赫赫〔혁혁〕 ①빛나는 모양. ②환한 모양. 성(盛)한 모양. ③햇볕이 내리쬐는 모양. かくかく

(7) 走 部

「走」 부 走(달아날주변) 획 7—0 훈 달아날 음 주: 中 tsou³ 英 run 日 ソウ. はしる

뜻 ①달아날. 달릴. ② 갈. 향할.

필순 一 土 丰 走 走

走狗〔주구〕 ①사람을 위하여 잘 달리는 사냥개. ②남의 앞잡이가 되어 일하는 사람. そうく

走馬〔주마〕 ①말을 달림. ②달려가는 말. そうば

走馬看山〔주마간산〕 말을 달리면서 산을 봄. 곧 사물의 겉면만 훑어 보고 그 깊은 속을 살펴 보지 않음의 비유. そうばかんざん

走馬燈〔주마등〕 ①돌리는 대로 그림의 장면이 다르게 보이는 등(燈). ②사물이 빨리 변함의 비유. そうばとう. そうまとう

走破〔주파〕 ① 줄곧 달림. ②곤란을 타넘고, 계속해서 달려 나아감. そうは

走筆〔주필〕 붓을 재빠르게 놀려서 씀. 또는 그러한 글이나 그림. そうひつ

▷競走(경주). 奔走(분주). 力走(역주). 疾走(질주). 敗走(패주).

【赴】 부 走(달아날주변) 획 7—2 훈 다다를 음 부: 中 fu⁴ 英 go to 日 フ. おもむく

뜻 ①다다를. ②부고할(訃와 통용). ③달릴.

필순 ± 丰 走 走 赴 赴

赴擧〔부거〕 과거를 보러 나감.

赴難〔부난〕 나아가서 국난(國難)을 구함. ふなん

赴門〔부문〕과거볼 처소로 들어감.
赴役〔부역〕① 복역(服役)을 치르러 나감. ②사사로이 서로 일을 도와 줌. ふえき
赴任〔부임〕임명(任命)을 받아 신임지(新任地)로 감. ふにん
赴敵〔부적〕적을 향하여 나아감.

【起】 부 走(달아날주변) 획 7—3 훈 일어날 음 기(기:) 中 ch'i[3] 英 rise 日 キ. おきる. おこる
뜻 ①일어날. ②일어설. ③일으킬. 시작할.
필순 ⺈⺊⺌⺍走起起

起居〔기거〕①날마다 지내는 몸의 형편. 동정(動靜). ②생활. ③문안(問安). ④임금의 언행(言行)을 기록하는 관직. ききょ
起居動作〔기거동작〕사람의 일상생활의 행동. 「작함. きこう
起稿〔기고〕원고(原稿)를 쓰기 시
起工〔기공〕역사(役事)를 시작함. 예 一式(식). きこう
起伏〔기복〕①일어났다 누웠다 함. ②나타났다 숨었다 함. ③혹은 높고 혹은 낮음. ④성했다 쇠했다 함. きふく
起死回生〔기사회생〕①빈사자(瀕死者)를 소생(蘇生)시킴. ②실패(失敗)했다 다시 일어남의 비유. きしかいせい 「しょう
起床〔기상〕잠자리에서 일어남. き
起訴〔기소〕소송(訴訟)을 법원에 제기(提起)함. きそ 「きあん
起案〔기안〕문안(文案)을 초잡음.
起業〔기업〕사업(事業)을 일으킴. きぎょう
起用〔기용〕① 벼슬·직책에 등용함. ②면직 또는 휴직(休職)한 자를 다시 씀. きよう
起原〔기원〕사물의 처음. 동 기원(起源). きげん 「ん
起源〔기원〕동 ⇨기원(起原). きげ
起因〔기인〕어떤 일이 일어나는 원인. きいん
起重機〔기중기〕무거운 물건을 들어 움직이는 도르래 장치를 한 기계. きじゅうき
起債〔기채〕①빚을 냄. ②공채(公債)를 모집함. きさい 「う
起草〔기초〕글의 초를 잡음. きそ
▷蹶起(궐기). 蜂起(봉기). 奮起(분기). 隆起(융기). 再起(재기).

【越】 부 走(달아날주변) 획 7—5 훈 넘을 음 월 中 yüeh[4] 英 overpass 日 エツ. こえる. こす. とおい
뜻 ①넘을. ②건널. ③뛸. 뛰어날. ④멀. ⑤떨어질. ⑥나라이름. ⑦거문고 아랫구멍(활).
필순 ⺈⺊⺌走走赿越越

越江〔월강〕강을 건넘. えっこう
越境〔월경〕국경(國境)을 넘음. えっきょう 「함. えっけん
越權〔월권〕자기 권한 밖의 일을
越南〔월남〕① 남쪽으로 넘어 옴. ②베트남(Vietnam). 「おつねん
越年〔월년〕해를 넘김. えつねん.
越冬〔월동〕겨울을 넘김. えっとう
越等〔월등〕정도의 차이가 대단함.
越房〔월방〕건너방. えつぼう
越邊〔월변〕건너편. えっぺん
越朔〔월삭〕산월(產月)을 넘김.
越燕〔월연〕제비. えつえん
越越〔월월〕쉬운 모양. えつえつ
越日〔월일〕내일. えつじつ 「ょう
越墻〔월장〕담을 넘어감. えっし
越鳥〔월조〕①중국 남방의 월(越)나라의 새. ② 공작(孔雀)의 딴 이름. えっちょう
越次〔월차〕차례를 넘음. えつじ
越川〔월천〕내를 건넘. えっせん
越便〔월편〕건너편. えっぺん
越海〔월해〕바다를 건넘. えっかい
▷優越(우월). 移越(이월). 超越(초월). 卓越(탁월).

【趁】 부 走(달아날주변) 획 7—5 훈 진작 음 진 中 ch'en[4] 英 expel 日 チン. おう 「(친).
뜻 ①진작. ②머뭇거릴. ③쫓을
필순 ⺈⺊⺌走赴赵趁趁

趁期〔진기〕기한이 다 참. 동 진한(趁限). ちんき
趁時〔진시〕진작. 좀더 일찌기.
趁早〔진조〕진작. 바로 그 때. 동 진즉(趁卽). ちんそう 「そく
趁卽〔진즉〕동 ⇨진조(趁早). ちん

趁限〔진한〕 ㊐⇨진기(趁期). ちんげん
▷當趁(당진).

【超】 부 走(달아날주변) 획 7—5 훈 뛰어넘을 음 초 ㊥ ch'ao[1] ㊍ leap over ㊐ チョウ. こえる
뜻 ①뛰어넘을. ②뛰어날.
필순 + ± ≠ 走 起 起 起 超 超

超過〔초과〕 ①사물의 한도(限度)를 넘어섬. ②일정한 수를 넘음. ちょうか
超克〔초극〕 어려움을 이겨냄 ちょうこく
超等〔초등〕 등급을 뛰어 넘음.
超滿員〔초만원〕 정원(定員) 이상으로 사람이 꽉 참. ちょうまんいん
超邁〔초매〕 보통(普通)보다 뛰어남.
超凡〔초범〕 범인(凡人)보다 썩 뛰어남. ちょうぼん
超世〔초세〕 ①세상에서 견줄 사람이 없이 뛰어남. ②세속(世俗)을 초탈(超脫)함. ㊐초속(超俗). ちょうせい
超俗〔초속〕 ㊐⇨초세(超世). ちょうぞく
超然〔초연〕 ① 남과 격리(隔離)된 모양. ②세상이나 남과 관계하지 않는 모양. ちょうぜん
超悟〔초오〕 ①남보다 월등(越等)하고 영리함. ②월등(越等)한 깨달음. ちょうご
超越〔초월〕 ①보통보다 뛰어남. ②세상의 속된 일에서 떠남. ③뛰어 넘음. ④가볍고 빠른 모양. ⑤경험·가능의 범위를 넘어섬. ちょうえつ
超音波〔초음파〕 귀에 들리지 않는 진동수(振動數). 6 만 사이클 이상의 음파. ちょうおんぱ
超人〔초인〕 범속(凡俗)을 초탈(超脫)한 완전하고 위대한 사람. 이상적인 사람. ちょうじん
超人間的〔초인간적〕 사람으로서는 힘이 미칠 수 없는 것. 곧 신(神)의 활동에 관한 것. ちょうにんげんてき
超自然〔초자연〕 자연 법칙을 넘어 신비적인 것. ちょうしぜん
超絶〔초절〕 ①사이가 떨어져 있음. ②다른 것들보다 뛰어남. ちょうぜつ
超脫〔초탈〕 기품(氣品)이 높아 세속에 관여(關與)하지 않는 것. ちょうだつ
超忽〔초홀〕 ① 기품(氣品)이 고상(高尙)한 모양. ② 멀고 아득한 모양. ちょうこつ
▷入超(입초). 出超(출초). 慧超(혜초).

【趙】 부 走(달아날주변) 획 7—7 훈 조나라 음 조: ㊥ chas[4] ㊍ family name ㊐ チョウ
뜻 ①조나라. ②성. ③빨리 달릴 ④찌를. ⑤오랠.
필순 + ± ≠ 走 起 起 趙 趙

【趣】 부 走(달아날주변) 획 7—8 훈 취미 음 취: ㊥ ch'u[4] ㊍ advance ㊐ シュ. おもむき
뜻 ①취미. ②뜻. ③추창할. ④향할. 나아갈(추). ⑤ 재촉할(촉)(促과 통용).
필순 + ≠ 走 起 起 趄 趣 趣

趣味〔취미〕 ① 정취(情趣)를 이해하고 감상할 수 있는 힘. ②즐기는 일. ③본업(本業)이외의 즐기는 것. 곧 독서·서도·미술·음악 따위. しゅみ
趣意〔취의〕 ㊐⇨취지(趣旨). しゅい
趣旨〔취지〕 생각. 까닭. ㊐취의(趣意). しゅし
趣治〔취치〕 ①계속해서 다스림. ②급히 준비함.
趣向〔취향〕 ①취미의 방향. ②목적을 정하여 그에 향하는 것. しゅこう
▷歸趣(귀취). 妙趣(묘취). 詩趣(시취). 情趣(정취). 風趣(풍취). 興趣(흥취).

【趨】 부 走(달아날주변) 획 7—10 훈 달아날 음 추 ㊥ ch'ü[1] ㊍ run; hasten ㊐ シュ. スウ. はしる
뜻 ①달아날. ②추창할. ③재촉할. 빠를(촉)(促과 통용).
필순 + ≠ 走 起 起 趄 趨 趨

趨光性〔추광성〕 빛이 자극이 되어 일어나는 생물의 이동(移動) 운동. すうこうせい
趨利〔추리〕 다투어 이익을 꾀함. すうり
趨拜〔추배〕 빠른 걸음으로 나아가

서 절함. すうはい
趨步〔추보〕 빠른 걸음으로 달림.
趨勢〔추세〕 ① 되어 가는 형편(形便). ②세상이 되어 가는 형세(形勢). すうせい
趨走〔추주〕 ①빨리 쫓아 감. ②공경의 뜻으로 웃사람 앞을 허리를 굽히고 빨리 걸음. すうそう
趨向〔추향〕 ①대세(大勢)의 되어 가는 형편. ② 되어 가는 방향(方向). すうこう
趨數〔촉삭〕 빠른 것. すうすう
趨織〔촉직〕 귀뚜라미의 별명(別名). ⓢ촉촉(趨趨).
趨趨〔촉촉〕 ①빨리 가는 모양. ② ⓢ촉직(趨織). すうすう
▷歸趨(귀추).

(7) 足 部

〖足〗 部 足(발족변) 획 7—0 훈 발 음 족 中 tsu² 英 foot 日 ソク. あし. たりる
뜻 ①발. ②넉넉할. 족할. ③과할(주). ④그칠.
필순 ' ㅁ ㅁ 𠯁 𧾷 足
足件〔족건〕 버선.
足過平生〔족과평생〕 한 평생을 넉넉히 지낼 만함. 살림이 넉넉함.
足反居上〔족반거상〕 사물이 거꾸로 됨을 이름.
足餠〔족병〕 쇠족·꼬리·가죽 등을 고아서 식히어 묵같이 만든 음식. ⓢ족편. そくへい
足不履地〔족불리지〕 발이 땅에 닿지 않을 만큼 급히 달아남을 이름.
足衣〔족의〕 양말. そくい
足掌〔족장〕 발바닥. そくしょう
足足有餘〔족족유여〕 매우 넉넉하여 남음이 있음.
足指〔족지〕 발가락.
足趾〔족지〕 발뒤꿈치. そくし
足且足矣〔족차족의〕 흡족하여 아주 능준함.
足尖〔족첨〕 발부리.
足恭〔주공〕 지나친 공경. 곧 아첨.
▷高足(고족). 禁足(금족). 滿足(만족). 不足(부족). 洗足(세족). 手足(수족). 長足(장족). 充足(충족). 濯足(탁족). 洽足(흡족).

〖趾〗 部 足(발족변) 획 7—4 훈 발가락 음 지 中 chih³ 英 toes 日 シ. あしあと. あし
뜻 ①발가락. ②발. 발꿈치. ③그칠. ④ 발자취.
필순 ㅁ 𠯁 𧾷 𧾷 𧾷ㅣ 𧾷⺊ 𧾷止 趾
趾高氣揚〔지고기양〕 발을 높이 올려 걷고, 의기양양(意氣揚揚)하여 뽐내는 모양. 거만한 태도.
趾骨〔지골〕 발가락의 뼈. しこつ
趾臺〔지대〕 담·집 따위의 지면에 터전을 잡고 돌로 쌓은 부분.

〖距〗 部 足(발족변) 획 7—5 훈 떨어질 음 거 中 chü⁴ 英 distant 日 キョ. へだたる
뜻 ①떨어질. ②상거. 거리. ③이를. ④어길. ⑤막을. ⑥클. ⑦며느리발톱.
필순 ㅁ ㅁ 𠯁 𧾷 跙 跕 距 距
距骨〔거골〕 복사뼈.
距今〔거금〕 이제로부터. きょこん
距離〔거리〕 ① 두 곳 사이의 떨어진 길이. ② 두 점 사이의 간격의 길이. きょり
距躍〔거약〕 뛰어 오름. 뛰어 넘음. きょやく
距戰〔거전〕 적을 막아서 싸움. きょせん
距跳〔거조〕 뛰어 오름. しょせん
▷相距(상거).

〖路〗 部 足(발족변) 획 7—6 훈 길 음 로: 中 lu⁴ 英 road 日 ロ. みち. じ
뜻 ①길. ②클. ③수레. ④성. ⑤중요할.
필순 ㅁ 𠯁 𧾷 𧾷ㄱ 跁 跭 路 路
路岐〔노기〕 갈림길. ⓢ기로(岐路).
路毒〔노독〕 여행(旅行)에 시달려서 생긴 병. ろどく
路柳〔노류〕 길가의 버들. ろりゅう
路面〔노면〕 길바닥. ろめん
路傍〔노방〕 길 옆. 길가. ろぼう
路邊〔노변〕 길가. ろべん
路不拾遺〔노불습유〕 길에 물건이 떨어져 있더라도 주워서 자기가 가지려는 따위의 짓을 아니함. 곧 모든 백성이 그처럼 정직할

정도로 나라가 잘 다스려진 모양을 이름. 「용되는 돈. ろひ
路費〔노비〕먼 길을 오가는 데 소
路線〔노선〕①어느 지점에서 다른 지점에 이르는 도로나 선로 따위. ② 일정한 목표로 나아가는 길. ㉕政治(정치)—. ろせん
路需〔노수〕길가는 데 드는 씀씀이. ㊐노자(路資).
路遠〔노원〕길이 멂. ろえん
路資〔노자〕㊐⇨노수(路需). ろし
路程〔노정〕길의 이수(里數). 여행의 경로(經路). ろてい
路次〔노차〕① 길의 경로. ② 도중(途中). ろじ
路幅〔노폭〕길의 폭. ろふく
▷街路(가로). 舊路(구로). 歸路(귀로). 岐路(기로). 大路(대로). 道路(도로). 末路(말로). 山路(산로). 世路(세로). 小路(소로). 水路(수로). 旅路(여로). 要路(요로). 遠路(원로). 陸路(육로). 進路(진로). 鐵路(철로). 通路(통로). 退路(퇴로). 海路(해로). 行路(행로). 險路(험로).

【跡】 部 足(발족변) 획 7—6 훈 발자취 음 적 ㊥ chi² 英 traces 日 セキ. あと
뜻 ①발자취. 자취. ②뒤밟음.
참고 ㊐迹·蹟
필순 ㅁ ㅁ ㅁ 跡跡跡跡

跡捕〔적포〕뒤를 밟아가서 잡음. せきほ
▷古跡(고적). 軌跡(궤적). 人跡(인적). 戰跡(전적). 追跡(추적). 筆跡(필적).

【跳】 部 足(발족변) 획 7—6 훈 뛸 음 도 ㊥ t'iao⁴ 英 jump 日 チョウ. おどる
뜻 ① 뛸. ②도망할(조)(逃와 통용).
필순 ㅁ ㅁ ㅁ 跳跳跳跳

跳梁〔도량〕① 뛰어 오름. ② 함부로 날뜀. ちょうりょう
跳躍〔도약〕뛰어 오름. 훌쩍 뜀. ちょうやく
跳躍臺〔도약대〕뜀뛰기에 쓰이는 시설. 뜀뛰기판. ちょうやくだい
跳躍運動〔도약운동〕뜀뛰기 운동. ちょうやくうんどう
跳驅〔조구〕말을 빨리 달림. ちょうく
跳舞〔조무〕①뛰면서 춤을 춤. ② 댄스(dance). ちょうぶ
跳白〔조백〕작은 어선(漁船).
跳月〔조월〕초봄의 달밤에 미혼(未婚) 남녀(男女)가 야외(野外)에 모여서 애인(愛人)끼리 노래 부르고 춤을 추며 즐기는 것.
▷走廣跳(주광도). 走幅跳(주폭도).

【踊】 部 足(발족변) 획 7—7 훈 뛸 음 용: ㊥ yung³ 英 jump 日 ヨウ. おどり. おどる
뜻 ①뛸. ②춤출.
필순 ㅁ ㅁ ㅁ 踊踊踊踊

踊貴〔용귀〕물가(物價)가 오름. ようき
踊躍〔용약〕① 뛰어 오름. ② 힘차게 날뛰는 모양. ようやく
▷舞踊(무용).

【踏】 部 足(발족변) 획 7—8 훈 밟을 음 답 ㊥ t'a⁴ 英 tread 日 トウ. ふむ. ふみだい
뜻 밟을.
필순 ㅁ ㅁ ㅁ 踏踏踏踏

踏橋〔답교〕재앙을 물리친다 하여 정월 대보름날 밤에 다리를 밟으며 달 아래서 놀던 옛 풍습.
踏踏〔답답〕말발굽 소리.
踏步〔답보〕제자리걸음. とうほ
踏査〔답사〕그 곳에 실지로 가서 자세히 조사함. ㉕現地(현지)—. とうさ
踏山〔답산〕무덤 자리를 답사(踏査)함. とうざん
踏殺〔답살〕밟아 죽임. とうさつ
踏碎〔답쇄〕밟아 부숨. とうすい
踏襲〔답습〕선인(先人)이 남긴 일을 그대로 밟아 잇는 것. とうしゅう
踏月〔답월〕달빛을 밟으며 걸음. とうげつ
踏印〔답인〕관인(官印)을 찍음. とういん
踏破〔답파〕밟음. 또는 걸어다님. とうは
▷高踏(고답). 前人未踏(전인미답). 踐踏(천답). 蹴踏(축답).

【踪】 部 足(발족변) 획 7—8 훈 발자취 음 종 ㊥ tsung¹ 英 footprint 日 ショウ. あと
뜻 ①발자취. ②쫓을.
참고 ㊐蹤

필순 ㅁ ㅑ ㅑ ㅑ 𧿶 踪踪踪
踪跡〔종적〕 ① 사람이 간 뒤. 행방(行方). ②발자국. 발자취. ③사람의 뒤를 몰래 따라 살핌. しょうせき
踪跡不知〔종적부지〕 있는 곳이나 간 곳을 알 수 없음.
▷失踪(실종).

【踐】 부 足(발족변) 획 7—8 훈 밟을 음 천: ㊥ chien⁴ ㊈ tread ㊐ セン. ふむ. はだし
뜻 ①밟을. ②행할.
참고 약 践
필순 ㅁ ㅑ ㅑ ㅑ 𧿶 踐踐踐
踐年〔천년〕 해를 지남. せんねん
踐踏〔천답〕 짓밟음. せんとう
踐歷〔천력〕 ① 여러 곳을 돌아다님. ② 지내 온 경력(經歷). せんれき 「지로 행함. せんり
踐履〔천리〕 ①걸음. ②밟음. ③실
踐修〔천수〕 닦아서 행함. 이어서 행함. せんしゅう 「んやく
踐約〔천약〕 약속을 지켜 행함. せ
踐言〔천언〕 말한 바를 실행함. せ
▷句踐(구천). 實踐(실천). ∟んげん

「踰」 부 足(발족변) 획 7—9 훈 넘을 음 유 ㊥ yü² ㊈ overpass ㊐ ユ. こえる
뜻 넘을(逾와 통용).
필순 ㅁ ㅑ 𧿶 𧿶 踰踰踰
踰矩〔유구〕 지나친 법도(法度). 법도를 벗어남. ゆく
踰年〔유년〕 해를 넘김. ゆねん
踰嶺〔유령〕 고개를 넘음. ゆれい
踰言〔유언〕 상대방과 멀리 떨어져서 담화(談話)를 함. ゆげん
踰月〔유월〕 그 달을 넘김. 그 다음 달이 됨. ゆげつ
踰制〔유제〕 제한을 넘음. ゆせい
踰限〔유한〕 기한을 넘음. ゆげん

「蹄」 부 足(발족변) 획 7—9 훈 굽 음 제 ㊥ t'i² ㊈ hoot ㊐ テイ. ひずめ
뜻 ①굽제. ②발. ③밟을(찰).
필순 ㅁ ㅑ ㅑ ㅑ 𧿶 蹄蹄蹄
蹄紙〔제지〕 국지. 도련치고 남은 종이 부스러기. ていし
蹄鐵〔제철〕 소·말의 발굽에 끼우는 조그만 쇠붙이. 발굽쇠. ていてつ 「ていけい
蹄形〔제형〕 말굽처럼 생긴 모양.
蹄形磁石〔제형자석〕 말굽자석. て
▷馬蹄(마제). ∟いけいじしゃく

「踵」 부 足(발족변) 획 7—9 훈 발꿈치 음 종: ㊥ chung³ ㊈ heels ㊐ ショウ. かかど
뜻 ①발꿈치. ②뒤밟을. ③이를. ④ 이을. ⑤자주.
필순 ㅁ ㅑ ㅑ ㅑ 踵踵踵踵
踵武〔종무〕 뒤를 이음. しょうぶ
踵門〔종문〕 친히 그 집에 이름. 방문함. しょうもん 「따라 곧 옴.
踵至〔종지〕 뒤를 밟아 곧 옴. 뒤를
▷接踵(접종). 追踵(추종).

【蹟】 부 足(발족변) 획 7—11 훈 자취 음 적 ㊥ chi⁴ ㊈ traces ㊐ セキ. あと
뜻 ①자취. ②사적. ③행적.
참고 동 跡·迹
필순 ㅁ ㅑ ㅑ ㅑ 蹟蹟蹟蹟
▷古蹟(고적). 奇蹟(기적). 史蹟(사적). 事蹟(사적). 聖蹟(성적). 遺蹟(유적). 筆蹟(필적).

「蹶」 부 足(발족변) 획 7—12 훈 넘어질 음 궐 ㊥ ch'üeh¹·² ㊈ take a false step ㊐ ケツ. ケイ. つまずく
뜻 ①넘어질. 엎어질. 거꾸러질. ②찰. ③밟을. ④뛰어 일어날. ⑤뺄. ⑥급히 걸을. 움직일(궤).
필순 ㅁ ㅑ 𧿶 𧿶 蹶蹶蹶
蹶起〔궐기〕 벌떡 일어남. 예—大會(대회). けっき 「けつぜん
蹶然〔궐연〕 벌떡 일어나는 모양.
蹶蹶〔궤궤〕 동작이 민첩한 모양. 놀라 움직이는 모양. けいけい

「蹴」 부 足(발족변) 획 7—12 훈 찰 음 축 ㊥ ts'u⁴ ㊈ kick ㊐ ショウ. シュウ. ふむ. ける
뜻 ①찰. ②밟을.
필순 ㅁ ㅑ 𧿶 𧿶 蹴 蹴蹴蹴
蹴球〔축구〕 ①제기. 공차기. ②11 사람씩 두 패로 갈려 볼을 차서 상대방(相對方) 문안에 넣어 승부(勝負)를 따지는 경기. 풋보올(football). しゅうきゅう

蹴踏〔축답〕힘껏 밟음. しゅうとう
蹴然〔축연〕삼가는 모양. 또는 불안한 모양. しゅくぜん
蹴蹴〔축축〕마음이 침착하지 못한 모양. 마음이 불안한 모양. しゅくしゅく
▷一蹴(일축).

[躍] 부 足(발족변) 획 7—14 훈 뛸 음 약 中 yüeh⁴ yao⁴ 英 skip 日 ヤク. **おどる**
뜻 ①뛸. ②기쁠(적).
필순 ⻊ ⻊ ⻊ 𧾷 ⻊⻊ 躍躍
躍起〔약기〕뛰어 일어남. やっき
躍動〔약동〕①뛰어 움직임. ②힘차게 활동함. やくどう
躍升〔약승〕뛰어 오름. やくしょう
躍躍〔약약·적적〕①마음이 뛰어서 진정하지 못하는 모양. ② 벌떡뛰며 재빠른 모양. やくやく
躍如〔약여〕① 뛰는 모양. ②생생한 모양. ③눈앞에 생생하게 나타나는 모양. やくじょ
躍進〔약진〕빠르게 진보(進步)함. やくしん
躍出〔약출〕뛰기 시작함. 뛰어 나아감. やくしゅつ
▷跳躍(도약). 飛躍(비약). 暗躍(암약). 勇躍(용약). 一躍(일약). 活躍(활약).

⑺ 身　部

[身] 부 身(몸신변) 획 7—0 훈 몸 음 신 中 shen¹ 英 body 日 シン. **み. みずから**
뜻 ① 몸. ②애밸(娠과 통용). ③나. 몸소.
필순 ′ 亻 ⺆ 冂 自 自 身
身計〔신계〕일신상(一身上)의 계획. しんけい
身老心不老〔신로심불로〕몸은 늙었으나 마음은 늙지 않음.
身命〔신명〕몸과 목숨. 또 일신(一身). 同구명(軀命). しんめい
身貌〔신모〕몸의 모양. 同자태.
身邊〔신변〕몸의 주위. 또 몸. 예 —잡기(雜記). しんぺん
身病〔신병〕몸의 병. しんびょう
身分〔신분〕개인의 사회적인 지위. しんぶん. みぶん
身上〔신상〕①몸. ②한 몸의 형편. しんじょう. みのうえ
身世〔신세〕①이 몸과 이 세상. ②일평생. 생명. しんせい
身熱〔신열〕병으로 말미암아서 나는 몸의 열. しんねつ
身元〔신원〕①출생·신분·성행(性行) 따위. ② 일신상(一身上)의 관계. みもと
身重〔신중〕애를 뱀. 임신(妊娠)함. しんちゅう
身體〔신체〕①몸. 체구. ②금방 죽은 송장의 존칭. しんたい
身體髮膚〔신체발부〕몸과 터럭과 살. 곧 몸의 전체를 이르는 말. しんたいはっぷ
▷屈身(굴신). 單身(단신). 獨身(독신). 文身(문신). 保身(보신). 心身(심신). 一身(일신). 立身(입신). 自身(자신). 長身(장신).

[軀] 부 身(몸신변) 획 7—11 훈 몸 음 구 中 ch'ü¹ 英 body 日 ク. み. からだ
뜻 ①몸. ②허위대.
필순 身 身 身 身 身 躯 軀 軀
軀幹〔구간〕①몸 뼈의 구성. ②몸통. くかん
軀命〔구명〕몸과 목숨. 同신명(身命). くめい
軀體〔구체〕몸. 신체. 同체구(體軀). くたい
▷巨軀(거구). 體軀(체구).

⑺ 車　部

[車] 부 車(수레거변) 획 7—0 훈 수레 음 거 中 chü¹ chê¹ 英 cart; car 日 シャ. くるま
뜻 ①수레(거·차)②성.
필순 一 丆 百 百 亘 車
車軌〔거궤〕수레가 지나간 자국. しゃき
車騎〔거기〕①마차. 또는 전차(戰車)와 기마(騎馬). ②장군(將軍)의 명호(名號). ③성좌(星座)의 이름. しゃき

車同軌〔거동궤〕 수레의 두 바퀴 사이의 간격이 같은 것. 곧 천하(天下)가 통일되어 있음의 비유. くるまきをおなじくす

車馬〔거마〕 수레와 말. 또 탈 것의 통칭(通稱). しゃば

車右〔거우〕 고대(古代) 전차(戰車)의 오른쪽에 무기를 들고 타던 무사(武士). しゃゆう

車載斗量〔거재두량·차재두량〕 차에 싣고 말로 됨. 곧 물건이 아주 많음. しゃさいとりょう

車前〔거전·차전〕 수레의 앞. しゃぜん

車中〔거중·차중〕 찬 안. 또는 차를 타고 있을 동안. しゃちゅう

車塵〔거진〕 차가 지나간 뒤에 일어

車站〔거참〕 정거장. 「난 먼지.

車行〔거행〕 ①차를 타고 감. ②차의 진행(進行). しゃこう

車間〔차간〕 기차(汽車)·전차(電車) 따위의 사람이 타게 된 찻속. 또 그 간의 안쪽.

車庫〔차고〕 차를 넣어 두는 곳집. しゃこ 「しゃどう

車道〔차도〕 차가 다니게 마련한 길.

車輪〔차륜〕 수레바퀴. しゃりん

車夫〔차부〕 차를 부리거나 끄는 사람. しゃふ

車費〔차비〕 차를 타고 치르는 삯.

車胤〔차윤〕 동진(東晋)의 학자(學者)로서 소년 시절에는 매우 가난하였으므로 반딧불로 공부를 하여 마침내 상서랑(尙書郞)의 벼슬까지 오름. しゃいん

車掌〔차장〕 기차·전차·버스 따위에 딸려 승객(乘客) 및 차의 진행이나 차안의 일을 맡아 보는 사람. しゃしょう

車窓〔차창〕 기차·전차·자동차 따위의 창문. しゃそう

車便〔차편〕 차가 내왕(來往)하는 편. 또는 차의 이용.

車票〔차표〕 차를 타기 위해 찻삯을 낸 표. 동승차권(乘車券).

▷客車(객차). 汽車(기차). 機關車(기관차). 馬車(마차). 發車(발차). 水車(수차). 牛車(우차). 自動車(자동차). 裝甲車(장갑차). 電車(전차). 戰車(전차). 停車(정차). 駐車(주차). 下車(하차). 貨車(화차).

「軋」 부 車(수레거변) 획 7—1 훈 삐걱거릴 음 알 中 ya4 英 crush 日 アツ. きしる

뜻 ①수레 삐걱거릴. ②빼앗을. ③다툴. ④편할.

필순 一 厂 币 币 亘 亘 車 軋

軋轢〔알력〕 ①수레가 삐걱거림. ②불화함. 반목함. あつれき

軋軋〔알알〕 ① 수레가 움직일 때, 배의 노를 저을 때, 베를 짤 때의 삐걱거리는 소리. ②어떤 것이 무더기로 나는 모양. あつあつ 「를 부수던 형벌. あっけい

軋刑〔알형〕 수레바퀴 밑에 깔아 뼈

軋忽〔알홀〕 아득하고 먼 모양. あっこつ

〖軍〗 부 車(수레거변) 획 7—2 훈 군사 음 군 中 chün1 英 military; army 日 グン. いくさ. つわもの

뜻 ①군사. ②진칠.

필순 冖 冖 冒 冒 軍

軍監〔군감〕 군사(軍事)를 감독하는 벼슬. ぐんかん

軍官〔군관〕 장교(將校). ぐんかん

軍官民〔군관민〕 군인·관리·서민. 곧 온 국민. ぐんかんみん

軍國〔군국〕 ①전시(戰時)의 국가. ②전쟁의 일과 나라의 일. 또 교전(交戰) 중인 지역과 평화로운 지역. ③군사가 정치(政治)의 중심으로 된 나라. 예—主義(주의). ぐんこく

軍紀〔군기〕 군대의 기율(紀律)이나 풍기(風紀). 동군율(軍律).

軍記〔군기〕 싸움하는 것을 적은 책. 동전기(戰記). ぐんき

軍旗〔군기〕 ①전쟁에 쓰는 기. ②군대의 표장(表章)이 되는 기. ぐんき 「밀(機密). ぐんき

軍機〔군기〕 군사상(軍事上)의 기

軍團〔군단〕 사단(師團)과 군(軍) 사이의 편제(編制). 두 개 이상의 사단으로 편성됨. ぐんだん

軍亂〔군란〕 군대가 일으킨 난리. ㉠壬午(임오)―. ぐんらん

軍糧〔군량〕 군대의 양식(糧食). ㉠―米(미). ぐんりょう

軍令〔군령〕 ①군중(軍中) 또는 진중(陣中)에서의 군사상의 명령이나 법령. ②한 나라의 원수(元首)가 통수권(統帥權)을 가지고 군에 내리는 명령. ぐんれい 「ば

軍馬〔군마〕 전쟁에 쓰는 말. ぐん

軍務〔군무〕 군사상(軍事上)에 관한 사무(事務). 또 근무(勤務). ぐんむ

軍門〔군문〕 ①진영(陣營)의 문. ②명대(明代)에 장군의 존칭. 청대(淸代)에는 제독(提督)의 존칭. ③군영(軍營)의 경내(境內) ㉡군대(軍隊). ぐんもん

軍法〔군법〕 군대의 법률. ㉢군율(軍律). ぐんぽう

軍府〔군부〕 ①무기를 쌓아 두는 곳. 무기 창고. ②군중(軍中)에서 장군이 집무하는 곳. ぐんぷ

軍部〔군부〕 군사(軍事)에 관한 일을 맡아 보는 모든 기관. 육해공군(陸海空軍)의 부내(部內). ぐんぶ

軍費〔군비〕 군사상에 관한 비용(費用). 싸움에 드는 돈. ㉢군용(軍用). ぐんぴ

軍備〔군비〕 ①군사상에 관한 모든 설비. ②싸움 준비. ぐんび

軍事〔군사〕 군비(軍備)·군무(軍務) 또는 전쟁에 관한 일. ㉢병사(兵事). ぐんじ

軍勢〔군세〕 ①군대의 기세. ②병졸(兵卒)의 수. ぐんぜい

軍屬〔군속〕 육해공군(陸海空軍) 중의 문관(文官)과 그 대우를 받는 자. ぐんぞく

軍需品〔군수품〕 군사상(軍事上)에 드는 모든 물자(物資). ㉢군자(軍資). ぐんじゅひん

軍營〔군영〕 군대가 주둔(駐屯)하는 처소(處所). ㉢진영(陣營). 병영(兵營). ぐんえい

軍用〔군용〕 ①군대에 소용되는 것. ②㉢군비(軍費). ぐんよう

軍律〔군율〕 ①군법(軍法). ②군기(軍紀). ぐんりつ

軍醫〔군의〕 군대에서 의무(醫務)에 종사하는 의관(醫官). ぐんい

軍資〔군자〕 ㉢⇨군수품(軍需品). ぐんし 「(武裝). ぐんそう

軍裝〔군장〕 군대의 장비. 또 무장

軍政〔군정〕 ①군사상의 정무(政務). ②군사(軍事)에 관한 행정 사무. ③전시나 사변 때에 군사령관이 임시로 하는 정치. ぐんせい

軍制〔군제〕 군사상(軍事上)에 관한 제도(制度). ぐんせい

軍中〔군중〕 ①군사(軍士)가 진(陣)을 치고 있는 속. 진영(陣營)의 안. ②군대의 안. ぐんちゅう

軍職〔군직〕 군사(軍事)를 맡은 벼슬. ぐんしょく

軍艦〔군함〕 전쟁에 쓰는 규모(規模)가 큰 배. ㉢전함(戰艦). ぐんかん

軍港〔군항〕 국방상(國防上) 해군(海軍)의 근거지(根據地)로서 특별한 시설이 있는 항구(港口). ぐんこう

▷減軍(감군). 强軍(강군). 孤軍(고군). 空軍(공군). 我軍(아군). 陸軍(육군). 將軍(장군). 敵軍(적군). 進軍(진군). 敗軍(패군). 海軍(해군). 行軍(행군).

「軌」 ㉣ 車(수레거변) ㉤ 7—2 ㉥ 굴대 ㉦ 궤: ㊥ kuei³ ㊧ axle ㊐ キ. わだち 「좇음. 뜻 ①굴대. ②바퀴자국. ③법. ④ 필순 ㇐ 㠯 亘 車 軋 軌

軌間〔궤간〕 ①깔아 놓은 궤도의 안쪽의 넓이. ②철도의 궤조(軌條)의 안쪽 넓이. きかん

軌度〔궤도〕 본보기. ㉢법도(法度)·궤범(軌範). きど

軌道〔궤도〕 ①차가 다니는 길. ②기차나 전차의 궤조(軌條). 레일(rail). ③천체(天體)가 공전(公轉)하는 일정한 길. ④물체가 일정한 힘으로 작용되어 운동할 때에 그리는 일정한 경로(經路). ⑤바른 길을 좇음. きどう

軌範〔궤범〕 ①본보기가 될 법도(法

度). 궤도(軌度). ②판단·행위 또는 평가 따위의 근본이 되는 규준(規準)이나 원리. きはん
軌跡〔궤적〕 ①수레바퀴가 지나간 자국. ②선인(先人)의 행적(行跡). ③기하학(幾何學)에서 어떤 일정한 조건에 적합한 점을 연결한 선. きせき
軌條〔궤조〕 궤철(軌鐵)을 깔아서 이루어진 전차·기차 따위의 궤도(軌道). きじょう
軌轍〔궤철〕 ①수레바퀴의 자국. ②법칙(法則). ③과거의 사적(事跡). きてつ
軌則〔궤칙〕 ①법칙. 법도. 본보기. ②규범(規範)으로 여기고 배움. きそく 「(상궤). 협궤(狹軌).
▷廣軌(광궤). 不軌(불궤). 常軌

【軒】 부 車(수레거변) 획 7—3 훈 초헌 음 헌 中 hsüan¹ 英 eaves 日 ケン. のき
뜻 ①초헌. ②수레. ③처마·추녀. ④집. ⑤난간. ⑥높을. ⑦껄껄웃을.
필순 一 戸 亘 車 軒 軒 軒
軒頭〔헌두〕 추녀 끝. けんとう
軒燈〔헌등〕 집의 처마에 다는 등. けんとう
軒帆〔헌범〕 수레와 배. けんぱん
軒數〔헌수〕 집 수효. けんすう
軒然〔헌연〕 뜻대로 되어 뽐내면서 웃는 모양. けんぜん
軒軒〔헌헌〕 ①춤추는 모양. ②스스로 만족해 하는 모양. けんけん
軒軒丈夫〔헌헌장부〕 외모(外貌)가 준수(俊秀)하고 쾌활(快活)한 남자. けんけんじょうぶ
軒號〔헌호〕 남의 당호(堂號)의 존칭. けんごう
▷東軒(동헌). 春軒(춘헌).

【軟】 부 車(수레거변) 획 7—4 훈 연할 음 연ː 中 juan³ 英 soft 日 ナン. やわらかい
뜻 ①연할. ②부드러울. ③약할.
필순 一 戸 亘 車 軟 軟 軟 軟
軟膏〔연고〕 기름을 넣어 부드럽게 만든 고약(膏藥). なんこう
軟骨〔연골〕 ① 물렁물렁한 뼈. ② 의지가 약하여 반대를 못하는 사람. ↔경골(硬骨). なんこつ
軟球〔연구〕 정구나 야구의 무른 고무공. ↔경구(硬球). なんきゅう
軟禁〔연금〕 정도가 너그러운 감금(監禁). なんきん
軟文學〔연문학〕 부드러운 감정을 나타낸 소설. 미문(美文) 등에 관한 문학. ↔경문학(硬文學). なんぶんがく
軟水〔연수〕 광물질(鑛物質)이 들어 있지 아니한 순수한 물. ↔경수(硬水). なんすい
軟柹〔연시〕 연감. 흠뻑 익은 감. 동홍시(紅柹). 「なんじゃく
軟弱〔연약〕 몸이나 의지가 약함.
軟鐵〔연철〕 탄소 함유량(含有量)이 100분의 1 이하의 순수한 쇠. なんてつ
軟打〔연타〕 야구(野球)에서 타자(打者)가 주자(走者)로 하여금 전진할 수 있도록 공을 가까운 거리에 떨어지게 가만히 치는 일. なんだ
軟風〔연풍〕 ①솔솔 불어 촉감(觸感)이 부드러운 바람. ②원기(元氣)가 없음. 의기(意氣)가 오르지 아니함. なんぷう
軟紅〔연홍〕 ①부드러운 꽃잎. ②번화하고 홍진(紅塵)으로 가득찬 도시(都市). なんこう
軟化〔연화〕 ①단단한 것이 연하게 됨. ②강경한 의견을 버리고 굴복 또는 타협(妥協)함. なんか
▷硬軟(경연). 柔軟(유연).

【軻】 부 車(수레거변) 획 7—5 훈 굴대 음 가 中 k'ê¹ 英 shaft 日 カ
뜻 ①굴대. ②길험할(감·가) ③높은 모양. ④맹자 이름.
필순 一 戸 亘 車 軻 軻 軻

【軸】 부 車(수레거변) 획 7—5 훈 굴대 음 축 中 chu² chou²·⁴ 英 axle 日 ジク
뜻 ①굴대. ②바디집. ③두루마리. ④중요할.
필순 一 戸 亘 車 車 軸 軸 軸
軸頭〔축두〕 시축(詩軸)이나 횡축

(橫軸) 따위의 첫머리에 쓰는 시·글씨·그림의 일컬음. じくとう
軸索突起〔축색돌기〕 신경 세포(神經細胞)가 가진 두 가지의 돌기(突起) 가운데 흥분을 원심적(遠心的)으로 전도(傳導)하는 구실을 하는 것.

【較】 부 車(수레거변) 획 7—6 훈 비교할 음 교: 中 chiao3·4 英 compare 日 カク. コウ. くらべる
뜻 ①비교할. 견줄. ②대강. ③뚜렷할. ④수레귀(각).
필순 一 亓 亘 亘 車 軋 軟 較
較略〔교략〕 대략(大略). 대개(大槪). 줄거리. こうりゃく
較量〔교량〕 ①비교함. ② 저항(抵抗)함. こうりょう 「こうぜん
較然〔교연〕 뚜렷이 드러난 모양.
較藝〔교예〕 수예(手藝)의 낫고 못함을 비교함. かくげい
較著〔교저〕 명백(明白)하고 뚜렷이 나타남. 동저명(著明). こうちょ
▷比較(비교).

【軾】 부 車(수레거변) 획 7—6 훈 수레앞 가로막이 나무 음 식 中 shih4 英 stretcher in a sendan-chair 日 シキ. ショク. しきみ. よこぎ
뜻 ①수레 앞 가로막이나무. ②수레 안에서 절할.
필순 一 亓 亘 車 軒 軾 軾
▷蘇軾(소식).

【載】 부 車(수레거변) 획 7—6 훈 실을 음 재: 中 tsai3·4 英 load 日 サイ. のせる
뜻 ①실을. ②비롯할. ③해. ④이길. ⑤어조사.
필순 土 土 車 載 載 載
載書〔재서〕 열국(列國)이 맹약(盟約)을 한 사실을 기록한 문서(文書). 또는 그 서약서(誓約書). さいしょ 「어 보냄. さいそう
載送〔재송〕 차나 배로 물건을 실
載陽〔재양〕 ①비단에 풀을 먹여서 반반하게 펴서 말리는 일. ②절기(節氣)가 비로소 따뜻해짐. さいよう
載在法典〔재재법전〕 법에 명문(明文)이 있음.
載積〔재적〕 실어 쌓음. さいせき
載籍〔재적〕 서적(書籍). 도서(圖書). 전적(典籍). さいせき
載筆〔재필〕 ①붓을 가지고 감. ②기록함. 문장을 지음. さいひつ
▷揭載(게재). 記載(기재). 滿載(만재). 船載(선재). 連載(연재). 積載(적재). 轉載(전재). 舟載(주재).

【輕】 부 車(수레거변) 획 7—7 훈 가벼울 음 경 中 ching2 英 light 日 ケイ. かるい. かろんじる 「여길.
뜻 ①가벼울. ②가벼이
참고 속軽
필순 一 亓 亘 車 車 輕 輕 輕
輕減〔경감〕 덜어 가볍게 함. 또 덜어 가벼워짐. けいげん
輕擧〔경거〕 ①경솔한 행동. 경솔하게 일함. ②가볍게 올라감. ③높은 위치에 올라감. けいきょ
輕擧妄動〔경거망동〕 가볍고 분수없이 행동함. 도리나 사정을 생각하지 아니하고 경솔하게 행동함. けいきょもうどう
輕輕〔경경〕 가벼운 모양. 경솔하고 천박한 모양. けいけい
輕工業〔경공업〕 생활 필수품 따위를 생산하는 공업. 섬유·화학·식료품·고무공업 등. ↔중공업(重工業). けいこうぎょう
輕金屬〔경금속〕 비중이 100 이하의 금속. 알루미늄·마그네슘 따위. ↔중금속(重金屬). けいきんぞく 「허락함. けいだく
輕諾〔경낙〕 쉽게 승낙함. 가볍게
輕妄〔경망〕 언행(言行)이 가볍고 방정맞음. 진중하지 못함.
輕蔑〔경멸〕 업신여김. けいべつ
輕微〔경미〕 가볍고 작음. けいび
輕薄〔경박〕 ① 경솔하고 진실성이 적음. ②경시(輕視)하여 멀리함. ③가볍고 얇음. ↔중후(重厚). けいはく
輕浮〔경부〕 ①가볍게 뜸. ② 경솔하고 침착성(沈着性)이 적음. 까

불까불함. けいふ

輕傷〔경상〕 조금 다침. ↔중상(重傷). けいしょう

輕率〔경솔〕 행동이 진중하지 아니함. けいそつ

輕視〔경시〕 가볍게 봄. 깔봄. ↔중시(重視). けいし

輕油〔경유〕 석유(石油)의 한 가지. 발동기용(發動機用)의 연료로 쓰임. ↔중유(重油). けいゆ

輕敵〔경적〕 ①하찮은 적. ②적을 깔봄. けいてき

輕罪〔경죄〕 가벼운 죄. 경범죄(輕犯罪). ↔중죄(重罪). けいざい

輕重〔경중〕 ①가벼움과 무거움. 가벼운 것과 무거운 것. ②경시할 것과 중시할 것. 작은 일과 큰 일. ③무게. 중량. ④돈. 금전. けいじゅう

輕症〔경증〕 가벼운 병. 경미한 병증. ↔중증(重症). けいしょう

輕快〔경쾌〕 ①빠르고 상쾌함. ②병이 조금 나음. けいかい

輕便〔경편〕 ①몸이 잼. 날램. ②가뜬하고 편리함. 간단함. ③홀가분함. けいべん

輕風〔경풍〕 솔솔 부는 바람. けいふう

輕汗〔경한〕 조금 나는 땀. けいかん

輕寒〔경한〕 조금 추움. 또는 그 추위. けいかん

輕刑〔경형〕 죄를 가볍게 함. 또는 가벼운 형벌(刑罰). ↔중형(重刑). けいけい

輕忽〔경홀〕 ①경솔하고 소홀함. ②가볍게 보고 버려 둠. けいこつ

【輒】 부 車(수레거변) 획 7—7 훈 문득 음 첩 中 chê[2] 英 suddenly 日 チョウ. すなわち
뜻 ①문득. ②오로지. ③번번이.
필순 亓 亘 車 軻 輒 輒 輒

輒然〔첩연〕 ①꼿꼿하게 서서 움직이지 않는 모양. ②곧. 즉각(卽刻). ちょうぜん

【輪】 부 車(수레거변) 획 7—8 훈 바퀴 음 륜 中 luen[1·2] 英 wheel 日 リン. わ
뜻 ①바퀴. ②수레. ③돌. ④테두리. 둘레. 동그라미.
필순 亓 亘 車 軨 軨 輪 輪 輪

輪廓〔윤곽〕 주위의 선. 테두리. 동외곽(外廓). りんかく

輪讀〔윤독〕 여러 사람이 차례로 돌려 가며 글을 읽음. りんどく

輪番〔윤번〕 차례로 번을 듦. 예—制(제). りんばん

輪伐〔윤벌〕 임목(林木)을 차례로 일부분씩 벰. りんばつ

輪月〔윤월〕 둥근 달. りんげつ

輪轉〔윤전〕 빙빙 돎. 회전함. 예—機(기). りんてん

輪禍〔윤화〕 차(車)로 말미암아 입은 피해. 교통 사고. りんか

輪廻〔윤회〕 ①차례로 돌아감. ②약윤회생사(輪廻生死). りんかい

輪廻生死〔윤회생사〕 수레바퀴가 돌고 돎과 같이 중생(衆生)의 영혼은 육체와 함께 멸하지 않고 굴러다녀 무시무종(無始無終)으로 돈다는 불가(佛家)의 말. 동윤회전생. りんかいせいし

輪回轉生〔윤회전생〕 ⇨윤회생사(輪廻生死). りんかいでんせい

▷半輪(반륜). 法輪(법륜). 五輪(오륜). 月輪(월륜). 一輪(일륜). 日輪(일륜). 車輪(차륜). 花輪(화륜).

【輩】 부 車(수레거변) 획 7—8 훈 무리 음 배: 中 pei[4] 英 fellow 日 ハイ. ともがら
뜻 ①무리. ②짝. ③견줄.
참고 속 輩
필순 ﾉ ヲ ヨ 非 非 輩 輩 輩

輩流〔배류〕 나이와 신분 등이 같은 사람. 동동배(同輩). はいりゅう

輩作〔배작〕 여러 사람이 같이 지음. はいさく

輩出〔배출〕 인재(人材)가 쏟아져 나옴. はいしゅつ

輩行〔배행〕 나이가 비슷한 친구. はいこう

▷同輩(동배). 先輩(선배). 俗輩(속배). 年輩(연배). 後輩(후배).

【輝】 부 車(수레거변) 획 7—8 훈 빛날 음 휘 中 huei[1] 英 shine 日 キ. かがやく
뜻 ①빛날. ②빛.
필순 ⺌ ⺌ 光 光 炉 焔 煇 輝

輝光〔휘광〕 빛남. 또 찬란한 빛.

[동]광휘(光輝). きこう
輝映〔휘영〕 밝게 비침. きえい
輝煌〔휘황〕 광채가 눈부시게 빛남. [예]一燦爛(찬란). きこう
▷光輝(광휘).

【輸】 [부] 車(수레거변) [획] 7—9 [훈] 보낼 [음] 수 [中] shu^{1} [英] transport [日] ユ. おくる 「④질.
[뜻] ①보낼. ②실을. ③짐바리.
[필순] 亘 車 軨 軨 輪 輸 輸 輸
輸送〔수송〕 물건을 실어 보냄. ゆそう 「움. ゆそうなん
輸送難〔수송난〕 수송하기가 어려
輸入〔수입〕 ①화물(貨物)을 운반하여 들여옴. ②외국의 산물(産物)을 들여옴. ↔수출(輸出). ゆにゅう
輸出〔수출〕 국내의 산물을 외국에 내보냄. ↔수입(輸入). ゆしゅつ
輸出額〔수출액〕 수출해서 수입되는 금액. ゆしゅつがく
輸血〔수혈〕 환자에게 같은 형의 피를 주사해 넣어 줌. ゆけつ
▷空輸(공수). 禁輸(금수). 密輸(밀수). 運輸(운수). 直輸(직수).

「輯」 [부] 車(수레거변) [획] 7—9 [훈] 모을 [음] 집 [中] chi^{2} [英] assort [日] シュウ. あつめる
[뜻] ①모을(즙·집). ②모일(집). ③걷을. ④화목할.
[필순] 亘 車 軒 輯 輯 輯
輯寧〔집녕〕 서로 화목하여 편안함. しゅうねい 「しゅうろく
輯錄〔집록〕 모아서 기록(記錄)함.
輯睦〔집목〕 많은 사람이 서로 화목(和睦)함. しゅうぼく
輯成〔집성〕 여럿을 모아서 한 가지의 서적(書籍) 따위를 완성함. しゅうせい
輯載〔집재〕 편집(編輯)을 하여 기재(記載)함. しゅうさい
輯輯〔집집〕 온화(溫和)하게 바람이 부는 모양. しゅうしゅう
▷編輯(편집).

【輿】 [부] 車(수레거변) [획] 7—10 [훈] 수레 [음] 여 [中] yü^{2} [英] palankeen [日] ヨ. こし
[뜻] ①수레. ②가마. 남여. ③많을. 여럿. ④땅.
[필순] 𦥑 俥 輿 輿 輿 輿
輿梁〔여량〕 수레가 다닐 수 있는 다리. よりょう
輿論〔여론〕 사회(社會) 일반(一般)의 주창(主唱)하는 의론(議論). 천하(天下)의 공론(公論). 뭇 사람의 의견. よろん
輿論化〔여론화〕 여론으로 기울어짐. よろんか 「말. よば
輿馬〔여마〕 임금이 타는 수레와
輿望〔여망〕 여러 사람의 기대(期待). よぼう
輿師〔여사〕 많은 군대. よし
輿士軍〔여사군〕 인선(因山) 때, 상여를 메고 끌던 사람.
輿誦〔여송〕 여러 사람의 입에 오르내리는 말. よしょう
輿人〔여인〕 ①뭇사람. ②수레를 만드는 사람. ③비천(卑賤)한 사람. よじん
輿地〔여지〕 대지(大地)·지구(地球)·전세계의 뜻. よち
輿地圖〔여지도〕 세계 지도. 또는 지도. [예]大東(대동)—. よちず
▷喪輿(상여). 籃輿(남여).

「轄」 [부] 車(수레거변) [획] 7—10 [훈] 다스릴 [음] 할 [中] hsia^{2} [英] govern [日] カツ. とりしまる
[뜻] ①다스릴. 맡아볼. ②굴대빗장.
[필순] 亘 車 軫 軫 軫 轄 轄 轄
▷管轄(관할). 所轄(소할). 直轄(직할). 統轄(통할).

【轉】 [부] 車(수레거변) [획] 7—11 [훈] 구를 [음] 전: [中] shuan^{3} chuan^{4} [英] turn [日] テン. ころがる. ころぶ. うたた 「③넘어질.
[뜻] ①구를. 굴릴. ②옮길. 바꿀.
[참고] [약] 転
[필순] 戸 亘 車 軻 轉 轉 轉 轉
轉嫁〔전가〕 ①다른 데로 다시 시집감. ②자기의 허물이나 책임 따위를 남에게 덮어씌움. てんか
轉居〔전거〕 집을 옮김. てんきょ
轉句〔전구〕 한시(漢詩)의 절귀(絶句)의 세째귀. てんく
轉勤〔전근〕 근무(勤務)하는 곳을

옮김. てんきん
轉機〔전기〕 돌아가는 기회(機會). 사물(事物)이 바뀌는 때. てんき
轉貸〔전대〕 남한테서 빌어 온 물건을 딴 사람에게 또 빌려 줌. てんたい
轉倒〔전도〕 ① 넘어짐. ② 거꾸로 됨. 또 거꾸로 함. てんとう
轉落〔전락〕 굴러 떨어짐. てんらく
轉賣〔전매〕 산 물건을 도로 다른 곳에 팖. てんばい
轉聞〔전문〕 전하는 말을 들음. てんぶん
轉變〔전변〕 변하여 바뀜. 통변천(變遷). てんぺん
轉補〔전보〕 전임(轉任)시켜 딴 관직에 보(補)함. てんぽ
轉寫〔전사〕 베낀 것을 또 베낌. てんしゃ
轉送〔전송〕 옮기어 보냄. てんそう
轉業〔전업〕 직업(職業)을 옮김. てんぎょう
轉訛〔전와〕 말이 잘못 전해짐. 또 그 말. てんか
轉用〔전용〕 딴 곳에 돌려 씀. てんよう
轉音〔전음〕 변한 음. 본래의 음에서 변하여 나온 말. てんおん
轉義〔전의〕 본래의 뜻에서 변한 뜻. てんぎ
轉移〔전이〕 장소·지위를 옮김. 또 장소·지위가 옮겨짐. てんい
轉任〔전임〕 벼슬을 옮김. 또 임지(任地)가 바뀜. てんにん
轉載〔전재〕 어떤 곳에 내었던 글을 옮기어 기재(記載)함. てんさい
轉籍〔전적〕 본적(本籍) 따위를 옮김. てんせき
轉轉〔전전〕 ①차차. 점점. ②이리저리 옮김.또 굴러 감.てんてん
轉注〔전주〕 ①돌아 흘러 들어감. ②육서(六書)의 하나. 한 글자를 딴 뜻으로 전용(轉用)하는 일. てんちゅう
轉地〔전지〕 ①있는 곳을 바꿈. ②땅을 뒤집어엎는다는 뜻으로, 대단히 힘이 셈을 형용. てんち
轉職〔전직〕 직업이나 직무(職務)를 바꾸어 옮김. てんしょく
轉借〔전차〕 남이 빌어 온 것을 다시 빌어 옴. てんしゃく
轉出〔전출〕 다른 곳으로 옮겨감.
轉學〔전학〕 이 학교에서 저 학교로 옮기어 공부함. てんがく
轉向〔전향〕 운동·사상(思想)·인생관(人生觀) 등의 방향 전환(轉換). てんこう
轉禍爲福〔전화위복〕 재앙이 바뀌어서 복이 됨. わざわいをてんじてふくとなす
轉換〔전환〕 바꿈. 바뀜. てんかん
轉換點〔전환점〕 바뀌는 곳. 또 그런 때. てんかんてん
▷空轉(공전). 內轉(내전). 變轉(변전). 運轉(운전). 流轉(유전). 移轉(이전). 回轉(회전).

「轍」 부 車(수레거변) 획 7—12 훈 바퀴자국 음 철 中 ch'ê⁴ chê² 英 track of a wheel 日 テツ. わだち
뜻 바퀴자국. 수레바퀴자국.
필순 [stroke order]
轍迹〔철적〕 ① 수레바퀴가 지나간 자국. ②사물이 지나간 자취. てっせき
轍環天下〔철환천하〕 수레로써 온 세상을 돌아다님. てつてんかをめぐる
▷前轍(전철).

「轢」 부 車(수레거변) 획 7—15 훈 치일 음 력 中 li⁴ 英 run over 日 レキ. ひく. きしる
뜻 ① 치일. 수레바퀴에치일. ② 삐걱거릴. 갈릴.
필순 [stroke order]
轢死〔역사〕 차에 갈려 죽음. れきし
轢殺〔역살〕 차로 치어 죽임. れきさつ

(7) 辛 部

「辛」 부 辛(매울신) 획 7—0 훈 매울 음 신 中 hsin¹ 英 bitter 日 シン. からい. つらい. かのと
뜻 ①매울. ②고생스러울. ③여덟째천간. ④성.
필순 [stroke order]

辛甘菜〔신감채〕 시금치.
辛苦〔신고〕 ①매운 맛과 쓴 맛. ②괴로운 일을 견디며 일함. 또 대단히 괴로움. 고생함. 애씀. 동신독(辛毒). しんく
辛勤〔신근〕 심히 애써 근로(勤勞)함. しんきん 「どく
辛毒〔신독〕 동⇨신고(辛苦). しん
辛辣〔신랄〕 ①맛이 몹시 맵고 아림. ②가혹(苛酷)하고 매서움. しんらつ
辛未洋擾〔신미양요〕 조선 고종(高宗) 8년에 미국 군함 세 척이 강화해협(江華海峽)에 침입하여 소동을 일으킨 사건.
辛酸〔신산〕 ①맵고 심. ②괴로움과 쓰라림. 고생(苦生). 동고초(苦楚). しんさん
辛時〔신시〕 24시의 20째. 곧, 하오 6시 반부터 7시 반까지.
辛日〔신일〕 일진(日辰)의 천간(天干)이 신(辛)으로 된 날.
▷苦辛(고신).

【辨】 부 辛(매울신) 획 7—9 훈 분별할 음 변: 中 pan⁴ 英 distinguish 日 ベン. わきまえ. わかち 「할.
뜻 ①판단할. ②분별할. ③구비
필순 ⺊ 辛 𨐌 𨐌 𨐌 辨

辨論〔변론〕 시비(是非)를 가려 따짐. べんろん 「んり
辨理〔변리〕 일을 맡아 처리함. べ
辨明〔변명〕 사리를 분변(分辨)하여 명백하게 함. べんめい
辨駁〔변박〕 시비를 분변하여 논박(論駁)함. べんばく
辨別〔변별〕 사물의 갈지 않음을 알아냄. 동식별(識別). べんべつ
辨償〔변상〕 ①빚을 갚음. ②손실을 물어 줌. 동판상(辦償). べんしょう「여 설명함. べんせつ
辨說〔변설〕 시비(是非)를 분별하
辨證〔변증〕 변별(辨別)하여 증명함. べんしょう
辨證法〔변증법〕 ①변론술(辯論術). ②헤겔이 주장한 철학의 방법. 곧 모순과 통일이 되풀이되는 동안에 세계는 발전해 나아간다고 보는 사고방식(思考方式). べんしょうほう
辨志〔변지〕 그 뜻의 향하는 바를 변별(辨別)함. べんし 「ご
辨護〔변호〕 동⇨변호(辯護). べん
辨惑〔변혹〕 ①남의 의혹을 변별하여 깨우쳐 줌. ②원(元)나라 사응방(謝應芳)이 지은 미혹 변정서(迷惑辨正書). べんわく

「辦」 부 辛(매울신) 획 7—9 훈 힘쓸 음 판: 中 pan⁴ 英 make efforts 日 ベン. つとめる
뜻 ①힘쓸. 힘들일. ②갖출.
필순 ⺊ 辛 𨐌 𨐌 𨐌 辦

辦公〔판공〕 공무(公務)에 종사(從事)함. 예—費(비). べんこう
辦功聖事〔판공성사〕 천주교(天主教)의 사규(四規) 안에 정해진 성사(聖事).
辦納〔판납〕 금전이나 물품을 변통하여서 바침. べんのう 「とく
辦得〔판득〕 변통하여 얻음. べん
辦務〔판무〕 사무를 처리함. 예—官(관). べんむ
辦償〔판상〕 ①빚을 갚음. ②손실(損失)을 물어줌. 동변상(辨償). ③재물을 내어 지은 죄과(罪科)를 갚음. べんしょう
辦壽〔판수〕 생일(生日)을 축하함. べんじゅ 「함. べんだ
辦妥〔판타〕 원만(圓滿)하게 처리

【辭】 부 辛(매울신) 획 7—12 훈 말씀 음 사 中 tz'u² 英 speech 日 ジ. ことば
뜻 ①말씀. 말. 글. ②고할. 알릴. ③물러갈. ④사양할. ⑤문체 이름.
참고 속 辞
필순 ⺈ 𠬪 𤔔 𤔔 𤔔 𤔔 辭

辭令〔사령〕 ①응대(應待)하는 말. ②왕복 문서. ③관직의 임명서(任命書). 사령장. じれい
辭免〔사면〕 맡아 보던 일을 그만둠. じめん
辭色〔사색〕 언사(言辭)와 안색. 「ょ
辭書〔사서〕 동⇨사전(辭典). じし
辭世〔사세〕 세상을 하직함. 죽음.
辭讓〔사양〕 받을 것을 겸손하여 안 받거나 자리를 남에게 내어

줌. じじょう
辭讓之心〔사양지심〕 사양하는 마음. じじょうのこころ
辭緣〔사연〕 편지나 말의 내용.
辭源〔사원〕 ①말의 근원. ②말. 언사(言辭). じげん
辭意〔사의〕 ①사퇴(辭退)하는 마음. 사직할 마음. ② 말의 뜻. ③언어와 뜻. じい
辭任〔사임〕 맡아보던 임무를 그만두고 물러남. じにん
辭典〔사전〕 언어를 일정한 순서로 수록하고 낱낱이 그 어의(語意)·어원(語源)·발음 등을 해설한 책. ⓓ사림(辭林). 사서(辭書). ⓔ英韓(영한)―. じてん 「ぜつ
辭絶〔사절〕 사양하여 거절함. じ
辭職〔사직〕 직무(職務)를 내놓고 물러나옴. じしょく
辭退〔사퇴〕 ①겸양하여 물러남. ②사절하고 물러섬. じたい
辭表〔사표〕 사직할 뜻을 적어 제출하는 문서. じひょう
▷歌辭(가사). 謙辭(겸사). 固辭(고사). 修辭(수사). 言辭(언사). 祝辭(축사). 虛辭(허사).

【辯】 部 辛(매울신) 획 7—14 훈 말잘할 음 변: 中 pien⁴ 英 dispute 日 ベン. とく. ただす
뜻 ①말잘할. ②다툴. 논쟁할. ③가릴. 판별할(辨과 통용).
필순 ' ᅌ ᅕ 𨐋 𨐌 辯辯
辯論〔변론〕 ①변명하여 논함. ②언쟁(言爭)함. 또 그 의론. ③말을 잘함. べんろん 「めい
辯明〔변명〕 ⓓ⇨변해(辯解). べん
辯士〔변사〕 ① 말솜씨가 좋은 사람. ② 연설 또는 강연(講演)을 하는 사람. べんし
辯釋〔변석〕 설명함. べんしゃく
辯舌〔변설〕 잘하는 말. 또 말솜씨. べんぜつ
辯才〔변재〕 ①말을 잘하는 재주. ②변설과 재지(才智). べんさい
辯解〔변해〕 ①말로 사리를 타일러 밝힘. ②말로 물어서 밝힘. ⓓ 변명(辨明). べんかい
辯護〔변호〕 변명하여 감싸서 보호함. ⓔ―士(사). べんご
▷强辯(강변). 口辯(구변). 能辯(능변). 多辯(다변). 達辯(달변). 明辯(명변). 雄辯(웅변).

(7) 辰 部

〖辰〗 部 辰(별진) 획 7—0 훈 별 음 진·신 中 ch'en² 英 star; time 日 シン. たつ
뜻 ①별. ②다섯째지지. ③날(신). ④때(신).
필순 一厂尸尼辰辰
辰年〔진년〕 태세(太歲)의 지지(地支)가 진(辰)으로 된 해.
辰星〔진성〕 ①수성(水星)의 딴 이름. ②28수(宿)의 네째 별. しんせい 「들. しんしゅく
辰宿〔진수〕 온갖 성좌(星座)의 별
辰時〔진시〕 오전 일곱 시부터 아홉 시까지의 시각. ⓓ진각(辰刻). たつどき
辰夜〔신야〕 아침과 밤. しんや
辰月〔진월〕 음력 3월. しんげつ
辰日〔진일〕 좋은 날. 길일(吉日).
辰韓〔진한〕 경상북도의 북부에 있었던 삼한(三韓)의 한 나라.
辰刻〔신각·진각〕 ① 시각(時刻). ②ⓓ⇨진시(辰時). しんこく
▷佳辰(가신). 生辰(생신).

【辱】 部 辰(별진) 획 7—3 훈 욕될 음 욕 中 ju³·⁴ 英 disgrace 日 ジョク. はじ 「힐.
뜻 ①욕될. 욕. ②더럽힐. ③굽
필순 一厂尸尸尼辰辱辱
辱及父兄〔욕급부형〕 자제(子弟)의 잘못이 부형에게까지 욕되게 함.
辱臨〔욕림〕 남이 찾아 옴을 높여 하는 말. じょくりん
辱命〔욕명〕 관직(官職)에 임명됨의 비칭(卑稱). じょくめい
辱沒〔욕몰〕 욕하는 것이 심함. じょくぼつ
辱說〔욕설〕 ①남을 저주(詛呪)하는 말. ②남을 미워하는 말. ③남의 명예를 더럽히는 말.

辱知〔욕지〕 자기와 알게 된 것이 그 사람에게 욕이 된다는 뜻. 곧, 그 상대방(相對方)에 대한 겸칭(謙稱). じょくち

▷屈辱(굴욕). 侮辱(모욕). 逢辱(봉욕). 雪辱(설욕). 汚辱(오욕). 恥辱(치욕).

〖農〗 부 辰(별진) 획 7—6 훈 농사 음 농 中 nung^{2} 英 agriculture 日 ノウ. なりわい

뜻 ①농사. ②힘쓸.

필순 冂曲曲芦芦農農農

農家〔농가〕 ① 농정(農政)에 관한 일을 연구하는 학파(學派). ② 농삿집. のうか 「のうこう

農耕〔농경〕 농사를 짓는 일. 농업.

農工〔농공〕 ①농업과 공업. ②농부와 직공. のうこう

農科〔농과〕 대학의 한 분과. 농업에 관한 전문적(專門的)인 학술을 연구하는 부문. のうか

農具〔농구〕 농사짓는 연장. 약농기구(農機具). のうぐ

農期〔농기〕 농사로 바쁜 때. 또 농사에 적합한 때. のうき

農路〔농로〕 ①농토(農土)에 낸 길. ②농사에 쓰이는 길. のうろ

農林〔농림〕 농업과 임업(林業). のうりん

農幕〔농막〕 농사에 편리하도록 농장(農場) 가까이 지은 간단한 집. のうまく

農務〔농무〕 ①농사짓는 일. ②동⇨농정(農政). のうむ

農繁期〔농번기〕 농사에 바쁜 시기. ↔농한기(農閑期). のうはんき

農本主義〔농본주의〕 농업을 나라의 근본으로 삼는 주의. のうほんしゅぎ 「람. のうふ

農夫〔농부〕 농사를 업으로 하는 사

農産〔농산〕 농사를 지어 생산함. 또 그 물건. 동농산물. のうさん

農桑〔농상〕 동⇨농잠(農蠶).

農商〔농상〕 ①농업과 상업. ②농부와 상인(商人). のうしょう

農樂〔농악〕 농부들 사이에 행하여지는 우리 나라 특유의 음악. のうがく 「うぎょそん

農漁村〔농어촌〕 농촌과 어촌. の

農業〔농업〕 ①농사를 영위하는 직업. ②땅을 이용하여 유용한 식물을 재배하거나 유용한 동물을 기르는 유기적인 생산업(生産業). のうぎょう

農藝〔농예〕 ①농업과 원예(園藝). ②농업에 관한 기예(技藝). のうげい 「ぎゅう

農牛〔농우〕 농사에 쓰는 소. のう

農園〔농원〕 주로 원예 작물을 심어 가꾸는 농장. のうえん

農爲國本〔농위국본〕 농업은 나라의 근본임. のうはくにのもとなり 「업 자본(資本). のうし

農資〔농자〕 농사에 드는 밑천. 농

農作物〔농작물〕 농사를 지어 된 물건. のうさくもつ

農蠶〔농잠〕 농사짓는 것과 누에치는 것. 농업과 잠업. 동농상(農桑). のうさん

農場〔농장〕 농사짓는 땅과 시설을 갖춘 곳. のうじょう

農政〔농정〕 농사에 관계되는 정책(政策). 또 정무(政務). 동농무(農務). のうせい

農地〔농지〕 농사를 짓는 데 쓰이는 땅. 동농토(農土). のうち

農村〔농촌〕 농사를 짓는 사람들이 모여 사는 마을. のうそん 「ど

農土〔농토〕 동⇨농지(農地). のう

農學〔농학〕 농업상의 원리와 기술을 연구하는 학문. のうがく

農閑期〔농한기〕 농사가 한가한 시기. 겨울철 등. ↔농번기(農繁期). のうかんき

▷耕農(경농). 勸農(권농). 富農(부농). 小農(소농). 豪農(호농).

(7) 邑 部

〖邑〗 부 邑(고을읍) 획 7—0 훈 고을 음 읍 中 i^{4} 英 town 日 ユウ. むら

뜻 ①고을. ②답답할.

필순 ㄱㅁ뭐뭐邑
邑各不同〔읍각부동〕 규칙이나 풍속이 각 고을마다 같지 않음. 곧, 사람마다 서로 의견이 다름.
邑基〔읍기〕 읍(邑)의 터. 동 촌락(村落). ゆうき
邑内〔읍내〕 ①읍의 안. ②지방 관청이 있던 마을. ゆうない
邑落〔읍락〕 부락(部落). ゆうらく
邑憐〔읍련〕 근심하고 아낌. ゆうりん. ゆうれん 「ゆうり
邑吏〔읍리〕 지방 읍에 딸린 아전.
邑民〔읍민〕 읍에 사는 사람. ゆうみん 「령(守令)이었던 사람.
邑先生〔읍선생〕 전에 그 고을에 수
邑俗〔읍속〕 읍의 풍속. ゆうぞく
邑邑〔읍읍〕 ①마음이 답답하여 편안하지 않음. ②미약(微弱)한 모양. ③마을이 잇닿아 있는 모양. ゆうゆう
邑人〔읍인〕 ①마을 사람. ②한 마을에 사는 사람. ③읍내(邑內)에 사는 사람. ゆうじん
邑長〔읍장〕 읍의 행정 사무를 거느려 관할하는 사람. ゆうちょう
邑誌〔읍지〕 고을의 연혁(沿革)·지리(地理)·풍속 따위를 기록한 책. ゆうし 「(산읍).
▷古邑(고읍). 都邑(도읍). 山邑

(7) 酉 部

【酉】 부 酉(닭유변) 획 7—0 훈 닭 음 유: 中 yu³ 英 cock
日 ユウ. とり
뜻 ①닭. ②열째 지지.
필순 一丅丙丙西酉酉
酉刻〔유각〕 동⇨유시(酉時). とりのこく
酉年〔유년〕 태세(太歲)의 지지(地支)가 유(酉)로 된 해. 곧 을유(乙酉)·정유(丁酉) 따위. ゆうねん 「쪽. ゆうねん
酉方〔유방〕 24방위 중의 하나. 서
酉時〔유시〕 하오(下午) 5시부터 7시까지의 시각(時刻). 동 유각(酉刻). ゆうじ
酉月〔유월〕 월건(月建)의 지지(地支)가 유(酉)로 된 달. ゆうげつ
酉日〔유일〕 일진(日辰)의 지지(地支)가 유(酉)로 된 날. ゆうじつ
酉正〔유정〕 유시(酉時)의 한가운데. 곧 하오 6시. ゆうせい
▷乙酉(을유). 丁酉(정유). 己酉(기유). 辛酉(신유). 癸酉(계유).

【配】 부 酉(닭유변) 획 7—3 훈 짝 음 배: 中 p'ei⁴ 英 pair
日 ハイ. くばる 「양보낼.
뜻 ①짝. 짝지을. ②나눌. ③귀
필순 一丙丙酉酉酉配配
配給〔배급〕 ①별러서 공급함. ②영리(營利)를 목적으로 하지 않는 물자(物資)의 분배(分配). はいきゅう
配達〔배달〕 물건을 가져다 돌려줌. 또는 그 사람. はいたつ
配當〔배당〕 적당히 별러서 나눔. はいとう 「はいりょ
配慮〔배려〕 이리저리 마음을 씀.
配付〔배부〕 나누어 줌. はいふ
配分〔배분〕 분배함. はいぶん
配所〔배소〕 죄인을 귀양보내던 곳. 동 적소(謫所). はいしょ 「ぐう
配偶〔배우〕 동⇨배필(配匹). はい
配偶者〔배우자〕 부부의 한 쪽. 곧 남편에 대한 아내, 아내에 대한 남편. はいぐうしゃ
配電〔배전〕 전류(電流)를 여러 곳으로 나누어 보냄. はいでん
配車〔배차〕 기차·자동차 따위를 여러 곳으로 별러서 보냄.
配置〔배치〕 사람이나 물건을 적당한 자리에 베풀어 둠. 또는 그 위치. はいち
配布〔배포〕 일반(一般)에 널리 배부(配付)함. はいふ
配匹〔배필〕 부부(夫婦). 부부로서 알맞은 짝. 동 배우(配偶). 예 天生(천생)—.
配合〔배합〕 ①짝을 지어서 부부(夫婦)가 되게 함. ②알맞게 섞어 합침. はいごう
▷均配(균배). 分配(분배). 流配(유배). 定配(정배). 支配(지배).

【酌】 부 酉(닭유변) 획 7—3 훈 잔질할 음 작 中 chuo² 英 fill a cup 日 シャク. くむ
뜻 ①잔질할. 따를. ②짐작할.
필순 ⁻ 冂 西 酉 酌 酌酌

酌交〔작교〕 술을 따라 서로 권함.
酌量〔작량〕 그러리라고 짐작하여 헤아림. しゃくりょう
酌婦〔작부〕 주점(酒店)에서 손님을 대접하고 술을 따라 주는 여자. しゃくふ 「의 혼인(婚姻) 예식.
酌水成禮〔작수성례〕 가난한 집안
酌定〔작정〕 일을 그러리라 짐작하여 결정함. しゃくてい
酌酒〔작주〕 술잔에 술을 따름.
▷滿酌(만작). 酬酌(수작). 參酌(참작). 添酌(첨작).

〖酒〗 부 酉(닭유변) 획 7—3 훈 술 음 주(주:) 中 chiu³ 英 wine 日 シュ. さけ
뜻 ①술. ②벼슬 이름.
필순 氵 氵 汀 沂 沔 酒 酒 酒

酒家〔주가〕 ①술집. 동주점(酒店). ②술꾼. 동주객(酒客). しゅか
酒客〔주객〕 술을 좋아하는 사람. 술꾼. 동주가(酒家). しゅかく
酒官〔주관〕 동⇨주정(酒正).
酒狂〔주광〕 술에 취하여 미쳐 날뜀. 술주정이 심함. しゅきょう
酒氣〔주기〕 ①술 냄새. ②술 기운. ②술을 마셔 취한 기분. ③술을 마신 기미. しゅき
酒毒〔주독〕 술의 중독(中毒)으로 얼굴에 붉은 점이 생기는 증세.
酒量〔주량〕 술을 마시는 분량(分量). しゅりょう 「자. しゅぼ
酒母〔주모〕 ①술밑. ②술 파는 여
酒杯〔주배〕 술잔. しゅはい
酒癖〔주벽〕 ①술을 좋아하는 버릇. ②술을 마신 뒤에 주정(酒酊)을 하는 나쁜 버릇. 동주사(酒邪). しゅへき
酒邪〔주사〕 술 먹은 뒤에 부리는 나쁜 버릇. 동 주벽(酒癖).
酒色〔주색〕 술과 계집. 술과 여색(女色). しゅしょく
酒稅〔주세〕 술을 양조(釀造)하는데 부과(負課)하는 세금. 동주조세(酒造稅). しゅぜい
酒案〔주안〕 술상. しゅあん
酒宴〔주연〕 술잔치. しゅえん
酒店〔주점〕 술집. 동 주가(酒家). しゅうてん・さかみせ
酒正〔주정〕 고대 중국의 주례 천관(周禮天官)에 딸린 벼슬 이름. 동주관(酒官).
酒精〔주정〕 술의 주성분(主成分). 알코올(alcohol). アルコール
酒池肉林〔주지육림〕 술이 못을 이루고 고기가 숲을 이룸. 곧 굉장히 잘 차린 술 잔치의 형용. しゅちにくりん 「람. しゅごう
酒豪〔주호〕 술을 많이 마시는 사
酒訓〔주훈〕 술을 경계하도록 가르치는 말. しゅくん
▷甘酒(감주). 穀酒(곡주). 勸酒(권주). 禁酒(금주). 桃花酒(도화주). 梅實酒(매실주). 麥酒(맥주). 美酒(미주). 罰酒(벌주). 法酒(법주). 別酒(별주). 燒酒(소주). 藥酒(약주). 洋酒(양주). 釀酒(양주). 飮酒(음주). 節酒(절주). 淸酒(청주). 濁酒(탁주). 特酒(특주). 葡萄酒(포도주). 火酒(화주).

「酪」 부 酉(닭유변) 획 7—6 훈 타락 음 락 中 luo⁴, lao⁴ 英 cheese 日 ラク. ちちしる
뜻 ①타락. 소젖. ②술. ③죽.
필순 ⁻ 冂 西 酉 酉 酊 酪 酪

酪農〔낙농〕 소나 염소를 길러 그 젖을 짜거나, 젖을 원료로 삼아 버터·치이즈 따위를 만드는 농업. らくのう 「액체. らくさん
酪酸〔낙산〕 버터 속에 든 시큼한
酪製品〔낙제품〕 우유나 양젖을 원료로 하여 만든 제품. らくせいひん 「락). 乳酪(유락).
▷乾酪(건락). 糖酪(당락). 牛酪(우

「酩」 부 酉(닭유변) 획 7—6 훈 술취할 음 명 中 ming² 英 get drunk 日 メイ. よう
뜻 ①술취할. ② 단술. 감주.
필순 ⁻ 冂 西 酉 酊 酩

酩酊〔명정〕 술에 몹시 취함. めいてい

「酬」 부 酉(닭유변) 획 7—6 훈 술권할 음 수 中 ch'ou² 英 pledge with wine 日 シュウ. むくいる
뜻 ① 술권할. 잔돌릴. ②갚을.
필순 ⺆ 丙 酉 酉 酌 酌 酬 酬
酬答〔수답〕 ①묻는 말에 대답함. ②보답(報答)함. 동수대(酬對). 응답(應答). しゅうとう
酬對〔수대〕 동⇨수답(酬答). しゅたい 「대한 갚음. しゅうろう
酬勞〔수로〕 수고나 공로(功勞)에
酬酌〔수작〕 ①응대(應對)함. ②주객(主客)이 서로 술을 권함. ③말을 서로 주고 받음. しゅうしゃく
酬唱〔수창〕 시문(詩文)을 지어 서로 증답(贈答)함. しゅうしょう
▷對酬(대수). 報酬(보수). 應酬(응수). 唱酬(창수).

【酸】 부 酉(닭유변) 획 7—7 훈 실 음 산 中 suan¹ 英 acid 日 サン. す. すい
뜻 ①실. 신맛. ②고될. 괴로울. 가난할. ③원소 이름.
필순 ⼀ ⺆ 丙 酉 酢 酢 酸 酸
酸車草〔산거초〕 괭이밥. 괴승아.
酸類〔산류〕 산성(酸性)이 있는 화합물의 총칭. さんるい 「んみ
酸味〔산미〕 ①신 맛. ②괴로움. さ
酸性〔산성〕 ①신맛이 있는 물질의 성질. ②산(酸)이 그 수소(水素) 이온(ion)에 따라 수용액이 신맛을 나타내고 청색 리트머스(litmus) 시험지(試驗紙)를 붉은 색으로 변하게 하는 성질. ↔알칼리성. さんせい
酸素〔산소〕 무색(無色)·무미(無味)·무취(無臭)의 기체(氣體) 원소. 물건을 태우는 힘이 있으며, 동식물의 생활에 불가결(不可缺)한 물질임. さんそ
酸化〔산화〕 ①어떠한 물질의 산소와의 화합. ②이온 혹은 원자(原子)가 음전자(陰電子)를 잃고 다시 양성(陽性)으로 되는 변화. ↔환원(還元). さんか
▷甘酸(감산). 硫酸(유산). 辛酸(신산). 黃酸(황산).

「酷」 부 酉(닭유변) 획 7—7 훈 혹독할 음 혹 中 k'u⁴ 英 cruel 日 コク. ひどい
뜻 ①혹독할(혹·곡). ②심할. ③괴로울. ④술맛텁텁할.
필순 ⼀ ⺆ 丙 酉 酉 酢 酷 酷
酷毒〔혹독〕 ①대단히 심함. ②성질·행위 따위가 매우 나쁨.
酷烈〔혹렬〕 ①대단히 심함. 격렬(激烈)함. ②향기(香氣)가 높음. ③매우 심함. こくれつ
酷暑〔혹서〕 심한 더위. 혹독(酷毒)한 더위. ↔혹한(酷寒). こくしょ
酷寒〔혹한〕 지독(至毒)한 추위. ↔혹서(酷暑). こっかん
▷苛酷(가혹). 冷酷(냉혹). 殘酷(잔혹). 慘酷(참혹).

「酵」 부 酉(닭유변) 획 7—7 훈 술밑 음 효ː 中 chiao⁴ 英 ferment 日 コウ. わく
뜻 ① 술밑. ②지게미. ③술괼.
필순 丙 酉 酉 酢 酵 酵 酵
酵母〔효모〕 술밑. こうぼ
▷發酵(발효).

【醉】 부 酉(닭유변) 획 7—8 훈 취할 음 취ː 中 tsuei⁴ 英 drunk 日 スイ. よう
뜻 ①취할. ②술취할. ③궤란할.
참고 속 酔
필순 丙 酉 酉 酉 酢 酢 醉 醉
醉氣〔취기〕 술 기운. すいき
醉生夢死〔취생몽사〕 취하여 살고 꿈속에서 죽음. 곧 아무 의미 없이 한평생을 흐리멍텅하게 살아감을 이름. すいせいむし
醉眼〔취안〕 술취한 눈. すいがん
醉顔〔취안〕 술취한 얼굴. すいがん
醉吟〔취음〕 술에 취하여 시 따위를 읊조림. すいぎん 「いちゅう
醉中〔취중〕 술취하였을 동안. す
醉態〔취태〕 술에 취(醉)하여 거칠어진 태도. すいたい 「かん
醉漢〔취한〕 술에 취한 사람. すい
醉興〔취흥〕 취중(醉中)에 일어나는 흥겨움. すいきょう
▷大醉(대취). 痲醉(마취). 滿醉(만취). 宿醉(숙취). 心醉(심취).

[醒] 부 酉(닭유변) 획 7—9 훈 술깰 음 성 中 hsing³ 英 become sober 日 セイ. さめる
뜻 ①술깰. ②꿈깰. ③깨달을.
필순 酉酉 酊酲酲醒醒醒

醒覺〔성각〕 ①깨달음. 동각성(覺醒). ②눈을 떠서 정신을 차림. ③잘못을 깨달아 정신을 차림. ④주의(注意)를 환기(喚起)시킴.

醒然〔성연〕 꿈을 깬 모습. 또는 꿈을 깨는 모양. せいぜん

醒悟〔성오〕 깨달음. せいご

醒鐘〔성종〕 일정한 시각에 종을 쳐서 잠을 깨워 주는 시계. せいしょう

醒酒湯〔성주탕〕 해장국.

▷覺醒(각성). 獨醒(독성)·未醒(미성).

【醜】 부 酉(닭유변) 획 7—10 훈 추할 음 추(추:) 中 ch'ou³ 英 ugly; dirty 日 シュウ. みにくい
뜻 ①추할. ② 더러울. ③부끄러울. ④무리.
필순 酉酉酉 酌酏酏醜醜

醜女〔추녀〕 얼굴이 못생긴 부녀자. しゅうじょ. しこめ

醜談〔추담〕 음탕(淫蕩)하고 더러운 말. 추잡한 말. しゅうだん

醜聞〔추문〕 추잡한 소문(所聞). 품행(品行)이 바르지 못하다는 소문. しゅうぶん

醜惡〔추악〕 ①보기 흉하고 아주 못생김. ②마음씨나 행동이 아주 추잡하고 나쁨. しゅうあく

醜雜〔추잡〕 언행(言行)이 추저분하고 잡스러움. しゅうたい

醜態〔추태〕 추악(醜惡)한 꼴.

醜漢〔추한〕 얼굴이 못생긴 사내. 행실이 더러운 사내. しゅうかん

醜行〔추행〕 더러운 행위. 음란한 짓. しゅうこう

▷美醜(미추).

〖醫〗 부 酉(닭유변) 획 7—11 훈 의원 음 의 中 i¹ 英 cure; doctor 日 イ. いやす
뜻 ①의원. ②병고칠. ③구할.
참고 약 医
필순 医 医 医 殹 殹 醫 醫

醫家〔의가〕 의술(醫術)이 있는 사람. 동의사(醫師). いか

醫官〔의관〕 ①의원(醫員). 의사(醫師). ②의무(醫務)를 맡은 관리. 예軍(군)—. いかん

醫療〔의료〕 의술로 병을 고침. 예—院(원). いりょう

醫方〔의방〕 동⇨의술(醫術). いほう

醫卜風〔의복풍〕 의술과 점(占)과 풍수(風水).

醫師〔의사〕 ①주대(周代)의 벼슬 이름으로 의자(醫者)의 우두머리. ②서양식 시설과 의료법에 의해 병의 진찰·치료를 하는 사람. 의가(醫家). いし

醫生〔의생〕 ①당대(唐代)에 의학을 배우던 의자(醫者). ②의자·의사의 통칭(通稱). ③한의학(漢醫學)에 의해 병 치료를 업으로 삼는 사람. いせい

醫書〔의서〕 의학(醫學)에 관한 책. いしょ

醫術〔의술〕 의학에 관한 기술(技術). いじゅつ

醫藥〔의약〕 ①의술(醫術)과 약품. ②의료에 쓰이는 약품. ③의사와 약제사. ④진료(診療)와 조제(調劑). いやく

醫業〔의업〕 양의(洋醫)나 한의(漢醫)의 직업. いぎょう

醫員〔의원〕 의사·의생(醫生)의 총칭(總稱). いいん

醫院〔의원〕 병자를 치료하는 특별한 시설을 한 집. いいん

醫者〔의자〕 의사와 의생(醫生)의 통칭. いしゃ

醫學〔의학〕 병이나 의료에 대하여 연구를 하는 과학. いがく

▷校醫(교의). 軍醫(군의). 名醫(명의). 獸醫(수의). 侍醫(시의). 良醫(양의). 女醫(여의).

「醵」 부 酉(닭유변) 획 7—13 훈 추렴할 음 갹(거:) 中 chü⁴ 英 contribute; jointly 日 キョ. キャク. だしあう
뜻 ①추렴할(갹·거). ②돈걷을.
필순 酉酉酉 酢酢醵醵醵

醵金〔갹금·거금〕 돈을 추렴하여 냄. きょきん

醵飮〔갹음·거음〕 술 추렴. きょいん

醵出〔갹출·거출〕 돈이나 물건을

추렴하여 냄. きょしゅつ

【釀】 부 酉(닭유변) 획 7—17 훈 빚을 음 양: 中 niang⁴ 英 brew 日 ジョウ. かもす
뜻 ①빚을. ②술빚을.
필순 酉酉酉酉酉醸釀

釀具〔양구〕 술을 만드는 연모. じょうぐ
釀蜜〔양밀〕 꿀을 만듦. じょうみつ
釀成〔양성〕 ①술·간장 따위를 담가서 만듦. ②어떤 사건이나 분위기(雰圍) 또는 감정을 자아냄. じょうせい 「じょうぞう
釀造〔양조〕 술·간장 따위를 담금.
釀酒〔양주〕 술을 빚음. 또는 빚은 술. じょうしゅ 「양).
▷家釀(가양). 私釀(사양). 自釀(자

【舋】 부 酉(닭유변) 획 7—18 훈 틈 음 흔 中 hsin⁴ 英 rift 日 キン. すき. ちぬる
뜻 ①틈. 틈날. ②짐승 피 그릇에 발라 제사지낼. ③ 허물. 흠. 죄. ④여가. ⑤조짐.
필순 ⺌⺌⺌⺌舋

(7) 釆 部

【釆】 부 釆(분별할채변) 획 7—1 훈 캘 음 채: 中 ts'ai³·⁴ 英 pluck 日 サイ. とる
뜻 ①캘(採와 통용). ②가릴. ③ 채용할. ④색. 채색. 무늬(彩와 통용). ③색비단(綵와 통용). ④풍채. 풍신. ⑤일. ⑥ 벼슬. ⑦채읍. 식읍.
필순 ⺈⺈⺈平釆釆

釆芳〔채방〕 향기로운 풀을 베어 들임. さいぼう
釆色〔채색〕 ①여러 가지의 고운 빛깔. ②얼굴빛. さいしょく
釆蕭〔채소〕 쑥을 캠. 쑥을 뜯음.
釆詩〔채시〕 민간(民間)에 유행된 시가(詩歌)를 모음. さいし
釆薪之憂〔채신지우〕 자기 병(病)의 겸칭(謙稱). さいしんのうれい
釆釆〔채채〕 ①많이 캠. 여러 번 채취(採取)함. ②성(盛)한 모양. 많은 모양. ③화려하게 장식함. ④여러 가지 일. さいさい

【釋】 부 釆(분별할채변) 획 7—13 훈 풀 음 석 中 shih⁴ 英 explain 日 シャク. とく. ゆるす. すてる. おく
뜻 ①풀. 풀릴. ②놓을. 용서할. ③석가. 부처. 중. ④기쁠(역).
필순 ⺈釆釆釈釋釋釋

釋明〔석명〕 ①똑똑히 풀어 밝힘. ②오해를 산 자기의 말에 대하여 변명을 함. しゃくめい
釋放〔석방〕 가두었던 사람을 풀어 놓아 내보냄. しゃくほう
釋氏〔석씨〕 ①석가모니. 부처. ② 불가(佛家). しゃくし
釋然〔석연〕 ①미심쩍은 것이 확 풀리는 모양. ②마음이 환하게 풀리는 모양. しゃくぜん
釋典〔석전〕 불교(佛教)의 경전(經典). 동불경(佛經). しゃくてん
釋奠〔석전〕 선성 선사(先聖先師)의 제사. 한(漢)나라 이후에는 공자(孔子)의 제사만을 이름. 예 一祭(제). しゃくでん·せきてん
釋尊〔석존〕 석가모니(釋迦牟尼)의 존칭(尊稱). しゃくそん
▷保釋(보석). 語釋(어석). 註釋(주석). 解釋(해석). 訓釋(훈석).

(7) 里 部

【里】 부 里(마을리변) 획 7—0 훈 마을 음 리: 中 li³ 英 village 日 リ. さと
뜻 ①마을. ②이. 잇수. ③주거.
필순 口日旦甲里里

里居〔이거〕 ①벼슬을 그만두고 시골에서 삶. ②잇달아 있는 집들. りきょ
里落〔이락〕 동촌락(村落). りらく
里胥〔이서〕 촌락의 하급 관리. 마을의 아전. りしょ
里俗〔이속〕 마을의 풍속. りぞく

里數〔이수〕 길의 거리(距離)의 수(數). りすう
里諺〔이언〕 ㊍속담(俗談). りげん
里長〔이장〕 마을의 우두머리. ㊍이정(里正). 동장(洞長). りちょう
里正〔이정〕 ㊍⇨이장(里長). りせい 「一標(표)りてい
里程〔이정〕 길의 이수(里數). ㊎▷洞里(동리). 鵬程萬里(붕정만리). 沃野千里(옥야천리). 鄕里(향리).

〔重〕 부 里(마을리변) 획 7—2 훈 무거울 음 중: ㊥ chung⁴ ch'ung² ㊈ heavy ㊐ ジュウ. チョウ. おもい. おもんずる. かさねる. え
뜻 ①무거울. ②무게. ③중히 여길. ④거듭할. ⑤곡식 늦게 익을(동).
필순 一亠亡言重重

重刊〔중간〕 서적 등을 거듭 발간(發刊)함. 재간(再刊)함. ↔초간(初刊). じゅうかん
重九〔중구〕 음력 9월 9일. ㊍중양(重陽). ちょうきゅう
重金屬〔중금속〕 비중(比重)이 5이상 되는 금속(金屬). 곧 동(銅)·철(鐵)·연(鉛) 따위. じゅうきんぞく
重器〔중기〕 ①중대한 기물. ②중대한 것. ③도량(度量)과 재간(才幹). 기국(器局). じゅうき
重大〔중대〕 ①중요(重要)하고 큼. ②경솔(輕率)히 볼 수 없음. 용이하지 아니함. じゅうだい
重量〔중량〕 무게. じゅうりょう
重力〔중력〕 ①큰 힘. ②지구(地球)가 지구 위에 있는 물체를 잡아당기는 힘. じゅうりょく
重祿〔중록〕 후한 녹봉. じゅうろく
重房〔중방〕 고려(高麗) 때 이군육위(二軍六衛)의 상장군(上將軍)·대장군(大將軍)이 모여서 군사(軍事)를 의논하던 곳. 목종(穆宗) 이후 베풀어졌음.
重罰〔중벌〕 무거운 벌. 중한 형벌(刑罰). じゅうばつ
重犯〔중범〕 ①큰 범죄. ②두 번 이상 거듭 죄를 지음. 또는 그런 사람. しゅうはん 「びょう
重病〔중병〕 중한 병(病). じゅう
重複〔중복〕 거듭함. 겹침. じゅうふく 「ゅうしょう
重傷〔중상〕 심한 부상(負傷). じ
重稅〔중세〕 ①지나친 세금. ②세금을 많이 매김. じゅうぜい
重修〔중수〕 낡은 집 따위를 다시 고침. しゅうしゅう
重視〔중시〕 중요하게 봄. じゅうし
重臣〔중신〕 ①벼슬이 높은 신하(臣下). ②중요한 일을 맡은 신하. じゅうしん「心). じゅうしん
重心〔중심〕 중력(重力)의 중심(中
重陽〔중양〕 ①음력 9월 9일. ㊍중구(重九). ②높은 하늘. ③깨끗이 쓴 땅. ④혈맥의 순환이 너무 성함. ちょうよう
重言〔중언〕 ①같은 뜻의 말을 겹쳐 말함. ②같은 자(字)가 겹쳐 뜻을 이루는 말. じゅうげん
重役〔중역〕 ①㊍중직(重職). ②사장(社長)·이사(理事) 등과 같이 회사·은행의 중임(重任)을 맡은 사람. じゅうやく
重譯〔중역〕 ①이중(二重)의 통역. ②이중 번역. じゅうやく
重要〔중요〕 매우 귀중하고 종요로움. じゅうよう
重用〔중용〕 종요로운 직책(職責)을 맡겨 씀. じゅうよう
重油〔중유〕 원유(原油)를 증류(蒸溜)하여 휘발유·석유 등을 얻은 뒤에 남는 끈끈한 기름. じゅうゆ
重音〔중음〕 거듭 소리. 복음(複音).
重點〔중점〕 ① 움직이려는 물체의 무게가 지렛대에 걸리는 점. ②일의 중요한 점. じゅうてん
重罪〔중죄〕 무거운 죄. じゅうざい
重職〔중직〕 중대한 직무(職務). 중요한 직무. 또 그 사람. ㊍중역(重役). じゅうしょく
重鎭〔중진〕 ①권리를 잡고 중요한 자리에 있거나, 어떤 자리에 없어서는 안될 중요한 인재(人材). ② 병권(兵權)을 잡고 요해처(要害處)를 지키는 사람. じゅうちん

重且大〔중차대〕 매우 중요함. じゅうかつだい 「ょうじょう
重疊〔중첩〕 거듭됨. 또 거듭함. ち
重態〔중태〕 병(病)의 위중(危重)한 형세(形勢). じゅうたい
重砲〔중포〕 거탄(巨彈)을 발사할 수 있는 위력(威力)이 큰 대포(大砲). じゅうほう
重刑〔중형〕 중한 형벌. じゅうけい
重婚〔중혼〕 ①사돈간에 다시 사돈이 됨. 겹사돈. ②아내나 또는 남편이 있는 사람이 또 다른 데로 혼인하는 일. じゅうこん
重厚〔중후〕 ①두터움. ②점잔하고 너그러움. ↔경박(輕薄). じゅうこう. ちょうこう
▷加重(가중). 輕重(경중). 九重(구중). 莫重(막중). 萬重(만중). 愼重(신중). 自重(자중). 鄭重(정중). 尊重(존중). 珍重(진중).

〖野〗 부 里(마을리변) 획 7—4 훈 들 음 야: 中 yeh³ 英 suburbs; wild 日 ヤ. の
뜻 ①들. ②야할. 미개할. ③길들지 않을.
필순 ᄇ 旦 甲 里 野 野

野談〔야담〕 야사(野史)의 이야기.
野黨〔야당〕 정당 정치에서 현 내각이나 행정부에 참여하지 아니한 정당. 재야당(在野黨). ↔여당(與黨). やとう
野蠻〔야만〕 ①문화가 열리지 아니함. 미개(未開)함. 또 그 종족. ↔문명(文明). ② 버릇이 없음. 예의를 모름. やばん
野卑〔야비〕 야하고 비루함. 속되고 천함. やひ 「卑). やひ
野鄙〔야비〕 ①시골. ②동야비(野
野史〔야사〕 민간(民間)의 역사. 관명(官命)에 의하지 않고 사사로이 기록한 역사. やし
野生〔야생〕 ①동식물(動植物)이 들에서 자연히 생장(生長)함. 또 그 동식물. ②남자의 자기의 경칭(敬稱). やせい
野性〔야성〕 ①교양(敎養)이 없는 거친 성질. ②길들지 아니한 성질. ③전원(田園) 생활을 좋아하는 성질. やせい
野獸〔야수〕 들짐승. やじゅう
野宿〔야숙〕 들에서 잠. 한데서 잠. やしゅく. のじゅく
野心〔야심〕 ①남몰래 품은 소망(所望). ②잘 길들지 아니하고 사람을 해치고자 하는 마음. ③민간에 숨어 전원(田園) 생활을 즐기고자 하는 마음. ④분수에 넘치는 욕망. やしん 「진영. やえい
野營〔야영〕 들에 진을 침. 또 그
野人〔야인〕 ①순박(醇朴)한 사람. ②시골 사람. 천한 사람. ③재야(在野)한 사람. 벼슬하지 아니한 사람. ④여진(女眞)의 별종(別種). 중국 명(明)나라 때에 지금의 길림성(吉林省) 동남부 및 흑룡강(黑龍江) 하류에 걸쳐 부락을 이루고 우리 나라를 자주 침범하였음. やじん 「やせん
野戰〔야전〕 산이나 들에서 싸움.
野菜〔야채〕 ①들이나 산에서 나는 나물. ②채소. やさい
野砲〔야포〕 야전(野戰)에 쓰는 대포. 야전포(野戰砲). やほう
野合〔야합〕 ①정식 결혼에 의하지 아니하고 부부(夫婦) 관계를 맺음. ② 좋지 못한 목적 밑에 서로 어울림. やごう
野火〔야화〕 들에서 나는 불. のび
野花〔야화〕 들에서 피는 꽃. やか
▷廣野(광야). 曠野(광야). 山野(산야). 沃野(옥야). 林野(임야). 在野(재야). 田野(전야). 朝野(조야). 平野(평야). 荒野(황야).

〖量〗 부 里(마을리변) 획 7—5 훈 헤아릴 음 량: 中 ling²·⁴ 英 measure 日 リョウ. **はかる**
뜻 ① 헤아릴. 생각할. ②용량. ③궁량. 도량.
필순 目 昌 昌 昌 量 量

量感〔양감〕 회화면(繪畫面)에 실물의 부피나 무게의 느낌이 나도록 그리는 것. 또 그런 느낌. ②크고 풍만한 느낌. りょうかん
量檢〔양검〕 헤아려 검사(檢査)함. りょうけん 「결합. りょうけつ
量決〔양결〕 사정을 잘 헤아려 판

量器〔양기〕 ①되·말 따위와 같이 물건의 분량을 되는 그릇. ②소임(所任)을 다할 재능(才能)과 도량(度量). りょうき

量度〔양도〕 재어 헤아림. 동도량(度量). りょうど

量宜〔양의〕 잘 헤아림. りょうぎ

量的〔양적〕 물건의 내용이나 실질(實質)은 묻지 않고, 분량을 표준으로 하는 것. りょうてき

量田〔양전〕 논밭을 측량(測量)함.

量知〔양지〕 미루어 헤아려서 앎. りょうち

量地〔양지〕 땅을 측량함. りょうち

▷計量(계량). 過量(과량). 器量(기량). 大量(대량). 度量(도량). 斗量(두량). 無量(무량). 分量(분량). 商量(상량). 小量(소량). 數量(수량). 雅量(아량). 力量(역량). 才量(재량). 裁量(재량). 適量(적량). 酒量(주량). 推量(추량). 測量(측량).

(8) 金 部

〖金〗 부 金(쇠금변) 획 8—0 훈 쇠·성 음 금·김 中 chin[1] 英 gold 日 キン. コン. かね. こがね

뜻 ①쇠. 쇠붙이. ②금. 황금. ③돈. 금액. ④누른빛. 금빛. ⑤귀할. ⑥성(김).

필순 𠆢亼全伞伞余金

金甲〔금갑〕 ①황금으로 만든 또는 황금빛의 갑옷. ②동⇨금혁(金革). きんこう

金剛〔금강〕 ①금속의 단단함. ②오행(五行)의 금(金)의 기(氣). 서방(西方)의 덕(德). ③금강석(金剛石). こんごう

金剛經〔금강경〕 대일여래(大日如來)의 지덕(智德)을 기린 불경.

金剛力〔금강력〕 금강석처럼 굳센 힘. こんごうりき 「んごうしゃ

金剛砂〔금강사〕 석류석의 가루. こ

金剛山〔금강산〕 강원도에 있는 세계적 명산(名山). 봄에는 금강산, 여름에는 봉래산(蓬萊山), 가을에는 풍악산(楓岳山), 겨울에는 개골산(皆骨山)의 별명이 있음. こんごうざん

金剛石〔금강석〕 순수한 탄소로 된 정팔면체(正八面體)의 결정물(結晶物). 다이아몬드. こんごうせき

金剛心〔금강심〕 아주 견고한 정신. 썩 굳은 마음. こんごうしん

金坑〔금갱〕 금을 채굴하는 곳. 금광(金鑛). 동금혈(金穴). きんこう

金庫〔금고〕 금은 보화(金銀寶貨)를 저장하는 창고. 화폐·귀중품 따위를 넣고 도난·화재를 방지하는 특별 장치를 한 궤. きんこ

金科玉條〔금과옥조〕 금이나 옥과 같이 귀중한 법칙(法則)이나 규정(規程). きんかぎょくじょう

金冠〔금관〕 금으로 만든 관. 또는 금빛나는 관. きんかん

金塊〔금괴〕 금덩어리. きんかい

金權〔금권〕 재력(財力)의 권세(權勢). 돈의 힘. きんけん

金泥〔금니〕 금가루를 아교에 푼 것. 동금박(金箔). きんでい. こんでい

金丹〔금단〕 ① 도사(道士)가 금을 정련(精煉)해 만든다는 장생 불사(長生不死)의 묘약(妙藥). ② 도가(道家)가 하는 신기 수련(神氣修鍊)의 묘술(妙術). きんたん

金堂〔금당〕 황금·백금을 칠해 지은 불당(佛堂). 동금색당(金色堂). きんどう

金蘭〔금란〕 친구 사이의 극친(極親)한 관계의 비유. きんらん

金蘭之契〔금란지계〕동⇨금석교(金石交). きんらんのちぎり

金蘭之友〔금란지우〕 극친한 벗.

金文〔금문〕 ①금니(金泥)로 쓴 글자. ②금석문(金石文). 종정문(鐘鼎文). きんぶん 「ぱく

金箔〔금박〕 동⇨금니(金泥). きん

金髮〔금발〕 노란 머리카락. きんぱつ 「きんぱい

金杯〔금배〕 금으로 만든 잔(盞).

金粉〔금분〕 금가루. 또는 금빛의

가루. きんぷん
金肥〔금비〕 농가(農家)에서 돈을 주고 사서 쓰는 인조(人造) 비료. 화학 비료. ↔퇴비(堆肥). きんぴ.かねごえ
金史〔금사〕 원(元)나라 탁극탁(托克托) 등이 칙명(勅命)으로 금(金)나라의 사실(史實)을 기록한 기전체(紀傳體)의 사서(史書). 125권임. きんし 「しゃ
金砂〔금사〕 금모래. きんさ. きん
金絲〔금사〕 금빛의 실. きんし
金色〔금색〕 ① 금빛. ②부처의 몸빛. きんしょく. こんじき
金色堂〔금색당〕 ㊐금당(金堂).
金生水〔금생수〕 오행(五行)의 운행에 금(金)에서 수(水)가 남을 이름. きんせいすい
金石〔금석〕 ①쇠와 돌. ②단단한 사물의 비유. ③종정(鐘鼎)과 비갈(碑碣). ④병기(兵器). ⑤종(鐘)과 경(磬). 쇠로 만든 악기. ⑥장생불사약(長生不死藥). ⑦광물(鑛物). きんせき
金石交〔금석교〕 금석과 같이 변하지 아니하는 굳은 교분(交分). ㊐금란지계(金蘭之契). 단금지교(斷金之交). きんせきのまじわり 「(金石之約).
金石盟約〔금석맹약〕 ⇨㊐금석지약
金石文〔금석문〕 종정(鐘鼎)·비갈(碑碣) 따위에 새긴 글의 총칭. きんせきぶん
金石之約〔금석지약〕 금석과 같이 굳은 맹약. ㊐금석맹약.
金石之言〔금석지언〕 교훈이 되는 귀중한 말. 격언(格言). きんせきのげん 「하는 법전(法典).
金石之典〔금석지전〕 변하지 아니
金石學〔금석학〕 ①광물학(鑛物學). ②금석문(金石文)을 연구하는 학문. きんせきがく
金星〔금성〕 태양계(太陽系) 중의 둘째 유성(遊星). 저녁에 서쪽 하늘에 보일 때에는 장경성(長庚星), 새벽에 동쪽 하늘에 보일 때에는 계명성(啓明星)이라 함. きんせい
金城〔금성〕 ①아주 견고한 성벽(城壁). ②아주 견고한 방어(防禦). ③바깥성 안에 있는 성. 아성(牙城). ④지금의 경주(慶州)의 옛 이름. きんじょう
金城鐵壁〔금성철벽〕 ① 수비가 튼튼한 성. ㊐금성탕지. ②아주 견고한 사물. きんじょうてっぺき
金城湯池〔금성탕지〕 방비가 아주 견고한 성. ㊐금성 철벽(金城鐵壁). きんじょうとうち 「んぞく
金屬〔금속〕 금붙이나 쇠붙이. き
金言〔금언〕 ①교훈이 될 만한 귀중한 말. 격언(格言). ②언제까지나 변하지 않는 말. 굳은 맹세의 말. きんげん 「んう
金烏〔금오〕 태양(太陽)의 별칭. き
金玉〔금옥〕 ①황금과 주옥. ②귀중하거나 찬미할 만한 사물의 비유. きんぎょく
金玉君子〔금옥군자〕 절개가 굳은 군자. きんぎょくのくんし
金玉滿堂〔금옥만당〕 보배가 방안에 가득 참. 어진 신하가 조정(朝廷)에 가득함의 비유. きんぎょくまんどう
金融〔금융〕 ①돈의 융통(融通). ②돈의 수요 공급(需要供給)의 경제상 관계. きんゆう
金錢〔금전〕 ①쇠붙이로 만든 돈. ②돈. きんせん
金殿玉樓〔금전옥루〕 화려한 전각.
金精〔금정〕 ①금의 정(精). 곧 달을 이름. ②금성(金星)의 별칭.
金堤〔금제〕 아주 튼튼한 둑. 견고(堅固)한 둑. きんてい
金齏玉膾〔금제옥회〕 맛있는 요리.
金樽〔금준〕 금으로 장식한 술통. きんそん
金免〔금토〕 달(月)의 별칭(別稱).
金波〔금파〕 ①달빛. ② 달빛에 비쳐 금빛으로 빛나는 물결. きんぱ 「冑). 곧 전쟁. ㊐금갑(金甲).
金革〔금혁〕 병기(兵器)와 갑주(甲
金穴〔금혈〕 ①금갱(金坑). ②금을 보관한 곳간. ③큰 부자. 재산가(財産家). きんけつ
金婚式〔금혼식〕 결혼한 지 만 50

년 되는 날을 축하(祝賀)하는 식. きんこんしき 「か

金貨〔금화〕 금으로 만든 돈. きん

金環〔금환〕 금반지. 금가락지. きんかん

金萬重〔김만중〕 이조(李朝) 숙종(肅宗) 때의 판서(判書)·문학자. 호(號)는 서포(西浦). 저서(著書)로 〈구운몽(九雲夢)〉〈사씨 남정기(謝氏南征記)〉 등이 있음.

金時習〔김시습〕 이조 단종(端宗) 때의 생육신(生六臣)의 한 사람. 호(號)는 매월당(梅月堂). 〈금오신화(金鰲新話)〉를 지었음.

金庾信〔김유신〕 신라(新羅) 무열(武烈)·문무(文武) 왕(王) 때의 장군(將軍). 화랑(花郞) 출신으로 삼국 통일을 완성하였음.

金正喜〔김정희〕 이조(李朝) 철종(哲宗) 때의 서가(書家). 호(號)는 완당(阮堂)·추사(秋史).

金春秋〔김춘추〕 신라(新羅) 제 29대 무열왕(武烈王)의 이름.

▷醵金(갹금). 貸金(대금). 罰金(벌금). 白金(백금). 砂金(사금). 賞金(상금). 收金(수금). 純金(순금). 冶金(야금). 年金(연금). 捐金(연금). 資金(자금). 貯金(저금). 積金(적금). 合金(합금). 現金(현금). 黃金(황금).

「釜」 부 金(쇠금변) 획 8—2 훈 가마 음 부(부:) 中 fu³ 英 cauldron 日 フ. かま

뜻 ①가마. ②솥. ③휘.

필순 ハグ父⺍⺍⺍釜

釜庾〔부유〕 소량(小量). ふゆ

釜鼎器〔부정기〕 부엌에서 쓰는 그릇. ふていき

釜鼎之屬〔부정지속〕 솥·가마·남비 따위의 부엌에서 쓰는 그릇붙이. ふていのぞく

釜中生魚〔부중생어〕 오랫동안 솥에 밥을 짓지 못했으므로 솥 속에 고기가 생겼다는 뜻. 곧 가난함을 이름. ふちゅううおをしょうず

釜中魚〔부중어〕 솥 속에 고기. 곧 죽음이 임박(臨迫)함. 위험(危險)한 생명. ふちゅうのうお

〖針〗 부 金(쇠금변) 획 8—2 훈 바늘 음 침 中 chen¹ 英 needle 日 シン. はり

뜻 ①바늘. ②바느질. ③침. ④찌를.

필순 ノ𠆢⺍⺍金金金針

針工〔침공〕 바느질. しんこう

針孔〔침공〕 바늘귀.

針路〔침로〕 ①자석(磁石)의 침이 가리키는 방향. 배가 가는 방향. ②방향(方向). しんろ

針母〔침모〕 남의 바느질을 하여 주고 삯을 받는 여자. 「しんせん

針線〔침선〕 바늘과 실. 곧 바느질.

針小棒大〔침소봉대〕 작은 일을 크게 허풍떨어 말함. しんしょうぼうだい

▷短針(단침). 方針(방침). 縫針(봉침). 細針(세침). 時針(시침). 一針(일침). 磁針(자침). 長針(장침). 指針(지침). 秒針(초침).

[釣] 부 金(쇠금변) 획 8—3 훈 낚시 음 조 中 tiao⁴ 英 hook 日 チョウ. つり

뜻 ①낚시. 낚을. ②구할. 취할.

필순 𠆢⺍⺍金金釒釣釣

釣鉤〔조구〕 낚시 바늘. ちょうこう

釣臺〔조대〕 ①낚시질하는 대(臺). ②낚시터. ちょうだい

釣徒〔조도〕 낚시꾼. ちょうと

釣龍臺〔조룡대〕 충청남도 부여(扶餘)의 백마강(白馬江)가에 있는 바위. 백제(百濟)를 침공한 당장(唐將) 소정방(蘇定方)이 백마(白馬)를 미끼로 용을 낚았다는 전설에서 생긴 이름.

釣魚〔조어〕 물고기를 낚음. 낚시질. ちょうぎょ

釣舟〔조주〕 고기를 낚는 배. ちょうしゅう. つりぶね

釣太〔조태〕 주낙으로 잡은 명태.

【鈍】 부 金(쇠금변) 획 8—4 훈 둔할 음 둔: 中 tuen⁴ 英 dull 日 ドン. にぶい

뜻 ①둔할. 우둔할. ②무딜.

필순 𠆢⺍⺍金金釒鈍鈍

鈍角〔둔각〕 직각(直角)보다 큰 각.

↔예각(銳角). どんかく
鈍器〔둔기〕 ①무딘 연장. ②둔재(鈍才). どんき
鈍刀〔둔도〕 무딘 칼. どんとう
鈍馬〔둔마〕 굼뜬 말. どんば
鈍才〔둔재〕 둔한 재주. 또 그 사람. どんさい「기억력. どんそう
鈍聰〔둔총〕 총명(聰明)하지 못한
鈍濁〔둔탁〕 둔하고 흐리터분함. どんだく「글. どんぴつ
鈍筆〔둔필〕 재치 없는 글씨. 또 그
▷銳鈍(예둔). 愚鈍(우둔). 利鈍(이둔). 遲鈍(지둔). 痴鈍(치둔).

〔鉤〕 부 金(쇠금변) 획 8—5 훈 갈고리 음 구 中 kou[1] 英 hook; barb 日 コウ. ク. かぎ
뜻 ①갈고리. ②옭아당길.
참고 속 鈎
필순 ⺈⺮全金釣鉤

鉤距〔구거〕 미늘. 곧 낚시의 미늘에 찔린 고기처럼 사람으로 하여금 어떤 술책(術策)에 빠뜨려 헤어날 수 없게 함으로써 깊이 그 내정(內情)을 탐색(探索)함을 이름. こうきょ「こうきょく
鉤曲〔구곡〕 낚시와 같이 굽은 것.
鉤校〔구교〕 찾아내어 조사함.
鉤矩〔구거〕 콤파스(compass)와 곡척(曲尺). 곧 법칙(法則)을 이름. こうく「ん
鉤金〔구금〕 띠를 매는 쇠. こうき
鉤索〔구색〕 ①깊숙한 도리(道理)를 찾고 구함. ②쇠붙이로 만든 열쇠. こうさく
鉤心〔구심〕 바퀴의 굴대. 또는 지붕의 중심. こうしん

〔鉢〕 부 金(쇠금변) 획 8—5 훈 바리때 음 발 中 po[1] 英 brass bowl 日 ハチ. ハツ
뜻 ①바리때. ② 바리. ③주발.
필순 ⺈⺮全金釒針鉢鉢鉢

▷沙鉢(사발). 周鉢(주발). 托鉢(탁발).

【鉛】 부 金(쇠금변) 획 8—5 훈 납 음 연 中 ch'ien[1], yen[1] 英 lead 日 エン. なまり. おし
뜻 ①납. ②분. 「ろい
필순 ⺈⺮全金鉛鉛鉛

鉛毒〔연독〕 납의 독. 또 분(粉)의 독. えんどく
鉛白〔연백〕 분(粉). 백분(白粉). 동연화(鉛華). えんぱく
鉛不可以爲刀〔연불가이위도〕 납으로는 칼을 만들지 못함. 사물은 각각 쓰이는 곳이 다름을 이름.
鉛版〔연판〕 활자로 식자(植字)하여 지형(紙型)으로 뜬 뒤에 납을 부어 만든 인쇄판(印刷版). えんばん
鉛筆〔연필〕 ① 흑연(黑鉛)의 분말(粉末)과 점토(粘土)를 섞어 구워서 심을 만들어 나무 축(軸)에 박은 필기(筆記) 용구. ②연분(鉛粉)으로 글씨를 쓰는 붓. えんぴつ
鉛華〔연화〕 동⇨연백(鉛白). えんか
▷亞鉛(아연). 蒼鉛(창연). 黑鉛(흑연).

【銅】 부 金(쇠금변) 획 8—6 훈 구리 음 동 中 t'ung[2] 英 copper 日 ドウ. あかがね
뜻 구리.
필순 ⺮全金釦銅銅

銅坑〔동갱〕 동⇨동산(銅山). どう
銅金〔동금〕 구리. 동(銅). 「こう
銅綠〔동록〕 구리에 생긴 녹. 녹청(綠青). どうりょく
銅山〔동산〕 구리를 채굴하는 산. 동동갱(銅坑). どうざん
銅像〔동상〕 구리로 사람의 형체(形體)와 같이 만든 형상(形像). どうぞう「あかがねいろ
銅色〔동색〕 구릿빛. どうしょく.
銅錢〔동전〕 구리로 만든 돈. 동동화(銅貨). どうせん
銅貨〔동화〕 동⇨동전(銅錢). どうか「(청동).
▷赤銅(적동). 鑄銅(주동). 青銅

【銘】 부 金(쇠금변) 획 8—6 훈 새길 음 명 中 ming[2] 英 engrave 日 メイ. しるす
뜻 ①새길. ②기록할.
필순 ⺮全金釒鈔鉻銘

銘刻〔명각〕 ①금석(金石)에 문자를 새김. 또 그 문자. ②동⇨銘心(명심). めいこく

銘心〔명심〕 마음에 새겨 둠. ㊂명각(銘刻). 간명(肝銘). めいしん
銘心不忘〔명심불망〕 마음 속에 깊이 새기어 잊지 아니함.
▷刻銘(각명). 碑銘(비명). 座右銘(좌우명).

〖銀〗 부 金(쇠금변) 획 8—6 훈 은 음 은 ㊥ yin² ㊀ silver ㊐ ギン. しろがね
뜻 ①은. ②은빛. ③돈.
필순 ^ 𠆢 牟 𨥁 釒 鈤 鉬 銀
銀鑛〔은광〕 ①은을 함유(含有)한 광석. ②은의 광석을 매장(埋藏)하고 있는 광산. ㊂은산(銀山). ぎんこう
銀塊〔은괴〕 은덩이. ぎんかい
銀器〔은기〕 은으로 만든 그릇.
銀泥〔은니〕 은가루를 아교에 풀어 만든 것. ㊂은박(銀箔). ぎんでい
銀刀〔은도〕 ①은으로 만든 칼. ②빛은 희고 모양은 칼 같은 작은 물고기. ぎんとう 「んれい
銀鈴〔은령〕 은으로 만든 방울. ぎ
銀幕〔은막〕 영사막(映寫幕). 스크린(screen). ②영화계(映畫界). ぎんまく
銀箔〔은박〕 ㊂⇨은니(銀泥).
銀盤〔은반〕 ①은으로 만든 쟁반. ②달(月)의 이칭(異稱). ③얼음판. ぎんばん
銀房〔은방〕 금·은으로 물건을 만들어 파는 가게. ぎんぼう
銀杯〔은배〕 은잔. ぎんぱい
銀絲〔은사〕 은빛의 실. ぎんし
銀山〔은산〕 ①은이 나는 광산(鑛山). ㊂은광(銀鑛). ②높이 솟은 흰 물결. ぎんざん
銀世界〔은세계〕 ①눈이 쌓인 경치. ②매화꽃이 만발(滿發)한 경치. ぎんせかい 「ぎんそうとう
銀粧刀〔은장도〕 은으로 만든 칼.
銀錢〔은전〕 은으로 만든 돈. ㊂은화(銀貨). ぎんせん
銀波〔은파〕 흰 달빛. 또 달빛이 비친 바다. ぎんぱ
銀河〔은하〕 ①밤하늘에 흰 구름같이 남북으로 길게 뻗은 별의 무리. ②도가(道家)에서 눈[目]의 일컬음. ㊂은해(銀海). ぎんが
銀海〔은해〕 ㊂⇨은하(銀河). ぎんかい
銀行〔은행〕 신용(信用)을 이용하여 자기 자본 및 여러 사람의 예금을 가지고 자본의 수요(需要)와 공급의 매개(媒介)를 하는 금융 기관. ぎんこう
銀婚式〔은혼식〕 결혼 후 25년 만에 올리는 부부의 서양풍(西洋風) 축하식. ぎんこんしき
銀貨〔은화〕 ㊂⇨은전(銀錢).
▷金銀(금은). 白銀(백은). 水銀(수은). 純銀(순은).

【銃】 부 金(쇠금변) 획 8—6 훈 총 음 총 ㊥ ch'ung⁴ ㊀ gun ㊐ ジュウ. つつ
뜻 ①총. ②도끼구멍.
필순 ^ 𠆢 牟 𨥁 釒 鉝 銃 銃
銃架〔총가〕 총을 걸쳐 두는 받침. じゅうか
銃劍〔총검〕 ①총과 칼. ②총열 끝에 꽂은 칼. ㊉一術(술). じゅうけん
銃擊〔총격〕 총으로 쏨. じゅうげき
銃獵〔총렵〕 총을 가지고 하는 사냥. じゅうりょう
銃床〔총상〕 총대. じゅうしょう
銃傷〔총상〕 총에 맞아 다친 상처(傷處). じゅうしょう 「うせい
銃聲〔총성〕 총을 쏘는 소리. じゅ
銃眼〔총안〕 성벽(城壁) 등에 뚫어 놓은, 총을 내쏘는 구멍. じゅうがん
銃彈〔총탄〕 총알. じゅうだん
銃砲〔총포〕 ①총. ②총과 대포(大砲). じゅうほう
▷拳銃(권총). 機關銃(기관총). 無反動銃(무반동총). 小銃(소총). 獵銃(엽총). 長銃(장총).

「鋒」 부 金(쇠금변) 획 8—7 훈 칼날 음 봉 ㊥ fêng¹ ㊀ tip of ㊐ ホウ. ほこさき
뜻 ①칼날. ②뾰족할. 날카로울. ③끝. ④앞잡이. 선봉. ⑤창.
필순 ᐟ 𠆢 牟 𨥁 鋒 鋒 鋒
鋒起〔봉기〕 창이 불쑥 나오는 것처럼 성하게 일어남. ㊉ 民衆(민중)一. ほうき

鋒利〔봉리〕 날카로움. [동]예리(銳利). ほうり 「함. ほうえい
鋒銳〔봉예〕 성질이 날카롭고 민첩
鋒刄〔봉인〕 창날. ほうじん
鋒尖〔봉첨〕 창끝. ほうせん
▷交鋒(교봉). 先鋒(선봉). 銳鋒(예봉). 筆鋒(필봉).

【鋤】 [부] 金(쇠금변) [획] 8—7 [훈] 호미 [음] 서 [中] sh'u² [英] hoe [日] ジョ. すき
[뜻] ①호미. ②김맴.
[필순] ^ ⺽ 㑹 金 金⺊ 鉏 鋤 鋤
鋤除〔서제〕 ①김을 맴. ②악인(惡人)을 제거(除去) 또는 멸망시킴. [동]주제(誅除). じょじょ
鋤禾〔서화〕 논에 김을 맴. じょか. かをすく

【銳】 [부] 金(쇠금변) [획] 8—7 [훈] 날카로울 [음] 예: [中] juei⁴ [英] sharp [日] エイ. するどい
[뜻] ①날카로울. ②날랠. 날쌜.
[필순] ^ ⺽ 㑹 金 金 釒 鈖 銳
銳角〔예각〕 직각(直角)보다 작은 각. ↔둔각(鈍角). えいかく
銳氣〔예기〕 성질이 굳세어 남에게 지지 아니하는 날카로운 기운. えいき
銳利〔예리〕 ①칼날이 날카로움. ②두뇌(頭腦)가 날카로움. えいり
銳敏〔예민〕 날쌔고 민첩(敏捷)함. えいびん
銳兵〔예병〕 ①날쌘 군사. [동]예졸(銳卒). ②날카로운 무기.
銳鋒〔예봉〕 ①날카로운 창끝 또는 칼끝. ② 날카로운 필봉(筆鋒). ③정예한 선봉(先鋒). えいほう
銳意〔예의〕 마음을 단단히 차려 힘써 함. [동]예지(銳志). えいい
銳刄〔예인〕 날카로운 칼날. えいじん 「そつ
銳卒〔예졸〕 [동]⇨예병(銳兵). えい
銳志〔예지〕 마음을 한 군데로 모음. 열심히 일함. [동]예의(銳意). えいし 「운 지식. えいち
銳智〔예지〕 예민한 지식. 날카로
銳進〔예진〕 날카롭게 나아감. [동]맹진(猛進). えいしん
▷氣銳(기예). 新銳(신예). 精銳(정예). 尖銳(첨예).

「鋪」 [부] 金(쇠금변) [획] 8—7 [훈] 펼 [음] 포 [中] p'u¹·⁴ [英] pave; shop [日] ホ. しく. みせ
[뜻] ①펼. 벌일. 깔. ②가게(舖와 통용). ③문고리. ④아플.
[필순] ^ ⺽ 㑹 金 釒 鈩 鋪 鋪
鋪道〔포도〕 포장(鋪裝)한 길. ほどう 「또는 다섯 째 귀. ちとう
鋪頭〔포두〕 과시(科詩)의 네째 귀.
鋪馬〔포마〕 역말. ほば
鋪幕〔포막〕 병정·순검들의 파출소.
鋪石〔포석〕 도로에 깔아 둔 돌. ほせき 「하는 것. ほせつ
鋪設〔포설〕 좌석(座席)의 설비를
鋪裝〔포장〕 길 위에 돌·시멘트·아스팔트를 깔아 굳게 다지어 꾸미는 것. ほそう
鋪張揚厲〔포장양려〕 ①극구(極口) 찬양함. ②문장(文章)을 꾸밈. ほちょうようれい
鋪陳〔포진〕 ①상세히 설명함. 부연(敷衍)함. ②바닥에 깔아 놓은 방석·요·돗자리 같은 것의 총칭(總稱). ③잔치의 자리를 깖. ほちん
▷藥鋪(약포). 店鋪(점포).

【鋼】 [부] 金(쇠금변) [획] 8—8 [훈] 강철 [음] 강 [中] kang¹ [英] steel [日] コウ. ねりがね. はがね
[뜻] 강철. 강쇠.
[필순] ^ ⺽ 㑹 金 釦 鈳 鋼
鋼玉〔강옥〕 대리석·화강석 등의 속에 든 광석. 루비·사파이어 등 경도(硬度)가 큰 보석(寶石)임. ごうぎょく
鋼鐵〔강철〕 철(鐵) 중에서 열(熱)과 잡아당기는 힘에 가장 잘 견디는 성질이 강한 쇠. こうてつ
鋼版〔강판〕 등사용 원지(原紙)를 긁는 줄판. 「(정강).
▷純鋼(순강). 鍊鋼(연강). 精鋼

【錦】 [부] 金(쇠금변) [획] 8—8 [훈] 비단 [음] 금: [中] chin³ [英] silk [日] キン. にしき
[뜻] ①비단. ②고울.
[필순] ^ ⺽ 㑹 金 釣 鉑 錦 錦
錦旗〔금기〕 비단 천으로 만든 깃

발. きんき
錦囊〔금낭〕①비단 주머니. ②시(詩)의 원고를 넣어 두는 주머니. 당(唐)의 이하(李賀)가 좋은 시를 쓸 때마다 주머니에 넣어 둔 고사(故事)에서 나옴. ㊐시낭(詩囊). きんのう
錦帶〔금대〕비단 띠. きんたい
錦上添花〔금상첨화〕①아름다운 데에 또 아름다운 것을 더함. ②좋은 일에 또 좋은 일이 더함. きんじょうにはなをそう
錦衣玉食〔금의옥식〕비단 옷과 옥(玉) 같은 밥. 곧 호화로운 생활. きんいぎょくしょく
錦衣還鄕〔금의환향〕출세(出世)하고 고향에 돌아옴의 비유. ㊐의금환향(衣錦還鄕). きんいかんきょう
錦察〔금찰〕충청도 관찰사(忠淸道觀察使). 「きんこうしょく
錦香色〔금향색〕검누르고 붉은 빛.

【錄】 부 金(쇠금변) 획 8—8 훈 기록할 음 록 ㊥ lu⁴ ㊉ record ㊐ ロク. しるす
뜻 ①기록할. 적을. ② 나타낼. ③문서. 목록.
참고 ㊕録
필순 ^ ⺈ 今 金 釒 鈩 録 錄
錄錄〔녹록〕①인물(人物) 등이 평범한 모양. ② 대중(大衆)에 따라 좇는 모양. ろくろく 「い
錄名〔녹명〕이름을 적음. ろくめ
錄事〔녹사〕사건을 기록하는 관직(官職). 곧 서기(書記). ろくじ
錄寫〔녹사〕문서(文書)를 옮겨 씀.
錄音〔녹음〕음향·음성·음악 등을 필름·레코오드 같은 데에 기계로 기록하여 넣는 일. ろくおん
錄紙〔녹지〕남에게 보이기 위하여 사실의 대강만 추려 적은 종이쪽. ろくし 「簿). ろくちょう
錄牒〔녹첩〕이름을 쓴 책. 명부(名
錄片〔녹편〕간단한 녹지(錄紙). ろくへん 「적음.
錄勳〔녹훈〕훈공(勳功)을 장부에
▷記錄(기록). 登錄(등록). 目錄(목록). 附錄(부록). 備忘錄(비망록). 收錄(수록). 實錄(실록).

「錫」 부 金(쇠금변) 획 8—8 훈 주석 음 석 ㊥ hsi² ㊉ tin ㊐ セキ. シャク. すず
뜻 ①주석. ② 줄(賜와 통용).
필순 ^ ⺈ 今 金 釦 鉬 鍚 錫
錫人〔석인〕주석을 녹여서 만든 인형(人形). 옛날에 순장(殉葬)에 쓴 인형. しゃくじん. せきじん
錫杖〔석장〕도사(道士)·중이 쓰던 지팡이. ㊐선장(禪杖). 「(주석).
▷巡錫(순석). 杖錫(장석). 朱錫

〖錢〗 부 金(쇠금변) 획 8—8 훈 돈 음 전 ㊥ ch'ien², chien³ ㊉ money ㊐ セン. ぜに
뜻 ①돈. ②전. 화폐단위. ③성.
참고 ㊕銭
필순 ^ ⺈ 今 金 釒 鈛 錢 錢
錢渴〔전갈〕돈이 잘 돌지 않음. せんかつ 「政). せんこく
錢穀〔전곡〕돈과 곡식. 곧 재정(財
錢刀〔전도〕돈. 금전(金錢). ㊐전화(錢貨). せんとう 「ょう
錢糧〔전량〕㊐전곡(錢穀). せんり
錢文〔전문〕돈의 표면에 새긴 글자. せんぶん 「②빚을 준 사람.
錢主〔전주〕①밑천을 대는 사람.
錢幣〔전폐〕금전(金錢). ㊐전화(錢貨). せんぺい
錢貨〔전화〕돈. 금전. ㊐전도(錢刀)·전폐(錢幣). せんか
錢荒〔전황〕돈이 잘 융통되지 못하여 돈이 귀하여짐. せんこう
▷古錢(고전). 口錢(구전). 舊錢(구전). 金錢(금전). 給錢(급전). 銅錢(동전). 無錢(무전). 本錢(본전). 小錢(소전). 惡錢(악전). 用錢(용전). 銀錢(은전). 投錢(투전).

「錠」 부 金(쇠금변) 획 8—8 훈 제기 음 정 ㊥ ting⁴ ㊉ candle stick ㊐ ジョウ. たかつき
뜻 ①제기. ②촛대. ③남비. ④주석. ⑤덩이. 정제.
필순 ^ ⺈ 今 金 釒 鈩 錠 錠
錠光佛〔정광불〕연등불(燃燈佛)의 딴이름. じょうこうぶつ
錠劑〔정제〕가루약을 뭉쳐 만든 약. ㊐환제(丸劑). じょうざい

【錯】 부 金(쇠금변) 획 8—8 훈 섞일·둘 음 착·조: 中 ts'uo⁴, tsu⁴ 英 comfused; tangled 日 サク. まじる. あやまる
뜻 ①섞일. ②어긋날. ③그르칠. ④둘(조:). ⑤머무를.
필순 ⺈ 亼 金 釒 釒 鈼 錯錯
錯覺〔착각〕 지각(知覺)이 외계(外界)의 대상을 어긋나게 깨닫는 현상. さっかく
錯亂〔착란〕 뒤섞여서 어수선함. 예 精神(정신)—. さくらん
錯視〔착시〕 잘못 봄. さくし
錯誤〔착오〕 틀려서 잘못됨. 예 試行(시행)—. さくご
錯認〔착인〕 그릇되게 앎. 잘못 앎. さくにん 「가 없음. さくざつ
錯雜〔착잡〕 뒤섞여서 순서(順序)
錯節〔착절〕 엉클어진 나무 마디. 엉클어진 곤란한 사건. さくせつ
錯綜〔착종〕 서로 섞여 엉클어짐. 또 복잡하게 섞음. さくそう
錯大〔조대〕 ①서생(書生). ②큰 일을 처리함. ③비웃음. ④겸손.
錯辭〔조사〕 시(詩)와 문장의 글귀를 골라서 맞춰 넣음. そじ
▷交錯(교착). 失錯(실착).

「鍵」 부 金(쇠금변) 획 8—9 훈 열쇠 음 건 中 chien⁴ 英 doorbolt 日 ケン. かぎ
뜻 ①열쇠. ②수레 굴대.
필순 ⺈ 亼 釒 釒 鈩 鍵 鍵鍵
鍵盤〔건반〕 풍금·피아노 따위의 건(鍵)이 늘어놓인 바닥. けんばん
▷關鍵(관건).

「鍛」 부 金(쇠금변) 획 8—9 훈 두드릴 음 단: 中 tuan⁴ 英 forge metal 日 タン. きたえる
뜻 ① 두드릴. 쇠불릴. ②대장일. ③익힐. ④얽을. ⑤때릴. ⑥숫돌. ⑦포.
필순 ⺈ 亼 釒 釒 鉡 鍛鍛
鍛工〔단공〕 대장장이. たんこう
鍛鍊〔단련〕 ①쇠붙이를 불에 달구어 두드림. ②없는 죄를 교묘하게 꾸며냄. ③혹리(酷吏)가 남을 억지로 죄에 빠뜨림. ④몸과 마음을 닦아 기름. ⑤사물을 연마(硏磨)함. たんれん
鍛冶〔단야〕 쇠붙이를 단련함. たんや 「연철(鍊鐵). たんてつ
鍛鐵〔단철〕 쇠를 달굼. 또 그 쇠.

【鍊】 부 金(쇠금변) 획 8—9 훈 쇠불릴 음 련: 中 lien⁴ 英 refine 日 レン. ねる
뜻 ① 쇠불릴. 불린쇠. ②익힐. 단련할. ③이길. 반죽할.
필순 ⺈ 亼 金 釒 鈩 鈩 錬 鍊
鍊金〔연금〕 쇠를 단련(鍛鍊)함. 예 —術(술). れんきん
鍊達〔연달〕 숙련(熟鍊)하고 통달(通達)함. れんたつ
鍊磨〔연마〕 깊이 연구함. 학문을 정성들여 닦음. 동 연마(練磨). れんま 「練)함. れんぶ
鍊武〔연무〕 무예(武藝)를 단련(鍛
鍊兵〔연병〕 병사들에게 전투에 필요한 여러 가지 동작과 작업 따위를 훈련하는 일. れんぺい
鍊鐵〔연철〕 단련한 쇠. 정련(精鍊)한 철. 동 단철(鍛鐵). れんてつ
▷鍛鍊(단련). 修鍊(수련). 冶鍊(야련). 精鍊(정련).

「鍾」 부 金(쇠금변) 획 8—9 훈 술그릇 음 종 中 chung¹ 英 goblet 日 ショウ. つぼ
뜻 ①술그릇. 술잔. ②모을. ③쇠북. ④눈물 흘릴.
필순 ⺈ 亼 金 釒 鈩 鉦 鍾 鍾
鍾氣〔종기〕 정기(精氣)가 한데 뭉침. しょうき 「ょうねん
鍾念〔종념〕 불쌍하게 생각함. し
鍾鉢〔종발〕 작은 보시기.
鍾愛〔종애〕 ①사람을 모음. ②지극히 사랑함. 동 종정(鍾情). しょうあい
鍾乳洞〔종유동〕 석회암(石灰岩)이 지하수(地下水) 때문에 용해(溶解)되어 이루어진 굴. しょうにゅうどう 「うにゅうせき
鍾乳石〔종유석〕 돌 고드름. しょ
鍾情〔종정〕 동⇨종애(鍾愛).

「鍼」 부 金(쇠금변) 획 8—9 훈 바늘 음 침 中 chen¹ 英 needle 日 シン. はり
뜻 ①바늘. 침. ②찌를.

참고 ㊐針
필순 ㇒𠆢金金'釒鍼鍼鍼
鍼工〔침공〕①바느질. 재봉(裁縫). 재봉사. ②침을 놓는 의원(醫員). しんこう
鍼灸〔침구〕침질과 뜸질. しんきゅう
鍼線〔침선〕바늘과 실. 바느질. しんせん
鍼術〔침술〕침을 놓아 병을 고치는 의술. しんじゅつ
鍼醫〔침의〕침술(鍼術)로 병을 고치는 의원. しんいう
鍼筒〔침통〕침을 넣는 통. しんとう
▷金鍼(금침). 短鍼(단침). 鐵鍼(철침).

【鎖】 부 金(쇠금변) 획 8—10 훈 쇠사슬 음 쇄: ㊥ suo³ ㊕ chain ㊐ サ. ジョウ. くさり
뜻 ①쇠사슬(쇄·쇄). ②자물쇠. ③수갑. ④맬. ⑤잠글. 봉할. 가둘. ⑥거리 단위.
참고 ㊗鎻
필순 ㇒𠆢金金釒釒鈼鎖
鎖骨〔쇄골〕앞쪽은 흉골(胸骨)에, 뒤쪽은 견갑골(肩胛骨)에 잇대어 어깨를 형성하는 뼈. さこつ
鎖國〔쇄국〕나라의 문호(門戶)를 굳게 닫고 외국과 통상(通商)·교통을 아니함. ㊍—政策(정책). —主義(주의). さこく
鎖港〔쇄항〕항구를 봉쇄하고 외국과 통상·무역(貿易)을 허용(許用)치 않는 항구. さこう
▷封鎖(봉쇄). 連鎖(연쇄). 足鎖(족쇄). 鐵鎖(철쇄). 閉鎖(폐쇄).

「鎔」 부 金(쇠금변) 획 8—10 훈 녹일 음 용 ㊥ jung² ㊕ melt ㊐ ヨウ. とかす. いがた
뜻 ①녹일. 녹을(溶과 통용). ②거푸집.
참고 ㊗熔
필순 ㇒𠆢金金釒鈴鎔鎔
鎔鑛爐〔용광로〕광석 또는 금속 등을 가열(加熱)하여 녹여내는 화로. ようこうろ
鎔度〔용도〕㊐⇨용점(鎔點).
鎔爐〔용로〕쇠를 녹이는 화로. ようろ
鎔融〔용융〕고체(固體)가 열에 녹아 버리는 일. ようゆう
鎔點〔용점〕고체(固體)가 액체로 되는 열도(熱度). ㊐용도(鎔度). ようてん
鎔接〔용접〕쇠붙이를 고도(高度)의 전열(電熱)이나 가스열로 땜질하는 일. ようせつ
鎔解〔용해〕금속을 녹임. 또 녹음. ようかい
鎔化〔용화〕고체(固體)가 녹아 풀어짐. ようか
鎔和〔용화〕녹여서 섞음. ようわ

【鎭】 부 金(쇠금변) 획 8—10 훈 누를 음 진: ㊥ chen⁴ ㊕ suppress ㊐ チン. しずめる
뜻 ①누를. 진압할. ②수자리. ③진정할. ④변방.
필순 ㇒𠆢金金釒鉝鎮鎭
鎭撫〔진무〕민심(民心)을 진정시켜 안무(按撫)함. ちんぶ
鎭邊〔진변〕변경(邊境)을 진압(鎭壓)하여 다스림. ちんぺん
鎭守〔진수〕①군대를 주둔시켜 요처(要處)를 엄중히 지킴. ②사원(寺院)을 수호하는 가람신(伽藍神). ちんしゅ. ちんじゅ
鎭安〔진안〕진정(鎭定)하여 편안함. 진정(鎭定)되어 가라앉음. ちんあん
鎭壓〔진압〕①진정(鎭定)하여 위압함. ②억눌러 부숨. ちんあつ
鎭禦〔진어〕백성을 진정시키고 적군을 방어(防禦)함. ちんぎょ
鎭靜〔진정〕왁자하거나 요란하던 것을 가라앉게 함. 또 가라앉음. ちんせい
鎭痛〔진통〕아픈 것을 진정(鎭靜)시킴. ちんつう
鎭護〔진호〕난리를 진압(鎭壓)하여 지킴. ちんご
鎭火〔진화〕화재(火災)를 꺼서 잡음. ちんか
▷撫鎭(무진). 四鎭(사진). 山鎭(산진). 外鎭(외진). 六鎭(육진). 要鎭(요진). 重鎭(중진).

「鎬」 부 金(쇠금변) 획 8—10 훈 호경 음 호: ㊥ hao⁴, kao³ ㊕ pan ㊐ コウ. しのぎ. なべ
뜻 ①호경. ②남비. 쟁개비.
필순 ㇒𠆢金金釒鉝鎬鎬
鎬京〔호경〕주(周)나라 무왕(武王)이 처음으로 연 도읍(都邑)으로 종주(宗周)·서도(西都)라고도

불렀음. 「うこう
鎬鎬〔호호〕 빛이 빛나는 모양. こ
【鏡】 부 金(쇠금변) 획 8―11 훈 거울 음 경: ㊥ ching⁴ 英 mirror 日 ケイ. かがみ
뜻 ①거울. ②거울삼을. 살필. ③비출. 비추어볼.
필순 ^ 金 釒 鉝 鏡 鏡 鏡 鏡
鏡鑑〔경감〕 거울. 본보기. きょうかん 「(形像). きょうえい
鏡影〔경영〕 거울에 비치는 형상
鏡花水月〔경화수월〕 거울에 비친 꽃과 물에 비친 달. 눈으로는 보나 손으로는 쥘 수 없는 것과 같이 시문(詩文) 등의 언어(言語)를 초월한 묘취(妙趣)를 이름. きょうかすいげつ
▷掛鏡(괘경). 銅鏡(동경). 明鏡(명경). 水鏡(수경). 雙眼鏡(쌍안경). 玉鏡(옥경). 圓鏡(원경). 照鏡(조경). 千里鏡(천리경). 破鏡(파경). 顯微鏡(현미경).
〔鏞〕 부 金(쇠금변) 획 8―11 훈 큰쇠북 음 용 ㊥ yung¹·² 英 large bell 日 ヨウ. おおがね
뜻 큰쇠북. 큰종.
필순 ^ 金 釒 釿 鏞 鏞 鏞 鏞
〔鐘〕 부 金(쇠금변) 획 8―12 훈 쇠북 음 종 ㊥ chung¹ 英 bell 日 ショウ. かね
뜻 ①쇠북. ②인경. ③시계.
필순 ^ 金 釒 鉝 鐘 鐘 鐘 鐘
鐘閣〔종각〕 커다란 종을 달아 놓은 집. しょうかく
鐘鼓〔종고〕 종과 북. しょうこ
鐘樓〔종루〕 종을 달아 두는 누각(樓閣). しょうろう 「めい
鐘銘〔종명〕 종에 새긴 글. しょう
鐘鳴鼎食〔종명정식〕 종을 치고 음식을 차려 먹음. 곧 부유한 사람의 생활. しょうめいていしょく
鐘鼎圖〔종정도〕 금석고기(金石古器)를 그린 그림. しょうていず
▷掛鐘(괘종). 晩鐘(만종). 醒鐘(성종). 打鐘(타종). 曉鐘(효종).
〔鐵〕 부 金(쇠금변) 획 8―13 훈 쇠 음 철 ㊥ t'ieh³ 英 iron 日 テツ. くろがね
뜻 ①쇠. ②단단할.
참고 약 鉄
필순 ^ 金 釒 鉝 鐵 鐵 鐵 鐵
鐵甲〔철갑〕 ①쇠로 만든 갑옷. 동 철개(鐵鎧)·융의(戎衣). ②철면(鐵面). てっこう
鐵甲船〔철갑선〕 쇠로 거죽을 싼 병선(兵船). てっこうせん 「う
鐵鋼〔철강〕 동 강철(鋼鐵). てっこ
鐵鎧〔철개〕 동⇨철갑(鐵甲). 「ん
鐵劍〔철검〕 쇠로 만든 칼. てっけ
鐵骨〔철골〕 ①굳센 골격(骨格). ②철근(鐵筋). てっこつ
鐵工〔철공〕 쇠를 다루어서 온갖 기구(器具)를 만드는 사람. てっこう 「っかん
鐵管〔철관〕 쇠로 만든 관(管). て
鐵鑛〔철광〕 쇠를 파내는 광산(鑛山). てっこう 「리. てっきょう
鐵橋〔철교〕 철재(鐵材)로 놓은 다
鐵拳〔철권〕 굳센 주먹. てっけん
鐵騎〔철기〕 ①무장한 기병(騎兵). ②정예(精銳)한 기병. てっき
鐵道〔철도〕 ①기차(汽車)로 사람·물건을 운반하는 육상(陸上) 운수 기관. ②기찻길. 동 철로(鐵路). てつどう 「ろ
鐵路〔철로〕 동⇨철도(鐵道). てつ
鐵馬〔철마〕 ①무장한 말. ②풍경(風磬). ③기차(汽車). てつば
鐵網〔철망〕 철사(鐵絲)로 그물같이 얽은 물건. てつもう
鐵面〔철면〕 ①쇠로 만든 탈. 동 철갑(鐵甲). ②강직하여 권세를 두려워하는 빛이 없음. ③철면피(鐵面皮). てつめん
鐵面皮〔철면피〕 염치(廉恥)를 모르는 낯가죽. 또 그 사람. てつめんぴ 「商(상).
鐵物〔철물〕 쇠로 만든 물건. 예 ―
鐵棒〔철봉〕 ①쇠몽둥이. ②기계체조(機械體操)에 쓰는 기구(器具). てつぼう 「つぷん
鐵分〔철분〕 쇠의 성분(成分). て
鐵粉〔철분〕 쇳가루. てっぷん
鐵絲〔철사〕 쇠로 가늘고 길게 만든 줄. てつし

鐵山〔철산〕 철광(鐵鑛)을 파내는 산. てつざん

鐵石〔철석〕 쇠와 돌. 곧 매우 견고(堅固)함을 이름. てっせき

鐵石肝腸〔철석간장〕 매우 단단한 지조(志操)를 이름. てっせきかんちょう 「てつじょう

鐵城〔철성〕 견고(堅固)한 성(城).

鐵心〔철심〕 쇠같이 굳은 마음. てっしん 「つじょう

鐵杖〔철장〕 쇠로 만든 지팡이. て

鐵筯〔철저〕 화젓가락. てっきん

鐵錢〔철전〕 쇠로 만든 돈. てっせん 「건. てっせい

鐵製〔철제〕 쇠로 만듦. 또 그 물

鐵蹄〔철제〕 ①준마(駿馬)의 발굽. ②마소의 발바닥에 대는 쇠. てってい 「ょうもう

鐵條網〔철조망〕 가시철망. てつじ

鐵柱〔철주〕 쇠로 만든 기둥. てっちゅう

鐵窓〔철창〕 ①쇠창살의 창. ②감옥. てっそう 「さく

鐵柵〔철책〕 쇠로 만든 울짱. てっ

鐵則〔철칙〕 변경 또는 위반(違反)할 수 없는 규칙. てっそく

鐵塔〔철탑〕 ①쇠로 만든 탑. ②전선(電線)을 바치기 위하여 쇠로 만든 받침 기둥. ③땅을 파서 흙을 고르는 농구(農具)의 하나. 쇠스랑. てっとう 「기. てっぺん

鐵片〔철편〕 쇳조각. 쇠의 부스러

鐵筆〔철필〕 ①각도(刻刀). ②힘 있는 필세(筆勢). ③펜(pen). てっぴつ

鐵血〔철혈〕 ①쇠와 피. 곧 병장기(兵仗器)와 사람의 피. [예]—宰相(재상). ②병기(兵器)와 병사(兵士). 병력(兵力)과 군비(軍備). てっけつ

▷鋼鐵(강철). 古鐵(고철). 金鐵(금철). 砂鐵(사철). 生鐵(생철). 銑鐵(선철). 鹽鐵(염철). 磁鐵(자철). 精鐵(정철). 蹄鐵(제철). 製鐵(제철).

【鑑】 [부] 金(쇠금변) [획] 8—14 [훈] 거울 [음] 감 [中] chien⁴ [英] mirror of metal [日] カン. かんがみる

[뜻] ①거울. ②거울삼을. 본뜰. ③볼. ④밝을. 비출.

[필순] 𠆢 金 金 鉅 鉀 鉀 鑑 鑑

鑑銘〔감명〕 거울에 새긴 글. かんめい 「(分別)하여 냄. かんべつ

鑑別〔감별〕 감정(鑑定)하여 분별

鑑賞〔감상〕 예술 작품을 음미(吟味)함. かんしょう

鑑識〔감식〕 ①감정(鑑定)하여 식별함. 그 식별하는 학식과 견문. ②사물의 취미(趣味)를 이해하는 지력(知力). かんしき

鑑定〔감정〕 사물(事物)의 선악(善惡)·우열(優劣)을 분별하여 작정함. かんてい

鑑止〔감지〕 환히 봄. かんし

▷龜鑑(귀감). 名鑑(명감). 前鑑(전감). 智鑑(지감). 總鑑(총감).

〔鑄〕 [부] 金(쇠금변) [획] 8—14 [훈] 부어만들 [음] 주: [中] chu⁴ [英] cast [日] チュウ. いる

[뜻] ①부어만들. ②쇠불릴.

[참고] [약] 鋳

[필순] 𠆢 金 金 鈼 鋳 鑄 鑄 鑄

鑄工〔주공〕 쇠를 다루는 장인(匠人). ちゅうこう

鑄錢〔주전〕 쇠를 녹여 돈을 만듦. ちゅうせん 「듦. ちゅうぞう

鑄造〔주조〕 쇠를 녹여 물건을 만

鑄鐵〔주철〕 갓 파낸 철광(鐵鑛)에서 잡것을 분리(分離)시킨 쇠. 시우쇠. [동]선철. ちゅうてつ

鑄貨〔주화〕 주조(鑄造)된 금속의 화폐(貨幣). 또 이를 만듦. ちゅうか

鑄型〔주형〕 주조(鑄造)하는 데 쓰는 골. 거푸집. ちゅうけい. いがた 「(용주). 造鑄(조주).

▷改鑄(개주). 冶鑄(야주). 鎔鑄

【鑛】 [부] 金(쇠금변) [획] 8—15 [훈] 쇳돌 [음] 광: [中] kung³ [英] ore of metal [日] コウ. あらがね

[뜻] ①쇳돌. ②쇳덩이.

[필순] 𠆢 金 金 鈩 鈩 鉀 鑛 鑛

鑛毒〔광독〕 광산의 채굴(採掘) 또는 제련(製鍊) 등의 결과로 생기는 해독(害毒). こうどく

鑛脈〔광맥〕 광물(鑛物)의 맥. 쇳줄. こうみゃく

鑛物〔광물〕 암석·토양(土壤) 중에 함유된 천연의 무기물. こうぶつ

鑛夫〔광부〕 광물(鑛物)을 파내는 인부(人夫). こうふ

鑛山〔광산〕 광물(鑛物)을 파내는 산(山). こうざん 「うさん

鑛産〔광산〕 광물의 산출(産出). こ

鑛石〔광석〕 금속(金屬)을 포함한 광물(鑛物). 쇳돌. こうせき

鑛業〔광업〕 ①광산에 관한 사업. ② 광물의 시굴(試掘)·채굴(採掘) 및 이에 딸린 선광(選鑛)·세광(洗鑛)·정련(精鍊) 등의 모든 작업의 총칭. こうぎょう

鑛泉〔광천〕 광물질을 다량으로 함유(含有)한 샘이나 온천(溫泉). こうせん

▷金鑛(금광). 銀鑛(은광). 採鑛(채광). 鐵鑛(철광). 炭鑛(탄광).

〔鑿〕 [부] 金(쇠금변) [획] 8—20 [훈] 뚫을 [음] 착 [中] $tsao^2$, $tsuo^4$ [英] bore; drill [日] サク. うがつ. のみ 「멍(조).

[뜻] ①뚫을. ②깎을. ③끌. ④구

[필순] ⺌ 丵 鑿 鑿 鑿 鑿 鑿 鑿

鑿空〔착공〕 ①굴을 팜. 또는 새로운 길을 만듦. ②공론(空論)을 말함. さくくう 「염. さっくつ

鑿掘〔착굴〕 구멍을 뚫음. 파헤쳐

鑿落〔착락〕 술잔. 잔의 종류. さくらく 「길을 냄.

鑿山通道〔착산통도〕 산을 뚫어서

鑿岩機〔착암기〕 바위에 구멍을 뚫는 기계. さくがんき

鑿井〔착정〕 우물을 팜. さくせい

鑿鑿〔착착〕 말이 조리(條理)에 맞

▷穿鑿(천착). ㄴ음. さくさく

(8) 長 部

〔長〕 [부] 長(긴장변) [획] 8—0 [훈] 긴 [음] 장:(장) [中] $ch'ang^2$ [英] long [日] チョウ. ながい. おさ. とこしえ

[뜻] ①긴. ②어른. ③자랄. 기를. ④오랠. ⑤뛰어날.

[필순] 一 ┌ ┝ ┝ 㐶 镸 長

長歌〔장가〕 편장(編章)이 긴 노래. ↔단가(短歌). ちょうか

長江〔장강〕 양자강(揚子江)의 별칭(別稱). 대강(大江)이라고도 함. ちょうこう

長距離〔장거리〕 긴 거리(距離). 먼 거리. ちょうきょり

長劍〔장검〕 긴 칼. ↔단검(短劍). ちょうけん 「こう

長廣〔장광〕 길이와 넓이. ちょう

長廣舌〔장광설〕 길고도 줄기차게 잘 늘어놓는 말. [동]광장설(廣長舌). ちょうこうぜつ

長久〔장구〕 오램. 영구(永久)히 변하지 아니함. ちょうきゅう

長驅〔장구〕 ①말을 타고 오랫 동안 멀리 달림. ②멀리 적을 몰아 쫓음. ちょうく

長技〔장기〕 능(能)한 재주. [동]특기(特技). ちょうぎ

長年〔장년〕 ①오랜 해. ②노년(老年). 노인. ③장수(長壽). ④뱃사공. ちょうねん

長短〔장단〕 ①길과 짧음. ②길이. ③나음과 못함. 우열(優劣). ④장처(長處)와 단처(短處). 잘함과 못함. ちょうたん

長大〔장대〕 ①키가 큼. ②재주가 뛰어남. ③어른이 됨. 성장(成長)함. ちょうだい

長刀〔장도〕 긴 칼. [동]언월도(偃月刀). ちょうとう 「ちょうと

長途〔장도〕 먼 길. 또 오랜 여행.

長老〔장로〕 ①나이 많은 사람. 노인. ②나이가 많고 덕(德)이 높은 사람. 특히 나이가 많은 고승(高僧). ③선가(禪家)에서 주지(住持)·선배(先輩)의 승려에 대한 높임말. ④기독교(基督敎)에서 신자(信者)를 교도(敎導)하고 자기가 맡은 교회를 감독하는 교직(敎職). ちょうろう

長流〔장류〕 ①긴 흐름. 강의 흐름. ②길게 흐름. ちょうりゅう

長命〔장명〕 ㊣⇨장수(長壽). ちょうめい
「글. ちょうぶん
長文〔장문〕 글자의 수가 많은 긴
長物〔장물〕 쓸데 없는 물건. 남는 물건. ㊞無用之(무용지)—. ちょうぶつ「그 머리. ちょうはつ
長髮〔장발〕 머리를 길게 기름. 또
長方形〔장방형〕 길이가 너비보다 긴 방형(方形). ちょうほうけい
長病〔장병〕 오래 된 병(病). ちょうびょう
長服〔장복〕 같은 약(藥) 또는 음식(飮食)을 오래 계속해서 먹음.
長蛇〔장사〕 ①긴 뱀. 잔인(殘忍)한 구적(寇賊). ②긴 행렬(行列). ③호걸(豪傑)의 비유. ④장사진(長蛇陣). ちょうだ
長蛇陣〔장사진〕 ①뱀처럼 길게 줄지은 군진(軍陣). ②많은 사람이 늘어선 긴 줄. ちょうだじん
長上〔장상〕 ① 웃사람. ②쉬지 않고 근무(勤務)함. ちょうじょう
長生不死〔장생불사〕 오래 살고 죽지 아니함. ちょうせいふし
長書〔장서〕 ①긴 글. ②긴 편지. ちょうしょ
長逝〔장서〕 영구히 감. 죽음. ㊣영면(永眠). ちょうせい
長舌〔장설〕 말이 많음. 잘 지껄임. 다변(多辯)임. ちょうぜつ
長成〔장성〕 자람. 큼. ㊣성장(成長). ちょうせい
長城〔장성〕 ①긴 성. ②만리장성(萬里長城). ちょうじょう
長壽〔장수〕 수명이 길. 오래 삶. ㊣장명(長命). ちょうじゅ
長夜〔장야〕 ①겨울의 긴 밤. ②매장(埋葬). ちょうや. ながよ
長幼有序〔장유유서〕 오륜(五倫)의 하나. 어른과 어린이 사이에는 순서와 질서(秩序)가 있음. ちょうようじょあり
長幼之序〔장유지서〕 어른과 어린이의 사회적 지위의 순서.「おん
長音〔장음〕 길게 나는 음. ちょう
長日〔장일〕 ①해가 긴 여름날. ②동지(冬至)의 철. ③긴 시일(時日). ちょうじつ

長者〔장자〕 ① 연장자. 나이 먹은 사람. ②웃사람. ③덕망이 있는 사람. ちょうしゃ. ちょうじゃ
長者萬燈〔장자만등〕 부자가 만(萬)개의 등화(燈火)를 신불(神佛)에 바쳐도 그 공덕은 가난한 자가 등 하나 바치는 것만 못함. 형식보다 정성을 중히 여김의 비유. ちょうじゃまんとう
長長夏日〔장장하일〕 길고 긴 여름해. ちょうちょうかじつ
長點〔장점〕 좋은 점. 뛰어난 점. ㊣장처(長處). ↔단점(短點). ちょうてん
長征〔장정〕 ①멀리 감. ②멀리 가 정복(征服)함. ㊣원정(遠征). ちょうせい
長堤〔장제〕 긴 둑. ちょうてい
長足〔장족〕 ①빠른 걸음. ②진보(進步)가 빠름. ちょうそく
長竹〔장죽〕 긴 담뱃대. 긴 대.
長指〔장지〕 가운뎃손가락. ちょうし
「うしょ
長處〔장처〕 ㊣⇨장점(長點). ちょ
長天〔장천〕 높고 멀고 넓은 하늘. ㊞구만리(九萬里)—. ちょうてん
長枕〔장침〕 모로 기대 앉아서 팔꿈치를 받치는 베개.
長針〔장침〕 긴 바늘. ↔단침(短針). ちょうしん
長歎〔장탄〕 길게 한숨 쉼. 대단히 탄식(歎息)함. ㊣장태식(長太息). ちょうたん 「ちょうたいそく
長太息〔장태식〕 ㊣⇨장탄(長歎).
長篇〔장편〕 ①긴 시문(詩文). ②긴 소설. ちょうへん「센 바람.
長風〔장풍〕 먼 데서 불어 오는 거
長夏〔장하〕 긴 여름. ちょうか
長旱〔장한〕 오랜 가물음. 「원한.
長恨〔장한〕 오래 전에 잊지 못할
長皇〔장황〕 ①번거롭고 길. ②지리함. ㊣장황(張皇).
▷家長(가장). 係長(계장). 課長(과장). 館長(관장). 院長(원장). 悠長(유장). 意味深長(의미심장). 議長(의장). 一日之長(일일지장). 助長(조장). 酋長(추장). 學長(학장). 訓長(훈장).

(8) 門 部

〖門〗 부 門(문문) 획 8—0 훈 문 음 문 中 men² 英 gate
日 モン. かど
뜻 ①문. ②집안.가문.
③나눌.
필순 門門門門門門

門鑑〔문감〕 문의 출입을 허가하는 감찰(鑑札). もんかん
門客〔문객〕 ①문안(問安) 드리러 드나드는 손님. ②동식객(食客)·문인(門人). もんかく
門闕〔문궐〕 대궐의 문. もんけつ
門徒〔문도〕 ①제자. ②문지기. ③불가(佛家) 또는 도가(道家)의 신도(信徒). もんと 「ろう
門樓〔문루〕 문 위의 다락집. もん
門閥〔문벌〕 가문(家門)의 대대로 내려오는 지위. 동벌열(閥閱)·문호(門戶). もんばつ
門生〔문생〕 ①문하(門下)의 서생(書生). 문인(門人). ②당대(唐代)에 과거의 시험관을 선생이라고 하는 데 대한 수험자의 자칭(自稱). もんせい
門外漢〔문외한〕 직접(直接)으로 그 일에 관계하지 않은 테밖의 사람. 전문가가 아닌 사람. 동장외한(牆外漢). もんがいかん
門人〔문인〕 ①제자(弟子). 동문하생(門下生). ②문지기. ③식객(食客)·문객(門客). もんじん
門前乞食〔문전걸식〕 집집이 돌아다니며 먹을 것을 구걸(求乞)함. もんぜんけっしょく
門前成市〔문전성시〕 사람이 많이 찾아옴의 형용. もんぜんせいし
門前沃畓〔문전옥답〕 집 앞의 기름진 논. もんぜんおくとう
門庭〔문정〕 ①대문 안의 뜰. ②집안. もんてい 「てい
門弟〔문제〕 동⇨제자(弟子). もん
門中〔문중〕 동성동본(同姓同本)의 가까운 친척(親戚). もんちゅう
門下〔문하〕 ①집 안. ②동식객(食客)·하인(下人). ③동제자(弟子). ④스승의 밑. もんか
門下生〔문하생〕 동⇨제자(弟子). もんかせい
門戶〔문호〕 ①집 안을 드나드는 곳. ②동⇨문벌(門閥). もんこ
門戶開放〔문호개방〕 ①문을 확 열어 놓음. ②출입 또는 임관(任官) 등의 제한을 없앰. ③항구 또는 시장을 외국과의 경제 활동을 위하여 열어 놓는 것. もんこかいほう
▷家門(가문). 凱旋門(개선문). 關門(관문). 金門(금문). 大門(대문). 同門(동문). 城門(성문). 小門(소문). 水門(수문). 守門(수문). 里門(이문). 一門(일문). 專門(전문). 中門(중문). 通用門(통용문). 閉門(폐문).

〖閉〗 부 門(문문) 획 8—3 훈 닫을 음 폐 中 pi⁴ 英 shut
日 ヘイ. とじる
뜻 ①닫을(폐·별). ②막을. 가릴. ③감출.
필순 ㄱ 門門門閂閂閉閉

閉幕〔폐막〕 연극을 마치고 막(幕)을 닫음. へいまく 「もん
閉門〔폐문〕 문(門)을 닫음. へい
閉塞〔폐색〕 ①막힘. 막음. ②추위에 생기가 막힘. へいそく
閉鎖〔폐쇄〕 문(門)을 닫고 자물쇠를 채움. へいさ
閉店〔폐점〕 가게를 닫음. 가게를 그만둠. へいてん
閉會〔폐회〕 회의를 마침. ↔개회(開會). へいかい 「(은폐).
▷開閉(개폐). 幽閉(유폐). 隱閉

〖間〗 부 門(문문) 획 8—4 훈 사이 음 간 中 chien¹, hsien² 英 among 日 カン. ケン. あいだ. ま
뜻 ① 사이. 틈. ②간. 방넓이. ③이간할. ④엿볼. ⑤섞일. ⑥한가할. ⑦겨를.
참고 본 閒
필순 門門門問間

間架〔간가〕 ①간살의 얽이. ②글

의 쨈새. かんか 「かん
間間〔간간〕 이따금. 간간이. かん
間隔〔간격〕 물건과 물건의 거리. 사이. 틈. かんかく
間斷〔간단〕 사이가 떨어짐. 끊인 곳. かんだん 「かんどう
間道〔간도〕 뒷길. 지름길. 샛길.
間服〔간복〕 간이(簡易)한 의복. かんぷく
間色〔간색〕 두 가지 이상의 원색(原色)의 혼합(混合)으로 생기는 색. かんしょく 「んしょく
間食〔간식〕 ①군음식. ②샛밥. か
間於齊楚〔간어제초〕 약자(弱者)가 강자(强者) 틈에 끼어 괴로움을 받음을 이름.
間然〔간연〕 결점을 지적하여 비난(非難)하는 모양. 또는 그 비난할 틈이 있는 모양. かんぜん
間作〔간작〕 작물(作物)과 작물 사이의 이랑에 다른 작물을 가꾸는 것. かんさく
間接〔간접〕 중간에 다른 것을 두고 관계하는 것. ↔직접(直接). かんせつ
間諜〔간첩〕 적중(敵中)에 잠입하여 적의 내정·상태를 엿보아 알아내는 사람. かんちょう
間歇〔간헐〕 일정한 시간을 두고 일어남. 쉬고 또 일어남. かんけつ
間或〔간혹〕 이따금. 어쩌다가.
▷居間(거간). 空間(공간). 期間(기간). 民間(민간). 山間(산간). 世間(세간). 時間(시간). 夜間(야간). 年間(연간). 月間(월간). 週間(주간). 晝間(주간). 中間(중간). 行間(행간).

〖開〗 부 門(문문) 획 8—4 훈 열 음 개 中 k'ai[1] 英 open
日 カイ. ひらく. ひらき
뜻 ①열. ②펼. ③풀. 풀어줄. ④꽃필. ⑤깨우칠. ⑥비롯할.
필순 𠁣 𠃌 門門開開

開墾〔개간〕 황무지(荒蕪地)를 개척(開拓)하여 논밭을 만듦. かいこん 「かいこう
開講〔개강〕 강의(講義)를 시작함.
開館〔개관〕 회관(會館)·공관(公館) 따위를 세우고 처음으로 사무를 개시(開始)함. かいかん
開校〔개교〕 학교를 세우고 처음으로 수업을 시작함. かいこう
開國〔개국〕 ①새로 나라를 세움. 건국(建國). ②외국과 국교를 맺음. ↔쇄국(鎖國). かいこく
開卷〔개권〕 ①책을 폄. ②엶과 맒.
開立〔개립〕 입방근(立方根)을 계산하여 구함. かいりゅう. かいりつ 「을 엶. かいまく
開幕〔개막〕 연극을 상연할 때에 막
開明〔개명〕 지혜가 열리고 문물(文物)이 발달함. かいめい
開發〔개발〕 ①엶. ②봉한 것을 뜯음. ②지식을 깨우침. ③동개척(開拓). かいはつ
開放〔개방〕 ①죄를 용서하여 놓아줌. ②열어 터놓음. ③경계(警戒)하지 아니함. かいほう
開腹〔개복〕 수술(手術)하기 위하여 배를 쨈. 예—手術(수술). かいふく
開封〔개봉〕 봉(封)한 것을 엶. 봉지(封紙)를 뗌. かいふう. ひらきふう 「음으로 엶. かいせつ
開設〔개설〕 새로 설치(設置)함. 처
開城〔개성〕 ①성문(城門)을 엶. ②항복함. ③경기도에 있는 도시 이름. かいじょう 「엶. かいし
開市〔개시〕 시장(市場)이나 가게를
開業〔개업〕 ①사업을 시작함. ②영업을 시작함. かいぎょう
開悟〔개오〕 깨달음. 또 깨닫게 함. かいご
開場〔개장〕 그 장소를 개방(開放)하여 입장(入場)을 하게 함. かいじょう 「せん
開戰〔개전〕 싸움을 시작함. かい
開店〔개점〕 가게를 열어 영업(營業)을 시작함. かいてん
開廷〔개정〕 소송사건(訴訟事件)을 재판(裁判)하기 위하여 법정(法廷)을 엶. かいてい
開祖〔개조〕 ①교(敎)를 처음으로 시작한 사람. ②처음으로 사업(事業)을 일으킨 사람. かいそ

開札〔개찰〕 입찰한 상자·투표함 따위를 열어 조사함. かいさつ
開拓〔개척〕 토지를 개간(開墾)하여 경지(耕地)를 넓힘. ⑧개발(開發). かいたく
開通〔개통〕 열어 통함. 또 열림. 길이 트임. かいつう
開平〔개평〕 평방근(平方根)을 계산하여 구함. かいへい
開閉〔개폐〕 열고 닫고 함. 여닫음. 예—器(기). かいへい
開票〔개표〕 투표함(投票函)을 열고 투표의 결과를 조사함. かいひょう
開學〔개학〕 학교의 수업을 시작함. かいがく
開港〔개항〕 항구를 열어 외국과 무역을 시작함. かいこう
開化〔개화〕 ①사물(事物)이 진보하고 인지(人智)가 발달함. ②위에서 아랫 사람을 교도(敎導)하여 선량하게 함. かいか
開花〔개화〕 꽃이 핌. かいか
▷公開(공개). 廣開(광개). 爛開(난개). 滿開(만개). 疎開(소개). 展開(전개). 洞開(통개).

〔閔〕 부 門(문문) 획 8—4 훈 민망할 음 민 中 min³ 英 sorry 日 ビン. **あわれむ**
뜻 ①민망할. ②가엾이 여길. ③근심할. ④성. ⑤힘쓸.
필순 ｢ ｢ ｢ ｢ 門門門閔
閔急〔민급〕 근심 걱정과 병(病). びんきゅう
閔免〔민면〕 부지런하게 일하는 것. 노력하는 것. びんめん
閔閔〔민민〕 깊이 걱정하는 모양. びんびん
閔惜〔민석〕 불쌍히 여기고 아낌. びんせき
閔然〔민연〕 불쌍히 여기는 모양. 근심하는 모양. びんぜん
閔凶〔민흉〕 부모의 상중(喪中). びんきょう

【閏】 부 門(문문) 획 8—4 훈 윤달 음 윤: 中 juen⁴ 英 leap year 日 ジュン. **うるう**
뜻 윤달.
필순 ｢ ｢ 門門門門閏
閏年〔윤년〕 윤달이 든 해. じゅんねん
閏朔〔윤삭〕 윤달. ⑧윤여(閏餘). じゅんさく
閏餘〔윤여〕 ①나머지. ②윤달. ⑧윤삭(閏朔). じゅんよ
閏月〔윤월〕 윤달. じゅんげつ
閏日〔윤일〕 양력 2월 29일. じゅんじつ
▷空閏(공규).

〖閑〗 부 門(문문) 획 8—4 훈 한가할 음 한 中 hsien² 英 leisure; slack 日 カン. いとま. のどか
뜻 ①한가할. ②등한히할. ③막을. ④마굿간. ⑤고요할.
필순 ｢ ｢ ｢ 門門門閑閑
閑暇〔한가〕 조용하고 틈이 있는 것. かんか
閑却〔한각〕 내버려 둠. かんきゃく
閑居〔한거〕 ①일이 없이 집에 한가히 있음. ②한적한 땅에서 삶. 또 그 집. かんきょ
閑談〔한담〕 ⑧⇨한화(閑話). かんだん
閑良〔한량〕 ① 호반(虎班)의 출신(出身)으로 아직 무과(武科)에 급제(及第)하지 못한 사람. ②무과 및 잡과(雜科)의 응시자(應試者). ③돈 잘 쓰고 잘 노는 사람. かんりょう
閑散〔한산〕 ①조용하고 한가함. ②일이 없이 놀고 있음. かんさん
閑雲〔한운〕 고요한 구름. ⑧한운(閒雲). かんうん
閑雲野鶴〔한운야학〕 한가로이 떠도는 구름과 들녘의 두루미. 유유자적(悠悠自適)하면서 속세 밖에 초연(超然)한 모양. かんうんやかく
閑人〔한인〕 한가한 사람. 일 없는 사람. かんじん. ひまじん
閑日月〔한일월〕 ①한가한 세월. ②여유작작함. ⑧한세월(閑歲月). かんじつげつ
閑寂〔한적〕 쓸쓸하고 고요함. かんじゃく
閑地〔한지〕 ①조용한 땅. ②공지(空地). ③한가한 지위(地位). ⑧한직(閑職). かんち
閑職〔한직〕 한가한 벼슬 자리. 중요하지 않은 직위(職位). ⑧한

지(閑地). かんしょく 「글.
閑筆〔한필〕 한가한 마음으로 쓴
閑閑〔한한〕 ①수레가 흔들리는 모양. ②남녀 구별없이 왕래하는 모양. ③넓고 큰 모양. ④조용하고 침착한 모양. かんかん
閑話〔한화〕 ①조용히 이야기함. 또 그 이야기. ②쓸데없는 말. ㊐ 한담(閑談). かんわ
▷寬閑(관한). 農閑(농한). 等閑(등한). 投閑(투한).

【閒】 부 門(문문) 획 8—4 훈 한가할 음 한 中 hsien² 英 among 日 カン. ケン. あいだ. すき. ころ. ま
뜻 ①한가할(閑과 통용). ②편안할. ③고요할. ④틈. ⑤사이(간)(間과 통용).
필순 ｢ ｢ 門門閒閒
閒暇〔한가〕 ㊐⇨한가(閑暇). かんか 「きょ
閒居〔한거〕 ㊐⇨한거(閑居). かん
閒鷗〔한구〕 조용히 노는 갈매기. かんく 「해짐. かんたつ
閒達〔한달〕 배워서 그 일에 익숙
閒談〔한담〕 ㊐⇨한화(閑話). かんだん 「살며시 걷는 것. かんぽ
閒步〔한보〕 ①조용히 걷는 것. ②
閒商量〔한상량〕 천천히 헤아려 생각함. かんしょうりょう 「세월.
閒歲月〔한세월〕 한가하게 보내는
閒語〔한어〕 조용히 이야기하는 것. かんご 「かんうん
閒雲〔한운〕 한가히 떠다니는 구름.
閒雲野鶴〔한운야학〕 ㊐⇨한운야학(閑雲野鶴). かんうんやかく
閒月〔한월〕 농사일이 없는 달. かんげつ 「じん
閒人〔한인〕 ㊐⇨한인(閑人). かん
閒人勿入〔한인물입〕 일없이 들어오지 말라는 뜻. かんじんはいるなかれ
閒寂〔한적〕 ㊐⇨한적(閑寂).
閒閒〔한한〕 꼼꼼함. 물건을 구별하는 모양. かんかん
閒話〔한화〕 ㊐⇨한화(閑話).
▷多閒(다한). 得閒(득한). 幽閒(유한). 淸閒(청한).

【閣】 부 門(문문) 획 8—6 훈 누각 음 각 中 kê¹·² 英 stately mansion 日 カク. つかさ. たかどの
뜻 ①누각. 다락집. ②마을. 내각. ③잔교. 사다리. ④찬장. ⑤선반. ⑥ 놓을(擱과 통용). ⑦개구리 우는 소리.
필순 ｢ ｢ 門門閃閃閣閣
閣閣〔각각〕 ①꼿꼿한 모양. ②개구리가 우는 소리. ③문 따위를 두드리는 소리. かくかく
閣童〔각동〕 규장각(奎章閣)에서 심부름하던 아이. かくどう
閣老〔각로〕 명(明)나라 이후의 재상(宰相)의 칭호. かくろう
閣僚〔각료〕 내각(內閣)을 조직하는 대신(大臣). 지금은 장관(長官)들. かくりょう
閣氏〔각씨〕 각씨. 젊은 여자.
閣員〔각원〕 내각(內閣)의 대신(大臣) 또는 장관(長官). かくいん
閣議〔각의〕 내각의 회의. かくぎ
閣筆〔각필〕 붓을 놓고 쓰는 것을 멈춤. ㊐각필(擱筆). かくひつ
閣下〔각하〕 ①높은 집의 아래. ②신분(身分)이 높은 사람의 존칭(尊稱). かっか
▷高閣(고각). 高樓巨閣(고루거각). 金閣(금각). 內閣(내각). 樓閣(누각). 碑閣(비각). 入閣(입각). 殿閣(전각). 組閣(조각).

【閨】 부 門(문문) 획 8—6 훈 안방 음 규 中 kuei¹ 英 inner room 日 ケイ. ねや 「작은문.
뜻 ①안방. 도장. 규방. ②협문.
필순 ｢ ｢ 門門閨閨
閨房〔규방〕 안방. 침실. ㊐내실(內室). けいぼう
閨秀〔규수〕 재학(才學)이 뛰어난 부인. ㊐재원(才媛). 현부인(賢夫人). けいしゅう
閨中〔규중〕 부녀(婦女)가 거처(居處)하는 방 안. 침방(寢房). 침실(寢室). けいちゅう
閨中處子〔규중처자〕 안방 속에만 있는 처녀. けいちゅうしょし
▷孤閨(고규). 空閨(공규). 金閨

(금규). 深閨(심규). 紅閨(홍규).

「閥」 부 門(문문) 획 8—6 훈 문벌 음 벌 中 fa² 英 lineage; pedigree 日 バツ. いえがら
뜻 ①문벌. 지체. 가문. ②벌열. ③왼쪽문 기둥. ④공적.
필순 ｢ ｢ 門門門閂閥閥
閥閱〔벌열〕 ①옛적 공적을 적어 문에 걸어 둔 패. ②공적(功績). ③문벌(門閥). ばつえつ
閥族〔벌족〕 문벌(門閥)이 좋은 집안. ばっぞく
▷家閥(가벌). 軍閥(군벌). 門閥(문벌). 財閥(재벌). 學閥(학벌).

「閱」 부 門(문문) 획 8—7 훈 볼 음 열 中 yüeh⁴ 英 examine 日 エツ. けみす
뜻 ①볼. 살필. 점고할. ②읽을. ③겪을. 지낼. ④벌열. ⑤오른쪽문 기둥.
필순 ｢ ｢ 門門門閂閲閱
閱覽〔열람〕 내리 훑어 봄. えつらん
閱兵〔열병〕 군대를 정렬(整列)하여 검열(檢閱)함. 예 一式(식). えっぺい
閱世〔열세〕 세상을 지남. えっせい
閱視〔열시〕 하나하나 밝혀 봄. えっし
閱眼〔열안〕 잠깐 열람함. えつがん
▷簡閱(간열). 檢閱(검열). 校閱(교열). 査閱(사열). 精閱(정열).

「闊」 부 門(문문) 획 8—9 훈 넓을 음 활(괄) 中 k'uo⁴ 英 broad 日 カツ. ひろい
뜻 ①넓을. ②멀. ③성길. ④너그러울. ⑤간략할.
참고 속 濶
필순 ｢ ｢ 門門門門闊闊
闊達〔활달〕 도량(度量)이 넓음. かったつ 「거칢. かつらく
闊落〔활락〕 세밀(細密)하지 않음.
闊略〔활략〕 ① 느릿느릿하며 불안한 것. ②죄를 용서(容恕)하고 놓아 줌. かつりゃく
闊別〔활별〕 오랫동안 헤어져 만나지 못함. かっべつ
闊步〔활보〕 ①큰 걸음으로 걸음. ②거리낌 없이 행동함. かっぽ
闊疎〔활소〕 ①물정(物情)에 어둡고 주의가 부족한 것. ②드문 것. かっそ
闊袖〔활수〕 넓은 소매. 또 그 옷.
闊葉樹〔활엽수〕 잎사귀가 넓은 나무의 총칭(總稱). かつようじゅ

「闕」 부 門(문문) 획 8—10 훈 대궐 음 궐 中 ch'üeh¹·⁴ 英 palace 日 ケツ. かく
뜻 ①대궐. 대궐문. ②궐할. 빌. 빠질. 헛될. ③흠. 허물.
필순 ｢ ｢ 門門門門闕闕闕
闕內〔궐내〕 대궐(大闕) 안. けつない 「(空間). けつろう
闕漏〔궐루〕 ①실수(失手). ②공간
闕文〔궐문〕 빠진 글. 동 결문(缺文). けつぶん 「(冊). けっぽん
闕本〔궐본〕 질(帙)에서 빠진 책
闕席〔궐석〕 출석하지 아니함. 동 결석(缺席). けっせき
闕食〔궐식〕 끼니를 거름. 동 결식(缺食). けっしょく
闕員〔궐원〕 정한 인원에서 사람이 빠짐. 동 결원(缺員). けついん
闕字〔궐자〕 ①문장 중에 임금 또는 귀인의 이름을 쓸 때에 경의를 표하기 위하여 한 두어 자 가량의 간격을 두고 씀. ②문장 중의 탈자(脫字). けつじ
闕錢〔궐전〕 곗돈·월수(月收)·일수(日收) 등 제때에 내야 할 것을 내지 못한 돈. けっせん
闕祭〔궐제〕 제사를 거름. けっさい
闕庭〔궐정〕 궁중의 뜰. けってい
闕中〔궐중〕 대궐(大闕) 안. けっちゅう 「っさん
闕參〔궐참〕 참여할 일에 빠짐. け
▷宮闕(궁궐). 禁闕(금궐). 大闕(대궐). 入闕(입궐). 退闕(퇴궐).

「關」 부 門(문문) 획 8—11 훈 관계할 음 관 中 kuan¹ 英 bolt; relate to 日 カン. せき. あずかる 「③닫을. 잠글. ④관문.
뜻 ①관계할. ②빗장.
참고 약 関
필순 ｢ ｢ 門門門門關關關
關係〔관계〕 서로 관련이 있음. かんけい

關東〔관동〕 ①대관령(大關嶺) 동쪽 지방. ②중국 함곡관(函谷關)이 동(以東)의 땅. 요동(遼東) 일대. かんとう

關東別曲〔관동별곡〕 ① 고려의 안축(安軸)이 지은 경기체(京畿體)의 가사. ②이조 선조(李朝宣祖) 때 정 철(鄭澈)이 지은 금강산과 동해안의 승경(勝景)을 읊은 가사. かんとうべっきょく

關連〔관련〕 서로 관계(關係)가 됨. かんれん 「れん

關聯〔관련〕 ㊀⇨관련(關連). かん

關門〔관문〕 ①문(門)을 닫음. ② 국경의 관(關). 또 그 문. かんもん

關西〔관서〕 ①대관령 이서(以西)의 지방. 곧. 평안도. ②중국 함곡관(函谷關) 이서(以西)의 지방. かんせい.かんさい「しょう

關涉〔관섭〕 관계함. 간섭함. かん

關稅〔관세〕 세관(稅關)에서 수출입품(輸出入品)에 부과하는 세금(稅金). かんぜい

關心〔관심〕 ①마음에 거리낌. 근심이 됨. ②흥미를 가지고 주의(注意)함. かんしん

關與〔관여〕 관계함. 참여(參與)함. かんよ 「여 앎. かんち

關知〔관지〕 관계하여 앎. 참여하

▷機關(기관). 無關(무관). 山海關(산해관). 稅關(세관). 聯關(연관). 玉門關(옥문관). 有關(유관). 海關(해관).

(8) 阜 部

「阜」 부 阜 (언덕부변) 획 8—0 훈 언덕 음 부 ㊥ fu⁴ ㊕ hill ㊐ フ. おか

뜻 ①언덕. ②클. ③왕성할. ④ 두터울. ⑤좌부방.

필순 ′ 户 自 自 阜 阜

阜陵〔부릉〕 약간 높은 언덕. ふりゅう 「됨. ふせい

阜成〔부성〕 성(盛)하게 함. 성하게

阜財〔부재〕 재물을 풍부하게 함. 풍부한 보배. ふざい

(8) 隶 部

「隸」 부 隶(밑이변) 획 8—8 훈 종 음 례: ㊥ li⁴ ㊕ attached ㊐ レイ. しもべ. つく 「예서.

뜻 ①종. 노예. ②붙을. 붙이. ③

참고 ㊀隷

필순 士 士 隶 隶 隶 隸 隸 隸

隸書〔예서〕 한자 서체(漢字書體)의 하나. 팔분(八分)의 옛이름. れいしょ

隸屬〔예속〕 붙여서 매임. 지배하(支配下)에 있음. 또 부하(部下). れいぞく

隸臣〔예신〕 ①천(賤)한 신하(臣下). ②부하(部下). れいしん

隸御〔예어〕 종. 하인(下人). れいぎょ 「(奴隸). 종. れいじん

隸人〔예인〕 ①죄인(罪人). ②노예

▷奴隸(노예). 僕隸(복례). 直隸(직례). 賤隸(천례).

(8) 隹 部

「隻」 부 隹(새추) 획 8—2 훈 외짝 음 척 ㊥ chih¹ ㊕ single ㊐ セキ. かたわれ

뜻 ①외짝. 짝. ②척

필순 ′ 亻 亻 什 隹 隹 隻 隻

隻劍〔척검〕 한 자루의 칼. ㊀고검(孤劍). せきけん

隻句〔척구〕 하나의 문구(文句). 짧은 문구(文句). せきく

隻騎〔척기〕 단지 한 사람의 기병(騎兵). ㊀단기(單騎). せきき

隻立〔척립〕 원호(援護)하는 사람 없이 혼자 해 나감. ㊀고립(孤立). せきりつ 「力). せきしゅ

隻手〔척수〕 한쪽 손. 곧 독력(獨

隻手孤陣〔척수고진〕 아주 외로운 진영(陣營). せきしゅこじん

隻身〔척신〕 홀몸. 단신(單身). せきしん

隻眼〔척안〕 ①애꾸눈. ②남다른 견식(見識). 일가견(一家見). せきがん

隻愛〔척애〕 짝사랑. せきあい

隻語〔척어〕 한 마디의 말. 짤막한 말. [동]편언(片言). せきご

隻日〔척일〕 기수(奇數)의 날. ↔쌍일(雙日). せきじつ 「せきじ

隻字〔척자〕 한 글자. 일자(一字).

隻紙斷絹〔척지단견〕 글을 쓴 얼마의 종이. 또는 한 오라기의 비단. せきしだんけん

隻窓〔척창〕 쪽창. せきそう

「雀」 [부] 隹(새추) [획] 8—3 [훈] 참새 [음] 작 [中] ch'iao$^{1\cdot 3}$ [英] sparrow [日] ジャク. すずめ

[뜻] ①참새. ②공작.

[필순] 丨 小 少 屰 𥝢 雀 雀 雀

雀角鼠牙之爭〔작각서아지쟁〕 송사(訟事)를 제기(提起)하고 곡직(曲直)을 법정(法廷)에서 다툼. しゃくかくそがのあらそい

雀口〔작구〕 질그릇이나 사기 그릇 밑에 달린 발. 「ゃくら

雀羅〔작라〕 참새를 잡는 그물. じ

雀麥〔작맥〕 귀리. じゃくばく

雀目〔작목〕 ①새의 눈. ②밤이 되면 제대로 물건을 보지 못하는 눈. 야맹증(夜盲症). じゃくもく

雀蜂〔작봉〕 말벌. 「じゃくぜつ

雀舌〔작설〕 차(茶)의 별칭(別稱).

雀舌茶〔작설차〕 새싹을 따서 만든 맛 좋은 차. しゃくぜつちゃ

雀躍〔작약〕 새가 춤추듯 뛰며 좋아함. 기쁨의 절정(絶頂)에 이름. [예]歡喜(환희)—. じゃくやく 「にく

雀肉〔작육〕 참새의 고기. じゃく

▷孔雀(공작). 群雀(군작). 羅雀(나작). 小雀(소작). 燕雀(연작). 雲雀(운작). 黃雀(황작).

「雇」 [부] 隹(새추) [획] 8—4 [훈] 품팔 [음] 고(고:) [中] ku^{4} [英] hire [日] コ. やとう

[뜻] ①품팔. 품살. ②머슴. 더부살이. ③뻐꾹새(호).

[필순] 一 ㄱ 戶 戶 戸 屛 屝 雇

雇聘〔고빙〕 예를 갖추어 초빙(招聘)함. こへい 「림. こよう

雇用〔고용〕 삯을 주고 사람을 부

雇傭〔고용〕 ①삯을 주고 사람을 부림. ②삯을 받고 일을 함. [예]—主(주). こよう

雇員〔고원〕 관청에서 정원(定員) 외에 임시로 부리는 직원. こいん

雇主〔고주〕 남을 고용(雇傭)하여 부리는 사람. やといぬし

▷日雇(일고). 解雇(해고).

【雅】 [부] 隹(새추) [획] 8—4 [훈] 아담할 [음] 아(아:) [中] ya$^{3\cdot 1}$ [英] refined [日] ガ. みやびやか

[뜻] ①아담할. ②바를. ③맑을. ④떳떳할. ⑤악기이름.

[필순] 一 ㄷ 㸦 牙 牙' 牙ㅓ 雅 雅

雅歌〔아가〕 ①바른 노래. 바른 노래를 부름. ②우아(優雅)한 노래. 풍류(風流)다운 노래. ③[동]아악(雅樂). ④구약성서(舊約聖書) 중의 일서(一書). がか

雅客〔아객〕 ①마음이 바르고 품위가 있는 사람. ②수선(水仙)의 아칭(雅稱). がかく

雅量〔아량〕 너그러운 도량(度量). 관대(寬大)한 기상(氣象). がりょう 「문장. がぶん

雅文〔아문〕 바른 학문(學問). 또

雅美〔아미〕 우아(優雅)하고 미려(美麗)함. がび

雅俗〔아속〕 ①아담함과 속됨. 고상함과 비속(鄙俗)함. ②아악(雅樂)과 속악(俗樂). がぞく

雅樂〔아악〕 ①옛날 궁정용(宮廷用)으로 쓰던 한국의 고전 음악. ②바른 음악. [동]아가(雅歌). ↔속악(俗樂). ががく

雅言〔아언〕 ①항상 하는 말. 평소에 하는 말. ②바른 말. [동]정언(正言). がげん

雅趣〔아취〕 ①아담한 정취(情趣). ②고상한 취미(趣味). がしゅ

雅致〔아치〕 아담한 운치(韻致). 고상한 운치. がち

雅號〔아호〕 문인(文人)·학자 등의 본 이름 외의 이름. がごう

▷古雅(고아). 高雅(고아). 寬雅(관아). 端雅(단아). 文雅(문아). 博雅(박아). 麗雅(여아). 優雅(우아). 典雅(전아). 正雅(정아). 清雅(청아). 風雅(풍아).

【雁】 부 隹(새추) 획 8—4 훈 기러기 음 안: 中 yen⁴ 英 wild-goose 日 ガン. かり
뜻 기러기.
참고 동 鴈
필순 厂 厂 𠂆 𠂆 雁雁

雁來紅〔안래홍〕 비름과에 딸린 일년초. 색비름. がんらいこう
雁夫〔안부〕 혼인 때 신부 집으로 수안(水雁)을 가지고 가는 사람.
雁序〔안서〕 ①기러기가 차례로 줄지어 나는 것. ②형제(兄弟)의 비유. がんじょ
雁陣〔안진〕 ①기러기가 줄지어 나는 것. ②군진(軍陣)의 엄숙함의 비유. がんじん
雁行〔안항·안행〕 ①기러기가 줄을 지어 날아가는 것. ②줄지어 날아가는 기러기처럼 조금씩 뒤져 가는 것. ③형제(兄弟)를 이름. ④선두(先頭)에 서는 것. がんこう
▷孤雁(고안). 落雁(낙안).

〖雄〗 부 隹(새추) 획 8—4 훈 수컷 음 웅 中 hsiung² 英 male 日 ユウ. おす. お
뜻 ①수컷. ②군셀. 씩씩할. ③뛰어날.
필순 𠂇 𠃋 𠃋 𠃋 𠃋 雄雄

雄據〔웅거〕 한 곳에 의거하여 위력(威力)을 펼침. ゆうきょ
雄健〔웅건〕 ①뛰어나고 군셈. 강함. ②시문(詩文)·서화(書畫) 등의 필력(筆力)이 뛰어나고 힘 있음. ゆうけん
雄傑〔웅걸〕 슬기와 용맹(勇猛)이 뛰어난 사람. ゆうけつ
雄略〔웅략〕 웅대(雄大)한 계략(計略). ゆうりゃく
雄辯〔웅변〕 힘 있고 유창(流暢)한 변설(辯舌). ゆうべん
雄蜂〔웅봉〕 수펄. 「함. ゆうひ
雄飛〔웅비〕 용감하게 나아가 활동
雄辭健筆〔웅사건필〕 뛰어난 말 재간과 살 쓰는 글씨. 또는 뛰어난 문장(文章). ゆうじけんぴつ
雄視〔웅시〕 세력(勢力)이 있어서 남을 내려다봄. ゆうし
雄兒〔웅아〕 뛰어난 남아(男兒). 뛰어난 인물. ゆうじ
雄姿〔웅자〕 씩씩한 모습. 용감한 모습. 동용자(勇姿). ゆうし
雄壯〔웅장〕 씩씩하고 기운참. 용감하고 군셈. ゆうそう
雄志〔웅지〕 웅대(雄大)한 뜻. 장한 포부. 동장지(壯志). ゆうし
雄篇〔웅편〕 뛰어난 시문(詩文). 웅대한 시문. ゆうへん 「ゆうひつ
雄筆〔웅필〕 뛰어나게 잘 쓴 글씨.
▷奸雄(간웅). 姦雄(간웅). 群雄(군웅). 萬夫之雄(만부지웅). 文雄(문웅). 聖雄(성웅). 兩雄(양웅). 英雄(영웅). 一世之雄(일세지웅). 雌雄(자웅). 梟雄(효웅).

〖集〗 부 隹(새추) 획 8—4 훈 모일 음 집 中 chi² 英 gather 日 シュウ. **あつ**まる. **あつ**める
뜻 ①모일. 모을. ②이룰. ③편안할.
필순 亻 仁 什 隹 隼 集 集 集

集古〔집고〕 옛 것을 모음. 예一錄(록). しゅうこ
集句〔집구〕 한시(漢詩)의 한 체(體). 고인(古人)의 성구(成句)를 모아서 한 편(篇)의 시를 만듦. 또 그 시. しゅうく
集權〔집권〕 권력을 한 군데에 집중함. 예中央(중앙)—. ↔분권(分權). しゅうけん
集團〔집단〕 모여서 이룬 떼. 무리. 단체(團體). しゅうだん
集大成〔집대성〕 여럿을 모아 하나로 크게 완성함. 또 그 완성된 것. しゅうたいせい
集部〔집부〕 시문(詩文)의 책의 총칭. 동정부(丁部). しゅうぶ
集散〔집산〕 모임과 헤어짐. 또 모여듦과 흩어져 나감. しゅうさん
集中〔집중〕 한 군데로 모임. 또 한 군데로 모음. しゅうちゅう
集抄〔집초〕 여러 가지 책에서 모은 초록(抄錄). 여러 책을 모이

초록함. しゅうしょう

集賢殿〔집현전〕 이조(李朝) 초기(初期)에 경적(經籍)·전고(典故)·진강(進講) 등에 관한 일을 맡은 관아(官衙). 이곳에서 훈민 정음(訓民正音)의 창제(創製) 등 많은 문화사업(文化事業)을 하였음. しゅうけんでん

集會〔집회〕 여러 사람을 모음. 또 여러 사람이 모임. しゅうかい

▷歌集(가집). 結集(결집). 群集(군집). 募集(모집). 文集(문집). 選集(선집). 召集(소집). 蒐集(수집). 詩集(시집). 雲集(운집). 全集(전집). 創作集(창작집).

【雌】 부 隹(새추) 획 8—5 훈 암컷 음 자 中 t'zu[1·2] 英 female 日 シ. めす

뜻 ①암컷. ②약할. ③약이름.

필순 ⺊ 止 此 此 此 雌 雌 雌

雌蜂〔자봉〕 벌의 암컷. 암펄.

雌性〔자성〕 암컷의 성질. しせい

雌雄〔자웅〕 ①암컷과 수컷. 암수. ②강약(强弱). 우열(優劣). ③승패(勝敗). しゆう

雌雄同株〔자웅동주〕 소나무·밤나무 따위와 같이 암꽃과 수꽃이 한 나무에 같이 달리는 것. ↔자웅이주. しゆうどうしゅ

雌雄目〔자웅목〕 양쪽 눈의 크기가 다른 사람. しゆうもく

雌雄聲〔자웅성〕 거센 소리와 앳된 소리가 함께 섞여 나오는 소리.

雌雄異株〔자웅이주〕 뽕나무와 은행나무처럼 암꽃과 수꽃이 서로 딴 나무에 있는 것. ↔자웅동주. しゆういしゅ

【雖】 부 隹(새추) 획 8—9 훈 비록 음 수 中 suei² 英 even if 日 スイ. いえども

뜻 ①비록. ②밀.

필순 口 吕 吊 虽 虽 虽 虽 雖

雖乞食厭拜謁〔수걸식염배알〕 빌어먹을망정 고개 숙여 절하기는 싫어함. 곧 아무리 곤궁해도 자존심을 굽히지 않음을 이름.

雖然〔수연〕 그렇지만. 운운(云云)하지만. しかりといえども

【雙】 부 隹(새추) 획 8—10 훈 쌍 음 쌍(쌍:) 中 shuang¹ 英 couple; pair 日 ソウ. ふたつ

뜻 ①쌍. ②짝.

필순 亻 亻 亻 隹 雔 雙 雙

雙劍〔쌍검〕 두 손으로 쓰는 큰 칼. 동쌍수검(雙手劍). そうけん

雙肩〔쌍견〕 ①두 어깨. 자기의 부담. 책임. ②두 마리의 짐승. 견(肩)은 세 살된 짐승. そうけん

雙鉤〔쌍구〕 ①운필법(運筆法)의 하나. 엄지손가락·집게손가락·가운뎃손가락으로 붓대를 걸쳐 잡고 약손가락으로 받쳐 쥐는 방법. ↔단구(單鉤). ②서화(書畫) 등을 사생(寫生)할 때 그림이나 글씨의 가장자리만을 선을 그어 베껴 내는 일. そうこう

雙女〔쌍녀〕 쌍동딸.

雙陸〔쌍륙〕 주사위를 써서 말이 먼저 궁에 들어가기를 겨루는 놀이. そうりく. そうろく. すごろく

雙眉〔쌍미〕 두 눈썹. そうび

雙璧〔쌍벽〕 ①한 쌍의 구슬. ②양쪽이 모두 우열(優劣)을 가릴 수 없을 만큼 뛰어남의 비유. そうへき

雙生〔쌍생〕 쌍동이. 쌍생아(雙生兒). そうせい

雙星〔쌍성〕 견우성(牽牛星)과 직녀성(織女星)을 이름. そうせい

雙袖〔쌍수〕 좌우 양쪽 소매. そうしゅう

雙樹〔쌍수〕 한 쌍의 나무. そうじゅ

雙雙〔쌍쌍〕 한 쌍. 또 쌍을 지음. そうそう

雙窓〔쌍창〕 두 짝으로 된 창. そうそう

雙親〔쌍친〕 양친(兩親). 부모(父母). そうしん

雙胎〔쌍태〕 한 태(胎)에 두 아이를 뱀. 또 그 아이. そうたい

▷無等雙(무등쌍). 無雙(무쌍). 一雙(일쌍).

【雜】 부 隹(새추) 획 8—10 훈 섞일 음 잡 中 tsa² 英 mixed 日 ザツ. ゾウ. まじる

뜻 ①섞일. 섞을. ②불순할. ③어수선할. 번거로울.

필순 亠 卒 卒 杂 杂 雜 雜 雜

雜家〔잡가〕 고대 학파(學派)의 하나. 여러 학설을 취사선택(取捨選擇)하여 일가(一家)의 설(說)을 세운 학자들을 이름. ざっか
雜歌〔잡가〕 속된 노래. 잡스러운 노래. ざっか
雜居〔잡거〕 ①섞여 있음. ②내외국(內外國)의 사람이 섞여 삶. ざっきょ
雜考〔잡고〕 일정한 체계(體系) 없이 다방면(多方面)에 걸친 연구·고증(考證). 또 그 책. ざっこう　「っこく
雜穀〔잡곡〕 쌀 밖의 모든 곡식. ざ
雜鬼〔잡귀〕 정체 모를 못된 귀신. ⑤잡신(雜神). ざっき
雜技〔잡기〕 ①여러 가지 기예(技藝). 각종 놀음. ②보잘것 없는 기예. ざっき
雜記〔잡기〕 여러 가지 일을 기록한 것. ⑤잡록(雜錄). ざっき
雜念〔잡념〕 쓸데 없는 여러 가지 생각. ざつねん　「ざった
雜多〔잡다〕 각양 각색(各樣各色).
雜談〔잡담〕 여러 가지 세상 이야기. 이것저것 생각나는 대로 지껄이는 말. ⑤잡언(雜言). ざつだん
雜錄〔잡록〕 여러 가지 일을 기록함. 또 그 것. ⑤잡기(雜記). ざつろく　「るい
雜類〔잡류〕 ⑤⇨잡배(雜輩). ざっ
雜務〔잡무〕 여러 가지의 허드렛일. 각가지 자질구레한 일. ざつむ
雜文〔잡문〕 논문(論文) 따위처럼 체계 있게 짜인 글이 아니고 여러 가지 내용을 뒤섞어 기록한 글. ざつぶん
雜物〔잡물〕 중요하지 아니한 여러 가지 물건. ざつぶつ「ざっぱく
雜駁〔잡박〕 뒤섞여 고르지 못함.
雜輩〔잡배〕 잡것들. ⑤잡류(雜類). ざっぱい
雜費〔잡비〕 자질구레하게 쓰는 돈. ⑤잡용(雜用). ざっぴ
雜史〔잡사〕 정사(正史) 이외의 각종 통사(通史). 또는 개인의 사기(私記) 따위. ざっし
雜事〔잡사〕 온갖 자질구레한 일. 잡다(雜多)한 일. ざつじ
雜色〔잡색〕 ①여러 가지 뒤섞인 빛. ②종. 노예. ざっしょく
雜書〔잡서〕 ①잡다(雜多)한 사실을 기록한 책. ②잡박(雜駁)해서 분류하기 어려운 책. ざっしょ
雜說〔잡설〕 잡다한 일을 설명한 논설(論說). 수시로 여러가지 감상(感想)을 기술한 것. ざっせつ
雜收入〔잡수입〕 일정한 수입 밖에 때없이 들어오는 수입. ざっしゅうにゅう　「鬼). ざっしん
雜神〔잡신〕 못된 귀신. ⑤잡귀(雜
雜魚〔잡어〕 여러 가지 종류가 섞인 작은 물고기. ざつぎょ
雜言〔잡언〕 ①여러 가지 이야기. ⑤잡담(雜談). ②각 구(句)의 자수(字數)가 일정하지 아니한 한시(漢詩)의 한 체(體). ざつげん
雜業〔잡업〕 일정하지 아니한 하찮은 일. ざつぎょう
雜役〔잡역〕 여러 가지 자질구레한 일. 또 그 일을 맡아 하는 사람. ざつえき
雜詠〔잡영〕 여러 가지 사물을 읊은 시가(詩歌). ざつえい
雜用〔잡용〕 ①여러 가지 자질구레한 일. ②⑤잡비(雜費). ざつよう
雜人〔잡인〕 그 곳에 관계가 없는 테밖의 사람. ざつじん
雜種〔잡종〕 ①여러 종족(種族). 또는 민족. ②혼혈아(混血兒). 트기. ③다른 종류의 생물의 교배에 의하여 생긴 생물. ↔순종(純種). ざっしゅ
雜誌〔잡지〕 ①여러 가지 일을 쓴 책. ②호(號)를 좇아 정기(定期)로 발행되는 간행물. ざっし「ぎ
雜戲〔잡희〕 여러 가지 놀이. ざつ
▷亂雜(난잡). 煩雜(번잡). 複雜(복잡). 粗雜(조잡). 錯雜(착잡). 醜雜(추잡). 混雜(혼잡).

〔**難**〕 부 隹(새추) 획 8—11 훈 어려울 음 난(난ː) 中 nan[2·4] 英 difficult 日 ナン. かたい
뜻 ①어려울. 어려워할. ②근심. 난리. 재앙. ③나무랄. ④성한 모양(나).
필순 艹 苎 莫 菓 剫 斢 斢 難
難堪〔난감〕 견디기 어려움. なんかん
難攻〔난공〕 치기 어려움. 예一不落
「(불락). なんこう
難關〔난관〕 ①통과(通過)하기 어려운 문. 또는 관문(關門). ②수월하게 넘기기 어려운 장소. 또는 고비. なんかん
難局〔난국〕 어려운 판국(版局). 간난(艱難)한 시국. なんきょく
難動〔난동〕 움직이기 어려움. なんどう
難忘〔난망〕 잊기 어려움. 예白骨「(백골)―. なんぼう
難免〔난면〕 면(免)하기 어려움. なんめん
難問〔난문〕 ①트집잡아 따져 물음. ②어려운 문제. なんもん
難產〔난산〕 ① 해산(解產)이 순조(順調)롭지 못하여 고생함. ②일이 어려워 잘 이루어지지 아니함. なんざん
難色〔난색〕 난처(難處)한 기색. なんしょく
難爲兄難爲弟〔난위형난위제〕 양자(兩者)의 낫고 못함이 없음. 우열(優劣)이 없음. 「い
難易〔난이〕 어려움과 쉬움. なん
難戰〔난전〕 곤란한 싸움. 동고전(苦戰). なんせん
難題〔난제〕 어려운 문제. 난문제. 「なんだい
難中之難〔난중지난〕 어려운 중에도 유달리 어려움. なんちゅうのなん
難知〔난지〕 알기 어려움. なんち
難處〔난처〕 ①험준한 곳. ②처치하기 어려움. なんしょ 「そく
難測〔난측〕 측량하기 어려움. なん
難治〔난치〕 ①다스리기 어려움. ②병을 고치기 어려움. なんじ
難航〔난항〕 ①폭풍우(暴風雨)·격랑(激浪) 때문에 항해(航海)하기 어려움. 또 그 항해. ②장애가 많아서 일이 진척(進陟)되지 않음. なんこう
難解〔난해〕 해석하기 어려움. 이해하기 어려움. なんかい
▷家難(가난). 苦難(고난). 困難(곤란). 救難(구난). 國難(국난). 論難(논난). 多難(다난). 盜難(도난). 兵難(병난). 非難(비난). 水難(수난). 危難(위난). 災難(재난). 遭難(조난). 避難(피난). 險難(험난). 火難(화난).

【離】 부 隹(새추) 획 8—11 훈 떠날 음 리 中 li² 英 separate; leave 日 リ. はなれる
뜻 ①떠날. 떨어질. ② 헤어질. ③떠돌아다닐. ④만날. 붙을.
필순 亠 㐫 离 离 离 离 離 離
離家〔이가〕 ①마을에서 외따로 떨어져 있는 집. ②집을 떠나 타향(他鄕)으로 감. りか
離間〔이간〕 두 사람 사이를 서로 떨어지게 만듦. りかん
離苦〔이고〕 ①이별하는 괴로움. ②고난을 떠남. りく
離宮〔이궁〕 임금의 유행(遊幸)을 위하여 궁성(宮城)에서 떨어진 데 지은 궁전. りきゅう 「べつ
離別〔이별〕 서로 따로 떨어짐. り
離散〔이산〕 떨어져 흩어짐. 뿔뿔이 헤어짐. りさん
離心〔이심〕 떨어져 배반(背叛)하고자 하는 마음. りしん
離籍〔이적〕 가족의 어떤 사람을 호적(戶籍)에서 떼어냄. りせき
離脫〔이탈〕 떨어져 벗어남. 관계를 끊음. 예一者(자). りだつ
離合〔이합〕 ①떨어짐과 합함. 또 분리시킴과 합침. ②헤어짐과 만남. りごう 「갈라섬. りこん
離婚〔이혼〕 부부 관계를 끊고 서로
▷距離(거리). 隔離(격리). 別離(별리). 分離(분리). 遊離(유리). 支離(지리).

(8) 雨 部

〔雨〕 부 雨(비우) 획 8—0 훈 비 음 우: 中 yü³·⁴ 英 rain 日 ウ. あめ
뜻 비 .비올.
필순 一 冂 帀 雨 雨 雨
雨季〔우계〕 동⇨우기(雨期). うき

雨具〔우구〕 (동)⇨우장(雨裝). うぐ

雨氣〔우기〕 비가 올 것 같은 모양. (동)우의(雨意). うき

雨期〔우기〕 1년 중에 가장 비가 많이 오는 시기. (동)우계(雨季). うき

雨祇〔우기〕 (동)⇨우사(雨師).

雨露〔우로〕 ①비와 이슬. ②비와 이슬이 만물을 화육(化育)하는 것 같은 은택. 큰 은혜. うろ

雨備〔우비〕 (동)⇨우장(雨裝). うび

雨師〔우사〕 비를 맡은 신(神). (동)우기(雨祇). うし

雨雪〔우설〕 ①비와 눈. ②내리는 눈. うせつ

雨聲〔우성〕 비오는 소리. うせい

雨水〔우수〕 ①빗물. ②24절기(節期)의 하나. 입춘(立春)과 경칩(驚蟄) 사이에 있는 절기. うすい

雨矢〔우시〕 빗발같이 쏟아지는 화살. うし

雨意〔우의〕 (동)⇨우기(雨氣). うい

雨裝〔우장〕 비가 올 때 비를 맞지 않게 입는 옷이나 쓰는 제구. 삿갓·우산·도롱이 따위. (동)우구(雨具)·우비(雨備). うそう

雨滴〔우적〕 빗방울. うてき

雨天〔우천〕 비가 내리는 하늘. うてん

▷甘雨(감우). 降雨(강우). 穀雨(곡우). 急雨(급우). 雷雨(뇌우). 大雨(대우). 梅雨(매우). 疾雨(질우). 晴雨(청우). 秋雨(추우). 春雨(춘우). 暴雨(폭우). 暴風雨(폭풍우). 風雨(풍우). 汗雨(한우). 寒雨(한우).

〖雪〗 [부] 雨(비우) [획] 8—3 [훈] 눈 [음] 설 [中] hsüeh³·⁴ [英] snow [日] セツ. ゆき. **すすぐ. そそぐ**

[뜻] ①눈. ②흴. ③씻을.

[필순] 一戸雨雪雪雪雪

雪客〔설객〕 해오라기. せっかく

雪徑〔설경〕 눈이 쌓인 산골짜기의 좁은 길. せっけい

雪景〔설경〕 눈 경치. (동)설광(雪光). せっけい

雪姑〔설고〕 할미새의 딴이름.

雪光〔설광〕 (동)⇨설경(雪景).

雪肌〔설기〕 희고 고운 살결. せっき

雪泥〔설니〕 눈이 녹은 진창. せつでい

雪嶺〔설령〕 눈이 쌓인 산봉우리. (동)설봉(雪峰). せつれい

雪馬〔설마〕 썰매. せつば

雪綿子〔설면자〕 풀솜. せつめんし

雪眉〔설미〕 ①흰 눈썹. ②노인.

雪白〔설백〕 ①눈과 같이 몹시 흼. ②마음과 행실이 결백함의 비유. せっぱく

雪魄〔설백〕 매화(梅花)나무의 별칭(別稱). せっこん

雪峯〔설봉〕 눈이 쌓인 산봉우리. (동)설령(雪嶺). せっぽう

雪膚花容〔설부화용〕 눈처럼 흰 살과 꽃처럼 아름다운 얼굴.

雪崩〔설붕〕 쌓인 눈이 무너져 내려옴. なだれ

雪山〔설산〕 ① 사시(四時)에 눈이 있는 높은 산. ②산 같은 흰 물결. せつざん

雪上加霜〔설상가상〕 눈 위에 서리가 내림. 무용(無用)한 일의 비유. 또 불행(不幸)한 일이 거듭되는 것을 이름. せつじょうにしもをくわう

雪線〔설선〕 1년 동안 눈이 녹지 아니하는 높은 지대의 계선(界線). せっせん

雪案螢窓〔설안형창〕 ①책상에는 차윤(車胤)의 눈(雪), 창문에는 손강(孫康)의 반딧불. 곧 힘써 배움을 이름. ②(동)형설지공(螢雪之功). せつあんけいそう

雪夜〔설야〕 눈이 오는 밤. せつや

雪辱〔설욕〕 부끄러움을 씻음. 설치(雪恥). せつじょく

雪中四友〔설중사우〕 옥매(玉梅)·납매(臘梅)·수선(水仙)·산다(山茶)의 넷을 일컬음.

雪中松柏〔설중송백〕 눈속에서도 잎의 빛이 변하지 않는 소나무와 잣나무. 곧 굳은 절개(節概)·지조(志操)의 비유. せっちゅうのしょうはく

雪盡〔설진〕 눈이 다 녹음. せつじん

雪恥〔설치〕 부끄럽고 분한 것을 씻음. 명예를 회복함. (동)설욕(雪辱). せっち

雪寒風〔설한풍〕 눈이 올 때에 부는 추운 바람.

雪花〔설화〕 ①눈송이. ②눈같이 흰

꽃. せっか
▷降雪(강설). 大雪(대설). 凍雪(동설). 暮雪(모설). 白雪(백설). 飛雪(비설). 霜雪(상설). 夜雪(야설). 王雪(왕설). 殘雪(잔설). 積雪(적설). 初雪(초설). 風雪(풍설). 含雪(함설). 香雪(향설).

【雲】 부 雨(비우) 획 8—4 훈 구름 음 운 ㊥ yün^2 英 cloud ㊐ ウン. くも
뜻 ①구름. ②하늘. ③은하수. ④팔대손. 운손.
필순 一冖雨雨雲雲雲雲

雲母〔운모〕 판상(板狀) 또는 편상(片狀)의 규산(珪酸) 광물. 돌비늘. うんぼ. うんも
雲霧〔운무〕 구름과 안개 うんむ
雲峯〔운봉〕 여름날 산봉우리같이 피어오르는 구름. うんぽう
雲水〔운수〕 ①구름과 물. ②사방으로 정처없이 돌아다니는 행각승(行脚僧). うんすい
雲深〔운심〕 구름이 깊음. 구름이 많이 낌. うんしん
雲煙〔운연〕 ①구름과 연기(煙氣). ②필적(筆跡)이 약동(躍動)함의 형용. うんえん 「えい
雲影〔운영〕 구름의 그림자. えん
雲遊〔운유〕 ①구름이 하늘에 뜸. ②구름 속에서 놂. ③구름과 같이 자유로이 생활함. うんゆう
雲雀〔운작〕 종달새. ひばり
雲從街〔운종가〕 이조(李朝) 때 한성(漢城)의 거리 이름으로, 지금의 종로 네거리를 중심으로 한 지역. 곧 의전(矣廛)거리.
雲中白鶴〔운중백학〕 구름 속의 학이란 뜻으로, 고상한 인품(人品)의 비유. 「うんしゅう
雲集〔운집〕 구름같이 많이 모임.
雲集霧散〔운집무산〕 구름같이 모이고 안개같이 헤어짐. 곧 일시에 모였다가 일시에 헤어짐의 형용. うんしゅうむさん 「うんてん
雲天〔운천〕 구름이 떠 있는 하늘.
雲表〔운표〕 구름 위. うんひょう
雲霞〔운하〕 구름과 놀. うんか
雲海〔운해〕 ①구름이 덮인 바다. 또 구름과 맞닿은 것같이 보이는 먼 바다. ②산이 구름에 덮여 꼭대기만 섬같이 보임의 형용(形容). うんかい 「こう
雲行〔운행〕 구름이 떠 다님. うん
▷慶雲(경운). 卷層雲(권층운). 亂雲(난운). 斷雲(단운). 白雲(백운). 浮雲(부운). 祥雲(상운). 瑞雲(서운). 星雲(성운). 煙雲(연운). 陰雲(음운). 紫雲(자운). 積雲(적운). 青雲(청운). 春水暮雲(춘수모운). 風雲(풍운). 行雲(행운). 黑雲(흑운).

【零】 부 雨(비우) 획 8—5 훈 떨어질 음 령 ㊥ ling^2 英 drop; zero ㊐ レイ. おちる
뜻 ①떨어질. 비올. ②작을. 적을. ③영. 없을. ④종족 이름.
필순 一冖雨雨雫雫零零

零度〔영도〕 도수를 잴 때에 기점(基點)으로 하는 도(度). れいど
零落〔영락〕 ①초목의 잎이 말라서 떨어짐. ②죽음. ③눈비 따위가 옴. ④쇠퇴함. ⑤쓸쓸해짐. ⑥가난해짐. れいらく 「いるい
零淚〔영루〕 눈물을 떨어뜨림. れ
零買〔영매〕 조금씩 물건을 삼. れいばい 「いばい
零賣〔영매〕 조금씩 물건을 팖. れ
零細〔영세〕 지극히 잚. 몹시 작고 변변치 못함. 예—農(농). れいさい 「질구레한 일. れいさい
零碎〔영쇄〕 ①떨어져 부서짐. ②자
零時〔영시〕 낮의 12시. 또는 밤의 12시. れいじ
零餘〔영여〕 나머지. 쓰고 남은 물건이나 돈. 여재(餘在). れいよ
零零碎碎〔영영쇄쇄〕 아주 자질구레하게 부스러짐. れいれいさいさい 「れいしゅく
零縮〔영축〕 수효가 줄어서 모자람.
零下〔영하〕 한난계(寒暖計)의 빙점(冰點) 이하. れいか

【雷】 부 雨(비우) 획 8—5 훈 우뢰 음 뢰 ㊥ lei^2 英 thunder ㊐ ライ. かみなり 「할.
뜻 ①우뢰. 천둥. ②덩달. 뇌동

필순 一冂帀雨雨雷雷雷

雷擊〔뇌격〕 수뢰(水雷)로써 적의 배를 공격함. らいげき

雷鼓〔뇌고〕 ①울리는 천둥소리. ②북의 한 가지. 8면이 있음. ③북을 침. 북을 마구 침. らいこ

雷管〔뇌관〕 화약(火藥)에 불이 붙도록 방아쇠가 마주칠 자리에 끼인 물건. らいかん

雷同〔뇌동〕 아무 생각 없이 남의 의견을 따름. 덩달아 함. 예附和(부화)—. らいどう

雷動〔뇌동〕 천둥처럼 격동(激動)함. 진동(震動)함. らいどう

雷鳴〔뇌명〕 ①천둥 소리가 울림. ②우뢰(雨雷) 소리처럼 굉장한 소리가 남. ③요란하게 코고는 소리. らいめい

雷聲〔뇌성〕 천둥 소리. 예—霹靂(벽력). 우뢰소리와 벼락. らいせい

雷雨〔뇌우〕 우뢰와 더불어 오는 비. らいう

雷電〔뇌전〕 천둥과 번개. らいでん

雷鳥〔뇌조〕 꿩과에 딸린 새 이름. 높은 산에 삶.

雷火〔뇌화〕 낙뢰(落雷)에서 일어난 화재(火災). らいか

▷機雷(기뢰). 落雷(낙뢰). 水雷(수뢰). 魚雷(어뢰). 地雷(지뢰). 避雷(피뢰).

〔電〕 부 雨(비우) 획 8—5 훈 번개 음 전: 中 tien⁴ 英 lightning 日 デン. いなずま

뜻 ①번개. ②전기.

필순 一冂帀雨雨雷電

電擊〔전격〕 번개같이 단숨에 몹시 침. でんげき

電光〔전광〕 ①번개가 번쩍이는 빛. ②대단히 빠름. でんこう

電光石火〔전광석화〕 번개와 돌을 쳐서 나는 불꽃. 번개 같음의 비유. でんこうせっか

電球〔전구〕 전등알. でんきゅう

電氣〔전기〕 전자(電子)의 이동으로 물체를 끌어당기는 에네르기의 한 형태(形態). 음양(陰陽) 두 가지가 있음. でんき

電機〔전기〕 전력(電力)을 사용하는 기계. でんき

電動機〔전동기〕 전류로 회전 운동을 일으키는 기계. でんどうき

電力〔전력〕 전류에 의한 동력. 일정한 시간에 작용하는 전기의 힘. 전기력(電氣力). 실용 단위는 와트(watt). でんりょく

電鈴〔전령〕 전류(電流)의 작용을 이용하여 작은 종을 울리는 장치. でんれい

電流〔전류〕 전기가 도체(導體) 안에서 흐르는 현상(現象). 실용(實用) 단위는 암페어(ampere). でんりゅう

電文〔전문〕 전보(電報)의 글귀. でんぶん

電報〔전보〕 전신(電信)의 시설에 의해 수발(受發)되는 통신(通信). でんぽう

電送〔전송〕 전기 작용에 의해 인쇄물·사진 따위를 먼 곳에 보냄. 예—寫眞(사진). でんそう

電信〔전신〕 전기의 작용을 이용하여 글자·기호(記號)를 멀리 보내는 것. 유선 전신과 무선 전신이 있음. でんしん

電壓〔전압〕 도체(導體) 안의 2점 사이의 전위(電位)의 차이. 실용 단위는 볼트(volt). でんあつ

電子〔전자〕 원자·분자를 구성하는 소립자(素粒子)의 하나. 음전기(陰電氣)를 띠고 있음. 예—計算器(계산기). でんし

電磁石〔전자석〕 연철(軟鐵)로 속을 박고 그 주위에 절연한 도선(導線)을 감아서 전류를 통하여 그 연철이 자석의 성질을 띄게 한 것. でんじしゃく

電磁波〔전자파〕 전자장(電磁場)의 주기적인 변화가 파동(波動)으로서 전파(傳播)하는 것.

電池〔전지〕 화학작용(化學作用)으로 전류(電流)를 일으키는 장치. でんち

電波〔전파〕 전자파(電磁波) 중 적외선(赤外線) 이상의 파장(波長)을 갖는 것. 통신(通信)·라디오에 쓰임. でんぱ

電解〔전해〕 전기 분해. 전력으로 물질을 분해하는 것. でんかい
電化〔전화〕 가정생활이나 사회생활에 전기를 이용하여 다른 열원(熱源)이나 동력원(動力源)을 대신함. ㉠農村(농촌)—. でんか
▷感電(감전). 漏電(누전). 斷電(단전). 放電(방전). 送電(송전). 停電(정전). 弔電(조전). 祝電(축전). 蓄電(축전). 打電(타전).

【需】 부 雨(비우) 획 8—6 훈 구할 음 수 中 hsü[1] 英 need 日 ジュ. もとめる
뜻 ①구할. 찾을. 요구. ②쓸. 쓰일. ③머뭇거릴. 주저할. ④기다릴. ⑤음식.
필순 一戸雨雨雫雫需需需

需給〔수급〕 수요(需要)와 공급(供給). じゅきゅう
需世之才〔수세지재〕 세상에 등용(登用)될 만한 인재(人材).
需要〔수요〕 ①소용됨. ②구매력(購買力)에 따라 시장에 나타나는 상품 구매(購買)의 희망이나 또는 그 분량. じゅよう
需要供給〔수요공급〕 ①수요와 공급. ②필요해서 얻고자 함에 응하여 대어 줌. じゅようきょうきゅう
需用〔수용〕 구하여 씀. 또 그 물품. じゅよう
▷軍需(군수). 民需(민수). 特需(특수). 必需(필수). 婚需(혼수).

「震」 부 雨(비우) 획 8—7 훈 진동할 음 진: 中 chen[4] 英 shake 日 シン. ふるう
뜻 ① 진동할. 뒤흔들. ② 벼락칠. 우뢰. ③두려워할. 떨. 놀랄. ④위엄.
필순 一戸雨雨雫雫雫震震

震怒〔진노〕 ①하늘이 성내는 일. ②임금의 격노(激怒). しんど
震檀〔진단〕 우리 나라의 별칭(別稱). しんだん
震動〔진동〕 흔들거나 흔들려 움직임. しんどう
震源〔진원〕 지진(地震)의 원동지. しんげん
震災〔진재〕 지진(地震)의 재앙(災厄). しんさい
震震〔진진〕 천둥이 심하여 흔들리고 울리는 모양. しんしん
震天動地〔진천동지〕 하늘을 진동시키고 땅을 놀라게 한다는 뜻. 곧 세력이 대단히 크거나 음향이 굉장함의 형용. 동진천해지(震天駭地). しんてんどうち
震天雷〔진천뢰〕 옛날의 우리 나라 대포의 한 가지. しんてんらい
震天駭地〔진천해지〕 동⇨진천동지(震天動地).
震幅〔진폭〕 지반(地盤)의 진동의 크기가 지진계(地震計)에 기록된 그 넓이. しんぷく
震風〔진풍〕 빠르고 센 바람. しんぷう
▷强震(강진). 微震(미진). 餘震(여진). 地震(지진).

[霑] 부 雨(비우) 획 8—8 훈 젖을 음 점 中 chan[1] 英 wet 日 テン. うるおう
뜻 ①젖을. ②입을. 받을.
필순 一戸雨雨雫雫霑霑霑

霑濕〔점습〕 물기에 젖음. てんしつ
霑潤〔점윤〕 젖음. 땀이나 물기가 배어 번짐. てんじゅん
霑被〔점피〕 ①젖음. 물기가 뱀. ②은혜(恩惠)를 베풂. 또는 입음. てんぱ
霑汗〔점한〕 땀이 뱀. 또는 젖음. てんかん
▷均霑(균점).

〖霜〗 부 雨(비우) 획 8—9 훈 서리 음 상 中 shuang[1] 英 frost 日 ソウ. しも
뜻 ①서리. ②흴. ③해 지날. ④엄할.
필순 一雨雨雨霜霜霜霜霜

霜降〔상강〕 24 절기(節氣)의 하나. 추분(秋分)과 입동(立冬) 사이에 있는 절기. 양력 10월 20일경. そうこう
霜露〔상로〕 서리와 이슬. そうろ
霜雪〔상설〕 서리와 눈. 마음이 결백하고 엄함의 비유. そうせつ
霜柿〔상시〕 가지에 달린 채 서리를 맞은 감. そうし
霜信〔상신〕 기러기의 별명. そうしん
霜災〔상재〕 서리가 와서 곡식이 해를 입음. そうさい
霜楓〔상풍〕 서리를 맞고 붉게 물

든 단풍. そうふう

霜花〔상화〕①서리가 희고 아름다움을 꽃에 비유한 말. ②상화병(霜花餠). そうか 「そうかへい

霜花餠〔상화병〕상화떡. [약]상화.

▷雪上加霜(설상가상). 雪霜(설상). 星霜(성상). 嚴霜(엄상). 早霜(조상). 秋霜(추상). 風霜(풍상).

【霞】[부] 雨(비우) [획] 8—9 [훈] 놀 [음] 하 [中] hsia^2 [英] glow [日] カ. ゲ. かすみ

[뜻] ①놀. ②멀(遐와 통용).

[필순] 一雨雫雫雫霏霞霞

霞光〔하광〕아침·저녁의 놀. 또는 그 빛. かこう 「かどう

霞洞〔하동〕선인(仙人)이 있는 곳.

霞彩〔하채〕아침·저녁 놀의 아름다운 색채(色彩). かさい

▷錦霞(금하). 雲霞(운하). 紫霞(자하). 朝霞(조하).

【霧】[부] 雨(비우) [획] 8—11 [훈] 안개 [음] 무: [中] wu^4 [英] fog [日] ム. きり

[뜻] ①안개. ②안개자욱할.

[필순] 一雨雫雫霁霚霧霧

霧散〔무산〕①안개가 흩어짐. 안개가 갬. ②안개가 개듯이 자취없이 흩어짐. むさん

霧消〔무소〕안개처럼 덧없이 사라짐. むしょう

霧笛〔무적〕안개에 대한 경계(警戒)의 뜻으로 배 따위에서 부는 고동. むてき

霧鐘〔무종〕안개 속에서 울리는 신호의 종. むしょう 「むしゅう

霧集〔무집〕안개처럼 많이 모임.

霧合〔무합〕안개처럼 많이 모임. むごう 「(조무). 曉霧(효무).

▷濃霧(농무). 雲霧(운무). 朝霧

〖露〗[부] 雨(비우) [획] 8—12 [훈] 이슬 [음] 로: [中] lou^4, lu^4 [英] dew [日] ロ. つゆ. あらわす

[뜻] ①이슬. ②드러날. 드러낼.

[필순] 一雨雫雫雫霰露露

露骨〔노골〕①뼈를 땅 위에 드러냄. ②조금도 숨김없이 드러냄. [예]—적(的). ろこつ

露臺〔노대〕①지붕이 없는 대. ②서양식 건축에 있어서 방바깥에 지붕이 없이 높고 드러나게 지은 대. 발코니(balcony). ろだい

露頭〔노두〕①쓴 것이 없는 맨머리. ②광맥(鑛脈) 등이 지면(地面)에 드러난 것. ろとう

露面〔노면〕얼굴을 드러냄. ろめん 「잠. ろしゅく

露宿〔노숙〕한데서 잠. 집 밖에서

露營〔노영〕산이나 들에 편 진영. [동]야영(野營). ろえい

露積〔노적〕옥외(屋外)에 쌓음. ろせき 「てん

露店〔노점〕한데에 내는 가게. ろ

露井〔노정〕지붕이 없는 우물. ろせい 「러냄. ろてい

露呈〔노정〕어떤 일이나 사실을 드

露拙〔노졸〕못생김을 드러냄. ろせ

露珠〔노주〕이슬 방울. ろしゅ⌊つ

露地〔노지〕가리우거나 덮여 있지 않은 땅. [예]—栽培(재배). ろじ

露天〔노천〕한데. ろてん

露出〔노출〕①거죽으로 드러남. 또는 드러냄. ②사진(寫眞)을 촬영할 때 사진기의 셔터를 열어 광선(光線)을 필름에 닿게 하는 것. ろしゅつ

露花〔노화〕이슬에 젖은 꽃. ろか

露華〔노화〕이슬의 빛. 또는 이슬이 빛남. ろか

▷甘露(감로). 白露(백로). 霜露(상로). 玉露(옥로). 雨露(우로). 朝露(조로). 草露(초로). 暴露(폭로). 風露(풍로). 寒露(한로).

「霸」[부] 雨(비우) [획] 8—13 [훈] 으뜸 [음] 패: [中] pa^4 [英] chief [日] ハ. ハク. はたがしら

[뜻] ①으뜸. 우두머리(패·파). ②달력(백).

[참고] [속] 覇

[필순] 一雨雫霏霸霸霸霸

霸功〔패공〕패자(霸者)의 공훈(功勳). はこう

霸權〔패권〕패자의 권리(權利). 승자(勝者)의 권력. はけん

霸氣〔패기〕패자가 되려는 의기(意氣). 또는 제패(制霸)할 수 있는 기상(氣像). ②야심(野心).

야망(野望). はき
霸圖〔패도〕 ⇨패략(霸略). はと
霸道〔패도〕 패자(霸者)의 길. 즉 인의(仁義)를 경시(輕視)하고 권모(權謀)와 무력(武力)을 존숭함을 이름. ↔왕도(王道). はどう
霸略〔패략〕 패자의 계책(計策). ㉭패도(霸圖). はりゃく
霸王〔패왕〕 ①패자와 왕자(王者). ②패도(霸道)와 왕도(王道). ③패자(霸者)의 존칭. はおう
霸者〔패자〕 ①제후(諸侯)의 우두머리. ②가장 힘이 강한 사람. はしゃ 「자취. はせき
霸迹〔패적〕 패자의 공적(功績)의
▷王霸(왕패). 爭霸(쟁패). 制霸(제패).

【靈】 부 雨(비우) 획 8—16 훈 신령 음 령 ㊥ ling² 英 spirit 日 レイ. たましい
뜻 ①신령. 신령스러울. ②영. 영혼. 혼백. ③정성. ④은총.
참고 약 霊·灵
필순 ⺤⻗雨霝霝霝靈

靈感〔영감〕 신불(神佛)의 영묘한 감응. ②심령의 미묘한 작용으로 얻어지는 감정. れいかん
靈柩〔영구〕 시체를 담은 관. 예—車(차). れいきゅう 「氣). れいき
靈氣〔영기〕 영묘(靈妙)한 심기(心
靈夢〔영몽〕 신령(神靈)한 꿈. れいむ
靈妙〔영묘〕 신령스럽고 기묘함. 사람의 슬기로 알 수 없는 깊고 묘한 일. れいみょう 「つ
靈物〔영물〕 신령한 물건. れいぶ
靈魄〔영백〕 ㉭⇨영혼(靈魂).
靈峯〔영봉〕 신령한 산 또는 봉우리. 신불을 모신 신령한 산. ㉭영산(靈山). れいぼう 「ざん
靈山〔영산〕 ㉭⇨영봉(靈峯). れい
靈藥〔영약〕 영묘(靈妙)한 약. 효험이 신기하게 나는 약. れいや
靈域〔영역〕 신성한 지역. 」く
靈位〔영위〕 신주(神主). 위패(位牌). れいい 「(일치). れいにく
靈肉〔영육〕 영혼과 육체. 예——致
靈長〔영장〕 ① 영묘(靈妙)하고 오래 감. ②영묘한 힘을 가진 것 중에서 첫째가는 것. 곧 사람을 이름. れいちょう
靈前〔영전〕 ①신령(神靈)의 앞. ②혼령(魂靈)의 앞. れいぜん
靈驗〔영험〕 신불(神佛)의 영묘(靈妙)한 감응(感應). れいけん
靈魂〔영혼〕 ①넋. 정신. ㉭영백(靈魄). ②사람의 육체를 지배(支配)하는 정신 현상의 본원(本源). れいこん
靈魂不滅〔영혼불멸〕 육체는 죽어도 혼은 육체를 떠나 영원히 존재한다는 것. れいこんふめつ
▷亡靈(망령). 妄靈(망령). 聖靈(성령). 神靈(신령). 心靈(심령). 幽靈(유령). 魂靈(혼령).

(8) 靑 部

〖靑〗 부 靑(푸를청) 획 8—0 훈 푸를 음 청 ㊥ ch'ing¹ 英 blue 日 セイ. あお
뜻 ①푸를. ②젊을.
참고 ㉭ 青
필순 ⼗⺼靑靑

靑果〔청과〕 채소·과실 따위의 총칭. せいか
靑丘〔청구〕 중국에서 우리나라를 일컫던 말. ㉭청구(靑邱).
靑丘永言〔청구영언〕 이조 영조 때 김 천택(金天澤)이 엮은 시조(時調)·가사집(歌辭集).
靑銅〔청동〕 ①구리와 주석을 주성분(主成分)으로 한 합금(合金). ②청동으로 만든 돈. ③거울. せいどう 「지팡이. せいれいじょう
靑藜杖〔청려장〕 명아주대로 만든
靑蓮〔청련〕 ①푸른 빛깔의 연꽃. ②당나라 이태백(李太白)의 호. せいれん
靑龍〔청룡〕 ①푸른 용. ㉭창룡(蒼龍). ②28수(宿) 중에서 동쪽에 있는 각(角)·항(亢)·저(氐)·방(房)·심(心)·미(尾)·기(箕)의 일곱 성수(星宿)의 총칭. ③사

신(四神)의 하나. 동쪽 하늘을 맡은 신으로 푸른 용의 형상으로 상징함. ④가재의 일종. 갯가재. [예]一刀(도). せいりゅう
青樓〔청루〕 ①푸르게 칠한 누각. ②귀인(貴人)의 여자 또는 미인(美人)이 사는 집. ③노는 계집의 집. 기생집. せいろう
青史〔청사〕 역사. 사서(史書). 옛날 푸른 대껍질을 불에 쬐어 기름기를 빼고 글씨를 썼으므로 이름. せいし
青寫眞〔청사진〕 ①도면(圖面) 따위를 복사할 때 쓰이는 간편한 사진. ②구체적인 계획. [약]청색사진. あおしゃしん
青山〔청산〕 ①푸릇푸릇하게 수목(樹木)이 우거진 산. ②뼈를 묻은 산. 분묘(墳墓)의 땅. ③의식장(儀式場)에 무지개처럼 장식한 문. せいざん
青山流水〔청산유수〕 말을 잘하는 것을 이름. せいざんりゅうすい
青山別曲〔청산별곡〕 악장가사(樂章歌詞)에 전하는 고려 가요. 고려시대 서민 생활의 애닯음을 노래한 것.
青孀寡婦〔청상과부〕 나이가 젊었을 때 남편을 여읜 여인(女人). 젊은 과부.
青松白沙〔청송백사〕 푸른 소나무와 흰 모래. 해안(海岸)의 아름다운 경치. せいしょうはくしゃ
青魚〔청어〕 ①청어과에 속하는 바닷물고기. 비웃. ②빛이 푸른 물고기. せいぎょ
青雲〔청운〕 ①푸른 하늘. [동]청천(青天). ②높은 지위(地位). ③속세를 떠난 은일(隱逸)·고상한 지조(志操)의 비유. ④아름다운 덕과 빛나는 명예의 비유. ⑤입신출세(立身出世). せいうん
青雲客〔청운객〕 ①청운의 뜻을 품은 사람. ②높은 벼슬에 오른 사람. せいうんのかく
青雲萬里〔청운만리〕 입신출세(立身出世)의 뜻이 크고 멂. せいうんばんり
青雲志〔청운지〕 ①은거하고자 하는 마음. 세속(世俗)에 초연한 지조(志操). ②출세하고자 하는 마음. せいうんのこころざし
青瓷〔청자〕 푸른 빛깔의 질그릇. 고려 청자는 특히 기술·무늬의 독창성(獨創性)과 미묘함이 세계적임. [동]청자(青磁). せいじ
青川〔청천〕 푸른 시내. せいせん
青天白日〔청천백일〕 ①말끔히 갠 날. ②마음이 명백하여 조금도 감추거나 의심하는 일이 없음. ③혐의 또는 원죄(寃罪)가 풀림. せいてんはくじつ
青苔〔청태〕 ①푸른 이끼. ②녹조류의 갈파래과에 딸린 바다풀의 한가지. 김과 비슷함. ③김. せいたい 「(담청). 翠青(취청).
▷群青(군청). 丹青(단청). 淡青

〔靜〕 [부] 青(푸를청) [획] 8—8 [훈] 고요할 [음] 정(정:) [中] ch-ing^4 [英] guiet [日] セイ. ジョウ. しずか

[뜻] ① 고요할. 조용할. ②깨끗할(淨과 통용).
[필순] ⺶ 青 青 靑 靜 靜
靜嘉〔정가〕 고요하고 아름다움. せいか 「하게 지냄. せいきょ
靜居〔정거〕 세상 일을 떠나 한가
靜觀〔정관〕 마음을 조용히 가라앉히고 사물을 봄. せいかん
靜脈〔정맥〕 몸의 각부의 정맥혈을 심장으로 돌려 보내는 핏줄. ↔ 동맥(動脈). じょうみゃく
靜脈血〔정맥혈〕 정맥에 의하여 온몸을 돌아 염통으로 돌아오는 노폐한 피. じょうみゃくけつ
靜物〔정물〕 ①정지(靜止)한 물건. ②식물(植物). ③[약]정물화(靜物畫). せいぶつ
靜物畫〔정물화〕 기물·과일·화초 등 정물의 사생화. せいぶつが
靜謐〔정밀〕 ①고요하고 조용함. ②세상이 편안함. せいみつ
靜肅〔정숙〕 조용하고 엄숙(嚴肅)함. せいしゅく
靜夜〔정야〕 고요한 밤. せいや
靜養〔정양〕 심신을 조용히 하여 양

생함. せいよう 「모양. せいぜん
靜然〔정연〕 조용한 모양. 고요한
靜寂〔정적〕 고요하고 괴괴함.
靜電氣〔정전기〕 마찰한 물체가 띠는 이동하지 않는 전기(電氣) せいでんき
靜坐〔정좌〕 ①고요히 앉음. ②마음을 가라앉히고 몸을 바르게 하고 앉음. せいざ
靜中動〔정중동〕 고요한 가운데도 움직임이 있음. せいちゅうどう
靜止〔정지〕 조용히 움직이지 아니함. せいし 「いちょう
靜聽〔정청〕 조용히 하여 들음. せ
靜態〔정태〕 정지하여 있는 상태. 또는 조용한 모양. せいたい
▷端靜(단정). 安靜(안정). 鎭靜(진정). 平靜(평정).

(8) 非 部

〔非〕 부 非(아닐비) 획 8—0 훈 아닐 음 비 中 fei[1] 英 not 日 ヒ. あらず
뜻 ①아닐. ②그를. 어긋날. ③나무랄.
필순 ㅋ ㅋ| 非
非公開〔비공개〕 여러 사람에게 공개하지 않음. ↔공개(公開). 예 —會議(회의). ひこうかい
非公式〔비공식〕 공식이 아님. 사사로움. 드러난 것이 아님. ↔ 공식(公式). ひこうしき
非金屬〔비금속〕 금속 원소로 되지 않은 물질. ↔금속. ひきんぞく
非難〔비난〕 남의 결점을 쳐서 말함. ひなん 「どう
非道〔비도〕 바른 길에 어긋남. ひ
非禮〔비례〕 예의에 어긋남. ひれい
非理〔비리〕 도리가 아님. ひり
非賣品〔비매품〕 팔지 않는 물건. ひばいひん
非命〔비명〕 ①천명(天命)이 아님. ②뜻아니한 불시의 변사(變死). 예 —橫死(횡사). ひめい
非夢似夢間〔비몽사몽간〕 잠이 들락말락한 때. 깰락말락한 때.
非凡〔비범〕 평범하지 아니함. 뛰어남. ひぼん 「(不法). ひほう
非法〔비법〕 법에 어긋남. 동 불법
非常〔비상〕 ①보통이 아님. 심상치 않음. ②소동. 사변(事變). 예 —警戒(경계). ③무상(無常). ひじょう
非一非再〔비일비재〕 ①한두 번이 아님. ②하나 둘이 아님. 수두룩함. 「기의 낮춤말. ひさい
非才〔비재〕 ①재주가 없음. ②자
非情〔비정〕 ①나무나 돌 따위와 같이 희로애락(喜怒哀樂)의 정이 없음. ②매정함. ひじょう
非便〔비편〕 ①불편. ②거북함.
非行〔비행〕 그른 행실(行實). 좋지 못한 행동. ひこう
非興〔비흥〕 ①흥미가 없음. ②천박(淺薄)함. 경박함. ひきょう
▷禁非(금비). 似而非(사이비). 是非(시비). 前非(전비).

(9) 面 部

〔面〕 부 面(낯면변) 획 9—0 훈 낯 음 면: 中 mien[4] 英 surface; face 日 メン. おも. おもて. つら
뜻 ①낯. 얼굴. ②탈. 가면. ③향할. ④쪽. ⑤행정 구역.
참고 속 靣
필순 一丆丆丙而面面
面談〔면담〕 서로 만나서 이야기함. めんだん
面對〔면대〕 동 ⇨면접(面接).
面貌〔면모〕 얼굴의 모양. めんぼう
面目〔면목〕 ①얼굴의 생긴 모양. ②남을 대하는 체면. ③모양. 상태. めんぼく 「람. めんばく
面駁〔면박〕 마주보고 꾸짖어 나무
面壁〔면벽〕 벽을 향하여 참선하는 일. 예 —구년(九年). めんへき
面上〔면상〕 얼굴 바닥. 얼굴 위. めんじょう 「しき
面識〔면식〕 얼굴을 서로 앎. めん

面子〔면자〕 체면. 면목. 위신. めんし. めんつ.
面積〔면적〕 물건의 평면(平面)의 넓이. 지면(地面)의 넓이. めんせき 「동면대(面對). めんせつ
面接〔면접〕 서로 대면하여 만나봄.
面從〔면종〕 그 사람이 보는 데서만 복종(服從)함. めんじゅう
面從腹背〔면종복배〕 겉으로는 따르는 체하고 속으로는 배반함. めんじゅうふくはい
面汗〔면한〕 부끄러워 얼굴에 땀이 남. めんかん 「い
面會〔면회〕 만남. 대면함. めんか
▷假面(가면). 球面(구면). 當面(당면). 對面(대면). 滿面(만면). 書面(서면). 顔面(안면). 外面(외면). 裏面(이면). 人心如面(인심여면). 正面(정면). 畫面(화면).

(9) 革 部

【革】 부 革(가죽혁변) 획 9—0 훈 가죽 음 혁 中 kê², chi² 英 leather 日 カク. かわ. **あらたまる** 「위독할(극).
뜻 ①가죽. ②고칠. ③병급할.
필순 一廿廿芇芇莒革
革改〔혁개〕 동개혁(改革). かくか
革帶〔혁대〕 가죽으로 만든 띠. ⌊い
革命〔혁명〕 ①이전의 통치자가 망하고 새 통치자가 대신함. 곧 왕조(王朝)가 바뀜. ②목적이 국가 사회의 기초에 관계되고, 행동이 헌법의 범위를 넘은 급격한 개혁. 예—家(가). —運動(운동). かくめい
革新〔혁신〕 묵은 풍속·습관·조직·방법 등을 바꾸어 새롭게 하는 일. 개혁하여 새롭게 함. 예 —勢力(세력). かくしん
革罷〔혁파〕 동폐지(廢止).
革弊〔혁폐〕 폐해(弊害)를 뜯어고침. かくへい
▷改革(개혁). 變革(변혁). 沿革(연혁). 皮革(피혁).

「靴」 부 革(가죽혁변) 획 9—4 훈 신 음 화 中 hsüeh¹ 英 shoes 日 カ. くつ. かわぐつ
뜻 ①신. ②구두. 양화.
필순 艹 芔 苎 革 鞘 靴
靴工〔화공〕 양화를 짓는 직공. かこう 「비(鹿皮)로 만든 신.
靴子〔화자〕 목화(木靴). 검은 녹
靴底魚〔화저어〕 서대기과의 바닷물고기.
▷軍靴(군화). 短靴(단화). 木靴(목화). 洋靴(양화). 雨靴(우화). 運動靴(운동화). 長靴(장화).

(9) 韋 部

〖韓〗 부 韋(가죽위변) 획 9—8 훈 나라이름 음 한 中 han² 英 Korea 日 カン
뜻 ①나라이름. 한나라. 한국. ②성.
필순 卓 卓' 草' 草' 韓 韓
韓國〔한국〕 ①대한 제국(大韓帝國). ②대한 민국(大韓民國). かんこく
韓半島〔한반도〕 한국의 반도. 곧, 대한 민국의 영토. かんはんとう
韓服〔한복〕 우리나라 고래(古來)의 의복. ↔양복(洋服).
韓非子〔한비자〕 ①전국 시대(戰國時代) 말기의 법가(法家)의 대성자(大成者). 한(韓)나라의 공자(公子)임. 한비(韓非)라고도 함. ②한비가 지은 책 이름. かんひし
韓濩〔한호〕 이조(李朝) 선조(宣祖) 때의 명필(名筆). 호는 석봉(石峯). 이조 초기의 사대서가(四大書家)의 한 사람.
▷馬韓(마한). 弁韓(변한). 三韓(삼한). 辰韓(진한).

(9) 音 部

〖音〗 부 音(소리음) 획 9—0 훈 소리 음 음 中 yin¹ 英

sound 日 オン. イン. おと. ね
뜻 ①소리. ②음악. ③소식. ④말소리.
필순 亠立产音音

音價〔음가〕 소리값. 발음기관의 어떤 기초 조건에 의한 단위적(單位的) 작용으로 생기는 성음(聲音) 현상. おんか 「かん
音感〔음감〕 음에 대한 감각. おん
音階〔음계〕 일정한 음정(音程) 사이에 각각 다른 악음(樂音)을 일정한 질서에 의하여 높고 낮은 순위로 배열한 계단. 곧 서양 음악의 도·레·미·파·솔··라·시, 동양 음악의 12율(律) 따위. おんかい
音曲〔음곡〕 ①음악의 곡조(曲調). ②음악. おんきょく
音讀〔음독·음두〕 ①소리 내어 읽음. ②한자(漢子)를 음으로 읽음. ③자음(子音)과 구두(句讀). おんどく
音量〔음량〕 목소리나 악기 소리의 크고 작음의 정도. おんりょう
音律〔음률〕 음악의 곡조. 가락. おんりつ 「코오드. おんばん
音盤〔음반〕 축음기(蓄音器)의 레
音符〔음부〕 음악에서 음의 장단·고저를 표(表)하는 기호. 동음표(音標). おんぷ「은 서로 같음.
音相似〔음상사〕 글자는 다르나 음
音色〔음색〕 발음체(發音體)의 종류에 따라 다른 소리의 성질. おんしょく「음(聲音). おんせい
音聲〔음성〕 목소리. 말소리. 동성
音聲言語〔음성언어〕 기록(記錄)에 의한 문자 언어(文字言語)에 대하여 발음(發音)에 의한 언어 활동. 소리말. ↔문자 언어(文字言語). おんせいげんご
音素〔음소〕 소리를 그 이상 작게 나눌 수 없는 데까지 작게 나눈 음운학적(音韻學的) 단위. 포님(phoneme). おんそ
音速〔음속〕 ①소리의 속도(速度). ②음파(音波)가 전파되는 속도. おんそく
音信〔음신〕 소식. 편지. おんしん
音樂〔음악〕 소리의 고저·장단·강약을 일정한 순열로 조화(調和)·결합(結合)시켜 사상과 감정을 나타내는 시간적 예술. おんがく
音譯〔음역〕 한자(漢字)의 음을 빌어 외국어의 음을 표시하는 것. 'club'을 '俱樂部'로 표기(表記)하는 따위.
音域〔음역〕 ①어떤 두 소리의 높낮이의 거리의 범위. ②목소리나 악기 소리의 최고 음과 최저 음과의 사이. おんいき
音韻〔음운〕 ①소리. ②음과 운. 예 ―論(론). おんいん 「ぎ
音義〔음의〕 글자의 음과 뜻. おん
音字〔음자〕 뜻은 없고 음만 있는 글자. 동음표문자(音標文字). 소리글자. おんじ
音節〔음절〕 하나의 모음(母音)이나 또는 모음과 자음(子音)이 어울려서 나는 토막진 소리의 한 마디. 예―文字(문자). おんせつ
音程〔음정〕 두 소리의 진동수의 비(比). おんてい 「んちょう
音調〔음조〕 음률의 곡조. 가락. お
音叉〔음차〕 발음체의 진동수를 조사하는 U자형의 강철로 만들어진 제구. おんさ
音痴〔음치〕 악음(樂音)을 분별·감상(鑑賞)하지 못하는 것. 또 그 사람. おんち
音波〔음파〕 발음체의 진동에 의하여 생기는 공기의 진동. おんぱ
音便〔음편〕 발음의 편의상 어떤 음이 다른 음으로 변함. おんびん
音標文字〔음표문자〕 동⇨음자(音字). 표음문자(表音文字). 소리글자. おんぴょうもじ「んきょう
音響〔음향〕 울려 들리는 소리. お
音訓〔음훈〕 ①한자의 음과 새김. ②글자의 발음과 뜻. おんくん
▷高音(고음). 單音(단음). 同音(동음). 母音(모음). 美音(미음). 發音(발음). 福音(복음). 聲音(성음). 騷音(소음). 樂音(악음). 語音(어음). 餘音(여음). 原音(원음). 子音(자음). 雜音(잡음). 低音(저음). 淸音(청음). 初音

(초음). 濁音(탁음). 表音(표음).

【韶】 부 音(소리음) 획 9—5 훈 순임금의 풍류 음 소 中 shao² 英 beautiful 日 ショウ. うつくしい
뜻 ①순임금의 풍류. ②아름다울. ③이을(紹와 통용).
필순 亠音韶韶

韶景〔소경〕 동⇨소광(韶光). しょうけい
韶光〔소광〕 봄의 화창(和暢)한 경치. 동소화(韶華). 소경(韶景). 소기(韶氣). しょうこう
韶氣〔소기〕 동⇨소광(韶光).
韶舞〔소무〕 순(舜) 임금이 지은 소(韶)의 무악(舞樂). しょうぶ
韶顔〔소안〕 빛을 발하듯 젊게 보이는 노인의 얼굴. 동소용(韶容) しょうがん 「よう
韶容〔소용〕 동⇨소안(韶顔). しょ
韶華〔소화〕 ①동⇨소광(韶光). ②청년 시대. しょうか

【韻】 부 音(소리음) 획 9—10 훈 운 음 운: 中 yün⁴ 英 rhyme; rime 日 イン. ひびき
뜻 ①운. ②운치. ③울림. ④화합.
필순 亠音韶韻韻韻

韻脚〔운각〕 글귀의 끝에 운(韻)을 다는 곳. いんきゃく
韻文〔운문〕 ①시(詩)의 형식을 갖춘 글. ↔산문(散文). ②시부(詩賦)와 같이 구말(句末)에 운을 다는 글. いんぶん 「いんしょ
韻書〔운서〕 음운(音韻)에 관한 책.
韻語〔운어〕 시(詩)・부(賦)와 같은 운자(韻字)를 단 글. いんご
韻律〔운율〕 시(詩)의 음악적 형식. 액센트에 의한 것과 음수(音數)의 형식에 의한 것이 있음. いんりつ 「람. 동운사(韻士).
韻人〔운인〕 운치(韻致)가 있는 사
韻致〔운치〕 고상(高尙)한 품위가 있는 기상. 동風致(풍치)・興致(흥치). いんち
▷脚韻(각운). 氣韻(기운). 頭韻(두운). 俗韻(속운). 詩韻(시운). 押韻(압운). 餘韻(여운). 音韻(음운). 次韻(차운).

【響】 부 音(소리음) 획 9—13 훈 울릴 음 향: 中 hsing³ 英 echo 日 キョウ. ひびく. ひびき
뜻 ①울릴. 울림. ②악기.
필순 乡 彳 鄉 鄕 響 響

響動〔향동〕 울림. きょうどう
響卜〔향복〕 ①물건의 울림으로 길흉(吉凶)을 점침. ②제야(除夜)에 사람의 말을 듣고 길흉(吉凶)을 점침. きょうぼく
響應〔향응〕 ①소리에 따라서 울리는 소리가 응함. ②어떤 사람의 주창(主唱)에 따라 그와 행동을 같이 취함. ③특별히 마음을 써서 융숭하게 대접함. きょうおう
響震〔향진〕 ①울리어 흔들림. ②놀라서 떠들썩함. きょうしん
▷交響(교향). 反響(반향). 影響(영향). 音響(음향).

(9) 頁　部

「頁」 부 頁(머리혈) 획 9—0 훈 머리 음 혈 中 yeh⁴ 英 head; page 日 ケツ. ページ. かしら. こうべ
뜻 ①머리. ②페이지. 쪽면.
필순 一丆百頁頁

頁岩〔혈암〕 이판암(泥板岩)의 딴 이름. けつがん

【頃】 부 頁(머리혈) 획 9—2 훈 잠깐 음 경(경:) 中 ch'ing³ 英 recently 日 ケイ. キ. ころ. しばらく
뜻 ①잠깐. 잠시. ②요즈음. 무렵. ③백이랑. ④반걸음(규).
필순 ㇒ ヒ 𠤎 頃 頃 頃

頃刻〔경각〕 극히 짧은 시각. 눈 깜짝하는 사이. けいこく
頃步〔규보〕 반 걸음. きほ 「いじつ
頃日〔경일〕 요즈음. 지난 번. け
▷萬頃(만경). 유경(有頃). 一食頃(일식경). 一茶頃(일다경).

〖頂〗 부 頁(머리혈) 획 9—2 훈 이마 음 정(정:) 中 ting³ 英 summit; top 日 チョウ. い

ただき. かしら
뜻 ①정수리. ②꼭대기. ③이마. ④일.
필순 丁 丁 丁 頂 頂 頂 頂
頂角〔정각〕 삼각형의 밑변에 대하는 각. ちょうかく
頂戴〔정대〕 ①경례(敬禮). ②청대(淸代)의 관복(官服)의 한 가지. ③머리에 씀. ちょうだい
頂禮〔정례〕 부처님 발에 이마를 대고, 또는 부처님 앞에서 이마를 땅에 대고 가장 공경하는 뜻으로 하는 절. ちょうれい
頂門〔정문〕 ①정수리. ②숫구멍. ちょうもん
頂門一針〔정문일침〕 정수리에 바늘을 찌름. 곧 남의 급소(急所)를 눌러 정신을 차리도록 간절하고 매서운 충고(忠告)를 함. ちょうもんのいっしん
頂拜〔정배〕 머리를 숙이고 절함. ちょうはい
頂上〔정상〕 ①꼭대기. 동절정(絶頂). ②그 이상 더 없는 것. 동최상(最上). ちょうじょう
頂上會談〔정상회담〕 각국의 최고 수뇌자(首腦者)끼리의 회담. ちょうじょうかいだん
頂點〔정점〕 ①맨 꼭대기의 점. ②각을 이루는 두 직선이 만나는 점. ③다면체(多面體)의 셋 이상의 평면(平面)이 만나는 점. ちょうてん
頂天立地〔정천입지〕 홀로 서서 남을 믿지 않음. 곧 독립(獨立)의 기개(氣槪)를 이름. ちょうてんりっち 「ちょうしゅく
頂祝〔정축〕 이마를 땅에 대고 빎.
▷山頂(산정). 絶頂(절정).

〔須〕 부 頁(머리혈) 획 9—3 훈 모름지기 음 수 中 hsü[1] 英 by all means 日 シュ. ス. すべからく
뜻 ①모름지기. 반드시. ②잠깐. ③기다릴.
필순 彡 彡 彡 須 須 須
須女〔수녀〕 별의 이름. しゅじょ
須髮〔수발〕 턱에 난 수염.
須要〔수요〕 없어서는 안 될 일. 또는 소중한 것. しゅよう.すよう
須臾〔수유〕 잠시(暫時). 잠깐. しゅゆ. すゆ 「しゅち
須知〔수지〕 마땅히 알아야 할 일.
須捷〔수첩〕 해지고 더러워진 옷. しゅしょう
▷必須(필수).

〔順〕 부 頁(머리혈) 획 9—3 훈 순할 음 순: 中 shnen[4] 英 obey; gentle 日 ジュン. したがう. すなお 「차례.
뜻 ①순할. ②좇을. ③
필순 川 川 川 川 順 順 順 順
順境〔순경〕 마음먹은 대로 되는 경우. ↔역경(逆境). じゅんきょう
順德〔순덕〕 ①꾸밈 없는 유순한 덕. ②덕을 좇음. じゅんとく
順良〔순량〕 성질이 유순(柔順)하고 착함. じゅんりょう 「れい
順禮〔순례〕 예의를 좇음. じゅん
順理〔순리〕 ①도리에 순종함. ②순조로운 이치(理致). じゅんり
順民心〔순민심〕 민심에 순응함.
順番〔순번〕 차례대로 갈아드는 번. 또는 순서. じゅんばん 「ぷく
順服〔순복〕 순순히 복종함. じゅん
順奉〔순봉〕 따라서 받듦. 따라서 지킴. じゅんぽう
順産〔순산〕 아무 탈 없이 순조롭게 아이를 낳음. じゅんさん
順序〔순서〕 정해져 있는 차례. じゅんじょ 「じゅんじ
順時〔순시〕 순리(順理)에 맞은 때.
順逆〔순역〕 좇음과 거스름. 곧 순리(順理)와 역리(逆理). じゅんぎゃく
順延〔순연〕 차례차례로 연기함. 예 雨天(우천)—. じゅんえん
順列〔순열〕 차례대로 늘어선 줄. 또는 많은 물건 중에서 몇 개를 끌어 내어 어떠한 순서로 늘어놓은 것. じゅんれつ
順位〔순위〕 차례. じゅんい
順應〔순응〕 ① 순하게 따름. ②외계에 적응하여 변화함. ③자극이 점점 약하여지는 현상. じゅんのう 「상태 じゅんちょう
順調〔순조〕 예정대로 잘 되어 가는

順從〔순종〕 순순히 복종함. じゅんじゅう 「じゅんじ
順次〔순차〕 차례. 또는 차례차례.
順且無事〔순차무사〕 아무 거침없이 잘 되어감. じゅんしゃぶじ
順天〔순천〕 천명(天命)을 따름. ㊀ 順天命(순천명). じゅんてん
順坦〔순탄〕 ①길이 평탄함. ②성질이 까다롭지 않음. じゅんたん
順風〔순풍〕 순하게 부는 바람. 또는 배가 가는 쪽으로 부는 바람. じゅんぷう「중의 죽음. じゅんか
順化〔순화〕 ①조화에 순응함. ②
▷恭順(공순). 歸順(귀순). 溫順(온순). 柔順(유순). 耳順(이순).

【項】 부 頁(머리혈) 획 9—3 훈 목 음 항: ㊥ hsiang⁴ ㊐ nape ㊐ コウ. うなじ 「③클.
뜻 ①목. 목덜미. ②조목. 항목.
필순 ㄒ ㄒ' 项項項項

項領〔항령〕 ①큰 목. ②목. 목덜미. こうりょう 「もく
項目〔항목〕 ㊐⇨조목(條目). こう
項背相望〔항배상망〕 목덜미와 등을 서로 바라봄. 곧 왕래가 빈번(頻繁)함. こうはいあいのぞむ
項鎖足鎖〔항쇄족쇄〕 죄인의 목에 씌우는 칼과 발에 채우는 차꼬.
項軟〔항연〕 어린이들이 너무 오랜 병에 시달려서 목을 가누지 못하는 증세. こうなん
項羽〔항우〕 이름은 적(籍), 우(羽)는 자(字)임. 중국 진말(秦末)의 무장(武將)으로 서초(西楚)의 패왕(覇王)이 됨. 한고조(漢高祖)와 천하(天下)를 다투다가 패하여 오강(烏江)에서 자결(自決)함. こうう
項腫〔항종〕 목에 나는 종기.
項鐵木〔항철목〕 물방아의 굴대를 떠받치는 나무. こうてっぽく
▷同類項(동류항). 問項(문항). 別項(별항). 事項(사항). 細項(세항). 要項(요항). 條項(조항).

「頓」 부 頁(머리혈) 획 9—4 훈 조아릴 음 돈: ㊥ tuen⁴ ㊐ bow ㊐ トン. ぬかずく
뜻 ①조아릴. ②넘어질. ③꺾일. ④머무를. ⑤ 패할. 무너질. ⑥ 가지런히할. ⑦갑자기. ⑧숙사. ⑨그칠. ⑩조을.
필순 屯 虻 虾 頓頓頓頓

頓飯〔돈반〕 단번에 많은 분량의 밥을 먹음. 「く
頓服〔돈복〕 한 번에 먹음. とんぷ
頓死〔돈사〕 급사(急死). 폭사(爆死). とんし 「とんしゃ
頓舍〔돈사〕 군대가 진을 침. 묵음.
頓首〔돈수〕 ①머리를 땅에 닿도록 굽혀 절함. ②편지 끝에 써서 경의(敬意)를 표(表)하는 말. とんしゅ 「つ
頓絶〔돈절〕 갑자기 끊어짐. とんぜ
頓卒〔돈졸〕 형편·처지 등이 딱하고 고생스러움. とんそつ「んち
頓智〔돈지〕 임기 응변의 슬기. と
▷困頓(곤돈). 停頓(정돈). 整頓(정돈).

【頌】 부 頁(머리혈) 획 9—4 훈 기릴 음 송: ㊥ sung⁴ ㊐ praise ㊐ ショウ. ほめる
뜻 ①기릴. 칭송할. ②문체. ③얼굴(용)(容과 통용).
필순 ハ 么 公 頌頌頌

頌歌〔송가〕 ①칭송하여 노래함. ②덕을 기리는 노래. しょうか
頌功〔송공〕 공적(功績)을 칭송(稱頌)함. しょうこう
頌德〔송덕〕 공덕(功德)이나 인격을 찬양함. しょうとく
頌德碑〔송덕비〕 공덕을 기리어 세운 비. しょうとくひ
頌美〔송미〕 남의 공적이나 인격을 찬양함. しょうび 「じ
頌辭〔송사〕 찬양하는 말. しょう
頌聲〔송성〕 ①공적이나 인덕(人德)을 가리어 찬양하는 소리. ②태평 세월을 칭송하여 노래하는 소리. しょうせい
頌述〔송술〕 칭송(稱頌)하여 그 사실을 글로 씀. しょうじゅつ
頌義〔송의〕 덕을 찬양함. しょうぎ
頌祝〔송축〕 경사스러움을 칭송하여 축하함. しょうしゅく
▷贊頌(찬송). 讚頌(찬송). 稱頌(칭송). 太平頌(태평송).

「預」 부 頁(머리혈) 획 9—4 훈 미리 음 예: 中 yü⁴ 英 beforehand 日 ヨ. あらかじめ. あずける

뜻 ①미리(豫와 통용). ②즐길. 놀. ③참여할. ④맡길.

필순 ˊ 予 予' 预 預 預 預

預金〔예금〕 일정한 계약에 의하여 은행이나 우체국 같은 곳에 금전을 맡겨 두는 것. 또는 그 돈. 예—通帳(통장). よきん

預備〔예비〕 앞서 미리 준비함. 동 예비(豫備). よび

預壻〔예서〕 데릴사위.

預言〔예언〕 ①미래의 길흉 화복(吉凶禍福) 따위를 미리 헤아려서 하는 말. ②신비한 영감에 의하여 미래를 예측하여 말하는 것. 동예언(豫言). よげん

預入〔예입〕 기탁(寄託)함. 맡겨 둠.

預知〔예지〕 미리 앎. 동예지(豫知). よち 「(豫測). よたく

預度〔예탁〕 미리 짐작함. 동예측

▷干預(간예). 參預(참예).

〔領〕 부 頁(머리혈) 획 9—5 훈 거느릴 음 령(령:) 中 ling³ 英 command 日 リョウ. うなじ

뜻 ①거느릴. ②받을. ③우두머리. ④목. ⑤옷깃. ⑥ 군대 계급.

필순 ˆ 令 令' 領 領 領 領

領去〔영거〕 거느리고 감. りょうきょ「海) 위의 하늘. りょうくう

領空〔영공〕 영토(領土)와 영해(領

領官〔영관〕 ①군대에서의 대령·중령·소령의 통칭. ②친군영(親軍營)에 딸려 있던 무관. 「ない

領內〔영내〕 영토(領土) 안. りょう

領導〔영도〕 거느리고 이끎. 앞장서서 지도(指導)함. 예—者(자). りょうどう

領事〔영사〕 본국(本國) 정부의 명령을 받아 외국에 주재(駐在)하여 거류민(居留民)의 보호 및 항해(航海)·통상(通商) 등에 관한 사무를 감독하는 관리. 예—館(관). りょうじ

領相〔영상〕 영의정(領議政)의 딴 이름. りょうしょう

領洗〔영세〕 천주교(天主教)에서 원죄(原罪)와 본죄(本罪)를 사하여 주는 일곱 가지 성사(聖事)의 하나. 신자(信者)가 되는 관문임. 동성세(聖洗).

領受〔영수〕 동받아들임. 동영수(領收). りょうじゅ

領收〔영수〕 받아들임. 동수령(收領)·영수(領受). りょうしゅう

領袖〔영수〕 ①옷깃과 소매. ②옷깃과 소매는 사람의 가장 눈에 띄는 곳이므로 여러 사람 중에서 의표(儀表)가 되는 사람, 또는 두목을 이름. 예—會談(회담). りょうしゅう. れいしゅう

領域〔영역〕 ①소유한 지역. ②국제법상 한 나라의 주권에 속해 있는 전지역. ③학문 연구 따위에 관계자가 관심을 가지고 있는 부문. りょういき

領有〔영유〕 ①소유함. 자기의 것으로 함. 예—權(권). ②점령하여 소유함. りょうゆう

領議政〔영의정〕 의정부(議政府)의 으뜸벼슬. 동영상(領相)·수상(首相). 「主). りょうしゅ

領主〔영주〕 ①영토의 소유주(所有

領知〔영지〕 ①받아들여서 맡아봄. ②영유하여 지배함. りょうち

領地〔영지〕 영유하고 있는 땅. 동 영토(領土). 영유지(領有地). りょうち

領置〔영치〕 형사 소송법상 소유자가 임의로 제출한 물건을 영장(令狀) 없이 법원이 받아 두는 행위. 동압수(押收). りょうち

領土〔영토〕 한 나라의 통치권(統治權)이 미치는 지역. 동영지(領地). 영유지(領有地). りょうど

領海〔영해〕 그 나라의 연안(沿岸)에 있는 통치권 밑에 있는 바다. りょうかい

▷綱領(강령). 大領(대령). 大統領(대통령). 頭領(두령). 拜領(배령). 本領(본령). 受領(수령). 首領(수령). 要領(요령). 占領(점령). 總領(총령).

【頗】 부 頁(머리혈) 획 9—5 훈 자못 음 파 中 p'o[1] 英 quite 日 ハ. すこぶる
뜻 ①자못. ②치우칠. 비뚤어질.
필순 广 皮 皮 皮 頗 頗 頗 頗
頗多〔파다〕 자못 많음. はた
頗僻〔파벽〕 한 쪽으로 치우침. 동 편파(偏頗). はへき
頗偏〔파편〕 치우침. 기욺. 동 불공평(不公平). 동 편파(偏頗). はへん
▷無頗(무파). 偏頗(편파).

[頡] 부 頁(머리혈) 획 9—6 훈 곧은목 음 힐 中 hsieh[2] 英 neck 日 ケツ. キツ. カツ
뜻 ①곧은목(힐·혈). ②날아오를(알·갈). ③사람이름.
필순 士 吉 吉 頡 頡 頡 頡
頡頏〔힐항〕 ①서로 버티고 대항함. ②새가 오르내림. 동 길항(拮抗).
▷蒼頡(창힐). 「けっこう

「頸」 부 頁(머리혈) 획 9—7 훈 목 음 경(경:) 中 ching[3] kêng[3] 英 neck 日 ケイ. くび
뜻 목.
필순 巛 巠 巠 頸 頸 頸 頸
頸骨〔경골〕 목의 뼈. けいこつ
頸腺〔경선〕 목에 붙어 있는 임파선(淋巴腺). けいせん
頸飾〔경식〕 목걸이. けいしょく
頸椎〔경추〕 목 부분이 있는 척추골(脊椎骨). 예 ―神經(신경). けいつい 「いけつ
頸血〔경혈〕 목에서 흐르는 피. け
▷刎頸(문경).

〖頭〗 부 頁(머리혈) 획 9—7 훈 머리 음 두 中 t'ou[2] 英 head; top 日 トウ. ズ. あたま
뜻 ①머리. ②우두머리. 두목. ③마리. ④위. ⑤시초.
필순 豆 豆 頭 頭 頭
頭角〔두각〕 ①머리 끝. ②우뚝 뛰어남. ③처음. 단서. とうかく
頭蓋骨〔두개골〕 두뇌의 뚜껑을 이루고 있는 뼈의 총칭. 동 두골(頭骨). ずがいこつ「든 건. ずきん
頭巾〔두건〕 머리에 쓰는 베로 만
頭骨〔두골〕 머리를 이룬 뼈. 동 두개골(頭蓋骨). とうこつ
頭腦〔두뇌〕 ①머릿골. ② 조리(條理). ③인식하고 판단하는 힘. 재주. ④우두머리. ずのう
頭頭是道〔두두시도〕 일이 되어 가는 순서(順序)가 분명함.
頭領〔두령〕 우두머리. 동 두목(頭目). とうりょう
頭目〔두목〕 ①머리와 눈. ②우두머리. 동 두령(頭領). ③원(元)나라 때 군중(軍中)의 장관(將官)을 이름. とうもく
頭尾〔두미〕 ①머리와 꼬리. ②처음과 끝. 동 전말(顚末). とうび
頭髮〔두발〕 머리털. とうはつ
頭緖〔두서〕 ①일의 단서(端緖). ② 조리(條理). とうしょ
頭音〔두음〕 첫소리. 음절(音節)의 머릿소리. 예 ―法則(법칙). ↔ 말음(末音). とうおん
頭注〔두주〕 서책(書册)의 윗 난에 기록한 주해(註解). とうちゅう
頭痛〔두통〕 머리 아픈 증세. ずつう 「에서 흐르는 피. とうけつ
頭血〔두혈〕 머리의 피. 또는 머리
▷口頭(구두). 露頭(노두). 埠頭(부두). 念頭(염두). 人頭(인두). 陣頭(진두). 出頭(출두).

【頻】 부 頁(머리혈) 획 9—7 훈 자주 음 빈 中 p'in[2] 英 frequently 日 ヒン. しきりに
뜻 ① 자주. ② 찡그릴(顰과 통용). ③물가(濱과 통용).
필순 步 步 頻 頻 頻 頻
頻度〔빈도〕 잦은 도수(度數). ひんど 「つ
頻發〔빈발〕 자주 생겨남. ひんぱ
頻煩〔빈번〕 ①자주. 여러 번. ②자꾸 귀찮게 함. ひんぱん
頻繁〔빈번〕 바쁨. 잦음. ひんぱん
頻頻〔빈빈〕 잇달아 잦음. ひんぴん
頻數〔빈삭〕 잦음. 빈번(頻繁)함. ひんさく 「んしゅつ
頻出〔빈출〕 자주 외출(外出)함. ひ

[頹] 부 頁(머리혈) 획 9—7 훈 무너질 음 퇴 中 t'uei[2] 英 fall 日 タイ. くずれる. はげる

뜻 ①무너질. 쇠할. 떨어질. ②센바람. ③머리벗어질. 대머리. ④좇을.
필순 ⼀ ⼆ 千 禾 秃 秃 頹頹

頹落〔퇴락〕무너지고 떨어짐. たいらく
頹圮〔퇴비〕사회 도덕의 미풍(美風)이 무너져 감. 동퇴패(頹敗). たいひ
頹勢〔퇴세〕쇠퇴(衰頹)하는 형세(形勢). たいせい
頹俗〔퇴속〕나빠진 풍속. 퇴폐(頹廢)한 풍속. たいぞく
頹陽〔퇴양〕서쪽에 저무는 해. たいよう
頹然〔퇴연〕①무너지는 모양. ②술에 취하여 너머지는 모양. 동퇴호(頹乎). たいぜん
頹運〔퇴운〕쇠하는 운명(運命). 쇠약해진 세력. たいうん
頹敗〔퇴패〕사회 도덕의 미풍(美風)이 무너져 감. 동퇴비(頹圮). たいはい
頹廢〔퇴폐〕헐어 무너짐. 또 쇠하여 전보다 못하여 감. たいはい
頹風〔퇴풍〕①거친 바람. ②쇠퇴(衰退)한 풍속. たいふう
頹乎〔퇴호〕①예의가 바르고 순한 모양. ②술에 취하여 넘어지는 모양. 동퇴연(頹然). たいこ

「顎」 부 頁(머리혈) 획 9—9 훈 턱 음 악: 中 ê⁴ 英 a; au 日 ガク. あご
뜻 ①콧대가 우뚝할. ②엄숙하고 삼갈.
필순 ⼝ ⼝⼝ 咢 咢 咢 顎顎顎

顎骨〔악골〕턱을 이루는 뼈. がくこつ
顎板〔악판〕거머리 따위와 같이 딴 동물에 붙어 피를 빨아 먹을 수 있도록 된 턱. がくばん
▷上顎(상악). 下顎(하악).

〖顏〗 부 頁(머리혈) 획 9—9 훈 얼굴 음 안 中 yen² 英 face 日 ガン. かお
뜻 ①얼굴. 낯. ②성.
필순 ⼀ ⼆ 产 彦 彦 顏顏顏

顏料〔안료〕①화장품. ②도료(塗料). 물감. がんりょう
顏面〔안면〕얼굴. がんめん
顏貌〔안모〕얼굴의 생김새. 동안용(顏容). がんぼう
顏色〔안색〕①얼굴에 나타나는 기색. 얼굴빛. ②색채. がんしょく
顏容〔안용〕동⇨안모(顏貌). がんよう
顏眞卿〔안진경〕당(唐)나라의 충신(忠臣)이며 서가(書家). 자(字)는 청신(淸臣). がんしんけい
顏回〔안회〕춘추시대(春秋時代) 말기의 학자. 노(魯)나라 사람. 자(字)는 자연(子淵). 공자(孔子)의 제자로서 십철(十哲)의 으뜸으로 꼽힘. 안빈낙도(安貧樂道)하여 덕행(德行)으로 이름이 높았음. がんかい
顏厚〔안후〕낯가죽이 두꺼움. 곧 염치가 없이 뻔뻔함. 동후안(厚顏). がんこう
▷開顏(개안). 童顏(동안). 容顏(용안). 龍顏(용안). 天顏(천안). 淸顏(청안). 醉顏(취안). 破顏(파안). 紅顏(홍안). 花顏(화안). 厚顏(후안).

【額】 부 頁(머리혈) 획 9—9 훈 이마 음 액 中 ê²·⁴ 英 forehead 日 ガク. ひたい
뜻 ①이마. ②현판. ③수효. 머릿수.
필순 ⼧ ⽍ 客 客 額額額

額面〔액면〕유가증권(有價證券) 등에 적힌 일정한 돈의 액수(額數). がくめん
額手〔액수〕①손을 이마에 댐. ②존경하여 우러러보는 모양. ③사정을 살피는 태도. がくしゅ
額數〔액수〕돈 같은 것의 머릿수.
額掩〔액엄〕겨울에 부녀가 나들이할 때 머리에 쓰던 물건. 아얌.
額字〔액자〕현판에 쓴 글자.
▷加額(가액). 價額(가액). 減額(감액). 高額(고액). 金額(금액). 多額(다액). 稅額(세액). 少額(소액). 全額(전액). 定額(정액). 總額(총액).

〖題〗 부 頁(머리혈) 획 9—9 훈 글제 음 제 中 t'i² 英 subject; title 日 ダイ. とい
뜻 ①글제. 제목. ②적을. 쓸. 나타낼. ③이마. ④문체이름.

필순 ⽇ ⺜ 早 早 是 題 題

題名〔제명〕 ①표제의 이름. ②한문체(漢文體)의 하나. 명승 고적을 유람한 날짜와 함께 여행자(旅行者)의 이름을 기록하는 것. だいめい

題目〔제목〕 ①책의 표제(表題). ②품평(品評). ③명호(名號). 명칭. ④문제. 물음. ⑤글제. だいもく

題詞〔제사〕 책 머리에 그 책에 관련되는 일을 노래나 시 같은 것으로 적어 놓은 글. だいし

題辭〔제사〕 책 머리 또는 비석 같은 데에 쓰는 말. だいし「しょ

題書〔제서〕 ㊍⇨제자(題字). だい

題字〔제자〕 책머리나 비석·족자 같은 데 쓴 글자. ㊍제서(題書). だいじ 「목과 재료. だいざい

題材〔제재〕 문예(文藝) 작품의 제

題號〔제호〕 책자 같은 것의 제목. だいごう

▷課題(과제). 難題(난제). 命題(명제). 問題(문제). 宿題(숙제). 失題(실제). 議題(의제). 主題(주제). 標題(표제). 解題(해제).

【類】 部 頁(머리혈) 획 9—10 훈 무리 음 류: ㊥ lei⁴ ㊎ kind; class ㊐ ルイ. たぐい

뜻 ①무리. ②같을. 비슷할. ③대개. ④착할. 좋을.

필순 ⺈ ⺦ 米 米 类 类 類 類

類句〔유구〕 서로 비슷한 어구(語句). 또 그 어구를 모은 책. るいく 「례(前例). るいれい

類例〔유례〕 같은 사례. 비슷한 전

類類相從〔유류상종〕 같은 동아리끼리 서로 왕래하며 상종함. るいるいそうじゅう

類萬不同〔유만부동〕 많은 것이 서로 같지 않고 다름. 「るいべつ

類別〔유별〕 종류에 따라 구별함.

類本〔유본〕 ①비슷한 책. ② 같은 종류의 책. るいほん

類似〔유사〕 서로 비슷함. るいじ

類燒〔유소〕 남의 집에서 난 불로 말미암아 자기의 집이 타는 일. るいしょう

類語〔유어〕 뜻이나 형식이 비슷한 말. るいご

類人猿〔유인원〕 유인원과에 딸린 동물의 총칭. 원숭이 중에서 가장 진화(進化)한 것으로, 원시인과 그 외모가 비슷함. 고릴라·성성이 따위. るいじんえん

類題〔유제〕 ①같은 종류의 문제. ②비슷한 문제. るいだい

類集〔유집〕 같은 종류의 것을 모음. るいしゅう

類推〔유추〕 서로 비슷한 점으로부터 그밖의 일을 미루어 짐작하는 일. るいすい

類聚〔유취〕 같은 부류(部類)의 사물을 모음.또 같은 부류끼리 모임. るいしゅう

類篇〔유편〕 자서(字書). 송(宋)나라의 왕수(王洙)·호숙(胡宿) 등이 지음. 45권(卷). 집운(集韻)과 내용이 비슷함. るいへん

類型〔유형〕 ①유사한 형. ②흔히 있는 형. ③일정한 종류에 속하는 다수의 개적(個的) 형식을 포섭하는 형식. るいけい

▷黨類(당류). 同類(동류). 萬類(만류). 名類(명류). 分類(분류). 人類(인류). 種類(종류).

【願】 部 頁(머리혈) 획 9—10 훈 원할 음 원: ㊥ yüan⁴ ㊎ want ㊐ ガン. ねがう

뜻 ①원할. 바랄. 빌. ②부러워할.

필순 ⼀ ⼚ 戸 戸 原 原 願 願

願望〔원망〕 원함. 바람. がんぼう

願書〔원서〕 청원(請願)하는 취지를 기록한 서류. ㊕入學(입학)一. がんしょ

願往生歌〔원왕생가〕 신라(新羅)의 광덕(廣德)의 아내가 지었다는 향가(鄕歌)로, 독실(篤實)한 불교 신앙을 읊은 노래.

願主〔원주〕 부처에게 원(願)을 건 사람. がんしゅ

▷懇願(간원). 祈願(기원). 大願(대원). 發願(발원). 本願(본원). 訴願(소원). 所願(소원). 宿願(숙원). 心願(심원). 哀願(애원).

念願(염원). 志願(지원). 請願(청원). 祝願(축원). 出願(출원). 歎願(탄원). 希願(희원).

顚 부 頁(머리혈) 획 9—10 훈 넘어질 음 전 中 tien¹ 英 brow 日 テン. たおれる
뜻 ①넘어질. ②뒤집힐. 거꾸로 할. ③미칠. ④이마.머리. 꼭대기. ⑤비뚜름할.
필순

顚倒〔전도〕 ①거꾸로 됨. 또 거꾸로 함. ②엎어져서 넘어짐. 또 엎어 넘어뜨림. ③어지러움. てんとう
顚落〔전락〕 굴러 떨어짐. 추락(墜落)함.추락시킴. 동전추(顚墜). 전락(轉落). てんらく
顚末〔전말〕 일의 처음부터 마지막까지의 경과. 동시말(始末). 예 一書(서). てんまつ
顚覆〔전복〕 뒤집어 엎어짐. 또 뒤집어 엎음. てんぷく
顚顚〔전전〕 ①조심하여 힘 없는 모양. ②한결 같은 모양. ③미치광이의 모양. てんてん 「러뜨림.
顚錯〔전착〕 앞뒤를 뒤집어서 어그
顚墜〔전추〕 동⇨전락(顚落).
顚頹〔전퇴〕 엎어지고 자빠짐. てんたい

顧 부 頁(머리혈) 획 9—12 훈 돌아볼 음 고(고:) 中 ku⁴ 英look after 日 コ. かえりみる
뜻 ①돌아볼. ②돌볼.③도리어.
필순

顧客〔고객〕 단골 손님. こかく.こきゃく 「보아 줌. こけん
顧見〔고견〕 ①뒤를 돌아봄. ②돌
顧念〔고념〕 ①되돌아보아 생각함. ②뒷일을 염려(念慮)함. ③돌보아 줌. こねん
顧慮〔고려〕 ①다시 돌이켜 생각함. ②앞일을 걱정함. こりょ
顧命〔고명〕 임금이 임종(臨終) 때에 뒷일을 부탁하는 유언(遺言). 예一大臣(대신). こめい
顧問〔고문〕 ①뒤돌아보아 물음. ②찾음. 심방(尋訪)함. ③의견을 물음. 상담(相談)함. 또 그 사람. 예一官(관). こもん
顧返〔고반〕 뒤를 돌아다봄. こへん
顧步〔고보〕 좌우(左右)를 돌아보며 걸음. こほ 「여 돌봄. こふく
顧復〔고복〕 부모가 자식을 걱정하
顧視〔고시〕 돌아다봄. 동고첨(顧瞻). こし 「こあい
顧哀〔고애〕 돌보고 불쌍히 여김.
顧遇〔고우〕 친절히 접대함. 동후우(厚遇). こぐう 「질함. こし
顧指〔고지〕 뒤를 돌아보고 손가락
顧瞻〔고첨〕 동⇨고시(顧視). こせん
顧兎〔고토〕 달속의 토끼. 곧 달의 딴 이름. こと 「かい
顧懷〔고회〕 마음으로 사모함. こ
▷內顧(내고). 愛顧(애고). 一顧(일고). 左顧(좌고). 回顧(회고). 後顧(후고).

顥 부 頁(머리혈) 획 9—12 훈 클 음 호 中 hao⁴ 英 immense 日 コウ. おおきい
뜻 ①클. ②허열. 흰모양.
필순

顥天〔호천〕 서쪽 하늘. こうてん
顥顥〔호호〕 ①하늘이 희게 빛나는 모양. ②밝고 넓고 큰 모양. ③원기 왕성한 모양. こうこう

顯 부 頁(머리혈) 획 9—14 훈 나타날 음 현: 中 hsien³ 英 appear 日 ケン. あらわれる
뜻 ① 나타날. 드러날. ②밝을. ③높을.
참고 약 顕
필순

顯考〔현고〕 돌아가신 아버지의 높임말. けんこう 「けんこう
顯功〔현공〕 두드러진 공로(功勞).
顯官〔현관〕 높은 벼슬. 또 그 사람. けんかん 「그 사람. けんき
顯貴〔현귀〕 지위가 높고 귀함. 또
顯達〔현달〕 높은 지위에 오름. 입신출세(立身出世)함. けんたつ
顯微鏡〔현미경〕 썩 작은 물체를 확대(擴大)하여 보는 장치가 있는 광학 기계(光學器械). けんびきょう 「임말. けんぴ
顯妣〔현비〕 돌아가신 어머니의 높
顯揚〔현양〕 이름과 지위(地位)가 세상에 드러남. けんよう

顯榮〔현영〕 입신(立身)하여 영화(榮華)로움. けんえい 「けんよ
顯譽〔현예〕 세상에 드러난 명예.
顯要〔현요〕 높고 중요한 지위. 또 그 지위에 있는 사람. けんよう
顯用〔현용〕 높은 지위(地位)에 임용(任用)함. けんよう
顯位〔현위〕 높은 지위. けんい「く
顯爵〔현작〕 높은 벼슬. けんしゃ
顯著〔현저〕 환히 나타남. 뚜렷하게 드러남. けんちょ 「けんそ
顯祖〔현조〕 이름이 높이 난 조상.
顯職〔현직〕 높은 벼슬. けんしょく 「나타남. けんしょう
顯彰〔현창〕 환히 나타냄. 또 환히
顯花植物〔현화식물〕 꽃이 피어 열매를 맺는 식물. 꽃식물. ↔은화식물(隱花植物). けんかしょくぶつ 「효험(效驗). けんこう
顯效〔현효〕 현저한 효과. 뚜렷한
▷高顯(고현). 貴顯(귀현). 露顯(노현). 明顯(명현). 示顯(시현). 清顯(청현). 通顯(통현). 表顯(표현). 標顯(표현).

(9) 風 部

〖風〗 [부] 風(바람풍변) [획] 9—0 [훈] 바람 [음] 풍 [中] fêng1 [英] wind [日] フウ. かぜ

[뜻] ①바람. ②풍속. ③모습. 풍채. ④노래. ⑤중풍. ⑥울릴.

[필순] 几凧凬凬風

風格〔풍격〕 ①인품(人品). 인격. ②풍도(風度). ふうかく
風景〔풍경〕 ①경치. ②좋은 경치. ③모습. 풍채. ふうけい
風光〔풍광〕 ①경치. [동]풍경(風景). [예]—明媚(명미). ②모습. ③인품. 품격. ふうこう
風教〔풍교〕 덕행으로 사람을 가르치고 인도하는 일. ふうきょう
風紀〔풍기〕 풍속상의 기율. ふうき
風度〔풍도〕 ①풍채(風采)와 태도. ②거룩한 인격. ふうど
風濤〔풍도〕 ①바람과 물결. 또 바람이 불고 물결이 침. ②세상살이의 어려운 비유. [동]풍랑(風浪)·풍파(風波). ふうとう
風洞〔풍동〕 인공적으로 공기의 흐름을 발생시키기 위한 터널형의 장치. ふうどう
風浪〔풍랑〕 바람과 물결. 또 바람이 불고 물결이 침. [동]풍도(風濤). ふうろう
風力〔풍력〕 ①바람의 세력. 곧 바람의 속력의 도수. [동]풍세(風勢). [예]—계(計). ②감화(感化)시키는 힘. 복종시키는 힘. ③풍채와 뼈대. ふうりょく
風流〔풍류〕 ①유풍(遺風). ②속된 일을 떠나서 풍치있고 멋지게 노는 일. ③음악을 옛스럽게 일컫는 말. ふうりゅう
風流人〔풍류인〕 범속(凡俗)을 초탈(超脫)한 사람. 풍아(風雅)를 좋아하는 사람. ふうりゅうじん
風磨雨洗〔풍마우세〕 비와 바람에 씻기고 갈림. ふうまうせん
風媒花〔풍매화〕 바람의 매개로 가루받이를 하는 꽃. ふうばいか
風貌〔풍모〕 모습. 용모. ふうぼう
風聞〔풍문〕 ①소문. 소문에 들음. [동]풍설(風說). ②관리의 비행을 조사하여 어사(御史)에게 올리는 글. ふうぶん
風物〔풍물〕 ①풍경(風景). ②농악에 쓰는 꽹과리. 날라리·징·장구 따위의 총칭. ふうぶつ
風味〔풍미〕 ①음식의 좋은 맛. ②풍류적(風流的) 성격. ふうみ
風靡〔풍미〕 바람에 따라 풀이 쓰러지듯이 쏠려 감. ふうび
風發〔풍발〕 바람이 이는 것처럼 기운차게 일어남. ふうはつ「はん
風帆〔풍범〕 바람을 받은 돛. ふう
風病〔풍병〕 신경의 고장으로 생기는 온갖 병의 총칭. ふうびょう
風霜〔풍상〕 ①바람과 서리. ②세월. [동]성상(星霜). ③엄숙하고 맹렬함. ④많이 겪은 세상의 어려움과 고생. ふうそう
風雪〔풍설〕 바람과 눈. 또 바람이

불고 눈이 옴. 눈보라. ふうせつ
「ふうせつ
風說〔풍설〕 소문. ㊐풍문(風聞).
風勢〔풍세〕 바람의 세력. 바람의 힘. ㊐풍력(風力). ふうせい
風俗〔풍속〕 ①옛적부터 사회에 행하여 온 의식주(衣食住) 등의 습관. ②옷차림. 복장. ふうぞく
風水〔풍수〕 ①바람과 물. ②지리(地理)를 보아 그 터의 점을 치는 일. ㊐지술(地術)·풍수지리(風水地理). ふうすい
風樹之歎〔풍수지탄〕 이미 돌아간 부모에게 효도를 다하지 못한 한탄. ふうじゅのたん
風水害〔풍수해〕 폭풍우와 홍수 따위로 인한 피해. 풍재(風災)와 수재(水災). ふうすいがい
風習〔풍습〕 풍속과 습관. ふうしゅう
「향. ふうしん
風信〔풍신〕 ①소식. ②바람의 방
風神〔풍신〕 ①바람의 신. ㊐풍백(風伯). ②풍채(風采). ふうしん
風雅〔풍아〕 ① 시경(詩經)의 국풍(國風)과 대소아(大小雅). ②고상하고 바른 시가(詩歌). ③고상한 오락. ふうが
風樂〔풍악〕 우리 나라 고유(固有)의 옛음악. ふうがく
風壓〔풍압〕 물체에 미치는 바람의 압력. ㊄—計(계). ふうあつ
風雨〔풍우〕 바람과 비. 또 바람이 불고 비가 옴. 비바람. ふうう
風雲〔풍운〕 ①바람과 구름. ②지세(理勢)의 고원(高遠)한 비유. ③고위(高位)의 비유. ④용이 비바람을 얻어 하늘에 올라가는 것처럼 영웅(英雄)이 때를 만나 세상에 나오는 비유. ⑤성(盛)한 모양. ⑥변화가 헤아릴 수 없는 모양. ⑦진(陣)의 이름. ⑧일의 경과. ふううん. かざぐも
風雲兒〔풍운아〕 풍운(風雲)을 타서 세상에 두각을 나타낸 사람. ふううんじ
風月〔풍월〕 바람과 달. 청풍(淸風)과 명월(明月). 곧 자연의 좋은 경치. ふうげつ
風姿〔풍자〕 모습. ふうし
風災〔풍재〕 농작물 등이 받는 바람의 재해(災害). ふうさい
風前〔풍전〕 바람이 불어 오는 앞. 바람받이. ふうぜん
風前燈火〔풍전등화〕 사물이 오래 견디지 못하고 매우 위급(危急)한 자리에 놓여 있음의 비유. ② 사물이 덧없음을 이름. ふうぜんのともしび
風情〔풍정〕 ①풍치(風致). ②모습. ふうじょう. ふぜい
風潮〔풍조〕 ①바람의 방향과 조수(潮水)의 간만(干滿). ②시대에 따라 변하는 세태. 세상의 경향. 시세(時勢)의 변천. ふうちょう
風調雨順〔풍조우순〕 ①비바람이 순조로와 곡식이 잘 됨. ②천하가 태평함. ふうちょううじゅん
風中燭〔풍중촉〕 인생의 덧없음의 비유. ふうちゅうのしょく
風塵〔풍진〕 ①바람과 티끌. ②병란(兵亂). ③사람이 사는 이 세상. ㊐속세(俗世). ④속사(俗事). ⑤벼슬길. ⑥지방 장관. ↔ 경관(京官). ふうじん
風塵世界〔풍진세계〕 요란하고 시끄러운 세상.
風車〔풍차〕 풍력(風力)을 이용하여 돌아가는 기계. ②팔랑개비. 풀무. ふうしゃ「것. ふうさんろし
風餐露宿〔풍찬노숙〕 들에서 자는
風窓破壁〔풍창파벽〕 뚫어진 문짝과 헐어진 담벼락의 허술한 집.
風采〔풍채〕 ①모습. 인품(人品). ㊐풍신(風神). ② 풍속(風俗)과 일. ふうさい
風體〔풍체〕 모습. 용모. ふうてい
風趣〔풍취〕 ㊐⇨풍치(風致). ふうしゅ
風致〔풍치〕 ①모습. 인품. ②아주 멋거리가 있는 흥취(興趣)나 경치. ㊐풍취(風趣). ㊄—林(림). ふうち
風齒〔풍치〕 충치가 아니고 들떠 일어나는 치통(齒痛). 「는 베개.
風枕〔풍침〕 공기를 불어 넣어서 베
風土〔풍토〕 ①기후(氣候)와 토지.

②기후와 그 토지에 적합한 농작물(農作物). ふうど
風波〔풍파〕 ①바람과 물결. 또 바람이 불고 물결이 일어남. ②싸움. 동분란(紛亂). ③이 세상의 번거로운 근심. 동풍도(風濤). ふうは 「うこうかざむき
風向〔풍향〕 바람이 부는 방향. ふ
風憲〔풍헌〕 ①풍기(風紀)를 단속하는 법규. ②풍기를 단속하는 벼슬아치. ③이조 때의 향소직(鄕所職)의 하나. ふうけん
風穴〔풍혈〕 바람이 나오는 구멍. ふうけつ. かざあな
風化〔풍화〕 ①풍속과 교화(敎化). ②결정체(結晶體)가 결정수(結晶水)를 잃어 가루가 되는 현상. ③바위가 대기(大氣)의 작용을 받아 부스러지는 현상. ふうか
風花雪月〔풍화설월〕 사철의 뛰어난 경치. ふうかせつげつ
▷家風(가풍). 剛風(강풍). 輕風(경풍). 古風(고풍). 國風(국풍). 君子之德風(군자지덕풍). 南風(남풍). 冷風(냉풍). 大風(대풍). 東風(동풍). 微風(미풍). 防風(방풍). 屛風(병풍). 朔風(삭풍). 旋風(선풍). 順風(순풍). 神風(신풍). 惡風(악풍). 熱風(열풍). 英風(영풍). 溫風(온풍). 威風(위풍). 遺風(유풍). 淸明風(청명풍). 淸風(청풍). 秋風(추풍). 暴風(폭풍). 寒風(한풍). 好風(호풍). 化信風(화신풍).

〔飄〕 부 風(바람풍변) 획 9—11 훈 나부낄 음 표 中 p'iao¹ 英 whirl wind 日 ヒョウ. つむじかぜ. はやて
뜻 ①나부낄. ②회오리바람.
필순 (stroke order) 飄飄飄
飄然〔표연〕 ①바람에 나부껴 가벼이 팔랑거림. 동표표(飄飄). ②세상 만사를 다 떼치고 훌쩍 떠남. ひょうぜん
飄飄〔표표〕 ①동표연(飄然). ②바람이 부는 모양. ③정처 없이 떠돌아 다니는 모양. ひょうひょう
飄風〔표풍〕 ①회오리바람. ②세게 불어 오는 바람. ひょうふう
飄風不終朝〔표풍부종조〕 회오리바람이 오래 계속해 불어 오지는 않음. 곧 세력(勢力)이 강한 사람은 빨리 쇠함. ひょうふうちょうをおえず 「ょうこつ
飄忽〔표홀〕 바람이 빠른 모양. ひ

(9) 飛 部

〔飛〕 부 飛(날비몸) 획 9—0 훈 날 음 비: 中 fei¹ 英 fly 日 ヒ. とぶ
뜻 ①날. 날릴. ②빠를. ③높을. ④근거없을.
필순 飛飛
飛閣〔비각〕 ①높은 전각(殿閣). ②2층으로 된 잔교(棧橋). ひかく
飛檄〔비격〕 급히 돌리는 격문(檄文). 동우격(羽檄). ひげき
飛禽走獸〔비금주수〕 날짐승과 길짐승. ひきんそうじゅう
飛浪〔비랑〕 높은 물결. ひろう
飛來〔비래〕 날아옴. 비행기를 타고 옴. ひらい 「まつ
飛沫〔비말〕 튀어오르는 물방울. ひ
飛白〔비백〕 팔서체(八書體)의 하나. 팔분(八分)과 비슷한데 필세(筆勢)가 나는 듯하고, 붓자국이 비로 쓴 자리같이 보이는 서체(書體)임. 후한(後漢)의 채옹(蔡邕)이 시작했음. ひはく
飛報〔비보〕 썩 급한 통지. ひほう
飛散〔비산〕 날아 흩어짐. ひさん
飛翔〔비상〕 하늘을 날아다님. ひしょう
飛躍〔비약〕 높이 뛰어오름. ひやく
飛語〔비어〕 근거없는 말. 뜬소문. 동비언(飛言)·비어(蜚語)·유언(流言). ひご
飛言〔비언〕 동⇨비어(飛語). 「う
飛鳥〔비조〕 날아다니는 새. ひちょ
飛瀑〔비폭〕 높은 데서 나는 듯이 떨어지는 폭포. ひばく
飛行機〔비행기〕 발동기를 장치하여 하늘을 나는 기계. 동항공기

(航空機). ひこうき
飛行船〔비행선〕 경기구(輕氣球)에 기관을 장치하여 하늘을 나는 기계. 항공선(航空船). ひこうせん
飛虎〔비호〕 ①나는 듯이 닫는 범. ②동작이 용맹(勇猛)스럽고 날쌘 것을 이름. ひこ
飛火〔비화〕 ①튀는 불똥. ②남의 일에 까닭없이 걸려듦. とびひ
飛禍〔비화〕 뜻밖의 재화(災禍). ひか
▷雄飛(웅비).

【飜】 부 飛(날비몸) 획 9—12 훈 번득일 음 번 中 fan¹ 英 overturn 日 ホン. ひるがえる
뜻 ①번득일. ②뒤칠. ③날. 나부낄.
참고 동 翻
필순 ⺈ ⺈ 番 番 番飛飜飜

飜車〔번거〕 ①물레방아. 동수차(水車). ②새그물의 하나. ③수레를 뒤엎음. ④성을 내는 모양. ほんしゃ
飜弄〔번롱〕 마음대로 희롱함. 제멋대로 놀림. ほんろう
飜飜〔번번〕 ①펄럭이는 모양. ②나는 모양. へんぺん
飜覆〔번복〕 뒤엎음. はんぷく. ほんぷく
飜案〔번안〕 ①먼젓사람의 안건(案件)을 뒤집음. ②옛 사람의 시문(詩文)을 원안(原案)으로 하여 이리저리 고침. ③외국의 문예 작품을 줄거리는 살리고 인정(人情)·풍속·지명(地名)·인명(人名) 등만 자기 나라의 것으로 고침. 예—小說(소설). ほんあん
飜譯〔번역〕 한 나라의 말이나 글을 딴 나라의 말이나 글로 옮김. 예—物(물). ほんやく
飜譯文學〔번역문학〕 외국의 문학 작품을 자기 나라 말로 번역하여 독특한 예술미(藝術美)가 있도록 한 문학. ほんやくぶんがく
飜然〔번연〕 ①펄럭이는 모양. ②마음을 갑자기 돌이키는 모양. ほんぜん
飜雲覆雨〔번운복우〕 반복 무상(反覆無常)한 인정(人情)을 일컫는 말. ほんうんふくう
飜意〔번의〕 생각 또는 뜻을 돌이킴. ほんい

(9) 食 部

〔食〕 부 食(밥식변) 획 9—0 훈 밥 음 식 中 shih², ssu⁴ 英 food; eat 日 ショク. ジキ. くう. たべる
뜻 ①밥. ②먹을. ③먹일(사). ④사람이름(이). ⑤씹을.
필순 ノ 人 𠆢 今 今 食 食 食

食客〔식객〕 문하(門下)에서 기식(寄食)하는 선비. 동문객(門客). しょっかく
食困症〔식곤증〕 식후에 정신이 어찔하고 나른하여 졸음이 오는 증세.
食口〔식구〕 ①한집에 살고 있는 사람 수. ②인구(人口).
食券〔식권〕 일정한 식당이나 음식점에 내면 음식과 바꾸어 주기로 약속된 표. しょくけん
食器〔식기〕 ①식사(食事) 도구. ②음식을 담는 그릇. しょっき
食單〔식단〕 ①음식점 등에서 낼 수 있는 요리(料理)의 종목을 적은 일람표. ②가정에서의 요리 계획표. しょくたん
食堂〔식당〕 ①간단한 음식물을 만들어 파는 가게. ②식사를 하도록 마련된 방. しょくどう
食道〔식도〕 ①양식(糧食)을 운반하는 길. ②목구멍에서 위(胃)에 이르는 소화기(消化器) 계통의 처음 부분. しょくどう
食道樂〔식도락〕 여러가지 음식을 먹어 보는 것을 즐거움으로 삼는 일. しょくどうらく
食量〔식량〕 음식을 먹는 분량. しょくりょう
食糧〔식량〕 먹을 양식(糧食). しょくりょう
食料〔식료〕 ①음식을 만드는 재료. ②식품. 동식용(食用). ③음식값. 예—品(품). しょくりょう
食馬〔식마〕 말을 기름. しょくば
食母〔식모〕 ①유모(乳母). ②고용되어 밥짓는 여자. しょくぼ

食無求飽〔식무구포〕 반드시 맛있는 음식을 배부르게 먹고자 하지 아니함. 군자의 마음 가짐의 하나. しょくあくをもとむるなし
食物〔식물〕 식용이 되는 물건. [동] 식이(食餌). しょくもつ
食福〔식복〕 먹을 복. しょくふく
食傷〔식상〕 먹은 음식이 소화되지 않고 복통·토사가 나는 병. [동] 식중독(食中毒). しょくしょう
食色〔식색〕 식욕(食慾)과 색욕(色慾). しきしょく
食性〔식성〕 음식에 대하여 좋아하고 싫어하는 성질. しょくせい
食少事繁〔식소사번〕 먹을 분량(分量)은 적은데 할 일은 많음. 중국 선제(宣帝)가 제갈 공명(諸葛孔明)의 죽음을 예언(豫言)한 말. しょくすくなくしてことしげ
食率〔식솔〕 집안에 딸린 식구.しし
食言〔식언〕 거짓말을 함. 남과 약속한 말을 지키지 아니함. しょくげん. げんをはむ
食鹽〔식염〕 소금. しょくえん
食慾〔식욕〕 음식을 먹고자 하는 마음. しょくよく
食用〔식용〕 ①먹을 것에 씀. ②[동] 식료(食料). [예]一植物(식물). しょくよう
食爲民天〔식위민천〕 양식은 백성에게 가장 중요한 것임. しょくはたみのてんなり
食肉〔식육〕 ①먹는 고기. ②조수(鳥獸)의 고기를 먹음. しょくにく「또 먹고 마심.しょくいん
食飮〔식음〕 먹는 것과 마시는 것.
食飮全廢〔식음전폐〕 전혀 음식(飮食)을 먹지 아니함. 곡기(穀氣)를 끊음. しょくいんぜんぱい
食邑〔식읍〕 국가에서 특히 조세(租稅)를 공신(功臣) 개인에게 받아쓰게 한 고을. しょくゆう
食餌〔식이〕 먹이. [동]식물(食物). [예]一療法(요법). しょくじ
食者民之本〔식자민지본〕 음식은 백성(百姓)의 생활의 근본임. しょくはたみのもと
食指〔식지〕 집게손가락. しょくし
食指動〔식지동〕 ①집게손가락이 저절로 움직임. ②맛있는 음식을 먹을 조짐. ③욕심이 생김을 이름. しょくしうごく
食滯〔식체〕 먹은 음식이 소화가 되지 않는 병. しょくたい
食蟲類〔식충류〕 주로 벌레를 잡아먹고 사는 동물(動物)의 한 목(目). しょくちゅうるい
食卓〔식탁〕 식사할 때에 쓰는 탁자(卓子). しょくたく
▷甘食(감식). 强食(강식). 乞食(걸식). 錦衣玉食(금의옥식). 寄食(기식). 斷食(단식). 大食(대식). 配食(배식). 三食(삼식). 疏食(소식). 糧食(양식). 玉食(옥식). 肉食(육식). 飮食(음식). 衣食(의식). 蠶食(잠식). 寒食(한식). 火食(화식). 會食(회식).

【飢】 [부] 食(밥식변) [획] 9—2 [훈] 굶주릴 [음] 기 [中] chi¹ [英] starve [日] キ. うえる
[뜻] ①굶주릴. 주릴. ②흉년들.
[참고] [동] 饑
[필순] ノ 𠆢 亽 今 今 食 飣 飢
飢渴〔기갈〕 배고프고 목마름. きかつ 「(饑困). きこん
飢困〔기곤〕 굶주려 고생함. [동]기곤
飢饉〔기근〕 ①흉년(凶年)이 들어 먹을 것이 모자람. ②물자가 매우 부족함. ききん
飢死〔기사〕 굶어 죽음. きし「きが
飢餓〔기아〕 굶주림. [동]기아(饑餓).
飢者甘食〔기자감식〕 배고픈 사람이 음식을 가리지 않고 달게 먹음. きしゃかんしょく
飢者易爲食〔기자이위식〕 주린 사람은 무엇이든지 먹음. 곤궁한 백성은 조금만 은혜를 베풀어도 감격함의 비유. うえたるものはしょくをなしやすし
飢寒〔기한〕 배고프고 추위에 떪. 의식(衣食)의 결핍. きかん

【飧】 [부] 食(밥식변) [획] 9—3 [훈] 저녁밥 [음] 손 [中] suen¹ [英] supper [日] ソン. ゆうめし
[뜻] ①저녁밥. ②물만밥.
[참고] ① [속]飱 ② 湌·餐과 통용

필순 ㇀ㇳ ㇳ丶ㇳ丶丶 ...

〖飯〗 부 食(밥식변) 획 9—4 훈 밥 음 반 中 fan[4] 英 cooked rice 日 ハン. めし. いい
뜻 ①밥. ②먹을. ③먹일. 기를.
필순 ^ 今 今 今 食 飣 飯 飯
飯器〔반기〕 밥을 담는 그릇. はんき
飯粒〔반립〕 밥알. はんりゅう
飯米〔반미〕 밥쌀. はんまい
飯床器〔반상기〕 밥상 하나를 차리게 만든 한 벌의 그릇.
飯食〔반식〕 밥. はんし. はんしょく
飯店〔반점〕 중국 음식점·요리점(料理店). はんてん
飯酒〔반주〕 밥을 먹을 때 곁들여 마시는 술.
飯饌〔반찬〕 밥에 곁들여 먹는 온갖 음식. 부식물(副食物).
飯盒〔반합〕 알루미늄으로 만들어 밥을 지을 수도 있게 된 휴대용 밥그릇. はんごう
飯後〔반후〕 밥을 먹은 뒤. はんご
▷麥飯(맥반). 白飯(백반). 夕飯(석반). 殘飯(잔반). 朝飯(조반). 酒飯(주반).

〖飲〗 부 食(밥식변) 획 9—4 훈 마실 음 음: 中 yin[3·4] 英 drink 日 イン. のむ
뜻 ①마실. ②음료. ③물먹일. 마시게 할.
필순 ^ 今 今 今 食 飣 飲 飲
飲毒〔음독〕 독약(毒藥)을 먹음. いんどく
飲樂〔음락〕 술을 마시며 즐김. いんらく
飲料〔음료〕 물·차·사이다·술 따위와 같은 마시는 물건. 예清涼(청량)—. いんりょう
飲福〔음복〕 제사를 지내고 난 뒤에 제관들이 제상(祭床)에 놓인 술이나 제물(祭物)을 나누어 먹는 것. いんぷく
飲水思源〔음수사원〕 물을 마시며 그 수원(水源)을 생각함. 곧 근본을 잊지 않음의 비유. いんすいしげん
飲食〔음식〕 ①먹고 마심. ②먹고 마시는 것. 음식물. —店(점). いんしょく. のみくい
飲燕〔음연〕 술잔치. 술을 마시며 즐김. 동주연(酒宴). いんえん
飲用〔음용〕 마심. 마시는 데 쓰임. いんよう
飲子〔음자〕 탕약(湯藥). いんし
飲酒〔음주〕 술을 마심. いんしゅ
飲至〔음지〕 개선(凱旋)하고 돌아와 종묘(宗廟)에서 술을 마시는 것. いんし
飲恨〔음한〕 원한(怨恨)을 참고 견딤. いんこん
飲豪〔음호〕 술을 많이 마시는 사람. いんごう
▷過飲(과음). 對飲(대음). 牛飲(우음). 長夜之飲(장야지음). 痛飲(통음). 豪飲(호음).

〖飭〗 부 食(밥식변) 획 9—4 훈 삼갈 음 칙 中 chih[4] 英 be careful 日 チョク. つつしむ. いましめる
뜻 ①삼갈. ②바를. 바로잡을. ③갖출. ④닦을. ⑤신칙할. 경계할. ⑥부지런할.
필순 ^ 𠆢 今 今 食 飣 飭 飭
飭勵〔칙려〕 스스로 경계하여 격려함. ちょくれい
飭正〔칙정〕 정통하고 바름. 삼가고 바름. ちょくせい

〖飼〗 부 食(밥식변) 획 9—5 훈 먹일 음 사(사) 中 ssu[4] 英 feed; breed 日 シ. かう
뜻 ①먹일. ②기를. 칠.
필순 ^ 今 今 今 食 飣 飼 飼
飼料〔사료〕 가축(家畜)의 먹이. 예—植物(식물). しりょう
飼養〔사양〕 동⇨사육(飼育). しよう
飼牛〔사우〕 소를 기름. 또는 기르는 소. しぎゅう
飼育〔사육〕 짐승을 기름. 동사양(飼養). しいく
▷放飼(방사). 養飼(양사).

〖飾〗 부 食(밥식변) 획 9—5 훈 꾸밀 음 식 中 shih[4] 英 decorate 日 ショク. かざる
뜻 ①꾸밀. 장식할. ②가선두를.
필순 ^ 今 今 今 食 飣 飾 飾
飾巧〔식교〕 교묘(巧妙)하게 꾸며 속임. しょくこう
飾辯〔식변〕 변설(辯說)을 꾸밈. 또

는 말을 잘함. しょくべん
飾非〔식비〕 자신의 나쁜 점을 그럴 듯하게 꾸밈. しょくひ
飾詐〔식사〕 거짓 꾸밈. しょくさ
飾辭〔식사〕 겉만 꾸미어 하는 말. 동식언(飾言)·식설(飾說). しょくじ
飾說〔식설〕 꾸민 말. 동식사(飾辭)·식언(飾言). しょくせつ
飾言〔식언〕 말을 꾸밈. 동식언(飾言)·식사(飾辭). しょくげん
飾僞〔식위〕 거짓을 꾸밈. しょくぎ
飾終〔식종〕 죽은 사람의 최후를 장식함. しきしゅう
飾智〔식지〕 재지(才智)가 있는 것처럼 꾸며 보임. しょくち
飾喜〔식희〕 부모의 경사(慶事)에 잔치를 베풂. しょくき
▷假飾(가식). 面飾(면식). 美飾(미식). 服飾(복식). 盛飾(성식). 修飾(수식). 外飾(외식). 裝飾(장식). 虛飾(허식).

【飽】 부 食(밥식변) 획 9—5 훈 배부를 음 포: 中 pao³ 英 be fed up 日 ホウ. あきる
뜻 ①배부를. ②먹기싫을·물릴. ③흡족할.
필순 𠂉 今 今 𩙿 𩙿 飽 飽 飽

飽看〔포간〕 싫도록 봄. ほうかん
飽喫〔포긱·포끽〕 동⇨포식(飽食). ほうきつ
飽滿〔포만〕 배가 차도록 실컷 먹음. ほうまん
飽聞〔포문〕 싫도록 들음. ほうぶん
飽腹〔포복〕 동⇨포식(飽食). ほうふく
飽食〔포식〕 배부르게 먹음. 동포긱(飽喫)·포복(飽腹). ほうしょく
飽食暖衣〔포식난의〕 배부르게 먹고 따뜻이 입음. 곧 의식주(衣食住)에 부족이 없음. ほうしょくだんい
飽學〔포학〕 학식(學識)이 높음. 동박학(博學). ほうがく
飽和〔포화〕 ①충만하여 조금도 부족(不足)이 없음. 한정(限定)의 극도에 이름. 공기 중의 수증기가 일정한 한도(限度)를 지나면 빗방울이 되는 현상 따위. 예—상태(狀態). ほうわ

〔餠〕 부 食(밥식변) 획 9—6 훈 떡 음 병: 中 ping³ 英 rice-cake 日 ヘイ. もち. くらう
뜻 ①떡. ②밀가루.
필순 𠂉 今 今 𩙿 𩙿 𩛁 餠 餠

餠金〔병금〕 떡과 같은 둥근 금(金)의 덩어리. 곧 금화(金貨). へいきん
餠師〔병사〕 떡을 파는 사람. 또는 떡을 파는 집. へいし
▷白餠(백병). 松餠(송병). 月餠(월병). 酒餠(주병). 畫餠(화병).

〔養〕 부 食(밥식변) 획 9—6 훈 기를 음 양: 中 yang³·⁴ 英 bring up 日 ヨウ. やしなう
뜻 ①기를. ②받들. 봉양할.
필순 丷 䒑 羊 美 恙 养 養 養

養家〔양가〕 양자(養子)로 들어간 집. ようか
養雞〔양계〕 닭을 기름. ようけい
養女〔양녀〕 데려다 기른 딸. 수양딸. ようじょ
養豚〔양돈〕 돼지를 기름. ようとん
養老〔양로〕 노인(老人)을 위로하여 안락(安樂)하게 지내게 함. 예—院(원). ようろう
養母〔양모〕 ①자기를 낳지는 아니하였으나 자기를 자식처럼 기른 부인. ② 양가(養家)의 어머니. ③어머니를 봉양(奉養)함. ようぼ
養兵〔양병〕 병정(兵丁)을 양성(養成)함. ようへい
養病〔양병〕 병을 조섭(調攝)하여 다스림. 병을 요양(療養)함. ようびょう
養蜂〔양봉〕 꿀벌을 침. ようほう
養父〔양부〕 ①자기를 낳지는 아니하였으나 자기를 자식처럼 기른 남자. ②양가(養家)의 아버지. ③아버지를 봉양함. ようふ
養父母〔양부모〕 양부(養父)와 양모(養母). ようふぼ
養分〔양분〕 영양(營養)이 되는 성분(成分). 동자양분(滋養分). ようぶん
養生〔양생〕 병에 걸리지 않도록 섭생(攝生)함. ようじょう
養成〔양성〕 길러냄. ようせい

養育〔양육〕 길러 자라게 함. ㊎—院(원). よういく
養子〔양자〕 ①데려다 기른 아들. 수양 아들. ②대를 잇기 위하여 동성 동본(同姓同本)의 계통의 남자를 자기가 거두어 기른 아들. 양아들. ようし
養蠶〔양잠〕 누에를 기름. ㊎—業(업). ようさん 「을 씻어 냄.
養齒〔양치〕 이를 닦고 물로 입안
養親〔양친〕 부모를 봉양(奉養)함. ようしん 「—教師(교사). ようご
養護〔양호〕 양육하고 보호함. ㊎
養虎遺患〔양호유환〕 화근(禍根)을 길러 근심을 사는 것을 이름.
▷教養(교양). 培養(배양). 保養(보양). 奉養(봉양). 扶養(부양). 收養(수양). 修養(수양). 營養(영양). 滋養(자양).

【餓】 部 食(밥식변) 劃 9—7 訓 굶주릴 音 아: ㊥ e⁴ ㊈ hunger ㊐ ガ. うえる
뜻 ①굶주릴. ②굶길. 굶을.
필순 ^ ^ 𠆢 食 飠 飣 餓 餓
餓鬼〔아귀〕 ①항상 굶주려서 얻어 먹지 못하는 귀신. ②탐욕이 많고 사나운 자의 비유. がき
餓鬼道〔아귀도〕 불교에서 이르는 육도(六道). 지옥·아귀·축생·수라·인간·천상의 하나. 이곳에 있는 자는 늘 주리고 매를 맞아 운다 함. がきどう
餓死〔아사〕 굶주려 죽음. がし
餓死線上〔아사선상〕 ㊍⇨아사지경(餓死之境). がしせんじょう
餓死之境〔아사지경〕 극도에 이른 가난. 굶어 죽게 된 지경. ㊍아사선상(餓死線上). がしのきょう
餓殺〔아살〕 굶기어 죽임. がさつ
餓虎〔아호〕 ①굶은 호랑이. ② 매우 위험한 것의 비유. ③탐욕·포악한 인간. がこ 「(한아).
▷飢餓(기아). 凍餓(동아). 寒餓

【餘】 部 食(밥식변) 劃 9—7 訓 남을 音 여 ㊥ yü² ㊈ remain ㊐ ヨ. あまる
뜻 ①남을. ②나머지. ③끝. ④나라이름.
필순 ^ 𠆢 食 飠 飵 餘 餘 餘
餘暇〔여가〕 겨를. 틈. よか
餘角〔여각〕 두 각을 합친 것이 직각을 이룰 때 그 한 각을 다른 쪽의 각에 대하여 이름. よかく
餘慶〔여경〕 선조(先祖)들이 착한 일을 많이 한 보람으로 그 자손이 누리게 되는 경사. ② 덕택. ㊍여복(餘福). ↔여앙(餘殃). よけい 「의 빛. ②은혜. よこう
餘光〔여광〕 ①남은 빛. 여분(餘分)
餘念〔여념〕 다른 생각. ㊍타념(他念). よねん
餘談〔여담〕 나머지 이야기. 용건 이외의 이야기. 잡담. よだん
餘毒〔여독〕 나머지 독기(毒氣). 일을 하거나 마친 뒤에 남은 독기. ㊍후독(後毒). よどく 「う
餘望〔여망〕 남아 있는 희망. よぼ
餘命〔여명〕 ㊍⇨여생(餘生). よめい 「자리. よはく
餘白〔여백〕 글씨를 쓰고 남은 빈
餘病〔여병〕 ①쾌유(快癒)되지 않고 남아 있는 병. ②다른 병. よびょう
餘福〔여복〕 조상이 적선(積善)한 덕택(德澤)으로 자손이 받는 복. ㊍여경(餘慶). よふく
餘分〔여분〕 나머지. よぶん
餘不備禮〔여불비례〕 나머지는 예를 갖추지 못한다는 뜻으로, 편지 본문 끝에 붙이는 인사말.
餘色〔여색〕 ㊍⇨보색(補色).
餘生〔여생〕 ①남아 있는 목숨. 이제부터 앞으로의 생애(生涯). 목숨. ㊍여명(餘名). 잔명(殘命). ②겨우 살아 남은 목숨. よせい
餘暑〔여서〕 가을까지 남은 더위. よしょ 「의 나머지 세력. よせい
餘勢〔여세〕 어떠한 사물이 끝난 뒤
餘殃〔여앙〕 나쁜 일을 한 갚음으로 받는 재앙. ↔여경(餘慶). よおう 「(災厄). よやく
餘厄〔여액〕 뒤에 다시 당할 재액.
餘額〔여액〕 나머지 돈. 남은 돈.
餘韻〔여운〕 ①아직 가시지 않고 남아 있는 운치(韻致). ②여음(餘音). よいん

餘裕〔여유〕①넉넉하고 남음이 있음. ②성급하지 않고 사리(事理)를 너그럽게 판단(判斷)하는 마음이 있음. よゆう
餘日〔여일〕①남아 있는 날. ②한가(閑暇). よじつ 「よざい
餘財〔여재〕남은 재산·재물(財物).
餘情〔여정〕가시지 않고 남아 있는 정취. よじょう 「죄. よざい
餘罪〔여죄〕다른 죄(罪). 그 밖의
餘地〔여지〕①남은 땅. ②여유(餘裕). よち 「은 자취. よじん
餘塵〔여진〕고인(古人)이 남겨 놓
餘震〔여진〕남은 지진(地震).
餘波〔여파〕①나머지의 물결. ②남은 영향(影響). よは 「へい
餘弊〔여폐〕남은 폐단(弊端). よ
餘風〔여풍〕남아 있는 풍습(風習). よふう 「하는 원한. よこん
餘恨〔여한〕나중까지 풀리지 아니
餘寒〔여한〕겨울이 간 뒤에도 오히려 남은 추위. 대한(大寒) 후의 추위. よかん 「よきょう
餘響〔여향〕남아 있는 음향(音響).
餘興〔여흥〕①놀이 끝에 남아 있는 흥. ②연회(宴會)나 어떤 모임 끝에 흥을 더하기 위하여 하는 연예(演藝). よきょう
▷句餘(구여). 年餘(연여). 有餘(유여). 剩餘(잉여). 殘餘(잔여).

「餐」 부 食(밥식변) 획 9—7 훈 먹을 음 찬 中 ts'an[1] 英 eat 日 サン. ソン. そなえもの
뜻 ①먹을. 샛밥 먹을. ②밥. 음식. ③ 저녁밥. 물만밥.
참고 飧·湌과 통용
필순 ⺊ 夕 㕛 歺 餐 餐 餐
餐食〔찬식〕먹음. さんしょく
餐英〔찬영〕국화의 꽃잎을 먹음. さんえい 「식비(食費). さんぜん
餐錢〔찬전〕임금이 신하에 내려 준
餐霞〔찬하〕안개를 먹는 것. 도가(道家)의 말. さんか
▷晩餐(만찬). 夕餐(석찬). 聖餐(성찬). 午餐(오찬). 朝餐(조찬).

【館】 부 食(밥식변) 획 9—8 훈 집 음 관(관:) 中 kuan[3] 英 hotel; house 日 カン. やかた
뜻 ①집. ②여관. 객사. ③마을. 관청.
참고 속 舘
필순 ^ 飠 飠 飠 館 館 館 館
館閣〔관각〕①한림(翰林)의 딴 이름. ②홍문관(弘文館)과 예문관(藝文館). かんかく
館閣堂上〔관각당상〕홍문관과 예문관의 대제학(大提學)과 제학(提學)을 일컬음.
館舍〔관사〕①건물(建物). ②외국의 사신(使臣)을 유숙(留宿)시키던 집. 통관우(館宇). かんしゃ
館驛〔관역〕역의 건물. 통역사(驛舍). かんえき 「う
館宇〔관우〕통⇨관사(館舍). かん
館閑良〔관한량〕이조(李朝) 때 서울에 있던 모화관(慕華館)을 회장(會場)으로 정하고, 무예(武藝)를 배우던 무관의 자제(子弟).
▷客館(객관). 公館(공관). 圖書館(도서관). 美術館(미술관). 博物館(박물관). 別館(별관). 本館(본관). 分館(분관). 水族館(수족관). 新館(신관). 旅館(여관). 映畫館(영화관).

「饉」 부 食(밥식변) 획 9—11 훈 흉년들 음 근: 中 chin[3] 英 become lean year 日 キン. うえる
뜻 ①흉년들. 흉년.
필순 ^ 飠 飠 飠 饉 饉 饉 饉
▷饑饉(기근).

(9) 首　部

〖首〗 부 首(머리수) 획 9—0 훈 머리 음 수(수:) 中 shou[3, 4] 英 head; chief 日 シュ. くび
뜻 ①머리. ②우두머리. ③첫머리. 비로소. 먼저. ④ 시의 편수.
필순 丷 䒑 首 首 首 首
首邱初心〔수구초심〕여우가 죽을 때, 머리를 제가 살던 언덕 쪽으로 향하고 죽는다 함. 곧 고향을 생각하는 것.
首級〔수급〕싸움터에서 벤 적군(敵

軍)의 목. しゅきゅう
首肯〔수긍〕 그렇다고 고개를 끄덕임. 옳다고 승낙함. しゅこう
首腦〔수뇌〕 중요한 자리에 있는 사람. 우두머리. しゅのう
首陀羅〔수다라〕 범어(梵語) sudra의 음역(音譯). 인도 사회 계급 4별(別) 중의 최하급 천민(賤民). 「しゅと
首都〔수도〕 서울. ⓢ수부(首府).
首領〔수령〕 ①머리. ②두목(頭目). 우두머리. しゅりょう
首尾〔수미〕 ①머리와 꼬리. ②일의 처음과 끝. ⓢ시종(始終). ③사건이 잘 처리됨. 예一相應(상응). しゅび 「はん
首班〔수반〕 ⓢ⇨수석(首席). しゅ
首犯〔수범〕 주요 범인(犯人). 범죄의 중심 인물. ⓢ수죄(首罪).
首府〔수부〕 ⓢ⇨수도(首都). しゅふ 「臣). しゅしょう
首相〔수상〕 수석(首席)의 대신(大
首席〔수석〕 맨 윗자리. 또 그 자격을 가진 사람. ⓢ수반(首班). しゅせき
首星〔수성〕 성좌(星座) 중에서 가장 밝은 항성(恒星). 직녀성이나 알파성 같은 것. しゅせい
首陽山〔수양산〕 산시성(山西省)에 있는 산 이름. 백이숙제(伯夷叔齊)가 절의(節義)를 지키고 아사(餓死)한 곳. ⓢ수산(首山)·뇌수산(雷首山).
首位〔수위〕 첫째 자리. しゅい
首座〔수좌〕 좌중(座中)의 제1위. ⓢ상좌(上座). しゅざ
首弟子〔수제자〕 여러 제자 가운데서 가장 뛰어난 제자. 으뜸가는 제자.
首罪〔수죄〕 ①많은 범죄(犯罪) 중에서 제일 중한 죄. ②ⓢ수범(首犯). しゅざい
首唱〔수창〕 ①제일 먼저 주창(主唱)함. ②좌중에서 제일 먼저 시(詩)를 지음. しゅしょう
▷卷首(권수). 黨首(당수). 白首(백수). 部首(부수). 歲首(세수). 元首(원수). 自首(자수).

(9) 香 部

〖香〗 부 香(향기향) 획 9—0 훈 향기 음 향 中 hsiang¹ 英 fragrance 日 コウ. か. かおり
뜻 ①향기. ②향. ③향기로울.
필순 一二千禾香香香
香氣〔향기〕 향내. こうき
香徒〔향도〕 상두꾼. 상여꾼.
香爐〔향로〕 향 피우는 데 쓰는 그릇. こうろ
香料〔향료〕 ①향을 만드는 원료. ②ⓢ향전(香奠). こうりょう
香味〔향미〕 음식류의 향기로운 맛. 예一料(료). こうみ
馬夫〔마부〕 말구종. ⓢ마정(馬丁). ばふ 「낮은 종이. ばふんし
馬糞紙〔마분지〕 짚으로 만든 질이
香水〔향수〕 ①향내가 나는 물. ②향료(香料)를 섞어 향내가 나는 물. こうすい 「こうえん
香煙〔향연〕 향(香)이 타는 연기.
香油〔향유〕 ①향내가 나는 기름. ②참기름. こうゆ
香奠〔향전〕 죽은 사람의 영전(靈前)에 올리는 제물. ⓢ향료(香料). こうでん 「そう
香草〔향초〕 향내가 나는 풀. こう
香臭〔향취〕 향내. こうしゅう
香港〔향항〕 홍콩(Hong kong)의 딴 일컬음. 광동성(廣東省) 남쪽에 있는 영국의 식민지(植民地)로서 세계적 자유 무역항(自由貿易港)임. ホンコン
香魂〔향혼〕 ①꽃의 정령(精靈). ②미인(美人)의 넋. こうこん
香火〔향화〕 ①향을 피우는 불. ②제사(祭祀)의 이칭. こうか
香花〔향화〕 부처 앞에 바치는 향과 꽃. ⓢ향화(香華). こうげ
香華〔향화〕 ⓢ⇨향화(香花). こうげ
▷芳香(방향). 燒香(소향). 暗香(암향). 餘香(여향). 淸香(청향).

「馨」 [부] 香(향기향) [획] 9—11 [훈] 향내날 [음] 형 [中] hsing^1 hsin^1 [英] fragrant [日] ケイ. かおる 「③어조사.
[뜻] ①향내날. 향기로울. ②향기.
[필순] 声 声 声殳 殸 殸 殸 殸 馨
馨氣〔형기〕 향기. 향내. けいき
馨香〔형향〕 향기로운 냄새. 그윽한 향기. けいこう

⑽ 馬 部

〖馬〗 [부] 馬(말마변) [획] 10—0 [훈] 말 [음] 마: [中] ma^3 [英] horse [日] バ. うま
[뜻] ① 말. ②성.
[필순] 𠃌 ㇒ 馬 馬 馬 馬
馬脚〔마각〕 ①말의 다리. ②가식(假飾)하여 숨긴 본성(本性)이나 진상(眞相). ばきゃく
馬具〔마구〕 말을 타는 데 쓰는 기구. ばぐ
馬券〔마권〕 경마(競馬)할 때에 파는 경마 투표권(投票券). ばけん
馬頭納采〔마두납채〕 혼인(婚姻) 날에 가지고 가는 납채. 보통은 혼인날 전에 보냄.
馬力〔마력〕 동력(動力)의 단위. 말 한 필의 힘이라는 뜻으로, 746와트의 전력(電力)에 해당함. ばりき
馬鈴薯〔마령서〕 감자. ばれいしょ
馬面〔마면〕 말같이 긴 얼굴. 말상. うまずら 「병(騎兵). ばへい
馬兵〔마병〕 말탄 병정(兵丁). [동]기
馬上得天下〔마상득천하〕 말을 타고 싸우며 동분서주(東奔西走)하여 천하를 얻음. ばじょうてんかをう 「하는 방향. ばしゅ
馬首〔마수〕 ①말머리. ②말이 향
馬食〔마식〕 ①말처럼 입을 그릇에다 대고 먹음. ②말먹이. ①말처럼 많이 먹음. ばしょく
馬融〔마융〕 후한(後漢)의 유학자(儒學者). 무릉(茂陵) 사람. 안제(安帝) 때 교서랑(校書郞)이 되었음. 그 제자에 정현(鄭玄) 등 천여 명이 있음. ばゆう
馬醫〔마의〕 말의 병을 보는 수의(獸醫). ばい
馬耳東風〔마이동풍〕 동풍 곧 봄바람이 말의 귀에 스쳐도 아무 감각이 없듯이, 남의 말을 귀담아 듣지 아니함. [동]우이송경(牛耳誦經). ばじとうふう
馬場〔마장〕 말을 놓아 먹이는 곳. [동]목장(牧場). ばじょう. ばば
馬駔傳〔마장전〕 이조(李朝) 때 박지원(朴趾源)이 지은 한문(漢文) 소설. 벗과 사귐의 어려움을 그렸음. 「떼. ばぞく
馬賊〔마적〕 말을 탄 도적(盜賊)의
馬前〔마전〕 임금 또는 귀인(貴人)의 말머리의 앞. [동]어전(御前). ばぜん
馬丁〔마정〕 ①말을 끄는 사람. ②말구종. [동]마부(馬夫). ばてい
馬蹄〔마제〕 말굽. ばてい
馬蹄銀〔마제은〕 청대(淸代)에 화폐로 사용된 말굽 모양의 은덩이. ばていぎん 「자. ばていてつ
馬蹄鐵〔마제철〕 ①대접쇠. ②말편
馬車〔마차〕 말이 끄는 수레. ばしゃ 「う. まぐさ
馬草〔마초〕 말에 먹이는 풀. ばそ
馬馱〔마태〕 말에 실린 짐. ばた
馬牌〔마패〕 옛날 관원(官員)이 지방 출장 때에 역마(驛馬) 징발(徵發)의 표가 되던 놋쇠로 만든 둥근 패. 「ひつ).
馬匹〔마필〕 말. [동]필마(匹馬). ば
馬韓〔마한〕 삼한(三韓)의 하나. 기원전(紀元前) 3~4 세기 경에 지금의 충청남도와 전라도에 걸쳐 50여의 부족국가(部族國家)로 이루어져 있던 나라.
馬汗之力〔마한지력〕 전쟁터에서 뛰어 돌아다니는 힘.
馬革裹屍〔마혁과시〕 말의 가죽으로 시체를 쌈. 옛날에는 전사한 장수의 시체는 말가죽으로 쌌음. 곧 전사(戰死)함을 이름. ばかくしかばねをつつむ
▷犬馬(견마). 牽馬(견마). 競馬

(경마). 軍馬(군마). 弓馬(궁마). 騎馬(기마). 落馬(낙마). 名馬(명마). 木馬(목마). 白馬(백마). 飛馬(비마). 肥馬(비마). 乘馬(승마). 野馬(야마). 龍馬(용마). 赤兎馬(적토마). 戰馬(전마). 竹馬(죽마). 天馬(천마). 鐵馬(철마). 下馬(하마).

[馮] 부 馬(말마변) 획 10—2 훈 탈 음 빙 中 p'ing² 英 mount; ride 日 ヒョウ. フウ. フン. のる. よる. しのぐ
뜻 ①탈. 오를. ②업신여길. ③의지할. 기댈. ④걸어건널. ⑤말 빨리 걸을. ⑥성(풍). ⑦땅이름(풍).
필순 冫 冯馮馮馮馮

馮氣〔빙기〕 성내는 기운. ふんき
馮怒〔빙노〕 크게 성냄. 격노(激怒). ひょうど
馮隆〔빙륭〕 높고 큰 모양. ひょうりゅう
馮陵〔빙릉〕 세력을 믿고 남을 업신여김. 침범함. ひょうりょう
馮馮〔빙빙〕 ①단단한 소리의 형용. ②많고 성(盛)한 모양. ③무형(無形)의 형용. ひょうひょう
馮虛〔빙허〕 하늘 높이 오르고자 함. 허공(虛空)에 뜸. ひょうきょ
馮夷〔풍이〕 ①물의 신(神)의 이름. ②강의 신 하백(河伯)의 이름. ③비의 신 우사(雨師)의 이름. ふうい

[駁] 부 馬(말마변) 획 10—4 훈 얼룩말 음 박 中 po² 英 argue 日 ハク. まだら
뜻 ①얼룩말. ② 섞일. 뒤섞일. ③칠. 논박할.
필순 ᄐ 馬 馬 馬ˊ馬ˇ駁駁

駁擊〔박격〕 논박(論駁)하여 공격함. 동박의(駁議). ばくげき
駁論〔박론〕 반박하는 의론. 동논박(論駁). ばくろん
駁文〔박문〕 옳고 그름을 논하여 공격하는 글.
駁說〔박설〕 남의 설(說)을 비난·공격함. 또는 그 설. ばくせつ
駁議〔박의〕 동⇨박격(駁擊). ばくぎ
駁雜〔박잡〕 뒤섞여서 순수하지 못함. 동잡박(雜駁). ばくざつ
▷攻駁(공박). 論駁(논박). 反駁(반박). 痛駁(통박).

[駐] 부 馬(말마변) 획 10—5 훈 머무를 음 주: 中 chu⁴ 英 halt 日 チュウ. とどまる
뜻 ①머무를. ②말머무를.
필순 ᄐ 馬 馬 馬 馬ˋ馸駐駐

駐軍〔주군〕 군사(軍士)를 주둔(駐屯)시킴. ちゅうぐん
駐屯〔주둔〕 군대가 진영(陣營)을 짓고 머무름. ちゅうとん
駐留〔주류〕 머무름. 또 머무르게 함. ちゅうりゅう
駐步〔주보〕 걸음을 멈추고 섬. ちゅうほ
駐顏〔주안〕 얼굴빛의 젊음을 언제나 보존케 함. ちゅうがん
駐在〔주재〕 ①한 곳에서 머물러 있음. ②관리가 파견되어 직무상 그곳에 머물러 있음. 예—國(국) ちゅうざい
駐車〔주차〕 차를 세움. 예—場(장) ちゅうしゃ
駐箚〔주차〕 공무(公務)를 띠고 외국에 머물러 있음. ちゅうさつ
▷屯駐(둔주). 留駐(유주). 暫駐(잠주). 停駐(정주). 進駐(진주).

[駝] 부 馬(말마변) 획 10—5 훈 낙타 음 타 中 t'uo² 英 comel 日 タ. らくだ
뜻 ①낙타. ②곱사등이. ③실을. 태울.
필순 ᄐ 馬 馬 馬 駝駝駝

駝背〔타배〕 곱사등이. たはい
駝峯〔타봉〕 낙타의 육봉(肉峯). たほう
駝鳥〔타조〕 새의 이름. 열대 지방에 사는 잘 닫는 가장 큰 새. たちょう
▷駱駝(낙타).

[駱] 부 馬(말마변) 획 10—6 훈 가리온 음 락 中 luo⁴ 英 camel 日 ラク. らくだ
뜻 ①가리온. ②약대. 낙타.
필순 ᄐ 馬 馬 馬 駱駱駱駱

駱馬〔낙마〕 털은 희고 갈기는 검은 말. 가리온. らくば
駱賓王〔낙빈왕〕 당(唐)나라의 시인(詩人). 초당(初唐)의 사걸(四傑) 중의 한 사람. らくひんおう
駱駝〔낙타〕 우제류(偶蹄類)에 속하는 열대 지방의 동물. 등에 하나 또는 두 개의 육봉(肉峯)이 있

음. らくだ

「駿」 部 馬(말마변) 획 10—7 훈 준마 음 준: 中 chün⁴ 英 fine horse 日 シュン. すぐれた うま 「걸. ⑤높을. 험할.
뜻 ①준마. ②클. ③빠를. ④준
필순 𠂤𠂤馬馬馬駿駿

駿馬〔준마〕 잘 달리는 좋은 말. しゅんば 「함. しゅんびん
駿敏〔준민〕 걸출(傑出)하고 민첩
駿逸〔준일〕 ① 뛰어나고 빠름. ② 또 기세가 왕성함. ③뛰어난 인재. 동준재(駿才). しゅんいつ
駿才〔준재〕 뛰어난 재주. 또 그 사람. 동준일(駿逸). しゅんさい
駿足〔준족〕 ①걸음이 대단히 빠름. ②준마(駿馬). しゅんそく
駿刑〔준형〕 엄한 형벌. しゅんけい

【騎】 部 馬(말마변) 획 10—8 훈 말탈 음 기 中 kê⁴, chi⁴ 英 cavalier; ride 日 キ. のる. のりうま 「기병.
뜻 ①말탈. ②말탄 군사. 마병.
필순 𠂤馬馬馬馬馬騎騎

騎鼓〔기고〕 싸움터에서 쓰는 북.
騎馬〔기마〕 말을 탐. 또 그 탄 사람. 예—隊(대). きば
騎兵〔기병〕 말을 탄 군사(軍士). 동마병(馬兵)·기사(騎士)·기졸(騎卒). きへい
騎士〔기사〕 ①동기병(騎兵). ②유럽 중세(中世)의 말 탄 무사(武士). 예—道(도). きし
騎士道〔기사도〕 무(武)와 의(義)를 높이는 기사(騎士)의 정신. 중세(中世) 유럽 기사 계급 특유(特有)의 도덕. きしどう
騎手〔기수〕 ①말을 전문으로 타는 사람. ②경마(競馬) 따위에서 말을 타고 달리는 선수. きしゅ
騎乘〔기승〕 ①말을 탐. ②말을 타는 것과 수레에 오르는 것. きじょう 「きぎょ
騎馭〔기어〕 말을 몲. 말을 다룸.
騎將〔기장〕 기병(騎兵)의 장수. きしょう 「つ
騎卒〔기졸〕 동⇨기병(騎兵). きそ
騎虎之勢〔기호지세〕 범을 타고 달리는 형세(形勢). 곧 중도(中途)에서 내릴 수 없으므로, 하던 일을 중지하기 어려움을 이름. きこのいきおい
▷輕騎(경기). 單騎(단기). 獨騎(독기). 卒騎(졸기). 隻騎(척기). 追騎(추기). 虎騎(호기).

「騰」 部 馬(말마변) 획 10—10 훈 오를 음 등 中 t'êng² 英 ascend 日 トウ. あがる. のぼる. おどる 「뛰놀.
뜻 ①오를. ②뛸. 달릴. ③날칠.
필순 月月𦙶𦙶𦙶騰騰騰

騰降〔등강〕 오르는 것과 내리는 것. 오르내림. とうこう
騰貴〔등귀〕 물건 값이 뛰어오름. 동등약(騰躍). とうき
騰極〔등극〕 즉위(卽位)함. 동등극(登極). とうきょく
騰達〔등달〕 ①올라감. ② 입선(入選)함. とうたつ 「うらく
騰落〔등락〕 값의 오르고 내림. と
騰翻〔등번〕 높이 날아 올라 펄럭임. とうほん
騰躍〔등약〕 ①뛰어 오름. 날아 오름. ②물가가 뛰어 오름. 동등귀(騰貴). とうやく
騰揚〔등양〕 기세(氣勢)와 지위(地位)가 높아서 떨침. とうよう
騰遠〔등원〕 원숭이의 딴 이름. とうえん 「とうえつ
騰越〔등월〕 뛰어 오름. 뛰어 넘음.
騰踐〔등천〕 ①밟고 넘어 감. ②시체(屍體)를 밟으며 감. とうせん
▷高騰(고등). 上騰(상등). 升騰(승등). 昻騰(앙등). 暴騰(폭등).

【騷】 部 馬(말마변) 획 10—10 훈 시끄러울 음 소 中 sao¹ 英 noisy 日 ソウ. さわぐ
뜻 ①시끄러울. 떠들. ②근심할 ③급할. ④시체이름.
필순 馬馬馬馬馬騷騷騷

騷客〔소객〕 시(詩)를 짓는 사람. 시인. 동소인(騷人). そうかく
騷動〔소동〕 ①마음이 산란(散亂)함. ②여럿이 싸우거나 떠들어댐. そうどう 「うらん
騷亂〔소란〕 시끄럽고 어수선함. そ

騷然〔소연〕 시끄러운 모양. 떠들썩한 모양. そうぜん
騷訛〔소와〕 잘못 전해서 소동(騷動)이 난 소문. 「おん
騷音〔소음〕 시끄러운 소리. そう
騷人〔소인〕 시인(詩人). 풍류객(風流客). ⓓ소객(騷客). そうじん
騷人墨客〔소인묵객〕 시문(詩文)이나 서화(書畫)를 일삼는 사람. そうじんぼっかく「趣). そうち
騷致〔소치〕 시문(詩文)의 아취(雅
▷賦騷(부소). 離騷(이소). 莊騷(장소). 風騷(풍소).

【驅】 부 馬(말마변) 획 10—11 훈 몰 음 구 中 ch'ü[1] 英 drive 日 ク. かける. かる
뜻 ①몰. ②쫓을. ③달릴.
참고 약 駆
필순 馬 馬 馬 馬 馬 駈 驅 驅

驅儺〔구나〕 옛날 중국에서 연말에 귀신을 쫓던 의식(儀式). くだ
驅掠〔구략〕 협박(脅迫)하여 재물을 약탈(掠奪)함. くりゃく
驅魔劍〔구마검〕 마귀(魔鬼)를 쳐 없애는 신검(神劍). くまけん
驅迫〔구박〕 몹시 굶. 학대(虐待)함. くはく
驅步〔구보〕 달음질로 걸음. くほ
驅使〔구사〕 ①사람이나 동물을 몰아쳐 부림. ②자유자재(自由自在)로 다루어 씀. くし 「じょ
驅除〔구제〕 없애버림. 몰아냄. く
驅從〔구종〕 관원(官員)을 모시고 다니는 하인(下人). 「くちく
驅逐〔구축〕 쫓아 버림. 쫓아 내침.
驅逐艦〔구축함〕 어뢰(魚雷)를 중요 병기로 하여 적의 주력함(主力艦)·잠수함(潛水艦) 등을 격파하는 속력이 빠른 소형의 군함. くちくかん
驅蟲〔구충〕 기생충·해충(害虫) 등을 없앰. 예—劑(제). くちゅう
驅馳〔구치〕 ①말이나 수레 따위를 몰아 빨리 달림. ⓓ치구(馳驅). ②남의 일을 위하여 또는 남의 부림을 받아 분주(奔走)히 돌아다님. くち
▷競驅(경구). 跳驅(도구). 先驅(선구). 長驅(장구). 前驅(전구). 中驅(중구). 疾驅(질구).

〖驚〗 부 馬(말마변) 획 10—13 훈 놀랄 음 경 中 ching[1] 英 frighten 日 キョウ. おどろく
뜻 ①놀랄. 놀랠. ②두려울.
필순 艹 芍 苟 敬 驚 驚 驚 驚

驚起〔경기〕 깜짝 놀라서 일어남. きょうき
驚倒〔경도〕 몹시 놀람. きょうとう
驚動〔경동〕 ①놀라게 함. ②놀라 동요(動搖)함. きょうどう
驚愕〔경악〕 깜짝 놀람. きょうがく
驚異〔경이〕 놀라고 이상(異常)히 여김. きょうい
驚異感〔경이감〕 놀라서 이상하게 여겨지는 느낌. きょういかん
驚天動地〔경천동지〕 하늘이 놀라고 땅이 움직임. 곧 세인(世人)을 대단히 놀라게 함을 이름. きょうてんどうち
驚歎〔경탄〕 ①놀라 탄식(歎息)함. ②몹시 탄복함. きょうたん
驚風〔경풍〕 ① 어린아이들의 경련을 일으키는 병. ②거센 바람. きょうふう
驚寒〔경한〕 추위에 놀람. 또는 몹시 추움. きょうかん
驚喜〔경희〕 놀라고 즐거워함. 몹시 즐거워함. きょうき
驚喜雀躍〔경희작약〕 하도 기뻐서 날뜀. きょうきじゃくやく
▷大驚(대경). 奔驚(분경). 石破天驚(석파천경). 一驚(일경).

【驛】 부 馬(말마변) 획 10—13 훈 역말 음 역 中 i[4] 英 post house; station 日 エキ. つぎうま. しゅくば
뜻 ①역말. 파발마. ②파발. 역참. 정거장. ③잇댈. 잇닿을.
참고 약駅
필순 馬 馬 馬 馬 馬 駅 驛 驛

驛奴〔역노〕 역참(驛站)에 딸린 종. ⓓ역비(驛婢). えきど
驛頭〔역두〕 역의 앞. えきとう
驛路〔역로〕 역참으로 통하는 길. 파발길. えきろ

驛吏〔역리〕 역참의 관리. えきり
驛馬〔역마〕 역참에서 쓰는 말. 동 파발마. えきば
驛夫〔역부〕 ①역(驛)에서 잡무(雜務)에 종사하는 사람. ②동역졸(驛卒). えきふ
驛舍〔역사〕 ①역의 건물. ②파발의 건물. 동역관(驛館). えきしゃ
驛驛〔역역〕 싹이 나는 모양. 성(盛)한 모양. えきえき
驛員〔역원〕 역에서 일을 보는 사람. えきいん
驛長〔역장〕 ①역의 우두머리. ② 역참(驛站)의 우두머리. えきちょう
驛傳〔역전〕 옛날 파발에서 다음 파발까지 사람이나 짐을 차례로 전하여 보내던 일. ②역전 경주(驛傳競走). えきでん
驛傳競走〔역전경주〕 일정한 지점에 이르면 다음 선수와 바꾸어 뛰게 하는 장거리 릴레이 경주. 예京釜間(경부간)―. えきでんきょうそう 「數). えきてい
驛程〔역정〕 역로(驛路)의 잇수(里
驛卒〔역졸〕 역참에서 심부름하던 사람. 동역부(驛夫). えきそつ
驛站〔역참〕 ①옛날 관리의 호송(護送)이나 공문서의 전달을 위하여 설치한 역사(驛舍). 파발. 동 숙역(宿驛). えきたん
▷簡易驛(간이역). 宿驛(숙역). 終着驛(종착역). 通過驛(통과역).

【驗】 부 馬(말마변) 획 10—13 훈 보람 음 험: 中 yen⁴ 英 examine 日 ケン. ためす
뜻 ①보람. ②증험할. ③시험할.
필순 ㅌ 馬 馬 馬 馬^ 馬^ 驗驗
驗問〔험문〕 조사·탐색함. 사문(査問)함. けんもん
驗算〔험산〕 어떤 계산의 정부(正否)를 알기 위해 하는 계산. 동 검산(檢算). けんさん
驗左〔험좌〕 증거·증좌(證左). 동 표지(標識). けんさ 「しょう
驗證〔험증〕 증거를 조사함. けん
驗效〔험효〕 효력(效力). 효험(效驗). けんこう
▷經驗(경험). 先驗(선험). 試驗(시험). 實驗(실험). 靈驗(영험). 體驗(체험). 效驗(효험).

⑽ 骨 部

【骨】 부 骨(뼈골변) 획 10—0 훈 뼈 음 골 中 ku¹·²·³ 英 bone 日 コツ. ほね
뜻 ①뼈. 뼈대②. 꿋꿋할. ③신라의 귀족.
필순 ㅣ ㄇ ㅁ ㅁ 骨 骨 骨 骨
骨格〔골격〕 ①뼈대. ②고등 동물의 체격(體格)을 형성하고 지탱하게 하며 근육(筋肉)이 붙게 하는 뼈. 사람에게는 200여 개가 있음. こっかく
骨董〔골동〕 ①골동품. 오래되어 희귀한 세간이나 미술품(美術品). ②물건이 물에 빠지는 소리. こっとう 「こつまく
骨膜〔골막〕 뼈를 싸고 있는 막(膜).
骨盤〔골반〕 몸통과 다리를 연결하는 부분의 뼈. 무명골(無名骨)·선골(仙骨)·미저골(尾骶骨)의 세 부분으로 구분됨. こつばん
骨相〔골상〕 뼈대에 나타난 성격이나 운명의 상(相). こっそう
骨髓〔골수〕 ①뼈와 그 골. 또 골. ②마음 속. 심중. 충심(衷心). ③요점. 안목(眼目). こっずい
骨肉〔골육〕 ①뼈와 살. ② 동⇨골육지친(骨肉之親). こつにく
骨肉相殘〔골육상잔〕 ①부모·형제가 서로 해침. ②같은 겨레끼리 전쟁을 함. 동골육상쟁(骨肉相爭). 「사이. こつにくのしん
骨肉之親〔골육지친〕 부모·형제의
骨子〔골자〕 종요로운 곳. 사물의 긴요한 부분. 요점. こっし
骨折〔골절〕 뼈가 부러짐. 동절골(折骨). こっせつ
骨牌〔골패〕 검은 나무 바탕에 흰 뼈를 붙여 여러 수효의 구멍을 판 노름하는 기구. 동아패(牙牌). こっぱい

骨品〔골품〕 신라 때의 혈통상의 계급적 등급. 진골(眞骨)·성골(聖骨) 따위. 「胸骨(흉골).
▷露骨(노골). 大腿骨(대퇴골).

「骸」 부 骨(뼈골변) 획 10—6 훈 뼈 음 해 中 hai² 英 skeleton 日 ガイ. ほね. むくろ
뜻 ①뼈. 해골. ②몸.
필순 骨 骨 骨 骨' 骨' 骸 骸 骸

骸骨〔해골〕 ①뼈만 남은 시체(屍體). 또 살이 죄다 썩어빠진 뼈. ②관직(官職)에서 물러남. ③몸. 신체. がいこつ
骸骨處〔해골처〕 예수가 십자가에서 못박힌 골고다를 일컫는 말. かいこつしょ 「우크스. がいたん
骸炭〔해탄〕 가스를 빼낸 석탄. 코
▷死骸(사해). 遺骸(유해). 殘骸(잔해).

「髓」 부 骨(뼈골변) 획 10—13 훈 골수 음 수: 中 sui³ 英 marrow 日 ズイ
뜻 ①골수. 뼛속기름. ②마음속.
필순 骨 骨 骨 骨 骨 骨 髓 髓

髓腦〔수뇌〕 ①머릿골. 동뇌수(腦髓). ②사물의 가장 중요한 곳. 동요점(要點). ずいのう
髓湯〔수탕〕 골탕. ずいとう
▷骨髓(골수). 腦髓(뇌수). 心髓(심수). 精髓(정수). 眞髓(진수). 脊髓(척수).

〖體〗 부 骨(뼈골변) 획 10—13 훈 몸 음 체(체:) 中 t'i³ 英 body; trunk 日 タイ. テイ. からだ 「양. 형체. ④격식.
뜻 ①몸. ②몸소. ③모
참고 속躰 약体
필순 骨 骨 骨 骨 骨 骨 體 體

體幹〔체간〕 몸. たいかん
體格〔체격〕 ①몸의 생김새. ②시문(詩文)의 체재. たいかく
體鏡〔체경〕 전신(全身)을 비치는 큰 거울. 「조직. たいけい
體系〔체계〕 낱낱을 계통이 서게 한
體軀〔체구〕 몸뚱이. たいく
體能〔체능〕 어느 일을 감당할 만한 몸의 능력. 예一檢査(검사). たいのう
體得〔체득〕 ①몸소 체험하여 얻음. ②충분히 납득(納得)하여 자기의 것을 만듦. たいとく
體面〔체면〕 남을 대하는 면목(面目)과 체재(體裁). 동 체통(體統). たいめん
體貌〔체모〕 ①모습. 형체와 생김새. ②예로써 대접함. 예우(禮遇)함. たいぼう
體罰〔체벌〕 신체에 직접 고통을 주는 벌. 동체형(體刑). たいばつ
體樣〔체양〕 동⇨체형(體形).
體言〔체언〕 명사·대명사·수사로서 문장의 주어가 될 수 있는 단어. ↔용언(用言). たいげん
體溫〔체온〕 몸의 온도. たいおん
體用〔체용〕 ①사물의 본체와 그 작용. ②원리와 그 응용. ③체언(體言)과 용언(用言). たいよう
體位〔체위〕 체격과 체력. 운동 능력·저항력 등으로 판단되는 몸의 강약의 정도. たいい
體育〔체육〕 ①몸의 성장(成長)·발달을 돕고, 건강하고 우미(優美)한 몸을 기르는 것을 목적으로 하는 교육. ↔덕육(德育)·지육(智育). ②학교 교육의 교과명(教科名). たいいく
體裁〔체재〕 ①이루어진 형식(形式). 또는 됨됨이. ②문장의 격식. たいさい. ていさい
體積〔체적〕 입방체가 가지고 있는 공간(空間)의 분량. たいせき
體制〔체제〕 ①모양. 꾸밈새. 됨됨이. ②시(詩)나 문장의 체재. ③사회 조직. たいせい
體操〔체조〕 신체의 발육·단련 등을 목적으로 행하는 규칙적인 운동. 맨손 체조·기계 체조로 나눔. 예機械(기계)一. たいそう
體重〔체중〕 몸무게. たいじゅう
體質〔체질〕 몸의 바탕. たいしつ
體臭〔체취〕 ①몸의 냄새. ②그 사람의 독특(獨特)한 기분이나 버릇. たいしゅう 「とう
體統〔체통〕 동⇨체면(體面). たい
體驗〔체험〕 자기가 직접 현실(現實)에서 얻은 경험. たいけん

體刑〔체형〕 직접(直接) 사람의 몸에 주는 형벌. ⑤체벌(體罰). ② 징역·금고와 같이 신체의 자유를 속박하는 형벌. ↔벌금형(罰金刑). たいけい

體形〔체형〕 ①실천(實踐)함. ②몸의 생긴 모습. 생김새. ⑤체양(體樣)·형체(形體). たいけい

體候〔체후〕 남의 안부(安否)를 묻는 데 쓰는 기거(起居)의 존칭.

▷個體(개체). 固體(고체). 具體(구체). 國體(국체). 氣體(기체). 文體(문체). 物體(물체). 發光體(발광체). 本體(본체). 上體(상체). 書體(서체). 侍體(시체). 時體(시체). 詩體(시체). 屍體(시체). 身體(신체). 暗體(암체). 液體(액체). 軟體(연체). 玉體(옥체). 肉體(육체). 人體(인체). 一體(일체). 立體(입체). 自體(자체). 字體(자체). 全體(전체). 正體(정체). 天體(천체). 下體(하체). 解體(해체). 形體(형체).

⑽ 高 部

〖高〗 부 高(높을고) 획 10—0 훈 높을 음 고 中·kao¹ 英 high; tall 日 ゴウ. たかい

뜻 ①높을. ②뛰어날. ③비쌀. ④성.

참고 속 髙

필순 ' 亠亠亠亠高高高

高架〔고가〕 높이 건너 걸침. 예—道路(도로). こうか

高價〔고가〕 ①비싼 값. 또 값이 비쌈. ②좋은 평판. こうか

高閣〔고각〕 ①높은 누각(樓閣). ② 높은 시렁. こうかく

高見〔고견〕 ①뛰어난 생각. 투철(透徹)한 의견. ②남의 의견의 높임말. こうけん

高潔〔고결〕 고상하고 깨끗함. 이욕(利欲)에 끌리지 아니하고 청백(淸白)함. こうけつ

高空〔고공〕 높은 하늘. 예—飛行(비행). こうくう

高拱〔고공〕 높은 곳에서 팔짱을 끼고 있음. 곧 관계하지 아니하고 방관(傍觀)함. こうきょう

高官大爵〔고관대작〕 지위(地位)가 높고 귀한 벼슬. こうかんたいしゃく

高句麗〔고구려〕 우리 나라의 삼국 시대의 한 나라.

高貴〔고귀〕 ①신분이 높고 귀함. ②품위가 높음. こうき

高級〔고급〕 높은 등급. 또 계급. こうきゅう

高奇〔고기〕 탁월(卓越)함. 또 그 사람. こうき

高氣壓〔고기압〕 주위보다 높은 기압. 이 지점(地點)에서 바람이 일어나 사방을 향하여 붊. ↔저기압(低氣壓). こうきあつ

高談峻論〔고담준론〕 고상(高尙)하고 준엄한 이론(理論). こうだんしゅんろん

高踏〔고답〕 지위(地位)나 명리(名利)를 바라지 아니하고 속세(俗世)에 초연(超然)함. 예—主義(주의). こうとう

高堂〔고당〕 ①높고 훌륭한 집. 남의 집의 높임말. ②부모. こうどう

高臺〔고대〕 ①높이 쌓은 대. ②높고 평평한 지면. こうだい

高臺廣室〔고대광실〕 규모가 굉장히 큰 집.

高德〔고덕〕 덕이 높음. 또 그 사람. こうとく

高度〔고도〕 ①높이의 정도. ②지평에서 천체(天體)까지의 각도(角度). こうど

高跳〔고도〕 높이 뜀. たかとび

高等〔고등〕 ①정도가 높음. 높은 등급. ②뛰어나게 좋음. 예—動物(동물). こうとう

高騰〔고등〕 높이 오름. こうとう

高粱〔고량〕 수수. 예—酒(주). こうりょう

高麗〔고려〕 우리 나라 중세 왕조(王朝)의 하나. 궁예(弓裔)의 부장(部將)이던 왕건(王建)이 제장(諸將)에게 추거(推擧)되어 개성에 도읍하고 세움. うらい

高麗歌謠〔고려가요〕 고려 시대의 속요. 가시리·청산별곡 따위.

高麗史〔고려사〕 이조(李朝) 세종(世宗) 때 정인지(鄭麟趾) 등이 지은 고려 시대의 역사책. 모두 139권. こうらいし
高麗三隱〔고려삼은〕 고려(高麗)말년(末年)의 은(隱)자가 붙은 목은(牧隱) 이 색(李穡), 포은(圃隱) 정 몽주(鄭夢周), 도은(陶隱) 이 숭인(李崇仁)의 세 학자. 또는 포은·목은·야은(冶隱) 길재(吉再)라고도 함. ㊣삼은(三隱).
高麗葬〔고려장〕 고구려 때, 늙고 병든 사람을 산 채로 묻어 버리던 일.
高麗青瓷〔고려청자〕 고려 시대에 만든 푸른 빛깔의 사기 그릇. 그 독창성(獨創性)과 우아함이 세계적으로 유명함.
高齡〔고령〕 나이가 많음. こうれい
高嶺土〔고령토〕 ①도자기를 만드는 데 쓰는 흙. ②장석(長石)이 분해되어 생긴 흙.
高祿〔고록〕 많은 녹봉. こうろく
高論〔고론〕 ①탁월한 의론. ②남의 의론의 높임말. こうろん
高樓〔고루〕 높은 누각. こうろう
高利〔고리〕 ①비싼 변리. ㊀—대금(貸金). —債(채). ②큰 이익. こうり 「고 뛰어남. こうまい
高邁〔고매〕 일반 사람보다 훨씬 높
高名〔고명〕 ①이름이 널리 남. ②남의 이름의 높임말. こうめい
高明〔고명〕 ①높고 탁 트임. ②식견이 높고 명석함. ③뜻이 고상하고 사리에 밝음. ④부귀(富貴)함. ⑤누각(樓閣). ⑥남에 대한 높임말. ⑦원말(元末) 명초(明初)의 극작가. こうめい
高文典册〔고문전책〕 국가 또는 임금의 명령에 의하여 간행된 귀중한 저술(著述). 「ほう
高峯〔고봉〕 높은 산봉우리. こう
高峯峻嶺〔고봉준령〕 높이 솟은 산봉우리와 험준(險峻)한 재. こうほうしゅんれい
高阜〔고부〕 높은 언덕. こうふ
高飛遠走〔고비원주〕 멀리 달아나 종적(蹤迹)을 감춤.
高射砲〔고사포〕 항공기를 쏘는 대포. こうしゃほう
高尙〔고상〕 ①속되지 아니함. 거룩함. ②정도가 높음. こうしょう
高說〔고설〕 ①탁월한 학설·논설. ②남의 설(說)의 높임말. こうせつ 「爆彈(폭탄). こうせいのう
高性能〔고성능〕 높은 성능. ㊀—
高聲放歌〔고성방가〕 높은 목소리로 거리낌 없이 노래를 불러댐.
高速〔고속〕 매우 빠름. 고속도(高速道). ㊀—道路(도로). こうそく
高手〔고수〕 기예(技藝)가 뛰어남. 또 그 사람. こうしゅ
高僧〔고승〕 도덕·학식(學識)이 높은 중. こうそう 「が
高雅〔고아〕 고상하고 우아함. こう
高壓〔고압〕 ①강한 압력(壓力). ②높은 전압(電壓). ↔저압(低壓). ㊀—線(선). こうあつ 「よう
高揚〔고양〕 높이 끌어 올림. こう
高原〔고원〕 지형(地形)이 높고 넓은 벌판. こうげん
高遠〔고원〕 ①높고 멂. ②뜻이 높고 생각이 멀리 미침. こうえん
高著〔고저〕 남의 저서(著書)의 높임말. こうちょ
高低〔고저〕 ①높음과 낮음. ②올라감과 내려감. こうてい
高適〔고적〕 당(唐)나라 성기(盛期)의 시인. 자(字)는 달부(達夫) 또는 중무(仲武). こうてき
高節〔고절〕 뛰어난 절개. こうせつ
高弟〔고제〕 뛰어난 제자. ㊣고족제자(高足弟子). こうてい
高祖〔고조〕 ① 조부의 조부. ②창업(創業)한 천자(天子). こうそ
高調〔고조〕 ①높은 가락. ②의기(意氣)를 돋움. ③역설(力說). ④시나 노래가 크게 감동시켜 흥취(興趣)를 일으키는 일. ㊐고조(高潮). こうちょう
高潮〔고조〕 ① 만조(滿潮)의 극점(極點). ②시세 또는 감정이 가장 격하여진 시기. ㊐고조(高調). こうちょう. たかしほ
高祖母〔고조모〕 조부(祖父)의 조모(祖母). こうそぼ

高祖父〔고조부〕 조부(祖父)의 조부. こうそふ

高足〔고족〕 ①빠른 걸음. ②뛰어나게 좋은 말. ⓓ준마(駿馬). ③여러 제자(弟子) 가운데서 특히 우수한 사람. ⓓ고제(高弟). ⓔ一弟子(제자). こうそく

高胄〔고주〕 지체가 좋은 집안. 또 그 자제(子弟). こうちゅう

高周波〔고주파〕 ①주파수(周波數)·진동수(振動數)가 대단히 큼. 또는 그러한 파동(波動)이나 진동. ↔저주파(低周波). こうしゅうは 「고 험준함. こうしゅん

高峻〔고준〕 ①고상함. ②산이 높

高枕〔고침〕 ①베개를 높이 베고 마음 편하게 잠. 안심함. ②높은 베개. ⓔ一短命(단명). こうちん

高評〔고평〕 ①좋은 평판(評判). ②남의 평론(評論)의 높임말. こうひょう

高下〔고하〕 ①위아래. ⓓ상하(上下). ②높고 낮음. ③나음과 못함. ④올라감과 내려감. こうげ

高喊〔고함〕 크게 외치는 목소리.

高軒〔고헌〕 ①높은 추녀. ②남의 수레의 높임말. こうけん

高歇〔고헐〕 ①값이 오르내림. ②비쌈과 쌈. こうけつ

高歇無常〔고헐무상〕 값이 오르고 내림이 일정하지 않음. こうけつむじょう

高險〔고험〕 높고 험함. こうけん

高顯〔고현〕 높이 나타남. こうけん

高懷〔고회〕 고상한 마음. 품위(品位) 있는 생각. こうかい

高訓〔고훈〕 ①훌륭한 교훈. ②남의 훈계의 높임말. こうくん

高興〔고흥〕 고상하고 뛰어난 흥취(興趣). こうきょう

▷孤高(고고). 登高(등고). 等高(등고). 崇高(숭고). 坐高(좌고). 最高(최고).

⑽ 髟 部

【髮】 ⓑ 髟(터럭발밑) ⓗ 10—5 ⓗ 터럭 ⓢ 발 ⓒ fa³·⁴ ⓔ hair ⓙ ハツ. かみ

ⓜ ①터럭. ②머리털. 머리카락.

필순 「 镸 髟髟髟髟髮髮

髮鼓〔발고〕 부인(婦人)들의 머리의 장식품. はっこ

髮短心長〔발단심장〕 늙기는 했으나 헤아리는 생각은 깊음. かみみじかくこころながし

髮膚〔발부〕 머리털과 피부. 곧 신체. ⓔ身體(신체)一. はっぷ

髮切蟲〔발절충〕 하늘소.

髮際〔발제〕 목 뒤에 생기는 부스럼. 발찌. はっさい

髮指〔발지〕 머리털을 곤두세우고 몹시 성냄. はっし

髮妻〔발처〕 맨 처음에 배필(配匹)이 된 아내. はっさい

髮衝冠〔발충관〕 머리털이 일어서서 관(冠)을 밀어 올릴 정도로 몹시 성난 모양. はつかんむりをつく

▷金髮(금발). 落髮(낙발). 亂髮(난발). 短髮(단발). 斷髮(단발). 頭髮(두발). 毛髮(모발). 白髮(백발). 散髮(산발). 束髮(속발). 銀髮(은발). 理髮(이발). 一髮(일발). 長髮(장발). 黑髮(흑발).

⑽ 鬥 部

【鬪】 ⓑ 鬥(싸움투) ⓗ 10—10 ⓗ 싸울 ⓢ 투(투:) ⓒ tou⁴ ⓔ fight ⓙ トウ. たたかう 「날.

ⓜ ①싸울. 싸움. ②다툴. ③만

필순 ｜ 「 「 鬥鬥鬪鬪鬪

鬪角〔투각〕 집의 추녀 끝이 사방에서 모인 곳. とうかく

鬪犬〔투견〕 개를 서로 싸움 붙임. 또 거기 쓰이는 개. とうけん

鬪鷄〔투계〕 닭끼리 싸움을 붙임. 또 싸우는 닭. とうけい

鬪士〔투사〕 ①전장(戰場)에서나 경기장에서 싸우려고 나선 사람. ②사회 운동 등에서 활약·투쟁

하는 사람. ③투지(鬪志)에 불타는 사람. とうし
鬪牛〔투우〕 소를 싸움 붙임. 또 싸움 잘하는 소. とうぎゅう
鬪爭〔투쟁〕 싸우고 다툼. とうそう
鬪志〔투지〕 싸우고자 하는 의지. 투쟁 정신. とうし
鬪彩〔투채〕 도자기 위에 놓은 무늬의 난만한 빛깔. とうさい
▷健鬪(건투). 格鬪(격투). 激鬪(격투). 決鬪(결투). 苦鬪(고투). 奮鬪(분투). 善鬪(선투). 力鬪(역투). 爭鬪(쟁투). 戰鬪(전투).

⑽ 鬯 部

【鬱】 부 鬯(술창) 획 10—19 훈 답답할 음 울 ㊥ yü⁴ ㊮ depressed ㊐ ウツ. しげる
뜻 ①답답할. ②울창할. 우거질. ③막힐. 막을.
참고 ㊎ 欝
필순 木 椈 欎欎欎欝鬱
鬱結〔울결〕 가슴이 막혀 답답함. ㊐원결(苑結). うっけつ
鬱氣〔울기〕 우울한 기분. うっき
鬱陶〔울도〕 깊이 생각에 잠긴 모양. ②날씨가 무더운 모양. うっとう
鬱憤〔울분〕 쌓여 풀리지 않는 분노(憤怒). うっぷん
欝塞〔울색〕 ㊐⇨울적(欝積).
鬱鬱〔울울〕 ①뜻대로 되지 않아 기분이 우울한 모양. 불평이 가득찬 모양. ②수목(樹木)이 빽빽하게 우거진 모양. ③기운이 왕성하게 오르는 모양. うつうつ
鬱鬱蒼蒼〔울울창창〕 나무가 빽빽하고 푸르게 우거진 모양. うつうつそうそう
鬱積〔울적〕 쌓여 막힘. ㊐울색(鬱塞). うっせき
鬱蒼〔울창〕 나무가 빽빽이 들어서 무성하여 푸릇푸릇한 모양. ㊗울울창창. うっそう
鬱血〔울혈〕 충혈(充血). うっけつ
鬱火〔울화〕 속이 답답하여 나는 심화. うっか
▷憂鬱(우울). 陰鬱(음울). 沈鬱(침울).

⑽ 鬼 部

【鬼】 부 鬼(귀신귀변) 획 10—0 훈 귀신 음 귀: ㊥ kuei³ ㊮ departed spirit ㊐ キ. おに
뜻 ①귀신. 도깨비. ②총명할. ③나쁜꾀 많을.
필순 ㇒ 白 由 鬼 鬼 鬼
鬼工〔귀공〕 사람의 솜씨로는 하기 어려운 교묘(巧妙)한 세공(細工). きこう
鬼氣〔귀기〕 소름이 끼치는 분위기(雰圍氣). きき
鬼錄〔귀록〕 ㊐⇨귀적(鬼籍).
鬼面〔귀면〕 귀신(鬼神)의 얼굴. 도깨비의 탈. きめん
鬼物〔귀물〕 도깨비. 괴물. きぶつ
鬼伯〔귀백〕 죽음을 맡은 신(神). 모든 귀신의 우두머리. きはく
鬼斧〔귀부〕 귀신의 도끼로 깎은 것 같이 교묘한 세공(細工). ㊐신공(神工). きふ
鬼神〔귀신〕 죽은 사람의 혼령(魂靈). きしん
鬼神避之〔귀신피지〕 귀신이 피한다는 뜻으로 과단성 있게 행하면 귀신도 피하고 방해하지 아니한다는 말. きしんもこれをさく
鬼蜮〔귀역〕 ①귀신과 물여우. ②물여우가 물에 비치는 사람의 그림자에 물고 있던 모래를 뿌리면 그 사람이 죽는다 함. 곧 음흉한 사람의 비유. きいき
鬼才〔귀재〕 ①세상에 드물게 뛰어난 시문(詩文)의 재주. ②세상에 드문 재주. 또 그 사람. きさい
鬼籍〔귀적〕 죽은 사람의 이름·사망 연월일 등을 기재(記載)하는 장부. 과거장(過去帳). ㊐귀록(鬼錄). きせき
鬼畜〔귀축〕 아귀(餓鬼)와 축생(畜生). 곧 잔인무도한 사람. きちく
鬼形〔귀형〕 귀신의 형상. 또 그와 같이 파리하고 추한 모양. きけい
鬼火〔귀화〕 도깨비불. きか. おにび
▷窮鬼(궁귀). 百鬼(백귀). 邪鬼

(사귀). 靈鬼(영귀). 人鬼(인귀). 赤鬼(적귀). 債鬼(채귀).

【魂】 부 鬼(귀신귀변) 획 10—4 훈 넋 음 혼 中 huen[1] 英 spirit 日 コン. たましい 「신.
뜻 ①넋. 혼. 영혼. ②마음. 정
필순 ﾆ 云 䰟 魂 魂

魂氣〔혼기〕 넋. 영혼(靈魂). こんき
魂膽〔혼담〕 영혼. 마음. こんたん
魂靈〔혼령〕 영혼(靈魂). こんれい
魂魄〔혼백〕 넋. 영혼. こんぱく
魂飛魄散〔혼비백산〕 몹시 놀람을 이름. こんとびはくさんず
▷客魂(객혼). 亡魂(망혼). 心魂(심혼). 靈魂(영혼). 鎭魂(진혼). 招魂(초혼). 忠魂(충혼).

「魅」 부 鬼(귀신귀변) 획 10—5 훈 도깨비 음 매(매:) 中 mei[4] 英 ghost; spectre 日 ミ. ばけもの
뜻 ①도깨비(매·미). ②호릴.
필순 白 甶 鬼 鬼 魅 魅 魅

魅力〔매력〕 마음을 호리어 끄는 힘. みりょく
魅了〔매료〕 완전히 매혹됨. 또 매혹시킴. みりょう 「함. みわく
魅惑〔매혹〕 남을 호리어 현혹케

「魄」 부 鬼(귀신귀변) 획 10—5 훈 넋 음 백 中 t'o[4], p'o[4] 英 soul 日 ハク. たましい
뜻 ①넋(백). ②영락할. 가난할(탁). ③찌끼. 재강(박).
필순 白 白 帕 帥 魄 魄

▷古人糟魄(고인조박). 亡魄(망백). 死魄(사백). 生魄(생백). 心魄(심백). 精魄(정백). 魂魄(혼백). 落魄(낙탁).

[魏] 부 鬼(귀신귀변) 획 10—8 훈 위나라 음 위 中 wei[4] 英 lofty 日 ギ. たかい 「③클.
뜻 ①위나라. ②높을. 우뚝할.
필순 ⺈ 禾 委 委 魏 魏 魏 魏

魏文帝〔위문제〕 삼국(三國) 위(魏)나라의 초대(初代) 황제. 조조(曹操)의 장자. 이름은 비(丕). 문학에 뛰어났음. ぎぶんてい
魏書〔위서〕 중국의 정사(正史)의 하나. 북제(北齊)의 위수(魏收)가 지음. 130 권. 위(魏)나라의 사실(史實)을 기술함. ぎしょ
魏魏〔위위〕 높고 큰 모양. ぎぎ
▷東魏(동위). 西魏(서위). 曹魏(조위). 後魏(후위).

「魔」 부 鬼(귀신귀변) 획 10—11 훈 마귀 음 마 中 mo[2] 英 demon 日 マ. おに
뜻 ①마귀. ②마술.
필순 广 庐 府 麻 麼 魔 魔

魔窟〔마굴〕 악마가 사는 곳. 곧 악(惡)한 자들이 모인 곳. 또 매음녀(賣淫女)가 있는 집. まくつ
魔鬼〔마귀〕 못된 잡귀. 동악귀(惡鬼). まき 「②여자 마귀. まじょ
魔女〔마녀〕 ①마력을 가진 여자.
魔力〔마력〕 마술의 힘. 또 사람을 호리는 이상한 힘. まりょく
魔法〔마법〕 요술(妖術). まほう
魔手〔마수〕 흉악한 손길. ましゅ
魔術〔마술〕 ①요술(妖術). ②사람을 호리는 괴기(怪奇)한 술법(術法). 예—師(사). まじゅつ
魔王〔마왕〕 ①마귀의 왕. ②불도(佛道)의 수행과 모든 착한 일을 방해하는 악귀의 우두머리. まおう 「(악마). 妖魔(요마).
▷病魔(병마). 色魔(색마). 惡魔

⑾ 魚 部

〔魚〕 부 魚(고기어변) 획 11—0 훈 고기 음 어 中 yü[2] 英 fish 日 ギョ. うお. さかな
뜻 ①고기. 물고기②고기잡을. ③성.
필순 ⺈ 色 角 角 魚

魚介〔어개〕 어류(魚類)와 패류(貝類). ぎょかい 「(魚頭肉尾).
魚頭鳳尾〔어두봉미〕 동⇨어두육미
魚頭肉尾〔어두육미〕 물고기는 대가리 쪽이 맛이 있고, 짐승의 고기는 꼬리쪽이 맛이 있다는 말. 동어두봉미(魚頭鳳尾).
魚卵〔어란〕 민어·숭어·명태 등의 생선의 알. ぎょらん

魚梁〔어량〕 물이 한 군데로만 흐르도록 물살을 막고, 그 곳에 통발을 놓아 고기를 잡는 장치. ぎょりょう
魚魯不辨〔어로불변〕 어(魚)자와 노(魯)자를 분변(分辨)하지 못함. 곧 무식함을 이름. 「종다래끼.
魚籠〔어롱〕 물고기를 잡아서 담는
魚雷〔어뢰〕 물고기 모양의 공격용 수뢰(水雷)의 한가지. [동]어형수뢰(魚形水雷). [예]一정(艇). ぎょらい
魚麗〔어리〕 진법(陣法)의 이름. 물고기가 떼를 지어 나아가는 모양의 둥글고 조금 긴 대형(隊形)임. ぎょり
魚鱗〔어린〕 ①물고기의 비늘. ②어류(魚類). ③물고기의 비늘처럼 서로 잇대어 있음. ④진형(陣形)의 한가지. [예]一학익(鶴翼). ぎょりん 「ぎょもう
魚網〔어망〕 물고기를 잡는 그물.
魚物〔어물〕 생선을 가공하여 말린 것. [예]一상(商). 一전(廛).
魚變成龍〔어변성룡〕 곤궁(困窮)하던 사람이 부귀(富貴)하게 된 것을 이름.
魚水〔어수〕 물고기와 물처럼 떨어질 수 없는 관계. 곧 군신(君臣)이나 부부간의 친밀(親密)한 관계를 이름. ぎょすい
魚水親〔어수친〕 서로 떨어질 수 없는 친한 사이. ぎょすいのしん
魚失水〔어실수〕 물고기가 물을 잃었다는 뜻으로, 곤궁한 사람의 의지할 데 없음의 비유.
魚眼〔어안〕 ①고기의 눈. ②물이 끓어 거품이 이는 모양. ぎょがん
魚眼寫眞〔어안사진〕 광선(光線)의 굴절(屈折)에 의하여 수면상의 공간이 동시에 보여짐을 이용하여, 어안(魚眼)렌즈로 180°의 시야(視野)를 찍는 사진. ぎょがんしゃしん
魚鹽柴水〔어염시수〕 생선·소금·땔나무·물. 곧 생활에 필요한 물건의 총칭. 「ぎょゆ
魚油〔어유〕 물고기에서 짜낸 기름.
魚肉〔어육〕 ①생선의 고기와 짐승의 고기. ②참살(斬殺)당함의 비유. ぎょにく
魚質龍文〔어질용문〕 외모는 용 같으나 실질은 물고기라는 뜻으로, 외양과 내용이 아주 틀림을 이름. ぎょしつりょうぶん 「항아리.
魚缸〔어항〕 물고기를 기르는 유리
▷乾魚(건어). 金魚(금어). 淡水魚(담수어). 文魚(문어). 鮮魚(선어). 養魚(양어). 緣木求魚(연목구어). 鰍魚(추어).

魯

[부] 魚(고기어변) [획] 11—4 [훈] 노나라 [음] 로 [中] lu³
[英] stupid [日] ロ. おろか
[뜻] ①노나라. ②미련할. 어리석을. ③성.
[필순] ⺈ 角 魚 魚 魚 魯 魯
魯男子〔노남자〕 여색(女色)을 좋아하지 아니하는 사람을 이름.
魯鈍〔노둔〕 재주가 둔함. 미련함. ろどん 「함. ろぼく
魯朴〔노박〕 어리석고 소박(素朴)
魯陽之戈〔노양지과〕 노양공(魯陽公)이 창으로 해를 불러 오게 한 고사(故事). 세력이 성함을 이름. ろようのほこ
魯魚之誤〔노어지오〕 노(魯)자와 어(魚)자가 비슷하여 틀리기 쉬움. 곧 모든 비슷한 글자의 오사(誤寫)를 이름. ろぎょのあやまり
▷魚魯(어로).

鮮

[부] 魚(고기어변) [획] 11—6 [훈] 고울 [음] 선 [中] hsien¹·³
[英] bright; fresh [日] セン. あざやか. すくない
[뜻] ①고울. ②좋을. ③새로울. ④적을. ⑤생선. ⑥조촐할.
[필순] ⺈ 角 魚 魚 鮮 鮮
鮮麗〔선려〕 매우 선명(鮮明)하고 아름다움. せんれい
鮮明〔선명〕 ①산뜻하고 밝음. 조촐하고 깨끗함. ②흐리멍덩한 점이 없이 분명함. せんめい「ょう
鮮妙〔선묘〕 산뜻하고 묘함. せんみ
鮮美〔선미〕 곱고 아름다움. せんび
鮮白〔선백〕 선명하고 흼. せんぱく

鮮少〔선소〕드묾. 얼마 안 됨. せんしょう 「생선. せんぎょ
鮮魚〔선어〕신선(新鮮)한 물고기.
鮮肉〔선육〕신선한 고기. せんにく
鮮衣〔선의〕깨끗한 의복. せんい
鮮血〔선혈〕신선한 피. 선지피. せんけつ 「다운 꽃. せんか
鮮花〔선화〕빛깔이 선명하고 아름
▷生鮮(생선). 新鮮(신선).

「鯨」 부 魚(고기어변) 획 11—8 훈 고래 음 경: 中 ching¹ ch'ing² 英 whale 日 ケイ. くじら
뜻 고래.
필순 ⺈⺈角魚魚魣鯨鯨鯨
鯨浪〔경랑〕큰 물결. 동경파(鯨波). げいろう
鯨船〔경선〕고래잡이 배. げいせん
鯨魚〔경선〕고래. げいぎょ
鯨鯢〔경예〕①수코래와 암코래. 작은 고기를 삼켜 먹으므로 약소국을 집어삼키는 의롭지 못한 나라. ②악인(惡人)의 우두머리. ③살육당함. げいげい
鯨油〔경유〕고래의 지방(脂肪). 고래기름. げいゆ
鯨飮〔경음〕고래가 물을 들이켜듯이 술을 썩 많이 마심. げいいん
鯨呑〔경탄〕고래가 고기를 삼키듯이 세력이 강성한 자가 약자를 집어삼킴. げいどん 「は
鯨波〔경파〕동⇨경랑(鯨浪). げい
▷巨鯨(거경). 捕鯨(포경).

⑾ 鳥 部

〔鳥〕 부 鳥(새조변) 획 11—0 훈 새 음 조(조:) 中 niao³ 英 bird 日 チョウ. とり.
뜻 새. しま 鳥
필순 ⺈⺈户鳥鳥
鳥瞰圖〔조감도〕높은 곳에서 내려다본 것처럼 그린 지도. 또는 풍경화. ちょうかんず
鳥道〔조도〕새들이 날아다닐 수 있는 험한 산길. ちょうどう
鳥籠〔조롱〕새장. とりかご
鳥類〔조류〕등뼈동물에 속하는 한 강(綱). 곧 새의 무리. ちょうるい
鳥飛〔조비〕새가 낢. ちょうひ 「う
鳥獸〔조수〕새와 짐승. ちょうじゅ
鳥語〔조어〕①새의 울음소리. 동금어(禽語). ②오랑캐의 말. ちょうご 「자. ちょうせき
鳥跡〔조적〕①새의 발자취. ②글
鳥足之血〔조족지혈〕'새 발의 피'라는 뜻으로 물건의 적음을 이름.
鳥中之曾參〔조중지증삼〕까마귀를 말함. 증삼(曾參)은 공자(孔子)의 제자이며, 효자(孝子)로서 유명함. 까마귀는 반포지효(反哺之孝)가 있는 까닭에 새 중의 증삼이라고 칭찬하여 한 말. ちょうちゅうのそうしん 「ゅう
鳥銃〔조총〕새총. 엽총. ちょうじ
▷怪鳥(괴조). 籠鳥(농조). 丹鳥(단조). 猛鳥(맹조). 鳴鳥(명조). 白鳥(백조). 瑞鳥(서조). 野鳥(야조). 益鳥(익조). 海鳥(해조). 害鳥(해조). 候鳥(후조).

「鳩」 부 鳥(새조변) 획 11—2 훈 비둘기 음 구 中 chiu¹ 英 pigeon 日 キュウ. はと
뜻 ①비둘기. ②모일. 모을. ③편안할. 편안히할.
필순 丿九九'九'九'鳩鳩
鳩居鵲巢〔구거작소〕비둘기는 집을 짓지 않고 까치 집에서 살므로, 아내가 남편의 집을 자기 집으로 삼음의 비유. 또 남의 집을 빌어 삶. きゅうきょじゃくそう
鳩斂〔구렴〕사방에 흩어져 있는 백성을 모아 한 군데 자리잡고 편히 살게 하고 구실을 거둠.
鳩摩羅什〔구마라습〕후진(後秦)의 고승(高僧). 서역(西域) 구자국(龜玆國) 태생. 삼론종의 개조(開祖)임. くまらじゅう
鳩槃茶〔구반다〕형체가 보기 흉한 일종의 악신(惡神)의 이름. 후세(後世)에는 못생긴 여자를 이름.
鳩巢〔구소〕①비둘기의 둥우리. 초라한 집. きゅうそう
鳩首〔구수〕머리를 맞대고 의논함. 예一會議(회의). きゅうしゅ

鳩杖〔구장〕 ①머리에 비둘기를 새긴 노인의 지팡이. ②비둘기를 새긴 노인의 젓가락. きゅうじょう 「데 모여 합함. きゅうごう
鳩合〔구합〕 한데 모아 합침. 또 한
鳩形鵠面〔구형곡면〕 오래 주려 여위어 강파른 형용. ⓓ조면곡형(鳥面鵠形). きゅうけいこくめん
▷班鳩(반구). 傳書鳩(전서구).

〖鳴〗 ⓑ 鳥(새조변) ⓗ 11—3 ⓗ 울 ⓔ 명 ⓒ ming² ⓔ chirp ⓙ メイ. なく 「울.
뜻 ①울. ②울릴. ③새
필순 ㅁ 吖 喑 鸣 鳴 鳴

鳴禽〔명금〕 ①우는 새. ②명금류(鳴禽類)에 속한 새. めいきん
鳴器〔명기〕 매미 따위의 소리내는 기관(器官). めいき 「どう
鳴動〔명동〕 울리어 진동함. めい
鳴梁大捷〔명량대첩〕 임진왜란 때 이순신(李舜臣) 장군이 명량(울돌목)에서 거둔 큰 승리.
鳴蛙〔명와〕 우는 개구리. めいあ
鳴笛〔명적〕 ①피리를 붊. ②피리. めいてき
鳴鐘〔명종〕 시간을 알리기 위하여 울리는 종. めいしょう
鳴竹〔명죽〕 빗방울이 댓잎에 떨어지는 소리. 또는 댓잎의 소리.
▷鷄鳴(계명). 共鳴(공명). 悲鳴(비명). 耳鳴(이명).

【鳳】 ⓑ 鳥(새조변) ⓗ 11—3 ⓗ 새 ⓔ 봉: ⓒ fêng⁴ ⓔ phoenix ⓙ ホウ. おおとり
뜻 새. 봉새. 봉황.
필순 几 凡 凤 凤 鳳 鳳

鳳德〔봉덕〕 성인(聖人)의 덕.
鳳輦〔봉련〕 임금이 타는 수레. 또는 가마. 지붕에 황금으로 봉황의 장식을 하였음. ⓓ봉여(鳳輿). ほうれん
鳳樓〔봉루〕 ① 아름다운 누각(樓閣). ②부녀(婦女)가 거처하는 누각. ほうろう 「ほうせんか
鳳仙花〔봉선화〕 봉숭아의 옛 이름.
鳳聲〔봉성〕 편지에 쓰는 말로 남에게 전언(傳言)을 부탁할 때 공경의 뜻으로 쓰는 말. ほうせい
鳳兒〔봉아〕 뛰어난 아이. 대단히 영리한 아이. ほうじ
鳳輿〔봉여〕 ⓓ⇨봉연(鳳輦).
鳳苑〔봉원〕 대궐(大闕) 안에 있는 동산. ⓓ비원(祕苑)·금원(禁苑). ほうえん
鳳邸〔봉저〕 천자(天子)의 즉위(卽位)하기 전의 구거(舊居). ⓓ잠저(潛邸). ほうてい
鳳胎龍肝〔봉태용간〕 봉의 태(胎)와 용의 간(肝). 맛보기 어려운 진미(珍味)를 이름. ほうたいりょうかん
鳳凰〔봉황〕 상상(想像)의 새로서 성왕(聖王)이 나오면 출현한다는 서조(瑞鳥). 봉은 수컷. 황은 암컷. ほうおう
▷飛鳳(비봉). 祥鳳(상봉). 秀鳳(수봉). 神鳳(신봉). 靈鳳(영봉).

「鴨」 ⓑ 鳥(새조변) ⓗ 11—5 ⓗ 오리 ⓔ 압 ⓒ ya¹ ⓔ duck ⓙ オウ. かも. あひる
뜻 ①오리. ②집오리.
필순 ㄇ 日 甲 鸭 鸭 鴨 鴨 鴨

鴨頭〔압두〕 ①오리의 머리. ②녹색(綠色) 물빛의 형용. おうとう
鴨綠江〔압록강〕 한국과 만주(滿洲)의 국경을 이루고 790 km에 이르는 한국 최장(最長)의 강.
鴨黃〔압황〕 오리 새끼. おうこう

【鴻】 ⓑ 鳥(새조변) ⓗ 11—6 ⓗ 기러기 ⓔ 홍 ⓒ hung² ⓔ big goose ⓙ コウ. おおとり
뜻 ①기러기. 큰기러기. ②클(洪과 통용).
필순 氵 氵 沪 沪 泸 鸿 鴻

鴻鵠之志〔홍곡지지〕 큰 기러기와 고니의 뜻. 곧 영웅 호걸(英雄豪傑)의 뜻. 위대한 포부(抱負)를 이름. こうこくのこころざし
鴻基〔홍기〕 크게 하는 사업의 기초. こうき
鴻大〔홍대〕 큼. 거대함. ⓓ홍대(洪大). こうだい
鴻圖〔홍도〕 ①왕자(王者)의 큰 계획. ⓓ대계(大計). ②큰 판도(版圖). 광대한 영토. こうと 「めい
鴻名〔홍명〕 큰 명예(名譽). こう

鴻毛〔홍모〕 기러기의 털. 곧 아주 가벼운 사물의 비유. こうもう

鴻博〔홍박〕 학식이 넓음. 박람다식(博覽多識)함. こうはく

鴻範〔홍범〕 ①큰 규모(規模). ②서경(書經)의 한 편명(篇名). こうはん

鴻緖〔홍서〕 임금이 국가를 통치하는 대업(大業). こうしょ

鴻雁〔홍안〕 큰 기러기와 작은 기러기. こうがん

鴻業〔홍업〕 나라를 세우거나 다스리는 큰 사업(事業). 동홍업(洪業). こうぎょう

鴻恩〔홍은〕 큰 은혜. こうおん

鴻志〔홍지〕 큰 뜻. 동 대지(大志). こうし

鴻筆〔홍필〕 뛰어나게 잘 된 문장. 또는 대문장을 쓰는 일. こうひつ

鴻荒〔홍황〕 아주 오랜 옛날. 태고(太古). 동홍황(洪荒).

[鵡] 부 鳥(새조변) 획 11—7 훈 앵무새 음 무: 中 wu³ 英 parrot 日 ム. ブ. おうむ

뜻 앵무새.

필순 鵡

▷鸚鵡(앵무).

[鵲] 부 鳥(새조변) 획 11—8 훈 까치 음 작 中 ch'ueh⁴ 英 magpie 日 ジャク. かささぎ

뜻 ①까치. ②때까치.

필순 鵲

鵲橋〔작교〕 ①칠월 칠석날 밤에 직녀(織女)가 까치 등을 타고 은하(銀河)를 건넌다는 이야기에서 나온 말. ② 오작교(烏鵲橋)로 불리는 다리. じゃくきょう

鵲豆〔작두〕 까치콩. じゃくとう

鵲語〔작어〕 까치의 짖는 소리. 기쁨의 징조. じゃくご

鵲喜〔작희〕 까치가 지저귀는 소리는 기쁜 소식을 알려 주는 징조라는 뜻. じゃっき

▷烏鵲(오작).

[鷄] 부 鳥(새조변) 획 11—10 훈 닭 음 계 中 chi¹ 英 cock; hen 日 ケイ. にわとり

뜻 닭.

참고 동雞

필순 鷄

鷄犬〔계견〕 닭과 개. けいけん

鷄犬相聞〔계견상문〕 닭과 개의 우는 소리가 이곳저곳에서 들림. 곧 인가가 죽 늘어선 형용. けいけんあいきこゆ

鷄犬聲〔계견성〕 닭과 개의 울음 소리.

鷄冠〔계관〕 ①닭·꿩·칠면조 등의 머리 위에 있는 맨드라미꽃 같은 살조각. 볏. ②맨드라미꽃. ③닭털로 장식한 관(冠). けいかん

鷄冠花〔계관화〕 맨드라미꽃.

鷄口〔계구〕 닭의 입이란 뜻으로 하류 계급, 또는 작은 단체의 수령의 비유. けいこう

鷄口牛後〔계구우후〕 작아도 남의 윗자리에 앉을 일이지, 크다 하여 남의 밑에 있지 말라는 말. 동위계구무위우후(爲鷄口無爲牛後). けいこうぎゅうご

鷄群一鶴〔계군일학〕 다수의 평범한 사람 중에서 한 뛰어난 사람. 동계군고학(鷄群孤鶴)·군계일학(群鷄一鶴). けいぐんのいっかく

鷄卵〔계란〕 달걀. けいらん

鷄卵有骨〔계란유골〕 계란에도 뼈가 있음. 곧 복이 없는 사람은 아무리 좋은 기회(機會)를 만나도 덕을 못 본다는 뜻. けいらんほねあり

鷄肋〔계륵〕 ①연약(軟弱)한 뼈대. ②소용은 없으나 버리기는 아까운 물건. けいろく

鷄林〔계림〕 ①경주(慶州)의 옛 이름. ②우리나라의 딴 이름. 예 一八道(팔도). けいりん

鷄鳴〔계명〕 ① 닭의 울음. ②첫닭이 울 무렵. 새벽. けいめい

鷄鳴狗盜〔계명구도〕 ①닭의 울음을 흉내 내고 또 개처럼 물건을 훔치는 비천(卑賤)한 사람. ②천한 예능(藝能)을 가진 자의 비유. けいめいこうとう

鷄糞〔계분〕 닭의 똥. 질소·인산분이 많아 거름에 씀. けいふん

鷄舍〔계사〕 닭장. 닭의 집. けいしゃ

鷄眼〔계안〕 티눈. けいがん

▷家鷄(가계). 金鷄(금계). 錦鷄(금계). 鬪鷄(투계).

【鶴】 부 鳥(새조변) 획 11—10 훈 두루미 음 학 中 hao², ho⁴ 英 crane 日 カク. つる
뜻 ①두루미. ②흴. 새털흰모양.
필순 ⺈ 亻 隺 隺 隺' 鶴 鶴
鶴企〔학기〕 동⇨학수(鶴首).
鶴立鷄群〔학립계군〕 많은 닭 무리 중에 한 마리 학이 우뚝 서 있다는 뜻으로, 호걸이 뭇 사람 가운데에서 뚜렷이 두각을 나타냄의 비유. つるけいぐんにたつ
鶴望〔학망〕 학처럼 목을 길게 빼고 발돋움하여 봄. 간절(懇切)히 기다림. かくぼう 「かくぶ
鶴舞〔학무〕 학춤. 학이 춤을 춤.
鶴髮〔학발〕 노인(老人)의 백발(白髮). 예童顔(동안)—. かくはつ
鶴首〔학수〕 ①학처럼 목을 길게 빼고 기다림. 동학기(鶴企). ②흰머리. 동백수(白首). かくしゅ
鶴首苦待〔학수고대〕 학의 목처럼 목을 길게 늘여 몹시 기다림.
鶴壽〔학수〕 학은 천년(千年) 동안 산다 하여 사람의 장수(長壽)를 이름. かくじゅ
鶴翼〔학익〕 학이 날개를 펴듯 좌우익(左右翼)으로 벌인 진. 적을 포위하는 형임. かくよく
▷孤鶴(고학). 群鷄一鶴(군계일학). 琴鶴(금학). 舞鶴(무학). 白鶴(백학). 飛鶴(비학). 素鶴(소학).

【鷗】 부 鳥(새조변) 획 11—11 훈 갈매기 음 구 中 ou¹
英 gull 日 オウ. ク. かもめ
뜻 갈매기.
필순 ㄱ 匸 區 區 區' 鷗 鷗
鷗鷺〔구로〕 갈매기와 해오라기. おうろ
鷗盟〔구맹〕 ① 은거(隱居)하여 갈매기와 벗이 됨. ②속세와 관계없는 풍류객(風流客)의 회맹(會盟). おうめい
▷白鷗(백구).

【鷺】 부 鳥(새조변) 획 11—12 훈 해오라기 음 로: 中 lu⁴
英 egret 日 ロ. さぎ
뜻 ①해오라기. 백로. ②따오기.
필순 ⻊ 跁 路 路 鷺 鷺 鷺 鷺
鷺序〔노서〕 ①관리(官吏). ②관리의 석차(席次). ろじょ
▷白鷺(백로).

【鸚】 부 鳥(새조변) 획 11—17 훈 앵무새 음 앵 中 ying¹
英 parrot 日 オウ. おうむ
뜻 앵무새.
필순 ⺊ 貝 貝貝 嬰 嬰' 嬰' 鸚 鸚
鸚母〔앵모〕 동⇨앵무(鸚鵡). おうむ
鸚鵡〔앵무〕 앵무새. 동앵모(鸚母) おうむ
鸚鵡洲〔앵무주〕 중국 호북성(湖北省) 무창(武昌)의 서남쪽 강 가운데 있는 섬. おうむしゅう

⑾ 鹵 部

【鹽】 부 鹵(소금밭로변) 획 11—13 훈 소금 음 염 中 yen² 英 salt 日 エン. しお
뜻 ①소금. ②절일. ③후렴.
참고 속 塩
필순 ⺈ 予 臣 臨 臨 鹽 鹽 鹽
鹽干〔염간〕 동⇨염한(鹽漢).
鹽分〔염분〕 소금기. えんぶん
鹽酸〔염산〕 염화수소의 수용액. 공업용(工業用)·의학용(醫學用)으로 널리 쓰임. えんさん
鹽商〔염상〕 소금 장사. 또 소금 장수. えんしょう 「えんぜい
鹽稅〔염세〕 소금에 매기는 세금.
鹽素〔염소〕 공기보다 무거우며 특이하고 강한 냄새가 있는 녹황색의 소금물. えんそ
鹽水〔염수〕 소금을 타서 녹인 물. 소금물. 예—選(선). えんすい
鹽田〔염전〕 염밭. えんでん
鹽井〔염정〕 짠물이 솟는 우물. 길어 소금을 만듦. えんせい
鹽指〔염지〕 집게손가락.
鹽菜〔염채〕 ①소금과 채소. ②소금에 절인 채소. えんさい
鹽泉〔염천〕 염분(鹽分)이 섞인 샘. えんせん 「えんてつ
鹽鐵〔염철〕 소금과 쇠. 예—論(론).
鹽吹〔염취〕 새조개.
鹽湯〔염탕〕 소금국. えんとう

鹽浦〔염포〕경상북도(慶尙北道) 울산(蔚山)의 옛 이름. 삼포(三浦)
鹽汗〔염한〕땀. └의 하나.
鹽漢〔염한〕소금을 굽는 사람. ㊐ 염간(鹽干). 「하는 집. えんこ
鹽戶〔염호〕제염(製鹽)을 업으로
鹽化〔염화〕염소(鹽素)와 그밖의 물질이 화합하는 현상. ㊎—物(물). えんか
▷米鹽(미염). 食鹽(식염). 岩鹽(암염). 魚鹽(어염).

⑾ 鹿 部

【鹿】 부 鹿(사슴록) 획 11—0 훈 사슴 음 록 ㊥ lu⁴ ㊍ deer ㊐ ロク. しか
뜻 ①사슴. ②곳집. ③작은수레.
필순 广户声声声鹿鹿
鹿角〔녹각〕①사슴의 뿔. ②사슴뿔과 같이 대나무를 짜서 세워 적(敵)의 침입을 막는 물건. ろ
鹿獵〔녹렵〕사슴 사냥. └っかく
鹿梨〔녹리〕산돌배. ろくり
鹿皮〔녹비←녹피〕사슴의 가죽. ろくひ
鹿死誰手〔녹사수수〕천하(天下)는 누구의 것이 될 것이냐 하는 비유. しかだれがてにしする
鹿柴〔녹시〕①가시 울타리. ②사슴을 먹이는 곳. ③당(唐)의 시인(詩人) 왕유(王維)가 지은 유명한 시의 이름. ろくさい
鹿苑〔녹원〕사슴을 기르는 동산. ろくえん. ろくおん
鹿血〔녹혈〕사슴의 피.
▷馬鹿(마록). 不能分馬鹿(불능분마록). 射鹿(사록). 中原之鹿(중원지록). 逐鹿(축록).

【麒】 부 鹿(사슴록) 획 11—8 훈 기린 음 기 ㊥ ch'i² ㊍ giraffe ㊐ キ. きりん
뜻 기린.
필순 广户声鹿鹿麒麒麒
麒麟〔기린〕①기린과에 속하는 동물. ②상상상(想像上)의 영수(靈獸). 성군(聖君)이 나서 왕도(王道)가 행하여지면 나타나서 생초(生草)를 밟지 않고 생물을 먹지 않으며, 모양은 사슴, 이마는 이리, 꼬리는 소, 굽은 말과 같고, 머리 위에 뿔 한 개가 있다 함. 수컷을 기(麒), 암컷을 인(麟)이라 함. きりん
麒麟兒〔기린아〕재능(才能)·기예(技藝)가 비상히 뛰어난 소년. きりんじ

【麗】 부 鹿(사슴록) 획 11—8 훈 고울 음 려 ㊥ li² ㊍ beautiful ㊐ レイ. **うるわ**しい
뜻 ①고울. 빛날. 맑을. ②붙을. 걸릴. ③ 짝. 짝지을 儷와 통용. ④나라이름 ⑤진이름(리).
필순 ˉ ˉˉ严严严麗麗麗
麗句〔여구·여귀〕아름답게 잘 표현된 문귀(文句). ㊎美辭(미사)—. れいく
麗代〔여대〕고려 시대(高麗時代).
麗都〔여도〕①아름답고 고상한 모양. ②개성의 딴 이름. れいと
麗美〔여미〕모양이 아름답고 고움. ㊐미려(美麗). れいび
麗服〔여복〕화려한 옷. れいふく
麗辭〔여사〕고운 말씨. れいじ
麗視〔여시〕흘겨 뜨는 눈. 사팔뜨기. りし 「함. れいが
麗雅〔여아〕아름답고 우아(優雅)
麗顔〔여안〕아름다운 얼굴. れいがん 「려(艶麗). れいえん
麗艶〔여염〕아름답고 예쁨. ㊐염
麗謠〔여요〕㊔고려가요(高麗歌謠).
麗人〔여인〕아름답게 생긴 사람. 미인. 가인(佳人). れいじん
麗日〔여일〕봄·가을의 화창(和暢)한 날씨. れいじつ
麗姿〔여자〕아름다운 모습. れいし 「ゅんか
麗春花〔여춘화〕양귀비꽃. れいし
麗澤〔여택〕벗끼리 서로 도와 학문을 닦고 수양(修養)에 힘씀. れいたく. りたく
▷佳麗(가려). 美麗(미려). 秀麗(수려). 雅麗(아려). 壯麗(장려). 華麗(화려).

[麟] [부] 鹿(사슴록) [획] 11—12 [훈] 기린 [음] 린 [中] lin² [英] giraffe [日] リン. きりん
[뜻] ①기린. ②빛날. 밝을.
[필순] 广 声 鹿 鹿 麟 麟 麟
麟角〔인각〕 학업(學業)을 닦으려는 자는 우모(牛毛)처럼 많으나 이를 성취하는 자는 기린의 뿔처럼 희귀하다. 곧 극히 희귀함의 비유. りんかく
麟麟〔인인〕 빛나는 모양. 밝은 모양. りんりん
麟筆〔인필〕 사관(史官)의 붓. りんぴつ
▷麒麟(기린).

⑾ 麥 部

[麥] [부] 麥(보리맥변) [획] 11—0 [훈] 보리 [음] 맥 [中] mai⁴ [英] barley [日] バク. むぎ
[뜻] ①보리. ②귀리.
[참고] [속] 麦
[필순] 一 來 來 來 麥 麥 麥
麥藁〔맥고〕 밀·보리의 짚. むぎわら
麥藁帽子〔맥고모자〕 밀짚으로 만든 모자. むぎわらぼうし
麥奴〔맥노〕 보리의 깜부기. ばくど
麥農〔맥농〕 보리를 심어 가꾸는 농사. ばくのう
麥茶〔맥다·맥차〕 보리차. むぎちゃ
麥浪〔맥랑〕 이삭이 팬 보리나 밀이 바람에 물결처럼 나부끼는 모양. ばくろう
麥嶺〔맥령〕 보리 고개. 곧 음력 4·5월 무렵.
麥飯〔맥반〕 보리밥. むぎめし
麥餠〔맥병〕 보리떡. むぎもち
麥粉〔맥분〕 밀·보리 가루의 통칭(通稱). むぎこ
麥芽〔맥아〕 ①보리싹. ②엿기름. ばくが
麥芽糖〔맥아당〕 엿의 주성분(主成分)이 되는 당류(糖類)의 한 가지. ばくがとう
麥雨〔맥우〕 보리가 익을 무렵에 오는 비. ばくう
麥人〔맥인〕 보리의 속 알맹이. ばくじん
麥作〔맥작〕 보리 농사. ばくさく
麥舟〔맥주〕 ①보리를 나르는 배. ②물품을 주어서 남의 상사(喪事)를 돕는 것. ばくしゅう
麥酒〔맥주〕 보리로 빚은 술. 비이르(beer). ばくしゅ
麥秋〔맥추〕 음력 5월의 딴 이름. 초여름. ばくしゅう
麥候〔맥후〕 음력 4월. ばくこう
▷裸麥(나맥). 大麥(대맥). 米麥(미맥). 小麥(소맥). 燕麥(연맥). 精麥(정맥). 胡麥(호맥).

⑾ 麻 部

[麻] [부] 麻(삼마) [획] 11—0 [훈] 삼 [음] 마 [中] ma² [英] hemp [日] マ. あさ
[뜻] ①삼. 대마. 베. ②참깨. 호마. ③저릴. 마비할(痲와 통용). ④임금의 말씀.
[필순] 广 广 庁 庥 麻 麻
麻立干〔마립간〕 신라(新羅) 임금의 칭호(稱號). 눌지왕(訥祇王)·자비왕(慈悲王)·소지왕(炤知王)·지증왕(智證王)의 네 임금이 이 칭호를 썼음.
麻絲〔마사〕 삼실. まし. あさいと
麻繩〔마승〕 삼노. あさなわ
麻藥〔마약〕 [약]마취약(痲醉藥). まやく
麻衣〔마의〕 삼베의 상복. 흰 옷. まい
麻子〔마자〕 삼씨. まし
麻雀〔마작〕 중국에서 시작된 실내오락(娛樂)의 한 가지. 골패와 비슷한 패쪽으로 함. まじゃく. マージャン
麻田〔마전〕 삼을 심는 밭. までん
麻中之蓬〔마중지봉〕 삼밭 속에서 나는 쑥은 저절로 곧아진다는 뜻으로, 교육에는 좋은 환경이 필요함의 비유. まちゅうのよもぎ
麻織物〔마직물〕 삼으로 짠 피륙. あさおりもの
麻醉〔마취〕 독이나 약으로 인하여 몸의 일부나 전부의 감각을 잃음. [동]마취(痲醉). [예]—藥(약). —劑(제). ますい

麻布〔마포〕 베. まふ. あさぬの
▷大麻(대마). 桑麻(상마). 升麻(승마). 亞麻(아마). 胡麻(호마). 黃麻(황마).

⑿ 黃 部

〔黃〕 부 黃(누를황) 획 12—0 훈 누를 음 황 中 huang² 英 yellow 日 コウ. オウ. き. きいろ. きばむ
뜻 ①누를. ②급히 서두를. ③늙은이. ④어린애. ⑤성.
필순 艹芇芇苗黃
黃巾賊〔황건적〕 후한말(後漢末)에 일어난 비적(匪賊). 황건(黃巾)을 쓴 데서 이 이름이 있음. こうきんのぞく
黃教〔황교〕 나마교(喇嘛教)의 한 파. 15세기초에 홍교(紅教)에서 분립함. 교도는 누른 법의(法衣)를 입었음. こうきょう
黃口〔황구〕 ①어린애. ②새새끼. ③나이가 어리고 경험이 없는 미숙한 사람. こうこう 「うこう
黃狗〔황구〕 털 빛깔이 누른 개. こ
黃卷〔황권〕 책(冊). 옛날에 책이 좀먹는 것을 막기 위하여 황벽(黃蘗)나무 속 껍질로 염색(染色)한 황색 종이를 쓴 데서 생긴 이름. こうかん
黃金萬能〔황금만능〕 황금을 가장 중요하게 여기어 이르는 말. 예 一主義(주의). おうごんばんのう
黃金時代〔황금시대〕 ①문화가 가장 발달된 영화로운 시대. ②개인의 한평생에서 가장 번영(繁榮)한 시절. おうごんじだい
黃泥〔황니〕 노란 진흙. 황색의 차진 흙. こうでい
黃疸〔황달〕 살 빛깔이 누렇게 되는 병. おうだん
黃堂〔황당〕 태수(太守)가 집무(執務)하는 곳. 또 태수의 별칭(別稱). こうどう
黃道〔황도〕 ① 태양이 운행(運運)하는 궤도(軌道). ② 천자가 거동하는 길. こうどう
黃銅〔황동〕 놋쇠. こうどう
黃落〔황락〕 잎이 누렇게 되어 떨어짐. こうらく 「う
黃粱〔황량〕 기장. 메조. こうりょ
黃老〔황로〕 황제(黃帝)·노자(老子)의 도(道). こうろう
黃栗〔황률〕 황밤.
黃燐〔황린〕 노르스름한 밀 모양의 고체. 야릇한 냄새가 나며 독이 심함. おうりん「(필). こうもう
黃毛〔황모〕 족제비의 털. 예 一筆
黃門〔황문〕 ①대궐의 문. 동 금문(禁門). ②환관(宦官)의 별칭. 후한(後漢) 때 환관이 금문을 지켰으므로 이름. ③장가는 들어도 한평생 아이가 없는 사람. こ
黃米〔황미〕 찹쌀. 」うもん
黃髮〔황발〕 누렇게 된 노인의 머리카락. 곧 늙은이. こうはつ
黃白〔황백〕 ①노란 빛깔과 흰빛깔. ②금과 은. ③돈. ④도사(道士)가 단사(丹砂)로 금을 만드는 선술(仙術). こうはく
黃沙〔황사〕 ①누런 모래. ②사막(沙漠)의 땅. こうしゃ
黃酸〔황산〕 무색무취(無色無臭)의 끈끈한 유상(油狀) 액체. 무기산(無機酸)의 하나. こうさん
黃色人種〔황색인종〕 살갗이 누런 인종. こうしょくじんしゅ
黃鼠〔황서〕 족제비.
黃熟〔황숙〕 곡식이나 과실 따위가 누렇게 익음. こうじゅく
黃楊〔황양〕 회양목. こうよう
黃壤〔황양〕 ①누런 흙. 동 황토(黃土). ②저승. 동 황천(黃泉). こうじょう
黃炎〔황염〕 황제(黃帝) 헌원씨(軒轅氏)와 염제(炎帝) 신농씨(神農氏). こうえん
黃葉〔황엽〕 잎파랑이가 분해되어 누렇게 된 나뭇잎. こうよう 「
黃玉〔황옥〕 ①빛깔이 누런 보석. ②수선화(水仙花). こうぎょく
黃屋〔황옥〕 ①노란 비단으로 싼 천

자(天子)의 차개(車蓋). ②임금의 높임말. こうおく
黃雲〔황운〕 ①누런 빛깔의 구름. ②누렇게 익은 전답의 보리나 벼를 구름에 견주어 이름. こううん 「(經文). こうていけい
黃庭經〔황정경〕 도가(道家)의 경문
黃鳥〔황조〕 꾀꼬리. こうちょう
黃鳥歌〔황조가〕 고구려의 유리왕(琉璃王)이 지었다고 전하는 우리 나라 가장 처음의 시가(詩歌).
黃塵〔황진〕 ①누런 먼지. ②세상의 속된 일. こうじん
黃泉〔황천〕 ①저승. ㊐황양(黃壤). ②땅 밑의 샘. こうせん
黃土〔황토〕 ①대지(大地). ②누른 빛의 흙. ③저승. ㊐황양(黃壤). こうど. おうど
黃波〔황파〕 누렇게 익은 곡식이 바람에 나부끼어 물결치듯이 보임의 형용. こうは 「うかく
黃鶴〔황학〕 누런 빛의 두루미. こ
黃鶴樓〔황학루〕 중국 호북성(湖北省) 무창(武昌) 서남쪽에 있던 누각(樓閣)의 이름. 도가(道家)와 황학(黃鶴)의 전설(傳說)로 유명함. こうかくろう
黃昏〔황혼〕 ①해가 지고 어둑어둑할 때. ②한창인 고비를 지나 쇠퇴(衰退)하여 종말(終末)에 이른 때. たそがれ
黃禍〔황화〕 황색 인종(人種)이 발흥(勃興)하여 백색 인종을 침해(侵害)하리라는 화해(禍害). ㊀—論(론). こうか
▷卵黃(난황). 牛黃(우황). 硫黃(유황). 雌黃(자황). 地黃(지황). 天地玄黃(천지현황).

⑿ 黍 部

〔黎〕 부 黍(기장서변) 획 12—3 훈 동틀 음 려 ㊥ li² 英 dawn; black 日 レイ. おおい. くろい 「미칠.
뜻 ①동틀. ②무리. ③검을. ④
필순 千禾秎秵黎
黎老〔여로〕 노인(老人). 곧 노인의 피부가 거무스름하므로 이름. れいろう
黎明〔여명〕 ①밝아 오는 새벽. ②희망의 빛. ㊀—기(期). れいめい
黎苗〔여묘〕 ①백성(百姓). ②구여(九黎)와 삼묘(三苗)를 이름. れいびょう
黎民〔여민〕 서민(庶民). 곧 서민은 관을 쓰지 않았으므로 검은 머리칼이 보인다는 뜻. ②㊐여원(黎元). れいみん
黎元〔여원〕 머리가 검은 사람. 곧 백성. ㊐여민(黎民). れいげん
黎黑〔여흑〕 빛깔이 검음. れいこく

⑿ 黑 部

〔黑〕 부 黑(검을흑변) 획 12—0 훈 검을 음 흑 ㊥ hê⁴, hei¹·³ 英 black 日 コク. くろい. くろ
뜻 ①검을. ②어두울. 캄캄할. ③잘못. 허물.
필순 冂冈罒里黒黒黒黑
黑角〔흑각〕 물소의 뿔. こくかく
黑鬼子〔흑귀자〕 ①살빛이 검은 사람의 별칭. ②흑인(黑人).
黑奴〔흑노〕 흑인(黑人). こくど
黑頭公〔흑두공〕 머리가 세지 아니한 삼공(三公). 곧, 나이 젊은 재상(宰相). こくとうこう
黑幕〔흑막〕 ①검은 막. ②겉으로 드러나지 않은 음흉(陰凶)한 내막. くろまく 「はつ. くろかみ
黑髮〔흑발〕 검은 머리카락. こく
黑白〔흑백〕 ①검은 빛과 흰빛. ②옳은 것과 그른 것. ㊐선악(善惡). こくびゃく
黑死病〔흑사병〕 페스트(pest)균 감염(感染)에 의하여 발생되는 급성 전염병. こくしびょう
黑心〔흑심〕 ①질투심(嫉妬心). ②욕심을 품은 마음. こくしん
黑夜〔흑야〕 깜깜한 밤. 매우 어두운 밤. こくや

黑鉛〔흑연〕 납과 같은 광택이 있고 검고 연한 탄소로 된 광물. 연필 심으로 씀. こくえん

黑雲〔흑운〕 검은 빛을 띤 구름. 먹구름. こくうん

黑衣〔흑의〕 ①검은 빛깔의 옷. ②대궐이나 관아를 지키는 장교. 위사(衞士). ③검게 물들인 중의 옷. 또는 중. ④서양식 상복(喪服). こくい. こくえ

黑衣宰相〔흑의재상〕 ①중으로서 정권에 참여하는 사람. ②송(宋)나라의 혜림도사(慧琳道士)의 별명. こくいさいしょう

黑子〔흑자〕 ①사마귀. 검은 점. ②지극히 좁은 지역. 또는 적은 물건. こくし. くろこ

黑字〔흑자〕 ①먹으로 쓴 검은 빛의 글자. ②수입(收入) 초과액을 표시할 때는 흑색이나 청색 잉크를 쓰는 데서, 수입이 지출(支出)을 초과하여 잉여(剩餘)나 이익이 생기는 일을 이름. ↔적자(赤字). くろじ

黑鳥〔흑조〕 까마귀. こくちょう

黑炭〔흑탄〕 무연탄과 갈탄(褐炭)의 중간 성질을 띤 석탄. こくたん 「(암흑). 漆黑(칠흑).

▷白黑(백흑). 純黑(순흑). 暗黑

【默】 部 黑(검을흑변) 획 12—4 훈 잠잠할 음 묵 中 mo⁴ 英 silent 日 モク. だまる

뜻 ①잠잠할. ②말없을. 입다물.

필순 ⺫⺫⺫⺫黑黑⺫默默

默契〔묵계〕 ①마음 속으로 서로 승낙(承諾)함. ②은연중에 서로 뜻이 통함. もっけい

默考〔묵고〕 말 없이 마음 속으로 생각함. 동묵상(默想). もっこう

默過〔묵과〕 모르는 체 넘겨버림. 잠자코 지나침. もっか

默諾〔묵낙〕 말없는 가운데 승낙(承諾)함. もくだく

默念〔묵념〕 ①묵묵히 생각함. ②동묵도(默禱). もくねん

默禱〔묵도〕 소리를 내지 않고 마음 속으로 하는 기도. 동묵념(默念).

默讀〔묵독〕 소리를 내지 않고 읽음. ↔음독(音讀). もくどく

默禮〔묵례〕 말없이 고개만 숙여 절함. もくれい

默秘權〔묵비권〕 용의자(容疑者)나 피고가 자기에게 불리(不利)한 진술(陳述)을 거부하고 침묵할 수 있는 권리. もくひけん

默殺〔묵살〕 ①알고도 모르는 체하고 내버려둠. ②어떤 일에 대하여 이렇다 저렇다는 시비(是非)를 하지 않음. もくさつ 「そう

默想〔묵상〕 동⇦묵고(默考). もく

默示〔묵시〕 ①분명히 말하지 않고 은연중에 의사(意思)를 표시함. ②하느님의 뜻이나 진리를 알게 하여 주는 일. 곧, 계시(啓示).

默言〔묵언〕 말이 없음. 「もくし

默音〔묵음〕 발음되지 않는 소리.

默認〔묵인〕 말하지 않고 넌지시 허락(許諾)함. もくにん

▷寡默(과묵). 暗默(암묵). 靜默(정묵). 沈默(침묵).

【點】 部 黑(검을흑변) 획 12—5 훈 점 음 점(점:) 中 tien³ 英 spot 日 テン

뜻 ①점. 점찍을. ②불켤. ③상고할. 검사할. ④더러울. ⑤흠. 흉볼. ⑥시간. ⑦고개끄덕일

참고 약点

필순 ⺫⺫⺫⺫黑黑⺫點點

點檢〔점검〕 낱낱이 조사함. 자세히 검사함. てんけん 「조사함.

點考〔점고〕 점을 찍어 가며 인원을

點茶〔점다〕 ①마른 찻잎을 그릇에 담고 끓는 물을 부어 차(茶)를 우림. ②절에서 부처 앞에 차를 올리거나 사람에게 차를 줌. てんちゃ

點頭〔점두〕 응낙하거나 옳다는 뜻으로 머리를 끄덕임. てんとう

點燈〔점등〕 등불을 켬. てんとう

點滅〔점멸〕 등불을 켰다 껐다 함. てんめつ 「선. てんせん

點線〔점선〕 점을 찍어서 이루어진

點數〔점수〕 ①숫자로 나타낸 성적(成績) 평가. ②물품의 수효. ③점의 수효. てんすう

點心〔점심〕 ①낮에 끼니로 먹는 음

식. ②선가(禪家)에서 배고플 때 에 조금 먹는 음식.

點眼水〔점안수〕 눈에 한 방울씩 떨어뜨리게 된 안약(眼藥). てんがんすい「(記號) 문자. てんじ

點字〔점자〕 맹인용(盲人用) 기호

點在〔점재〕 점을 찍은 것처럼 여기저기 흩어져 있음. てんざい

點綴〔점철〕 ①점을 찍은 것처럼 띄엄띄엄 여기저기 이어져 있음. ②점을 찍고 선을 그림. ③그림의 운필(運筆). てんてい. てんてつ

點鐵成金〔점철성금〕 쇳덩이를 다루어서 황금을 만듦. 곧 나쁜 것을 고쳐서 좋은 것으로 만듦의 비유. てんてつせいきん

點呼〔점호〕 한 사람 한 사람 이름을 불러 인원수의 출결(出缺)을 조사(調査)함. てんこ

點火〔점화〕 불을 붙임. てんか

點畫〔점획〕 문자(文字)의 점과 획. てんかく

▷據點(거점). 缺點(결점). 觀點(관점). 起點(기점). 基點(기점). 得點(득점). 同點(동점). 滿點(만점). 盲點(맹점). 美點(미점). 半點(반점). 氷點(빙점). 弱點(약점). 汚點(오점). 要點(요점). 一點(일점). 終點(종점). 重點(중점). 中心點(중심점). 採點(채점). 總點(총점). 出發點(출발점). 合點(합점). 黑點(흑점).

【黨】 부 黑(검을흑변) 획 12—8 훈 무리 음 당: 中 fang³ 英 party; company 日 トウ. なかま 「기울. ④성장.

뜻 ①무리. ②일가. ③치우칠.

참고 약党

필순 ' ⺌ 尚 堂 當 當 黨 黨

黨魁〔당괴〕 동⇨당수(黨首).

黨同伐異〔당동벌이〕 같은 뜻을 가진 사람끼리는 돕고 뜻이 다른 사람은 배척함. とうどうばつい

黨論〔당론〕 ①같은 무리끼리 논의된 의논(議論). ②당의 의견이나 의논. とうろん 「とうせい

黨勢〔당세〕 당파(黨派)의 세력.

黨首〔당수〕 한 당의 우두머리. 동 당괴(黨魁). とうしゅ

黨員〔당원〕 당을 구성(構成)하고 있는 사람. とういん

黨議〔당의〕 ①그 당파가 주장하는 의론(議論). ②함부로 당파를 짜서 반항했다고 죄로 몰려 문책(問責)당하는 일. とうぎ

黨人〔당인〕 ①같은 고향의 사람. ②같은 당파의 사람. ③같은 또래 또는 친구. とうじん「うそう

黨爭〔당쟁〕 당파(黨派)의 싸움. と

黨派〔당파〕 ①주의(主義)·목적(目的)을 같이 하는 사람들의 단체. ②같은 무리의 나누어진 갈래. とうは「나 기본 방침. とうけん

黨憲〔당헌〕 정당(政黨)의 강령이

▷結黨(결당). 公黨(공당). 徒黨(도당). 朋黨(붕당). 惡黨(악당). 野黨(야당). 與黨(여당). 入黨(입당). 政黨(정당). 脫黨(탈당). 派黨(파당). 鄕黨(향당).

⒀ 鼎 部

「鼎」 부 鼎(솥정) 획 13—0 훈 솥 음 정(정:) 中 ting³ 英 tripot 日 テイ. かなえ

뜻 ①솥. ②새로울. ③바야흐로. ④세갈래.

필순 ᄆ 甲 鼎 鼎 鼎 鼎 鼎

鼎談〔정담〕 세 사람이 둘러앉아서 하는 이야기. 또는 세 사람이 둘러앉아 이야기함. ていだん

鼎立〔정립〕 솥발과 같이 세 곳에 나누어 섬. ていりつ

鼎士〔정사〕 세 발 달린 큰 솥을 들어 올릴 만한 힘이 있는 용사(勇士). ていし

鼎席〔정석〕 영의정(領議政)·좌의정(左議政)·우의정(右議政)의 자리. ていせき

鼎盛〔정성〕 한참 왕성(旺盛)할 때. 장년(壯年). ていせい. まさにさかんなり 「ていしょく

鼎食〔정식〕 귀인(貴人)의 음식.

鼎臣〔정신〕 대신(大臣). ㊐재상(宰相). 삼공(三公). ていしん
鼎新〔정신〕 옛것을 개혁함. ㊐혁신(革新). ていしん
鼎業〔정업〕 천자의 사업. 제업(帝業). 왕업(王業). ていぎょう
鼎鼎〔정정〕 ①느린 모양. ②성대(盛大)한 모양. ③세월이 빠르게 흐르는 모양. ていてい
鼎足〔정족〕 ①솥의 발. ②삼공(三公)의 지위. ③세 곳에서 서로 땅을 차지하고 막아 지키면서 맞섬. ④솥이 세 발이 있는 것처럼 서로 의지(依支)하고 협력함. ていそく
鼎坐〔정좌〕 세 사람이 솥발 모양으로 서로 대하고 앉음. ていざ

⒀ 鼓 部

【鼓】 부 鼓(북고) 획 13—0 훈 북 음 고(고ˊ) ㊥ hu³ ㊎ drum ㊐ コ. つづみ. たいこ
뜻 ①북. 북칠. ②일으킬.
참고 ㊗ 皷
필순 ⺊ ⼠ 吉 吉 壴 壴 鼓鼓
鼓角〔고각〕 북과 나팔. こかく
鼓刀〔고도〕 ①칼을 울림. 곧 짐승을 잡아 죽임. ②도살자(屠殺者). ことう
鼓動〔고동〕 ①북이 울리는 소리. ②심장의 뛰는 소리. ㊐동계(動悸). こどう
鼓勵〔고려〕 격려(激勵)하여 분기(奮起)시킴. ㊐고무(鼓舞). これい
鼓膜〔고막〕 외이(外耳)와 중이(中耳) 사이에서 음향(音響)을 전달하는 구실을 하는 막(膜). こまく
鼓舞〔고무〕 ①북을 쳐 춤추게 함. ②부추겨 용기가 나게 함. ㊐고려(鼓勵). こぶ
鼓腹〔고복〕 배를 두드림. 세상이 태평(太平)하고 생활이 안락(安樂)함의 형용. こふく 「ゅ
鼓手〔고수〕 북을 치는 사람. こし
鼓人〔고인〕 ①중국 주(周) 시대의 관명(官名). ②북 치는 사람. こじん 「완전한 남자.
鼓子〔고자〕 생식기(生殖器)가 불
鼓掌〔고장〕 손바닥을 침. こしょう
鼓笛〔고적〕 북과 피리. ㉕―隊(대). こてき
鼓吹〔고취〕 ①북을 치며 피리를 붊. ②사기(士氣)를 북돋움. 기세를 올려 줌. こすい
鼓響〔고향〕 북소리. こきょう
▷大鼓(대고). 小鼓(소고). 鐘鼓(종고). 晉鼓(진고).

⒀ 鼠 部

[鼠] 부 鼠(쥐서변) 획 13—0 훈 쥐 음 서ː ㊥ shu³ ㊎ rat ㊐ ソ. ねずみ 「③근심할.
뜻 ①쥐. ②우물쭈물할. 망설일.
필순 ⺊ 臼 臼 臼 臼 臼 鼠 鼠
鼠姑〔서고〕 ①모란(牡丹)의 별명. ②쥐며느리. そこ
鼠技〔서기〕 재력(才力)이 변변치 않아 쓸모가 없는 것. そぎ
鼠忌羊頭角〔서기양두각〕 궁합에서 쥐띠는 양띠를 꺼린다는 말.
鼠膽〔서담〕 쥐의 쓸개. 곧 담력이 약한 것을 흉보는 말. そたん
鼠輩〔서배〕 ①쥐의 떼. ②쥐 같은 무리. ㊐소인(小人). そはい
鼠思〔서사〕 자잘한 일을 근심함.
鼠賊〔서적〕 좀도둑. そぞく ㄴそし
鼠族〔서족〕 쥐의 족속. 곧 몹시 교활하고 잔 일에 약게 구는 사람.
鼠破〔서파〕 쥐가 쏠아서 결딴냄.
鼠蹊部〔서혜부〕 불두덩 옆의 아랫배의 양쪽 면과 허벅다리와의 사이. そけいぶ

⒁ 鼻 部

[鼻] 부 鼻(코비) 획 14—0 훈 코 음 비ː ㊥ pi² ㊎ nose ㊐ ビ. はな

뜻 ①코. ②시초.
필순 鼻

鼻腔〔비강〕 코의 내강(內腔). 기도(氣道)의 입구에 있고, 후각기(嗅覺器)가 있음. びこう
鼻骨〔비골〕 코뼈. びこつ
鼻孔〔비공〕 콧구멍. びこう
鼻孔上〔비공상〕 코앞. 바로 눈앞.
鼻頭出火〔비두출화〕 코끝에서 불이 남. 곧 기염(氣焰)이 대단함을 이름. びとうひをいだす
鼻梁〔비량〕 콧마루. びりょう
鼻笑〔비소〕 코웃음. びしょう
鼻炎〔비염〕 비강점막(鼻腔粘膜)의 염증(炎症). びえん
鼻音〔비음〕 콧소리. 또는 코안으로 내는 ㅁ·ㄴ·ㅇ 같은 유성 자음(有聲子音). びおん
鼻祖〔비조〕 시조(始祖). 창시자(創始者). 사람이 뱃속에서 생길 때 코가 먼저 이루어진다 하여 이름. びそ 「비).
▷反鼻(반비). 酸鼻(산비). 阿鼻(아비). 隆鼻(융비).

⒁ 齊 部

【齊】 부 齊(가지런할제) 획 14—0 훈 가지런할 음 제 ㊥ ch'i[2], tzŭ ㊈ symmetry ㊐ セイ. ひとしい. そろえる
뜻 ①가지런할. ②다스릴. ③엄숙할. ④ 빠를. ⑤제나라. ⑥ 재계할(재)(齋와 통용). ⑦상복아랫단홀(자)(齋와 통용).
참고 ㉧斉
필순 齊

齊家〔제가〕 집을 다스림. 집안을 잘 다스려 바로잡음. ㉨修身(수신)—. せいか
齊國〔제국〕 ①중국(中國)을 이름. ㉢중화(中華)·중주(中州). ② 춘추 전국 시대(春秋戰國時代)에 지금의 산동성(山東省)에 있던 나라. せいこく
齊明〔제명·재명〕 ①바르고 밝음. ②부정(不淨)을 멀리 하고 심신(心身)을 깨끗이 함. さいめい. せいめい
齊物論〔제물론〕 장자(莊子)의 중심 사상을 나타내는 논설. 또 그 저서(著書)인 〈장자(莊子)〉의 제 2편의 이름. 세상의 시비진위(是非眞僞)를 모두 상대적으로 보고 함께 하나로 돌아가야 한다는 주장. せいぶつろん
齊民〔제민〕 ①백성을 평등하게 함. 백성을 차별없이 다룸. ②서민(庶民). 평민(平民). せいみん
齊聲〔제성〕 여러 사람이 똑같이 소리를 지름. せいしょう 「ゅく
齊肅〔제숙〕 엄숙하게 삼감. せいし
齊心〔제심〕 마음을 합함. せいしん
齊如〔제여〕 삼가는 모양. せいじょ
齊一〔제일〕 가지런함. 균일(均一)함. せいいつ
齊唱〔제창〕 여러 사람이 일제(一齊)히 노래를 부름. せいしょう
齊衰〔자최·제최〕 상복(喪服). 삼베로 지으며, 옷단을 접어 꿰맨 것.
▷均齊(균제). 一齊(일제). 整齊(정제).

「齋」 부 齊(가지런할제) 획 14—3 훈 재계할 음 재 ㊥ chia[1] ㊈ purify ㊐ サイ. ものいみ
뜻 ①재계할. ②집. 방. ③상복아랫단홀(자)(齊와 통용).
참고 ㉧斎
필순 齋

齋戒〔재계〕 신(神)에 제사할 때 몸과 마음을 깨끗이 하고 음식을 가려 먹어 부정(不淨)을 멀리 하는 일. ㉨沐浴(목욕)—. さいかい
齋壇〔재단〕 ① 하늘에 제사지내는 곳. ②중 또는 도사(道士)가 경을 읽으며 신불(神佛)에게 제사지내는 곳. さいだん 「ときまい
齋米〔재미〕 중에게 시주하는 쌀.
齋場〔재장〕 ①재 올리는 곳. ②신(神)에게 제사드리기 위해 마련한 곳. さいじょう
齋主〔재주〕 불공(佛供)을 드리는 그 주인. さいしゅ
齋薦〔재천〕 성균관(成均館)의 장의(掌議)를 추천하던 일.

齋布施〔재보시·재포시〕재(齋)를 치른 뒤에 사례로 주는 돈.
▷潔齋(결재). 山齋(산재). 書齋(서재). 禪齋(선재). 淸齋(청재). 致齋(치재).

〔齎〕 부 齊(가지런할제) 획 14—7 훈 가질 음 재 中 chi¹ 英 take with 日 セイ. サイ. もたらす
뜻 ①가질. 가져올. ②탄식할. ③쌀.
참고 속賫
필순 亠 亣 齊 齊 齊 齊 齎 齎

齎貸〔재대〕꾸어 줌. 「가져옴.
齎來〔재래〕어떤 형상이나 결과를
齎書〔재서〕편지를 싸서 보냄. 동 송서(送書). せいしょ 「そう
齎送〔재송〕가지고 가서 줌. せい
齎鬱〔재울〕원한을 품음. 「よう
齎用〔재용〕필요한 물품과 돈. し
齎咨〔재자〕탄식(嘆息) 소리. しし

⒂ 齒 部

〔齒〕 부 齒(이치) 획 15—0 훈 이 음 치(치:) 中 ch'ih³ 英 tooth 日 シ. は. きば
뜻 ①이. ②나이. ③벌일. 나란히 설. ④같을.
참고 약 歯
필순 止 步 齿 齿 齿 齒

齒科〔치과〕이의 병을 고치는 의술(醫術). しか
齒根〔치근〕이가 이틀 속에 있는 부분. 이촉. しこん
齒德〔치덕〕①연령(年齡)과 덕행(德行). ②나이가 많고 덕행이 높음. しとく
齒錄〔치록〕①모아 적음. 수록함. ②과거(科擧) 시험의 동기(同期) 급제자의 명부. しろく
齒亡舌存〔치망설존〕이는 빠져도 혀는 남음. 곧 강한 자가 먼저 망하고 유한 자가 나중까지 남음의 비유. 동 치폐설존(齒敝舌存). はほろびしたそんす
齒序〔치서〕나이의 차례. しじょ
齒石〔치석〕이의 안쪽의 엉기어 붙은 단단한 물질. 이똥. しせき
齒牙〔치아〕①이. ②이와 어금니. しが
齒列〔치열〕①이가 박힌 열(列)의 생김. 새잇바디. ②나란히 섬. 동등하게 섬. 또 그 줄. しれつ
齒音〔치음〕위아랫니 사이를 마찰하여 나는 소리. ㅅ·ㅈ 따위. 잇소리. しおん
齒醫〔치의〕①이의 병을 고침. ②치과 의사. 치과 의원. しい
齒槽膿漏〔치조농루〕이가 흔들리고 이틀에서 고름이 나는 병. しそうのうろう 「섬. しじ
齒次〔치차〕연령순. 또 연령순으로
齒車〔치차〕톱니바퀴. はぐるま
齒齒〔치치〕흰 돌 같은 것이 줄지어 있는 모양. しし
齒痛〔치통〕이앓이. しつう
齒敝舌存〔지폐설존〕동⇨치망설존. はやぶれしたそんす
▷犬齒(견치). 門齒(문치). 拔齒(발치). 乳齒(유치). 年齒(연치). 義齒(의치). 切齒(절치). 蟲齒(충치).

〔齡〕 부 齒(이치) 획 15—5 훈 나이 음 령 中 ling² 英 age 日 レイ. とし. よわい. よい
뜻 나이. 연령.
참고 약 齢
필순 止 步 齿 齿 齒 齡 齡 齡
▷高齡(고령). 樹齡(수령). 年齡(연령). 月齡(월령). 適齡(적령). 紙齡(지령). 誌齡(지령).

⒃ 龍 部

【龍】 부 龍(용룡) 획 16—0 훈 용 음 룡 中 lung² 英 dragon 日 リュウ. リョウ. たつ
뜻 ①용. ②임금. ③여덟자 이상 키의 말. ④언덕(롱)(壟과 통용). ⑤잿빛(망).
참고 고 竜
필순 立 产 育 育 龍 龍 龍

龍駕〔용가〕 임금의 수레. ⓢ용거(龍車). りょうが. りゅうが
龍宮〔용궁〕 바다 속에 있다는 용왕(龍王)의 궁전(宮殿). りゅうぐう
龍旗〔용기〕 ①용의 모양을 그린 기. ②천자(天子)의 기. ③청나라의 국기. りゅうき. りょうき
龍圖〔용도〕 하도(河圖). 곧 신룡(神龍)이 황하(黃河)에서 등에 업고 나왔다는 그림. りょうと
龍頭蛇尾〔용두사미〕 머리는 용이고, 꼬리는 뱀이라는 뜻으로, 처음은 성하나 나중은 쇠함을 이름. りゅうとうだび
龍馬〔용마〕 ①걸음이 빠른 말. ⓢ준마(駿馬). ②복희씨(伏羲氏) 때 하도(河圖)를 업고 나왔다는 신마(神馬). りょうば. りゅうめ
龍門〔용문〕 ①중국(中國) 황하(黃河)의 상류(上流)에 있는 여울목의 이름. 잉어가 이곳을 거슬러 오르면 용이 된다 함. ②성망(聲望)이 높은 사람의 비유. りょうもん 「식을 이름.
龍尾鳳湯〔용미봉탕〕 맛이 좋은 음
龍鳳〔용봉〕 ①용과 봉황. ② 뛰어난 인물의 비유. りょうほう
龍鳳之姿〔용봉지자〕 ①용과 봉황의 모습. ②준수한 모습. ③제왕이 될 상(相). りょうほうのし
龍飛御天歌〔용비어천가〕 이조 세종 때 왕명으로 권 제(權踶)·정인지(鄭麟趾)·안 지(安止) 등이 지은 이조 창업을 찬양한 노래.
龍床〔용상〕 임금의 자리.
龍神〔용신〕 ⓢ⇨용왕(龍王). りょうじん
龍顏〔용안〕 ① 임금의 얼굴. ⓢ천안(天顏). ②용과 같이 생긴 얼굴. りゅうがん. りょうがん
龍王〔용왕〕 용궁(龍宮)의 임금. ⓢ용신(龍神). りゅうおう.
龍虎相搏〔용호상박〕 용과 호랑이가 서로 싸움. 곧 두 사람의 강자(强者)가 서로 승부를 겨룸의 비유. りゅうこあいうつ
▷登龍(등룡). 伏龍(복룡). 神龍(신룡). 臥龍(와룡).

⑯ 龜 部

［龜］ 부 龜(거북귀) 획 16—0 훈 거북 음 귀: ㊥ kuei[1] 英 tortoise ㊐ キ. キュウ. キン. かめ. うらない. たから
뜻 ①거북. ②본뜰. ③점칠. ④나라이름(구). ⑤터질(균).
참고 ㊙亀
필순 ⺈⺈角角龟龟龟龜龜
龜鑑〔귀감〕 모범. 본보기. きかん
龜甲〔귀갑〕 거북의 등껍데기. きこう. きっこう
龜甲文〔귀갑문〕 귀갑에 새긴 점복문(占卜文). きこうぶん
龜甲獸骨〔귀갑수골〕 거북의 등껍데기와 짐승의 뼈. 곧 갑골문자(甲骨文字)를 이름. きこうじゅうこつ
龜頭〔귀두〕 ①거북 모양의 비석 받침돌. ⓢ귀부(龜趺). ②남근(男根)의 머리 부분. きとう
龜齡〔귀령〕 ①거북의 나이. ②장수(長壽). きれい
龜毛兎角〔귀모토각〕 거북의 털과 토끼의 뿔. 곧 있을 수 없거나 아주 없음을 이름. きもうとかく
龜背〔귀배〕 ①거북의 등. ②곱사등이 . きはい
龜趺〔귀부〕 ①거북 모양으로 만든 비석(碑石)의 받침돌. ②ⓢ귀두(龜頭). きふ 「철갑선(鐵甲船).
龜船〔귀선〕 거북선. 이 충무공의
龜占〔귀점〕 거북의 등껍데기를 불살라서 길흉을 판단하는 점.
龜旨歌〔귀지가〕 가락국(駕洛國)의 시조 김수로왕(金首露王)을 맞이할 때 경상남도 김해(金海)에 있는 귀지봉(龜旨峰)에서 불렀다는 옛 노래.
龜鶴〔귀학〕 거북과 학. 곧 남의 장수(長壽)를 축하(祝賀)하여 일컫는 말. きかく 「이.
龜胸龜背〔귀흉귀배〕 안팎 곱사등
龜裂〔균열〕 갈라져 터짐. きんれつ

附 録

韓國 姓氏 一覽表

金(김)
李(이)
朴(박)
崔(최)
鄭(정)
姜(강)
趙(조)
尹(윤)
張(장)
林(임)
韓(한)
吳(오)
申(신)
徐(서)
權(권)
黃(황)
宋(송)
安(안)
柳(유)
洪(홍)
全(전)
高(고)
孫(손)
文(문)
梁(양)
裵(배)
白(백)
曺(조)
許(허)
南(남)
劉(유)
沈(심)
盧(노)
河(하)
丁(정)
成(성)
車(차)
具(구)
郭(곽)
禹(우)
朱(주)
任(임)
田(전)

羅(나)
辛(신)
閔(민)
兪(유)
池(지)
陳(진)
嚴(엄)
元(원)
蔡(채)
千(천)
方(방)
康(강)
玄(현)
孔(공)
咸(함)
卞(변)
楊(양)
廉(염)
邊(변)
呂(여)
秋(추)
都(도)
魯(노)
石(석)
蘇(소)
愼(신)
馬(마)
薛(설)
吉(길)
宣(선)
周(주)
延(연)
魏(위)
表(표)
明(명)
王(왕)
房(방)
潘(반)
玉(옥)
奇(기)
琴(금)
陸(육)
孟(맹)

印(인)
諸(제)
卓(탁)
魚(어)
鞠(국)
牟(모)
蔣(장)
殷(은)
秦(진)
片(편)
余(여)
龍(용)
慶(경)
丘(구)
芮(예)
奉(봉)
史(사)
夫(부)
程(정)
昔(석)
賈(가)
庾(유)
太(태)
卜(복)
睦(목)
桂(계)
皮(피)
晉(진)
杜(두)
甘(감)
智(지)
董(동)
陰(음)
溫(온)
邢(형)
章(장)
賓(빈)
扈(호)
景(경)
葛(갈)
錢(전)
左(좌)
于(우)

彭(팽)
范(범)
承(승)
尙(상)
簡(간)
眞(진)
夏(하)
偰(설)
施(시)
胡(호)
毛(모)
漢(한)
柴(시)
邵(소)
韋(위)
唐(당)
道(도)
甄(견)
陶(도)
萬(만)
昌(창)
平(평)
公(공)
段(단)
荀(순)
葉(섭)
鍾(종)
弓(궁)
昇(승)
强(강)
龐(방)
大(대)
天(천)
氷(빙)
化(화)
襄(양)
邕(옹)
浪(낭)
濂(염)
西(서)
連(연)
國(국)
馮(빙)

永(영)
堅(견)
莊(장)
判(판)
伊(이)
箕(기)
乃(내)
墨(묵)
路(노)
異(이)
麻(마)
邦(방)
菊(국)
采(채)
楚(초)
班(반)
包(포)
斤(근)
弼(필)
阿(아)
梅(매)
海(해)
彬(빈)
舜(순)
袁(원)
星(성)
肖(초)
宗(종)
曲(곡)
占(점)
燕(연)
夜(야)
頓(돈)
鄒(추)
彈(탄)
鴌(궉)
雲(운)
倉(창)
慈(자)
雷(뇌)
單(선)
菜(채)
雍(옹)

凡(범)
洙(수)
米(미)
敦(돈)
姚(요)
后(후)
鳳(봉)
順(순)
汝(여)
君(군)
謝(사)
俊(준)
彊(강)
樑(양)
端(단)
邱(구)
扁(편)
森(삼)
水(수)
奈(내)
剛(강)
介(개)
賴(뇌)
碩(석)
芸(운)
丕(비)
艾(애)
先(선)
舍(사)
淳(순)
恩(은)
閻(염)
應(응)
鮑(포)
旁(방)
南宮(남궁)
皇甫(황보)
司空(사공)
鮮于(선우)
諸葛(제갈)
西門(서문)
獨孤(독고)
東方(동방)

眞草千字文 勅員外散騎侍郎周興嗣韻

眞草千字文 勅員外散騎侍郎周興嗣韻

天地玄黃宇宙洪荒日月

天地玄黃宇宙洪荒日月

盈昃辰宿列張寒来暑往

盈昃辰宿列張寒来暑往

秋收冬藏閏餘成歲律呂

秋收冬藏閏餘成歲律呂

調陽雲騰致雨露結爲霜

調陽雲騰致雨露結爲霜

金生麗水玉出崐崗劍號

金生麗水玉出崐崗劍號

巨闕珠稱夜光菓珍李柰

巨闕珠稱夜光菓珍李柰

菜重芥薑海鹹河淡鱗潛

菜重芥薑海鹹河淡鱗潛

羽翔龍師火帝鳥官人皇

羽翔龍師火帝鳥官人皇

始制文字乃服衣裳推位

始制文字乃服衣裳推位

讓國有虞陶唐弔民伐罪

讓國有虞陶唐弔民伐罪

周發殷湯坐朝問道垂拱

周發殷湯坐朝問道垂拱

平章愛育黎首臣伏戎羌

平章愛育黎首臣伏戎羌

遐邇壹體率賓歸王鳴鳳

遐邇壹體率賓歸王鳴鳳

在樹白駒食場化被草木

在樹白駒食場化被草木

賴及萬方蓋此身髮四大

賴及萬方蓋此身髮四大

五常恭惟鞠養豈敢毀傷

五常恭惟鞠養豈敢毀傷

女慕貞絜男效才良知過

女慕貞絜男效才良知過

必改得能莫忘罔談彼短

必改得能莫忘罔談彼短

靡恃己長信使可覆器欲

靡恃己長信使可覆器欲

難量墨悲絲染詩讚羔羊

難量墨悲絲染詩讚羔羊

景行維賢剋念作聖德建

景行維賢剋念作聖德建

名立形端表正空谷傳聲

名立形端表正空谷傳聲

虛堂習聽禍因惡積福緣
虛堂習聽禍因惡積福緣
善慶尺璧非寶寸陰是競
善慶尺璧非寶寸陰是競
資父事君曰嚴與敬孝當
資父事君曰嚴與敬孝當
竭力忠則盡命臨深履薄
竭力忠則盡命臨深履薄

夙興溫凊似蘭斯馨如松
夙興溫凊似蘭斯馨如松
之盛川流不息淵澄取暎
之盛川流不息淵澄取暎
容止若思言辭安定篤初
容止若思言辭安定篤初
誠美愼終宜令榮業所基
誠美愼終宜令榮業所基

藉甚無竟學優登仕攝職
藉甚無竟學優登仕攝職
從政存以甘棠去而益詠
從政存以甘棠去而益詠
樂殊貴賤禮別尊卑上和
樂殊貴賤禮別尊卑上和
下睦夫唱婦隨外受傅訓
下睦夫唱婦隨外受傅訓

入奉母儀諸姑伯叔猶子
入奉母儀諸姑伯叔猶子
比兒孔懷兄弟同氣連枝
比兒孔懷兄弟同氣連枝
交友投分切磨箴規仁慈
交友投分切磨箴規仁慈
隱惻造次弗離節義廉退
隱惻造次弗離節義廉退

顛沛匪虧性靜情逸心動

顛沛匪虧性靜情逸心動

神疲守眞志滿逐物意移

神疲守眞志滿逐物意移

堅持雅操好爵自縻都邑

堅持雅操好爵自縻都邑

華夏東西二京背芒面洛

華夏東西二京背芒面洛

浮渭據涇宮殿盤鬱樓觀

浮渭據涇宮殿盤鬱樓觀

飛驚圖寫禽獸畫綵仙靈

飛驚圖寫禽獸畫綵仙靈

丙舍傍啓甲帳對楹肆筵

丙舍傍啓甲帳對楹肆筵

設席鼓瑟吹笙升階納陛

設席鼓瑟吹笙升階納陛

弁轉疑星右通廣內左達
弁轉疑星右通廣內左達
承明既集墳典亦聚羣英
承明既集墳典亦聚羣英
杜稾鍾隸漆書壁經府羅
杜稾鍾隸漆書壁經府羅
將相路俠槐卿戶封八縣
將相路俠槐卿戶封八縣

家給千兵高冠陪輦驅轂
家給千兵高冠陪輦驅轂
振纓世祿侈富車駕肥輕
振纓世祿侈富車駕肥輕
策功茂實勒碑刻銘磻溪
策功茂實勒碑刻銘磻溪
伊尹佐時阿衡奄宅曲阜
伊尹佐時阿衡奄宅曲阜

微旦孰營桓公匡合濟弱
微旦孰營桓公匡合濟弱
扶傾綺回漢惠說感武丁
扶傾綺回漢惠說感武丁
俊乂密勿多士寔寧晉楚
俊乂密勿多士寔寧晉楚
更霸趙魏困橫假途滅虢
更霸趙魏困橫假途滅虢

踐土會盟何遵約法韓弊
踐土會盟何遵約法韓弊
煩刑起翦頗牧用軍最精
煩刑起翦頗牧用軍最精
宣威沙漠馳譽丹青九州
宣威沙漠馳譽丹青九州
禹跡百郡秦幷嶽宗恒岱
禹跡百郡秦幷嶽宗恒岱

禪主云亭鴈門紫塞雞田
禪主云亭鴈門紫塞雞田
赤城昆池碣石鉅野洞庭
赤城昆池碣石鉅野洞庭
曠遠緜邈巖岫杳冥治本
曠遠緜邈巖岫杳冥治本
於農務茲稼穡俶載南畝
於農務茲稼穡俶載南畝

我藝黍稷稅熟貢新勸賞
我藝黍稷稅熟貢新勸賞
黜陟孟軻敦素史魚秉直
黜陟孟軻敦素史魚秉直
庶幾中庸勞謙謹勅聆音
庶幾中庸勞謙謹勅聆音
察理鑑貌辨色貽厥嘉猷
察理鑑貌辨色貽厥嘉猷

勉其祗植省躬譏誡寵增

勉其祗植省躬譏誡寵增

抗極殆辱近恥林皐幸即

抗極殆辱近恥林皐幸即

兩疏見機解組誰逼索居

兩疏見機解組誰逼索居

閑處沉默寂寥求古尋論

閑處沉默寂寥求古尋論

散慮逍遙欣奏累遣慼謝

散慮逍遙欣奏累遣慼謝

歡招渠荷的歷園莽抽條

歡招渠荷的歷園莽抽條

枇杷晚翠梧桐早彫陳根

枇杷晚翠梧桐早彫陳根

委翳落葉飄颻遊鵾獨運

委翳落葉飄颻遊鵾獨運

凌摩絳霄躭讀翫市寓目
凌摩絳霄躭讀翫市寓目
囊箱易輶攸畏屬耳垣墻
囊箱易輶攸畏屬耳垣墻
具膳飡飯適口充腸飽飫
具膳飡飯適口充腸飽飫
烹宰飢厭糟糠親戚故舊
烹宰飢厭糟糠親戚故舊

老少異粮妾御績紡侍巾
老少異粮妾御績紡侍巾
帷房紈扇員潔銀燭煒煌
帷房紈扇員潔銀燭煒煌
晝眠夕寐藍筍象床絃歌
晝眠夕寐藍筍象床絃歌
酒讌接杯舉觴矯手頓足
酒讌接杯舉觴矯手頓足

悅豫且康嫡後嗣續祭祀
悅豫且康嫡後嗣續祭祀
蒸嘗稽顙再拜悚懼恐惶
蒸嘗稽顙再拜悚懼恐惶
牋牒簡要顧答審詳骸垢
牋牒簡要顧答審詳骸垢
想浴執熱願涼驢騾犢特
想浴執熱願涼驢騾犢特

駭躍超驤誅斬賊盜捕獲
駭躍超驤誅斬賊盜捕獲
叛亡布射遼丸嵇琴阮嘯
叛亡布射遼丸嵇琴阮嘯
恬筆倫紙鈞巧任釣釋紛
恬筆倫紙鈞巧任釣釋紛
利俗並皆佳妙毛施淑姿
利俗並皆佳妙毛施淑姿

工嚬研咲年矢每催羲暉
工嚬研咲年矢每催羲暉
朗曜琁璣懸斡晦魄環照
朗曜琁璣懸斡晦魄環照
指薪脩祜永綏吉劭矩步
指薪脩祜永綏吉劭矩步

引領俯仰廊廟束帶矜莊
引領俯仰廊廟束帶矜莊
徘徊瞻眺孤陋寡聞愚蒙
徘徊瞻眺孤陋寡聞愚蒙
等誚謂語助者焉哉乎也
等誚謂語助者焉哉乎也

草字便覽

一、교육용 한자 一八〇〇자를 포함한 二五〇〇자를 중국의 역대 서가(書家)에 의한 초서체(草書體)를 모은 것이다.

一、배열은 부수순(部首順)에 따랐다.

一 万 丈 丁 七 上

下 三 丑 不 且

世 丘 丞 並

中 丸 丹 主 乃 久

乏 乎 乖 乘 乙 九

也 乳 乾 亂 了 予

事 二 云 互 五

井 亘 亞 亡 交 亥

亦 享 京 亭 亮

人 介 仁 今 仕

仲 他 付 仙 仝 代

令 以 仰 件 任

企 伊 伍 伎 伐 休

伴 伯 伸 伺 似 伹

位 低 住 佐 何

佛 余 佚 作 侒

佩 佳 使 來 侈 例

侍 供 依 侯 侵 值

促 侮 侶 便 係 俄

俊 俗 保 俟 俠 信

修 俯 俱 俳 倂 俸

倣 倉 個 倍 倒 候

借 倫 倭 假 偉

偏 健 側 停 偵 偶

傍 備 催 傑 傷 傺

傾 像 僕 僚 僞

僧 億 儀 僻 儉 儕
儒 償 優 元 兄 充
兆 兇 先 光 克 免
兒 兢 入 內 兩
八 公 六 共 兵 其
具 典 兼 冊
再 冒 冗 冠 冬 冰

刀 几

況 冷 准 凄 凉 凋
凌 凍 減 凜 凝 凡
凶 出 刀 刃 分 切
刈 刊 刑 列 初 判
別 利 到 制 刷 削
券 刺 刻 剋 則 前
剖 剛 剜 剪 副 割

力

創 劇 劈 劍 劑 力

功 加 劣 助 努 効

劾 勁 勅 勇 勉 動

務 勘 勝 勞 勤

勹

募 勢 勳 勸 勵 勺

匕 匚

包 化 北 匠 匹 區

十

匿 十 千 升 午 半

卓 卑 卒 協 南 占

卩

卦 卯 印 危 却 卷

厂

即 卿 厄 厓 厚

厶

原 厭 去 參 又 友

及 反 叔 取 受 叙

口

叛 叢 口 古 叫

号 句 台 可 史 只

哀		呼	呈	向	吉	叮
品	咎	周	吳	君	同	叶
哉	咨	味	吹		名	右
員	唉	呻	吾	吟	后	司
哲	咸	命	告	否	吏	各
唇	咽	和	呂	含	吐	合

■

固	囊	嘸	嗟		啓	唐
圍	四	噓	嘆	嗣		唯
國	囚	器	嘉	喪	啼	唱
園	回	嚴	嘖	喫	善	商
圓	因	嚇	嘗	單	喚	問
圖	困	囑	嘯	嗜	喜	

■ 土

土 坊 垢 埋 報 塵 增

在 坐 垣 基 場 塾 墟

地 坡 城 堅 塊 境 墮

坑 坤 域 堂 塞 墊 墨

坂 垂 執 堤 塗 墓 墳

均 型 培 堪 塔 墜 墾

■ 士 ■ 夕夂 ■ 大 ■ 女

壁 壯 外 大 失 奏 奮

壇 壹 夙 天 夷 契 女

壘 壽 多 奇 奢 奴

壓 太 奈 奧 奸

壞 夏 夜 夫 奉 奪 好

士 夕 夢 央 奔 獎 如

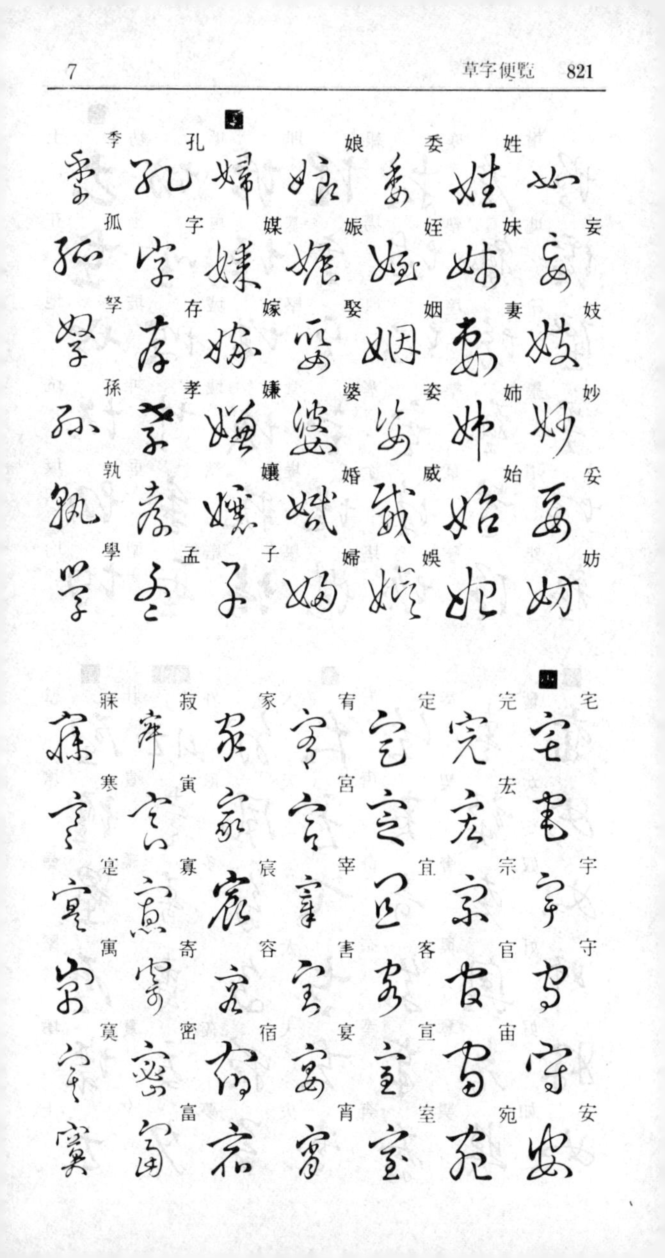

姓 委 娘 孔 季

妄 妹 姪 娠 媒 字 孤

妓 妻 姻 娶 嫁 存 孥

妙 姊 姿 婆 嫌 孝 孫

妥 始 威 婚 孃 孰

妨 娛 婦 子 孟 學

宅 完 定 有 家 寂 寐

宏 宮 寅 寒

宇 宗 宜 宰 宸 寡 寔

守 官 客 害 容 寄 寓

宙 宣 宴 宿 密 寞

安 宛 室 宵 富

察 寢 寤 寧 寥 實

審 寫 寬 寮 寶 寵

[寸]

寸 寺 封 射 尉

將 專 尊 尋

[小]

對 導 小 少 尙

[尢]

尤 就 尸 尹 尺

尼 尾 局 居 屈 屋

屛 展 屠 屢 層 履

屬 屯 山 岐 岡

[山]

岩 岳 岸 峙 峰 峯

島 峽 峻 崎 崖 崇

崩 嵐 嶷 嶺 嶽 巍

[巛]

巒 巖 川 巡 巢

[工]

工 左 巧 巨 差

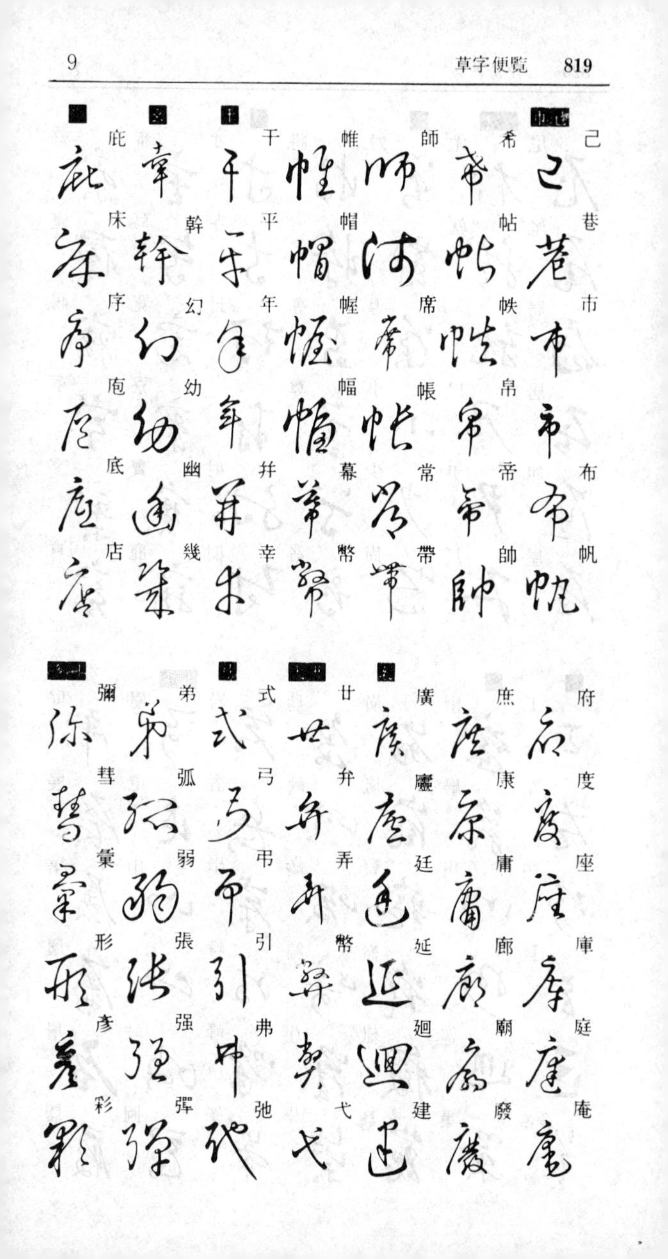

己 巷 市 布 帆

希 帖 帙 帛 帝 帥

師 席 帳 常 帶

帷 帽 幄 幅 幕 幣

干 平 年 幷 幸

幹 幻 幼 幽 幾

庇 床 序 庖 底 店

府 度 座 庫 庭 庵

庶 康 庸 廊 廟 廢

廣 廬 廷 延 迴 建

廿 弁 弄 弊 弋

式 弓 弔 引 弗 弛

弟 弧 弱 張 强 彈

彌 彗 彙 形 彥 彩

彳

彫 彰 影 役 彼 往

征 待 徊 律 後 徑

徐 徒 得 徘 從 徠

御 循 徨 復 微 徵

心

德 徹 心 必 忌

忍 志 忘 忙 忠 快

念 忽 忿 怠 怒

怖 思 急 怨 性 怪

怯 恃 恒 協 悉

恍 恐 恕 恙 恣 恤

恥 恨 恩 恭 息

恰 悅 悍 悔 悖 悞

悟 悠 患 悲 悴 悵

悶 悸 悼 悽 情

惑 惰 愁 愛 慈 慝

惚 惱 愈 感 慊 慣 慶

惜 想 愉 慍 態 慥 慢

惟 愍 愼 慕 慨 慾

惠 惶 意 慄 慘 慮 憂

惡 惹 慇 慙 慰 憎

憐 憫 懇 懸 戍 或 戲

憔 憬 應 懼 戎 戚 戴

憚 憲 懊 懽 成 戟 戶

憤 憶 懦 戀 我 截 戾

憧 憾 懲 戈 戳 房

憩 懃 懷 戊 戒 戰 所

扌

扁 扇 扉 手 才

打 技 扶 批 承 抑

投 抗 折 披 抱 抵

抹 抽 拂 拆 抛 拍

拒 拓 拔 拘 拙 招

拜 拭 括 拾 持

指 按 挫 振 挺 挽

捕 挾 捐 捧 捨 捩

措 掃 授 掉 掌 排

掛 採 探 接 控

推 掩 提 揚 換

握 揮 揭 援 損 搖

描 搜 携 摘 摧 摩

摸 摹 撤 撫 撮 撰

撲 撻 擇 擊 操 擔

擁 據 擢 擴 擬 攀

攘 攝 支 收 改 攻

放 政 故 效 敍 教

敏 救 敗 敢 散

敦 敬 整 敵 敷

數 文 斐 斑 斗

料 斜 斛 斤 斥 斧

斬 斯 新 斷 方

於 施 旅 旌 族 旗

无 既 日 旦 旨 早

旬 旭 旱 旺 昇

昆 昌 明 易 昔 星

映 春 昨 昧 昭

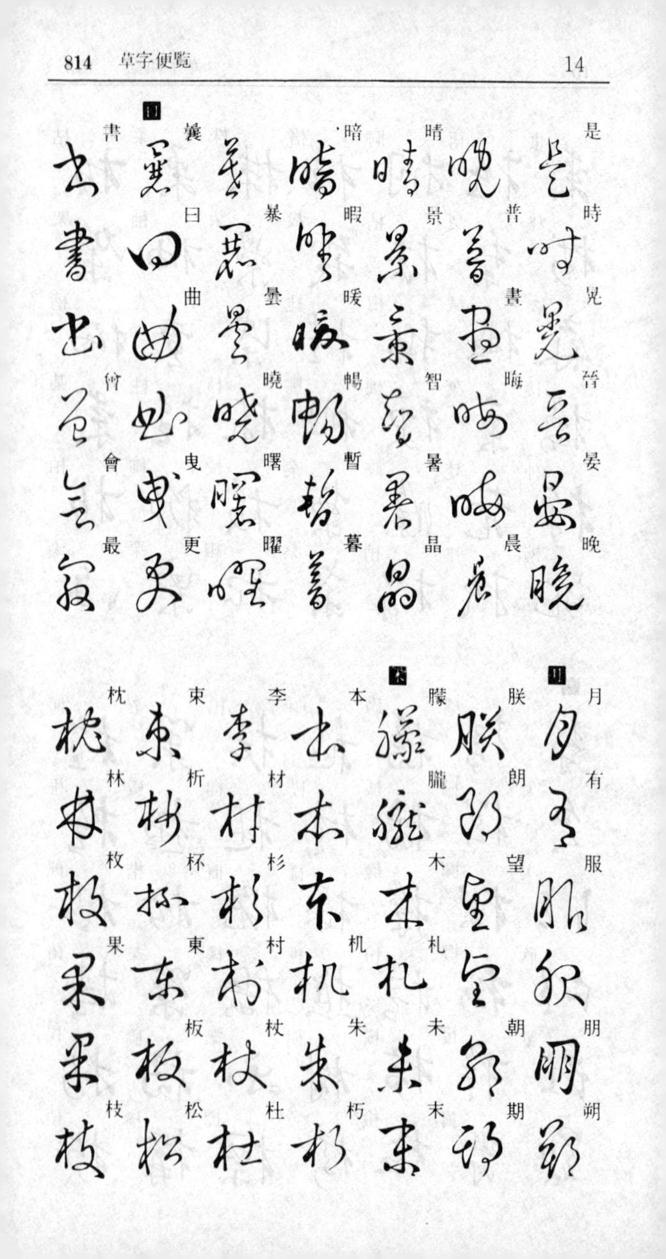

日

是 時 晃 皆 晏 晚

普 晝 晦 晨

晴 景 智 暑 晶

暗 暇 暖 暢 暫 暮

暴 曇 曉 曙 曜

曩 曰 曲 曳 更

書 曾 會 最

月

月 有 服 朋 朔

朕 朗 望 朝 期

朦 朧

木

木 札 未 末

本 机 朱 朽

李 材 杉 村 杖 杜

東 析 杯 東 板 松

枕 林 枚 果 枝

枯 柔 株 格 桐 梧 棗

架 柚 柴 栽 桔 梨 棧

柄 査 桂 梅 械 森

某 柱 杉 桃 梗 棄 棲

柏 柳 校 案 條 梵 棹

染 栗 根 桑 梢 棋 椀

欠

植 業 槍 樞 橋 檣

椎 極 槌 模 橘 櫛 欠

楓 楷 概 樣 機 欄 次

椿 榮 樓 樵 檜 櫻 欣

楊 槁 樂 樹 横 權 欲

楨 構 標 檢 欝

欺 欽 款 歐 歌 歎

歡 歟 止 正 此

步 武 歲 歷

歸 死 殂 殆 殊 殉

殖 殘 殳 段 殺

殿 毀 毅 毋 母

每 毒 毓 比

毛 毫 毬 氈 氏

民 气 氣 水 氷

永 汁 求 汙 汐

汇 汗 汝 江 池

汰 決 沈 沐 没 沖

沙 河 油 治 沼 沿

泉 泊 法 波 泣 注

淪 淋 消 浮 浚 津 泰

深 淒 涉 浴 浣 洞 泳

淑 涯 浪 流 活 洄

淵 淚 液 海 洲 洋

港 淡 涼 浦 派 洛

混 淨 涵 浸 浩 浙 洗

演 溶 準 湖 渴 渠 清

滯 滅 溝 湘 游 渡 淺

滋 溢 湧 渺 添

滴 滑 溪 湮 渾 温 渙

滿 滓 湯 湊 渫 渚

漁 滔 溺 源 湍 測 減

漂 漆 漏 漑 漓 漠

漢 漬 漲 漫 漸 漿

潔 潑 潛 澗 澤 澳

潤 [illegible] 潭 潰 澄 澁

潮 澹 激 濁 濃 濕

濛 濟 濡 濫 濯 濱

濤 濺 瀆 瀉 瀑 瀝

瀟 瀾 瀼 灌 灘 灣

■

火 灰 灸 災 炊 炎

炙 炬 炭 烈 烏 烝

烟 烹 烽 焉 煮 焦

焚 無 然 煉 煎

煙 煖 照 煽 煩 熏

能 熟 熱 熾 燈 焼

爪

營 燦 燭 燮 燥 燕

燼 爍 爐 爨 爪 爭

爻父

爰 爲 爵 父 爻

爿片

爽 爾 牀 牆 片

牙

版 牌 牋 牕 牘 牙

牛

牛 牝 牢 牡 牧 物

牲 特 牽 犀 犁 犇

犬

犖 犒 犢 犧 犬 犯

狂 狀 狄 狎 狗 狙

狡 狩 狹 猛 猴 猶

猷 猿 獅 獄 獎 獘

獨 獲 獵 獸 獻 玆

玄

王

率 玉 王 玦 玩 珍

珠 玲 班 現 球 理

琊 琴 琢 琵 琶 瑞

瓜 瓦

璧 環 璽 瓜 瓢 瓦

甘

瓶 甍 甓 甕 甘 甚

生 用 田

甞 生 產 甦 用 田

甲 由 申 男 町 界

畏 畔 畜 畝 畢 略

番 畫 異 留 當 當

疆 疊 疎 疏 疑 疚

疲 疵 疾 病 痕 痛

痢 瘁 痴 瘦 療 癖

癸 登 發 白 百 的

皆 皇 皎 皓 皚 皮

皴 皿 盂 盃 盈 盆

盍 盛 盜 盞 盟 盡

監 盤 盥 目 直

盲 相 省 眉 看 眞

眠 眷 眼 眺 睡 督

睦 瞳 瞬 矛 矜 矢

知 矦 矩 短 石

研 砌 砥 破 硬 硯

碎 碑 碧 確 磨 磯

示 社 祈 祉 祐 祓

祕 祖 祝 神

祠 祥 祭 禁 祿 禊

禎 福 禝 禦 禧 禪

禮 禱 禾 私 秀

秋 科 秦 租 秩 移

稀 稅 稍 程 稔 稱

種 稻 穀 稽 穗 積

■ 穩 穫 究 空 窃

突 窒 窓 窟 窮

■ 竄 竈 立 竟 章 童

■ 竣 端 競 竹 竺

竿 笑 第 笛 笥 符

等 筒 筋 答 策

筆 箄 箇 箋 算 管

箱 箸 節 範 築 篤

■ 簡 薄 籍 籠 米 粉

粗 粒 粥 粲 精 粹

■ 糧 系 糾 紀 約 紅

納 純 紙 級 索 素

紛 紡 紋 紺 紫

累 細 紳 終 紹 紘
組 結 絶 絜 絡 給
絲 絹 統 經 綜 維
綱 網 綴 綿 綾 緑
緘 線 緒 緝 締 緣
編 緩 緯 練 緻 縣
縛 縫 縮 績 縱 總

繁 繕 繞 繩 繪 繭
繼 續 纖 纂 缶 缺
罕 罪 置 罰 署 罹
罷 羅 羊 美 羣
羨 義 羽 翁
翌 習 翠 翫 翰
翻 翼 老 考 者

耳 聿 肉

而 耐 耕 耘 耳 聖
聘 聟 聞 職
聲 聰 聽 聾 聿
肇 肅 肉 肌 肖 肘
肝 股 肢 肩 肯 育
肺 肥 背 胃 胡 胎
胞 能 脂 脆 脅

臣 至 臼 舌 舛 舟 艮

脇 脈 脊 脚 脱 腆
腋 腐 腕 腰 腹 脩
脣 膜 膽 臆 臣 臥
臨 自 臭 至 致
臺 與 興 舉 舊 舌
舍 舒 館 舛 舞
舟 航 般 船 舶 艮

色

良 艱 色 艶

艸

艸 芋 芽 芝 花 芒

芸 芳 苑 苔 苗 苛

苟 若 苦 英 茂 茫

茶 草 荒 荷 莊 莖

莫 菊 菌 菓 菜 華

菲 菴 萌 萎 萬 落

葉 著 葬 葵 葤

蒔 蒙 蒼 蒲 蒸 蓄

蔭 蔽 蕉 薪 薄 薦

薩 藉 藏 藝 藤

藩 藥 蘇 蘚 蘭 虎

虍

虐 處 虜 虛 號 虫

虫

虹 蚊 蛇 蛙 蛟 蛾

血 行 衣

蝶 融 螢 蟋 蜂 蟬

蟲 蟻 蠅 蠶 蠻 血

衆 行 術 街 衝

衝 衛 衣 表 衰 衷

衾 袂 袖 被 裁 裂

裕 補 裏 裝 裳 裹

製 裾 裸 複 褒 裸

襄 襟 襲 西 要

覆 見 規 視 親

覽 觀 角 解 觸 言

訂 計 訊 討 訓

託 記 訢 訟 訪

設 許 診 註 証

詰 詐 詒 評 詞 詠

諮 諒 說 誠 誓 話

諱 論 課 誕 詳 詰

諳 諦 誰 誤 誘 誅 詣

諸 諫 調 誥 誼 誇 試

謀 請 誦 語 誌 詩

諾 諭 談 誨 認 詬

貝 豫 豈 變 譬 謬 謁

貞 豐 讓 警 謹 謂

負 豸 豕 谷 議 識 謝

財 豹 豚 谿 護

貢 豺 象 豁 譽 譜 謙

貧 貌 豪 豆 讀 譯 講

販 貨 貪 責 貫 貯
貳 貴 貶 買 費 貿
賀 賂 賄 資 賊 賑
賓 賜 賠 賞 賢 賤
賦 質 賣 賴 購 贈
贊 贋 赤 赦 赫 走
赴 起 超 越 趣

足 趾 跋 跌 踐
距 跡 路 跳 踊 踏
蹂 蹄 蹴 躍 身
躬 軀 車 軌 軍
軒 軟 軸 較 載
輒 輔 輓 輕 輝 輩
輪 輯 輸 輿 轉

轍 轟 轢 辛 辟 辨

辭 辯 辰 辱 農 迂

迄 迅 迎 近 返

述 迴 迭 迫 迷 追

退 送 逃 逆 逍 透

逐 途 通 逝 速 造

逢 週 連 進 逮 逼

逸 遂 遇 遊 運 過

道 達 違 遠 遣 遞

適 遵 遲 遷 選 遺

遽 避 邁 還 邊

邑 那 邦 邪 邸 郊

郁 郎 郡 郭

部 郵 都 鄉 鄙 西

酊 酌 配 酢 洒

酬 酪 酷 酸 醉

醒 醜 醫 醬 釀 釆

釋 里 重 野 量 金

針 釣 鈔 鈍 鉱

鈴 鉛 銀 銃 銅 銘

鋭 鋒 鋼 錐 錘 錢

錦 錯 錫 録 錬 鑒

鍵 鎖 鎔 鎌 鎮 鏡

鐘 鐵 鑄 鑑 長

門 閉 開 閏 閑

間 閣 閥 閨 閲

關 闢 阜 阨

阪 防 阻 阿 陀 附

限 降 院 陷 陪 陛
陞 陟 陣 除 陰 陳
陵 陶 陸 陽 隅 隆
隊 階 隔 隙 際 障
隣 隨 險 隱 隸 隻
隼 雁 雄 雅 雀 集
雎 雕 雖 雙 雜 離

雞 難 雨 雪 雲
雷 電 需 震 霜 霞
霧 露 霽 靈 青 靜
非 靡 面 革
鞭 韋 韓 韭 音
韻 響 頂 頃 項 順
須 頌 頓 預 頒 頗

領 頭 頎 頻 題
額 顏 願 類 顧 顯
風 飄 飛 食
飢 飭 飯 飲 飽 飾
餐 餓 養 餌 餘 餞
館 饜 首 香 馨 馬
馭 馮 馳 馴 駒 駑

駐 駕 騎 騷 驅 驕
驗 驚 驛 骨 髓 體
高 髮 鬱 鬼
魁 魂 魄 魅 魔 魚
鮮 鯉 鯨 鱗 鳥 鳩
鳴 鴈 鴉 鴻 鶯 鷄
鶴 鷲 鷹 鷺 鹵 鹽

鹿 麓 麗 麥 麻 黃

黑 默 點 黨 黹 黽

鼎 鼓 鼠 鼻 齊 齋

齒 齡 龍 龕 龜

龠

略字·同字·通字·俗字·譯字·古字·代用字·國字

略字(약자)

(본자)	(음)	(약자)
假	가	仮
價	가	価
皆	개	比
擧	거	挙
乾	건	干
堅	견	坚
經	경	経
輕	경	軽
慶	경	慶
鷄	계	鶏 鳮
穀	곡	穀
觀	관	観 覌
關	관	関
廣	광	広
舊	구	旧
國	국	国 囯
權	권	権 权
勸	권	勧 劝
歸	귀	故 帰
既	기	既
氣	기	気
幾	기	[illegible]
囊	낭	[illegible]
單	단	単
當	당	当
對	대	対
徒	도	徒
圖	도	図
讀	독	読
獨	독	独
燈	등	灯
羅	라	罗
樂	락	楽

(본자)	(음)	(약자)
		杀
亂	란	乱
來	래	来 来
兩	량	两 両
歷	력	厂
禮	례	礼
勞	로	労
留	류	畄 奋
幕	막	[illegible]
萬	만	万
滿	만	満
賣	매	売
麥	맥	麦
暮	모	旮
墓	묘	全
門	문	门
密	밀	宓
發	발	発
番	번	畨
變	변	変
邊	변	辺 过
福	복	礻卜
佛	불	仏
師	사	师
絲	사	糸
祥	상	羊
仙	선	仚
選	선	选
聖	성	圣
聲	성	[illegible] 声
歲	세	才
世	세	卋
續	속	続
數	수	数
壽	수	寿 夀
乘	승	乗
時	시	时

(본자)	(음)	(약자)
實	실	実 宲
兒	아	児
惡	악	悪
巖	암	巌 岩
愛	애	爱
藥	약	薬
養	양	养
嚴	엄	厳 吅
餘	여	余
與	여	与
演	연	[illegible]
煙	연	烟
榮	영	栄
藝	예	芸
憂	우	[illegible]
園	원	园
圓	원	円
遠	원	远
爲	위	為
僞	위	偽
儒	유	伩
陰	음	阴
應	응	応 应
醫	의	医
議	의	议
貳	이	弍
寅	인	宊
壹	일	壱
將	장	将
壯	장	壮
錢	전	銭 戋
戰	전	戦
傳	전	伝
節	절	節
卒	졸	卆
從	종	従
晝	주	昼
樽	준	罇

(본자)	(음)	(약자)
卽	즉	即
證	증	証
直	직	直
盡	진	尽
眞	진	真
塵	진	尘
參	참	参
窓	창	囱
冊	책	册
處	처	处 処
淺	천	浅
遷	천	迁
鐵	철	鉄
體	체	体
出	출	岁
蟲	충	虫
齒	치	歯
品	품	品
筆	필	笔
學	학	斈 学
解	해	觧
賢	현	賢 [illegible]
號	호	号
畫	화	画
歡	환	歓 欢
還	환	还
會	회	会
興	흥	兴

同字(동자)

(본자)	(음)	(동자)
個	개	箇
鷄	계	雞
杯	배	盃
算	산	筭
笑	소	咲
藥	약	葯

徃	왕	往
秋	추	烁
效	효	効
後	후	后
胸	흉	胷

通字(통자)

(본사)	(음)	(통자)
强	강	彊
古	고	故
	구	舊
紀	기	記
女	녀	汝
反	반	返
不	불	弗
序	서	敍
孫	손	遜
暗	암	闇
若	약	弱
余	여	予
悅	열	說
欲	욕	慾
原	원	元
	원	源
遊	유	游
著	저	箸
弟	제	悌
鍾	종	鐘
座	좌	坐
知	지	智
直	직	値
取	취	娶
閑	한	閒
凶	흉	兇
畫	획	劃

俗字(속자)

(본자)	(음)	(속자)
關	관	干
內	내	内
德	덕	徳
同	동	仝
略	략	畧
涼	량	凉
冰	빙	氷
產	산	産
敍	서	叙
歲	세	嵗
溫	온	温
姊	자	姉
全	전	全
聽	청	聴
體	체	軆
泰	태	桊
豐	풍	豊
喜	희	㐂

譯字(역자)

(한자)	(음)	(영어)
瓦	와	그램
弗	불	달러
米	미	미터

古字(고자)

(본자)	(음)	(고자)
德	덕	悳
無	무	无
禮	례	豊
他	타	佗

代用字(대용자)

(본자)	(음)	(대용자)
齡	령	令
陸	륙	六

國字(국자)

畓	답
乭	돌

總畫索引

❶ 이 索引은 本辭典에 실린 表題字를 總畫數順으로 排列한 것이다.

❷ 왼편 漢字는 表題字의 部首를 나타내고, 오른편 數字는 그 表題字가 실린 面數를 表示한 것이다.

十五畫

廿四畫

廿五畫

廿六畫

廿八畫

廿九畫

字音索引

❶ 이 索引은 表題字의 原音 및 慣音을 가나다 順으로 整理하고, 同音字는 部首別·書數順으로 排列한 것이다.
❷ 오른편 數字는 그 表題字가 실린 面數를 表示한 것이다.

部 首 名 稱

一 畫

一 한일
丨 뚫을곤변
丶 점
丿 삐침
乙 새을변
亅 갈구리궐변

二 畫

二 두이변
亠 돼지해밑
人(亻) 사람인변
儿 어진사람인받침
入 들입
八 여덟팔
冂 멀경몸
冖 민갓머리
冫 이수변
几 안석궤
凵 위튼입구
刀(刂) 칼도방
力 힘력변
勹 쌀포몸
匕 비수비변
匚 터진입구몸
匸 터진에운담
十 열십
卜 점복
卩(㔾) 병부절변
厂 민음호밑
厶 마늘모
又 또우

三 畫

口 입구변
囗 에운담몸·큰입구몸
土 흙토변
士 선비사변
夂 뒤져올치방
夊 천천히걸을쇠받침
夕 저녁석변
大 큰대
女 계집녀변
子 아들자변
宀 갓머리
寸 마디촌
小 작을소
尢(兀) 절름발이왕방
尸 주검시밑
屮 왼손좌
山 메산변
巛(川) 개미허리
工 장인공
己 몸기
巾 수건건변
干 방패간변
幺 작을요변
广 음호밑
廴 민책받침
廾 밑스물입
弋 주살익
弓 활궁변
彐(⺕·彑) 터진가로왈
彡 터럭삼·삐친석삼
彳 두인변·중인변
忄(心) 심방변
扌(手) 재방변
氵(水) 삼수변
犭(犬) 개사슴록변
阝(邑) 우부방
阝(阜) 좌부방

四 畫

心 마음심
戈 창과
戶 지게호
手 손수변
支 지탱할지
攴(攵) 등글월문방
文 글월문방
斗 말두
斤 날근변
方 모방변
无(旡) 이미기방
日 날일변
曰 가로왈
月 달월변
木 나무목변
欠 하품흠방
止 그칠지변
歹(歺) 죽을사변
殳 갖은등글월문
毋 말무
比 견줄비
毛 터럭모
氏 각시씨
气 기운기밑
水(氺) 물수
火(灬) 불화변
爪(爫) 손톱조밑
父 아비부밑
爻 점괘효
爿 장수장변
片 조각편변
牙 어금니아변
牛(牜) 소우변
犬 개견
王(玉) 구슬옥변
耂(老) 늙을로엄
艹(艸·艹) 초두밑
辶(辵) 책받침

五 畫

玄 검을현
瓜 오이과
瓦 기와와
甘 달감
生 날생
用 쓸용
田 밭전
疋 필필변
疒 병질밑

癶 필발밑
白 흰백변
皮 가죽피변
皿 그릇명받침
目 눈목변
矛 창모변
矢 화살시변
石 돌석변
示(礻) 보일시변
内 짐승발자국유
禾 벼화변
穴 구멍혈밑
立 설립변

六 畫

竹 대죽변·대죽머리
米 쌀미변
糸 실사변
缶 장군부변
网(罒) 그물망
羊(⺶) 양양변
羽 깃우변
而 말이을이변
耒 쟁기뢰변
耳 귀이변
聿 오직율
肉(月) 육달월변
臣 신하신
自 스스로자
至 이를지
臼 절구구
舌 혀설변
舛(牟) 어길천밑
舟 배주변
艮 그칠간
色 빛색몸
虍 범호밑
虫 벌레충변
血 피혈변
行 다닐행안
衣(衤) 옷의변
襾(西) 덮을아밑

七 畫

見 볼견변
角 뿔각변
言 말씀언변
谷 골곡변
豆 콩두변
豕 돼지시변
豸 갖은돼지시변
貝 조개패변
赤 붉을적변
走 달아날주변
足 발족변
身 몸신변
車 수레거변
辛 매울신
辰 별진
邑 고을읍
酉 닭유변
釆 분별할채변
里 마을리변

八 畫

金 쇠금변
長(镸) 긴장변
門 문문
阜 언덕부변
隶 밑이변
隹 새추
雨 비우
靑 푸를청
非 아닐비

九 畫

面 낯면변
革 가죽혁변
韋 가죽위변
音 소리음
頁 머리혈
風 바람풍변
飛 날비몸
食 밥식변
首 머리수
香 향기향

十 畫

馬 말마변
骨 뼈골변
高 높을고
髟 터럭발밑
鬥 싸움투
鬯 술창
鬲 오지병격변
鬼 귀신귀변

十一畫

魚 고기어변
鳥 새조변
鹵 소금발로변
鹿 사슴록
麥 보리맥변
麻 삼마

十二畫

黃 누를황
黍 기장서변
黑 검을흑변
黹 바느질치변

十三畫

黽 맹꽁이맹
鼎 솥정
鼓 북고
鼠 쥐서변

十四畫

鼻 코비
齊 가지런할제

十五畫

齒 이치

十六畫

龍 용룡
龜 거북귀

十七畫

龠 피리약변

部　首　索　引

一　畫

二　畫

三　畫

四　畫

五　畫